# Handbuch Kundenmanagement

Armin Töpfer
(Herausgeber)

# Handbuch Kundenmanagement

Anforderungen, Prozesse, Zufriedenheit,
Bindung und Wert von Kunden

Dritte, vollständig überarbeitete
und erweiterte Auflage

Prof. Dr. Armin Töpfer
TU Dresden
Lehrstuhl Marktorientierte Unternehmensführung
Helmholtzstr. 10
01062 Dresden
lfmu@rcs.urz.tu-dresden.de
armin.toepfer@tu-dresden.de

Auflage 1 - 2 erschienen bei Luchterhand-Verlag, Neuwied-Kriftel, unter dem Titel „Kundenzufriedenheit messen und steigern"

ISBN 978-3-540-22062-6        e-ISBN 978-3-540-49924-4

DOI 10.1007/978-3-540-49924-4

Bibliografische Information der Deutschen Nationalbibliothek
Die Deutsche Nationalbibliothek verzeichnet diese Publikation in der Deutschen Nationalbibliografie; detaillierte bibliografische Daten sind im Internet über http://dnb.d-nb.de abrufbar.

© 2008 Springer-Verlag Berlin Heidelberg

Dieses Werk ist urheberrechtlich geschützt. Die dadurch begründeten Rechte, insbesondere die der Übersetzung, des Nachdrucks, des Vortrags, der Entnahme von Abbildungen und Tabellen, der Funksendung, der Mikroverfilmung oder der Vervielfältigung auf anderen Wegen und der Speicherung in Datenverarbeitungsanlagen, bleiben, auch bei nur auszugsweiser Verwertung, vorbehalten. Eine Vervielfältigung dieses Werkes oder von Teilen dieses Werkes ist auch im Einzelfall nur in den Grenzen der gesetzlichen Bestimmungen des Urheberrechtsgesetzes der Bundesrepublik Deutschland vom 9. September 1965 in der jeweils geltenden Fassung zulässig. Sie ist grundsätzlich vergütungspflichtig. Zuwiderhandlungen unterliegen den Strafbestimmungen des Urheberrechtsgesetzes.

Die Wiedergabe von Gebrauchsnamen, Handelsnamen, Warenbezeichnungen usw. in diesem Werk berechtigt auch ohne besondere Kennzeichnung nicht zu der Annahme, dass solche Namen im Sinne der Warenzeichen- und Markenschutz-Gesetzgebung als frei zu betrachten wären und daher von jedermann benutzt werden dürften.

*Herstellung:* le-tex publishing services oHG, Leipzig
*Einbandgestaltung:* WMX Design GmbH, Heidelberg

Gedruckt auf säurefreiem Papier

9 8 7 6 5 4 3 2 1

springer.de

# Vorwort zur 3. Auflage

Nachdem die 2. Auflage mehrere Jahre vergriffen war und wir in dieser Zeit auf dem Gebiet Kundenmanagement intensiv weitergearbeitet haben, legen wir jetzt die 3. Auflage unseres ursprünglichen Buches „Kundenzufriedenheit messen und steigern" vor. Der Fokus hat sich verändert, nämlich erweitert, und die Konzeption ist grundlegend überarbeitet worden. Mit dem Titel „Handbuch Kundenmanagement – Anforderungen, Prozesse, Zufriedenheit, Bindung und Wert von Kunden" umgreifen wir alle wesentlichen Teile des Kunden-Beziehungslebenszyklus.

Hinzugekommen sind neue Themenschwerpunkte wie z.B. Kundenbindungsmechanismen, Interneteinsatz, Neue Institutionen-Ökonomik, Vertrauen, Neuroökonomie und Neuromarketing, die Analyse der Anforderungen und Prozesse wertvoller Kunden, Customer-Value-Konzepte, Kunden-Fokusgruppen, Versichertenbarometer, Sanierungserfolg durch Kundenbindung, alle wesentlichen Ansatzpunkte und Instrumente des Customer Relationship Managements (CRM) sowie Qualitätsmanagement-Konzepte, Balanced Score Card und Lean Six Sigma. Der Themenschirm ist also breit gespannt. Maßgeblich hierfür sind die vielen Querbezüge und vor allem die konkreten Beiträge, die unterschiedliche Inhalts- und Steuerungskonzepte für das Management der Kundenbeziehungen leisten.

Der Fokus des gesamten Handbuchs liegt auf der Prozessorientierung, da Kundenmanagement in der Unternehmenspraxis sich immer in Prozessen vollzieht. Die Bedeutung der Mitarbeiter, die oben nicht angesprochen ist, da sie bereits in der 2. Auflage thematisiert wurde, besitzt hierbei einen hohen Stellenwert. Dem wird in mehreren Artikeln Rechnung getragen.

Bedanken möchte ich mich zu allererst bei den Führungskräften und Unternehmen, aber auch Kollegen aus dem wissenschaftlichen Bereich, die mit ihren konkreten Erfahrungsberichten zeigen, wie Kundenmanagement mit einzelnen Schwerpunkten und Facetten erfolgreich umgesetzt werden kann. Zugleich gehen sie aber auch auf Probleme und Stolpersteine ein.

Bei allen Mitarbeiterinnen und Mitarbeitern meines Lehrstuhls für Marktorientierte Unternehmensführung an der Technischen Universität Dresden möchte ich mich für ihre intensive Unterstützung bei diesem umfassenden Werk ebenfalls sehr herzlich bedanken: Allen voran bei Christiane Heidig, die mit unermüdlichem Einsatz und mit Schwung als verantwortliche Projektleiterin dieses Buch vorantrieb und mit zum Abschluss brachte. Steffen Silbermann, Swen Günther, Christian Duchmann, René William und Nadine-M. Kracht haben ihre Expertise in gemeinsame Beiträge eingebracht. Annette Etzold hat die Abbildungen angefertigt und das druckfertige Layout erstellt. Martina Voß war für die gesamte Terminsteuerung verantwortlich.

Ein Buch generell, aber erst recht eines über Kundenmanagement, lebt von der Rückmeldung der Leser als Kunden. Von daher würden wir uns über einen Dialog mit den Lesern zu den Inhalten unserer 3. Auflage freuen, auf welchem der angegebenen Kommunikationskanäle auch immer. Getreu dem wichtigsten Grundsatz in einer Kundenbeziehung: Es gibt immer etwas, das man noch besser machen kann.

Dresden, im März 2008

Armin Töpfer

# Vorwort zur 2. Auflage

Nach der großen Resonanz auf die erste Auflage dieses Buches, halten Sie nun den Nachfolgeband in den Händen. Neben der Aktualisierung der bisherigen Beiträge wurden neue Praxisbeispiele u.a. zu folgenden Themen aufgenommen:

- Kundenorientierung und Kundenleitsystem
- Bausteine für hohe Kundenzufriedenheit
- Mitarbeiterzufriedenheit = Kundenzufriedenheit
- Strategien der Kundenbindung.

Die Artikel, die einerseits die theoretische Fundierung liefern und andererseits branchenübergreifende Erfahrungen wiedergeben, wurden um Konzepte erweitert in den Bereichen Nationale Kundenbarometer, Analyseverfahren zur Messung von Kundenzufriedenheit und Kundenbindung, Beschwerdemanagement und Call Center Management.

Mein Dank gilt zum einen den Führungskräften der Unternehmen und den Vertretern der Forschung, die sich an diesem Buch beteiligt haben und ihre Praxiserfahrungen sowie ihr Wissen darstellen. Zum anderen danke ich den Mitarbeitern meines Lehrstuhls, insbesondere Ines Eydam, Wendy Gersten, Olaf Lau und Gerald Maier, für die umfassenden redaktionellen Arbeiten bei der Fertigstellung der Neuauflage des Buches sowie für die Organisation der Druckvorbereitung.

Die Hinweise, die ich nach dem Erscheinen der 1. Auflage von Lesern erhalten habe, wurden in das Buch aufgenommen. Neuere Literatur zum Thema wurde ebenfalls berücksichtigt.

Wie auch in der 1. Auflage finden Sie auf den folgenden zwei Seiten die Möglichkeit, mir Ihre Zufriedenheit und Ihre Anregungen mitzuteilen. Auch über E-mail können Sie mit uns wieder Kontakt aufnehmen. Ich freue mich darauf.

Dresden, im Juni 1998

Armin Töpfer

# Vorwort zur 1. Auflage

Die Aktualität des Themas Kundenzufriedenheit in Praxis und Wissenschaft ist ungebrochen. Die Gründe dafür liegen klar auf der Hand:

- Bei einigen Unternehmen steht primär eine "Brandbekämpfung" im Vordergrund, da sie ihre Defizite in puncto Kundenorientierung und Servicequalität erkannt haben und wirksam gegen eine zurückgehende Nachfrage und eine Erosion des Kundenstammes vorgehen müssen.
- Andere Unternehmen haben die Wirkungen und Effekte von Kundenzufriedenheit verstanden und wollen das Erfolgspotenzial ausschöpfen. Hier tritt das Problem der Messung von Kundenzufriedenheit und das Herausbilden und Umsetzen von konkreten Verbesserungsmaßnahmen auf.
- In erfolgreichen Unternehmen aus unterschiedlichen Branchen – also sowohl in Dienstleistungs- als auch in Industrieunternehmen – hat Kundenzufriedenheit bereits einen festen Platz im Zielsystem, bei manchen bereits Tradition im Handeln. Durch Programme und Projekte in verschiedenen Unternehmensbereichen wird eine Steigerung der Kundenzufriedenheit erreicht. Aus diesem Grund stellen diese Unternehmen Benchmarks für andere dar.

Mit diesem Buch soll ein Beitrag dazu geleistet werden,

- die offensichtlich vorhandenen Verständnis- und Erkenntnisdefizite zu schließen,
- Methoden und Konzepte zum Durchführen von Kundenzufriedenheitsmessungen darzustellen sowie Ansatzpunkte und Möglichkeiten zur Steigerung der Kundenzufriedenheit aufzuzeigen,
- anhand von "Best Practice" Beispiele für eine professionelle Umsetzung zu geben.

Mein Dank gilt zum einen den Führungskräften der Unternehmen, die sich an diesem Buch beteiligt haben und ihre Praxiserfahrungen und ihr Wissen darstellen. Zum anderen danke ich dem Team der Forschungsgruppe Management + Marketing, Kassel, insbesondere Herrn Dipl.-Oec. Martin Wieder, für die umfassenden redaktionellen Arbeiten bei der Fertigstellung dieses Buches.

Es ist aus meiner Sicht zu kurz gedacht, wenn man zum Thema Kundenzufriedenheit forscht, lehrt, berät, referiert, also sich eingehend damit beschäftigt und dabei vergisst, die Anforderungen und Maßstäbe auch an sich selbst zu stellen. Aus diesem Grund finden Sie auf den folgenden beiden Seiten die Möglichkeit, um mir Ihre Zufriedenheit und Ihre Anregungen mitzuteilen. Ich freue mich darauf.

Dresden/ Kassel, im Januar 1996

Armin Töpfer

# Voice of the Customer

Hier haben Sie die Möglichkeit, mir als Autor und Herausgeber dieses Handbuchs

- Anregungen für Verbesserungen und Ihre Kritik,
- sinnvolle Ergänzungen und andere für Sie wichtige Themenbereiche sowie
- Ihr Urteil und damit Ihre Zufriedenheit

mitzuteilen.
Sie geben mir damit die Möglichkeit,

- mehr über die Erwartungen meiner Leser als Kunden zu erfahren und damit
- noch besser auf Ihre Anforderungen und Informationsbedürfnisse eingehen zu können.

Bitte kopieren Sie hierzu einfach die Rückseite dieser Seite und schicken sie direkt an mich oder schreiben Sie mir eine E-Mail. Ich freue mich auf den Dialog mit Ihnen und verspreche, dass ich Ihnen antworten werde.

Armin Töpfer

Buch: Armin Töpfer (Hrsg.)
Handbuch Kundenmanagement
Anforderungen, Prozesse, Zufriedenheit,
Bindung und Wert von Kunden
3., völlig überarbeitete und erweiterte Auflage

*Hier sind meine Bewertungen und Anregungen als Leser:*

Mein Name/
meine Position:

Meine Anschrift/
meine Firma:

Mein Telefon/ Fax/
mein E-Mail:

Bitte senden Sie die Kopie an:

Prof. Dr. Armin Töpfer
Lehrstuhl für Marktorientierte Unternehmensführung
Technische Universität Dresden
Fakultät Wirtschaftswissenschaften          Telefon: (03 51) 4 63-321 87
Helmholtzstraße 10                          Telefax: (03 51) 4 63-352 37
01062 Dresden                               E-Mail: armin.toepfer@tu-dresden.de

# Inhaltsverzeichnis

|  | Seite |
|---|---|
| Vorwort zur 3. Auflage | V |
| Vorwort zur 2. Auflage | VII |
| Vorwort zur 1. Auflage | IX |
| Voice of the Customer | XI |

## Kapitel 1
### Grundlagen und Bausteine des Kundenmanagements
– Was zeichnet eine hohe Kundenorientierung aus? –

Phasen und Inhalte des Kundenmanagements: Prozess und
Schwerpunkte für kundenorientiertes Handeln und Verhalten
*Armin Töpfer* ............................................................................................. 3

Kundenzufriedenheit als Basis für Unternehmenserfolg
*Armin Töpfer, Andreas Mann* ................................................................ 37

Ursachen-Wirkungs-Konzepte für Kundenloyalität und Kundenbindung
*Armin Töpfer* ........................................................................................... 81

Theoretische Grundlagen und Wirkungszusammenhänge
der Kundenbindung im Internet
*Steffen Silbermann, Armin Töpfer* ...................................................... 105

Erkenntnisse der Neuen Institutionen-Ökonomik für das Kundenmanagement
*Armin Töpfer* ......................................................................................... 133

Vertrauen als Bindeglied zwischen Kundenzufriedenheit und Kundenloyalität
*Stefan Wünschmann, Stefan Müller* .................................................... 147

Neuroökonomie und Neuromarketing – Erkenntnisse der Gehirnforschung
für die Gestaltung von Beziehungen zwischen Kunden und Unternehmen
*Christian Duchmann, Armin Töpfer* ................................................... 163

# Kapitel 2
## Analyse der zielgruppenspezifischen Kundenanforderungen, der Kundenprozesse und des Kundenwertes
### – Wie erkennt und integriert das Unternehmen die inhaltlichen Anforderungen der Kunden und den organisatorischen Ablauf des Kundenprozesses? –

Analyse der Anforderungen und Prozesse wertvoller Kunden
als Basis für die Segmentierung und Steuerungskriterien
*Armin Töpfer* .................................................................................................... 191

Entwicklungsstufen des Customer-Value-Konzeptes und
Berechnungsverfahren zur Steuerung des Kundenwertes
*Armin Töpfer, Christian Seeringer* ................................................................. 229

Einsatz von Kunden-Fokusgruppen
*Armin Töpfer, Steffen Silbermann* ................................................................... 267

Risikominimierung durch Endkundenintegration in den
Innovationsprozess bei Webasto
*Alexander Lang* ................................................................................................ 281

Von der Kundenbefragung zur Innovation bei Sharp:
Wie Kundenbedürfnisse mit neuen Produkten beantwortet werden
*Reinhart Buchner* ............................................................................................. 295

# Kapitel 3
## Messung und Steigerung der Kundenzufriedenheit und Kundenbindung
### – Mit welchen Methoden und Instrumenten der Befragung, Messung und Analyse wird die Qualität der Kundenbeziehung ermittelt? –

Konzeptionelle Grundlagen und Messkonzepte für den Kundenzufriedenheitsindex (KZI/ CSI) und den Kundenbindungsindex (KBI/ CRI)
*Armin Töpfer* .................................................................................................... 309

Messung von Kunden-Feedback – Ein 10-Punkte-Programm
*Armin Töpfer, Britta Gabel* .............................................................................. 383

Messung von Kundenzufriedenheit im Rahmen
Nationaler Kundenbarometer – Konzeptionen und Nutzungspotenziale
unterschiedlicher Customer Satisfaction Indizes
*Manfred Bruhn* ................................................................................................. 439

Kundenzufriedenheitsmanagement bei Federal Express
*Petra Rittersberger* .......................................................................................... 467

Kundenzufriedenheitsmanagement bei der R+V Versicherung
*Hans-Christian Marschler, Hans Eckert, Erik Waidner,*
*Alexander Niemeyer, Armin Töpfer* .................................................................. 479

Bausteine für eine hohe Kundenzufriedenheit bei
der Gmünder ErsatzKasse (GEK)
*Jochen Zondler* ....................................................................................................... 501

Benchmarking mit dem Versichertenbarometer – Kundenzufriedenheit
und -bindung im deutschen Krankenkassenmarkt
*Armin Töpfer, Frank Opitz* ................................................................................... 541

Der Beitrag des Kundenbindungsmanagements zum Sanierungserfolg von
Unternehmen
*Armin Töpfer, Daniela Lehr* .................................................................................. 555

Effiziente Kundenbindungsaktivitäten für profitable Kunden-Lieferanten-
Beziehungen in mittelständischen Unternehmen
*Armin Töpfer, Christiane Heidig* ........................................................................... 571

# Kapitel 4
## Umsetzung und Steuerung durch
## Customer Relationship Management (CRM )
### – Mit welchen Konzepten und Maßnahmen des CRM wird die
### Kundenorientierung des Unternehmens verbessert? –

Erfolgsfaktoren, Stolpersteine und Entwicklungsstufen des CRM
*Armin Töpfer* .......................................................................................................... 627

Die Rolle des Web 2.0 im CRM
*Armin Töpfer, Steffen Silbermann, René William* ............................................... 651

E-Commerce in der Otto Group am Beispiel des Social Shopping-Portals
„smatch.com"
*Björn Schäfers* ........................................................................................................ 677

Einsatz von Instrumenten des analytischen CRM für die Kundenbindung
bei der Daimler AG: Der Nutzen von Data Mining
*Dirk Arndt, Andreas Roggon, Nadine Wachter* ................................................... 685

Erfolgreiche Strategien zur Kundenbindung bei TESCO
*Neil Southworth* ..................................................................................................... 705

Wirkung der Payback-Karte auf die Bindung und Loyalität der Kunden
von Drogerieprodukten – Ergebnisse einer empirischen Analyse
*Nadine-M. Kracht, Swen Günther, Armin Töpfer* ............................................... 719

Kundenbindungsmanagement im Bekleidungshandel – Das Breuninger-Konzept
*Daniel Ohr* .................................................................................................... 737

Erfolgreiches Customer Relationship Management bei der BMW Group Deutschland
*Michael Braekler, Ulrike Wortmann* ............................................................. 755

Vom Aschenputtel in die Unternehmensspitze –
Der Aufstieg des professionellen Call Center-Managements
*Iris Gordelik* ................................................................................................. 773

Call Center-Strategien als interaktives Service Center-Management
*Armin Töpfer, Günter Greff* .......................................................................... 789

Konzepte und Instrumente für das Beschwerdemanagement
*Armin Töpfer* ................................................................................................ 819

Kundenzufriedenheit durch exzellentes Beschwerdemanagement
bei der TUI Deutschland
*Björn-Olaf Borth, Jomique de Vries, Armin Töpfer* ..................................... 861

# Kapitel 5
# Kundenmanagement im Kontext anderer Managementkonzepte
– Wie wird Kundenmanagement mit anderen Managementkonzepten vernetzt und durch sie erfolgreich unterstützt? –

Mitarbeiter- und organisationsbezogene Fähigkeiten
für erfolgreiches Kundenmanagement
*Armin Töpfer* ................................................................................................ 885

Mitarbeiterzufriedenheit = Kundenzufriedenheit: Eine Wechselwirkung?
– Ein Erfahrungsbericht der Globus Holding –
*Johannes Scupin* ........................................................................................... 913

Qualitätsmanagement-Konzepte und Balanced Score Card zur Steuerung und Optimierung der Kundenorientierung
*Armin Töpfer* ................................................................................................ 925

Qualitätsbewusstsein und Kundenorientierung der Mitarbeiter
als Schlüssel zum Erfolg:
Qualitätsmanagement bei der Ritz-Carlton Hotel Company
*Nigel P. Beckett* ............................................................................................ 949

Kompromisslose Kundenorientierung als Wettbewerbsfaktor:
Das Kundenmanagement der TNT Express
*Jutta Roller* .................................................................................................. 965

Steigerung der Kundenzufriedenheit und Kundenbindung durch
Lean Six Sigma-Projekte
*Armin Töpfer, Swen Günther* ............................................................................975


**Abkürzungsverzeichnis** ..............................................................................995
**Autoren-Kurzbiographien** ........................................................................999
**Stichwortverzeichnis** ...............................................................................1007

# Kapitel 1

# Grundlagen und Bausteine des Kundenmanagements

– **Was zeichnet eine hohe Kundenorientierung aus?** –

# Phasen und Inhalte des Kundenmanagements: Prozess und Schwerpunkte für kundenorientiertes Handeln und Verhalten

– Wo setzt Kundenmanagement bezogen auf
Abläufe und Inhalte an? –

Armin Töpfer

Inhalt

1 Anforderungen und Ziele: Der ganzheitliche Steuerungsansatz ............... 3
2 Kundenmanagement im Kunden-Beziehungslebenszyklus ..................... 13
3 Die neue Sichtweise: Der Kunde als Impulsgeber und Partner ............... 17
4 Strategische Grundlagen für erfolgreiches Kundenmanagement ............ 23
5 Konzeption und Inhalte des Handbuchs Kundenmanagement ................ 26
6 Literatur ........................................................................................... 35

## 1 Anforderungen und Ziele: Der ganzheitliche Steuerungsansatz

Kunden sind heute bereits in vielen Unternehmen das bestimmende Element und damit der Impulsgeber für Leistungen, die am Markt angeboten werden, für Prozesse, mit denen Kundenanforderungen erfasst und Kundenzufriedenheit erreicht werden, sowie für Organisationsstrukturen, die von vornherein stark kundenorientiert gestaltet sind und so ohne Reibungsverluste die Kundenorientierung in Produkten und Abläufen ermöglichen und sicherstellen.

In nicht wenigen Unternehmen ist dieser hohe Entwicklungsstand allerdings noch nicht ausreichend realisiert: Die Produkte sind nicht kundengerecht genug, die Kommunikation und die Kooperation mit den Kunden lässt zu wünschen übrig, oftmals weiß das Unternehmen nicht, ob die eigenen Kunden eher zufrieden oder eher unzufrieden sind, Beschwerden werden nicht ihrer Bedeutung entsprechend wahrgenommen, beantwortet und gelöst und eine unzureichende Kundenbindung wird durch hektische – wenn auch oftmals nicht schlechte – Vertriebsaktivitäten zur Neukundengewinnung kompensiert.

Beide Ausgangslagen sind der Ansatzpunkt für das vorliegende Buch. Zum einen besteht das Ziel darin, erfolgreiche Konzepte der Kundenorientierung und des Kundenmanagements gut nachvollziehbar darzustellen. Dies erlaubt ein direktes Benchmarking mit dem im eigenen Unternehmen erreichten Niveau. Zum anderen sollen aber auch Unternehmen, die hier noch eigenen Entwicklungsbedarf sehen, klare Hinweise zur Art und Reihenfolge von wichtigen Verbesserungsaktivitäten gegeben werden.

Eine wesentliche Anforderung ist dabei, alle Verbesserungsmaßnahmen zur Erhöhung des Kundennutzens in Relation zum aktuellen Kundenwert oder zu seiner zukünftigen Bedeutung im Rahmen des strategischen Marketings eines Unternehmens zu beurteilen. Hier ist auf Dauer eine gute Balance notwendig, um nicht nur Wachstum auf Kosten der Wertorientierung und Profitabilität zu realisieren, sondern vielmehr profitables Wachstum. Ein ausgefeiltes **Kundenmanagement** liefert hierfür wesentliche Ansatzpunkte, Instrumente und konkrete Ergebnisse. Das Ziel ist **Total Customer Care** (vgl. Reinecke/ Sipötz/ Wiemann 2002), um wesentliche Kundenanforderungen wirtschaftlich zu erfüllen, also eine hohe Kundenorientierung in allen Phasen und Aktivitäten der Wertschöpfungsprozesse zu erreichen, um auf diese Weise die Kundenzufriedenheit und -bindung zu steigern, ohne in Kostenfallen zu geraten.

Hieraus resultieren vor allem 2 weitere Anforderungen: Zum einen eine regelmäßige und aussagefähige Messung der Kundenzufriedenheit und -bindung über den Kundenzufriedenheitsindex und -bindungsindex; zum anderen die Ermittlung der für das Unternehmen wertvollen, weil treuen und kauffreudigen Kunden. Bezogen auf die Ermittlung des Customer Satisfaction Index (CSI) und des Customer Retention Index (CRI) haben nicht wenige Unternehmen inzwischen einen guten Stand erreicht. Viele Unternehmen haben aber auch heute noch keine detaillierten Kenntnisse über den Kundenwert, da sie keine expliziten und ausreichend detaillierten Berechnungen der Kauf- und Weiterempfehlungsaktivitäten ihrer Kunden im gesamten **Kunden-Beziehungslebenszyklus** durchführen. Die Alternative liegt nicht darin, den Messansatz zu übersteuern und sich selbst zu überfordern. Gefragt ist vielmehr Augenmaß für die leistungsfähige Anwendung dieser fortschrittlichen Instrumente des Kundenmanagements.

Um das Auftreten und die Bedeutung in der Unternehmenspraxis zu illustrieren, werden im Folgenden **4 reale Beispiele** referiert, die konkret belegen, in welchen Bereichen Defizite im Total Customer Care auftreten können und welche Wirkungen damit verbunden sind:

- **Das nicht-gelesene Kunden-Feedback des Hoteldirektors:** Ein Ehepaar übernachtete eine Woche in einem Wellness-Hotel, das vor kurzem von einer anderen Hotelkette gekauft worden war. Die bisherige Hoteldirektorin wurde gegen einen Hoteldirektor der neuen Eigentümerkette ausgetauscht. Vor der Abreise hat das Ehepaar wie üblich einen Fragebogen zur Servicequalität während seines Aufenthaltes erhalten. Es hat alle positiven Faktoren des Aufenthaltes entsprechend bewertet, insbesondere aber Defizite des Hoteldirektors im Gästekontakt bemängelt. In einem verbalen Kommentar wurde zur Behebung des etwas reduzierten Sozialverhaltens des Direktors als konstruktive Empfehlung ein entsprechendes Training empfohlen. Nach einiger Zeit hat das Ehepaar einen Dankesbrief mit der Unterschrift eben dieses Hoteldirektors erhalten. Für das Ausfüllen des Fragebogens als erwünschtes Kunden-Feedback war ein Gutschein für einen Cocktail an der Hotelbar beim nächsten Aufenthalt beigefügt. Der Hoteldirektor bedankte sich – offensichtlich in einem Standardbrief – für

die positive Bewertung und freut sich auf den nächsten Aufenthalt des Ehepaares.
- **Bürokratische Regeln ohne Berücksichtigung des Kundenwertes:** Ein Geschäftsmann hat regelmäßig die Dienste eines internationalen Kreditkartenunternehmens in Anspruch genommen, das für einen relativ hohen Gebührensatz bei jeder Transaktion bekannt ist. Da er die ganze Woche über beruflich unterwegs war, konnte er die für eine Abbuchung aufgelaufenen Kosten nicht immer sofort überprüfen und die Überweisung tätigen. Er hatte bisher noch nicht für das Lasteinzugsverfahren für seine Transaktionen votiert. Hierdurch geschah es, dass die Überweisung manchmal gut eine Woche zu spät bei dem Kreditkartenunternehmen einging. Als Konsequenz waren insgesamt ca. 35 Euro für in Rechnung gestellte Zinsen aufgelaufen. Der Geschäftsmann hat sie nicht bezahlt. Darauf trat das Unternehmen in direkten Kontakt zu ihm. Er hat die Gründe erläutert und auf seinen Status als guter Kunde hingewiesen. Aufgrund offensichtlich veränderter interner Regelungen war das Kreditkartenunternehmen nicht bereit, diese Zinsen zu erlassen. Daraufhin kam es zum Zerwürfnis. Der Kunde zahlte die Zinsen und die Kreditkarte wurde deaktiviert. Er hat danach die Kreditkarte eines anderen Unternehmens eingesetzt und wickelt darüber pro Jahr nach wie vor einen Umsatz von 35.000 bis 40.000 Euro ab. Das Unternehmen hat offensichtlich – gewollt oder ungewollt – einen profitablen Kunden verloren. Legt man z.B. einen Gebührensatz von 5% für die Transaktionen zu Grunde, dann wird klar, dass der Wert des Kunden für das Unternehmen in keiner Relation zu den aufgelaufenen Zinsen steht. Hinzu kommt: Bei seinen häufigen Flügen wird der Geschäftsmann auf dem Flughafen immer wieder von Mitarbeitern eben dieses Kreditkartenunternehmens angesprochen, die ihn für einen Kreditkartenvertrag ihres Unternehmens gewinnen wollen. Er lehnt dies immer dankend ab und überlegt, in welcher Relation bei diesen Akquiseaktivitäten die Kosten für diese Mitarbeiter pro Tag im Vergleich zu den streitigen Zinsen von 35 Euro stehen.
- **Die falsch formulierte Botschaft an den Kunden:** Ein Manager ist noch am späten Abend knapp 500 km mit dem Auto in die Stadt seines nächsten Termins gefahren. Er kam – müde und hungrig – relativ spät in dem guten Hotel in schöner Lage an, das seine Sekretärin für ihn gebucht hatte. Zum Glück war er nach dem Einchecken um 22.25 Uhr im Restaurant und wusste, dass er bis 22.30 Uhr noch eine Bestellung für etwas zu essen aufgeben konnte. Als er beim Kellner neben Getränken auch etwas an Speisen bestellen wollte, stand dieser vor ihm, schaute demonstrativ auf seine Armbanduhr und sagte: „Eigentlich bekommen Sie jetzt nichts mehr zu essen bei uns." Nach einem Disput und dem Hinweis auf die exakte Uhrzeit sowie die lange Fahrt war es dann doch noch möglich; der Kellner hat nachgegeben. Er hat aber offensichtlich die Situation um 22.25 Uhr nicht verstanden und genutzt, um diesem müden und hungrigen Gast mit der Botschaft: „Schön, dass Sie es gerade noch während unserer Küchenöffnungszeit hierher geschafft haben. Ich schaue, dass Sie möglichst schnell Ihr Essen bekommen." Er wäre dann statt der offensichtliche „Gegner" des Gastes zu seinem „Verbündeten" geworden.

- **Der fehlende kundenorientierte Beschwerdekanal:** Eine sehr renommierte Fluglinie hat eine Billigflug-Tochter gegründet, um im sich verschärfenden Wettbewerb auch dieses Marktsegment abzudecken. Manche Strecken innerhalb Deutschlands wurden dann durch den Konzern nur noch von dieser Billigfluglinie bedient. Beim Start dieser neuen Fluglinie waren die bisherigen Fluggäste des Mutterunternehmens noch relativ unerfahren mit Billig-Airlines. Die Sekretärin einer Führungskraft, die mit Senator-Status normalerweise immer bei der Mutter-Airline flog, hat bei dieser neuen Airline einen jetzt nur noch von ihr angebotenen Flug von Dresden nach Köln gebucht. Als die Führungskraft am Flughafen ankam, ging sie wie üblich in das Terminal, von dem auch immer die Mutter-Airline abflog. Wie sich nach einigem Suchen, Warten und Fragen aber herausstellte, startete die Tochter-Fluglinie zu dieser Zeit von einem anderen Terminal. Die Führungskraft konnte, bis sie diesen Sachverhalt geklärt hatte, dann nicht mehr das Einchecken vor Ablauf der zwingend geforderten 30 Minuten vor Abflug absolvieren. Hierdurch konnte sie den gebuchten und bereits bezahlten Flug nicht mehr nutzen. Um den anstehenden Termin noch wahrnehmen zu können, musste sie bei der Mutter-Airline aus dem Stand einen fast zeitgleichen Flug von Dresden nach Frankfurt buchen, um anschließend mit dem ICE möglichst schnell weiter nach Köln zu reisen. Einige Tage nach diesem gesamten Vorfall hat die Führungskraft versucht, mit der Billig-Airline Kontakt aufzunehmen, um die Kosten des nicht genutzten Fluges erstattet zu bekommen, zumal sie zu einem viel höheren Preis mit der Mutter-Airline ersatzweise geflogen war. Außerdem wollte sie sich über die in der Startphase schlechte Informationspolitik der Billig-Airline beschweren, da weder bei den Flugunterlagen ein Hinweis zu dem Terminal vermerkt war, noch am Flughafen dies ausreichend und übersichtlich ausgeschildert war. Wie sein Sekretariat bei einem Telefonat mit der Billig-Airline in Erfahrung brachte, existierte zu dieser Zeit bei der Billig-Airline aber kein eingerichteter Beschwerdekanal und der Gesprächspartner weigerte sich in dem Telefonat die Beschwerde entgegenzunehmen. Zur Verfügung gestellt wurde lediglich eine Faxnummer ohne Benennung eines Ansprechpartners, also auch auf Nachfrage keine Telefonnummer und keine E-Mail-Adresse. Die Hürde für eine Beschwerde war also hoch und undurchsichtig, so dass die Beschwerde aufgrund fehlender Erfolgsaussichten nicht durchgeführt wurde. Den Slogan der Billig-Airline hat die Führungskraft für sich in dieser Startphase uminterpretiert in: „Price high, service low."

Alle 4 Beispiele zeigen – direkt aus dem Leben gegriffen – Situationen, in denen die Kundenorientierung und -nähe sehr schnell notleidend werden kann. Es steht außer Frage, dass diese Servicedefizite nicht nur die Zusammenarbeit zwischen Kunde und Unternehmen beenden können. Vielmehr geht für das Unternehmen durch eine negative Mund-zu-Mund-Kommunikation auch Referenz- und Empfehlungspotenzial verloren.

In der Literatur sind zu Beginn der 1990er Jahre von Reichheld/ Sasser Ergebnisse **kumulierter Kundendeckungsbeiträge** über den gesamten Kunden-Beziehungslebenszyklus veröffentlicht worden (Reichheld/ Sasser 1990). Unabhängig davon, dass die wissenschaftliche Basis dieser empirischen Studien im Hinblick auf die Stichprobengröße und das Messinstrumentarium aus den Veröffentlichungen der beiden Autoren nicht vollständig nachvollziehbar ist, enthält die Untersuchung eine Reihe plausibler Ergebnisse, die ein praktikables Denkmodell darstellt. Es ist in Abbildung 1a in der Ursprungsversion wiedergegeben.

Den Kosten der Kundenakquisition zu Beginn stehen in dem auf 7 Jahre angenommenen Kunden-Beziehungslebenszyklus neben dem – von Zeit-, Loyalitäts- und Effizienzaspekten unabhängigen – **Grundgewinn** überschüssige Beträge als Beitrag zum Unternehmensgewinn aus den **Wiederkäufen** des Produktes und dem **Cross-Selling** bzw. aus Kundensicht **Cross-Buying** gegenüber. Sie werden ergänzt durch reduzierte Kosten, also Kosteneinsparungen in der Kundenadministration durch Effizienz- und Skaleneffekte, sowie Referenz- und Empfehlungswirkungen durch positive **Mund-zu-Mund-Werbung**. Zusätzlich unterstellen die Autoren einen Gewinnbeitrag des Kunden durch seine verminderte **Preissensibilität** (vgl. Reichheld 1996, S. 39 ff.).

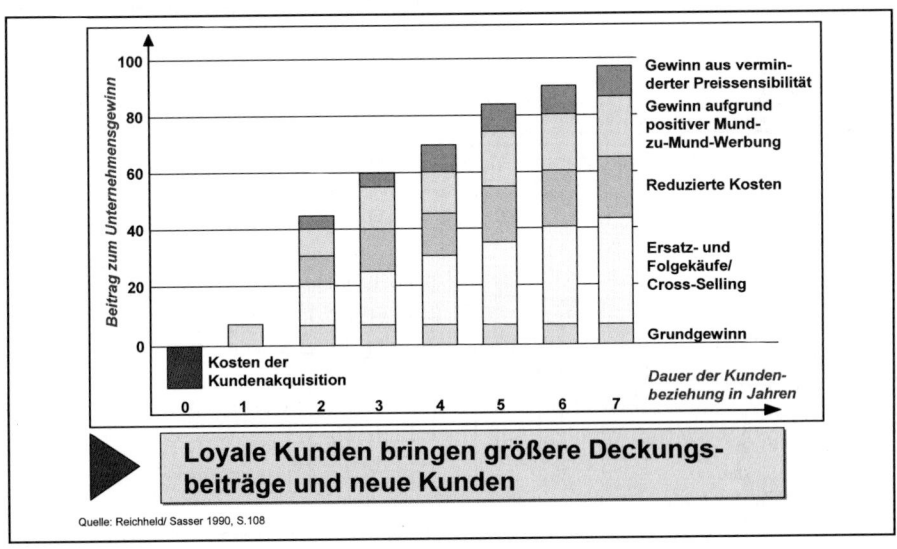

**Abb. 1a:** Kundenwert im Kunden-Beziehungslebenszyklus

Überträgt man diese Analyseergebnisse auf die heutige Zeit (2008), dann sind die Basiswirkungen aus Produktkauf sowie Ersatz- und Folgekäufen bzw. Cross-Buying nach wie vor valide. Das Referenz- und Empfehlungspotenzial eines zufriedenen Kunden hat heute mindestens eine gleich große Wirkung. Unterschiede werden sich aber sehr wahrscheinlich bei den reduzierten Administrationskosten und der verminderten Preissensibilität ergeben. Der Grund liegt darin, dass zum einen eine von Anfang an IT-gestützte Kundendatenverwaltung bei Ersatz- und Folgekäufen in den nächsten Jahren eher wenig Kosteneinsparpotenzial bietet, so dass dieser Gewinnanteil kaum steigt. Eine Kosteneinsparung ist jedoch dadurch möglich, dass der Kunde besser über die Produkte des Unternehmens informiert ist und schneller einen neuen Kauf realisiert, so dass die Vertriebs- und Beratungskosten geringer sind. Dieser Effekt ist allerdings bei den Ersatz- und Folgekäufen bzw. beim Cross-Selling respektive Cross-Buying in dem steigenden Gewinnbeitrag bereits zum Tragen gekommen.

Zum anderen ist ein reduzierter Gewinnbeitrag vor allem gegenwärtig deshalb wahrscheinlich, weil heutzutage eine verminderte Preissensibilität von Stammkunden eher die Ausnahme als die Regel ist. Im Gegenteil: Eine lange Beziehung des Kunden zum Unternehmen macht ihn nicht nur erfahrener bezogen auf die Leistungen des Unternehmens (vgl. Reinartz/ Krafft 2001, S. 1276), sondern im Allgemeinen auch deutlich sensibler und anspruchsvoller im Hinblick auf die Gewährung eines **Stammkunden-Rabattes** (vgl. Reinartz/ Kumar 2002). Diesen Nachlass wird ein kritischer Konsument heute vor dem Hintergrund einer höheren Wettbewerbsintensität zwischen Unternehmen und einer leichteren Wechselmöglichkeit zunehmend einfordern. In Abbildung 1b ist die veränderte heutige Situation gekennzeichnet. Die Ergebnisse sind dabei ohne detaillierte empirische Absicherung, aber auf der Basis von Praxiserfahrungen zu Stande gekommen. Der Gewinnbeitrag ist im 7. Jahr des Kunden-Beziehungslebenszyklus um ca. 20% reduziert.

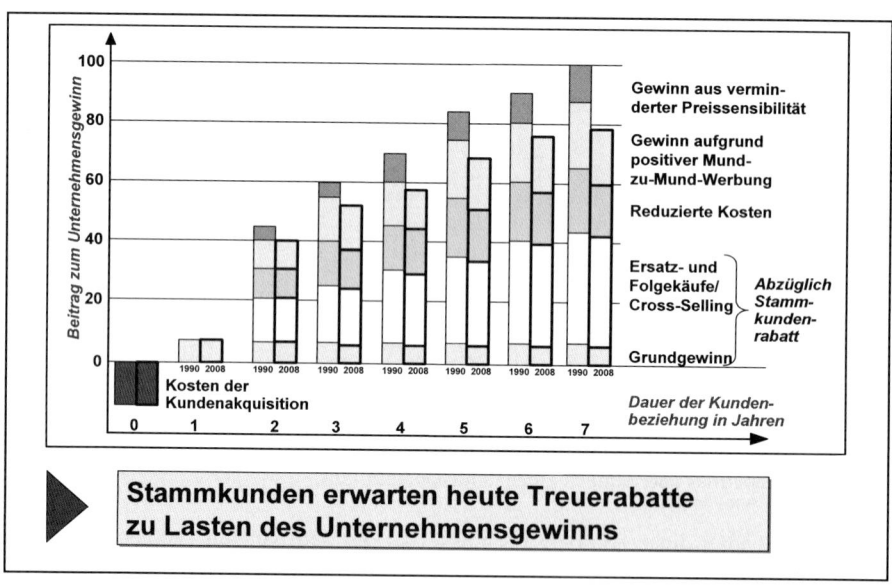

Abb. 1b: Aktualisierte Kundenwerte im Kunden-Beziehungslebenszyklus

Anspruchsvollere und kritischere Kunden führen heute also zu reduzierten Deckungsbeiträgen, so dass der Beitrag des einzelnen Kunden zum Unternehmensgewinn deutlich geringer ausfällt. Um das absolute Gewinnniveau zu halten, ist demnach eine höhere Kundenzahl oder ein höherer Umsatz mit dem einzelnen Kunden erforderlich. Auch wenn die kumulierten Deckungsbeiträge pro Kunde im

Kunden-Beziehungslebenszyklus geringer geworden sind, ist die Kundenbindung im Vergleich zu den Kosten und Erträgen der Neukundengewinnung immer noch vorteilhafter, da nicht sicher ist, wie lange ein neuer Kunden beim Unternehmen bleibt. Die Zielsetzung geht heute also dahin, Bestandskunden zu pflegen und die Geschäftsbeziehungen mit ihnen auszubauen sowie gleichzeitig Neukunden zu gewinnen, die über die Zeit möglichst auch zu Stammkunden werden sollen.

Neuere Entwicklungen zeigen, dass mit den IT-gestützten Konzepten und Instrumenten des **Customer Relationship Management (CRM)**, und dabei insbesondere dem **Data Mining** und **Kampagnenmanagement**, der Gewinn aus Folgekäufen und Cross-Buying vergrößert werden kann. Im Endeffekt läuft dies darauf hinaus, dass der (Stamm)Kunde einen größeren Teil seines Bedarfs in diesem Produktsegment bei dem Unternehmen deckt, mit dem er sehr zufrieden ist. Einem im Kundenmanagement erfolgreichen Unternehmen gelingt es also, den **Share of Wallet** des Kunden zu erhöhen. Hierdurch lassen sich die negativen Effekte der aufgezeigten anteiligen Gewinnreduzierungen zumindest teilweise kompensieren.

Die Frage ist, welchen Aufwand ein Unternehmen betreiben muss, um Kunden möglichst gut zu behandeln und dadurch möglichst lange zu halten. Die primäre Voraussetzung hierfür ist eine **Prozessanalyse der Geschäftsbeziehung**, welche die einzelnen Phasen der Kontakte und Interaktionen analysiert und durch geeignete Instrumente unterstützt. In Abbildung 2 ist eine derartige Prozessanalyse der Geschäftsbeziehung mit Kunden vereinfacht mit Beispielen geeigneter Instrumente wiedergegeben. Hierauf wird im Laufe dieses Buches in den Beiträgen vertieft eingegangen.

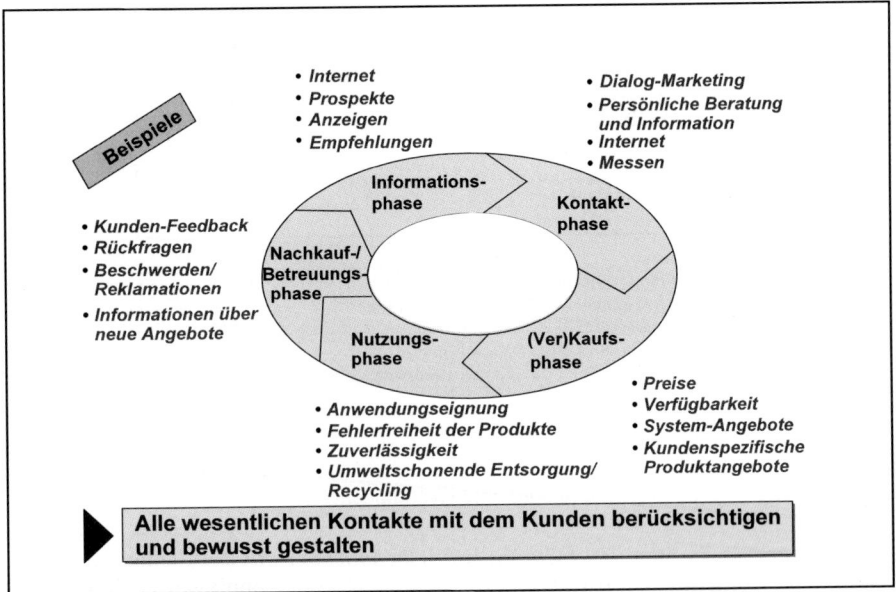

**Abb. 2:** Prozessanalyse der Geschäftsbeziehung

Die gegenwärtige Situation in Deutschland zeigt, dass die Defizite in der Kundenorientierung und im Kundenmanagement abgenommen haben. Viele Unternehmen messen heute Kundenanforderungen und -zufriedenheit umfassender und aussagefähiger. Durch gezielte Maßnahmen ist vieles besser geworden, aber nicht alle Unternehmen haben einen gleich hohen Entwicklungsstand erreicht.

Dies wird an einer aktuellen Studie der Stiftung Warentest aus dem Jahr 2007 deutlich, welche von September bis November 2006 die Kreditberatung bei 11 überregionalen und 2 regionalen Kreditinstituten geprüft hat. Pro Bank holten jeweils 7 Testpersonen in verschiedenen Filialen bundesweit ein Angebot für einen Kredit in Höhe von 5.000 Euro ein. Insgesamt sind also 91 Beratungsgespräche geführt worden. Abbildung 3 zeigt die Ergebnisse im Überblick, die nach dem Schulnotensystem ermittelt wurden. In 36 Testgesprächen ignorierten die Berater den Wunsch des Kunden, keine Restschuldversicherung abschließen zu wollen. Bei einer Bank ist der Effektivzins dadurch von 11% auf 23% gestiegen. Häufig ist der tatsächliche effektive Zins dem Kunden überhaupt nicht mitgeteilt worden, und ein ausgedrucktes Kreditangebot war ebenfalls nicht selbstverständlich (vgl. o.V. 2007).

| Kreditinstitut | Note |
|---|---|
| Commerzbank | 1,6 |
| Berliner Sparkasse | 2,4 |
| Postbank | 2,4 |
| BBBank | 2,6 |
| Readybank | 2,8 |
| Berliner Volksbank | 3,3 |
| GE Money Bank | 3,6 |
| SEB | 3,7 |
| HypoVereinsbank | 3,9 |
| Deutsche Bank | 4,0 |
| Citibank | 4,5 |
| Dresdner Bank | 4,8 |
| Santander Consumer Bank | 5,0 |

*Mängel der Beratung:*
- Kurze und wenig informative Kundengespräche
- Versuch, teure Kreditversicherungen zu verkaufen
- Abfrage von „Schufa"-Daten ohne Einwilligung der Kunden (Verletzung von Datenschutzbestimmungen)
- Verschleierung des Effektivzinses, kein ausgedrucktes Angebot für den Kunden

Quelle: Stiftung Warentest, Lebert 2007

**Abb. 3:** Mängel bei der Kreditberatung von Privatkunden

Das Ergebnis ist deutlich: Obwohl in vieler Hinsicht die Kundenberatung und damit auch das Kundenmanagement besser geworden ist und das hässliche Wort der „Servicewüste Deutschland" so nicht mehr gilt, gibt es offensichtlich immer noch eklatante Defizite. Dies ist zugleich die Begründung und Berechtigung für das vorliegende Handbuch. Die dargestellten Kundenmanagement-Konzepte erfolgreicher Unternehmen ermöglichen ein direktes **Benchmarking** in unterschiedlichen Gestaltungsfeldern.

Die Ergebnisse dieser aktuellen Studie der Stiftung Warentest stehen damit in krassem Gegensatz zu der Aussage einer früheren Werbeanzeige der Lloyds Bank Gruppe. Auf dem Bild sind 2 Manager abgebildet, die sich gegenüber stehen und von denen der eine anerkennend sagt: „Meine Bank ist in allen Finanzmärkten zu Hause.", was heißt: „Meine Bank versteht ihr Geschäft." Darauf antwortet der andere: „Das ist normal. *Meine* Bank ist auch in *meinem* Markt zu Hause.", was heißt: „Meine Bank versteht auch mein Geschäft."

Fachkompetenz allein reicht also für ein erfolgreiches Kundenmanagement nicht aus. Hinzukommen muss unbedingt auch die Fähigkeit, die Branche und das Geschäftsmodell des Kunden zu verstehen, um ihm dann im Business-to-Business-Bereich gezielte Dienstleistungsangebote machen zu können.

Im Business-to-Customer-Bereich findet diese kundenorientierte Einstellung die Entsprechung in den aus Kundensicht wichtigen Service-Komponenten, die dann auch die Kundenzufriedenheit nachhaltig prägen. Eine neuere Studie von Mercer Management Consulting (2007) verdeutlicht den Einfluss unterschiedlicher Service-Komponenten auf die Kundenzufriedenheit. Wie Abbildung 4 nachvollziehbar macht, besitzen die 5 Kriterien Zuverlässigkeit und Schnelligkeit der Auftragsbearbeitung, Qualität der persönlichen und telefonischen Kontaktmöglichkeit sowie Problemlösungskompetenz die höchste relative Bedeutung. Auf diese Aspekte ist deshalb nicht nur in der Werbung ausdrücklich einzugehen, sondern sie müssen als Nagelprobe für Kundenzufriedenheit über das **Serviceversprechen** glaubhaft vermittelt werden.

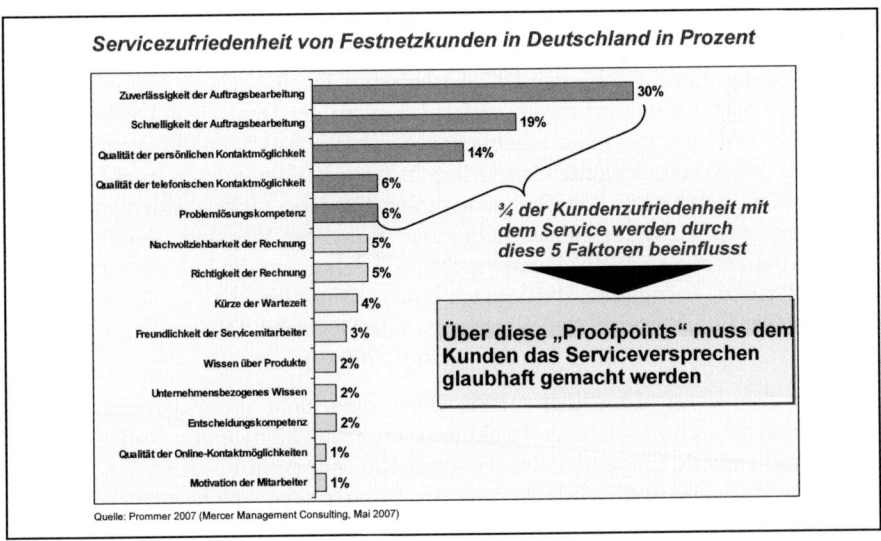

**Abb. 4:** Einfluss von Service-Komponenten auf die Kundenzufriedenheit

In dieser Hinsicht scheinen einige Unternehmen der Telekommunikationsbranche eine Reihe von Problemen zu haben, allen voran die **Deutsche Telekom**. Nach einem Bericht des Sterns vom 06.02.2008 (vgl. o.V. 2008a) soll die Telekom in den vergangenen Monaten Zehntausende von Reklamationen unbearbeitet abgelegt haben, ohne die Kunden darüber zu informieren. Der Stern schreibt, dass die Kundenbetreuer – nach den Recherchen des Stern – dabei auf Anweisung ihrer Vorgesetzten gehandelt hätten. Die Deutsche Telekom dementiert dies.

In Internetforen berichten Kunden über Tarifwechsel, die sie nicht bestellt haben, Probleme mit ISDN-Leitungen, falschen Abrechnungen und endlose Warteschleifen in Call Centern. Es handelt sich um wütende Proteste hilfloser Telefonkunden. Die Flut der Beschwerden ist immer größer geworden – ausgelöst durch die Neuorganisation des Unternehmens und den Streik im Mai 2007. Viele Kunden haben bis heute keine Reaktion bzw. zufrieden stellende Antwort auf ihre Beschwerde erhalten. Auch für die Mitarbeiter ist diese Situation alles andere als positiv. Oft bemühen sie sich, den Kunden auf freundliche Art zu helfen, stoßen in ihren Einflussmöglichkeiten jedoch schnell an enge Grenzen.

Als Reaktion auf diesen Stern-Beitrag gingen zig Leser-Kommentare ein. Sie reichten von „Typisch", „Bis jetzt immer Glück gehabt?", „Überheblichkeit großgeschrieben", „Kundenservice kleingeschrieben – Nicht nur bei der Telekom" bis zu „Ihr könnt ja mal über Arcor berichten!!". Hier **2 typische Originaltöne von Kunden:**

- „Telefon wegen Umzug abgemeldet … Nach einem Jahr Rechnung über 100 Euro erhalten – für die Zeit nach der Kündigung. 12 Briefe an die Telekom blieben unbeantwortet … Nach 2 Jahren stand Inkasso vor der Tür … Um den Weg über Rechtsanwälte und Schufa-Einträge zu vermeiden, 100 Euro bezahlt … Bis heute aber ca. 20 Freunde, Bekannte, Familienangehörige und Arbeitskollegen dazu bewegt, der Telekom den Rücken zu kehren" (vgl. o.V. 2008b).
- „Verlegung eines Telekom-ISDN-Anschlusses in ein anderes Firmengebäude nur 200 Meter vom vorherigen entfernt, hat bei der Deutschen Telekom mehr als 4 Monate gedauert und erheblichen geschäftlichen Schaden angerichtet … Durch den Wechsel wurden unerwünscht neue Rufnummern vergeben und es erfolgten unerwünscht Telefonbucheinträge für diese nicht existierenden Telefonnummern … Meine Benachrichtigung über diese Vorgänge wurde von der Telekom vergessen … Es dauerte mehr als 3 Jahre, um die Fehleinträge im Telefonbuch zu korrigieren, da sie nach jedem Korrekturversuch wieder in anderer Weise falsch eingetragen wurden … Die Deutsche Telekom ist seither für mich der Inbegriff für Chaos pur" (vgl. o.V. 2008c).

Wenn dem so ist, dann liegt auf der Hand, dass nicht alle Mitarbeiter in gleicher Weise mit den Kunden der Telekom so umgehen können und wollen. Je stärker die individuelle Empathie, also das generelle Mitgefühl für andere, ausgeprägt ist und je mehr die Serviceorientierung des Mitarbeiters – nicht zuletzt aufgrund eines entsprechenden Leitbildes des Unternehmens – gelebt wird respektive gelebt werden will, desto schwieriger ist es für derartige Mitarbeiter, mit dieser Situation zahlreicher Beschwerden und Konflikte mit Kunden zurecht zu kommen. Wir gehen auf diese Phänomene nicht nur psychologischer, sondern auch neuroökonomischer Art in dem Artikel zu den Erkenntnissen der Gehirnforschung für die Gestaltung von Beziehungen zwischen Kunden und Unternehmen noch ausführlicher ein.

## 2 Kundenmanagement im Kunden-Beziehungslebenszyklus

Nach Diller et al. umfasst **Kundenmanagement** „das Management der kommunikativen Interaktionsprozesse eines Anbieters mit potenziellen oder vorhandenen Kunden zur Generierung und Pflege von Kundenbeziehungen über den gesamten Kunden-Lebenszyklus hinweg" (vgl. Diller/ Haas/ Ivens 2005, S. 23). Stauss/ Seidel setzen Kundenmanagement in Anlehnung an den Kunden-Beziehungslebenszyklus mit **Kundenbeziehungsmanagement** bzw. **CRM** gleich (vgl. Stauss/ Seidel 2007, S. 24). Die Maßnahmen richten sich an potenzielle, aktuelle und verlorene Kunden und sind dementsprechend den Managementkonzepten des **Interessenten-**, **Kundenbindungs-**, **Beziehungsauflösungs-** und **Rückgewinnungsmanagements** zuzuordnen (vgl. ebenda, S. 25 f.). Abbildung 5 stellt den Kunden-Beziehungslebenszyklus schematisch dar.

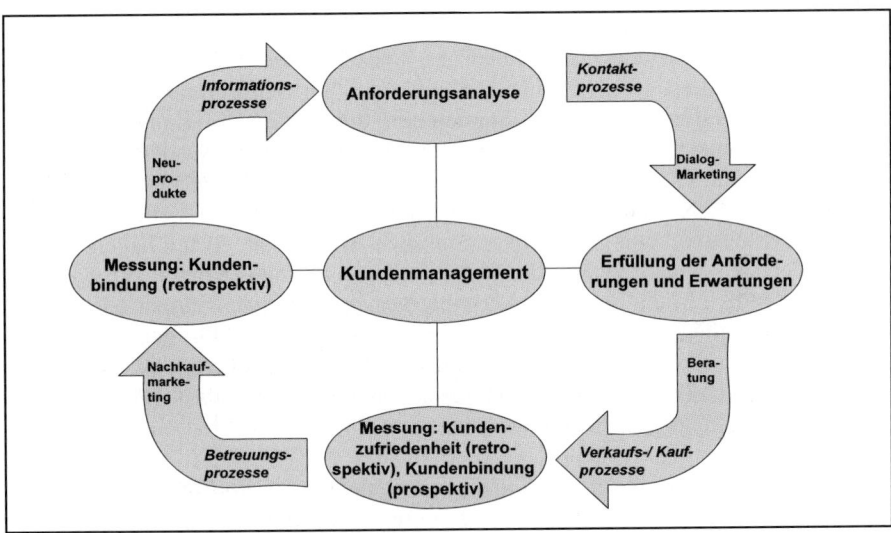

**Abb. 5:** Kunden-Beziehungslebenszyklus

Der Kunden-Lebenszyklus gleicht einem Rad, das sich dann mehrfach dreht, also ein Prozess der mehrfach durchlaufen wird, getreu dem Motto: Jedes **After-Sales-Marketing** ist immer auch ein neues **Pre-Sales-Marketing**, mit dem Kundenbindung und Cross-Selling geschaffen werden soll. Dies ist jedoch nur erreichbar, wenn das Unternehmen den Kunden und seine Anforderungen zutreffend verstanden und diese in entsprechende Produkte umgesetzt hat. Voraussetzung hierfür ist die konsequente Analyse wesentlicher Kundenanforderungen in der Informationsphase (siehe Abb. 2). Dies gilt insbesondere bei der Entwicklung von Neuprodukten. Die große Gefahr ist hierbei, dass es zu einer **Inflation der Kundenansprüche** kommt, das klare Profil eines Produktes verloren geht und das Unternehmen in eine **Kostenfalle** gerät. Dieser Gefahr kann dadurch entgangen werden, dass von vornherein eine Beschränkung auf die 3 bis 5 wesentlichsten Kundenanforderungen, die so genannten **Critical to Quality Characteristics (CTQs)**, erfolgt (vgl. Töpfer 2007, S. 893).

In der **Kontaktphase** bewertet der Kunde, in welchem Maße die Produkte und das Unternehmen selbst seine Anforderungen und Erwartungen erfüllen. Dies geschieht nicht selten in einem intensiven **Dialog** mit dem Unternehmen. Werden seine Anforderungen erfüllt, dann kommt es zum Kauf bzw. Verkauf, der häufig mit einer konkreten **Beratung** verbunden ist.

Erst die retrospektive Analyse der Kundenzufriedenheit nach dem Kauf und Einsatz des Produktes zeigt, ob das Unternehmen prospektiv mit einer Loyalität und Bindung dieses Kunden rechnen kann. Inwieweit Kundenloyalität und -bindung allerdings realisiert werden, hängt maßgeblich davon ab, ob und wie das Unternehmen den Kunden nach dem Kauf betreut. Erst auf der Basis eines **professionellen Nachkaufmarketings** lässt sich retrospektiv die erreichte Kundenbindung messen.

Diese Philosophie und dieser Feedback-Ansatz gelten nicht nur bezogen auf Endkunden, sondern gleichermaßen bezogen auf Vertriebspartner, wie z.B. den **Handel als Absatzmittler**. Alle Unternehmen, die also ihre Endkunden nicht direkt beliefern, haben 2 Arten von Kunden: Absatzmittler und Endkunden. Wenn Absatzmittler die Produkte eines Herstellers nicht verstehen und gut finden, können sie sie nicht verkaufen. Wenn die Absatzmittler durch den Verkauf der Produkte keinen ausreichend großen ökonomischen Anreiz und Vorteil haben, wollen und werden sie sie nicht verkaufen. Wenn ein Unternehmen sich demzufolge nicht in ausreichendem Maße um seine Marktpartner als 1. Kundenkategorie kümmert, und d.h. ihre Bedürfnisse und Anforderungen versteht und erfüllt, dann erreicht es auch mit guten Produkten die Endkunden als 2. Kundenkategorie nur eingeschränkt. Denn: Wissenschaftliche Untersuchungen belegen, dass Händlerzufriedenheit die Endkundenzufriedenheit deutlich beeinflusst (vgl. Jensen 2001, S. 204 ff.).

Die gesamte Darstellung des Kundenmanagements als **kontinuierlicher Prozess** mit der wichtigen **Rückkopplungsschleife der Betreuung von Bestandskunden** bedeutet, dass die Kundenbetreuung und -bindung grundsätzlich einen höheren Stellenwert besitzt als die Neukundengewinnung. Schwächen im Produkt und/ oder Service können also nicht dadurch ausgeglichen werden, dass abgewanderte Kunden durch die Akquisition neuer Kunden ersetzt werden. Kundenerosion kann deshalb nicht durch intensive und erfolgreiche Vertriebsaktivitäten ausgeglichen werden. Dies ist mit überproportional hohen Kosten verbunden und schädigt zugleich das Image des Unternehmens. Neukundenakquisition ist aber zweifellos zielführend für eine Ausweitung des Kundenstamms und damit für das Wachstum des Unternehmens.

Diese Betonung des Kunden-Beziehungslebenszyklus entspricht den neueren Entwicklungsstufen des Marketings in Wissenschaft und Praxis. Wie Abbildung 6 nachvollziehbar macht, wird seit geraumer Zeit die **„End-of-the-Pipe"-Orientierung** des Marketings mit dem Schwerpunkt auf dem Produkt, dem Verkauf, dem Verbraucher und der Transaktion maßgeblich erweitert durch den Fokus auf die **Kundenbeziehung** und den **Kundenwert**. Seit den 1990er Jahren geht es also immer mehr darum, den Nutzen und Wert durch die angebotenen Marktleistungen für die Kunden zu mehren, die für das Unternehmen wertvoll sind. Diese **Win-win-Situation** für beide Partner stärkt die Kunden-Lieferanten-Beziehung. Kundenmanagement lässt sich so ganzheitlich in den gesamten Entwicklungsprozess des Marketingverständnisses und der Marketingwissenschaft einordnen.

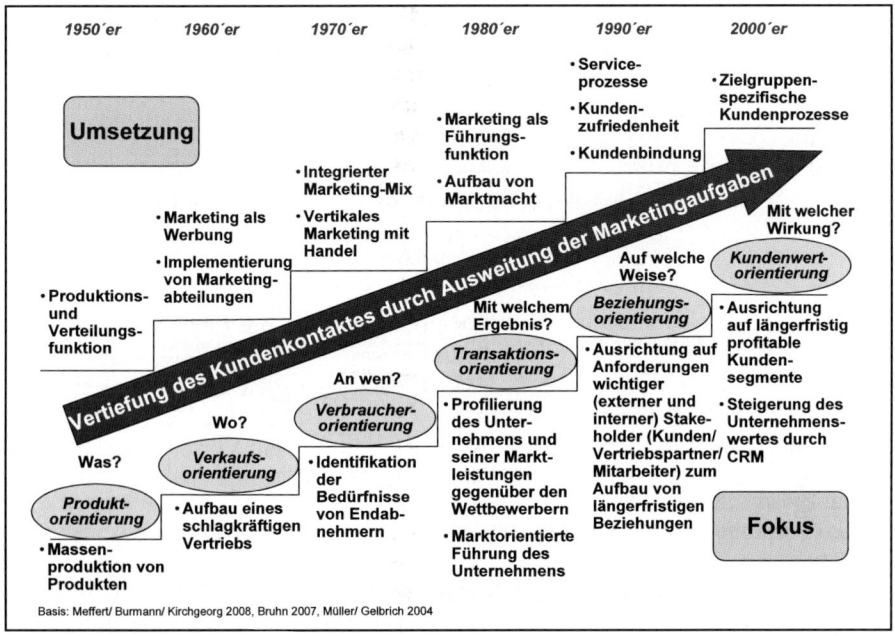

**Abb. 6:** Entwicklungsstufen des Marketings

Diese jüngsten Entwicklungsstufen des Marketings lassen sich nur realisieren, wenn das Unternehmen die Wünsche, Ziele und Anforderungen seiner Kunden versteht. Hierzu ist ein enger Kontakt mit wichtigen Zielkunden in den wesentlichen Phasen des Kunden-Beziehungslebenszyklus erforderlich. Marketing ist dann nicht nur – aus wissenschaftlicher Sicht – die Fähigkeit, die angebotenen Marktleistungen kundenorientiert auszugestalten mit dem Ziel, sich gegenüber Mitbewerbern gut positionieren und behaupten zu können. Vielmehr bedeutet Marketing – aus praktischer Sicht und bildlich gesprochen – dann auch die Fähigkeit, sich in die Schuhe des Kunden zu stellen und mit ihnen umherzulaufen, durch seine Brille zu sehen, mit seinen Ohren zu hören, mit dem Kopf des Kunden zu denken und mit dem Bauch des Kunden zu fühlen. Marketing heißt also in einer pragmatischen Sicht, sich in die Lage des Kunden versetzen und den Wertschöpfungsprozess im Unternehmen aus seiner Perspektive sehen zu können.

Vor diesem Hintergrund und mit diesem ganzheitlichen Blickwinkel lassen sich die Ergebniswirkungen des Kundenmanagements aus der Sicht der Kunden und des Unternehmens in 4 Phasen darstellen, welche die psychologischen und ökonomischen Wirkungen kombinieren. Abbildung 7 zeigt das Schema mit den beiden weiteren Ebenen der Inhalte und Instrumente. Details werden in den folgenden Artikeln des vorliegenden Buches näher ausgeführt.

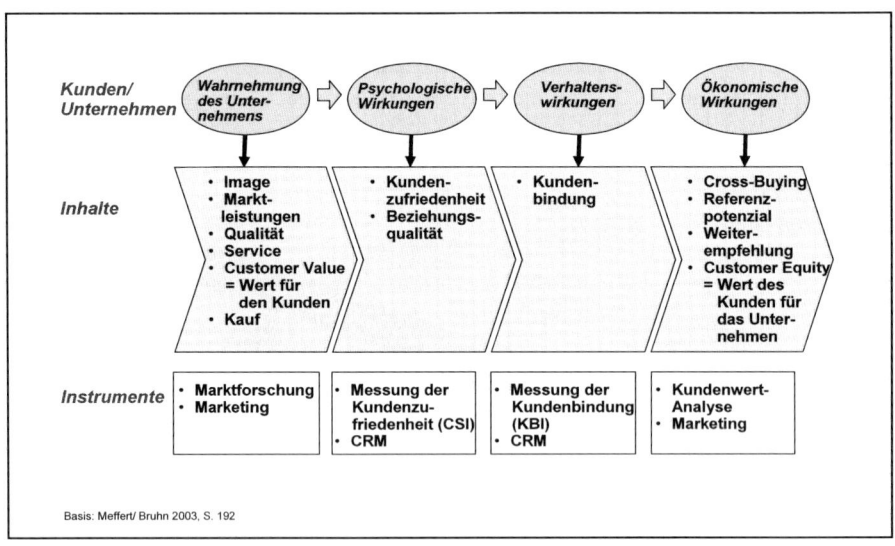

**Abb. 7:** Ergebniswirkungen des Kundenmanagements

In der Konsequenz führt diese Fokussierung auf die Kundenbeziehung und den Kundenwert dazu, dass – neben allen Aktivitäten zur Neukundenakquisition – das Schwergewicht auf die Erhaltung wertvoller Kundenbeziehungen zu legen ist. Im Konfliktfall einer drohenden oder bereits vollzogenen Kundenabwanderung ist deshalb der bisherige Kunden-Beziehungslebenszyklus durch einen Kunden-Rückgewinnungszyklus zu ergänzen bzw. noch besser mit ihm zu verzahnen, um aus verlorenen Kunden (Lost Customer) wieder begeisterte und treue Kunden zu machen. Abbildung 8 verdeutlicht diesen doppelten Kunden-Beziehungslebenszyklus bildlich.

## 3 Die neue Sichtweise: Der Kunde als Impulsgeber und Partner

In traditioneller Sicht ist der Kunde lediglich der Adressat von Leistungen, die im Unternehmen erdacht und erschaffen werden. Die dominierende Fähigkeit besteht dann im erfolgreichen Verkaufen, wie Abbildung 9 aufzeigt. Dies entspricht dem klassischen Erfolgsfaktor der **Unique Selling Proposition (USP)** als einzigartigem Verkaufsvorschlag, den das Unternehmen dem Kunden anbietet (vgl. Töpfer 2007, S. 552). Diese Strategie und Einstellung ist für eine „**Technology Driven Company**" typisch, also für ein Unternehmen, das seinen Markterfolg primär aus der technologisch fortschrittlichen Position seiner Marktleistungen erreicht. Das Unternehmen ist dann vor allem aufgrund seiner Vertriebskompetenz in der Lage, Produkte erfolgreich „in den Markt zu drücken". Eine Push-Fähigkeit kennzeichnet aber nicht von vornherein und ohne weiteres eine hohe Kundenorientierung des Unternehmens.

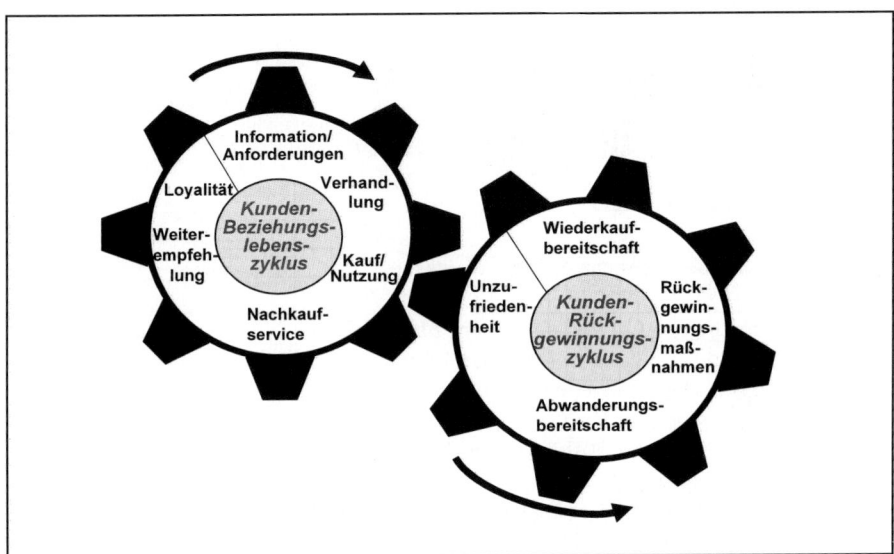

**Abb. 8:** Doppelter Kunden-Beziehungslebenszyklus

Diese kommt nach moderner Sicht dadurch zustande, dass das Unternehmen ein Produkt, ggf. mit Dienstleistung kombiniert, zu einem kundenspezifischen „Paket" schnürt und sich so im Wettbewerb gut behaupten kann. Diese Philosophie, Einstellung und Strategie herrscht in einer „**Customer Driven Company**" vor. Der entscheidende Faktor für den Verkaufs-, besser Kauferfolg, ist dann der Wert für den Kunden im Sinne des damit verbundenen Nutzens und Vorteils. Im Gegensatz zum instrumentellen Marketing ist dies die Leitidee des **Value Marketing**. Aus Push wird so Pull; der Kunde fragt das Produkt – im Idealfall – weitgehend unabhängig von den Vertriebsbemühungen nach. Der USP wird dann zu einer **Unique Customer Value Proposition (UCVP)**, also zu einem einzigartigen Wertvorteil für den Kunden (vgl. Töpfer 2007, S. 552). Der Kunde bekommt nach eigener Wahrnehmung einen Wert für den Preis, den er für das Produkt bezahlt, und für den Aufwand, den er mit der Produktbeschaffung hat.

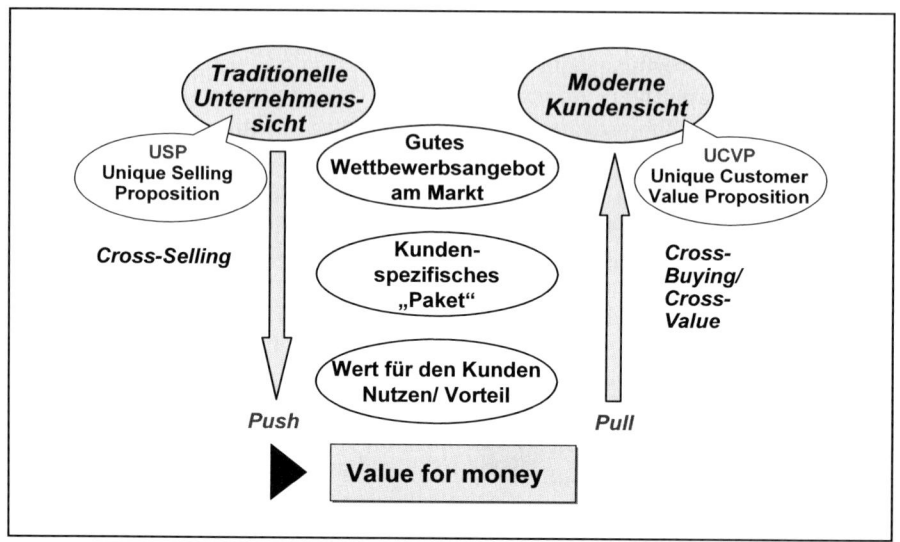

**Abb. 9:** Traditionelle Unternehmenssicht versus moderne Kundensicht

Im Gegensatz zum Cross-Selling, als Fähigkeit des Unternehmens, dem gleichen Kunden unterschiedliche Produkte verkaufen zu können, entsteht dann eher ein Cross-Buying. Der zufriedene Kunde interessiert sich auch für andere Produkte des Unternehmens und kauft sie, wenn sie in gleicher Weise, oftmals sogar ergänzend Wert und Nutzen stiften (Cross-Value).

Gerade bei Neuprodukten kommt es darauf an, einen hohen Wert für den Kunden zu schaffen, um sich von bisherigen Marktleistungen positiv abzuheben und den Markterfolg sicherzustellen. Ein wesentlicher Teil des Kundenmanagements ist in diesem Bereich also die Fähigkeit, eine Invention als Erfindung eines Lösungsprinzips möglichst schnell in eine Innovation, also eine vermarktbare Problemlösung zu überführen. Hierzu ist es oftmals zweckmäßig, Kunden als **Lead Customer** bzw. Meinungsbildner bereits in das Finden neuer Lösungsprinzipien einzubeziehen, auf jeden Fall aber in das Schaffen vermarktbarer Problemlösungen zu integrieren. Dies sichert, dass bisher nicht artikulierte und damit erkannte Bedürfnisse offen gelegt werden und vor allem alle wesentlichen Kundenanforderungen in diesem Produktentwicklungsprozess berücksichtigt werden.

Auf der Basis dieser Herleitungen wird eines klar: Unter dem Begriff **Kundenmanagement** wird kundenorientiertes Management des Unternehmens und keine gezielte Manipulation der Kunden verstanden. Um Missverständnissen von vornherein vorzubeugen: Kundenmanagement bedeutet nicht, die Kunden so zu managen – also zu steuern und zu beeinflussen, wie Unternehmen es wollen sowie vielleicht teilweise und zeitlich begrenzt auch können. Kundenmanagement hat vielmehr zum Gegenstand, alle Prozesse und Inhalte im Unternehmen so zu managen, dass das Ergebnis dem entspricht, was Kunden erwarten und wertschätzen. Im 1. Fall wäre Kundenmanagement als Manipulation der Kunden nur auf das Erreichen der Ziele des Unternehmens ausgerichtet. Im 2. Fall dagegen richtet sich das Unternehmen insgesamt auf die Ziele und Interessen der Kunden aus. Die Exzellenz eines kundenorientierten Unternehmens besteht dann darin, dies mit einem hohen Niveau an Wirtschaftlichkeit bewerkstelligen zu können. Dadurch gewinnt nicht nur der Kunde, sondern auch das Unternehmen.

Der Kern des Kundenmanagements liegt demnach eindeutig darin, das Unternehmen im Interesse der Kunden zu managen, d.h. alle Prozesse des Unternehmens aus Kundensicht zu gestalten und zu steuern. Wesentliche Voraussetzung hierfür ist eine hinreichende **Kundennähe**, die stark in der **Unternehmenskultur** verankert sein muss. Ziel ist letztlich die wirtschaftliche Erfüllung der wesentlichen Kundenerwartungen/ -anforderungen zur nachhaltigen Steigerung von Kundenzufriedenheit und Kundenbindung.

Da dieses kundenorientierte Verhalten im Ergebnis immer auch wirtschaftlich für das Unternehmen sein muss, ist eine Fokussierung auf Kunden mit einem jetzt bereits vorhanden hohen **Kundenwert** oder zumindest einem klar erkennbaren zu künftig steigenden **Kundenwertpotenzial** vorzunehmen. Demnach determinieren die Konstrukte Kundennähe bzw. Kundenorientierung, Kundenzufriedenheit und Kundenbindung den ökonomischen Erfolg eines Unternehmens (vgl. Krafft/ Götz 2006, S. 330) und werden zu **Vorsteuerungsgrößen des Unternehmenserfolgs**.

Erfolgskritisch für den Kundenmanagement-Prozess ist generell das Verhältnis zwischen dem Unternehmen und seinen Kunden. Oberstes Ziel ist das Schaffen von **Vertrauen** (vgl. Bauer/ Neumann/ Schüle 2006). Die Vertrauensbasis kann unter anderem durch eine starke und glaubhafte Anbieterloyalität gegenüber den Kunden gefördert werden (vgl. Tunder/ Götting 2006, S. 28 ff.), so dass sich die Kunden nicht manipuliert fühlen. Leitsätze wie *„Kümmere dich nicht darum, ob es gut für das Unternehmen ist, sondern sorge dich darum, dass es das Beste für den Kunden ist."* von Gary Comer – dem Gründer des Versandhändlers Land's End – verdeutlichen eindrucksvoll das Verständnis von Anbieterloyalität (vgl. ebenda, S. 29). Dies lässt sich allerdings nur realisieren, wenn das Unternehmen bereits ein erhebliches Maß an Kundenorientierung erreicht hat und vor allem gleichzeitig in den Prozessen sehr wirtschaftlich arbeitet. Hinzukommen muss eine hohe kundenorientierte Qualität der Produkte. Erst dann ist jede Steigerung der Kundenorientierung des Unternehmens gleichzeitig auch die Basis für eine Steigerung des Unternehmenserfolges. So kann der Kunde bei Land's End nach dem Kauf die Produkte während der gesamten Nutzungszeit zurückgeben, wenn er damit unzufrieden ist, und erhält sein Geld zurück. Land's End wurde vor dem Eintritt in den deutschen Markt das wirtschaftliche Scheitern aufgrund hoher Reklamations- und Rückgabequoten der Produkte vorausgesagt. Das Gegenteil ist bis heute der Fall.

Der Perspektivenwechsel in Richtung starker und nahezu kompromissloser Kundenorientierung ist eine klare Abkehr von der kurzfristigen Deckungsbeitragsoptimierung zugunsten oftmals nicht kurzfristig realisierbarer, aber auf jeden Fall längerfristig wirkender Erfolgskriterien. Mit anderen Worten wird bei der Umstellung der Unternehmensphilosophie, -prozesse, -organisation, -steuerungskriterien und -kultur nicht selten zunächst der ökonomische Erfolg den längerfristig und nachhaltig wirkenden Erfolgskriterien Kundenzufriedenheit, -loyalität, -bindung untergeordnet, um über das geschaffene Vertrauen eine stärkere Identifikation der Kunden mit den Produkten sowie eine bessere Markt-, Wettbewerbs- und Ertragsposition zu erreichen.

Dies ist zusammenfassend in Abbildung 10 dargestellt. Ein attraktives **Preis-Leistungs-Verhältnis** sowie eine mit den Kundenerwartungen korrespondierende **Produkt-/ Dienstleistungsqualität** sind also elementare Einstiegskriterien, dass die Kunden sich für ein bestimmtes Unternehmen entscheiden. Auf der nächsten Stufe ist der **Service** ausschlaggebend für die Fortführung der Kunden-Lieferanten-Beziehung. Er wird auf unzureichendem Niveau schnell zum maßgeblichen Wechselkriterium und damit zum K.o.-Kriterium für die Kunden-Lieferanten-Beziehung.

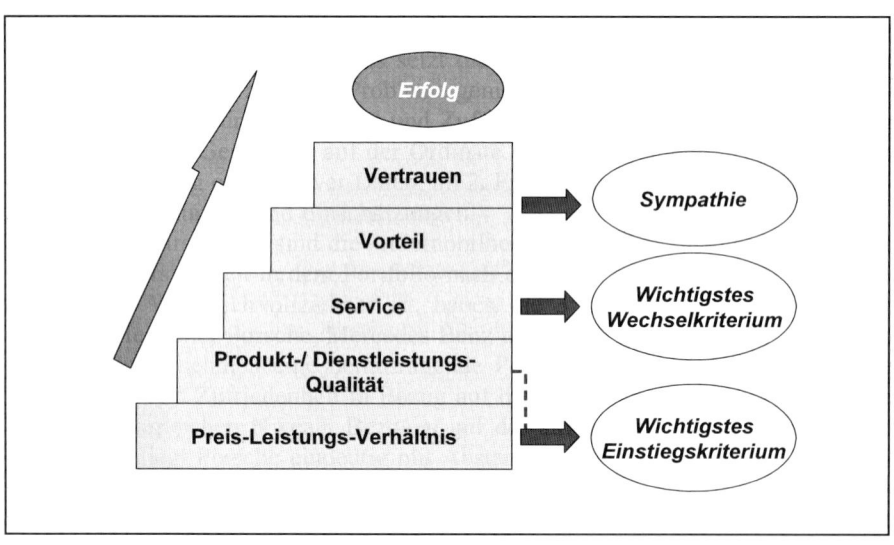

**Abb. 10:** Die Rolle des Vertrauens für den Unternehmenserfolg

Wie eine Studie der Canadian Management Association zeigt, ist bei 68% der Kunden ein schlechter Service der Hauptwechselgrund (siehe Abb. 11). Die Funktionsfähigkeit und Qualität des Produktes zu einem akzeptablen Preis wird dabei generell vorausgesetzt. Die erste wesentliche Hürde für einen längeren Kunden-Beziehungslebenszyklus hat das Unternehmen also mit dem gebotenen Produktservice zu nehmen.

Entscheidend für den Beziehungslebenszyklus zwischen Kunden und Lieferanten ist jedoch der Sachverhalt, ob das Unternehmen dem Kunden mit dem Produkt und Service einen wesentlichen Vorteil bei der Anwendung bzw. beim Einsatz des Produktes respektive auf den eigenen Märkten, also gegenüber den eigenen Kunden bietet. Genau dieser **Nutzenvorteil und Mehrwert** muss auch eine wesentliche Differenzierung vom Wettbewerb beinhalten.

Erfüllt das Produkt auf diese Weise die Anforderungen des Kunden, dann stabilisiert dies die Kundenbeziehung in Richtung einer von Vertrauen geprägten Partnerschaft zwischen dem Unternehmen und seinen Kunden. Das hypothetische Konstrukt Vertrauen kennzeichnet heute eine neue und wichtige Forschungsrichtung im Marketing (vgl. Bauer/ Neumann/ Schüle 2006). Dieser Fokus entspricht der Bedeutung von Vertrauen in realen Kunden-Lieferanten-Beziehungen.

Im besten Fall ist Vertrauen als positive Erwartung mit reduzierter Unsicherheit auch mit einer hohen Sympathie des Kunden für das Unternehmen verbunden. Sympathie korrespondiert demnach häufig mit Vertrauen. Alle diese aufeinander folgenden Stufen bestimmen gemeinsam über Kundenzufriedenheit, Kundenloyalität und Kundenbindung den längerfristigen Unternehmenserfolg.

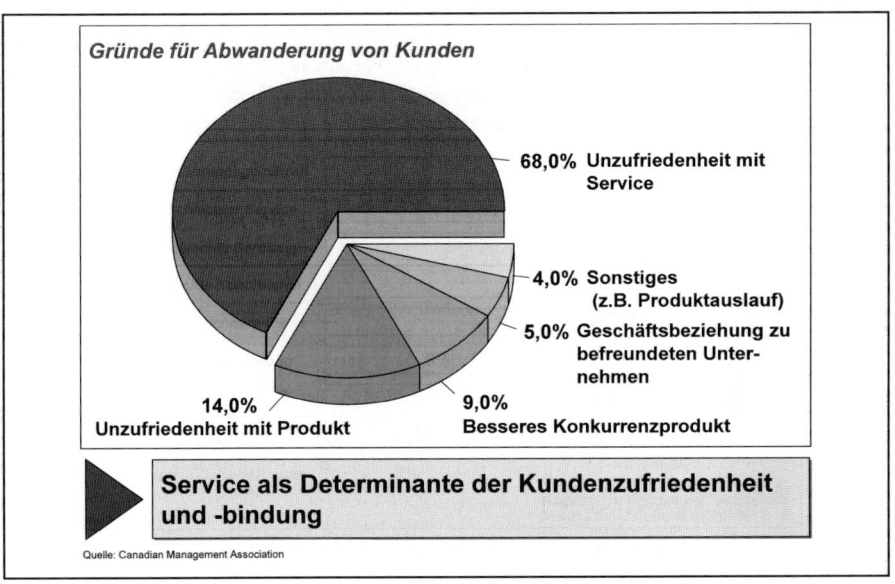

**Abb. 11:** Die Bedeutung des Service als Wechselgrund

Eine neuere Studie versucht, den Grad der **emotionalen Kundenbindung** im Business-to-Customer-Bereich (B-to-C) in mehreren Branchen zu ermitteln (vgl. Becker/ Kaerkes 2007) und hieraus weitergehende Schlussfolgerungen zu ziehen. Die rationale Komponente für eine emotionale Kundenbindung ist die Zufriedenheit, die alleine aber nicht ausreicht. Die stärker emotionale Komponente ist die Wahrnehmung eines Marktpartners in Form seines Images.

Auf einer Skala von 0 „keine Bindung" bis 100 „maximale Bindung" wird ein Index für die Bewertung der Stabilität von Kundenbeziehungen gebildet. Der Indexwert für die „Emotionale Kundenbindung" wird aus den Indikatoren Weiterempfehlungsbereitschaft, Wiederkaufabsicht, Cross-Selling-Potenzial, Alleinstellungsanspruch, Vertrauen und Commitment bestimmt. Befragt wurden 2.000 Konsumenten per Telefon.

Ohne an dieser Stelle auf das methodische Messinstrumentarium sowie die Anlage der Studie näher einzugehen, sollen einige Ergebnisse referiert werden. Emotionale Kundenbindung korreliert mit dem Kaufverhalten von Kunden. Emotional gebundene Kunden kaufen häufiger und mehr, wandern seltener auf Konkurrenzangebote ab, nehmen kleinere Probleme eher hin und empfehlen das Unternehmen aktiv weiter. Der durchschnittliche Kundenbindungsindex über alle untersuchten Branchen hinweg liegt bei 66 Indexpunkten. In einer Vergleichsstudie im Business-to-Business-Bereich hat der Durchschnittswert der emotionalen Kundenbindung über alle Anbieterbranchen hinweg ein Niveau von 69 Indexpunkten.

Wie Abbildung 12 erkennen lässt, weisen die Branchen die höchste emotionale Bindung auf, die das persönliche Wohlbefinden und den engeren Lebensbereich relativ stark bestimmen. Alle anderen Branchen fallen dagegen in ihrer Bindungsmöglichkeit deutlich ab. Dabei ist sicherlich auch die Anzahl der Interaktionen pro Periode mitentscheidend. Die Ergebnisse dieser Studie werfen zumindest ein Schlaglicht auf das Phänomen der emotionalen Kundenbindung und belegen die Bedeutung einer hohen Kundenzufriedenheit sowie einer klaren, möglichst unverwechselbaren Positionierung im Markt, die von den Adressaten dann auch so wahrgenommen werden kann.

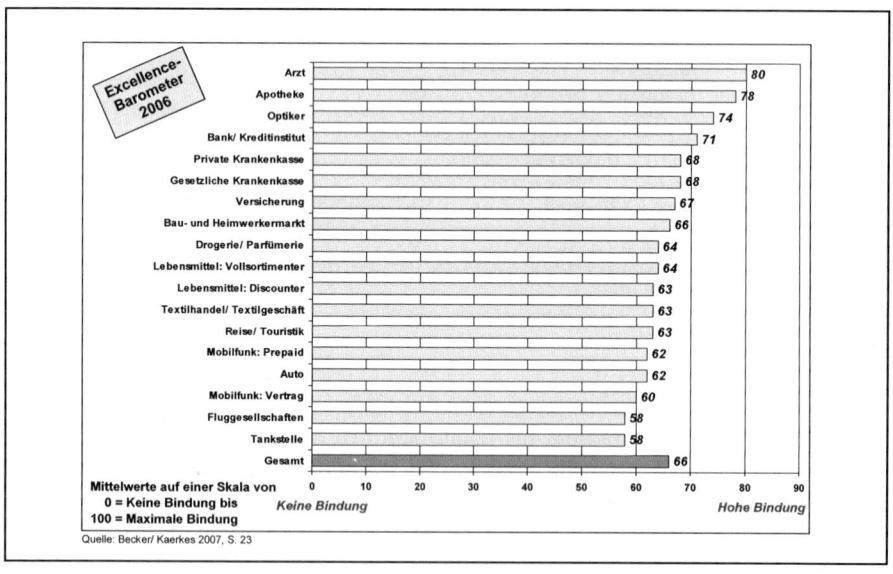

Abb. 12: Grad der emotionalen Kundenbindung im B-to-C-Bereich nach Branchen

## 4 Strategische Grundlagen für erfolgreiches Kundenmanagement

Wie gezeigt wurde, erfordert eine konsequente Ausrichtung auf den Kunden und seine Anforderungen bereits in einer frühen Phase eine klare **strategische Fokussierung**, die den Kunden und seine Belange in den Mittelpunkt der Unternehmensaktivitäten stellt. Abbildung 13 verdeutlicht, dass hierzu bestimmte Kommunikationsgrundlagen nach innen und außen zu entwickeln sind. In der **Mission** wird im Rahmen des Marktauftrages das Leistungsspektrum des Unternehmens mit seinen Kernkompetenzen formuliert. Die **Vision** macht Aussagen zur angestrebten Marktpositionierung und zum Unternehmenserfolg in den nächsten 5-10 Jahren. Die **Werte** präzisieren meist in Form eines **Leitbildes**, welche ethisch-moralischen und sozialen Kategorien dabei einzuhalten sind.

**Abb. 13:** Strategie als Voraussetzung für Markterfolg

Diese 3 Eckpfeiler des Geschäftsmodells und der Unternehmensphilosophie für die nächsten Jahre sind die wesentliche Grundlage und Voraussetzung, um die faktische Situation und die prospektive Erwartung des eigenen Unternehmens in Form von Stärken und Schwächen sowie von Chancen und Risiken im Rahmen einer **SWOT-Analyse** (Strenghts – Weaknesses – Opportunities – Threats) aussagefähig aufarbeiten zu können. Hierzu sind klar definierte **Kernkompetenzen** auf der Basis analysierter **interner Werttreiber** und **externer Erfolgsfaktoren** nötig. Dieser Status des Unternehmens mit dem hier interessierenden Bezug auf das erreichte Niveau an Kundenmanagement kann nur im Vergleich zu den maßgeblichen Anforderungen der Adressaten und im Vergleich zu den wesentlichen Wettbewerbern durchgeführt werden. Diese beiden Informationserfordernisse sind deshalb umfassend und aussagefähig zu erfüllen.

Erst auf dieser Basis lassen sich realistische, also erreichbare Ziele längerfristiger Art aufstellen. Sie sind die Grundlage und zugleich wesentlicher Bestandteil der auf die Erfüllung der wesentlichen Kundenanforderungen ausgewählter Zielgruppen fokussierten Marktstrategie. Mit der **Strategie** als **Ziel-Maßnahmen-Pfad** (vgl. Töpfer 2007, S. 507 ff.) wird die vom Unternehmen definierte umfassende Leistung für den Kunden festgelegt und am Markt erfolgreich angeboten.

Die Art und der Inhalt der angebotenen Leistungen für den Kunden hängen von der konkreten Ausrichtung der Unternehmensstrategie und damit dem analysierten Handlungsfreiraum am Markt ab. Im Hinblick auf die möglichen Strategien (siehe Abb. 14) lassen sich – basierend auf der Strategieklassifikation von Porter (vgl. Porter 1980) – 4 (vertikal aufgeführte) Strategiearten mit jeweils mehreren (horizontal aufgeführten) unterschiedlichen Strategietypen differenzieren, die primär vertikal in Kombination gestaltet werden und von denen jeweils Anforderungen an und Wirkungen auf das Kundenmanagement ausgehen. In Abbildung 14 ist dieser Zusammenhang im Detail wiedergegeben (vgl. Töpfer 2006, S. 54).

Exemplarisch soll dies an einigen typischen Kombinationen für erfolgreiches Kundenmanagement, also gute Erfüllung wichtiger Kundenanforderungen bei gleichzeitig hohem Unternehmenserfolg, verdeutlicht werden:

- Strebt ein Unternehmen die Position des **Qualitäts- und Technologieführers** an, dann ist diese Strategie nicht selten mit dem Ziel einer Marktführerschaft in seinem – eher eng definierten – relevanten Markt verbunden. Dies lässt sich häufig als Innovator oder früher Folger am besten erreichen. Bezogen auf das Ausmaß sind alle 3 Strategietypen möglich.

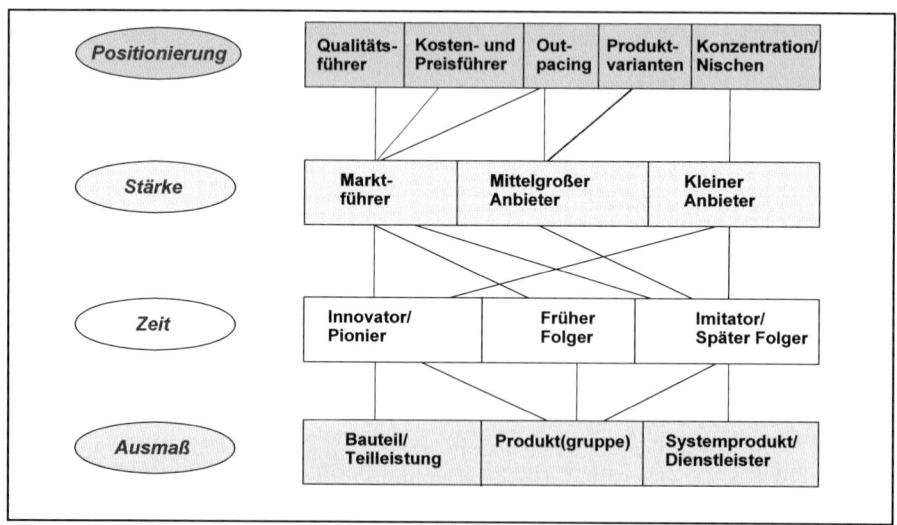

**Abb. 14:** Übersicht der Strategiearten

- Bei der „Gegenstrategie" hierzu, nämlich der Positionierungsstrategie einer **Kosten- und Preisführerschaft**, wird das Preis-Leistungs-Verhältnis für den Kunden deutlich niedriger angesetzt. Diese Volumenstrategie ist typischerweise auf eine starke Marktposition in einem breit abgedeckten Markt ausgerichtet. Vom Timing her ist dies eher die Strategie früher oder später Folger und sie bezieht sich eher auf Teilleistungen oder ganze Produkte, aber weniger auf Systeme und Dienstleistungen.
- **Outpacing** als kombinierte Strategie strebt für den Kunden ein hohes Qualitätsniveau zu einem sehr attraktiven, oftmals besten Marktpreis an. Das Ziel ist also eine Extremierung in 2 Dimensionen, was diese Strategie schwierig, aber auch erfolgsträchtig macht. Bezogen auf Stärke, Zeit und Ausmaß sind die oben gemachten Ausführungen gültig.
- Eine **Produktvariantenstrategie** versucht, den Markt in möglichst homogene Schichten für klar umrissene Kundengruppen zu unterteilen, um so die relevanten Segmente abzudecken. Für die jeweiligen Kunden ergibt sich hierdurch der Vorteil, dass sie mehr oder weniger maßgeschneiderte Produkte angeboten bekommen. Dabei besteht das Ziel, die Produkte und Strategien für die einzelnen Segmente möglichst überschneidungsfrei zu halten. Dies ist heute beispielsweise die gängige Strategie der meisten Automobilhersteller, die Produkte von der Kleinwagenklasse, über Kompaktfahrzeuge bis in den Premium-Bereich und manchmal sogar für die Luxusklasse – ggf. im Rahmen einer Mehrmarkenstrategie – anbieten. In den einzelnen Marktsegmenten können die Kombinationen aus Stärke, Zeit und Ausmaß der Strategie variieren. Generell gilt, dass ein später Folger bei einem definitionsgemäß stark besetzten Markt i.d.R. keine großen Stückzahlen seines Produktes verkaufen kann, es sei denn, er realisiert eine Niedrigpreisstrategie und unterbietet die Mitbewerber. Diese Volumenstrategie wird nur erfolgreich sein, wenn bei dem niedrigen Preis die Kostendegressionseffekte so hoch sind, dass das Unternehmen trotzdem noch Gewinne erwirtschaftet. Mit einem Me-too-Produkt ohne Wettbewerbsvorteile wird er ebenfalls keine Marktchancen haben und deshalb eher in Richtung Systemprodukt mit Dienstleistung gehen.
- Die 5. Strategie der **Konzentration und Nischenführerschaft** wird häufig mit einer **Technologieführerschaft** verbunden. Von der Stärke her handelt es sich eher um kleinere Anbieter, die aber ihre Kunden oftmals genau kennen und dann auch eine auf die Erfüllung wesentlicher Kundenanforderungen ausgerichtete Marktleistung anbieten. Sie können damit wiederum in Innovator sein. Vom Ausmaß her wird das Produkt eher in Richtung Systemleistung einschließlich Dienstleistung gehen. Wenn ein Nischenanbieter sich in einem niedrigeren Preissegment ansiedelt, dann kann er sich mit einer spezialisierten Marktleistung ebenfalls auf eine eng abgegrenzte Kundengruppe konzentrieren oder er nutzt den Einstieg in dieses Segment als Übergang in Richtung einer Strategie der Kosten- und Preisführerschaft.

Um diese 5 unterschiedlichen Positionierungsstrategien im Wettbewerb noch einmal besser einordnen und nachvollziehen zu können, sind sie in Abbildung 15 grafisch übersichtlich dargestellt und mit einigen Beispielen zu jedem Strategietyp ergänzt (vgl. Töpfer 2007, S. 536 ff.). Auf detaillierte Darstellungen und Analysen der Unternehmensstrategien wird hier verzichtet. Erkennbar ist aber Folgendes: Eine eindeutige Positionierung ermöglicht eine **präzise Zielgruppenansprache** und vermeidet Streuverluste. Dies ist nicht allen in der Abbildung aufgeführten Unternehmen im Zeitablauf immer gelungen.

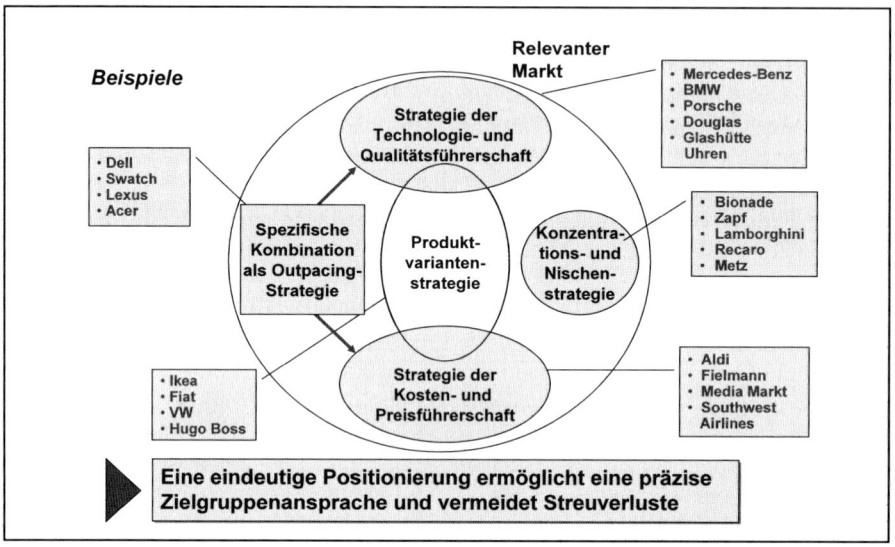

Abb. 15: Positionierungsstrategien im Wettbewerb

## 5 Konzeption und Inhalte des Handbuchs Kundenmanagement

Das vorliegende Handbuch folgt in seinem Aufbau und der inhaltlichen Reihenfolge der einzelnen Artikel der bisher dargestellten Argumentationslinie. Abbildung 16 verdeutlicht dies. Reduziert man den Kunden-Beziehungslebenszyklus auf die 3 Stadien **Vorkauf-, Kauf- und Nachkaufphase**, dann lassen sich diesen folgende Inhalte schwerpunktmäßig zuordnen. Allerdings erstrecken sich viele Inhalte, wie z.B. das Customer Relationship Management, auf alle 3 Phasen des Kunden-Beziehungslebenszyklus.

In der Vorkaufphase sind insbesondere die Anforderungen der Kunden und deren Prozesse zu analysieren. Zusätzlich ist aus Unternehmenssicht der Kundenwert bzw. das Kundenwertpotenzial der einzelnen Zielkunden zu ermitteln, um im Rahmen einer wertorientierten Steuerung durch zielgruppenspezifische Angebote einen möglichst hohen Kundennutzen zu erzielen und gleichzeitig das Kosten-Nutzen-Verhältnis für das Unternehmen zu optimieren. Demnach sind die Kundenmanagementaktivitäten primär auf wertvolle Kundensegmente zu konzentrieren, um eine Ressourcenvernichtung durch den Einsatz knapper Mittel für Kunden mit geringem Kundenwert/ -potenzial zu vermeiden (vgl. Günter/ Helm 2006, S. 369 f.). In der Kaufphase sind die zentralen Vorsteuerungsgrößen Kundenzufriedenheit und Kundenbindung (vgl. Diller/ Haas/ Ivens 2005, S. 83, 105) zu messen und ggf. durch entsprechende Maßnahmen zu steigern.

Dies erfolgt vorwiegend in der Nachkaufphase, und zwar insbesondere im Rahmen des CRM und weiterer Managementkonzepte wie z.B. der Balanced Score Card, dem Human-Ressourcen-Management, ganzheitlichen Qualitätsmanagementkonzepten, Six Sigma und Change Management. Das Ziel besteht in diesen flankierenden Bereichen darin, erkannte Defizite der Kundenorientierung auszumerzen und sich bietende Potenziale auszuschöpfen, um so langfristig profitable Kundenbeziehungen basierend auf hoher Kundenzufriedenheit und -bindung aufzubauen und zu pflegen.

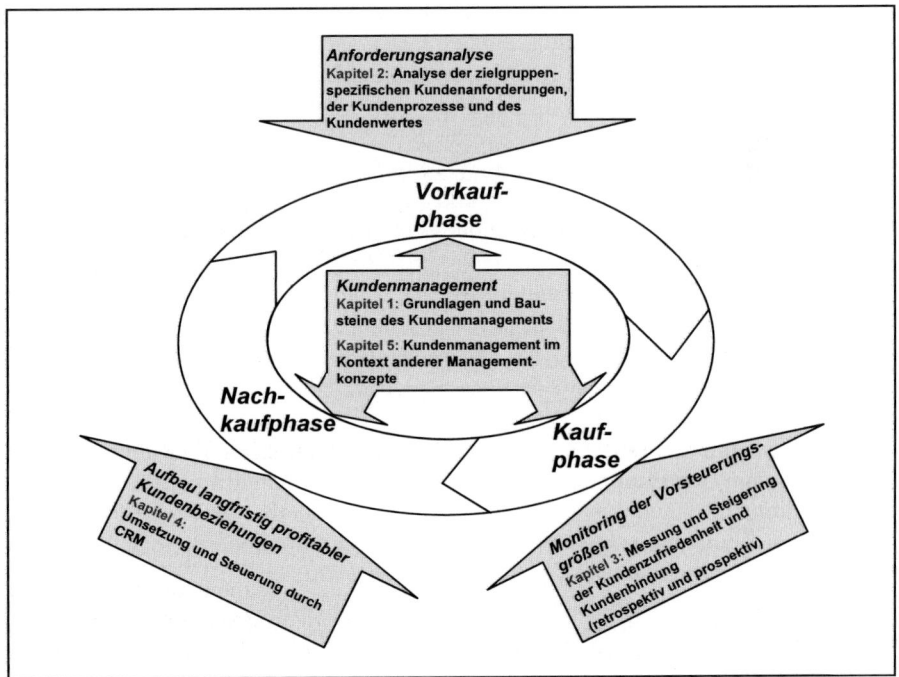

**Abb. 16:** Schwerpunkte einzelner Phasen des Kundenmanagements

Abbildungen 17a und 17b liefern abschließend den Überblick und die Einordnung der einzelnen Beiträge des vorliegenden Handbuchs auf der Basis einer Kriterienliste, die alle wesentlichen inhaltlichen Anforderungen und Elemente des Kundenmanagements umfasst. Anhand dieses Kataloges relevanter Kriterien werden die Beiträge dieses Buches danach bewertet, in welchen Bereichen ihre inhaltlichen Schwerpunkte liegen.

Der **Kriterienkatalog** zeigt, dass dabei zwischen folgenden generellen Inhaltsbereichen unterschieden wird: Kundenorientierung im Unternehmen, gezielte Ermittlung und Realisierung von Kundenanforderungen, Monitoring der Vorsteuerungsgrößen und Verbesserungsmaßnahmen für langfristig profitable Kundenbeziehungen.

So ist leicht nachvollziehbar, auf welche Inhaltsbereiche die einzelnen Artikel insbesondere eingehen. Die thematische Fokussierung der einzelnen Beiträge kann aus dem Inhaltsverzeichnis ersehen werden. Auf detaillierte inhaltliche Aussagen zu den einzelnen Artikeln wird hier deshalb verzichtet. Sie finden sich am Beginn jedes Kapitels. Stattdessen wird im Folgenden zu jedem Kapitel eine **Reihe von Fragen** formuliert. Auf jeden einzelnen Artikel eines Kapitels beziehen sich i.d.R. 2 Fragen.

Im **Kapitel 1** zu den **Grundlagen und Bausteinen des Kundenmanagements** werden insbesondere folgende Fragen beantwortet:

- Wie lassen sich Geschäftsbeziehungen kundenorientiert und profitabel gestalten, um üben den gesamten Beziehungslebenszyklus eine Win-win-Situation zu schaffen?
- Welche Bedeutung hat die Kundenpflege und -bindung im Vergleich zur Neukundengewinnung?
- Was sind die wesentlichen Inhalte und Ziele des wertorientierten Beziehungsmarketing, und wodurch unterscheidet sich dieses vom „traditionellen" transaktionsorientierten Marketing?
- Wie entsteht Kundenzufriedenheit, welche Stufen der Zufriedenheit gibt es und welche Konsequenzen ergeben sich aus Kundenzufriedenheit bzw. aus -unzufriedenheit?
- Unter welchen Bedingungen ist eine Steigerung der Kundenzufriedenheit aus Unternehmenssicht sinnvoll?
- Welche Segmentierungsmöglichkeiten gibt es in Bezug auf die Loyalität der Kunden zum Unternehmen, um Maßnahmen für das Kundenmanagement ableiten zu können?
- Welchen Stellenwert hat die Kundenbindung im Internet für den Unternehmenserfolg?
- Welche wesentlichen Theorien zur Erklärung von Kundenbindung gibt es und welche Erfolgsfaktoren lassen sich daraus für eine gezielte Kundenbindung bei Internet-Geschäftsmodellen ableiten?
- Welche Auswirkungen haben Transaktionskosten und Informationsasymmetrien auf die Kunden-Lieferanten-Beziehungen?
- Wie kann durch Screening und Signalling eine verbesserte Informationslage der Marktpartner erreicht werden?
- Durch welche Dimensionen aus Kundensicht lässt sich die Vertrauenswürdigkeit von Unternehmen charakterisieren?
- Wie wirkt sich der Faktor Vertrauen auf die Loyalität von Neukunden und Stammkunden aus?
- Durch welche Gehirnprozesse kann sich ein Kunden-Kontakt-Mitarbeiter in Kunden einfühlen?

- Wirkt Werbung stärker auf unbewusstem oder bewusstem Wege?

Das **Kapitel 2** zur **Analyse der zielgruppenspezifischen Kundenanforderungen, der Kundenprozesse und des Kundenwertes** konzentriert sich vor allem auf folgende Fragen:

- Welche grundlegenden Verfahren zur Ermittlung der Kundenanforderungen stehen zur Verfügung, die auch Informationen über zukünftige Anforderungen liefern?
- Wie sind Kunden- und Unternehmensprozesse aufeinander abzustimmen, um durch die Verzahnung von intern gerichteten Werttreibern und extern gerichteten Erfolgsfaktoren die Wertschöpfungsprozesse segmentspezifisch aus Kunden- und Unternehmenssicht zu optimieren?
- Welche Verfahren zur Kundenbewertung werden in der Unternehmenspraxis eingesetzt und welche Implikationen ergeben sich daraus für ein kundenwertorientiertes Marketing?
- Wie können mit Hilfe von dynamischen Kundenwert-Modellen langfristig ausgerichtete Kundenbeziehungen analysiert werden?
- Was sind die typischen Anwendungsgebiete von Kunden-Fokusgruppen?
- Was ist bei der Vorbereitung und Konzeption von Kunden-Fokusgruppen und in Bezug auf die Person des Moderators zu beachten, um ihren Erfolg sicherzustellen?
- Wodurch sind Lead User gekennzeichnet, die durch ihre Ideen entscheidend zur kundenorientierten Neuproduktentwicklung beitragen, und wie lassen sie sich aus dem Pool aller Kunden eines Unternehmens identifizieren?
- Wie kann durch Online-Entwickler-Communities eine vernetzte, orts- und zeitunabhängige Interaktion der Kunden untereinander und mit dem Unternehmen realisiert werden?
- Welche typischen Probleme treten bei vielen multinationalen Unternehmen auf, wenn sie mehr Kundennähe und Kundenorientierung anstreben?
- Wie sind die interne Organisation und Struktur zu gestalten, um insbesondere in sehr dynamischen Märkten schnell und treffsicher kundenorientierte Produkte zu entwickeln?

In **Kapitel 3**, das die **Messung und Steigerung der Kundenzufriedenheit und Kundenbindung** behandelt, stehen die folgenden Fragen im Vordergrund:

- Worin unterscheiden sich merkmals- und ereignisorientierte Verfahren zur Messung der Kundenzufriedenheit und wann sind sie einzusetzen?
- Wie können der Kundenzufriedenheitsindex und der Kundenbindungsindex über die Funktion einer Messzahl hinaus zu einem Steuerungsinstrument für kundenorientiertes Marktverhalten des Unternehmens weiterentwickelt werden?
- Was ist das Ziel von Kunden-Feedback-Aktionen und wie ist in stringenter Weise vorzugehen, um sie gezielt auszuwerten, aussagefähige Ergebnisse zu erhalten und Verbesserungspotenziale zu erkennen?

| Kapitel | Beitrag | Kundenorientierung im Unternehmen | | | | | | | | | | | | Gezielte Ermittlung und Realisierung von Kundenanforderungen | | | | | | Monitoring der Vorsteuerungs-größen | | | | | Verbesserungsmaßnahmen für langfristig profitable Kundenbeziehungen | | | | | | | | |
|---|---|---|---|---|---|---|---|---|---|---|---|---|---|---|---|---|---|---|---|---|---|---|---|---|---|---|---|---|---|---|---|---|---|
| | | Kunden-Beziehungslebenszyklus | Hersteller-Handel/ Vertriebs-Beziehungen | USP | Customer Value/ UCVP | Wertbasierte Kundensegmentierung und -bearbeitung | Kundenzufriedenheit/ Kundenloyalität und Kundenbindung | Vertrauen | Verankerung in Unternehmensphilosophie und -kultur (Mission, Vision, Werte, Leitbild) | Servicekultur | Kundenorientierte Prozesse | Organisations- und IT-Struktur; Lernende Organisation | Kundenorientierung in Beschwerdefällen und Krisensituationen des Unternehmens | Kunden-Fokusgruppen | Voice of the customer aufnehmen, CTQs ableiten | Entwicklung von Kernkompetenzen (Werttreiber und Erfolgsfaktoren) | Integration der Kunden in Entwicklungs- und Innovationsprozesse | Mystery Customer | Zielgruppenspezifische Angebote/ Serviceleistungen | Kunden-Feedback-Aktionen | Kundenzufriedenheits- und Kundenbindungsindex | Internes und externes Benchmarking | SWOT-Analyse | Balanced Score Card | Zielvereinbarungen (z.B. Servicelevel) | Strategien, Ziel-Maßnahmen-Pfade | Multi-Channel-Management (Kunden-Kontaktkanäle und Vertrieb) | Management der Kundendaten (Data Warehouse, Data Mining) | Rolle der Mitarbeiter/ Human-Ressourcen-Management | Customer Relationship Management | Beschwerdemanagement | Aktionspläne/ KVP/ Veränderungsmanagement | Qualitätsmanagement |
| Kapitel 1 | Töpfer: Phasen und Inhalte des Kundenmanagements: Prozess und Schwerpunkte für kundenorientiertes Handeln und Verhalten | ● | ○ | ● | ● | ● | ● | ○ | ● | ● | ● | | | | | ○ | ○ | | | | ○ | | ○ | | | ● | | | | | | | |
| | Töpfer/ Mann: Kundenzufriedenheit als Basis für Unternehmenserfolg | ○ | | ● | ○ | | ● | ○ | ○ | ○ | ○ | | | | ○ | | | | ● | | ○ | | | | | | | | ○ | | ○ | | ○ |
| | Töpfer: Ursachen-Wirkungs-Konzepte für Kundenloyalität und Kundenbindung | | | | | | ● | ○ | | | | | | | | | | | ● | ○ | ● | | | | | | | | | | | | |
| | Töpfer/ Silbermann: Theoretische Grundlagen und Wirkungszusammenhänge der Kundenbindung im | | | | | | ● | ● | | | | | ○ | | | | | | | | | | | | | ○ | | | | | ○ | | ○ |
| | Töpfer: Erkenntnisse der Neuen Institutionen-Ökonomik für das Kundenmanagement | ○ | | | | | | ● | | | ○ | | | | | ○ | | | | | | | | | | | | | | | | | |
| | Wünschmann/ Müller: Vertrauen als Bindeglied zwischen Kundenzufriedenheit und Kundenloyalität | | | | | | ● | ● | | | | | | | | | | | | | | | | | | | | | ○ | | ○ | | ○ |
| | Duchmann/ Töpfer: Neuroökonomie und Neuromarketing – Erkenntnisse der Gehirnforschung für die Gestaltung von Beziehungen zwischen Kunden | | | | | | ● | ● | | ○ | | | | | ● | | | | | | | | | | | | | | ● | | | | |
| Kapitel 2 | Töpfer: Analyse der Anforderungen und Prozesse wertvoller Kunden als Basis für die Segmentierung und Steuerungskriterien | | | | | ● | ● | ○ | | | ● | | | ○ | ● | ● | | | ● | | | | | ○ | | | | ○ | | | | | |
| | Töpfer/ Seeringer: Entwicklungsstufen des Customer Value-Konzeptes und Berechnungsverfahren zur Steuerung des Kundenwertes | | | | | ● | ○ | | | | | | | | | | | | | | | | | | | ○ | | | | | | | |
| | Töpfer/ Silbermann: Einsatz von Kunden-Fokusgruppen | | | | | | ○ | | | | ● | | | ● | ● | | ● | | ○ | ○ | | | | | | ○ | | | | | | | |
| | Lang: Risikominimierung durch Endkundenintegration in den Innovationsprozess bei Webasto | | | | | | | | | | | | | ● | ● | | ● | | | ○ | | | | | | | | | | | | ○ | |
| | Buchner: Von der Kundenbefragung zur Innovation: Wie Kundenbedürfnisse mit neuen Produkten beantwortet werden | | ● | | | | ● | | | | | ● | | ● | ● | | ● | | | | | | | | | | | | ○ | | | | |
| Kapitel 3 | Töpfer: Konzeptionelle Grundlagen und Messkonzepte für den Kundenzufriedenheitsindex (KZI/ CSI) und den Kundenbindungsindex (KBI/ CRI) | | | ○ | ○ | | ● | | | | ○ | | | ○ | | | | ○ | | | ● | ● | | | | | | | | | ● | ● | |
| | Töpfer/ Gabel: Messung von Kunden-Feedback: Ein 10-Punkte-Programm | | | | | | ● | | | | ● | | | ○ | | | | ● | ○ | ● | ○ | ○ | ○ | ○ | | | | | | | | ● | |
| | Bruhn: Messung von Kundenzufriedenheit im Rahmen Nationaler Kundenbarometer: Konzeptionen und Nutzenpotenziale unterschiedlicher Customer Satisfaction Indizes | | | | | | ● | | | | | | | | | | | | ○ | | | ● | ○ | | | | | | | | | | ● |
| | Rittersberger: Kundenzufriedenheitsmanagement bei Federal Express | | | | | | ● | | ● | ○ | ○ | ○ | | ● | ● | | | | ● | ● | | | ● | | ● | | | | ● | | | ● | ● |
| | Niemeyer et al.: Kundenzufriedenheitsmanagement bei der R+V Versicherung | | ● | | | | ● | | | | ○ | | ● | | | | | | | ● | ● | | | | | | | | | | ● | ● | ● |
| | Zondler: Bausteine für eine hohe Kundenzufriedenheit bei der Gmünder ErsatzKasse (GEK) | | | | | | ● | | ● | ● | ● | ● | | | | | | ● | | ○ | | ○ | | | ● | | | | ● | | ● | ● | ● |
| | Töpfer/ Opitz: Benchmarking mit dem Versichertenbarometer – Kundenzufriedenheit und -bindung im deutschen Krankenkassenmarkt | | | | | | ● | | | ● | | | | | ● | ○ | | | ○ | ● | ○ | ● | | | | | | | | | | | |
| | Töpfer/ Lehr: Der Beitrag des Kundenbindungsmanagements zum Sanierungserfolg von Unternehmen | | | | | ● | | | ○ | | ○ | ○ | ● | | ○ | | ○ | | ○ | ○ | | | | | | | | ○ | ○ | | ○ | | ● |
| | Töpfer/ Heidig: Effiziente Kundenbindungsaktivitäten für profitable Kunden-Lieferanten-Beziehungen in mittelständischen Unternehmen | | ○ | | | ● | ● | ○ | | | | | | | ● | | ○ | | ● | | | | | | | | ● | ○ | ○ | ○ | ○ | | |

**Abb. 17a:** Matrix mit Zuordnung der Beiträge nach Kundenmanagement-Kriterien (Legende: ● = ausführlich behandelt, ○ angesprochen)

| | | Kunden-Beziehungslebenszyklus | Hersteller-Handel/ Vertriebs-Beziehungen | USP | Customer Value/ UCVP | Wertbasierte Kundensegmentierung und -bearbeitung | Kundenzufriedenheit/ Kundenloyalität und Kundenbindung | Vertrauen | Verankerung in Unternehmensphilosophie und -kultur (Mission, Vision, Werte, Leitbild) | Servicekultur | Kundenorientierte Prozesse | Organisations- und IT-Struktur; Lernende Organisation | Kundenorientierung in Beschwerdefällen und Krisensituationen des Unternehmens | Kunden-Fokusgruppen | Voice of the customer aufnehmen, CTQs ableiten | Entwicklung von Kernkompetenzen (Werttreiber und Erfolgsfaktoren) | Integration der Kunden in Entwicklungs- und Innovationsprozesse | Mystery Customer | Zielgruppenspezifische Angebote/ Serviceleistungen | Kunden-Feedback-Aktionen | Kundenzufriedenheits- und Kundenbindungsindex | Internes und externes Benchmarking | SWOT-Analyse | Balanced Score Card | Zielvereinbarungen (z.B. Servicelevel) | Strategien, Ziel-Maßnahmen-Pfade | Multi-Channel-Management (Kunden-Kontaktkanäle und Vertrieb) | Management der Kundendaten (Data Warehouse, Data Mining) | Rolle der Mitarbeiter/ Human-Ressourcen-Management | Customer Relationship Management | Beschwerdemanagement | Aktionspläne/ KVP/ Veränderungsmanagement | Qualitätsmanagement |
|---|---|---|---|---|---|---|---|---|---|---|---|---|---|---|---|---|---|---|---|---|---|---|---|---|---|---|---|---|---|---|---|---|---|
| | | *Kundenorientierung im Unternehmen* | | | | | | | | | | | | *Gezielte Ermittlung und Realisierung von Kundenanforderungen* | | | | | | *Monitoring der Vorsteuerungsgrößen* | | | | | *Verbesserungsmaßnahmen für langfristig profitable Kundenbeziehungen* | | | | | | | | |
| Kapitel 4 | Töpfer: Erfolgsfaktoren, Stolpersteine und Entwicklungsstufen des CRM | | | | | ● | ○ | | ● | | | ● | | | | | | | | | | | | | | | | ● | ● | ● | | | |
| | Töpfer/ Silbermann/ William: Die Rolle des Web 2.0 im CRM | | | | | | ● | ○ | | | | | | | ● | | ● | | | | | | | | | | ● | ○ | | ● | ○ | | |
| | Schäfers: E-Commerce in der OTTO Group am Beispiel des Social Shopping-Portals "smatch.com" | | | | | | ● | | | | | | | | ● | | | | ● | ● | | | | | | ● | | | | | | | |
| | Arndt/ Roggon/ Wachter: Einsatz von Instrumenten des analytischen CRM für die Kundenbindung bei der Daimler AG: Der Nutzen von Data Mining | ● | | | | ● | ● | | | | | | | | ● | | | | | ○ | ○ | | | | | | | ● | | ● | | | |
| | Southworth: Erfolgreiche Strategien zur Kundenbindung bei Tesco | ● | | | | ○ | ● | | | | | | | | ○ | | | | ● | | | | | | | ○ | ● | ● | ○ | | | | |
| | Kracht/ Günther/ Töpfer: Wirkung der Payback-Karte auf die Bindung und Loyalität der Kunden von Drogerieprodukten – Ergebnisse einer empirischen Analyse | | | | ○ | | ● | | | | | | | | | | | | ○ | ○ | | | | | | | | | | | | | |
| | Ohr: Kundenbindungsmanagement im Bekleidungshandel – Das Breuninger-Konzept | ● | | | | ● | ● | ● | ○ | ● | | | | | | | | ○ | ● | | ○ | | | | | | | ○ | | ○ | ○ | | |
| | Braekler: Erfolgreiches Customer Relationship Management bei der BMW Group Deutschland | ● | ● | | | | ● | | | | | | | | ○ | | | ○ | ● | ○ | ○ | | | | | | ● | ● | | ● | | | ○ |
| | Gordelik: Vom Aschenputtel in die Unternehmensspitze – Der Aufstieg des professionellen Call Center-Managements | | | | | | | | | | | ● | | | | | | | | | | ○ | | | | | ● | ○ | ○ | ○ | | | ○ |
| | Töpfer/ Greff: Call Center-Strategien als interaktives Service Center-Management | | | | | | ● | | ○ | ○ | ○ | ○ | | | | | | | | ● | | | | ● | ● | | ● | | ○ | ○ | ● | | ● |
| | Töpfer: Konzepte und Instrumente für das Beschwerdemanagement | | | | | ○ | ● | | ● | ● | ○ | | ● | | | ○ | ○ | | | ○ | ○ | | | ○ | ● | | ○ | ● | ○ | ○ | ● | ○ | ○ |
| | Borth/ de Vries/ Töpfer: Kundenzufriedenheit durch exzellentes Beschwerdemanagement bei der TUI Deutschland | | | | ○ | | ● | | ● | ● | ● | | ● | | | | | | | | | | | | | | | ○ | ○ | | ● | | ● |
| Kapitel 5 | Töpfer: Mitarbeiter- und organisationsbezogene Fähigkeiten für erfolgreiches Kundenmanagement | | | | ○ | | | | ● | | ● | ● | | | ○ | ○ | | | | ○ | | | | ○ | | ○ | | | ● | | | ● | |
| | Scupin: Mitarbeiterzufriedenheit = Kundenzufriedenheit: Eine Wechselwirkung? – Ein Erfahrungsbericht | | | | | | ● | ○ | ● | ● | | | | | | | | | | ● | | | | | | | | | ● | | ○ | | |
| | Töpfer: Qualitätsmanagement-Konzepte und Balanced Score Card (BSC) zur Steuerung und Optimierung der Kundenorientierung | | | | | | ● | | | | | | | | | ● | | | | | | ○ | | ● | | | | | | | | | ● |
| | Beckett: Qualitätsbewusstsein und Kundenorientierung der Mitarbeiter als Schlüssel zum Erfolg: Qualitätsmanagement bei der Ritz-Carlton Hotel Company | | | | | | ● | | ● | | ● | ○ | ● | | ○ | | | | | ● | | | | | | | | | ● | | ● | ● | ● |
| | Roller: Kompromisslose Kundenorientierung als Wettbewerbsfaktor: Das Kundenmanagement der TNT Express | | | | | | ● | ○ | ● | ● | ● | | | | ○ | | ○ | ● | ○ | ● | ○ | ● | | | | | | | ● | | | ● | ● |
| | Töpfer/ Günther: Steigerung der Kundenzufriedenheit und Kundenbindung durch Lean Six-Sigma-Projekte | ○ | | | | | ● | | | | ● | | | | ● | ○ | | | | | | | | | | | | | | ● | | ● | ● |

**Abb. 17b:** Matrix mit Zuordnung der Beiträge nach Kundenmanagement-Kriterien (Legende: ● = ausführlich behandelt, ○ angesprochen)

- Inwiefern sind Kunden-Feedback-Aktionen in unterschiedlicher Form für Bestandskunden und Lost Customer durchzuführen und was wird damit beabsichtigt?
- Worin unterscheiden sich Nationale Kundenbarometer und was sind die Entwicklungstendenzen insbesondere auf supranationaler Ebene?

- Welche Ziele werden mit Nationalen Kundenbarometern angestrebt und an welche Adressatengruppen richten sie sich?
- Wie können Leistungsmerkmale bzw. Serviceattribute mit einem SWOT-Modell effektiv gesteuert werden, um durch eine Serviceoptimierung die Kundenzufriedenheit zu steigern?
- Wie kann eine kontinuierliche Überwachung und Steuerung der Prozessqualität aus Kundensicht erfolgen?
- Welche speziellen Anforderungen an das Kundenzufriedenheitsmanagement resultieren aus mehrstufigen Vertriebssystemen im Versicherungsgeschäft?
- Was sind die zentralen Handlungsfelder zur Steigerung der externen und internen Kundenorientierung, um das – für den Versicherungsmarkt typischerweise notwendige – Vertrauen der Endkunden zu gewinnen?
- Wie können durch eine gezielte Restrukturierung die Kundenorientierung und die Wettbewerbsfähigkeit einer Krankenkasse sichergestellt werden?
- Wie gelingt es, unternehmensweite Zielvereinbarungen zur Verbesserung des kundenorientierten Service zu etablieren und deren Umsetzung zu steuern?
- Welcher Stellenwert kommt dem kundenorientierten Service in Bezug auf die Zufriedenheit und Bindung von Versicherten zu?
- Welche Bedeutung haben unterschiedliche Benchmarks im Versicherungsmarkt für die Wettbewerbsfähigkeit von Krankenkassen?
- Welche Determinanten beeinflussen die Gestaltung des Kundenbindungsmanagements im Sanierungsfall?
- In welcher Relation stehen die Maßnahmen der Kundenbindung zu den Maßnahmen des Sanierungsmanagements?
- Wie sind die einzelnen Bereiche des Marketing-Pentagon zu gestalten, um ein hohes Maß an Kundenverbundenheit zu erreichen, und welche Kundenbindungsinstrumente eignen sich hierfür besonders?
- Wie kann speziell im Hinblick auf mittelständische Unternehmen eine Balance zwischen Kundenorientierung und Wirtschaftlichkeit im Kundenbeziehungsmanagement erreicht werden.

**Kapitel 4** ist auf die **Umsetzung und Steuerung durch Customer Relationship Management (CRM)** ausgerichtet und beantwortet dabei in den einzelnen Artikeln folgende Fragen:

- Wie können Strategien zur Kundenakquise, -bindung und -rückgewinnung sowie in Bezug auf den Service durch CRM gezielt in ein Gesamtkonzept integriert werden?
- Welche Rolle spielt die Balance von Unternehmenskultur und Informationstechnik für den Erfolg von CRM?
- Welche Schlüsselprinzipien kennzeichnen das Web 2.0 und inwiefern können sie für ein erfolgreiches Kundenmanagement genutzt werden?
- Wie kann das Web 2.0 mit seinen unterschiedlichen Funktionen das analytische, operative und kommunikative CRM sinnvoll ergänzen?
- Welche Möglichkeiten für eine verstärkte Partizipation der Kunden eröffnen sich durch das Internet?

- Inwiefern bietet das Internet für Kunden völlig neue Optionen, Produkt- und Kaufentscheidungen zu treffen?
- Welche generellen Phasen kennzeichnen Data Mining-Projekte und welche Problemtypen können mit Data Mining strukturiert gelöst werden?
- Wie können mit Hilfe von Data Mining Kundensegmente ermittelt werden, um die Aktivitäten des operativen CRM gezielt auf die Bedürfnisse einzelner Kundengruppen auszurichten?
- Wie kann mit Kundenkartensystemen generiertes Wissen genutzt werden, um die Marktleistungen sowie die Kommunikations- und Verkaufsförderungsaktivitäten optimal auf die Bedürfnisse und Anforderungen unterschiedlicher Kundensegmente abzustimmen und so die Kundenbindung zu erhöhen?
- Welche Faktoren bestimmen den Erfolg von parallel geführten Online- und Offline-Vertriebskanälen?
- Worin liegen die Vor- und Nachteile von unternehmenseigenen und unternehmensübergreifenden Kundenkartenprogrammen?
- Nach welchen Kriterien sind Kunden zu segmentieren, um den Einsatz von Kundenkarten zu optimieren?
- Durch welche Begeisterungsfaktoren kann eine emotionale Bindung hochprofitabler Kundensegmente erreicht werden?
- Wie können unterschiedliche Vertriebskanäle in das CRM-Konzept integriert werden, um möglichst viele Interessenten als Kunden zu gewinnen und eine hohe Kundenzufriedenheit und -bindung zu erreichen?
- Wie können durch Collaborative Filtering individuelle Kundenanforderungen realisiert und damit der Nutzen einer Marktleistung für den Kunden gesteigert werden?
- Welche neuen Technologien der Telekommunikation fördern die Effizienz und Kundenorientierung von Call Centern?
- Welche Möglichkeiten des Business Process Outsourcing ergeben sich in der Call Center-Branche?
- Welche Kriterien bewirken die Servicequalität in Call Centern?
- Wie kann Business Excellence in Call Centern effizient realisiert werden?
- Welche Faktoren bestimmen die Beschwerdebereitschaft und das Beschwerdeverhalten von Kunden?
- Wie sind Kompetenz- und Verantwortungsbereiche zu gestalten, um eine kundenorientierte Beschwerdebehandlung zu gewährleisten und welchen Beitrag leistet die Balanced Score Card für eine gezielte Beseitigung der Beschwerdeursachen?
- Was sind die Erfolgsfaktoren für ein kundenorientiertes Beschwerdemanagement und wie kann eine effiziente Realisierung gelingen?
- Welche Bedeutung hat das Beschwerdemanagement für Stammkunden im Vergleich zu Neukunden und wie wirkt es sich auf deren Loyalität aus?

Abschließend werden im **5. Kapitel** die **flankierenden Querverbindungen zu anderen Management-Konzepten** hergestellt. Sie liefern zum einen Prozessinput und/ oder Instrumente für eine erfolgreiche Kundenorientierung des Unternehmens und zum anderen die Qualitätskennzahlen und Steuerungskriterien für eine integrierte Umsetzung.

- Welche grundlegenden Gestaltungsfelder einer kundenorientierten Mitarbeiterführung sind zu berücksichtigen, um das Engagement der Mitarbeiter sowie deren Zufriedenheit und Leistungsbereitschaft als Basis für Kundenzufriedenheit zu fördern?
- Was sind die Erfolgsfaktoren für ein wirkungsvolles Veränderungsmanagement und wie kann der Veränderungsprozess über Key Performance Indicators gesteuert werden?
- Wie sind die internen Zuständigkeitsbereiche und Informationsflüsse festzulegen, um Entscheidungsprozesse kundenorientiert zu gestalten, und welche Anforderungen an die Qualifikation der Mitarbeiter ergeben sich daraus?
- Welche Wirkungen gehen von einem Dialog zwischen der Unternehmensführung und den einzelnen Mitarbeitern in Bezug auf die Leistungen sowie die Zufriedenheit der Mitarbeiter aus und welchen Beitrag leisten Zielvereinbarungen im Führungsprozess?
- Wie haben sich der Blickwinkel und das Ausmaß des Qualitätsverständnisses im Zeitablauf verändert?
- Welche Steuerungs- und Gestaltungswirkungen gehen vom vernetzten Einsatz von Excellence-Modellen, Balanced Score Card und Six Sigma aus?
- Wie kann die Philosophie der Fehlervermeidung erfolgreich umgesetzt werden und welche Rolle spielen dabei definierte Problemlösungsprozesse und kontinuierliche Verbesserungsprozesse?
- Welche Wirkungen hat eine aussagefähige Fehlerkostenanalyse zur Sensibilisierung der Mitarbeiter hinsichtlich Kundenorientierung und -zufriedenheit?
- Wie sind Kundennähe und Kundenorientierung prozessbezogen konkret umzusetzen, um die Kunden zu begeistern und eine hohe Loyalität aufzubauen?
- Wie lassen sich zentrale und dezentrale Customer Service-Aktivitäten sinnvoll kombinieren, um einen hohen Kundennutzen zu erreichen?
- In welchem Maße unterstützt die Philosophie des Lean Six Sigma eine hohe Kundenorientierung sowie -nähe und welches sind die zentralen Umsetzungstreiber dieses Konzeptes?
- Welchen Beitrag leistet eine detaillierte Wertstromanalyse im Rahmen von Six Sigma-Projekten für ein professionelles Kundenmanagement?

Aus diesem Fragenkatalog und der Einordnung der einzelnen Beiträge anhand der beschriebenen Kriterienliste resultieren folgende Kernzielgruppen des vorliegenden Handbuchs Kundenmanagement: In der Unternehmenspraxis sind dies vor allem Vorstände und Geschäftsführer mit Strategie- und Umsetzungsverantwortung in Produktions- und Dienstleistungsunternehmen sowie die Bereiche Marketing, Vertrieb und Service/ Customer Interaction Center sowie Forschung & Entwicklung/ Innovation, Personal/ Weiterbildung und Qualitätsmanagement. Im wissenschaftlichen Bereich sind die Adressaten dieses Handbuchs Forscher und Dozenten in den Gebieten des Kundenbeziehungsmanagements (CRM) und im

Marketing/ Vertrieb und Service sowie generell der praxisorientierte Hochschulbereich.

# 6 Literatur

*Bauer, H.H./ Neumann, M.M./ Schüle, A. (Hrsg.) (2006):* Konsumentenvertrauen – Konzepte und Anwendungen für ein nachhaltiges Kundenbindungsmanagement, München 2006.
*Becker, R./ Kaerkes, W. (2007):* Mit Herzblut – Emotionen entscheiden über Kundenbeziehungen, in: QZ, 52. Jg., 2007, Nr. 6, S. 21-27.
*Bruhn, M. (2007):* Marketing – Grundlagen für Studium und Praxis, 8. Aufl., Wiesbaden 2007.
*Diller, H./ Haas, A./ Ivens, B. (2005):* Verkauf und Kundenmanagement – Eine prozessorientierte Konzeption, in: Diller, H./ Köhler, R. (Hrsg.): Kohlhammer Edition Marketing, Stuttgart 2005.
*Günter, B./ Helm, S. (2006):* Kundenbewertung im Rahmen des CRM, in: Hippner, H./ Wilde, K.D. (Hrsg.): Grundlagen des CRM – Konzepte und Gestaltung, 2. Aufl., Wiesbaden 2006, S. 357-378.
*Jensen, C.J. (2001):* Kundenorientierung in vertikalen Absatzsystemen – Bedeutung der Hersteller-Händler-Zusammenarbeit am Beispiel der Automobilwirtschaft, Wiesbaden 2001.
*Krafft, M./ Götz, O. (2006):* Der Zusammenhang zwischen Kundennähe, -zufriedenheit und -bindung, in: Hippner, H./ Wilde, K.D. (Hrsg.): Grundlagen des CRM – Konzepte und Gestaltung, 2. Aufl. Wiesbaden 2006, S. 325-356.
*Lebert, R. (2007):* Dresdner erhält schlechte Beraternote – Stiftung Warentest beurteilt Kredit-Verkaufsgespräche, in: FTD, 17.01.2007, S. 19.
*Meffert, H./ Burmann, C./ Kirchgeorg, M. (2008):* Marketing: Grundlagen marktorientierter Unternehmensführung – Konzepte – Instrumente – Praxisbeispiele, 10. Aufl., Wiesbaden 2008.
*Meffert, H./ Bruhn, M. (2003):* Dienstleistungsmarketing: Grundlagen – Konzepte - Methoden, 4. Aufl., Wiesbaden 2003.
*Müller, S./ Gelbrich, K. (2004):* Interkulturelles Marketing, München 2004.
*o.V. (2007):* Stiftung Warentest kritisiert Kreditberatung der Banken – In der Mehrzahl nur „ausreichend" oder „mangelhaft", Abfrage vom 02.10.2007 unter http://www.tagesschau.de/wirtschaft/meldung67708.html.
*o.V. (2008a):* Beschwerden landen in totem Briefkasten, Abfrage vom 15.02.2008 unter http://www.stern.de/wirtschaft/unternehmen/unternehmen/610002.html.
*o.V. (2008b):* NIE wieder Telekom, Abfrage vom 15.02.2008 unter http://www.heise.de/newsticker/foren/S-NIE-wieder-Telekom-selbst-wennsgeschenkt-ist/forum-131672/msg-14374287/read/.
*o.V. (2008c):* Bin selbst schon Telekom-Opfer gewesen, Abfrage vom 15.02.2008 unter http://www.sueddeutsche.de/wirtschaft/artikel/894/156481/?page=1#readcomment.
*Porter, M.E. (1980):* Competitive Strategy – Techniques for Analyzing Industries and Competitors, New York 1980.
*Prommer, U. (2007):* Customer Excellence im Festnetz – Analyse der Kundenzufriedenheit mit Festnetzanbietern in Europa, München 2007.

*Reichheld, F.F. (1996):* The Loyalty Effect – The Hidden Force Behind Growth, Profits, and Lasting Value, Boston, Massachusetts 1996.

*Reichheld, F.F./ Sasser, W.E. (1990):* Zero defections: quality comes to services, in: Harvard Business Review, 68. Jg., 1990, Nr. 5, S. 105-111.

*Reinartz, W.J./ Krafft, M. (2001):* Überprüfung des Zusammenhangs von Kundenbindungsdauer und Kundenertragswert, in: Zeitschrift für Betriebswirtschaft, 71. Jg., 2001, nr. 11, S. 1263-1281.

*Reinartz, W.J./ Kumar, V. (2002):* The Mismanagement of Customer Loyalty, in: Harvard Business Review, 80. Jg., 2002, July, S. 86-94.

*Reinecke, S./ Sipötz, E./ Wiemann, E.-M. (2002):* Total Customer Care – Kundenorientierung auf dem Prüfstand, Wien 2002.

*Stauss, B./ Seidel, W. (2007):* Beschwerdemanagement – Unzufriedene Kunden als profitable Zielgruppe, 4. Aufl., München 2007.

*Töpfer, A. (2006):* Entwicklung strategischer Leitlinien und Konzepte für Ziel-Maßnahmen-Pfade, in: Albrecht, D.M./ Töpfer, A. (Hrsg.): Erfolgreiches Changemanagement im Krankenhaus – 15-Punkte Sofortprogramm für Kliniken, Heidelberg 2006, S. 45-58.

*Töpfer, A. (2007):* Betriebswirtschaftslehre – Anwendungs- und prozessorientierte Grundlagen, 2. Aufl., Berlin/ Heidelberg 2007.

*Tunder, R./ Götting, P. (2006):* Muss Loyalität eine Einbahnstraße sein?, in: absatzwirtschaft, 49. Jg., 2006, Nr. 6, S. 28-30.

# Kundenzufriedenheit als Basis für Unternehmenserfolg

– Welche Bedeutung kommt der Zufriedenheit von Kunden für den Markterfolg des Unternehmens zu? –

Armin Töpfer, Andreas Mann

Inhalt

| | | |
|---|---|---|
| 1 | Vom USP über die Kundenzufriedenheit zur langfristigen Kundenbindung | 37 |
| 2 | Realisierung von Kundenzufriedenheit und Kundenbindungseffekten | 41 |
| 3 | Stufen der Kundenzufriedenheit | 50 |
| 4 | Messung der Kundenzufriedenheit | 65 |
| 5 | Konsequenzen der Kundenunzufriedenheit | 72 |
| 6 | Literatur | 75 |

## 1 Vom USP über die Kundenzufriedenheit zur langfristigen Kundenbindung

Kundenzufriedenheit wird immer mehr zu einem Standardthema in Unternehmen, denn gesättigte Märkte, zunehmender internationaler Wettbewerb sowie steigende FuE-Kosten bei abnehmenden Vermarktungszyklen der Produkte führen dazu, dass nicht mehr nur einzelne Verkaufsabschlüsse, sondern langfristige Kunden- und Geschäftsbeziehungen im Vordergrund stehen (Dichtl/ Schneider 1994, S. 6; Meffert 1994, S. 28; Wehrli 1994, S. 191 ff.). Durch loyale Stammkunden lassen sich vorteilhafte Ertrags- und Kosteneffekte erzielen (Fischer/ Hermann/ Huber 2001, S. 1162; Matzler/ Stahl 2000, S. 631 ff.; Sharma/ Niedrich/ Dobbins 1999, S. 231 f.; Szymanski/ Henard 2001, S. 19).

Die **Effektivitätswirkungen** ergeben sich einerseits aufgrund von Cross-Selling-Aktivitäten, bei denen die Kunden zusätzlich auch andere Produkte des Unternehmens kaufen (vgl. Homburg/ Schäfer 2002, S. 13). Andererseits stellen zufriedene Kunden durch Wiederholungskäufe auch ein fixes Erlöspotenzial dar, das insbesondere zur Deckung der FuE-Kosten in Innovationsprozessen benötigt wird. Die **Effizienzwirkungen** manifestieren sich vor allem in geringen Akquisitions- und Transaktionskosten bei den Wiederholungskäufen (vgl. Bruhn/ Bunge 1994, S. 61; Rust/ Zahorik/ Kleiningham 1995, S. 60; Wehrli 1994, S. 197). Man schätzt, dass es mindestens fünfmal teurer ist, einen neuen Kunden zu gewinnen als einen Stammkunden zu pflegen (vgl. Müller/ Riesenbeck 1991, S. 69; Sharma/ Niedrich/ Dobbins 1999, S. 232). Empirische Befunde aus den USA belegen, dass bei einer Reduzierung der **Migrationsrate** im Kundenbereich, also der Abwanderung von Kunden zu Wettbewerbern, um 1% eine Erhöhung der Rentabilität bis zu 7,25% erreicht werden kann (vgl. Reichheld/ Sasser 1991, S. 108 ff.).

Auch wenn diese Werte unternehmens- und branchenspezifisch unterschiedlich sind, ergeben sich dennoch Hinweise auf die ökonomische Wirkung der Kundenbindung (vgl. auch Anderson/ Fornell/ Lehmann 1994, S. 54 ff.). Der positive Einfluss der Kundenzufriedenheit auf die Effizienz der Marketingaktivitäten konnte ebenfalls empirisch belegt werden (vgl. Luo/ Homburg 2007, S. 145 f.). Darüber hinaus weist die Studie von Luo/ Homburg nach, dass eine hohe Kundenzufriedenheit für hochqualifiziertes Personal als Signal für Wachstum und zukünftigen Unternehmenserfolg – und folglich auch bessere Karrierechancen – angesehen wird und damit die Attraktivität eines Unternehmens deutlich steigert. Je höher die Attraktivität eines Unternehmens, desto besser kann Top-Personal angeworben und gehalten werden (vgl. Dess/ Shaw 2001) und desto höher ist folglich auch dessen Human Capital Performance. Darüber hinaus wirkt sich eine hohe Kundenzufriedenheit direkt auf die Mitarbeiter und deren Zufriedenheit und Motivation aus, so dass die Abwanderung von Personal sehr gering ist. Sind die Kunden dagegen sehr unzufrieden, wird sich diese Frustration auch auf die Mitarbeiter übertragen, von denen – zumindest die Besten – langfristig das Unternehmen verlassen werden.

In Abbildung 1 sind einige beeindruckende Forschungsergebnisse und Erfahrungswerte über die ökonomischen Wirkungen der Kundenzufriedenheit aus unterschiedlichen Branchen zusammengetragen. Sie untermauern noch einmal die Wichtigkeit und Bedeutung der Kundenzufriedenheit für jedes Unternehmen.

Wie sich zeigt, reichen zufriedene Kunden nicht aus. Das Ziel ist, sehr zufriedene Kunden zu erreichen, da sie – mit dreifach höherer Wahrscheinlichkeit – eher nachbestellen als „nur" zufriedene Kunden und für das Unternehmen sowie seine Produkte werben. Dreimal so häufig wechseln Kunden wegen mangelnder Servicequalität und nicht wegen unzureichender Produktqualität zu Wettbewerbern. Werden Beschwerden schnell und aus Kundensicht nachhaltig gelöst, dann bleiben auch verärgerte Kunden dem Unternehmen treu. Die zusätzlichen Kosten durch schlechte Qualität und die Möglichkeiten zur Gewinnsteigerung durch zufriedene Kunden sprechen für sich.

Allerdings ist zu berücksichtigen, dass es sich bei der Realisierung dieser Wirkungen nicht um einen **Automatismus** handelt. Voraussetzung für die Nutzung dieser Kundenbindungseffekte ist vielmehr ein **systematisches und umfassendes Management der Kundenzufriedenheit** (vgl. ähnlich auch Sharma/ Niedrich/ Dobbins 1999, S. 233 ff.). Damit verbunden sind einerseits eine Weiterentwicklung der Unternehmenskultur und die Abkehr vom klassischen Marketing im Unternehmen und andererseits auch eine Erweiterung des Qualitätsbegriffs auf alle Kontakte mit Kunden in der gesamten Prozess- und Wertschöpfungskette.

## Kundenzufriedenheit als Basis für Unternehmenserfolg

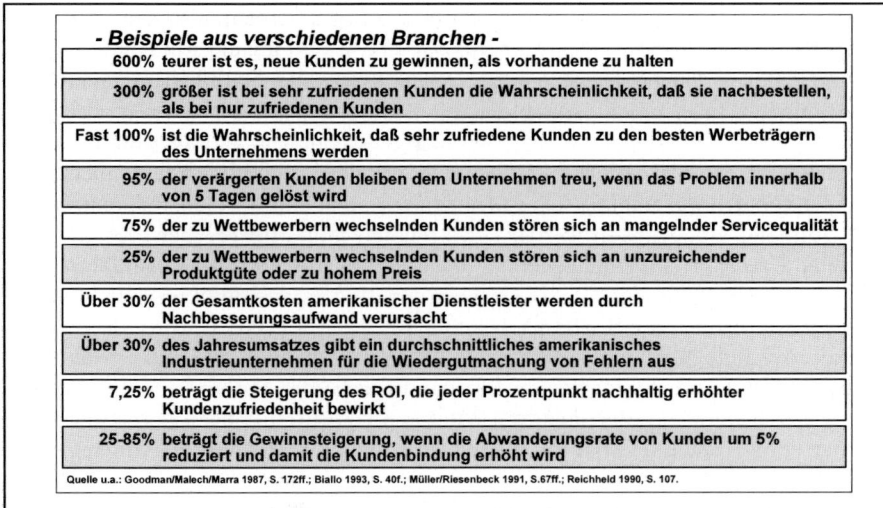

**Abb. 1:** Wirkungen von Kundenzufriedenheit

In Abbildung 2 ist der Übergang vom **klassischen Marketing als Transaktionsmarketing** zum **Relationship Marketing** als erweiterter Marketingansatz dargestellt.

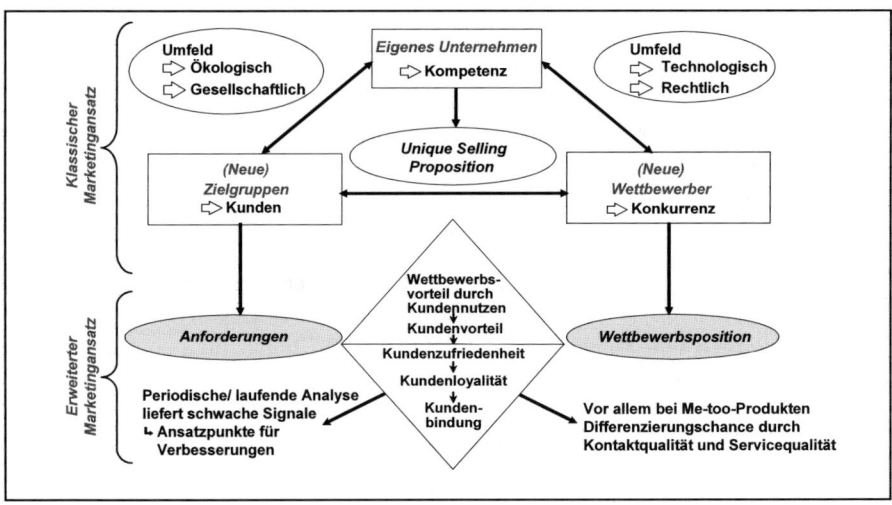

**Abb. 2:** Vom klassischen zum erweiterten Marketingansatz

Das Management der Kundenzufriedenheit ist dabei der Transmissionsriemen zwischen dem klassischen Marketingansatz, der darauf ausgerichtet ist, Wettbewerbsvorteile zu erzielen, um neue Kunden zu gewinnen, und dem erweiterten Marketingansatz, der darauf ausgerichtet ist, die neuen Kunden an das Unternehmen zu binden. Dabei stellen gerade Geschäftsbeziehungen, die auf Kundenzufriedenheit basieren, einen ganz wichtigen Wettbewerbsvorteil dar, und zwar nicht nur aufgrund der vorstehend skizzierten ökonomischen Effekte. Sie sind auch relativ dauerhaft, da es für Wettbewerber i.d.R. schwierig ist, diese Kundenbeziehungen, die von den Abnehmern aus Zufriedenheit und damit aus Überzeugung zu einem Anbieter eingegangen werden, zu kopieren und aufzubrechen. Konkurrenzvorteile, die auf produktbezogenen Hardwareapplikationen beruhen, sind hingegen weitaus schneller von den Wettbewerbern auf- und einzuholen (vgl. Day 2000, S. 24; Morgan/ Hunt 1999, S. 285 f.).

Die erweiterte Marketingsicht verdeutlicht zugleich auch den gestiegenen Stellenwert eines **kundenorientierten Service** in der Vor- und vor allem der Nachkaufphase. Gerade Unternehmen mit **Me-too-Produkten** können durch eine hohe Service- und Kontaktqualität im Wettbewerb nicht nur **Differenzierungschancen** realisieren, sondern auch Kundenbindungspotenziale nutzen (vgl. Mann 1998, S. 76 ff.). Hierzu ist auch eine veränderte Kommunikationspolitik, die vor allem auf einen engen Informationsaustausch im Rahmen einer **Dialogkommunikation** ausgerichtet ist, notwendig. Durch eine verständigungsorientierte Interaktion mit den Kunden können wichtige Informationen über Kundenerwartungen, -einstellungen und -werte ermittelt werden.

Hinzu kommt, dass durch die individuelle Ansprache und die offene Kommunikationsatmosphäre des Dialogs auch **Vertrauen** beim Kunden gegenüber dem Anbieter aufgebaut werden kann (vgl. Hünerberg/ Mann 2002, S. 7). Insbesondere die Vertrauenskomponente kann als wesentlicher Einflussfaktor auf die Bindung von Kunden an einen Anbieter und/ oder eine Marke angesehen werden (Morgan/ Hunt 1994, S. 24; Sirdeshmukh/ Singh/ Sabol 2002, S. 20 f.). Vertrauen ist die Einstellung eines Vertrauensgebers (z.B. ein Kunde), dass ein Vertrauensnehmer (z.B. ein Anbieterunternehmen) die Bereitschaft und Fähigkeit zur Erfüllung der Vertrauensgeber-Erwartungen besitzt. Dabei verzichtet der Vertrauensgeber auf umfassende Kontroll- und Steuerungsmaßnahmen der Leistungen des Vertrauensnehmers, getragen von der Erwartung, dass sich der Vertrauensnehmer nicht opportunistisch verhält und zur Erfüllung der an ihn gestellten Erwartungen motiviert ist (vgl. Ripperger 2003, S. 40 ff.).

Vertrauen entsteht aus **eigenen Erfahrungen** des Vertrauensgebers oder auch aus **Erfahrungen von Dritten** mit dem Vertrauensnehmer. Im 1. Fall handelt es sich um so genanntes spezifisches Vertrauen, das eigene Informationen über den Vertrauensnehmer erfordert, die vor allem durch interaktive Kommunikationsprozesse zwischen Kunden und Anbieter beschafft bzw. weitergegeben werden können. Insbesondere eine dialogorientierte Kommunikation, bei der individuelle und für den Vertrauensgeber relevante Informationen ausgetauscht werden, ist hierbei vertrauensfördernd. Das gilt nicht nur für den Aufbau einer neuen Geschäftsbeziehung, sondern auch für die Festigung bestehender Beziehungen. Die verständigungsorientierte und vertrauenswürdige Kommunikation zwischen Anbieter und Kunden wird gerade in etablierten Geschäftsbeziehungen häufig als eigenständiger

Wert angesehen, der auch nur schwer auf andere Anbieter-Abnehmer-Beziehungen übertragen werden kann.

Im Gegensatz zum klassischen, aktionsbezogenen Ansatz, der darauf abzielt, dem Kunden einen einzigartigen Verkaufsvorschlag zu unterbreiten, und sich aus Sicht des Kunden von den Konkurrenzprodukten positiv abhebt (Unique Selling Proposition), ist der erweiterte Marketingansatz darauf ausgerichtet, eine **zufriedenheitsorientierte Beziehung** aufzubauen und zu festigen. Statt dem klassischen Motto „Take the money and run" gilt dann „Make the customer happy"! Dies erforderte und erfordert noch heute in vielen Unternehmen ein Umdenken, denn die Forderung nach einem interaktionsbezogenen, ganzheitlichen und prozessorientierten Marketing bedingt, dass die gesamte Organisation auf die Schaffung von Kundenzufriedenheit als Basis für Loyalität und Bindung des Kunden ausgerichtet sein muss (vgl. Meffert 1994, S. 29 f.). Damit sind oft erhebliche Veränderungen der **Unternehmensstruktur und -kultur** sowie der **Management- und Mitarbeiterqualifikation** verbunden.

Wertorientiertes Marketing, das sich über den gesamten **Kunden-Beziehungslebenszyklus** erstreckt, ist dabei unter 2 Aspekten zu unterscheiden: Zum einen der Wert der Marktleistung für den Kunden und zum anderen der Wert des Kunden für das Unternehmen. Nur wenn der Wert für den Kunden so hoch ist, dass er kauft, ist das Unternehmen auch in der Lage, den Wert des Kunden als potenziellen Käufer zu realisieren. **Kundennutzen und Kundenwert (Customer Value) der Marktleistung** sind also unmittelbare Voraussetzungen für den aktivierbaren **Wert des Kunden (Customer Equity) aus Unternehmenssicht**. Daraus ergibt sich die Notwendigkeit eines wertorientierten Marketings. Das entsprechende Motto lautet „Make customer and company successful for a long time". In den Artikeln zu den Entwicklungsstufen des Customer-Value-Konzeptes und zu den Erfolgsfaktoren, Stolpersteinen und Entwicklungsstufen des CRM wird hierauf näher eingegangen.

In Abbildung 3 ist zusammenfassend die Entwicklung vom klassischen Transaktionsmarketing zum Beziehungsmarketing dargestellt (vgl. Meffert 1994, S. 28; Diller/ Kusterer 1988, S. 214 ff.). Dabei wird der strategische Ansatz des stärker auf Geschäftsbeziehungen ausgerichteten Beziehungsmarketing deutlich, der sich in der langfristigen Erfolgsausrichtung manifestiert und eine **Win-win-Strategie** für das Unternehmen und den Kunden anstrebt.

## 2 Realisierung von Kundenzufriedenheit und Kundenbindungseffekten

Um Differenzierungsmöglichkeiten zu erkennen und Kundenbindungseffekte zu schaffen, ist zunächst eine systematische **Analyse der Kundenanforderungen und der Wettbewerbsposition** erforderlich, die frühzeitig Ansatzpunkte für Profilierungsmöglichkeiten am Markt und Verbesserungspotenziale der Kundenzufriedenheit aufzeigt (vgl. auch Gale 1994, S. 40). Ohne klare Diagnose ist also keine sinnvolle Therapie möglich. Dabei sind verschiedene Analysestufen zu durchlaufen. Die Analyse der **Kundenbedürfnisse** verdeutlicht grundsätzliche Mangelgefühle der Zielgruppe, die mit dem Wunsch des Mangelausgleichs verbunden sind (vgl. Trommsdorff 2004, S. 118 ff.). Bedürfnisse sind i.d.R. sehr unkonkret und weder produkt- noch markenbezogen. Es geht in dieser 1. Phase also darum festzustellen, was der Kunde braucht, um diesen Mangel zu beseitigen. In der 2. Stufe sind die **Kundenanforderungen** zu ermitteln. Sie sind die konkretisierten Bedürfnisse, die sich in bestimmten Vorstellungen der Mangelbeseitigung manifestieren. Kundenanforderungen sind – bezogen auf die Grundfunktionen der Bedürfnisbefriedigung – meist schon relativ konkret formuliert. Sie geben an, was der Kunde haben will. Der nächste Schritt ist dann – wie Abbildung 4 zeigt – die Analyse der **Kundenerwartungen**. Diese stellen ganz konkrete Anforderungen an eine Marktleistung, also an das Produkt und die Serviceleistungen. Kundenerwartungen stützen sich häufig auf bereits gemachte direkte oder indirekte Erfahrungen, aber auch auf wahrgenommene Kommunikations- und Werbeaussagen sowie das Image des Anbieters.

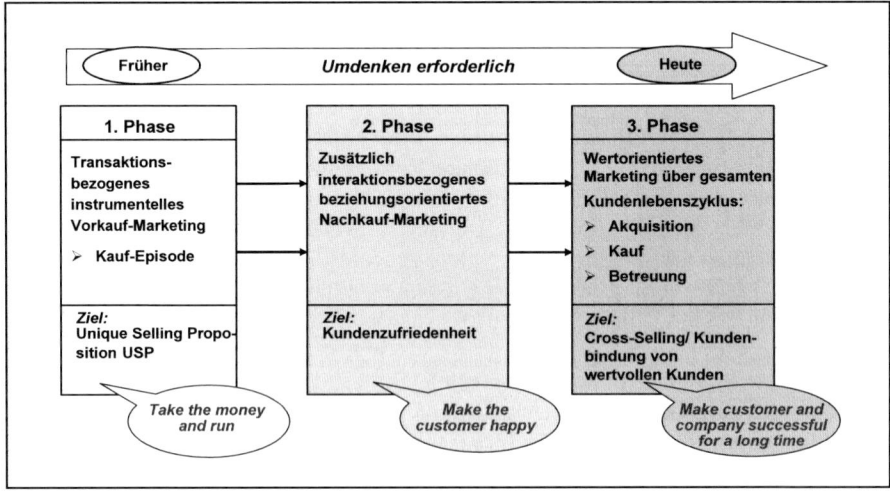

**Abb. 3:** Vom Beeinflussungsmarketing zum wertorientierten Beziehungsmarketing

Oftmals sind Kundenbedürfnisse, -anforderungen und -erwartungen schwer analysierbar und nur durch tiefenpsychologische Interviews zu erfassen. Zusätzlich sind die aufgebauten Kundenerwartungen auch das Ergebnis eines Vergleichs der am Markt angebotenen Problemlösungen, also mit dem, was der Kunde auch von anderen Unternehmen bekommen kann. Es handelt sich also um einen Standard, der von den Abnehmern als Grundlage der Leistungsbewertung herangezogen wird (vgl. Bruhn 2000, S. 1033). Leistungen und Wettbewerber, die diesen Maßstab nicht erreichen, schaffen es i.d.R. nicht, einen Interessenten als Kunden zu gewinnen. Man kann allerdings davon ausgehen, dass es sich bei den Kundenerwartungen um keine exakte, punktgenaue Vorgabe von Seiten des Kunden handelt, sondern um eine Toleranzzone, die Schwankungen bei der Leistungsbeurteilung zulässt (vgl. ebenda, S. 1033 f.; Oliver 1997, S. 70 f.). Die Wahrnehmung der Marktleistung durch den Kunden ist subjektiv und kann deshalb von objektiven und realen Gegebenheiten abweichen. Die **Kundenwahrnehmung** hat dadurch eine Filterfunktion. Entscheidend ist dieses subjektive und selektive Element dennoch, da es anschließend auch die ebenfalls subjektive Kundenzufriedenheit prägt.

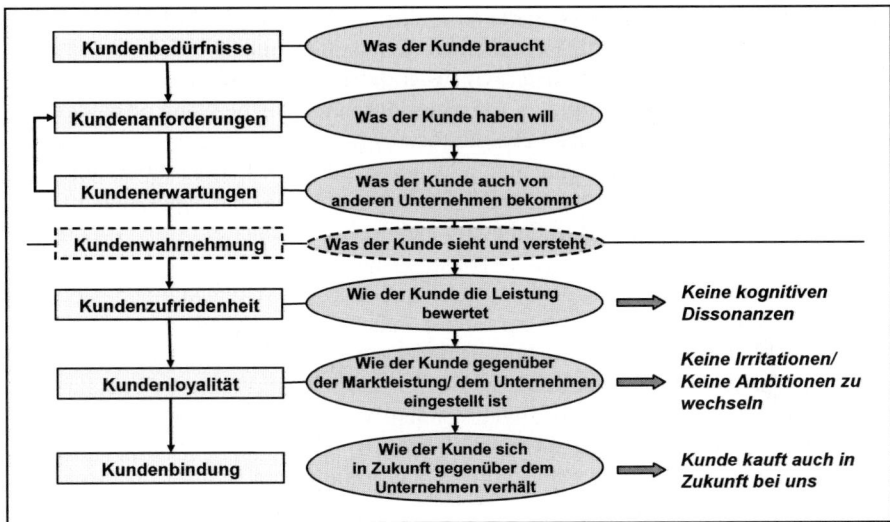

**Abb. 4:** Stufen der Wirkungskette

Basierend auf dieser Wahrnehmung bilden sich die Kunden also ein vergangenheitsbezogenes **Zufriedenheitsurteil** (Confirmation/ Disconfirmation Paradigma). Fällt dieses positiv aus, werden die Kunden nicht mit kognitiven Dissonanzen – also dem Gefühl, ein suboptimales Angebot wahrgenommen zu haben – konfrontiert, so dass sie zukünftig keine Notwendigkeit sehen, den Anbieter zu wechseln und damit dem Unternehmen gegenüber loyal eingestellt sind. Kundenwahrnehmung und -zufriedenheit sind damit zusammen die Basis für **Kundenloyalität und Kundenbindung**.

Entsprechend der so genannten **Assimilations-/ Kontrasttheorie** werden geringe wahrgenommene Abweichungen von den tolerierten Kundenerwartungen durch Verschiebung der wahrgenommenen Realität oder der aufgestellten Erwartungen angepasst, so dass eine Übereinstimmung der beiden Komponenten gegeben ist (Assimilationseffekt). Weicht eine Leistungswahrnehmung hingegen in einer nicht mehr akzeptablen Spanne von der Toleranzzone der Erwartung ab, dann wird diese Abweichung nachträglich sogar noch als viel größer interpretiert (Kontrasteffekt) (vgl. Oliver 1997, S. 110 ff.).

Gerade bei hochpreisigen und/ oder sozial auffälligen Gütern kommen dem Kunden nicht selten nach dem Kauf Selbstzweifel, ob die getroffene Kaufentscheidung richtig war. Je stärker diese so genannten **kognitiven Dissonanzen** sind, umso intensiver wird sich der Kunde darum bemühen, dieses Unwohlgefühl abzubauen. Dies kann soweit gehen, dass er sich von dem Produkt trennt und zukünftig keine Wiederholungskäufe mehr tätigt. Damit ist die Chance zum Aufbau einer langfristigen Kundenbeziehung für das Unternehmen vertan. Dies ist ein weiterer Grund dafür, dass der Kunde auch nach dem Kauf betreut werden sollte, um ihm durch das Unternehmen die Sicherheit zu geben, sich richtig entschieden zu haben. Nachkauf-Telefonkontakte sind ein typisches Beispiel hierfür. Das Ziel besteht darin, Kundenloyalität entstehen zu lassen, die Kundenbindung bewirkt.

Voraussetzung für das Erreichen von **Kundenverbundenheit** und damit einer **freiwilligen Kundenbindung** statt nur einer durch räumliche Nähe oder Verträge zu Stande gekommenen Kundengebundenheit (vgl. Bliemel/ Eggert 1998, S. 39 ff.) ist eine systematische Steuerung der relevanten Erfolgskriterien. Meist wird der Erfolg, also die Kundenzufriedenheit und -bindung aufgrund eines hohen Kundennutzen und -wertes der Marktleistung, **ergebnisorientiert** in Form von **quantitativen Kriterien**, wie z.B. Umsatz/ Absatz, Marktanteil, Deckungsbeiträgen und Rentabilität (ROI) gemessen. Diese sicherlich wichtigen Erfolgskomponenten sind jedoch nicht ausreichend, da sie gerade im Falle kostenrechnerischer und finanztechnischer Kennzahlen als Ergebnisgrößen auch von anderen nicht kunden- und absatzbezogenen Einflussfaktoren, wie z.B. Beschaffungskosten, Fremdkapitalzinsen und Abschreibungen abhängen. Zudem werden diese ökonomischen Größen von **vorgelagerten qualitativen Faktoren**, wie z.B. Bekanntheit, Image, Qualitätseinschätzungen bei den Kunden, determiniert, die sich nur unzureichend in wirtschaftliche Größen transformieren lassen. Bei den vorgelagerten Erfolgsfaktoren handelt es sich vor allem um **kontaktorientierte Kriterien**, wie z.B. die geistige und geografische Nähe zum Kunden, die Qualität und der Umfang der Kundeninformationen sowie des Pre-Sales-Service. Damit bestimmen vor allem die Kommunikations- und Vertriebsaktivitäten des Unternehmens die anvisierte Kundenakquisition. Da der erstmalige Kauf nur den Anstoß für eine längerfristige Kundenbindung gibt, sind es insbesondere einstellungsorientierte After-Sales-Aktivitäten, die eine nachhaltige Kundenbeziehung prägen. In Abbildung 5 ist das Zusammenspiel zwischen den Erfolgskriterien noch einmal dargestellt.

Dabei wird auch deutlich, dass der in der Vergangenheit oft verfolgte Ansatz des **Hardselling** zu kurz greift, um Kundenbindung zu schaffen. Ziel muss es vielmehr sein, dass der Kunde sich durch seinen Kauf bei dem Unternehmen wohl fühlt und zum „Advocate" für das Unternehmen und dessen Produkte wird. Das bedeutet auch, dass – wie Abbildung 6 zeigt – zur Erreichung von Kundenzufriedenheit nicht nur ein technisch ausgereiftes Produkt notwendig ist, sondern dem Kunden zusätzlich auch eine **hohe Service-, Kommunikations- und Kontaktqualität** geboten wird.

Kundenzufriedenheit als Basis für Unternehmenserfolg   45

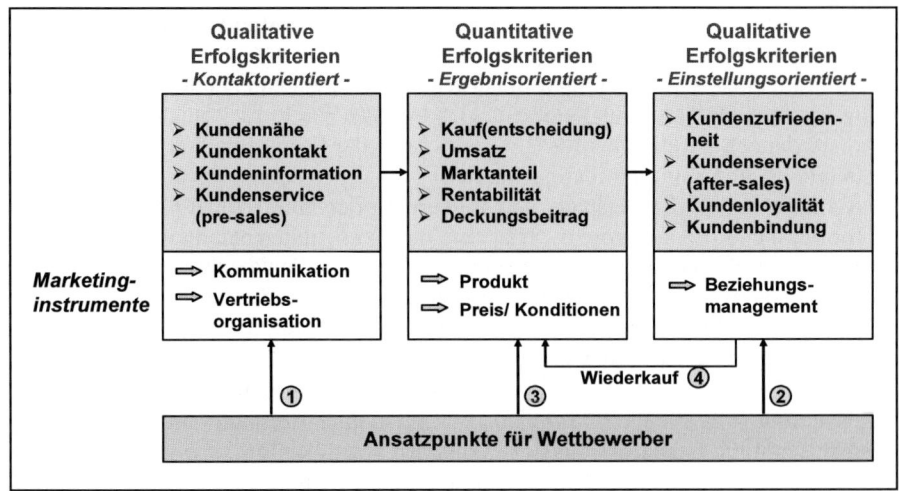

**Abb. 5:** Wechselwirkungen zwischen qualitativen und quantitativen Erfolgskriterien

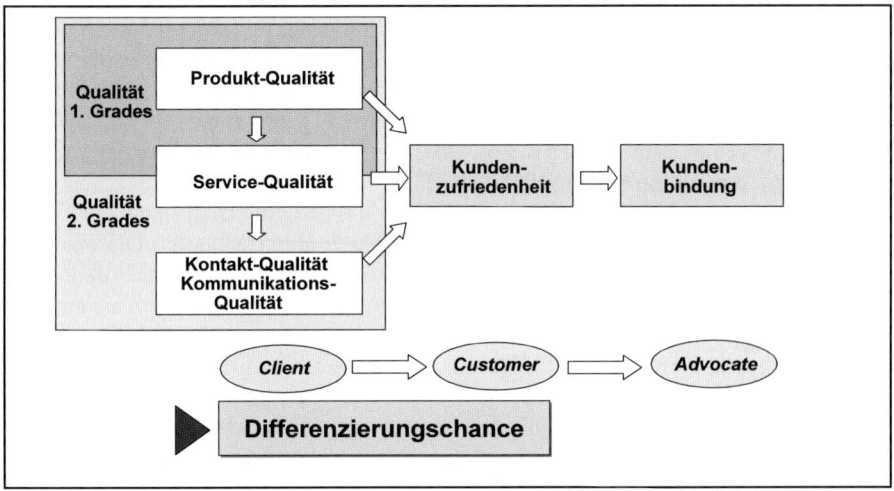

**Abb. 6:** Kundenbindung durch Qualität

Während eine hohe **Produktqualität** in Form eines einwandfreien und funktionstüchtigen Produkts als **Qualität 1. Grades** die „Pflicht" eines jeden Unternehmens darstellt, sind die zusätzlichen Service- und Kommunikationsleistungen als **Qualität 2. Grades** die „Kür", die letztlich den Ausschlag für eine hohe Kundenzufriedenheit und damit für die Erreichung einer dauerhaften Kundenbindung liefern (vgl. Töpfer/ Mehdorn 1995, S. 32 ff.). Die Marktforschungsdaten und Erkenntnisse in Abbildung 1 verdeutlichen dies bereits. Die Grundlage für die Erfüllung der Qualität 1. und 2. Grades ist eine genaue und aussagefähige Analyse der CTQs des Kunden.

Im Folgenden wird an einigen **Beispielen** – entsprechend der Abfolge in Abbildung 6 – zunächst auf die Qualität 1. Grades, also die Produktqualität, eingegangen und danach auf die Qualität 2. Grades, also die Servicequalität und vor allem die Kontakt- und Kommunikationsqualität.

Als Beispiel für die Messung und Bewertung der Produktqualität wird die Automobilbranche herangezogen. Hier werden von unterschiedlichen Marktforschungsinstitutionen hersteller- und länderspezifisch die Qualität und Kundenzufriedenheit regelmäßig, d.h. jährlich, gemessen. Die deutschen Automobilhersteller stehen hier international in einem mehr oder weniger harten Wettbewerb, je nach dem, in welchem Marktsegment, also z.B. im Premium- oder Kompaktwagenbereich, sie sich positioniert haben. Durch eine konsequent stärkere Kundenfokussierung in den letzten Jahren und vor allem auch nachhaltige Qualitätssteigerungsprogramme haben die meisten deutschen Hersteller, insbesondere im Premium-Bereich, die Leistungs- und Wahrnehmungsposition ihrer Produkte parallel zur Marktposition verbessert.

Eine international renommierte und aktive Marktforschungsinstitution ist J.D. Power, die regelmäßig die Performance der Automobilhersteller misst. In Abbildung 7 ist das aktuelle Portfolio der Automobilhersteller aus dem Jahre 2007 wiedergegeben (vgl. Power 2007). Es setzt die aufgetretenen Mängel innerhalb der ersten 3 Monate pro Fahrzeug (Probleme gemessen je 100 Fahrzeuge) auf der Abszisse in Relation zur Attraktivität und Zufriedenheit mit dem gleichen Fahrzeug in Bezug auf die Gestaltung auf der Ordinate. Im 1. Fall handelt es sich also um die harte Messung quantitativer Daten, im 2. Fall um die weiche Messung qualitativer Wahrnehmungen und Einschätzungen.

In dieser Darstellung sind die Automobilhersteller unterschiedlicher nationaler Herkunft übersichtlich in dem Portfolio nach den beiden genannten Dimensionen positioniert. Wie nachvollziehbar ist, haben die 3 hier aufgeführten deutschen Premium-Hersteller Porsche, Mercedes Benz und BMW im Vergleich zu anderen Automobilunternehmen eine herausragende Positionierung. Im Hinblick auf die Attraktivität und Zufriedenheit in Bezug auf die Gestaltung der Fahrzeuge liegen sie auf dem gleichen Niveau. Bezogen auf die aufgetretenen Mängel an diesen Fahrzeugen liegt Porsche eindeutig mit Abstand vor Mercedes Benz und diese ebenfalls mit Abstand vor BMW. Auch wenn BMW nach dem 2. Kriterium etwas unter dem Durchschnitt liegt, schneiden diese deutschen Hersteller hinsichtlich der Produktqualität als Qualität 1. Grades gut oder sogar sehr gut ab. Die nicht minder wichtige Frage ist dann jedoch, wie die Qualität und die daraus resultierende Zufriedenheit mit der Service- sowie Kontakt- und Kommunikationsqualität als Qualität 2. Grades bewertet wird. Hierauf wird im Folgenden an einigen weiteren Beispielen eingegangen.

Bis heute treten in vielen Unternehmen noch erhebliche Defizite bei der Erfüllung der Anforderungen an die Qualität 2. Grades auf. So zeigt eine neuere Studie zu Gründen für den Wechsel des Bankinstitutes, dass nach hohen Kontoführungsgebühren als Qualität 1. Grades die größte Bedeutung einer unzureichenden Service- und Beratungsqualität als Qualität 2. Grades zukommt (siehe Abb. 8).

Kundenzufriedenheit als Basis für Unternehmenserfolg 47

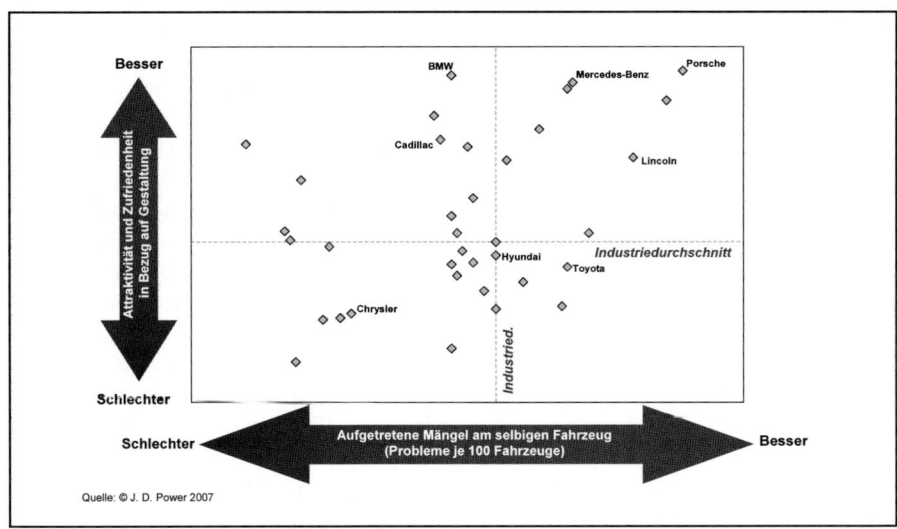

**Abb. 7:** Portfolio der Automobilhersteller nach Mängeln und Attraktivität/ Zufriedenheit (2007)

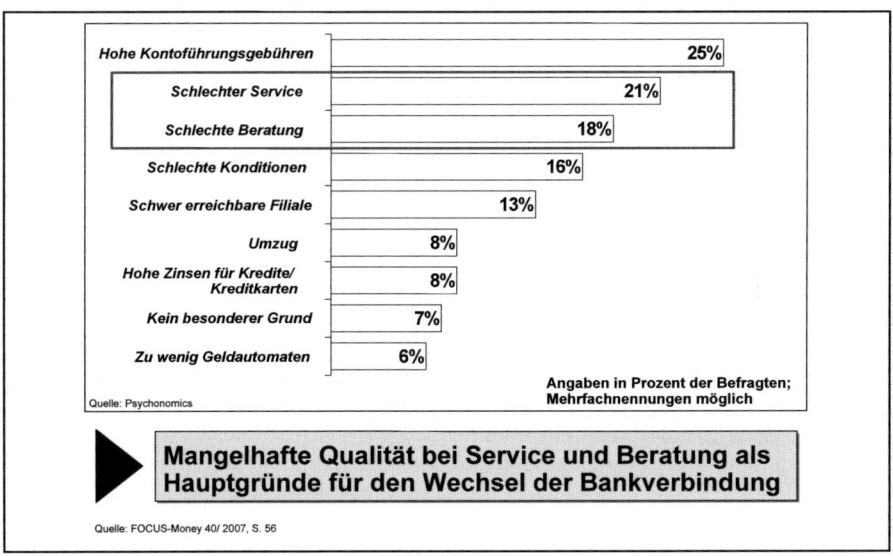

**Abb. 8:** Gründe für den Wechsel des Bankinstitutes (2007)

Die in Abbildung 9 aufgeführten Originaltöne unzureichender Service- sowie Kontakt- und Kommunikationsqualität stammen zwar aus einer älteren Studie (vgl. Töpfer/ Greff 1993, S. 75 ff.), haben aber zweifellos in nicht wenigen Unternehmen auch noch heute Gültigkeit.

Die aufgeführten Originaltöne sind ein Indiz für wesentliche Qualitätsbrüche im Unternehmen, die einen erheblichen negativen Einfluss auf die Kundenzufriedenheit haben (vgl. Töpfer/ Mann 1994, S. 17 f.). Denn jedes Kontakterlebnis wird als **Moment of Truth (MOT)** zu einem Schlüsselerlebnis für den Kunden, das seine Einstellung zum Unternehmen und Produkt nachhaltig beeinflussen kann. Bei der Telefonkommunikation kommt es deshalb – wie bei jeder Form des persönlich ausgerichteten Dialogs – darauf an, dass nicht nur auf der **sachlichen Ebene** die richtigen Inhalte kommuniziert werden, sondern auch auf der **emotionalen Ebene** das richtige Verhalten zugrunde gelegt wird. Es geht also zum einen darum, was gesagt wird, und zum anderen auch, wie es gesagt wird. Nur wenn beide Ebenen stimmig sind, kann eine **effektive Kommunikation** stattfinden, das heißt eine gute Servicequalität am Telefon erstellt werden, die wiederum direkt auf die Kundenzufriedenheit wirkt. In Abbildung 10 ist dieser Sachverhalt noch einmal dargestellt. Gerade das Telefon ist also ein einfaches und wirkungsvolles Instrument, um Sympathiewerte für das Unternehmen zu erringen.

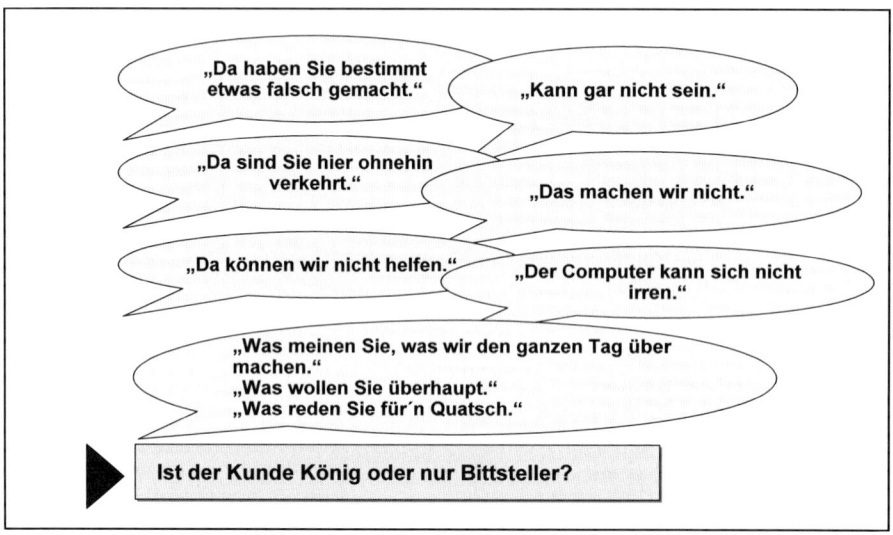

**Abb. 9:** Der Kunde als König?

Die vorstehend skizzierten Anforderungen zur Kontakt- und Kommunikationsqualität gelten weitgehend auch für alle anderen direkten Kommunikationsmaßnahmen, bei denen der Anbieter und seine Kunden im unmittelbaren Informationsaustausch stehen. Insbesondere die interaktiven Formen der **Internetkommunikation** wie E-Mail und Chat haben diesen Anforderungen Rechnung zu tragen. Gerade weil diese Kommunikationsmöglichkeiten einen individuellen, schnellen und simultanen Informationsaustausch zwischen Anbietern und Nachfragern erlauben, werden standardisierte, langsame und einseitig gestaltete Kommunikationsaktivitäten der Anbieter im Internet von den Abnehmern zunehmend kritisch betrachtet und negativ beurteilt (vgl. Bauer/ Grether/ Leach 1999, S. 296; Newell 2002, S. 105 ff.; Stauss 2000, S. 240; Hünerberg/ Mann 2006, S. 282 ff.).

**Abb. 10:** Moments of Truth (MOT)

Der Einfluss einer unzureichenden Online- bzw. Internetkommunikation auf die Kundenzufriedenheit und -bindung ist dabei nicht zu unterschätzen. Werden beispielsweise die Erwartungen der Kunden bezüglich Kommunikationsinhalt/ Informationsnutzen, Geschwindigkeit und Bequemlichkeit der Informationsbeschaffung erfüllt, stellt sich i.d.R. eine **Kommunikationszufriedenheit** ein, die wiederum die **Gesamtzufriedenheit** des Kunden mit dem Anbieter und seinen Marktleistungen/ Marken positiv beeinflussen kann (vgl. Reichheld/ Schefter 2000, S. 112 f.). Auf jeden Fall werden Irritationen beim Kunden vermieden, wenn er nicht nur bei der nachgefragten bzw. gekauften Kernleistung zufrieden gestellt wird, sondern auch bei der Kommunikation mit dem Unternehmen. Problematisch sind ebenfalls vom Kunden nicht angeforderte Informationszusendungen eines Anbieters via E-Mail, also Spam-Mails, weil sie vom Kunden schnell als Belästigung empfunden werden und damit zu Unzufriedenheit des Kunden führen können.

Eine auf Erlaubnis des Kunden basierende E-Mail-Kommunikation findet hingegen beim Empfänger nicht nur eine höhere Akzeptanz, sondern kann auch die Zufriedenheit mit dem Sender nachhaltig fördern, wenn die Informationen persönlich und für den Kunden relevant sind (vgl. Diller 2001, S. 76). Für den Anbieter als Sender ist dieses gezielte **Permission Marketing** (vgl. Meffert/ Burmann/ Kirchgeorg 2008, S. 666) zudem wirtschaftlicher als eine unaufgeforderte Massenansprache mit hohen Streuverlusten (vgl. Godin 2001, S. 49 ff.). Darüber hinaus bietet eine professionell gestaltete Internetkommunikation für den Anbieter über eine direkte und interaktive Ansprache zusätzliche Möglichkeiten, die Kunden mit ihren Bedürfnissen/ Erwartungen, Erfahrungen und Einstellungen besser kennen zu lernen (Fassott 2001, S. 140). Hierzu können neben den vorstehend angesprochenen Chats vor allem Diskussionsforen/ Newsgroups und virtuelle Communities eingesetzt werden, bei denen der Anbieter die Moderation übernimmt und den Informationsprozess steuert. Hierdurch ist eine intensive Auseinandersetzung mit den Kunden durch die aktive Online-Kommunikation zwischen Personal und Abnehmern möglich. Voraussetzung ist jedoch, dass die Moderation durch das Unternehmen von den Kunden nicht als Einengung empfunden wird. Im anderen Falle kann es zu Reaktanzen mit entsprechenden Trotzreaktionen und Frustrationen der Kunden kommen (vgl. Hünerberg/ Mann 2000, S. 367).

## 3 Stufen der Kundenzufriedenheit

Voraussetzung für die Gestaltung und Beurteilung der Kundenzufriedenheit ist zunächst eine klare Vorstellung über den Zufriedenheitsbegriff. In der Literatur gibt es eine Vielzahl definitorischer Ansätze, die unterschiedliche Schwerpunkte legen (vgl. z.B. Schütze 1992, S. 125 ff.; Oliver 1997, S. 11 f.; Szymanski/ Henard 2001, S. 17 f.). Eine in der Wissenschaft und Praxis weit verbreitete Auffassung vom Zufriedenheitsbegriff basiert auf dem so genannten **Confirmation/ Disconfirmation-Paradigma**. Danach ist Zufriedenheit das Ergebnis eines Vergleichsprozesses zwischen den Kundenerwartungen (Soll) und dem vom Kunden tatsächlich wahrgenommenen Leistungsniveau bzw. empfundenen Nutzen (Ist). Werden die Erwartungen aus subjektiver Sicht des Kunden erfüllt, dann entsteht Zufriedenheit (Confirmation), während eine Nichterfüllung/ Nichtbestätigung der Erwartungen (Disconfirmation) zu Unzufriedenheit führt (vgl. u.a. Dichtl/ Schneider 1994, S. 7; Homburg/ Rudolph 1997, S. 38, Stauss 1999, 6 ff.). Werden wesentliche Erwartungen hingegen übererfüllt, dann kommt es zu Kundenbegeisterung (Delightment) (vgl. Schneider/ Bowen 1999, S. 37).

Bei der Entstehung des Zufriedenheitsurteils können die bereits oben genannten Assimilations- und Kontrasteffekte auftreten, die zu einer Angleichung oder auch einer Extremierung von Differenzen zwischen den Erwartungen und den subjektiven Erfahrungen führen. Unzufriedenheiten und Begeisterung können demnach von den Kunden besonders intensiv empfunden werden, wenn die von ihnen wahrgenommenen Leistungen von ihrer Erwartungsspanne der als akzeptabel angesehenen Leistungen abweichen.

Dieses allgemein anerkannte C/ D-Zufriedenheitsmodell soll auch für die nachfolgenden Ausführungen zu Grunde gelegt werden. In Abbildung 11 ist der prozessuale Charakter der Zufriedenheitsentstehung noch einmal grafisch dargestellt.

Die expliziten oder impliziten Erwartungen der Kunden an die Marktleistungen und/ oder das Unternehmen können dabei **konkreten Vorstellungen** über bestimmte Leistungsfähigkeiten entsprechen, die dem Kunden bereits vor dem Kauf beispielsweise aufgrund von Nutzungserfahrungen bewusst sind. Sie können aber auch **diffuse Anspruchsnormen** sein, die beispielsweise durch die Preishöhe, Kommunikationsbotschaften, das Anbieterimage sowie Erfahrungen Dritter, z.B. Familienmitglieder, Freunde und Bekannte, mit der Leistung/ dem Unternehmen zustande kommen, oder es können auch eigene Erfahrungen mit ähnlichen Produkten derselben Gattung von anderen Anbietern sein. Die aus den Erwartungen resultierenden Anforderungen als Vergleichsstandard werden dann an dem tatsächlich wahrgenommenen Leistungsniveau gespiegelt. Die Wahrnehmung selbst wird dabei ebenfalls durch verschiedene Einflussfaktoren bestimmt, wie z.B. situative Gegebenheiten, grundsätzliche Einstellungen gegenüber der Marktleistung und/ oder dem Unternehmen sowie die grundlegenden Verhaltensweisen des Kunden.

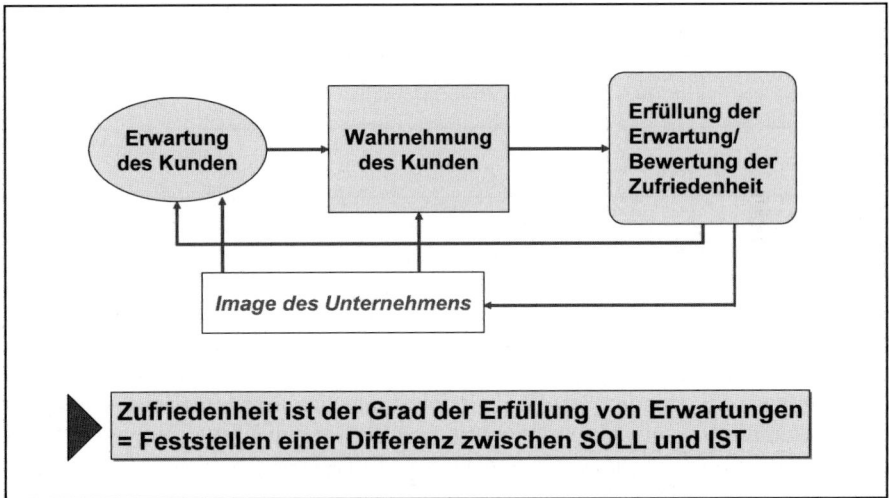

**Abb. 11:** Entstehung von Zufriedenheit

Die Auswirkungen auf andere Faktoren sollen als **Überstrahlungseffekte** relativer Unzufriedenheit an einem Beispiel dargestellt werden. Bei der Analyse der Wartezeiten von Kunden in Postfilialen war das Ergebnis, dass eine Wartezeit von 2 bis 3 Minuten noch toleriert wird. Interessant ist, dass die Wartezeit subjektiv immer eine halbe bis eine Minute länger empfunden wird. Muss der Kunde länger als 3 gefühlte Minuten warten, dann entsteht nicht nur Unzufriedenheit aufgrund dieser Verzögerung, sondern die Zufriedenheit mit anderen Umfeldfaktoren fällt drastisch ab (vgl. Trier 2002, S. 260 ff.), wie vor allem den Filialen an sich und ihrem Erscheinungsbild, den Mitarbeitern im Verkauf und dabei insbesondere ihrer Kompetenz und Freundlichkeit. Die Werte in Abbildung 12 verdeutlichen das Phänomen im Detail. In der Konsequenz kommt es also immer darauf an, den Ursachen-Wirkungs-Zusammenhang relativer Zufriedenheit oder Unzufriedenheit aufzudecken.

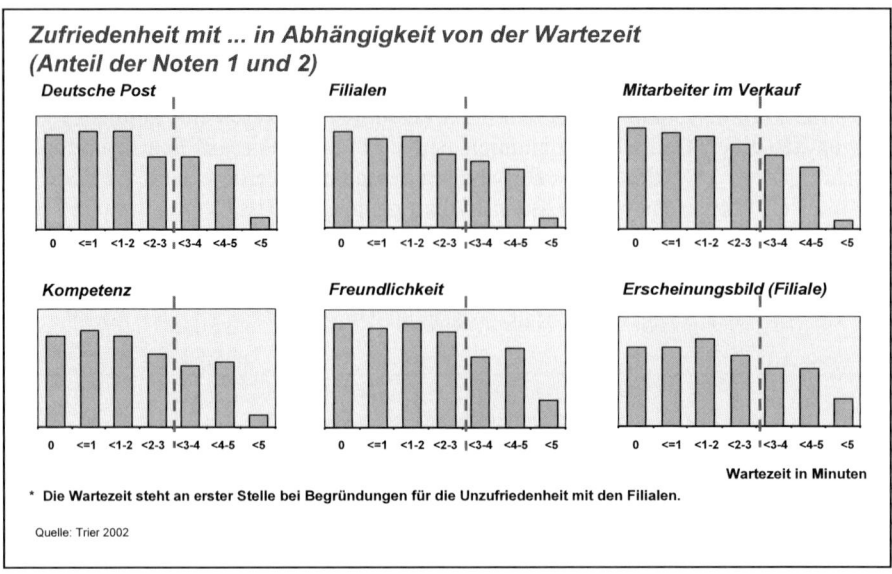

**Abb. 12:** Kundenzufriedenheit in den Filialen der Post in Abhängigkeit von der empfundenen Wartezeit

Diese theoretischen Ausführungen und die exemplarische praxisbezogene Bestätigung in den Postfilialen belegen den generellen Zusammenhang, der in der Wissenschaft der Kundenzufriedenheitsforschung das Confirmation-/ Disconfirmation-Paradigma genannt wird (vgl. Churchill/ Surprenant 1982, S. 492). Immer dann, wenn ein Ungleichgewicht zwischen der Erwartung, also der Anforderung, und der Wahrnehmung, also der bewerteten Leistung, besteht, ist der Kunde nicht zufrieden. Wenn die Erwartungshaltung größer ist, kann die Unzufriedenheit zu einer **negativen Kommunikation**, zur **Beschwerde** oder im Extremfall zur **Abwanderung** führen. Wenn die wahrgenommene Leistung die Erwartung deutlich übertrifft, besteht die Chance, dass der Kunde begeistert ist. Dies wirkt sich dann positiv auf seine Loyalität und die **Bereitschaft zur Weiterempfehlung** aus. Wenn der Kunde zufrieden ist, also die wahrgenommene Leistung seinen Erwartungen entspricht, dann ist das Verhaltensergebnis keineswegs sicher, sondern oftmals **ambivalent**. Er kann loyal sein und ein Weiterempfehlungspotenzial darstellen. Er kann aber genauso gut zu einem anderen Unternehmen abwandern. Abbildung 13 zeigt diese alternativen Ursachen und Wirkungen im Vergleich.

In Abbildung 14 sind verschiedene **(Un-) Zufriedenheitsstadien** als hypothetische Klassifikation von Zufriedenheitsergebnissen und Verhaltensweisen nach dem Ausprägungsgrad möglicher Soll-Ist-Differenzen dargestellt. Die Abbildung verdeutlicht, dass zufriedene und unzufriedene Kunden ganz unterschiedliche Verhaltensweisen haben können, um auf ihre (Un-)Zufriedenheit zu reagieren. (vgl. auch Stauss/ Neuhaus 1996, S. 131). Diese reichen von sehr negativen bis zu besonders positiven Reaktionen gegenüber einem Unternehmen oder einer Marke.

Kundenzufriedenheit als Basis für Unternehmenserfolg 53

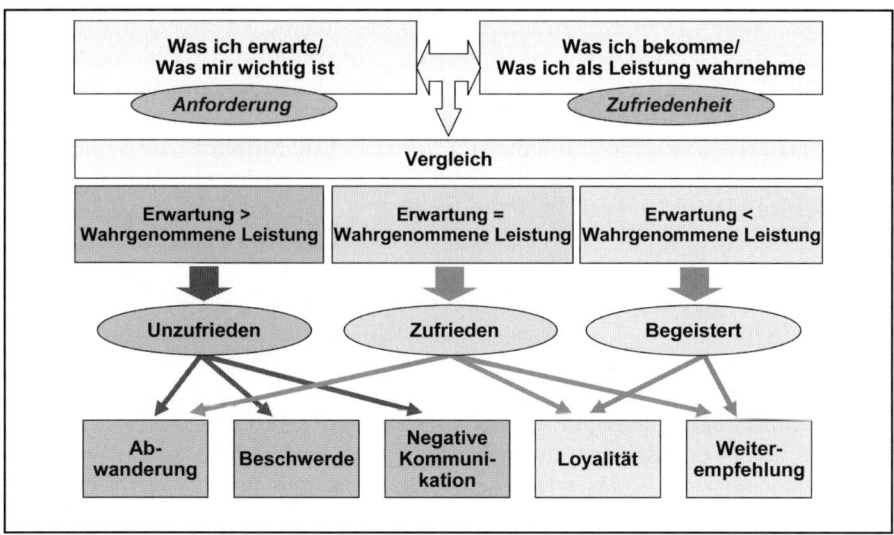

**Abb. 13:** Das Confirmation-/ Disconfirmation-Paradigma zur Entstehung von Zufriedenheit oder Unzufriedenheit

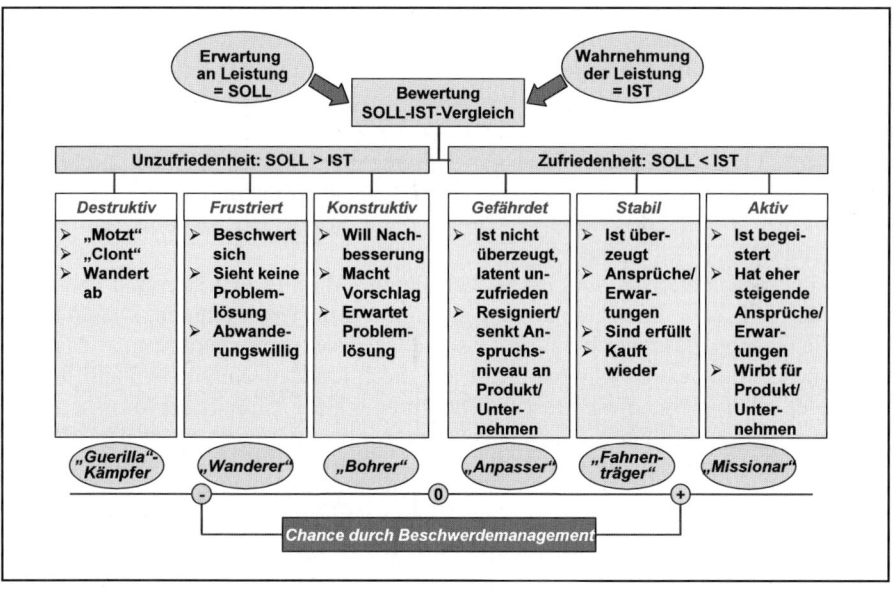

**Abb. 14:** Stufen der Kunden(un)zufriedenheit

Ziel jedes Unternehmens sollte es sein, **„Missionare"** zu erzeugen, die aktiv für das Produkt und/ oder Unternehmen bei Dritten eintreten und dafür werben (vgl.

Schneider/ Bowen 1999, S. 36). Das Bild des Missionars, der andere bezogen auf eine Sache bzw. Überzeugung bekehren will, geht damit noch weiter als das des **„Advocate"**, der per se eine Sache verteidigt. Das defensive Verhalten des „Advocate" steigert sich zum offensiven Verhalten beim „Missionar". Dies ist der Fall, wenn die Kunden sehr zufrieden und von dem Unternehmen bzw. seinen Produkten oder Marken begeistert sind, weil ihre Erfahrungen und Anforderungen weit übertroffen wurden (vgl. Rust/ Oliver 2000, S. 87). Die Kunden werden hierbei positiv überrascht und emotional sehr angesprochen. Sie freuen sich über ihre richtige Kaufentscheidung und haben ein gutes Gefühl, sich für die richtige Kauf-/ Angebotsalternative entschieden zu haben (vgl. Oliver 1997, S. 19).

In der Folge kommt es zu einer emotionalen Verbundenheit zu dem begeisterungsfähigen Anbieter respektive dessen Marken oder Produkten. Ist der Vergleichsstandard nur etwas übertroffen worden, dann wurde i.d.R. schon erheblich auf die Kundenbindung eingewirkt (**„Fahnenträger"**). Problematisch wird es jedoch bereits bei den Kunden, deren Erwartungen gerade erfüllt werden bzw. die erst durch Assimilation des erfahrenen Nutzens an ihre Erwartungen eine konstruierte Zufriedenheit erreicht haben. Sie sind meist nicht von dem Produkt überzeugt und deshalb latent absprunggefährdet (vgl. ähnlich Hansen/ Emmerich 1998, S. 224). Diese **„Anpasser"** werden sich bei zukünftigen Käufen auch bei den Wettbewerbern informieren und sind bereit, die Marke bzw. das Unternehmen zu wechseln.

Besonders gefährlich wird es jedoch immer dann, wenn die Kundenerwartungen nicht erfüllt werden. Das gravierendste Problem stellen dabei – in der Metapher – die **„Guerilla-Kämpfer"** dar. Sie sind völlig unzufrieden und teilen dies auch gegenüber Dritten mit. Dies kann sogar soweit gehen, dass sie in ihrem sozialen Umfeld bewusst von dem Produkt und Unternehmen abraten. Auf diese destruktiven „Guerilla-Kämpfer" hat das Unternehmen keinen Einfluss mehr. Sie werden zu einem nicht steuerbaren negativen Imagefaktor und Multiplikator am Markt. Dies gilt heute im Internet-Zeitalter mit Foren, Chat-Rooms und Blogs (vgl. Fend 2007, S. 28) umso mehr.

Ähnlich problematisch sind die so genannten **„Wanderer"**. Sie sind ebenfalls unzufrieden, äußern ihren Unmut aber gegenüber dem Unternehmen. Dadurch besteht die Chance, dass durch ein professionelles Beschwerdemanagement das Unternehmen zumindest beschwichtigend auf diese Kunden einwirken kann. Meist gelingt es zwar nicht, diese Beschwerdeführer wieder zurückzugewinnen, dafür können oft jedoch größere „Flurschäden" am Markt verhindert werden. Auffangwillig und diskussionsbereit sind hingegen die **„Bohrer"**, die ihre Unzufriedenheit ebenfalls gegenüber dem Unternehmen mitteilen und eine Lösung des Problems erwarten. Häufig haben sie sogar hierfür konkrete Vorstellungen und konstruktive Vorschläge. Hier kann ein aktives und unbürokratisches Beschwerdehandling sehr positiv wirken und aus dem unzufriedenen einen zufriedenen Kunden machen. Dies kann sogar soweit gehen, dass aus dem „Bohrer" ein „Fahnenträger" oder gar ein „Missionar" wird.

Die einzelnen Zufriedenheitstypen unterscheiden sich jedoch nicht nur in ihren Verhaltensintentionen gegenüber dem Anbieter und Dritten, sondern auch hinsichtlich ihrer **Erwartungen an das Unternehmen und dessen Marktleistungen** bei **Folgekäufen** (vgl. ähnlich Stauss/ Neuhaus 1996, S. 131). So ist der „Missionar" durch steigende Erwartungen gekennzeichnet. Er fordert mit seiner progressiven Zufriedenheit das Unternehmen bei jeder weiteren Transaktion auf, mit den steigenden Ansprüchen Schritt zu halten. Inwieweit diese **„Missionare"** ihre Funktion als „unbezahlte Außendienstmitarbeiter" weiterhin wahrnehmen, wenn ein Unternehmen ihren ständig steigenden Anforderungen nicht mehr umfassend gerecht wird, hängt dabei auch von dem Zufriedenheitsniveau mit den Wettbewerbern ab. Hat die Konkurrenz keine Möglichkeiten, die Kundenerwartungen der „Missionare" eines Unternehmens besser zu erfüllen, dann werden die ehemals begeisterten Kunden zwar auch weiterhin dem ursprünglich begeisterungsfähigen Unternehmen die Treue halten, aber ihre Weiterempfehlungsaktivitäten voraussichtlich einschränken. Ein Wechsel zu anderen Anbietern ist für sie in diesem Fall nicht erstrebenswert, da sie ein geringeres Nutzenniveau erfahren werden. Dafür kann aber eine generelle Reduzierung der Kauf- und Nutzungsintensität erfolgen, die auch für Anbieter in der noch etablierten Geschäftsbeziehung negative Auswirkungen, wie z.B. Absatz-, Umsatz-, Gewinnrückgang, hat. Eine aktive Fürsprache wird nicht mehr selbstverständlich erfolgen, da ihre erweiterten Anforderungen vom ehemals überzeugenden Anbieter nicht mehr umfassend erfüllt werden. Der „Missionar" wird dann schnell zum „Anpasser", der durchaus den Anbieter wechselt, wenn dessen Konkurrenten vergleichbare Leistungen am Markt offerieren (vgl. ähnlich Oliver 1999, S. 42).

Um diese negative Entwicklung zu vermeiden, sollten sich Unternehmen vor der Konzeption und Einführung eines „Kundenbegeisterungsprogramms" bewusst sein, dass hiermit gleichzeitig eine kontinuierliche Verbesserung ihrer Marktleistungen im Hinblick auf die Kundenerwartungen der „Missionare" nötig ist (Rust/ Oliver 2000, S. 91 ff.). Die positive Mund-zu-Mund-Werbung des „Missionars" muss also vom Unternehmen ständig durch die Verbesserung der Leistungsfähigkeit „erkauft" werden. Sie bilden damit für das Unternehmen wichtige „Sparrings-Partner", die das Unternehmen immer wieder auf ein höheres Qualitätsniveau herausfordern. Diese überzeugten Kunden sollten deshalb als „Berater" vom Unternehmen verstanden und auch aktiv in einen Dialog, beispielsweise in **Kunden-Fokusgruppen**, einbezogen werden.

Allerdings ist zu berücksichtigen, dass die Leistungsanforderungen der „Missionare" nicht voll und ganz den Erwartungen aller Kunden entsprechen müssen. Deshalb ist immer auch zu prüfen, ob die Verbesserungsvorschläge und -ansprüche der „Missionare" auch die Zufriedenheiten der anderen Kundengruppen beeinflussen. So sind die „Fahnenträger" von den Leistungen des Unternehmens/ Produkts zwar ebenfalls überzeugt, sie fordern aber eine Beständigkeit der Leistung, um kein Kaufrisiko durch Leistungsveränderungen einzugehen. Er weist also eine stabile Kundenzufriedenheit auf. Im Unterschied zu den „Missionaren" sind sie trotz vollständiger Zufriedenheit in ihrem Weiterempfehlungsverhalten eher passiv. Für diese Kunden ist es wichtig, dass alles weitgehend so bleibt wie es ist, da es für sie keinen Grund gibt, etwas zu ändern, was ihren Anforderungen voll und ganz entsprochen hat. Frei nach dem Motto „never change a winning team" sind sie auf Sicherheit ausgerichtet und vertrauen auf Altbewährtes. Das Anspruchsniveau wird ohne Modifikationen beibehalten und eine Erfüllung durch das Unternehmen erwartet.

Bei den **„Anpassern"** kommt es hingegen zu einer resignativen Senkung des Vergleichsstandards, indem sie aufgrund der wahrgenommenen Leistung ihr Anspruchsniveau nachträglich nach unten korrigieren oder die Leistung im nachhinein aufwerten. Dies entspricht einer resignativen Zufriedenheit. Diese Reaktionen sind typische Strategien zum Abbau kognitiver Dissonanzen, die als empfundener Widerspruch zwischen einzelnen tatsächlichen Wahrnehmungen (z.B. Erfahrungen, Hinweise von Dritten) und entscheidungsauslösenden Überzeugungen und Meinungen (Kognitionen) nach einem Kauf zu einem inneren gedanklichen Konflikt beim Käufer führen (vgl. Silberer 1990, S. 344 ff.). Dieser gedankliche Spannungszustand ist besonders stark ausgeprägt, wenn andere Kaufalternativen zur Auswahl standen, die ebenfalls eine Vielzahl von Nutzenvorteilen vorgehalten haben, aber aufgrund der Entscheidung für die gewählte Alternative nicht realisiert werden können (vgl. Kroeber-Riel/ Weinberg 2003, S. 182 ff.). Das erklärt nicht nur die „künstlich" konstruierte Zufriedenheit der „Anpasser", sondern auch ihre latente Bereitschaft, trotz eingestandener „Zufriedenheit" bei einem Wiederkauf den Anbieter zu wechseln.

Bei den **„Bohrern"** werden die Anforderungen ebenfalls nicht erfüllt, sie nehmen aber – im Gegensatz zu den „Anpassern" – keine Senkung ihres Anspruchsniveaus vor, sondern fordern vom Unternehmen eine Nachbesserung der Leistung. Sie sehen in der Leistungsfähigkeit des Unternehmens noch Potenziale, die zu einer nachträglichen Zufriedenheit führen können und sind deshalb bereit, grundsätzlich eine Bindung mit dem Anbieter bei der Erfüllung ihrer Ansprüche einzugehen.

Anders ist dies bei den **„Wanderern"**. Sie haben die Beziehung zu dem Anbieter bereits „innerlich gekündigt" und sehen eigentlich keine Möglichkeit mehr zur Erfüllung ihrer Anforderungen bei diesem Unternehmen. Die geäußerten Beschwerden sind eher ein Zeichen ihrer Ratlosigkeit gegenüber der unbefriedigenden Situation (vgl. auch Stauss/ Neuhaus 1996, S. 130). Gleiches gilt auch für die **„Guerilla-Kämpfer"**, die ebenfalls in keiner Weise zu einer Senkung ihres Anspruchsniveaus bereit sind und den Abbau von kognitiven Dissonanzen durch einen schnellen Abbruch einer als schlecht beurteilten Geschäftsbeziehung und die Veräußerung bzw. Entledigung der erworbenen Leistung vollziehen.

Wie deutlich wird, ist es also wichtig, dass die Kundenerwartungen möglichst weitgehend erfüllt werden, um dauerhafte und ökonomisch wertvolle Kundenbeziehungen aufzubauen. Die Kundentreue ist dabei abhängig von dem gelieferten **Nutzen der Marktleistung**, der wiederum ursächlich für die **Kundenzufriedenheit** ist. Allerdings gibt es zwischen den beiden Dimensionen in den meisten Fällen **keinen proportionalen Zusammenhang** (vgl. Krafft 1999, S. 524 f.). In zahlreichen empirischen Untersuchungen wurden vielmehr komplexere nicht-lineare Verbindungen zwischen der Kundenzufriedenheit und der Kundenbindung nachgewiesen. Hierauf wird in dem Artikel zu den Ursachen-Wirkungs-Konzepten der Kundenbindung in diesem Buch detailliert eingegangen.

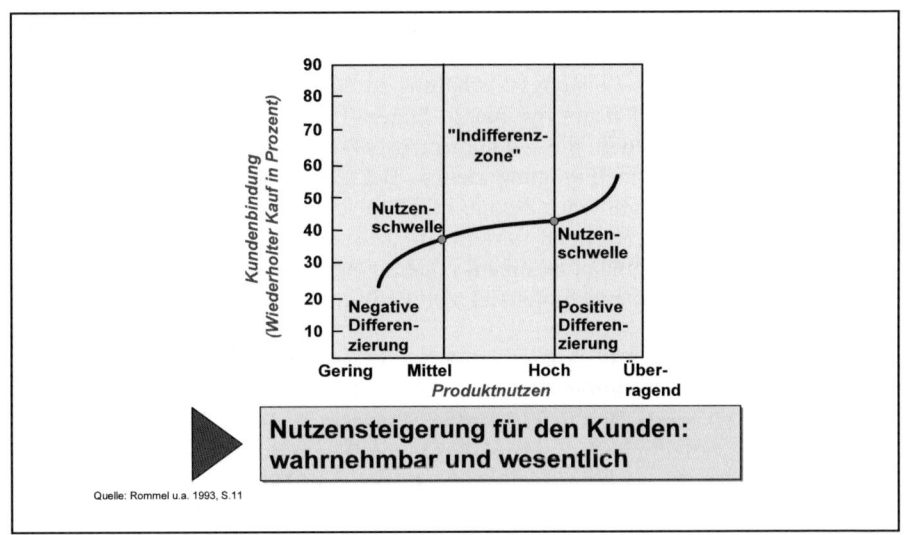

**Abb. 15:** Deutliche Differenzierung im Produktnutzen beeinflusst das Kundeninteresse

Neben progressiven Verläufen sind zwischen Produktnutzen, dadurch induzierter Kundenzufriedenheit, und Kundenbindung – wie Abbildung 15 exemplarisch zeigt – auch **sattelförmige Beziehungen** festgestellt worden, die 2 Nutzenschwellen ausweisen, zwischen denen ein **Indifferenzbereich** liegt (vgl. Herrmann/ Huber/ Fischer 2000, S. 17; Homburg/ Giering/ Hentschel 1999, S. 184 f.; Matzler/ Stahl 2000, S. 633 f.; Müller/ Riesenbeck 1991, S. 69). Innerhalb dieser Zone führen Nutzensteigerungen nur zu einem geringen Zuwachs an Kundentreue. Erst wenn dieser Bereich durch eine weitere Zunahme des Produktnutzens verlassen wird, kommt es zu einer progressiven Steigerung der Kundenbindung.

Um es an einem Beispiel zu verdeutlichen (vgl. Rommel et al. 1993, S. 10): Als früher die Entwicklung eines Kamerafilms in einem Fotolabor 5 Tage betrug (Nutzenschwelle 1), hatte eine Reduzierung der Entwicklungszeit auf 3 Tage nur einen geringen Einfluss auf die Kundenzufriedenheit (Indifferenzzone). Eine Verkürzung auf einen Tag oder später sogar auf eine Stunde hatte hingegen jeweils eine erhebliche Steigerung der Kundenzufriedenheit zur Folge (Nutzenschwelle 2).

Innerhalb der Indifferenzzone sind die Kunden zwar nicht unzufrieden mit der erhaltenen Leistung, sie sind aber auch nicht so stark von dem Angebot überzeugt, dass sie auf keinen Fall bei einem anderen Unternehmen kaufen würden (vgl. Tscheulin 1994, S. 54). Dieses Phänomen wird auch als **Variety Seeking** bezeichnet (vgl. McAlister 1982, S. 141). Diese Suche nach Abwechslung ist eine normale Verhaltensweise, die vor allem die oben genannte Gruppe der „Anpasser" betrifft. Sie sind zwar weitgehend zufrieden gestellt, aber nicht so sehr von der erhaltenen Marktleistung überzeugt, dass sie sich loyal gegenüber dem Unternehmen verhalten würden. Dies ist erst der Fall, wenn ein herausragender Nutzen geliefert wird, der bei den Kunden Begeisterung auslöst und zu einem erhöhten Risiko führt, bei Marktleistungen anderer Anbieter nicht einen ähnlich hohen Nutzen bzw. ähnlich gutes Preis-Leistungs-Verhältnis zu bekommen (vgl. auch Keaveney 1995, S. 77). So schätzt man (vgl. hierzu Stauss 1997, S. 80), dass mehr als ein Drittel (38,5%) der Kunden, die – wie die „Anpasser" – resigniert zufrieden sind, einen Anbieterwechsel in Erwägung ziehen. Bei den „Fahnenträgern", die stabil zufrieden sind, hat nur gut jeder Zehnte (12,7%) schon einmal über einen Anbieterwechsel nachgedacht. Bei den fordernden „Missionaren" ist es immerhin jeder Vierte (26,7%), der durchaus zu einem anderen Anbieter wechseln würde, wenn ein unzureichendes Leistungspotenzial zur Erfüllung der steigenden Ansprüche gesehen wird.

Grundsätzlich ist bei der Analyse und bei den Aktivitäten zur Steigerung der Kundenzufriedenheit zu berücksichtigen, dass sich die Kundenerwartungen – wie Abbildung 16 erkennen lässt – in 2 große Bereiche gliedern. Diese Differenzierung lässt sich gedanklich an die **Zwei-Faktoren-Theorie von Herzberg** bezogen auf die Mitarbeiter-Motivation anlehnen (vgl. Herzberg 1968, S. 57 ff.).

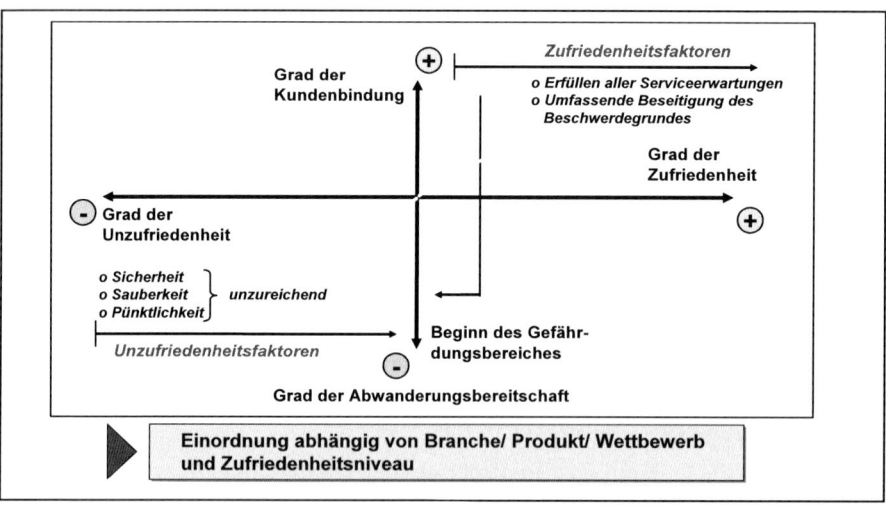

**Abb. 16:** Spektrum der Kundenzufriedenheit

Zum einen gibt es Erwartungen, die als **Mindestanforderungen** erfüllt werden müssen, um eine Unzufriedenheit zu vermeiden. Werden sie erfüllt, dann ist aber noch lange keine Zufriedenheit erreicht. So wird eine pünktliche Lieferung entsprechend der getroffenen Vereinbarung kein Grund zur überschwänglichen Freude, sondern von einem seriösen Partner von vornherein erwartet. Diese **„Penalty-Faktoren"** werden von den Kunden nicht explizit geäußert oder verlangt. Sie werden vielmehr als Selbstverständlichkeit vorausgesetzt und angenommen. Werden sie nicht erfüllt, dann wird das Unternehmen durch hohe Unzufriedenheit der Kunden abgestraft.

Zum anderen gibt es Faktoren, die als **Zufriedenheitsmacher** fungieren, wenn sie realisiert werden. Dabei ist zwischen Leistungs- und Reward-Faktoren zu unterscheiden. Während die **Leistungs-Faktoren** von den Kunden erwartet und klar beurteilt werden, sind die **Reward-Faktoren** zusätzliche Leistungen und Nutzenwerte, die dem Kunden unaufgefordert geliefert werden. Die Erfüllung von Anforderungen der Leistungs-Faktoren führt bei den Kunden zu Zufriedenheit bzw. bei Nicht-Erfüllung zu Unzufriedenheit. Reward-Faktoren haben hingegen keinen negativen Einfluss auf die Kundenzufriedenheit, wenn sie nicht realisiert werden, da sie von den Abnehmern nicht verlangt werden. Allerdings ist das kein „Freibrief" für eine unzureichende Qualität von Reward-Leistungen. Werden sie vom Unternehmen angeboten, dann sollten sie auch professionell gemanagt und umgesetzt werden. Im anderen Fall wird eine Chance zum Auf- und Ausbau der Kundenbindung vergeben, die durch das reine Angebot und die anforderungsgerechte Realisation von Penalty- und Leistungs-Faktoren nur sehr schwierig zu erreichen ist. Denn die Erfüllung dieser Grundanforderungen führt i.d.R. nur zu einer moderaten Zufriedenheit in der Indifferenzzone. Eine Überwindung der in Abbildung 15 dargestellten Nutzenschwelle 2 kann meist nur durch wertsteigernde Reward-Leistungen erreicht werden (vgl. Bailom/ Hinterhuber/ Sauerwein 1996, S. 118). Die Unterscheidung in Penalty-, Leistungs- und Reward-Faktoren entspricht generell den 3 Stufen der **Basis-, Leistungs- und Begeisterungsfaktoren im Kano-Modell** (vgl. Berger et al. 1993).

Grundsätzlich wird durch die vorstehenden Ausführungen deutlich, dass ein Unternehmen zuerst die Penalty-Faktoren erkennen und positiv gestalten muss, bevor die Zufriedenheitsfaktoren voll greifen können. Das bedeutet auch, dass bei den Kunden zunächst die Abwanderungsbereitschaft verringert werden muss, die schon im positiven Bereich vorhandener, aber geringer Zufriedenheit beginnt; erst dann kann die Kundenbindung ausgebaut werden. Dies setzt jedoch eine detaillierte Untersuchung einzelner Faktoren als Elemente der Zufriedenheit bezüglich ihrer Bedeutung als Zufriedenheits- oder Unzufriedenheitsfaktor voraus.

Darüber hinaus können durch **ABC-Analysen** die **Kundenerwartungen** nach ihrer **Wichtigkeit und Bedeutsamkeit** in 3 Kategorien eingeteilt werden. Die A-Erwartungen sind – wie Abbildung 17 zeigt – quasi als Muss-Leistungen unbedingt voll zu erfüllen. Sie ermöglichen meist eine Differenzierung im Wettbewerb oder können bei Nichterfüllung zu Wettbewerbsnachteilen führen. Die B-Erwartungen sind mittel-wichtig für die Kundenzufriedenheit und sollten deshalb nur dann erfüllt werden, wenn damit nur vertretbare zusätzliche Kosten verbunden sind. Die C-Erwartungen sind solche, die nur einen geringen Einfluss auf die Kundenzufriedenheit haben. Sie bieten i.d.R. keine Differenzierungschance im Wettbewerb und sollten deshalb nur als zusätzliche Kann-Leistung angeboten werden, wenn mit ihrer Erfüllung keine zusätzlichen Aufwendungen verbunden sind.

Durch ein gezieltes **Erwartungsmanagement** von Seiten des Anbieters kann die Relevanzbeurteilung der 3 Erwartungsklassen durch die Kunden und damit indirekt auch die Kundenzufriedenheit gesteuert werden. Üblicherweise müssen immer die Leistungs- und Nutzenfaktoren an die Kundenerwartungen angepasst werden. Das Ziel besteht im umgekehrten Fall darin, die Kundenerwartungen an das Leistungs- und Nutzenniveau des Anbieters anzugleichen oder sogar unter die

Leistungsfähigkeit des Unternehmens zu positionieren, damit die Möglichkeit einer Übererfüllung der Kundenerwartungen geschaffen ist. Die Aufgabe des Erwartungsmanagements liegt insbesondere in der Beeinflussung potenzieller und bestehender Kunden durch persuasive und auch verständigungsorientierte Kommunikation. Hierzu ist zunächst eine Festlegung **relevanter Zielgruppen** vorzunehmen. **Segmentierungskriterien** sind die verschiedenen **Kundenerwartungen** und **Zufriedenheitsstadien** der Kunden. Sind die Erwartungen der Kunden weitgehend identisch, so bietet sich in diesem Fall eine standardisierte Vorgehensweise an, während bei sehr heterogenen Kundenerwartungen ein differenziertes Erwartungsmarketing zielführend sein kann (vgl. Bruhn 2000, S. 1043). Wichtig hierbei ist auch eine aussagekräftige Ermittlung des Einflusses der jeweiligen Kundenerwartungen auf das Zufriedenheitsurteil der Kunden.

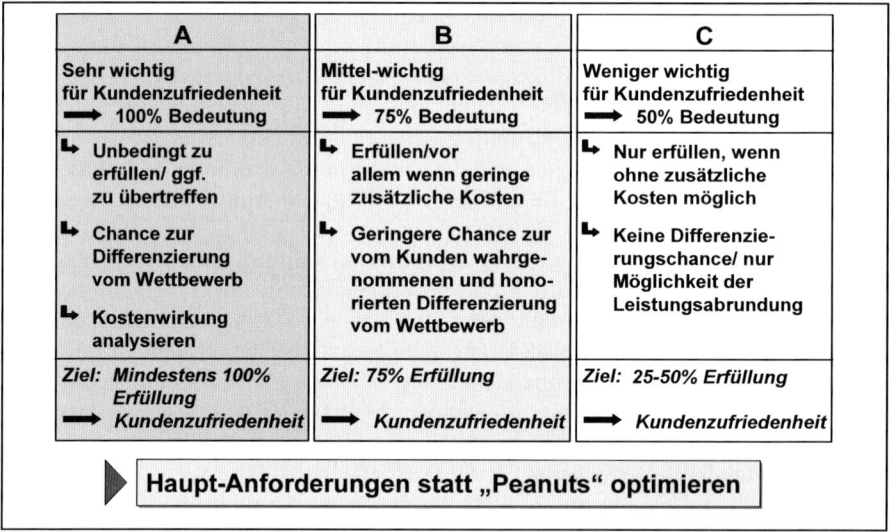

Abb. 17: ABC-Analyse der Kundenanforderungen/ -erwartungen

Für eine **Zufriedenheitsanalyse** bedeutet dies, dass nicht nur ausschließlich die Gesamtzufriedenheit untersucht werden sollte, sondern auch Zufriedenheiten mit einzelnen Aspekten und Komponenten zu betrachten sind (vgl. auch Homburg/ Rudolph 1995, S. 47 f.; Sharma/ Niedrich/ Dobbins 1999, S. 235 f.). Wie Abbildung 18 zeigt, besteht ein globales Zufriedenheitsurteil aus vielen Einzelurteilen, die i.d.R. unterschiedlich ausgeprägt sind.

Das Zustandekommen des Gesamtwertes der Kundzufriedenheit unterliegt dabei jedoch keinem eindeutigen und leicht nachvollziehbaren Algorithmus. Vielmehr nimmt der Kunde eine subjektive Amalgamierung vor. Ein aufgestelltes formales Modell ist deshalb im Hinblick auf seine Validität immer dadurch zu überprüfen, dass neben der erfragten Teilzufriedenheit mit einzelnen Faktoren auch die pauschale Gesamtzufriedenheit erfragt wird. Mit Hilfe einer **multiplen Reg-**

**ressionsanalyse** lässt sich zudem über das Bestimmtheitsmaß ($R^2$), das die Güte der Regressionsbeziehung erklärt, auch der Einfluss von Einzelzufriedenheiten auf die Globalzufriedenheit erkennen. Zudem geben die einzelnen standardisierten Regressionskoeffizienten (b*) der in die Regressionsfunktion eingeschlossenen Einzelzufriedenheiten wichtige Hinweise auf deren Bedeutung für die Gesamtzufriedenheit (vgl. Backhaus et al. 2006, S. 64 ff.). Erst diese differenzierte Sichtweise ermöglicht eine klare Diagnose und liefert damit die Grundlage für eine effektive Therapie in Form eines erfolgreichen Zufriedenheitsmanagement. Damit ist die Messung der Kundenzufriedenheit als wichtiger Erfolgsfaktor und Basis für den Unternehmenserfolg angesprochen. Allerdings weist die unmittelbare Abfrage der Wichtigkeit einzelner Kriterien beim Adressaten eine Reihe von Vorteilen im Vergleich zu einer rechnerischen Ermittlung der Wichtigkeit auf. Hierauf wird im Artikel zu den Messkonzepten des Kundenzufriedenheits- und Kundenbindungsindex in diesem Buch noch einmal ausführlicher eingegangen.

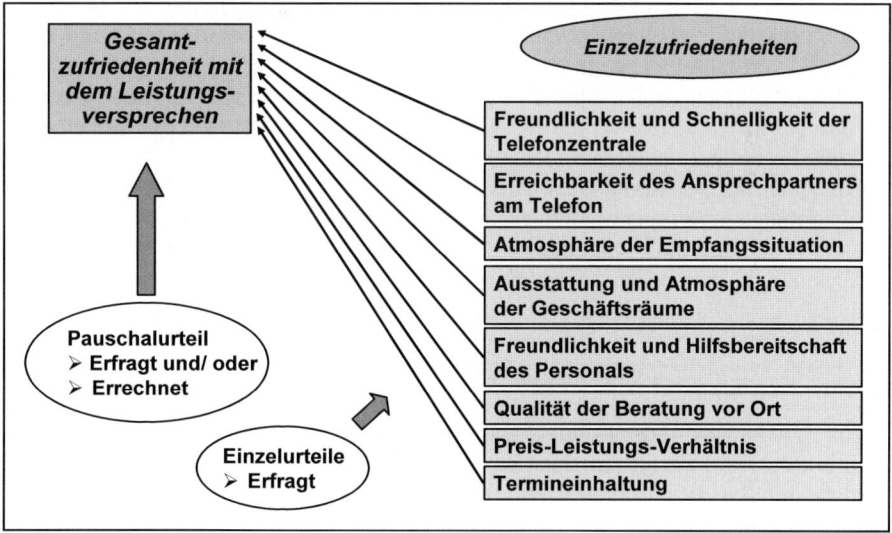

**Abb. 18:** Elemente der Zufriedenheit

Vorab sollen hier aber die beiden **Arten der Ermittlung der Wichtigkeit** einzelner Kriterien bzw. Merkmale aus Kundensicht kurz angesprochen werden, nämlich die indirekte statistische Berechnung und die separate Abfrage und damit direkte Messung der Wichtigkeit.

- Im 1. Fall wird die Wichtigkeit von Einflussfaktoren **nicht direkt abgefragt**, sondern über die Zusammenhänge der erfragten Teilzufriedenheiten mit einzelnen Kriterien – als unabhängige Variablen – bezogen auf die abgefragte resultierende Gesamtzufriedenheit – als abhängige Variable – ermittelt. Die Zusammenhänge lassen sich in einem mathematisch-statistischen Gleichungssystem über ein **multiples Regressionsmodell** bzw. ein umfassenderes **Kausalmodell** ermitteln, welche die als Ursachen-Wirkungs-Zusammenhänge interpretierten funktionalen Zusammenhänge abbilden. Als weiter führende Analysemethode für die Güte der Regressionsgeraden lässt sich der **Partial-Least-Squares-Ansatz (PLS)**, also die Methode der kleinsten Quadrate, einsetzen (vgl. Fornell/ Cha 1994, S. 52 ff.; Bortz 2005, S. 185 f.). Diese Analysemethode wird ebenfalls – wenn auch mit einer anderen inhaltlichen Schwerpunktsetzung – bei der Bildung des American Customer Satisfaction Index (ACSI) und des European Customer Satisfaction Index (ECSI) verwendet (vgl. Grigoroudis/ Siskos 2004) (vgl. hierzu auch die Artikel zu den Ursachen-Wirkungs-Konzepten der Kundenbindung sowie zu den Nationalen Kundenbarometern in diesem Buch).

Analysiert wurden in einer Studie über die Telekommunikationsbranche von Mercer Management Consulting die Zufriedenheitstreiber aus Sicht der Kunden und deren Einschätzung durch die Festnetzmanager (vgl. Prommer 2007). Abbildung 19 führt die vergleichenden Ergebnisse auf, die auf Produkt, Preis und Servicequalität verdichtet wurden, hinter denen jeweils wiederum mehrere erfragte Einflussfaktoren liegen. Wie nachvollziehbar ist, mangelt es den Festnetzmanagern an tief greifendem Kundenverständnis. Denn sie schätzen die Bedeutung des Preises und des Produktes für die Kundenzufriedenheit circa doppelt so hoch ein wie die Servicequalität. Der strategische Ansatz von Produktinnovationen für den Markterfolg schlägt dann aber fehl, weil aus Kundensicht nur 14% der Zufriedenheit von der Produktqualität abhängig ist.

Unabhängig davon, dass diese Vorgehensweise der Messung und Analyse eine grundsätzliche Aussagefähigkeit besitzt, birgt sie aber eine Reihe von Problemen und Unschärfen in sich. Auf diese wird – wie oben angesprochen – im Artikel zu den Messkonzepten des Kundenzufriedenheits- und Kundenbindungsindex in diesem Buch ausführlicher eingegangen. Ein Problem ist darin begründet, dass der Gradient bzw. Regressionskoeffizient jedes Kriteriums innerhalb der Regressionsfunktion dessen Beitrag auf die Gesamtzufriedenheit angibt und damit die interpretierte relative Wichtigkeit dieses Kriteriums als errechneten Wert auf die Gesamtzufriedenheit ausdrückt. Dieser Wert entspricht aber als Dezimalgröße nicht der separaten absoluten Messung der Wichtigkeit auf einer 100%-Skala und ist damit für den statistischen Laien schwerer interpretierbar. Im Beispiel der Abbildung 19 werden die Wichtigkeiten in Prozentsätzen ausgedrückt, die sich insgesamt zu 100% pro Befragtengruppe addieren. Dies steigert offensichtlich die Aussagefähigkeit und Nachvollziehbarkeit für das Management eines Unternehmens, ändert aber nichts an den funktionalen Zusammenhängen.

- Im 2. Fall wird die Wichtigkeit einzelner Kriterien und damit inhaltlicher Gestaltungsbereiche aus Sicht der Kunden **direkt abgefragt**. Der Vorteil dieser Vorgehensweise liegt zunächst generell darin, dass in der Unternehmenspraxis häufig unterschiedliche Grade der Kenntnis über die Wichtigkeit einzelner Inhaltsbereiche für die Kunden bei Führungskräften und Mitarbeitern vorliegt. Dies hat das Beispiel in Abbildung 19 bereits verdeutlicht. Nicht selten herrscht also relativ große Unkenntnis vor. Die ermittelten absoluten Wichtigkeitswerte aus Kundensicht können deshalb Aha-Effekte bei den Betroffenen des Unternehmens bewirken und vor allem aufgrund der artikulierten Höhe dieser Wichtigkeiten den Handlungsdruck deutlich verstärken.

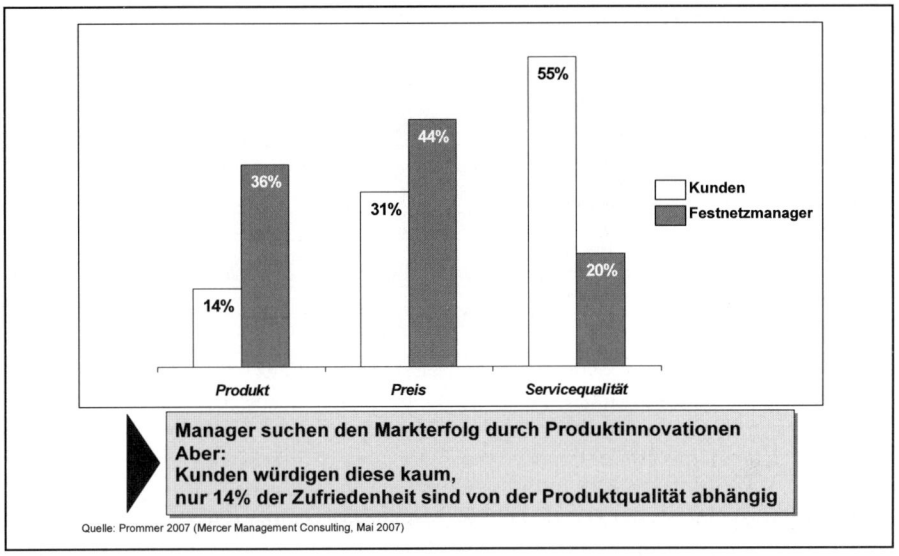

**Abb. 19:** Zufriedenheitstreiber aus Sicht der Kunden und der Festnetzmanager

Dies soll an einem weiteren Beispiel aus einer anderen Branche verdeutlicht werden. Die Studie bezieht sich auf die Zufriedenheit mit der Abwicklung von Bauleistungen, basierend auf der gleichzeitig abgefragten Wichtigkeit der einzelnen Kriterien. Befragt wurden Bauherren als Auftraggeber und zusätzlich Bauunternehmen nach ihrer Einschätzung von Wichtigkeit und Zufriedenheit bei ihren Bauherren. Die beiden Befragungsergebnisse sind in den Abbildungen 20a und 20b wiedergegeben (vgl. Töpfer/ Schach 2000, S. 5).

Zwei Unterschiede als ermittelte Deltas kommen dabei zum Tragen. Auf der einen Seite ist dies die **unterschiedliche Bewertung der Wichtigkeit und Zufriedenheit von den beiden Befragtengruppen**. Durch die Bauunternehmen wird die Zufriedenheit der Bauherren durchgängig überschätzt. Auf der anderen Seite ist dies aber auch die hier interessierende **Einschätzung der Wichtigkeit einzelner Kriterien**, die gegenüber den Werten der Bauherren von den Bauunternehmen in einigen Fällen erheblich unterschätzt wird. Dies ist beispielsweise der Fall bei den Kriterien „Kosteneinhaltung bei der Durchführung von Bauleistungen" (-10), „Qualifikation des Projekt-/ Bauleiters des Auftragnehmers" (-12) und „Regelmäßiger Baufortschrittsbericht an den Bauherren" (-16).

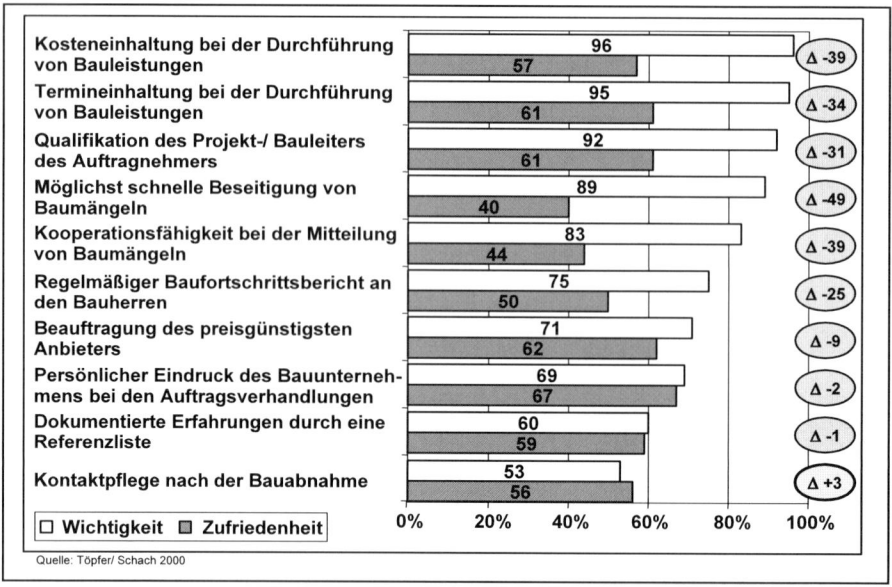

**Abb. 20a:** Wichtigkeit und Zufriedenheit bei Bauherren/ Auftraggebern mit der Abwicklung von Bauleistungen (geordnet nach Wichtigkeit)

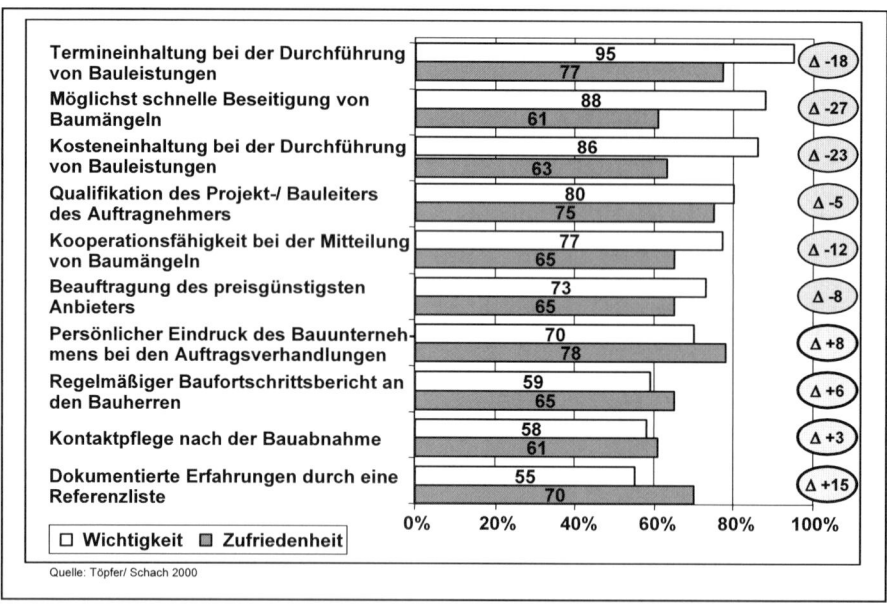

**Abb. 20b:** Wichtigkeit und Zufriedenheit bei Bauherren nach Einschätzung der Bauunternehmen (geordnet nach Wichtigkeit)

Für den statistischen Laien signalisiert dabei beispielsweise der erfragte absolute Wichtigkeitswert von 96% (siehe Abb. 20a) eine deutlich höhere Dringlichkeit und damit größeren Handlungsdruck als der errechnete relative Wichtigkeitswert von 55% (siehe Abb. 19). Hinzu kommt: Es kann nicht Ziel der Zufriedenheitsmessung und CSI-Berechnung sein, dass die Führungskräfte und Mitarbeiter eines Unternehmens zunächst in Statistik ausgebildet werden müssen, damit sie die Ergebnisse des Messkonzeptes verstehen und richtig interpretieren können.

Generell gilt: Beide dargestellten Fälle von Unwissenheit, also die Überschätzung der Zufriedenheit der Bauherren durch die Bauunternehmen auf der einen Seite und die teilweise erhebliche Unterschätzung der Wichtigkeit der Kriterien für die Bauherren durch die Bauunternehmen auf der anderen Seite, können sich negativ auf die Einschätzung der Bedeutung einzelner Kriterien für die Kunden und damit indirekt auch für das Unternehmen auswirken. Dies hat dann eine nachrangige Bedeutung hierauf bezogener Maßnahmen zur Steigerung der Qualität und Kundenzufriedenheit in dem anschließend erarbeiteten Verbesserungsportfolio zur Folge.

## 4 Messung der Kundenzufriedenheit

Grundsätzlich gibt es verschiedene Messansätze zur Ermittlung der Kundenzufriedenheit, die an unterschiedlichen Stellen des Confirmation/ Disconfirmation-Zufriedenheitskonstruktes (vgl. Churchill/ Surprenant 1982, S. 492) ansetzen. Sie unterscheiden sich dadurch in der Komplexität der Messung und der damit verbundenen Detailliertheit der Ergebnisse (vgl. u.a. Cronin/ Taylor 1992, S. 56 ff.). Im Folgenden wird ein Überblick über die unterschiedlichen Messansätze gegeben. Methodische Details werden im Artikel zu den konzeptionellen Grundlagen und Messkonzepten für den Kundenzufriedenheits- und Kundenbindungsindex vertieft.

Die erste Möglichkeit der Zufriedenheitsermittlung besteht darin, auf eine sehr globale und wenig aussagekräftige Weise, die allgemeine Zufriedenheit mit einer Marktleistung oder einem Unternehmen als **Gesamturteil** zu messen (siehe Abb. 21). Diese Vorgehensweise ist sehr einfach und schnell durchzuführen, sie liefert aber im Ergebnis **keine Hinweise auf spezifische Stärken und Schwächen** des Unternehmens, die für ein gezieltes Management der Kundenzufriedenheit und des Beziehungsmarketings notwendig sind. Deshalb ist es sinnvoller, detaillierte Analysen durchzuführen, indem beispielsweise differenzierte Urteile zu einzelnen Kriterien bzw. Merkmalen erhoben werden. Diese Form wird als **merkmalsorientierte Messung** bezeichnet.

Charakteristisch für diese Methode ist die Auffassung, dass sich ein globales Zufriedenheitsurteil aus einer **Vielzahl von Einzelurteilen** zusammensetzt. Dabei geht man i.d.R. von **kompensatorischen Modellen** aus, bei denen Unzufriedenheiten mit einzelnen Leistungsbereichen durch eine sehr große Zufriedenheit/ Begeisterung bei anderen Teilleistungen ausgeglichen werden können. K.o.-Kriterien bzw. Mindestzufriedenheiten werden hierbei nicht berücksichtigt bzw. negiert (vgl. Hentschel 1999, S. 297 ff.).

Die Ermittlung der Einzelzufriedenheiten kann auf direkte oder indirekte Weise erfolgen. Bei der indirekten Zufriedenheitsmessung werden – entsprechend dem **SERVQUAL-Ansatz** (Service Quality Approach) – mittels einer Doppelskala sowohl der erwartete (Soll) als auch der wahrgenommene/ erlebte Nutzen (Ist) einzelner Leistungsmerkmale analysiert (vgl. Zeithaml/ Parasuraman/ Berry 1992, S. 200 f.). Die Differenzierung zwischen dem wahrgenommenen Ist und dem erwarteten Soll eines jeden Leistungsbereichs bildet die jeweilige Einzelzufriedenheit. Dieses Messverfahren entspricht zwar vom Grundaufbau in besonderem Maße dem Confirmation/ Disconfirmation-Paradigma, es ist jedoch sehr aufwändig und hinsichtlich seiner Messvalidität umstritten (vgl. Cronin/ Taylor 1992, S. 61; Hentschel 1999, S. 309 ff.; Haller 1995, S. 95 ff.).

Bei der unmittelbaren Zufriedenheitsmessung werden die einzelnen Leistungsbereiche einer Gesamtleistung von den Kunden hinsichtlich ihrer Zufriedenheit beurteilt, ohne dass eine separate Erhebung der Erwartungen/ Anforderungen und Wahrnehmungen erfolgt. Statt der einzelnen Komponenten des Vergleichsprozesses werden also gleich die **Vergleichsergebnisse** (Zufriedenheitsbeurteilungen) bei den Kunden ermittelt. Zusätzlich kann auch das Gesamturteil der Zufriedenheit noch als Gesamteindruck erhoben werden. Diese als **SERVPERF** (Service Performance Approach) bezeichnete Methode wird in der Praxis sehr häufig eingesetzt, da sie ebenfalls relativ schnell und einfach durchzuführen ist (vgl. Haller 1995, S. 101). Nachteilig ist jedoch, dass die Einzelurteile allein auch noch keine konkreten Hinweise auf den tatsächlichen Handlungsbedarf für Verbesserungen liefern, da die Erwartungen/ Anforderungen nicht explizit berücksichtigt werden (vgl. Parasuraman/ Zeithaml/ Berry 1994, S. 116). Schließlich deutet die Tatsache, dass die Kunden mit einem Leistungsbereich nicht zufrieden sind, noch nicht auf eine wesentliche Schwäche hin. Das wäre der Fall, wenn es sich bei diesem Leistungsmerkmale um ein sehr bedeutendes Kriterium handelt, auf das die Kunden besonders Wert legen.

Zur besseren Einschätzung der Zufriedenheitsurteile ist deshalb eine Verknüpfung mit der jeweiligen **Wichtigkeit des Leistungskriteriums** für den Kunden sinnvoll (vgl. Cronin/ Taylor 1994, S. 130). Dieses Vorgehen entspricht dem **SERVIMPERF-Ansatz** (Service Importance Performance Approach). Im Ergebnis erhält man eine **gewichtete Zufriedenheit**. Hierbei kann beispielsweise in Form einer **Zufriedenheits-Matrix** bzw. eines **Zufriedenheits-Portfolios** festgestellt werden, in welchen Bereichen noch Verbesserungs-, Optimierungs- oder Rationalisierungsbedarf besteht. In einem 3. Schritt können die Ausgabe- und Preisbereitschaften in die Analysen einbezogen werden. Aus einem Gesamturteil über den Kundennutzen als Zufriedenheitsindikator werden so die **Teilnutzenwerte** der Einzelbereiche festgestellt. Hierdurch erhält man Einzelurteile über rentable Zufriedenheitssteigerungen, also über Maßnahmen, die nicht nur Kosten verursachen, sondern vor allem auch einen Kundennutzen liefern und wesentlich auf die Zufriedenheit und auch Bindung der Kunden wirken. Zusammenfassend stellt Abbildung 21 die 3 oben vorgestellten Stufen zur Messung und Steigerung der Kundenzufriedenheit dar.

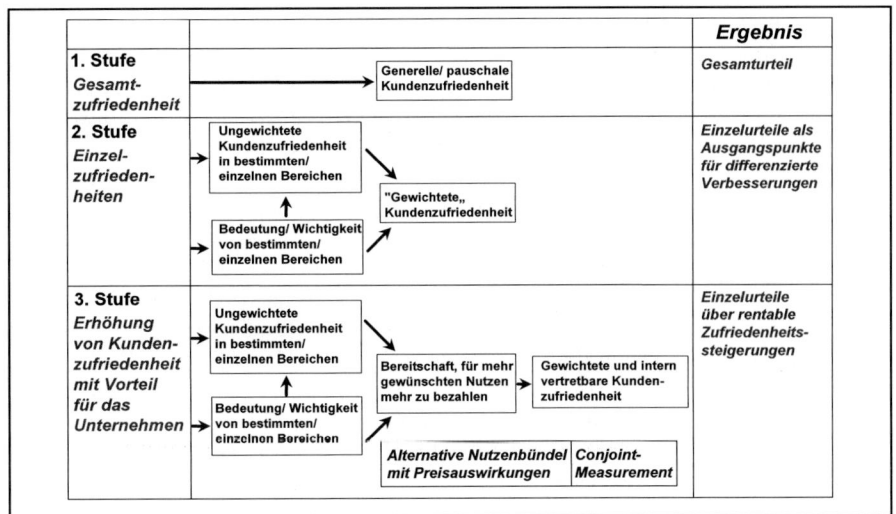

**Abb. 21:** Messung und Steigerung der Kundenzufriedenheit

Eine Schwierigkeit bei der Messung ist die Verwendung **aussagefähiger Indikatoren**, die Rückschlüsse auf die Kundenzufriedenheit und -bindung erlauben. In Abbildung 22 sind beispielhaft 5 Kriterien aufgelistet, die aufeinander aufbauen. Die ersten 2 Kriterien lassen dabei eine direkte und quantitative Messung zu, die zudem i.d.R. relativ einfach durchgeführt werden kann. Meist liegen diese Informationen bereits im Rechnungswesen oder – im Falle von Reklamationen – im Kundendienstbereich des Unternehmens vor.

Bei dem 3. Kriterium ist die Messung schon deutlich schwieriger, denn hierbei geht es nicht mehr um die **physische Produktqualität**, die objektiv bestimmt werden kann, sondern um den gesamten für den Kunden wahrnehmbaren **Qualitätsanspruch**. Die Qualitätseindrücke des Kunden lassen sich nur subjektiv erheben und aus seiner Sicht nachvollziehen. Das gilt in besonderem Maße für Dienst- und Serviceleistungen, die mehr oder minder immateriell sind und in einem integrativen Leistungsprozess mit direkter Anbieter-Kunden-Interaktion erstellt werden.

Hierzu sind meist **ereignisbezogene Erhebungsmethoden**, wie beispielsweise die **sequenzielle Ereignismethode**, die **Critical Incident Technique** und die **Beschwerdeanalyse**, notwendig. Sie sind in Abbildung 23 dargestellt. Während bei der sequenziellen Ereignismethode die Kunden nach allgemeinen und erinnerten Situationen im Serviceprozess sowie bei der Critical Incident Technique nach besonders auffälligen und damit verhaltensbeeinflussenden Situationen beim Aufnehmen von gebotenen Serviceleistungen befragt werden, geht es bei der Beschwerdeanalyse um die Dokumentation von Kundenreklamationen (vgl. Stauss/ Hentschel 1990, S. 234 ff.).

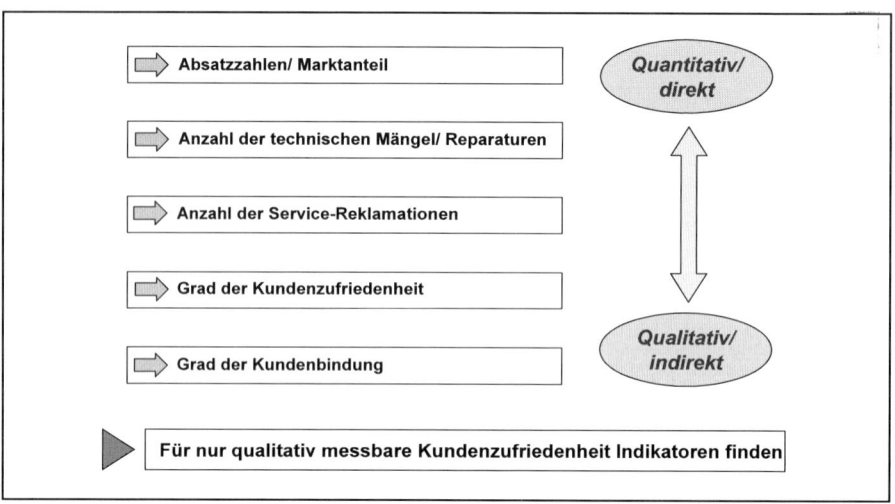

**Abb. 22:** Indikatoren für Kundenbindung/ -zufriedenheit

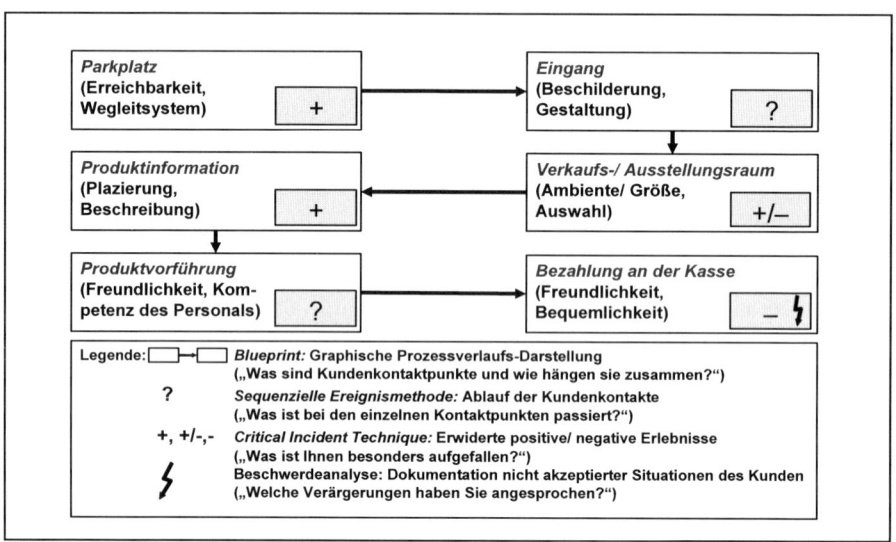

**Abb. 23:** Ereignisorientierte Erhebungsmethode

Wie ersichtlich ist, bauen die Methoden zum Teil aufeinander auf. Grundlage der ereignisorientierten Messung ist meist eine **Identifikation der Kundenkontaktpunkte**, also die Erfassung aller Situationen bei denen der Kunde mit dem Unternehmen in Berührung kommt. Hierzu ist es notwendig, dass ein **kundenbezogener Wertschöpfungsprozess** gedanklich in einzelne **Teilprozesse** zergliedert wird. Es bietet sich an, die einzelnen Prozessbestandteile grafisch in einem **Blue-**

**print** abzubilden und zu dokumentieren. Die Kontaktpunktanalyse ist rein quantitativ ausgelegt und hält lediglich alle Anlaufstellen und Interaktionssituationen ohne Wertung fest.

Um qualitative Informationen über Erlebnisse der Kunden bei den jeweiligen Kontaktpunkten zu erhalten, sind die aufgeführten qualitativen Verfahren einzusetzen. Auf Basis des Blueprints können dann im Rahmen der **sequenziellen Ereignismethode** sämtliche Kundenerlebnisse an den Kontaktpunkten ohne Beachtung ihrer Bedeutung und Relevanz für die Kundenzufriedenheit erfasst werden. Dies erfolgt meist im Rahmen einer offenen Befragung. Eine Konzentration lediglich auf bedeutende Erlebnisse für den Kunden wird durch den Einsatz der **Critical Incident Technique** erreicht, die ebenfalls als offene Befragung durchgeführt wird. Die positiven und negativen Erlebnisse können dann in den Blueprints vermerkt werden, um Schwachstellen und Knackpunkte im Kundenkontakt zu visualisieren. Im obigen Beispiel wurden die Kundenerlebnisse entsprechend ihrer Wahrnehmung durch ein Plus (+) oder ein Minus (-) gekennzeichnet.

Die Durchführung der sequenziellen Ereignismethode und der Critical Incident Technique ist aktiv vom Unternehmen vorzunehmen und erfordert ein ausgefeiltes Erhebungsinstrumentarium, um alle wesentlichen Aspekte bei diesen qualitativen Analysen zu erfassen. In vielen Unternehmen wird deshalb ausschließlich auf die Dokumentation von Beschwerden abgestellt. Auch diese lassen sich in dem Blueprint festhalten, indem sie beispielsweise durch einen „Hochspannungspfeil" gekennzeichnet werden.

Das Problem bei der **alleinigen Erfassung von Reklamationen** liegt zum einen darin, dass nur negative Ereignisse und keine positiven Einflussfaktoren berücksichtigt werden, die ebenfalls auf die Zufriedenheit wirken. Zum anderen ist die Anzahl nachvollziehbarer Reklamationen zur Ermittlung von Problembereichen für sich genommen auch noch nicht aussagefähig, denn es gibt eine hohe „Dunkelziffer" von Kunden, die eigentlich Grund genug hätten, sich zu beschweren, dies aber nicht tun, sondern vielmehr ihre Einstellung zum Unternehmen und seinen Marktleistungen negativ ändern. Bereits hierdurch sind Fehldeutungen möglich und wahrscheinlich. Die Aussage eines Unternehmens „Bei uns beschwert sich kaum ein Kunde" sagt also noch nichts über deren relative Zufriedenheit aus. Im Gegenteil: Vielleicht haben sie dies aus leidiger Erfahrung aufgegeben und wechseln lieber das Unternehmen.

Die Einstellung des Kunden und die Summe seiner gemachten Erfahrungen bilden sich noch stärker in der nächsten Messstufe in der oben aufgeführten Abbildung 21, nämlich der **Kundenzufriedenheit**, ab. Die direkte Messung der Kundenzufriedenheit hat jedoch zugleich auch den Vorteil, dass es hier keine Indikatoren gibt, die zu Fehldeutungen führen können. Dafür ist jedoch eine umfassende Messung meist aufwändiger als die Deutung von Indikatoren, die im Unternehmen häufig sowieso erfasst werden (z.B. Umsatz, Absatzzahlen). Deshalb wird gerade aus Gründen der Kosteneinsparung und auch wegen des fehlenden Sach- und Methoden-Know-hows oft auf die Interpretation von quantitativen Indikatoren abgestellt. Dabei kann es jedoch zu erheblichen Fehleinschätzungen kommen, die letztlich zu weit höheren Kosten führen. Dies soll an einem **Beispiel aus der Beratungspraxis** verdeutlicht werden:

Ein gut sortierter Lebensmittelhandel im Zentrum einer größeren Stadt wies gute Absatz- und Umsatzzahlen auf; auch Reklamationen von Kunden waren kaum zu verzeichnen. Allerdings wurden die Kunden schlecht von den Mitarbeitern bedient. Selbst bei großem Kundenandrang wurden unter dem Personal Privatgespräche geführt und wenig Rücksicht auf die Wünsche der Kunden genommen.

Den Kunden war die schlechte Service- und Beratungsqualität durchaus bewusst, da es aber in der Innenstadt keinen anderen vergleichbar großen, gut sortierten und preisgünstigen Lebensmittel-Fachmarkt gab, hatten sie sich damit „abgefunden". Das Management des Handelsunternehmens hatte die hohen Verkaufszahlen als klaren Beweis für die vorhandene Kundenzufriedenheit gedeutet. Ein konkreter und notwendiger Ansatz zur Verbesserung der Service- und Kontaktqualität wurde nicht gesucht respektive gesehen.

Die Situation veränderte sich jedoch schlagartig, als eine andere Handelskette ebenfalls im Stadtzentrum einen vergleichbaren Lebensmittelmarkt eröffnete, die Situation bei dem Wettbewerber erkannte und eine bewusst eine Servicestrategie verfolgte. Nahezu von einem Tag auf den anderen wechselte der Großteil der Kunden zu dem neuen Wettbewerber. In Folge dessen musste der „eingesessene" Lebensmittelmarkt nach ca. 4 Wochen geschlossen werden, weil kaum noch Kunden vorhanden waren. Das Management hatte also eine völlig falsche Einschätzung vorgenommen, als es aus den quantitativen, positiv anmutenden Indikatoren auf die Zufriedenheit der Kunden geschlossen hatte und dabei Gebundenheit als Verbundenheit interpretiert hat. Dieser Unterschied wird im folgenden Artikel zu den Ursachen-Wirkungs-Konzepten der Kundenloyalität und -bindung detailliert ausgeführt.

Damit stellt sich die Frage, wie sich aussagefähige Indikatoren überhaupt identifizieren lassen. Grundsätzlich wichtig für die Erreichung zutreffend interpretierbarer Ergebnisse ist, dass die ausgewählten Indikatoren **valide** sind, das heißt, dass sie auch das messen, was gemessen werden soll. Um dies zu erreichen, bietet es sich an, auf der Grundlage konkreter Erfahrungen im Unternehmen **Indikatorenkataloge** aufzustellen, die dann in einer Reihe von **Pre-Tests** mit Kunden – meist in Form von mündlichen Interviews – auf ihre Gültigkeit hin abzuprüfen sind. Dadurch soll sichergestellt werden, dass alle Bereiche, die aus Kundensicht wichtig sind und seine Zufriedenheit beeinflussen, auch erfasst werden. Im Rahmen des Investitionsgütermarketing ist zu beachten, dass es sich bei den Kunden um Organisationen handelt, die von unterschiedlichen Personen als „Teil"-Kunden repräsentiert werden. Je nach Kompetenz, Rolle und Verantwortungsbereich im **Buying-Center** werden diese ganz unterschiedliche Anforderungen an eine Marktleistung haben, so dass verschiedene Indikatoren bei gewerblichen Kunden notwendig sein können (vgl. auch Meyer 1997, S. 324).

Die auf diese Weise identifizierten **Customer Satisfaction Indicators (CSId)** werden dann – wie Abbildung 24 verdeutlicht – den Kunden, z.B. in Form einer schriftlichen Befragung, zur Bewertung und Beurteilung vorgelegt. Dabei sollte nicht nur die Zufriedenheit mit einzelnen Faktoren abgefragt werden, sondern auch die Bedeutung dieser Zufriedenheitsbereiche als **Ratings** (CSR). Auf der Basis der Kundenbewertung lässt sich dann im Ergebnis der **Customer Satisfaction Index (CSI)** ermitteln.

Die Bildung eines Customer Satisfaction Index (CSI) ist ein aufwändiges, aber auch sehr aussagekräftiges Analyseinstrumentarium. Er liefert als **Längsschnittanalyse** nicht nur Informationen über die Entwicklung der Kundenzufriedenheit im Zeitablauf, sondern als **Querschnittsanalyse** auch wichtige Daten zum Zufriedenheitsniveau unterschiedlicher Zielgruppen. Methodische Details finden sich im Artikel zu den konzeptionellen Grundlagen und Messkonzepten des CSI/ KZI und CRI/ KBI.

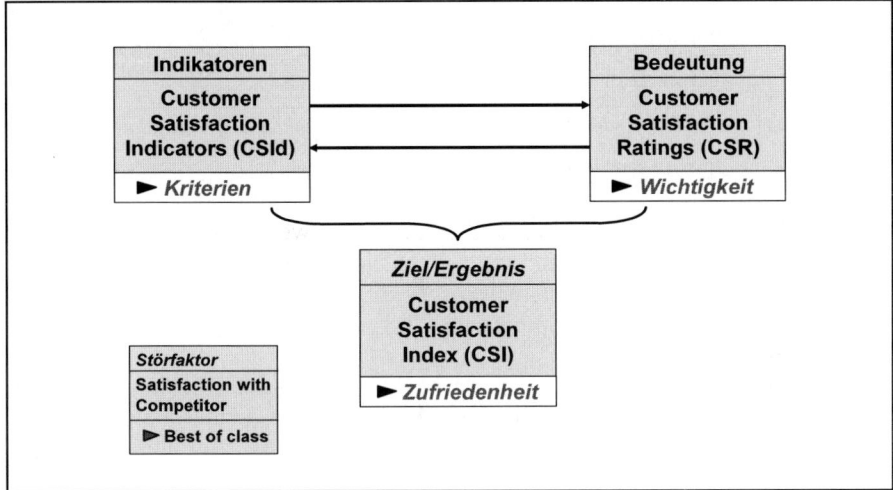

**Abb. 24:** Messansatz für Kundenzufriedenheit

Hier werden noch kurz der Ansatz und die Berechnung des CSI referiert. Wie Abbildung 25 zeigt, geht die Zufriedenheit dann in voller Höhe in die CSI-Berechnung ein, wenn die Wichtigkeit bzw. Bedeutung größer (oder gleich groß) ist. Denn dann gibt die Zufriedenheit den Grad der Zielerreichung an, wie die linke Seite der Abbildung mit dem 1. Kriterium verdeutlicht.

Beim 2. Kriterium auf der rechten Seite wird angenommen, dass die Wichtigkeit bzw. Bedeutung für den Kunden kleiner als der vom Kunden genannte Grad der Zufriedenheit ist. Primär geht es jetzt nicht darum, das Zufriedenheitsniveau zu ändern. Aber bei der CSI-Berechnung geht das Kriterium bezogen auf den berücksichtigten Grad der Zufriedenheit nur in der Höhe der darauf bezogenen Wichtigkeit ein. Dies hat zur Folge, dass das Unternehmen sich bei der Index-Berechnung lediglich soviel Zufriedenheit zurechnen kann, wie durch die korrespondierende Wichtigkeit gewünscht bzw. gefordert ist. Also: Bei 50% Wichtigkeit im Beispiel werden auch nur 50% der 100% konstatierten Zufriedenheit angerechnet, da damit das gesamte Soll-Niveau abgedeckt ist.

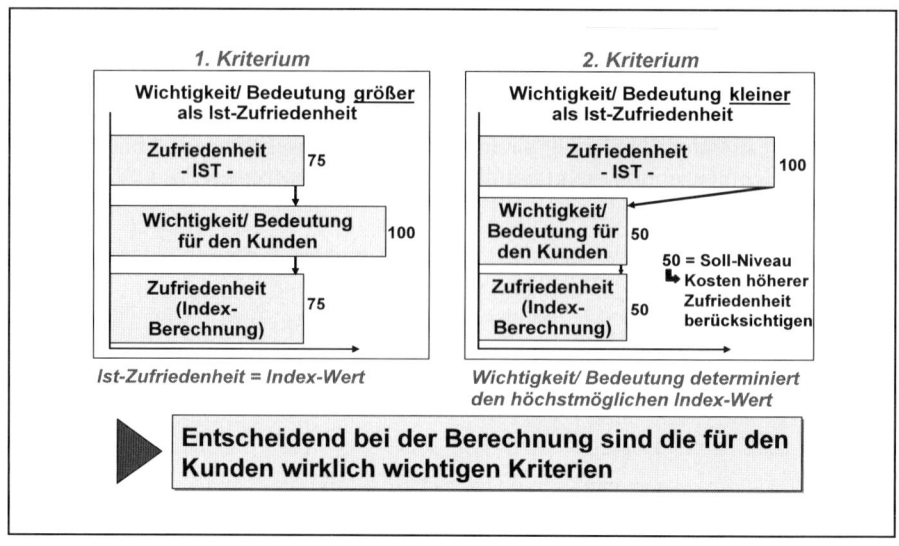

**Abb. 25:** Ansatz zur Berechnung des CSI

## 5 Konsequenzen der Kundenunzufriedenheit

Ziel eines Unternehmens sollte es sein, möglichst nur zufriedene Kunden zu haben. Allerdings stellt sich immer wieder die Frage, ob es nicht auch ausreicht, wenn bei dem Großteil der Kunden die gestellten Erwartungen erfüllt werden. Gestützt wird diese Aussage meist auf die Argumentation, dass das Erreichen einer hohen Kundenzufriedenheit auch Kosten nach sich zieht und im Unternehmen letztlich der Durchschnittswert der erreichten Kundenzufriedenheit über alle wichtigen Kunden entscheidend ist.

Diese These scheint auf den ersten Blick verständlich und nachvollziehbar. Zu berücksichtigen sind dabei jedoch folgende Faktoren: Hinter jedem unzufriedenen Kunden steht immer ein „Einzelschicksal". Unzufriedene Kunden verhalten sich am Markt respektive in ihrem Bekanntenkreis und heute oft auch im Internet für das Unternehmen völlig unkontrolliert. Sie werden dadurch zu **negativen Multiplikatoren** für das Unternehmen mit hohen **Überstrahlungseffekten** im Vergleich zu der großen, aber „stummen" Anzahl zufriedener Kunden. Hinzu kommt, dass nicht getätigte Wiederholungskäufe von unzufriedenen Kunden so genannte Opportunitätskosten in Form von entgangenen Gewinnen darstellen. Hierdurch relativiert sich diese These sehr schnell.

Um es wiederum an einem Beispiel zu verdeutlichen: Ein Unternehmen hat – wie in Abbildung 26 dargestellt – bei einer Zufriedenheitsanalyse festgestellt, dass 75% seiner Kunden zufrieden, 5% teils zufrieden und teils unzufrieden sowie 20% unzufrieden sind. Berücksichtigt man jetzt die empirische Erkenntnis, dass ein unzufriedener Kunde seine Unzufriedenheit mit dem Unternehmen und/ oder seinem Produkt im sozialen Umfeld und damit bei potenziellen und vielleicht bestehenden Kunden kommuniziert, dann wird schnell deutlich, dass hierdurch ein negatives Image am Markt entstehen und folglich die Akquisition von Neukunden beeinträchtigt werden kann.

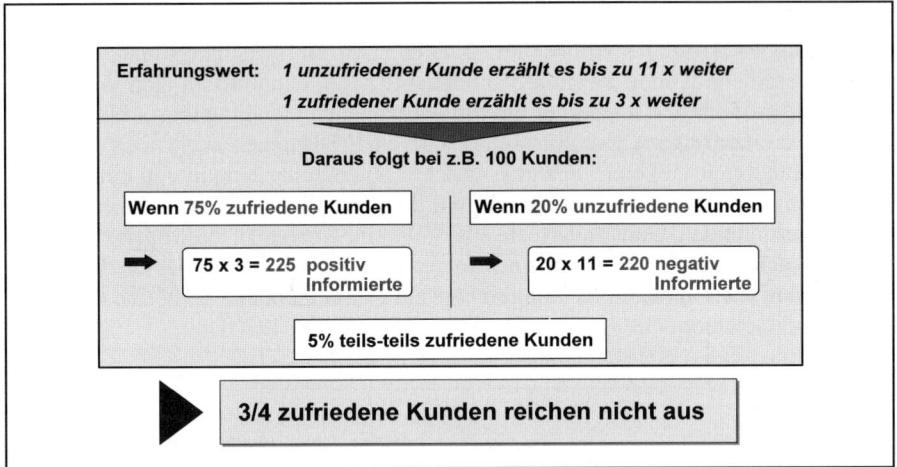

**Abb. 26:** Zufriedene Kunden versus unzufriedene Kunden (Beispiel)

Nimmt man wie im vorstehenden Beispiel an, dass jeder unzufriedene Kunde – in Abhängigkeit von der Größe des Beschwerdeproblems – seine negative Erfahrung mit dem Anbieter durchschnittlich 11 anderen Personen mitteilt, ein zufriedener Kunde seine positive Erfahrung – wiederum in Abhängigkeit von der Stärke und Wahrnehmung – im Durchschnitt aber nur an 3 Personen kommuniziert (vgl. Goodman/ Malech/ Marra 1987, S. 176 ff.), dann reicht ein Kundenstamm mit 75% zufriedenen Abnehmern nicht mehr aus, um am Markt ein positives Image aufzubauen. Sicherlich ist dieses Beispiel simplifiziert, da beispielsweise nicht alle Personen, die mit dem „Unzufriedenen" in Kontakt kommen, auch zur Zielgruppe des Unternehmens gehören. Dennoch zeigt es, dass ein „halbherziges" Kundenzufriedenheitsmanagement schnell scheitern kann.

Betrachtet man die Kostenseite unter Anwendung des **erweiterten Wirtschaftlichkeitsansatzes** durch die Berücksichtigung von **Opportunitätskosten**, dann zeigt sich auch hier, dass ein Unternehmen sich eigentlich keine unzufriedenen Kunden leisten kann. In Abbildung 27 ist dies am Beispiel eines unzureichenden Beratungsservice dargestellt (vgl. Töpfer/ Greff 2000, S. 123).

Zunächst entstehen – unabhängig vom Qualitätsniveau – direkte Kosten durch den Beratungsservice. Sie werden durch Sach- und Personalkosten verursacht, die für das Kunden-/ Beratungsgespräch anfallen. Wurde dieses Gespräch zur Zufriedenheit des Kunden geführt und daraufhin ein Auftrag realisiert, dann lassen sich diese Kosten mit den Erlösen verrechnen. Allerdings kommt es nicht immer zu positiven Abschlüssen. Nicht selten wird der Beratungsservice mit Blick auf die Kosten rationalisiert, indem die – wegen fehlender Schulungsmittel – oft schlecht qualifizierten Berater angehalten werden, sich „nicht so lange mit den Kunden zu beschäftigen" und die Beratung möglichst schnell „abzuwickeln". Das Ergebnis ist dann, dass die – vielleicht reduzierten – direkten Kosten auch angefallen sind, aber aufgrund des fehlenden Abschlusses in Form des Produktkaufes durch den Kunden nicht verrechnet werden können. Im Gegenteil: Der nicht realisierte Gewinn des verlorenen Auftrages erhöht diese Kosten noch. Berücksichtigt man, dass dieser vermeintliche Kunde zweimal nachgekauft hätte, dann erhöht sich dieser Opportunitätskostenblock wiederum um die entgangenen Gewinne dieser Nachkäufe. Hat dieser unzufriedene Kunde seine negativen Erfahrungen auch noch weitererzählt und dadurch vielleicht bewirkt, dass ein potenzieller Kunde von einem Kauf bei diesem Unternehmen abgeschreckt wurde, dann fließen die aus diesem Nicht-Kauf resultierenden Gewinnverluste ebenfalls als Kosten in die **Opportunitätskosten-Rechnung** ein. Hiermit wird nochmals deutlich, dass jeder unzufriedene Kunde nicht nur ein negativer Imagefaktor am Markt, sondern auch eine verlorene Erlös- und Gewinnquelle ist (vgl. Töpfer/ Greff 2000, S. 122 ff.).

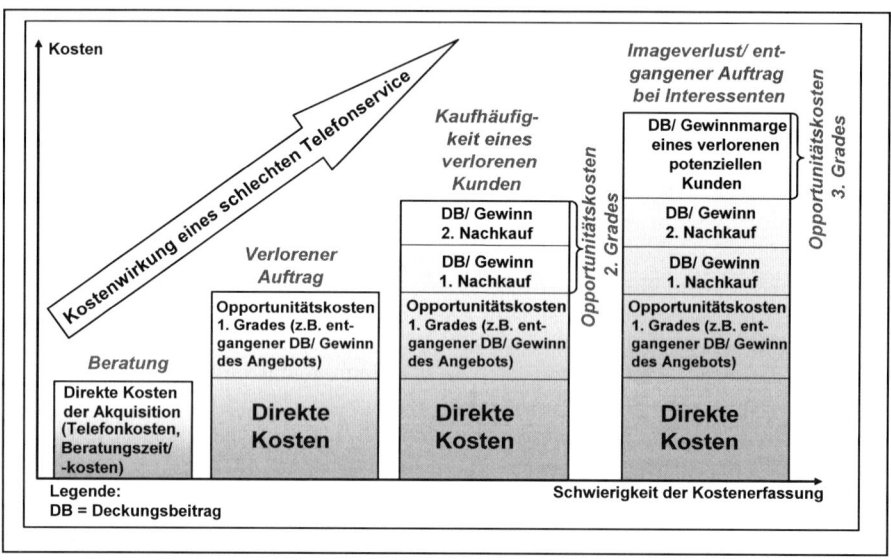

**Abb. 27:** Kosten bei unzureichender Servicequalität

Damit ist die Anforderung klar, dass das Unternehmen aus unzufriedenen Käufern zufriedene Kunden machen muss. Doch gerade dies ist ein erhebliches Problem, denn nur ein Bruchteil unzufriedener Kunden beschwert sich beim Unternehmen. Man schätzt, dass im Konsumgüterbereich nur jeder 25. unzufriedene Kunde sein Problem mit einem Verbrauchsgut gegenüber Vertretern des Unternehmens vorbringt und damit die Chance einräumt, die Kundenbeziehung wieder

„zu kitten". 96% beschweren sich hingegen nicht, sondern wandern ab und sorgen in ihrem sozialen Umfeld für eine negative Mund-zu-Mund-Kommunikation. Auch bei hochwertigen Gebrauchsgütern, wie z.B. Unterhaltungselektronik, Informations- und Kommunikationstechnologie, gehört ein sehr hoher Anteil unzufriedener Kunden zu den so genannten **Unvoiced Complaints**, die sich nicht gegenüber dem Anbieter/ Hersteller beschweren respektive artikulieren. Damit wird jeder unzufriedene Kunde zu einer Herausforderung an die Marketing- und Servicefähigkeit eines jeden Anbieters. Ein aktives Beschwerdemanagement, das darauf ausgerichtet ist, aus unzufriedenen Kunden zufriedene Abnehmer zu generieren und dadurch Kundenbindung zu erzeugen, wird zu einem wesentlichen Prüfstein für die Managementqualität eines Unternehmens.

Wie die aktuellen Zahlen der Telekom im Jahr 2007 zeigen, hat das Unternehmen in den letzten 2,5 Jahren über 5 Mio. Kunden von insgesamt ca. 33 Mio. Kunden aufgrund unzureichender Produkt- und Servicequalität an Wettbewerber verloren hat (vgl. o.V. 2007, S. WIHS 1). Kein Unternehmen kann sich einen unzufriedenen Kunden im Sinne des an früherer Stelle angeführten „Guerilla-Kämpfers" „leisten", schon gar nicht, wenn er „clont" und weitere (potenzielle) Kunden mit seinen negativen Einstellungen „infiziert". Diese Thematik wird im separaten Artikel zum Beschwerdemanagement in dem vorliegenden Buch vertieft.

## 6 Literatur

*Anderson, E.W./ Fornell, C./ Lehmann, D.R. (1994):* Customer Satisfaction, Market Share and Profitability – Findings From Sweden, in: Journal of Marketing, Vol. 58., 1994, July, S. 53-66.

*Backhaus, K. et al. (2006):* Multivariate Analysemethoden: Eine anwendungsorientierte Einführung, 11. Aufl., Berlin/ Heidelberg/ New York 2006.

*Bailom, F./ Hinterhuber, H.H./ Sauerwein, E. (1996):* Das Kano-Modell der Kundenzufriedenheit, in: Marketing – Zeitschrift für Forschung und Praxis, 18. Jg., 1996, Nr. 2, S. 117-126.

*Bauer, H.H./ Grether, M./ Leach, M. (1999):* Relationship Marketing im Internet, in: Jahrbuch der Absatz- und Verbrauchsforschung, 45. Jg., 1999, Nr. 3, S. 284-302.

*Berger, C. et al. (1993):* Kano's Methods for Understanding Customerdefined Quality, in: Hinshitsu, The Journal of the Japanese Society for Quality Control, Fall, 1993, S. 3-35.

*Biallo, H. (1993):* Fünfmal so teuer, in: Wirtschaftswoche, 47. Jg., 1993, Nr. 16, S. 40-41.

*Bliemel, F.W./ Eggert, A. (1998):* Kundenbindung – die neue Sollstrategie?, in: Marketing – Zeitschrift für Forschung und Praxis, 20. Jg., 1998, Nr. 1, S. 37-46.

*Bortz, J. (2005):* Statistik für Human- und Sozialwissenschaftler, 6. Aufl., Heidelberg 2005.

*Bruhn, M. (2000):* Kundenerwartungen – Theoretische Grundlagen, Messung und Managementkonzept, in: Zeitschrift für Betriebswirtschaft, 70 Jg., 2000, Nr. 9, S. 1031-1054.

*Bruhn, M./ Bunge, B. (1994):* Beziehungsmarketing – Neuorientierung für Marketingwissenschaft und -praxis?, in: Bruhn, M./ Meffert, H./ Wehrle, F. (Hrsg.): Marktorientierte Unternehmensführung im Umbruch, Stuttgart 1994, S. 41-84.

*Churchill, G.A./ Surprenant, C. (1982):* An Investigation into the Determinants of Customer Satisfaction, in: Journal of Marketing Research, 19. Jg., 1982, Nr. 4, S. 491-504.

*Cronin, J.J./ Taylor, S.A. (1992):* Measuring Service Quality – A Reexamination and Extension, in: Journal of Marketing, 56. Jg., 1992, July, S. 55-68.

*Cronin, J.J./ Taylor, S.A. (1994):* SERVPERF versus SERVQUAL: Reconciling Performance-Based and Perception-Minus-Expectations Measurement of Service Quality, in: Journal of Marketing, 58. Jg., 1994, January, S. 125-131.

*Day, G.S. (2000):* Managing Market Relationships, in: Journal of the Academy of Marketing Science, 28. Jg., 2000, Nr. 1, S. 24-30.

*Dess, G./ Shaw, J. (2001):* Voluntary Turnover, Social Capital, and Organizational Performance, in: Academy of Management Review, 26. Jg., 2001, Nr. 3, S. 446-456.

*Dichtl, E./ Schneider, W. (1994):* Kundenzufriedenheit im Zeitalter des Beziehungsmanagement, in: Belz, C./ Schögel, M./ Kramer, M. (Hrsg.): Lean Management und Lean Marketing, St. Gallen 1994, S. 6-12.

*Diller, H. (2001):* Die Erfolgsaussichten des Beziehungsmarketing im Internet, in: Eggert, A./ Fassott, G. (Hrsg.): eCRM – Electronic Customer Relationship Management, Stuttgart 2001, S. 65-85.

*Diller, H./ Kusterer, M. (1988):* Beziehungsmanagement – Theoretische Grundlagen und explorative Befunde, in: Marketing – Zeitschrift für Forschung und Praxis, 10. Jg., 1988, Nr. 3, S. 211-220.

*Fassott, G. (2001):* eCRM-Instrumente – Ein beziehungsorientierter Überblick, in: Eggert, A./ Fassott, G. (Hrsg.): eCRM – Electronic Customer Relationship Management, Stuttgart 2001, S. 131-157.

*Fend, R. (2007):* In weiter Ferne so nah, in: FTD vom 12.01.2007, S. 28.

*Fischer, M./ Hermann, A./ Huber, F. (2001):* Return on Customer Satisfaction – Wie rentabel sind Maßnahmen zur Steigerung der Zufriedenheit?, in: Zeitschrift für Betriebswirtschaft, 71. Jg., 2001, Nr. 10, S. 1161-1190.

*Fornell, C./ Cha, J. (1994):* Partial least squares, in: Bagozzi, R.P. (Hrsg.): Advanced Methods of Marketing Research, Cambridge, MA, S. 52-78.

*Gale, B.T. (1994):* Customer Satisfaction – Relative to Competitors – Is Were It's At, in: Marketing and Research Today, 22. Jg., 1994, Nr. 1, S. 39-53.

*Godin, S. (2001):* Permission Marketing – Kunden wollen wählen können, München 2001.

*Goodman, J.A./ Malech, A.R./ Marra, T.R. (1987):* Beschwerdepolitik unter Kosten/ Nutzen-Gesichtspunkten – Lernmöglichkeiten aus den USA, in: Hansen, U./ Schoenheit, I. (Hrsg.): Verbraucherzufriedenheit und Beschwerdeverhalten, Frankfurt/ New York 1987, S. 165-202.

*Grigoroudis, E./ Siskos, Y. (2004):* A survey of customer satisfaction barometers: Some results from the transportation-communications sector, in: European Journal of Operational Research, 152. Jg., 2004, Nr. 2, S. 334-353.

*Haller, S. (1995):* Beurteilung von Dienstleistungsqualität – Dynamische Betrachtung des Qualitätsurteils im Weiterbildungsbereich, Wiesbaden 1995.

*Hansen, U./ Emmerich, A. (1998):* Sind zufriedene Kunden wirklich zufrieden?, in: Jahrbuch der Absatz- und Verbrauchsforschung, 44. Jg., 1998, Nr. 3, S. 220-238.

*Hentschel, B. (1999):* Multiattributive Messung von Dienstleistungsqualität, in: Bruhn, M./ Stauss, B. (Hrsg.): Dienstleistungsqualität – Konzepte – Methoden – Erfahrungen, 3. Aufl., Wiesbaden 1999, S. 289-320.

*Herrmann, A./ Huber, F./ Fischer, M. (2000):* Kundenzufriedenheit, Kundenbindung und Unternehmenserfolg, in: Kostenrechnungspraxis, 44. Jg., 2000, Sonderheft 3, S. 15-21.

*Herzberg, F. (1968):* One More Time – How Do You Motivate Employees?, in: Harvard Business Review, 46. Jg., 1968, Januar/ Februar, S. 53-62.

*Homburg, C./ Giering, A./ Hentschel, F. (1999):* Der Zusammenhang zwischen Kundenzufriedenheit und Kundenbindung, in: Die Betriebswirtschaft, 59. Jg., 1999, Nr. 2, S. 174-195.

*Homburg, C./ Rudolph, B. (1995):* Wie zufrieden sind Ihre Kunden tatsächlich?, in: Harvard Business Manager, 17. Jg., 1995, Nr. 1, S. 43-50.

*Homburg, C./ Rudolph, B. (1997):* Theoretische Perspektiven zur Kundenzufriedenheit, in: Simon, H./ Homburg, C. (Hrsg.): Kundenzufriedenheit, 2. Aufl., Wiesbaden 1997, S. 31-51.

*Homburg, C./ Schäfer, H. (2002):* Die Erschließung von Kundenpotenzialen durch Cross-Selling: Konzeptionelle Grundlagen und empirische Ergebnisse, in: Marketing – Zeitschrift für Forschung und Praxis, 24. Jg., 2002, Nr. 1, S. 7-26.

*Hünerberg, R./ Mann, A. (2000):* Online-Service, in: Bliemel, F./ Fassott, G./ Theobald, A. (Hrsg.): Electronic Commerce, 3. Aufl., Wiesbaden 2000, S. 357-375.

*Hünerberg, R./ Mann, A. (2002):* Kundenorientierung und Dialogkommunikation in Dienstleistungsunternehmen – konzeptionelle Überlegungen und empirische Befunde, in: Mühlbacher, H./ Thelen, E. (Hrsg.): Neue Entwicklungen im Dienstleistungsmarketing, Wiesbaden 2002, S. 3-28.

*Hünerberg, R./ Mann, A. (2006):* Dialogkommunikation – zentraler Baustein vertrauensbasierter Geschäftsbeziehungen, in: Bauer, H.H./ Neumann, M.M./ Schüle, A. (Hrsg.): Konsumentenvertrauen – Konzepte und Anwendungen für ein nachhaltiges Kundenbindungsmanagement, München 2006.

*Keaveney, S.M. (1995):* Customer Switching Behavior in Service Industries – An Exploratory Study, 59. Jg., 1995, April, S. 71-82.

*Krafft, M. (1999):* Der Kunde im Fokus: Kundennähe, Kundenzufriedenheit, Kundenbindung – und Kundenwert?, in: Die Betriebswirtschaft, 59. Jg., 1999, Nr. 4, S. 511-530.

*Kroeber-Riel, W./ Weinberg, P. (2003):* Konsumentenverhalten, 8. Aufl., München 2003.

*ServiceBarometer AG (2001):* Kundenmonitor Deutschland, Jahrbuch der Kundenorientierung 2001, München 2001.

*Luo, X./ Homburg, C. (2007):* Neglected Outcomes of Customer Satisfaction, in: Journal of Marketing, 71. Jg., 2007, Nr. 2, S. 133-149.

*Mann, A. (1998):* Erfolgsfaktor Service – Strategisches Servicemanagement im nationalen und internationalen Marketing, Wiesbaden 1998.

*Matzler, K./ Stahl, H.K. (2000):* Kundenzufriedenheit und Unternehmenswertsteigerung, in: Die Betriebswirtschaft, 60. Jg., 2000, Nr. 5, S. 626-641.

*McAlister, L. (1982):* A Dynamic Attribute Satisfaction Model of Variety-Seeking Behavior, in: Journal of Consumer Research, 9. Jg., 1982, September, S. 141-150.

*Meffert, H. (1994):* Was kann der Motor Marketing leisten?, in: absatzwirtschaft, 37. Jg., 1994, Sonderheft 10, S. 16-30.

*Meffert, H./ Burmann, C./ Kirchgeorg, M. (2008):* Marketing – Grundlagen marktorientierter Unternehmensführung: Konzepte – Instrumente – Praxisbeispiele, 10. Aufl., Wiesbaden 2008.

*Meyer, A. (1997):* Kundenzufriedenheit mit Investitionsgüteranbietern – Messung der Kundenzufriedenheit als Basis eines Managements von Kundennähe, in: Backhaus, K. et al. (Hrsg.): Marktleistung und Wettbewerb, Wiesbaden 1997, S. 309-330.

*Morgan, R.M./ Hunt, S.D. (1994):* The Commitment-Trust Theory of Relationship Marketing, in: Journal of Marketing, 58. Jg., 1994, July, S. 20-38.

*Morgan, R.M./ Hunt, S. D. (1999):* Relationship-based Competitive Advantage – The Role of Relationship Marketing and Marketing Strategy, in: Journal of Business Research, 46. Jg., 1999, S. 281-290.

*Müller, W./ Riesenbeck, H.-J. (1991):* Wie aus zufriedenen auch anhängliche Kunden werden, in: Harvard Business Manager, 13. Jg., 1991, Nr. 3, S. 67-79.

*Newell, F. (2002):* loyalty.com – Customer Relationship Management in the New Era of Internet Marketing, New York et al. 2002.
*Oliver, R.L. (1997):* Satisfaction – A Behavioral Perspective on the Consumer, New York et al. 1997.
*Oliver, R.L. (1999):* Whence Consumer Loyalty?, in: Journal of Marketing, 63. Jg., 1999, Special Issue, S. 33-44.
*o.V. (2007):* Zuhause unter Druck, in: Hessische/ Niedersächsische Allgemeine vom 10.08.2007, S. WIHS 1.
*Parasuraman, A./ Zeithaml, V.A./ Berry, L.L. (1994):* Reassessment of Expectations as a Comparison Standard in Measuring Service Quality – Implications for Further Research, in: Journal of Marketing, 58. Jg., 1994, January, S. 111-124.
*Power, J.D. (2007):* APEAL and IQS Performance 2007, zum Abdruck freigegeben am 29.01.2008.
*Prommer, U. (2007):* Customer Excellence im Festnetz – Analyse der Kundenzufriedenheit mit Festnetzanbietern in Europa, München 2007.
*Reichheld, F.F. (1990):* Zero Defects: Quality Comes to Services, in: Harvard Business Review, 68. Jg., 1990, Nr. 5, S. 105-111.
*Reichheld, F.F./ Sasser, W.E. (1991):* Zero-Migration – Dienstleister im Sog der Qualitätsrevolution, in: Harvard Business Manager, 13. Jg., 1991, Nr. 4, S. 108-116.
*Reichheld, F.F./ Schefter, P. (2000):* E-Loyality – Your Secret Weapon on the Web, in: Harvard Business Review, 78. Jg., 2000, July-August, S. 105-113.
*Rommel, G. et al. (1993):* Einfach überlegen – das Unternehmenskonzept, das die Schlanken schlank und die Schnellen schnell macht, Stuttgart 1993.
*Ripperger, T. (2003):* Ökonomik des Vertrauens – Analyse eines Organisationsprinzips, 2. Aufl., Tübingen 2003.
*Rust, R.T./ Oliver, R.L. (2000):* Should We Delight the Customer?, in: Journal of the Academy of Marketing Science, 28. Jg., 2000, Nr. 1, S. 86-94.
*Rust, R.T./ Zahorik, A.J./ Kleiningham, T.L. (1995):* Return on Quality (ROQ) – Making Services Quality Financially Accountable, in: Journal of Marketing, 59. Jg., 1995, Nr. 2, S. 58-70.
*Schneider, B./ Bowen, D.E. (1999):* Understanding Customer Delight and Outrage, in: Sloan Management Review, 41. Jg., 1999, Fall, S. 35-45.
*Schütze, R. (1992):* Kundenzufriedenheit – After-Sales-Marketing auf industriellen Märkten, Wiesbaden 1992.
*Sharma, S./ Niedrich, R.W./ Dobbins, G. (1999):* A Framework for Monitoring Customer Satisfaction – An Empirical Illustration, in: Industrial Marketing Management, 28. Jg., 1999, S. 231-243.
*Silberer, G. (1990):* Dissonanz bei Konsumenten, in: Graf Hoyos et al. (Hrsg.): Wirtschaftspsychologie in Grundbegriffen, 2. Aufl., München, S. 344-351.
*Sirdeshmukh, D./ Singh, J./ Sabol, B. (2002):* Consumer Trust, Value, and Loyalty in Relational Exchanges, in: Journal of Marketing, 66. Jg., 2002, January, S. 15-37.
*Stauss, B. (1997):* Führt Kundenzufriedenheit zu Kundenbindung?, in: Belz, C. (Hrsg.): Marketingtransfer – Kompetenz für Marketing-Innovationen, Schrift 5, St. Gallen 1997, S. 76-86.
*Stauss, B. (1999):* Kundenzufriedenheit, in: Marketing – Zeitschrift für Forschung und Praxis, 21. Jg., 1999, Nr. 1, S. 5-24.
*Stauss, B. (2000):* Using New Media for Customer Interaction – A Challenge for Relationship Marketing, in: Henning-Thurau, T./ Hansen, U. (Hrsg.): Relationship Marketing, Berlin et al. 2000, S. 233-253.

*Stauss, B./ Hentschel, B. (1990):* Verfahren der Problementdeckung und -analyse im Qualitätsmanagement von Dienstleistungsunternehmen, in: Jahrbuch der Absatz- und Verbrauchsforschung, 36. Jg., 1990, Nr. 3, S. 232-259.

*Stauss, B./ Neuhaus, P. (1996):* Das Unzufriedenheitspotenzial zufriedener Kunden, in: Marktforschung & Management, 40 Jg., 1996, Nr. 4, S. 129-133.

*Szymanski, D.M./ Henard, D.H. (2001):* Customer Satisfaction – A Meta-Analysis of the Empirical Evidence, in: Journal of the Academy of Marketing Science, 29. Jg., 2001, Nr. 1, S. 16-35.

*Töpfer, A./ Greff, G. (1993):* Servicequalität durch Corporate Identity am Telefon (CIT), in: Greff, G./ Töpfer, A. (Hrsg.): Direktmarketing mit neuen Medien, 3. Aufl., Landsberg/ Lech 1993, S. 71-91.

*Töpfer, A./ Greff, G. (2000):* Servicequalität am Telefon – Corporate Identity im Kundendialog, 2. Aufl., Neuwied/ Kriftel 2000.

*Töpfer, A./ Mann, A. (1994):* Service und Total Quality Management (TQM), in: Weber, R. (Hrsg.): Service-Management (Loseblattsammlung), 14. Nachlieferung 12/ 1994 Landsberg/ Lech 1994.

*Töpfer, A./ Mehdorn, H. (1995):* Total Quality Management – Anforderungen und Umsetzung im Unternehmen, 4. Aufl., Neuwied/ Kriftel/ Berlin 1995.

*Töpfer, A./ Schach, R. (2000):* Kundenzufriedenheit wird zu optimistisch geschätzt, in: Bauwoche vom 03.02.2000, S. 5.

*Trier, H. (2002):* Deutsche Post World Net – Qualitätsmanagement als Treiber für den Unternehmenserfolg in den Filialen, in: Töpfer, A. (Hrsg.): Business Excellence – Wie Sie Wettbewerbsvorteile und Wertsteigerung erzielen, Frankfurt am Main 2002, S. 246-287.

*Trommsdorff, V. (2004):* Konsumentenverhalten, 6. Aufl., Stuttgart 2004.

*Tscheulin, D.K. (1994):* „Variety-seeking-behavior" bei nicht-habitualisierten Konsumentscheidungen – Eine empirische Studie, in: Zeitschrift für betriebswirtschaftliche Forschung, 46. Jg., 1994, Nr. 1, S. 54-62.

*Wehrli, H.P. (1994):* Beziehungsmarketing – Ein Konzept, in: der markt, 33. Jg., 1994, Nr. 4, S. 191-199.

*Zeithaml, V.A./ Parasuraman, A./ Berry, L.L. (1992):* Qualitätsservice, Frankfurt/ New York 1992.

# Ursachen-Wirkungs-Konzepte für Kundenloyalität und Kundenbindung

– Wodurch entstehen Kundenloyalität und Kundenbindung? –

Armin Töpfer

Inhalt

1 Der Zusammenhang zwischen Kundenzufriedenheit, Kundenloyalität und Kundenbindung ................................................................................................ 81
2 Forschungsergebnisse zu Einflussfaktoren auf die Wirkungskette der Kundenloyalität/ -bindung sowie deren Folgen ...................................................... 84
3 Das Europäische Customer Satisfaction Index Modell (ECSI Model) .................. 97
4 Literatur .............................................................................................................. 100

## 1 Der Zusammenhang zwischen Kundenzufriedenheit, Kundenloyalität und Kundenbindung

Der Wirkungszusammenhang zwischen Kundenzufriedenheit, Kundenloyalität und Kundenbindung ist in der Praxis nicht einfach und damit nicht eindimensional. Er war und ist Gegenstand zahlreicher wissenschaftlicher Arbeiten (vgl. Homburg/ Becker/ Hentschel 2008, S. 115 ff.), wobei in vielen empirischen Studien ein **positiver Zusammenhang** nachgewiesen werden konnte. Allerdings ist zu betonen, dass in dieser Hinsicht kein Automatismus besteht. Eine hohe Kundenzufriedenheit ist kein Garant für eine hohe Kundenbindung, wohl aber eine zentrale Vorbedingung (vgl. Jones/ Sasser 1995, S. 89).

Die erste Frage ist, ob zwischen den hypothetischen Konstrukten Kundenloyalität und Kundenbindung sinnvollerweise unterschieden werden kann und sollte. In der wissenschaftlichen Literatur wird manchmal nicht explizit zwischen Kundenloyalität und Kundenbindung differenziert (vgl. Homburg/ Becker/ Hentschel 2008, S. 110 ff.; Homburg/ Bucerius 2006, S. 56 ff.), sondern beide Begriffe werden für die Bereitschaft zum **Wiederkauf**, zu **Cross-Buying** und zur **Weiterempfehlung** verwendet.

Nachstehend sollen folgende Sachverhalte unterschieden werden: Kundenzufriedenheit ist die mehr oder weniger weit gehende Erfüllung der Anforderungen des Kunden durch die gekaufte Marktleistung und ist damit primär **transaktionsorientiert**. Üblicherweise führt Kundenzufriedenheit zum **beziehungsorientierten** Konstrukt der Kundenloyalität, die durch eine positive Einstellung gegenüber dem Unternehmen gekennzeichnet ist. Auf der Grundlage dieser positiven Einstellung sowie der Kundenzufriedenheit ist unter Kundenloyalität die Bereitschaft zu verstehen, in der Zukunft wieder Produkte des Unternehmens zu kaufen und ihm damit treu zu bleiben.

Kundenbindung ist auf der Basis dieser Argumentationslinie dann die Verwirklichung dieser Absicht in Form des tatsächlichen Wiederkaufs der Produkte des Unternehmens. Diese Unterscheidung entspricht den Faktoren des **Vier-Komponenten-Modells**, nach dem neben der kognitiven und affektiven Einstellung gegenüber dem Unternehmen und seinen Produkten auch die konative Absichtserklärung als Kaufbereitschaft von der aktiven Handlung des tatsächlichen Produktkaufs unterschieden werden kann (vgl. Trommsdorff 2004, S. 164 ff.). Dies entspricht dem Faktum in der Realität, das eine Verhaltensabsicht nicht immer in tatsächliches Verhalten umgesetzt wird, weil z.B. situative Einflussfaktoren wirken oder es ein mindestens genauso interessantes Angebot eines Konkurrenzunternehmens gibt. Als entscheidend für den Realisierungsgrad der Verhaltensabsicht in aktives Handeln wird vor allem auch die Höhe der erreichten Kundenzufriedenheit angesehen. Bei begeisterten Kunden trifft das Phänomen des **Variety Seeking**, also die Bereitschaft mit einem anderen Unternehmen in eine Kaufbeziehung einzutreten trotz einer relativ hohen Zufriedenheit mit dem bisherigen Produkt und Unternehmen (vgl. Dichtl 1996, S. 14), offensichtlich weniger zu.

**Kundenbindung** wird in der Literatur in entsprechender Weise definiert:

- Meyer/ Oevermann (1995, Sp. 1341): Die aktuelle Kundenbindung umfasst einerseits das bisheriger Kauf- und Weiterempfehlungsverhalten und andererseits die zukünftigen Wiederkauf-, Zusatzkauf- (Cross-Selling-) und Weiterempfehlungsabsichten (Goodwill) eines Kunden gegenüber einem Anbieter oder dessen Leistungen, die aus psychologischen, situativen, rechtlichen, ökonomischen oder technologischen Bindungsursachen resultieren.
- Homburg/ Bruhn (2008, S. 8): Kundenbindung umfasst sämtliche Maßnahmen eines Unternehmens, die darauf abzielen, sowohl die Verhaltensabsichten als auch das tatsächliche Verhalten eines Kunden gegenüber einem Anbieter oder dessen Leistungen positiv zu gestalten, um die Beziehung zu diesem Kunden für die Zukunft zu stabilisieren bzw. auszuweiten.

Als 2. Frage stellt sich dann, wie die Abfolge und damit der **Wirkungsmechanismus zwischen Kundenzufriedenheit, -loyalität und -bindung** ist. In der Literatur finden sich verschiedene Ansätze zur Beschreibung der Ursachen-Wirkungs-Beziehungen im Rahmen des Kundenmanagements. Hierbei stehen 3 Alternativen zur Diskussion (siehe Abb. 1), die als hypothetische Konstrukte eine vermutete Ursachen-Wirkungs-Beziehung abbilden und bei denen das ggf. mittlere Konstrukt die Funktion einer **intervenierenden bzw. moderierenden Variablen** hat. Dabei wird der mögliche Forschungsansatz, dass alle 3 Konstrukte maßgeblich von anderen, also externen Ursachengrößen in ihrem Ausmaß bestimmt werden, nicht weiter verfolgt. Die theoretischen Grundlagen und inhaltlichen Ansatzpunkte der Kundenbindung im Internet werden im folgenden Artikel vertieft.

Nachstehend sollen die 3 oben aufgezeigten Forschungsansätze vorgestellt werden. Einen Überblick dazu liefert Abbildung 1.

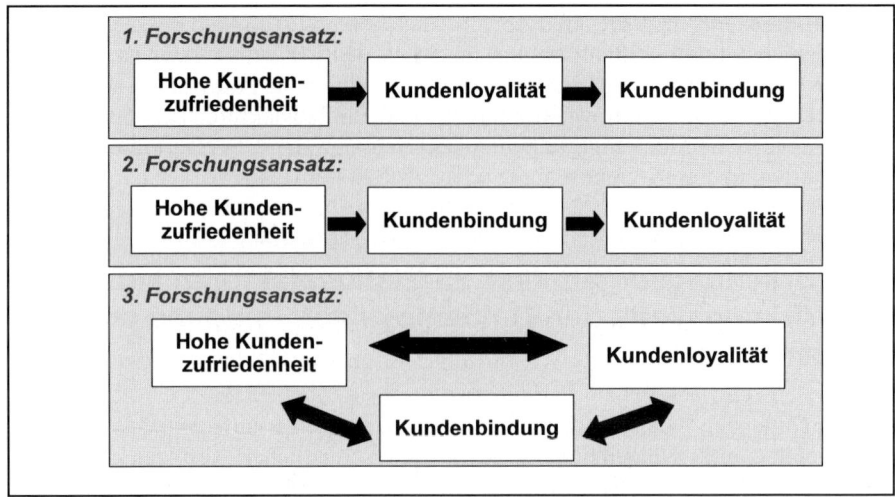

**Abb. 1:** Überblick der Forschungsansätze zu Ursachen-Wirkungs-Beziehungen im Kundenmanagement

Der 1. Forschungsansatz geht in die Richtung, auf deren Basis die vorstehenden Ausführungen gemacht wurden: Eine hohe Kundenzufriedenheit ist die notwendige Grundlage für Kundenloyalität als Einstellung und Verhaltensbereitschaft, die dann Kundenbindung als faktisches Verhalten nach sich zieht.

Ausgehend von den Kundenbedürfnissen, -anforderungen und -erwartungen und geprägt durch die Kundenwahrnehmung entsteht also das **vergangenheitsbezogene Zufriedenheitsurteil**. Auf einem hohen Niveau und ohne **kognitive Dissonanzen** führt es dazu, dass der Kunde dem Unternehmen gegenüber loyal eingestellt ist und keine Wechselbereitschaft entsteht.

Unter Kundenloyalität ist demnach ein grundsätzliches Vertrauensverhältnis, eine allgemein positive Einstellung und die Akzeptanz des Kunden in Bezug auf die Leistungsfähigkeit des Anbieters zu verstehen (vgl. Homburg/ Bruhn 2008, S. 9). Mit Kundenloyalität gehen eine verringerte Wechselbereitschaft und eine Wiederkaufabsicht einher. Kommt es in der Zukunft tatsächlich zu Wiederkäufen und positiven Weiterempfehlungen des Unternehmens bzw. der Produkte gegenüber potenziellen Kunden, spricht man von Kundenbindung (vgl. Homburg/ Bruhn 2008, S. 9 f.).

Im 2. Forschungsansatz ist die Abfolge der beiden Wirkungskonstrukte umgekehrt: Die hohe Kundenzufriedenheit bewirkt Kundenbindung als faktisches Wiederkaufverhalten, die sich im Zeitablauf durch Kundenloyalität als positive Einstellung gegenüber dem Unternehmen ausdrückt.

Im 3. Forschungsansatz wird die Wirkungsbeziehung nicht mehr nur einseitig, also rekursiv bzw. dependent angenommen, sondern sie ist interdependent. Mit anderen Worten bestehen – ausgehend von der Kundenzufriedenheit – wechselseitige Beziehungen zwischen dieser sowie der Kundenloyalität und -bindung. Es liegt auf der Hand, dass die Analyse von Ursachen und Abfolgen bei diesem interdependenten Modell methodisch und inhaltlich deutlich schwieriger ist. Dennoch weist es von seiner grundsätzlichen Aussage her eine hohe Plausibilität auf.

Die Frage ist, aufgrund welcher inhaltlichen Einflussfaktoren und bezogen auf welche unterschiedlich eingestellten Adressaten sich die 3 Forschungsansätze argumentativ und empirisch bestätigen oder falsifizieren lassen.

## 2 Forschungsergebnisse zu Einflussfaktoren auf die Wirkungskette der Kundenloyalität/ -bindung sowie deren Folgen

Bei der folgenden Analyse unterschiedlicher Wirkungsverläufe zwischen Kundenzufriedenheit und Kundenbindung sowie unterschiedlicher Abfolgen und damit Ursachen-Wirkungs-Zusammenhänge zwischen Kundenzufriedenheit, -loyalität und -bindung werden also 2 unterschiedliche Kategorien von Einflussfaktoren berücksichtigt. Zum einen sind dies inhaltliche Einflussfaktoren, die sich auf den Informations-, Kontakt- und Kaufprozess sowie auf den After-Sales-Betreuungsprozess beziehen. Zum anderen sind Faktoren, die auf die Einstellung und das Verhalten von Zielkunden und tatsächlichen Kunden wirken, in die Analyse zu integrieren.

Die Leitfrage für ein effizientes Kundenmanagement in der Unternehmenspraxis geht dabei zunächst dahin, welche **funktionale Beziehung** zwischen den Konstrukten Kundenzufriedenheit und Kundenbindung vorliegt, d.h. wie stark die Kundenzufriedenheitselastizität der Kundenbindung ist und welche Einflussfaktoren einen Beitrag zu diesem Wirkungsmechanismus leisten. Vom Verlauf der Stärke auf die Kundenbindung hängt dann die Bewertung der Sinnhaftigkeit und Effektivität möglicher Kundenbindungsmaßnahmen ab. Der folgenden Argumentation wird also der 1. Forschungsansatz zu Grunde gelegt.

Abhängig von der Branche sowie der Unternehmens-, Wettbewerbs- und Konjunktursituation kann die Form dieser funktionalen Beziehung erheblich variieren. Im Folgenden sollen die 4 wichtigsten Modelle vorgestellt und die daraus resultierenden Implikationen für die Ausgestaltung des Kundenmanagements diskutiert werden (siehe Abb. 2).

Die einschlägige Literatur ist überwiegend auf einen **progressiven** oder einen **sattelförmigen Verlauf** der Funktion der Kundenbindung in Abhängigkeit von der Kundenzufriedenheit fokussiert (vgl. Homburg/ Becker/ Hentschel 2008, S. 119 ff.). Dabei bildet ein progressiver Verlauf den Idealfall ab, der auch dem **Kano-Modell** (vgl. Berger et al. 1993) zu Grunde liegt. Ein progressiver Verlauf unterstellt demnach, dass zunächst die Basisanforderungen der Kunden zu erfüllen sind, wobei dies kaum einen Effekt auf die Kundenbindung hat. Die Realisierung von Leistungsanforderungen führt zu einem leichten Anstieg der Kundenbindung, die jedoch erst durch die Realisierung von Begeisterungsanforderungen deutlich erhöht werden kann. Dieser Modellansatz liefert die Erkenntnis, dass nur sehr zufriedene Kunden dem Unternehmen tatsächlich treu bleiben und eine hohe Kundenbindung aufweisen.

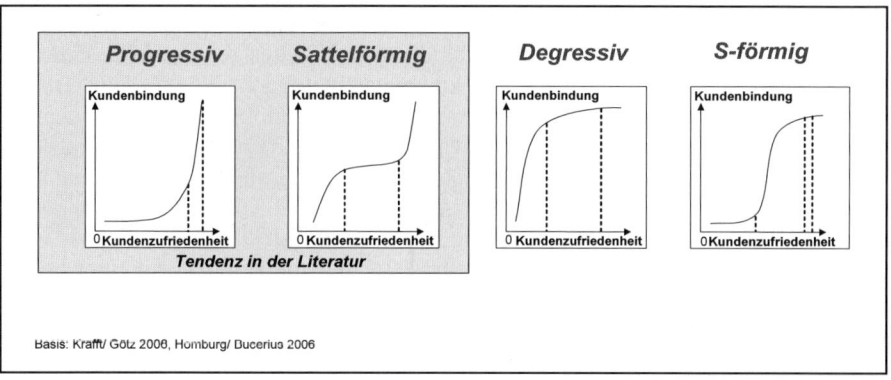

**Abb. 2:** Formen des Zusammenhangs zwischen Kundenzufriedenheit und Kundenbindung

Ein sattelförmiger Verlauf der betrachteten Funktion besagt, dass es einen **Indifferenzbereich** gibt, in dem eine Steigerung der Kundenzufriedenheit kaum positive Effekte auf die Kundenbindung hat. Die Kundenzufriedenheitselastizität der Kundenbindung ist also gering; auch eine größere Zunahme der Zufriedenheit bewirkt im Indifferenzbereich kaum eine steigende Kundenbindung. Wird der Indifferenzbereich überschritten, führt bereits eine kleine Steigerung der Kundenzufriedenheit zu einer starken Steigerung der Kundenbindung.

Wie aus Abbildung 2 ersichtlich ist, sind sowohl ein progressiver als auch ein sattelförmiger Kurvenverlauf im oberen Bereich konvex (vgl. Homburg/ Becker/ Hentschel 2008). Allerdings geben Ergebnisse empirischer Studien – insbesondere in Bezug auf Serviceaktivitäten – Hinweise darauf, dass der Kurvenverlauf auch in eine **Plafondierung** münden kann (vgl. Burmann 1991, Olivia/ Oliver/ Mac Millan 1992, Bolton 1998, Herrmann/ Johnson 1999). Dies ist sowohl bei einem degressiven als auch bei einem S-förmigen Kurvenverlauf möglich. Je höher also die Kundenzufriedenheit, desto geringer ist die Auswirkung auf die Kundenbindung. Dies entspricht dem Kurvenverlauf im Indifferenzbereich bei einem sattelförmigen Kurvenverlauf mit einer geringen Kundenzufriedenheitselastizität der Kundenbindung. Wenn also die Kundenzufriedenheit um eine Maßeinheit zurückgeht oder steigt, dann verändert sich die Kundenbindung nur geringfügig.

Im Gegensatz dazu entspricht der S-förmige Kurvenverlauf in seiner Mitte dem Anfang und Ende des sattelförmigen Kurvenverlaufs: Eine geringe Zunahme der Kundenzufriedenheit bewirkt eine deutlich größere Steigerung der Kundenbindung. Die Kundenzufriedenheitselastizität der Kundenbindung ist also groß. Der Anfang und das Ende des S-förmigen Kurvenverlaufs entsprechen wiederum dem Anfang des progressiven Kurvenverlaufs und dem Ende des degressiven Kurvenverlaufs. Die Kundenzufriedenheitselastizität der Kundenbindung ist gering, da auch eine größere Steigerung der Kundenzufriedenheit kaum eine Auswirkung auf die Erhöhung der Kundenbindung hat.

Generell ist eine Steigerung der Kundenzufriedenheit mit entsprechenden Kosten für das Unternehmen verbunden, die in dem Fall einer Plafondierung jedoch nicht durch einen Anstieg der Kundenbindung und daraus resultierende Umsatzsteigerungen und Kosteneinsparungen kompensiert werden. Aus diesem Grunde ist es für die Gestaltung des Kundenmanagements von großer Bedeutung, derartige Zusammenhänge bezogen auf das jeweilige Unternehmen sowie die Markt- und Kundensituation zu kennen und entsprechend effiziente und effektive Maßnahmen zur Steigerung der Kundenbindung einzuleiten. Ziel des Kundenmanagements ist demnach nicht die bloße Maximierung der Kundenzufriedenheit, sondern vielmehr das Erreichen eines Zufriedenheitsniveaus, das die Kunden mit einer hohen Kundenbindung honorieren. Es ist also ein **Kosten-Nutzen-Vergleich** vorzunehmen, um sicherzustellen, dass eine Steigerung der Kundenzufriedenheit tatsächlich zu einer Erhöhung der Kundenbindung führt. Anderenfalls ist von weiteren Investitionen in die Kundenzufriedenheit abzusehen.

Immer noch basierend auf dem 1. Forschungsansatz liefert Abbildung 3 weitergehende Erkenntnisse zu den inhaltlichen Einflussgrößen, welche auf der oben beschriebenen „Wegstrecke" zwischen Kundenzufriedenheit und Kundenbindung wirken, denn nur ein Teil der Kundenbindung lässt sich tatsächlich durch Kundenzufriedenheit erklären. Wie nachvollziehbar ist, handelt es sich um sowohl positiv als auch negativ wirkende Einflussgrößen.

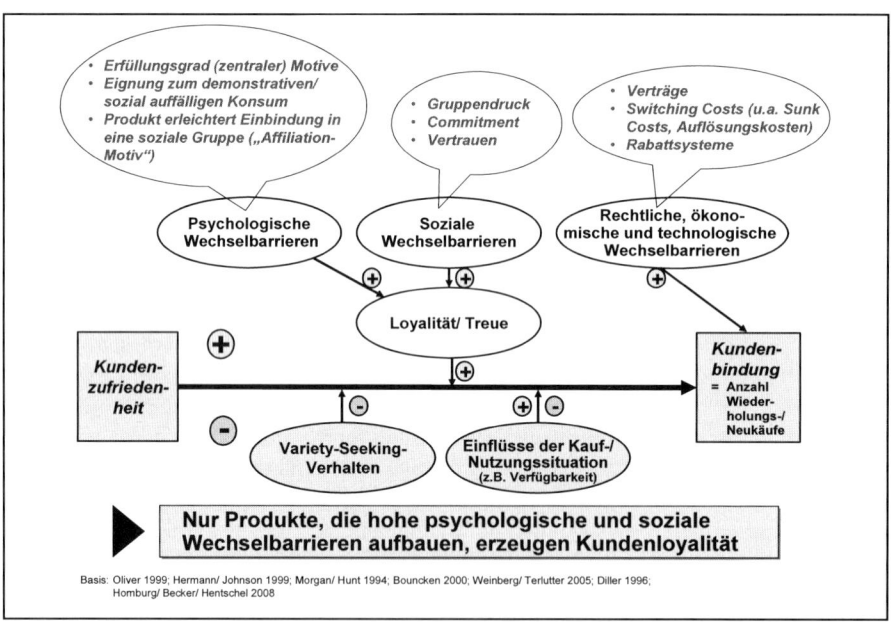

**Abb. 3:** Moderierende Variablen der Kundenbindung

Positiv in Richtung Kundenbindung schlagen sich psychologische, soziale, verhaltensbezogene sowie rechtliche, ökonomische und/ oder technologische **Wechselbarrieren** nieder. Die psychologischen, sozialen und verhaltensbezogenen Wechselbarrieren bewirken Loyalität und Treue im Sinne einer Verbundenheit mit dem Unternehmen, wenn sie nicht als soziale Wechselbarrieren durch Gruppendruck Gebundenheit verursachen. Die besondere Bedeutung des Faktors Vertrauen wird von Wünschmann/ Müller detailliert im Rahmen eines separaten Artikels in diesem Buch thematisiert.

Generell stellt sich allerdings die Frage, ob Kunden überhaupt eine emotionale Beziehung zu einem Unternehmen entwickeln wollen, da sie hierdurch ein bestimmtes Maß an Unabhängigkeit und Unvoreingenommenheit einbüßen. Zudem können die Bestrebungen von Unternehmen, eine Beziehung zu den Kunden aufzubauen, als lästig empfunden werden. Dies gilt insbesondere dann, wenn Kunden nur ein geringes **Involvement** aufweisen und an einer transaktionsorientierten Abwicklung der Austauschbeziehungen mit dem Unternehmen, aber an keinem beziehungsorientierten Verhältnis interessiert sind (vgl. Hansen 2006).

Die rechtlichen, ökonomischen und technologischen Wechselbarrieren resultieren aus einem bestimmten Maß an Gebundenheit des Kunden an das Unternehmen, beispielsweise aufgrund bestehender Verträge, erzielbarer Rabatte, auf die bei einem Wechsel verzichtet werden müsste, oder generell hoher auftretender Kosten durch das Handling eines Wechsels als **Sunk Costs**, z.B. aufgrund technologischer Inkompatibilität von Systemen unterschiedlicher Anbieter.

Soziale, psychologische und verhaltensbezogene Wechselbarrieren können beispielsweise dazu führen, dass die Loyalität der Kunden verstärkt wird. Andererseits wird insbesondere durch ein ausgeprägtes Variety Seeking-Verhalten der Kunden die Gültigkeit der Wirkungskette negiert, da das starke Bedürfnis nach Abwechslung selbst bei einem hohen Maß an Kundenzufriedenheit zu einem Anbieterwechsel führt und so keine von Loyalität geprägte Beziehung zum Unternehmen aufgebaut wird. Homburg/ Giering haben unter anderem die Geschäftsbeziehung als moderierende Variable untersucht und diesbezüglich zwischen „angereicherten" und „nackten" Geschäftsbeziehungen differenziert. Eine angereicherte Geschäftsbeziehung zeichnet sich durch ein hohes Maß an Vertrauen und Kooperation, einen intensiven Informationsaustausch zwischen den Geschäftspartnern und eine hohe Flexibilität des Anbieters aus. Nackte Geschäftsbeziehungen dagegen sind stark transaktionsorientiert und auf Leistungsaustausch bzw. -bezahlung ausgerichtet (vgl. Homburg/ Giering 2000, S. 82 ff.). Die Autoren konnten empirisch nachweisen, dass in angereicherten Geschäftsbeziehungen die Kundenloyalität generell höher ist, der Zusammenhang zwischen Kundenzufriedenheit und Kundenloyalität jedoch schwächer, d.h. bei nackten Geschäftsbeziehungen hat eine Steigerung der Kundenzufriedenheit einen größeren Effekt auf die Kundenloyalität als bei angereicherten Geschäftsbeziehungen, da bei Letzteren die Loyalität hauptsächlich auf die moderierenden Faktoren wie Vertrauen und Informationsaustausch zurückzuführen ist und die Kundenzufriedenheit nur einen von mehreren relevanten Einflussfaktoren darstellt.

Einen negativen Einfluss auf die Kundenbindung im Sinne von Wiederholungskäufen und Neukäufen als Cross-Buying üben das bereits angesprochene

**Variety Seeking** aus sowie bestimmte Einflüsse der Kauf- und Nutzungssituation, z.B. fehlende Verfügbarkeit des Produktes. Bei Produkten mit hohem Kundennutzen und einer gegebenen Verfügbarkeit ist diese Wirkungsbeziehung dann positiv.

Wie bereits aus der Anzahl und Vielschichtigkeit der Einflussgrößen bzw. moderierenden Variablen deutlich wird, ist das Zustandekommen oder das Nicht-Zustandekommen der Kundenbindung von mehreren Komponenten abhängig. Dies wird in Abbildung 4 vertieft, wobei zwischen vergangenheits- und zukunftsbezogenen Komponenten unterschieden wird. Zusätzlich wird der Bezug zur **sozialen Gruppe** berücksichtigt.

Das erreichte Niveau an Kundenzufriedenheit und die Art und Weise einer Beschwerdebehandlung können dabei als K.o.-Kriterien wirken. Unzufriedene oder von der Beschwerdebehandlung enttäuschte Kunden entwickeln keine Loyalität, sondern werden in Zukunft nicht mehr bei dem Unternehmen kaufen. Treten hierbei und damit bezogen auf die Vergangenheitskomponenten keine Probleme auf, dann ist eine „**Basisloyalität**" gegeben. Inwiefern sie zukunftsbezogen zu Kundenbindung als Kaufaktivitäten führt, hängt aber stark davon ab, ob das Unternehmen in der Lage ist, die zukünftigen Anforderungen der bisherigen Kunden zu erfüllen. Ist dies nicht der Fall, dann wirkt auch bei einer hohen Zufriedenheit diese fehlende zukünftige Voraussetzung als **K.o.-Kriterium**, wenn sich die Anforderungen der Kunden an das Unternehmen und seine Produkte im Zeitablauf erheblich verändert haben oder verändern werden.

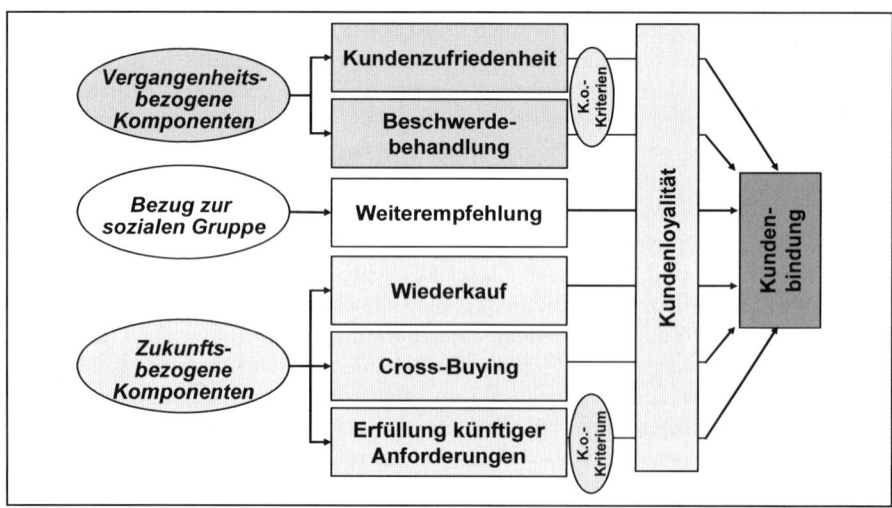

**Abb. 4:** Treiber der Kundenbindung

Ein Beispiel für den Wandel der Kundenanforderungen liefert IKEA. Kunden, die bei einem schmalen Budget über Jahre mit preislich günstigen Kiefernholzmöbeln zufrieden waren, drohen – z.B. nach Abschluss ihrer Ausbildung – als hochzufriedene Kunden abzuwandern. IKEA ist diesem Phänomen dadurch begegnet, dass es mit der Zielgruppe in seiner Produktpalette „gewachsen" ist und inzwischen auch Design- (Polster)Möbel anbietet, welche die veränderten Anforderungen der Zielgruppe erfüllen und zudem im Vergleich zu Wettbewerbsprodukten preisgünstig sind.

Kundenloyalität und emotionale Kundenbindung drücken sich zusätzlich auch darin aus, dass zufriedene und treue Kunden das Unternehmen und seine Produkte eher weiterempfehlen. Hieran wird noch einmal nachvollziehbar, dass bei Unzufriedenheit und Wechsel eines Kunden dieses **Empfehlungspotenzial** ebenfalls abbricht.

Die Einflussfaktoren und Wirkungsbeziehungen für das **Referenzpotenzial** von Kunden und für Cross-Buying sollen anhand der Abbildungen 5 und 6 noch detaillierter angesprochen werden. Referenzkunden zu erkennen ist für Unternehmen deshalb wichtig, da diese Kunden ohne weitere Marketing- und Vertriebsaktivitäten des Unternehmens Zielgruppenpotenzial im Markt aktivieren. Das Referenzpotenzial hängt zunächst von der Zufriedenheit dieses Kunden ab und dann davon, dass er ein ausreichend großes soziales Netz hat. Häufig ist diese Position als Referenzkunde mit einer **Meinungsführerschaft** verbunden, die Einfluss auf die Kaufentscheidungen anderer Personen nimmt. Ob dieser Wirkungsmechanismus zu Stande kommt, hängt vor allem auch vom **Involvement** des Referenzgebers bezogen auf das Produkt, Unternehmen und die Kaufsituation ab. Die Kaufentscheidungen können dadurch begünstigt werden, wenn beim Adressaten der Referenz ebenfalls bereits ein hohes Involvement für das Produkt und den Kauf gegeben oder aktivierbar ist (siehe Abb. 5). Abschätzbar bis zu einem gewissen Grad ist dieses Referenzpotenzial über Kundenbefragungen. Aktivierbar ist es über Prämiensysteme für Weiterempfehlungen nach dem Motto „Kunden werben Kunden".

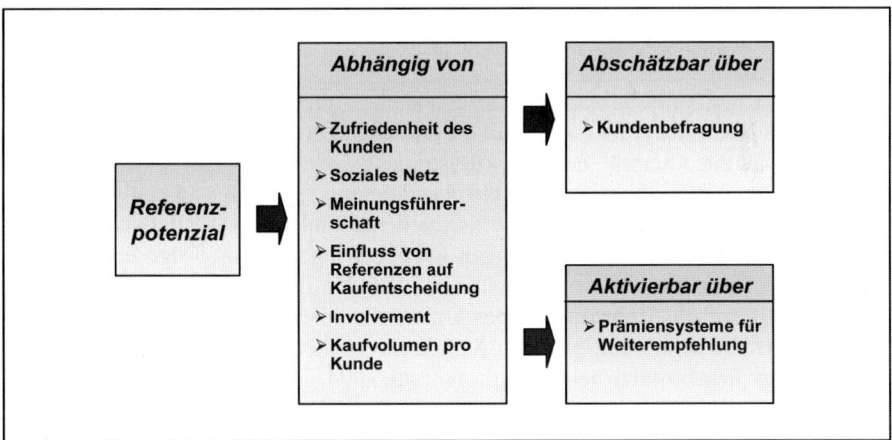

**Abb. 5:** Bestimmung des Referenzpotenzials

Mögliches **Cross-Buying-Potenzial** hängt generell wiederum von dem erreichten Zufriedenheitsniveau des Kunden und der angebotenen Produktpalette des Unternehmens ab. Hinzu kommen als Einflussfaktoren 3 Bedingungen, nämlich dass ein bestimmter Bedarf für das Produkt vorliegt, dass das Produkt nicht schlechter ist als vergleichbare Konkurrenzprodukte und dass Finanzmittel für den Kauf zur Verfügung stehen. Unterstützt werden kann Cross-Buying durch gezielte Informationen im Rahmen der Werbung, die speziell auf diese Bestandskunden ausgerichtet ist und – z.B. wie bei Amazon – Informationen über typische kombinierte Produktkäufe liefert (siehe Abb. 6). Ermittelbar ist Cross-Buying-Potenzial über Data Mining-Analysen. Abschätzen lässt es sich in seiner Höhe über Markt- und Wettbewerbsanalysen sowie Kundenbefragungen.

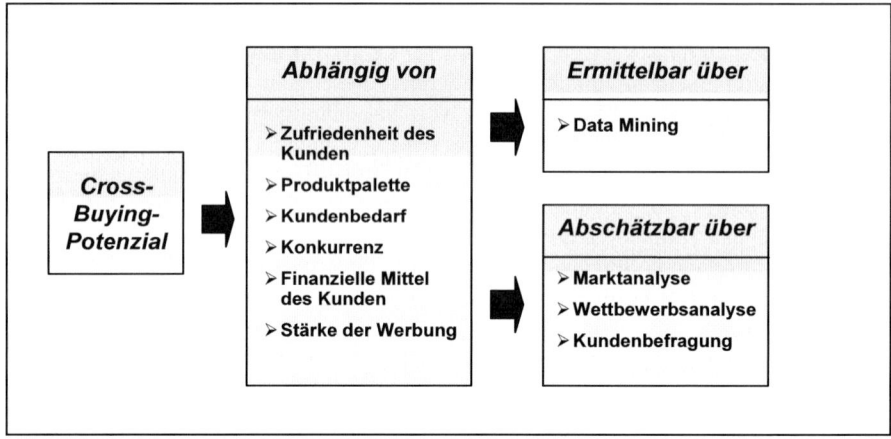

**Abb. 6:** Bestimmung des Cross-Buying-Potenzials

Als Zwischenfazit bleibt demnach festzuhalten, dass eine erreichte Kundenbindung einen positiven Effekt auf den Unternehmenserfolg hat. Wenn beim Kunden Vertrauen in die Qualität der Marktleistungen des Anbieters vorherrscht, dann wird er eher zu einer Fortsetzung und Ausdehnung respektive Intensivierung der Geschäftsbeziehung bereit sein, deutlich seltener und weniger intensiv Alternativen suchen sowie Weiterempfehlungen abgeben. Dies hat als Folge eine positive Wirkung auf den Umsatz und Gewinn pro Kunde, also seinen Deckungsbeitrag, sowie damit auf die **Rentabilität** des Unternehmens, also den Return on Investment. Dies wird durch eine Vielzahl von theoretischen Studien gefordert und von empirischen Ergebnissen belegt (vgl. Werani 2004, S. 42; Lihotzky 2003, S. 62 ff.; Aspinall/ Reichheld 1993; Anderson/ Fornell/ Lehmann 1994; Kalwani/ Narayandas 1995; Diller 1995; Reichheld 1996; Venohr/ Zinke 1999; Krüger-Strohmayer 2000; Reinartz/ Kumar 2003). Allerdings stellt der Zusammenhang zwischen einer Kundenbindung und dem Kundenertragswert keinen Automatismus dar (vgl. Reinartz/ Krafft 2001). Für den Kunden resultiert der Nettonutzen einer Geschäftsbeziehung immer aus der Gegenüberstellung der **aggregierten Nutzen-**

Ursachen-Wirkungs-Konzepte für Kundenloyalität und Kundenbindung 91

**faktoren** ökonomischer, psychologischer und z.B. sozialer Art im Vergleich zu den **aggregierten Kostenfaktoren** der gleichen Kategorien (vgl. Bliemel/ Eggert 1998b, S. 4 ff.). Eine weitere Ursachen-Wirkungs-Beziehung, die auf dem 2. Forschungsansatz basiert, der aus der Kundenzufriedenheit Kundenbindung ableitet und dann erst die Kundenloyalität, fokussiert auf den Unterschied zwischen Verbundenheit und Gebundenheit. In Abbildung 7 ist das Modell dargestellt, dem eine hohe Plausibilität zugesprochen wird. Es basiert auf der Annahme, dass Kundenloyalität ein Resultat der Kundenbindung ist. Bliemel/ Eggert differenzieren dazu in dem Modell zwischen 2 inneren Bindungszuständen der Kunden (vgl. Bliemel/ Eggert 1998a, S. 39 ff.), zum einen der **emotionalen Verbundenheit** mit dem Unternehmen und zum anderen der – durch diverse Wechselbarrieren – **erzwungenen Gebundenheit**. Beide Bindungszustände konnten empirisch belegt werden (vgl. Eggert 2000, S. 122 ff.). Verbundenheit ist dabei ein freiwilliges und positives Ergebnis; Gebundenheit ein vertraglich bedingtes oder faktisch akzeptiertes Ergebnis.

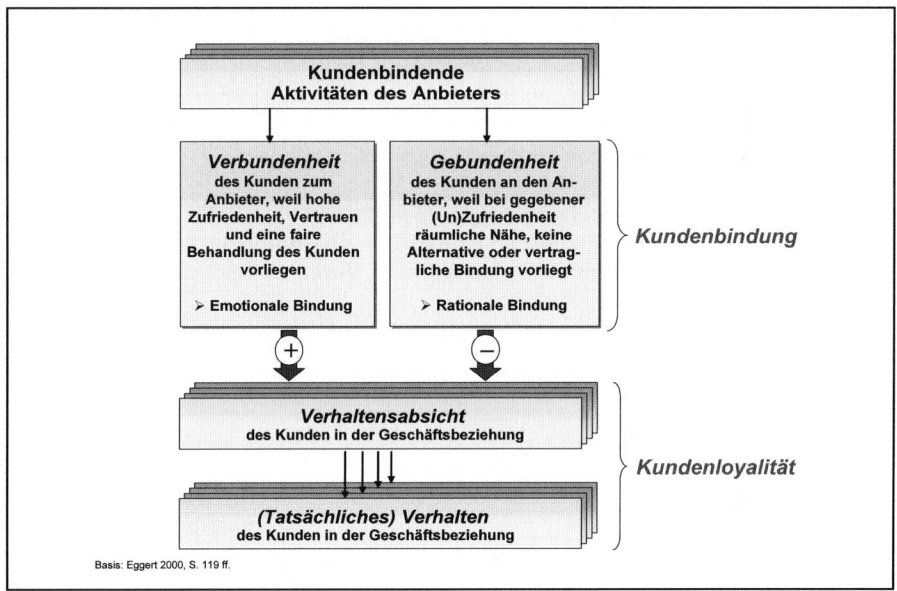

**Abb. 7:** Kundenbindungsmodell nach Eggert

Dabei wird Kundenloyalität über die Verhaltensabsicht hinaus immer erst über das tatsächliche Verhalten des Kunden in der Geschäftsbeziehung konkret nachvollziehbar und führt damit zu Kundenbindung, die wir eingangs als Verwirklichung der Verhaltensabsicht in Form des tatsächlichen Wiederkaufs eines Produktes definiert haben. In der Konsequenz ist das Modell eigentlich ein in sich geschlossener Prozess. Verbundenheit führt dann zu Verhaltensabsicht und tatsächlichem Verhalten aus emotionalen Beweggründen und damit aus Überzeugung. Gebundenheit bewirkt hingegen eine Verhaltensabsicht und ein tatsächliches Verhalten aufgrund rationaler Überlegungen und limitierender Umfeldfaktoren.

Bliemel/ Eggert betonen, dass die stärker rational ausgerichtete Gebundenheitsstrategie oft keine langfristig erfolgreiche Strategie darstellt, da Kunden Wechselbarrieren als Eingriff in ihre individuelle Entscheidungsfreiheit empfinden und die damit verbundene Abhängigkeit zu vielfältigen **Reaktanzen** führen kann (vgl. auch Plinke/ Söllner 2008, S. 96 ff.; Stahl 2006, S. 95 f.). Außerdem liegt auf der Hand, dass die betroffenen Kunden beim Wegfall der Wechselbarrieren mit hoher Wahrscheinlichkeit zu Wettbewerbern abwandern (vgl. Bruhn 2002, S. 191). Damit ist die Gebundenheitsstrategie nur temporär stabil, während die Verbundenheit der Kunden generell als stabil anzusehen ist, da sie auf einer emotionalen Bindung basiert.

In Abbildung 8 sind die möglichen **Bindungsursachen** für eine rationale und/ oder emotionale Kundenbindung im Überblick aufgeführt. Das Ziel wird generell sein, negativ empfundene Ursachen einer nur rationalen Gebundenheit an das Unternehmen zu überwinden, zumindest aber durch emotionale Bindungsursachen zu ergänzen. Im Idealfall läuft dies darauf hinaus, dass eine Kombination aus Verbundenheit und Gebundenheit entsteht, die in gewisser Weise einen Idealzustand kennzeichnet. Denn der Kunde ist dann dem Unternehmen emotional relativ stark verbunden und kann aufgrund faktischer rationaler Gegebenheiten die Gebundenheit, z.B. über Verträge oder technologische Inkompatibilität, nicht ohne weiteres beenden (vgl. Bagusat 2006, S. 113 ff.) und empfindet dies nicht als störend oder beeinträchtigend. Um Irritationen und **kognitive Dissonanzen** zu vermeiden, ist vom Unternehmen deshalb immer eine stärkere Verbundenheit als Gebundenheit des Kunden anzustreben.

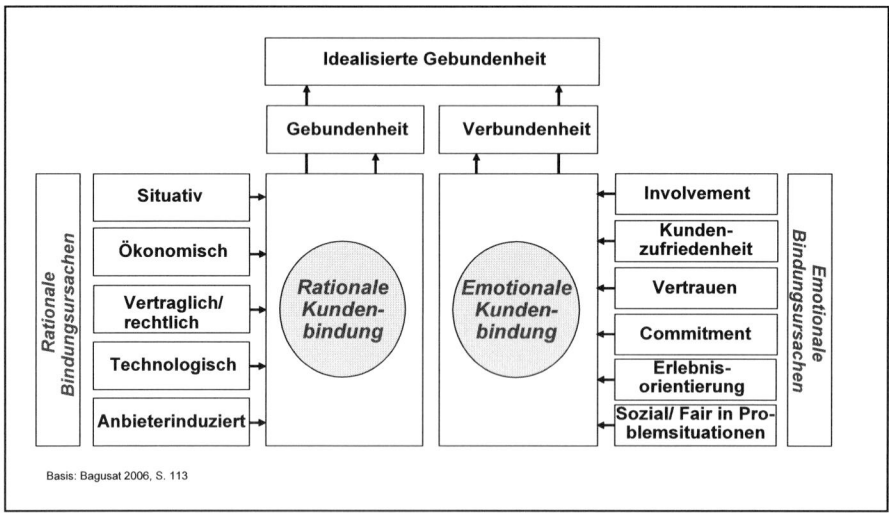

**Abb. 8:** Ursachen für rationale und/ oder emotionale Bindung

Bei den rationalen Bindungsursachen sind neben situativen Faktoren wie der räumlichen Nähe, ökonomischen Einflussgrößen wie dem Preis-Leistungs-Verhältnis, technologischen Gründen wie der Systemkompatibilität, die oftmals über vertraglich-rechtliche Bindungen von beispielsweise 2 Jahren hinausgeht, auch weitere anbieterinduzierte rationale Bindungsursachen von Bedeutung. Hierzu gehören alle weiteren Teile der unternehmensspezifischen Marketing-Mix-Politik (vgl. Bagusat 2006, S. 83 ff.).

Zur Realisierung einer Verbundenheitsstrategie auf der Basis emotionaler Bindungsursachen sind primär 3 Vorbedingungen zu erfüllen, nämlich eine hohe Kundenzufriedenheit sowie der Aufbau von Vertrauen in Bezug auf die Erfüllung zukünftiger Anforderungen und eine faire Behandlung durch das Unternehmen insbesondere in Problemsituationen (vgl. Bliemel/ Eggert 1998a, S. 40). Demnach ist zunächst der Kontakt zum Kunden über eine Transaktion herzustellen, die mit hoher Kundenzufriedenheit einhergehen muss, um überhaupt Kundenloyalität aufbauen zu können. Gelingt dies, ist durch ein **beziehungsorientiertes Kundenmanagement** das **Loyalitätspotenzial** der verbundenen Kunden weiter zu stärken und auszubauen.

Ziel der Unternehmen muss es also sein, eine Verbundenheit der wertvollen Kunden so aufzubauen, dass diese sich trotz ihres Bedürfnisses nach Wahlfreiheit und Abwechslung freiwillig binden und neben Wiederkäufen auch durch Cross-Buying, sinkende Preiselastizitäten mit der Folge einer geringen Sensitivität und durch positive Weiterempfehlungen zum nachhaltigen Unternehmenserfolg beitragen (vgl. Eggert/ Helm 2000, S. 68 ff.; Wangenheim 2003, S. 73 ff.).

Dem Unternehmen verbundene Kunden weisen darüber hinaus eine höhere **Toleranzschwelle** in Bezug auf eventuelle Qualitäts- oder Servicemängel auf, da die Loyalität positiv auf die Zufriedenheit ausstrahlt. Dies kann dazu führen, dass die Kundenzufriedenheit subjektiv höher ausfällt, als sie faktisch gegeben ist, da die bisher positiv verlaufene – von Loyalität geprägte – Beziehung zum Unternehmen einzelne negative Ereignisse überstrahlt. Bewirkt wird dies dadurch, dass das Vertrauen des Kunden in das Unternehmen nach wie vor besteht und er also – trotz Qualitätsmängel – eine positive Erwartung in die zukünftige Interaktion ohne größere Unsicherheiten besitzt.

Außerdem ist davon auszugehen, dass verbundene Kunden im Gegensatz zu gebundenen Kunden eher bereit sind, wichtige Informationen über Verbesserungspotenziale und zukünftige Bedürfnisse an das Unternehmen weiterzugeben (vgl. Eggert 2000, S. 127; Eggert 2003, S. 55 f.).

Insgesamt lässt sich schlussfolgern, dass der **Share of Wallet** verbundener Kunden tendenziell höher ist als bei gebundenen Kunden. Sie verausgaben also einen höheren Anteil des Budgets für eine bestimmte Produktkategorie bei diesem Unternehmen und suchen damit bei Nachfragen über die Abdeckung des Basisbedarfs hinaus seltener andere Anbieter auf. Gleiches gilt auch für den **Kundenwert aus Unternehmenssicht**, da gebundene Kunden neben dem Erfolgswert aus getätigten Transaktionen und durch Wechselbarrieren forcierte Wiederkäufe keine nennenswerten Wertbeiträge generieren.

Neben den beiden oben vorgestellten Ansätzen, die eine lineare Ursachen-Wirkungs-Beziehungen zwischen den Konstrukten Kundenzufriedenheit, Kundenloyalität und Kundenbindung unterstellen, soll nachfolgend noch auf ein Modell eingegangen werden, das von **vernetzten Wirkungsmustern** ausgeht. Dies entspricht dem zu Beginn dieses Unterkapitels vorgestellten 3. Forschungsansatz interdependenter Beziehungen. Dadurch wird allerdings nur eine Segmentierung der Zielgruppenmitglieder bzw. Kunden nach 2 Dimensionen entsprechend ihrem Ausmaß an Zufriedenheit und Loyalität bzw. Bindung ermöglicht (siehe Abb. 9a). Die Ursachen-Wirkungs-Beziehungen zwischen diesen beiden inhaltlichen Dimensionen Zufriedenheit und Loyalität bzw. Bindung werden dabei nicht untersucht. Das Ergebnis ist also lediglich eine Klassifikation im Portfolio, die mit 4 respektive 6 Clustern bzw. Gruppen, gekennzeichnet durch Metaphern, arbeitet.

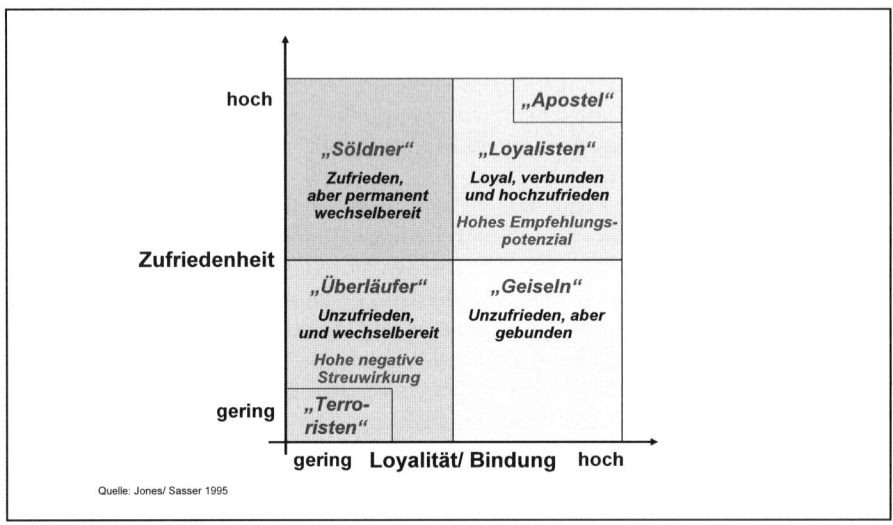

**Abb. 9a:** Kundensegmentierung nach Zufriedenheit und Loyalität

Die für das Unternehmen attraktivsten Kunden sind die loyalen – im Sinne der Eggert-Nomenklatur – verbundenen und hochzufriedenen **„Apostel"**, die durch positive Mund-zu-Mund-Kommunikation ihre Zufriedenheit mit dem Unternehmen, seinen Produkten und Serviceleistungen weiter tragen und somit ein sehr hohes Empfehlungspotenzial aufweisen. Zudem gilt für diese Kundengruppe aufgrund ihrer hohen Loyalität zum Unternehmen das oben dargestellte Phänomen der Überstrahlungseffekte, d.h. „Apostel" sind bezüglich vereinzelt auftretender Probleme eher tolerant. Die **„Loyalisten"** gehören nicht zu dieser „positiven Extremgruppe" und besitzen deshalb in allen Bereichen etwas geringere Ausprägungen. Sie entsprechen eher der Metapher von „Jüngern", die mehr folgen als Botschaften verbreiten.

Auch die **„Söldner"** sind zufriedene Kunden, die jedoch eine hohe Wechselbereitschaft aufweisen, dem Unternehmen also nicht loyal gegenüberstehen. Dies kann mehrere Gründe haben: Entweder handelt es sich um sehr preissensible

Kunden, die unabhängig von ihrem vergangenheitsorientierten Zufriedenheitsurteil stets das günstigste Angebot wahrnehmen, oder die Kunden werden von einem stark ausgeprägtem Variety-Seeking-Verhalten geleitet. Außerdem könnte es sich auch um Kunden handeln, die in Zukunft keinen Bedarf für die angebotenen Produkte respektive Dienstleistungen haben. Auftretende Probleme wie Qualitäts- oder Servicemängel werden von „Söldnern" umgehend mit einer Abwanderung zum Wettbewerb abgestraft. Die Toleranzschwelle dieser Kundengruppe ist also sehr niedrig.

Unzufriedene und zugleich unloyale Kunden werden als **„Terroristen"** bezeichnet, da sie insbesondere durch ihre große Bereitschaft zu negativer Mund-zu-Mund-Kommunikation über die großen Streuwirkungen sehr nachteilige Effekte hinsichtlich Ruf und Image des betroffenen Unternehmens verbreiten können. Außerdem kommt es bei diesen Kunden überdurchschnittlich oft zu Beschwerdefällen, die mit hohen Kosten für das Unternehmen verbunden sind. Die „Terroristen" zeigen nahezu keine Toleranz gegenüber den Schwachpunkten im Unternehmen, welche die Transaktion unmittelbar betreffen. Eine wiederum schwächer ausgeprägte Variante dieser Extremgruppe sind die **„Überläufer"**.

Das Segment der **„Geiseln"** repräsentiert diejenigen Kunden, die wohl eher – entsprechend der Nomenklatur von Eggert – an das Unternehmen gebunden sind und nicht aus Tradition dem Unternehmen treu bleiben. Hinzu kommt, dass sie nicht sonderlich zufrieden sind. Die dennoch vorhandene Loyalität zum Unternehmen bzw. geringe Wechselbereitschaft respektive -fähigkeit dieser Kunden führt dazu, dass fast jedes Problem hingenommen wird, ohne dass dies negative Konsequenzen für den Fortbestand der Geschäftsbeziehung hat. Die Toleranzschwelle ist also sehr hoch.

Auf der Basis von **Kundenbefragungen** können diese 4 bzw. 6 Kategorien mit eher qualitativ ausgerichteten Indikatoren zur Einstellung und zum Verhalten sowie mit quantifizierbaren Kriterien zum konkreten ökonomischen Handeln analysiert werden. Basierend auf dieser Kategorisierung können – mit einem guten Aussagegehalt – die quantitativen Anteile der einzelnen Gruppen an dem Kundenstamm eines Unternehmens ermittelt werden. Für die Unternehmensleitung sind diese Informationen von hoher Bedeutung und meistens auch von einem hohen Neuigkeitsgrad. Durch das Kundenmanagement können die Kundenzufriedenheit, -loyalität und -bindung der für das Unternehmen wesentlichen Zielgruppensegmente des Portfolios durch effiziente und effektive Maßnahmen gefördert werden.

In Bezug auf ein effektives Kundenmanagement sind zusätzlich die Loyalität bzw. Bindung – ausgedrückt durch die Dauer der Kundenbeziehung – und die Profitabilität der Kundenbeziehung zu berücksichtigen, da nicht automatisch jeder langfristig an das Unternehmen gebundene Kunde die Unternehmensprofitabilität erhöht (vgl. Reinartz/ Krafft 2001). Dies ist z.B. der Fall, wenn gebundene Kunden – so genannte **„Barnacles"**, was der Metapher des Putzerfisches entspricht – über ein verhältnismäßig geringes Budget (**Size of Wallet**) verfügen (siehe Abb. 9b). Wenn also der Share of Wallet nicht erhöht werden kann, dann müssen die Kosten für die Betreuung dieser Kunden gesenkt werden.

Dagegen können gerade auch Kundensegmente mit lediglich transaktional, also auf den einzelnen Kaufakt, ausgerichteten Beziehungen zum Unternehmen einen hohen Beitrag zum Unternehmenserfolg leisten. Diese entsprechen der Gruppe der **„Butterflies"**, entsprechend der Metapher der – wechselbereiten – Schmetterlinge, in Abbildung 9b. Aus Unternehmenssicht sind Investitionen in diese Kundengruppe deshalb ebenfalls eher gering zu halten, da es in der Praxis kaum aussichtsreich ist, die typischerweise nicht loyalen „Butterflies" an das Unternehmen zu binden. Die **Conversion Rate** liegt Studien zu Folge bei höchstens 10% (vgl. Reinartz/ Kumar 2002). Wenn es zu einer kurzfristigen Abwanderung dieser Kunden zu Wettbewerbern kommt, sind die getätigten Investitionen in diese Kundenbeziehungen Sunk Costs, welche die Profitabilität des Unternehmens stark belasten.

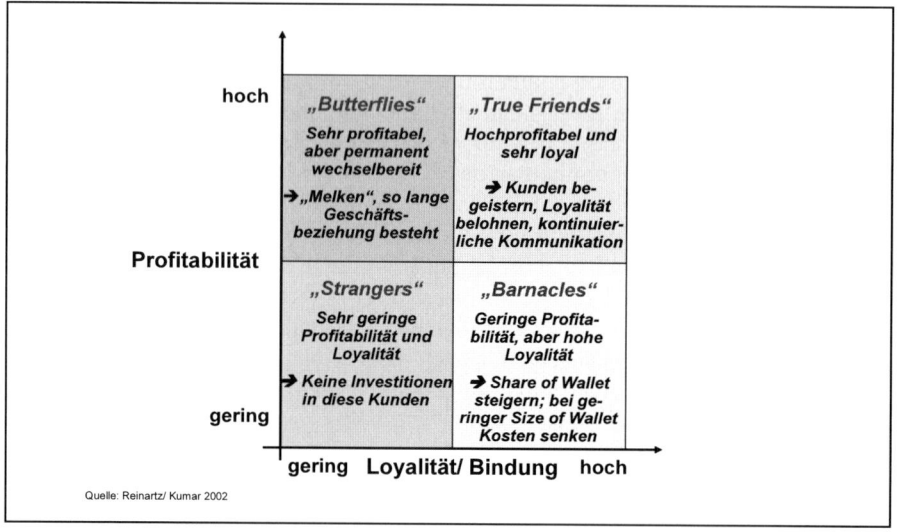

**Abb. 9b:** Kundensegmentierung nach Profitabilität und Dauer der Geschäftsbeziehung

Unloyale und zugleich unprofitable Kunden werden als **„Strangers"** bezeichnet, und Investitionen jeder Art in diese Kundenbeziehungen sind zu vermeiden. Vielmehr sollte jede Transaktion aus Unternehmenssicht so kostenminimal wie möglich gestaltet sein, um zumindest geringe Erträge mit diesen Kunden zu erwirtschaften.

Die **„True Friends"** eines Unternehmens sind loyale und hochprofitable Kunden, die für ihre Loyalität durch individualisierte Sonderangebote belohnt werden wollen und durch besondere Serviceleistungen begeistert werden sollten. Hierauf hat sich eine kontinuierliche, aber nicht unspezifische und zu häufige Kommunikation zu beziehen. Auf diese Weise verstärkt sich die Loyalität, und „True Friends" werden zu „True Believers", deren Loyalität sich nicht nur in entsprechenden Kaufhandlungen ausdrückt, sondern vor allem auch Auswirkungen auf die positive Einstellung dieser Kunden zum Unternehmen hat.

## 3 Das Europäische Customer Satisfaction Index Modell (ECSI Model)

Basierend auf den positiven Erfahrungen des schwedischen und amerikanischen Customer Satisfaction Modells (vgl. Fornell 1992; Fornell et al. 1996) wurde bereits 1998 das Europäische CSI-Modell entwickelt. 1999 erfolgte eine Pilotstudie in 11 europäischen Ländern.

In dem Modell wird – wie im angloamerikanischen Sprachraum üblich – nicht zwischen Kundenloyalität und Kundenbindung differenziert. Diese inhaltliche Identität von **Loyalty** und **Retention** vereinfacht die wissenschaftliche Analyse dieser hypothetischen Konstrukte. Dabei wird – zumindest implizit – davon ausgegangen, dass Kundenbindung sowohl Gebundenheit an das Unternehmen als auch Verbundenheit mit dem Unternehmen umfassen kann.

Im Umkehrschluss wird durch die Trennung von Kundenloyalität und Kundenbindung im deutschsprachigen Raum der Erklärungskontext mit diesen beiden hypothetischen Konstrukten komplexer und dadurch schwieriger. Denn möglich sind, wie oben angesprochen, dependente Beziehungen in beide Richtungen oder auch ein interdependentes Wirkungsmuster, und zwar generell unabhängig davon, ob Gebundenheit oder Verbundenheit vorliegt.

Zunächst wird auf das Modell von Fornell eingegangen:

- Die **Modellstruktur** bezieht sich auf die folgenden 3 Hauptkategorien: Gründe für die Zufriedenheit, wie Qualität und Erwartungsniveau; die Zufriedenheit selbst und Ergebnisse bzw. Folgen der Zufriedenheit, wie Beschwerden oder Loyalität (vgl. Grigoroudis/ Siskos 2004).
- Der spezielle Ansatz wird durch ein ökonomisches Strukturmodell geschaffen, das unterschiedliche Ursachen und Folgen der Kundenzufriedenheit mehrstufig verbindet. Das Ergebnis des Modells ist dann ein **System von Ursachen-Wirkungs-Beziehungen**.
- Fornell's Modell (vgl. Johnson/ Fornell 1991; Anderson/ Fornell 1991; Anderson/ Sullivan 1991; Anderson 1994; Fornell 1995), welches das Basismodell für den amerikanischen CSI und das schwedische Customer Satisfaction Barometer (SCSB) bildet, erklärt Zufriedenheit als Ergebnis von 3 gemessenen Größen: Wahrgenommene Qualität, Erwartungen und wahrgenommener Wert. Kundenzufriedenheit ist dabei nur als latente Variable gemessen, die aus multiplen Indikatoren resultiert. Das Kausalmodell wird unter Einsatz der Methode der kleinsten Quadrate (Partial Least Squares – PLS) geschätzt. Der Vorteil dieses iterativen Verfahrens liegt darin, dass es keine Annahmen zur Verteilung der Daten zu Grunde legt. PLS hat das Ziel, über die Gewichte für die Messvariablen die Kundenloyalität als ultimative endogene bzw. abhängige Variable möglichst gut zu erklären (vgl. Fornell et al. 1996). Das Modell genügt damit wissenschaftlichen Ansprüchen und bildet wesentliche Teile des erreichten Kenntnisstandes ab. Allerdings kann an dieser Stelle bereits festgestellt werden, dass dieses Modell sowohl von der Modellstruktur als auch vor allem bezogen auf die mathematisch-statistisch basierten Strukturgleichungen und Datenbe-

rechnungen für eine Anwendung in der Unternehmenspraxis durch einzelne Unternehmen wenig geeignet ist.

In Abbildung 10a ist die Basisstruktur des ECSI-Modells wiedergegeben, das auf der Grundlage der Ergebnisse der Mehr-Länder-Studie (weiter)entwickelt wurde. Das Modell besteht aus Strukturgleichungen mit nicht-beobachtbaren latenten Variablen. In ihm wird ebenfalls Kundenzufriedenheit mit ihren Bestimmungsgrößen und mit ihren Konsequenzen, insbesondere der Kundenloyalität und -bindung, verknüpft. Folgende Wirkungsbeziehungen liegen dem Modell zu Grunde, die auch empirisch überprüft wurden (vgl. Martensen/ Grønholdt/ Kristensen 2000):

- Die 1. Stufe bilden die 3 Einflussfaktoren **Image des Unternehmens**, **Kundenerwartungen** bezüglich des geforderten Qualitätsniveaus und **wahrgenommene Qualität**. Letztere wird dabei differenziert in die Qualität der „hard ware" (bezogen auf das Produkt und die Servicemerkmale) und in die Qualität der „human ware" (bezogen auf die von den Mitarbeitern des Unternehmens abhängige Interaktion mit den Kunden und die Atmosphäre während der Kaufsituation bzw. während dem Erbringen der Serviceleistung).
- Aus dem Abgleich von Kundenerwartungen und der wahrgenommenen Qualität ergibt sich – unter dem Einfluss des Unternehmensimage – auf Stufe 2 der **wahrgenommene Wert bzw. Nutzen aus Kundensicht** im Sinne eines „Value for Money". Die Kunden bilden sich also ein Werturteil über die vom Unternehmen gelieferte Qualität eines Produktes respektive einer Dienstleistung im Vergleich zu dem dafür zu zahlenden monetären Gegenwert. Es handelt sich dadurch um die Einschätzung des Preis-Leistungs-Verhältnisses.

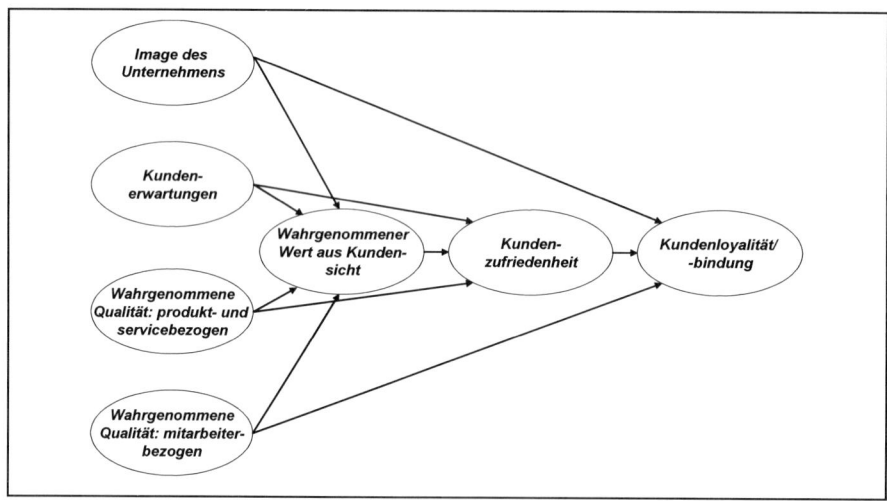

**Abb. 10a:** Basisstruktur des ECSI-Modells (1999)

- Auf der 3. Stufe wird die **Kundenzufriedenheit** betrachtet, die sich primär aus dem wahrgenommenen Wert der Stufe 2 ergibt, aber auch direkt von der Qualität der „hard ware" sowie den individuellen Erwartungen der Kunden beeinflusst wird.
- Letztlich hat die Stufe 4 die **Kundenloyalität/ -bindung** als primäre Konsequenz der Kundenzufriedenheit zum Gegenstand. Über die Kundenzufriedenheit hinaus haben insbesondere das Unternehmensimage und die Qualität der „human ware" einen direkten Einfluss auf die Stärke der Kundenbindung.

Weitere Ausführungen zu diesem Basismodell des ECSI finden sich in dem separaten Artikel zu den Nationalen Kundenbarometern im 3. Kapitel dieses Buches.

Im Folgenden soll noch auf die im Jahre 2003 erweiterte Fassung des ECSI-Modells von Ball/ Coelho/ Machás (2003, S. 1274 ff.) eingegangen werden. Zur besseren Erklärung der Kundenloyalität/ -bindung werden jetzt zusätzlich die beiden latenten Variablen **Kommunikation** und **Vertrauen** einbezogen. Wie Abbildung 10b zeigt, ist neben dem Unternehmensimage auch die Kommunikation eine exogene Variable, die also nicht im bzw. durch das Modell erklärt wird.

Vertrauen wird von den Autoren des erweiterten ECSI-Modells in Übereinstimmung mit der Literatur als kritische Variable in Kunden-Lieferanten-Beziehungen angesehen, die darüber entscheidet, inwiefern Kundenloyalität/ -bindung zu Stande kommt (vgl. Garbarino/ Johnson 1999; Sirdeshmukh/ Singh/ Sabol 2002). Zur Erklärung von Vertrauen wird zusätzlich noch das Konstrukt **Beschwerdebehandlung** explizit als latente Variable in das Modell integriert, obwohl es indirekt als Messvariable der Kundenbindung bereits Bestandteil des ECSI-Basismodells war.

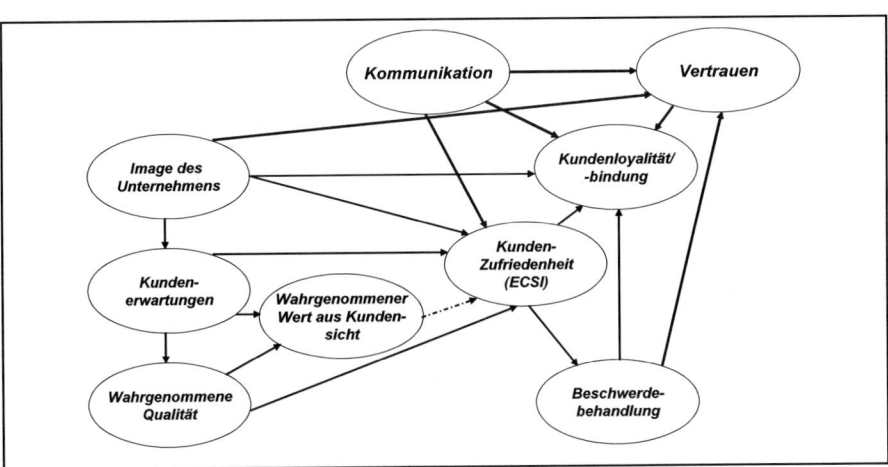

**Abb. 10b:** Revidiertes bzw. erweitertes ECSI-Modell (2003)

Die große Bedeutung der kundenindividuellen Kommunikation zur Erreichung einer hohen Kundenbindung wird auch in der Literatur betont (vgl. Lemon/ Rust/

Zeithaml 2001; Allen/ Wilburn 2002). Im erweiterten ECSI-Modell wird unter Kommunikation das gesamte Spektrum der schriftlichen und persönlichen sowie der webbasierten und maschinengesteuerten Interaktion verstanden. Allerdings legen die Autoren dem Modell ein **eindimensionales Konstrukt der Kommunikation** zu Grunde, das nur die Kommunikation des Unternehmens mit den Kunden umfasst, nicht aber umgekehrt. Der besondere Stellenwert der **zweidimensionalen Kommunikation als Dialog**, z.B. im Rahmen des Beschwerdemanagements, wird beim Konstrukt Beschwerdebehandlung, das als Spezialfall der Interaktion zwischen Kunden und Unternehmen angesehen wird, separat berücksichtigt.

In Bezug auf das erweiterte ECSI-Modell hat eine Studie von Ball/ Coelho/ Machás (2003) im Bankensektor gezeigt, dass Kundenloyalität/ -bindung hauptsächlich durch die Konstrukte Kundenzufriedenheit und Kommunikation erklärbar ist. Außerdem konnte belegt werden, dass das Image eines Unternehmens lediglich einen indirekten – durch die Kundenzufriedenheit und das Vertrauen moderierten – Effekt auf die Kundenbindung hat.

Das ECSI-Modell gibt eine plausible und empirisch geprüfte Struktur des gesamten Wirkungsgefüges auf die Kundenloyalität/ -bindung wieder. Was allerdings fehlt, sind explizite Aussagen und modellspezifische Wirkungsbeiträge zum Einfluss der wahrgenommenen Qualität aus Kundensicht auf die Bewertung der Beschwerdebehandlung, also der mitarbeiterbezogenen Qualität im Verhalten in der Kundenwahrnehmung.

## 4 Literatur

*Allen, D./ Wilburn, M. (2002):* Linking Customer and Employee Satisfaction to the Bottom Line, Milwaukee 2002.
*Anderson, E.W. (1994):* Cross category variation in customer satisfaction and retention, in: Marketing Letters, 5. Jg., 1994, S. 19-30.
*Anderson, E.W./ Fornell, C. (1991):* The impact of performance on customer satisfaction and retention: An investigation of industry differences, National Quality Research Center Working Paper, Universitiy of Michigan, Ann Arbor 1991.
*Anderson, E.W./ Fornell, C./ Lehmann, D.R. (1994):* Customer satisfaction, market share, and profitability: findings from Sweden, in: Journal of Marketing, 58. Jg., 1994, Nr. 3, S. 53-66.
*Anderson, E.W./ Sullivan, M.W. (1991):* Intra-industry differences in the impact of product performance on customer satisfaction and retention, National Quality Research Center Working Paper, Universitiy of Michigan, Ann Arbor 1991.
*Aspinall, K./ Reichheld, F.F. (1993):* Building high-loyalty business systems, in: Journal of Retail Banking, 15. Jg., 1993, Nr. 4, S. 9-21.
*Bagusat, A. (2006):* Kundenbindungsstrategien für Business-to-Consumer Märkte – Theoretische Entwicklung und empirische Überprüfung eines methodischen Ansatzes, Wiesbaden 2006.
*Ball, D./ Coelho, P.S./ Machás, A. (2003):* The role of communication and trust in explaining customer loyalty, in: European Journal of Marketing, 38. Jg., 2004, Nr. 9/10, S. 1272-1293.

*Berger, C. et al. (1993):* Kano's Methods for Understanding Customer-defined Quality, in: Hinshitsu, The Journal of Japanese Society for Quality Control, 13. Jg., 1993, Fall, S. 3-35.

*Bliemel, F.W./ Eggert, A. (1998a):* Kundenbindung – die neue Sollstrategie?, in: Marketing ZFP, 20. Jg, 1998, Nr. 1, S. 37-46.

*Bliemel, F.W./ Eggert, A. (1998b):* Kundenbindung aus Kundensicht – Grundlegende Konzeptualisierung und explorative Befunde, in: Kaiserslauterer Schriftenreihe Marketing, 4/1998, Kaiserslautern 1998.

*Bolton, R.N. (1998):* A Dynamic Model of the Duration of the Customer's Relationship with a Continuous Service Provider: The Role of Satisfaction, in: Marketing Science, 17. Jg., 1998, Nr. 1, S. 45-65.

*Bouncken, R. (2000):* Vertrauen – Kundenbindung – Erfolg?, in: Bruhn, M./ Stauss, B. (Hrsg.): Dienstleistungsmanagement Jahrbuch 2000 – Kundenbeziehungen im Dienstleistungsbereich, Wiesbaden 2000, S. 3-22.

*Bruhn, M. (2002):* Integrierte Kundenorientierung – Implementierung einer kundenorientierten Unternehmensführung, Wiesbaden 2002.

*Burmann, C. (1991):* Konsumentenzufriedenheit als Determinante der Marken – und Händlerloyalität – Das Beispiel der Automobilindustrie, in: Marketing ZFP, 13. Jg, 1991, Nr. 4, S. 249-258.

*Dichtl, E.D. (1996):* Abnehmerloyalität im Konflikt mit Wunsch nach Abwechslung, in: Dichtl, E.D. (Hrsg.): Kundenzufriedenheit – Erreichbar und Bezahlbar?, 2. CPC-Trendforum, Mainz 1996, S. 13-15.

*Diller, H. (1995):* Kundenbindung als Zielvorgabe im Beziehungs-Marketing, Arbeitspapier Nr. 40 des Lehrstuhls für Marketing an der Universität Erlangen-Nürnberg, Nürnberg 1995.

*Diller, H. (1996):* Kundenbindung als Marketingziel, in: Marketing ZFP, 18. Jg., 1996, Nr. 2, S. 81-94.

*Eggert, A. (2000):* Konzeptualisierung und Operationalisierung der Kundenbindung aus Kundensicht, in: Marketing ZFP, 22. Jg, 2000, Nr. 2, S. 119-130.

*Eggert, A. (2003):* Die zwei Perspektiven des Kundenwerts: Darstellung und Versuch einer Integration, in: Günter, B./ Helm, S. (Hrsg.): Kundenwert, 2. Aufl., Wiesbaden 2003, S. 41-59.

*Eggert, A./ Helm, S. (2000):* Determinanten der Weiterempfehlung: Kundenzufriedenheit oder Kundenbindung?, in: der markt, 39. Jg., 2000, Nr. 153, S. 63-72.

*Fornell, C. (1992):* A national customer satisfaction barometer: the Swedish experience, in: Journal of Marketing, 56. Jg., 1992, S. 6-21.

*Fornell, C. (1995):* The quality of economic output: Empirical generalizations about ist distribution and relationship to market share, in: Marketing Science, 14. Jg., 1995, Nr. 3, S. 203-211.

*Fornell, C. et al. (1996):* The American Customer Satisfaction Index: Nature, purpose, and findings, in: Journal of Marketing, 60. Jg., 1996, S. 7-18.

*Garbarino, E./ Johnson, M. (1999):* The different roles of satisfaction, trust and commitment in customer relationships, in: Journal of Marketing, 63. Jg., Nr. 2, S. 70-87.

*Grigoroudis, E./ Siskos, Y. (2004):* A survey of customer satisfaction barometers: Some results from the transportation-communications sector, in: European Journal of Operational Research, 152. Jg., 2004, Nr. 2, S. 334-353.

*Hansen, U. (2006):* Beziehungslos im Dschungel des Beziehungsmarketing oder: Grenzen des Beziehungsmarketing aus Verbraucherperspektive, in: Hippner, H./ Wilde, K.D.

(Hrsg.): Grundlagen des CRM – Konzepte und Gestaltung, 2. Aufl., Wiesbaden 2006, S. 145-166.

*Herrmann, A./ Johnson, M.D. (1999):* Die Kundenzufriedenheit als Bestimmungsfaktor der Kundenbindung, in: Zeitschrift für betriebswirtschaftliche Forschung, 51. Jg., 1999, Nr. 6, S. 579-598.

*Homburg, C./ Becker, A./ Hentschel, F. (2008):* Der Zusammenhang zwischen Kundenzufriedenheit und Kundenbindung, in: Bruhn, M./ Homburg, C. (Hrsg.): Handbuch Kundenbindungsmanagement – Strategien und Instrumente für ein erfolgreiches CRM, 6. Aufl., Wiesbaden 2008, S. 103-134.

*Homburg, C./ Bruhn, M. (2008):* Kundenbindungsmanagement – Eine Einführung in die theoretischen und praktischen Problemstellungen, in: Bruhn, M./ Homburg, C. (Hrsg.): Handbuch Kundenbindungsmanagement – Strategien und Instrumente für ein erfolgreiches CRM, 6. Aufl., Wiesbaden 2008, S. 3-37.

*Homburg, C./ Bucerius, M. (2006):* Kundenzufriedenheit als Managementherausforderung, in: Homburg, C. (Hrsg.): Kundenzufriedenheit. Konzepte – Methoden – Erfahrungen, 6. Aufl., Wiesbaden 2006, S. 53-90.

*Homburg, C./ Giering, A. (2000):* Kundenzufriedenheit: Ein Garant für Kundenloyalität?, in: Absatzwirtschaft, 43. Jg., 2000, Nr. 1-2, S. 82-91.

*Johnson, M.D./ Fornell, C. (1991):* A framework for comparing customer satisfaction across individuals and product categories, in: Journal of Economic Psychology, 12. Jg., 1991, Nr. 2, S. 267-286.

*Jones, T.O./ Sasser, W.E. (1995):* Why Satisfied Customers Defect, in: Harvard Business Review, 73. Jg., 1995, Nr. 6, S. 88-99.

*Kalwani, M.U./ Narayandas, N. (1995):* Long-Term Manufacturer-Supplier Relationships: Do They Pay Off for Supplier Firms?, in: Journal of Marketing, 59. Jg., 1995, Nr. 1, S. 1-16.

*Krafft, M./ Götz, O. (2006):* Der Zusammenhang zwischen Kundennähe, -zufriedenheit und -bindung sowie deren Erfolgswirkungen, in: Hippner, H./ Wilde, K.D. (Hrsg.): Grundlagen des CRM – Konzepte und Gestaltung, 2. Aufl., Wiesbaden 2006, S. 325-356.

*Krüger-Strohmayer, S. (2000):* Profitabilitätsorientierte Kundenbindung durch Zufriedenheitsmanagement – Kundenzufriedenheit und Kundenwert als Steuerungsgröße für die Kundenbindung in marktorientierten Dienstleistungsunternehmen, 2. Aufl., München 2000.

*Lemon, K.N./ Rust, R.T./ Zeithaml, V.A. (2001):* What drives customer equity?, in: Journal of Marketing Management, 10. Jg., 2001, Nr. 1, S. 20-25.

*Lihotzky, N. (2003):* Kundenbindung im Internet – Maßnahmen und Erfolgswirksamkeit im Business-to-Consumer-Bereich, Wiesbaden 2003.

*Martensen, A./ Grønholdt, L./ Kristensen, K. (2000):* The drivers of customer satisfaction and loyalty: cross-industry findings from Denmark, in: Total Quality Management, 11. Jg., 2000, Nr. 4/5&6, S. 544-553.

*Meyer, A./ Oevermann, D. (1995):* Kundenbindung, in: Tietz, B./ Köhler, R./ Zentes, J. (Hrsg.): Handwörterbuch des Marketing, 2. Aufl., Stuttgart 1995, Sp. 1340-1351.

*Morgan, R.M./ Hunt, S.D. (1994):* The Commitment-Trust-Theory of Relationship Marketing, in: Journal of Marketing, 58. Jg., 1994, S. 20-38.

*Oliver, R.L. (1999):* Whence Consumer Loyalty?, in: Journal of Marketing, 63. Jg., 1999, Nr. 4, Special Issue, S. 33-44.

*Olivia, T.A./ Oliver, R.L./ MacMillan, I.C. (1992):* A Catastrophe Model for Developing Service Satisfaction Strategies, in: Journal of Marketing, 56. Jg., 1992, Nr. 3, S. 83-95.

*Plinke, W./ Söllner, A. (2008):* Kundenbindung und Abhängigkeitsbeziehungen, in: Bruhn, M./ Homburg, C. (Hrsg.): Handbuch Kundenbindungsmanagement – Strategien und Instrumente für ein erfolgreiches CRM, 6. Aufl., Wiesbaden 2008, S. 77-101.
*Reichheld, F.F. (1996):* The Loyalty Effect – The Hidden Force Behind Growth, Profits, and Lasting Value, Boston, Massachusetts 1996.
*Reinartz, W.J./ Krafft, M. (2001):* Überprüfung des Zusammenhangs von Kundenbindungsdauer und Kundenertragswert, in: Zeitschrift für Betriebswirtschaft, 71. Jg., 2001, Nr. 11, S. 1263-1281.
*Reinartz, W.J./ Kumar, V. (2002):* The Mismanagement of Customer Loyalty, in: Harvard Business Review, 80. Jg., 2002, July, S. 86-94.
*Reinartz, W.J./ Kumar, V. (2003):* Kundenpflege – aber richtig, in: Harvard Business Manager, 25. Jg., 2003, Nr. 1, S. 68-78.
*Sirdeshmukh, D./ Singh, J./ Sabol, B. (2002):* Consumer trust, value and loyalty in relational exchanges, in: Journal of Marketing, 66. Jg., Nr. 1, S. 15-37.
*Stahl, H.K. (2006):* Kundenloyalität kritisch betrachtet, in: Hinterhuber, H.H./ Matzler, K. (Hrsg.): Kundenorientierte Unternehmensführung: Kundenorientierung – Kundenzufriedenheit – Kundenbindung, 5. Aufl., Wiesbaden 2006, S. 85-103.
*Trommsdorff, V. (2004):* Konsumentenverhalten, in: Diller, H./ Köhler, R. (Hrsg.): Kohlhammer Edition Marketing, 6. Aufl., Stuttgart 2004.
*Venohr, B./ Zinke, C. (1999):* Kundenbindung als strategisches Unternehmensziel: Vom Konzept zur Umsetzung, in: Bruhn, M./ Homburg, C. (Hrsg.): Handbuch Kundenbindungsmanagement – Grundlagen, Konzepte, Erfahrungen, 2. Aufl., Wiesbaden 1999, S. 151-168.
*Wangenheim, F. von (2003):* Weiterempfehlung und Kundenwert – Ein Ansatz zur persönlichen Kommunikation, Wiesbaden 2003.
*Weinberg, P./ Terlutter, R. (2005):* Verhaltenswissenschaftliche Aspekte der Kundenbindung, in: Bruhn, M./ Homburg, C. (Hrsg.): Handbuch Kundenbindungsmanagement – Strategien und Instrumente für ein erfolgreiches CRM, 5. Aufl., Wiesbaden 2005, S. 41-64.
*Werani, T. (2004):* Bewertung von Kundenbindungsstrategien in B-to-B-Märkten - Methodik und praktische Anwendungen, Wiesbaden 2004.

# Theoretische Grundlagen und Wirkungszusammenhänge der Kundenbindung im Internet

– Wie lässt sich Kundenbindung im Internet erklären und gestalten? –

Steffen Silbermann, Armin Töpfer

Inhalt

1  Die Bedeutung von Kundenbindung im Internet .................................................. 105
2  Rahmenbedingungen der Kundenbindung im Internet ......................................... 107
3  Theorien der Kundenbindung ............................................................................... 109
4  Erfolgsfaktoren für die Kundenbindung im Internet ............................................ 122
5  Literatur ................................................................................................................ 128

## 1 Die Bedeutung von Kundenbindung im Internet

Die Fortschritte in der Informations- und Kommunikationstechnologie haben die Kommunikation und den Handel mit den Endabnehmern in den meisten Branchen bereits grundlegend verändert. Insbesondere das Internet bietet durch seine Funktionen und Dienste, z.B. Internetseiten, Weblogs, Chatrooms und personalisierte Newsletter, die Möglichkeit, kostengünstig in einen persönlichen Dialog mit den Kunden zu treten und sich durch individualisierte Leistungen vom Wettbewerb zu differenzieren. Allerdings findet sich im Internet meist eine unüberschaubare Zahl an Anbietern für ähnliche Leistungen, die der Kunde aufgrund immer effizienter werdender Such- und Vergleichsroutinen schnell finden kann (vgl. Srinivasan/ Anderson/ Ponnavolu 2002, S. 41 f.). Durch diese **hohe Markttransparenz** werden nicht nur Suchkosten, sondern auch die Wechselbarrieren reduziert; die Variety Seeking-Kosten sinken im Vergleich zu den klassischen Märkten dadurch deutlich (vgl. Bauer/ Hammerschmidt 2004, S. 190). Da der nächste Anbieter nur „einen Mausklick weit" entfernt ist, wird für den Kunden der Anbieterwechsel immer leichter (vgl. Reibstein 2002, S. 468 ff.). Um die hohen Start-up- und Kundengewinnungskosten zu amortisieren, ist daher eine langfristige Kundenbindung eine existenzielle Voraussetzung. Dies verdeutlichen auch die nachfolgend ausgeführten Untersuchungsergebnisse:

- Reichheld und Schefter haben in ihrer Untersuchung die Effekte der Kundenbindung in unterschiedlichen E-Commerce-Geschäftsbeziehungen analysiert. Dabei konnten sie feststellen, dass auch in diesem Geschäftsumfeld das typische Verlaufsmuster einer Geschäftsbeziehung gegeben ist: Zunächst entstehen zu Beginn einer Kundenbeziehung Verluste durch die Akquisition der Neukunden, die dann später durch steigende Gewinne zurückverdient werden können (siehe Abb. 1). Allerdings ist der **Aufwand für die Gewinnung von Neukunden im Internet** z.T. deutlich höher als im stationären Handel. Auf der Basis der Studien von Reichheld/ Schefter (vgl. Reichheld/ Schefter 2001, S. 71) gibt ein reiner Internet-Bekleidungshändler etwa um 20 bis 40% mehr Geld für die Akquise aus als ein stationärer Einzelhändler, der seine Ware sowohl über Läden als auch online anbietet. In der Konsequenz bedeutet dies, dass die Bindung der richtigen Kunden gerade im Internet eine sehr hohe Bedeutung hat.

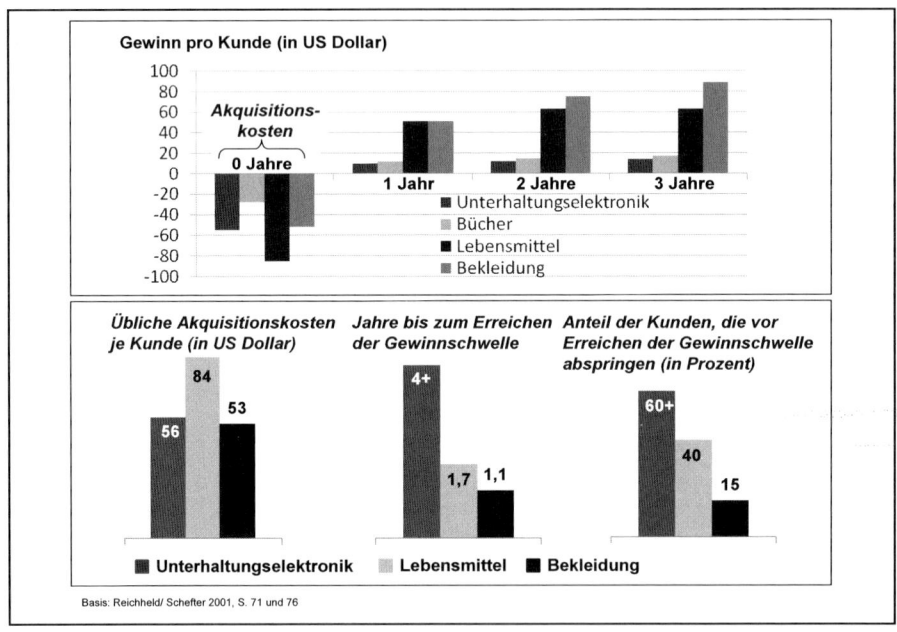

Abb. 1: Wirkung von Kundenbindung im E-Commerce

- Ähnlich hohe Akquisitionskosten zeigen 2 Studien der Boston Consulting Group. Sie sprechen von durchschnittlichen Kosten von 6 bis 180 Euro (vgl. Silverstein/ Stanger/ Abdelmessih 2001, S. 23) bzw. 70 Euro je E-Commerce-Kunde (vgl. Rubin et al. 2001, S. 17 f.). Sie übersteigen die durchschnittlichen Akquisitionskosten des stationären Handels um etwa 50 bis 60% und die des katalogbasierten Versandhandles sogar um 300 bis 400%. Auch hier zeigt sich die ökonomische Notwendigkeit, einmal gewonnene Neukunden an das Unternehmen zu binden.
- Eine besonders hohe Bedeutung hat im E-Commerce die Mund-zu-Mund-Kommunikation zwischen bestehenden und potenziellen Kunden. Gelangen neue Kunden durch eine Weiterempfehlung zufriedener Bestandskunden zu einem Anbieter, starten diese – im Vergleich zu ohne persönliche Empfehlung gewonnenen Kunden – meist mit einem Vertrauensbonus in die Geschäftsbe-

ziehung (vgl. Müller 2005, S. 124). So gibt es in verschiedenen Branchen einen empfehlungsbedingten Auftragseingang von bis zu 60% (vgl. Reichheld/ Sasser 2000, S. 142). Allerdings birgt das Instrument der **Mund-zu-Mund-Kommunikation im Internet** auch erhebliche Gefahren, wie Jeff Bezo, CEO von Amazon, schildert: „If you make customer unhappy in the physical world, they might each tell 6 friends. If you make customer unhappy on the internet, they can each tell 6.000 friends with one message to a newsgroup. If you make them really happy, they can tell 6.000 people about you. You want every customer to become an evangelist for you." (Cutler/ Sterne 2000)

Aber wie können Kunden zu treuen „Verkündern" der Unternehmensbotschaft werden? Um diese Frage zu beantworten, sollen im Folgenden die relevanten ökonomischen und verhaltenswissenschaftlichen Theorien der Kundenbindung auf ihren Erklärungsgehalt und ihre Aussagekraft zur Kundenbindung im Internet untersucht werden. Die Basis hierfür legt aber zunächst eine Betrachtung der relevanten Eigenschaften des Internets.

## 2 Rahmenbedingungen der Kundenbindung im Internet

Das grundlegende Wesen und die Struktur des Mediums Internet bedingen eine ganze Reihe von Vor- und Nachteilen für den Aufbau von Kundenloyalität und die darauf basierende langfristige Bindung der Kunden an das Online-Angebot. Dies gilt allgemein für jegliche Form der gewerblichen Nutzung des Internets (Electronic Business), aber insbesondere für E-Commerce-Angebote, bei denen einzelne oder alle Phasen einer Transaktion digital über das Internet abgewickelt werden (vgl. Wirtz/ Krol 2001, S. 335). Allgemein resultieren Märkte im Internet aus der elektronischen Abbildung von Informationen und Marktteilnehmern in Netzwerken und „stellen eine Virtualisierung des ökonomischen Ortes des Aufeinandertreffens von Angebot und Nachfrage dar" (Hermanns/ Gampenrieder 2002, S. 76). Damit wird bereits eine wesentliche Eigenschaft des Internets deutlich: Die im stationären Handel wichtigen Dimensionen Zeit und Ort verlieren an Bedeutung. Darüber hinaus eröffnet das Medium Internet ein weites Spektrum an multimedialen Gestaltungsmöglichkeiten.

Weitere 4 für die Kundenbindung in der Internetökonomie wichtige Rahmenbedingungen werden von Wirtz und Lithotzky näher untersucht (vgl. Wirtz/ Lithotzky 2001, S. 288):

- Aufgrund der vielfältigen Informationsangebote verschiedener Intermediäre steigt die **Markttransparenz** in der Internetökonomie dramatisch. Der Informationsvorsprung verschiebt sich vom Anbieter immer mehr zum Nachfrager und die Informationskosten sinken aufgrund reduzierter Suchaufwendungen deutlich. Dies vereinfacht, wie bereits angesprochen, den Anbieterwechsel und hat so ein Sinken der Wechselbarrieren für die Kunden zur Folge. Demgegenüber steht allerding eine steigende Unsicherheit der Kunden, da die angebotenen Produkte i.d.R. nicht ausreichend begutachtet werden können und ein ver-

trauensfördernder persönlicher Kontakt fehlt (vgl. Piller/ Schoder 1999, S. 1115).
- Durch den **Netzwerkeffekt** steigt der Gesamtnutzen eines Netzwerkes – und damit auch der Nutzen für jeden einzelnen Teilnehmer – mit dessen steigender Nutzerzahl aufgrund positiver Externalitäten überproportional an. Externalitäten sind dabei „Nebenwirkungen der Handlung eines Individuums ..., die nicht über den Markt entgolten oder dem Individuum auf andere Weise als einzelwirtschaftliche Kosten angelastet werden" (Picot/ Reichwald/ Wiegand 2003, S. 46). Sie können einerseits direkt aus der Netzleistung selbst resultieren oder andererseits indirekt aus der Verfügbarkeit von Komplementärleistungen (vgl. Lihotzky 2003, S. 109). Der Nutzen eines Netzwerkes ist nach Metcaft proportional zum Quadrat seiner Nutzer. Somit führt ein einfaches Wachstum in der Größe der Nutzerzahl zu einem exponentiellen Wachstums des Gesamtwertes. Daher wird ein Netzwerk für Neukunden umso attraktiver, je mehr Teilnehmer es bereits hat. Bisherige Kunden eines Angebots profitieren hingegen durch solche positiven Externalitäten von jedem Neuzugang und werden damit stärker an den Anbieter des Netzwerkes gebunden.
- Da bei Informationsprodukten, anders als bei physischen Produkten, **keine Rivalität im Konsum** besteht, können sie beliebig oft genutzt und weitergegeben werden, ohne dass ihr Wert für den einzelnen Kunden sinkt. Für die Kostenstruktur bedeutet dies, dass zur Erstellung von Informationsgütern zwar z.T. hohe Investitionen in Form von fixen Kosten als Sunk Costs aufgebracht werden müssen, die variablen Kosten jedoch durch die einfache Reproduzierbarkeit gegen Null gehen (vgl. Hutter 2000, S. 30). Nach Zerdick profitieren Güter umso stärker von dieser Kostenstruktur, je höher ihr Mediatisierungsgrad ist, d.h. je mehr Transaktionsbestandteile elektronisch abgewickelt werden können (vgl. Zerdick et al. 1999, S. 148). Durch den Einsatz von reinen Informationsprodukten im Rahmen von Kundenbindungsmaßnahmen sinken die variablen Kosten und die Maßnahmen können für eine breite Zielgruppe eingesetzt werden.
- Durch eine stärkere **Personalisierung und Individualisierung** des Angebots werden die Kunden zunehmend in die Leistungserstellung integriert, so dass die Leistungen ihre speziellen Anforderungen besser erfüllen. Solche individualisierten Produkte sind am Markt nicht vergleichbar und können nicht so schnell von Konkurrenten kopiert werden (vgl. Hermanns 2001, S. 112). Allerdings bedeutet es für den Kunden Aufwand, die notwendigen persönlichen Daten anzugeben. Dies führt zu einer Bindung des Kunden, da er bei einem Wechsel das Angebot zunächst erneut personalisieren müsste (vgl. Bauer/ Göttens/ Grether 2001, S. 127).

Wie Weiber und Meyer ausführen, ist auch die Möglichkeit zum Aufbau von **virtuellen Communities** ein kundenbindungsrelevanter Faktor im Medium Internet (vgl. Weiber/ Meyer 2000, S. 290). Aufgrund des tendenziell unpersönlichen und anonymen Charakters des Internets steigt die emotionale Bedeutung, die Communities aus Nutzersicht zukommt. Durch Interaktionen entstehen soziale Beziehungen innerhalb der Communities, was wiederum zur Entwicklung eines Zusammengehörigkeitsgefühls führt (vgl. Hildebrand 2000, S. 70). Zusätzlich kann die Kundenbindung durch die Verfügbarkeit von Nischenprodukten gestärkt werden, die ein stationärer Einzelhändler nicht vorrätig haben kann. Durch das Aufheben der geographischen Beschränkungen und die praktisch unbegrenzte „Regalfläche" wird es im Internet möglich, auch selten nachgefragte Produkte wirtschaftlich zu vertreiben (vgl. Anderson 2007, S. 27). Dieser als **„Long Tail"** bezeichnete Effekt bietet Internethändlern die Möglichkeit, auch spezifische Kundenwünsche innerhalb eines Sortiments zu befriedigen und so eine Kundenabwanderung zu verhindern.

Insgesamt zeigt sich, dass die Rahmenbedingungen im Internet sowohl förderlich als auch erschwerend für den Aufbau einer Kundenbindung sind. Wie die Entstehung von Kundenbindung begründet ist und mit welchen Maßnahmen sie in der Internetökonomie gefördert werden kann, wird in den folgenden Kapiteln ausgeführt.

## 3 Theorien der Kundenbindung

Die Analyse der Entstehung der Kundenbindung kann aus zweierlei Perspektiven erfolgen (vgl. Gröppel-Klein/ Königstorfer/ Terlutter 2008, S. 43). Zum einen kann der Fokus auf den Instrumenten des Anbieters liegen, mit denen dieser die Kundenbindung in geeigneter Art und Weise steuert – also dem Kundenbindungsmanagement. Zum anderen kann er aber auch auf den beim Kunden ablaufenden Prozessen liegen, die einen höheren Erklärungsgehalt erwarten lassen. Diese Kundenperspektive wurde bisher bei der Kundenbindungsforschung weitgehend vernachlässigt (vgl. Staack 2004, S. 66). Häufig wird sie – sehr oberflächlich – als Einstellung des Kunden zu einer Geschäftsbeziehung oder als Bereitschaft zu Folgekäufen verstanden (vgl. Diller 1996, S. 83).

Bliemel und Eggert weisen jedoch auf die Notwendigkeit einer differenzierteren Betrachtung hin und unterscheiden bei der Kundenperspektive 2 innere Bindungszustände (vgl. Bliemel/ Eggert 1998, S. 39), auf die auch in dem Artikel zu den Ursachen-Wirkungs-Beziehungen der Kundenbindung und in dem Beitrag zum Einsatz von Kundenkarten eingegangen wird: Der Kunde kann sich einerseits im inneren Zustand der **Verbundenheit** befinden, der sich in Anerkennung und Wertschätzung gegenüber dem Anbieter ausdrückt und zu freiwilligen Wiederholungskäufen und Weiterempfehlungen führt. Andererseits kann der Kunde auch den inneren Zustand der **Gebundenheit** gegenüber dem Anbieter aufweisen, wenn er durch situative oder vom Anbieter initiierte Umstände und Wechselbarrieren zu Wiederholungskäufen „gezwungen" wird. Diese unfreiwillige Bindung wird vom Kunden als neutral bis negativ empfunden und kann zu Reaktanz führen. Außerdem stehen gebundene Kunden einer Ausweitung der Geschäftsbeziehung eher ablehnend gegenüber (vgl. Eggert 2000, S. 126 f.). Daher ist die Verbundenheitsstrategie in den meisten Fällen zu präferieren.

Es stellt sich aber die Frage, wie eine solche Strategie im Internet umgesetzt werden kann, bei dem der Kunde innerhalb weniger Sekunden den nächsten Anbieter erreichen kann. Um dies zu beantworten, werden im Folgenden verschiedene theoretische Ansätze der Wirtschafts- und Sozialwissenschaften auf ihren Erklärungsgehalt zur Entstehung von Kundenbindung hin untersucht (siehe Abb. 2). Hierbei werden bereits wesentliche Implikationen für die Gestaltung internetbasierter Anbieter-Kunden-Beziehungen abgeleitet. Auf dieser Basis werden in Kapitel 4 wesentliche Erfolgsfaktoren für den Aufbau und den Erhalt von Kundenbindung im Internet aufgezeigt.

| Ökonomische Ansätze | | Verhaltenswissenschaftliche Ansätze | | | | |
|---|---|---|---|---|---|---|
| Exit, Voice and Loyalty-Theorie | Transaktionskostentheorie | Theorie der kognitiven Dissonanz | Theorie des wahrgenommenen Risikos | Lerntheorien | Sozialpsychologische Interaktionstheorie | Commitment-Trust-Theorie |

**Abb. 2:** Ökonomische und verhaltenswissenschaftliche Theorieansätze im Überblick

Ausgangspunkt der Überlegungen von Hirschman in seiner mikroökonomischen „**Exit, Voice and Loyalty-Theorie**" ist ein Szenario, bei dem sich die Leistung eines Unternehmens ohne näher bezeichnete Ursachen verschlechtert und daher Unzufriedenheit beim Kunden verursacht (vgl. Hirschman 1970, S. 3 ff.). Dem Kunden stehen dann 2 Wege zur Verfügung, um das Unternehmen auf den Missstand hinzuweisen: Durch eine Abwanderung einer bestimmten Zahl von Kunden, und damit einhergehend über das Sinken des Umsatzes, können die Verantwortlichen im Unternehmen dazu gebracht werden, den Fehler zu suchen und zu beheben. Alternativ können die Kunden aktiv Widerspruch leisten und so das Unternehmen direkt – über Beschwerden – oder indirekt – über negative Mund-zu-Mund-Kommunikation – auf das Problem hinweisen. Aus Sicht des Anbieters ist dabei die Frage entscheidend, wann sich der Kunde zu welcher Verhaltensweise entschließt. Nach Hirschman sind hierfür mehrere Determinanten bedeutsam (vgl. Hirschman 1974, S. 19 ff.). Sie werden nachfolgend beschrieben und sind in Abbildung 3 zusammengefasst.

- Ein Kunde wird sich umso eher für den Weg der Beschwerde entscheiden, je erfolgversprechender diese erscheint. Die subjektiv wahrgenommene Erfolgswahrscheinlichkeit eines Widerspruchs hängt dabei von dem Ausmaß der Erwartung eines Kunden ab, wie stark er auf den Anbieter einwirken kann. Wird die Möglichkeit der Beanstandung durch ein gutes Beschwerdemanagement erleichtert, steigt die vom Betroffenen wahrgenommene Erfolgswahrscheinlichkeit des Widerspruchs.
- Das Vertrauensverhältnis zwischen Anbieter und Kunde, das auf der Erwartung einer Verbesserung basiert, stellt als kundenspezifische Loyalität eine psychi-

sche Wechselbarriere dar. Eine höhere Loyalität führt damit zu einer höheren Widerspruchswahrscheinlichkeit.
- Des Weiteren hängt die Entscheidung zum Widerspruch vom Wert bzw. der subjektiven Bedeutung der bezogenen Leistung ab. Ein Widerspruch erfolgt eher bei wertvollen/ langlebigen Produkten.
- Ebenso führt ein hohes wahrgenommenes Risiko beim Kauf dazu, dass der Kunde beim bisherigen Anbieter bleibt und Abstand von einem Wechsel zur Konkurrenz nimmt.
- Außerdem wird der Kunde sich eher zum Widerspruch entschließen, wenn die wahrgenommenen Wechselkosten, z.B. aufgrund von Vertragsstrafen oder entgangenen Treuerabatten, hoch sind und die wahrgenommenen Bleibekosten, z.B. als Opportunitätskosten der für die Beschwerde eingesetzten Zeit, niedrig sind.
- Entscheidend ist weiterhin, wie hoch der Kunde den aufgrund der Qualitätsverschlechterung entgangenen Nutzen empfindet. Je geringer die jeweilige Qualitätselastizität der Nachfrage dabei ist, desto eher werden sich die Kunden beschweren und nicht zur Konkurrenz abwandern.
- Darüber hinaus erhöht sich die Wahrscheinlichkeit der Beschwerde bei einer geringen Attraktivität des Konkurrenzangebotes. Im Falle eines monopolistischen Marktes ist der Widerspruch – abgesehen von totalem Konsumverzicht – die einzige wählbare Option.

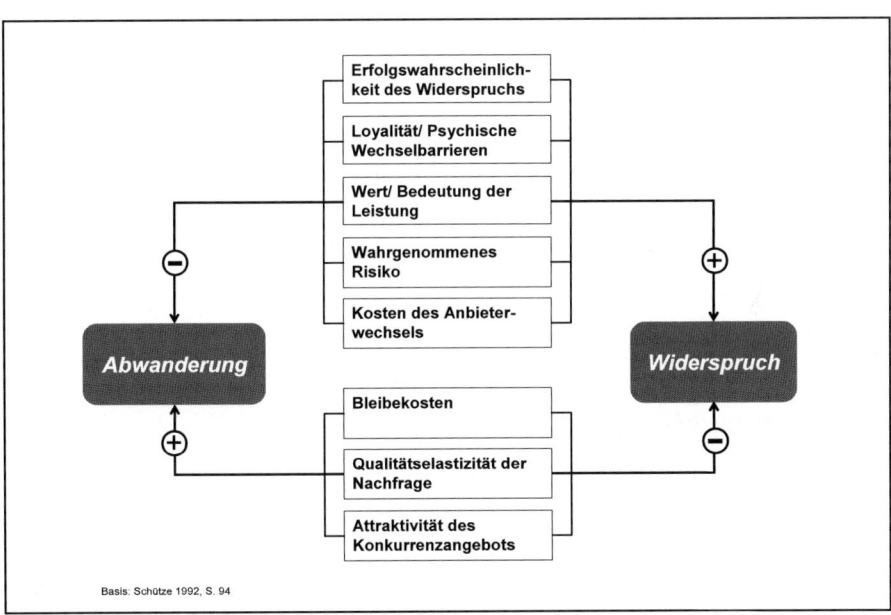

**Abb. 3:** Determinanten der Entscheidung für Abwanderung oder Widerspruch nach Hirschman

Die Aussagen Hirschmans verdeutlichen, dass Zufriedenheit eine zentrale Determinante für die Fortführung einer Geschäftsbeziehung darstellt. Erst im Kontext des Vorliegens von Unzufriedenheit werden die anderen von ihm aufgezeigten Determinanten bedeutsam. In diesem Fall ist es empfehlenswert, zumindest wenn der Anbieter ein Interesse an der Fortführung der Geschäftsbeziehung hat, den Widerspruch des Kunden zu fördern. Im Internet sollten den Kunden hierzu verschiedene Kontaktmöglichkeiten zur Verfügung gestellt werden. Allerdings werden diese, auch bei Vorhandensein und Erreichbarkeit, nicht von allen unzufriedenen Kunden genutzt. Es sind meist nur die konstruktiv unzufriedenen Kunden, welche die Möglichkeit des Widerspruchs in Anspruch nehmen (vgl. Erlbeck 1999, S. 56). Daher können vom Anbieter zusätzlich Wechselbarrieren aufgebaut werden, um die Abwanderung der Kunden zu erschweren oder ganz zu verhindern. Das Vermeiden von Kundenabwanderung entspricht dabei der Strategie der Gebundenheit. Eine Verbundenheit zum Anbieter baut der Kunde nach Hirschman nur auf, wenn er mit der angebotenen Leistung zufrieden ist.

Einen grundlegenden Beitrag zur Erklärung der Kundenbindung leistet auch die von Coase entwickelte **Transaktionskostentheorie** (vgl. Coase 1937, S. 386 ff.). Sie besagt, dass alle zwischen Anbietern und Nachfragern durchgeführten Transaktionen nicht ohne Aufwand realisiert werden können und somit Kosten verursachen (eine ausführliche Darstellung findet sich im Artikel „Erkenntnisse der Neuen Institutionen-Ökonomik für das Kundenmanagement" in diesem Buch). Unter Transaktionskosten werden dabei jegliche Kosten zusammengefasst, die für die Anbahnung und Durchführung von Handelsaktivitäten entstehen. Dabei werden meist 5 Arten von Transaktionskosten unterschieden (vgl. Williamson 1985, S. 20 ff.; Picot 1982, S. 270):

- Die **Such- und Anbahnungskosten** entstehen bei der Informationssuche über mögliche Handlungsalternativen und bei der Kontaktaufnahme.
- Die **Vereinbarungskosten** resultieren aus den Abstimmungsprozessen zwischen den Geschäftspartnern.
- Die **Abwicklungskosten** beinhalten beispielsweise Provisionskosten oder Transportkosten.
- Die **Kontrollkosten** fallen bei der Absicherung und der Kontrolle der vereinbarten Transaktionen hinsichtlich aller Leistungsparameter an.
- Die **Anpassungskosten** treten auf, wenn Modifikationen an den Vertragsbedingungen durchgeführt werden müssen.

Die Grundannahmen der Transaktionskostentheorie sind die begrenzte Rationalität und das opportunistische Verhalten der Vertragspartner. Dies bedeutet, dass aufgrund der begrenzten menschlichen Informationsaufnahme- und -verarbeitungskapazität sowie der hohen Komplexität des Transaktionsumfeldes Verträge i.d.R. nicht alle relevanten Faktoren von Beginn an berücksichtigen, also unvollständig sind (vgl. Picot/ Dietl 1990, S. 179). Darüber hinaus verfolgen die Vertragspartner zusätzlich eigene Interessen, die sie z.B. durch Täuschung, Verheimlichung von Präferenzen und Verschweigen von Informationen zu erreichen versuchen (vgl. Schumann 1987, S. 394).

Die tatsächliche Höhe der anfallenden Transaktionskosten wird insbesondere von den folgenden 3 Faktoren beeinflusst (vgl. Williamson 1985, S. 52 ff.):

- Die **Spezifität** von Transaktionen ist hoch, wenn sich die mit der Geschäftsbeziehung verbundenen Ressourcen nur mit hohem Aufwand in eine neue Geschäftsbeziehung einbringen lassen. Zum Teil sind die in eine Geschäftsbeziehung getätigten Investitionen nach deren Abbruch vollständig abzuschreiben und stellen somit Sunk Costs dar. Wie im Folgenden gezeigt wird, ist nicht so sehr wegen der hohen Spezifität von im Internet angebotenen Marktleistungen, sondern in viel stärkerem Maße aufgrund der hohen Spezifität der Interaktion und Transaktion, z.B. durch die Anpassung von Webseiten an die Bedürfnisse und Interessen des Kunden im Rahmen einer Personalisierung, auch im Internet mit hohen Wechselbarrieren zu rechnen.
- Mit steigender **Unsicherheit** einer Transaktion, die sowohl auf unvorhersehbaren Umweltzuständen in der Zukunft als auch auf einem möglichen opportunistischen Verhalten des Vertragspartners beruhen kann, steigen die Transaktionskosten, da einerseits die ex-ante Vertragsgestaltung detaillierter erfolgt und andererseits ex-post höhere Kontroll- und Anpassungskosten anfallen.
- Transaktionen, die mit einer hohen **Häufigkeit** stattfinden, sind meist mit geringeren Transaktionskosten verbunden, da bereits eine Vertrautheit mit dem Geschäftspartner und dessen Prozessen besteht.

Die Fortführung einer Geschäftsbeziehung zwischen Kunden und Anbietern ist demnach um so attraktiver, je höher deren Spezifität und die mit ihr verbundene Unsicherheit ist und je häufiger die Transaktion durchgeführt wird. Die Existenz dauerhafter Geschäftsbeziehungen wird in der Transaktionskostentheorie vor allem durch Wechselbarrieren aufgrund spezifischer Investitionen begründet (vgl. Anderson/ Weitz 1992, S. 20). Die faktorspezifischen Investitionen auf Kundenseite umfassen dabei nicht nur direkte monetäre Ausgaben (z.B. für den Kauf von Hardware zur Nutzung bestimmter Software) und Einbußen (z.B. den Verlust von besonderen Konditionen für Zusatz- und Wiederholungskäufe), sondern auch verschiedene immaterielle Werte, wie das Vertrauen in den bisherigen Anbieter sowie anbieterspezifische Erfahrungen und Kontakte. Durch einen Anbieterwechsel würden die bisher gesammelten Erfahrungen weitgehend wertlos und die Kontrollkosten würden infolge des mit der neuen Geschäftsbeziehung eingegangenen Risikos steigen. Im Hinblick auf die Transaktionskosten beginnt mit dem Anbieterwechsel eine neue Erfahrungskurve, die zumindest anfänglich ein höheres Kostenniveau als die bisherige aufweist (vgl. Plinke 1989, S. 312 ff.).

Im E-Commerce können die Anbieter die Transaktionskosten für den Kunden minimieren, in dem sie die Möglichkeiten der Personalisierung nutzen. So können durch personenbezogene Empfehlungen die Such- und Anbahnungskosten gesenkt werden. Durch die Speicherung der Lieferadresse und der präferierten Zahlungsweise reduzieren sich die Vereinbarungs- und Abwicklungskosten für den Kunden und durch klare und transparente Lieferprozesse sinken die Kontrollkosten. Die initial notwendige Dateneingabe stellt dabei eine Investition des Kunden mit einer hohen Spezifität dar. Es zeigt sich damit, dass ein überlegenes Wettbewerbsangebot allein nicht zwangsläufig zum Wechsel führt. Erst wenn der Kunde überzeugt ist, dass die Vorteilhaftigkeit des neuen Angebots die bei einem Wechsel verlorenen Investitionen überkompensiert, wird er die Kundenbeziehung beenden (vgl. Peter 1997, S. 93) (siehe Abb. 4).

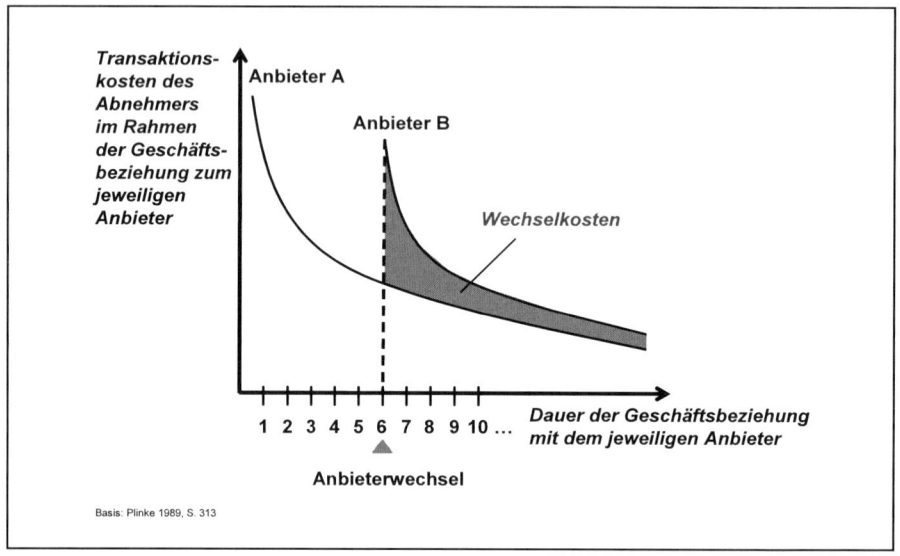

**Abb. 4:** Auswirkungen des Anbieter-/ Markenwechsels auf die Transaktionskosten im Zeitverlauf

Die 1957 von Festinger entwickelte **Theorie der kognitiven Dissonanz** geht von der grundlegenden Annahme aus, dass Menschen ein dauerhaftes Gleichgewicht ihres kognitiven Systems anstreben (vgl. Festinger/ Irle/ Möntmann 1978, S. 15 ff.). Das kognitive System eines Individuums umfasst dessen Wissen, Erfahrungen und Meinungen sowie deren Beziehungen zueinander (vgl. Raffée/ Sauter/ Silberer 1973, S. 13 f.). Kognitive Dissonanzen entstehen, wenn Elemente des kognitiven Systems in einen Widerspruch geraten. Dissonanzen werden vom Individuum als unangenehm empfunden und werden verhaltenswirksam, wenn sie den personenspezifischen Toleranzlevel überschreiten. In der Folge wird die Person versuchen, weitere Widersprüche zu vermeiden und ihr kognitives Gleichgewicht wiederherzustellen (vgl. Kroeber-Riel/ Weinberg 2003, S. 185).

Obwohl kognitive Dissonanzen in allen Phasen des Kaufprozesses auftreten können, sind besonders die nach einer Kaufentscheidung auftretenden Dissonanzen bedeutsam. Sie entstehen dadurch, dass der Kunde durch seine Entscheidung für eine Alternative auch deren negativen Aspekte akzeptieren muss und gleichzeitig nicht von den Vorteilen der nicht gewählten Alternativen profitieren kann (vgl. Herkner 1993, S. 88 ff.). Folgende, in Abbildung 5 dargestellte Faktoren beeinflussen die Stärke der empfundenen Dissonanzen – und damit die Wahrscheinlichkeit einer **verhaltenswirksamen Reaktion** (vgl. Herkner 1993, S. 34; Staack 2004, S. 91):

- Die Bedeutung, die ein Kunde der Kaufentscheidung beimisst
- Die Anzahl der zur Verfügung stehenden Alternativen
- Der Anteil der mit einer Kaufentscheidung verbundenen dissonanten Beziehungen, der umso höher ist, je attraktiver und unterschiedlicher die verfügbaren Alternativen sind
- Die mit einem möglichen Widerruf des Kaufs verbundenen Schwierigkeiten
- Die zum Kaufzeitpunkt verfügbaren Informationen.

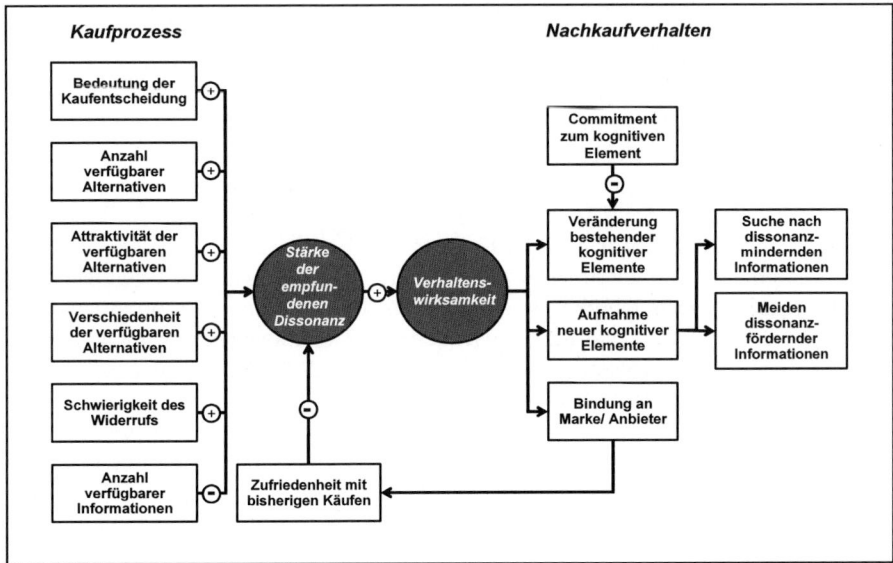

**Abb. 5**: Determinanten und Wirkungen der empfundenen kognitiven Dissonanzen

Zur Reduktion bestehender Dissonanzen und damit zur Wiederherstellung eines kognitiven Gleichgewichts, stehen dem Kunden 2 Möglichkeiten zur Verfügung (vgl. Herkner 1993, S. 35). Zum einen können bisher im Widerspruch befindliche Elemente des kognitiven Systems verändert bzw. neu interpretiert werden. Dies ist umso eher möglich, je niedriger das Commitment, also die Bindung zu den Elementen ist. Eine hohe Bindung resultiert dabei z.B. aus einem hohen Grad der Öffentlichkeit eines Elements. Zum anderen können neue, die Kaufentscheidung bestätigende kognitive Elemente aufgenommen werden, so dass die dissonanten Beziehungen an Bedeutung verlieren.

Im Ergebnis öffnet sich der Kunde nach der Kaufentscheidung verstärkt dissonanzmindernden Informationen. So werden einerseits aktiv Informationen gesucht, welche die Entscheidung bestätigen und andererseits werden dissonanzfördernde Informationen nicht beachtet oder abgewertet. Zusätzlich können Kunden das Risiko kognitiver Dissonanzen reduzieren, indem sie sich an eine Marke bzw. einen Anbieter binden. Voraussetzung hierfür ist eine hohe Zufriedenheit mit den bisherigen Leistungen der Marke bzw. des Anbieters. Die stattfindende Routinisierung der Kaufentscheidung sorgt dafür, dass Informationen über alternative Angebote nur noch in geringerem Umfang wahrgenommen werden und so die Wahrscheinlichkeit für Dissonanzen sinkt (vgl. Nieschlag/ Dichtl/ Hörschgen 2002, S. 610).

Im Internet wird das Aufkommen von kognitiven Dissonanzen durch die hohe Anzahl von Alternativangeboten gefördert. Abhängig von der Bedeutung der Kaufentscheidung für den Kunden sollte ein Anbieter durch ein aktives Nachkaufmarketing aufkommende Dissonanzen reduzieren (vgl. Hansen/ Jeschke 1992, S. 88 ff.). Hierzu kann der Anbieter dem Kunden nach dem Kauf über die Website oder per E-Mail kaufbestätigende Informationen zukommen lassen, ohne allerdings durch ein Übermaß an Kontakten eine Reaktanz hervorzurufen (vgl. Stahl 1999, S. 51 f.) Zusätzlich können auftretende Irritationen durch ein umfassendes Beschwerdemanagement abgebaut werden (vgl. Stauss/ Seidel 2007, S. 29 f.). Wesentliche Voraussetzung für die Bindung eines Kunden an den Anbieter ist aber die Zufriedenheit des Kunden mit der Produkt- und Kontaktqualität.

Entsprechend der **Theorie des wahrgenommenen Risikos** wird das Verhalten von Kunden stark von deren Risikowahrnehmung beeinflusst. Die Grundlage bildet die Annahme, dass Kunden bei der Kaufentscheidung nur über unvollständige Informationen verfügen und die Konsequenzen ihrer Entscheidung nicht mit Sicherheit vorhersehen können (vgl. Bauer 1976, S. 208). Daher ist das wahrgenommene Risiko Ausdruck eines inneren Konflikts über die Folgen von Verhaltensalternativen und kann als eine Vorentscheidungsdissonanz interpretiert werden. Die Theorie des wahrgenommenen Risikos weist somit eine enge Beziehung zur Dissonanztheorie auf (vgl. Kroeber-Riel/ Weinberg 2003, S. 397 f.).

Die Höhe des wahrgenommenen Risikos wird von der subjektiven Einschätzung der Eintrittswahrscheinlichkeit und der empfundenen Bedeutung negativer Konsequenzen bestimmt. Diese negativen Handlungsfolgen können, wie in Abbildung 6 aufgezeigt, eine von 5 Ausprägungen aufweisen (vgl. Behrens 1991, S. 261; Bänsch 1998, S. 76 f.):

- Das **funktionale Risiko** resultiert aus der möglichen Abweichung zwischen erwarteten und tatsächlichen Eigenschaften.
- Das **physische Risiko** beinhaltet die Gefahr, dass die erworbene Leistung mit unerwünschten Nebenwirkungen verbunden ist oder gesundheitliche Schäden verursacht.
- Das **finanzielle Risiko** drückt den möglichen ökonomischen Schaden aufgrund von Fehlentscheidungen beim Kaufprozess aus.
- Das **psychische Risiko** beschreibt die Möglichkeit, dass durch die erworbene Leistung kognitive Dissonanzen hervorgerufen werden und Unzufriedenheit entsteht.
- Das **soziale Risiko** resultiert aus der Gefahr, durch die Nutzung der Leistung gegen die Normen des sozialen Umfeldes zu verstoßen und somit die soziale Stellung zu beeinträchtigen.

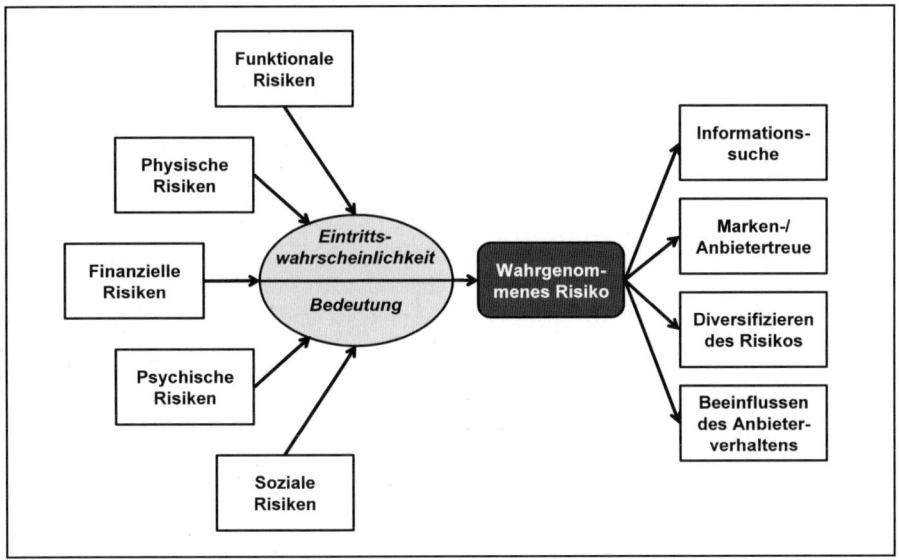

**Abb. 6:** Bestandteile des wahrgenommenen Risikos und resultierende Verhaltensstrategien

Überschreitet das vom Kunden wahrgenommene Risiko eine individuelle Toleranzschwelle, versucht er, das Kaufrisiko durch geeignete Verhaltensstrategien zu reduzieren (vgl. Plötner 1995, S. 16 ff.; Dittrich 2000, S. 23; Weinberg 1977, S. 116 f.). Diese sind:

- Beschaffung und Verarbeitung unterschiedlicher Informationen, z.B. über die Reputation des Anbieters, Erfahrungen von Freunden, Referenzen
- Bindung an eine Marke bzw. einen Anbieter, mit der bzw. dem bereits positive Erfahrungen gemacht wurden, also Zufriedenheit besteht
- Diversifizierung des Risikos durch mengenmäßige oder funktionale Aufteilung der Leistung auf unterschiedliche Lieferanten
- Beeinflussung des Anbieterverhaltens, um z.B. Garantien, erweiterte Widerspruchsmöglichkeiten oder vertragliche Zusicherungen über Leistungen und Vertragsstrafen zu erhalten.

Die wichtigste risikominimierende Strategie ist der Kauf von solchen Marken bzw. bei solchen Anbietern, mit denen der Kunden bereits positive Erfahrungen gesammelt hat und von denen er annimmt, dass sie auch in Zukunft die gewohnte Qualität liefern (vgl. Kroeber-Riel/ Weinberg 2003, S. 400; Bänsch 1998, S. 77; Sheth/ Parvatiyar 1995, S. 265). Im Internet können Anbieter eine entsprechend hohe Kundenzufriedenheit vor allem durch eine Personalisierung der angebotenen Leistung und ein der Risikowahrnehmung des Kunden entsprechendes Informationsangebot erreichen. Zusätzlich kann durch ein gezieltes Signalling, z.B. über Prüfzeichen und positive Kundenmeinungen, das Vertrauen der Kunden gestärkt werden.

Zentrales Anliegen der **Lerntheorien** ist es, das Lernverhalten von Individuen zu erklären. Hierzu existiert ein breites Spektrum an theoretischen Ansätzen, das sich in 2 Klassen unterteilen lässt: Reiz-Reaktions-Theorien (Stimuli-Response-Theorien bzw. Black-Box-Theorien) und Kognitive Lerntheorien (vgl. Bänsch 1998, S. 85). Die Reiz-Reaktions-Theorie zielt darauf ab, das Muster zu bestimmen, nach dem Individuen durch die Verknüpfung von Reizen und Reaktionen lernen. Dabei lassen sich wiederum 2 Ansätze unterscheiden:

- Bei der **klassischen Konditionierung** erfolgt das Lernen durch die gleichzeitige Darbietung eines neutralen Reizes, der zunächst keine Reaktion hervorruft, und eines unbedingten Reizes, der angeboren ist und dem eine automatische, unbedingte Reaktion folgt. Durch den Prozess der Konditionierung wird bei mehrmaliger Wiederholung der neutrale Reiz in einen bedingten Reiz umgewandelt, der dann ebenfalls eine Reaktion auslöst. Diese ist der unbedingten Reaktion ähnlich, hat jedoch eine längere Latenzzeit und eine geringere Amplitude (vgl. Foscht/ Swoboda 2007, S. 114; Felser 2007, S. 153 ff.).
- Beim Lernen entsprechend der **operanten Konditionierung** werden vom Individuum Verhaltens-Folge-Beziehungen gebildet. Dabei hängt die Wahrscheinlichkeit eines bestimmten Verhaltens von den Konsequenzen ab, die das Individuum bisher bei der Wahl dieser Verhaltensalternative von seiner Umwelt erfahren hat. Positive Folgen eines Verhaltens, z.B. Geldprämien, Zufriedenheit oder soziale Anerkennung, erhöhen die Wahrscheinlichkeit seines Wiederauftretens; negative Konsequenzen (z.B. Schmerzen oder Unzufriedenheit) vermindern hingegen die Wahrscheinlichkeit der Handlungswiederholung (vgl. Skinner 1973, S. 70 ff.). Häufig wird hierbei auch vom Lernen nach dem Verstärkerprinzip gesprochen.

Entsprechend den **Reiz-Reaktions-Theorien** spielt wiederum die Kundenzufriedenheit eine zentrale Rolle bei der Entstehung von Kundenbindung. So erklärt sich der wiederholte Kauf bei einem Anbieter aus den positiven Erfahrungen, die der Kunde bisher gemacht hat und die er bei der zukünftigen Nutzung der Leistungen weiterhin erwartet (vgl. Dittrich 2000, S. 100). Insbesondere das Lernen nach dem Verstärkerprinzip verdeutlicht die Relevanz von Belohnungen, wie sie z.B. Treueprämien im Rahmen eines Bonusprogramms darstellen.

Im Gegensatz zum Lernen durch Repetition im Rahmen der Reiz-Reaktions-Theorien stellen die kognitiven Lerntheorien das Verstehen von Handlungs-Ergebnis-Beziehungen in den Vordergrund (vgl. Hilgard/ Bower 1973, S. 25). Lernvorgänge werden demnach als bewusste Informationsverarbeitungs- und -speicherprozesse angesehen. Erlernte Verhaltensweisen „werden aus Gründen kognitiver Entlastung oder zur Vermeidung von Strafreizen auch dann beibehalten, wenn sie nicht mehr belohnt oder bestraft werden, in dem sie sich in Automatismen verwandeln" (Wiswede 1985, S. 548).

Für die Gestaltung von Internetauftritten hat dies zur Folge, dass Kunden die Navigation durch die Standardisierung der Gestaltung, z.B. durch wiederkehrende Click-Pfade, erleichtert werden kann. Durch den Einsatz der Personalisierung können sich bestimmte Verhaltensweisen beim Kunden „… schneller einprägen oder intensiver ausprägen, so dass ein gewohnheitsmäßiges Verhalten gefördert oder auf bestehende Gewohnheiten abgestellt wird" (Müller 2005, S. 172). Im Rahmen der Personalisierung können bestimmte gewohnheitsmäßige Verhaltensweisen des Kunden beobachtet und durch Angebotsindividualisierung genutzt werden. Ein Wechsel zu einem konkurrierenden Anbieter stellt demnach eine Umgewöhnung für den Kunden dar und erzeugt erneuten Lernaufwand. Um die Akzeptanz von dem mit der Personalisierung verbundenen Aufwand zu erhöhen, sollte dem Kunden, entsprechend den kognitiven Lerntheorien, erklärt werden, warum dies notwendig ist und welche positiven Konsequenzen dies für den Kunden hat.

Die **sozialpsychologische Interaktionstheorie** von Thibaut und Kelley erklärt das Verhalten von Personen in Austauschbeziehungen (vgl. Thibaut/ Kelley 1959, S. 21 ff.) und basiert auf dem Ansatz des Anreiz-Beitrags-Gleichgewichts. Demnach ist in einer Austauschbeziehung kein Interaktionspartner bereit, dauerhaft ein schlechteres Kosten-Nutzen-Verhältnis als sein Gegenüber zu akzeptieren (vgl. Staehle 1999, S. 311). Sowohl die Kosten als auch der Nutzen sind dabei nicht als reine ökonomische Größen zu sehen, sondern beinhalten auch außerökonomische Bestandteile, wie z.B. Gefühle, Einstellungen und Vertrauen. Nur ein langfristig für beide Interaktionspartner zufrieden stellendes Tauschergebnis führt zum Fortbestand der Beziehung (vgl. Homans 1972).

Bei einer Interaktion verfügt jeder Austauschpartner über eine bestimmte Anzahl unterschiedlicher Verhaltensalternativen, von denen jede spezifische Kosten- und Nutzenkomponenten aufweist. Der daraus resultierende **Nettonutzen (E)** wird von den Interaktionspartnern mit einem **internen Vergleichsstandard**, dem **Comparison Level (CL)**, abgeglichen (vgl. Thibaut/ Kelley 1959, S. 21). Dieser ist das kumulierte Ergebnis aus Erfahrungen, die in bisherigen und vergleichbaren Beziehungen gemacht wurden. Dabei werden aktuelle Erfahrungen stärker gewichtet als länger zurückliegende. Eine Partnerschaft wird dann als attraktiv empfunden, wenn ihr Nettonutzen E den Vergleichsstandard CL übersteigt. Im gegenteiligen Fall wird sie als Enttäuschung aufgenommen. Allerdings kann ein Austauschpartner auch in diesem Fall aufgrund eines bestehenden Abhängigkeitsverhältnisses gezwungen sein, die Beziehung fortzusetzen (vgl. Plinke/ Söllner 2008, S. 82). In einem Anbieter-Kunden-Verhältnis kann eine Abhängigkeit des Kunden z.B. durch einen Mangel an attraktiven Wettbewerbsangeboten begründet sein. Um diese Möglichkeit zu erfassen, führen Thibaut und Kelley ein 2. Vergleichsniveau in ihr Modell ein, den **Comparison Level for Alternatives ($CL_{ALT}$)**. Er spiegelt das Kosten-Nutzen-Verhältnis des besten Alternativangebotes wider, das dem Kunden offen steht. Unterschreitet der Nettonutzen E einer Beziehung den $CL_{ALT}$, so wird der Kunde diese Geschäftsbeziehung beenden.

Um die Beständigkeit einer Geschäftsbeziehung einzuschätzen, muss die Relation zwischen den Größen E, CL und $CL_{ALT}$ untersucht werden (vgl. Schütze 1992, S. 89). Dabei können folgende 3 Konstellationen dazu führen, dass der Kunde die Geschäftsbeziehung fortsetzt (siehe Abb. 7):

- **Szenario 1:** Wenn das Ergebnis der aktuellen Geschäftsbeziehung (E) vom Kunden höher bewertet wird als der Vergleichsstandard (CL) und das attrak-

tivste Angebot der Wettbewerber ($CL_{ALT}$), ist die bisherige Beziehung für ihn attraktiv und er ist unabhängig.
- **Szenario 2:** Liegt nur der Nettonutzen (E) der aktuellen Beziehung über dem Vergleichsstandard (CL), aber das beste Alternativangebot ($CL_{ALT}$) liegt unter seinem Vergleichsstandard, dann ist der Kunde abhängig, empfindet die aktuelle Beziehung aber als attraktiv.
- **Szenario 3:** Der Kunde setzt die Geschäftsbeziehung auch dann fort, wenn das Ergebnis der aktuellen Beziehung (E) unter dem Vergleichsstandard (CL), aber über dem besten Wettbewerbsangebot ($CL_{ALT}$) liegt. In diesem Fall ist der Kunde abhängig und empfindet die Beziehung als unattraktiv.

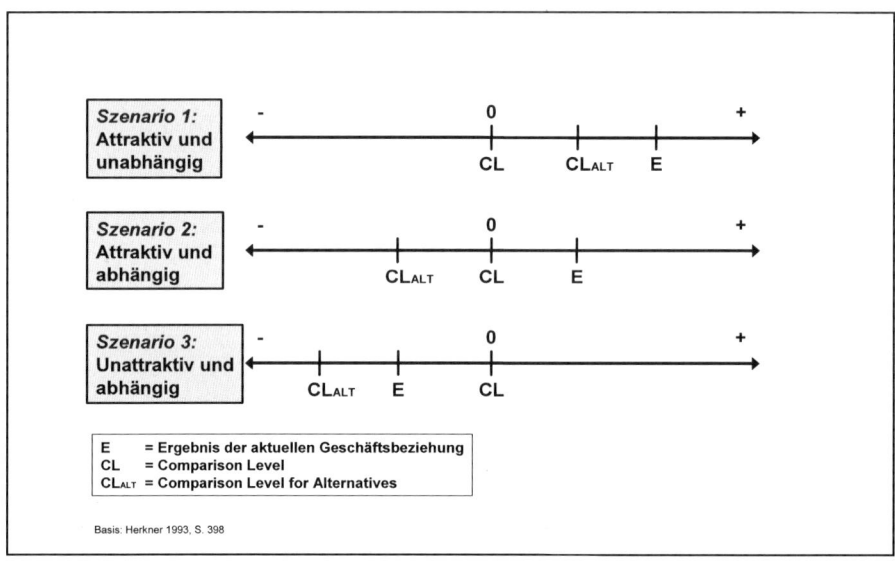

**Abb. 7:** Attraktivität und Abhängigkeit in Beziehungen

Auch in diesem Modell liefert die Kundenzufriedenheit einen zentralen Beitrag zur Erklärung von Kundenbindung. Sie beschränkt sich dabei nicht nur auf die erbrachte Leistung, sondern bezieht alle Faktoren einer Beziehung mit ein. Ökonomische Aspekte, wie Vergünstigungen und sinkende Transaktionskosten auf der Basis eines Vertrauensverhältnisses, stellen zusätzliche Wechselbarrieren für den Kunden dar. Um eine dauerhafte Bindung der Kunden zu erreichen, muss das vom Kunden erwartete Ergebnisniveau der Wettbewerber $CL_{ALT}$ ebenfalls berücksichtigt werden. Obwohl durch die Einbeziehung von psychologischen und sozialen Faktoren die Kundenerwartungen insgesamt schwer zu bestimmen sind, können im Internet die Angaben von Vergleichsdiensten als Näherungswerte angesehen werden.

Die von Morgan und Hunt entwickelte **Commitment-Trust-Theorie** identifiziert für einen langfristigen Beziehungserfolg interpersoneller Austauschprozesse die beiden Schlüsselgrößen **Vertrauen** und **Beziehungs-Commitment** (vgl. Morgan/ Hunt 1994, S. 22). Letzteres kann dabei als Absicht angesehen werden, eine werthaltige Geschäftsbeziehung fortzusetzen (vgl. Moorman/ Zaltman/ Desphande 1992, S. 316). Beide werden von einer Reihe von Antecedenz-Bedingungen beeinflusst (siehe Abb. 8):

- Sind die **Beziehungsbeendigungskosten** aufgrund von Wechselkosten und Sunk Costs hoch, steigert dies das Commitment. Allerdings muss hier nach Eggert zwischen einer tatsächlichen Verbundenheit, die freiwillig erfolgt und das Commitment erhöht, und einer Gebundenheit, die unfreiwillig entsteht und zu einer Reaktanz und opportunistischem Verhalten führen kann, unterschieden werden (vgl. Bliemel/ Eggert 1998, S. 39).

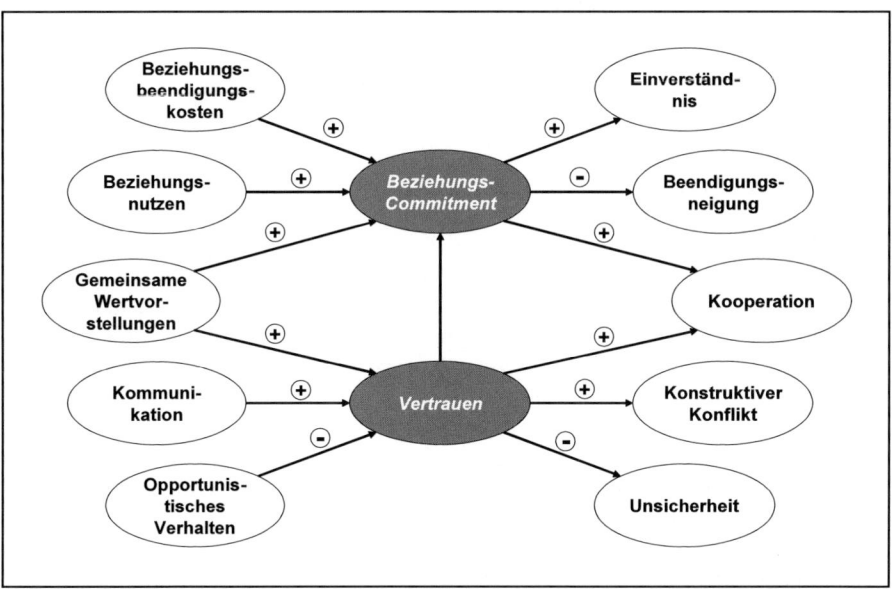

**Abb. 8:** Die Rolle von Vertrauen und Beziehungs-Commitment im Commitment-Trust-Modell

- Ein hoher **Beziehungsnutzen** erhöht ebenso, z.B. aufgrund von im Wettbewerbsvergleich hervorstechenden Leistungs- und Qualitätsmerkmalen der Dienstleistungen und Produkte, das Commitment der Interaktionspartner. Dieser Zusammenhang wird auch im Kano-Modell bestätigt, in dem das Erfüllen der Begeisterungsanforderungen über eine höhere Kundenzufriedenheit zu einer stärkeren Kundenloyalität führt (vgl. Kano/ Seraku/ Takahashi 1984, S. 39 ff.).

- Gemeinsame Wertvorstellungen der Austauschpartner, z.B. in Form von gleichen Normen, Zielen und Verhaltensweisen, erhöhen sowohl das Commitment als auch das Vertrauen.
- Vertrauenssteigernd wirkt auch eine häufige und qualitativ hochwertige Kommunikation der Interaktionspartner untereinander. Sie umfasst sowohl den formalen als auch den informalen Informationsaustausch. Das Vertrauen in den Austauschpartner erhöht sich insbesondere dann, wenn sich die bisher erhaltenen Informationen nachträglich als korrekt erweisen.
- Verfolgt ein Beziehungspartner nur seine eigenen Interessen und zeigt somit ein opportunistisches Verhalten, verringert dies das Vertrauen der Gegenseite.

Das Beziehungs-Commitment wird zusätzlich vom Vertrauen in den Austauschpartner selbst positiv beeinflusst. So sieht Speakman das Vertrauen als Eckpfeiler einer strategischen Beziehung (vgl. Speakman 1988, S. 79; für einen empirischen Beleg siehe Moorman/ Deshpandé/ Zaltman 1993, S. 82 ff.).

Der **Beziehungserfolg** zeigt sich nach Morgan und Hunt in 5 qualitativen Ergebnisgrößen (vgl. Morgan/ Hunt 1994, S. 25 f.). Das steigende Einverständnis (1) der Austauschpartner, spezielle Forderungen der Gegenseite zu akzeptieren, führt gemeinsam mit einer sinkenden Beendigungsneigung (2) zu einer höheren Stabilität der Beziehung. Wenn die Kooperation (3) innerhalb der Geschäftsbeziehung eng ist, so sind die Partner eher bereit, spezifische Investitionen zu tätigen und sich so aneinander zu binden. Ein hohes Vertrauen zum Geschäftspartner führt dazu, dass eigene Interessen eher offenbart werden sowie durch konstruktive Konflikte (4) die Produktivität steigt und damit einer Stagnation vorgebeugt wird. Zusätzlich reduziert das Vertrauen in den Transaktionspartner die mit der Geschäftsbeziehung verbundene Unsicherheit (5), wodurch die Transaktionskosten sinken und ein Wechsel zu einem anderen Anbieter unattraktiver wird (vgl. Lihotzky 2003, S. 99).

Die Commitment-Trust-Theorie unterstreicht die hohe Bedeutung von Vertrauen innerhalb von Geschäftsbeziehungen. Dies ist umso wichtiger, je höher das vom Kunden wahrgenommene Risiko einer Geschäftsbeziehung ist. Da bei E-Commerce-Anbietern sowohl die zwischenmenschliche Interaktion fehlt als auch die wirtschaftliche Zuverlässigkeit eines Anbieters meist nur unzureichend beurteilt werden kann, stellt das Vertrauen einen zentralen Erfolgsfaktor dar (vgl. Diller 2001, S. 90). Dies fassen Reichheld und Schefter wie folgt zusammen: „Price does not rule the Web; trust does" (Reichheld/ Schefter 2000, S. 107).

## 4 Erfolgsfaktoren für die Kundenbindung im Internet

Nachdem im vorhergehenden Kapitel die wesentlichen theoretischen Grundlagen der Kundenbindung dargestellt wurden, stellt sich nun die Frage, wie eine Geschäftsbeziehung in der Internetökonomie auszugestalten ist, um die Kunden langfristig an einen Anbieter zu binden. Die hierfür aus den Theorien abgeleiteten wesentlichen Gestaltungsfelder sind in Abbildung 9 dargestellt und werden nachfolgend besprochen.

| | | Sichern von Kundenzufriedenheit | Beschwerdemanagement | Vertrauensbildung | Markenaufbau/ -führung | Aufbau Wechselbarrieren | Personalisierung | Informationsmanagement |
|---|---|---|---|---|---|---|---|---|
| Ökonomische Ansätze | Exit, Voice and Loyalty-Theorie | X | X | | X | | | |
| | Transaktionskostentheorie | | | X | | X | X | X |
| Verhaltenswissenschaftliche Ansätze | Theorie der kognitiven Dissonanz | X | X | X | | | | X |
| | Theorie des wahrgenommenen Risikos | X | | X | X | X | X | X |
| | Lerntheorien | X | | | X | X | X | X |
| | Sozialpsychologische Interaktionstheorie | X | | | | X | X | |
| | Commitment-Trust-Theorie | X | X | X | | X | | |

**Abb. 9:** Aus relevanten Theorieansätzen abgeleitete Gestaltungsfelder für Kundenbindung im Internet

- Wie die unterschiedlichen Theorien gezeigt haben, stellt die **Kundenzufriedenheit** einen zentralen Faktor für die Kundenbindung dar, wie dies bereits ausführlicher in früheren Artikeln dieses Buches diskutiert wurde. Entsprechend des für die Zufriedenheitsforschung zentralen Confirmation-/ Disconfirmation (C/D-) Paradigmas basiert sie auf einem komplexen individuellen Vergleichsprozess, bei dem die an eine Leistung gestellten Erwartungen dem tatsächlich wahrgenommenen Leistungsniveau gegenübergestellt werden (vgl. Krafft 1999, S. 6; Fischer/ Herrmann/ Huber 2001, S. 1163). Bei diesem dem Kaufprozess nachgelagerten Soll-Ist-Vergleich werden nicht nur kognitive, sondern auch affektive Komponenten erfasst (vgl. Stauss 1999, S. 9).
Die dementsprechenden Erwartungen an die Leistungen und Prozesse eines Anbieters im Internet richten sich zunächst nach dessen Geschäftsmodell. So sind die Kundenanforderungen an ein reines Informationsportal, wie z.B. Wikipedia, andere als an ein E-Mail-Provider, wie z.B. GMX, oder einen Online-Händler, wie z.B. Amazon. Die von Bauer und Hammerschmidt vorgeschlagenen **6 Dimensionen der Qualität (6 C-Modell)** beziehen sich daher auf die spezifischen Gegebenheiten eines Internetportals, können aber weitestgehend auch auf andere Geschäftsmodelle übertragen werden (vgl. Bauer/ Hammer-

schmidt 2004, S. 203). Sie sind in Abbildung 10 dargestellt und zeigen das breite Spektrum an Kundenanforderungen auf, die es zu erfüllen oder zu übertreffen gilt (vgl. Daniel 2001, S. 23).

| Dimension | Bestandteile |
|---|---|
| Inhalte (Content) | Qualität, Aktualität und Umfang der Informationen |
| Kommunikation (Communication) | Umfang und Differenziertheit der Kommunikationskanäle und -tools, die die Kommunikation sowohl zwischen dem Portalbetreiber und den Kunden als auch innerhalb von Nutzergruppen ermöglichen |
| Transaktion (Commerce) | Sicherheit, Geschwindigkeit und Zuverlässigkeit von Transaktionen; Sortimentsbreite, Verfügbarkeit von Markenprodukten |
| Herausforderungen/ Unterhaltung (Challenge) | Herausforderung und emotionale Aktivierung bei der Portalnutzung; Spaß- und Unterhaltungswert des Portals |
| Gestaltung/ Konfiguration (Configuration) | Übersichtlichkeit, Struktur und Bedienungsfreundlichkeit |
| Unterstützung/ Betreuung (Customer Care) | Verfügbarkeit personalisierbarer und kostenloser Mehrwertdienste wie E-Mail-Account, Terminkalender oder Adressbücher |

Basis: Bauer/ Hammerschmidt 2004, S. 203

**Abb. 10:** Kundenanforderungen an ein Internetportal (6 C-Modell)

Bei transaktionsorientierten Geschäftsmodellen, wie dem des Buchhändlers Amazon, spielen zusätzlich die Lieferzeit und die Qualität der gelieferten physischen Produkte eine wesentliche Rolle.
Um sich vom Wettbewerb abzuheben und für den Kunden einen Mehrwert zu erzielen, können Online-Händler ihr Angebot erweitern, um somit entsprechend des oben ausgeführten Long Tail-Effekts eine Abwanderung der Kunden durch Nichtverfügbarkeit von Produkten zu verhindern. Einen zusätzlichen Nutzen für den Kunden können auch kostenlos angebotene Dienstleistungen wie Online-Spiele, Unterhaltungsangebote oder Erinnerungsdienste generieren (vgl. Meyer/ Blümelhuber 1999, S. 205). Unter Ausnutzung der besonderen Kostenstruktur digitaler Güter – mit z.T. hohen Fixkosten aber niedrigen variablen Kosten – können diese Dienstleistungen für große Nutzergruppen günstig erzeugt und verteilt werden. Diese Angebote sind geeignet, entsprechend der Sozialpsychologischen Interaktionstheorie, das Zufriedenheitsniveau E der aktuellen Geschäftsbeziehung relativ zum Comparison Level (CL) zu erhöhen.
- Erfüllt eine Leistung gemäß dem C/ D-Paradigma nicht die Erwartungen des Kunden ist Unzufriedenheit die Folge. Ein gutes **Beschwerdemanagement** kann das Abwandern des Kunden verhindern, in dem es – entsprechend der Theorie von Hirschman – die subjektiv wahrgenommene Erfolgswahrschein-

lichkeit der Beschwerde erhöht (vgl. Hirschman 1974, S. 19 ff.). Gelingt es dem Anbieter, den Kunden durch eine erfolgreiche Beschwerdebehandlung zufrieden zu stellen, so kann dies die Bindung des Kunden wiederherstellen oder sogar erhöhen (vgl. Homburg/ Becker/ Hentschel 2008, S. 109; Fornell/ Westbrook 1984, S. 68). Wie ein erfolgreiches aktives Beschwerdemanagement zu gestalten ist zeigt der separate Artikel hierzu in Kapitel 4 dieses Handbuches.

- Die Bedeutung von **Kundenvertrauen** für eine langfristige Geschäftsbeziehung hat bereits die Commitment-Trust-Theorie verdeutlicht. Anhand des Kriteriums der Spezifität können dabei 2 grundsätzliche Arten von Vertrauen unterschieden werden (vgl. Ahlert/ Heidebur/ Michaelis 2008, S. 4 f.). Einerseits gibt es ein **unspezifisches, situationsübergreifendes und generalisiertes Vertrauen**, das von der eigenen Kultur und den Kindheitserfahrungen geprägt wird (vgl. Bouncken 2000, S. 7; Cheung/ Lee 2001, S. 25). Es legt die Vertrauensdisposition eines Individuums fest, also die Bereitschaft, sich auf andere Personen oder auf Dinge zu verlassen, unabhängig von der spezifischen Situation und der Art des Vertrauensempfängers (vgl. McKnight/ Chervany 2002, S. 45). Andererseits existiert das spezifische Vertrauen, das aus **Reputations- und Erfahrungsvertrauen** besteht (vgl. Kenning 2002, S. 12 ff.; Grund 1998, S. 109). Wenn ein Kunde bisher noch keine Erfahrungen mit einem Anbieter gemacht hat, wird er zunächst auf das Reputationsvertrauen zurückgreifen: Er beschafft sich aktiv Informationen oder Meinungen Dritter, um auf dieser Basis eine Beurteilung der Vertrauenswürdigkeit vorzunehmen. Hier wird auch die Bedeutung einer **Marke** deutlich: Durch den gezielten Aufbau einer neuen Marke oder die Übertragung einer bereits im traditionellen Handel etablierten Marke in das Internet kann das Kundenvertrauen bei Erstkäufen deutlich erhöht werden. Allerdings verliert das Reputationsvertrauen an Bedeutung, wenn der Kunde bei einer andauernden Geschäftsbeziehung eigene Erfahrungen sammelt, also Erfahrungsvertrauen aufbaut (vgl. Ripperger 2003, S. 100). Daher ist es im weiteren Verlauf entscheidend, den Kunden zufrieden zu stellen.

Im Umfeld der Internetökonomie ist der Aufbau von Vertrauen umso wichtiger, da dem Kunden durch die virtuelle Präsentation des Unternehmens und die fehlende zwischenmenschliche Interaktion wichtige Informationen zur Beurteilung der Vertrauenswürdigkeit eines Anbieters fehlen (vgl. Diller 2001, S. 90). So kann er nicht – wie dies im klassischen Handel möglich ist – die Größe, Sauberkeit und Ausstattung des Ladengeschäftes als Beurteilungskriterien für eine erste Einschätzung heranziehen, sondern muss sich auf die subjektiv weniger gut beurteilbare Gestaltung der Internetseite als Indikator verlassen (vgl. Lihotzky 2003, S. 129). Hier kann eine bekannte Marke, eine eingeräumte Garantie oder eine Zertifizierung der Internetseite durch eine angesehene und vertrauenswürdige dritte Partei vertrauensfördernd wirken (vgl. Timmers 1999, S. 40). Eine ebenso positive Wirkung haben Kommentare und Meinungen von anderen Nutzern, z.B. in Form von Kundenbewertungen und Forenbeiträgen oder in Communities diskutierte Meinungen gegenüber einem bestimmten Anbieter/ einer bestimmten Marke (vgl. Weiber/ Meyer 2000, S. 279). Die Wertung im

Rahmen von nutzergenerierten Beiträgen wird dabei wiederum wesentlich von deren Zufriedenheit geprägt.
- Nicht immer sind eine hohe Zufriedenheit und ein großes Vertrauen für die langfristige Bindung der Kunden ausreichend. So stellten LaBarbera und Mazursky bereits 1983 fest, dass 43,5% der in ihrer Untersuchung befragten Teilnehmer die Marke gewechselt haben, obwohl sie mit ihr sehr zufrieden waren (vgl. LaBarbera/ Mazursky 1983, S. 399 f.). Andererseits konnte in einer Reihe von Untersuchungen festgestellt werden, dass unzufriedene Kunden nicht zwangsläufig den Anbieter wechseln (vgl. Peter 1997, S. 115 f.; Herrmann/ Huber/ Braunstein 2000, S. 297). Dieses Phänomen erklärt Johnson wie folgt: „People stay in relations fort two major reasons: because they want to and because they have to" (Johnson 1982, S. 52 f.). Dieser Ansatz entspricht der von Bliemel und Eggert vorgenommenen Unterscheidung von Verbundenheit und Gebundenheit (vgl. Bliemel/ Eggert 1998, S. 39). Letztere entsteht situationsbedingt oder wenn der Abnehmer bewusst oder unbewusst **Wechselbarrieren** für den Kunden aufbaut. Wechselbarrieren sind dabei die Aufwendungen des Kunden, die mit dem Wechsel zu einem neuen Anbieter entstehen würden (vgl. Porter 1980, S. 10; Plinke 1989, S. 306 f.). Diese Wechselkosten sind nicht nur reine ökonomische Kosten, sondern umfassen auch emotionale Abwanderungshürden, die psychologischer oder sozialer Natur sein können.

Reine **ökonomische Wechselbarrieren** entstehen – wie die Ausführungen zur Transaktionskostentheorie und der Theorie von Hirschman bereits gezeigt haben – wenn ein Kunde spezifische Aufwendungen tätigt, die im Falle eines Anbieterwechsels (größtenteils) wertlos werden (vgl. Jackson 1985, S. 124 f.; Dick/ Basu 1994, S. 104 f.). Diese können in Form von Sunk Costs auftreten, die beispielsweise aus physischen Investitionen in ein Softwareprogramm oder finanziellen Verpflichtungen auf der Basis einer vertraglichen Vereinbarung über eine Mindestvertragslaufzeit resultieren (vgl. Georgi 2008, S. 256). Sie können auch direkte Kosten darstellen, die bei der Suche, Anbahnung und Vereinbarung einer Geschäftsbeziehung entstehen (vgl. Plinke 1997, S. 35). In der Internetökonomie sind diese Kosten aufgrund der hohen Markttransparenz meist geringer als in klassischen Geschäftsbeziehungen. Die letze Form der ökonomischen Wechselbarrieren sind die Opportunitätskosten, die den entgangenen Nutzen bei einer Andersverwendung von Ressourcen darstellen (vgl. Plinke/ Söllner 2008, S. 96). So büßt ein Kunde beim Anbieterwechsel bisher erhaltene Stammkunden- bzw. Treuerabatte ein.

**Psychologische Wechselbarrieren** binden den Kunden aufgrund einer positiven Einstellung gegenüber dem derzeitigen Anbieter und sorgen dafür, dass der Kunde gar nicht wechseln will (vgl. Peter 1997, S. 120). So reduziert das in einen Anbieter gesetzte Vertrauen das wahrgenommene Risiko des Kunden in einer erneuten Kaufentscheidungssituation (vgl. Staack 2004, S. 154). Daher sind psychologische Wechselkosten insbesondere bei Gütern mit einem hohen Anteil an Vertrauenseigenschaften bedeutsam. Wie bereits dargestellt, trifft dies in hohem Maße für die Internetökonomie zu.

**Soziale Wechselbarrieren** resultieren unter anderem aus zwischenmenschlichen Kontakten, familiären Einflüssen sowie sozialen Normen und führen ebenfalls zu einer freiwilligen Bindung des Kunden (vgl. Sheth/ Parvatiyar 1995, S. 259 ff.; Peter 1997, S. 122; Diller 1996, S. 88). Da bei reinen Internet-Geschäftsbeziehungen keine persönliche Beziehung zwischen dem Anbieter und dem Kunden besteht, muss diese durch eine personalisierte Ansprache ersetzt werden. Einen hohen Einfluss können hierbei auch die Mitglieder einer Community ausüben.

Da sowohl die psychologischen als auch die sozialen Wechselbarrieren i.d.R. eine freiwillige Bindung bewirken, sind sie geeignet, eine Verbundenheitsstrategie zu unterstützen (vgl. Helm 2008, S. 140). Basis für den Aufbau psychologischer Wechselhürden ist dabei ein Vertrauensverhältnis zwischen Kunden und Anbieter sowie eine hohe Zufriedenheit mit den bisherigen Transaktionen. Soziale Wechselbarrieren können z.B. mit dem Ziel einer Beeinflussung von sozialen Normen innerhalb einer Community durch die Ansprache von Meinungsführern erzeugt werden, da sie eine hohe fachliche und soziale Kompetenz aufweisen und in hohem Maße glaubwürdig sind (vgl. Gröppel-Klein/ Königstorfer/ Terlutter 2008, S. 59). Zusätzliche soziale Wechselhürden können entstehen, wenn die Kunden durch das Geschäftsmodell des Anbieters von Netzwerkeffekten profitieren, wie dies z.B. bei sozialen Netzwerken wie Xing der Fall ist. Vorraussetzung hierfür ist, dass der Nutzer seine Daten in ein gesamtes Profil einträgt, um es anderen mit einer hohen Aussagekraft zugänglich zu machen. Wenn dem Kunden – entsprechend der kognitiven Lerntheorie – der für ihn hieraus entstehende Nutzen erklärt wird, können auch diese ökonomischen Wechselbarrieren im Rahmen einer Verbundenheitsstrategie eingesetzt werden.

- Solche ökonomischen Wechselkosten entstehen aus transaktionstheoretischer Sicht auch bei der Eingabe von Informationen im Internet für die **Personalisierung** eines Angebots. Sie beinhalten die aufgewendete Zeit sowie die Mühe des Kunden (vgl. Wirtz/ Olderog 2002, S. 526). Diese ex-ante zu erbringenden spezifischen Investitionen führen dazu, dass die Leistung des Anbieters dem Kunden durch eine individuelle Gestaltung einen höheren Nutzen stiftet. So bietet beispielsweise eine Internetseite, die zuvor personalisiert wurde, dem Kunden seinen Interessen entsprechende Informationen und vermindert so die Transaktionskosten in Form von Suchzeiten. Eine 2. Möglichkeit der Personalisierung ist die automatische Ermittlung der Kundenpräferenzen durch ein geeignetes „lernendes" System. Auch hier tätigt der Kunde (unbewusst) eine spezifische Investition, die allerding ex-post erfolgt. Nach einem Anbieterwechsel müsste er dem neuen Geschäftspartner seine Präferenzen zunächst wieder direkt oder indirekt vermitteln (vgl. Bauer/ Göttgens/ Grether 2001, S. 127).
- Bei komplexen Angeboten stellt die Personalisierung einen wichtigen Bestandteil des **Informationsmanagements** dar, wie dies in der letzten Spalte der Abbildung 9 gekennzeichnet ist. Sie reduziert den Zeitaufwand des Kunden für die Informationsbeschaffung. Werden bei der Gestaltung des Internetangebotes zusätzlich die vom Kunden gewohnten Gestaltungsstandards, z.B. bei den Navigationselementen einer Website, berücksichtigt, können seine Transaktionskosten zusätzlich gesenkt werden. Die Bereitstellung weiterer Informationen über die Produkte oder die Bewertung von Dritten, z.B. in Form von Expertenein-

schätzungen oder Kundenmeinungen, kann das vom Kunden wahrgenommene Risiko reduzieren. Durch ein gezieltes Nachkaufmarketing, z.B. im Rahmen eines Newsletters oder einer aktuellen Online-Berichterstattung über zufriedene Anwender und erhaltene Auszeichnungen, kann die beim Kunden auftretende Nachkaufdissonanz minimiert werden (vgl. Kotler/ Keller/ Bliemel 2007, S. 303 ff.).

Wie die bisherigen Ausführungen gezeigt haben, sind die Theorien zur Kundenbindung unterschiedlich gut zur Erklärung der Kundenbindung in Geschäftsbeziehungen innerhalb der Internetökonomie geeignet. Sie geben einen Überblick über die Vielzahl möglicher Bindungsfaktoren und erlauben Schlussfolgerungen für die konkrete Ausgestaltung des Beziehungsmanagements im Internet. Allerding muss dabei immer auch die anvisierte Zielgruppe mit ihren bisherige Internet-Erfahrungen und -Erwartungen sowie das jeweilige Geschäftsmodell des Anbieters berücksichtigt werden.

## 5 Literatur

*Ahlert, D./ Heidebur, S./ Michaelis, M. (2008):* Kaufverhaltensrelevante Effekte des Konsumentenvertrauens im Internet – Eine vergleichende Analyse von Online-Händlern, Arbeitsbericht Nr. 48 des Kompetenzzentrums Internetökonomie und Hybridität, Abfrage vom 01.02.2008 unter www.wi.uni-muenster.de/aw/download/hypride-systeme/hybrid%2048.pdf.

*Anderson, C. (2007):* The Long Tail – Der lange Schwanz, München 2007.

*Anderson, E./ Weitz, B. (1992):* The Use of Pledges to Build and Sustain Commitment in Distribution Channels, in: Journal of Marketing Research, 25. Jg., 1992, Nr. 1, S. 18-34.

*Bänsch, A. (1998):* Käuferverhalten, München 1998.

*Bauer, A. (1976):* Konsumentenentscheidungen als Risikoverhalten, in: Specht, K. G./ Wiswede, G. (Hrsg.): Marketing-Soziologie, Berlin 1976, S. 207-217.

*Bauer, H.H./ Göttens, O./ Grether, M (2001):* eCRM – Customer Relationship Management im Internet, in: Hermanns, A./ Sauter, M. (Hrsg.): Management-Handbuch Electronic Commerce, 2. Aufl., München 2001, S. 119-131.

*Bauer, H.H./ Hammerschmidt, M. (2004):* Kundenzufriedenheit und Kundenbindung bei Internet-Portalen - Eine kausalanalytische Studie, in: Bauer, H.H./ Rösger, J./ Neumann, M. (Hrsg.): Konsumentenverhalten im Internet, München 2004, S. 189-214.

*Behrens, G. (1991):* Konsumentenverhalten: Entwicklung, Abhängigkeiten, Möglichkeiten, Heidelberg 1991.

*Bliemel, F.W./ Eggert, A. (1998):* Kundenbindung – die neue Sollstrategie?, in: Marketing ZFP, 20. Jg., 1998, Nr. 1, S. 37-46.

*Bouncken, R. (2000):* Vertrauen – Kundenbindung – Erfolg? Zum Aspekt des Vertrauens bei Dienstleistungen, in: Bruhn, M. (Hrsg.): Dienstleistungsmanagement – Jahrbuch 2000, Wiesbaden 2000, S. 4-22.

*Cheung, C.M.K./ Lee, M.K.O. (2001):* Trust in Internet Shopping: Instrument Development and Validation Through Classical and Modern Approaches, in: Journal of Global Information Management, 9. Jg., 2001, Nr. 3, S. 23-35.

Coase, R.H. (1937): The Nature of the Firm, in: Economica, 4. Jg., 1937, Nr. 16, S. 386-405.
Cutler, M./ Sterne, J. (2000): E-Metrics - Business Metrics for the New Economy, Technical Report, Netgenesis Corp., Chicago 2000.
Daniel, J. (2001): Ertragssteigerung durch Kundenzufriedenheit und Kundenbindung: Möglichkeiten und Grenzen am Beispiel eines Kreditinstitutes, Stuttgart 2001.
Dick, A.S./ Basu, K. (1994): Customer Loyalty: Toward an Integrated Conceptual Framework, in: Journal of the Academy of Marketing Science, 22. Jg., 1994, Nr. 2, S. 99-113.
Diller, H. (1996): Kundenbindung als Marketingziel, in: Marketing ZFP, 18. Jg., 1996, Nr. 2, S. 81-94.
Diller, H. (2001): Wunderwaffe CRM? Möglichkeiten und Grenzen des Beziehungsmarketing im Internet, in: Markenartikel, 63. Jg., 2001, Nr. 3, S. 90-104.
Dittrich, S. (2000): Kundenbindung als Kernaufgabe im Marketing, St. Gallen 2000.
Eggert, A. (2000): Konzeptualisierung und Operationalisierung der Kundenbindung aus Kundensicht, in: Marketing ZFP, 22. Jg., 2000, Nr. 2, S. 119-130.
Erlbeck, K. (1999): Kundenorientierte Unternehmensführung: Kundenzufriedenheit und -loyalität, Wiesbaden 1999.
Felser, G. (2007): Werbe- und Konsumentenpsychologie, 3. Aufl., Berlin/ Heidelberg 2007.
Festinger, L./ Irle, M./ Möntmann, V. (1978): Theorie der kognitiven Dissonanz, Bern 1978.
Fischer, M./ Herrmann, A./ Huber, F. (2001): Return on Customer Satisfaction – Wie rentabel sind Maßnahmen zur Steigerung der Kundenzufriedenheit?, in: Zeitschrift für Betriebswirtschaft, 71. Jg., 2001, Nr. 10, S. 1161-1190.
Fornell, C./ Westbrook, R. (1984): The Vicious Circle of Consumer Complaints, in: Journal of Marketing, 48. Jg., 1984, Nr. 3, S. 68-78.
Foscht, T./ Swoboda, B. (2007): Käuferverhalten: Grundlagen – Perspektiven – Anwendungen, 3. Aufl., Wiesbaden 2007.
Georgi, D. (2008): Kundenbindungsmanagement im Kundenbeziehungslebenszyklus, in: Bruhn, M./ Homburg, C. (Hrsg.): Handbuch Kundenbindungsmanagement, 6. Aufl., Wiesbaden 2008, S. 249-270.
Gröppel-Klein, A./ Königstorfer, J./ Terlutter, R. (2008): Verhaltenswissenschaftliche Aspekte der Kundenbindung, in: Bruhn, M./Homburg, C. (Hrsg.): Handbuch Kundenbindungsmanagement, 6. Aufl., Wiesbaden 2008, S. 39-75.
Grund, M. (1998): Interaktionsbeziehungen im Dienstleistungsmarketing: Zusammenhänge zwischen Zufriedenheit und Bindung von Kunden und Mitarbeitern, Wiesbaden 1998.
Hansen, U./ Jeschke, K. (1992): Nachkaufmarketing - Ein neuer Trend im Konsumgütermarketing?, in: Marketing ZFP, 14. Jg., 1992, Nr. 2, S. 88-97.
Helm, S. (2008): Kundenbindung und Kundenempfehlung, in: Bruhn, M./ Homburg, C. (Hrsg.): Handbuch Kundenbindungsmanagement, 6. Aufl., Wiesbaden 2008, S. 135-153.
Herkner, W. (1993): Sozialpsychologie, 5. Aufl., Bern 1993.
Herrmann, A./ Huber, F./ Braunstein, C. (2000): Ein Erklärungsansatz der Kundenbindung unter Berücksichtigung der wahrgenommenen Handlungskontrolle, in: Die Betriebswirtschaft, 60. Jg., 2000, Nr. 3, S. 293-312.

*Hermanns, A. (2001):* Online-Marketing im E-Commerce – Herausforderungen für das Management, in: Hermanns, A./ Sauter, M. (Hrsg.): Management-Handbuch Electronic Commerce, 2. Aufl., München 2001, S. 101-118.

*Hermanns, A./Gampenrieder, A. (2002):* Wesen und Eigenschaften des E-Commerce, in: Schlögel, M./ Tomczak, T./ Belz, H. (Hrsg.): Roadm@p to E-Business – Wie Unternehmen das Internet erfolgreich nutzen, St. Gallen 2002, S. 70-91.

*Hildebrand, V.G. (2000):* Kundenbindung im Online Marketing, in: Link, J. (Hrsg.): Wettbewerbsvorteile durch Online Marketing – Die strategischen Perspektiven elektronischer Märkte, Berlin/ Heidelberg 2000, S. 55-73.

*Hilgard, E.R./ Bower, H. (1973):* Theorie des Lernens, Stuttgart 1973.

*Hirschman, A.O. (1970):* Exit, Voice, and Loyalty: Responses to Decline in Firms, Organizations, and States, Cambridge/ London 1970.

*Hirschman, A.O. (1974):* Abwanderung und Widerspruch. Reaktionen auf Leistungsabfall bei Unternehmen, Organisationen und Staat, Tübingen 1974.

*Homans, G.C. (1972):* Elementarformen sozialen Verhaltens, Köln-Opladen 1972.

*Homburg, C./ Becker, A./ Hentschel, F. (2008):* Der Zusammenhang zwischen Kundenzufriedenheit und Kundenbindung, in: Bruhn, M./ Homburg, C. (Hrsg.): Handbuch Kundenbindungsmanagement, 6. Aufl., Wiesbaden 2008, S. 103-134.

*Hutter, M. (2000):* Ökonomische Eigenheiten des e-Commerce, in: Zeitschrift für Medien- und Kommunikationsrecht (AfP), 31. Jg., 2000, Nr. 1, S. 30-32.

*Jackson, B.B. (1985):* Build Customer Relationships that Last, in: Harvard Business Review, 63. Jg., 1985, Nr. 6, S. 120-128.

*Johnson, M.P. (1982):* Social and Cognitive Features of the Dissolution of Commitment to Relationship, in: Duck, S. (Hrsg.): Personal Relationships, Part 4, London 1982, S. 51-73.

*Kano, N., Seraku, N., Takahashi, F. (1984):* Attractive quality and must-be quality, in: The Journal of the Japanese Society for Quality Control, 14. Jg., 1984, Nr. 2, S. 39-48.

*Kenning, P. (2002):* Customer Trust Management: Ein Beitrag zum Vertrauensmanagement im Lebensmitteleinzelhandel, Münster 2002.

*Kotler, P./ Keller, K.L./ Bliemel, F. (2007):* Marketing-Management: Strategien für wertschaffendes Handeln, 12. Aufl., München 2007.

*Krafft, M. (1999):* Der Kunde im Fokus: Kundennähe, Kundenzufriedenheit, Kundenbindung und Kundenwert, Vallendar 1999.

*Kroeber-Riel, W./ Weinberg, P. (2003):* Konsumentenverhalten, 8. Aufl., München 2003.

*LaBarbera, P.A./ Mazursky, D. (1983):* A Longitudinal Assessment of Consumer Satisfaction/ Dissatisfaction: The Dynamic Aspect of the Cognitive Process, in: Journal of Marketing Research, 20. Jg., 1983, Nr. 4, S. 393-404.

*Lihotzky, N. (2003):* Kundenbindung im Internet: Maßnahmen und Erfolgswirksamkeit im Business-to-Consumer-Bereich, Wiesbaden 2003.

*McKnight, D.H./ Chervany, N.L. (2002):* What Trust Means in E-Commerce Customer Relationships: An Interdisciplinary Conceptual Typology, in: International Journal of Electronic Commerce, 6. Jg., 2002, Nr. 2, S. 35-59.

*Meyer, A./ Blümelhuber, C. (1999):* Kundenbindung durch Service, in: Bruhn, M./ Homburg, C. (Hrsg.): Handbuch Kundenbindungsmanagement, 2. Aufl., Wiesbaden 1999, S. 189-212.

*Moorman, C./ Desphande, R./ Zaltman, G. (1993):* Factors Affecting Trust in Market Research Relationships, in: Journal of Marketing, 57 Jg., 1993, Nr. 1, 81-101.

*Moorman, C./ Zaltman, G./ Desphande, R. (1992):* Relationships Between Providers and Users of Market research: The Dynamic of Trust Within and Between Organizations, in: Journal of Marketing Research, 29. Jg., 1992, Nr. 3, S. 314-328.
*Morgan, R.M./ Hunt, S.D. (1994):* The Commitment-Trust Theory of Relationship Marketing, in: Journal of Marketing, 58. Jg., 1994, Nr. 3, S. 20-38.
*Müller, U. (2005):* Kundenbindung im E-Commerce – Personalisierung als Instrument des Customer Relationship Managements, Wiesbaden 2005.
*Nieschlag, R./ Dichtl, E./ Hörschgen, H. (2002):* Marketing, 19. Aufl., Berlin 2002.
*Peter, S.I. (1997):* Kundenbindung als Marketingziel, Wiesbaden 1997.
*Picot, A. (1982):* Transaktionskostenansatz in der Organisationstheorie: Stand der Diskussion und Aussagewert, in: Die Betriebswirtschaft, 42. Jg., 1982, Nr. 2, S. 267-284.
*Picot, A./ Dietl, H. (1990):* Transaktionskostentheorie, in: Wirtschaftswissenschaftliches Studium, 19. Jg., 1990, Nr. 4, S. 178-184.
*Picot, A./ Reichwald, R./ Wiegand, R.T. (2003):* Die grenzenlose Unternehmung – Information, Organisation und Management, 5. Aufl., Wiesbaden 2003.
*Piller, F./ Schoder, D. (1999):* Mass Customization und Electronic Commerce. Eine empirische Einschätzung zur Umsetzung in deutschen Unternehmen, in: Zeitschrift für Betriebswirtschaftslehre, 69. Jg., 1999, Nr. 10, S. 1111-1136.
*Plinke, W. (1989):* Die Geschäftsbeziehung als Investition, in: Specht, G./ Silberer, G./ Engelhardt, W. H. (Hrsg.): Marketing-Schnittstellen: Herausforderungen an das Marketing, Stuttgart 1989, S. 305-325.
*Plinke, W. (1997):* Grundlagen des Geschäftsbeziehungsmanagements, in: Kleinaltenkamp, M./ Plinke, W. (Hrsg.): Geschäftsbeziehungsmanagement, Berlin 1997, S. 3-61.
*Plinke, W./ Söllner, A. (2008):* Kundenbindung und Abhängigkeitsbeziehungen, in: Bruhn, M./ Homburg, C. (Hrsg.): Handbuch Kundenbindungsmanagement, 6. Aufl., Wiesbaden 2008, S. 77-101.
*Plötner, O. (1995):* Das Vertrauen des Kunden, Wiesbaden 1995.
*Porter, M.E. (1980):* Competitive Strategy: Techniques for Analyzing Industries and Competitors, New York 1980.
*Raffée, H./ Sauter, B./ Silberer, G. (1973):* Theorie der kognitiven Dissonanz und Konsumgüter- Marketing, Wiesbaden 1973.
*Reibstein, D.J. (2002):* What Attracts Customers to Online Stores, and What Keeps Them Coming Back?, in: Journal of the Academy of Marketing Science, 30. Jg., 2002, Nr. 4, S. 465-473.
*Reichheld, F.F./ Sasser, E.W. (2000):* Zero-Migration: Dienstleister im Sog der Qualitätsrevolution, in: Bruhn, M./ Homburg, C. (Hrsg.): Handbuch Kundenbindungsmanagement, 3. Aufl., Wiesbaden 2000, S. 137-152.
*Reichheld, F.F./ Schefter, P. (2000):* E-Loyalty – Your Secret Weapon on the Web, in: Harvard Business Review, 78. Jg., 2000, Nr. 4, S. 105-113.
*Reichheld, F.F./ Schefter, P. (2001):* Warum Kundentreue auch im Internet zählt, in: Harvard Business Manager, 41. Jg., 2001, Nr. 1, S. 70-80.
*Ripperger, T. (2003):* Ökonomik des Vertrauens: Analyse eines Organisationsprinzips, 2. Aufl., Tübingen 2003.
*Rubin, E.K./ Greenly, R.M./ Silverstein, M.J./ Stanger, P. (2001):* The State of Online Retailing, The Boston Consulting Group, Boston 2001.
*Schumann, J. (1987):* Grundzüge der mikroökonomischen Theorien, Berlin 1987.
*Schütze, R. (1992):* Kundenzufriedenheit, Wiesbaden 1992.

*Sheth, J.N./ Parvatiyar, A. (1995):* Relationship marketing in consumer markets: antecedents and consequences, in: Journal of the Academy of Marketing Science, 23. Jg., 1995, Nr. 4, S. 255-271.

*Silverstein, M./ Stanger, P./ Abdelmessih, N. (2001):* Winning the Online Consumer 2.0 – Converting Traffic into Profitable Relationships, The Boston Consulting Group, Boston 2001.

*Skinner, B.F. (1973):* Wissenschaft und menschliches Verhalten, München 1973.

*Smith, A. / Bolton, R.N. (1998):* An Experimental Investigation of Customer Reactions to Service Failure and Recovery Encounters: Paradox or Peril?, in: Journal of Service Research, 1. Jg., 1998, Nr. 1, S. 65-81.

*Spekman,. R. E. (1988):* Strategic Supplier Selection: Understanding Long Term Buyer Relationships, in: Business Horizons, 31. Jg., 1988, Nr. 4, S. 75-81.

*Srinivasan, S.S./ Anderson, R./ Ponnavolu, K. (2002):* Customer Loyalty in E-Commerce - An Exploration of its Antecedents and Consequences, in: Journal of Retailing, 78. Jg., 2002, Nr. 1, S. 41-50.

*Staack, Y. (2004):* Kundenbindung im eBusiness: Eine kausalanalytische Untersuchung der Determinanten, Dimensionen und Verhaltenskonsequenzen der Kundenbindung im Online-Shopping und Online-Brokerage, Frankfurt am Main 2004.

*Staehle, W.H. (1999):* Management: Eine verhaltenswissenschaftliche Perspektive, 8. Aufl., München 1999.

*Stahl, H.K. (1999):* Kundenloyalität kritisch betrachtet, in: Hinterhuber, H.H./ Matzler, K. (Hrsg.): Kundenorientierte Unternehmensführung, Wiesbaden 1999, S. 41-59.

*Stauss, B. (1999):* Kundenzufriedenheit, in: Marketing ZFP, 21. Jg., 1999, Nr. 1, S. 5-24.

*Stauss, B./ Seidel, W. (2007):* Beschwerdemanagement: Unzufriedene Kunden als profitable Zielgruppe, 4. Aufl., München 2007.

*Thibaut, J.W./ Kelley, H.H. (1959):* The Social Psychology of Groups, Nachdruck 1986, New York 1959.

*Timmers, P. (1999):* Electronic Commerce – Strategies and Models for Business-to-Business Trading, Chichester 1999.

*Weiber, R./ Meyer, J. (2000):* Virtual Communities, in: Weiber, R. (Hrsg.): Handbuch Electronic Business: Informationstechnologien – Electronic Commerce – Geschäftsprozesse, Wiesbaden 2000, S. 277-294.

*Weinberg, P. (1977):* Die Produkttreue der Konsumenten, Wiesbaden 1977.

*Williamson, O.E. (1985):* The Economic Institutions of Capitalism. Firms, Markets, Relational Contracting, New York 1985.

*Wirtz, B.W./ Krol, B. (2001):* Stand und Entwicklungsperspektiven der Forschung im Electronic Commerce, in: Jahrbuch für Absatz- und Verbrauchsforschung, 46. Jg., 2001, Nr. 4, S. 332-365.

*Wirtz, B.W./ Lihotzky, N. (2001):* Internetökonomie, Kundenbindung und Portalstrategien, in: DBW, 61. Jg., 2001, Nr. 3, S. 285-305.

*Wirtz, B.W./ Olderog, T. (2002):* Kundenbindungsmanagement für elektronische Dienstleitungen, in: Bruhn, M./ Stauss, B. (Hrsg.): Electronic Services – Dienstleistungsmanagement Jahrbuch 2002, Wiesbaden 2002, S. 513-535.

*Wiswede, G. (1985):* Eine Lerntheorie des Konsumverhaltens, in: Die Betriebswirtschaft, 45. Jg., 1985, Nr. 5, S. 544-557.

*Zerdick, A. et al. (1999):* European Communication Council Report. Die Internet Ökonomie. Strategien für die digitale Wirtschaft, 2. Aufl., Berlin 1999.

# Erkenntnisse der Neuen Institutionen-Ökonomik für das Kundenmanagement

– Wie kann Vertrauen beim Kunden durch Vermeiden von opportunistischem Verhalten des Unternehmens erreicht werden? –

Armin Töpfer

Inhalt

| | | |
|---|---|---|
| 1 | Transaktionskosten und Informationsasymmetrie in der Beziehung zwischen Kunden und Unternehmen | 133 |
| 2 | Implikationen der Transaktionskosten-Theorie für das Kundenmanagement | 136 |
| 3 | Implikationen der Principal-Agent-Theorie | 140 |
| 4 | Erkenntnisse und Schlussfolgerungen | 142 |
| 5 | Literatur | 144 |

## 1 Transaktionskosten und Informationsasymmetrie in der Beziehung zwischen Kunden und Unternehmen

Während des gesamten Kunden-Beziehungslebenszyklus werden zwischen dem Kunden und dem Unternehmen Informationen ausgetauscht, und es finden Interaktionen statt. Die Frage ist hierbei generell, ob der nachfragende Kunde auf der einen Seite in vollem Maße über alle für ihn wichtigen Sachverhalte beim Lieferanten-Unternehmen informiert ist und ob das anbietende Unternehmen auf der anderen Seite alle aus seiner Sicht wichtigen Informationen über den Kunden und sein Verhalten besitzt. Im Allgemeinen ist dies nicht der Fall, so dass generell ein ungleicher Informationsstand zwischen diesen beiden Parteien besteht.

Nicht nur auf der Vertriebsseite bei der Interaktion zwischen Endkunden und produzierendem Unternehmen, also beim Business-to-Consumer-Kontakt, sondern auch auf der Beschaffungsseite bei der Business-to-Business-Kooperation trifft diese Konstellation zu. Der industrielle Kunde als Auftraggeber und Abnehmer braucht alle für ihn wichtigen Informationen über den Lieferanten als Auftragnehmer, insbesondere bezogen auf das erreichte Qualitätsniveau, sowohl bei den Produkten als auch bei den Prozessen und im gesamten Wertschöpfungssystem. Zusätzlich braucht der Abnehmer z.B. auch Kenntnisse über die Lieferfähigkeit und Liefertreue des Zulieferers. Informationen über Kosten liegen am ehesten in ausreichendem Maße vor. Ihr Wert relativiert sich aber vor dem Hintergrund des Realisierungsgrades der oben angesprochenen Kriterien. Das preislich günstigste Lieferunternehmen ohne ausreichende Lieferfähigkeit, Liefertreue und Qualität bewirkt nicht den angestrebten Nutzen und Wert für den Kunden. Entsprechend benötigt das Lieferantenunternehmen ausreichende Informationen vom industriellen Kunden, insbesondere z.B. zu den Produktspezifikationen, den Qualitätsanforderungen sowie den Taktzeiten bei Just-in-Time- und Just-in-Sequence-Konzepten des Abnehmerunternehmens. Neben Kundenmanagement besitzt hier also auch ein entsprechend ausgefeiltes Lieferantenmanagement eine gleich große Bedeutung.

Grundlage dieser Interaktionsbeziehungen sind ab einem gewissen Grad immer **Verträge** zwischen dem Kunden und dem Unternehmen, nicht nur als Lieferverträge, sondern z.B. auch als Qualitätssicherungsvereinbarungen. Aus den Transaktionen sowie den dabei auftretenden und im Folgenden vertieften Informationsasymmetrien resultiert eine Reihe von juristischen Anforderungen. Unabhängig von bestehenden **Informationsasymmetrien** nimmt der Kunde jeweils die Rolle des **Principals** ein, als Auftraggeber also die des Impulsgebers und Entscheiders in der Transaktionsbeziehung, der mit dem Lieferantenunternehmen einen Vertrag schließt und eine Marktleistung kauft. Sie soll vom Unternehmen entsprechend der zugesagten Bestandteile, Inhalte und Qualitätskriterien geliefert werden. Das Lieferantenunternehmen ist dadurch in der Rolle des **Agent**, also des Auftragnehmers, der als beauftragter Marktpartner Leistungen für den Kunden (Principal) mit einer bestimmten Spezifikation, d.h. in einer definierten Menge, Beschaffenheit/ Qualität und Zeit, liefern soll. Formal ist der Principal damit der unabhängige und der Agent der abhängige Marktpartner. Durch entstehende Informationsasymmetrien zwischen beiden Partnern verändern sich aber diese Abhängigkeiten.

Diese Rollenverteilung ist häufiger Standard, gilt aber nicht generell. Es kann temporär auch zu Rollenveränderungen kommen. Wenn der Kunde z.B. bei Dienstleistungsprozessen sich selbst als **externen Faktor** einbringt, dann kommt er auch in die Rolle des Agenten (vgl. Mann 1998, S. 144 f.). Wenn er beispielsweise beim Buchen eines Kletterkurses verschweigt, dass er nicht schwindelfrei ist, und er dadurch die gesamte Tour für alle anderen Beteiligten behindert, dann liegt ebenfalls opportunistisches Verhalten vor.

Aufgrund dieser Ausgangslage treffen für Kunden-Lieferanten-Beziehungen die Kennzeichnungen und Inhalte der Neuen Institutionen-Ökonomik bzw. Institutionen-Ökonomie zu (vgl. Williamson 1996, 2000; Coase 1960; Picot/ Dietl/ Franck 2005; Ebers/ Gotsch 2006, S. 247 ff.). Sie hat formale und informelle Regelsysteme zum Gegenstand, die das Handeln von einzelnen und mehreren Individuen strukturieren und steuern. Gegenstand der Neuen Institutionen-Ökonomik ist ergänzend zur Informationsökonomik der **zielgerichtete Umgang mit Informationen und Wissen**. Die Ziele bestehen darin, in Transaktionsprozessen die Koordination zu verbessern, die Kosten zu reduzieren, damit die Effizienz zu steigern und zusätzlich Unsicherheiten abzubauen (vgl. hierzu im Detail auch Mann 1998, S. 107 ff., 120 ff.).

Dabei wird nachstehend generell vom Kunden als Principal und vom Lieferanten als Agent ausgegangen. Zum einen besitzen die Aussagen der Transaktionskosten-Theorie Gültigkeit, bei der die **Spezifität** der angebotenen Transaktionsleistung, die **Häufigkeit** der Transaktion und die **Unsicherheit** in der Transaktionsbeziehung 3 wesentliche Einflussgrößen sind. Diese Theorie verfolgt das Ziel einer hohen Effizienz als wirtschaftlichem Prozessergebnis und Effektivität als hohem Zielerreichungsgrad bei der Informationssammlung, bei der Anbahnung, also Kontaktaufnahme und Verhandlung, beim Abschluss und bei der erfolgreichen Steuerung und Kontrolle von Geschäften auf der Basis vertraglicher Vereinbarungen.

Dabei wird realitätsnah von einer **Wettbewerbssituation** zwischen unterschiedlichen Akteuren sowie einer **begrenzten Rationalität** ausgegangen, die mit einer **Umweltunsicherheit** verbunden ist. Diese 3 Faktoren bergen eine **Opportunismusgefahr** in sich, also **egoistisches Verhalten (Moral Hazard)** aufgrund bestehender Informationsasymmetrien. Da dies generell ebenfalls für Kunden-Lieferanten-Beziehungen zutrifft, weisen auch die Inhalte der Principal-Agent-Theorie, also die typischen Anforderungen und Probleme, eine hohe Plausibilität auf.

Abbildung 1 zeigt in der Übersicht den Zusammenhang der beiden Theorien ergänzt durch die Theorie der Verfügungsrechte/ Property Rights.

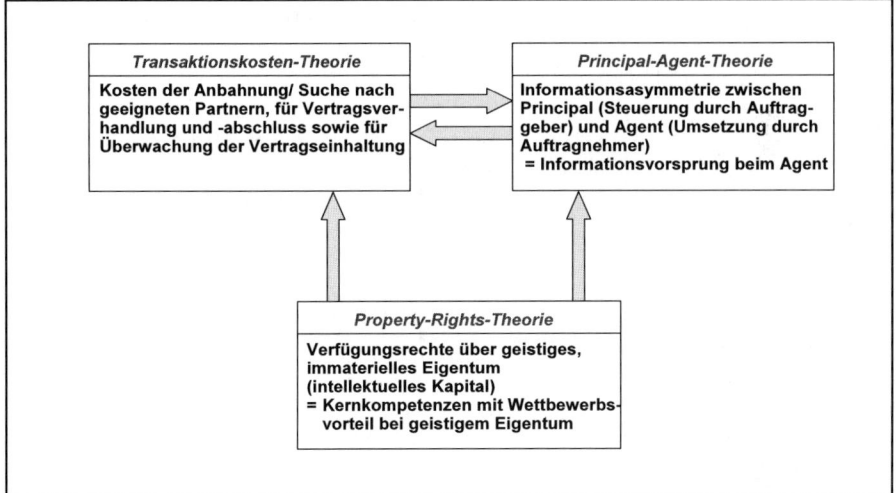

**Abb. 1:** Die 3 Theorien der Neuen Institutionen-Ökonomik im Zusammenspiel

Basis für die beiden Theorien der Transaktionskosten und der Principal-Agent-Beziehungen ist die **Theorie der Verfügungsrechte bzw. Property Rights** über geistiges, immaterielles Eigentum. Letztere beziehen sich auf intellektuelles Kapital des Unternehmens, also vor allem auf technologisches Wissen und auf Markenrechte, das auf der Grundlage formaler Rechtsakte in der Verfügungsgewalt eines einzelnen Unternehmens liegt. Dieses Unternehmen kann das Kunden- oder Lieferantenunternehmen sein. Generell gelten diese Verfügungsrechte auch gegenüber Wettbewerbern und anderen unbeteiligten Marktpartnern.

Wenn dieses intellektuelle Kapital das Niveau von **Kernkompetenzen** hat und dadurch nicht nur einen Wert für das Unternehmen, sondern auch einen relativ hohen Marktwert besitzt, kann es die Grundlage für Wettbewerbsvorteile bilden. Kernkompetenzen kennzeichnen außergewöhnliche Fähigkeiten von Unternehmen im Wertschöpfungsprozess, die durch andere nicht einfach zu imitieren sind. Diese Kernkompetenzen können dann in unterschiedlichen Märkten eingesetzt werden, auf denen sie ebenfalls zu Wettbewerbsvorteilen führen. Die Gefahr von opportunistischem Verhalten anderer Marktteilnehmer zu ihrem eigenen Vorteil ist dadurch gegeben. Deshalb sind zwischen Transaktionspartnern Verträge über die Nutzung oder Nichtnutzung von Verfügungsrechten eines Unternehmens zu schließen. Bestehende nationale und internationale Gesetze sichern die Wahrung der Verfügungsrechte von Unternehmen.

Wesentlich ist, dass bei dem vorgesehenen Transaktionsprozess in der Wertschöpfungs-Zusammenarbeit die Verfügungsrechte und damit das Intellektuelle Kapital (Intellectual Capital) (vgl. Töpfer/ Thum/ Uhr 2006, S. 68 f.) jedes einzelnen Partners respektiert werden. Dass dies heutzutage generell nicht selbstverständlich ist, zeigen die Probleme der Markenpiraterie insbesondere auf einigen asiatischen Märkten, an vorderster Front in China (vgl. Dahlkamp et al. 2007, S. 18 ff.). Ähnlich ist das Problem bei Industriespionage gelagert, die sich i.d.R. auf Unternehmen bezieht, zu denen keine vertraglichen Beziehungen existieren.

In den Phasen und bezogen auf die Inhalte der Theorie der Transaktionskosten kommen jeweils Principal-Agent-Phänomene mit Informationsasymmetrien und der Gefahr von opportunistischem Verhalten als Moral Hazard zum Tragen. Im Folgenden soll dies eingehender untersucht werden. Aus den Ergebnissen dieser Analyse werden jeweils wichtige Implikationen geschlussfolgert.

## 2 Implikationen der Transaktionskosten-Theorie für das Kundenmanagement

Das Ziel besteht für jedes Unternehmen generell darin, die Kosten in allen 4 Phasen des Transaktionsprozesses, wie er in Abbildung 2 formal dargestellt ist, für das eigene Unternehmen und eigentlich auch für den Kunden gering zu halten sowie die vorgegebenen inhaltlichen Zielsetzungen möglichst umfassend zu realisieren. Die grundlegenden theoretischen Zusammenhänge sind im vorstehenden Artikel über Kundenbindung im Internet ausgeführt worden. Als Kosten entstehen im Detail **Anbahnungs-, Vereinbarungs-, Abwicklungs-, Kontroll-, Anpassungs- und Auflösungskosten** von Verträgen zwischen Marktpartnern mit Liefer- und Leistungsbeziehungen (vgl. Picot 1982, S. 270).

Hinzukommt als weiteres Ziel für beide Seiten, die bei einem derartigen Transaktionsprozess auftretenden **Risiken** zu beherrschen und auf einem möglichst geringen Niveau zu halten. Das Risiko des Scheiterns auf beiden Seiten, das mit zusätzlichen, oftmals erheblichen Kosten verbunden ist, soll dadurch möglichst ausgeschlossen werden. Vor Vertragsabschluss sind die Kosten, die bei einem Abbruch bzw. einer Beendigung der Vertragsverhandlungen bestehen bleiben, so genannte **Sunk Costs**, also unwiederbringlich verloren. Die Höhe der Sunk Costs wird dabei maßgeblich von der **Spezifität einer Transaktion** bestimmt. Erfordert eine Transaktion eine dauerhafte Investition, die außerhalb der angestrebten Vertragsbeziehung erheblich an Wert verliert (vgl. Beck 1997, S. 19; Mann 1998, S. 127), dann liegt eine hohe Spezifität vor und die Sunk Costs sind entsprechend hoch. Damit ist die Spezifität einer Transaktion ein Indikator für die **gegenseitige Abhängigkeit** der Transaktionspartner, die z.B. aus spezifischen Investitionen in Standorte, Anlagen und/ oder Humankapital resultiert (vgl. Meyer 1995, S. 79 f.; Williamson 1990, S. 60 ff.).

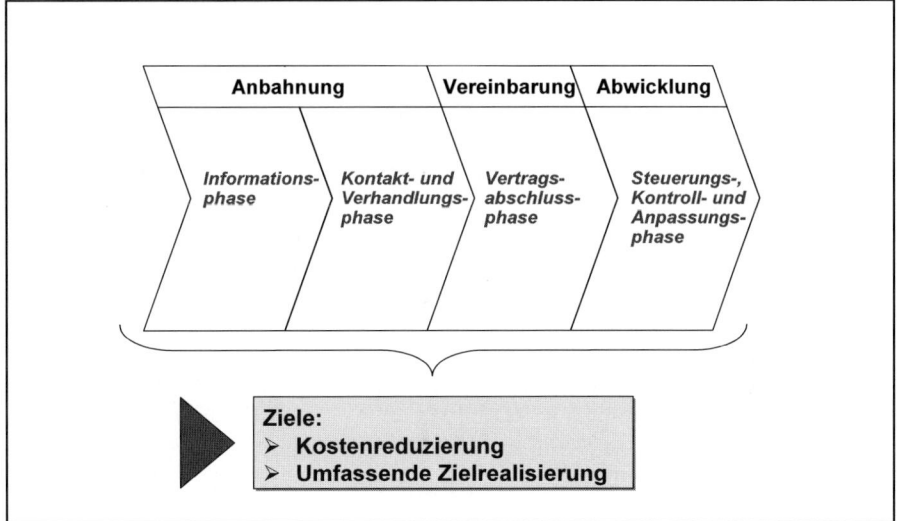

**Abb. 2:** Die 4 Phasen der Transaktionskosten-Theorie

Die Partner können, vor allem nach dem Vertragsabschluss, eine unterschiedliche **Risikoneigung** aufweisen. Der Principal ist dabei eher risikoneutral, der Agent eher risikoavers (vgl. Ebers/ Gotsch 2006, S. 261; Blum et al. 2005, S. 159). Wenn der Lieferant eine geringere Risikoneigung als der Kunde hat, dann manifestiert sich dies bereits beim Vertragsabschluss in opportunistischem Verhalten des Lieferanten, um spätere Haftungsrisiken möglichst gering zu halten.

Der Kunde bzw. Nachfrager wird aber auch versuchen, sein Risiko in diesem Transaktionsprozess bezogen auf die nachgefragte Marktleistung aufgrund bestehender Informationsasymmetrien zu reduzieren. Deshalb wird er sich neben vertraglichen Regelungen Informationen über Sachverhalte des Anbieters beschaffen, die ihm eine hohe Leistungsfähigkeit und Qualität des Lieferanten belegen. Dies entspricht einem **Screening**, also der Informationsbeschaffung, durch den Principal (siehe Abb. 3, Aktivität B.). In der Praxis können dies z.B. zufriedene Referenzkunden oder dokumentierte bzw. zertifizierte Qualitätsniveaus des Lieferanten sein.

Der Lieferant bzw. Anbieter wiederum wird als Agent – wenn er über ein hohes Leistungsniveau verfügt – bewusst und gezielt diese Informationen als **Signalling** von bestimmten Botschaften einsetzen, um den Kunden von seinen Fähigkeiten zu überzeugen und den Vertragsabschluss mit ihm zu Stande zu bringen (siehe Abb. 3, Aktivität A.).

Für den erfolgreichen Verkauf ist für den Anbieter aber wichtig, die Erwartungen der Kunden sowie ihre Kauffähigkeit und -bereitschaft zu erkennen. Er wird sich deshalb gezielt diese Nachfragerinformationen durch ein **Screening** beschaffen (siehe Abb. 3, Aktivität A.). Wenn der Nachfrager an dem Produkt interessiert ist und es kaufen will, dann sendet und überträgt er durch sein **Signalling** bestimmte Informationen, die seine Kooperationsbereitschaft, Zuverlässigkeit und Zahlungsfähigkeit signalisieren (siehe Abb. 3, Aktivität B.).

Lediglich das Screening von Nachfragerinformationen durch den Anbieter bezieht sich also immer auf die Analyse vor und nach dem Kauf (Aktivität A.), um als Agent Kundenanforderungen vorab gut zu erkennen und anschließend über eine hohe Kundenzufriedenheit die zutreffende Einschätzung bestätigen zu können. Das Screening von Anbieterinformationen durch den Nachfrager als Principal (Aktivität B.) findet immer vor dem Kauf statt. Das Ergebnis wird dann aber aussagefähiger und zuverlässiger, wenn es gemachte Erfahrungen anderer Kunden nach dem Kauf zusätzlich zu Grunde legen kann.

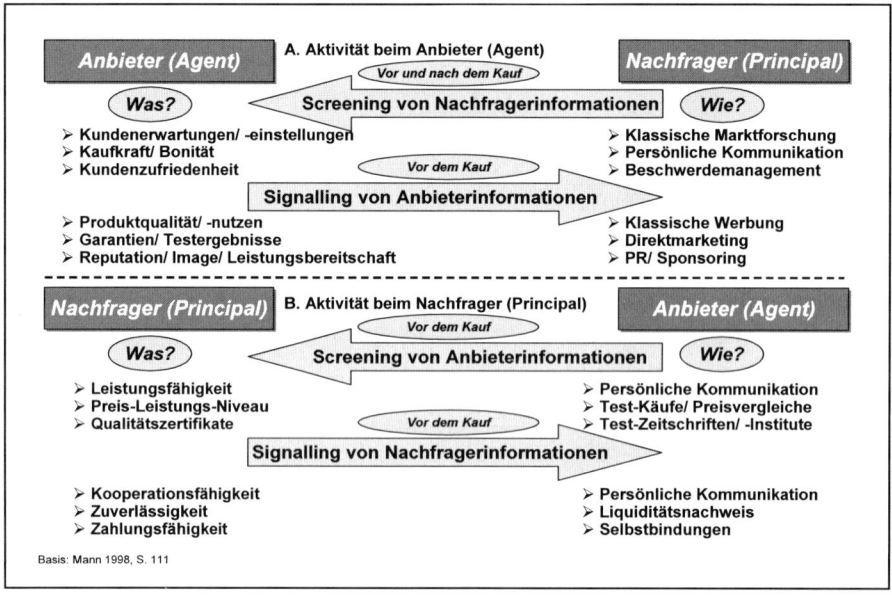

**Abb. 3:** Screening und Signalling als Form der Marktkommunikation für eine Transaktion

Durch diesen Informationsaustausch sollen die Risiken für beide Seiten, also sowohl für den Principal als auch für den Agent, reduziert werden, um die Gefahr einer Fehleinschätzung und damit eines einseitigen Misserfolges der Transaktion zu vermeiden. Die Frage ist dann, welche Maßnahmen zur Steuerung dieser erkannten Risiken im Transaktionsprozess mit Marktpartnern zweckmäßig sind. Geeignete Ansatzpunkte zur Steuerung der Transaktionskosten mit hoher Effizienz und Effektivität liegen im Rahmen des Kundenmanagements insbesondere in folgenden Bereichen:

- Einsatz des **Marketing** und von **Werbeaktivitäten mit vertrauensbildender Wirkung**, die beispielsweise erreicht werden kann durch Geld-Zurück-Garantie bei Nichtgefallen (z.B. Land's End) oder bei einem günstigeren Wettbewerbsangebot (z.B. Tiefpreisgarantie bei Media Markt) sowie durch den Einsatz von wirklichen Kunden als Testimonials in der Werbung (z.B. Dove-Körperpflegemittel).
- Aufbau einer starken Marke durch ein klares Herausarbeiten und Umsetzen einer **identitätsorientierten Markenstrategie**, die hohe Glaubwürdigkeit, emotionale Ansprache und Vertrauen bei den Adressaten bewirkt. Hierdurch lassen sich kognitive Dissonanzen eher reduzieren. Neuere Ergebnisse des Neuro-Marketing belegen, dass bei einem Kaufentscheidungsprozess, bei dem auch eine Lieblingsmarke als persönlich besonders geschätzte Marke mit hohem Vertrauenspotenzial zur Auswahl vorliegt, über die Hirnströme deutlich weniger Aktivitäten in bestimmten Hirnregionen der Probanten festzustellen sind, wenn sie diese starke, ihnen bekannte Marke bevorzugen. Es liegt also eine kortikale Entlastung bestimmter Hirnregionen vor (vgl. Deppe et al. 2005).
- Generell gilt es, eine Überforderung der Kunden durch die **Gestaltung der Kaufprozesse und/ oder der Produkte** zu vermeiden. Alle Interaktionspunkte und angestrebten Kaufergebnisse sind deshalb in ihrer **Komplexität und Kompliziertheit zu reduzieren** sowie möglichst gut überschaubar und einfach zu gestalten. Hierdurch lässt sich nachweislich Kaufzurückhaltung und Reaktanz der Adressaten abbauen. Dies entspricht der generellen Anforderung des KISS-Prinzips (Keep it short and simple). Ein Beispiel hierfür ist die IKEA-Strategie: Entgegen der weit verbreiteten Praxis, die Produkte in bestimmten Zeitabständen an anderer Stelle der Verkaufsfläche zu präsentieren, um insbesondere das Cross-Buying zu fördern, bleiben bei IKEA alle Produkte am gleichen (Regal-)Standort, so dass den Kunden lästiges Suchen erspart bleibt und sie sich bei IKEA „zu Hause fühlen" (vgl. Hus 2004, S. 4).
- Zusätzlich ist **Nachkaufmarketing als Betreuungsprozess** wichtig, das nicht nur darauf abzielt, aufkommende Fragen zu beantworten und Probleme zu lösen, sondern auch die Möglichkeit schafft, nachträgliche kognitive Dissonanzen zu reduzieren bzw. zu vermeiden, Kundenabwanderung zum Wettbewerb zu verhindern und einen Ergänzungsbedarf (Cross-Buying) sowie einen anstehenden Wiederkaufbedarf frühzeitig zu erkennen. Zusätzlich lassen sich auf diese Weise auch maßgebliche Veränderungen im Kaufverhalten relativ früh aufdecken.

## 3 Implikationen der Principal-Agent-Theorie

Wie eingangs ausgeführt wurde, bestimmt der Kunde als Abnehmer formal zwar wesentliche Phasen und Details der Geschäftsbeziehung als Principal. Er hat aber nicht alle für ihn wichtigen Informationen über das herstellende Unternehmen als Lieferant, das damit in der Agent-Funktion ist. Diese **Informationsasymmetrien als Defizite an Wissen** beziehen sich auf den gesamten Prozess des Kunden-Beziehungslebenszyklus und damit auf alle Phasen des Transaktionsprozesses, wie Abbildung 4 nachvollziehbar macht.

Die 4 Arten von Informationsasymmetrien können in einer oder mehreren Phasen des Transaktionsprozesses auftreten. Mit ihnen verbunden ist jeweils die Gefahr von opportunistischem Verhalten bzw. Moral Hazard. Das Lieferunternehmen nutzt dann als Agent seinen Informationsvorsprung gegenüber dem Kunden als Principal zum eigenen Vorteil aus.

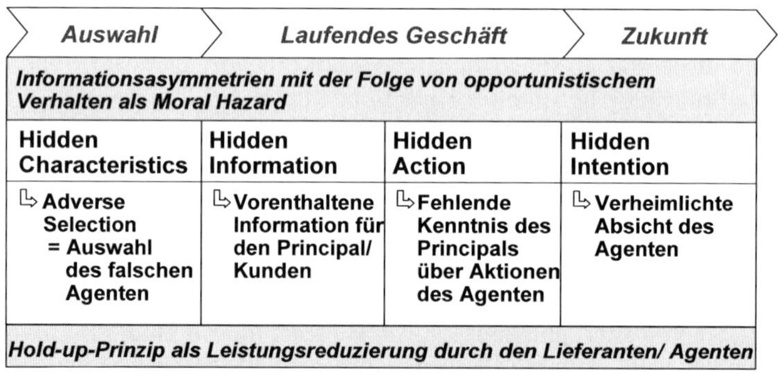

| Auswahl | Laufendes Geschäft | | Zukunft |
|---|---|---|---|
| *Informationsasymmetrien mit der Folge von opportunistischem Verhalten als Moral Hazard* | | | |
| **Hidden Characteristics** | **Hidden Information** | **Hidden Action** | **Hidden Intention** |
| ↳ Adverse Selection = Auswahl des falschen Agenten | ↳ Vorenthaltene Information für den Principal/ Kunden | ↳ Fehlende Kenntnis des Principals über Aktionen des Agenten | ↳ Verheimlichte Absicht des Agenten |
| *Hold-up-Prinzip als Leistungsreduzierung durch den Lieferanten/ Agenten* | | | |

**Abb. 4:** 4 Arten von Informationsasymmetrien in der Kunden-Lieferanten-Beziehung

In der Literatur herrscht bei der Darstellung der Principal-Agent-Theorie das Grundmuster vor, dass erstens der Principal aufgrund fehlender Kenntnis über wichtige Eigenschaften des Agenten den falschen Partner auswählt und dass zweitens im Ablauf der Geschäftsbeziehung für den Principal verborgene Informationen und Aktionen des Agenten zu dessen opportunistischem Verhalten führen sowie dass drittens dem Principal wesentliche Absichten des Agenten verborgen bleiben, die zu dessen **Leistungsreduzierung (Hold-up)** in der Zukunft führen (vgl. Ebers/ Gotsch 2006, S.258 ff. und Blum et al. 2005, S. 155 ff.). In diesem Artikel wird eine erweiterte Sicht des opportunistischen Verhaltens und des Hold-up-Prinzips auf alle Phasen des Transaktionsprozesses vertreten, da bereits die Informationsasymmetrie vor bzw. beim Vertragsabschluss vom Agent zu opportunistischem Verhalten ausgenutzt werden kann. Dies hat dann auch möglicherweise zur Folge, dass der Agent von diesem Zeitpunkt an bereits sein Leistungsniveau reduziert respektive aufgrund vorgetäuschter Fähigkeiten noch nicht hoch genug entwickelt hat.

Im Folgenden werden die in Abbildung 4 aufgeführten 4 unterschiedlichen Arten von Informationsasymmetrien und opportunistischem Verhalten erläutert sowie jeweils auf die zutreffenden Phasen des Transaktionsprozesses bezogen. In diesem Zusammenhang werden dann auch Ansatzpunkte für Maßnahmen zu ihrer Verhinderung bzw. Vermeidung aufgezeigt.

- **Hidden Characteristics** kennzeichnen Informationsdefizite des Kunden vor Vertragsabschluss, weil der potenzielle Lieferant in der Informations-, Kontakt- und/ oder Verhandlungsphase bestimmte fehlende Eigenschaften respektive fehlende Fähigkeiten nicht angesprochen und damit offen gelegt hat. Im Allgemeinen bedeutet dies, dass der Lieferant über die für eine reibungslose Vertragserfüllung erforderlichen Fähigkeiten und Wissenskompetenzen nicht in ausreichendem Maße verfügt. Entsprechend der Property-Rights-Theorie gibt er also Kernkompetenzen vor, die (noch) nicht vorhanden sind. Sein opportunistisches Verhalten liegt also darin, dass es für ihn vorteilhaft zum Vertragsabschluss kommt, obwohl er bestimmte Anforderungen für die Vertragserfüllung nicht in dem erforderlichen und vom Kunden erwarteten Maße beherrscht. Er verheimlicht also bestimmte Charakteristiken seiner Liefer- und Leistungsfähigkeit. Der Kunde wählt dann ggf. einen nicht ausreichend qualifizierten Lieferanten aus; es kommt so zu einer Adverse Selection, also einer falschen Auswahl. Toll Collect in der Anfangsphase ist ein Beispiel hierfür, da nach dem Vertragsabschluss trotz Pönale der Einführungstermin für das geforderte Maut-System nicht eingehalten wurde und die Vertragsstrafe im Vergleich zum Vertragsgegenstand relativ gering war.
- **Hidden Information** treten in Form der Hidden Characteristics bereits vor Vertragsabschluss auf. Zusätzlich sind sie vor allem auch nach Vertragsabschluss als verborgen gehaltenes Wissen des Agenten gegeben, wenn der Lieferant dem Kunden bestimmte Informationen während des Leistungserstellungs- und Lieferprozesses vorenthält, die Letzterer zur Bewertung der Agentenleistung benötigt. Im Allgemeinen sind damit Beeinträchtigungen der vom Kunden erwarteten Leistung verbunden. Hidden Information können in allen Phasen des Transaktionsprozesses zwischen Lieferant und Kunden gegeben sein. Sie sind als Informationsasymmetrie per Definition der Ursprung der Principal-Agent-Theorie.
- **Hidden Action** kennzeichnet eine Handlung, oftmals auch im Sinne einer Unterlassung, nach dem Vertragsabschluss. Der Kunde geht davon aus, dass im Rahmen des Wertschöpfungsprozesses in der zweistufigen Liefer-Leistungs-Kette vom Lieferanten bestimmte Aktivitäten durchgeführt werden, welche die zugesicherten Eigenschaften der Leistung zu Stande bringen oder fördern. Dies ist durch anderes Verhalten bzw. fehlendes Handeln des Lieferanten jedoch nicht der Fall, worüber der Kunde wiederum keine Kenntnis hat. Er kann also nicht die Handlungen und das Leistungsniveau des Agenten beurteilen, sondern sieht erst das Ergebnis der Auftragsbearbeitung. Dies ermöglicht dem Agenten,

ggf. im Wertschöpfungsprozess ein geringeres Leistungsniveau zu realisieren, was den typischen Gegenstand des opportunistischen Verhaltens ausmacht.
- **Hidden Intention** ist der 4. Ansatzpunkt für Informationsasymmetrien vor und vor allem nach dem Vertragsabschluss (vgl. Blum et al. 2005, S. 159). Der Lieferant verheimlicht dem Kunden seine eigentliche Absicht für die Zukunft. Sie kann beispielsweise darin liegen, dass er dem Kunden die Information eines nicht ausreichenden Fähigkeitsniveaus vorenthalten hatte und jetzt nach Vertragsabschluss seine Fähigkeiten, finanziert durch den Kundenvertrag, auf das für die Zukunft notwendige Niveau bringen will. In dieser Weise liegt also wiederum eine Kombination unterschiedlicher Informationsasymmetrien vor.
- Aus allen 4 Informationsasymmetrien kann als unmittelbare Konsequenz für den Kunden eine Reduzierung des Leistungsniveaus des Lieferanten folgen. Dies kennzeichnet das **Hold-up-Prinzip**. Die große Gefahr für den Kunden besteht also darin, dass der Lieferant aufgrund der bestehenden Informationsasymmetrien eine gute Chance sieht, das Niveau seiner eingebrachten Fähigkeiten und Leistungen niedriger anzusetzen respektive abzusenken, ohne dass dies dem Kunden sofort oder generell offenbar wird. Der Lieferant als Agent nutzt damit seinen Informationsvorsprung für den Aufbau einer Hold-up-Position gegenüber dem Kunden als Principal aus.
- Darüber hinaus kann es insbesondere im Zusammenhang mit Hidden Characteristics und Hidden Action zu **Sunk Costs** für den Principal kommen, wenn beispielsweise durch die Nicht-Erfüllung von Qualitätsanforderungen eine für den Principal inakzeptable Leistung erbracht wird aus der er keinen weiteren Nutzen ziehen kann.

Im Folgenden wird abschließend auf einige Erkenntnisse und Schlussfolgerungen sowie rechtliche Bestimmungen und geeignete Maßnahmen zum Abbau der Informationsasymmetrien eingegangen, die opportunistisches Verhalten beschränken und dem risikoaversen Verhalten von Kunden und Lieferanten entgegenkommen.

## 4   Erkenntnisse und Schlussfolgerungen

Diese Phänomene der Einschränkung von Verfügungsrechten und des Auftretens von Leistungsdefiziten in Transaktionsprozessen aufgrund opportunistischen Verhaltens von anderen Marktteilnehmern treten praktisch in allen Branchen auf. Durch gesetzliche Bestimmungen sollen die hieraus folgenden ökonomischen Nachteile ausgeschlossen, zumindest reduziert werden.

Art, Häufigkeit und Intensität sind jedoch in einzelnen Branchen unterschiedlich groß. Verletzungen der Verfügungsrechte treten vor allem dann auf, wenn Wettbewerber Entwicklungskosten sparen und/ oder am Markt erfolgreich positionierte Produkte mit einem positivem Image imitieren wollen. Die gesetzlichen Grundlagen zur Vermeidung sind z.B. im Urheberrecht, im Markenrecht und im Gesetz gegen unlauteren Wettbewerb (UWG) verankert. International respektive global durchgesetzt werden können diese nationalen Rechte jedoch nur durch entsprechende Handelsabkommen.

Die Leistungsdefizite für den Kunden durch Informationsasymmetrien treten dann vor allem auf, wenn die Produkte relativ komplex sind und/ oder die Lieferanten-Kunden-Beziehung in den Interaktionen nicht gut überschaubar und damit wenig standardisierbar, also auch weniger kontrollierbar ist. Dies ist z.B. in der Baubranche oder im Anlagenbau gegeben (vgl. Köster 2007, S. 27 ff.).

Um die negativen Auswirkungen von Informationsasymmetrien in Transaktionsprozessen zu reduzieren, zumindest aber bei ihrem Auftreten zum Nachteil des Kunden als Principal zu sanktionieren, gibt es eine Reihe von **gesetzlichen Bestimmungen**. Hierzu gehören beispielsweise das Geräte- und Produktsicherheitsgesetz (GPSG), das vor allem auch bei Produktdefekten frühzeitige Rückrufaktionen vorschreibt, neue Gewährleistungsbestimmungen sowie das Produkthaftungsgesetz, das Schäden reguliert, welche durch fehlerhafte Produkte verursacht werden. Hinzu kommen die Bestimmungen des Gesetzes zur Kontrolle und Transparenz im Unternehmensbereich (KonTraG) sowie international der Sarbanes-Oxley Act, die detaillierte Regelungen zu einer besseren Corporate Governance, also Unternehmensführung und -überwachung, enthalten (vgl. Töpfer 2006, S. 388 ff.).

Lieferanten setzen als zusätzliche **vertrauensbildende Maßnahmen** erweiterte Garantiezusagen ein, durch die der Kunde über die gesetzlichen Anforderungen hinaus die Sicherheit für eine hohe Produktqualität, zumindest aber für eine im Bedarfsfall kurzfristig und kostenfrei für den Kunden wiederhergestellte einwandfreie Funktionsfähigkeit. Generelle Strategie und „Rückversicherung" des Kunden als Principal kann es dann sein, Zahlungseinbehalte für Gewährleistungsgarantien vorzunehmen.

Hinzu kommen als ergänzende Maßnahmen unterschiedliche Formen von **Assessments, Audits und Zertifizierungen** der Lieferantenunternehmen durch die Kundenunternehmen oder durch neutrale nationale bzw. supranationale Institutionen. Hierzu gehören z.B. die DIN EN ISO-Zertifizierungen oder das Europäische Excellence Modell der EFQM (vergleiche hierzu weiterführend den Artikel zum Qualitätsmanagement im vorliegenden Buch).

Alle gesetzlichen Grundlagen und freiwilligen Verpflichtungen dienen dazu, Verletzungen der Verfügungsrechte und Einschränkungen einer ausgeglichenen Informationsbasis zu unterbinden, bei Bedarf nachhaltig zu sanktionieren oder von vornherein durch Selbstverpflichtungen zu vermeiden. Ziel und Ergebnis bestehen darin, dem Kunden mehr Vertrauen und Sicherheit zu geben. Und Vertrauen wirkt der Risikoerwartung von opportunistischem Verhalten entgegen.

Was ist die Quintessenz? Da nicht alle Faktoren einer Transaktionsbeziehung zwischen Marktpartnern im Vorfeld durch Vertragsabsicherungen beherrschbar sind, kommt es für den privaten Endkunden und für den industriellen Kunden gleichermaßen darauf an, Lieferanten als Geschäftspartner zu finden, die ein möglichst hohes Maß an **Verlässlichkeit** besitzen. Dies passiert heute immer mehr dadurch, dass vom Kunden die Auswahl zuverlässiger Partner aufgrund der Mund-zu-Mund-Kommunikation durch **persönliche Empfehlung (Word-of-Mouth)** vorgenommen wird. Im industriellen Bereich sind dies Referenzkunden, die einem möglichen Neukunden des Lieferanten für Auskünfte zur Verfügung stehen. Bei privaten Endkunden handelt es sich um Empfehlungen von Verwandten, Freunden und Bekannten. Ihre Bedeutung für Kaufentscheidungen hat in den letzten 30 Jahren von 67% im Jahr 1977 auf 92% im Jahr 2003 stark zugenommen (vgl. GfK Roper Report 1977/ 2003).

# 5 Literatur

*Beck, P. (1997):* Qualitätsmanagement und Transaktionskostenansatz – Instrumente zur Optimierung Vertraglicher Vertriebssysteme, Wiesbaden 1997.

*Blum, U. et al. (2005):* Angewandte Institutionenökonomik – Theorien – Modelle – Evidenz, Wiesbaden 2005.

*Coase, R.H. (1960):* The Problem of Social Cost, in: Journal of Law and Economics, 3. Jg. (1960), Nr. 1, S. 1-44.

*Dahlkamp, J. et al. (2007):* Prinzip Sandkorn, in: Der Spiegel, Nr. 35, 2007, S. 18-34.

*Deppe, M. et al. (2005):* Non-linear Responses within the Medial Prefrontal Cortex Reveal when Specific Implicit Information Influences Economic Decision-Making, in: Journal of Neroimaging, 15. Jg., 2005, Nr. 2, S. 171-183.

*Ebers, M./ Gotsch, W. (2006):* Institutionenökonomische Theorien der Organisation, in: Kieser, A./ Ebers, M. (Hrsg.): Organisationstheorien, 6. Aufl., Stuttgart 2006, S. 247-310.

*GfK (1977):* Roper Report 1977.

*GfK (2003):* Roper Report 2003.

*Hus, C. (2004):* Lieber einfach und unkompliziert, in: Handelsblatt, Nr. 146, vom 30.07.2004, S. 4.

*Köster, D. (2007):* Marketing als Ausgangsbasis für eine wertorientierte Unternehmensführung im Business-to-Business Bereich am deutschen Baumarkt, Wiesbaden 2007.

*Mann, A. (1998):* Erfolgsfaktor Service – Strategisches Servicemanagement im nationalen und internationalen Marketing, Wiesbaden 1998.

*Meyer, M. (1995):* Ökonomische Organisation der Industrie, Wiesbaden 1995.

*Picot, A. (1982):* Transaktionskostenansatz in der Organisationstheorie: Stand der Diskussion und Aussagewert, in: Die Betriebswirtschaft, 42. Jg., 1982, S. 267-284.

*Picot, A./ Dietl, H./ Franck, E. (2005):* Organisation – Eine ökonomische Perspektive, 4. Aufl., Stuttgart 2005.

*Töpfer, A. (2006):* Werterhaltung und -steigerung durch Risiko- und Krisenmanagement, in: Schweickart, N./ Töpfer, A. (Hrsg.): Wertorientiertes Management – Werterhaltung – Wertsteuerung – Wertsteigerung ganzheitlich gestalten, Berlin/ Heidelberg 2006, S. 377-407.

*Töpfer, A./ Thum, M./ Uhr, W. (2006):* Ursachen-Wirkungs-Beziehungen im Dresdner Modell des Wertorientierten Managements: Zielkomplementaritäten und Zielkonkurrenzen zwischen gesamtwirtschaftlicher und betrieblicher Wertsteigerung, in: Schweickart, N./ Töpfer, A. (Hrsg.): Wertorientiertes Management – Werterhaltung – Wertsteuerung – Wertsteigerung ganzheitlich gestalten, Berlin/ Heidelberg 2006, S. 65-83.

*Williamson, O.E. (1990):* Die ökonomischen Institutionen des Kapitalismus, Tübingen 1990.

*Williamson, O.E. (1996):* Transaktionskostenökonomik, 2. Aufl., Hamburg 1996.
*Williamson, O.E. (2000):* The New Institutional Economics: Taking Stock, Looking Ahead, in: Journal of Economic Literature, 38. Jg., 2000, S. 595-600.

# Vertrauen als Bindeglied zwischen Kundenzufriedenheit und Kundenloyalität

– Welchen Stellenwert besitzen vertrauensbildende Maßnahmen? –

Stefan Wünschmann, Stefan Müller

Inhalt

| | | |
|---|---|---|
| 1 | Schwächen der Zufriedenheits-Loyalitäts-Hypothese | 147 |
| 2 | Aktueller Stand der Forschung zum Vertrauen | 148 |
| 2.1 | Vertrauen als Gegenstand benachbarter wissenschaftlicher Disziplinen | 148 |
| 2.2 | Vertrauen aus Sicht der Wirtschaftswissenschaften | 149 |
| 2.3 | Definition von Vertrauen | 152 |
| 3 | Vertrauen als Mediator zwischen Kundenzufriedenheit und Loyalität | 153 |
| 4 | Vertrauen schaffende Maßnahmen als Voraussetzung für Kundenloyalität | 157 |
| 5 | Literatur | 158 |

## 1 Schwächen der Zufriedenheits-Loyalitäts-Hypothese

Zufriedenheit und Loyalität von Kunden sind seit längerem Gegenstand der Marketing-Forschung. Unter **Kundenzufriedenheit** wird ein transaktionsbezogenes Konstrukt verstanden. Es gibt an, in welchem Maß ein Unternehmen mit seinen Leistungen ein Bedürfnis bzw. Ziel eines Kunden erfüllt (vgl. Oliver 1997). Mit dem beziehungsorientierten Konstrukt „**Kundenloyalität**" ist hingegen die Bereitschaft eines Abnehmers gemeint, die Beziehung zu einem Unternehmen dauerhaft aufrechtzuerhalten. Diese Absicht äußert sich in mehreren, für den Anbieter förderlichen Verhaltensweisen (z.B. Wiederkauf, größerer Share of Wallet, positive Referenzen). Auch die **zwischen Kundenzufriedenheit und Kundenloyalität bestehende Beziehung** wurde bereits ausführlich diskutiert und empirisch bestätigt (vgl. Szymanski/ Henard 2001, S. 22 ff.; Newman/ Werbel 1973, S. 407). So postuliert Hirschman (1970) in der Exit-Voice-Loyalty-Theorie, dass zufriedene Kunden zum Wiederkauf neigen, während Unzufriedene häufig wechseln oder sich beim Anbieter beschweren. Am Beispiel der Arbeitszufriedenheit unterscheiden Bruggemann/ Groskurth/ Ulich (1975) sogar 6 Erscheinungsformen von Zufriedenheit (z.B. fixierte vs. konstruktive Unzufriedenheit) und ordnen diesen jeweils charakteristische Konsequenzen zu (u.a. Loyalität).

Die Beiträge zur Kundenloyalität gehen vornehmlich von einer direkten, linearen und positiven Beziehung zwischen Zufriedenheit und Loyalität aus (vgl. Anderson/ Mittal 2000). Oliver (1999, S. 34) erkennt jedoch, dass dieser Zusammenhang komplexerer Natur ist. Zum einen beeinflussen weitere Größen die Treuebereitschaft: z.B. Variety Seeking (vgl. Peter 1999, S. 221), wahrgenommene Wechselbarrieren (vgl. Herrmann/ Huber/ Braunstein 2000, S. 297), Attraktivität der Wettbewerber (vgl. Homburg/ Giering/ Hentschel 1999, S. 185 f.) oder Alter des Kunden (vgl. Bauer/ Huber/ Bräutigam 1997, S. 59). Zufriedenheit erklärt demzufolge nur einen Teil der Loyalität. Zum anderen treten weitere Konstrukte als **Mediatoren** der Beziehung auf. Diese Variablen lassen sich als Katalysatoren verstehen: Sie schaffen die Bedingungen, damit sich aus dem Merkmal „Zufriedenheit" Loyalität entwickeln kann. Der in diesem Zusammenhang vermutlich wichtigste Mediator ist **Vertrauen** (vgl. Garbarino/ Johnson 1999; Morgan/ Hunt 1994). Dennoch widmen weder die Forschung zur Kundenloyalität noch die Praxis des Kundenmanagements diesem Konstrukt die erforderliche Aufmerksamkeit. Dies ist umso erstaunlicher, als sich in anderen wissenschaftlichen Disziplinen und Teilen der Wirtschaftswissenschaften in den vergangenen Jahren eine ausgeprägte Vertrauensforschung etabliert hat.

## 2 Aktueller Stand der Forschung zum Vertrauen

### 2.1 Vertrauen als Gegenstand benachbarter wissenschaftlicher Disziplinen

In der **Psychologie** wird zwischen **intrapersonalem Vertrauen** und **interpersonalem Vertrauen** unterschieden. Ersteres bezieht sich auf das Vertrauen in sich selbst bzw. Selbstvertrauen (vgl. Burnett/ Bush 1986); mit letzterem ist hingegen Vertrauen in andere Personen gemeint (vgl. Rotter 1980; Stack 1978). Von der Vielzahl der interpersonalen Konzepte, die in der Psychologie diskutiert werden, seien 2 genannt. So definierte Rotter (1971, S. 443 f.) Vertrauen als „die positive Erwartung, sich auf ein mündlich oder schriftlich gegebenes Versprechen einer anderen Person verlassen zu können". Petermann (1996, S. 54 ff.) wiederum schlägt ein dreidimensionales Konzept vor, das die Interaktion zwischen Person und Situation berücksichtigt. Demzufolge lässt sich Vertrauen als Persönlichkeitsvariable (stabile Grundhaltung), als situatives Phänomen (Folge von Kontextbedingungen wie Umgebung oder Atmosphäre) und/ oder als Beziehungsmerkmal (dauerhafte vertrauensvolle Beziehung zu anderen Menschen) verstehen.

Wichtig ist das Konstrukt „Vertrauen" auch aus **soziologischer Sicht**. Will ein Kunde eine Kaufentscheidung treffen, die mit sozialem Risiko behaftet ist (z.B. Kleidungskauf), wird er so genannte zentrale Mitglieder der für ihn relevanten sozialen Gruppen zu Rate ziehen oder deren Verhalten beobachten (vgl. Woodside 1972). Weimann (1982, S. 769 f.) weist nach, dass wir unsere Ratgeber bzw. sozialen Modelle dabei weniger nach deren Fachwissen, sondern vor allem nach Maßgabe der wahrgenommenen Vertrauenswürdigkeit auswählen. Diese wiederum leitet sich aus der Zentralität der sozialen Stellung ab (Sozio-Zentralität). Dem Gruppenmitglied bleibt dadurch der Aufwand erspart, die Ansichten der gesamten Gruppe zu erfragen. Aus diesem Grund beschreibt der bekannte Soziologe Luhmann (2000, S. 30) Vertrauen als „einen Mechanismus der **Reduktion sozialer**

**Komplexität**". Das Leben sei viel zu schwierig, um alle Probleme selbst zu lösen. Um sich in der realen Welt zurechtzufinden, müsse man sich auf andere verlassen können.

Vertrauen ist jedoch nicht nur für kleine soziale Gruppen, sondern auch mit Blick auf übergeordnete, beispielsweise gesellschaftliche Zusammenhänge relevant. So ergründet Frevert (2003) aus historischer Sicht die unerlässliche Funktion von Vertrauen für die Entwicklung einer Gesellschaft. Ihrem Ansatz zufolge werden gesellschaftliche Systeme mit fortschreitender Zivilisation sowie politischer und technischer Entwicklung immer komplexer. Damit das Zusammenleben in hinreichend geordnetem Rahmen ablaufen kann, müssen Menschen einander und der Gesellschaft insgesamt vertrauen können. Dies erklärt, warum Vertrauen bisweilen auch als **soziale Ressource** bezeichnet wird. Brewer/ Aday/ Gross (2005) übertragen diesen Gedanken auf die zwischen Gesellschaften bestehenden Beziehungen und führen den Begriff „**Internationales Vertrauen**" ein. Darunter verstehen die Autoren im Allgemeinen das Vertrauen der Bevölkerung eines Landes in andere Nationen und im Besonderen die generelle Überzeugung der Einwohner, dass sich andere Länder gemäß bestimmter Normen und Regeln verhalten, die gemeinhin für die Zusammenarbeit von Staaten gelten (z.B. Nicht-Diskriminierungsgebot).

Allen voran haben sich Vertreter der **Kommunikationswissenschaft** mit dieser Thematik befasst und beispielsweise die Vertrauens- bzw. Glaubwürdigkeit von Informationsquellen bewertet (vgl. Hovland/ Janis/ Kelley 1961). Auch der Einfluss der Medien auf das Politische Vertrauen wird in diesem Fachbereich diskutiert (vgl. Wolling 2003). Hiermit setzen sich insbesondere auch **Politikwissenschaftler** intensiv auseinander (vgl. Schmalz-Bruns/ Zintl 2002). Sie untersuchen das Vertrauen der Bevölkerung in die Demokratie (vgl. Offe 2000) und in politische Institutionen bzw. Politiker (vgl. Schönherr-Mann 2002). Als abhängige Variable kommen hier Akzeptanz von demokratischen Prinzipien sowie Wahlbeteiligung in Frage. Selbst das Vertrauen der Politik in die Bürger ist Gegenstand der Forschung. Einer empirischen Studie von Yang (2005) zufolge erklärt es die Bereitschaft von Politikern, die Bevölkerung an Entscheidungen zu beteiligen (z.B. im Rahmen von Volksabstimmungen).

## 2.2 Vertrauen aus Sicht der Wirtschaftswissenschaften

Zunehmend beteiligen sich auch Wirtschaftswissenschaftler an dieser Diskussion. Ausgehend von der Kritik an der simplifizierenden Modellwelt der neoklassischen Theorie untersucht die **Neue Institutionen-Ökonomie** exogene sowie endogene Unsicherheiten und diskutiert, welchen Beitrag Institutionen leisten, diese abzubauen. Erkenntnisse zum Konstrukt „Vertrauen" liefert dabei primär die Prinzipal-Agenten-Theorie. Im Mittelpunkt dieses Teilbereichs stehen Analyse und Gestaltung von Auftragsbeziehungen zwischen Individuen oder Gruppen von Individuen (vgl. Bayón 1997, S. 40). Gewöhnlich besitzt der Agent (hier: Unternehmen) einen Informationsvorsprung gegenüber dem Prinzipal (hier: Kunde). Für letzteren birgt der Kauf daher Unsicherheit, die sich auf die Qualität eines Produkts bzw.

einer Dienstleistung, auf das Verhalten sowie auf die Verhaltensabsichten des Agenten beziehen kann. Diese 3 Arten von Unsicherheit vermag der Kunde, will er nicht passiv bleiben, nur zu begrenzen, indem er kontrolliert oder vertraut (vgl. Pieper 2000, S. 61 ff.). Als Strategie unterscheidet sich Vertrauen von Kontrolle dadurch, dass der Akteur bewusst darauf verzichtet, (weitere) Informationen einzuholen. Dadurch geht er einerseits ein Risiko ein, weil er nicht weiß, ob sich sein Gegenüber wohlwollend verhält. Andererseits mindert der geringere Zeitaufwand (aufgrund des Verzichts auf Kontrollmaßnahmen) seine ökonomischen und nichtökonomischen Kosten (z.B. Stress). Außerdem erleichtert Vertrauen die Interaktion und stärkt die Beziehung (z.B. in Gestalt von Kundenloyalität).

Vor diesem Hintergrund verwundert es kaum, dass sich **Volkswirtschaftler** für den gesamtwirtschaftlichen Nutzen von Vertrauen interessieren. Denn Konsumenten, die der allgemeinen und persönlichen wirtschaftlichen Lage misstrauen, konsumieren weniger und mindern damit die Leistung bzw. das Wachstum der Volkswirtschaft (vgl. Sell 2004, S. 16 f.). Aus diesem Grund gilt Verbrauchervertrauen als ein wesentlicher Indikator des Konsumklimas. Um Informationen über diesen Erfolgsfaktor einer Ökonomie zu liefern, veröffentlicht beispielsweise die Gesellschaft Conference Board seit 1967 monatlich den so genannten U.S. Consumer Confidence Index.

Auch für die **Betriebswirtschaftslehre** ist das Konstrukt „Vertrauen" in vielerlei Hinsicht relevant. So beschäftigen sich Vertreter des **Personalbereichs** mit dem zumeist asymmetrischen Machtverhältnis, wie es für Beziehungen zwischen Arbeitgeber und -nehmer charakteristisch ist. Während Vorgesetzte i.d.R. über eine Reihe formaler Mittel verfügen, um das Verhalten ihrer Mitarbeiter zu beeinflussen, sind sich letztere ihrer Rechte häufig kaum bewusst. Wer sich jedoch auf eine Beziehung einlässt, in der er sich vergleichsweise machtlos fühlt, kann dies nur rechtfertigen, indem er dem Gegenüber Vertrauen schenkt. Einer Studie von Flaherty/ Pappas (2000, S. 278) zufolge sind beispielsweise Automobilverkäufer mit ihrer Arbeit umso zufriedener, je mehr sie ihrem Arbeitgeber vertrauen. Ob es zu einer wechselseitig vertrauensvollen Beziehung kommt, hängt wiederum vom Führungsstil ab (vgl. Neubauer 1997, S. 110): Während ein partizipativer Führungsstil es den Beteiligten erleichtert, einander zu vertrauen, fördern starre Hierarchien eine Kultur des Misstrauens (vgl. Nieder 1997, S. 36 ff.). Eine Studie von Costigan et al. (2004) offenbart darüber hinaus, dass Mitarbeiter ihrem Unternehmen dann vertrauen, wenn sie mit der Personalführung zufrieden sind sowie dem direkten Vorgesetzten vertrauen können.

Gemäß Seifert (2001) kann Vertrauen sogar zum grundlegenden **Organisationsprinzip** eines Unternehmens werden. In Zeiten, in denen sich Anbieter zu (virtuellen) Netzwerken zusammenschließen, um Synergieeffekte zu erzielen, wird neben dem intraorganisationalen auch interorganisationales Vertrauen bedeutsam (vgl. Nuissl/ Schwarz/ Thomas 2002). Ähnliche Bedingungen gelten für institutionalisierte, auf Just-in-Time-Konzepten aufgebauten Lieferketten, wie man sie beispielsweise aus der Automobilindustrie kennt. Auch dort sind Unternehmen netzwerkartig verbunden. Wer bei einem Lieferanten Teile, Halbfertigprodukte etc. bestellt, vertraut darauf, dass diese pünktlich und in der versprochenen Qualität geliefert werden (vgl. Sydow 2002). Eine vertrauenswürdige Unternehmenskultur zahlt sich auch gegenüber der Öffentlichkeit und anderen externen Anspruchsgruppen aus (vgl. Graf 2000). Sind diese Beziehungen jedoch erst einmal gestört, wie z.B. im Falle der Bilanzskandale der jüngeren Vergangenheit, so genügen implizite Zusagen der **Unternehmensführung** häufig nicht mehr, um das Vertrauen von beispielsweise Aktionären zurückzugewinnen. Vielmehr versprechen Firmen unter dem Stichwort „Corporate Governance" explizit und in überprüfbarer Weise, das Unternehmen transparent zu führen und zu überwachen (vgl. Fuest 2002). Auch der Gesetzgeber hat den bestehenden Handlungsbedarf erkannt und legt mit dem Bilanzkontrollgesetz die Grundlage für so genannte Enforcement-Systeme (vgl. Schütte 2004). Diese Kontrollorgane sollen das Vertrauen der Anleger in die Jahresabschlüsse der Unternehmen stärken.

Eine entscheidende Rolle spielt das Phänomen „Vertrauen" nicht zuletzt im **Marketing-Mix** (siehe Abb. 1):

- Im Rahmen der Produktpolitik sind beispielsweise die so genannt **Vertrauenseigenschaften** von Produkten („credence qualities") zu beachten (vgl. Berry/ Parasuraman 1991), über die sich ein Kunde vor und häufig sogar nach dem Kauf nicht hinreichend informieren kann. Ein potenzieller Käufer entscheidet sich folglich für den Anbieter, dem er es am ehesten zutraut, auch diese Vertrauenseigenschaften erfüllen zu können. Gleiches gilt für Marken: So konnten Wünschmann/ Müller (2005) **Markenvertrauen** als die wesentliche Einflussgröße der Markenloyalität identifizieren.

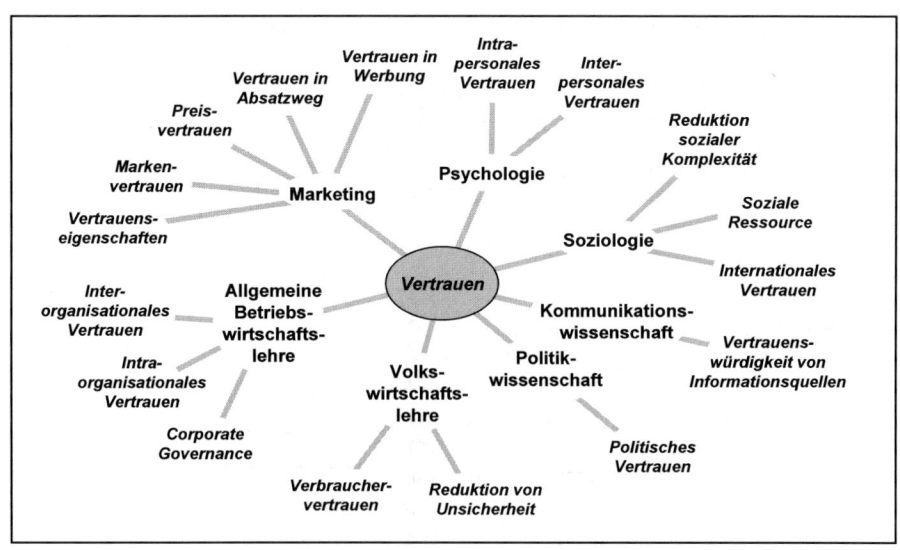

**Abb. 1:** Vertrauen als Gegenstand unterschiedlicher Forschungsbereiche

- Preispolitische Entscheidungen hängen wiederum stark vom **Preisvertrauen** der Konsumenten ab, d.h. von ihrer Erwartung, dass ein Unternehmen den Preis nicht ausschließlich eigennützig festlegt (vgl. Diller 2000, S. 181 ff.). Hersteller

können Preisvertrauen fördern, indem sie Preisgarantien aussprechen und Preisfairness signalisieren. Aggressive Preiswerbung schadet hingegen (vgl. Grünewald 2003, S. 22).
- Doch selbst einem vertrauenswürdigen, zu einem fairen Preis angebotenen Produkt bleibt der Erfolg versagt, wenn der gewählte **Absatzweg** bei der Zielgruppe kein Vertrauen genießt. Somit ist dieses Konstrukt auch für die Distributionspolitik bedeutsam. Besonders augenfällig ist dies beim Einkauf von Produkten im Internet (vgl. Mutz 2005; Bauer et al. 2004).
- Dass nahezu die Hälfte der Bevölkerung **werblichen Botschaften** im Allgemeinen misstraut, besagt: Auch die Kommunikationspolitik ist betroffen (vgl. o.V. 2004, S. 22). Da das generalisierte Misstrauen der Zielgruppen zusehends wächst, werden im Bereich des Direktmarketing bereits Gegenmaßnahmen diskutiert. So etablieren manche Werbetreibende ein so genanntes Permission-Marketing, d.h. sie holen sich die Erlaubnis der Kunden ein, sie über ihre Produkte informieren zu dürfen (vgl. o.V. 2001).

## 2.3 Definition von Vertrauen

Wie die bisherigen Ausführungen zeigen, geht nahezu jedes Handeln von Individuen und Institutionen mit Unsicherheit einher. Wer sich nicht hinreichend informieren kann oder will, muss dem (Austausch-)Partner vertrauen. Der Begriff „Vertrauen" ist schon seit dem 16. Jahrhundert geläufig: Althochdeutsch sprach man von „fertruen" und mittelhochdeutsch von „vertruwen". Die etymologischen Wurzeln reichen bis ins Gotische zurück („trauan"). Was Forscher unter dem Konstrukt „Vertrauen" verstehen, ist unterschiedlich: Einige definieren es als **Verhaltensweise** (Kontrolle übergeben und dadurch selbst angreifbar werden; vgl. Coleman 1990; Schlenker/ Helm/ Tedeschi 1973; Zand 1972; Giffin 1967; Deutsch 1962), andere als **Verhaltensabsicht** (Bereitschaft, sich auf Zusagen zu verlassen; vgl. Moorman/ Deshpande/ Zaltman 1993) und wieder andere als **Erwartung** an das Verhalten des Transaktionspartners (vgl. Anderson/ Weitz 1990; Dwyer/ Oh 1987; Schurr/ Ozanne 1985; Rotter 1967; Blau 1964). Abbildung 2 gibt einen Überblick über ausgewählte Definitionen.

Moorman/ Deshpande/ Zaltman (1993) argumentieren, dass die **Absicht**, sich auf andere zu verlassen, die anderen 2 Sichtweisen (Verhalten und Erwartung) einschließt. Zum einen sei Vertrauen unnötig, wenn der Vertrauende kein Verhalten plant: Die vertrauensvolle Handlung als logische Konsequenz. Zum anderen seien Menschen bereit, anderen zu vertrauen, wenn sie diese als vertrauenswürdig einschätzen. Morgan/ Hunt (1994, S. 23 f.) verzichten hingegen darauf, die Verhaltenskomponente in ihre Definition zu integrieren. Sie bezeichnen Vertrauen als **Erwartung**, die sich im Verhalten äußern kann: Wer andere als vertrauenswürdig beurteilt, sei auch bereit, ihnen – falls nötig – zu vertrauen. Dabei unterscheidet die einschlägige Literatur 3 Dimensionen der Vertrauenswürdigkeit bzw. Einflussgrößen des Vertrauens:

- **Zuverlässigkeit bzw. Glaubwürdigkeit**: Erwartung der Kunden, dass der Anbieter sein Leistungsversprechen einhält (vgl. Ganesan/ Hess 1997, S. 440).
- **Wohlwollen**: Überzeugung, dass der Anbieter nicht nur eigennützig, sondern auch im Interesse seiner Kundschaft handelt (vgl. Plötner 1995, S. 36).
- **Problemlösungsbereitschaft**: Entgegenkommendes Verhalten des Unternehmens, falls der Kunde Kritik oder Probleme äußert (z.B. Beschwerde, Reklamation; vgl. Sirdeshmukh/ Singh/ Sabol 2002).

| Autor(en) | Definition |
|---|---|
| Deutsch (1962) | Actions that increase ones vulnerability to another. |
| Rotter (1967, S. 651) | A generalized expectancy held by an individual that the word of another ... can be relied on. |
| Coleman (1990) | Voluntarily placing resources at the disposal of another or transferring control over resources to another. |
| Moorman/ Deshpande/ Zaltman (1993, S. 82) | Willingness to rely on an exchange partner in whom one has confidence. |
| Morgan/ Hunt (1994, S. 23) | When a party has confidence in the exchange partner's reliability and integrity. |
| Sharma/ Patterson (2000, S. 473) | A feeling or belief on the part of a buyer that a seller will fulfill the promises made during an exchange transaction. |

Abb. 2: Ausgewählte Definitionen des Konstruktes „Vertrauen"

## 3 Vertrauen als Mediator zwischen Kundenzufriedenheit und Loyalität

Der Einfluss der Zufriedenheit auf die Loyalität wird zumeist lern- oder risikotheoretisch begründet. So dürfte ein Kunde ein zufrieden stellendes Konsumerlebnis als Belohnung wahrnehmen und sich später erneut für diesen Anbieter entscheiden bzw. sich ihm gegenüber durch positive Mund-zu-Mund-Kommunikation erkenntlich zeigen. Ein negativ-kritisches Ereignis könnte der Abnehmer hingegen als Bestrafung empfinden und deshalb Wechselbereitschaft entwickeln und Konkurrenzangebote bevorzugen. In den **Lerntheorien** wird dieser Vorgang als Lernen nach dem Verstärkungsprinzip bezeichnet (operante Konditionierung; vgl. Skinner 1938). Ähnliche Aussagen trifft die **Theorie des wahrgenommenen Risikos**: Wie Bauer (1960) berichtet, ist jede Kaufentscheidung mit Risiken behaftet. Ausschlaggebend ist dabei nicht das objektive, sondern das subjektive, wahrgenommene Risiko, d.h. die Unsicherheit über die Konsequenzen des Kaufs. Übersteigt das so verstandene Kaufrisiko eine individuelle Toleranzschwelle, strebt der Konsument danach, die Unsicherheit zu reduzieren. Beispielsweise kann er zusätzliche Informationen über das Produkt oder den Service suchen, sich auf Meinungsführer verlassen oder aber einem Anbieter, mit dem er bereits positive Erfahrungen gemacht hat, treu bleiben.

Diese Erklärungsansätze betrachten allesamt jedoch nur Anfang und Ende einer mehrstufigen Wirkungskette. Sie geben keine Antwort darauf, unter welchen Bedingungen aus einem zufriedenen Kunden ein loyaler Abnehmer wird. Vielmehr gehen sie fälschlicherweise von einem Automatismus aus und übersehen dabei, dass dem Konstrukt „Vertrauen" die **Rolle eines Mediators** zwischen Kundenzufriedenheit und Kundenloyalität zukommt:

**(1) Zufriedenheit → Vertrauen:**

Vertrauen in ein Unternehmen wird von der einschlägigen Forschung als Gesamturteil des Kunden betrachtet. Es entwickelt sich aus zufrieden stellenden Interaktionen (vgl. Román 2003, S. 923; Nicholson/ Compeau/ Sethi 2001, S. 4). Erfüllt eine Leistung wiederholt das, was der Kunde von ihr erwartet, so fühlt sich dieser darin bestätigt, dass sein Vertrauen in den Anbieter berechtigt ist (vgl. Singh/ Sirdeshmukh 2000). Der Einfluss von Zufriedenheit auf Vertrauen lässt sich erneut **lerntheoretisch** erklären: Positive Erlebnisse tragen dazu bei, entsprechende Erwartungen an Zuverlässigkeit, Wohlwollen und Problemlösungsbereitschaft des Partners aufzubauen. Dies wurde mehrfach empirisch belegt (z.B. Garbarino/ Johnson 1999; Ganesan 1994).

**(2) Vertrauen → Loyalität:**

Bereits frühzeitig erkannten Marketing-Forscher, welche bedeutende Rolle Vertrauen in Beziehungen zwischen Herstellern und Händlern spielt (vgl. Ganesan 1994; Morgan/ Hunt 1994). Spätere Studien bestätigten den positiven Einfluss von Vertrauen auf Loyalität im Falle des Kaufs von Konsumprodukten (vgl. Garbarino/ Johnson 1999) und Dienstleistungen (vgl. Moorman/ Zaltman/ Deshpande 1992). Eine Erklärung für diesen Zusammenhang liefern verschiedene Theorien:

- Die **Theorie des sozialen Tauschs** besagt, dass ein Konsument mit zunehmendem Vertrauen eine soziale Beziehung zum Unternehmen aufbaut. Wie in sozialen Gruppen und Austauschbeziehungen sorgt soziale Nähe demnach für Commitment bzw. Loyalität (vgl. Singh/ Sirdeshmukh 2000; Gwinner/ Gremler/ Bitner 1998).
- Ähnlich argumentieren evolutionstheoretisch orientierte Emotionspsychologen. Sie zählen Vertrauen zu den **Basis-Emotionen**, die das menschliche Überleben sichern (vgl. Gelbrich 2005). Dieses Gefühl ist verantwortlich dafür, dass wir uns anderen Menschen bzw. Gruppen anschließen und von der Gemeinschaft profitieren (vgl. Plutchik 1980). Überträgt man diesen Sozialisierungsprozess auf die Beziehung eines Kunden zu einem Unternehmen bzw. einer Marke, so kommt die Emotion „Vertrauen" als Antezedenzbedingung von Kundenloyalität in Frage.
- Vertreter der **Neuen Institutionen-Ökonomie** folgen hingegen einem rationalen Ansatz. Sie verstehen Vertrauen als eine Möglichkeit, die Unsicherheit von

Kaufentscheidungen zu reduzieren. Diese Strategie senkt Transaktionskosten; denn ein vertrauender Käufer muss das Unternehmen nicht kontrollieren, indem er weitere Informationen sucht, Kontrollmechanismen aufbaut etc. (vgl. Lee/ Dawes 2005, S. 38). Vertrauen erspart dem Abnehmer somit Aufwand bzw. das negative Gefühl der Unsicherheit und aktiviert damit ein grundlegendes Prinzip menschlichen Zusammenlebens: das der Reziprozität. Der Kunde zeigt sich einem vertrauenswürdigen Unternehmen gegenüber erkenntlich, indem er sich loyal verhält (vgl. Gassenheimer/ Houston/ Davis 1998).

- Morgan/ Hunt (1994) führen diese Ansätze in der **Vertrauen-Commitment-Theorie** zusammen, wonach verschiedene Eigenschaften der Kunden-Unternehmens-Beziehung (z.B. Zufriedenheit) das Konstrukt „Vertrauen" beeinflussen und sich dieses wiederum auf die Kundenloyalität auswirkt.

Sowohl aus theoretischer als auch aus empirischer Sicht lässt sich Vertrauen demzufolge als Mediator zwischen Kundenzufriedenheit und Kundenloyalität betrachten. Diese Aussage gilt jedoch nur für so genannte **Beziehungskunden**, d.h. für Abnehmer, die bereits häufig bei dem Unternehmen gekauft haben. Vor der ersten Transaktion bzw. bei **gelegentlichen Käufern** kehrt sich die Kausalität um und Zufriedenheit wird zum Mediator zwischen Vertrauen und Loyalität. Einem Neukunden fehlt es an Erfahrungen und einem ausgeprägten Zufriedenheitsurteil, um das Unternehmen als mehr oder weniger vertrauenswürdig einschätzen zu können. Daher verlässt er sich bewusst oder unbewusst auf die Heuristik „erster Eindruck" des Unternehmens bzw. von dessen Mitarbeitern (vgl. Bless/ Schwarz 2002, S. 271; Roseman/ Kerres 1986, S. 45). Erscheinen das Personal (beispielsweise durch seriöse Kleidung und Verhalten), die Verkaufsräume, der Werbeauftritt etc. auf den ersten Blick vertrauenswürdig, so wirkt sich dies in Form eines Halo-Effektes positiv auf das Zufriedenheitsurteil aus (vgl. Bierhoff 1998, S. 35 ff.). Diese unterschiedlichen Kausalketten bei Neu- und Beziehungskunden weisen Garbarino/ Johnson (1999) im Rahmen einer Befragung von Theaterbesuchern nach (siehe Abb. 3).

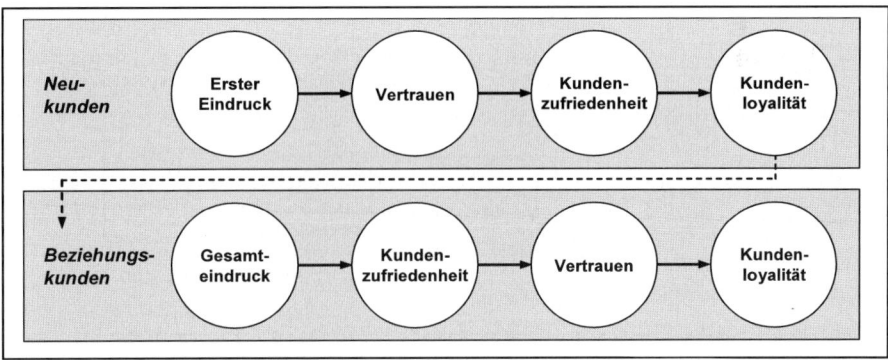

**Abb. 3:** Kundentypus und Loyalität: Unterschiedliche Funktionen von Zufriedenheit und Vertrauen

Sirdeshmukh/ Singh/ Sabol (2002) erweitern dieses Mediatoren-Modell um ein zusätzliches Konstrukt, den so genannten **subjektiven Kundenwert**. Dabei handelt es sich um den vom Kunden wahrgenommenen Netto-Nutzen der Beziehung, d.h. den empfundenen Nutzen abzüglich der Kosten, die anfallen, wenn man die Beziehung aufrechterhalten möchte (vgl. Anderson/ Mittal 2000). Als Argumentationsgrundlage dient hier die **Theorie des zielorientierten Verhaltens**, wonach Konsumenten eine Beziehung zu einem Unternehmen eingehen, um daraus Nutzen zu ziehen (= Ziel höherer Ordnung; vgl. Neal 1999). Loyalität wäre demnach Ergebnis der **Selbst-Regulation** (vgl. Carver/ Scheier 1998): Um das Ziel „Kundennutzen" zu erreichen, schränken sich Konsumenten unter Umständen in ihrer Wahlfreiheit ein und bleiben einem Unternehmen treu. Es genügt also häufig nicht, einen Kunden zufrieden zu stellen und bei ihm Vertrauen zu wecken. Loyalität setzt auch ein glaubwürdiges Nutzenversprechen des Unternehmens bzw. der Marke voraus. Im Gegensatz zu Sirdeshmukh/ Singh/ Sabol (2002) konzeptualisieren Agustin/ Singh (2005, S. 97) den subjektiven Kundenwert nicht als reinen Mediator. Vielmehr weisen sie empirisch folgende 2 **Effekte des Vertrauens** nach (siehe Abb. 4):

- **Intrinsische Wirkung** (= direkter Effekt): Konsumenten belohnen Unternehmen, denen sie vertrauen, indem sie sich loyal verhalten (Motiv der Reziprozität).
- **Instrumentelle Wirkung** (= indirekter Effekt): Kann ein Kunde einem Anbieter vertrauen, so steigt der wahrgenommene Kundennutzen (z.B. geringe Transaktionskosten). Dieser wiederum kann über den Prozess der Selbst-Regulation Loyalität zur Folge haben. Vertrauen schaffende Maßnahmen zahlen sich für Unternehmen somit insbesondere dann aus, wenn dem Kunden dadurch zusätzlicher Nutzen entsteht (z.B. soziale Nähe zum Unternehmen, besonderes Markenimage) bzw. Kosten sinken (z.B. Zeitkosten für einen erneuten Preis-/ Leistungsvergleich).

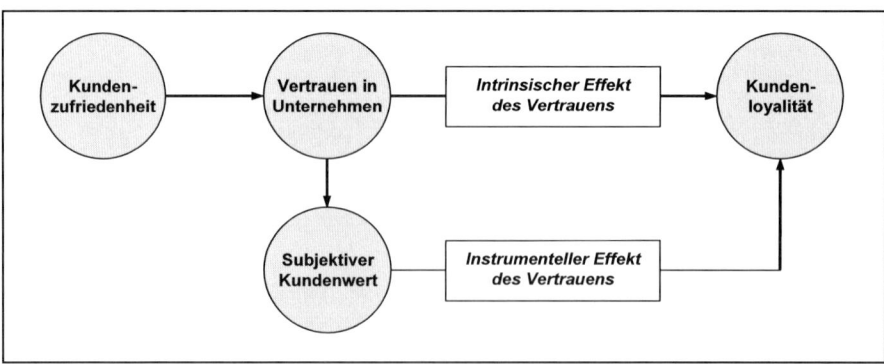

**Abb. 4:** Intrinsische und instrumentelle Wirkung des Vertrauens

## 4 Vertrauen schaffende Maßnahmen als Voraussetzung für Kundenloyalität

Empirische Befunde und theoretische Überlegung zeigen, dass Unternehmen Vertrauen schaffende Maßnahmen ergreifen sollten, um Kunden dauerhaft an sich zu binden. Orientiert man sich an den 3 Einflussgrößen des Vertrauens (Zuverlässigkeit, Wohlwollen und Problemlösungsbereitschaft), so lassen sich folgende Handlungsempfehlungen ableiten (siehe Abb. 5):

- Bei Neukunden entscheidet insbesondere der erste Eindruck über Art und Erfolg der Kundenbeziehung. Ziel des **Impression-Managements** ist es daher, die erste Anmutung des Abnehmers an allen Kontaktpunkten mit dem Unternehmen gezielt zu steuern (vgl. Fisk/ Grove 1996, S. 8 ff.). Dies betrifft sowohl die Atmosphäre der Verkaufsräume (Räumlichkeiten, Symbolik, Umgebung; vgl. Bitner 1992, S. 65 ff.) als auch das Erscheinungsbild und das Verhalten der Mitarbeiter (kompetenter, sympathischer Auftritt des Personals; vgl. Mummendey 1995, S. 156). Im weiteren Verlauf der Kundenbeziehung entscheiden allerdings vor allem die Zufriedenheit und damit die Güte des **Qualitätsmanagements** darüber, wie zuverlässig das Unternehmen auf den Kunden wirkt.

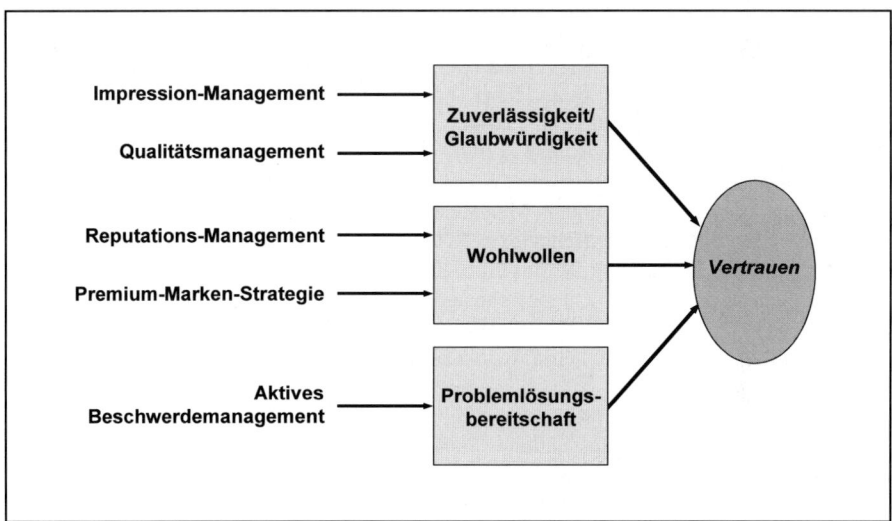

**Abb. 5:** Ziele und Instrumente eines umfassenden Vertrauens-Managements

- Ob ein Unternehmen wohlwollend bzw. uneigennützig agiert, können Kunden kaum objektiv beurteilen. Vielmehr orientieren sie sich dabei am Image bzw. an der **Reputation** des Unternehmens (vgl. Eggert 2002, S. 197 ff.). Dieser Goodwill gegenüber dem Anbieter entsteht z.B. durch Mund-zu-Mund-Kommunikation, Öffentlichkeitsarbeit und soziales Engagement (vgl. Einwiller/

Herrmann/ Ingenhoff 2005, S. 35 f.; Schwaiger 2004, S. 51 ff.). Erfolg verspricht in diesem Zusammenhang auch eine **Premium-Marken-Strategie**, die nicht nur rationale (z.B. zufrieden stellende Leistung), sondern vorwiegend emotionale Imagemerkmale betont (z.B. Marken-Sympathie). Sonder- und Dauerniedrigpreise wirken sich im Regelfall hingegen negativ aus (vgl. Müller/ Wünschmann 2004, S. 56 ff.).
- Um Problemlösungsbereitschaft zu signalisieren, bedarf es darüber hinaus eines **aktiven Beschwerdemanagements**. Dies bedeutet, dass das Unternehmen nicht nur bestrebt sein sollte, (laute) Beschwerden zu lösen, sondern auch und gerade nicht-artikulierter Unzufriedenheit entgegenzuwirken (vgl. Müller/ Wünschmann/ Leuteritz 2003).

## 5 Literatur

*Agustin, S./ Singh, J. (2005):* Curvilinear Effects of Consumer Loyalty Determinants in Relational Exchanges, in: Journal of Marketing Research, 42. Jg., 2005, Nr. 1, S. 96-108.
*Anderson, E.L./ Weitz, B. (1990):* Determinants of Continuity in Conventional Industrial Channel Dyads, in: Marketing Science, 8. Jg., 1990, Nr. 3, S. 310-323.
*Anderson, E.W./ Mittal, V. (2000):* Strengthening the Satisfaction-Profit Chain, in: Journal of Service Research, 3. Jg., 2000, Nr. 2, S. 107-120.
*Bauer, H.H./ Haber, T./ Huber, F./ Neumann, M (2004).:* Die Rolle von Vertrauen im Online-Shopping, in: Bauer, H.H./ Huber, F. (Hrsg.): Strategien und Trends im Handelsmanagement, München 2004, S. 431-445.
*Bauer, H.H./ Huber, F./ Bräutigam, F. (1997):* Determinanten der Kundenloyalität im Automobilsektor, Arbeitspapier Nr. W3, Institut für Marktorientierte Unternehmensführung, Universität Mannheim, Mannheim 1997.
*Bauer, R.A. (1960):* Consumer Behavior as Risk Taking, in: Hancock, R. S. (Ed.): Dynamic Marketing for a Changing World: Proceedings of the 43rd National Conference of the American Marketing Association, Chicago 1960, S. 389-398.
*Bayón, T. (1997):* Neuere Mikroökonomie und Marketing: Eine wissenschaftstheoretisch geleitete Analyse, Neue betriebswirtschaftliche Forschung, Band 218, Wiesbaden 1997.
*Berry, L./ Parasuraman, A. (1991):* Marketing Services, New York 1991.
*Bierhoff, H. W. (1998):* Sozialpsychologie, 4. Aufl., Bern 1998.
*Bitner, M.J. (1992):* Servicescapes: The Impact of Physical Surroundings on Customers and Employees, in: Journal of Marketing, 56. Jg., 1992, Nr. 2, S. 57-71.
*Blau, P. (1964):* Exchange and Power in Social Life, New York 1964.
*Bless, H./ Schwarz, N. (2002):* Konzeptgesteuerte Informationsverarbeitung, in: Frey, D./ Irle, M. (Hrsg.): Theorien der Sozialpsychologie, Band 3: Motivations-, Selbst- und Informationsverarbeitungstheorien, 2. Aufl., Bern 2002, S. 257-278.
*Brewer, P.R./ Aday, S./ Gross, K. (2005):* Do Americans Trust Other Nations? A Panel Study, in: Social Science Quarterly, 86. Jg., 2005, Nr. 1, S. 36-51.
*Bruggemann, A./ Groskurth, P./ Ulich, E. (1975):* Arbeitszufriedenheit, Bern 1975.
*Burnett, J.J./ Bush, A.J. (1986):* Profiling the Yuppies, in: Journal of Advertising Research, 26. Jg., 1986, Nr. 2, S. 27-36.

*Carver, C.S./ Scheier, M.F. (1998):* On the Self-regulation of Behavior, Cambridge 1998.
*Coleman, J.S. (1990):* Foundations of Social Theory, Cambridge 1990.
*Costigan, R.D./ Insinga, R.C./ Kranas, G./ Kureshov, V.A./ Ilter, S.S. (2004):* Predictors of Employee Trust of their CEO: A Three-country Study, in: Journal of Managerial Issues, 16. Jg., 2004, Nr. 2, S. 197-216.
*Deutsch, M. (1962):* Cooperation and Trust: Some Theoretical Notes, in: Jones, M.R. (Ed.): Nebraska Symposium on Motivation, 1962, S. 275-320.
*Diller, H. (2000):* Preispolitik, 3. Aufl., Stuttgart 2000.
*Dwyer, F.R./ Oh, S. (1987):* Output Sector Munificence Effects on the Internal Political Economy of Marketing Channels, in: Journal of Marketing Research, 24. Jg., 1987, Nr. 4, S. 347-358.
*Eggert, A. (2002):* Einfluss elektronischer Medien auf Geschäftsbeziehungen, in: Marketing – Zeitschrift für Forschung und Praxis, 24. Jg. 2002, Nr. 3, S. 195-205.
*Einwiller, S./ Herrmann, A./ Ingenhoff, D. (2005):* Vertrauen durch Reputation, in: Marketing – Zeitschrift für Forschung und Praxis, 27. Jg. 2005, Nr. 1, S. 23-40.
*Fisk, R.P./ Grove, S.J. (1996):* Applications of Impression Management and the Drama Metaphor in Marketing: An Introduction, in: European Journal of Marketing, 30. Jg., 1996, Nr. 9, S. 6-12.
*Flaherty, K.E./ Pappas, J.M. (2000):* The Role of Trust in Salesperson-Sales Manager Relationships, in: Journal of Personal Selling & Sales Management, 20. Jg., 2000, Nr. 4, S. 271-278.
*Frevert, U. (2003):* Vertrauen, Göttingen 2003.
*Fuest, C. (2002):* Corporate Governance, in: Going Public, Sonderausgabe „Investor Relations", o. Jg., 2002, S. 14-15.
*Ganesan, S. (1994):* Determinants of Long-Term Orientation in Buyer-Seller Relationships, in: Journal of Marketing, 58. Jg., 1994, Nr. 2, S. 1-19.
*Ganesan, S./ Hess, R. (1997):* Dimensions and Levels of Trust: Implications for Commitment to a Relationship, in: Marketing Letters, 8. Jg., 1997, Nr. 4, S. 439-448.
*Garbarino, E./ Johnson, M. (1999):* The Different Roles of Satisfaction, Trust and Commitment for Relational and Transactional Consumers, in: Journal of Marketing, 63. Jg., 1999, Nr. 2, S. 70-87.
*Gassenheimer, J./ Houston, F.S./ Davis, C.J. (1998):* The Role of Economic Value, Social Value, and Perceptions of Fairness in Interorganizational Relationship Retention Decisions, in: Journal of the Academy of Marketing Science, 26. Jg., 1998, Nr. 4, S. 322-337.
*Gelbrich, K. (2005):* Emotionen. Ein Überblick aus der Sicht der evolutionären und der kognitiv orientierten Psychologie, in: Mummert, U./ Sell, F.L. (Hrsg.): Emotionen, Markt und Moral, Münster 2005, S. 17-39.
*Giffin, K. (1967):* The Contribution of Studies of Source Credibility to a Theory of Interpersonal Trust in the Communication Process, in: Psychological Bulletin, 68. Jg., 1967, Nr. 3, S. 104-120.
*Graf, A. (2000):* Vertrauen und Unternehmenskultur im Führungsprozess, in: Zeitschrift für Wirtschafts- und Unternehmensethik, 1. Jg., 2000, Nr. 3, S. 339-356.
*Grünewald, S. (2003):* Das zerstörte Preisvertrauen, in: Lebensmittel Zeitung, 2003, S. 22.
*Gwinner, K.P./ Gremler, D.D./ Bitner, M.J. (1998):* Relational Benefits in Service Industries: The Customer's Perspective, in: Journal of the Academy of Marketing Science, 26. Jg., 1998, Nr. 2, S. 101-114.

*Herrmann, A./ Huber, F./ Braunstein, C.(2000):* Ein Erklärungsansatz der Kundenbindung unter Berücksichtigung der wahrgenommenen Handlungskontrolle, in: Die Betriebswirtschaft, 60. Jg., 2000, Nr. 3, S. 293-313.

*Hirschman, A.O. (1970):* Exit, Voice, and Loyalty: Response to Decline in Firms, Organizations, and States, Cambridge 1970.

*Homburg, C./ Giering, A./ Hentschel, F. (1999):* Der Zusammenhang zwischen Kundenzufriedenheit und Kundenbindung, in: Die Betriebswirtschaft, 59. Jg., 1999, Nr. 2, S. 174-195.

*Hovland, C.I./ Janis, I.L./ Kelley, H.H. (1961):* Communication and Persuasion: Psychological Studies of Opinion Change, New Haven 1961.

*Lee, D.Y./ Dawes, P.L. (2005):* Guanxi, Trust, and Long-Term Orientation in Chinese Business Markets, in: Journal of International Marketing, 13. Jg., 2005, Nr. 2, S. 28-56.

*Luhmann, N. (2000):* Vertrauen, 4. Aufl., Stuttgart 2000.

*Moorman, C./ Deshpande, R./ Zaltman, G. (1993):* Factors Affecting Trust in Market Research Relationships, in: Journal of Marketing, 57. Jg., 1993, Nr. 1, S. 81-101.

*Moorman, C./ Zaltman, G./ Deshpande, R. (1992):* Relationships between Providers and Users of Market Research: The Dynamics of Trust within and between Organizations, in: Journal of Marketing Research, 29. Jg., 1992, Nr. 3, S. 314-328.

*Morgan, R.M./ Hunt, S.D. (1994):* The Commitment-Trust Theory of Relationship Marketing, in: Journal of Marketing, 58. Jg., 1994, Nr. 3, S. 20-38.

*Müller, S./ Wünschmann, S. (2004):* Markenvertrauen: Aktueller Stand der Forschung und empirische Untersuchung am Beispiel der Automobilbranche, Dresdner Beiträge zur Betriebswirtschaftslehre Nr. 91/04, 2. Aufl., Dresden 2004.

*Müller, S./ Wünschmann, S./ Leuteritz, A. (2003):* Aktives Beschwerde-Management, Tagungsband zum Symposium „Marketing & Praxis" an der Technischen Universität Dresden, 9. Oktober 2003.

*Mummendey, H.D. (1995):* Psychologie der Selbstdarstellung, 2. Aufl., Göttingen 1995.

*Mutz, D.C. (2005):* Social Trust and E-Commerce: Experimental Evidence for the Effects of Social Trust on Individuals' Economic Behavior, in: Public Opinion Quarterly, 69. Jg., 2005, Nr. 3, S. 393-416.

*Neal, W.D. (1999):* Satisfaction is Nice, but Value Drives Loyalty, in: Marketing Research, 11. Jg., 1999, Nr. 1, S. 21-23.

*Neubauer, W.(1997):* Interpersonales Vertrauen als Management-Aufgabe in Organisationen, in: Schweer, M.K. W. (Hrsg.): Interpersonales Vertrauen: Theorien und empirische Beweise, Opladen 1997, S. 105-120.

*Newman, J.W./ Werbel, R.A. (1973):* Multivariate Analysis of Brand Loyalty for Major Household Appliances, in: Journal of Marketing Research, 10. Jg., 1973, Nr. 4, S. 404-409.

*Nicholson, C.Y./ Compeau, L.D./ Sethi, R. (2001):* The Role of Interpersonal Liking in Building Trust in Long-Term Channel Relationships, in: Journal of the Academy of Marketing Science, 29. Jg., 2001, Nr. 1, S. 3-15.

*Nieder, P. (1997):* Erfolg durch Vertrauen: Abschied vom Management des Mißtrauens, Wiesbaden 1997.

*Nuissl, H./ Schwarz, A./ Thomas, M. (2002):* Vertrauen - Kooperation - Netzwerkbildung: Unternehmerische Handlungsressourcen in prekären regionalen Kontexten, Opladen 2002.

*o.V. (2001):* Erwünschte Werbebotschaften: Vertrauen aufbauen, in: Die Geschäftsidee, 29. Jg., 2001, Nr. 2, S. 40-41.

*o.V. (2004):* Jeder Zweite glaubt Werbeaussagen, in: Horizont, Nr. 25, 17.06.2004, S. 22.
*Offe, C (2000):* Demokratie und Vertrauen, in: Transit Europäische Revue, o. Jg., 2000, Nr. 18, S. 118-131.
*Oliver, R.L. (1997):* Satisfaction: A Behavioral Perspective on the Consumer, New York 1997.
*Oliver, R.L. (1999):* Whence Consumer Loyalty?, in: Journal of Marketing, 63. Jg., 1999, Special Issue, S. 33-44.
*Peter, S.I. (1999):* Kundenbindung als Marketingziel: Identifikation und Analyse zentraler Determinanten, 2. Aufl., Wiesbaden 1999.
*Petermann, F. (1996):* Psychologie des Vertrauens, 3. Aufl., München 1996.
*Pieper, J. (2000):* Vertrauen in Wertschöpfungspartnerschaften: Eine Analyse aus Sicht der Neuen Institutionenökonomie, Wiesbaden 2000.
*Plötner, O. (1995):* Das Vertrauen des Kunden: Relevanz, Aufbau und Steuerung auf industriellen Märkten, Wiesbaden 1995.
*Plutchik, R. (1980):* A General Psychoevolutionary Theory of Emotions, in: Plutchik, R./ Kellermann, N. (Eds.): Theories of Emotion, New York 1980, pp. 3-33.
*Román, S. (2003):* The Impact of Ethical Sales Behaviour on Customer Satisfaction, Trust and Loyalty to the Company: An Empirical Study in the Financial Services Industry, in: Journal of Marketing Management, 19. Jg., 2003, S. 915-939.
*Rosemann, B./ Kerres, M. (1986):* Interpersonales Wahrnehmen und Verstehen, Bern 1986.
*Rotter, J.B. (1971):* Generalized Expectancies for Interpersonal Trust, in: American Psychologist, 26. Jg., 1971, Nr. 5, S. 443-452.
*Rotter, J. (1967):* A New Scale of the Measurement of Interpersonal Trust, in: Journal of Personality, 35. Jg., 1967, Nr. 4, S. 651-656.
*Rotter, J. (1980):* Interpersonal Trust, Trustworthiness, and Gullibility, in: American Psychologist, 35. Jg., 1980, Nr. 1, S. 1-7.
*Schlenker, B.R./ Helm, B./ Tedeschi, J.T. (1973):* The Effects of Personality and Situational Variables on Behavioral Trust, in: Journal of Personality and Social Psychology, 25. Jg., 1973, Nr. 3, S. 419-427.
*Schmalz-Bruns, R./ Zintl, R. (Hrsg.) (2002):* Politisches Vertrauen, Baden-Baden 2002.
*Schönherr-Mann, H.-M. (2002):* Wie viel Vertrauen verdienen Politiker, in: Aus Politik und Zeitgeschichte, Beilage zur Wochenzeitung Das Parlament, o. Jg., 2002, Band 15/16, S. 3-5.
*Schurr, P.H./ Ozanne, J.L. (1985):* Influences on Exchange Processes: Buyers' Preconceptions of a Seller's Trustworthiness and Bargaining Toughness, in: Journal of Consumer Research, 11. Jg., 1985, Nr. 4, S. 939-953.
*Schütte, S. (2004):* Transparenz schafft Vertrauen – zur Ausgestaltung des Enforcements in Deutschland, in: Die Bank, o. Jg., 2004, Nr. 2, S. 122-124.
*Schwaiger, M. (2004):* Components and Parameters of Corporate Reputation – An Empirical Study, in: Schmalenbach Business Review, 56. Jg., 2004, Nr. 1, S. 46-71.
*Seifert, M. (2001):* Vertrauen als Organisationsprinzip: Eine theoretische und empirische Studie über Vertrauen zwischen Angestellten und Führungskräften, in: Zeitschrift für Personalforschung, 15. Jg., 2001, Nr. 4, S. 461-465.
*Sell, F. L. (2004):* Confidence and the Erosion of Confidence: Economic Functions and Effects, Diskussionsbeiträge des Instituts für Volkswirtschaftslehre, Universität der Bundeswehr München, 16. Jg., 2004, Nr. 1.
*Sharma, N./ Patterson, P.G. (2000):* Switching Costs, Alternative Attractiveness and Experience as Moderators of Relationship Commitment in Professional, Consumer Ser-

vices, in: International Journal of Service Industry Management, 11. Jg., 2000, Nr. 5, S. 470-490.

Singh, J./ Sirdeshmukh, D. (2000): Agency and Trust Mechanisms in Consumer Satisfaction and Loyalty Judgements, in: Journal of the Academy of Marketing Science, 28. Jg., 2000, Nr. 1, S. 150-167.

Sirdeshmukh, D./ Singh, J./ Sabol, B. (2002): Consumer Trust, Value, and Loyalty in Relational Exchanges, in: Journal of Marketing, 66. Jg., 2002, Nr. 1, S. 15-37.

Skinner, B.F. (1938): The Behavior of Organisms: An Experimental Analysis, New York 1938.

Stack, L. (1978): Trust, in: London, H./ Exner, J. (Eds.): Dimensions of Personality, London 1978, S. 561-599.

Sydow, J. (2002): Zum Management von Logistiknetzwerken, in: Logistik Management, 4. Jg., 2002, Nr. 2, S. 9-15.

Szymanski, D.M./ Henard, D.H. (2001): Customer Satisfaction: A Meta-Analysis of the Empirical Evidence, in: Journal of the Academy of Marketing Science, 29. Jg., 2001, Nr. 1, S. 16-35.

Weimann, G. (1982): On the Importance of Marginality: One More Step into the Two-Step Flow of Communication, in: American Sociological Review, 47. Jg., 1982, Nr. 6, S. 764-773.

Wolling, J. (2003): Medienqualität, Glaubwürdigkeit und politisches Vertrauen, in: Donsbach, W./ Jandura, O. (Hrsg.): Chancen und Gefahren der Mediendemokratie, Konstanz 2003, S. 333-349.

Woodside, A.G. (1972): Informal Group Influence on Risk Taking, in: Journal of Marketing Research, 9. Jg., 1972, Nr. 2, S. 223-225.

Wünschmann, S./ Müller, S. (2005): Erfolgreich Markenvertrauen aufbauen, in: Absatzwirtschaft Science Factory, 7. Jg., 2005, Nr. 1, S. 10-14.

Yang, K. (2005): Public Administrators' Trust in Citizens: A Missing Link in Citizen Involvement Efforts, in: Public Administration Review, 65. Jg., 2005, Nr. 3, S. 273-285.

Zand, D.E. (1972): Trust and Managerial Problem Solving, in: Administrative Science Quarterly, 17. Jg., 1972, Nr. 2, S. 229-239.

# Neuroökonomie und Neuromarketing – Erkenntnisse der Gehirnforschung für die Gestaltung von Beziehungen zwischen Kunden und Unternehmen

– Welche Erkenntnisse der aktuellen Gehirnforschung lassen sich für das Kundenmanagement nutzen? –

Christian Duchmann, Armin Töpfer

Inhalt

| | | |
|---|---|---|
| 1 | Neuroökonomie und Neuromarketing – Ein neues Feld für Praxis und Forschung | 163 |
| 2 | Transfer der aktuellen Gehirnforschung auf Elemente des Kundenmanagements | 168 |
| 2.1 | Kundenbedürfnisse erkennen | 168 |
| 2.2 | Kundennutzen schaffen | 173 |
| 2.3 | Kundenvorteile kommunizieren | 175 |
| 2.4 | Kundenzufriedenheit vergrößern | 179 |
| 2.5 | Kundenbindung erreichen | 182 |
| 3 | Literatur | 184 |

## 1 Neuroökonomie und Neuromarketing – Ein neues Feld für Praxis und Forschung

Innerhalb der letzten Jahre hat die Beachtung von Ergebnissen der Neuroökonomie und des Neuromarketing sowohl in der Wissenschaft als auch in der Praxis deutlich zugenommen. Im Rahmen der **Neuroökonomie** werden ökonomische Fragestellungen mit neurowissenschaftlichen Erkenntnissen und Methoden analysiert (vgl. Hain/ Kenning/ Lehmann-Waffenschmidt 2007). Der Schwerpunkt der Forschung liegt vor allem darauf, zu ergründen, wie im Gehirn zwischen Verhaltensalternativen gewählt wird. Der Erkenntniszugewinn ist inzwischen derart groß, dass Neuroökonomie mit der **neurowissenschaftlichen Erforschung des Entscheidungsverhaltens** gleich gesetzt wird (vgl. Sanfey et al. 2006; Sugrue/ Corrado/ Newsome 2005). Insofern ist es fast zwangsläufig, dass selbst in maßgeblichen naturwissenschaftlichen Zeitschriften, wie z.B. *Science*, Beiträge zur Neuroökonomie erscheinen (vgl. Glimcher/ Rustichini 2004).

Seit einigen Jahren gibt es Bestrebungen, den neuroökonomischen Ansatz in den Mainstream der ökonomischen Forschung zu integrieren (vgl. Camerer/ Loewenstein/ Prelec 2005; Singer/ Fehr 2005). Hinsichtlich des **Neuromarketing**, als Teilgebiet der Neuroökonomie, in dem neurowissenschaftliche Erkenntnisse und Methoden in das Marketing integriert werden, geht die Entwicklung offensichtlich rascher voran. Inzwischen sind bereits in einigen betriebswirtschaftlichen Zeitschriften Beiträge zum Neuromarketing erschienen (vgl. Kenning/ Plassmann/ Ahlert 2007).

Die Bewegung, welche die Gehirnforschung innerhalb der Wirtschaftswissenschaften ausgelöst hat, ist auch an anderen Indikatoren ablesbar. Es hat sich eine eigene Forschungsgesellschaft gebildet, die *Association for NeuroPsychoEconomics*. Zudem sind vor einiger Zeit Zeitschriften mit speziellem Fokus auf Neuroökonomie ins Leben gerufen worden, und zwar die deutschsprachige *NeuroPsychoEconomics* und das englischsprachige *Journal of Neuroscience, Psychology, and Economics*. Die Erwartungen, die innerhalb der Wirtschaftswissenschaft an die Gehirnforschung geknüpft werden, drückt der Nobelpreisträger für Wirtschaftswissenschaften des Jahres 2000, Daniel McFadden aus. Im *Handelsblatt* wird er mit folgender Ermunterung an Studierende seines Faches wiedergegeben: „Studiert Neurologie und Biochemie, kognitive Psychologie und Anthropologie" (Häring 2006).

Das **große Interesse der Praxis** an Neuroökonomie und Neuromarketing demonstrieren wiederum Artikel in der Wirtschaftspresse. Beispielhaft seien genannt:

- *Absatzwirtschaft* (vgl. z.B. Häusel 2006; Scheier/ Held 2007),
- *Economist* (vgl. z.B. o.V. 2005),
- *Frankfurter Allgemeine Zeitung* (vgl. z.B. Müller-Jung 2003),
- *Wirtschaftswoche* (vgl. z.B. Kutter 2004; Welp 2006).

Sogar Publikationen für ein breiteres Publikum widmen diesem Thema ihre Seiten, z.B. der *Spiegel* (vgl. Traufetter 2006) und *Gehirn und Geist* (vgl. Schäfer 2004). Auffällig ist gleichfalls, dass die *Frankfurter Allgemeine Zeitung* in ihrer Reihe über Wirtschaftsforscher dem Neuroökonomen und Professor für Marketing an der Zeppelin Universität Friedrichshafen, Peter Kenning, deutlich hervorgehoben, einen eigenen Beitrag gewidmet hat (vgl. Roßbach 2007).

Einige **Unternehmen** haben sich bereits erkennbar mit dem **Neuromarketing** auseinander gesetzt, z.B. die Daimler AG, die Burda-Verlagsgruppe, BBDO Consulting und der österreichische Ladenbaukonzern Umdasch (vgl. Häusel 2006). Das Interesse der Praxis am Neuromarketing, aber auch die Skepsis lassen sich an einem kürzlich veröffentlichten Interview mit dem Chef der Marktforschung des Konsumgüterherstellers Henkel ablesen. Der Diplom-Psychologe Dr. Hans-Willi Schroiff gab kürzlich diese Einschätzung in einem Interview für die Branchenzeitschrift *Werben & Verkaufen* ab: „Viele Erkenntnisse, die nun noch mal unter der Überschrift ‚Hirnforschung' aktualisiert werden, sind für uns schon seit Jahren, teilweise Jahrzehnten, Bestandteil eines normalen Erkenntnisprozesses." – Damit ist letztlich nicht die Erkenntnis neu, sondern nur die Erklärungsmuster und die Begründung sind anders. Aus psychologischen hypothetischen Konstrukten des

Involvements werden beispielsweise dann physiologisch nachvollziehbare Phänomene. Indirektes Schließen über Indikatoren wird im Rahmen der experimentellen Forschung ersetzt durch direktes Messen biochemischer Phänomene. – Er fügt allerdings hinzu: „Die aktuell berichtete Hirnforschung – Stichwort Hirnscanner – dokumentiert, wie enorm fortschrittlich die Entwicklung ist." Und: „Ich rechne mir deshalb für die kommenden zehn Jahre einen enormen Wissenszuwachs aus." (Schröter 2008)

Fortschritte durch die Gehirnforschung zeigen sich bereits darin, dass **überholte Vorstellungen über das Gehirn abgelegt** werden (siehe Abb. 1). Zum Beispiel die Auffassung, das Gehirn teile sich in einen rechten Teil, der „emotional", und einen linken Teil, der „rational" sei. Das im Neuromarketing profilierte Autorengespann Scheier/ Held widerspricht dieser Vorstellung in einem Beitrag für die *Absatzwirtschaft* vehement (vgl. Scheier/ Held 2007, S. 34). Ebenso weist einer der herausragenden Vertreter der Kognitiven Neurowissenschaft, Michael Gazzaniga, in einem Leserbrief an die *Harvard Business Review* auf diesen Irrtum hin: „The hype about neuroscience we're now seeing has happened before, with the original left brain/right brain research, which I helped pioneer. Our work got hugely distorted in the popular press, and it was impossible to find hard data for most of the claims that were being made. The failure to live up to the hype arguably obscured the real advances we did make." (Gazzaniga 2006)

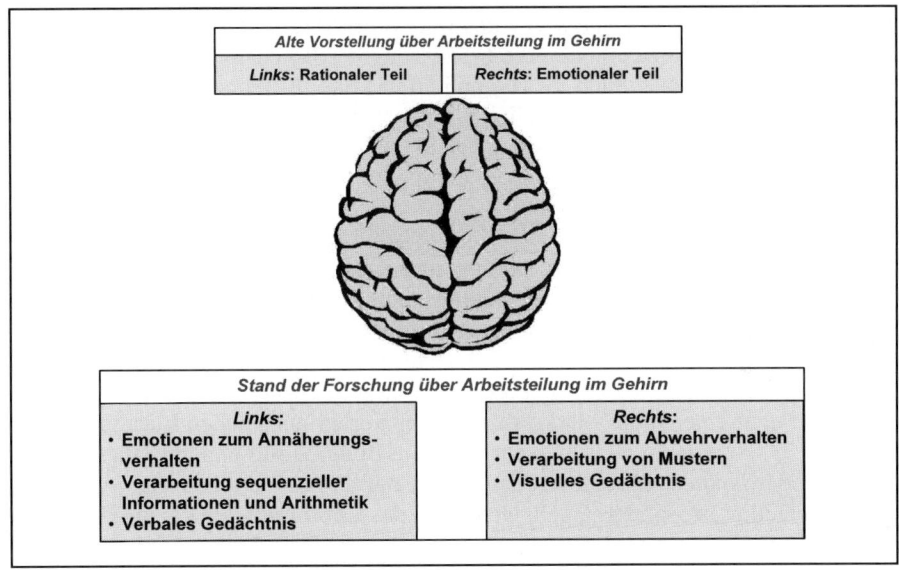

**Abb. 1:** Das alte und das neue Bild über die Arbeitsteilung zwischen linker und rechter Hirnhälfte

In der Neuropsychologie wird seit Jahren, auf der Basis der experimentellen Befundlage, eine weitaus **differenziertere Arbeitsteilung zwischen linker und**

**rechter Hirnhälfte** ausgemacht. Danach sind in der rechten Hirnhälfte z.B. Emotionen zum Abwehrverhalten verortet, in der linken Emotionen zum Annäherungsverhalten; wiederum rechts werden Muster verarbeitet, links sequenzielle Informationen und Arithmetik, rechts liegt außerdem schwerpunktmäßig das visuelle Gedächtnis, links wiederum das verbale Gedächtnis (vgl. Jäncke 2003).

In diesem Beitrag wollen wir weitere Fortschritte in der Gehirnforschung aufzeigen. Fortschritte, die sich für die Beziehung zwischen Kunden und Unternehmen fruchtbar machen lassen. Wir bieten damit aber keine Zusammenfassung der experimentellen Befunde zum Neuromarketing. Zum einen liegen bereits mehrere solcher Darstellungen vor, die aussagefähige Ergebnisberichte bieten, und wir wollen diesen keinen weiteren hinzufügen (vgl. hierzu z.B. Kenning/ Plassmann/ Ahlert 2007; Schilke/ Reimann 2007; Bauer/ Exler/ Höhner 2006). Zum anderen konzentrieren sich die mit dem Gehirnscanner durchgeführten Untersuchungen im Neuromarketing, wie einer Darstellung von Kenning/ Plassmann/ Ahlert in der *Marketing ZfP* von 2007 entnommen werden kann, nahezu durchweg auf Gehirnbereiche, in denen „Belohnungen" verarbeitet werden (vgl. Kenning/ Plassmann/ Ahlert 2007, S. 59).

Von maßgeblicher Bedeutung für die Verarbeitung von Belohnungen im Gehirn ist eine – kleine – Struktur des Vorderhirns, nämlich das **ventrale Striatum**, welches auch als **Nucleus accumbens** bezeichnet wird, bisweilen auch als „**Lustkern**". Diese Gehirnstruktur wird mit zielorientiertem Verhalten in Verbindung gebracht und ist eine zentrale Stelle des Dopaminsystems. Belohnungen wie Nahrung und sexuelle Reize erhöhen die Freisetzung des Botenstoffs **Dopamin** in diesem Bereich (vgl. Bösel 2006, S. 101 und 103 f.). Die Aktivität dieser Gehirnregion zeigt sich z.B. überdeutlich beim „Craving", beim intensiven Verlangen nach einer Droge wie Kokain (vgl. Birbaumer/ Schmidt 2006, S. 677 und 679). Die Übersicht über einzelne Gehirnregionen, auf die im weiteren Verlauf dieses Artikels eingegangen wird, liefert Abbildung 2.

Den Untersuchungen zum Nucleus accumbens wird jedoch von Seiten der Praxis Skepsis entgegen gebracht. Zum Ausdruck bringt dies der Kommentar von Schroiff „Man stellt fest, dass bei der Darbietung von Marken bestimmte Areale im Gehirn stärker durchblutet werden als bei anderen Marken und dass besonders bei starken Marken der so genannte Lustkern, der Nucleus accumbens, stärker durchblutet wird. Also wird eine besonders starke Hirnaktivität dort vermutet. Aber dass Persil eine starke Marke ist, war uns vorher auch schon klar." (Schröter 2008, S. 25) Außerdem weisen experimentelle Befunde seit einigen Jahren darauf hin, dass der Nucleus accumbens eben nicht nur an der Verarbeitung von Belohnungen beteiligt ist, sondern auch, wenn sich das Gehirn mit der **Vermeidung von Bestrafungen** befasst, also mit einer anderen Art zielorientierten Verhaltens (vgl. Seymour et al. 2007, S. 4829). Demnach ist der Fokus des Neuromarketing auf den Nucleus accumbens vermutlich zu eng. In der Summe wird auch von Seiten der Marketing-Wissenschaft Kritik am gegenwärtigen Erklärungs- und Gestaltungswert des Neuromarketing geübt (vgl. Bauer/ Exler/ Höhner 2006, S. 16 ff.).

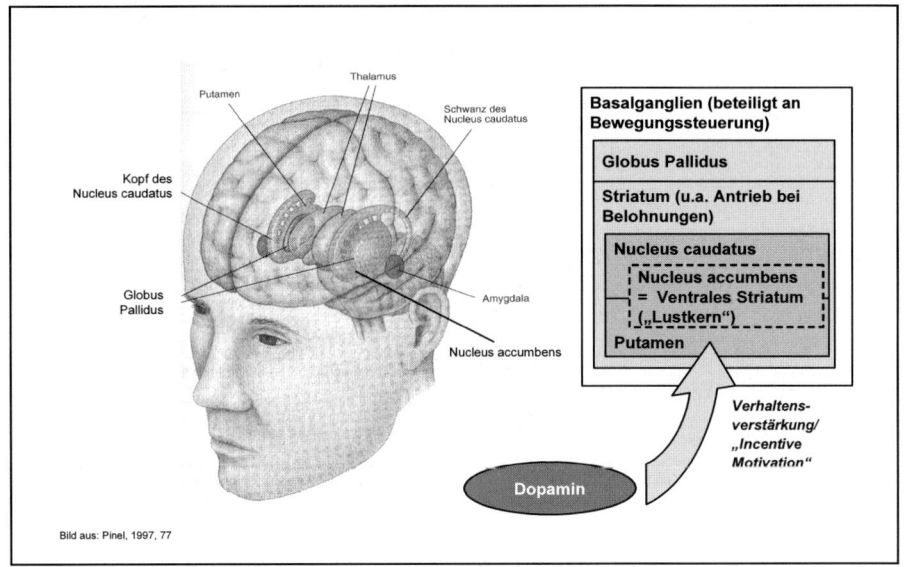

**Abb. 2:** Zentrale Gehirnregionen für die Verhaltenssteuerung

In unserem Beitrag werden wir zeigen, dass dem Nucleus accumbens, wie dem Belohnungssystem im Gehirn insgesamt, zwar eine hohe Bedeutung zukommt. Wir wollen aber den Fokus deutlich darüber hinaus erweitern, indem wir neurowissenschaftliche Erkenntnisse für Themenfelder dieses Buches erschließen. Wir gehen hierbei über den gegenwärtigen Stand des Neuromarketing hinaus und beziehen viele neuere Erkenntnisse ein, die mit der **funktionellen Magnetresonanztomografie (fMRT)** gewonnen wurden. Mit der fMRT lassen sich Aktivitäten im Gehirn lokalisieren (vgl. Birbaumer/ Schmidt 2006). Auf dieser Grundlage beziehen wir z.B. Erkenntnisse der „Sozialen Neurowissenschaft" ein, einem Forschungsfeld, welches von der Betriebswirtschaftslehre bislang nicht beachtet wurde, jedoch seit über 10 Jahren in der Gehirnforschung verankert ist (vgl. Lieberman 2007). Darüber hinaus diskutieren wir auch neurowissenschaftliche Befunde zum Thema Aufmerksamkeit, einer Variable, die für die Werbewirkungsforschung von hoher Relevanz ist. Unser weiteres Vorgehen wird aus der Abbildung 3 ersichtlich.

Wir folgen mit unserem Vorgehen dem Vorschlag, der von Vertretern der Neuroökonomie gemacht wird. Peter Kenning sowie Marco Lehmann-Waffenschmidt, Professor für Managerial Economics an der Technischen Universität Dresden, und Cornelia Hain haben in der Zeitschrift *Wirtschaftswissenschaftliches Studium* dafür plädiert, in der Neuroökonomie „anstelle neuer Experimente Einsichten und Ergebnisse durch Synopse und Rekombination bekannter neurowissenschaftlicher Experimentalresultate zu gewinnen." (Hain/ Kenning/ Lehmann-Waffenschmidt 2007, S. 506).

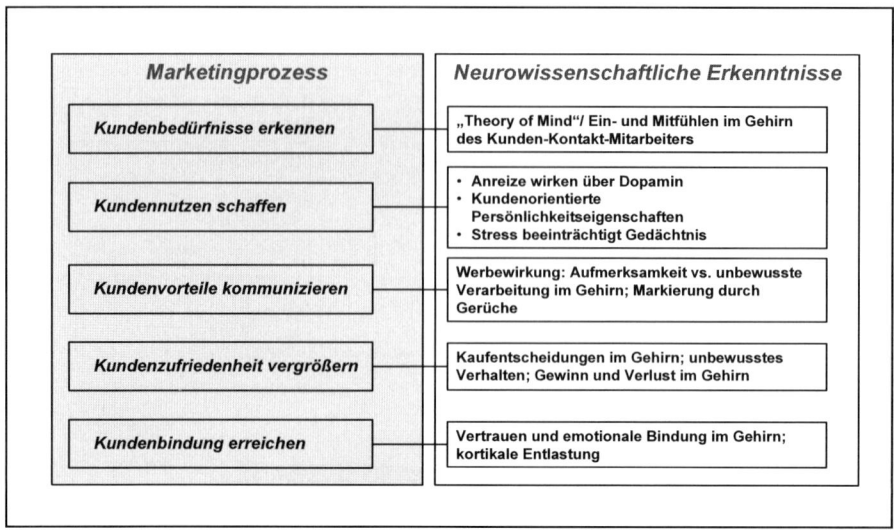

Abb. 3: Entsprechung von Marketing und Neurowissenschaft

## 2 Transfer der aktuellen Gehirnforschung auf Elemente des Kundenmanagements

### 2.1 Kundenbedürfnisse erkennen

Als entscheidend für kundenorientiertes Verhalten von Mitarbeitern werden in der Marketing-Forschung 2 Vorgänge angesehen. Zum einen **Perspektivenübernahme**, d.h. mental nachvollziehen, was der Kunde denkt, zum anderen **Empathie**, das Einfühlen in den und Mitfühlen mit dem Kunden. Beide Eigenschaften beeinflussen sich wechselseitig (vgl. im einzelnen Stock 2003; Trommsdorff 1998).

Innerhalb der sozialen Neurowissenschaft ist die Frage, wie ein Mensch Gefühle, Absichten, Wünsche, Ziele, Vorstellungen etc. eines anderen nachvollzieht, also die Perspektivenübernahme, ein zentrales Thema und wird unter dem Stichwort „**Theory of Mind**" gefasst (vgl. einführend Singer 2006; ausführlich Cacioppo/ Visser/ Pickett 2006). Da sich die Forschungsarbeit bislang vornehmlich darauf konzentriert, welche Gehirnregionen hierbei welche Funktionen erfüllen, verzichten wir darauf, hier auf die Details einzugehen. Stattdessen konzentrieren wir uns auf die Untersuchungen zur Empathie, zum Ein- und Mitfühlen. **Ein- und Mitfühlen** erleichtern den **Kunden-Kontakt-Mitarbeitern**, Gedanken des Kunden nachzuvollziehen.

In der Gehirnforschung liegen bereits experimentelle Erkenntnisse zum Zusammenhang von Ein- und Mitfühlen und dem Beobachten anderer Menschen vor.

Beobachtet eine Person eine andere, so zeigt sich bisweilen im Gehirn ein erstaunlicher Vorgang: Allein aufgrund der Beobachtung wird dieselbe emotional aktive Gehirnregion der beobachteten Person auch beim Beobachter aktiv. Als ob die **Emotion der anderen Person im Gehirn des Beobachters „gespiegelt"** würde. Eindrucksvoll wurde dies vor einigen Jahren in einem vielbeachteten Experiment demonstriert (vgl. Wicker et al. 2003). Versuchspersonen im fMRT wurde ein Film gezeigt. Auf diesem Film schnitt eine den Versuchspersonen unbekannte Person eine ekelverzerrte Grimasse. Ein Gesichtsausdruck, als ob ein fauliger Geruch inhaliert würde. Bemerkenswert ist nun, dass bei denjenigen Versuchspersonen, die diesen Gesichtsausdruck beobachteten, jeweils diejenige Gehirnregion aktiv wurde, die am eigenen Ekelempfinden maßgeblich beteiligt ist, am eigenen Fühlen von Ekel. Und dies geschieht automatisch, unmittelbar und ohne willentliche Beeinflussung, einzig und allein aufgrund der Beobachtung.

Ein solches Mitfühlen macht aus **evolutionsbiologischer Sicht** Sinn. Denn durch Mitfühlen können in Gruppen lebende Tiere besonders eindrücklich voneinander lernen. Beschnuppert beispielsweise ein Rudelmitglied eine unbekannte Nahrungsquelle und zeigt dann Ekel, spürt das daneben stehende Rudelmitglied so zu sagen am eigenen Leibe, dass es dieses Nahrungsmittel besser nicht selber anrührt. Da der Mensch seinen evolutionsbiologischen Ausgangspunkt bei in Gruppen lebenden Primaten besitzt, ist es nicht verwunderlich, dass er eine ebensolche Gehirneigenschaft aufweist.

Aufgrund welcher Gehirneigenschaften dieser Automatismus des Mitfühlens zustande kommt, darüber wird in der Sozialen Neurowissenschaft noch intensiv diskutiert (vgl. Decety/ Grèzes 2006; Preston/ de Waal 2002, S. 9 ff.). Vermutlich lernt ein Mensch bereits sehr früh in der Kindheit, welche Gefühle mit welchem äußerlich erkennbaren Verhalten verbunden sind. Emotionen wie Freude, Trauer oder Angst werden in typischen Gesichtszügen, Körperhaltungen oder auch Tonfällen des Sprechens ausgedrückt. Beobachten wir einen anderen Menschen, z.B. einen Kunden, können wir deswegen häufig anhand seines sichtbaren Verhaltens die charakteristischen Emotionen wahrnehmen. Im Abgleich mit eigenen Erfahrungen wird dann bisweilen automatisch die eigene emotionale Reaktion, die mit einem solchen sichtbaren körperlichen Ausdruck verbunden ist, ausgelöst. Wir als **beobachtende Person „simulieren"** dann auf der Basis eigener Erfahrungen die Emotion der beobachteten Person.

Die Frage ist nun, **unter welchen Bedingungen** eine beobachtete Emotion ausreicht, um Ein- und Mitfühlen auszulösen, also Empathie, die es einem Kunden-Kontakt-Mitarbeiter erleichtert, sich kundenorientiert zu verhalten (siehe Abb. 4). Nicht jede Bedingung dürfte hierfür hinreichend sein, denn schließlich übernimmt ein Mensch nicht beliebig jegliche Emotion, die ein anderer in seiner Umgebung zeigt. Untersuchungen der Gehirnforschung, die wir nun erläutern werden, legen folgende Zusammenhänge nahe:

- Je mehr sich Beobachter und beobachtete Person ähnlich sind, desto höher ist die Empathie,
- Je vertrauter Personen miteinander sind, desto höher ist die Empathie,

- Je mehr die Personen kooperieren statt zu konkurrieren, desto höher ist die Empathie.

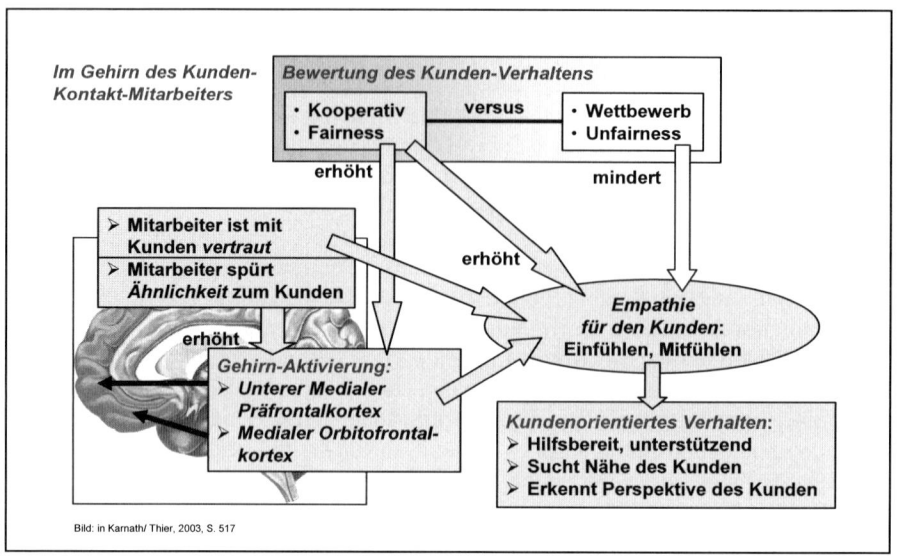

**Abb. 4:** Empathie aktiviert lokalisierbare Gehirnregionen

Im Hinblick auf die Frage des Zusammenhangs zwischen Empathie und Ähnlichkeit sind 2 Gehirnregionen näher zu betrachten, und zwar der **untere Mediale Präfrontalkortex** und der **Mediale Orbitofrontale Kortex**, beides Gehirnregionen, die sich direkt hinter der Stirn eines Menschen befinden. In 2 fMRT-Untersuchungen konnte ermittelt werden, dass diese Gehirnregionen aktiv sind, sobald es um Empathie geht (vgl. Saxe 2006, S. 237). Darüber hinaus hat eine weitere, 2006 in der Fachzeitschrift *Neuron* unter Beteiligung von Forschern aus Harvard veröffentlichte Untersuchung ergeben, dass Personen, die als **ähnlich** zu einem selber wahrgenommen werden, den unteren Medialen Präfrontalkortex aktivieren. Personen, die zu einem selbst als relativ unähnlich erscheinen, aktivieren hingegen den oberen Teil des Medialen Präfrontalkortex (vgl. Mitchell/ Macrae/ Banaji 2006).

Dieses Untersuchungsergebnis passt insofern zu weiteren Erkenntnissen der Gehirnforschung (vgl. Mitchell/ Macrae/ Banaji 2006, S. 655 und 660), da der untere Mediale Präfrontalkortex ebenso dann aktiv ist, wenn wir über uns selbst nachdenken. Deswegen kann geschlussfolgert werden: **Je mehr eine Person uns ähnelt, desto mehr können wir eigene Erfahrungen auf sie übertragen**. Wir schließen einfach von uns selbst auf sie. Die „Simulation" der anderen Person in uns selbst ist vereinfacht. Ist die Person hingegen unähnlich, funktioniert dies nicht. Wir registrieren Unterschiede zwischen uns und ihr. Konsequenterweise können wir nicht einfach von uns auf die andere Person schließen. Uns wird vielmehr bewusst, dass sich unsere Gedanken und die Gedanken der anderen Person unterscheiden können.

Neben wahrgenommener Ähnlichkeit gibt es noch einen weiteren Faktor, der die Empathie vergrößert, und zwar **Vertrautheit**. Durch die fMRT konnte demonstriert werden, dass Versuchspersonen dann in den entsprechenden Gehirnregionen Schmerz empfinden, wenn sie wahrnehmen, dass ihrem Lebenspartner Schmerz zugefügt wird (vgl. die Darstellung bei Singer 2006, S. 858). Zwar sind die meisten Kundenbeziehungen nicht derart eng und vertraut. Jedoch gibt es von Vertretern der Gehirnforschung Überlegungen dahingehend, dass der neuronale Mechanismus, der in Lebenspartnerschaften einander bindet, sich mit dem Mechanismus überlappt, auf dem Freundschaften gründen. (vgl. Young/ Wang 2004, S. 1053). Außerdem kann ein evolutionsbiologisches Argument vermerkt werden: Experimente an Affen haben gezeigt, dass diese mit denjenigen Empathie empfinden, die zur eigenen Gruppe gehören, demnach auch zu Mitgliedern, mit denen sie keine sexuellen Beziehungen unterhalten (vgl. Preston/ de Waal 2002). Insofern liegt die Überlegung nahe, dass jegliche vertraute Beziehung Empathie auslöst.

In einem anderen, in der Fachpublikation *Neuroimage* veröffentlichten fMRT-Experiment wurde untersucht, wie das Gehirn auf **Kooperations- und Wettbewerbssituationen** reagiert (vgl. Decety et al. 2004). Hierfür nahmen Versuchspersonen, im Tomographen per Fernbedienung, an einem interaktiven Computerspiel teil. Einmal wurde kooperiert, einmal gegeneinander gespielt. Die Daten des fMRT zeigten in den 2 unterschiedlichen Situationen deutlich unterschiedliche Gehirnaktivitäten. In der Kooperationssituation war, neben einer weiteren Gehirnregion, vor allem der **Mediale Orbitofrontalkortex** aktiv; eine Region, die, wie oben erläutert, an der Empathie beteiligt ist.

Im Unterschied zur Kooperationsbedingung zeigte sich dagegen in der Wettbewerbsbedingung eine erhöhte Aktivität des **Medialen Präfrontalkortex**; und zwar, dies verdeutlicht der Abgleich der angegebenen Gehirnkoordinaten, der obere Teil dieser Gehirnregion. Wie bereits vorstehend erläutert, spielt diese Gehirnregion eine wesentliche Rolle in der Analyse von Menschen, die als unähnlich zu einem selbst empfunden werden. Die Verfasser der Untersuchung legen nahe, dass vor allem in einer Wettbewerbsbedingung das Bedürfnis besteht, sich über die Absichten des Gegenspielers klar zu werden. In der Kooperationsbedingung ist dies hingegen weniger erforderlich, weil ja beide eine gemeinsame Absicht verfolgen.

Noch eine 2. Gehirnregion zeigte in der Untersuchung eine erhöhte Aktivität in der Wettbewerbsbedingung, und zwar der **Pars parietalis inferior** (in der Abbildung nicht enthalten). Wie andere neurowissenschaftliche Ergebnisse verdeutlichen, ist diese Gehirnregion dafür zuständig, der handelnden Person ein **Gefühl von Urheberschaft** zu vermitteln, ein Gefühl, selber Ursache eines Verhaltens oder eines Ergebnisses zu sein und nicht jemand anderes. Und genau diese Gehirnregion trat in diesem fMRT-Experiment ausschließlich in der Wettbewerbsbedingung, nicht aber in der Kooperationsbedingung in den Vordergrund. Die Verfasser erklären diesen Befund damit, dass in der Kooperationsbedingung eine „Verschmelzung" erfolgt, bei der der Spieler und sein Mitspieler „eins" werden, mit anderen Worten: ein „**self-other merging**". Während der Kooperation ist es demzufolge nicht notwendig, der Frage der Urheberschaft besondere Beachtung zu schenken, denn beide arbeiten auf ein gemeinsames Ziel hin. In der Wettbewerbsbedingung ist es hingegen erforderlich, zu klären, wer für welche Aktion Verantwortung trägt. Deswegen wird eine Gehirnregion verstärkt aktiv, mit welcher der Frage der Urheberschaft nachgegangen wird.

Zusätzlich aufschlussreich ist eine fMRT-Untersuchung, die vor 2 Jahren in einer der renommiertesten naturwissenschaftlichen Zeitschriften, nämlich *Nature*, veröffentlicht wurde (vgl. Singer et al. 2006). In einem neuroökonomischen Experiment konnte gezeigt werden, dass zumindest die Empathie der männlichen Versuchspersonen herabgesetzt ist, wenn sich ein Mitspieler **unfair** verhält. Spezifischer: Nahm eine beobachtende Person an, dass einem Spieler, der sich unfair verhält, Schmerzen zugefügt wurden, dann blieben die Schmerzregionen der beobachtenden Person ruhig. Empathie, also eine Aktivierung eigener Schmerzregionen, wurde dagegen sowohl bei den männlichen als auch bei den weiblichen Versuchspersonen registriert, sofern es um Spieler ging, die sich fair verhielten. Bei den Männern zeigte sich zudem im Falle der wahrgenommenen Schmerzapplikation an der unfairen Person eine erhöhte Aktivierung des **Nucleus accumbens**. Dies wird von den Verfassern der Untersuchung als Ausdruck einer **Vergeltungsmotivation** gewertet. Mit anderen Worten empfindet die beobachtende Person Freude, sofern einer unfairen Person Schmerz zugefügt wird.

An dieser Stelle könnte eingewandt werden, was Schmerz mit Kundenorientierung zu tun hat. Vermutlich sehr viel, denn eine kürzlich veröffentliche Neuromarketing-Untersuchung, auf die wir im folgenden kurz eingehen, zeigte, dass eine Gehirnregion des Schmerzempfindens dann bei einem Kunden aktiv ist, wenn er – aus seiner Sicht – einen hohen Preis für ein Produkt wahrnimmt.

Auswirkungen der Empathie auf das Verhalten einer einfühlsamen und mitfühlenden Person wurden von der Gehirnforschung bislang nicht untersucht. Da sich allerdings deutliche Übereinstimmungen von Gehirnforschung und anderen Forschungsfeldern abzeichnen, können Beobachtungen aus letzteren herangezogen werden (vgl. Vignemont/ Singer 2006, S. 439; Preston/ de Waal 2002, S. 4 ff.). Demnach führt Empathie erstens zu Hilfsbereitschaft und Unterstützung. Gerade beratungsintensive Kunden dürften es zu schätzen wissen, wenn sie ein Servicemitarbeiter nicht gleich abfertigt, sondern wenn er stattdessen geduldig zuhört. Zweitens wird ein einfühlsamer Mitarbeiter die Nähe zu der Person suchen, mit der er mitfühlt. Eine einfühlsame Verkäuferin wird sich also nicht bei der erst besten Gelegenheit dem Kontakt mit dem Kunden „entziehen". Und drittens wird ein einfühlsamer Kunden-Kontakt-Mitarbeiter, entsprechend den oben angeführten Überlegungen, durch Empathie leichter die Perspektive des Kunden nachvollziehen können.

Welche **Schlussfolgerungen** lassen sich auf dieser Basis für die Praxis ableiten? Erstens: Will ein Unternehmen fördern, dass sich beispielsweise Vertriebsmitarbeiter in Kunden einfühlen können, sollte auf die Ähnlichkeit zwischen beiden geachtet werden. Es kommt hierbei auf die **psychologische Ähnlichkeit** an. Ähnlichkeiten in Bezug auf Alter, regionale Herkunft, Geschlecht, Bildung können auf psychologische Ähnlichkeit hindeuten, müssen es aber nicht. Zweitens: Will ein Unternehmen Empathie fördern, sollte es die Vertrautheit zwischen Kunden und Mitarbeiter steigern. „Freundschaften" entstehen über einen längeren

Zeitraum, also sollte Kontinuität in der Kundenbeziehung gefördert werden sowie Begegnungen außerhalb der geschäftlichen Tätigkeiten. Drittens: Kunde und Mitarbeiter sollten Gelegenheit erhalten, an gemeinsamen Tätigkeiten teil zu haben, Tätigkeiten, in denen sie kooperieren können.

Noch nicht beantwortet ist damit allerdings die Frage, wie es gelingt, diese Eigenschaften und Verhaltensweisen bei Mitarbeitern aussagefähig zu erkennen und sie danach für bestimmte Funktionen im Kundenkontakt auszuwählen. In dieser Hinsicht wird in Zukunft das **psychologisch abgestützte Instrumentarium für Mitarbeiter-Assessments und Funktionsselektionen** noch deutlich um Erkenntnisse der Neuroökonomie und des Neuromarketing erweitert werden müssen. Hinzu kommt, dass es – in Abhängigkeit von der Kundenzielgruppe und der Strategie des Unternehmens – in Einzelfällen vielleicht auch empfehlenswert ist, in die Gruppe der Kunden-Kontakt-Mitarbeiter mit hoher Empathie auch einen „Gegentyp" aufzunehmen. Denn er wird, z.B. in einem Beschwerdefall, eher in der Lage sein, in eine Kundeninteraktion nicht zu viel Mitgefühl einzubringen, sondern eine ökonomisch motivierte Position des Unternehmens eher zu vertreten.

In der Zukunft wird es also neben der bewussten Auswahl der Mitarbeiter für den direkten Kundenkontakt mit einem bestimmten Profil vor allem auch darauf ankommen, sie situativ bewusst einzeln oder in Kombination bzw. Abfolge einzusetzen. Ähnliche Prozess- und Verhaltensmuster werden heute bereits – wenn auch manchmal eher ohne rationale Strategie – praktiziert.

## 2.2 Kundennutzen schaffen

Die gerade dargestellten Erkenntnisse könnten nahe legen, dass Empathie alleine ausreicht, um bei Mitarbeitern kundenorientiertes Verhalten auszulösen. Denn wenn z.B. das Angebot den Kunden schmerzt oder ekelt, dann sollte der Kunden-Kontakt-Mitarbeiter, der diesen Schmerz oder Ekel nachvollzieht, bestrebt sein, solche Angebote zu unterlassen. Natürlich ist es nicht so einfach. Untersuchungen im fMRT konnten beispielsweise belegen, dass bei Ärzten Gehirnregionen innerhalb des Präfrontalkortex aktiv sind, die ein **Mitfühlen unterdrücken**, wenn sie zusehen, wie in einen Körper Nadeln eingeführt werden (vgl. Cheng et al. 2007). Da Empathie demnach verdrängt werden kann, dürfte Empathie allein kein geeigneter Weg sein, kundenorientiertes Verhalten zu fördern. Wie ist ein Mitarbeiter also dazu zu bewegen, etwas für einen Kunden zu leisten?

Grundsätzlich stehen hierfür **Anreize** zur Verfügung, die **kundenorientiertes Verhalten belohnen** sollen (vgl. z.B. Stock 2003, S. 257 ff.). Wie wirken Anreize im Gehirn? Und welche Empfehlungen lassen sich daraus für die Anreizpolitik in Unternehmen ableiten? Experimentelle neurowissenschaftliche Befunde verbinden die **„incentive motivation"** mit dem Botenstoff **Dopamin** (vgl. Wise 2004). Demnach ist Dopamin notwendig dafür, dass sich motiviertes Verhalten, Verhalten auf eine Belohnung hin zeigt. Durch Dopamin wird also ein bestimmtes Verhalten verstärkt. Wichtig für das motivierte Verhalten ist zudem, dass die Belohnung nach dem darauf motivierten Verhalten eintritt. Die Belohnung vor dem zu verstärkenden Verhalten zu verabreichen, verstärkt das Verhalten hingegen nur kurzzeitig. Unterbleibt allerdings die – erwartete – Belohnung, auf die das Verhalten hin ausgerichtet war, unterbleibt die Dopaminausschüttung. Ohne Belohnungen wird so das entsprechend motivierte Verhalten gemindert und schnell gelöscht. Diese neurowissenschaftlichen Befunde verdeutlichen, dass es für die Anreizpolitik im Unternehmen erforderlich ist, Mitarbeitern die Beziehung zwischen kundenorientiertem Verhalten und Belohnungen klar zu vermitteln. Und weiterhin, konsistent dieses Verhalten mit Belohnungen zu versehen.

Aus Unternehmenssicht ist es möglicherweise nicht ausreichend, auf Anreize zu setzen, um damit kundenorientiertes Verhalten zu erhöhen. Vielmehr besteht die Option, **Personal auszuwählen**, das von sich heraus kundenorientiertes Verhalten zeigt. In betriebswirtschaftlichen Untersuchungen finden sich Verbindungen zwischen bestimmten **Persönlichkeitseigenschaften** des Servicepersonals und Kundenorientierung und/ oder Geschäftserfolg. Als förderlich werden z.B. Persönlichkeitseigenschaften wie Extraversion, ein Konstrukt, welches vor allem Gesellligkeit abbildet, sowie Gewissenhaftigkeit und Verträglichkeit herausgestellt (vgl. Liao/ Chuang 2004; Brown et al. 2002). Auf diese Persönlichkeitsfaktoren gehen wir bei der Differenzierung von Kundengruppen im nächsten Artikel zur Analyse der Anforderungen und Prozesse wertvoller Kunden ausführlicher ein.

In einem Band zu „Biopsychologische Grundlagen der Persönlichkeit" wurden Erkenntnisse hierzu zusammen getragen. Die Eigenschaft Extraversion wird z.B. mit dem Dopaminsystem in Verbindung gebracht. Überdies zeigt sich in einer bestimmten EEG-Komponente bei der Elektroenzephalografie, dass Extrovertierte dort mehr Gehirnaktivität bei Gewinn zeigen, Introvertierte hier hingegen mehr bei Verlust aktiviert sind. Die Eigenschaften „Gewissenhaftigkeit" und „Verträglichkeit" offenbaren sich wiederum in unterschiedlichen Herzfrequenzen. Bei durch „Gewissenhaftigkeit" gekennzeichneten Personen ist die Herzfrequenz in der Testsituation, in der Töne einer bestimmten Frequenz zu zählen sind, höher als bei nicht gewissenhaften. Bei als „verträglich" eingestuften Personen ist wiederum die Herzfrequenz in der Ruhesituation, wo nur den Tönen zugehört werden soll, niedriger als bei Personen mit geringer Verträglichkeit (vgl. Hennig/ Netter 2005, S. 61, 261 ff. und 480 f.).

Aber selbst wenn Kunden-Kontakt-Mitarbeiter förderliche Persönlichkeitseigenschaften aufweisen und/ oder durch Anreize motiviert sind, kann ein weiterer Faktor ihnen im Weg stehen, Kundennutzen zu schaffen. Es ist anerkannt, dass Servicemitarbeiter hohem **Stress** ausgesetzt sind. Eine 2005 veröffentlichte betriebswirtschaftliche Untersuchung im *Journal of Marketing* konnte auch belegen, dass sich bestimmte Arten von Mitarbeiter-Stress negativ auf die Kaufbereitschaft von Kunden auswirken (vgl. Netemeyer/ Maxham III/ Pullig 2005). Wie die Gehirnforschung belegt, ist die Dauer und Stärke des Stresses entscheidend (siehe Abb. 5) (vgl. Fujiwara/ Markowitsch 2004, S. 191 ff.). Während kurzzeitiger und/ oder „geringer/ mittlerer" Stress leistungsfördernd ist und damit **Eustress** darstellt, ist chronischer und damit negativer Stress, also **Distress**, schädlich. Er vermindert z.B. die Ausschüttung von „neurotrophen" Substanzen im Gehirn, d.h. Substanzen, die die Versorgung und das Überleben von Nervenzellen sicherstellen. Außerdem sind „bei chronischem Stresserleben vorzeitige Alterungsprozesse und damit einhergehende morphologische Änderungen auf Hirnebene beschrieben worden." (Fujiwara/ Markowitsch 2004, S. 194). Pathologische Wirkungen sind dann Störungen des Gedächtnisses (vgl. Birbaumer/ Schmidt 2006, S. 155).

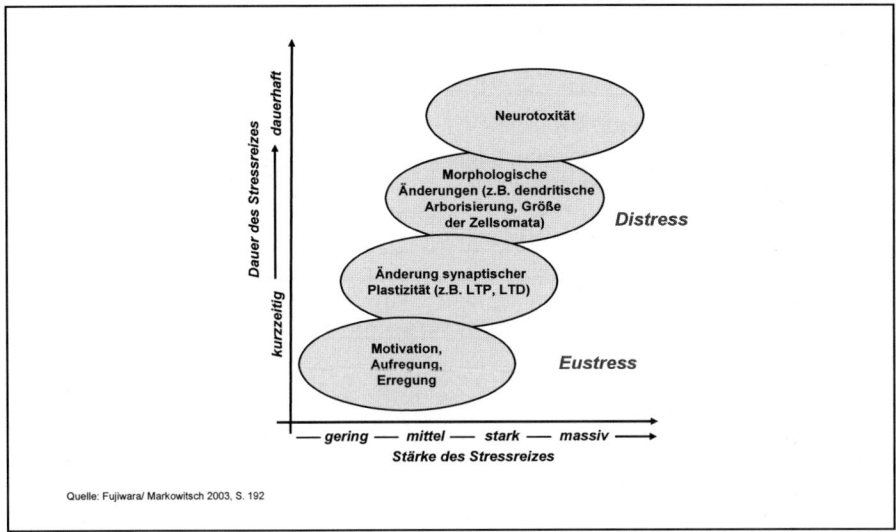

**Abb. 5:** Stress und Lernen

## 2.3 Kundenvorteile kommunizieren

Eine zentrale Kategorie der Werbewirkungsforschung ist **Aufmerksamkeit**. (vgl. Kroeber-Riel/ Weinberg 2003, S. 620 ff.). Wie das Autorengespann *Scheier/ Held* anmerkt, wird in der Praxis noch häufig auf das AIDA-Konzept zurückgegriffen (siehe Abb. 6). Demnach ist es für die Werbewirkung entscheidend, dass beim Kunden Aufmerksamkeit erzeugt wird (vgl. Scheier/ Held 2007, S. 31 ff.). Die Autoren widersprechen dieser Vorstellung nachdrücklich und weisen stattdessen auf die unbewusste Verarbeitung von Informationen hin und darauf, dass Bedürfnisse bzw. Motive Aufmerksamkeit auslösen, nicht umgekehrt. Dies entspricht der Sichtweise, dass zunächst ein Basis-Involvement gegeben sein muss, damit bestimmte Informationen Aufmerksamkeit verursachen. Der Prozess in umgekehrter Reihenfolge, dass ein ad-hoc-Involvement durch die Aufmerksamkeit aufgrund bestimmter Informationen erzeugt wird, das anschließend Bedürfnisse und Motive aktiviert, vielleicht sogar schafft, wird also negiert. Auf der Basis der im Folgenden dargestellten Erkenntnisse würde dann aus AIDA das DAIA-Konzept werden.

Wir werden auf die von Scheier/ Held vertretene Ansicht nachstehend zurückkommen. Zunächst wollen wir darauf hinweisen, dass Aufmerksamkeit gleichfalls **ein zentrales Forschungsfeld der Neurowissenschaften** darstellt. Die bisherigen Erkenntnisse lassen darauf schließen, dass Aufmerksamkeit das Ergebnis eines

Zusammenwirkens mehrerer Gehirnregionen und mehrerer Botenstoffe im Gehirn ist. Im Rahmen dieses Beitrags werden wir jetzt knapp auf diese Zusammenhänge eingehen. Wir stützen uns hierbei auf ein Kapitel in dem weit verbreiteten Lehrbuch „Biologische Psychologie" von Birbaumer/ Schmidt (vgl. Birbaumer/ Schmidt 2006, S. 495 ff.).

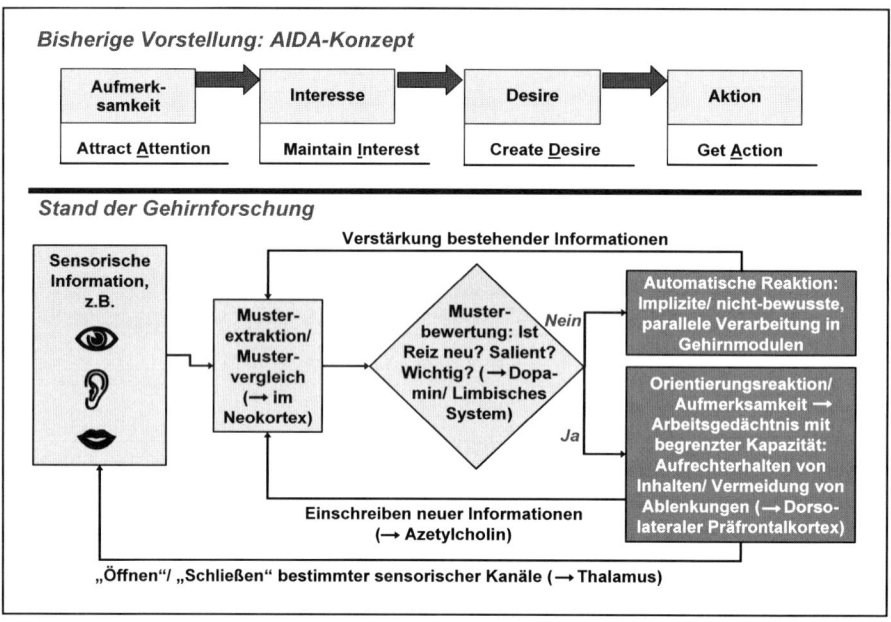

**Abb. 6**: AIDA-Konzept vs. Aufmerksamkeit im Gehirn

Jede **sensorische Information**, sei sie visueller, akustischer Natur usw., wird als erstes in den sensorischen Arealen des **Neokortex** analysiert. Mit anderen Worten werden im Neokortex aus den einkommenden sensorischen Informationen **Muster extrahiert**, die dann mit im Gehirn gespeicherten **Mustern verglichen** werden. Anschließend werden die im Gehirn erkannten **Muster bewertet**. Diese Bewertung erfolgt dahingehend, ob eine bestimmte sensorische Information von Bedeutung ist oder eben ignoriert werden kann. Diese Bewertung wird im Gehirn unter maßgeblicher Beteiligung des Botenstoffs **Dopamin** und durch die Aktivität in emotionsnahen Gehirnregionen des **limbischen Systems**, wie Amygdala und Nucleus accumbens, vorgenommen. Sind Muster neu, auffällig („salient") oder wichtig, weil sie ein Handlungsziel der Person betreffen, dann erfolgt eine **Orientierungsreaktion** hin zum sensorischen Reiz, der dieses Muster hervorruft.

Entscheidend ist hierbei die Aktivität des **Thalamus**, einer zentral gelegenen Gehirnregion, die in einer engen Beziehung sowohl zum bewusstseinsfähigen Präfrontalkortex als auch zu nicht bewusstseinsfähigen Gehirnregionen steht, vor allem zum erwähnten emotionsnahen limbischen System. Über den Thalamus werden diejenigen sensorischen Kanäle „geöffnet", die mit wichtigen Mustern verbunden sind und diejenigen sensorischen Kanäle „geschlossen", die mit gegenwärtig weniger wichtigen Mustern verbunden sind. Eine Erfahrung, die jeder auf der Autobahn macht, wenn er plötzlich das Gespräch mit dem Beifahrer abbricht oder sogar aus einem Tagtraum erwacht, weil vor ihm Bremslichter aufleuchten. Für die Aufmerksamkeit ist außerdem ein weiterer Botenstoff, nämlich Noradrenalin, von Relevanz. Dieser Botenstoff verbessert das „Signal-Rausch-Verhältnis", weil er die Aktivität der „wichtigen" Nervenzellen verstärkt und gleichzeitig die Aktivität der gegenwärtig „unwichtigen" Nervenzellen hemmt.

Mit der geschilderten Orientierungsreaktion wird das **Arbeitsgedächtnis** eines Menschen angesprochen, an dem vor allem der **Dorsolaterale Präfrontalkortex** beteiligt ist. Durch die Aktivität des Arbeitsgedächtnisses werden Gehirninhalte aufrechterhalten und Ablenkungen vermieden. Allerdings besitzt das Arbeitsgedächtnis nur eine **sehr begrenzte Kapazität**, wodurch schnell Störungen seiner Leistungsfähigkeit und damit Überlagerungen mit anderen Gehirninhalten die Folge sind. Über die Art und den Umfang dieser Kapazität liegen im Übrigen zahlreiche experimentelle Ergebnisse vor. Diese deuten z.B. darauf hin, dass nur wenige Objekte gleichzeitig mit Aufmerksamkeit verfolgt werden können, dass dies davon abhängt, über welche Sinnesorgane die Objekte erfasst werden, und dass ein Wechsel der Aufmerksamkeit zu einem anderen Objekt nur ca. alle 500 Millisekunden erfolgen kann (vgl. Marois/ Ivanoff 2005).

Die dargestellte Orientierungsreaktion bleibt hingegen dann aus, wenn der Reiz durch das Gehirn als unwichtig eingestuft wird. Dann vollzieht sich für die damit verbundenen sensorischen Informationen eine **automatische, implizite, nicht bewusste Verarbeitung** im Gehirn, die auch **parallel** zueinander in einzelnen Gehirnmodulen erfolgen kann. Um das Beispiel der Autobahn-Fahrt noch einmal aufzugreifen: Dieses Phänomen erfährt jemand, der sich im Auto lebhaft mit dem Beifahrer unterhält und dabei gleichzeitig unbewusst die vor ihm liegende Autobahnstrecke betrachtet, in den Rückspiegel schaut, blinkt, Gas gibt, bremst usw.

Die neurowissenschaftliche Forschung zeigt also, dass es grundsätzlich 2 Arten der Informationsverarbeitung im Gehirn gibt: Eine bewusste, mit Aufmerksamkeit verbundene, die aber nur eine geringe Kapazität besitzt. Und eine zweite, unbewusste, die durch parallele Verarbeitung eine deutlich höhere Kapazität aufweist. Zusätzlich ist erkennbar, dass Aufmerksamkeit eine emotionale Bewertung vorausgeht. Damit ist der Ansicht von Scheier/ Held zuzustimmen, dass das AIDA-Konzept fehlerhaft ist. Hinsichtlich der Werbung stellt sich deswegen die Frage: Weswegen sollte Werbung sich die Mühe machen, Aufmerksamkeit zu erregen? Sollte Werbung nicht vielmehr darauf abzielen, keine Aufmerksamkeit auf sich ziehen, um so die unbewusste Verarbeitung zu nutzen? Schließlich wird ein Konsument mit durchschnittlich 3.000 Werbebotschaften pro Tag „behelligt", 95% aller Werbekontakte sind jedoch als „low involvement" einzustufen und innerhalb von 20 Jahren ist der Anteil der Werbung, an die sich ein Konsument erinnern kann, von 18% auf 8% gesunken (vgl. Scheier/ Held 2006, S. 18 und 152).

„Unterschwellige", unter der Bewusstseinsgrenze liegende, so genannte **subliminale Werbung** ist wissenschaftlich umstritten, auch wenn sich in den letzten Jahren eine Renaissance abzeichnet (vgl. Kroeber-Riel/ Weinberg 2003, S. 275 f.).

In welchem Ausmaß subliminale Beeinflussung wirkt, zeigt ein Experiment, dessen Darstellung Ende 2007 in einer der einflussreichsten naturwissenschaftlichen Zeitschriften, der *Proceedings of the National Academy of Sciences*, veröffentlicht wurde (vgl. Hassin et al. 2007). Israelischen Studierenden wurde während eines Bildschirmtests subliminal, und zwar für 16 Millisekunden, die israelische Flagge angezeigt. Die Studierenden, die dem subliminalen Reiz ausgesetzt waren, offenbarten hinterher im Durchschnitt deutlich politisch gemäßigtere Ansichten. Studierende der Kontrollgruppe hingegen, welche die israelische Flagge nicht subliminal präsentiert bekamen, vertraten dagegen signifikant häufiger links- oder rechtsextremere Ansichten. Doch nicht nur das: Es zeigte sich zudem, dass eine **subliminale Präsentation das tatsächliche Wahlverhalten beeinflusst**. Subliminal beeinflusste Studierende wählten signifikant mehr Parteien der Mitte als solche, die nicht derart beeinflusst wurden. Die Verfasser des Artikels erklären ihre Befunde damit, dass die israelische Flagge Studierende unbewusst an die nationale Einheit erinnert. Dadurch werden extreme Ansichten abgeschwächt.

Obwohl subliminale Werbung offensichtlich Wirkung haben kann, legen andere neurowissenschaftliche Befunde nahe, dass Aufmerksamkeit doch seine Vorzüge hat. Denn eine Reihe experimenteller Befunde zeigt, dass das Phänomen der Aufmerksamkeit an den Botenstoff **Azetylcholin** gekoppelt ist (vgl. Sarter/ Parikh 2005). Und, darauf weisen weitere Erkenntnisse hin, Azetylcholin ist entscheidend, wenn es um das **Einspeichern neuer Informationen** in das Gedächtnis geht. Die Erinnerung an vertraute, bereits im Gedächtnis gespeicherte Informationen wird hingegen nicht durch Azetylcholin verbessert (vgl. Hasselmo/ Stern 2006).

Zu unseren Ausführungen zu Aufmerksamkeit und Werbung passen 2 Befunde, über die 2006 in Kurzform in der *Absatzwirtschaft* berichtet wurde. Die fMRT-Ergebnisse wurden jeweils unter Beteiligung des Instituts Life & Brain, unter Leitung des Neurologen und Leiters der Bonner Universitätsklinik für Epileptologie Christian Elger, festgestellt. Der eine Befund erfolgte in Zusammenarbeit mit einem Markenwahrnehmungsprojekt von Grey Worldwide. Es heißt dort: „Emotional angelegte Keyvisuals … rufen tatsächlich eine starke Aktivierung in emotionsassoziierten Regionen des Gehirns hervor, unabhängig davon, ob dem Konsumenten dies bewusst ist oder nicht. Emotionen verbessern damit die Einspeicherung von Informationen in das Gedächtnis." (o.V. 2006) Der 2. Befund geht auf ein Dialogmarketing-Projekt mit dem Siegfried Vögele Institut zurück. In dem Bericht heißt es: „Bei simultanem visuellem und auditivem Reiz mit identischem Informationsgehalt, beispielsweise Vorlesen eines abgedruckten Slogans, ist keine höhere Gedächtnisleistung zu erwarten. Probanden konzentrieren sich vorrangig auf den visuellen Reiz, die identische auditive Information blenden sie aus." Weiter heißt es: „Visuelle Dialog-Medien … sind besonders geeignet, wenn eine bewusste Auseinandersetzung mit den Inhalten der Werbung stattfinden soll. Auditive Medien … dienen eher der unbewussten Informationsaufnahme quasi ‚en passant'." (Hesse 2006)

Aufgrund unserer Argumentation in diesem Kapitel formulieren wir folgende **Hypothesen**:

- Ist es das Ziel, eine **neue Information** in das Gehirn des Kunden zu platzieren, dann sind in der Werbung Leistungsmerkmale mit Emotionen zu verknüpfen, die Aufmerksamkeit hervorrufen,
- Ist es dagegen das Ziel, **bestehende Informationen** zu verstärken, dann ist subliminal zu werben, verknüpft mit Emotionen, welche die Bewusstseinsschwelle aber nicht überspringen.

Dass es sich auszahlt, bei der Markierung von Produkten über die Besonderheiten des Gehirns informiert zu sein, demonstriert eine neue Entwicklung im Marketing: Die **Markierung durch Gerüche**, also eine olfaktorische Kennzeichnung (vgl. Trivedi 2006). Der an eine Melonenart erinnernde Markenduft von Samsung wird z.B. im Flagship Store in Manhattan versprüht und Westin Hotels setzen einen Duft namens „White Tea" in den Hotelräumen ein. Die Vermarktung durch Gerüche nutzt eine Besonderheit des Gehirns: Während alle anderen sensorischen Informationen, wie z.B. visuelle oder akustische Eindrücke, in tieferen Hirnregionen vorverarbeitet werden, bevor sie in die oberen Gehirareale gelangen, gehen Eindrücke von Gerüchen über den so genannten Bulbus Olfactorius direkt in das mit Emotionen verbundene **limbische System** des Gehirns. Dadurch lösen Gerüche nicht nur unmittelbar Emotionen aus, sondern, weil die für viele Gedächtnisinhalte entscheidende Gehirnregion, der **Hippocampus**, zu diesem limbischen System gehört, werden durch Gerüche auch direkt, mitunter lebhafte **Erinnerungen** ausgelöst.

Die Vermarktung durch Gerüche nutzt zudem noch einen weiteren Umstand aus: Da ein Mensch im Alltag mit vielen visuellen Reizen „bombardiert" wird, werden neue visuelle Informationen rasch durch andere Eindrücke im Gehirn überlagert. Der Abruf aus dem Gedächtnis wird dadurch gestört. Weil der Kunde, zumindest gegenwärtig, aber noch wenig mit Geruchseindrücken konfrontiert wird, bleiben Geruchs-Spuren länger im Gehirn verankert. Erste Daten und Ergebnisse deuten auf die Erfolgspotenziale dieses „geruchsorientierten" Marketings hin: Bei angenehmen Düften widmen Kunden einem Produkt mehr Aufmerksamkeit und mitunter sind sie sogar bereit, mehr zu zahlen.

## 2.4 Kundenzufriedenheit vergrößern

Welche Gehirnprozesse sind dafür verantwortlich, dass Kunden mit Marktleistungen zufrieden sind? Wie kommen Kunden überhaupt zu Präferenzen für ein Produkt und wie entscheiden sie zwischen verschiedenen Angeboten? Zwei Erkenntnisse werden von profilierten Vertretern des Neuromarketing, Häusel sowie Scheier/ Held, in den Vordergrund gestellt (vgl. Häusel 2006; Scheier/ Held 2007):

- **Emotionen** des Kunden sind **maßgeblich** für sein Verhalten
- Das **implizite, unbewusste, intuitive Wissen** des Kunden ist bei Kaufentscheidungen **wichtiger** als das explizite, bewusste Wissen.

In ihrem Buch zum Neuromarketing prägen Scheier/ Held in Bezug auf den 2. Punkt hierfür den Begriff „**Autopilot**" – die Entscheidungen des Kunden fallen zumeist unbewusst (vgl. Scheier/ Held 2006).

In der Erkenntnis, dass Konsumenten viel emotionaler und unbewusster entscheiden als bisher angenommen, sieht der Chef der Marktforschung von Henkel, Schroiff, den markantesten Beitrag der Hirnforschung: „Wir waren uns darüber im Klaren, dass ein Großteil der menschlichen Entscheidungen nicht durchreflektiert und rational kalkuliert sind. Dafür sind auch manche Entscheidungszeiten, die wir bei Konsumenten am Regal beobachten, viel zu kurz. Dass dieser so genannte Autopilot doch eine wesentlich größere Bedeutung hat, als wir es auch vor dem Hintergrund unseres bisher existierenden Konsumentenweltbildes angenommen haben, ist auch für eingefleischte Psychologen in dieser Deutlichkeit neu, verblüffend und wichtig." (Schröter 2008)

Greifen wir zunächst den Punkt des „Autopiloten" auf. Mittlerweile versuchen Forscher am Massachusetts Institute of Technology (MIT) genau zu messen, wie hoch der **Anteil automatischer, unbewusster Verhaltensweisen im Alltagshandeln** eines Menschen ist (vgl. Buchanan 2007). Hierfür nutzen sie Aufzeichnungsgeräte, die am Körper von Versuchspersonen angebracht werden und die etwa so groß sind wie eine Zigarettenschachtel. Hiermit werden vor allem körperliche Aktivitäten einer Versuchsperson registriert. So fanden die Forscher heraus, dass ca. **90% des täglichen Verhaltens** derart durch Routinen gekennzeichnet ist, dass es auf der Grundlage weniger mathematischer Gleichungen **vorhersagbar** ist. Besonders bemerkenswert ist, dass sie auf diese Weise auch herausfanden, dass sich nur auf der Grundlage eines bestimmten „sozialen Signals" mit einer Wahrscheinlichkeit von 80% vorhersagen lässt, ob Personen auf Wirtschaftskongressen ihre Visitenkarten austauschen.

Nach diesen Erkenntnissen ist zumindest nachvollziehbar, dass implizites, unbewusstes Wissen einen breiten Raum im Handeln eines Kunden einnimmt. Nun wollen wir uns dem anderen Punkt zuwenden. Auf der Grundlage der Gehirnforschung können wir darlegen, dass Emotionen tatsächlich eine maßgebliche Rolle bei Kaufentscheidungen spielen.

In einer 2007 in der Fachzeitschrift *Neuron* veröffentlichten und viel beachteten fMRT-Untersuchung haben Forscher aus Stanford, Pittsburgh und der MIT Sloan School of Management gezeigt, welche Gehirnregionen maßgeblich sind, wenn **Kaufentscheidungen** gefällt werden (vgl. Knutson et al. 2007). Wenn es darum geht, Produktpräferenzen und Preise abzuwägen, sind 3 Gehirnregionen entscheidend. **Produktpräferenzen** zeigen sich im bereits erwähnten **Nucleus accumbens**. Hohe Preise deaktivieren einen Teil des Präfrontalkortex und aktivieren die **Insula**, einen Teil des Gehirns, der an subjektivem Unbehagen und der **Schmerzverarbeitung** beteiligt ist. Anders ausgedrückt: Hohe Preise verursachen beim Käufer körperliches Unbehagen. Auf der Basis der Gehirnaktivitäten konnten die Forscher dann, allerdings nur mit einer Trefferquote von 60%, die Entscheidung für oder gegen einen Kauf vorhersagen: Je höher die Aktivität des Nucleus Accumbens, desto wahrscheinlicher wurde der Produktkauf, je größer die Aktivität der Insula, desto unwahrscheinlicher wurde der Produktkauf.

Wie gelangt ein Kunde zu **Produktpräferenzen**, die er, wie gerade erläutert, dann mit dem „Schmerz" des Preises abgleicht? Ein Kunde hat üblicherweise eine Vielzahl von Angeboten zur Verfügung. Auf welcher neuronaler Grundlage entscheidet er sich für oder gegen ein Angebot? Hierfür müssen im Gehirn die **Belohnungswerte** der jeweiligen Angebote in eine **einheitliche neuronale „Währung"** umgerechnet und dann miteinander verrechnet werden. Auf dieser Grundlage kann dann das Gehirn dasjenige Angebot wählen, welches den höchsten Belohnungswert verspricht. Von Vertretern der Gehirnforschung wird **Dopamin** und die Aktivität des **Striatums** hiermit verbunden (vgl. Sugrue/ Corrado/ Newsome 2005, S. 365).

Andere Erkenntnisse geben hingegen der Vermutung Nahrung, dass der **Orbitofrontalkortex** Belohnungswerte analysiert und dann ein Signal aussendet, welcher Belohnungswert einer Handlung beizumessen ist (vgl. Wallis 2007). Der Orbitofrontalkortex ist auch deswegen gut für eine solche Analyse geeignet, weil er nicht nur Belohnungswerte erfasst, sondern auch Bestrafungswerte. Eine Meta-Analyse von fMRT-Untersuchungen zeigt auf, dass der orbitofrontale Kortex zur Mitte hin Belohnungswerte abbildet und zur Seite hin Bestrafungswerte. „Simple" Belohnungen, wie der Geschmack eines Produktes, aktivieren hintere Teile dieser Gehirnregion, während abstrakte Belohnungen, wie Geld, den vorderen Teil aktivieren (vgl. Kringelbach 2005, S. 696). Im Orbitofrontalkortex kommen somit Informationen zu Belohnungen und Bestrafungen zusammen.

Die dargestellten Erkenntnisse werfen auch ein Schlaglicht auf fMRT-Befunde, mit denen nachvollzogen wurde, warum Coca-Cola häufiger als Pepsi gekauft wird – obwohl Pepsi in Blindverkostungen regelmäßig besser beurteilt wird (siehe Abb. 7) (vgl. hierzu die Darstellung bei Schäfer 2004). Wurden den Versuchspersonen Getränkeproben im Scanner verabreicht, aktivierte Pepsi den **Nucleus accumbens** deutlich mehr (in dem Fachartikel wird der synonyme Begriff „ventrales Putamen" verwendet). Wurde allerdings die Marke aufgedeckt, gaben die Versuchspersonen jetzt nicht nur an, dass ihnen Coca-Cola besser schmecke. Es zeigte sich zudem, dass die Aufdeckung der Marke Coca-Cola den **Medialen Präfrontalkortex** aktiviert, Pepsi hingegen nicht. Der Mediale Präfrontalkortex ist, in seiner Gesamtheit, die Region des Gehirns, in der, verkürzt ausgedrückt, das Selbstbild, das Bewusstsein über eigene Bedürfnisse in **Abgleich zu Erwartungen anderer** gebracht wird (vgl. Amodio/ Frith 2006). Schlussfolgerung: Die Marke Coca-Cola transportiert soziale Erwartungen, welche die eigenen Bedürfnisse, die mit Geschmacksinformationen zusammenhängen, in den Hintergrund drängen.

Entscheidend für die **Kundenzufriedenheit** ist der Vergleich von Erwartung und tatsächlicher Marktleistung durch den Kunden. Es dürfte zwar noch ein weiter Weg sein, Kundenzufriedenheit im Gehirn zu verorten. Wenn jedoch argumentiert wird, dass ein Kunde es als „**Gewinn**" empfindet, wenn seine Erwartung übererfüllt wird und wenn er es als „**Verlust**" wahrnimmt, wenn seine Erwartung nicht erfüllt wird, dann bietet eine im letzten Jahr veröffentlichte fMRT-Untersuchung einen Weg hierzu. Denn in der Experimental-Situation eines Gewinnspiels mit monetären Gewinnen und Verlusten zeigte sich, dass vordere Regionen des **Striatums** mehr auf Gewinne ansprechen, während hintere mehr auf Verluste reagieren (vgl. Seymour et al. 2007).

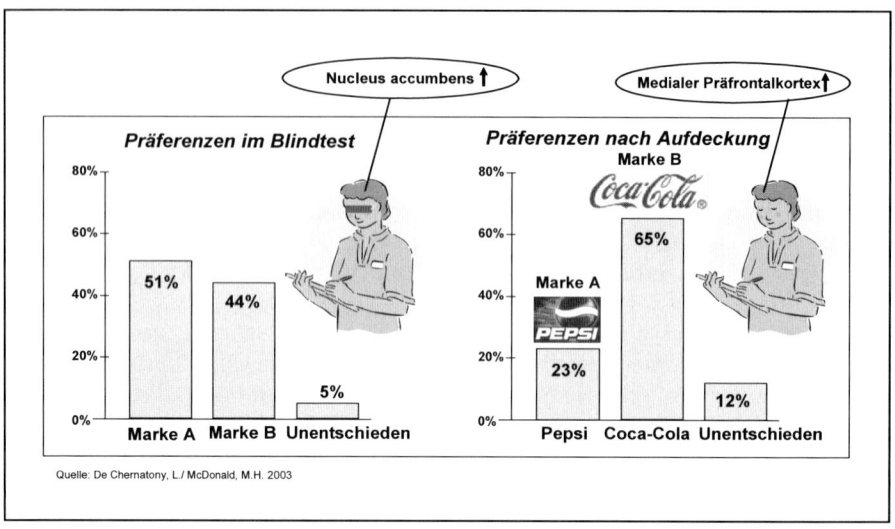

**Abb. 7:** Gehirnaktivität und Markenpräferenzen

## 2.5 Kundenbindung erreichen

Im Neuromarketing wird **Kundenloyalität** mit zentralen Bereichen des Belohungssystems im Gehirn in Verbindung gebracht: Je größer die Kundenloyalität, gemessen am Umsatz des Kunden in Bezug auf eine Marke, desto höher ist dort die Aktivierung (vgl. Kenning/ Plassmann/ Ahlert 2007, S. 60 f.). Ausgewiesen wird allerdings das dorsale **Striatum**, also eine Region oberhalb des bereits diskutierten Nucleus accumbens.

Das Striatum zeigt jedoch **nicht unbedingt eine „heiße" Kundenbindung** an, also die Aktivierung von Begeisterungsfaktoren und ein hohes Maß an emotionaler Verbundenheit mit dem Unternehmen und seinem Produkt. Angesichts der genannten neurowissenschaftlichen Befunde, dass der Wert von Belohnungen im Orbitofrontalkortex ermittelt wird und das Striatum, wie zu Anfang erwähnt, auch bei dem Vermeiden von Bestrafungen aktiv ist, liegt eher die Schlussfolgerung nahe, dass das **Striatum** eine **Verhaltensabsicht** anzeigt. Anders ausgedrückt: Das Striatum – und darin der Nucleus accumbens – stellt nur eine „Schaltstation" für ein motiviertes Verhalten dar, signalisiert jedoch nicht „Freude" oder auch die „hedonistische Qualität" an sich. Somit könnte die Aktivität des Nucleus accumbens auch einfach Ausdruck für ein **gewohnheitsmäßiges Kaufverhalten innerhalb einer „kalten" Kundenbeziehung** sein, die eine geringe Emotionalität aufweist oder sogar eher aus Gebundenheit statt aus Verbundenheit entspringt. Denn das Striatum gehört zu den **Basalganglien** und ist damit wesentlicher Bestandteil für die Bewegungssteuerung im Gehirn (vgl. Bösel 2006, S. 120). In diesem Kontext sei darauf hingewiesen, dass neurowissenschaftliche Forscher auffordern, in Bezug auf Verstärkungslernen auch andere Gehirnregionen neben dem Nucleus accumbens einzubeziehen (vgl. Wise 2004, S. 9).

Wo kann eine „heiße" Kundenbindung im Gehirn verortet werden? In diesem Zusammenhang kann auf eine weitere Erkenntnis der Sozialen Neurowissenschaft zurückgegriffen werden: Menschen setzen sich insbesondere dann der Nähe einer anderen Person aus, wenn sie ihr vertrauen. In einem Experiment konnte **Vertrauensbereitschaft** mit dem Hormon **Oxytozin** in Verbindung gebracht werden (vgl. Kosfeld et al. 2005). Oxytozin ist wiederum ein Hormon, welches erwiesenermaßen die Aktivität der **Amygdala dämpft** (vgl. Kirsch et al. 2005). Die Amygdala wiederum ist diejenige Gehirnregion, die mit Ängstlichkeit und Furchtreaktionen verbunden ist. Ergo: Vertrauen mindert die natürliche Neigung, anderen, vor allem unbekannten Menschen, distanziert zu begegnen.

Könnte sich über Oxytozin ein Weg zu einer „heißen" Kundenbindung aufzeigen? **Emotionale Bindungen** zwischen einzelnen Lebewesen wurde vor allem in Tierversuchen und hier vornehmlich in sexuellen Partnerbeziehungen untersucht (vgl. im folgenden Young/ Wang 2004). In einer zusammenfassenden Würdigung des Forschungsstandes wird jedoch auf einige auffällige Parallelen zum Menschen verwiesen, z.B. bei der Mutter-Kind-Beziehung.

Auf der Grundlage zahlreicher empirischer Befunde entwickeln Young/ Wang ein detailliertes Modell. In diesem werden Wechselwirkungen zwischen spezifischen Gehirnregionen und Botenstoffen erfasst. Maßgeblich ist demnach das Zusammenwirken zweier neuronaler Systeme. Und zwar zum einen das System, das **Dopamin** als Neurotransmitter nutzt, und zum anderen ein weiteres, welches **Oxytozin** und **Vasopressin** einsetzt. Damit eine Partnerbeziehung zustande kommt, ist es erforderlich, dass die durch Dopamin vermittelte Belohnung an einen bestimmten Partner gekoppelt wird. Hierfür ist das 2. System verantwortlich, wobei Oxytozin mehr bei weiblichen Tieren, Vasopressin mehr bei männlichen Tieren in Erscheinung tritt. Diese Stoffe sind maßgeblich an der Identifizierung einzelner Artgenossen beteiligt. Für eine Bindung ist dann die Verschränkung der beiden Systeme verantwortlich. Die beiden Systeme wirken, unter Beteiligung mehrerer Gehirnregionen, so zusammen, dass das eine Belohnung vermittelnde Dopamin bei einer Person ausgeschüttet wird, und zwar vornehmlich bei der Wahrnehmung eines bestimmten Partners. Dadurch wird ein **besonderer Sinneseindruck**, durch Vermittlung von Oxytozin oder Vasopression, fest **mit Dopamin verbunden**. Zur Erfassung einer „heißen" Kundenbindung sollten deswegen die erwähnten Botenstoffe und die mit ihnen verbundenen Gehirnregionen einbezogen worden.

Zum Abschluss wollen wir nun noch auf eine Erkenntnis des Neuromarketing hinweisen, die große Aufmerksamkeit erfahren hat. Es geht hier darum, welche Wirkung eine **Markenbindung im Gehirn** hat (siehe Abb. 8). Falls eine starke Marke unter angebotenen Produkten beim Kunden zur Auswahl steht, dann findet, mit signifikantem Ergebnis, eine reduzierte Hirnaktivität in mit „rationalen Entscheidungen" befassten Gehirnregionen statt. Es kommt dabei zum so genannten Phänomen der **kortikalen Entlastung** (vgl. Kenning et al. 2005). Dass Markenbindung für den Kunden eine willkommene Entlastung darstellt, darauf weisen weitere Erkenntnisse hin. Weil Konsumenten des Öfteren mit Entscheidungen zwischen Produkten überfordert sind, wie Franz-Rudolf Esch, Professor am Institut für Marken- und Kommunikationsforschung der Universität Gießen, in der *Absatzwirtschaft* darlegt, sollten einfache, intuitive Entscheidungen des Konsumenten erleichtert und seine Emotionen angesprochen werden (vgl. Esch 2007). Eine starke Marke hilft offensichtlich hierbei.

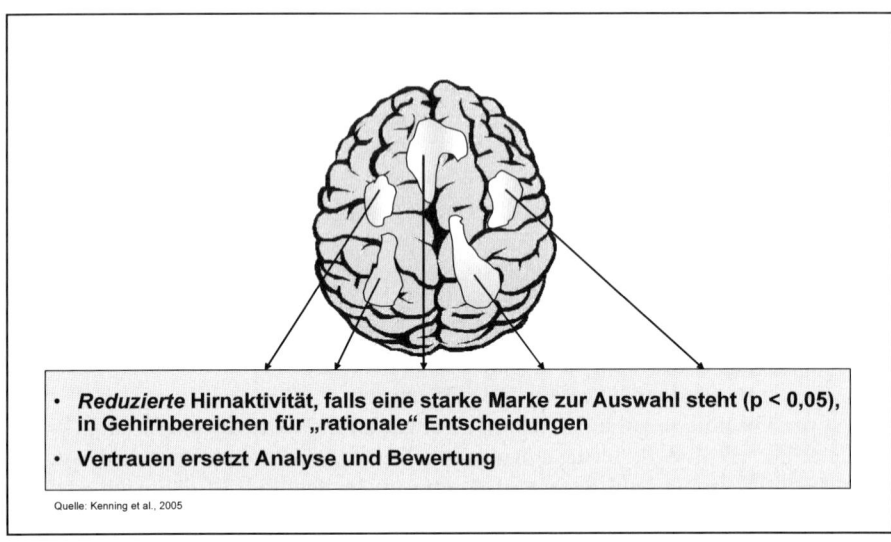

**Abb. 8:** Das Phänomen der „kortikalen Entlastung"

## 3 Literatur

*Amodio, D.M./ Frith, C.F. (2006)*: Meeting of minds: The medial frontal cortex and social cognition, in: Nature Reviews Neuroscience, 7. Jg., 2006, Nr. 4, S. 268-277.
*Bauer, H.H./ Exler, S./ Höhner, A. (2006)*: Neuromarketing – Revolution oder Hype im Marketing? Mannheim: Institut für Marktorientierte Unternehmensführung (Management Arbeitspapiere Nr. M105).
*Birbaumer, N./ Schmidt, R.F. (2006)*: Biologische Psychologie, 6. Aufl., Heidelberg.
*Bösel, R.M. (2006)*: Das Gehirn – Ein Lehrbuch der funktionellen Anatomie für die Psychologie, Stuttgart.
*Brown, T.J. et al. (2002)*: The customer orientation of service workers: personality trait effects on self- and supervisor performance ratings, in: Journal of Marketing Research, 34. Jg., 2002, Nr. 2, S. 110-119.
*Buchanan, M. (2007)*: What made you read this?, in: New Scientist, 07.07.2007, S. 36-39.
*Cacioppo, J.T./ Visser, P.S./ Pickett, C.L. (2006)* (Hrsg.): Social Neuroscience – People thinking about thinking people, Cambridge/ Mass., London.
*Camerer, C./ Loewenstein, G./ Prelec, D. (2005)*: Neuroeconomics: How neuroscience can inform economics, in: Journal of Economic Literature, 43. Jg., 2005, Nr. 1, S. 9-64.

*Cheng, Y. et al. (2007)*: Expertise modulates the perception of pain in others, in: Current Biology, 17. Jg., 2007, Nr. 19 (09.10.), S. 1708-1713.
*Decety, J. et al. (2004)*: The neural bases of cooperation and competition: an fMRI investigation, in: Neuroimage, 23. Jg., 2004, Nr. 2, S. 744-751.
*Decety, J./ Grèzes, J. (2006)*: The power of simulation: Imaging one's own and other's behavior, in: Brain Research, Jg. 1079, 2006, Nr. 1, S. 4-14.
*De Chernatony, L./ McDonald, M.H. (2003):* Creating Powerful Brands, 3. Aufl., Oxford 2003.
*Esch, F.-R. (2007)*: Der Affe in uns – Worauf sich das Marketing einstellen muss, in: Absatzwirtschaft – Zeitschrift für Marketing, Nr. 12, S. 30-35.
*Fujiwara, E./ Markowitsch, H.-J. (2004)*: Das mnestische Blockadesyndrom – hirnphysiologische Korrelate von Angst und Stress, in: Schiepek, Günter (Hrsg.): Neurobiologie der Psychotherapie, Stuttgart, S. 186-212.
*Gazzaniga, M.S. (2006)*: The brain as boondoggle, in: Harvard Business Review, 84. Jg., Nr. 2, S. 66.
*Glimcher, P.W./ Rustichini, A. (2004)*: Neuroeconomics: The consilience of brain and decision, in: Science, 306. Jg., 2004, 15.10.2004, S. 447-452.
*Hain, C./ Kenning, P./ Lehmann-Waffenschmidt, M. (2007)*: Neuroökonomie und Neuromarketing, Nr. 10, S. 501-508.
*Häring, N. (2006)*: Universalgelehrter ohne Schulabschluss, in: Handelsblatt, 19.06.2006 (Nr. 115), S. 9.
*Hasselmo, M.E./ Stern, C.E. (2006)*: Mechanisms underlying working memory for novel information, in: Trends in Cognitive Sciences, 10. Jg., 2006, Nr. 11, S. 487-493.
*Hassin, R.R. et al. (2007)*: Subliminal exposure to national flags affects political thought and behaviour, in: Proceedings of the National Academy of Sciences, 104. Jg., 2007, Nr. 50 (11.12.2007), S. 19757-19761.
*Häusel, H.-G. (2006)*: Direkt ins Hirn?, in: Absatzwirtschaft – Zeitschrift für Marketing, Nr. 9, S. 36-40.
*Hennig, J./ Netter, P. (2005)* (Hrsg.): Biopsychologische Grundlagen der Persönlichkeit, München.
*Hesse, J. (2006)*: Dem Gehirn beim Denken zugeschaut, in: Absatzwirtschaft – Zeitschrift für Marketing, Nr. 8, S. 73.
*Jäncke, L. (2003)*: Funktionale Links-rechts-Asymmetrien, in: Karnath, H.-O./ Thier, P. (Hrsg.): Neuropsychologie, Berlin et al., S. 635-645.
*Karnath, H.-O./ Thier, P. (Hrsg.)(2003):* Neuropsychologie, Berlin et al. 2003.
*Kenning, P. et al. (2005)*: Wie eine starke Marke wirkt, in: Harvard Business manager, Nr. 3, S. 53-57.
*Kenning, P./ Plassmann, H./ Ahlert, D. (2007)*: Consumer Neuroscience – Implikationen neurowissenschaftlicher Forschung für das Marketing, in: Marketing ZfP, 29. Jg., 2007, Nr. 1, S. 55-67.
*Kirsch, P. et al. (2005)*: Oxytocin modulates neural circuitry for social cognition and fear in humans, in: Journal of Neuroscience, 25. Jg., 2005, Nr. 49 (07.12.2005), S. 11489-11493.
*Knutson, B. et al. (2007)*: Neural predictors of purchases, in: Neuron, 53. Jg., 2007, S. 147-156.
*Kosfeld, M. et al. (2005)*: Oxytocin increases trust in humans, in: Nature, 435. Jg., 2005, Nr. 7042 (02.06.2005), S. 673-676.
*Kringelbach, M.L. (2005)*: The human orbitofrontal cortex: Linking reward to hedonic experience, in: Nature Reviews Neuroscience, 6. Jg., 2005, Nr. 9, S. 691-702.
*Kroeber-Riel, W./ Weinberg, P. (2003)*: Konsumentenverhalten, 8. Aufl., München.

*Kutter, S. (2004)*: Direkter Weg in den Kopf, in: Wirtschaftswoche, 26.08.2004 (Nr. 38), S. 84-87.
*Liao, H./ Chuang, A. (2004)*: A multilevel investigation of factors influencing employee service performance and customer outcomes, in: Academy of Management Journal, 47. Jg., 2004, Nr. 1, S. 41-58.
*Lieberman, M.D. (2007)*: Social Cognitive Neuroscience: A review of core processes, in: Annual Review of Psychology, 58. Jg., 2007, S. 259-289.
*Marois, R./ Ivanoff, J. (2005)*: Capacity limits of information processing in the brain, in: Trends in Cognitive Sciences, 9. Jg., 2005, Nr. 6, S. 296-305.
*Mitchell, J.P./ Macrae, C.N./ Banaji, M.R. (2006)*: Dissociable medial prefrontal contributions to judgments of similar and dissimilar others, in: Neuron, 50. Jg., 2006, Nr. 4 (18.05.2006), S. 655-663.
*Müller-Jung, J. (2003)*: Beim Kaufen setzt der Verstand aus, in: Frankfurter Allgemeine Zeitung, 05.11.2003 (Nr. 257), S. N1.
*Netemeyer, R.G./ Maxham III, J.G./ Pullig, C. (2005)*: Conflicts in the work-family interface: Links to job stress, customer service employee performance, and customer purchase intent, in: Journal of Marketing, 69. Jg., 2005, Nr. 2, S. 130-143.
*o.V. (2005)*: Can studying the human brain revolutionise economics?, in: Economist, 15.01.2005, S. 68.
*o.V. (2006)*: Markenwahrnehmung im Gehirn, in: Absatzwirtschaft – Zeitschrift für Marketing, Nr. 12, S. 40.
*Pinel, J.P.J. (1997):* Biopsychologie, Heidelberg/ Berlin 1997.
*Preston, S.D./ de Waal, F.B.M. (2002)*: Empathy: Its ultimate and proximate bases, in: Behavioral and Brain Sciences, 25. Jg., 2002, Nr. 1, S. 1-20.
*Roßbach, H. (2007)*: Das Geheimnis der Emotionen, in: Frankfurter Allgemeine Zeitung, 17.08.2007 (Nr. 190), S. 12.
*Sanfey, A.G. et al. (2006)*: Neuroeconomics: Cross-currents in research on decision-making, in: Trends in Cognitive Sciences, 10 Jg., 2006, Nr. 3, S. 108-116.
*Sarter, M./ Parikh, V. (2005)*: Choline transporters, cholinergic transmission and cognition, in: Nature Reviews Neuroscience, 6. Jg., 2005, Nr. 1, S. 48-56.
*Saxe, R. (2006)*: Uniquely human social cognition, in: Current Opinion in Neurobiology, 16. Jg., 2006, Nr. 2, S. 235-239.
*Schäfer, A. (2004)*: Im Gehirn des Verbrauchers, in: Gehirn & Geist, Nr. 3, S. 14-17.
*Scheier, C./ Held, D. (2006)*: Wie Werbung wirkt – Erkenntnisse des Neuromarketing, Freiburg/ Berlin/ München.
*Scheier, C./ Held, D. (2007)*: Neue Sichtweisen, in: Absatzwirtschaft – Zeitschrift für Marketing, Nr. 11, S. 30-34.
*Schilke, O./ Reimann, M. (2007)*: Neuroökonomie: Grundverständnis, Methoden und betriebswirtschaftliche Anwendungsfelder, in: Journal für Betriebswirtschaft, 57. Jg., 2007, Nr. 3-4, S. 247-262.
*Schröter, R. (2008)*: „Die Erwartungshaltung ist dramatisch überzogen" [Interview mit Hans-Willi Schroiff], in: Werben & Verkaufen, Nr. 3 (17.01.2008), S. 24 f.
*Seymour, B. et al. (2007)*: Differential encoding of losses and gains in the human striatum, in: Journal of Neuroscience, 27. Jg., 2007, Nr. 18, S. 4826-4831.
*Singer, T. (2006)*: The neuronal basis and ontogeny of empathy and mind reading: Review of literature and implications for future research, in: Neuroscience and Biobehavioral Reviews, 30. Jg., 2006, Nr. 6, S. 855-863.
*Singer, T./ Fehr, E. (2005)*: The neuroeconomcs of mind reading and empathy, in: American Economic Review, 95. Jg., 2005, Nr. 2, S. 340-345.
*Singer, T. et al. (2006)*: Empathic neural responses are modulated by the perceived fairness of others, in. Nature, 439. Jg., 2006, Nr. 7075, S. 466-469.

*Stock, R. (2003)*: Kundenorientierte Mitarbeiter als Schlüssel zur Kundenzufriedenheit, in: Homburg, C. (Hrsg.): Kundenzufriedenheit, 5. Aufl., Wiesbaden, S. 241-265.

*Sugrue, L.P./ Corrado, G.S./ Newsome, W.T. (2005)*: Choosing the greater of two goods: Neural currencies for valuation and decision making, in: Nature Reviews Neuroscience, 6. Jg., 2005, Nr. 5, S. 363-375.

*Traufetter, G. (2006)*: Stimme aus dem Nichts, in: Der Spiegel, Nr. 15, S. 158-171.

*Trivedi, B. (2006)*: The hard smell, in: New Scientist, 16.12.2006 (Nr. 2582), S. 36-39.

*Trommsdorff, V. (1998)*: Kundenorientierung verhaltenswissenschaftlich gesehen, in: Bruhn, M./ Steffenhagen, H. (Hrsg.): Marktorientierte Unternehmensführung – Festschrift für Heribert Meffert zum 60. Geburtstag, Wiesbaden 1998.

*Vignemont, F. de/ Singer, T. (2006)*: The empathic brain: How, when and why?, in: Trends in Cognitive Sciences, 10. Jg., 2006, Nr. 10, S. 435-441.

*Wallis, J.D. (2007)*: Orbitofrontal cortex and its contribution to decision-making, in: Annual Review of Neuroscience, 30. Jg., 2007, S. 31-56.

*Welp, C. (2006)*: Subtile Signale, in: Wirtschaftswoche, 18.12.2006 (Nr. 51), S. 74-79.

*Wicker, B. et al. (2003)*: Both of us disgusted in *my* insula: The common neural basis of seeing and feeling disgust, in: Neuron, 40. Jg., 2003, Nr. 3, S. 655-664.

*Wise, R.A. (2004)*: Dopamine, learning, and motivation, in: Nature Reviews Neuroscience, 5. Jg., 2004, Nr. 6, S. 1-12.

*Young, L.J./ Wang, Z. (2004)*: The Neurobiology of Pair Bonding, in: Nature Neuroscience, 7. Jg., 2004, Nr. 10, S. 1048-1054.

# Kapitel 2

# Analyse der zielgruppenspezifischen Kundenanforderungen, der Kundenprozesse und des Kundenwertes

**– Wie erkennt und integriert das Unternehmen die inhaltlichen Anforderungen der Kunden und den organisatorischen Ablauf des Kundenprozesses? –**

# Analyse der Anforderungen und Prozesse wertvoller Kunden als Basis für die Segmentierung und Steuerungskriterien

*– Was ist für die anvisierten Zielkunden wichtig, wie denken und handeln sie und anhand welcher Prozesskriterien lassen sich die Leistungen für homogene Kundensegmente steuern? –*

Armin Töpfer

Inhalt

1 Fokussierung auf wertvolle Kunden ................................................................. 191
2 Analyse der erfolgskritischen Kundenanforderungen ..................................... 192
3 Analyse von Means-End-Ketten auf der Basis des Kano-Modells ................ 196
4 Kundenprozesse als Basis für Unternehmensprozesse: Die Übersetzung von Erfolgsfaktoren in Werttreiber ......................................................................... 204
5 Segmentierungstechniken zur wertorientierten Zielgruppenbildung ............. 211
6 Ableitung von zielgruppenspezifischen Steuerungskriterien ......................... 223
7 Literatur ............................................................................................................ 226

## 1 Fokussierung auf wertvolle Kunden

Nachdem im 1. Kapitel des Buches das gesamte Spektrum des Kundenmanagements im Hinblick auf seine praktische Relevanz und theoretische Fundierung aufgezeigt wurde, geht es im 2. Kapitel um die gezielte Analyse einiger zentraler Bausteine, nämlich der Kundenanforderungen und -prozesse sowie des Kundenwertes. Die Anforderungen für erfolgreiches Kundenmanagement gehen dabei in 2 Richtungen: Zum einen, was für den Kunden besonders wichtig ist, und zum anderen, wie wichtig der Kunde für das Unternehmen ist. Je wichtiger der Kunde, und das heißt, je wertvoller er für das Unternehmen ist, desto genauer werden die kundenbezogenen Prozesse analysiert, um seine Anforderungen möglichst gut erfüllen zu können.

In diesem Artikel werden Verfahren aufgezeigt, wie die wesentlichen Kundenanforderungen herausgefiltert werden können. Dies sind der Fragenkatalog von Shiba, die CTQ-Analyse sowie die Analyse von Means-End-Ketten. Zusätzlich wird dargelegt, wie eine stärkere Interaktion zwischen Kunden- und Unternehmensprozessen erreicht werden kann. Sowohl die Anforderungen als auch die Prozesse sind bezogen auf wesentliche Kundengruppen zu differenzieren, um kundenspezifische Produkt- und Serviceleistungen anbieten zu können. In entsprechender Weise sind dann auch die prozessbezogenen Steuerungskriterien abzuleiten.

Im folgenden Artikel wird dargestellt, wie sich die Sichtweisen und Konzepte des Customer Values über die Zeit entwickelt haben und durch die Analyse des Customer Equity ergänzt wurden. Auf dieser Basis werden, ausgerichtet auf den Kundenwert, unterschiedliche Berechnungsverfahren vorgestellt.

Die anschließenden 3 Artikel dieses Kapitels gehen auf die Integration von Kunden in die Entwicklung und Verbesserung von Marktleistungen ein. Zunächst wird gezeigt, wie Kunden-Fokusgruppen wirkungsvoll und zugleich wirtschaftlich eingesetzt werden können, um wesentliche Anforderungen, Vorbehalte und Kaufwiderstände zu erfahren. Noch spezifischer ist im Artikel von Lang die Endkundenintegration in den Innovationsprozess ausgerichtet, die dazu dient, dem Lieferanten eines Unternehmens genügend Kontakte und dadurch Verständnis für kundennutzenorientierte Neuprodukte zu verschaffen. Im Vergleich zu den hier favorisierten Kunden-Workshops gibt Buchner in seinem Artikel einen Überblick über die Einbeziehung von Kunden in die Neuproduktentwicklung durch schriftliche Befragungen und durch Beobachtungen von Kunden beim Produkteinsatz. Das Spektrum der Beiträge zeigt, dass unterschiedliche Konzepte und Instrumente geeignet sind, die Anforderungen und Prozessabläufe der Kunden zu erkennen.

## 2 Analyse der erfolgskritischen Kundenanforderungen

Die zentrale Frage für erfolgreiches Kundenmanagement und einen dadurch bewirkten Unternehmenserfolg lautet: Wie gut, und das heißt nicht wie genau, kennt ein Unternehmen seine Kunden? Dies bedeutet nicht nur die Kenntnis der Kundenadresse und anderer Kundenkoordinaten, sondern es geht um die möglichst gute Information über die Kundenanforderungen und die Prozesse in Kundenunternehmen. Dies ist nicht für alle Kunden machbar, vielmehr erstreckt sich diese „Kundenaufklärung" vor allem auf Zielkunden mit einem hohen Kundenwert, also die typischen A-Kunden.

Die aus dieser Segmentierung abgeleitete Folgefrage lautet dann: Wie konsequent richtet sich ein Unternehmen auf die Anforderungen und Prozesse bei seinen wichtigen Kunden aus? Das Ziel ist also, durch die Kenntnis der Prozesse beim Kunden eine konsequente Fokussierung und Abstimmung der eigenen Unternehmensprozesse auf die wesentlichen Kundenprozesse zu erreichen.

Für eine aussagefähige Analyse der wesentlichen Kundenanforderungen spielen **authentische Kundenaussagen (Voice of the Customer – VOC)** eine maßgebliche Rolle, die z.B. durch Feedback-Aktionen, Kunden-Fokusgruppen oder aktives Beschwerdemanagement gezielt abgefragt werden können. Hieraus lassen sich in einem nächsten Schritt **messbare Ergebnisgrößen (Critical to Quality Characteristics – CTQs)** ermitteln, welche den vom Kunden präzisierten Outcome, also die gewünschten Wirkungen ausdrücken, die er mit der erworbenen Marktleistung erhalten will. Unter den CTQs versteht man die 3 bis 5 wichtigsten Anforderungen des Kunden, die ihn veranlassen, das Produkt zu kaufen, den Preis zu zahlen, sehr zufrieden zu sein und nicht zu einem Wettbewerber zu wechseln. Diese Beschränkung auf die Analyse und Erfüllung der CTQs verhindert eine Anspruchsinflation aus Kundensicht, die für das Unternehmen immer kostentreibend und komplexitätssteigernd ist.

In der Unternehmenspraxis werden zur Analyse der CTQs oft **Kunden-Fokusgruppen** eingesetzt. Dabei handelt es sich um kleine ausgewählte Gruppen von Kunden, mit denen innerhalb von 2 bis 3 Sunden alle relevanten Prozessphasen durchgesprochen und die entsprechenden wichtigen Anforderungen herausgearbeitet werden. Zweckmäßigerweise wird dies mit unterschiedlichen Kundengruppen jeweils getrennt durchgeführt, um die speziellen Anforderungen jedes Segments systematisch und „lupenrein" erfassen zu können. Weitere detaillierte Ausführungen hierzu finden sich in dem entsprechenden Beitrag zu Kunden-Fokusgruppen im 2. Kapitel dieses Buches.

Basierend auf diesen CTQs werden die **Unternehmensprozesse** gestaltet und gesteuert. Die bestmögliche Erfüllung der CTQs bildet die Grundlage, um über eine **hohe Kundenzufriedenheit** eine **starke Kundenbindung** zu erreichen, damit die Kundenabwanderung minimiert wird. Daraus ergeben sich für das Unternehmen stabile Umsätze auf hohem Niveau bei zugleich guten Margen, so dass die praktizierte Kundenorientierung zur Wertsteigerung für das Unternehmen führt.

In Abbildung 1 ist diese Philosophie in einem 7-Stufen-Schema dargestellt, das konkrete Ansatzpunkte für eine derartige (Neu-)Ausrichtung des gesamten Unternehmens liefert. Diese Phasen, Inhalte und Instrumente sind charakteristisch für **Six Sigma-Projekte** (vgl. Töpfer 2007a, S. 87 ff.). Hierauf wird im letzten Artikel dieses Buches näher eingegangen.

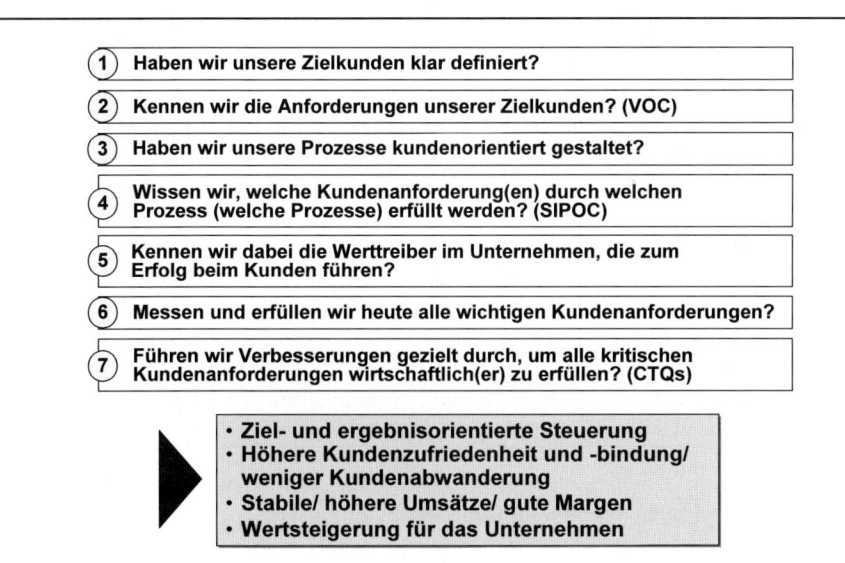

**Abb. 1:** 7-Stufen-Schema für kundenorientierte Prozesse

Nach den ersten 3, bereits angesprochenen Stufen beginnt mit der 4. Stufe der noch detailliertere Analyseprozess. Jetzt geht es nämlich darum, in wieweit durch einzelne Unternehmensprozesse respektive Prozessphasen ein konkreter Beitrag zur Erfüllung der CTQs geleistet wird. Hieran schließt sich dann die Frage an, welche Werttreiber in diesen Prozessen die größten Erfolgsfaktoren für die Kundenzufriedenheit und -bindung bewirken. Die 6. Stufen fordert, auf der Basis der Werttreiber und Erfolgsfaktoren zu messen, in wieweit alle wichtigen Kundenanforderungen erfüllt werden. Die abschließende 7. Phase zielt darauf ab, alle CTQs in Zukunft möglichst noch wirtschaftlicher für das Unternehmen zu erfüllen.

Ziel einer **Voice of the Customer-Analyse** ist es also, die generellen Wünsche, Erwartungen und Anforderungen der Zielkunden bezogen auf eine beschriebene Situation und die angebotene Problemlösung zu erfahren. Für die Analyse der Anforderungen an Bestandsprodukte hat sich der Einsatz der **4 Fragen von Shiba** (vgl. Shiba/ Graham/ Walden 1993, S. 202) bewährt (siehe Abb. 2). Neben den originären Anforderungen an Produkte als Problemlösung werden auf diese Weise auch die nicht erfüllten Anforderungen sowie eine Bewertung von Wettbewerbsprodukten erfragt und außerdem die für die Zukunft wesentlichen Problemlösungen herausgearbeitet. Es kommt also darauf an – bildlich gesprochen – nicht nur durch den Rückspiegel die Kundenzufriedenheit zu ermitteln, sondern vor allem auch durch die Frontscheibe die zukünftigen Erwartungen und Bedürfnisse wichtiger Kunden möglichst genau zu kennen, um so aus der Stimme des Kunden eindeutige Kundenanforderungen an die Marktleistung abzuleiten.

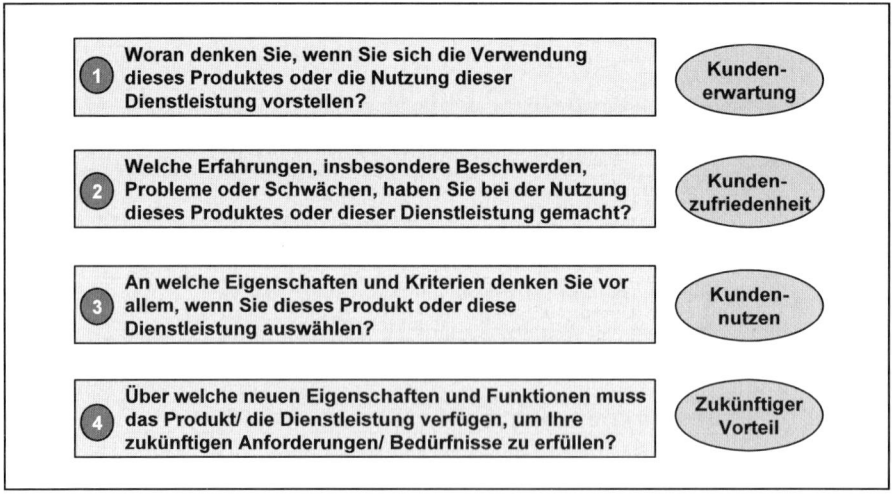

**Abb. 2:** Shiba's 4 Fragen: Die Stimme des Kunden

Eine anders strukturierte Vorgehensweise zur Ableitung von Kundenanforderungen, die sich zweckmäßigerweise im Anschluss an die Beantwortung der 4 Shiba-Fragen einsetzen lässt, bietet die **6-W-Analyse**. Hierbei wird die „konkrete"

Voice of the Customer durch die Beantwortung der Fragen Wer?, Was?, Wo?, Wann?, Warum? und Wie viel? differenziert analysiert und in entsprechende Kundenanforderungen übersetzt. Im Beispiel der Abbildung 3 sind dies – vereinfacht dargestellt – einzelne Aussagen zu der Tür eines Küchenherds, aus denen dann 3 zentrale Kundenanforderungen resultieren (vgl. Töpfer/ Günther 2007, S. 114 f.).

| \multicolumn{9}{c|}{**Customer Voice Table (6W)**} |
| Lfd. Nr. | Kundenstimme | Wer? | Was? | Wo? | Wann? | Warum? | Wie viel? | Kundenanforderungen |
|---|---|---|---|---|---|---|---|---|
| 1 | Leicht zu bedienende Herdtür | Käufer, Herdbenutzer | Leichtgängige Herdtür | Herdtür außen | Beim Kochen und Backen | Meist nur eine Hand frei, Angst vor Verbrennungen | Max. 30°C Wärme am Griff | 1. Leicht von außen zu öffnende Herdtür 2. Leicht von außen zu schließende Herdtür 3. Geringe Temperatur am Griff |

**Abb. 3:** 6-W-Methode für VOC am Beispiel Küchenherd

Die Kundenanforderungen sind dabei generell so zu ermitteln, wie sie im **Wertschöpfungsprozess** auftreten. Dies schafft die Verbindung zwischen den Stufen 2, 3 und 4 in Abbildung 1 und liefert zugleich Aussagen über den Zusammenhang zwischen **internen Werttreibern** und **externen Erfolgsfaktoren**, also erfüllten CTQs. Damit wird vermieden, dass Anforderungen erst verallgemeinert und relativ stark abstrahiert werden, so dass hierbei der wichtige Bezug zu Kundenprozessen und Unternehmensprozessen verloren geht. Denn wenn Defizite auftreten, ist es wichtig, dass Ort, Zeitpunkt und Niveau dieser Anforderungen möglichst genau bekannt sind, um gezielte Verbesserungen umsetzen zu können.

Ein weiterer Vorteil dieser Ermittlungsmethodik besteht also darin, dass Anforderungen in der Reihenfolge und Art, wie sie auftreten und erfüllt werden müssen, unmittelbar nachvollziehbar sind. Dadurch können sie in ihrem Gesamtzusammenhang durch die Kunden einfacher artikuliert und durch die Unternehmen in Prozessen besser nachvollzogen werden. Auf diese Weise lassen sich gut verständlich und mit geringer Komplexität alle CTQs der Kunden für die einzelnen Prozessphasen erfassen. Die **SIPOC-Analyse** (vgl. Töpfer 2007a, S. 81) ist in diesem Kontext ein sehr wichtiges Instrument, das die konsequente Ausrichtung der CTQ-Bestimmung am Wertschöpfungsprozess sicherstellt (siehe Abb. 4).

Mit einer SIPOC-Analyse, deren Name als Akronym aus den Anfangsbuchstaben der 5 Teilprozesse gebildet wird, kann auf einer relativ abstrakten Ebene die gesamte Wertschöpfung über diese 5 Teilprozesse nach einem standardisierten

Schema analysiert und im Hinblick auf die Inhalte und Messgrößen erfasst werden.

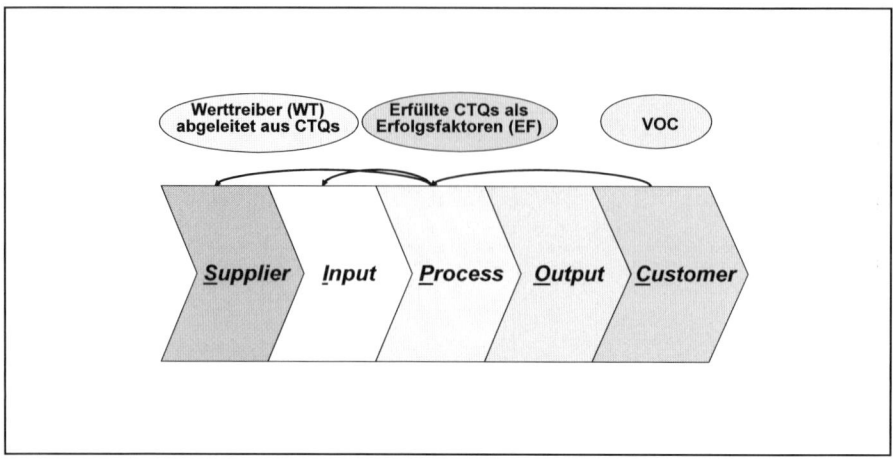

**Abb. 4:** Vorgehensmodell der SIPOC-Analyse

Werden CTQs durch schlanke und wirkungsvolle Prozesse realisiert, dann haben sie zugleich auch einen positiven Effekt auf die finanzielle Entwicklung des Unternehmens. Zudem ist eine Investition in Faktoren, die keinen CTQ-Status haben, kritisch zu hinterfragen, um Kostenfallen für das Unternehmen zu vermeiden.

Bei der Analyse der wesentlichen Kundenanforderungen und der anschließenden Ausrichtung des Unternehmens und seiner Prozesse darauf ist sicherzustellen, dass neben der **marktorientierten Sicht** einer hohen Kundenzufriedenheit und -bindung auch gleichzeitig der **ressourcenorientierten Sicht** positiver Deckungsbeiträge und erwirtschafteter Unternehmensgewinne Rechnung getragen wird. Gelingt dies, dann bewirken hochzufriedene Kunden **profitables Wachstum** des Unternehmens.

Diese 2 differierenden Sichtweisen aus einem unterschiedlichen Blickwinkel sind in Abbildung 5 noch einmal bildlich dargestellt. Gerade im Kundenmanagement sind sie im Hinblick auf die angestrebten positiven Wirkungen und Ergebnisse zu integrieren.

# 3 Analyse von Means-End-Ketten auf der Basis des Kano-Modells

Dem **Kano-Modell** liegt die Erkenntnis zu Grunde, dass sich die Anforderungen von Zielkunden in 3 mehr oder weniger klar unterscheidbare Faktorengruppen unterteilen lassen. Wie Abbildung 6 nachvollziehbar macht, wird neben Basis- und

Leistungsfaktoren zusätzlich auch nach Begeisterungsfaktoren unterschieden. Die Stufenfolge bei der Erfüllung der Kundenanforderungen sieht dabei folgendermaßen aus: Zunächst sind die **Basisanforderungen** abzusichern, so dass die mögliche Unzufriedenheit von Kunden abgebaut und zumindest die „Nulllinie" der Ordinate „Kunden(un)zufriedenheit" erreicht wird. Diese ist dadurch gekennzeichnet, dass die dabei wesentlichen Kriterien aus Kundensicht ausreichend erfüllt werden. Eine Kundenbindung tritt hierdurch noch nicht ein, da diese Anforderungen als selbstverständlich angesehen und deshalb i.d.R. auch nicht artikuliert werden. In einem Hotel ist ein wichtiger Basisfaktor beispielsweise, dass das Zimmer sauber und die Bettwäsche frisch ist. Werden diese Anforderungen nicht erfüllt, katapultiert sich das Unternehmen respektive Hotel von selbst aus dem Markt.

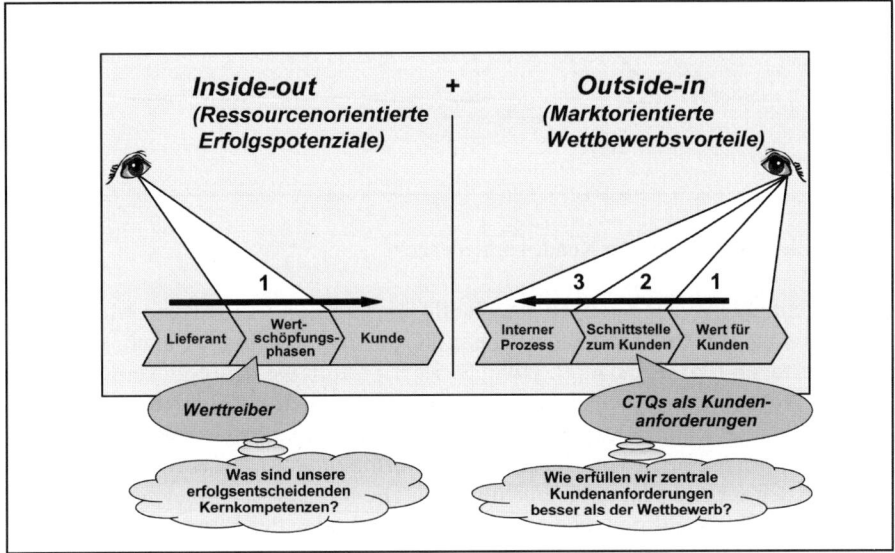

**Abb. 5:** Zweiseitiger Fokus auf ressourcen- und marktorientiertem Ansatz

Der Kernbereich der Leistungserfüllung sind die **Leistungsfaktoren**, die wie die Basisfaktoren in ihrem Realisierungsgrad möglichst quantitativ messbar sein sollten. Sie betreffen häufig technische Produktmerkmale und sind relativ spezifisch. Mit zunehmender Erfüllung der Anforderungen steigt auch – im Modell als linearer Zusammenhang unterstellt – die Kundenzufriedenheit. Bezogen auf diese Leistungsfaktoren ist nicht nur eine hohe Erfüllung anzustreben, sondern das Ziel ist praktizierte Null-Fehler-Qualität, die der Kunde eigentlich auch erwartet. Dieses Niveau kann als harter Faktor (Sigma-Wert) quantitativ gemessen werden, z.B. im Rahmen von Six Sigma-Projekten. Ein hohes quantitativ messbares Qualitätsniveau wirkt dann positiv auf die qualitative, aber über Indikatoren messbare Kundenzufriedenheit.

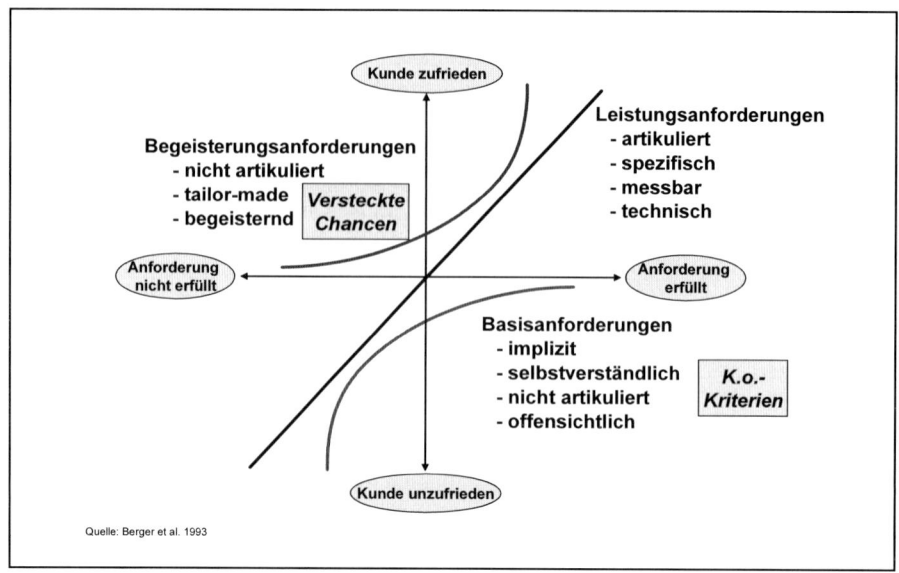

**Abb. 6:** Das Kano-Modell der Kundenzufriedenheit

Kundenbindung kann jedoch nachhaltig entsprechend dem Kano-Modell nur dann erreicht werden, wenn über die Leistungsfaktoren hinaus auch **Begeisterungsfaktoren** (vgl. Kano et al. 1994, S. 39 ff.) erfüllt werden. Sie werden häufig nicht artikuliert und wirken überwiegend nur individuell auf den einzelnen Kunden ausgerichtet (vgl. Berger et al. 1993). Beispielsweise durch spezielle Serviceleistungen werden auch vom Kunden nicht formulierte Anforderungen erfüllt, so dass also seine Erwartungen übererfüllt sind. Die hieraus resultierenden Ergebnisse sind aber für die Zufriedenheit und das Wohlbefinden des Kunden sehr wichtig.

Dies ist z.B. in einem Hotel dann der Fall, wenn ein mehrfach dort übernachtender Gast gleich mit Namen angesprochen wird, wie immer ein gewünschtes, besonders ruhig gelegenes Nichtraucher-Zimmer erhält und Bademantel, Hotelhausschuhe sowie eine gefüllte Obstschale bereits auf seinem Zimmer sind. Dies sind vom Kunden wahrgenommene und wertgeschätzte Faktoren einer hohen Servicequalität, die häufig für das Unternehmen nicht mit erhöhten Kosten verbunden sind. In allen Fällen müssen diese Anforderungen – zumindest über Indikatoren – aber so formuliert werden, dass sie im Rahmen des Kundenmanagements quantitativ messbar und damit einem Bewertungs- und Verbesserungsprozess in der Zukunft zugänglich sind.

Im Benjamin Hotel in New York sorgt eine Concierge speziell für das Wohlbefinden gestresster Geschäftsreisender. Hier und in anderen Hotels der Premium-Klasse werden die Gäste beispielsweise bei der Auswahl des optimalen Kopfkissens oder bei der Auswahl unter vielen unterschiedlichen Sprudel-Sorten beraten (vgl. Gutweiler 2007, S. 36). In diesen Fällen schlägt sich die besondere Servicequalität für die Gäste allerdings in erhöhten Preisen nieder.

Obwohl der Erfüllungsgrad der generellen Leistungsanforderungen – wenn die Zimmerausstattung und die Qualität der Matratze den Anforderungen entsprechen – dann nicht mehr steigt, nimmt die Kundenzufriedenheit durch die Realisierung dieser Begeisterungsfaktoren noch zu. Dies führt zu einer Steigerung der Kundenloyalität und -bindung.

Die für den Kunden entscheidenden Qualitätsmerkmale, also die CTQs, beziehen sich auf die hohe Ausprägung von Leistungs- und Begeisterungsfaktoren im 1. Quadranten. Hier liegt dann auch das **Differenzierungspotenzial** gegenüber Wettbewerbern. Zu beachten ist bei allen 3 Faktorengruppen, speziell aber bei Leistungs- und Begeisterungsfaktoren, dass sie wirtschaftlich erzeugt und dem Kunden angeboten werden können, ohne dass sie zu **Kostentreibern** für das Unternehmen werden. Dies gilt vor allem dann, wenn sie kein Hauptbestandteil der Servicestrategie und -leistung sind (vgl. Bailom et al. 1996, S. 118). Gerade Begeisterungsfaktoren sind aber sehr oft mit relativ geringen Kosten für das Unternehmen verbunden und manifestieren sich vor allem im Verhalten der Mitarbeiter und Führungskräfte. Freundlichkeit, Lächeln und persönliche Ansprache kosten nichts, bewirken aber – entsprechend dem Kano-Modell – relativ viel.

Die nicht leichte Aufgabe besteht nach den Erkenntnissen des Kano-Modells jetzt darin, über die 2. Faktorengruppe der Leistungsanforderungen hinaus die Begeisterungsfaktoren als weitere wichtige CTQs aussagefähig zu erfassen und zu messen. Ein geeignetes Instrument hierzu ist die Analyse von **Means-End-Ketten**, um ein Produkt als Mittel und Instrument (Means) nicht nur im Hinblick auf den physischen Nutzen zu hinterfragen, also über Basisfaktoren hinaus vor allem Leistungsfaktoren. Zusätzlich erlaubt diese Analyse auch das Erkennen von emotionalen Beweggründen, also Motive, welche die eigentlichen Treiberfaktoren für das Handeln und Verhalten der Zielkunden am Markt, also Kaufen oder Nicht-Kaufen, und die damit verbundene Wertschätzung sind. Abbildung 7 verdeutlicht die Zusammenhänge.

Neben den **materiellen bzw. physikalischen Wirkungen** einer Marktleistung geht es dabei also auch um die **immateriellen bzw. psychologischen Wirkungen**, die nur vor dem Hintergrund spezieller individueller Werte und Einstellungen zu beurteilen sind (vgl. Herrmann 1996). Auf letztere wirken wiederum soziale Einflüsse des Umfeldes ein. Physikalische und psychologische Wirkungen hängen von der jeweiligen Verwendungssituation ab. Die kognitiven und die emotionalen psychologischen Wirkungen stehen nicht selten in einer wechselseitigen Beziehung und werden über die Zeit durch Lernen geprägt.

Diese mehrstufige Analyse – in der Abfolge Werte, Motive und Einstellungen, Emotionen, Handeln und Verhalten – erlaubt, mit Hilfe von zumindest ansatzweisen Tiefeninterviews die **Werte und emotionalen Beweggründe** von Zielkunden aufzuschlüsseln. Dies entspricht der Grundstruktur des **AIOV-Ansatzes** (Activities, Interests, Opinions, Values) (vgl. Becker 2006, S. 251). Der Zusammenhang gilt primär für Konsumgüter, also Verbrauchs- und Gebrauchsgüter von Privatpersonen. Im Grundansatz besteht der Wirkungszusammenhang über physikalische in psychologische Wirkungen aber auch bei Investitionsgütern. Letztere sind dort beispielsweise auch in Form von **Vertrauen und Sicherheit** in Lieferantenbeziehungen ausgeprägt. Allerdings sind diese psychologischen Wirkungen nicht so emotionalisiert wie im Konsum, sondern primär rational begründet. Detaillierte Liefer- und Leistungsverträge sowie positive Erfahrungen der Vergangenheit und Lieferanten-Audits zur Auditierung und Zertifizierung eines Excellence-Niveaus an Qualität sind die kognitiven Grundlagen für Vertrauen und Sicherheit als emotionale Kategorien.

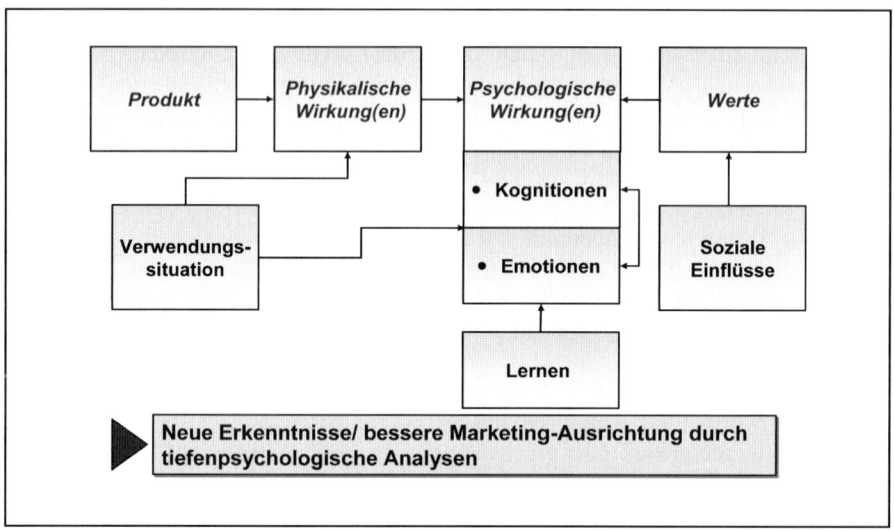

**Abb. 7:** Einflussfaktoren in der Means-End-Kette des Konsums

Bevor auf inhaltliche Details näher eingegangen wird, soll vorab eine sprachliche Präzisierung und Kategorisierung von 2 Begriffen, die in diesem Buch verwendet werden, erfolgen: **„Werte"** werden entsprechend den obigen Ausführungen als „Vorstellungen vom Wünschenswerten, von grundlegenden Zielvorstellungen verstanden, die eine Vielzahl von Motiven und Einstellungen und in Abhängigkeit davon eine Vielzahl von beobachtbaren Verhaltensweisen bestimmen" (Kroeber-Riel/ Weinberg 2003, S. 559). Sie rufen die **Präferenzen** für bestimmte psychologische Wirkungen und Verhaltensmuster hervor. Werte sind also ein konsistentes System von Einstellungen mit normativer Verbindlichkeit (vgl. Trommsdorff 2004, S. 190), welche Einstellungen, Motiven und Emotionen zu Grunde liegen, die wiederum das Handeln und Verhalten determinieren. Im Vergleich hierzu kennzeichnet der Begriff **„Wert"** eine ökonomische Kategorie, die einen Vermögensbestand materieller oder immaterieller Art für den Kunden und/ oder das Unternehmen ausdrückt. Das Ziel besteht generell darin, diesen Wert zu vergrößern, also dem Kunden und/ oder dem Unternehmen einen Wertzuwachs zu verschaffen. Der Wert für den Kunden ist als Nutzen, wie angesprochen wurde, materieller und immaterieller Art. Der Wert für das Unternehmen über die Zeit – bewirkt durch Kundenkäufe und -loyalität – ist primär materieller, also ökonomischer Art. Ein immaterieller Wert wie die Kundenloyalität bei hoher Kundenzufriedenheit ist i.d.R. mit einem **Empfehlungsverhalten** durch den Kunden an Freunde und Bekannte und einem **Referenzpotenzial** des Kunden als Testimonial einer guten Marktleistung verbunden. In beiden Fällen erhofft und erwartet das Unternehmen abschließend auch einen materiellen Nutzen in Form von Käufen und Umsatz. In Abbildung 8 werden im Folgenden 3 vereinfachte Beispiele von Means-End-Ketten als mehrstufige Zweck-Mittel-Analysen wiedergegeben, die als Bestimmungsgründe für das zukünftige Kaufverhalten im Sinne von Ursachen-Wirkungs-Analysen interpretiert werden können.

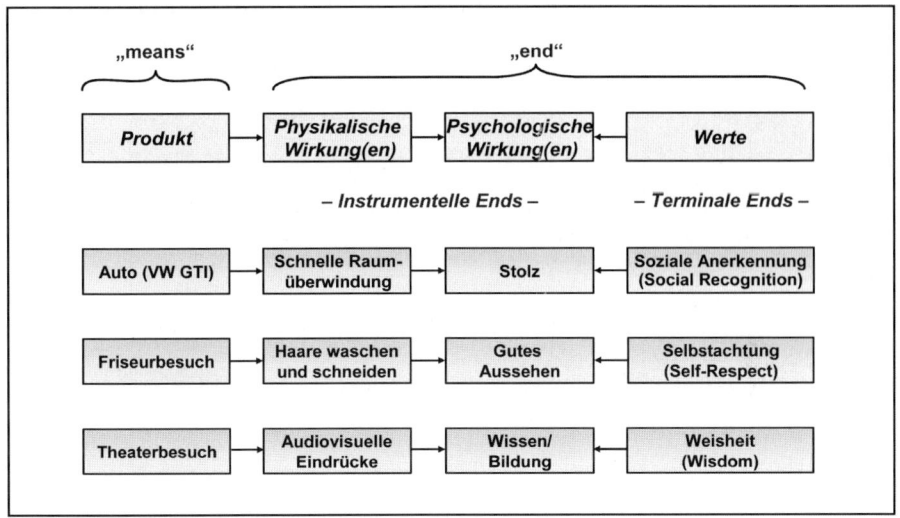

**Abb. 8:** Beispiele für Means-End-Ketten des Konsums

Die inhaltliche Ausprägung dieser Means-End-Ketten und die Stärke der einzelnen Einfluss- und Wirkfaktoren ist unterschiedlich in Abhängigkeit von den Zielpersonen und der Verwendungssituation. Auf dieser Grundlage lassen sich zweistufig **verschiedene Segmente für Zielgruppenprioritäten und -verhaltensweisen** herausfiltern, nämlich nach unterschiedlichen Personengruppen sowie nach unterschiedlichen Verwendungssituationen. Abbildung 9 zeigt dies am Beispiel Auto (Means) für das Ziel bzw. Streben des Nutzers nach einer hohen Mobilität (End). Wie ersichtlich ist, lassen sich entsprechend der Prioritäten unterschiedlicher Zielgruppen bzw. Segmente verschiedene **Leistungsbündel (Means)** zusammenstellen, die dann auch unterschiedliche **Nutzenbündel (Ends)** erfüllen. In Abbildung 9 sind bei den Nutzenbündeln aus Vereinfachungsgründen Ziele als physikalische Wirkungen (z.B. Schnelligkeit) und psychologische Wirkungen (z.B. Fahrvergnügen) in einer Rubrik zusammengefasst. Auf eine Priorisierung einzelner Kriterien und die damit einhergehende Unterscheidung von Zielgruppen als Marktsegmente wird im letzten Kapitel dieses Artikels eingegangen, in dem die Steuerungskriterien für die Wertschöpfungsprozesse und die damit verbundene

Erfüllung wesentlicher Kundenanforderungen thematisiert werden. Auf diese Weise lassen sich im Rahmen des Kundenmanagements über analysierte Means-End-Ketten Marktleistungen **zielgruppenspezifisch** anbieten, die dann auch über die physikalischen und psychologischen Wirkungen hinaus **wesentliche Wertekategorien** der Adressaten ansprechen und erfüllen.

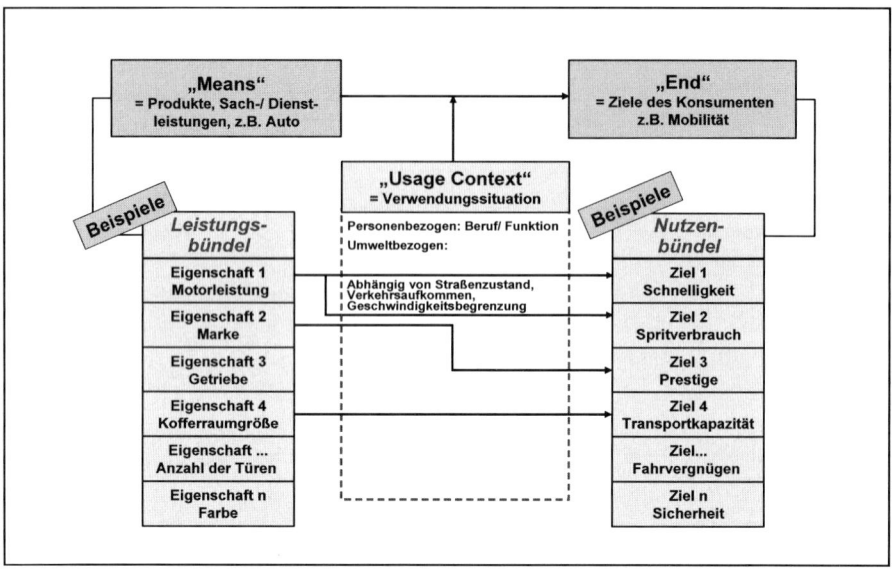

**Abb. 9:** Means-End-Kette am Beispiel Autokauf

Das Folgeproblem liegt nun offensichtlich in der Bestimmung dieser Wertekategorien als terminale und damit finale Ends. Da es sich um hypothetische Konstrukte einer psychologischen Kategorisierung handelt, sind sie nicht leicht zu definieren und vor allem abzugrenzen. Die Bestimmung der zu Grunde liegenden und damit das Verhalten prägenden Werte geht auf die Klassifikation von **Rokeach** zurück (vgl. Rokeach 1973), die für diese Analysen als aussagefähiges Werteraster akzeptiert ist. Je nach Produkt- und Verwendungsart kommen sie in unterschiedlichem Ausmaß zum Tragen. Abbildung 10 liefert die Übersicht der 18 Dimensionen mit der deutschen Übersetzung. Es handelt sich dabei um die **finalen Wertevorstellungen** von Adressaten, die es dann auch durch Werbebotschaften im Rahmen der Produktkommunikation anzusprechen gilt.

Obwohl diese Klassifikation von Rokeach für die westliche Welt und deren Wertekategorien akzeptiert ist, stellt sich die Frage, inwieweit diese Typologie ausreichend an „deutsche Verhältnisse" und Anwendungen im Konsumentenverhalten angepasst ist (vgl. Trommsdorf 2004, S. 207). Hieran macht sich die Kritik an der Typologie von Rokeach fest. Dies gilt im Prinzip dann für jedes nichtamerikanische Land, das nach den Studien von Hofstede und der GLOBE-Studie nach den dort untersuchten Dimensionen wesentliche Unterschiede in den einzelnen Ausprägungen aufweist (vgl. Hofstede 2006, S. 28 ff., 37 ff., House et al. 2004). Hildebrandt (1983) schlägt deshalb für deutsche Konsumententypologien eine Anpassung vor, die empirisch getestet ist und in einer reduzierten Anzahl von 8 Dimensionen je 2 Wertekategorien zu Faktoren zusammenfasst (siehe Abb. 11). Die Anzahl der Wertedimensionen wird dadurch überschaubarer, aber ein Teil der auf Basis der Rokeach-Klassifikation möglichen Differenzierung geht verloren.

**Terminale Ends als Basis der Means-End-Analyse**

| | |
|---|---|
| A Comfortable Life | = Sich das Leben bequemer gestalten |
| A Sense of Accomplishment | = Sich etwas Vollkommenes leisten können |
| A World at Peace | = Ein ruhiges, friedvolles Leben führen |
| A World of Beauty | = Sich das Leben verschönern/ sich schöne Dinge leisten können |
| Family Security | = Die Familie schützen/ für geliebte Menschen Sorge tragen |
| Happiness | = Ein Glücksgefühl haben |
| Mature Love | = Liebgewonnenes bewahren |
| Pleasure | = Sich ein Vergnügen gönnen/ seinem Vergnügen nachgehen |
| Self-Respect | = Die Selbstachtung steigern |
| True Friendship | = Wahre aufrichtige Freundschaft erhalten |
| An Exciting Life | = Das Leben spannendes/ aufregend gestalten |
| Equality | = Gleiches Niveau/ Gleichberechtigung erreichen |
| Freedom | = Freiheit, Unabhängigkeit genießen |
| Inner Harmony | = Innere Harmonie/ Ausgeglichenheit besitzen |
| Salvation | = Rettung/ Heil/ Erlösung finden |
| National Security | = Nationale Sicherheit verspüren/ sich ganz und gar sicher fühlen |
| Social Recognition | = Soziale Anerkennung genießen |
| Wisdom | = Weisheit besitzen/ Wissen aufweisen |

Quelle: u.a. Rokeach 1968, S. 554; Kamakura/ Novak 1992

**Abb. 10:** Typologie der 18 Wertearten nach Rokeach

| | |
|---|---|
| Selbstwertorientierung | 1. Selbstachtung (eigene Wertschätzung) |
| | 2. Gute Freundschaft (Kameradschaft) |
| Konsumorientierung | 3. Vergnügen/ Genuss (Unterhaltung, Muse) |
| | 4. Angenehmes Leben (komfortabel, wohlhabend) |
| Sozialorientierung | 5. Soziale Anerkennung |
| | 6. Interessantes Leben (anregend, aktiv) |
| Familienorientierung | 7. Zufriedenheit |
| | 8. Sicherung der Familie |

Quelle: Hildebrandt 1983

**Abb. 11:** Reduziertes Werteraster nach Hildebrandt

In den letzten Jahren hat sich eine neue, unterscheidbare Zielgruppe herausgebildet, die aufgrund ihrer Wertevorstellungen LOHAS genannt wird. Das Akronym steht für „Lifestyle of Health and Sustainability", also für einen Konsum- und Lebensstil, der neben dem persönlichen Wohlbefinden eindeutig auch auf die Einhaltung sozialer und ökologischer Anforderungen und damit eine ganzheitliche Nachhaltigkeit ausgerichtet ist (vgl. Schmidt/ Littek/ Nickl 2007).

## 4 Kundenprozesse als Basis für Unternehmensprozesse: Die Übersetzung von Erfolgsfaktoren in Werttreiber

Die Realisierung der CTQs wichtiger Kundengruppen, die – wie vorstehend gezeigt wurde – nicht nur rational basiert sind, sondern auch emotionale Beweggründe auf der Basis von individuellen Wertevorstellungen umfassen, hat 2 Konsequenzen: Zum einen wird es hierdurch notwendig, die Wertschöpfungsprozesse beim Kunden gut zu verstehen und dadurch mit den angebotenen Marktleistungen für den Kunden einen **hohen Nutzen** bezogen auf die Kriterien **Qualität, Zeit und Kosten** zu realisieren. Dies vergrößert den Nutzen der angebotenen Marktleistung. Offensichtlich bestehen dabei Unterschiede im **B-to-C-Geschäft**, also bei Privatkunden, und im **B-to-B-Geschäft**, also bei Firmenkunden. Der Nutzen und Wert für Individuen liegt im ökonomischen und nicht-ökonomischen respektive emotionalen Bereich. Der Nutzen und Wert für Firmenkunden liegt primär in ökonomischen Kategorien. Denn die Produkte des Unternehmens sollen dem Firmenkunden konkret dabei helfen, auf seinen Märkten, also bei seinen Kunden, erfolgreich zu sein und sich damit gegenüber seinen eigenen Wettbewerbern gut behaupten und durchsetzen zu können.

Zum anderen ist die oftmals zwingende Konsequenz, dass auch die Prozesse im eigenen Unternehmen stärker auf die Prozesse beim Kunden bzw. im Kundenunternehmen ausgerichtet und abgestimmt werden. Dies steigert den **Prozessnutzen** und gilt insbesondere bei Dienstleistungen, da dann nicht nur eine Transaktion des Produktes zum Kunden gegeben ist, sondern i.d.R. eine starke Interaktion mit dem Kunden im Wertschöpfungsprozess stattfindet (vgl. hierzu auch Töpfer 1996).

Zunächst ist also die Frage zu stellen, mit welchem organisatorischen Ansatz das Unternehmen vertiefte Informationen über wichtige Kundengruppen und ihre Anforderungen erhält. Das Ziel ist dabei vor allem die Informations-, Entscheidungs- und Kaufprozesse, die dort ablaufen, besser zu verstehen. Dies gilt sowohl für Endkunden, also den B-to-C-Bereich, als auch für Absatzmittler oder Weiterverarbeiter, also den B-to-B-Bereich. In relevanten Marktsegmenten sind für diesen „Aufklärungsprozess" **Schlüsselkunden** zu finden, die bereit sind, mit dem Unternehmen in **Kunden-Fokusgruppen** zusammenzuarbeiten. In diesen Prozess sind neben den externen Kunden von Unternehmensseite nicht nur die unmittelbaren Bereiche und Abteilungen am Markt, also Vertrieb, Service und Marketing, einzubeziehen, sondern hier sollten auch marktfernere Bereiche wie Produktion, Beschaffung, Forschung & Entwicklung sowie Controlling und Qualitätsmanagement eingebunden werden. Das Ziel ist, auf diese Weise auch **interne Kunden-Lieferanten-Beziehungen** bei der Erstellung der Marktleistung für die externen Kunden besser zu berücksichtigen und vor allem simultan zu optimieren.

Diese Vorgehensweise, die in Abbildung 12 skizziert ist, entspricht dem Ansatz des **Simultaneous Engineering** (vgl. Töpfer 2007b, S. 722), der eine bereichsübergreifende Interaktion mit wichtigen Kundengruppen „am Runden Tisch" zum Gegenstand hat. Dieses Instrument sollte nicht erst bezogen auf Neuprodukte, sondern bereits im Vorfeld bezogen auf eine kundenorientierte Ausrichtung von Prozessen sowie generell ein besseres Verständnis der Kunden in ihrem Denken und Handeln eingesetzt werden.

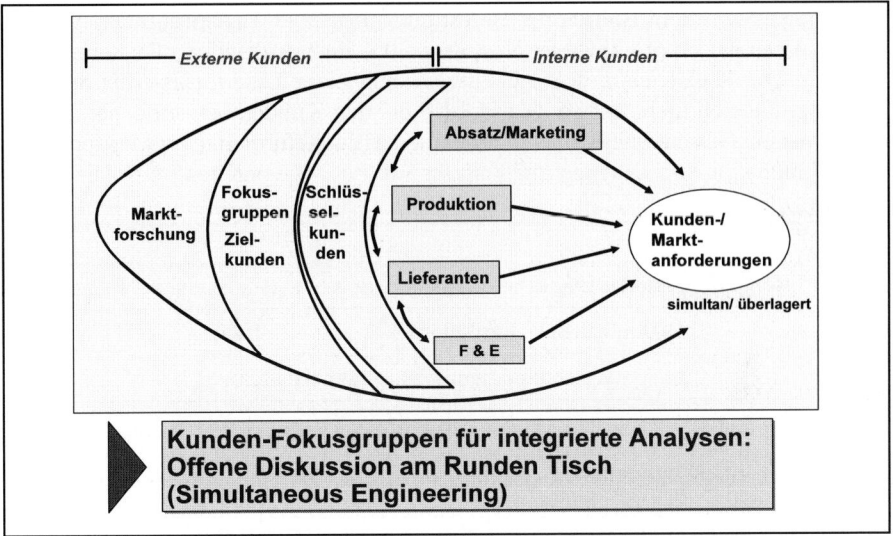

**Abb. 12:** Simultaneous Engineering als Interaktion mit Kunden für Prozesse und Produkte

Die Kundenprozesse werden durch die unternehmensinternen Prozesse überlagert. Abbildung 13 zeigt das inhaltliche Prozessschema des Vorgehens für eine stärkere Interaktion zwischen Kunden- und Unternehmensprozessen mit dem Ziel und Ergebnis einer Steigerung des Produktnutzens und des Prozessnutzens. Dies gilt sowohl für Privat- als auch Firmenkunden.

Ausgehend von der Analyse der Wertschöpfung beim Kunden ist die Wertschöpfung im Unternehmen kundenorientiert anzupassen, um eine bestmögliche **Harmonisierung** der Unternehmensprozesse mit den Kundenprozessen zu realisieren. Dieses „Andocken" stellt sicher, dass die unternehmenseigenen Prozesse mit denen des Kunden verbunden werden und vor allem auch ein **enger Dialog** über die gesamte Leistungserstellung und -verwertung an allen Kontaktpunkten geführt wird. Als ein zentraler Ansatzpunkt für die Optimierung kundenbezogener Prozesse ist eine **unternehmensweit einheitliche Datenbasis** aufzubauen, die eine uneingeschränkte Verfügbarkeit kundenspezifischer Informationen und damit die Minimierung des Abstimmungs- und Kommunikationsbedarfs im Unternehmen zur Folge hat (vgl. auch Hippner/ Merzenich/ Wilde 2004, S. 71 f.).

Ein Beispiel, wie im B-to-B-Geschäft aus dieser Verzahnung der Prozesse für den Kunden ein hoher **Nutzenvorteil (Customer Benefit)** erzeugt werden kann, liefert der Einsatz dieser Analyse bei Hilti (siehe Abb. 14). Um die eigene Wettbewerbsposition zu stärken, bestand das Ziel darin, die angebotene Marktleistung von Hilti noch stärker auf die Kundenprozesse und die dabei wichtigen Kundenanforderungen auszurichten. Hierzu wurden die einzelnen Phasen des Arbeitsablaufs bei der Montage von Kabeltrassen sowie deren anteiliger Zeitverbrauch analysiert. Das Ergebnis war, dass der größte Aufwand auf die Aktivitäten Messen und Markieren (28%) vor dem Bohren der Befestigungslöcher (17%) entfiel. Das Verbesserungspotenzial betrug in dieser Vorphase 20% im Vergleich zu 4% beim Bohrvorgang. Die Konsequenz war die Entwicklung einer Lasertechnik für die Vermessung, die sich nicht nur am Markt, also bei den Kunden bewährte, sondern zu einem neuen Geschäftsfeld im Unternehmen Hilti geführt hat (vgl. Huppmann/ Breuer 2003).

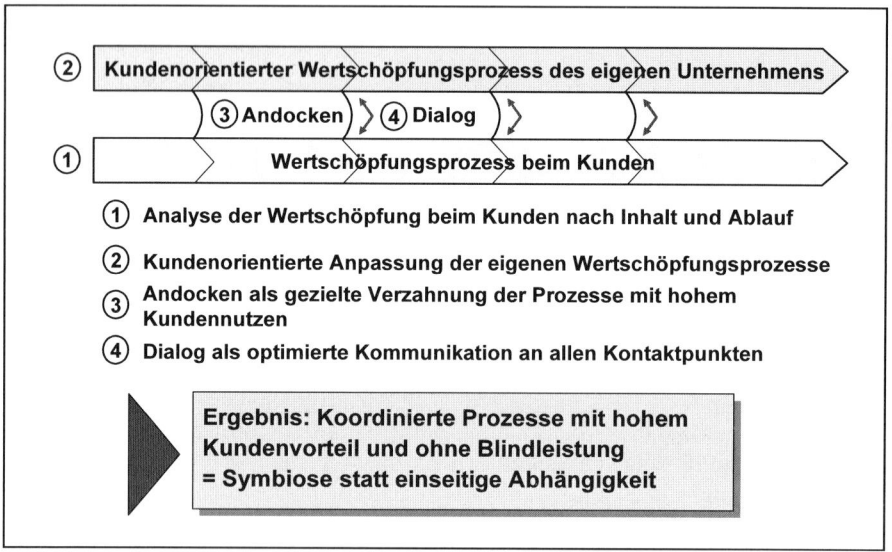

**Abb. 13:** Harmonisierung der Wertschöpfungsprozesse zwischen Kunden und Unternehmen

Nun zu den Ansatzpunkten und Möglichkeiten einer Steigerung des **Prozessnutzens**. Um den identifizierten Kundenanforderungen gerecht zu werden und die durch Redundanzen und Blindleistung verursachte Intransparenz und Ineffizienz der Abläufe zu beseitigen (siehe Abb. 15), sind alle wesentlichen Wertschöpfungsprozesse im Unternehmen auf ihre Kundenorientierung und hohe Wertschöpfungsqualität, also keine Ressourcenverschwendung, zu analysieren und zu optimieren (vgl. Gaitanides/ Scholz/ Vrohlings 1994, S. 2).

Analyse der Anforderungen und Prozesse wertvoller Kunden 207

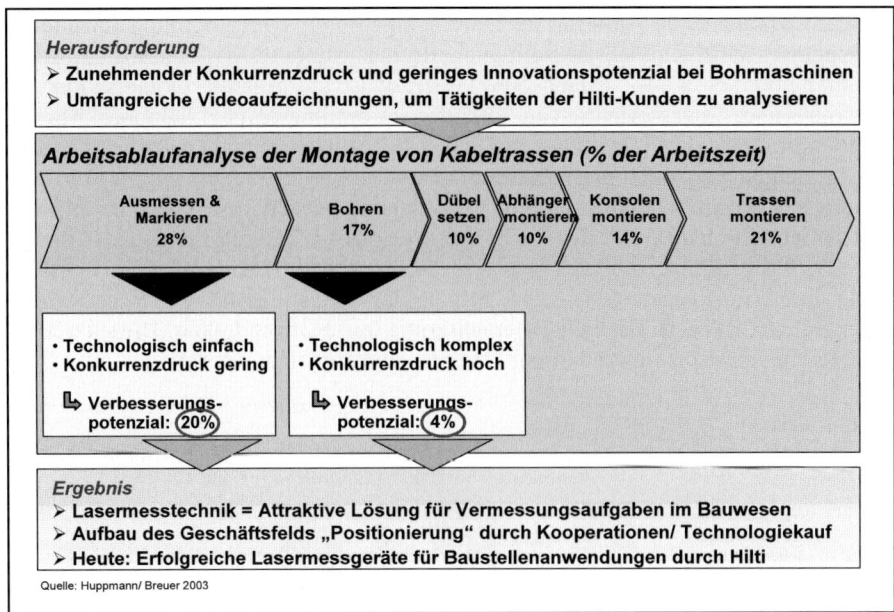

**Abb. 14:** Verbesserung des Produktnutzens bei Hilti

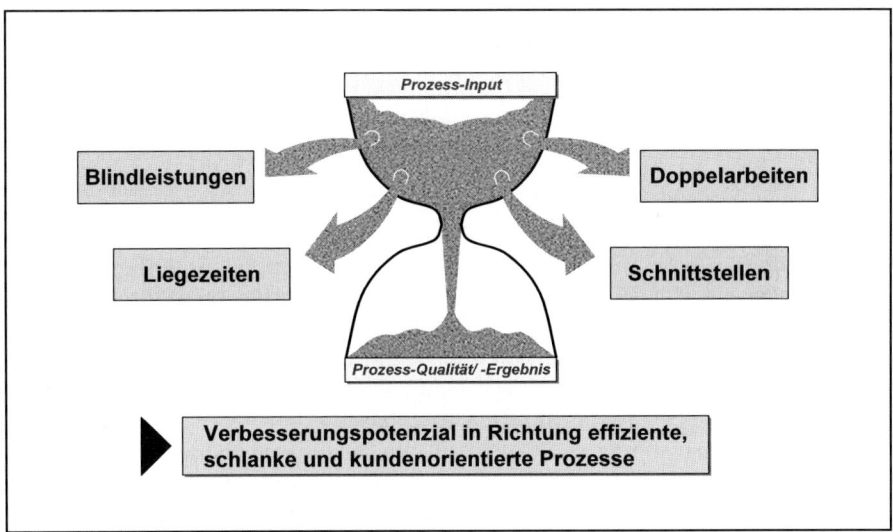

**Abb. 15:** Ursachen für Ressourcenverschwendung und Kundenunzufriedenheit

Dieses Vorgehen entspricht der Wertstromanalyse und dem anschließenden **Wertstromdesign** (Value Stream Mapping/ Design) mit dem Ziel, dass jede ressourcenverbrauchende Aktivität im Unternehmen eine Wertschöpfung für interne und/ oder externe Kunden darstellt (vgl. Rother/ Shook 2004; Halmosi/ Löffler/ Vollmer 2005, S. 47 ff.; Erlach 2007). Hierzu ist die gesamte Organisation des Unternehmens prozessorientiert in Abläufen zu optimieren (vgl. Hippner/ Merzenich/ Wilde 2004, S. 69 ff.). Dies impliziert eine Abkehr vom klassischen Denken in Hierarchien und verlangt ein konsequentes Denken in Prozessen. Diese in Abbildung 16 skizzierte Philosophie und Vorgehensweise fokussiert in marktorientierter Sicht durch eine **Outside-in-Betrachtung** auf **CTQs und Erfolgsfaktoren**. Die anschließende ressourcenorientierte Sicht mit der **Inside-out-Betrachtung** erhält durch die Analyse der – zur Erfüllung der CTQs respektive Erfolgsfaktoren – wesentlichen **Werttreiber** ihre Berechtigung und Notwendigkeit. Dieser wichtige Zusammenhang ist in Abbildung 5 bereits angesprochen worden.

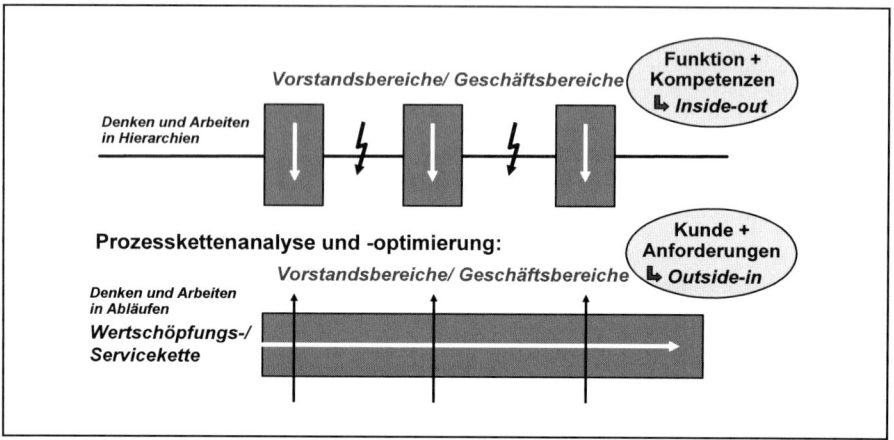

**Abb. 16:** Prozesskettenanalyse und -optimierung Outside-in und Inside-out

Durch diese Harmonisierung der kundenorientierten und unternehmensorientierten Anforderungen erfolgt die Optimierung der Prozesse aus 2 Blickwinkeln: Bezogen auf die Kundenanforderungen stehen **fehlerfreie Qualität** und damit **hoher Nutzen** im Vordergrund, bezogen auf die Unternehmensanforderungen sind **schlanke kostensparende Abläufe** angestrebt (siehe Abb. 17). Durch die Verbindung beider Sichtweisen ist eine umfassende Optimierung der Prozesse mit dem Ergebnis einer **Win-win-Situation** erreichbar.

Auf diese Weise werden die Outside-in- und Inside-out-Betrachtung unmittelbar miteinander verbunden. Die Erfüllung der Kundenanforderungen auf der linken Seite steht in direktem Zusammenhang mit der Erfüllung der Unternehmensanforderungen auf der rechten Seite. Um den hohen Kundennutzen nicht nur inhaltlich, sondern auch im Kontakt- und Interaktionsprozess mit Kunden zu erreichen, sind kurze Bearbeitungszeiten mit günstigen Kostenstrukturen, speziell auch bezogen auf Fehlerkosten, eine wichtige Voraussetzung.

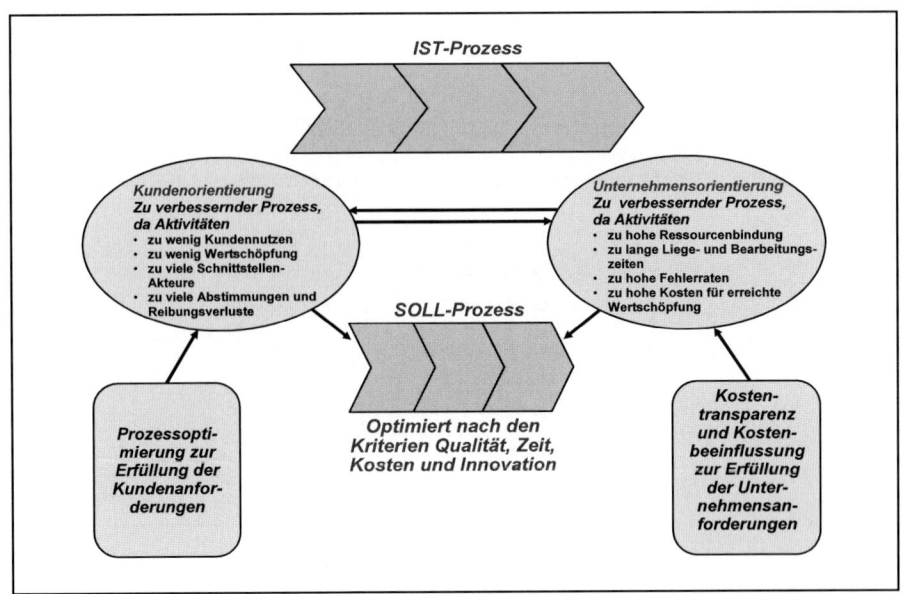

**Abb. 17:** Treiber der Prozessoptimierung aus Kunden- und Unternehmenssicht

Konkret umgesetzt wird diese Vorgehensweise durch die Verzahnung der **extern gerichteten Erfolgsfaktoren** mit den **intern gerichteten Werttreibern**. Abbildung 18 verdeutlicht diese Zusammenhänge an einigen einfachen Beispielen.

- Eine hohe Liefertreue für den Kunden setzt kurze Durchlaufzeiten auf der Basis schlanker Prozesse voraus.
- Die geforderte Ausfallsicherheit der Produkte macht die Umsetzung einer Null-Fehler-Qualität in Unternehmen notwendig.
- Liefertreue und Ausfallsicherheit sind beides wichtige Kriterien für eine hohe Qualität aus Kundensicht.
- Zusätzlich vom Kunden geforderte konkurrenzfähige respektive attraktive Preise, die in sein Qualitätsurteil über das Preis-Leistungs-Verhältnis einfließen, setzen im Unternehmen eine optimale Kostenstruktur voraus, die durch schlanke Prozesse und geringe Fehlerkosten erreichbar ist.
- Eine hohe Kundenzufriedenheit und -begeisterung setzt neben segment- und zielgruppenspezifischen Produkten vor allem auch einen entsprechenden Service voraus.
- Die zusätzlich geforderte Reaktionsfähigkeit und -schnelligkeit auf veränderte Kundenanforderungen setzt beispielsweise klare Entscheidungsbefugnisse vor Ort, also beim Niederlassungsleiter durch ein realisiertes Profit-Center-Konzept voraus und beeinflusst die zukünftige Zusammenarbeit zwischen dem Kunden und dem Lieferanten.

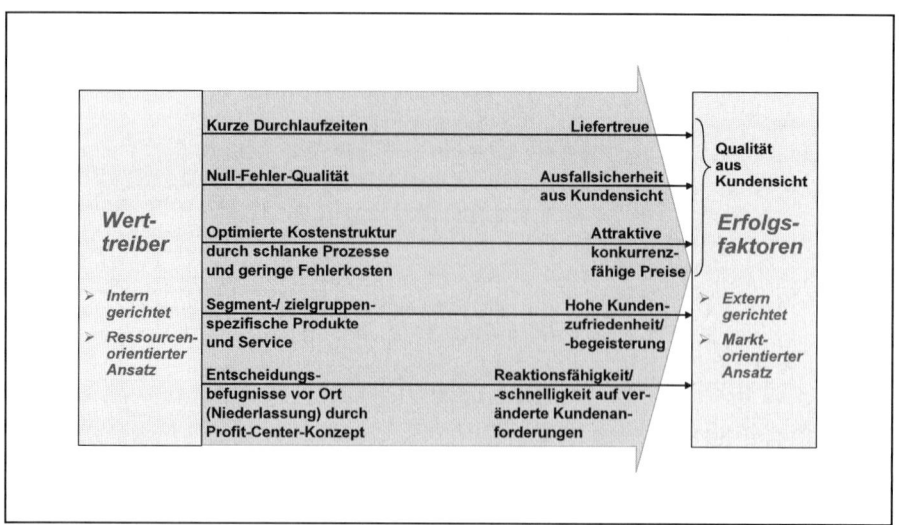

**Abb. 18:** Zusammenhang zwischen Erfolgsfaktoren und Werttreibern

Speziell am Beispiel der Liefertreue als Erfolgsfaktor wird ersichtlich, dass ausgehend von dem vereinbarten Liefertermin die Planung retrograd von den Marktfaktoren zu den Ressourcen erfolgen muss. Mit anderen Worten sind alle für die Einhaltung dieses externen Liefertermins maßgeblichen internen Werttreiber so zu gestalten, dass der Liefertermin einzuhalten ist. Dies betrifft die Durchlaufzeiten und die fehlerfreie Qualität, damit anderenfalls notwendige Nacharbeit oder völliger Ersatz nicht zu Lieferproblemen führen. Zugleich wird hieraus deutlich, dass die Kostenstruktur gegebenenfalls tangiert wird. Liefertreue ist im Wertschöpfungsprozess also immer zugleich mit der Forderung nach Wirtschaftlichkeit oder sogar Kosteneinsparung verbunden.

Abschließend wird auf das Gesamtkonzept aller angestrebten positiven Wirkungen durch die bessere Erfüllung der Kundenanforderungen über eine klare **Prozessharmonisierung und -optimierung** eingegangen. Abbildung 19 zeigt, wie auf diese Weise schnelle und professionelle Wertschöpfungsprozesse zu einer höheren Produktivität und damit zu einem Anstieg der Kundenzufriedenheit, des Kundenbindungspotenzials und letztlich auch des Unternehmenserfolgs führen. Gleichzeitig steigt die Führungskräfte- und Mitarbeiterzufriedenheit über Erfolgserlebnisse durch Kunden-Feedback und nicht zuletzt auch über Bonuszahlungen für einen größeren Unternehmenserfolg, was wiederum positive Rückkopplungseffekte auf die Produktivität und ihre Steigerung zur Folge hat. Treiber und Initialzündung sind also immer die Prozesse im Unternehmen und bezogen auf den Kunden.

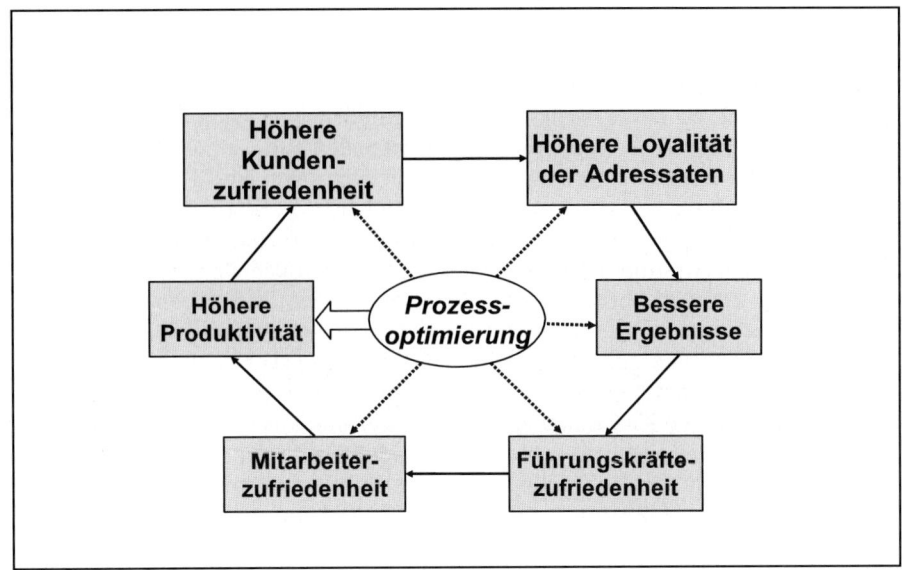

**Abb. 19:** Erfolgskreislauf der Prozessoptimierung

Je spezifischer die Ausrichtung der Prozesse auf einzelne Kundensegmente erfolgt, desto homogener sind die betrachteten Zielgruppen und desto größer ist das mit dieser Vorgehensweise erreichbare Wirkungsspektrum. Entscheidend hierfür sind also der Segmentierungsansatz und damit die Segmentierungstechniken. Hierauf wird im nächsten Kapitel dieses Beitrags eingegangen.

## 5 Segmentierungstechniken zur wertorientierten Zielgruppenbildung

Ziel der wertorientierten Kundensegmentierung ist es, die Kunden nach Segmentierungskriterien zu klassifizieren, die für eine möglichst homogene Gruppenbildung förderlich sind, eine gute Grundlage für die anschließende Marktbearbeitung bieten und im Hinblick auf den aktuellen und zukünftigen Kundenwert eine klare Aussage machen.

Eine **differenzierte Zielgruppensegmentierung** für Kundenbindungsaktivitäten wird erleichtert, wenn die **Kundendatenbank** in der Lage ist, detaillierte Reifegrade der Kundenbeziehungen zu dokumentieren und fortzuschreiben. Sie bildet damit die Grundlage für Kundenbewertungen und **profitabilitätsbezogene Entscheidungen** über **Art, Zeitpunkt und Ziel der Kundenansprache** (vgl. Homburg/ Sieben 2008, S. 504 ff.; Günter/ Helm 2006, S. 367 ff.). Homburg/ Sieben unterscheiden zwischen Profil-, Kauf-, Service- und Kontaktdaten, aus denen durch adäquate kennzahlenbasierte Auswertungen der Profitabilität und Stabilität von

Kundenbeziehungen und Analysen des Ressourceneinsatzes wichtige Entscheidungsgrundlagen beispielsweise für die Intensität von Betreuungs- und Serviceaktivitäten abgeleitet werden können (vgl. Homburg/ Sieben 2008, S. 504 f.; auch Oggenfuss 1992, S. 26). Datenbanken, die lediglich eine klassische Segmentierung nach z.B. rein sozio-demografischen Merkmalen zulassen, sind für das Kundenbindungsmanagement nur eingeschränkt nutzbar. Denn eine glaubwürdige und erfolgsträchtige Kontaktgestaltung zum Kunden wird nur möglich sein, wenn über das abgebildete bisherige Kaufverhalten des Kunden ein zuverlässiger Rückschluss auf seine Anforderungen und Einstellungen gezogen werden kann.

Abbildung 20 zeigt überblicksartig die 3 unterschiedlichen Gruppen von **Segmentierungskriterien**. Die klassische Priorisierung und Segmentbildung nach sozio-ökonomischen und ggf. demografischen Kriterien greift heute zu kurz. Kaufbereitschaft und damit Preisbereitschaft hängen häufig in stärkerem Maße von verhaltensorientierten Kriterien und Persönlichkeitsmerkmalen sowie von der Einstellung und dem Involvement bezogen auf Produkte ab.

So wurde bereits für die Positionierung des Fiat Panda eine überwiegend **psychografische Segmentierung** zu Grunde gelegt. Anstelle der leichter analysierbaren sozio-demografischen Kriterien wurde also der Fokus darauf gelegt, die unterschiedlichen Einstellungen und Motive für das Kaufen und Fahren von Kleinwagen zu erkennen. Das mit dem Slogan „Die tolle Kiste" beworbene Fahrzeug hat eine Zielgruppe erreicht, die ein differenziertes Verhältnis zum Autofahren aufwies.

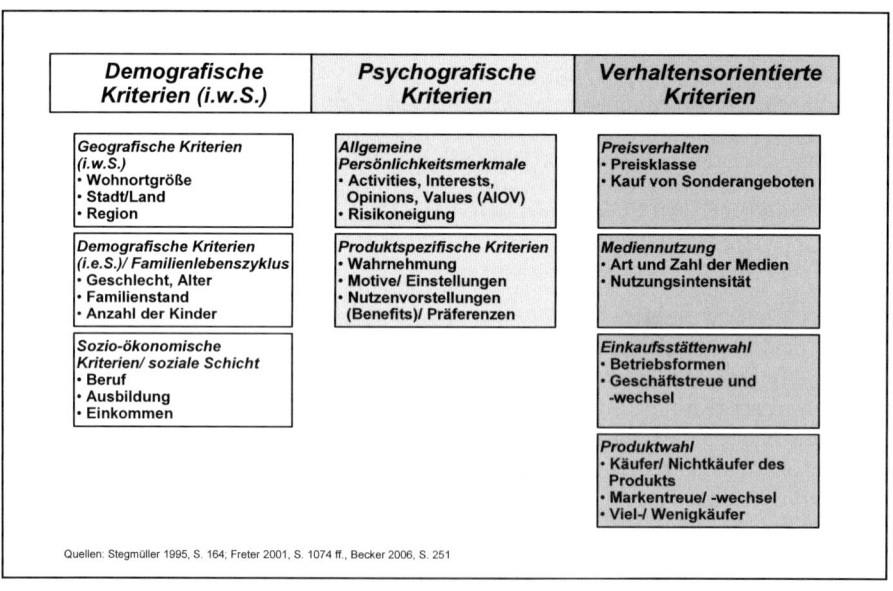

**Abb. 20:** Übersicht der Kriterien zur Marktsegmentierung

Als neueres Beispiel kann die Mercedes A-Klasse angeführt werden. Auch hier war es möglich, durch detaillierte Untersuchungen im Vorfeld der Produktentwicklung und durch eine entsprechende Positionierung des Fahrzeugs eine neue, nicht-mercedestypische Käuferschicht anzusprechen (vgl. Töpfer 1999, S. 89 ff.). Dabei sind die Käufer altersmäßig nicht fixiert. Anders als bei den früheren Mercedes-Modellen gibt es einen hohen Anteil weiblicher Käufer, und insgesamt ist es mit der A-Klasse gelungen, Konsumenten anzusprechen, die eine moderne Auffassung von Mobilität haben (vgl. Töpfer 2007b, S. 50 f.).

Die wesentlichen psychografischen Bestimmungsfaktoren für das Käuferverhalten, die dann auch die Basis für eine entsprechende Zielgruppen- bzw. Kundensegmentierung bilden, sind in Abbildung 21 aufgeführt. Generell unterscheiden lassen sich interpersonale und intrapersonale Bestimmungsfaktoren. Die **zwischenmenschlichen Einflussfaktoren**, die aus dem jeweiligen Kulturkreis, gesellschaftliche Normen, der sozialen Schicht und dem Gruppen- bzw. Familienverband resultieren, können – je nach Stärke der jeweiligen Kulturfaktoren – das personenbezogene Verhalten entscheidend determinieren, oder aber sie bilden nur den allgemeinen Werte setzenden Rahmen, ohne direkte handlungswirksame Einflüsse.

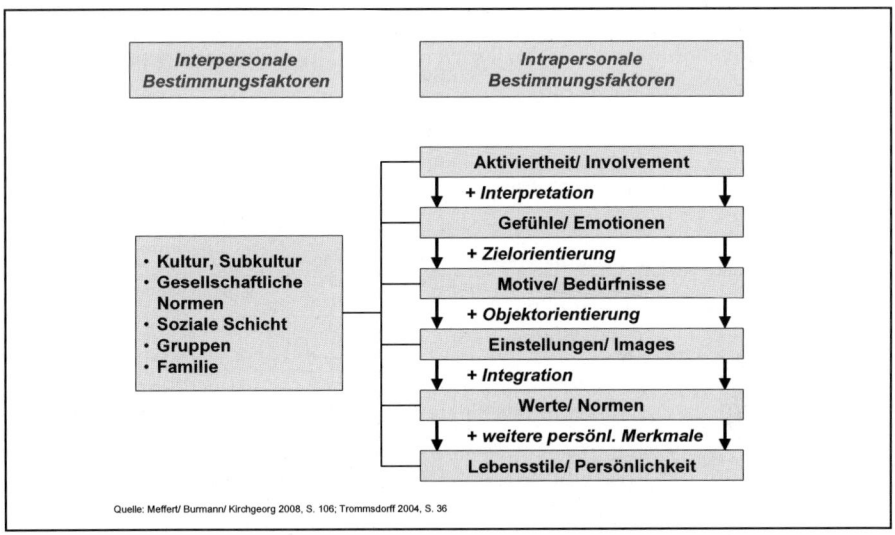

**Abb. 21:** Psychografische Bestimmungsfaktoren des Käuferverhaltens

Die unmittelbar **personenbezogenen Bestimmungsfaktoren** sind im Vergleich zu den sozialen und kulturellen Normen i.d.R. viel schwieriger aufzudecken und zutreffend zu analysieren sowie zu interpretieren. Beginnend mit der Aktiviertheit, also einem generellen oder ad-hoc-Involvement für eine Kaufsituation, wird in der Analyse auf aktivierte Gefühle bzw. Emotionen rückgeschlossen. Wenn die Zielorientierung erkannt wird, lässt sich hieraus auf die Motive und Bedürfnisse schließen. Bezogen auf das zur Diskussion stehende Kaufobjekt wird versucht, Einstellungen und Images, also positive oder auch negative Vorstellungs- und Wirkungsbilder, zu ergründen. Ihre Basis haben sie in der Integration in Werte und Normen, die es jetzt aufzudecken gilt. Weitere persönliche Merkmale, die den Lebensstil und die Persönlichkeit ausmachen, haben zusätzlich einen Einfluss auf den Kaufprozess und die Kaufentscheidung (vgl. Meffert/ Burmann/ Kirchgeorg 2008, S. 106 ff.; Trommsdorff 2004, S. 36 ff.). Wie nachvollziehbar ist, sind Erkenntnisse im Rahmen dieser mehrstufigen Analyse nicht einfach und leicht zu erruieren, zumal die Komplexität der Einflüsse von oben nach unten, also von den situativ-spezifischen Faktoren zu den normativ-persönlichen Faktoren, deutlich zunimmt.

Die Frage ist nun, in welchem Maße sich **aus diesen psychografischen Bestimmungsfaktoren** zumindest ansatzweise **operationalisierte Profile für unterschiedliche Zielgruppen-/ Käufersegmente** ableiten lassen und welche Ansatzpunkte dann gegen sind, um die priorisierten sowie damit validen Faktoren der Persönlichkeit durch geeignete Ansätze des Kundenmanagements anzusprechen und dadurch zu beeinflussen. In Abbildung 22 ist dieser Versuch und diese Zuordnung unternommen worden. Zu Grunde gelegt werden dabei die **Big Five** als die durch zahlreiche Faktorenanalysen in unterschiedlichen Forschungsprojekten ermittelten 5 wesentlichen Faktoren der Persönlichkeit (vgl. Asendorpf 2004, S. 147). Den 5 Persönlichkeitsmerkmalen werden jeweils mehrere Eigenschaften zugeordnet.

| Faktoren der Persönlichkeit | Zugehörige Eigenschaften | Ausprägung in verschiedenen Altersgruppen | | | | Ansätze zur Beeinflussung durch Kundenmanagement |
|---|---|---|---|---|---|---|
| | | < 25 Jahre | 25 bis 44 Jahre | 45 bis 64 Jahre | > 64 Jahre | |
| Neurotizismus/ Emotionale Instabilität | Nervosität Ängstlichkeit Erregbarkeit | | | | | Vertrauen Involvement Komplexitätsmanagement |
| Extraversion | Geselligkeit Nicht-Schüchternheit Aktivität | | | | | Communities/ Kundenklub Erlebniskonsum |
| Liebenswürdigkeit/ Verträglichkeit | Wärme Hilfsbereitschaft Toleranz | | | | | Empfehlungen Soziale Verantwortung |
| Gewissenhaftigkeit | Ordentlichkeit Beharrlichkeit Zuverlässigkeit | | | | | Service Garantie |
| Kultur Offenheit für Erfahrungen Intellekt | Gebildetheit Kreativität Gefühl für Kunst | | | | | Produktinformation/ -konfiguration in speziellem Ambiente |

**Abb. 22:** Beeinflussung von spezifischen Ausprägungsprofilen der Persönlichkeitseigenschaften in 4 Altersgruppensegmenten

Wie aus dieser vereinfachten und schematisierten Übersicht nachvollziehbar ist, handelt es sich hierbei lediglich um stereotype Zuordnungen und damit Aussagen. Die **emotionale Instabilität** nimmt in mittleren Lebensabschnitten ab. In jungen Jahren herrscht eher Nervosität und Unsicherheit aufgrund mangelnder Erfahrung vor. In älteren Jahren führen geistige und körperliche Einschränkungen zu verstärkter Ängstlichkeit. Vertrauen und Involvement werden dadurch sowohl bei jungen als auch bei älteren Zielgruppen zu entscheidenden Ansatzpunkten des Kundenmanagements. Das Management der Komplexität von Produkten sowie Situationen und Prozessen des Kaufs lässt in jungen Jahren eine hohe Komplexität von Varianten zu. Im höheren Alter verlangen Wahrnehmungsreduzierungen und Ängstlichkeit in stärkerem Maße eine Komplexitätsreduzierung. Das Komplexitätsmanagement ist also in Abhängigkeit von den Lebensabschnitten unterschiedlich ausgerichtet.

Der Persönlichkeitsfaktor **Extraversion** nimmt bezogen auf die 3 maßgeblichen Eigenschaften Geselligkeit, Nicht-Schüchternheit und Aktivität mit zunehmendem Alter eher ab. In der Konsequenz werden – zumindest in der Tendenz – Communities bzw. Kundenklubs und Erlebniskonsum mit dem Alter immer unwichtiger.

Der Persönlichkeitsfaktor **Liebenswürdigkeit und Verträglichkeit** hat mit seinen 3 Eigenschaften Wärme, Hilfsbereitschaft und Toleranz das Kriterium der Empathie zum Gegenstand. Sie steigt mit höherem Lebensalter eher an. Die Bereitschaft, Produktempfehlungen zu geben und zu berücksichtigen, sowie die soziale Verantwortung im Hinblick auf Umweltverträglichkeit und Nachhaltigkeit, also die Kriterien für den LOHAS-Konsumenten, nehmen dabei eher zu.

**Gewissenhaftigkeit** als 4. Persönlichkeitsfaktor umfasst vor allem Ordentlichkeit, Beharrlichkeit und Zuverlässigkeit. Über die Lebensabschnitte hat dieser Faktor einen ähnlichen Verlauf wie Liebenswürdigkeit/ Verträglichkeit; im Alter nimmt er zu. Dies führt zu einem höheren Stellenwert der Instrumente Service und Garantie im Rahmen des Kundenmanagements.

Der 5. und letzte Persönlichkeitsfaktor, **Kultur, Offenheit für Erfahrungen und Intellekt**, besteht aus den 3 Eigenschaften Gebildetheit, Kreativität und Gefühl für Kunst. Hier ist über die Lebenszeiträume eher mit einer leichten Zunahme zu rechnen, nicht zuletzt aus zeitlichen und finanziellen Gründen. Produktinformationen und -konfigurationen sind deshalb im Rahmen des Kundenmanagements in einem spezifischen Ambiente zu bieten.

An einem einfachen Beispiel soll das Ergebnis einer **Zielgruppensegmentierung** verdeutlicht werden, die in diesem Fall allerdings auf gut nachvollziehbaren sozio-ökonomischen Kriterien basiert. Hierdurch lassen sich bei den Akteuren in den gebildeten Segmenten besser unterscheidbare Anforderungen aus psychologischer Sicht im Hinblick auf das gebotene Informationsniveau und die Kommunikation und Behandlung erkennen. Bei dem Beispiel handelt es sich um die Segmentierung der Kunden eines Fensterbau-Unternehmens, das auf der Basis von Marktforschungsergebnissen die 3 Zielgruppen Kommunale Wohnungsbau-Gesellschaften, Architekten/ Planer und Private Bauherren unterscheidet (siehe Abb. 23).

Kommunale Wohnungsbau-Gesellschaften und Architekten/ Planer legen deutlich mehr Wert auf Informationen über alle technischen Details im Vergleich zu

Privaten Bauherren. Sie weisen eine hohe Professionalität auf, die sie in der Information und Behandlung durch das Unternehmen unbedingt einfordern. Für Kommunale Wohnungsbau-Gesellschaften sind zusätzlich ausschlaggebend die Wirtschaftlichkeit und damit die Kosten des Produkts. Für Architekten und Planer haben im Vergleich hierzu eher Design und Funktionalität einen höheren Stellenwert. Das Segment Private Bauherren will eher nur so viele Informationen, dass sie das Produkt und seine Vorzüge verstehen. Das Ziel ist für sie, eine Vertrauensbasis zum Unternehmen aufzubauen. Hinzu kommt bei ihnen ein stärkeres Umweltbewusstsein. Genau dieses Kriterium kann aber heutzutage bei allen 3 Zielgruppen bzw. Segmenten einen gleich hohen Stellenwert und damit keine differenzierende und damit diskriminierende Funktion mehr besitzen.

| 3 Marktsegmente | Anforderungen |
|---|---|
| Kommunale Wohnungsbau-Gesellschaften | • Preis-Leistungs-Verhältnis bei Anschaffung<br>• Technische Daten/ Wirtschaftliche Nutzung<br>• Mengenrabatte |
| Architekten/ Planer (v.a. für Bürogebäude) | • Alle technischen Details mit Messwerten<br>• Design und Funktionalität<br>• Wirtschaftlichkeit des Einbaus/ der Nutzung<br>• Einbau in System (mit Wärmegewinnung/ Rollläden) |
| Private Bauherren | • Produktmerkmale leicht verständlich<br>• Schönes Aussehen<br>• Leichtes Handling<br>• Umweltverträglichkeit |

▶ **3 unterschiedliche Marktsegmente als Strategische Geschäftsfelder (SGF)**

**Abb. 23:** Segmentierungsbeispiel Fensterbau-Unternehmen

Üblicherweise werden diese Segmente dann auch in 2 oder 3 unterschiedlichen **Strategischen Geschäftsfeldern (SGF)** geführt, für die unterschiedliche Marketingkonzepte zur Zielgruppenbearbeitung entwickelt werden.

In der Unternehmenspraxis ist die Zielgruppendifferenzierung und damit homogene Segmentbildung nicht immer so einfach wie in dem Fensterbau-Beispiel. Dies ist vor allem dann der Fall, wenn die Zielgruppenunterschiede primär persönlichkeits- und damit einstellungs- und verhaltensbezogen sind. Um in sich möglichst homogene Zielkundengruppen herauszukristallisieren, sind als vornehmlich dazu geeignete Marktforschungstechniken zweckmäßigerweise Faktorenanalysen, Clusteranalysen, Diskriminanzanalysen und Conjoint-Measurement einzusetzen. Auf der Basis von signifikanten Zusammenhängen und Unterschieden bei der Bewertung einzelner abgefragter Variablen bzw. Kriterien lassen sich so in ihrer Einstellung und ihrem Verhalten relativ klar unterscheidbare Personengruppen als Marktsegmente herausfiltern. Abbildung 24 zeigt diese Differenzierung nach Variablen auf der einen Seite und nach Personen auf der anderen Seite.

Im Einzelnen verfolgen diese **Marktforschungstechniken** in einem mehrstufigen Prozess folgende Ziele bzw. liefern folgende Ergebnisbeiträge zur Beantwortung der eingangs jeweils gestellten Frage (vgl. hierzu weiterführend Töpfer 2007b, S. 818 ff.):

- **Faktorenanalyse:** Welche direkt messbaren Variablen/ Kriterien beziehen sich auf den gleichen Sachverhalt und „laden" deshalb auf einen dahinter liegenden Faktor? Bei Faktorenanalysen steht das Aufdecken wechselseitiger Beziehungen zwischen Variablen im Vordergrund. Mit dieser Methode lässt sich eine größere Anzahl von Variablen auf eine kleinere Anzahl von hypothetischen, hinter den Variablen stehenden Faktoren reduzieren. Bei der Faktorenanalyse werden aus einer Vielzahl von Variablen so wechselseitig unabhängige Einflussfaktoren herauskristallisiert. Als Korrelationskoeffizienten zwischen den Faktoren und den Variablen geben die so genannten Faktorladungen an, wie viel ein Faktor mit den Ausgangsvariablen zu tun hat. Die daraus abgeleitete Variablenstruktur ist häufig hilfreich zum Ableiten differenzierterer Hypothesen. Faktorenanalysen können als Interdependenzanalysen somit die Vorstufe für weitere Marktforschungserhebungen bilden, bei deren Auswertung dann strukturen-prüfende Dependenzanalysen einzusetzen sind.

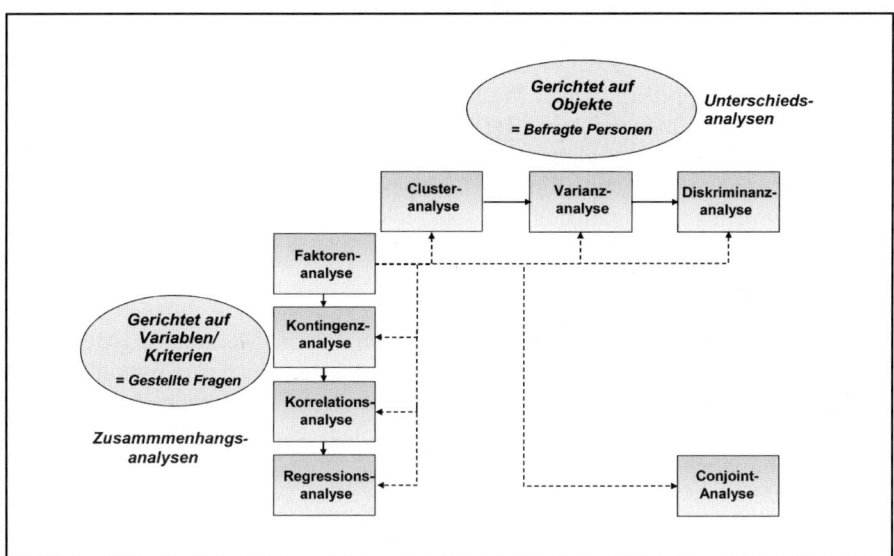

**Abb. 24:** Hierarchische Methodenstruktur

- **Clusteranalyse:** Wie können zueinander ähnliche (homogene) Objekte in Gruppen zusammengefasst werden, die gegenüber Objekten anderer Gruppen möglichst heterogen sind? Bei Clusteranalysen geht es darum, auf der Basis von Messwerten homogene Gruppen von Merkmalsträgern/ Befragten herauszufinden. Der angestrebten Fallgruppenbildung liegt die Forderung zu Grunde, dass sich die in einer Gruppe zusammengefassten Untersuchungseinheiten im Hinblick auf ihre Messwerte/ Frageantworten zu mehreren vorgegebenen Merkmalen (clusterdefinierende Variablen) möglichst ähnlich sind, während sich die insgesamt gebildeten Fallgruppen hierauf bezogen möglichst stark unterscheiden sollen. Der Rechenvorgang einer hierarchischen, schrittweisen Clusteranalyse lässt sich in einem Dendrogramm grafisch abbilden. Diesem Baumdiagramm ist zu entnehmen, welche Fälle auf welcher Integrationsebene zusammengefasst werden können.
- **Diskriminanzanalyse:** Wie eindeutig können Objekte durch die Analyse von Merkmalen (Faktoren) unterschiedlichen Gruppen zugeordnet werden (Analyse) und wie eindeutig können bisher unbekannte Objekte diesen definierten Gruppen zugeordnet werden (Prognose)? Bei der Diskriminanzanalyse werden Teilgruppen der erhobenen Datenmatrix als Ausprägungsstufen der abhängigen Variable vorgegeben. Dann wird untersucht, ob sich über die jeweiligen Häufigkeitsverteilungen der in die Analyse einbegriffenen unabhängigen Prädiktorvariablen eine eindeutige Trennung der Fallgruppen erreichen lässt. Die Zugehörigkeit zu einer bestimmten Fallgruppe bei der jetzt als abhängig aufgefassten Gruppierungsvariable soll also über die berücksichtigten unabhängigen Merkmale – die so genannten Gruppenelemente – erklärt werden. Am einfachen Zwei-Gruppen-/ Zwei-Variablen-Fall erläutert, bilden die bei den Mitgliedern jeder Gruppe erhobenen Messwerte/ Frageantworten im Koordinatensystem der beiden einbegriffenen Merkmale 2 Punktewolken. Hierzu wird jetzt die Trenngerade gesucht, welche diese 2 Gruppen von Mess-/ Beurteilungswerten optimal trennt. Zur Bestimmung der Gruppenzugehörigkeit der jeweiligen Messwerte wird als 3. Dimension die senkrecht zur Trenngerade und durch den Nullpunkt des Koordinatensystems verlaufende Diskriminanzachse für die Lösung des Diskriminanzproblems unter Verwendung der Diskriminanzfunktion und der Diskriminanzwerte herangezogen.
- **Conjoint Measurement:** Welche Kombination von Merkmalen/ Merkmalsausprägungen schafft als Nutzenbündel den höchsten Nutzen? Conjoint Measurement ist ein kombiniertes Erhebungs- und Analyseverfahren, bei welchem das Festlegen eines detaillierten Erhebungsplans explizit vorausgesetzt wird. Insgesamt ist es als psychometrisches Testverfahren zu klassifizieren, mit dem die Nutzenvorstellungen respektive die Präferenzen von Personen ermittelt und näher aufgeschlüsselt werden können. Conjoint Measurement ist eine Methode, bei der die empfundenen Gesamtnutzen-Präferenzen, welche im Hinblick auf verschiedene Objekte (z.B. neue Produkte oder Dienstleistungen) mit unterschiedlichen Ausstattungsmerkmalen/ Eigenschaftsausprägungen geäußert werden, die auf dem Ordinalniveau gemessene abhängige Variable repräsentieren. Von diesen ordinalen Gesamtbeurteilungen wird dann auf metrische Teilnutzenwerte/ -präferenzen für die einzelnen Eigenschaftsausprägungen (für Neu-

produkte also z.B. Technologie, Qualität, Design, Preis, Erhältlichkeit/ Vertriebsweg, Gewährleistung/ Garantie/ Service) als den unabhängigen Variablen geschlossen.

Aus den ermittelten Kundensegmenten lassen sich unterschiedliche **Anforderungsprofile** in Bezug auf das Produkt bzw. den Service sowie die Art und das Niveau der Qualität der Geschäftsbeziehung ableiten. Durch die Berücksichtigung des **(potenziellen) Kundenwerts** wird eine Priorisierung der ermittelten Kundentypen ermöglicht, so dass das Unternehmen Aufschluss darüber erlangt, auf welche Kunden bzw. Kundenanforderungen die eigenen Wertschöpfungsprozesse abzustimmen sind. So ist eine Harmonisierung der Unternehmensabläufe mit den Wertschöpfungsprozessen derjenigen Kunden zu forcieren, die einen hohen Nutzen aus einer engen Kooperation ziehen und einen hohen (potenziellen) Kundenwert für das Unternehmen haben. Handelt es sich dagegen z.B. um Variety Seeker, dann ist eine Anpassung an deren Bedürfnisse sehr schwer und mit relativ hohen Kosten verbunden, ohne dass dadurch die Loyalität der betroffenen Kunden gesteigert wird. Eine aussagefähige und wertorientierte Kundensegmentierung ist folglich die Basis aller Kosten-Nutzen-Abwägungen für Maßnahmen zur Ausgestaltung der Wertschöpfungsaktivitäten.

Mit anderen Worten ist in Abhängigkeit vom ermittelten Kundenwert eine Entscheidung darüber zu treffen, ob bestimmte Verbesserungsmaßnahmen die Zufriedenheit von Kunden aufgrund des empfundenen Nutzenzuwachses stark steigern und dabei gleichzeitig von der Kostenseite her vertretbar sind. Abbildung 25 verdeutlicht dies beispielhaft an 3 unterschiedlichen Verbesserungsmaßnahmen im Automobilbereich. Im ersten Fall gerät das Unternehmen in eine **Kosten- und Zufriedenheitsfalle**, weil viele neue Produktvarianten deutlich mehr die Kosten treiben, als dass sie die Zufriedenheit erhöhen. Die Maßnahme eines Finanzierungsangebotes beim Autokauf wirkt nicht zufriedenheitssteigernd, da dies als Standard angesehen wird. Die zusätzlichen Kosten aufgrund guter Finanzierungskonditionen sind zwar nicht erheblich, aber ohne positive Auswirkung auf der Kundenseite. Ein Kundendialog über mehrere Kommunikationskanäle beispielsweise per Telefon und Internet, wirkt hingegen zufriedenheitssteigernd und ist im Vergleich dazu mit vertretbaren Kosten verbunden. Das Unternehmen betreibt in diesem Fall also keine Wertvernichtung und steigert zugleich die Zufriedenheitswerte seiner Kunden.

Auf die Segmentierung nach dem Kundenwert wird hier nur in einem ersten Überblick praxisorientiert eingegangen; es werden vorwiegend einige Schlussfolgerungen und Konsequenzen resümiert. Konzepte und Techniken der wertorientierten Segmentierung sind Gegenstand des folgenden Artikels in diesem Handbuch zum Customer Value- und Customer Equity-Konzept.

Der **Kundenwert aus Unternehmenssicht** resultiert aus dem **Kapitalwert des Kunden für das Unternehmen**. Er wird vergangenheits- und möglichst auch zukunftsorientiert anhand der in Abbildung 26 aufgeführten 4 Kriterien ermittelt. Von dem auf alle vergleichbaren Kunden eines Segmentes bezogenen Kapitalwert für ein Jahr ist die durchschnittliche jährliche **Abwanderungsrate** von Kunden in Abzug zu bringen. Dies ergibt den Netto-Kapitalwert der Bestandskunden eines

Segmentes für ein Jahr. Ihm sind erfolgreiche Akquisitionen in Form neu geworbener Kunden nach dem gleichen Schema zuzurechnen. Über alle Kundengruppen hinweg ergibt sich so insgesamt ein aussagefähiges Bild.

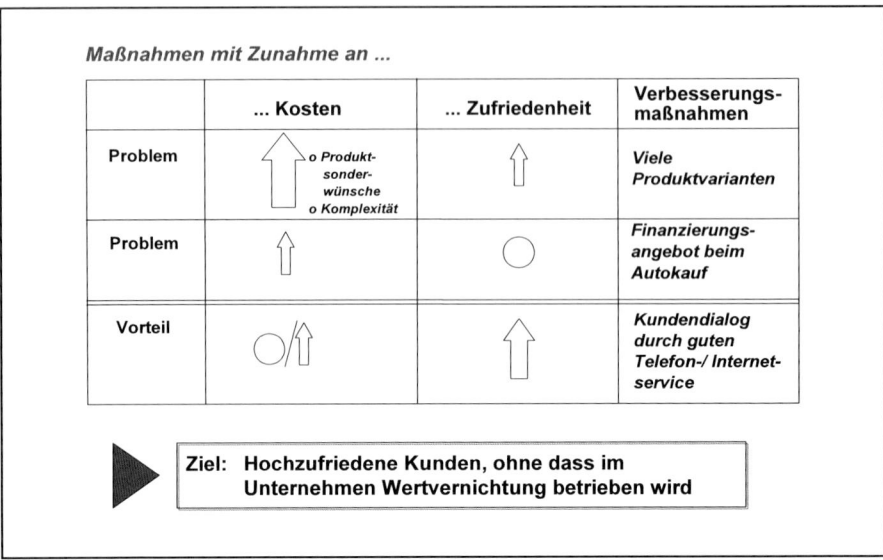

**Abb. 25:** Die Kosten- und Zufriedenheitsfalle

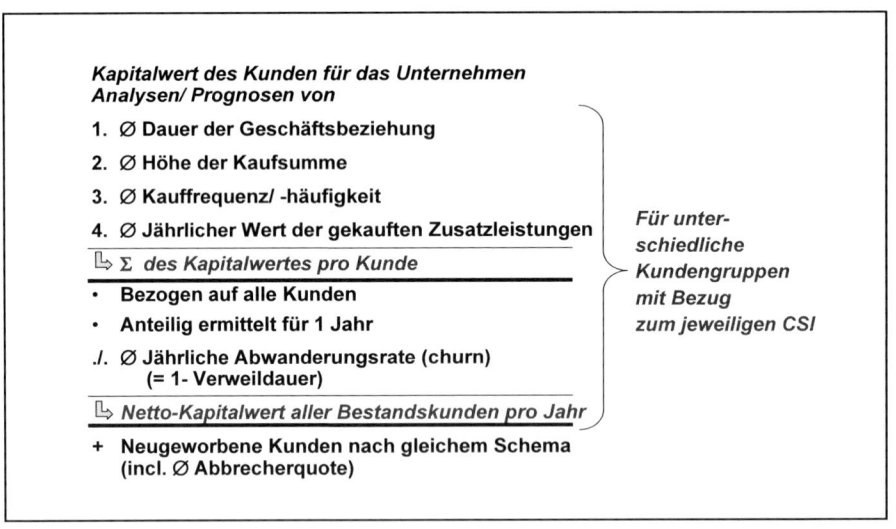

**Abb. 26:** Determinanten des Kundenwertes

Wie in der Unternehmenspraxis nachvollziehbar ist, weisen unterschiedliche Kundengruppen unterschiedliche Kundenwerte auf. Nicht selten wird, wie Abbildung 27 formuliert, ein nicht unerheblicher Teil der erwirtschafteten Überschüsse aufgezehrt durch Kundengruppen, die nur Kosten, aber keine Gewinne verursachen. Nach ihrem wirtschaftlichen Gewinnbeitrag für das Unternehmen sind die einzelnen Kundengruppen deshalb unterschiedlich zu behandeln. Oder wie Don Peppers es formuliert: „Treat different customers differently" (Peppers/ Rogers/ Dorf 1999).

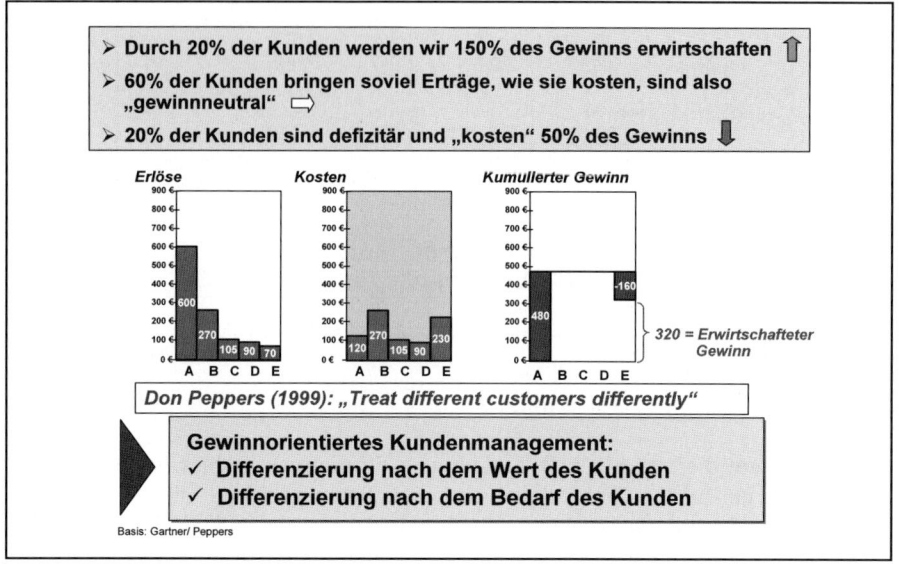

**Abb. 27:** Unterschiedlicher Kundenwert

Ein **gewinnorientiertes Kundenmanagement** differenziert die Kunden also nicht nur nach ihrem Bedarf, sondern zuerst und nicht nur zusätzlich auch nach ihrem Wert. Als Konsequenz derartiger Analysen lassen sich i.d.R. mehrere Marktsegmente mit unterschiedlichem Zielgruppenwert abgrenzen, die manchmal auch nach sozio-ökonomischen sowie persönlichkeits- und verhaltensbezogenen Kriterien signifikante Unterschiede aufweisen. In Abbildung 28 ist eine Segmentierung der Kunden entsprechend ihrem Kundenwert und ihrer Kundenbindung dargestellt, aus der sich konkrete Maßnahmen für das Kundenmanagement ableiten lassen: Bei **C-Kunden** mit fehlender Kostendeckung geht das Ziel primär nicht dahin, die Kundenbindung zu erhöhen, sondern die Anforderung besteht zunächst darin, diese Kundengruppe inhaltlich und ertragsbezogen zu aktivieren, dass sie zumindest das Niveau von B-Kunden erreicht. Andernfalls ließen sich nur durch eine Trennung von diesen Kunden die Ertragseinbuße und die indirekte Wertvernichtung vermeiden.

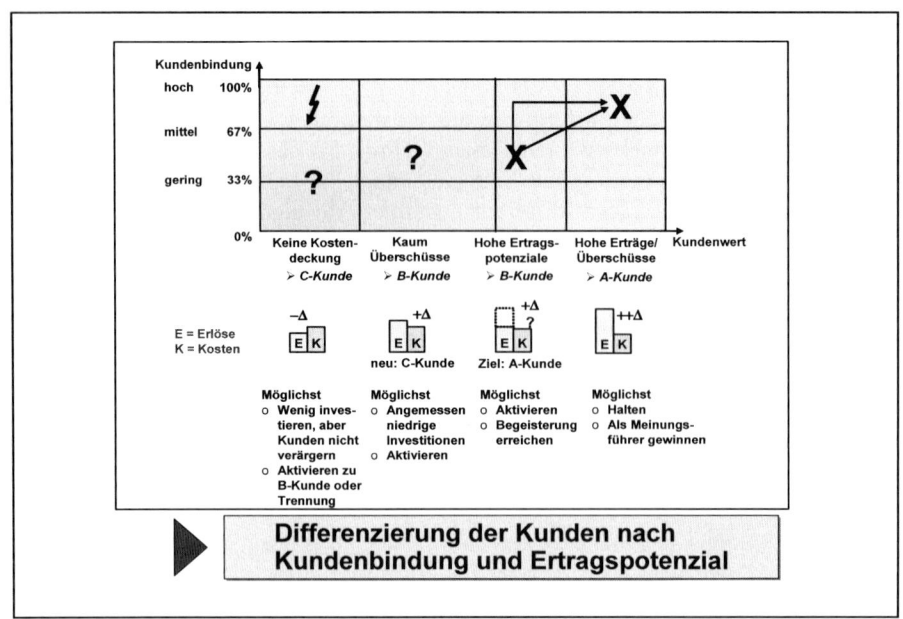

**Abb. 28:** ABC-Analyse des Kundenwertes

Bezogen auf die bisherigen B-Kunden und für die neue Rubrik ist zu entscheiden, ob die bei beiden Zielgruppen erwirtschafteten geringen Überschüsse dem Unternehmen für das angestrebte C-Kundenniveau ausreichend sind.

Anders sieht die Sachlage aus, wenn **B-Kunden** hohe Ertragspotenziale mit einer ausreichenden Prognosegenauigkeit erkennen lassen. In diesem Zusammenhang kommt es darauf an, sie frühzeitig derart an das Unternehmen zu binden und inhaltlich zu aktivieren, dass sie in Zukunft den Status von A-Kunden erreichen. Alle Maßnahmen des Kundenmanagements sind dementsprechend insbesondere auf die – gegenwärtigen und zukünftigen – **A-Kunden** zu konzentrieren, da die mit ihnen erwirtschafteten Erträge und Überschüsse den Unternehmenswert steigern.

Das Problem in der Unternehmenspraxis besteht jedoch darin, dass sich alle Unternehmen auf diese A-Kunden konzentrieren. Aus diesem Grunde kommt es im Endergebnis nicht auf die zutreffende Segmentierung an, sondern im Rahmen eines umfassenden und hoch entwickelten Kundenmanagements auf die konsequente Ausrichtung auf die maßgeblichen Anforderungen der Kunden und auf kundenspezifische Prozesse. Dies erfordert eine **integrierte Steuerung** nach beiden Dimensionen.

## 6 Ableitung von zielgruppenspezifischen Steuerungskriterien

In den vorangehenden Ausführungen sind bereits an mehreren Stellen Steuerungskriterien angesprochen worden, die zum einen – intern ausgerichtet – die Werttreiber für die Prozess- und Ergebnissteuerung aus Unternehmenssicht zum Gegenstand haben und die zum anderen – extern ausgerichtet – auf Erfolgsfaktoren aus Kundensicht fokussieren. Abbildung 29 fasst dies im Regelkreis einer **kundenorientierten Prozesssteuerung** zusammen.

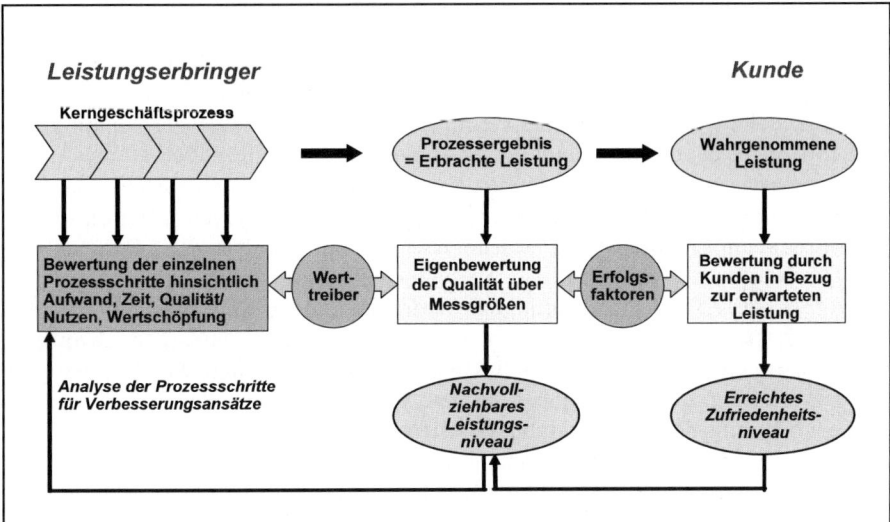

**Abb. 29:** Regelkreis kundenorientierter Prozesssteuerung

Prozessbezogene Steuerungskriterien können also intern (unternehmensbezogen) und/ oder extern (kundenbezogen) ausgestaltet sein. Referierte Beispiele waren die Durchlaufzeit als Basis für die Termineinhaltung. Zusätzlich lassen sich ergebnisbezogene Steuerungskriterien unterscheiden. Sie sind zum einen aus Unternehmenssicht auf die materiellen bzw. immateriellen Eigenschaften eines Produktes und/ oder einer Dienstleistung ausgerichtet. Zum anderen beziehen sie sich aus Kundensicht auf die situative Wahrnehmung und damit verbundene Wertungen durch den Adressaten.

**Werttreiber** führen, wie ausgeführt, in herausragender Ausgestaltung und Kombination zu **Kernkompetenzen**. Über diese Kernkompetenzen eines Unternehmens können wiederum die dabei eingesetzten Werttreiber so auf- und ausgebaut werden, dass sie wesentliche Kundenanforderungen besser erfüllen, als es den Wettbewerbern möglich ist. Hieraus resultieren dann marktbezogene Erfolgsfaktoren, die sich in Wettbewerbsvorteile umsetzen lassen. Hierzu zählen beispielsweise neben **harten Erfolgsfaktoren** wie eine überlegene Produkttechnologie auch **weiche Erfolgsfaktoren** wie eine hohe Fachkompetenz und Freundlichkeit der Mitarbeiter.

Eine große Übereinstimmung der unternehmensinternen Werttreiber und der marktgerichteten Erfolgsfaktoren ist ebenfalls bezogen auf die Steuerungskriterien und die anschließende Steuerung von erheblicher Bedeutung. Denn Werttreiber, aus denen keine Erfolgsfaktoren hervorgehen, die für die Kunden von hoher Wichtigkeit sind, führen zur **Ressourcenverschwendung und -vernichtung**. Damit sind sie im eigentlichen Sinne des Wortes auch keine Werttreiber, selbst wenn sie im Unternehmen so gesehen und bezeichnet werden.

Ein Teil der Erfolgsfaktoren aus Kundensicht kann direkt gemessen werden, und zwar als quantitative Ergebnisgröße, wie z.B. der Absatz, realisiertes Cross-Buying oder der Marktanteil sowie auch die Churn Rate als Abwanderungsrate von Kunden, oder Erfolgsfaktoren lassen sich zumindest als Indikatoren ermitteln, wie z.B. die Kundenzufriedenheit oder die Loyalität anhand der Dauer der Geschäftsbeziehung. Letztere basieren unmittelbar auf der Kundenwahrnehmung.

Schwieriger als die Erfassung dieser **ex-post-Steuerungsgrößen** ist die Aussage über zukünftige Beweggründe des Kunden. Seine Wahrnehmung in der Vergangenheit prägt i.d.R. sein Handeln und Verhalten in der Zukunft. Bei diesen **ex-ante-Steuerungsgrößen** sind wiederum eher rationale Motive, wie z.B. ein attraktiver Preis oder das Preis-Leistungs-Verhältnis, besser erfassbar als rein emotionale Motive, wie z.B. die Sympathie, das Vertrauen und die Verbundenheit mit dem Produkt respektive der Marke. Es steht außer Frage, dass neben den „**Kopfgrößen**" diesen „**Bauchgrößen**" für das Handeln und Verhalten von Kunden eine hohe Bedeutung zukommt, zumal sie eine größere zeitliche Stabilität aufweisen als rein ökonomische Entscheidungskriterien.

Diese integrierte Steuerung anhand vorwiegend ökonomischer Kriterien lässt sich mit der **Balanced Score Card** gut realisieren. Die kundenorientierten Erfolgsfaktoren werden auf der 3. Ebene der Kundenzufriedenheit und Kundenbindung optimiert. Interne Werttreiber in Prozessen und Ressourcen werden auf der 1. und 2. Ebene Mitarbeiter/ Lernen und Entwickeln sowie Prozesse/ Leistungsfähigkeit/ Qualität gesteuert. Auf der 4. Ebene erfolgt die integrierte Steuerung der Ergebnisse auf der Basis von Wertgeneratoren im Hinblick auf die erreichte (interne) Wirtschaftlichkeit sowie den externen Markterfolg anhand des Umsatzes. Aus beiden zusammen resultieren Deckungsbeitrag, Gewinn und Kapital- sowie Umsatzrendite. Hierauf wird im Artikel zur Balanced Score Card im Kundenmanagement im 5. Kapitel dieses Buches eingegangen.

Wenn davon auszugehen ist, dass die Kundenanforderungen an die Produkte und Serviceprozesse bei verschiedenen Zielgruppen unterschiedlich ausgeprägt sind, dann sind diese Unterschiede bei den segmentspezifischen Zielsetzungen, Strategien und Steuerungsparametern zu berücksichtigen. Anderenfalls würde Kundenmanagement nach dem „**Rasenmäher-Prinzip**" alle Kunden gleich behandeln. Wenn wesentliche und für den Verkauf der Produkte entscheidende Anforderungen einzelner Zielgruppen unberücksichtigt bleiben, dann mindert dies die Erfolgschancen am Markt erheblich.

Die Frage ist nun, in welchem Ausmaß eine Ausdifferenzierung der Anforderungen unterschiedlicher Zielgruppen erfolgt und wie stark sie dann in verschiedenen Produktvarianten berücksichtigt werden. Abbildung 30 zeigt exemplarisch für die 3 Zielgruppen Studierende, Familien und obere Führungskräfte die Ergebnisse einer explorativen Marktforschungsstudie bezogen auf die Gewichtung von 5 physikalischen bzw. ökonomischen und 3 psychologischen Nutzenkriterien. Das Kriterium Sicherheit ist einerseits technisch objektiv nachvollziehbar und andererseits subjektiv wahrnehmbar und fühlbar. Es ist deshalb beiden Dimensionen zugeordnet. Auf der Basis dieser Bewertungsunterschiede lassen sich dann Produktentscheidungen treffen.

Im Extremfall führt diese Berücksichtigung unterschiedlicher Kundenanforderungen zu einer Vielzahl von **Produktvarianten**. Das bekannte Beispiel eines japanischen Fahrradherstellers mit über 1 Mio. theoretisch möglicher unterschiedlicher Ausstattungskombinationen in Produktvarianten ist heute schon als „traditionelles Variantenmanagement" zu bezeichnen. Seit Mai 2007 bietet das Unternehmen mymuesli custom-made cereals den Zielkunden über das Internet die Möglichkeit, aus 70 verschiedenen Zutaten das individuelle Müsli zusammenzustellen, das dann deutschlandweit nach Hause oder ins Büro geliefert wird (vgl. Wittrock 2007). Theoretisch möglich sind dadurch 566 Billiarden verschiedene Müslivariationen, die jeweils zum Preis von 3,90 Euro für die 575g-Dose verschickt werden. Mymuesli wirbt mit folgender Botschaft: „mymuesli ist ideal für Genießer, Rosinenhasser, Allergiker, Sportler und Vollblutökos."

| Nutzenkriterien / Zielgruppen | Physikalische Nutzenkriterien | | | | | Psychologische Nutzenkriterien | | |
|---|---|---|---|---|---|---|---|---|
| | Anschaffungspreis | Treibstoffverbrauch | Lange Serviceintervalle | Schnelligkeit | Sicherheit | | Fahrvergnügen | Image/ Prestige |
| Studierende | 3 | 3 | 1,5 | 1 | 2 | | 2 | 1 |
| Familien | 2 | 3 | 2 | 2 | 3 | | 2 | 2 |
| Obere Führungskräfte | 1 | 1 | 1 | 3 | 3 | | 3 | 3 |

Legende: 3 sehr wichtig
2 wichtig
1 eher unwichtig

**Abb. 30:** Unterschiedliche Zielgruppenanforderungen beim Autokauf

Das Ergebnis einer derartig starken Segmentierung ist dann **One-to-One-Marketing** (vgl. Peppers/ Rogers 1993), bei dem das Unternehmen versucht, jede **kundenspezifische Konfiguration** von Produktanforderungen zu erfüllen. Die entscheidende Frage, die sich dabei stellt, ist nicht nur die nach dem erreichbaren Niveau an Kundenzufriedenheit und -bindung, sondern vor allem auch die nach den Folgen für die **Kostenstruktur** sowie die damit verbundene **Ertragssituation** des Unternehmens (vgl. Eifert/ Pippow 2001). Wenn dieser Wertschöpfungsprozess über einen **hohen Automatisierungsgrad** und **Lean Management** kostenmäßig beherrscht wird, dann ist nicht den ressourcenbezogenen Beschränkungen der Vorzug zu geben, sondern die marktbezogenen Erfolgschancen sind in vollem Maße zu nutzen.

# 7 Literatur

*Asendorpf, J.B. (2004):* Psychologie der Persönlichkeit, 3. Aufl., Berlin et al. 2004.
*Becker, J. (2006):* Marketing-Konzeption – Grundlagen des ziel-strategischen und operativen Marketing-Managements, 8. Aufl., München 2006.
*Berger, C. et al. (1993):* Kano's Methods for Understanding Customerdefined Quality, in: Hinshitsu – The Journal of the Japanese Society for Quality Control, 1993, Fall, S. 3-35.
*Eifert, D./ Pippow, I. (2001):* Erfolgswirkungen von One-to-One Marketing – Eine empirische Analyse, in: Buhl, H.U./ Huther, A./ Reitwiesner, B. (Hrsg.): Information Age Economy. 5. Internationale Tagung Wirtschaftsinformatik 2001, Heidelberg 2001, S. S. 265-278.
*Erlach, K. (2007):* Wertstromdesign – der Weg zur schlanken Fabrik, Berlin/ Heidelberg 2007.
*Freter, H. (2001):* Marktsegmentierungsmerkmale, in: Diller, H. (Hrsg.): Vahlens Großes Marketing Lexikon, 2. Aufl., München 2001, S. 1074-1076.
*Gaitanides, M./ Scholz, R./ Vrohlings, A. (1994):* Prozessmanagement – Grundlagen und Zielsetzung, in: Gaitanides, M. et al. (Hrsg.): Prozessmanagement – Konzepte, Umsetzungen und Erfahrungen des Reengineering, München, Wien 1994, S. 1-20.
*Günter, B./ Helm, S. (2006):* Kundenbewertung im Rahmen des CRM, in: Hippner, H./ Wilde, K.D. (Hrsg.): Grundlagen des CRM – Konzepte und Gestaltung, 2.Aufl., Wiesbaden 2006, S. 357-378.
*Gutweiler, C. (2007):* Ruhe sanft, in: Financial Times Deutschland vom 02.11.2007, S. 36.
*Halmosi, H./ Löffler, B./ Vollmer, L. (2005):* Wertstromdesign in der variantenreichen Produktion, in: Zeitschrift für wirtschaftlichen Fabrikbetrieb, 100. Jg., 2005, S. 47-52.
*Hauser, J.R./ Clausing, D. (2003):* Kundenorientierte Produktentwicklung als Schlüssel zur Kundenzufriedenheit: wenn die Stimme des Kunden bis in die Produktion vordringen soll, in: Homburg, C. (Hrsg.): Kundenzufriedenheit: Konzepte – Methoden – Erfahrungen, 5. Aufl., Wiesbaden 2003, S. 347-367.
*Herrmann, A. (1996):* Wertorientierte Produkt- und Werbegestaltung, in: Marketing ZFP, 18. Jg., 1996, Nr. 3, S. 153-163.
*Hildebrandt, L. (1983):* Konfirmatorische Analysen von Modellen des Konsumentenverhaltens, Berlin 1983.
*Hippner, H./ Merzenich, M./ Wilde, K.D. (2004):* Analyse und Optimierung kundenbezogener Geschäftsprozesse, in: Hippner, H./ Wilde, K.D. (Hrsg.): Management von CRM-Projekten – Handlungsempfehlungen und Branchenkonzepte, Wiesbaden 2004, S. 67-104.

*Hofstede, G. (2006):* Lokales Denken, globales Handeln – Interkulturelle Zusammenarbeit und globales Management, 3. Aufl., München 2006.

*Homburg, C./ Sieben, F.G. (2008):* Customer Relationship Management (CRM) – Strategische Ausrichtung statt IT-getriebenem Aktivismus, in: Bruhn, M./ Homburg, C. (Hrsg.): Handbuch Kundenbindungsmanagement, 6. Aufl., Wiesbaden 2008, S. 501-528.

*House, R.J. et al. (2004):* Culture, Leadership, and Organizations – The GLOBE Study of 62 Societies, London 2004.

*Huppmann, W.J./ Breuer, T. (2003):* Neue Geschäftsfelder strategisch erschließen, in: E-versheim, W. (Hrsg.): Innovationsmanagement für technische Produkte, Berlin/ Heidelberg 2003, S. 242-254.

*Kamakura, W.A./ Novak, T.P. (1992):* Value-System Segmentation: Exploring the Meaning of LOV, in: Journal of Consumer Research, 19. Jg., 1992, S. 119-132.

*Kano, N. et al. (1994):* Attractive Quality and Must-be Quality, in: Hinshitsu, 14. Jg., 1994, Nr. 2, S. 39-48.

*Kroeber-Riel, W./ Weinberg, P. (2003):* Konsumentenverhalten, 8. Aufl., München 2003.

*Meffert, H./ Burmann, C./ Kirchgeorg, M. (2008):* Marketing: Grundlagen marktorientierter Unternehmensführung – Konzepte – Instrumente – Praxisbeispiele, 10. Aufl., Wiesbaden 2008.

*Oggenfuss, C.W. (1992):* Retention Marketing, in: Thexis, 9. Jg., 1992, Nr. 6, S. 24-28.

*Peppers, D./ Rogers, M. (1993):* The One to One Future: Building Customer Relationships One Customer at a Time, New York 1993.

*Peppers, D./ Rogers, M./ Dorf, B. (1999):* The One to One Fieldbook – The Complete Toolkit for Implementing a 1to1 Marketing Program, Oxford/ New York 1999.

*Rokeach, M. (1973):* The Nature of Human Values, New York 1973.

*Rother, M./ Shook, J. (2004):* Sehen Lernen: Mit Wertstromdesign die Wertschöpfung erhöhen und Verschwendung beseitigen, Aachen 2004.

*Schmidt, A./ Littek, M./ Nickl, E. (2007):* Greenstyle Report – Die Zielgruppe der LOHAS verstehen, Hubert Burda Media Research & Development und Hubert Burda Media Marketing & Communications GmbH (Hrsg.), München 2007.

*Shiba, S./ Graham, A./ Walden, D. (1993):* A New American TQM – Four Practical Revolutions in Management, Portland 1993.

*Stegmüller, B. (1995):* Internationale Marktsegmentierung als Grundlage für internationale Marketing-Konzeptionen, Bergisch Gladbach/ Köln 1995.

*Töpfer, A. (1996):* Geschäftsprozesse: analysiert & optimiert, Neuwied/ Kriftel/ Berlin 1996.

*Töpfer, A. (1999):* Die A-Klasse – Elchtest – Krisenmanagement – Kommunikationsstrategie, Neuwied/ Kriftel 1999.

*Töpfer, A. (2007a):* Six Sigma als Projektmanagement für höhere Kundenzufriedenheit und bessere Unternehmensergebnisse, in: Töpfer, A. (Hrsg.): Six Sigma – Konzeption und Erfolgsbeispiele für praktizierte Null-Fehler-Qualität, 4. Aufl., Berlin/ Heidelberg 2007, S. 45-99.

*Töpfer, A. (2007b):* Betriebswirtschaftslehre – Anwendungs- und prozessorientierte Grundlagen, 2. Aufl., Berlin/ Heidelberg 2007.

*Töpfer, A./ Günther, S. (2007):* Six Sigma im Entwicklungsprozess – Design for Six Sigma, in: Töpfer, A. (Hrsg.): Six Sigma – Konzeption und Erfolgsbeispiele für praktizierte Null-Fehler-Qualität, 4. Aufl., Berlin/ Heidelberg 2007, S. 100-171.

*Trommsdorff, V. (2004):* Konsumentenverhalten, 6. Aufl., Stuttgart 2004.

*Wittrock, M. (2007):* Pressemitteilung mymuesli custom-made cereals, Abfrage vom 09.11.2007 unter http://www.mymuesli.com/presse/pressemitteilung_30_4_2007.pdf.

# Entwicklungsstufen des Customer-Value-Konzeptes und Berechnungsverfahren zur Steuerung des Kundenwertes

– Wie wird der Kundenwert aus Sicht des Unternehmens und des Kunden aussagefähig gemessen? –

Armin Töpfer, Christian Seeringer

Inhalt

| | | |
|---|---|---|
| 1 | Einleitung: Die beiden Perspektiven des Kundenwertes | 229 |
| 2 | Der Kundenwert aus Kundensicht | 230 |
| 2.1 | Kundenwert als Value for the Customer | 230 |
| 2.2 | Value for the Customer und Kundenzufriedenheit | 234 |
| 3 | Der Kundenwert aus Anbietersicht | 235 |
| 3.1 | Statische Ansätze der Kundenbewertung | 235 |
| 3.1.1 | Eindimensionale Ansätze | 235 |
| 3.1.2 | Mehrdimensionale Ansätze | 239 |
| 3.2 | Dynamische Ansätze der Kundenbewertung | 242 |
| 3.2.1 | Prospektiver Kundenwert aus Anbietersicht | 243 |
| 3.2.2 | Retrospektiver Kundenwert aus Anbietersicht | 250 |
| 3.3 | Status Quo der Kundenbewertung in der Praxis | 254 |
| 4 | Kundenwertorientiertes Marketing: Value for the Customer und Value of the Customer im Wirkungsverbund | 255 |
| 5 | Fazit | 261 |
| 6 | Literatur | 261 |

## 1 Einleitung: Die beiden Perspektiven des Kundenwertes

Im Zuge einer fortschreitenden Wertorientierung der Unternehmensführung ist auch das Thema Kundenwert in den Fokus der Betrachtungen gerückt. Dabei wurde, insbesondere in der deutschsprachigen Literatur, zunächst primär eine Perspektive des Kundenwertes untersucht: Der Wert von Kunden aus Anbietersicht im Sinne des **Value of the Customer** (vgl. Wachter 2006, S. 1 f.). Hier hat vor dem Hintergrund des Relationship Marketing (vgl. Bruhn 2001) insbesondere der Customer Lifetime Value als langfristiges Kundenpotenzial eine große Aufmerksamkeit erfahren. Nicht minder relevant ist allerdings die Perspektive des Kundenwertes aus Kundensicht: Der wahrgenommene Wert eines Angebots für den

Kunden im Sinne des **Value for the Customer** stellt eine wesentliche vermittelnde Größe zwischen Marketingaktivitäten und Kundenverhalten dar (vgl. Woodruff/ Gardial 1996, S. 4 ff.). In der Literatur ist die Abgrenzung zwischen einzelnen Elementen des Kundenwertes nicht immer trennscharf. Insbesondere in der englischsprachigen Literatur wird beispielsweise der Begriff des Customer Value sowohl aus Anbieter- als auch aus Kundensicht verwendet (vgl. Payne/ Holt 2001, S. 166 ff.). Im Folgenden werden beide Perspektiven des Kundenwertes in ihrem Wirkungszusammenhang dargestellt. Ein Schwerpunkt liegt dabei neben der Darstellung der Berechnungsverfahren des Kundenwertes aus Anbietersicht auf der Einbindung des Kundenwertes in den Prozess des Marketingmanagements. Die inhaltliche Differenzierung des Wertes für Kunden und von Kunden wird im Artikel über Erfolgsfaktoren, Stolpersteine und Entwicklungsstufen des CRM noch einmal aufgegriffen.

## 2 Der Kundenwert aus Kundensicht

### 2.1 Kundenwert als Value for the Customer

In der Forschung findet sich eine Vielzahl von Begriffen und Definitionen zur Beschreibung des Kundenwertes aus Kundensicht. So werden etwa in der deutschsprachigen Literatur Begriffe wie Kundenvorteil oder Kundengewinn (Grosse-Oetringhaus 1994, S. 60), Kundennettonutzen (Eggert 2006, S. 48 ff.), Nettonutzenvorteil oder Nettonutzendifferenz (Plinke 2000, S. 78 f.) oder auch Wertgewinn (Kotler/ Bliemel 2001, S. 57 ff.) verwendet. In der englischsprachigen Literatur ist die Rede von Perceived Customer Value (Sinha/ DeSarbo 1998), Consumer Perceived Value (Grönroos 1997, S. 411 ff.) oder auch Customer Delivered Value (Kotler 1994, S. 38). Ohne an dieser Stelle auf Unterschiede und Gemeinsamkeiten im Begriffsverständnis im Detail eingehen zu können, soll im Folgenden zur klaren Abgrenzung vom Kundenwert aus Anbietersicht vom **Value for the Customer** (VC) gesprochen werden, wenn es um den Kundenwert aus Kundensicht geht (vgl. Woodall 2003)[1]. Der Value for the Customer resultiert aus einem Abgleich des Nutzens eines Angebots mit dem damit verbundenen Aufwand für den Kunden. Der Nutzen eines Angebots aus Kundensicht wird in der (vorwiegend englischsprachigen) Literatur als Customer Benefit bezeichnet, während für den Aufwand der Begriff Customer Sacrifice verwendet wird. In Anlehnung an die englischsprachige Literatur lässt sich demnach der Value for the Customer auf folgende Formel bringen:

**Value for the Customer = Customer Benefit – Customer Sacrifice**

---

[1] Die Wahl eines englischen Begriffs orientiert sich zum einen am aktuellen Stand der Diskussion in der Literatur und dient zum anderen der Abgrenzung zu den verschiedenen Verwendungskontexten des Begriffs ‚Wert' in der deutschen Sprache.

Der **Customer Benefit** als Nutzen eines Produkts oder einer Dienstleistung ist in hohem Maße subjektiv und hängt, im Sinne der Means-End-Theorie (vgl. Gutman 1982), vor allem davon ab, ob das Produkt oder die Dienstleistung zur Verwirklichung der individuellen Ziele und Werthaltungen des Kunden beiträgt (vgl. Lai 1995, S. 384). Dabei sind für den Konsumenten i.d.R. nicht die konkreten Attribute eines Produkts entscheidend, sondern der mit dem Produkt verbundene Nutzen (vgl. Hooley/ Saunders 1993, S. 17). In der Konsumentenforschung finden sich verschiedene Ansätze zur Differenzierung und Typologisierung unterschiedlicher Formen des Customer Benefits. Einer der ersten Ansätze war die so genannte Nutzenleiter von Vershofen (1940), der zwischen Grund- und Zusatznutzen unterscheidet. Unter Grundnutzen versteht Vershofen den rational erfassten Nutzen, während der Zusatznutzen persönliche, soziale und emotionale Aspekte umfasst.

Die Verwendung der Begriffe „Grundnutzen" und „Zusatznutzen" wurde vielfach kritisiert (vgl. z.B. Wimmer 1975, S. 13). Der rationale Nutzen eines Produkts muss nicht zugleich auch der Grundnutzen im Sinne eines Hauptnutzens sein. Ausschlaggebend für die Nutzenbewertung ist vielmehr die individuelle Gewichtung der einzelnen Nutzenbestandteile (vgl. Moser 1963, S. 67 ff.). Vershofens grundlegender Ansatz der Unterscheidung verschiedener Nutzenarten spiegelt sich jedoch auch in aktuellen Modellen wider. Sweeney und Soutar (2001) ermittelten in ihrer Studie 4 Nutzendimensionen: Qualitätsbezogener Nutzen, preisbezogener Nutzen, emotionaler Nutzen und sozialer Nutzen. In Abbildung 1 sind die 4 Dimensionen des Kundennutzens mit ihren Definitionen durch Sweeney und Soutar zusammengefasst[2].

| Nutzendimension | Beschreibung (im Original) |
|---|---|
| *Funktionaler Nutzen 1 (qualitätsbezogen)* | The utility derived from the perceived quality and expected performance of the product |
| *Funktionaler Nutzen 2 (preisbezogen)* | The utility derived from the product due to the reduction of its perceived short term and longer term costs |
| *Emotionaler Nutzen* | The utility derived from the feelings or affective states that a product generates |
| *Sozialer Nutzen* | The utility derived from the product's ability to enhance social self concept |

**Abb. 1:** Dimensionen des Kundennutzens nach Sweeney und Soutar

---

[2] Dabei wurde der englische Begriff „value" jeweils mit dem deutschen Begriff ‚Nutzen' übersetzt. Der Nutzen-Begriff spiegelt auch das in den Beschreibungen von Sweeney/ Soutar 2001, S. 11 verwendete „utility" wider.

Da die Nutzentypologie von Sweeney und Soutar empirisch ermittelt wurde und somit die Konsumentensicht widerspiegelt, stellt sie eine gute Ausgangsbasis für das Verständnis des Customer Benefit dar. Allerdings wird der Preis, den Sweeney und Soutar als funktionalen Nutzen 2 bezeichnen, im vorliegenden Text dem Customer Sacrifice zugeordnet. Im Folgenden wird daher unter dem funktionalen Nutzen nur der qualitätsbezogene Nutzen verstanden.

Nachdem der Kundennutzen (Customer Benefit) mit seinen Dimensionen dargestellt wurde, soll nun der Kundenaufwand (Customer Sacrifice) näher betrachtet werden. Der **Customer Sacrifice** setzt sich aus monetärem und nicht-monetärem Aufwand zusammen. Zum **monetären Aufwand** für den Kunden zählen neben dem Preis selbst noch eventuelle Transaktionskosten (z.B. für die Informationsbeschaffung, die Fahrt zur Einkaufsstätte, die Abwicklung und den Transport, vgl. Kuß 2003, S. 299) sowie Folge- bzw. Lebenszykluskosten eines Produkts (z.B. für Betrieb, Wartung und Entsorgung, vgl. Naumann 1995, S. 106 ff.). Zum **nicht-monetären Aufwand** zählt der zeitliche Aufwand für die Transaktion (z.B. Zeit für die Suche nach Angeboten oder Wartezeit, vgl. z.B. Gronau 1972; Leuthold 1981) ebenso wie physischer und psychischer Aufwand. Physischer Aufwand kann beispielsweise durch das Aufsuchen eines Geschäfts, den Transport und Eigenleistung beim Auf- oder Zusammenbau eines Produkts entstehen. Psychischer Aufwand kann sowohl kognitiver Natur (z.B. beim Vergleich alternativer Angebote) als auch emotionaler Natur (z.B. Stress in Verkaufsverhandlungen) sein.

Sowohl beim monetären als auch beim nicht-monetären Aufwand ist i.d.R. nicht die absolute Höhe entscheidend für das vom Konsumenten wahrgenommene „Opfer", das mit diesem Aufwand verbunden ist. Vielmehr wird ein situationsabhängiger Vergleich des Aufwands mit den jeweils verfügbaren Ressourcen die individuelle Gewichtung einzelner Aufwandsbestandteile beeinflussen. Wenn etwa die verfügbare Zeit des Konsumenten knapp bemessen ist, wird er ggf. bereit sein, bei schneller Lieferung eines Produkts einen höheren Preis zu bezahlen. Ein Konsument mit einem knappen monetären Budget hingegen ist vermutlich preissensibler und nimmt für einen günstigeren Preis zeitlichen und physischen Aufwand in Kauf – wie z.B. beim Aufbau eines IKEA-Regals. Auch Persönlichkeitsmerkmale beeinflussen die individuelle Gewichtung der Kosten- und Nutzenkomponenten: Ein risikoaverser Konsument ist vermutlich bereit, einen höheren Preis zu bezahlen, wenn dieser, z.B. über Garantien oder Versicherungen mit einem geringeren Risiko verbunden ist, welches für ihn einen hohen psychischen Aufwand darstellen würde (vgl. Sweeney/ Soutar/ Johnson 1999).

In den bisherigen Ausführungen wurde dargelegt, dass der Value for the Customer eines Angebots das Ergebnis eines Abgleichs von Aufwand und Nutzen ist. In der Regel ist jedoch nicht die isolierte Bewertung eines Angebots, sondern ein höherer Value for the Customer im Vergleich zum Wettbewerb (im Sinne eines relativen oder komparativen Value for the Customer) ausschlaggebend für eine Kaufentscheidung. Ein Kunde wird sich dann für einen Anbieter (a) und nicht für den Wettbewerber (b) entscheiden, wenn die Bedingung

$$(\textbf{Nutzen}_a - \textbf{Kosten}_a) > (\textbf{Nutzen}_b - \textbf{Kosten}_b)$$

erfüllt ist (vgl. Anderson/ Narus 1998, S. 54). Aus Anbietersicht bedeutet dieser Zusammenhang, dass sowohl eine Steigerung des Kundennutzens als auch eine Verringerung des Kundenaufwands im Vergleich zum Wettbewerb zu einem höheren komparativen Kundenwert aus Kundensicht beitragen kann. Dabei wird der Gestaltungsspielraum für einen Anbieter umso größer sein, je weniger gleichwertige Wettbewerbsangebote in der jeweiligen Situation verfügbar sind. In Abbildung 2 ist das hier dargelegte Verständnis des Value for the Customer zusammenfassend dargestellt.

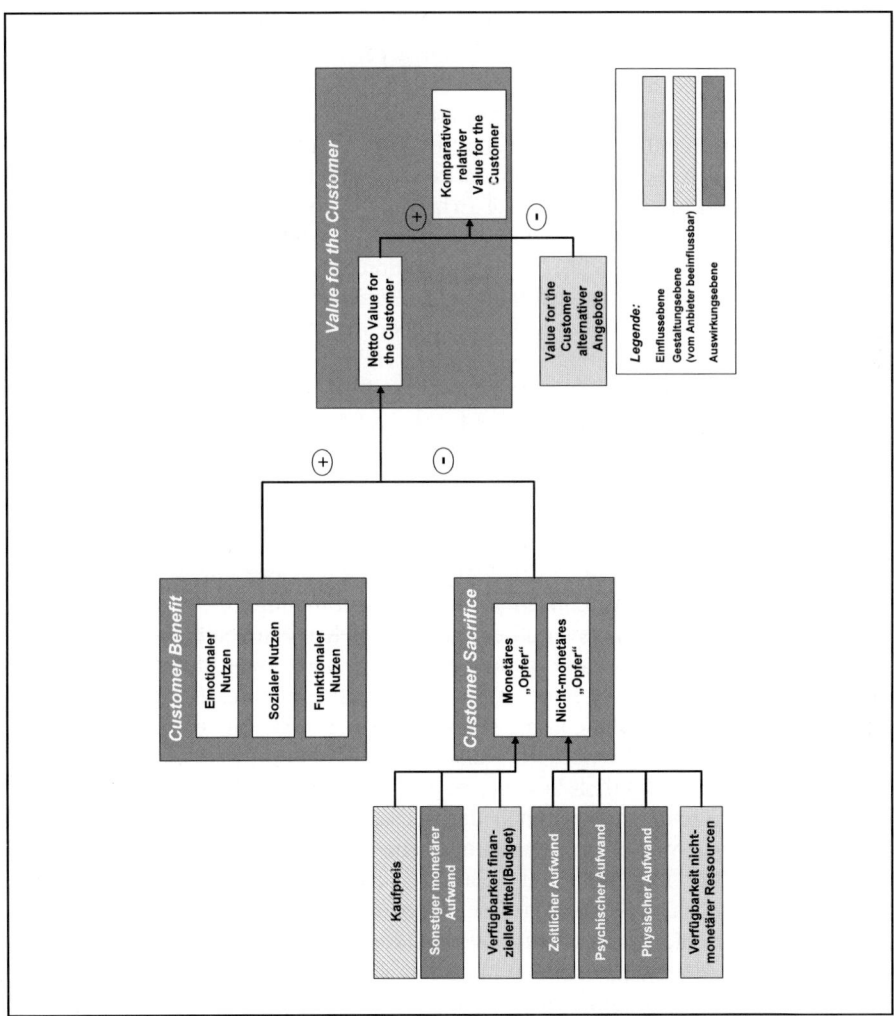

**Abb. 2:** Customer Benefit und Customer Sacrifice als Bestandteile des Value for the Customer

## 2.2 Value for the Customer und Kundenzufriedenheit

Während der Value for the Customer als Ergebnis eines Abgleichs von Kundennutzen und Kundenaufwand konzeptionalisiert ist, wird unter Kundenzufriedenheit im Sinne des vorherrschenden Confirmation/ Disconfirmation-Paradigmas i.d.R. der Abgleich der im Verlauf der Nutzung **erlebten** Leistung eines Angebots mit der **erwarteten** Leistung verstanden (vgl. Churchill/ Surprenant 1982; Hunt 1977; Oliver 1980). Der Käufer bzw. Nutzer eines Angebots ist umso zufriedener, je stärker seine Erwartungen übertroffen wurden. Während den Erwartungen entsprechende Leistungen zu Gleichgültigkeit bis leichter Zufriedenheit führen, haben Angebote, die den Erwartungen nicht gerecht werden, Unzufriedenheit zur Folge (vgl. Oliver 1980, S. 460 ff.; Yi 1990, S. 87 ff.). Im Gegensatz zur Bewertung des Value for the Customer eines Angebots, der als prospektive Evaluation durch den Konsumenten i.d.R. bereits vor dem Kauf bzw. der Nutzung eingeschätzt werden kann – z.B. anhand von Preis- und Qualitätsinformationen –, sind Zufriedenheitsreaktionen an konkrete Erfahrungen mit einem Produkt oder einer Dienstleistung gebunden und stellen daher eine retrospektive Bewertung dar (vgl. Sweeney/ Soutar 2001, S. 206). Dem eher rationalen, kognitiven Abwägungsprozess beim Value for the Customer steht zudem bei der Kundenzufriedenheit häufig eine starke emotionale Komponente gegenüber, insbesondere bei großen Abweichungen vom Vergleichsstandard (vgl. Oliver 1993).

Betrachtet man mehrere aufeinander folgende Konsumepisoden, so ist insbesondere das Zusammenspiel von Value for the Customer und Kundenzufriedenheit für die Vorhersage des Verhaltens in der jeweils nächsten Transaktion interessant. Lange stand in der Forschung der Zusammenhang zwischen Kundenzufriedenheit und Kundenbindung im Vordergrund (für einen Überblick vgl. Giering 2000). Der dabei unterstellte kausale Zusammenhang konnte nicht immer belegt werden. Vielmehr scheint die Kundenzufriedenheit eher ein notwendiges als ein hinreichendes Kriterium für das Entstehen von Kundenbindung zu sein, wie Untersuchungen zum Abwanderungsverhalten zufriedener Kunden zeigen (vgl. Reichheld 1996, S. 56 ff.). Dieser Befund ist auch schlüssig, denn viele Studien vernachlässigen den Value for the Customer als Bestimmungsgröße des Kundenverhaltens. Auch bei hoher Zufriedenheit mit einem Anbieter wird ein Kunde mit großer Wahrscheinlichkeit für die nächste Transaktion ein alternatives Angebot bevorzugen, wenn dieses ein deutlich besseres Kosten-Nutzen-Verhältnis aufweist. Allerdings kann die Kundenzufriedenheit den Kosten-Nutzen-Vergleich beeinflussen, in dem sie beispielsweise das wahrgenommene Risiko des Kunden und damit den Customer Sacrifice minimiert. Im Idealfall wird eine hohe Kundenzufriedenheit vermutlich sogar dazu führen, dass der Konsument weniger intensiv alternative Angebote vergleicht, sondern sich direkt wieder für dasselbe Angebot entscheidet – auch wenn es vielleicht nicht den höchsten Value for the Customer bietet. Umgekehrt wird eine hohe Unzufriedenheit in den meisten Fällen dazu führen, dass vor der nächsten Transaktion intensiv alternative Angebote verglichen werden. Jedoch kann es auch in einer solchen Situation dazu kommen, dass der Konsument sich (unabhängig von eventuell bestehenden vertraglichen Bindungen, die an dieser Stelle ausgeklammert werden sollen) wieder für denselben Anbieter entscheidet, wenn es keine alternativen Angebote mit einem vergleichbaren Value for the Customer gibt. Anzunehmen ist daher, dass für das Kundenverhalten in der nächsten Transaktion sowohl die (retrospektive) Kundenzufriedenheit als auch der (prospektive) Value for the Customer wesentliche Einflussfaktoren sind. Hier gibt es noch erheblichen Forschungsbedarf. Zusammenfassend sind in Abbildung 3 Value for the Customer und Kundenzufriedenheit im Vergleich dargestellt (vgl. Eggert/ Ulaga 2002, S. 110; Woodruff/ Gardial 1996, S. 98).

| Kundenzufriedenheit | Value for the Customer |
|---|---|
| Vergangenheitsorientiert | Primär zukunftsorientiert |
| Kurzfristige Reaktion | Eher langfristig konstant, aber auch situationsabhängig |
| Setzt Nutzung des Produkts/ der Dienstleistung voraus | Setzt nicht zwingend Nutzung des Produkts/ der Dienstleistung voraus |
| Nur für bestehende Kunden zu ermitteln | Auch für potenzielle Kunden zu ermitteln |
| Alternative Angebote werden nicht berücksichtigt | Alternative Angebote werden berücksichtigt (komparativer Value for the Customer) |
| Eher emotionales Konstrukt | Eher kognitives Konstrukt |

**Abb. 3:** Kundenzufriedenheit und Value for the Customer im Vergleich

## 3 Der Kundenwert aus Anbietersicht

Zur Bestimmung des Kundenwertes aus Anbietersicht existierten verschiedene Bewertungsverfahren. Grundsätzlich lassen sich statische und dynamische Ansätze unterscheiden (vgl. Abb. 4).

### 3.1 Statische Ansätze der Kundenbewertung

#### 3.1.1 Eindimensionale Ansätze

Die statischen Ansätze der Kundenbewertung teilen sich auf in ein- und mehrdimensionale Ansätze (vgl. Cornelsen 2000, S. 91). Bei den eindimensionalen Ansätzen existieren wiederum monetäre und nicht-monetäre Verfahren (vgl. Rieker 1995, S. 49 ff.; Tewes 2003, S. 119). Im Rahmen der **nicht-monetären Kundenbewertung** kommen insbesondere die Verfahren zur Messung von Kundenzufriedenheit und Kundenbindung zum Einsatz, die in Kapitel 3 dieses Buches dargestellt werden. Häufig werden diese Kennzahlen als Ergänzung monetärer Bewertungen eingesetzt (vgl. Cornelsen 2000, S. 145). Insbesondere die Kundenbindung ist eine wesentliche Determinante des Kundenwertes aus Anbietersicht. Aus diesem Grund spielt sie auch innerhalb der dynamischen Kundenbewertungsverfahren, die weiter unten vorgestellt werden, eine entscheidende Rolle. Der isolierte Einsatz nicht-monetärer Kennzahlen greift dagegen häufig zu kurz.

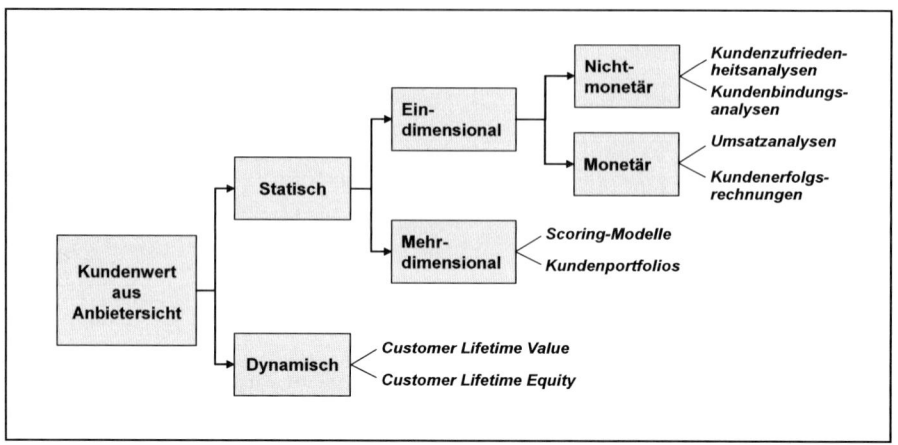

**Abb. 4:** Ausgewählte Methoden der Kundenbewertung

Die **monetäre Kundenbewertung** kann sowohl umsatzbezogen (Bruttoergebnis) als auch erfolgsbezogen (Nettoergebnis) erfolgen. Zu den umsatzbezogenen Kundenbewertungen zählt beispielsweise die klassische Aufteilung in A-, B- und C-Kunden (vgl. Gelbrich/ Müller 2006, S. 473 f.). Kundenumsätze haben allerdings nur eine begrenzte Aussagekraft, da sie die kundenindividuelle Inanspruchnahme betrieblicher Ressourcen nicht widerspiegeln und somit ein falsches Bild des tatsächlichen Kundenwertes vermitteln können (vgl. Tewes 2003, S. 124). Hier setzt die Kundenerfolgsrechnung an. Analog zu den entsprechenden Rechnungssystemen in Unternehmen lassen sich hierbei vollkostenbezogene Nettoerfolgsrechnungen und teilkostenbezogene Deckungsbeitragsrechnungen unterscheiden (vgl. Cornelsen 2000, S. 102 f.). Beim Vollkostenansatz werden prinzipiell alle anfallenden Kosten auf die einzelnen Kunden verteilt. Dabei werden zunächst die Einzelkosten direkt den jeweiligen Kunden zugerechnet und anschließend die Gemeinkosten indirekt über bestimmte Schlüssel auf die Kunden umgelegt. Üblicherweise erfolgt die Zuordnung der Gemeinkosten anhand wert- oder volumenabhängiger Zuschlagsbasen, die die Grundlage für einen prozentualen Aufschlag auf die Einzelkosten darstellen (vgl. Hummel/ Männel 1990, S. 283 ff.). Diese Vorgehensweise lässt sich mit dem Durchschnitts- oder Tragfähigkeitsprinzip begründen (vgl. Bauer 2005, S. 264; Riebel 1994, S. 519). Allerdings wird dieses Verfahren häufig als willkürlich bemängelt: „es kann nicht plausibel begründet werden, warum Produkte oder Kunden, die hohe Einzelkosten verursachen, automatisch auch hohe Gemeinkosten verursachen sollten." (Homburg/ Schnurr 1998, S. 177) Zudem lässt sich die Forderung, Unterschiede in der Leistungsbeanspruchung durch einzelne Kunden abzubilden, mit dem Vollkostenansatz nur begrenzt erfüllen. Hierbei ist anzumerken, dass die verursachungsgerechte Kostenzuordnung umso genauer ausfällt, je höher der Anteil der Einzelkosten an den gesamten Kundenkosten ist (vgl. Tewes 2003, S. 127).

Prinzipiell sind jedoch teilkostenbezogene Deckungsbeitragsrechnungen besser geeignet, den Anspruch des Verursachungsprinzips (zu einer kritischen Diskussion des Verursachungsprinzips vgl. Riebel 1994, S. 67 ff.) zu erfüllen. Der periodenbezogene Kundenerfolgswert wird hier als Kundendeckungsbeitrag berechnet, der den Beitrag des jeweiligen Kunden zur Deckung der nicht verrechneten Kosten des Unternehmens (und ggf. zum Gewinn) widerspiegelt (vgl. Cornelsen 2000, S. 107; Tewes 2003, S. 128). Dabei lassen sich die Verfahren des so genannten Direct Costing und der Stufenweisen Fixkostendeckungsrechnung unterscheiden (vgl. Köhler 1992, Sp. 586). Beim Direct Costing werden den Kunden ausschließlich die beschäftigungsabhängig variablen Kosten zugerechnet. Dieses Verfahren bietet sich für die Kundenerfolgsrechnung i.d.R. nicht an, weil auch bestimmte Fixkosten häufig einzelnen Kunden direkt zugeordnet werden können – beispielsweise das Fixgehalt eines Key-Account-Managers, der ausschließlich für einen Kunden arbeitet (vgl. Haag 1992, S. 29; Köhler 1992, Sp. 586). Solche Kosten können mit Hilfe der stufenweisen Fixkostendeckungsrechnung berücksichtigt werden. Hierbei werden die Fixkosten aufgespalten und unter Berücksichtigung des Verursachungsprinzips verschiedenen Bezugsebenen zugerechnet. Die resultierenden hierarchisch gestuften Kundendeckungsbeiträge weisen eine entsprechend höhere Aussagekraft auf (vgl. Tewes 2003, S. 128 f.).

Grundsätzlich ist die Unterscheidung in variable und fixe Kosten bei der Ermittlung von Kundendeckungsbeiträgen nicht ausschlaggebend. Vielmehr sollte der Sachzusammenhang mit der Kundenbeziehung die Zurechnung der Kostenbestandteile bestimmen (vgl. Köhler 2005). Anstelle von Fixkosten und variablen Kosten bietet sich hierbei die Unterscheidung in Einzel- und Gemeinkosten an. Maßgeblich hierfür ist das Verfahren der relativen Einzelkostenrechnung nach Riebel (vgl. Riebel 1994, S. 35 ff.). Der Kostenzurechnung liegt dabei das Identitätsprinzip zu Grunde: Dem einzelnen Kunden werden nur die Kosten zugerechnet, die durch die Existenz der Kundenbeziehung hervorgerufen werden (vgl. Tewes 2003, S. 129).

Für die konkrete Ermittlung des periodenbezogenen Kundendeckungsbeitrags werden in der Literatur verschiedene Verfahren vorgeschlagen (vgl. z.B. Haag 1992; Link/ Hildebrand 1997, S. 163; Palloks 1998, S. 256; Reckenfelderbäumer/ Welling 2006 sowie Schirmeister/ Kreuz 2006). Der beispielhafte Aufbau einer auf dem Grundgedanken der relativen Einzelkosten basierenden Kundendeckungsbeitragsrechnung nach Köhler (2005, S. 410) ist in Abbildung 5 dargestellt[3].

---

[3] Auf die einzelnen Positionen der Aufstellung soll an dieser Stelle nicht näher eingegangen werden.

```
Kunden-Bruttoerlöse pro Periode
- Erlösschmälerungen (Nachlässe, Rabatte)
= Kunden-Nettoerlöse pro Periode
- Kosten der vom Kunden bezogenen Produkte
  (variable Stückkosten laut Produktkalkulation, multipliziert mit den Kaufmengen)
= Kundendeckungsbeitrag I
- Eindeutig kundenbedingte Auftragskosten (z.B. Vorrichtungen, Versandkosten)
= Kundendeckungsbeitrag II
- Eindeutig kundenbedingte Besuchskosten (z.B. Kosten der Anreise zum Kunden)
- Sonstige relative Einzelkosten des Kunden pro Periode
  (z.B. Gehalt des speziell zuständigen Key-Account-Managers, Mailing-Kosten, Zinsen auf
  Forderungsaußenstände, Werbekostenzuschüsse und Listungsgebühren
  bei Handelskunden)
= Kundendeckungsbeitrag III
```

**Abb. 5:** Grundaufbau einer Kundendeckungsbeitragsrechnung

Bei dem Berechnungsschema in Abbildung 5 wird insofern etwas vom Grundprinzip der relativen Einzelkostenrechnung abgewichen, als die variablen Stückkosten im Sinne des Direct Costing aus der Produktkalkulation übernommen werden. Diese können auch variable Gemeinkosten beinhalten, die i.d.R. über Verteilungsschlüssel aufgeteilt werden. Hier wird davon ausgegangen, dass diese Kosten durch den jeweiligen Kunden verursacht wurden (vgl. Köhler 2005, S. 409 f.). Das grundsätzliche Problem der Gemeinkostenverrechnung wird bei einer einzelkostenbezogenen Kundendeckungsbeitragsrechnung weitgehend ausgeklammert. Zwar lassen sich die direkten Kosten- und Erlösbeiträge einzelner Kosten hiermit gut bewerten und vergleichen. Es lässt sich auch sagen, welche Kosten und Erlöse bei der Beendigung einer Kundenbeziehung tatsächlich entfallen würden. Unternehmensweite Leistungs- und Kostenbeziehungen, die außerhalb der ‚Kundensphäre' liegen, werden allerdings nicht explizit berücksichtigt, so dass der Informationsgehalt für die Entscheidungsfindung gewissen Einschränkungen unterliegt (vgl. Cornelsen 2000, S. 110 f.). An dieser Stelle kann die Integration prozesskostenrechnerischer Elemente die Kundendeckungsbeitragsrechnung präzisieren. Da die bei der Prozesskostenrechnung betrachteten Prozesse jedoch i.d.R. aus einer längerfristigen Perspektive betrachtet werden, ist bei einer periodenbezogenen Kundenerfolgsrechnung die Integration entsprechender Prozesskosten häufig schwierig (vgl. Tewes 2003, S. 132).

## 3.1.2 Mehrdimensionale Ansätze

Bei den mehrdimensionalen Bewertungsansätzen sind insbesondere Scoring- und Portfolio-Modelle zu nennen. **Scoring-Modelle** basieren auf der gewichteten Addition verschiedener Kriterien, die zur Identifizierung des Wertes eines Kunden beitragen (siehe Abb. 6).

| Kriterien \ Punkte | 1 | 2 | 3 | 4 | 5 | Gewicht | Wert |
|---|---|---|---|---|---|---|---|
| Bedarfsvolumen | | | | X | | 30 | 120 |
| Wachstum | | X | | | | 10 | 20 |
| Preisdurchsetzbarkeit | | | X | | | 20 | 60 |
| Kundentreue | | | X | | | 5 | 15 |
| Bonität | | X | | | | 5 | 10 |
| Lieferanteil | | | | | X | 10 | 50 |
| Auftragskontinuität | | | X | | | 5 | 15 |
| Lead-User-Funktion | X | | | | | 5 | 5 |
| Strategischer Partner | X | | | | | 5 | 5 |
| Fit mit Ressourcen | | | | X | | 5 | 20 |
| Summe | | | | | | 100 | 320 |

Quelle: Krafft/ Albers 2000, S. 520.

**Abb. 6:** Beispielhafte Kundenbewertung mit Hilfe eines Scoring-Verfahrens

Ein verbreitetes Scoring-Modell ist das so genannte RFM-Modell, bei dem das Kundenpotenzial auf der Basis der Zeit seit der letzten Transaktion eines Kunden (Recency), der Häufigkeit der Transaktionen in der Vergangenheit (Frequency) und des Umsatzes bzw. Ergebnisses pro Transaktion (Monetary Value) ermittelt wird (vgl. Kestnbaum 1992, S. 589; Miglautsch 2002; Schulz 1995, S. 143 ff.)[4]. RFM-Berechnungen basieren auf realen, vergangenheitsbezogenen Kundendaten und setzen entsprechende Datenbanken im Unternehmen voraus. Prototypische Branchen, in denen RFM-bezogene Informationen vorliegen, sind Telefongesellschaften, (Katalog-)Versandhäuser, Banken und Versicherungen. In anderen Branchen werden vielfach Kundenkarten eingesetzt, um die erforderlichen Daten zu erheben. Ein viel zitiertes RFM-Beispiel von Link/ Hildebrandt 1993 ist in Abbildung 7 dargestellt. Ausgehend von einem Basiswert, der im Beispiel bei 25 Punkten liegt, werden umso mehr Punkte vergeben, je kürzer die letzte Transaktion zurück liegt, je mehr Transaktionen in den letzten 18 Monaten stattfanden und je höher der Durchschnittsumsatz pro Transaktion war.

---

[4] Alternativ wird in der Literatur (z.B. bei Link/ Hildebrand 1997, S. 166) auch die Abkürzung RFMR verwendet (Recency, Frequency, Monetary Ratio).

| Startwert | 25 Punkte (Pkt.) | | | | | |
|---|---|---|---|---|---|---|
| Letztes Kaufdatum | Bis 6 Monate +40 Pkt. | bis 9 Monate +25 Pkt. | bis 12 Monate +15 Pkt. | bis 18 Monate +5 Pkt. | bis 24 Monate -5 Pkt. | früher -15 Pkt. |
| Häufigkeit der Käufe in den letzten 18 Monaten | Zahl der Aufträge multipliziert mit dem Faktor 6 | | | | | |
| Durchschnittlicher Umsatz der letzten drei Käufe | bis 50 Euro +5 Pkt. | bis 100 Euro +15 Pkt. | bis 200 Euro +25 Pkt. | bis 300 Euro +35 Pkt. | bis 400 Euro +40 Pkt. | > 400 Euro +45 Pkt. |
| Anzahl Retouren (kumuliert) | 0 – 1 0 Pkt. | 2 – 3 -5 Pkt. | 4 – 6 -10 Pkt. | 7 – 10 -20 Pkt. | 11 – 15 -30 Pkt. | > 15 -40 Pkt. |
| Zahl der Werbesendungen seit dem letzten Kauf | Hauptkatalog je -12 Pkt. | | Sonderkatalog je -6 Pkt. | | Mailing je -2 Pkt. | |

**Abb. 7:** Beispielhaftes Scoring mit der RFM-Methode

Generell lautet der empirische Befund, dass das Kundenpotenzial (z.B. gemessen als Responserate auf Mailing-Aktionen) um so höher ist, je kürzer die letzte Transaktion des Kunden zurück liegt, je größer die Gesamtanzahl von Transaktionen und je höher der bisherige Kundenumsatz ist (vgl. Köhler 2005, S. 415). Im Versandhandel erwies sich vielfach insbesondere der Zeitraum seit der letzten Transaktion als wichtigster Indikator für einen Wiederkauf (vgl. Schulz 1995, S. 147). Ein in der Praxis häufig eingesetztes RFM-Verfahren (vgl. Kohavi/ Parekh 2004, S. 391) wurde von Arthur Hughes entwickelt (vgl. z.B. Hughes 1991, S. 141 ff.). Dabei wird für jeden Kunden jedes der 3 Attribute Recency, Frecency und Monetary Value mit maximal 5 Punkten bewertet, so dass sich 125 mögliche Kombinationen ergeben. Durch die Gleichgewichtung der Kriterien ist hierbei jede der 125 Zellen mit der gleichen Kundenanzahl (1/125 des Kundenstamms) besetzt. Die Bewertung auf den 3 Attributen sei hier am Beispiel des Recency-Scores erläutert. Zur Bestimmung des Recency-Scores werden alle Kundendaten nach dem Zeitpunkt der letzten Transaktion sortiert und, vom ältesten bis zum jüngsten Datum, in 5 gleiche Teile (Quintile) aufgeteilt. Jeder Kunde in der 1. (jüngsten) Gruppe bekommt 5 Punkte zugewiesen, jeder Kunde in der 2. Gruppe 4 Punkte usw., bis alle Kunden einen Recency-Score von 1 bis 5 aufweisen. Bereits dieser Recency-Wert alleine korreliert beispielsweise häufig stark mit der Reaktion der Kunden auf Mailing-Aktionen (vgl. Hughes 2005, S. 93 f.). Für den Frequency- und den Monetary-Value-Score wird analog zur Codierung des Recency-Scores vorgegangen, so dass jeder Kunde schließlich einer der 125 Zellen von 1-1-1 bis 5-5-5 zuzuordnen ist. Die RFM-Scores können mit verschiedenen Marketingdaten in Verbindung gesetzt werden, um zukünftiges Kundenverhalten zu prognostizieren.

In der Praxis stellt häufig die **Qualität der vorliegenden Daten** die größte Herausforderung bei der Anwendung des RFM-Modells dar. Insbesondere bei kontinuierlichen Kundenbeziehungen, beispielsweise bei Telefonverträgen, ist das Datum der letzten Transaktion schwer zu bestimmen – geht man vom Zeitpunkt der letzten Rechnung aus, so erhalten alle Kunden den gleichen Score. Hier bietet sich alternativ an, als Recency-Wert den letzten Tarifwechsel, den letzten Kontakt zum Kundendienst oder ein ähnliches Ereignis zu Grunde zu legen.

Für die dargestellten Anwendungen mit Schwerpunkt auf Mailing-Aktionen lässt sich das RFM-Modell bei Erfüllung der genannten Anforderungen an die Datenbasis gut zur Kundenbewertung anwenden (vgl. Bult/ Wansbeek 1995). Auf der Basis der gewonnenen Daten lassen sich im Laufe der Zeit Erkenntnisse zur Verbesserung der Prognosegenauigkeit ableiten – z.B. durch Gewichtung der 3 Faktoren oder durch Einbeziehung weiterer Merkmale (vgl. Stone 1995). In der Praxis existieren Scoring-Modelle mit bis zu 1.000 Merkmalen (vgl. Holland 2004, S. 109). Für allgemeinere, über Direktmarketing-Aktionen hinaus gehende Kundensegmentierungseinsätze mit dem Ziel der segmentspezifischen Kundenansprache ist die Aussagekraft dieser rein transaktionsbezogenen Analyse allerdings eingeschränkt.

**Portfolio-Modelle** stellen nicht die Bewertung einzelner Kunden, sondern die Zusammensetzung und Gestaltung des gesamten Kundenstamms in den Vordergrund. Diese Verfahren werden eher im Industriegütermarketing als im Konsumgütermarketing eingesetzt, da die Verortung einzelner Kunden in einem Portfolio im B-to-C-Bereich i.d.R. erheblich schwieriger ist als im B-to-B-Bereich (vgl. Homburg/ Schnurr 1998, S. 183). Bei Kunden-Portfolioanalysen werden die Kunden auf 2 Dimensionen verortet, wobei eine Dimension häufig die Kundenattraktivität zum Ausdruck bringt, während auf der anderen Dimension unternehmensspezifische Stärken und Schwächen in den Kundenbeziehungen dargestellt werden. Durch die Einbeziehung einer 2. Dimension neben der Kundenattraktivität, die i.d.R. die Position im Vergleich zum Wettbewerb beschreibt, lässt sich die Erfolgswahrscheinlichkeit kundenspezifischer Vertriebs- und Marketingmaßnahmen abschätzen (vgl. Köhler 2005, S. 416 ff.). Kunden-Portfolios werden daher häufig zur Vertriebssteuerung eingesetzt. Die Position der einzelnen Kunden auf den beiden Dimensionen wird dabei i.d.R. über Scoring-Verfahren bestimmt, wobei die einzelnen Indikatoren auf einer Ordinalskala bewertet und ggf. gewichtet werden. Indikatoren für die Kundenattraktivität können z.B. das Bedarfsvolumen des Kunden, das potenzielle Bedarfswachstum, die Preisdurchsetzbarkeit, das Zahlungsverhalten, das Deckungsbeitragspotenzial und die allgemeine Loyalität des Kunden gegenüber Lieferanten sein (vgl. Köhler 1998, S. 431). Wesentlicher Indikator für die Lieferantenposition ist der relative Anteil am Gesamteinkaufsvolumen des Kunden (vgl. Cornelsen 2000, S. 163). Auch hier lassen sich aber weitere Größen zu einem Gesamtwert aggregieren (vgl. Köhler 1998, S. 432). Der Informationsgehalt eines Kunden-Portfolios lässt sich steigern, wenn die Größe der Kreise, mit denen die Position der Kunden auf den beiden Dimensionen dargestellt wird, zur Abbildung einer zentralen Kennzahl (z.B. Kunden-Ergebnisbeitrag) genutzt wird (vgl. Plinke 1989, S. 316 ff.).

Unterteilt man das resultierende Portfolio in 4 oder 9 Felder, so lassen sich je nach Position des Kunden Handlungsempfehlungen für das Kundenmanagement ableiten. Ein beispielhaftes Kunden-Portfolio ist in Abbildung 8 dargestellt (vgl. Köhler 2005, S. 419). Die Bezeichnungen der einzelnen Felder geben die jeweiligen Handlungsempfehlungen wieder.

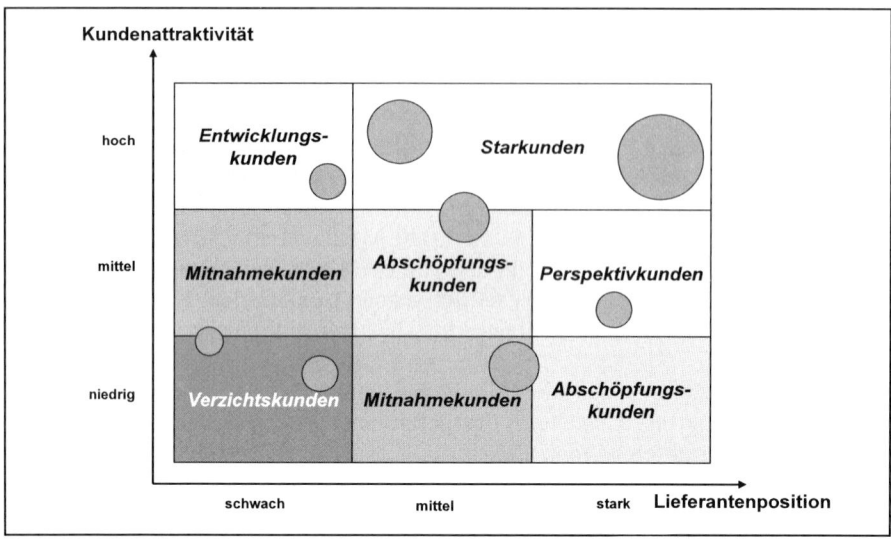

**Abb. 8:** Beispielhaftes Kunden-Portfolio

## 3.2 Dynamische Ansätze der Kundenbewertung

Bei den bisher vorgestellten Verfahren der Kundenbewertung handelt es sich um statische Modelle, die jeweils einzelne Perioden betrachten. Vor dem Hintergrund der gestiegenen Bedeutung des Relationship Marketing hat sich der Fokus der Betrachtung stärker auf dynamische Modelle verschoben, die langfristige Kundenbeziehungen analysieren. Letztlich ergänzen statische und dynamische Methoden sich gegenseitig. Abbildung 9 zeigt, dass sich grundsätzlich die retrospektive und die prospektive Betrachtung unterscheiden lassen (vgl. ähnlich auch Eberling 2002, S. 39).

Retrospektive Größen dienen der Beurteilung vergangener Transaktionen. Prospektive Größen hingegen beziehen sich auf das zukünftige Nachfrager- und Anbieterverhalten. Innerhalb der zeitlichen Perspektiven des Kundenwertes ist dann zwischen einperiodischen Größen und mehrperiodischen bzw. beziehungsbezogenen Größen zu unterscheiden. Dabei ist zu beachten, dass die Anzahl der Transaktionen in einer Kundenbeziehung nicht immer der Anzahl der Perioden entsprechen muss. Die Differenzierung zwischen Transaktions- und Periodenbezug ist wesentlich, wenn prospektive Kundenwertgrößen als Potenzial im Sinne einer Sollgröße in ein kundenwertorientiertes Controlling einfließen sollen. Es sind nicht nur Situationen denkbar, in denen in einer Abrechnungsperiode mehrere Transaktionen stattfinden (siehe Abb. 9), sondern auch solche, in denen einzelne Transaktionen sich über mehrere Perioden erstrecken – etwa bei Finanzdienstleistungen wie Krediten etc. (vgl. Berger/ Nasr 1998, S. 22 f.). Prospektive und retrospektive Größen beeinflussen sich gegenseitig, da zum einen die Erfahrung mit vergangenen Transaktionen das zukünftige Verhalten prägt und zum anderen die zukunftsorientierten Größen das Erwartungsniveau für die spätere Beurteilung von Transaktionen bestimmen.

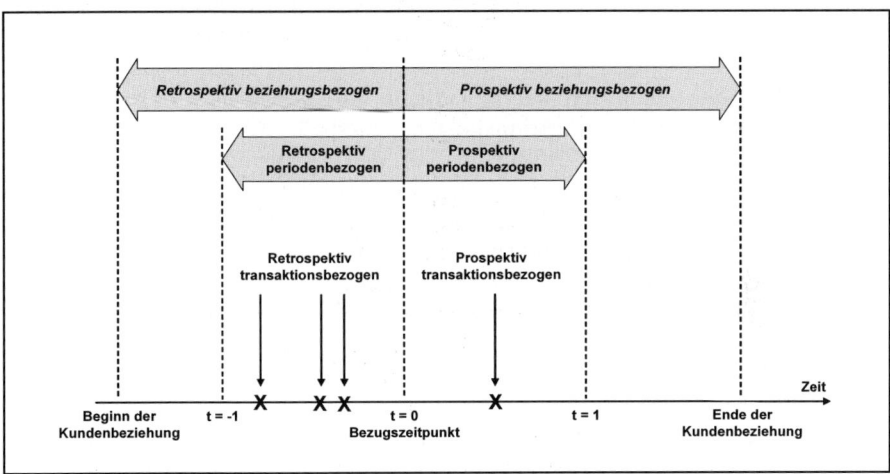

**Abb. 9:** Zeitbezug des Kundenwertes aus Anbietersicht

### 3.2.1 Prospektiver Kundenwert aus Anbietersicht

Grundlage für die prospektive Kundenwertbetrachtung ist das monetäre Ergebnispotenzial eines Kunden in einer Periode, der Periodic Customer Value (PCV). Hierbei lassen sich Bruttopotenzial (Umsatz) und Nettopotenzial (Erfolg) unterscheiden. Für den Fall, dass es mindestens eine Transaktion pro Periode gibt, lässt sich der periodenbezogene Customer Value (Netto) wie folgt darstellen:

$$PCV_{i,t} = \sum_{n=1}^{N} \hat{DB}_{i,n} - \hat{M}_{i,t} \qquad \text{(Formel 1)}$$

Dabei ist

PCV   Periodic Customer Value
i     Kunde

t   Periode
N   Anzahl der Transaktionen pro Periode
$\hat{DB}_{i,n}$   prognostizierter Deckungsbeitrag einer Transaktion n des Kunden i
$\hat{M}_{i,t}$   prognostizierter Marketingaufwand für den Kunden i in Periode t

Die Berechnung des prognostizierten Deckungsbeitrags hängt von den branchen- und unternehmensspezifischen Gegebenheiten ab und wird sich insbesondere zwischen Sach- und Dienstleistungen unterscheiden. Hierbei gelten analog die oben gemachten Ausführungen zur Kundenerfolgsrechnung. Von der Summe der prognostizierten Deckungsbeiträge der einzelnen Transaktionen wird der kundenspezifische Marketingaufwand abgezogen, der für die betrachtete Periode t prognostiziert wird.

In der Literatur finden sich unterschiedliche Vorgehensweisen in Bezug auf die Berücksichtigung der **Akquisitionskosten** innerhalb des Marketingaufwands. Berger und Nasr (1998, S. 20) schlagen vor, den Akquisitionsaufwand an dieser Stelle auszuklammern und stattdessen den Customer Value (bzw. Customer Lifetime Value) bei der Bestimmung einer Obergrenze für die Akquisitionskosten zu berücksichtigen. An dieser Stelle wird bereits die eingeschränkte Aussagekraft des periodenbezogenen Customer Value deutlich: Da der Akquisitionsaufwand i.d.R. in der ersten Periode einer Kundenbeziehung anfällt, kann eine Amortisation dieses Aufwands über mehrere Perioden bei der einperiodischen Betrachtungsweise nicht berechnet werden. Dennoch bietet der Periodic Customer Value insbesondere im Fall von n = 1 (nur eine Transaktion pro Periode) oder bei Transaktionen mit einem Zeithorizont von mehr als einer Periode, z.B. im Investitionsgüterbereich, eine Grundlage für die Entscheidung für oder gegen einzelne Transaktionen, wenn etwa der absehbare Marketingaufwand den potenziellen Deckungsbeitrag übersteigt.

Der **Customer Lifetime Value** (CLV) stellt eine erweiterte Betrachtung des Periodic Customer Value dar und ergänzt diesen um eine dezidiert dynamische Komponente. Er ist der potenzielle Wert eines Kunden für ein Unternehmen über die Dauer der Kundenbeziehung, bezogen auf einen bestimmten Zeitpunkt – i.d.R. ist dies der Gegenwartszeitpunkt (vgl. Bruhn et al. 2000, S. 172 f.). Zu diesem Zweck werden die zu erwartenden Zahlungsströme, welche die Beziehung zu einem Kunden über die Zeit generiert, mit Hilfe eines Diskontierungsfaktors auf den Betrachtungszeitpunkt abgezinst. Dies entspricht einer Verschiebung der Perspektive von der einzelnen Transaktion auf die langfristige Beziehung zwischen Anbieter und Kunde im Rahmen des Relationship Marketing. Der CLV wird vor allem durch die folgenden Einflussgrößen bestimmt (vgl. Berger/ Nasr 1998):

- die Anzahl der Transaktionen pro Periode (Add-On-Selling, Cross-Selling)
- den Wert der einzelnen Transaktion
- den Diskontierungsfaktor
- die Dauer der Kundenbeziehung (Kundenbindung).

Es lassen sich 2 grundlegende Modelle zur Berechnung des Customer Lifetime Value unterscheiden: Zum einen das so genannte Lost-for-Good-Modell (bzw. Kundenbindungs-Modell) und zum anderen das Always-a-Share-Modell (bzw. Migrations-Modell) (vgl. Dwyer 1997, S. 8; Jackson 1985, S. 60 ff.). Beide Modelle sollen im Folgenden skizziert werden.

Das **Lost-for-Good-Modell** geht davon aus, dass ein Kunde, der über einen gewissen Zeitraum keine Transaktionen mit einem Anbieter tätigt, für diesen Anbieter verloren ist bzw. neu akquiriert werden muss. Dieses Modell trifft insbesondere für Kundenbeziehungen mit vertraglichen Bindungen wie bei Finanzdienstleistungen oder Zeitschriftenabonnements zu. Eine zentrale Rolle in diesem Modell spielt die Kundenbindungsrate, die die Wahrscheinlichkeit angibt, dass eine Kundenbeziehung in der nächsten Periode bestehen bleibt. Wenn die Kundenbindungsrate Null ist, wird die Beziehung nach der betrachteten Periode beendet. Bei einer Kundenbindungsrate von eins ist das Weiterbestehen der Kundenbeziehung sicher (z.B. aufgrund einer vertraglichen Bindung, vgl. Bruhn et al. 2000, S. 174). In Formel 2 ist der grundlegende Mechanismus zur Berechnung des CLV auf der Basis des Lost-for-Good-Modells dargestellt[5].

$$CLV_i = \sum_{t=0}^{T} \frac{\hat{DB}_{i,t} - \hat{M}_{i,t}}{(1+r)^t} \cdot \hat{R}_i^t \qquad \text{(Formel 2)}$$

Dabei ist

| | |
|---|---|
| CLV | Customer Lifetime Value |
| i | Kunde |
| t | Periode |
| N | Anzahl der Transaktionen pro Periode |
| r | Diskontierungszinssatz |
| $\hat{DB}_{i,t}$ | prognostizierter Deckungsbeitrag des Kunden i in Periode t |
| $\hat{M}_{i,t}$ | prognostizierter Marketingaufwand für den Kunden i in Periode t |
| $\hat{R}_i$ | prognostizierte Kundenbindungsrate für den Kunden i. |

Die Länge des Betrachtungszeitraums T hängt stark von der betrachteten Branche ab. Vielfach wird eine Berücksichtigung von 5 Perioden vorgeschlagen, da bei längeren Zeiträumen die Unsicherheit der Prognose stark steigt (vgl. Dwyer 1997, S. 9). In Branchen mit langen Transaktionszyklen, z.B. bei Investitionsgütern, kann auch ein Zeitraum von bis zu 10 Perioden angemessen sein (vgl. Berger/ Nasr 1998, S. 21). Blattberg et al. schlagen als Kompromiss vor, einen längeren Betrachtungszeitraum bei einem relativ hohen Diskontierungszinssatz zu wählen, so dass die weiter in der Zukunft liegenden Zahlungsflüsse ein geringeres Gewicht bekommen, das der Unsicherheit angemessen ist (vgl. Blattberg/ Getz/ Thomas 2001, S. 210). Der verwendete kalkulatorische Diskontierungszinssatz ist folglich

---

[5] Hier und in den folgenden Darstellungen wird von einer konstanten Kundenbindungsrate ausgegangen. Formeln zur Berechnung des Customer Lifetime Value mit variablen Kundenbindungsraten finden sich z.B. bei Calciu/ Salerno 2002, S. 128.

von entscheidender Bedeutung für die Prognose. Die Wahl eines angemessenen Zinssatzes wird von der Höhe der Kapitalmarktzinsen, der Inflationsrate, dem Konjunkturverlauf und der individuellen Risikoeinschätzung abhängen.[6]

Wie bereits erwähnt wurde, ist für die Berechnung des CLV mit Hilfe des Lost-for-Good-Modells zudem die Kundenbindungsrate von zentraler Bedeutung. Eine beispielhafte Berechnung des CLV ist in Abbildung 10 dargestellt. Ausgehend von einer prognostizierten Kundenbindungsrate von 70% wird der Effekt einer Steigerung der Kundenbindung auf den CLV deutlich: Eine Erhöhung der Kundenbindungsrate um 10% auf 77% führt zu einer Steigerung des 5-Jahres-CLV um 17,7%.

| Periode (t) | 0 | 1 | 2 | 3 | 4 | Summe |
|---|---|---|---|---|---|---|
| Deckungsbeitrag pro Periode (DB) | 1.000,00 € | 1.200,00 € | 1.400,00 € | 1.600,00 € | 1.800,00 € | |
| Marketingkosten pro Periode (M) | 400,00 € | 200,00 € | 200,00 € | 200,00 € | 200,00 € | |
| Ertragspotenzial (Periodic Customer Value) | 600,00 € | 1.000,00 € | 1.200,00 € | 1.400,00 € | 1.600,00 € | |
| Abdiskontiertes Ertragspotenzial (r = 0,05) | 800,00 € | 571,43 € | 1.088,44 € | 1.209,37 € | 1.316,32 € | |
| CLV (Kundenbindungsrate R = 0,7) | 800,00 € | 400,00 € | 533,33 € | 414,81 € | 316,05 € | 2.464,20 € |
| CLV (Kundenbindungsrate R = 0,77) | 800,00 € | 440,00 € | 645,33 € | 552,12 € | 462,73 € | 2.900,18 € |

**Abb. 10:** Berechnungsbeispiel zum Customer Lifetime Value

Die Schätzung der Kundenbindungsrate kann grundsätzlich auf 2 Arten erfolgen: Zum einen auf der Basis von Kundenbefragungen in der Marktforschung (Verhaltensabsichten) und zum anderen auf der Basis des beobachteten Kundenverhaltens in der Vergangenheit (tatsächliche Verhaltensgrößen). Tatsächliche Verhaltensgrößen, die sich auf das beobachtete Kundenverhalten in der Vergangenheit beziehen, ermöglichen häufig validere Prognosen. Folgende Verhaltensgrößen werden in der Literatur als Indikatoren der Kundenbindung genannt (vgl. Dittrich/ Reinecke 2001, S. 280):

- Kaufintensität (Anzahl der Transaktionen pro Zeiteinheit)

---

[6] Auf die Möglichkeiten zur Ermittlung eines adäquaten Diskontierungszinssatzes soll an dieser Stelle nicht ausführlicher eingegangen werden. Vgl. dazu z.B. Rudolf-Sipötz 2001, S. 47, oder auch Barth/ Wille 2000, S. 39 ff., die die Verwendung des gewichteten Kapitalkostensatzes (WACC) als Diskontierungszinssatz vorschlagen.

- Kontaktfrequenz (Anzahl der Kontakte von Kundenseite pro Zeiteinheit)
- Relative Zeitdauer seit der letzten Transaktion
- Durchschnittlicher Umsatz pro Transaktion
- Share of Wallet (Anteil der Bedarfsdeckung des Kunden beim Anbieter in Relation zum geschätzten Gesamtbedarf des Kunden)
- Zahl und Art von Beschwerden des Kunden
- Zahl der Weiterempfehlungen.

In der Praxis wird insbesondere im Versandhandel und im Direktmarketing mit dem oben bereits vorgestellten RFM-Scoring-Modell zur Prognose der Kundenbindung gearbeitet. Der RFM-Ansatz wurde auch in der Literatur in Modelle zur Berechnung des Customer Lifetime Value integriert (vgl. z.B. Shih/ Liu 2003), birgt aber neben der Tatsache, dass er nur für Produkte mit relativ hohen Kauffrequenzen eingesetzt werden kann (vgl. Blattberg/ Getz/ Thomas 2001, S. 91), 3 wesentliche Nachteile (vgl. Schulz 1995, S. 149 f.): Erstens erfolgt die Operationalisierung der Indikatoren oftmals willkürlich, so dass die Vereinheitlichung von Befunden schwierig ist. Zweitens werden auch die einzelnen Kunden den jeweiligen Kategorien häufig eher intuitiv zugeordnet, oder die statistischen Analyseverfahren, mit Hilfe derer aus den Indikatoren die Kaufwahrscheinlichkeit abgeleitet wird, sind in praktischen Arbeiten nicht transparent dargestellt. Diesem Kritikpunkt lässt sich durch den Einsatz eines explizit statistisch gestützten Scorings begegnen. Hierzu eignen sich z.B. Regressionsanalysen (insbesondere logistische Regressionsverfahren) und Diskriminanzanalysen (vgl. Krafft 2002, S. 62). Drittens ist aber auch fraglich, ob es sich bei den RFM-Indikatoren in jedem Fall um die relevantesten Einflussfaktoren handelt, und ob eine Beschränkung auf 3 Indikatoren sinnvoll ist. Diese Kritikpunkte werden vom so genannten NBD/ Pareto-Modell[7] aufgegriffen, das „den State-of-the-Art zur Bestimmung des (In)-Aktivitätsgrades" (Krafft 2002, S. 91) der bestehenden Kunden darstellt. Da dieses Modell hier nicht im Detail dargestellt werden kann, sei auf die entsprechende Literatur verwiesen (vgl. z.B. Schmittlein/ Morrison/ Colombo 1987; Schmittlein/ Peterson 1994; Fader/ Hardie/ Lee 2005; Reinartz/ Kumar 2000).

Dem **Always-a-Share-Modell** liegt im Gegensatz zum Lost-for-Good-Modell die Annahme zu Grunde, dass ein Kunde häufig zwischen verschiedenen Anbietern wechseln kann, ohne die Kundenbeziehung zu einem der Anbieter endgültig zu beenden (für ein Praxisbeispiel aus der Tourismus-Branche (Kreuzfahrten) siehe Berger/ Weinberg 2003). Daher wird synonym auch der Begriff Migrations-Modell verwendet. Die zukünftigen Kauf- bzw. Nutzungsentscheidungen von Kunden werden hierbei als ein stochastischer Prozess aufgefasst: Es wird davon ausgegangen, dass die Anbieterwahlentscheidungen einer Person einem bestimmten Wahrscheinlichkeitsmechanismus folgen. Anstelle der Kundenbindungsrate in den Lost-for-Good-Modellen spielt in den Always-a-Share-Modellen die Anbieterwahlwahrscheinlichkeit für die einzelnen Transaktionen eine entscheidende Rolle. Im Always-a-Share-Modell berechnet sich der Customer Lifetime Value daher, indem für jede Transaktion die Wahrscheinlichkeit der Anbieterwahlent-

---

[7] NBD steht für negative Binomialverteilung (negative binomial distribution).

scheidung $X_{ijt}$ mit dem prognostizierten Deckungsbeitrag der jeweiligen Transaktion multipliziert, mit Hilfe des Diskontsatzes r auf den Betrachtungszeitpunkt abdiskontiert und über die Zeit summiert wird (vgl. Rust/ Oliver 1994, S. 16):

$$CLV_{ij} = \sum_{n=0}^{N_{ij}} \frac{\hat{DB}_{ijn}}{(1+r_j)^{n/f_i}} \cdot X_{ijn} \quad \text{(Formel 3)}$$

Dabei ist

| | |
|---|---|
| CLV | Customer LifetimeValue |
| i | Kunde |
| j | Anbieter |
| n | Transaktion |
| N | Gesamtzahl von Transaktionen innerhalb des betrachteten Zeithorizonts |
| t | Periode |
| f | Anzahl der Transaktionen pro Periode |
| $\hat{DB}_{i,t}$ | prognostizierter Deckungsbeitrag des Kunden i in Periode t |
| r | Diskontierungszinssatz |
| $X_{ijn}$ | Wahrscheinlichkeit, dass Kunde i bei Transaktion n den Anbieter j wählt. |

Im Gegensatz zum Lost-for-Good-Modell wird hierbei nicht über Zeitperioden, sondern über die Anzahl der Transaktionen aufsummiert. N ist dabei die prognostizierte Gesamtzahl von Transaktionen innerhalb des betrachteten Zeithorizontes. Der Exponent des Zinsfußes im Nenner berücksichtigt daher die Anzahl der Transaktionen pro Periode. Wenn $f_i = 1$ ist (eine Transaktion pro Periode), entspricht Formel 3 den klassischen CLV-Formeln (vgl. Rust/ Lemon/ Zeithaml 2004, S. 114 f.).

Im Vergleich der Lost-for-Good-Modelle und der Always-a-Share-Modelle ist zu konstatieren, dass keiner der beiden Ansätze grundsätzlich dem anderen zu bevorzugen ist. Die Angemessenheit der Ansätze hängt vor allem von der Art der betrachteten Branche ab. Insbesondere bei vertraglichen Bindungen, wie sie etwa bei Finanzdienstleistungen oder bei Abonnements, z.B. im Telekommunikationsbereich, vorliegen, ist i.d.R. das Lost-for-Good-Modell geeigneter. Für die meisten Konsumgüter wird hingegen das Always-a-Share-Modell die Realität besser abbilden (vgl. Calciu/ Salerno 2002, S. 126; Dwyer 1997, S. 9 f.).

Das bisher betrachtete monetäre Potenzial eines Kunden im Customer Lifetime Value wird auch als Marktpotenzial bezeichnet (vgl. Rudolf-Sipötz 2001, S. 95 f.). Einige Autoren schlagen vor, neben dem Marktpotenzial des Kunden auch dessen so genanntes Ressourcenpotenzial im CLV zu berücksichtigen. Das Ressourcenpotenzial umfasst neben dem Weiterempfehlungsverhalten des Kunden (Referenzpotenzial, vgl. Cornelsen 2000, S. 186 ff.) auch das Informations- bzw. Innovationspotenzial (vgl. Kleinaltenkamp/ Dahlke 2006; Plinke 1989). Hinzu kommen potenziell den Kundenwert steigernde Effekte von Kooperationen sowie Synergien zwischen Anbieter und Kunde (siehe Abb. 11; vgl. auch Rudolf-Sipötz 2001, S. 95).

Die Einbeziehung dieser zusätzlichen Größen kann wertvolle Informationen liefern, wenn einzelne Kunden im Vergleich bewertet werden. So können etwa auf Weiterempfehlungen eines Kunden zurückgehende Deckungsbeiträge diesem Kunden zusätzlich zugeschrieben werden (vgl. Bayon/ Gutsche/ Bauer 2002, S. 216). Wird der CLV jedoch mit dem Ziel einer späteren Aggregation zum Kundenstammpotenzial berechnet, würde dies bedeuten, dass Erträge ggf. mehreren Kunden zugeschrieben würden und somit im Kundenstammwert mehrfach enthalten wären. Als Basis für den unten vorgeschlagenen Soll-Ist-Vergleich ist dieses Vorgehen daher nicht ratsam.

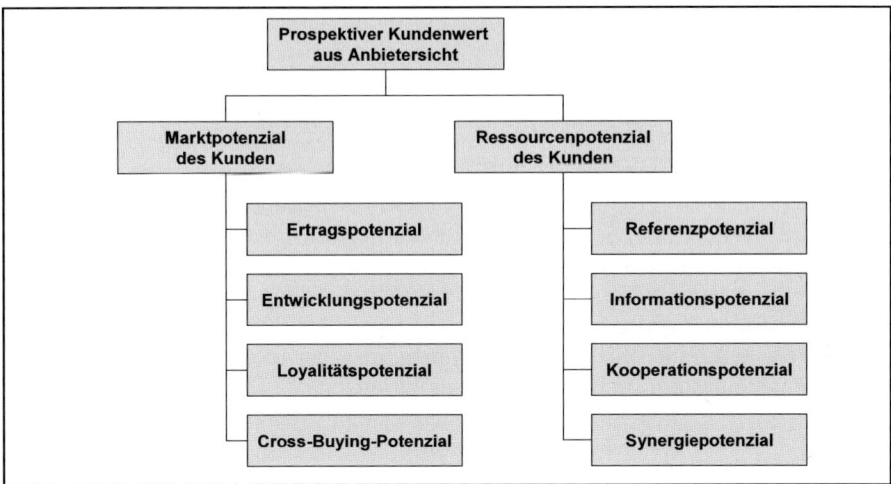

**Abb. 11:** Markt- und Ressourcenpotenzial als Determinanten des Kundenwertes aus Anbietersicht

Grundsätzlich hängt die Wahl eines geeigneten Berechnungsmodells für den Customer Lifetime Value in der Praxis allerdings neben den Besonderheiten der betrachteten Branche auch von der jeweiligen Zielsetzung ab. Dies betrifft neben den bereits erwähnten Punkten vor allem die Frage, ob neben den variablen Kosten auch Fixkosten bei der Berechnung berücksichtigt werden sollen. Bei der vergleichenden Bewertung von Kunden bzw. Kundensegmenten ist i.d.R. die Beschränkung auf Deckungsbeiträge sinnvoll. Dagegen sollten Modelle zur Prognose der langfristigen Ertragssituation eines ganzen Unternehmens auf der Basis von Kundenwerten auch die Fixkosten berücksichtigen (Hansotia 2004, S. 324). Branchenabhängig ist auch die zu erwartende Genauigkeit der Prognose des Customer Lifetime Value. Bei der Interpretation der Ergebnisse einer CLV-Berechnung sollte daher die unternehmensspezifische Fehlerwahrscheinlichkeit bei der Parameterschätzung berücksichtigt werden (vgl. Malthouse/ Blattberg 2005, S. 13 f.).

Für die praktische Anwendbarkeit der dargestellten CLV-Modelle ist insbesondere die Verfügbarkeit der benötigten Daten entscheidend. Einige Autoren fordern, dass idealerweise für valide Schätzungen Transaktionsdaten für mindestens 5 oder besser 10 Jahre vorliegen sollten (vgl. Simms 2002, S. 27). Dabei sollten die Daten nach Kunden und nicht nach Produkten bzw. Transaktionen sortiert sein, um alle Transaktionen eines Kunden berücksichtigen zu können (vgl. Bechwati/ Eshghi 2005, S. 90). Allerdings finden sich in der Literatur auch Arbeiten, die die Ermittlung des CLV auf der Basis frei verfügbarer Informationen vornehmen und ohne aufwändige Datenbanken auskommen (vgl. Gupta/ Lehmann 2003). Letztlich liegt hier ein Trade-Off zwischen Genauigkeit und Kosten vor, der für jeden Anwendungsfall individuell zu gewichten ist.

Die bisher betrachteten Konstrukte bezogen sich stets auf die Beziehung eines Anbieters mit einem einzelnen Kunden. Für die umfassende Bewertung von Marketingstrategien und ihrer Umsetzung ist es erforderlich, den gesamten Kundenstamm eines Unternehmens zu betrachten (vgl. Rust/ Lemon/ Zeithaml 2004). Hier kommt das Konzept des **Customer Equity** (**CE**) zum Einsatz (vgl. Blattberg/ Deighton 1996). In der Literatur wird dabei nicht zwischen einer periodenbezogenen und einer periodenübergreifenden Bewertung des Kundenstamms unterschieden. Vielmehr wird der Customer Equity i.d.R. nur periodenübergreifend definiert (vgl. Barth/ Wille 2000, S. 4). Für ein kundenwertorientiertes Controlling werden jedoch auch periodenbezogene Soll-Größen benötigt. Deshalb wird im Folgenden der Periodic Customer Equity vom Customer Lifetime Equity abgegrenzt. Der **Periodic Customer Equity** ist die Summe der periodenbezogenen Customer Values (PCV$_i$) aller n Kunden für das Unternehmen, also der (potenzielle) Wert des gesamten Kundenstamms in der betrachteten Periode:

$$PCE = \sum_{i=1}^{n} PCV_i \qquad \text{(Formel 4)}$$

Der **Customer Lifetime Equity** ist die Summe der Customer Lifetime Values aller bestehenden und zukünftigen Kunden eines Unternehmens, also das Ertragspotenzial des Kundenstamms über die Beziehungsdauer bzw. über einen definierten Betrachtungszeitraum für das Unternehmen.

$$CLE = \sum_{t=0}^{T} PCE_t \qquad \text{(Formel 5)}$$

Der Customer Lifetime Equity geht insofern über eine reine Aggregation der Customer Lifetime Values aller bestehenden Kunden hinaus, als er auch die zukünftigen Kunden des Anbieters umfasst (vgl. Bayon/ Gutsche/ Bauer 2002, S. 213).

### 3.2.2 Retrospektiver Kundenwert aus Anbietersicht

Eine prospektive Kundenwertbetrachtung wird erst dann wirklich aussagekräftig, wenn im Rahmen einer retrospektiven Abweichungsanalyse die ermittelten Potenziale im Sinne von Sollwerten den tatsächlich erzielten Ergebnissen (Istwerten) gegenübergestellt werden. An dieser Stelle zeigt sich, ob die (z.B. mit Hilfe der

Marktforschung) prognostizierten Potenziale auch entsprechend der Marketingstrategie ausgeschöpft werden konnten: „Marketing ist nicht (nur) die Befriedigung von Kundenwünschen, sondern das Abgreifen von Zahlungsbereitschaften." (Reinecke 2004, S. 13). Auf der Basis der Soll-Ist-Differenzen lässt sich im operativen Marketing nachsteuern und ggf. (z.B. bei veränderten Umweltbedingungen) auch die langfristige Strategie überarbeiten.

Geht man vor dem Hintergrund des Relationship Marketing davon aus, dass sich Kundenbeziehungen im Idealfall über mehrere Perioden erstrecken, dann stellt das bereits dargestellte **Kundenergebnis** einer einzelnen Periode einen Ausschnitt aus dem gesamten langfristigen Kundenwert in Form einer „Jahresscheibe" (vgl. Tewes 2003, S. 220) dar. In Abbildung 12 ist der idealtypische Verlauf der Einzahlungsüberschüsse im Laufe einer Kundenbeziehung dargestellt (vgl. dazu Günther 1997, S. 286, sowie Tewes 2003, S. 221).

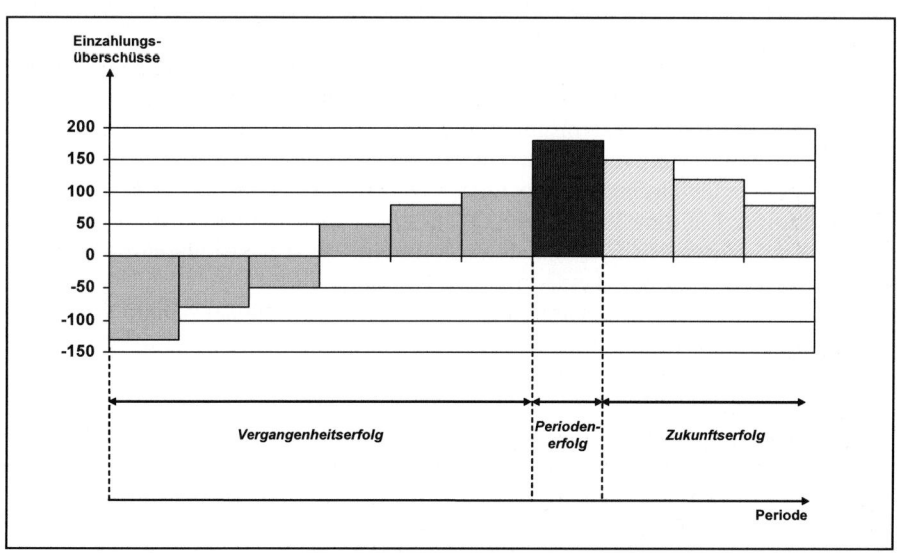

**Abb. 12:** Abgrenzung des periodenbezogenen Kundenwertes

Das Kundenergebnis ist die Ist-Größe, die der Potenzial-Größe des Periodic Customer Value aus Anbietersicht entspricht. Das Kundenergebnis lässt sich analog zur prospektiven Betrachtung ausweiten zum **kumulierten Kundenergebnis,** das als retrospektive Ist-Größe dem Customer Lifetime Value entspricht. Das kumulierte Kundenergebnis ermöglicht durch die Erweiterung der periodenbezogenen Ergebnisrechnung zu einer transaktions- und zeitraumübergreifenden Rechnung das Controlling langfristiger Geschäftsbeziehungen. Das kumulierte Kundenergebnis basiert auf einer kumulierten Periodenerfolgsrechnung (vgl. Zehbold 1996, S. 199 ff.). Zur periodengerechten Abgrenzung sind transaktions- bzw. auftragsorientierte Kosten- und Erlösgrößen von beziehungsorientierten („investiven") Erfolgsgrößen zu unterscheiden (vgl. Cornelsen 2000, S. 136). Beim kumulierten Kundendeckungsbeitrag handelt es sich folglich um eine kumulative, zeitlich fortschreitende Erfassung der Auftragsdeckungsbeiträge des einzelnen Kunden, die den Investitionsauszahlungen für diesen Kunden gegenüber gestellt werden. Der Auftragsdeckungsbeitrag lässt sich nach Plinke definieren als „der auf der Grundlage relevanter Erlöse und relevanter Kosten ermittelte Differenzgewinn, der auf die Existenz bzw. Nichtexistenz eines Auftrags zurückzuführen ist." (Plinke 1989, S. 320, Hervorhebung im Original). In den Auftragsdeckungsbeitrag fließen folglich Investitionen in die Kundenbeziehung nicht ein, da sie i.d.R. nicht im Sinne des Identitätsprinzips einem einzelnen Auftrag zugerechnet werden können (zum Identitätsprinzip vgl. Riebel 1985, S. 516). Für die in den Investitionsauszahlungen zu berücksichtigenden Kosten kommen im Prinzip alle kundenbezogenen Investitionskosten in Betracht. Primär werden hier „kundenspezifische Zusatzleistungen im Zusammenhang mit dem Aufbau und der Pflege der Geschäftsbeziehung einschließlich der After-Sales-Kosten" (Plinke 1989, S. 321) einzubeziehen sein.

Diese mitlaufende Pay-Off-Rechnung (vgl. Plinke 1989, S. 321) ermöglicht es, zu jedem Zeitpunkt den Saldo von insgesamt erwirtschafteten Auftragsdeckungsbeiträgen des Kunden und insgesamt geleisteten Investitionen für den Kunden auszuweisen. In Abbildung 12 entspräche dies der Summe der grauen Säulen, die mit „Vergangenheitserfolg" bezeichnet sind. Die so ermittelten Größen können dem Customer Lifetime Value gegenübergestellt werden, um den Ausschöpfungsgrad des prognostizierten Potenzials zu ermitteln und Abweichungen zu analysieren.

Dem Kundenergebnis entspricht auf der Ebene des Kundenstamms das **Kundenstammergebnis** als retrospektives Pendant zum Periodic Customer Equity. Die Analyse des Kundenstammergebnisses ist insbesondere im Hinblick auf den relativen Beitrag von Neukunden und Bestandskunden zum Gesamtergebnis aufschlussreich. So lässt sich überprüfen, ob die Prognose von Kundenakquise- und Wiederkaufraten (im Lost-for-Good-Modell) zutreffend war. Auch die Wirkung von Marketingaktivitäten auf die beiden Kundengruppen kann untersucht werden: Ist es gelungen, mit Maßnahmen zur Kundenakquisition tatsächlich auch Neukunden zu gewinnen? Wie erfolgreich waren Kundenbindungs- und Cross-Selling-Maßnahmen unter den bestehenden Kunden? Abbildung 13 veranschaulicht, wie sich beispielhaft das Kundenstammergebnis aus den Beiträgen von Neu- und Bestandskunden zusammensetzt. Die ausschließlich periodenbezogene Betrachtung des Kundenstammergebnisses im Sinne einer Querschnittsanalyse stellt dabei lediglich eine statische Momentaufnahme dar. Erst die mehrperiodische Betrachtung des **kumulierten Kundenstammergebnisses** im Sinne einer Längsschnittsanalyse ermöglicht die Beurteilung der Ausschöpfung des durch den Customer Lifetime Equity definierten Potenzials (vgl. Tewes 2003, S. 224). Für die wertorientierte Unternehmensführung ist insbesondere der Vergleich des bereits erzielten kumulierten Kundenstammergebnisses mit dem zukünftigen Kundenwertpotenzial aufschlussreich. Wenn bei den Bestandskunden schon ein großer Teil des Customer Lifetime Equity abgeschöpft wurde bzw. dieses Potenzial auf absehbare Zeit abgeschöpft sein wird (vgl. den schraffierten Bereich in Abb. 13), gewinnt die Akquise von Neukunden zur Sicherung des zukünftigen Ertragspotenzials verstärkt an Bedeutung (Günther 1997, S. 291 sowie Tewes 2003, S. 224 f.).

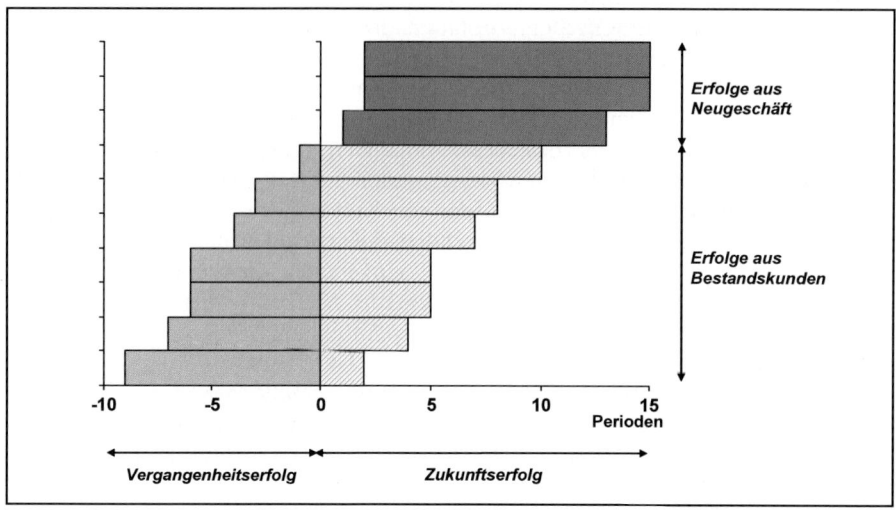

**Abb. 13:** Neukunden und Bestandskunden als Treiber des Kundenstammergebnisses

Abbildung 14 zeigt die beschriebenen prospektiven und retrospektiven Elemente des Kundenwertes aus Anbietersicht in einem zusammenfassenden Überblick.

|  |  | **Ein Kunde** | **Gesamter Kundenstamm** |
|---|---|---|---|
| *Potenzialbetrachtung (prospektiv)* | Eine Periode | *Periodic Customer Value* Periodenbezogenes Kundenpotenzial | *Periodic Customer Equity* Periodenbezogenes Kundenstammpotenzial |
|  | Planungszeitraum | *Customer Lifetime Value* Kundenbeziehungspotenzial | *Customer Lifetime Equity* Kundenstammbeziehungspotenzial |
| *Ist-Betrachtung (retrospektiv)* | Eine Periode | Periodenbezogenes Kundenergebnis | Periodenbezogenes Kundenstammergebnis |
|  | Planungszeitraum | Kumuliertes Kundenergebnis | Kumuliertes Kundenstammergebnis |

**Abb. 14:** Prospektiver und retrospektiver Kundenwert aus Anbietersicht

## 3.3 Status Quo der Kundenbewertung in der Praxis

Sowohl bei eindimensionalen als auch bei mehrdimensionalen Kundenbewertungsverfahren steht die Entscheidungsunterstützung für das Kundenmanagement im Vordergrund. So tragen Kundenbewertungen dazu bei, Akquisitionsbemühungen auf potenziell ertragsstarke Kunden zu konzentrieren (vgl. Müller/ Gelbrich 2001; Gelbrich/ Wünschmann 2006). Das Gleiche gilt für die Steuerung von Kundenbindungsmaßnahmen bei bestehenden Kunden (vgl. Bruhn/ Georgi 2005; Töpfer/ Wieder 1999), die Rückgewinnung verlorener Kunden (vgl. Stauss/ Friege 2006) sowie für die gezielte Beendigung von Kundenbeziehungen (vgl. Fischer/ Schmöller 2006). Dabei sind kundenorientierte Kennzahlen idealerweise in Vertriebs- bzw. Marketing-Kennzahlensysteme eingebettet, die zur Planung, Steuerung und Kontrolle der einzelnen Teilbereiche des Marketing dienen (vgl. Palloks 1998; Reinecke 2001). Betrachtet man die in Abbildung 15 dargestellten Ergebnisse einer Befragung mit 155 schweizerischen Unternehmen, so wird deutlich, dass einfachere Verfahren der Kundenbewertung, insbesondere eindimensionale monetäre Verfahren wie Umsatz- und Deckungsbeitragsanalysen (88% bzw. 65%), aber auch Kunden-Portfolios (55%) und Scoring-Modelle (35%), durchaus in einem nennenswerten Teil der Unternehmen zum Einsatz kommen. Customer-Lifetime-Value-Berechnungen (17%) sind jedoch in der Praxis bislang kaum verbreitet (vgl. Rudolf-Sipötz 2001, S. 70).

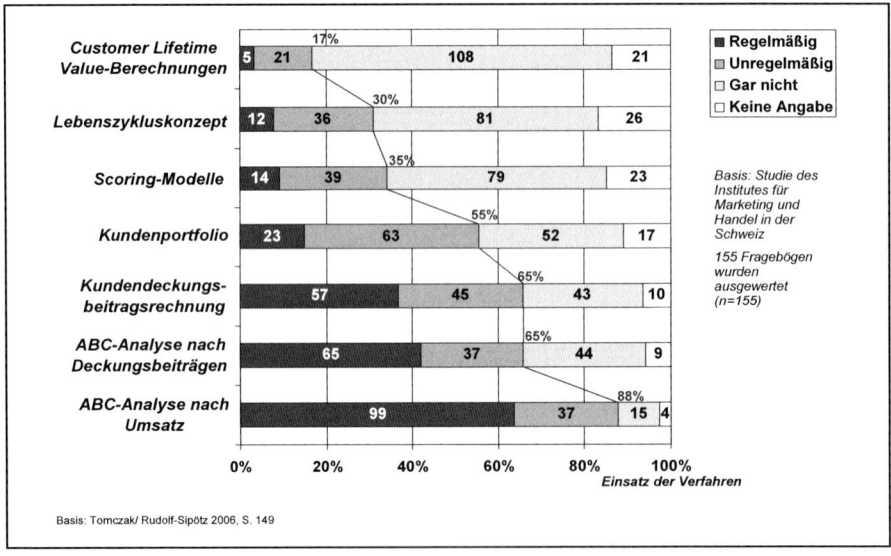

**Abb. 15:** Einsatzhäufigkeit von Kundenbewertungsverfahren

## 4 Kundenwertorientiertes Marketing: Value for the Customer und Value of the Customer im Wirkungsverbund

Kundenwertberechnungen lassen sich, wie oben bereits angedeutet, nicht nur zur Analyse von Kundenbeziehungen an sich, sondern auch zur Steuerung und Bewertung von Marketingaktivitäten und ihrer Umsetzung einsetzen. Bei der Bewertung von Marketingaktivitäten ist grundsätzlich zwischen Effektivität und Effizienz zu unterscheiden. Marketingeffektivität beschreibt den Zielerreichungsgrad, also den Soll-Ist-Vergleich des Outputs der Marketingaktivitäten. Wie dargestellt wurde, spiegelt der Kundenwert aus Kundensicht die Wahrnehmung des Wertes eines Angebots durch den Kunden wider – sowohl prospektiv als auch retrospektiv. Die einzelnen Elemente des Kundenwertes aus Kundensicht (Customer Benefit, Value for the Customer, Kundenzufriedenheit, Kundenbindung) eignen sich als Kenngrößen zur Messung der Marketingeffektivität: Marketing ist dann effektiv, wenn die Kundenanforderungen erfüllt werden.

Effizient ist Marketing hingegen dann, wenn das Verhältnis von Output zu Input „stimmt". Dies ist der Fall, wenn der (Netto-)Kundenwert aus Anbietersicht hoch ist: Da die Formeln zur Berechnung des prospektiven und auch des retrospektiven Kundenwertes aus Anbietersicht explizit die Marketingkosten berücksichtigen, ist ein hoher Deckungsbeitrag pro Kunden ein Zeichen für eine hohe Marketingeffizienz. Die resultierende Kundenwertmatrix mit ihren 4 Konstellationen ist in Abbildung 16 dargestellt.

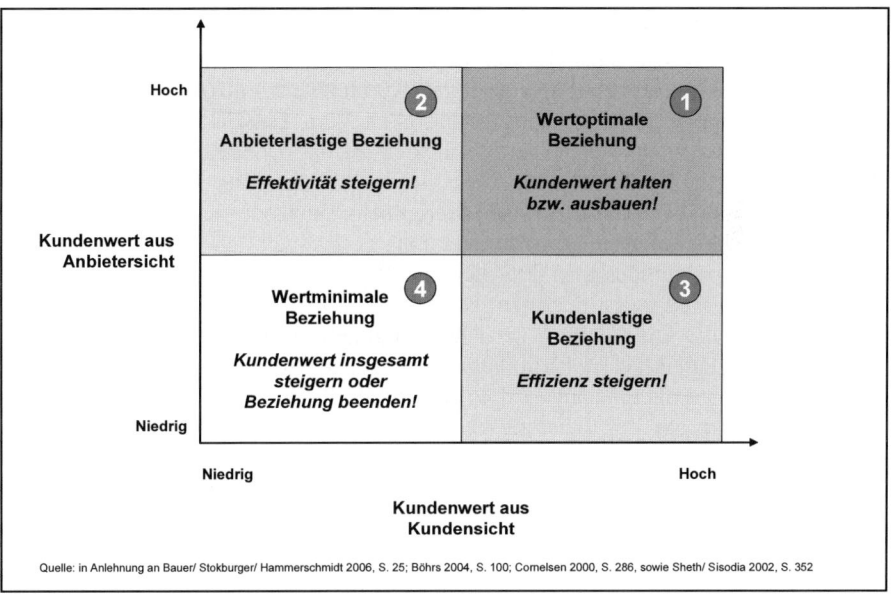

**Abb. 16:** Kundenwertmatrix

**Wertoptimale Kundenbeziehungen** (1) zeichnen sich dadurch aus, dass sowohl der Kundenwert aus Kundensicht als auch der Kundenwert aus Anbietersicht auf einem hohen Niveau sind. Hier muss das Ziel sein, dieses Niveau zu halten bzw. im Idealfall noch auszubauen, und zwar im Hinblick auf beide Perspektiven. **Anbieterlastige Beziehungen** (2) sind durch einen hohen Kundenwert aus Anbietersicht (hohe Effizienz) bei zugleich geringem Kundenwert aus Kundensicht (niedrige Effektivität) geprägt. Solche Beziehungen sind zwar auf kurze Sicht für den Anbieter profitabel, bergen jedoch eine hohe Abwanderungsgefahr, wenn Konkurrenzangebote einen höheren Value for the Customer bieten. Hier ist folglich durch entsprechende Investitionen und Maßnahmen die Effektivität des Leistungsangebots zu steigern („die richtigen Dinge machen"). Der Customer Lifetime Value stellt dabei die Obergrenze für diese Investitionen dar. **Kundenlastige Beziehungen** (3) bieten dem Kunden zwar einen hohen Value for the Customer (hohe Effektivität), sind aber aus Anbietersicht riskant, wenn sie langfristig die Profitabilität gefährden (geringe Effizienz). Ein Stellhebel ist hier folglich die Steigerung der Effizienz der Leistungserstellung, das heißt, die bestehende Leistung, die aus Kundensicht einen hohen Value for the Customer bietet, ist kostengünstiger zu erstellen („die Dinge richtig machen"). Ansatzpunkte hierzu bieten beispielsweise die Konzepte des Qualitätsmanagements wie TQM und Six Sigma (vgl. Töpfer 2007). Insbesondere beim Markteintritt kann es auch eine bewusste Strategie darstellen, zunächst den Value for the Customer zu maximieren, um Marktanteile zu gewinnen, und erst nachgelagert auf den Kundenwert aus Anbietersicht zu fokussieren. Hierbei können dann z.B. Erfahrungskurven- oder Skaleneffekte oder auch Preissteigerungen einen Stellhebel darstellen. Diese Strategie wird häufig von japanischen Unternehmen zur Eroberung neuer Märkte eingesetzt. **Wertminimale Beziehungen** (4) sind aus Anbietersicht am kritischsten, da sie nicht nur mit einem geringen gegenwärtigen Kundenwert aus Anbietersicht verbunden sind, sondern auch zukünftig aufgrund des geringen Kundenwertes aus Kundensicht durch Abwanderung gefährdet sind. In Abhängigkeit vom Entwicklungspotenzial des Kunden ist dabei entweder die Kundenbeziehung zu beenden oder der Kundenwert insgesamt zu steigern. In der Regel wird dabei zunächst in den Kundenwert aus Kundensicht (Effektivität) zu investieren sein, bevor der Kundenwert aus Anbietersicht (Effizienz) gesteigert werden kann.

Die Matrix in Abbildung 16 lässt sich sowohl auf einzelne Kunden als auch auf Kundensegmente oder den gesamten Kundenstamm anwenden und stellt die Ausgangsbasis für die Optimierung der Marketing Performance dar. Das zu Grunde liegende Wirkmodell hierfür ist in Abbildung 17 dargestellt.

Marketing wird als eine Investition betrachtet, die zu einer Verbesserung zentraler Werttreiber auf der Leistungsebene führt. Diese Werttreiber steigern den wahrgenommenen Wert eines Angebots aus Kundensicht in Form von realisierten Erfolgsfaktoren und wirken sich darüber positiv auf das Kundenverhalten aus, und zwar durch Neukundengewinnung, Kundenbindung und Cross-Buying (vgl. Rust/ Lemon/ Zeithaml 2004). Damit steigt auch der Kundenwert aus Anbietersicht. Setzt man die Steigerung des Kundenstammwertes mit den Marketinginvestitionen ins Verhältnis, so ergibt sich hierdurch ein steigender Return on Marketing Investment.

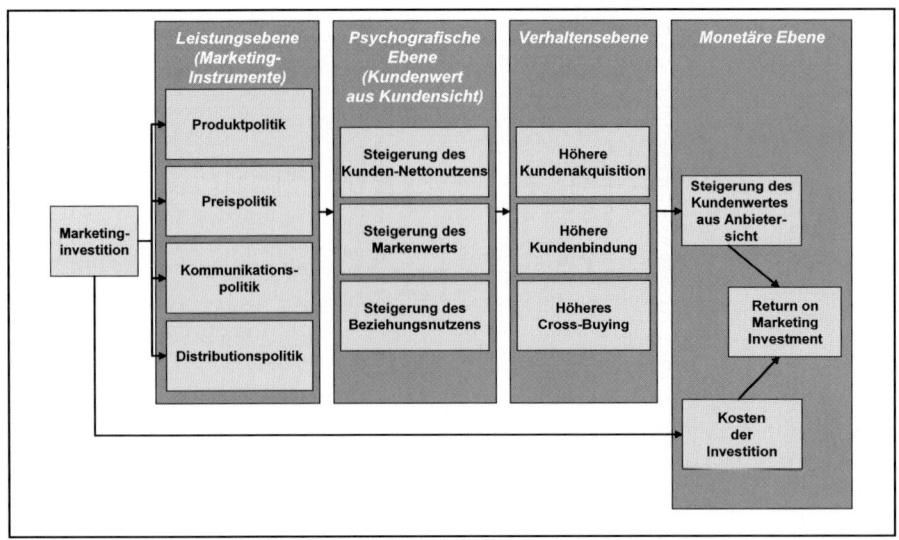

**Abb. 17:** Wirkmodell als Grundlage des kundenwertorientierten Marketings

Im Prozess des Marketing-Managements werden i.d.R. die Phasen Analyse, Planung, Umsetzung und Steuerung bzw. Kontrolle unterschieden (vgl. Kotler/ Bliemel 1999, S. 17). Ein kundenwertorientierter Prozess des Marketing-Managements und -Controlling ist in Abbildung 18 dargestellt. Die einzelnen Phasen werden im Folgenden vertieft.

In der **Analysephase (1)** geht es darum, den Status Quo der Marketing Performance zu untersuchen, um eine Verortung in der Kundenwertmatrix in Abbildung 16 vornehmen zu können. Hierzu sind der Kundenwert aus Kundensicht und der Kundenwert aus Anbietersicht zu bestimmen. In Abhängigkeit von der Struktur des Kunden- und Angebots-Portfolios ist dabei ggf. zunächst eine Markt- bzw. Kundensegmentierung vorzunehmen. Anschließend wird ein Wirkungsmodell entwickelt, das den Zusammenhang von Kundenwert aus Kundensicht und Kundenwert aus Anbietersicht beschreibt. Je nach Art der Kundenbeziehung wird dabei das Nutzungsverhalten mit einem Lost-for-Good-Modell oder einem Always-a-Share-Modell beschrieben. Im Lost-for-Good-Modell wird das Kundenpotenzial mit Hilfe von Akquise-, Kundenbindungs- und Cross-Selling-Raten ermittelt, während beim Always-a-Share-Modell die Übergangsmatrix eines Markowkettenmodells im Mittelpunkt steht. Auf der Basis des Wirkungsmodells lässt sich analysieren, welche Kosten- und Nutzenkomponenten aus Kundensicht den stärksten Einfluss auf das Nutzungsverhalten des Kunden und somit auf den Kundenwert aus Anbietersicht ausüben.

In der **Planungsphase (2)** werden Maßnahmen zur Steigerung des Kundenwertes entwickelt. In Abhängigkeit von der in der Analysephase ermittelten Position in der Kundenwertmatrix (siehe Abb. 16) stehen dabei Maßnahmen zur Effektivitätssteigerung (Kundenwert aus Kundensicht) oder Maßnahmen zur Effizienzsteigerung (Kundenwert aus Anbietersicht) im Vordergrund.

| 1 Analyse | 2 Planung | 3 Simulation | 4 Implementierung | 5 Kontrolle |
|---|---|---|---|---|
| Kundenbefragung (Primärerhebung) zur Bestimmung des Kundenwerts aus Kundensicht (Value for the Customer): Customer Benefit (funktionaler, emotionaler, sozialer) und Customer Sacrifice | Je nach Ergebnis der Analysephase: a) oder b) oder auch a) und b) | Simulation der Auswirkung der Strategien bzw. Maßnahmen auf den Kundenwert aus Kundensicht (ggf. erneute Primärerhebung): Prognose der Wirkungen in Bezug auf Customer Benefit und Customer Sacrifice | Schaffung der notwendigen Voraussetzungen für eine effektive und effiziente Umsetzung der Strategien und Maßnahmen, insbesondere in Bezug auf: • Organisationsstruktur und Abläufe • Finanzielle Ressourcen • Sachmittelausstattung und Infrastruktur • Personal | Kontinuierliche Kontrolle von Effektivität und Effizienz der Umsetzung: • kundenbezogen: Ermittlung von Customer Benefit und Value for the Customer, Kundenzufriedenheit und Kundenbindung |
| Ggf. Kundensegmentierung | a) Ableitung von Strategien bzw. Maßnahmen zur Steigerung des Kundenwerts aus Kundensicht (Steigerung der Effektivität des Marketing), z.B. in Bezug auf: • Produkt- und Dienstleistungsqualität • Preis • Marke | | | • anbieterbezogen: Ermittlung von Kundenstammergebnis und kumuliertem Kundenstammergebnis |
| Bestimmung der Determinanten des Value for the Customer (produkt- und dienstleistungsbezogen, beziehungsbezogen, markenbezogen) | | Simulation der Auswirkung der Strategien auf den prospektiven Kundenwert aus Anbietersicht (Prognose von Periodic Customer Equity und Customer Lifetime Equity) | Umsetzung der Strategien bzw. Maßnahmen mit dem höchsten Value-for-the-Cutsomer- und Customer-Lifetime-Equity-Potenzial | Soll-Ist-Vergleich von Kundenstammergebnis und Customer Equity, Abweichungsanalysen |
| Bestimmung des Kundenwerts aus Anbietersicht • retrospektiv Kundenergebnis, kumuliertes Kundenstammergebnis, kumuliertes Kundenstammergebnis • prospektiv Periodic Customer Value, Customer Lifetime Value, Periodic Customer Equity, Customer Lifetime Equity | b) Ableitung von Strategien bzw. Maßnahmen zur Steigerung des Kundenwerts aus Anbietersicht (Steigerung der Effizienz des Marketing) | Zentrale Einflussgrößen: • Im Lost-for-Good-Modell: Akquisitionsrate, Kundenbindungsrate, Cross-Selling-Rate • Im Always-a-Share-Modell: Übergangswahrscheinlichkeiten (Markov-Matrix) | | Ggf. Anpassung der Ziele sowie der Leistungs- und Steuerungsprozesse |
| Aufstellung eines Wirkungsmodells (Lost-for-Good oder Always-a-Share) | | Kostenschätzung für die alternativen Maßnahmen Entscheidung für eine oder mehrere Maßnahmen Budgetierung | | |

**Abb. 18:** Kundenwertorientierter Prozess des Marketing-Managements und -Controlling

Von zentraler Bedeutung innerhalb des kundenwertorientierten Marketingprozesses ist die **Simulationsphase (3)**. Hier werden auf der Basis des in Phase 1 entwickelten Wirkungsmodells die Auswirkungen der in der 2. Phase abgeleiteten alternativen Maßnahmen auf Effektivität und Effizienz des Marketings prognostiziert. Zur Prognose der Auswirkungen der alternativen Maßnahmen auf den Kundenwert aus Kundensicht bieten sich verschiede Markforschungsmethoden an. Auf diese Weise können Kostenmerkmale (Customer Sacrifice) und Nutzenmerkmale (Customer Benefit) der möglichen Maßnahmen direkt miteinander verglichen werden. Je nach verwendetem Modell (Lost-for-Good oder Always-a-Share) können auch die Verhaltensabsichten der Kunden in Abhängigkeit der Maßnahmen erfasst werden. Im Lost-for-Good-Modell ist hierbei zwischen bestehenden und potenziellen Kunden zu unterscheiden. Bei Bestandskunden lassen sich Kundenbindungs- und Cross-Buying-Absicht ermitteln, während bei potenziellen Kunden die Erstkaufabsicht bzw. Wechselabsicht vom derzeitigen Anbieter erfasst wird. Im Always-a-Share-Modell können die Übergangswahrscheinlichkeiten in Abhängigkeit vom zuletzt genutzten Anbieter ermittelt werden. Wie die schraffierten Felder in Abbildung 19 zeigen, lässt sich auf Basis der Verhaltensintentionen der prospektive Kundenwert aus Anbietersicht ermitteln: Periodic Customer Value und Customer Lifetime Value für den einzelnen Kunden sowie Peridic Customer Equity und Customer Lifetime Equity für den Kundenstamm. Mit Hilfe dieser Kennzahlen lässt sich das Ertragspotenzial alternativer Marketingmaßnahmen aus Anbietersicht vergleichen.

Zur Abschätzung der Effizienz im Sinne des Input-Output-Verhältnisses sind in der Simulationsphase zudem die Kosten der einzelnen Maßnahmen aus Anbietersicht zu prognostizieren und den erwarteten Ergebnissen gegenüberzustellen. Der Vergleich der prognostizierten Outputs und der Soll-Effizienzen stellt die Basis im Hinblick auf die Entscheidung für eine oder mehrere der alternativen Maßnahmen dar. Die Kostenschätzung ist dabei zugleich Grundlage für die Budgetierung der favorisierten Maßnahme(n). Denkbar ist auch, dass in der Simulationsphase keine der Maßnahmen das angestrebte Potenzial zur Steigerung des Kundenwertes aus Kundensicht und/oder des Kundenwertes aus Anbietersicht aufweist. In diesem Fall ist eine erneute Maßnahmenplanung vorzunehmen, die in Form einer Feedbackschleife die Erkenntnisse der Simulationsphase integriert.

Die **Implementierungsphase (4)** ist keine Phase des Marketing-Controlling im engeren Sinne, sondern vielmehr Aufgabe des Marketing-Managements (vgl. Kiener 1980, S. 32). In dieser Phase sind zunächst die erforderlichen Voraussetzungen für die Umsetzung der favorisierten Maßnahme(n) zu treffen, z.B. im Hinblick auf Organisationsstruktur und Abläufe, finanzielle Ressourcen, Sachmittelausstattung und Infrastruktur sowie Personal. Anschließend erfolgt die Umsetzung der geplanten Maßnahmen durch das Marketing-Management. Dem Marketing-Controlling obliegt in der Umsetzungsphase die Versorgung des Marketing-Managements mit allen notwendigen Informationen (vgl. auch Phase 5).

In der **Kontrollphase (5)** wird überprüft, inwiefern die prognostizierten Ergebnisse tatsächlich erreicht werden konnten. Hierbei kommen die in Abbildung 19 dargestellten retrospektiven Größen des Kundenwertes aus Anbietersicht zum Einsatz. Die Kontrollphase ist nicht als einmalige Erfolgsmessung zu verstehen, sondern als kontinuierliches Monitoring des gesamten Prozesses. Nur so können Planabweichungen rechtzeitig identifiziert und entsprechende Maßnahmen zur Gegensteuerung abgeleitet werden. Grundsätzlich sind die in der Planungsphase entwickelten Marketingstrategien und -maßnahmen nicht als statisch zu verstehen.

Auf der Basis des Monitorings werden sie kontinuierlich den sich verändernden Umweltbedingungen angepasst.

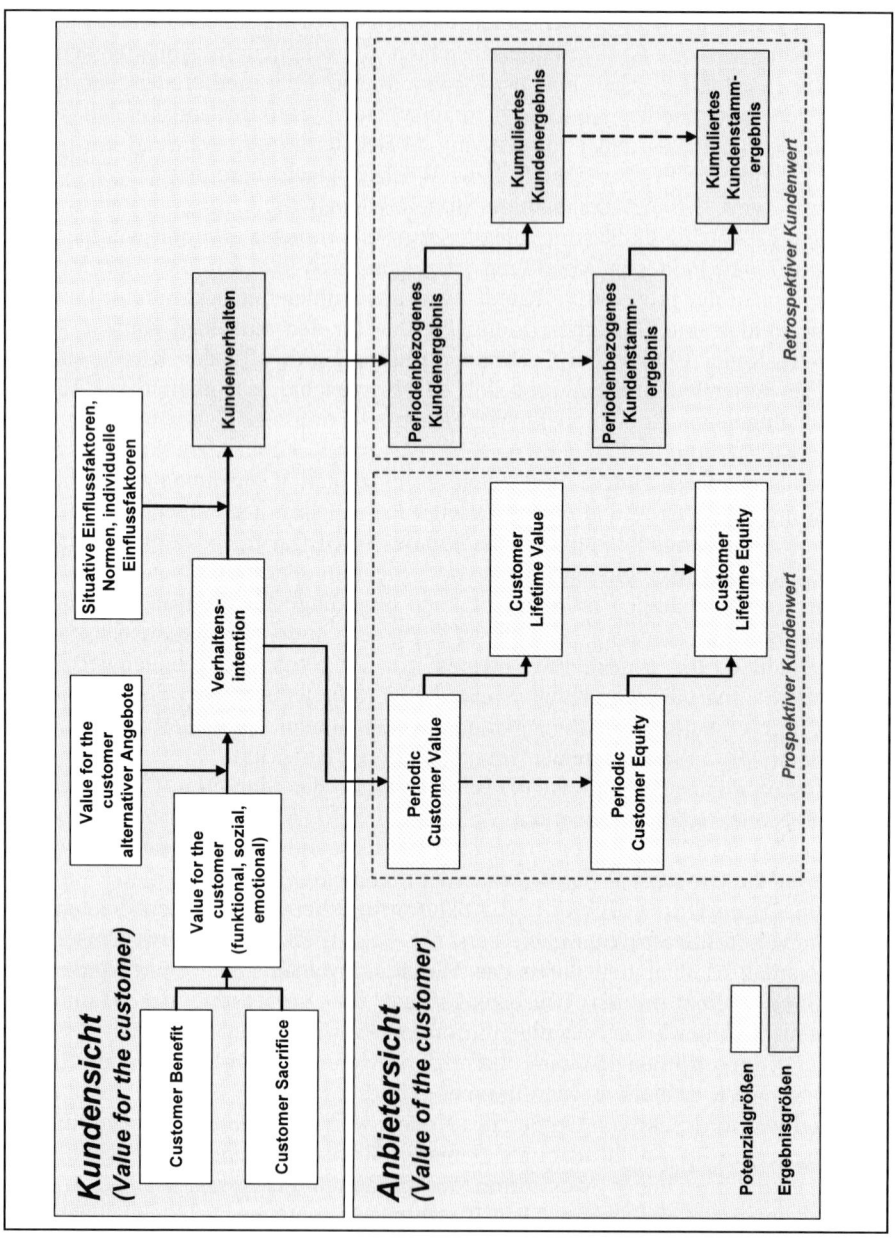

**Abb. 19:** Zusammenhang zwischen Kunden- und Anbietersicht des Kundenwertes

## 5  Fazit

Reinecke (2001, S. 705 ff.), formuliert 3 Anforderungen an marketingbezogene Kennzahlen: (1) Strategiebezug, (2) Kombination von Deduktion und Induktion sowie (3) Einbettung in das übergeordnete Controllingsystem. Die hier vorgestellten Größen des Kundenwertes aus Kunden- und Anbietersicht erfüllen in ihrem Zusammenspiel diese Anforderungen eindeutig, was ihr Potenzial für das Marketing illustriert. Durch ihre dynamischen und prospektiven Komponenten haben sie einen eindeutig strategischen Fokus und orientieren sich an den Potenzialen des jeweiligen Geschäftsbereich (1). Sie basieren auf idealtypischen Modellen und Zusammenhängen, lassen sich aber der Unternehmenssituation und der jeweiligen Fragestellung individuell anpassen. Durch die Verbindung von Simulation und Kontrolle unterstützt der vorgestellte Prozess des kundenwertorientierten Marketing-Controllings sowohl die strategische und operative Maßnahmenplanung als auch die Implementierung (2). Die geforderte Kompatibilität mit übergeordneten Controllingsystemen (3) ist durch die Einbeziehung geläufiger Verfahren der Umsatz- und Ergebnisbetrachtung gewährleistet. Als dezidiert kundenorientierte Kennzahlen bieten sich Value for the Customer und Value of the Customer auch für den Einsatz innerhalb der Kundenperspektive der Balanced Score Card an und lassen sich so mit weiteren Kennzahlen verknüpfen.

Zusammenfassend lässt sich sagen, dass der Value for the Customer und der Value of the Customer in ihrem Zusammenspiel eine Brücke zwischen Marketing und Controlling schlagen, indem sie „harte" und „weiche" Daten verbinden. Das bedeutet aber auch: Während Marketingmanager ihr Wissen über finanzwirtschaftliche Kennzahlen erweitern müssen, „müssen sich Controller gerade in Marketing und Vertrieb [...] daran gewöhnen, dass sich nicht alles in festen Funktionen abbilden lässt" (Weber/ Schäffer 2000, S. 10).

## 6  Literatur

*Anderson, J.C./ Narus, J.A. (1998):* Business Marketing: Understand What Customers Value, Harvard Business Review, 76. Jg., 1998, S. 53-65.
*Barth, K./ Wille, K. (2000):* Customer Equity – Ein prozessorientierter Ansatz zur Kundenbewertung, Diskussionsbeiträge des Fachbereichs Wirtschaftswissenschaft der Gerhard-Mercator-Universität Duisburg, Duisburg 2000.
*Bauer, H.H./ Stokburger, G./ Hammerschmidt, M. (2006):* Marketing Performance: Messen – Analysieren – Optimieren, Wiesbaden 2006.
*Bauer, R. (2005):* Entscheidungsorientierte Gemeinkostenzuweisung, Wiesbaden 2005.
*Bayon, T./ Gutsche, J./ Bauer, H. (2002):* Customer Equity Marketing: Touching the Intangible, European Management Journal, 20. Jg., 2002, S. 213-222.
*Bechwati, N.N./ Eshghi, A. (2005):* Customer Lifetime Value Analysis: Challenges and Words of Caution, The Marketing Management Journal, 15. Jg., 2005, S. 87-97.
*Berger, P.D./ Nasr, N.I. (1998):* Customer lifetime value: Marketing models and applications, Journal of Interactive Marketing, 12. Jg., 1998, S. 17-30.

*Berger, P.D./ Weinberg, B. (2003):* Customer lifetime value determination and strategic implications for a cruise-ship company, Journal of Database Marketing & Customer Strategy Management, 11. Jg., 2003, S. 40-52.
*Blattberg, R.C./ Deighton, J. (1996):* Manage Marketing by the Customer Equity Test, Harvard Business Review, 74. Jg., 1996, S. 136-144.
*Blattberg, R.C./ Getz, G./ Thomas, J.S. (2001):* Customer Equity: Building and Managing Relationships as Valuable Assets, Boston 2001.
*Böhrs, S. (2004):* Customer Value Management, Mannheim 2001.
*Bruhn, M. (2001):* Relationship Marketing: Das Management von Kundenbeziehungen, München 2001.
*Bruhn, M./ Georgi, D. (2005):* Wirtschaftlichkeit des Kundenbindungsmanagements, in Bruhn, M./ Homburg, C. (Hrsg.): Handbuch Kundenbindungsmanagement, 5. Aufl., Wiesbaden 2005, S. 589-620.
*Bruhn, M. et al. (2000):* Wertorientiertes Relationship Management: Vom Kundenwert zum Customer Lifetime Value, in: Die Unternehmung, 54. Jg., 2000, S. 167-187.
*Bult, J.R./ Wansbeek, T.J. (1995):* Optimal selection for direct mail, Marketing Science, 14. Jg., 1995, S. 378-394.
*Calciu, M./ Salerno, F. (2002):* Customer Value Modelling: Synthesis and Extension Proposals, Journal of Targeting, Measurement and Analysis for Marketing, 11. Jg., 2002, S. 124-147.
*Churchill, G.A., Jr./ Surprenant, C. (1982):* An Investigation into the Determinants of Customer Satisfaction, Journal of Marketing Research, 19. Jg., 1982, S. 491-504.
*Cornelsen, J. (2000):* Kundenwertanalysen im Beziehungsmarketing, Gesellschaft für Innovatives Marketing, Nürnberg 2000.
*Dittrich, S./ Reinecke, S. (2001):* Analyse und Kontrolle der Kundenbindung, in: Reinecke, S., Tomczak, T./ Geis, G. (Hrsg.): Handbuch Marketingcontrolling, Frankfurt 2001, S. 258-291.
*Dwyer, F.R. (1997):* Customer Lifetime Valuation to Support Marketing Decision Making, Journal of Direct Marketing, 11. Jg., 1997, S. 6-13.
*Eberling, G. (2002):* Kundenwertmanagement, Wiesbaden 2002.
*Eggert, A. (2006):* Die zwei Perspektiven des Kundenwerts: Darstellung und Versuch einer Integration, in: Günter, B./ Helm, S. (Hrsg.): Kundenwert: Grundlagen, Innovative Konzepte, Praktische Umsetzungen, 3. Aufl., Wiesbaden 2006, S. 41-59.
*Eggert, A./ Ulaga, W. (2002):* Customer Perceived Value: A Substitute for Satisfaction in Business Markets?, in: Journal of Business and Industrial Marketing, 17. Jg., 2002, S. 107-118.
*Fader, P.S./ Hardie, B.G.S./ Lee, K.L. (2005):* RFM and CLV: Using Iso-Value Curves for Customer Base Analysis, in: Journal of Marketing Research, 42. Jg., 2005, S. 415-430.
*Fischer, T.M./ Schmöller, P. (2006):* Kundenwert als Entscheidungskalkül für die Beendigung von Kundenbeziehungen, in: Günter, B./ Helm, S. (Hrsg.): Kundenwert: Grundlagen, Innovative Konzepte, Praktische Umsetzungen, 3. Aufl., Wiesbaden 2006, S. 483-507.
*Gelbrich, K./ Müller, S. (2006):* Kundenwert: Hintergrund, Konzeptualisierung und Messmethoden, in: Schweickart, N./ Töpfer, A. (Hrsg.): Wertorientiertes Management: Werterhaltung – Wertsteuerung – Wertsteigerung ganzheitlich gestalten, Berlin/ Heidelberg 2006, S. 449-487.

*Gelbrich, K./ Wünschmann, S. (2006):* Mehrdimensionaler Kundenwert als Entscheidungskriterium für die Akquisition von Kunden: Dargestellt am Beispiel der Automobilindustrie, in: Günter, B./ Helm, S. (Hrsg.): Kundenwert: Grundlagen, Innovative Konzepte, Praktische Umsetzungen, 3. Aufl., Wiesbaden 2006, S. 583-606.

*Giering, A. (2000):* Der Zusammenhang zwischen Kundenzufriedenheit und Kundenloyalität: Eine Untersuchung moderierender Effekte, Wiesbaden 2000.

*Gronau, R. (1972):* The Intrafamily Allocation of Time: The Value of the Housewife's Time, in: American Economic Review, 63. Jg., 1972, S. 634-651.

*Grönroos, C. (1997):* Value-driven relational marketing: from products to resources and competencies, in: Journal of Marketing Management, 13. Jg., 1997, S. 407-419.

*Grosse-Oetringhaus, W.F. (1994):* Value Marketing – Steigerung des Geschäftserfolgs durch Erhöhung von Kundenwerten, in: Tomczak, T./ Belz, C. (Hrsg.): Kundennähe realisieren, St. Gallen 1994, S. 55-79.

*Günther, T. (1997):* Unternehmenswertorientiertes Controlling, München 1997.

*Gupta, A./ Lehmann, D.R. (2003):* Customers as Assets, Journal of Interactive Marketing, 17. Jg., 2003, S. 9-24.

*Gutman, J. (1982):* A Means-End Chain Model Based on Consumer Categorization Processes, Journal of Marketing, 46. Jg., 1982, S. 60-72.

*Haag, J. (1992):* Kundendeckungsbeitragsrechnungen – Ein Prüfstein des Key-Account-Managements, in: Die Betriebswirtschaft, Heft 52, S. 25-39.

*Hansotia, B. (2004):* Company activities for managing customer equity, Journal of Database Marketing & Customer Strategy Management, 11. Jg., 2004, S. 319-332.

*Holland, H. (2004):* Direktmarketing, 2. Aufl., München 2004.

*Homburg, C./ Schnurr, P. (1998):* Kundenwert als Instrument der Wertorientierten Unternehmensführung, in Bruhn, M., Lusti, M./ Müller, W.R./ Schierenbeck, H./ Studer, T. (Hrsg.): Wertorientierte Unternehmensführung, Wiesbaden 1998, S. 169-189.

*Hooley, G.J./ Saunders, J. (1993):* Competitive Positioning: The Key to Marketing Strategy, New York, NY 1993.

*Hughes, A.M. (1991):* The complete database marketer: tapping your customer base to maximize sales and increase profits, Chicago 1991.

*Hughes, A.M. (2005):* Strategic Database Marketing, New York 2005.

*Hummel, S./ Männel, W. (1990):* Kostenrechnung, 4. Aufl., Wiesbaden 1990.

*Hunt, K.H. (1977):* CS/D – Overview and Future Research Directions, in: Hunt, K. H. (Hrsg.): Conceptualization and Measurement of Customer Satisfaction and Dissatisfaction, Cambridge, MA (Marketing Science Institute), S. 455-488.

*Jackson, B.B. (1985):* Winning and Keeping Industrial Customers: The Dynamics of Customer Relationships, Lexington, MA 1985.

*Kestnbaum, R.D. (1992):* Quantitative Database Methods, in Nash, E.L. (Hrsg.): The Direct Marketing Handbook, 2. Aufl., New York (McGraw-Hill), S. 588-597.

*Kiener, J. (1980):* Marketing-Controlling, Darmstadt 1980.

*Kleinaltenkamp, M./ Dahlke, B. (2006):* Der Wert des Kunden als Informant – auf dem Weg zu einem "knowledge based customer value", in: Günter, B./ Helm, S. (Hrsg.): Kundenwert: Grundlagen, Innovative Konzepte, Praktische Umsetzungen, 3. Aufl., Wiesbaden 2006, S. 217-240.

*Kohavi, R./ Parekh, R. (2004):* Visualizing RFM Segmentation, 2004 SIAM International Conference on Data Mining, Lake Buena Vista, FL (Society for Industrial and Applied Mathematics).

*Köhler, R. (1992):* Kundenerfolgsrechnung, in: Diller, H. (Hrsg.): Vahlens Großes Marketinglexikon, München 1992, Sp. 586-587.

*Köhler, R. (1998):* Kundenorientiertes Rechnungswesen als Voraussetzung des Kundenbindungsmanagements, in Bruhn, M./ Homburg, C. (Hrsg.): Handbuch Kundenbindungsmanagement, Wiesbaden 1998, S. 415-444.

*Köhler, R. (2005):* Kundenorientiertes Rechnungswesen als Voraussetzung des Kundenbindungsmanagements, in: Bruhn, M./ Homburg, C. (Hrsg.): Handbuch Kundenbindungsmanagement, 5. Aufl., Wiesbaden 2005, S. 401-433.

*Kotler, P. (1994):* Marketing Management, 8. Aufl., Englewood Cliffs, NJ 1994.

*Kotler, P./ Bliemel, F.W. (1999):* Marketing-Management: Analyse, Planung, Umsetzung und Steuerung, 9. Aufl., Stuttgart 1999.

*Kotler, P./ Bliemel, F.W. (2001):* Marketing-Management: Analyse, Planung und Verwirklichung, 10. Aufl., Stuttgart 2001.

*Krafft, M. (2002):* Kundenbindung und Kundenwert, Heidelberg 2002.

*Krafft, M./ Albers, S. (2000):* Ansätze zur Segmentierung von Kunden: Wie geeignet sind herkömmliche Konzepte?, in: Zeitschrift für betriebswirtschaftliche Forschung, Nr. 52, S. 515-536.

*Kuß, A. (2003):* Subjektive Preiskalküle und Nutzenpreise, in: Diller, H./ Herrmann, A. (Hrsg.): Handbuch Preispolitik, Wiesbaden 2003, S. 285-302.

*Lai, A.W. (1995):* Consumer values, product benefits and customer value: A consumption behavior approach, Advances in Consumer Research, 22. Jg., 1995, S. 381-388.

*Leuthold, J. (1981):* Taxation and the Consumption of Household Time, Journal of Consumer Research, 7. Jg., 1981, S. 388-394.

*Link, J./ Hildebrand, V.G. (1997):* Ausgewählte Konzepte der Kundenbewertung in Rahmen des Database Marketing, in: Link, J./ Brändli, D./ Schleuning, C./ Kehl, R.E. (Hrsg.): Handbuch Database Marketing, Ettlingen 1997, S. 158-173.

*Link, J./ Hildebrandt, V. (1993):* Database Marketing und Computer Aided Selling: Strategische Wettbewerbsvorteile durch neue informationstechnologische Systemkonzeptionen, München 1993.

*Malthouse, E.C./ Blattberg, R.C. (2005):* Can We Predict Customer Lifetime Value?, Journal of Interactive Marketing, Heft 19, 2005, S. 2-16.

*Miglautsch, J.R. (2002):* Application of RFM principles: What to do with 1-1-1 customers?, Journal of Database Marketing, Heft 9, 2002, S. 319-324.

*Moser, H. (1963):* Wilhelm Vershofens Beitrag zu einer Theorie des Verbraucherverhaltens, Berlin 1963.

*Müller, S./ Gelbrich, K. (2001):* Customer Lifetime Value als Entscheidungskriterium für die Akquisition von Kunden: Dargestellt am Beispiel der Automobilindustrie, in: Günter, B./ Helm, S. (Hrsg.): Kundenwert: Grundlagen, Innovative Konzepte, Praktische Umsetzungen, Wiesbaden 2001, S. 517-540.

*Naumann, E. (1995):* Creating Customer Value: The Path to Sustainable Competitive Advantage, Cincinnati, Ohio 1995.

*Oliver, R.L. (1980):* A Cognitive Model of the Antecedents and Consequences of Satisfaction Decisions, Journal of Marketing Research, 17. Jg, 1980, S. 460-469.

*Oliver, R.L. (1993):* Cognitive, Affective, and Attribute Bases of the Satisfaction Response, Journal of Consumer Research, 20. Jg., 1993, S. 418-30.

*Palloks, M. (1998):* Controlling langfristiger Geschäftsbeziehungen: Konzeption eines kennzahlengestützten Kundenbindungsmanagement im modernen Beziehungsmarketing, in Lachnit, L./ Lange, C./ Palloks, M. (Hrsg.): Zukunftsfähiges Controlling - Konzeptionen, Umsetzungen, Praxiserfahrungen, München 1998, S. 245-274.

*Payne, A./ Holt, S. (2001):* Diagnosing Customer Value: Integrating the Value Process and Relationship Marketing, British Journal of Management, 12. Jg., 2001, S. 159-182.

*Plinke, W. (1989):* Die Geschäftsbeziehung als Investition, in: Specht, G./ Silberer, G./ Engelhardt, W.H. (Hrsg.): Marketing-Schnittstellen: Herausforderungen für das Management, Stuttgart 1989, S. 305-326.

*Plinke, W. (2000):* Grundlagen des Marktprozesses, in: Kleinaltenkamp, M./ Plinke, W. (Hrsg.): Technischer Vertrieb: Grundlagen des Business-to-Business Marketing, Berlin 2000, S. 3-100.

*Reckenfelderbäumer, M./ Welling, M. (2006):* Der Beitrag einer relativen Einzel- und Prozesskosten- und Deckungsbeitragsrechnung zur Ermittlung von Kundenwerten – konzeptionelle Überlegungen und Gestaltungsempfehlungen, in: Günter, B./ Helm, S. (Hrsg.): Kundenwert: Grundlagen, Innovative Konzepte, Praktische Umsetzungen, 3. Aufl., Wiesbaden 2006, S. 335-368.

*Reichheld, F.F. (1996):* Learning from Customer Defections, Harvard Business Review, 74. Jg., 1996, S. 56-68.

*Reinartz, W.J./ Kumar, V. (2000):* On the Profitability of Long-Life Customers in a Noncontractual Setting: An Empirical Investigation and Implications for Marketing, Journal of Marketing, 64. Jg., 2000, S. 17-35.

*Reinecke, S. (2001):* Marketingkennzahlensysteme: Notwendigkeit, Gütekriterien und Konstruktionsprinzipien, in: Reinecke, S./ Tomczak, T./ Geis, G. (Hrsg.): Handbuch Marketingcontrolling, Frankfurt 2001, S. 690-719.

*Reinecke, S. (2004):* Marketingcontrolling – Sicherstellen von Effektivität und Effizienz einer marktorientierten Unternehmensführung, Fachkonferenz Marketing-Controlling, Wiesbaden 2004.

*Riebel, P. (1985):* Einzelkosten- und Deckungsbeitragsrechnung, 5. Aufl., Wiesbaden 1985.

*Riebel, P. (1994):* Einzelkosten- und Deckungsbeitragsrechnung, 7. Aufl., Wiesbaden 1994.

*Rieker, S.A. (1995):* Bedeutende Kunden, Wiesbaden 1995.

*Rudolf-Sipötz, E. (2001):* Kundenwert: Konzeption – Determinanten – Management, Bamberg 2001.

*Rust, R.T./ Lemon, K.N./ Zeithaml, V.A. (2004):* Return on Marketing: Using Customer Equity to Focus Marketing Strategy, Journal of Marketing, 68. Jg., 2004, S. 109-127.

*Rust, R.T./ Oliver, R.L. (1994):* Service Quality: Insights and Managerial Implications from the Frontier, in: Rust, R.T./ Oliver, R.L. (Hrsg.): Service Quality: New Directions in Theory and Practice, Thousand Oaks, CA (Sage), S. 1-19.

*Schirmeister, R./ Kreuz, C. (2006):* Der investitionsrechnerische Kundenwert, in: Günter, B./ Helm, S. (Hrsg.): Kundenwert: Grundlagen, Innovative Konzepte, Praktische Umsetzungen, 3. Aufl., Wiesbaden 2006, S. 311-333.

*Schmittlein, D.C., Morrison, D.G./ Colombo, R. (1987):* Counting Your Customers: Who Are They and What Will They Do Next?, Management Science, 33. Jg., 1987, S. 1-24.

*Schmittlein, D.C./ Peterson, R.A. (1994):* Customer Base Analysis: An Industrial Purchase Process Application, Marketing Science, 13. Jg., 1994, S. 41-67.

*Schulz, B. (1995):* Kundenpotentialanalyse im Kundenstamm von Unternehmen, Frankfurt 1995.

*Sheth, J.N./ Sisodia, R.S. (2002):* Marketing Productivity: Issues and Analysis, Journal of Business Research, 55. Jg., 2002, S. 349-362.
*Shih, Y.-Y./ Liu, C.-Y. (2003):* A method for customer lifetime value ranking – Combining the analytic hierarchy process and clustering analysis, Journal of Database Marketing & Customer Strategy Management, 11. Jg., 2003, S. 159-172.
*Simms, J. (2002):* Judging the lifetime value of customers, in: Marketing, 2002, S. 27-29.
*Sinha, I./ DeSarbo, W.S. (1998):* An integrated approach toward the spatial modeling of perceived customer value, Journal of Marketing Research, 35. Jg., 1998, S. 236-249.
*Stauss, B./ Friege, C. (2006):* Kundenwertorientiertes Rückgewinnungsmanagement, in: Günter, B./ Helm, S. (Hrsg.): Kundenwert: Grundlagen, Innovative Konzepte, Praktische Umsetzungen, 3. Aufl., Wiesbaden 2006, S. 509-530.
*Stone, B. (1995):* Successful Direct Marketing Methods, Lincolnwood, IL 1995.
*Sweeney, J.C./ Soutar, G.N. (2001):* Customer Perceived Value: The Development of a Multiple Item Scale, Journal of Retailing, 77. Jg., 2001, S. 203-220.
*Sweeney, J.C./ Soutar, G.N./ Johnson, L.W. (1999):* The Role of Perceived Risk in the Quality-Value Relationship: A Study in a Retail Environment, Journal of Retailing, 75, 77-105.
*Tewes, M. (2003):* Der Kundenwert im Marketing, Wiesbaden 2003.
*Tomczak, T./ Rudolf-Sipötz, E. (2006):* Bestimmungsfaktoren des Kundenwertes: Ergebnisse einer branchenübergreifenden Studie, in: Günter, B./ Helm, S. (Hrsg.): Kundenwert: Grundlagen, Innovative Konzepte, Praktische Umsetzungen, 3. Aufl., Wiesbaden 2006, S. 127-155.
*Töpfer, A. (2007):* Six Sigma als Projektmanagement für höhere Kundenzufriedenheit und bessere Unternehmensergebnisse, in: Töpfer, A. (Hrsg.): Six Sigma – Konzeption und Erfolgsbeispiele für praktizierte Null-Fehler-Qualität, 4. Aufl., Berlin/ Heidelberg 2007, S. 45-99.
*Töpfer, A./ Wieder, M. (1999):* Effiziente Kundenbindungsprogramme, in: Töpfer, A. (Hrsg.): Kundenzufriedenheit messen und steigern, 2. Aufl., Neuwied 1999, S. 225-265.
*Vershofen, W. (1940):* Handbuch der Verbrauchsforschung, Band 1: Grundlegung, Berlin 1940.
*Wachter, N. (2006):* Kundenwert aus Kundensicht: Eine empirische Analyse des Kundennutzens aus Sicht der Privat- und Geschäftskunden in der Automobilindustrie, Wiesbaden 2006.
*Weber, J./ Schäffer, U. (2000):* Marketing-Controlling in Theorie und Praxis, Kostenrechnungspraxis, Heft 44, S. 5-14.
*Wimmer, F. (1975):* Das Qualitätsurteil des Konsumenten, Frankfurt 1975.
*Woodall, T. (2003):* Conceptualising 'Value for the Customer': An Attributional, Structural and Dispositional Analyses, Academy of Marketing Science Review, 2003, 1-32.
*Woodruff, R.B./ Gardial, S.F. (1996):* Know Your Customer: New Approaches to Understanding Customer Value and Satisfaction, Malden 1996.
*Yi, Y. (1990):* A Critical Review of Customer Satisfaction, in: Zeithaml, V.A. (Hrsg.): Review of Marketing, Chicago 1990, S. 68-123.
*Zehbold, C. (1996):* Lebenszykluskostenrechnung, Wiesbaden 1996.

# Einsatz von Kunden-Fokusgruppen

– Welchen Beitrag leisten Kunden-Fokusgruppen
zur Präzisierung der Kundenanforderungen und zur Entwicklung
kundenspezifischer Produkte? –

Armin Töpfer, Steffen Silbermann

Inhalt

1   Stellung der Fokusgruppen in der Marketingforschung ............................ 267
2   Vorbereitung und Durchführung von Fokusgruppen ................................ 272
3   Auswertung der Daten von Fokusgruppen ................................................ 277
4   Literatur .................................................................................................... 278

## 1 Stellung der Fokusgruppen in der Marketingforschung

Weite Teile der Marketingforschung haben das Ziel, gewonnene Erkenntnisse auf aussagekräftige Zahlen zu stützen. Dabei werden verschiedene Methoden der quantitativen Forschung eingesetzt. Hierzu gehören z.B. schriftliche Befragungen, Telefoninterviews und standardisierte mündliche Befragungen (vgl. Homburg/ Krohmer 2003, S. 194 ff.). Dennoch stehen das Marketing und die Marktforschung häufig vor Fragestellungen, bei denen ein tieferes Verständnis über Wirkungszusammenhänge gewonnen werden soll (vgl. Calder 1977, S. 353). Hier kommen die Methoden der qualitativen Marktforschung zum Einsatz. Ihr Ziel ist es, psychologische und soziologische Zusammenhänge aufzuzeigen, zu beschreiben und zu erklären. Nach Kepper können sie in 5 Aufgabenfeldern eingesetzt werden (vgl. Kepper 1996, S. 140 ff.):

- Bei geringem Kenntnisstand über das Untersuchungsobjekt dienen qualitative Methoden zur **Strukturierung** des Untersuchungsfeldes. Mit ihnen können relevante Einflussfaktoren identifiziert und bedeutsame Untersuchungsdimensionen erfasst werden.
- Aufgrund der Stimulation zu kreativen Prozessen können qualitative Marktforschungsmethoden auch für die **Ideengenerierung** eingesetzt werden. Ihr Erfolg kann durch die zusätzliche Integration von verschiedenen Kreativitätstechniken noch erhöht werden.
- Ein weiteres Anwendungsfeld für qualitative Methoden ist die Bewertung und Grobauswahl von verschiedenen Alternativen. Dabei kann dieses **Screening** sowohl für konkrete Objekte als auch für Ideen und Konzepte erfolgen.

- Sollen Phänomene im Rahmen einer **Ursachenforschung** erklärt werden, kommen ebenfalls Methoden der qualitativen Marktforschung zum Einsatz. Von besonderer Bedeutung ist hier die kommunikative Untersuchungssituation, welche ein Nachvollziehen und die Interpretation des Gesagten aus Sicht der Befragten ermöglicht.
- Eine **qualitative Prognose** wird durchgeführt, wenn aufgrund von fehlendem Zahlenmaterial eine quantitative Prognose nicht möglich ist, wenn der Untersuchungsgegenstand zahlenmäßig nicht erfasst werden kann (und soll) und wenn eine quantitative Prognose unverhältnismäßig hohe Kosten verursachen würde.

Für die qualitative Forschung stehen heute eine ganze Reihe verschiedener Untersuchungsmethoden zur Verfügung von Tiefeninterviews über verschiedene Formen der Gruppendiskussion bis hin zu projektiven und assoziativen Verfahren sowie Methoden der Feldforschung (vgl. Kepper 2000, S. 165 ff.). Durch die Kombination verschiedener methodischer Ansätze sticht dabei ein Verfahren besonders hervor: die Fokusgruppen-Methode als strukturierte Gruppendiskussion.

Sie beinhaltet sowohl Elemente des fokussierten Interviews, bei dem das Gespräch durch die vorausgehende Präsentation von geeigneten Stimuli auf ein bestimmtes Thema gelenkt bzw. fokussiert wird, als auch Elemente der Gruppendiskussion, bei der eine kleine Gruppe von nach spezifischen Kriterien ausgewählten Personen unter der Leitung eines Moderators eine vorgegebene Thematik diskutiert (vgl. Dürrenberger 1999, S. 3). Eine Fokusgruppenanalyse ist demnach eine geleitete Gruppendiskussion, die auf ein spezifisches Thema ausgerichtet ist. Um es noch einmal zu betonen: Bei den folgenden Ausführungen stehen ausschließlich kundenbezogene Anwendungen in Unternehmen im Vordergrund und z.B. keine allgemeinen soziologischen oder psychologischen Analysen.

Im Vergleich zu schriftlichen oder mündlichen Befragungen weist der Einsatz von Kunden-Fokusgruppen insbesondere dann Vorteile auf, wenn es weniger darum geht, die auf die Kunden bezogene Datenbasis zu verbessern. Im Vordergrund steht vielmehr die Verbreiterung und Vertiefung des Wissens über die Kunden, also die Entdeckung und Erarbeitung von **Customer Insights**. Aus diesen lassen sich inhaltlich punktgenaue und zeitlich gut terminierte Aktionen ableiten, die dann aufgrund der erreichten Stimmigkeit zwischen den Anforderungen der Kunden und den Angeboten des Unternehmens auch zu einem deutlich höheren und besseren **Response** führen. Hierdurch lassen sich der **Share of Voice**, also der Anteil erreichter Zielgruppenkontakte, der **Share of Mind**, also die Einstellung zu den Produkten des eigenen Unternehmens, sowie der **Share of Wallet**, also der Anteil der Bedarfsdeckung in einem Bereich durch die Produkte des eigenen Unternehmens, erhöhen (siehe hierzu im Detail Unterkapitel 3.1 des Artikels über Erfolgsfaktoren, Stolpersteine und Entwicklungsstufen des CRM in diesem Buch). Dieser Wirkungsmechanismus ist in Abbildung 1 dargestellt (vgl. Michel 2003, S. 6). Im Zeitablauf kommt es dadurch zu einem kontinuierlichen Wechsel von quantitativen und qualitativen Analysen. Durch den Einsatz von Kunden-Fokusgruppen sollen viele dieser Informationen über die Einstellungen, das Verhalten und Handeln der Kunden bereits im Vorfeld herausgearbeitet und berücksichtigt werden, um so die Fehlerrate, also letztlich die Flopprate im Unternehmen deutlich zu reduzieren.

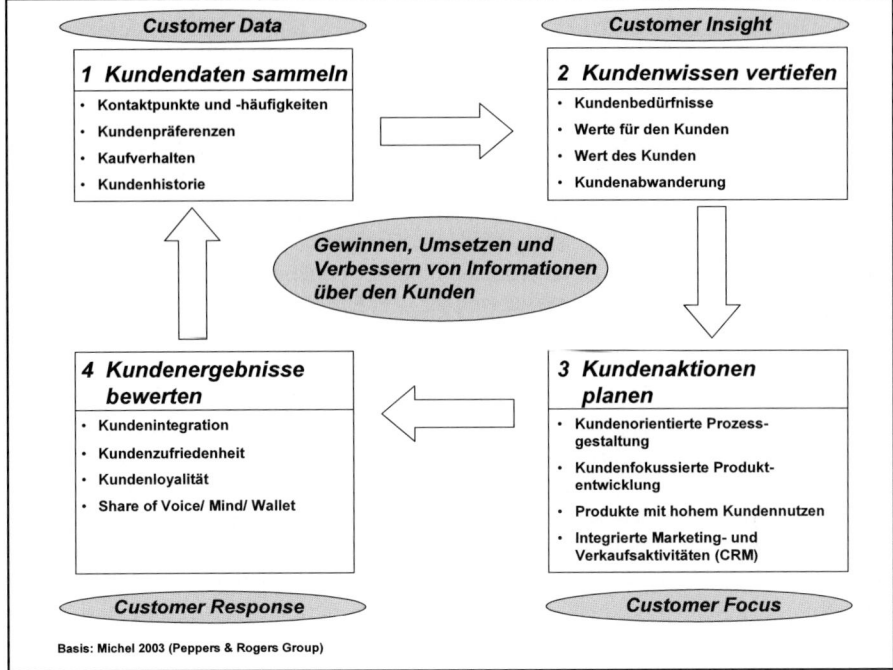

**Abb. 1:** Steuerung des kundenbezogenen Analyse- und Handlungsprozesses

Obwohl in der Literatur unterschiedliche Ansätze für Fokusgruppen diskutiert werden, enthalten sie meist folgende gleiche Kernelemente (vgl. Dürrenberger 1999, S. 5; Greenbaum 1998, S. 3; Vaughn/ Schumm/ Sinagub 1996, S. 5):

- Die Gruppe setzt sich aus Personen der anvisierten Zielgruppe zusammen, deren Einstellungen und Vorstellungen wichtig sind, um ein spezifisches Problem/ eine ausgewählte Thematik zu untersuchen/ zu erschließen.
- Die Gruppengröße liegt zwischen 4 und 12 Mitgliedern, die bezogen auf festgelegte Eigenschaften homogen sind. In der Praxis wird häufig noch zwischen Voll-Gruppen, die zwischen 8 und 12 Teilnehmer haben, und Mini-Gruppen, mit 4 bis 6 Teilnehmern, unterschieden.
- Ein trainierter Moderator schafft mit vorbereiteten Fragen und einem geeigneten Stimulus (z.B. einem Einführungsvortrag oder einer Konzept- bzw. Produktpräsentation) die Voraussetzung für die Gruppendiskussion und motiviert die Gruppenmitglieder zu einer aktiven Teilnahme.
- Das Ziel ist es, Einstellungen, Gefühle, Vorstellungen und Ideen der Teilnehmer zu einem bestimmten Themengebiet zu erfahren und aufzunehmen.

- Fokusgruppen erzeugen dabei aber keine quantitativen Daten, die auf größere Bevölkerungsgruppen übertragen werden können.

Der Einsatz und die Verbreitung von Fokusgruppen in Deutschland sind bisher im Vergleich zu anderen Marktforschungsmethoden relativ gering. Anders sieht dies vor allem in den USA aus. Dort werden pro Jahr mehr als 110.000 Anwendungen durchgeführt (vgl. Lamnek 2005, S. 18).

Aus der speziellen Konfiguration der Fokusgruppen ergibt sich eine ganze Reihe von Vorteilen gegenüber anderen Befragungsmethoden (vgl. Fern 1982, S. 2; Hansen 2000, S. 7; Scholl 2003, S. 122 f.; Stewart/ Shamdasani 1990, S. 16). Fokusgruppen bieten eine Möglichkeit, sehr schnell und kostengünstig Informationen von den Befragten zu erhalten. Der Informationsgehalt ist dabei im Vergleich zu Einzelinterviews höher, da sich die Teilnehmer gegenseitig anregen und zusätzliche nonverbale Reaktionen erfasst werden können. Außerdem kann der Moderator (oder anwesende Forscher) gezielt nachfragen, um hintergründige Zusammenhänge besser zu erfassen. Für spätere Marketing-Aktivitäten ist es ebenfalls wichtig, in den Fokusgruppen Originalkommentare der Zielgruppe zu erhalten und auf diesem Weg die Werbung besser adressieren zu können. Von Bedeutung ist auch, dass Fokusgruppen sehr flexibel und für unterschiedliche Themen bei nahezu allen Zielgruppen eingesetzt werden können. So sind Fokusgruppen beispielsweise auch für die Befragung von Kindern zu adäquaten Themen einsetzbar.

Die Vorteile von Fokusgruppen gegenüber dem persönlichen Interview fasst Hess dabei in folgender Form zusammen (Hess 1968, S. 51 ff.):

- **Synergie**: Eine Vielzahl an Daten und Informationen entstehen durch die Interaktion der Gruppenmitglieder untereinander.
- **Schneeball**: Häufig verursacht eine Aussage eines Gruppenmitgliedes eine Kette von Reaktionen anderer Teilnehmer.
- **Stimulation**: Die Situation der Gruppendiskussion sorgt für Erregung und bietet zusätzliche Reize.
- **Sicherheit**: Durch positives Feedback der Gruppenteilnehmer werden eher schüchterne Teilnehmer motiviert.
- **Spontaneität**: Da nicht jeder Teilnehmer auf alle Fragen antworten muss, sind die gegebenen Äußerungen eher spontan und authentisch.

Allerdings sind Fokusgruppen auch Einschränkungen unterworfen, die bei der Interpretation der Ergebnisse zu berücksichtigen sind (vgl. Günter 1998, S. 194 ff.; Mangold 1960, S. 15 ff.; Scholl 2003, S. 122 f.; Stewart/ Shamdasani 1990, S. 16 f.). Insbesondere durch die geringe Anzahl der Befragten sind die Ergebnisse nicht generalisierbar und auf eine größere Gruppe übertragbar. Sie sind dadurch nicht repräsentativ. Wenn die Gruppen mit einem großen Homogenitätsgrad zusammengesetzt werden, dann sind die Ergebnisse allerdings i.d.R. typisch für diese Zielgruppe. Neben der zahlenmäßigen Repräsentativität kann auch die inhaltliche Repräsentativität leiden. Denn innerhalb der Gruppe können die Ergebnisse durch besonders dominante Gruppenmitglieder sowie durch beabsichtigte oder unbeabsichtigte Hinweise des Moderators verfälscht werden. Obwohl die vordergründigen Resultate vergleichsweise einfach erfasst und ausgewertet werden können, ist eine Interpretation des Einflusses der Gruppendynamik und der nonverbalen Verhaltensweisen aufwändig und stellt hohe Anforderungen an die – insbesondere psychologische – Ausbildung der Analytiker.

Aufgrund der guten Anwendbarkeit der Methode auf verschiedene Fragestellungen sind die Anwendungsgebiete der Fokusgruppen kaum begrenzt. Besonders häufig wird die Methode dabei im Marketing in folgenden konkreten Anwendungssituationen eingesetzt (vgl. Fill 2001, S. 209; Füller/ Mühlbacher/ Rieder 2003, S. 37 f.; Greenbaum 1998, S. 9 ff.):

- **Ideengenerierung**: Zur Generierung von Neuproduktideen können Kunden in Fokusgruppen aufgefordert werden, über (Alltags-)Aufgaben zu sprechen, bei denen für sie Probleme bestehen, oder über bisher unerfüllte Bedürfnisse bzw. Anforderungen zu berichten, die sie bei einer Produktkategorie haben.
- **Neuproduktentwicklung**: Werden Neuprodukt-Konzepte und Prototypen einer Gruppe potenzieller Kunden vorgestellt, können auf der Basis ihrer Reaktion Stärken und Schwächen identifiziert werden.
- **Positionierung**: Mit Hilfe von Fokusgruppen können bei der Strategieentwicklung effiziente Wege ermittelt werden, um im Rahmen von anschließenden Marketingmaßnahmen die Zielgruppenansprache bei neuen Produkten oder Serviceleistungen wirkungsvoll zu gestalten.
- **Gebrauch und Nutzung**: Durch Fokusgruppen können originäre Informationen darüber gewonnen werden, wie verschiedene Produkte und Dienstleistungen im Alltag eingesetzt werden.
- **Verpackung**: Soll die Verpackung eines Produktes verändert werden, so kann durch Fokusgruppen frühzeitig die Reaktion der Zielgruppe auf die neue Gestaltung getestet werden.
- **Einstellung**: Häufig kommen Fokusgruppen auch zur Anwendung, um zu ermitteln, wie die Zielgruppe gegenüber bestimmten Themen oder Produkten eingestellt ist.
- **Werbung/ Copytest**: Fokusgruppen können ebenfalls zur Überprüfung der Effektivität von Werbebotschaften und einzelnen Werbespots eingesetzt werden. Dies ist sowohl vor der Veröffentlichung der Werbung, z.B. auf Basis eines Storyboards oder in der Layoutphase, möglich als auch zur Beurteilung einer aktiven Werbekampagne.
- **Promotion**: Wie bei der Werbung können Fokusgruppen auch bei der Entwicklung und Beurteilung von Verkaufsförderungsmaßnahmen zum Einsatz kommen.
- **Mitarbeitermotivation**: Intern können Fokusgruppen eingesetzt werden, um die Einstellung von Mitarbeitern gegenüber ihrem Unternehmen zu ermitteln und bestehende Probleme zu identifizieren.

In Abbildung 2 sind beispielhafte Einsatzmöglichkeiten von Fokusgruppen im Rahmen der Neuproduktentwicklung einer Dienstleistung aufgeführt. Es zeigt sich auch hier, dass Fokusgruppen sowohl begleitend zum gesamten Prozess der Konzeptionierung des Neuproduktes und der Werbung eingesetzt werden können als auch nach dem Produktlaunch zur Überprüfung der zielgruppenorientierten Ausgestaltung des Produkts und der erfolgreichen werblichen Positionierung. Wesentlich für den Erfolg dieses Prozesses ist dabei ein hohes Maß an Ergebnisoffenheit. Dies bedeutet, dass – trotz fehlender hoher Repräsentativität – die von den Kunden in den Fokusgruppen gemachten Aussagen und Bewertungen als aussagefähig akzeptiert werden und auch die Bereitschaft besteht, Neuproduktkonzepte in jeder Phase der Produktentwicklung zu stoppen, wenn mehrere Kunden-Fokusgruppen einen zu geringen Kundennutzen und -wert belegen.

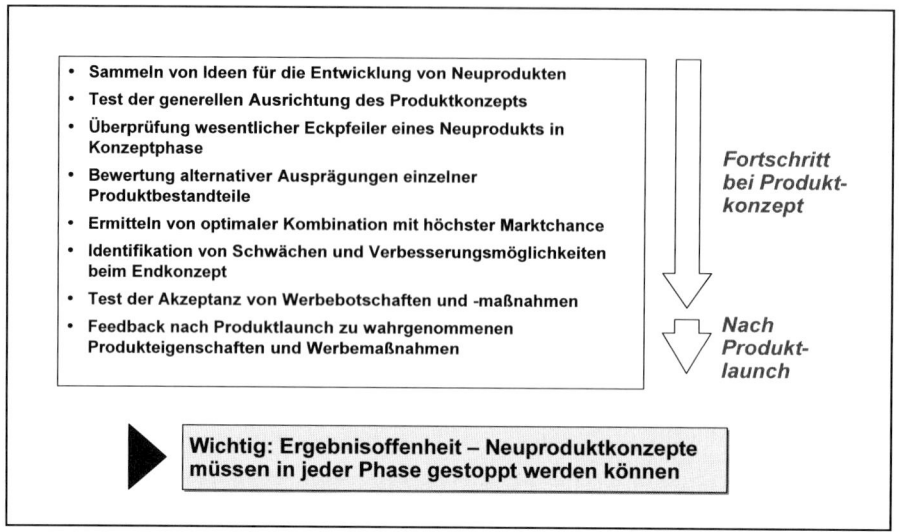

**Abb. 2:** Einsatzmöglichkeiten von Kunden-Fokusgruppen bei der Neuproduktentwicklung

## 2 Vorbereitung und Durchführung von Fokusgruppen

Über den Erfolg einer Fokusgruppe wird meist schon im Vorfeld der eigentlichen Untersuchung entschieden. Werden wichtige Randbedingungen bei der Vorbereitung nicht beachtet oder die falschen Fragen gestellt, können häufig keine verwertbaren Ergebnisse aus den Fokusgruppen gewonnen werden.

In einem 1. Schritt ist bei der Vorbereitung einer Fokusgruppenuntersuchung der Gegenstand der spezifischen Marktforschung klar zu bestimmen und auszuformulieren. Hierbei ist es hilfreich herauszuarbeiten, welchen inhaltlichen Gegenstand die Untersuchung hat und welche Fragestellungen nicht zu untersuchen sind.

Der nächste Schritt besteht darin, einen geeigneten Moderator für die Untersuchung auszuwählen. Grundsätzlich kann die Moderation dabei von einem Mitglied des Marktforschungsteams des Unternehmens übernommen werden oder von einem externen Moderator. Im 1. Fall ist sichergestellt, dass der Moderator über ausreichend Kenntnisse über den Untersuchungsgegenstand verfügt, um die Diskussion zielführend zu leiten. Im 2. Fall kann von einem hohen **Grad an Methodenkompetenz und Neutralität** ausgegangen werden, so dass die Ergebnisse nicht – weder bewusst noch unbewusst – in eine bestimmte Richtung gelenkt werden. In jedem Fall muss der Moderator aber über eine ganze Reihe von Fähigkeiten und Eigenschaften verfügen, wie sie in Abbildung 3 dargestellt sind (vgl. Langer 1978, S. 10 f.). In die weitere Vorbereitung der Fokusgruppen sollte der Moderator aktiv mit eingebunden werden, um sicherzustellen, dass er ausreichende Kenntnisse vom Forschungsgegenstand hat.

---

*Ein guter Moderator*

- ist interessiert und kann zuhören
- hat Kenntnisse über das zu untersuchende Thema
- erscheint aber nicht allwissend und schüchtert die Teilnehmer nicht ein
- kontrolliert die Gruppe, aber bleibt freundlich und zugänglich
- ist ergebnisorientiert und verhindert zu weites Abschweifen vom Thema
- unterstützt mehr, als dass er führt
- kann auf die Gefühle und Anliegen der Teilnehmer eingehen
- kann seinen persönlichen Einfluss auf die Gruppe einschätzen und kontrollieren
- kann schnell weiterführende Fragen formulieren
- erinnert sich an die Aussagen der Teilnehmer und kann sie mit zukünftigen Beiträgen verbinden
- fördert und motiviert schüchterne und weniger aktive Teilnehmer und verhindert die Dominanz einzelner
- ist den Teilnehmern verpflichtet und folgt nicht stur seinem Moderator-Leitfaden
- ist sehr flexibel und kann auf neue Entwicklungen kurz vor oder während der Veranstaltung reagieren
- kann die Ergebnisse der Fokusgruppe gut schriftlich wiedergeben und interpretieren

Basis: Langer 1978, S. 10 f.

---

**Abb. 3:** Eigenschaften und Fähigkeiten eines guten Moderators

In der nächsten Phase des Prozesses sind einige **methodische Entscheidungen** zu treffen. So muss die Anzahl der durchzuführenden Fokusgruppen festgelegt werden. Sie hängt wesentlich vom verfolgten Ziel der Marktforschung und von der angesprochenen Zielgruppe ab. Je konkreter das Forschungsziel ist, desto mehr Untersuchungen sollten durchgeführt werden, da die Fokusgruppen hier einen quasi-experimentellen Status haben und die konkreten Ergebnisse dann eher repräsentativ sind. Soll hingegen ein thematischer Bereich durch explorative Studien zunächst nur strukturiert werden, sind nur wenige Gruppen erforderlich (vgl. Scholl 2003, S. 119).

Ebenso wichtig ist die Struktur der Zielgruppe. Sie kann bei den für die Forschungsfrage wichtigen Kriterien eher homogen oder heterogen sein. Bei einer homogenen Zielgruppe verfügen die Teilnehmer z.B. über eine hohe Ähnlichkeit bezogen auf die soziale Position, den Beruf oder das Alter. In diesem Fall sind weniger Fokusgruppen notwendig als bei einer heterogenen Zielgruppe. Als Faustregel gilt, dass je Segment bzw. Aspekt der Fragestellung 2 Gruppen durchgeführt werden sollten. In einem alternativen Ansatz können die Gruppen allerdings auch bewusst heterogen zusammengesetzt werden, da so unterschiedliche Perspektiven in die Diskussion einfließen (vgl. Pepels 1996, S. 215; Vaughn/ Schumm/ Sinagub 1996, S. 60 ff.).

Einen Sonderfall stellen Fokusgruppen mit Mitarbeitern des eigenen Vertriebs dar. Diese Fokusgruppen können nicht nur die spezifischen Interessen und die Anforderungen des Vertriebs an ein Produkt transparent machen, sondern auch ein tieferes Verständnis für die Anforderungen der Kunden liefern, da die Außendienstmitarbeiter häufig in engem Kontakt mit den Endkunden stehen.

Wie eingangs gezeigt, liegt die Gruppengröße in der Regel zwischen 4 und 12 Teilnehmern. Dabei ist zu beachten, dass in kleineren Gruppen meist nicht so intensiv diskutiert wird. In größeren Gruppen ist die Diskussion dagegen schwerer zu führen und ruhigere Teilnehmer kommen häufig nicht zu Wort.

Nachdem diese methodischen Fragen geklärt sind, ist ein Moderator-Leitfaden zu entwickeln. Er gibt die gesamte Struktur der Veranstaltung wieder und enthält typischer Weise 6 Bereiche (vgl. Greenbaum 1998, S. 37 ff.; Vaughn/ Schumm/ Sinagub 1996, S. 41 ff.; Stewart/ Shamdasani 1990, S. 60 ff.):

- Bei der **Einführung** werden die Teilnehmer nach der Begrüßung durch den Moderator über die Zielsetzung und den Ablauf der Veranstaltung informiert. Wichtig ist dabei, wesentliche „Spielregeln" herauszustellen, beispielsweise dass sich die Teilnehmern gegenseitig ausreden lassen, es keine falschen Antworten geben kann und niemand persönlich angegriffen wird.
- In der Phase des **Warming-up** können sich die Teilnehmer kurz vorstellen, so dass die Stimmung etwas aufgelockert und das „Eis" gebrochen wird. Hiermit können auch erste leichte Einstiegsfragen verbunden werden, mit denen gleichzeitig die Einstellung der Teilnehmer abgefragt werden kann – und zwar bevor sie durch den folgenden Stimulus beeinflusst werden. Auf Basis dieser Erkenntnisse wird die spätere Auswertung deutlich aussagefähiger.
- Die Präsentation des Stimulus erfolgt in der **Input-Phase**. Abhängig von der Fragestellung können hier beispielsweise erste Produktkonzepte, Prototypen oder geplante Werbemaßnahmen vorgestellt werden. Wichtig ist dabei, dass relevante Fachbegriffe erläutert und Verständnisfragen beantwortet werden.
- Der entscheidende Teil ist die **Diskussionsphase**. Hier müssen für den Moderator-Leitfaden aussagekräftige und verständliche Fragen formuliert werden. Dabei hängt der Detaillierungsgrad der Fragen sowohl von dem zu untersuchenden Sachverhalt, dem Vorwissen der Teilnehmer als auch von den Kenntnissen und Fähigkeiten des Moderators ab. Bei der Strukturierung und Formulierung der Fragen sollten 2 grundsätzliche Prinzipien beachtet werden, die allerdings nicht immer überschneidungsfrei sind: Zunächst sollten die Fragen vom Allgemeinen zum Speziellen geordnet sein. Allgemeine Fragen zur Produktkategorie finden sich so z.B. vor speziellen Fragen zu einzelnen Produktbestandteilen. Außerdem sollten die Fragen nach ihrer – vorab definierten – Wichtigkeit geordnet sein, also die wichtigsten zuerst, da häufig mit der Zeit die Intensität der Diskussion abnimmt (vgl. Stewart/ Shamdasani 1990, S. 61 f.). Durch die An-

zahl und Art der Fragen kann bestimmt werden, wie stark die Diskussionsphase strukturiert wird. Dabei kann bei einer geringeren Strukturierung umfänglicher diskutiert werden, was i.d.R. jedoch trotz der reduzierten Struktur mehr Zeit in Anspruch nimmt.
- Beim **Abbinden** werden die Diskussionsschwerpunkte vom Moderator zusammengefasst und nicht besprochene Punkte benannt. Hier haben die Teilnehmer die Möglichkeit, Ergänzungen und abschließende Beurteilungen vorzunehmen. Zusätzlich kann der Moderator abfragen, wie die Atmosphäre und die Offenheit der Diskussion von den Teilnehmern eingeschätzt werden.
- Den **Abschluss** bildet eine zusammenfassende Bewertung des Untersuchungsgegenstandes durch die Teilnehmer. Bei Neuprodukten kann hier beispielsweise nach dem persönlichen Interesse und der Kaufbereitschaft für das Produkt gefragt werden. Eine noch aussagefähigere Beurteilung erhält man i.d.R. auf die Frage, ob die Teilnehmer das Produkt an Freunde und Bekannte weiterempfehlen würden. Zusätzlich sollten die Teilnehmer die Möglichkeit erhalten, weitere, bisher noch nicht angesprochene Aspekte auszuführen und zu diskutieren. Dies kann auch in einem weniger formalen Rahmen – z.B. bei einem Imbiss – erfolgen.

Die **Aufzeichnung** der in der Fokusgruppe gewonnenen Informationen kann grundsätzlich auf 3 verschiedenen Wegen erfolgen (vgl. Dürrenberger et al. 1997, S. 13 ff.):

- Häufig wird die Diskussion per **Mikrofon und Videokamera** mitgeschnitten. Dies ermöglicht eine vollständige Erfassung der Redebeiträge und der nonverbalen Reaktionen. Die Mitschnitte können später betroffenen Unternehmensbereichen zur Verfügung gestellt oder als Input für weitere Fokusgruppen genutzt werden. Allerdings führt die Aufzeichnung der Beiträge häufig zu einer Stresssituation bei den Teilnehmern und verfälscht so die Ergebnisse der Untersuchung.
- Um einen solchen negativen Einfluss zu vermeiden, kann die Diskussion auch von einem oder mehreren **Protokollanten** in ihren wesentlichen Teilen und Ergebnissen schriftlich erfasst werden. Für die spätere Auswertung kann es dabei erforderlich sein, auch emotionale Aspekte der Beiträge zu erfassen (z.B. Sarkasmus, Ärger etc.).
- In seltenen Fällen ist es ausreichend, nach Abschluss der Diskussion ein **Gedächtnisprotokoll** mit den wesentlichsten Kernaussagen zu verfassen.
- Um einen besseren Transfer der Ergebnisse einer Fokusgruppe in die verschiedenen Unternehmensbereiche zu erreichen, sollten die wichtigsten Statements der Teilnehmer als Originalzitate festgehalten und kommuniziert werden. Eine noch höhere Authentizität bei der Ergebnisvermittlung wird erzeugt, wenn Mitarbeiter aus verschiedenen Funktionen an der Fokusgruppe als **Beobachter** teilnehmen. Sie sind damit in der Funktion eines Beobachters **erkennbar**. So ist es oftmals zweckmäßig, dass Mitarbeiter des Werbe- und Marketingbereichs Diskussionen über Werbespots des Unternehmens authentisch miterleben oder Vertriebsmitarbeiter originäre Meinungen über den Kundenservice hören. Ge-

rade auch Produktentwickler erhalten einen wichtigen Input für die weitere Neuproduktgestaltung durch direkte Informationen über die Anforderungen und Critical to Quality Characteristics (CTQs) wichtiger Zielgruppenmitglieder.
- Die 2. Form der **Beobachtung** ist **verdeckt**. Sie empfiehlt sich dann, wenn die erkennbare Präsenz von Beobachtern den Diskussionsprozess der Teilnehmer beeinträchtigen würde. Dies ist beispielsweise bei einer Diskussionsrunde mit Kindern der Fall oder bei einem Thema von emotionaler Brisanz. Die Beobachter sitzen dann meist separat oder hinter einem Einweg-Spiegel, so dass die Beobachtung nicht wahrgenommen wird.
- Der Aussagegehalt einer Fokusgruppe kann erhöht werden, wenn zusätzlich zur offenen Diskussion auch **strukturierte Elemente** eingesetzt werden. Dies können beispielsweise Fragebögen, die von den Teilnehmern auszufüllen sind, oder große Bewertungstafeln mit vorbereiteten Fragen sein, auf denen die Teilnehmer ihre Antwort „punkten". Werden diese strukturierten Abfragen so gestaltet, dass die Antworten der einzelnen Teilnehmer nochvollziehbar sind, können bei der späteren Auswertung die Spezifika einzelner Teilnehmer berücksichtigt werden. Ist ein Teilnehmer z.B. der Produktkategorie eines zur Diskussion gestellten Neuproduktes gegenüber generell negativ eingestellt, so wird sich sein Antwortverhalten deutlich von dem eines Anhängers der Produktkategorie unterscheiden. Um eine vertrauensvolle Atmosphäre zu schaffen, sollte den Teilnehmern in jedem Fall mitgeteilt werden, in welcher Form die Aufzeichnungen erfolgen und wofür sie später verwendet werden. Anforderungen des personenbezogenen Datenschutzes sind dabei zu erfüllen.

Im **typischen Phasenverlauf** einer Fokusgruppe ändert sich im Zeitverlauf sowohl die Einstellung der Teilnehmer als auch die Aufgabe des Moderators (vgl. Franzen 2004; Loos/ Schäffer 2001, S. 55 ff.; Scholl 2003, S. 120 f.):

- Die 1. Phase der **Fremdheit** ist dadurch gekennzeichnet, dass sich die Teilnehmer untereinander noch nicht kennen und die Situation für sie ungewohnt ist. Daher werden sie sich nur zurückhaltend und gemäß der sozialen Erwünschtheit äußern. Hier muss der Moderator ermutigen und unterstützen, jedoch ohne ein Zwiegespräch in Form eines Frage-Antwort-Spiels mit den Teilnehmern zu führen.
- In der Phase der **Orientierung** suchen die Teilnehmer nach Gemeinsamkeiten in der Gruppe und definieren ihre eigene Rolle. Die Beiträge werden in dieser Phase offener und detaillierter. Der Moderator sollte durch Nachfragen – z.B. nach produktbezogenen Erfahrungen und typischen Anwendungssituationen – zur Generierung von Erzählungen und Beschreibungen motivieren.
- In der Phase der **Vertrautheit** entspannt sich für die Teilnehmer die Atmosphäre – sie fühlen sich wohl. Durch den Abbau von Hemmungen können auch die Gefühle und Einstellungen der Teilnehmer erkannt werden. Aufgabe des Moderators ist es jetzt, die Diskussion durch Weiterfragen und das Einbringen neuer Themenaspekte in Gang zu halten, aber auch die Teilnehmer in einer hitzigen Diskussion vor persönlichen Angriffen zu schützen.

- In der letzten Phase, der **Konformität**, nehmen die Redebeiträge ab und die Teilnehmer tendieren zur Konsensbildung. Hier kann der Moderator versuchen, durch instrumentelle Naivität einen zu oberflächlichen Konsens aufzubrechen. Außerdem können bestehende Widersprüche thematisiert werden, um die Teilnehmer zu einer weiterführenden Diskussion zu veranlassen.

Bei der möglichst zeitnah stattfindenden Auswertung der Fokusgruppe können die Eindrücke des Moderator und der Beobachter erfasst und nötige Änderungen für folgende Fokusgruppen entwickelt werden.

## 3 Auswertung der Daten von Fokusgruppen

Für die Auswertung von Fokusgruppen werden in der Literatur – in Abhängigkeit vom verfolgten Untersuchungsziel – verschiedene Vorgehensweisen vorgeschlagen (vgl. Dammer/ Szymkowiak 1998, S. 123 ff.; Loos/ Schäffer 2001, S. 63 ff.; Stewart/ Shamdasani 1990, S. 112 ff.). Nachfolgend soll kurz der Ansatz von Vaughn, Schumm und Sinagub vorgestellt werden (vgl. Vaughn/ Schumm/ Sinagub 1996, S. 103 ff.):

- Zunächst werden die „**Großen Ideen**" der Fokusgruppe herausgearbeitet. Sie bilden den Rahmen für die nachfolgenden Untersuchungsschritte und stellen sicher, dass in den späteren Detailanalysen nicht der Überblick verloren geht und „der Wald vor lauter Bäumen" nicht gesehen wird.
- Im nächsten Schritt werden einzelne **Informationseinheiten** gebildet. Hierfür wird die Transkription nach für die Forschungsfrage relevanten Aussagen durchsucht. Sie werden markiert oder in den Computer übertragen. Wichtig ist hierbei, dass Originalzitate nach Möglichkeit erhalten bleiben.
- Im 3. Schritt werden die einzelnen Informationen unter **Kategorien** mit aussagekräftigen Titeln zusammengefasst. Ansatzpunkte für die Kategorien bieten die „Großen Ideen" aus dem 1. Schritt. Dabei werden für jede Kategorie Regeln formuliert, die festlegen, wann eine Information dieser Kategorie zuzuordnen ist.
- Werden die Ergebnisse einer Fokusgruppe von mehreren Analysten parallel ausgewertet, erfolgt im 4. Schritt der **Abgleich** ihre Ergebnisse. Ziel ist es, eine einheitliche Zuordnung zu erreichen. Werden mehrere Fokusgruppen zum gleichen Thema durchgeführt, sind in dieser Phase die Ergebnisse der Gruppen gegenüberzustellen, um auf diesem Weg übereinstimmende oder abweichende Aussagen zu identifizieren.
- Den Abschluss bilden die **Überprüfung der Kernaussagen** des 1. Schritts sowie die Entwicklung aussagefähiger theoretischer Zusammenhänge im Sinne vermuteter Beziehungen. Festgestellt wird hier, ob die „Großen Ideen" auch am Ende der Auswertung noch Bestand haben oder ob sie überarbeitet bzw. ergänzt werden müssen. Abhängig von der Forschungsfrage sind abschließend auf Basis der Ergebnisse der Untersuchung schlüssige theoretische Konzepte am besten in der Form von Ursachen-Wirkungs-Beziehungen zu entwickeln.

Sie helfen, die diskutierten Inhalte funktions- und verwendungsbezogen zu verdichten.

Werden bei der Auswertung zusätzlich die soziodemographischen Daten der Teilnehmer, ihre durch psychografische Kriterien erfasste Einstellung und ihre non-verbalen Reaktionen im Rahmen der Fokusgruppe berücksichtigt, steigt der Aussagegehalt der Analyse, da hierdurch bereits eine Reihe tiefenpsychologischer Aspekte einbezogen wird.

Bei der Beurteilung der Auswertungsergebnisse muss den oben genannten Einschränkungen des Verfahrens der Fokusgruppen Rechnung getragen werden. So sind ihre Ergebnisse meist nicht verallgemeinerbar und somit nicht repräsentativ. Allerdings können Fokusgruppen, wie verschiedene Untersuchungen belegen, allgemeine Trends in größeren sozialen Gruppen relativ gut widerspiegeln. So zeigt eine Studie von Ward et al., in der die Ergebnisse – bezogen auf den gleichen Untersuchungsgegenstand – von quantitativen Studien denen von Fokusgruppen gegenübergestellt werden, dass die untersuchten Verfahren bei fast 90% der Variablen zu vergleichbaren Resultaten kommen (vgl. Ward/ Bertrand/ Brown 1991, S. 282).

# 4 Literatur

*Calder, B.J. (1977):* Focus Groups and the Nature of Qualitative Marketing Research, in: Journal of Marketing Research, 14. Jg., 1977, S. 353-364.

*Dammer, I./ Szymkowiak, F. (1998):* Die Gruppendiskussion in der Marktforschung : Grundlagen – Moderation – Auswertung – ein Praxisleitfaden, Wiesbaden 1998.

*Dürrenberger, G. (1999):* Die Fokusgruppe in Theorie und Anwendung, Stuttgart 1999.

*Dürrenberger, G. et al. (1997):* Focus Groups in Integrated Assessment: A Manual for a participatory tool. ULYSSES Working Paper, WP-97-2, Center for Interdisciplinary Studies in Technology: Darmstadt University of Technology 1997.

*Fern, E.F. (1982):* The Use of Focus Groups for Idea Generation: The Effects of Size, Acquaintanceship and Moderator on Response Quantity and Quality, in: Journal of Marketing Research, 19. Jg., 1982, S. 1-13.

*Fill, C. (2001):* Marketingkommunikation – Konzepte und Strategien, München 2001.

*Franzen, O. (2004):* Innovative Werbeforschung, Abfrage vom 16.11.2007 unter www.konzept-und-markt.com/Docs/Vortrag_Werbeforschung_HfB_2004.pdf.

*Füller, J./ Mühlbacher, H./ Rieder, B. (2003):* An die Arbeit, lieber Kunde!, in: Havard Business Manager, August 2003, S. 36- 45.

*Greenbaum, T.L. (1998):* The Handbook for Focus Group Research, 2. Aufl., Thousand Oaks et al. 1998.

*Günter, B. (1998):* Qualitativ ausgerichtete Small-Sample-Marktforschung: Kundenkonferenzen als Beispiel für Customer Focus Groups im After-Sales-Marketing, in: Erichson, B./ Hildebrandt, L. (Hrsg.): Probleme und Trends in der Marketing-Forschung, Stuttgart 1998, S. 193-207.

*Hansen, M. (2000):* Kollaboratives Lernen in Fokusgruppen – Experimente der TA-Akademie zu Energiefragen, Stuttgart 2000.

*Hess, J.M. (1968):* Group Interviewing, in: King, R. L. (Hrsg.), New science of planning, Chicago 1968, S. 51-84.

*Homburg, C./ Krohmer, H. (2003):* Marketingmanagement: Strategien – Instrumente - Umsetzung – Unternehmensführung, Wiesbaden 2003.

*Kepper, G. (1996):* Qualitative Marktforschung, 2. Aufl., Wiesbaden 1996.

*Kepper, G. (2000):* Methoden der Qualitativen Marktforschung, in: Herrmann, A./ Homburg, C. (Hrsg.): Marktforschung: Methoden – Anwendungen – Praxisbeispiele, 2. Auf., Wiesbaden 2000, S. 159- 202.

*Lamnek, S. (2005):* Gruppendiskussion – Theorie und Praxis, 2. Aufl., Weinheim/ Basel 2005.

*Langer, J. (1978):* Clients: Check qualitative researcher's personal traits to get more; qualitative researchers: Enter entire marketing process to give more, in: Marketing News, September 1978, S. 10-11.

*Loos, P./ Schäffer, B. (2001):* Das Gruppendiskussionsverfahren: Theoretische Grundlagen und empirische Anwendung, Reihe: Qualitative Sozialforschung, Band 5, Opladen 2001.

*Mangold, W. (1960):* Gegenstand und Methoden des Gruppendiskussionsverfahrens, Frankfurt a. M. 1960.

*Michel, L. (2003):* Using Customer Insight to Build Competitive Advantage, Peppers & Rogers Group 2003.

*Pepels, W. (1996):* Marketing, München 1996.

*Scholl, A. (2003):* Die Befragung – Sozialwissenschaftliche Methode und kommunikationswissenschaftliche Anwendung, Konstanz 2003.

*Stewart, D.W./ Shamdasani, P.N. (1990):* Focus Groups – Theory and Practice, Newbury Park u.a. 1990.

*Vaughn, S./ Schumm, J.S./ Sinagub, J. (1996):* Focus Group Interviews in Education and Psychology, Thousand Oaks et al. 1996.

*Ward, V.M./ Bertrand, J.T./ Brown, L.F. (1991):* The Comparability of Focus Group an Survey Results: Three Case Studies, in: Evaluation Review, 15. Jg., S. 266-283.

# Risikominimierung durch Endkundenintegration in den Innovationsprozess bei Webasto

– Wie lässt sich durch Einbeziehung der Kunden das Scheitern neuer Produkte vermeiden? –

Alexander Lang

Inhalt

1 Die Ausgangssituation ist ernüchternd ............................................. 281
2 Endkundeninput ................................................................................ 283
3 Endkundenintegration ....................................................................... 285
4 Endkundeninteraktion ....................................................................... 289
5 Innovationsprozess ............................................................................ 292
6 Literatur ............................................................................................. 293

## 1 Die Ausgangssituation ist ernüchternd

Webasto, einer der weltweit führenden Automobilzulieferer im Bereich Dach- und Heizsysteme, erkennt die Endkunden als echte Entwicklungspartner vom einfachen Endkundeninput in Form klassischer Marktforschung, über die Integration in Form von Lead User-Workshops bis hin zu Interaktionen mit Endkunden auf Webseiten.

Weit über 50% aller **Produktinnovationen** enden als Flops (vgl. Cooper 1993). Auf der einen Seite ist diese Erkenntnis weder für Forscher noch für die betrieblichen F&E Abteilungen neu, auf der anderen Seite wird wenig unternommen, um die Floprate aus strategischer Sicht systematisch zu reduzieren. Eine Idee ist hier, Endkunden stärker in den Entwicklungsprozess zu integrieren. **Open Source** heißt das Stichwort, aber ist das so einfach?

Um sich dem Sachverhalt zu nähern und die Frage zu beantworten, ist es notwendig, die Problemstellung globaler zu betrachten und dann am konkreten Beispiel zu bewerten, bevor man allgemeingültige Aussagen treffen kann.

Wie viele andere deutsche Unternehmen, die in den letzten Jahren stark unter Kostendruck geraten sind und in einer Positionierung als **Innovationsführer** eine deutlich bessere Stellung auf dem Weltmarkt zu erreichen versuchen, sieht auch die Webasto AG einen deutlichen Wettbewerbsvorteil in der Entwicklung und Herstellung von sehr innovativen Produkten (vgl. Webasto AG 2005). Hierbei handelt es sich vor allem um Dach- und Thermosysteme für die Automobilindustrie. Hervorgehoben seien hier neben den etwa 50% Weltmarktanteil am klassischen Schiebedachgeschäft die Cabrioverdecksysteme des Smart, des Mini oder die Großdächer der E- und S-Klasse sowie die sehr traditionsreiche Standheizungssparte. Die Positionierung als Innovationsführer bringt jedoch sehr hohe Entwicklungskosten mit sich. So werden zwar in letzter Zeit deutliche Maßnahmen zur Senkung der F&E-Kosten durchgeführt, wobei sich der F&E-Anteil am Umsatz, wie in Abbildung 1 dargestellt, derzeit immer noch um 8% bewegt.

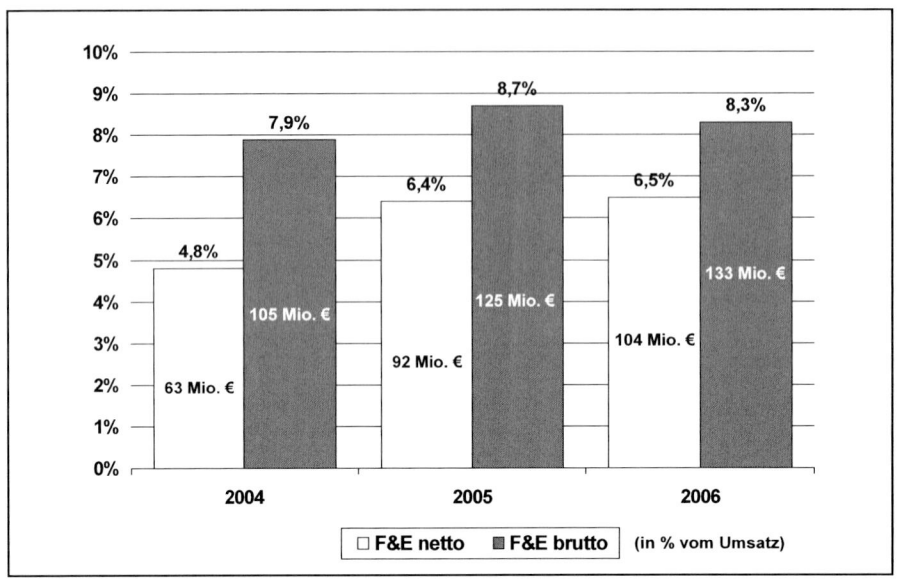

**Abb. 1:** Entwicklung der F&E-Kosten

Aber auch diese 8% vom Umsatz garantieren den Erfolg aller entwickelten Produkte nicht. So hat die Webasto AG, ebenso wie andere Firmen, erfolgreichere und weniger erfolgreiche Produkte. 2001 war das von Webasto entwickelte und produzierte Cabrioverdecksystem des Smarts Teil des damals meistverkauften Cabrios in Deutschland. Auf der anderen Seite könnte sich der Käufer eines Fiat Stilo für ein Lamellen-Glasdach analog der A-Klasse entscheiden, leider tut er das nicht sehr häufig. Woran mag das liegen?

Als Anbieter von vorwiegend Sonderausstattungen ist ein zentraler Punkt des Kaufprozesses beim Endkunden der **Trade-Off zwischen Preis und Mehrwert**, der sich über die endkundenrelevanten Produkteigenschaften definiert. Da der Preis relativ fix, und in jedem Fall vom Automobilhersteller bestimmt ist, kann sich das Produkt des klassischen Schiebedachs z.B. nur gegen die zunehmende Flut neuer Sonderausstattungen behaupten, wenn deren endkundenrelevante Eigenschaften den Preis rechtfertigen. Hierin liegt nun die Aufgabe. Die endkundenrelevanten Eigenschaften müssen definiert und die entsprechenden endkundenorientierten Produkte gemeinsam mit dem Automobilhersteller entwickelt werden. Bei der Bewältigung dieser Aufgabe fällt den Endkunden eine entscheidende Rolle zu. Hier gibt es ganz unterschiedliche Qualitäten der Zusammenarbeit zwischen den Endkunden und den betrieblichen Entwicklungsabteilungen (siehe Abb. 2).

Der traditionelle Fall ist die **klassische Marktforschung**. Der Endkunde gibt Input zu einem bestehenden Prototypen, einer Produkt-Idee oder einem Vorschlag, die alle bereits realisiert sind; es geht um das Bewerten und Beurteilen. Die 2. Stufe ist dann die **Endkundenintegration**. Hier wird gemeinsam mit Endkunden in Ideenworkshops über Bedürfnisse diskutiert und daraus werden neue Lösungskonzepte abgeleitet. In der 3. Stufe, der **Interaktion**, werden z.B. in virtuellen Communities neue Ideen kreiert oder technische Problemstellungen gelöst.

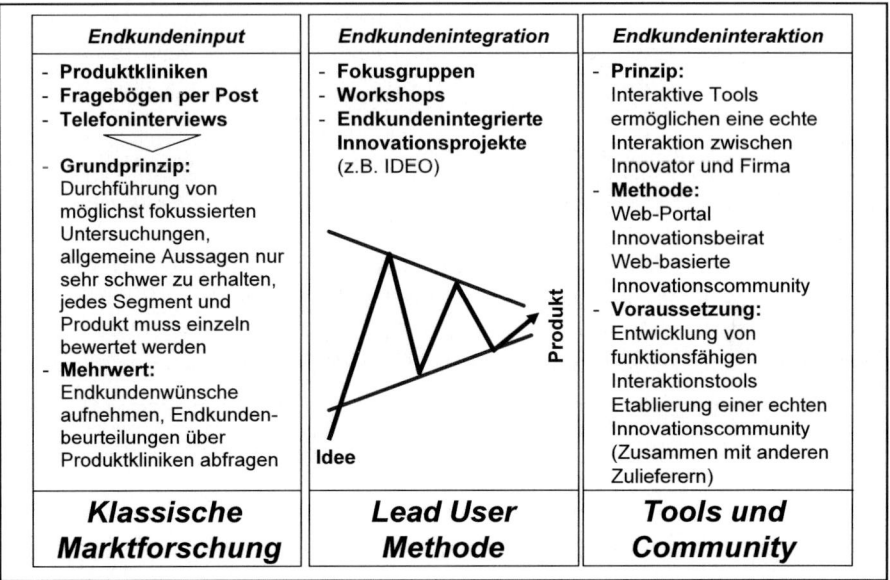

**Abb. 2:** Vom Endkundeninput zur Endkundeninteraktion

## 2 Endkundeninput

Um nicht ausschließlich auf die Rahmenbedingungen seitens der Hersteller angewiesen zu sein, führt die Webasto AG schon seit langem Marktforschungsmaßnahmen durch. Endkunden werden zu bestehenden Produktkonzepten befragt und ggf. werden Konzepte für Anpassungen formuliert. Diese klassischen Marktforschungsaktivitäten können, je nach verwendeter Methodik und zu Grunde liegender Fragestellung, in folgende Kategorien gegliedert werden:

In **Fokusgruppen** werden mit Endkunden Lösungsansätze diskutiert, telefonisch oder schriftlich werden Endkunden mit Hilfe von Fragebögen über neue Produktkonzepte oder Preisbereitschaften befragt oder in repräsentativen Face-to-

Face-Befragungen geben Endkunden über die Image- und Bekanntheitswerte der Marke Webasto Auskunft. Zudem werden regelmäßig Original Equipment (OE)-Händler besucht und verdeckte Testkäufe oder offizielle Händlerbefragungen durchgeführt. Einer der wichtigsten Bausteine im Bereich der klassischen Marktforschung sind die in regelmäßigen Abständen durchgeführten **Produktkliniken**. Hier werden bis zu 100 Testpersonen an Prototypen zu bestehenden Produktkonzepten befragt.

Seit der Einführung einer proprietären **Endkundendatenbank** auf Siebel-Basis bei der Webasto AG ist die Durchführung dieser Maßnahmen deutlich kostengünstiger und zeitlich flexibler möglich. Dabei haben wir, bis auf einige Spezialtätigkeiten, wie die Moderation von Fokusgruppen oder den Massenversand von Fragebögen, viele Projektaufgaben nach und nach wieder ins Haus zurückgeholt. Wir haben damit Know-how, das für das Unternehmen zukünftig noch wichtiger werden wird, ganz bewusst im Bereich Marketing aufgebaut und nicht zuletzt die Kosten externer Beratungsleistung dadurch deutlich reduzieren können. Derartige klassische Marktforschung ist nur sinnvoll, wenn mit Hilfe der Ergebnisse auch Produkteigenschaften verändert werden können. Die in Abbildung 3 schematisch dargestellte Wertschöpfungskette und die extrem langen Produktentwicklungszeiten in Kooperation mit den Automobilherstellern machen deutlich, dass der Eingriff oder die Anpassung auf bereits in Entwicklung befindliche Produkte kaum mehr realisierbar sind. So ist es durchaus auch möglich, dass am Ende Produkte mit nur sehr begrenztem Endkundennutzen entstehen können.

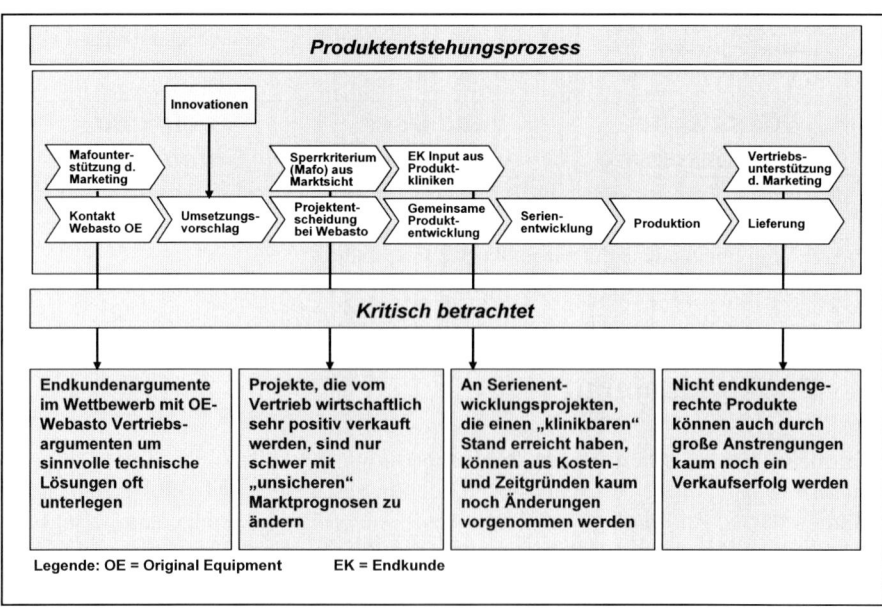

**Abb. 3:** Mögliche Probleme in der Prozesskette

Um hier den **Endkundenmehrwert** sicherstellen zu können, wurde der Endkundeninput vom Produktentwicklungsprozess in den Innovationsprozess vorverlegt. Produktkonzepte, die aufgrund von Endkundenbedürfnissen entstanden sind, haben eine deutlich niedrigere Flop-Rate als Konzepte, die von unternehmensinternen Entwicklern erarbeitet wurden.

## 3 Endkundenintegration

Es stellt sich nun die Frage, wie Endkunden sinnvolle neue Produktkonzepte generieren können und wie man derartige Endkunden findet. Das **Lead User-Konzept** und das nach der **Pyramiding-Methode** funktionierende Auswahlverfahren von Prof. Eric von Hippel (MIT Boston) (vgl. Hippel 1986, S. 791 ff.) sind nur bedingt anwendbar. Es sollen Endkunden, Lead User, außerhalb von Organisationen und sozialen Netzwerken gefunden werden, die heute schon die Bedürfnisse von morgen kennen und zusätzlich über Eigenschaften verfügen, die es ihnen möglich machen, ihre Bedürfnisse in Form von Produktkonzepten in geregelter Form an die Webasto Entwicklungsabteilung weitergeben zu können.

Dazu wurde in Kooperation mit dem Lehrstuhl für Information, Organisation und Management an der Technischen Universität München und dem Lehrstuhl für Psychologie an der Humboldt Universität Berlin eine Methode entwickelt, welche die Auswahl der geeigneten Lead User sicherstellt. Die Methode sollte universell einsetzbar sein, d.h. sie sollte helfen, Lead User für unterschiedliche Themenstellungen zu identifizieren, ohne dabei jedes Mal das Modell selbst anzupassen oder den gesamten Prozess des Pyramiding-Verfahrens durchlaufen zu müssen.

Das Instrument des Fragebogens bietet neben der maschinellen Auswertbarkeit den Vorteil relativ geringer Gesamtprojektkosten. Der Marketingaufwand, damit entsprechend viele Endkunden beispielsweise ein Innovations-Webportal besuchen, wie das Beispiel von BMW zeigt (vgl. Gilles 2006, S. 34), ist sowohl aus Kostengründen als auch wegen nicht kongruenter Zielgruppen (Web und Webasto) nicht praktikabel.

Kernstück bei der Entwicklung des Fragebogens ist die Überlegung, dass Lead User über verschiedene orthogonale und damit unabhängig messbare Charaktereigenschaften und Wissensumfänge verfügen. Das in Abbildung 4 dargestellte Konzept folgt theoretischen Überlegungen und gliedert die Eigenschaften der Lead User in 3 Dimensionen. Der erste Bereich, generelle Expertise in der Produktkategorie, gliedert sich dann wiederum in 4 Faktoren, die sich nun erneut in mehrere Indikatoren unterteilen. Jedem Faktor sind am Ende mehrere Fragen zugeordnet, die von Testpersonen zu beantworten sind.

So wurden im Herbst 2004 an 10.000 nach dem Schlüssel der PKW Zulassungsstatistiken und nach den Merkmalen Einkommen, Alter und Geschlecht quotierte Endkunden Fragebögen im südbayrischen Raum per Post versandt, von denen etwa 700 vollständig ausgefüllt zurückgesandt wurden.

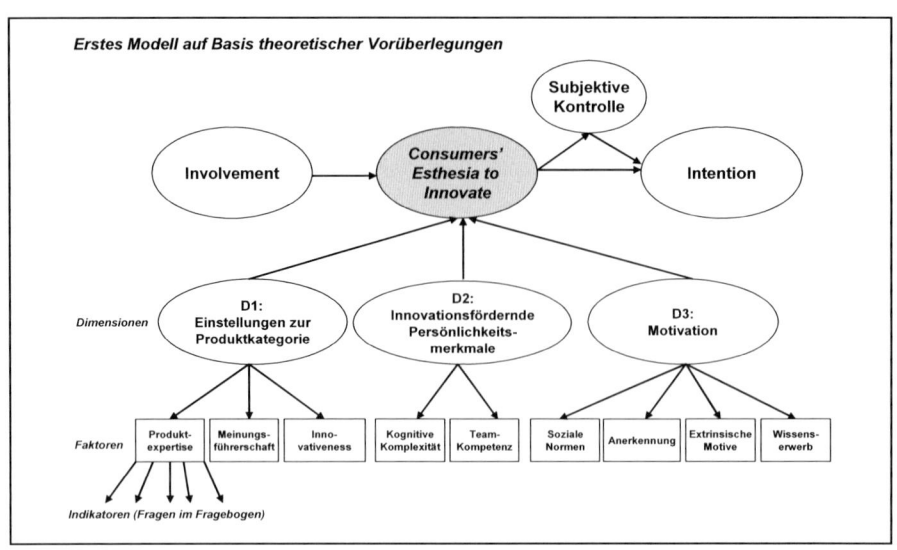

**Abb. 4:** Entwicklungsphasen des Konstruktes CE2I®

Mit Hilfe statistischer Verfahren ist es möglich, die **Signifikanz der Indikatoren** zu berechnen und so ein validiertes Modell zu erhalten (siehe Abb. 5). Dieses Modell (Customer Esthesia to Innovate, CE2I®) (vgl. Lang 2005) verfügt über eine deutlich verringerte Zahl von Faktoren und Indikatoren sowie über genau definierte Gewichtungen. Entscheidend ist hier, dass Eigenschaften wie spezielles Produktwissen der Testpersonen nicht qualifizieren, Lead User zu sein. Vielmehr sind Eigenschaften wie Helfer/ Wissenstransfer oder innovationsfördernde Persönlichkeitsmerkmale von entscheidender Bedeutung. Am Ende des Prozesses stehen 35 Fragen, mit deren Hilfe jedem Endkunden ein Wert zugeordnet wird, und so aus einer Gesamtheit ein relatives Ranking entsteht, an dessen Spitze die gesuchten Lead User stehen.

Aus den 700 Antwortbögen, die zuvor verwendet worden waren, um das Modell zu entwickeln, wurden nun die CE2I-Werte für die jeweiligen Endkunden berechnet und so die Teilnehmer entsprechend für die Workshops identifiziert.

Das Identifizieren der Lead User ist nur der Beginn eines Prozesses, der schließlich zur vermarktbaren Produktidee führt. Ziel ist es, mit ihrer Hilfe in strukturierten **Ideenworkshops** neue Produktideen zu generieren, diese zu priorisieren, um am Ende des Workshops 3 bis 5 ausgearbeitete und visualisierte Produktkonzepte vorliegen zu haben. Dabei ist die Struktur der Workshops von entscheidender Bedeutung. Eine beispielhafte Struktur für einen Ideenworkshop ist in Abbildung 6 dargestellt. Generell ist es nicht möglich, mit Endkunden, die über die oben beschriebene Methodik als Lead User qualifiziert wurden, Produktideen mit Hilfe derselben Tools zu entwickeln, die bei firmeninternen Ideenfindungsprozessen zum Einsatz kommen. Zum einen sind Methoden wie TRIZ oder der Morphologische Kasten zu komplex, um sie mit Endkunden durchzuführen, die bisher damit noch keine Berührungspunkte hatten; zum anderen steht der Zeitaufwand, um die Methodiken den Endkunden näher zu bringen, nicht im Verhältnis zum erzielten Ergebnis.

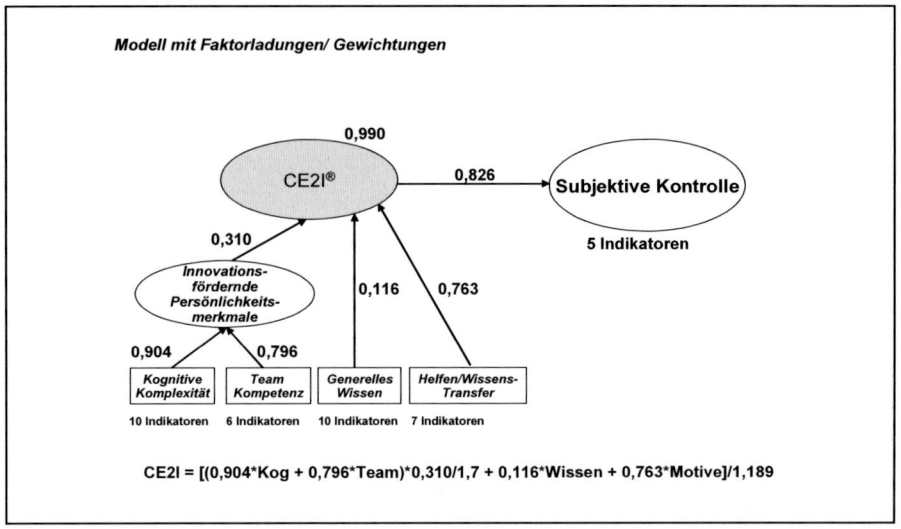

**Abb. 5:** Entwicklungsphasen des Konstruktes CE2I®

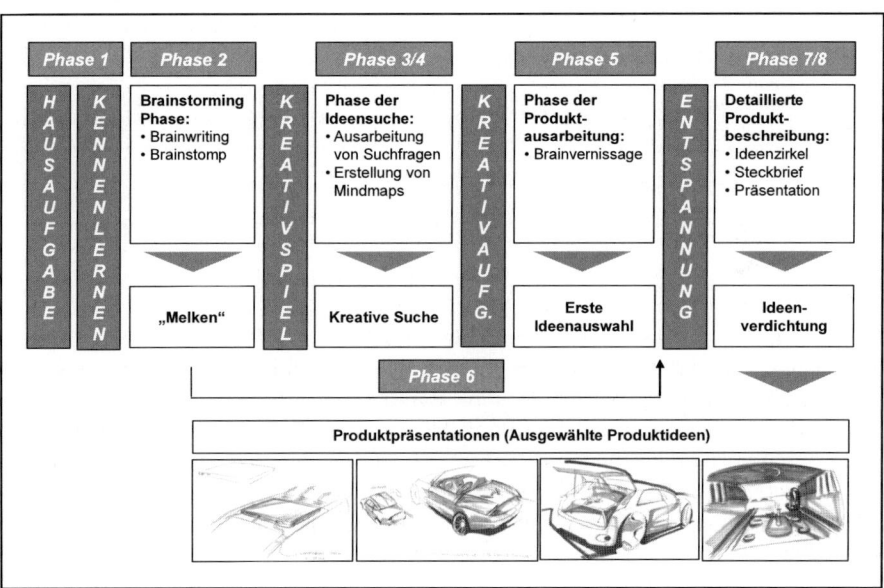

**Abb. 6:** Übersicht Durchführungskonzept

Es reduziert sich alles auf das Spannungsfeld zwischen Aufwand und Nutzen: Wie kompliziert muss die Methodik sein, um wirklich neue Ideen zu finden, und wie trivial muss sie sein, damit die Workshop-Teilnehmer die Methodik schnell begreifen, um in kurzer Zeit, ohne viel Übung, gute Ergebnisse erzielen zu können? Diese Fragestellung ist neben der Identifikation von besonders geeigneten Teilnehmern und dem nachfolgenden Ideenmanagement der 3. große Erfolgsfaktor für das Gelingen eines Lead User-Innovationsprojekts.

Viele Methoden stehen zur Auswahl, um aus latenten Kundenbedürfnissen visualisierte Produktkonzepte abzuleiten. Hier ist es sinnvoll, die Rahmenbedingungen zu analysieren und beispielsweise festzulegen, in welchem Detaillierungsgrad und in welcher Anzahl Produktkonzepte am Ende des Workshops vorliegen sollen. Jedes Projekt hat andere Rahmenbedingungen und daher auch eine andere Zusammensetzung von **Bewertungskriterien** für die anzuwendenden Kreativtechniken. Eine Auswahl ist in Abbildung 7 zusammengefasst.

*Parameterliste zur Evaluierung der einzelnen Methoden*

*Teilnehmer betreffende Aspekte:*
- Welche Art von Teilnehmer, Soziodemographische Merkmale
- Gruppenzusammensetzung
- Interessen der Teilnehmer
- Einstellung der Teilnehmer zum Thema
- Erfahrungen/ Vorabinformation der Teilnehmer
- Möglichkeiten der Gruppenkonflikte
- Erfahrungen/ Vorinformation der Teilnehmer zur Methode
- Bildungsniveau der Teilnehmer
- Altersstruktur der Teilnehmer

*Workshop-Thema betreffende Aspekte:*
- Thema Workshop
- Ziele Workshop
- Zeitpunkt der Workshops
- Zeitdauer des Workshops
- Medieneinsatz
- Ort und Raumfrage

**Abb. 7:** Modellmethoden zur Durchführung von Workshops

Die Ergebnisse der Workshops haben gezeigt, dass Methoden generell umso besser geeignet waren, je leichter verständlich sie für die Teilnehmer waren. Die Teilnehmer generieren erste Ideen in **Brainstormings** und **Brainwritings** und strukturieren diese dann mit Hilfe von **Mindmaps**. Kleine Teams, die einzelne Ideen aus dem so entstehenden Pool wieder entnehmen, setzen diese Einzelideen zu Konzepten zusammen und detaillieren sie dann nach vorgegebenen Kriterien wie Markteintrittsbarrieren, Kundennutzen, Endkundenverkaufspreise oder Marktpotenziale weiter.

Insgesamt ergeben sich folgende **Erkenntnisse** aus den Workshops:

- Die **Dauer** eines Lead User-Workshops sollte einen Tag nicht unterschreiten, aber auch nicht länger als 2 Tage sein, da sonst die Motivation der Teilnehmer stark abnimmt.
- Die **Teilnehmerzahl** kann durchaus 25 Personen betragen. Workshops mit ca. 10 Personen sind zwar leichter zu steuern, produzieren aber häufig eine geringere Anzahl an Ergebnissen.
- Ein professioneller **Moderator** ist extrem wichtig, da er die Gruppendynamik fördert und die Teilnehmer an die Situation mit mehr Einfühlungsvermögen heranführen kann. Hier haben wir sehr gute Erfahrungen mit einer externen Unterstützung gemacht. Das bloße verbale Erklären der Aufgaben reicht häufig nicht aus. Vielmehr sollten die Teilnehmer die gestellten Aufgaben spielerisch begreifen. Generell ist eine zu komplexe Methodik nicht sinnvoll, da die Teilnehmer zu lange benötigen, um die Funktionsweise zu verinnerlichen und es dabei leicht zu Frustration kommen kann.
- Ein weiterer Erfolgsfaktor ist in diesem Zusammenhang die möglichst frühe Ausrichtung der **Methodik** auf echte Produktideen bzw. Produktkonzepte. Eine zu lange und detaillierte Heranführung über die Logik (Bedürfnis, Funktion, Produkt) führt nicht zu den gewünschten Ergebnissen. Hier ist entscheidend, dass bereits in sehr frühen Phasen professionelle Designer in die Workshops integriert sind, um latente Ideen in den Köpfen der Endkunden gemeinsam zu visualisieren.

Die Bereitschaft der Workshop-Teilnehmer, sich bereits im Vorfeld mit dem Workshopthema zu beschäftigen, beispielsweise durch „Hausaufgaben" zu den Workshopthemen, ist generell erstaunlich groß. Auf diese Weise können vorab erste Ideen generiert werden, die dann zu Beginn eines Workshops in der Phase „Melken" bei den Teilnehmern abgerufen werden. In der ersten Phase der Ideenfindung sollten keine allzu hohen Erwartungen bezüglich revolutionärer Produktinnovationen gestellt werden, da meistens sehr viele Ideen formuliert werden, die aber sehr stark auf bereits bestehenden Konzepten basieren.

Entscheidend ist dann, die auf die 1. Phase folgende kreative Phase der Ideenfindung, denn hier werden die ersten wirklich neuen innovativen Ideen entwickelt. Kreative Übungen mit spielerischen Elementen erhöhen das Erfolgspotenzial gerade in dieser Phase immens, da verschiedene Sichtweisen auf neue Probleme eingenommen und so Probleme neu definiert werden können.

Schließlich sollten die vorliegenden Ideen mit Hilfe von einfachen und klar definierten Methoden bewertet und weitergeführt werden.

## 4 Endkundeninteraktion

Sicher ist es auf der einen Seite zeitaufwändig und auch kostenintensiv, mit Endkunden über Produktinnovationen zu diskutieren. Vergleicht man aber auf der anderen Seite die Kosten, die entstehen, wenn man ein halbtägiges internes Brainstorming mit 6 bis 8 Entwicklungsingenieuren durchführt, mit den Kosten eines Endkunden-Innovationsworkshops, für den die Endkunden ja außer einer Anfahrtsentschädigung keinerlei Entlohnung erhalten, und lediglich die Übernachtungskosten im Seminarhotel und die Kosten für einen externen Moderator entstehen, so sind die beiden Veranstaltungen durchaus vergleichbar.

Gerechtfertigt ist aber sicher die Kritik an dem großen zeitlichen Aufwand. Für jedes Thema müssen die Teilnehmer neu qualifiziert und eingeladen werden. Hier einen Mechanismus zu schaffen, der diese organisatorischen Probleme beseitigen würde, wäre enorm von Vorteil.

Aus diesem Grund haben wir uns entschieden, an einer **Automatisierung** des Prozesses zu arbeiten. Wir sind hier eine Kooperation mit dem MIT in Boston eingegangen, um innerhalb des Innovation Labs genau diese Fragestellung gemeinsam mit anderen Industrieunternehmen zu bearbeiten und uns gegenseitig über Erfolge und Misserfolge zu unterrichten sowie gemeinsam allgemeingültige Erfolgsfaktoren abzuleiten.

Die grundlegende Idee besteht nicht darin, eine neue **Entwickler-Community** aufzubauen, sondern auf bestehende Communities zurückzugreifen. Innerhalb eines existierenden Portals würde ein Link auf die Möglichkeit für Endkunden aufmerksam machen, am Innovationsprozess zu einem beliebigen Produkt beteiligt zu sein. Das Konzept sieht vor, dass nach dem Klick des Endkunden auf den Link, dieser sich in irgendeiner Weise identifizieren und sich ein Avatar generieren oder zuweisen lässt, um sich innerhalb der Community bewegen zu können.

Im Folgenden ist ein **Produktkeim** dargestellt, den die Entwickler dem Endkunden als Startpunkt vorgeben. Der Endkunde gelangt durch einen Klick auf den Keim in einen Veränderungsmodus, wo er Produkteigenschaften mit Hilfe eines Grafiktools verändern kann. Er kann außerdem das Produkt beschreiben und sein Avatar wird als „Erfinder" der Weiterentwicklung neben dieser angezeigt. Schematisch ist der Prozess in Abbildung 8 dargestellt.

Neben der grafischen und verbalen Weiterentwicklung des Keims, können Endkunden auch eigene Keime einstellen und so neue unabhängige **Entwicklungsnetze** entstehen lassen. Im Idealfall entsteht so ein undurchschaubares Netz von Weiterentwicklungen eines ersten Keims. Um ein Ordnungskriterium in das System zu integrieren, ist der Endkunde neben der Weiterentwicklung der Ideen auch in der Lage, Punkte für die einzelnen Ideen zu verteilen. So ist über eine Summierung der Punkte jederzeit die führende Idee abrufbar, was je nach Größe und Beschaffenheit der Community auch Aussagen über mögliche Marktpotenziale zulässt. Je mehr Punkte ein Erfinder für seine Idee erhält, desto größer wird seine Reputation innerhalb der Community. Neben der beschriebenen intrinsischen Motivation können ebenso Incentives für erhaltene Punkte – analog einem Miles & More Programm – verteilt werden.

Der große Vorteil dieses Konzepts liegt nicht nur in dem geringeren Aufwand gegenüber Lead User-Workshops, sondern auch in der Tatsache, dass Ideen über beliebig viele Stufen weiterentwickelt werden und gleichzeitig über die Vergabe von Punkten Abschätzungen über die entsprechenden Marktpotenziale durchgeführt werden können.

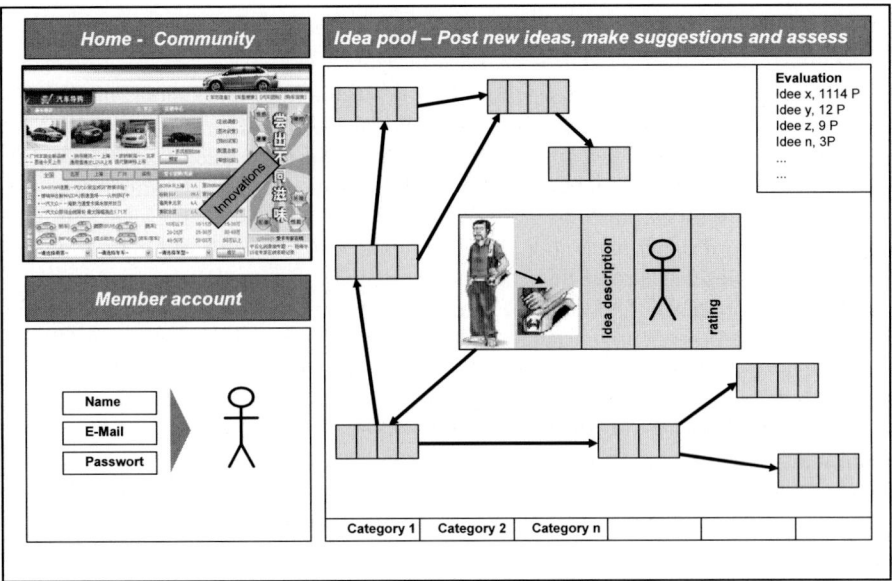

**Abb. 8:** Funktionsweise Community Tool

Ein weiterer Aspekt ist die **Überregionalität** und zugleich die **Regionalität** des Tools. Auf der einen Seite können Endkunden über die ganze Welt verteilt am selben überregionalen Thema arbeiten, wie z.B. dem Design der Coca Cola Flasche. Auf der anderen Seite können auch lokale Communities, z.B. in China mit Themen konfrontiert werden, um Produkte für diese speziellen Märkte zu entwickeln. Server und Administratoren könnten dennoch zentral in München oder dezentral strukturiert werden.

Viele Fragen sind hier noch offen. In Zusammenarbeit mit dem MIT in Boston werden derzeit die Grundlagen zur Umsetzung des Projekts erarbeitet. Fragen sind hier beispielsweise: Wie motiviert man die Endkunden, ihre Ideen in einer Community preiszugeben? Was sind die Erfolgsfaktoren beim Aufbau einer solchen Community? Wem gehören die Ideen und wie kann ich als Firma die Vorschläge unter rechtlichen Gesichtspunkten nutzen (**Intellectual Properties**)? Wie kann ausreichender Traffic auf einer entsprechenden Webseite generiert werden? Wie sieht eine benutzerfreundliche Oberfläche aus?

Einerseits scheint der Entwicklungsbedarf enorm. Andererseits gibt es mittlerweile, vor allem in Amerika, einige Beispiele von Firmen, die sich genau diese Mechanismen der Communities sehr erfolgreich zunutze gemacht haben. Nun gilt es, von diesen zu lernen, die Mechanismen der Communities zu transferieren und daraus einen Nutzen auch für die old „oily" Economy zu ziehen.

## 5 Innovationsprozess

Lead User zu identifizieren und Produktinnovationen in Workshops oder über Communities zu generieren, sind aber nur die ersten beiden Erfolgsfaktoren. Viele Produktideen, die in der Vergangenheit in Deutschland entstanden sind, wurden in anderen Ländern zum Markterfolg geführt. Dies hat vor allem 2 Gründe. Zum einen ist der deutsche Markt Innovationen gegenüber eher skeptisch eingestellt und Unternehmer sind daher auch eher zurückhaltend, was die Vermarktung vor allem radikal neuer Geschäfts- und Produktideen anbelangt. Zum anderen hat der generell prozessbezogen mit Defiziten zu kämpfende Mittelstand Probleme, über sichere Mechanismen die richtigen Produktideen mit geringem Risiko in vermarktbare Produkte zu überführen.

Drei Faktoren sind hier, der Regel folgend: „Innovation follows structure, follows strategy, follows culture", zu beachten. Zusätzlich existiert aber neben einer stimmige Innovationen fördernden **Kultur**, neben einer durchgängigen **Innovationsstrategie** und einem **konsistenten Innovationsprozess** noch ein 4. Faktor, der gerade im Bereich Prozessmanagement die Risiken deutlich reduziert. Ein Nutzen aus den in den Lead User-Workshops generierten und ausgearbeiteten Produktkonzepten entsteht erst, wenn die Konzepte in vermarktbare Produkte umgesetzt werden. Hier ist ein IT-basiertes **Ideenmanagementsystem**, mit Hilfe dessen die Ideen verwaltet, bewertet und bis zur Umsetzungsentscheidung weiter detailliert werden, ein entscheidender Erfolgsfaktor.

Sehr häufig sind in Lead User-Workshops generierte Ideen, nur erste Keimzellen für neue marktreife Produktkonzepte, die in Runden mit Webasto-Entwicklern erst zu harten, produzier- und vermarktbaren Konzepten weiterentwickelt werden. Hier ist die angesprochene Unterstützung durch ein IT-System extrem hilfreich. Beispielsweise zur Vorbereitung interner Workshops mit Produktentwicklern können vorhandene Ideen systematisch gesucht und damit beispielsweise kahle Besprechungsräume in wahre Kreativräume „umtapeziert" werden. So kann ein deutlich höherer **Innovationsoutput** sichergestellt, aber auch die Marktrelevanz positiv beeinflusst werden.

Ideen aus internen wie auch aus externen Quellen werden mit Hilfe des Tools erfasst, verwaltet und bewertet. Dazu steht jedem Mitarbeiter ein Link über das Intranet zur Verfügung, so dass Ideen selbstständig und ohne großen Aufwand in das Ideenmanagement-Tool eingegeben werden können. Neben der selbstständigen Eingabe der Ideen, müssen die Erfinder ihre Ideen ebenfalls einer Ideengruppe zuordnen, hinter der dann ein entsprechender Bewerterkreis hinterlegt ist.

Ebenso haben alle Mitarbeiter Zugriff auf eine Suchfunktion oder die Darstellung der Ideen in Form von Portfolio-Analysen, um z.B. den Verbleib der eigenen eingereichten Idee zu verfolgen. Zu Beginn entstand eine heftige Diskussion darüber, wie eine Abgrenzung zum **Betrieblichen Vorschlagswesen** zu gestalten sei. Wir haben mittlerweile gelernt, dass diese Abgrenzung gar nicht so erfolgskritisch ist. Die Mitarbeiter mussten lernen, dass es sich um 2 getrennte Tools handelt. Auf der einen Seite geht es um Verbesserungsvorschläge, vor allem im Bereich Prozessablauf oder generelle Organisation, die auch weiterhin ihre Sinnhaftigkeit behalten werden. Auf der anderen Seite sollen echte Innovationen, neue Produktkonzepte, Technologiesprünge oder Vermarktungsmodelle von den Mitarbeitern generiert und im System hinterlegt werden. Auch wenn Mitarbeiter zukünftig Beiträge, die eigentlich in das Betriebliche Vorschlagswesen gehören, in das Ideenmanagement-Tool eingeben, entstehen dadurch keine Probleme. Beim Review der Idee, z.B. dem Screening nach technologisch Unmöglichem, werden diese Ideen dann vom Ideenmanager an das Betriebliche Vorschlagswesen „überstellt". Ideen, die in Endkundenworkshops erarbeitet werden oder innerhalb der Community entstehen, werden zentral in das System eingegeben. Eine direkte Anbindung gerade an die ohnehin digitale Welt der Communities ist bereits in Planung.

Erfolgsfaktoren bei der Implementierung des IT Systems sind hier vor allem die **Usability** des Gesamtsystems und die **Kommunikationsmaßnahmen**, um den Mitarbeitern den Nutzen des neuen Tools transparent zu machen. Aus diesem Grund haben wir uns auch gegen den Kauf einer bestehenden Standardsoftware und für die Entwicklung eines eigenen Systems mit einem Partner entschieden.

Endkunden in den Entwicklungsprozess zu integrieren, in eine Kommunikation einzutreten und zuzuhören, ist unserer Meinung nach extrem sinnvoll und lange überfällig. Dabei handelt es sich im weiteren Sinne um nichts anderes als die vor 10 bis 15 Jahren propagierten Ansätze des **Voice of the Customer** der Konsumgüterindustrie mit ihren „Handelsvertretungen". Sicher entstehen dadurch ganz neue Probleme oder, wie man heute sagt, Herausforderungen, aber in den Antworten auf diese Herausforderungen liegen auch neue Wettbewerbsvorteile, neue Vertriebsargumente – in unserem Fall in der Zusammenarbeit mit dem Automobilhersteller – begründet. „Wir, auch wenn ohne echtem Endkundenkontakt, wissen was der Endkunde will und nur wir haben dafür die richtigen Produkte; Produkte, die vom Endkunden für den Endkunden erdacht sind". Wie es einer unserer Vorstände formuliert hat: Our products are ABC: „Approved by the customer". Chinesische Unternehmer können den hier beschriebenen Sachverhalt nur sehr schwer nachvollziehen. In Diskussionen über Strategien, Produkte und Märkte auf einer Asienreise im vergangenen Jahr haben diese chinesischen Unternehmer immer wieder klar gemacht: Bevor wir produzieren, beantworten wir immer erst die Frage: „Was wollen die Endkunden?". Kann es einem da nicht Angst und Bange werden?

# 6 Literatur

*Cooper, R.G. (1993):* Winning at new products: accelerating the process from idea to launch, 2. Aufl., Boston, MA 1993.

*Hippel von, E. (1986):* Lead Users: A Source of Novel Product Concepts. Management Science, 32. Jg., 1986, Nr. 7, S. 791-805.

*Gilles, C. (2006):* Vom Käufer zum Erfinder, in: Financial Times Deutschland vom 23.06.2006, S. 34.

*Lang, A.C. (2005):* „Innovations from the back seats", strategies for customer orientated innovations, Proceedings of the 3$^{rd}$ Conference of Mass Customization, Hong Kong 2005.

*Webasto AG (2005):* Geschäftsbericht der Webasto AG, 2005.

# Von der Kundenbefragung zur Innovation: Wie Kundenbedürfnisse mit neuen Produkten beantwortet werden

– Wie lässt sich die Analyse der Kundenbedürfnisse für die Gestaltung neuer Produkte nutzen? –

Reinhart Buchner

Inhalt

| | | |
|---|---|---|
| 1 | Ausgangssituation | 295 |
| 2 | Strategieentwicklung bei Sharp: Look the customer in the eye | 296 |
| 3 | Typische Probleme bei der Strategieumsetzung | 298 |
| 4 | Der Weg von Sharp: Kundenbedürfnisse erkennen und schnell die richtigen Produkte entwickeln | 299 |
| 4.1 | Die Creative Lifestyle Focus Center | 299 |
| 4.2 | Die Core Technology Groups | 301 |
| 4.3 | Die Ideenschmiede | 301 |
| 4.4 | Das Urgent Project Team | 302 |
| 5 | Erfolgsbeispiele | 302 |
| 5.1 | Orientierung an den Anforderungen der Konsumenten: Die Entwicklung des Aquos LCD-TV | 302 |
| 5.2 | Ziel Händlerzufriedenheit: Die Neuorganisation der Distribution | 303 |
| 6 | Positive Ergebnisse der Aktivitäten von Sharp und wichtige Schlüsselfaktoren des Erfolges | 305 |

## 1 Ausgangssituation

Sharp ist ein japanisches Technologieunternehmen mit Sitz in Osaka. Im Geschäftsjahr 2005/ 2006 erzielte Sharp weltweit mit 55.200 Mitarbeitern einen Umsatz von über 19,6 Mrd. Euro. Davon wurden 1,22 Mrd. Euro in Forschung und Entwicklung investiert. Die 5 Hauptgeschäftsbereiche sind Unterhaltungselektronik, Bürotechnik (Document Solution Systems), Solartechnologie, Mobiltelefone sowie elektronische Komponenten (LCD-Bildschirme, Satelliten-Tuner, „Integrated Circuits", Laser Pickup´s) (siehe Abb. 1).

Der Schwerpunkt der Geschäftstätigkeit liegt bei den „Consumer Electronics". Hierbei befindet sich Sharp auf den wichtigen Märkten in Europa, Nordamerika und Japan mit zahlreichen anderen Anbietern in dieser Branche in einem zunehmend härter werdenden Wettbewerb:

- Die Produktlebenszyklen werden immer kürzer; technologische Vorsprünge werden von anderen Anbietern immer schneller eingeholt.
- Die Marktsättigung ist in vielen Bereichen sehr hoch.
- Produkte, gerade im Bereich Unterhaltungselektronik, werden immer homogener und austauschbarer.
- Der Wettbewerb unter den Herstellern wird zunehmend preisaktiv.
- Die Konsumenten werden anspruchsvoller, gleichzeitig sinkt die Ausgabenbereitschaft.

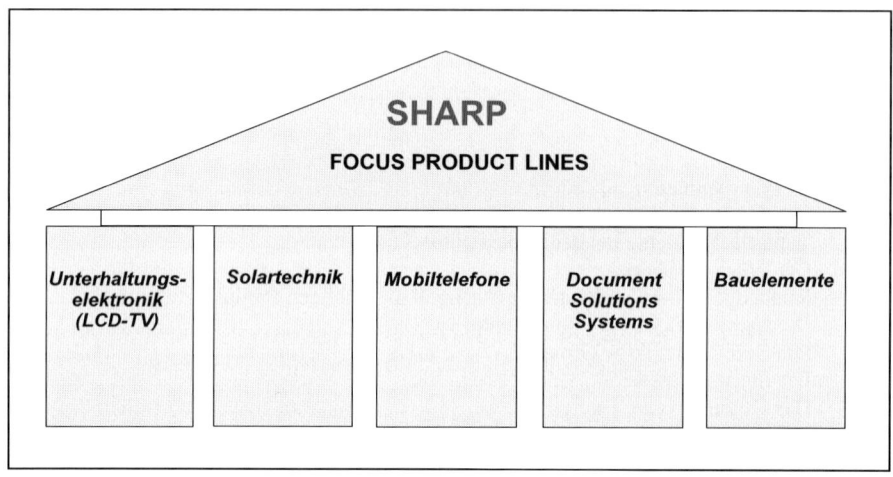

**Abb. 1:** Die 5 Säulen des Unternehmens

Für Sharp als Anbieter in einem solchen Wettbewerbsumfeld bedeutet dies, dass eine Produktentwicklung und -vermarktung immer das Ziel „Steigerung der Kundenzufriedenheit" haben muss. Zufriedenheit hat einen sehr positiven Effekt auf die Markenbindung und die Weiterempfehlungsbereitschaft des Kunden. Erst wenn Kunden mit ihren erworbenen Geräten vollständig zufrieden sind, kann das vorhandene Cross-Selling-Potenzial ausgeschöpft werden. Darauf aufbauend wird es für Sharp einfacher, die Marke im Vergleich zu Wettbewerbern zu positionieren.

## 2 Strategieentwicklung bei Sharp: Look the customer in the eye

Für Unternehmen wie Sharp, die in einem besonders turbulenten und dynamischen Markt einen Vorsprung festigen und ausbauen wollen, wird es daher immer wichtiger:

- Methoden zu entwickeln, die eine genaue Ermittlung von wirklichen und latenten Wünschen der Kunden ermöglichen,
- Eine „kundennahe" Marktforschung und eine breiter angelegte Forschung zum Erkennen von Trends und Entwicklungen in der Gesellschaft zu betreiben,
- Bereits bestehende und neue Technologien mit Blick auf zukünftige Anwendungsmöglichkeiten zu entwickeln,
- Ergebnisse aus Kundenbefragungen und vorhandenen internen Quellen zu kombinieren,
- Ideen schnell in marktfähige Produkte umzusetzen und diese ständig zu verbessern.

Für die Realisierung dieser Ziele hat Sharp ein Programm unter dem eingängigen Slogan **„Look the customer in the eye"** ins Leben gerufen. Darunter ist der Aufbau eines intensiveren Kontaktes zwischen Sharp-Mitarbeitern des Innen- und Außendienstes zu verstehen; zusätzlich soll eine ausgewogene Partnerschaft zu Kunden und Lieferanten hergestellt werden. Ziel ist es, einen geschlossenen Regelkreis aufzubauen, in dem die ursprünglich aufgrund von Kundenanforderungen entwickelten Produkte immer wieder an den sich verändernden Wünschen und Bedürfnissen der Konsumenten angepasst und verbessert werden (siehe Abb. 2).

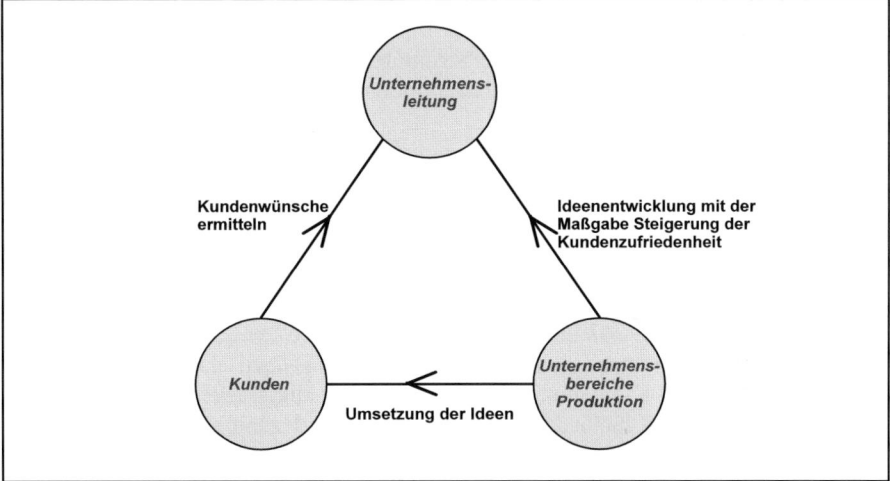

**Abb. 2:** Der Regelkreis zwischen Kunden und Unternehmen

Die neue Dimension der Kundennähe war so zu gestalten, dass ein Verhältnis zwischen Sharp und dem Kunden entsteht, welches dem zwischen einem mittelständischen Unternehmen und seinen Abnehmern gleichkommt. Da die Struktur von Sharp alles andere als mittelständisch, nämlich global ist, waren die folgenden Kriterien besonders wichtig:

- Führungskräfte und Mitglieder der Geschäftsleitung sollen einen persönlichen Kontakt zum Kunden haben; der „Augenkontakt" zum Kunden soll dabei „auf gleicher Höhe" erfolgen, also weder hochnäsig noch unterwürfig;
- Eine kontinuierliche Beobachtung der Kundenwünsche und -anforderungen an Produkte und Dienstleistungen;
- Eine fundierte Analyse der eigenen Ressourcen im Unternehmen;
- Änderungen bei Produkten und im Servicebereich müssen schnell und ohne Komplikationen umgesetzt werden.

## 3 Typische Probleme bei der Strategieumsetzung

Um diese Vorsätze umzusetzen und die Stärken eines mittelständischen Unternehmens verwirklichen zu können, waren für Sharp – wie auch für vergleichbare, auf multinationaler Ebene agierende Unternehmen – einige interne Hürden erkennbar, die es zu überwinden galt:

1. Die **geografische und kulturelle Trennung** des Managements, des Marketings sowie der Produktion.
2. **Spezialisierung** einiger Unternehmensbereiche innerhalb der Organisation, z.B. Marktforschung sowie Forschung und Entwicklung: hier besteht die Gefahr, dass sich starre, bürokratische Strukturen bilden, die sich mehr und mehr vom Kunden entfernen und die Zusammenarbeit mit anderen Bereichen erschweren.
3. **Kommunikationsverzerrung** durch mehrfaches Handling von Informationen: Dieses Problem wird häufig unterschätzt und kann besonders bei komplexen Prozessen, wie dem von der Kundenbefragung bis zur Neuproduktentwicklung, enorme Ressourcen verschwenden und ein Ergebnis bringen, welches weit von dem entfernt ist, was der Kunde ursprünglich an Erwartungen und Wünschen artikuliert hat.
4. **Interne Rivalitäten** und eingeschränkte Sichtweise zwischen den Bereichen durch Profit-Center-Management: Dies führt häufig dazu, dass die übergeordneten Firmen- und Kundeninteressen nicht mit dem erforderlichen Nachdruck verfolgt werden und mehr das kurzfristige Ergebnis zählt als ein langfristiger Erfolg.
5. **Unterdrückung von individueller Kreativität:** Hier sind erstarrte Strukturen dafür verantwortlich, dass das kreative Gedankengut vieler Mitarbeiter nicht genügend ausgeschöpft werden kann.
6. Keine **Weitergabe von Ideen** an andere Bereiche und halbherzige **Kanalisierung der Ressourcen** im Bereich Produktentwicklung: Wenn sich Projektteams nur gelegentlich treffen, können bestimmte Vorhaben nicht schnell und nachhaltig genug umgesetzt werden.

## 4 Der Weg von Sharp: Kundenbedürfnisse erkennen und schnell die richtigen Produkte entwickeln

Was sich so einfach nach einem Back-to-Basics-Ruf anhört und Kundenzufriedenheit beinahe zu garantieren scheint, entpuppt sich als ein Konstrukt, welches zuerst einmal 2 Ebenen zu berücksichtigen hat (siehe Abb. 3). Zum einen muss ein Produkt den **Endverbraucher** zufrieden stellen, in dem es die Anforderungen voll erfüllt, die er an das Produkt stellt. Zum anderen ist es genau so wichtig, den **Handelspartner** zufrieden zu stellen, indem er Leistungen über das Produkt hinaus erhält, die ihm über die Positionierung des Angebotes hohe Absatzchancen garantieren.

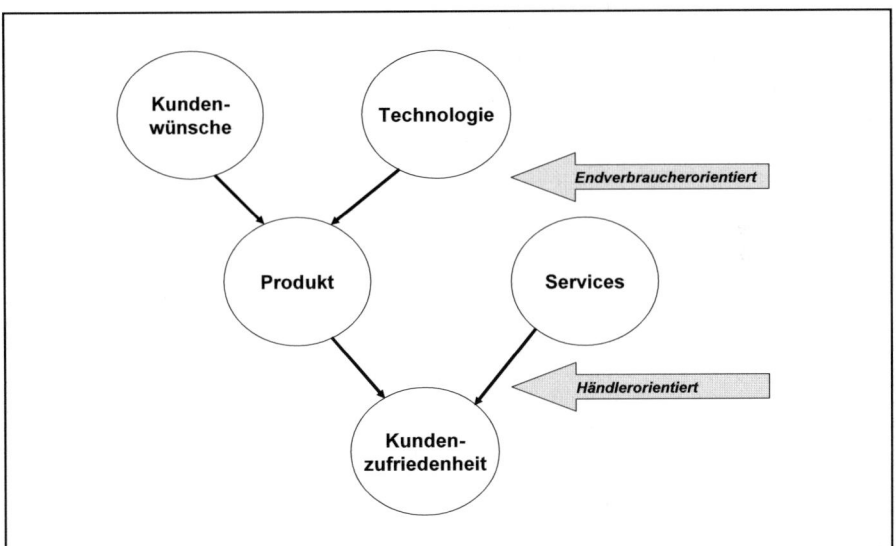

**Abb. 3:** Zwei Ebenen der Kundenzufriedenheit

Um einen schnellen und wirkungsvollen Produktentwicklungsprozess voranzutreiben, hat Sharp darauf aufbauend 2 Bereiche gegründet, die als Stabsabteilungen in den Schlüsselmärkten arbeiten.

### 4.1 Die Creative Lifestyle Focus Center

Zur Vorhersage und Analyse von Trends und für Sharp wichtigen Entwicklungen wurden vor etwa 20 Jahren diese Gruppen ins Leben gerufen. Zuerst wurden zeitgleich Teams in Japan und in den USA eingesetzt und mit knapp zweijähriger Verzögerung kam das „Creative Lifestyle Focus Center" (CLFC) mit Sitz in Hamburg dazu.

**Trendforschung** ist schwerlich vom Schreibtisch aus zu erledigen. Folglich ist Feldarbeit gefragt, vorzugsweise direkt beim Verbraucher. Solche „**Home Visits**", wie wir sie nennen, geben nicht nur abstrakte Daten wieder, die man auch aus Fragebögen erhalten könnte. Bei diesen Home Visits erlebt man das Produkt, um das es geht, sei es nun ein PC oder DVD-Player, im direkten heimischen Umfeld. Dies gibt oft Hinweise über zielgruppenrelevante oder auch länderspezifische Verhaltensmuster im Umgang mit Produkten der Unterhaltungselektronik. Das häusliche Ambiente der Interviewpartner halten wir fotografisch fest, um so eine Art Datenbank für zielgruppentypische Einrichtungsstile aufzubauen. Das Creative Lifestyle Focus Center Europe z.B. führt regelmäßig Home Visits in Deutschland, Italien, Frankreich und Großbritannien durch.

Obwohl häufig vom Global Market und der Welt als Dorf gesprochen wird, stellen wir bei unseren Erhebungen fest, dass es selbst in Europa noch signifikante Unterschiede im Kaufverhalten und mehr noch in der Nutzung der erworbenen Produkte gibt. Als konkretes Beispiel möchten wir die Küche in Deutschland mit der in England vergleichen.

Vergleichen wir die Küchen eines 4-Personen-Mittelklasse-Haushalts, so besticht die deutsche Küche allgemein durch Funktionalität aber auch durch zurückhaltenden Gebrauch der zumeist hochwertigen technischen Geräte. Die englische „Durchschnittsküche" hingegen reißt Ästheten sicherlich nicht zu Beifallsstürmen hin, ist jedoch in vielen Details interessant: Die Küche ist zumeist voll ausgestattet mit elektronischen Geräten, bis hin zum Wäschetrockner und zum Fernsehgerät. Dieser aus den USA kommende, sich ostwärts über Großbritannien ausbreitende Trend zeigt bereits erste Wirkungen in Kontinentaleuropa. Würde nun ein Hersteller Geräte anbieten, die vom Design, der Größe und speziellen Features speziell auf die Küche abgestimmt sind, nimmt er bereits latent vorhandene, wenn auch noch nicht artikulierte Kundenwünsche auf und kann so eine sich auftuende Marktlücke besetzen (siehe Unterkapitel 5.1).

Sharp als Marktführer bei LCD-Flachbildschirmen hat genau dies getan und sich mit führenden Küchenherstellern zusammengetan, die jetzt als Zubehör für gehobene Einbauküchen voll integrierte Flachbildschirm-Fernseher anbieten.

Ein weiteres Instrument, um frühzeitig neue Trends und Kundenwünsche zu erkennen, ist der **Besuch von Messen**.

Oft entwickeln sich Trends und Kundenwünsche abseits der eigenen Branche. Für die Unterhaltungselektronik sind besonders die Automobil- und die Möbelindustrie 2 Branchen, die Beachtung verdienen. Die Automobilbranche ist deshalb interessant, weil wir wissen, dass der „Durchschnittsbürger" in der Designakzeptanz bei Autos, verglichen mit anderen langlebigen Gebrauchsgütern, 3 bis 5 Jahre vorauseilt. Das erlaubt uns, Farbtrends, aber auch Bedieneroberflächen für Consumer Electronics Produkte zu adaptieren.

Noch wichtiger ist es allerdings, die Trends auf dem Möbelsektor genau zu verfolgen, da Geräte der Unterhaltungselektronik mit Möbeln korrespondieren müssen.

Gerade im Augenblick vollzieht sich ein immenser Wertewandel beim Wohnen: Der neue Trend heißt „simplifying". Dies bedeutet nicht, dass Produkte billig sind, ganz im Gegenteil. Der Verbraucher kauft weniger, aber qualitativ hochwertigere Produkte, die keinem schnellen modischen Wandel unterliegen. Höchste Verarbeitungsqualität, beste Materialien und einfache Bedienbarkeit sind die Kaufkriterien.

Gerade das Design entscheidet mehr und mehr über den Erfolg eines Produktes am Markt. Wie bereits eingangs erwähnt, haben fast alle Hersteller im Bereich der Unterhaltungselektronik einen Qualitätsstandard erreicht, der es dem Kunden schwer macht, hier gravierende Unterschiede zu erkennen. Also wählt er **emotional** solche Produkte, die ihn vom Design her ansprechen und die zu seinem persönlichen Ambiente passen.

Neben den Instrumenten der Home Visits und der Messebesuche sind selbstverständlich **Medien**, ob in gedruckter oder elektronischer Form, ein wichtiges Hilfsmittel zum Aufspüren von Trends. Wir schließen uns daher der Meinung der bekannten und erfolgreichen amerikanischen Trendforscherin Faith Popcorn an, wenn sie sagt, dass gerade Publikationen und Magazine wichtige Instrumente sind, um Trends, Gegentrends, Kehrseiten und Nebengleise zu erkennen.

## 4.2 Die Core Technology Groups

Diese 2. Spezialgruppen, die Core Technology Groups (CT-Groups), arbeiten in Seattle, USA, in Oxford/ England, und in Japan. Zu den Aufgaben gehört nicht nur die reine **Grundlagenforschung**; es geht auch darum, **aufkeimende Technologien aus anderen Bereichen** zu analysieren und weiterzuentwickeln, so dass bestimmte Lösungen in eigene Produktentwicklungen einfließen können.

Ein Beispiel für einen erfolgreichen „Technologietransfer" ist die Nutzung der LCD-Technik. Während früher die Marktchancen von einigen Anbietern stark unterschätzt wurden und eine Weiterentwicklung schnell zum Erliegen kam, hat Sharp als erstes Unternehmen weltweit das riesige Marktpotenzial erkannt. Die LCD-Technik wurde daraufhin modifiziert, in einige Produkte als Display eingebaut und darüber hinaus an zahlreiche OEM-Partner weiterverkauft. Sharp ist heute bei LCD-TVs mit einem Anteil von 26% Weltmarktführer. Obwohl nicht jedes Forschungsprojekt zu einem kommerziellen Erfolg werden kann, wird doch deutlich, wie wichtig es ist, ständig neuartige Technologien zu beobachten und auf mögliche Anwendungsmöglichkeiten hin zu überprüfen.

## 4.3 Die Ideenschmiede

Um aus **schwachen Signalen** einen Produktentwicklungsprozess zu initiieren, ist ein Verschmelzen der Forschungsergebnisse aus beiden Gruppen entscheidend. Sowohl die Trends, welche die CLFC-Group identifiziert, als auch Forschungsresultate der CT-Group (neue technologische Entwicklungen) treffen in einer Ideenschmiede aufeinander, und zwar bevor andere Abteilungen des Unternehmens als eventuelle Filterstufen die Signale in irgendeiner Form verzerren können.

In einem **Brainstorming-Ausschuss** werden den erkannten Kundenbedürfnissen und -wünschen die vorhandenen technologischen Möglichkeiten und Ressourcen gegenübergestellt. In einem derartigen „Matching-Prozess" entstehen Ideen für neue oder verbesserte Produkte – ganz im Sinne des Mottos unseres Firmengründers Tokuji Hayakawa, der von seinen Mitarbeitern forderte: „Make products that others want to imitate". Diese Anregungen und Empfehlungen werden der Unternehmensleitung präsentiert, die über die Ausführung und die Priorität von neuen Produktentwicklungsprozessen entscheidet.

### 4.4 Das Urgent Project Team

Gibt der Vorstand für ein Entwicklungsprojekt „Grünes Licht", ernennt der Präsident ein Urgent Project Team (UPT) für die Weiterentwicklung und die Förderung des Produktes. Zurzeit existieren bei Sharp 15 Projekte, die besonders wichtig sind und an denen jeweils ein Urgent Project Team zur schnellen Realisierung von Produkten arbeitet.

Folgende wesentliche Merkmale kennzeichnen ein UPT:

- Das Team berichtet direkt an den Präsidenten.
- Umfangreiches Hintergrundwissen aller Teammitglieder: Durch die interdisziplinäre Zusammensetzung aus Technikern, Ingenieuren sowie Marketingexperten und Kaufleuten ist gewährleistet, dass die Meinungen und das Wissen aus allen wichtigen Bereichen berücksichtigt werden.
- Die Teammitglieder sind für die Projektarbeit von ihrer Tätigkeit des Tagesgeschäfts freigestellt, d.h. sie können sich vollständig für den Fortschritt des Projekts engagieren.
- Die Mitglieder werden nach Beendigung der Projektarbeit meistens auf die nächst höhere Ebene in der Organisation befördert. Dieser Anreiz soll den Teammitgliedern die Ungewissheit bezogen auf den Arbeitsplatz nach der Projektphase nehmen.
- Die Marketing- und Finanzplanung findet parallel zum Entwicklungsprozess statt und nicht erst anschließend. Das spart Zeit und hilft, Probleme und Engpässe frühzeitig zu erkennen und zu beheben.

Durch diese besondere Form der Organisation gelingt es Sharp, Kundennähe in besonderer Weise herzustellen und die Technologien so einzusetzen, dass Kundenzufriedenheit immer wieder gesteigert werden kann.

## 5 Erfolgsbeispiele

### 5.1 Orientierung an den Anforderungen der Konsumenten: Die Entwicklung des Aquos LCD-TV

Sharp war im Bereich konventioneller Röhren-Fernsehgeräte nur ein Anbieter unter vielen. Der Zugriff auf die LCD-Technologie (siehe Kapitel 4.2) versetzte Sharp nun in die Lage, den Fernsehmarkt vollkommen neu zu definieren. Es war zwar bekannt, dass die Verbraucher sich flache Fernsehgeräte wünschten, die sich wie ein Bild an die Wand hängen lassen, wie genau sollten diese aber aussehen?

Um die herauszufinden setzte der damalige Präsident Tsuji Mitte der 1990er Jahre ein „Urgent Project Team" ein. Um den Kundenwünschen gerecht zu werden, ist es wichtig zu wissen, wie Konsumenten ein Produkt, das so noch gar nicht existiert, benutzen werden. Ausführliche **Interviews** mit sorgfältig ausgewählten Personen höherer Einkommensschichten brachten erstaunliche Ergebnisse zutage:

1. Flachbildschirme hatten als Datenmonitore für PCs bereits eine gewisse Akzeptanz gefunden. Das Design von PC-Monitoren war sehr funktional und technisch. Sharp's Wettbewerber haben diese Designsprache auch auf die flachen TV-Geräte übertragen. Unsere Interviews brachten aber ganz andere Wünsche der Verbraucher zum Vorschein. Für das Wohnambiente wünschte man sich Flachbildschirme mit einem emotionalen Designansatz, die sich bewusst von Computermonitoren unterscheiden.
2. Das Ergebnis der Kundeninterviews bewog uns, die neue Generation von LCD-TV's nicht von hauseigenen, sehr technikaffinen Designern entwerfen zu lassen. Sharp beauftragte den international renommierten Möbeldesigner Toshiyuki Kita mit dem Design der „Aquos" Linie. Das Ergebnis war ein unverwechselbares, hoch emotionales Produkt, das eine Alleinstellung unter den uniformen Mitbewerbern einnahm und so Sharp frühzeitig eine Sonderstellung als Premium-Anbieter sicherte. Die Aquos-TV's wurden im September 2001 in den deutschen Markt eingeführt. Binnen weniger Monate wurde Sharp zum Marktführer in diesem schnell wachsenden und lukrativen Segment und stellte damit wieder einmal unter Beweis, wie wichtig es ist, die Wünsche der Kunden ernst zu nehmen. Waren 2001 die Wettbewerber noch an einer Hand abzuzählen, gab es im Jahr 2006 allein in Europa mehr als 100 Marken- und No-Name Anbieter auf diesem Markt. Umso wichtiger ist es, in diesem aggressiven Umfeld mit Alleinstellungsmerkmalen zu bestehen. Sharp hat nicht zuletzt in seinem Heimatmarkt Japan diese Herausforderung mit Bravour bestanden. Im 4. Quartal 2005 betrug der Sharp-Marktanteil bei LCD-Fernsehern 45%. Der zweitplatzierte Wettbewerber konnte lediglich einen Marktanteil von 15% erzielen.

## 5.2 Ziel Händlerzufriedenheit: Die Neuorganisation der Distribution

Wie eingangs erwähnt, ist es nicht nur wichtig, die Anforderungen der Endkunden an Produkte ständig zu ermitteln, sondern auch dafür zu sorgen, dass die Handelspartner zufriedengestellt werden, indem sie mehr als eine attraktive Angebotspalette erhalten. Daher war es für Sharp von besonderer Bedeutung, die Schnittstelle zum Handel neu zu organisieren, um die Zufriedenheit hier ebenfalls sicherzustellen.

Zu Beginn aller Überlegungen in Richtung Neuorganisation hat Sharp eine elementare Frage gestellt: „Was erwarten die Händler von uns?". Die Ergebnisse waren klar und deutlich formuliert: Neben **wettbewerbsfähigen, attraktiven Pro-**

**dukten** sind für den Händler eine **klare Preis- und Konditionsgestaltung** wichtig sowie **genau definierte Kontaktstellen** in der Lieferantenorganisation, die auch leicht zugänglich sind. Des Weiteren legten die Handelspartner Wert auf **zuverlässige Lieferinformationen** und auf eine **hinreichende Flexibilität**, wenn es einmal zu außergewöhnlichen Situationen kommt. Trotz dieser relativ einfachen Anforderungen, die zum Teil eine Selbstverständlichkeit darstellen, kommt es doch immer zu Unzulänglichkeiten, und oft sind es gerade die Kleinigkeiten, die einen Händler unzufrieden stimmen.

Wenn Mitarbeiter in spezialisierten Fachbereichen weit entfernt von den Kunden gearbeitet haben, fehlt häufig das Verständnis für Gesamtzusammenhänge, das für eine fehlerfreie Bearbeitung von Aufträgen notwendig ist. So kam es immer wieder vor, dass z.B. die Mahnabteilung eine Auslieferung verhindert, weil der Kunde angeblich eine Rechnung nicht beglichen hat. Die Information, dass der Rechnung eine Fehllieferung zu Grunde lag, fehlte der Buchhaltung leider. Oder der Kunde reklamiert eine fehlende Lieferung, weil der Lagermeister das willkürliche Zurückhalten eines Auftrages nicht an die Logistikabteilung gemeldet hat. Ein EDV-System, welches dem einzelnen Mitarbeiter ebenfalls nur die Betrachtung von Teilphasen in der Auftragsentwicklung erlaubte, verhinderte ebenfalls den Gesamtüberblick.

Um diese **Schnittstellenproblematik** zu beseitigen, ist der Prozess „Auftragsabwicklung" mit dem Ziel Kundenzufriedenheit daher so verändert worden, dass alle Aktivitäten in Teams zusammengefasst wurden. Um Kundenaufträge zukünftig schneller und korrekt zu erledigen, erfolgte die Organisation der Arbeitsgruppen entsprechend den unterschiedlichen Vertriebskanälen. Bei den Arbeitsgruppen kam es vor allem auf eine ausgewogene Zusammenstellung an. Die Mitarbeiter aus den unterschiedlichen Bereichen müssen sich aufgrund ihrer fachlichen Qualifikationen ergänzen und auch über Flexibilität und Teamfähigkeit verfügen. Wichtig war es, ein Gleichgewicht von individuellen Fähigkeiten und von fachlichem Hintergrundwissen sicherzustellen.

Darüber hinaus war es erforderlich, die vorher isolierten DV-Module zu vernetzen, damit ein Zugriff auf alle erforderlichen Informationen problemlos möglich ist. Ein Abruf der Informationen bezogen auf den Kreditstand eines Kunden musste genauso möglich sein wie Angaben über noch auszuliefernde Waren, wobei die Bestimmungen des Datenschutzes beachtet werden mussten.

Die Schulung und Weiterbildung der Mitarbeiter war aufwendig, weil nun jedes Teammitglied einen direkten Kontakt zum Händler hat und somit nicht nur sein Fachwissen, sondern auch seine kommunikativen Fähigkeiten gefragt waren. Die individuellen Tätigkeiten der Arbeitsgruppenmitarbeiter werden zusätzlich von einem Spezialistenteam unterstützt und gesteuert.

Die Handelspartner wurden über die Umstrukturierungsmaßnahmen umfassend informiert, wobei der persönliche Kontakt zwischen den Teammitarbeitern und den Kunden durch ein spezielles Besuchsprogramm intensiviert wurde.

Von den ersten Ansätzen zur Umstrukturierung der Distributions- und Vertriebsprozesse bis zu den ersten guten Ergebnissen vergingen etwa 18 Monate; als Engpässe haben sich die EDV-Umstellung sowie die Mitarbeiterschulungen herausgestellt, weil viele Dinge im Rahmen der normalen Tätigkeit, also on-the-job, durchgeführt wurden.

In einer vor kurzem angelaufenen Phase werden die Prozesse weiter optimiert, weil Sharp den direkten Kontakt zum Handelspartner ausbauen und gezielt nutzen will. Es ist das Ziel, wichtiges „Feedback" zu erhalten, indem die Zufriedenheit der Händler bezogen auf Sharp-Produkte und Serviceleistungen genau ermittelt wird. Dadurch dass Sharp ständig fragt, „Did we get the things right?", wird kontinuierlich nach Verbesserungsmöglichkeiten gesucht „What can we do better?". Es ist dabei wichtig, dass alle relevanten Informationen beispielsweise in die Produktentwicklungsteams zurückfließen, um in neuen Produkten die Wünsche und Anforderungen der Kunden zu berücksichtigen.

## 6 Positive Ergebnisse der Aktivitäten von Sharp und wichtige Schlüsselfaktoren des Erfolges

Die erfolgreiche Umstrukturierung der Vertriebsprozesse brachte folgende Ergebnisse:

- Die Lieferzeit von Produkten wurde deutlich reduziert.
- Die Kontaktpunkte mit dem Kunden wurden vervielfacht.
- Eine dynamische und kundennahe Marktforschung wurde ermöglicht.
- Die Motivation der Mitarbeiter erhöhte sich.
- Eine Rückkopplung, inwiefern die Aktivitäten die Kundenzufriedenheit gesteigert haben, wurde möglich.

Für das schnelle Vorankommen auf dem Weg zur Optimierung der Marktleistungen haben wir die folgenden Erfolgsfaktoren identifiziert:

- Die Überzeugung der Unternehmensspitze, dass Investitionen in Kundenzufriedenheit sinnvoll und wichtig sind, um langfristigen Unternehmenserfolg zu gewährleisten
- Die Einrichtung von Spezialistenteams außerhalb der bestehenden Organisation für Lifestyle-Themen und Technologie
- Die Bildung von interdisziplinären Teams für die Produktentwicklung und Markteinführung
- Die Arbeit der Urgent Project Teams, die oberste Priorität im Unternehmen bekommen haben und direkt an die Unternehmensspitze berichten
- Kundenkontakte auf vielen Ebenen in der Organisation wurden intensiviert.

Sharp ist durch diese positiven Auswirkungen der Prozessoptimierung weitaus besser in der Lage, den dynamischen Markt der „Consumer Electronics" aktiv zu bearbeiten. Wir bieten dem Endkunden ausgereifte Geräte, die genau nach seinen Anforderungen konzipiert wurden und unseren Handelspartnern liefern wir eine attraktive Produktpalette, die ihnen, zusammen mit unseren weit reichenden Service- und Supportleistungen, hervorragende Absatzchancen bietet.

# Kapitel 3

# Messung und Steigerung der Kundenbindung

**– Mit welchen Methoden und Instrumenten der Befragung, Messung und Analyse wird die Qualität der Kundenbeziehung ermittelt? –**

# Konzeptionelle Grundlagen und Messkonzepte für den Kundenzufriedenheitsindex (KZI/ CSI) und den Kundenbindungsindex (KBI/ CRI)

– Wie werden der KZI und der KBI berechnet und wie aussagefähig sind sie? –

Armin Töpfer

Inhalt

| | | |
|---|---|---|
| 1 | Differenzierte Aussagen mit leistungsfähigen Instrumenten | 309 |
| 2 | Messen als Voraussetzung für Verbessern | 310 |
| 3 | Die Messung der Kundenzufriedenheit | 311 |
| 3.1 | Ereignisorientierter Ansatz und Messtechniken | 313 |
| 3.2 | Merkmalsorientierter Ansatz und Messtechniken | 319 |
| 3.3 | Die Berechnung des Customer Satisfaction Index (CSI) | 338 |
| 3.4 | Der Vergleich von merkmals- und ereignisorientiertem Ansatz | 352 |
| 4 | Die Messung der Kundenbindung | 356 |
| 4.1 | Beziehung zwischen Kundenzufriedenheit und Kundenbindung | 358 |
| 4.2 | Vorbetrachtungen zur Berechnung des KBI | 358 |
| 4.3 | Der operative und strategische Kundenbindungsindex | 360 |
| 4.4 | Die Berechnung des Kundenbindungsindex (KBI) | 363 |
| 5 | Aktionspläne auf der Basis von Verbesserungs-Portfolios | 373 |
| 6 | Ein ganzheitliches System zur Messung der Kundenzufriedenheit und Kundenbindung | 377 |
| 7 | Literatur | 380 |

## 1 Differenzierte Aussagen mit leistungsfähigen Instrumenten

Die entscheidende Frage nach der Analyse der interessierenden Kundenphänomene ist dann, wie nach der Interaktion und dem Kauf der Marktleistungen durch die Kunden deren Zufriedenheit und Bindung aussagefähig gemessen und verbessert werden kann.

Zunächst wird in diesem Artikel auf die Philosophie und die Messkonzepte des Kundenzufriedenheits- und Kundenbindungsindex eingegangen, und zwar auf der Basis von merkmals- und ereignisorientierten Kriterien. Im Vordergrund steht dabei die Aussagefähigkeit der Ergebnisse als Grundlage für die Ableitung konkreter Verbesserungsmaßnahmen. Nur vor diesem Hintergrund sind Messkonzepte praxisgerecht.

Im folgenden Artikel wird anhand eines 10-Punkte-Programms gezeigt, wie ein derartiges Projekt der Messung von Kunden-Feedback zielgerichtet und gleichzeitig wirtschaftlich durchgeführt werden kann. Hier fließen umfangreiche Beratungserfahrungen ein.

In einem Spektrum von 7 weiteren Artikeln werden anschließend generelle Methodenkonzepte und unternehmensspezifische Konzeptionen und Messansätze mit unterschiedlichen Zielsetzungen referiert. Bruhn geht in seinem Beitrag auf Nationale Kundenbarometer ein, die eine unterschiedliche Standardisierung des Customer Satisfaction Index auf der Basis merkmalsorientierter Kriterien zum Gegenstand haben.

Rittersberger veranschaulicht an Beispielen das Konzept zur Steigerung der Kundenzufriedenheit von Federal Express (FedEx). Marschler und Koautoren geben einen tieferen Einblick in das Kundenzufriedenheitsmanagement der R+V Versicherung. Ähnlich ausgerichtet ist der Artikel von Zondler, der die Bausteine für eine hohe Kundenzufriedenheit bei der Gmünder ErsatzKasse expliziert. Anschließend wird das M+M Versichertenbarometer für Kundenzufriedenheit und -bindung vorgestellt.

Ein spezielles, aber in der Praxis nicht zu unterschätzendes Problem ist erfolgreiches Kundenbindungsmanagement in einer Unternehmenskrise und -sanierung. Wie der entsprechende Beitrag zeigt, hängt hiervon der Sanierungserfolg, und d.h. die verhinderte Abwanderung wichtiger Kunden, wesentlich ab. Abschließend werden generell einsetzbare und effiziente Kundenbindungsprogramme, die nicht nur für Groß-, sondern auch für mittelständische Unternehmen geeignet sind, vorgestellt.

## 2 Messen als Voraussetzung für Verbessern

Da die Frage, ob das Messen der Kundenzufriedenheit wichtig ist, heute von immer mehr Unternehmen bejaht wird, besteht für sie das entscheidende Problem darin, wie eine Analyse mit einem hohen Aussagewert durchgeführt wird. Diese Antwort auf das Wie ist damit zugleich die Voraussetzung für gezielte Verbesserungen.

In der Literatur gibt es eine Reihe von unterschiedlichen Messansätzen, auf die im Folgenden näher eingegangen wird und die vor allem in ihrer Stufenfolge und Aussagefähigkeit geordnet und bewertet werden.

Weil die Anwender in der Unternehmenspraxis sich vor allem im Hinblick auf unterschiedliche Messansätze und teilweise auch durch deren Unübersichtlichkeit relativ schnell überfordert fühlen, ist der entscheidende Beitrag dieses Artikels, die konzeptionellen Grundlagen der Messung der Konstrukte Kundenzufriedenheit und Kundenbindung darzustellen. Dabei werden verschiedene Messverfahren miteinander verglichen, und abschließend wird mit dem Customer Satisfaction Index (CSI) und dem Customer Retention Index (CRI) jeweils ein Ansatz zur ganzheitlichen Messung der Kundenzufriedenheit sowie der Kundenbindung aufgezeigt.

Wie aus Abbildung 1 zu erkennen ist, wird – basierend auf den Kundenerwartungen – die Kundenzufriedenheit ermittelt, die bei einer gegebenen Kundenloyalität dann zu Kundenbindung führt. Der Kundenzufriedenheitsindex (KZI) und der Kundenbindungsindex (KBI) sind somit **qualitative Vorsteuerungsgrößen**, also **„Leadgrößen"**, die es dem Unternehmen ermöglichen, in einer frühen Phase aktiv zu werden, anstatt erst auf der Grundlage sinkender Umsätze und schwindender Gewinne als **Ergebnisgrößen oder „Laggrößen"** viel zu spät zu reagieren. Der klassische Marketingansatz der **Unique Selling Proposition (USP)**, die einen Wettbewerbsvorteil bewirken soll, wird also in entscheidendem Maße ergänzt und in der Praxis dadurch besser steuerbar gemacht. Dies geschieht, indem die Kundenerwartungen durch ein einzigartiges Leistungsversprechen von hohem Wert für den Kunden **(Unique Customer Value Proposition – UCVP)** mit der angebotenen Marktleistung erfüllt und über die Kundenzufriedenheit und -bindung in ihrer Wirkung gemessen werden.

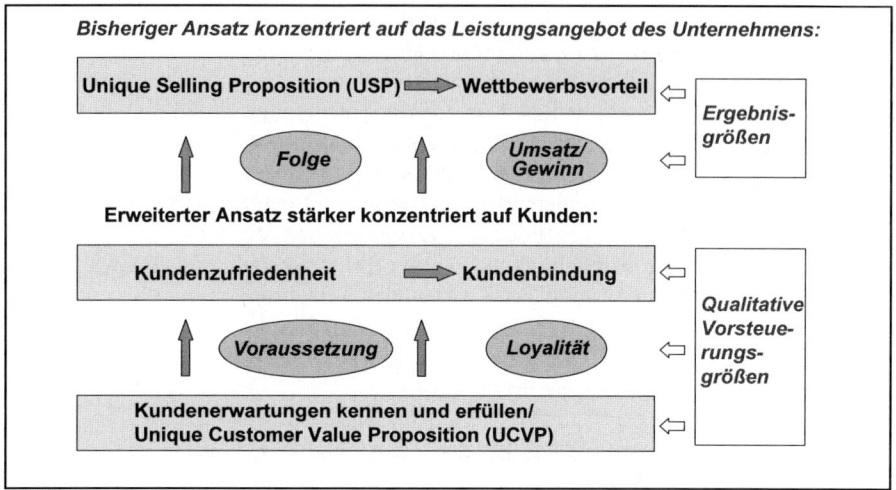

**Abb. 1:** Kundenorientierte Unternehmensstrategie

## 3 Die Messung der Kundenzufriedenheit

Kundenzufriedenheit ist ein hypothetisches Konstrukt, das auf unterschiedliche Weise gemessen werden kann. Bei den Verfahren zur Messung der Kundenzufriedenheit unterscheidet man grundsätzlich zwischen objektiven und subjektiven Messmethoden.

**Objektive Messverfahren** basieren auf objektiven Indikatoren, die als globale Größen wie Umsatz, Marktanteil oder die Anzahl der Reklamationen keiner subjektiv verzerrten Wahrnehmung von Personen unterliegen (vgl. Homburg/ Rudolph 1995, S. 42; Beutin 2003, S. 118 f.). Es wird von der Annahme ausgegangen, dass Zufriedenheit zu Kundentreue und Unzufriedenheit zu Kundenabwanderung führen. Die **Validität** dieser Verfahren ist anzuzweifeln, da der Kauf als Indikator für Zufriedenheit an Aussagekraft verloren hat, die Indikatoren stark verzögert auftreten und durch äußere Kräfte am Markt beeinflusst werden können. Mit anderen Worten können Kunden mit den Leistungen eines Unternehmens in der Vergangenheit sehr zufrieden sein, aber dennoch abwandern, weil ihre Anforderungen der Zukunft vom Unternehmen nicht erfüllt werden können.

Auch die Silent-Shopper-Methode als ein objektives Verfahren kann die direkte Kundenbefragung (subjektive Verfahren) nicht ersetzen. Denn der Silent Shopper oder Mystery Customer ist ein Testkäufer und zugleich Beobachter, der – als externer Experte – das fragliche Gut am Point of Sale kauft, dabei aber nicht wie ein wirklicher Kunde empfindet. In der Regel bewertet er die Leistung des Unternehmens und seiner Mitglieder aufgrund der Testsituation kritischer (vgl. Töpfer/ Greff 2000, S. 35 ff., 66 ff.). Details zum Mystery Shopping werden im folgenden Artikel dieses Buches zum Kunden-Feedback angesprochen.

Die **subjektiven Verfahren** sind im Gegensatz dazu auf die individuelle Wahrnehmung physischer und psychischer Sachverhalte und damit zusammenhängender Verhaltensweisen ausgerichtet. Nur auf der Grundlage von Kundenbefragungen kann die Bedürfnisgerechtigkeit eines Angebots ermittelt werden (vgl. Lingenfelder/ Schneider 1991, S. 30; Beutin 2003, S. 119).

Verfahren, welche die Kundenzufriedenheit anhand subjektiver Kriterien messen, lassen sich nach merkmals- oder ereignisorientierten Verfahren aufteilen, wobei die Unterscheidung im Hinblick auf die Art des Untersuchungsobjektes getroffen wird. Abbildung 2 zeigt die Klassifikation der Verfahren.

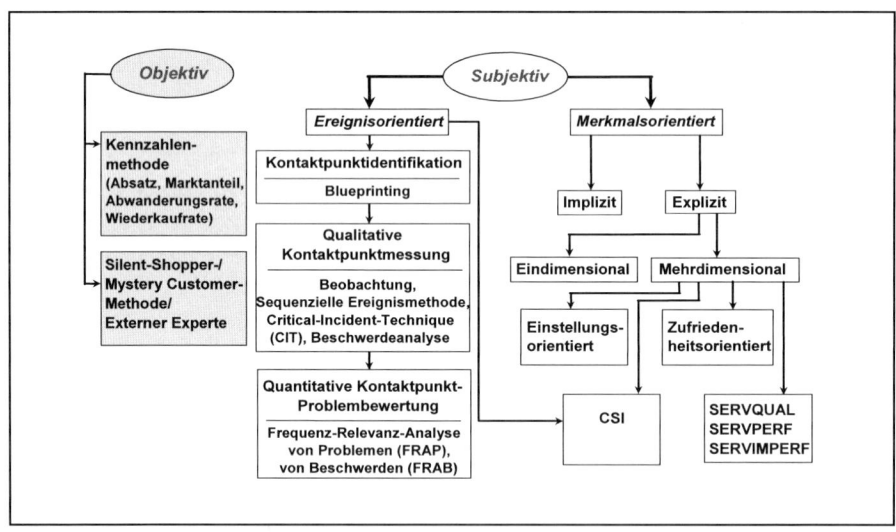

**Abb. 2:** Verfahren zur Messung der Kundenzufriedenheit

## 3.1 Ereignisorientierter Ansatz und Messtechniken

**Grundannahmen**

Der Ansatzpunkt ereignisorientierter Messverfahren ist die **Ermittlung der Kundenzufriedenheit anhand von Erlebnissen** bei der Inanspruchnahme von Produkten oder Dienstleistungen für den Konsum oder die Investition. Diese Kundenerlebnisse, auch als „**Augenblicke der Wahrheit**" bezeichnet, beinhalten alle personal- und nicht personalbezogenen gewöhnlichen bzw. außergewöhnlichen Kontakte des Kunden mit dem Unternehmen (vgl. Stauss/ Hentschel 1995, S. 117; Stauss 2000, S. 324 ff.).

Die im Folgenden vorgestellten Verfahren ordnen sich als Teiletappen in die „**Kontaktpunktanalyse**" ein und werden nach der Art der erhobenen Ereignisse (üblich oder kritisch) und ihrem qualitativen und quantitativen Charakter unterteilt.

**Identifikation der Kontaktpunkte**

In diesem 1. Schritt sind sämtliche Kontaktpunkte des Kunden mit dem Unternehmen zu identifizieren. Dafür wird die Methode des **Blueprinting** eingesetzt. Sie wurde Anfang der 1980er Jahre von Shostack entwickelt und analysiert den gesamten Leistungserstellungsprozess anhand eines graphischen Ablaufdiagramms, also eines Blueprints bzw. einer Blaupause. Es wird dadurch eine Kopie des Prozesses der Leistungserstellung vom Unternehmen „abgezogen", die alle Tätigkeiten des Unternehmens darstellt.

Ein derartiges Blueprint lässt sich auf unterschiedliche Sachverhalte anwenden. In den Abbildungen 3a-c sind 3 Beispiele exemplarisch wiedergegeben, die sich in der Methode und der Darstellung teilweise unterscheiden. Eine typische Form ist die Analyse der Kontaktpunkte des Kunden beim Besuch eines Unternehmens, wie sie in Abbildung 3a beispielhaft für die „Stadtwerke" aufgeführt ist. Für jeden einzelnen Kontaktpunkt lassen sich ereignisorientiert Analysen aus Kundensicht durchführen. Neben positiven und negativen Wahrnehmungen und Eindrücken lassen sich auch ereignisorientierte Zufriedenheitswerte in Form eines Teil-CSI für jeden Kontaktpunkt ermitteln, also der CSI-Wert im Hinblick auf Bedeutung und Zufriedenheit mit Parkmöglichkeiten, mit der Ausschilderung und Information sowie mit der Wartezone und dem Gesprächsverlauf bezogen auf Freundlichkeit und Kompetenz des Personals.

Eine weitere Form der Kontaktpunktanalyse differenziert die Prozesse danach, wo sie ablaufen und wie sie für das Unternehmen oder den Kunden nachvollziehbar sind. In der Regel werden 3 Bereiche unterschieden: Zum ersten der Bereich der **internen Interaktion** als Vorbereitung für die Marktaktivitäten, zum zweiten beim Überschreiten einer „**Line of Visibility**" der Bereich der **externen Aktivitäten** des Unternehmens für den Kunden, also z.B. das Angebot von Produkt und Service, sowie die Aktivitäten des Kunden gegenüber dem Unternehmen, also z.B. Kauf des Produktes und Inanspruchnahme von Wartung. Im Anschluss hieran wird zum dritten wieder ein nicht einsehbarer Bereich, nämlich der Bereich der **externen Interaktion** betreten und zwar der Einsatz und die Verwendung des

Produktes beim Kunden. In Abbildung 3b ist dieses Basisraster am Beispiel eines Kaufprozesses wiedergegeben. Hieran wird deutlich, welche Eingriffsmöglichkeiten für das Unternehmen im Vorfeld bestehen, wo – abgestützt auf eine ereignisorientierte Befragung – Eingriffsnotwendigkeiten in der Interaktion zwischen Unternehmen und Kunden beim Kaufprozess existieren und welche Probleme auf der Kundenebene beim Produkteinsatz auftreten können. Letzteres ist wiederum nur durch ergänzende Befragungen und Analysen ermittelbar.

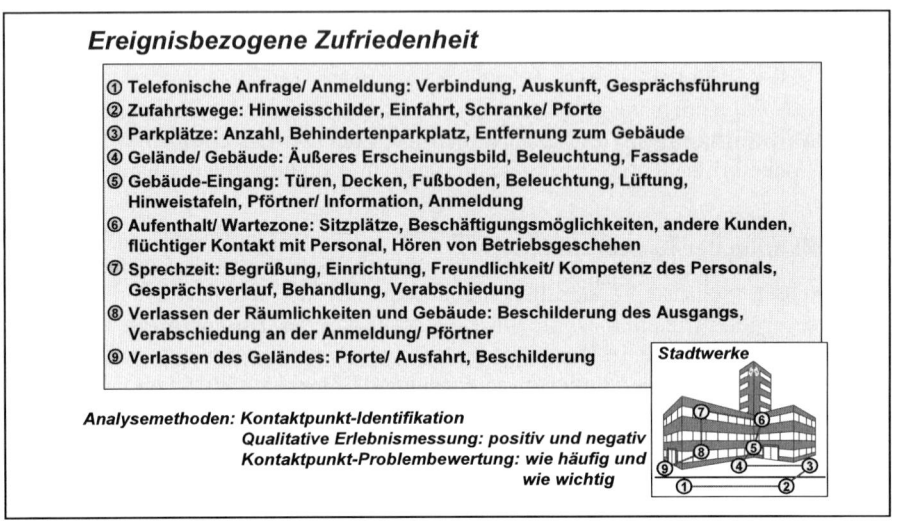

**Abb. 3a:** Augenblicke der Wahrheit in den „Stadtwerken"

Abbildung 3c verdeutlicht beispielhaft die Analyse der Kontaktpunkte in einem Serviceprozess. Sie reichen bei einem KFZ-Händler von der telefonischen Reparaturanmeldung des Kunden über mehrere Zwischenstufen bis zum Bezahlen der Rechnung. Alle abgebildeten Aktionen werden danach eingeteilt, ob sie Kontaktpunkte zwischen dem Kunden und dem Unternehmen betreffen. Diese Kontaktpunkte sind die für den Kunden sichtbaren Teile des Leistungserstellungsprozesses, sie werden mit einer „Line of Visibility" kenntlich gemacht (vgl. Stauss/ Hentschel 1991, S. 242).

Bei der Konzeption eines derartigen Diagramms ist insoweit Wert auf Vollständigkeit zu legen, dass eine Verzerrung, die sich auf alle Folgeschritte und damit auch auf die Aussagekraft des Endergebnisses auswirken würde, vermieden wird. Ein Blueprinting sollte von den Mitarbeitern des Unternehmens immer unter Einbeziehung der Kunden durchgeführt werden (vgl. Stauss/ Weinlich 1996, S. 53).

**Qualitative Kontaktpunktmessung**

Ausgehend von den identifizierten Kontaktpunkten ist im nächsten Schritt zu ermitteln, was an diesen Kontaktpunkten passiert ist bzw. wie das Geschehen vom

Kunden erlebt wurde. Unterschieden wird dabei zwischen der **Erfassung gewöhnlicher Ereignisse** und solchen, die vom Kunden als **außergewöhnlich bzw. kritisch** empfunden wurden.

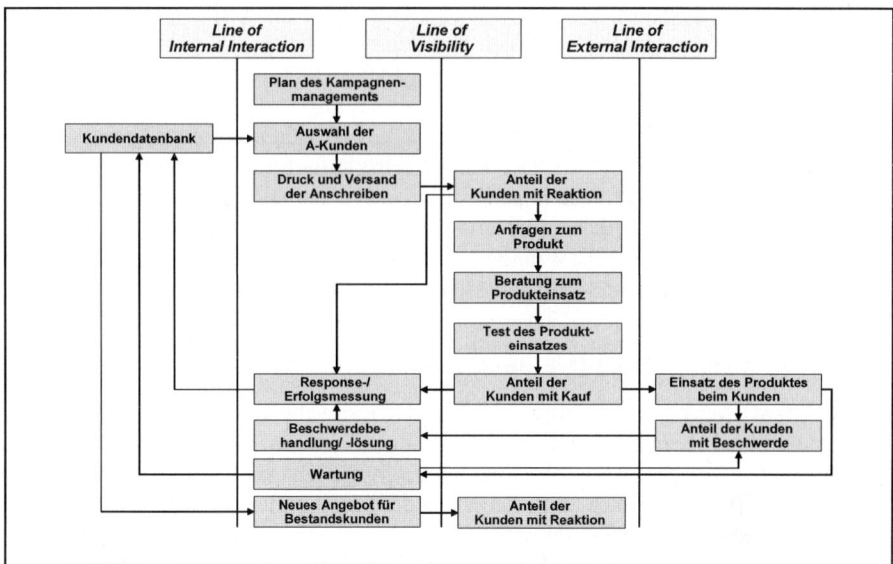

**Abb. 3b:** Prozessraster der Interaktion zwischen Unternehmen und Kunden als Blueprint

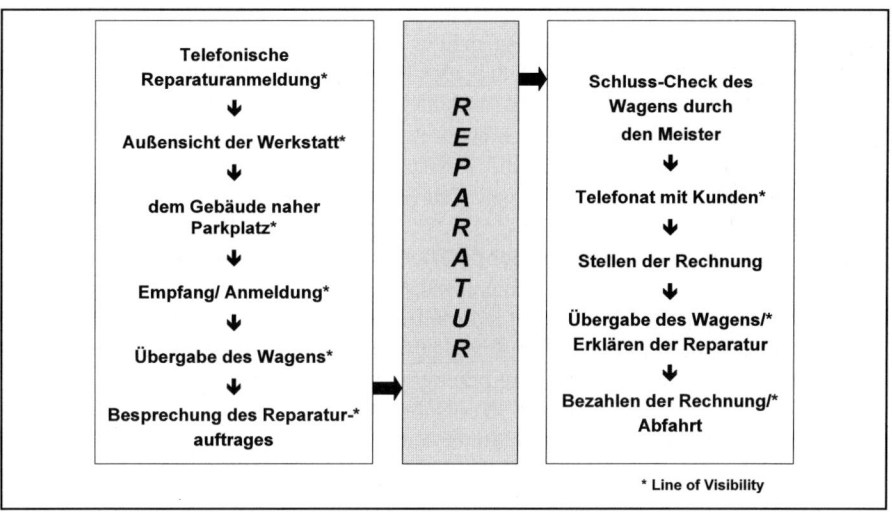

**Abb. 3c:** Beispiel für die Kontaktpunktanalyse im Serviceprozess

– **Übliche qualitative Kontaktpunktmessung**

Die **Beobachtung** der Interaktion zwischen Kunde und Unternehmen wird von geschulten Sozialforschern ohne vorherige Information und direkte Einbeziehung des Kunden durchgeführt. Das bewirkt eine Unsicherheit, ob die Wahrnehmungen des Beobachters denen des wirklichen Kunden entsprechen. In Anbetracht des hohen Kosten- und Zeitaufwandes dieses Messverfahrens ist eine Untersuchung aller Kontaktpunkte praktisch unmöglich (vgl. Stauss 2000, S. 329 f.).

Die **Sequenzielle Ereignismethode** baut als phasenorientierte Kundenbefragung auf dem Blueprinting auf. Der Kunde wird aufgefordert, zu den identifizierten Kontaktpunkten ausführlich seine Erlebnisse zu berichten und anzugeben, welche Aspekte als angenehm oder unangenehm empfunden wurden (vgl. Stauss/ Hentschel 1990, S. 246). Die Fragen in den Interviews sind offen-strukturiert zu gestalten. Die Auswertung orientiert sich an der anschließend vorgestellten Critical Incident Technique.

– **Kritische qualitative Kontaktpunktmessung**

Die **Critical Incident Technique** (CIT, auch Kritische Ereignismethode) ist ein primär qualitatives, induktives und aktives Verfahren zur Ermittlung nachhaltiger Kundeneindrücke, das in den 1950er Jahren von Flanagan entwickelt und Mitte der 1980er Jahre von Bitner et al. zur Messung von Kundenzufriedenheit adaptiert wurde. Kritische Ereignisse definieren sie als „specific interactions between customers and service employees that are especially satisfying or dissatisfying" (Bitner/ Booms/ Tetreault 1990, S. 73).

Die Kernidee besteht darin, Extremerlebnisse, die häufig als Geschichten weiterleben (positive und negative **Mund-zu-Mund-Kommunikation**), zu sammeln und auszuwerten. Erhoben werden diese Ereignisse durch qualifiziertes Untersuchungspersonal in persönlichen Interviews mit standardisierten, offenen Fragen (vgl. Stauss/ Hentschel 1990, S. 241). Der Proband berichtet, aber er interpretiert nicht. Die dem Erlebnisbericht inhärenten Mindesterwartungen des Kunden an das Leistungserstellungsniveau, Unterschreitungen dieses Niveaus sowie als extrem empfundenes Personalverhalten und Prozessschwächen sollen durch einen Abstraktionsprozess des Interviewers verzerrungsfrei herausgeschält werden (vgl. Bitner/ Nyquist/ booms 1985, S. 49).

Auf die Befragung folgt ein **mehrstufiges Analyseverfahren**, in dem die Erlebnisse nach positiven und negativen Ereignissen und nach der Art ihrer Ursache in Problemkategorien klassifiziert werden. Um überhaupt verwertet werden zu können, müssen sich die Berichte direkt auf eine Anbieter-Nachfrager-Interaktion beziehen, starke (Un-)Zufriedenheit erzeugen, ausreichend detailliert sein und eine diskrete Episode wiedergeben (vgl. Hentschel 2002, S. 199).

Die Resultate der CIT werden in einer Tabelle mit Angabe der Häufigkeiten der entsprechenden Ereigniskategorien und ihrer positiven und negativen Ausprägungen dargestellt.

Wegen des Wiedererzählens der Begebenheiten zeichnet sich das Verfahren durch eine fast direkte Beobachtung aus. Die Verzerrung von Seiten des Probanden ist gering, und die Daten liegen sehr konkret und detailliert vor. Der Anspruch an das Abstraktionsvermögen des Untersuchungspersonals ist dafür umso höher. Es muss fehlende Angaben erfragen und eventuelle Widersprüchlichkeiten oder Ungenauigkeiten noch während des Interviews aufklären.

Die CIT ist, wie auch die Sequenzielle Ereignismethode, im Hinblick auf Kosten und Zeit ein sehr aufwändiges Verfahren.

Die **Beschwerdeanalyse** befasst sich ausschließlich mit den negativen kritischen Augenblicken der Wahrheit und wird zur Problemerfassung genutzt (vgl. Stauss 2000, S. 330 f.). Durch eine Quantifizierung und Klassifizierung der aufgetretenen Negativpunkte kann auf die Problemrelevanz geschlossen und ein Handlungsbedarf abgeleitet werden. Der Kunde ist immer Auslöser der Beschwerde; es obliegt jedoch dem Unternehmen, die Beschwerdebereitschaft zu stimulieren. Untersuchungen haben gezeigt, dass Konsumenten mit ausgeprägter Beschwerdezufriedenheit ein hohes Maß an Unternehmensloyalität entwickeln (vgl. Stauss 1989, S. 45).

**Quantitative Kontaktpunktmessung**

Zur Ableitung des etwaigen Handlungsbedarfs zur Steigerung der Kundenzufriedenheit ist es wichtig, Relevanz und Häufigkeit der zuvor identifizierten und analysierten Probleme zu ermitteln. Dafür werden die **Frequenz-Relevanz-Analyse von Problemen (FRAP)** sowie die **Frequenz-Relevanz-Analyse von Beschwerden (FRAB)** eingesetzt, die eine Weiterentwicklung der „Problem Detecting Method" darstellen. Aufgrund der starken Auswirkung negativer Erlebnisse auf das Abwanderungs- und Kommunikationsverhalten der Kunden sind nur diese Gegenstand der Messung (vgl. Quartapelle/ Larsen 1996, S. 142). Die Analyse von Problemen geht vom Unternehmen aus; die Analyse von Beschwerden setzt die Eigeninitiative beim Kunden voraus.

Die aus der Kontaktpunktidentifikation und der qualitativen Kontaktpunktmessung erhaltenen Daten werden in einer Problemliste zusammengestellt und nach **Redundanz- und Relevanzgesichtspunkten** komprimiert. Darauf aufbauend wird ein Fragebogen erstellt, der die wahrgenommene Problemhäufigkeit, den wahrgenommenen Grad der Verärgerung und das faktische oder geplante Reaktionsverhalten durch mündliche, telefonische oder schriftliche Befragung ermittelt. Die ausgewerteten Daten werden mit Hilfe graphischer Darstellung und in einem Pareto-Diagramm präsentiert (vgl. Stauss 2000, S. 334 ff.). Abbildung 4 verdeutlicht den Beitrag der einzelnen Kritikpunkte (P1-P10) für die gesamte Problematik beispielhaft auf der Basis eines Pareto-Diagramms.

Die Anwendung der Frequenz-Relevanz-Analyse von Problemen ist nur bei wiederholt genutzten Leistungen bzw. bei Standardproblemen in langfristigen Kundenbeziehungen sowie bei wiederholt auftretenden Situationen ohne sofortige Abwanderungsgefahr sinnvoll (vgl. Stauss/ Hentschel 1990, S. 252). Abbildung 5 zeigt die dargestellten Verfahren noch einmal im Zusammenhang.

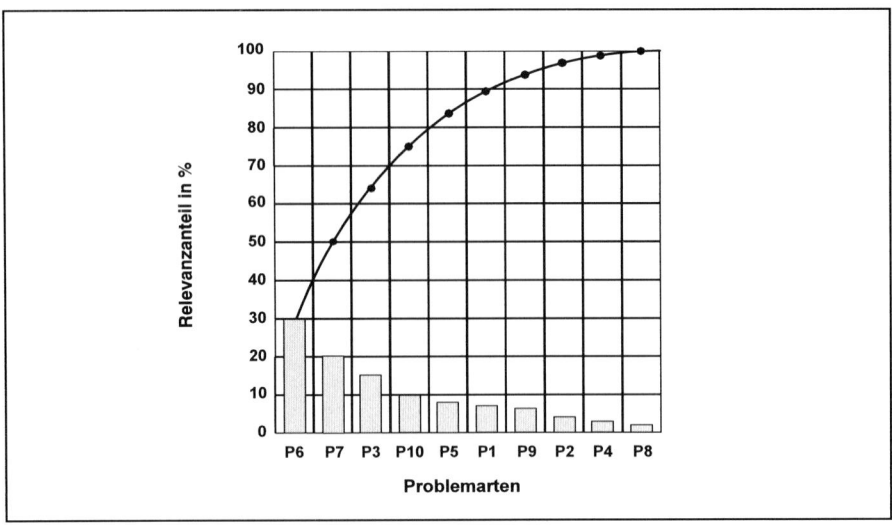

**Abb. 4:** Beispiel für ein Pareto-Diagramm

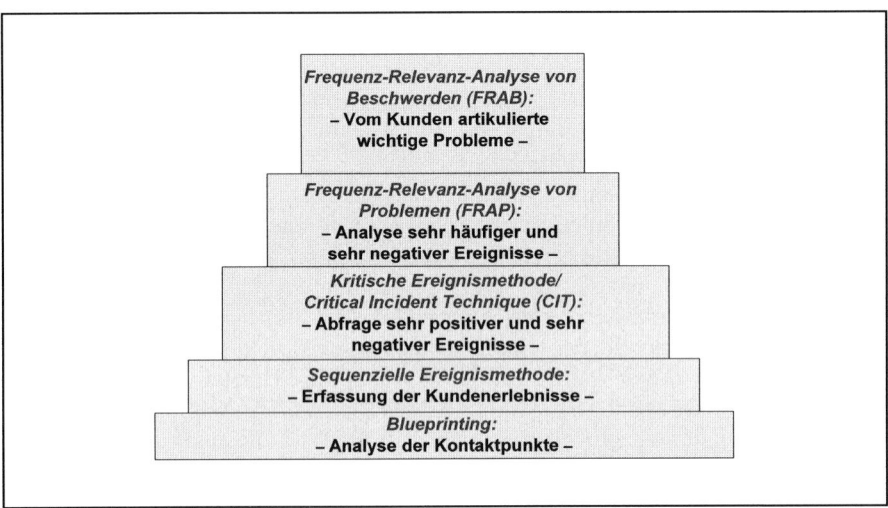

**Abb. 5:** 5-Stufen-Konzept

## 3.2 Merkmalsorientierter Ansatz und Messtechniken

**Grundannahmen**

Dem merkmalsorientierten Ansatz liegt die Annahme zugrunde, dass die wahrgenommene Servicequalität das Resultat einer subjektiven Bewertung von Einzelmerkmalen der angebotenen Leistung ist (vgl. Stauss/ Hentschel 1995, S. 116; Rust/ Oliver 1994).

Merkmalsgestützte Verfahren unterscheiden zwischen der indirekten Messung der Zufriedenheit durch geeignete Indikatoren, die Rückschlüsse auf die Kundenzufriedenheit zulassen (implizite Messung), auf der einen Seite und der direkten Messung des Erfüllungsgrades der Erwartungen bzw. der direkten Erfragung der empfundenen Zufriedenheit (explizite Messung) auf der anderen Seite.

Den **impliziten Verfahren** lassen sich die retrospektive Erfassung des Beschwerdeverhaltens sowie die Ermittlung der vom Kunden wahrgenommenen Leistungsdefizite zurechnen. Aufgrund des Rückschlusses (z.B. wenige Beschwerden = Kunden sind zufrieden) erfüllen diese Techniken kaum die an Kundenzufriedenheitsmessungen gestellten Anforderungen. Deswegen liegt der Schwerpunkt der folgenden Ausführungen auf dem **expliziten Messansatz**, der die Kundenzufriedenheit anhand von ein- und mehrdimensionalen Zufriedenheitsskalen misst (vgl. Lingenfelder/ Schneider 1991, S. 30).

**Eindimensionale Verfahren** ermitteln die Gesamtzufriedenheit mit nur einer Frage. Das Ergebnis ist ein globales Kundenurteil, d.h. das Unternehmen kann nicht nachvollziehen, was die Grundlage für dieses Urteil ist und damit wie diese Aussage zustande gekommen ist. Des Weiteren bleibt unklar, ob die Antwort auf einer rationalen Überlegung und einem funktionalen Zusammenhang auf rationaler Ebene beruht oder ob es sich hierbei vielmehr um ein intuitives Pauschalurteil handelt.

Ein Beispiel für die eindimensionalen Verfahren ist die Formulierung „Sind Sie mit dem Einkauf in unserer Filiale zufrieden?", wobei die Probanden sich z.B. für eine von 5 Antwortkategorien von „sehr zufrieden" über „zufrieden", „teils-teils", „unzufrieden" bis „sehr unzufrieden" entscheiden sollen. Der Vorteil der vorstehend genannten 5-stufigen Likert-Skala liegt darin, dass alle Ausprägungen eindeutig semantisch besetzt sind.

Diese Verfahren haben damit zwar den Vorteil einfacher Handhabung und geringer Komplexität, analysieren die Zufriedenheit aber nicht differenziert genug (vgl. Homburg/ Rudolph 1995, S. 45). Trotzdem kann die so gemessene Gesamtzufriedenheit einen aussagekräftigen Vergleichswert zu den Ergebnissen mehrdimensionaler Messungen darstellen. Im Rahmen einer multiplen Regression ist sie eine wichtige Basis, um die Beiträge der einzelnen Kriterien zu der Gesamtzufriedenheit über die Regressionsfunktion quantifizieren zu können.

**Mehrdimensionale (Multiattribut-)Verfahren** erheben kompositionelle additive Einzelurteile zu Leistungsmerkmalen und verrechnen diese zu einer Gesamtzufriedenheit (vgl. Standop/ Hesse 1985, S. 18). Es wird also davon ausgegangen, dass sich aus der Anzahl wahrgenommener Einzelleistungen bzw. Teilattribute einer Leistung aussagefähige Zufriedenheitsurteile ableiten lassen. Multiattributverfahren lassen sich in einstellungs- und zufriedenheitsorientierte Messansätze sowie SERVQUAL, SERVPERF, SERVIMPERF und seit geraumer Zeit auch CSI untergliedern. Auf die genannten Ansätze wird im Folgenden näher eingegangen.

Die SERV-Ansätze beschränken sich auf die Untersuchung von Komponenten der Servicequalität. Der CSI, eine Fortentwicklung von SERVIMPERF, kann für Ereignisse und Merkmale gleichermaßen angewandt werden, da eine Differenzierung nicht nur nach Merkmalen, sondern auch nach Prozessphasen und damit nach Kontaktpunkten erfolgen kann. So ist es möglich, die Zufriedenheit mit der Parkplatzsituation, dem Empfang und dem Leitsystem innerhalb eines Gebäudes zu erfragen, also mit physischen und psychosozialen Faktoren bzw. Ereignissen und nicht nur mit Einzelattributen wie Freundlichkeit und Kompetenz des Empfangspersonals.

**Die einstellungsorientierte Messung**

Der einstellungsorientierte Ansatz stellt auf die Annahme ab, dass die Qualitätswahrnehmung eine gelernte, eher dauerhafte, positive oder negative innere Haltung gegenüber dem zu beurteilenden Objekt ist (vgl. Hentschel 2000, S. 299). Dieses Objekt ist entweder ein Merkmal, eine spezielle Leistung oder das gesamte Unternehmen. Die einzelnen Konsumereignisse, aber auch Erfahrungen Dritter fließen in die Einstellung gegenüber dem Objekt ein.

**– Die direkte einstellungsorientierte Messung**

Die 1. Gruppe von Modellen zur Operationalisierung von Einstellungen lässt sich der direkten Messung zuordnen, da die Leistungserwartungen der Kunden nicht explizit erhoben werden.

Für jede Eigenschaft ergibt sich der Einstellungswert aus der Multiplikation von dem Eindruck, dass ein Objekt eine Eigenschaftsausprägung besitzt (kognitive Komponente) und der Bedeutung dieser Eigenschaft (affektive Komponente) (vgl. Haller 1995, S. 20).

$$\text{Gesamteinstellung} = \sum_{i,j=1}^{n,m} \text{Bedeutung einer Eigenschaft (i)} \times \begin{array}{l}\text{Eindruck, inwieweit die}\\ \text{Eigenschaft die}\\ \text{Ausprägung besitzt (j)}\end{array}$$

Dieses Grundbewertungsmuster beinhaltet einige Variationen hinsichtlich der Modellkomponenten (vgl. Freter 1979, S. 167). Die Eindruckswerte sind niedrig, wenn gut bewertete Eigenschaften unwahrscheinlich sind oder schlecht bewertete Eigenschaften wahrscheinlich.

Angestrebt wird in der Praxis eine Übereinstimmung von Bewertungs- und Eindruckskomponente auf hohem Niveau, also ein großer absoluter Endwert. Die Vorteilhaftigkeit dieses Ansatzes liegt in der Einfachheit der Erhebung und der guten Anwendbarkeit der Wichtig-Unwichtig- bzw. Gut-Schlecht-Skalen. Wenn jedoch die Monotonie der Merkmalsausprägungen nicht gewährleistet ist, also eine Aussage nicht ohne weiteres als gut oder schlecht beurteilt werden kann, sollte von diesen Verfahren abgesehen werden (vgl. Hentschel 2000, S. 304 f.). Generell sind dabei – wie bei allen Mess- und Analysekonzepten – einige messtechnische Fragen zu klären.

**– Anforderungen und Probleme der Skalierung**

Den Variationen der Konzepte und der Messtechnik gemein ist das **Problem der Skalierung**. Diese Anforderung wird in der empirischen Forschung im Hinblick auf ihre Bedeutung nicht selten unterschätzt respektive nicht genügend entsprechend den geltenden Grundsätzen der empirischen Sozialforschung und der mathematischen Statistik umgesetzt. Eine gute neuere Quelle zu den Theorien und Methoden der Skalierung ist das Lehrbuch von Borg/ Staufenbiel (2007).

Wochnowski hat aufgezeigt, dass die Nutzung von bipolaren Skalen (-2, -1, 0, +1, +2) empfehlenswert ist, um konsistente Ergebnisse bei der multiplikativen Verknüpfung zu erhalten (vgl. Wochnowski 1995, S. 198).

Müller weist nach, dass dichotomisierte Skalen (also Ja-Nein-Bewertung pro Variable) die Messergebnisse regelrecht verfälschen und empfiehlt den Einsatz mehrstufiger Rating-Skalen, also Ordinalskalen, die metrisch interpretiert werden können und häufig mit 7 Ausprägungen (von sehr schlecht bis sehr gut) verwendet werden (vgl. Müller 1995, S. 17 f.). Dies sind also 2 Ausprägungen mehr als im Text zur Messtechnik beim merkmalsorientierten Ansatz über die Likert-Skala ausgeführt wurde.

Im Folgenden werden einige weitere **Ausführungen zur Skalierung** als zentralem Problem der Messtechnik gemacht.

- Zunächst zur **Anzahl der Skalenpunkte** bzw. Intensitätsstufen: Der Unterschied zwischen 5 oder 7 Ausprägungen liegt offensichtlich darin, dass zu Lasten der eindeutigen semantischen Zuordnung bei 7 Ausprägungen eine detailliertere Skalierung und damit Zuordnung realer Phänomene möglich ist. Generell gilt: Je stärker die Skala unterteilt ist, desto differenzierter ist eine Messung möglich, die allerdings zu Lasten der eindeutigen semantischen Bezeichnung geht (also z.B. „sehr unzufrieden, unzufrieden, eher unzufrieden, teils-teils, eher zufrieden, zufrieden, sehr zufrieden"). Wie an den semantischen Begriffen nachvollziehbar ist, bestehen durch die Bezeichnung keine gleich großen Abstände zwischen den Ausprägungen, so dass die Skalierung streng genommen nicht als intervallskaliert und damit als Rating-Skala verwendet werden kann. Denn der Abstand zwischen „sehr unzufrieden" und „unzufrieden" ist semantisch größer als der Abstand zwischen „unzufrieden" und „eher unzufrieden". Offensichtlich fehlt die Abstufung „eher sehr unzufrieden". Die Forderung nach der Äquidistanz von Skalen ist also nicht erfüllt (vgl. Greving 2007, S. 69). Wie Borg/ Staufenbiel (2007) ausführen, wird in den meisten empirischen Studien eine Intervallskala unterstellt, die dann auch alle additiven Funktionen wie Differenzen, Summen und Mittelwerte erlaubt, ohne dass der gleichmäßige Abstand zwischen den Ausprägungen als Voraussetzung für das Intervallskalenniveau geprüft wird.
Dieses Problem lässt sich generell durch die Vermeidung semantischer Begriffe und damit durch die ausschließliche Angabe von ordinalen Ziffern als numerische Relative umgehen. Ersatzweise können die Abstufungen der numerischen

Relative statt durch empirische bzw. semantische Relative auch durch entsprechend abgestufte „Smilies" als Symbole ersetzt werden (vgl. Jäger 2004).
Damit sind zugleich die Frage und das Problem verbunden, ob durch das begrenzte Unterscheidungsvermögen bzw. die nicht genügend ausgeprägte Fähigkeit der Befragten zur Einschätzung (vgl. Eichhorn 2004, S. 10 f.; Berekoven/ Eckert/ Ellenrieder 2004, S. 78) die Aussagefähigkeit dieser differenzierten Messwerte eingeschränkt ist. Auf der anderen Seite kann eine zu geringe Unterteilung der Skala mit beispielsweise nur 3 Ausprägungen (z.B. „unzufrieden, teils-teils, zufrieden") dazu führen, dass die Varianz des Merkmals nicht ausreichend abgebildet werden kann. Hier liegt oftmals ein **Trade-off zwischen Informationsgehalt versus Antwortbereitschaft** vor (Lehmann/ Gupta/ Steckel 1998, S. 244 f.). Diese Wechselbeziehung ist von Fall zu Fall zu entscheiden.
Anhand von Simulationen ist der Nachweis geführt worden, dass Skalen mindestens 4 Ausprägungen aufweisen müssen. Häufig verwendete Skalenumfänge von 5 bis 7 Ausprägungen sind aus statistischer und psychologischer Sicht ein guter Kompromiss (vgl. Eichhorn 2004, S. 11; Lehmann/ Gupta/ Steckel 1998, S. 244 f., Hüttner/ Schwarting 2002, S. 110). Angloamerikanische Studien schwanken zwischen Skalen mit 2 bis 20 oder sogar 30 Abstufungen; allerdings verwenden sie mehrheitlich Skalen im Bereich von 5 bis 9 Stufen (vgl. Widrick/ Isselhardt/ Moss 1983). Eine Methoden-Studie im deutschen Raum belegt den Vorzug von Skalen mit 5 bis 7 Stufen, da bei den Befragten – bei mehr Ausprägungen – sonst eher Unsicherheit und die Neigung zu Extrempositionen besteht (vgl. Stadtler 1985). Beides soll eigentlich durch diese stärkere Differenzierung vermieden werden, da sie ein fein abgestuftes Messen erlaubt und durch die größere Zahl von Ausprägungen die vorschnelle Angabe von Extrempositionen vermeiden soll. Der praktikable Oberwert von 7 Stufen wird damit also überschritten.
- Ein weiterer Diskussionspunkt in der Wissenschaft und Praxis ist die Frage nach einer **geraden oder ungeraden Anzahl von Skalenpunkten** und damit Ausprägungen. Die Diskussion hierüber besteht bis heute fort, obwohl wissenschaftlich nachgewiesen ist, dass eine Skala mit einer geraden Anzahl von Ausprägungen keine Vorteile im Sinne einer besseren, da genaueren Messtechnik aufweist. Außerdem ist die Antwortbereitschaft bei einer ungeraden Anzahl von Ausprägungen höher, wie nachstehend noch näher ausgeführt wird.

Der Grund für eine ungerade Anzahl von Ausprägungen liegt darin, dass die mittlere Ausprägung die „goldene Mitte" einer ordinalen Abstufung und damit einer Rating-Skala ausdrücken soll. Dies gilt sowohl für unipolare Skalen einer Dimension als auch für bipolare Skalen. Abgefragt werden kann damit ein „gemischtes" Urteil aus positiven und negativen Erfahrungen bzw. Eindrücken. Die Kritiker dieses Konzeptes führen vor allem das Argument ins Feld, dass Befragte die **Mittelposition oft als „Ausflucht"** verwenden, da sie keine klare Vorstellung haben und eine eindeutige Bewertung nicht durchführen können oder sich nicht ausreichend Gedanken hierüber machen wollen. Der Mittelpunkt repräsentiert für sie dann eine neutrale Position, die er aber nicht ist. Sie wäre am ehesten dann gegeben, wenn die Skala bipolar (-2, -1, 0, +1, +2) aufgebaut wäre, um z.B. folgende Abstufung auszudrücken: „sehr unzufrieden, unzufrieden, teils-teils, zufrieden, sehr zufrieden". Auch bei der bipolaren Skala ist – wie generell bei jeder anderen Skala – das zutreffende semantische Relativ für die mittlere Ausprägung „teils-teils" und nicht „weder/ noch", weil sonst streng genommen diese Ausprägung nicht zu der vorgegebenen Skala mit den bipolaren Endpunkten gehört (vgl. Borg/ Staufenbiel 2007, S. 14 ff.)

Generell kann auch bei dieser Skala die Wirkung auftreten, dass die Tendenz der Befragten zur Wahl der Mittelposition verstärkt wird, wenn bzw. weil die Endpunkte der Skala durch die gegensätzlichen Positionen gekennzeichnet sind. Die Mittelposition wird von den Befragten dann als „weiß nicht"-Rubrik interpretiert und nicht als Ausprägung, die genau zwischen beiden Polen der bipolaren Skala liegt (vgl. Eichhorn 2004, S. 11, Borg/ Staufenbiel 2007, S. 32 f.). Diese Tendenz und damit dieses Problem werden noch verstärkt, wenn das semantische Relativ für die Mittelposition mit „unentschieden" beschrieben wird.

Auf der Basis dieser Argumentation ist es zweckmäßig, in einem Fragebogen neben einer z.B. fünfstufigen Skalierung (0, 1, 2, 3, 4 oder 1, 2, 3, 4, 5 oder 0, 25, 50, 75, 100) mit den Abstufungen („sehr unzufrieden, unzufrieden, teils-teils, zufrieden, sehr zufrieden") immer eine völlig separate Rubrik mit der Antwortmöglichkeit „kann ich nicht beurteilen" oder „weiß nicht" aufzuführen. Dies gibt dem Befragten die eindeutige Möglichkeit, seine Unkenntnis zum Ausdruck zu bringen, ohne das Gesamtergebnis der Bewertungen aller anderen Befragten zu verfälschen. Dem Forscher gibt es einen höheren Grad an Gewissheit, dass die Befragten nur dann in der Rating-Skala antworten, wenn sie ein bestimmtes Niveau an Wissen haben. Dies ist immer dann relevant, wenn das Ziel der Befragung nicht die Abfrage von Meinungen ist, sondern von persönlich erlebten Zuständen (vgl. Borg/ Staufenbiel 2007, S. 26 f., 33).

Bei der Verwendung einer geraden Anzahl von Ausprägungen soll genau das oben dargestellte Problem einer vorschnellen und einfachen Wahl der Mittelposition vermieden werden, da diese mittlere Ausprägung fehlt. Die Skala mit der Abstufung (z.B. 1, 2, 3, 4, 5, 6 oder -3, -2, -1, +1, +2, +3) kann dann semantisch besetzt werden durch die Ausprägungen „sehr unzufrieden, unzufrieden, eher unzufrieden, eher zufrieden, zufrieden, sehr zufrieden". Das Ziel ist, dass die Bewertung der Befragten erzwungen wird, sich für den positiven oder negativen Teil der Skala zu entscheiden. Wie sowohl anhand der numerischen Relative bei der bipolaren Skala als auch bei den entsprechenden semantischen Relativen leicht erkennbar ist, sind wiederum die Abstände nicht gleich groß. Der Abstand von -2 zu -1 ist bei diesem semantischen und numerischen Relativ kleiner als der Abstand von -1 zu +1. Eine intervallskalierte Skala, die als Rating-Skala interpretiert werden kann, liegt also nicht vor, da die 0 als Abstufung fehlt. Abgesehen davon kann empirisch bei Befragten durchaus die Beurteilung eines Phänomens vorliegen, die genau der mittleren Ausprägung als „goldener Mitte" entsprochen hätte. Im Ergebnis führen Skalen mit einer geraden Anzahl mit Ausprägungen also eher zu Verzerrungen. Akzeptabel ist sie am ehesten dann, wenn die semantische Beschreibung der Abstufung von 1 bis 6 dem System der Schulnoten entspricht.

Empirisch belegt ist, dass Skalen mit einer ungeraden Anzahl von Ausprägungen und damit bei einer bipolaren Skala mit einem neutralen Mittel-Punkt bzw. bei einer unipolaren Skala einer Dimension mit einer „teils-teils"-Ausprägung im Vergleich zu Skalen mit einer geraden Anzahl von Ausprägungen eine höhere Antwortbereitschaft und Reliabilität aufweisen (vgl. Lehmann/ Gupta/ Steckel 1998, S. 244 f.). Eine ungerade Anzahl von Antwortmöglichkeiten wird deshalb in der Praxis deutlich häufiger verwendet (vgl. Borg/ Staufenbiel 2007, S. 32 f.).

- Ein zusätzliches Problem ist die Frage, ob eine Skala eine **gleichmäßige Anzahl von positiven und negativen Ausprägungen nach beiden Seiten** bzw. Endpunkten ausweisen sollte. Im Ergebnis ist sie dann gleich verteilt oder rechtsschief bzw. linksschief. Die Gründe, warum bei der Kundenzufriedenheitsmessung, z.B. beim Kundenmonitor Deutschland (vgl. ServiceBarometer AG 2006), teilweise auch schiefe Verteilungen verwendet werden, liegen in folgender Argumentation: Kundenzufriedenheitsmanagement ist darauf ausgerichtet, die positiven Ausprägungen und damit das Niveau der Kundenzufriedenheit stufenweise zu steigern. Um diese Steigerungen erfassen zu können, wird eine differenziertere Messung der „positiven" Abstufungen und Ausprägungen empfohlen. Auf der „negativen" Seite der Unzufriedenheit ist dies nicht nötig, da diese Ausprägungen als Ziel nicht verfolgt werden. Die Skala sieht dann beim Kundenmonitor Deutschland beispielsweise folgendermaßen aus: „vollkommen zufrieden (1), sehr zufrieden (2), zufrieden (3), weniger zufrieden (4), unzufrieden (5)". Diese semantischen Relative entsprechen z.B. auch den numerischen Relativen +4, +3, +2, +1, -1 oder 4, 3, 2, 1, 0. Wie auf der Basis der oben geführten Argumentation leicht nachvollziehbar ist, sind bei der vorliegenden Skala die Intervalle semantisch und numerisch teilweise ungleich, die Abstände zwischen den Ausprägungen sind damit nicht gleich groß, was der Interpretation als Rating-Skala entgegen steht und außerdem kann es offensichtlich keine sehr unzufriedenen Kunden geben, zumindest kann diese Ausprägung nicht gemessen werden.

Die Frage, die sich zusätzlich anschließt, ist die nach der Zulässigkeit von arithmetischen Operationen, also von Funktionen wie die Bildung von Differenzen, Summen und Mittelwerten. Eine Mittelwertsberechnung ist zwar rechnerisch möglich, führt aber im Ergebnis dadurch zu einer Verzerrung, dass der Mittelwert durch die vorgegebene Skalierung absichtlich eher im positiven Bereich liegt. Dies wird erfahrungsgemäß noch dadurch verstärkt, dass Befragte auf einer Skala mit einer negativen Ausprägung und 4 graduell abgestuften positiven Ausprägungen eher zum positiven Bereich bei ihrer Beantwortung tendieren. Bei schiefen Verteilungen empfiehlt sich ergänzend die Verwendung des Medians als Lagemaß.

Entsprechend den praktizierten Grundsätzen der empirischen Sozialforschung gilt die Forderung, dass beide Seiten der Skala gleich häufig genannt und damit in den Ausprägungen gleich besetzt sein müssen. Ein Ausweg kann eigentlich nur darin liegen, dass eine nach beiden Seiten stärker unterteilte Skala (also 7 oder 9 Ausprägungen) verwendet wird, um die auf der einen Seite relevanten Ausprägungen ausreichend differenziert messen und damit erfassen können.

Die andere Seite der Ausprägungen wird dann zwar nicht in vollem Maße genutzt, geht aber auf jeden Fall beispielsweise in die Mittelwertsberechnung ein. Die oben angesprochenen Probleme der Fähigkeit der Befragten zu einer derart feinen Differenzierung bleiben dabei jedoch weiterhin bestehen. Als Fazit bleibt festzuhalten, dass nach wissenschaftlichen Kriterien schiefe Verteilungen der Ausprägungen zu vermeiden sind (vgl. hierzu auch Greving 2007, S. 66 ff.).

– **Die indirekte einstellungsorientierte Messung**

Nun zum 2. Konzept der Messung, nämlich der indirekten einstellungsorientierten Analyse. In diesem Fall kommt der nicht-direkten Einstellungsmessung eine hohe Bedeutung zu, bei der die Erwartungskomponente separat erhoben wird. Das heißt, dass die **Eindruckskomponente** in **wahrgenommene und ideale Merkmalsausprägung** aufgespalten wird, wobei letztere den Bezugspunkt bildet (vgl. Haller 1995, S. 24). Die Einstellung zum Realprodukt ist dabei umso positiver, je geringer die Distanz zur Idealmarke ist. Dadurch erhalten wir Kenntnis von dem zu Grunde gelegten Messniveau und dem Ausmaß der Zufriedenheit, was bei der direkten Einstellungsmessung nicht möglich ist. Problematisch ist hierbei jedoch der Idealwert, der die Anspruchsinflation begünstigt.

Im Grundmodell wird für jede Eigenschaft die durch Differenzbildung erhaltene Eindruckskomponente mit der Bedeutung multipliziert, weswegen von einem Zweikomponentenansatz gesprochen wird.

$$\text{Gesamteinstellung} = \sum_{i, k = 1}^{n, m} \text{Bedeutung einer Eigenschaft (i)} \times (\text{Idealpunkt} - \text{Reale Merkmalsausprägung}) (k)$$

Man geht davon aus, dass der Eindruckswert niemals größer als der Idealwert sein kann. Hierbei gilt also, je kleiner die Differenz als Endwert, desto besser.

Bei der Variante von Trommsdorff wird die Bedeutungskomponente nicht separat, sondern implizit erfasst; es handelt sich deshalb um einen Einkomponentenansatz (vgl. Trommsdorff 1975).

Als Voraussetzung der Komponentenverknüpfung müssen bei direkter und indirekter Einstellungsmessung folgende Prämissen erfüllt sein (vgl. Freter 1979, S. 166): Kognitive und affektive Komponente sowie die Merkmale werden als voneinander unabhängig angenommen, und den Eigenschaftsausprägungen wird Linearität sowie kompensatorische Verknüpfung unterstellt.

In der folgenden Abbildung 6 sind Beispiele für die Ausprägungen einstellungsorientierter Verfahren dargestellt.

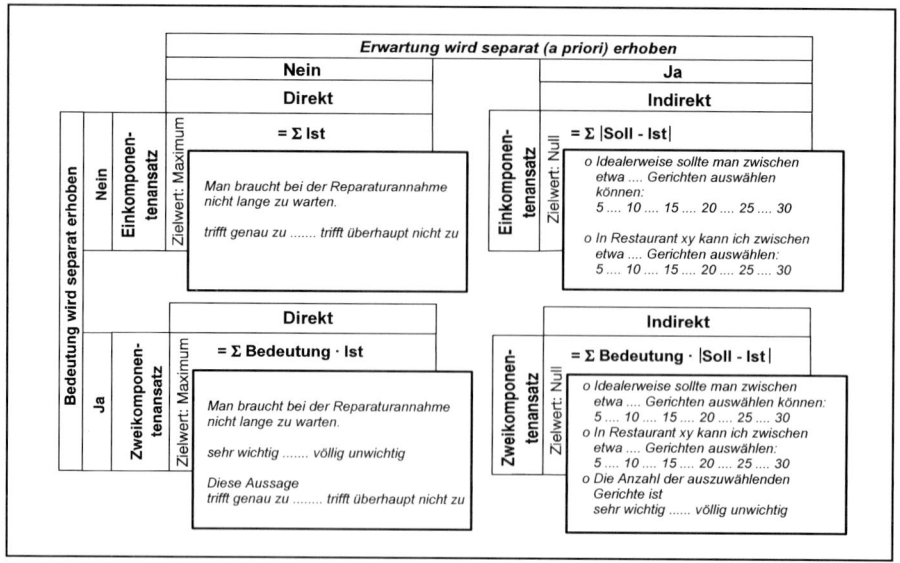

**Abb. 6:** Ausprägungen einstellungsorientierter Verfahren

### Die zufriedenheitsorientierte Messung

Der zufriedenheitsorientierte Ansatz liegt theoretisch im **„Confirmation/ Disconfirmation Paradigma"** begründet. Dieses Verhaltensmuster definiert (Un-) Zufriedenheit als eine Reaktion auf die subjektiv wahrgenommene Diskrepanz zwischen erwarteter und erlebter Leistung. Im Gegensatz zum einstellungsorientierten Ansatz bildet ein konkretes, klar abgrenzbares Konsumerlebnis den Bezugspunkt (vgl. Stauss/ Hentschel 1991, S. 241). Die Sollkomponente fungiert als Vergleichsstandard. An ihr wird die aktuelle Leistung (Ist) gemessen:

$$\text{Gesamteinstellung} = \sum_{i=1}^{n} (\text{Soll} - \text{Ist}) \text{ verhaltensrelevanter Kriterien (I)}$$

Wenn die Erwartungen, welche sich aus Erfahrungen, Bedürfnissen, Kommunikation und monetärer Gegenleistung zusammensetzen, zumindest bestätigt werden, dann resultiert daraus Zufriedenheit, im umgekehrten Fall Unzufriedenheit (vgl. Haller 1995, S. 33).

**– Die direkte zufriedenheitsorientierte Messung**

Werden sowohl die Erwartung (Soll) als auch die erlebte Leistung (Ist) nach dem Konsumerlebnis (ex post) erfragt, so wird die Zufriedenheit direkt gemessen.

**– Die indirekte zufriedenheitsorientierte Messung**

Liegt eine **zeitliche Diskrepanz** zwischen der Messung des Soll- und des Ist-Wertes vor (a priori – a posteriori), so handelt es sich um indirekte Messung. Situationsspezifische Erwartungen werden in die Erhebung einbezogen. Probleme bereiten der Messaufwand, die Operationalisierung des Erwartungsbegriffs sowie die Bedingung, dass die Kunden bereits vor dem Konsumerlebnis dieses ungefähr kennen müssen und sich die Erwartungen während des Erlebnisses noch konkretisieren können (vgl. Hentschel 2002, S. 117).

In Abbildung 7 sind Beispiele aus der Praxis dargestellt, die die unterschiedlichen Ausprägungen der Kundenbefragungen illustrieren.

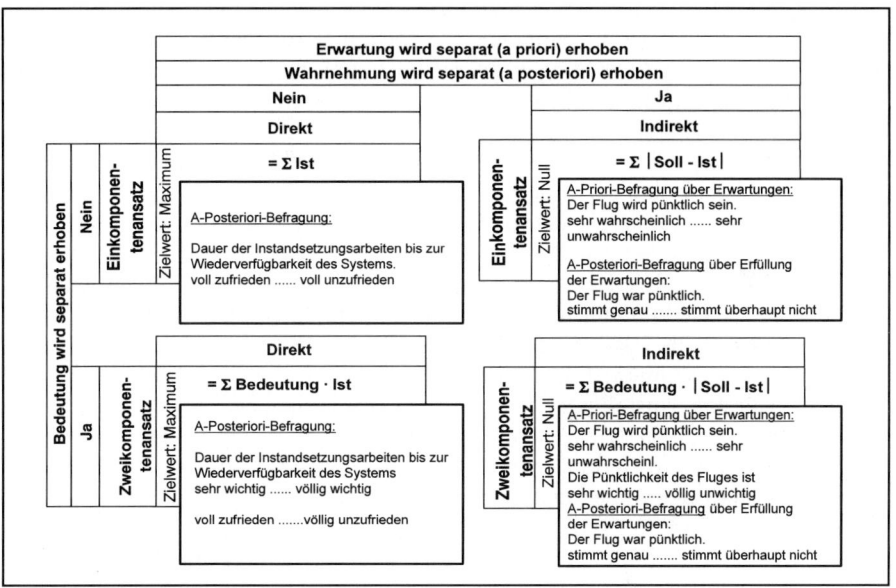

**Abb. 7:** Ausprägungen zufriedenheitsorientierter Verfahren

Ein Vergleich der soeben vorgestellten Verfahren erscheint sinnvoll, da ihnen verschiedene Messgegenstände zu Grunde liegen, die divergierende Ergebnisse bedingen.

Die **Einstellung** ist ein Begriff aus der Bedürfnisbefriedigung, der antizipierenden, beständigen und situationsunabhängigen Charakter besitzt (vgl. Schütze 1992, S. 148 ff.; Lingenfelder/ Schneider 1991, S. 32). Sie ist auch dann erhebbar, wenn der Proband über keine Produkterfahrung verfügt.

Die **Zufriedenheit** gilt als eine besondere Form der Einstellung; sie unterliegt schnellem Wandel sowie einer konkreten Erfahrung und zeichnet sich durch fehlende Konsistenz, Situationsgebundenheit und Dynamik aus. Diese Verfahrensform ist also dann anzuwenden, wenn Anbieter und Nachfrager in einem klar umrissenen Zeitabstand aufeinander treffen.

Der **einstellungsorientierte Ansatz** herrschte in der „klassischen" Marktforschung vor. Diese war darauf konzentriert, die verhaltensdeterminierenden Sachverhalte zu erkennen, um auf dieser Basis auf das Kaufverhalten der Interessenten und/ oder Kunden schließen zu können. Diese Vorgehensweise ist vor allem im Bereich Forschung & Entwicklung für die Analyse des Innovationsbedarfs und von Innovationschancen geeignet.

Der **zufriedenheitsorientierte Ansatz** entspricht der neueren Entwicklung im Marketing, die nicht mehr nur allgemeine Marktforschung betreibt, sondern Kundenforschung im Hinblick auf dessen Zufriedenheit. Damit ist sie sehr viel stärker auf die Ergebnisse des Verhaltens, also den Kauf bzw. die Inanspruchnahme von Leistungen des Unternehmens, ausgerichtet. Ermittelt wird die Bewertung dieser Leistung aus Kundensicht. Dabei wird zusätzlich die generelle Handlungs- und Verhaltensbasis analysiert, nämlich die Bedeutung, die der Kunde bestimmten Sachverhalten, Ereignissen und Ergebnissen beimisst. Dieser Analyseansatz ist deshalb besonders geeignet für die Bewertung bestehender Produkte und Dienstleistungen.

Nachfolgendes Beispiel verdeutlicht die verschiedenen Ergebnisse bei einstellungs- und zufriedenheitsorientierter Messung: Ein Kunde kann mit dem letzten Besuch in seiner Kfz-Werkstatt unzufrieden sein, aber über die gesamte Nutzungsperiode dieser Werkstatt gegenüber eine positive Einstellung haben (vgl. Hentschel 2002, S. 119). Es wird eine Wechselwirkung zwischen beiden Ansätzen in der Weise angenommen, dass das kurzlebigere Konsumerlebnis (Zufriedenheitsmessung) in die längerfristig herausgebildete Gesamteinschätzung (Einstellungsmessung) des Unternehmens eingeht (vgl. Schütze 1992, S. 148).

Für die direkte einstellungs- und zufriedenheitsorientierte Messung sprechen die einfache und zügige Anwendung, bei indirekter Messung nehmen jedoch die Möglichkeiten einer differenzierten Datenanalyse zu. Des Weiteren ist der **Zweikomponentenansatz** wegen der sinnvollen Aufspaltung in Bedeutungs- und Eindruckskomponente dem Einkomponentenansatz vorzuziehen.

Bei den beiden Abbildungen zu Ausprägungen einstellungsorientierter oder zufriedenheitsorientierter Verfahren lassen sich zumindest vom jeweiligen Ansatz her die im Folgenden näher ausgeführten Verfahren zuordnen. Dabei ist jedoch zu berücksichtigen, dass die Verfahren unterschiedlich sind von den Frageinhalten und -ausrichtungen, aber direkt zuordenbar im Hinblick auf die Messung von Erwartung und/ oder Bedeutung, also im Hinblick auf die Ausgestaltung als Einkomponenten- oder Zweikomponentenansatz.

Auf der Konzeption des direkten Einkomponentenansatzes zur Erfassung der Ist-Leistung, ohne separate Bewertung der Bedeutung und ebenfalls ohne separate Erfassung der Erwartung, basiert der Messansatz des SERVPERF.

Wird zusätzlich neben der direkten Ist-Messung auch die Bedeutung erhoben, liegt also ein Zweikomponentenansatz vor, dann ist dies die Basis für den Messansatz SERVIMPERF.

Wird die Erwartung indirekt durch einen Vergleich zwischen Idealzustand und der vorzufindenden Ist-Leistung gemessen, dann entspricht dieser Einkomponentenansatz, bei dem die Bedeutung nicht separat erhoben wird, dem Modell des

Messansatzes von SERVQUAL (vgl. Parasuraman/ Zeithaml/ Berry 1988, S. 12 ff.; Hentschel 1990, S. 230 ff.).

Wird in einem Zweikomponentenansatz zum einen die Bedeutung explizit gemessen und zum anderen die Zufriedenheit als Soll-Ist-Vergleich, also als Abweichung oder Übereinstimmung der Anforderung und des Ist-Ergebnisses, dann entspricht dies dem Messansatz des **Customer Satisfaction Index (CSI)**. Eine Zufriedenheitsmessung in dieser Form ist zugleich immer ein qualitätsorientierter Messansatz. Denn eine geringe Abweichung zwischen der Soll-Erwartung (Wichtigkeit, Bedeutung) und dem Ist-Ergebnis (Zufriedenheit) lässt den Schluss zu, dass die **CTQs als wesentliche Kundenanforderungen** weitgehend erfüllt sind und damit kundenorientierte Qualität erreicht wurde. Dabei ist zu berücksichtigen, dass bei diesem Messansatz noch die Indexbildung und damit die Vergleichbarkeit über die Zeit und über unterschiedliche Sachverhalte hinzukommen. Hierauf wird im Folgenden noch ausführlich eingegangen.

**SERVQUAL, SERVPERF, SERVIMPERF**

In der Literatur sind in den vergangenen Jahren eine Vielzahl von Modellansätzen zur Messung der Dienstleistungs- oder auch Servicequalität vorgestellt worden, die unterschiedliche Qualitätsmerkmale als ursächlich für Dienstleistungsqualität bezeichnen. Hervorzuheben sind hierbei die Ansätze von Grönroos, Donabedian, Berry/ Brandt sowie Zeithaml/ Parasuraman/ Berry (vgl. dazu auch Benkenstein/ Güthoff 1997, S. 83).

Viele der Methoden der Qualitätsmessung sind auch für die Messung der Kundenzufriedenheit anwendbar. Die Qualität bezieht sich auf die Produkt- und Servicequalität. Es wird davon ausgegangen, dass beides eine wesentliche Grundlage für Kundenzufriedenheit ist.

Das Modell von Zeithaml/ Parasuraman/ Berry (1992) **SERVQUAL** geht von einem kundenorientierten Qualitätsbegriff aus und basiert auf Fokusgruppeninterviews mit Dienstleistungskunden und auf Expertengesprächen mit Dienstleistungsanbietern verschiedener Branchen, wie Banken, Versicherungen und Reparaturdienstleistern. Die von den 3 Autoren durchgeführte Studie mündete in der Erarbeitung von 5 Lücken (gaps), die zwischen der Wahrnehmung der Leistung durch den Kunden und der angebotenen Dienstleistung des Anbieters bestehen können. Die Diskrepanz zwischen erlebtem und erwartetem Service wird als zentrale und sich als Ergebnis auftuende Lücke in dem GAP-Modell bezeichnet, die durch alle vorgelagerten Lücken bewirkt wird, die in einem Unternehmen auftreten (können). Diese Untergliederung resultiert aus der Tatsache, dass die Ursachen der Ergebnis-Lücke in Defiziten aller Vorstufen liegen können.

Dieses GAP-Modell zeigt die Hürden auf, welche überwunden werden müssen, um eine qualitativ hochwertige Leistung zu erbringen. Es kann jedoch nicht die Ursachen der Wahrnehmung von Qualität erklären. Diese erfolgt über Dimensionen der Dienstleistungsqualität, nach denen – wie anhand von Interviews nachgewiesen wurde – die Nachfrager unterschiedlicher Leistungen die Dienstleistungsqualität evaluieren.

Bevor auf die konkreten Ansätze zur Messung der Servicequalität eingegangen werden soll, wird zum besseren Verständnis der Unterschiede zwischen den Ansätzen ein Überblick über die Komponenten gegeben, anhand derer die Kundenzufriedenheit und damit die zu Grunde liegende Servicequalität gemessen werden kann (siehe Abb. 8).

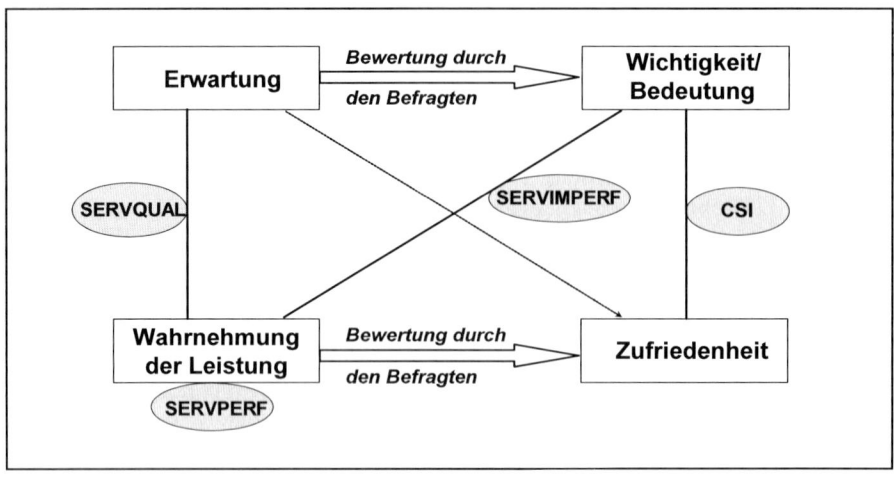

**Abb. 8:** Kundeneinschätzungen

Die finale Ergebnis-Lücke des GAP-Modells ist also das Resultat des SERVQUAL-Ansatzes, d.h. die Erwartung des Kunden wird mit seiner Wahrnehmung verglichen. Der **SERVPERF-Ansatz** misst und klassifiziert nur die wahrgenommene Leistung. Die einfache Bewertung durch den Kunden beinhaltet also das Abfragen der Erwartung und der Wahrnehmung des Kunden. Die zweifache Bewertung impliziert, dass nicht aufgrund von Wahrnehmung und Erwartung auf die Zufriedenheit geschlossen wird, sondern dass erfragt wird, wie der Kunde diese Wahrnehmung aufgrund seines Wertesystems einordnet und wie diese im Vergleich zu seiner Erwartung steht. Dieser Schritt kennzeichnet den Übergang von der einstufigen zur zweistufigen Bewertung, bei welcher der Befragte die Wichtigkeit angeben soll. Hat der Kunde nur geringe Erwartungen, bewertet er seine Wahrnehmungen im Hinblick auf dieses Erwartungs-Niveau, woraus eine Erwartungsaussage zu seiner Zufriedenheit resultiert. Der SERVIMPERF-Ansatz gibt somit die Relation zwischen den Wahrnehmungen des Kunden und der Wichtigkeit an. Der Customer Satisfaction Index basiert auf dem Abfragen der Zufriedenheit und der Wichtigkeit, wobei die Zufriedenheit aus Erwartung und Wahrnehmung gebildet wird. Der CSI-Ansatz steht somit in der Tradition der Zweikomponentenansätze, wie der SERVIMPERF-Ansatz auch. SERVQUAL ist den indirekten Einkomponentenansätzen zuzurechnen, SERVPERF den direkten Einkomponentenansätzen.

– **SERVQUAL**

Mitte der 1980er Jahre ist ein neuer merkmalsorientierter Ansatz entwickelt worden, der sich zwischen die einstellungs- und zufriedenheitsorientierten Modelle einordnen lässt und die **Dienstleistungsqualität** misst (vgl. Hentschel 2000, S. 305 ff.). „Der Wert der wahrgenommenen Qualität setzt sich aus dem Grad und der Richtung des Unterschiedes zwischen Erwartung und Wahrnehmung zusammen" (Quartapelle/ Larsen 1996, S. 153).

$$\text{Gesamteinstellung} = \sum_{e, w = 1}^{n, m} (\text{Erwartete Leistung (e)} - \text{Wahrgenommene Leistung (w)})$$

Die Autoren Zeithaml/ Parasuraman/ Berry grenzen 5 **Qualitätsdimensionen** – Reliability, Responsiveness, Assurance, Empathy und Tangibles – voneinander ab, die insgesamt 22 Items bzw. Variablen beinhalten und mit Hilfe einer Doppelskala über einen standardisierten Fragebogen erhoben werden. Durch Verwendung der Doppelskala erhält man 2 Aussagen zu jedem Item. Die Gesamtqualität wird durch eine Mittelwertberechnung aller 5 Dimensionen errechnet, wobei das Gruppierungsergebnis der Variablen in die 5 Dimensionen auf der Basis einer Faktorenanalyse ermittelt wird (siehe Abb. 9).

Die relative Bedeutung der Qualitätsdimensionen für das Gesamtqualitätsurteil wird bestimmt über die Erhebung eines globalen Qualitätsmaßes und die Durchführung einer Regressionsanalyse zwischen den Einzelwerten bzw. Variablen der Qualitätsdimensionen als unabhängige und dem Qualitätsmaß als abhängige Variable (vgl. Zeithaml/ Parasuraman/ Berry 1992, S. 34 ff.). Da jedoch die Bedeutung der Dimensionen nicht für alle Kunden homogen ist, erweist es sich als vorteilhaft, die Merkmalsgewichte mitzuerheben.

Auf die Inhalte und die Konsequenzen dieser 5 Qualitätsdimensionen im Hinblick auf die Mitarbeiterführung wird an späterer Stelle in dem entsprechenden Artikel zur Einbeziehung der Mitarbeiter in die Umsetzung einer hohen Servicequalität mit dem Schwerpunkt auf mitarbeiter- und organisationsbezogenen Fähigkeiten ausführlicher eingegangen.

Mit diesen 5 Faktoren liegt ein **hierarchisiertes Messverfahren** in Form einer Faktorenanalyse vor, bei dem von den beobachtbaren Variablen auf dahinterliegende, übergeordnete Faktoren geschlossen werden kann. Aus Abbildung 9 ist ebenfalls der prozentuale Anteil der einzelnen Faktoren an der Dienstleistungs-/ Servicequalität und damit indirekt der Kundenzufriedenheit ablesbar.

Die auf einer siebenstufigen Ratingskala abgetragenen Soll-Ist-Diskrepanzen (gaps) zwischen vom Kunden erwarteter und erlebter Leistung werden dann auf ihre Ursachen hin untersucht und im Zeitablauf beobachtet. Negative Werte weisen auf eine schlechte Qualitätswahrnehmung hin (vgl. Haller 1995, S. 100). Je größer die Differenz zwischen den markierten Ausprägungen, der perception und der expectation scale, desto höher ist die wahrgenommene Servicequalität in Bezug auf das jeweilige Item.

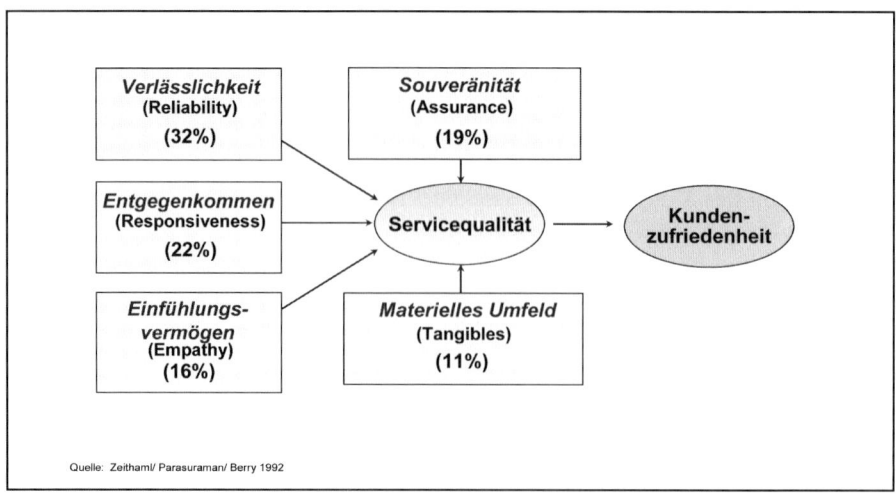

**Abb. 9:** Wichtigkeit der 5 Bewertungsdimensionen von Dienstleistungs-/ Servicequalität aus Kundensicht

**Die Doppelskala innerhalb von SERVQUAL:**

|  | Diese(r) Meinung | | | | | | |
|---|---|---|---|---|---|---|---|
|  | Stimme ich völlig zu | | | | | | lehne ich entschieden ab |
| Die Verkäufer sollen auch zu anderen Produkten des Unternehmens Auskunft geben können. | 7 | 6 | 5 | 4 | 3 | 2 | 1 |
| Die Verkäufer sind in der Lage, zu anderen Produkten des Unternehmens Auskunft zu geben. | 7 | 6 | 5 | 4 | 3 | 2 | 1 |

Überaus problematisch an diesem Ansatz ist, dass sich hinter scheinbar gleichen Qualitätsurteilen aufgrund differenter Anspruchniveaus völlig unterschiedliche Bewertungen verbergen können. Dies liegt daran, dass das absolute Niveau bei der Berechnung unberücksichtigt bleibt. Die Erwartung wird häufig mit idealer Leistung gleichgesetzt, fördert dadurch die Anspruchsinflation und begrenzt den Aussagewert der Erwartungsskala. Außerdem wird die Bedeutung der Kriterien nicht erfasst, wodurch möglicherweise für weniger wichtige Kriterien Verbesserungsmaßnahmen mit hohem Kapitalaufwand durchgeführt werden, die aber nur eine geringfügige Anhebung der Zufriedenheitsurteile zur Folge haben. Die Doppelskala stellt zudem hohe Ansprüche an die Urteilsbereitschaft und -fähigkeit der Probanden (vgl. Hentschel 2000, S. 311.). Denn diese müssen ihre konkreten Erfahrungen nachträglich in eine Erwartungs- und eine Wahrnehmungskomponente zerlegen.

Nach der Darstellung des SERVQUAL-Ansatzes werden nun SERVPERF sowie das bereits 1977 entwickelte SERVIMPERF betrachtet, 2 Modelle, die als Abwandlungen des Ausgangsmodells verstanden werden können. Anhand der zusammenfassenden Darstellung der Kernmerkmale der Ansätze am Ende dieses Abschnitts werden sowohl die Messproblematik als auch die Anforderungen an eine valide und reliable Kundenzufriedenheitsmessung deutlich.

– **SERVPERF**

Cronin und Taylor ersetzen die Messung der wahrgenommenen Qualität bei SERVQUAL durch die der **wahrgenommenen Leistung**, also der „performance". Dabei kommt statt der Doppelskala eine Einfachskala zur Anwendung, die als SERVPERF bezeichnet wird. Die Konzeption basiert auf einem einstellungsorientierten Qualitätsbegriff.

**Einfachskala zur Erfassung der Servicequalität:**

|  | Diese(r) Meinung | | | | | | |
|---|---|---|---|---|---|---|---|
|  | Stimme ich völlig zu | | | lehne ich entschieden ab | | | |
| Die Verkäufer sind in der Lage, zu anderen Produkten des Unternehmens Auskunft zu geben. | 7 | 6 | 5 | 4 | 3 | 2 | 1 |

Das Gesamturteil wird über die additive Verknüpfung der jeweiligen Einzelurteile ermittelt. Eine Bildung von Teilqualitäten über die einzelnen Qualitätsdimensionen erfolgt nicht, da Cronin und Taylor die Zuordnung der Items zu den jeweiligen Qualitätsdimensionen als nicht eindeutig ansehen (vgl. Cronin/ Taylor 1992, S. 58), obwohl dies mit einer explorativen Faktorenanalyse möglich wäre.

Positiv an diesem Ansatz sind die recht einfache Einsetzbarkeit und die damit einhergehende verbesserte Inhaltsvalidität. Schwachpunkte resultieren aus dem Verzicht auf eine Erhebung der Erwartung und der Bedeutung der einzelnen Attribute sowie aus dem damit verknüpften Informationsverlust bezogen auf Angaben, in welchen Bereichen Verbesserungsmaßnahmen mit welcher Priorität durchgeführt werden sollen (vgl. Cronin/ Taylor 1994, S. 125 ff.).

– **SERVIMPERF**

Im Gegensatz zum SERVPERF-Ansatz setzt sich bei SERVIMPERF das Qualitätsurteil aus 2 Hauptkomponenten zusammen (vgl. Haller 1995, S. 102f.).

1. **Bewertung- oder Eindruckskomponente** (performance):
Erhebung der aktuellen Güteausprägung der Leistung
2. **Bedeutungs- oder Wichtigkeitskomponente** (importance):
Gewichtungsfaktor der Leistung

Diese Hauptkomponenten werden für jede abgefragte Teilleistung erhoben. Das Gesamturteil wird als multiplikative Verknüpfung der Komponenten und der Addition aller abgefragten Dimensionen gebildet.

**Zwei Einfachskalen zur Erfassung der Servicequalität:**

|  | Diese(r) Meinung | | | | | | |
|---|---|---|---|---|---|---|---|
|  | Stimme ich völlig zu | | | | | lehne ich entschieden ab | |
| Die Verkäufer sind in der Lage, zu anderen Produkten des Unternehmens Auskunft zu geben. | 7 | 6 | 5 | 4 | 3 | 2 | 1 |
|  | Dieses Kriterium ist | | | | | | |
|  | Sehr wichtig | | | | | völlig unwichtig | |
| Die Auskunftsfähigkeit der Verkäufer zu anderen Produkten ... | 7 | 6 | 5 | 4 | 3 | 2 | 1 |

Statt einer Doppelskala nutzt man 2 Einfachskalen, mit denen die Bedeutung (importance) bzw. die wahrgenommene Leistung (performance) gemessen werden. Die Kopplung dieser 2 Attribute kann in einem Koordinatenkreuz dargestellt werden; die abgefragten Items werden den jeweiligen Quadranten zugeordnet (siehe Abb. 10).

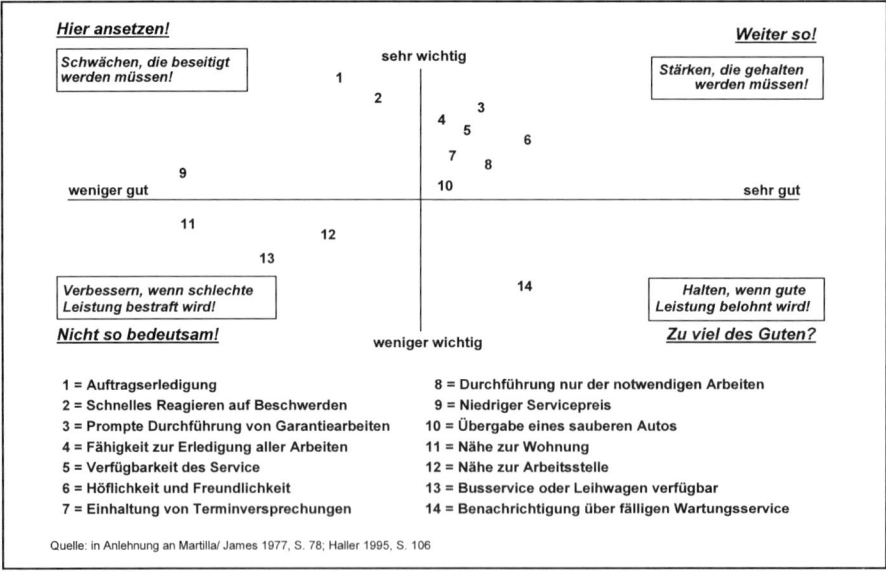

**Abb. 10:** Importance-Performance-Analyse

Diese Visualisierungsform bietet, neben ihrer Klarheit, den Vorteil eines **hohen Operationalisierungsgrades**. So können den einzelnen Quadranten Handlungsempfehlungen zugeordnet werden. Diese Aufteilung zu den Quadranten ist damit gleichzeitig die Grundlage für das Verbesserungsportfolio.

Wie bei SERVQUAL existiert auch bei diesem Messverfahren das Problem der Anspruchsinflation, welches durch den Einsatz des Konstant-Summen-Verfahrens umgangen werden kann. Mit anderen Worten wird durch die Normierung der Summe aller Einflussfaktoren auf 100 eine direkte Vergleichbarkeit der resultierenden Gesamt-Zufriedenheitswerte sichergestellt, auch wenn die Anzahl der Einflussfaktoren stark unterschiedlich ist; allerdings mit der Besonderheit, dass der Beitrag einzelner Faktoren zur Gesamtzufriedenheit mit steigender Anzahl der Faktoren abnimmt.

Des Weiteren müssen die Ansprüche an die Urteilsfähigkeit der Probanden als häufig zu hoch eingeschätzt werden. Zwar wird bei diesem Ansatz das Delta zwischen Soll und Ist erfasst, jedoch bleibt das absolute Niveau auch hier unberücksichtigt.

**– Vergleich von SERVQUAL, SERVPERF und SERVIMPERF**

Parasuraman/ Zeithaml/ Berry entwickelten die Items ihres Fragebogens auf der Grundlage von Interviews von Nachfragern und Anbietern im Dienstleistungsbereich, insbesondere Banken. Zu kritisieren ist dabei, dass 3 der 4 in die Befragung einbezogenen Branchen im Finanzdienstleistungsbereich anzusiedeln sind und so der Anspruch dieses Modells, in allen Dienstleistungsbereichen Gültigkeit zu besitzen, aufgrund der Heterogenität des Sektors, angezweifelt werden muss (vgl. Hentschel 2002, S. 141). Cronin und Taylor weisen darauf hin, dass diese 22 Items zwar den Hauptaspekt der Dienstleistungsqualität wiedergeben können, es für eine gezielte Analyse aber notwendig ist, den Fragebogen an den jeweiligen Einsatzbereich anzupassen.

Die hauptsächliche Kritik an SERVQUAL wird im Zusammenhang mit der Ermittlung des Qualitätsurteils als Differenz von Erwartung und Wahrnehmung geübt. Zum einen wird der Erwartungsbegriff als eine Idealleistung interpretiert, wodurch die Erwartungen eigentlich niemals übertroffen werden könnten. Um eine positive Qualitätsbeurteilung zu erreichen, müsste die Leistung größer als die Erwartung, d.h. idealer als ideal sein. Zum anderen ist die Gefahr der Uminterpretation des Erwartungsbegriffes durch den Befragten als negativ anzumerken. Auch die Anspruchsinflation wird nicht ausgeschaltet, was bei der Auswertung zu der Interpretation verleitet, dass die Qualität der Dienstleistung nicht zufrieden stellend sei (vgl. Dichtl/ Müller 1986, S. 233 ff.). Die aggregierten Differenzwerte weisen dann im Vergleich zu einem miterhobenen Globalurteil eine geringere Korrelation als die Summe der Wahrnehmungswerte allein auf.

Beispielsweise: Je geringer die angegebenen Erwartungen und umso höher die Wahrnehmung, desto größer ist die Servicequalität. Legt Kunde A einen hohen Wert auf das Erscheinungsbild seiner Bank und findet er dies auch vor, so wird er beide Kriterien mit 7 (höchster Wert) bewerten. Die Differenz wäre dann gleich Null. Findet dagegen Kunde B das Erscheinungsbild einer Bank unwichtig (Erwartung gleich 1), beurteilt er es aber subjektiv als sehr gut (Wahrnehmung gleich

7), resultiert daraus eine positive Differenz von 6. Dies würde bedeuten, dass der Kunde B der Bank eine höhere Qualität zuschreibt als Kunde A, was nicht plausibel erscheint.

Den Umstand der geringen Korrelation der Differenzwerte zum Globalurteil in SERVQUAL greifen Cronin/ Taylor in ihren alternativ vorgestellten Messmethoden SERVPERF (ohne Gewichtung) und SERVIMPERF (mit Gewichtung) auf, mit Bevorzugung des ersteren der beiden Ansätze, wobei bei diesem Informationen über Ansatzpunkte für Verbesserungsmaßnahmen und deren Prioritäten gänzlich fehlen (vgl. Cronin/ Taylor 1994, S. 130). Diese Informationen werden durch das SERVIMPERF-Verfahren ermittelt, weshalb der Autor diesen Ansatz auch als den aussagekräftigsten der 3 Messmethoden zur Servicequalität ansieht. Nur SERVIMPERF ermöglicht eine gezielte Steuerung der Dienstleistungsqualität zur Steigerung der Kundenzufriedenheit.

Doch auch diesem Modell fehlen die Angabe des Anspruchsniveaus sowie die damit verbundene Möglichkeit eines aussagekräftigen Vergleichs der Urteile über die Jahre unabhängig von einer Veränderung der Anzahl und der Ausprägung der Messkriterien. Diese Anforderung erfüllt der Customer Satisfaction Index, der im Folgenden ausführlicher dargestellt wird.

**Kritische Würdigung**

Die einstellungs- und zufriedenheitsorientierten Ansätze werden vorwiegend bei Sachleistungen eingesetzt. Dagegen evaluieren SERVQUAL, SERVPERF und SERVIMPERF die **Qualität von Dienstleistungen**. Der CSI, Gegenstand des folgenden Abschnitts, ist für beide Leistungsarten geeignet. Die SERV-Ansätze und der CSI übernehmen jeweils Teile aus den beiden ersten Erklärungsansätzen. Sie sind relativ jung und haben den Anspruch, neueren Entwicklungen und Erkenntnissen der Kundenzufriedenheitsmessung gerecht zu werden. Bei den SERV-Ansätzen sind – wie aufgezeigt – aber zum Teil Bedenken anzumelden.

Als Fazit bleibt festzuhalten, dass beim Prozess der Erfassung von Kundeneinschätzungen mehrere Ebenen und Stufen unterscheidbar sind. Sie sind in Abbildung 11 noch einmal im Detail dargestellt und sollen abschließend kurz referiert werden. Ausgangsbasis ist jeweils die Einstellung. Sie drückt sich in der Präferenz als handlungsorientiertem Ansatz (konativ) aus.

Der SERVPERF-Ansatz geht nur auf das inhaltliche Ergebnis im Sinne des wahrgenommenen Ist-Niveaus der Leistung als Soll-Ist-Differenz aus Kundensicht ein. SERIMPERF erweitert die Sichtweise und die Bewertung in Form eines zweistufigen Ansatzes, da neben der wahrgenommenen Ist-Leistung auch die Wichtigkeit der Leistung und damit die Präferenz zur Begründung des Urteils herangezogen werden. Das erwartete Soll-Niveau der Leistung wird demnach nicht direkt gemessen, sondern in der Vorphase und der Folgephase berücksichtigt.

Ausführlichere Bewertungsschritte liegen bei SERVQUAL und CSI vor. SERVQUAL ermittelt auf Basis der Lückenanalyse das **erwartete Soll-Niveau der Leistung (E)** und stellt diesem das **wahrgenommene Ist-Niveau der Leistung (L)** gegenüber. Von daher wir das Delta $D_1$ als **einstufiges Mess- und Bewertungsergebnis** erfasst. Die damit verbundene oder fehlende Aussagefähigkeit wurde vorstehend bereits angeführt.

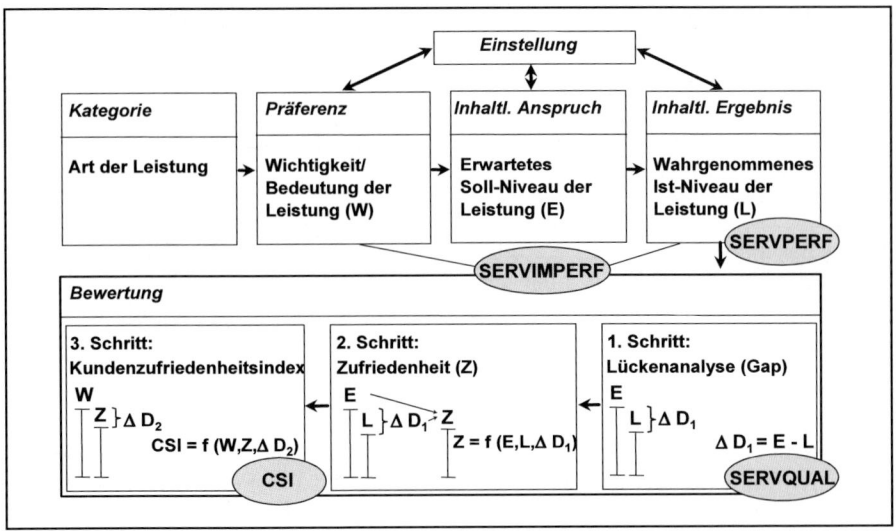

**Abb. 11:** Prozess der Messung von Kundeneinschätzungen

Im Vergleich hierzu nimmt die Zufriedenheitsmessung – die auch anders ausgerichtet ist als SERVIMPERF – eine **zweistufige Messung** vor. Hierfür wird zum einen das **erwartete Soll-Niveau der Leistung (E)** verglichen mit dem **wahrgenommenen Ist-Niveau (L)** und zum anderen auf der Basis des **eigenen Empfindens und Wertesystems** die Lücke ($\Delta D_1$) bewertet. Als Ergebnis dieses zweistufigen Bewertungsvorgangs erhält man eine Aussage über die Bewertung, nämlich ein Zufriedenheitsurteil, das eindimensional oder multiattributiv/ mehrdimensional sein kann.

Diese zweistufig erreichte Zufriedenheitsbewertung wird im 3. Schritt der Bewertung bei der Ermittlung des Kundenzufriedenheitsindex vom Probanden mit der **Wichtigkeit des jeweiligen Kriteriums** (W) verglichen. Hierdurch kommt eine weitere Lücke, nämlich die Differenz zwischen der Wichtigkeit und der Zufriedenheit zustande ($\Delta D_2$). Diese Abweichung ist die Grundlage für die Berechnung und Indexbildung als Kundenzufriedenheitsindex.

Der **Vorteil dieser Indexbildung** liegt darin, dass mit dem dimensionslosen Index im Zeitablauf Veränderungen unmittelbar aussagefähig erfasst und berücksichtigt werden können, ohne dass hierdurch also das Mess- und Bewertungsergebnis verfälscht wird. Dies bedeutet mit anderen Worten, dass bei einer multiattributiven Messung die Verschiebung der Gewichte und damit der Bedeutungen einzelner Kriterien erfasst werden kann und immer mit der jeweiligen Zufriedenheit in Relation gesetzt wird. Entsprechend können neue Kriterien aufgenommen werden, die dann einen Beitrag zu Aktualität des Gesamtzufriedenheitsindex leisten. Auch dadurch wird die Vergleichbarkeit mit früheren Werten nicht beeinträchtigt, weil die Indexbildung nicht nur auf einzelne Attribute beschränkt ist, sondern auch insgesamt auf der Basis einer Normierung auf 100% erfolgt.

## 3.3 Die Berechnung des Customer Satisfaction Index (CSI)

**Zwei Basiskonzepte**

Der Konzeption und Berechnung des Customer Satisfaction Index liegt vor allem das Gedankengut des SERVIMPERF-Ansatzes zu Grunde. Generell geht es darum, aus Sicht des externen oder auch internen Kunden die erreichte Zufriedenheit mit einer Leistung in Beziehung zu setzen zu der Wichtigkeit dieser Leistung. Dies kann auf der Basis von 2 Konzepten erfolgen, und zwar auf der Grundlage des Differenzen-Verfahrens oder des Quotienten-Verfahrens. Hierauf wird im Folgenden kurz aus grundsätzlicher Sicht eingegangen, bevor gängige Konzepte und Berechnungsmöglichkeiten thematisiert werden.

- Beim **Differenzen-Verfahren**, auch genannt Delta-Analyse, erfolgt generell eine Subtraktion zwischen der Wichtigkeit eines Merkmals und der in dieser Hinsicht beim Kunden erreichten Zufriedenheit (mit umgekehrtem Vorzeichen). Das Ergebnis ist dann eine Defizit-Analyse respektive Delta-Analyse, welche die Lücke zwischen der Wichtigkeit für den Kunden und dem erreichten Zufriedenheitsniveau des Kunden aufzeigt. Sie macht damit nur eine Aussage über das Residuum von Wichtigkeit und Zufriedenheit und nicht über die Gesamtrelation. Dies entspricht nicht unmittelbar einem Index. An einem Beispiel verdeutlicht, heißt dies, dass bei einem Delta zwischen Wichtigkeit und Zufriedenheit bei einem Kriterium in Höhe von 85-65 = 20 bzw. als Defizit -20 und bei einem anderen Kriterium in Höhe von 60-35 = 25 bzw. als Defizit -25 eigentlich der Verbesserungsprozess beim 2. Kriterium ansetzen müsste, obwohl die Wichtigkeit aus Kundensicht offensichtlich geringer (60) und beim 1. Kriterium deutlich höher (85) ist.

Demnach lässt sich mit dieser Delta-Analyse nur indirekt auch eine Aussage über das erreichte Zufriedenheitsniveau beim Kunden treffen, dadurch dass zusätzlich das Wichtigkeitsniveau als Basis für die geforderte Zufriedenheit berücksichtigt wird. Bei einem positiven Delta, also wenn das erreichte Zufriedenheitsniveau höher ist als die formulierte Wichtigkeit, liegt ein für das Unternehmen positives Ergebnis vor, das zum einen aber immer unter dem Blickwinkel der mit dem erreichten Zufriedenheitsniveau verbundenen Kosten zu betrachten ist. Generell sind hier Einsparmöglichkeiten zu überprüfen. Zusätzlich kann ein höheres Zufriedenheitsniveau im Vergleich zur jeweiligen Wichtigkeit auch eine veränderte Schwerpunktsetzung der Strategie zur Folge haben, da offensichtlich bei dem untersuchten Kriterium eine deutliche Überdeckung erreicht wurde. Dies lässt sich beispielsweise bei einer Befragung von Kunden am Angebot des Kommunikationskanals „Fax" nachvollziehen, der deutlich an Bedeutung gegenüber dem stärker interaktiven Kommunikationskanal „Internet" verliert. Bei einer hohen Zufriedenheit ist die Wichtigkeit also erheblich geringer. Die Kommunikationsstrategie mit Kunden wird also primär auf Internet als Kommunikationskanal neben dem persönlichen Kontakt mit Kunden fokussiert sein.

Zum anderen ist ebenfalls von Bedeutung, dass dieses positive Delta bei einem Kriterium nicht gegen die Defizite bei einem anderen Kriterium aufgerechnet wird. Ein positives Delta wird in einer aggregierten Analyse immer auf Null-Niveau „abgeregelt". Eine Gesamtaussage ist in der Weise ermittelbar, dass die Summe der analysierten Deltas auf die Anzahl der zu Grunde gelegten Kriterien bezogen wird, also das arithmetische Mittel gebildet wird. Das Ergebnis kann immer nur eine Durchschnitts-Aussage sein, die „Höhen und Tiefen" der Zufriedenheit von Kunden auf der Basis der von ihnen formulierten Wichtigkeit nicht berücksichtigt. Wird hingegen das geometrische Mittel zu Grunde gelegt, dann werden die Extremwerte der Deltas im errechneten Durchschnittswert stärker berücksichtigt, d.h. bei hoher Streuung ist das geometrische Mittel deutlich geringer als das arithmetische.

- Beim **Quotienten-Verfahren** als standardmäßiger CSI-Berechnung wird aus Kundensicht die erreichte Zufriedenheit bei einem Kriterium in Relation zur Wichtigkeit dieses Kriteriums gesetzt. Dabei ist jeweils die Einzelrelation zwischen Wichtigkeit und Zufriedenheit bei jedem Kriterium zu bilden. Mit anderen Worten kann nicht die Summe der Teil-Zufriedenheiten bei den maßgeblichen Kriterien von der entsprechenden Summe der Teil-Wichtigkeiten abgezogen werden. Denn – wie im Folgenden noch ausgeführt wird – muss ein die Wichtigkeit übersteigender Zufriedenheitswert in der Gesamtberechnung auf das Wichtigkeitsniveau dieses Kriteriums „abgeregelt" werden. Aus den oben genannten Gründen wird der Teil-KZI durch die „Abregelung" nie größer als 100 sein können (als Index ist dies kein Prozentwert). Werden mehrere Einzelkriterien zu einem Gesamt-Kundenzufriedenheitsindex (KZI) aggregiert, dann werden diese relativen Teil-Kundenzufriedenheitsindizes addiert. Um – unabhängig von der Anzahl der berücksichtigen Einzelindizes – die Normierung auf 100 aufrecht zu erhalten, ist jeweils das arithmetische Mittel der aggregierten Teil-KZI zu berechnen. Wird wiederum das geometrische Mittel berechnet, dann werden die Extremwerte der Teil-KZI im Gesamt-KZI stärker berücksichtigt.

Generell gilt: Da der Index immer dimensionslos ist, können sich die zu Grunde gelegten inhaltlichen Kriterien und damit die Kriterien für das (relative) Zufriedenheitsurteil im Zeitablauf in Abhängigkeit von variierenden Kundenpräferenzen verändern. Der KZI bzw. CSI bleibt immer in gleicher Weise valide, da er eine Aussage zur aktuellen Bewertung der Kundenpräferenzen macht. Wenn für die Gesamtzufriedenheit eines Kunden beispielsweise die Summe der Fachkompetenz, der Freundlichkeit und des Einfühlungsvermögens eines Mitarbeiters an der Kundenschnittstelle ausschlaggebend sind, dann ergibt sich der Gesamt-KZI aus der relativen Bewertung dieser 3 Kriterien. Kommt im Zeitablauf als weiteres Kriterium die Schnelligkeit der Bearbeitung des Kundenanliegens hinzu, dann wird der Gesamt-KZI aus den 4 maßgeblichen Teil-KZI gebildet. Der Gesamt-KZI gibt die aktuelle Präferenzsituation wieder, der Anteil der Teil-KZI hieran wird jedoch kleiner.

**Grundannahmen**

Der Begriff des Kundenzufriedenheitsindex (KZI) bzw. des Customer Satisfaction Index (CSI) wird seit geraumer Zeit von J.D. Power zur Messung der Kundenzufriedenheit in der Automobilbranche oder speziell in Deutschland bei der Erstellung von Kundenbarometern respektive Kundenmonitoren verwendet (vgl. auch Power 2007; ServiceBarometer AG 2006).

Wie oben ausgeführt, wird der CSI definiert als eine Kenngröße zur Charakterisierung der Entwicklung der Kundenzufriedenheit und ist ein arithmetisches, durch die Wichtigkeit gewogenes Mittel von Messzahlen mit gleicher Basis- und/ oder Berichtsperiode. Der CSI erlaubt demzufolge eine Längsschnittanalyse und den Vergleich der Indizes über mehrere Perioden. Des Weiteren besteht die Möglichkeit, den CSI verschiedener Kundengruppen des Unternehmens in einer internen Querschnittanalyse und extern mit Konkurrenten im Rahmen von Benchmarking gegenüberzustellen.

Verbesserungsmaßnahmen können auf dieser Berechnungsbasis – aber auch auf der Basis der Deltas des Differenzen-Verfahrens – dort ansetzen, wo die Kunden die größten Defizite verspüren. Die Priorisierung durch eine derartige Berechnungsmethode ist besonders wichtig, um aufgrund der oft beschränkten Mittel und zeitlichen Kapazitäten, Schwerpunkte richtig setzen zu können. Zusammenfassend sei dies in Abbildung 12 an einem kurzen Beispiel mit 3 unterschiedlichen Kundengruppen noch einmal plastisch verdeutlicht, bei dem sowohl das Differenzen-Verfahren als auch das Quotienten-Verfahren zur Anwendung kommt.

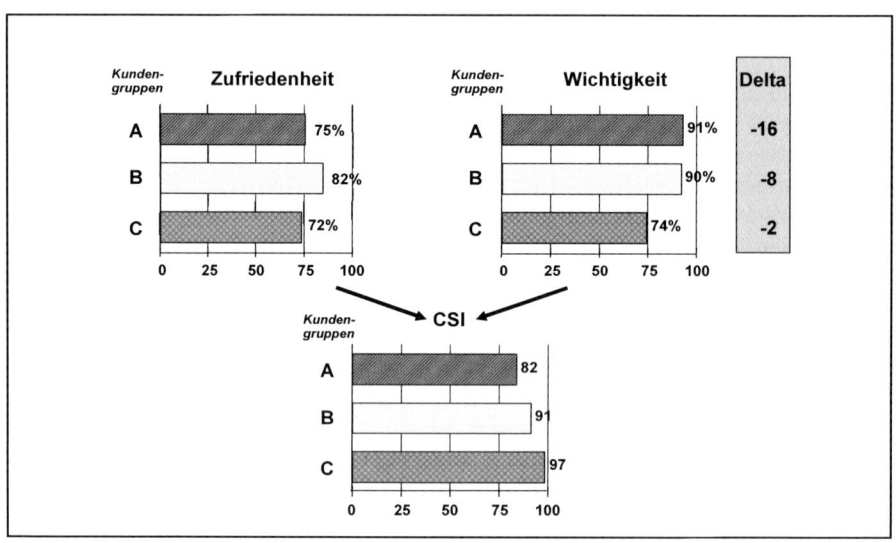

**Abb. 12:** Beispiel für die Beziehung zwischen Wichtigkeit und Zufriedenheit beim CSI und bei der Delta-Analyse

Betrachtet man nur die Zufriedenheit, müssten Verbesserungsmaßnahmen vor allem bei der Kundengruppe C ansetzen, da dort der Zufriedenheitswert mit 72% niedriger ist als bei B (82%) und A (75%). Die Werte für die Wichtigkeit verteilen sich allerdings anders, nämlich A = 91%, B = 90% und C = 74%. In Relation zur Wichtigkeit ist dadurch bei der Kundengruppe C der CSI am höchsten (97) bzw.

bei der Kundengruppe A am niedrigsten (82), da hier die kleinste (-2) bzw. größte (-16) Differenz zwischen den Zufriedenheits- und Wichtigkeitswerten vorliegt. Die CSI-Berechnung auf Basis des **Quotienten-Verfahrens** hat im Vergleich zur Delta-Analyse auf Basis des Differenzen-Verfahrens den Vorteil, dass sie die vom Kunden genannte Wichtigkeit als Basis der relativen Zufriedenheit berücksichtigt. Je geringer die Wichtigkeit im Nenner ist, desto größer wird der Wert des CSI als relatives Zufriedenheitsmaß. Bei nicht so wichtigen Kriterien wird i.d.R. also viel schneller das vom Kunden geforderte Niveau an Zufriedenheit erreicht. Es liegt also auf der Hand: Ohne CSI-Berechnung – oder zumindest ohne Delta-Analyse – unter Berücksichtigung der Wichtigkeit hätte die Gefahr bestanden, intuitiv vorschnell an der falschen Stelle mit Verbesserungsmaßnahmen anzusetzen.

Die Relation zwischen Zufriedenheit und Wichtigkeit, die den 3. Schritt des Prozesses der Bewertung der Kundeneinschätzungen bildet (siehe Abb. 11), wird im Folgenden noch einmal im Hinblick auf alle möglichen Kombinationen untersucht, da hiervon unterschiedliche Wirkungen auf das Zustandekommen des Kundenzufriedenheitsindex ausgehen. Dies ist in Abbildung 13 dargestellt.

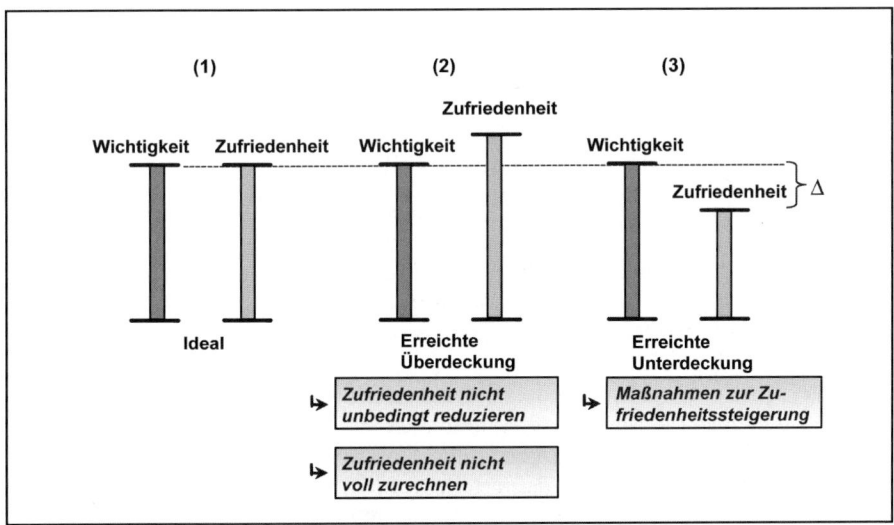

**Abb. 13:** Beziehungen zwischen Zufriedenheit und Wichtigkeit

Dabei wird von folgenden Annahmen ausgegangen, um die beiden unterschiedlichen Dimensionen zueinander in Beziehung setzen und miteinander vergleichen zu können:

Im Idealfall entspricht die erreichte Zufriedenheit der zugebilligten Wichtigkeit (1). Es wird also das höchste angestrebte Niveau an Kundenzufriedenheit erreicht. In der Realität kann eine **Über- oder Unterdeckung** auftreten. Dies bedeutet, dass bei einer Überdeckung ein Kunde einem Kriterium eine höhere Zufriedenheit beimisst, als die Wichtigkeit aus seiner Sicht ausmacht (2). Da im CSI-Modell ein

Wert > 100, also eine Übererfüllung der Erwartungen, nicht möglich und in der Praxis häufig auch nicht sinnvoll ist, führt – statistisch gesehen – das Übererfüllen von einzelnen Kriterien demnach nicht – in der Unternehmenspraxis – zur Kompensation von Defiziten bei anderen wichtigen Kriterien.

Die Schlussfolgerung hieraus ist also zwingend, dass diese erhöhte Zufriedenheit bei einem Kriterium dem Kundenzufriedenheitsindex nicht voll zugerechnet wird, sondern nur in Höhe des durch die Wichtigkeit definierten Niveaus. Trotz dieses Bewertungsmodus, der Überdeckung nicht honoriert, dürfen keine vorschnellen betrieblichen Maßnahmen zum Abbau dieser Überdeckung ergriffen werden. Zum einen können hiervon Kuppelwirkungen auf andere Zufriedenheitsfaktoren oder auf das Gesamtempfinden einer Marktleistung und damit die Gesamtzufriedenheit ausgehen. Zum anderen kann es die Grundlage für eine Servicestrategie bilden, hier eine höhere Zufriedenheit erreichen zu wollen, da Wettbewerber vergleichbar agieren oder da davon ausgegangen wird, dass die Wichtigkeit dieses Kriteriums im Zeitablauf steigt. Zum gegenwärtigen Zeitpunkt ist dennoch keine höhere Zurechnung vertretbar. Eine Übererfüllung wäre auch dann akzeptabel, wenn sie sich auf Begeisterungsfaktoren bezieht und nicht mit Kostentreibern in Zusammenhang steht.

Handlungsbedarf ist dagegen dann gegeben, wenn die Wichtigkeit größer ist als die empfundene und beurteilte Zufriedenheit (3). In diesem Fall sind geeignete Maßnahmen zu ergreifen, um die erkannte Lücke zu schließen.

**Die Vorgehensweise zur Berechnung des CSI**

Im Folgenden wird am Beispiel der Abbildungen 14 und 15 gezeigt, wie der Kundenzufriedenheitsindex berechnet werden kann. In den Abbildungen 14a und 14b sind – auf der Basis des **arithmetischen Mittels** – 2 Varianten des Beispiels dargestellt. Es kann so die angedeutete Wirkung einer Servicestrategie und damit einer veränderten Festlegung des Soll-Niveaus (Abb. 14b) an geforderter Kundenzufriedenheit gezeigt werden.

Zunächst ist (Abb. 14a) zu analysieren, welche Anforderungen und Erwartungen die Kunden an die Marktleistung und/ oder das Unternehmen haben. Hierüber sind die Kunden i.d.R. mit wirkungsvollen Marktforschungsmethoden, wie sie an früherer Stelle in diesem Buch dargestellt wurden, zu befragen. Da es darauf ankommt, dass die Kunden auch die Wichtigkeit der einzelnen Erwartungen bewerten (2), lassen sich neben der direkten Abfrage zusätzlich Verfahren wie z.B. das Conjoint Measurement einsetzen, die auf Rankings von Leistungsmerkmalen ausgerichtet sind. In einem 3. Schritt sind dann im Unternehmen die Soll-Erfüllungsgrade der einzelnen Anforderungsbereiche festzulegen (3). In Abbildung 14a wird die vom **Kunden bewertete Wichtigkeit als formuliertes Niveau für den SOLL-Erfüllungsgrad** genommen. Die Berechnung des – nicht normierten – Kundenzufriedenheitsindex (5) erfolgt unter Zugrundelegung der Zufriedenheit der Kunden bzw. des IST-Erfüllungsgrades (4). Aus den oben genannten Gründen wird die Normierung der Einzel-CSI bei Bedarf vorgenommen. Dies ist bei dem Einzel-CSI I. erforderlich: 150 nicht normiert wird zu 100 normiert (100*). Der Gesamt-Zufriedenheitsindex (77,8) wird dann als arithmetisches Mittel aus den normierten Einzel-CSI errechnet (6).

Konzeptionelle Grundlagen und Messkonzepte für den KZI/ CSI und den KBI/ CRI    343

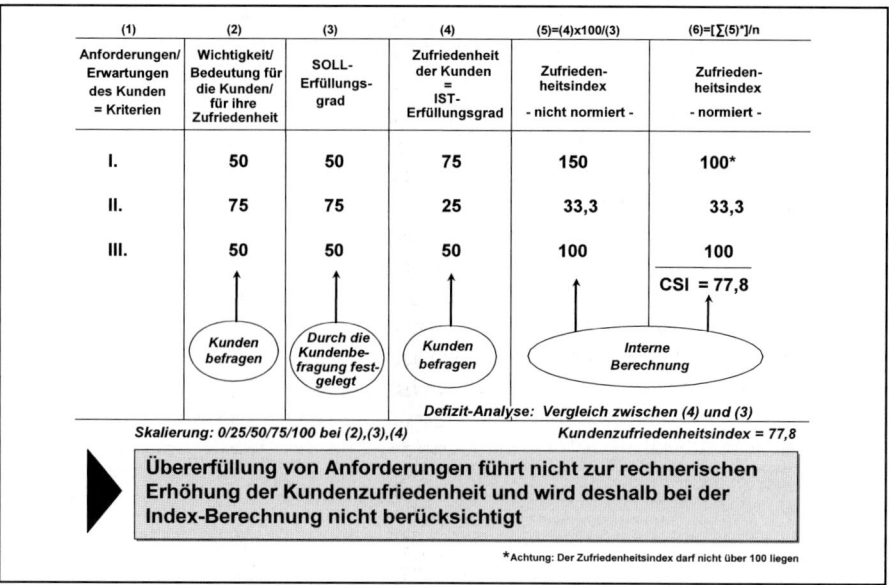

**Abb. 14a:** Berechnung des Kundenzufriedenheitsindex (KZI/CSI) als arithmetisches Mittel (auf der Grundlage der Kundenanforderung/ -gewichtung)

In Abbildung 14b sind die **Vorgaben der Unternehmens- bzw. Servicestrategie als SOLL-Erfüllungsgrad** der 3 Kundenanforderungen (3) zu Grunde gelegt. Es versteht sich von selbst, dass diese Strategiewerte generell höher sein werden als die vom Kunden formulierte Wichtigkeit (2) – es sei denn, es soll eine andere als die bisherige Kundengruppe angesprochen werden. Wesentlich dabei ist, dass hiermit keine stark erhöhten Kosten (Kostentreiber) und damit keine „Kundenzufriedenheitsfalle" verbunden sind, da anderenfalls ein Ungleichgewicht zwischen den entstehenden Kosten und den bewirkten positiven Ergebnissen aus der Kundenzufriedenheit für das Unternehmen resultieren könnte. Beim nicht normierten Zufriedenheitsindex (5) ist jetzt das Kriterium III. mit 133,3 auf einem über 100 liegenden Niveau. Der Wert wird deshalb wiederum auf 100 abgeregelt und damit normiert (100*). In die Berechnung des normierten Gesamt-CSI als arithmetisches Mittel (6) in Höhe von 75 gehen die normierten Einzel-CSI ein.

In Abbildung 15a und b wird eine Variation der CSI-Berechnung in der Weise vorgenommen, dass statt des arithmetischen Mittels das **geometrische Mittel** zu Grunde gelegt wird (6). Wie bereits angesprochen, werden dann die Extremwerte der Einzel-CSI stärker berücksichtigt und mit anderen Worten schlägt sich die Variation der Einzel-CSI-Werte im CSI-Gesamtwert stärker nieder. Dies zeigt sich in den beiden normierten Gesamt-CSI in Höhe von 69,3 und 63 im Vergleich zu vorstehend 77,8 und 75. In der Konsequenz werden also über die Zeit weitgehend gleiche oder sich nur wenig verändernde CSI-Werte sowohl beim arithmetischen als vor allem auch beim geometrischen Mittel in ihrer Höhe honoriert.

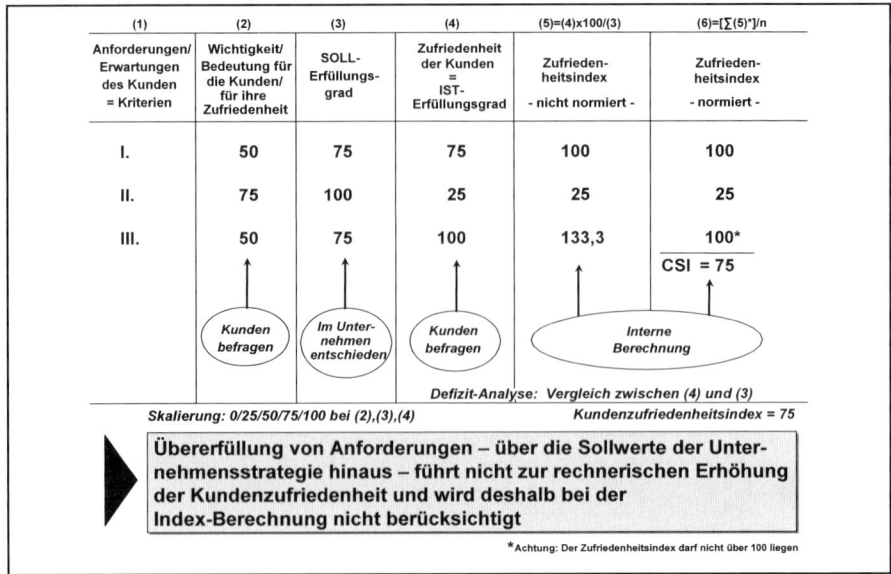

**Abb. 14b:** Berechnung des Kundenzufriedenheitsindex (KZI/CSI) als arithmetisches Mittel (auf der Grundlage der Unternehmensstrategie)

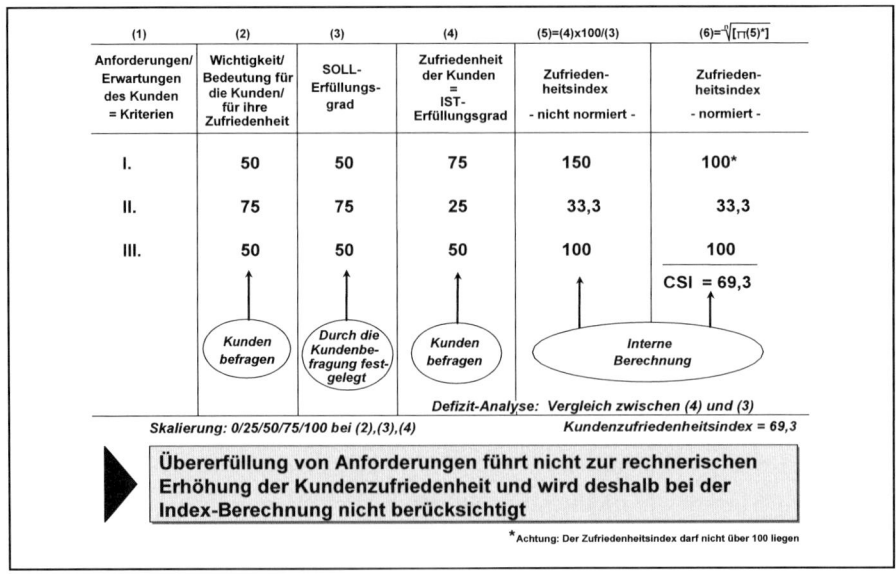

**Abb. 15a:** Berechnung des Kundenzufriedenheitsindex (KZI/CSI) als geometrisches Mittel (auf der Grundlage der Kundenanforderung/ -gewichtung)

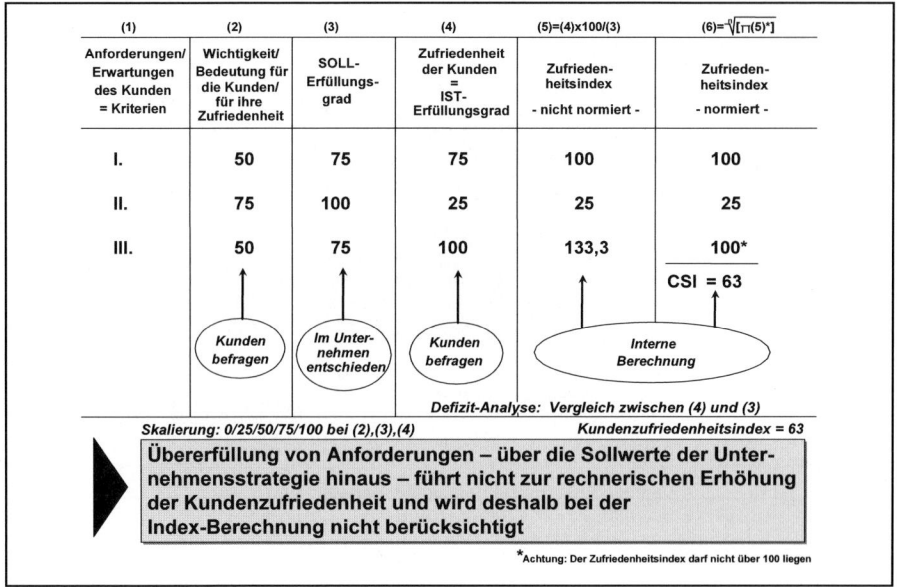

**Abb. 15b:** Berechnung des Kundenzufriedenheitsindex (KZI/CSI) als geometrisches Mittel (auf der Grundlage der Unternehmensstrategie)

### Die Ableitung des Handlungsbedarfs

Unabhängig von der Zweckmäßigkeit der Berechnung und der Aussagefähigkeit des CSI als Steuerungsgröße ist die Ableitung des Handlungsbedarfs wichtig. Grundlage hierfür ist der **IST-Erfüllungsgrad als Kundenzufriedenheit** auf der einen Seite sowie die **Wichtigkeit/ Bedeutung einer Kundenanforderung oder der SOLL-Erfüllungsgrad** auf der anderen Seite. In Abbildung 16 ist ein derartiges Portfolio wiedergegeben. Diese Analyse ist bezogen auf externe Kunden, insbesondere aber auch auf interne Kunden, also andere Abteilungen/ Bereiche des Unternehmens in der Wertschöpfungskette, anwendbar.

Durch die Entscheidung im Unternehmen, wichtige Erwartungen vor allem der externen Kunden nicht nur auf gleichem Niveau, sondern eher überzuerfüllen, werden die Bereiche mit unterschiedlichem Handlungsbedarf determiniert.

Die Eintragung des Ist-Erfüllungsgrades der Kundenanforderungen in diesem weiteren Beispiel kennzeichnet durch die Positionierung den daraus abzuleitenden Handlungsbedarf. Generell gilt: Je größer die Differenz zwischen Wichtigkeit für den Kunden und Zufriedenheit des Kunden ist, desto größer ist auch der Handlungsbedarf. Dies ist in der rechten unteren Ecke der Matrix der Fall. Entlang der Diagonale besteht der dann noch gegebene Handlungsbedarf. In der linken oberen Ecke – bei einer hohen Zufriedenheit mit relativ unwichtigen Kriterien – ist zu prüfen, ob Einsparpotenzial vorliegt, insbesondere dann, wenn mit der Übererfüllung erhebliche Kosten verbunden sind. Denn für die Kundenzufriedenheit und damit für den Unternehmenserfolg ist dieses Kriterium nicht so wichtig.

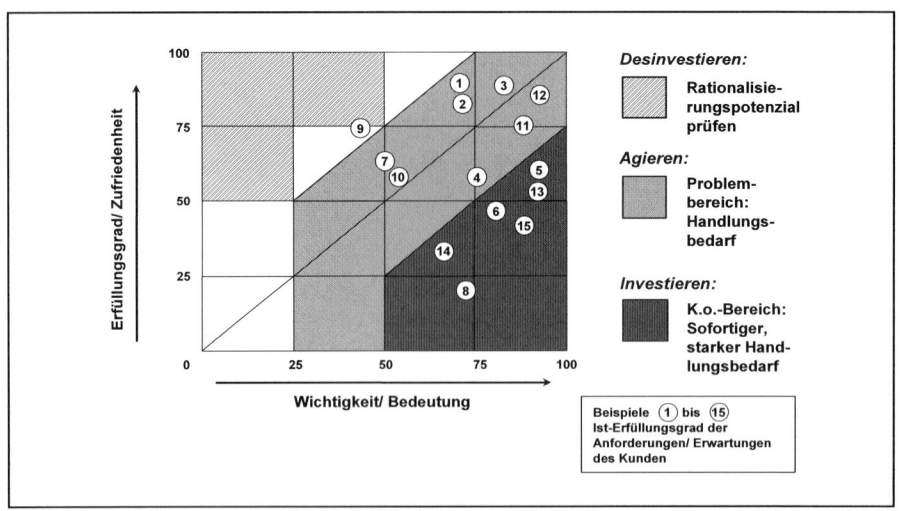

**Abb. 16:** Portfolio zur Ableitung des Handlungsbedarfs

Wird eine solche CSI-Analyse turnusmäßig durchgeführt, lassen sich Veränderungen der Kundenzufriedenheit anhand des CSI-Niveaus im Zeitablauf erkennen (siehe Abb. 17). Für jede größere Veränderung der CSI-Werte sind die maßgeblichen Ursachen zu analysieren. Dabei ist vor allem festzustellen, ob eine Abnahme auf Grund eigener Versäumnisse zu Stande gekommen ist oder durch verändertes Verhalten wichtiger Wettbewerber. Entsprechend ist bei Verbesserungsmaßnahmen zu analysieren, ob sie die vorgesehene Wirkung erbracht haben. Die CSI-Messung im Zeitablauf ist – wie bereits an früherer Stelle angesprochen – auch dann valide, wenn zu unterschiedlichen Messzeitpunkten einzelne Kriterien verändert wurden, weil auf diese Weise z.B. neue Entwicklungen am Markt oder neue Anforderungen der Zielgruppen besser erfasst und damit berücksichtigt werden.

Die Bildung eines CSI sollte immer unternehmensspezifisch erfolgen. Dabei ist es wichtig, dass neben einer methodisch einwandfreien Erhebungsdurchführung, die – wie oben beschrieben – valide Indikatoren erfordert, auch eine **aussagefähige Skalierung** bei der Datenerhebung eingesetzt wird. Hierauf sind wir im Unterkapitel 3.2 beim merkmalsorientierten Ansatz bereits ausführlich eingegangen. Auch für die CSI-Berechnung gelten folgende Anforderungen der Statistik und der empirischen Sozialforschung.

Da es sich bei den Zufriedenheitsurteilen um qualitative Aussagen handelt, ist der Einsatz von **Rating-Skalen** zweckmäßig. Hierbei haben die befragten Kunden die Möglichkeit, sich für eine Antwort auf einer vorgegebenen Zufriedenheitsskala zu entscheiden. Diese Skalen können unterschiedliche Formen annehmen (vgl. auch Hammann/ Erichson 2000, S. 87 ff.; Berekoven/ Eckert/ Ellenrieder 2004, S. 74 ff.). Üblicherweise handelt es sich jedoch um semantisch besetzte Antwortkategorien. Damit diese Rating-Skalen metrisch interpretiert werden können, sollten sie bei der CSI-Messung ebenfalls so abgestuft sein, dass die Unterschiede zwischen den einzelnen Antworten auch semantisch gleiche Abstände aufweisen (vgl. Berekoven/ Eckert/ Ellenrieder 2004, S. 76; Hammann/ Erichson 2000, S. 341 f.). Anderenfalls kann es – wie vorstehend bei den Skalierungsproblemen bereits ausgeführt – zu Verzerrungen in Form einer Über- oder Unterschätzung kommen. Um es noch einmal an einem Beispiel zu verdeutlichen: Eine Skala mit den Antwortkategorien „vollkommen unzufrieden – unzufrieden – teils unzufrieden/ teils zufrieden – zufrieden – sehr zufrieden" entspricht dieser Forderung weitaus eher als eine Rating-Skala, die folgendermaßen abgestuft ist: „sehr zufrieden – eher zufrieden – weniger zufrieden – unzufrieden". Im letzteren Fall geht das Unternehmen nämlich davon aus, dass es keine völlig unzufriedenen Kunden gibt.

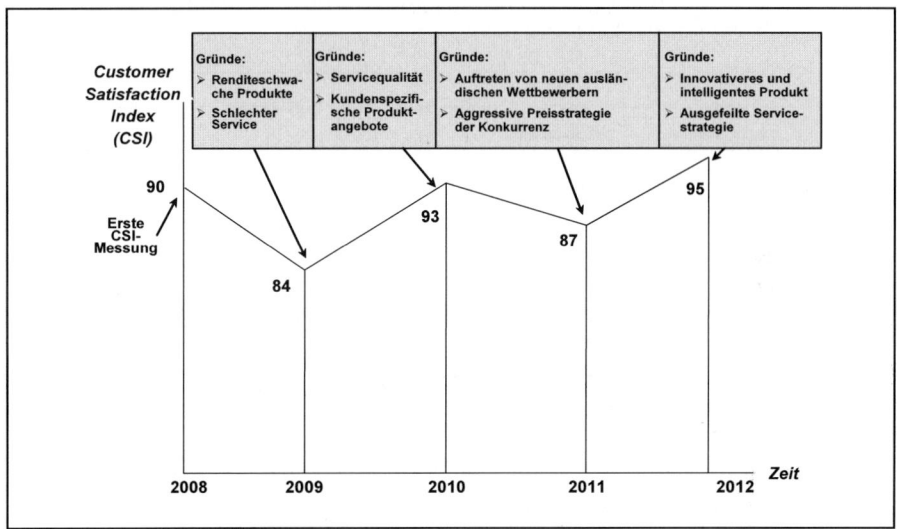

**Abb. 17:** Customer Satisfaction Index-Werte im Zeitablauf

Bei der CSI-Messung ist eine bipolare Messung (-2, -1, 0, +1, +2) nicht zweckmäßig, da vor allem beim Differenzen-CSI-Modell die Summe aus positiven und negativen Werten der bipolaren Skala für die Zufriedenheitswerte und erst recht für die Wichtigkeitswerte (Wichtigkeit von -1 oder 0) keinen aussagefähigen numerischen Wert ergibt, der mit der semantischen Bezeichnung in einer sinnvollen Relation steht, wie bei einer unipolaren Skala (1, 2, 3, 4, 5 oder 0, 1, 2, 3, 4). Denn der numerische Wert für die Kundenzufriedenheit, die Wichtigkeit und den CSI kann dann nur zu- oder abnehmen, aber nicht negativ werden.

In welcher Form die einzelnen Antwortkategorien für die Datenauswertung codiert werden, hängt vom Verständnis und den „Vorlieben" des Untersuchungsleiters ab. Wie Abbildung 18a zeigt, gibt es für die mathematische Umformung verschiedene Möglichkeiten. Um gerade im Zeitablauf Veränderungen aussagefähig sichtbar zu machen, ist es jedoch sinnvoll, eine **Transformation auf eine 100%-**

**Skala** – wie bereits weiter vorne angesprochen – vorzunehmen. Hat man beispielsweise auf einer fünfstufigen Skala bei der Codierung von 1 (völlig unzufrieden) bis 5 (sehr zufrieden) im Vorjahr einen Zufriedenheitswert von 3,5 erreicht und ist dieser Wert in diesem Jahr auf 3,1 gefallen, so wird in vielen Unternehmen diese Zufriedenheitsabnahme um 0,4 nur eine geringe Aufmerksamkeit finden. Bei einer Transformation von 0 (völlig unzufrieden) bis 100 (sehr zufrieden) würde diese Differenz 10 Punkte betragen (von 62,5% auf 52,5%). Für den Statistiker bzw. Marktforscher macht dies keinen Unterschied. Für den Nicht-Experten gehen von den Zahlen jedoch unterschiedliche psychologische Wirkungen aus. Die Argumentationsbasis für Veränderungen und Verbesserungen im Unternehmen wird auf dieser Datengrundlage – trotz gleichen inhaltlichen Ergebnisses – verstärkt (siehe Abb. 18b). Alle diese Aussagen gelten in entsprechender Weise auch für den Kundenbindungsindex (KBI).

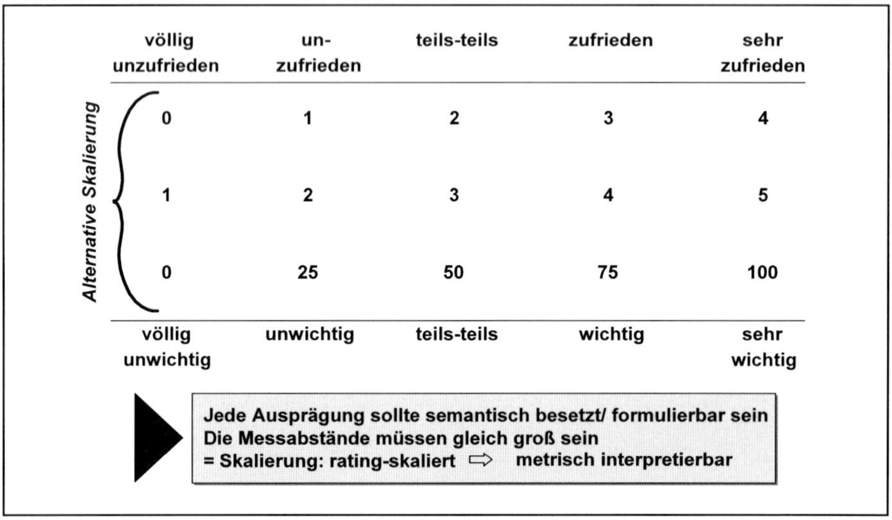

| Alternative Skalierung | völlig unzufrieden | un- zufrieden | teils-teils | zufrieden | sehr zufrieden |
|---|---|---|---|---|---|
| | 0 | 1 | 2 | 3 | 4 |
| | 1 | 2 | 3 | 4 | 5 |
| | 0 | 25 | 50 | 75 | 100 |
| | völlig unwichtig | unwichtig | teils-teils | wichtig | sehr wichtig |

▶ Jede Ausprägung sollte semantisch besetzt/ formulierbar sein
Die Messabstände müssen gleich groß sein
= Skalierung: rating-skaliert ⇨ metrisch interpretierbar

**Abb. 18a:** Anforderung an die Skalierung zur Messung der Ausprägungen

Darüber hinaus sollten – wie in Abbildung 19 aufgeführt – neben aggregierten Werten auch **Einzelanalysen** durchgeführt werden, die Aufschluss geben über

- die Höhe des Zufriedenheitsniveaus bei einzelnen Indikatoren,
- die Zufriedenheit verschiedener Kundengruppen,
- die Kundenzufriedenheit in einzelnen Unternehmenseinheiten (z.B. Niederlassungen) sowie
- die Veränderung der Zufriedenheit bei einzelnen Indikatoren und/ oder verschiedener Kundengruppen im Zeitablauf (vgl. Töpfer/ Mehdorn 1995, S. 219).

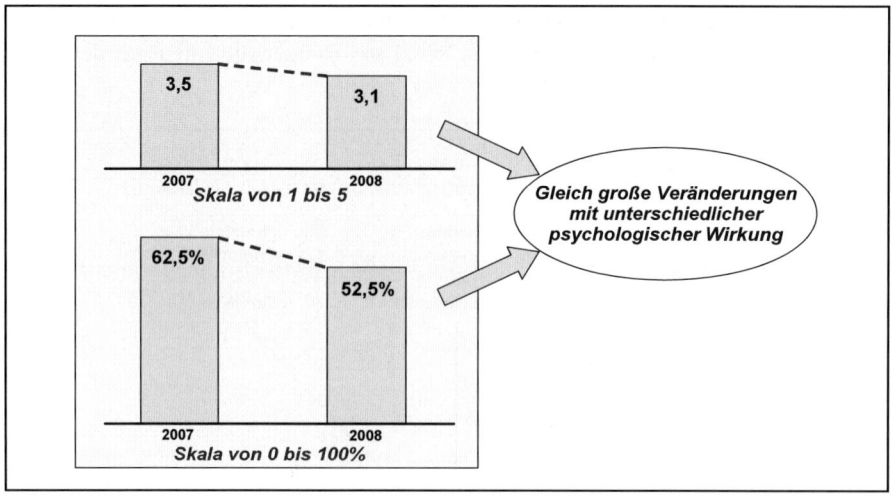

**Abb. 18b:** Psychologische Wirkung unterschiedlicher Skalen zur Darstellung des CSI

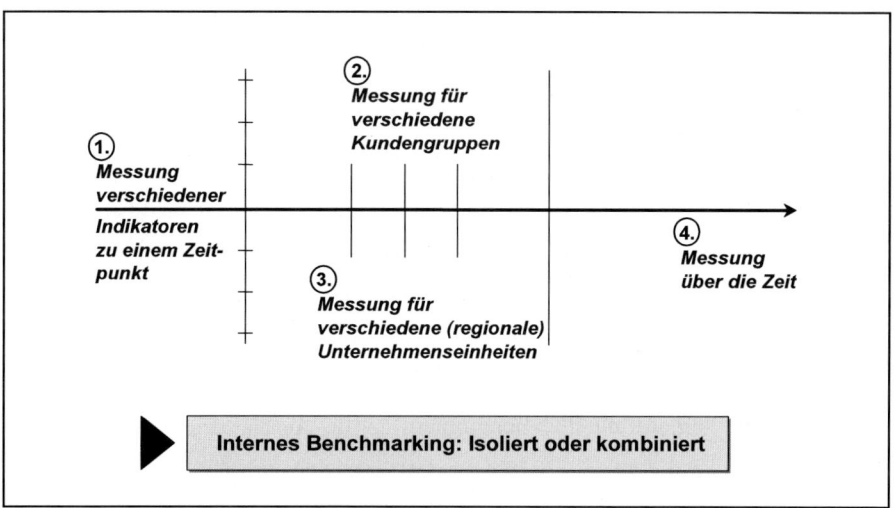

**Abb. 19:** 4 Messansätze der Kundenzufriedenheit

Es liegt auf der Hand, dass eine derartig detaillierte Messung die Aussagekraft der Ergebnisse einer Kundenzufriedenheitsanalyse beträchtlich erhöht.

Das Unternehmen kann weitergehende Schlussfolgerungen ziehen, wenn nicht nur Daten über die Zufriedenheit der Kunden mit dem eigenen Unternehmen und seinen Marktleistungen erhoben werden, sondern auch bezogen auf **Konkurrenzunternehmen** (siehe Abb. 20). Nur auf der Basis dieser relativen Kundenzufriedenheit – verglichen mit maßgeblichen Wettbewerbern – lassen sich klare Aussagen über die eigenen Stärken und Schwächen sowie über die Intensität der Kundenloyalität und -bindung treffen.

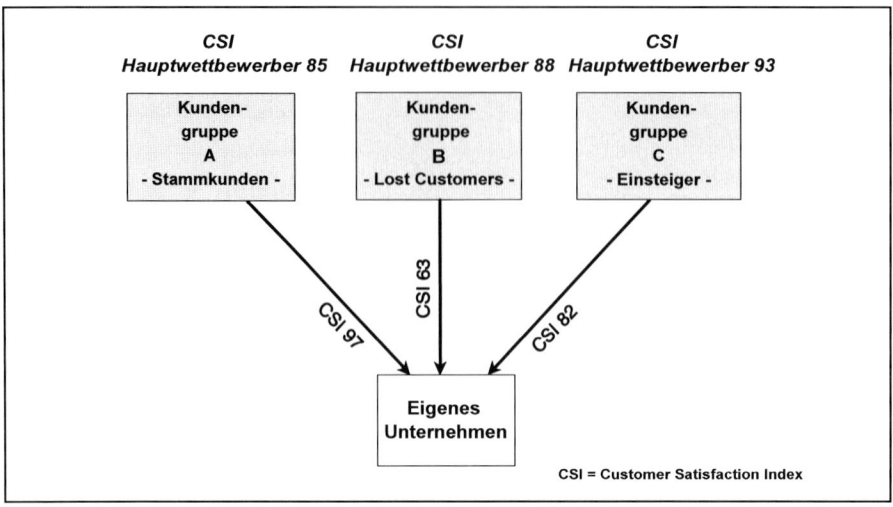

**Abb. 20:** Zielgruppenspezifischer und wettbewerbsbezogener Kundenzufriedenheitsindex

Um diese Daten zu erheben, sind meist aufwändige Marktuntersuchungen notwendig, die ohne externe Unterstützung von Experten i.d.R. nicht durchführbar sind. Denn häufig sind Kunden von Wettbewerbern nur bereit, gegenüber „neutralen" Dritten Aussagen über ihre Zufriedenheit mit Konkurrenzprodukten zu machen.

Generell gilt auch für die Durchführung von CSI-Analysen im festgelegten zeitlichen Turnus, dass Unternehmen auf spezialisierte und qualifizierte Anbieter zurückgreifen sollten, um methodische Fehler zu vermeiden, auf vorhandenem Erfahrungswissen aufbauen zu können und vor allem auch die Ergebnisdaten entscheidungsorientiert aufbereitet zu bekommen.

**Die Anwendung des CSI**

Der CSI kann – wie vorstehend dargestellt – für Sach- und Dienstleistungen gleichermaßen berechnet werden. Voraussetzung ist ein qualitativ und quantitativ vollständiger Kriterienkatalog.

Bei einer periodischen Neuberechnung des CSI müssen nicht nur die Ist-Werte regelmäßig erfragt werden, sondern auch die jeweilige Wichtigkeit, denn Anzahl, Charakter und Bedeutung der Erwartungen können nur dann in größeren Abständen untersucht werden, wenn ihre Stabilität angenommen werden kann. Bei Änderungen sollten auch die Soll-Werte neu erfasst werden. Ob Änderungen vorliegen, ist jedoch erst auf der Basis einer erneuten Befragung nachvollziehbar.

Durch die Normierung der Zufriedenheitswerte beeinträchtigen Änderungen der Erwartungskomponenten die Vergleichbarkeit in keiner Weise. Nach der Berechnung des CSI sollten – wie oben angesprochen – die Ursachen seiner Verbesserung, Verschlechterung oder Stagnation herausgefunden werden, um den „richtigen" Handlungsbedarf abzuleiten.

Im Folgenden werden einige **wesentliche Vorteile der Indexmessung**, wie sie in diesem Unterkapitel ausgeführt wird, im Vergleich zur reinen Zufriedenheitsabfrage aufgeführt:

- Die Zufriedenheitsindizes können zwischen verschiedenen Kundengruppen oder Organisationsbereichen im Unternehmen unmittelbar verglichen werden. Der Indexwert und damit auch ein Vergleich zwischen verschiedenen Personen ist in vollem Maße aussagefähig, da die Zufriedenheit immer an der Wichtigkeit des Kriteriums bei jeder einzelnen Person gespiegelt wird. Die Aussagefähigkeit des Index hängt jeweils nur davon ab, ob die Stichprobe bzw. der verfügbare Rücklauf in Relation zur Teilgrundgesamtheit groß genug ist.

- Der Zufriedenheitsindex lässt sich für das gesamte Unternehmen, einzelne Kundengruppen sowie für einzelne Bereiche unmittelbar berechnen und gibt als Kennzahl einen schnellen Überblick über den jeweiligen Erfüllungsgrad einer Kundenanforderung, also z.B. der CSI gesamt für Senioren und der CSI differenziert nach einzelnen Kriterien im Vergleich zu den entsprechenden Werten einer anderen Kundengruppe. Dies verhindert Analysen auf dem wenig aussagefähigen Niveau: Im Durchschnitt ist alles Durchschnitt.

- Wenn der Zufriedenheitsindex unternehmensübergreifend in gleicher Weise gemessen wird, lassen sich direkte Vergleiche mit Wettbewerbern vornehmen. Auf diese Weise lassen sich die Haupterfolgsfaktoren des Unternehmens im Wettbewerbsvergleich auch für die Zukunft identifizieren.

- Da der Zufriedenheitsindex von der Methode her immer gleich ermittelt wird, zeigt er bei Befragungswiederholungen über die Zeit sowohl Veränderungen in der Höhe als auch solche bezogen auf die ihm zu Grunde liegende Wichtigkeit und/ oder Zufriedenheit. Gerade in Restrukturierungsphasen von Unternehmen kann sich auch die Bedeutung einzelner Kriterien für die Kunden verschieben. Zum Beispiel kann die bisherige Anforderung, immer den gleichen Ansprechpartner zu haben, deutlich an Wichtigkeit gewinnen, wenn dies in einer Restrukturierungsphase nicht mehr der Fall ist und die Zufriedenheit des Kunden hierauf bezogen stark gesunken ist. Dies bedeutet konkret, dass nachvollziehbar wird, ob ein Defizit über die Zeit dringlicher wurde oder sich abgeschwächt hat. Auch bei einem gleich bleibenden CSI können sich bei wiederholten Messungen die Relationen verschoben haben. Das Unternehmen hat also beispielsweise Verbesserungsmaßnahmen erfolgreich durchgeführt und dennoch ist der CSI gleich geblieben, weil mit der Zufriedenheit die Wichtigkeit in gleichem Maße gestiegen ist.

- Hohe Defizite aufgrund von niedrigen Indexwerten lassen sich im Detail überprüfen, nämlich ob die Wichtigkeit und damit die Anforderung und Erwartung sehr hoch sind oder bei einer „normalen" Wichtigkeit der Zufriedenheitswert sehr gering ist.

- Auf dieser Basis lassen sich über die Zeit nicht nur aussagefähige Vergleiche bei einer Adressatengruppe, sondern vor allem auch zwischen unterschiedlichen Adressatengruppen anstellen. Das Analyseergebnis belegt, ob und wie sich das Niveau der Wichtigkeit und/ oder Zufriedenheit im Zeitablauf stark verändert hat.
- Entsprechend können über die Zeit neue oder in ihrer Fokussierung veränderte Kriterien in die CSI-Berechnung aufgenommen werden, die jetzt für den Kunden aufgrund einer veränderten Einstellung oder Marktsituation erstmalig relativ wichtig geworden sind. Der CSI erfährt aufgrund seiner Berechnungsmethode in seiner Aussagefähigkeit keine Einschränkung. Nur wenn die Anzahl der Kriterien stark zunimmt, verändert sich logischerweise das Gewicht jedes einzelnen Kriteriums und damit des Teil-CSI für den Gesamt-CSI. In der Konsequenz passen sich also die Inhalte für die CSI-Berechnung je nach ihrer Bedeutung für die Kundenzufriedenheit an, so dass im Extremfall nach 10 Jahren eine weitgehend andere Kriterienliste für die Kundenzufriedenheit ausschlaggebend sein könnte. Dennoch gibt der CSI als dimensionslose Kennzahl immer das aktuelle relative Zufriedenheitsniveau der Kunden an.
- Zusätzlich kann nach der Umsetzung von Verbesserungsmaßnahmen zur Beseitigung erkannter Defizite bei der nächsten Befragung nachvollzogen werden, ob beispielsweise die Zufriedenheit zugenommen und/ oder die Wichtigkeit abgenommen hat. Dadurch kann sich eine Lücke aufgrund der Veränderung in der Wahrnehmung relativ schnell und überproportional reduzieren.
- Für wichtige Kundengruppen, z.B. mit hohem Kundenwert/ -potenzial, lassen sich über die Zeit Veränderungen der Anforderungen bzw. der Wichtigkeit bei einzelnen Kriterien detailliert und aussagefähig messen. Dadurch können gravierende Veränderungen frühzeitig erkannt werden, was die Reaktionsfähigkeit und -geschwindigkeit des Unternehmens beträchtlich erhöht, denn neue Anforderungen können so schneller aufgenommen werden.

### 3.4 Der Vergleich von merkmals- und ereignisorientiertem Ansatz

Nachdem im vorstehenden Kapitel die unterschiedlichen Messansätze im Hinblick auf die Dimensionen, Inhalte und die Aussagefähigkeit der Messung von Erwartung, Bedeutung und/ oder Zufriedenheit dargestellt wurden, wird jetzt auf die 2 grundsätzlich unterschiedlichen, aber doch in einem Zusammenhang stehenden Ansätze eingegangen, und zwar unter dem Aspekt der Zeit – respektive des Zeitpunktes oder Zeitraumes, welcher der Messung zugrunde liegt und damit den Bezug zum Ergebnis bildet.

**Gemeinsamkeiten und Unterschiede der Ansätze**

Aus Abbildung 21 wird ersichtlich, dass beide Modelle unterschiedliche Inhalte mit verschiedenen Befragungsmethoden und Erhebungsverfahren fokussieren.

Mit Hilfe der merkmalsorientierten Verfahren werden Eigenschaftsausprägungen, die den Kundenerwartungen entsprechen, quantitativ gemessen. Die ereignisorientierten Verfahren erfassen hingegen qualitativ die Erlebnisse der Kunden.

Merkmalsorientierte Verfahren, vor allem die einstellungsorientierten, ermitteln die Daten unabhängig von einem Konsumerlebnis, wohingegen das ereignisorientierte Modell gerade auf diese zeitpunktbezogenen Ereignisse ausgerichtet ist.

| Analysearten / Kriterien | Ereignisorientierte Verfahren | Merkmalsorientierte Verfahren |
|---|---|---|
| Anlass/ Zeitpunkt | Ereignisabhängig (z.B. nach Kauf, Reparatur etc.) Routine-, Ausnahmesituation, Zeitpunktbetrachtung, in unregelmäßigen Abständen | Vorwiegend ereignisunabhängig, Routine-Situation, Zeitraumbetrachtung, im regelmäßigen Turnus |
| Inhalt/ Messgegenstand | Bewertung der Kontaktpunkte, an denen Interaktionen des Nachfragers mit Dienstleistungsanbietern entstehen | Leistungsattribute, die Kundenanforderungen und -erwartungen kennzeichnen und von deren Erfüllungsgrad auf die Gesamtzufriedenheit geschlossen werden kann |
| Befragungsmethoden/ -aufwand | Zum Beispiel: Mündlich, vorstrukturiert und offen, Kosten und Zeit: hoch | Zum Beispiel: Schriftlich, hochstandardisiert, strukturiert, Kosten und Zeit: gering |
| Interviewereinfluss | Hoch | Gering |
| Messwerte | Qualitativ (außer FRAP), keine Bildung von Durchschnittswerten, Auszählung der Häufigkeiten, Kategorisierung | Quantitativ, Bildung von Durchschnittswerten, multiplikative, additive Verknüpfung |
| Konkretisierung | Hoch, Funktional-, z.T. Kausalzusammenhänge | Gering, sehr abstrakt, weniger direkte Funktional-, Kausalzusammenhänge |
| Reliabilität Validität | Mittel bis hoch Mittel bis hoch | Mittel bis hoch Hoch |

**Abb. 21:** Vergleich der merkmals- und ereignisorientierten Verfahren

**Ereignisorientierte Modelle** erfragen mit Hilfe der Sequenziellen Ereignismethode gewöhnliche und mittels der Critical Incident Technique (CIT) außergewöhnliche Erlebnisse. Das ist vorteilhaft, denn Ausnahme- und Routinesituationen lösen beim Probanden unterschiedliche Denkprozesse aus, die beide erfasst werden sollen (vgl. Stauss/ Hentschel 1995, S. 121). Die Befragung in narrativen Interviews ermöglicht Dialog und Rückfragen, dem Probanden fällt es leicht zu antworten, da er nur berichtet. Das Untersuchungspersonal interpretiert die Aussagen und kann Hintergründe sowie Kausalzusammenhänge freilegen. Die Verzerrungsgefahr wird damit auf nachgelagerte Phasen und Aktivitäten verlagert, und es liegt an der Qualifikation der Befrager, die gemachten Aussagen richtig zu deuten und anschließend wahrheitsgemäß zu kategorisieren. Um die Güte zu gewährleisten, empfiehlt sich eine Systematisierung der Ergebnisse ereignisorientierter Verfahren durch 2 unterschiedliche Prüfer.

Bei der Erhebung von Ereignissen erlebt der Kunde eine Situation in einer bestimmten Phase eines Prozesses und bewertet diese. Daraus folgt, dass seine Bewertung direkt auf Ursachen basiert und damit ein kausaler Zusammenhang darstellbar ist. Beim merkmalsorientierten Ansatz wird an den Kunden die Anforderung gestellt, eine Bewertung vorzunehmen, die möglichst nicht auf einem Einzelereignis basiert. Dadurch wird verhindert, dass Überstrahlungseffekte auftreten, denn es werden alle Ereignisse innerhalb der relevanten Zeitperiode gleichwertig berücksichtigt. Diese Zeitperiodenbewertung bedeutet dann, dass die Kausalität sich nur auf die Summe der gemachten Erfahrungen bezieht und nicht auf einzelne Erfahrungen abstellt. Damit ist die Kausalität deutlich geringer. Der ereignisorientierte Messansatz ist demzufolge eher geeignet, die Zufriedenheit bei bestimmten Phänomenen wie Reparatur, Auslieferung eines Produktes oder Beschwerde zu erfassen. Beim merkmalsorientierten Ansatz wird auf die gesamte Periode abgestellt, um letztlich zu ermitteln, ob der Kunde zufrieden ist oder ob er Probleme hat, und weniger, um einen direkten Rückschluss auf bestimmte Ereignisse und Verhaltensweisen im Unternehmen vorzunehmen.

Das **CSI-Modell**, das auch zur Messung der Zufriedenheit mit Ereignissen eingesetzt werden kann, eröffnet den merkmalsorientierten Verfahren über die Bildung eines normierten Index neue Messfelder. Der CSI erlaubt den Vergleich von über mehrere Perioden hinweg gewonnenen Daten auf ein- und demselben Bezugsniveau. Außerdem gestaltet sich die Kommunikation der Werte an Geschäftsleitung und Mitarbeiter sowie an potenzielle Kunden und Stammkunden erheblich einfacher.

Des Weiteren wird die Unternehmensstrategie nicht mehr völlig „in die Hand der Kunden gelegt", sondern es werden deren Bedürfnisse auf Machbarkeit und auf Vereinbarkeit mit der Strategie untersucht und dann entsprechend realisiert.

Aus der Auswertung der Gemeinsamkeiten und Unterschiede ist keine eindeutige Präferenz für das eine oder andere Verfahren ableitbar. Der Blick auf die Erwartungen an eine Kundenzufriedenheitsmessung zeigt aber auch:

Es genügen weder Zahlen, die auf die Entwicklung des Zufriedenheitsniveaus hinweisen, noch reichen rein qualitative Ergebnisse aus. Für eine umfassende und valide Ermittlung der Kundenzufriedenheit sind sowohl das ereignis- als auch das merkmalsorientierte Verfahren bedeutsam und können nur durch ihre Kombination den Anforderungen entsprechen. Ihre komplementäre anstatt alternative Anwendung ermöglicht einen Synergieeffekt im Sinne qualitativ hochwertiger Aussagen, welche die Güte der quantitativen Ergebnisse garantieren und steigern. Eine Studie, die für die Messung der Servicequalität im Bereich der Finanzdienstleistungen die Gap-Analyse (merkmalsorientiertes Verfahren) und die Critical Incident Technique vergleicht, kommt zu ähnlichen Ergebnissen, indem sie den komplementären Einsatz beider Methoden für eine umfassende Qualitätsmessung favorisiert (vgl. Müller/ Lohmann 1997, S. 987).

**Empfehlungen für die Praxisanwendung**

Voraussetzungen für eine aussagefähige Anwendung ist die genaue **Definition der Zielsetzung, der Zielgruppen und der kleinsten Auswertungsgruppe**, denn letztere bestimmt die erforderliche Stichprobengröße (siehe hierzu den folgenden Beitrag zur Messung von Kunden-Feedback). Die Verbindung unterschiedlicher, aber komplementärer Ansätze zu einem ganzheitlichen Messsystem ermöglicht eine umfassende und tiefgehende Durchdringung der Zufriedenheit der Kunden sowie das Erreichen von Kundenbindung. Auf diese Weise können unterschiedliche Aspekte erfasst und analysiert sowie in Maßnahmen zur Steigerung der Kundenzufriedenheit und -bindung umgesetzt werden. Abbildung 22 zeigt eine mögliche Kombination der Verfahren zur Messung dieser Größen.

# Konzeptionelle Grundlagen und Messkonzepte für den KZI/ CSI und den KBI/ CRI

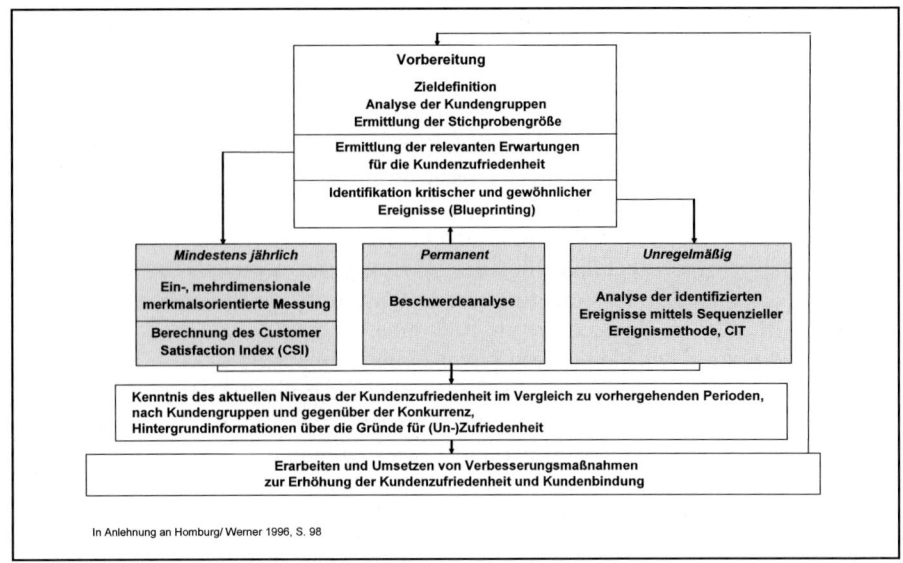

**Abb. 22:** Vorgehensweise bei der Messung von Kundenzufriedenheit und Kundenbindung

Die Vorbereitung ist qualitativer Art und dient dem **Sammeln wesentlicher Vorinformationen**. Sie ist vor dem ersten Einsatz der Verfahren durchzuführen. Die Erwartungen der Kunden sind mindestens einmal jährlich für die Berechnung des CSI neben der Zufriedenheit zu ermitteln. Ausschlaggebend für den Abstand zwischen 2 Befragungen sind die Dynamik einer möglichen Veränderung sowie die Schnelligkeit der Umsetzung von Verbesserungsmaßnahmen. Dies ist an dem Zeitraum der Häufigkeit des Kaufaktes und auch der intensiven Nutzung der angebotenen Marktleistungen zu spiegeln.

Dabei ist der **kombinierte Einsatz der ereignis- und merkmalsorientierten Verfahren** von ihrem Beitrag zum Erkennen und Diagnostizieren von Problemen und von ihrer Fähigkeit, Lösungsansätze aufzuzeigen, abhängig zu machen. Durch die Kontaktpunktidentifikation wird eine vollständige Liste möglicher Schwachpunkte erstellt. Sequenzielle Ereignismethode und CIT „entdecken" auftretende übliche oder außergewöhnliche Probleme. Mit der quantitativen Kontaktpunktmessung werden durch Aggregation der Erlebnisberichte die Häufigkeit und die Dringlichkeit von Problemen herausgefunden (vgl. Stauss/ Hentschel 1990, S. 235 ff.). Anhand dieser Daten und anhand der Ergebnisse klassischer Marktforschung lassen sich Kriterienlisten mit den Service- oder Produktattributen aufstellen und mit multiattributiver Messung die Kundenzufriedenheit zu hochstandardisierten Daten quantifizieren. Dies lässt sich in einem Portfolio darstellen, auf dessen Basis dann der Handlungsbedarf abgeleitet wird. Bei der operativen Umsetzung von Verbesserungsmaßnahmen kann zusätzlich auf die qualitativen Ergebnisse Bezug genommen werden, um so die Ansatzpunkte konkreter zu erfassen.

Der Einsatz merkmals- und ereignisorientierter Verfahren sollte also nicht generell von der Art der Leistung abhängig gemacht werden, sondern davon, inwieweit der Erkenntnisbedarf in der dargestellten Weise besteht. Qualitative Daten helfen, aussagefähige Kriterienlisten aufzustellen, in denen alle entscheidenden Einflussfaktoren der Kundenzufriedenheit enthalten sind, und geben bei der Ableitung von Verbesserungsmaßnahmen zusätzlich wertvolle Hinweise zum Schulungsbedarf der Mitarbeiter.

Die gewonnenen quantitativen Messergebnisse – vor allem der berechnete CSI – ermöglichen einen **Überblick über die Wirkung der Verbesserungsmaßnahmen**, über das Ausmaß der Änderung der Zufriedenheit und erlauben sowohl einen Vergleich mit der Konkurrenz als auch eine wirkungsvolle, leicht verständliche Kommunikation der Messergebnisse nach innen und außen.

In Abbildung 23 ist ein exemplarisches Modell für Befragungen zur Kundenzufriedenheit wiedergegeben. Es basiert auf den bisherigen Ausführungen in diesem Artikel und lässt sich sowohl für merkmals- als auch ereignisorientierte Befragungen einsetzen. Aufgrund der Bedeutung der Servicequalität fokussiert es stärker auf diesen Bereich. Die Produktqualität wird im unteren Teil der Abbildung als ein Basisbereich für die Gesamtzufriedenheit analysiert und bewertet. Der obere Bereich der Abbildung greift auf die wesentlichen Faktoren für die Servicequalität aus Abbildung 9 dieses Artikels zurück. Von links nach rechts nimmt der Einfluss der einzelnen Variablen und Faktoren auf die Zufriedenheit und Bindung der Kunden zu.

Für alle Variablen und Faktoren lassen sich durch die Messung der Wichtigkeit und Zufriedenheit **Teil-CSI** ermitteln, die dann wiederum zu einem **Gesamt-CSI** zusammengefasst werden können und sich jeweils mit verfügbaren respektive erfragten Daten zu wichtigen Wettbewerbern vergleichen lassen. Auf der rechten Seite der Abbildung 23 ist über die Messung der generellen Zufriedenheit und maßgeblicher Bindungsfaktoren, auf die im folgenden Kapitel näher eingegangen wird, eine Aussage zur zeitlichen Wirkung der Zufriedenheits- und Bindungsfaktoren möglich. Dieser Analyseansatz erlaubt die Abschätzung, inwieweit die Kundenzufriedenheit in den einzelnen Bereichen und insgesamt hoch genug ist, so dass Loyalität und Bindung der Kunden sehr wahrscheinlich sind. Aussagefähig wird diese Detailanalyse vor allem dann, wenn eine Segmentierung nach dem Wert einzelner Kundengruppen erfolgt.

## 4 Die Messung der Kundenbindung

Eine hohe Kundenbindung ermöglicht als Folgestufe von Kundenzufriedenheit und Kundenloyalität eine Verbesserung der Unternehmensergebnisse. Bei Leo Burnett, einer Chicagoer Werbeagentur, wurde eine um 20% höhere Produktivität im Vergleich zum Branchendurchschnitt sowie eine Kundentreue von 98% erreicht. Dies schaffte die Voraussetzung für eine Erhöhung des Gewinnpotenzials um über 50%. Reichheld führt aus, dass eine Verbesserung der Kundenbindungsrate um 5% den Vorsteuergewinn verdoppelt. Der Wert eines durchschnittlichen

Kunden kann somit um 25 bis 100% erhöht werden (Reichheld 1997, S. 24, 26, 47), da im Vergleich hierzu die Akquisition eines neuen Kunden mit zusätzlichen Kosten, z.B. für Werbung, verbunden ist. Kauft ein Stammkunde weiterhin in demselben Unternehmen bzw. dasselbe Produkt, fallen diese Kosten weg bzw. verringern sich drastisch.

**Abb. 23:** Modell für Befragungen zur Kundenzufriedenheit

Dies bedeutet, dass ein Unternehmen, das hohe Kundenzufriedenheitswerte für ausreichend hält, ohne dabei die Kundenbindung zu erhöhen, **Potenziale** bei den **Geschäftsergebnissen** verschenkt. Es ist demnach für jedes Unternehmen unerlässlich, neben der Kundenzufriedenheit auch die **Wiederkaufabsicht**, also die **freiwillige Bindung der Kunden** an das Unternehmen, zu erheben und erkannte wesentliche Schwächen unverzüglich zu beseitigen.

Im Zuge einer zunehmenden Liberalisierung der Märkte sind die Kunden immer weniger an Unternehmen „gebunden" in dem Sinne, dass sie aufgrund einer Oligopol- oder Monopolsituation von Anbietern oder aufgrund eines Vertrages nicht zu anderen Unternehmen wechseln können, wie dies in der Vergangenheit z.B. bei Energieversorgern und Telekommunikationsunternehmen der Fall war. Kundenzufriedenheitsmanagement, das diese Unternehmen erst lernen mussten bzw. müssen, zielt darauf ab, dass die Kunden sich dem Unternehmen „verbunden" fühlen, da ihre Anforderungen und Erwartungen erfüllt respektive übererfüllt werden (vgl. Eggert 2000). Bei High-Tech-Unternehmen sind Kunden dadurch an den Hersteller bzw. Lieferanten gebunden, dass aufgrund des Technikstandards und der schnellen und innovativen Technologiesprünge ein Wechsel problematisch ist. In dem Maße, wie in High-Tech-Branchen der Wettbewerb zunimmt, kommt es aber auch hier – nicht zuletzt aufgrund der definierten Standards und der damit möglichen Austauschbarkeit der Produkte – immer mehr auf ein aktives Kundenbindungsmanagement an.

### 4.1 Beziehung zwischen Kundenzufriedenheit und Kundenbindung

Auf die möglichen Beziehungen zwischen diesen beiden Konstrukten wurde im 3. Artikel am Anfang dieses Buches bereits ausführlich eingegangen. Kundenzufriedenheit bedeutet zunächst einmal nur, dass der Kunde mit dem erworbenen Produkt oder der Leistung sowie dem Service in einem bestimmten Ausmaß zufrieden ist. Seine zukünftige **Wiederkaufabsicht** – als Blick respektive Absicht nach vorne – lässt sich aus diesem primär vergangenheitsbezogenen Konstrukt – als Blick respektive Bewertung nach hinten – nicht ableiten.

Der Wechsel zu einem anderen Anbieter kann zum einen sachlich begründet sein, dass dieser einen noch besseren Service bietet, den Nutzen für den Kunden noch mehr steigert oder preislich attraktiver ist. Zum anderen kann er aber auch einstellungsbedingt sein, dadurch dass beim Kunden ein starkes Bedürfnis nach Veränderung und Abwechslung besteht. Dieses Phänomen des **Variety Seeking** (vgl. Dichtl 1996, S. 14) als Suche nach Abwechslung bedeutet, dass ein Kunde durchaus ein hohes Zufriedenheitsniveau haben kann, aber dennoch bereit ist, die Produkte anderer Unternehmen zu kaufen. Diesem Verhalten liegt häufig keine konkrete Wechselabsicht zu Grunde.

Eine hohe Kundenzufriedenheit hat ein Bindungspotenzial; wenn sie jedoch nicht hoch genug ist, beinhaltet sie zugleich ein Gefährdungspotenzial. Daraus resultiert, dass nur durch eine sehr hohe Kundenzufriedenheit Loyalität und Bindung des Kunden zu Stande kommen, so dass dadurch auch das Problem des Variety Seeking eher vermieden werden kann.

Kundenbindung lässt sich neben der erreichten Kundenzufriedenheit im Vorfeld z.B. erfassen bzw. erfragen mit Aussagen (vgl. Horstmann 1998, S. 6)

- zum Wiederkauf des gleichen Produktes,
- zum Cross-Buying als Mehrkauf bezogen auf andere Produkte des gleichen Unternehmens sowie
- zur Weiterempfehlung der Produkte bzw. des Unternehmens an andere Personen.

### 4.2 Vorbetrachtungen zur Berechnung des KBI

In der Unternehmenspraxis ist es wichtig, neben der Kundenzufriedenheit auch für den Grad der Kundenbindung quantitative Messgrößen zu erhalten. Nur auf dieser Basis ist eine gezielte Steuerung bzw. Verbesserung der Kundenbindung nachvollziehbar. Deshalb wird im Folgenden zwischen einem Kundenbindungsquotienten (KBQ), einer Netto-Kundenveränderungsrate (NKVR), einer Kundenabwanderungsrate (KAR), einer Brutto-Kundenzuwachsrate (BKZR) und einer Neukundenrate (NKR) unterschieden. In Abbildung 24 ist dies wiedergegeben.

|  | Beispiele (in Prozent) |
|---|---|
| **(1) Kundenbindungsquotient (Bestandsquotient)** | |
| $KBQ = \frac{\text{Bestandskunden vom Anfang bis Ende des Jahres}}{\text{Bestandskunden am Jahresanfang}} \; (\times 100)$ | $\frac{80}{100} (\times 100) = 80\%$ |
| **(2) Netto-Kundenveränderungsrate (Veränderungsquotient)** | |
| $NKVR = \frac{\text{Gesamtkunden am Jahresende - Bestandskunden am Jahresanfang}}{\text{Bestandskunden am Jahresanfang}} \; (\times 100)$ | $\frac{150-100}{100} (\times 100) = 50\%$ |
| → Kundenabwanderungsrate (Veränderungsquotient) | |
| $KAR = \frac{\text{Bestandskunden am Jahresende - Bestandskunden am Jahresanfang}}{\text{Bestandskunden am Jahresanfang}} \; (\times 100)$ | $\frac{80-100}{100} (\times 100) = -20\%$ |
| → Brutto-Kundenzuwachsrate (Veränderungsquotient) | |
| $BKZR = \frac{\text{Gesamtkunden am Jahresende - Bestandskunden am Jahresende}}{\text{Bestandskunden am Jahresanfang}} \; (\times 100)$ | $\frac{150-80}{100} (\times 100) = 70\%$ |
| **(3) Neukundenrate (Bestandsquotient)** | |
| $NKR = \frac{\text{Gesamtkunden am Jahresende - Bestandskunden am Jahresende}}{\text{Gesamtkunden am Jahresende}} \; (\times 100)$ | $\frac{150-80}{150} (\times 100) = 46{,}7\%$ |

**Abb. 24:** Messgrößen der Kundenbindung

Die Begrifflichkeit macht deutlich, dass beim Kundenbindungsquotienten (1) bzw. Kundenbindungsgrad (vgl. Scharioth 1992, S. 113) der Grad der über eine bestimmte Zeitperiode dem Unternehmen treu gebliebenen Kunden bezeichnet wird. Die Netto-Kundenveränderungsrate (2) gibt Aufschluss darüber, wie stark sich in einer Zeitperiode die Kundenzahl verändert hat, also wie groß der Nettoeffekt der in einer Zeitperiode neu hinzugewonnenen Kunden ist. Die Neukundenrate (3) gibt Aufschluss über den Anteil von Neukunden im Kundenportfolio.

Als Basisvariablen werden die Bestandskunden (im Sinne von Stammkunden) sowie die Gesamtkunden als Summe aller Kunden zu einem Zeitpunkt verwendet. Die Bestandskunden am Ende des Jahres sind hierbei die dem Unternehmen über das Jahr treu gebliebenen Kunden. Bei den Gesamtkunden am Ende eines Jahres werden die im Laufe der Periode abgewanderten und neu hinzugewonnenen Kunden berücksichtigt. Die betrachtete Periodenlänge kann von Branche zu Branche variieren und ist auf der Basis von Innovations- und Kaufzyklen entsprechend festzulegen.

Wie Abbildung 24 zeigt, handelt es sich bei dem Kundenbindungsquotienten (KBQ) und der Neukundenrate (NKR) um **Bestandsquotienten**. Die Netto-Kundenveränderungsrate (NKVR) und deren Bestandteile, die Kundenabwanderungsrate (KAR) sowie die Brutto-Kundenzuwachsrate (BKZR), kennzeichnen **Veränderungsquotienten**.

Da der **Kundenbindungsquotient** den Prozentsatz der Kunden auf der Basis des Kundenbestandes am Anfang des Jahres angibt, der am Ende eines Jahres nach wie vor zum festen Kundenstamm des Unternehmens gehört, ist die Kundenabwanderungsrate die komplementäre Größe hierzu bezogen auf 100%. Wenn mit anderen Worten der Kundenbindungsquotient 80% beträgt, ist die Kundenabwanderungsrate 20%.

Die **Netto-Kundenveränderungsrate** kennzeichnet, ebenfalls gemessen auf der Basis der Kunden am Anfang des Jahres, die Anzahl aller Kunden am Ende des Jahres abzüglich des Kundenbestandes zu Jahresbeginn. Da auch hier i.d.R. der Subtrahend im Zähler kleiner ist als der Minuend, ist die Verhältniszahl positiv. Dies kann bedeuten, dass ein Unternehmen den Kundenbestand in einer Periode vergrößert hat, ohne diese Detailanalyse der Wanderungsbewegungen aber nicht erkennt, dass beispielsweise der Kundenbestand zu 20% durch eine hohe Abwanderungsrate reduziert wurde und der Zuwachs nur dadurch zu Stande kam, dass überproportional, beispielsweise 70% Neukunden hinzugewonnen wurden. Auf dieser Basis ergibt sich dann eine saldierte Zuwachsrate von 50%.

Für die Steuerung der Kundenzufriedenheit und Kundenbindung ist es von maßgeblicher Bedeutung, derartige **Wanderungsbewegungen** frühzeitig zu erkennen. Denn es liegt auf der Hand, dass ein beliebig häufiger und hoher Ersatz von migrierenden Kunden in der Unternehmenspraxis nicht möglich ist. Die Netto-Kundenveränderungsrate muss daher zusätzlich in die Kundenabwanderungsrate und die Brutto-Kundenzuwachsrate zerlegt werden, um zu erkennen, inwieweit durch eine starke Migration der Kunden nach und nach der gesamte Kundenbestand umgeschichtet wird.

Die **Kundenabwanderungsrate** ist demnach, gemessen auf der Basis der Kundenanzahl am Anfang des Jahres, die Differenz der Bestandskunden am Ende und der Bestandskunden am Anfang eines Jahres. Da sie die Abwanderung bezeichnet, ist der 2. Teil des Zählers (Anzahl der Bestandskunden am Jahresanfang) immer größer als die Anzahl der Bestandskunden am Jahresende; die Verhältniszahl ist dadurch immer negativ.

Die **Brutto-Kundenzuwachsrate** gibt an, wie viele Neukunden, als Differenz der Gesamtkunden am Ende des Jahres und der Bestandskunden am Anfang des Jahres, bezogen auf die Bestandskunden am Anfang des Jahres, vom Unternehmen gewonnen wurden. Der Kerngedanke dieser Kennzahl liegt in der Aussage, wie hoch die Kundenakquisitionsfähigkeit und -tätigkeit des Unternehmens ist.

Die **Neukundenrate** gibt den Anteil der Kunden an, die Marktleistungen des Unternehmens innerhalb des Jahres zum ersten Mal gekauft haben und nun zum Kundenbestand gerechnet werden. Sie ist dabei eine wichtige Kennzahl zum Einleiten von Verbesserungsmaßnahmen, um diese Kunden an das Unternehmen zu binden, worauf im weiteren Verlauf dieses Beitrages noch näher eingegangen wird.

### 4.3 Der operative und strategische Kundenbindungsindex

Bereits mehrfach angesprochen wurde die Beziehung zwischen Kundenzufriedenheit und Beschwerdemanagement einerseits und Beschwerdemanagement und Kundenbindung andererseits. Im Folgenden soll die Dreistufigkeit der Beziehung zwischen Kundenzufriedenheit, Beschwerdemanagement und Kundenbindung untersucht werden. Das Ziel und Ergebnis ist, das erfolgreiche oder weniger erfolgreiche Beschwerdemanagement in seiner Auswirkung auf die zukünftige Kundenbindung und in seiner Rückkopplung auf den Grad der erreichten und in Zukunft erreichbaren Kundenzufriedenheit zu werten. Dazu werden ein operativer und ein strategischer Kundenbindungsindex unterschieden und ermittelt.

Der **operative Kundenbindungsindex** geht von der aktuellen Situation aus, dass der Kunde mit einer bestimmten Leistung des Unternehmens mehr oder weniger unzufrieden ist. Der **strategische Kundenbindungsindex** basiert hingegen auf dem Sachverhalt, dass die bisherige Kundenbeziehung ohne Probleme verlief und der Kunde sich jetzt die Frage stellt, ob das Unternehmen auch in Zukunft in der Lage ist, seine Anforderungen zu erfüllen.

Wie Abbildung 25 verdeutlicht, wirkt der operative Kundenbindungsindex auf den strategischen Kundenbindungsindex. Dies ist insofern plausibel, da nur, wenn die aktuellen Probleme in Form einer Beschwerde des Kunden aus dessen Sicht zufrieden stellend gelöst wurden, die Chance zu einer längerfristigen Kundenbindung überhaupt gegeben ist. Sonst wird – im Normalfall – der Kunde vom Unternehmen abwandern.

Im Detail sieht der **Phasenablauf zur Bestimmung der beiden Kundenbindungsindizes** folgendermaßen aus: Ein geringes Maß an Kundenzufriedenheit führt bei den unzufriedenen Kunden dazu, dass sie sich entweder nicht beschweren – wie dies bei einem Großteil der Kunden der Fall ist – oder dass sie sich beschweren. Das Ziel ist zunächst – wie in Abbildung 25 nachvollziehbar ist und wie der entsprechende Artikel zum Beschwerdemanagement in diesem Buch ausführt, den Anteil der Kunden, die sich beschweren, durch geeignete Maßnahmen und Instrumente der Beschwerdestimulierung zu erhöhen. Denn nur dann hat das Unternehmen die Chance, gezielt auf Probleme zu reagieren. Die Reaktion des Unternehmens im Rahmen dieses dringlichen Handlungsbedarfs wird darauf ausgerichtet sein, die Beschwerde für den Kunden zufrieden stellend zu lösen. Wurde die Beschwerde und damit das Kundenproblem allerdings nicht umfassend gelöst, kommt es zur Kundenabwanderung. Dies entspricht der vorstehend analysierten Abwanderungsrate. Die Größenordnung und der Effekt der Abwanderung können dadurch noch verstärkt werden, dass der unzufriedene und zu einem Wettbewerber wechselnde Kunde über eine negative Mund-zu-Mund-Kommunikation seine Unzufriedenheit mit dem Unternehmen anderen mitteilt.

Ist das Problem hingegen aus Kundensicht gelöst, dann hat dies zur Folge, dass die Kundenzufriedenheit i.d.R. wieder steigt.

Zugleich wird über die Kundenloyalität, die bei einer hohen Kundenzufriedenheit generell eher gegeben ist, ein positiver Effekt auf die **Einstellung** und das **Verhalten** des Kunden in der Zukunft ausgehen. Er umfasst einerseits die **Bereitschaft zum Wiederkauf** und andererseits eine **Weiterempfehlung des Unternehmens als positive Mund-zu-Mund-Werbung**. Zwischen beiden Größen kann es wiederum zu einer wechselseitigen Wirkung in Form eines Verstärkereffektes kommen, wie dies auch im Fall der negativen Mund-zu-Mund-Kommunikation und der Abwanderung von Kunden war.

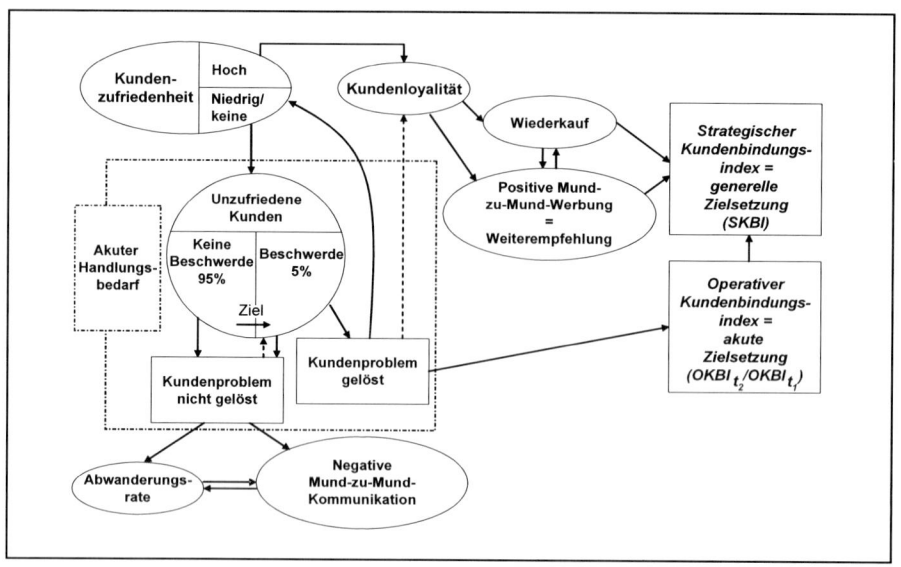

**Abb. 25:** Prozessschema: Kundenzufriedenheit – Beschwerdemanagement – Kundenbindung

Aus dem **gelösten Kundenproblem** resultiert der **operative Kundenbindungsindex** als akute Zielsetzung des Unternehmens, einen unzufriedenen Kunden durch geeignete Maßnahmen zu halten und damit seine Abwanderung zu verhindern. **Wiederkauf und Weiterempfehlung** kennzeichnen den **strategischen Kundenbindungsindex** als die bereits vorstehend angesprochene generelle Zielsetzung. Die operative Kundenbindung ist somit die faktische Voraussetzung für die strategische Kundenbindung.

Gemessen wird der operative Kundenbindungsindex (OKBI) in der Weise, dass – ausgehend von der Problemsituation der Beschwerde – die Kriterien abgefragt werden, die für die Zufriedenheit des Kunden und seinen Verbleib beim Unternehmen als Kunde relevant sind. Parallel hierzu wird wiederum die konkrete Bedeutung aus Kundensicht ermittelt. Von daher basiert der operative Kundenbindungsindex unmittelbar auf Teilen des CSI, der – wie ausgeführt – die Grundlage für den Verbesserungsprozess ist. Nach einer zielgerichteten Lösung des Problems, also der Kundenbeschwerde, lässt sich mit dem gleichen Instrumentarium die Veränderung messen. Demzufolge ist – in Entsprechung zu der akuten Situation – der operative Kundenbindungsindex unmittelbar nach dem positiv gelösten Beschwerdefall erneut ereignisorientiert zu ermitteln. Dies ermöglicht – als Vergleich von $OKBI_{t2}$ zu $OKBI_{t1}$ – das Delta in Form der erreichten Steigerung an Zufriedenheit, Loyalität und Bindung beim Kunden zu ermitteln. Bei dem 2. Messvorgang ist es dann sinnvoll und zweckmäßig, Kriterien des strategischen Kundenbindungsindex, die sich auf Wiederkaufabsicht und Weiterempfehlung beziehen, zu berücksichtigen.

Im Folgenden wird auf den strategisch ausgerichteten Kundenbindungsindex näher eingegangen.

## 4.4 Die Berechnung des Kundenbindungsindex (KBI)

In der Unternehmenspraxis wird seit einiger Zeit das Messinstrumentarium des (strategischen) Kundenbindungsindex (KBI) respektive Customer Retention Index (CRI) als notwendig und zweckmäßig akzeptiert. Eine Reihe von Unternehmen setzt es – teilweise improvisiert, d.h. ohne ausgefeilte Messmethodik – bereits ein.

Der **Tri:M-Ansatz** stellt einen der wenigen bisher existierenden Ansätze zur Messung der Kundenbindung dar (vgl. Scharioth 1992 S. 116 ff.). Tri:M beinhaltet 3 Elemente:

- die Bestandsaufnahme (Measuring),
- das Einleiten von Aktionen (Managing) sowie
- die kontinuierliche Überwachung (Monitoring).

Der **Happy Customer Index (HCI)** aggregiert die Urteile der Kunden zu einem Indikator und ist Ausgangspunkt für die Einleitung von Verbesserungsmaßnahmen. In Abhängigkeit von dem Potenzial der einzelnen Leistungselemente für die Veränderung der Kundenbindungsintensität werden sie klassifiziert in Motivatoren, versteckte Chancen, Hygienefaktoren und Einsparmöglichkeiten (vgl. Scharioth 1992, S. 118 ff.). Diese werden in einer **4-Felder-Matrix** veranschaulicht, deren 2 Dimensionen die reale Bedeutung und die verbale Wichtigkeit der einzelnen abgefragten Kriterien sind. Dabei werden in der Literaturquelle die zu Grunde liegenden Einzelkriterien und Messoperationen – gewollt oder ungewollt – nicht nachvollziehbar beschrieben. Aus diesem Grunde ist eine tiefer gehende Bewertung nicht möglich. Im folgenden Artikel zur Messung des Kunden-Feedbacks wird diese 4-Felder-Matrix an einem Praxisbeispiel dargestellt.

Generell besteht die Möglichkeit, neben den abgefragten Kriterien zur Wichtigkeit und auch Ausprägung über **multiple Regressionen** den Beitrag dieser Kriterien als (unabhängige) Ursachen auf die (abhängige) Wirkung der Kundenbindung zu ermitteln. Die Ergänzung der verbalen Wichtigkeit durch die errechnete reale Bedeutung ermöglicht weitergehende Schlussfolgerungen. Allerdings ist hierbei zu berücksichtigen, dass es sich um primär vergangenheitsbasierte Aussagen handelt. Dies wird auch nicht grundsätzlich dadurch geändert, dass zukunftsbezogen im Hinblick auf Wiederkauf, Mehrkauf und Weiterempfehlung gefragt wird.

Insgesamt kommt es darauf an, das bisher eher qualitativ diskutierte Thema Kundenbindung quantitativ zu unterlegen. Der nachfolgend dargestellte Kundenbindungsindex weicht von der zugrunde gelegten Argumentationskette nicht grundsätzlich ab, leitet aber bezüglich der Operationalisierung des Konstruktes teilweise andere Schlussfolgerungen ab. Zusätzlich wird eine **Erweiterung des Ansatzes** dahingehend vorgenommen, dass nicht nur die Kundensicht, sondern auch die **Unternehmenssicht** in den Kundenbindungsindex einfließt. Dies entspricht dem an anderer Stelle in diesem Buch ausgeführten Sachverhalt, dass

Kundenbindung nur erreichbar ist, wenn das Unternehmen die zukünftigen wesentlichen Anforderungen der Kunden (CTQs) ausreichend gut erfüllen kann. Dies ist beispielsweise auch Gegenstand der 4 Fragen von Shiba (vgl. hierzu Abb. 2 im Artikel von Töpfer zur Analyse von Anforderungen und Prozessen wertvoller Kunden in diesem Buch). Das Unternehmen selbst kann häufig besser als die Kunden heute bereits beurteilen, ob es in der Zukunft fähig sein wird, zentrale Anforderungen der Kunden in den angebotenen Marktleistungen zu realisieren – vorausgesetzt, dass das Unternehmen die zukünftigen Kundenanforderungen ermittelt hat und deshalb kennt. Entsprechend den vorstehenden Ausführungen handelt es sich hierbei um den strategisch ausgerichteten Kundenbindungsindex, ohne dass nachfolgend darauf immer explizit verwiesen wird.

**Grundannahmen**

Die bisherige zweistufige Analyse, d.h. die CSI-Analyse und das sich anschließende Handlungsportfolio, reicht i.d.R. nicht aus, wenn es um das Ableiten wirkungsvoller Maßnahmen zur Sicherung und Ausweitung des Kundenstammes geht. Denn es wird stillschweigend davon ausgegangen, dass die Anforderungen, die dem Kunden in der Vergangenheit wichtig waren, auch in der Zukunft denselben Stellenwert besitzen.

Der Kundenbindungsindex als **„Scharnier"** zwischen **vergangenheitsbezogenen Ergebnissen** und **zukunftsgerichteten Kaufabsichten**, bietet eine deutlich stärkere Fokussierung auf das,

- was der Kunde will und was er von anderen Wettbewerbern bekommen oder nicht bekommen kann, sowie das,
- was das Unternehmen entwickeln und verbessern kann,

um den Kunden auch in Zukunft in einem hohen Maße zufrieden zu stellen.

Durch den Kundenbindungsindex kann also neben dem Bindungspotenzial auch das Abwanderungs- und Wechselpotenzial ermittelt werden. Durch diese umfassendere Vorgehensweise können zweckmäßige Maßnahmen zielgerichtet ergriffen werden.

Diese Sachverhalte können im B-to-C-Bereich an der Situation und Strategie von IKEA gut nachvollzogen werden. Dieses Beispiel war im Artikel zu Ursachen-Wirkungs-Konzepten für Kundenloyalität und Kundenbindung bereits angesprochen worden. Die typischen Kunden von IKEA, die mit dem Preis-Leistungs-Verhältnis der gekauften Kiefernholzmöbel sehr zufrieden waren, drohten dann abzuwandern, als sie über ein deutlich höheres Haushaltseinkommen verfügten. Die strategische Antwort von IKEA war die Einführung eines neuen Sortiments von Design-Möbeln, das mit einem ebenfalls guten Preis-Leistungs-Verhältnis die Bindung dieser Kunden sichern sollte.

Abbildung 26 illustriert den Dreisprung von der Kundenzufriedenheit über die Kundenbindung zum Verbesserungs-Portfolio. Das Ziel dieses Dreisprungs ist eine 100%-ige Kundenbindung, die höchste Stufe einer Erfolgspartnerschaft zwischen Kunden und Unternehmen.

Verdeutlicht werden kann dies auch an der Business-to-Business-Kooperation in der Automobilindustrie (vgl. Kettner/ Hecker 2006). Hierdurch ist eine solche

**Erfolgspartnerschaft** zwischen Automobilhersteller und Systemlieferanten erreichbar, wobei dort häufig die Partnerschaft zu einem Single Sourcing ausgebaut wird. In diesem Fall sind beide Seiten vertraglich gut abgesichert und schließen – zumindest für einen definierten Zeitraum – die Auswahlmöglichkeit zwischen mehreren Lieferanten aus.

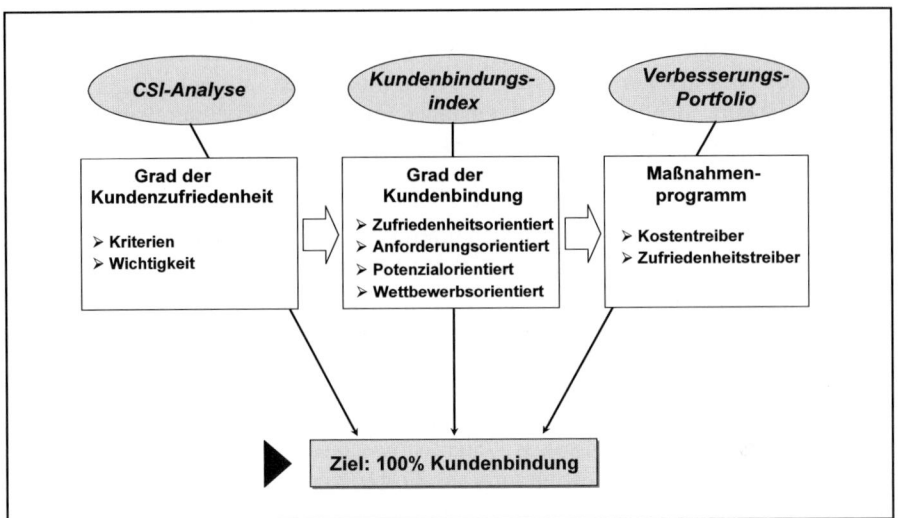

**Abb. 26:** Erweitertes Instrumentarium für Verbesserungsmaßnahmen

In einer derartigen Erfolgspartnerschaft überträgt der Automobilhersteller seinem Systemlieferanten bestimmte Aufgaben innerhalb der Wertschöpfungskette wie z.B. Innovationen und ständige Effektivitäts- und Effizienzsteigerungen. Die Erfolgspartnerschaft ist dadurch gekennzeichnet, dass Kostensenkungen und bessere Erträge zwischen beiden Partnern geteilt werden (vgl. Töpfer 1997, S. 421 ff.). Unter diesem Blickwinkel ist das Messkonzept der Kundenbindung ebenfalls im B-to-B-Bereich wichtig.

**Die Konzeption des KBI**

Das Beispiel der Erfolgspartnerschaft verdeutlicht, dass neben einer hohen Zufriedenheit eine Kundenbindung nur gegeben ist, wenn der Systemlieferant auch in Zukunft die Anforderungen des Herstellers erfüllt, andere Wettbewerber auf der Lieferantenseite nicht besser sind und wenn der Lieferant sein Potenzial so weiterentwickelt, dass er mit der Entwicklung beim Hersteller Schritt hält.

Der Kundenbindungsindex (KBI) ist also deutlich schwieriger zu ermitteln als der Kundenzufriedenheitsindex, weil letzterer immer retrospektiv ist, also eine Rückschau des Kunden auf die bisherige Zusammenarbeit mit dem Unternehmen zum Gegenstand hat. Der Kundenbindungsindex, der auf der Kundenloyalität in der Zukunft basiert, liefert im Gegensatz dazu eine Aussage über eine zukünftige erfolgreiche bzw. als erfolgreich angestrebte Zusammenarbeit.

Der Kundenbindungsindex wird demnach aus 2 Perspektiven heraus gemessen: Zum einen aus **Kundensicht**, basierend auf den Anforderungen seiner zukünftigen Geschäftstätigkeit und auf den Angeboten, die er von Wettbewerbern des Unternehmens erhält. Zum anderen aus **Unternehmenssicht**, und zwar wie das Unternehmen sich selbst einschätzt im Vergleich zum Wettbewerb und wie es in der Lage ist, die speziellen Anforderungen des Kunden im Rahmen eines Value Marketing und damit in einer Erfolgspartnerschaft zu erfüllen.

Diese beiden Sichtweisen sind einander gegenüberzustellen, wobei die des Kunden wichtiger ist als die des Unternehmens, da der Kunde über die zukünftige Zusammenarbeit mit dem Unternehmen entscheidet und seine Wahrnehmung der Marktleistungen sowie seine Bereitschaft zu einer Kooperation den Ausschlag geben. Das Unternehmen selbst kann sich hierfür nur gut vorbereiten.

Die unternehmensinterne Sicht ist vor allem deswegen wichtig, weil sie ein „Frühwarnradar" ist, mit dessen Hilfe das Unternehmen erkennen kann, ob Wettbewerber die definierten Kundenanforderungen besser erfüllen und ob es selbst in der Lage ist, die vom Kunden in der Zukunft gestellten Anforderungen durch Potenzialentwicklung gut zu erfüllen. Beispielsweise kann der Kunde die Absicht haben, von einer gelieferten Komponentenleistung auf eine Systemleistung zu wechseln. Das anbietende Unternehmen muss dann in der Lage sein, in dem definierten Zeitraum die geforderte Kompetenz zu besitzen respektive zu entwickeln. Das Beispiel Automobilzulieferindustrie legt hier beredtes Zeugnis ab.

**– Die Felder des KBI**

Auf der Basis der vorstehenden Ausführungen wird also bei der Berechnung des Kundenbindungsindex in folgender Weise differenziert:

- Zum einem wird unterschieden zwischen der Kundensicht und der Unternehmenssicht, um so einer unterschiedlichen Wahrnehmung Rechnung zu tragen.
- Zum anderen wird nach 2 Dimensionen differenziert. Die 1. Dimension ist primär vergangenheitsorientiert, die 2. Dimension ist zukunfts- und damit potenzialorientiert. Diese Differenzierung ist notwendig, da – wie ausgeführt – Kundenbindung auf Erfahrungen der Vergangenheit beruht und zugleich auch die zukunftsbezogenen Voraussetzungen berücksichtigen muss.

Wie Abbildung 27 verdeutlicht, vergleicht der Kunde vergangenheitsorientiert in der 1. Dimension seine Zufriedenheit mit den Angeboten des Unternehmens mit denen der Wettbewerber. Das Unternehmen führt in dieser 1. Dimension eine Benchmarking-Analyse der Marktleistungen durch. Der Kundenbindungsindex aus Unternehmenssicht ist in dieser 1. Dimension aber bereits teilweise zukunftsorientiert, und zwar genau in dem Maße, wie es möglich ist, die Entwicklung und Ausrichtung von Wettbewerbern im Hinblick auf eine bessere Erfüllung von Kundenanforderungen abzuschätzen.

Es liegt auf der Hand, dass die Anforderungsorientierung des Kunden, also die Bewertung der 2. Dimension, sich im Zeitablauf an den zukünftigen Anforderungen des Kunden und an den Angeboten des Marktes ausrichtet. Der Kunde wird also die Bewertung, ob seine ggf. veränderten Anforderungen gut erfüllt werden, danach vornehmen, ob die Fähigkeiten des Unternehmens dazu besser geeignet sind als die der Wettbewerber mit ihren jeweiligen Angeboten. Von daher ist eine partielle Vermischung der 1. Dimension aus Unternehmenssicht und der 2. Dimension aus Kundensicht gegeben. Der Unterschied liegt allerdings in der Sichtweise verschiedener Bewerter.

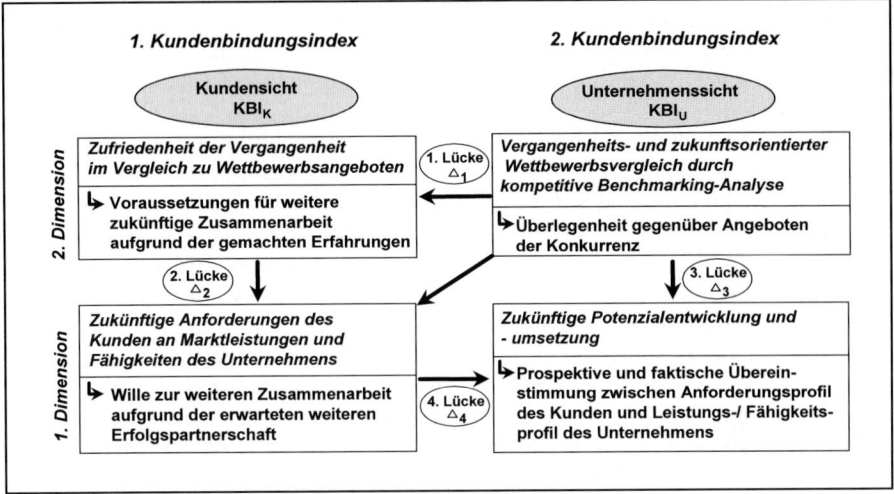

**Abb. 27:** Arten und Dimensionen des Kundenbindungsindex und Gap-Analyse

Die 2. Dimension des Kundenbindungsindex aus Unternehmenssicht ist die Potenzialorientierung. Sie bewertet die – faktische oder prospektive – Übereinstimmung der Leistungen und Fähigkeiten des Unternehmens mit den zukünftigen Anforderungen des Kunden.

Im Folgenden wird im Detail auf die 4 Felder eingegangen, welche die Bestandteile des Kundenbindungsindex bilden.

In der 1. Dimension vergleicht und bewertet der Kunde die in der Vergangenheit vom Unternehmen erbrachten Leistungen mit den Angeboten der Wettbewerber. Der Kunde bildet sein Zufriedenheitsurteil, indem er überprüft, inwieweit die in Anspruch genommene Marktleistung eines Unternehmens seinen Erwartungen entsprach bzw. diese übertraf. Zusätzlich fließt in das Zufriedenheitsurteil die wahrgenommene Leistung von Konkurrenzunternehmen mit ein. Denn obwohl die Leistung des Unternehmens dem Erwartungsniveau des Kunden entspricht, ist dieser nicht sehr zufrieden, wenn er weiß oder erfährt, dass andere Unternehmen ein höheres Leistungsniveau erfüllen. Er führt also einen Benchmarking-Vergleich der Anbieter der gewünschten Marktleistung durch.

Dementsprechend untersucht das Unternehmen die eigenen Leistungen und die der Wettbewerber im Rahmen einer **kompetitiven Benchmarking-Analyse**. Da der Wettbewerbsvergleich als Benchmarking-Analyse auch die wesentliche Basis ist, um zu erkennen, inwieweit in der Zukunft überhaupt noch ein hohes Maß an Kundenzufriedenheit erreichbar ist oder eine Migrations- bzw. Abwanderungsgefahr des Kunden besteht, ist diese Sicht gleichzeitig zukunftsorientiert. Es kann ermittelt werden, ob Wettbewerber ihr Angebot im Rahmen eines Value Marketing deutlich stärker als das eigene Unternehmen auf Kundennutzen und -vorteile ausgerichtet haben und somit ggf. Verbesserungsmaßnahmen einzuleiten sind.

Dieser zukunftsorientierte Wettbewerbsvergleich des eigenen Unternehmens mit seinen Hauptwettbewerbern ermöglicht, im Sinne einer **Vorsteuerungsgröße** und damit eines zeitlichen Vorlaufs, Probleme zu erkennen, und eröffnet die Chance, durch eine zukünftige Potenzialentwicklung frühzeitig darauf zu reagieren.

In der 2. Dimension aus Kundensicht werden dessen zukünftige Anforderungen an die Marktleistungen und Fähigkeiten des Unternehmens als zukünftigem Lieferanten dargestellt. Daher ist es notwendig, nicht nur eine vergangenheitsorientierte Betrachtung vorzunehmen und diese auf die Zukunft zu projizieren, sondern auch mögliche zukünftige Veränderungen zu erkennen. Letzteres bedeutet, dass der Kunde seine gegenwärtigen und zukünftigen Anforderungen mit dem vergleicht, was das Unternehmen kann und was seine Wettbewerber in der Zukunft leisten können. Mit anderen Worten führt der Kunde selbst einen Vergleich der Angebote durch.

Beispielsweise kann ein Lieferant zwar eine sehr gute Marktleistung für den Kunden erbracht haben, und der Kunde war mit dieser Leistung auch sehr zufrieden. Da sich aber die Anforderungen des Marktes und der Kunden verändert haben, ist es erforderlich, dass sich das Unternehmen frühzeitig darauf einstellt und sich entsprechend den neuen Gegebenheiten anpasst. Anderenfalls wäre der bisherige Lieferant, mit dem der Kunde sehr zufrieden war, nicht mehr der geeignete Lieferant in der Zukunft, weil dieser sich nicht im gleichen Maße mitentwickelt hat. Häufig wird sogar – wie in der Automobilzulieferindustrie – gefordert, dass der Lieferant sich mit einem zeitlichen Vorlauf entwickelt, damit er dem Kunden signalisieren kann, dass er schon das Fähigkeitsprofil besitzt, das für den Kunden in der zukünftigen Zusammenarbeit wichtig ist. Der Kunde kann dann die eigenen Kunden in höherem Maße zufrieden stellen und so auf seinen Märkten erfolgreich sein und damit einen Wettbewerbsvorteil aufbauen.

Daraus kann abgeleitet werden, dass der 2. Kundenbindungsindex aus Unternehmenssicht sehr wichtig ist, da erst durch die darauf basierenden Schlussfolgerungen der notwendige zeitliche Vorlauf ermöglicht wird. Ansonsten werden die Kundenanforderungen formuliert und das eigene Unternehmen ist nicht in der Lage, sie kurzfristig zu erfüllen. Daraus entstünde die Gefahr, dass der Kunde abwandert.

Dies bedeutet in der Konsequenz, dass die Zusammenarbeit zwischen dem Unternehmen und den Kunden sehr intensiv sein muss und dass beispielsweise **Kunden-Fokusgruppen** einzurichten sind, um frühzeitig zu erkennen,

- in welche Richtung die Strategie des Kunden weist,
- wie sich die Marktkräfte gestalten, denen das Unternehmen unterliegt, und
- wie sich der Wettbewerb entwickeln wird.

Über das Erkennen dieser Größen ist ableitbar, auf welche Art und Weise das eigene Unternehmen den Kunden unterstützen kann. Dies wird in der 2. Dimension aus Unternehmenssicht, also der zukünftigen Potenzialentwicklung und -umsetzung, untersucht.

Aus den Anforderungen des Kunden (2. Dimension aus Kundensicht) und aus der Entwicklung des Wettbewerbs (1. Dimension aus Unternehmenssicht) ist ablesbar, welche zukünftigen Potenzialanforderungen an das Unternehmen gestellt werden und wie das zukünftige Leistungsprofil aussehen muss.

Im Folgenden werden die soeben gewonnenen Erkenntnisse noch einmal in 4 Punkten zusammengefasst, wie sie in Abbildung 26 aufgeführt sind:

1. Die erste Erkenntnis besteht in einer Aussage über die **Zufriedenheitsorientierung**, also darüber, wie zufrieden der Kunde mit dem Unternehmen in der Vergangenheit war. Problematisch an diesem retrospektiven Wert ist der Versuch vieler Unternehmen, ihn in die Zukunft zu extrapolieren. Denn hohe Zufriedenheit bedeutet nicht automatisch, dass der Kunde auch in Zukunft mit dem Unternehmen und seinen Leistungen zufrieden sein wird. Die Ursachen dafür können unter anderem in veränderten Anforderungen des Kunden liegen.
2. Bei der **Anforderungsorientierung** als 2. Erkenntnisgegenstand wird analysiert, ob die Anforderungen aus Kundensicht vom Unternehmen in Zukunft erfüllt werden. Es wird herausgefunden, inwieweit der Kunde dem Unternehmen zutraut, diese – geändert – auch in der Zukunft zu erfüllen. Nur durch die Anforderungsorientierung können somit neue Erwartungen des Kunden erkannt und Klarheit über notwendige Entwicklungen erhalten werden.
3. Aus der Kenntnis dieser Anforderungen wird im dritten Punkt die **Potenzialorientierung** abgeleitet. Die Potenzialorientierung ist dabei nichts anderes als ein Frühwarnindikator im Hinblick auf Kundenbindung, genauso wie die Kundenzufriedenheit ein Frühwarnindikator bezogen auf Umsatz- und Gewinnentwicklung in der Zukunft ist.
4. Zusätzlich wird vorstehend immer berücksichtigt, wie und in welchem Maße Wettbewerber in der Lage sind, ein gleich hohes oder ein noch besseres Niveau zu erreichen. Als 4. Beurteilungskriterium ist also die **Wettbewerbsorientierung** wesentlich, denn trotz Zufriedenheit des Kunden mit den Leistungen des Unternehmens ist es möglich, dass ein Wettbewerber in entscheidenden Leistungskriterien dem Kunden ein deutlich besseres Ergebnis liefern wird und daraus ein Abwanderungspotenzial des Kunden erwächst. Konkret bedeutet dies, dass ein anderes Unternehmen in der Lage ist, einen Kunden zunächst zu interessieren und ihm ein deutlich stimmigeres und insgesamt besseres Niveau der Leistung zu bieten.

**– Vorstellung der Gaps**

Bereits in Abbildung 27 waren die 4 Gaps bzw. Lücken eingezeichnet, die zwischen den Dimensionen ($\Delta_2$ und $\Delta_3$) sowie zwischen den Sichtweisen ($\Delta_1$ und $\Delta_4$) bestehen können. Sie sollen nachfolgend noch einmal zusammenfassend erläutert werden.

Die 1. Gap-Analyse (1. Lücke) bezieht sich auf die Frage, ob das Unternehmen in der Vergangenheit in der Lage war, die Anforderungen des Kunden aus dessen Sicht zu erfüllen verglichen mit der Wettbewerbsposition des Unternehmens.

Die Analyse der 2. Lücke bringt zutage, wie groß die Diskrepanz zwischen dem Vertrauen des Kunden in das Unternehmen bezogen auf das vergangenheitsbezogene, gegenwärtige und auf das zukünftige Erfüllen seiner Anforderungen ist.

In der 3. Lücke kann man erkennen, dass das Unternehmen zwar in der Vergangenheit gut war, aber in der Zukunft die Anforderungen des Kunden nicht erfüllen wird, da das erforderliche Potenzial nicht schnell genug entwickelt werden kann. Dies sieht in den meisten Fällen das Unternehmen selbst früher als der Kunde.

Die 4. Lücke drückt die Tatsache aus, dass der Kunde nicht mehr an das Potenzial des Unternehmens in der Zukunft glaubt, d.h. er sieht eine Diskrepanz zwischen seinen zukünftigen Anforderungen und den zukünftigen Potenzialentwicklungen des Unternehmens. Die Kundenwünsche werden vom Unternehmen demnach nicht rechtzeitig bzw. nicht richtig umgesetzt. Daraus folgt, dass ohne Potenzialentwicklung und -umsetzung auf breiter Front ein Unternehmen in sehr kurzer Zeit sehr viele seiner Kunden verlieren kann, weil es nicht mehr mit den geforderten Entwicklungen Schritt hält. Es liegt auf der Hand, dass diese Erkenntnisse von großer strategischer Bedeutung für die zukünftige Prosperität des Unternehmens sind.

Typische Beispiele sind die Branchen Mikroelektronik/ Chipindustrie und Maschinenbau, in denen High-Tech-Produkte gefertigt werden, die zugleich eine hohe Dienstleistungs- und Servicekompetenz als Systemleistung erfordern. Manche Unternehmen können sich den veränderten Anforderungen nicht schnell genug anpassen und weisen damit über die 4 Lücken ein erhebliches Defizit auf. Zugleich ist mit dem Versuch, alle Anforderungen der Kunden zu erfüllen, die Gefahr verbunden, dass man im Rahmen des Anpassungsprozesses Kostentreiber nicht genügend analysiert und vermeidet. Dies führt in der Konsequenz entweder zu geringerer Zufriedenheit der Kunden oder aber zu hoher Zufriedenheit bei sehr hohen Kosten. Der Kunde bliebe durch solch eine undifferenzierte Vorgehensweise bei der Durchführung von Verbesserungsmaßnahmen – nämlich unabhängig von der Kostenwirkung einzelner Kriterien – zwar erhalten, aber die Erträge des Unternehmens steigen nicht bzw. sinken sogar. Die Kosten der Kundenbindung übersteigen dann häufig den Zugewinn an Erträgen durch den gebundenen Kunden. Die Unterscheidung in Kosten- und Zufriedenheitstreiber wird an späterer Stelle noch einmal angesprochen, wenn es um die Ableitung konkreter Verbesserungsmaßnahmen geht. Zugleich belegt dies erneut den Stellenwert von aussagefähigen kundenbezogenen CTQ-Analysen.

**Analyse und Schlussfolgerungen des KBI**

Die Berechnung des Kundenbindungsindex (KBI) bzw. Customer Retention Index (CRI) ist eine Funktion der 4 bereits oben vorgestellten Dimensionen Zufriedenheit (Z), Anforderungen (A), Wettbewerber (W) und Potenzial (P) (siehe Abb. 26 und 27).

$$KBI = f(Z, A, W, P)$$

Die Wettbewerberorientierung bezogen auf die Vergangenheit und insbesondere bezogen auf zukünftige Anforderungen und Potenziale schlägt dabei stärker durch als die Zufriedenheit, die aus einem direkten vergangenheitsbezogenen Vergleich resultiert.

Im Folgenden wird – aus Vereinfachungsgründen – auf die KBI-Ermittlung aus der Ausprägung und der Bedeutung eines Kriteriums nicht mehr detailliert eingegangen. Sie ist Grundlage eines **computergestützten Rechenmodells**. Im Vordergrund stehen vielmehr die Analysen und Schlussfolgerungen, die sich aus den einzelnen Kundenbindungsindizes und ihrem Vergleich ziehen lassen. Da es sich hierbei um **dimensionslose Bewertungsziffern** handelt, ist ein aussagefähiger Vergleich unterschiedlicher Kriterienkataloge in den KBIs möglich. Dies wird nachstehend an einfachen Zahlenbeispielen in Abbildung 28 verdeutlicht, welche die 4 Ansatzpunkte für die Ermittlung des Kundenbindungsindex darstellt. Die Differenzierung des Kundenbindungsindex aus Kunden- und Unternehmenssicht kann in beiden Dimensionen durch ein ausgefeiltes Befragungs- und Analyseinstrumentarium mit hoher Aussagefähigkeit und zum Herausfiltern von Ansatzpunkten für Verbesserungsmaßnahmen ermittelt werden. Der zufriedenheitsorientierte Index basiert unmittelbar auf dem Customer Satisfaction Index, und zwar sowohl inhaltlich als auch im Hinblick auf die Wichtigkeit der Kriterien.

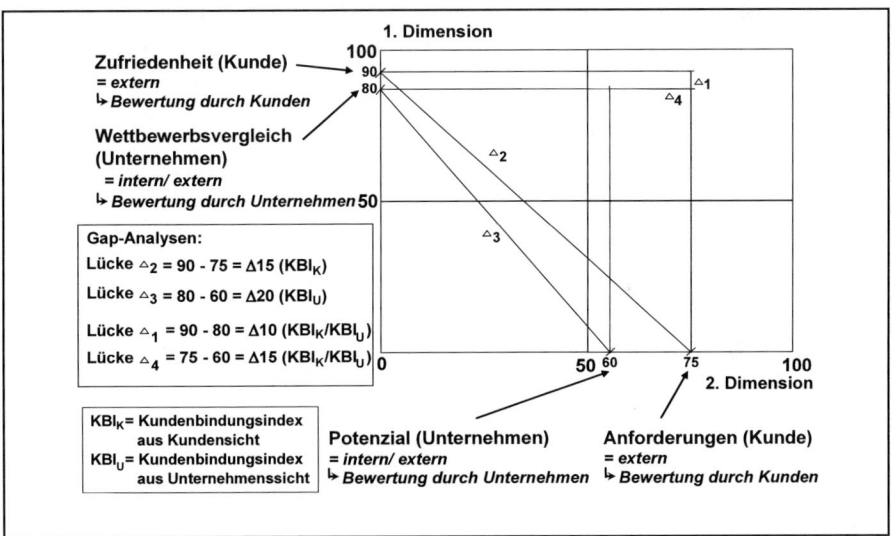

**Abb. 28:** Gap-Analyse der Kundenbindungsindizes

Die Dimensionen „Zufriedenheit" und „Wettbewerbsvergleich" werden auf der Ordinate abgetragen. Sie haben aus Kundensicht die Zufriedenheit und aus Unternehmenssicht den Wettbewerbsvergleich zum Gegenstand. Die Dimensionen „Anforderungen" und „Potenziale" auf der Abszisse beziehen sich aus Kundensicht auf die Anforderungen und aus Unternehmenssicht auf die Potenziale in der Zukunft. Im Idealfall sind die Bewertungen jeweils aus Kunden- und Unternehmenssicht deckungsgleich. In diesem Fall würden keine Lücke und damit kein Gap vorliegen. Dann wäre mit hoher Wahrscheinlichkeit eine Kundenbindungswirkung in Höhe des vom Kunden formulierten Ausprägungsgrades gegeben.

In der Realität, insbesondere bei einer kritischen Sicht durch das Unternehmen, werden jedoch eher Lücken auftreten, die im Sinne der genannten Frühwarnindikatoren **Verbesserungsmaßnahmen** zur Folge haben müssen. Im Beispiel der Abbildung 28 ist auf der 1. Dimension die Zufriedenheit der Kunden mit 90% höher als die vom Unternehmen eingeschätzte Position im Vergleich zu den Wettbewerbern mit 80%. Dies definiert die Lücke $\Delta_1$ in Höhe von 10 Prozentpunkten. Sie besagt, dass das beim Kunden direkt gemessene Zufriedenheitsniveau höher ist als die vom Unternehmen im Wettbewerbsvergleich erreichte Zufriedenheitsposition. Entsprechend ist auf der 2. Dimension beispielhaft angenommen, dass die Anforderungen aus Kundensicht in der Zukunft zu 75% zufrieden stellend erfüllt werden. Die unternehmensinterne Einschätzung des aktivierbaren respektive in Zukunft aktivierten Potenzials – i.d.R. aufgrund erforderlicher Weiterentwicklungen – wird nur mit 60% bewertet. Damit liegt eine Lücke von 15 Prozentpunkten vor, die der Lücke $\Delta_4$ entspricht.

Zusätzlich ist aus der Analyse die zukünftige Veränderung der Kundenbindung ausgehend von der Gegenwart in der Zukunft ermittelbar. Aus Kundensicht wird dies durch die Lücke $\Delta_2$ gekennzeichnet in Höhe von 15 Prozentpunkten (= 90 – 75%). Aus Unternehmenssicht macht die Lücke $\Delta_3$ 20 Prozentpunkte (= 80 – 60%) aus, allerdings auf einem deutlich niedrigeren Niveau. Die mögliche Schlussfolgerung heißt also: Gegenwärtig wird das vom Kunden geforderte Niveau relativ gut erreicht. In der Zukunft ist die Lücke jedoch bereits größer. Die kritische Einschätzung der eigenen Leistung in Höhe von gegenwärtig 80% ist deshalb bereits ein Indikator für die erwartete zukünftige Unterdeckung der Kundenanforderungen. Die Lücke $\Delta_2$ (15) zeigt das Gefährdungspotenzial aus Kundensicht. Ergänzt durch die Lücke $\Delta_4$ (ebenfalls 15) wird das konkrete Abwanderungsrisiko aus Unternehmenssicht markiert.

Eine derartige Situation ist typischerweise gegeben, wenn es zu einem Übergang auf ein anderes – durch den Kunden gefordertes – Leistungsprofil des Unternehmens durch den Kunden kommt. Wenn dieses Leistungsprofil für das Unternehmen leicht erfüllbar ist, tauchen keine Probleme auf, denn in diesem Falle gibt es auch keine gravierenden Veränderungen, die zu erkennen und zu erfüllen sind. Wenn es jedoch zu einer **einschneidenden Veränderung des Anforderungsprofils** – z.B. durch neue Technologien oder eine geforderte Systemleistung – kommt, wird auch die Kundenzufriedenheit in Zukunft anders bewertet werden, da der Kunde nun andere Anforderungen respektive Kriterien anlegt. Dies bedeutet, dass sich das Konstrukt Kundenzufriedenheit mit anderen Leistungsmerkmalen und anderen Ereignissen beschreiben lässt bzw. die Dimensionen mit veränderter Wichtigkeit in das Zufriedenheitsurteil eingehen. Dies macht noch einmal deutlich, wie wichtig hier ein frühzeitiges Erkennen der veränderten Anforderungen auch im Vergleich zu Wettbewerbern ist, um mit einem ausreichenden zeitlichen

Vorlauf die Potenziale aufzubauen und zu aktivieren und um damit – bei einer relativ hohen Zufriedenheit des Kunden in der Vergangenheit – ein abruptes Absinken der Kundenbindung zu verhindern. In gleicher Weise tritt dieses Phänomen auf, wenn Branchen zusammenwachsen oder **Merger-Prozesse** verstärkt auftreten und es zu erhöhten Akquisitionen kommt, so dass sich die Markt- und damit auch die Wettbewerbskonstellation zum Vorteil für den Kunden verändert.

Es liegt auf der Hand, dass das Schließen der zukunftsorientierten Lücken mindestens genauso wichtig ist wie eine Verbesserung der gegenwartsbezogenen Lücke. Dabei ist die Erfahrung von heute die Grundlage für die Strategie von morgen. Die **gegenwartsbezogene Lücke** ist dann besonders wichtig, wenn – im Sinne des operativen Kundenbindungsindex – die Lücke so groß ist, dass der Kunde bereits eine Abwanderung zum Wettbewerber erwägt. Ist dies nicht gegeben, und die Kundenloyalität ist groß genug, dann werden sich Verbesserungsmaßnahmen auf die frühzeitige Potenzialentwicklung konzentrieren. Hierbei kommt es nicht nur darauf an, das Potenzial des Unternehmens so zu aktivieren und die Leistung so zu verbessern (60%), dass das vom Kunden definierte Niveau (75%) erreicht wird. Vielmehr muss das Augenmerk darauf gelegt werden, das bisher realisierte Zufriedenheitsniveau für den Kunden möglichst auch in Zukunft abzusichern, also 90% Zufriedenheit auch in der Zukunft anzustreben und zu erreichen.

Die Bewertung der zukünftigen Leistungsfähigkeit des Unternehmens durch den Kunden, also das Erfüllen der Kundenanforderungen auf einem Niveau von 75%, zeigt bereits, dass der Kunde dem Unternehmen kein höheres Niveau zutraut und damit ein Absinken in Höhe der Lücke $\Delta_2$ (15) gegeben ist. Bei einer tiefer gehenden Analyse sind dies i.d.R. eindeutige Zeichen dafür, dass die Kundenloyalität hierdurch beeinträchtigt wird und eine Kundenabwanderung in Zukunft eher wahrscheinlich ist.

Wie aus diesem einfachen Beispiel ersichtlich ist, haben alle 4 definierten Lücken, also $\Delta_1$ bis $\Delta_4$, eine spezifische Aussagefähigkeit, um so nicht nur die Position in der Gegenwart respektive Vergangenheit und in der Zukunft zu ermitteln, sondern um auch aufzuzeigen, in welchem Maße ein Absinken vermieden werden muss bzw. eine Verbesserung unbedingt erforderlich ist. Diese Verbesserungen werden im folgenden Kapitel thematisiert.

Ob und in welchem Maße die Verbesserungsmaßnahmen gewirkt haben, lässt sich im Rahmen einer periodischen Messung der Kundenzufriedenheit, also bei einem kontinuierlichen Customer Satisfaction Measurement, am Ende der folgenden Periode durch den CSI ermitteln.

## 5 Aktionspläne auf der Basis von Verbesserungs-Portfolios

Alle Verbesserungsmaßnahmen lassen sich an der Konzeption und Logik des **Kano-Modells** ausrichten, das im Artikel zur Analyse der Kundenanforderungen bereits vorgestellt wurde. Wenn die **Basisanforderungen** durch das Unternehmen nicht gut abgedeckt werden, besteht eine ernsthafte **Krisengefahr**, denn aus Kundensicht sind dann grundlegende Kriterien nicht ausreichend erfüllt. Eine Kundenbindung tritt hierdurch noch nicht ein, sondern entsprechend dem Kano-Modell ist sie nur dann erreichbar, wenn über wesentliche **Leistungsfaktoren** hinaus die **Begeisterungsanforderungen** realisiert werden (vgl. Kano et al. 1994, S. 39 ff.). Dabei handelt es sich um derartige Anforderungen, die in höherem Maße über Kundenzufriedenheit zwar Kundenloyalität und Kundenbindung erzeugen, vom Unternehmen aber erst einmal im Hinblick auf ihre kundenspezifische Potenzialwirkung erkannt werden müssen (vgl. Berger et al 1993; Bailom et al. 1996, S. 118).

Wie anhand der Abbildung 26 erläutert wurde, geht der Dreisprung vom CSI über den KBI zum Verbesserungs-Portfolio. Dieser Dreisprung ist wichtig, da vergangenheitsorientiert die Kundenzufriedenheit und zukunftsorientiert die Kundenbindung auf der Basis der Loyalität ermittelt werden. Der Kundenbindungsindex lässt sich dadurch verbessern, dass über ein zielgerichtetes Verbesserungs-Portfolio ein Maßnahmenprogramm eingeleitet wird.

Das Gesamtspektrum von Maßnahmen zur Steigerung der Kundenzufriedenheit respektive Kundenbindung als **Aktionsplan** weist auf der Grundlage einer differenzierten Bewertung, wie sie in Abbildung 29 wiedergegeben ist, einen höheren Aussagegehalt auf als das Portfolio zum Ableiten des Handlungsbedarfs (siehe Abb. 16). Hierdurch lassen sich Maßnahmen in diesem dreidimensionalen Wirkungsraum gut nachvollziehen und diskutieren, so dass sie einer klaren und rationalen Entscheidung zugänglich sind.

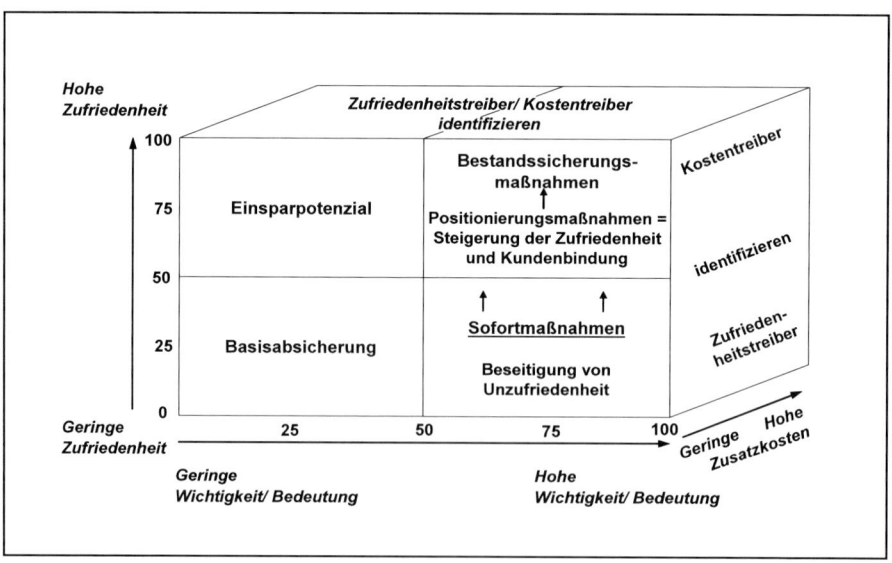

**Abb. 29:** Aktionsplan für Kundenzufriedenheit

Dieses Verbesserungs-Portfolio ist deshalb als Maßnahmenprogramm sehr detailliert und aussagefähig zu planen, weil hierbei zu unterscheiden ist zwischen Kostentreibern und Zufriedenheitstreibern.

**Kostentreiber** erhöhen bezogen auf die erreichbare Zufriedenheitssteigerung die Kosten überproportional und sind daher zu vermeiden. Sie sind nur dann in dem erforderlichen Maße zu akzeptieren, wenn es sich dabei um K.o.-Kriterien handelt, deren Wegfall die Zusammenarbeit mit dem Kunden in der Zukunft beeinträchtigen oder sogar beenden und unmöglich machen würde. Im Allgemeinen sind dies Anforderungen mit sehr hoher Wichtigkeit für den Kunden.

Die **Zufriedenheitstreiber**, bei denen unterstellt wird, dass sie eine Loyalitäts- und Bindungswirkung besitzen, sind diejenigen Faktoren, welche die Zufriedenheit und damit die zukünftige Bereitschaft zur Zusammenarbeit und den Erfolg der Zusammenarbeit in der Zukunft verbessern, ohne dass dadurch die Kostenbelastung für das Unternehmen stark ansteigen muss. Typische Zufriedenheitstreiber sind vor allem Faktoren, die im Rahmen eines **Value Marketing** (vgl. hierzu den einleitenden Artikel in diesem Buch) zu Erfolgspartnerschaften zwischen Kunden und Unternehmen führen.

Es kommt also darauf an, die **Nutzen- und Kostenwirkungen** der Verbesserungsmaßnahmen kritisch zu prüfen. Bei den **Sofortmaßnahmen** müssen oft erhebliche Kosten für die unbedingt notwendigen Verbesserungen in Kauf genommen werden, um im Wettbewerb bestehen zu können. Dagegen sollte dies bei den **Differenzierungsmaßnahmen** vor allem dann unbedingt vermieden oder zumindest in der Auswirkung klar analysiert werden, wenn die erhöhten Kosten nicht durch einen möglichen – da vom Kunden akzeptierten – Preisaufschlag im Sinne eines Premium-Preises abgedeckt sind. Übersteigt der akzeptierte Preisaufschlag ($\Delta P$) die zusätzlichen Kosten ($\Delta K$), dann führt – in der Idealsituation – der gebotene Zusatznutzen zu einer Erhöhung des Deckungsbeitrages ($\Delta DB$) (siehe Abb. 30).

Ein breites Spektrum von Produktvarianten ist immer dann stärker kostentreibend als zufriedenheitstreibend, wenn die Varianten nicht in hohem Maße Gleichteile enthalten und die Wertschöpfungsprozesse nicht schlank gestaltet und effizient gesteuert werden. Wenn Mitarbeiter des Unternehmens individuell auf Kundenwünsche im Direktkontakt eingehen, dann ist dies ein typisches Beispiel für einen größeren Zufriedenheits- als Kostenzuwachs.

Ein zusätzlicher Aspekt wird bei Kundenzufriedenheits-Analysen häufig vernachlässigt oder nicht erkannt, und zwar die Bewertung der eigenen Marktposition im Vergleich zu Wettbewerbern und daraus zu ziehende Schlussfolgerungen. Kundenzufriedenheits-Analysen beschränken sich vom Wort her auf die Bewertung durch Kunden des eigenen Unternehmens. Die Frage ist jedoch, wie die Kunden anderer Unternehmen gegenüber dem eigenen Unternehmen eingestellt sind, und vor allem auch, was die so genannten „**Lost Customers**" dazu bewogen hat, das eigene Unternehmen zu verlassen und bei anderen zu kaufen. Die Frage ist also nicht nur, wie groß die Zufriedenheit der Bestandskunden ist und wie sie erhöht werden kann. Die gewonnenen Erkenntnisse aus der Befragung „verlorener" Kunden liefern vielmehr auch Aufschluss darüber, wie Kundenabwanderungen von vornherein vermieden werden können. Zusätzlich muss sich jedes Unternehmen auch die Frage stellen, ob es Kunden von Wettbewerbern mit den eigenen Leistungen erfolgreich zur Abwanderung motivieren kann.

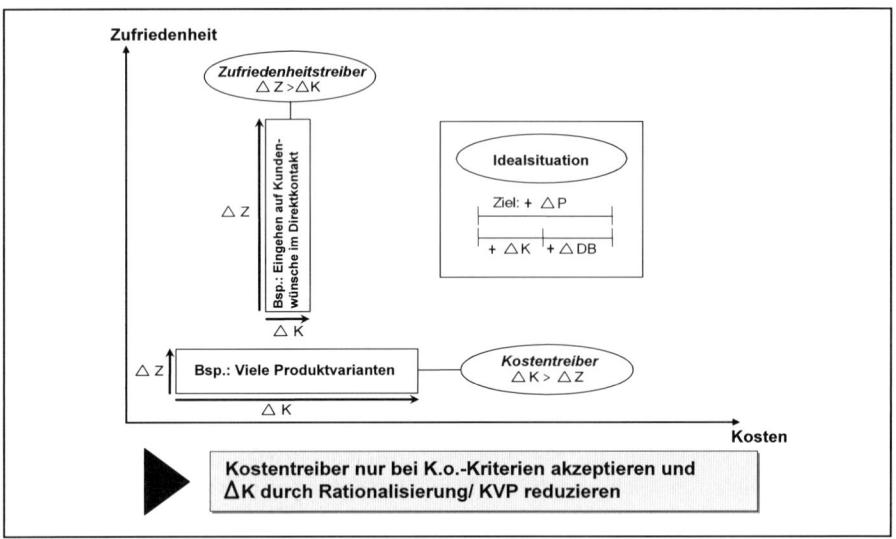

**Abb. 30:** Zufriedenheitstreiber versus Kostentreiber

Wenn die Maßnahmen zur Erreichung von Kundenbindung bei einem Produkt erfolgreich waren, gilt es, aus Unternehmenssicht **Cross-Selling-Potenziale** und damit aus Kundensicht **Cross-Buying-Potenziale** auszuschöpfen, wie dies in Abbildung 31 vereinfacht dargestellt ist.

Durch die erreichte Zufriedenheit eines Kunden mit einem gekauften Produkt A kommt es zu Wiederholungskäufen dieses Produktes. Hierbei handelt es sich also über die Zeit um spezielle **Carry-over-Effekte**. Die entstandene Zufriedenheit und Kundenbindung ist die Grundlage für **Spill-over-Effekte** (vgl. Becker 2006, S. 788), also den Kauf weiterer vom Unternehmen angebotener Produkte durch denselben Kunden. Jede erreichte Zufriedenheit mit einem gekauften Produkt stellt einen spezifischen **Verstärker-Effekt** für den Wiederkauf der anderen Produkte dar. Insgesamt erhöht sich so über die Zeit – wie Abbildung 31 schematisiert – das Kaufvolumen eines Kunden in den vom Unternehmen angebotenen Produktkategorien und damit der **Share of Wallet**.

Nicht berücksichtigt sind hierbei die Effekte von Weiterempfehlungen an andere Personen. Die Bedeutung der Kundenbindung wird hieran noch einmal offensichtlich: Eine Verlängerung der Dauer der Kundenbeziehung als horizontale Kundenbindung in Form des Wiederkaufs des gleichen Produkts kann also zusätzlich durch eine Verstärkung der Intensität der Kundenbeziehung als vertikale Kundenbindung in Form eines Mehrkaufs bezogen auf andere Produkte des Unternehmens ergänzt werden. Das Ergebnispotenzial für das Unternehmen, das durch die Ausschöpfung aller Potenziale eines erfolgreichen Kundenkontaktes aktiviert werden kann, wird hieran deutlich. Dies unterstreicht zugleich aber auch noch einmal die Anforderungen an alle Marktleistungen des Unternehmens. Nur wenn es hier zu keinen „Brüchen" kommt, lassen sich die positiven Eindrücke in Form der 3 skizzierten Effekte für das Gesamtangebot des Unternehmens nutzen.

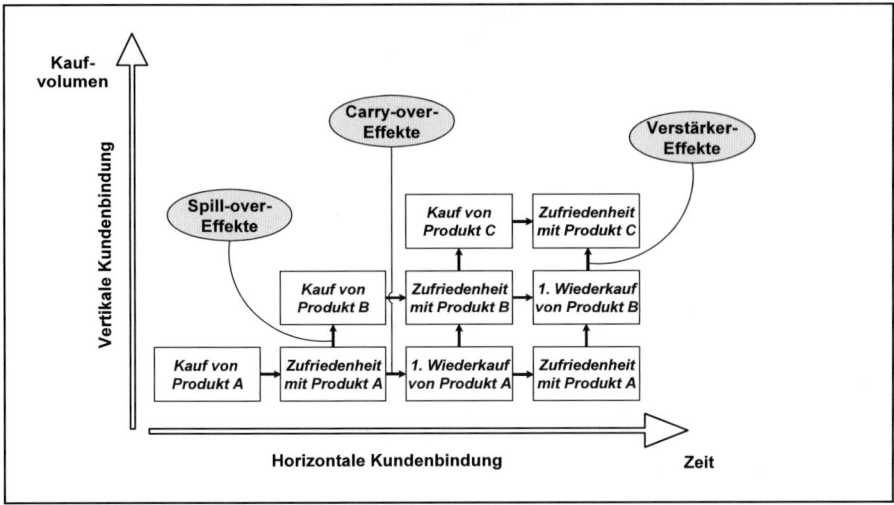

**Abb. 31:** Vertikale und horizontale Kundenbindung

## 6 Ein ganzheitliches System zur Messung der Kundenzufriedenheit und Kundenbindung

Bei der Entscheidung für die geeigneten Methoden zur Messung von Kundenzufriedenheit und Kundenbindung verspricht die Kombination unterschiedlicher Ansätze zu einem ganzheitlichen und umfassenden Messsystem die aussagekräftigste Vernetzung von Zufriedenheits- und Bindungswirkungen.

Im Folgenden wird anhand der Abbildung 32 die Kombination der beiden Verfahren der Kundenzufriedenheitsmessung, dem ereignisorientierten Ansatz und dem merkmalsorientierten Ansatz, mit der Umsetzung von Verbesserungsmaßnahmen verdeutlicht. Hierbei lassen sich insgesamt 9 Stufen der Messung, Analyse und Verbesserung unterscheiden. Wie gezeigt wurde, ist dies vor allem bei Dienstleistungen wichtig. In leicht abgewandelter Form ist das Instrumentarium auch auf mehrstufigen Märkten einsetzbar.

Wenn ein Unternehmen mit der Messung der Kundenzufriedenheit beginnt, ist als **1. Stufe** die Messung der herausragenden positiven und negativen Erlebnisse aus Kundensicht sehr zweckmäßig. Mit der Critical Incident Technique (CIT) wird auf der Basis des ereignisorientierten Ansatzes abgefragt, was dem Kunden an sehr positiven und sehr negativen Erlebnissen in der Interaktion mit dem Unternehmen und seinen Produkten im Gedächtnis geblieben ist.

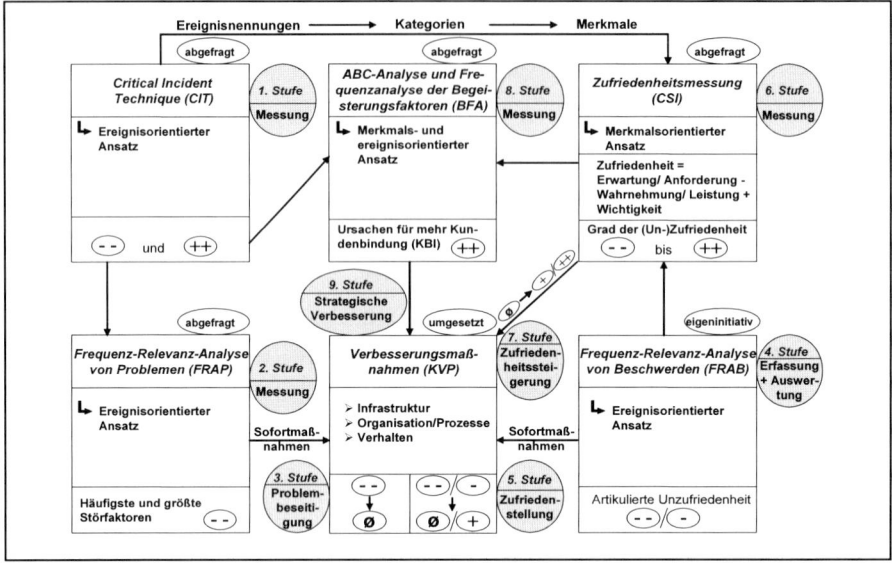

**Abb. 32:** Kombination der Messverfahren und Umsetzung

Die folgenden Stufen sind dann zunächst darauf ausgerichtet, gravierende Schwachstellen durch gezielte Verbesserungsmaßnahmen zu beseitigen. Hierzu wird in der **2. Stufe** die Frequenz-Relevanz-Analyse von Problemen (FRAP) – ein weiterer ereignisorientierter Ansatz – durchgeführt. Begonnen wird mit den Bereichen, welche die größte Kundenabwanderung bewirken können. Es werden also die häufigsten und wichtigsten Störfaktoren abgefragt und analysiert. In der **3. Stufe** werden diese Probleme möglichst schnell durch Sofortmaßnahmen beseitigt. In der Regel ist durch die Beseitigung dieser Probleme nur ein Anheben von einer starken Kundenunzufriedenheit auf ein durchschnittliches Zufriedenheitsniveau möglich.

Wie aus Abbildung 32 erkennbar ist, wird durch diese Verbesserungsmaßnahmen ein Kontinuierlicher Verbesserungsprozess (KVP) in Gang gesetzt. Er dient dazu, (gravierende) Schwachstellen der Infrastruktur, der Organisation und dabei insbesondere der Prozesse sowie des Verhaltens von Unternehmensmitgliedern zu beseitigen. Die unmittelbare Umsetzung von Verbesserungsmaßnahmen ist bei dieser Stufe und auch bei der 4. Stufe deshalb besonders wichtig, weil die Rückmeldung vom Kunden hier ausschließlich negativ ist. Behandelt werden also Störfaktoren und damit Ursachen der Unzufriedenheit beim Kunden. In der Regel geht hiervon eine negative Wirkung auf die Mitarbeitermotivation aus. Durch die handlungsorientierte Umsetzung von Verbesserungsmaßnahmen lassen sich nachhaltigere Frustrationen vermeiden. Auf der **4. Stufe** ist eine Frequenz-Relevanz-

Analyse von Beschwerden durchzuführen. Dieser ebenfalls ereignisorientierte Ansatz verfolgt mit der Erfassung und Auswertung das Ziel, artikulierte Unzufriedenheit in ihrer Bedeutung zu erkennen. Da hierzu die Kunden in Form von Beschwerden eigeninitiativ werden müssen, ist erfahrungsgemäß der Prozentsatz eingehender Beschwerden relativ klein. Diese geringe Anzahl der Kundenartikulationen macht deshalb die ergänzende Frequenz-Relevanz-Analyse von Problemen keineswegs überflüssig, sondern umso notwendiger. Das Ziel ist wiederum in einer **5. Stufe**, die Kunden durch die Problembeseitigung zumindest zufrieden zu stellen, wenn möglich aber auch in ihrer Bindung an das Unternehmen zu stärken. Von einem negativen Ausgangsniveau ist also ein durchschnittliches oder leicht positives Niveau erreichbar. Diese Verbesserungsmaßnahmen sind wesentlicher Bestandteil eines gut funktionierenden Beschwerdemanagements.

Die genannten, aus Kundensicht besonders positiven oder negativen Ereignisse bilden die Grundlage, um valide Kategorien aufzustellen, mit denen die Kundenzufriedenheit generell aussagefähig erfasst werden kann. Durch die Analyse von Beschwerden in der 4. Stufe ist es möglich, alle wesentlichen Ursachen von Beschwerden in den Merkmalen ebenfalls abzubilden und damit mögliche Problembereiche durch diesen Analyse- und Erkenntnisprozess abzudecken. Mit diesen Dimensionen respektive Merkmalen wird der Übergang vom ereignisorientierten Ansatz zum merkmalsorientierten Messansatz vollzogen. Wie die **6. Stufe** zeigt, ist die abgefragte Zufriedenheit die Grundlage für den Customer Satisfaction Index. Hierdurch wird auf normierter Basis die Zufriedenheit als Differenz der Leistungsanforderungen und der wahrgenommenen Leistung sowie die Wichtigkeit der Kriterien erfragt. Das Ergebnis ist ein Profil des jeweiligen Grades der (Un-) Zufriedenheit pro Kriterium. Die Messung erfolgt auf jeden Fall ausgehend von einer hohen Unzufriedenheit bis zu einer hohen Zufriedenheit. Durch die Beseitigung der gravierenden Schwachstellen in der **7. Stufe** wird es i.d.R. möglich sein, von einem eher durchschnittlichen Ausgangsniveau auf eine höhere respektive sehr hohe Zufriedenheit der Kunden zu gelangen.

Nach der Erkenntnis, dass zufriedene Kunden bei weitem noch keine langfristig an das Unternehmen gebundene Kunden sind, ist nun entsprechend dem höherem Reifegrad des gesamten Unternehmens und der höheren Entwicklungsstufe des eingesetzten Messinstrumentariums als **8. Stufe** die Messung der Faktoren möglich und zweckmäßig, welche die Ursachen für mehr Kundenbindung sind. Wenn man dabei zu Grunde legt, dass Kundenbindung eine zu erreichende Dimension ist, dann geht es also nicht (nur) um eine graduelle Steigerung der Bindung einzelner Kunden, sondern um eine prozentuale Erhöhung der Anzahl der an das Unternehmen gebundener Kunden. Die Basis für das Erkennen von inhaltlichen Ansatzpunkten ist eine Kombination des merkmals- und ereignisorientierten Ansatzes. Dies geschieht in der Weise, dass eine ABC-Analyse der Begeisterungsfaktoren durchgeführt wird. Sie dient zur Klassifikation, was aus Kundensicht besonders wichtig ist. Die anschließende Frequenz-Analyse ermittelt, wie oft dieser Begeisterungs-Sachverhalt beim Kunden aufgetreten ist und Wirkung gezeigt hat. Die Begeisterungsfaktoren-Analyse (BFA) ist damit also zugleich die Ausgangsbasis für strategische Verbesserungen, wie sie als **9. Stufe** gekennzeichnet sind. Ihre Wirkung ist i.d.R. nicht unmittelbar und nicht vordergründig auf das Beseitigen von Problemen ausgerichtet, sondern dient dem Aufbau einer nachhaltigen Erfolgspartnerschaft. Der Grad ihrer Wirkung lässt sich durch eine Analyse des Kundenbindungsindex ermitteln.

# 7  Literatur

*Bailom, F. et al. (1996):* Das Kano-Modell der Kundenzufriedenheit, in: Marketing – Zeitschrift für Forschung und Praxis, 18. Jg., 1996, Nr. 2, S. 117-126.
*Becker, J. (2006):* Marketing-Konzeption – Grundlagen des zielstrategischen und operativen Marketing-Managements, 8. Aufl., München 2006.
*Benkenstein, M./ Güthoff, J. (1997):* Qualitätsdimensionen komplexer Dienstleistungen, in: Marketing – Zeitschrift für Forschung und Praxis, 19. Jg., 1997, Nr. 2, S. 81-92.
*Berekoven, L./ Eckert, W./ Ellenrieder, P. (2004):* Marktforschung – Methodische Grundlagen und praktische Anwendung, 10. Aufl., Wiesbaden 2004.
*Berger et al. (1993):* Kano's Methods for Understanding Customerdefined Quality, in: Hinshitsu, The Journal of the Japanese Society for Quality Control, Fall, 1993, S. 3-35.
*Beutin, N. (2003):* Verfahren zur Messung der Kundenzufriedenheit im Überblick, in: Homburg, C. (Hrsg.): Kundenzufriedenheit – Konzepte – Methoden – Erfahrungen, 5. Aufl., Wiesbaden 2003, S. 115-151.
*Bitner, M.J./ Booms, B.H./ Tetreault, S.M. (1990):* The Service Encounter: Diagnosing Favorable and Unfavorable Incidents, in: Journal of Marketing, 54. Jg., 1990, January, S. 71-84.
*Bitner, M.J./ Nyquist, J.D./ Booms, B.H. (1985):* The Critical Incident as a Technique for Analyzing the Service Encounter, in: Bloch, T.M./ Upah, G.D./ Zeithaml, V.A. (Hrsg.): Services Marketing in a Changing Environment, Chicago 1985, S. 48-51.
*Borg, I./ Staufenbiel, T. (2007):* Lehrbuch Theorien und Methoden der Skalierung, 4. Aufl., Bern 2007.
*Cronin, J.J./ Taylor, S.A. (1992):* Measuring Service Quality: A Reexamination and Extension, in: Journal of Marketing, 56. Jg., 1992, July, S. 55-68.
*Cronin, J.J./ Taylor, S.A. (1994):* SERVPERF Versus SERVQUAL: Reconciling Performance-Based and Perceptions-Minus-Expectations Measurement of Service Quality, in: Journal of Marketing, 58. Jg., 1994, January, S. 125-131.
*Dichtl, E.D. (1996):* Abnehmerloyalität im Konflikt mit Wunsch nach Abwechslung, in: Dichtl, E. D. (Hrsg.): Kundenzufriedenheit – Erreichbar und Bezahlbar?, 2. CPC-Trendforum, Mainz 1996, S. 13-15.
*Dichtl, E.D./ Müller, S. (1986):* Anspruchsinflation und Nivellierungstendenz als meßtechnische Probleme in der Absatzforschung, in: Marketing – Zeitschrift für Forschung und Praxis, 8. Jg., 1986, Nr. 4, S. 233-236.
*Eggert, A. (2000):* Konzeptualisierung und Operationalisierung der Kundenbindung aus Kundensicht, in: Markting ZFP, 22. Jg, 2000, Nr. 2, S. 119-130.
*Eichhorn, W. (2004):* Online-Befragung – Methodische Grundlagen, Problemfelder, praktische Durchführung, Abfrage vom 11.12.2007 unter http://home.ifkw.lmu.de/~eichhorn/cc/onlinebefragung-rev1.0.pdf.
*Freter, H. (1979):* Interpretation und Aussagewert mehrdimensionaler Einstellungsmodelle im Marketing, in: Meffert, H./ Steffenhagen, H./ Freter, H. (Hrsg.): Konsumentenverhalten und Information, Wiesbaden 1979.

*Greving, B. (2007):* Messen und Skalieren von Sachverhalten, in: Albers, S. et al. (Hrsg.): Methodik der empirischen Forschung, 2. Aufl., Wiesbaden 2007, S. 65-78.
*Haller, S. (1995):* Beurteilung von Dienstleistungsqualität: Dynamische Betrachtung des Qualitätsurteils im Weiterbildungsbereich, Wiesbaden 1995.
*Hammann, P./ Erichson, B. (2000):* Marktforschung, 4. Aufl., Stuttgart 2000.
*Hentschel, B. (1990):* Die Messung wahrgenommener Dienstleistungsqualität mit SERVQUAL. Eine kritische Auseinandersetzung, in: Marketing – Zeitschrift für Forschung und Praxis, 12. Jg., 1990, Nr. 4, S. 230-240.
*Hentschel, B. (2000):* Multiattributive Messung von Dienstleistungsqualität, in: Bruhn, M./ Stauss B. (Hrsg.): Dienstleistungsqualität: Konzepte – Methoden – Erfahrungen, 3. Aufl., Wiesbaden 2000, S. 289-320.
*Hentschel, B. (2002):* Dienstleistungsqualität aus Kundensicht, Wiesbaden 2002.
*Homburg, C./ Rudolph, B. (1995):* Theoretische Perspektiven zur Kundenzufriedenheit, in: Simon, H./ Homburg, C. (Hrsg.): Kundenzufriedenheit, Wiesbaden 1995, S. 29-49.
*Homburg, C./ Werner, H. (1996):* Ein Meßsystem für die Kundenzufriedenheit, in: absatzwirtschaft, 39. Jg., 1996, Nr. 11, S. 92-100.
*Horstmann, R. (1998):* Der enge Zusammenhang zwischen Kundenzufriedenheit und Kundenbindung, in: Blick durch die Wirtschaft, 15.06.1998, Nr. 111, S. 6.
*Hüttner, M./ Schwarting, U. (2002):* Grundzüge der Marktforschung, 7. Aufl., München/ Wien 2002.
*Jäger, R. (2004):* Konstruktion einer Ratingskala mit Smilies als symbolische Marken, in: Diagnostica, 50. Jg., 2004, S. 31-38.
*Kano, N./ Seraku, N./ Takahashi, F./ Tsuji, S. (1994):* Attractive Quality and Must-Be Quality, in: Hinshitsu, 14. Jg., 1994, Nr. 2, S. 39-48.
*Kettner, N./ Hecker, M. (2006):* Kundenzentrierung – Automobilzulieferer unter Handlungsdruck, in: Zeitschrift für die gesamte Wertschöpfungskette Automobilwirtschaft, 9. Jg., 2006, Nr. 2, S. 29-34.
*Lehmann, D.R./ Gupta, S./ Steckel, J.H. (1998):* Marketing Research, Reading et al. 1998.
*Lingenfelder, M./ Schneider, W. (1991):* Die Zufriedenheit von Kunden – ein Marketingziel, in: Marktforschung & Management, 35. Jg., 1991, Nr. 1, S. 29-34.
*Müller, S. (1995):* Kundenbefragung: ein Mittel zur Selbsttäuschung?, in: Bank und Markt, 1995, Heft 12, S. 16-20.
*Müller, S./ Lohmann, F. (1997):* Qualitative und quantitative Erfassung von Dienstleistungsqualität? Die Critical Incident Technique und die Gap-Analyse im Methodenvergleich, in: Zeitschrift für betriebswirtschaftliche Forschung, 49. Jg., 1997, Nr. 11, S. 973-989.
*Parasuraman, A./ Zeithaml V.A./ Berry L.L. (1988):* SERVQUAL: A Multiple-Item Scale for Measuring Consumer Perception of Service Quality, in: Journal of Retailing, 64. Jg., 1988, S. 12-40.
*Power, J.D. (2007):* J.D. Power and Associates 2007 Kundenzufriedenheits-Indexstudie Deutschland (Pressekonferenz vom 10.07.2007).
*Quartapelle, A.Q./ Larsen, G. (1996):* Kundenzufriedenheit: Wie Kundentreue im Dienstleistungsbereich die Rentabilität steigert, Berlin/ Heidelberg 1996.
*Reichheld, F.F. (1997):* Der Loyalitäts-Effekt – Die verborgene Kraft hinter Wachstum, Gewinnen und Unternehmenswert, Frankfurt a. M./ New York 1997.
*Rust R.T./ Oliver R.L. (Hrsg.) (1994):* Service Quality: New Directions in Theory and Practice, Thousand Oaks 1994.

*Scharioth, J. (1992):* Vom Kunden lernen, in: Krebsbach-Gnath, C. (Hrsg.), Den Wandel in Unternehmen steuern – Faktoren für ein erfolgreiches Change-Management, Frankfurt a. M. 1992, S. 103-126.

*Schütze, R. (1992):* Kundenzufriedenheit – After-Sales-Marketing auf industriellen Märkten, Wiesbaden 1992.

*ServiceBarometer AG (2006):* Kundenmonitor Deutschland Pressemappe 2006, München 2006.

*Stadtler, K. (1985):* Die Auswirkungen unterschiedlicher Rating-Skalen auf das Antwortverhalten von Befragten, in: marktforschungs-report, Nr. 3, 1985, S. 7-10.

*Standop, D./ Hesse, D.-W. (1985):* Zur Messung der Kundenzufriedenheit mit KFZ-Reparaturen: Arbeitsbericht, Hannover 1985.

*Stauss, B. (1989):* Beschwerdepolitik als Instrument des Dienstleistungsmarketing, in: Jahrbuch der Absatz- und Verbrauchsforschung, 35. Jg., 1989, Nr. 1, S. 41-62.

*Stauss, B. (2000):* „Augenblicke der Wahrheit" in der Dienstleistungserstellung – Ihre Relevanz und ihre Messung mit Hilfe der Kontaktpunkt-Analyse, in: Bruhn, M./ Stauss B. (Hrsg.), Dienstleistungsqualität: Konzepte – Methoden – Erfahrungen, 3. Aufl., Wiesbaden 2000, S. 321-340.

*Stauss, B./ Hentschel, B. (1990):* Verfahren der Problemdeckung und -analyse im Qualitätsmanagement von Dienstleistungsunternehmen, in: Jahrbuch der Absatz- und Verbrauchsforschung, 36. Jg., 1990, Nr. 3, S. 232-259.

*Stauss, B./ Hentschel, B. (1991):* Dienstleistungsqualität, in: WiSt, 20. Jg., 1991, Nr. 5, S. 238-244.

*Stauss, B./ Hentschel, B. (1995):* Messung von Kundenzufriedenheit, in: Marktforschung & Management, 39. Jg., 1995, Nr. 20, S. 115-122.

*Stauss, B./ Weinlich, B. (1996):* Die Sequentielle Ereignismethode – ein Instrument der prozeßorientierten Messung von Dienstleistungsqualität, in: der markt, 36. Jg., 1996, Nr. 136, S. 49-58.

*Töpfer, A. (1997):* Qualitätscontrolling und -management von Dienstleistungs-Anbietern, in: Meyer, A. (Hrsg.): Handbuch Dienstleistungs-Marketing, Band 1, Stuttgart 1998, S. 419-443.

*Töpfer, A./ Greff, G. (2000):* Servicequalität am Telefon – Corporate Identity im Kundendialog, 2. Aufl., Neuwied/ Kriftel 2000.

*Töpfer, A./ Mehdorn, H. (1995):* Total Quality Management – Anforderungen und Umsetzung im Unternehmen, 4. Aufl., Neuwied/ Kriftel/ Berlin 1995.

*Trommsdorff, V. (1975):* Die Messung von Produktimages für das Marketing, Köln et al. 1975.

*Widrick, S.M./ Isselhardt, B./ Moss, L.M. (1983):* Graphic Rating Scales: A Comparison of the Continuum with Five- and Seven-Category Scales, in: Research Methods and Causal Modeling in Marketing (American Marketing Association) 1983, S. 9-12.

*Wochnowski, H. (1995):* Die Bedeutung der Skalierung bei Multiattribut-Modellen der Qualitätsmessung, in: Marketing – Zeitschrift für Forschung und Praxis, 15. Jg., 1995, Nr. 3, S. 195-201.

*Zeithaml, V.A./ Parasuraman, A./ Berry, L.L. (1992):* Qualitätsservice, Frankfurt/ New York 1992.

# Messung von Kunden-Feedback – Ein 10-Punkte-Programm

– Welche Erkenntnisse und Ergebnisse lassen sich durch Kunden-Feedback erreichen? –

Armin Töpfer, Britta Gabel

Inhalt

1 Ziele und Rahmenbedingungen eines Kunden-Feedback-Projektes ................. 383
2 Ein 10-Punkte-Programm zur zielgerichteten Erhebung und Auswertung des Kunden-Feedbacks .................. 385
    1. Schritt: Auftrag der Geschäftsführung: Bildung eines bereichsübergreifenden Teams .................. 388
    2. Schritt: Auswahl der Segmente und Kundengruppen .................. 390
    3. Schritt: Festlegung der Kriterienkataloge als Basis der Kundenbefragung ....... 395
    4. Schritt: Auswahl der segmentspezifischen Befragungsmethoden ................. 398
    5. Schritt: Stichprobengröße und Durchführung der Befragung .................. 401
    6. Schritt: Auswertung/ Aufbereitung der Ergebnisse hinsichtlich der Bestandskunden: FourByOne®-Ansatz .................. 414
    7. Schritt: Auswertung der Prozessdefizite durch Mystery Customer und Aufbereitung der Basiserkenntnisse durch Lost Customer .................. 423
    8. Schritt: Ergebnispräsentation und Erarbeitung von Verbesserungsmaßnahmen .................. 425
    9. Schritt: Umsetzungskonzept für Verbesserungen .................. 430
    10. Schritt: Controlling der angestrebten Wirkungen .................. 432
3 Stolpersteine und Umsetzungsprobleme .................. 435
4 Literatur .................. 437

## 1 Ziele und Rahmenbedingungen eines Kunden-Feedback-Projektes

Immer mehr Unternehmen wollen heute systematisch Kundenzufriedenheit und Kundenbindung messen. Nicht selten besteht dabei jedoch Unsicherheit, wie dieser Prozess als Projekt stringent durchgeführt werden sollte und vor allem, welche Inhalte dabei besonders wichtig und welche Methoden maßgeblich sind. Die Fehlermöglichkeiten und Stolpersteine sind dadurch beträchtlich. Werden sie nicht vermieden, dann hat dies nicht unerhebliche Auswirkungen auf die Aussagefähigkeit des gesamten Kunden-Feedback-Projektes.

Die Ziele des Kunden-Feedbacks umfassen prozessbezogen 4 Ansatzpunkte:

1. Zunächst geht es darum, alle wichtigen Anforderungen der Kunden eines Unternehmens zu kennen und zu verstehen. Dies ist die notwendige Grundlage, um die Bedeutung des eigenen Handelns für die Adressaten einordnen zu können.
2. Das 2. Feedback bewertet die angebotenen Leistungen sowie zusätzliche Serviceaktivitäten aus Kundensicht durch Aussagen zur Kundenzufriedenheit.
3. Wenn die Zufriedenheit nicht sehr hoch ist bzw. die Kunden Beschwerden oder Verbesserungswünsche vorbringen, dann bezieht sich das dritte Feedback darauf, ob durch gezielte Maßnahmen diese artikulierten Wünsche und Anforderungen erfüllt werden konnten.
4. Ist bereits eine hohe Kundenzufriedenheit erreicht, dann steht die Kundenbindung im Vordergrund. Sie ist als weiteres wesentliches Feedback zu messen und durch den Einsatz geeigneter Instrumente und Begeisterungsfaktoren zu fördern.

Diese Analysen müssen sich vor allem auf die Messung der Zufriedenheit und Bindung von **Zielgruppensegmenten mit hohem Kundenwert bzw. Kundenwertpotenzial** beziehen.

In einer fortschrittlichen Sichtweise sind auch Mitarbeiter als interne Kunden der Führung und Partner bei der Leistungserstellung einzubeziehen. Dieser Sichtweise wird grundsätzlich gefolgt, aber aufgrund der Bedeutung der Mitarbeiter für ein erfolgreiches Kundenmanagement werden die Ausführungen hierzu in einem gesonderten Artikel zu Beginn des 5. Kapitels dieses Buches zusammengefasst.

Nachfolgend werden die oben angesprochenen 4 Feedback-Phasen mit externen Kunden behandelt. Mit Beschwerden als freiwilligem und unmittelbarem Kunden-Feedback befasst sich ebenfalls ein gesonderter Beitrag zum Beschwerdemanagement.

Bei der Durchführung jeder Befragung ist zu berücksichtigen, in welcher **spezifischen Ausgangssituation** sich das fragende Unternehmen und der Kunden-Beziehungslebenszyklus befinden. Dies hat zumindest zum Teil Auswirkungen auf die Befragungsinhalte und den Befragungszeitpunkt. Im Interesse einer kontinuierlichen Steuerung sind jedoch Kunden-Feedback-Analysen in einem mehr oder weniger regelmäßigen Turnus durchzuführen und im Hinblick auf die Ermittlung des Kundenzufriedenheitsindex in den Inhalten vergleichbar zu gestalten.

In Bezug auf den **zeitlichen Ablauf** und das Vorgehen bei einer Kundenbefragung ist wichtig, dass der Gesamtprozess vom Beginn des Befragungsprojektes bis zur Befragung nicht länger als 4 bis 8 Wochen dauert. Vom Tag der Befragung an bis zur Auswertung der Ergebnisse und bis zur Präsentation sollte die Zeitspanne ebenfalls nicht größer als 8 Wochen sein. Demnach erstreckt sich ein derartiges Projekt für Kunden-Feedback insgesamt durchschnittlich über 3 bis 4 Monate. Hierdurch wird sichergestellt, dass das Interesse an den Befragungsergebnissen noch groß ist und die Daten noch aktuell sind. Eine Befragung, deren Auswertung allein z.B. schon 6 Monate dauert, ähnelt mehr der „Geschichtsforschung" als der aktuellen Analyse von Kundenanforderungen und -zufriedenheit.

Für eine gezielte Vorgehensweise bei der Entwicklung der Konzeption einer Kundenbefragung kommt es darauf an, die Ziele und Details der vorgesehenen

Befragung klar herauszuarbeiten. Hierzu helfen die in Abbildung 1 aufgeführten 5 Fragen. Dadurch wird sichergestellt, dass der Pfad einer allgemeinen Meinungsumfrage verlassen wird und ein **konkreter Fokus auf den Informationsbedarf und die Zielgruppe** gelegt wird, aus dem dann Befragungskonzept, -methoden und -inhalte abgeleitet werden.

Wenn keine Gesamtbefragung aller Adressaten in einem bestimmten Zeitraum vorgesehen ist, muss eine **Stichprobenbefragung** so konzipiert werden, dass sie die Anforderungen an eine statistische Repräsentativität erfüllt. Im weitesten Falle erstreckt sich dies nicht nur auf die Anzahl der Befragten, sondern auch auf deren Struktur. Hinweise und Details zu den statistischen Anforderungen finden sich in der Literatur (vgl. Hüttner/ Schwarting 2002, S. 123 ff., Berekoven/ Eckert/ Ellenrieder 2004, S. 64 ff.). Auf grundsätzliche Fragen zur Stichprobengröße wird an späterer Stelle noch eingegangen.

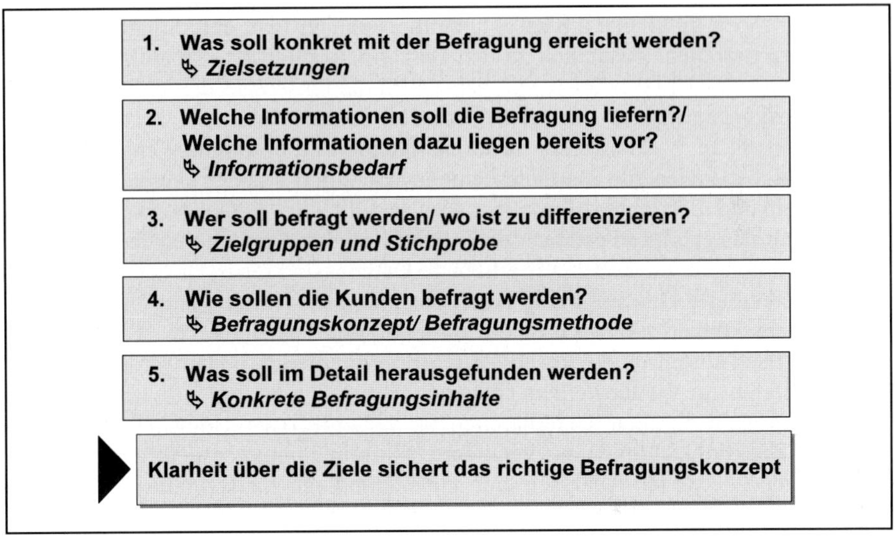

---

1. **Was soll konkret mit der Befragung erreicht werden?**
   ↳ *Zielsetzungen*

2. **Welche Informationen soll die Befragung liefern?/ Welche Informationen dazu liegen bereits vor?**
   ↳ *Informationsbedarf*

3. **Wer soll befragt werden/ wo ist zu differenzieren?**
   ↳ *Zielgruppen und Stichprobe*

4. **Wie sollen die Kunden befragt werden?**
   ↳ *Befragungskonzept/ Befragungsmethode*

5. **Was soll im Detail herausgefunden werden?**
   ↳ *Konkrete Befragungsinhalte*

▶ Klarheit über die Ziele sichert das richtige Befragungskonzept

---

**Abb. 1:** 5 Zentrale Fragen zur Vorbereitung einer Kundenbefragung

## 2 Ein 10-Punkte-Programm zur zielgerichteten Erhebung und Auswertung des Kunden-Feedbacks

Im Folgenden wird anhand eines umsetzungsorientierten 10-Stufen-Schemas auf typische Anforderungen, Probleme und damit auf Stolpersteine im Kunden-Feedback-Prozess eingegangen. Wie die Erfahrungen in der Unternehmenspraxis zeigen, bestehen in vielen Unternehmen in diesem Bereich erhebliche fachliche Defizite und inhaltliche Umsetzungsprobleme. Grundsätzlich gilt, dass erst eine umfassende und zutreffende Ermittlung der Kundenzufriedenheit die Grundlage für den Aufbau und die Sicherung von Kundenloyalität und -bindung schafft.

Die Frage kann sich dabei stellen, inwieweit Kunden-Feedback-Analysen sich von **klassischer Marktforschung** unterscheiden. Beide sind vergangenheits- und zukunftsorientiert. Sie ermitteln die Zufriedenheit (Kunden-Feedback) und den Markterfolg (Marktforschung). In die Zukunft gerichtet wollen sie zum einen den Grad der Bindung erkennen und den Anteil dieser Kunden quantifizieren sowie zum anderen das vorhandene und aktivierbare Zielgruppenpotenzial bestimmen. Damit bestehen erkennbare Überschneidungen, aber auch deutliche Unterschiede in der Ausrichtung. Auf der Basis ihrer Erkenntnisse sollen die einzelnen Marketing-Mix-Bereiche gezielter und konsistenter eingesetzt werden können.

Kunden-Feedback läuft dabei üblicherweise nie als Panelforschung ab (vgl. Berekoven/ Eckert/ Ellenrieder 2004, S. 95 ff., S. 127 ff.). Denn das Ziel ist nicht, immer die gleiche Gruppe von Kunden zu befragen, sondern die ausgewählten Kundengruppen möglichst umfassend, zumindest aber über eine Stichprobe repräsentativ zu befragen. Zusätzlich zu den **Bestandskunden** ist es von Interesse, die Einstellung zum Unternehmen und seinen Produkten sowie daraus resultierende Verhaltenskonsequenzen von **Nicht-Kunden** sowie vor allem auch von **Lost Customer** als an Wettbewerber verlorene Kunden zu erfahren. Wenn es gelingt, von möglichst vielen für das Unternehmen wichtigen Kunden Aussagen zur Zufriedenheit und Bindung zu erhalten, dann erfüllt dies 4 Zielsetzungen: Erstens wird durch das erfragte Feedback der Kontakt zu den Kunden verstärkt, zweitens wird hierdurch die im Zeitablauf erhobene Datenbasis breiter, drittens ermöglicht dies differenzierte Benchmarking-Analysen zwischen Kunden und Nicht-Kunden und viertens können z.B. nach Kundengruppen und Regionen bzw. Niederlassungen spezifisch ausgerichtete Verbesserungsprogramme erarbeitet werden. Generell sind die Daten am Wettbewerb zu spiegeln.

Da von nahezu allen Unternehmen in verschiedenen Branchen heute eine schnelle Reaktionsfähigkeit auf veränderte Marktbedingungen gefordert wird, liefern Kunden-Feedback-Analysen eine gute Grundlage für **schnelle und gezielte Aktionen** des Unternehmens bei seinen wichtigen Zielkunden. Beantworten lassen sich z.B. die in den Abbildungen 2a und 2b aufgelisteten Fragen.

> **Durch Kunden-Feedback-Analysen werden u.a. Fragen beantwortet wie:**
>
> ### Zufriedenheit/ Bindung/ Anforderungen:
> *Erkennen von Stärken und Schwächen*
>
> - Wie zufrieden sind die Befragten mit den Leistungen unseres Unternehmens bzw. mit unseren Wettbewerbern im Detail/ bei einzelnen Kriterien?
> - Wie loyal zu und verbunden mit unserem Unternehmen sind die Kunden?
> - Welches sind aus Kundensicht die zukünftig wichtigsten Kriterien für ihre Zufriedenheit/ Kundenbindung/ Lieferantenwahl?
> - Bei welchen Kriterien werden die Anforderungen der Kunden erfüllt, wo bestehen noch Defizite?
>
> ### Vergleiche:
> *Erkennen von kundengruppen- und unternehmensspezifischen Unterschieden*
>
> - Wie schneiden unsere einzelnen Niederlassungen untereinander im Vergleich zum Gesamtdurchschnitt sowie vor allem zum externen Klassenbesten ab?
> - Existieren spezielle Kundengruppen, die sich in ihren Anforderungen oder Bewertungen von anderen wesentlich unterscheiden?
> - Worin unterscheiden sich zufriedene/ unzufriedene sowie verbundene/ nicht gebundene Kunden, und was sind wesentliche Zufriedenheits-/ Bindungsfaktoren?
> - Wo bestehen Ansatzpunkte, um die unzufriedenen/ ungebundenen Kunden in Zukunft für das Unternehmen gewinnen zu können?

**Abb. 2a:** Inhalte und Ergebnisse von Kunden-Feedback-Analysen I

> **Durch Kunden-Feedback-Analysen werden u.a. Fragen beantwortet wie:**
>
> ### Wettbewerb:
> *Erkennen der vom Kunden wahrgenommenen Positionierung im Markt*
>
> - Wie gut/ wie schlecht erfüllen die Wettbewerber/ Wettbewerbsprodukte die Kundenanforderungen?
> - Wo sind die Wettbewerber/ Wettbewerbsprodukte bei wichtigen Kundenanforderungen besser?
> - Wo bestehen Differenzierungschancen gegenüber den Wettbewerbern/ Wettbewerbsprodukten?
>
> ### Dynamik:
> *Erkennen von Veränderungen*
>
> - Ist die Kundenzufriedenheit und -bindung im Zeitablauf (von Quartal zu Quartal/ Jahr zu Jahr) gestiegen?
> - Haben sich bzw. wie haben sich die Anforderungen der Kunden im Zeitablauf verändert?
>
> ### Verbesserungen:
> *Erkennen von Maßnahmen mit großer Hebelwirkung*
>
> - Wo besteht schneller und nachhaltiger Nachholbedarf/ Handlungsbedarf?
> - Wo bestehen Einsparungspotenziale?
> - Was sind strategisch erforderliche Maßnahmen?

**Abb. 2b:** Inhalte und Ergebnisse von Kunden-Feedback-Analysen II

Die im Folgenden näher ausgeführten 10 Schritte für einen erfolgreichen Kunden-Feedback-Prozess werden in ihrem Gesamtzusammenhang in Abbildung 3 vorab im Überblick dargestellt.

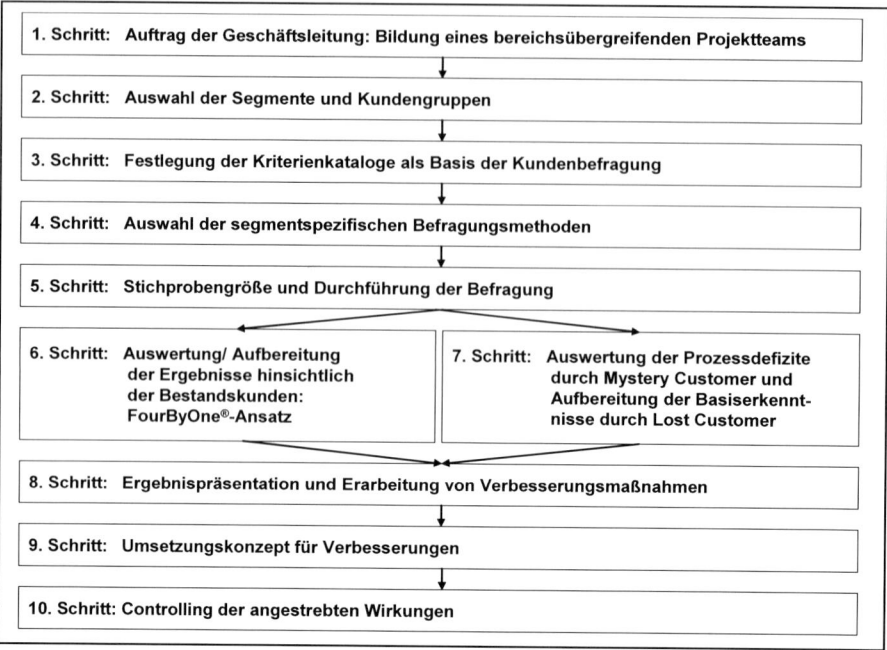

Abb. 3: 10-Punkte-Programm des Kunden-Feedback-Prozesses

## 1. Schritt: Auftrag der Geschäftsführung: Bildung eines bereichsübergreifenden Teams

Da ein derartiges Projektvorhaben mit einem nicht zu unterschätzenden Aufwand verbunden ist und das Projekt selbst durch seine Ergebnisse vor allem auch auf Unternehmensprozesse sowie Aktivitäten und Verhaltensweisen gegenüber Kunden strahlen soll, ist die **Initiative** für ein derartiges Projekt von der **Geschäftsleitung** zu ergreifen. Um alle wichtigen Bereiche des Unternehmens einzubeziehen, sollte sie die Bildung eines bereichsübergreifenden und damit interdisziplinären Teams vorschlagen. Ihre Aufgabe besteht primär darin, das Projekt als Machtpromotor mit der unternehmensstrategischen Ausrichtung schnell und gezielt umsetzen zu lassen.

Nicht selten kommt der Anstoß und damit die Sensibilisierung der Geschäftsleitung aber durch Abteilungen mit intensivem Kundenkontakt. Wichtig ist dabei nur, dass das Projekt letztlich zu einem Vorhaben des gesamten Unternehmens unter Einbeziehung aller für Verbesserungsmaßnahmen wesentlichen Verantwortungsbereiche wird. Dies ist erfahrungsgemäß nahezu das gesamte Unternehmen. In Abbildung 4 sind die typischen mitwirkenden Bereiche mit direktem und indirektem Kundenkontakt aufgeführt.

| | |
|---|---|
| Beschaffung | Spezifizierung von Anforderungen an Lieferanten und Optimierung des geforderten produktbezogenen Kundennutzens |
| Marketing | Konzept- und Instrumentwissen für die Marktbearbeitung |
| Marktforschung | Informationen über vorhandene Kundendaten und Unterstützung durch Methodenwissen |
| Kundendienst/ Customer Service | Unmittelbarer Kundenkontakt und Kenntnis über Anforderungen, Problemfälle bzw. Kundenbeschwerden |
| Vertrieb/ Außendienst | Aktuelles Wissen über Kundenanforderungen und Kundenverhalten sowie über Wettbewerbsaktivitäten |
| Produktentwicklung | Transfer von kundenbezogenen Anforderungen (CTQs) nach innen für die Entwicklung neuer Produkte |
| Produktion | Transfer von Kundenanforderungen nach innen für die Umsetzung in Produkte |
| Qualitätsmanagement | Kenntnisse über Qualitätsanforderungen und Transfer nach innen für die Umsetzung in Verbesserungsmaßnahmen |
| Personalentwicklung | Ermittlung des Qualifizierungsbedarfs der Mitarbeiter in Hinblick auf kundenorientiertes Auftreten und Wissen |
| Controlling | Transfer von kundenbezogenen Informationen nach innen für die Umsetzung in interne Steuerungskonzepte (z.B. BSC) |

**Abb. 4:** Unternehmensinterne Akteure und deren Beitrag im Kunden-Feedback-Prozess

Bei Bedarf sind auch **externe Partner in der Wertschöpfungskette** einzubeziehen: Lieferanten können Optimierungspotenziale für die Parameter Qualität, Zeit und Kosten aufzeigen. Ausgewählte Kunden können einen entscheidenden Beitrag zum Erfolg des Feedback-Projektes leisten, da sie über originäre Informationen über die Stärken und Schwächen des Unternehmens und seiner Marktleistungen verfügen. Kunden werden jedoch häufig erst in einer späteren Runde einbezogen, nachdem intern die Grundlagen erarbeitet wurden.

Diese Auflistung ist relativ weit gefasst. Aus der Erfahrung mit derartigen Projekten heraus erscheint es jedoch wesentlich, dass dabei nicht eine zu kleine Gruppe aktiv wird, da andernfalls die Umsetzung von Verbesserungsmaßnahmen unter Einbezug aller wesentlichen Bereiche der Wertschöpfungskette im Unternehmen schwierig wird. Außerdem dient ein möglichst interdisziplinäres Team auch dem Informationsaustausch nach innen und damit zum Füllen von Wissenslücken über den Kunden.

In der Regel ist hierbei **externe Unterstützung** hilfreich, da spezielles Methodenwissen ein derartiges Projekt beschleunigt und vor allem die stattfindenden Diskussionen bezogen auf methodische Detailprobleme verkürzt.

Hauptaufgabe des Projektteams ist in dieser Phase des Feedback-Prozesses die Formulierung einer **klaren Zielsetzung**. Dabei ist die Frage zu beantworten, welche konkreten Inhalte und Ergebnisse erwartet werden. Diese Ziele werden – wie im Beispiel der Abbildung 5 – nicht nur extern, sondern auch intern ausgerichtet sein. Sie können zusätzlich auch Einschätzungen der Kundenzufriedenheit und -bindung durch die Mitarbeiter zum Gegenstand haben, die dann einen Abgleich mit den anschließend ermittelten Werten der Kunden erlauben. Auf diese Weise ist eine klare Kommunikation des angestrebten Nutzens, zugleich aber auch der angestrebten Veränderungen möglich.

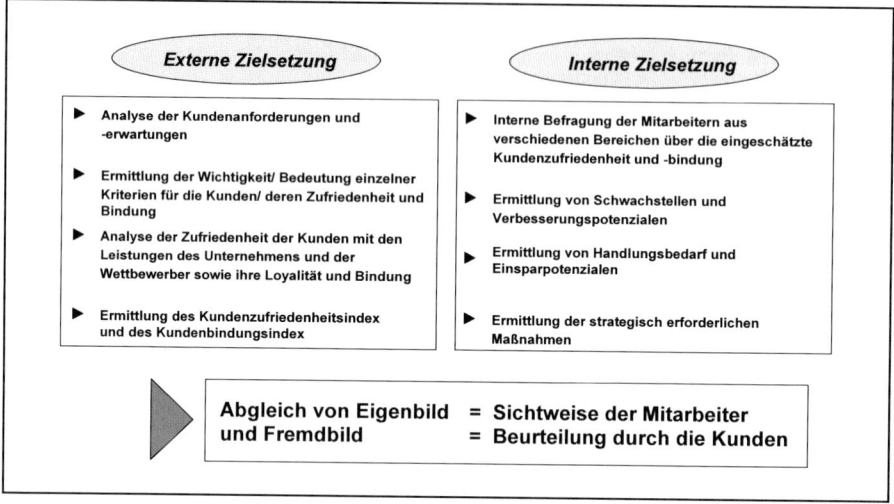

**Abb. 5:** Beispiel für Ziele eines Kunden-Feedback-Prozesses

Außerdem ist bereits in dieser Phase ein **detaillierter Projektzeitplan** aufzustellen, der alle wesentlichen Aktivitäten auf der Zeitschiene determiniert. Je nach Projekt ist hierfür der bereits angesprochene Zeitraum von mehreren Wochen bis zu einigen Monaten erforderlich, um auf der Grundlage der ermittelten Ergebnisse erste Verbesserungen umsetzen zu können. Die von der Unternehmensleitung vorgegebenen Ziele sind in dieser Phase gegebenenfalls vom Projekt-Team weiter auszuarbeiten und zu präzisieren (siehe Abb. 6).

## 2. Schritt: Auswahl der Segmente und Kundengruppen

Bevor das inhaltliche Fragenraster erarbeitet werden kann (vgl. Schritt 3), ist zunächst zu entscheiden, wie die Kundengruppen unterteilt und welche Kundengruppen dann befragt werden. Wenn im Unternehmen bereits eine klare Segmentierung von Kundengruppen vorliegt, ist dieser Schritt schnell und einfach durchlaufen. Anderenfalls müssen entsprechende Vorarbeiten durchgeführt werden. Das Ziel ist, die Kundengruppen in sich möglichst **homogen** zu bilden, so dass Kunden mit weitgehend gleichen Anforderungen im B-to-C-Bereich bzw. Geschäftsmodellen im B-to-B-Bereich zusammengefasst werden. Die Konsequenz ist dann i.d.R., dass die Antworten keine sehr große Streuung aufweisen, sondern Stärken, aber vor allem auch Schwächen in der Kundenorientierung als klar nachvollziehbare Defizite erscheinen. Die Ansatzpunkte für Verbesserungen sind dadurch eindeutig gegeben. Wenn in einer als homogen angesehenen Kundengruppe dennoch die Anforderungen und Bewertungen stark auseinander driften, dann ist im nächsten Schritt zu prüfen, ob diese Kundengruppen nicht besser getrennt und damit im Marketing und Kundenmanagement unterschiedlich geführt und behandelt werden sollten. Die Konsequenz ist, dass für nicht homogene Kundengruppen mit unterschiedlichen Anforderungen auch die Fragen bzw. die Frageninhalte differieren müssen.

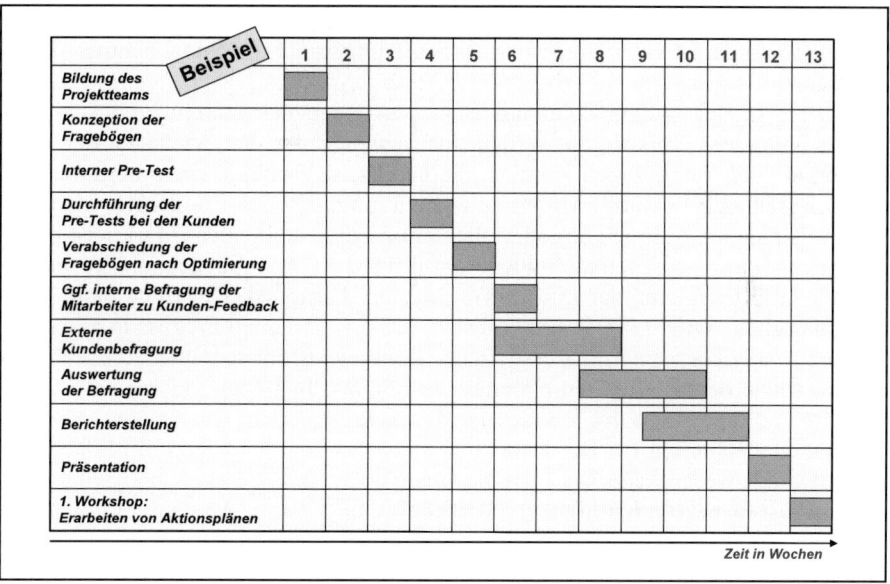

**Abb. 6:** Beispiel eines Projektzeitplans

Die Kundengruppen werden im Investitionsgüterbereich i.d.R. entsprechend einer **ABC-Analyse**, wie sie aus dem Vertrieb bekannt ist, ausgewählt. Dabei ist aber, wie im Artikel zur Analyse der Kundenanforderungen bereits ausgeführt, zusätzlich zu berücksichtigen, dass nicht nur die Hauptumsatzträger in die Analyse einzubeziehen sind, sondern insbesondere auch **potenzialstarke**, zum Zeitpunkt der Betrachtung jedoch noch kleine Gruppen aufgenommen werden. Das Vernachlässigen und Nichterfüllen von wichtigen Kundenanforderungen und -erwartungen dieser potenzialstarken Segmente in der Vergangenheit kann gerade dazu geführt haben, dass eine potenzialstarke Kundengruppe nur eine C-Gruppe statt einer A-Gruppe ist.

Neben der quantitativen Zahl von zu befragenden Unternehmen, auf die noch später eingegangen wird, ist hier schon zu klären, wer in den jeweiligen Unternehmen bei einer B-to-B-Analyse befragt werden soll. Es ist also die **Buying-Center-Struktur** zu analysieren, um zwischen Entscheidern, Entscheidungsbeeinflussern und Entscheidungsunterstützern klar unterscheiden zu können (vgl. Backhaus 1995). Denn es ist wichtig, dass bereits im Vorfeld diese Struktur festgelegt wird, da von einer unterschiedlichen Bedeutung der einzelnen Kriterien und von einer unterschiedlichen Zufriedenheit im Hinblick auf die Zusammenarbeit mit dem eigenen Unternehmen ausgegangen werden kann.

Entsprechend ist auch bei Befragungen im B-to-C-Bereich und damit von Konsumenten als privaten Kunden die Art der jeweiligen Kundengruppe festzulegen. Außerdem sind auf **mehrstufigen Märkten** auf den einzelnen Wertschöpfungsstufen gleichermaßen Zufriedenheitsanalysen durchzuführen, die ebenfalls unterschiedliche Bewertungskriterien berücksichtigen müssen. So hat beispielsweise der Handel andere Erwartungen und Anforderungen als die Endabnehmer/ Konsumenten.

Darüber hinaus sollten nicht nur Bestandskunden des Unternehmens in den Feedback-Prozess einbezogen werden. Insbesondere aus den Aussagen der **Lost Customer** – also derjenigen Kunden, die bereits zu Wettbewerbern abgewandert sind – lassen sich wertvolle Hinweise z.B. zu aufgetretenen Problemen, nicht erfüllten Kundenanforderungen oder nicht zufrieden stellenden Marktleistungen gewinnen. Daraus ergeben sich wiederum direkte Ansätze für gezielte Verbesserungen. Zusätzlich kann der Einsatz von Mystery Customer-Verfahren bzw. Testkunden (vgl. Lixenfeld 2005) sinnvoll sein, um den gesamten Prozess in allen Details nachvollziehen und Prozessdefizite, konkrete Probleme und Abbruchsituationen sowie deren Ursachen erkennen zu können. In Bezug auf Mystery Customer ist in dieser Phase des Kunden-Feedback-Prozesses zu entscheiden, ob reale Kunden oder Experten zur Bewertung herangezogen werden sollen. Im Folgenden werden einige wesentliche Vor- und Nachteile genannt.

Der **Vorteil realer Kunden als Testkäufer** liegt darin, dass ihre Vorgehensweise und ihre Anforderungen eher der Art und dem Niveau anderer echter Kunden entsprechen (vgl. Stücken 2003). Ein zusätzlicher Vorteil ist dadurch gegeben, dass echte Kunden mit ihren Stammdaten im Unternehmen bereits geführt werden und deshalb der administrative Aufwand durch das Kreieren von Dummy-Kundennummern wie bei professionellen Testern wegfällt. Hinzu kommt, dass bei der Simulierung eines Testkaufes die Mitarbeiter des Unternehmens unvoreingenommen entsprechend ihrem tatsächlichen Verhalten agieren sollen. Dies setzt voraus, dass sie die Situation des Testkaufs und damit den Testkäufer nicht erkennen. Allerdings müssen diese Testkäufer vorab instruiert und geschult werden, um die Kaufsituation in allen Teilen nachvollziehbar und bewertbar zu machen. Dies verursacht einen nicht unerheblichen Aufwand für das Unternehmen. Wenn die Testpersonen nur einmal agieren, dann rechnet sich dieser Schulungsaufwand oftmals nicht. Außerdem kann die Schulung eine Veränderung im Bewusstsein und in der Wahrnehmung der Testpersonen bewirken, so dass sie den Kaufprozess nicht mehr so unvoreingenommen wie ein echter Kunde absolvieren.

Nimmt man hingegen **Experten als Testkäufer**, dann können sie immer wieder in unterschiedlichen Projekten eingesetzt werden. Jede Schulung amortisiert sich auf diese Weise gut. Da vor jedem Projekt eine spezifische Schulung angesetzt werden muss, hängt die Amortisation der Kosten direkt von der Anzahl der durchgeführten Testkäufe pro Experten ab. Ein weiterer Vorteil ist, dass die Experten nicht zuletzt durch die intensive Schulung methodisch und inhaltlich in der Analyse und Bewertung der einzelnen Phasen und Kriterien des Kaufprozesses versiert sind. Die Bewertung ist dadurch häufig aussagefähiger als bei echten Testkunden. Allerdings kommt ein Unterschied hinzu: Durch das Expertenwissen und die Erfahrung werden die Anforderungen für ein zufrieden stellendes Niveau i.d.R. deutlich höher angesetzt. Die Bewertungsergebnisse werden aufgrund dieser kritischeren Einstellung deshalb eher schlechter sein (vgl. Töpfer/ Greff 2000, S. 35 ff., 66 ff.).

Bezogen auf die beiden Alternativen ist also keine eindeutige Präferenz zu formulieren. In der Konsequenz hängt es vom jeweiligen Unternehmen, der Branche und dem konkreten Projekt ab, in welcher Weise eher Vorzüge gegeben sind. Generell sollte eine möglichst **hohe Übereinstimmung der Testkunden**, z.B. nach sozio-demografischen Merkmalen und der regionalen Herkunft, **mit der zu untersuchenden Zielgruppe** bestehen. Mit anderen Worten ist eine hohe Affinität von Tester-Profil und Kunden-Profil vorteilhaft, allerdings nur unter der Voraussetzung, dass hierdurch die Distanz und Objektivität nicht reduziert wird. Die Vor- und Nachteile beider Alternativen sind in Abbildung 7 aufgeführt.

| Reale Testkunden | | Professionelle Interviewer | |
|---|---|---|---|
| Vorteile | Nachteile | Vorteile | Nachteile |
| Rekrutierung von Testern mit realen Kundennummern | Hoher Schulungsaufwand | Langjährige Interviewererfahrung, viele Testeinsätze pro Jahr | Höhere Maßstäbe als Grundlage für Zufriedenheitsurteile |
| Hohe Übereinstimmung mit der Zielgruppe des Unternehmens (Kompetenzen/ Interessen) | Subjektive Erfahrungen der Vergangenheit beeinflussen Testurteil | Bindung an das Marktforschungsinstitut, dadurch hohe Zuverlässigkeit bei der Durchführung | Oft längere Anfahrtswege zum Testgebiet und dadurch höhere Kosten |
| Große Testkundenzahl ermöglicht schnelle Realisierung großer Fallzahlen | Kurzfristige Ausfälle, da Tester freiwillig tätig sind und hauptberufliche Verpflichtungen haben | Zeitliche Flexibilität bei der Realisierung, da hauptberufliche Tätigkeit als Tester | Ggf. Dummy-Adressen in Kundendatenbank des Unternehmens einspeisen |
| Direkte Interviewerhonorare i.d.R. niedriger wegen geringeren Fahrtkosten (räumliche Nähe von Wohn- und Testort und dadurch auch verringerte Aufdeckungsgefahr) | | Hoher persönlicher Schulungsgrad, Vertrautheit mit Standardskalen für die Bewertung | Handlungsempfehlungen, die unter Umständen nicht für die Zielgruppe des Unternehmens zutreffen |

Basis: Stücken 2003

**Abb. 7:** Bewertung alternativer Mystery Customer

Generell gilt, dass beide Formen des Testkaufs die Gefahr einer **stärkeren Einflussnahme des Testers** auf den Kaufprozess und die Ergebnisse in sich bergen.

Sie ist aufgrund der spezifischen Situation größer als die eines Interviewers bei einer Befragung (vgl. Stücken 2003, S. 46). Denn der Tester nimmt durch sein eigenes Verhalten Einfluss auf das Verhalten der zu testenden Person und damit auf den Untersuchungsgegenstand.

Damit sind bereits 3 wichtige Anforderungen an die Durchführung von empirischen Untersuchungen, also auch an Befragungen von Probanden bzw. Kunden in der Unternehmenspraxis, i.d.R. im Rahmen einer aussagefähigen Stichprobe, angesprochen. Dies sind die Gütekriterien Objektivität, Validität und Reliabilität (vgl. Herrmann/ Homburg 2000, S. 23 f.). Ergänzt werden diese Anforderungen seit geraumer Zeit durch das 4. Kriterium der Generalisierbarkeit, das insbesondere bei wissenschaftlichen Studien von Bedeutung ist (vgl. Himme 2007, S. 386 ff.).

- **Objektivität** fordert und besagt, dass weder durch die Personen, welche die Befragungen durchführen, noch durch das Befragungsinstrumentarium, also die Methode und die Fragenformulierungen, ein Einfluss auf die Befragten stattfindet, der deren Antworten inhaltlich verfälscht oder sogar manipuliert. Neben der Durchführung muss auch die Auswertung und Interpretation der erhobenen Daten objektiv von statten gehen (vgl. Töpfer 2007, S. 810 f.).
- **Validität** fordert und besagt, dass das gemessen wird, was gemessen werden soll. Extern valide ist eine Untersuchung, wenn ihre Ergebnisse vor dem Hintergrund der besonderen Untersuchungssituation generalisierbar sind. Intern valide ist eine Untersuchung, wenn ihre Ergebnisse eindeutig interpretierbar sind (vgl. Bortz 2005, S. 8). Die Validität wird also vornehmlich durch die zutreffende Bestimmung der Merkmale und ihrer Dimensionen sowie die empirisch festgestellten Merkmalsausprägungen bewirkt.
- **Reliabilität** fordert und besagt, dass eine wiederholte Messung unter gleichen Bedingungen zum gleichen Messergebnis führt, die Messung also zuverlässig ist, weil die Messwerte reproduzierbar und über mehrere Messvorgänge stabil sind (vgl. Himme 2007, S. 376 ff.).
- **Generalisierbarkeit** von Testergebnissen fordert und besagt, dass das Ausmaß, mit dem von den einzelnen Beobachtungen auf das „Universum zulässiger Beobachtungen" (Cronbach et al. 1972, S. 18 ff.) verallgemeinert werden kann, möglichst groß ist. Damit rückt es in die Nähe der Repräsentativität, die ebenfalls eine Verallgemeinerbarkeit von Testergebnissen fordert. Das Kriterium der Generalisierbarkeit vereint Aspekte der Reliabilität und Validität (vgl. Rentz 1987, S. 21 ff.). Die präzise Angabe der Messbedingungen ist eine wesentliche Voraussetzung für das Ausmaß, über das verallgemeinert werden kann. Bedingungen derselben Art als „Facetten" einer Studie tragen zur Varianz der Messwerte bei. Das Kriterium der Generalisierbarkeit ist dadurch varianzanalytisch geprägt. Bezogen auf die Messung der Kundenzufriedenheit stellt sich die Frage, ob die Ergebnisse zu einem bestimmten Zeitpunkt, mit den verwendeten Items und den befragten Personen (Bedingungen) auf die Gesamtheit der Zeitpunkte, Items und Personen (Facetten) verallgemeinert werden können. Im Vergleich zur Reliabilitätsmessung besteht der Vorteil darin, dass mehrere

Fehlerquellen gleichzeitig betrachtet werden können und nicht nur z.B. die Wiederholungsreliabilität (vgl. Himme 2007, S. 386 ff.).

## 3. Schritt: Festlegung der Kriterienkataloge als Basis der Kundenbefragung

Im unmittelbaren Anschluss an die Festlegung der Kundengruppen sind nun die einzelnen Kriterienkataloge zu den Themenbereichen Kundenzufriedenheit, Kundenloyalität und Kundenbindung **zielgruppenspezifisch** zu entwickeln. Lost Customer sind speziell nach den Gründen des Wechselns und den aufgetretenen Problemfeldern zu fragen. Generell ist eine natürliche – also prozessorientierte – Abfolge der einzelnen Fragen bzw. Fragenbereiche zu wählen, um den Kunden so zu fragen, wie er denkt. Die Beantwortung wird für ihn dadurch leichter und die Ergebnisse können in dieser **prozessorientierten Struktur** ermittelt werden, was zu gleich die Auswertung erheblich erleichtert und qualitativ höherwertigere Analysen ermöglicht.

In der Praxis wird der Wunschkatalog im Rahmen von Workshops in mehreren Stufen präzisiert und verdichtet. Generell gilt, dass anfangs zu viele Detailinhalte für ein aussagefähiges Feedback vorgesehen werden, die bereits im Vorfeld des **Pre-Tests** reduziert werden sollten. Es ist immer davon auszugehen, dass das Involvement der zu befragenden Kunden deutlich geringer ist als das Involvement und damit der differenzierte Fragenkatalog der Mitarbeiter des Unternehmens. Die Bereitschaft zu einem langen Interview oder Fragebogen ist also bei den Kunden nur selten gegeben. Dadurch steigt die Gefahr einer großen Zahl von **Abbrüchen** bzw. nicht zurückgeschickten Fragebögen. Ganz davon abgesehen, dass eine große Anzahl von Fragen auch die Gefahr von **Ermüdungseffekten** und dadurch schematischen Antwortmustern der Befragten sowie nicht zuletzt auch von inhaltlichen Überschneidungen der Fragen und damit von Unschärfen der Ergebnisse erhöht.

Die Grundlage für die Erarbeitung eines Fragenkatalogs im B-to-B-Bereich ist i.d.R. die **inhaltliche Prozessanalyse der Geschäftsbeziehung**. Dadurch werden alle wesentlichen Kontakte mit dem Kunden angesprochen. Auf dieser Basis kann die Fragenformulierung und danach auch die Auswahl der zu stellenden Fragen vorgenommen werden. Beispiele für mögliche Inhaltsbereiche eines Kriterienkatalogs für eine Zufriedenheitsanalyse sind in Abbildung 8 aufgelistet.

Hinsichtlich der Befragungsinhalte sind die 3 Bereiche, nämlich **Bedeutung des Kriteriums aus Kundensicht, Zufriedenheit** mit dem eigenen Unternehmen bei diesem Kriterium und der **Vergleich mit maßgeblichen Wettbewerbern** von herausragender Bedeutung. Die Indexberechnung für den Kundenzufriedenheitsindex (KZI/ CSI) und den Kundenbindungsindex (KBI/ CRI) wurde in dem Artikel zu den Messkonzepten in diesem Buch ausführlich dargestellt. Abbildung 9 zeigt das Standardschema.

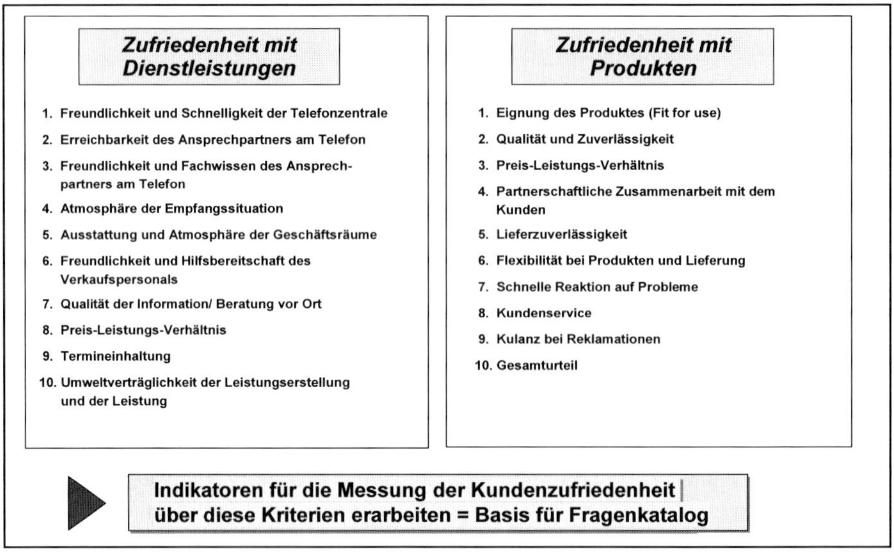

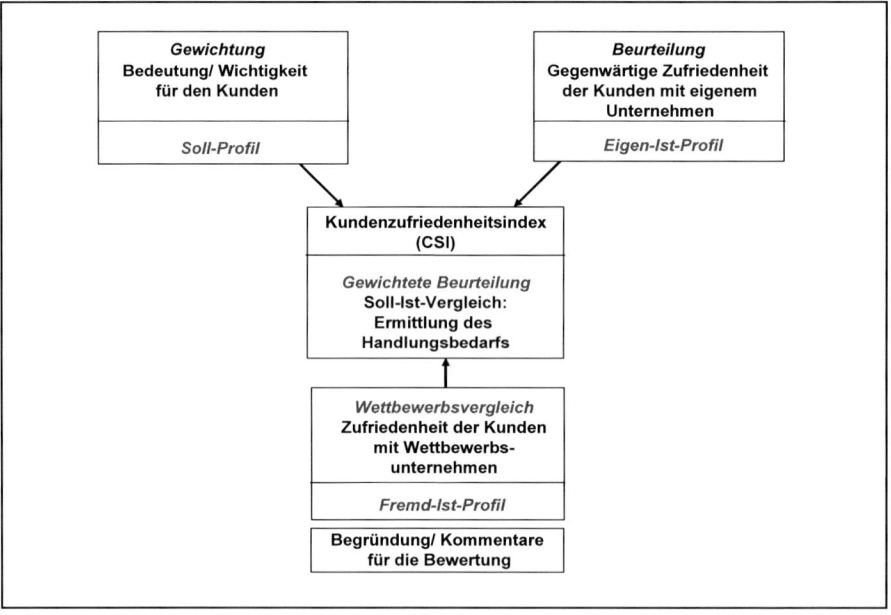

**Abb. 8:** Beispiele für Kriterienkataloge zur Messung der Kundenzufriedenheit

**Abb. 9:** Befragungsinhalte einer Kundenzufriedenheitsanalyse

Bezogen auf die Messkriterien gibt es unterschiedliche Ansätze, die als Anhaltspunkt herangezogen werden können. Wichtig ist auf jeden Fall, dass zum einen ein **standardisierter Teil** verwendet wird, der die Vergleichbarkeit mit anderen Unternehmen sichert, und dass zum anderen **spezifische Belange** des einzelnen Unternehmens zusätzlich berücksichtigt werden. Unabhängig davon empfiehlt es sich immer, neben derartigen geschlossenen Fragen, die durch Ankreuzen zu beantworten sind, auch zu größeren Fragenblöcken **offene Fragen** zuzulassen (vgl. Kromrey 2006, S. 375 ff.). Bezogen auf die Personen, die anschließend Verbesserungen planen sollen, überzeugen Originaltöne der Befragten deutlich mehr als statistische Durchschnittswerte.

Ziel ist es, ungefärbte Bewertungen von Defiziten aus Sicht der Kunden zu erhalten, weshalb die Ergebnisse einer derartigen Analyse auch als **Moments of Truth** bezeichnet werden. Sie bieten unmittelbar Ansatzpunkte für Verbesserungen, wobei häufig schon eine relativ kleine Zahl von Befragten ausreichend ist, um die neuralgischen Mängel zu identifizieren.

Diese Analyse lässt sich insofern erweitern und verbessern, dass an den einzelnen Kontaktpunkten **Qualitätskriterien** definiert werden, für die jeweils ein Standard als einzuhaltender Sollwert festgelegt wird. Er lässt sich aus den erfragten Anforderungen der Kunden sowie aus der Philosophie und Strategie des Unternehmens unmittelbar ableiten. Wenn ein derartiges Servicequalitätsbarometer erarbeitet wurde, lässt sich in den einzelnen Bereichen durch die Mitarbeiter/ Führungskräfte selbst die Einhaltung der Standards überprüfen und mit Gründen bei Abweichungen dokumentieren. Hierdurch entsteht erfahrungsgemäß eine deutlich sensiblere **Qualitäts- und Verbesserungskultur** im Unternehmen. Gegebenenfalls kann von Zeit zu Zeit ergänzend eine Bewertung durch externe Dritte vorgenommen werden, um so bei mehreren vergleichbaren Unternehmen eines größeren Verbundes ein einheitliches Serviceniveau sicherzustellen.

Die aus den Kriterien abgeleiteten Fragen können in Hauptgruppen eingeteilt werden und auch eine Reihe von Unterfragen enthalten, die vor allem bei persönlichen Interviews zu stellen sind. Bei dieser Erarbeitung ist dann zu prüfen, inwieweit für nicht homogene Kundengruppen die gleichen Fragen gelten. Je unterschiedlicher die Anforderungen der Kunden sind, desto eher werden sich auch die Fragen – durchaus auf der Basis der gleichen Kriterien – unterscheiden. Zu berücksichtigen ist, dass unterschiedliche Fragen keine direkten inhaltlichen Vergleichsanalysen erlauben, wohl aber die Vergleiche der Customer Satisfaction Indices.

Ergebnis eines derartigen Abgleichs für mehrere Kundengruppen ist das Beispiel in Abbildung 10, das zeigt, dass einzelne Fragen für unterschiedliche Kundengruppen relevant sind.

Es kann nach der Aufstellung eines Fragebogenentwurfs sowohl im B-to-B- als auch im B-to-C-Bereich sinnvoll sein, in einem weiteren **Workshop** zusätzlich **Kunden einzubeziehen**, um frühzeitig die Validität und Verständlichkeit der Erhebungskriterien sicherzustellen.

| Kundengruppen \ Fragen | 1 | 2 | 3 | 4 | 5 | 6 | 7 | 8 | ... |
|---|---|---|---|---|---|---|---|---|---|
| A | x | x | x | x | x | x | x | x | |
| B | | | | | x | x | x | x | |
| C | x | x | x | | x | x | | x | |
| D | x | x | x | | x | x | x | | |
| E | x | x | | x | | x | x | x | |
| ... | | | | | | | | | |

**Abb. 10:** Beispiel einer Kundengruppen-Fragen-Matrix

## 4. Schritt: Auswahl der segmentspezifischen Befragungsmethoden

Die Art des eingesetzten Analyseverfahrens wird zunächst vom Anlass und Zeitpunkt der Befragung determiniert. Hiervon gehen auch Auswirkungen auf die Auswahl der Befragungsmethode aus.

Zur Verfügung stehen in inhaltlicher Hinsicht die bereits im vorhergehenden Artikel zu den Messkonzepten ausführlich vorgestellten 2 Analyseverfahren, nämlich das merkmalsbezogene, multiattributive Verfahren oder das ereignisbezogene Verfahren (vgl. z.B. Hentschel 2000, S. 297 ff.; Stauss 2000). Deshalb wird hier nicht erneut näher darauf eingegangen.

Zu Beginn jeder Befragung ist in methodischer Hinsicht eine klare Entscheidung über die Befragungsmethode wichtig, die wiederum mit dem ausgewählten inhaltlichen Befragungskonzept abgestimmt werden muss. Hauptkriterien hierfür sind das **Erreichen einer hohen Beteiligungsquote** der Kunden und die mögliche **Nutzung fortschrittlicher Informationstechnik**. Grundsätzlich in Frage kommt eine schriftliche, telefonische, persönliche oder Online-Befragung (vgl. Kaja 2007, S. 51 ff.).

Unter Abwägung aller Vor- und Nachteile, wie sie in Abbildung 11 aufgeführt sind, ist hierüber frühzeitig eine Entscheidung zu treffen. Denn dadurch werden vor allem auch die Kosten und die dann finanzierbaren Stichprobengrößen tangiert.

Schriftliche Befragungen sind kostengünstig, haben aber i.d.R. geringe Rücklaufquoten und fehlende Interaktionsmöglichkeiten, die bei telefonischen und persönlichen Befragungen deutlich besser sind. Gerade bei letzteren sind allerdings die Kosten um ein Vielfaches höher. Online-Befragungen setzen voraus, dass die Adressatengruppe einen Zugang zum PC hat und bereit ist, auf diesem Wege Fragen zu beantworten. (vgl. Atteslander 2006, S. 155 f.)

Die Grundsätze seriöser Marktforschung, insbesondere im Hinblick auf den **Datenschutz**, sind hier in Abhängigkeit der ausgewählten Befragungsmethode unbedingt und vollständig einzuhalten. Nicht zu unterschätzen ist bei allen Befragungen die Anforderung der Anonymität aus Sicht der Adressaten. Die explizite Zusicherung der Anonymität ist bei der Durchführung einer schriftlichen Befragung durch geeignete Maßnahmen zu unterstützen.

Auch wenn eine schriftliche Befragung im Vergleich zur telefonischen, die deutlich interaktiver ist, Nachteile hat, ist ihr eher der Vorzug zu geben, wenn eine größere Personenzahl befragt wird und die Beantwortung nicht zeitgebunden sein soll. Weitere Details lassen sich direkt aus Abbildung 11 entnehmen.

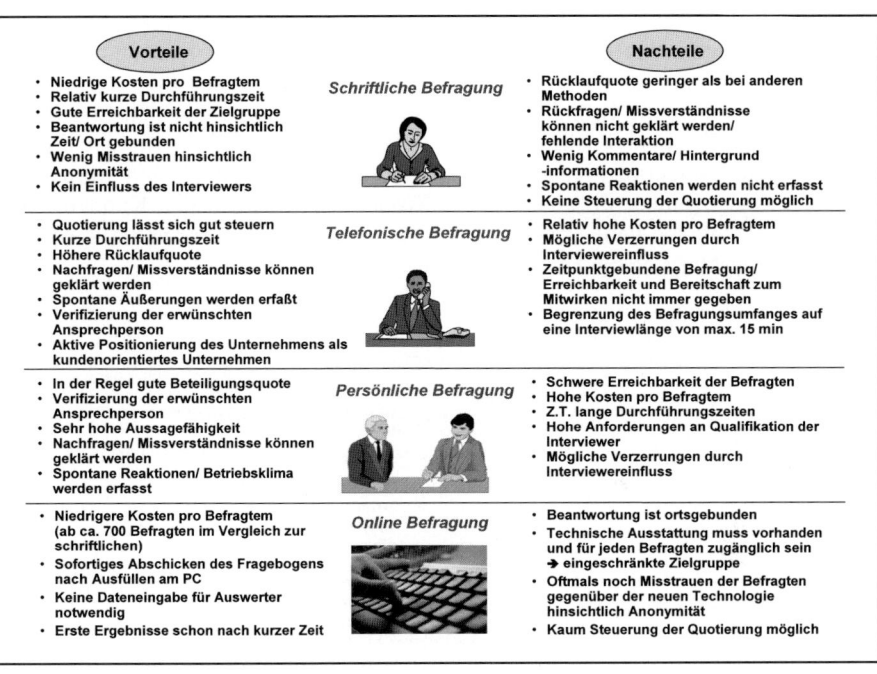

**Abb. 11:** Vor- und Nachteile der Befragungsmethoden

Für die Auswahl der Befragungsmethode gelten folgende Grundsätze:

- Je kleiner die **Zahl der befragten Kunden**, desto eher ist die Methode persönlicher Interviews oder zumindest eines Telefoninterviews zu wählen. Umgekehrt gilt dann, dass bei großen Fallzahlen, z.B. bei einer Befragung von Verbrauchern zur Zufriedenheit mit Konsumprodukten, eher eine schriftliche Befragung vorzuziehen ist.

- Je **enger die Geschäftsbeziehung** zu dem befragten Kunden ist und je persönlicher der Kontakt in der Vergangenheit war, desto eher sind Befragungen persönlicher oder telefonischer Art vorzuziehen. Umgekehrt gilt dann, dass anonyme Massenbefragungen eher schriftlich erfolgen.
- Je **einheitlicher die abgefragten Inhalte** zur Kundenzufriedenheit sind und je weniger Zusatzinformationen als ergänzende Analyse der Gründe oder Kommentare zu abgegebenen Bewertungen wichtig und damit erforderlich sind, desto eher kann einer standardisierten schriftlichen Befragung entsprechend dem dargestellten multiattributiven Verfahren der Vorzug gegeben werden.

Auf dieser Grundlage ist die Entscheidung für die einzusetzenden Befragungsmethoden zu treffen. Dabei kann ohne weiteres auch eine **Kombination der Methoden** vorgesehen werden (siehe Abb. 12). Dies hat den Vorteil, dass beispielsweise auf der Grundlage von Pre-Tests zur Analyse der Relevanz der Kriterien und der inhaltlichen Struktur des Messinstrumentariums zunächst eine breite schriftliche Befragung mit einer großen Stichprobe durchgeführt wird. Diese kann auch dazu dienen, eine breite Basis für die Einschätzung der Bedeutung und die Bewertung der Zufriedenheit zu schaffen. Hierauf aufbauende Interviews analysieren insbesondere die Gründe für Defizite des Unternehmens und die Vorschläge aus Sicht der Kunden. Zusätzlich kann mit **Round-Table-Gesprächen** in einer Diskussion mit wichtigen Kunden (Kunden-Fokusgruppen) analysiert werden, wo konkrete Ansatzpunkte für eine bessere Zusammenarbeit mit den Kunden bestehen. Die Zielsetzung neben der vertieften und detaillierten Information geht auch dahin, auf diesem Weg die Kundenbindung zu vergrößern.

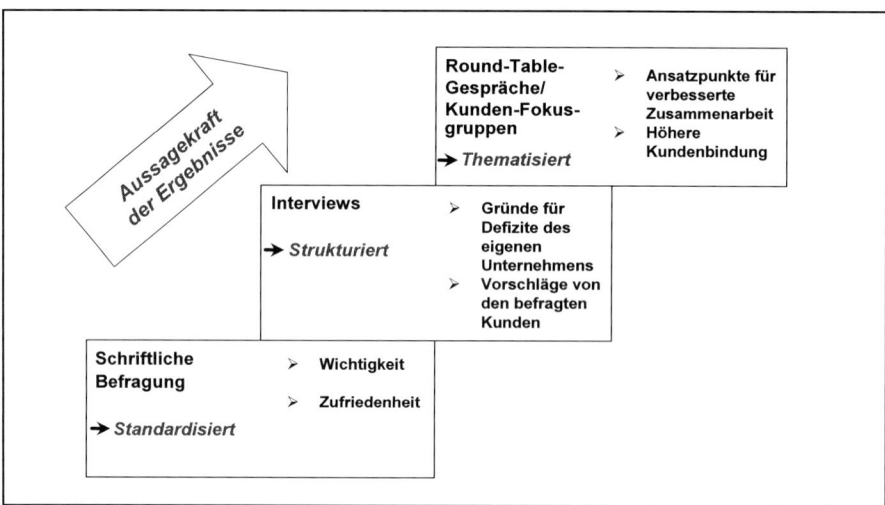

**Abb. 12:** Kombination der Befragungsinstrumente

Schriftliche Befragungen können auch durch telefonische oder persönliche Befragungen zu wichtigen Punkten, also zu Bewertungskriterien, die von den Befragten als maßgeblich für ihre Zufriedenheit eingestuft wurden und bei denen größere Defizite des eigenen Unternehmens erkennbar sind, ergänzt werden. Dadurch wird die Aussagefähigkeit der gesamten Befragung erhöht und zugleich sichergestellt, dass die Kosten nicht zu sehr steigen und dennoch eine breite Stichprobengröße vorliegt, die dann auch nach unterschiedlichen Kundengruppen auswertbar ist.

Im Rahmen eines **Pre-Tests** sind anschließend die Probanden mit dem ausgewählten Befragungsinstrumentarium zu befragen. Dabei wird, wie oben dargestellt, auch bei einer schriftlichen Befragung zunächst ein persönliches Interview einer begrenzten Anzahl von Probanden zweckmäßig sein. Dies dient dazu, den erarbeiteten Fragebogen durch Beobachtung der Testkunden auf **Verständlichkeit** und damit **Einsatzfähigkeit** in der Praxis zu überprüfen. Bezogen auf den Fragenkatalog ist neben der Verständlichkeit der Frageninhalte auch zu prüfen, ob die **Reihenfolge der Fragen** für den befragten Kunden sinnvoll und nachvollziehbar ist und ob der Fragenkatalog **vollständig** ist, also alle Kriterien, die aus Kundensicht wichtig sind, umfasst.

Bei der **Auswahl der Pilotkunden** für den Pre-Test ist sicherzustellen, dass das gesamte Spektrum der Kunden möglichst gut abgedeckt wird. Bei den Pre-Tests sollte kritischen Kunden, soweit sie von ihrer Einstellung bekannt sind, der Vorzug gegeben werden. Das Ziel dieser Phase ist jedoch nicht, die Opponenten des Unternehmens zu überzeugen und zu gewinnen, sondern Kunden mit einer kritischen Distanz zum Unternehmen hinsichtlich der Akzeptanz des Befragungsinstrumentariums zu befragen. Die Pre-Test-Runde dient auch dazu, das Informationsanschreiben, das für die Kunden in der Hauptbefragung vorgesehen ist sowie gegebenenfalls auch den Interview-Leitfaden auf Verständlichkeit, Vollständigkeit, Zweckmäßigkeit und Aussagefähigkeit zu testen.

Auf der Grundlage der Pre-Test-Ergebnisse lassen sich, insbesondere wenn die Anzahl der Pre-Tests groß genug ist, über den **Test von Item-Batterien durch Faktorenanalysen** die Anzahl der Fragen reduzieren und weniger wichtige Fragen eliminieren. Dabei kann aber ein Problem darin bestehen, dass durch die Aggregation von Befragungsinhalten ein Verlust an Detailinformationen eintritt. Zusätzlich ist es empfehlenswert, im Rahmen einer Expertenrunde bzw. eines Workshops anhand von Plausibilitätsprüfungen Entscheidungen über die Reduktion des Messinstrumentariums vorzunehmen.

Dies schließt auch die endgültige Bewertung ein, ob die ausgewählte Befragungstechnik von den Probanden akzeptiert wird und im Ergebnis für den angestrebten Zweck aussagefähig genug ist. Auf dieser Basis lässt sich dann auch das Mengengerüst detaillierter ermitteln und die Kosten der späteren Befragung können hochgerechnet werden.

## 5. Schritt: Stichprobengröße und Durchführung der Befragung

In Abbildung 13 wird eine Übersicht über relevante Auswahlverfahren gegeben. Diese dient als Grundlage, um die unterschiedlichen Möglichkeiten einer Voll- oder Teilerhebung mit einer bewussten, einer Zufallsauswahl oder einer mehrstufigen Auswahl unterscheiden und bewerten zu können.

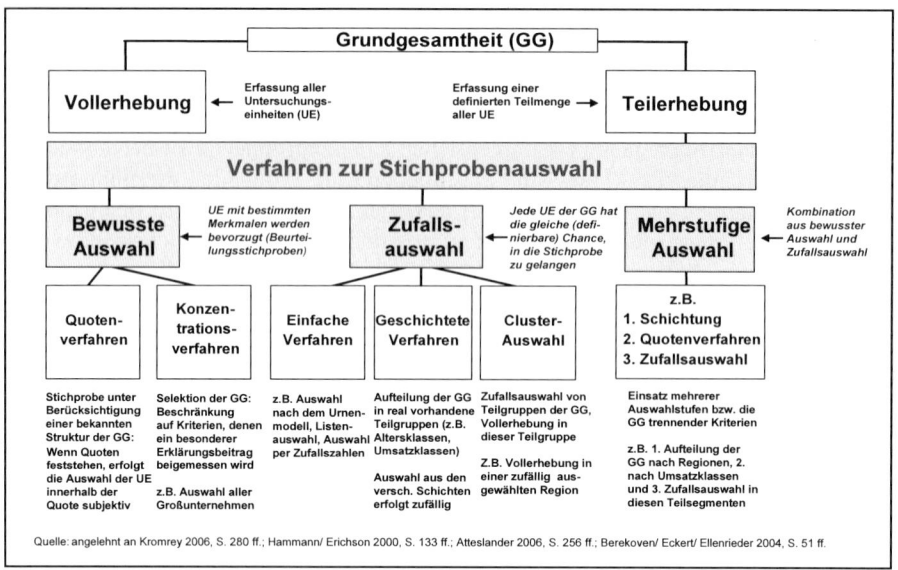

**Abb. 13:** Relevante Auswahlverfahren

Die Kernfrage für jedes Unternehmen ist, wie viele Kunden im Rahmen einer Kunden-Feedback-Analyse befragt werden müssen. Diese Frage ist vor allem hinsichtlich der Kriterien Kosten und Zeit wichtig. Die grundsätzlichen Aussagen und **Kriterien zur Repräsentativität einer Stichprobe** haben auch hier Gültigkeit, oftmals greifen sie aber zu kurz.

Generell gelten folgende Zusammenhänge: Ob eine Stichprobe repräsentativ oder nicht repräsentativ ist, hängt von der methodisch richtigen Auswahl der Befragten ab und nicht von der Anzahl der befragten Personen. So können bereits 100 Personen einen repräsentativen Querschnitt der Bevölkerung der Bundesrepublik Deutschland nach bestimmten, vorab definierten Kriterien bilden. Der Unterschied hinsichtlich der Genauigkeit der Schätzungen besteht nur in der Größe der Toleranzen (vgl. Noelle-Neumann/ Petersen 2000).

In der Statistik-Literatur finden sich Aussagen zur Größenordnung von Stichproben, um die Aussagefähigkeit einer Stichprobe sicherzustellen. Neben den „**linear-additiven**" **Verfahren** zur Festlegung der Stichprobengröße können auch **statistische Schätzverfahren** eingesetzt werden. Sie berücksichtigen folgende 3 Variablen (vgl. Bortz 2005, S. 100 ff.), die in Abbildung 14 schematisiert dargestellt sind:

- Die Festlegung oder Ermittlung des **Schwankungsintervalls** (z.B. 2%) als zulässige Schwankungsbreite eines betrachteten Merkmals bzw. einer Zielgröße (z.B. Qualitätseinschätzung oder Servicebewertung), also die zulässige Toleranz zwischen dem unteren und oberen Spezifikationspunkt bei der Erfüllung der CTQs, bezogen auf die empirisch ermittelten Stichprobenkennwerte.

- Das **Konfidenzniveau** (wie vorstehend z.B. 99%) drückt dabei die geforderte Genauigkeit respektive Wahrscheinlichkeit bzw. – als Komplementärwert – die damit einhergehende Irrtumswahrscheinlichkeit aus.
- Die **Anzahl der zu berücksichtigenden Auswertungsklassen** als Teilstichproben, nach denen die betrachteten Merkmale ausgewertet werden (z.B. Regionen oder Altersgruppen von Käufern).

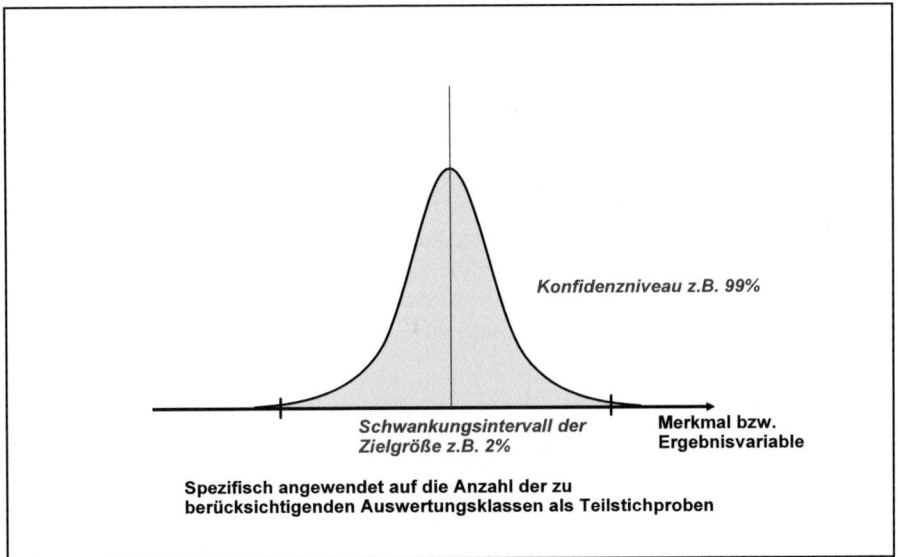

**Abb. 14:** Schwankungsintervall von Zielgrößen

Alle 3 Größen, also Schwankungsintervall, Konfidenzniveau und Anzahl der Auswertungsklassen haben einen Einfluss auf den Stichprobenumfang. Anhand der entsprechenden Berechnungsformeln lässt sich der Stichprobenumfang mathematisch exakt bestimmen (vgl. Bortz 2005, S. 104 ff.).

Hierzu lassen sich folgende generelle Aussagen treffen:

- Die Bestimmung eines Konfidenzniveaus von 95 oder 99% setzt dabei immer große Stichproben ($n \geq 30$) voraus. Für die Anzahl der untersuchten Einheiten jeder Auswertungsgruppe muss also mindestens das Gesetz der Großen Zahl erfüllt sein.
- Je größer die untersuchte Stichprobe, desto kleiner ist das Schwankungsintervall. Vor der Durchführung einer Untersuchung sollte deshalb entschieden werden, wie viele Untersuchungseinheiten respektive Personen benötigt werden, um Aussagen mit der gewünschten Genauigkeit machen zu können.
- Bei großen Stichproben ($n \geq 30$) kann anstelle der t-Verteilung die Standardnormalverteilung zur Quantilbestimmung verwendet werden.

- Bei kleineren Stichproben sollte für die Bestimmung des Schwankungsintervalls die t-Verteilung herangezogen werden. Die Annahmen zur Streuung der zu erwartenden Ausprägungen in der Stichprobe können erst a-posteriori festgestellt werden. Hilfsweise lassen sich höchstens Streuungswerte aus vergleichbaren bzw. früheren Untersuchungen heranziehen (vgl. Atteslander 2006, S. 261 ff.; Bortz 2005, S. 103 ff.; Dürr/ Mayer 2004, S. 145). Deshalb sollten für ein untersuchtes Merkmal Stichproben n < 30 in der Praxis generell vermieden werden, da bei diesem Stichprobenumfang nur sehr ungenaue Parameterschätzungen möglich sind, also eine große Schwankungsintervall-Breite besteht.
- Ferner gilt beispielsweise, dass mit kleiner werdendem Schwankungsintervall (z.B. von 2% auf 1%) bei konstantem Konfidenzniveau (z.B. 99%) der benötigte Stichprobenumfang quadratisch anwächst. Die Halbierung des Schwankungsintervalls macht einen vierfachen Stichprobenumfang erforderlich.
- Der erforderliche Stichprobenumfang kann erheblich reduziert werden, wenn statt einer einfachen Zufallsstichprobe eine sinnvoll geschichtete Stichprobe mit anschließender Zufallsauswahl pro Schicht gezogen wird. Hierdurch lässt sich die Standardabweichung verkleinern.

Das grundsätzliche Ziel bei der Ziehung einer Stichprobe ist also, eine **Zufallsauswahl** zu realisieren, um die Aussagefähigkeit der Ergebnisse zu verbessern. Wird vorab eine **Schichtung oder Quotierung** nach bestimmten Kriterien vorgenommen, dann setzt dies auch hier – wie oben angesprochen – streng genommen voraus, dass die Verteilung der relevanten Merkmale in der Grundgesamtheit bekannt ist, um die Stichprobe adäquat bestimmen und damit auswählen zu können. **Repräsentativität**, also Strukturgleichheit der Stichprobe mit der Grundgesamtheit, ist dann keine Forderung, sondern eher ein zufälliges Ergebnis. Repräsentativität ist damit kein Qualitätsmerkmal für Untersuchungen (vgl. Lippe/ Kladroba 2002, S. 140), zumal sie sich nur in Form einer Ja-Nein-Entscheidung dichotom bestimmen lässt.

Aus diesem Grunde ist die Qualität der Stichprobe in dem Maße vom Stichprobenumfang abhängig, wie dadurch der **Stichprobenfehler** aktiv gesteuert werden kann. Generell gilt also der vorstehend formulierte Zusammenhang: Je größer der Stichprobenumfang, desto kleiner ist der Stichprobenfehler, da mit steigendem Stichprobenumfang das Schwankungsintervall bzw. genauer die Schwankungsintervall-Breite kleiner und damit die Schätzung genauer wird (z.B. bei einem Konfidenzniveau von 95% auf 99%) (vgl. Bortz 2005, S. 104 f.).

Dies gilt aber auch für die Größe jeder Teilstichprobe bezogen auf die Merkmale, nach denen diese Teilstichprobe ausgewertet wird. Eine größere Anzahl von qualitativ aussagefähigen Teilstichproben vergrößert also automatisch die Gesamtstichprobe.

Entsprechend der Darstellung in der obigen Abbildung 13 kann eine Schichtung oder Quotierung vorgeschaltet werden, der dann für die einzelnen Matrixfelder jeweils eine Zufallsauswahl folgen muss. Im Hinblick auf die Repräsentativität einer Stichprobe lassen sich die 3 Kriterien der **zahlenmäßigen, strukturellen und inhaltlichen Repräsentativität** unterscheiden (siehe Abb. 15). Einige Aussagen hierzu wurden bereits an früherer Stelle beim 2. Schritt bezogen auf die Generalisierbarkeit von Testergebnissen getroffen.

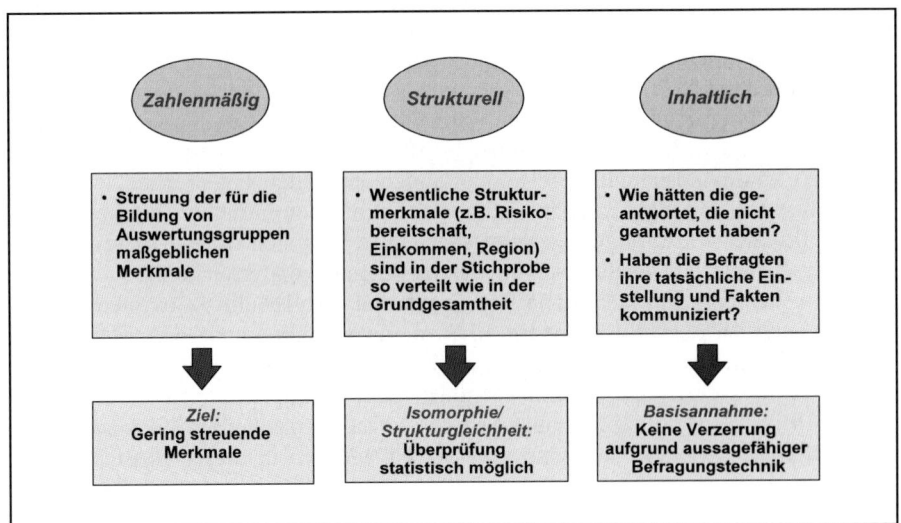

**Abb. 15:** Repräsentativität einer Stichprobe

Generell gilt, dass die Größe der Stichprobe nicht in einer direkten Relation zur Größe der Grundgesamtheit steht. Mit anderen Worten: Große Grundgesamtheiten erfordern nicht deutlich größere Stichproben als kleine Grundgesamtheiten, um repräsentative Ergebnisse zu sichern. Diese Aussage bezieht sich auf die **zahlenmäßige Repräsentativität**.

Entscheidend für die Größe der Stichprobe sind vielmehr die Anzahl der untersuchten Merkmale bei den Befragten sowie vor allem auch die Größe ihrer Streuung. Je mehr Auswertungsklassen interessieren, nach denen dann also die Stichprobe bei der Auswertung unterteilt wird, und je mehr Merkmale in den einzelnen Klassen untersucht werden, desto größer hat die Stichprobe zu sein. Dies entspricht der Aussage zur **strukturellen Repräsentativität**. Diese Anforderung ist bezogen auf die Anzahl der bei der Kunden-Feedback-Messung wesentlichen Kriterien i.d.R. im Vorhinein festzulegen. Mit anderen Worten: Es kann vorab z.B. bestimmt werden, nach welchen Kundensegmenten (A-, B-, C-Kunden), nach welchen Produktarten und nach welcher regionalen Differenzierung (Zuordnung zu den Filialen) die Ergebnisse der Stichprobenmessung untersucht und aufgeteilt werden. Die Anforderung geht dabei dahin, dass – wie oben angesprochen – für jedes Matrixfeld nach der Zufallsauswahl die Besetzung groß genug ist, dass hieraus aussagefähige Schlussfolgerungen gezogen werden können.

Entscheidend bei der Messung des Kunden-Feedbacks ist aber eigentlich die **inhaltliche Repräsentativität**. Sie besagt, dass die Verteilung der Antworten der auskunftswilligen Befragten der Verteilung aller Befragten möglichst gut entspricht, also auch das Antwortspektrum der nicht-antwortenden Befragten möglichst genau wiedergibt. Ob dies der Fall ist, lässt sich naturgemäß nicht ermitteln. Ein Näherungswert hierfür wäre nur, wenn im Rahmen einer Kontrollstichprobe nicht-auskunftswillige Befragte dazu bewegt werden, doch noch an der Befragung aktiv teilzunehmen. Die Verteilung ihrer Antworten lässt sich dann auf statistisch signifikante Abweichungen gegenüber den vorliegenden Stichprobenergebnissen überprüfen, allerdings nur unter der Voraussetzung, dass sie nicht genervt waren und falsche Antworten gegeben haben.

Hinzu kommt, dass auch die antwortenden Befragten entsprechend ihrer tatsächlichen Einstellung Einschätzungen und Fakten kommuniziert haben müssen, um inhaltliche Verzerrungen zu vermeiden. Dies lässt sich näherungsweise durch eine wissenschaftlich-methodisch gute Befragungstechnik erreichen.

Als weitestgehende inhaltliche Repräsentativität sollen die Antworten der Befragten auch der Verteilung der Einschätzungen von allen anderen in der Grundgesamtheit respektive Teilgruppe entsprechen, die überhaupt nicht befragt wurden. Inwieweit dies der Fall ist, kann ebenfalls nicht direkt ermittelt bzw. abgelesen werden. Eine wissenschaftlich abgesicherte Befragungstechnik mit den aufgezeigten Stufen der Repräsentativität vermeidet am ehesten in dieser Hinsicht Fehler und Verzerrungen.

Als Zwischenfazit bleibt erneut festzuhalten: Ob neben der zahlenmäßigen eine strukturelle Repräsentativität erreicht wird, hängt maßgeblich davon ab, wie stark die **Variation der Ergebniswerte** bei den einzelnen interessierenden Kriterien ist. Bei großer Streuung wird nur durch ein kleines Schwankungsintervall ein aussagefähiges Ergebnis erreicht. Also: Wenn die Kriterienwerte stark streuen und damit eine starke Variation aufweisen, dann ist eine größere Stichprobe aussagefähiger für die Ergebnisbewertung. Je größer die Streuung ist, desto kleiner muss das Schwankungsintervall sein, damit der Stichprobenfehler nicht zu groß ist und das Messergebnis der Stichprobe für den Wert in der Grundgesamtheit noch repräsentativ sein kann. Bei größeren Stichproben ist dies in der Tendenz eher realisierbar.

Entscheidend ist dabei, ob die in der Stichprobe ausgewählten Kunden in ihren Aussagen und Bewertungen inhaltlich die Meinung der entsprechenden Klasse in der Grundgesamtheit wiedergeben und es beispielsweise durch die ausgewählte **Befragungsmethodik** zu keinen **Verzerrungen** kommt. Diese inhaltliche Repräsentativität ist aber im Vorfeld der Untersuchung für eine Stichprobe nie zu ermitteln und damit festzulegen. Deshalb muss hilfsweise auf die strukturelle Repräsentativität abgestellt werden, um die inhaltliche Repräsentativität bestmöglich zu gewährleisten. Vielmehr ist lediglich im Anschluss an eine Befragung ermittelbar, wie groß die Streuung der Ergebniswerte bei den beobachtbaren Variablen ist und welche Schlussfolgerungen dies bezogen auf die Güte der Analyse zulässt.

Generell gilt, dass bei der Analyse nach einem Kriterium entsprechend dem Gesetz der Großen Zahl eine Stichprobengröße von 30 zufallsverteilte Ergebnisse erbringt und entsprechende Aussagen zulässt. Die Aussagefähigkeit der Ergebnisse wird in den Sprüngen 50, 80, 120 und 150 auskunftswillige Befragte qualitativ immer besser, da mit steigender Stichprobengröße bessere Schätzergebnisse erreicht werden – wenn die Verteilung in der Grundgesamtheit dies zulässt.

Vor diesem Hintergrund lassen sich praxisbezogen folgende für die Durchführung und Messung des Kunden-Feedbacks wesentlichen Aussagen treffen:

Bei einer **kleinen Kundengruppe**, z.B. 20, vor allem im B-to-B-Bereich ist eine quotierte Stichprobe von 20%, also 4 befragte Kunden, im Allgemeinen nicht aussagefähig. Dies wäre lediglich der Fall, wenn die Streuung und damit die Unterschiede zwischen den Kunden minimal wären. Hier wäre in absoluten Zahlen z.B. eine Stichprobe von mindestens 10 Kunden zu ziehen. Dieser Größe liegen aber keine klaren Erkenntnisse der Statistik zu Grunde, da – wie oben ausgeführt – die Streuung der interessierenden Merkmale nicht bekannt ist. Generell gilt damit, dass sich bei dieser Größenordnung der Kundengruppe durch eine größere oder sogar vollständige Befragtenzahl Fehler und Fehlinterpretationen vermeiden lassen.

Wichtiger ist bei Kunden-Feedback-Analysen aber vor allem der Aspekt, dass im Rahmen eines derartigen Vorhabens insbesondere im B-to-B-Bereich durch eine Vollerhebung **Kontakt mit allen Kunden** zustande kommt und damit auch der Kunde vermittelt bekommt, dass seine Zufriedenheit und seine Anforderungen dem Unternehmen für die zukünftige Zusammenarbeit wichtig sind. Dies ist eher ein Argument dafür, Stichproben größer zu dimensionieren und nicht auf der Basis der statistisch akzeptierbaren Untergrenze von Befragten zu operieren.

Gerade bei Befragungen im B-to-C-Bereich, also von Endverbrauchern, stellt sich aufgrund der Größenordnung in der Grundgesamtheit und ihren Schichtungen aber immer die Frage nach der **optimalen Stichprobengröße**. Dies ist z.B. der Fall, wenn ein Dienstleistungskonzern 5 Mio. Kunden hat. Wesentlich für die Ermittlung sind die Analyse der Struktur der Befragten und die Festlegung, welches die kleinste Auswertungseinheit im Sinne des oben genannten Matrixfeldes ist, für die ein Kunden-Feedback und damit Aussagen über die Kundenzufriedenheit respektive -bindung erhoben werden soll. Abbildung 16 zeigt das Ablaufschema zur formalen Ermittlung der Stichprobengröße.

Dies setzt generell voraus, dass die **Kundenstruktur im Detail bekannt** ist. Informationen über wesentliche Klassifizierungskriterien für die anschließende Auswertung, beispielsweise über sozio-demografische Merkmale, müssen also vorliegen. Ebenfalls sollten die unterschiedlichen Einstellungen und Erwartungen der Kundengruppen aus vorherigen Erhebungen bzw. Analysen zumindest grundsätzlich bekannt sein.

Wie aus Abbildung 16 ersichtlich ist, geht es darum, für das kleinste Segment eine ausreichend große Fallzahl festzulegen, die sich nicht direkt aus der Anzahl der Befragten, sondern aus dem zu erwartenden Rücklauf und der Streuung der interessierenden Merkmale bestimmt.

Da die Messung von Kundenzufriedenheit und Kundenbindung durch Kunden-Feedback nicht ausschließlich eine Aufgabe und ein Problem für die Marktforscher in einem Unternehmen ist, erscheint es als wesentlich, dass Experten z.B. im Marketing/ Vertrieb, im Customer Service oder auch in der Unternehmensleitung diese grundsätzlichen Anforderungen hinsichtlich der Auswahlmethode und der Stichprobengröße nachvollziehen können. Denn es geht dabei nicht nur um Zahlen, sondern vor allem auch um ausreichend große finanzielle **Budgets für die Durchführung** der Analyse. Eine Überdimensionierung ist aus Kostengründen zu vermeiden; eine Unterdimensionierung ist aufgrund einer unzureichenden Aussagefähigkeit und ggf. falscher Schlussfolgerungen sowie Maßnahmen in ihren negativen Konsequenzen aber deutlich schlechter.

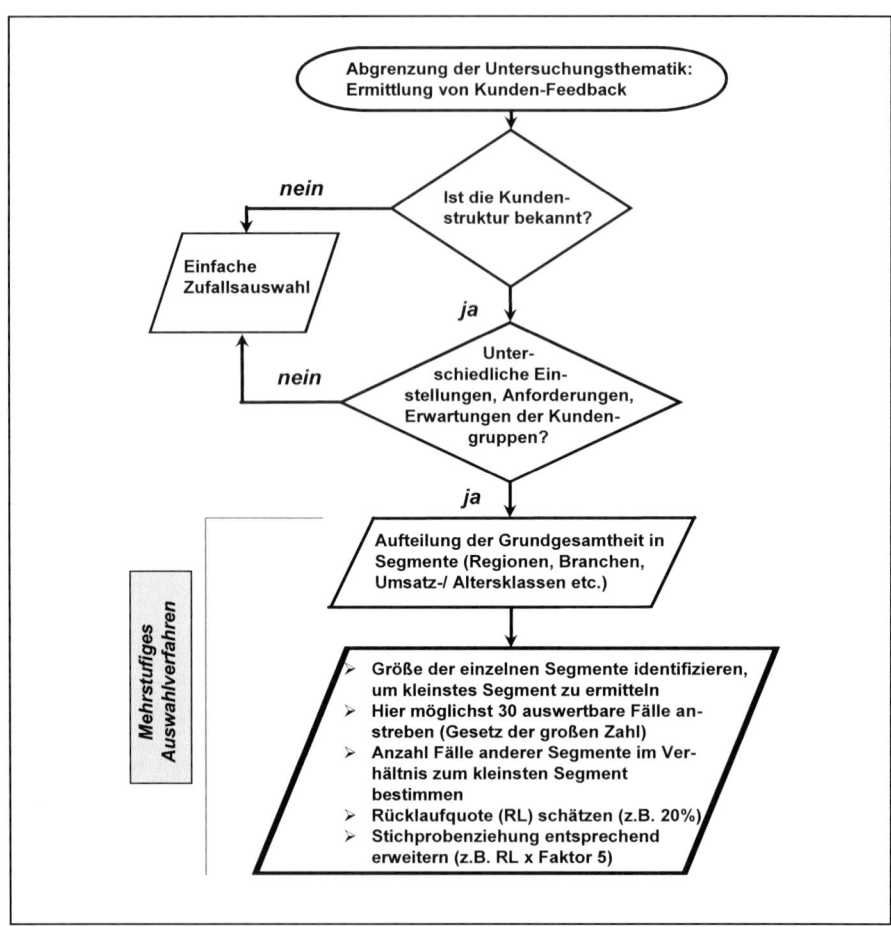

**Abb. 16:** Ablaufschema zur Ermittlung der Stichprobengröße

Deshalb wird nachfolgend in einem Beispiel der **Prozess der Stichprobenziehung** mit seinen wesentlichen Teilschritten noch einmal verdeutlicht. Zunächst ist für das gesamte Unternehmen festzulegen, welche Kundengruppen untersucht werden und ob eine Vollerhebung beispielsweise bei A-Kunden oder Stichprobenerhebungen von anderen Kundengruppen vorgenommen werden sollen (siehe Abb. 17). Generell geht die Zielsetzung dahin, dass durch eine Feedback-Analyse für jede Niederlassung und alle dort wichtigen Kundengruppen aussagefähige, also im klassischen Sinne repräsentative Ergebnisse vorliegen. Denn die analysierten Befragungsergebnisse sollen z.B. bezogen auf den jeweiligen CSI aller wichtigen Kundengruppen einer Filiale eine aussagefähige Basis für die Steuerung dieser einzelnen Organisationseinheiten bilden. Sie werden damit als Führungskennzahlen der vor Ort praktizierten Kundenorientierung verwendet. Dabei versteht sich von selbst, dass ein Teil der Bewertungen von den zentralen Aktivitäten insbesondere auf der Produktebene abhängt. Die Dienstleistungs- und vor allem Servicequalität wird aber unmittelbar durch die Führungskräfte und Mitarbeiter der Filiale geprägt. Um von den betroffenen Akteuren als aussagefähige und damit aus ihrer Sicht repräsentative Führungs- und Steuerungsgröße akzeptiert zu werden, sind die Stichproben groß genug für die Analyse der einzelnen Organisationseinheiten anzulegen. Diese Anforderung vergrößert generell die gesamte Stichprobengröße und damit das Befragungsvolumen.

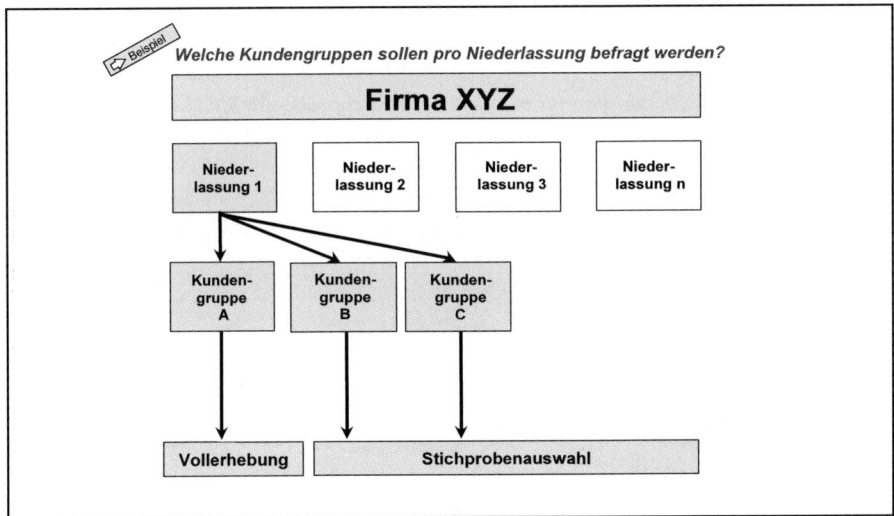

**Abb. 17:** Auswahl der Kundengruppen

Entsprechend der oben gemachten Aussagen, dass die Größe einer Teilklasse in der Grundgesamtheit bzw. die Grundgesamtheit selbst generell keine Auswirkungen auf die Größe der Stichprobe und die Qualität der Auswertungsergebnisse hat, sieht das einfache Stichprobenmodell als 1. Alternative folgendermaßen aus: Für jede benannte Kundengruppe, für die keine Vollerhebung vorgesehen ist, wird die Stichprobe entsprechend dem Gesetz der Großen Zahl auf mindestens 30 Fälle im Rücklauf als Untergrenze festgelegt. Die Berechnung ist dadurch einfach. Dabei gilt: Entscheidend ist nicht die Anzahl der Befragten, sondern die Anzahl der Antwortenden. Eine größere Stichprobe verbessert generell, wie dargestellt, die Ergebnisqualität. Wenn aber im Interesse einer größeren Aussagefähigkeit der Ergebnisse – als 2. Alternative – jede Einzelstichprobe für eine Teilklasse der Grundgesamtheit generell auf 80 Fälle im Rücklauf festgelegt wird, dann resultiert hieraus schnell eine relativ große Gesamtbefragung.

Die 3. Alternative ist deshalb ein **Quotierungsmodell**, das jeweils den Anteil der Teilklasse respektive Kundengruppe an der Grundgesamtheit zu Grunde legt und auf dieser Basis, ausgehend von der Stichprobe von 30 Fällen für das kleinste Segment bzw. Matrixfeld, die jeweilige Stichprobengröße errechnet. Dies entspricht dem Vorgehen, wie es in Abbildung 18, 19 und 20 dargestellt ist. Diese Vorgehensweise vermeidet eine durchgängige Analyse auf dem zahlenmäßigen Mindestniveau, zugleich aber auch ohne weitere Begründung eine einheitlich größere Stichprobe in allen Segmenten.

Wie bereits angesprochen, ist für jede Kundengruppe eine Differenzierung vorzunehmen, z.B. nach dem Anteil dieser Kundengruppe in den einzelnen Regionen. Dies liefert die Grundlage für die Ermittlung der kleinsten Fallzahl unter Berücksichtigung des zu erwartenden Rücklaufs (siehe Abb. 18).

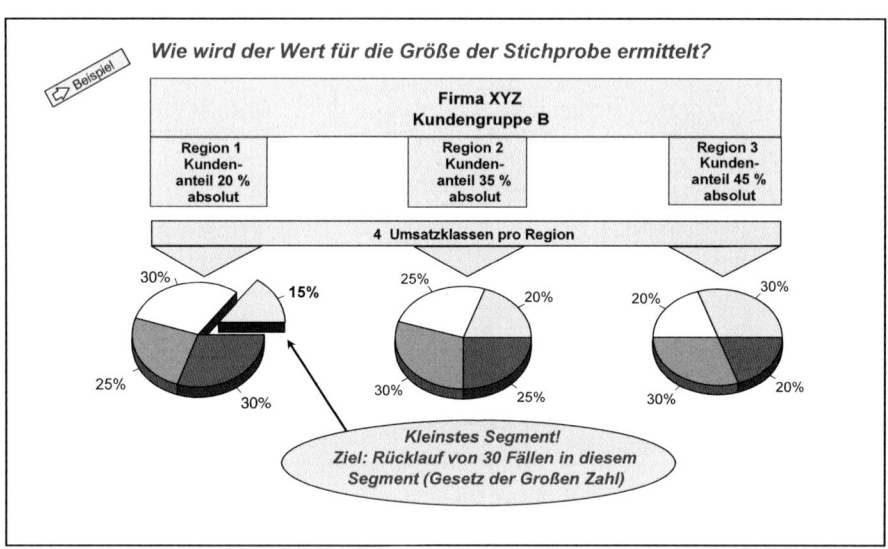

**Abb. 18:** Beispiel für die Ermittlung der Stichprobengröße (I)

Die angestrebten 30 Fälle – also erhaltene ausgefüllte Fragebögen oder durchgeführte Interviews – sind die Grundlage, um entsprechend der Struktur der Kundengruppe in der Region 1, aufgeteilt in die 4 Umsatzklassen, die Prozentsätze in Absolutzahlen der erreichbaren Fälle umzurechnen.

Hieraus lässt sich die Summe des Rücklaufs in diesem Teilsegment ermitteln, also 200 Fälle. Auf dieser Basis ist dann bei einer angenommenen Rücklaufquote von 20% die Stichprobe für die vorgesehene schriftliche Befragung zu ermitteln. Im vorliegenden Fall sind dies 1.000 Fälle (siehe Abb. 19).

Diese Struktur- und Erhebungszahlen der Region 1 mit dem kleinsten Segment bilden die Grundlage, um die Erhebungszahlen für die Region 2 und 3 zu errechnen. Wie Abbildung 20 verdeutlicht, ist die jeweilige Stichprobengröße in Abhängigkeit von dem Anteil dieser Kundengruppe an der Gesamtzahl der Kunden in der Region entsprechend zu ermitteln. Die Gesamtstichprobe für die Kundengruppe B in den 3 Regionen würde dann also 5.000 zu befragende Kunden ausmachen.

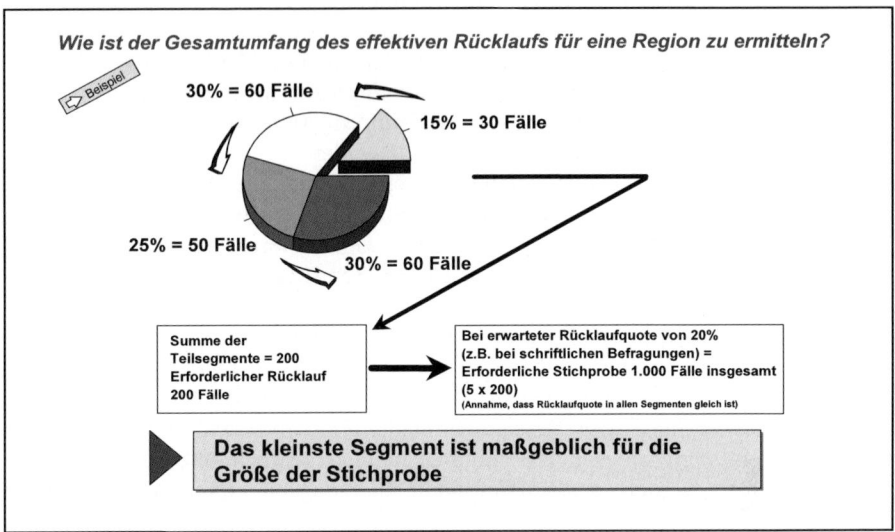

Abb. 19: Beispiel für die Ermittlung der Stichprobengröße (II)

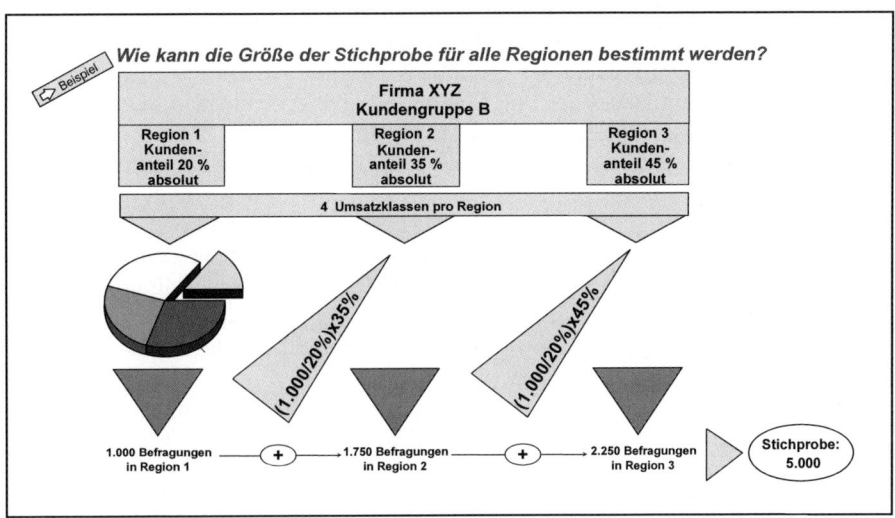

Abb. 20: Beispiel für die Ermittlung der Stichprobengröße (III)

Hiermit ist jedoch nur die Größenordnung festgelegt, aber noch nicht die oben dargelegte Repräsentativität durch den Ziehungsmodus. Diese wird erst durch eine echte Zufallsauswahl sichergestellt.

Nachfolgend soll im Detail auf die **Durchführung der Befragung** eingegangen werden. Einige Aussagen hierzu sind bereits bei den Pre-Tests gemacht worden. Darüber hinaus ist zunächst zu klären, ob **Akzeptanzprobleme** bei den Befragten bestehen und wie sie abgebaut werden können. Die Ursache für eine mangelnde Akzeptanz der Befragung kann zum einen darin liegen, dass die Befragten über das Vorhaben nicht ausreichend informiert wurden. Die entsprechende Maßnahme einer vorherigen Information über den Zweck und Nutzen des Interviews oder Fragebogens ist leichter durchzuführen, als Akzeptanzprobleme anderer Art abzubauen, nämlich wenn die Befragten ein geringes oder kein Interesse an dem Inhalt der Befragung und an dem Unternehmen haben. Liegt in dieser Weise kein Involvement vor, dann ist die Bereitschaft zur Mitwirkung und damit die Sicherung einer ausreichend hohen Rücklaufquote schwerer zu bewerkstelligen. Hierzu gibt es aber einige bewährte und einsetzbare Instrumente, um dennoch einen entsprechend hohen Rücklauf zu erreichen. Dazu zählen z.B. die Teilnahme an einem Gewinnspiel im B-to-C-Bereich oder das Angebot einer Ergebniskurzfassung im B-to-B-Bereich. In beiden Fällen versteht sich von alleine, dass der eigentliche Zweck der Befragung, nämlich Defizite abzubauen und dadurch besser zu werden, an die Befragten überzeugend kommuniziert werden muss.

Der bereits angesprochene Punkt einer gut strukturierten und damit für die Befragung zur Verfügung stehenden aussagefähigen **Datenbank** ist noch einmal zu betonen. Hierdurch können erhebliche zusätzliche Kosten entstehen. Wichtiger ist jedoch, die entstehenden Zeitverzögerungen zu vermeiden, wenn die personenbezogenen Daten nicht vorliegen. Die Anforderung geht also dahin, dass die vorgesehene Segmentierung anhand der Datenbank möglich ist. Dies gilt insbesondere bezogen auf die Zufallsauswahl von Stichproben für verschiedene Segmente, um so zu repräsentativen Ergebnissen bei zahlenmäßig großen Befragungen, beispielsweise 20.000 Endkunden aus einem millionengroßen Kundenstamm, zu kommen.

Eine weitere wichtige Frage ist, wer die Befragung durchführt. Grundsätzlich kann jede Befragung vom Unternehmen selbst durchgeführt werden. Voraussetzung neben der Fähigkeit zu einem effizienten Befragungs-Handling ist vor allem auch die Kompetenz für die Entwicklung einer aussagefähigen Konzeption der Befragung und für die Datenauswertung. Eine eigene Marktforschungsabteilung kann in dieser Hinsicht unterstützen.

Für die Übertragung an einen externen Experten sprechen zum einen die gegenüber dem Kunden dokumentierte Neutralität der Datenerhebung und Auswertung und zum anderen das spezielle Know-how des Experten. Dies gilt für schriftliche Befragungen und für Telefoninterviews ebenso wie für persönliche Interviews oder Online-Befragungen. Eine „**Tandem-Variante**" empfiehlt sich vor allem bei wichtigen Kunden: Hier wird das persönliche Interview von einem externen Experten zusammen mit einem Vertreter des Unternehmens durchgeführt. Hierdurch sind einerseits das methodisch einwandfreie Vorgehen und die

Neutralität gesichert. Andererseits werden spezielle Informationen über einzelne Vorgänge in der Zusammenarbeit mit dem Kunden oder bezogen auf das Produkt direkt ausgetauscht und können anschließend auch schnell und unmittelbar im Unternehmen als Grundlage für Verbesserungen dienen.

Nicht empfehlenswert ist dagegen eine **Befragung durch den eigenen Außendienst**, da Außendienstmitarbeiter darauf trainiert sind, die Leistungen und Produkte des Unternehmens dem Kunden gegenüber positiv darzustellen, mit dem Ziel sie zu verkaufen. Bei einer Feedback-Befragung und bei der Messung der Kundenzufriedenheit und -bindung ist der Ansatz jedoch genau umgekehrt. Hier gelten die kritische Distanz und die Fähigkeit, aktiv zuzuhören, als entscheidend, um so wesentliche Informationen vom Kunden zu erhalten, anstatt vorschnell eine eigene Bewertung abzugeben. Deshalb ist „listen to the customer" die Hauptaktivität bei derartigen Interviews.

Folgendes Problem, das in einem Unternehmen aufgetreten ist, stützt dieses Argument: Der Außendienst, der mit einer derartigen Befragung beauftragt wurde, hat die Kunden ausgewählt, mit denen er einen guten Kontakt hatte und mit denen die Zusammenarbeit in der Vergangenheit reibungslos lief. Das daraufhin zustande kommende Ergebnis ist klar: Die Zufriedenheit der Kunden wird deutlich überschätzt. Ansätze für notwendige Verbesserungen aufgrund von erkennbarer Unzufriedenheit bzw. von Defiziten auf der Seite des eigenen Unternehmens werden nicht ermittelt. Die Botschaft des Außendienstes lautete: „Es gibt bei den Kunden überhaupt keinen Handlungsbedarf." Eine derartige „Schönrechnerei" rechtfertigt nicht die Kosten und diskreditiert das gesamte Instrumentarium.

Als weitere Möglichkeit soll die Vorgehensweise eines anderen Unternehmens referiert werden. Dort wurde in einem Projekt zur weltweiten Analyse der Kundenzufriedenheit im B-to-B-Bereich so vorgegangen, dass Kunden in Asien und Amerika von Mitarbeitern des eigenen Unternehmens befragt wurden und nicht von externen Beratern, die jedoch mit allen anderen Phasen des Projektes betraut waren. Voraussetzung hierfür war zum einen, dass diese Mitarbeiter eine Schulung in der Anwendung des Befragungsinstrumentariums erhalten haben, und zum anderen, dass sie im Vertrieb arbeiten und deshalb die kundenbezogenen Sachverhalte verstehen, aber keinen unmittelbaren Kontakt mit dem Unternehmen und den Führungskräften hatten, die sie befragen sollten. Auf dieser Basis lassen sich ohne Verzerrungen bei den Mitgliedern eines Buying-Centers aussagefähige Ergebnisse erreichen.

Die Auswertung und Aufbereitung der Befragungsergebnisse soll nachfolgend im 6. und 7. Schritt abhängig von der betrachteten Kundengruppe – also Bestandskunden versus Lost Customer – differenziert behandelt werden, da einerseits andere Befragungsmethoden eingesetzt wurden und andererseits auch die Ableitung von Verbesserungsmaßnahmen gruppenspezifisch zu erfolgen hat.

## 6. Schritt: Auswertung/ Aufbereitung der Ergebnisse hinsichtlich der Bestandskunden: FourByOne®-Ansatz

Das Ziel bei der Auswertung einer Befragung ist nicht, nach dem Motto des „Fliegenbein-Zählens" Datenbände zu füllen. Es geht vielmehr darum, durch eine differenzierte und kompetente Datenauswertung die Flut von Zahlen auf die Bereiche zu reduzieren, die für das **Erkennen von Ansatzpunkten** für zukünftige **Verbesserungen** wesentlich sind. Um es mit anderen Worten noch einmal klar zu machen: Das Ziel ist nicht eine differenzierte und facettenreiche Analyse aller Kundendetails, sondern das Schaffen einer Grundlage, um in Zukunft besser zu werden und die Zufriedenheit sowie das Bindungspotenzial der eigenen Kunden zu erhöhen. Dieser spezielle Informationsbedarf ist daher maßgeblich für die Auswertung. Es versteht sich allerdings von selbst, dass nicht nur Defizite als Verbesserungspotenzial in der Auswertung genannt werden, sondern auch die Stärken und positiven Ergebnisse der Kundenbefragung, da sie gerade ins Unternehmen hinein den Mitarbeitern und Führungskräften Vertrauen in die bisherigen Aktivitäten geben und für die Zukunft eher anspornen. Hinzu kommt, dass das strategische Differenzierungspotenzial gegenüber Wettbewerbern häufig eher in dem Prinzip „wesentliche Stärken verstärken" liegt und nicht in dem Grundsatz „bestehende Defizite auszugleichen" es sei denn, sie sind für die Kunden besonders wichtig und kennzeichnen damit existenzbedrohende Sachverhalte für das Unternehmen.

Wichtig ist, dass das methodische Instrumentarium IT-gestützt qualifiziert gehandhabt wird. Hierzu gehört, keine unnötigen und wenig aussagefähigen Aggregationen in der Weise vorzunehmen, dass differenzierte Informationen als Ansatzpunkte für die Verbesserung und Steuerung dabei verloren gehen. Dies setzt ein **spezielles Know-how** in der **Kombination von Auswertungsmethoden** voraus, um Datenhierarchien ohne Informationsverluste generieren zu können (vgl. hierzu Abb. 24 im Artikel zur Analyse von Anforderungen und Prozessen wertvoller Kunden in diesem Buch).

Allerdings darf nicht übersehen werden, dass sich die Zielsetzungen und der Informationsbedarf von wissenschaftlichen empirischen Untersuchungen der Forschung erheblich von praxisbezogenen Befragungen zur Einstellung und zum Verhalten bestimmter Kundengruppen unterscheiden. Aus **wissenschaftlicher Sicht** ist die Prüfung und Bestätigung formulierter Hypothesen angestrebt, so dass Zusammenhangs-, Wirkungs- und Unterschiedsanalysen im Vordergrund stehen. Aus **praxisbezogener Sicht** geht es darum, die Größe relevanter Zielgruppen zu bestimmen und die konkreten Treiber für Zufriedenheit oder Unzufriedenheit und Kaufbereitschaft oder Reaktanz zu ermitteln.

Zusätzlich lassen sich allerdings auch bei praxisbezogenen Marktforschungsstudien aussagefähige und damit gut interpretierbare **Ursachen-Wirkungs-Zusammenhänge** mit dem heute zur Verfügung stehenden, methodisch fortschrittlichen Instrumentarium statistisch ermitteln. Und nicht zuletzt können beispielsweise durch **Cluster-Analysen** spezielle Kundengruppen herausgefiltert werden, um so in Abhängigkeit von den **Anforderungs- und Zufriedenheitsprofilen** bestimmte „Kunden-Typen" zu identifizieren. Ein auch in der Unternehmenspraxis verbreitetes Auswertungstool hierfür ist die Statistiksoftware SPSS (Superior Performing Software System), die von der Datenaufnahme bis zu anspruchsvollen statistischen Tests wichtige Instrumente umfasst.

Abbildung 21 zeigt eine derartige Detailauswertung eines Dienstleistungsunternehmens für den Kundentyp **„Negative Multiplikatoren"**. Die Kundengruppe wird eingegrenzt auf der Grundlage von 2 Analysen, nämlich ob die Bereitschaft besteht, mit dem Unternehmen weiterhin zusammenzuarbeiten, und ob das Unternehmen weiterempfohlen wurde.

Wie ersichtlich ist, haben die 14% „Negative Multiplikatoren" als ernstzunehmende, sehr unzufriedene Kundengruppe trotz Erwartungen auf einem unter Umständen anderen Niveau im Wesentlichen die gleichen Anforderungen wie die **„Positiven Multiplikatoren"**. Dies lässt den ersten Schluss zu, dass die Ursache für die Unzufriedenheit nicht in erhöhten Anforderungen liegt. Detailanalysen zeigen dann die in Abbildung 21 exemplarisch dargestellten Problemfelder, dass nämlich die „Negativen Multiplikatoren" sehr preisbewusst sind und bei einigen Bereichen der Dienstleistungen und Kontakten mit dem Unternehmen schlechte Erfahrungen gemacht haben.

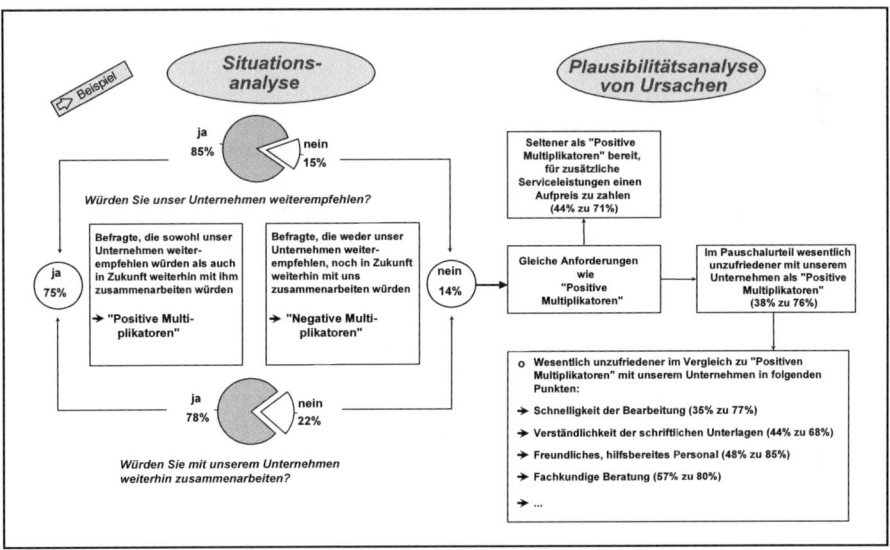

**Abb. 21:** Gesamtauswertung aller Befragten (n=100) und zusammenfassende Auswertung der „Negative Multiplikatoren" im B-to-B-Bereich

Die Ergebnisse dieser Unterschiedsanalysen können durch Analysen von Ursachen-Wirkungs-Zusammenhängen z.B. mit (multiplen) Regressionen, durch die Analyse von Nutzenbündeln mittels Conjoint-Measurement-Analysen oder durch Kausalanalysen mit AMOS ergänzt und vertieft sowie auf ihre Gültigkeit und damit Aussagefähigkeit hin überprüft werden (vgl. Teichert 1994; Homburg/ Baumgartner 1995; Backhaus et al. 2006).

Es liegt auf der Hand, dass diese Detailanalysen im Hinblick auf Unterschiede zwischen zufriedenen und unzufriedenen Kunden klare **Ansatzpunkte** für das Herausfiltern von **strategischen und operativen Maßnahmen** mit großer **Hebelwirkung** liefern. Hierauf wird im Schritt 8 näher eingegangen.

Im B-to-B-Bereich ist i.d.R. die differenzierte Auswertung von Bedeutung, wie unterschiedlich welche Kriterien der angebotenen Leistung in einem **Buying-Center** vom Entscheider (z.B. Geschäftsleitung), vom Beeinflusser (z.B. Einkaufsabteilung) oder vom Anwender (z.B. Fachabteilung) bewertet werden. Häufig werden die Gewichtungen unterschiedlich vorgenommen und auch die Zufriedenheit wird unterschiedlich artikuliert. Eine Durchschnittsbildung bei der CSI-Berechnung wäre in diesem Fall wenig aussagefähig und ungenügend. Hier kommt es auf die Originalinformation zu den CSI-Werten der einzelnen Buying-Center-Mitglieder an. Wenn zusätzlich noch eine Bewertung der **Durchsetzungsmacht** im Buying-Center ermittelt wird, ermöglicht dies nicht nur eine differenzierte Analyse hinsichtlich der Verbesserungsmöglichkeiten sowie ihrer Bedeutung für die Kundenzufriedenheit und -bindung, sondern liefert auch genügend Ansatzpunkte für eine **adressatenspezifische Argumentation** in der Zukunft zur Vergrößerung der sich daraus ergebenden Umsatzchancen.

Abbildung 22 zeigt die **Hierarchie der Erkenntnisse** in Form eines „Trichtermodells". Das Ziel dieser Vorgehensweise ist, zum einen allgemeine Erkenntnisse über die Anforderungen, Zufriedenheit und das Bindungspotenzial der Kunden zu gewinnen, zum anderen aber auch differenzierte Steuerungsinformationen bezogen auf einzelne Aggregate – also Produkte, Serviceleistungen oder Kundengruppen – zu erhalten. In einem nächsten Analyseschritt lassen sich Hauptgründe als Ursachen und zugleich als Grundlage für Verbesserungen auf der Basis erkannter Ursachen-Wirkungs-Zusammenhänge herausfiltern.

**Abb. 22:** Hierarchie der Erkenntnisse

Die exemplarisch ausgeführten Analysen und Erkenntnisse sind Bestandteil eines umfassenden Auswertungskonzeptes, das management- und entscheidungsorientiert die wesentlichen Ergebnisse der Kundenbefragung herausfiltert und interpretiert. Im Folgenden wird hierzu auf eine Reihe von Erfahrungen aus der Beratungspraxis zurückgegriffen, um das Vorgehen und die Inhalte plastischer und damit besser nachvollziehbar darzustellen.

In dem **M+M Auswertungs- und Analyse-Tool FourByOne®** werden – wie der Markenname sagt – die Daten in einer Kundenbefragung nur einmal erhoben, in 4 verschiedenen Auswertungsarten aber zu unterschiedlichen Erkenntnissen und Schlussfolgerungen verwendet (vgl. www.m-plus-m.de). Im Ergebnis können so nicht nur Kundenzufriedenheit und -bindung aussagefähig gemessen sowie einzelne Problemfelder und Defizite zielgruppenspezifisch aufgedeckt und zugeordnet werden, sondern es lassen sich die konkreten Ansatzpunkte für Verbesserungen schnell herausfiltern und vor allem auch gut kommunizieren (siehe Abb. 23). Da die gesamten Auswertungsmethoden standardisiert und programmiert sind, lassen sie sich kostengünstig durchführen, so dass sich der Preis einer Befragung für das Unternehmen auf dem üblichen Marktniveau bewegt.

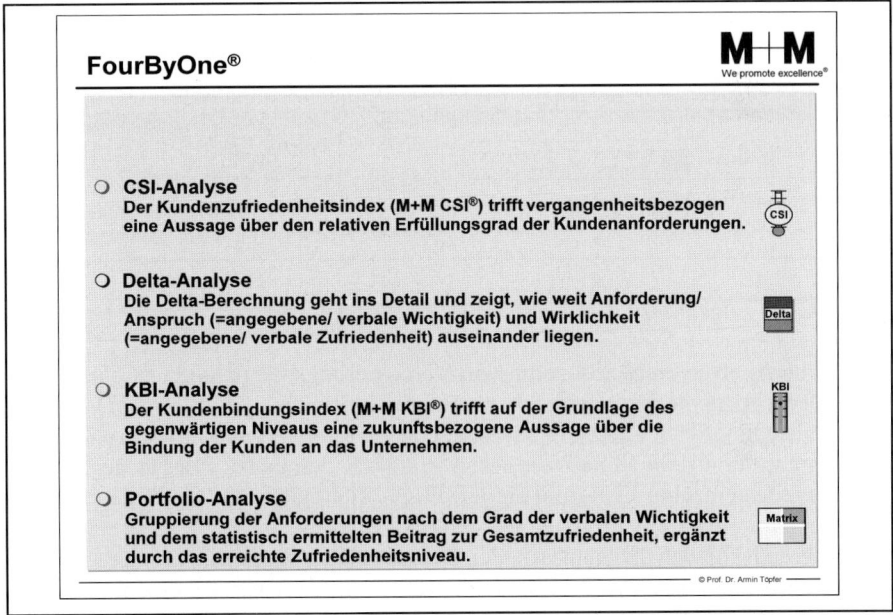

**Abb. 23:** M+M FourByOne®-Analyseverfahren

Nachfolgend werden die 4 Analyseinstrumente des FourByOne®-Ansatzes anhand von Beispielen aus der Unternehmenspraxis näher betrachtet. In Abbildung 24 ist für ein High-Tech-Unternehmen die Analyse der **Kundenzufriedenheitsindizes** nach **unterschiedlichen Fragebereichen** im **Vergleich** zu den Werten des

**Hauptwettbewerbers** wiedergegeben. Durch die im theoretisch basierten Index parallel zur Zufriedenheit erfasste Wichtigkeit erhält die Bewertung aus Kundensicht eine hohe Aussagekraft. Hieran wird erkennbar, dass der Handlungsbedarf sehr deutlich zu Tage tritt und durch das Benchmarking konkrete Ansatzpunkte zeigt. Im Vergleich hierzu liefern die Durchschnittswerte des Gesamt-CSI keine detaillierten Informationen.

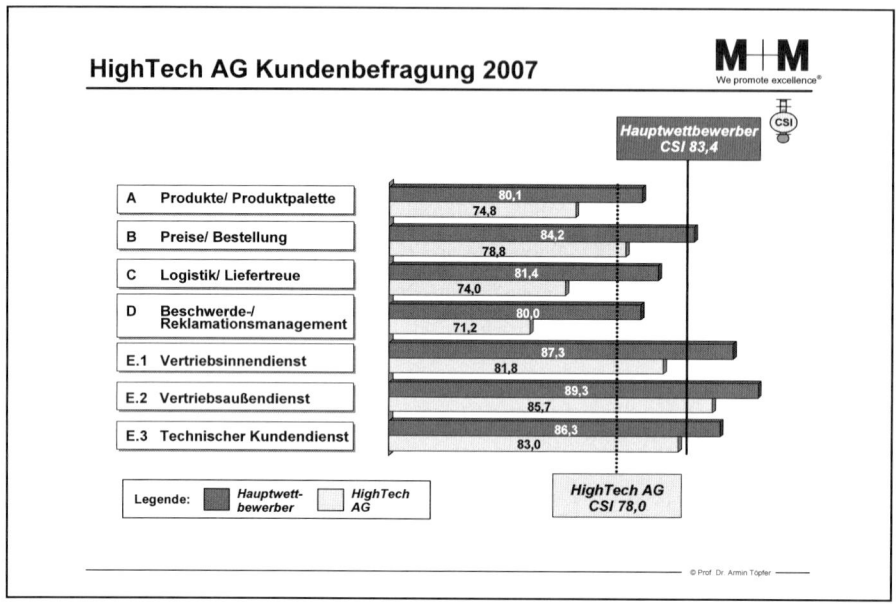

**Abb. 24:** CSI aufgegliedert nach einzelnen Fragebereichen

Für die Analyse und Umsetzung von Verbesserungsmaßnahmen ist eine detaillierte **Delta-Analyse** der einzelnen abgefragten Kriterien sehr hilfreich. Dazu wird die Abweichung bzw. Differenz zwischen dem Mittelwert der Zufriedenheit bzw. Zustimmung und dem Mittelwert der Wichtigkeit betrachtet. Dies bedeutet also, dass für jedes einzelne Kriterium die jeweilige Wichtigkeit und Zufriedenheit/ Zustimmung miteinander verglichen werden (siehe Abb. 25).

Basierend auf den Ergebnissen der Delta-Analyse kann ein **Stärken-Schwächen-Profil mit Ampelfunktion** erstellt werden. Ergibt sich aus einem negativen Delta ein Defizit, das eine Schwäche darstellt, wird es in einer Ampelanalyse – je nach Größenordnung – rot oder gelb markiert. Positive bis leicht negative Abweichungen kennzeichnen eine Stärke und werden grün dargestellt. Der Betrachter erhält so auf einen Blick einen Eindruck von den positiven und negativen Ergebnissen.

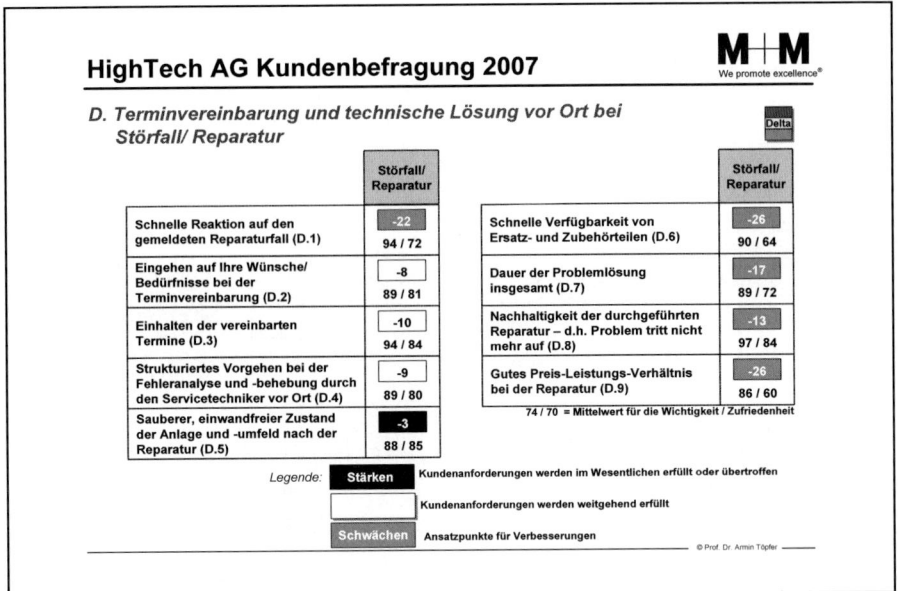

**Abb. 25:** Delta-Analyse einzelner Kriterien

Die **KBI-Analyse** kennzeichnet den Kundenbindungsindex (KBI). Ihm liegt ein standardisierter Satz von wissenschaftlich getesteten Fragen zu Grunde, so dass ein direkter Vergleich mit anderen Unternehmen möglich ist. Wie Abbildung 26 nachvollziehbar macht, ist die Kundenbindung im Captive Business des Unternehmens noch höher als im Non-captive Business. Dies ist insofern plausibel, da Kunden im Captive Business in diesem Projekt zum Konzernverbund gehören und deshalb normalerweise den Anbieter nicht wechseln können. Eine hohe Kundenzufriedenheit und -bindung ist aus diesen Gründen aber nicht weniger wichtig. Kunden im Non-captive Business, die also generell zum Wettbewerb wechseln können, weisen eine etwas geringere Kundenbindung auf. Insbesondere die Spitzengruppe der begeisterten Kunden ist deutlich geringer besetzt.

Beim Übergang von 2006 zu 2007 hat beim Captive Business die Kundengruppe mit der höchsten Verbundenheit sogar zugenommen, beim Non-captive Business hat sie hingegen deutlich abgenommen. Insgesamt besteht bei diesem Unternehmen trotz der erkennbaren Mängel eine hohe Bindungswirkung der Kunden. Üblicherweise ist die Kundenbindung geringer als das durch den CSI gemessene Zufriedenheitsniveau. Der Grund liegt generell darin, dass Kunden den Grad ihrer Zufriedenheit aufgrund der gemachten Erfahrungen in der Vergangenheit besser einschätzen können und auch kommunizieren wollen. Mit der Kundenbindung machen sie hingegen eine Aussage über die zukünftige „Treue". Diese Bewertung fällt erfahrungsgemäß immer vorsichtiger und damit geringer aus.

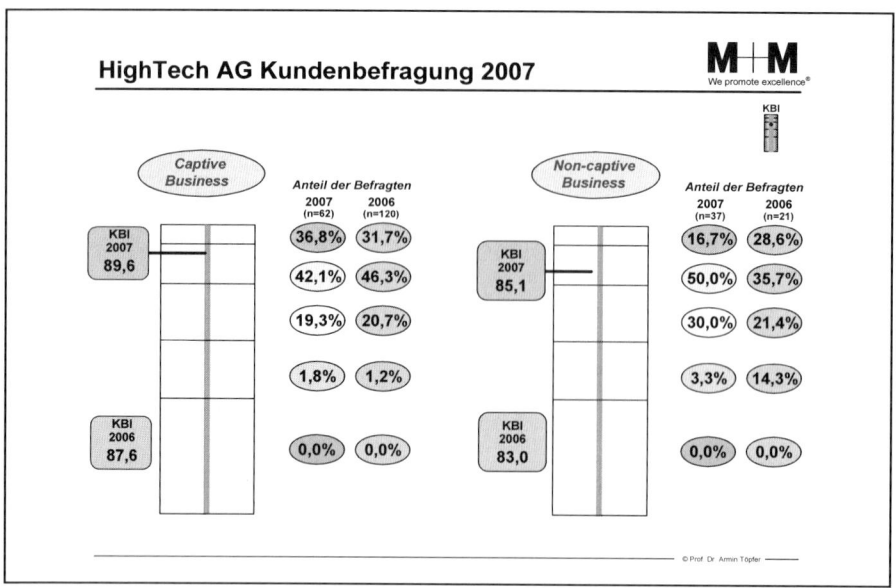

**Abb. 26:** KBI nach Kundengruppen

Die 4. Auswertungsart von FourByOne® ist eine Art Synopse. In einer **Portfoliomatrix** (siehe Abb. 27) werden alle wesentlichen Bewertungen der Kunden nach 2 Dimensionen eingetragen, nämlich der vom Kunden genannten – also verbalen – Wichtigkeit (Ordinate) und dem statistisch errechneten Einfluss auf die Kundenzufriedenheit (Abszisse). Entscheidend sind dabei die Werte in dem Quadranten rechts oben, die so genannten Zufriedenheitstreiber. Alle Kriterien dort sind aus Sicht des Kunden wichtig und belegen auch aufgrund von statistischen Berechnungen den hohen Stellenwert für dessen Zufriedenheit. Dem Erfüllungsgrad dieser Kriterien kommt damit eine herausragende Bedeutung in der Kundenbeziehung zu.

Wenn ein Kriterium voll erfüllt wird, ist das entsprechend seiner Ausprägung in dem Portfolio eingetragene Dreieck grün und mit der Spitze nach oben gekennzeichnet. Die Zufriedenheit entspricht also weitgehend oder vollständig dem formulierten Niveau der Wichtigkeit bei diesem Kriterium. Kriterien, die nicht ganz erfüllt sind und damit Realisierungsschwächen belegen, werden als gelbe Raute dargestellt. Und Kriterien, die deutliche Defizite aufweisen, sind als rote Dreiecke mit der Spitze nach unten abgebildet. Wie ersichtlich ist, gibt es bei den für den Unternehmenserfolg wesentlichen **Zufriedenheitstreibern** noch deutliche Verbesserungspotenziale, da die Mehrzahl der Dreiecke rot mit der Spitze nach unten ist. Dies ist im Quadranten der Zufriedenheitstreiber ein nicht unübliches Ergebnis. Der Inhalt der Kriterien kann unmittelbar auf der rechten Seite der Abbildung abgelesen werden und kann durch ergänzende Auswertungen präzisiert und untermauert werden.

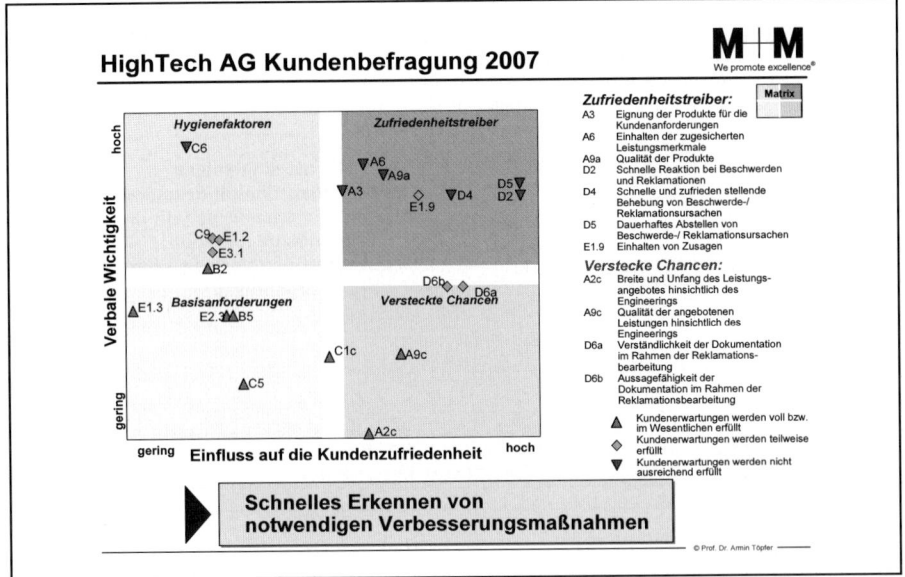

**Abb. 27:** Portfoliomatrix aus Zufriedenheit und Wichtigkeit

Insgesamt ermöglichen die CSI-Berechnungen nicht nur die generelle Anwendung einer „Ampel-Analyse". Sie lassen ferner einen direkten Vergleich zwischen unterschiedlichen Unternehmenseinheiten mit Kundenkontakt, also typischerweise Niederlassungen, zu. Dadurch, dass die Niederlassungen untereinander sowie mit dem Gesamtdurchschnitt aller Niederlassungen verglichen werden, lässt sich zusätzlicher Handlungsbedarf ableiten (siehe Abb. 28).

Wirklich aussagefähig wird die Analyse aber erst, wenn nicht nur ein interner, sondern auch ein externer Vergleich vorgenommen wird. Eine Benchmarking-Analyse ermittelt dann nicht nur **„Best in Company"**. Zusätzlich wird **Best Practice** innerhalb der eigenen Branche als **„Best in Class"** zum Vergleichsmaßstab erhoben oder sogar branchenübergreifend die Umsetzung von **„Business Excellence"** zu Grunde gelegt. Diese Analysen sind beispielsweise nicht nur für den Gesamt-CSI jeder Niederlassung sinnvoll. Grundlage für Detailverbesserungen bildet erst der CSI der Kunden bei jedem einzelnen Kriterium im Vergleich mit dem Durchschnitt im Unternehmen und der Best Practice am Markt, wie dies in Abbildung 29 z.B. für die Kriterien Reparatur, Zubehör oder Freundlichkeit des Personals angedeutet ist (Töpfer 1998, S. 440 f.).

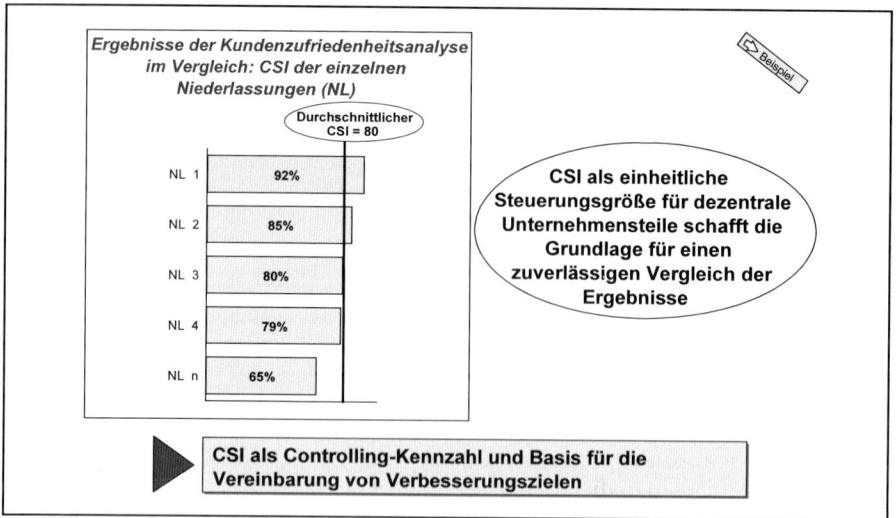

**Abb. 28:** CSI-Vergleich zwischen dezentralen Unternehmensteilen

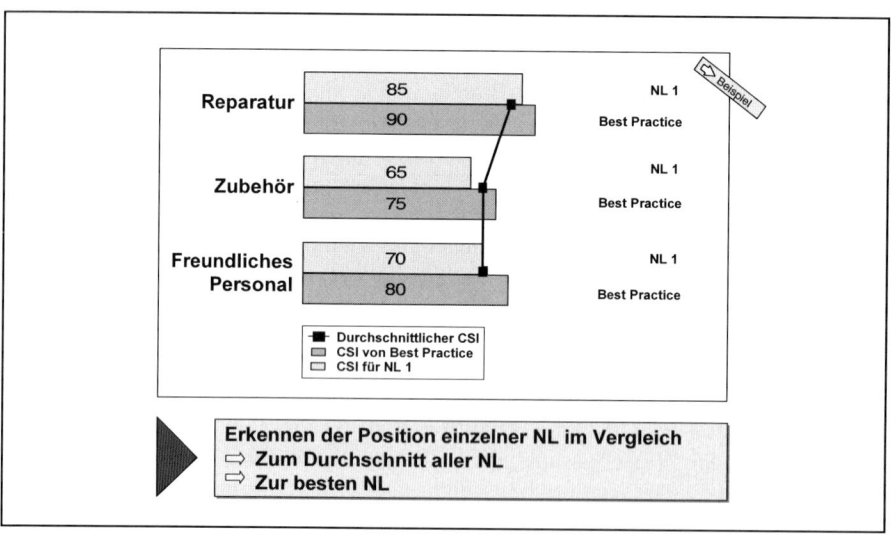

**Abb. 29:** CSI als Kennzahl für internes und externes Benchmarking

## 7. Schritt: Auswertung der Prozessdefizite durch Mystery Customer und Aufbereitung der Basiserkenntnisse durch Lost Customer

Im Rahmen der klassischen Marktforschung werden typischerweise Kunden und Nicht-Kunden befragt. Dies können reale Kunden sein oder fingierte Kunden als Mystery Customer. Eine nicht unwichtige Rolle bei Kunden-Feedback-Aktionen nehmen aber auch Lost Customer als Nicht-Mehr-Kunden ein. Im siebten Schritt erfolgt diese separate Auswertung.

Eine optimale Ergänzung von Kundenzufriedenheitsbefragungen zur subjektiven Wichtigkeit und zur Bewertung/ Erfüllung wesentlicher Kriterien in der Vergangenheit bildet der Einsatz von **Mystery Customer bzw. Mystery Shopping** (vgl. Stücken 2003; Wimber 2006, S. 22). Durch diese bewusste Simulierung oder auch wirkliche Durchführung von Kaufprozessen durch gewonnene Testkunden oder durch ausgewiesene Experten im Servicebereich lassen sich zusätzliche objektivierte Bewertungen des gegenwärtigen Interaktionsprozesses mit Kunden sowie des Verhaltens von Mitarbeitern des Unternehmens an Kundenschnittstellen ermitteln. Diese Analysemethode entspricht weitgehend einer „Echtzeitforschung an der Kundenfront".

Kunden-Feedback-Analysen liefern nur Bewertungen vorgegebener Kriterien und Antworten auf offene Fragen, aber keine in sich geschlossenen Informationen über die **Qualität der Kundeninteraktionsprozesse** in Form von Schnittstellen mit den Kunden, angebotenen Leistungen des Unternehmens sowie der Stimmigkeit von Abläufen und Mitarbeiterverhalten. Mystery Customer-Konzepte machen dagegen den gesamten Prozess in allen Details nachvollziehbar, sie zeigen also genau die Probleme und Abbruchsituationen. Sie entsprechen damit dem modernen Ansatz des Denkens und Handelns in prozessorientiertem Management.

Durch den Einsatz von Mystery Customer bzw. Silent Shopper lässt sich der gesamte **kundenorientierte Informations-, Kommunikations-, Verkaufs- und Betreuungsprozess** nachstellen, aus dem dann direkt die Probleme und Defizite im Ablauf abgelesen werden können. Dabei geht es vor allem um Mängel in den Kundenprozessen, die zur Kundenabwanderung führen. Eine Anforderung hinsichtlich der Aussagefähigkeit dieser Ergebnisse besteht darin, dass das zu Grunde gelegte Anforderungsniveau der Mystery Customer dem von realen Kunden möglichst nahe kommen muss und nicht aus Expertensicht deutlich höher angesetzt werden darf. Letzteres ist nur vertretbar, wenn die Strategie des Unternehmens einen strategischen Wettbewerbsvorteil in der Kernkompetenz der Kundenbehandlung aufbauen will. Dann hat der Einsatz der Mystery Customer auch den Erfüllungsgrad der Anforderungen aus Unternehmenssicht zu dokumentieren. Abbildung 30 fasst die Anforderungen und Vorgehensweisen noch einmal zusammen.

Bei der Durchführung von Mystery Customer-Analysen beschränkt sich aus Kosten- und Zeitgründen die Fallzahl üblicherweise auf 3 bis 5 Tests pro Untersuchungseinheit. Auch wenn diese Anzahl nicht repräsentativ ist, gibt sie i.d.R. wichtige Hinweise auf mögliche **Ansatzpunkte für Verbesserungen**. Dabei muss – auch gegenüber dem Betriebsrat und den Mitarbeitern – stets betont werden, dass Mystery Shopping nur eine **Momentaufnahme** des Kundeninteraktionsprozesses ist. Die Verteilung der Tests ist dabei auf unterschiedliche Tageszeiten,

Wochentage und Geschäftsstellen vorzunehmen, um Verzerrungen und einseitige Ergebnisse zu vermeiden.

```
Verdeckte Analyse bezogen auf
  ➢ Informationsverhalten
  ➢ Serviceverhalten/ Pre-Sales
  ➢ Serviceverhalten/ After-Sales
  ➢ Kaufprozess

Anforderungen abgeleitet aus
  ➢ Ergebnissen von Kundenbefragungen
  ➢ Standards der eigenen Strategie (i.d.R. höher)

Vorgehen
  ➢ Beobachtung
  ➢ Analyse
  ➢ Auswertung

Anforderungen
  ➢ Realistisch in Aussagen und Verhalten
  ➢ Glaubwürdig für Mitarbeiter im eigenen Unternehmen
```

**Abb. 30:** Der Einsatz von Mystery Customer

Erforderlich ist dabei eine Orientierung am realen Kundenaufkommen (vgl. Stücken 2003, S. 50). Als Qualitätskriterien gelten auch hier ein möglichst hohes Maß an **Objektivität** sowie **Reliabilität** (Inter-/ Intra-Rater-Reliabilität), **Repräsentativität** und **Validität** (vgl. Deckers 2003, S. 35). Die Zuverlässigkeit der Test-Ergebnisse ist wie immer abhängig von der Konzeption der Tests bzw. dem Testbogen (Nutzung von Handbüchern, standardisierte Antworten) und von der Qualifizierung der Tester. Hiermit verbunden sind 2 Anforderungen: Zum einen eine **Vertriebsgebietsschneidung** (vgl. Deckers 2003, S. 36), also mehr als 1 Tester pro Vertriebsgebiet, und zum anderen eine **typische Testaufgabe**, die das Anliegen der „gewöhnlichen" Kunden widerspiegelt.

Insbesondere folgende Erkenntnisse lassen sich aus dem Einsatz von Testkunden gewinnen:

- Objektive Analyse der Prozesse an den Kundenschnittstellen (vgl. Stücken 2003)
- Einhaltung von Unternehmens-/ Servicestandards für das Qualitätscontrolling von Service-Level-Agreements und die Einhaltung rechtlicher Bestimmungen
- Schulungsbedarf der Mitarbeiter oder bessere Anwendung erlernter Schulungsinhalte
- Einhaltung von Preisvorgaben, Verhandlungsspielräumen
- Möglichkeit zum direkten Konkurrenzvergleich
- Abhängig von der Dauer der Feldanalyse können alle angestoßenen Phasen des gesamten Interaktionsprozesses mit dem Kunden bis zum Ende verfolgt werden (vgl. Bauer/ Urbahn/ Markart 2003, S. 18)

- Aufdecken konkreter Schwachpunkte und Optimierungsbereiche sowie Erkennen von strukturellen Schwächen im Unternehmen (vgl. Lammers/ Schubert 2003)

Ein Kunden-Feedback wird – abgesehen von Mystery Customer-Analysen – meist nur von Bestandskunden und nicht von verlorenen Kunden eingeholt. Gerade die Erkenntnisse aus Analysen abgewanderter Kunden können aber für ein Unternehmen sehr aufschlussreich im Hinblick auf die gebotene Prozess- und Produktqualität sein. Bereits in der Anfangsphase einer derartigen Analyse ist herauszufinden, ob ein Kunde aus privaten Gründen, wie z.B. Änderung des Familienstandes, Wechsel des Wohnsitzes oder andere allgemeine Veränderungen ohne Einfluss durch das Unternehmen, die Beziehung mit dem Unternehmen beendet hat oder ob das Unternehmen die Abwanderung ursächlich zu verantworten hat. Nur der letztere Fall ist für eine **Lost Customer-Analyse** von Interesse.

Bei Befragungen von Lost Customer geht es also immer um ein Review aller aus Kundensicht problematischen Ereignisse, die zur Beendigung der Beziehung des Kunden zum Unternehmen geführt hat. Da der Kunde nicht nur faktisch, sondern auch mental den Kontakt zum Unternehmen abgeschlossen, manchmal auch abgebrochen hat, besteht die Haupthürde darin, ihn für eine derartige Analyse zu gewinnen und seine Auskunftsbereitschaft zu erreichen. Hierfür gibt es kein Patentrezept. Im Allgemeinen können nur gute Argumente angeführt werden, dass seine Informationen die Qualität von Prozessen mit jetzigen und späteren Kunden verbessern werden. Anreize in Form von Gewinnspielen greifen ebenfalls zu kurz, insbesondere dann, wenn der ehemalige Kunde aufgrund von Beschwerden den Kontakt zum Unternehmen abbrach. Aus der Beratungserfahrung heraus beurteilt, liegt deshalb die Mitwirkungsquote von Lost Customer bei ca. 10%.

## 8. Schritt: Ergebnispräsentation und Erarbeitung von Verbesserungsmaßnahmen

Wie oben bereits ausgeführt, hat die Erhebung von Kunden-Feedback keine Alibifunktion für fortschrittliches Management zu erfüllen. Das Ziel besteht allein darin, eindeutige und aussagefähige Befragungsergebnisse zu erhalten, die erhebliche Defizite unmittelbar erkennbar machen und damit eindeutige Ansatzpunkte für notwendige Verbesserungen liefern.

Es liegt auf der Hand, dass die Qualität der Auswertung und der aufbereiteten Ergebnisse die entscheidende Grundlage ist für das Erkennen von für die Zufriedenheit der Kunden und damit die Wettbewerbsfähigkeit des eigenen Unternehmens wesentlichen Defiziten. Sie geben über die dargestellten Beispiele von Ursachenanalysen klare Hinweise zu Richtung und Inhalten des Handlungsbedarfs.

Nach dem Motto: „Nicht Weltklasse in der Analyse und Bezirksklasse in der Umsetzung" kommt dem 8. und 9. Schritt eine gleich hohe, wenn nicht noch größere Bedeutung zu als den vorhergehenden Schritten. Konkret bedeutet dies, dass Maßnahmen nur dann gezielt entwickelt und umgesetzt werden können, wenn die Ergebnisse der Kunden-Feedback-Aktion bekannt sind. Von daher wird die **Prä-**

sentation nach dem **Kaskadenprinzip** zunächst vor der Unternehmensleitung zu erfolgen haben. Daran schließen sich Darstellungen und Interpretationen vor dem Management verschiedener Ebenen und Bereiche an, und eigentlich gibt es keinen Grund, diese Ergebnisse nicht auch den Mitarbeitern zu vermitteln. Es ist offensichtlich, dass neben den externen Spezialisten in der 1. Phase, nach und nach immer mehr Führungskräfte des Unternehmens in diese Präsentationen einbezogen werden.

Das Ziel besteht darin, zum einen über die **Stärken des eigenen Unternehmens** und die **Zufriedenheit der Kunden** zu informieren, zum anderen aber auch mit aller Klarheit und Offenheit **Defizite** und damit die **Notwendigkeit von Verbesserungen** anzusprechen und darzustellen. Da jeder im Unternehmen mit seiner Leistung und Wertschöpfung einen Beitrag zur Kundenzufriedenheit direkt oder indirekt zu leisten hat, liefert der CSI die Messlatte für sein Handeln. Es versteht sich von selbst, dass der Bezug zur eigenen Tätigkeit hergestellt werden muss. Abbildung 21 hat Ansatzpunkte bei der Ursachenanalyse gezeigt, die für verschiedene Abteilungen und Bereiche eine klare Informationsbasis für das Verbesserungspotenzial und die Verbesserungsnotwendigkeit liefern.

Diese Ursachenanalyse lässt sich aussagefähig ergänzen durch eine **Typologie der Kunden nach der Höhe ihres Zufriedenheits- und Bindungsgrades**, also nach dem CSI und KBI. In Abbildung 31 ist diese aus den realen Befragungsdaten und -ergebnissen gespeiste Gegenüberstellung in Matrixform wiedergegeben. Werden die Kundenklassifikationen mit konkreten Prozentzahlen untersetzt, dann verdeutlichen sie den jeweiligen prozentualen Anteil der unterschiedlichen Kundentypen im Portfolio des Unternehmens. Es liegt auf der Hand, dass die Maßnahmen, die für **Lost Customer**, **Gefährdete Kunden**, **Traditionalisten** oder **Fahnenträger** zur Steigerung bzw. Stabilisierung ihrer Zufriedenheit und Bindung ergriffen werden, bei den einzelnen Kundengruppen sich in Bezug auf Inhalte, vor allem aber auch auf zur Verfügung gestellte Budgets unterscheiden werden. Bei den Kundengruppen Lost Customer und Gefährdete Kunden wird das Investment im Hinblick auf die Erfolgschancen eher kritisch zu bewerten sein. Wenn es sich bei den Gefährdeten Kunden und vor allem den Lost Customer allerdings um für das Unternehmen wertvolle Kunden handelt, die innerlich bereits gekündigt haben und diesen Schritt einer Beendigung der Zusammenarbeit mit dem Unternehmen in Kürze auch faktisch vollziehen werden, dann sind spezielle **Rückgewinnungsprogramme** – unter der Maßgabe, dass sich Zufriedenheit und Bindung der Kunden wieder steigern lassen – sinnvoll und zielführend. Weiterführende Details wurden bereits im Artikel zu den Ursachen-Wirkungs-Konzepten für Kundenbindung in diesem Buch ausgeführt.

Auch wenn die Präsentation der Ergebnisse zeitlich vom Erarbeiten von Maßnahmen mit großer Hebelwirkung getrennt werden kann, liegen die eigentliche Zielsetzung und der Schwerpunkt des Handelns im Unternehmen auf dieser 2. Phase. In Workshops lassen sich von den zuständigen und betroffenen unterschiedlichen Ebenen und Abteilungen des Unternehmens Schlussfolgerungen und Konsequenzen aus den Ergebnissen des Kunden-Feedbacks ziehen. Dabei sind unterschiedliche Modelle praktikabel: Zum einen kann die Unternehmensleitung in einem **Kick-off-Meeting** die strategische Marschrichtung für Konsequenzen in einzelnen Bereichen vorgeben, die dann in **Folge-Workshops** ebenfalls nach dem Kaskadenprinzip präzisiert wird, um konkrete Verbesserungsmaßnahmen ableiten zu können. Zum anderen ist es möglich, mit **gemischten Teams aus mehreren Hierarchie-Ebenen und Bereichen** erforderliche Maßnahmen zu erarbeiten und für die Umsetzung zu konkretisieren. Abbildung 32 zeigt vereinfacht ein Beispiel im Rahmen derartiger Konsequenzen des Kunden-Feedbacks. In dem Dienstleistungsunternehmen, auf das sich die Verbesserungsmaßnahme bezieht, war die Bearbeitungszeit aus Sicht des Kunden ein Hauptfaktor für die Unzufriedenheit und damit die Grundlage für Maßnahmen mit großer Hebelwirkung.

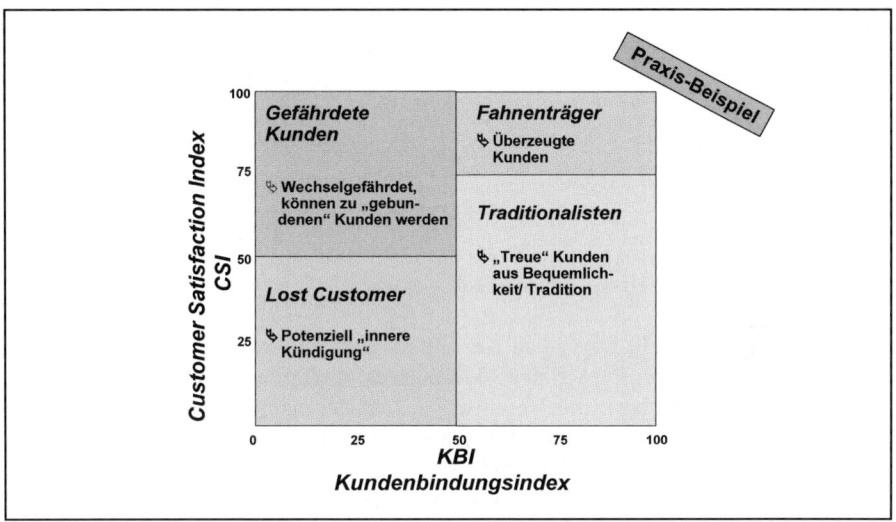

**Abb. 31:** Kundentypologie nach CSI und KBI

Wenn nahezu das gesamte Unternehmen in diesen Prozess der Erarbeitung von Verbesserungsmaßnahmen auf der Basis einer CSI-Analyse einbezogen wird, bringt dies zum einen – positiv gesehen – den gewünschten Effekt mit sich, dass für notwendige Veränderungsprozesse die Datenbasis vorliegt und so eher die Bereitschaft zum Ändern erreicht wird. Vor allem unter dem Gesichtspunkt, dass Änderungen auch immer das Verhalten von Personen betreffen, ist dieser Ansatz wichtig und wünschenswert, zumal eine spätere 2. Messung den Erfolg der Anstrengungen zeigt.

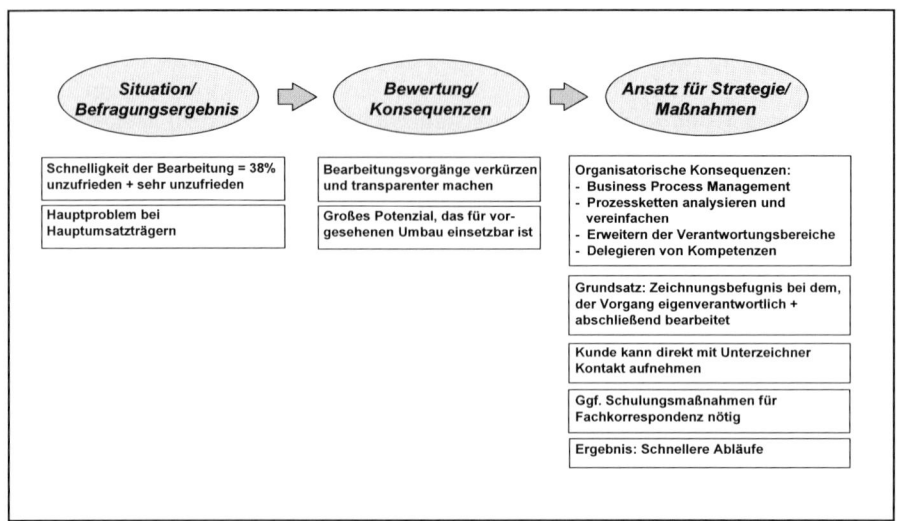

**Abb. 32:** Konsequenzen einer Kunden-Feedback-Aktion

Zum anderen besteht aber auch die Gefahr und das Risiko, dass das gesamte Unternehmen in einen „Rausch des Aktionismus" verfällt. Von daher ist es für die Unternehmensleitung bzw. die Verantwortlichen des Kunden-Feedback-Projektes wichtig, den gesamten Prozess in der Hand zu halten und klar steuern zu können. Hierzu bietet sich an, die **Aktionspläne** zur Erhöhung von Kundenzufriedenheit und Kundenbindung in ihrem Gesamtzusammenhang aufzulisten, dadurch überhaupt überblicken und im Hinblick auf Konsequenzen, Querbeziehungen und Folgewirkungen bewerten zu können. Diese Vorgehensweise ermöglicht eine klare Unterscheidung in Maßnahmen, die

- kurzfristig und unaufschiebbar sind, um eine Kundenerosion zu verhindern (**Sofortmaßnahmen**) und um den Befragten zu dokumentieren, dass die Hinweise und Bewertungen der Adressaten ernst genommen werden und mit dem Verbesserungsprozess respektive mit der Beseitigung von Defiziten unmittelbar begonnen wird,
- zweckmäßig sind, um mit einer strategischen Blickrichtung das Unternehmen zu positionieren und die eigene Wettbewerbsfähigkeit für die Zukunft abzusichern (**Positionierungs- und Bestandssicherungsmaßnahmen**),
- den „Sockel" der Kundenzufriedenheit und damit einer vertrauensvollen Zusammenarbeit mit dem Kunden ausbauen und verstärken (**Basisabsicherung**) und
- ein **Einsparpotenzial** aufzeigen, das genutzt werden kann (siehe Abb. 33).

Alle Verbesserungsmaßnahmen müssen im wechselseitigen Verbund und damit in keinem inhaltlichen Widerspruch zueinander stehen.

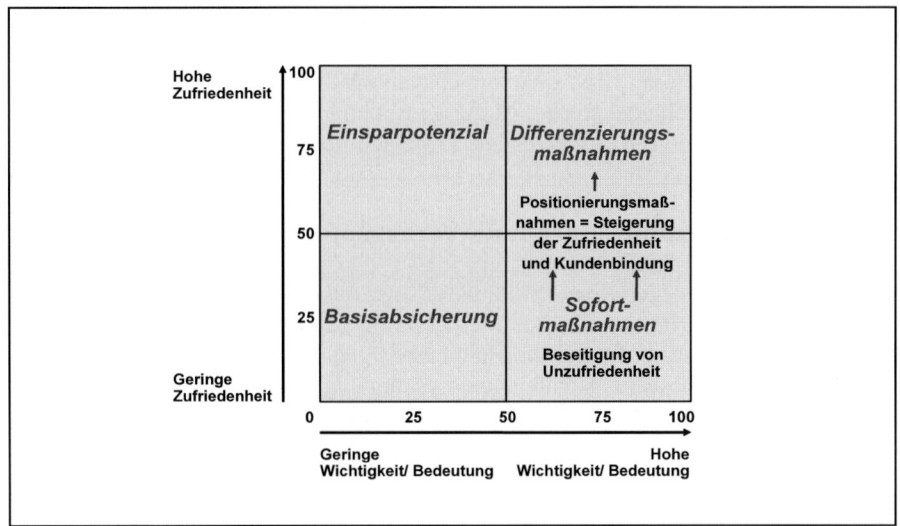

**Abb. 33:** Portfolio der Aktionspläne zur Steigerung der Kundenzufriedenheit

Die Bedeutung der Maßnahmen entspricht genau der referierten Reihenfolge. Es steht außer Frage, dass Sofortmaßnahmen mit der höchsten Priorität und Schnelligkeit umgesetzt werden müssen, sobald diese gravierenden Defizite erkannt sind. Bestandssicherungsmaßnahmen resultieren aus der Erkenntnis, dass zufriedene Kunden nicht ausreichen, sondern nur sehr zufriedene Kunden dem Unternehmen treu bleiben. Kundenbindung setzt also begeisterte Kunden voraus, denn Customer Satisfaction ist die Vorstufe für Customer Delight.

Auch wenn der Grundsatz gilt, Stärken auszubauen, und – hieraus folgernd – das Unternehmen mit bestimmten Defiziten leben muss und leben kann, empfiehlt es sich in einer selektiven Analyse zu ermitteln, wo Handlungsbedarf zur Absicherung des Basisgeschäfts besteht. In gleicher Weise sind Einsparpotenziale daraufhin zu prüfen, ob und wo Maßnahmen bisher realisiert werden, die für das Unternehmen mit erheblichen Kosten verbunden sind und offensichtlich keine maßgebliche Wirkung auf die Kundenzufriedenheit haben (vgl. Höfner/ Pohl 1995). Es versteht sich von selbst, dass Maßnahmen, welche keine zusätzlichen Kosten verursachen, auch bei einer geringen Wirkung auf die Kundenzufriedenheit nicht von vornherein zur Disposition stehen.

Die Analyse ist in bestimmten Zeitabständen zu wiederholen, da die Gewichtung der Kriterien und Maßnahmeninhalte durch die Kunden sich verändern und zu einer Verschiebung des CSI-Niveaus führen kann. Diese Vorgehensweise trägt dem grundlegenden Gedanken Rechnung, dass die Kundenzufriedenheit zwar notwendig ist für den Erfolg des Unternehmens, aber erst in Verbindung mit der Zufriedenheit der Anteilseigner aufgrund erwirtschafteter Erträge und Gewinne, also einem **Shareholder-Value-Konzept**, ausreichend für den Unternehmenserfolg ist (vgl. Günther 1996; Schweickart/ Töpfer 2006).

Das Ergebnis einer derartigen detaillierten Übersicht ist dann eine **höhere Konsistenz und Synergie der Verbesserungsmaßnahmen**. Wenn das „Gesamtpaket" von der Geschäftsleitung bzw. den bereichsverantwortlichen Führungskräften genehmigt und verabschiedet wurde, ist die Umsetzung mit den Zeitvorgaben durch das im Unternehmen i.d.R. angewendete Projektcontrolling sicherzustellen.

### 9. Schritt: Umsetzungskonzept für Verbesserungen

Der 9. Schritt des vorgestellten 10-Punkte-Programms hat schließlich die Umsetzung der im 8. Schritt entwickelten Verbesserungsmaßnahmen zum Gegenstand. Generell ist nach dem 8. Schritt die Hauptarbeit getan, sofern die Umsetzung und Steuerung der Verbesserungsmaßnahmen planmäßig durchgeführt wird und voranschreitet. Wie die Praxis zeigt, ist dies nicht immer der Fall und macht ein klares **Controlling** erforderlich. Allein das Wissen um ein vorgesehenes Controlling bei den Umsetzungsverantwortlichen und betroffenen Mitarbeitern erhöht bereits das Engagement und führt zu besseren Ergebnissen.

Ein Standard-Formblatt für ein derartiges Projektcontrolling als Konsequenz des Kunden-Feedback-Projektes ist in Abbildung 34 wiedergegeben. Die Verbesserungsmaßnahmen sollen dadurch direkt an den konkreten Zielen ausgerichtet und in der Umsetzung gesteuert werden. Zugleich werden so die Basis und der Inhalt des Berichtswesens verbessert.

| Ansatzpunkt/ Aufgabenstellung (Was?) | Kernziele (quantitativ, qualitativ) (Warum?) | Prozesseigner (Von wem?) | Support (Mit wem?) | Teilschritte/ Zeitschiene (Bis wann?) | Stand der Umsetzung/ Kontrolle (Wie weit?) | Ergebnisse/ Probleme (Wie gut/ schlecht?) |
|---|---|---|---|---|---|---|
|  |  |  |  |  |  |  |
|  |  |  |  |  |  |  |

**Abb. 34:** Projektcontrolling als Konsequenz einer Kunden-Feedback-Aktion

Die Verbesserungsmaßnahmen setzen dabei an unterschiedlichen **Gestaltungsfeldern** an, welche die Kundenzufriedenheit direkt oder zumindest indirekt steigern. In Abbildung 35 ist die Vernetzung wesentlicher Gestaltungsfelder wiedergegeben. Sie lässt erkennen, dass die **Führung durch die Unternehmensleitung** über die **Strategie** und den **Umgang mit Ressourcen** sowie über die **Mitarbeiterorientierung und -zufriedenheit** einen wesentlichen Einfluss auf die Geschäftsprozesse und Prozessqualität ausüben. Hiervon werden in ihrer Wirkung direkt die Kundenorientierung und -zufriedenheit sowie die Geschäftsergebnisse geprägt.

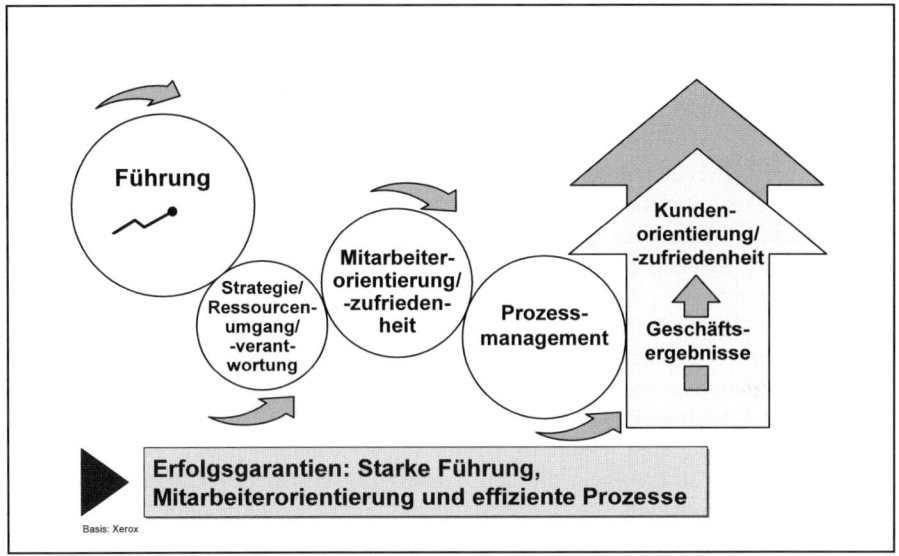

**Abb. 35:** Führung bestimmt den Erfolg

Im Fokus stehen nicht nur externe, sondern auch **interne Kunden**. Zusätzlich ist eine ergänzende Analyse empfehlenswert, welche die Zuordnung der Verbesserungsmaßnahmen zu den Kontaktphasen mit dem Kunden zum Gegenstand hat. Hierdurch wird die gesamte **Wertschöpfungskette im Leistungs- und Servicebereich** noch einmal auf **Stimmigkeit** überprüft.

Wesentlich für die Verbesserung der Gestaltungsfelder ist, dass neben den differenzierten Messgrößen und Kriterien ergänzend ein **Kennzahleninstrument** mit Führungsgrößen für die Steuerung der Unternehmensteile oder des gesamten Unternehmens angewendet wird. Das Ziel ist hierbei einerseits Überschaubarkeit und andererseits zugleich die inhaltliche Vernetzung vorhandener Ursachen-Wirkungs-Beziehungen.

Ein aussagefähiges Steuerungsinstrumentarium hierfür ist die **Balanced Score Card (BSC)** als ausgewogener Berichtsbogen über die 4 wesentlichen Perspektiven Mitarbeiter, Prozesse, Kunden und finanzielle Ergebnisse (Kaplan/ Norton 1996), wobei alle Steuerungsbereiche mit detaillierten Messgrößen zu hinterlegen sind. Dieser inhaltlich-instrumentelle Ansatz wird im 5. Kapitel dieses Buches im

Artikel über Qualitätsmanagement-Konzepte und Balanced Score Card zur Steuerung und Optimierung der Kundenorientierung vertieft.

Ein weiterer Aspekt ist von Bedeutung, der mit dem Projekt der Messung und Verbesserung der Kundenzufriedenheit und Kundenbindung in Zusammenhang steht. Nämlich der **Turnus sowie die Art und Weise**, in der der **Kunde** über die **Inhalte und Fortschritte des Projektes informiert** wird. Wenn ein Kunde nicht selbst schon in Richtung Kunden-Feedback denkt, entstehen die ersten Irritationen und Probleme bereits bei der Analyse der Kundenzufriedenheit bzw. Kundenbindung durch die ausgewählte Art der Befragung: Für manchen Kunden ist die Frage nach seiner Zufriedenheit eine „Einmischung in interne Angelegenheiten".

Wenn diese Eingangshürde genommen ist, erwartet der Kunde, nachdem er seine Meinung über die Qualität der Zusammenarbeit mit dem Unternehmen abgegeben hat, eine Rückmeldung.

Sie muss innerhalb eines definierten kurzen Zeitraumes – i.d.R. noch vor der Ergebnispräsentation im eigenen Unternehmen – an den Kunden in der Weise erfolgen, dass ein **Dank für seine Mitwirkung** ausgesprochen und die Zielrichtung einer in Zukunft noch besseren Zusammenarbeit verstärkt wird. Es versteht sich von selbst, dass dies stärker für eine begrenzte und persönlich bekannte Kundenzahl im B-to-B-Geschäft gilt als bei anonymen Kunden im Consumer-Geschäft, die per Stichprobe gezogen wurden. Auch für den letzteren Fall gibt es aber bewährte Ansatzpunkte und Instrumente zur Verbesserung des Kundenkontaktes im Rahmen von Kunden-Feedback-Aktionen.

Nach einem längeren, ebenfalls definierten Zeitraum, hat eine **Rückmeldung an den Kunden** zu erfolgen, die den **Umsetzungsstatus der eingeleiteten Verbesserungsmaßnahmen** zum Gegenstand hat und selbstverständlich auch in dieser persönlichen Kontaktphase erfragt, inwieweit der Kunde dies nicht nur bemerkt hat, sondern auch honoriert. Das Ergebnis ist, ein kontinuierlicher Feedback-Prozess, der den Kunden enger in die Wertschöpfung des Unternehmens einbezieht.

## 10. Schritt: Controlling der angestrebten Wirkungen

Im 10. Schritt steht schließlich das Controlling der angestrebten Verbesserungen durch eine erneute Feedback-Abfrage im Mittelpunkt. Damit bezieht sich diese 10. Phase nicht auf das laufende Projekt, sondern gibt eine Perspektive für die Zukunft. Dies ist unter verschiedenen Gesichtspunkten wichtig, auf die im Folgenden eingegangen wird.

Zunächst muss nach innen den Mitarbeitern und vor allem den Führungskräften kommuniziert werden, dass ein Feedback-Projekt kein neumodisches und kurzlebiges Instrument ist, das einmal erprobt wird und dann – wie vieles andere aus Sicht der Führungskräfte und Mitarbeiter – wieder in der „Versenkung" verschwindet. Es muss verdeutlicht werden, dass hiermit ein **neues Niveau und eine neue Qualität der kundenorientierten Sicht- und Arbeitsweise** eingeleitet wird. **Total Customer Care** bekommt hierdurch erst die konkrete Basis als Voraussetzung für nachhaltige Auswirkungen. Dies bewirkt erfahrungsgemäß, dass das gesamte Vorhaben ernster genommen wird und Reibungsverluste eher aufgefangen und vermieden werden können.

In gleicher Weise ist den Kunden zu verdeutlichen, dass die Zusammenarbeit mit ihnen durch die Einführung und Anwendung dieses Instrumentes ebenfalls auf ein neues Niveau gebracht wird. Hiermit verbunden ist die Entscheidung, welche Kunden von der Art und der Zahl in diese periodischen CSI-/ KBI-Analysen einbezogen werden. Im Gegensatz zur allgemeinen Marktforschung ist – wie eingangs angesprochen – eine Panel-Befragung, also die im Zeitablauf wiederholte Befragung der gleichen Kunden, wenig zweckmäßig.

Dies erklärt sich aus den Zielen eines Feedback-Prozesses. Gewonnen werden sollen für das Unternehmen nicht nur Informationen über Einstellungen und Verhalten der Kunden, die sich in Erwartungen und Bewertungen ausdrücken. Vielmehr sollen alle wichtigen Kunden in dieser Hinsicht in Kontakt mit dem Unternehmen kommen und die Möglichkeit haben, ihre spezifische Meinung zu sagen und Bewertungen vorzunehmen. Dieses Ziel spricht dafür, dass im Zeitablauf andere Kunden zumindest zusätzlich befragt werden, um so mit möglichst vielen wichtigen Kunden diese Kontaktschiene aufzubauen.

Sowohl bei merkmals- als auch bei ereignisorientierten Befragungen stellt sich generell die Frage, in welchem Turnus sie wiederholt werden sollten. Hierfür gibt es keine Standardaussage, aber einen wichtigen Grundsatz: Eine **Wiederholung der Befragung** ist erst dann sinnvoll, wenn der dazwischen liegende Zeitraum ausreichte, konkrete Verbesserungsmaßnahmen umzusetzen. Dies entspricht dem eigentlichen Ziel bei einem derartigen Vorhaben, bestimmte Adressaten nicht nur zu befragen, sondern im Kundenmanagement gezielt besser zu werden. Es ist selbstverständlich, dass dies jedoch auch keinen zu langen Zeitraum für Verbesserungen rechtfertigt. Wenn die Zeitspanne zwischen den Befragungen relativ groß ist, setzen Verbesserungsmaßnahmen erfahrungsgemäß nicht selten erst relativ spät ein. Ein bestimmtes Maß an **Umsetzungsdruck** ist also unerlässlich. Die Umsetzungszeitspanne wird i.d.R. mindestens 1 Jahr bis zur Zweitbefragung in Anspruch nehmen. Befragungen könnten dann beispielsweise kontinuierlich im Eineinhalbjahresrhythmus durchgeführt werden. Dies hat den Vorteil, dass immer noch eine relativ zeitnahe Messung gegeben ist, die auch kurzfristig auftretende Veränderungen in den Anforderungen erkennbar macht. Bei einem turnusmäßigen Befragungsrhythmus von 3 Jahren ist dies eindeutig nicht mehr zu realisieren.

Bei einer erneuten Befragung, also einer Messwiederholung, ist ein aussagefähiger Vergleich der CSI-, aber auch der KBI-Werte im Zeitablauf durchzuführen. Das Ziel ist dabei, neben dem jeweils absoluten Indexwert auch die maßgeblichen Gründe für das Ansteigen oder Abfallen anzugeben. Nur so ist die inhaltliche Veränderung der Indizes bewertbar.

Derartige Analysen und Darstellungen können neben der zusammenfassenden Analyse für das gesamte Unternehmen für alle Kundensegmente/ -gruppen, für alle Regionen und für alle Geschäftsfelder/ Produkte differenziert durchgeführt werden. Es liegt auf der Hand, dass dieses Set von Daten die Aussagefähigkeit des CSI erhöht, da Vergleiche zwischen verschiedenen Gruppen über die Zeit und mit Wettbewerbern möglich sind.

Neben der Betrachtung der Kennzahl, die ein CSI bzw. KBI abbildet, ist immer die Analyse der Wirkungen von eigenen Maßnahmen oder von Wettbewerber-Aktivitäten wichtig, um die **Aussagefähigkeit der Kennzahl** zu erhöhen. Um es an einem Beispiel zu verdeutlichen: Ein gleich bleibendes Niveau der Kundenzufriedenheit bekommt einen ganz anderen Stellenwert, wenn deutlich wird, dass zum gleichen Zeitpunkt die Aktivitäten eines Wettbewerbers in Preis und Leistung das eigene Unternehmen erheblich unter Druck gesetzt haben.

Die zusätzliche Analyse und Wiedergabe der Gründe und Ursachen für einen bestimmten Wert verdeutlicht in Form eines Histogramms im Zeitablauf auch die Einflüsse der Wettbewerbssituation sowie die **Reaktions- und Aktionsfähigkeit**, also insgesamt die **Lernfähigkeit des Unternehmens**.

Bei einer Wiederholung der Feedback-Aktion ist die Art und Weise, wie der CSI intern dokumentiert wird, von großer Bedeutung. Ausschlaggebend für die Plausibilität der dargestellten Ergebnisse ist dabei vor allem die gewählte Skalierung, die mit einer Spreizung von 0 bis 100 erfolgen sollte. Methodische Details zu diesen beiden letzteren Aspekten sind im vorangegangenen Artikel zu den Messkonzepten bereits ausgeführt worden.

Wenn man den Einsatz und die Anwendung von Kunden-Feedback-Aktionen im Rahmen des Customer Satisfaction Measurement (CSM) zu Ende denkt, liefern die Werte eine **Basis für die Bemessung eines flexiblen Teils der Vergütung**. Mit anderen Worten lassen sich hieran Leistungszulagen orientieren, wenn die CSI-Berechnung – wie ausgeführt wurde – methodisch ohne Fehler und Verzerrungen erfolgt und deshalb eine hohe Akzeptanz im Management erhält.

Wie an früherer Stelle in diesem Buch dargestellt, wird die Kundenzufriedenheit nicht der alleinige Maßstab sein, da i.d.R. auch andere Ziele, wie die Marktdurchdringung, die Kostenstruktur sowie die Deckungsbeitrags- und Gewinnmarge wichtig sind. Es steht jedoch außer Frage, dass die Kundenzufriedenheit eine sehr wesentliche Grundlage für die finanzielle Honorierung erreichter Ergebnisse am Markt und im Unternehmen bildet. Eine standardisierte Anwendung greift deshalb zu kurz, denn z.B. bei einem gleich bleibend hohen, aber nicht steigenden CSI in harten Wettbewerbssituationen kommt diesem Ergebnis eine relativ größere Bedeutung zu, als dem Ansteigen des CSI in einer Situation schwacher Konkurrenz mit „Windfall"-Profits. Die Umsetzung auf finanzielle Incentives und Leistungszulagen muss also differenziert vorgenommen werden. Dies unterstreicht noch einmal die Bedeutung einer ergänzenden Analyse der Umfeldsituation auf dem Markt und einer Wirkungsanalyse eigener Maßnahmen.

Insgesamt wird deutlich, dass sich der CSI im Rahmen periodischer Feedback-Abfragen von einem zunächst neuartigen zu einer Standard-Kennzahl als akzeptiertes Führungsinstrument entwickelt hat. Dies führt dazu, dass auf der Grundlage der erzielten Werte ein kontinuierlicher Verbesserungsprozess durchführbar ist. In Abhängigkeit von der Strategie des Unternehmens wird dabei entweder nur der Schwerpunkt auf den CSI gelegt oder auch der KBI als Steuerungskennzahl mit hinzugezogen. Eine ausschließliche Abstützung auf den KBI macht wenig Sinn, da ein hoher CSI i.d.R. eine wichtige Voraussetzung für die Kundenbindung ist und ihm deshalb die Funktion einer Vorsteuerungsgröße im Management zukommt.

## 3 Stolpersteine und Umsetzungsprobleme

Auch wenn die bisherigen Ausführungen den Wert des Customer Satisfaction Managements mit CSI und KBI erkennen lassen und der Einsatz dieses Instrumentes überzeugt und deshalb Akzeptanz in der Unternehmenspraxis findet, muss die Frage gestellt werden: Warum und woran kann das Vorhaben scheitern? Wie immer gibt es hierfür eine ganze Reihe von Gründen. In Abbildung 36 sind sie aufgelistet.

> 1. Halbherzigkeit in der Projektierung/ Probleme „unter den Teppich kehren", anstatt sie zu lösen
> 
> 2. Keine Klarheit über Ziele, Strategie, Messansatz und definierte Meilensteine
> 
> 3. Kein inhaltlich abgestimmtes Konzept der CSI- und KBI-Ermittlung
> 
> 4. Keine Überzeugungsarbeit bei Führungskräften und Mitarbeitern
> 
> 5. Keine/ ungenügende Information der Kunden über Ziele/ Vorhaben/ Vorgehen/ Konsequenzen
> 
> 6. Kein aufeinander abgestimmtes Konzept der einzelnen Verbesserungsmaßnahmen
> 
> 7. Geringe/ keine Investitionsbereitschaft der Geschäftsleitung in Zeit und Geld
> 
> 8. Falsche Abschätzung des Zeitbedarfs für einen nachhaltigen Veränderungsprozess
> 
> 9. Keine kurzfristig vorzeigbaren Veränderungen und Erfolge im Projekt
> 
> 10. Keine gute Beratung im Projekt und keine sachkundige externe Unterstützung

**Abb. 36:** 10 typische Probleme und Stolpersteine beim CSM

Das 1. Problem bzw. der 1. Stolperstein der **Halbherzigkeit in der Projektierungsphase** geht vor allem zu Lasten der Unternehmensleitung respektive der mit dem CSM beauftragten Führungskräfte. Probleme können insbesondere auftreten, wenn eine Zufriedenheitsanalyse mit einer allgemeinen Marktforschung gleichgesetzt bzw. verwechselt wird und die Erfordernisse von Folgemaßnahmen unterschätzt und nicht gesehen wird.

Wenn die Bedeutung des Instrumentes nicht klar definiert und bewertet wird, sind Defizite in allen Folgephasen vorprogrammiert. Das Instrument wird dann eher in die Rubrik einer Modeerscheinung eingeordnet.

Der Wille zur Veränderung wird mit Fragen wie „Sind wir wirklich nicht gut genug?" und „Wollen/ müssen wir wirklich etwas ändern?" in Zweifel gezogen. Änderungsbereitschaft wird nicht erzeugt, oder sie wird im Vorfeld beseitigt.

Der 1. Stolperstein lässt sich dadurch umgehen, dass auch das 2. Problem gelöst wird: Ohne **Klarheit über die zu erreichenden Ziele**, die grundsätzliche Ausrichtung und die einzelnen Etappen wird dieses Vorhaben niemanden überzeugen.

Ein Mangel ist auch dann gegeben, wenn ausschließlich rückblickend gefragt und analysiert wird und die Chance nicht genutzt wird, zukünftige Erwartungen bzw. Veränderungen zu erkennen. Methodische Mängel können sich im Messkonzept ergeben und eine „Schönfärberei" der Ergebnisse indirekt fördern. Deshalb ist das im 3. Stolperstein angesprochene **nur unzureichend inhaltlich abgestimmte Konzept der CSI- und KBI-Ermittlung** problematisch.

Hieraus resultiert die Bedeutung des 4. Stolpersteins. Wenn auf der Grundlage der positiven Vorarbeiten der ersten 3 Punkte **keine Überzeugungsarbeit bei Führungskräften und Mitarbeitern** geleistet wird, droht das gesamte Projekt in einer frühen Phase zu „verhungern". Überzeugung setzt immer ausreichend Information voraus.

In die gleiche Richtung geht eine **unzureichende**, vorherige und auch periodische, **Information der Kunden**. Information ist nicht deshalb überflüssig, weil zu Anfang keine klaren Kenntnisse über die Ergebnisse der Feedback-Aktion und damit über mögliche Konsequenzen bestehen. Eindeutige Informationen an den Kunden, nicht nur über den Inhalt, sondern auch über die Zeitschiene und damit den Zeitbedarf der Umsetzung von Verbesserungen, können einer überzogenen Erwartungshaltung entgegenwirken. Wichtig ist, den Dialog über das Instrument und die grundsätzlichen Inhalte sowie Auswirkungen mit dem Kunden zu führen. Wenn die CSI-/ KBI-Analyse durchgeführt wurde und die Werte vorliegen, dann darf kein „Immunisierungsmechanismus" eintreten, in der Weise, dass die Probleme und geringen CSI-/ KBI-Werte argumentativ heruntergespielt werden, anstatt sie inhaltlich anzugehen und zu verbessern. Das kann in eine konsequente Abwehrhaltung gegenüber unangenehmen Wahrheiten aus Kundensicht münden. Ebenfalls problematisch ist ein **unzureichendes bzw. schlecht aufeinander abgestimmtes Verbesserungskonzept** von Einzelmaßnahmen mit der dargestellten Gefahr des Aktionismus, das als 6. Stolperstein benannt wurde.

Wenn alle diese Hürden genommen sind, dann existieren noch genügend Problemfelder in der Umsetzung von Maßnahmen. Zunächst kann der erforderliche **Investitionsbedarf** an Zeit und Geld von der Geschäftsleitung **falsch eingeschätzt** werden (7. Stolperstein). Dies hat zur Folge, dass als zweckmäßig und notwendig erachtete Maßnahmen nicht in dem entsprechenden Maße umgesetzt werden können. Die Auswirkungen auf die Ergebnisse bei einer Wiederholungsmessung sind damit klar determiniert.

Damit verbunden ist häufig die **falsche Einschätzung des Zeitbedarfs** für nachhaltige Veränderungen, wie sie der 8. Stolperstein thematisiert. In der Konsequenz bedeutet dies, dass die positiven Wirkungen bei der nächsten CSI-/ KBI-Messung noch nicht eingetreten sind. Entweder liegt der Zeitpunkt der Messwiederholung zu früh oder die Intensität der Maßnahmenumsetzung war zu gering. Einhergehen kann damit das Defizit, dass im Projekt bei den Verbesserungsmaßnahmen nicht klar unterschieden wird, welche **Veränderungen relativ kurzfristig erreichbar** sind. Dadurch können Verbesserungen nicht frühzeitig dokumentiert werden, die einen Verstärkereffekt für das gesamte Vorhaben mit sich bringen (9. Stolperstein).

Nicht zuletzt können eine Schwachstelle und ein weiterer, 10. Stolperstein dadurch gegeben sein, dass das Unternehmen sich keine **sachkundige, externe Un-**

**terstützung** holt. Wenn das Know-how nicht bzw. noch nicht vorliegt, dann ist eine derartige Beratung zweckmäßig. Sie ersetzt aber auf keinen Fall die Bereitschaft der Geschäftsleitung, bei der Anwendung dieses Instrumentes und der Ableitung von Konsequenzen voranzugehen. Auch bei der Einführung und Anwendung von Feedback-Aktionen gilt: Kein Unternehmen ist verpflichtet, die Fehler, die andere schon mehrfach gemacht haben, noch einmal zu wiederholen.

## 4 Literatur

*Atteslander, P. (2006):* Methoden der empirischen Sozialforschung, 11. Aufl., Berlin 2006.
*Backhaus, K. (1995):* Investitionsgütermarketing, 4. Aufl., München 1995.
*Backhaus, K. et al. (2006):* Multivariate Analysemethoden: Eine anwendungsorientierte Einführung, 11. Aufl., Berlin/ Heidelberg/ New York 2006.
*Bauer, F./ Urbahn, J./ Markart, V. (2003):* Die zehn häufigsten Missverständnisse zum Thema Mystery Analysen, in: planung & analyse, 30. Jg., 2003, Nr. 5, S. 16-23.
*Berekoven, L./ Eckert, W./ Ellenrieder, P. (2004):* Marktforschung – Methodische Grundlagen und praktische Anwendung, 10. Aufl., Wiesbaden 2004.
*Bortz, J. (2005):* Statistik für Human- und Sozialwissenschaftler, 6. Aufl., Heidelberg 2005.
*Cronbach, L.J. et al. (1972):* The Dependability of Behavioral Measurements: Theory of Generalizability for Scores and Profiles, New York 1972.
*Deckers, R. (2003):* Taking the Mystery out of Mystery Shopping, in: planung & analyse, 30. Jg., 2003, Nr. 5, S. 34-38.
*Dürr, W./ Mayer, H. (2004):* Wahrscheinlichkeitsrechnung und Schließende Statistik, 5. Aufl., München/ Wien 2004.
*Günther, T. (1996):* Lean Controlling, in: Schulte, C. (Hrsg.): Lexikon des Controlling, München/ Wien 1996, S. 488-492.
*Hammann, P./ Erichson, B. (2000):* Marktforschung, 4. Aufl., Stuttgart 2000.
*Hentschel, B. (2000):* Multiattributive Messung von Dienstleistungsqualität, in: Bruhn, M./ Stauss B. (Hrsg.): Dienstleistungsqualität: Konzepte – Methoden – Erfahrungen, 3. Aufl., Wiesbaden 2000, S. 289-320.
*Herrmann, A./ Homburg, C. (2000):* Marktforschung: Ziele, Vorgehensweisen und Methoden, in: Herrmann, A./ Homburg, C. (Hrsg.): Marktforschung – Methoden, Anwendungen, Praxisbeispiele, 2. Aufl., Wiesbaden 2000, S. 13-32.
*Himme, A. (2007):* Gütekriterien der Messung: Reliabilität, Validität und Generalisierbarkeit, in: Albers, S. et al. (Hrsg.): Methodik der empirischen Forschung, 2. Aufl., Wiesbaden 2007, S. 375-390.
*Höfner, K./ Pohl, A. (Hrsg.) (1995):* Wertsteigerungs-Management, Frankfurt/ New York 1995.
*Homburg, C./ Baumgartner, H. (1995):* Beurteilung von Kausalmodellen, in: Marketing – Zeitschrift für Forschung und Praxis, 36 Jg., 1995, Nr. 3, S. 162-176.
*Hüttner, M./ Schwarting, U. (2002):* Grundzüge der Marktforschung, 7. Aufl., München 2002.
*Kaja, M. (2007):* Verfahren der Datenerhebung, in: Albers, S. et al. (Hrsg.): Methodik der empirischen Forschung, 2. Aufl., Wiesbaden 2007, S. 49-64.
*Kaplan, R.S./ Norton, D.P. (1996):* The Balanced Scorecard: Translating Strategy into Action, Princeton 1996.

*Kromrey, H. (2006):* Empirische Sozialforschung, 11. Aufl., Stuttgart 2006.
*Lammers, M./ Schubert, A. (2003):* Am Puls der Dienstleistungsqualität mit Mystery Shopping, in: planung & analyse, 30. Jg., 2003, Nr. 5, S. 56-60.
*Lippe, P. v./ Kladroba, A. (2002):* Repräsentativität von Stichproben, in: Marketing ZFP, 24. Jg., 2002, Nr. 2, S. 139-145.
*Lixenfeld, C. (2005):* Wie lange möchten Sie denn warten? – Kundenorientierung: Wie Unternehmen ihren Service wirkungsvoll verbessern, indem sie Testkäufer einsetzen, in: Handelsblatt vom 03.-05.06.2005, S. B1.
*Noelle-Neumann, E./ Petersen, T. (2000):* Alle, nicht jeder, 3. Aufl., Berlin et al. 2000.
*Rentz, J.O. (1987):* Generalizability Theory: A Comprehensive Method for Assessing and Improving the Dependability of Marketing Measures, in: Journal of Marketing Research, 24. Jg., 1987, S. 19-28.
*Schweickart, N./ Töpfer, A. (2006):* Wertorientiertes Management: Werterhaltung – Wertsteuerung – Wertsteigerung ganzheitlich gestalten, Berlin/ Heidelberg 2006.
*Stauss, B. (2000):* „Augenblicke der Wahrheit" in der Dienstleistungserstellung – Ihre Relevanz und ihre Messung mit Hilfe der Kontaktpunkt-Analyse, in: Bruhn, M./ Stauss B. (Hrsg.): Dienstleistungsqualität: Konzepte – Methoden – Erfahrungen, 3. Aufl., Wiesbaden 2000, S. 321-340.
*Stücken, M. (2003):* Mystery Research oder Kundenzufriedenheitsbefragung – Eine Analyse der Methoden, in: planung & analyse, 30. Jg., 2003, Nr. 5, S. 45-50.
*Teichert, T. (1994):* Zur Validität der in Conjoint-Analysen ermittelten Nutzenwerte, in: Zeitung für betriebswirtschaftliche Forschung, 46. Jg., 1994, Nr. 7/8, S. 610-629.
*Töpfer, A. (1998):* Qualitätscontrolling und -management von Dienstleistungs-Anbietern, in: Meyer, A. (Hrsg.): Handbuch Dienstleistungs-Marketing, Stuttgart 1998, S. 419-443.
*Töpfer, A. (2007):* Betriebswirtschaftslehre – Anwendungs- und prozessorientierte Grundlagen, 2. Aufl., Berlin/ Heidelberg/ New York 2007.
*Töpfer, A./ Greff, G. (2000):* Servicequalität am Telefon – Corporate Identity im Kundendialog, 2. Aufl., Neuwied/ Kriftel 2000.
*Töpfer, A./ Mehdorn, H. (1995):* Total Quality Management - Anforderungen und Umsetzung im Unternehmen, 4. Aufl., Neuwied/ Kriftel/ Berlin 1995.
*Wimber, A.-C. (2006):* Testberatung – Heimlich & Co., in: Banken+Partner, o.J., 2006, Nr. 3, S. 21-22.

# Messung von Kundenzufriedenheit im Rahmen Nationaler Kundenbarometer – Konzeptionen und Nutzungspotenziale unterschiedlicher Customer Satisfaction Indizes

*– Wie werden Customer Satisfaction Indizes standardisiert ermittelt? –*

Manfred Bruhn

Inhalt

| | | |
|---|---|---|
| 1 | Bedeutung und Messung von Kundenzufriedenheit | 439 |
| 2 | Ziele, Zielgruppen und Aussagefähigkeit Nationaler Kundenbarometer | 442 |
| 3 | Würdigung der vorhandenen Nationalen Kundenbarometer | 447 |
| 3.1 | Das schwedische und amerikanische Kundenbarometer | 448 |
| 3.2 | Der Kundenmonitor Deutschland | 454 |
| 4 | Entwicklungstendenzen auf nationaler und supranationaler Ebene | 458 |
| 5 | Ausblick | 462 |
| 6 | Literatur | 463 |

## 1 Bedeutung und Messung von Kundenzufriedenheit

Vor dem Hintergrund eines zunehmenden Wettbewerbs werden Unternehmensaktivitäten immer stärker unter reinen Kosteneinsparungsaspekten – zur Verbesserung des Shareholder Values – gesehen. Die notwendigen Umstrukturierungen zur Erreichung von Kostenreduktionen drängen die Bedeutung von Kundenorientierung als Unternehmensmaxime sowie Kundenzufriedenheit als abgeleitetes Unternehmensziel und damit die Nutzung von Erlöserhöhungspotenzialen vielfach in den Hintergrund. Kundenorientierung weist jedoch erhebliche ökonomische Wirkungen für Unternehmen auf. Beispielsweise kann eine Steigerung der Kundenzufriedenheit über

- erhöhte Wiederkaufraten der Kunden,
- Steigerung des Cross-Buying-Potenzials,
- Erhöhung der Preisbereitschaft,
- Steigerung der Kundentreue,
- positives Weiterempfehlungsverhalten,
- Verringerung der Wechselbereitschaft,
- Verringerung der Abwanderungsrate

zu positiven ökonomischen Konsequenzen führen (vgl. Töpfer 1996; Bruhn 2001a). Die effektive und effiziente Messung von Kundenzufriedenheit sowie ihrer Einflussfaktoren – wie sie beispielsweise im Rahmen von Nationalen Kundenbarometern erfolgt – erlangen daher besondere Relevanz.

**Kundenzufriedenheit** ist ein **psychologisches Konstrukt**, das auf einen weiten Leistungsbegriff bezogen wird. Das **Zufriedenheitsurteil** der Kunden kann in Bezug auf mehrere Transaktionen gefällt werden und ist nicht transaktionsspezifisch. Zufriedenheit wird vielfach als ex-post Beurteilung oder Nachkaufphänomen bezeichnet. Der Begriff Kundenzufriedenheit beschreibt dabei das **Resultat eines komplexen Informationsverarbeitungsprozesses** (vgl. Schütze 1992; Oliver 1997; Rudolph 1998). Die Konsumenten vergleichen ihre **subjektive Wahrnehmung** nach dem Kauf eines Produktes bzw. der Inanspruchnahme einer Leistung mit den **Erwartungen**, die vor der Kaufentscheidung existierten, d.h., dass selbsterfahrene Konsumerlebnisse die Grundlage für Un-/ Zufriedenheit mit Unternehmensleistungen bilden. Im Hinblick auf die kognitiven Prozesse des Konsumenten gilt Kundenzufriedenheit als Ergebnis eines **Erwartung-Leistungserfüllungs-Vergleichs**. Die Erwartungen der Kunden werden den wahrgenommenen, tatsächlichen Leistungen gegenübergestellt. Übertrifft die Kundenwahrnehmung die Kundenerwartung an die Leistung (Übererfüllung) stellt sich Zufriedenheit ein. Bleibt jedoch die Wahrnehmung der Leistungsqualität hinter den Erwartungen zurück (Untererfüllung) wird der Konsument unzufrieden reagieren (Confirmation-Disconfirmation-Paradigma; vgl. Hill 1986; Oliver 1980, 1997).

Ziel der Erhebung des psychologischen Konstruktes Kundenzufriedenheit ist es, Wirkungszusammenhänge zu vorökonomischen sowie ökonomisch relevanten Indikatoren der Unternehmen aufzudecken.

Die Erklärung und der Nachweis der Verbindung von Kundenzufriedenheit zum Unternehmenserfolg sind dabei von zentraler Bedeutung. Als Ausgangspunkt vieler Überlegungen dient hierbei die so genannte **Erfolgskette**. Die Wirkungen, die durch den Einsatz von Marketingmaßnahmen auf Seiten des Kunden erreicht werden, können anhand dieser Erfolgskette strukturiert werden (vgl. Heskett/ Sasser/ Schlesinger 1997; Bruhn 2001a; Anderson/ Mittal 2000; Homburg/ Bruhn 2008). Kundenzufriedenheit ist hierbei eingebettet in eine Wirkungskette, die den Ablauf zwischen dem Erstkontakt mit dem Kunden und dem ökonomischen Erfolg eines Unternehmens betrachtet (vgl. Bruhn 2001a, S. 57 ff.). In Abbildung 1 sind die einzelnen Phasen der Wirkungskette wiedergegeben.

**Phase 1** der Wirkungskette umfasst den Erstkontakt des Kunden mit dem Anbieter, durch den Kauf eines Produktes oder die Inanspruchnahme einer Dienstleistung. Nachdem der Erstkontakt abgeschlossen ist, schließt sich die **Phase 2** an, in der der Kunde die Situation bzw. Interaktion bewertet und sein persönliches Zufriedenheitsurteil bildet. Fällt diese Bewertung positiv aus, kann in **Phase 3** Kundenloyalität entstehen. Ein loyaler Kunde zeigt bereits eine verringerte Wechselbereitschaft und beabsichtigt in der nächsten Konsumperiode wieder ein entsprechendes Produkt, eine Dienstleistung oder eine Einkaufsstätte auszuwählen. Der Übergang zur Kundenbindung wird in **Phase 4** vollzogen, wenn sich diese Überzeugung auch in einem realen Wiederkauf- oder Cross-Buying-Verhalten des Kunden beziehungsweise in Weiterempfehlungen an potenzielle Kunden niederschlägt. Die Wirkungskette schließt in **Phase 5** mit der Steigerung des ökonomischen Erfolges aufgrund der eingetretenen Wirkungseffekte.

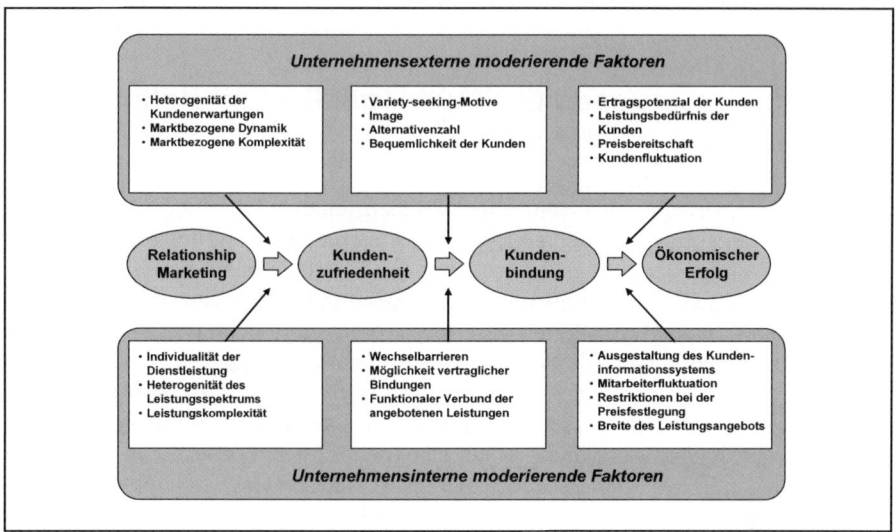

**Abb. 1:** Wirkungskette der Kundenbindung

Auf der Grundlage dieser Wirkungszusammenhänge ist eine Vielzahl von **Ansätzen zur Operationalisierung und Messung von Kundenzufriedenheit** entwickelt worden. Anbieter- bzw. markenspezifische Zufriedenheitsuntersuchungen ermöglichen neben der Ermittlung des Zufriedenheitsniveaus eine Identifikation der **Qualitätsdimensionen**, die für das Unternehmen „Treiber der Kundenzufriedenheit" („Satisfaction Driver") darstellen. In den letzten Jahren sind in verschiedenen Ländern auch unternehmensübergreifende, branchenspezifische sowie auch unternehmensübergreifende, branchenübergreifende Ansätze zur Messung von Kundenzufriedenheit entstanden. Die Ergebnisse der branchenspezifischen Zufriedenheitsuntersuchungen können einerseits für einen Performancevergleich mit direkten Wettbewerbern (**Competitive Benchmarking**) und andererseits zur Erforschung bester Verfahren (**Best Practice**) der gesamten Branche herangezogen werden (**Industry Benchmarking**). Zielsetzung ist es hierbei, Ansatzpunkte zur Verbesserung der eigenen Prozesse und/ oder Methoden zu entdecken und unter Berücksichtigung der Rahmenbedingungen im eigenen Unternehmen zu implementieren, um „Bester der Branche" („Champion") zu werden (vgl. Madu/ Kuei 1995, S. 27 ff.).

Zufriedenheitsmessungen auf nationaler und internationaler Ebene, wie sie im Rahmen Nationaler und Supranationaler Kundenbarometer vorangetrieben werden, gehen noch einen Schritt weiter. Sie ermöglichen ein Benchmarking sämtlicher Unternehmen (**Best-in-Class Benchmarking**) – die Orientierung und Ausrichtung an den jeweils „Besten der Besten". Auf diese Weise wird ein länderübergreifender Vergleich von Zufriedenheitsdaten zwischen Unternehmen und Branchen ermöglicht, der bei Zufriedenheitsmessungen durch die unternehmensindividuelle Marktforschung nicht zu realisieren ist.

## 2 Ziele, Zielgruppen und Aussagefähigkeit Nationaler Kundenbarometer

Nationale Kundenbarometer sind branchenübergreifende Messungen von Zufriedenheit sowie zentraler Erfolgsfaktoren von Unternehmen und Institutionen einer Nation beziehungsweise eines Wirtschaftsraumes mittels **periodischer Erhebungen**. Sie messen sämtliche Leistungsdimensionen der Unternehmen, d.h., die Potenziale, den Leistungserstellungsprozess sowie die Unternehmensergebnisse. Die Bezeichnung „Barometer" drückt aus, dass sowohl das Niveau der Zufriedenheit als auch diesbezügliche Schwankungen gemessen werden. Sie dienen als **zukunftsgerichtete Performance-Messungen** von Unternehmen eines Wirtschaftsraumes, wenn Kundenzufriedenheit als aussagekräftiger Indikator für den Unternehmenszustand bzw. -bestand modelliert wird. Mit Hilfe der erhobenen, neutralen Zufriedenheitsdaten soll eine Steuerung der Qualitätspolitik von Unternehmen zur Verbesserung der Wettbewerbsfähigkeit erreicht werden (vgl. Fornell 1992, S. 10; Meyer/ Dornach 1995, S. 431).

Mit **6 konstitutiven Merkmalen** können Nationale Kundenbarometer beschrieben werden (vgl. Bruhn/ Murmann 1998, S. 49 ff.):

1. Branchenübergreifende
2. Messung von Zufriedenheit sowie zentraler Erfolgsfaktoren
3. von Unternehmen und Institutionen
4. einer Nation/ eines Wirtschaftsraumes
5. mittels periodischer Erhebungen
6. durch eine neutrale Institution.

Mit der Messung der Kundenzufriedenheit im Rahmen Nationaler Kundenbarometer zur **Steuerung der Qualitätspolitik** von Unternehmen und zur **Verbesserung der Wettbewerbsfähigkeit** ist eine Vielzahl weiterer Teilziele verbunden. Diese Ziele Nationaler Kundenbarometer können in konsumenten-, unternehmens- sowie gesellschaftsbezogene Ziele, wie in Abbildung 2 dargestellt, differenziert werden (vgl. Bruhn/ Murmann 1998, S. 51 ff.; Bruhn 2001b).

Im Rahmen der empirischen Erhebungen zu Nationalen Kundenbarometern wird eine Vielzahl von Daten erfasst. Die Kundenbefragungen beinhalten vor allem folgende Themenstellungen (vgl. Fornell 1992, S. 11 f.; Meyer/ Dornach 1995, S. 439 f.):

- Kontaktfragen zur Zielbranche und Anbieter,
- Erwartungen an die Leistungen,
- Erfüllung dieser Erwartungen,
- Abstand der Leistung zur Idealleistung,

- Qualität und Zufriedenheit mit den Leistungen der Branche und des Anbieters,
- Ausschlaggebender Grund für das Zufriedenheitsurteil,
- Zufriedenheit mit einzelnen branchenrelevanten Leistungsfaktoren,
- Nachkauferfahrungen,
- Wahrgenommener Wert (Preis zu gegebener Qualität, Qualität zu gegebenem Preis),
- Wiederkauf- und Cross-Buying-Absicht,
- Wechselbarrieren und Preistoleranz,
- Intensität und Dauer der Kundenbeziehung,
- Weiterempfehlungsabsicht und Goodwill,
- Beschwerdeverhalten und -zufriedenheit.

| Ziele Nationaler Kundenbarometer | | |
|---|---|---|
| **Konsumentenbezogene Ziele** | **Unternehmensbezogene Ziele** | **Gesellschaftsbezogene Ziele** |
| • Entscheidungshilfe und Orientierung für die Leistungsauswahl und Konsumtion<br>• Vergleichsmaßstab für Erwartungen an Leistungen<br>• Artikulationsmöglichkeit von Zufriedenheit bzw. Unzufriedenheit gegenüber Unternehmen und Branchen<br>• Artikulationsmöglichkeiten für Erwartungen an Qualitätsmerkmale<br>• Beseitigung bzw. Schaffung kognitiver Dissonanzen<br>• Impulse für Abwanderung und Alternativensuche | • Steigerung der Kundenorientierung von Anbietern und Branchen<br>• Aufdecken des Zusammenhangs von Erwartungen, Zufriedenheit und Kaufverhalten<br>• Verbesserung des Unternehmenserfolges<br>• Verbesserung der Wettbewerbsfähigkeit von Unternehmen und Branchen<br>• Bereitstellung qualitätsbezogener Daten und Kennziffern<br>• Herausstellen von Bestleistungen und Champions der Kundenorientierung<br>• Sensibilisierung negativ bewerteter Branchen und Anbieter in Hinblick auf Kundenorientierung | • Ergänzung der quantitativen, volkswirtschaftlichen Outputrechnungen um qualitative Dimensionen<br>• Aufzeigen von Entwicklungstendenzen und Wachstumsmöglichkeiten einzelner Segmente oder Branchen über Branchenvergleiche<br>• Hinweise auf Handlungsbedarf in bezug auf wirtschaftspolitische Maßnahmen<br>• Steigerung des Lebensstandards über Erhöhung der Zufriedenheit |

**Abb. 2:** Ziele Nationaler Kundenbarometer

Die erhobenen Daten richten sich an **verschiedene Zielgruppen**, welche die Informationen für unterschiedliche Aufgaben nutzen können, d.h., für die jeweiligen Zielgruppen bestehen unterschiedliche **Nutzungspotenziale** (siehe Abb. 2; vgl. Fornell 1992, S. 11; Anderson 1993, S. 98 ff.; Meyer/ Dornach 1995, S. 450 ff.):

## 1 Nutzung durch Konsumenten

Die Ergebnisse der Nationalen Kundenbarometer vermitteln den Kunden **Informationen für Kauf- und Konsumentscheidungen**. Diese Ergebnisse können eine Bestätigung nach vorherigen Kaufentscheidungen darstellen und als Entscheidungshilfe für potenzielle Kunden dienen. Diese Informationsfunktion ist sowohl für Erstkäufe als auch für Folgekaufentscheidungen erfüllt. Der Qualitäts- und Zufriedenheitsmessung folgt eine Verbesserung der Produkte und Leistungen. Die Existenz eines übergreifenden Messinstrumentariums kann vermehrte Anstrengungen der Unternehmen zur diesbezüglichen Verbesserung bewirken. Die Kunden profitieren daher insbesondere durch Produkte und Leistungen, die auf ihre spezifischen Bedürfnisse zugeschnitten sind. Die vermehrten Anstrengungen der Unternehmen zur Erfüllung der Kundenwünsche sind kennzeichnend für eine stärkere Kundenorientierung, die letztendlich zu einer graduellen Steigerung des Lebensstandards führt.

## 2 Nutzung durch Unternehmen

Den Unternehmen wird mit den Daten der Nationalen Kundenbarometer eine Fülle von Informationen bereitgestellt. Führungskräfte der Unternehmen erhalten regelmäßig Daten und Kennziffern zum eigenen Unternehmen und Konkurrenzunternehmen mit Bezug zu anderen Branchen und der Gesamtwirtschaft. Die Betrachtung von Konkurrenzdaten ermöglicht es, **Wirkungen alternativer Wettbewerbsstrategien** besser abzuschätzen. Auf Basis dieser verbesserten Informationsgrundlage können Entscheidungen in differenzierter Weise erfolgen. Die bereitgestellten Informationen bieten darüber hinaus dem Management eine weitere **Argumentationsgrundlage** zur Durchsetzung unternehmensinterner Entscheidungen und daran gekoppelter Veränderungen.

Mit den Daten zu Kundenwünschen und -bedürfnissen erhalten die Unternehmen Hinweise auf die **effiziente Verwendung von Unternehmensressourcen**. Werden teilweise Leistungs- oder Produktbestandteile erbracht, die nicht auf einen entsprechenden Kundenbedarf treffen, so sind die Ressourcen durch das Unternehmen offensichtlich ineffizient eingesetzt und eine Umverteilung ist anzustreben.

Aus dem Vergleich der Zufriedenheitswerte werden Rankings der Branchen und Unternehmen herausgearbeitet, die die Reihenfolge des jeweiligen **Niveaus an Kundenorientierung** widerspiegeln. Besonders erfolgreiche Unternehmen oder Branchen können als „Champions" bezeichnet werden. Es besteht für diese Unternehmen und Branchen die Möglichkeit, weiteren Nutzen – über die positiven Effekte der Kundenorientierung hinaus – aus der Positionierung innerhalb des Kundenbarometers zu erlangen, indem sie die „Champion-Positionierung" im Rahmen von Werbe- und PR-Maßnahmen kommunizieren.

Für die Mitarbeiter können die Ergebnisse der Kundenbarometer Anreize darstellen, verstärkt Qualitätsanstrengungen, z.B. im Rahmen von **Qualitätszirkeln**, im Unternehmen aufzugreifen und durchzusetzen. Insofern können externe Daten unternehmensintern Impulse verleihen.

Kundenzufriedenheit ist ein Faktor zur Beurteilung des Unternehmenszustandes und des zukünftigen Unternehmensbestandes. Mit den Ergebnissen der Kundenbarometer wird die Idee vorangetragen, **Kunden als Kapitalwert** einer Unternehmung zu betrachten. Daher können diese Ergebnisse auch als Ergänzung zur aktuellen und zukünftigen **Unternehmensbewertung** insbesondere für Eigentümer und Kapitalanleger des Unternehmens herangezogen werden.

## 3 Nutzung durch Branchen

Auf Branchenebene ermöglichen die Daten zunächst einen **Performance-Vergleich**. Branchenbezogene Zufriedenheitskennzahlen dienen zur Einordnung der eigenen Branche in ein Zufriedenheits-Ranking. In diesem Zusammenhang repräsentiert die Branchenzufriedenheit als Maßgröße die Leistungsfähigkeit aus Kundensicht. Darüber hinaus besteht aufgrund einer komparativen Branchenanalyse im Sinne des **Benchmarking** die Möglichkeit, **Stärken und Schwächen sowie Chancen und Gefahren** für alternative Branchenausrichtungen zu untersuchen. Ebenfalls dienen die Ergebnisse der branchenübergreifenden Erhebung zur Erklärung von Branchenunterschieden. Die erhobenen Informationen geben Aufschluss bezüglich branchenspezifischer Besonderheiten. Schließlich können die branchenübergreifenden Informationen eine Grundlage darstellen, strategische Entscheidungen mit Bezug zu einer Branche abzuleiten.

## 4 Nutzung durch nationale Stellen

Auf der aggregierten, nationalen Ebene werden in die Messungen der Nationalen Kundenbarometer ebenfalls öffentliche Leistungen mit einbezogen. Der Vergleich der öffentlichen Leistungen mit Marktleistungen vermag Hinweise auf **Fehlsteuerungen in Bezug auf Quantität und Qualität der öffentlichen Leistungen** zu geben. Defizite auf der einen Seite und Übererfüllung auf der anderen Seite stellen Signale für die politischen und gesellschaftlichen Entscheidungsträger dar. Damit dienen die Zufriedenheitsurteile der Konsumenten zur Kontrolle der öffentlichen Leistungserbringung.

Die rein quantitativ ausgerichtete Volkswirtschaftliche Gesamtrechnung kann durch die Ergebnisse der Nationalen Kundenbarometer in qualitativer Weise ergänzt werden. Des Weiteren können auf volkswirtschaftlicher Ebene Analysen zur **nationalen Wettbewerbsfähigkeit** sowie zur **strategischen Ausrichtung** auf Basis der Nationalen Barometer getätigt werden. Darüber hinaus besteht die Möglichkeit, Hinweise für nationale Handelsentscheidungen aus diesen Daten zu filtrieren. Aus einem internationalen Vergleich der erhobenen Daten können schließlich Erklärungsansätze für wirtschaftliche Unterschiede zwischen einzelnen Nationen gezogen werden.

Neben diesen potenziellen Vorteilen sind auch Grenzen von Nationalen Kundenbarometern zu verdeutlichen, um eine adäquate Nutzung der Informationen zu ermöglichen. Die im Vorhinein dargestellten Vorteile zeigen lediglich allgemeine Nutzungspotenziale auf. Es ist von der Umsetzung der Nationalen Kundenbarometer sowie von der konkreten Nutzung der Ergebnisse abhängig, inwieweit diese Nutzungspotenziale zu tatsächlichen Vorteilen werden.

Die **Aussagefähigkeit der Ergebnisse** wird wesentlich durch die Qualität des zu Grunde liegenden Zufriedenheitsmodells, Durchführung der empirischen Erhebung sowie der daraus resultierenden Daten geprägt. Zur Ableitung konkreter

Aussagen über Einflussfaktoren sowie Wirkungsweisen des Konstruktes Zufriedenheit ist eine **eindeutige und fundierte Modellierung der Zusammenhänge** notwendig. Im Rahmen der Qualitäts- und Zufriedenheitsforschung sind hierbei eine Vielzahl modelltheoretischer Grundlagen geschaffen und empirisch überprüft worden, die zur Modellanalyse herangezogen werden können. Die Durchführung der empirischen Erhebungen ist im Hinblick auf Objektivität und Einhaltung der Standards der Marktforschung sicherzustellen. Insbesondere von der Durchführung der – weitestgehend telefonischen – Interviews ist die Qualität der Zufriedenheitsinformationen abhängig. Schließlich sind die Ergebnisse der empirischen Erhebungen im Hinblick auf **Repräsentativität, Validität, Reliabilität und Prognosefähigkeit** zu untersuchen. Die bestehenden Kundenbarometer in Schweden, Deutschland und den USA weisen im Hinblick auf die Qualität des Modells sowie der Daten bedeutende Unterschiede auf.

Neben dem Niveau der Kundenzufriedenheit ist es von besonderer Bedeutung, die Bestimmungsfaktoren sowie die jeweilige Wichtigkeit bzw. Bedeutung dieser Bestimmungsfaktoren darlegen zu können. Mit den Untersuchungen zu Nationalen Kundenbarometern sollten daher vor allem auch die so genannten „**Satisfaction Driver**" für einzelne Branchen erhoben werden. Die Herausstellung dieser wesentlichen Bestimmungsfaktoren des Zufriedenheitsurteils durch die empirischen Erhebungen ist eine Voraussetzung für die Darlegung von konkreten Ansätzen zur Steuerung des Zufriedenheitsmanagements.

Die **Vergleichbarkeit** der Aussagen zu unterschiedlichen Leistungen und Produkten wird über den Abstraktionsgrad der Untersuchung und das Konstrukt Zufriedenheit geschaffen (vgl. Johnson/ Fornell 1991). Auf diese Weise wird die Möglichkeit zur Gegenüberstellung von Aussagen zu unterschiedlichen Produkten und Leistungen gewährleistet. Zum anderen sind jedoch auch branchen- und unternehmensspezifische Aussagen aus den Erhebungen notwendig, damit Unternehmen konkrete und spezifische Informationen aus Nationalen Kundenbarometern ziehen können. Zur Beurteilung der Leistungsfähigkeit von Nationalen Kundenbarometern von einzelnen Branchen und Unternehmen erlangt daher die **Unternehmens- und Branchenspezifität** der Erhebungen besondere Relevanz. Hierzu kann über die allgemeinen Ergebnisse der Nationalen Kundenbarometer hinaus die Möglichkeit bestehen, unternehmensspezifische Sonderauswertungen zu veranlassen.

Eine weitere Grenze von Nationalen Kundenbarometern ist mit der **Belastung der Konsumenten** mit Marktforschungserhebungen aufzuzeigen. Es sollte durch eine Zusammenlegung von unterschiedlichen empirischen Erhebungen einer Inflation von Einzelerhebungen vorgebeugt werden. Eine unverhältnismäßige Vielzahl von empirischen Erhebungen führt zur Belastung der Konsumenten mit der potenziellen Folge der Qualitätsminderung der Ergebnisse.

Eine zentrale Begrenzung der Aussagefähigkeit Nationaler Kundenbarometer liegt im **Nachweis der ökonomischen Relevanz des Zufriedenheitskonstruktes**. Nachdem zunächst aufgrund von Plausibilitätsüberlegungen auf den Zusammenhang zwischen Kundenzufriedenheit und ökonomischem Erfolg von Unternehmen geschlossen wurde, versuchen neuere Forschungen, einen konkreten Nachweis für diesen Wirkungszusammenhang zu erbringen (vgl. Fornell/ Ittner/ Larcker 1995; Bruhn 1998c).

Fornell, Ittner und Larcker untersuchen den Zusammenhang von Zufriedenheitsindex und ökonomischer Performance von ca. 130 börsennotierten Unternehmen in den USA. Es wird ein Ranking dieser Unternehmen vom geringsten Zufriedenheitsindex zum höchsten vorgenommen. Anhand dieses Rankings werden 4 Portfolios zu je 32 oder 33 Unternehmen gebildet. Anschließend werden die kumulierten monatlichen Aktiengewinne nach Abzug der Marktgewinne gebildet und in Bezug zu den Portfolios gesetzt. Für das Portfolio mit den höchsten Zufriedenheitsindizes wird eine positive Verbindung zu den kumulierten monatlichen Marktgewinn-Überschüssen festgestellt. Hieraus wird auf einen positiven Zusammenhang zwischen Kundenzufriedenheit und Unternehmenserfolg geschlossen.

Es wird deutlich, dass diese Untersuchungen unter restriktiven Prämissen durchgeführt werden. Die **Time-Lag-Problematik** der Kundenzufriedenheit wird darüber hinaus ebenfalls nicht berücksichtigt.

Aus diesen und ähnlichen Gründen beschränkt sich die Forschung meist auf die Untersuchung des Zusammenhangs von Kundenzufriedenheit und Kundenbindung als **vorgelagerter Erfolgsgröße**. Jedoch trotz intensiver Diskussionen und Analysen ist die funktionale Beziehung zwischen Kundenzufriedenheit und Kundenbindung noch nicht geklärt. So vermuten Meyer/ Dornach (1996) auf Basis einer Gegenüberstellung von Zufriedenheitswerten und Wiederkaufverhalten im Rahmen des Deutschen Kundenmonitors einen progressiven Zusammenhang. Müller/ Riesenbeck (1991) gehen hingegen davon aus, dass der Zusammenhang zwischen Kundenzufriedenheit und Kundenbindung durch eine sattelförmige Funktion beschrieben werden kann. Stattdessen postulieren Herrmann/ Johnson (1999) – basierend auf Untersuchungen amerikanischer Pkw-Nutzer – einen s-förmigen Zusammenhang (vgl. hierzu ausführlich Gerpott 2000; Homburg/ Becker/ Hentschel 2008).

Im Rahmen Nationaler Kundenbarometer muss es daher ein vorrangiges Ziel bleiben, einen umfassenden Nachweis für den Zusammenhang von Kundenzufriedenheit und finanziellem Unternehmenserfolg oder wenigstens vorgelagerter Erfolgsgrößen zu erbringen.

## 3 Würdigung der vorhandenen Nationalen Kundenbarometer

Ausgehend von der Überlegung, dass Kundenzufriedenheit ein wesentlicher Indikator für die Leistungsfähigkeit eines Unternehmens, einer Branche sowie einer ganzen Volkswirtschaft ist, sah man in Schweden das Erfordernis, die Kundenzufriedenheit neben anderen volkswirtschaftlichen Kennziffern ebenfalls regelmäßig zu erheben. Aus der Überlegung heraus, die volkswirtschaftliche Bedeutung der Kundenzufriedenheit zu betonen, entstand im Jahr 1989 das **Swedish Customer Satisfaction Barometer (SCSB)** als erstes Nationales Kundenbarometer.

Dem schwedischen Vorbild folgten Deutschland im Jahr 1992 mit der Einführung des **deutschen Kundenbarometers** (später umbenannt in **Kundenmonitor Deutschland**) und die USA mit der Einführung des **American Customer Satisfaction Index (ACSI)**. In allen 3 Ländern werden seit der Einführung kontinuierlich Zufriedenheitsdaten erhoben. In Anlehnung an diese Vorbilder werden zunehmend in weiteren Ländern Kundenbarometer konzipiert. Hierzu zählen unter anderen Norwegen, Österreich und die Schweiz. Weiterhin hat die Europäische Union (EU) durch die Entwicklung des **European Customer Satisfaction Index (ECSI)** einen 1. Schritt in Richtung einer europaweiten, branchenübergreifenden Erhebung der Kundenzufriedenheit unternommen. An der Pilotstudie des ECSI, die im Frühjahr 1999 durchgeführt wurde, beteiligten sich 12 europäische Länder (Belgien, Dänemark, England, Finnland, Frankreich, Griechenland, Island, Italien, Portugal, Spanien, Schweden, Schweiz).

Im Folgenden sollen die 3 bedeutendsten Nationalen Kundenbarometer, das Swedish Customer Satisfaction Barometer, der American Customer Satisfaction Index und der Kundenmonitor Deutschland, kurz vorgestellt und einer kritischen Würdigung unterzogen werden. Im Anschluss daran wird in Abschnitt 4 auf die Ergebnisse der Pilotstudie im Rahmen des ECSI näher eingegangen.

### 3.1 Das schwedische und amerikanische Kundenbarometer

Das „älteste" Zufriedenheitsbarometer dieser Art ist das „Sveriges Kundbarometer"(vgl. ausführlich hierzu Fornell 1992; Anderson 1993; Bruhn/ Murmann 1998; Bruhn 2001b). Es wird seit 1989 jährlich in Schweden durchgeführt und erfährt breite Unterstützung sowohl in der schwedischen Bevölkerung als auch in der Wirtschaft. Die Bezeichnung „Barometer" soll ausdrücken, dass sowohl das Niveau der Zufriedenheit als auch diesbezügliche Schwankungen gemessen werden, um zu Aussagen hinsichtlich eines nationalen Klimas der Kundenzufriedenheit zu gelangen. Das Swedish Customer Satisfaction Barometer (SCSB) ist als Forschungsprojekt von der University of Michigan und der Schwedischen Post eingeführt worden. Zur wissenschaftlichen Konzeptionierung, Begleitung und Weiterentwicklung arbeiten das National Quality Research Center (NQRC) an der Business School der University of Michigan und das International Center for Studies and Quality and Productivity (ICQP) an der Stockholm School of Economics zusammen. Seitdem sich im Jahr 1997 die Schwedische Post als Hauptsponsor zurückgezogen hat, wird die Finanzierung von mehreren Einzelsponsoren getragen (vgl. Bruhn/ Murmann 1998, S. 75). Jährlich werden 40.000 bis 50.000 Kunden zu einzelnen Branchen befragt, so dass Zufriedenheitsergebnisse zu zahlreichen Branchen der Volkswirtschaft vorliegen.

Der American Customer Satisfaction Index (ACSI) ist in Anlehnung an das schwedische Modell konzipiert. Die 1. nationale Erhebung in Form einer Basisuntersuchung erfolgte im Jahr 1994 (vgl. ausführlich hierzu NQRC 1994a; NQRC 1994b; Fornell/ Ittner/ Larcker 1995; Fornell et al. 1996; Johnson 1996; Meyer/ Ertl 1996; Bruhn/ Murmann 1998; Anderson/ Fornell 2000; ACSI 2002). Ebenso wie bei der Konzeptionierung und Implementierung des schwedischen Kundenbarometers ist auch beim amerikanischen Kundenbarometer das NQRC federführend. Das NQRC – als koordinierende Stelle – führt die Erhebung durch, sichert die Qualität der Untersuchung und damit die Akzeptanz der Ergebnisse. Die Finanzierung wird von 2 Institutionen organisiert, der Business School der University of Michigan sowie der American Society for Quality Control, die jährlich Einzelsponsoren akquirieren (vgl. NQRC 1994a, 1994b; Johnson 1996; Fornell/ Ittner/ Larcker 1995; Fornell et al. 1996). Somit ergeben sich auch in der Finanzierung Parallelen zum schwedischen Kundenbarometer.

Ein wesentliches Ziel der Einführung des schwedischen Kundenbarometers ist die **zukunftsorientierte Ergänzung der traditionellen Performance-Messungen**, wie z.B. ROI, Marktanteil oder Gewinn durch Zufriedenheitsmessungen (vgl. Bruhn/ Murmann 1998, S. 73). Die Zielsetzungen des American Customer Satisfaction Index (ACSI) gehen noch einen Schritt weiter. Sie bestehen vor allem darin, **exakte und verständliche Informationen über den wirtschaftlichen Output** im Sinne von Kundenzufriedenheit zu liefern sowie als **langfristiger Indikator für den wirtschaftlichen Erfolg** von Unternehmen, Branchen und der Gesamtwirtschaft zu dienen. Der ACSI wird daher als ökonomischer Indikator betrachtet (vgl. NQRC 1994a, S. 8 ff.).

Den schwedischen und amerikanischen Erhebungen liegt ein ähnliches Zufriedenheitsmodell zu Grunde, das auf 4 zentralen Modellvoraussetzungen basiert (vgl. NQRCa 1994, S. 18 ff.; Bruhn/ Murmann 1998, S. 76, 96):

1. Generelle Anwendbarkeit des Modells und der Messvariablen aufgrund des Abstraktionsniveaus,
2. Beziehungs- und Kausalgeflecht mit nomologischer Validierung,
3. Zufriedenheit als latente Variable und Erfassung durch verschiedene Indikatorvariablen,
4. Erklärung des Treueverhaltens der Kunden.

Dem ACSI liegt ein Strukturmodell zu Grunde, das auf dem modelltheoretischen Hintergrund des schwedischen Kundenbarometers sowie weiterführender Literatur aufbaut. Es wird aus einer Vielzahl von Gleichungen gebildet, die wiederum aus **latenten Variablen** bestehen (siehe Abb. 3). Diese latenten Variablen werden indirekt durch die folgenden Konstrukte erfasst (vgl. NQRC 1994a, S. 18 ff.; Fornell et al. 1996, S. 32):

- Kundenerwartungen (Customer Expectations),
- Wahrgenommene Qualität (Perceived Quality),
- Wahrgenommener Wert (Perceived Value),
- Kundenzufriedenheit (Customer Satisfaction),
- Kundenbeschwerden (Customer Complaints),
- Kundentreue (Customer Loyalty).

Die Kundenzufriedenheit ist das zentrale Konstrukt im Beziehungs- bzw. Kausalgeflecht. Es reicht von den Determinanten der Kundenzufriedenheit – hierzu zählen Kundenerwartungen, Qualitätswahrnehmung der Kunden und wahrgenommener Wert des Produktes oder der Dienstleistung bis hin zu den Wirkungen

– hierzu zählen Kundentreue und Kundenbeschwerden (vgl. Fornell et al. 1996; Anderson/ Fornell 2000, S. 873 f.).

Die **Modellierung und Operationalisierung** des schwedischen und amerikanischen Kundenbarometers zeigt einen **Konkretisierungsbedarf** z.B. in Bezug auf den Erwartungsbegriff, das Zufriedenheitskonstrukt und die Kundentreue auf. Die Kundenerwartungen sollen das vom Kunden geforderte Qualitätsniveau der Produkte und Leistungen widerspiegeln (vgl. Fornell 1992, S. 12; Fornell et al. 1996, S. 8). Bei der Abbildung der latenten Variablen durch die Indikatorvariablen wird jedoch nicht deutlich, von welchem Erwartungsbegriff ausgegangen wird. Werden prädiktive bzw. Wird-Erwartungen zu Grunde gelegt, wird sich ein höheres Qualitätsurteil ergeben. Die prädiktiven Erwartungen sind im Vergleich zu Soll- bzw. Ideal-Erwartungen der Kunden in der Regel weniger ausgeprägt, so dass sich bei der Gegenüberstellung mit dem tatsächlich wahrgenommenen Wert ein höheres Qualitätsurteil ergibt. Werden hingegen normative oder Soll-Erwartungen zu Grunde gelegt, wird mit einem geringeren Qualitätsurteil zu rechnen sein (vgl. Bruhn/ Murmann 1998, S. 103).

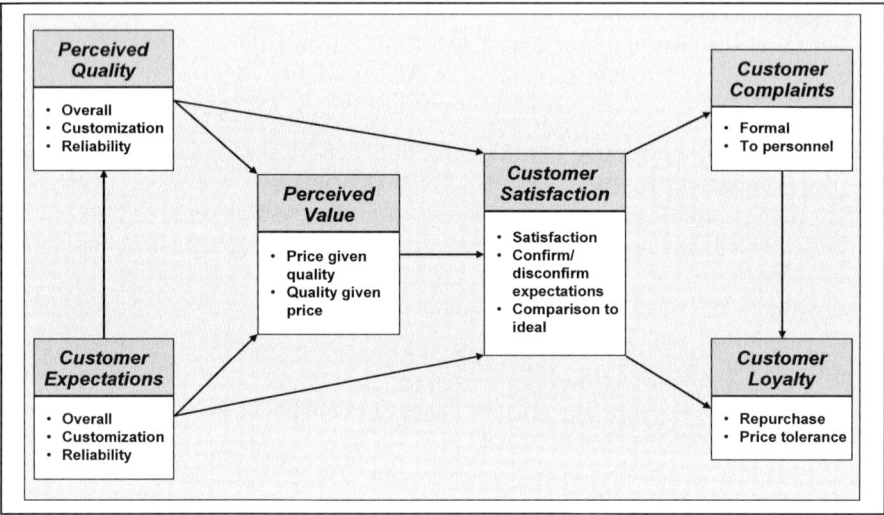

**Abb. 3:** Strukturmodell des American Customer Satisfaction Index mit Indikatorvariablen

Die Messung des Konstruktes Kundenzufriedenheit anhand der 3 Indikatorvariablen (Gesamtzufriedenheit, bestätigte/ unbestätigte Erwartungen, Vergleich mit dem Ideal) erfolgt, ähnlich wie beim schwedischen Modell, auf einer sehr allgemeinen und unspezifischen Ebene. Konkrete **„Satisfaction Driver"** einer Leistung oder eines Produktes (z.B. Freundlichkeit, Wartezeiten, Komfort), können durch diese undifferenzierte Messung nicht identifiziert werden (vgl. Zuba 1997; Bruhn/ Murmann 1998, S. 78 ff., S. 100 ff.). Ähnlich problematisch ist die Operationalisierung des Konstruktes Kundentreue durch die beiden Indikatoren Wiederkaufabsicht und Preistoleranz. Es wird lediglich die **Absicht** der Kunden erhoben, während jedoch in einer umfassenden Operationalisierung zum einen die Absicht und zum anderen das **tatsächliche Verhalten** der Kunden jeweils in Bezug auf verschiedene Dimensionen einzubeziehen ist (vgl. Diller 1996, S. 84 ff.). Darüber hinaus werden weitere Dimensionen der Kundentreue, wie beispielsweise Weiterempfehlung und Weiterempfehlungsabsicht sowie Cross-Buying und Cross-Buying-Potenzial bei der Operationalisierung von „Customer Loyalty" nicht berücksichtigt.

Die Befragungen zum schwedischen Kundenbarometer werden für die jeweils größten Unternehmen innerhalb der Branche durchgeführt (vgl. Anderson 1993, S. 91). **Kleine und mittlere Unternehmen** finden keine Berücksichtigung. Bieten Unternehmen unterschiedliche Leistungen an, so wird der umsatzstärkste Bereich dieser Unternehmen zur Erhebung herangezogen. **Non-Business- bzw. Non-Profit-Unternehmen** finden außer im Rahmen von Staatsmonopolen (z.B. Polizei) kaum Berücksichtigung. Seit 1997 wird der **Business-to-Business-Bereich** aus Kostengründen nicht mehr erhoben. **Auslandsaktivitäten** sind ebenfalls von der Erhebung ausgeschlossen und Aktivitäten ausländischer Unternehmen werden nur einbezogen, wenn sie einen Firmensitz in Schweden aufweisen (vgl. Anderson 1993; Meyer/ Dornach 1995).

Die Branchen- und Anbieterauswahl beim American Customer Satisfaction Index orientiert sich am Gross Domestic Product (GDP), dem Bruttosozialprodukt in den USA. **Wirtschaftssektoren, die keine erreichbaren Haushalte oder keine Endverbraucher als Kunden aufweisen**, wie z.B. die Landwirtschaft, bleiben beim ACSI ebenso unberücksichtigt wie der **Business-to-Business-Bereich**. Die ausgewählten Unternehmen sollen den wesentlichen Umsatz in der Branche repräsentieren. Non-Business-Unternehmen werden in die Erhebung einbezogen. Darüber hinaus besteht die Möglichkeit, zu ausländischen Unternehmen Zufriedenheitsaussagen abzugeben, so dass Auslandsaktivitäten Berücksichtigung finden. Basierend auf dem Dollarumsatz repräsentieren die ausgewählten Unternehmen ca. 30% des GDP. Wird statt des Dollarumsatzes die Produktionsmenge zu Grunde gelegt, stellen die beteiligten Unternehmen über 40% des GDP dar, da in diesem Fall nicht nur die Verkäufe an Endverbraucher berücksichtigt werden (vgl. Anderson/ Fornell 2000, S. 876).

Der American Customer Satisfaction Index wird oftmals als „Volkswirtschaftliche Kenngröße" (vgl. Meyer/ Dornach 1995, S. 446; ähnlich Meyer/ Ertl 1996, S. 202) bezeichnet. Dabei zielen diese Kennzeichnungen jedoch nicht auf die Erhebungsinhalte oder die Qualität der Ergänzungsmöglichkeit volkswirtschaftlicher Statistiken ab. Vielmehr erfolgt diese Bezeichnung lediglich aufgrund der Branchenauswahl zum American Customer Satisfaction Index. Der relative Umsatz der Unternehmen in Bezug auf den Gesamtumsatz der Branche wird verwendet, um den Einfluss der Unternehmensergebnisse auf den zu bildenden Branchenindex zu bestimmen. Analog erfolgt in einem weiteren Schritt die Aggregation zu Sektorenindizes anhand der relativen Umsätze der einzelnen Branchen. Darauf aufbauend berechnet sich der nationale Customer Satisfaction Index anhand der Beiträge der einzelnen Sektoren zum GDP (vgl. Bruhn/ Murmann 1998, S. 109; Anderson/ Fornell 2000, S. 877).

Zur **Auswahl der Stichprobe** werden die Kunden per **Zufallsauswahl** aus der schwedischen bzw. amerikanischen Bevölkerung ermittelt. Als Grundgesamtheit werden sämtliche Haushalte, die einen Telefonanschluss besitzen, herangezogen, da die Erhebung in Form von standardisierten Telefoninterviews durchgeführt wird (vgl. Anderson 1993, S. 91; Fornell 1992, S. 12 f.). Es qualifizieren sich diejenigen Probanden, die innerhalb eines bestimmten Zeitraumes ein Produkt bzw. eine Leistung gekauft haben. Die Probandenselektion erfolgt per Zufallsauswahl (vgl. Bruhn/ Murmann 1998, S. 81, S. 110 f.). Während die Erhebungen für das schwedische Kundenbarometer gesamthaft einmal pro Jahr erfolgen, wurde für den ACSI 1994 eine „baseline"-Untersuchung durchgeführt. Diese Grundlagenerhebung wird vierteljährlich in Bezug auf 2 Sektoren aktualisiert, so dass innerhalb eines Jahres ein sukzessiv aktualisierter Index berechnet wird (vgl. ACSI 2002).

Das schwedische und das amerikanische Kundenbarometer verwenden zur **Skalierung der Erhebungsinhalte** eine Zehnerskala, d.h., die Skala weist Antwortmöglichkeiten von 1 bis 10 auf. Bei diesem Kontinuum stellt 1 jeweils die schlechteste und 10 die bestmögliche Bewertung dar (vgl. Anderson 1993, S. 91; Fornell/ Ittner/ Larcker 1995, S. 4). In Skalentests ist ein positiver Zusammenhang zwischen der Anzahl der Skalierung und der Reliabilität der Untersuchung herausgestellt worden. Je höher die Anzahl der Antwortmöglichkeiten, desto besser ist die Reliabilität der Messungen (vgl. Churchill/ Peter 1984; Drew/ Bolton 1991). Die verbalen Ausprägungen der Skalenendwerte 1 und 10 wechseln fragenabhängig. Die Zwischenstufen der Skala (Werte 2 bis 9) sind nicht verbalisiert. Die Ausformulierung bzw. Nicht-Ausformulierung der Skalenwerte steht in Übereinstimmung mit Skalentests von Churchill und Peter. Die Hypothese, dass Skalen, bei denen sämtliche Punkte verbalisiert sind, eine höhere Reliabilität aufweisen als Skalen, bei denen lediglich die Polaritäten ausformuliert sind, konnte nicht bestätigt werden.

Die Skalierung beider Barometer ist zu den Polen gleichverteilt und hat keinen neutralen Mittelpunkt. Mit der Verwendung einer Skala, die eine gerade Anzahl von Antwortmöglichkeiten hat, soll die Tendenz von Probanden, mittlere Antwortkategorien anzukreuzen („**Problem der Mitte**"), umgangen werden. Diese Skalierung steht ebenfalls in Einklang mit Skalentests. Eine Hypothese, dass Skalen mit neutralen Punkten eine höhere Reliabilität aufzeigen als Skalen ohne neutralen Mittelwert, konnte nicht bestätigt werden (vgl. Churchill/ Peter 1984). Darüber hinaus ist mit der 10-Punkte-Skala beabsichtigt, den Probanden feine Bewertungsunterschiede zu ermöglichen (vgl. Fornell 1992).

Die Ergebnisse des schwedischen und des amerikanischen Kundenbarometers werden in Form eines **Indexwertes** dargestellt. Dieser Indexwert ist ein künstlicher Wert, der durch ein **spezifisches Gewichtungsverfahren** der Indikatorvariablen des Konstruktes Kundenzufriedenheit auf Basis des oben dargestellten Modells gebildet wird. Ein Indexwert von 1 bedeutet hierbei „keine Kundenzufriedenheit", und der Wert 100 gibt „höchste Kundenzufriedenheit" an (vgl. NQRC 1994a, S. 16; NQRC 1994b, S. 11; Bruhn/ Murmann 1998, S. 89, 123). Die Optimierung des Zufriedenheitsindexes wird branchenspezifisch vorgenommen. Je nach Branche variiert die Optimierung dieser Linearkombination. Die Faktorladungen der Indikatorvariablen auf das Konstrukt Kundenzufriedenheit sind demnach in Abhängigkeit von der Branche unterschiedlich. Ebenso unterschiedlich können die Faktorladungen für das Zufriedenheitsurteil einer Branche in den unterschiedlichen, jährlichen Erhebungen sein. Die Veröffentlichung dieser Indexwerte erfolgt sowohl für die gesamte Volkswirtschaft als auch für einzelne Branchen und Unternehmen.

Um beurteilen zu können, inwieweit einzelne Messungen die dem Modell zu Grunde liegenden Konstrukte abbilden und Wirkungen sowie Konsequenzen in dargestellter Weise aufgezeigt werden können, veröffentlicht das schwedische Kundenbarometer genaue Angaben zu Faktorladungen und Korrelationsanalysen (vgl. Fornell 1992, S. 16).

Zur globalen Anpassungsgüte des amerikanischen Modells und damit zur **generellen Anwendbarkeit des Modells** wird lediglich darauf hingewiesen, dass die geschätzten Pfadkoeffizienten, die den Zusammenhang der latenten Variablen darstellen, signifikant im vorhergesagten Ausmaß sind (vgl. Fornell et al. 1996, S. 13). Zur Prüfung des Messmodells werden ausgewählte Faktorladungen für theoretische Konstrukte, die Anteile erklärter Kovarianzen für die Messvariablen und die latenten Variablen sowie multiple Korrelationskoeffizienten angegeben (vgl. Fornell et al. 1996, S. 13). Im Durchschnitt werden 94% der Kovarianzen durch das Strukturmodell erklärt (Anderson/ Fornell 2000, S. 875). Die mit $R^2$ erklärten Varianzen für die latenten Variablen bewegen sich – mit Ausnahme der Kundenzufriedenheit – zwischen 0,04 und 0,37. Zur Sicherung der Modellgüte wird in früheren Untersuchungen von Fornell hingegen ein Mindestwert von 50% erklärter Varianz der latenten Variablen gefordert (vgl. Fornell/ Larcker 1981, S. 46). Das $R^2$ des Konstruktes **Customer Satisfaction** nimmt durchschnittlich einen Wert von 0,75 an (vgl. Anderson/ Fornell 2000, S. 875). **Customer Loyality** wird mit einem $R^2$ von durchschnittlich 0,36 erklärt. Während die Varianz des Zufriedenheitskonstruktes zu 75% durch die Indikatorvariablen erklärt wird, wird die Varianz der Loyalität zu lediglich 36% durch die beiden Indikatoren erklärt. Unter der Prämisse, dass die Kundenloyalität ein besonderes Erklärungsziel des Modells ist, sind diese Werte als kritisch anzusehen. Lediglich für das Konstrukt Customer Satisfaction wird der Schwellenwert von 50% erklärter Varianz erreicht. Eventuelle **Störvariablen** bei der Messung der latenten Variablen werden darüber hinaus weder genannt noch spezifiziert. Der Anteil der erklärten Kovarianzen beträgt für die Messvariablen durchschnittlich 87% und für die latenten Variablen 94% (vgl. Fornell et al. 1996, S. 13).

Der American Customer Satisfaction Index und das schwedische Kundenbarometer sind zusammenfassend von ihrer Grundkonzeption her als **Strukturmodelle mit latenten Variablen** zu bezeichnen. Zur Vermeidung der bisherigen strukturellen Nachteile bieten sich die Modifikation der Indikatorvariablen und der Einbezug tatsächlicher „Satisfaction Driver" an, damit die Aussagen zu einzelnen Konstrukten inhaltlich und qualitativ verbessert werden und Unternehmen direkte Ansatzpunkte für das Zufriedenheitsmanagement erhalten. Darüber hinaus besteht im Einbezug weiterer latenter Variablen, wie beispielsweise **Vertrauen** und **Commitment**, die Möglichkeit, den Erklärungsgehalt des Modells im Hinblick auf Kundentreue zu verbessern. Ansatzpunkte zum Nachweis der Wirtschaftlichkeit von Zufriedenheitsbewertungen durch die Kunden werden mit den Daten des

ACSI bereits aufgezeigt. Eine Verfeinerung zugleich dieser Analysen bei gleichzeitiger Verbesserung der Messtransparenz als Beleg zur Vorteilhaftigkeit ausgewählter Zufriedenheitsmaßnahmen in spezifischen Bereichen oder Branchen wäre im Hinblick auf die Aussagekraft des ACSI für Unternehmen wünschenswert.

### 3.2 Der Kundenmonitor Deutschland

Der Deutsche Kundenmonitor – Qualität und Kundenorientierung (ehemals „Deutsches Kundenbarometer") ist 1992 von der Deutschen Marketing Vereinigung e.V., der Deutschen Post AG als Hauptsponsor sowie der Academic Research GmbH als koordinierende Organisation initiiert worden (vgl. ausführlich hierzu Meyer/ Ertl 1996; Bruhn/ Murmann 1998; Meyer/ Dornach 2000; Meyer/ Dornach 2001; Servicebarometer 2000; Servicebarometer 2001). Gegenstand des Deutschen Kundenmonitors ist die Messung der **Kundenzufriedenheit von privaten Endverbrauchern** ab 16 Jahren und deren **Auswirkungen** auf die **zukünftigen Kundenbeziehungen** hinsichtlich des Angebots und der Leistungen von rund 1.600 Anbietern von Waren und Dienstleistungen aus 31 Branchen (vgl. Meyer/ Dornach 2001, S. 136 ff.). Die Erhebungen zum Kundenmonitor Deutschland erfolgen jährlich im Zeitraum von April bis August. Für das Jahr 2001 wurden 35.019 Endverbraucher zu 3 bis 4 Branchen mittels Telefoninterview befragt, so dass 128.234 Einzelinterviews für die Auswertung zur Verfügung standen (vgl. Meyer/ Dornach 2001, S. 5).

Der Kundenmonitor Deutschland weist auf theoretischer Ebene zwar Zusammenhänge sowohl zum schwedischen Kundenbarometer als auch zum ACSI auf, hinsichtlich der Konzeptualisierung und Operationalisierung ergeben sich allerdings Unterschiede (vgl. Meyer/ Ertl 1996).

Ein vorab definiertes, theoretisches Modell liegt den Erhebungen des Deutschen Kundenmonitors nicht zu Grunde. Vielmehr wird auf unterschiedliche theoretische Zusammenhänge der Zufriedenheitsforschung und Ansätze zur Qualität von Produkten und Dienstleistungen zurückgegriffen. Die Initiatoren unterstellen eine **Wirkungsbeziehung der Variablen Qualität, Zufriedenheit, Beschwerdeverhalten und Kundenbindung**. Es wird davon ausgegangen, dass Qualität einen entscheidenden Einfluss auf die Bildung des Zufriedenheitsurteils der Konsumenten ausübt. Die Zufriedenheit mit der Unternehmensleistung sowie das Beschwerdeverhalten wirken auf die Kundenbindung (vgl. Bruhn/ Murmann 1998, S. 129 f.). Auf eine Abgrenzung der Kundenzufriedenheit von anderen theoretischen Konstrukten wird jedoch in diesem Zusammenhang verzichtet. Es wird lediglich eine kurze wissenschaftliche Diskussion zu den thematischen Unterschieden der Qualität und Zufriedenheit geführt (vgl. Hansen/ Korpiun/ Henning-Thurau 1998, S. 323).

Zur Operationalisierung wird Kundenzufriedenheit zunächst auf der Ebene der **Globalzufriedenheit** („Wie zufrieden sind Sie mit den Leistungen dieses Anbieters insgesamt?") direkt erhoben. Hierdurch soll die generelle Zufriedenheit der Kunden mit dem Leistungsbereich bzw. dem Unternehmen insgesamt bestimmt werden (vgl. Meyer/ Dornach 2001, S. 66 ff.). Zur Problematik der Messung komplexer Konstrukte, wie beispielsweise Zufriedenheit, konnte in Untersuchungen bereits herausgestellt werden, dass die Erfassung über lediglich einen Indikator (**Single-Item-Ansatz**) zu Verzerrungen führt. Aussagekräftiger sind hingegen Zufriedenheitsmessungen anhand mehrerer Indikatorvariablen (**Multi-Item-Ansatz**; vgl. Jacoby 1978, S. 66; Churchill 1979, S. 66; Homburg 2000, S. 70 f.). Die Grundlage für eine Operationalisierung und ein Vorgehen nach dem Multi-Item-Ansatz würde bereits bestehen, denn auf einer 2. Ebene wird die **Zufriedenheit der Kunden mit einzelnen, branchenrelevanten Leistungsfaktoren** erfragt (z.B. Freundlichkeit, Zuverlässigkeit, fachliche Kompetenz, Erreichbarkeit der Mitarbeiter des Kundenkontaktes, Schnelligkeit der Bearbeitung, Preis-Leistungs-Verhältnis; vgl. Meyer/ Dornach 2000, S. 52 ff.; Meyer/ Dornach 2001, S. 45 ff.). Im Vergleich hierzu werden im Rahmen des Schwedischen Kundenbarometer lediglich 3 allgemeine Komponenten des Zufriedenheitsurteils (Gesamtzufriedenheit, Bestätigung der Erwartungen und Abstand vom Idealprodukt bzw. -service) erhoben. Demgegenüber wird beim Kundenmonitor Deutschland mit den Leistungsfaktoren versucht, konkrete Einflussfaktoren, so genannte **„Satisfaction Driver"**, zu identifizieren. Untersuchungen haben jedoch gezeigt, dass die im Kundenmonitor Deutschland genannten „Satisfaction Driver" lediglich zu ca. 30% das Zustandekommen des Zufriedenheitsurteils erklären (vgl. Hackl/ Scharitzer/ Zuba 1996; Zuba 1997).

Bei der Branchen- und Anbieterauswahl findet eine **Fokussierung auf den Dienstleistungsbereich** statt (vgl. Meyer/ Dornach 2000, S. 1; 2001, S. 6). Die Auswahl der Stichprobe basiert auf branchenspezifischen Analysen zum Pro-Kopf-Marktanteil der Unternehmen. Das bedeutet, dass die Gesamtzahl der Kunden einer Branche auf die einzelnen Unternehmen heruntergerechnet wird. Diese Berechnungen werden verwendet, um den relevanten Stichprobenanteil eines Unternehmens an der gesamten Branche zu ermitteln. Die Initiatoren beabsichtigen mit dieser Methode der Stichprobenauswahl eine 100-prozentige Marktabdeckung in den einzelnen Branchen. Im Unterschied zum schwedischen und amerikanischen Kundenbarometer erfolgt keine Orientierung der Stichprobenauswahl an der Wertschöpfung der Unternehmen einer Branche. Diese unterschiedliche Ausrichtung der Stichprobe ist der Grund, warum das Deutsche Kundenbarometer – im Gegensatz zum schwedischen und amerikanischen Modell – als primär **„betriebswirtschaftlich"** bezeichnet wird (Bruhn/ Murmann 1998, S. 136).

Im Rahmen der methodischen Durchführung der Untersuchung ist außerdem die Stichprobengröße für die Aussagekraft des Kundenmonitors von erheblicher Bedeutung. Während sowohl beim Deutschen Kundenmonitor als auch beim Amerikanischen und Schwedischen Kundenbarometer auf der aggregierten Auswertungsebene keine Bedenken bezüglich des Stichprobenfehlers zu konstatieren sind, ergeben sich jedoch beim Kundenmonitor Deutschland auf Einzelunternehmensebene Probleme. Hier werden z.T. Aussagen auf Basis von Stichprobengrößen von n = 100 getroffen. Unternehmensspezifische Auswertungen und darauf basierende Unternehmensvergleiche müssen bei so geringer Fallzahl als problematisch angesehen werden. Um valide und repräsentative Daten generieren zu können, wird von Hansen/ Korpiun/ Hennig-Thurau (1998) eine Erhöhung der Stichprobengröße auf $n \geq 500$ gefordert.

Zur **Skalierung der Erhebungsinhalte** wird eine verbalisierte Fünferskala („vollkommen zufrieden", „sehr zufrieden", „zufrieden", „weniger zufrieden", „unzufrieden") verwendet. Diese **linksschiefe Skala** soll den Probanden eine stärkere Differenzierung in den Top-Bereichen ermöglichen. Sie wird vor dem Hintergrund eingesetzt, dass Zufriedenheitsuntersuchungen Häufungen in den Top-Bereichen aufweisen. (vgl. Meyer/ Ertl 1996, S. 213). Eine im Rahmen von Skalentests aufgestellte These, dass ein neutraler Mittelpunkt einer Skalierung und damit eine gleichschiefe Skala eine höhere Reliabilität der Ergebnisse impliziert, konnte jedoch nicht bestätigt werden (vgl. Churchill/ Peter 1984). Im Gegensatz zu den beiden anderen dargestellten Barometern wird beim Kundenmonitor Deutschland von einer Zehnerskalierung Abstand genommen, da eine **Überlastung der Probanden** vermutet wird. Weitere Skalentests haben jedoch gezeigt, dass mit einer größeren Anzahl von Antwortmöglichkeiten sowohl die Datenqualität als auch die Reliabilität der Ergebnisse signifikant verbessert werden können. Eine Fünferskala wird hierbei lediglich als Mindestanzahl einer Skalierung genannt (Churchill/ Peter 1984; Drew/ Bolton 1991).

Den Interviews zum Deutschen Kundenbarometer liegt ein **standardisierter Fragebogen** zu Grunde. Die Befragungspersonen werden maximal zu 7, im Durchschnitt zu 4 Branchen befragt. Die mittlere Länge des Telefoninterviews betrug im Jahr 2000 im Durchschnitt 33 Minuten und im Jahr 2001 durchschnittlich 34 Minuten (vgl. Meyer/ Dornach 2000, S. 168; 2001, S. 142). Der kritische Schwellenwert von ca. 30 bis 45 Minuten Interviewdauer für Konsumentenbefragungen, mit dem ein sprunghafter Validitätsverlust der Daten verbunden ist (vgl. Böhler 1994; Berekoven/ Eckert/ Ellenrieder 2001), scheint beim Deutschen Kundenbarometer nicht deutlich überschritten zu werden.

Zur Datenanalyse des Zufriedenheitsurteils werden Häufigkeitsauswertungen und Mittelwerte ermittelt. Seit dem Jahr 1999 werden darüber hinaus auch Mittelwertdifferenzen zum Vorjahr berechnet und die Ergebnisse der zugehörigen Signifikanztests angegeben. Die Daten sind nur aussagekräftig, wenn sich eine Überprüfung der Mittelwertunterschiede als signifikant erweist. Hiermit wurde der erste Schritt in Richtung einer **verbesserten Datentransparenz** getan. Über die Häufigkeitsauswertungen mit zugehörigen Mittelwertdifferenzentests, Regressions- und Faktorenanalysen hinaus werden keine weiteren multivariaten Analysen durchgeführt. Dies wird damit begründet, dass die Prämissen der Linearität und der Multinormalverteilung, die für die Anwendung multivariater Analysen die Voraussetzung ist, nicht gegeben ist (vgl. Meyer/ Ertl 1996, S. 214 f.). Für eine aussagekräftige Abbildung von Zusammenhängen zwischen einzelnen Variablen, aus denen spezifische Managementempfehlungen abzuleiten wären, sind hingegen weitere multivariate Analysemethoden notwendig.

Zur Untersuchung des **Zusammenhangs zwischen Globalzufriedenheit und den einzelnen Teilzufriedenheiten** (z.B. Freundlichkeit der Mitarbeiter und Globalzufriedenheit) wird der Korrelationskoeffizient von Bravais-Pearson verwendet. Der Korrelationskoeffizient ist eine Maßzahl, die sowohl Richtung als auch Stärke des Zusammenhangs aufzeigt. Die Werte des Bravais-Pearson-Korrelationskoeffizienten liegen im Jahr 2001 zwischen 0,16 und 0,62 und deuten damit auf eine positive Korrelation zwischen einzelnen Teilzufriedenheiten und dem globalen Zufriedenheitsurteil hin, d.h., es ist z.B. bei steigender Zufriedenheit mit der Freundlichkeit der Mitarbeiter auch ein Anstieg der Globalzufriedenheit zu verzeichnen (vgl. Meyer/ Dornach 2001, S. 65). Zur Abbildung eines aussagekräftigen Zusammenhanges sollten die Korrelationskoeffizienten jedoch einen Schwellenwert von 0,7 überschreiten. Dies ist hier nicht einmal für einige wenige Zusammenhänge gegeben (vgl. Hammann/ Erichson 2000; Bleymüller/ Gehlert/ Gülicher 2000). Damit es bei der Nutzung bivariater Korrelationen zwischen Teilzufriedenheiten und Gesamturteil nicht zu Fehlinterpretationen kommt, fordern Hansen/ Korpiun/ Hennig-Thurau (1998) an dieser Stelle von den Initiatoren des Deutschen Kundenmonitors, umfassendere Interpretationshilfen bereitzustellen.

Zudem werden diese Korrelationsanalysen einzeln für jedes Leistungsmerkmal vorgenommen. Aus den unterschiedlichen Korrelationswerten kann nicht auf die relative Bedeutung der Einzelleistungen im Hinblick auf das Zufriedenheitsurteil geschlossen werden. Würden hingegen sämtliche Teilzufriedenheiten gemeinsam einer multiplen Regressionsanalyse unterzogen, könnten die relativen Anteile der einzelnen Teilzufriedenheiten in Bezug auf das globale Zufriedenheitsurteil identifiziert werden. Darüber hinaus ermöglichen diese Analysen keine qualitativen Aussagen, d.h., es kann keine Kausalbeziehung zwischen den Teilzufriedenheiten und dem Globalurteil aufgedeckt werden. Hierzu wären auf Basis eines Modells über die Einflussfaktoren und den Zusammenhang von Qualität, Kundenzufriedenheit und Kundenbindung spezifische Kausalanalysen notwendig.

In weiteren Analysen wurde der **Zusammenhang zwischen dem Globalzufriedenheitsurteil mit der Kundenbindung** im Sinne der Weiterempfehlung und Wiederwahl untersucht. Hierfür werden die Kunden entsprechend verschiedener Zufriedenheitsniveaus 3 Kundentypen zugeordnet: die überzeugten Kunden, die zufrieden gestellten Kunden und die enttäuschten Kunden. Für jede Kundengruppe wird bestimmt, wie viel Prozent den Anbieter weiterempfehlen oder wiederwählen (vgl. Meyer/ Dornach 2001, S. 66 ff.). Darüber hinausgehende Zusammenhangsanalysen, wie z.B. einfache oder multiple Regressionsanalysen, werden nicht durchgeführt. Damit sind keine Aussagen darüber möglich, welcher Teil der Gesamtvarianz durch die unterstellte Beziehung erklärt wird und welcher Teil durch nicht identifizierte Variablen erklärt wird. Der Einfluss der Globalzufriedenheit auf die Cross-Buying-Absicht wird ebenfalls nicht untersucht.

Zur Darstellung der Ergebnisse wird für jede Branche ein Mittelwert der Globalzufriedenheitsaussagen berechnet. Dieser Mittelwert kann zwischen den Werten 1 („vollkommen zufrieden") und 5 („unzufrieden") liegen. Anhand der Branchenmittelwerte wird ein Ranking sämtlicher im Kundenmonitor Deutschland untersuchter Branchen aufgestellt. Die Mittelwerte bewegen sich für 2001 zwischen 1,92 und 3,19; die branchenbezogenen Unterschiede liegen z.T. bei 0,01 Skalenpunkten (vgl. Meyer/ Dornach 2001, S. 38).

Im Zusammenhang mit der Aufstellung eines Branchenranking existieren 2 Problemfelder. Das 1. Problemfeld betrifft die **Festlegung von Branchengrenzen** und damit einhergehend die **Branchenzuordnung** einzelner Unternehmen. Sowohl beim ACSI als auch beim Kundenmonitor Deutschland orientiert sich die Branchenzuordnung von Unternehmen an der durch die volkswirtschaftliche Gesamtrechnung vorgegebenen Systematik. Die entsprechende Einteilung auf Branchenebene ist bei beiden Barometern vergleichsweise grob und fasst mitunter heterogene Leistungen zusammen (z.B. werden die Leistungen privater und gesetzlicher Krankenkassen zusammengefasst). Die Aggregation von Kundenzufriedenheitsdaten stößt in diesem Fall an ihre Grenzen, da die zu Grunde liegenden Leistungsangebote für einen Vergleich zu heterogen sind (vgl. Hansen/ Korpiun/ Hennig-Thurau 1998, S. 327). Das 2. Problemfeld umfasst die Frage nach der **Eindeutigkeit von klassifizierenden Zufriedenheitsurteilen**. Vor dem Hintergrund der eindimensionalen Erfassung des Zufriedenheitsurteils sowie den inhaltlichen Überlegungen, dass Branchen mit heterogener Nachfragerstruktur und heterogenem Angebot tendenziell höhere Zufriedenheitswerte aufweisen als beispielsweise Monopolbranchen (vgl. Johnson/ Fornell 1991), bedarf es für ein Ranking eines Nachweises der statistischen Signifikanz der Mittelwertunterschiede. Erst auf Grundlage dieser Signifikanz- und Diskriminanzaussage können die branchenübergreifenden und brancheninternen Daten in zulässiger Weise verwendet werden (vgl. Hansen/ Korpiun/ Hennig-Thurau 1998, S. 327). Dieser Überlegung folgend sind seit dem Jahr 1999 die zum Mittelwert des Vorjahres berechneten Differenzen der Globalzufriedenheit und die Ergebnisse der zugehörigen Mittelwertdifferenzentests für jede Branche im Jahrbuch enthalten. Der Nachweis der statistischen Signifikanz von Abweichungen zwischen dem besten und schlechtesten Wert innerhalb einer Branche erfolgt jedoch genauso wenig, wie eine statistische Absicherung der Reihung von Anbietern innerhalb einer Branche oder branchenübergreifend.

Zusammenfassend werden mit dem Kundenmonitor Deutschland jährlich eine Vielzahl von Daten in Bezug auf die Erwartungen der Kunden, die Gesamtzufriedenheit, die Zufriedenheit mit Teilleistungen, die Verhaltensabsicht von Kunden sowie zur Mitarbeiterzufriedenheit erhoben. Für eine konkrete Nutzung der Daten in betriebswirtschaftlicher Hinsicht ist jedoch die Erhebung des komplexen Konstruktes Zufriedenheit auf Grundlage eines Single-Item-Ansatzes problematisch. Für die Aufdeckung der tatsächlichen „Satisfaction Driver" sind die Nennung weiterer Einflussfaktoren und die Überprüfung mittels multivariater Analysemethoden notwendig. Für ein Benchmarking von Unternehmen einer Branche sowie branchenübergreifend anhand der im Kundenmonitor Deutschland dargelegten Zufriedenheitsurteile sind weitere Signifikanz- und Diskriminanzanalysen erforderlich. Zur Vermeidung von ungenauen oder irreführenden Aussagen bedarf es daher einer höheren Transparenz hinsichtlich der Aussagefähigkeit der Daten des Kundenmonitor Deutschland.

## 4 Entwicklungstendenzen auf nationaler und supranationaler Ebene

Nach der erfolgreichen Etablierung Nationaler Kundenbarometer – zu nennen sind hier das Swedish Customer Satisfaction Barometer (SCSB), der American Customer Satisfaction Index (ACSI) und der Kundenmonitor Deutschland – existieren zunehmend auch in anderen Ländern **konkrete Ansätze** (vgl. zu Norwegen Andreassen/ Lindestad 1998; zu Österreich Kreutzer, Fischer & Partner 1997; zum Schweizer Kundenbarometer (SWICS) Bruhn 1998a; Bruhn 1998b; Bruhn/ Murmann 1998, S. 165 ff.; Bruhn/ Grund 2000; SWICS 2002) oder **zumindest Planungen** (z.B. Australien, Brasilien, Malaysia, Philippinen, Kanada, Korea usw.) jährliche nationale und branchenübergreifende Erhebungen und Analysen zur Qualitätseinschätzungen und Zufriedenheit der Kunden mit einzelnen Leistungen, Unternehmen und Branchen durchzuführen.

Beim einem Vergleich der verwendeten Modelle, der Operationalisierung der Konstrukte, der eingesetzten Methoden und vorgenommenen Datenanalyse der einzelnen Barometer ist zu konstatieren, dass in verschiedenen Ländern noch große Unterschiede bestehen. Um einerseits die **Vergleichbarkeit** der Daten Nationaler Kundenbarometer für den europäischen Bereich zu gewährleisten und andererseits auch interkontinental eine fundierte Gegenüberstellung der Daten zu ermöglichen, wurde von der Europäischen Kommission, der European Organization for Quality (EOQ) sowie der European Foundation for Quality Management (EFQM) der **European Customer Satisfaction Index (ECSI)** als Supranationales Kundenbarometer konzipiert (zur Entwicklung von ECSI vgl. Bruhn/ Murmann 1998, S. 157 f., sowie den Final Report zur Feasibility Study von SOFRES 1996).

Primäres Ziel ist die Entwicklung eines Systems von leistungsorientierten Indikatoren, um die Wettbewerbsfähigkeit der europäischen Unternehmen verbessern zu können. Der European Customer Satisfaction Index soll sowohl für das einzelne Unternehmen, dessen Branche, als auch für die Konsumenten und damit für die Gesellschaft als Ganzes Nutzen stiften. Um dies zu ermöglichen, werden im Rahmen des ECSI auf Basis einer **länderübergreifenden identischen Methodik, einheitlicher Fragebögen, zeitlich paralleler Untersuchungen sowie einheitlicher Auswertungsverfahren** Daten zu den Determinanten und Wirkungen der Kundenzufriedenheit sowie zu deren Einflussfaktoren erhoben, die aussagefähige internationale Vergleiche ermöglichen. Inhaltlich lehnt sich der ECSI an das amerikanische, schwedische sowie schweizerische Kundenbarometer an und stützt sich somit auf die von den bereits bestehenden und geprüften Kundenbarometer geschaffenen Grundlagen. Gleichzeitig werden Vorschläge zur methodischen und konzeptionellen Verbesserung entwickelt und eingearbeitet, die die besondere Leistungsfähigkeit von ECSI begründen. Zu nennen sind hier die indirekte Messung der einbezogenen Konstrukte auf Basis eines Strukturmodells und die Auswertung der Daten mit Hilfe der Kausalanalyse. Basierend auf dem Grundgedanken der Qualitätskette wird Qualität als Einflussfaktor für Kundenzufriedenheit betrachtet, auf die sich Kundentreue aufbaut und zu steigendem Unternehmensprofit führen kann. Die Zusammenhänge zwischen den Konstrukten werden in Abbildung 4 veranschaulicht.

Um ECSI zu etablieren, wurden im Zeitraum März bis Mai 1999 in 12 europäischen Ländern (Belgien, Dänemark, Finnland, Frankreich, Griechenland, Island, Italien, Portugal, Spanien, Schweden, Schweiz) parallel Untersuchungen durchgeführt. Träger der nationalen Untersuchungen sind vor allem verschiedene europäische Universitäten sowie nationale Qualitätsorganisationen. Auch die Schweiz hat sich an diesem Pilotprojekt beteiligt, federführend durch den Lehrstuhl für Marketing und Unternehmensführung am Wirtschaftswissenschaftlichen Zentrum der

Universität Basel in Zusammenarbeit mit den Marktforschungsinstituten IHA–GfM. Im Rahmen dieses Pilotprojektes wurden in allen teilnehmenden Ländern mindestens 3 Branchen untersucht: Banken, Telekommunikation und Supermärkte. Die Datenerhebung selbst erfolgte über **Telefoninterviews** mit Kunden, die in letzter Zeit ein bestimmtes Produkt beziehungsweise eine Dienstleistung genutzt haben. Den meisten der insgesamt 35 Fragen lag eine Zehnerskala mit verbalisierten Endpunkten zu Grunde. Werden die Ergebnisse dieser Pilotuntersuchung betrachtet, wird deutlich, dass in der Schweiz in den genannten Branchen große Unterschiede hinsichtlich der Kundenzufriedenheit zwischen dem besten und dem schlechtesten Unternehmen bestehen. Die größte Bandbreite ist im Bereich der Supermärkte (19,32 Indexpunkte) und die geringste Bandbreite ist für die Anbieter von Telekommunikationsleistungen (13,82 Indexpunkte) zu verzeichnen.

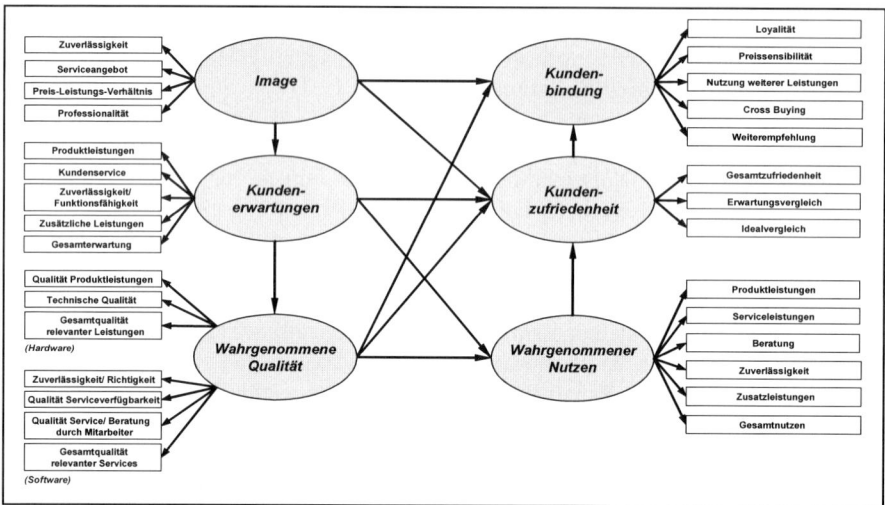

**Abb. 4:** Modell des European Customer Satisfaction Index (ECSI)

Die Bedeutung der Kundenzufriedenheit für die Kundenbindung konnte mit Hilfe der Berechnung von **Kundenbindungsindizes** bestätigt werden. Es zeigte sich insbesondere bei den Banken, dass bei unterdurchschnittlicher Kundenzufriedenheit die Kundenbindung nochmals deutlich geringer ausfällt. Demgegenüber erreichte der beste Anbieter im Bankenbereich mit 88,71 einen überproportional guten Kundenbindungsindex (siehe Abb. 5). Während auf gesamteuropäischer Ebene der Kundenbindungsindex bei Banken 1,4 Punkte höher, für die Telekommunikation 3,0 Punkte niedriger (Festnetz) beziehungsweise 0,1 Punkte höher (Mobilfunk) und bei Supermärkten 1,5 Punkte höher ist als der Kundenzufriedenheitsindex, variiert der Zusammenhang zwischen Kundenzufriedenheit und Kundenbindung bei einer internationalen Betrachtung sehr stark. Als Grund hierfür werden häufig kulturelle Aspekte sowie Variationen in der Ausgestaltung einzelner Leistungsmerkmale herangezogen. Neben der Betrachtung auf der aggregierten Ebene scheint es deshalb sinnvoll, auch länderspezifische Thesen zu überprüfen, d.h., inwieweit die Erzielung von Kundenzufriedenheit über die Steuerung einzelner **„Satisfaction Driver" in Form von Qualitätsmerkmalen** ausreicht, Kunden zum Wiederkauf zu veranlassen. Abbildung 6 zeigt exemplarisch die Bewertung der für die schweizerischen Banken erhobenen Qualitätsmerkmale für einzelne Anbieter.

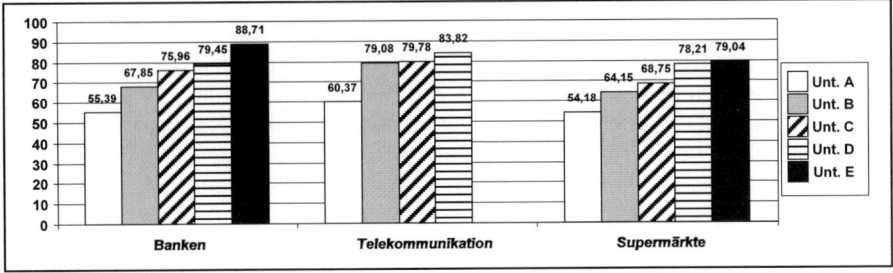

**Abb. 5:** Kundenbindungsindex des ECSI-Pilotprojekts in den 3 untersuchten Branchen in der Schweiz

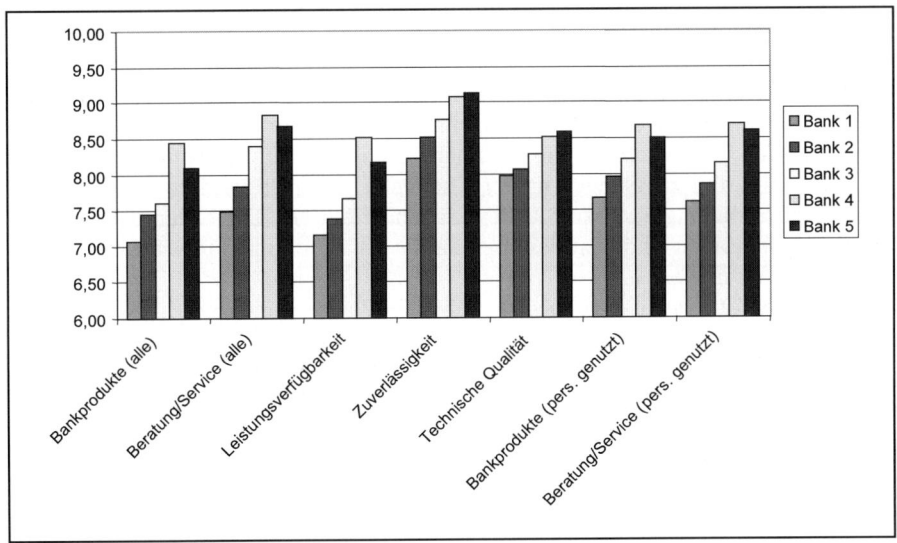

**Abb. 6:** Qualitätsmerkmale der Schweizer Bankenbranche im Vergleich

Die verschiedenen Qualitätsmerkmale als Determinanten von Kundenzufriedenheit und Kundennutzen werden von den Befragten unterschiedlich wahrgenommen. Über Benchmarking-Studien und Vergleiche mit dem „Besten der Besten", sowohl national als auch auf internationaler Ebene, ergeben sich mögliche

**Ansätze zur Verbesserung des Leistungsangebots.** Erfolgt eine unternehmensindividuelle Umsetzung in tatsächlichen Kundennutzen, so kann über eine Verbesserung der Kundenzufriedenheit auch die Kundenbindung gesteigert und der Unternehmenserfolg positiv beeinflusst werden.

## 5 Ausblick

Der Einsatz von Kundenbarometern auf nationaler und supranationaler Ebene liefert den Unternehmen eine Fülle von Informationen, die ihnen durch eigene Marktforschungsaktivitäten nicht zugänglich wären. Neben Informationen über die Kundenzufriedenheit mit den angebotenen Leistungen bzw. Produkten erhalten die beteiligten Unternehmen Informationen bezüglich der Zusammenhänge zwischen den Determinanten und Wirkungen der Kundenzufriedenheit. Werden zusätzlich einzelne „Satisfaction Driver" in die Untersuchung einbezogen, ermöglicht dies den Unternehmen einen Einblick dahingehend, welche Qualität die Kunden einzelnen Komponenten der Leistung zusprechen und für wie wichtig sie diese erachten.

Weitere Nutzungsmöglichkeiten von Kundenbarometerdaten ergeben sich im Rahmen von Branchenvergleichen, nicht nur auf nationaler, sondern auch auf internationaler Ebene. Gerade im Rahmen des derzeitigen Globalisierungs- und Fusionstrends spielt Benchmarking eine zentrale Rolle. Mit Hilfe von Benchmarking-Studien können Unternehmen und Institutionen Ansatzpunkte zur Verbesserung der Kundenorientierung ermitteln und darauf basierend konkrete Handlungsanweisungen für einzelne Unternehmen und Institutionen ableiten. Werden die Verbesserungsvorschläge im Unternehmen umgesetzt und Kundennutzen geschaffen, trägt dies zur Steigerung der Kundenzufriedenheit und über eine verbesserte Kundenbindung auch zum Unternehmenserfolg bei. Die Daten der Nationalen Kundenbarometer können damit ebenfalls als Frühindikatoren für den Unternehmenserfolg dienen.

Die Bedeutung zufriedener Kunden für den Unternehmenserfolg ist bereits in zahlreichen Arbeiten dargestellt worden. Für den konkreten Nachweis des Zusammenhanges von Kundenzufriedenheit und ökonomischem Erfolg der Unternehmen besteht jedoch noch Konkretisierungs- und Forschungsbedarf in differenzierter Weise. Die Datenerhebungen zu Nationalen Kundenbarometern sind zudem mit einem erheblichen Aufwand verbunden. Zum Anschub von Nationalen Kundenbarometern ist daher eine aktive Förderung durch Wissenschaftssponsoren unentbehrlich.

Insgesamt stellen Nationale Kundenbarometer ein sehr konstruktives und vielseitig einsetzbares Instrument dar, das als Panel – einzel- und gesamtwirtschaftlich – von einer Nation genutzt werden kann.

# 6 Literatur

*ACSI (2002)*: Abfrage vom 25.04.2002 unter http://theacsi.org.
*Anderson, E.W. (1993):* Firm, Industry and National Indices of Customer Satisfaction. Implications for Services, in: Swartz, T.A./ Bowen, D.E./ Brown, S.W. (Hrsg.): Advances in Services Marketing and Management, Greenwich, London 1993, S. 87-108.
*Anderson, E.W./ Fornell, C. (2000):* Foundations of the American Customer Satisfaction Index, in: Total Quality Management, 11. Jg., 2000, Nr. 7, S. 869-882.
*Anderson, E.W./ Mittal, V. (2000):* Strengthening the Satisfaction-Profit Chain, in: Journal of Service Research, 3. Jg., 2000, Nr. 2, S. 107-120.
*Andreassen, T.W./ Lindestad, B. (1998):* Customer Loyalty and Complex Services. The Impact of Corporate Image on Quality, Customer Satisfaction and Loyalty for Customers with Varying Degrees of Service Expertise, in: International Journal of Service Industry Management, 9. Jg., 1998, S. 7-23.
*Berekoven, L./ Eckert, W./ Ellenrieder, P. (2001):* Marktforschung. Methodische Grundlagen und praktische Anwendung, 9. Aufl., Wiesbaden 2001.
*Bleymüller, J./ Gehlert, G./ Gülicher, H. (2000):* Statistik für Wirtschaftswissenschaftler, 12. Aufl., München 2000.
*Böhler, H. (1994):* Marktforschung, 3. Aufl., Stuttgart et al. 1994.
*Bruhn, M. (2001a):* Relationship Marketing. Das Management von Kundenbeziehungen, München 2001.
*Bruhn, M. (2001b):* Qualitätsmanagement für Dienstleistungen. Grundlagen, Konzepte, Methoden, 3. Aufl., Berlin et al. 2001.
*Bruhn, M. (1998a):* Schweizer Kundenbarometer – Ergebnisse einer Pilotstudie zu Kundenzufriedenheit, Kundendialog und Kundenbindung, in: Schweizer Unternehmen, Basel 1998.
*Bruhn, M. (1998b):* Nationale Kundenbarometer als Ansatzpunkte zur Verbesserung der Kundenorientierung – Konzept und empirische Ergebnisse des Schweizer Kundenbarometers, in: Die Unternehmung, 52. Jg., 1998, Nr. 5/ 6, S. 271-295.
*Bruhn, M. (1998c):* Wirtschaftlichkeit des Qualitätsmanagements. Qualitätscontrolling für Dienstleistungen, Berlin/ Heidelberg 1998.
*Bruhn, M./ Grund, M.A. (2000):* Theory, development and implementation of national customer satisfaction indices. The Swiss Index of Customer Satisfaction, in: Total Quality Management, 11. Jg., 2000, Nr. 7, S. 1017-1028.
*Bruhn, M./ Murmann, B. (1998):* Nationale Kundenbarometer zur Messung von Qualität und Zufriedenheit. Methodenvergleich und Entwurf eines Schweizer Kundenbarometers, Wiesbaden 1998.
*Churchill, G.A. Jr. (1979):* A Paradigm for Developing Better Measures of Marketing Constructs, in: Journal of Marketing Research, 16. Jg., 1979, Februar, S. 64-73.
*Churchill Jr., G.A./ Peter, J.P. (1984):* Research Design Effects on the Reliability of Rating Scales. A Meta-Analysis, in: Journal of Marketing Research, 21. Jg., 1984, November, S. 360-375.
*Diller, H. (1996):* Kundenbindung als Marketingziel, in: Marketing – Zeitschrift für Forschung und Praxis, 18. Jg., 1996, Nr. 2, S. 81-94.
*Drew, J.H./ Bolton, R.N. (1991):* The Structure of Customer Satisfaction. Effects of Survey Measurement, in: Journal of Consumer Satisfaction, Dissatisfaction and Complaining Behavior, 4. Jg., 1991, S. 21-30.
*Fornell, C. (1992):* A National Customer Satisfaction Barometer. The Swedish Experience, in: Journal of Marketing, 56. Jg., 1992, Januar, S. 6-21.

*Fornell, C./ Larcker, D.F. (1981):* Evaluating Structural Equation Models with Unobservable Variables and Measurement Error, in: Journal of Marketing Research, 18. Jg., 1981, February, S. 39-50.

*Fornell, C./ Ittner, C.D./ Larcker, D.F. (1995):* Understanding and Using the American Customer Satisfaction Index (ACSI). Assessing the Financial Impact of Quality Strategies, in: Juran Institute's Conference on Managing for Total Quality, 1995, S. 1-13.

*Fornell, C. et al. (1996):* The American Customer Satisfaction Index. Nature, Purpose and Findings, in: Journal of Marketing, 60. Jg., 1996, Oktober, S. 7-18.

*Gerpott, T.J. (2000):* Kundenbindung – Konzepteinordnung und Bestandsaufnahme der neueren empirischen Forschung, in: Die Unternehmung, 54. Jg., 2000, Nr. 1, S. 23-42.

*Hackl, P./ Scharitzer, D./ Zuba, R. (1996):* The Austrian Customer Satisfaction Barometer (ACSB). A Pilot Study, in: Der Markt, 35. Jg., 1996, Nr. 137, S. 86-94.

*Hammann, P./ Erichson, B. (2000):* Marktforschung, 4. Aufl., Stuttgart 2000.

*Hansen, U./ Korpiun, M./ Hennig-Thurau, T. (1998):* Nationale Kundenzufriedenheitsindizes als Informationsgrundlage des Dienstleistungsmanagements. Eine kritische Bestandsaufnahme, in: Bruhn, M./ Meffert, H. (Hrsg.): Handbuch Dienstleistungsmanagement. Grundlagen, Konzepte, Erfahrungen, 2. Aufl., Wiesbaden 1998, S. 302-342.

*Herrmann, A./ Johnson, M.D. (1999):* Die Kundenzufriedenheit als Bestimmungsfaktor der Kundenbindung, in: Schmalenbachs Zeitschrift für betriebswirtschaftliche Forschung, 51. Jg., 1999, Nr. 6, S. 579-598.

*Heskett, J.L./ Sasser, W.E.J./ Schlesinger, L.A. (1997):* The Service Profit Chain. How Leading Companies Link Profit and Growth and Loyalty, Satisfaction, and Value, New York 1997.

*Hill, D. (1986):* Satisfaction and Consumer Research, in: Lutz, R.J. (Hrsg.): Advances in Consumer Research, 13. Jg., 1986, Provo, S. 310-315.

*Homburg, C. (2000):* Kundennähe von Industriegüterunternehmen. Konzeption, Erfolgswirkungen, Determinanten, 3. Aufl., Wiesbaden 2000.

*Homburg, C./ Becker, A./ Hentschel, F. (2008):* Der Zusammenhang zwischen Kundenzufriedenheit und Kundenbindung, in: Bruhn, M./ Homburg, C. (Hrsg.): Handbuch Kundenbindungsmanagement, 6. Aufl., Wiesbaden 2008, S. 103-134.

*Homburg, C./ Bruhn, M. (2008):* Kundenbindungsmanagement – Eine Einführung in die theoretischen und praktischen Problemstellungen, in: Bruhn, M./ Homburg, C. (Hrsg.): Handbuch Kundenbindungsmanagement, 6. Aufl., Wiesbaden 2008, S. 3-37.

*Jacoby, J. (1978):* Consumer Research. A State of the Art Review, in: Journal of Marketing, 42. Jg., 1978, April, S. 87-96.

*Johnson, M.D. (1996):* Customer Satisfaction in a Global Economy. Challenges for the Automobile Industry, in: Bauer, H.H./ Dichtl, E./ Herrmann, A. (Hrsg.): Aktuelle Probleme der Marketingforschung in der Automobil-Wirtschaft, Mannheim 1996, S. 1-23.

*Johnson, M.D./ Fornell, C. (1991):* A framework for comparing customer satisfaction across individuals and product categories, in: Journal of Economic Psychology, 12. Jg., 1991, S. 267-286.

*Kreutzer, Fischer & Partner (1997):* 2. Österreichisches Kundenbarometer, Wien 1997.

*Madu, C.N./ Kuei, C. (1995):* Strategic Total Quality Management – Corporate Performance and Product Quality, Westport 1995.

*Meyer, A./ Dornach, F. (1995):* Nationale Barometer zur Messung von Qualität und Kundenzufriedenheit bei Dienstleistungen, in: Bruhn, M./ Stauss, B. (Hrsg.): Dienstleistungsqualität. Konzepte, Methoden, Erfahrungen, 3. Aufl., Wiesbaden 1995, S. 429-453.

*Meyer, A./ Dornach, F. (1996):* Das Deutsche Kundenbarometer 1996 – Eine Studie zur Kundenzufriedenheit in der Bundesrepublik Deutschland, Deutsche Marketing e.V. und Deutsche Bundespost (Hrsg.), München 1996.

*Meyer, A./ Dornach, F. (2000):* Kundenmonitor Deutschland – Qualität und Zufriedenheit, Jahrbuch der Kundenorientierung in Deutschland 2000, München 2000.

*Meyer, A./ Dornach, F. (2001):* Kundenmonitor Deutschland – Qualität und Zufriedenheit, Jahrbuch der Kundenorientierung in Deutschland 2000, München 2001.

*Meyer, A./ Ertl, R. (1996):* Nationale Barometer zur Messung von Kundenzufriedenheit. Ein Vergleich zwischen dem "Deutschen Kundenbarometer – Qualität und Zufriedenheit" und dem "American Customer Satisfaction Index (ACSI)", in: Meyer, A. (Hrsg.): Grundsatzfragen und Herausforderungen des Dienstleistungs-Marketing, Wiesbaden 1996, S. 201-231.

*Müller, W./ Riesenbeck, H.-J.(1991):* Wie aus zufriedenen auch anhängliche Kunden werden, in: Harvard Business Manager, 13. Jg., 1991, Nr. 3, S. 67-79.

*National Quality Research Center (1994a):* American Customer Satisfaction Index. Methodology Report, Ann Arbor 1994.

*National Quality Research Center (1994b):* American Customer Satisfaction Index. Baseline Report. National, Sector, and Industry Indices, Ann Arbor 1994.

*Oliver, R.L. (1980):* A Cognitive Model of the Antecedents and Consequences of Satisfaction Decisions, in: Journal of Marketing Research, 17. Jg., 1980, Nr. 4, S. 460-469.

*Oliver, R.L. (1997):* Satisfaction. A behavioral perspective on the consumer, New York et al. 1997.

*Rudolph, B. (1998):* Kundenzufriedenheit im Industriegüterbereich, Wiesbaden 1998.

*Schütze, R. (1992):* Kundenzufriedenheit – After Sales Marketing auf industriellen Märkten, Wiesbaden 1992.

*Servicebarometer (2000):* Abfrage vom 25.04.2002 unter http://www.servicebarometer.de/Kundenmonitor 2000/index. html.

*Servicebarometer (2001):* Abfrage vom 25.04.2002 unter http://www.servicebarometer.de/Kundenmonitor 20001/ index. html.

*SOFRES (Hrsg.) (1996):* European Consumer Satisfaction Index, Feasibility study, Final Report, Montrouge 1996.

*SWICS (2002):* Abfrage vom 25.04.2002 unter http://www.swics.ch.

*Töpfer, A. (1996):* Konzepte des Qualitätsmanagement. Bewertung und Vergleich, in: Gesellschaft für Planung - AGPLAN -e.V. (Hrsg.): AGPLAN-Handbuch zur Unternehmensplanung, Sonderdruck AH, 1996, 47. Erg.-Lfg. II/ 96, S. 1-40.

*Zuba, R. (1997):* Entwicklung eines kausalanalytischen Branchenmodells zur Evaluierung von Dienstleistungsqualität und Kundenzufriedenheit. Replikation und Erweiterung des Modells des American Customer Satisfaction Index im österreichischen Einzelhandel, Dissertation, Wirtschaftsuniversität Wien, Wien 1997.

# Kundenzufriedenheitsmanagement bei Federal Express

– Welche Strategien und Instrumente lassen sich speziell bei Logistik-Unternehmen zur Steigerung der Kundenzufriedenheit und -bindung einsetzen? –

Petra Rittersberger

Inhalt

1 Anforderungen an die Dienstleistungsqualität aus Kundensicht ............ 467
2 Kundenzufriedenheit als strategischer Erfolgsfaktor aus Sicht des Dienstleisters 468
3 Beispiele aus der Unternehmenspraxis von FedEx Express ............ 469
3.1 Zielgruppenmarketing und Optimierung der Kundenzufriedenheit ............ 470
3.2 Organisations- und personalpolitische Maßnahmen zur Umsetzung einer kundenorientierten Unternehmensstrategie ............ 472
3.3 Die Standardisierung und Überwachung der Prozessqualität ............ 475
4 Fazit: Zehn Maßnahmen zur Umsetzung einer qualitativen Wachstumsstrategie . 477
5 Literatur ............ 478

## 1 Anforderungen an die Dienstleistungsqualität aus Kundensicht

Technologische und handelspolitische Veränderungen haben in der Weltwirtschaft grundlegende Umstrukturierungen bewirkt. Viele Unternehmen haben ihre Absatz- und Beschaffungsmärkte geographisch erheblich erweitert. Einsatzstoffe und Fertigwaren werden international bezogen, Waren und Dienstleistungen international angeboten. Zur Ergänzung schließen viele Unternehmen strategische Allianzen mit ausländischen Partnern, um das eigene Leistungsspektrum zu erweitern, Distributionskanäle zu erschließen oder von technologischen Entwicklungen zu profitieren.

Eine globale Marktpräsenz erfordert eine gut funktionierende Logistik, um den Kunden rechtzeitig am richtigen Ort zu erreichen. Globale Anbieter brauchen eine lückenlose, leistungsfähige Versorgungskette, um ihrerseits Kunden zu gewinnen, zufrieden zu stellen und langfristig zu binden. Ein Unternehmen, das Zeit- und Raumdifferenzen problemlos überbrückt, kann unmittelbar auf Erfordernisse des Marktes reagieren und steigert damit die eigene Wettbewerbsfähigkeit um ein vielfaches.

Auf weltweiter Basis ist der Aufbau eines eigenen Transportnetzes für die meisten global operierenden Unternehmen unwirtschaftlich. Anbieter und Hersteller stützen sich deshalb häufig auf die Dienste von Spezialunternehmen, die diese Funktion mit einem marktnahen, globalen Transportnetzwerk und entsprechender Informationstechnologie erfüllen. Das Outsourcing der Distributionsfunktion setzt natürlich voraus, dass die Servicequalität des Dienstleisters den eigenen Erwartungen bzw. den Bedürfnissen der Kunden gerecht wird. Abnehmer einer Transportdienstleistung suchen deshalb nach Schlüsselfaktoren, die ihnen Sicherheit verleihen und die Qualität der Dienstleistung nachvollziehbar bestätigen (vgl. Engelhardt/ Kleinaltenkamp/ Reckenfelderbäumer 1993, S. 419; Stauss 1989, S. 49).

Häufig werden Kriterien wie eine moderne Flugzeug- und Fahrzeugflotte, die technische Ausstattung, innovative Informationstechnologie, das Verhalten des Personals oder das gesamte Image des Unternehmens zur Beurteilung der zu erwartenden Dienstleistungsqualität herangezogen.

## 2 Kundenzufriedenheit als strategischer Erfolgsfaktor aus Sicht des Dienstleisters

Der Unternehmenserfolg des Dienstleisters hängt maßgeblich von der wahrgenommenen Servicequalität, der daraus entstehenden Kundenzufriedenheit und dem zukünftigen Kaufverhalten ab. Langfristig werden nur zufriedene oder begeisterte Kunden die Kaufentscheidung wieder zugunsten desselben Anbieters fällen, wodurch die Umsatzentwicklung des Unternehmens nachhaltig beeinflusst wird.

Bei der Entstehung von Kundenzufriedenheit ist das Verhältnis zwischen **wahrgenommener Dienstleistung und den Erwartungen des Kunden** ausschlaggebend. Eine Erwartungshaltung wird z.B. durch bisherige Erfahrungen, Produktversprechen, Zusagen seitens der Verkäufer und Werbebotschaften aufgebaut. Kundenzufriedenheit und Kundenbindung entstehen erst durch den physischen Vergleich zwischen der Servicerealität und den Erwartungen des Kunden. Wird z.B. eine garantierte Auslieferung zu einer bestimmten Uhrzeit nicht eingehalten, ist der Kunde unzufrieden. Die Zufriedenheitsgrenze ist erreicht, wenn die Erwartungen mit der Realität übereinstimmen und die Zustellung zu einer bestimmten Uhrzeit reibungslos klappt. Gelingt es, die Erwartungen des Kunden zu übertreffen, ist der Kunde hochzufrieden, erfreut oder sogar begeistert. Dies kann z.B. der Fall sein, wenn der Kunde die Empfangsadresse ändern möchte, obwohl sich die Sendung bereits auf dem Transportweg befindet. Wird die Zustellung trotzdem pünktlich am neuen Empfangsort ausgeführt, ist der Kunde von der Qualität des Service überzeugt.

Mit zunehmender Kundenzufriedenheit sinkt zum einen die Abwanderungswahrscheinlichkeit zum Mitbewerber und zum anderen steigt die Bereitschaft der Kunden, die Dienstleistungen an Dritte weiterzuempfehlen (vgl. Meyer/ Dornach 1995, S. 432 ff.). Untersuchungen bei FedEx Express haben zudem gezeigt, dass Kunden, die mehrere Anbieter gleichzeitig nutzen, mit steigendem Zufriedenheitsgrad zum Single-Sourcing übergehen. Die Nutzungsintensität bei einem Anbieter steigt, Mitbewerber werden von der „Shopping-Liste" gestrichen.

In einem Wettbewerbsumfeld, das durch einen aggressiven Verdrängungs- bzw. Akquisitionswettbewerb gekennzeichnet ist, stürzen sich viele Dienstleister in zumeist ruinöse Preiskämpfe, um Marktanteile zu gewinnen. Um dieser Falle auszuweichen, kann der Dienstleister verstärkt auf eine qualitative Wachstumsstrategie setzen.

Das Unternehmen setzt sich hohe Ziele für Kundenzufriedenheit und kommuniziert diese am Markt. Gleichzeitig sorgt der Dienstleister dafür, dass die Kundenerwartungen in der Branche steigen und erbringt erwartungsgerecht höhere Leistungen. Langfristig werden sich allerdings nur solche Unternehmen durchsetzen, die ihre Kunden am besten zufrieden stellen und gleichzeitig profitabel arbeiten.

Bei der Umsetzung einer qualitäts- und kundenzufriedenheitsorientierten Wachstumsstrategie muss ein Dienstleistungsunternehmen vor allem in 3 Bereichen ansetzen. Durch die **Marktsegmentierung**, d.h. die Aufteilung eines heterogenen Gesamtmarktes in homogene Untergruppen (Segmente), kann das Unternehmen den differenzierten Erwartungen von existierenden und potentiellen Kunden besser entsprechen (vgl. Meffert/ Burmann/ Kirchgeorg 2008, S. 182). Innerhalb der eigenen Organisation müssen Rahmenbedingungen geschaffen werden, die den Mitarbeitern **kundenorientiertes Denken und Handeln** ermöglichen. Um die Servicequalität abzusichern und möglichst reibungslose Abläufe bei der Dienstleistungserbringung zu garantieren, ist eine **Prozessstandardisierung und -überwachung** erforderlich.

Mit welchen konkreten Maßnahmen diese Erfolgsfaktoren einer qualitativen Wachstumsstrategie bei FedEx Express umgesetzt werden, zeigen einige Beispiele aus der Unternehmenspraxis.

## 3 Beispiele aus der Unternehmenspraxis von FedEx Express

Kürzeste Lieferzeiten bei absoluter Zuverlässigkeit hat sich das Luftfracht-Expressunternehmen Federal Express (FedEx) bei der Unternehmensgründung 1973 zum Ziel gesetzt. Die Idee, Pakete in den Vereinigten Staaten über Nacht zu transportieren, war gleichzeitig der Keim zur Entstehung einer bis dahin unbekannten Transport-Industrie – dem Overnight-Express. 1983 war FedEx das 1. Unternehmen in der amerikanischen Wirtschaftsgeschichte, das innerhalb von 10 Jahren seit der Gründung einen Umsatz von über 1 Mrd. US-Dollar erzielte. Die verstärkte Internationalisierung eröffnete Zugang zu neuen Märkten. Heute (2008) beschäftigt FedEx Express 143.000 Mitarbeiter und bedient mit 669 Flugzeugen und mehr als 43.000 Fahrzeugen über 220 Länder der Welt.

## 3.1 Zielgruppenmarketing und Optimierung der Kundenzufriedenheit

Eine kundenorientierte Unternehmensführung beginnt mit der Erkenntnis, dass nicht alle Kunden die gleichen Ansprüche an eine Dienstleistung haben.

Die meisten Märkte stellen sich als ein Konglomerat von Segmenten dar. In jedem Segment stecken verschiedene Abnehmergruppen mit ihren jeweiligen Bedürfnisstrukturen und Erwartungshaltungen. Um den **spezifischen Bedürfnissen** von existierenden und potentiellen Kunden optimal gerecht zu werden und damit Kundenzufriedenheit und Loyalität zu erreichen, muss der Anbieter die einzelnen Segmente mit **maßgeschneiderten Konzepten** bearbeiten und somit eine **differenzierte Marketingstrategie** entwickeln (vgl. Becker 2006, S. 246 ff.).

Ein Markt kann mit Hilfe verschiedener Variablen schrittweise unterteilt werden, um Segmente zu gewinnen. Segmentierungsansätze können z.B. an **geographischen Merkmalen** (Regionen, Gebiete, Standorte), **demographischen Merkmalen** (Branchen, Unternehmensgröße) oder **situationsbedingten Faktoren** (Anwenderstatus, spezifische Anwendungen, Auftragsumfang) festgemacht werden (vgl. Kotler/ Keller/ Bliemel 2007, S. 365 ff.).

Der gravierende Unterschied in der Marktbearbeitung einzelner Segmente wird an folgenden Beispielen deutlich (Segmentierungsdimension: Anwenderstatus):

Zahlreiche Industrieunternehmen arbeiten mit einem Just-in-time-Konzept. Dies setzt voraus, dass Kunde und Zulieferer ihre Herstellung synchronisieren, Pufferbestände damit überflüssig werden und Lagerbestände praktisch nicht mehr existieren. Ein Just-in-time-Konzept lässt sich aber nur dann realisieren, wenn die Materialien in vereinbarter Qualität genau dann ankommen, wenn sie in der Produktion benötigt werden. Der Transportdienstleister ist das Bindeglied in dieser Kette, das für den Kunden diese Verantwortung und Verpflichtung übernimmt. Von der Qualität dieser Dienstleistung hängt es schließlich ab, ob der Hersteller die geplanten Produktivitätssteigerungen und Kosteneinsparungen erzielen kann oder schlimmstenfalls die Produktionsanlage stillsteht.

Der Transportdienstleister wird bei einem Just-in-time-Konzept so eng wie möglich mit den logistischen Abläufen bei Zulieferer und Hersteller verschmolzen. Bei FedEx ist diese **Schnittstellenproblematik** mit flexiblen Kundenautomatisierungssystemen gelöst. Durch den weltweiten Einsatz computergestützter Informations- und Kommunikationstechnologien werden die Abläufe optimal koordiniert, gesteuert und überwacht. Hard- und Softwarelösungen werden auf die Netzwerke der Kunden angepasst, so dass eine Übertragung von „Hausdaten" in das FedEx-System möglich ist. Durch die direkte Einbindung in das System kann der Kunde fertigungssynchrone, elektronische Transportaufträge erteilen und den Status der Sendung jederzeit überwachen.

Ein völlig anderer Ansatz ist angebracht, wenn der Transportdienstleister einen Kunden gewinnen will, der die Dienstleistung in unregelmäßigen Abständen auf ad hoc-Basis nutzt und dessen Auftragsvolumen eher mittelgroß einzuschätzen ist. Hier spielen Faktoren wie ständige Erreichbarkeit zur Auftragsannahme, Beratung bei Zollformalitäten, unverzügliche und reibungslose Abwicklung, Zugang zu Informationen über den Status der Sendung etc. eine Rolle. Mit Sicherheit aber wünscht dieser Kunde keine vollständige Integration des Dienstleisters in die eigene Organisation.

Um Leistungen anzubieten, welche den Erwartungen verschiedener Kundengruppen entsprechen und diese schließlich begeistern, wird bei FedEx in regelmäßigen Abständen eine **segmentspezifische Marktforschung** zur Analyse der Kundenbedürfnisse und Kundenzufriedenheit durchgeführt.

Bei existierenden Kunden wird segmentspezifisch ermittelt, wie zufrieden der Kunde mit dem gesamten Leistungspaket von FedEx ist. Die Analyse des **Globalurteils** kann aber keinen Aufschluss über die Ursachen der (Un-)Zufriedenheit vermitteln, sondern nur die allgemeine Zufriedenheitsstimmung des Kunden wiedergeben. Im Gegensatz zur Erfassung der Gesamtzufriedenheit wird bei der nachfolgenden **multiattributiven Messung der Zufriedenheit** des Kunden mit einzelnen Leistungsmerkmalen bzw. Serviceattributen erfasst. Die multiattributive Messung unterstellt, dass sich die Gesamtzufriedenheit mit der Dienstleistung aus den Teilzufriedenheiten mit den verschiedenen Serviceattributen zusammensetzt (vgl. Kotler/ Keller/ Bliemel 2007, S. 568). Solche Leistungsmerkmale sind beispielsweise die Kompetenz des Kundendienstmitarbeiters am Telefon, die schnelle und zuverlässige Abholung der Sendung, die Übersichtlichkeit und die Genauigkeit der Rechnung oder die „Geld-zurück-Garantie".

Basis der sich anschließenden strategischen Analyse ist die Ermittlung der Kundenprioritäten. Maßgeblich ist nämlich nicht nur die Zufriedenheit mit dem einzelnen Leistungsaspekt, sondern vor allem der Stellenwert, den das einzelne Serviceattribut einnimmt. Je wichtiger der einzelne Leistungsaspekt für den Kunden ist, desto höher steht er im Prioritätenranking. Die Verknüpfung der Prioritäteneinstufung mit der tatsächlich wahrgenommenen Leistung erfolgt im **Strength-Weakness-Opportunity-Threat (SWOT)-Modell**. Die Matrix enthält 4 Felder (siehe Abb. 1).

Das SWOT-Modell dient dazu, die Stärken und Schwächen des Unternehmens hinsichtlich der Kundenzufriedenheit zu erfassen, Ansatzpunkte für die Serviceoptimierung zu identifizieren und den Ressourceneinsatz in Abhängigkeit der Wichtigkeit der Verbesserung für den Kunden zu steuern. Da die Serviceoptimierung mit den Kundenprioritäten verbunden sind, kann ausgeschlossen werden, dass wertvolle Ressourcen verschwendet werden ohne einen positiven Einfluss auf die Kundenzufriedenheit zu erzielen.

Die segmentspezifische Kundenbefragung ist hauptsächlich quantitativ ausgelegt. Die gewonnenen Informationen sind aber selten ausreichend, um ein volles Bild aller zufriedenheitsrelevanten Faktoren zu gewinnen. Aus diesem Grund werden bestimmte Punkte aus der quantitativen Untersuchung herausgelöst und in **Customer Focus Groups** (Kundendiskussionsgruppen) wiederholt aufgegriffen. In einer quantitativen Befragung wurde beispielsweise ermittelt, dass der Aspekt „Customer Care" für Kunden unterschiedlicher Segmente eine wichtige Rolle spielt. Trotzdem wird ein Kunde, der 1-2 Sendungen im Monat verschickt, den Begriff anders interpretieren als ein Großkunde mit hohem, täglichem Sendungsaufkommen. Die Ergebnisse der Focus Groups haben gezeigt, dass das „Customer Care"-Verständnis von regelmäßigem Besuch des Außendienstmitarbeiters bis zur bevorzugten Betreuung im Call Center reicht.

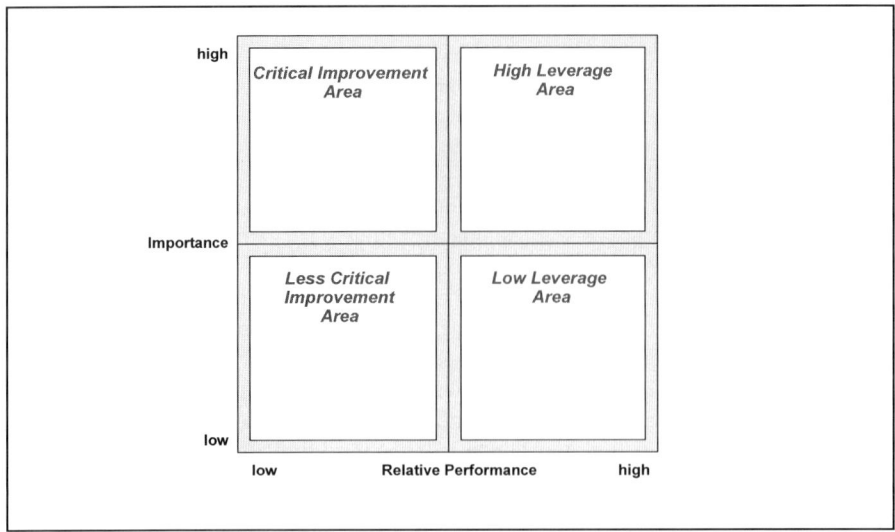

**Abb. 1:** Matrix zur SWOT-Analyse

Qualitäts- und Serviceoptimierungen sind am Ende nur dann sinnvoll, wenn sie vom Kunden wahrgenommen werden. Alle Planungen und Konzepte können nur verwirklicht werden, wenn sich Mitarbeiter im Unternehmen der Qualität verpflichtet fühlen. Ein noch so guter Segmentierungsansatz und die beste Marktforschung sind schließlich wertlos, wenn die Umsetzung des Konzeptes an der Schnittstelle des Unternehmens zum Kunden scheitert.

## 3.2 Organisations- und personalpolitische Maßnahmen zur Umsetzung einer kundenorientierten Unternehmensstrategie

Die Umsetzung einer Strategie beginnt mit der Philosophie. Als Manifest der strategischen Erfolgsfaktoren hat FedEx eine **Qualitätsproklamation** formuliert, die für jeden einzelnen Mitarbeiter einen grundsätzlichen Orientierungs- und Handlungsrahmen schafft. Im Vordergrund stehen die Schlüsselprinzipien einer qualitativen Wachstumsstrategie:

*„Federal Express's service policy is to create a completely satisfied customer at the end of each transaction. We achieve 100 percent customer satisfaction by performing 100 percent to our standards, as perceived by the customer. To realize this goal, we strive relentlessly to enhance quality in order to improve productivity, delight our customers, and reduce costs. Our commitment is to achieve 100 percent customer satisfaction and 100 percent service levels, while remaining dedicated to the principles of our People-Service-Profit philosophy."* (Federal Express Manager's Guide EMEA 2002, S. 147)

Da Dienstleistungen zumeist von Menschen und nicht überwiegend von Maschinen erbracht werden, steht die Erfüllung von Kundenbedürfnissen in unmittelbarem Zusammenhang mit motivierten Mitarbeitern. Dieser Grundsatz wird entsprechend in der **Unternehmensphilosophie** von FedEx gewürdigt:

**People – Service – Profit**
*"Take care of our people; they, in turn, will deliver the impeccable service demanded by our customers, who will reward us with the profitability necessary to secure our future. People-Service-Profit: these three words are the very foundation of FedEx Express."* (Federal Express Manager's Guide EMEA 2002, S. 12)

Die Unterstützung und das Engagement, das den Mitarbeitern entgegengebracht wird, ist Voraussetzung, um den Kunden jenen exzellenten Service zu bieten, durch dessen wiederholte Inanspruchnahme die Kunden ihrerseits zu einer gesunden Entwicklung des Unternehmens beitragen. Auch J.W. Marriott, Gründer der gleichnamigen Hotelkette, verfolgt einen ähnlichen Ansatz: *"You can't make happy guests with unhappy employees"*. Die Zufriedenheit des einzelnen Mitarbeiters mit der ihm übertragenen Aufgabe, dem Vorgesetzten und dem Unternehmen ist Grundvoraussetzung für eine erfolgreiche Umsetzung einer Qualitätsstrategie. Nicht nur aus diesem Grund werden Mitarbeiter bei FedEx in nahezu alle Unternehmensaktivitäten und -entscheidungen eingebunden. Für diese Vorgehensweise spricht ein einfaches Argument:

*"After all, who knows more about how the job should be done than those doing it?"* (Federal Express Manager's Guide EMEA 2002, S. 8).

Um die Energien der Mitarbeiter in die richtige Richtung zu kanalisieren, werden die strategischen Ziele von FedEx an alle Mitarbeiter kommuniziert. In Entscheidungssituationen kann sich jeder Mitarbeiter an diesem **Fünf-Punkte-Programm** orientieren. Die strategischen Ziele werden über verschiedene Kommunikationswege bekannt gegeben, z.B. weltweit über den eigenen Fernsehsender FedEx One über Mitarbeiterzeitungen und Präsentationen. Jeweils zu Beginn und in der Mitte eines jeden Geschäftsjahres verfasst der Unternehmensgründer Frederick W. Smith (Chief Executive Officer & Chairman of the Board) ein **strategisches Memorandum**, das jedem Mitarbeiter weltweit schriftlich zugeht.

Die Umsetzung der strategischen Ziele wird durch **das Management by Objectives (MbO)- und Professional by Objectives-Program (PbO)** gefördert. In einem Top-Down-Prozess erstellt jeder Vorgesetzte gemeinsam mit den Mitarbeitern die individuelle Zielsetzung für einen fest definierten Zeitraum.

Der Zielerreichungsgrad wird halbjährlich oder jährlich beurteilt. In diese Programme sind leistungsbezogene sowie kundenorientierte Be- und Entlohnungsmechanismen integriert (vgl. Federal Express Manager's Guide EMEA 2002, S. 226 f.).

Besonders die Organisationsstruktur muss der strategischen Orientierung des Unternehmens Rechnung tragen. Innovative, kundenorientierte Unternehmen haben deshalb flache Organisationsstrukturen. Bei FedEx gibt es zwischen der Vorstandsebene und den Frontline-Mitarbeitern nur 5 Hierarchiestufen. Reduzierte Ebenen zwischen Kundenkontaktpersonal und Management sollen sicherstellen, dass an der Unternehmensspitze keine Entscheidungen gefällt werden, die an der Schnittstelle zwischen Kunde und Kontaktperson nur schwer umzusetzen sind.

Kundenorientierung spielt bei FedEx eine zentrale Rolle und wird durch den Aufbau einer eigenen **"Customer Experience Management"-Abteilung** untermauert. Eine Kundenerfahrung wird durch unzählige, funktionsübergreifende Prozesse geprägt. Welche bleibenden Eindrücke seitens des Unternehmens vermittelt werden, hängt von den **Einzelerfahrungen** ab, die der Kunde mit verschiedenen Schnittstellen im Unternehmen macht. Die Erfahrung basiert auf **faktischem**, aber auch auf **emotionalem Erleben**: Der Kontakt mit dem Kurier, die Kompetenz des Mitarbeiters in der Rechnungsabteilung, die Hilfsbereitschaft im Telefonservice, aber auch der Umgang mit Selbstbediensystemen oder die Interaktion über Websites. Jeder Kundenkontakt mit dem Unternehmen muss eine ausgezeichnete Erfahrung darstellen, um langfristige Kundentreue zu sichern. Um der Kurzfristigkeit und Spontaneität einer Erfahrung Rechnung zu tragen, hat FedEx innovative Instrumente zur Erfassung des Kunden-Feedbacks eingeführt. Der so genannte **"Customer Experience Tracker"** ist eine webgestützte Studie, die fortlaufend Daten und Meinungen über Erfahrungen aus verschiedenen Kontaktkanälen liefert. In den meisten Unternehmen sind hier verschiedene Abteilungen betroffen, die mehr oder weniger bereichsübergreifend geführt werden. Customer Experience Management bei FedEx bedeutet einen umfassenden 360-Grad-Ansatz, an dem alle Touch-Points beteiligt sind. Schnittstellen mit dem Kunden werden zum Bestandteil eines integrierten Prozessmanagements.

Neben offenen Kommunikationswegen zwischen Management und Mitarbeitern bedarf dies einer funktions- und abteilungsübergreifende Kooperation. Aus diesem Grund arbeiten bei FedEx auf allen Ebenen der Organisation abteilungsinterne sowie abteilungs- und länderübergreifende Qualitätsteams, so genannte **Quality Action Teams**. Dadurch soll zum einen das ablauforientierte Denken gefördert und zum anderen die Kommunikation zwischen den Abteilungen verbessert werden. Quality Action Teams verfolgen sowohl qualitätsorientierte Zielsetzungen, wie z.B. ständige Verbesserung der Qualität, aktive und vorausschauende Fehlervermeidung, Erhöhung der Kundenzufriedenheit von internen und externen Kunden, Reduzierung der Kundenbeschwerden, als auch produktivitätsorientierte Zielsetzungen. Dazu zählen z.B. Kostensenkung, Verbesserung der Koordination und Kommunikation sowie Optimierung interner Kunden-Lieferanten-Beziehungen.

Um die Erfolge und Misserfolge bei der Umsetzung der People-Service-Profit Philosophie transparent zu machen, führt FedEx weltweit eine Zufriedenheitserhebung unter Mitarbeitern durch.

Die Umfrageaktion ist Bestandteil des **Survey-Feedback-Action Kommunikationsprogramms** (vgl. hierzu Rittersberger 1995, S. 577-581.), das vor allem darauf ausgerichtet ist, Schwachstellen zu identifizieren und einen unternehmensweiten, kontinuierlichen Verbesserungsprozess auf allen Ebenen der Organisation in Gang zu setzen. Das gesamte Programm besteht aus 3 Komponenten: Mitarbeiterbefragung **(Survey)**, Ergebnisbesprechung **(Feedback)** und Aktionsplan **(Action)**:

- **Survey:** Die Mitarbeiterbefragung zur Erfassung der Zufriedenheit wird bei FedEx einmal im Jahr weltweit zur gleichen Zeit durchgeführt. Es nehmen Unternehmensangehörige aller Hierarchiestufen teil. Die Befragung enthält 7 Themenbereiche, welche jene Aspekte des Arbeitsumfeldes umfassen, von denen man einen Einfluss auf Motivation und Engagement der Mitarbeiter annimmt. Dazu gehören beispielsweise das Führungsverhalten des Vorgesetzten, die Gestaltung des Arbeitsumfeldes oder verschiedene Kooperations- und Kommunikationsaspekte, die in der betrieblichen Zusammenarbeit eine Rolle spielen.

  Die Ergebnisse der Mitarbeiterbefragung werden nach Arbeitsgruppen getrennt ausgewertet und dem entsprechenden Vorgesetzten anonymisiert zugeleitet. Mit Hilfe dieser Daten können Vergleiche zwischen Arbeitsgruppen gezogen oder die Entwicklung über verschiedene Perioden verfolgt werden. Zu beachten ist allerdings, dass die Aussagekraft und Validität der Zahlen häufig nicht allgemeingültig ist, da Befragungsergebnisse immer von verschiedenen Ereignissen und Bedingungen beeinflusst werden.

- **Feedback:** Die Befragungsergebnisse sind die Gesprächsgrundlage für ein Feedbackgespräch, in das grundsätzlich alle Mitarbeiter einer Arbeitsgruppe einbezogen werden. Anhand der Ergebnisse der einzelnen Fragestellungen werden die verschiedenen Ursachen erarbeitet, die der Bewertung zugrunde gelegt wurden, um Aufschluss darüber zu gewinnen, welche Ereignisse, Vorgehensweisen oder Schwachstellen Reaktionen ausgelöst haben. Hinterfragt werden deshalb sowohl negative wie auch positive Rückmeldungen. Schon während des Feedbackgesprächs ermittelt die Arbeitsgruppe verschiedene Ansätze, um Missstände zu beseitigen und positive Erfahrungen zu verstärken.

- **Action:** Der Aktionsplan beinhaltet neben einer Problemdefinition und deren Ursachen entsprechende Lösungswege bzw. Abhilfe und Verbesserungsmaßnahmen. Um die Verbindlichkeit der Vereinbarungen zu demonstrieren, erhalten Mitarbeiter und Vorgesetzte eine Kopie der Arbeitsgruppenpläne, deren Fortschritt in regelmäßigen Meetings diskutiert wird. Der Erfolg des Programms steht und fällt mit der Konsequenz bei der Umsetzung der Maßnahmen.

Das Survey-Feedback-Action Kommunikationsprogramm ist ein Hilfsmittel, um die Kommunikation zwischen Team und Vorgesetzten zu intensivieren und es ermöglicht der Führungsspitze, sich einen Überblick über das gesamte Spektrum mitarbeiterbezogener Problembereiche zu verschaffen. Arbeitsgruppen, deren Ergebnis signifikant negativ vom Durchschnittswert abweicht, unterliegen einer besonderen Behandlung. Der Zyklus der Mitarbeiterbefragung bei „Critical Workgroups" wird auf 6 Monate verkürzt.

## 3.3 Die Standardisierung und Überwachung der Prozessqualität

Um Schwankungen in der Servicequalität auszuschließen, müssen Prozesse standardisiert und überwacht werden. Wesentlicher Bestandteil ist die Festlegung messbarer Qualitätsstandards und die Implementierung eines Kennzahlensystems zur fortlaufenden Kontrolle und Optimierung der Prozessqualität. Im Kundendienst bei FedEx ist z.B. festgelegt, dass ein Anruf spätestens nach dem 2. Klingelzeichen zu beantworten ist. Im Fall einer Beschwerde muss der Kunde innerhalb von 60 Minuten mit einer verbindlichen Rückmeldung zurückgerufen werden **(Call Back-Commitment)**.

Das Kernstück aller weltweiten Prozesse bei FedEx ist die **Tracking und Tracing-Technologie**. Alle FedEx Sendungen sind mit Strichcodes versehen, die auf den wichtigsten Versandetappen von den Mitarbeitern mit Handscannern (den „PowerPads") eingelesen werden. Jede physische Bewegung einer Sendung wird mit einem vorgesehenen Scancode dokumentiert. Für Abweichungen vom normalen, geplanten Transportverlauf (z.B. Zollverzögerungen, Unwetter, Flughafenstreiks, etc.) sind bestimmte Ursachencodes vorgesehen. Jede Sendung wird im Durchschnitt zehnmal gescannt, bevor am Zustellungsort der letzte Strichcode-Check erfolgt und der „PowerPad" automatisch die Zustellzeit speichert.

Gleichzeitig ist der PowerPad Teil eines Leitsystems, das Postleitzahlen einer FedEx Stations-Identifizierung zuordnet. Somit können Irrtümer, Fehlleitungen oder Verspätungen von vornherein minimiert werden. Im PowerPad festgehaltene Informationen fließen automatisch in das global vernetzte Computersystem COSMOS **(Customer-Operations-Service-Master-Online-System)**. Dadurch sind weltweit Kundendienstmitarbeiter in der Lage, ständig und zeitgenau über den jeweiligen Status einer Sendung Auskunft zu geben, Sendungen zu verfolgen und zu agieren, bevor Probleme entstehen.

Um die Prozessqualität fortlaufend zu erfassen, hat FedEx den **Express Service Quality Indicator (eSQI)** entwickelt. Die Kriterien wurden so ausgewählt, dass sie die Prozessqualität aus der Sicht des Kunden widerspiegeln. Um das vielfältige und komplexe Qualitätserleben des Kunden abzubilden, wurden die einzelnen Kategorien zusätzlich nach Kundenprioritäten gewichtet. Gemessen werden z.B.

- Lost Packages (Verlorene Pakete)
- Damaged Packages (Beschädigte Pakete)
- Wrong Day Late (Verspätete Auslieferung am falschen Tag)
- Right Day Late (Verspätete Auslieferung am richtigen Tag)
- Traces (Nachforschungen)
- Complaints (Beschwerden)
- Invoice Adjustments (Rechnungsänderungen)
- Abandoned Calls (Unbeantwortete Anrufe im Call Center)
- Missing POD (Fehlender Auslieferungsnachweis)
- Sales Performance (Erreichbarkeit des Verkaufs)
- Automation (Einfache Software-Installation)

Die Informationen für die Berechnung des Express Service-Quality-Indicators werden hauptsächlich mit Hilfe der Informationstechnologie COSMOS gewonnen. Tritt ein Fehler auf, werden der verantwortlichen Abteilung/ Station eSQI-Punkte zugerechnet. Die Summe aus den unterschiedlich gewichteten Kategorien ergibt den Express Service-Quality-Indicator, der je nach Indikator weltweit täglich, wöchentlich und monatlich berechnet wird.

Zu Beginn jedes Geschäftsjahres wird ausgehend vom weltweiten Indikator pro Kontinent eine Planvorgabe zur Reduzierung des eSQI entwickelt. Diese Zielsetzung wird auf alle operationellen Bereiche verteilt, um sicherzustellen, dass überall kontinuierlich an Verbesserungen gearbeitet wird.

Der Express Service-Quality-Indicator gibt wertvolle Hinweise auf Veränderungen oder Fehler innerhalb der Prozesse. Jede Abweichung einer Messgröße zwischen tatsächlichen und prognostizierten Ergebnissen (Soll-Ist-Vergleich) gibt Anlass zu einer Problemanalyse, aus der sich korrektive Maßnahmen zur Verbesserung ableiten. Auch die Analyse des eSQI-Verlaufs im Zeitvergleich kann wichtige Warnsignale dafür geben, dass etwas außer Kontrolle geraten ist und dass korrigierend eingegriffen werden muss.

Zusätzlich gibt es bei FedEx ein weiteres Bewertungsinstrument, die so genannten **Operational Service Metrics (OSMs)**. OSMs fassen verschiedene Arten von Service-Fehlern nach dem Verursacherprinzip zusammen und sind für jede Niederlassung, jedes Land, jeden Kontinent und weltweit verfügbar. Unterschieden werden die Kategorien Versandort, Bestimmungsort, Umschlagzentrum und Zollabfertigung. Damit werden Fehlerquellen eindeutig identifiziert und es können gegensteuernde Maßnahmen ergriffen werden, um diese Fehler künftig zu vermeiden.

Für den Manager ist nicht nur die Information über das aktuelle Niveau der Prozessqualität wichtig, sondern auch die permanente Nutzung des eSQI und OSMs als Coaching-Instrument für die Mitarbeiter. Im Zusammenhang mit Qualitätsverbesserungen spielt das Feedback des Vorgesetzten an die Mitarbeiter eine bedeutende Rolle. Regelmäßige Besprechungen des eSQI/ OSMs sind notwendig, um Fortschritte und Erfolge bekannt zu machen und gleichzeitig die Bedeutung der Qualität im Bewusstsein jedes einzelnen Mitarbeiters zu verstärken.

## 4 Fazit: Zehn Maßnahmen zur Umsetzung einer qualitativen Wachstumsstrategie

1. Das unternehmerische Denken und Handeln wird vom Kunden bestimmt.
2. Unterschiede in der Bedürfnisstruktur der Kunden werden in einem segmentspezifischen Ansatz umgesetzt.
3. Kundenzufriedenheit wird ständig gemessen; Optimierungsansätze der Servicequalität basieren auf Kundenprioritäten.
4. Die formalisierte Qualitätsphilosophie des Unternehmens schafft einen kundenorientierten Handlungsrahmen für alle Mitarbeiter.
5. Strategische Unternehmensziele werden unmissverständlich kommuniziert.
6. Eine flache Hierarchie sichert die Nähe zum Frontline-Mitarbeiter und damit zum Kunden. Schnittstellen mit dem Kunden werden zum Bestandteil eines bereichsübergreifenden Prozessmanagements.

7. Mitarbeiter werden als wichtigste Ressource zur Erreichung der Unternehmensziele gewürdigt, mit entsprechenden Kompetenzen ausgestattet und gefördert.
8. Leistungsgerechte Entlohnungssysteme stützen die Umsetzung qualitäts- und kundenorientierter Ziele.
9. Prozesse werden formalisiert und Qualitätsstandards festgelegt.
10. Die Prozessqualität wird ständig gemessen, überwacht und optimiert.

# 5 Literatur

*Becker, J. (2006):* Marketing-Konzeption: Grundlagen des zielstrategischen und operativen Marketing-Managements, 8. Aufl., München 2006.
*Engelhardt, W.H./ Kleinaltenkamp, M./ Reckenfelderbäumer, M. (1993):* Leistungsbündel als Absatzobjekte, in: Schmalenbachs Zeitschrift für betriebswirtschaftliche Forschung, 45 Jg., 1993, Nr. 5, S. 395-426.
*Federal Express Manager's Guide EMEA (2002):* The FedEx Express Guide to Leadership, February 2002.
*Kotler, P./ Keller, K.L./ Bliemel, F. (2007):* Marketing-Management – Strategien für wertschaffendes Handeln, 12. Aufl., München 2007.
*Meffert, H./ Burmann, C./ Kirchgeorg, M. (2008):* Marketing: Grundlagen marktorientierter Unternehmensführung – Konzepte – Instrumente – Praxisbeispiele, 10. Aufl., Wiesbaden 2008.
*Meyer, A./ Dornach, F. (1995):* Nationale Barometer zur Messung von Qualität und Kundenzufriedenheit bei Dienstleistungen, in: Bruhn, M./ Stauss, B. (Hrsg.): Dienstleistungsqualität: Konzepte, Methoden, Erfahrungen, 2. Aufl., Wiesbaden 1995.
*Rittersberger, P. (1995):* Kontinuierliche Qualitätsverbesserung mittels Schnittstellenindikatoren bei Federal Express, in: Bruhn, M./ Stauss, B. (Hrsg.): Dienstleistungsqualität: Konzepte, Methoden, Erfahrungen, 2. Aufl., Wiesbaden 1995, S. 563-582.
*Stauss, B. (1989):* Beschwerdepolitik als Instrument des Dienstleistungsmarketing, in: Jahrbuch der Absatz- und Verbrauchsforschung, 35. Jg., 1989, Nr. 1, S. 41-62.

# Kundenzufriedenheitsmanagement bei der R+V Versicherung

– Wie kann ein verbessertes Management der Kundenzufriedenheit in Konzepte zur Unternehmensentwicklung eingebunden werden? –

Hans-Christian Marschler, Hans Eckert, Erik Waidner, Alexander Niemeyer, Armin Töpfer

Inhalt

1 Kundenzufriedenheitsmanagement als Baustein der Unternehmensentwicklung . 479
2 Konzeption und Vorgehen im Kundenzufriedenheitsmanagement ...................... 481
3 Durchführung der Befragungen und ihre Ergebnisse ............................................ 485
3.1 Hohe Zufriedenheit der Endkunden ....................................................................... 485
3.2 Differenzierte Ergebnisse der Vertriebspartnerzufriedenheit ................................. 488
3.3 Verbesserungspotenzial aus Sicht der Mitarbeiter ................................................. 491
4 Verbesserungsprozess und Wirkungen ................................................................. 493
5 Weitere Bausteine des Kundenzufriedenheitsmanagements .................................. 495
6 Aufbau eines konzernweiten Qualitäts- und Produktivitätsmanagements ............ 498
7 Quintessenz ............................................................................................................ 499
8 Literatur ................................................................................................................. 499

## 1 Kundenzufriedenheitsmanagement als Baustein der Unternehmensentwicklung

In der Vergangenheit hat die R+V Versicherung 2 wichtige Bausteine der Unternehmensentwicklung realisiert, die sich zum einen auf die Kostensenkung und zum anderen auf die Optimierung der Organisation konzentrierten.

Der 1. Baustein hatte den Namen „Progress" und war darauf ausgerichtet, Skaleneffekte zu realisieren. Strukturen wurden so verändert, dass spezielle Fähigkeiten konzentriert wurden, Geschäftsvorfälle in entsprechend großer Häufigkeit zur Bearbeitung vorhanden waren und die Führungsspannen ausreichend groß bemessen wurden. Hierzu sind die innendienstlichen Funktionen von 15 Filialdirektionen an 4 Standorten zusammengefasst worden. Zusätzlich wurden zur Vertriebsunterstützung IT-Systeme für den Außendienst eingeführt, ein Call Center eingerichtet und ein elektronisches Dokumentenmanagement aufgebaut, das es erlaubte, dezentral eingehende Briefe an jedem Standort zu bearbeiten.

Der 2. Baustein trug den Namen „VS IV", was für die 4. Stufe der Vertriebsstrategie stand. Er hatte zum Ziel, die bisherigen 15 Filialdirektionen in heute 30 neue Filialdirektionen aufzugliedern und in 5 Vertriebsdirektionen zusammenzufassen. Diese neuen Filialdirektionen sind die direkten Ansprechpartner für die Banken als Vertriebsweg. Support Pools, die bei den 5 Vertriebsdirektionen aufgebaut wurden, unterstützten die Filialdirektionen unmittelbar vor Ort. Zusätzlich wurde eine stärkere Fokussierung dadurch erreicht, dass die 2 Vertriebswege Banken und Generalagenten auf der einen Seite und Makler auf der anderen Seite getrennt wurden.

Nachdem mit diesen beiden Stufen der Unternehmensentwicklung die Voraussetzungen für eine höhere Effizienz im Hinblick auf Kosten, Durchlaufzeiten und Wirtschaftlichkeit sowie Kompetenz und Qualität der Prozesse und Ergebnisse geschaffen waren, konzentrierte sich der 3., vom Vorstand verabschiedete Baustein folgerichtig nicht auf die Ressourcen, sondern auf die **Marktpartner und Endkunden**. Dieser 3. Baustein lief in der Anfangsphase unter dem Namen „Programm externe und interne Kundenorientierung". Hierfür wurden 5 zentrale Handlungsfelder festgelegt:

- Definition messbarer Qualitätsstandards für laufende und neue Prozesse
- Gewährleistung systematischer Kunden-/ Vertriebspartner- und Mitarbeiter-Befragungen
- Herausarbeiten von wenigen schlagkräftigen Maßnahmen mit hoher Erfolgs- und Signalwirkung
- Zentrale Koordination des Gesamtprogramms durch die Konzernentwicklung
- Überführen der Programmthemen/ -organisation in den Regelbetrieb des Unternehmens.

In der Folge wurden vom Vorstand in mehreren **Strategieworkshops** mit externer Unterstützung die inhaltlichen und organisatorischen Grundlagen festgelegt sowie die einzelnen Handlungsfelder konkretisiert.

Dem gesamten Programm lag das Ziel einer hohen Kundenorientierung zu Grunde. Als hohe Kundenorientierung wurde dabei die Fähigkeit verstanden, Anforderungen von Versicherungsnehmern als Endkunden und Volks- und Raiffeisenbanken als Vertriebspartnern besser zu erfüllen, als es andere tun. Das Ziel war damit zugleich, über die Kundenzufriedenheit auch die Kundenbindung zu erhöhen. Da Kundenorientierung eine Eigenschaft und Fähigkeit des gesamten Unternehmens ist, konnte das Vorgehen nicht darin bestehen, ein isoliertes Projekt neben bereits vorhandenen Projekten zu installieren, sondern alle laufenden Projekte mussten kundenorientiert ausgerichtet werden.

Gerade bei Versicherungen als Dienstleistungsunternehmen kommt es darauf an, ihre Versicherungsprodukte über ein **günstiges Preis-Leistungs-Verhältnis** hinaus dem Adressaten mit einer **guten Produkt- und Servicequalität** nachhaltig zu vermitteln und die Vorteile, die er mit diesen Produkten und dieser Geschäftsbeziehung hat, erleben zu lassen. Alles dies zusammen ist die notwendige Basis für das höchste Ziel in jeder Kundenbeziehung und dies erst recht bei Versicherungsprodukten, nämlich **Vertrauen** zu schaffen (vgl. Töpfer 2006c, S. 413 ff.; Bruhn 2006, S. 59 ff.).

Generell konnte davon ausgegangen werden, dass diese mit einer stärkeren Kundenorientierung verbundenen Ziele bei den Vertriebspartnern, also den Volks- und Raiffeisenbanken innerhalb des genossenschaftlichen Verbundes, auf positive

Resonanz stoßen. Dies umso mehr, da die Banken selbst Kunden der R+V sind und ihrerseits einem hohen Wettbewerbs- und Kostendruck ausgesetzt sind.

Angestrebt wurde also eine **Wertsteigerung** für 3 Seiten, die Endkunden, die Vertriebspartner und die R+V selbst mit ihren Mitarbeitern. Bezogen auf die Vertriebspartner soll die Wertsteigerung also durch eine **Erfolgspartnerschaft** erreicht werden, indem die R+V dem Vertriebspartner hilft, auf seinen Märkten und damit bei seinen Kunden noch erfolgreicher zu sein. Dies setzt voraus, **Kosten- und Ertragstreiber** zu erkennen und positiv zu gestalten, also dem Vertriebspartner erfolgsträchtige Produkte an die Hand zu geben und die Zusammenarbeit mit ihm einfach, schlank und ohne Probleme zu gestalten (vgl. Töpfer 2007, S. 172 ff.). In der Konsequenz läuft dies darauf hinaus, dass die Zufriedenheit des Vertriebspartners eine wesentliche Voraussetzung für den Umfang seines Geschäftsvolumens mit dem Anbieter der Marktleistungen ist. Diese Erkenntnis ist in einer Reihe von Branchen bereits in vollem Umfang bestätigt worden.

Die gewählte Vorgehensweise trug der folgenden Erkenntnis Rechnung: Ein hohes Niveau an Kundenzufriedenheit und damit ein hohes Qualitätsniveau am Markt setzen voraus, dass intern keine gravierenden Probleme bestehen. Hierfür ist vor allem wichtig, dass die Abläufe gut strukturiert sind und zügig durchlaufen werden, die Zusammenarbeit zwischen verschiedenen Abteilungen gut klappt und die Mitarbeiter bezogen auf ihre Arbeitssituation und ihre Weiterentwicklung ein hohes Maß an Zufriedenheit erreichen (vgl. Töpfer 1997, S. 20 ff.).

## 2 Konzeption und Vorgehen im Kundenzufriedenheitsmanagement

In Abbildung 1 sind die einzelnen Bausteine des Programms Kundenorientierung bzw. des Kundenzufriedenheitsmanagements aufgeführt.

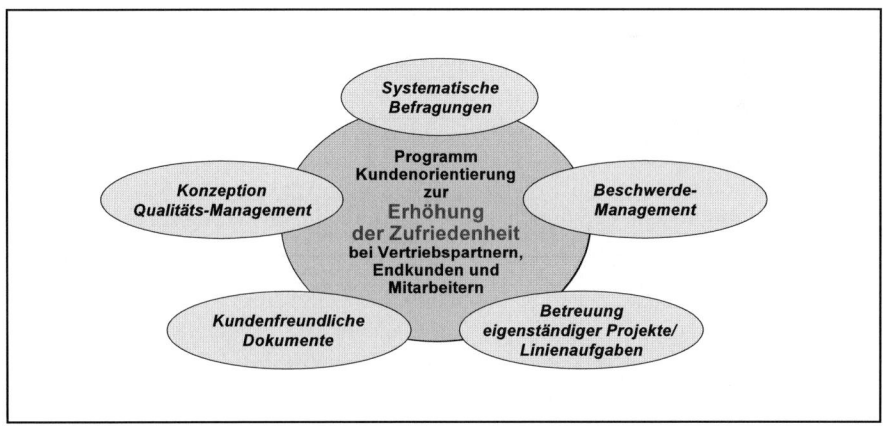

**Abb. 1:** Bausteine des Programms Kundenorientierung

Als zentrales Handlungsfeld wurde von einer Projektgruppe im Unternehmen mit externer Unterstützung die **Konzeption** für die **Befragung der Vertriebspartner und Endkunden** sowie für die **Befragung der Mitarbeiter** erarbeitet. Dabei war in allen Präsentationen immer wieder betont worden, dass die Funktion der 3 Befragungen darin besteht, eine objektive und aussagefähige Informationsbasis zu erhalten. Das eigentliche Ziel des gesamten Programms waren aber die Verbesserungsprojekte in unterschiedlichen Bereichen und auf verschiedenen Ebenen. Dieses Vorgehen folgt der bekannten Philosophie: Messen macht nur Sinn, wenn man besser werden will. Da in diesem Ausmaß und in dieser Konsistenz im Unternehmen R+V bisher noch keine derartigen Befragungen gleichzeitig durchgeführt wurden, bewirkten die Befragungsergebnisse eine erhebliche Zunahme an **externer und interner Transparenz**.

Die 1. Befragung der Vertriebspartner und Endkunden fand zu Anfang und in der Mitte des Jahres 2002 statt. Diese Befragungen bilden die Basispunkte einer Zeitreihe. Die 1. und 2. Wiederholung der Vertriebspartner-Befragung mit dem weitgehend identischen Fragebogen wurde 2004 bzw. 2006 durchgeführt. Ergänzend zu den externen Befragungen erfolgte eine Mitarbeiter-Befragung der kundennahen Bereiche im Jahre 2002. Einbezogen waren dabei Außendienst-, aber auch Innendienstmitarbeiter mit häufigem Kundenkontakt, von denen Stichproben befragt wurden. Ende 2005 wurden bei einer Zweitbefragung die Mitarbeiter aller Bereiche des gesamten Unternehmens befragt. Auch hier war es im Interesse einer Vergleichbarkeit der inhaltlichen Ergebnisse über die Zeit wichtig, das Befragungsinstrumentarium weitgehend identisch zu halten.

Da es bei einer **Mitarbeiter-Befragung** immer darum geht, aus subjektiver Sicht jedes einzelnen Befragten eine Bewertung seiner gesamten **Arbeits- und Führungssituation** zu erhalten, ist unter diesem Blickwinkel der Mitarbeiter auch ein „Kunde" des Unternehmens. Er ist dies im Hinblick auf die Art und den Inhalt seiner Aufgaben und der Führung. Beide sollen ihn befähigen, einen positiven Wertbeitrag für das Unternehmen zu leisten.

Das gesamte Konzept der 3 integrierten Bausteine von Befragungen ist in Abbildung 2 wiedergegeben. Wie hieraus ersichtlich ist, bilden die Vertriebspartner das Scharnier zwischen der R+V und ihren Endkunden. Bei den Endkunden wurde der **Kundenzufriedenheitsindex** (Customer Satisfaction Index – M+M CSI®) ermittelt und durch den **Kundenbindungsindex** (M+M KBI®) ergänzt. Dieser und auch die anderen Indizes für Zufriedenheit und Bindung folgten einem fortschrittlichen Modell, das von allen Befragten jeweils eine Aussage über die Wichtigkeit eines Kriteriums für sie persönlich sowie dann auch über die entsprechende persönliche Zufriedenheit verlangt.

Den Berechnungen der von der M+M Management und Marketing Consulting durchgeführten Befragungen liegt jeweils ein mathematisches Modell zu Grunde. Die Philosophie besteht darin, dass ein erreichtes Niveau an Zufriedenheit erst dann aussagefähig wird, wenn man das entsprechende Niveau der Erwartung und damit ersatzweise die Wichtigkeit des Kriteriums für den Befragten kennt. Dies schließt zugleich aus, dass ein hohes Niveau an Zufriedenheit bei einer relativ geringen Wichtigkeit den CSI nach oben treibt und damit die tatsächliche Zufriedenheit der Kunden überschätzt (vgl. Töpfer 2006a, S. 191 ff.). Ein hohes Niveau an

Kundenorientierung und Kundenzufriedenheit strebt also an, die für die Kunden wichtigen Anforderungen möglichst gut zu erfüllen und bei den für die Kunden weniger wichtigen Kriterien nicht durch erhöhte Anstrengungen und i.d.R. auch Finanzmittel ein hohes Niveau an Kundenzufriedenheit zu erreichen, das der Kunde aber letztendlich nicht honoriert (vgl. Töpfer 2001, S. 193 ff.). Wie in Abbildung 2 dargestellt, entspricht – um es in einem Bild auszudrücken – die Wichtigkeit also einer Röhre und die Zufriedenheit deren Füllung. Im Idealfall sind sie beide gleich hoch und die Röhre ist voll; der CSI liegt dann bei 100 Indexpunkten. Da dies in der Praxis aber eher selten der Fall ist, gibt der verbleibende Zwischenraum als Delta das bestehende Verbesserungspotenzial an.

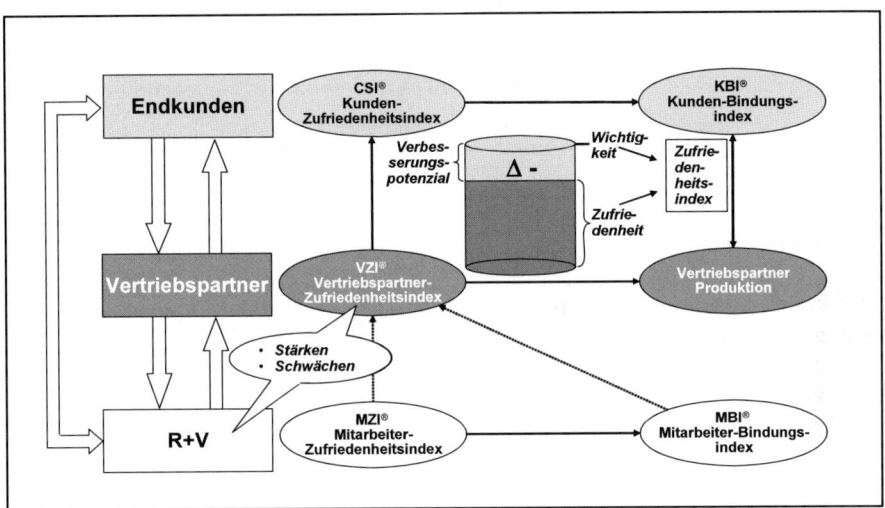

**Abb. 2:** Das Konzept der 3 integrierten Befragungen

Insgesamt resultieren hieraus klare **Ansatzpunkte für gezielte Verbesserungen**. Dies gilt umso mehr, wenn die Endkunden sich auf verschiedene Versicherungssegmente bzw. Produktsparten und Kundengruppen aufteilen, deren Anforderungen an Produkte und Service z.T. erheblich voneinander abweichen. Allgemeine Durchschnittswerte der Wichtigkeit als Basis würden genau diese für eine Kundenbindung oftmals grundlegenden Unterschiede vernachlässigen und notwendige Verbesserungen für einzelne Kundengruppen nicht erkennen lassen. Dieses Vorgehen erlaubt also die **Feinsteuerung für einzelne Kundengruppen** bei bestimmten Produkten. Außerdem ermöglicht sie, Veränderungen der Anforderungen (Wichtigkeit) über die Zeit detailliert und vor allem frühzeitig zu erkennen. Dies steigert die Reaktionsfähigkeit des gesamten Unternehmens am Markt.

Um bezogen auf alle 4 untersuchten großen Produktsparten, bei denen Komposit sich wiederum in 5 einzelne Versicherungsprodukte aufteilte, sowie bezogen auf die 30 regionalen Filialdirektionen aussagefähige bzw. noch besser repräsentative Ergebnisse zu erhalten, wurde eine größere Zahl von Endkunden in Telefoninterviews mit dem obigen Konzept befragt. Insgesamt sind aus diesen Gründen fast 17.000 Telefoninterviews durchgeführt worden. Es versteht sich von alleine, dass eine derartig große Befragung nicht so häufig durchgeführt werden kann wie die anderen Befragungen.

Bei der Vertriebspartner-Befragung der Genossenschaftsbanken wurde der M+M VZI® als **Vertriebspartnerzufriedenheitsindex** ermittelt. Aufgrund ihrer Kooperation mit der R+V und ihrer Produktionsgröße, also aufgrund des Umsatzvolumens mit R+V-Produkten, kamen knapp 1.000 Banken für die Telefoninterviews in Frage. Da die Zufriedenheit, aber auch die Wichtigkeit von dem jeweiligen Aufgabengebiet und dem Informationsstand des Befragten abhängen, erschien es wenig zweckmäßig und aussagefähig, pro Bank nur eine Person zur Wichtigkeit einzelner Anforderungen und zur Zufriedenheit in der Zusammenarbeit mit der R+V zu befragen. Dies gilt umso mehr, da der Blickwinkel und die Bedürfnisse eines Kundenberaters im operativen Geschäft anders sind als die des übergeordneten Geschäftsfeldkoordinators sowie erst recht als die strategischen Anforderungen eines Vorstands. Hinzu kommt, dass die Häufigkeit der Interaktion mit der R+V sehr unterschiedlich ist und damit auch die jeweilige Informationsbasis. Aus diesem Grunde wurden pro Bank diese 3 Personen befragt, also der zuständige Vorstand, der Geschäftsfeldkoordinator und ein Kundenberater.

In den über 750 Banken, also über 75%, die sich im Jahre 2006 als Vertriebspartner hierfür grundsätzlich zur Verfügung stellten, wurden diese 3 Ebenen weitgehend gleichgewichtig befragt, so dass insgesamt die Ergebnisse von über 2.200 Telefoninterviews vorlagen. Die Bereitschaft zur Mitwirkung der Banken konnte im Laufe der Zeit deutlich gesteigert werden. Die Ausschöpfung der Netto-Stichprobe lag auf allen 3 befragten Ebenen inzwischen bei über 90%. Die maßgeblichen Gründe hierfür sind zum einen die intensiven Kommunikationsmaßnahmen mit den Banken und zum anderen die nach den bisherigen Befragungen durchgeführten Verbesserungsmaßnahmen.

Im Ergebnis wurde der VZI produktspezifisch und regional dem CSI bei den Endkunden gegenübergestellt. Interessant war insbesondere die Antwort auf die Frage, ob ein hoher VZI bei den Banken mit einer hohen Produktion dieser Vertriebspartner einhergeht und ob die Kunden dieser Banken eine höhere Kundenbindung und damit einen höheren KBI aufweisen.

Bezogen auf den Zusammenhang zwischen der Vertriebspartner-Befragung und der Befragung der R+V-Mitarbeiter wurde davon ausgegangen, dass ein Abgleich der erkannten Stärken und Schwächen auf beiden Ebenen in mancher Hinsicht korrespondiert und damit auch klare Ansatzpunkte für Verbesserungsmaßnahmen in den kundennahen, aber auch in anderen Bereichen liefert. Mit anderen Worten ist davon auszugehen, dass die Mitarbeiter sehr wohl Schwächen in den Abläufen und der Zusammenarbeit erkennen und artikulieren, die sich dann auch in einer verminderten Zufriedenheit der Vertriebspartner wieder finden.

Analysiert wurden im Rahmen der Mitarbeiter-Befragung der **Mitarbeiterzufriedenheitsindex** (M+M MZI®) sowie zusätzlich der **Mitarbeiterbindungsindex** (M+M MBI®). Zwei Beziehungen sind dabei plausibel: Zum einen ist davon auszugehen, dass ein hoher MZI auch zu einem relativ hohen MBI führt.

Zum anderen sollte untersucht werden, inwieweit der MZI und MBI einen möglichst positiven Einfluss auf den VZI haben.

In die 1. Mitarbeiter-Befragung, die mit einem Fragebogen schriftlich durchgeführt wurde, waren ca. 3.700 Mitarbeiter einbezogen. Der Rücklauf ausgefüllter Fragebögen betrug gut 53%. Dies ist verglichen mit Befragungen in anderen Unternehmen kein sehr hoher Wert. Ein Grund ist dabei immer die Neuartigkeit eines derartigen Instrumentes der Personalführung für die Mitarbeiter eines Unternehmens. In die Zweitbefragung wurden alle ca. 10.000 Mitarbeiter des Unternehmens einbezogen. Der Rücklauf steigerte sich auf über 70% und dies, obwohl beim 2. Mal die Mitarbeiter-Befragung ausschließlich elektronisch durchgeführt wurde.

## 3 Durchführung der Befragungen und ihre Ergebnisse

Durch die enge zeitliche Nähe der Vertriebspartner- und Endkunden-Befragung im Jahre 2002 sowie die zeitliche Staffelung der anschließenden Mitarbeiter-Befragung lagen bei diesen Erstbefragungen die Ergebnisse zeitnah und damit vor dem gleichen Hintergrund der Markt- und Unternehmenssituation vor. Dennoch wurde damit vermieden, dass das Unternehmen sowie seine Führungskräfte und Mitarbeiter überfordert werden durch die Vielzahl an Erkenntnissen für Verbesserungsmaßnahmen sowie den Druck hierzu insbesondere von den Vertriebspartnern und Mitarbeitern. Dieses Vorgehen eröffnete die Chance, den Verbesserungsprozess in geordneten Bahnen, also ohne Hektik und Verzögerungen, durchzuführen.

Die Vertriebspartner-Befragung und die Mitarbeiter-Befragung wurden in dem beschriebenen regelmäßigen Turnus wiederholt. Für den VZI und den MZI liegen dadurch bis 2005/ 2006 die Ergebnisse von 3 bzw. 2 Befragungen vor. Da die eingesetzten Fragebögen im Kern konstant gehalten und lediglich durch Fragen zu aktuellen Entwicklungen ergänzt wurden, war eine **direkte Vergleichbarkeit** der ermittelten Ergebnisse gegeben.

### 3.1 Hohe Zufriedenheit der Endkunden

Die Endkunden-Befragung erbrachte für die gesamte R+V einen CSI von 87,0. Dies ist – verglichen mit anderen Unternehmen der Branche und anderen Branchen – ein ausgesprochen guter Wert, der in dieser Höhe im Unternehmen vorher nicht bekannt war. Fast 80% der befragten Kunden waren mit den R+V-Leistungen zufrieden bzw. sehr zufrieden und sehen ihre Erwartungen gut erfüllt. Dieser hohe CSI-Wert bestärkte sowohl die Banken als Vertriebspartner als auch die Außendienstmitarbeiter der R+V in der Qualität und Akzeptanz ihrer Arbeit, zumal die Schwankungsbreite bei den einzelnen Versicherungssparten und bei den unterschiedlichen Kundenarten, die untersucht wurden, relativ gering war.

Neben dem Gesamtdurchschnitt zeigt die Differenzierung nach einzelnen **Zufriedenheitsniveaus**, wie hoch der Anteil der hoch zufriedenen Kunden auf der einen Seite und der Anteil der frustrierten Kunden auf der anderen Seite ist. Wie aus Abbildung 3 nachvollziehbar ist, macht die Problemgruppe nur einen kleinen Prozentsatz aus.

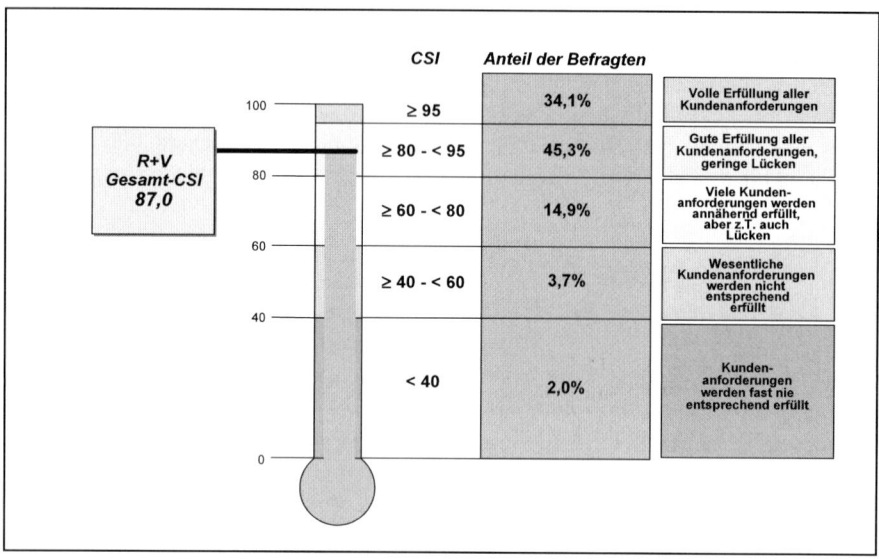

**Abb. 3:** CSI-Gesamtergebnis und Einzelausprägungen

Der CSI wurde pro Befragtengruppe jeweils anhand von ca. 40 Fragen ermittelt. Der direkte Abgleich zwischen der VZI-Bewertung durch die Vertriebspartner und der CSI-Bewertung durch die Endkunden ließ 2 Schlussfolgerungen zu:

- Bezogen auf die **Schadenregulierung** schätzten die Vertriebspartner die Zufriedenheit ihrer Endkunden deutlich kritischer ein, als die Endkunden selbst dies bewerteten. Der Unterschied betrug hier z.T. mehr als 20 Punkte. Eine Erklärung mag darin liegen, dass die Vertriebspartner eine bessere Schadenregulierung für ihre Kunden erwarteten. Eine 2. Erklärung kann dadurch gegeben sein, dass der Kunde dazu neigt, den Vermittler, also die Bank, eher im Problemfall aufzusuchen als bei positiven Erlebnissen.
- Bezogen auf die Zufriedenheit der Endkunden mit der **Beschwerdebearbeitung** lag der entsprechende Zufriedenheitswert aus Sicht der Vertriebspartner bei 55, der entsprechende Wert aus Sicht der Endkunden bei 56. Die Einschätzung der Vertriebspartner wurde also durch die Endkunden bestätigt. Der VZI der Vertriebspartner mit dem gesamten Beschwerdemanagement war mit 62 höher, so dass die Beschwerdebearbeitung den neuralgischen Punkt mit Defiziten darstellte. Sowohl Vertriebspartner als auch Endkunden sehen hier Handlungsbedarf der R+V. Dies führte unmittelbar nach Vorliegen der Befragungsergebnisse dazu, dass ein umfassendes und mehrstufiges Verbesserungsprojekt eingeleitet wurde. Hierüber wird in Kapitel 4 berichtet.

Der Wert für die zusätzlich auf der Basis von 3 Komponenten ermittelte Bindung der Endkunden betrug 68,4. Projekterfahrungen belegen, dass dieser Kundenbindungsindex (KBI) immer geringer ist als der CSI. Der Grund liegt darin, dass der Kunde anhand der gestellten Fragen ein Bleibe- und Empfehlungsversprechen abgibt; dies wird erfahrungsgemäß im Vergleich zur Äußerung der Zufriedenheit zögerlicher gegeben.

Gleichzeitig bestand aber auch Einigkeit in der Sichtweise, dass eine geringe Beschwerdezufriedenheit bei dieser Gruppe von Kunden auch einen negativen Effekt auf die Kundenbindung hat. Dies wurde durch Detailanalysen auf der Basis der Befragungsergebnisse bestätigt: Der Kundenbindungsindex (KBI) war bei Kunden, die mit der Beschwerdebehandlung und -bearbeitung zufrieden oder sehr zufrieden waren, um über 25 Punkte höher als bei Kunden, die mit diesem Service und Ergebnis (sehr) unzufrieden waren.

Der Durchschnittswert des KBI liegt im vorliegenden Fall auf einem guten Niveau. Aussagefähiger ist im Vergleich zum Durchschnitt wiederum die Verteilung des KBI auf die unterschiedlichen Niveaus. Denn hieraus lässt sich unmittelbar der Prozentsatz der abwanderungsgefährdeten Kunden erkennen. Kurz erwähnt sei, dass eine zusätzliche Befragung von „Lost Customer", also von bereits abgewanderten Kunden, wichtige Erkenntnisse über die Abwanderungsursachen erbrachte.

Insgesamt konnte anhand der Befragungsergebnisse zum CSI und KBI ein mit diesen beiden Dimensionen gebildetes **Portfolio** aussagefähige Informationen zu der quantitativen Größe unterschiedlicher Kundentypen liefern. Unterschieden wurden die Gruppen der **wechselwilligen Kunden**, der **gefährdeten Kunden**, der „**Traditionalisten**" und der „**Fahnenträger**". Die letztere Gruppe, also von den Leistungen der R+V überzeugte Kunden, betrug 79,6%. Interessant war diese Analyse insbesondere im Benchmarking auf alle Filialdirektionen, um bezogen auf abwanderungswillige Kunden relativ schnell reagieren zu können.

Die einmal erhobenen Daten der Endkunden wurden neben der CSI- und KBI-Analyse 2 weiteren Auswertungen unterzogen, nämlich einer Delta-Analyse und einer Portfolio-Analyse. Die **Delta-Analyse** (siehe Abb. 4) kennzeichnet bezogen auf jedes untersuchte Kriterium in Form einer **Ampel-Analyse**, ob bzw. wie stark eine Abweichung zwischen der Wichtigkeit und Zufriedenheit vorliegt. Diese Grün-, Gelb-, Rot-Kennzeichnung war für das Management die unmittelbare Grundlage, um den Verbesserungsbedarf zu erkennen.

Die **Portfolio-Analyse** (siehe Abb. 5) gruppiert die einzelnen abgefragten Kriterien zum einen nach der **verbalen Wichtigkeit** für die Befragten (Ordinate) und zum anderen nach dem – statistisch ermittelten – **Einfluss eines Kriteriums auf die Gesamtzufriedenheit** der Befragten (Abszisse). Dadurch, dass bei jedem Kriterium wiederum in Form einer Ampel-Analyse dargestellt wird, inwieweit Wichtigkeit und Zufriedenheit übereinstimmen, also damit Kundenanforderungen gut, weitgehend oder nicht ausreichend erfüllt werden, ist der Handlungsbedarf vor allem im oberen rechten Quadranten sofort ablesbar und dem Management dadurch auch gut kommunizierbar. Diese Analyse ist eine sinnvolle Ergänzung zur Delta-Analyse, da sie übersichtlicher, damit aber auch pauschalierter ist.

| | Leben Neukunden | Kranken Neukunden | Komposit ohne Kfz Neukunden | Kfz Neukunden |
|---|---|---|---|---|
| Ein fester und kompetenter Ansprechpartner für alle Versicherungsfragen (1.11) | -1<br>86% / 85% | -1<br>85% / 84% | -4<br>86% / 82% | -1<br>85% / 84% |
| Die Verständlichkeit der Vertragsunterlagen der R+V (1.14) | -18<br>90% / 72% | -19<br>89% / 70% | -17<br>88% / 71% | -14<br>85% / 71% |

**Abb. 4:** Delta-Analyse zur Stärken-Schwächen-Präzisierung

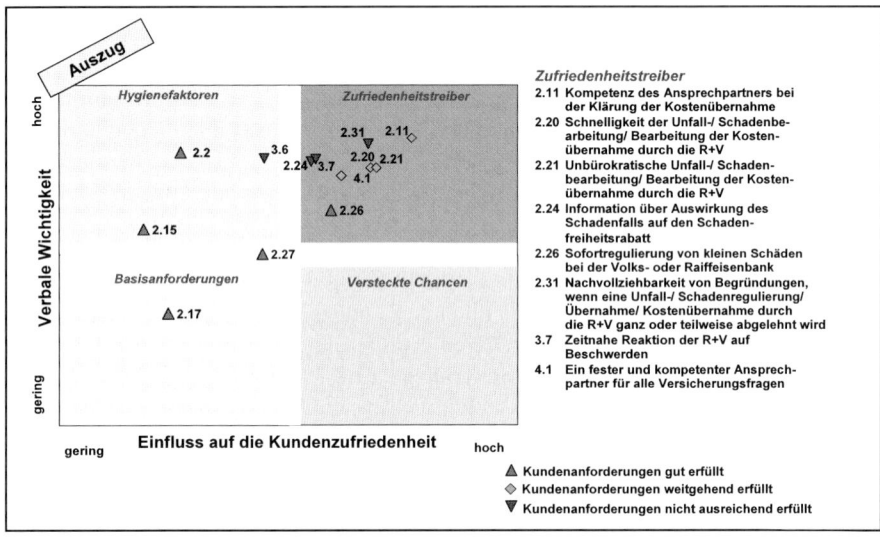

**Abb. 5:** Portfolio-Analyse für den Handlungsbedarf

## 3.2 Differenzierte Ergebnisse der Vertriebspartnerzufriedenheit

Im Vergleich zur Bewertung durch die Endkunden im CSI mit 87 lagen die Ergebnisse der Bewertung durch die Vertriebspartner im VZI mit 72,0 um einiges geringer. Dieser Wert ist gegenüber dem VZI der Erstbefragung in 2002 mit 67,1 aber dennoch deutlich erhöht worden. Der Grund für einen geringeren Zufriedenheitsindex der Vertriebspartner ist dadurch plausibel, dass sie zum einen in ihrer Einstellung eher kritischer sind und zum anderen bestehende Probleme unmittelbar mitbekommen, auch wenn sie dem Kunden gegenüber dann ausgeräumt wurden. Unter diesem Blickwinkel befinden sich Vertriebspartner in einer typischen „**Sandwich-Position**" (vgl. Bruhn 2006, S. 171 ff.).

Die Vertriebspartner-Befragung des Jahres 2006 brachte für die R+V das in Abbildung 6 dargestellte Ergebnis. Die Darstellung erlaubt 3 Detailanalysen: Zum ersten, wie viel Prozent der befragten Vertriebspartner welches Zufriedenheitsniveau aufweisen, und zum zweiten, ob es Unterschiede in der pauschalen Zufriedenheit der Vorstände, Geschäftsfeldkoordinatoren und Kundenbetreuer gibt sowie vor allem, auf welchem Zufriedenheitsniveau sie sich schwerpunktmäßig unterscheiden. Zum dritten kann die Veränderung von Befragung zu Befragung abgelesen werden. Die Zunahme des VZI war von 2002 auf 2004 größer als von 2004 auf 2006. Dieses Ergebnis ist nicht unerwartet, da zum einen eine 1. Runde von Verbesserungen i.d.R. auf einem niedrigeren Niveau aufsetzt und allein dadurch eine größere Wirkung erzielen kann. Jede Folgebefragung setzt zum anderen auf einem höheren VZI-Niveau auf und Verbesserungen werden im Allgemeinen eher schwieriger, da die **„Low Hanging Fruits"** bereits abgeerntet wurden. Mit anderen Worten ist im Zeitablauf immer mit einer degressiven Zunahme der Indexwerte zu rechnen.

**Vertriebspartner-Zufriedenheitsindex (VZI)**

| | VZI | R+V Gesamt | | Vorstände | | Geschäftsfeld-koordinatoren | | Kunden-betreuer | |
|---|---|---|---|---|---|---|---|---|---|
| | | 2006 | 2004 | 2006 | 2004 | 2006 | 2004 | 2006 | 2004 |
| Volle Erfüllung aller Vertriebspartner-anforderungen | ≥ 95 | 0,5% | 0,3% | 0,6% | 0,1% | 0,0% | 0,0% | 0,8% | 1,0% |
| Gute Erfüllung aller Vertriebspartner-anforderungen, geringe Lücken | ≥ 80 - < 95 | 23,4% | 21,0% | 20,8% | 18,7% | 19,5% | 17,6% | 30,1% | 27,1% |
| Viele Vertriebspartner-anforderungen werden annähernd erfüllt, aber z.T. auch Lücken | ≥ 60 - < 80 | 62,6% | 65,4% | 65,1% | 65,9% | 66,7% | 69,4% | 55,9% | 61,0% |
| Wesentliche Vertriebspartner-anforderungen werden nicht entsprechend erfüllt | ≥ 40 - < 60 | 12,6% | 12,7% | 12,7% | 14,8% | 12,6% | 12,1% | 12,4% | 10,6% |
| Vertriebspartner-anforderungen werden fast nie entsprechend erfüllt | < 40 | 0,9% | 0,5% | 0,8% | 0,5% | 1,2% | 0,8% | 0,8% | 0,3% |
| Gesamt-VZI | | 72,0 | 71,5 | 71,5 | 70,7 | 71,2 | 70,4 | 73,4 | 73,4 |

**Abb. 6:** VZI-Verteilung nach Ansprechpartnergruppen (R+V Gesamt)

Erwartungsgemäß ist die Zufriedenheit der Kundenbetreuer im operativen Geschäft etwas höher als die der Geschäftsfeldkoordinatoren und der Vorstände. Dieser Abstand hat sich im Laufe der Befragungen aufgrund der Kommunikations- und Verbesserungsmaßnahmen deutlich reduziert. Vorstände der Banken als Vertriebspartner können heute die Qualität der Zusammenarbeit mit der R+V besser beurteilen. Bei den Kundenbetreuern ist die Gruppe mit dem VZI über 80 um 50% größer als bei den Vorständen und auch Geschäftsfeldkoordinatoren. Entsprechend ist die Gruppe mit einem VZI zwischen 60 und 80 bei den Vorständen und Geschäftsfeldkoordinatoren jeweils um ca. 10 Prozentpunkte größer.

Fragt man nach den Gründen für die kritischere Bewertung der Vorstände in der Vergangenheit, dann ist eine Erklärung plausibel: Die Vorstände bekamen vom Tagesgeschäft mit der R+V vor allem dann etwas mit, wenn Probleme aufgetreten sind und sie als Entscheider gefragt wurden. Dadurch hatten sie notgedrungen eine selektive Wahrnehmung der negativen Fälle, die ihr Gesamturteil prägten. Dies war im Ansatz auch schon bei den Geschäftsfeldkoordinatoren nachzuvollziehen.

Interessant wird diese Analyse, wenn man sie nach den 30 Filialdirektionen aufschlüsselt und damit ein **internes Benchmarking** durchführt. Die Werte weichen dabei in einigen Bereichen deutlich voneinander ab.

Der Berechnung des VZI lagen jeweils maximal ca. 60 Fragen zu Grunde, die für die 3 Organisationsebenen z.T. identisch waren, z.T. aber auch mit einer unterschiedlichen Schwerpunktsetzung je nach deren Aufgabenprofil differierten. Die Fragen waren in 6 Gruppen geclustert, deren jeweiliger VZI aus Abbildung 7 für 2006 ersichtlich ist und sich auf den Gesamt-Rücklauf und damit auf den Gesamt-VZI bezieht.

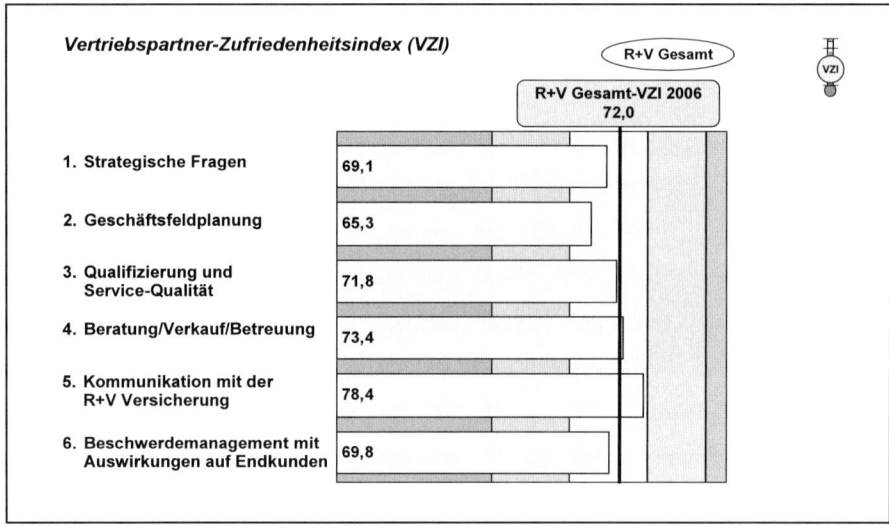

**Abb. 7:** VZI über alle Fragenbereiche (R+V Gesamt)

Hieraus ist erkennbar, dass folgende Themenkomplexe unter dem Gesamt-VZI von 72,0 liegen:

- 2. Bereich „Geschäftsfeldplanung" 65,3
- 1. Bereich „Strategische Fragen" 69,1
- 6. Bereich „Beschwerdemanagement mit Auswirkungen auf Endkunden" 69,8.

Im Vergleich zur Erstbefragung im Jahre 2002, bei der diese Werte auf einem Niveau von 59 bis 63 lagen, haben sie im Durchschnitt um mindestens 6 Indexpunkte zugenommen.

Über dem Wert des Gesamt-VZI liegen die Themenbereiche Kommunikation mit der R+V (78,4) sowie Beratung/ Verkauf/ Betreuung (73,4). Beide Bereiche haben im Laufe der Zeit durch Verbesserungsmaßnahmen um 6 bzw. 4 Indexpunkte zugenommen. Nahe dem Gesamt-VZI liegt der Indexwert für Qualifizierung und Service-Qualität mit 71,8.

Wie immer, gelten derartige Werte nur vor dem Hintergrund des eigenen Unternehmens. Verglichen mit Befragungsergebnissen von anderen Unternehmen der Versicherungsbranche oder anderer Branchen ist ein ähnliches Niveau gegeben, wobei die Defizite allerdings unterschiedlich verteilt sind.

Der oben bereits angesprochene, erwartete Zusammenhang zwischen der Zufriedenheit der Vertriebspartner und ihrem Geschäftsvolumen mit der R+V konnte insbesondere bei der Erstbefragung der Vertriebspartner eindeutig bestätigt werden. Auf der Basis der nach diesem Kriterium analysierten Banken konnte – unabhängig von ihrer Größe – nachgewiesen werden, dass mit zunehmender Höhe der Zufriedenheit der Banken das mit R+V getätigte Produktionsvolumen je 1 Mio. Euro Bilanzsumme, also der Wert der abgeschlossenen Versicherungsverträge mit Endkunden, deutlich zunahm. Hiermit verbunden war zugleich die Verpflichtung für die Zukunft, das Zufriedenheitsniveau dieser A-Kunden auf jeden Fall zu halten, besser noch zu steigern.

Untersucht wurden hierzu die Versicherungsbereiche Leben und Schadenversicherungen. Differenziert wurden die Banken nach einer Zufriedenheit unterhalb, auf gleichem Niveau und oberhalb des Durchschnittsniveaus des VZI aller Banken. Bezogen auf den Versicherungsbereich Leben war beispielsweise in der Gruppe der Banken mit einer Produktionsgröße von über 15.000 Euro bezogen auf 1 Mio. Euro Bilanzsumme mit der R+V der Anteil überdurchschnittlich zufriedener Banken über 50% größer als in der Gruppe mit dem geringsten Produktionsvolumen von bis zu 6.000 Euro. Im Bereich der Schadenversicherungen waren die Unterschiede nicht ganz so groß, was wohl auf die Art des Produktes und die Marktsituation zurückzuführen ist. Die Erkenntnis wurde damit aber dennoch generell bestätigt: Je höher die Zufriedenheit des Vertriebspartners, desto größer ist der Geschäftserfolg mit dem Vertriebspartner.

### 3.3 Verbesserungspotenzial aus Sicht der Mitarbeiter

Die Konzeption und Auswertung der Mitarbeiter-Befragung war methodisch gleich aufgebaut wie die Vertriebspartner- und Endkunden-Befragung. Dies sicherte eine direkte Vergleichbarkeit von Ergebnissen mit unterschiedlicher inhaltlicher Ausrichtung.

Ohne auf die Ergebnisse der Mitarbeiter-Befragung im Detail einzugehen, lässt sich Folgendes festhalten: Die Inhalte der Befragung bezogen sich auf die üblichen Kategorien **Arbeits- und Führungssituation, Information und Zusammenarbeit, Kommunikation und Führungsstil, Qualifizierung und persönli-**

che Weiterentwicklung** sowie die aus Mitarbeitersicht wichtigen **Imagefaktoren** des Unternehmens und zusätzlich die **Bindung an das Unternehmen**. Ergänzend wurde die **Kundenorientierung** des Tun und Handelns im eigenen Bereich sowie des gesamten Unternehmens abgefragt.

Bei der Zweitbefragung im Jahre 2005 wurden nicht nur alle Mitarbeiter befragt, sondern zugleich wurde der Standardfragebogen durch bereichsspezifische Fragen im Bedarfsfalle ergänzt. Insgesamt wurden über 60 Fragen in 8 Inhaltsgruppen gestellt. Der durch die Beantwortung zustande gekommene Mitarbeiterzufriedenheitsindex (MZI) von 73,8 kennzeichnet vor dem Erfahrungshintergrund anderer Unternehmen ein gutes Niveau und liegt um 4,4 Indexpunkte über dem Wert von 69,4 bei der Erstbefragung.

Wie immer sind auch hier die positiven und negativen Abweichungen nicht nur unternehmensspezifisch, sondern auch bereichs- und abteilungsspezifisch zu interpretieren. Anhand der Spannweite der MZIs für einzelne Organisationseinheiten lassen sich – differenziert nach den Fragengruppen – die speziellen Probleme einzelner Abteilungen lokalisieren. Bezogen auf den Gesamt-MZI einzelner Organisationseinheiten waren Unterschiede von bis zu 29 Punkten gegeben und damit deutlich weniger als bei der Erstbefragung mit über 40 Punkten. Dies bietet generell eine gute Möglichkeit, im Unternehmen selbst von den Besten zu lernen. Zahlreiche aus Sicht der Vertriebspartner und Kunden artikulierte Defizite fanden hier in den von den Mitarbeitern formulierten Schwächen eine direkte Entsprechung.

Bei den einzelnen Fragenbereichen weisen die Fragenbereiche „A. Persönliche Arbeitssituation/ Arbeitsplatz" und „F. Führung durch den Vorgesetzten" (78,4 und 76,6) die höchsten, die Fragenbereiche „B. Organisation/ Arbeitsabläufe" und „E. Weiterbildungs- und Entwicklungsmöglichkeiten" die niedrigsten MZI-Werte (69,3 und 69,4) auf. Eine ähnliche Reihenfolge ergab sich auch bei der Erstbefragung, allerdings auf einem niedrigeren Niveau.

Interessant war der Aspekt, dass eine große Anzahl der Mitarbeiter damit relativ unzufrieden war, die **Messgrößen an ihre Leistung und die Messergebnisse** ihrer Leistung nicht gut genug zu kennen. Im Vergleich hierzu wiesen die Mitarbeiter der R+V Service Center GmbH (Call Center), die genau wussten, woran sie gemessen werden und wie gut ihre Leistung war, einen deutlich höheren MZI mit einem Wert von 82,5 auf. Ihre Zufriedenheit lag auch bei der Erstbefragung am höchsten. Sie wiesen die mit Abstand höchste Zufriedenheit mit der R+V als Arbeitgeber auf und auch den höchsten Mitarbeiterbindungsindex (MBI) an das Unternehmen. **Transparenz** bei einem **guten Führungsstil** und einer **hohen Motivation** schafft also deutliche **Zufriedenheit**.

Insgesamt sind alle Befragten der R+V mit dem Unternehmen als Arbeitgeber zufrieden. 87% bewerten sich bei dieser Frage als zufrieden oder sehr zufrieden und würden sich noch einmal für die R+V Gruppe als Arbeitgeber entscheiden. Lediglich 1% ist unzufrieden. Dies spiegelt sich auch in dem Mitarbeiterbindungsindex (MBI) wider, der mit 80,3 als recht hoch zu bezeichnen ist. Alle Werte weisen eine deutliche Steigerung gegenüber der Erstbefragung auf.

## 4 Verbesserungsprozess und Wirkungen

Unmittelbar, nachdem die Ergebnisse der Endkunden-Befragung, der Erstbefragung der Vertriebspartner und der Mitarbeiter-Befragung vorlagen, wurden auf zentraler Ebene des Programms ein **einheitliches Verfahren zur Problemanalyse**, der **Maßnahmenfindung** und des **Maßnahmencontrollings** definiert.

Dieses Verfahren bestand aus 5 Schritten:

- Erstanalyse und Bewertung der Problemfelder in einer Arbeitsgruppe des Vorstandes der R+V
- Aufbereitung der Befragungsergebnisse je Organisationseinheit (Außendienst, Innendienst)
- Kommunikation der Befragungsergebnisse und der Erstanalyse der Problemfelder in den Organisationseinheiten (Außendienst und Innendienst)
- Gemeinsames Brainstorming der Organisationseinheiten mit dem Kernteam des Projektes
- Aufsetzen eines Maßnahmencontrollings für die Umsetzung der Verbesserungsmaßnahmen.

Im 1. Schritt wurden aus den 3 Befragungen jeweils die **wesentlichen Defizitbereiche** herausgefiltert, separat bewertet, und zwar in einer Matrix nach der inhaltlichen Wichtigkeit und der Dringlichkeit der Problemfelder. Zusätzlich wurden die Problemfelder im Hinblick auf **Ursachen-Wirkungs-Beziehungen** vernetzt, um so zu einer klaren Priorisierung im Zeitablauf zu kommen.

Problemfelder waren z.B. neben dem Thema Beschwerdemanagement Themen wie verbesserte Anreizkonzepte, IT-Integration im Serviceprozess, Standardisierung der Produkte sowie eine verbesserte Kundenkorrespondenz, die eine konzernweit einheitliche Lösung verlangten.

Diese 1. Analyse führte eine Arbeitsgruppe im Holdingvorstand für alle identifizierten Problemfelder des gesamten Konzerns durch. Hierdurch konnte allen Außen- und Innendiensteinheiten kommuniziert werden, dass der Vorstand in diesem Verbesserungsprozess auch aktive Aufgaben übernimmt.

Mit Priorität wurde das Problem der Kundenbeschwerden angegangen. Dazu wurden kurzfristig 3 Maßnahmen aufgesetzt:

- Analyse der telefonisch im Call Center eingehenden Beschwerden
- Vereinheitlichung der Behandlung der Top Beschwerden
- Aufsetzen eines Pilotfeldes zur gemeinsamen Beschwerdebearbeitung mit Banken als Vertriebspartnern.

Der **Priorisierung der Beschwerdebearbeitung** lagen Erkenntnisse aus anderen Versicherungsunternehmen, aber auch aus anderen Branchen, z.B. dem Touristikbereich zu Grunde, dass eine schnelle Reaktion bei Beschwerden einen deutlichen Einfluss auf die **Zufriedenheit** und die **Akzeptanz der angebotenen Problemlösung** hat (vgl. Wäscher 2001, S. 506). Mit anderen Worten: Wenn das Unternehmen auf die Beschwerde eines Kunden schnell reagiert, dann lässt sich beispielsweise auch bei einem geringeren Betrag der Schadenregulierung eine hohe

Zufriedenheit des Betroffenen erreichen (vgl. Borth 2004, S. 207 ff.). Oder anders formuliert: Schlechte Serviceprozesse im Schadenfall verursachen nicht nur zusätzliche Kosten im Unternehmen, sondern verteuern auch die Schadenlösung oder führen zu frustrierten Kunden.

In den 30 Filialdirektionen, die sich auf 5 Vertriebsdirektionen aufteilen, und in den kundennahen Innendienst-Abteilungen, wurde mit den Schritten 3 bis 5 bundesweit ein **standardisierter Verbesserungsprozess** angestoßen, der sicherstellt, dass alle Themen bearbeitet werden, die Ergebnisse zusammengeführt werden können und keine Doppelarbeit stattfindet.

Im Schritt 5, dem Maßnahmencontrolling, wurde ein einheitliches Raster für die Erarbeitung und das Monitoring wichtiger Verbesserungsmaßnahmen entwickelt und den Filialdirektoren im Training zur Verfügung gestellt. Jeder Organisationseinheit war es dadurch möglich, mit ihrer Projektgruppe nach diesem einheitlichen Standard auf der Basis der spezifischen Ergebnisse der Befragungen der Kunden und Vertriebspartner ihren individuellen, auf die dort bestehenden Probleme ausgerichteten Verbesserungsprozess zu absolvieren. Gefordert war nicht eine Vielzahl von Verbesserungsmaßnahmen, sondern die 2 bis 3 **Verbesserungen mit großer Hebelwirkung**, die also den jeweiligen Bereich ein erhebliches Stück voranbrachten. Das gesamte Monitoring des Verbesserungsprozesses ist zentral organisiert worden. Es bezog sich also auf die konzernweiten Verbesserungen und die Verbesserungen aller Filialdirektionen. Hierdurch konnte von der Erstbefragung 2002 bis zur Befragung in 2006 die Anzahl der noch offenen Problemfelder um mehr als die Hälfte von 24 auf 10 reduziert werden.

Aufgrund der erreichten hohen Akzeptanz der Befragungen mit ihrer Konzeption und dem Vorgehen wurde zwischen dem Vorstand und den leitenden Angestellten des Unternehmens vereinbart, den VZI, also die Zufriedenheit der Vertriebspartner im Bankensektor mit den Serviceleistungen der R+V, als Basis für die **Bemessung von einem Drittel der Tantiemen für die Führungskräfte** zu Grunde zu legen. Des Weiteren konnten aufgrund der differenzierten Darstellung des VZI auf der Organisationsebene Abteilungen/ Filialdirektionen Verbesserungen zum Gegenstand der **persönlichen Zielvereinbarungen** gemacht werden. Voraussetzung hierfür war, dass die Verbesserungen im direkten Entscheidungs- und Einwirkungsbereich der jeweiligen Führungskraft liegen. Dies war ein weiteres Indiz für den sich vollziehenden Kulturwandel im Unternehmen R+V.

Ein Wunsch der Vertriebspartner bestand darin, in Zukunft besser mit Informationen durch die R+V aus dem Management versorgt zu werden. Diese Anforderung wurde auf die Weise erfüllt, dass in allen über 30 Filialdirektionen eine i.d.R. halbtägige Veranstaltung für die Vorstände und ausgewählte Bereichsleiter der Banken als Vertriebspartner wiederholt durchgeführt wurde. Das Ziel war, konkrete Informationen über die zukünftige Zusammenarbeit sowie neue Produkte, also damit über die regionalen Maßnahmen zur Verbesserung des Leistungsprogramms der R+V auf der Basis der aus der Vertriebspartner-Befragung abgeleiteten Anforderungen zu vermitteln. Dabei nahm immer ein Vorstandsmitglied der R+V an der jeweiligen Veranstaltung teil. Zugleich wurden in diesem Rahmen die wichtigsten Ergebnisse der Befragungen der Vertriebspartner und der Endkunden vorgestellt.

Diese Veranstaltungen standen unter dem Motto „Kundenorientierung ist wertsteigernd – für beide Seiten". Sie sollten vermitteln, dass für die R+V die Partnerschaft mit den Volks- und Raiffeisenbanken wichtig ist. Hierzu wurden die Probleme angesprochen, wo die Vertriebspartner „der Schuh drückt", und es wurden gemeinsame Lösungen vorgestellt bzw. diskutiert.

## 5 Weitere Bausteine des Kundenzufriedenheitsmanagements

Wie in Abbildung 1 bereits dargestellt wurde, besteht das Kundenzufriedenheitsmanagement nicht nur aus systematischen Befragungen und daraus abgeleiteten Verbesserungsmaßnahmen, sondern auch aus weiteren eigenständigen Bausteinen. Hierzu gehören das **Beschwerdemanagement**, das **Qualitätsmanagement**, das **zentrale Dokumentenmanagement** und eigenständige Projekte in der Verantwortung der Linienorganisation.

Bereits weiter oben wurde erwähnt, dass die Optimierung des **direkten und des indirekten Beschwerdemanagements** eine hohe Priorität hat. Da zum indirekten Beschwerdemanagement bisher keine umfassenden Daten vorlagen, musste zunächst einmal die für gezielte Verbesserungsmaßnahmen erforderliche Datenbasis erhoben werden. Zu diesem Zweck wurden für 3 Monate im Call Center aus allen eingehenden Anrufen die Beschwerden zahlenmäßig herausgefiltert und nach unterschiedlichen Inhaltsgruppen klassifiziert. Die tatsächliche Anzahl eingehender Beschwerden lag deutlich höher als erwartet.

Ein wesentlicher Ansatzpunkt für Verbesserungen lag in der gemeinsamen Beschwerdebearbeitung der VR-Bank als Vertriebspartner und der R+V. Hierzu wurde, basierend auf den Erkenntnissen des Pilotfeldes, eine Banken-Hotline eingerichtet und in die vorhandenen Webportale ein standardisiertes Beschwerdeformular integriert. Zusätzlich sollten schriftlich eingehende Beschwerden aber möglichst schnell erkannt und gegenüber der normalen Geschäftskorrespondenz bevorzugt bearbeitet werden.

Das direkte Beschwerdemanagement wurde dadurch deutlich beschleunigt, dass jede „beschwerdeträchtige" telefonische Information von Kunden im Call Center bzw. Service Center unmittelbar von den Agents an den zuständigen Sachbearbeiter weitergeleitet wird, sofern sie im Call Center nicht fallabschließend gelöst werden kann. Die angestrebte **Fallabschlussquote** im Call Center liegt, wie bei der Sachbearbeitung bei 80%.

Die Analyse von schriftlichen Kundenbeschwerden wurde mit einem elektronischen Dokumentenmanagement gekoppelt. Das Ziel bestand darin, zusammen mit den anderen eingeleiteten Maßnahmen ein **ganzheitliches Konzept und System des Beschwerdemanagements** (vgl. Töpfer 2006b) zu erstellen und einzuführen. Hierzu wird ein **Text Mining** bezogen auf eingehende schriftliche Beschwerden anhand eines **Screening** der gesamten Kundenkorrespondenz per Post, Fax, Web-Portale und E-Mail vorgenommen. Angestrebt wird damit, Beschwerden von Kunden anhand definierter Schlüsselbegriffe möglichst schnell herauszufiltern und in einem bevorzugten Bearbeitungsgang zu bearbeiten. Dadurch, dass dieses System in die normale Kundenkorrespondenz integriert ist, können Beschwerdebriefe präferiert bearbeitet werden. Die Erledigung erfolgt entsprechend der vorgegebenen zeitlichen und inhaltlichen Standards.

Ein funktionierendes und schnelles Beschwerdemanagement ist zugleich ein zentraler Baustein des Qualitätsmanagements (vgl. Stauss/ Seidel 2007, S. 38 ff.). Im Unternehmen bestand bereits eine **gut funktionierende Qualitätssicherung**, die jetzt durch den Aufbau eines **erweiterten Qualitätsmanagements** ergänzt wurde. Um **prozessbezogene Qualitätsstandards** definieren zu können, wurden die Befragungsergebnisse systematisch auf Qualitätskriterien analysiert. Zu den Qualitätskriterien wurden Messgrößen definiert. Diese wiederum waren Grundlage von Zielwerten und Leistungsstandards, welche Gegenstand von Zielvereinbarungen sind. Das **Berichtswesen zum Qualitätsmanagement** ist im Rahmen des Zentralcontrolling eingeführt und Bestandteil des Managementinformationssystems geworden. Damit ist eine wesentliche Grundlage für die Optimierung der Produkt- und Serviceprozesse geschaffen worden.

Kundenorientierung mit dem Ziel hoher Zufriedenheit zeigt sich gerade bei einem Versicherungsunternehmen insbesondere auch in **kundenfreundlichen Dokumenten bzw. speziell Vertragsunterlagen** und damit in der Transparenz und Verständlichkeit der mit dem Kunden geführten Korrespondenz. Das Problem juristisch einwandfreier Dokumente eines Versicherungsunternehmens und dadurch nicht unbedingt kundenfreundlichen Verträgen und Briefen ist immer gegenwärtig und war auch in der R+V bekannt. Es wurde aber als nicht so gravierend bewertet. Die Ergebnisse der Vertriebspartner-Befragung wiesen dies als Problem bereits aus. Bei der Endkunden-Befragung erhielt dieses Defizit einen relativ hohen Stellenwert und drückte damit den entsprechenden CSI.

Aufgrund dieses Sachverhalts wurde ein separates Projekt „Kundenfreundliche Vertragsunterlagen" aufgesetzt. Zunächst einmal bestand die Frage, wie viele Bausteine für die gesamte Kundenkorrespondenz in der ganzen R+V existierten. Da dies niemand beantworten konnte, war die erste Aufgabe der Projektgruppe eine derartige Bestandsaufnahme: Es waren insgesamt 57.000 Textbausteine. Der Leiter der Projektgruppe, der Jurist und zugleich Marketingexperte ist, machte sich mit seinem Team in Zusammenarbeit mit allen Fachbereichen daran, diese Zahl von Textbausteinen deutlich zu reduzieren, zu standardisieren und vor allem kundenfreundlicher und -verständlicher zu formulieren. Dies ist möglich, ohne dass die juristische Stringenz verloren geht. Ergänzend hierzu ist sichergestellt worden, dass die von den einzelnen Fachabteilungen gedruckte Kundenkorrespondenz im Design und Layout den z.T. neu formulierten, fortschrittlicheren Standards entsprachen.

In einem parallel ablaufenden, eigenständigen Projekt ist der **Internetauftritt** der R+V weiterentwickelt worden. Das Web-Portal ist völlig überarbeitet und kundenfreundlicher gestaltet worden, so sind z.B. die Schaden-Hotline und die Kontaktkoordinaten des R+V-Kundenservice bereits auf der Startseite zu finden. Außerdem werden jeweils aktuelle Themen für die Endkunden auf der Startseite schon angesprochen.

Obwohl die Endkunden-Befragung als Ergebnis erbrachte, dass nur wenige Prozent und dabei vor allem jüngere Kunden diesen Kommunikationskanal nutzten, erschien dies wichtig und zweckmäßig. Denn hierdurch sollte zum einen dieser relativ neue und auch für andere Altersgruppen immer wichtiger werdende Kommunikationskanal aktiv in das Programm Zufriedenheitsmanagement der R+V in allen Bereichen eingebunden werden, und zum anderen sollten hierdurch vor allem jüngere Zielgruppen besser erreicht und angesprochen werden.

Anhand der Informationen zur Anzahl und Art von Versicherungen der Kunden von Genossenschaftsbanken wurden mit den Vertriebspartnern gemeinsame Überlegungen angestellt, wie bestehende Marktchancen weiter ausgeschöpft werden können. Durch eine koordinierte Marktbearbeitung mit standardisierten Produkten und kundenfreundlichen Vertragsunterlagen ist dies mit einer für die Vertriebspartner transparenten Steuerung umgesetzt worden. Bezogen auf die Produkte wurden beispielsweise eine Privat-Police für Endkunden als „Versicherungspaket" und ein spezielles Angebot für gewerbliche Kunden entwickelt. Insbesondere zu Beginn dieser verstärkten gemeinsamen Aktivitäten lagen die Zuwachsraten z.T. im zweistelligen Bereich.

Das Programm Kundenorientierung initiierte in seiner Laufzeit einen **kontinuierlichen Verbesserungsprozess**. Es hat die Ziele und Messgrößen zur Kundenorientierung auf der Basis von regelmäßigen Befragungen konkretisiert und in die operative Planung eingebracht. Es hat daraus eigenständige Maßnahmen abgeleitet oder laufende Maßnahmen kundenorientiert ausgerichtet. Es überwacht und controllt die Umsetzung dieser Maßnahmen als eigenständige Projekte oder als Linienaufgaben, und es überprüft die Wirksamkeit dieser Maßnahmen anhand wiederholter systematischer Zufriedenheitsbefragungen und Leistungsbeurteilungen. Dies entspricht dem **Regelkreis eines vollständigen Führungszyklus** (siehe Abb. 8).

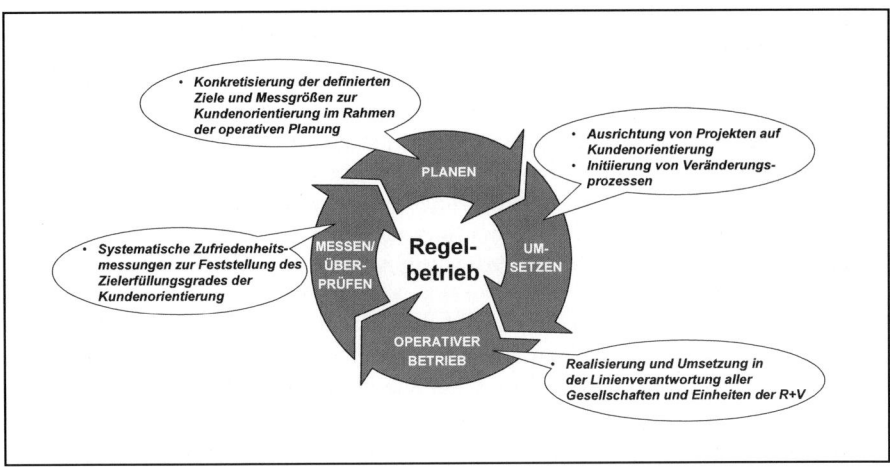

**Abb. 8:** Kundenorientierung der R+V als Regelkreis

Abschließend sei erwähnt, dass mit der Realisierung der einzelnen Konzepte und Verbesserungsmaßnahmen der Name „Programm externe und interne Kundenorientierung" dem erreichten Niveau der im Laufe der Zeit umgesetzten Bausteine nicht mehr gerecht wurde. Deshalb ist dieser 3. Meilenstein der Unternehmensentwicklung in „Zufriedenheitsmanagement der R+V in allen Bereichen" umbenannt worden, der sich explizit auf die Vertriebspartner, Endkunden und Mitarbeiter bezieht. Zugleich wurde die Programmorganisation mit den unterschiedlichen Projekten in den Regelbetrieb überführt.

## 6 Aufbau eines konzernweiten Qualitäts- und Produktivitätsmanagements

Mit dem bisherigen Programm Kundenorientierung und dem eingeleiteten kontinuierlichen Verbesserungsprozess hat die R+V bezogen auf die Umsetzung eines ganzheitlichen Qualitätsmanagements bereits einen guten Stand erreicht. Dabei ist eines allerdings zu berücksichtigen: Qualitätsmanagement ist gerade in Dienstleistungsunternehmen untrennbar mit einem leistungsfähigen Produktivitätsmanagement verbunden. Dies bedeutet, eine hohe kundenorientierte Qualität muss sich immer auch für das Unternehmen selbst rechnen. Dem **Wert für den Kunden** muss also durch einen gesicherten Ertrag immer auch eine **Wertsteigerung im Unternehmen bzw. des Unternehmens** gegenüberstehen (vgl. Töpfer 2006c, S. 411). Denn die Wettbewerbsfähigkeit des Unternehmens bemisst sich unmittelbar an dem geschaffenen Wert und drückt sich in dem damit verbundenen Rating aus. Ein Kfz-Versicherer benötigt eine hohe Produktivität, um den Preiswettbewerb zu bestehen. Ein Lebensversicherer braucht eine hohe Produktivität, um für den Kunden attraktive Produkte aufgrund der darin enthaltenen Wertsteigerung anbieten zu können.

Die bisherigen Maßnahmen der Kundenorientierung eröffnen bezogen auf das Qualitäts- und Produktivitätsmanagement noch ein hohes Potenzial. Es liegt beispielsweise beim zentralen Dokumentenmanagement noch in erheblichen Kosteneinsparungen durch **Prozessoptimierungen** und elektronische Dokumentenarchive für Kunden. Im Qualitätsmanagement liegen die Potenziale über eine Prozessorientierung hinaus in der **produktbezogenen Qualitätssteuerung**. Im Hinblick auf die **Zielgruppen-/ Kundensegmentierung** und die Strategie lassen sich durch eine **verbesserte Kundenwertorientierung** weitere Produktivitätsreserven ausschöpfen.

Aus diesem Grund ist es für viele Unternehmen empfehlenswert, dieses gesamte Maßnahmenspektrum nicht nur als Programm mit vielen Einzelprojekten zu bearbeiten, sondern einer auf Dauer eingerichteten Organisationseinheit zu übertragen. In der Branche Finanzdienstleistungen ist dies i.d.R. eine Funktion der Unternehmensleitung und damit ein dem Vorstand angebundener Stabs- oder Querschnittsbereich „Qualität und Produktivität".

## 7 Quintessenz

Ein derartig umfassendes Vorhaben erfordert, um es zum Erfolg zu führen, wie immer eine Reihe von Voraussetzungen und flankierenden Maßnahmen (vgl. Kotter 1996, S. 20 ff.):

- Zum ersten ist hierzu eine zukunftsweisende und zugleich mutige Strategie für das Unternehmen erforderlich.
- Zum zweiten ist eine nachhaltige Unterstützung des Vorstandes unerlässlich, i.d.R. durch einen namentlich benannten und in die Ergebnisverantwortung mit einbezogenen Sponsor.
- Zum dritten braucht es eine klare und griffige Konzeption, die allerdings im Zeitablauf häufig noch reift und wächst.
- Zum vierten benötigt es einen „langen Atem", um eine mehrjährige Wegstrecke erfolgreich absolvieren zu können. Wenn das Unternehmen projekt- und programmerfahren ist, dann gelingt dies eher.
- Zum fünften müssen vorzeigbare Erfolge während der Programmlaufzeit aktiv geplant werden. Eine Erfolgsstory ohne im Zeitablauf nachvollziehbare „Quick Wins" ist wenig überzeugend, findet zu wenig begeisterte Anhänger und gefährdet somit das ganze Vorhaben.
- Zum sechsten ist der Veränderungsprozess nachhaltig in der Organisation zu verankern. Dies geschieht nachvollziehbar am besten, wenn Qualitäts- und Produktivitätsmanagement unternehmensweit Bestandteil der operativen Planung sowie der Führungsprozesse ist und in einer eigenständigen Organisationseinheit im Unternehmen verankert ist.

## 8 Literatur

*Borth, B.-O. (2004):* Beschwerdezufriedenheit und Kundenloyalität im Dienstleistungsbereich – Kausalanalysen unter Berücksichtigung moderierender Effekte, Wiesbaden 2004.
*Bruhn, M. (2006):* Qualitätsmanagement für Dienstleistungen, 6. Aufl., Berlin/ Heidelberg 2006.
*Kotter, J.P. (1996):* Leading change, Boston Massachusetts 1996.
*Stauss, B./ Seidel, W. (2007):* Beschwerdemanagement – Unzufriedene Kunden als profitable Zielgruppe, 4. Aufl., München 2007.
*Töpfer, A. (1997):* Zufriedene Mitarbeiter = Zufriedene Kunden, in: Zentes, J. (Hrsg.): Mitarbeiterzufriedenheit = Kundenzufriedenheit: Eine Wechselbeziehung, Mainz 1997, S. 20-46.
*Töpfer, A. (2001):* Gezieltes Customer Relationship Management, in: Controlling, Heft 4/5/ 2001, S. 185-195.
*Töpfer, A. (2006a):* Konzeption und Messung der Zufriedenheit von Adressaten der Klinikleistung, in: Albrecht, D.M./ Töpfer, A. (Hrsg.): Erfolgreiches Changemanagement im Krankenhaus – 15-Punkte Sofortprogramm für Kliniken, Berlin/ Heidelberg 2006, S. 183-202.

*Töpfer, A. (2006b)*: Beschwerdemanagement, in: Hippner, H./ Wilde, K.D. (Hrsg.): Grundlagen des CRM, 2. Aufl., Wiesbaden 2006, S. 541-582.

*Töpfer, A. (2006c)*: Wertsteigerung durch Business Excellence und praktizierte Null-Fehler-Qualität, in: Schweickart, N./ Töpfer, A. (Hrsg.): Wertorientiertes Management, Berlin/ Heidelberg 2006, S. 411-447.

*Töpfer, A. (2007):* Six Sigma in Service und Dienstleistung, in: Töpfer, A. (Hrsg.): Six Sigma – Konzeption und Erfolgsbeispiele für praktizierte Null-Fehler-Qualität, 4. Aufl., Berlin/ Heidelberg 2007, S. 172-195.

*Wäscher, D. (2001):* Neue Ansätze im Kundenmanagement, in: controller magazin, Heft 5/ 2001, S. 503-508.

# Bausteine für eine hohe Kundenzufriedenheit bei der Gmünder ErsatzKasse (GEK)

– Was bewirkt hohe Kundenzufriedenheit bei Krankenversicherten? –

Jochen Zondler

Inhalt

| | | |
|---|---|---|
| 1 | Eine Krankenkasse als Erfolgsbeispiel | 501 |
| 2 | Vom Leitbild zum kundenorientierten Zielsystem | 506 |
| 3 | Bausteine | 514 |
| 3.1 | Kundenzufriedenheitsmessungen | 515 |
| 3.1.1 | Zufriedenheitsmessungen | 517 |
| 3.1.2 | Überprüfung von Servicestandards | 519 |
| 3.1.3 | Überprüfung von Geschäftsprozessen | 522 |
| 3.1.4 | Weitere Befragungsmethoden | 523 |
| 3.2 | Beschwerdemanagement | 525 |
| 3.2.1 | Organisation des Beschwerdemanagements | 526 |
| 3.2.2 | Datenbankunterstützung im Beschwerdeprozess | 527 |
| 3.2.3 | Ziele und Controlling im Beschwerdeprozess | 527 |
| 3.2.4 | Maßnahmen zur Beseitigung der Beschwerdeursachen | 528 |
| 3.2.5 | Frequenz-Relevanz-Analyse von Beschwerden (FRAB) | 530 |
| 3.3 | Kontinuierlicher Verbesserungsprozess | 534 |
| 3.3.1 | Organisation des Kontinuierlichen Verbesserungsprozesses | 535 |
| 3.3.2 | Datenbankunterstützung im Kontinuierlichen Verbesserungsprozess | 535 |
| 3.3.3 | Ziele und Controlling im Kontinuierlichen Verbesserungsprozess | 536 |
| 4 | Erfolgsbilanz | 536 |
| 5 | Literatur | 539 |

## 1 Eine Krankenkasse als Erfolgsbeispiel

Die Dienstleistungsbranche hat sich im vergangenen Jahrzehnt nicht unbedingt damit hervorgetan, eine Vorreiterrolle bei der Entwicklung und Umsetzung von umfassenden Qualitätsmaßnahmen einzunehmen. Vor allem im öffentlich-rechtlichen Bereich wurde der Kundenorientierung keine besondere Aufmerksamkeit geschenkt. Dies belegt auch der jährlich erscheinende Kundenmonitor Deutschland, der im Rahmen einer branchenübergreifenden Benchmarkingstudie zur Kundenorientierung im deutschen B-to-C-Markt die Kundenzufriedenheit und die Kundenbeziehung sowie deren Zusammenhänge untersucht.

Zwischenzeitlich ist die Dienstleistungsbranche in Sachen Kundenorientierung ein wesentliches Stück weiter. Dennoch belegt die Branche der Krankenversicherung beim Kundenmonitor Deutschland auch heute noch lediglich einen Platz im Mittelfeld (siehe Abb. 1).

Dies ist eigentlich erstaunlich, wenn man bedenkt, dass die Kundenorientierung im Bereich der gesetzlichen Krankenkassen eine zunehmend wichtigere Rolle spielt. In Zeiten, in denen sich **Leistungsangebot** (Produkt) und **Beitragssatz** (Preis) der einzelnen Kassen immer mehr angleichen, bleibt vorrangig der **Service** das Hauptargument, um sich positiv im Wettbewerb abzuheben. Auch die Bundesregierung formuliert in ihren Eckpunkten zur Gesundheitsreform ab 2007: „Künftig wird es mehr Wettbewerb um die beste Qualität beim Arzt, um das wirksamste Medikament, um den besten Kassen-Service und die aufmerksamste Betreuung geben."

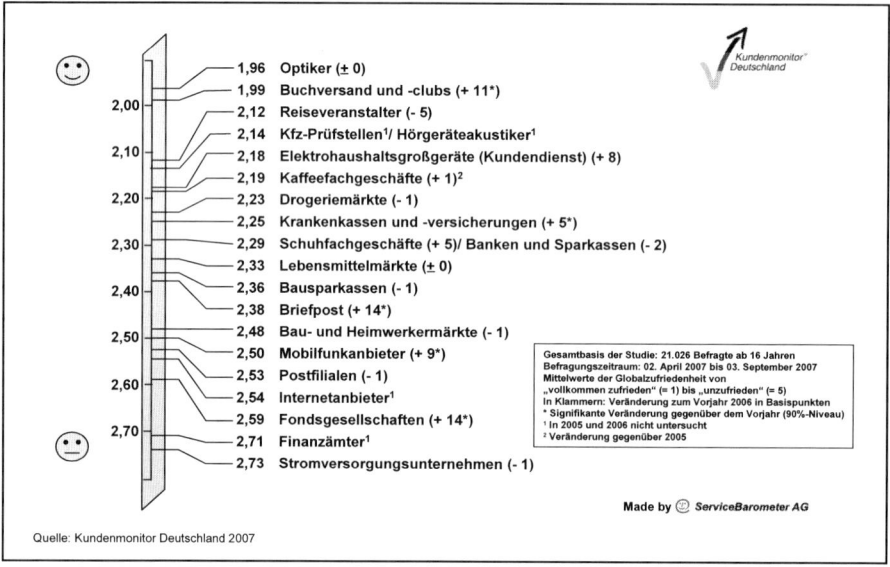

**Abb. 1:** Branchenüberblick Globalzufriedenheit - Kundenmonitor Deutschland 2007

Dieser Beitrag berichtet über die einzelnen Bausteine für eine hohe Kundenzufriedenheit bei der Gmünder ErsatzKasse (GEK) und wie sie zusammenhängen. Beim Kundenmonitor Deutschland (ehemals Deutsches Kundenbarometer) belegt die GEK seit 1997 ununterbrochen Platz 1 unter den gesetzlichen Krankenkassen bei der Frage nach der Globalzufriedenheit. Im Jahr 2006 konnte man also das 10-jährige Jubiläum feiern und mit der Note 1,91 ein Highlight setzen. Als „kundenfreundlichste Krankenkasse Deutschlands" bietet die GEK sowohl für gewinnorientierte als auch für (öffentliche) Non-Profit-Unternehmen beispielhafte Ansätze, wie eine hohe Kundenorientierung implementiert und dauerhaft umgesetzt werden kann. Neben der Beschreibung von einzelnen Bausteinen für die Kundenzufriedenheit liegt ein weiterer Schwerpunkt dieses Beitrages in der Darstellung einer durchgängigen internen und externen Kommunikationskultur.

Die GEK versichert als gesetzliche Krankenkasse im Jahre 2006 fast 1,6 Mio. Kunden (Mitglieder und familienversicherte Angehörige) in Deutschland. Daneben betreut sie im B-to-B-Bereich etwa 240.000 Arbeitgeber, die ihre Gesamtsozialversicherungsbeiträge an die GEK abführen. Aktuell beschäftigt die GEK über 2.200 Mitarbeiter bei einem Jahresumsatz von ca. 3 Mrd. Euro. Das Filialnetz umfasst bundesweit 190 Standorte (Geschäftsstellen).

In den 1980er Jahren setzte sich in der Politik die Erkenntnis durch, dass mehr Wettbewerb unter den gesetzlichen Krankenkassen förderlich sein könnte. Mit dem Gesundheitsstrukturgesetz von 1993 wurden endgültig die Weichen hierfür gestellt. Seit 1996 kann jedes Mitglied seine Kasse grundsätzlich frei wählen. Für die GEK bedeutete dies Chance und Risiko zugleich. Chance, weil der GEK plötzlich ein riesiger Markt offen stand, denn bisher durfte die GEK lediglich ca. 5% des Marktes der gesetzlichen Krankenversicherung bedienen. Das Risiko bestand darin, dass das bis dahin angestammte Klientel aus der Metall- und Elektrobranche nun von allen Kassen beworben werden durfte.

Begleitend zur Einführung der Wahlfreiheit wurde vom Gesetzgeber bereits 1993 der so genannte **Risikostrukturausgleich** (RSA) zwischen den Kassen installiert, um im Vorfeld Chancengleichheit unter den Kassen herzustellen – mit weit reichenden Folgen für die GEK, die mit den neuen Projekten „Schlanke GEK", „Qualitätsmanagement" und „Servicegarantien" darauf antwortete.

Das Finanzvolumen für den RSA betrug 2004 ca. 14,6 Mrd. Euro und dient der Unterstützung finanzschwacher Kassen. Die GEK trifft dies als Zahlerkasse besonders, muss sie doch ein Viertel ihrer Gesamtausgaben an den Risikostrukturausgleich abführen. Als Konsequenz musste der Beitragssatz in mehreren Schritten von ehemals 10,2% (1992) auf 13,6% (2006) deutlich angepasst werden. Heute ist die GEK nur noch geringfügig günstiger als der Kassendurchschnitt (2006: 14,2%).

Dies hatte erhebliche Auswirkungen. Während sich etwa bis 1998 neue Kunden für die GEK insbesondere aufgrund des Preises entschieden, gab es für preisorientierte Kunden nun günstigere Anbieter. Zusätzlich war zu befürchten, dass sich insbesondere die preisorientierten GEK-Mitglieder wegen der neuen Wahlmöglichkeiten nach anderen Wettbewerbern umsehen könnten. Die Kundenbindung und die Neukundenwerbung mussten auf neue Argumente aufgebaut werden. Es war eine **Neubestimmung der Erfolgsfaktoren** zur Differenzierung gegenüber den Konkurrenzkassen notwendig.

Mit dieser Neuausrichtung war allerdings auch eine Chance verbunden. In einer in Auftrag gegebenen Studie aus dem Jahre 1996 wurden unterschiedliche Kundengruppen privater und gesetzlicher Krankenversicherungen ermittelt. Hiernach sind unter anderem lediglich 9% als besonders preisorientiert (preisorientierte Rationalisten), aber 43% als besonders serviceorientiert (überforderte Unterstützungssucher, anspruchsvolle Delegierer, bequeme Experten) eingeschätzt. Die restlichen Kunden sind im Wesentlichen treu. Somit war das Gefährdungspotenzial deutlich niedriger als die möglichen Marktchancen bei einer erfolgreichen Neuausrichtung der Kundenansprache.

Glücklicherweise hatte die GEK ihre Tradition als Selbsthilfeeinrichtung über die Jahrzehnte hinweg bewahrt. So spielte Kundenorientierung – insbesondere im Sinne eines guten Leistungsangebotes – schon immer die zentrale Rolle in der GEK-Unternehmenspolitik. Als **Philosophie** galt und gilt: „Der Kunde soll für seinen Beitrag, den er monatlich bezahlen muss, die höchsten Leistungen bekommen, die der Gesetzgeber zulässt." Nichts lag deshalb näher, als die GEK im Wettbewerb konsequent als kundenorientierte Krankenkasse mit dem besten Service zu profilieren. Weil sich diese Entwicklung bereits Anfang der 1990er Jahre abzeichnete, knüpfte 1993 das Projekt „Schlanke GEK" an. Das zentrale Ziel dieses Projektes war die Ausrichtung des Unternehmens am Kunden und – als Element davon – der Abbau von bürokratischen Strukturen. Eine wesentliche Stärke der GEK ist die starke Identifikation der Mitarbeiter mit ihrem Unternehmen.

Eine Besonderheit dieses **Lean Management-Projektes** war, dass es (noch) nicht aus einer Krise heraus geboren wurde, sondern den weiteren Erfolg bei schwierigeren Marktbedingungen sichern sollte. Unter dem Motto: „Der Mensch im Mittelpunkt" wurde eine deutliche Steigerung der Serviceanstrengungen für interne und externe Kunden angestrebt. Dabei ging es in einem 1. Schritt darum, den Mitarbeitern das Kundenverständnis nahe zu bringen – bisher wurden „Mitglieder verwaltet" statt „Kunden betreut". Und um wirklich alle Unternehmensbereiche zu erreichen, wurden andere Mitarbeiter/ Kollegen als interne Kunden definiert, für die prinzipiell die gleichen Standards gelten wie für externe Kunden. Dieses generelle Umdenken konnte am nachhaltigsten erreicht werden, indem – quasi als Initialzündung des Projektes – ausnahmslos alle Mitarbeiter der GEK ein zweitägiges Seminar besuchten, das sich ausschließlich um den Kunden und die Serviceorientierung drehte. Hieraus entstanden bis heute gültige Grundaussagen, wie z.B. salopp formuliert: „Der Kunde, der mich gerade mit seinem Anruf von meiner Arbeit abhält – ist meine Arbeit und bezahlt mein Gehalt."

Gleichzeitig initiierte man im Projekt „Schlanke GEK" signifikante **Restrukturierungen**, in dem unter anderem eine komplette Führungsebene abgeschafft und mehr Kompetenz und Verantwortung auf den Kundenbetreuer – bislang Sachbearbeiter – übertragen wurde. Dies brachte – neben mehr Arbeitszufriedenheit für die Kundenbetreuer – wesentliche Vorteile für den Kunden, insbesondere schnellere Durchlaufzeiten, einen kompetenten Ansprechpartner und mehr Entscheidungsbefugnis. Auch die Arbeitsprozesse wurden kritisch unter die Lupe genommen und hinsichtlich Effizienz, Schnelligkeit und Kundenorientierung verändert. Es lässt sich unschwer erkennen, dass damit gleichzeitig auch die Produktivität gesteigert wurde. Und so konnte tatsächlich erreicht werden, dass mehr Service nicht zwangsläufig zu mehr Personal und zu höheren Kosten geführt hat. Insgesamt wurden die Projektaktivitäten in 7 eng miteinander verbundene Handlungsfelder gegliedert (siehe Abb. 2).

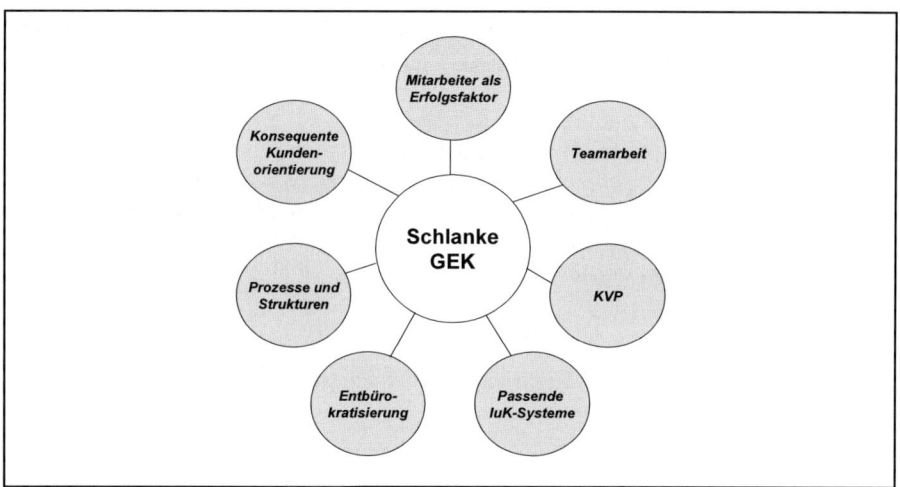

**Abb. 2:** Handlungsfelder des Projektes „Schlanke GEK"

Kundenzufriedenheit sollte die wichtigste Grundlage für den Erfolg im Kassenwettbewerb werden – so die **Vision**. Um diese neue Ausrichtung im ganzen Unternehmen deutlich zu machen, waren höchste Anstrengungen in der **internen Kommunikation** notwendig. Schließlich war die Unternehmenskultur im Sinne einer guten Behörde vor der „Schlanken GEK" noch stark (sozialversicherungs-)fachorientiert. Als guter Mitarbeiter galt, wer es schaffte, einen Sachverhalt juristisch richtig zu beurteilen. Doch dies reichte jetzt nicht mehr aus. So rückte zusätzlich die Frage in den Vordergrund, wie die Entscheidung dem Kunden am besten dargestellt werden kann. Positive Mitteilungen sollten genutzt werden, um den Kunden stärker zu binden. Bei negativen Entscheidungen sollten die Gründe verständlich erläutert und möglichst Alternativen aufgezeigt werden. An der Stelle ist es wichtig, zu erwähnen, dass es der GEK als gesetzliche Krankenkasse nur in ganz geringem Umfang erlaubt ist, freie Leistungsentscheidungen zu treffen. Vielmehr schreibt der Gesetzgeber in fast allen Bereichen explizit vor, wie die GEK zu entscheiden hat. Umso mehr ist es für den Kundenbetreuer eine Herausforderung, negative Entscheidungen nicht einfach auf den Gesetzgeber zu schieben, sondern möglichst nachvollziehbar zu begründen – selbst wenn die GEK gerne anders entscheiden würde (siehe Abb. 3).

Im Mittelpunkt dieses Prozesses stand also eine Verhaltensänderung der Mitarbeiter. Wie dies praktisch umgesetzt wurde, ist im nächsten Unterkapitel beschrieben.

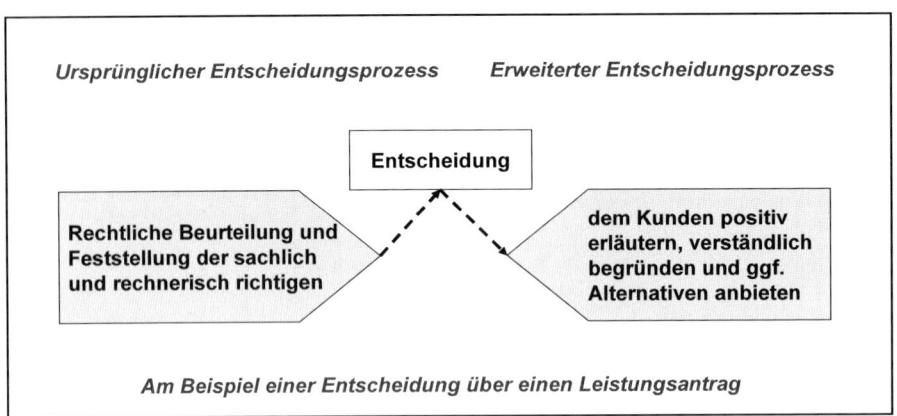

**Abb. 3:** Erweiterung des Entscheidungsprozesses

## 2 Vom Leitbild zum kundenorientierten Zielsystem

Um die neuen Schwerpunkte jedem Mitarbeiter transparent zu machen, wurde 1994 ein neues **Leitbild** entwickelt (siehe Abb. 4). Ganz bewusst wurde dieses in einfache, gut verständliche Worte gefasst. Zusätzlich wurde jeder Leitsatz in einem kurzen Text erläutert. Jeder Mitarbeiter erhielt sein Leitbild persönlich als Taschenfaltblatt. Außerdem wurde das Leitbild gut sichtbar als Plakat im Publikumsraum eines jeden GEK-Büros platziert – als ständige Erinnerung für die Mitarbeiter, aber auch als Versprechen an die Kunden, womit wiederum eine Verpflichtung nach innen entstand. Begleitet wurde die erstmalige Veröffentlichung von Workshops mit allen GEK-Mitarbeitern, in denen das Leitbild inhaltlich diskutiert und so weiter mit Leben erfüllt wurde.

Im weiteren Verlauf besprachen die jeweiligen Teams konkret, wo sie sich selbst verbessern können. Ein wesentlicher Schritt war die Einführung und Umsetzung von **Teamarbeit**. Der bisherige Gruppenleiter entwickelte sich vom Fachspezialisten und „Unterschriftenleister" zum Berater und Coach und wurde Teil des Teams als dessen Leiter. In dieser Rolle gab er bisher klassische Aufgaben, wie z.B. das Unterschreiben des Großteils der von den Sachbearbeitern verfassten Briefe, an den neuen Kundenbetreuer ab. Seitdem verfasst und unterschreibt der Kundenbetreuer seine Briefe selbst. Andererseits übernahm der Teamleiter Führungs- und Koordinationsaufgaben vom bisherigen Stellenleiter, dessen Funktion aufgegeben wurde. Die frühere Rolle des Kontrolleurs ging mehr und mehr verloren, was zum damaligen Zeitpunkt Befürchtungen auslöste, die Qualität der Arbeitsergebnisse könnte dramatisch abnehmen. Doch schon nach kurzer Zeit stellte sich heraus, dass diese Bedenken unberechtigt waren, denn mit dem Wegfall des Sicherheitsnetzes – also der Kontrolle durch den Gruppenleiter – nahm das Verantwortungsbewusstsein der Kundenbetreuer erheblich zu. Zwar gibt es auch heute noch das Vier-Augen-Prinzip, beispielsweise bei der Überprüfung einer Krankengeldberechnung, die Kundenbetreuer im Team überprüfen ihre Entscheidungen und Berechnungen heute jedoch gegenseitig.

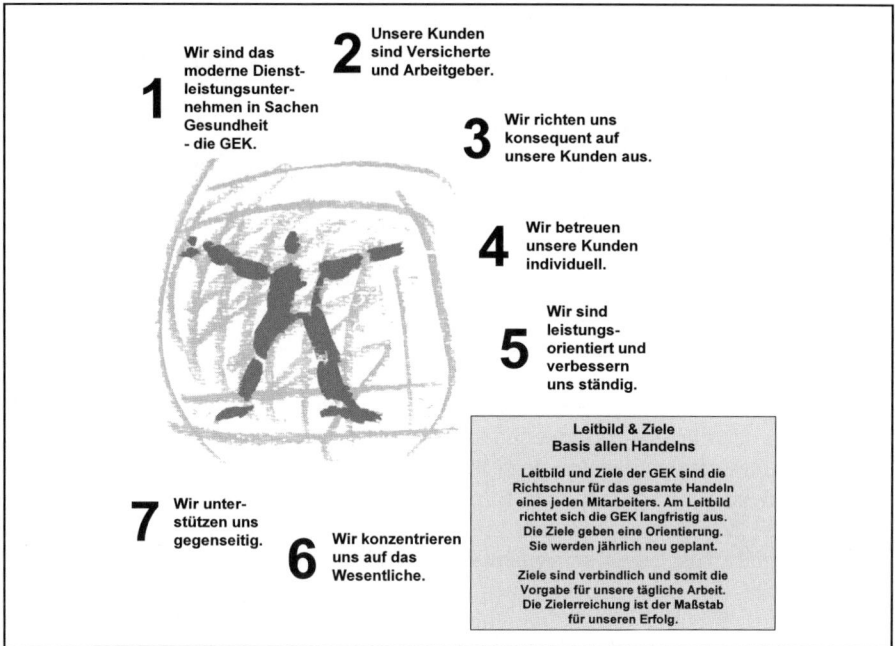

**Abb. 4:** Das Leitbild der GEK

Das Leitbild sollte dem Mitarbeiter Orientierung geben, wofür die GEK steht und in welche Richtung sie sich längerfristig entwickeln möchte. Wichtig war es nun, in einem weiteren Schritt allen Bereichen im Unternehmen möglichst konkret und für einen überschaubaren Zeithorizont transparent zu machen, was die GEK als Unternehmen erreichen möchte und wie die einzelnen Bereiche bis hin zum einzelnen Mitarbeiter dazu beitragen sollen. Auf Basis des Unternehmensleitbildes wurde also ein **Zielsystem** entwickelt, das – jährlich angepasst – alle Ziele vom Gesamtunternehmen über die Abteilungs- und Filialziele bis hin zum einzelnen Mitarbeiter beinhaltet.

Das Leitbild gilt für mehrere Jahre und wird nur moderat angepasst, während die Ziele jedes Jahr neu geplant werden. Die Ziele müssen sich selbstverständlich dem Leitbild unterordnen – ansonsten muss das Leitbild angepasst werden.

Der Zielplanungsprozess ist heute straff organisiert. Anders wäre es nicht möglich, die Ziele rechtzeitig und stimmig im Markt umzusetzen. Die Zielfindung selbst geschieht in einer **Kombination aus top-down- und bottom-up-Prozess**, das heißt, teils werden die Ziele vom jeweils Vorgesetzten definiert, teils werden sie von der Fachbereich- bzw. Mitarbeiterebene vorgeschlagen (siehe Abb. 5).

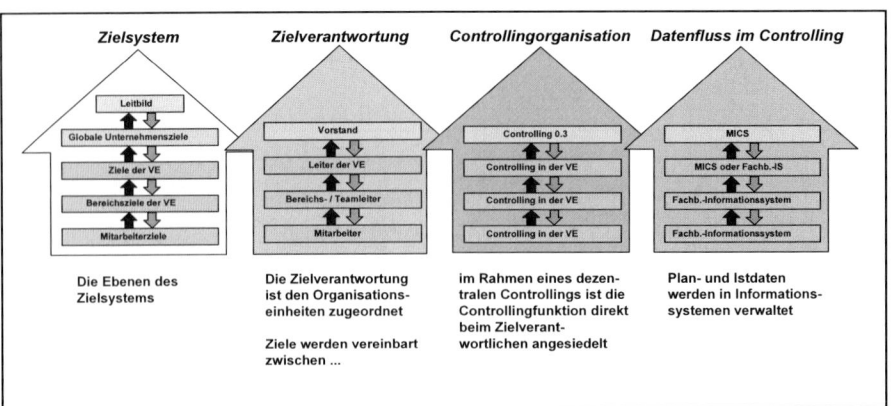

**Abb. 5:** Ziele- und Controllingorganisation

Die Ziele sollen jedem Mitarbeiter im Unternehmen transparent machen, was die GEK in den einzelnen Bereichen konkret erreichen möchte, und insbesondere, welchen Beitrag jeder Einzelne dazu leisten soll. Deshalb ist es von großer Bedeutung, dass diese Ziele verständlich formuliert sind und breit kommuniziert werden. Der einzelne Mitarbeiter soll sich mit den Zielen identifizieren. Deshalb erstellt die GEK jedes Jahr einen so genannten **Zielfolder**, in dem die Globalen Unternehmensziele, die Bereichsziele aller Abteilungen sowie der Filialen (Geschäftsstellen) und schließlich die Zielvereinbarungen der einzelnen Mitarbeiter kompakt zusammengefasst sind. Diesen Zielfolder erhält jeder Mitarbeiter zu Jahresbeginn. Dabei sind die Ziele in 5 verschiedene Themenbereiche eingeteilt. Abbildung 6 verdeutlicht, wie man über das Layout erreichen kann, dass jeder Mitarbeiter im Unternehmen einfach erkennt, welcher Unternehmensteil welches Teil-Ziel übernommen hat, und was er persönlich dazu beitragen soll.

So setzt sich z.B. die Finanzabteilung das Ziel, dass 99,5% aller Geldüberweisungen bereits am nächsten Arbeitstag auf dem Girokonto des Kunden gutgeschrieben werden. Dieses Ziel ist für alle Kundenbetreuer interessant, zumal sie am Anfang dieses Geldüberweisungsprozesses stehen. Denn die Kundenbetreuer müssen täglich den Posteingang daraufhin sichten, ob solche Auszahlungsanträge eingegangen sind und diese vor der übrigen Post, die ebenfalls tagfertig zu erledigen ist, bearbeiten. Eingebettet sind dieses Ziel und der Arbeitsprozess in eine so genannte Servicegarantie, die den GEK-Kunden verspricht, dass eine Geldleistung innerhalb von 24 Stunden auf dem Girokonto gutgeschrieben wird.

Unterstützt wird der gesamte Zielprozess maßgeblich durch die so genannte **Leistungsorientierte Vergütung**. Konkret geht es darum, dass der einzelne Mitarbeiter Prämien erhalten kann, wenn bestimmte Ziele erreicht werden. Es handelt sich hierbei um eine Kombination aus Team- und Einzelzielen, und es wird mit 3 Zielerreichungsgraden operiert. In den Anfangsjahren fiel es noch schwer, messbare Ziele zu definieren. Und so bestanden die Ziele damals noch größtenteils aus recht globalen Aussagen, deren Erreichungsgrad nicht konkret nachgewiesen werden konnte. Aber in den folgenden Jahren wurde das Zielsystem immer konkreter.

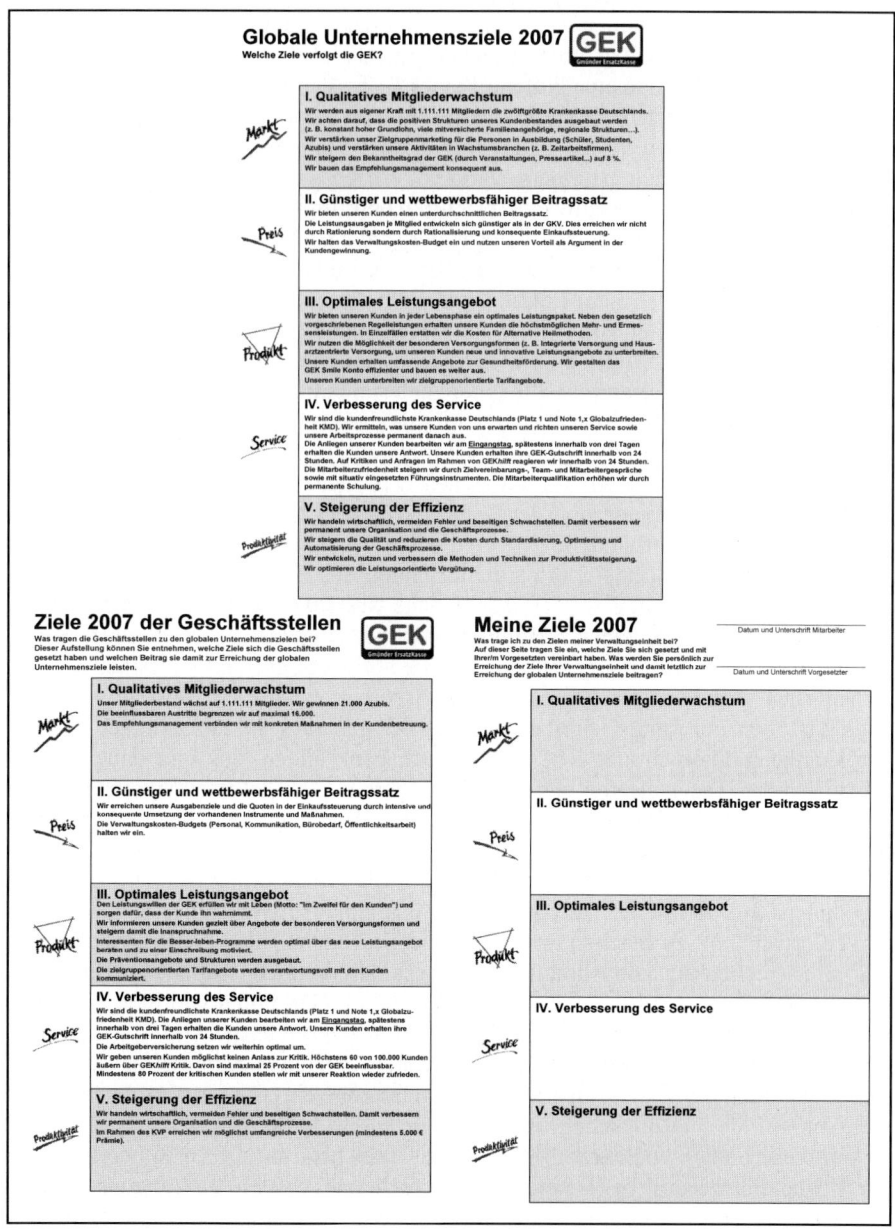

**Abb. 6:** Zielfolder – vom Gesamtunternehmen bis zum Mitarbeiter

Unter dem **Globalziel „Verbesserung des Service"** wurde eine hohe Kundenzufriedenheit als ein grundsätzliches Unternehmensziel festgelegt: „Wir sind die kundenfreundlichste Krankenkasse Deutschlands." Dieses Ziel ist eindeutig messbar. Als Messgröße gilt hier das Ergebnis aus dem Kundenmonitor Deutschland für die Branche Krankenkassen/ -versicherungen. Ziel ist es, bei der Globalzufriedenheit den Platz 1 sowie eine Note mit einer 1 vor dem Komma zu erreichen.

Hieran wird deutlich, wie stark alleine die Vereinbarung und Kommunikation von Zielen nach innen wirken kann. Der Platz 1 beim Kundenmonitor Deutschland ist zwischenzeitlich zu einem starken Vertriebs- und Kundengewinnungsargument geworden. Kundenzuwachs bringt sichere und zusätzliche Arbeitsplätze, was natürlich für jeden einzelnen Mitarbeiter große Bedeutung hat. Kundenzufriedenheit wird vorrangig durch die Kundenbetreuer im Servicebereich bewirkt, während der Vertrieb mit diesem Prädikat erfolgreich neue Kunden gewinnt. Und so erkennen die Mitarbeiter von selbst, wie wichtig dieses Ziel für die GEK ist, und dass es sich lohnt, sich aktiv an der Erreichung zu beteiligen. Verstärkt wird dies durch interessante Prämien im Falle einer Zielerreichung.

Das globale Serviceziel zur Kundenzufriedenheit erfasst alle Bereiche, die zum Service gehören: Telefonservice, Freundlichkeit, Schnelligkeit, Schriftwechsel usw. Dadurch ist die Akzeptanz unter den Mitarbeitern für vielerlei Aktivitäten zur Messung und Verbesserung des Service (Mystery Calls, Online-Befragungen, Service-Tests usw.) vorhanden.

Als wichtigste **Unterziele**, die zur Erreichung des Zufriedenheitszieles dienen, sind die **Servicegarantien** sowie verschiedene **Beschwerde-Ziele** definiert. Dabei können durchaus in einzelnen Abteilungen oder in einzelnen Jahren weitere Serviceziele festgelegt werden, je nachdem, wo die Schwerpunkte aktuell liegen.

Natürlich wirken solche Ziele auch auf Arbeitsprozesse. Als Beispiel sei nochmals das oben genannte Geldüberweisungsziel genannt. So sah z.B. der Prozess zur Krankengeldauszahlung vor Jahren noch ganz anders aus und dauerte zwischen 3 und 5 Tagen. Heute hat der Kunde bereits am nächsten Arbeitstag seine Gutschrift auf dem Girokonto. Dies war nur zu erreichen, indem der Prozess deutlich umgestaltet wurde.

Ziele sind eine wichtige Voraussetzung für die Orientierung des gesamten Unternehmens am definierten Erfolg. Mindestens genauso wichtig ist es jedoch, jederzeit transparent zu machen, inwieweit die einzelnen Ziele bereits erreicht sind. Nur so ist rechtzeitig vor Ablauf der Zielperiode erkennbar, ob entsprechend gegengesteuert werden muss, weil die aktuelle Entwicklung nicht auf eine Zielerreichung hinsteuert.

Wenn man ein Zielsystem betreibt, das den einzelnen Mitarbeiter integriert, sollte man auch die **Zielerreichung unternehmensweit transparent** machen und nicht nur auf die Führungsebene beschränken.

Um diese beiden wichtigen Merkmale zu erreichen, hat die GEK bereits Mitte der 1990er Jahre damit begonnen, ein entsprechendes System aufzubauen, das bis heute permanent weiterentwickelt und den aktuellen Gegebenheiten angepasst wird: das Managementinformations- und Controllingsystem – kurz MICS (siehe Abb. 7).

Bausteine für eine hohe Kundenzufriedenheit bei der Gmünder ErsatzKasse (GEK) 511

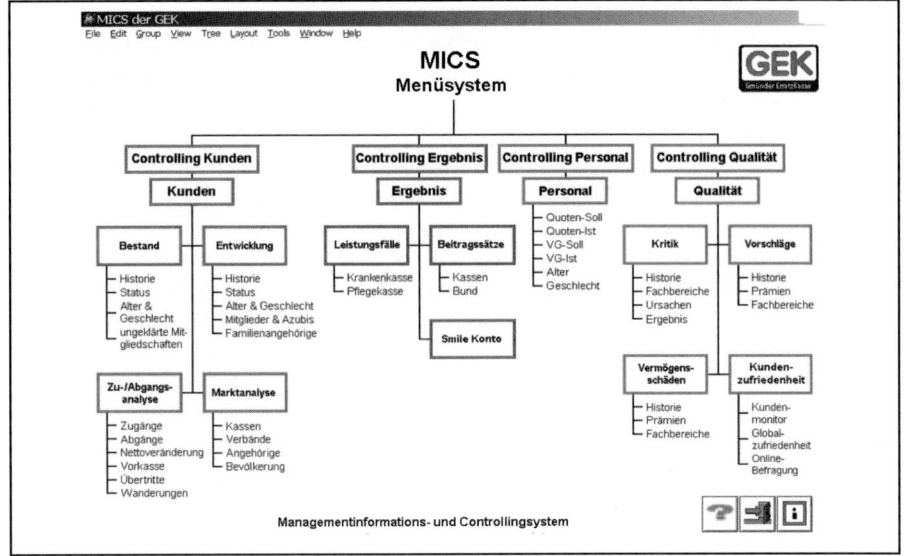

**Abb. 7:** MICS der GEK – Menüstruktur

MICS beinhaltet Daten aus allen Unternehmensbereichen. Dabei spielt es keine Rolle, ob diese auf Großrechner, PC, in Access oder als DB2-Tabelle gespeichert sind. In einem 1. Schritt werden diese Einzeldaten sinnvoll verdichtet und in einem **Data Warehouse** zusammengefasst. MICS greift einmal monatlich auf diese Datensammlung zu und berechnet sämtliche Anwendungen. Dieser Stand wird als Ganzes gespeichert, jeden Monat an die 190 Filialen transferiert und dort lokal abgelegt.

MICS steht uneingeschränkt jedem einzelnen Mitarbeiter der GEK zur Verfügung. In MICS kann also jeder Mitarbeiter in jedem Bereich auch die Ergebnisse anderer Einheiten betrachten. Für fast jede der über 50 Einzelanwendungen gibt es Hitlisten, in denen Rangfolgen über die Filialen abgebildet sind. Diese vollkommen offene Kommunikation brachte von Beginn an keine Konflikte, obwohl man dies befürchtet hatte. Vielmehr entfachte diese Transparenz in vielerlei Hinsicht einen durchaus gewollten Wettbewerb der Einheiten untereinander.

Mit der Integration in MICS ging einher, dass sämtliche bisherigen Statistiken abgeschafft wurden. Wer kennt das nicht: 3 Abteilungen fertigen 3 verschiedene Statistiken über dasselbe Thema mit unterschiedlichen Ergebnissen. Mit MICS wurde auch dieser alte Zopf abgeschnitten. Alle Mitarbeiter verfügten plötzlich über dieselben Zahlen und erhielten sogar noch zusätzliche Auswertungen. Ab diesem Zeitpunkt war es möglich, über sinnvolle Maßnahmen zu diskutieren, anstatt sich damit auseinander zu setzen, wessen Statistik die richtige ist. Selbstverständlich sind nicht alle Anwendungen in MICS gleich beliebt. Es gibt einige Renner (Vertriebsziele), bei denen es die Anwender kaum erwarten können, die neue Version geliefert zu bekommen, während andere Anwendungen nur gelegentlich aufgerufen werden. Ein weiterer wesentlicher Nutzen für die Anwender entsteht aus der Möglichkeit, sämtliche Daten, Hitlisten und vor allem auch Grafiken ganz einfach in andere PC-Anwendungen wie Word, Excel oder PowerPoint zu kopieren. So entstand ganz nebenbei ein riesiger und jederzeit aktueller Pool an Unternehmens-Folien, die für Präsentationen herangezogen werden können.

Neben den 4 Fachbereichen gliedert sich MICS in 2 Schichten: die Informationsschicht und die Controllingschicht. Die **Informationsschicht** beinhaltet – wie der Name schon sagt – sämtliche unternehmensrelevanten Daten mit Ausnahme der Finanzdaten, welche ausschließlich in SAP geführt werden. Selbstverständlich gibt es neben MICS noch weitere fachbereichsbezogene Informationssysteme. In MICS werden nur die Daten aufgenommen, die tatsächlich unternehmensweit von Interesse sind. In der Regel bestehen die Anwendungen aus einer Datentabelle und einer Grafik – per Mausklick übernimmt die Grafik die Daten der ausgewählten Tabellenspalte. Im rechten Teil des Bildschirms befindet sich immer der Navigationsbereich. Nach dem **drill-down-Prinzip** kann hier vom Gesamtunternehmen bis hin zur kleinsten Einzeleinheit jedes Ergebnis ausgewählt werden. Ein im gesamten MICS verfügbares Hilfesystem (gelbes Fragezeichen) erläutert individuell für jede Anwendung, wie es zu bedienen ist und vor allem, welche Daten woher und wie zusammengeführt wurden. In den Hitlisten ist der jeweilige Durchschnitt sichtbar. Sie lassen sich nach jeder Spalte, z.B. dem Zeitverlauf, inhaltlichen Schwerpunkten oder regionalen Verwaltungseinheiten, per Mausklick sortieren (siehe Abb. 8).

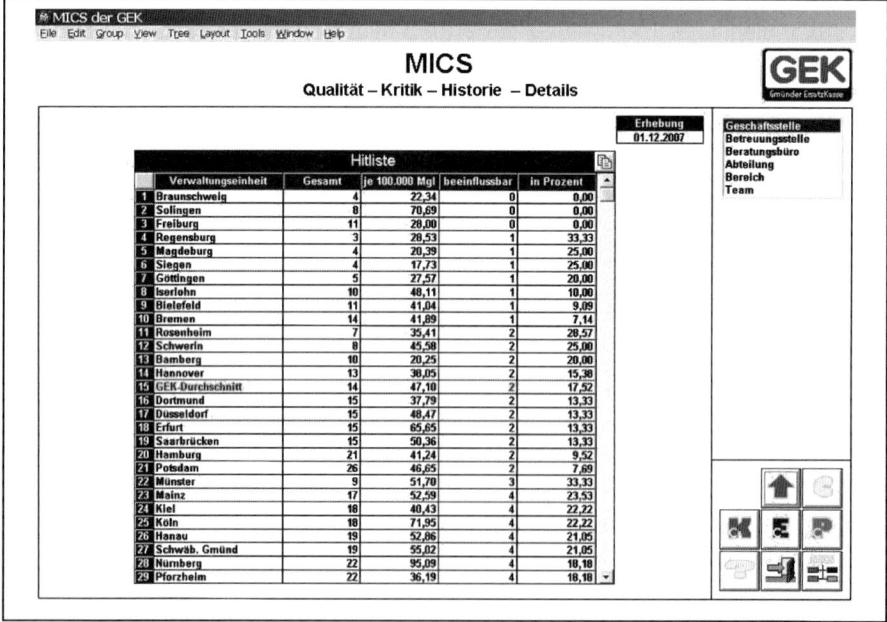

**Abb. 8:** Hitliste am Beispiel von Beschwerden

Die **Controllingschicht** führt die vereinbarten Unternehmensziele (als Soll-Wert) und die tatsächlichen Ergebnisse aus der Informationsschicht (als Ist-Wert) zusammen und bewertet in Form von Ampeln und Prozentwerten die aktuelle Zielerreichung.

Generell sind 2 Sichten möglich: Der Geschäftsführer erhält einen Überblick über alle Bereiche seiner Einheit und erkennt sofort, wo die Ampel nicht auf grün steht (siehe Abb. 9 am Beispiel Qualität). Der Verantwortliche für Beschwerden möchte wissen, woran es liegt, dass seine Beschwerdeampel auf rot steht und kommt per Mausklick Ebene für Ebene ins Detail (siehe Abb. 10).

Für beide Ebenen gilt: Ein Klick auf die Ampel genügt, und die hierzu relevante Anwendung in der Informationsschicht wird direkt aufgerufen. Auch die Controllingschicht ist mit Hitlisten und dem Hilfesystem ausgestattet.

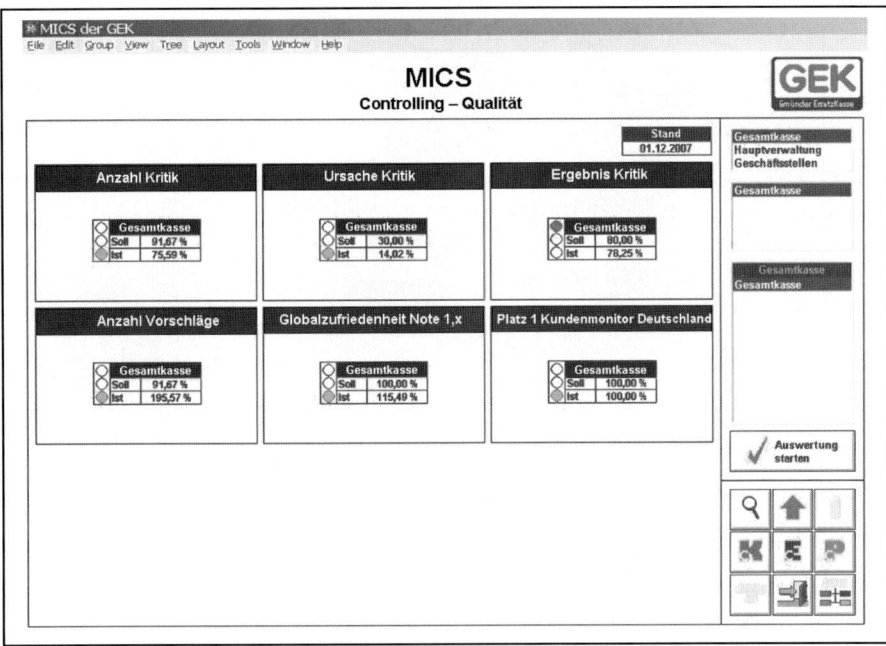

**Abb. 9:** Controllingschicht: Gesamtsicht auf alle Qualitätsbereiche

Nicht nur Führungskräfte, sondern alle Mitarbeiter der GEK können dieses System vollständig nutzen. Schließlich sollen diese Systeme ständig die Bedeutung einer konsequenten Ausrichtung auf die Kundenwünsche transparent machen und somit permanente Überzeugungsarbeit leisten. Diese durchgängige Informationsweitergabe ist eine maßgebliche Grundlage für die **offene Unternehmenskultur** in der GEK und somit für einen guten internen Service. Der interne Service stellt jedoch keinen Selbstzweck dar, sondern er muss sich am externen Kundennutzen orientieren. Deshalb müssen sämtliche Aktivitäten und Ziele an den Wünschen und Bedürfnissen der Kunden ausgerichtet sein. Ein guter interner Service bedeutet, dass insbesondere die Mitarbeiter, die im direkten Kundenkontakt stehen und einen hohen Einfluss auf das Zufriedenheitsurteil haben, die notwendigen Grundlagen und Freiräume für ihre Arbeit erhalten. Hierzu gehören weit reichende Kompetenzen und Entscheidungsbefugnisse.

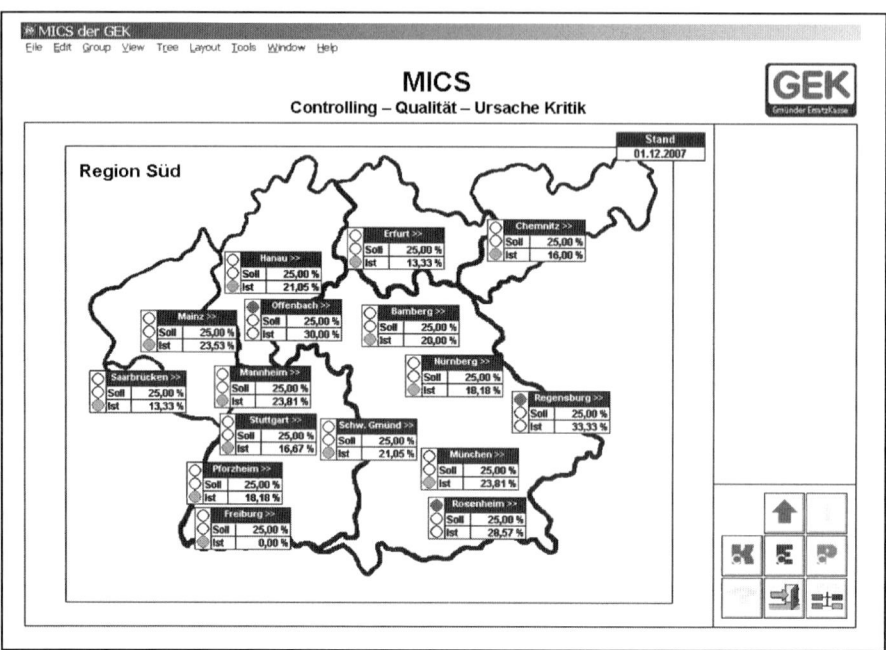

**Abb. 10:** Controllingschicht: Detailsicht auf Beschwerden

Diese besondere Betonung auf die interne Kommunikation hat sich in den letzten Jahren als hilfreich erwiesen, als die Kostensituation noch stärker in den Vordergrund der unternehmerischen Betrachtung rückte. Die Einbeziehung aller Mitarbeiter in die neue **Servicekultur** hat zu einem fast automatischen Verständnis für die Notwendigkeit von hoher Kundenorientierung geführt. Während zu Beginn dieses Prozesses Mitte der 1990er Jahre mehrmals Konflikte zwischen Kundenorientierung und Kostenbewusstsein bei Leistungsentscheidungen als unlösbar dargestellt wurden, hat sich zwischenzeitlich ein gleichberechtigtes Miteinander von Kostenmanagement und Kundenorientierung entwickelt.

## 3 Bausteine

Bei der GEK ist der Qualitätsbegriff relativ weit gefasst und schließt alle kundenzentrierten Systeme mit ein. Neben den klassischen Instrumenten wie **Beschwer-**

demanagement (GEK*hilft*) und **Kundenzufriedenheitsmessungen** aller Art, zählen hierzu auch der **Kontinuierliche Verbesserungsprozess** (KVP) sowie – wie oben beschrieben – die Ziele und das Controlling. Eine weitere Besonderheit stellt das Medizinische Versorgungsmanagement dar, das sich zum Ziel gesetzt hat, anhand der vielfältig vorhandenen Daten, über die eine Krankenkasse verfügt, herauszufinden, welche Angebote für die Kunden der GEK einen möglichst hohen gesundheitlichen Nutzen bringen (siehe Abb. 11).

**Abb. 11:** Qualitätsbereiche bei der GEK

### 3.1 Kundenzufriedenheitsmessungen

Eines der wichtigsten Argumente, sich von der Konkurrenz positiv abzuheben, ist ein hervorragender Service. Wie genau dieser Service auszusehen hat, bestimmt ausschließlich der Kunde. Nur die (Service-) Leistungen, die der Kunde als Nutzen positiv wahrnimmt oder zukünftig wahrnehmen könnte, sind in hervorragender Qualität anzubieten. Andere Angebote sind aus Sicht der Kundenzufriedenheit nicht sinnvoll. Dabei spielt es keine Rolle, ob die subjektive Meinung des Kunden objektiv aus Sicht der GEK richtig ist. Sie ist nun mal die Meinung des Kunden und damit für die GEK entscheidend.

Der Kunde setzt voraus, dass das Leistungsangebot (Produkt) einer Krankenkasse seinen Anforderungen entspricht. Dies ist Grundvoraussetzung dafür, dass er überhaupt eine Kasse wählt. Wenn diese Leistungen kundengerecht erbracht (Service) und gut kommuniziert werden (Kontakt), erzeugt dies Kundenzufriedenheit. Und nur Kundenzufriedenheit erzeugt nachhaltige Kundenbindung (siehe Abb. 12).

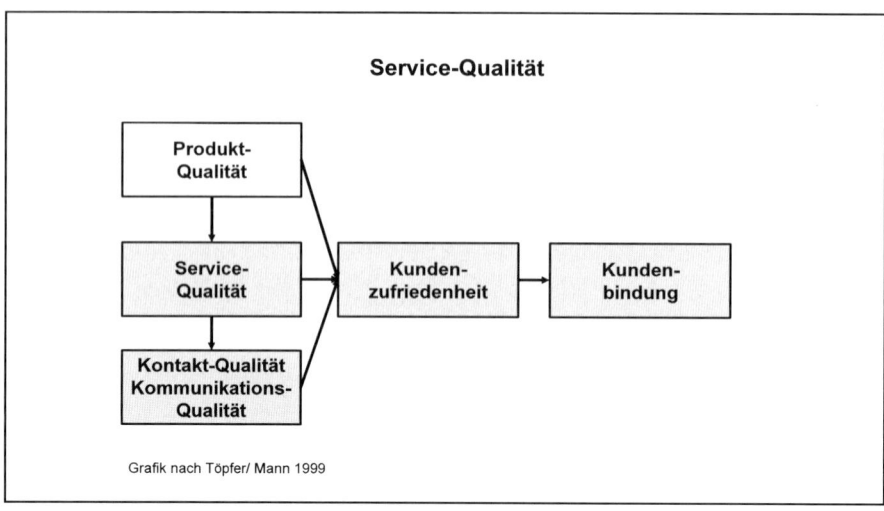

**Abb. 12:** Was erzeugt Kundenbindung?

Zur Bewertung der Kundenzufriedenheit wird bei der GEK analog zum Kundenmonitor Deutschland die Fünfer-Skala verwendet (von „vollkommen zufrieden" Note 1 bis „unzufrieden" Note 5). Bei dieser Skala ist jedoch zu berücksichtigen, dass es im Sinne der bereits beschriebenen Verbundenheitsstrategie nicht Ziel sein kann, Kunden nur zufrieden zu stellen (Note 3), sondern zu überzeugen (Noten 1 bis 2). Aufgrund der flexiblen Kassenwahlmöglichkeiten reicht es nicht mehr aus, nur eine **Gebundenheit** mit dem Kunden herzustellen. Vielmehr ist ein Zustand der **Verbundenheit** anzustreben, weil sich der Kunde ansonsten lediglich durch Wechselbarrieren an die GEK gebunden fühlt. Durch **vereinfachte Kommunikationswege** und eine **hohe Markttransparenz** (unter anderem durch Vergleichstests im Internet) sind Wechselbarrieren allerdings deutlich reduziert worden. Verbundenheit ist lediglich bei vollkommen bzw. sehr zufriedenen Kunden zu erwarten.

Alleine dieser Umstand zeigt auf, wie effizient es ist, einen guten Kundenservice zu leisten. Denn es ist um ein vielfaches aufwändiger, einen neuen Kunden zu gewinnen, als einen Bestandskunden zu halten. Hinzu kommt, dass nur der zufriedene oder gar begeisterte Kunde bereit sein wird, die GEK weiter zu empfehlen. Im Jahr 1998 befragte die GEK repräsentativ ihre Neukunden unter anderem danach, wie sie den Weg zur GEK gefunden hätten. Das erstaunliche Ergebnis war, dass ca. 80% angaben, auf Empfehlung der Familie, von Freunden, Bekannten und Kollegen usw. die GEK gewählt zu haben. Dies zeigt einmal mehr, dass ein guter Service der beste Vertrieb sein kann.

Dazu bedarf es aber einer permanenten Überprüfung des kundenorientierten Handelns. Ein entscheidender Bestandteil dieses kontinuierlichen Verbesserungsprozesses ist das **Feedback des Kunden**, das letztlich alle Prozesse bestimmt. Dieser Regelkreis gilt für alle Bereiche eines Unternehmens (siehe Abb. 13).

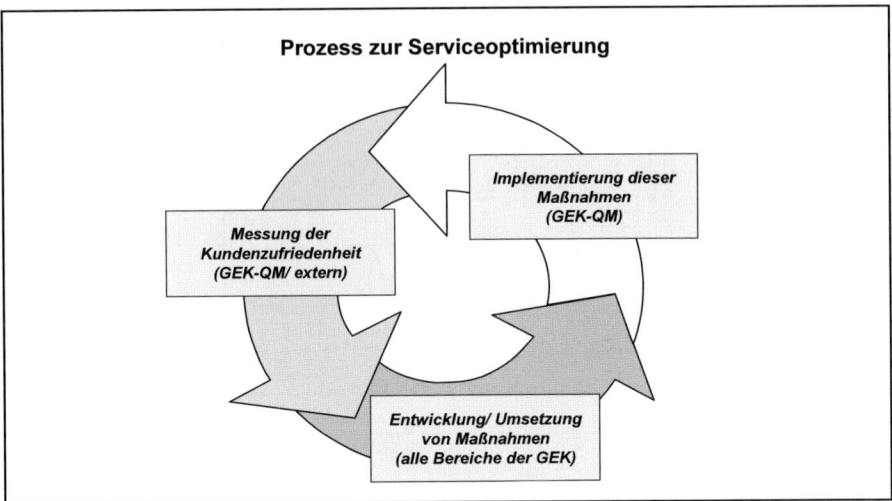

**Abb. 13:** Regelkreis zur Serviceoptimierung

Es gibt vielfältige Möglichkeiten, um die Kundenmeinung zu ermitteln. Für eine zuverlässige und umfassende Analyse bieten sich in erster Linie **Kundenbefragungen** an. Dieses Instrument wird bei der GEK seit Anfang der 1990er Jahre regelmäßig eingesetzt.

Dabei wird darauf geachtet, dass möglichst alle Kontaktpunkte zum Kunden und alle Kundengruppen berücksichtigt werden. Die GEK führt schriftliche, telefonische, persönliche und seit kurzem auch Befragungen online durch. Es gibt permanente und sporadische Befragungen. Als Kundengruppen werden die Versicherten und die Arbeitgeber (zahlen die Hälfte des Beitrages) einbezogen. Die Tests beziehen sich auf persönliche Besuche in der Filiale, das Verhalten am Telefon, die Verständlichkeit des Schriftwechsels, die Einhaltung der GEK-Servicegarantien oder auch auf die Frage, ob bestimmte Prozesse vom Kunden verstanden und akzeptiert werden (siehe Abb. 14).

### 3.1.1 Zufriedenheitsmessungen

Neben den allgemeinen Globalzufriedenheitswerten liefert der Kundenmonitor Deutschland als jährlicher Benchmark wesentliche und interessante Detailergebnisse, welche die GEK zum Anlass nahm, einzelne Bereiche näher zu untersuchen. Dabei gilt bis heute, dass sich die GEK bei eigenen Erhebungen immer sehr nah an der Methodik und der Fragestellung des Kundenmonitor Deutschland ausrichtet, um in der Lage zu sein, Vergleiche anzustellen.

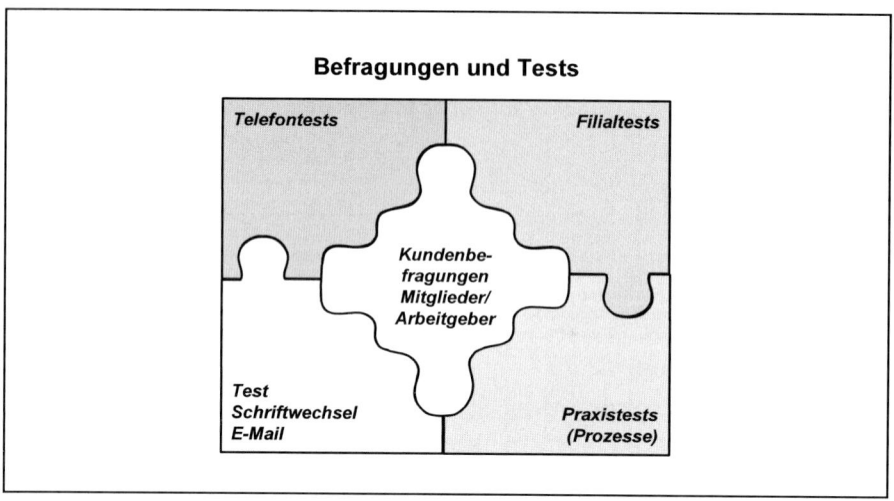

**Abb. 14:** Befragungen und Tests bei der GEK

Im Rahmen einer Ersterhebung wurden die beiden für die GEK relevanten Kundengruppen – die Mitglieder und die Arbeitgeber – Mitte der 1990er Jahre schriftlich befragt. Dabei wurde die Stichprobengröße so gewählt, dass für jede Filiale eine entsprechend große Anzahl von Nennungen zu Stande kam. Dies ist wichtig, da sonst die Ergebnisse innerhalb der Organisation als nicht repräsentativ angezweifelt werden könnten. Als eine weitere Maßnahme um dies zu vermeiden, arbeitet die GEK bei ausgewählten Befragungen mit namhaften Instituten und Dienstleistern zusammen, welche die Befragung für die GEK neutral durchführen und präsentieren.

Diese beiden ersten eigenen Zufriedenheitsstudien bildeten die Basis für weitere **Detailstudien** in den Folgejahren. Die Abbildung von Zufriedenheitswerten je Filiale brachte konkrete Ansatzpunkte und Handlungsfelder, die unmittelbar im Anschluss aufgegriffen wurden. Diese konkrete Umsetzung von Maßnahmen aufgrund von Befragungsergebnissen ist ein weiteres Wesensmerkmal aller Kundenbefragungen bei der GEK: Dem Erkenntnisgewinn folgen zwingend Verbesserungsmaßnahmen, denn eine Befragung, nach der man sich selbstzufrieden zurücklehnen könnte, gibt es nicht. Dies dokumentiert intern auch die Bedeutsamkeit und Nachhaltigkeit der Instrumente.

Neben diesen sporadisch von der GEK selbst durchgeführten Kundenzufriedenheitsmessungen gibt es einige weitere regelmäßige Befragungen, die jeweils kurz nach einem Serviceerlebnis durchgeführt werden. Nachfolgend ein Auszug:

- Zwei Wochen nachdem ein Kunde die Reaktion auf seine **Beschwerde** bekommen hat, wird er nach seinem Beschwerdeanlass, nach seiner Zufriedenheit

mit der Beschwerdereaktion und nach seiner Globalzufriedenheit mit der GEK befragt. Es handelt sich um eine Vollerhebung mit einem einseitigen schriftlichen Fragebogen bei einer Rücklaufquote von ca. 40%.
- Die GEK bietet ihren Kunden den kostenlosen Service einer ärztlichen Hotline. Mit einer Stichprobe von ca. 10% werden die Anrufer 2 Wochen nach ihrem Kontakt mit dem **GEK-Teledoktor** schriftlich mit einem einseitigen Fragebogen befragt. Der Rücklauf liegt bei über 50%. Neben Servicemerkmalen zum GEK-Teledoktor wird die Globalzufriedenheit mit der GEK abgefragt.
- Die GEK erhält täglich zehntausende Anrufe von ihren Kunden. Da liegt es auf der Hand, diese Kunden am Gesprächsende nach ihrer Zufriedenheit mit der GEK zu befragen. Solche Aktionen werden zweimal im Jahr in einem abgegrenzten Zeitraum durchgeführt. Neben der Globalzufriedenheit (5er-Skala) wird auch die Weiterempfehlungsbereitschaft angesprochen (**Empfehlungsmanagement**).

### 3.1.2 Überprüfung von Servicestandards

Die Frage nach der globalen Kundenzufriedenheit gibt einen ersten Anhaltspunkt darüber, wie gut die Erwartungen der Kunden erfüllt worden sind, und ist gleichzeitig eine wichtige Kennzahl für internes und externes Benchmarking. Kundenzufriedenheit ist die Summe aus Bewertungen zu verschiedenen Einzelaspekten. Dabei beschränken sich diese Aspekte nicht nur auf die (Versicherungs-) Dienstleistung im engeren Sinne. Vielmehr beinhalten die Qualitätswahrnehmungen der Kunden die gesamte Leistungskette um die Kernleistung herum, weshalb auch Serviceaspekte und andere subjektive Kundeneindrücke wie z.B. das Image abzufragen sind.

Für die Kontaktstellen zum Kunden hat sich die GEK verschiedene Standards gegeben, deren Einhaltung von Zeit zu Zeit überprüft wird. Hierbei steht nicht die Kontrolle sondern die Suche nach weiteren Verbesserungsmöglichkeiten im Vordergrund, um trotz steigender Ansprüche die Erwartungshaltung der Kunden weiterhin übertreffen zu können. Auch bietet sich hier die Möglichkeit festzustellen, ob diese Standards noch den aktuellen Anforderungen entsprechen oder ob sie angepasst werden müssen.

Ein klassischer Bereich hierbei ist – wie bei vielen Unternehmen – der **Telefonkontakt**. Gerade für die GEK mit ihrem vergleichsweise grobmaschigen Filialnetz ist es von großer Bedeutung, am Telefon einen perfekten Service zu bieten. Ganz bewusst hat sich die GEK bisher dazu entschieden, nicht mit Call Centern zu operieren. Der Hauptgrund ist: Die GEK will ihren Kunden einen persönlichen Ansprechpartner bieten. In der Praxis bedeutet dies: Der Kundenbetreuer schreibt dem Kunden einen Brief, in dem seine kompletten Kontaktdaten genannt sind (Vor- und Nachname, Telefon-Durchwahl, Fax und seine persönliche E-Mail-Adresse). Der Kundenbetreuer erstellt und unterschreibt den Brief persönlich. Der Kunde hat eine Rückfrage und wählt die Telefon-Durchwahl seines Kundenbetreuers. Dieser geht tatsächlich ans Telefon und kennt genau und auf Anhieb den Sachverhalt dieses Kunden. Später vereinbaren sie, dass der Kunde am nächsten Tag in die Filiale vor Ort kommt – und dort den Kundenbetreuer persönlich trifft.

Bei der GEK finden alle Kontakte – telefonisch, schriftlich, persönlich, per E-Mail – mit dem Kundenbetreuer vor Ort statt. Angesichts gewisser Call Center-Erfahrungen mit anderen Unternehmen wissen die Kunden der GEK diesen Unterschied mehr und mehr zu schätzen. Auch und vor allem, dass der Kundenbetreuer vor Ort alle Fragen bis ins Detail selber lösen kann und dass der Kunde z.B. seine Krankheitsgeschichte nicht bei jedem Anruf erneut erzählen muss.

Die große Stärke der GEK sind ihre Mitarbeiter. Zu einer hohen **Motivation** kommt eine starke **Identifikation** mit dem Unternehmen. Daneben bietet die GEK sichere Arbeitsplätze bei guter Bezahlung und vor allem ein umfassendes **Bildungskonzept**:

- Offene Stellen im Servicebereich werden fast ausschließlich mit selbst ausgebildeten Azubis besetzt.
- Hausinterne Weiterbildungsangebote, die neben den rein fachlichen Themen auch Serviceaspekte abdecken (Kundenorientiertes Telefonieren, kundenorientierter Schriftwechsel, Umgang mit schwierigen Zeitgenossen, Vermeidung von Beschwerden usw.) bieten den Mitarbeitern die Möglichkeit, sich gezielt weiter zu entwickeln.
- Wer das Fortbildungsstudium durchläuft, kann sich innerhalb von 4 Jahren den Titel Krankenkassenbetriebswirt erarbeiten. Dies ist Voraussetzung für höherwertige Tätigkeiten.
- Derzeit richtet die GEK gemeinsam mit einer Hochschule in Baden-Württemberg einen Studiengang „Gesundheitsmanagement" (Bachelor) ein.

Doch zu einem guten Telefonservice gehört mehr als ein gut ausgebildeter und motivierter Mitarbeiter. Hier müssen noch Faktoren hinzukommen, die dem Kunden ein gutes Gefühl geben und die ihm zeigen, dass die GEK für ihn da ist. Die GEK-Standards sind:

- Möglichst gleich beim ersten Versuch durchkommen.
- Maximal dreimal klingeln, keine Warteschleife, kein Telefoncomputer.
- Erreichbar werktäglich durchgehend von 7.00 bis 17.30 Uhr.
- Festgelegter Begrüßungstext mit Vor- und Nachname des GEK-Mitarbeiters.
- Freundlichkeit, Aufmerksamkeit, Zugewandtheit.
- Als Reaktion immer die richtige Antwort. Im Ausnahmefall Rückruf durch die GEK. Weiterverbinden nur, wenn der Kollege tatsächlich verfügbar ist und die bessere Antwort geben kann.
- Gesprächsausstieg: ggf. bedanken für den Anruf und nach weiteren Wünschen fragen.

Der Service am Telefon wird auch beim Kundenmonitor Deutschland mit mehreren Detailfragen erhoben und bietet so eine gute Vergleichsbasis.

Diese oben aufgezeigten Telefonstandards lassen sich ganz einfach testen. Die GEK führt solche Telefontests immer wieder durch und achtet auch hier darauf, dass pro Filiale eine aussagekräftige Anzahl von **Testanrufen** zu Stande kommt. Selbstverständlich wird hiermit ein externes Institut beauftragt, um die Neutralität zu wahren, aber auch um die Professionalität sicherzustellen. Um das Problem mit den Scheinkunden zu umgehen, operiert man hier ausschließlich mit Interessenten. Für jeden Anruf hat der Interviewer einen virtuellen Background parat, damit er jederzeit auf Nachfrage eines GEK-Kundenbetreuers schlüssige Antworten geben kann. Neben der reinen Überprüfung der Telefonstandards geht es auch um die Überprüfung der fachlich richtigen Antwort und um das vertriebsorientierte Verhalten des Kundenbetreuers. Das heißt: der Testanrufer legt nicht einfach nach der Begrüßung durch den GEK-Mitarbeiter auf und bleibt anonym, sondern er führt ein kurzes Gespräch mit dem Kundenbetreuer. Hierfür verfügt er über vorgegebene (einfache) Testszenarien. Er kennt auch die gewünschten Antworten, so dass er noch während des Testanrufs oder sofort danach alle Ergebnisse protokollieren kann.

Es liegt auf der Hand, dass sich bei solchen Tests – insbesondere auf Filialebene – reichhaltige Erkenntnisse gewinnen lassen. Die hieraus abzuleitenden Maßnahmen werden insbesondere im Verhaltensbereich der Mitarbeiter anzusiedeln sein. Doch es ergeben sich durchaus auch Erkenntnisse und Handlungsbedarf hinsichtlich Standards, Telefontechnik, Informationssysteme und Schulungsbedarf für die Mitarbeiter.

Sinnvollerweise wird man ähnlich gelagerte Tests auch von Zeit zu Zeit bezüglich des **persönlichen Besuchs** in einer Filiale durchführen. Zwar finden diese in einer weit geringeren Frequenz statt, aber gleichwohl sind sie für den Kunden genauso wichtig wie der Telefonkontakt. Insbesondere wenn man davon ausgeht, dass der Kunde i.d.R. nur dann den Weg in die Filiale machen wird, wenn er etwas wirklich Wichtiges zu besprechen hat. Nachdem persönliche Testbesuche jedoch mit erheblichem Aufwand verbunden sind, hat die GEK bisher erst 2 Filialtests durchgeführt, die jedoch in absehbarer Zeit zu wiederholen sein werden. Die GEK stellt hier folgende Fragen:

- Ist die Filiale gut zu finden, wie ist die Anbindung an den ÖPNV, gibt es Parkplätze in der Nähe?
- Ist die Filiale von außen gut beschildert, an der Klingelanlage, im Treppenhaus, im Aufzug, an der Eingangstür, vor den Geschäftsräumen?
- Wie ist die Anmutung des Gebäudes von außen, die Umgebung, die Sauberkeit des Treppenhauses und der Aufzüge?
- Wie ist die Eingangssituation beim Betreten der Geschäftsräume?
- Ist der Front Office-Bereich aufgeräumt und sauber?
- Ist der Kundenbetreuer aufmerksam, freundlich, zugewandt? Geht er auf den Kunden gleich zu?
- Ruft der Kundenbetreuer Verstärkung vom Back Office-Bereich, wenn er bereits in einem Beratungsgespräch ist?
- Gibt es eine ungestörte Gesprächsatmosphäre – verlagert der Kundenbetreuer das Gespräch falls notwendig in einen gesonderten Raum?

Viele Merkmale des Telefontests gelten bei der GEK auch für Filialtests. Zum Beispiel: Externes Unternehmen, keine Scheinkunden, sondern Interessenten mit Background, zuvor abgesprochene Testszenarien mit Vorgabe der erwarteten Antworten und Reaktionen, Ausfüllen des Testfragebogens durch den Tester unmittelbar nach Testende, Ableitung von Maßnahmen.

### 3.1.3 Überprüfung von Geschäftsprozessen

Viele Unternehmen – so auch die GEK – investieren Energie in die Analyse ihrer Geschäftsprozesse, generell mit dem Ziel, diese anschließend effizienter zu gestalten. Allerdings wird dabei gelegentlich vergessen, den Kunden zu fragen, wie er mit dem Geschäftsprozess zurechtkommt. Dabei werden die Geschäftsprozesse eigentlich nicht für das Unternehmen selbst, sondern letztlich ausschließlich für den Kunden gestaltet.

Wagt man jedoch diesen Schritt, so kann man durchaus erleben, dass ein aus Sicht des Unternehmens perfekt gestalteter Prozess aus Kundensicht so nicht umsetzbar ist. Die Frage ist dann, ob man bereit ist, den Prozess nach den Kundenwünschen zu verändern.

Insbesondere bei den am häufigsten vorkommenden Geschäftsprozessen mit Kundenbeteiligung stellt die GEK in unregelmäßigen Abständen solche Untersuchungen an (**Praxistests**). Doch nicht nur die Häufigkeit ist ein Kriterium, auch die Wichtigkeit für den Kunden spielt eine Rolle. So ist z.B. die Auszahlung von Krankengeld für den Kunden recht kompliziert und gleichzeitig höchst wichtig – schließlich muss er vom Krankengeld seinen Lebensunterhalt bestreiten.

Der Test an sich ist eigentlich relativ einfach. Man untersucht den Prozess und identifiziert die Kontaktpunkte mit dem Kunden. Bei der GEK sind dies in vielen Fällen entsprechende Briefe und Formulare, aber auch (Telefon-) Gespräche. Im nächsten Schritt definiert man die entsprechenden Fragen zu diesen Punkten, die geeignet sind, die Zufriedenheit, aber ggf. auch die Veränderungswünsche des Kunden herauszufiltern.

In so einem Test lassen sich also mehrere Bereiche gleichzeitig beleuchten. Am Beispiel von Krankengeld beinhaltet dies:

- Ist der Prozess als solches verständlich – versteht der Kunde, wie er vorgehen muss?
- Wünscht sich der Kunde Veränderungen und welche?
- Sind die Briefe und vor allem die Formulare verständlich?
- Sind wir schnell genug?
- Haben wir unsere Servicegarantie eingehalten – war das Geld tatsächlich am nächsten Tag auf dem Girokonto des Kunden?

Bei der GEK haben solche Prozessuntersuchungen mehrfach zu Verbesserungen geführt – soweit dies aufgrund der engen gesetzlichen Vorgaben möglich war.

Auch hier setzt die GEK ganz bewusst auf einen schriftlichen Fragebogen – wenngleich diese Befragungsmethode in der Fachwelt nicht unumstritten sein mag. Durch die regelmäßig hohen Rücklaufquoten (zwischen 20 und 50% bei einer Erinnerungsaktion und ohne Giveaway) darf davon ausgegangen werden, dass die Ergebnisse realistisch sind. Der große Vorteil für den Befragten liegt hier sicherlich in der Möglichkeit, die Fragen in Ruhe dann auszufüllen, wenn er Zeit dafür hat, z.B. am Wochenende. Zudem bleibt abzuwarten, inwieweit die Bevölkerung künftig noch bereit sein wird, an klassischen Telefonbefragungen teilzunehmen. Einige wenige Call Center haben hier in der Vergangenheit mit ihren Vermarktungsaktionen nicht immer einen guten Eindruck bei den Angerufenen hinterlassen.

### 3.1.4 Weitere Befragungsmethoden

Doch wie so oft macht es auch hier die richtige Mischung. Bei der GEK gibt es keine bevorzugte Befragungsmethode – der Anlass bestimmt das Instrument. So wurde z.B. im Rahmen von Zielgruppenbefragungen mehrfach das **persönliche Interview** eingesetzt. Insbesondere bei der Kundengruppe der Arbeitgeber – die zwar die Hälfte des Beitrages bezahlen müssen, aber keine Leistungen dafür bekommen. Da bleibt nur ein besonders guter Arbeitgeber-Service. Und was für den Arbeitgeber besonders gut bzw. hilfreich ist, sollte er selbst definieren. Bei der GEK werden also gelegentlich Vertreter mehrerer für die GEK wichtiger Arbeitgeber zu einem Runden Tisch eingeladen, um – zwar strukturiert, aber dennoch – in lockerer Atmosphäre herauszufinden, was sich die Arbeitgeber von der GEK wünschen.

In jüngster Zeit hielt ein neues Befragungsmedium Einzug in den Werkzeugkasten des GEK-Qualitätsmanagements: die **Online-Befragung** (siehe Abb. 15). Nachdem zwischenzeitlich ein großer Teil der Bevölkerung das Medium Internet nutzt, können die Ergebnisse solcher Befragungen mehr und mehr als zuverlässig angesehen werden. Die soziodemografischen Daten der Befragungsteilnehmer gleichen sich zumindest bei der GEK denen der Grundgesamtheit stark an. Auch hat die Bereitschaft, an der Befragung teilzunehmen, erheblich zugenommen. Ohne Probleme kann man eine solche Befragung auch über Monate hinweg online lassen und kommt so zu aussagekräftigen Ergebnissen. Voraussetzung hierfür ist, dass der Link auf die Umfrage an prominenter Stelle möglichst auf der Startseite des Internetauftrittes platziert ist.

Das Instrument ist vielseitig und äußerst flexibel einsetzbar. Will der Vorstand ab morgen ein kurzes Meinungsbild zur anstehenden Gesundheitsreform, so kann dies völlig problemlos innerhalb weniger Stunden realisiert werden. Selbst eher komplexe Befragungen (die Umfrage in Abb. 15 umfasst z.B. 28 Fragen zu allen Bereichen der Kundenzufriedenheit) mit Frageverzweigungen und Plausibilitätsprüfungen sind innerhalb eines Tages programmiert.

Verfügt man in seinem Internetauftritt über mehrere Bereiche oder gar über mehrere Auftritte, so kann darüber gesteuert werden, welche Personengruppe antworten soll. So wird eine Zufriedenheitsabfrage z.B. im geschlossenen Kundenbereich stattfinden, während ein allgemeines Meinungsbild eher im allgemein zugänglichen Bereich angesiedelt wird. Und wer es ganz exklusiv wünscht, kann ausgewählten Personen per E-Mail einen Einladungs-Link senden, der direkt zur Befragung führt. Dabei wird technisch sichergestellt, dass eine Online-Umfrage nur einmal durchgeführt werden kann.

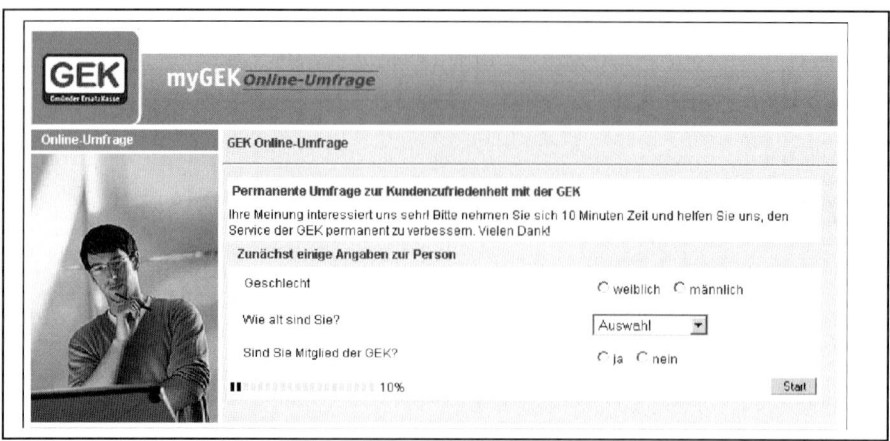

**Abb. 15:** Online-Umfrage zum Thema Kundenzufriedenheit

Die Erstellung von Fragen ist einfach – die Fragetechniken sind vorhanden (Bewertung, Multiple Choice, Zahl, Combo-Box, offene Fragen und sogar Matrix). Die Verzweigung von Fragen ist kein Problem.

Wichtig ist, dass die eingangs angekündigte Befragungsdauer ziemlich genau eingehalten wird, sonst verliert der User möglicherweise zwischendurch das Interesse. Dies sollte getestet werden. Für den Teilnehmer ist die Befragung angenehm auszufüllen. Er sieht am Bildschirm nur die Fragen, die jetzt gerade relevant sind. Pro Bildschirmmaske werden die Fragen thematisch gruppiert. So kann man z.B. fragen: „Wie oft hatten Sie in den letzten 12 Monaten telefonischen Kontakt zur GEK?" Trägt der Teilnehmer hier eine Null ins Zahlenfeld ein, wird der gesamte Fragenblock zum Thema Telefon überhaupt nicht angezeigt und es geht direkt weiter mit dem nächsten Befragungskomplex. Lediglich am Fortschrittsbalken, an dem man ablesen kann, wie viel Prozent man schon erledigt hat, wird der aufmerksame Teilnehmer einen kleinen Sprung feststellen. Durch sinnvolle Plausibilitätsmeldungen wird der Anwender gut geführt. Gleichzeitig erhöht dies die Datenqualität erheblich.

Die Befragungsergebnisse werden jederzeit und einfach per Knopfdruck in einem ansprechenden und präsentierbaren Bericht aufbereitet– und zwar grafisch wie tabellarisch. Detaillierte und weitergehende Analysen können in den üblichen Tools weitergeführt werden, denn selbstverständlich ist es möglich, die Befragungsergebnisse in allen üblichen Formaten zu exportieren.

Dies alles bieten heute kostengünstige Standardsoftwareprodukte. Allein Produktion und Versand eines Papierfragebogens verursachen höhere Kosten als die einmalige Anschaffung eines solchen Tools.

Dennoch gilt es abschließend zu berücksichtigen, dass Online-Umfragen im richtigen Umfeld eingesetzt werden müssen und die Ergebnisse unter einem gewissen Vorbehalt zu betrachten sind. Bei der GEK werden sie derzeit nur intern kommuniziert.

Bisher bei der GEK noch nicht durchgeführt, aber künftig durchaus geplant, ist die Durchführung eines **Tests vom Kunden eingehender E-Mails**. Auch hier gab sich die GEK einige Standards:

- Antwort innerhalb von Stunden, keine Abwesenheitsmails, sondern Bearbeitung durch Kollegen.
- Optisch ansprechend (keine Antwort auf die Antwort auf die Antwort usw.).
- Betreff, Anrede, Grußformel wie beim Brief.
- Brieftext wie beim Brief – kein schlampiger Schreibstil.
- Aussagefähige und vollständige Signatur mit allen Kontaktdaten.

Wer heute regelmäßig E-Mails erhält, weiß, wie oft diese grundlegenden, aber einfachen Anforderungen nicht erfüllt werden.

Die GEK unterliegt als Krankenkasse nicht nur dem Datenschutz, sondern dem viel strengeren **Sozialdatenschutz**. Schließlich geht es hier neben Personendaten vor allem um Krankheitsdaten, Einkommen usw. Bezogen auf E-Mails bedeutet dies, dass viele Anfragen von Kunden, die per E-Mail eingehen, in einem Brief beantwortet werden müssen, weil die E-Mail nicht genügend Sicherheit bietet. Hier entstehen also ungewollt Medienbrüche, die derzeit nicht vermieden werden können. Schon bald wird man bei der GEK dieses Problem umgehen, indem der Kunde seine elektronische Antwort in seinem Briefkasten im besonders geschützten Mitgliederbereich des Internetauftrittes abholen kann.

Analog zur rasant steigenden Zahl von Internet-Nutzern erhält auch die GEK zunehmend Post per E-Mail. Es macht also Sinn, darauf zu achten, dass auch hier der Service stimmt.

## 3.2 Beschwerdemanagement

Als eine der ersten Krankenkassen hat die GEK bereits 1996 ein klassisches Beschwerdemanagement eingeführt. Anfang des neuen Jahrtausends wurde das Instrument erweitert und zum Serviceangebot ausgebaut. Aus verschiedenen Studien ist bekannt, dass es dem Kunden wichtig ist, einen möglichst einfachen und unproblematischen Zugang zur GEK zu finden. Deshalb wurde das ehemalige Beschwerdetelefon zur „GEK*hilft*"-Hotline (zum Ortstarif) erweitert. Konkret bedeutet dies, dass sich die Kunden neben den klassischen Beschwerden auch mit Anfragen aller Art an die Hotline wenden können. Die nachfolgenden Ausführungen beziehen sich ausschließlich auf Beschwerden.

Wozu macht ein Unternehmen Beschwerdemanagement – macht es Sinn, die Kunden aufzufordern, ihre Unzufriedenheit zu äußern? Diese Frage stellten sich vor Jahren noch viele Unternehmen. Für die GEK war und ist klar, dass sie für den Kunden da sein muss, wenn er Hilfe benötigt, und insbesondere, wenn er Probleme mit der GEK hat (Moment der Wahrheit). Viele Kunden beschweren sich nicht – sie verlassen einfach die Kasse und kündigen. Eine Beschwerde stellt also eine letzte Chance dar, die es gilt, positiv zu nutzen.

Beim Beschwerdemanagement der GEK geht es immer um 2 Phasen:

1. Möglichst umgehend (Servicegarantie: Antwort innerhalb 24 Stunden) das konkrete Problem des Kunden lösen oder zumindest verständlich erklären und Alternativen anbieten. Kundenzufriedenheit erreichen.
2. Künftige Beschwerdeanlässe vermeiden, indem konkrete Maßnahmen abgeleitet und umgesetzt werden (personenbezogen, themenbezogen).

### 3.2.1 Organisation des Beschwerdemanagements

Wenden sich Kunden an die Hotline, weil sie mit der Filiale vor Ort nicht einig wurden und nun eine Beschwerde äußern wollen, so wird diese zunächst zentral von den **Beschwerde-Abgeordneten** respektive **Agents** entgegengenommen und in einer Datenbank genau dokumentiert. Es handelt sich hierbei um mehrere GEK-Mitarbeiter aus der Fachabteilung, die nebenbei diese Hotline bedienen. Der Vorteil hierbei ist, dass es in vielen Fällen möglich ist, selbst schwierige Sachverhalte bereits am Telefon zu lösen, weil die Beschwerde-Abgeordneten über ein fundiertes Fachwissen verfügen. Damit endet bereits der Prozess für die Beschwerde-Abgeordneten.

Die Gesamtsteuerung und -koordination aller Aktivitäten läuft im Qualitätsmanagement zusammen. Dort werden auch schriftliche und Beschwerden per E-Mail aufgenommen. In den meisten Fällen sind die Filialen involviert, denn fast immer haben die Beschwerden eine Vorgeschichte. Also wird bereits kurz nach Eingang die jeweilige Filiale elektronisch über alle relevanten Daten der Beschwerde informiert. Insbesondere auch über eine eventuelle Vereinbarung, die der Beschwerde-Abgeordnete mit dem Beschwerdeführer getroffen hat.

Die **Problemlösung** und **Ursachen-/ Fehlersuche** wird also dort angesiedelt, wo die Kundenverärgerung entstanden ist. Hier steht das Qualitätsmanagement lediglich beratend zur Seite – insbesondere für Leistungsentscheidungen werden keine Vorgaben gemacht. Diese **dezentrale Ausrichtung** hat den Vorteil, dass die jeweils verantwortliche Filiale die Ursachen-Wirkungs-Kette von Beschwerden klar erkennt.

In den Filialen sind Beschwerde-Beauftragte installiert, die sich sofort um die Angelegenheit kümmern. Sofern der Fall von der Filiale selbst gelöst werden kann, gibt der Beschwerde-Beauftragte lediglich eine Rückmeldung an das Qualitätsmanagement über die Details der Lösung (siehe Abb. 16).

In vielen Fällen jedoch ist es erforderlich, dem Kunden schriftlich zu antworten – nämlich immer dann, wenn ein Brief an den Vorstand gerichtet wurde. In diesen Fällen liefern die Beschwerde-Beauftragten einen Textvorschlag, der vom Qualitätsmanagement entsprechend aufbereitet an den Vorstand weitergeleitet und von dort persönlich unterschrieben wird.

Auch hier gilt eine Servicegarantie von 24 Stunden. Wenn eine Beschwerde innerhalb dieser Zeit nicht abschließend gelöst werden kann, so erhält der Kunde einen Zwischenbescheid.

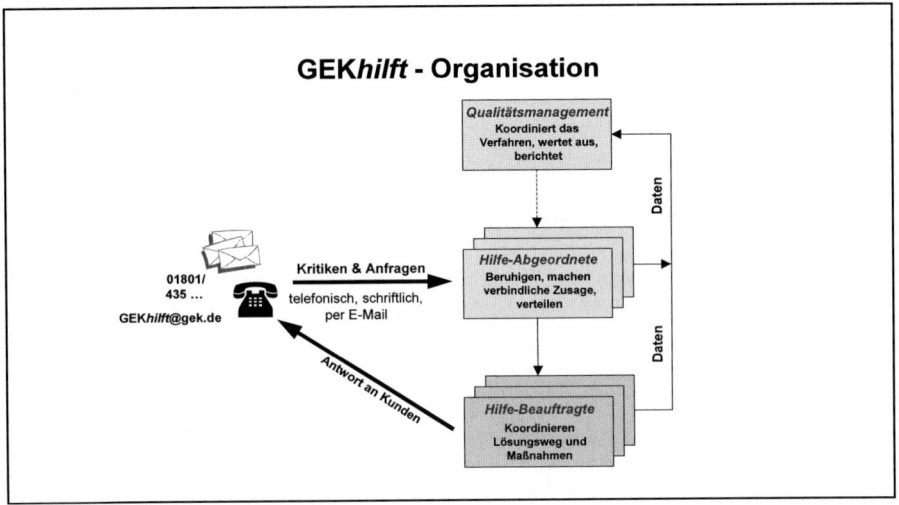

**Abb. 16:** Organisation Beschwerdemanagement bei der GEK

### 3.2.2 Datenbankunterstützung im Beschwerdeprozess

Die Vielzahl von Vorgängen (Beschwerden und Anfragen) kann nur effizient bewältigt werden, indem eine entsprechende Datenbank eingesetzt wird, die neben der reinen Dokumentation der Vorgänge auch vielerlei operative Prozesse übernimmt. Ergänzt wird dies durch ein Dokumentenmanagement-System, in dem die Unterlagen für alle Vorgänge per Mausklick verfügbar sind (siehe Abb. 17).

In der Datenbank werden alle relevanten Daten erfasst:

- Eingang, Eingangskanal, Filiale, Kunde, Fachbereich und Thema, Beschreibung der Beschwerde, Vereinbarung mit dem Kunden
- Beschwerdelösung wann und wie
- Einstufung der Beeinflussbarkeit (siehe unten)
- Befragungsergebnisse des Beschwerdeführers

Neben der reinen Information zur unmittelbaren Beschwerdelösung lassen sich hieraus vielerlei Auswertungen und Analysen generieren, die herangezogen werden, um Maßnahmen zur künftigen Beschwerdevermeidung abzuleiten. Die Standardauswertungen liefert ebenfalls die Datenbank – weitere Spezialauswertungen lassen sich bei Bedarf erstellen.

### 3.2.3 Ziele und Controlling im Beschwerdeprozess

In den Zielen der GEK sind 3 Aspekte des Beschwerdemanagements verankert:

- Die reine Beschwerdezahl im Verhältnis zum Kundenbestand,

- die Beeinflussbarkeit durch die GEK sowie
- die Kundenzufriedenheit mit der Beschwerdebearbeitung.

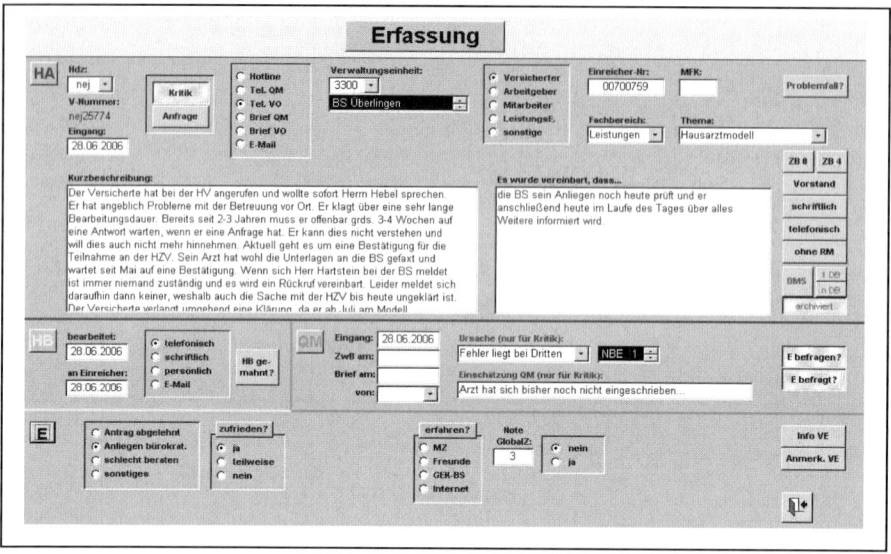

**Abb. 17:** Beschwerdemanagement-Datenbank-Erfassungsmaske

Diese 3 Faktoren ergeben gemeinsam eine sinnvolle Bewertung des Beschwerdeaufkommens. Das Managementinformations- und Controllingsystem (MICS) bezieht die entsprechenden Daten ebenfalls von der oben genannten Datenbank und verdichtet diese. MICS bietet also im Beschwerdemanagement einen monatlichen Überblick vom Gesamtunternehmen bis hin zur einzelnen Filiale. Ergänzt wird dies durch quartalsweise Hochrechnungen des Jahresergebnisses je Geschäftsbereich. Zeichnet sich ab, dass einzelne Geschäftsbereiche eine negative Entwicklung aufweisen, so wird seitens des Qualitätsmanagements rechtzeitig interveniert, um ggf. geeignete Maßnahmen einleiten zu können.

### 3.2.4 Maßnahmen zur Beseitigung der Beschwerdeursachen

Einmal jährlich untersucht das Qualitätsmanagement die Beschwerden des abgelaufenen Jahres im Detail und erstellt den GEK*hilft*-Jahresbericht. Das einzige Ziel dieser umfassenden Analyse ist, die richtigen Maßnahmen zu finden, um die Fehler des vergangenen Jahres für die Zukunft abzustellen und somit Beschwerdeanlässe zu vermeiden.

Dabei geht es einerseits um fachliche Bereiche (Umgestaltung von Geschäftsprozessen, Leistungsumfang, Umgang mit neuen Rechtsvorschriften usw.), aber andererseits auch um Auffälligkeiten in den Filialen.

Diese Analyse findet große Beachtung im Unternehmen und wird intern sehr breit kommuniziert und präsentiert. Bis weit ins laufende Jahr hinein versucht das Qualitätsmanagement gemeinsam mit Fachabteilungen und Filialen, Verbesserungsmaßnahmen umzusetzen.

Die Analyse beinhaltet folgende Aspekte:

- **Kontakte und Eingangskanäle**: Wie verteilen sich die Beschwerden auf die verschiedenen Eingangskanäle Telefon, Brief/ Fax und E-Mail und gibt es Handlungsbedarf im Sinne eines einfachen Zugangs?
- **Bearbeitungsdauer**: Halten wir unsere 24-Stunden-Servicegarantie ein?
- **Beeinflussbarkeit**: Siehe gesonderte Ausführungen zu Frequenz-Relevanz-Analyse von Beschwerden.
- **Fachbereiche und Themen**: Welche Auffälligkeiten und vor allem welche Maßnahmenvorschläge ergeben sich bei der näheren Betrachtung der Art und Anzahl von Beschwerden z.B. zum Thema Krankengeld. Muss hier ein Prozess verändert werden, oder muss z.B. in einem Faltblatt etwas besser erläutert werden?
- **Geschäftsbereiche und Filialen**: Welche Filiale hat in der Hitliste auf welcher Position abgeschnitten?
- **Zufriedenheit**: Hier wird analysiert, inwieweit es gelungen ist, den Kunden nach seiner Beschwerde wieder zufrieden zu stellen. Hier zeigt sich einmal mehr, dass es gelingen kann, zunächst kritische Kunden wieder zufrieden zu stellen, wenn man richtig mit einer Beschwerde umgeht (die Note ihrer Globalzufriedenheit liegt mit 2,04 nahe an der durchschnittlichen Zufriedenheit aller GEK-Kunden mit 1,91). Umgekehrt zeigen sich jedoch auch deutlich schlechtere Noten bei denjenigen Beschwerdeführern, die mit der Beschwerdebearbeitung nur teilweise oder gar nicht zufrieden waren. Solche Kunden sind abwanderungsgefährdet.

In der Abbildung 18 sind auf der Ordinatenachse die 3 Zufriedenheitskategorien aus der Beschwerdebefragung abgebildet. Die Beschwerdeführer antworten auf die Frage „Sind Sie mit der Beschwerdereaktion zufrieden?" mit „ja", „teilweise" oder „nein". Eine zusätzliche Frage nach der Globalzufriedenheit erlaubt es, diese getrennt nach den oben genannten Antwortkategorien abzubilden. Zum Vergleich wird in Abbildung 18 unter GZ KMD 2006 die Globalzufriedenheit aller Kunden aus dem letzten Kundenmonitor Deutschland dargestellt.

Allein im Jahr 2006 wurden anhand des GEK*hilft*-Jahresberichtes über 30 Maßnahmenvorschläge zu unterschiedlichen Fachthemen aufgezeigt und mit den Fachabteilungen intensiv diskutiert. Ein Großteil davon wurde umgesetzt. Diese Maßnahmenvorschläge sollen der weiteren Beschwerdevermeidung dienen und dennoch kann ganz sicher davon ausgegangen werden, dass sich im nächsten Jahr wiederum viele Handlungsfelder auftun werden.

Doch neben den rein themenbezogenen Verbesserungsmaßnahmen geht es auch um eine Verhaltensänderung in einzelnen auffälligen Filialen. Die Ansatzpunkte sind vielfältig und reichen von der Besprechung von Einzelfällen über allgemeine

Schulungsangebote z.B. bezüglich des Umgangs mit schwierigen Zeitgenossen bis hin zu Coaching-Maßnahmen mit den Führungskräften vor Ort.

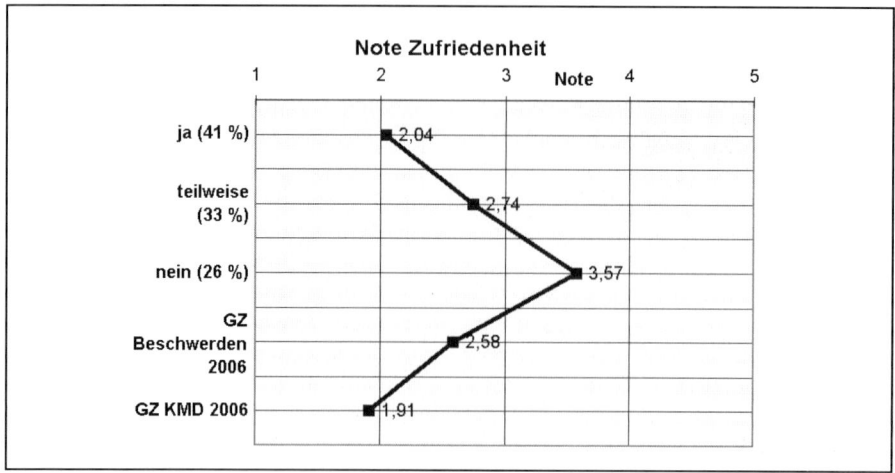

**Abb. 18:** Globalzufriedenheit unter den Beschwerdeführern im Vergleich zur allgemeinen Globalzufriedenheit

### 3.2.5 Frequenz-Relevanz-Analyse von Beschwerden (FRAB)

Die Schwierigkeit beim Umgang mit der Frage, ob Beschwerden von der GEK hätten vermieden werden können oder nicht, liegt darin, dass die Anzahl von Beschwerden alleine darüber noch keine Antwort gibt. Hat eine Filiale viele Kunden, so ist die Gefahr, eine Beschwerde zu bekommen, natürlich höher als bei einer Filiale mit weniger Kunden. Zudem lässt sich bei einer niedrigen Beschwerdezahl noch nicht darauf schließen, dass die Kunden tatsächlich keinen Anlass hatten, ihren Unmut zu äußern. Es könnte durchaus sein, dass sich die Kunden nicht mehr beschweren, sondern gleich kündigen und ihre negativen Erfahrungen in ihrem gesamten Bekanntenkreis erzählen.

Deshalb ist es besonders wichtig, den Kunden dazu zu stimulieren, seinen Unmut offen zu äußern und entsprechend einfache Wege hierzu einzurichten. Die GEK tut dies regelmäßig in der viermal jährlich erscheinenden Kundenzeitschrift, in einem eigenen Faltblatt sowie bei jedem Kundengewinnungsgespräch. Hier wird „GEK*hilft*" als ein Servicemerkmal der GEK dargestellt.

Um also eine richtige Einordnung des **Beschwerdeaufkommens** vornehmen zu können, ist es neben der reinen Anzahl (**Frequenz**) unabdingbar, auch die Beeinflussbarkeit (**Relevanz**) mit in die Betrachtung einzubeziehen. Die GEK bedient sich hierbei der so genannten Frequenz-Relevanz-Analyse von Beschwerden – kurz FRAB (vgl. Stauss/ Seidel 2007, S. 289 ff., siehe Abb. 19).

| | |
|---|---|
| *Beeinflussbare Ursachen:* | Schlechte Beratung = Faktor 6<br>Schlechte Bearbeitung = Faktor 5<br>Schlechte Begründung = Faktor 3 |
| <u>Nicht</u> *beeinflussbare Ursachen*: | Unerfüllbarer Kundenwunsch = Faktor 2<br>Fehler liegt beim Kunden = Faktor 1<br>Fehler liegt bei Dritten = Faktor 1 |

**Abb. 19:** Qualitative Gewichtungsfaktoren

Hierzu ordnet das Qualitätsmanagement zunächst jeder Beschwerde unmittelbar nach deren Abschluss einen Gewichtungs- bzw. Beeinflussungsfaktor zu. Je höher der Faktor, desto schwerwiegender oder beeinflussbarer die Beschwerde. Oder umgekehrt ausgedrückt: Eine Beschwerde aufgrund schlechter Beratung zählt so viel wie 3 Beschwerden, bei denen z.B. der Kunde eine Leistung fordert, die definitiv nicht möglich ist. Andererseits könnte man fragen, warum letztere Fallgestaltung nicht mit dem Faktor 0 bewertet wird, denn die GEK konnte hier doch gar keine andere Entscheidung treffen.

Bei der GEK geht man davon aus, dass selbst dann, wenn z.B. eine Leistung aufgrund gesetzlicher Vorgaben nicht erstattet werden kann, im Vorfeld Maßnahmen zur Beschwerdevermeidung möglich gewesen wären. Zum Beispiel, indem man dem Kunden bereits bei der Ablehnung umfassend die Hintergründe erläutert und möglichst ein Alternativangebot unterbreitet. Diese Frage wird innerhalb der GEK bis heute – nach nunmehr 10 Jahren FRAB – gelegentlich diskutiert

Nachfolgend sind die einzelnen Kategorien näher erläutert:

- **Schlechte Beratung**: Eine schlechte Beratung liegt immer dann vor, wenn der Versicherte eine falsche, unvollständige oder keine Auskunft erhalten hat.
- **Schlechte Bearbeitung**: Unter diese Rubrik fallen z.B. Fälle, bei denen die GEK ihre Servicegarantien und -standards nicht eingehalten hat oder falsche Entscheidungen getroffen wurden.
- **Schlechte Begründung**: Damit sind Beschwerden gemeint, in denen die Bearbeitung nicht ganz optimal verlaufen ist (z.B. mangelnder Informationsfluss zwischen GEK und Kunde).
- **Unerfüllbarer Wunsch**: Hierunter fallen alle Kundenwünsche, die von der GEK nicht erfüllt werden können, vor allem weil der Gesetzgeber dies nicht zulässt.
- **Fehler liegt bei Dritten**: z.B. Beschwerden wegen einer verzögerten Lieferung einer Versandapotheke.

- **Fehler liegt beim Kunden**: z.B. wenn ein Kunde nicht die erforderlichen Unterlagen vorlegt.

Die Beeinflussbarkeit wird bei der GEK für jede einzelne Beschwerde vom Qualitätsmanagement festgelegt. Damit verfügt man über die Gewichtung der Beschwerden. Nun fehlt noch die Anzahl, die zuvor mit der Kundenzahl ins Verhältnis zu setzen ist (Beschwerdegefahr). Mit diesen Daten kann anhand der nachfolgenden Formel berechnet werden, welche Bedeutung die vorliegenden Beschwerden für einen bestimmten Bereich einnehmen.

$$\frac{\text{Anzahl Kritik eines Problems} \times \text{Gewichtung}}{\text{Anzahl Kritik gesamt} \times \text{durchschnittliche Gewichtung}} \times 100$$

Die Summe der einzelnen FRAB-Werte sollte 100 ergeben, was jedoch aufgrund von Rundungsdifferenzen fast nie zutrifft.
Diese FRAB-Werte können

- für die Fachbereiche (Beispiel: FRAB-Werte für Leistungen, Marketing, Service usw.),
- detaillierter für die Themen (Beispiel: innerhalb des Marketing steht das Thema Terminvereinbarung am stärksten in der Kundenkritik),
- aber auch für die Filialen (Hitlisten)

berechnet werden. Insbesondere für die Filialen lassen sich auch Jahresvergleichsreihen aufstellen und eventuelle Auffälligkeiten erkennen.

Bei der GEK werden diese neutralen FRAB-Werte für die Beurteilung von Problembereichen herangezogen. Insbesondere der FRAB-Wert liefert gute Anhaltspunkte für die Notwendigkeit von Maßnahmen. Bei der Analyse, wo die Gründe für einen Problembereich liegen, bleibt allerdings nur der Blick in die Einzelfälle (siehe Abb. 20 bis 23).

Innerhalb der GEK wurde diskutiert, ob diese qualitative Bewertung um eine Dimension **Kundenwert** erweitert werden sollte. Auch wenn dies in der Literatur manchmal gefordert wird, wurde hiervon bisher bewusst Abstand genommen. In der Beschwerdeanalyse bei der GEK geht es nicht in erster Linie darum, einen Schaden zu messen, sondern aus Problemursachen Verbesserungspotenziale zu ermitteln. Es ist die eine Sache, ob sich ein Kundenbetreuer bei der Problemlösung eines besonders guten Kunden noch etwas mehr Mühe gibt. Es wäre aber etwas anderes, die Bewertung einer Unfreundlichkeit oder einer nicht eingehaltenen Zusage davon abhängig zu machen, um welchen Kunden es sich dabei handelt.

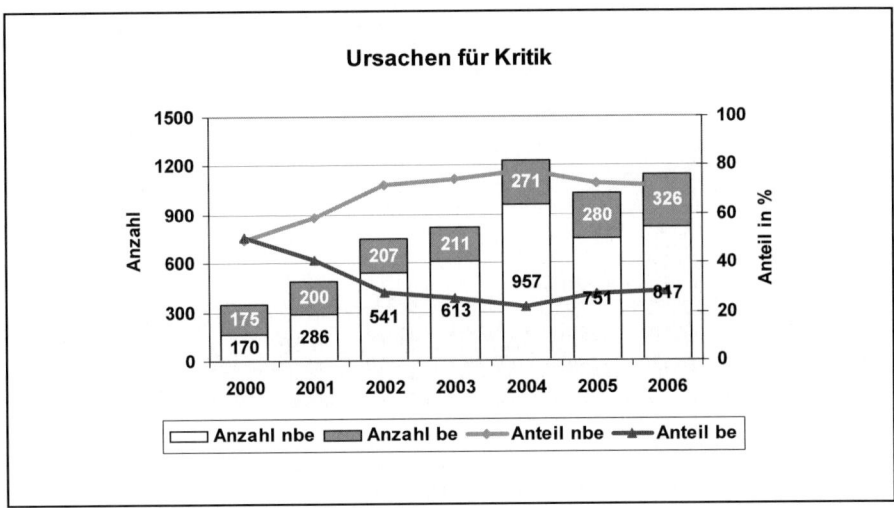

**Abb. 20:** Beeinflussbarkeit von Beschwerden bei der GEK (nbe = nicht beeinflussbar, be = beeinflussbar)

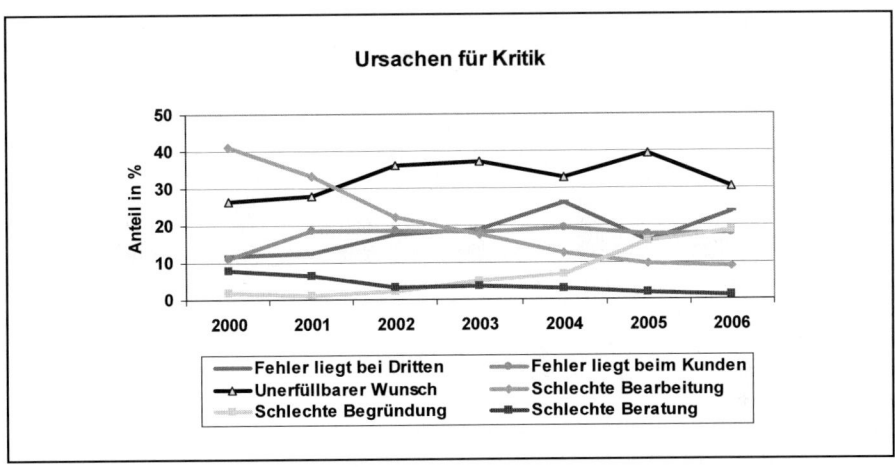

**Abb. 21:** Ursachen für Beschwerden bei der GEK

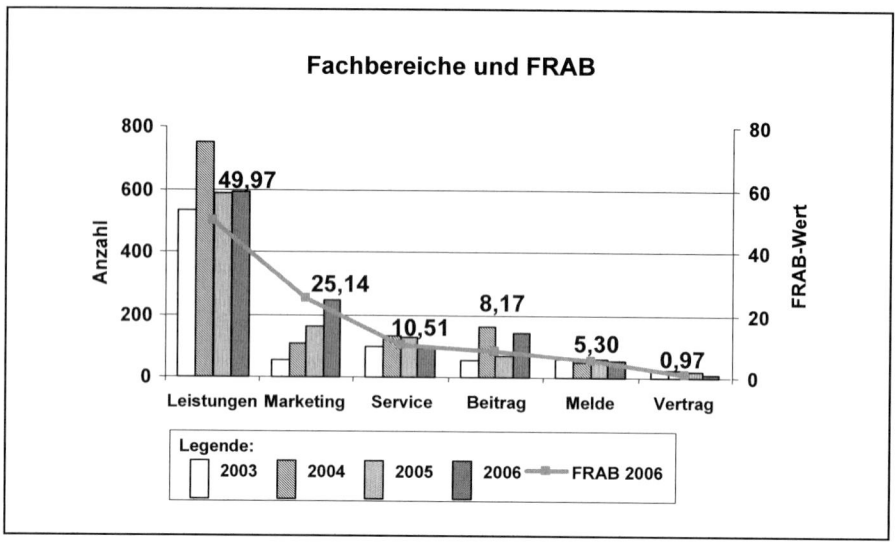

**Abb. 22:** FRAB-Werte nach Fachbereichen bei der GEK

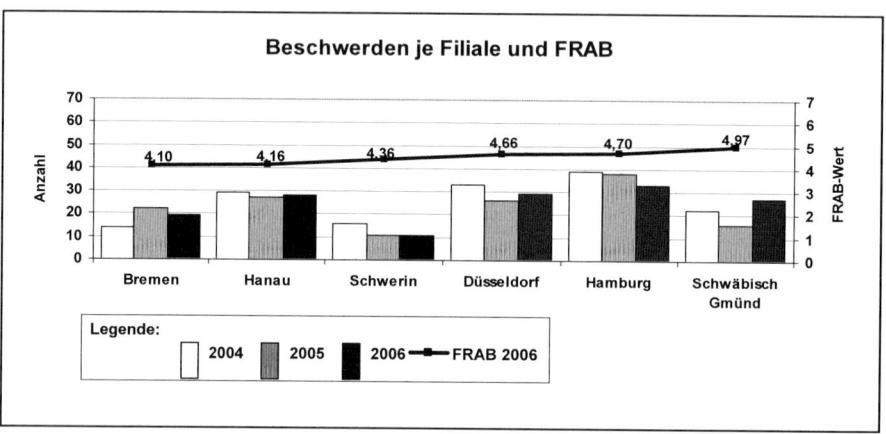

**Abb. 23:** FRAB-Werte nach Filialen bei der GEK

### 3.3 Kontinuierlicher Verbesserungsprozess

Im Prinzip gestaltet der Kunde bei der GEK den Kontinuierlichen Verbesserungsprozess (KVP) ganz wesentlich. Denn Beschwerden und Rückmeldungen von Kundenbefragungen sind nichts anderes, als Verbesserungsvorschläge an das Unternehmen. Und der Vorteil ist, dass diese Vorschläge direkt vom Kunden kommen und kostenlos sind.

In diesem Unterkapitel soll es allerdings um den KVP gehen, der sich an die Mitarbeiter des Unternehmens richtet. Seit vielen Jahren lobt die GEK ansprechende Geldprämien aus, um die Mitarbeiter zu motivieren, sich Gedanken über die tägliche Arbeit zu machen und Verbesserungspotenziale aufzudecken.

Stillstand ist Rückschritt, und es gibt nichts, was sich nicht verbessern ließe. Nach diesem Motto werden die GEK-Mitarbeiter permanent ermutigt, sich am KVP mit ihren Vorschlägen aktiv zu beteiligen. Dies geschieht vor allem über die

- **Mitarbeiterzeitschrift:** 4 Ausgaben pro Jahr; in jeder Ausgabe erscheint ein Bericht; herausragende Ideen mit hohen Geldprämien, vom Vorstand an den Mitarbeiter überreicht, werden mit Bild veröffentlicht
- **Ideensammlung:** eine Anwendung ähnlich dem oben beschriebenen MICS, in der alle Vorschläge recherchiert werden können.

### 3.3.1 Organisation des Kontinuierlichen Verbesserungsprozesses

Hat ein Mitarbeiter eine gute Idee, so formuliert er diese mit **Umsetzungsvorschlag und Ersparnisberechnung** in einem definierten Formular und bespricht sie mit seinem KVP-Beauftragten vor Ort. Kann der Vorschlag im eigenen Bereich selbst sofort umgesetzt werden, so vergibt der KVP-Beauftragte direkt eine Prämie bis 50 Euro (Speedy-Vorschlag) und informiert das Qualitätsmanagement.

Geht der Vorschlag über den eigenen Bereich hinaus, müssen also Programme angepasst, Prozesse verändert, Broschüren gestaltet werden, dann gibt der KVP-Beauftragte den Vorschlag an das Qualitätsmanagement ab.

Dort wird zentral alles weitere koordiniert. Zunächst werden Gutachten der Fachabteilungen eingeholt. Wird der Vorschlag als umsetzbar angesehen, so wird die Einsparung ermittelt und in der Folge daraus die Prämierung berechnet. Nun befasst sich der KVP-Ausschuss mit dem Vorschlag (Qualitätsmanagement, ein Geschäftsführer, ein Personalvertreter). Danach steht der Prämierung nichts mehr im Wege.

### 3.3.2 Datenbankunterstützung im Kontinuierlichen Verbesserungsprozess

Wie bei GEK*hilft* wird dieser gesamte Prozess von einer Datenbank unterstützt, die neben der reinen Dokumentation operative Aufgaben übernimmt (siehe Abb. 24). In der Datenbank werden alle relevanten Daten zum Vorschlag erfasst:

- Eingang, Eingangskanal, Einreicher, Filiale, Fachbereich und Thema, Fachabteilung/en.
- Problembeschreibung, Idee/ Lösungsvorschlag des Einreichers, Kosten-Nutzen-Analyse sowie das Ergebnis des Gutachtens von der Fachabteilung.
- Einführung ja/ nein und ggf. Einführungstermin, Jahresnutzen, ggf. Realisierungsreifegrad sowie die Prämienhöhe.

Die Standardauswertungen liefert ebenfalls die Datenbank – weitere Spezialauswertungen lassen sich bei Bedarf erstellen.

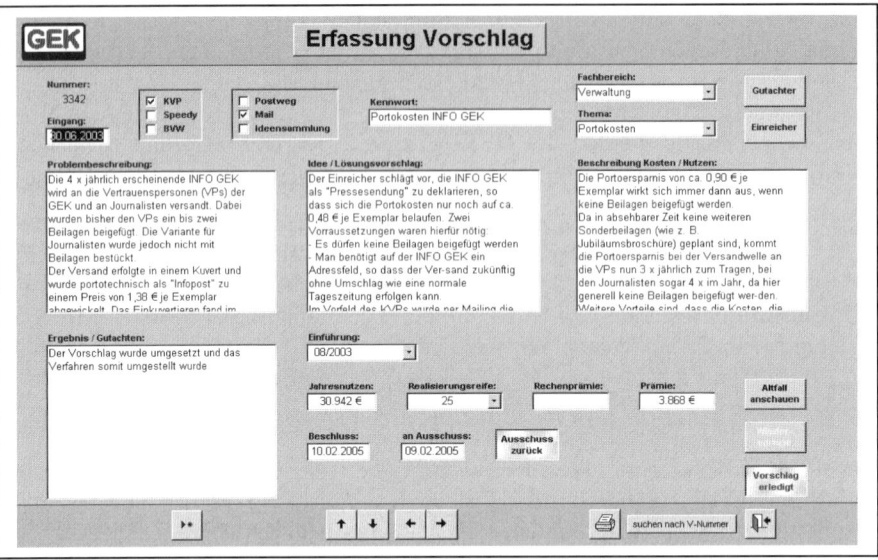

**Abb. 24:** Operative KVP-Datenbank der GEK

### 3.3.3 Ziele und Controlling im Kontinuierlichen Verbesserungsprozess

Diese Datenbank ist es wiederum, welche die oben genannte Ideensammlung sowie das MICS mit Daten versorgt. In MICS selbst werden die statistischen Daten für alle Mitarbeiter transparent gemacht. Neben reinen Zahlen wie Vorschläge je Filiale und Abteilung sind die Prämierung und die betreffenden Fachthemen hinterlegt. In der Controllingschicht werden die erreichten Prämien mit der Zielvereinbarung zusammen geführt und in Form von Ampeln angezeigt (siehe Abb. 25).

## 4 Erfolgsbilanz

Auch die Maßnahmen im Qualitätsmanagement müssen sich einer **Kosten-Nutzen-Betrachtung** unterwerfen. Doch während sich z.B. eine Einsparung durch Veränderung eines Produktionsprozesses recht einfach in Euro und Cent berechnen lässt, ist dies bei Maßnahmen zur Serviceverbesserung etwas schwieriger. Zum einen wirkt eine solche Maßnahme eher mittelfristig, zum anderen lassen sich die Folgewirkungen nur schwer konkret nachweisen. Für die GEK zählt als Erfolg ausschließlich das **Mitgliederwachstum**. In diesem drücken sich alle Einzelfaktoren aus, denn ein guter Service, hohe Weiterempfehlungsbereitschaft, ein günstiger Beitragssatz sowie umfassende Leistungen sind alles Merkmale, die letztlich nur dazu dienen, die Kunden zu binden und zusätzliche zu gewinnen. Gerade bei Krankenkassen zählt die Unternehmensgröße (gemessen an der Mitgliederzahl) mehr denn je, folgt man den wiederholten Äußerungen der Gesundheitspolitik, dass Krankenkassen unter 500.000 Mitgliedern heute eigentlich keine Daseinsberechtigung mehr hätten.

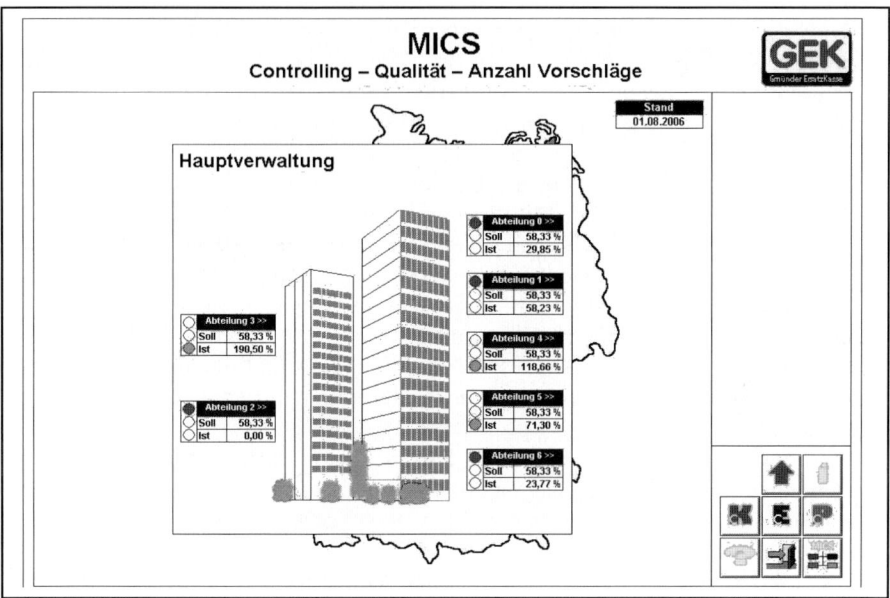

**Abb. 25:** Darstellung der KVP-Daten und Ziele in MICS

Das Qualitätsmanagement kann hier an 2 Stellen maßgeblich zum Erfolg beitragen:

- **Kundenbindung:** Zufriedene Kunden denken zunächst nicht über einen Kassenwechsel nach und bleiben der GEK erhalten. Entsteht allerdings ein Problem (Beschwerde), so muss dieses perfekt gelöst werden, sonst schaut sich der Kunde ggf. am Markt um.
- **Kundengewinnung:** Begeisterte Kunden empfehlen die GEK in Familie, Freundes- und Bekanntenkreis weiter. Bei der GEK ist dies der Weg, auf dem die meisten Neukunden zur GEK finden. Hat eine Krankenkasse ein gutes Image (möglicherweise gestützt durch einschlägige Servicetests) und stimmen die übrigen Rahmenbedingungen, so bestehen gute Chancen, neue Kunden zu gewinnen.

Doch wie lange bzw. wie nachhaltig wirkt eine Strategie, die sich auf die Kundenorientierung und nicht ausschließlich auf den Preis konzentriert in Zeiten von Schnäppchenpreisen und „Geiz ist geil"?

Letztlich wünscht sich der Kunde immer einen guten Service. Was nützt ihm eine billige Krankenkasse, wenn sie ihm nicht hilft, wenn er sie braucht? Auch diese Entwicklung hat die GEK in den letzten Jahren durchlaufen. In den Jahren 2000 und 2001 operierten einige kleinere Krankenkassen mit einem sehr niedrigen Beitragssatz. Der Preisunterschied war so groß, dass selbst zufriedene Kunden die GEK verlassen haben. Viele versprachen, wieder zur GEK zurückzukommen, wenn sich die Preise wieder annähern. In diesen beiden Jahren gewann die GEK zwar nach wie vor Zehntausende von neuen Mitgliedern, doch die Zahl der Kündigungen war so hoch, dass die GEK netto Mitglieder verlor.

Doch schon in den Folgejahren gelang es, wieder den Wachstumspfad einzuschlagen. Man könnte auch sagen: „Qualität setzt sich durch". Viele der kleinen Billig-Kassen waren mit dem Mitgliederansturm überfordert. Man hatte sich weder organisatorisch noch personell angemessen vorbereitet. Und so kam es tausendfach vor, dass Kunden wochenlang auf ihre Mitgliedsunterlagen warten mussten. Spätestens beim Arztbesuch ohne Krankenversichertenkarte waren diese Neukunden ernsthaft verärgert. Ganz zu schweigen von Kunden, die krank waren und echte Hilfe benötigten. Hinzu kam, dass telefonisch oftmals kein Durchkommen war, oder wenn doch, dass der Mitarbeiter keine befriedigende Auskunft geben konnte.

Eine 2. Gruppe von Krankenkassen hatte sich von vorne herein darauf eingerichtet, einen minimalen Service anzubieten und dies auch so werblich kommuniziert. Mit diesem Minimal-Service wollte man den günstigen Preis begründen. Anfangs wuchsen auch diese Krankenkassen erheblich.

Die klassischen Krankenkassen mussten gewaltige Mitgliedereinbußen hinnehmen. Die GEK ist mit einem Minus von 2 bzw. 4% in den Jahren 2000 und 2001 noch recht gut davongekommen. Die Gründe hierfür sind wohl in der hohen Kundenbindung zu suchen. In den Folgejahren kamen 3 Faktoren positiv zur Geltung:

- Die Kunden hatten ihre schlechten Erfahrungen mit dem Service der „Billig-Kassen" gemacht und darüber nachgedacht, was ihnen wirklich wichtig ist, begleitet von entsprechender Mund-zu-Mund-Kommunikation.
- Die gesetzliche Bindungswirkung zu den Billig-Kassen lief aus.
- Viele Billig-Kassen mussten den Beitragssatz anheben.

Nun gab es für viele Menschen keinen Grund mehr, bei einer Billig-Kasse versichert zu sein. Sie suchten sich eine neue Krankenkasse, die alles vereinte, Top-Service, einen guten Preis und ein umfassendes Leistungsangebot. Hier kam es der GEK sehr zu gute, dass sie sich jahrelang ein Image als „Kundenfreundlichste Krankenkasse" aufgebaut hatte. Die Zahlen in Abbildung 26 zeigen es. Die GEK war seit der Marktöffnung mit einem Netto-Wachstum von 58% sehr erfolgreich. Ein wesentliches Element für diesen Erfolg war, ist und bleibt die Kundenorientierung. Nur so können Kunden nachhaltig gewonnen und gebunden werden.

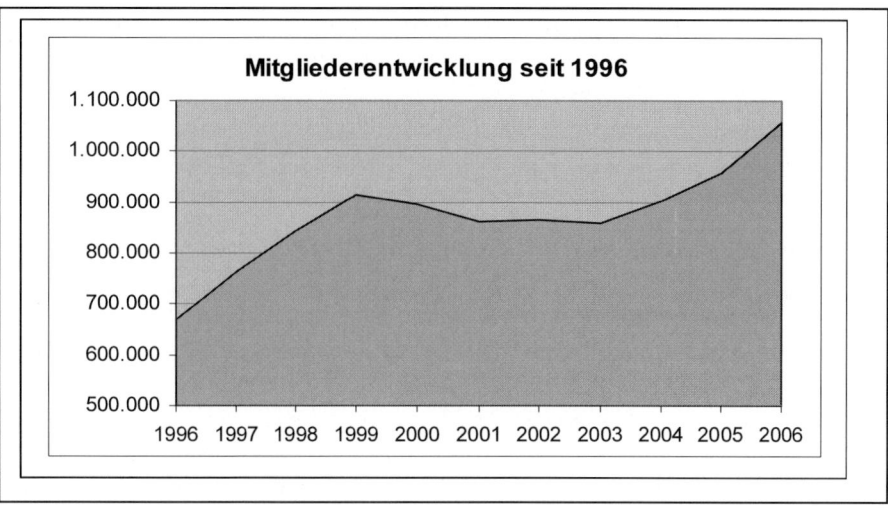

**Abb. 26:** Mitgliederentwicklung der GEK seit Marktöffnung

## 5 Literatur

*Bruhn, M. (2006):* Qualitätsmanagement für Dienstleistungen: Grundlagen, Konzepte, Methoden, Berlin et al. 2006.

*Bumbacher, U. (2000):* Beziehungen zu Problemkunden – Sondierungen zu einem noch wenig erforschten Thema, in: Bruhn, M./ Stauss, B. (Hrsg.): Dienstleistungsmanagement – Jahrbuch 2000, Wiesbaden 2000, S. 422-447.

*Horovitz, J. (1995):* Service entscheidet: Im Wettkampf um den Kunden, 5. Aufl., Frankfurt am Main/ New York 1995.

*Malorny, C. (1996):* TQM umsetzen: Der Weg zu Business Excellence, Stuttgart 1996.

*Meffert, H./ Bruhn, M. (2006):* Dienstleistungsmarketing: Grundlagen – Konzepte – Methoden, mit Fallbeispielen, 5. Aufl., Wiesbaden 2006.

*Meyer, A./ Dornach, F. (2001):* Kundenmonitor Deutschland – Qualität und Zufriedenheit Jahrbuch der Kundenorientierung in Deutschland 2001, München 2001.

*ServiceBarometer AG (2006):* Kundenmonitor Deutschland – Ergebnisse – Krankenkassen und Krankenversicherungen, München 2006.

*Stauss, B./ Seidel, W. (2007):* Beschwerdemanagement: Unzufriedene Kunden als profitable Zielgruppe, 4. Aufl., München 2007.

*Töpfer, A./ Mann, A. (1999):* Kundenzufriedenheit als Messlatte für den Erfolg, in: Töpfer, A. (Hrsg.): Kundenzufriedenheit messen und steigern, 2. Aufl., Neuwied/ Kriftel 1999, S. 59-110.

# Benchmarking mit dem Versichertenbarometer – Kundenzufriedenheit und -bindung im deutschen Krankenkassenmarkt

– Wie lassen sich mit dem Versichertenbarometer im Zeitablauf branchenbezogen Stärken und Schwächen ermitteln? –

Armin Töpfer, Frank Opitz

Inhalt

1 Zielsetzung des Versichertenbarometers ............................................................. 541
2 Methodisches Vorgehen und Inhaltskonzept ..................................................... 543
3 Konkrete Ergebnisse im Zeitverlauf .................................................................... 547
4 Wechselbereitschaft der Versicherten ................................................................ 551
5 Wirkungen bei den Krankenkassen .................................................................... 553
6 Literatur ................................................................................................................... 553

## 1 Zielsetzung des Versichertenbarometers

Die Durchführung einer regelmäßigen Befragung der gleichen Zielgruppe mit einem standardisierten, im Kern immer gleichen Fragebogen, und zwar im hier interessierenden Fall im Krankenversicherungsmarkt, erlaubt aussagefähige Ergebnisse zu Einstellungen, Prioritäten sowie zur Zufriedenheit und Bindung der Versicherten. Dies gilt unter mehreren Voraussetzungen:

- Zum ersten müssen die Größenordnung und die Anlage **repräsentativ** sein, und zwar zahlenmäßig und strukturell, auch wenn bewusst keine Panelanalyse, also die regelmäßige Befragung gleicher Adressaten, angestrebt ist. Detaillierte Ausführungen hierzu finden sich im Artikel zum 10-Punkte-Programm zur Messung von Kunden-Feedback in diesem Buch.
- Zum zweiten sollte der Fragebogen neben den immer wiederkehrenden und damit unmittelbar vergleichbaren Fragen auch **aktuelle Themen** ansprechen, um so neuen Entwicklungen Rechnung zu tragen.
- Zum dritten entspricht die Regelmäßigkeit in einem kompetitiven, sich aufgrund verändernder Rahmenbedingungen schnell wandelnden Markt einem **jährlichen Durchführungsturnus**.

Aussagefähig und hilfreich ist eine derartige regelmäßige Befragung immer dann, wenn sie sich auf eine Branche bzw. einen Markt bezieht, der einem relativ starken Wettbewerb unterliegt. Wie Abbildung 1 zeigt, hat sich die Anzahl der gesetzlichen Krankenkassen in den letzten Jahren stark reduziert.

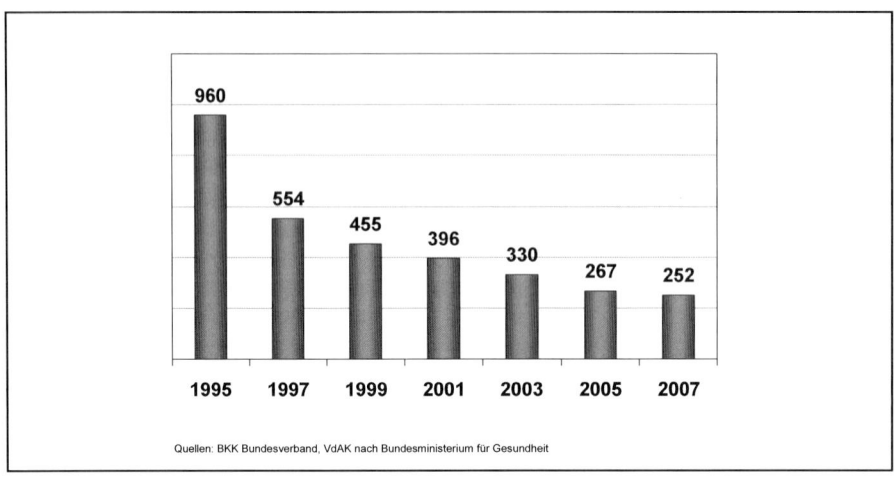

**Abb. 1:** Anzahl der gesetzlichen Krankenkassen

Seit der Öffnung des Krankenkassenmarktes Mitte der 1990er Jahre und der damit verbundenen Liberalisierung bei den Krankenversicherungen haben sich die Marktverhältnisse deutlich verschoben. Die gesetzlichen Krankenkassen befinden sich in einem umfassenden Veränderungsprozess, der gekennzeichnet ist durch zunehmenden Wettbewerb sowie die daraus resultierende Notwendigkeit einer stärkeren **Kunden- und Serviceorientierung**, um Versicherte zu halten.

Die am 1. April 2007 in Kraft getretene Gesundheitsreform lässt weitere gravierende Veränderungen im deutschen Krankenkassenmarkt erwarten, insbesondere auch im Zusammenspiel zwischen gesetzlichen und privaten Krankenversicherungen. Unter anderem soll ein zentraler Gesundheitsfonds eingerichtet werden, welcher die dann für alle Krankenkassen gleich hoch festgelegten Beiträge zentral vereinnahmt und sie entsprechend der Versichertenzahlen an die gesetzlichen Kassen verteilt. Kommen einzelne Kassen mit den Beiträgen nicht aus, müssen für deren Mitglieder Zusatzbeiträge erhoben werden. Es ist zu vermuten, dass die Versichten in solchen Fällen diesen Kassen dann schnell den Rücken kehren werden. Dieser harte, selektierende Kassenwettbewerb ist zur Bereinigung des Marktes politisch gewollt, ob er aber damit zu einer dadurch beabsichtigten weiteren finanziellen Entlastung des Gesundheitssystems führt, bleibt abzuwarten.

Des Weiteren strebt die große Koalition im Zuge der Gesundheitsreform eine Mindestgröße für gesetzliche Krankenkassen an. Diskutiert wird eine Mindestmitgliederzahl von einer Million Versicherten. Von den augenblicklich 252 gesetzlichen Krankenkassen in Deutschland erfüllen diese Voraussetzung derzeit nur 13. In der Folge macht sich derzeit ein „**Fusionsfieber**" in der deutschen Krankenkassenlandschaft breit. Ob sich allein durch die damit erreichte Größe tatsächlich entsprechend niedrigere Verwaltungskosten erzielen lassen und die wirtschaftliche Situation der Kassen dadurch gestärkt wird, sehen Kritiker eher skeptisch. Kundenorientierung, Innovationskraft und beherrschte Prozesse werden aus deren Sicht den Erfolg der Kassen deutlich stärker bestimmen.

Wenn sich eine derartige **Branchenanalyse** regelmäßig auf alle maßgeblichen Wettbewerber erstreckt, dann ermöglicht sie Antworten auf 3 Fragen und damit Erkenntnisse in 3 unterschiedliche Richtungen.

- Wie stehen im Spiegel der Befragten einzelne Versicherungen im Vergleich zu anderen da? Dieses **horizontale Benchmarking** ermittelt generell und bei einzelnen Kriterien den **Best-in-Class** sowie ein weitergehendes Ranking.
- Wie verändern sich über die Jahre die **Positionierungen** der Krankenkassen unter Berücksichtigung der Einstellungen und Bewertungen der befragten Versicherten? Dieses mehrjährige Benchmarking basiert auf dem Unternehmensvergleich einzelner Krankenversicherungen, und zwar bezogen auf die Gesamtpositionierung am Markt sowie auf Stärken und Schwächen bei der Realisierung einzelner Kriterien. Da diese Kriterien als Anforderungen der Versicherten im Zeitablauf variieren können, geben die Ergebnisse Aufschluss darüber, in welchem Maße die Krankenkassen sich an diese veränderten Erfolgsfaktoren konsequent angepasst haben.
- Welche wesentlichen **Treiberfaktoren** bestimmen die Zufriedenheit und Bindung der Versicherten? Hier geht es also darum, signifikante Ursachen-Wirkungs-Beziehungen herauszufiltern und den Realisierungsgrad durch einzelne Versicherungsgesellschaften nachzuvollziehen. Maßgeblich ist hierfür nicht nur eine Veränderung der Zufriedenheit, sondern vor allem auch der Wichtigkeit bei einzelnen Kriterien.

Antworten auf diese Fragen sind deshalb besonders wichtig, da es sich bei einem Krankenversicherungsprodukt um ein **Low-Involvement-Produkt** handelt, an dem im Normalfall nur geringes persönliches Interesse besteht, das aber in einer hohen Vielfalt von Alternativen angeboten wird und bei dem bei einer hohen Leistungsdichte der Wettbewerber nur niedrige Wechselbarrieren bestehen.

## 2 Methodisches Vorgehen und Inhaltskonzept

Dem **M+M Versichertenbarometer** (vgl. generell www.m-plus-m.de unter News) liegt eine ständig gleich bleibende Basisstruktur zu Grunde. Eine Batterie identischer Fragen wird jedes Jahr wieder gestellt, um den Grad der Veränderung direkt messen zu können. Zusätzlich werden je nach aktueller Entwicklung und Situation eine Reihe von ergänzenden einmaligen Fragen gestellt. Hierdurch wird aktuellen Veränderungen in der Befragung Rechnung getragen.

Ausgehend von der **Abfrage der Kundenanforderungen und -zufriedenheit** wird im Rahmen der Studie jeweils auch eine Bewertung zum **wahrgenommenen Image** der Krankenkassen erfragt. Weitergehend werden auf dieser Basis die für das künftig zu erwartende Verhalten der Versicherten gegenüber ihrer Krankenkasse zentralen Indikatoren **Loyalität**, **Wiederwahl**, **Kundenbindung**, **Sympathie** und die Bereitschaft zu **Cross-Buying** analysiert (siehe Abb. 2).

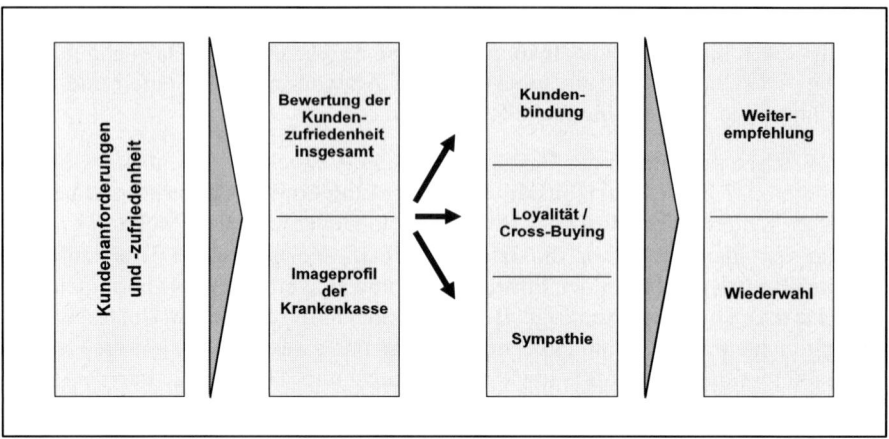

**Abb. 2:** Grobstruktur des Untersuchungsdesigns

Wie Abbildung 2 verdeutlicht, ist die gesamte Analyse in 2 Phasen angelegt. In der 1. Phase werden – ausgehend von allgemeinen Fragen zur Krankenkasse sowie dem Leistungsumfang und dem Angebot der jeweiligen Krankenkasse – im Rahmen der Kundenanforderungen und -zufriedenheit die fachliche Beratung, Freundlichkeit und Hilfsbereitschaft der Mitarbeiter der Krankenkasse analysiert, ergänzt durch eine Bewertung der Information und Kommunikation durch/ mit der Krankenkasse sowie der Service- und Beratungsleistungen der Krankenkasse. Neben Einzelurteilen zur Zufriedenheit wird abschließend eine Aussage zur Gesamtzufriedenheit jedes Versicherten mit seiner Krankenkasse sowie eine Bewertung des Image/ Ansehens der Krankenkasse erfragt.

Die 2. Phase umfasst auf der Grundlage dieser Basisbewertungen Aussagen zur Kundenbindung, Loyalität/ dem Cross-Buying und der Sympathie, die dann wiederum in eine Bewertung der Weiterempfehlung und der Wiederwahl münden.

Das M+M Versichertenbarometer liefert – über die Daten und Fakten zur Versichertenzufriedenheit und -bindung im Krankenkassenmarkt hinaus – jährlich aktuelle und verlässliche Informationen bezogen auf wesentliche Kausalzusammenhänge zwischen Anforderungen der Versicherten, ihrer Zufriedenheit und ihrer Bindung an die Kasse, die Fortschreibung der Trends aus den letzten Jahren und gibt Impulse zur Überprüfung und künftigen Ausrichtung der Marktpositionierung der Krankenkassen/ -versicherungen.

Im Rahmen dieser repräsentativen Befragungen werden seit 2005 jährlich über 1.000 gesetzlich und privat versicherte Bundesbürger telefonisch bezogen auf ihre Wahrnehmung und Beurteilung der Krankenkasse, bei der sie derzeit versichert sind, befragt. Die Befragung erfolgte in Form **strukturierter Telefoninterviews** nach der Methode des **Computer Assisted Telephone Interview (CATI)** anhand eines eigens dafür entwickelten Fragebogens in Kooperation mit dem Markt- und Meinungsforschungsinstitut USUMA GmbH, Berlin.

Das zur Anwendung gebrachte CATI-Verfahren gehört heute zu den modernsten und bedeutendsten Verfahren in der empirischen Sozialforschung. Nur mit derartig weit entwickelten Verfahren lässt sich eine hohe Datenaktualität durch einen engen realisierten Zeitrahmen zwischen Datenerhebung und Datenveröffentlichung einhalten.

Die Befragten des M+M Versichertenbarometers werden nach einer mehrstufig geschichteten Zufallsauswahl repräsentativ und proportional zur Struktur der Bevölkerung in den einzelnen Bundesländern ausgewählt. Die Grundgesamtheit der Stichprobe für die Personenauswahl bilden deutschlandweit alle Haushalte mit Personen im Alter von mindestens 18 Jahren nach dem last birthday-Verfahren.

Die Stichprobe für die repräsentative Bevölkerungsbefragung wird auf Basis der ADM-Telefonstichprobe (Easy Sample) nach den Grundsätzen zur „Rufnummernauswahl" gezogen. Die Stichprobe enthält private Festnetzanschlüsse mit generierten Telefonnummern nach dem Gabler-Häder-Verfahren (vgl. Gabler/ Häder 2002). Die Grundidee des Gabler-Häder-Verfahrens besteht darin, innerhalb eines Ortsnetzes diejenigen Nummernbereiche zu identifizieren, in denen sich tatsächlich eingetragene und auch nicht eingetragene Telefonnummern befinden. Durch diese Spezifizierung von Nummernintervallen kann die Trefferrate beim automatischen Anwahlverfahren gegenüber dem rein zufälligen Generieren und Anwählen von Ziffernfolgen deutlich erhöht werden. Das Gabler-Häder-Verfahren gewährleistet also, dass sowohl in Telefonverzeichnissen und -büchern eingetragene als auch nicht eingetragene Festnetztelefonnummern eine Chance erhalten, in die Stichprobe aufgenommen zu werden. Auf der Grundlage dieser Voraussetzungen kann von einer echten, repräsentativen Zufallsstichprobe ausgegangen werden. Dies führt im Ergebnis zu statistisch validen Aussagen über den jeweils aktuellen Stand der Zufriedenheit und das Bindungsniveau der Versicherten bezogen auf die einzelnen Krankenkassen sowie zu ihren Wertvorstellungen und Erwartungen.

Die Abbildungen 3a und 3b zeigen die demografische Struktur der Stichprobe bei der Befragung im Jahr 2007. Die Verteilung der Befragten nach Krankenkassen entspricht weitgehend, mit wenigen Abweichungen den tatsächlichen Marktanteilen der einzelnen Krankenversicherungsunternehmen, wie sie aus veröffentlichten Statistiken nachvollziehbar sind.

An Auswertungsmethoden kommen neben **Häufigkeitsauszählungen, Mittelwertberechnungen, Signifikanztests, Korrelationen, Regressionen** und **Clusteranalysen** vor allem auch **Varianzanalysen** zum Einsatz. Bezüglich des Einsatzes von Analysemethoden und der Auswertung der Ergebnisse ist ein Faktum wichtig: Die Zielgruppe der Krankenkassen in der Unternehmenspraxis will als Ergebnisse einer derartigen Studie möglichst greifbare Resultate in Form konkreter Ausprägungen, Teilgruppen und Größenordnungen von miteinander in Beziehung gesetzten Teilgruppen, also z.B. der konkrete Prozentsatz loyaler Versicherten bei geringer oder hoher Kundenzufriedenheit. Von Interesse sind hingegen keine wissenschaftlichen allgemein gültigen Forschungsergebnisse über Korrelationen, Regressionen oder kausalanalytische Modelle. Dies kann aber durchaus ein aussagefähiger und damit wertvoller Nebeneffekt derartiger Studien sein.

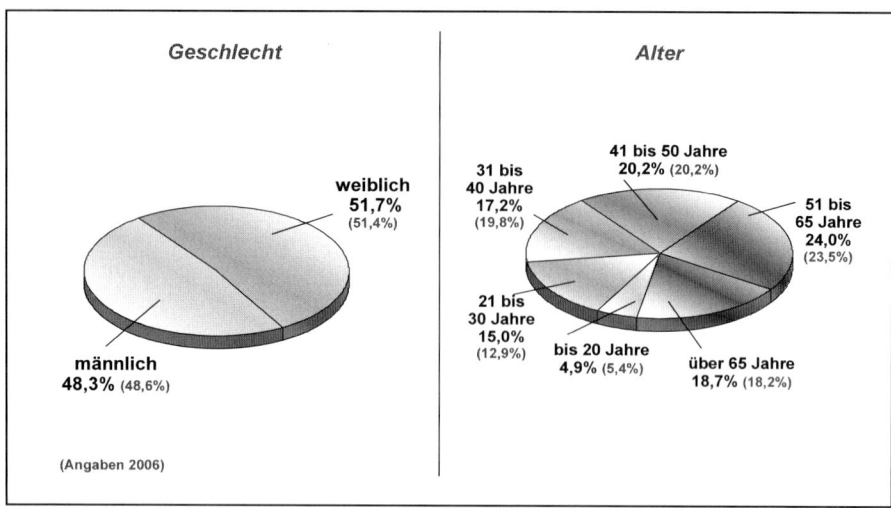

**Abb. 3a:** Demografische Struktur der Stichprobe nach Geschlecht/ Alter (M+M Versichertenbarometer 2007)

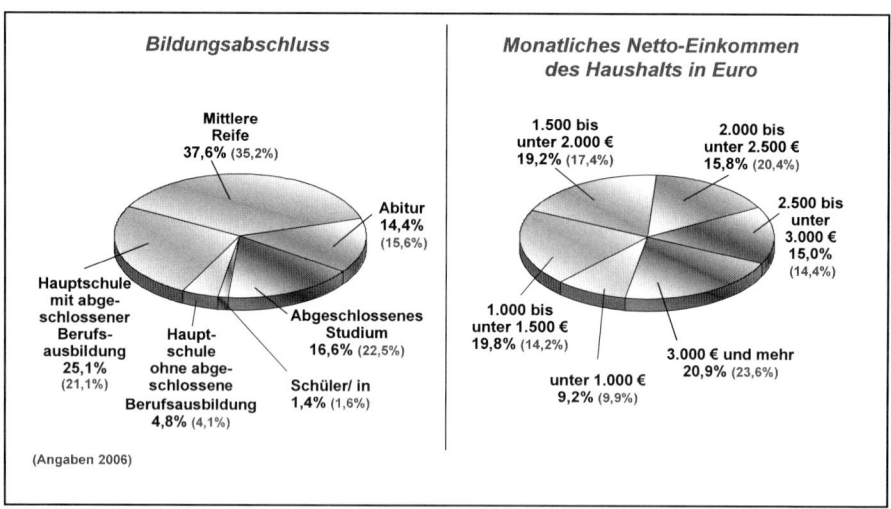

**Abb. 3b:** Demografische Struktur der Stichprobe nach Bildungsabschluss/ Monatlichem Netto-Einkommen (M+M Versichertenbarometer 2007)

## 3 Konkrete Ergebnisse im Zeitverlauf

Im Folgenden werden einige wenige ausgewählte Ergebnisse des M+M Versichertenbarometers der letzten 3 Jahre vorgestellt und erläutert. Von generellem Interesse sind z.B. die entscheidenden Gründe für die Wahl der jetzigen Krankenkasse, der Zusammenhang zwischen Gesamtzufriedenheit und Kundenbindung bei unterscheidbaren Gruppen von Versicherten, die Haupttreiberfaktoren der Zufriedenheit und Bindung über die Zeit, unterscheidbare Gruppen von Versicherten nach Anforderungen, Zufriedenheit und Bindung sowie unterscheidbare Gruppen von Krankenversicherungen nach der Einschätzung und damit nach dem Urteil der Versicherten bezogen auf die als wesentlich erachteten Leistungsfaktoren und in der Differenzierung nach der Zufriedenheit und Bindung der Versicherten.

Abbildung 4 gibt einen Eindruck von den ausschlaggebenden Gründen für die Wahl einer Krankenkasse/ -versicherung. Sie differieren z.T. deutlich zwischen den Versicherten der gesetzlichen und privaten Krankenversicherungen. Da der Spielraum zur Reduzierung der Beitragssätze nur sehr gering ist, müssen daher verstärkt Serviceaspekte in den Mittelpunkt der Leistungserbringung gestellt werden.

**Was waren die ausschlaggebenden Gründe für die Wahl der jetzigen Krankenkasse?**

| (Auszug) | Für 2007 Angaben in % | (2006) |
|---|---|---|
| Günstige Beiträge | 31,0 | (34,2) |
| Beratung/ Anmeldung durch Arbeitgeber/ Lohnbüro | 29,7 | (33,2) |
| Empfehlung durch Familie/ Freunde / Bekannte | 25,9 | (31,1) |
| Großer Leistungsumfang | 25,4 | (28,5) |
| Guter Ruf der Krankenkasse | 24,9 | (33,0) |
| Gleiche Krankenkasse wie der Ehepartner (Familienversichert) | 23,6 | (29,7) |
| Hohe Qualität der Kundenbetreuung | 19,0 | (24,3) |
| Unzufriedenheit mit der vorherigen Krankenkasse | 6,3 | (7,7) |

**Abb. 4:** Gründe für die Wahl der jetzigen Krankenversicherung

Für den Zusammenhang zwischen Gesamtzufriedenheit und Kundenbindung sind 2 Dimensionen maßgeblich: Einerseits die **retrospektive** Betrachtung des empfundenen Zufriedenheitsniveaus bezogen auf die bisher erlebten Geschäftskontakte. Andererseits die **prospektive** Erwartung eines prognostizierten Kundenvorteils im Hinblick auf die zukünftige Art der Geschäftskontakte. Hinsichtlich des Niveaus der Kunden(un)zufriedenheit lassen sich hier 3 Schwellenwerte unterscheiden:

1. der Schwellenwert einer geringen Zufriedenheit, unterhalb dessen der Kunde i.d.R. unzufrieden und wechselbereit ist
2. der Übergangswert, bis zu dem der Kunde indifferent ist, also nicht unzufrieden, aber auch noch nicht zufrieden ist
3. der Schwellenwert, bis zu dem der Kunde auf einem relativ hohen Niveau zufrieden, aber noch nicht begeistert ist

Erst ab dem Erreichen der 3. Stufe gelingt es, über gezielt realisierte **Begeisterungsfaktoren** tatsächlich eine deutliche Wirkung im Zuwachs von Kundenbindung und -loyalität zu erzeugen (vgl. Berger et al. 1993). Versuche, in früheren Phasen Begeisterungsfaktoren zu platzieren, sind bis zum Erreichen des 1. Schwellenwertes eher kontraproduktiv und in den Stufen 2 und 3 nur bedingt wirksam. Damit fällt die **Kosten-Nutzen-Relation** i.d.R. ungünstig aus.

Erfahrungswerte belegen, dass nur Befragte, die von ihrer Krankenkasse wirklich überzeugt sind, auch bereit sind, diese uneingeschränkt weiterzuempfehlen. Wie gravierend dabei der Unterschied zwischen „sehr zufriedenen" und „zufriedenen" Versicherten bei der Bindung und bei der Weiterempfehlung ausfällt, ist in Abbildung 5 dargestellt.

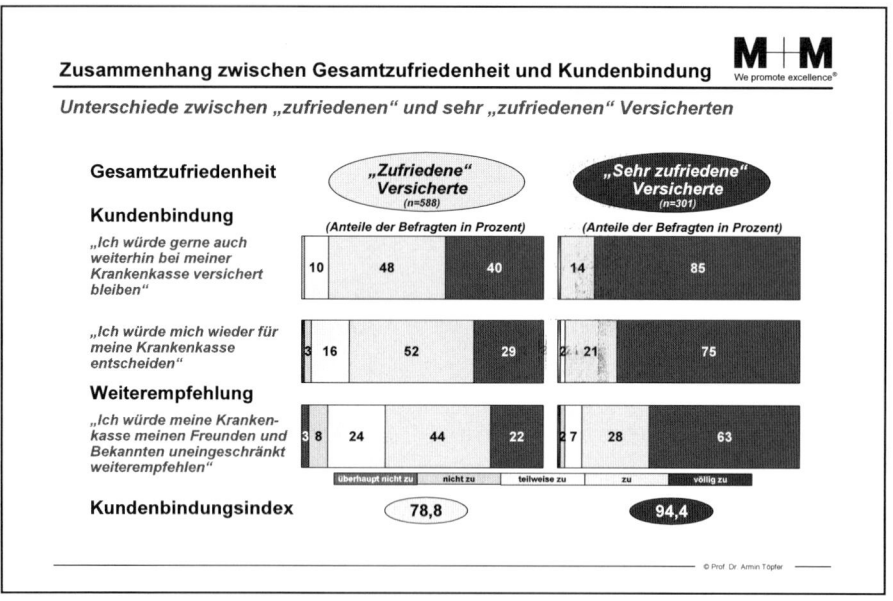

**Abb. 5:** Zusammenhang zwischen artikulierter Gesamtzufriedenheit und Kundenbindung (Quelle M+M Versichertenbarometer 2005)

Diese Detailanalyse des M+M Versichertenbarometers 2005 verdeutlicht, dass „sehr zufriedene" Versicherte im Vergleich zu lediglich „zufriedenen" Versicherten ihrer Krankenversicherung gegenüber längerfristig wesentlich verbundener sind (85% zu 40%). Sie würden sich auch eindeutig klarer wieder für ihre jetzige

Krankenkasse entscheiden (75% zu 29%), und sie würden ihre Krankenkasse wesentlich bereitwilliger uneingeschränkt weiterempfehlen (63% zu 22%). Die Unterschiede bestätigen sich auch in den Abweichungen beim M+M Kundenbindungsindex (M+M KBI®) (94,4 zu 78,8).

Die Haupttreiberfaktoren der Zufriedenheit und Bindung über die Zeit, die zugleich die Kernfaktoren zur Differenzierung vom Wettbewerb darstellen, sind vor allem eine schnelle und unbürokratische Bearbeitung von Anliegen und Leistungsanträgen, eine individuelle Beratung und Betreuung durch die Mitarbeiter, eine schnelle und kompetente Bearbeitung von Beschwerden/ Kritik sowie spezielle Angebote zur Gesundheitsförderung. Abbildung 6 zeigt die Veränderungen der Versichertenanforderungen und -zufriedenheiten basierend auf den Ergebnissen des M+M Versichertenbarometers 2005, 2006 und 2007.

| | | 2005 | 2006 | 2007 |
|---|---|---|---|---|
| Schnelle und unbürokratische Bearbeitung von Anliegen und Leistungsanträgen | Delta | -12 | -13 | -11 |
| | Mw Wichtigkeit/ Zufriedenheit | 90 / 78 | 91 / 78 | 88 / 77 |
| Individuelle Beratung und Betreuung durch die Mitarbeiter | Delta | -6 | -5 | -6 |
| | Mw Wichtigkeit/ Zufriedenheit | 81 / 75 | 81 / 76 | 81 / 75 |
| Schnelle und kompetente Bearbeitung von Beschwerden/ Kritik | Delta | -11 | -12 | -13 |
| | Mw Wichtigkeit/ Zufriedenheit | 83 / 72 | 84 / 72 | 84 / 71 |
| Angebote zur Gesundheitsförderung | Delta | +1 | -3 | -1 |
| | Mw Wichtigkeit/ Zufriedenheit | 71 / 72 | 73 / 70 | 73 / 72 |

Legende: Delta: Mw-Differenz Wichtigkeit/ Zufriedenheit
Mw = Mittelwert auf einer Skala von 0
(= sehr unwichtig/ sehr unzufrieden) bis 100 (= sehr wichtig/ sehr zufrieden)

**Abb. 6:** Kriterien mit hohem Differenzierungspotenzial (Quelle M+M Versichertenbarometer 2005 – 2007)

Wie nachvollziehbar ist, sind diese 4 Faktoren über die Zeit weitgehend konstant, und zwar nicht nur im Hinblick auf das bestehende Delta, sondern auch im Hinblick auf das weitgehend gleich bleibende Niveau der Wichtigkeit und Zufriedenheit.

Die Zielsetzung, unterscheidbare Gruppen von Versicherten nach Anforderungen, Zufriedenheit und Bindung herauszufiltern, ermöglich zum einen, die Kundengruppen des eigenen Unternehmens gezielt nach dem Niveau und der Erfüllung ihrer Anforderungen sowie den sich daraus ergebenden Konsequenzen anzusprechen. Zum anderen bildet diese Analyse zugleich die Basis, die Größe der unterscheidbaren Kundengruppen im eigenen Unternehmen mit der in Wettbewerbsunternehmen direkt zu vergleichen. Dies beantwortet z.B. die Fragen: Wie groß ist die Gruppe der begeisterten Kunden und wie groß ist die Gruppe der abwanderungswilligen Kunden bei unserer Versicherung? Sind dies bessere oder schlechtere Werte als bei unseren maßgeblichen Konkurrenten?

Aus der Matrix einer Korrelation der empfundenen Gesamtzufriedenheit und dem damit einhergehenden Bindungsgrad lassen sich die Position und Größenordnung der unterscheidbaren 6 Kundengruppen ablesen. Das Ergebnis zeigt Abbildung 7.

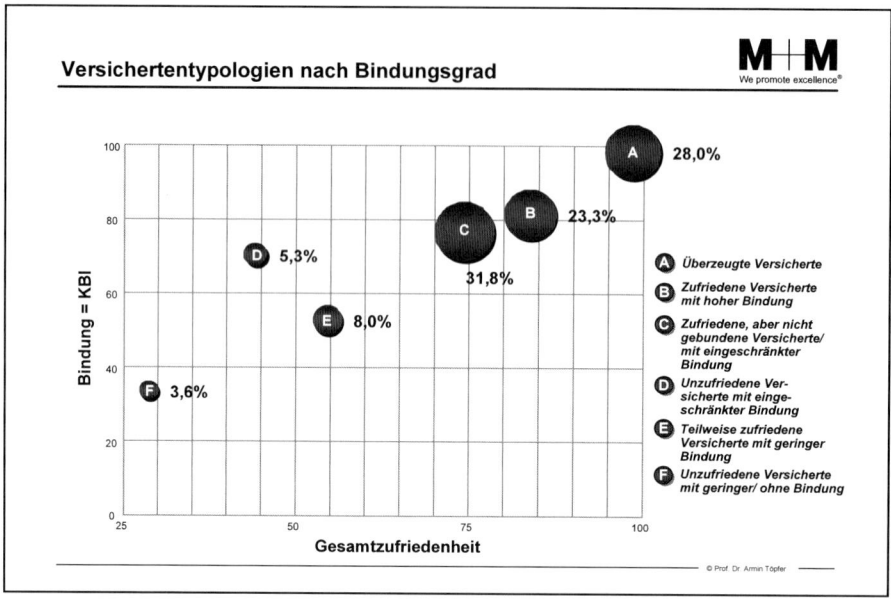

**Abb. 7:** Versichertentypologie nach Zufriedenheit und Bindung (Quelle M+M Versichertenbarometer 2006)

Über 50% der befragten Versicherten (Gruppe A und B in Summe) gehören zu den Versicherten mit einer relativ hohen Gesamtzufriedenheit und Bindung. Dennoch wird ersichtlich, dass die Versicherungsunternehmen, die einen relativ großen Anteil an Versicherten der Gruppe A aufweisen, eine Differenzierung vom Wettbewerb erreicht haben.

Interessant ist in einem **Benchmarking** zwischen den 6 größten gesetzlichen Krankenkassen, dass die besten Kassen einen Anteil von über 42% loyalen und damit stark gebundenen Kunden ausweisen.

Am unteren Ende des Portfolios finden sich die wechselbereiten und somit nicht stark ge- bzw. verbundenen Versicherten, die ein entsprechendes Risiko für den Bestand darstellen (Gruppen D bis F). Jeder 6. Versicherte (16,9%) weist eine durchschnittliche bis unterdurchschnittliche Gesamtzufriedenheit auf, die auch mit einer deutlich eingeschränkten Bindung an die jetzige Krankenkasse korrespondiert. Auffällig ist in diesem Zusammenhang die Gruppe D, die bei einer unterdurchschnittlichen Zufriedenheit noch eine überdurchschnittliche Bindung aufweist. Detailanalysen belegen, inwieweit dies traditionelle Kunden der Versicherung sind oder die Gebundenheit z.B. durch den Einfluss des Arbeitgebers auf die Wahl der Versicherung zu Stande gekommen ist.

## 4 Wechselbereitschaft der Versicherten

Aufgrund der geschaffenen **gesetzlichen Rahmenbedingungen** ist der Wechsel zu einer anderen, i.d.R. zumindest günstigeren und nach Möglichkeit auch besseren Krankenkasse heute eine Option der Versicherten. Wenn die maßgeblichen Gründe für einen Kassenwechsel in ihrem Stellenwert bekannt sind, dann können sie strategisch gezielt angegangen werden, um Versicherte zu halten und möglichst neue mit attraktiven Angeboten hinzuzugewinnen. Durch den engen Spielraum beim Leistungsangebot und dem Beitragssatz steigt die Bedeutung eines **kundenorientierten Service**.

Abbildung 8 liefert das Ranking der Hauptgründe für einen Krankenkassenwechsel. Finanzielle Gründe werden doppelt so häufig genannt wie Service- und Leistungsgründe.

| *Aus welchen Gründen wollen Versicherte ihre Krankenkasse wechseln? (Auszug; Mehrfachnennungen möglich)* | |
|---|---|
| 1. Beitragssatz/ Kosten | 68,3% |
| 2. Schlechtes Service- und Leistungsangebot | 30,0% |
| 3. Schlechte Beratung/ Betreuung | 15,0% |
| 4. Fehlende Nähe zur Krankenkasse/ Filialnetz | 8,3% |

**Abb. 8:** Hauptgründe für den Krankenkassenwechsel (Quelle: M+M Versichertenbarometer 2007)

Auf der Basis der in Abbildung 9 getroffenen Modellannahmen und unter Zugrundelegung des statistischen Datenmaterials des Bundesministeriums für Gesundheit lässt sich die folgende Berechnung zur Höhe des Überschusses bei einem Versicherten anstellen. Diese Werte für die gesamte deutsche Bevölkerung lassen sich leicht von jeder Krankenkasse auf ihre eigenen Gegebenheiten adaptieren. Wenn eine Krankenkasse kein defizitäres Ergebnis erwirtschaftet, was andernfalls den Handlungsspielraum von vornherein gegen Null gehen lässt, dann sind dem möglichen und angestrebten Überschusspotenzial die Kosten für eine mögliche Beitragssatzsenkung und vor allem für eine Verbesserung des Leistungs- und Serviceangebotes gegenüber zu stellen, um so den Nutzen gezielter Maßnahmen berechnen zu können.

| Modellberechnung | |
|---|---|
| Anzahl Versicherte GKV 2006 | 70,4 Mio. |
| Anzahl Mitglieder GKV 2006<br>-> davon Rentner<br>-> davon Pflicht-/ Freiwillig Versicherte | 50,3 Mio.<br>16,9 Mio.<br>33,4 Mio. |
| Durchschnittliche Einnahmen 2005<br>pro Mitglied (einschließlich Rentner) | 2.782,32 € |
| Durchschnittliche Ausgaben für Leistungen<br>in 2005 pro Mitglied (einschließlich Rentner) | 2.674,32 € |
| Überschuss pro Mitglied (einschließlich Rentner; ohne Verwaltungskosten und Sonstige Einnahmen der GKV`s) | 108,00 € |
| Annahme*:<br>Kostenvorteil pro Pflichtmitglied/ Freiwillig Versicherter => 20% von 2.674,32 Euro<br>entspricht 534,86 Euro | |
| Überschuss pro Pflichtmitglied/Freiwillig Versicherter (ohne Verwaltungskosten und Sonstige Einnahmen der GKV`s) | 642,86 € |

\* Pflichtmitglieder steuern mit ihren Beiträgen positive Ergebnisse bei, während Rentner „subventioniert" werden. Aus diesem Grund wurde die Gruppe der Rentner aus der Modellberechnung herausgelassen und für die Gruppe der Pflichtmitglieder/ Freiwillig Versicherten ein Kostenvorteil – bezogen auf die durchschnittlichen Gesamtausgaben für Leistungen – von 20% zum Ansatz gebracht.

Quellen: Bundesministerium für Gesundheit; Arbeits- und Sozialstatistik; Kassenärztliche Bundesvereinigung

**Abb. 9:** Modellberechnung

Auf der Grundlage der Befragungsergebnisse des M+M Versichertenbarometers 2007 lassen sich folgende Wirkungen berechnen:

- Von 33,4 Mio. Pflichtmitgliedern/ Freiwillig Versicherten (ohne Rentner) wollen 0,9% in 2007 zu einer anderen Krankenkasse wechseln – dies entspricht 300.600 Mitgliedern.
- Bei einem Überschuss von 642,86 Euro pro Pflichtmitglied/ Freiwillig Versicherten (ohne Rentner) wäre dies ein Verlust von 193,24 Mio. Euro jährlich.
- Berücksichtigt man weiterhin, dass die durchschnittliche Versicherungsdauer eines Versicherten 16,3 Jahre beträgt, summiert sich ein Gesamtverlust im Versicherten-Lebenszyklus von 3,15 Mrd. Euro.
- Wechseln ca. 30% der Versicherten mit fester Wechselabsicht wegen einem schlechten Service- und Leistungsangebot – dies entspricht 90.180 Mitgliedern – so ergibt sich ein Verlust aufgrund von Servicemängeln in Höhe von 57,97 Mio. Euro jährlich bzw. 945 Mio. Euro summiert über den Versicherten-Lebenszyklus.

Diese Zahlen und Ergebnisse sind wichtige Argumente für eine kundenorientierte Verbesserung des Leistungs- und Serviceangebots.

## 5 Wirkungen bei den Krankenkassen

Derartige Branchenstudien zur Marktposition und zum Image von Unternehmen verbessern generell den Informationsstand der Adressaten. Krankenkassen, die auf derartige branchenweite, methodisch abgesicherte Ergebnisse zurückgreifen, verfügen damit grundsätzlich alle über den gleichen **Wissensstand**. Unterschiede ergeben sich nur dann, wenn einzelne Krankenkassen Detailauswertung für ihr Unternehmen im Kontext aller erhobenen Markt-, Zielgruppen- und Wettbewerber-Informationen sowie Rahmendaten in Anspruch nehmen.

Der entscheidende Unterschied liegt allerdings darin, was die einzelnen Krankenkassen in welcher **Schnelligkeit** und in welchem **Ausmaß** aus diesem Wissen ableiten und umsetzen. Konkret geht es dabei um die Fokussierung auf wesentliche **Werttreiber** im Unternehmen und **Erfolgsfaktoren** im Krankenkassenmarkt.

Hinzu kommen kann ein weiterer positiver Effekt, nämlich die Imagewerbung mit der Einordnung und erreichten Position im gesamten Ranking aller Krankenkassen insgesamt sowie auch nach einzelnen Kriterien.

## 6 Literatur

*Berger, C. et al. (1993):* Kano's Methods for Understanding Customerdefined Quality, in: Hinshitsu, The Journal of the Japanese Society for Quality Control, Fall, 1993, S. 3-35.

*Gabler, S./ Häder, S. (2002):* Telefonstichproben – Methodische Innovationen und Anwendungen in Deutschland, Münster 2002.

*M+M Versichertenbarometer (2005-2007):* Projektunterlagen, Kassel, nicht veröffentlicht.

# Der Beitrag des Kundenbindungsmanagements zum Sanierungserfolg von Unternehmen

– Wie lässt sich im Krisenfall eines Unternehmens die Abwanderung von Kunden vermeiden? –

Armin Töpfer, Daniela Lehr

Inhalt

1 Ausgangslage .................................................................................... 555
2 Determinanten für die Schwerpunkte des
  Kundenbindungsmanagements im Krisenfall ................................... 556
3 Ausgestaltung des Kundenbindungsmanagements
  in Abhängigkeit von der Determinantenkonstellation ...................... 557
3.1 Große Existenzbedrohung durch Liquiditätskrise oder Insolvenz .... 557
3.2 Geringe/ mittlere Existenzbedrohung durch Ertragskrise ................. 559
4 Quintessenz der Erkenntnisse ........................................................... 561
5 Praxisbeispiele .................................................................................. 563
6 Zusammenfassung und Ausblick ...................................................... 567
7 Literatur ............................................................................................ 569

## 1 Ausgangslage

Gerät ein Unternehmen in die Krise, konzentriert es sich meist zunächst auf **interne Abläufe**: Drastische **Kostensenkungen** sollen aus der Misere führen. Zugleich verlieren viele Unternehmen in dieser Phase ihre Kunden aus dem Blick. Doch ohne Kunden bleiben die Umsätze aus. Das Unternehmen läuft Gefahr, in eine negative Konsolidierungsspirale zu geraten. Zudem sind zufriedene Kunden die besten Werbeträger eines Unternehmens. Soll ein Unternehmen saniert werden, müssen daher auch durch ein wirkungsvolles Kundenbindungsmanagement die Kunden gehalten bzw. die Umsätze erhöht werden.

Doch wie funktioniert Kundenbindungsmanagement im konkreten Sanierungsfall bei **konkurrierenden Zielen**? Grundsätzlich existieren für den Krisenfall keine speziellen Kundenbindungsinstrumente. Dabei ist klar, dass aufwändige Maßnahmen wie etwa Bonusprogramme, Kundenkarten oder Kundenklubs in einer bereits angespannten finanziellen Situation nicht eingesetzt werden können, da sie zu teuer sind und zudem erst mittel- oder langfristig wirken. Günstige Alternativen, wie z.B. der Ausbau der Kundenkommunikation via Internet, sind im Krisenfall besser geeignet. Weiteres Potenzial verbirgt sich in bereits bestehenden Kundenbindungsmaßnahmen. Sie sind zu prüfen und ggf. anzupassen.

## 2 Determinanten für die Schwerpunkte des Kundenbindungsmanagements im Krisenfall

Wie das Kundenbindungsmanagement in der Krise aussieht, hängt entscheidend davon ab, wie stark das Unternehmen in seiner Existenz bedroht ist. Ist die **Existenzbedrohung** gering, dann wird die Ausgestaltung des Kundenbindungsmanagements wesentlich von der **Umsetzungsgeschwindigkeit** beeinflusst, mit der Veränderungen im Unternehmen durchgeführt werden. Bei der Detailausgestaltung der Maßnahmen spielt der Unternehmenstyp zusätzlich eine Rolle.

Die Stärke der Existenzbedrohung lässt sich anhand von Krisenphasen bestimmen (siehe Abb. 1). In der 1. Phase der Existenzbedrohung, der **Ertragskrise**, schreibt ein Unternehmen erstmals rote Zahlen. In der 2. Phase spitzt sich die Situation zu und das Unternehmen gerät in eine **Liquiditätskrise**. Es steht am Rande der Zahlungsunfähigkeit. In der letzten Phase schließlich, der **Insolvenz**, droht das Unternehmen zerschlagen oder verkauft zu werden. Je größer die Krise, desto geringer der Handlungsspielraum – wobei gleichzeitig der Handlungsdruck zunimmt (vgl. auch Töpfer/ Lehr 2004).

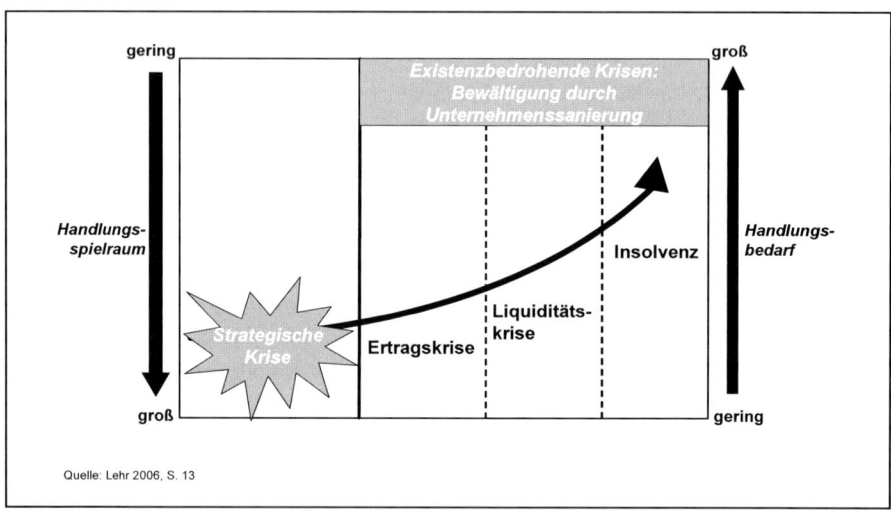

**Abb. 1:** Krisenphasen und -verlauf

Befindet sich das Unternehmen in einer Ertragskrise, dann ist bereits die Umsetzungsgeschwindigkeit von großer Bedeutung. Die Fähigkeit eines Unternehmens, neue Ressourcen aufzubauen, determiniert sich über die bestehende Aufbauorganisation, die Flexibilität von Prozessen und die Unternehmenskultur (vgl.

Rühli 1995, S. 48)[1]. Sichtbar wird diese Fähigkeit in der Reaktionsgeschwindigkeit eines Unternehmens auf neue Begebenheiten (vgl. Eisenhardt/ Martin 2000, S. 1107)[2]. Diese lässt sich vereinfachend als schnell oder langsam klassifizieren.

Die Differenzierung nach Unternehmenstyp erfolgt in Abhängigkeit von der **Leistungserbringung** eines Unternehmens. Bei Unternehmen mit stärker standardisierten Leistungen handelt es sich beispielsweise um Konsumgüterunternehmen, die Massenwaren herstellen und vertreiben. Individualisierte Leistungen liegen maßgeblich bei Dienstleistungsunternehmen und Industriegüterunternehmen vor (vgl. Bruhn 2001). Abbildung 2 zeigt die Kriterien zur Differenzierung in **Individual- und Standardleistungen** auf.

## 3 Ausgestaltung des Kundenbindungsmanagements in Abhängigkeit von der Determinantenkonstellation

### 3.1 Große Existenzbedrohung durch Liquiditätskrise oder Insolvenz

In einer Liquiditätskrise bzw. bei Insolvenz eines Unternehmens müssen einschneidende Sanierungsmaßnahmen vorgenommen werden. Klassische Sanierungsmaßnahmen, wie z.B. Reduzierung von Mitarbeiterkapazitäten, Abbau von Hierarchieebenen, Schließung von Standorten, machen daher den Großteil der Maßnahmen aus. Der Anteil des Kundenbindungsmanagements liegt i.d.R. bei maximal 20%. Kennzeichnend für Kundenbindungsmaßnahmen in dieser Situation ist, dass sich die Maßnahmen stark nach innen richten. Zunächst ist es wichtig, profitable Kunden des Unternehmens, also A-Kunden, zu identifizieren. Häufig findet dazu im Unternehmen eine **Kundenwertberechnung** statt, beispielsweise die Berechnung des **Customer Lifetime Value**. Dabei werden künftige Ertragspotenziale abgeschätzt und abgezinst. Die klassische Berechnung des Kundendeckungsbeitrags sowie eine ABC-Kundenanalyse helfen zusätzlich dabei, A-Kunden zu identifizieren. Diese A-Kunden gilt es zu halten.

---

[1] Vgl. Rühli 1995, S. 48 zu den Fähigkeiten des Aufbaus neuer Kernkompetenzen: „Neben organisationalen spielen dabei auch die motivationalen, sozialen und sogar emotionalen Faktoren eine große Rolle."

[2] Eisenhardt/ Martin (2000) geben an, dass die dynamischen Fähigkeiten aus den Routinen eines Unternehmens bestehen. Eisenhardt/ Martin 2000, S. 1107: „Yet, dynamic capabilities actually consist of identifiable and specific routines...". Es wird in diesem Beitrag davon ausgegangen, dass sich diese Routinen zur Schaffung neuer Ressourcen in der Umsetzungsgeschwindigkeit von Maßnahmen äußern: Ist diese sehr langsam, so bestehen keine ausgeprägten Routinen zum Aufbau neuer Ressourcen. Ist sie dagegen schnell, dann besitzt das Unternehmen diese Routinen.

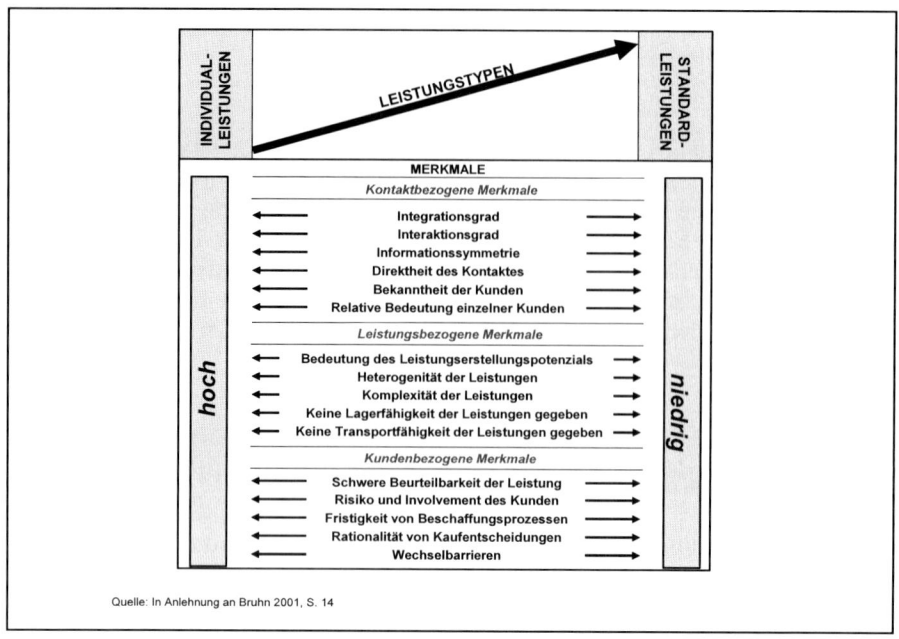

**Abb. 2:** Leistungstypologie von Unternehmen

Darüber hinaus müssen in der Sanierungsphase aus Kostengründen vielfach auch Serviceleistungen eingespart werden. Doch wie lassen sich wichtige und weniger wichtige Leistungen für den Kunden ermitteln, wenn keine Zeit für eine umfassende Kundenbefragung bleibt? Als zügig umsetzbare Lösung bietet sich eine **persönliche Befragung der Vertriebsmitarbeiter** an. Bei individualisierten Unternehmen wird zusätzlich eine Befragung **ausgewählter A-Kunden** durchgeführt. Basierend auf den Ergebnissen können Produkt- und Serviceleistungen in Basisleistungen (z.B. Fliegen von A nach B) und Begeisterungsleistungen (z.B. Internet-Check-In, bevorzugte Abfertigung) sowie in für den Kunden unwichtige Leistungen (z.B. Uniform der Flugbegleiter) eingeteilt werden. Bei A-Kunden werden anschließend die für die Kundenbindung unwesentlichen Leistungen gestrichen und bei den B- und C-Kunden zudem auch weiterführende Leistungen eingespart. Zu den unwichtigen Leistungen zählen oft Serviceangebote, auf die das Unternehmen zwar besonders stolz ist, die aber beim Kunden keinen Mehrwert schaffen und daher seine Kaufentscheidung kaum beeinflussen. Beispiel: Ein Bonusprogramm bei Billig-Airlines. Ob der Kunde ein Ticket kauft, hängt maßgeblich vom Preis, den Streckenverbindungen und den Flugzeiten ab; das Bonusprogramm ist zumindest bei Fluglinien, die Kunden über den Preis ansprechen, nicht in erster Linie kaufentscheidend.

Um Schwachstellen bei der Kundenbetreuung aufzudecken und Top-Kunden zu halten, hilft ein **Beschwerdemanagement**. Falls ein Beschwerdemanagement noch nicht besteht, sollte zumindest ein vereinfachtes System zügig aufgebaut werden. Dazu reicht es aus, eine zentrale Stelle für Kundenbeschwerden einzurichten. Hier werden Anfragen entgegen genommen, nach Problemarten ausgewertet und Verbesserungen in die Wege geleitet.

Ein solches Beschwerdemanagement ist gerade in der Sanierungsphase doppelt wichtig, da auch der Kunde i.d.R. die Veränderungen zu spüren bekommt. Je nach Unternehmensart kann es zu Lieferengpässen oder -verzögerungen kommen und häufig sind gewohnte Ansprechpartner nicht mehr zu erreichen. Das Beschwerdemanagement hilft, Top-Kunden auch in dieser Situation durch engere Kontakte und mit kleinen Aufmerksamkeiten an das Unternehmen zu binden. Damit werden sie während der Umstrukturierung „an die Hand genommen" und durch die Krise geführt.

Um **Schnittstellenprobleme** zwischen einzelnen Unternehmensbereichen, die durch die sich verändernde Unternehmensstruktur entstehen, zu verringern, und vor allem den Kernkunden weiterhin schnellen Service zu bieten, haben sich **interdisziplinäre Teams** bewährt. Diese interdisziplinären Teams – beispielsweise bestehend aus Mitarbeitern des Ein- und Verkaufs sowie der Logistik – können während der Sanierung von individualisierten Unternehmen gezielt A-Kunden betreuen und dadurch die Folgen des Unternehmensumbaus deutlich mildern. Durch die direkte Ansprache fühlen sich die A-Kunden gut betreut und bleiben daher dem Unternehmen auch in dieser schwierigen Phase viel eher treu.

Ein weiterer positiver Nebeneffekt: Die internen Prozesse werden für die Zukunft ebenfalls stärker auf die Kunden ausgerichtet. Zugleich wird das Kundenverständnis durch Befragungen und Beschwerdemanagement vertieft. Um die Kosten möglichst gering zu halten, sollten die Unternehmen dabei zum Meinungsaustausch weitgehend auf E-Mails oder Internetforen zurückgreifen.

### 3.2 Geringe/ mittlere Existenzbedrohung durch Ertragskrise

Befindet sich das Unternehmen in einer Ertragskrise, dann ist der Zeitdruck geringer und die Handlungsmöglichkeiten größer. Aufgrund des geringen Zeitdrucks können sehr **gezielte Kostensenkungsmaßnahmen** durchgeführt werden, die keine massive Auswirkung auf den Kunden haben.

Der Anteil der Kundenbindungsmaßnahmen im Verhältnis zu klassischen Sanierungsmaßnahmen liegt in diesem Fall i.d.R. bei rund 50%. In dieser Krisenphase sollen Kunden nicht nur gehalten, sondern der Umsatz mit ihnen ausgeweitet werden.

In Abhängigkeit von der Umsetzungsgeschwindigkeit richten sich die Kundenbindungsmaßnahmen stärker nach innen oder außen: Werden Veränderungen im Unternehmen schnell umgesetzt, so konzentriert sich das Kundenbindungsmanagement stark nach innen auf Prozesse und Strukturen. Liegt dagegen eine langsame Umsetzungsgeschwindigkeit vor, dann richten sich die Kundenbindungsmaßnahmen stärker nach außen.

Unabhängig von der Umsetzungsgeschwindigkeit empfiehlt es sich, die **Kunden zu befragen**, um ihre speziellen Anforderungen zu erfahren (vgl. Töpfer 2000). Das Unternehmen erhält dadurch gezielte Informationen über die Wünsche der Kunden und ihre Ansprüche an die Produkte. Basierend auf diesen Angaben lassen sich die Produkte und Dienstleistungen an die Kundenwünsche anpassen. Dabei kristallisiert sich heraus, in welchem Maße Kunden an weiteren Dienstleistungen bzw. Zusatzprodukten interessiert sind. So kann genau berechnet werden, ob sich Zusatzleistungen lohnen. Zusatzleistungen, deren Kosten bzw. Nutzen nur schwer zu beurteilen sind, wie beispielsweise Rabatte mittels Kundenkarten, sollten in einer Ertragskrise nicht eingesetzt werden.

Besser geeignet sich zusätzliche Leistungen, die direkt an ein Produkt des Unternehmens gekoppelt sind und sowohl ihm als auch den Kunden Vorteile bringen. Als Beispiel lässt sich anführen, die Waren eines Unternehmens zukünftig mit einem Barcode zu versehen und Kunden mit einem Handscanner auszurüsten. Um Nachbestellungen durchzuführen, können die Kunden nun einfach mit dem Handscanner in ihr Lager gehen und den Barcode auf der Produktverpackung einlesen. Sie müssen dann nur noch die Anzahl der gewünschten Produkte eintragen und können diese Daten als Bestellung direkt elektronisch an das Unternehmen versenden. Der Vorteil: Bestellungen laufen effizienter ab, die Waren sind schneller beim Kunden – und das steigert die Kundenbindung.

Ist die Umsetzungsgeschwindigkeit schnell, dann wird die Steigerung der Kundenzufriedenheit maßgeblich durch eine Verbesserung der **internen Leistungsqualität** erreicht. Das Unternehmen konzentriert sich dabei auf eine Verbesserung des Qualitätsmanagements sowie die Förderung des Forschungs- und Entwicklungsbereichs.

Eine Optimierung der Geschäftsprozesse unter **Wirtschaftlichkeits- und Kundenbindungsaspekten** ist eine Voraussetzung für ein reibungsloses Qualitätsmanagement. In jedem Unternehmen sind Teile der **Ablauforganisation** für den Kunden direkt sichtbar und beeinflussen daher unmittelbar seine Zufriedenheit. Das **Qualitätsmanagement** hängt zum einen von der Festlegung von **Qualitätsstandards** und zum anderen von den **Freiheitsgraden** der Mitarbeiter ab: Wenn die Verantwortung für das Arbeitsergebnis/ die Produktqualität stärker in die Hände der Mitarbeiter gelegt wird, führt diese Philosophie des Empowerments zu geringeren Fehlerquoten.

Das Qualitätsmanagement und die Verbesserung der Innovationsleistungen stellt allerdings vor allem bei standardisierten Unternehmen nur die notwendige Voraussetzung zur Erhaltung/ Steigerung der Wettbewerbsfähigkeit dar, da sich die Produkte meist nur unwesentlich von denen der Konkurrenz unterscheiden. Zur Differenzierung der Produkte sind deshalb gezielte Kommunikationsmaßnahmen einzusetzen, um bei den Kunden die Aufmerksamkeit auf diese Produkte zu lenken.

Bei Unternehmen mit individualisierten Leistungen sind zusätzlich Maßnahmen zur Steigerung der Kontaktqualität und zur Integration des Kunden relevant: Dieser Kontakt kann durch **gemeinsame Produktentwicklungen**, **Kundenforen** oder **Online-Marketing** gehalten werden. Die Kunden fühlen sich auf diese Weise gut betreut und eingebunden. Zudem sinken die Kosten durch zielgerichtete Produkt- bzw. Serviceleistungen.

Bei einer langsamen Umsetzungsgeschwindigkeit richten sich die Kundenbindungsmaßnahmen zunächst nach außen. Da der Kontakt des standardisierten Unternehmens zum Kunden meist nicht direkt ist, konzentriert sich das Unternehmen auf Maßnahmen zur Steigerung der Kundenzufriedenheit mit den Unternehmensleistungen bzw. zur Veränderung der Wahrnehmung der Unternehmensleistungen. Diese nach außen gerichteten Maßnahmen zur Steigerung der Kundenbindung beinhalten **kostengünstige Werbemaßnahmen**, wie Internetaktionen/ Gewinnspiele oder Product Sampling. Die Ziele sind, das Produkt stärker in den **Kundenfokus** zu stellen und zusätzlich eine **proaktive Kundenansprache** durchzuführen. Derartige Aktivitäten des Anbieters sind eine wichtige moderierende Variable, die einen Einfluss ausübt, ob zufriedene Kunden gebunden werden können (vgl. Giering 2000). Zusätzlich ist die Präsenz der Artikel am Point of Sales und somit die leichte Erreichbarkeit für den Kunden zu sichern.

Um die Kundenzufriedenheit langfristig zu steigern, ist es notwendig, die internen Strukturen, Prozesse und die Unternehmenskultur auf den Kunden auszurichten; dies gilt insbesondere im und nach einem Krisenfall.

Bei individualisierten Unternehmenstypen werden zusätzlich Maßnahmen zur Förderung der Interaktion und somit auch der Zufriedenheit eingesetzt. Insgesamt stehen eine Verstärkung der Kontaktfrequenz und eine Verbesserung der Kontaktqualität im Mittelpunkt. Die Kontaktfrequenz wird beispielsweise durch Kundenforen, eine proaktive Kommunikation und die Einführung eines Beschwerdemanagements erhöht.

Zur Verbesserung der Kontaktqualität müssen zuerst die notwendigen Voraussetzungen im Unternehmen geschaffen werden: Zentraler Ausgangspunkt ist die Motivation der Mitarbeiter. Die Mitarbeiterzufriedenheit wird von der Unternehmenskultur, den operativen Sanierungsmaßnahmen und der Unternehmensorganisation beeinflusst. Um Kunden- und Kostenorientierung sowie Flexibilität in die Unternehmenskultur zu integrieren, sind entsprechende Führungsstrukturen und Anreizsysteme notwendig. Neben der Dezentralisierung der Organisation führt ein Empowerment der Mitarbeiter zur Motivationssteigerung. Da die Inflexibilität der Mitarbeiter oftmals von starren Organisationsstrukturen und nahezu unüberwindbaren Schnittstellen herrührt, sind meist grundlegende Prozessanalysen und -veränderungen notwendig.

## 4 Quintessenz der Erkenntnisse

Abbildung 3 gibt einen zusammenfassenden Überblick über die unterschiedlichen Determinantenkonstellationen sowie die grundsätzliche Ausgestaltung des Kundenbindungsmanagements (KBM) und vor allem den Anteil des Kundenbindungsmanagements im Verhältnis zum Sanierungsmanagement (SM) (vgl. Lehr 2006, S. 200).

Generell wirkt eine Sanierung durch eine Verunsicherung der Mitarbeiter zunächst hemmend auf das Kundenbindungsmanagement. Daher sind entsprechende Gegenmaßnahmen in Form von **offener Kommunikation und Empowerment** der Mitarbeiter frühzeitig einzuleiten.

Grundsätzlich gilt allerdings auch, dass die Sanierung eine verstärkende Wirkung auf das Kundenbindungsmanagement hat: In beiden Krisenphasen erhöht sich der Druck auf die Mitarbeiter, ihr Verhalten zu ändern. **Unternehmensorganisation und -kultur** verändern sich dadurch schneller.

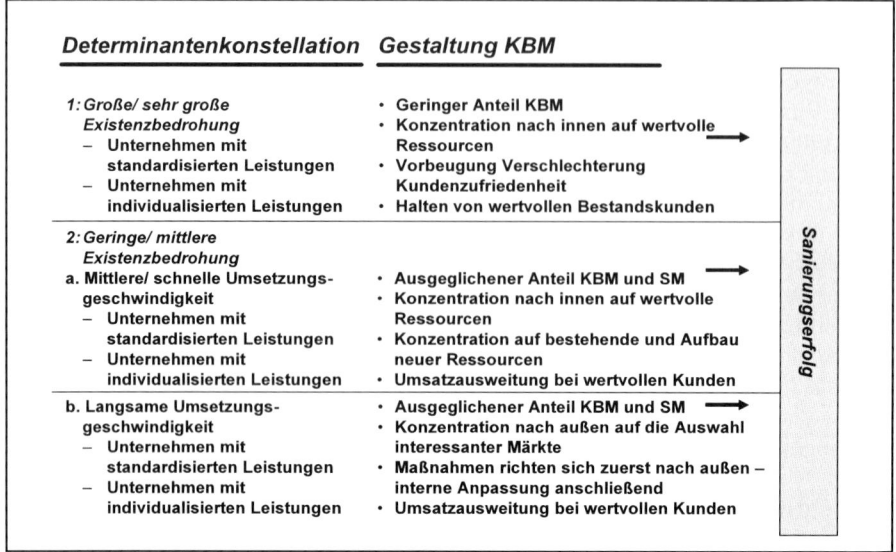

**Abb. 3:** Determinantenkonstellationen und Ausgestaltung des Kundenbindungsmanagements im Überblick

Zudem werden bestehende Kundenbindungsinstrumente – unabhängig von der Krisenphase – regelmäßig auf ihre **Wirtschaftlichkeit** geprüft, und Instrumente, die sich als entbehrlich herausstellen, kommen daraufhin nicht mehr zum Einsatz. Dies spart zugleich Kosten, wie z.B. gestrichene VIP-Kundenabende. Leistungen, die wiederum einen nachvollziehbaren **Kundenmehrwert** bringen und damit zur Differenzierung gegenüber Mitbewerbern beitragen, werden verstärkt angeboten; das kann beispielsweise der Liegekomfort in der Business Class auf Langstreckenflügen sein.

Das Kundenbindungsmanagement wirkt zudem verstärkend auf den Sanierungserfolg durch den **Abbau von Bürokratie- und Schnittstellenproblemen**, einen effizienten und effektiven Einsatz der Vertriebskapazitäten und Serviceleistungen sowie die schnelle Aufdeckung von Mängeln durch stärkere Interaktion/ Kommunikation mit den Kunden. Im Idealfall können die Umsätze mit Kundenbindungsinstrumenten dadurch gehalten oder sogar gesteigert werden – bei gleichzeitig sinkenden Kosten. Zusammenfassend ist dies in Abbildung 4 dargestellt.

| Hemmende Wirkung der Sanierung auf den Erfolg des Kundenbindungsmanagements | Verstärkende Wirkung der Sanierung auf den Erfolg des Kundenbindungsmanagements |
|---|---|
| • Verunsicherung/ Unzufriedenheit der Mitarbeiter und Kunden<br>• Negative Beeinflussung der Servicequalität | • Starker Druck zur Veränderung der Verhaltensweisen der Mitarbeiter<br>→ Bereitschaft zur Anpassung ist höher<br>• Die Sanierung führt zu einer starken Überprüfung der Wirtschaftlichkeit des KBM |

**Verstärkende Wirkung des Kundenbindungsmanagements auf den Sanierungserfolg**

- Die konsequente Ausrichtung der Ablauf-/ Aufbauorganisation und der Unternehmenskultur auf den Kunden führt zu einer Effizienzsteigerung durch den Abbau von Bürokratie- und Schnittstellenproblemen
- Starke und klare Kundensegmentierung führt zu einem effizienten und effektiven Einsatz der Vertriebskapazitäten und Serviceleistungen
  → Kosteneinsparung durch den Verzicht auf unrentable Kunden
  → Umsatzstabilisierung/ -ausweitung durch verstärkte Betreuung der wertvollen Kunden
- Nutzung von Informationen über die Kundenzufriedenheit (z.B. durch Beschwerdemanagement) führt zu
  – Einer schnellen Aufdeckung von Mängeln
  – Kosteneinsparungen durch Verzicht auf für den Kunden nicht relevante Leistungen
  – Kundenbindung durch Interaktion
  → Ein richtig genutztes Kundenbindungsmanagement führt während einer Sanierung zu einer positiven Wachstumsspirale durch Rentabilitätssteigerungen (Umsatzwachstum bei gleichzeitiger Kostensenkung)

Quelle: Lehr 2006, S. 140

**Abb. 4:** Hemmende/ verstärkende Wirkungen zwischen der Sanierung und dem Kundenbindungsmanagement im Überblick

# 5 Praxisbeispiele

### Beispiel 1: Industriegüterunternehmen

Ein weltweit tätiges Industriegüterunternehmen mit rund 8.000 Mitarbeitern steht im Wettbewerb mit 2 Großkonzernen sowie verschiedenen kleineren regionalen Konkurrenten und Billiganbietern. Sein Ziel ist die Marktführerschaft durch qualitativ hochwertige Produkte. Zielkunden sind große global tätige Konzerne. Das Unternehmen bietet seinen Kunden mittels lokaler Ländergesellschaften Ansprechpartner weltweit.

Dieses Unternehmen ist in eine **Ertragskrise** geraten: Die Umsätze stagnieren, während die Kosten unaufhaltsam weiter steigen. Das Unternehmen schreibt erstmals rote Zahlen. Um das Blatt zu wenden, werden zunächst Maßnahmen zur Kostensenkung durchgeführt. Das Industriegüterunternehmen trennt sich von einem Teil seiner Mitarbeiter und Sachkosten werden deutlich reduziert.

Die reine Reduzierung von Personal- und Sachkosten reicht jedoch nicht aus. Es ist notwendig, das Unternehmen komplett zu reorganisieren, um es auf die Kundenwünsche auszurichten und gleichzeitig kostenorientiert zu agieren. Zielsetzung ist, erstens die bisherigen Kunden während der Sanierungsphase zu halten, und zweitens die Umsätze mit ihnen und weiteren neu gewonnenen Kunden auszuweiten. Das Unternehmen weist eine mittlere bis schnelle Umsetzungsgeschwindigkeit auf.

Die Unternehmensleitung entschließt sich, die komplette organisatorische Aufstellung, die Produktentwicklung und Produktion zu überprüfen. Das Management setzt eine Frist: Innerhalb von 6 Wochen soll die Unternehmenssituation analysiert und ein ganzheitliches Konzept entwickelt werden, um die negative Ergebnissituation zu überwinden.

Die Analyse ergibt Folgendes: **Übergreifendes Kundenwissen** fehlt. Sowohl quantitative Daten (Umsatz/ Deckungsbeitrag pro Kunde) als auch qualitative Daten (gekaufte Produkte, Kundenwünsche) sind nur regional vorhanden. Daher kann es passieren, dass ein einziger Kunde sowohl die Dienste der deutschen als auch der chinesischen Länderzentrale nutzt, ohne dass den Mitarbeitern des einen Büros bekannt ist, was das andere Büro tut. Hinzu kommt, dass die Struktur des Unternehmens bisher **produktorientiert** aufgebaut war. Dadurch kam es vor, dass ein Kunde bis zu 3 Ansprechpartner hatte, von denen jeder einzelne sich mit je einem Produkt auskannte.

Neben dieser Analyse der internen Abläufe führt der Vorstand ergänzend persönliche Gespräche mit internationalen Schlüsselkunden, um deren Wünsche und Kritikpunkte zu ermitteln.

Anschließend werden die Ergebnisse der internen und der externen Befragung zusammengetragen, und das Management entwickelt folgendes Konzept für mehr Kundenorientierung:

- Umstellung von einer produkt- zu einer kundenorientierten Organisationsstruktur
- Zusammenführung aller qualitativen und quantitativen Kundendaten in einer Wissensdatenbank
- Vereinheitlichung und Überprüfung aller Serviceleistungen
- Stärkere Einbeziehung der Kunden bei neuen Produktentwicklungen

Nach Abschluss der sechswöchigen Konzept- und Analysephase geht es an die Umsetzung, die innerhalb eines Jahres vonstatten gehen muss. Die Kundenbetreuung wird umorganisiert, um die Krise schnell zu überwinden. Statt wie bisher 3 Ansprechpartner – einen für jedes einzelne der 3 Kernprodukte – hat der Kunde nunmehr nur noch einen. Die Anforderungen an den Mitarbeiter steigen hierdurch: Die Vertriebsmitarbeiter müssen jetzt 3 statt bisher ein technisch hoch komplexes Produkt verstehen und kommunizieren können.

Um der Krise schnell Herr zu werden, muss diese Umstellung innerhalb eines Jahres erfolgen. Natürlich gehen diese Veränderungen nicht unbemerkt am Kunden vorüber: Bekannte Ansprechpartner sind plötzlich nicht mehr da, die neuen Ansprechpartner beherrschen noch nicht alle Produkte in der gewünschten Tiefe. Insgesamt herrscht aufgrund der tiefgreifenden Veränderungen im Unternehmen große **Unsicherheit bei den Mitarbeitern**. Es dauert nach der erfolgten Umstrukturierung etwa 1½ Jahre, bis die neue Organisation reibungslos funktioniert. Während dieser Übergangszeit halten die Vorstände engen Kontakt zu den wertvollen Kunden, um Missstimmungen oder Beschwerden sofort aufzufangen.

Die vorhandenen und in Gesprächen ermittelten Kundeninformationen werden zusammen mit den bisher dezentral gespeicherten Kundendaten (Kaufverhalten, Umsatz und Deckungsbeiträge) in eine **zentrale Wissensdatenbank** eingespeist. Ergänzend dazu wird der **Kundenwert** auf Basis des derzeitigen **Kundendeckungsbeitrages und unter Berücksichtigung der zukünftigen Potenziale** berechnet. Fortan werden die Kunden international übergreifend bewertet und erhalten hierdurch einen Status als wichtiger bzw. weniger wichtiger Kunde.

Mit Hilfe der ermittelten Daten kann das Unternehmen nun seine Serviceleistungen für die Kunden genauer steuern. So erhalten Kunden, die nicht zur Kernzielgruppe zählen, künftig keine kostenfreien Zusatzleistungen. Wichtige Kunden werden dagegen gezielt angesprochen, um die Beziehung zu ihnen weiter auszubauen. Somit trägt das Kundenbindungsmanagement künftig aktiv zur Kostensenkung bei. Außerdem werden die A-Kunden früher in die Entwicklung neuer Produkte einbezogen. Dadurch entsprechen die Produkte einerseits mehr den Wünschen der Kunden, andererseits nehmen die Kunden Verbesserungen in der Qualität auch viel bewusster wahr.

Fazit: Um die Krise zu meistern, hat das Unternehmen je zur Hälfte auf klassische Kostensenkung und auf Kundenbindungsmaßnahmen gesetzt. Die Veränderungen im Bereich Kundenbindungsmanagement waren dabei nicht nur kostengünstig, sondern sparen zukünftig auch Geld.

Die Kundenbindungsmaßnahmen bestanden maßgeblich in der internen Umstrukturierung hin zu einer **kundenorientierteren Organisation**, in einem verbesserten **Kundenwissensmanagement** sowie in **gezielten Serviceangeboten für wichtige Kunden**. Außerdem wurde die **Kundeninteraktion** deutlich erhöht – zum einen durch eine Steigerung der Kontaktfrequenz, zum anderen durch die aktive Einbindung in die Produktentwicklungen. Da die Firma die Bedürfnisse ihrer Kunden jetzt besser kennt, können nun von vornherein auf den Kunden abgestimmte Produkte entwickelt werden.

Das Ergebnis: Infolge des engen und erfolgreichen Zusammenspiels aller Sanierungsmaßnahmen steht das Unternehmen nach rund 2½ Jahren (6 Wochen Analysephase, 1 Jahr Umstrukturierung, 1½ Jahre für die Erzielung eines eingeschwungenen Zustands) wieder gut da; die EBIT-Marge stieg im Kernbereich auf rund 11%.

**Beispiel 2: Transportunternehmen**

Ein internationales Transportunternehmen mit rund 10.000 Mitarbeitern weist eine EBIT-Marge von -20% aus. Es droht eine **Liquiditätskrise**. Zugleich muss es sich gegen zahlreiche neue Wettbewerber durchsetzen, die auf den Markt drängen.

Da die Existenz des Unternehmens auf dem Spiel steht, muss die Geschäftsführung zu harten Maßnahmen greifen, um die Kosten zu senken. Nachdem die Führung ein Sanierungskonzept ausgearbeitet hat, werden innerhalb von 6 Monaten die ersten Maßnahmen umgesetzt. Mitarbeiter werden entlassen, unrentable Fahrtstrecken werden aus dem Angebot genommen, die Zentrale wird umorganisiert und Serviceleistungen für die Kunden werden eingespart.

Um wieder wirtschaftlich erfolgreich zu sein, reicht Sparen allein jedoch nicht aus. Auch der Umsatz darf auf keinen Fall einbrechen. Daher müssen besonders die wichtigen Kunden gehalten werden. Bei den Kunden handelt es sich dabei um Endverbraucher, für die das Unternehmen bereits ein **Kundenbindungsprogramm** anbietet.

Um seine Kunden besser einschätzen zu können, entschließt sich die Leitung des Transportunternehmens parallel zu den Kostensenkungsmaßnahmen das Kundenbindungsmanagement umzugestalten. Das Unternehmen möchte seine Kunden noch besser kennen lernen und seine Kundenbindungsmaßnahmen gezielter steuern. Dafür wird die bestehende **Kundenbewertung** weiter verfeinert. Basierend auf dem bisherigen Kundenverhalten sowie dem Kundendeckungsbeitrag erstellt das Unternehmen eine **Prognose** darüber, wie sich der Kundenwert zukünftig entwickeln wird. Gleichzeitig befragt die Vertriebsabteilung per Fragebogen Kunden, wie sie die verschiedenen Servicemaßnahmen einschätzen. Serviceleistungen, die nicht zur Verbesserung der Kundenzufriedenheit beitragen, streicht das Transportunternehmen aus seinem Angebot. Die verbleibenden Serviceangebote werden in unterschiedliche Kategorien unterteilt: Künftig sollen nur noch ausgewählte, wichtige Kunden (A-Kunden) von den teureren Servicemaßnahmen profitieren. Alle weiteren Leistungen werden drastisch eingeschränkt. Wer zu den wichtigen Kunden zählt und wer nicht, ist dabei nicht statisch, sondern kann sich im Laufe der Zeit ändern. Um den Kundenwert stets richtig einschätzen zu können, soll die Vertriebsabteilung in Zukunft fortlaufend das Kundenverhalten kontrollieren und überprüfen, ob die angebotenen Serviceleistungen wie der Lounge-Zugang oder regelmäßige Veranstaltungen von den Kunden genutzt werden.

Um sicher zu gehen, dass trotz der Sanierung die wichtigen Kunden – private Verbraucher und Geschäftskunden – dem Unternehmen treu bleiben, richtet die Geschäftsführung ein **„aktives" Beschwerdemanagement** ein. „Aktiv" heißt, dass sobald einem Kunden Servicenachteile entstanden sind (beispielsweise durch Verspätungen), ein Mitarbeiter des Unternehmens den Kunden anruft und ihm eine Entschädigung anbietet. Darüber hinaus werden alle Kundenbeschwerden gesammelt und ausgewertet, um Prozessverbesserungen zu entwickeln.

Auch die **Kundenkommunikation** richtet das Unternehmen neu aus. Während die Transportfirma bisher vorwiegend auf traditionellen Briefverkehr setzte, stellt sie nun auf E-Mail-Kontakt um. Das senkt die Kosten und schafft finanzielle Spielräume, um die Kundenkommunikation auszubauen. Hinzu kommen Online-Foren, die nicht nur die Interaktion mit den Kunden verstärken, sondern in manchem Fall auch ein persönliches Treffen ersetzen können und dadurch wiederum Kosten sparen.

Fazit: Bei der Sanierung ging es maßgeblich darum, die Kosten des Transportunternehmens innerhalb von 6 Monaten drastisch zu senken. Das Kundenbindungsmanagement machte nur rund 20% der Gesamtmaßnahmen aus. Dennoch leistete es einen entscheidenden Beitrag, denn es sorgte dafür, dass die wichtigen Kunden gehalten und auch zukünftig an das Unternehmen gebunden wurden. Damit Serviceleistungen besser zum Nutzen des Unternehmens eingesetzt werden konnten, wurden ein **gezieltes Kundenwertmanagement** und ein **aktives Beschwerdemanagement** eingeführt. Während des Sanierungsprozesses war es dabei die Aufgabe des Beschwerdemanagements Kunden, die aufgrund der Veränderungen temporär verärgert waren, zu besänftigen und weiterhin an das Unternehmen zu binden. Zugleich gelang es durch die Auswertung der Beschwerdegründe **Schnittstellenprobleme**, die durch die Sanierung zwischen internen Abteilungen entstanden waren, aufzuzeigen und zu beheben. Trotz der Sanierung konnte das Unternehmen dadurch seinen Kunden einen guten Service bieten und im Notfall durch Entschädigungen gegensteuern. Das Kundenmanagement wiederum half den Mitarbeitern, ihre Kunden und deren Erwartungen besser zu verstehen.

Das Ergebnis: Ein Großteil der „wertvollen", profitablen Kunden konnte gehalten werden. Die EBIT-Marge der Transportfirma konnte innerhalb von 2 Jahren (6 Monate Umstrukturierung und 1½ Jahre bis die Maßnahmen ergebnisseitig wirkten) von -20% auf -4% verbessert werden – die Wirkung weiterer Kostensenkungsmaßnahmen steht noch aus.

## 6 Zusammenfassung und Ausblick

Zusammenfassend lässt sich folgendes festhalten: Je nach Ausmaß der Krise variiert das Verhältnis zwischen Kostensenkungs- und Kundenbindungsmaßnahmen. In Ertragskrisen liegt der Anteil des Kundenbindungsmanagements an den Gegenmaßnahmen bei bis zu 50%, in Liquiditätskrisen bei bis zu 20%. Sind Sanierung und Kundenbindungsmanagement erfolgreich, kann sich aus der Krise positives Wachstum entwickeln. Sobald die Krise überwunden und die Existenz nicht mehr bedroht ist, nehmen die Kundenbindungsinstrumente im Verhältnis zu den Sanierungsmaßnahmen zu. Jetzt können auch längerfristige Maßnahmen umgesetzt werden – beispielsweise kann ein CRM-System aufgebaut werden. Zudem können Kundenbonussysteme eingeführt werden. Abbildung 5 gibt einen zusammenfassenden Überblick über die Maßnahmen in den unterschiedlichen Determinantenkonstellationen.

| Existenz-bedrohung | Liquiditätskrise/ Insolvenz | | Ertragskrise | |
|---|---|---|---|---|
| Umsetzungs-geschwindigkeit | *Langsame und schnelle Umsetzungsgeschwindigkeit* | | *Schnelle Umsetzungs-geschwindigkeit* | *Langsame Umsetzungs-geschwindigkeit* |
| Ziel | Konsolidieren und halten der wertvollen Bestandskunden | | Konsolidieren und Umsatzausweitung bei wertvollen Potenzialkunden: Steigerung der Kundenzufriedenheit | |
| Anteil KBM | Gering (bei ca. 20%) | | Ausgeglichenes Verhältnis zwischen Kundenbindungs-/ Sanierungsmaßnahmen | |
| Maßnahmen | *Konzentration auf bestehende wertvolle Ressourcen, um einer Verschlechterung der Kundenzufriedenheit vorzubeugen.*<br>1. Ermittlung der Kundenbedürfnisse:<br>– Identifikation wertvoller Kunden<br>– Beschwerdemanagement<br>2. Vorbeugen einer Qualitätsverschlechterung: Schaffung von Vertrauen und Beseitigung der Verunsicherung der Mitarbeiter:<br>– Austausch Management<br>– Zukunftsvision<br>– Offene Kommunikation<br>– Frühzeitige Freistellung der gekündigten Mitarbeiter<br>Erhalten der Servicequalität: Abwägung der Wirkung von harten Sanierungsmaßnahmen<br>Bei individualisierten Unternehmen zusätzlich:<br>• Befragung von A-Kunden und Außendienstmitarbeitern<br>• Keine Kündigung von Mitarbeitern mit direktem Kundenkontakt<br>• Umgehen von Prozessproblemen bei wertvollen Kunden durch separate Betreuung<br>3. Verstärkte Interaktion:<br>– Professionelle Krisenkommunikation<br>– Schulung der Mitarbeiter: einheitliche Kommunikation<br>– Direct Mail, proaktive Kundenkontakte, Kundenforen, Servicenummern | | *Konzentration auf bestehende und Aufbau neuer wertvoller Ressourcen*<br>1. Ermittlung der Kundenbedürfnisse:<br>– Identifikation wertvoller Kunden<br>– Groß angelegte Kundenbefragung<br>– Beschwerdemanagement<br>2. Steigerung der Kundenzufriedenheit durch Verbesserung der Leistungsqualität:<br>– Verbesserung des Qualitätsmanagements: kundenorientierte und effiziente Prozesse, Empowerment der Mitarbeiter<br>– F&E gewinnt an Bedeutung: Ausbau der Mitarbeiterqualifikation<br>– Kommunikationspolitik zur Unterstützung der Produktwahrnehmung<br>Bei individualisierten Unternehmen zusätzlich:<br>3. Verbesserung der Kontaktqualität:<br>– Kooperativer Führungsstil mit autoritären Elementen<br>– Dezentralisierung, flache Hierarchien<br>– Leistungsorientierte Anreizsysteme<br>– Weiterbildung/Schulungen<br>– Empowerment der Mitarbeiter<br>4. Verstärkte Interaktion:<br>– Gemeinsame Produktentwicklung<br>– Systemtechnische Verknüpfung mit wertvollen Kunden | *Auswahl interessanter Märkte*<br>1. Ermittlung der Kundenbedürfnisse:<br>– Identifikation wertvoller Kunden<br>– Groß angelegte Kundenbefragung<br>2. Festlegung der segmentspezifischen Kundenbindungsstrategie: Definition der Kundenbindungsinstrumente<br>– Veränderung der Produktwahrnehmung (kostengünstige Werbemaßnahmen; z.B. Internetaktionen, Gewinnspiele, Product Sampling)<br>– Leichte Erreichbarkeit der Produkte<br>– Finanzielle Wechselbarrieren (z.B. Bonusprogramme)<br>3. Anpassung der internen Strukturen/ Prozesse/ Kultur zur optimalen Bedienung der Kunden<br>Bei individualisierten Unternehmen zusätzlich:<br>4. Steigerung der Interaktion:<br>– Erhöhung der Kontaktfrequenz: Kundenforen, proaktive Kommunikation, Beschwerdemanagement<br>– Verbesserung der Kontaktqualität: Motivation der Mitarbeiter durch Empowerment, Dezentralisierung, flache Hierarchien |

Quelle: In Anlehnung an Lehr 2006, S. 212; Bruhn 2001

**Abb. 5:** Zusammenfassung der Maßnahmen in Abhängigkeit von der Determinantenkonstellation

# 7 Literatur

*Bruhn, M. (2001):* Relationship Marketing, München 2001.
*Eisenhardt, K.M./ Martin J.A. (2000):* Dynamic Capabilities: What are they?, in: Strategic Management Journal, 21. Jg., 2000, S. 1105-1121.
*Giering, A. (2000):* Der Zusammenhang zwischen Kundenzufriedenheit und Kundenloyalität – Eine Untersuchung moderierender Effekte, Wiesbaden 2000.
*Lehr, D. (2006):* Kundenbindungsmanagement und Sanierungserfolg – Explorative Analyse der Wirkungszusammenhänge, Wiesbaden 2006.
*Rühli, E. (1995):* Die Resource-based View of Strategy: Ein Impuls für einen Wandel im unternehmungspolitischen Denken und Handeln?, in: Gomez, P. et al. (Hrsg.): Unternehmerischer Wandel: Konzepte zur organisatorischen Erneuerung, Wiesbaden 1995, S. 31-57.
*Töpfer, A. (1986):* Personalmanagement in der Krise, in: Schimke, E./ Töpfer, A. (Hrsg.): Krisenmanagement und Sanierungsstrategien, 2. Aufl., Landsberg 1986, S. 77-84.
*Töpfer, A. (2000):* Kundenbindung gezielt messen und steigern, in: io management, Nr. 4/ 2000, S. 50-54.
*Töpfer, A./ Lehr, D. (2004):* Restrukturierung von Unternehmen mithilfe von Kundenbindungsmanagement, in: Bickhoff, N. et al. (Hrsg.): Unternehmenskrise als Chance: Innovative Ansätze zur Sanierung und Restrukturierung, Heidelberg 2004, S. 247-264.

# Effiziente Kundenbindungsaktivitäten für profitable Kunden-Lieferanten-Beziehungen in mittelständischen Unternehmen

– Wie kann Kundenbindung erreicht werden, die durch eine Win-win-Situation für Kunden und Unternehmen geprägt ist? –

Armin Töpfer, Christiane Heidig

Inhalt

| | | |
|---|---|---|
| 1 | Voraussetzungen und Erfolgsfaktoren für Kundenbindung im Mittelstand | 571 |
| 2 | Ansatzpunkte im Marketing-Pentagon für Kundenbindung | 575 |
| 3 | Instrumente zur Kundenbindung | 578 |
| 3.1 | Produkt-Mix für einen hohen Kundennutzen | 579 |
| 3.2 | Kontrahierungs-Mix für Preiszufriedenheit und -vertrauen | 582 |
| 3.3 | Kommunikations-Mix für einen kontinuierlichen und individualisierten Dialog mit den Kunden | 584 |
| 3.4 | Distributions-Mix für mehr Kundennähe und einfache Kaufprozesse | 591 |
| 3.5 | Service-Mix für zielgruppenorientierte Angebote | 593 |
| 4 | Sechs wesentliche Umsetzungsfallen für eine erfolgreiche Kundenbindung | 598 |
| 5 | Einsatz von Kundenbindungsinstrumenten in mittelständischen Unternehmen | 603 |
| 5.1 | Schritt 1: Evaluation der Unternehmensressourcen | 608 |
| 5.2 | Schritt 2: Kundenbezogene Nutzenkriterien als Basis für die Ableitung von Kundentypen | 610 |
| 5.3 | Schritt 3: Potenzielle Profitabilität der Kundentypen aus Unternehmenssicht | 614 |
| 5.4 | Schritt 4: Realisierung eines situativ optimalen Niveaus der Kundenbindungsaktivitäten | 616 |
| 6 | Literatur | 620 |

## 1 Voraussetzungen und Erfolgsfaktoren für Kundenbindung im Mittelstand

Die Zufriedenheit der Kunden mit den Leistungen eines Unternehmens ist noch keine Garantie für Kundenloyalität. Produkt-, Marken- und Einkaufsstättentreue hat in den letzten Jahren merklich abgenommen. Es ist in bestimmten Branchen und bei einer Reihe von Produkten eine nicht zu übersehende **„Markenmüdigkeit"** eingetreten; sie ist die „Komplementärmenge" zu der von den Unternehmen angestrebten Markenbereitschaft (vgl. Becker 2006, S. 185 f.; Esch/ Wicke/ Rempel 2005, S. 25 ff.). Konsumenten neigen deshalb häufiger zum Wechsel von Anbietern und Produkten. Trotz guter Erfahrungen mit einem Produkt suchen viele Kunden bei zukünftigen Kaufentscheidungen ganz bewusst nach Abwechslung (vgl. Gierl 1993, S. 90 f.). Für Unternehmen auf Konsumgütermärkten stellt dieses **Variety Seeking** von zufriedenen und dennoch wechselbereiten Kunden eine große Herausforderung dar (vgl. McAlister 1982; Tscheulin 1994).

Es wäre daher falsch, auf einen Automatismus zu schließen, der bei gegebener Kundenzufriedenheit immer zu einem Wiederkauf führt. Dies gilt besonders bei Konsumgütern, wenn sie vom Kunden als relativ gleichartig und damit weitgehend substitutiv wahrgenommen werden und/ oder bei denen das Kaufrisiko – sowohl finanziell als auch sozial – als gering eingeschätzt wird. Vor allem trifft dies aber auch bei Fast-Moving-Consumer-Products, also bei allen Produkten des täglichen Bedarfs, eher zu als bei längerfristig nutzbaren Gebrauchsgütern wie PCs oder Fernsehern. Dies liegt allein an der kürzeren und häufigeren Anzahl der Interaktionen zwischen Kunden und Unternehmen. Wenn es bei Gebrauchsgütern zu einem Wechsel der Marke kommt, dann passiert dies seltener, ist von der Werthaltigkeit aber bedeutend höher. Erst eine sehr **hohe Kundenzufriedenheit mit der Tendenz zur Begeisterung** für das Produkt und das Unternehmen durch ein **attraktives Preis-Leistungs-Verhältnis** und eine **hohe Servicequalität** führen zu einer stärkeren Loyalität und Bindung der Kunden, wie bereits in den einleitenden Artikeln im 1. Kapitel dieses Buches ausführlich dargestellt wurde. In Abbildung 1 ist dieser Ziel- und Aktionsbereich auf der rechten Seite dargestellt, der ausgehend von der Zwei-Faktoren-Theorie von Herzberg (vgl. Herzberg/ Maussner/ Snyderman 1959; Töpfer 2007, S. 139) zusätzlich die Erkenntnisse des Kano-Modells (vgl. Berger et al. 1993) integriert.

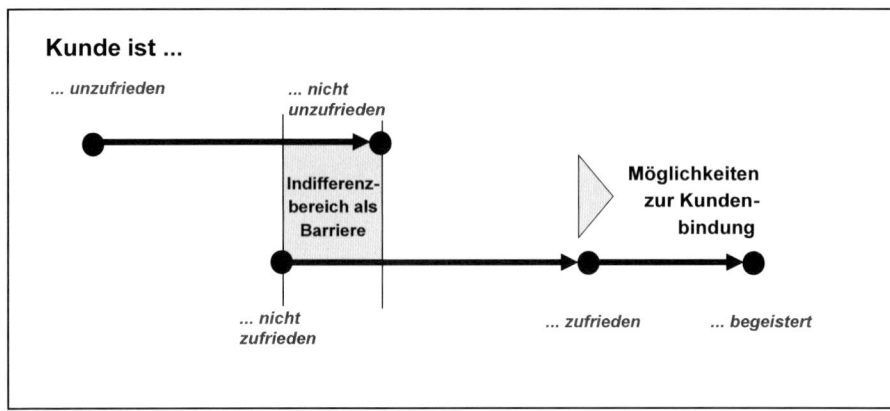

**Abb. 1:** Hohe Kundenzufriedenheit als notwendige Voraussetzung für Kundenbindung

Im B-to-B-Bereich existiert dieses Phänomen ebenfalls, auch wenn es anders gelagert ist. Hier geht es primär darum, aufgrund der oftmals hohen Akquisitionskosten den bereits bestehenden Kundenstamm besser zu betreuen, um so eine „**Austrittsbarriere**" durch Verbundenheit aufgrund eines exzellenten Service zu schaffen und nicht durch Gebundenheit aufgrund vertraglicher Sachverhalte oder technologischer Inkompatibilitäten von Produkten aufzubauen.

**Wirkungsvolle Kundenbindungsprogramme** sind – mit unterschiedlicher Ausrichtung und Schwerpunktsetzung – daher in der Praxis ein wichtiges Thema, das zukünftig noch weiter an Bedeutung gewinnen wird (vgl. Meffert 2008, S. 160 f.). Die Kernfrage aller dieser Aktivitäten ist daher, auf welche Weise eine intensive Beziehung zu Kunden aufgebaut werden kann, damit diese „resistent" gegenüber Abwerbeversuchen des Wettbewerbs werden, dem eigenen Unternehmen über einen langen Zeitraum treu bleiben und somit ein sicheres Umsatz- und Ertragspotenzial darstellen.

Diese Mechanismen gelten für jedes Unternehmen, unabhängig von seiner Größe. Bei **Großunternehmen**, die mit mehreren Business Units in unterschiedlichen Marktsegmenten agieren, lassen sich Kundenabwanderungen und damit Umsatz- und Ertragsverluste prinzipiell eher kompensieren. Wie das gegenwärtige Beispiel der Deutschen Telekom mit einer Abwanderung von über 5 Mio. Kunden in den letzten 2,5 Jahren allerdings zeigt, besteht auch hierfür keine Garantie (vgl. o.V. 2007, S. WIHS 1).

Gravierender und dadurch schwieriger ist eine derartige Situation für **mittelständische Unternehmen**, da sie zum ersten über weniger und kleinere Geschäftsfelder mit einer **begrenzten Kundenzahl** verfügen, die eine Kompensation ermöglichen. Hinzu kommt zum zweiten, dass der finanzielle Spielraum aufgrund einer **geringeren Eigenkapitalausstattung** und **begrenzter Budgets** deutlich enger ist, so dass Umsatz- und Wertverluste aufgrund von Kundenabwanderungen das Unternehmen schnell in eine existenziell schwierige Situation bringen können. Nicht zu übersehen ist zum dritten, dass mittelständische Unternehmen oftmals deutlich **höhere Kernkompetenzen in den Bereichen Technologie und Produkt** aufweisen als in den Feldern Marketing, Kundenbetreuung und Servicestrategie. Das Wissen um und die Umsetzung von Kundenbindungsaktivitäten ist bei ihnen oftmals noch ein deutlicher weißer Fleck (vgl. Zanger 2006, S. 206 f.). Und wenn Kundenbindungsaktivitäten relativ professionell durchgeführt werden, dann werden sie nur selten konsequent nach dem jeweiligen Wert einzelner Kundengruppen differenziert und gestaffelt eingesetzt.

Dies muss aber nicht so sein, wie die Hitliste der **Hidden Champions** belegt, also der kleinen Gruppe von mittelständischen Unternehmen, die relativ unbekannte Marktführer im globalen Wettbewerb sind (vgl. Simon 2007).

Dabei ist unbestritten, dass mittelständische Unternehmen eine tragende Säule der deutschen Wirtschaft sind. Ihnen kommt großes volkswirtschaftliches Gewicht zu, da

- sie ca. 70% aller Arbeitnehmer in Deutschland beschäftigen,
- insgesamt 98% der steuerpflichtigen Betriebe repräsentieren,
- ca. 50% der Bruttowertschöpfung des Landes generieren,
- 83% aller Ausbildungsplätze stellen (vgl. Krüger 2006, S. 19 f.; Bundesministerium für Wirtschaft und Technologie 2008) und
- die Sozialbeiträge sowie die Steuerzahlungen mittelständischer Unternehmen von großer Bedeutung für den öffentlichen Haushalt sind (vgl. Herrmann 1998, S. 21).

Wenn unzureichende Kundenbindungsaktivitäten zu Kundenabwanderung führen, dann kommen mittelständische Unternehmen relativ schnell in **Krisensituationen**, die den Verlust von Marktanteilen, Gewinnen und vor allem Arbeitsplätzen bewirken.

Da der wirtschaftliche Erfolg mittelständischer Unternehmen typischerweise mit einem relativ begrenzten Kundenkreis erwirtschaft wird, wirken sich im Business-to-Customer- wie im Business-to-Business-Bereich starke Abhängigkeiten von einzelnen Großkunden schnell existenzgefährdend aus (vgl. Behrends/ Schier 2000, S. 148; Bussiek 1994, S. 234). Deshalb ist eine konsequente Kundenorientierung und Kundennähe mit dem Ziel einer hohen Kundenzufriedenheit insbesondere der **Schlüsselkunden** bei gleichzeitig guten Unternehmenserträgen ein absolutes Gebot erfolgreicher Unternehmensführung. Ergänzt werden muss dies durch eine schnelle Reaktionsfähigkeit und eine relativ hohe Flexibilität bei größeren Marktveränderungen auf der Nachfrager- und/ oder Wettbewerberseite (vgl. Daschmann 1994, S. 60 f. und S. 63 f.).

**Kundennähe und Flexibilität** ergänzen sich in idealer Weise (vgl. Daschmann 1994, S. 64 f.) und zählen zu den **wichtigsten wettbewerbsrelevanten Stärken** des Mittelstands (vgl. Freter 1983, S. 26; Bussiek 1994, S. 216 und S. 234). Aufgrund der überschaubaren Unternehmensgröße und dabei eher gegebenen Anpassungsmöglichkeiten sind sie eigentlich die Domäne des Mittelstands im Sinne einer Ur-Kompetenz (vgl. Grothus 2000, S. 20 f.). Es ist deshalb kaum nachvollziehbar, wenn mittelständische Unternehmen genau diese Vorteilsfelder gegenüber Großunternehmen leichtfertig aufgeben und sowohl an Kundennähe als auch an Anpassungsfähigkeit einbüßen. Dies wiegt umso schwerer, da Großunternehmen durch die stärkere Dezentralisierung ihrer Geschäftsfelder, die Organisation in relativ selbstständigen Business Units als Profit-Center und durch Mass Customization genau diese Vorteile einer schnellen und kundennahen Reaktionsfähigkeit prinzipiell von mittelständischen Unternehmen kopieren (vgl. Pfohl 2006, S. 94 f.; Morris/ Willcocks 1998, S. 109), um so die Nachteile der Trägheit bzw. Inertia zu überwinden (vgl. Barney/ Ouchi 1986). Dadurch kommt zur größeren Marktmacht der Konzerne auch noch eine zunehmende Behändigkeit und Schnelligkeit hinzu.

Im Folgenden werden deshalb bei den Ausführungen zum wertorientierten Kundenbindungsmanagement speziell die Anforderungen und Möglichkeiten mittelständischer Unternehmen berücksichtigt, auch wenn ein Teil der Beispiele zur erfolgreichen Anwendung von Kundenbindungsinstrumenten aus Großunternehmen stammt. Dies ist darin begründet, dass der Einsatz oftmals professioneller und vor allem auch dokumentiert ist. Deshalb können diese Beispiele hier referiert werden. Ansatz und Vorgehensweise von Großunternehmen können auch für mittelständische Unternehmen **Vorbild- und Benchmark-Charakter** haben, obwohl sie markt- und finanzbezogenen Einschränkungen ausgesetzt sind. Dies bedeutet, dass viele Kundenbindungsmaßnahmen nur vereinfacht einsetzbar sind und auf den Handlungsspielraum mittelständischer Unternehmen „heruntergebrochen" werden müssen.

Die Aktualität dieser Thematik für den Mittelstand zeigt sich daran, dass in der Literatur – abgesehen von einigen sehr praxisnahen Beiträgen (vgl. Hubschneider/

Sibold 2006; Brendel 2003) – bisher keine explizit mittelstandsorientierte Diskussion von Kundenbindungsinstrumenten oder daraus abgeleiteten spezifischen Kundenbindungsmaßnahmen zu finden ist. Nach den Ausführungen zu den 5 Marketing-Pentagon-Bereichen und dem Kapitel zu wesentlichen Umsetzungsfallen der Kundenbindung wird deshalb im 5. Kapitel ein Beispiel eines – relativ unbekannten – mittelständischen Unternehmens dargestellt, das ganzheitliches Marketing mit dem Ziel der Kundenbindung erfolgreich praktiziert.

## 2 Ansatzpunkte im Marketing-Pentagon für Kundenbindung

Entsprechend den Entwicklungsstufen des Marketing, wie sie im einführenden Artikel dieses Buches zu den Phasen und Inhalten des Kundenmanagements aufgezeigt wurden, ist Marketing in immer weniger Unternehmen nur eine abgegrenzte operative Funktion neben anderen, wie z.B. der Forschung & Entwicklung. Vielmehr bedeutet Marketing heute eine übergreifende Philosophie und Strategie der marktorientierten Unternehmensführung, in der alle Marketing-Mix-Bereiche integriert gestaltet und umgesetzt werden, um Kundenbeziehungen zu verbessern sowie den Kundenwert zu optimieren.

Im Kunden-Beziehungslebenszyklus mit seinen Vorkauf- und Nachkaufphasen respektive -prozessen wird das gesamte absatzpolitische Instrumentarium mit seinen 5 Marketing-Mix-Bereichen eingesetzt, die sich so zum **Marketing-Pentagon** (vgl. Töpfer 2007, S. 560 ff.) mit dem Fokus auf Kundenbindung zusammenfassen lassen. In Abbildung 2 ist es wiedergegeben. Es zeigt die gesamte **Logik des Interaktionsprozesses mit dem Kunden**.

Eine Marktleistung wird im **Produkt-Mix** kundenorientiert entwickelt und gestaltet. Hierzu ist es wichtig, die „Stimme des Kunden" anhand qualitativer Kriterien, wie z.B. Einstellungen und Erwartungen, systematisch zu erfassen. Im **Kontrahierungs-Mix** wird diese Marktleistung durch den Preis und die Konditionen für den Adressaten attraktiv gemacht, so dass er das ihm angebotene Preis-Leistungs-Verhältnis möglichst positiv bewertet. Durch Maßnahmen des **Kommunikations-Mix** wird ein Dialog mit dem Zielkunden angestrebt, um ihn über dieses Angebot möglichst gut zu informieren und seine Fragen zu beantworten sowie ggf. Vorbehalte zu entkräften.

Wenn der Adressat das Angebot des Unternehmens interessant findet und der Dialog mit ihm erfolgreich verlief, dann stellt sich für ihn die Frage, wo und wie er diese Marktleistung erwerben kann. Diese Inhalte werden im **Distributions-Mix** bezogen auf die Vertriebskanäle und -systeme eingesetzt. Kommt es zum Produktkauf, dann ist vor und während der Kaufentscheidung sowie im anschließenden Nutzungsprozess der angebotene **Service-Mix** i.d.R. von entscheidender Bedeutung. Es sichert eine hohe fehlerfreie Verfügbarkeit und Nutzung der Marktleistung.

Damit wird klar: Das Produkt ist die Basis, die Kommunikation ist der Transmissionsriemen und der Service ist der Verstärker für erfolgreiche Kundenbindungsprogramme.

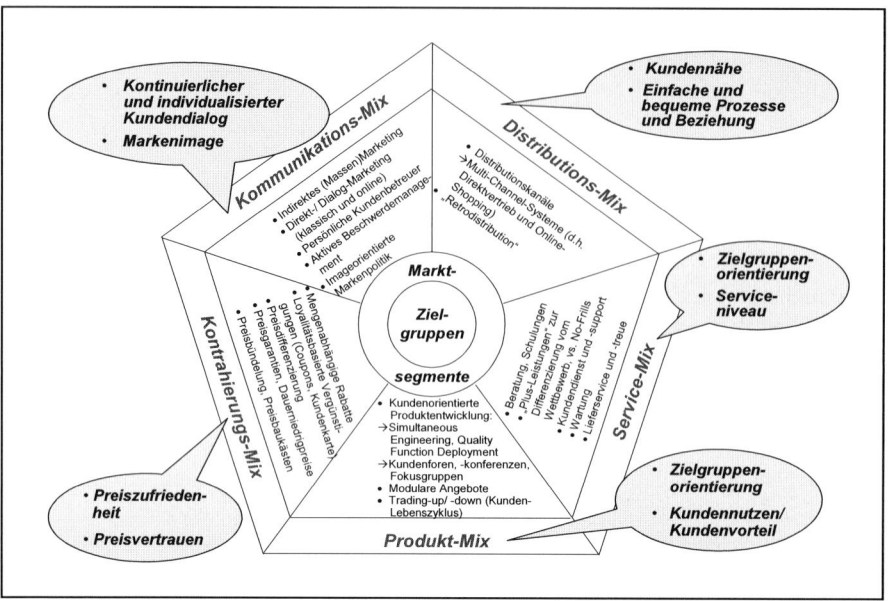

**Abb. 2:** Das Marketing-Pentagon für Kundenbindung

Die **speziellen Ziele der Kundenbindung** durch die Ausgestaltung des Marketing-Pentagon sind darauf ausgerichtet, im Produkt-Mix eine klare Zielgruppenorientierung mit einem deutlich herausgearbeiteten Kundennutzen und -vorteil umzusetzen. Im Kontrahierungs-Mix stehen die Preiszufriedenheit und das Preisvertrauen im Vordergrund. Der Kommunikations-Mix strebt einen kontinuierlichen und individualisierten Kundendialog an und will das Markenimage des Produktes und Unternehmens positiv und nachhaltig vermitteln. Der Distributions-Mix fokussiert auf Kundennähe im Sinne einfacher und bequemer Prozesse sowie einer engen und insgesamt vertrauensvollen Kundenbeziehung. Sie wird im Service-Mix dadurch fortgesetzt und stabilisiert, dass eine spezifische Zielgruppenorientierung – mit engem Bezug zum Produkt – und eindeutig nachvollziehbare Serviceniveaus als definierte Servicelevels realisiert werden.

Theodore Levitt hatte in seinem Artikel zur **Marketing Myopia** bereits vor Jahren die Produktionsorientierung von Unternehmen kritisiert und eine stärkere Ausrichtung auf die Bedürfnisse der Kunden gefordert (vgl. Levitt 1960). Später hat er den individuellen und jeweils kundenspezifischen Kaufprozess als „Eheschließung" zwischen Unternehmen und Kunde beschrieben. Ob die „Ehe" erfolgreich verläuft oder ob es zur „Scheidung" kommt, hängt dabei maßgeblich vom Anbieter ab, nämlich wie er die Beziehung zum Kunden managt (vgl. Levitt 1983,

S. 87). Unter diesem Blickwinkel ist es wichtig, dass der Anbieter nicht nur weiß, welche Faktoren das Zufriedenheitsurteil des Kunden bei der Kaufentscheidung beeinflussen, sondern mit welchen **Instrumenten** eine positive Wirkung erzielt werden kann. Neben der Gestaltung des Umfeldes und der Atmosphäre, in welcher der Kunde mit dem Unternehmen in Kontakt tritt und seine Kaufentscheidung fällt, ist besonders das Verhalten der beteiligten **Mitarbeiter** des Unternehmens während des Kaufprozesses entscheidend, um **Kundenzufriedenheit als Vorstufe für Kundenbindung** zu erzeugen.

In Abbildung 3 werden die 3 wesentlichen Bausteine für Kundenzufriedenheit und Kundenbindung zusammengefasst, wie sie bereits in den Artikeln des 1. und 2. Kapitels dieses Buches zur Kunden- und Prozessorientierung ausgeführt wurden. Im 5. Kapitel dieses Buches wird auf das wichtige Thema der Mitarbeiterorientierung für eine hohe Kundenzufriedenheit und -bindung eingegangen. Effiziente Kundenbindungsprogramme sind nicht nur auf eine hohe Kundennähe und Kundenzufriedenheit inhaltlich auszurichten, sondern sie erfordern maßgebliche Voraussetzungen sowohl in der Organisation und in den Prozessen des Unternehmens als auch in der Unternehmenskultur.

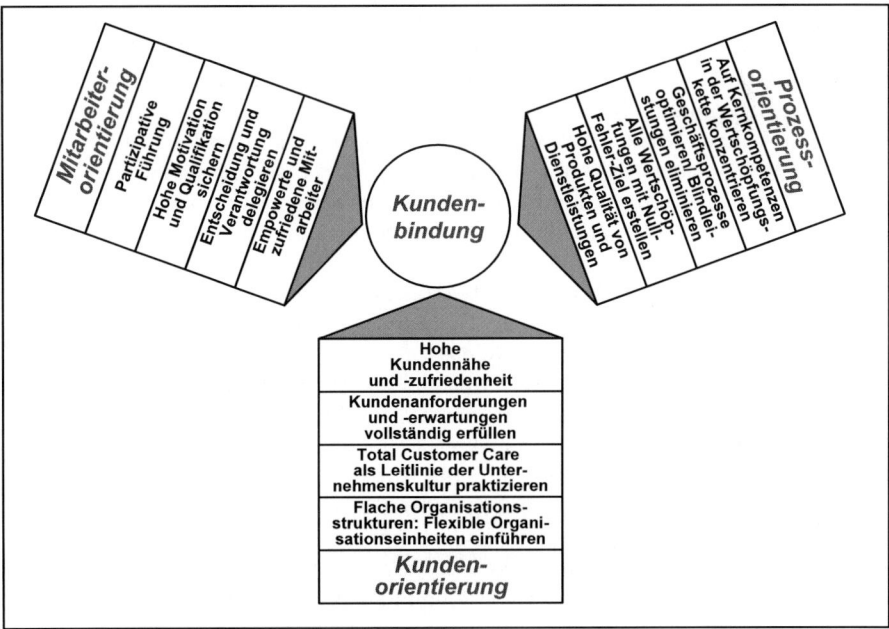

**Abb. 3:** Drei Bausteine für Kundenzufriedenheit und Kundenbindung

Neben diesen 3 Basisbereichen sind für ein erfolgreiches Kundenbindungsmanagement weitere Anforderungen insbesondere hinsichtlich einer differenzierten Zielgruppen- bzw. Kundensegmentierung nach sozio-demografischen und psychografischen Kriterien, eines gezielten Kundendialoges mit einfachen Feedback-

Möglichkeiten und einer leistungsfähigen Kundendatenbank zu erfüllen, wie sie in mehreren Artikeln dieses Buches thematisiert werden.

Nachstehend werden ausgewählte Kundenbindungsinstrumente und deren Auswirkungen auf die Kosten bzw. Ressourcen sowie den Nutzen untersucht. Anhand eines geeigneten Kriterienrasters findet die jeweilige Unternehmenssituation, d.h. Ressourcenausstattung und relevanter Kundentyp, Berücksichtigung. Generelles Ziel ist die Steigerung des Kundennutzens durch adäquate Instrumente, um den Unternehmenserfolg nachhaltig zu fördern sowie von den Kunden nicht geschätzte und deshalb nicht genutzte Instrumente zu vermeiden, da sie lediglich Ressourcen binden und damit nicht zur Wertgenerierung aus Unternehmenssicht beitragen.

## 3 Instrumente zur Kundenbindung

Im Rahmen des wertorientierten Kundenmanagements, wie es in dem entsprechenden Artikel im 2. Kapitel dieses Buches ausgeführt wurde, sind einerseits die Unternehmensressourcen auf (potenziell) profitable Kunden zu konzentrieren und andererseits ist sicherzustellen, dass durch den Einsatz der Kundenbindungsinstrumente keine Wertvernichtung erfolgt (vgl. Töpfer 2001, S. 185; Töpfer 2004, S. 231 ff.; Günter/ Helm 2006, S. 367 ff.; Homburg/ Sieben 2008, S. 513 ff.). Es ist demnach zu prüfen, ob konkrete Instrumente aus Kundensicht nützlich sind und damit über **höhere Kundenzufriedenheit und Kundenverbundenheit der profitablen Kunden** einen Beitrag zur **Förderung der Unternehmensziele** leisten. Dies bewirkt eine Konzentration der Ressourcen. Ferner ist zu hinterfragen, welche Kundenbindungsinstrumente auf der Grundlage der vorhandenen Ressourcen effizient eingesetzt werden können, um auf diese Weise Ressourcensicherung zu betreiben. Dementsprechend ist eine **zweidimensionale Segmentierung** der Kunden vorzunehmen, die den **Nutzen aus Kundensicht** sowie die **Kundenprofitabilität aus Unternehmenssicht** widerspiegelt.

Inwieweit eine derartige Analyse aussagefähig ist, hängt wesentlich von der Art und Stärke bestehender Wechselbarrieren ab. Entsprechend den Ausführungen in mehreren Artikeln zu speziellen Aspekten der Kundenbindung im 1. Kapitel dieses Buches lässt sich unterscheiden, ob die Bindung auf Vertrauen des Kunden in den Anbieter basiert und/ oder ob mehr oder weniger „erkaufte" Abhängigkeiten zwischen beiden Akteuren bestehen. Dies entspricht der Unterscheidung zwischen emotionaler Verbundenheit und rationaler, häufig vertraglicher Gebundenheit. Es existiert also sowohl der Fall, dass der Kunde nicht wechseln will, aber auch dass der Abnehmer den Anbieter nicht wechseln kann.

Sachlich begründete und in ihrer Wirkung auch emotionale Verbundenheit entsteht vor allem als „**Kundenbindung durch Qualität**". Sie hebt nicht nur auf die wahrgenommene Qualität der Kernleistung in Form des Produktes oder der Dienstleistung ab, sondern vor allem auch auf die Kontakt- und Beziehungsqualität zum Unternehmen. Dies ist die Grundlage dafür, dass der Kunde die Geschäftsbeziehung als „Win-win-Situation" einschätzt, die für beide Seiten, also auch für ihn, von Vorteil ist. Diese beiden Ansatzpunkte der Verbundenheit von Kunden –

zum einen über die Qualität sämtlicher Unternehmensleistungen, zum anderen aufgrund einer „mentalen Nähe" des Kunden zum Unternehmen – basieren auf Begeisterungsfaktoren und nicht nur auf Kundenzufriedenheit.

Aus diesen Gründen sind die im Folgenden zur Diskussion gestellten Kundenbindungsinstrumente primär auf die Realisierung von Kundenverbundenheit ausgerichtet. Denn nur in Geschäftsbeziehungen, die auf hoher Kundenzufriedenheit mit dem Ziel der Kundenbegeisterung und auf Vertrauen basieren, werden Kunden beispielsweise rechtliche oder technologische Wechselbarrieren auf Dauer akzeptieren.

Die Umsetzung von **Programmen und konkreten Maßnahmen der Kundenbindung** ist heute aufgrund der Wettbewerbssituation und -intensität in nahezu allen Branchen das Gebot der Stunde. Dies gilt auch für mittelständische Unternehmen, obwohl sie nicht selten fortschrittlichen Kundenbindungsinstrumenten – überwiegend aus Kostengründen – kritisch gegenüber stehen. Im Folgenden wird auf der Grundlage gesicherter Erkenntnisse und bestehender Anwendungserfahrungen der Fokus auf eine umsetzungsorientierte und damit eher instrumentell geprägte Konzeption gelegt. Es werden ausgewählte **Instrumente in den 5 Bereichen des Marketing-Pentagon** im Hinblick auf ihre Wirkungspotenziale für ein erfolgreiches Kundenbindungsmanagement vorgestellt und bewertet sowie Handlungsempfehlungen auch für mittelständische Unternehmen gegeben.

## 3.1 Produkt-Mix für einen hohen Kundennutzen

Auch in Zukunft ist eine innovative und kundenorientierte Produktentwicklung eine wichtige Voraussetzung für die Wettbewerbsfähigkeit. Das konsequente Einbeziehen von Abnehmern in Produktentwicklungsprozesse gehört für viele Unternehmen bereits zum „Tagesgeschäft". Im 2. Kapitel dieses Buches sind wir in den Artikeln der Unternehmen Webasto und Sharp sowie in dem Beitrag über Kunden-Fokusgruppen darauf eingegangen.

Zahlreiche Instrumente, wie z.B. **Simultaneous Engineering** speziell im Bereich der Hochtechnologie oder der Prozess des **Quality Function Deployment** zur „Übersetzung" von Kundenwünschen und Anforderungen in Konstruktions- und Designvorgaben (vgl. Töpfer/ Günther 2007, S. 117 ff.), haben sich dabei in der Praxis bewährt. In kleineren Unternehmen kommen vor allem **Kundenforen, Kundenkonferenzen oder Kunden-Fokusgruppen** zum Einsatz. Ziel derartiger Kooperationen ist es, spezifische Informationen über Anforderungen, Wünsche und Probleme von Kunden oder Zielgruppen zu erhalten und diese direkt in den Entwicklungs- und Leistungserstellungsprozess zu integrieren, um optimale, da stark kundenorientierte, Produktkonfigurationen zu realisieren. Auf diese Weise wird Kundennähe vor dem kauforientierten Kunden-Beziehungslebenszyklus glaubwürdig praktiziert und als Hebel zur Differenzierung vom Wettbewerb eingesetzt (vgl. Günter/ Helm/ Schlei 2000, S. 185 ff.). Ein Beispiel hierzu: Das Unternehmen Ceramtec, das Bauteile aus Hochleistungskeramik für Branchen wie Medizintechnik, Automobilbau und Elektronik herstellt, entwickelt 95% der Produktinnovationen gemeinsam mit dem Kunden (vgl. Baulig 2007, S. 8).

Auf vielen Investitions- und Konsumgütermärkten gehen die Bestrebungen dahin, durch eine weitgehende **Modularisierung** eines Produktes und seiner Bestandteile ein breites Spektrum an individuellen Kundenwünschen durch die große Zahl von Kombinationsmöglichkeiten abzudecken. Denn modulare Baukastensysteme bilden die Grundlage für ein flexibles und effizientes Erfüllen vielfältiger Kundenanforderungen bei gleichzeitig hoher Transparenz des Preis-Leistungs-Verhältnisses für den Kunden und einer vertretbaren Kostenstruktur für das Unternehmen. Fortschrittliche Produktions- und Steuerungstechnologien fördern diesen Ansatz zu mehr Flexibilität.

Auf diese Weise kann das Leistungsangebot auf Kundenwunsch optional ausgestaltet, erweitert oder geändert werden. Auch bei größeren Stückzahlen mit standardisierten Komponenten ist dann ein **One-to-One-Marketing** (vgl. Peppers/ Rogers/ Dorf 1999) möglich. Eine derartige **Mass Customization** ist nicht nur bei Produkten denkbar, bei denen jeder Kunde sein Wunschprodukt zusammenstellt, sondern auch bei Dienstleistungen. So ist es z.B. bei immer mehr Versicherungen möglich, sich ein Schutzpaket schnüren zu lassen, das auf die ganz spezielle Lebens- und damit Risikosituation des Einzelnen abgestimmt ist.

Ein intelligent entwickeltes „Produkt" liefern beispielsweise auch einige Tageszeitungen in den USA: Hier kann jeder Abonnent seinen Bezugsplan selbst zusammenstellen – ob die Wochenendausgabe um die Montags-, Mittwochs- oder Freitagszeitung ergänzt wird, entscheidet jeder Kunde individuell; alle Kombinationen sind möglich (vgl. Drosten/ Knüwer 1997, S. 36).

Die Kundenbindungseffekte dieser Ansätze liegen auf der Hand:

- Wird die „Stimme des Kunden" in frühen Entwicklungsphasen aufgenommen, so können Marktleistungen frühzeitig auf ihr „Zufriedenheits- und Begeisterungspotenzial" hin überprüft und entsprechend – Beispiel Tageszeitung – gestaltet werden.
- Zum anderen wird jedem Kunden, den man gezielt anspricht, informiert und aktiv einbezieht, deutlich bewiesen, wie stark das Unternehmen an seiner Meinung und seinen Anregungen interessiert ist.
- Nicht nur der aktiv in die Produktentwicklung einbezogene Kunde, sondern auch andere Interessenten erhalten über entsprechende Werbebotschaften die Information, dass dieses Produkt auf der Basis der Ideen und unter direkter Mitwirkung von Kunden entwickelt und gestaltet wurde. Dies schafft Nähe und Vertrauen als wichtige Grundlage für die Bindung von Kunden.

Auch die Produktprogrammgestaltung bietet konkrete Ansatzpunkte, um Kundenbindung zu erreichen: Durch ein **Trading-up oder Trading-down** (vgl. Meffert/ Burmann/ Kirchgeorg 2008, S. 404) kann mit Produktangeboten in Marktsegmente vorgedrungen werden, die bisher nicht mit den Produkten des Unternehmens besetzt wurden. In der engeren Ausgestaltung handelt es sich dann immer um ein Dachmarkenkonzept und kein Mehrmarkenkonzept.

Besonders ein **Trading-up** erhöht die Kundenbindung, wenn ein höherwertiges und angereichertes Produkt der finanziellen und sozialen Entwicklung der Kunden Rechnung trägt. Es werden also Marktleistungen angeboten, die den im Zeitverlauf gestiegenen Ansprüchen und Möglichkeiten der Zielgruppe gerecht werden.

So führt gezieltes Trading-up zur Maximierung des Share of Wallet, als des Budgetanteils, den das eigene Unternehmen mit seinen Produkten vom Kunden erhält. Dadurch wird eine drohende Abwanderung profitabler Kunden verhindert; immer unter der Voraussetzung, dass das neu entwickelte höherwertige Produkt die zentralen – inhaltlichen und emotionalen – Anforderungen der Zielgruppe erfüllt.

Als gutes Beispiel für eine Zielgruppendifferenzierung mit der Möglichkeit eines Trading-up für im Zeitablauf steigende Ansprüche und Ressourcen der Zielkunden lässt sich das Modeunternehmen HUGO BOSS anführen. Zugleich enthält das Produktprogramm aber auch Chancen für ein Trading-down. Im Bereich Herrenbekleidung werden seit 2007 5 unterschiedliche Konzepte von Produktvarianten unter verschiedenen Marken innerhalb des Unternehmens angeboten: Das Produkt- und Zielgruppensegment „HUGO" ist innovativ und jung ausgerichtet, die Marke „Green" eher sportlich, das Segment „Orange" eher flippig, die Marke „Selection" eindeutig luxuriös und das Segment „Black" modern-klassisch (vgl. HUGO BOSS AG 2008). Mit den 3 zuerst genannten Marken kann das Unternehmen junge Einsteiger-Kunden für seine Produkte und Marken gewinnen. Entsprechend dem beruflichen und sozialen Aufstieg kann HUGO BOSS mit den beiden höher positionierten, teureren Marken seine Zielkunden also immer „richtig anziehen". In umgekehrter Richtung kann ein Geschäftsmann für seine Freizeitaktivitäten mit den Marken „Green" und „HUGO" also auch die passende Kleidung finden. Wichtig für den Markterfolg ist dabei, dass jede Marke einen eigenen Lifestyle-Ansatz und damit ein eigenständiges Erlebnisprofil hat. Kundenbindung wird dann bezogen auf unterschiedliche Aktivitätsbereiche und über die Zeit der Karriere erreicht.

**Trading-down-Aktivitäten** lassen sich als Einstieg in eine Interaktion mit Kunden sowie damit als Vorstufe für eine Kundenbindung betrachten. Indem man zunächst neue Abnehmergruppen mit einem spezifischen Angebot erschließt, welches sich in Preis und Qualität „unter" dem aktuellen Produktprogramm des Unternehmens befindet, sollen diese neuen Kunden zu einem späterem Zeitpunkt für einen Aufstieg in ein höheres Produktsegment gewonnen werden. Der Erfolg eines derartigen mehrstufigen Konzeptes ist generell an weitere Bedingungen geknüpft, insbesondere an eine klare identitätsorientierte Markenführung. Ein effizienter Einsatz in mittelständischen Unternehmen stellt dann nicht zu unterschätzende Anforderungen an die Qualität des Marketing und der Markenpolitik des Unternehmens.

Als Beispiel für ein Trading-down lassen sich die deutschen Automobilhersteller von Premium-Marken anführen, also bei Daimler mit dem Produktprogramm Mercedes Benz die Einführung der A-Klasse und bei BMW die Einführung des 1er BMW. In umgekehrter Richtung eines Trading-up ist das Beispiel VW mit der Einführung des Phaeton der schlagende Beweis dafür, dass eine unzureichende Marketing- und Kommunikationsstrategie ein derartiges Vorhaben zum Scheitern bringen kann. Heutzutage bieten – abgesehen von Porsche – alle Automobilhersteller ein möglichst breites Programm von unterschiedlich positionierten Produktvarianten an, um einerseits Kundenbindung mit dem Ziel eines längeren Kunden-Beziehungslebenszyklus zu erreichen und andererseits bei Gleichteilen für unterschiedliche Produktvarianten über die höheren Stückzahlen für das Unternehmen zugleich Kostendegressionseffekte zu realisieren.

## 3.2 Kontrahierungs-Mix für Preiszufriedenheit und -vertrauen

Für die Vermarktung eines Produktes oder einer Dienstleistung sind preispolitische Grundsatzentscheidungen maßgeblich für den Markterfolg. Hierdurch werden zugleich die Anwendungsmöglichkeiten und Erfolgschancen von Kundenbindungsinstrumenten beeinflusst. Verfolgt das Unternehmen in Abstimmung mit dem gesamten Vermarktungskonzept entweder eine **Niedrigpreisstrategie** (Penetration Pricing) oder eine **Präferenz- oder Premiumpreisstrategie** (Skimming Pricing), dann lassen sich preis- und kontrahierungspolitische Instrumente – jeweils spezifisch ausgerichtet – wirkungsvoll zur Kundenbindung einsetzen.

Beispiele für eine erfolgreiche Niedrigpreisstrategie mit einem attraktiven Preis-Leistungs-Verhältnis in Richtung **Outpacing-Strategie** sind die beiden Unternehmen des Lebensmitteleinzelhandels (LEH) Aldi und Lidl, die in ihrem Marktsegment heute Markenniveau erreicht haben. Ein Beispiel für eine Premiumpreisstrategie im Bereich Kosmetik- und Drogerieartikel ist Douglas.

In Bezug auf den Preis als Kundenbindungsinstrument – also das so genannte **CRM-Pricing** – ist zwischen den folgenden Ansätzen zu differenzieren (vgl. Tacke/ Krohn 2006, S. 253 ff.): Mengenabhängiges Pricing mit der Sonderform des Mehrpersonen-Pricing (z.B. kostengünstigere Partnerkarte für Mobiltelefonieren), Preisbündelung/ Mehrprodukt-Pricing (z.B. Handykauf und Providervertrag) sowie zeit- und loyalitätsbasiertes Pricing (saisonaler Ausverkauf und Stammkundenrabatte). Darüber hinaus umfasst CRM-Pricing auch den Abschluss von Verträgen, die unterschiedliche Preisgarantien (z.B. 3 Jahre konstanter Preis oder Kauf eines Produktes mit fünfjähriger kostenloser Servicegarantie) gewähren, jedoch tendenziell eher in Gebundenheit als in Verbundenheit der Kunden resultieren (vgl. Tacke/ Krohn 2006, S. 262 f.).

CRM-Pricing strebt also keine Niedrigpreisstrategie an. Vielmehr stehen Preiszufriedenheit/ -vertrauen und langfristig orientierte Vorteile für treue Kunden im Mittelpunkt. Es sollen damit Anreize zur freiwilligen Bindung an das Unternehmen geboten werden, um eine über den Kundenlebenszyklus optimale Ausschöpfung von Kundenwert- und Gewinnpotenzialen zu erreichen (vgl. Tomczak/ Reinecke/ Dittrich 2006, S. 123). Für eine erfolgreiche Umsetzung des CRM-Pricing sind neben den Umsatzdaten der Kunden auch detaillierte Informationen zu ihrem Preisverhalten nötig. Da Preise einen direkten Einfluss auf den Unternehmensgewinn haben, ist ein kontinuierliches Monitoring des CRM-Pricing besonders wichtig (vgl. Tacke/ Krohn 2006, S. 264 f.), um drohende Verluste durch verändertes Kundenverhalten frühzeitig zu erkennen und entsprechend gegensteuern zu können. Das Preissystem ist außerdem stets so transparent wie möglich – z.B. mittels **Preisbaukästen** – zu gestalten. Die Vorteile sind dem Kunden adäquat zu kommunizieren, um die angestrebte Kundenverbundenheit durch Preiszufriedenheit/ -vertrauen zu realisieren (vgl. Diller 1997, S. 29).

Im Vordergrund steht also das Ziel, dem Kunden dadurch einen Mehrwert zu bieten, dass die Instrumente der Preispolitik z.B. im Rahmen einer Präferenz- oder Premiumstrategie folgende Wirkungen erreichen:

1. Der Kunde nimmt durch die Gewährung von Preisgarantien nach dem Kauf eine **Verbesserung des empfundenen Preis-Leistungs-Verhältnisses** wahr, wodurch sich kognitive Dissonanzen vermeiden bzw. stark abbauen lassen. Derartige Versprechen lassen sich nur bei identischen und somit vergleichbaren Produkten aufrechterhalten und sind daher primär auf der Handelsebene (z.B. bei Unterhaltungselektronik) interessant. Hier kann durch diese Art Zufriedenheitsgarantie eine starke Bindung zum Kunden aufgebaut werden.
2. Die **Beziehung zum Kunden wird verlängert**, damit die Möglichkeit weiterer Kontakte besteht. Durch Finanzkauf- bzw. Ratengeschäfte wird dem Kunden ein Kredit eingeräumt. Dies führt zum einen zu einer Herabsetzung der Preishemmschwelle und zum anderen wird dem Kunden Vertrauen in seine Zahlungsfähigkeit signalisiert. Noch wichtiger für das Ziel der Kundenbindung ist aber die Möglichkeit, während der Dauer der Kreditlaufzeit mit dem Kunden mehrmals Kontakt aufzunehmen. Anbieter können den Fälligkeitszeitpunkt der Raten beispielsweise als Gelegenheit nutzen, den Kunden persönlich oder schriftlich anzusprechen. Dabei wird er nicht nur an die Zahlung der Rate erinnert, sondern kann mit Informationen, wie z.B. über neue Produkte oder Anwendungshinweise, versorgt werden. Zusätzlich hat der Anbieter die Möglichkeit, den Kunden nach seiner Zufriedenheit mit Produkt- und Serviceleistungen zu fragen. Diese Formen der direkten Kontaktaufnahme als wichtige Schritte zu einer Kundenbindung lassen sich der Kommunikationspolitik zuordnen, so dass es hier zu einer vorteilhaften Kombination von preis- und kommunikationspolitischen Instrumenten kommt.
3. Eine **bequeme Zahlungsweise** wird vom Kunden als Leistungsvorteil und Grund für Zufriedenheit wahrgenommen. Bei diesem Aspekt einer Vereinfachung der Zahlungsabwicklung bieten sich ähnliche weit reichende Möglichkeiten zur Kundenbindung. Als geeignetes Instrument hat sich die Kundenkarte durchgesetzt (vgl. Kaapke 2001). Sie wird in diesem Buch in den 4 Artikeln zu Tesco, Breuninger, BMW und dm drogerie markt ausführlicher behandelt. Jedoch sind gerade im Handel bereits erste Sättigungstendenzen bei Plastikkarten erkennbar, die lediglich als „Mitgliedskarten" oder Rabattberechtigung bei Barzahlung fungieren. In Zukunft werden voraussichtlich nur die Karten- oder Kontenformen vom Kunden nachgefragt, die eine Kreditfunktion übernehmen (bargeldlose Zahlung) oder wirkliche Kostenvorteile für den Kunden bedeuten. Darüber hinaus nutzen mehr und mehr Anbieter eine Kundenkarte, um Informationen und Daten über ihre Kunden zu gewinnen, damit diese später im Rahmen des Direktmarketing feinselektierter und effizienter angesprochen werden können (vgl. Tödtmann 1995, S. 102 ff.).
4. Der Kunde erhält Anreize in Form **individueller Preisvorteile**. Zu diesem Aspekt gibt es einige konkrete Beispiele zu bestimmten „Kartensystemen" in der Praxis:

Ein Instrument zur Kundenbindung ist die „Bahncard" der DEUTSCHEN BAHN. Die Bahn steht vor allem in Konkurrenz zum individuellen Autoverkehr. Durch die geringeren variablen Kosten pro Reisekilometer im Vergleich zum privaten PKW wird der Karteninhaber zur Mehr-Nutzung der Bahn motiviert (vgl. Tacke 1993). Daneben kann der Kunde auch eine Bahncard mit Zahlungsfunktion erwerben, die im Co-Branding mit Kreditkartenunternehmen ausgegeben wird und wie eine „normale" Kreditkarte zu verwenden ist, aber auch zur bequemen Abrechnung der Bahnfahrten dient. Zusätzlich erhält ein Vielfahrer Bonuspunkte, die er preisreduzierend einlösen kann.

IKEA offeriert Inhabern der Family-Card in erster Linie besondere saisonbedingte Angebote und Zusatzleistungen wie eine Transportversicherung für gekaufte Waren. Der loyalitätsbegründende Mehrwert dieser Leistungen kann allerdings in Zweifel gezogen werden.

AUDI gewährt den Inhabern einer AUDI A plus Karte bei Werkstattbesuchen, bei Inspruchnahme von besonderen Wartungsarbeiten oder beim Kauf von Original-Zubehörteilen so genannte Bonuspunkte. Diese werden auf dem persönlichen Konto jedes Kunden gutgeschrieben und bewirken bei einem späteren Neuwagenkauf einen Preisabschlag. Neben diesem finanziellen Anreiz bezogen auf den Wiederkauf sollen auch die Kontakte infolge längerer Servicefrequenzen dazu genutzt werden, den Kunden dauerhaft zufrieden zu stellen und eine hohe Händler- und Markenloyalität aufzubauen.

Bei der LUFTHANSA bietet das Vielflieger-Programm Miles & More Kundenkarten von unterschiedlichem Niveau in Abhängigkeit von der Jahresflugleistung an. Auch sie sind mit einer Kreditkarte koppelbar, wie dies heute Standard bei allen großen Dienstleistungsanbietern ist. Die Bonuspunkte können in Freiflüge oder bestimmte Produkte eingelöst werden.

Wenn die Zielgruppen und Kunden eines Unternehmens extrem preisorientiert sind, dann bietet die Realisierung von **Dauerniedrigpreisen** als Instrument des Kontrahierungs-Mix praktisch die einzige Möglichkeit, die Abwanderung extrem preisorientierter Kunden zu (temporär) preiswerteren Wettbewerbern zu verhindern und diese dadurch längerfristig an ein Unternehmen zu binden. Aldi hat im LEH hier einen Standard gesetzt, der inzwischen von praktisch allen Lebensmittelkonzernen übernommen wurde. Eine Dauerniedrigpreisstrategie erfordert i.d.R. ein begrenztes Sortiment mit einem hohen Warenumschlag. Ausgefeilte Produkt-Differenzierungsstrategien sind dabei meist ausgeschlossen. Eine Dauerniedrigpreisstrategie ist daher nur zweckmäßig einzusetzen, wenn die Mehrheit der Kunden Kaufentscheidungen vorwiegend anhand des Preises trifft.

### 3.3 Kommunikations-Mix für einen kontinuierlichen und individualisierten Dialog mit den Kunden

Die Kontakt- und Kommunikationsqualität ist für den Abschluss von Geschäften und den weiteren Verlauf der Kundenbeziehung erfolgskritisch, da Kunden sehr sensibel bezogen auf die **Kompetenz, Freundlichkeit und Aufmerksamkeit** des

Personals sind. Mitarbeiter müssen deshalb in der Lage sein, im Dialog mit den Kunden direkte und indirekte Anzeichen für Kundenprobleme oder Verärgerungen wahrzunehmen, um entsprechend reagieren zu können. Dadurch soll Kundenunzufriedenheit vorgebeugt bzw. abgebaut werden und das Vertrauen der Kunden erhalten bleiben oder sogar verstärkt werden. Das persönliche Kundengespräch ist daher als Basis für eine stabile Kundenbeziehung in den meisten Branchen unverzichtbar.

Gerade in der Phase der ersten Kontakte zwischen Kunde und Unternehmen kommt es aus Sicht des Kunden zu **Schlüsselerlebnissen**, die auf seine **Wahrnehmung der gesamten Unternehmensleistung** einen nachhaltigen Einfluss haben können. Allein die Art und Weise, wie Mitarbeiter im Unternehmen auf Kundenanfragen reagieren, wie sie sich bei Telefonaten verhalten oder Schreiben bzw. E-Mails beantworten, wird vom Kunden sensibel wahrgenommen und stellt für das Unternehmen eine wichtige Bewährungsprobe dar. Details hierzu finden sich in den beiden Artikeln zum Thema Call Center im 4. Kapitel dieses Buches. Qualitätsdefizite bei persönlichen Kontakten, etwa durch eine unfreundliche, inkompetente oder unaufmerksame Behandlung des Kunden oder durch unaufgeräumte Arbeitsbereiche, führen zu folgenschweren Irritationen beim Kunden und haben „Weichenstellungscharakter" für den weiteren Verlauf der Geschäftsbeziehung.

In der Vorkaufphase wird dies vermutlich dazu führen, dass der Kunde unverzüglich zum Wettbewerb abwandert und somit das Thema Kundenbindung hinfällig ist. Unabhängig vom materiellen Wert und der Qualität des gekauften Produktes wird sich Kundenzufriedenheit nicht erzielen lassen, wenn bei der Vertragsschließung oder gar bei Auslieferung bzw. Übergabe des Produktes das Verhalten des Verkaufspersonals nicht den Kundenerwartungen entspricht. Auch wenn die Kernleistung, also die Produktqualität oder der Umfang der Dienstleistung, als einwandfrei wahrgenommen wird, ist der Kunde irritiert, wenn mit Vertragsabschluss das Interesse, die Hilfsbereitschaft und die Freundlichkeit des Anbieters rapide abnimmt.

Die folgenden Instrumente des Kommunikations-Mix können mit dem Ziel einer hohen Kontakt- und Kommunikationsqualität eingesetzt werden. Generell bietet es sich an, Schlüsselkunden, also A- und ggf. B-Kunden, einen **persönlichen Kundenbetreuer** zuzuweisen, über den die gesamte kontaktspezifische Kommunikation von der Beratung über den Service und die Entgegennahme von Beschwerden abgewickelt wird. Allerdings sind der Praktikabilität ab einer kritischen Kundenzahl Grenzen gesetzt. Deshalb ist in diesen Fällen alternativ auf andere interaktive, individualisierte Kommunikationsformen zurückzugreifen, die i.d.R. neue Medien des Internet oder der Mobilkommunikation einschließen.

Maßnahmen des **klassischen Massenmarketing** wie TV-/ Rundfunkspots, Plakatierung und Zeitungsannoncen weisen aufgrund mangelnder Individualisierung mit hohen **Streuverlusten** keinen Stellenwert für eine individuelle Kundenbindung auf. Aus Sicht des Mittelstandes ist dies insofern von Vorteil, da diese Kommunikationsformen meist deren finanzielle Möglichkeiten übersteigen (vgl. Berndt 2006, S. 214) und vor allem im B-to-B-Bereich oft nicht zielführend sind (vgl. Zanger 2006, S. 204).

Deshalb soll im Folgenden primär auf verschiedene Instrumente des **Direkt- bzw. Dialogmarketing** eingegangen werden. Diese sind mit einer unmittelbaren Ansprache der Zielpersonen verbunden, um über eine mehrstufige Kommunikation einen direkten Kontakt herzustellen und ggf. durch entsprechende Responseelemente eine messbare Reaktion auszulösen (vgl. Dallmer 2002, S. 7 ff.). Eine informative Webseite, die verschiedene Kontaktoptionen wie z.B. E-Mail, Hotline, Call-back, Händler-/ Filialsuche, Chats, Newsgroups und Diskussionsforen sowie elektronische Newsletter anbietet, gewinnt im Rahmen des **Online-Direktmarketing** eine immer größere Bedeutung (vgl. Holland 2004, S. 163 ff.).

Die großen Vorteile gegenüber dem **klassischen Direktmarketing** (Telefonmarketing, Direct Mailings etc.) liegen vor allem in einer kostengünstigen und schnellen Informationsübermittlung mit weitestgehend zu vernachlässigenden Streuverlusten, da Kunden gemäß dem **Pull-Prinzip** nur die Informationen abrufen, die für sie relevant sind (vgl. Holland 2004, S. 33 f.). Inhalte der Kommunikation mit dem Kunden lassen sich dadurch von einer Bring-Schuld zu einer Hol-Schuld abändern. Damit kann eine optimale und eigeninitiierte Informationsversorgung erreicht werden, da einerseits die Gefahr eines **Information-Overload** reduziert und andererseits die **Kommunikationseffizienz** erhöht wird.

**Kundenklubs** bieten als weiteres Instrument des Direktmarketing ebenfalls die Möglichkeit, einen zielgruppenspezifischen Dialog zu führen. Regelmäßige Kommunikation z.B. über eine Klub-/ Kundenzeitschrift, persönliche Mailings sowie exklusive Angebote und Vorteile für die Mitglieder geben dem Unternehmen die Möglichkeit zu spezifischen Informationen und Interaktionen. Für den Kunden haben sie den Vorteil, dass sie ihm zugehen, aber nur nach Bedarf und Zeit von ihm genutzt werden. Der positive Einfluss von Kundenklubs auf die Kundenbindung ist unumstritten, aber nur, wenn eine ausgefeilte Konzeption vorliegt und diese eine Balance zwischen monetären und nicht-monetären Vorteilen für nach ihrem Kundenwert für das Unternehmen abgestuften Kunden vorsieht (vgl. Holland 2004, S. 265 ff.; Bernecker/ Hüttl 2003, S. 170 ff.). Ziel ist es hierbei ebenfalls, primär emotionale Bindungen (Verbundenheit) aufzubauen, aus denen stabile, loyalitätsgetriebene Kundenbeziehungen resultieren (vgl. Butscher 1998, S. 57 ff.).

**Kundenzeitschriften** als eindimensionale Kommunikationsmittel lassen sich ideal in Verbindung mit Kundenklubs oder zumindest mit integrierten Responseelementen einsetzen, um die Interaktion zwischen Unternehmen und Kunden zu fördern. Da der redaktionelle Teil von Kundenzeitschriften verhältnismäßig aufwändig ist, muss er speziell auf die Interessen der Zielgruppe abgestimmt werden, um den damit verbundenen Aufwand zu rechtfertigen und das angestrebte Ergebnis zu erreichen.

Nicht zuletzt hat ein **aktives Beschwerdemanagement** mit kontinuierlicher Messung der Beschwerdezufriedenheit eine hohe Bedeutung für die Kundenbindung (vgl. Günter 2006, S. 379 f.). Der Artikel zum Beschwerdemanagement in diesem Buch führt dies explizit aus. Primäres Ziel ist es, durch ein kundenorientiertes System von Beschwerdekanälen unzufriedenen Kunden eine einfache und schnelle Möglichkeit zur Beschwerdeführung anzubieten. Da Kundenunzufriedenheit häufig unerwünschte erfolgswirksame Effekte, wie z.B. eine negative

Mund-zu-Mund-Kommunikation, hat, ist sie durch eine schnelle und kulante Beschwerdebearbeitung schnellstmöglich abzubauen. Hierdurch können sowohl direkte als auch indirekte negative Auswirkungen auf die Kundenbindung aufgefangen werden (vgl. Töpfer 2006, S. 562 ff.; Diller/ Haas/ Ivens 2005, S. 264 ff.).

Generell gilt: Unternehmen, die bereits frühzeitig dafür sorgen, dass sich nach der Kaufentscheidung des Kunden noch weitere (positive) Kontakte mit dem Unternehmen ergeben, haben die Chance, diese Kontaktphasen zu einem positiven Erlebnis für den Kunden zu gestalten.

Grundsätzlich ist zu beachten, dass nach jeder Kaufentscheidung, der ein intensiver Bewertungsprozess voranging, das Interesse des Kunden nicht sofort abnimmt. Im Gegenteil: Gerade bei Käufen, die für den Kunden ein finanzielles oder ein soziales Risiko mit sich bringen, entsteht nach dem Kauf oftmals **Unsicherheit** darüber, ob tatsächlich die richtige Entscheidung gefällt wurde. Mit dieser bereits angesprochenen **kognitiven Dissonanz** des Kunden muss das Unternehmen gerade in der Kommunikation sehr sensibel umgehen.

Mitarbeiter an der Kundenkontaktstelle müssen deshalb folgendes wissen: Dissonanzen lassen grundsätzlich auf ein hohes Involvement des Kunden schließen (vgl. Deimel 1989; Trommsdorff 2004, S. 141), so dass für das Unternehmen speziell in der Kommunikation konkrete Ansatzpunkte bestehen, um den Kunden zu halten und zu binden. Häufig suchen Kunden gezielt nach weiteren Informationen, um eine **Bestätigung ihrer Entscheidung** zu finden (vgl. Frey/ Benning 1984). Hier haben Unternehmen die Chance, eine Kundenbindung zu erreichen, wenn sie die Initiative ergreifen und dem Kunden geeignete, aber nicht aufdringliche und vor allem glaubwürdige Informationen zur Verfügung stellen, die ihre Dissonanzen abbauen.

Insgesamt wird deutlich, dass Instrumente der Kommunikationspolitik sowohl in der Vorkauf- als auch in der Nachkaufphase eine zentrale Rolle spielen, wenn es darum geht, Kundenbindung zu erzeugen. Unternehmen sollten deshalb bei der Auswahl von Kommunikationsinstrumenten die unterschiedlichen Phasen des Kundenbeziehungs- und Kaufprozesses berücksichtigen, um Inhalte und Instrumente der Kommunikation situations- und kundenspezifisch einzusetzen. Abbildung 4 skizziert die Schwerpunkte akquisitions- und bindungsorientierter Kommunikation mit den Zielkunden.

Deutlich wird hier, dass sich die Kommunikationsziele im **After-Sales-Bereich** weitgehend von denen im **Pre-Sales-Bereich** unterscheiden, da sie neben der dauerhaften Wirkung auf die Kundenzufriedenheit auch auf besondere Handlungen des Kunden, wie z.B. das Weiterempfehlen der Leistung, ausgerichtet sind. Welche Kommunikationsinstrumente sind nun in der Nachkaufphase besonders geeignet, um Dissonanzen zu reduzieren, die Weiterempfehlungsbereitschaft des Kunden zu erhöhen und ihn zu Folgekäufen und Cross-Buying zu motivieren?

Die beispielhafte Auflistung einiger Instrumente in Abbildung 4 wird jetzt in Abbildung 5 ergänzt durch eine detailliertere Analyse ausgewählter Kommunikationsmittel, die nach ihrer Eignung zur Erzeugung von Kundenbindung bewertet werden.

**Abb. 4:** Akquisitions- und bindungsorientierte Kommunikation

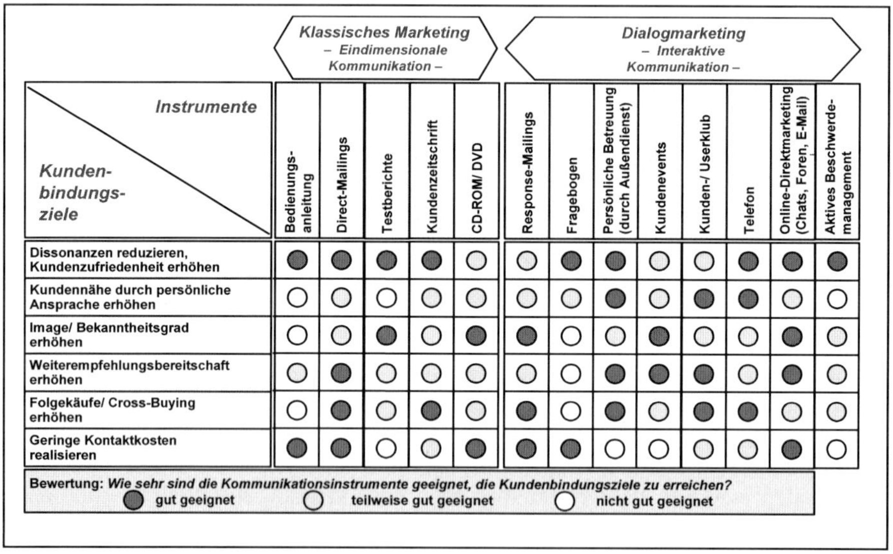

**Abb. 5:** Bewertung von Kommunikationsinstrumenten zur Kundenbindung

Für viele Konsumgüter, insbesondere für langlebige, technische Gebrauchsgüter, wird die **Bedienungsanleitung** auch heute noch nicht aussagefähig genug als Kommunikationsinstrument in der After-Sales-Phase eingesetzt. Besonders die dissonanzreduzierende Wirkung unmittelbar nach dem Kauf und die positive Erlebnisvermittlung, die Produktfunktionalität schnell und problemlos nutzbar zu machen, wird oftmals unterschätzt (vgl. Arnold/ Halbleib 1994, S. 102 f.; Pepels/ Böhler/ Brosda 2002). Entscheidend ist jedoch, dass die Bedienhinweise in der „Sprache" der Nutzer, also verständlich verfasst sind und nicht „von Ingenieuren für Ingenieure geschrieben".

Die Bedeutung der klassischen Kommunikationsinstrumente zum Erzeugen von Kundenbindung ist bereits ausgeführt worden, und zwar als eindimensionale Kommunikationsformen Direct Mailings und Kundenzeitschriften sowie als interaktive Kommunikationsformen Response-Mailings, Fragebögen und das Telefon als Standardinstrument.

Informationen und Animationen auf **CD-ROM und DVD** können insofern ein Kundenbindungspotenzial entfalten, als sich der Anwender – bei einem hohen Involvement und damit Bedarf – zumeist relativ intensiv mit dem Medium beschäftigt. Dadurch besteht die Möglichkeit, komplexe Sachverhalte (z.B. Bedienungs- und Anwendungshinweise bei technischen Produkten) anschaulich und damit verständlicher zu vermitteln. Diese Medien sind zwar in der Lage, die produktbegleitende Informationsqualität zu erhöhen, ein hohes Potenzial zur Kundenbindung beinhalten sie aufgrund der nicht vorhandenen Interaktivität jedoch eher nicht.

Neben diesen eindimensionalen Kommunikationsinstrumenten wird noch auf das Wesen und den Beitrag von **dialogorientierten Instrumenten** zur Kundenbindung eingegangen.

Unabhängig von den Maßnahmen der Automobilhersteller haben gerade Autohändler mit einem in aller Regel überschaubaren Kundenstamm gute Chancen, ihre Kunden direkt und wirkungsvoll anzusprechen. Diese mittelständischen Unternehmen können so Kundenzufriedenheit und damit indirekt -loyalität und -bindung gezielt fördern. Wie empirische Ergebnisse belegen, setzt dies jedoch auch ein entsprechendes Verhalten des Automobilherstellers gegenüber dem Händler voraus (vgl. Jensen 2001, S. 178 ff.), um eine stärkere Motivation und Bereitschaft für das Erfüllen von Endkundenwünschen zu schaffen. Wie in vielen anderen Branchen gilt auch hier: Endkundenzufriedenheit setzt Händlerzufriedenheit voraus.

Für eine einfache Form der **persönlichen Betreuung** lassen sich unterschiedliche Anlässe (z.B. „runder" Geburtstag des Kunden, auslaufender Leasingvertrag, Fälligkeitstermin der TÜV-Hauptuntersuchung) nutzen, um den Kunden anzurufen, anzuschreiben oder Geschäftskunden sogar zu besuchen. Weiterhin können Händler für persönliche Kontakte zwischen Mitarbeitern und Kunden durch verschiedene **Events** (z.B. Kundenforen, Fahrtrainings) sorgen. Nachweislich führt diese hohe Betreuungsqualität bei sämtlichen Interaktionsprozessen zwischen Mitarbeitern und Kunden zu höherer Geschäftsstättentreue, so dass sich daraus ein realer Wettbewerbsvorteil ergibt. Durch Kundenevents können nicht nur Bekanntheit und Image von Herstellern gesteigert werden, sondern auch die emotionale Verbundenheit des Kunden zum Anbieter. Der thematische Bezug der Veranstaltung in Zusammenhang mit dem originären Betätigungsfeld des Herstellers ist dabei von besonderer Relevanz für einen erfolgreichen Imagetransfer. Die Analyse der Kosten- und Nutzenrelation ist entscheidend für die Art und Größenordnung von Veranstaltungen.

Eine aufwändige persönliche Betreuung durch herstellereigene Außendienstorganisationen ist aus Kostengründen überwiegend nur im B-to-B-Bereich rentabel. Trotz des personenbezogenen und sachlichen Aufwandes ist die Effizienz eines persönlichen Kontaktes unumstritten, um eine längerfristige Hersteller-Kunden-Beziehung zu erreichen.

Die bereits angesprochenen **Kundenklub-Konzepte** stellen für viele Anbieter die „hohe Schule" der Kundenbindungsprogramme dar, wenn sich Käufer bzw. Produktverwender stark mit den Leistungen des Anbieters identifizieren, so dass sie sich zu Fan-Gemeinden zusammenschließen oder zusammenschließen lassen. Flankierend mit anderen bereits genannten Kommunikationsformen (Mailings, Fragebögen, Zeitschriften, Telefon, E-Mails, SMS) wird durch einen Klub gleichsam ein Dauerdialog aufgebaut, der zu einer besonderen Verbundenheit zwischen Hersteller und Kunde führen soll. Die Errichtung derartiger primär psychischer Austrittsbarrieren beruht weniger auf Patentrezepten als auf dem Erkennen und Nutzen der wesentlichen verbindenden Elemente zwischen den Mitgliedern. Neben Erlebnis, Zeitgeist, Action in Bereichen, in denen das Produkt an sich einen hohen Anmutungswert kommuniziert, so z.B. bei Automobilen durch den Porsche-Club oder bei Motorrädern durch die Harley-Owners-Group (vgl. Teerlink 1994, S. 14), sind auch Interessengleichheit, Bequemlichkeit und Service, z.B. beim IKEA-Family-Club und beim Minolta-Fotografenclub, tragfähige „Aufhänger" für Hersteller-Abnehmer-Bindungen. Da allein auf der Grundlage ideeller Komponenten kein festes Band geknüpft werden kann, spielen vor allem bei User-Klubs auch materielle Anreizsysteme aus der Preis- und Servicepolitik eine Rolle.

Der Nutzen dieser „gelebten Kundennähe" mit vielen glaubhaften Möglichkeiten eines intensiven Kontaktes ist neben der Weiterempfehlungsbereitschaft auch das ausschöpfbare Cross-Buying-Potenzial (vgl. Tomczak/ Rudolf-Sipötz 2006, S. 134; Schüring 1992; Thomas 1992, S. 138).

Als Beispiel für eine gelungene Umsetzung eines Kundenklub-Konzeptes kann der Dr. Oetker Back-Club angeführt werden. Der vor Jahren ins Leben gerufene Klub vereinigt über 100.000 „Mitglieder" (davon 80.000 im ersten Jahr), die für einen Kostenbeitrag von 12,50 Euro pro Jahr regelmäßig kontaktiert werden. Kommunikationsmedien sind eine Kundenzeitschrift und Mailings zu besonderen Anlässen, wie z.B. ein Kindergeburtstag in der Familie. Da das Unternehmen hierbei mit Menschen im Kontakt steht, die Backen als echtes Hobby betrachten und eine große Sympathie für Produkte von Dr. Oetker haben, sind die Dialogbereitschaft und die Motivation, an speziellen Veranstaltungen, wie Reisen oder Seminaren, teilzunehmen, besonders hoch, so dass in diesem Fall das Maß der Markenloyalität als ebenso hoch bezeichnet werden kann. Neben diesen positiven Effekten muss hierbei allerdings kritisch angemerkt werden, dass ein **„Inselsyndrom"** den Erfolg des User-Klubs relativiert. Die „Fan-Gemeinde" ist zwar in Bezug auf Einstellungen zu Produkten und dem gesamten Unternehmen in sich sehr geschlossen und loyal, erzeugt allerdings wenig positive Abstrahleffekte auf das Markenimage aus der Sicht anderer Konsumentengruppen, die mehr dem Trend nach Convenience-Produkten folgen.

Im **B-to-B-Bereich** werden ebenfalls Klub-Konzepte umgesetzt, indem zwischen Hersteller und Absatzmittler eine **Partnerschaft** gegründet wird. Das Ziel einer hohen Endkundenbindung wird hier in der Form angepeilt, dass Hersteller eng mit ausgewählten Handelspartnern oder Anwenderunternehmen zusammenarbeiten. Neben dem „normalen" Produktmarketing, welches alle Absatzmittler einbezieht, erhalten die Business-Klub-Mitglieder spezielle Dienstleistungen. Hierzu zählen beispielsweise Experten-Beratungen, die Planung und Durchführung von verkaufssteigernden Events oder Schulungs- und Motivationsprogramme für die Mitarbeiter im Handel. Als Gegenleistung hierfür ist eine intensivere und bessere Marktbearbeitung und Endkundenbetreuung durch den Handelspartner zu erwarten. Insbesondere in Zeiten, in denen viele Hersteller-Handel-Beziehungen konfliktträchtiger geworden sind, kann der **Business-Klub-Ansatz** gute Möglichkeiten eröffnen, um insgesamt die Effizienz in der Wertschöpfungskette zwischen Hersteller, Handel und Endkunde zu erhöhen und über eine gestiegene Handelspartnerbindung eine Endkundenbindung zu realisieren (vgl. Lübcke 1995, S. 234).

In der Unternehmenspraxis tritt häufig ein Effekt ein, der für die Finanzierung und Durchführung von Kundenbindungsmaßnahmen nachteilig ist. Im Wettstreit zwischen Budgets für die Kundenakquisition und kaufinduzierende Kommunikation auf der einen Seite und für die Kundenbetreuung und -bindung auf der anderen Seite wird meistens den unmittelbar verkaufsorientierten Aktivitäten der Vorzug gegeben. Dies ist nicht grundsätzlich falsch, aber es ist, wie die oben dargestellten Sachverhalte belegen, deutlich zu kurz gedacht.

### 3.4 Distributions-Mix für mehr Kundennähe und einfache Kaufprozesse

Eine aus Kundensicht einfache und dadurch bequeme Abwicklung der Kauf-, aber auch der Servicevorgänge erfordert heute meistens das parallele Angebot von **On- und Offlinekanälen (Multi-Channel-System)** (vgl. Schögel/ Schmidt/ Sauer 2004, S. 110 f.). Damit wird den Kunden die Möglichkeit gegeben, für die Kontaktaufnahme, den Kauf und die Inanspruchnahme von Beratung und Service ihren situativ präferierten Kanal zu wählen. Die einzelnen Kanäle sind aufeinander abzustimmen, um eine einheitliche Kundenansprache zu erreichen (vgl. Ritter 2001, S. 201 ff.; Wirtz 2002, S. 48 ff.). Aus Wirtschaftlichkeitsgründen ist dabei sicherzustellen, dass weniger erläuterungsbedürftige, standardisierte und eher margenschwache Produkte/ Dienstleistungen kostengünstig über Online-Vertrieb verkauft und komplexe Leistungen dagegen über stationäre Kanäle vertrieben werden (vgl. Wirtz 2002, S. 50).

Bezüglich der Offlinekanäle ermöglicht der **Direktvertrieb** im Vergleich zur indirekten Distribution über den Handel ein deutlich flexibleres Reagieren auf veränderte Kundenwünsche. Außerdem werden die marktgerichtete Informationsversorgung sowie die Informationsgewinnung durch die größere Kundennähe erheblich erleichtert. Der Direktvertrieb wird deshalb insbesondere bei hohem Beratungsbedarf vorteilhaft.

Bei einer **indirekten Distribution** ist der Anbieter außerdem auf die Motivation des Handels angewiesen, die Produkte dem Kunden gezielt anzubieten. Abbildung 6 zeigt den Herstellereinfluss auf den Kunden bei verschiedenen Distributionsentscheidungen.

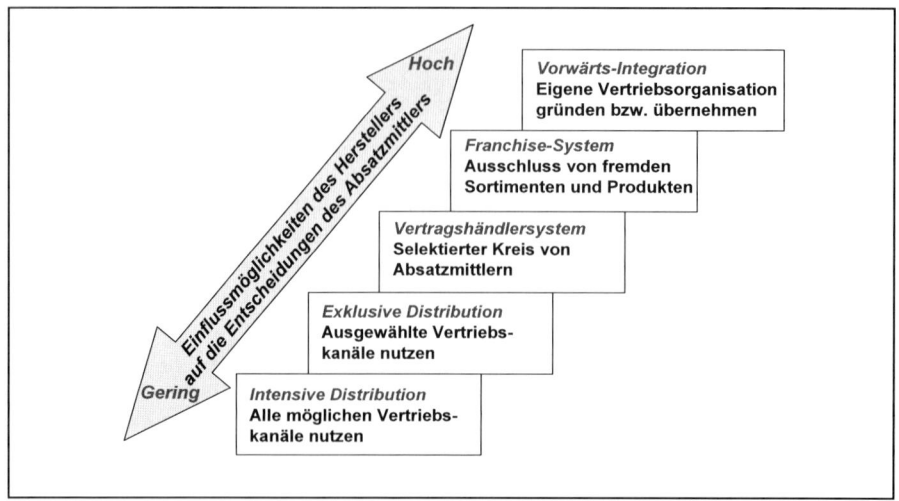

**Abb. 6:** Bessere Einflussmöglichkeiten auf Kundenbindung bei direkter Distribution

Im B-to-B-Bereich spielt der Direktvertrieb aufgrund der **Erklärungs- und Überzeugungsbedürftigkeit** der Produkte eine wichtige Rolle. Außerdem ist der Kundenstamm in aller Regel kleiner und überschaubarer. Obwohl im Konsumgüterbereich der Anteil, der auf die direkte Distribution entfällt, noch weit hinter dem der indirekten liegt, sind Veränderungen zugunsten direkter Belieferungssysteme absehbar. Es kommt dabei nicht ausschließlich darauf an, dem Kunden „physisch näher zu kommen", sondern mit dem Kunden direkt zu kommunizieren und somit individuelle Leistungen anbieten zu können.

**Online-Shopping** und das „Besuchen" von Unternehmens-Homepages im Internet ist insbesondere für Konsumenten mit höherem Bildungs- und Einkommensniveau bereits vollkommen alltäglich und wird zweifelsfrei weiterhin an Bedeutung gewinnen (vgl. Böhler/ Riedl 1997, S. 48; o.V. 2006). Die Artikel über die Rolle des Web 2.0 im CRM und über die Kundenbindung im Internet in diesem Buch machen hierzu nähere Ausführungen.

Der direkte Online-Kontakt mit dem Anbieter wird von diesen Zielgruppen nicht nur für das Abrufen oder Senden von Informationen verwendet, sondern auch zunehmend, um individuell zusammengestellte Produkte zu ordern. Der große Vorteil von Online-Shops liegt in räumlich und zeitlich uneingeschränkten Zugriffsmöglichkeiten, woraus sich für den Kunden ein erheblicher Zugewinn an Flexibilität ergibt. Für interneterprobte Kundensegmente stellen Online-Shops also eine sehr bequeme, individualisierte Möglichkeit zur Abwicklung von Kaufvorgängen dar. In Bezug auf weniger mit dem Internet erfahrene Kunden sind jedoch

Akzeptanzprobleme nicht zu übersehen, wodurch die Bedeutung eines Multi-Channel-Systems nochmals unterstrichen wird.

Auch das aufgrund zunehmender Umweltschutzauflagen wichtige Thema der **„Retrodistribution"** sollte auf Potenziale zur Kundenbindung überprüft werden (vgl. Hertel/ Zentes/ Schramm-Klein 2005, S. 8). Wenn neben dem Handel auch Hersteller langlebiger Güter verstärkt in die Pflicht genommen werden, die gelieferten Produkte zum Ende der Nutzungsdauer zurückzunehmen, um sie einer Wiederverwertung zuzuführen, ergibt sich oft ein vorprogrammierter „Zwangskontakt". Dieser Kontakt ist eine zusätzliche Chance, nicht nur die Verantwortung als Hersteller zu dokumentieren, sondern den Kunden seriös und kompetent auf z.B. eine Neuanschaffung hinzuweisen oder ihn rechtzeitig mit gezielten Informationen zu versorgen. Die Grundlage sind dann Informationen und kostengünstige Konzepte für die zu berücksichtigenden **Total Cost of Ownership** (vgl. Wihofszki 2006).

### 3.5 Service-Mix für zielgruppenorientierte Angebote

Neben preislichen Anreizsystemen zur Kundenbindung entwickelt sich insbesondere bei homogenen und damit aus Kundensicht austauschbaren Produkten der Servicebereich zu einem wichtigen Gestaltungsfeld, um sich vom Wettbewerb zu differenzieren. Denn im Unterschied zu Kriterien wie Produktqualität und Preis sehen viele Unternehmen im Service eine immer wichtiger werdende realistische Chance, einen dauerhaften, von anderen Unternehmen nur schwer imitierbaren Vorteil zu schaffen. Servicedefizite sind – aus Sicht der Kunden – heute der wichtigste Grund für einen Wechsel des Anbieters.

Die Servicepolitik – traditionell in der Nachkaufphase von besonderer Bedeutung – wird so in Bezug auf eine angestrebte Kundenbindung zu einem strategischen Erfolgsfaktor. Da viele Maßnahmen und Instrumente jedoch zunehmend darauf ausgerichtet sind, den gesamten **Produktlebenszyklus** zu begleiten, bieten sie für Anbieter zahlreiche Möglichkeiten, um die Beziehung zum Kunden über den gesamten Kunden-Beziehungslebenszyklus zu intensivieren.

**After-Sales-Service** dient bei technischen Produkten in den meisten Fällen dazu, die Nutzungseigenschaften und Verfügbarkeit des Produktes aufrecht zu erhalten. Bei Dienstleistungen gehören einige nach Vertragsschluss zu erbringende Services ebenfalls häufig zum Leistungsumfang. Da der Kunde die ordnungsgemäße Erledigung dieser Aufgaben zu Recht erwartet, besteht hier also kaum die Möglichkeit, den Kunden besonders zufrieden zu stellen, um so eine Kundenbindung zu erzeugen. Es kommt daher zusätzlich auf **„Plus-Leistungen"** an, die der Kunde als Nutzensteigerung empfindet und welche die Leistungsbereitschaft und -fähigkeit des Unternehmens unter Beweis stellen.

Besonders bei Serviceleistungen besteht die Gefahr, dass das Kundenbindungspotenzial verloren geht, wenn Mitbewerber diese **Plus-Services** imitieren. Insbesondere sind einmalige oder undifferenziert durchgeführte Maßnahmen, wie z.B. das Angebot von Unterstützungsleistungen ohne Differenzierung nach dem Kundensegment und -wert, kritisch zu beurteilen. Derartige Leistungen, verteilt nach dem „Gießkannenprinzip", bewirken nur in wenigen Fällen eine erhöhte Kundenloyalität (vgl. O'Brien/ Jones 1995) und gehen i.d.R. mit hohen Kosten für das Unternehmen einher.

Der neue Telekom-Chef, René Obermann, will für die Kunden des Unternehmens ein Weltklasse-Serviceniveau erreichen. Dabei ist es nicht nur wichtig, genau die wesentlichen Anforderungen der Kunden zu kennen, sondern in gleicher Weise ist von zentraler Bedeutung, die damit jeweils entstehenden zusätzlichen Kosten zu analysieren. Bis Ende 2007 ist die Erreichbarkeit der Call Center mit ca. 90% deutlich besser geworden, mehr als 75% aller Anrufe werden schon innerhalb von 20 Sekunden angenommen und Service-Techniker halten inzwischen Dreiviertel aller Vor-Ort-Termine ein (vgl. Berke 2008, S. 50 ff.). Die Wirkung auf die Kundentreue ist bisher aber relativ gering. Dies liegt an den Defiziten, die in der Vergangenheit in T-Punkten und Call Centern im Kundenkontakt durch schlechten Service und falsche Versprechungen auftraten. Nur schwer erreichbare Hotlines, hochkomplexe Produkte und undurchsichtige Tarife haben in den letzten Jahren zu einer massiven Kundenabwanderung geführt. Alle diese Leistungs- und Serviceprobleme der Telekom sind bereits im Einführungsartikel dieses Buches angeführt worden. Die Frage ist deshalb, inwieweit eine derartige Zielsetzung des Vorstands genügend Realitätsbezug besitzt oder mit anderen Worten in welchen Zeiträumen der Vorstand denkt und ob er dieses Stadium des Weltklasse-Serviceunternehmens in seiner jetzigen Funktion noch erleben wird.

Wenn die bisher wenig kundenfreundliche Telekom in der Zukunft zum besten Serviceunternehmen aufsteigen will, dann sind hierbei vor allem auch die durch zusätzliche Serviceleistungen entstehenden Kosten dem kundenfinanzierten Ertrag gegenüberzustellen. Andernfalls wird ein hohes Serviceniveau mit Margendefiziten und Unternehmensverlusten erkauft. Erste Abschätzungen belegen, dass ein hohes Niveau an Kundenorientierung in Produkten, Tarifen und Beratungsleistungen bis zu 10 Euro pro Kunde im Monat verursachen kann. Einen umfassenden Kundenservice kann sich damit auch ein Unternehmen wie die Telekom nicht leisten. Zumal der Durchschnittsumsatz pro Kunde nur ca. 25 Euro beträgt. Die Aufgabenstellung heißt also, aus Kundensicht und Unternehmenssicht den **optimalen Servicegrad** zu ermitteln. Denn ein aufwändiger Full-Service gibt in vielen Branchen keine Garantie für begeisterte Kunden, die dem Unternehmen loyal und damit treu bleiben. Kein oder nur sehr wenig Service ist aber keine Alternative. Entscheidend ist deshalb die Analyse der für die bedienten wichtigen Kundengruppen zentralen Serviceleistungen, also die **Critical to Quality Characteristics (CTQs)**. Betrachtet man mögliche Servicebereiche näher, dann zeigt sich, dass nachhaltige Serviceverbesserungen im Call Center und beim Technischen Kundendienst sich pro Kunde und Monat auf 1,30 Euro belaufen. Übersichtliche Tarife ohne versteckte Fallen, also z.B. ein automatischer Wechsel in günstigere Tarifgruppen, würden pro Kunde und Monat 2,54 Euro betragen und einfacher zu bedienende Produkte würden das Unternehmen pro Kunde und Monat – laut dieser Studie – 6,07 Euro kosten (vgl. Berke 2008, S. 53). Diese Zahlen und Erkenntnisse untermauern umso mehr, dass Unternehmen heute vor allem die Begeisterungsfaktoren aktivieren müssen, die eine hohe Kundenbindung bewirken und gleichzeitig nur Kostensteigerungen in vertretbarem Ausmaß verursachen.

Bei der Auswahl von „Plus-Services" ist daher eine sorgfältige Analyse der zu erwartenden Kundenbindungswirkung und Cross-Buying-Potenziale und der dazu erforderlichen Aufwendungen notwendig, damit das Unternehmen nicht in eine **„Service-Kosten-Falle"** läuft. In vielen Fällen sind Unternehmen gerade mit dem **„No-Frills"-Konzept** erfolgreich, wie das Beispiel der schnell wachsenden Branche von Billigfliegern unter den Airlines zeigt. Damit ist die Möglichkeit gegeben, den Service auf die Bereiche zu konzentrieren, die der Kunde haben will und über den Preis honoriert. Hier wird der Verzicht auf Zusatzleistungen vom Kunden vielfach in besonderer Weise durch Loyalität honoriert. Im Endeffekt kann hierdurch auch eine Reduzierung des Service gemäß der Leitlinie „No-Frills" erfolgen (vgl. Meyer/ Blümelhuber 1995, S. 30 ff.).

Es ist deshalb sinnvoll, unterschiedliche **Kundensegmente** zu identifizieren, um zu vermeiden, dass kostentreibende Serviceleistungen angeboten werden, aber diese vom Kunden nicht gewünscht und somit auch nicht bezahlt werden. Abbildung 7 zeigt ein Beispiel für Überlegungen zur Gestaltung des Serviceangebotes auf Grundlage der **Nutzungsintensität** von Produkten und Dienstleistungen (Usage Segmentation) (vgl. Davidow/ Uttal 1991, siehe auch Becker 2006, S. 271 f.). Weiterführende Überlegungen zum Thema Kundensegmentierung werden am Ende dieses Beitrags angestellt.

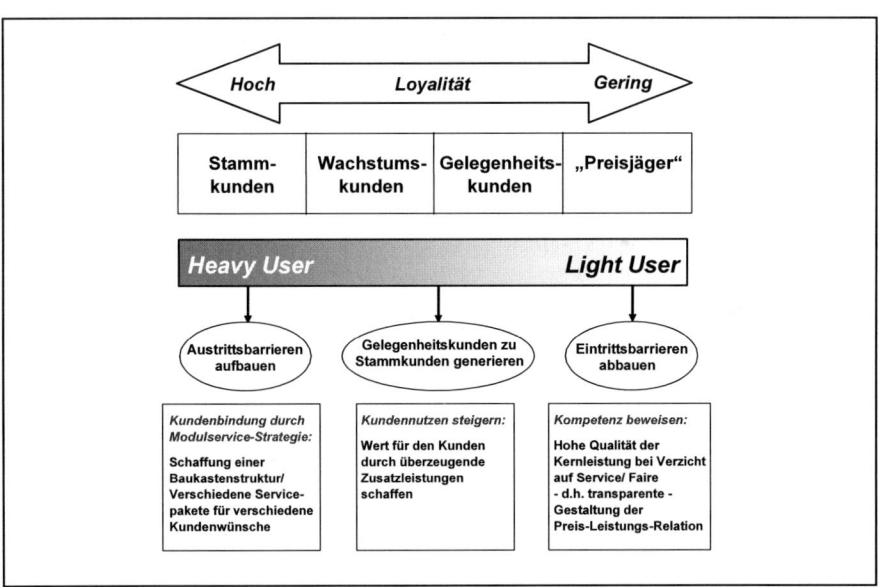

**Abb. 7:** Kundensegmentorientiertes Serviceangebot

**Stamm- und Wachstumskunden** bilden als **„Heavy User"** ein Segment, für das es in vielen Fällen lohnt, zusätzlich Serviceleistungen zur Verfügung zu stellen. Auch hier kommt wieder ein bereits zuvor angesprochenes **„Modular-**

**Konzept"** zum Tragen: Entweder entscheidet das Unternehmen, bei welchen Kundengruppen die Kernleistung durch bestimmte Servicepakete angereichert wird, oder der Kunden wählt selbst aus einem „Servicebaukasten" sein maßgeschneidertes Paket. Durch umfassende Full-Service-Angebote kann eine hohe Wechselbarriere erzeugt werden, die auch ökonomisch zu rechtfertigen ist, da durch die hohe Verwendungsrate von Produkten oder Dienstleistungen ein stabiler Return on Investment erwartet werden kann.

**Preisorientierte Kunden** reagieren auf umfangreiche Serviceangebote oftmals nicht, weil sie befürchten, für das gesamte Leistungsangebot bezahlen zu müssen. Hier besteht für Unternehmen die Chance, Kundenbindung zu erreichen, indem durch **„Verzicht von Service"** die preisattraktive Kernleistung in den Mittelpunkt gerückt wird. Bei **Gelegenheits- und Wechselkunden**, können Anbieter sich über besondere **„Convenience-Leistungen"** profilieren, wie z.B. à-la-carte Menüs, die bestimmte Airlines auf Langstreckenflügen anbieten. So kann bewirkt werden, dass der Kunde eine qualitative Aufwertung der Basisleistung wahrnimmt, die ihn besonders zufrieden stellt.

Neben der Servicebedarfsermittlung ist bei der Bereitstellung der Instrumente insbesondere zu berücksichtigen, dass abgegebene **Serviceversprechen** schnell zum regulären Umfang der Gesamtleistung zugerechnet werden. Somit ist zu gewährleisten, dass Versprechen jederzeit erfüllbar bleiben. Da gerade die üblichen **Nachfrageschwankungen im Dienstleistungsbereich** schnell zu Kapazitätsengpässen führen können, ist eine erhöhte Sensibilität bei der Kommunikation von Serviceversprechen bzw. eine hohe Flexibilität zu deren Erfüllung erforderlich. Daher gilt in vielen Bereichen der Grundsatz: „Weniger versprechen – mehr leisten".

Neben diesen strategisch wichtigen Elementen der Servicepolitik lassen sich auch konkrete Serviceleistungen zur Kundenbindung herausbilden, die bereits in der **Pre-Sales-Phase** zur Anwendung kommen. Bei Produkten und Dienstleistungen, die in hohem Maße erklärungsbedürftig sind, werden oft technische Dienstleistungen, wie **Beratungen oder Schulungen**, speziell auf den einzelnen Kunden zugeschnitten und angeboten, um eine optimale Nutzung durch den Kunden sicherzustellen. Hierbei handelt es sich immer um Serviceleistungen, die unmittelbar auf den Gegenstand der Geschäftsbeziehung zwischen Lieferant und Kunden ausgerichtet sind.

Insbesondere im B-to-B-Bereich ist dieser Service nicht nur ein wichtiges Akquisitionsargument, sondern er legt auch den Grundstock für Kundenzufriedenheit und -bindung. Beispiele hierfür sind umfassende Beratungen, die von der Ausarbeitung von Geschäftskonzepten für Handelspartner bis zur Klärung von Detailfragen, wie etwa zur Ladengestaltung, gehen. Auf diese Weise präsentiert sich ein Unternehmen mehr als Problemlöser und Wertschöpfungspartner des Kunden und nicht primär als Lieferant. Doch auch im B-to-C-Bereich sollen präzise Information und Unterstützung – wie beispielsweise die Beratung zur Innenraumgestaltung durch einen Außendienstmitarbeiter von VORWERK – dazu führen, dass dem Kunden schon vor dem Kauf verdeutlicht wird, wie sehr das Unternehmen daran interessiert ist, eine spezifische Problemlösung für den Kunden zu erreichen.

Allerdings handelt es sich dabei um **klassische Value Added Services (VAS)**, die aufgrund ihrer breiten Anwendung zunehmend standardmäßig angeboten werden und eine eher geringe Wirkung auf die Kundenverbundenheit haben. Die Zahlungsbereitschaft der Kunden für derartige VAS ist tendenziell eher gering, variiert aber in Abhängigkeit von den Kundenbedürfnissen (vgl. Beutin 2008, S. 354 f.).

Eine 2. Art von Serviceleistungen bezieht sich auf die Unterstützung des Kunden durch den Lieferanten in Bereichen, die nicht unmittelbar Gegenstand der Geschäftsbeziehung zwischen diesen Partnern sind. Diese **Kooperationen** zwischen Lieferanten und Abnehmerunternehmen können z.B. zum Gegenstand haben, dass die häufig mittelständischen Kunden konkrete Unterstützung bei der Optimierung von Geschäftsprozessen und dem Erreichen von Null-Fehler-Qualität erhalten. Das Ziel ist dabei zum einen, dem Abnehmerunternehmen mit kostengünstigen oder kostenfreien Dienstleistungen zu helfen, zum anderen geht die Zielsetzung aber auch dahin, dass das Lieferantenunternehmen möglichst viele Informationen über die Bedürfnisse und Probleme seines Kunden erhält, um so die angebotenen Marktleistungen in Produkten und Dienstleistungen gezielt darauf auszurichten. Eine derartige fachliche Kundenbindung erzeugt dann Kundenaufträge, die wiederum finanzielle Ergebnisse für den Lieferanten bewirken. Ein Beispiel hierfür ist General Electric mit dem Kunden Deutsche Bahn im Bereich Six Sigma-Schulung für eine praktizierte Null-Fehler-Qualität.

Ein weiterer wesentlicher Aspekt des Service-Mix ist der **Lieferservice** in Verbindung mit der dann geforderten **Liefertreue**. Um unrealistische Erwartungen und Enttäuschungen der Kunden zu vermeiden, sollten generell nur Liefertermine zugesichert werden, deren Einhaltung vorher im Gesamtzusammenhang aller Lieferverpflichtungen des Unternehmens geprüft und bestätigt wurde.

Chancen zur Differenzierung vom Wettbewerb eröffnen VAS wie z.B. Transportorganisation, Transportversicherung oder eine unkomplizierte und transparente Abwicklung eventueller Rücksendungen mit kulanter Kostenerstattung (vgl. Thomaschewski 2001, S. 343). Im Handel sowie im B-to-B-Bereich spielen VAS wie Just-in-Time-Systeme und automatische Nachorderung im Rahmen von Supply Chain Management-Systemen eine große Rolle. Sie dienen der individuellen Optimierung der Wertschöpfungsprozesse im Kundenunternehmen. Diese **Bequemlichkeitsdienstleistungen** bzw. **logistischen Dienstleistungen** zeichnen sich durch einen hohen Kundennutzen aus, der mit einer erhöhten Zahlungsbereitschaft der Kunden einhergeht. Sie haben i.d.R. zusätzlich positive Wirkungen auf die Kundenverbundenheit (vgl. Beutin 2008, S. 355 ff.).

Darüber hinaus ist die große Bedeutung eines zuverlässigen, leicht erreichbaren **Kundendienst bzw. -support** zu betonen, der in größeren Unternehmen zunehmend in Form von **Call Centern** oder **Help Desks** im Rahmen von **Customer Service Centern** realisiert wird und damit auch dem Kommunikations-Mix zugerechnet werden kann. Entscheidend für die Kundenzufriedenheit ist vor allem die **Erreichbarkeit und Kompetenz** des Kundendienstes, denn Kunden erwarten eine schnelle Problemlösung ohne hohe Kosten für Hotlineanrufe oder lange Ausfall-/ Wartezeiten.

## 4 Sechs wesentliche Umsetzungsfallen für eine erfolgreiche Kundenbindung

Oft führen Bestrebungen, die Kundentreue durch bestimmte Maßnahmen zu erhöhen, nicht zum Erfolg. Der Grund für die Ineffizienz von Kundenbindungsprogrammen liegt häufig in komplexen Ursachen-Wirkungs-Beziehungen, die hier zu 6 Kernproblemen reduziert werden. Die folgende Abbildung 8 stellt die Problemfelder zunächst übersichtlich dar. Aus den Problemfeldern ergeben sich jeweils konkrete Ansatzpunkte für das Erarbeiten und Umsetzen von Strategien zur Kundenbindung.

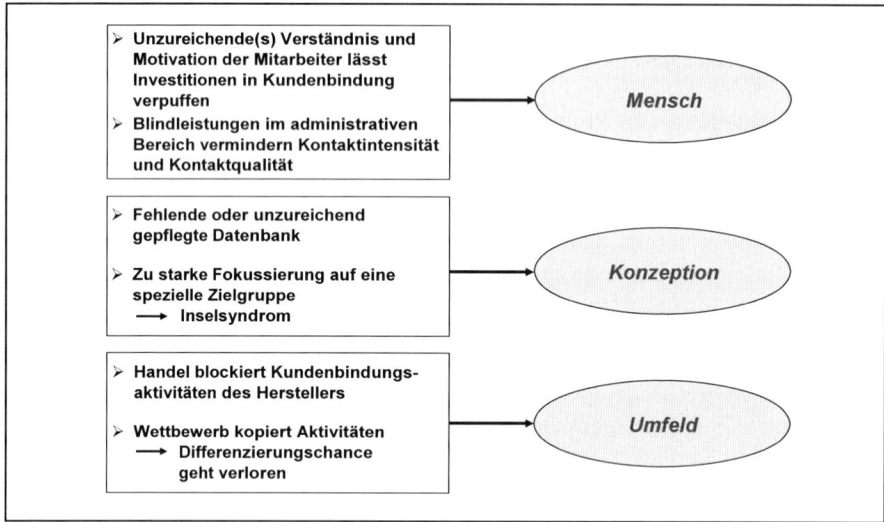

**Abb. 8:** Umsetzungsfallen als Ansatzpunkte für eine erfolgreiche Kundenbindung

**1. Falle: Das Verständnis und die Motivation der Mitarbeiter sind noch unzureichend ausgeprägt, so dass verstärkte Aktivitäten und Investitionen des Unternehmens zur Kundenbindung verpuffen.**

Häufig wird von Mitarbeitern der Kontakt zum Kunden nur dann gesucht, wenn etwas „verkauft" werden soll (Beispiel Versicherung). Der Erfolg eines Kontaktes wird daran gemessen, ob sofort ein Auftragseingang oder Umsatz zu verzeichnen ist; Probleme treten auf, wenn ein glaubwürdiger Kontaktanlass ohne Verkaufsbezug gefunden werden soll. Aufgestellte Leitsätze beispielsweise zur Servicequalität bilden einen zu weit gefassten Rahmen und werden nicht als konkrete Handlungsanweisung aufgefasst. Oftmals fehlt Unternehmen auch die genaue Kenntnis, in welchem Umfang die Maßnahmen zur Kundenbindung vom Konsumenten bzw. Produktnutzer honoriert werden, da ein intensiver Dialog mit der Zielgruppe nicht existiert.

In diesen Fällen unzureichender Rückkopplungseffekte vom Markt ist die Gefahr gegeben, dass die Motivation involvierter Mitarbeiter nachlässt. Das kann auch der Fall sein, wenn angebotene Serviceleistungen vom Kunden nicht in Anspruch genommen werden. Ein Beispiel: Die gebührenfreie 24-Stunden-Telefon-Hotline einer Versicherung wird meistens tagsüber benutzt, da die Kunden überwiegend vom Büro aus telefonieren, und sowohl die Zeitflexibilität und die Kostenersparnis nicht als Vorteil wahrgenommen werden. Wenn einzelne Leistungskomponenten nicht akzeptiert werden, kann es dazu kommen, dass die grundsätzliche Einstellung zur Einsatznotwendigkeit kundenbindungsorientierter Instrumente negativ beeinflusst wird.

Daraus folgt, dass Prozesse zur Erhöhung der Kundenbindung vom Management des Unternehmens sichtbar geführt werden müssen. Wenn Kundennähe nicht auch vom Management im Tagesgeschäft praktiziert wird, laufen offizielle Programme nachvollziehbarerweise ins Leere.

Aus der Aussage eines ehemaligen Vorstandsvorsitzenden einer deutschen Großbank („Ich bin der Meinung, dass es nicht die primäre Aufgabe ... ist, Kunden zu sehen.", vgl. Drosten/ Knüwer 1997, S. 34) erwächst dann zwangsläufig die Gefahr, dass sich diese Einstellung „flächendeckend" im Unternehmen verbreitet.

Neben der zwingend notwendigen Vorbildfunktion der Führung ist es auch wichtig, die Mitarbeiter nachhaltig zu befähigen, Kunden besser beraten, betreuen oder bedienen zu können. Dieses Empowerment baut auf einem soliden Fundament von Informationen auf, wird durch Schulungskonzepte an alle Mitarbeiter herangetragen und erfordert neben Handlungsspielräumen auch konkrete Instrumente und technische Unterstützungsmaßnahmen, die jeder Mitarbeiter nutzen kann. Bewertungsmaßstäbe für den Arbeitserfolg von Mitarbeitern gilt es insofern zu reformieren, dass nicht nur quantitative Verkaufszahlen, sondern auch qualitative Aspekte, wie gestiegene Kundenzufriedenheit, betrachtet werden. Auf die nach innen gerichteten Anforderungen der Mitarbeiterführung zum Erreichen der extern adressierten Kundenzufriedenheit und -bindung wird im 1. Beitrag des 5. Kapitels dieses Buches noch ausführlicher eingegangen.

## 2. Falle: Blindleistungen im administrativen Bereich vermindern Kontaktintensität und Kontaktqualität.

Im Alltag vieler Unternehmen wird noch zu viel Zeit für Dinge aufgewendet, die dem Kunden keinen Nutzen bringen. Obwohl die sorgfältige Dokumentation von Vorgängen in Geschäftsbeziehungen wichtig ist, wird Kundenbindung eher erreicht, indem mehr Zeit in direkte Kontakte und Dialoge investiert wird. Auch Koordinationsdefizite bei der Reaktion auf telefonische und schriftliche Kundenanfragen und bei der Bearbeitung von Reklamationen sind Blindleistungen. In vielen Fällen sind viele Mitarbeiter und Abteilungen in einzelne Geschäftsvorfälle involviert. Kundenprobleme „wandern" tagelang von Schreibtisch zu Schreibtisch, wodurch ein Lösungsprozess verzögert und verschleppt wird.

Das Problem kann oft durch eine Beschwerdemanagement-Stelle oder ein Customer Service Center behoben werden, welche die Funktion eines zentralen Empfängers für alle von extern auftreffenden Signale haben und ebenfalls intern zugleich senden und empfangen können. Hierdurch wird eine optimale Koordination der Kommunikationsprozesse mit dem Kunden sichergestellt. Investitionen in den Aufbau einer besonderen „Recovery-Fähigkeit", also das Schaffen von Strukturen und personeller Voraussetzungen, um Service-Fälle und Problemsituationen optimal zu bewältigen, schlagen sich in den meisten Fällen direkt in Form gesteigerter Loyalitätswerte nieder und sind deshalb schnell mit einem Return on Investment verbunden (vgl. Auerbach/ Bednarczuk/ Büttgen 1997, S. 78 ff.).

**3. Falle: Fehlende oder unzureichend gepflegte Datenbestände verhindern eine präzise Selektion von Kundenadressen und eine gezielte, individuelle Kontaktaufnahme.**

Ein funktionierendes Database-Marketing, also das Durchführen von Marketingaktivitäten auf Basis einer aktuellen und fein selektierbaren Datenbank, existiert bei vielen Unternehmen nur unzureichend. Konsumgüterhersteller verfügen oft über keine verwertbaren Daten, die eine gezielte Kontaktaufnahme mit Endkunden ermöglichen würden.

Insbesondere das Schaffen eines aktiven Dialogs zum Kunden gelingt auf Konsumgütermärkten noch nicht in großem Umfang, zumal bei den meisten Projekten mit telefonischen Hotlines die Initiative zur Kontaktaufnahme immer noch vom Kunden ausgehen muss. Eine gut strukturierte Kundendatenbank hat somit fundamentale Bedeutung für viele Unternehmen. Aber nicht nur das Erfassen, sondern auch die Fortschreibung der Kundendaten ist entscheidend.

Erfolgt eine laufende Aktualisierung nicht gewissenhaft oder werden wesentliche Elemente (z.B. Kundendienstinanspruchnahme, Leasingvertragskonditionen) überhaupt nicht berücksichtigt, kann es zu erheblichen Einbußen bezogen auf die Kontaktqualität kommen. Beispiel: Ein Kunde erhält von der Zentrale eines Automobilherstellers ein Mailing *„Herzlichen Glückwunsch! Ihr Auto ist jetzt ein Jahr alt - kommen Sie doch mal zu einem Routine-Check in Ihrem Autohaus vorbei..."*, obwohl der Wagen sich zum wiederholten Male zur Reparatur in der Werkstatt des Händlers befand.

Im Investitionsgüterbereich sind meistens Daten besser verfügbar, weil oft der Kundenstamm überschaubarer ist. Ein wichtiges Kriterium zur Kundenbindung durch exzellente Beratung und Betreuung besteht hier ebenfalls in der kontinuierlichen Pflege der Daten von vorhandenen Kunden durch die Dokumentation von Details, wie beispielsweise zur Entscheidungsfindung und zu Verhandlungsmodalitäten beim Zielkunden.

Ein weiterer kritischer Punkt ist sehr oft die Erfassung der genauen Kundenanforderungen an Produkt und Service; hier ist eine besonders zuverlässige Datengewinnung und -verarbeitung nötig. Probleme entstehen, wenn verschiedene unternehmensinterne „Datenpools" nebeneinander existieren (z.B. Vertrieb und Service) und Verknüpfungen nicht gelingen. Der Kunde wird im Zweifel die Beratungs- und Betreuungsqualität höher einschätzen, wenn dem Hersteller die gesamte Historie der Geschäftsbeziehung zugänglich ist und dementsprechend eine individuelle und gezielte Ansprache ermöglicht wird.

In diesem Punkt liegt das Problem dann nicht bei den technischen Voraussetzungen, wenn erst einmal die notwendigen IT-Investitionen durchgeführt wurden. Vielmehr sind die Kriterien Zeit und Qualifikation der Nutzer dieser Technik die entscheidenden Engpassfaktoren. Hierbei geht es zum einen um das Können, also die effiziente Bedienung der Hard- und Softwarekomponenten, und zum anderen um das Wollen, also die Vorreiterrolle der Führung, um Motivation für die weit reichende Nutzung der Technik zu schaffen.

**4. Falle: Durch Fokussierung der Kundenbindungsaktivitäten auf eine besondere Zielgruppe werden weitere wichtige Ziele nur unzureichend erfüllt.**

Getreu dem Leitsatz „Doing the right things *and* doing the things right" müssen Kundenbindungssysteme dahingehend analysiert werden, ob und in welchem Umfang sie in der Lage sind, auch übergeordnete Zielkriterien zu erfüllen. Wie bereits diskutiert, ergeben sich besonders bei Kundenklubs häufig wenig wünschenswerte Inselsyndrom-Effekte. Damit ist gemeint, dass der Attraktivitätswert und der Exklusivitätscharakter der Klubleistungen vom überwiegenden Teil der Gesamtzielgruppe nicht wahrgenommen werden.

Wenn sich wesentliche Einstellungen und Meinungen der Klubmitglieder bezogen auf das Unternehmen und seine Produkte von den Ansichten der Nicht-Mitglieder unterscheiden, findet ein Imagetransfer nicht in dem gewünschten Maße statt. Der Erfolg derartiger Projekte spiegelt sich nämlich oft nicht ausschließlich in den Zufriedenheits- und Loyalitätswerten der „Klubmitglieder" wider, sondern in der Intensität und Reichweite von positiven Abstrahleffekten auf die gesamte Zielgruppe. Aufgrund einer oftmals hohen Ressourcenbindung durch Klub-Konzepte, nämlich hohe Kontaktkosten, sind Effekte einer Service-Kosten-Falle erkennbar.

Hierzu ist es also erforderlich, bei Kundenbindungsaktivitäten nicht die strategischen Ziele aus dem Auge zu verlieren. Die Effekte, welche sich bei einer Umsetzung ergeben, gilt es daher genau abzuschätzen. Es ist zu prüfen, ob sie die übergeordneten Ziele unterstützen. Neben diesen intern bedingten Umsetzungsproblemen sind zusätzlich Fallen zu identifizieren, die sich durch Marktkonstellationen im Zusammenhang mit Vertriebswegen sowie dem Verhalten der Kunden und Wettbewerber ergeben.

**5. Falle: Auf den Endkunden ausgerichtete Leistungen von Kundenbindungssystemen werden häufig durch das „Nadelöhr Handel" in ihrer Wirkung abgeschwächt.**

Für viele Anbieter, die ihre Leistungen nicht direkt, sondern durch Absatzmittler an den Kunden herantragen, stellt der Handel eine zum Teil massive Barriere dar. Versuche von Herstellern, mit Endkunden direkt in Kontakt zu treten, werden vom Handel nicht unterstützt, da dieser die Gefahr sieht, seine Position könnte sich zu einer reinen Vermittlerrolle reduzieren. Aus der Sicht der Anbieter lässt sich die mangelhafte Initiative des Handels, konkrete Projekte zur Kundenbindung aktiv zu unterstützen, wie folgt begründen:

- Das Denken in Richtung mehr Kundenorientierung in Nachkaufphasen hat sich noch nicht stark genug durchgesetzt; viele Handelsorganisationen denken zu stark akquisitionsorientiert.

- Der Wert von langfristigen Kundenbeziehungen wird häufig noch nicht ausreichend erkannt und gewürdigt: Die zeitversetzte „Ernte" von Erträgen einer Beziehung zum Kunden wirkt sich motivationshemmend für den Händler aus.
- Die Bereitschaft fehlt, Kontakte zum Kunden aufzubauen und zu pflegen (anrufen, ohne etwas verkaufen zu wollen, Nachfassaktionen, Fortschreibung von Kundenhistorien). Dadurch fehlen auch konkrete Strategien und Handlungsanweisungen zum Umgang mit Stammkunden.
- Die Übermittlung von Informationen über den Endkunden (Adressdaten etc.) erfolgt nicht oder nicht zuverlässig genug.
- Nachdem bereits der Endkunde auf die Versuche zur Kontaktaufnahme durch den Hersteller reagiert hat, erfolgt keine adäquate Betreuung durch den Handel. Ein konkreter Fall hierzu: Ein hoher Rücklauf auch von bestehenden Kunden auf Responseanzeigen eines Autoherstellers mit dem Angebot zur Probefahrt eines neuen Modells zog wenig Initiative des Handels nach sich, der interessierte Kunden zu kontaktieren und einen Probefahrttermin zu vereinbaren hatte.
- Bei Konsumgütern mit kurzen Kauf- und Nutzungszyklen ist der Handel nicht sehr stark an der Entwicklung von starken Herstellermarken interessiert und unterstützt die „emotionale Aufladung" zur Kundenbindung nicht ausreichend.
- Interne Abstimmungsschwierigkeiten: Wenn Mitarbeiter verkaufserfolgsabhängig vergütet werden, haben Führungskräfte von Handelsbetrieben mitunter Schwierigkeiten, Motivation für die Stammkundenbetreuung zu erzeugen.

Sollen wichtige Wirkungspotenziale von Herstellerinitiativen zur Betreuung von Endkunden in der Nachkaufphase nicht an Effizienz verlieren, wird es also erforderlich sein, Kundenbindungsprogramme so abzustimmen, dass sie konfliktfrei zu den Interessen des Handels stehen. Die genannten Umsetzungsprobleme können sicher vermieden werden, wenn dem Handel glaubwürdig vermittelt wird, dass seine Position als 1. Kontaktstelle zum Endkunden nicht untergraben werden soll. Darüber hinaus wird es erfolgversprechender sein, wenn Hersteller den Handel grundsätzlich stärker in den Prozess der Planung und Umsetzung von Kundenbindungsaktivitäten einbeziehen. Wenn der Handel z.B. in frühen Konzeptionsphasen von Mailing-Aktionen in Überlegungen des Herstellers einbezogen wird, so dass der Handel Anregungen und Bedenken äußern kann, lässt sich eine Reihe von Problemen von Anfang an reduzieren.

**6. Falle: Kundenbindungsmaßnahmen, die vom Wettbewerb in ähnlicher Weise durchgeführt werden, können nicht mehr ausreichend zur Profilierung und Differenzierung dienen.**

Der Innovationscharakter von Instrumenten zur Erhöhung der Kundenzufriedenheit oder zur Gestaltung von Geschäftsbeziehungen ist hierbei von Bedeutung. Einige Unternehmen haben Probleme damit, sich mit Kundenbindungsinitiativen, die in erster Linie aus Service- und Mehrwertleistungen bestehen, einen eindeutigen und dauerhaften Wettbewerbsvorteil zu verschaffen, wenn die angebotenen Leistungen von Mitbewerbern übernommen und so allmählich zum Standard in der Branche werden. Fehlt dazu die Dialogkomponente in Form einer wiederkehrenden Chance, den Kunden mit besonderer Kommunikations- und Kontaktqualität zu überzeugen, verschärft sich dieses Problem, da dann keine Austrittsbarriere mehr für den Endkunden erkennbar ist.

Grundsätzlich ist bezogen auf dieses Problem die Erkenntnis wichtig, dass Kundenbindung nicht durch Aktionismus erreicht wird, der sich im Verteilen von „Geschenken" in Form von Service-Plus-Leistungen oder in der einmaligen Durchführung einer „Zufriedenheitsumfrage" erschöpft.

Kundenbindung ist kein Thema, das man isoliert und losgelöst mit Instrumenten bearbeitet, sondern es handelt sich bei Kundenbindung um das Ergebnis eines Prozesses, bei dem, aufbauend auf die integrierte Betrachtung aller Prozessphasen des Kundenkontaktes, ein integrierendes Management aller möglichen Einzelinstrumente erforderlich ist. Das Ziel dieses Verständnisses muss sein, vorher isoliert betrachtete Instrumente zu einem Kundenbindungssystem und -programm zusammenzufassen. Dieses versetzt ein Unternehmen in die Lage, den bestehenden Kundenstamm optimal zu betreuen und zu pflegen sowie als Keimzelle für zukünftige Markterfolge zu nutzen.

## 5 Einsatz von Kundenbindungsinstrumenten in mittelständischen Unternehmen

Generell ist für mittelständische Unternehmen eine schrittweise Einführung von Kundenbindungsinstrumenten, die sowohl finanziell vertretbar als auch mit den vorhandenen Humanressourcen durchführbar sind, erfolgsentscheidend (vgl. Brendel 2003, S. 57 ff., Homburg/ Sieben 2008, S. 520 ff.). Darüber hinaus sind gerade in mittelständischen Unternehmen **pragmatische Ansätze** mit schnell realisierbaren Erfolgen gefragt, denn erst ein realer Nutzenzuwachs für die Mitarbeiter in ihrer alltäglichen Arbeit, der den eventuellen Mehraufwand einer umfassenderen Datenpflege überkompensiert, führt zur **nachhaltigen Akzeptanz** der neuen Unternehmensstrategie.

Auf der Ebene konkreter Kundenbindungsinstrumente erscheinen vor allem **„schlanke" Instrumente** sinnvoll, wie z.B. **Kundenkonferenzen** (vgl. Günter/ Helm/ Schlei 2000, S. 186 ff.) oder gekonnte **Internet-Auftritte**, die sich durch effektive Informationsgewinnung, sehr gute Bedienbarkeit, Kundenorientierung und -zufriedenheit auszeichnen (vgl. Leven 2008). Mit verhältnismäßig wenig Know-how und geringen finanziellen Mitteln umsetzbar, führen diese Instrumente schnell zu werthaltigen Ergebnissen.

In der Konsequenz hat in mittelständischen Unternehmen die **schrittweise, aber inhaltlich abgestimmte Einführung von Kundenbindungsinstrumenten** klaren Vorrang gegenüber dem Einsatz eines ganzheitlichen softwarebasierten CRM-Systems. Denn obwohl eine übermäßige Ausrichtung auf IKT- oder CRM-Systeme mit einem hohen Ressourcenbedarf verbunden ist, kann nicht von einer automatischen Verbesserung des Kundenbeziehungsmanagements ausgegangen werden (vgl. Homburg/ Sieben 2008, S. 503 ff.).

Wie eingangs bereits angekündigt, wird hier kurz das Beispiel von Kundenbindungsmaßnahmen eines erfolgreichen mittelständischen Unternehmens referiert.

Wie im Folgenden nachvollziehbar ist, handelt es sich – der Zielsetzung folgend – um ein sehr positives **Beispiel ausgeprägter Kundenorientierung und -bindung**. Um Missverständnissen vorzubeugen: Alle Informationen wurden im Internet recherchiert, zusätzlich wurde ein telefonisches Interview geführt. Ansonsten bestehen keine Verbindungen zu diesem Unternehmen oder seinen Produkten. Der interessierte Leser kann im Bedarfsfall die Ausprägung und Ergebnisse der Kundenorientierung dieses Unternehmens im Internet selbst nachvollziehen.

Die Nubert electronic GmbH (Nubert) mit gegenwärtig ca. 70 Mitarbeitern und einem jährlichen Umsatz von unter 50 Mio. Euro ist ein mittelständisches Unternehmen, das sich auf die Entwicklung, die Produktion sowie den Direktvertrieb hochwertiger HiFi- und Heimkino-Lautsprechersysteme spezialisiert hat. Seit 1975 war das Unternehmen als Garagenfirma, die später um 2 Ladengeschäfte erweitert wurde, regional tätig. Erst 1996 gelang der bundesweite Vertrieb durch den Versandhandel. Seitdem ist das Unternehmen kontinuierlich gewachsen und zahlreiche Testberichte in der Fachpresse bestätigen das einzigartige Preis-Leistungs-Verhältnis und die überragende Qualität der Marke Nubert (vgl. Nubert electronic GmbH 2008). Die Unternehmensphilosophie von Nubert beruht auf der Kombination von guten Lautsprecherboxen, fairen Preisen sowie einem engen Kontakt zum Kunden. So führte 2004 der ausgewogene Mix aus „hoher Produktqualität, starker Produktinformation, intensivem Kundendialog sowie einem Direktvertriebssystem, das keine Kundenwünsche offen lässt" (Ramge 2005, S. 117) zum 2. Platz für Nubert im Wettbewerb *Dienstleister des Jahres* des Landes Baden-Württemberg. Die hohe Anzahl sehr positiver Kundenerfahrungen, die sich im Gästebuch, im Forum und unter der Rubrik „Kundenstimmen" auf der Website des Unternehmens sowie in Berichten auf anbieterunabhängigen Portalen, wie z.B. dooyoo, nachlesen lassen, bestätigen den Markterfolg eindrucksvoll.

Die **Zielgruppe** des Unternehmens sind Musikliebhaber aller Genres, die in HiFi-Fans und Heimkinofans unterteilt werden können. Damit ist Nubert ein klassischer Nischenanbieter, der mit dem Schwerpunkt Lautsprechersysteme einen Teilbereich des Elektronikmarktes bedient, der durch einen sehr starken Wettbewerb und eine Vielzahl von Anbietern geprägt ist. Während viele Wettbewerber ihre Produkte über autorisierte Fachhändler bzw. Fachmärkte vertreiben, basiert das Geschäftsmodell von Nubert ausschließlich auf dem Direktvertrieb, wobei dieser nicht nur auf den Online-Shop und telefonische Beratungsangebote begrenzt ist, sondern in den 2 Ladengeschäften akustisch optimierte Hörstudios und kompetentes Beratungspersonal umfasst. Durch den Direktvertrieb lassen sich erhebliche Kosteneinsparungen beispielsweise bei entfallenden Händlerspannen, Regalmieten, Werbekostenzuschüssen realisieren (vgl. Ramge 2005, S. 117), wodurch mehr Mittel für qualitativ hochwertige Bauteile zur Verfügung stehen.

Der typische Nubert-Kunde erwartet insbesondere in der Vorkaufphase umfangreiche Informationen, Beratung sowie Möglichkeiten, die Produkte selbst aktiv zu testen. Im Gegensatz zu Kunden, die rein preisorientiert handeln, suchen Nubert-Kunden nach dem für sie optimalen Preis-Leistungs-Verhältnis, setzen sich im Vorfeld des Kaufs sehr intensiv mit dem Angebot auseinander und zeigen damit ein ausgesprochen hohes Involvement. Auch in der Nachkaufphase besteht ein hohes Informations- und Beratungsbedürfnis. Der Großteil der Kunden wünscht auf Grund der sehr positiv empfundenen Qualität von Produkten und Service eine dauerhafte Beziehung zum Unternehmen und weist eine hohe Wiederkauf-, Feedback- und Weiterempfehlungsbereitschaft auf.

Die Nubert electronic GmbH setzt den **Schwerpunkt ihres Kundenbeziehungsmanagements** in den Bereichen **Kommunikation** und **Service**. Größter Wert wird dabei auf Vertrauenswürdigkeit, Ehrlichkeit und Seriosität gelegt, weshalb Nubert überwiegend rationale Werbung mit hohem Informationsgehalt präferiert. Auf diese Weise kann dem Kundenbedürfnis nach umfassenden Informationen entsprochen werden, während gleichzeitig die nötige Vertrauensbasis für eine langfristig profitable Kundenbeziehung gelegt wird. Darüber hinaus ist in diesem Zusammenhang die kompetente und seriöse Beratung per Telefon oder in den Hörstudios zu erwähnen, die primär darauf abzielt, das für den Kunden mit seinen individuellen Bedürfnissen und finanziellen Möglichkeiten **optimale Produkt** zu finden, um eine hohe Kundenzufriedenheit zu erreichen. Dabei bieten 4 parallel angebotene Produktserien mit z.T. modularem Aufbau umfassende Wahlmöglichkeiten sowie Trading-up-Potenziale. Bei der Lautsprecherserie „nuLook" kann z.B. zwischen 32 Designvarianten gewählt werden. Der **Lieferservice** bei Nubert überzeugt durch Schnelligkeit und Zuverlässigkeit. Bei Nichtgefallen der Produkte in der vierwöchigen Testphase bzw. bei Reparaturfällen während der fünfjährigen Garantiezeit veranlasst Nubert deutschlandweit für die Kunden kostenlose Transfers der betroffenen Produkte. Zur Gewährleistung einer schnellen und fachmännischen Instandsetzung reparaturbedürftiger Produkte unterhält Nubert einen eigenen Reparaturservice mit hoch qualifiziertem Personal. Auch kleinere, unbedeutende Mängel werden umgehend auf Kulanzbasis behoben und versetzen die betroffenen Kunden oftmals in Staunen über die bei Nubert tatsächlich gelebte Dienstleistungskultur.

Auch in Bezug auf die **Preispolitik** hebt sich Nubert deutlich von seinen Wettbewerbern ab, da die Produktpreise über den gesamten Produktlebenszyklus stabil gehalten werden. Zudem gewährt Nubert weder Preisvorteile für loyale Kunden (CRM-Pricing) noch kurzfristige Preisnachlässe, um die Preistransparenz, welche das Preisvertrauen fördert und sich positiv auf die Kundenverbundenheit auswirkt, zu erhöhen.

Im Hinblick auf die Bedürfnisse der größtenteils sehr „informationshungrigen", selbstbewussten, kritischen und zugleich stark internetaffinen Zielgruppe erscheint die Homepage von Nubert als ideales Instrument zur Integration von Marketing-, Vertriebs- und Serviceaktivitäten. Als Informations-, Kauf- und Kommunikationsplattform – realisiert durch die Kundenbindungsinstrumente Online-Direktmarketing, Online-Shop und Kundenklub – ist sie ein wesentlicher Erfolgsfaktor des Unternehmens. Das **nuForum** ist mit mehr als 7.600 registrierten Mitgliedern eines der aktivsten Foren der Audio-Branche und bietet Raum für Beratung und Erfahrungsaustausch von Kunden für Kunden bzw. Interessenten. Die Zahl ist innerhalb der letzten 12 Monate um über 1.000 Mitglieder gestiegen. Die enorme Eigendynamik geht von den absolut überzeugten und loyalen Nubert-Kunden aus, bei denen man das Gefühl hat, dass sie nur auf eine Gelegenheit warten, ihrer Begeisterung für die Nubert-Produkte Ausdruck zu verleihen. Die Kundenberichte stellen eine optimale Ergänzung zu den offiziellen Informationsangeboten des Unternehmens dar und fördern zugleich das Zusammengehörigkeitsgefühl der **Nubert-Community**.

Der **After-Sales-Service** hat bei Nubert ebenfalls einen hohen Stellenwert. Über eine kostenlose Rufnummer können die Kunden bei Anfragen oder Problemen direkt das unternehmensinterne Call Center kontaktieren, da im direkten Dialog die gewünschte Problemlösung grundsätzlich schneller herbeigeführt werden kann als durch die Beantwortung von E-Mails. Persönliche, direkte Kommunikation wird also angestrebt. Ziel ist die Erteilung kompetenter Auskünfte und Beratungen sowie die Verwirklichung einer **aktiven Beschwerdepolitik**. Bei einer Überlastung der Hotline rufen die Mitarbeiter im Call Center die betroffenen Kunden schnellstmöglich zurück.

Zusätzlich ist der Kundenkontakt ein wichtiger Bestandteil des Nachkaufmarketing bei Nubert. Durch den elektronischen **nu's Letter** (Newsletter) wird der Kontakt zu bestehenden Kunden und registrierten Interessenten kontinuierlich aufrechterhalten, und neue Produkte und Testergebnisse werden vorgestellt. Zusätzlich erscheint einmal jährlich die Kundenzeitung **Nubert News** mit einer Auflage von etwa 40.000 Stück. Der nu's Letter und die Nubert News sind neben den Anzeigen in Fachzeitschriften die wichtigsten Marketingmaßnahmen. Zusätzlich sucht Nubert aber auch regelmäßig den direkten Kontakt zu seinen Kunden. Beispielsweise findet jährlich der so genannte **nuDay** statt. Im Zuge der Präsentation von Produktneuheiten, einer Betriebsführung und der Abschlussdiskussion „Kunden fragen – Nubis antworten" bietet dieser Tag viele Möglichkeiten für direkte Kundengespräche, wodurch wichtige Informationen über Kundenwünsche und eventuelle Probleme gewonnen werden können. Der nuDay als Kundenkonferenz leistet – ergänzend zu den Forumsbeiträgen und der mit jeder Lieferung verbundenen Feedbackabfrage – einen wichtigen Beitrag zur Marktforschung.

Erst im Jahr 2006 – zu einem Zeitpunkt als die beschriebenen Kundenbindungsinstrumente bereits realisiert waren – wurde bei Nubert ein **CRM-System** eingeführt. Ziel dieser Software zur Unterstützung des Kundenbeziehungsmanagements war unter anderem der Aufbau einer kompletten **Kundenhistorie**. Die kundenbezogenen Daten werden also in einer zentralen Datenbank gespeichert, so dass Kundenstammdaten und Informationen zum Zeitpunkt des letzten Kaufs, zu Retouren, zur Kaufhäufigkeit, zu Reklamationen bzw. Beschwerden und zu Kundenanfragen jederzeit abrufbar sind. Allerdings werden weitere Funktionalitäten des CRM-Systems nur begrenzt genutzt, da es vor allem an qualifiziertem Personal mangelt: Zum einen sind die zeitlichen Kapazitäten der vorhandenen Mitarbeiter für zusätzliche Aufgaben des Kundenmanagements sehr knapp, und es wären entsprechende Schulungen für den Umgang mit der Software nötig. Zum anderen erscheint auch die Verstärkung des Teams um auf das Kundenmanagement spezialisierte Arbeitskräfte nicht gerechtfertigt, da Zweifel bestehen, ob diese Mehrkosten durch die potenziellen Umsatzsteigerungen überkompensiert werden könnten. Damit wurde zwar ein kostenintensives CRM-System eingeführt, das jedoch deutlich hinter seinen Möglichkeiten zurückbleibt und das Kundenbeziehungsmanagement (noch) nicht optimal unterstützt. Dennoch lassen die weit überdurchschnittliche Kundenzufriedenheit, die von den Kunden regelmäßig geäußerte Loyalität und Verbundenheit mit dem Unternehmen sowie die Bereitschaft, das Unternehmen weiterzuempfehlen, den Schluss zu, dass Nubert in Bezug auf das Kundenbeziehungsmanagement bisher einen vorbildhaften Weg beschritten hat. Der direkte Kontakt zum Kunden, die hohe Klang- und Verarbeitungsqualität der Lautsprechersysteme, die kompromisslose Kundenfreundlichkeit sowie der Direktvertrieb sind die bedeutendsten Wettbewerbsvorteile mit hohem Differenzierungspotenzial.

Eine Weiterentwicklungsmöglichkeit ist aber mit Sicherheit noch gegeben: Bei dem Unternehmen werden bisher alle Kunden ohne Berücksichtigung ihres Umsatzvolumens gleich gut bedient und dabei alle Marketing-Mix-Maßnahmen einheitlich allen Kunden angeboten. Eine **wertorientierte Kundensegmentierung**, zumindest nach dem Kauf, als Grundlage für unterschiedliche Betreuungs- und Bindungsmaßnahmen erscheint hier deshalb zielführend.

Vor dem Hintergrund dieses konkreten Unternehmensbeispiels lässt sich Folgendes festhalten: Mittelständische Unternehmen haben oft erheblichen Nachholbedarf in Bezug auf ein wertorientiertes Kundenbeziehungsmanagement, so dass es auch deshalb sinnvoll ist, zunächst einzelne Instrumente gezielt entsprechend der Nutzenpräferenzen der Kunden und entsprechend der im Unternehmen vorhandenen Ressourcen einzusetzen sowie die grundlegenden Strukturen für eine Kundendatenbank und vor allem auch eine kundenorientierte Unternehmenskultur auszubauen, bevor in einem nächsten Schritt die Einführung von CRM-Systemen forciert werden kann.

Bei einem Vorgehen in umgekehrter Reihenfolge ist mit hoher Wahrscheinlichkeit davon auszugehen, dass sowohl die Auswahl als auch die Einführung von kompletten CRM-Systemen die fachlichen Kompetenzen der Entscheidungsträger und die verfügbaren Ressourcen deutlich überfordern würde. Dadurch wäre von vornherein fraglich, ob das CRM-System in seinem vollen Umfang genutzt werden kann und inwiefern der gewünschte Erfolg tatsächlich eintritt. Dies hätte zudem einen negativen Effekt auf die bereits angesprochene Akzeptanz.

Aus diesen Gründen sind, wie bereits an früherer Stelle angesprochen, die **Kosten-Nutzen-Relationen** der einzelnen oben vorgestellten Kundenbindungsinstrumente zu untersuchen, wobei explizit die jeweilige Unternehmenssituation, d.h. Ressourcenausstattung und relevanter Kundentyp, zu berücksichtigen ist. Das Ziel ist eine konkrete **Steigerung des Kundennutzens** durch geeignete Instrumente, die den **Unternehmenserfolg nachhaltig fördern**. Kundenbindungsinstrumente, die bei den Kunden keine positive Resonanz finden, führen zu Ressourcenverschwendung ohne Wertgenerierung.

Nachfolgend wird – wie in Abbildung 9 skizziert – eine strukturierte Vorgehensweise vorgestellt, die zum Ziel hat, bei der Ausgestaltung des Kundenbindungsmanagements eine Balance zwischen Kundenorientierung und Wirtschaftlichkeit zu erreichen.

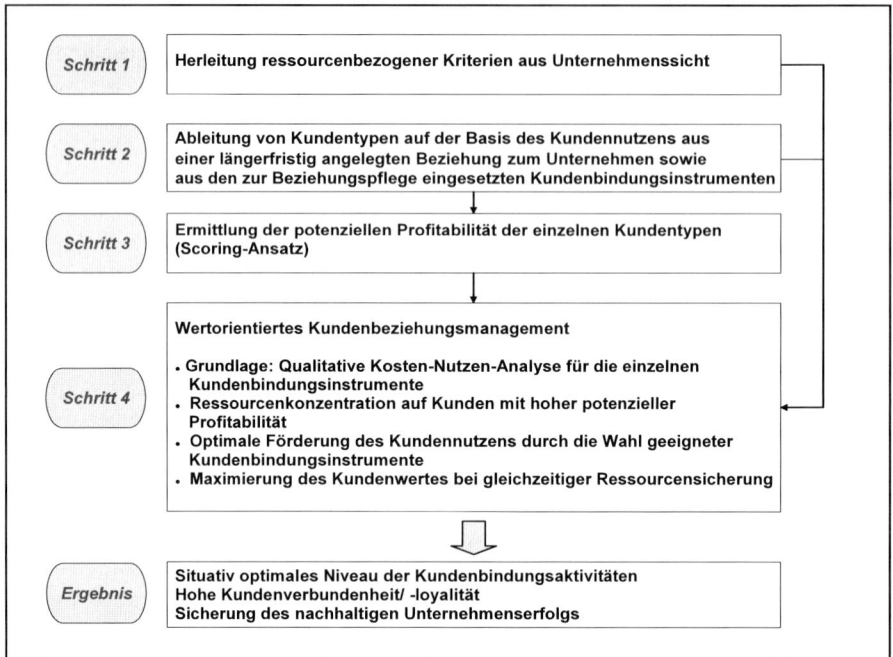

**Abb. 9:** Vorgehensmodell für ein situativ optimales Kundenbindungsmanagement

## 5.1 Schritt 1: Evaluation der Unternehmensressourcen

Ausgehend von der bereits dargestellten mittelstandstypischen **Ressourcenknappheit**, ist aus Unternehmenssicht zunächst eine ressourcenorientierte Perspektive einzunehmen (vgl. auch Travella 2003, S. 1 und S. 127), wobei insbesondere die Marketingressourcen von Interesse sind. Travella differenziert zwischen personenunabhängigen **Marketingvermögenswerten** sowie personenabhängigen **Marketingkompetenzen** (vgl. Travella 2003, S. 99 ff.). Hervorzuheben ist dabei, dass auch das **Management der Kundenbeziehungen als Marketingkompetenz** eingestuft wird. Außerdem beinhaltet diese Systematik explizit mittelstandsspezifische Bezugspunkte, was zur Folge hat, dass primär dem Unternehmer, aber auch allen **Mitarbeitern** eine große Bedeutung als **Träger von Marketingkompetenzen** zukommt. Marketingbudget und -infrastruktur, also z.B. IKT, CRM-Systeme, Datenbanken, Verkaufslokale, Besprechungsräume, sind kritische Ressourcenkategorien, da eine begrenzte Verfügbarkeit unterstellt wird. Abbildung 10 stellt die Wirkungsbeziehungen zwischen den einzelnen Marketingressourcen dar und verdeutlicht, dass alle Ressourcenkategorien letztlich direkt oder indirekt vom Marketingbudget abhängen.

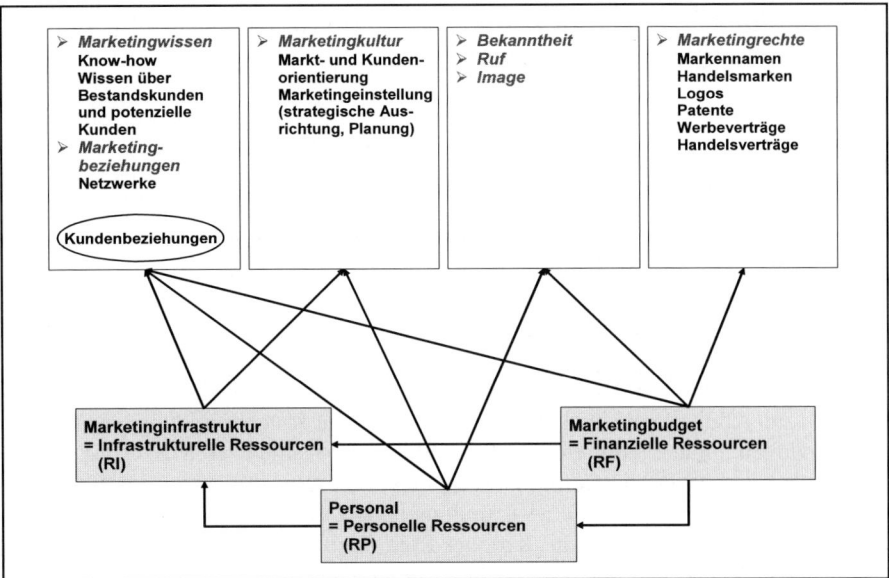

**Abb. 10:** Wirkungsbeziehungen der Marketingressourcen

Eine Reduktion der Marketingressourcen auf das Marketingbudget als ausschließliches Kriterium erscheint jedoch nicht zielführend, da dies die Aussagekraft der nachfolgenden Analysen erheblich einschränken würde. Es soll aber auch bewusst auf eine zu tief greifende Differenzierung der Marketingressourcen verzichtet werden. Vielmehr ist die Praktikabilität und Nachvollziehbarkeit für mittelständische Unternehmer durch die Wahl eines theoretisch fundierten, aber zugleich pragmatischen Ansatzes, sicherzustellen. Daher wird nachfolgend eine **Dreiteilung der Marketingressourcen in Marketingbudget, Marketinginfrastruktur und Personal** vorgenommen. Um Zuordnungsprobleme zu vermeiden, wird davon ausgegangen, dass das Marketingbudget keine Finanzmittel für die Marketinginfrastruktur bzw. das Personal umfasst, so dass diese separat und direkt der entsprechenden Ressourcenkategorie zuzurechnen sind. Darüber hinaus wird unterstellt, dass Bekanntheit, Ruf und Image des Unternehmens sowie eventuelle Marketingrechte bereits hinreichend existent sind und durch Kundenbindungsinstrumente lediglich unterstützt bzw. verstärkt werden können. Damit bezieht sich das Marketingbudget letztlich einzig auf Finanzmittel zur konkreten Realisierung von Kundenbindungsinstrumenten, wie z.B. auf den Druck der Kundenzeitschrift. Entsprechend dieser 3 Kategorien sind die vorhandenen und potenziell verfügbaren Unternehmensressourcen für das Marketing zu erfassen und gezielt aufzuteilen respektive einzusetzen.

## 5.2 Schritt 2: Kundenbezogene Nutzenkriterien als Basis für die Ableitung von Kundentypen

Nachfolgend ist der Fokus klar auf den Nutzen aus Kundensicht ausgerichtet, da – wie oben dargestellt – ein hoher Kundennutzen über Kundenzufriedenheit zu Kundenverbundenheit führt und die angestrebten ökonomischen Wirkungen für das Unternehmen realisiert werden können. Hauptkriterium der vorgesehenen Kundensegmentierung ist der Kundennutzen aus einer **stabilen, längerfristig angelegten Beziehung** mit dem Unternehmen sowie aus den zur Pflege dieser Beziehung eingesetzten Instrumenten. Kunden, deren Verhalten und Nutzeneinschätzung weitestgehend homogen sind, werden zu Kundentypen zusammengefasst, so dass keine Nutzenbetrachtung für einzelne Kunden erfolgt.

Es liegt auf der Hand, dass der Nutzen einer stabilen Beziehung zum Unternehmen im Allgemeinen und der Nutzen einzelner Kundenbindungsinstrumente im Speziellen situativ vom Branchenkontext und vor allem vom **Kundentyp** abhängt, also dessen **Bezug zum Produkt bzw. zur Dienstleistung** des Unternehmens (vgl. Grönroos 2000, S. 35 f. und auch Belz et al. 1998, S. 42 ff.) und seinem **Involvement-Niveau** (vgl. Kroeber-Riel/ Weinberg 2003, S. 621 ff.; Töpfer 2007, S. 852). Das Ad-hoc-Involvement steigt typischerweise mit zunehmender Leistungskomplexität, mit der Anzahl der verfügbaren Alternativen, mit der Wertigkeit der Leistung und dem damit verbundenen höheren Risiko für den Käufer, mit dem Neuheitsgrad und der persönlichen Identifikation des Käufers mit der Leistung (vgl. Deimel 1989, S. 154 f.; Trommsdorff 2004, S. 320 f.).

Als Ausgangspunkt für diese nutzenbezogene Betrachtung dient eine Analyse von Grönroos, in der er sich insbesondere mit den Kontaktbedürfnissen unterschiedlicher Kundentypen auseinander gesetzt hat. So unterscheidet er den **transaktionalen, den passiv relationalen und den aktiv relationalen Kundentyp** (vgl. Grönroos 2000, S. 35 f.). Aktiv und passiv relationale Kunden sind im Gegensatz zum transaktionalen Kundentyp beziehungsorientiert und nicht nur kaufepisodenorientiert eingestellt. Sie differieren primär hinsichtlich ihrer Risikoeinschätzung: Während für aktiv relationale Kunden das dominante Risiko einer Kaufentscheidung in der Komplexität des Produktes, der schwer zu beurteilenden Qualität und der relativ großen Anzahl potenzieller Alternativen liegt, überwiegt für passiv relationale Kunden das Risiko eines unzureichenden Service/ Support und damit verbundenen – zumeist finanziellen – Konsequenzen durch Ausfallzeiten bei Problemen während der Nutzungsphase.

**Passiv relationale Kunden** prüfen in der Vorkaufphase schwerpunktmäßig, inwiefern effektive Interaktionsmöglichkeiten mit dem Unternehmen zur schnellen Behebung von Problemen bereitstehen. Dabei genügt diesen Kunden allein das Wissen um existierende Informations- und Supportangebote, die bei Bedarf in Anspruch genommen werden können. Daher werden oft gewohnheitsmäßige Wiederholungskäufe beim selben Unternehmen getätigt, wenn vorangegangene Käufe zufrieden stellend abgelaufen sind, die erwarteten Interaktionsmöglichkeiten vorhanden waren und eventuell aufgetretene Probleme umgehend gelöst wurden. Passiv relationale Kunden weisen damit tendenziell ein niedrigeres Involvement-Niveau als aktiv relationale Kunden auf und verhalten sich unter den genannten

Bedingungen loyal gegenüber einem Unternehmen, so dass Beziehungsbestrebungen der Unternehmen oft als lästig empfunden werden (vgl. Hansen 2006, S. 155). Auf die problembezogene Interaktion fokussierte Kunden finden sich insbesondere in Investitionsgütermärkten mit hochstandardisierten Produkten, die qualitativ kaum unterscheidbar sind, aber im Problemfall ein hohes Ausfallrisiko für den Kunden beinhalten.

**Aktiv relationale Kunden** dagegen erwarten vom Unternehmen umfassende individualisierte Interaktionsmöglichkeiten (vgl. Grönroos 2000, S. 35 f.) in der Vorkauf- und Kaufphase, die mit ihrem hohen Involvement korrespondieren. Dieser Kundentyp sucht engagiert nach detaillierten sachlichen Argumenten, um durch umfassende Vergleiche und intensives Abwägen eine optimale Entscheidung treffen zu können. Das primäre Interesse gilt dem persönlichen Verkaufsgespräch mit kompetenter Beratung, der hohen Produktqualität sowie dem attraktiven Preis-Leistungs-Verhältnis. In der Regel werden nachkaufbezogene Informations- und Supportangebote als selbstverständlich betrachtet und haben deshalb im Vergleich zu den kaufentscheidenden Interaktionen einen deutlich geringeren Effekt auf den Kundennutzen. Aktiv relationale Kunden weisen bei erfolgreichem Beziehungsverlauf eine hohes Cross-Buying- und Weiterempfehlungspotenzial auf und finden sich vorwiegend in Investitionsgüter- und Dienstleistungsmärkten, aber auch im Konsumgüterbereich, wenn es sich um hochwertige Güter mit langer Nutzungsdauer handelt.

Als Zwischenergebnis können auf der Basis der unterschiedlichen Kategorien des angestrebten Kundennutzens mehrere Kundentypen differenziert werden, die in wesentlichen Teilen unterschiedliche Kundennutzenprofile nach ihren subjektiven Präferenzen aufweisen. Die angestrebten Kategorien des Kundennutzens können durch einzelne Kundenbindungsinstrumente mehr oder weniger stark realisiert werden.

Zunächst werden die 3 bereits angesprochenen Kundentypen unterschieden, nämlich beziehungsorientierte, also relationale, Kunden mit einer passiven oder aktiven Ausrichtung und transaktionale, also nur am Verkaufsakt interessierte Kunden. Sie unterscheiden sich nach ihren gültigen **Nutzenpräferenzen**, die durch Kundenbindungsinstrumente realisiert werden sollen. Generell gilt, dass transaktionale Kunden deutlich weniger Kundenbindungsinstrumente erwarten bzw. anstreben als relationale Kunden.

Untersucht man die Prioritäten der 3 Kundentypen bei den einzelnen Kundennutzenkategorien, dann lassen sich die in Abbildung 11 aufgeführten 5 Kundentypen unterscheiden, die dadurch zu Stande kommen, dass aktiv relationale Kunden sowie transaktionale Kunden jeweils 2 Unterkundengruppen aufweisen, die unterschiedliche Kundennutzenprofile besitzen.

- **Passiv relationale Kunden (K1)** weisen ein Kundennutzenprofil auf, das die Präferenzen auf eine **problembezogene Interaktion** legt. Wesentliche Aussagen hierzu, die im entsprechenden Teil der Abbildung 11 zusammengefasst sind, wurden vorstehend bereits gemacht.
- **Aktiv relationale Kunden** lassen sich im Hinblick auf die jeweils wesentlichen Nutzenpräferenzen unterscheiden nach den Kunden, die eine **kontinuier-**

**liche Interaktion (K2)** anstreben, und nach den Kunden, denen es primär um eine **Prestigedemonstration (K3)** geht.

| Relationale Kunden | | Transaktionale Kunden |
|---|---|---|
| Passiv | Aktiv | |
| **Problembezogene Interaktion (K1)** | **Kontinuierliche Interaktion (K2)** | **Preisorientierung/ No-Frills-Angebote (K4)** |
| - Individuelle Interaktionsmöglichkeiten im Problemfall<br>- Kundendienst und Beschwerdepolitik absolut wichtig<br>- Schnelle Problemlösung<br>- Gewohnheitskäufe, wenn unkomplizierte Problemlösung erfolgt<br>- Keine Werbeaktionen oder vom Unternehmen initiierte Interaktion erwünscht | - Hohes Involvement<br>- Aktive Interaktion zu Informationszwecken/ zur Entscheidungsfindung<br>- Hohe Produktqualität bei attraktivem Preis-Leistungs-Verhältnis<br><br>**Presigedemonstration (K3)**<br><br>- Persönliche Identifikation mit dem Produkt, hohes Involvement<br>- Soziale Anerkennung durch das Produkt<br>- Wunsch zur Integration in Kundenklub<br>- Preis nicht kaufentscheidend | - Klar preisdominierte Kaufentscheidung<br>- Tendenziell geringes Involvement<br>- Keine Bindung an einzelne Unternehmen, außer bei expliziter Niedrigpreisstrategie<br><br>**Varriety Seeking (K5)**<br><br>- Streben nach Abwechslung<br>- Sehr geringe Beziehungsbereitschaft<br>- Leistungsindividualisierung und Erlebniskonsum<br>- Impulskäufe |

**Abb. 11:** Kundentypologie differenziert nach Kundennutzenkategorien

Da vorstehend ebenfalls bereits Ausführungen zum Kundentypus (K2) gemacht wurden und diese aus Abbildung 11 nachvollziehbar sind, wird im Folgenden vor allem auf die Abgrenzung der Kundentypen K2 und K3 näher eingegangen. Denn ergänzend zu den von Grönroos dargestellten leistungsbezogenen Interaktionsbedürfnissen gewinnen soziale Bedürfnisse zunehmend an Bedeutung (vgl. Diller/ Haas/ Ivens 2005, S. 249). Bei einer hohen **persönlichen Identifikation** der Kunden mit dem Produkt bzw. der Dienstleistung besteht oft der Wunsch zur **Integration in eine Gemeinschaft** (z.B. Kunden-/ Fanklub, User Group, VIP-Klub). Grundlage hierfür kann einerseits ein **hohes Involvement in Bezug auf die Leistung** sein, so dass der Austausch mit anderen Kunden nur aus diesem Grunde angestrebt wird. Diese Kunden sind dann dem Kundentypus (K2) zuzuordnen, für den eine kontinuierliche Interaktion wichtig ist.

Andererseits können auch **Prestigegründe** für die Wichtigkeit sprechen, zu einer bestimmten Nutzergruppe zu gehören, wie es beispielsweise bei Lifestyle-Produkten/ -Dienstleistungen zu beobachten ist. Bei entsprechender Prestigeeignung der angebotenen Marktleistung ist der Preis kein limitierendes kaufentscheidendes Kriterium, da Prestige oftmals gerade durch hohe Preise ausgedrückt werden kann. Das Ziel dieses Kundentypus ist, damit zu demonstrieren, dass er zur Gruppe der Nutzer eines bestimmten Produktes gehört und dann auch zu dem entsprechenden Nutzerzirkel im Rahmen von Kundenklubs gehö-

ren will (vgl. Trommsdorff 2004, S. 128). Er wird als Kundentypus mit dem Ziel der Prestigedemonstration (K3) bezeichnet. Beispiele sind die Besitzer von Harley-Davidson Motorrädern, Oldtimern oder Rennbooten.
- **Transaktionale Kunden** sind, wie bereits angesprochen, in Bezug auf ihre wesentlichen Präferenzen anders ausgerichtet. Unterscheiden lassen sich 2 Untergruppen.

Der Kundentypus mit der Präferenz einer **Preisorientierung** und von **No-Frills-Angeboten (K4)** weist tendenziell ein geringes Involvement auf und hat nur aufgrund des Niedrigpreisangebotes eine Bindung an ein Unternehmen. Die Preisorientierung ist erfahrungsgemäß bei geringwertigen Gütern und Gütern des täglichen Bedarfs am stärksten gegeben, so dass insbesondere die Konsumgüterindustrie stark von transaktionsorientierten Kunden geprägt ist. Eine zumindest mittelfristige Beziehungsbereitschaft dieser Kunden ist nur wahrscheinlich, wenn es dem Unternehmen gelingt, eine Dauerniedrigpreisstrategie zu realisieren, die im Wesentlichen auf No-Frills-Angebote fokussiert ist. Auch modulare Angebote tragen dazu bei, dass Kunden genau das mit ihren Bedürfnissen und ihrer Zahlungsbereitschaft korrespondierende Leistungspaket auswählen können.

Der 2. Kundentypus transaktionaler Kunden legt die Präferenz auf das Phänomen des **Variety Seeking (K5)**. Da er vom Streben nach Abwechslung (vgl. Peter 1999, S. 99 ff.) dominiert wird, besteht lediglich eine sehr geringe Beziehungsbereitschaft. Das ausgeprägte Bedürfnis nach Abwechslung steht oft in engem Zusammenhang mit Erlebniskonsum und Leistungsindividualisierung. Damit einhergehend kommt es häufig zu Impulskäufen, die der Stabilität einer Kundenbeziehung entgegenwirken. Deshalb können selbst bei hoher Zufriedenheit und konstanten Präferenzen **kurz- bis mittelfristig Anbieterwechsel** erfolgen (vgl. Trommsdorff 2004, S. 130), was im Ergebnis die Beziehungsbereitschaft dieser Kunden auf einem sehr geringen Niveau hält. Eine partielle Gegensteuerung wäre beispielsweise durch das Angebot vielfältiger Produktvarianten, frei wählbarer Module und VAS sowie emotionaler Werbeaktionen am Point of Sale denkbar. Variety Seeking ist insbesondere in Konsumgütermärkten bei geringwertigen Verbrauchsgütern zu beobachten, wobei vermehrt auch in anderen Branchen dieses Phänomen als spezifisches Kundenverhalten auftritt (vgl. Helmig 1999, S. 105 f.; Peter 1999, S. 101 f.).

Das real zu beobachtende Kundenverhalten legt nahe, dass sich diese Kundentypen aufgrund des zunehmend hybriden Kaufverhaltens nicht zwingend gegenseitig ausschließen. Dem haben auch mittelständische Unternehmen bei ihren Kundenbindungsaktivitäten Rechnung zu tragen. Ausgehend von dem jeweiligen Profil dominanter Nutzenkriterien für Kunden kann dennoch davon ausgegangen werden, dass die überwiegende Zahl von Kunden relativ genau einem Kundentypus der oben dargestellten Klassifikation zugeordnet werden kann. Für mittelständische Unternehmen kommt es deshalb darauf an, nicht nur in der Geschäftsleitung, sondern in allen Bereichen mit Kundenkontakt das Wissen um die bei dem eigenen Unternehmen einfach unterscheidbaren Kundentypen zu verbessern und dann auch bei allen Kundenkontakten die Wahrnehmung zur aussagefähigen Einordnung der Bestandskunden zu erhöhen. Hier kommt es also nicht auf teure Software-Lösungen an, sondern auf einen klaren Kriterienkatalog und die konsequente und regelmäßige Einordnung der eigenen Kunden. Dabei ist klar, dass Kunden sich in ihrem Anspruch, Niveau und vor allem auch finanziellen Budget verändern bzw. weiterentwickeln können, so dass sie in höhere respektive werthaltigere Kundengruppen „wandern" können.

### 5.3 Schritt 3: Potenzielle Profitabilität der Kundentypen aus Unternehmenssicht

Eine fortschrittliche Kundenbewertung – z.B. mit dem klassischen **Customer Lifetime Value (CLV)**- oder dem neueren **Customer Lifetime Equity-Konzept** – basiert einerseits auf qualitativen Kriterien in Form der oben genannten Kundennutzenkategorien, für die sich dominante Präferenzprofile bilden lassen. Andererseits sind im Interesse der Aussagefähigkeit aber auch quantitative Kriterien hinzuziehen, die eine Aussage zur Profitabilität der einzelnen Kundentypen zulassen. Beide Arten von Kriterien auf einem unterschiedlichen Skalenniveau lassen sich in einem **Scoring-Modell** gemeinsam nutzen respektive aggregieren (vgl. Pufahl/ Laux/ Gruhler 2006, S. 97 ff.). In mittelständischen Unternehmen werden beide Arten von Kundendaten nicht oder nur sehr beschränkt zur Verfügung stehen.

Im Folgenden wird die Klassifizierung der 5 Kundentypen auf der Basis ihrer **qualitativen Präferenzprofile** nach den daraus plausibel ableitbaren **Profitabilitätsunterschieden** untersucht. Der Kundenwert aus Unternehmenssicht wird dabei in sein Transaktions- und Relationspotenzial unterteilt (vgl. Hippner 2006, S. 27 f.), wobei hier vereinfachend eine Spezifikation anhand von jeweils 2 qualitativen Kriterien erfolgt. In der Unternehmenspraxis sind im konkreten Anwendungsfall dann quantifizierbare Unterkriterien für ein detailliertes Scoring zu definieren (vgl. Schemuth 1996, S. 84 ff.; auch Henseler/ Hoffmann 2003, S. 50 ff.). Das vereinfachte Scoring-Modell ist in Abbildung 12 wiedergegeben.

Nachstehend werden die inhaltlichen Argumente ausgeführt, die für die Gewichtung und Bewertung der einzelnen Kriterien sowie ihrer Ausprägungen bei den verschiedenen Kundentypen maßgeblich waren.

Es ist davon auszugehen, dass Erlöse aus Wiederkäufen und vom Kunden erhaltene Informationen in Form von Feedback, aber auch Beschwerden (Informationspotenzial) einen höheren **Einfluss auf den Kundenwert aus Unternehmenssicht** haben als die Erlöse aus Cross-Buying und die mit positiven Referenzen verbundenen Vorteile, wie z.B. die Unterstützung der Neukundengewinnung (Referenzpotenzial). Der Grund für den höheren Einfluss ist primär der **Zeithorizont**, in dem die Kundenwertpotenziale i.d.R. realisiert werden. Der dem CLV-Konzept zu Grunde liegenden Annahme, dass zukünftige Aus- und Einzahlungen weniger wert sind als gegenwärtige, soll im hier vorgestellten Scoring-Modell durch eine entsprechend **höhere Gewichtung** Rechnung getragen werden.

|  |  | K1 | K2 | K3 | K4 | K5 |
|---|---|---|---|---|---|---|
|  | Gewichtung |  |  |  |  |  |
| *Transaktionspotenzial* |  |  |  |  |  |  |
| Erlös aus Wiederkäufen | 0,3 | 3 | 3 | 3 | 1 | 2 |
| Erlös aus Cross-Buying | 0,2 | 2 | 3 | 2 | 1 | 1 |
| *Relationspotenzial* |  |  |  |  |  |  |
| Informationspotenzial | 0,3 | 2 | 3 | 3 | 1 | 1 |
| Referenzpotenzial | 0,2 | 1 | 3 | 2 | 1 | 1 |
| Score |  | 2,1 | 3 | 2,6 | 1 | 1,3 |

| Legende: | K1 ... Problembezogene Interaktion |
|---|---|
|  | K2 ... Kontinuierliche Interaktion |
|  | K3 ... Prestigedemonstration |
|  | K4 ... Preisorientierung und No-Frills-Angebote |
|  | K5 ... Variety Seeking |
| Score: | 1 ... Gering |
|  | 2 ... Mittel |
|  | 3 ... Hoch |

**Abb. 12:** Scoring-Ergebnis zur Einschätzung der Kundenprofitabilität

Das **Transaktionspotenzial** der 3 relationalen Kundentypen (K1-K3) kann im Hinblick auf Erlöse aus Wiederkäufen generell höher eingeschätzt werden als bei den beiden Typen transaktionaler Kunden (K4, K5), da eine stabile Beziehungsbereitschaft vorliegt und tendenziell weniger Störfaktoren existieren, die zu einem umgehenden Abbruch der Beziehung zum Unternehmen führen. Wiederkäufe der Variety Seeker (K5) werden dagegen nur getätigt, wenn umfassende Möglichkeiten zur Produktvariation bestehen. Preisorientierte Kunden (K4) erwarten bezogen auf die Höhe und die Zeitdauer stabile Dauerniedrigpreise, um dem Unternehmen zumindest kurz- bis mittelfristig treu zu bleiben. Der Erlös aus Wiederkäufen ist hier also noch geringer, falls keine konsequente Dauerniedrigpreisstrategie realisiert wird. Die Kundentypen K1 und K3 bzw. K2 weisen aufgrund ihrer Beziehungsbereitschaft ein mittleres bzw. hohes Cross-Buying-Potenzial auf, während dies bei den Kundentypen K4 und K5 eher gering eingeschätzt werden muss.

Bezüglich des **Relationspotenzials** ist die Bereitschaft zur Abgabe von Informationen an das Unternehmen, um eine Verbesserung oder Anpassung von Leistungen bzw. Services an individuelle Bedürfnisse zu erreichen, bei den aktiv relationalen Kunden (K2, K3) am stärksten. Der Beitrag der passiv relationalen Kundengruppe (K1) ist im Vergleich dazu deutlich geringer, da diese Kunden wegen der ihnen unterstellten Passivität nicht hinreichend motiviert sind, eine selbst initiierte Interaktion mit dem Unternehmen zu verfolgen. Außerdem wird auch keine Individualisierung erwartet. Die beiden transaktionalen Kundengruppen K4 und K5 sehen aufgrund ihrer anderen Nutzeneinstellungen keinen Bedarf für eine gezielte Interaktion mit dem Unternehmen. Im Hinblick auf das Referenzpotenzial ist wiederum die aktiv relationale Kundengruppe K2 mit einer kontinuierlichen Interaktion führend, während die übrigen Kundentypen auch bei Zufriedenheit tendenziell eher nicht dazu neigen, das Unternehmen positiv weiterzuempfehlen. Bei Kunden, die eine Prestigedemonstration (K3) anstreben, ist davon auszugehen, dass sie eine hinreichende Exklusivität des Angebots für ihre Prestigedemonstration anstreben und deshalb das Produkt nur selten freiwillig weiterempfehlen werden. Allerdings ist der indirekte Referenzwert, der von prestigeträchtigen Produkten ausgeht, mit denen sich dieser Kundentypus mit dem Ziel der Prestigedemonstration explizit zur Schau stellen will, nicht zu unterschätzen. Des Weiteren wirkt die Prestigedemonstration in einem kleinen exklusiven Nutzerkreis (Kundenklub) ebenfalls eher positiv. Dies alles zusammen führt zu dem Scoring-Wert 2.

Die in Abbildung 12 dargestellte Scoring-Tabelle zeigt anhand der zu Grunde gelegten Aussagen deutlich, dass die Gruppen K2 und K3 die höchsten Scoring-Summenwerte und damit das vermutete höchste **Profitabilitätsniveau** aufweisen.

Im Sinne der Ressourcenkonzentration sollten sich die Kundenbindungsaktivitäten eines Unternehmens daher auf diese Kundentypen fokussieren. Es folgen die Kundengruppe K1 mit einer mittleren Profitabilität und schließlich die Kundentypen K4 und K5 mit eher geringer Profitabilität. Auch wenn diese Ergebnisse nur auf qualitativen Einschätzungen beruhen, besitzen sie dennoch richtungsweisenden Charakter für die Ausgestaltung der Kundenbindungsprogramme je nach den dominanten Kundentypen des Unternehmens. Eine Analyse und Bestätigung bezogen auf die konkrete Unternehmenssituation und das beobachtbare Kundenverhalten schafft in jedem Einzelfall jedoch erst Klarheit.

### 5.4 Schritt 4: Realisierung eines situativ optimalen Niveaus der Kundenbindungsaktivitäten

Auf dieser Basis lässt sich in einem nächsten Schritt ein Kriterienraster entwickeln, das – in Fortführung des Schrittes 4 der Abbildung 9 – in 2 Dimensionen den **Kundennutzen der einzelnen Kundenbindungsinstrumente** einerseits und die dadurch bewirkte **Profitabilität einzelner Kundentypen für das Unternehmen** andererseits gegenübergestellt und bewertet. Die Bewertung erfolgt dabei jeweils vor dem Hintergrund der im Unternehmen zur Verfügung stehenden Ressourcen.

Durch die Gegenüberstellung des Ressourceneinsatzes aus Unternehmenssicht und des potenziellen Kundennutzens lassen sich dann **Handlungsempfehlungen** für die Ausgestaltung der Kundenbindungsaktivitäten mit dem Ziel maximaler Profitabilität ableiten. Dabei ist zu beachten, dass hier die für einzelne Instrumente benötigten Ressourcen instrumentspezifisch und unabhängig vom Kundentyp sind. In der Unternehmenspraxis können allerdings abweichende Gegebenheiten auftreten. Zur **Bewertung des Kundennutzens** bietet sich beispielsweise eine dreistufige Skala an, um die Differenzierung eines geringen (0), mittleren (+) und hohen (++) Nutzenniveaus zu ermöglichen. Für eine grundlegende Gestaltung der Kundenbindungsinstrumente kann es zunächst ausreichend sein, den **Aufwand bezüglich der Ressourcenkategorien** lediglich qualitativ zu umschreiben. Für umfassende Investitionen sind jedoch quantitative Schätzungen des Aufwands unverzichtbar.

Die **Ergebnisse dieser Kosten-Nutzen-Analyse** lassen sich – wie in Abbildung 13 dargestellt – wie folgt visualisieren: Die **Abszissenachse** bildet die potenzielle Profitabilität der Kunden aus Unternehmenssicht ab, auf die sich dann die analysierten 5 unterschiedlichen Kundentypen einordnen lassen. Falls in einem Unternehmen mehrere Kundentypen existieren, ist so eine Priorisierung der Kunden entsprechend ihrer Profitabilität möglich.

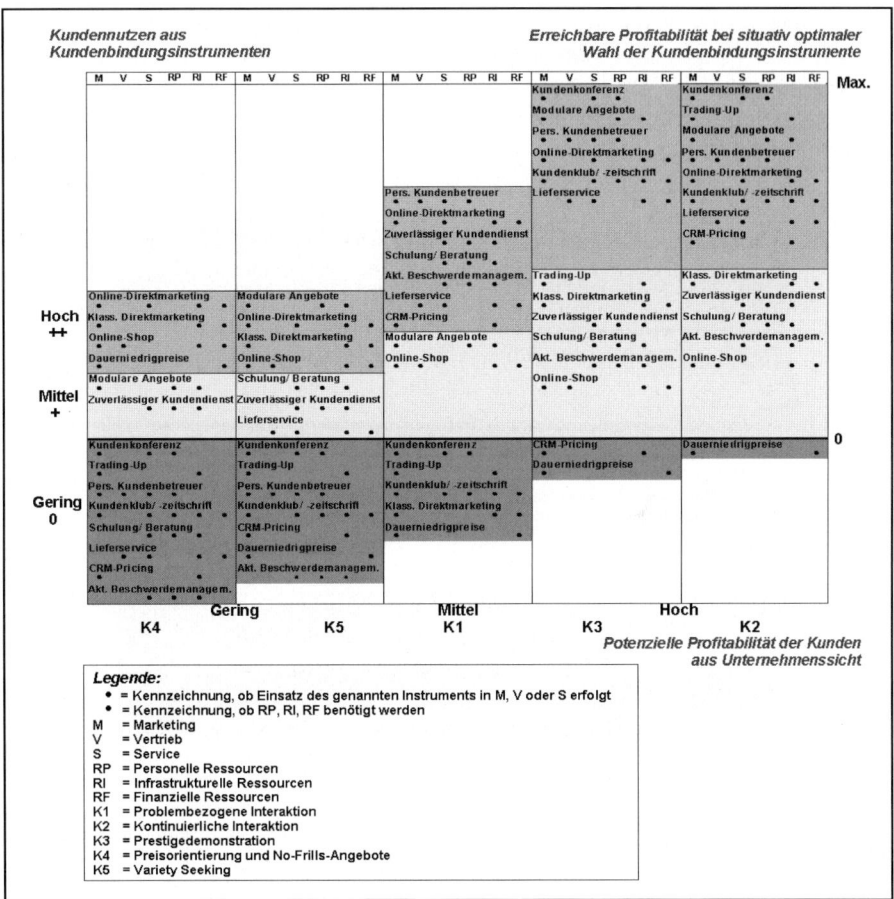

**Abb. 13:** Ergebnisse der qualitativen Kosten-Nutzen-Analyse

Auf der **Ordinatenachse** wird der Kundennutzen der einzelnen Kundenbindungsinstrumente – entsprechend der oben verwendeten Unterteilung (gering/ mittel/ hoch) – abgetragen. Hieraus lässt sich eine Typologie der Instrumente nach den 3 Niveaus des Kundennutzens (Ordinate) für die einzelnen Kundentypen (Abszisse) ableiten und im Hinblick auf die sich ergebenden jeweiligen Gruppen von Kundenbindungsinstrumenten mit gleichem Nutzenniveau bewerten. In der Abbildung 13 sind diese Nutzenniveaus unterschiedlich gekennzeichnet.

Die Bedeutung der einzelnen Nutzenniveaus der jeweils zugeordneten Kundenbindungsinstrumente ist in Abbildung 14 veranschaulicht. Die Zusammensetzung dieser Gruppen von Kundenbindungsinstrumenten variiert in Abhängigkeit vom Nutzen des Kundenbindungsinstrumentes für den jeweils betrachteten Kundentypus. Es ist offensichtlich, dass es nicht auf die Realisierung aller Instrumente der Gruppen 1 und 2 ankommt, sondern vielmehr auf die gezielte Auswahl von Kundenbindungsinstrumenten in Abhängigkeit von den Nutzenpräferenzen des jeweiligen Kundentypus und in Abhängigkeit von den zur Verfügung stehenden Unternehmensressourcen. Dabei ist vor allem auf eine koordinierte Vorgehensweise zu achten, um den Interdependenzen zwischen den einzelnen Instrumenten der Gruppen 1 und 2 Rechnung zu tragen.

**Gruppe 1: Kundenbindungsinstrumente mit *hohem* Kundennutzen**
- Aufbau von Kundenverbundenheit/ -loyalität auf hohem Niveau
- Absicherung durch Instrumente der Gruppe 2 nötig, die oft als Standard vorausgesetzt werden und deren Abwesenheit zu Störungen der Kundenverbundenheit/ -loyalität führen kann

**Gruppe 2: Kundenbindungsinstrumente mit *mittlerem* Kundennutzen**
- Nachhaltige Sicherung der Kundenverbundenheit/ -loyalität, die durch Instrumente der Gruppe 1 aufgebaut wurde
- Alternativ bei Abwesenheit von Instrumenten der Gruppe 1: Aufbau von Kundenverbundenheit/ -loyalität auf niedrigerem Niveau (im Vergleich zu Instrumenten der Gruppe 1)?

**Gruppe 3: Kundenbindungsinstrumente mit *geringem* Kundennutzen**
- Keine positive, z.T. sogar negative Auswirkung auf die Kundenverbundenheit/ -loyalität
- Realisierung dieser Instrumente, würde dem Prinzip der Ressourcensicherung widersprechen, da dem Ressourcenaufwand kein entsprechender Nutzen gegenübersteht

**Abb. 14:** Instrumentaltypologie für ein situativ optimales Niveau der Kundenbindungsaktivitäten

Mit Hilfe der in Abbildung 13 **rechtsseitig abgetragenen Ordinatenachse** wird die maximal mögliche Profitabilität der Kundengruppen unter der Prämisse einer optimalen Wahl der Kundenbindungsinstrumente veranschaulicht.

Auf eine Differenzierung der Profitabilitätsniveaus zwischen den Kundentypen K4 und K5 bzw. K3 und K2 wird hier verzichtet, da die ermittelten Profitabilitätsunterschiede in der Scoring-Bewertung der Abbildung 12 nur auf qualitativen Einschätzungen beruhen. Deshalb kann ein **stufenartiger Verlauf** unterstellt werden, um zu veranschaulichen, dass mit steigendem Profitabilitätspotenzial (Abszisse) ein höherer realisierbarer Profitabilitätswert (rechtsseitige Ordinate) erreichbar ist. Darüber hinaus wird für jedes in Betracht kommende Instrument der Bedarf an personellen (RP), infrastrukturellen (RI) und/ oder finanziellen (RF) Marketingressourcen abgeschätzt und in der Abbildung durch Punkte markiert (obenseitige Abszisse). Zusätzlich wird angegeben, ob es sich um marketing- (M), vertriebs- (V) oder serviceorientierte (S) Instrumente handelt, um eine Aussage über das Ausmaß der Integration dieser 3 kundenorientierten Prozesse zu ermöglichen.

Oft ziehen **Kunden mit geringem Profitabilitätspotenzial** (K4, K5) den höchsten Nutzen primär aus **Marketingaktivitäten**. Damit ist der Schwerpunkt eindeutig auf ein **transaktionsorientiertes Kundenmanagement** zu legen, so dass keine Ressourcen für Services verwendet werden, die von den Kunden nicht oder nur sehr wenig wertgeschätzt werden. Je höher die potenzielle Profitabilität, desto stärker muss durch **beziehungsorientierte Instrumente** positiv auf die Kundenloyalität/ -verbundenheit eingewirkt werden, um die Kundenwertpotenziale optimal zu heben. Deshalb sind für die Bearbeitung der Kundentypen K3 und K2 verstärkt Kundenbindungsinstrumente notwendig, die sowohl **Marketing- als auch Vertriebs- und Serviceaktivitäten** beinhalten und damit die Integration der 3 wesentlichen kundenorientierten Prozesse fordern. Der Kundentyp K1 stellt einen Sonderfall dar, denn die betroffenen Kunden messen den **Serviceaktivitäten** den größten Nutzen bei.

Mit Hilfe der hier aufgezeigten Vorgehensweise kann einerseits eine gezielte **Ressourcenkonzentration auf (potenziell) profitable Kunden** erfolgen, und andererseits wird der **Zusammenhang zwischen den Instrumenten mit mittlerem und hohen Kundennutzen und deren Wirkungen auf die Kundenverbundenheit/ -loyalität** gegenüber dem Unternehmen aufgezeigt. Im Interesse eines wertorientierten Kundenbeziehungsmanagements lässt sich also ermitteln, welche Instrumente situationsabhängig zu favorisieren sind, um eine maximale Kundenverbundenheit und damit Kundenprofitabilität zu erzielen. Es ist also nicht zwangsläufig immer ein möglichst hohes Niveau der Kundenbindungsaktivitäten sinnvoll, denn abhängig von den Nutzenpräferenzen der einzelnen Kundentypen kann z.B. auch eine überwiegend transaktionsorientierte Ausrichtung des Kundenmanagements oder eine Konzentration auf Serviceinstrumente optimal sein. Dadurch lässt sich die Vernichtung ohnehin knapper Ressourcen vermeiden. Ein weiterer Vorteil dieser Analyse liegt darin, dass das Unternehmen **Wissen über die tatsächlichen Einflussgrößen der Kundenloyalität bzw. -profitabilität** sowie über das Zusammenspiel der einzelnen Kundenbindungsinstrumente erlangt, womit eine gezielte Steuerung des Kundenbindungsaktivitäten bei Veränderungen der Markt- oder Umfeldsituation erheblich erleichtert wird.

# 6 Literatur

*Arnold, U./ Halbleib, M. (1994):* Gebrauchsanleitungen als Kommunikationsinstrument, in: Marktforschung & Management, 38. Jg., 1994, Nr. 3, S. 102-108.
*Auerbach, S./ Bednarczuk, P./ Büttgen, M. (1997):* Ausnahmesituationen beherrschen, in: absatzwirtschaft, 40. Jg., 1997, Nr. 12, S. 78-85.
*Barney, J.B./ Ouchi, W.G. (1986):* Organizational Economics: Toward a New Paradigm for Understanding and Studying Organizations, San Francisco/ London 1986.
*Baulig, C. (2007):* Verleihung des Manufacturing Excellence Award – Werk von Mercedes ausgezeichnet, in: Financial Times Deutschland vom 12.11.2007, S. 8.
*Becker, J. (2006):* Marketing-Konzeption – Grundlagen des zielstrategischen und operativen Marketing-Managements, 8. Aufl., München 2006.
*Behrends, T./ Schier, W. (2000):* Kundenorientierung als Marketingstrategie – Voraussetzungen eines kundenorientierten Mitarbeiterverhaltens, in: Meyer, J.-A. (Hrsg.): Jahrbuch der KMU-Forschung 2000 – Marketing in kleinen und mittleren Unternehmen, München 2000, S. 147-164.
*Belz, C. et al. (1998):* Erkenntnisse zum systematischen Beziehungsmanagement, in: Belz, C. et al. (Hrsg.): Management von Geschäftsbeziehungen – Konzepte, Integrierte Ansätze, Anwendungen in der Praxis, St. Gallen/ Wien 1998, S. 17-126.
*Berger, C. et al. (1993):* Kano's Methods for Understanding Customerdefined Quality, in: Hinshitsu – The Journal of the Japanese Society for Quality Control, 1993, Fall, S. 3-35.
*Berke, J. (2008):* Auf Händen tragen, in: Wirtschaftswoche vom 21.01.2008, S. 50-53.
*Berndt, R. (2006):* Low Budget Marketing für KMU, in: Berndt, R. (Hrsg.): Management-Konzepte für kleinere und mittlere Unternehmen, Berlin/ Heidelberg 2006, S. 199-220.
*Bernecker, M./ Hüttl, F. (2003):* Kundenclus, in: Helmke, S./ Dangelmaier, W. (Hrsg.): Effektives Customer Relationship Management: Instrumente – Einführungskonzepte – Organisation, 3. Aufl., Wiesbaden 2003, S. 155-177.
*Beutin, N. (2008):* Kundenbindung durch Zusatzleistungen (Value-Added Services), in: Bruhn, M./ Homburg, C. (Hrsg.): Handbuch Kundenbindungsmanagement – Strategien und Instrumente für ein erfolgreiches CRM, 6. Aufl., Wiesbaden 2008, S. 347-367.
*Böhler, H./ Riedl, J. (1997):* Handlungsspielräume schaffen, in: absatzwirtschaft, 40. Jg., 1997, Nr. 10, S. 44-50.
*Brendel, M. (2003):* CRM für den Mittelstand – Voraussetzungen und Ideen für die erfolgreiche Implementierung, 2. Aufl., Wiesbaden 2003.
*Bundesministerium für Wirtschaft und Technologie (2008):* Politik für den Mittelstand, Abfrage vom 01.02.2008 unter
http://www.bmwi.de/BMWi/Navigation/mittelstand,did=468.html.
*Bussiek, J. (1994):* Anwendungsorientierte Betriebswirtschaftslehre für Klein- und Mittelunternehmen, München 1994.
*Butscher, S. (1998):* Handbuch Kundenbindungsprogramme & Kundenclubs, Ettlingen 1998.
*Dallmer, H. (2002):* Das System des Direct Marketing – Entwicklungsfaktoren und Trends, in: Dallmer, H. (Hrsg.): Das Handbuch Direct Marketing & more, 8. Aufl., Wiesbaden 2002, S. 3-32.
*Daschmann, H.-A. (1994):* Erfolgsfaktoren mittelständischer Unternehmen – Ein Beitrag zur Erfolgsfaktorenforschung, Stuttgart 1994.
*Davidow, W.H./ Uttal, B. (1991):* Service total – mit perfektem Dienst am Kunden die Konkurrenz schlagen, Frankfurt/ New York 1991.

*Deimel, K. (1989):* Grundlagen des Involvement und Anwendung im Marketing, in: Marketing – Zeitschrift für Forschung und Praxis, 11. Jg., 1989, Nr. 3, S. 153-161.

*Diller, H. (1997):* Preis-Management im Zeichen des Beziehungs-Marketing, Arbeitspapier Nr. 52, Universität Erlangen-Nürnberg, Betriebswirtschaftliches Institut, Lehrstuhl für Marketing, Nürnberg 1997.

*Diller, H./ Haas, A./ Ivens, B. (2005):* Verkauf und Kundenmanagement – Eine prozessorientierte Konzeption, Stuttgart 2005.

*Drosten, M./ Knüwer, T. (1997):* Vom Alptraum ins Traumland, in: absatzwirtschaft, 40. Jg., 1997, Nr. 2, S. 30-37.

*Esch, F-R./ Wicke, A./ Rempel, J.E. (2005):* Herausforderungen und Aufgaben des Markenmanagements, in: Moderne Markenführung – Grundlagen – Innovative Ansätze – Praktische Umsetzungen, 4. Aufl., Wiesbaden 2005, S. 3-55.

*Freter, H. (1983):* Marketing-Strategien im Mittelstand, in: Gabele, E./ Oechsler, W.A. (Hrsg.): Märkte, Mitarbeiter, Management – Erfolgreiche Führung kleiner und mittlerer Unternehmen I, Bamberg 1983, S. 23-46.

*Frey, D./ Benning, E. (1984):* Informationssuche von Konsumenten nach Entscheidungen – Einige Spekulationen, in: Marketing – Zeitschrift für Forschung und Praxis, 6. Jg., 1984, Nr. 2, S. 107-113.

*Gierl, H. (1993):* Zufriedene Kunden als Markenwechsler, in: absatzwirtschaft, 36. Jg., 1993, Nr. 2, S. 90-94.

*Grönroos, C. (2000):* Service Management und Marketing – A Customer Relationship Management Approach, 2. Aufl., Chichester et al. 2000.

*Grothus, T. (2000):* Marketing für KMU: Modifikation bestehender Theorien oder ein neuer Ansatz?, in: Meyer, J.-A. (Hrsg.): Jahrbuch der KMU-Forschung 2000 – Marketing in kleinen und mittleren Unternehmen, München 2000, S. 15-30.

*Günter, B. (2006):* Beschwerdemanagement als Schlüssel zur Kundenzufriedenheit, in: Homburg, C. (Hrsg.): Kundenzufriedenheit: Konzepte – Methoden – Erfahrungen, 6. Aufl., Wiesbaden 2006, S. 369-390.

*Günter, B./ Helm, S. (2006):* Kundenbewertung im Rahmen des CRM, in: Hippner, H./ Wilde, K.D. (Hrsg.): Grundlagen des CRM – Konzepte und Gestaltung, 2.Aufl., Wiesbaden 2006, S. 357-378.

*Günter, B./ Helm, S./ Schlei, J. (2000):* Wettbewerbsvorteile durch Kunden-Feedback – Eine Analyse „schlanker" Instrumente der qualitativen Informationsgewinnung für KMU, in: Meyer, J.-A. (Hrsg.): Jahrbuch der KMU-Forschung 2000 – Marketing in kleinen und mittleren Unternehmen, München 2000, S. 183-198.

*Hansen, U. (2006):* Beziehungslos im Dschungel des Beziehungsmarketing oder: Grenzen des Beziehungsmarketing aus Verbraucherperspektive, in: Hippner, H./ Wilde, K.D. (Hrsg.): Grundlagen des CRM – Konzepte und Gestaltung, 2. Aufl., Wiesbaden 2006, S. 145-166.

*Helmig, B. (1999):* Der Einfluß der Ausgabe unentgeltlicher Produktproben auf das „variety-seeking-behavior", in: Marketing ZFP, 21. Jg., 1999, S. 105-120.

*Henseler, J./ Hoffmann, T. (2003):* Kundenwert als Baustein zum Unternehmenswert, Hamburg 2003.

*Herrmann, R. (1998):* Die Gestaltung eines effizienten Marketing-Instrumentariums für mittelständische Unternehmen im marktwirtschaftlichen Transformationsprozess, Frankfurt am Main et al. 1998.

*Hertel, J./ Zentes, J./ Schramm-Klein, H. (2005):* Supply-Chain-Management und Warenwirtschaftssysteme im Handel, Berlin/ Heidelberg 2005.

*Herzberg, F./ Maussner, B./ Snyderman, B.B. (1959):* The Motivation to Work, New York et al. 1959.

*Hippner, H. (2006):* CRM – Grundlagen, Ziele und Konzepte, in: Hippner, H./ Wilde, K.D. (Hrsg.): Grundlagen des CRM – Konzepte und Gestaltung, 2. Aufl., Wiesbaden 2006, S. 15-44.

*Holland, H. (2004):* Direktmarketing, 2. Aufl., München 2004.

*Homburg, C./ Sieben, F.G. (2008):* Customer Relationship Management (CRM) – Strategische Ausrichtung statt IT-getriebenem Aktivismus, in: Bruhn, M./ Homburg, C. (Hrsg.): Handbuch Kundenbindungsmanagement, 6. Aufl., Wiesbaden 2008, S. 501-528.

*Hubschneider, M./ Sibold, K. (2006):* CRM – Erfolgsfaktor Kundenorientierung – Mit Anwendungsbeispielen und Checklisten für den Mittelstand, Freiburg et al. 2006.

*HUGO BOSS AG (2008):* Das HUGO BOSS Markenprofil, Abfrage vom 01.02.2008 unter http://group.hugoboss.com/de/markenprofil.htm.

*Jensen, C.J. (2001):* Kundenorientierung in vertikalen Absatzsystemen – Bedeutung der Hersteller-Händel-Zusammenarbeit am Beispiel der Automobilwirtschaft, Wiesbaden 2001.

*Kaapke, A. (2001):* Kundenkarten als Instrument der Kundenbindung, in: Müller-Hagedorn, L. (Hrsg.): Kundenbindung im Handel, 2. Aufl., Frankfurt am Main 2001, S. 177-191.

*Kroeber-Riel, W./ Weinberg, P. (2003):* Konsumentenverhalten, 8. Aufl., München 2003.

*Krüger, W. (2006):* Standortbestimmung – Wo steht der Mittelstand?, in: Krüger, W. et al. (Hrsg.): Praxishandbuch des Mittelstands – Leitfaden für das Management mittelständischer Unternehmen, Wiesbaden 2006, S. 13-31.

*Leven, W. (2008):* Aktuell: Trends im Online-Shopping, Abfrage vom 25.02.2008 unter http://www.bvmw-nord-it.de/business/trends-im-online-shopping/.

*Levitt, T. (1960):* Marketing Myopia, in: Harvard Business Review, 38. Jg., 1960, Nr. 4, Juli-August, S. 45-56.

*Levitt, T. (1983):* After the Sale is over ..., in: Harvard Business Review, 61. Jg., 1983, September-Oktober, S. 87-93.

*Lübcke, D. (1995):* Das Management enger Beziehungen, in: absatzwirtschaft, 38. Jg., 1995, Sondernummer Oktober, S. 234-237.

*McAlister, L. (1982):* A Dynamic Attribute Satisfaction Model of Variety-Seeking Behavior, in: Journal of Consumer Research, 9. Jg., 1982, September, S. 141-150.

*Meffert, H. (2008):* Kundenbindung als Element moderner Wettbewerbsstrategien, in: Bruhn, M./ Homburg, C. (Hrsg.): Handbuch Kundenbindungsmanagement – Strategien und Instrumente für ein erfolgreiches CRM, 6. Aufl., Wiesbaden 2008, S. 157-180.

*Meffert, H./ Burmann, C./ Kirchgeorg, M. (2008):* Marketing: Grundlagen marktorientierter Unternehmensführung – Konzepte – Instrumente – Praxisbeispiele, 10. Aufl., Wiesbaden 2008.

*Meyer, A./ Blümelhuber, C. (1995):* No Frills!, in: absatzwirtschaft, 38. Jg., 1995, Sonderheft Oktober, S. 30-40.

*Morris, S./ Willcocks, G. (1998):* Erfolgsfaktor Kundenorientierung, dt. Ausgabe, Niedernhausen 1998.

*Nubert electronic GmbH (2008):* Testübersicht & Highlights, Abfrage vom 25.02.2008 unter http://www.nubert.de/awards.htm.

*O'Brien, L./ Jones, C. (1995):* Do Rewards Really Create Loyalty?, in: Harvard Business Review, 73. Jg., 1995, May-June, S. 75-82.

*o.V. (2006):* Online-Shopping in Deutschland: Wer kauf was im Netz?, Abfrage vom 25.02.2008 unter http://www.ecin.de/state-of-the-art/kaeufer/.

*o.V. (2007):* Zuhause unter Druck, in: Hessische/ Niedersächsische Allgemeine vom 10.08.2007, S. WIHS 1.

*Pepels, W./ Böhler, K./ Brosda, V. (2002):* Bedienungsanleitungen als Marketinginstrument – Von der technischen Dokumentation zum Imageträger, Renningen 2002.

*Peppers, D./ Rogers, M./ Dorf, B. (1999):* The One to One Fieldbook – The Complete Toolkit for Implementing a 1to1 Marketing Program, Oxford/ New York 1999.
*Peter, S.I. (1999):* Kundenbindung als Marketingziel – Identifikation und Analyse zentraler Determinanten, 2. Aufl., Wiesbaden 1999.
*Pfohl, H.-C. (2006):* Unternehmensführung, in: Pfohl, H.-C. (Hrsg.): Betriebswirtschaftslehre der Mittel- und Kleinbetriebe – Größenspezifische Probleme und Möglichkeiten zu ihrer Lösung, 4. Aufl., Berlin 2006, S. 79-111.
*Pufahl, M.A./ Laux, D.D./ Gruhler, J.M. (2006):* Vertriebsstrategien für den Mittelstand – Die Vitaminkur für Absatz, Umsatz und Ertrag, Wiesbaden 2006.
*Ramge, T. (2005):* Durch-Boxen, in: Brand Eins, 7. Jg., 2005, S. 116-119.
*Ritter, U. (2001):* Multi-Channel-Management als Differenziator am Markt, in: Helmke, S./ Dangelmaier, W. (Hrsg.): Effektives Customer Relationship Management – Instrumente – Einführungskonzepte – Organisation, Wiesbaden 2001, S. 195-210.
*Schemuth, J. (1996):* Möglichkeiten und Grenzen der Bestimmung des Wertes eines Kunden für ein Unternehmen der Automobilindustrie – Darstellung am Beispiel eines Käufers der C-Klasse von Mercedes-Benz, München 1996.
*Schögel, M./ Schmidt, I./ Sauer, A. (2004):* Multi-Channel-Management im CRM, in: Hippner, H./ Wilde, K.D. (Hrsg.): Management von CRM-Projekten – Handlungsempfehlungen und Brachenkonzepte, Wiesbaden 2004, S. 105-134.
*Schüring, H. (1992):* Database Marketing: Einsatz von Datenbanken für Direktmarketing, Verkauf und Werbung, 2. Aufl., Landsberg am Lech 1992.
*Simon, H. (2007):* Hidden Champions des 21. Jahrhunderts – Die Erfolgsstrategien unbekannter Weltmarktführer, Frankfurt am Main 2007.
*Tacke, G. (1993):* Die Bahncard – kreative Preisstruktur, in: absatzwirtschaft, 36. Jg., 1993, Nr. 5, S. 66-70.
*Tacke, G./ Krohn, F. (2006):* Die Bedeutung des Preises im CRM, in: Hippner, H./ Wilde, K.D. (Hrsg.): Grundlagen des CRM – Konzepte und Gestaltung, 2. Aufl., Wiesbaden 2006, S. 251-266.
*Teerlink, R.F. (1994):* Jeder kann ein Harley-Fahrer sein, in: absatzwirtschaft, 37. Jg., 1994, Nr. 11, S. 14-17.
*Thomas, F. (1992):* Der Club-Gedanke ist noch nicht ausgereizt, in: absatzwirtschaft, 35. Jg., 1992, Nr. 5, S. 138-148.
*Thomaschewski, D. (2001):* Value-Added Services als Schlüssel zur Kundenzufriedenheit, in: Homburg, C. (Hrsg.): Kundenzufriedenheit – Konzepte – Methoden – Erfahrungen, 4. Aufl., Wiesbaden 2001, S. 337-352.
*Tödtmann, C. (1995):* Werbeklima – Weiter zersplittert, in: Wirtschaftswoche, 49. Jg., 1995, Nr. 17.
*Tomczak, T./ Reinecke, S./ Dittrich, S. (2006):* Kundenpotenziale ausschöpfen – Gestaltungsansätze für Kundenbindung in verschiedenen Geschäftstypen, in: Hinterhuber, H.H./ Matzler, K. (Hrsg.): Kundenorientierte Unternehmensführung: Kundenorientierung – Kundenzufriedenheit – Kundenbindung, 5. Aufl., Wiesbaden 2006, S. 105-129.
*Tomczak/ T./ Rudolf-Sipötz, E. (2006):* Bestimmungsfaktoren des Kundenwertes – Ergebnisse einer branchenübergreifenden Studien, in: Günter, B./ Helm, S. (Hrsg.): Kundenwert – Grundlagen – Innovative Konzepte – Praktische Umsetzungen, 3. Aufl., Wiesbaden 2006, S. 127-156.
*Töpfer, A. (2001):* Gezieltes Customer Relationship Management – Kundenwertanalyse als Grundlage für die Steigerung von Kundenzufriedenheit und Kundenbindung, in: Controlling, 13. Jg., 2001, Nr. 4/ 5, S. 185-195.
*Töpfer, A. (2004):* Vision und Realität von CRM-Projekten, in: Hippner, H./ Wilde, K.D. (Hrsg.): Management von CRM-Projekten – Handlungsempfehlungen und Branchenkonzepte, Wiesbaden 2004, S. 223-243.

*Töpfer, A. (2006):* Beschwerdemanagement, in: Hippner, H./ Wilde, K.D. (Hrsg.): Grundlagen des CRM – Konzepte und Gestaltung, 2. Aufl., Wiesbaden 2006, S. 541-582.

*Töpfer, A. (2007):* Betriebswirtschaftslehre – Anwendungs- und prozessorientierte Grundlagen, 2. Aufl., Berlin/ Heidelberg 2007.

*Töpfer, A./ Günther, S. (2007):* Six Sigma im Entwicklungsprozess – Design for Six Sigma, in: Töpfer, A. (Hrsg.): Six Sigma – Konzeption und Erfolgsbeispiele für praktizierte Null-Fehler-Qualität, 4. Aufl., Berlin/ Heidelberg 2007, S. 100-171.

*Travella, R. (2003):* Marketingressourcen für KMU, Bamberg 2003.

*Trommsdorff, V. (2004):* Konsumentenverhalten, 6. Aufl., Stuttgart 2004.

*Tscheulin, D.K. (1994):* „Variety-seeking-behavior" bei nicht-habitualisierten Konsumentscheidungen – Eine empirische Studie, in: Zeitschrift für betriebswirtschaftliche Forschung, 46. Jg., 1994, Nr. 1, S. 54-62.

*Wihofszki, O. (2006):* Total Cost of Ownership – Damit es kein böses Erwachen gibt, in: Financial Times Deutschland vom 06.11.2006, S. A8.

*Wirtz, B. (2002):* So binden Sie Ihre Kunden auf den richtigen Kanälen, in: absatzwirtschaft, 45. Jg., 2002, Nr. 4, S. 48-53.

*Zanger, C. (2006):* Marketing, in: Pfohl, H.-C. (Hrsg.): Betriebswirtschaftslehre der Mittel- und Kleinbetriebe – Größenspezifische Probleme und Möglichkeiten zu ihrer Lösung, 4. Aufl., Berlin 2006, S. 183-208.

# Kapitel 4

# Umsetzung und Steuerung durch Customer Relationship Management (CRM )

– Mit welchen Konzepten und Maßnahmen des CRM wird die Kundenorientierung des Unternehmens verbessert? –

# Erfolgsfaktoren, Stolpersteine und Entwicklungsstufen des CRM

– Was macht CRM erfolgreich oder lässt es scheitern und in welche Richtung haben sich CRM-Konzepte weiterentwickelt? –

Armin Töpfer

Inhalt

| | | |
|---|---|---|
| 1 | Heutige Praxis von CRM | 627 |
| 2 | Angestrebte Wirkungen von CRM-Projekten | 629 |
| 3 | Konzeptionelle Bausteine des professionellen Kundenbeziehungsmanagements | 632 |
| 3.1 | Balance zwischen Kultur und Informationstechnik | 632 |
| 3.2 | Entwicklungsstufen des CRM-Niveaus | 636 |
| 3.3 | Segmentierung nach dem Kundenwert | 639 |
| 4 | Gründe für das Scheitern von CRM-Projekten | 643 |
| 4.1 | Strategische Versäumnisse | 643 |
| 4.2 | Organisatorische und informationstechnische Defizite | 645 |
| 4.3 | Fehlende flankierende Maßnahmen des Personalmanagements | 646 |
| 5 | Fazit und Ausblick | 647 |
| 6 | Literatur | 648 |

## 1 Heutige Praxis von CRM

Nach der anfänglichen Euphorie bei der Vorstellung eines konsequenten Managements der Kundenbeziehungen und vor allem bei den IT-gestützten Angeboten von CRM-Plattformen ist – nach nicht wenigen enttäuschten Erwartungen in der Unternehmenspraxis – heute ein **aufgeklärtes Stadium** erreicht. Konzepte des Customer Relationship Management (CRM) sind leistungsfähiger geworden, aber sie sind kein Automatismus für eine stärker kundenorientierte Unternehmenskultur.

Die Beiträge in diesem Kapitel gehen hierauf ein. Zunächst werden genau die oben genannten Entwicklungslinien nachvollzogen. Danach wird die Rolle des interaktiven Internets, also das Web 2.0, im Rahmen des kommunikativen CRM daraufhin untersucht, welchen konkreten Beitrag es zur Verbesserung der Kundenbeziehungen und der Kundenbindung leisten kann und wie das Social Shopping-Portal der OTTO Group „smatch.com" ausgestaltet ist. Eine wichtige technische Voraussetzung zum Erkennen von Mustern in der Interaktion mit Kunden stellt Data Mining als ein Kernbereich des analytischen CRM dar. Dieses Instrument wird beispielsweise in der Automobilindustrie konsequent genutzt, wie die Anwendung bei der Daimler AG zeigt. Data Mining ist eine Basis, um erfolgreiche Strategien zur Kundenbindung zu entwickeln und umzusetzen, wie dies beispielsweise Tesco seit Jahren realisiert. Die Frage ist, welchen Stellenwert Kundenkarten für die Kundenbindung besitzen. In einem Praxisprojekt im Markt für Drogerieartikel wird diese Frage beantwortet. Unterschiedliche Konzepte des Kundenbindungsmanagements werden im Bereich Bekleidungshandel am Beispiel von Breuninger und im Automobilhandel am Beispiel von BMW dargestellt.

Ein klassisches Instrument zur Verbesserung der Informations- und Servicequalität im Kundenbeziehungsmanagement ist der Einsatz von Call Centern. Sie haben in den letzten Jahren mehrere inhaltliche und organisatorische Entwicklungsstufen durchlaufen sowie insgesamt eine Aufwertung ihrer Bedeutung als Kommunikationsschnittstelle zum Kunden bzw. zur Zielgruppe erhalten.

Immer dann wenn diese positiv angelegten Beziehungen zum Kunden nicht gut genug funktionieren, kommt es zu „Augenblicken der Wahrheit". Konkret bedeutet dies, wie gut und wie schnell ein Unternehmen auf Kundenbeschwerden im Rahmen des operativen CRM reagiert. Ist Beschwerdemanagement in dieser Hinsicht nicht wirkungsvoll, dann hat ein CRM-Konzept eine der wesentlichsten Basisanforderungen nicht erfüllt und kann deshalb keinen hohen Entwicklungsstand erreichen. Diese Philosophie und Strategie wird zunächst inhaltlich aufgezeigt und dann am Beispiel der TUI Deutschland konkret vorgestellt. In Abbildung 1 sind die verschiedenen Komponenten eines CRM-Systems in ihrem Zusammenwirken wiedergegeben.

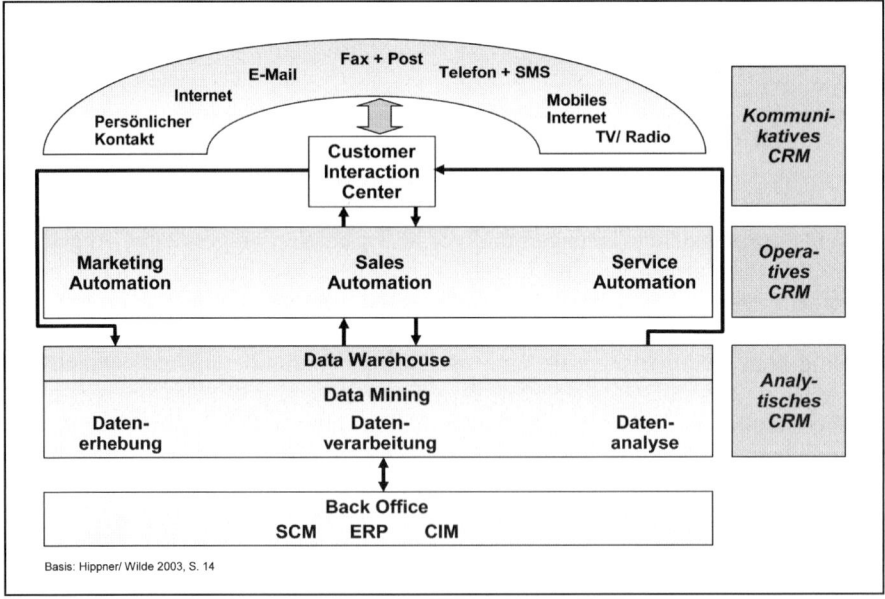

**Abb. 1:** Komponenten eines CRM-Systems

## 2 Angestrebte Wirkungen von CRM-Projekten

Unternehmen müssen immer häufiger feststellen, dass ihre Kunden eher eine „lockere" Beziehung zum Unternehmen pflegen. Die Kunden sind relativ schnell bereit, eine Geschäftsbeziehung zu beenden; oder sie stehen gleichzeitig in Beziehung zu mehreren Anbietern und wechseln je nach Angebot zwischen diesen. Für die Unternehmen wird es immer schwieriger, sich über Produkte und Dienstleistungen nachhaltig am Markt zu positionieren. Dies verstärkt den Kampf um den Kunden.

Da es bis zu sechsmal teurer ist, einen neuen Kunden zu gewinnen, als einen Kunden durch gute Betreuung an das Unternehmen zu binden (vgl. Müller/ Riesenbeck 1991, S. 69), steigt die Bedeutung ertragreicher Kunden mit zunehmender Dauer der Kundenbeziehung, weil sich ihre Profitabilität für das Unternehmen erhöht (vgl. Reichheld/ Sasser 1990, S. 108). Und nicht zuletzt: Ein Unternehmen, das 5% mehr Kundenbindung erreicht, also weniger Abwanderung von Kunden zu verzeichnen hat, kann die Gewinne – je nach Branche und Produkt – um 25 bis 85% erhöhen (vgl. Müller/ Riesenbeck 1991, S. 67 ff.).

Vor diesem Hintergrund ist die konsequente Ausrichtung auf den Kunden und seine Anforderungen heute nicht nur als Voraussetzung notwendig, um gegenüber den maßgeblichen Wettbewerbern zu bestehen. Zugleich ist diese konsequente Kundenorientierung zwingend erforderlich, um den **Kundenwert für das Unternehmen** zu stabilisieren, zu vergrößern und dann zu nutzen. Das wesentliche Ziel eines Unternehmens geht also dahin, durch die fokussierte Berücksichtigung der wichtigsten Kundenanforderungen und durch eine individuelle Kundenansprache eine **hohe Kundenzufriedenheit** sowie eine **Verlängerung und Verstärkung der Kundenbindung** zu erreichen. Dabei kommt es darauf an, ertragreiche Kundenpotenziale zu erkennen, besonders profitable Kunden zu identifizieren und genau in diese Richtung den Kundenstamm zu erweitern und zu festigen. Abbildung 2 skizziert diese Ziele.

Der entscheidende Ansatzpunkt für den Erfolg des CRM ist seine **gute Verzahnung mit den wichtigen Aktivitäten in der Kundenkontaktkette**. In Abbildung 3 sind diese Vernetzungen zwischen dem analytischen, operativen und kommunikativen bzw. kollaborativen CRM aufgeführt.

CRM bietet also die grundsätzliche Chance, solche längerfristig profitablen Kundenbeziehungen aufzubauen und zu gestalten, vor allem weil es ein **ganzheitlicher Ansatz der kundenorientierten Unternehmensführung** ist (vgl. Drefs/ Schlüter 2002, S. 64; Eggert 2001, S. 91 ff.; S. 64; Bruhn 2006, S. 33 ff.). Trotz hoher Investitionen wurden und werden diese Ziele mit CRM-Projekten jedoch häufig nicht erreicht. So wird die Anzahl der gescheiterten CRM-Projekte in der Literatur mit bis zu 70% angegeben (vgl. Henn 2002, S. 66): Eine ernüchternde Bilanz für dieses strategisch bedeutungsvolle Vorhaben.

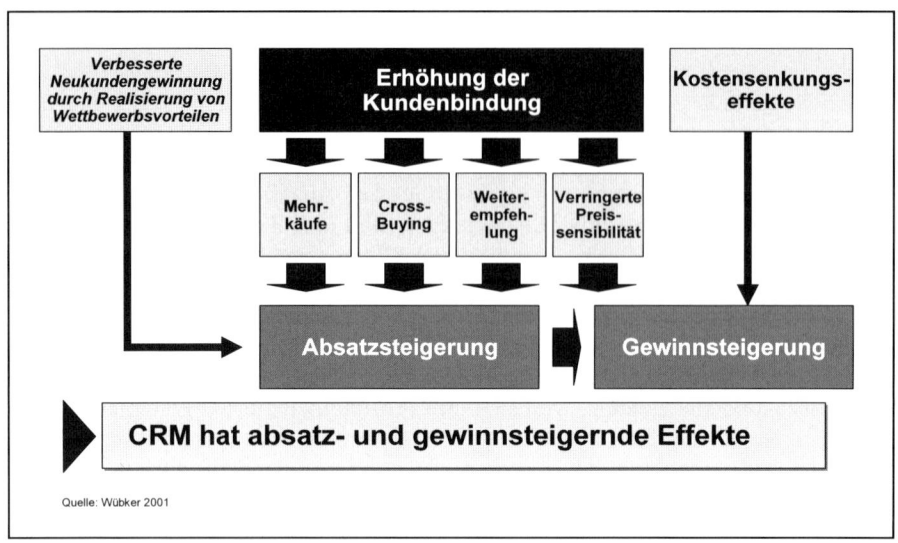

**Abb. 2:** Ziele des CRM

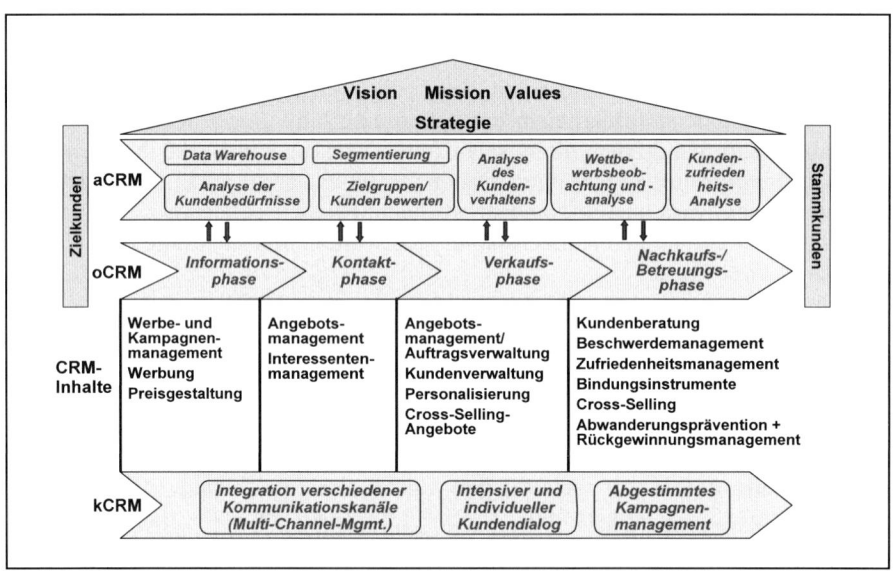

**Abb. 3:** CRM-Ansatzpunkte für Verbesserungen in der Kundenkontaktkette

Ein Hauptgrund für das Scheitern von CRM-Initiativen ist die fälschliche Annahme, dass der Kern der operativen Umsetzung des CRM lediglich ein **Software-Projekt** ist und diese Software dem Unternehmen mehr oder weniger nachhaltig hilft, eine bisher geringe Kundenorientierung auszugleichen und das Gestalten und

Managen der Kundenbeziehung deutlich zu verbessern (vgl. Graf 2002; Strawe et al. 2002, S. 32). Die Unternehmen gaben sich also der Illusion hin, dass sie mit dem Kauf einer Softwarelösung auch die Philosophie der Kundenorientierung „per Mausklick" implementieren könnten.

Dem ist bei weitem nicht so. Die Anforderung, ein CRM-Konzept erfolgreich zu gestalten und vor allem im gesamten Unternehmen konsequent zu leben, ist vielmehr ein mehrstufiger und nicht immer leichter Prozess. Die einzelnen Stufen bzw. Bausteine können nicht beliebig ausgetauscht und in ihrer Reihenfolge variiert werden, sondern die Stufen zum CRM-Erfolg, wie sie in Abbildung 4 als Metapher dargestellt sind, müssen konsequent erklommen und damit realisiert werden.

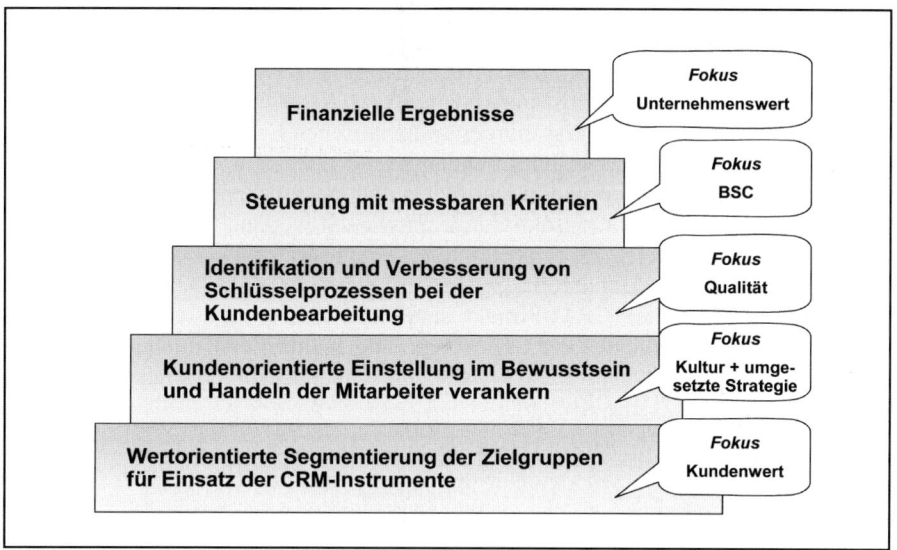

**Abb. 4:** Stufen zum CRM-Erfolg

Im Folgenden wird aufgezeigt, welche inhaltlichen Anforderungen Unternehmen bei der Einführung von CRM als Erfolgskriterien zu erfüllen haben. Werden sie nicht erfüllt, vermittelt nur noch eine Analyse der Gründe für das Scheitern die notwendigen Lerneffekte. Dabei wird insbesondere zwischen den **harten Faktoren** der **kundenorientierten Informationstechnik** und den **weichen Faktoren** der **kundenorientierten Einstellung** unterschieden.

## 3 Konzeptionelle Bausteine des professionellen Kundenbeziehungsmanagements

### 3.1 Balance zwischen Kultur und Informationstechnik

Es ist keine neue Erkenntnis, dass CRM ein strategisches Konzept ist, welches weit über Aufgaben wie Kontaktmanagement und Vertriebssteuerung hinausgeht. Wenn die Organisation konsequent und stärker auf den Kunden ausgerichtet werden soll, dann wird im CRM die Chance gesehen, diese Sichtweise im gesamten Unternehmen zu implementieren. CRM greift dabei tief in die Geschäftsprozesse ein und wird so zu einem wesentlichen Veränderungstreiber im gesamten Unternehmen.

Auf den Märkten vieler Branchen ist das Prinzip eines möglichst **intensiven und individuellen Kundenkontakts** für sehr große Kundenzahlen umzusetzen. Wirtschaftlich ist dies nur mit Unterstützung **fortschrittlicher Informationstechnologien** zu erreichen, denn erst mit der systematischen Erfassung von Kundendaten und der gezielten Aufbereitung kundenspezifischer Informationen können individuelle Kundenanforderungen identifiziert und entsprechende Produktangebote sowie direkte Kommunikationsaktivitäten entwickelt werden. Eine spezielle Software ist also ein Kernelement praktisch jeder CRM-Strategie – jedoch nicht deren einziger Baustein (vgl. Mann 2002, S. 18; Strawe et al. 2002, S. 32).

Für ein erfolgreiches CRM-Projekt sind notwendigerweise in allen Umsetzungsschritten des Projektes die Philosophie und Kultur der Kundenorientierung des Unternehmens mit dem technikgestützten Kundenbeziehungsmanagement in Einklang zu bringen (siehe Abb. 5).

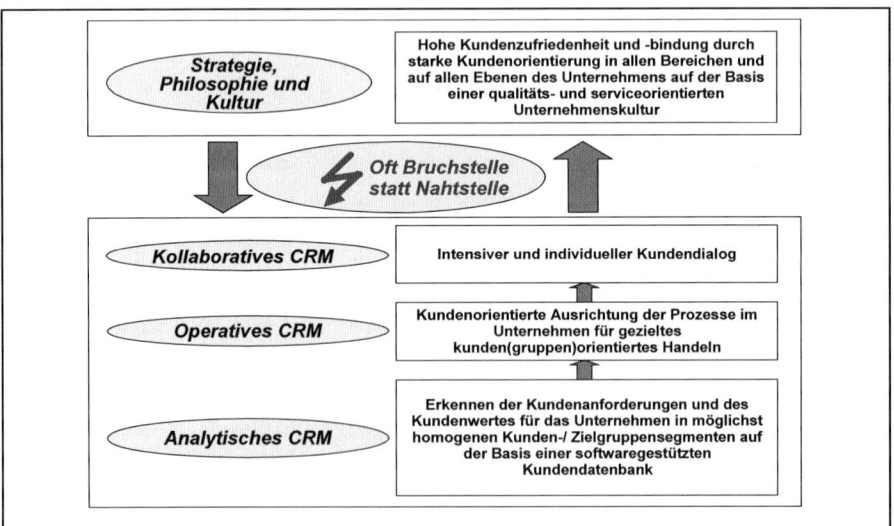

**Abb. 5:** Bausteine eines ganzheitlichen CRM

Das Wissen über die Struktur, das Verhalten und die Bedürfnisse der Kunden ist – wie oben bereits angesprochen – eine wesentliche Voraussetzung für den Aufbau langfristiger Kundenbeziehungen. Die Organisation und Analyse dieses Wissens ist dabei der zentrale Ansatz des **analytischen CRM** (vgl. Wehrmeister 2001, S. 246). Abbildung 6 zeigt die wesentlichen Bestandteile.

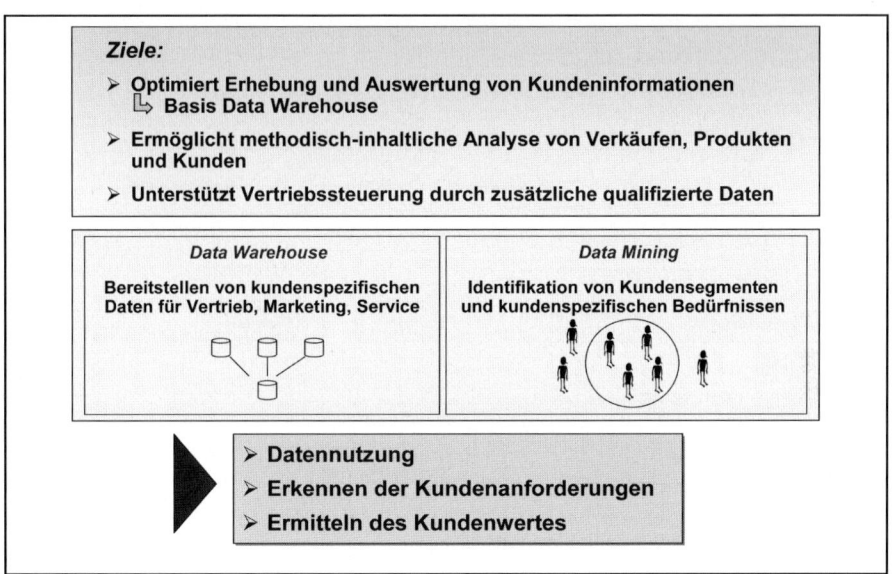

**Abb. 6:** Analytisches CRM (aCRM)

Die Basis des analytischen CRM bildet die Implementierung eines **Data Warehouse** als speziellen unternehmensweiten Datenpool zur Analyse der Kundendaten (vgl. Hippner/ Rentzmann/ Wilde 2006, S. 49 ff.). Der Schwerpunkt des analytischen CRM liegt damit auf der Auswertung der Daten – immer unter der Voraussetzung, dass aussagefähige Daten bereits erhoben wurden und damit vorhanden sind, um insbesondere Aufschluss über das Kundenverhalten und entsprechende Kaufmotive zu erhalten (Homburg/ Sieben 2008, S. 504 ff.). Die in Abbildung 7 aufgeführten Anforderungen an die **Datenqualität** gelten generell und somit auch für jedes CRM-Konzept. Hiervon hängt direkt die Aussagekraft der Daten bei einer weiteren Verarbeitung, Verdichtung und/ oder Detaillierung ab, um Schlussfolgerungen bzw. Gestaltungsempfehlungen für das operative CRM ableiten zu können.

Die hierzu erforderlichen Analysetools des **Data Mining** bieten die Möglichkeit, Sachzusammenhänge automatisch aus den gesammelten Daten zu erkennen und daraus Ansatzpunkte für gezieltes Handeln zu extrahieren (vgl. Brezina 2001, S. 222 f.; Kehl 1997, S. 11; Strawe et al. 2002, S. 34). Ein weiterer wesentlicher Bestandteil des analytischen CRM ist die Einteilung der Kunden in möglichst **homogene Kundensegmente**. Auf diese Klassifizierung entsprechend dem Kundenwert als zentraler Voraussetzung für die konsequente Ausrichtung der CRM-Aktivitäten auf profitable und potenziell profitable Kunden wird im Unterkapitel 3.3 dieses Artikels noch ausführlicher eingegangen. Im Artikel zu den Entwicklungsstufen des Customer-Value-Konzeptes war diese Anforderung ebenfalls bereits thematisiert worden.

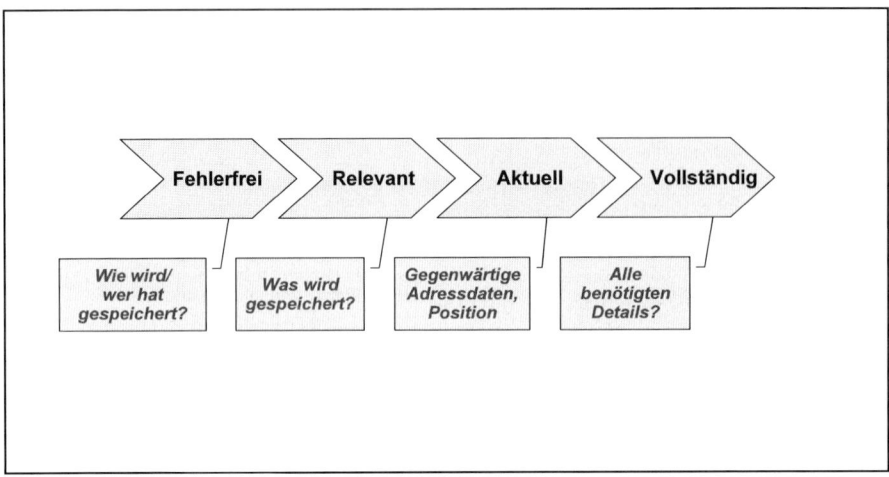

**Abb. 7:** Inhaltliche Datenqualität im CRM

Die Ergebnisse des analytischen CRM bilden somit die Ausgangsbasis für das **operative CRM**, in dem die erarbeiteten Erkenntnisse über den Kunden in konkrete Handlungsmaßnahmen umgesetzt werden. Sie beziehen sich vor allem auf die kundenorientierte Ausgestaltung und Veränderung der Prozesse im Unternehmen. Hierdurch soll sichergestellt werden, dass diese Abläufe die vom Kunden geforderte Qualität der Ergebnisse mit möglichst kurzen Durchlaufzeiten und einem – aus Unternehmenssicht – ausreichenden Ertragsniveau bieten. Hierin liegt i.d.R. die größte Herausforderung für das Unternehmen, da die IT-gestützte Strategie des analytischen CRM unmittelbare Auswirkungen auf die gesamte Organisation des Unternehmens mit seinen Prozessen hat respektive haben soll. In der Praxis des operativen CRM ist oft zunächst eine Integration parallel geführter Kundendatenbanken, so genannter Insellösungen, und eine Überprüfung der Datenqualität erforderlich (vgl. Bruhn 2002, S. 119), um aussagekräftige Informationen – z.B. mit Hilfe von Data Mining – generieren zu können (vgl. Auer 2004, S. 35). Über eine zentrale Speicherung der Kundendaten mit dezentralen Zugriffsmöglichkeiten für die Mitarbeiter ist sicherzustellen, dass bei Bedarf jederzeit aktuelle, relevante Kundeninformationen abrufbar sind, um eine kompetente Beratung, die Erarbeitung von spezifischen Angeboten und schnellen Problemlösungen für Kunden sowie eine zügige Reaktion auf Anfragen oder Beschwerden zu gewährleisten. In Abbildung 8 sind die wesentlichen Bestandteile des operativen CRM zusammengefasst.

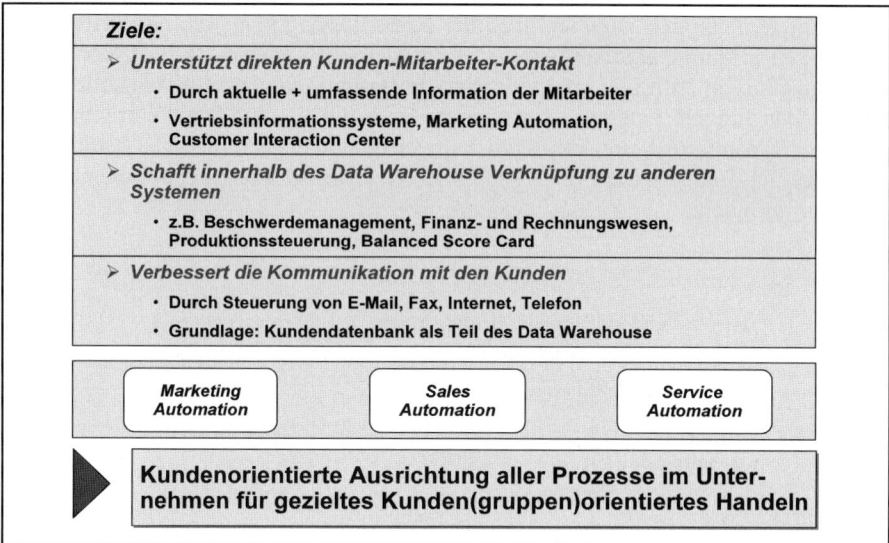

**Abb. 8:** Operatives CRM (oCRM)

Durch die Prozessoptimierung soll nicht nur Blindleistung abgebaut bzw. vermieden werden, sondern zugleich auch der strukturelle Aufbau des Unternehmens einem stärkeren Prozessdenken weichen. Wenn durch den 2. Ansatz die Hierarchie aufgebrochen wird und kundenorientierte Prozesseigner eine zunehmend dominierende Rolle spielen, dann birgt dies viel Konfliktpotenzial in sich. Dieser Aspekt zeigt, dass die Veränderung zwar durch die technologische CRM-Ausstattung in Gang gesetzt, aber keinesfalls dadurch bewältigt werden kann. Hierfür sind zusätzlich ein entsprechendes Bewusstsein sowie eine spezifische Strategie und Kultur – angestoßen durch die Unternehmensleitung – notwendig.

Hinzu kommt ein weiterer wesentlicher Aspekt: Mit den Bausteinen eines analytischen CRM, und dabei insbesondere mit dem Data Warehouse, in das qualifizierte Kundendaten eingespeist werden, ist es zugleich möglich, einen wesentlichen Beitrag zum Wissensmanagement im Unternehmen zu leisten. Dies geschieht vor allem auch in der Weise, dass bei den Mitarbeitern vorhandenes kundenspezifisches Detailwissen jetzt in das System eingepflegt wird. **Tacit Knowledge** wird damit zu **Explicit Knowledge**, das auch jedem anderen Mitglied des Unternehmens zugänglich ist (vgl. Polanyi 1967; Nonaka 1991, S. 96 ff.).

Das **kommunikative CRM**, welches das analytische und operative CRM um das Management der Kontaktkanäle zum Kunden ergänzt, bzw. – in erweiterter Form – das **kollaborative CRM**, das eine konkrete Interaktion und Zusammenarbeit mit dem Kunden – auch unter Einbeziehung von Lieferanten und Zwischenhändlern – ermöglicht, komplettieren die Bausteine einer ganzheitlichen CRM-Konzeption (siehe Abb. 9).

Damit schließt sich zugleich auch der Kreis zum aCRM. Aus den Informationen, die beim Kundenkontakt gewonnen werden, z.B. über präferierte Kontaktkanäle, Inhalte von Anfragen, individuelle Konfigurationen von Leistungen des Unternehmens für den Kunden, lässt sich neuer Input für das Data Warehouse zur weiteren Optimierung der künftigen Kundenansprache generieren. Hierdurch ist über das Zusammenwirken der 3 CRM-Konzepte ein ständiger Verbesserungskreislauf möglich.

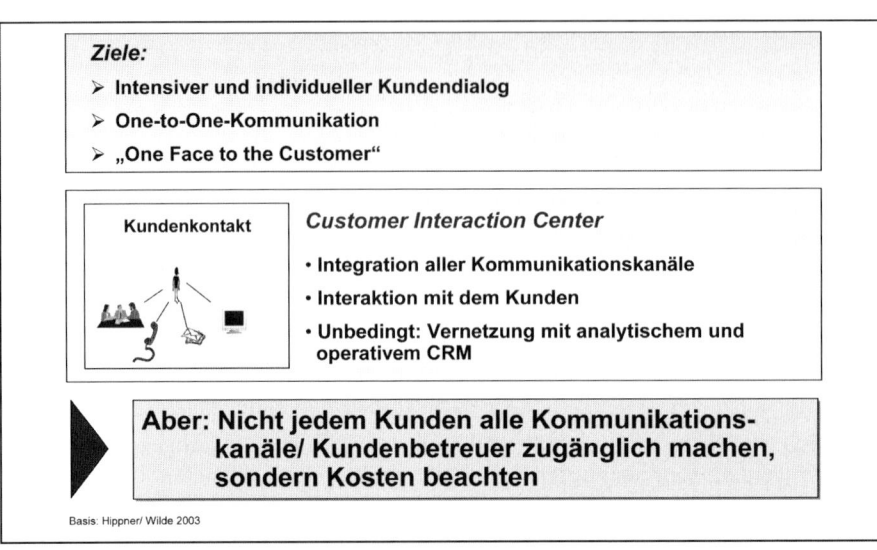

**Abb. 9:** Kommunikatives/ kollaboratives CRM (kCRM)

Ziel ist dabei ein intensiver und – je nach Kunde – mehr oder weniger **individueller Kundendialog**, der alle Kontaktkanäle integriert und gleichzeitig eine einheitliche Aussage der Mitarbeiter im Kundenkontakt gewährleistet (vgl. Strawe et al. 2002, S. 34; Hippner/ Rentzmann/ Wilde 2006, S. 63 ff.). Hierdurch sollen die 3 in Abbildung 10 aufgeführten Effekte der verstärkten Wahrnehmung, Wertschätzung und Kaufbereitschaft erzielt werden, also eine Erhöhung des **Share of Voice, Mind und Wallet** (vgl. Meffert/ Burmann/ Kirchgeorg 2008, S. 696).

### 3.2 Entwicklungsstufen des CRM-Niveaus

Dieses angestrebte kundenorientierte Verhalten im Unternehmen zu erreichen, ist – wie jeder Veränderungsprozess – ein komplexes und langwieriges Vorhaben. Versprechen der Softwareindustrie, wie beispielsweise die Einführung von CRM in 9 Tagen (vgl. Jost o.J.), verleiten schnell zu der Erwartung, dass die Implementierung der Software ein einfach und zügig durchzuführender Prozess ist, der nur die Abteilungen mit direktem Kundenkontakt betreffen würde und in kurzer Zeit eine volle Funktionsfähigkeit erreicht. Hier entsteht beim Top-Management, den Führungskräften und den zuständigen Mitarbeitern eine falsche Erwartungshaltung.

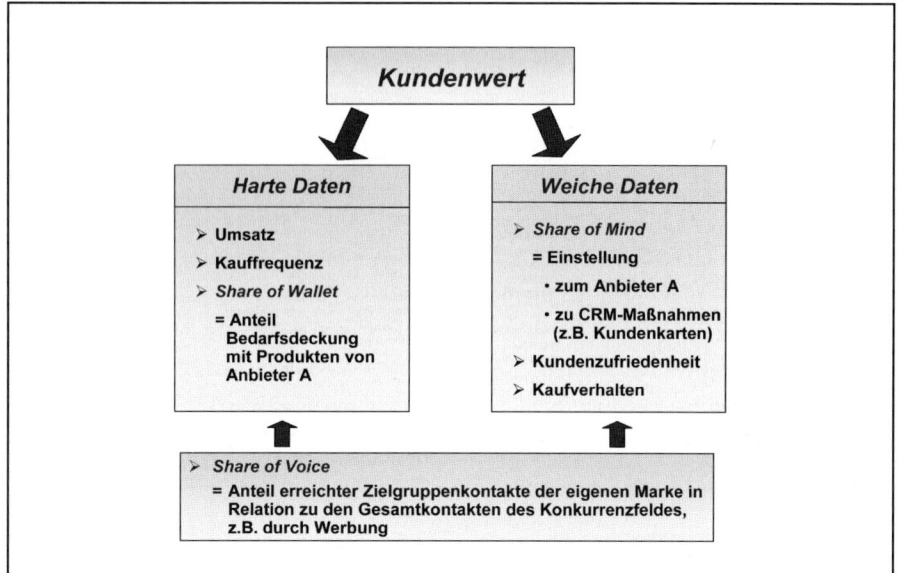

**Abb. 10:** Beitrag des CRM zur Steigerung des Kundenwertes

Der Ausrichtungsprozess auf ein kundenorientiertes Unternehmen vollzieht sich jedoch häufig in den – in Abbildung 11 aufgeführten – Entwicklungsstufen.

Ein reduzierter Steuerungsansatz entsprechend Entwicklungsstufe 1 beschränkt sich auf wichtige **Ergebnisgrößen** wie Gewinn, Marktanteil, Umsatz und Deckungsbeitrag. Diese werden periodisch erhoben und können positiv beeinflusst werden. Da Größen wie Kundenzufriedenheit, Kundenbeschwerden, Kundenloyalität und Kundenbindung aber nicht im Zentrum stehen sowie nicht explizit und systematisch ermittelt werden, können in diesen Unternehmen die Erwartungen an das CRM aufgrund des fehlenden Wissens über ihre Kunden nicht erfüllt werden.

Für diese Unternehmen ist es besonders wichtig, zunächst die **Vision einer umfassenden Kundenorientierung** im Unternehmen zu verankern und eine entsprechende Strategie zu entwickeln, bevor mit der kundenorientierten Optimierung der Prozesse und Produkte bzw. Dienstleistungen begonnen wird.

Auch für Unternehmen, die bereits relativ regelmäßige **Messungen der Kundenzufriedenheit** durchführen (Entwicklungsstufe 2), die Anforderungen ihrer Kunden erfragen sowie Anregungen und Beschwerden als Basis für die Anpassung der Prozesse im Unternehmen verwenden, gilt der Grundsatz zunächst die **Voraussetzungen auf strategischer, organisatorischer und kultureller Ebene** zu schaffen, bevor ein höheres Niveau in der Umsetzung erreicht werden kann.

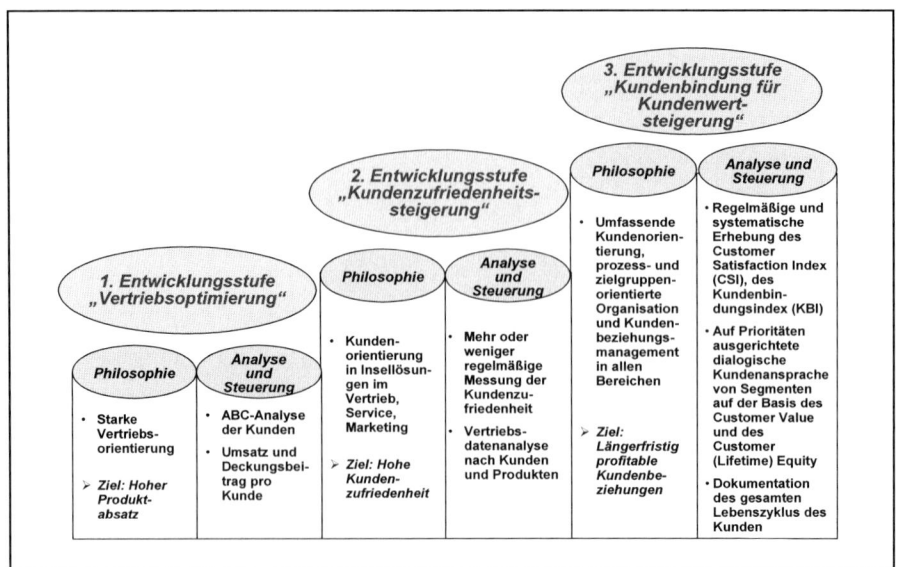

**Abb. 11:** Entwicklungsstufen des CRM

Es liegt auf der Hand, dass eine systematische Erfassung und Analyse der Kundenzufriedenheit eine deutliche Verbesserung bewirken kann. Allerdings konzentriert sich die Kundenzufriedenheit immer nur auf **Ergebnisse in der Vergangenheit**. Liegt eine hohe Zufriedenheit vor, wird sie als angestrebtes Niveau in die Zukunft projiziert. Dass sie erhalten bleibt und ein hohes Maß an Kundenloyalität und Kundenbindung erzeugt, ist jedoch nicht automatisch gegeben. Deshalb ist es zusätzlich erforderlich, durch geeignete Maßnahmen die **positive Einstellung** der Kunden gegenüber dem Unternehmen und damit ihre Loyalität und Bindung zu erhöhen und zu messen. Auch das fortschrittlichere Management der Kundenzufriedenheit entspricht – im bereits genannten Bild eines Autofahrers – aber dem rückwärtsgerichteten Blick in einen großen „Rückspiegel". Denn erst die Erfassung und Beeinflussung der für die weitere Zusammenarbeit wichtigen Loyalität und Bindung kennzeichnet den nach vorne und damit in die Zukunft gerichteten Blick durch eine große „Frontscheibe".

Dies ist bei den Unternehmen der 3. Stufe des CRM mit einer **prozess- und zielgruppenorientierten Organisation** der Fall. Hier hat die Kundenzufriedenheit bereits einen festen Platz im Zielsystem und ist außerdem oft Messgröße und Erfolgskriterium für einen Teil der Tantiemenzahlung an Führungskräfte. Dies definiert zugleich die Anforderungen an die Qualität der Messung im CRM-Konzept. Dadurch wird die Kundenzufriedenheit zusätzlich auch **im Handeln der Mitarbeiter verankert**. Diese Unternehmen dokumentieren den gesamten Lebenszyklus ihrer Kunden und, basierend auf der Kundenhistorie, wird mit den Kunden ein gezielter Dialog geführt. Neben den Kaufdaten ihrer Kunden registrieren sie in der Kundenhistorie zusätzliche Detailinformationen, um das Kundenprofil zu schärfen. Dies können sowohl Daten zur Vermögenslage, zu Versicherungen oder zum Kauf von Konkurrenzprodukten als auch Daten zu Einstellungen, Hobbys und spezifischen Bedürfnissen ihrer Kunden sein. Im B-to-B-Bereich sammeln die meisten Unternehmen bereits seit längerer Zeit derartige Zusatzinformationen z.B. über die speziellen Bedürfnisse der Kunden ihrer Absatzmittler, um so diese Vertriebspartner mit gezielt ausgerichteten Marktleistungen für deren Kunden besser unterstützen zu können.

Im Ergebnis führt diese Vernetzung der bisherigen strategischen Insellösungen in Stand-alone-Funktion zu einer in sich stimmigen CRM-Strategie, die einen **Strategieverbund** erlaubt, wie er in Abbildung 12 skizziert ist. Inzwischen zeichnet sich eine zukünftige neue Entwicklungsstufe ab, nämlich die **Integration der Prozesse und die Automatisierung der Kundenansprache** speziell im Rahmen von Kampagnen. Dies bedeutet, dass entsprechend dem Set der Kundenanforderungen stimmige Kampagnen speziell ausgewählt werden. Hierdurch wird der seit langem propagierte hohe Automatisierungsgrad von CRM in diesem speziellen Anwendungsfeld realisiert.

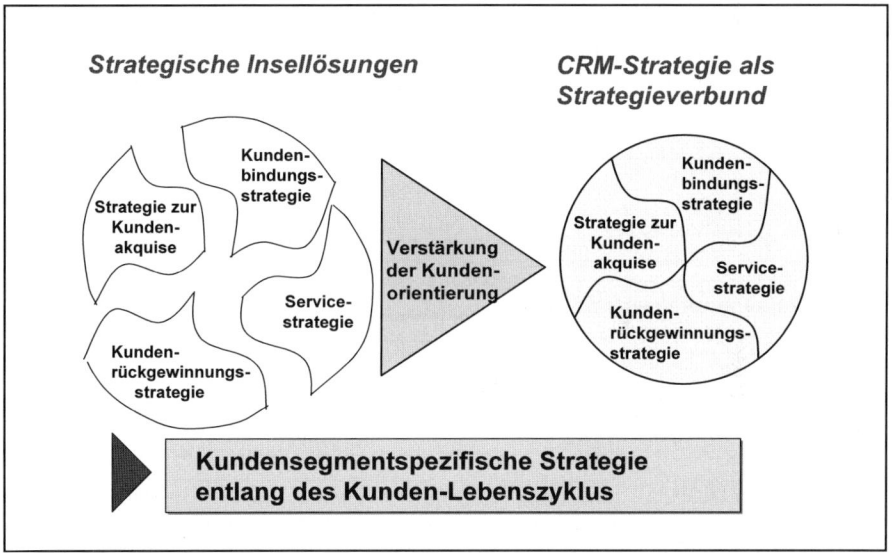

**Abb. 12:** Strategie zum CRM

## 3.3 Segmentierung nach dem Kundenwert

Für die Ausgestaltung und Umsetzung von CRM-Maßnahmen ist von entscheidender Bedeutung, auf welchen Typus von Kunden nach seinem Wert für das Unternehmen sie sich ausrichten, welchen Wert diese Aktivitäten für den Kunden haben und wie lange er deshalb dem Unternehmen gegenüber loyal und damit treu bleibt. Antworten auf diese Fragen sind der zentrale Gegenstand des Kundenwert-Managements im Rahmen des CRM.

Die insbesondere durch das analytische CRM bereits geleistete wesentliche Vorarbeit für eine konsequente Ausrichtung auf die „richtigen", also **profitablen Kunden** ist die entsprechende Segmentierung der Kunden. Der klassische Ansatz mit der Differenzierung nach dem Kundennutzen greift heute zu kurz. Er bewertet lediglich den Nutzen der Marktleistung für den Kunden (**Customer Benefit**), aber noch nicht den wahrgenommenen Wert der Geschäftsbeziehung und ihrer Inhalte und Ergebnisse aus Sicht des Kunden (**Customer Value bzw. Value *for* the customer**) und erst recht nicht die Ermittlung des Kundenwertes für das Unternehmen (**Customer Equity bzw. Value *of* the customer**). Dabei sind jeweils die Nutzen-Kosten-Relationen zu ermitteln. In der 3. Entwicklungsstufe der Abbildung 11 und ausführlich in Abbildung 13 sind diese 3 kundenorientierten Steuerungs- und Ergebnisgrößen wiedergegeben. Sie wurden im Artikel zu den Entwicklungsstufen des Customer-Value-Konzeptes im 2. Kapitel dieses Buches bereits detailliert vorgestellt. Im Folgenden soll deshalb nur noch einmal kurz auf wesentliche Erkenntnisse und Schlussfolgerungen aus dem Basiskonzept abgehoben werden. Dabei ist noch einmal zu konstatieren, dass in der einschlägigen Literatur im Zeitablauf bis heute weder ein in sich vollständig konsistentes noch einheitlich verwendetes Begriffsinstrumentarium herausgebildet wurde.

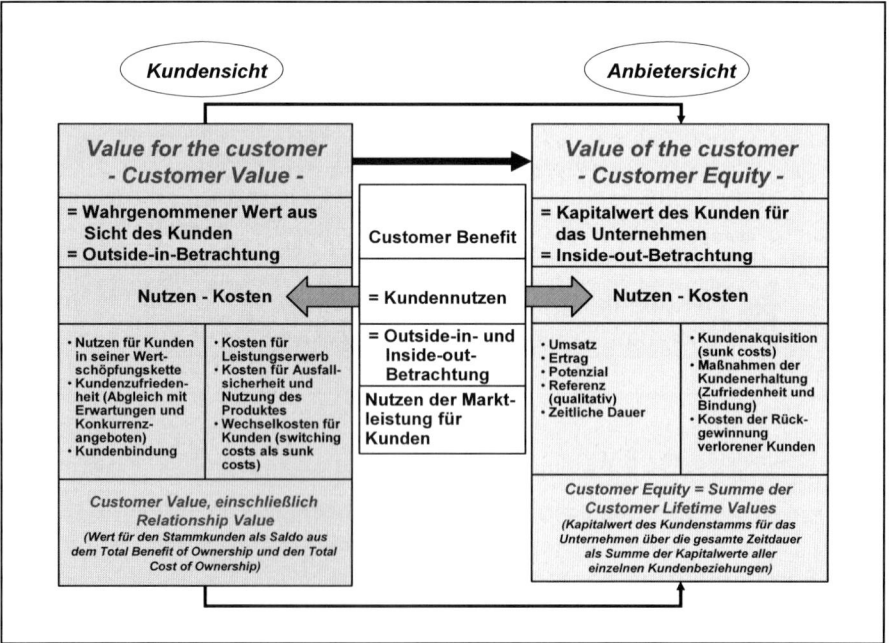

**Abb. 13:** Dimensionen des Kundenwertes

Nach der Initialphase des Kundennutzen (Customer Benefit) wird zunächst auf den Customer Value, also den Wert für den Kunden, aus Sicht des serviceorientierten Marketing abgehoben. Mit dem Begriff **Relationship Value** wird der Wert der Beziehung zu einem Unternehmen aus Kundensicht bezeichnet (vgl. Ravald/ Grönroos 1996; Ulaga/ Eggert 2005).

Basierend auf einer längeren Kundenbeziehung kann so aber auch der Kapitalwert des Kunden respektive der Stammkunden für das Unternehmen über die gesamte Zeitdauer der Kundenbeziehung ermittelt und berechnet werden. Stammkunden sind der Teil der Kunden, die nicht nur für eine Kaufepisode mit dem Unternehmen in Kontakt sind, sondern über eine längere Zeit aufgrund bestehender Loyalität mit dem Unternehmen verbunden sind und bei ihm kaufen. Damit wird zugleich auch der Blickwinkel verändert, denn jetzt steht nicht mehr nur der **Wert für den Kunden**, sondern auch der **Wert des Kunden für das Unternehmen** im Fokus. Dabei ist klar, dass der Wert des Unternehmens und seiner Produkte für den Kunden eine wesentliche Voraussetzung ist, um überhaupt einen mehrperiodischen Wert des Kunden für das Unternehmen erreichen und ermitteln zu können.

In der Literatur besteht weitgehend Konsens darüber, dass dieser Kundenwert aus Anbietersicht im Sinne des Value of the customer als Customer Equity und als Customer Lifetime Value bezeichnet wird. Dies ist offensichtlich teilweise verwirrend, lässt sich aber durch folgende Argumentation annähernd auflösen. Der **Customer Lifetime Value** wird stets für einen einzelnen Kunden verwendet, also für den Wert, den der Kunde über die gesamte Beziehungsdauer für das Unternehmen hat. Der **Customer Equity** bezieht sich hingegen auf den gesamten Kundenstamm eines Unternehmens oder zumindest eines Kundensegments. Er stellt damit die Summe aller Customer Lifetime Values dar und kennzeichnet so den Kapitalwert aller mehrperiodischen Beziehungen von Kunden zum Unternehmen.

Die später hinzu gekommene Analyse des Customer Equity, also des Kapitalwertes des Kundenstamms eines Unternehmens, ist eine Ergänzung der bisherigen Betrachtungsweisen. Von Interesse war jetzt der Saldo aus der Summe der Einnahmen durch den Kunden und der Summe der Ausgaben für den Kunden, um ihn über geeignete CRM-Maßnahmen zu einem profitablen Stammkunden zu machen. Grundsätzlich unterscheidbar sind dabei der einperiodische Customer Equity und der mehrperiodische Customer Equity über die gesamte Zeitdauer der bestehenden Kundenbeziehung. Im letzteren Fall könnte dann auch von einem **Customer Lifetime Equity** gesprochen werden, obwohl die Literatur bisher diese Differenzierung nicht vornimmt.

Im Ergebnis hat der Begriff Customer Equity damit an der bisherigen Definition des Customer Lifetime Value (vgl. Homburg/ Beutin 2006, S. 243 ff.) aufgesetzt. Dadurch sind die Definitionen für Customer Lifetime Value und Customer Equity in der Literatur inhaltlich miteinander verbunden und wie oben dargestellt unterscheidbar.

Entsprechend dem Phänomen der „Total Cost of Ownership" (vgl. Wihofszki 2006) lässt sich hier – gemäß dem linken Teil der Abbildung 13 – für den mehrjährigen Nutzen des Produktes ein Saldo bilden aus dem **Total Benefit of Ownership** und den **Total Cost of Ownership** unmittelbar und ausschließlich aus Sicht des Kunden als Käufer. Hierdurch entsteht im Ergebnis also erst der Customer Value, der neben quantitativen Bewertungen vor allem auch die qualitative Bewertung des Relationship Value durch den Kunden einbezieht. Er ergibt – entsprechend dem rechten Teil der Abbildung 13 – den Kapitalwert der Beziehung mit dem Kunden für das Unternehmen über den gesamten Zeitraum (Customer Lifetime Value) und damit den Wert des gesamten Kundenstamms (Customer Equity).

Für den Kunden liegt die Problematik dann weniger in der Abschätzung der Kosten der Beziehung zum Unternehmen, die quantitativ möglich ist, sondern vielmehr in der Bewertung des Nutzens, der oftmals nur über qualitative Indikatoren als indirekt quantifizierte Nutzenkategorien für den Kunden gemessen werden kann. Wenn diese Bilanz für den Kunden nicht positiv ist, dann wird der Customer Value „abbrechen", der Kunde die Beziehung also eher beenden, so dass auch der Customer Lifetime Value als Kapitalwert des Kunden für das Unternehmen ein Ende findet und damit auch der Customer Equity für den gesamten Kundenstamm beeinträchtigt wird. Dies ist bei A-Kunden mit einem hohen Kapitalwert in deutlich stärkerem Maße der Fall als bei B- oder C-Kunden.

Unter diesem Blickwinkel ist es einleuchtend, dass ein Unternehmen für die nicht nur vergangenheitsbezogene, sondern vor allem auch **zukunftsbezogene Abschätzung** bzw. **Prognose des Customer (Lifetime) Equity** als Kapitalwert des gesamten Kundenstamms den **Customer Lifetime Value** als Kapitalwert jedes einzelnen – wichtigen – Kunden in ihrer Summe ermittelt. Durch diese differenzierte Analyse und Prognose können Fehlschätzungen eher vermieden werden. Die Basis für diese saldierte Wertbilanz bezogen auf Stammkunden sind gezielte CRM-Maßnahmen, um den servicebezogenen Relationship Value und den produktbezogenen Customer Value positiv zu beeinflussen. Die Analysequalität des Customer (Lifetime) Equity wird also wesentlich durch die Qualität der Gestaltung des Customer Value bestimmt. Der Customer Value ist damit die primäre Steuerungsgröße im Sinne einer **Vorsteuerungsgröße** und der hierauf basierende Customer Lifetime Value sowie der Customer Equity sind als sekundäre Steuerungsgrößen das vom Unternehmen **angestrebte Ergebnis**. Um bei der Berechnung des Kundenwertes für das Unternehmen (Customer Equity) nicht nur auf Vergangenheitsgrößen zurückzugreifen, sondern auch das Ertragspotenzial der Kunden einfließen zu lassen, können Verfahren des Customer Lifetime Value verwendet werden.

Um es an einem Beispiel zu verdeutlichen: Ein Bankkunde kann einen grundsätzlich hohen Customer Value bzw. Relationship Value – also Lebenszeitwert im Sinne von Wert der Geschäftsbeziehung über ihre gesamte Dauer für den Kunden – haben. Aber trotzdem hat die Bank unter bestimmten Bedingungen nur einen relativ geringen Customer Lifetime Value – da der Kunde derzeit nur ein Gehaltskonto besitzt und keine zusätzliche Vermögensanlage bei dieser Bank plant oder tätigen kann. Der Wert der Geschäftsbeziehung mit einer renommierten Bank ist für den Kunden dabei sehr hoch, da er unbürokratisch und kostengünstig seinen laufenden Zahlungsverkehr abwickeln kann. Für die Bank ist der Kapitalwert der Kundenbeziehug (Customer Lifetime Value) im Gegensatz dazu sehr gering, da durch die häufigen Transaktionen Kosten verursacht werden, die durch die Erträge der Bank für das Gehaltskonto nur knapp oder nicht ausgeglichen werden können.

Der Customer Lifetime Value ermittelt den einzelnen Kundenwert unter Berücksichtigung aller dem Kunden direkt zurechenbaren Ein- und Auszahlungen über die gesamte Beziehungsdauer (vgl. Büttgen 2003, S. 66). Er kann dabei um Faktoren, wie die

- **Bindungsrate**, als die Wahrscheinlichkeit eines Wiederkaufs in der nächsten Periode, und
- **Interaktionswerte**, als Berücksichtigung der Kontakte zwischen Kunde und Unternehmen,

erweitert werden (vgl. Bruhn et al. 2000, S. 167 ff.).

Bei der Ermittlung des Kundenwertes sind immer neben den Erträgen, die der Kunde in einem definierten Zeitraum erbringt, auch die erforderlichen **Kosten für Kundenbetreuung und -bindung** zu berücksichtigen. Als Grundlage für die Einordnung in Kundensegmente eignet sich insbesondere der Present Customer Lifetime Value, also der auf den gegenwärtigen Zeitpunkt abgezinste Customer Lifetime Value. Dies entspricht damit einem Discounted Customer Lifetime Value. Dadurch wird also auch der zeitliche Anfall von Einnahmen und Ausgaben berücksichtigt. Im Unterschied hierzu berechnet der einfache Customer Lifetime Value sowohl die bisherigen als auch die zukünftigen Zahlungen gleichbedeutend ohne Abschläge (vgl. Link/ Hildebrand 1993, S. 55; Bruhn et al. 2000, S. 173).

## 4 Gründe für das Scheitern von CRM-Projekten

### 4.1 Strategische Versäumnisse

Ein wesentlicher Grund dafür, dass viele CRM-Projekte nicht die in sie gesetzten Erwartungen erfüllt haben, liegt in den nachfolgend beschriebenen Sachverhalten. In nicht wenigen Unternehmen – wie bereits oben ausgeführt – wurden CRM-Projekte initialisiert, ohne vorher

- das Ziel Kundenorientierung in der Philosophie des Unternehmens verankert (vgl. Henn 2002, S. 66),
- eine konkret ausgestaltete Strategie zum Umgang mit den Kunden definiert (vgl. Rigby/ Reichheld/ Schefter 2002, S. 58) und
- frühzeitig spezifische messbare Ziele für die CRM-Projekte formuliert (vgl. Henn 2002, S. 68 f.) zu haben.

Mit dem Kauf einer CRM-Software und der Verteilung einer Hochglanzbroschüre – „Wir arbeiten ab heute kundenorientiert." – ist die Ausrichtung eines jeden Mitarbeiters auf die Kunden allerdings nicht zu erreichen.

Defizite und Fehler entstehen durch das Problem, die Strategie zum Umgang mit dem Kunden an der **Leistungsfähigkeit der Software** auszurichten. Das eigentliche Ziel muss neben den oben angesprochenen 3 Punkten sein, die im Unternehmen vorhandenen Insellösungen für das Kundenbeziehungsmanagement zu vereinen, so dass das Unternehmen im Kundendialog in einer einheitlichen Art und Weise auftritt.

Ein Beispiel ist die **Zusammenführung des Wissens über den Kunden** vor allem aus den Bereichen Service und Support, Beschwerdemanagement sowie Marketing. Dies ermöglicht die gezielte Ansprache des einzelnen Kunden mit dem konkreten Bezug auf seine Historie. Dieses Vorhaben setzt – ganz simpel – zunächst voraus, dass die Kundenadressen auf einem **qualifizierten Niveau** vorliegen, also nur eine geringe Fehlerquote aufweisen. Erst danach stellt sich das Problem der **Vollständigkeit und Genauigkeit** aller Daten der bisherigen Kundenbeziehung. Beispielsweise sollte eine Bank als Vertriebspartner einer Versicherung ihrem Kunden keine Kfz-Versicherung anbieten, wenn dieser dem Mitarbeiter in seiner Filiale bereits mitgeteilt hat, dass er sich nicht für Kfz-Versicherungen interessiert, da er keinen PKW besitzt.

Ein weiteres, hiermit manchmal in Zusammenhang stehendes Problem ist, dass in der Unternehmenspraxis Kunden oft unterschiedliche Kundennummern erhalten haben, wenn sie in Geschäftsbeziehung mit mehreren relativ selbstständig am Markt operierenden Business Units eines Unternehmens stehen. Allein die Aufgabe der Vereinheitlichung der Kundennummern auf eine einzige, für alle Unternehmenssparten gleiche ist eine nicht zu unterschätzende Herausforderung an die Basisaktivitäten eines CRM-Projektes.

Das Thema **Kundenbelästigung** kommt vor allem dadurch zu Stande, wenn der Kundendialog intensiviert wird, ohne dass vorher die Voraussetzungen an einfache und integrierte Strukturen erfüllt werden. Ein Beispiel: Wenn ein Unternehmen im Rahmen des CRM die Intensität des schriftlichen Kundenkontaktes deutlich erhöht, dann führt dies zu einer Verstimmung und Verärgerung des Kunden, wenn vorher die verschiedenen für ihn verwendeten Kundennummern der unterschiedlichen Produktbereiche des Unternehmens nicht harmonisiert werden und er deshalb die gleiche Post mehrfach erhält.

Durch die unzureichende Verknüpfung einzelner CRM-Bausteine kann es beispielsweise zu folgender negativer Situation kommen: Ein Kunde erhält im Rahmen des Kampagnenmanagements in der Zeit zahlreiche Werbesendungen, in der ein Beschwerdevorgang von ihm läuft und er eher auf eine zügige Beschwerdebearbeitung und eine großzügige Lösung des Problems hofft.

Eine weitere Hürde stellt die Anbindung des CRM-Projektes im Unternehmen dar. Hier werden teilweise immer noch die Projektzuständigkeiten falsch gewählt, so dass es sich um ein isoliertes Vertriebs-, Marketing- oder IT-Projekt handelt (vgl. Stengl/ Sommer/ Ematinger 2001; o.V. 2002). Ein CRM-Projekt ist ein wichtiger Baustein der **Unternehmensentwicklung** und sollte deshalb vom Bereich Unternehmensentwicklung gesteuert werden. Alle anderen relevanten Bereiche arbeiten daran im Team mit. Erst diese Vorgehensweise sichert ein integriertes CRM-Konzept.

Typische Fragen, die sich das Top-Management in Zusammenhang mit dem Start eines CRM-Projektes stellen sollte, sind:

1. Welche Kunden sollen in Zukunft gezielter und individueller angesprochen werden – und welche Kunden nicht?

2. Was sind die Erwartungen und Bedürfnisse dieser Kunden? Was ist bereits über diese Kunden bekannt und wie kann dieses Wissen umfassend genutzt werden?
3. Was kann im Moment geleistet werden und was ist das Ziel? D.h. wann, wo und wie will das Unternehmen für die Kunden da sein?
4. Welche Schritte unternimmt die Konkurrenz bzw. wird sie unternehmen, um ihre Kunden zu binden, und können sie auf diese Weise einige der profitablen Kunden abwerben? Wie kann das eigene Angebot auf dieser Basis verbessert werden?
5. In welchen Schritten und Zeitrastern kann das Ziel erreicht werden, wenn die Komplexität und der Prozesscharakter des CRM-Projektes berücksichtigt werden?
6. Wie ist der durch CRM notwendig gewordene Veränderungsprozess im Unternehmen zu gestalten und zu kommunizieren? Wie können die Mitarbeiter in den Einführungsprozess integriert werden?

### 4.2 Organisatorische und informationstechnische Defizite

Defizite in den organisatorischen Voraussetzungen sahen 28% der befragten Manager – in einer von der Meta Group durchgeführten Analyse – als Grund für das Scheitern von CRM-Projekten an (vgl. Büning 2002, S. 45). Hier fehlen bereits häufig Analysen, welches die kundenorientierten Prozesse im Unternehmen sind und welche Kundenanforderungen durch welche Prozesse erfüllt werden. Nur auf der Basis dieser grundsätzlichen Analyse können Defizite erkannt und beseitigt werden (vgl. Töpfer 2007, S. 46 f.). Weitere typische Versäumnisse sind:

- Keine klare Abgrenzung von Zuständigkeiten
- Fehlende Ressourcen zur Einführung und Umsetzung des Projektes
- Zu kurze anvisierte Projektlaufzeit, da nicht berücksichtigt wird, dass der organisationale Wandel in Verbindung mit einer Neuausrichtung des Unternehmens und der Optimierung von Prozessen einen Zeitraum von mindestens 24 Monaten in Anspruch nehmen wird (vgl. Rigby/ Reichheld/ Schefter 2002, S. 56)
- Mangelhafte oder fehlende unternehmensinterne Wissensübertragung aus vorherigen Projekten (vgl. Graf 2002).

Auf informationstechnischer Seite fehlt häufig ein **konzernweiter Test der Kompatibilität und Zweckmäßigkeit der Systeme** (vgl. Kloss 2002). Es fällt den Unternehmen aufgrund der wenig konkreten Zielsetzungen für die CRM-Einführung schwer, einen geeigneten Partner für die IT-Umsetzung aus den etwa 150 deutschen und ca. 1.000 weltweiten Anbietern von CRM-Software auszuwählen (vgl. Henn 2002, S. 66). Dies führt nicht selten dazu, dass die Software die Anforderungen des Unternehmens nicht erfüllen kann (vgl. Kloss 2002).

So brach RTS Realtime Systems, ein Frankfurter Softwareanbieter für den elektronischen Börsenhandel, sein 1. CRM-Projekt bereits nach einem Jahr ab, obwohl rund eine halbe Mio. Euro in das Projekt geflossen waren. Ziel des CRM-Projektes war die Verbesserung des Managements von Kundenanfragen und Beschwerden in Verbindung mit deren jeweiligen Vorgangsnummern, Prioritäten und Zieldaten. Bereits in der Testphase stellte sich heraus, dass die Software die Anforderungen der Kunden von RTS an die Antwortzeiten des Supports nicht erfüllen konnte. Denn Betriebs- und Verbindungsprobleme müssen mittels einer Fernwartung sehr schnell gelöst werden. Inzwischen wurde ein neues Projekt gestartet, welches zumindest erfolgreich begonnen wurde (vgl. Kloss 2002).

Ein weiteres Beispiel ist das Arbeitsvermittlungsunternehmen Monster.com: Das Unternehmen investierte 1998 bei der Durchführung eines CRM-Projektes rund 1 Mio. US-Dollar in eine Software, die alle bisherigen Computersysteme integrierte. Das Ziel des CRM-Projektes bestand in der Verwaltung der Kundenbeziehungen mit sofortiger Zugriffsmöglichkeit der Mitarbeiter auf die Daten potenzieller Kunden. Da das System jedoch viel zu langsam war, konnten die Außendienstmitarbeiter nicht auf die notwendigen Informationen zugreifen – im Gegenteil, ihre Laptops stürzten ab. In der Zwischenzeit schwand das Vertrauen der Kunden in monster.com erheblich (vgl. Rigby/ Reichheld/ Schefter 2002, S. 55).

Weiterhin wird oft kritisiert, dass die Beratung zu den Software-Produkten mit unverständlichen Fremdwörtern gespickt und so für den Praktiker unverständlich ist (vgl. Roth 2002). Auch dies zieht schnell Probleme bei der Auswahl und der Anwendung der Software nach sich, was wiederum eine mangelnde Unterstützung der CRM-Projekte im Unternehmen zur Folge hat (vgl. o.V. 2002).

### 4.3 Fehlende flankierende Maßnahmen des Personalmanagements

CRM ist ein **Umgestaltungs-Prozess**, der das gesamte Unternehmen betrifft. CRM-Maßnahmen bringen also immer Veränderungen mit sich. Insofern ergeben sich auch **neue Anforderungsprofile für die Mitarbeiter**, die – wenn sie nicht entsprechend kommuniziert und die Mitarbeiter nicht genügend und frühzeitig eingebunden werden – Ängste und Widerstände entstehen lassen. Die Umsetzung eines CRM-Projektes kann bis an den Rand des Scheiterns gelangen, wenn die Mitarbeiter beispielsweise nicht über folgende Sachverhalte informiert werden:

- Warum ist Kundenorientierung für das Unternehmen notwendig?
- Wie können die geplanten Maßnahmen den Mitarbeiter im Kundenkontakt unterstützen?
- Wer hat was, wann und wie zu tun hat?
- Wer betreut welche Kunden?
- Woran wird die Leistung der Mitarbeiter in Zukunft gemessen?
- Warum und wie müssen die Informationen in die Kundendatenbank eingepflegt werden?

Selbst bei einer ausführlichen Kommunikation und Aufklärung können Ängste und Widerstände im Unternehmen zur Ablehnung der CRM-Maßnahmen führen. Dies ist der Fall, wenn sich die Mitarbeiter aufgrund der größeren **Offenheit von Kundeninformationen** kontrolliert oder bedroht fühlen. Werden Kundenbeschwerden in den Geschäftsstellen eines Unternehmens entgegengenommen, kann dies beispielsweise dazu führen, dass die Mitarbeiter kleinere Beschwerden nicht extra in das System aufnehmen.

Dieser Verweigerung, das neu geschaffene CRM-Konzept konsequent zu nutzen, kann unter anderem durch die Freistellung von Mitarbeitern aus den umsetzenden Abteilungen für die Projektdurchführung begegnet werden, welche dann auch die (Teil-)Verantwortung für dieses Projekt übertragen bekommen. Die IT-Abteilung sollte bei der Einführung von CRM nur eine **Beratungsfunktion** in Bezug auf die Softwareauswahl haben und verantwortlich für alle Fragen der technischen Implementierung sein.

Zusätzlich können auch **Schulungsmaßnahmen** als Verkaufstraining gegenüber Kunden und als Training im Umgang mit der Kundendatenbank zu einer höheren Akzeptanz von CRM im Unternehmen und damit auch zu einer größeren Kundenorientierung des einzelnen Mitarbeiters führen.

Ein überaus wichtiger Punkt ist darüber hinaus das Verbinden der CRM-Ziele mit den **Leistungsbewertungs- und Incentivesystemen** im Unternehmen. Hierbei muss ebenfalls berücksichtigt werden, dass beispielsweise kleinere Filialen – welche, um eine bessere Betreuung zu ermöglichen, die profitabelsten Kunden an ein Kundenbetreuungs-Center abgeben sollen – nicht mehr daran gemessen werden können, wie viele besonders profitable Kunden sie haben, von denen sie größere Aufträge bekommen können. Dies würde schnell zu einer Demotivierung der Mitarbeiter oder sogar zu Versuchen führen, die Datenbasis zu manipulieren – beispielsweise durch eine Neueinstufung der Kunden in eine andere Kategorie (vgl. Jost o.J.).

Werden diese Punkte nicht berücksichtigt, fehlt oft auf der Anwenderebene die grundsätzliche Akzeptanz einer kundenorientierten Unternehmenskultur (vgl. Jost o.J.; o.V. 2002).

## 5 Fazit und Ausblick

Auch wenn die Mehrzahl der oben angesprochenen Fehler und Defizite durch eine gute Strategie und konsequente Umsetzung vermieden werden kann, verbleibt ein **Restrisiko des Scheiterns**. Denn ein derartiges CRM-Projekt weist eine **hohe Komplexität** auf, allein dadurch dass mehrere Unternehmenseinheiten einbezogen werden müssen. Insbesondere gilt dies, wenn ein großer Konzern in allen seinen Tochtergesellschaften aufeinander abgestimmte CRM-Systeme einführt (vgl. Roth 2002; Henn 2002, S. 68).

Es stellt sich die Frage, wie es mit der CRM-Umsetzung in der Unternehmenspraxis weitergeht. Die gegenwärtige Situation ist ziemlich eindeutig: Die bisherigen Kunden sind in erheblichem Maße frustriert und wenig investitionsbereit. Die bisherigen Anbieter haben zum Teil erhebliche Umsatzeinbrüche aufgrund der Systemschwächen und der nicht erfüllten Erwartungen erlitten. Die Forderung geht also eindeutig in die Richtung einer Verbesserung der CRM-Konzepte, einer Präzisierung und Offenlegung der hierfür zu schaffenden Voraussetzungen sowie vor allem auch einer gezielten inhaltlichen Beratung und Unterstützung für die oben angesprochene Balance zwischen der kundenorientierten Ausrichtung, Organisation und Kultur des Unternehmens auf der einen Seite sowie der unternehmensspezifischen und mitarbeiterorientierten IT-Konfiguration auf der anderen Seite, um wirkungsvoll kundenorientiert arbeiten zu können.

Damit sind 2 wesentliche Entwicklungslinien vorgezeichnet: Zum einen die **professionelle Weiterentwicklung und Ausgestaltung von CRM-Software-Konzepten** durch die Anbieter. Hier ist Handlungsbedarf gegeben aufgrund der sich eher verschärfenden Wettbewerbssituation. Zum anderen das **Schaffen der notwendigen Voraussetzungen in den Unternehmen**, die CRM-Konzepte wirkungsvoll einsetzen wollen. Dies fängt bei einem umfassenden Verständnis für Kundenorientierung an, erfordert eine klare Strategie und erstreckt sich vor allem auch auf die Bereitschaft, im Vorfeld in die Information und Qualifizierung von Mitarbeitern, die Veränderung der Organisation in Richtung stärkere Prozessorientierung und in die Entwicklung von kundenorientierten Messgrößen und Standards zu investieren, bevor das Investment in die Software-Konfiguration erfolgt. Als Faustregel gilt, dass nicht selten die Investition in die weichen Faktoren fast genauso hoch ist wie die Investition in die harten Faktoren. Erst auf dieser Grundlage rechnet sich ein CRM-Projekt.

# 6 Literatur

*Auer, C. (2004):* Performance Measurement für das Customer Relationship Management – Controlling des IKT-basierten Kundenbeziehungsmanagements, Wiesbaden 2004.

*Brezina, R. (2001):* Analytisches Customer Relationship Management, in: Controlling, 13. Jg., 2001, Nr. 4/5, S. 219-226.

*Bruhn, M. (2002):* Integrierte Kundenorientierung – Implementierung einer kundenorientierten Unternehmensführung, Wiesbaden 2002.

*Bruhn, M. (2006):* Das Konzept der kundenorientierten Unternehmensführung, in: Hinterhuber, H.H./ Matzler, K. (Hrsg.): Kundenorientierte Unternehmensführung – Kundenorientierung – Kundenzufriedenheit – Kundenbindung, 5. Aufl., Wiesbaden 2006, S. 33-65.

*Bruhn, M./ Georgi, D./ Treyer, M./ Leumann, S. (2000):* Wertorientiertes Relationship Marketing: Vom Kundenwert zum Customer Lifetime Value, in: Die Unternehmung, 54. Jg., 2000, Nr. 3, S. 167-187.*Büning, M. (2002):* Was ist CRM/eCRM?, in: notesmagazin, 2002, Nr. 4, S. 44-46.

*Büttgen, M. (2003):* Recovery Management – Systematische Kundenrückgewinnung und Abwanderungsprävention zur Sicherung des Unternehmenserfolges, in: Die Betriebswirtschaft, 63. Jg., 2003, Nr. 1, S. 60-76.

*Drefs, M./ Schlüter, C. (2002):* B2B: Mit Permission Marketing Kunden gewinnen, in: Thexis, 19. Jg., 2002, Nr. 3, S. 64-70.

*Eggert, A. (2001):* Konzeptionelle Grundlagen des elektronischen Kundenbeziehungsmanagement, in: Eggert, A./ Fassot, G. (Hrsg.): eCRM – Electronic Customer Relationship Management: Management der Kundenbeziehungen im Internet-Zeitalter, Stuttgart 2001, S. 87-106.

*Graf, N. (2002):* Survival of the Smartest: Organizational Intelligence – Wissen als kritischer Erfolgsfaktor im globalen Wettbewerb, Abfrage vom 03.06.2003 unter www.knowtech2002.de/ Graf_Synesis_Heilbronn_Folien.pdf.

*Henn, H. (2002):* Mission Possible: CRM-Projekte zum Erfolg führen: Balance zwischen strategischer Entscheidung und Kurzfristigkeit, in: Jahrbuch Direktmarketing, 2002, S. 66-69.

*Hippner, H./ Rentzmann, R./ Wilde, K.D. (2006):* Aufbau und Funktionalitäten von CRM-Systemen, in: Hippner, H./ Wilde, K.D. (Hrsg.): Grundlagen des CRM – Konzepte und Gestaltung, 2. Aufl., Wiesbaden 2006, S. 45-74.

*Hippner, H./ Wilde, K.D. (2003):* CRM – Ein Überblick, in: Helmke, S./ Uebel, M./ Dangelmaier, W. (Hrsg.): Effektives CRM, 3. Aufl., Wiesbaden 2003, S. 3-37.

*Homburg, C./ Beutin, N. (2006):* Kundenstrukturmanagement als Controlling-herausforderung, in: Reinecke, S./ Tomczak, T. (Hrsg.): Handbuch Marketingcontrolling, 2. Aufl., Wiesbaden 2006, S. 225-252.

*Homburg, C./ Sieben, F.G. (2008):* Customer Relationship Management (CRM) – Strategische Ausrichtung statt IT-getriebenem Aktivismus, in: Bruhn, M./ Homburg, C. (Hrsg.): Handbuch Kundenbindungsmanagement: Strategien und Instrumente für ein erfolgreiches CRM, 6. Aufl., Wiesbaden 2008, S. 501-528.

*Jost, A. (o.J.):* E-Interview: Erfolgreiche CRM-Einführung ist keine Hexerei, Abfrage vom 20.08.2007 unter http://www.camelot-idpro.de/fileadmin/content_admin/downloads_de/E-Interview_Dr_Jost_Camelot.pdf.

*Kehl, R.E. (1997):* Informationsverarbeitung im Database Marketing, in: Sonderheft Database Marketing der Zeitschrift Direkt Marketing, 33. Jg., Nr. 9, 1997, S. 10-12.

*Kloss, K. (2002):* Aufhören, bevor es zu spät ist, in: Informationweek, vom 12.09.2002, Nr. 18.

*Link, J./ Hildebrand, V.G. (1993):* Database Marketing und Computer Aided Selling, München 1993.

*Mann, A. (2002):* Sind es Ihre Kunden wert, in: WN, Heft 3, 2002, S. 18.

*Meffert, H./ Burmann, C./ Kirchgeorg, M. (2008):* Marketing – Grundlagen marktorientierter Unternehmensführung: Konzepte, Instrumente, Praxisbeispiele, 10. Aufl., Wiesbaden 2008.

*Müller, W./ Riesenbeck, H.-J. (1991):* Wie aus zufriedenen auch anhängliche Kunden werden, in: Harvard Business Manager, 13. Jg., Nr. 3, 1991, S. 67-79.

*Nonaka, I. (1991):* The Knowledge-Creating Company, in: Harvard Business Review, 69. Jg., Nr. 6, 1991, S. 96-104.

*o.V. (2002):* Das Nutzenpotential von CRM in vollem Umfang erschließen, in: Informationen für Handel & E-Commerce, 8. Jg., 2002, Nr. 7/8, S. 1-7; Abfrage vom 20.08.2007 unter: www.handelsverband.at/hvmagazin/Hv402.pdf.

*Polanyi, M. (1967):* The Tacit Dimension, New York 1967.

*Ravald, A./ Grönroos, C. (1996):* The Value Concept and Relationship Marketing, in: European Journal of Marketing, 30. Jg, 1996, S. 19-30.

*Reichheld, F.F./ Sasser, W.E. (1990):* Zero Defections: Quality comes to services, in: Harvard Business Review, 68 Jg., Heft 5, 1990, S. 105-111.

*Rigby, D.K./ Reichheld, F.F./ Schefter, P. (2002):* CRM – wie Sie die vier größten Fehler vermeiden, in: Harvard Businessmanager, Nr. 4, 2002, S. 55-63.

*Roth, S. (2002):* Think big – start small, in: acquisa, 2002, Nr. 7.

*Stengl, B./ Sommer, R./ Ematinger, R. (2001):* Warum scheitern CRM-Projekte wirklich? 13 Gründe, in: Stengl, B./ Sommer, R./ Ematinger, R. (2001): CRM mit Methode – Intelligente Kundenbindung in Projekt und Praxis mit iCRM, Bonn 2001.

*Strawe, O.V./ Saddei, D./ Knapp, P./ Plehwe, K./ Scheib, M. (2002):* CRM: Allheilmittel oder teurer Trend, in: Jahrbuch Dialogmarketing 2002, S. 32-34.

*Töpfer, A. (2007):* Six Sigma als Projektmanagement für höhere Kundenzufriedenheit und bessere Unternehmensergebnisse, in: Töpfer, A. (Hrsg.): Six Sigma – Konzeption und Erfolgsbeispiele für praktizierte Null-Fehler-Qualität, 4. Aufl., Berlin/ Heidelberg 2007, S. 45-99.

*Ulaga, W./ Eggert, A. (2005):* Relationship Value in Business Markets: The Construct and its Dimensions, in: Journal of Business to Business Marketing, 12. Jg., 2005, S. 73-100.

*Wehrmeister, D. (2001):* Customer Relationship Management: Kunden gewinnen und an das Unternehmen binden, Köln 2001.

*Wihofszki, O. (2006):* Total Cost of Ownership – Damit es kein böses Erwachen gibt, in: Financial Times Deutschland vom 06.11.2006, S. A8.

*Wübker, G. (2001):* Kundenbindung durch CRM, Abfrage vom 11.01.2008 unter http://www.competence-site.de/crm.nsf/A4502E006E470112C1256A99004F4C6F/$File/drw%C3%BCbkervortrag.pdf.

# Die Rolle des Web 2.0 im CRM

– Wie kann durch interaktives Internet die Beziehung zum Kunden
verstärkt und verbessert werden? –

Armin Töpfer, Steffen Silbermann, René William

Inhalt

1 Prinzipien und Funktionen des Web 2.0 .................................................... 651
2 Analytisches CRM: Analyse von User Generated Content ........................ 659
3 Operatives CRM: Automatisierung der Kundenmanagementprozesse ...... 663
4 Kommunikatives CRM: Internetgestützter Dialog mit dem Kunden ......... 665
5 Auswahl und Integration geeigneter Web 2.0-Funktionen ......................... 671
6 Literatur ...................................................................................................... 673

## 1 Prinzipien und Funktionen des Web 2.0

In den vergangenen Jahren hat sich im Internet ein Paradigmenwechsel von der passiven Informationsnutzung hin zur aktiven Beteiligung der Nutzer an der Erstellung und Verbesserung von Inhalten vollzogen. Den Begriff „Web 2.0" als Bezeichnung für Dienste, welche eine derartige aktive Nutzung des Internets ermöglichen, wurde im Jahr 2004 bei einer Brainstorming-Session von O'Reilly Media geprägt (vgl. Schiele/ Hähner/ Becker 2007, S. 4). Ausgangspunkt für die Begriffswahl, die sich am Prinzip der Versionsnummern von Software-Produkten orientiert, war eine Analyse der gemeinsamen Prinzipien von Unternehmen, welche den Crash der so genannten New Economy im Jahr 2001 überlebten und heute erfolgreich am Markt agieren (vgl. Alby 2007, S. 15). Dabei ist der Übergang vom herkömmlichen Internet, welches schon einige Web 2.0-Funktionen in einer einfachen Form ermöglichte, zu fortschrittlichen Web 2.0-Anwendungen fließend, so dass eine eindeutige Abgrenzung mittels harter Kriterien kaum möglich ist. Stattdessen formulierte O'Reilly (2005) **7 Schlüsselprinzipien**, die Kernkompetenzen von Web 2.0-Unternehmen darstellen können, wobei nicht jedes Unternehmen alle Prinzipien erfüllen muss:

1. Angebot nicht als einzelne Software, sondern als Internetdienst, der mit einem Internetbrowser genutzt werden kann, wobei die Leistungsfähigkeit des Dienstes entsprechend den Nutzeranforderungen und der Nutzungsintensität skaliert wird
2. Kontrolle über einzigartige oder nur schwer ersetzbare Datenquellen, deren Wert mit steigender Nutzerzahl zunimmt, z.B. in der Form sozialer Netzwerke

3. Beteiligung der Nutzer an der Weiterentwicklung der Dienste, z.B. in Form offener Schnittstellen
4. Nutzung der kollektiven Intelligenz durch Einbindung von Nutzerbeiträgen – so genanntem User Generated Content – in die Leistungserstellung, z.B. durch Nutzerkritiken zu Produkten in Online-Shops
5. Unterstützung und Verstärkung des „Long Tail"-Effektes durch Funktionen, die dem Kunden durch übersichtliche und einfach zu bedienende Benutzeroberflächen eine Selbstbedienung, d.h. den Verzicht auf eine kostenintensive Beratung, ermöglichen
6. Dienste, die über die Grenzen einzelner Geräte hinweg nutzbar, also nicht PC-gebunden, sondern beispielsweise auch mit mobilen Endgeräten abrufbar sind
7. Reduzierung von Komplexität durch Verwendung einfacher Prinzipien sowohl für die Programmierung und die Benutzerschnittstellen als auch für das Geschäftsmodell.

Diese Prinzipien spiegeln sich in häufig implementierten Funktionen von Web 2.0-Portalen, so genannter **Social Software**, wider. Die Bezeichnung Social Software wird für Anwendungen benutzt, welche zum einen die Kommunikation, Interaktion und Zusammenarbeit von Nutzern ermöglichen und zum anderen den Aufbau sowie das Selbstmanagement einer Online-Gemeinschaft, also einer Community, unterstützen (vgl. Alby 2007, S. 87). Dabei können zum einen Formen des **User Generated Content (UGC)** und zum anderen Interaktions- bzw. Kommunikationsfunktionen unterschieden werden. Folgende Funktionen werden häufig angeboten, um Nutzern die Möglichkeit zur **aktiven Beteiligung bei der Erstellung von Inhalten** zu ermöglichen:

- **Weblogs (kurz Blogs):** Weblogs sind öffentliche Tagebücher, die von den als „Blogger" bezeichneten Nutzern im Internet geführt und regelmäßig mit neuen Einträgen aktualisiert sowie mit anderen Blogs vernetzt werden. Die Einträge können i.d.R. wiederum von den Lesern des Blogs kommentiert werden. Technorati, eine führende Suchmaschine für Blogs, listete im Februar 2008 über 112 Mio. Blogs (vgl. Technorati 2008). Die Gesamtheit der Blogs wird als „Blogosphäre" bezeichnet.
- **Wikis:** Bei Wikis handelt es sich um Webseiten, deren Inhalt von den Benutzern nicht nur betrachtet, sondern auch verändert werden kann. Die eingesetzten Systeme stellen die benötigten Formatvorlagen zur Verfügung und erlauben so eine Veränderung bzw. Erweiterung der Inhalte ohne spezifische Kenntnisse im Bereich Web-Design, wodurch auch Computer-Laien eine Mitwirkung ermöglicht wird. Das bekannteste und am häufigsten genutzte Wiki ist die freie Online-Enzyklopädie Wikipedia, bei der weltweit ca. 285.000 angemeldete und eine unbekannte Anzahl von nicht angemeldeten Nutzern mitwirken (vgl. Wikipedia 2008).
- **Podcasts:** Podcasts sind Serien von Medienbeiträgen, also Audio- oder Videodateien, die von Nutzern produziert und über das Internet publiziert werden. Die Konsumenten können Podcasts abonnieren und erhalten automatisch eine Benachrichtigung, sobald eine neue Episode verfügbar ist. Diese können sie

dann im Internet abrufen bzw. auf geeigneten Endgeräten wie z.B. MP3-Playern abspielen (vgl. Alby 2007, S. 74 ff.).
- **Content Sharing:** Content Sharing bedeutet, dass Nutzer die von ihnen erstellten Inhalte, also beispielsweise Texte, Bilder und Videos, anderen Nutzern im Internet zur Verfügung stellen. Der Urheber hat dabei die Möglichkeit, der Öffentlichkeit verschiedene Nutzungsrechte an seinen Werken, z.B. auf Basis der Creative Commons-Musterlizenzverträge, einzuräumen. Dazu gehören u.a. die Pflicht zur Namensnennung des Urhebers bei einer Weiterverwendung und die Möglichkeit der Einschränkung auf eine nichtkommerzielle Nutzung (vgl. Creative Commons 2008). Einen Spezialfall stellt das Filesharing dar, also der Austausch von Dateien zwischen gleichberechtigten Nutzern (auch als peer-to-peer bezeichnet). Filesharing-Systeme werden häufig beim Transport sehr großer Datenmengen eingesetzt, da hierfür nicht nur eine einzelne Datenquelle eines Anbieters die Datei zum Herunterladen bereitstellt, sondern die Nutzer die bereits empfangenen Teile der Datei ihrerseits gleichzeitig anderen Nutzern zum Herunterladen zur Verfügung stellen. Dadurch wird der sonst ungenutzte Teil der Bandbreite des Internetzugangs der Nutzer für das Hochladen ausgeschöpft, was insgesamt zu einer effizienteren Verteilung großer Dateien im Internet führt (vgl. Alby 2007, S. 128). Diese Technologie wurde zwar bislang vor allem zum illegalen Austausch von Dateien unter Verletzung von Urheberrechten genutzt, findet aber zunehmend Anwendung im legalen Bereich, vor allem durch Unternehmen aus der Medienbranche (vgl. Hülsen 2006; Laube 2007).
- **Social Commerce:** Ausprägungen des E-Commerce, bei denen Nutzer aktiv an der Gestaltung von Elementen des Marketing-Mix beteiligt sind, werden als Social Commerce bezeichnet. Die bekannteste Form ist die Kundenbewertung bzw. -rezension, die entweder direkt in einem einzelnen Online-Shop, wie z.B. Amazon, oder auf übergreifenden – häufig mit Zusatzfunktionen wie Preisvergleichen ausgestatteten – Bewertungsportalen, wie z.B. Ciao!.de, abgegeben werden kann. Neben Produkten können beispielsweise auch der Service des Herstellers und die Zuverlässigkeit des Verkäufers Gegenstand der Bewertung sein. Eine weitere Funktion stellt die Abgabe von Kaufempfehlungen dar, häufig in Form einer Zusammenstellung verschiedener Produkte in Listen. Diese Empfehlungslisten können wiederum in einzelnen Online-Shops, welche über derartige Funktionen verfügen, oder auch in Weblogs der Nutzer veröffentlicht werden. Eine fortgeschrittene Form des Social Commerce erlaubt den Nutzern eine aktive Beteiligung an der Gestaltung der Produkte bis hin zur Einrichtung eigener Online-Shops mit den Artikeln des Anbieters auf der Homepage des Nutzers. Dabei können die Nutzer das Sortiment in ihrem eigenen Online-Shop selbst zusammenstellen und erhalten eine Provision für die verkauften Produkte, während alle Zahlungs-, Produktions- und Serviceprozesse durch den Anbieter des Shop-Systems erfolgen. Dieses Geschäftsmodell wird u.a. von dem in Leipzig ansässigen Unternehmen Spreadshirt umgesetzt, welches seinen Kunden die Gestaltung eigener T-Shirt-Motive und das Angebot eigener Kollektionen ermöglicht (vgl. Spreadshirt 2008).

- **Social Tagging:** Unter Social Tagging wird die gemeinschaftliche Verschlagwortung von Internet-Inhalten verstanden. Dabei können sowohl ganze Webseiten als auch einzelne Inhalte wie beispielsweise Bilder oder Videos mit einer beliebigen Anzahl von Schlüsselwörtern, so genannten „Tags", die unterschiedlichen Sprachen und Vokabularen entspringen können, versehen werden, die den gezeigten Inhalt beschreiben und klassifizieren. Mittels der Tags, die nicht hierarchisch, sondern gleichberechtigt auf einer Ebene abgelegt werden, lassen sich zum einen die gekennzeichneten Objekte leichter auffinden und zum anderen populäre Inhalte in „Tag Clouds" (Wortwolken) identifizieren (vgl. Alby 2007, S. 117 f.).

Das gemeinsame Erstellen und Bearbeiten von Inhalten durch eine Vielzahl von Benutzern erfordert u.a. ein **hohes Maß an Kommunikation und Koordination**. Wesentliche Funktionen zur Erfüllung dieser kritischen Anforderungen werden im Folgenden vorgestellt:

- **Foren:** Internetforen sind Webseiten, auf denen die Nutzer Meinungen, Gedanken und Erfahrungen austauschen können. Dieser Austausch findet asynchron statt, d.h. Diskussionen können sich über einen längeren Zeitraum erstrecken und nicht alle Nutzer, die sich an der Diskussion beteiligen wollen, müssen gleichzeitig mit dem Internet verbunden sein. Foren sind i.d.R. themenspezifisch ausgerichtet, befassen sich also mit einem eingegrenzten Themengebiet wie beispielsweise Unterhaltungselektronik, das durch untergeordnete Foren weiter differenziert werden kann. Um die Übersichtlichkeit der Beiträge auch in stark frequentierten Foren gewährleisten zu können, werden zusammenhängende, sich aufeinander beziehende Beiträge in Gesprächsfäden, so genannten Threads, organisiert und angezeigt. Die Antwort eines Nutzers auf den Beitrag eines anderen Teilnehmers wird automatisch an den richtigen Gesprächsfaden angehängt. Die Beteiligung an einem Forum ist üblicherweise zwar kostenlos, setzt in den meisten Fällen jedoch eine vorherige Registrierung beim Forenbetreiber voraus. Bei der Registrierung wird ein Benutzername gewählt, unter welchem die Beiträge im Forum veröffentlicht werden. Der Benutzername muss i.d.R. nicht dem tatsächlichen Namen des Nutzers entsprechen, sondern dieser kann ein Pseudonym wählen. Der Forenbetreiber legt Regeln für den Umgang der Nutzer miteinander im Forum fest, deren Einhaltung von erfahrenen und anerkannten Teilnehmern (Moderatoren) überwacht wird.
- **Chats:** Ähnlich wie Foren sind auch Chats Einrichtungen zur Kommunikation von Nutzern in so genannten Chat-Räumen unter Verwendung von Pseudonymen, wobei hier die Diskussion jedoch synchron erfolgt. Die Teilnehmer an einem Chat müssen gleichzeitig mit dem Internet verbunden und im Chat-Raum angemeldet sein. Die häufigste Anwendung ist der Chat in reiner Textform, bei ausreichender Geschwindigkeit des Internetzugangs und technischer Ausstattung der Teilnehmer können zusätzlich auch Ton und Bild übertragen werden.
- **Communities:** Umfassende Plattformen für die Interaktion, Kommunikation und Vernetzung von Nutzern – häufig in der Kombination mit der Möglichkeit zur Selbstdarstellung – stellen Online-Communities dar. In diesen können Nutzer Profile anlegen, in denen sie sich selbst – in vielen Fällen sehr umfassend

und offen – anderen Teilnehmern vorstellen, und sich mit anderen Nutzern zu Gruppen mit gemeinsamen Interessen zusammenschließen. Communities verfügen oft über integrierte Foren und Chats sowie einzelne Funktionen aus dem Bereich User Generated Content wie beispielsweise die Möglichkeit, Fotos oder Videos in Benutzerprofile zu integrieren. Die aktive Teilnahme an Communities, also die Möglichkeit zur Nutzung aller integrierten Funktionen, setzt i.d.R. eine Registrierung beim Betreiber voraus. Communities können entweder an einer spezifischen Zielgruppe, wie z.B. Studenten oder Senioren, bzw. einem spezifischen Inhalt, wie z.B. Videos, oder weitestgehend offen ausgerichtet sein. Bekannte Vertreter von Communities sind das freizeitorientierte Portal MySpace sowie Xing, ein Portal für Geschäftskontakte.

Begünstigt wurde der Übergang zum Web 2.0 durch die zunehmende Verbreitung von Breitband-Internetzugängen, wie z.B. DSL. Erst durch die Verfügbarkeit von schnellen Internetverbindungen wurde die Übertragung großer Datenmengen zwischen den Systemen des Anbieters und des Nutzers, die häufig bei Web 2.0-Anwendungen – insbesondere bei den besonders beliebten Videodiensten – anfallen, in größerem Umfang ermöglicht. Abbildung 1 zeigt die stark zunehmende Verbreitung von Breitbandanschlüssen in Deutschland in den Jahren 2004 bis 2007.

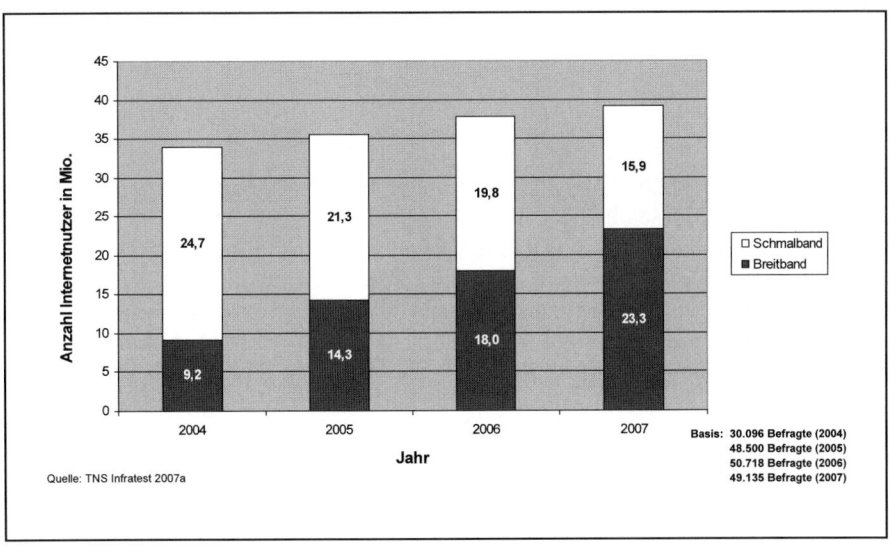

**Abb. 1:** Internetnutzung in Deutschland 2004 bis 2007

Auf der Grundlage dieser Funktionen von Web 2.0 und der immer mehr vorhandenen technischen Voraussetzungen für eine effiziente Anwendung stellen sich insbesondere 3 Fragen, die im Rahmen dieses Artikels beantwortet werden sollen:

1. Wie wird das Web 2.0 mit seinen unterschiedlichen Funktionen von typischen Nutzergruppen angenommen und bewertet?

2. Wie lässt sich das Web 2.0 konkret im Kundenmanagement einsetzen und dabei interaktiv nutzen?
3. Welche Probleme und Stolpersteine treten bei der Nutzung des Web 2.0 mit dem Schwerpunkt im Kundenmanagement auf?

Insbesondere die Beteiligung der Nutzer an der Erstellung von Inhalten und die Möglichkeit zur öffentlichen Bewertung von Produkten und Anbietern führen dazu, dass Anbieter und klassische Medien im Internet immer mehr die Meinungshoheit und somit die Kontrolle über Art und Umfang der verfügbaren Informationen über die Leistungen von Unternehmen verlieren (vgl. Schmidt 2006). Dieses Phänomen wird auch als „Social Media" (vgl. Thevenot 2007, S. 287) beschrieben. Nutzer tauschen ihre Meinungen und Erfahrungen mit Produkten und Unternehmen insbesondere in Blogs, Foren und Bewertungsportalen unter Verwendung von Texten, Bildern und Videos weltweit untereinander aus und erschaffen dadurch auf der Abnehmerseite eine zuvor nie erreichte Informationsvielfalt und Markttransparenz sowohl hinsichtlich des Preises als auch der tatsächlichen Leistung von Produkten und Dienstleistungen. Gleichzeitig steigen durch diese Transparenz die Ansprüche der Konsumenten an die Qualität von Produkten und Serviceleistungen der Unternehmen. Dieser Trend spiegelt sich auch in der Berichterstattung der traditionellen Medien wider. Funktionen des Web 2.0 wie „Blog" und „Podcast" und das Wissensportal Wikipedia nehmen in der Rangliste der meistgenannten Wirtschaftsbegriffe führende Positionen ein (vgl. Beller 2007).

Des Weiteren besteht im Falle der Nichterfüllung von Kundenanforderungen oder verdeckten Fehlfunktionen das Risiko der Kommunikation negativer Informationen über ein Produkt oder Unternehmen in Blogs und deren rasche Verbreitung in der Blogosphäre sowie in gravierenden Fällen das Aufgreifen des Themas durch klassische Massenmedien, die immer stärker Blogs in ihre Recherchen einbeziehen (vgl. Nail 2006, S. 20). Dieser Effekt führte im Jahr 2004 zu einer Rückrufaktion von Kryptonite, einem Hersteller von Fahrradschlössern. Ein Blogger beschrieb in seinem Tagebuch, wie ein spezielles Fahrradschloss von Kryptonite mit einem gewöhnlichen Kugelschreiber leicht geöffnet werden kann. Andere Blogger griffen die Geschichte auf und veröffentlichen Videos, die diesen Vorgang zeigten. Die darauf folgende intensive Diskussion in Foren und Blogs erregte die Aufmerksamkeit der Presse und führte zu entsprechenden Berichten in namhaften Zeitungen, u.a. der New York Times (vgl. Polgreen 2004). Kryptonite rief daraufhin 400.000 Schlösser in 21 Ländern zurück (vgl. Kryptonite 2008), wodurch neben einem beträchtlichen Imageschaden Rückrufkosten in Höhe von 10 Mio. US-Dollar entstanden (vgl. o.V. 2006a).

Aus diesem Grund muss die Kommunikation der Kunden im Internet über ihre Erfahrungen, Meinungen und Anforderungen hinsichtlich Produkten und Dienstleistungen einzelner Hersteller heute aktiv durch die Unternehmen verfolgt werden – nicht nur auf den Webseiten des eigenen Unternehmens, sondern auf allen wesentlichen, themen- bzw. produktspezifischen Webseiten im Internet. Zusätzliche Herausforderungen liegen in der positiven Beeinflussung des Meinungsbildes in Bezug auf die eigenen Leistungen und in der Stimulation positiver Kommunikation zufriedener Kunden. Hierin besteht eine wichtige Aufgabe für das Kundenbeziehungsmanagement, also das Customer Relationship Management (CRM), wobei die 3 Komponenten analytisches, operatives und kommunikatives CRM, die im vorangegangenen Artikel zu den Entwicklungsstufen des CRM bereits ausführlich dargelegt wurden, um Web 2.0-spezifische Instrumente zu erweitern sind. Auf diese Instrumente und Funktionen wird in den folgenden Unterkapiteln dieses Artikels näher eingegangen.

Eine wesentliche Voraussetzung für den wirkungsvollen und wirtschaftlichen Einsatz von Web 2.0-Elementen im Kundenbeziehungsmanagement stellen Kenntnisse über verschiedene Nutzertypen, deren treibende Faktoren der Nutzung von Web 2.0 (vgl. Ringlstetter 2007) sowie die Nutzungshäufigkeit verschiedener Web 2.0-Funktionen dar. Eine Studie des Marktforschungsunternehmens PbS AG (2007) zeigte, dass sowohl die Intensität als auch die Art der Nutzung von Web 2.0 nicht durch demografische und sozioökonomische Faktoren, wie z.B. Alter, Geschlecht, Bildungsniveau oder Einkommen, sondern im Wesentlichen durch Persönlichkeitsmerkmale sowie grundlegende Motive und Einstellungen bestimmt werden. Des Weiteren konnten in dieser Studie 8 unterschiedliche Nutzertypen von Web 2.0 identifiziert werden. Abbildung 2 zeigt die **Kernnutzergruppen von Web 2.0-Anwendungen**, die zusammen einen Anteil von 42,5% an der Gesamtheit der Internetnutzer in Deutschland stellen.

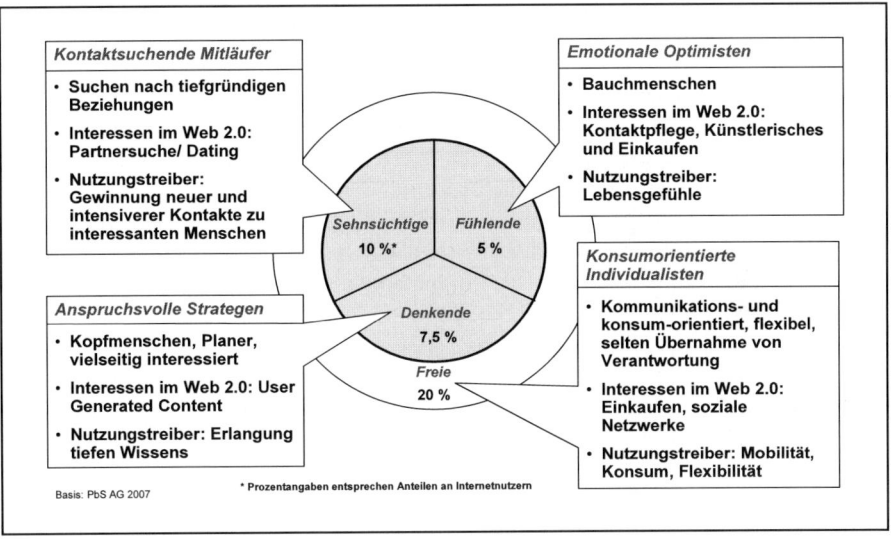

**Abb. 2:** Kernnutzergruppen von Web 2.0

Zwei weitere Nutzertypen, die eine zurückhaltende Nutzung von Web 2.0 aufweisen, sind „Getriebene" (15%) und „Relaxte" (22,5%). Die Getriebenen verfolgen hohe Ziele und Ansprüche auf sachliche bzw. analytische Weise und nutzen das Web 2.0 primär zu Informationssuche, während die Relaxten eher ziellos und passiv auf der Suche nach Entspannung und Unterhaltung das Web 2.0 nutzen.

Schließlich bilden „Ruhende" und „Skeptiker", die sich durch konservative und traditionelle Werthaltungen auszeichnen, die Gruppen mit der geringsten Affinität zum Internet und dem Web 2.0 und nutzen entsprechende Funktionen nur sporadisch insbesondere zur Informationssuche.

Insgesamt beträgt der Anteil der Internetnutzer, die mindestens eine Web 2.0-Anwendung nutzen, 92%, wobei der Anteil der starken Nutzer, die täglich 30 Minuten und mehr für Web 2.0 aufwenden, mit 4% noch relativ gering ist (vgl. PbS AG 2007). In einer Studie zum Nutzungsverhalten im Web 2.0 fand das Markt- und Medienforschungsinstitut result (2007) in Zusammenarbeit mit der Medienforschung des Südwestrundfunks (SWR) heraus, dass der Anteil der passiv partizipierenden Nutzer von Web 2.0, welche nie oder nur selten eigene Beiträge veröffentlichen, nur 43% beträgt, die aktiv partizipierenden Nutzer, die eigene Inhalte veröffentlichen und/ oder sich an Diskussionen beteiligen, also im Gesamtdurchschnitt in der Mehrheit sind.

Dies spiegelt auch das zu Beginn dieses Unterkapitels beschriebene Grundprinzip von Web 2.0-Anwendungen, die aktive Beteiligung der Nutzer an der Erstellung von Inhalten, wider. Abbildung 3 zeigt abschließend die Nutzungshäufigkeit wesentlicher Anwendungsfelder von Web 2.0. Die überwiegend passive Nutzung der einzelnen Anwendungen, deren Prozentzahl erkennbar größer ist als die der aktiven Web 2.0-Nutzer, deutet darauf hin, dass i.d.R. die Nutzer nur in speziellen Anwendungsfeldern aktiv partizipieren, während sie gleichzeitig mehrere Anwendungen passiv nutzen.

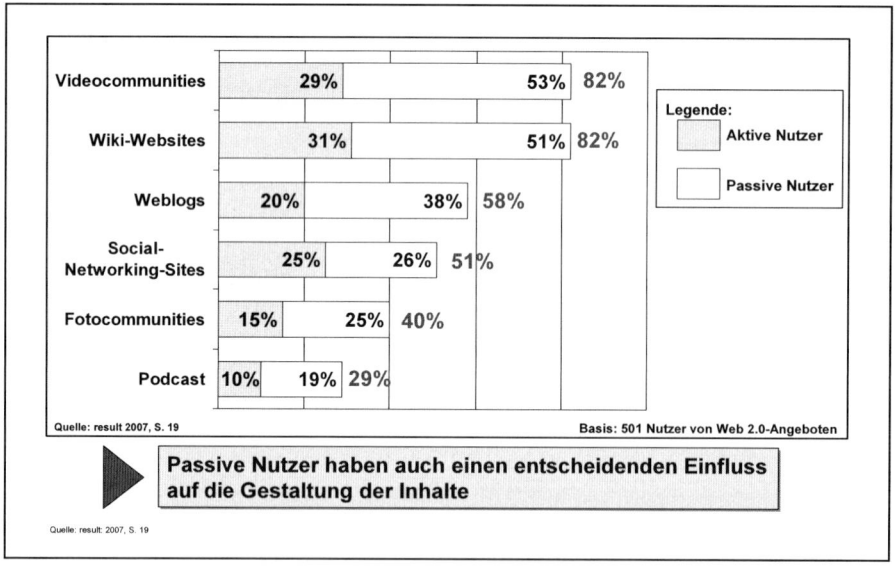

**Abb. 3:** Anwendungsfelder der Web 2.0-Nutzer

## 2 Analytisches CRM: Analyse von User Generated Content

Das analytische CRM legt mit der Gewinnung, der Organisation und der zielgerichteten Analyse von Informationen über Kunden und Interessenten, insbesondere deren Anforderungen und Verhalten, den Grundstein sowohl für die Identifikation potenziell profitabler Kunden als auch für die Auswahl der geeigneten Kanäle und Inhalte für die Kommunikation zwischen dem Unternehmen und seinen Zielkunden und somit für den Aufbau langfristiger Kundenbeziehungen (vgl. Holland 2004, S. 204 f.). Das Kernelement des analytischen CRM bildet das Data Warehouse, eine zentrale Datenbank, welche Kundendaten, aktuelle und historische Daten aus verschiedenen innerbetrieblichen Systemen, wie z.B. ERP und SCM, und Informationen aus externen Quellen unter Verwendung eines gemeinsamen Datenmodells standardisiert, zusammenführt und für Analysen zur Verfügung stellt (vgl. Laudon/ Laudon/ Schoder 2006, S. 336 f.). Neben der Einrichtung und dem Betrieb des Data Warehouse gehören die Erhebung, Verarbeitung und Analyse von Daten zu den wesentlichen Aufgaben des analytischen CRM (vgl. Hippner/ Wilde 2003).

Insbesondere für die Erhebung von kundenbezogenen Daten, also die Gewinnung von Informationen über Anforderungen, Motive, Einstellungen und Verhalten von Kunden, bieten Anwendungen von Web 2.0 geeignete Erweiterungsmöglichkeiten der klassischen Informationsquellen. Zu diesem Zweck können sowohl unternehmensexterne als auch -interne Quellen, also Auswertungen von kundengenerierten Inhalten, auf unternehmenseigenen Webseiten herangezogen werden:

- **Unternehmensexterne Quellen** können alle Webseiten und Portale sein, auf denen die Nutzer über ihre Erfahrungen mit den Produkten und Leistungen des Unternehmens berichten und diese bewerten sowie mit anderen Nutzern darüber diskutieren. Die Datensammlung im Internet bietet gegenüber anderen Marktforschungsmethoden, wie z.B. persönliche Kundenbefragungen, Beobachtungen oder Experimente, vor allem Zeit- und Kostenvorteile. Da das Unternehmen nicht direkt in Erscheinung tritt, werden die Meinungsäußerungen der Nutzer nicht beeinflusst, sondern können unverfälscht erfasst werden. Ein weiterer Vorteil ist die hohe Aktualität der Diskussionen im Internet, die eine frühzeitige Reaktion des Unternehmens auf entstehende Trends, Veränderungen von Bedürfnissen und drohende Krisen aufgrund von Produkt- und Servicemängeln ermöglichen (vgl. Puri 2007, S. 392 f.).
Das Unternehmen kann durch die Auswertung von Kundenäußerungen im Internet zusätzliche Informationen über Ursachen von Kundenabwanderung gewinnen, da in der Kommunikation zwischen den Kunden und Interessenten auch Erfahrungen beschrieben und Meinungen geäußert werden, die zwar zu Unzufriedenheit, aber nicht zu einer Beschwerde beim Unternehmen führten. Zu den wichtigsten Quellen im Web 2.0 zählen Portale zur Produktbewertung, wie das oben bereits genannte Ciao!.de, auf dem die Nutzer in 15 Haupt- und zahlreichen Unterkategorien nicht nur Produkte bewerten, sondern auch teilweise umfassende Erfahrungsberichte verfassen, deren Qualität wiederum von

den anderen Nutzern bewertet werden kann. Dadurch erhält das Unternehmen, dessen Produkte bewertet werden, wertvolle Informationen über Kundenanforderungen, Qualitätswahrnehmungen der Kunden, Verbesserungsmöglichkeiten des Produkts bzw. des Service, die Art und Weise des Umgangs der Kunden mit dem Produkt sowie die eigene Position im Vergleich mit dem Wettbewerb. Eine weitere Informationsquelle sind **themenspezifische Foren**, wie z.B. www.hifi-forum.de, in denen die Nutzer über entsprechende Produkte und deren Eignung für verschiedene Anwendungsgebiete diskutieren sowie ihre diesbezüglichen Erfahrungen anderen Nutzern mitteilen. Hierbei besteht für Unternehmen – neben der verdeckten Beobachtung – die Möglichkeit, sich aktiv an der Diskussion zu beteiligen, um so im Dialog mit den Kunden gezielt Informationen zu erfragen – und auch zu geben. In einigen Fällen bietet der Betreiber eines Forums spezielle Unterforen für bestimmte Marken oder Unternehmen an, in denen die Nutzer ausschließlich über diese diskutieren können. Ein Beispiel hierfür ist das Forum des Filmportals www.cinefacts.de, in welchem verschiedene Unternehmen der Filmbranche in eigenen, selbst moderierten Unterforen mit den Nutzern über deren Anforderungen, Wünsche oder Probleme mit den Produkten dieser Unternehmen diskutieren. Eine ähnliche Informationsquelle stellen themen-, marken- oder produktspezifische Nutzergruppen in Communities dar. Hier werden jedoch die Diskussionen i.d.R. weniger intensiv und detailliert, also für das Unternehmen weniger aufschlussreich, geführt, da die Nutzer häufig in vielen verschiedenen Gruppen mit unterschiedlichen thematischen Ausrichtungen aktiv sind. Sie können daher jeweils nur wenig Zeit und Aufmerksamkeit in die einzelnen Gruppen investieren, während eine Registrierung und Beteiligung in einem Forum, welches sich auf einen bestimmten Themenbereich konzentriert, mit einem höheren themenspezifischen Involvement verbunden ist (vgl. Puri 2007, S. 397). Während in Bewertungsportalen, Foren und Communities eine Vielzahl von Nutzern aktiv partizipieren, werden Blogs, also Online-Tagebücher, i.d.R. nur von einem einzelnen Nutzer bzw. einer kleinen Gruppe von Nutzern geführt, wodurch die Erfassung der Inhalte einzelner Blogs vergleichsweise wenig Informationen liefert. Blogs sollten dennoch regelmäßig durchsucht werden, wobei sich mit den aggregierten Informationen verschiedener Blogs generelle Tendenzen und Trends sowie Verschiebungen von Kundenerwartungen und -einstellungen erfassen lassen (vgl. Puri 2007, S. 397 f.).

- **Unternehmensinterne Quellen** im Web 2.0 sind Kundenbeiträge auf Webseiten des Unternehmens. Um dieses Potenzial nutzen zu können, müssen den Kunden entsprechende Möglichkeiten zur Erstellung von Beiträgen bzw. zur Meinungsäußerung zur Verfügung gestellt werden. Der Vorteil gegenüber einer reinen E-Mail-Kontaktadresse bzw. einem Formularfeld für Kundenanfragen auf der Webseite des Unternehmens besteht darin, dass zum Einen die Beiträge wiederum andere Kunden zur Meinungsäußerung ermutigen und zum Anderen durch die Kommunikation der Kunden Vorschläge und Anregungen erweitert oder verbessert sowie neue Ideen generiert werden können. Den größten Teil der Informationen aus unternehmensinternen Datenquellen im Web 2.0 liefern Anwendungen des Social Commerce. Dazu gehören vor allem Kundenbewertungen und -rezensionen sowie öffentliche Empfehlungs- und Wunschlisten in Online-Shops, wie z.B. Amazon. Aus diesen Kundenäußerungen kann der Shop-Betreiber Schlussfolgerungen für seine Sortimentsgestaltung ziehen, z.B. indem er weitere Produkte einer beliebten Marke in sein Sortiment aufnimmt. Ermöglicht der Anbieter seinen Kunden eine aktive Beteiligung an der Produktgestaltung, erhält er dadurch frühzeitig Informationen über die Entwicklung neuer Trends und die Veränderungen von Kundenanforderungen. Verstärkt wird dieser Effekt, wenn wie z.b. bei Spreadshirt die von Kunden gestalteten Produkte wiederum anderen Kunden angeboten werden. Auch in die Produktentwicklung können Kunden mittels Web 2.0-Anwendungen einbezogen werden. Dieses Potenzial wird u.a. vom Computerhersteller Dell genutzt, der eine Online-Community mit der Bezeichnung „IdeaStorm" eingerichtet hat, welche den registrierten Nutzern die Möglichkeit bietet, eigene Ideen für neue Produkte und Dienstleistungen zu formulieren, die Vorschläge anderer Nutzer zu diskutieren und zu unterstützen sowie Informationen über aktuelle Entwicklungen von Dell zu erhalten (vgl. Dell 2008).

Ein wesentlicher Unterschied zwischen unternehmensexternen und -internen Quellen liegt in der Möglichkeit, die erhaltenen Informationen einzelnen Kunden oder Interessenten zuzuordnen und auf diese Weise für die weitere Gestaltung der Kundenbeziehung zu nutzen. Beiträge der Kunden auf den unternehmenseigenen Seiten, also Bewertungen, Rezensionen, Produktdesigns und Verbesserungsvorschläge, sind i.d.R. bekannten Kunden oder Interessenten exakt zuordenbar, da üblicherweise eine Anmeldung auf der Webseite erforderlich ist, um Beiträge schreiben bzw. Bewertungen vornehmen zu können. Mit diesen Daten können die bestehenden Kundenprofile ständig erweitert und die aus Kommentaren und Bewertungen der Kunden erschlossenen Informationen über Interessen und Einstellungen der Kunden für die weitere Individualisierung der Angebote genutzt werden.

Bei unternehmensexternen Webseiten ist eine Verknüpfung der Nutzerbeiträge mit dem Unternehmen bekannten Kunden und Interessenten nur dann möglich, wenn der entsprechende Nutzer die notwendigen Informationen für eine Identifikation freiwillig preisgibt. Da insbesondere bei Foren und Bewertungsportalen zum einen die Angabe dieser Daten für eine Registrierung häufig entweder nicht erforderlich ist oder deren Korrektheit nicht überprüft wird und da zum anderen diese Daten nicht allen anderen Nutzern und Betrachtern angezeigt werden müssen, ist bei diesen Webseiten eine Identifikation der Nutzer in vielen Fällen unmöglich. Im Gegensatz dazu geben Nutzer von Blogs und Communities, also von Anwendungen, die in stärkerem Maße der Selbstdarstellung der Nutzer dienen, i.d.R. mehr Informationen über sich preis (vgl. Schmidt 2008), so dass eine Identifikation leichter möglich ist. Zu beachten ist jedoch, dass die Nutzung von E-Mail-Adressen, welche die Nutzer in Web 2.0-Anwendungen öffentlich angeben, für Werbezwecke durch das Gesetz gegen den unlauteren Wettbewerb (UWG) sowie das Bürgerliche Gesetzbuch (BGB) eingeschränkt wird. Hat der Empfänger einer E-Mail mit werbendem Inhalt nicht im Vorfeld sein Einverständnis erklärt, wird der Versand dieser E-Mail als wettbewerbswidrig (§ 7 Abs. 2 Nr. 3 UWG) und als

Eingriff in das allgemeine Persönlichkeitsrecht des Empfängers (§ 823 Abs. 1 BGB) eingestuft (vgl. Hoeren 2007, S. 248 ff.).

Neben der Erweiterung und Anreicherung der Kundenprofile ermöglichen die aus Web 2.0-Anwendungen gewonnenen Informationen die **Identifikation von Meinungsführern im Internet**. Meinungsführer üben aufgrund ihrer Fähigkeiten und ihrer Persönlichkeit sowie ihres Wissens in bestimmten Bereichen einen starken Einfluss auf andere Mitglieder innerhalb einer Referenzgruppe aus (vgl. Kotler et al. 2007, S. 314 f.). Während außerhalb des Internets die Meinungsführer jedoch nur die Entscheidungsfindung relativ weniger Personen aus ihrem direkten persönlichen Umfeld beeinflussen, bietet ihnen das Internet eine globale Plattform und somit die Möglichkeit, ihre Empfehlungen in einem eigenen Blog oder als Rezensionen in Online-Shops an einen prinzipiell unbegrenzten Nutzerkreis zu richten (vgl. Lyons/ Henderson 2005, S. 319). Abbildung 4 gibt eine Übersicht über die wesentlichen Web 2.0-Anwendungen, in denen Meinungsführer im Internet kommunizieren.

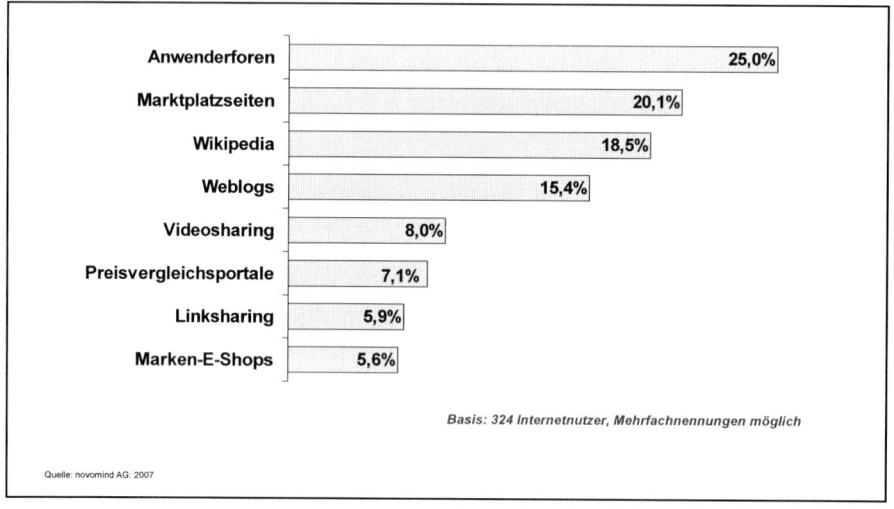

**Abb. 4:** Beiträge von Meinungsführern im Internet

Meinungsführer im Internet zeichnen sich durch gute Computerkenntnisse, das kontinuierliche Suchen neuer, unbekannter Webseiten sowie häufige und lange Internetnutzung aus und gehören häufig zu den Early Adoptern neuer Produkte und Technologien (vgl. Lyons/ Henderson 2005, S. 325). Einer Studie der novomind AG (2007) in Kooperation mit wiwo.de und handelsblatt.com zufolge schreiben ca. 20% der Internetnutzer Empfehlungen für andere Kunden. Das Interesse an diesen Informationen ist groß: 85% der Internetnutzer suchen vor einem Kauf aktiv nach Informationen und 75% nutzen dafür Empfehlungen und Rezensionen anderer Nutzer. Die relativ kleine Gruppe der Rezensenten verfügt daher über ein beträchtliches Potenzial als Multiplikatoren (vgl. novomind AG 2007). Wie zuvor beschrieben, lassen sich zumindest auf unternehmenseigenen Webseiten Kunden, die als Meinungsführer auftreten, relativ leicht identifizieren. Hierfür können einerseits die Anzahl der veröffentlichten Beiträge und andererseits deren Bewertung durch andere Nutzer herangezogen werden. Das Empfehlungspotenzial der identifizierten Meinungsführer kann schließlich als Kenngröße in die Berechnung des Kundenwerts einfließen und somit die Datenbasis für die im vorherigen Artikel erläuterte Segmentierung nach dem Kundenwert verbessern.

## 3 Operatives CRM: Automatisierung der Kundenmanagementprozesse

Das operative CRM schafft die Verbindung zwischen der im analytischen CRM gebildeten Datenbasis und ihrem konkreten Einsatz beim Kundenkontakt im kanalübergreifenden kommunikativen CRM. Das Ziel des operativen CRM besteht darin, die Mitarbeiter des Front Office bei allen Kundenmanagementprozessen zu unterstützen und so den Dialog zwischen Kunden und Unternehmen zu optimieren (vgl. Hippner/ Rentzmann/ Wilde 2006, S. 54). Hierzu existiert eine Vielzahl von Lösungen zur Automatisierung von Marketing, Sales und Service.

- Im Mittelpunkt der **Marketing Automation** steht die Steuerung des Informationsaustauschs in den Marketingprozessen sowohl innerhalb des Unternehmens als auch bei der Interaktion mit dem Kunden. Wichtig dabei ist, dass die Kundenkontakte aufeinander abgestimmt gestaltet werden. Hierzu dient das **Kampagnenmanagement**, das die Planung, Umsetzung, Steuerung und Erfolgskontrolle von zielgruppen- und zeitpunktgerechten Marketingaktionen in verschiedenen Medien bzw. Kommunikationskanälen mit bekannten Empfängern unterstützt (vgl. Gronover/ Reichold/ Riempp 2002, S. 52). Ziel ist die Generierung von möglichst erfolgversprechenden Kontakten, die über ein Leadmanagement qualifiziert und durch das Angebotsmanagement weiterverfolgt werden (vgl. Riempp/ Gronover 2002). Im Rahmen der Kampagnenplanung müssen zunächst die Ziele und die anvisierten Zielgruppen bestimmt werden. Entsprechend der Web 2.0-Affinität der ausgewählten Zielkunden können Maßnahmen, wie die gezielte Informationsstreuung in Weblogs oder die Bereitstellung von kampagnenspezifischen Podcasts integriert werden. Zu unterscheiden ist hier zwischen einem aktiven Start der Kampagne, bei dem die Kunden durch Direct-Marketing-Maßnahmen gezielt angesprochen werden, oder einem reaktiven Start, bei dem der Kunde durch sein Verhalten kommunikative Maßnahmen im Rahmen der Kampagne auslöst. Hierbei werden die Bewegungsmuster des Kunden auf der Website analysiert, um die Kampagne gezielt auf seine Bedürfnisse auszurichten. Bei der Umsetzung und Steuerung einer medienübergreifenden Kampagne ist die Abstimmung der einzelnen Kontaktkanäle wichtig. Basis hierfür sind zuvor festgelegte Kommunikationsregeln. Erhält der Kunde z.B. mit seiner monatlichen Telefonrechnung einen Werbeprospekt der Kampagne zugesandt, sollte – um die Effektivität der

Kampagne zu erhöhen – die gleiche Werbebotschaft auch beim Anmelden des Kunden am Internetportal des Telekommunikationsanbieters gesetzt werden. Im Rahmen der Kampagnenkontrolle müssen die Ergebnisse der Kampagne permanent analysiert werden, um im Sinne eines Closed Loop die laufende Kampagne zu optimieren oder Informationen für zukünftige Kampagnen zu gewinnen.

- Aufgabe der **Sales Automation** ist die Unterstützung des Verkaufsprozesses. Diese Systeme helfen dem Verkaufspersonal bei Routine- und Administrationsaufgaben, wie der Angebotserstellung, der Besuchsplanung und der Kundenverwaltung (vgl. Hippner/ Rentzmann/ Wilde 2006, S. 59). Im Internet laufen diese Prozesse zum größten Teil automatisiert und in Interaktion mit dem Kunden ab. So trägt der Kunde sich über entsprechende Anmeldeformulare in die Kundendatenbank ein und navigiert selbstständig durch das Angebot. Ziel der Sales Automation ist es hier, den Kunden die Produktauswahl zu erleichtern, mögliche Alternativprodukte anzuzeigen und zusätzlich Cross-Selling-Potenziale auszunutzen (vgl. Laudon/ Laudon/ Schoder 2006, S. 421). So unterbreitet Amazon seinen Nutzern z.B. auf der „persönlichen Seite" Kaufempfehlungen, die auf der Auswertung der bisher getätigten Einkäufe, der in Bewertungen geäußerten Affinitäten und des Kaufverhaltens anderer Nutzer mit ähnlichen Interessen basieren. Nach der Wahl eines konkreten Produkts erhält der Kunde automatisiert alle notwendigen Produktinformationen.
Durch moderne Shopsysteme wird auch der Vertragsabschluss und das Auftragsmanagement elektronisch unterstützt. So wird die Bezahlung per elektronischem Zahlungsverfahren oder Kreditkarte durchgeführt, und der Kunde kann den Stand der Bestellung jederzeit in einem Order Tracking-System einsehen. Beim Verkauf digitaler Produkte, wie Musik und E-Books, wird zusätzlich der Versand über die Sales Automation abgewickelt. Um die Potenziale einzelner Kunden oder Kundengruppen besser abschätzen zu können und Probleme im Verkaufsprozess zu analysieren, bietet die Sales Automation eine große Auswahl an Analysefunktionen, z.B. zur Verkaufsvorhersage, zur Ermittlung der Verkaufskosten und zum Abbruchmanagement im Verkaufsprozess.
- Die **Service Automation** stellt den Mitarbeitern des Kundendienstes Informationen und Werkzeuge bereit, um die Kundenbetreuung zu unterstützen. Auch der Kundenservice wird im Internet häufig elektronisch und automatisiert abgewickelt. So können Kunden ihre Anfragen im Dialog mit einem virtuellen Kundenbetreuer, dem Avatar, klären oder suchen die Lösung für ihre Probleme selbstständig aus einer Support-/ Wissensdatenbank heraus. Für weiterführende Fragen können sie Mitarbeiter des Unternehmens im Chat kontaktieren oder per E-Mail ansprechen. Für viele Produkte haben sich heute zusätzlich Communities aus Nutzern gebildet, die den Kunden in Foren bei der Problemlösung unterstützen. Auf diesem Weg reduziert sich der Beratungsaufwand für das Unternehmen deutlich. Allerdings verliert es die Kontrolle über die produktbezogene Kommunikation – was insbesondere bei Produktproblemen negative Konsequenzen für die Mund-zu-Mund-Kommunikation hat. Daher sollte dem Kunden die Beschwerde z.B. durch E-Mail-Vorlagen oder Call-Back-Buttons erleichtert werden. Eingehende Beschwerden müssen dann analysiert werden,

um Hinweise über das momentane Serviceniveau und mögliche Verbesserungspotenziale zu erhalten. Für eingehende E-Mails werden hier häufig Text-Mining-Methoden eingesetzt, um nicht-strukturierte Inhalte zu analysieren und die E-Mails entsprechend ihres Inhaltes und ihrer Dringlichkeit dem richtigen Bearbeiter zuzuführen.

## 4 Kommunikatives CRM: Internetgestützter Dialog mit dem Kunden

Das kommunikative respektive kollaborative CRM stellt die direkte Schnittstelle zum Kunden dar und bündelt alle Kommunikationskanäle für den Kundenkontakt, um eine effiziente und effektive Kundenbearbeitung sicherzustellen (vgl. Holland 2004, S. 204). Im Folgenden wird der Schwerpunkt stärker auf die rein kommunikativen Aspekte gelegt. Diese Aufgabe wird heute immer häufiger durch ein **Customer Interaction Center** abgedeckt (vgl. Töper/ Greff 2000, S. 205 f.). Es bildet die zentrale Kommunikationsplattform des Unternehmens und verwirklicht auf allen Kommunikationskanälen das Ziel des „One Face to the Customer" (vgl. Rosemann/ Rochefort/ Behnck 1999, S. 112). Da der Zugang zum Unternehmen über die klassischen Medien, wie Post, Telefon und Fax, heute i.d.R. nicht mehr ausreichend ist, gehören Kommunikationskanäle wie E-Mails, der eigene Internetauftritt und Voice over Internet Protokoll zum Standard fortschrittlicher Customer Interaction Center.

Die Vorteile des Internets ermöglichen dabei einen direkten Dialog zwischen dem Unternehmen und dem individuellen Kunden bzw. einzelnen Kundengruppen mit ähnlichen Bedürfnissen, und damit die Umsetzung eines **One-to-One-Marketing** (vgl. Chaffey et al. 2001, S. 315). In keinem anderen Medium können die von Peppers und Rogers (1997) formulierten und nachfolgend aufgeführten Anforderungen an eine direkte Kundenkommunikation so effizient umgesetzt werden wie im Internet:

- **Identifikation:** Die Eigenschaften des Kunden müssen möglichst genau ermittelt werden, um einen zielgerichteten Dialog mit ihm zu führen.
- **Individualisierung:** Die Marketingstrategie muss an den Bedürfnissen des Kunden ausgerichtet werden.
- **Interaktion:** Um die Bedürfnisse und Wünsche des Kunden zu verstehen, ist ein ständiger Dialog notwendig.
- **Integration:** Die Integration des Wissens über den Kunden muss alle Unternehmensbereiche umfassen.
- **Integrität:** Um das Kundenvertrauen zu erhalten, dürfen die Bemühungen im Rahmen der Identifikation nicht als aufdringlich empfunden werden.

Zur Umsetzung dieser Strategie im Rahmen des kommunikativen CRM stehen im Web 2.0 verschiedene Funktionen zur Verfügung. Sie wurden bereits zu Beginn dieses Artikels in ihrer allgemeinen Funktionsweise beschrieben. Nachfolgend werden die Nutzungsmöglichkeiten für die Unternehmenskommunikation aufgezeigt und Praxisbeispiele vorgestellt. Eine Zusammenfassung der Einsatzmöglichkeiten ist in Abbildung 5 wiedergegeben.

| | Web 2.0 Funktionen | Anwendung im kommunikativen CRM |
|---|---|---|
| Inhaltsorientiert | Content Sharing Communities | • Sponsoring von Wettbewerben zur Markenpositionierung und Plazierung von Online-Werbung<br>• Erhöhung der Reichweite für digitale Produkte (wie Musik, Trailer etc.)<br>• Platzierung von Unternehmens-/ Produkt-Videos |
| | Podcasts | • Platzierung von Online-Werbung auf Portalseiten oder in Podcast-Beiträgen<br>• Sponsoring von Wettbewerben<br>• Eigene Audio-/ Video-Podcasts (wie User Manual Cast, Product Cast etc.) |
| | Social Commerce | • Platzierung von Online-Werbung auf Portalseiten<br>• Produktinformationen und Ansichtsexemplare zur Verfügung stellen<br>• Einbeziehen der Kunden in die Produktentwicklung und -konfiguration |
| | Social Tagging | • Platzierung von Online-Werbung auf Portalseiten<br>• Kauf von Clickstream-Daten zur Analyse des Kundenverhaltens<br>• Tagging der eigenen Webseite für eine bessere Übersicht |
| | Weblogs & RSS-Feeds | • Platzierung von Online-Werbung in externen Blogs<br>• Beobachtung externer Blogs und schnelle Reaktion auf bedrohliche Entwicklungen<br>• Eigene Corporate Blogs und Neuprodukt-Feeds |
| | Wikis | • Platzierung von Online-Werbung auf Portalseiten und Sponsoring fremder Wikis<br>• Unternehmenseigene Produkt-, Service- oder Anleitungs-Wikis<br>• Firmenhistorien-Wikis zur Imagebildung |
| Kommunikationsorientiert | Chats | • Platzierung von Online-Werbung in externen Chat-Rooms<br>• Unternehmenseigene Chats zur Kundenbetreuung und zum Beschwerdemanagement |
| | Foren | • Platzierung von Online-Werbung in externen Foren<br>• Beobachtung externer Foren und schnelle Reaktion auf bedrohliche Entwicklungen<br>• Unternehmenseigene Foren zur Kundenbetreuung |
| | Social Network Communities | • Sponsoring fremder Communities und Platzierung von Online-Werbung<br>• Beobachtung externer Communities und schnelle Reaktion auf bedrohliche Entwicklungen<br>• Betrieb eigener Marken- und Produkt-Co-Entwickler-Communities<br>• Aufarbeitung der Service-Inhalte in Support-Communities |

Basis: Enderle/ Wirtz 2008, S. 38

**Abb. 5:** Einsatzmöglichkeiten der Web 2.0-Funktionen im kommunikativen CRM

- **Content Sharing Communities** bieten Nutzern die Möglichkeit, selbsterstellte Inhalte anderen Nutzern in einer strukturierten Form zur Verfügung zu stellen. Ein erster Ansatzpunkt für die Nutzung dieser Funktion ist die Schaltung von Online-Werbung auf den meist werbefinanzierten Internetplattformen wie MySpace, Youtube oder Google Video. Allerdings kann der Werbeeffekt durch die gezielte Nutzung der Mund-zu-Mund-Kommunikation der Nutzer deutlich erhöht werden. Dieser als Virales Marketing bezeichnete Ansatz nutzt bestehende soziale Netzwerke aus, um eine Werbebotschaft in kürzester Zeit – in der Verbreitung einem Virus ähnlich – einem breiten Kundenkreis bekannt zu machen. So wurden von Paramount Pictures in einer der größten viralen Werbekampagnen der USA für den Film Cloverfield in einer 10-monatigen Kampagne vor Filmstart verschiedene rätselhafte Hinweise zum Film bei Content Sharing Communities wie MySpace und Youtube verstreut, um den Film in einer Art „virtuellen Schnitzeljagd" bereits vor dem Kinostart bekannt zu machen (vgl. Miklis 2008). Weiterhin lässt sich dieses Medium auch gut für die Durchführung von öffentlichkeitswirksamen Wettbewerben nutzen, wie das Beispiel Mentos zeigt. Nachdem einige Konsumenten von Mentos und Coca Cola entdeckt hatten, dass die Kombination der beiden Lebensmittel aufgrund einer physikalischen Reaktion eine Fontäne erzeugt, stellten sie Videos ihres Experiments in verschiedenen Content Sharing Communities ein. Schnell fanden diese kurzen Filme Nachahmer und Zuschauer. Mentos nutzte diese Begeisterung der Nutzer mit dem „Mentos Geyser Video Contest" aus, bei dem die Kunden aufgerufen wurden, die verrücktesten Videos auf einer speziellen Website einzustellen. Den Werbewert dieser Aktion schätzen Experten auf über 10 Mio. US-Dollar – bei einem jährlichen Werbebudget von Mentos in den USA von 20 Mio. US-Dollar (vgl. Vranica/ Terhune 2006).

- Die Platzierung der Werbebotschaft in **Podcasts** erfolg ähnlich der bei klassischer Radiowerbung. Allerdings ist die Zielgruppe hier meist deutlich aufmerksamer und setzt sich stärker mit dem Inhalt der Sendung auseinander. Durch dieses höhere Involvement verstärkt sich die Aufmerksamkeit für das und die Auseinandersetzung mit dem beworbenen Produkt. Neben dieser Unterbrecherwerbung und der Platzierung von Online-Werbung auf Podcast-Portalen können auch vom Unternehmen produzierte Sendungen zum Download angeboten werden. So erstellt der Elektronikdiscounter MediaMarkt monatlich einen professionell moderierten Podcast, in dem Audiobooks verschiedener Hörbuchverlage vorgestellt werden (vgl. o.V. 2008). Auf diesem Weg wird für den Kunden ein zusätzlicher Mehrwert erzeugt.

- Bei **Social Commerce-Anwendungen** werden die zwischenmenschlichen Beziehungen und Interaktionen, z.B. in Form des Austauschs von Bewertungen, Produktinformationen und Feedback, in den Vordergrund gestellt, die vor, während und nach geschäftlichen Transaktionen eine Rolle spielen (vgl. Richter/ Koch/ Krisch 2007, S. 5). Der klassische Electronic Commerce erhält damit eine zusätzliche kooperations- und kommunikationsorientierte Ebene. Die Interaktion mit dem Kunden kann dabei in verschiedenen Phasen stattfinden. Der Kunde kann bei der Produktgestaltung mitwirken, wie z.B. beim Fiat 500, bei dem die Besucher der Website fiat500.de die Möglichkeit hatten, die Optik und Ausstattung des zukünftigen Serienmodells zu beeinflussen (vgl. o.V. 2006b). Der Kunde kann aber auch andere Kunden beraten, in dem er Bewertungen abgibt, Testberichte schreibt oder Empfehlungen ausspricht. Hier können Hersteller ausgewählten Kunden Produkte zu Testzwecken zur Verfügung stellen, über die diese dann auf Webseiten berichten. Wird der Kunde – häufig gegen Zahlung einer Provision – direkt als „Verkäufer" eingesetzt, spricht man von **Me-Commerce** (vgl. Richter/ Koch/ Krisch 2007, S. 15). So können Nutzer der Plattform edelight anderen Nutzern ihre Lieblingsprodukte empfehlen. Stammen diese aus einem Partnershop der Plattform, erhalten die Nutzer im Fall eines Verkaufes eine Provision (vgl. Cosmar et al. 2007, S. 20). Die weitestgehende Integration der Nutzer findet statt, wenn sie zum Produzent der gehandelten Ware werden, wie es bei DaWanda, dem Marktplatz für handgefertigte Einzelstücke und limitierte Editionen, der Fall ist. Da sich diese Plattformen meist über Verkaufsprovisionen finanzieren, ist ihr Interesse an Werbe- und Kommunikationspartnerschaften i.d.R. gering, so dass sie nicht für kommunikative CRM-Maßnahmen genutzt werden können. Allerdings können

durch die kreativen Nutzer dieser Plattformen Produktideen angestoßen werden, die dann in industrielle Güter einfließen können.
- Beim **Social Tagging** können Nutzer unterschiedliche Inhalte mit selbstgewählten Stichworten versehen. Sie erleichtern anderen Nutzern die Navigation bzw. Suche nach bestimmten Inhalten und sind sowohl dynamischer als auch aktueller als konventionelle Kategoriesysteme. Die vergebenen Stichworte geben in Kombination mit den abgerufenen Stichworten dabei einen guten Einblick in die für die Kunden relevanten Themenstellungen. Informationen über derartiges Nutzerverhalten können zusätzlich, wenn sie über die unternehmenseigene Website z.B. aufgrund zu niedriger Nutzerzahlen nicht verfügbar sind, von verschiedenen Anbietern als so genannte Clickstream-Daten zugekauft werden. Ein weiterführender Ansatz ist das **Social Bookmarking**, bei dem Nutzer ihre persönlichen Internet-Lesezeichen als Hitlisten bei einem Onlinedienst wie Mister Wong (www.mister-wong.de) ablegen und anderen Nutzern zugänglich machen. Hierdurch werden interessante Webseiten und Produkte leichter (wieder-)auffindbar und erhalten durch den Charakter einer persönlichen Empfehlung eine höhere Glaubwürdigkeit.
- Die Zahl der weltweit geführten **Weblogs** ist mittlerweile unüberschaubar. Bereits zu Beginn des Jahres 2006 hatten in Deutschland etwa 1,4 Mio. Bundesbürger eigene Weblogs (vgl. TNS Infratest 2006, S. 6), die meist als persönliche Tagebücher genutzt werden, aber auch konkrete Themen wie „Reisen und Urlaub" (30%), „Wissen und Lernen" (24%) und „Sport" (19%) behandeln (vgl. TNS Infratest 2007b, S. 3). Die von Unternehmen geführten Corporate Blogs sind dagegen deutlich in der Unterzahl – sie machen etwa 5% der gesamten Weblogs aus (vgl. Eck 2006, S. 213). Sie können einerseits nach den Verfassern der Mitteilungen unterschieden werden: Vorstände und Geschäftsführer berichten in so genannten CEO-Blogs, wie z.B. DocMorris-Gründer Ralf Däinghaus im DocMorris-Blog (www.docmorris.de/blog). In Mitarbeiterblogs können meist Angestellte aus unterschiedlichen Bereichen über die Entwicklungen im Unternehmen Erfahrungen austauschen, wie beispielsweise die Mitarbeiter der Firma Frosta im Frosta Blog (www.frostablog.de). Zusätzlich können Weblogs von zentralen Unternehmensstellen oder externen Agenturen betrieben werden, wie der Sony-Blog zur Produkteinführung des Fernsehers Bravia (www.bravia-advert.com). Besonders hohe Wertschätzung genießen die Mitarbeiterblogs bei den Unternehmenskunden. So zeigen Studienergebnisse, dass diese Art der Blogs von 17% der Nutzer als sehr glaubwürdig, für 60% als teilweise glaubwürdig und immerhin noch von 19% als fallweise glaubwürdig eingeschätzt werden (Marken 2006, S. 35). Andererseits können Corporate Blogs auch nach ihren Einsatzmöglichkeiten unterschieden werden. Eine Übersicht über die verschiedenen Einsatzgebiete gibt Abbildung 6.

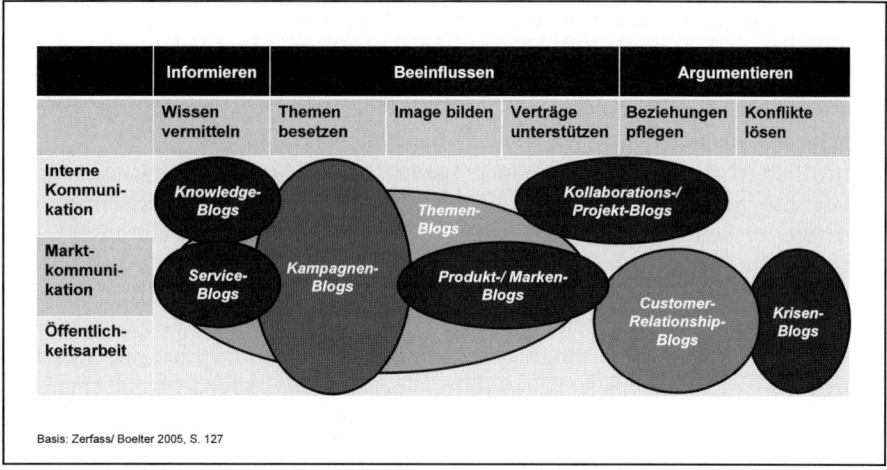

**Abb. 6:** Einsatzgebiete für Corporate Blogs

Wichtig bei der Gestaltung eines Corporate Blogs ist, dass die Leser des Blogs einen Mehrwert durch dessen Informationen erhalten. Nur dann werden sie den eingestellten Texten Beachtung schenken und regelmäßig wiederkommen. Erleichtert wird dies über RSS-Feeds (Rich Site Summary), elektronische Nachrichtenservices, die der Nutzer abonnieren kann, um automatisch über neue Beiträge informiert zu werden. Die höchste Akzeptanz weisen aber die von Einzelpersonen geschriebenen Weblogs auf, da ihnen die Nutzer das größte Vertrauen entgegenbringen (vgl. Ebner/ Baumann/ Krcmar 2005, S. 57). Um sie für das kommunikative CRM zu nutzen, können den Autoren Testprodukte zur Verfügung gestellt werden, über deren Nutzung dann regelmäßig berichtet wird. So haben Microsoft und AMD zur Markteinführung des Betriebssystems Vista an verschiedene Blogger Laptops verteilt (o.V. 2006c). Die Kommunikation auf diesen persönlichen Weblogs birgt jedoch für Unternehmen auch Gefahren, da negative Meinungen ungefiltert einer großen Öffentlichkeit kommuniziert werden können. Daher sollten unternehmensfremde Blogs, wie bereits vorn gezeigt, regelmäßig beobachtet werden, um rechtzeitig auf erkennbare negative Entwicklungen reagieren zu können. Außerdem bieten sich externe Weblogs als Quelle für authentische Kundenmeinungen und Verbesserungsvorschläge/ Produktideen an.

- In **Wikis** können Inhalte von mehreren Autoren kooperativ erstellt und bearbeitet werden. Sie können genutzt werden, um zusätzliche Produktinformationen wie beispielsweise Bedienungsanleitungen und Erfahrungsberichte zu erstellen sowie von mehreren unternehmensinternen und -externen Autoren pflegen zu lassen. So werden die Beiträge des IBM Wiki (www-941.ibm.com/collaboration/wiki/) zu aktuellen produktspezifischen Fragestellungen und Problemlösungen sowohl von IBM-Mitarbeitern als auch von Kunden geschrieben. Solche Wikis bieten Kunden aufgrund der Nutzungsorientierung

und Nutzergenerierung einen deutlichen Mehrwert (vgl. Möhlenbruch/ Dölling/ Ritschel 2007, S. 206). Aber auch von Nutzern oder Medienunternehmen betriebene Wikis können für Unternehmen interessant sein, da dort deren Produkte beschrieben und bewertet werden, wie beispielsweise Handys in dem Wiki von Inside-Handy (www.inside-handy.de/wiki).
- Im Rahmen der Kundenbetreuung spielen heute **Chats** eine wichtige Rolle. Hier haben Kunden die Möglichkeit, in direkten Kontakt zu Unternehmensvertretern zu kommen. Im Vergleich zur Kommunikation per Telefon (33 US-Dollar) und E-Mail (10 US-Dollar) sind nach einer Studie von Forrester Research die durchschnittlichen Kosten der Kundenbetreuung per Chat mit etwa 8 US-Dollar am geringsten (vgl. ECIN 2002). So haben z.B. die Besitzer eines Toshiba-Notebooks die Möglichkeit, technische Fragen im Chat mit Mitarbeitern des Unternehmens zu klären (http://de.computers.toshiba-europe.com/).
- Eine ähnliche Funktion haben **Foren** innerhalb der Kundenbetreuung. Im Unterschied zu Chats bleiben hier die Beiträge allerdings über lange Zeit erhalten. So haben Kunden die Möglichkeit, zunächst in älteren Beiträgen nach einer Problemlösung zu suchen. Durch dieses Self-Service-Verfahren sinken die Betreuungskosten nochmals (ca. 1 US-Dollar). Zusätzlich zu Mitarbeitern des Unternehmens beantworten hier aber auch andere Nutzer die Fragen der Kunden. Dies ermöglicht eine schnellere und nutzergerechtere Problemlösung. Durch eine systematische Auswertung der Beiträge können Schwachstellen der Produkte aufgedeckt und Verbesserungspotenziale erkannt werden. Dabei müssen die Foren nicht immer vom Unternehmen selbst unterhalten werden. So können, wie eingangs ausgeführt, auf dem Filmportal Cinefacts (www.cinefacts.de) Nutzer mit Mitarbeitern von Filmverleihern über Inhalte und Zusatzausstattungen von Film-DVDs diskutieren.
- **Communities** zielen auf den Aufbau von Online-Gemeinschaften ab und stellen oft die Beziehung einzelner Nutzer untereinander als virtuelles Interaktionsgeflecht dar (vgl. Hippner 2006, S. 13). Durch ein passives Monitoring können hier wichtige Informationen über Verkaufsargumente und Kundenverhalten gewonnen werden, um hieraus Anhaltspunkte für die Produktentwicklung und Vermarktung zu generieren (Möhlenbruch/ Dölling/ Ritschel 2007, S. 206 f.). Eine direkte Bindungswirkung kann aber nur beim Aufbau einer unternehmens- oder markenbezogenen Community erreicht werden. Dabei sind 3 Nutzertypen zu unterscheiden: Die Informationssuchenden, die Kontaktsuchenden und die Unterhaltungssuchenden (vgl. Loewenfeld/ Perrey/ Schröder 2006, S. 11). Alle 3 Typen werden von der Brand Community von Sony Playstation (www.playstation.de), auf der Nutzer Spieletipps austauschen, Kontakte knüpfen und Mitspieler suchen können, angesprochen. So können – entsprechend einer Untersuchung von McKinsey – sowohl die Loyalität als auch die Weiterempfehlungsrate und die Anzahl der Spielekäufe gesteigert werden (vgl. ebenda).

# 5 Auswahl und Integration geeigneter Web 2.0-Funktionen

Wie in den vorherigen Unterkapiteln gezeigt wurde, bietet die aktive Beteiligung der Kunden an der Erstellung von Inhalten im Rahmen von Web 2.0-Anwendungen dem Unternehmen zahlreiche Möglichkeiten, zusätzliches Wissen über die Anforderungen, Einstellungen und Verhaltensweisen seiner Kunden zu erlangen und diese Informationen in die weitere Gestaltung der Kundenbeziehung einzubeziehen. Im Rahmen eines fortschrittlichen CRM-Ansatzes kann dies weitgehend automatisiert und damit ressourcenschonend erfolgen.

Aufgrund der hohen Bedeutung von Meinungsführern im Internet und ihrer relativ einfachen Erkennbarkeit insbesondere auf unternehmenseigenen Webseiten ermöglicht deren gezielte Ansprache im Rahmen des kommunikativen CRM die Nutzung ihres Empfehlungspotenzials und somit eine Steigerung ihres Wertes für das Unternehmen. Auch für den Einsatz kostengünstiger viraler Marketingtechniken eignen sich Web 2.0-Anwendungen aufgrund der starken Vernetzung der Nutzer untereinander hervorragend. Des Weiteren können die Kunden mit Web 2.0-Anwendungen frühzeitig in den Produktentwicklungsprozess eingebunden werden, um auf diese Weise teure Fehlsteuerungen und falsche Einschätzungen von Kundenanforderungen zu vermeiden.

Voraussetzung für die Realisierung dieser Vorteile ist die zielgerichtete Integration von Web 2.0-Funktionen in das CRM. Hierfür müssen aber zunächst die im Unternehmens- und Markenkontext geeigneten Web 2.0-Anwendungen ausgewählt werden. Ihre möglichen Anwendungen und Einsatzfelder im Rahmen des CRM lassen sich nach den Dimensionen **„Erstellung der Inhalte"** und **„Betrieb der Plattform"** unterscheiden. Die erstgenannte Dimension bezieht sich auf die primären Urheber der Beiträge, beantwortet also die Frage, ob die Inhalte eher vom Unternehmen oder seinen Kunden erstellt werden. Die 2. Dimension unterscheidet zwischen der Nutzung unternehmenseigener oder -fremder Plattformen zur Erreichung der Ziele des CRM. Abbildung 7 zeigt zusammenfassend die wesentlichen Aufgaben und Instrumente sowie Anwendungsbeispiele für die 4 Felder, die durch die beiden Dimensionen aufgespannt werden.

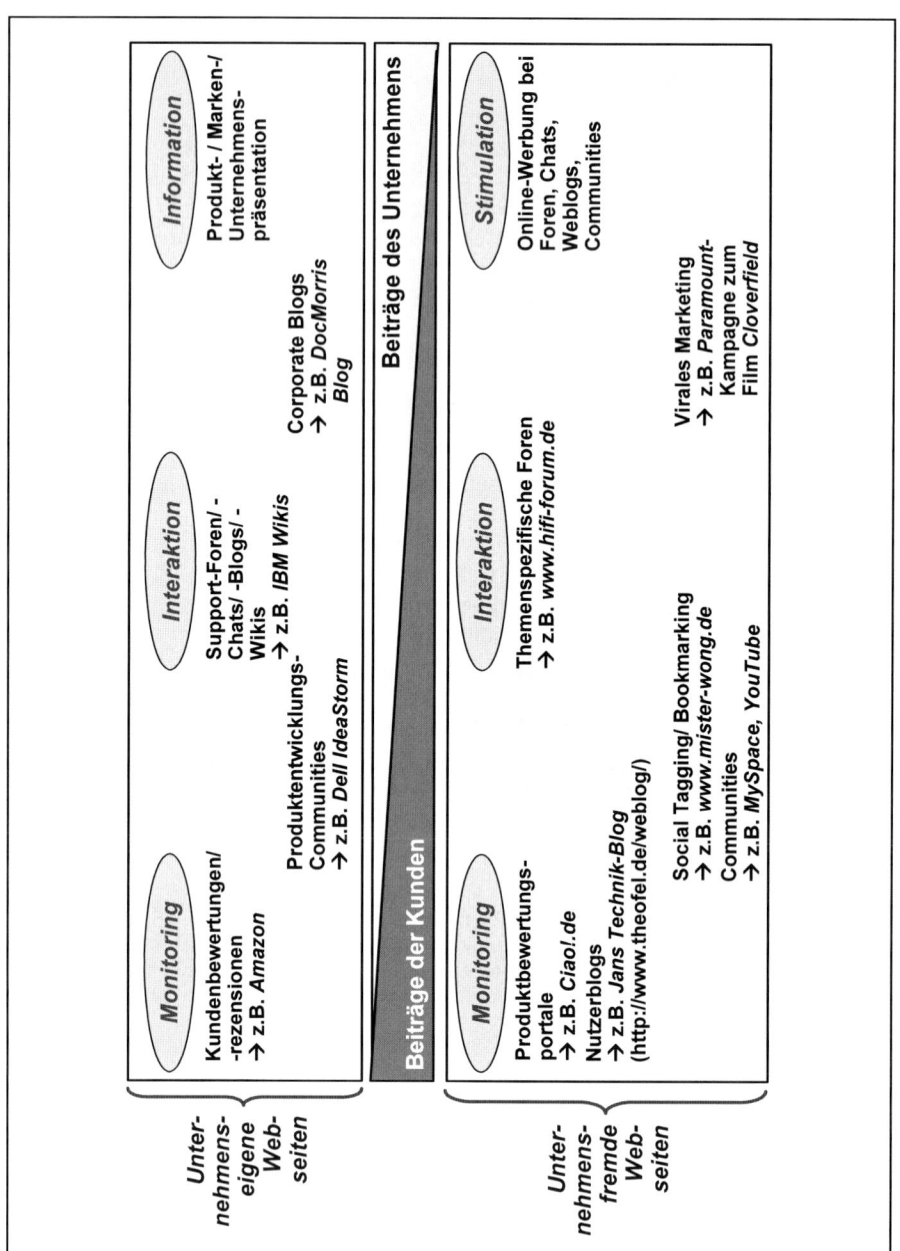

**Abb. 7:** Einsatzmöglichkeiten von Web 2.0-Instrumenten im Rahmen des CRM

# 6 Literatur

*Alby, T. (2007):* Web 2.0 – Konzepte, Anwendungen, Technologien, München/ Wien 2007.
*Beller, K. (2007):* Eine Sache von Moral und Geschäft, Abfrage vom 04.02.2008 unter www.financial-times.de/koepfe/:Wirtschaftsliga%20Eine%20Sache%20Moral%20Gesch%E4ft/196404.html?eid=24262.
*Chaffey, D. et al. (2001):* Internet-Marketing, München 2001.
*Cosmar, D. et al. (2007):* Web 2.0 & E-Commerce. Definition, Beispiele, Praxistipps. Ein Leitfaden des Arbeitskreises Erfolgsfaktoren im E-Commerce, 20.06.2007, Abfrage vom 07.02.2008 unter www.scribd.com/doc/136486/Web-2-o-ECommerce-final.
*Creative Commons (Hrsg.)(2008)*: Was ist Creative Commons?, Abfrage vom 05.02.2008 unter http://de.creativecommons.org/about.html.
*Dell (Hrsg.)(2008):* IdeaStorm – Where Your Ideas Reign, Abfrage vom 07.02.2008 unter www.dellideastorm.com/.
*Ebner, W./ Baumann, M./ Krcmar, H. (2005):* Blogify or Die – Weblogs: Die neue Sprache der Wirtschaft oder nur ein weiterer Kommunikationskanal, in: prmagazin, 2005, Nr. 12, S. 53-58.
*Eck, K (2006):* Weblogs in der Kundenkommunikation, in: Schwartz, T./ Braun, G. (Hrsg.): Leitfaden integrierte Kommunikation, Waghäusel 2006, S. 201-214.
*ECIN (2002):* Kundensupport im Web - Hilfe zur Selbsthilfe, Abfrage vom 08.02.2008 unter www.ecin.de/strategie/selfservice/.
*Enderle, M./ Wirtz, B. (2008):* Weitreichende Veränderungen, in: Absatzwirtschaft, 2008, Nr. 1, S. 36-39.
*Gronover, S./ Reichold, A./ Riempp, G. (2002):* Wie man treffsichere Kampagnen führen kann, in: New Management, 2002, Nr. 6, S. 52-59.
*Hippner, K. (2006):* Bedeutung, Anwendungen und Ensatzprodukte von Social Software, in: HMD – Praxis der Wirtschaftsinformatik, 2006, Nr. 252, S. 6-16.
*Hippner, H./ Rentzmann, R./ Wilde, K. D. (2006):* Aufbau und Funktionalitäten von CRM-Systemen, in: Hippner, H./ Wilde, K. D. (Hrsg.): Grundlagen des CRM – Konzepte und Gestaltung, 2. Aufl., Wiesbaden 2006, S. 45-74.
*Hippner, H./ Wilde, K.D. (2003):* CRM – Ein Überblick, in: Helmke, S./ Uebel, M./ Dangelmaier, W. (Hrsg.): Effektives CRM, 3. Aufl., Wiesbaden 2003, S. 3-37.
*Hoeren, T. (2007):* Internetrecht, Abfrage vom 07.02.2008 unter www.uni-muenster.de /Jura.itm/hoeren/materialien/Skript/skript_September2007.pdf.
*Holland, H. (2004):* Direktmarketing, 2. Aufl., München 2004.
*Hülsen, I. (2006):* Warner baut Online-Filmverkauf aus, in: Financial Times Deutschland, 13.04.2006, S. 5.
*Kotler, P. et al. (2007):* Grundlagen des Marketing, 4. Aufl., München 2007.
*Kryptonite (Ed.)(2008):* Company History, Abfrage vom 06.02.2008 unter www.kryptonitelock.com/ OurStory/History.aspx.
*Laube, H. (2007):* Zappen im Internet, in: Financial Times Deutschland, 23.01.2007, S. 5.
*Laudon, K.C./ Laudon, J.P./ Schoder, D. (2006):* Wirtschaftsinformatik – Eine Einführung, München 2006.
*Loewenfeld, v. F./ Perrey, J./ Schröder, J. (2006):* Brand Communities müssen strategisch geführt werden, in: akzente, 2006, Nr. 03, Abfrage am 08.02.2008 unter www.mckinsey.de/_downloads/kompetenz/cig/Konsumgueter/2006/a306_Brand-Communities.pdf.

*Lyons, B./ Henderson, K. (2005):* Opinion leadership in a computer-mediated environment., in: Journal of Consumer Behaviour, 4. Jg., 2005, Nr. 5, S. 319-329.

*Marken, G.A. (2006):* Blogosphere or Blog with Fear, in: Public Relation Quarterly, 51. Jg., 2006, Nr. 4, S. 33-35.

*Miklis, K. (2008):* Die Youtube-isierung Hollywoods, Abfrage vom 05.02.2008 unter www.stern.de/unterhaltung/film/:Virales-Marketing-Die-Youtube-isierung-Hollywoods/609543.html?nv=rss.

*Möhlenbruch, D./ Dölling, S./ Ritschel, F. (2007):* Neue interaktive Instrumente des Kundenbindungsmanagements im E-Commerce, in: Bauer, H.H./ Große-Leeger, D./ Rösger, J. (Hrsg.): Interaktives Marketing im Web 2.0+, München 2007, S. 197-214.

*Nail, J. (2006):* Don't try to beat the blogs, in: Tactics, 13. Jg., 2006, Nr. 12, S. 20.

*Novomind AG (Hrsg.)(2007):* Minderheit bestimmt Meinungsbildung über Produkte im Internet, Abfrage vom 07.02.2008 unter www.novomind.de/press/2007/rel_143.html.

*O'Reilly, T. (2005):* What Is Web 2.0?, Abfrage vom 04.02.2008 unter www.oreilly.de/artikel/web20.html.

*o.V. (2006a):* Blogs fordern die Unternehmen heraus, in: F.A.Z., 06.03.2006, S. 21.

*o.V. (2006b):* 500 will Dich!, 09.05.2006, Abfrage vom 07.02.2008 unter www.autobild.de/artikel/der-neue-fiat-500_55539.html.

*o.V. (2006c):* Gratis-„Ferraris" für aktive Blogger, Abfrage vom 07.02.08 unter www.heise.de/newsticker/meldung/83032.

*o.V. (2008):* Media Markt trommelt fürs Hörbuch, Abfrage vom 06.02.2008 unter www.boersenblatt.net/160348.

*PbS AG (Hrsg.)(2007):* Aktuelle Studie web 2.0 - offensiv!, Abfrage vom 06.02.2008 unter www.pbs-ag.de/de/aktuelles/news/Studie-web2.0/.

*Peppers, D./ Rogers, M. (1997):* Enterprise One-to-One: Tools for building unbreakable customer relationship in the interactive age, London 1997.

*Polgreen, L. (2004):* The Pen Is Mightier Than the Lock, in: The New York Times, 17.09.2004.

*Puri, A. (2007):* The web of insights: The art and practice of webnography, in: International Journal of Market Research, 49. Jg., 2007, Nr. 3, S. 387-408.

*Result (Hrsg.)(2007):* „Web 2.0" - Begriffsdefinition und eine Analyse der Auswirkungen auf das allgemeine Mediennutzungsverhalten, Abfrage vom 06.02.2008 unter www.v-i-r.de/cms/upload/downloads/Web-2.0-Studie-result-SWR-Februar-2007.pdf.

*Richter, A./ Koch, M./ Krisch, J. (2007):* Social Commerce – Eine Analyse des Wandels im E-Commerce,Technischer Bericht Nr. 2007-03, Fakultät für Informatik, Universität der Bundeswehr München, Aug. 2007, Abfrage vom 06.02.2008 unter www.kooperationssysteme.de/wordpress/wp-content/uploads/RichterKochKrisch2007.pdf.

*Riempp, G./ Gronover, S. (2002):* Customer Knowledge und relationship Management, in: Schögel, M./ Tomczak, T. (Hrsg.): Roadm@p to E-Business, St. Gallen 2002, S. 762-783.

*Ringlstetter, K. (2007):* Wer sind die Intensivnutzer von Web 2.0 Applikationen?, Abfrage vom 05.02.2008 unter www.absatzwirtschaft.de/web-offensiv.

*Rosemann, M./ Rochefort, M./ Behnck, W. (1999):* Customer Relationship Management, in: HMD – Praxis der Wirtschaftsinformatik, 1999, Nr. 208, S. 105-116.

*Schiele, G./ Hähner, J./ Becker, C. (2007):* Web 2.0 – Technologien und Trends, in: Bauer, H.H./ Große-Leege, D./ Rösger, J. (Hrsg.): Interactive Marketing im Web 2.0+, München 2007, S. 3-14.

*Schmidt, H. (2006):* Aus E-Commerce wird Social Commerce, in: F.A.Z., 08.05.2006, S. 23.
*Schmidt, H. (2008):* Der gläserne Bürger, in: F.A.Z., 21.01.2008, S. 21.
*Spreadshirt (Hrsg.)(2008):* Über Spreadshirt, Abfrage vom 05.02.2008 unter www.spreadshirt.net/de/DE/Ueber-uns/Das-Unternehmen-69/.
*Technorati (Hrsg.)(2008):* Technorati: About Us, Abfrage vom 04.02.2008 unter http://technorati.com/about/.
*Thevenot, G. (2007):* Blogging as a social media, in: Tourism and Hospitality Research, 7. Jg., Nr. 3/4, S. 287-289.
*TNS Infratest (Hrsg.) (2006):* Digital LIFE report 2006, Abfrage vom 07.02.2008 unter www.tns-infratest.com/07_newsletter/presse/20060920_tns_infratest_weblog_ lifereport.pdf.
*TNS Infratest (Hrsg.)(2007a):* (N)Onliner Atlas, Abfrage vom 04.02.2008 unter www.nonliner-atlas.de.
*TNS Infratest (Hrsg.) (2007b):* Web 2.0 – Wer sind die Nutzer des Mitmach-Webs?, Abfrage vom 07.02.2008 unter www.tns-infratest.com/03_presse/presse/20071016_tns_infratest_bloggerchrts.pdf.
*Töpfer, A./ Greff, G. (2000):* Servicequalität am Telefon – Corporate Identity im Kundendialog, 2. Aufl., Neuwied/ Kriftel 2000.
*Wikipedia (Hsrg.)(2008):* Wikipedia, Abfrage vom 04.02.2008 unter http://de.wikipedia.org/wiki/Wikipedia.
*Vranica, S./* Terhune, C. (2006): Mixing Diet Coke and Mentos Makes a Gusher of Publicity, Abfrage vom 05.02.2008 unter http://online.wsj.com/public/article/.
*Zerfaß, A./ Boelter, D. (2005):* Die neuen Meinungsmacher, Weblogs als Herausforderung für Kampagnen, Marketing, PR und Medien, Graz 2005.

# E-Commerce in der OTTO Group am Beispiel des Social Shopping-Portals „smatch.com"

– Was sind die entscheidenden Erfolgsfaktoren bei einem interaktiven Web 2.0-Portal für Mode, Wohnen und Lifestyle? –

Björn Schäfers

Inhalt

1 Überblick über die Aktivitäten der OTTO Group ................................................. 677
2 Trends im Kundenverhalten im Internet als Ausgangspunkt
  für die Entwicklung von smatch.com .................................................................. 678
3 Vision und Umsetzung des Social Shopping-Portals smatch.com ....................... 679
4 Ausblick ............................................................................................................... 683

## 1 Überblick über die Aktivitäten der OTTO Group

Die OTTO Group ist ein international agierender Handels- und Dienstleistungskonzern und derzeit mit 123 wesentlichen Gesellschaften in 19 Ländern tätig. Im Geschäftsjahr 2006/07 wurde mit ca. 53.000 Mitarbeitern ein Umsatz von 15,25 Mrd. Euro erwirtschaftet. Die Gruppe ist in 4 Segmente strukturiert, und zwar Multichannel-Einzelhandel, unterstützende Logistik-Dienstleistungen und unterstützende Finanz-Dienstleistungen sowie Großhandel.

Zum Multichannel-Einzelhandel, dem Kerngeschäft der Gruppe, gehören unter anderem Unternehmen bzw. Unternehmensgruppen OTTO, Schwab, Baur, Heine, Alba Moda, Travelchannel, myToys, 3Suisses, Crate and Barrel. Zu den unterstützenden Logistik-Dienstleistungen werden vor allem Brief- und Paketdienste und die Lagerhaltung gezählt. Wichtigster Leistungserbringer ist hier die Hermes-Logistik-Gruppe, deren Dienstleistungsportfolio sowohl von Konzerntöchtern der OTTO Group als auch von externen Unternehmen genutzt wird. Ebenfalls konzernfremden Unternehmen angeboten werden die unterstützenden Finanzdienstleistungen. Hierzu zählen unter anderem Konsumentenkredite oder das Inkasso. Konzerntöchter wie die EOS-Gruppe oder Cofidis sind mit diesen Dienstleistungen international tätig. Weiterhin ist die OTTO Group über die OTTO Freizeit und Touristik im Reisemarkt aktiv. Zum nicht strategischen Großhandels-Geschäftsfeld gehört das Joint Venture FEGRO/SELGROS Cash & Carry.

Im Multichannel-Einzelhandel ist die OTTO Group international führend. Fast alle Unternehmen sind inzwischen in mindestens zwei Kanälen, i.d.R. Kataloggeschäft und E-Commerce, aktiv. Neben dem weiteren Ausbau des E-Commerce wird verstärkt in das Stationärgeschäft investiert, in dem heute unter anderem

Konzerntöchter wie Crate and Barrel, bon prix, Witt Weiden oder SportScheck aktiv sind. Im E-Commerce ist die OTTO Group weltweit die Nr. 2 hinter Amazon. Im Geschäftsjahr 2006/07 wurde eine Online-Nachfrage im Geschäft mit Endverbrauchern von mehr als 4 Mrd. Euro abgewickelt, und zwar nunmehr seit Jahren mit sehr hohen Steigerungsraten, so dass E-Commerce der strategische Wachstumsmotor des Konzerns ist.

## 2 Trends im Kundenverhalten im Internet als Ausgangspunkt für die Entwicklung von smatch.com

Für die OTTO Group besteht die Herausforderung darin, sich verändernde Kundenbedürfnisse frühzeitig zu erkennen und rasch darauf zu reagieren. Das Internet hat neben technologischen Weiterentwicklungen, wie z.B. der Entwicklung offener Schnittstellen und der Verfügbarkeit höherer Bandbreiten, auch starke **Veränderungen im Kundenverhalten** mit sich gebracht.

Einen stetig wachsenden Einfluss auf die Kaufprozesse bzw. die Kaufentscheidung des Konsumenten haben in den letzten Jahren Suchmaschinen und Preisvergleiche genommen: Während in den ersten Jahren des World Wide Web Kunden zunächst bekannte Handelsmarken ansteuerten, die im Web eine Reputation hatten, wählen Verbraucher heute mit Hilfe von Suchmaschinen, Produkt- und Preisvergleichsdiensten zuerst ein Produkt aus, um dann in einer 2. Phase den entsprechenden Anbieter auszuwählen (siehe Abb. 1). Vor diesem Hintergrund haben sich in vielen Warengruppen schon spezialisierte Vermittler herausgebildet, die Kunden eine Orientierung bei der Produktauswahl bieten. Den Anfang machen Buch- und Reiseportale, die einen kompletten Überblick über die Vielfalt des Sortiments liefern, später kamen Musik-Dienste, Automobil-Plattformen, Versicherungsvergleiche und vor allem Preisvergleichsdienste für technische Konsumgüter hinzu (z.B. guenstiger.de). Auf diesen Seiten können Kaufinteressierte neben der Vielfalt der Produkte auch objektive Vergleichstests, aber vor allem auch Kommentare und Bewertungen anderer Konsumenten einsehen. Die entstehende Transparenz übt vermehrt auch Einflüsse auf den Stationärhandel aus, da Kunden heute mit deutlich mehr Informationen Kaufentscheidungen treffen bzw. in Kaufverhandlungen eintreten. Die Folge ist die schrittweise Verlagerung von Umsätzen aus dem Stationärhandel in den E-Commerce, was nicht zuletzt auf die angeführten Portale zurückzuführen ist. In den Sortimenten Mode, Wohnen und Lifestyle ist dieser Effekt bislang noch nicht so stark zu erkennen, was auch daran liegt, dass sich noch keine spezialisierten Produktsuchen bzw. -empfehlungsportale für diese Sortimente herausgebildet haben. Dies war Ausgangspunkt für die ersten Überlegungen von smatch.com.

Im Zuge der Weiterentwicklung des World Wide Web wurden Konsumenten nicht nur aufgeklärter, sondern auch zunehmend anspruchsvoller. Sie tauschen sich verstärkt mit anderen Konsumenten über geeignete Produkte aus, wobei das Internet mit den oben angesprochenen Plattformen ihnen immer bessere Möglichkeiten dazu gibt. Vor allem das Aufkommen sozialer Netzwerke wie studiVZ oder

Facebook ermöglicht nicht nur die dauerhafte Kommunikation mit Freunden und Bekannten – also die soziale Interaktion –, sondern auch das Hinterlegen von Erfahrungen, Geschmäckern oder gar konkreten Empfehlungen, die andere User aus dem persönlichen Netzwerk nutzen können. Überträgt man dies auf den Produkteinkauf, so wird ein „gemeinsames Einkaufen" auch im Internet Realität, was auch mit dem Begriff **„Social Shopping"** beschrieben wird. Während bei traditionellen Produkt- und Preisvergleichsdiensten – egal ob für Technik oder Versicherungen – allein das Produkt im Mittelpunkt steht, rückt beim Social Shopping die menschliche Expertise stärker in den Mittelpunkt der Kaufentscheidungen.

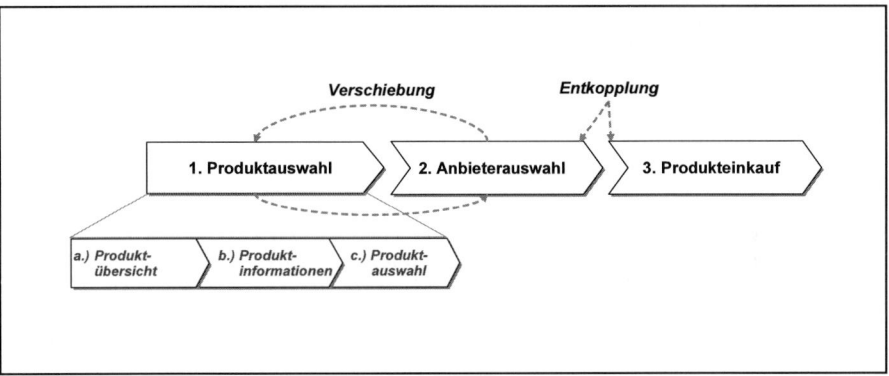

**Abb. 1:** Veränderungen im Kaufprozess des Konsumenten

## 3 Vision und Umsetzung des Social Shopping-Portals smatch.com

Vor dem Hintergrund der geschilderten Entwicklungen im E-Commerce wurde die Vision von smatch abgeleitet: smatch soll 1. Anlaufstelle für die Produktauswahl in den genannten Segmenten Mode, Wohnen und Lifestyle werden. Trendige, in kleinen Stückzahlen produzierte Spezialprodukte, der so genannte **Long Tail**, finden im Web zunehmend eine interessierte Käuferschar und geraten dadurch wesentlich häufiger in den Fokus von Blogs und Medien (siehe Abb. 2). Für eine möglichst relevante und abwechslungsreiche Produktinformation ist daher nicht nur die Integration von bekannten Markenshops wichtig, sondern vor allem auch die Präsentation der Angebote von kleinen, spezialisierten Onlineshops.

**Abb. 2:** smatch.com als 1. Anlaufstelle für Produktvergleich bei Mode, Wohnen und Lifestyle

Bei der Auswahl von Mode-, Wohnen- und Lifestyle-Produkten spielen neben **rational erfassbaren Kriterien**, wie z.B. dem Preis, insbesondere auch **emotionale Kriterien**, wie der persönliche Geschmack oder der „Coolness-" und „Trendfaktor", eine zunehmend wichtige Rolle. Daher galt es, spezielle Techniken und Regeln zu entwickeln, mit denen die User spielend leicht ihre Wunschprodukte aus einer großen Anzahl an Angeboten herausfiltern oder sich von Empfehlungen anderer Nutzer leiten lassen können. Für die konkrete Produktentwicklung standen deshalb Fragen im Vordergrund wie: „Welche Faktoren prägen maßgeblich die Einkaufsentscheidung in den 3 Produktbereichen?", „Was kann das Internet leisten, um die Kaufentscheidung zu unterstützen?" oder „Welche Informationen benötigt der Konsument, um das exakt zu ihm passende Produkt zu finden?".

Um den zentralen Gedanken hinter smatch zu beschreiben, hilft ein Vergleich mit dem menschlichen Gehirn: In der linken Gehirnhälfte (Hemisphäre) spielen sich vorwiegend Prozesse für logisches und digitales Denken oder für die Verarbeitung von Zahlen ab. Kernstück von smatch ist daher eine leistungsstarke, intelligente Suchfunktion, die schnell, einfach und zuverlässig das Angebot vieler Hundert spezialisierter Shops durchsucht und zusammen mit allen wichtigen Informationen präsentiert. Dieser Fähigkeit folgend, bietet smatch in der linken Spalte **rationale Suchfilter**, um zum passenden Produkt zu gelangen (siehe Abb. 3): Hier sind eine Eingrenzung des Preises, eine Auswahl von bestimmten Marken und der Zugang über Kategorien zu den gesuchten Produkten möglich. Durch weitere Filterung gelangt der Konsument so auf rationale Weise zu einer überschaubaren und – vor allem wichtig – begrenzten, da für ihn relevanten Anzahl an Produkten, die ihn näher interessiert.

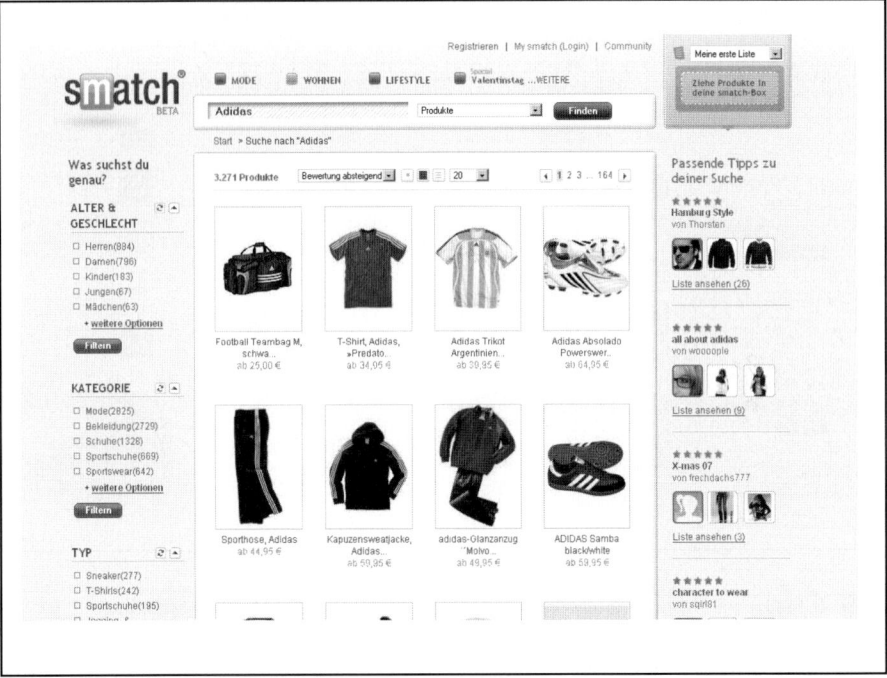

**Abb. 3:** Ergebnisseite für eine (rationale) Markensuche auf smatch.com

Im Gegensatz dazu spielen sich in der rechten Hemisphäre überwiegend ganz andere Prozesse im menschlichen Gehirn ab: Visuelles und analoges Denken, Körpersprache, frühere Erfahrungen oder Emotionen sind hier die bestimmenden Kriterien. Analog dazu bildet smatch einen emotionalen und sozialen Zugang, z.B. durch die Anzeige von passenden Listen und Styles anderer User zum eingegebenen Suchbegriff, Bewertungen von Produkten, Tag-Clouds oder dem Austausch der User untereinander. Hier nutzt smatch besonders Web 2.0-Features & Functions, um diesen Zugang zu stärken.

Der Stöberfaktor von smatch wird auch durch die Suche nach Personen mit einem ähnlichen Geschmack unterstützt. Zusätzlich ermöglicht die Buddy-Funktion den **Aufbau eines eigenen Netzwerkes** und damit die gegenseitige Beratung innerhalb der Community. smatch erinnert an den Einkaufsbummel mit der guten Freundin – allerdings diesmal virtuell, mit einer größeren Produktauswahl und mit einer riesigen Anzahl potenzieller Einkaufsbegleiter. Anwender können sich spontan und unkompliziert über den angesagten Dresscode für den nächsten Konzertabend austauschen (siehe Abb. 4).

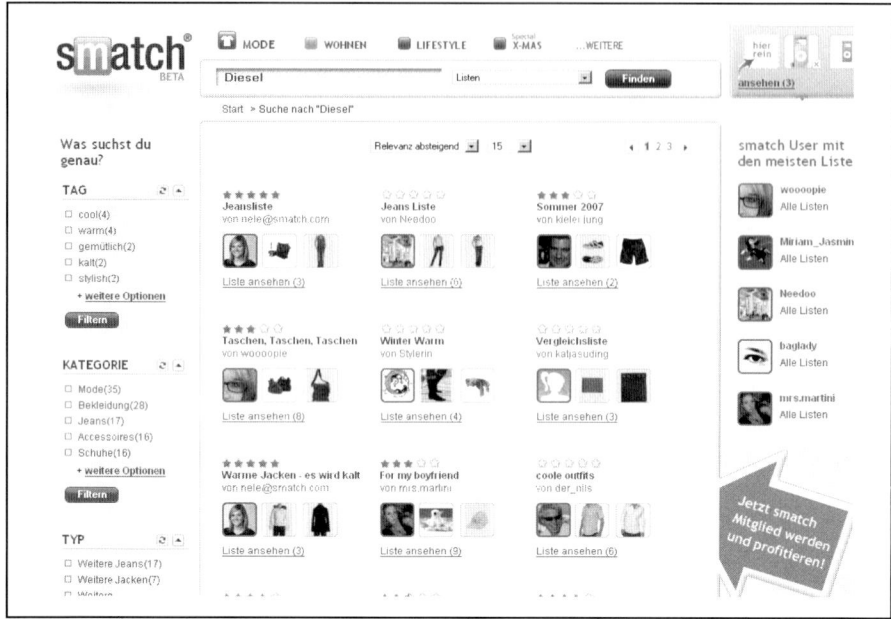

**Abb. 4:** Suche nach Community-Mitgliedern mit dem gleichen Mode-Geschmack

Wichtig war uns auch der Zugang zu Trends innerhalb der Community – wer eher stöbern möchte, nutzt z.B. mit dem Style Finder eine völlig neue Art der Listensuche: User können in den angelegten Lieblingslisten oder Styles suchen. Ein passendes T-Shirt zur favorisierten Jeans lässt sich so viel leichter und intuitiver finden.

Produktlisten können von jedem Nutzer sehr leicht mittels Drag 'n Drop angelegt werden und auch in Widgets verwandelt werden. Die User können diese dann in ihre Blogs, ihre Homepage oder in ihre Profile bei anderen **Social Networks** einbinden – ein perfektes Tool, um auf seinen Geschmack in Sachen Mode, Wohnen und anderem Lifestyle hinzuweisen. Zum Beispiel haben viele User unsere Widgets verwendet, um Wunschlisten zu Weihnachten anzulegen. Widgets sind nicht nur kleine, technische Spielereien, sondern auch aus Marketingsicht wertvoll für smatch – Bekanntheit und Reichweite von smatch werden so ganz aktiv aus der Community heraus gesteigert.

Bei der technischen Umsetzung war schnell klar, dass aus dem Web 2.0 bekannte Applikationen verwendet würden. Aber nicht, um auf der Web 2.0-Welle mitzureiten, sondern um den Usern möglichst viele und passende Zugänge zu den Produkten bieten zu können, die insbesondere die rechte Gehirnhälfte unterstützen. So gibt es etwa die Möglichkeit, jedem Produkt Tags zuzuweisen oder innerhalb der zugewiesenen Tags zu suchen. Tag-Cloud und Tag-Filter sind als quasi obligatorische Tools gute Beispiele für Features, die dem Web 2.0 entsprungen sind und sich insgesamt im Web durchgesetzt haben (siehe Abb. 5).

**Abb. 5:** Inspirationen über Tag-Clouds, Prominente und die Community

Neben der Vernetzung setzt smatch.com auf die Potenziale des Internets bei der **Personalisierung**. User können beispielsweise ihre persönlichen Präferenzen hinterlegen. Dies ist bislang eigentlich nur aus dem Musik-Segment bekannt, bei dem es ähnlich wie bei Mode, Wohnen und Lifestyle um den persönlichen Geschmack geht. Bei smatch.com können User ihre Lieblingsmarken, -farben und -shops usw. hinterlegen, um sich einerseits informieren zu lassen, wenn neue Angebote eintreffen bzw. sich individuell passende Empfehlungen geben zu lassen (siehe Abb. 6).

## 4 Ausblick

Mit smatch positioniert sich ein Unternehmen der Otto Group als zentrale Anlaufstelle für die Produktauswahl von Mode-, Wohnen- und Lifestyle-Produkten. smatch ist damit eine Kombination aus rationaler Produktsuche und emotionalem Social Shopping. Wir stehen mit unserer Idee noch am Anfang einer viel versprechenden Entwicklung. Wichtiges Nahziel ist, den Ausbau des eigenen, unabhängigen Händlerpools voranzutreiben. Dabei werden wir neben bekannten Marken auch die Entwicklung im Long-Tail-Bereich verfolgen: Hier entstehen jeden Monat neue Klein- und Kleinstanbieter, die gut zu smatch passen. Das Ziel, **1. Anlaufstelle für die Produktauswahl** für Mode, Wohnen und Lifestyle zu werden, ist nur erreichbar, wenn die gesamte Vielfalt an Produkten abgebildet wird. Weitere Ziele sind natürlich der Aufbau der Marke smatch und der Ausbau der hinter smatch stehenden Community. Die Neu- bzw. Weiterentwicklung von Funktionalitäten bestimmt schon jetzt unseren Alltag. Dabei sind wir für alle Ideen und Hinweise offen, die wir vom User erhalten, denn fertig ist ein E-Commerce-Portal heutzutage nie.

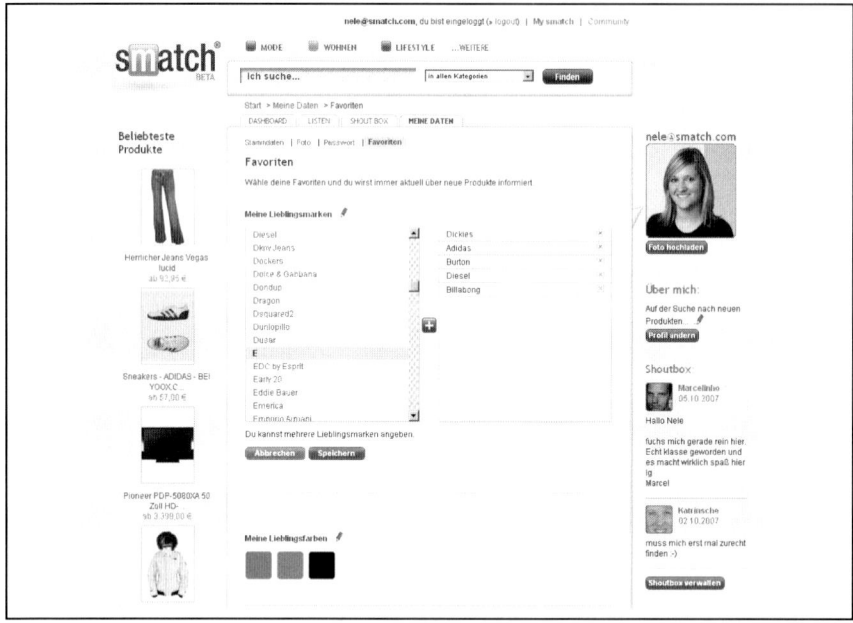

**Abb. 6:** Lieblingsfarben und -marken eines Users

# Einsatz von Instrumenten des analytischen CRM für die Kundenbindung bei der Daimler AG: Der Nutzen von Data Mining

– **Welche Unterstützung bietet Data Mining für die Kundenbindung?** –

Dirk Arndt, Andreas Roggon, Nadine Wachter

Inhalt

| | | |
|---|---|---|
| 1 | Einleitung | 685 |
| 2 | Begriffliche Einordnung | 686 |
| 2.1 | Customer Relationship Management | 686 |
| 2.2 | Data Mining | 687 |
| 2.3 | Einordnung des Data Mining in das Customer Relationship Management | 690 |
| 3 | Data Mining im Loyalitätsprogramm der Daimler AG | 692 |
| 3.1 | Ausrichtung der CRM-Programme der Daimler AG | 692 |
| 3.2 | Einsatz des aCRM im Loyalitätsprogramm | 694 |
| 3.2.1 | Einsatz der Instrumente der Datenerhebung | 694 |
| 3.2.2 | Einsatz der Data Mining-Instrumente | 696 |
| 4 | Zusammenfassung | 701 |
| 5 | Literatur | 702 |

## 1 Einleitung

Fast alle Markenartikelhersteller werden heute mit einer sinkenden Markentreue konfrontiert (Verbraucheranalyse 2002). Diese Entwicklung ist verbunden mit einer ebenfalls sinkenden Loyalität der Verbraucher. Das heißt, dass es immer weniger Kunden gibt, die bereit sind, eine langjährige, „traditionelle" Geschäftsbeziehung mit einem Unternehmen einzugehen. Aus diesem Grund nimmt die Bedeutung des **Kundenbindungsmanagements** beständig zu.

Kundenbeziehungen langfristig aufzubauen und nachhaltig zu pflegen, ist das wesentliche Ziel des **Customer Relationship Managements (CRM)**. Im Gegensatz zum bisher vorherrschenden produktorientierten Massenmarketing basiert der CRM-Ansatz auf einer möglichst individuellen Gestaltung der Serviceleistungen und des Kundendialogs.

Um einen solchen Dialog in der Praxis umsetzen zu können, ist ein detailliertes Wissen über den einzelnen Kunden notwendig. Für die Generierung dieses Wissens müssen viele kundenbezogene Daten gesammelt und ausgewertet werden. Ein relativ junger Ansatz zur Generierung von Wissen aus großen Datenmengen ist das **Data Mining**. Der Einsatz des Data Mining im CRM und speziell im Kundenbindungsmanagement bei der Daimler AG wird in diesem Artikel beschrieben.

In Kapitel 2 werden zunächst die begrifflichen Grundlagen gelegt, da für beide Begriffe unterschiedliche Definitionen existieren. Danach erfolgt die Einordnung des Data Mining in das CRM. Das Zusammenspiel der beiden Konzepte wird in Kapitel 3 anhand von Beispielen aus dem Loyalitätsprogramm der Daimler AG beschrieben.

## 2 Begriffliche Einordnung

### 2.1 Customer Relationship Management

Im Gegensatz zum **traditionellen transaktionsorientierten Marketingansatz** steht beim **Relationship Marketing** die langfristige Kundenbeziehung im Zentrum des Interesses. Entsprechend einer frühen Definition des Begriffes Relationship Marketing versteht man darunter: „... a strategy to attract, retain, and enhance customer relationships" (vgl. Berry 1983, S. 25 f.). Transaktionen sind zwar auch Bestandteil dieses Marketingverständnisses, allerdings stehen sie nicht mehr im Fokus der Marketingaktivitäten und besitzen deshalb keine so zentrale Bedeutung. Im Relationship Marketing stellt die einzelne Transaktion vielmehr den Beginn als das Ende der Interaktion zwischen Kunde und Unternehmung dar. Dabei wird der Grundgedanke verfolgt, sich vom Massenmarketing zu lösen und zu einer **individuelleren Behandlung** der Kunden überzugehen.

Der Ausdruck Customer Relationship Management (CRM) ist eine Abwandlung des ursprünglich durch Berry definierten Relationship Marketing, die bisher weitgehend synonyme Verwendung fanden. Erst in letzter Zeit wurde eine direkte Unterscheidung eingeführt. Manche Autoren verstehen heute unter Relationship Marketing das Management aller mit dem Unternehmen in Beziehungen stehenden Wirtschaftseinheiten wie z.B. Zulieferern oder Behörden und unter CRM allein das kundengerichtete Beziehungsmanagement (vgl. Grönroos 1998; Gummesson 1994). CRM ist dabei nicht nur ein Konzept, sondern „eine kundenorientierte Unternehmensphilosophie, die mit Hilfe moderner Informations- und Kommunikationstechnologien versucht, auf lange Sicht profitable Kundenbeziehungen durch ganzheitliche und differenzierte Marketing-, Vertriebs- und Servicekonzepte aufzubauen und zu festigen" (vgl. Hippner/ Wilde 2001b, S. 6).

Um diesem Anspruch gerecht zu werden, sind bei der Daimler AG im Rahmen des CRM-Ansatzes verschiedene Aufgaben zu bewältigen, die sich in 3 generellen Aufgabenbereichen zusammenfassen lassen:

1. Im Bereich des **strategischen CRM** (sCRM) sind alle langfristigen CRM-Ziele und Strategien zu definieren, zu kontrollieren und gegebenenfalls anzupassen. Diese umfassen einerseits die kundengerichteten Dialogstrategien, die mittels der operativen CRM-Aktivitäten zu verfolgen sind und andererseits die strukturgerichteten internen Strategien, die auf den Aufbau der gewünschten inter-

nen Unternehmenskultur, Prozesse, IT-Systeme und Organisationseinheiten abzielen.
2. Das **operative CRM (oCRM)** umfasst alle operativen Maßnahmen zur Ausgestaltung und Unterstützung der kundenorientierten Geschäftsprozesse, insbesondere an den Customer Touch Points in Marketing, Vertrieb und Service.
3. Unter dem Begriff des **analytischen CRM** (aCRM) werden alle Aufgaben zusammengefasst, die zur Sammlung, Speicherung und Auswertung der Daten notwendig sind, welche wiederum zur Ausrichtung, Kontrolle und Optimierung der oCRM-Aktivitäten und zur Entwicklung der Strategien im sCRM benötigt werden.

Zusammenfassend lässt sich feststellen, dass CRM ein Marketing- und Managementkonzept ist, mit dem sich das Gesamtunternehmen gezielt und systematisch auf die Bedürfnisse seiner Kunden ausrichtet. Bei der Daimler AG werden deshalb die CRM-Aktivitäten zentral koordiniert und in den einzelnen Märkten in enger Zusammenarbeit mit den Händlern und Niederlassungen operational umgesetzt. Dazu werden die Aufgaben im Zusammenspiel von strategisch, operativ und analytisch ausgerichteten Teams bearbeitet.

## 2.2 Data Mining

Der Data Mining-Begriff entstand Ende der 1970er Jahre (vgl. Nakhaeizadeh/ Reinartz/ Wirth 1998, S. 2) und ist ein Sammelbegriff für eine große Zahl von verschiedenen Ansätzen aus mehreren Fachdisziplinen. Die Wurzeln des Data Mining liegen in den Bereichen der **traditionellen Statistik und Datenanalyse** (z.B. Regressions-, Faktoren-, Zeitreihenanalyse, Prognostik etc.), der **künstlichen Intelligenz** (z.B. Neuronale Netze, Evolutionäre Algorithmen) oder auch der **traditionellen Mustererkennung** (z.B. Assoziationsregeln, sequentielles Lernen). Der Übergang zwischen den verschiedenen Methoden und dem Data Mining ist fließend (vgl. Küsters 2000, S. 95 f.).

Abgesehen von dieser methodenbezogenen Betrachtung gibt es 2 grundlegende Auffassungen über die Definition von Data Mining:

1. Nach Berry/ Linoff ist Data Mining „der halb- oder vollautomatisierte Prozess der Erklärung und Analyse großer Datenmengen, um bedeutsame (=für die eigene Situation nutzbare) Strukturen und Zusammenhänge aufzudecken." (vgl. Berry/ Linoff 2000, S. 7). Data Mining wird in diesem Kontext als **Analyseschritt im Prozess** der Wissensentdeckung in Datenbanken (engl. Knowledge Discovery in Databases – KDD) gesehen, in dem verschiedene Data Mining-Methoden zur Mustererkennung eingesetzt werden.
2. Andererseits kann man Data Mining aber auch als **eigenständigen Prozess** verstehen, bei dem die Data Mining-Methoden innerhalb eines Modellierungsschrittes zum Einsatz kommen. Für diese Sichtweise sind verschiedenste Prozessmodelle entwickelt worden, die eine generelle Übereinstimmung mit dem KDD-Prozess aufweisen (vgl. Fayyad/ Piatetsky-Shapiro/ Smyth 1996; Cooley/ Mobasher/ Srivastava 1999; Brachman/ Anand 1996).

Innerhalb der Daimler AG wird schon seit Jahren die 2. Auffassungsmöglichkeit vertreten. Aus diesem Grund wurde in Zusammenarbeit mit den Firmen NCR, OHRA und SPSS ein industrie- und problemunabhängiges Data Mining-Prozessmodell mit dem Namen **CRISP-DM** (CROSS-Industry Standard Process for Data Mining) entwickelt, das bei allen Data Mining Projekten der Daimler AG zum Einsatz kommt (vgl. CRISP-DM 2000). Entsprechend diesem **Referenzmodell** (siehe Abb. 1) werden Data Mining-Projekte in 6 Phasen und diverse Hauptaufgaben zerlegt. Die 1. Phase – Definition des Anwendungsproblems – schafft die Verbindung zum Anwendungsgebiet, für das Data Mining genutzt werden soll. Die Phasen 2 und 3 – Datenverständnis und Datenaufbereitung – dienen der Vorbereitung der Daten für die Modellierung, die in Phase 4 stattfindet. Daran schließen sich eine Bewertung der Ergebnisse und letztlich deren Umsetzung an. Der Gesamtprozess wird hier als iteratives Vorgehen und als geschlossener Kreislauf aufgefasst. (Für eine detailliertere Beschreibung des Modells siehe CRISP-DM 2000).

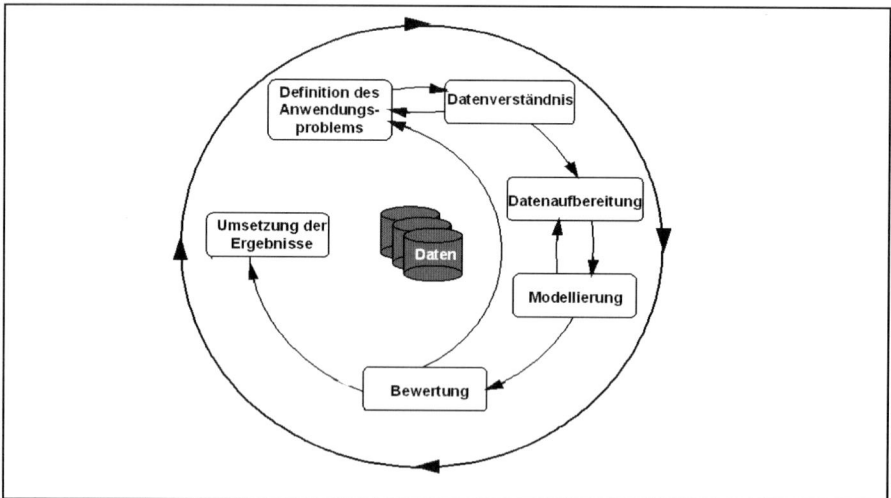

**Abb. 1:** CRISP-DM Modell

Die **Data Mining-Problemtypen**, die während der Modellierungsphase mittels der Data Mining-Methoden verfolgt werden, lassen sich vor allem in 2 Gruppen zusammenfassen: Beschreibungsprobleme (Deskription, Abweichungsanalyse, Assoziation, Gruppenbildung) und Prognoseprobleme (Klassifikation, Wirkungsprognose) (vgl. Hippner/ Wilde 2001a, S. 63 f.).

**Beschreibungsprobleme** beinhalten im Allgemeinen die Aufdeckung handlungsrelevanter Strukturen und Muster aus den gegebenen Datenbeständen. Aufgaben wie z.B. die Suche nach charakteristischen Merkmalen von Kunden mit starker Firmenbindung oder häufig gemeinsam gekauften Produkten stehen hier im Vordergrund.

Bei **Prognoseproblemen** soll aus bekannten Merkmalen eines Informationsobjektes eine Aussage über unbekannte oder zukünftige Merkmalswerte erfolgen. Aufgabenbeispiele sind hier die Vorhersage von Kaufverhalten oder die Zuordnung von Neukunden zu bereits definierten Kundengruppen. Die unterschiedlichen Ziele haben allerdings nicht immer den Einsatz unterschiedlicher Methoden oder Verfahren zur Folge (vgl. Arndt/ Langbein 2002). So können z.B. die Verfahren der Klassifikation auch zur Prognose verwendet werden, wobei der Unterschied in der Ausgestaltung der Zielvariable liegt, denn im Gegensatz zur Klassifikation ist die Zielvariable bei der Prognose stetig. Diskretisiert man jedoch diese stetige Variable und verwendet man die gebildeten Intervalle als Klassenwerte, können alle Klassifikationsverfahren auch zur Prognose verwendet werden (vgl. Nakhaeizadeh 1998, S. 18 ff.). Die nachfolgende Abbildung 2 fasst das soeben Gesagte zusammen.

| Data Mining-Problemtypen | BESCHREIBUNGSPROBLEME | | PROGNOSEPROBLEME | |
|---|---|---|---|---|
| | *Abhängigkeitsentdeckung* | *Segmentierung* | *Klassifikation* | *Prognose* |
| *Definition* | Bildung von Modellen, die signifikante Abhängigkeiten zwischen Merkmalswerten eines Objekts beschreiben | Aufspaltung der Daten in interessante und sinnvolle Teilmengen | Erstellung eines Modells, das neue, bisher unbekannte Objekte der richtigen Klasse zuweist | Voraussage Von fehlenden numerischen Merkmalswerten eines Objektes |
| *Beispiele für Verfahren/ Methoden* | • Assoziationsregelalgorithmen<br>• Sequenzielle Muster<br>• Regression<br>• Bayessche Netze | • Clusteranalyse<br>• Kohonen SOM | • Diskriminanzanalyse<br>• K-Nächste-Nachbarn<br>• Künstliche neuronale Netze<br>• Entscheidungsbaumverfahren<br>• Regelbasierte Verfahren | • Diskriminanzanalyse<br>• K-Nächste-Nachbarn<br>• Künstliche neuronale Netze<br>• Entscheidungsbaumverfahren<br>• Regelbasierte Verfahren<br>• Regression |

**Abb. 2:** Data Mining-Problemtypen und Verfahren

Die endgültige Auswahl der geeigneten **Data Mining-Methoden** und der ebenfalls noch zu selektierenden Algorithmen ist von der Relevanz innerhalb der jeweiligen Beschreibungs- und Prognoseprobleme abhängig. In der Literatur gibt es viele Vorschläge für weiterführende Auswahlkriterien, welche hier nicht im Einzelnen diskutiert werden sollen (vgl. Hippner/ Wilde 2001a, S. 66 ff.; Küppers 1999, S. 87; Berry/ Linoff 1997, S. 422; Jammerneg et al. 1998, S. 225 ff.). Im Wesentlichen lassen sich datenorientierte, methodenorientierte und anwenderorientierte Kriterien unterscheiden (Arndt/ Gersten/ Wirth 2001, S. 598). Dabei stehen die einzelnen Kriterien teilweise in Konkurrenz zueinander. In jedem Einzelfall muss entschieden werden, welche Data Mining-Methoden und Algorithmen eventuell auch in Kombination miteinander Anwendung finden sollen.

## 2.3 Einordnung des Data Mining in das Customer Relationship Management

Vergleicht man die Data Mining-Definition des vorhergehenden Unterkapitels mit den 3 Aufgabenbereichen des CRM wird ersichtlich, dass Data Mining als Prozess der Wissensentdeckung zur Erfüllung der Aufgaben des aCRM genutzt werden kann. Demzufolge lässt sich jede Analyse innerhalb des aCRM als Data Mining-Projekt auffassen. Die dabei zum Einsatz kommenden Data Mining-Instrumente werden dadurch gleichzeitig zu Instrumenten des aCRM. Um eine genauere Einordnung der Data Mining-Instrumente in die Instrumente des analytischen CRM vornehmen zu können, werden zunächst deren Aufgaben näher beleuchtet.

Wie unter 2.1 bereits erwähnt wurde, ist es die Hauptaufgabe des aCRM, alle Informationen zur Verfügung zu stellen, die für die Entwicklung und Anpassung der CRM-Strategien und deren möglichst optimale operative Umsetzung notwendig sind. Zur Erfüllung dieser Aufgabe ist eine Reihe von Prozessschritten nacheinander zu durchlaufen.

Die benötigten Informationen müssen aus Daten gewonnen werden, die an verschiedenen Stellen innerhalb und außerhalb des eigenen Unternehmens entstehen (vgl. Arndt/ Gersten 2001; Gersten/ Arndt 2002). Deshalb ist es die 1. Aufgabe des aCRM, potenziell nützliche Daten zu identifizieren, zu sammeln bzw. zu erheben. Diese Daten sind dann im nächsten Schritt in geeigneter Form zu speichern und später für jede einzelne Analyse zu selektieren und aufzubereiten. Danach kann die jeweilige Wissensextraktion (Datenanalyse) erfolgen. Somit sind Data Mining-Analysen im aCRM eigenständige Projekte, die entsprechend des Data Mining-Prozessmodells verlaufen. Daraus folgt, dass das Sammeln und Speichern der allgemein für das CRM relevanten Daten eine generelle Aufgabe des aCRM ist, während die darauf aufsetzenden Analysen speziell für die jeweils zu untersuchenden Informationsobjekte und die zu gewinnenden Informationen im Sinne von Projekten abgewickelt werden. Die folgende Abbildung 3 zeigt die Verzahnung der beiden Prozesse im Überblick.

Ausgehend von dieser Darstellung kann man die Instrumente des aCRM nun nach dem Kriterium der Aufgabenerfüllung in 3 Gruppen zerlegen: (1) die Gruppe der **Instrumente zur Datenerhebung**, (2) die der **Instrumente zur Datenverarbeitung** sowie (3) die der **Instrumente zur Datenauswertung** (vgl. Arndt 2002, S. II). Laut unserer Definition im Unterkapitel 2.2 lassen sich die letzteren beiden Gruppen wiederum den Instrumenten des Data Mining zurechnen. Die folgende Abbildung 4 verdeutlicht das Konzept.

Entsprechend vorstehender Ausführungen wird Data Mining zur Durchführung einzelner Analysen im aCRM genutzt. Die Instrumente des Data Mining gehören zusammen mit den Instrumenten der Datenerhebung zu den Instrumenten des aCRM, wobei sich der Data Mining-Prozess mit den Prozessschritten (Phasen) des aCRM verbinden lässt.

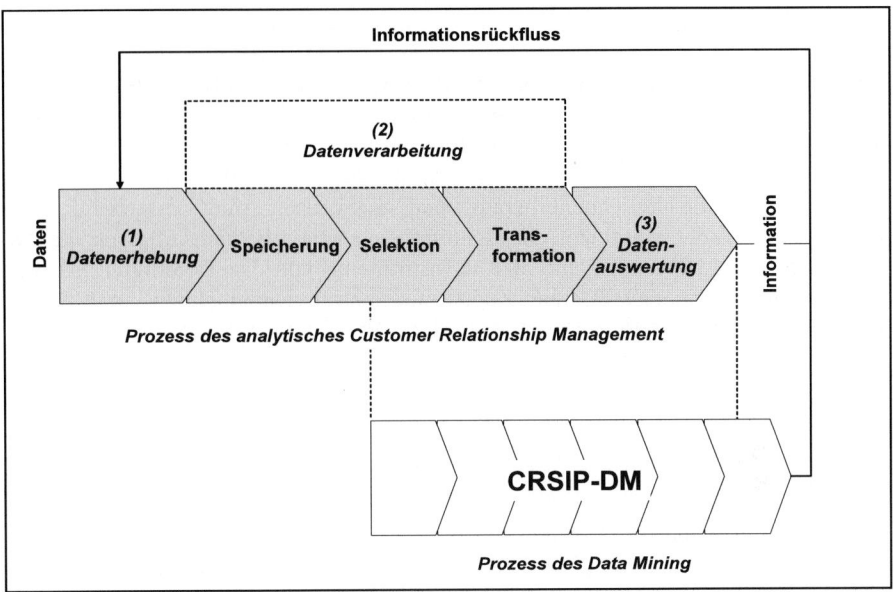

**Abb. 3:** Data Mining-Prozess im aCRM

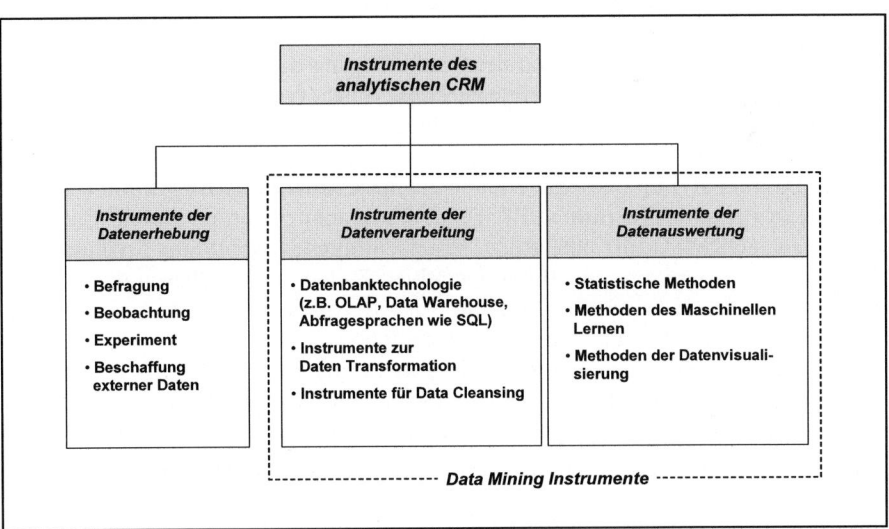

**Abb. 4:** Data Mining-Instrumente im aCRM Instrumentarium

Diese Sichtweise hat sich in der Praxis als besonders nützlich erwiesen, da eine klare Trennung zwischen zentral zu verantwortenden aCRM-Aktivitäten (z.B. Datenerhebung, -speicherung und -vorverarbeitung) und den unabhängig davon durchführbaren Analysen möglich ist. Zumindest die unregelmäßig durchgeführten aCRM-Analysen, die zusätzlich ein hohes Spezialwissen erfordern, können so bei der Daimler AG als klar definierte Data Mining-Projekte an interne Kompetenzcenter oder externe Partner übergeben werden. Der CRISP-DM Ansatz stellt hierbei eine zielgerichtete Kommunikation und eindeutig definierte Arbeitspakete sicher.

Die Instrumente der Datenerhebung und -auswertung sind weitgehend unabhängig voneinander einsetzbar. An Schnittstellen, wie z.B. bei Aufgaben der Datenverarbeitung, lassen sich die aCRM-Instrumente von den Beteiligten gemeinsam nutzen. So können z.B. beim Zugriff auf zentrale Datenbanken vorab für das Berichtswesen definierte Reports oder OLAP-Würfel auch bei der Durchführung einmaliger Analysen genutzt werden.

## 3 Data Mining im Loyalitätsprogramm der Daimler AG

Bevor der Einsatz der Data Mining-Instrumente für Zwecke des aCRM im Loyalitätsprogramm im Unterkapitel 3.2 beschrieben wird, ist im Unterkapitel 3.1 noch ein Überblick zum CRM-Konzept der Daimler AG dargestellt.

### 3.1 Ausrichtung der CRM-Programme der Daimler AG

Zentraler Betrachtungsgegenstand der Strukturierung des CRM-Prozesses im Unternehmen ist der Kunden-Beziehungslebenszyklus (vgl. Stauss 2000, S. 15 ff.). Dieser eignet sich zur Organisation der innerbetrieblichen Abläufe insbesondere des oCRM (Arndt/ Gersten 2001, S. 26 ff.). Dementsprechend unterscheidet man bei der Daimler AG im oCRM zwischen einem **Akquisitionsprogramm (AP)** und einem **Loyalitätsprogramm (LP)**. Beide Programme werden durch einen gemeinsamen aCRM-Ansatz unterstützt. Die nachfolgende Abbildung 5 veranschaulicht, wie die Programme mit Ihren operativen Zielen an den Phasen des Lebenszyklus ausgerichtet werden. Weiterhin sind Beispiele typischer Aufgaben des aCRM für jedes der beiden Programme aufgeführt.

Das vorrangige Ziel des **Akquisitionsprogramms** der Daimler AG ist die Kundengewinnung. Dieses Ziel schließt die Gewinnung von neuen und die Rückgewinnung von vormaligen Kunden ein. Das korrespondierende operative CRM-Ziel ist somit in der Anbahnung und im Ausbau des Kontaktes zu potenziellen Interessenten zu sehen. Daraus ergeben sich für das aCRM die Aufgaben, das Potenzial möglicher Interessenten zu bewerten (Predictive Modelling) und Analysen für das Verständnis allgemeiner Zusammenhänge durchzuführen (z.B. Responseanalyse hinsichtlich der gewählten Adressanbieter).

Mit Abschluss des Kaufvertrags wird ein Interessent zum Kunden und er wird vom Akquisitionsprogramm in das **Loyalitätsprogramm** übernommen. Bei der Daimler AG liegt der Schwerpunkt des CRM weniger auf der Kundenakquisition, als vielmehr auf dem Loyalitätsprogramm, da es bekanntermaßen meist teurer ist, einen neuen Kunden anzuwerben, als einen bestehenden, profitablen Kunden zu halten.

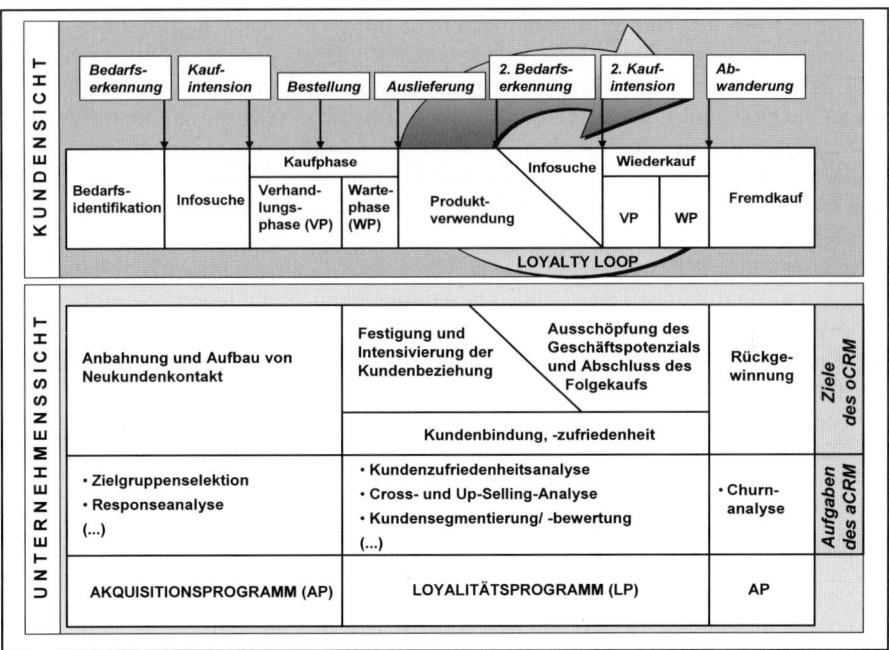

**Abb. 5:** CRM-Ansatz der Daimler AG

Betrachtet man den Kundenbeziehungs-Lebenszyklus in Abbildung 5 fällt auf, dass sich die Kaufphase aus unserer Sicht in eine Verhandlungsphase (Teil des AP) und eine Wartephase (Teil des LP) unterteilen lässt. Dies stellt eine gewisse Besonderheit dar, die nicht in allen Märkten und bei allen Gütern zu finden ist. Wie eingangs bereits erwähnt, kann man heute in vielen Märkten ein steigendes Individualisierungsbedürfnis der Kunden feststellen. Als Produzent des langlebigen Gebrauchsguts „Auto" äußert sich dies für die Daimler AG speziell darin, dass immer mehr Kunden Autos mit einer individuellen Ausstattung wählen und dass die Vielfalt der geforderten Varianten zunimmt. Gleichzeitig sind die Kunden aber immer weniger bereit, lange Wartezeiten in Kauf zu nehmen. In der Wartephase hat die betreffende Person deshalb besondere Erwartungen an die Betreuung. Sie möchte spezifische Informationen über das Auto, um einen ersten Eindruck und ein „Gefühl" für das Fahrzeug zu bekommen, symbolische Geschenke, die ihr vermitteln, zur „Mercedes-Familie" zu gehören und aktuelle Informationen über die Dauer bis zur Auslieferung. Diese Erwartungen stellen eine große Herausforderung für die Ausgestaltung der operativen Maßnahmen dar. Andererseits sind die angehenden Kunden aber in dieser Phase gegenüber dem Unternehmen und seinen Produkten besonders positiv eingestellt, was hohe Chancen für die Entwicklung der späteren Kundenzufriedenheit und damit auch der Kundenbindung birgt.

Das Ziel des Loyalitätsprogrammes ist in erster Linie die **Bindung der Kunden** an die Marke und damit verbunden letztendlich die Ausschöpfung des möglichen Geschäftspotenzials. Zum Anfang einer Kundenbeziehung konzentriert man sich dabei auf die Festigung und Intensivierung derselben. Später nimmt schrittweise die Bedeutung der Ziele des **Cross-Selling**, **Up-Selling** und **Re-Selling** zu. Für letzteres ist die Qualifikation des Wiederbeschaffungsinteresses (Requalification) notwendig. Die Kundenbindung und die Kundenzufriedenheit stellen in diesem Zusammenhang notwendige Unterziele dar (Mittel-Zweck-Beziehung).

Um diese Ziele erreichen zu können, sind wir bei der Daimler AG unter dem Slogan „feeling the pulse of the customer" bemüht, einen **kontinuierlichen Austausch** mit dem Kunden zu entwickeln. Dafür stehen verschiedene Kommunikationsinstrumente zur Verfügung (vgl. Arndt/ Frank/ Roggon 2003). Diese dienen nicht nur dazu, Informationen zielgerichtet an den Kunden zu übermitteln, sondern auch dazu, Informationen von den Kunden zu sammeln. Letztere werden dann unter Einsatz der bereits beschriebenen Data Mining Instrumente ausgewertet. Wie das in der Praxis geschieht, wird nachfolgend beschrieben.

## 3.2 Einsatz des aCRM im Loyalitätsprogramm

### 3.2.1 Einsatz der Instrumente der Datenerhebung

Innerhalb des Loyalitätsprogrammes ist es wichtig, stetig Daten über die Kunden des Unternehmens zu gewinnen, um somit möglichst zu jedem Zeitpunkt auf ihre Bedürfnisse und Probleme eingehen zu können. Zur Erhebung dieser Daten stehen gemäß Abbildung 4 insgesamt 4 Instrumente zur Verfügung: (1) die **Befragung**, (2) die **Beobachtung**, (3) das **Experiment** und (4) die **Beschaffung externer Daten**. Beim Einsatz der Instrumente ist darauf zu achten, dass dies im Einklang mit den rechtlichen Bestimmungen z.B. denen des Datenschutzes geschieht (vgl. Wirth 2002, S. 213 ff.; Arndt/ Koch 2002). Wie die Nutzung im Loyalitätsprogramm der Daimler AG erfolgt, wird nun anhand von Beispielen näher betrachtet.

1. Die **Befragung** ist im Sinne der gezielten Datenerhebung eines der wichtigsten Instrumente. Befragungen können persönlich, telefonisch, schriftlich oder computergestützt durchgeführt werden. Persönliche und telefonische Befragungen sind relativ kostenintensiv, liefern dafür aber qualitativ hochwertige Daten. Aus diesem Grund werden die persönliche Befragung (z.B. beim Händler oder bei Promotion-Aktionen) und die telefonische Befragung eher in Einzelfällen, zur Befriedigung gezielter Informationsbedürfnisse eingesetzt. Im Gegensatz dazu kommt die schriftliche Befragung regelmäßig zur Anwendung und dient der direkten Kommunikationssteuerung und der Ergänzung der permanenten Daten-

basis des Unternehmens. Dafür werden regelmäßig versendete Kommunikationselemente wie z.B. das Mercedes-Benz-Magazin oder Informationsbriefe und Serviceangebote mit Antwortelementen versehen. Diese Fragebögen werden genutzt, um Basisdaten zu kontrollieren, Cross-Selling-Potenzial abzuschätzen und darüber hinaus das „Kaufzeit-Fenster" (Zeitraum bis zum nächsten Kauf) zu erfragen. Computergestützte Befragungen sind bislang nur vereinzelt im Einsatz. Zwar kann die klassische schriftliche Befragung durch den Einsatz von Online-Fragebögen (z.B. direkt im Internet oder auf Automobilmessen wie der IAA) bzw. den Versand von E-Mails unterstützt und eventuell sogar verbilligt werden, allerdings sind über diesen Weg nur ausgewählte Kundengruppen erreichbar. Letzteres stellt gerade im Loyalitätsprogramm der Marke Mercedes-Benz ein ernst zu nehmendes Handicap dar, da hier die Computeraffinität der Bestandskunden relativ gering ist. Im Kontext des Akquisitionsprogrammes, hat sich die computergestützte Befragung allerdings bewährt. Die nachfolgende Abbildung 6 zeigt auszugsweise, welche Daten im Zusammenhang mit welcher Form der Befragung generiert werden.

| MEDIUM | Magazin | Mailing | Telefon / Händler |
|---|---|---|---|
| Generierte Daten | • „Kaufzeit-Fenster"<br>• Interesse:<br>  • Merchandising- Artikel<br>  • Versicherungen<br>  • MercedesCard<br>  • Testfahrten<br>  • Zubehör<br>• Up-date der Adressen | • „Kaufzeit-Fenster"<br>• Zufriedenheit<br>  • Produkt<br>  • Service<br>• Loyalität<br>  • Wiederkauf-Intension<br>  • Weiterempfehlungsverhalten<br>  • Markenaffinität<br>• Interessen<br>  • Techn. Neuerungen<br>  • Leasing / Finanzierung<br>  • Freizeit<br>• Up-date der Adressen und Fahrzeugdaten | • Beschwerden (Produkt, Service,...)<br>• Anfragen<br>• Zufriedenheit<br>• Serviceverhalten |

**Abb. 6:** Datengenerierung mittels Befragung

2. Ein anderes wichtiges Instrument der Datenerhebung im Loyalitätsprogramm ist die **Beobachtung**. In diesem Zusammenhang werden Daten an allen „Customer Touch Points" aufgrund des tatsächlich beobachteten Kundenverhaltens aufgezeichnet. Neben Daten über die Fahrzeugnutzung (z.B. jährliche Kilometerleistung, Verschleiß) und Daten über die Inanspruchnahme von Service- und Kulanzleistungen zählen dazu beispielsweise auch Daten bezüglich

des Beschwerdeverhaltens. Beobachtungen sind generell valider als Befragungen. Allerdings ist es für große Unternehmen mit vielen Organisationseinheiten und mannigfaltigen Kontaktpunkten wie die Daimler AG extrem schwierig, die Vielzahl der prinzipiell beobachtbaren Fakten aktuell zu identifizieren, zu sammeln, zu kombinieren und im notwendigen Rahmen zugänglich zu machen (Gersten/ Arndt 2002, S. 3 ff.). Bei der Daimler AG werden hier differenzierte Ansätze der Zentralisierung von Daten in Data Warehouses bzw. Data Marts mit Ansätzen der dezentralen Speicherung und Auswertung von Daten (z.B. Distributed Data Mining) kombiniert.

3. **Experimente** sind sehr teuer und lassen sich definitionsgemäß nicht für die Gewinnung aktueller Daten bezüglich einer breiten Kundenbasis nutzen. Sie spielen deshalb im Loyalitätsprogramm eine untergeordnete Rolle. In der Automobilindustrie finden sie etwa bei der Durchführung von so genannten „Car Clinics" Verwendung. Mit speziellen Versuchsaufbauten in Laboren kann bei bestehenden Kunden getestet werden, wie diese auf Veränderungen an Fahrzeugen oder auf neue Fahrzeugkonzepte reagieren. In der Daimler AG fällt diese Aufgabe in den Zuständigkeitsbereich der Marktforschung bzw. Produktentwicklung und wird durch das CRM höchstens flankierend begleitet.

4. Die **Beschaffung externer Daten** bezieht sich auf den Erwerb von Daten, die außerhalb der Daimler AG meist zu einem anderen Zweck erhoben wurden. Diese Daten können z.B. von professionellen Anbietern oder offiziellen Stellen wie dem Statistischen Bundesamt stammen. Generell ist eine Vielzahl von unterschiedlichen Variablen erhältlich (Arndt/ Gersten 2001, S. 30 f.). Ein interessantes Phänomen in dieser Hinsicht ist der so genannte „New Car Buyer Survey", ein Zusammenschluss von Automobilherstellern zum Zwecke der unabhängigen Befragung von Neuwagenkäufern in Europa. Bei der externen Datenbeschaffung ist besonderes Augenmerk auf die Bestimmungen der Data Protection Directive (95/ 46/ EC) der Europäischen Union zu legen.

Da extern erhobene Daten aber höchstens auf einer sehr hoch aggregierten Ebene für eine große Anzahl von momentan aktiven Kunden zu bekommen sind, eignen sie sich im Loyalitätsprogramm lediglich für Einzelanalysen bzw. die Gestaltung konzertierter Aktionen des oCRM. Im Akquisitionsprogramm sind sie hingegen von zentraler Bedeutung (Gersten/ Arndt 2002, S. 2 ff.).

Durch den geplanten Einsatz der vorab beschriebenen Instrumente ist es möglich, eine umfangreiche **Kundendatenbasis** aufzubauen. Diese steht dann für nachfolgende Datenanalysen zur Verfügung. Davor sind die für den jeweiligen Untersuchungszweck relevanten Daten noch zu selektieren und zu transformieren. In einigen Fällen ist es notwendig, zusätzlich zur internen Datenbasis nicht permanent gesammelte Daten direkt zu erheben oder extern zu beschaffen.

### 3.2.2 Einsatz der Data Mining-Instrumente

Um im Loyalitätsprogramm einen möglichst **individuellen** und wirkungsvollen **Kundendialog** mit Mitteln des oCRM führen zu können (vgl. Kapitel 2), müssen aus der Datenbasis vielfältige Informationen über die einzelnen Kunden abgeleitet werden. Die zentrale Frage ist dabei, wie man bei der Informationsgewinnung systematisch vorgehen kann.

Abgesehen von einigen Ausnahmen im Bereich der Automobilen Luxusklasse (z.B. Maybach) oder bei Sportwagen (z.B. Dodge Viper) betätigt sich die Daimler AG auf Märkten mit Hunderttausenden oder sogar Millionen von Kunden. In diesen wäre die individuelle Ansprache jeder Einzelperson ein operational kaum umzusetzendes und vor allem kostspieliges Unterfangen. Da es in solchen Märkten nicht möglich ist, alle vom Unternehmen steuerbaren Aktivitäten ökonomisch sinnvoll auf den Einzelkunden abzustimmen, wird normalerweise ein Mittelweg gewählt. Es wird versucht, die Aktivitäten des oCRM auf bestimmte **Kundengruppen (Segmente)** auszurichten. Deshalb bildet das Erkennen und Beschreiben in sich homogener und untereinander heterogener Segmente den Ausgangspunkt aller Analysen im Loyalitätsprogramm.

Für die einzelnen Segmente sind dann die jeweiligen Ist-Zustände zu erfassen. Dafür werden die anderen Analysen, wie sie in Abbildung 5 beispielhaft aufgezählt wurden, gezielt für die Entwicklung der Einzelstrategien bezüglich jedes Segments durchgeführt. So lässt sich z.B. der **Share of Wallet** ermitteln, der momentan innerhalb der Segmente erzielt wird. Nur auf der Basis von klar definierten Kundengruppen und bekannten Ist-Situationen lassen sich gezielt notwendige Veränderungen erfassen, planen, umsetzen und messen. Dies bietet einerseits den Vorteil, dass durch zielgruppenspezifische Analysen dann auch der spezielle Handlungsbedarf abgeleitet werden kann (vgl. Töpfer 1999, S. 545 f.), andererseits ist auch mit einer höheren Qualität bezüglich der Ergebnisse der einzelnen Analysen zu rechnen.

Zur Bildung der Gruppen gibt es 2 grundsätzliche Vorgehensweisen: (1) die Segmente können „**Business Driven**" von Sachverständigen aus inhaltlichen und betrieblichen Überlegungen heraus gebildet werden oder sind (2) „**Data Driven**" aus den vorhandenen Kundendaten abzuleiten. Traditionell gibt es in der Daimler AG, wie in den meisten anderen Unternehmen auch, marktgetriebene Gegebenheiten und Organisationsstrukturen, die eine Aufteilung in bestimmte Segmente vorwegnehmen. So sind die Absatzmärkte z.B. geographisch nach Ländern und Regionen aufgeteilt, in denen wiederum eine Ausrichtung entsprechend der verschiedenen Marken und Fahrzeugkategorien (z.B. PKW, Transporter, Nutzfahrzeuge) existiert. Auf der einen Seite wird diese eher markt- und produktorientierte Sichtweise nicht der geforderten Kundenorientierung gerecht, auf der anderen Seite sind solche Strukturen aufgrund äußerer Sachzwänge (z.B. Importzölle, Rechtsräume, Sprachräume etc.) und der innerbetrieblichen Abwicklung zumindest mittelfristig nicht ersetzbar. In der Praxis hat sich deshalb in der Daimler AG, wie in vielen anderen Unternehmen auch, eine pragmatische Kombination der beiden Ansätze durchgesetzt: innerhalb der aus dem Geschäftsumfeld resultierenden immer noch relativ heterogenen Segmente wird versucht, mit Hilfe von Data Mining-Verfahren aus den kundenbezogenen Daten homogenere Segmente abzuleiten.

Für die **datengetriebene Segmentierung** können laut Abbildung 2 entweder Verfahren der Clusteranalyse oder Kohonen Netzwerke als Sonderform Neuronaler Netze verwendet werden. Dabei ist generell zu beachten, ob disjunkte (nicht überlappende) oder nicht-disjunkte (überlappende) Segmente gebildet werden sollen. Da die meisten Algorithmen in Hinblick auf bestimmte Inputdaten entwickelt wurden, hängt die Auswahl der Verfahren weiterhin eng mit den zur Clusterung verwendeten aktiven Variablen zusammen. In der unternehmerischen Praxis steht i.d.R. nur eine z.b. durch die verfügbare Software und die vorhandenen Mitarbeiterkenntnisse begrenzte Anzahl an einsetzbaren Clusteralgorithmen zur Verfügung. Deshalb empfiehlt es sich, die Datenauswahl unter anderem an den tatsächlich einsetzbaren Algorithmen auszurichten. Zusätzlich sind Anforderungen aus der Marketingperspektive und der Datenqualitätsperspektive zu berücksichtigen. Für weiterführende Kriterien und die Art und Weise der Durchführung dieses relativ komplexen Vorgehens sei hier auf den Artikel *Data Quality in the Context of Customer Segmentation* von Arndt/ Langbein (2002) verwiesen.

Bevor die Clusteralgorithmen zum Einsatz kommen, kann es zusätzlich noch notwendig sein, z.B. mit Hilfe von Faktorenanalysen Datentransformationen vorzunehmen. Da unterschiedliche Clusteralgorithmen oftmals unterschiedliche Ergebnisse erzeugen (etwa aufgrund verschiedener Ähnlichkeitsmaße), werden bei der Daimler AG mindestens 2 Algorithmen für die gleiche Problemstellung verwendet. Die Ergebnisse sind als zufrieden stellend zu betrachten, wenn die unabhängig voneinander gebildeten Segmente im Wesentlichen übereinstimmen. Zu beachten ist, dass die einmal definierten Segmente später in regelmäßigen Abständen auf ihre aktuelle Gültigkeit überprüft werden müssen.

Im nächsten Schritt sind die Segmente zweckorientiert zu beschreiben. Mit Hilfe des multivariaten Verfahrens der Diskriminanzanalyse können die bereits für die Segmentbildung genutzten aktiven Variablen und die nicht genutzten aber geschäftsrelevanten passiven Variablen hinsichtlich ihrer Trennschärfe für die Gruppenteilung beurteilt werden. Die nachfolgende Abbildung 7 zeigt das Ergebnis der Clusteranalyse in einem europäischen Markt und die beispielhafte Beschreibung eines ausgewählten Clusters (vgl. Bauer 2000, S. 66).

Diese ersten verbalen Beschreibungen lassen eine Beurteilung der Segmentierungsgüte und Segmentunterschiede zu, sind für die Erreichung der oben benannten Ziele allerdings noch nicht ausreichend. Die Segmente müssen nun derart charakterisiert werden, dass eine gezielte Strategieausrichtung und die operative Gestaltung der CRM-Maßnahmen möglich ist.

Dafür sind ergänzende **Beschreibungen** und weiterführende **Analysen** notwendig. Die Beschreibung der Segmente ist eher deskriptiv und nicht analytisch. Dabei geht es darum, z.B. das Medienverhalten, die demographische Zusammensetzung oder das Produktnutzungsverhalten der einzelnen Segmente zu erfassen. Generell unterscheidet man bei den Analysen hinsichtlich der Art und Weise ihrer Anwendung 2 Typen: (1) Analysen, die **routinemäßig** für jedes Segment durchzuführen sind und (2) Analysen, die **fallweise** für ausgewählte Segmente ausgeführt werden.

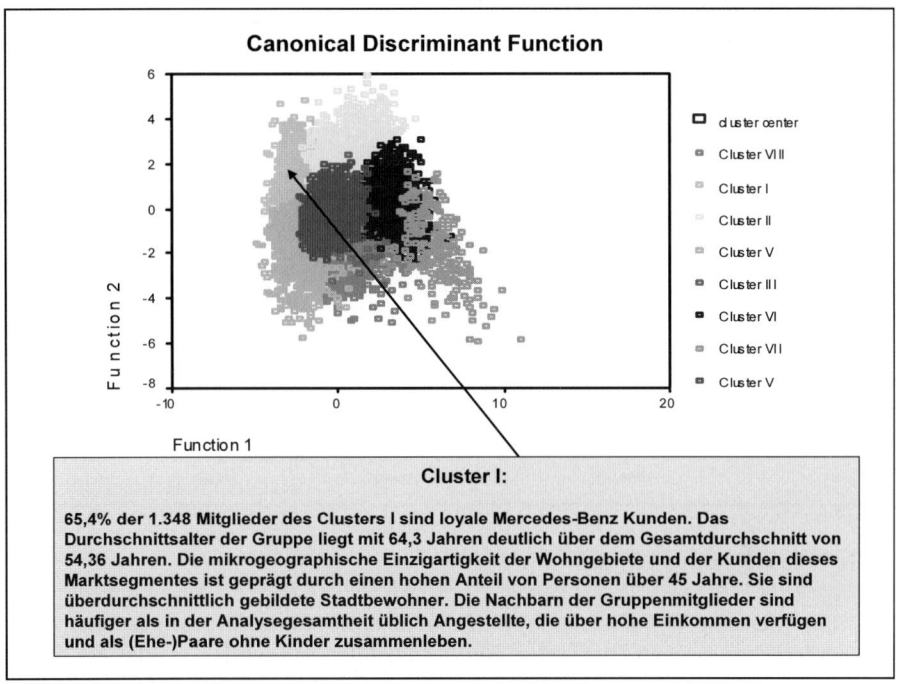

Abb. 7: Beispiel für das Ergebnis einer Clusteranalyse

1. Zu den **routinemäßig durchzuführenden Analysen** zählen neben der bereits erwähnten Überprüfung der Segmentgültigkeit auch Kundenloyalitätsanalysen und ereignisunabhängige Kundenzufriedenheitsanalysen. Wechsel- und Abwanderungsverhalten stehen dabei nicht unbedingt direkt im Zusammenhang mit der Zufriedenheit des Kunden. So ist ein loyaler Kunde sehr wahrscheinlich zufrieden mit dem Produkt oder dem Service, allerdings muss ein zufriedener Kunde nicht unbedingt loyal sein. Dieser Sachverhalt ist in der nachfolgenden Abbildung 8 am Beispiel der E-Klasse von Mercedes-Benz verdeutlicht. Das entsprechende Kundensegment ist mit der Nummer I bezeichnet.

Die Kundenzufriedenheit kann entweder vom Unternehmen direkt oder indirekt durch ein herstellerunabhängiges Institut ermittelt werden. Ein bekanntes Beispiel für herstellerunabhängige **Kundenzufriedenheitsanalysen** bei Neuwagenkäufern ist z.B. die von der Firma J.D. Power in den USA jährlich veröffentlichte Studie „Early Buyer Survey" (EBS), die sich als anerkannter neutraler Vergleich zwischen den verschiedenen Herstellern etablieren konnte. Sie schließt sowohl das automobile Kerngeschäft als auch vor- und nachgelagerte Serviceleistungen ein.

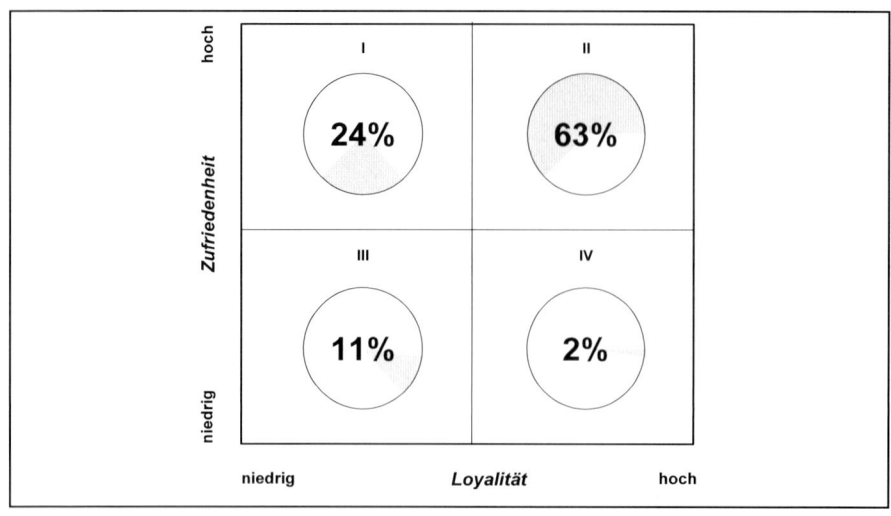

**Abb. 8:** Zufriedenheits-Loyalitäts-Portfolio

Die Messung der **Kundenloyalität** stellt eine große Herausforderung in der unternehmerischen Praxis dar. Bei der Daimler AG wird Loyalität als ein Index bestehend aus 3 grundlegenden Komponenten definiert: Wiederkaufsintension, Markenaffinität und Weiterempfehlungsverhalten. Zur Ermittlung der Größen sind wiederum unterschiedliche Analysen notwendig. Bei diesen und den oben bereits benannten Analysen handelt es sich um Basisanalysen, die zur generellen Ausrichtung und Korrektur des Loyalitätsprogramms notwendig sind. Wichtig ist dabei, dass die Vergleichbarkeit der Ergebnisse zwischen den einzelnen Analysen gewahrt wird. Bei der Erhebung der Daten kann mit Stichproben und den in 3.2.1 beschriebenen Instrumenten gearbeitet werden. Die Erfahrung zeigt, dass Kunden diese Form der Meinungsäußerung sehr gern wahrnehmen. Antwortquoten von über 15% sind hier selbst in Deutschland keine Seltenheit. Bei der Modellbildung (z.B. Ableitung eines Zufriedenheitsindizes) und eventuell durchzuführenden Detailanalysen kommen vor allem multivariate Verfahren wie beispielsweise die Faktorenanalyse und die in Abbildung 2 zur Abhängigkeitsentdeckung und Klassifikation aufgeführten Verfahren zum Einsatz. Entscheidungsbaumverfahren (z.B. CHAID, CART, C5, ID3) eignen sich hier insbesondere dadurch, dass sie auch auf großen Datenmengen relativ schnell interpretierbare Regeln erzeugen können.

2. Bei der Auswahl der durchzuführenden **Analysen**, die **nicht regelmäßig** und für alle Kundensegmente auszuführen sind, kann man entweder (2.1) **Auffälligkeiten der Segmentbeschreibungen** als Indikatoren verwenden oder (2.2) **aktuelle Vorhaben und Probleme im Unternehmen** heranziehen.
2.1 Für die Entdeckung von Auffälligkeiten eignen sich insbesondere die verschiedenen Techniken der **Datenvisualisierung**. Ihr Vorteil besteht in der übersichtlichen Darstellung komplexer Beziehungen zwischen Daten. Zusätz-

lich ermöglichen sie die interaktive Selektion und Transformation von Datenbeständen und das schnelle visuelle Erfassen der dadurch abgeleiteten Sachverhalte (Fayyad/ Grinstein 2002, S. 4). Fällt in einem Segment z.B. auf, dass die vermuteten Einkommensklassen der Kunden im Vergleich zu den Ausgaben für das aktuell gefahrene Fahrzeug relativ hoch sind, empfiehlt es sich, eine **Up-Selling-Analyse** durchzuführen. Diese hat das Ziel, den einzelnen Kunden die Wahrscheinlichkeit zuzuordnen, mit der sie sich für eine höhere Fahrzeugklasse gewinnen lassen.

2.2 Wenn sich andererseits die im Unternehmen eingehenden Beschwerden häufen, kann es sinnvoll sein, in ausgewählten Segmenten **Beschwerdeanalysen** oder **Konfigurationsanalysen** (z.B. mittels Assoziationsregelalgorithmen wie dem APRIORI) zur Ermittlung der Ursachen des Problems durchzuführen.

Eine Zuordnung der einzelnen Data Mining Instrumente ist bei den unregelmäßig durchgeführten Analysen nicht möglich, da die Vielzahl der erdenklichen Fragestellungen und Lösungsmöglichkeiten eine solche nicht gestattet. Für die Auswahl der Methoden hinsichtlich einzelner Problemstellungen wird auf die im Unterkapitel 2.2 aufgeführte Fachliteratur verwiesen.

## 4 Zusammenfassung

Wie in diesem Artikel deutlich wurde, stammen Data Mining-Instrumente aus einem breiten Spektrum der Datenverarbeitung und der Datenauswertung. Sie stellen einen wichtigen Teil der Instrumente des analytischen CRM dar. CRM-Analysen können generell als Data Mining-Projekte aufgefasst werden und dienen der Erzeugung von Informationen, die für die strategische Planung und operative Umsetzung der CRM-Aktivitäten unerlässlich sind.

Bei der Informationsgewinnung im Loyalitätsprogramm bildet die Segmentierung der Märkte des Unternehmens den Ausgangspunkt. Die Segmente sind danach im Einzelnen zu analysieren und zu charakterisieren, wobei je nach Fragestellung eine Vielfalt von Methoden und Algorithmen zum Einsatz kommen. Zu berücksichtigen ist allerdings, dass selbst sehr weit entwickelte Data Mining-Methoden nur dann Informationen hervorbringen können, wenn diese tatsächlich auch in den zugrunde liegenden Daten enthalten sind. Damit dies gewährleistet werden kann, ist es notwendig, die „richtigen" Daten über die Kunden zu gewinnen. Dafür muss ein vertrauensvoller und für beide Seiten effizienter Kundendialog etabliert werden, der wiederum mittels des gezielten Einsatzes der Instrumente des operativen CRM erfolgt.

Um also CRM-Ziele wie z.B. die Ausschöpfung des Geschäftspotenzials und die Steigerung der Kundenzufriedenheit bzw. der Kundenloyalität in der Praxis realisieren zu können, kommt es darauf an, das Wechselspiel zwischen Informationsgenerierung einerseits und Informationsnutzung andererseits möglichst gut zu gestalten. Die Herausforderung besteht dabei insbesondere darin, die Informationen welche über die Kunden gewonnen werden können, zeitnah für die Durchführung des Kundendialogs verfügbar zu machen.

# 5 Literatur

*Arndt, D. (2002):* Management Summary, in: Arndt, D./ Gersten, W. (Hrsg.): Analytical Customer Relationship Management – Recent Challenges and Opportunities, Geislingen 2002, S. I-V.

*Arndt, D./ Frank, M./ Roggon, A. (2003):* Aktives Customer Relationship Management in der Automobilindustrie, in: Payne, A./ Rapp, R (Hrsg.): Handbuch Relationship Marketing, 2. Aufl., München 2003, S. 329-343.

*Arndt, D./ Gersten, W. (2001):* Data Management in Analytical Customer Relationship Management, in: Workshop Data Mining for Marketing Applications, in: Proceedings of the ECML/ PKDD, Freiburg 2001, S. 25-38.

*Arndt, D./ Gersten, W./ Wirth, R. (2001):* Kundenprofile zur Prognose der Markenaffinität im Automobilsektor, in: Hippner, H./ Küsters, U./ Meyer, M./ Wilde, K.D. (Hrsg.): Handbuch Data Mining im Marketing, Braunschweig 2001, S. 591-605.

*Arndt, D./ Koch, D. (2002):* Datenschutz im Web-Mining, in: Hippner, H./ Merzenich, M./ Wilde, K.D. (Hrsg.): Handbuch Web Mining im Marketing, Braunschweig, Wiesbaden 2002, S. 77-103.

*Arndt, D./ Langbein, N. (2002):* Data Quality in the Context of Customer Segmentation, in: Proceedings of the International Conference on Information Quality, MIT, Boston 2002.

*Bauer, C. (2000):* Potentiale der mikrogeographischen Marktsegmentierung für das differenzierte Marketing, Freie wissenschaftliche Arbeit zur Erlangung des Grades eines Diplom-Kaufmannes an der Fakultät für Wirtschaftswissenschaften der Technischen Universität Dresden 2001.

*Berry, L.L. (1983):* Relationship Marketing, in: Berry, L.L./ Shostack, G.D./ Upah, G.D. (Hrsg.): Emerging Perspectives in Service Marketing1, Chicago 1983, S. 25-28.

*Berry, M.J.A./ Linoff, G.S. (1997):* Data mining techniques: for marketing, sales, and customer support, New York 1997.

*Berry, M.J.A./ Linoff, G.S. (2000):* Mastering Data Mining, New York 2000.

*Brachman, R.J./ Anand, T. (1996):* The process of knowledge discovery in database, in: Fayyad, U.M./ Piatetsky-Shapiro, G./ Smyth, P./ Uthurusmy, R. (Hrsg.): Advances in knowledge discovery and data mining, Menlo Park (California), S. 37-57.

*Cooley, R., Mobasher, B./ Srivastava J. (1999):* Data Preparation for Mining World Wide Web Browsing Patterns, in: Knowledge and Information Systems, 1. Jg., 1999, Nr. 1, S. 5-32.

*CRISP-DM (2000)*: Cross Industry Standard Process Model for Data Mining, Abfrage vom 15.11.2007 unter http://www.crisp-dm.org/index.htm.

*Fayyad, U.M./ Grinstein, G.G. (2002):* Introduction, in: Fayyad, U.M./ Grinstein, G.G./ Wierse, A. (Hrsg.): Information Visualization in Data Mining and Knowledge Discovery, New York 2001.

*Fayyad, U.M./ Piatetsky-Shapiro, G./ Smyth, P. (1996):* From data mining to knowledge discovery: an overview, in: Fayyad, U.M./ Piatetsky-Shapiro, G./ Smyth, P./ Uthurusmy, R. (Hrsg.): Advances in knowledge discovery and data mining, Menlo Park California, S. 1-34.

*Gersten, W./ Arndt, D. (2002):* Effective Target Variable Derivation from Multiple Customer Touch points, in: Proceedings of the Workshop on Mining Data Across Customer Touch points for CRM at the Sixth Pacific-Asia Conference on Knowledge Discovery and Data Mining (PAKDD-02), Taipeh 2002, S. 1-13.

*Grönroos, C. (1998):* Relationship Marketing: strategic and tactical implications, in: Management decision, 34. Jg., 1998, Nr. 3, S. 5-14.

*Gummesson, E. (1994):* Making Relationship Marketing Operational, in: The International Journal of Service Industry Management, 5. Jg., 1994, Nr. 5, S. 5-20.

*Hippner, H./ Wilde, K.D. (2001a):* Der Prozess des Data Mining im Marketing, in: Hippner, H./ Küsters, U./ Meyer, M./ Wilde, K.D. (Hrsg.): Handbuch Data Mining im Marketing, Braunschweig/ Wiesbaden 2001, S. 22-94.

*Hippner, H./ Wilde, K.D. (2001b):* CRM – ein Überblick, in: Helmke, S./ Dangelmaier, W. (Hrsg.): Effektives Customer Relationship Management – Instrumente – Einführungskonzepte – Organisation, Wiesbaden 2001, S. 3-38.

*Jammerneg, W./ Luptáčik, M./ Nakhaeizadeh, G./ Schnabl, A. (1998):* Ist ein fairer Vergleich von Data Algorithmen möglich?, in: Nakhaeizadeh, G. (Hrsg.): Data Mining – Theoretische Aspekte und Anwendungen, Heidelberg 1998, S. 225-247.

*Küppers, B. (1999):* Data mining in der Praxis: ein Ansatz zur Nutzung der Potentiale von Data mining im betrieblichen Umfeld, Frankfurt am Main 1999.

*Küsters, U. (2000):* Data Mining Methoden: Einordnung und Überblick, in: Hippner, H./ Küsters, U./ Meyer, M./ Wilde, K.D. (Hrsg.): Handbuch Data Mining im Marketing, Braunschweig/ Wiesbaden 2001, S. 95-130.

*Nakhaeizadeh, G./ Reinartz, T./ Wirth, R. (1998):* Wissensentdeckung, In: Datenbanken und Data Mining – Ein Überblick, in: Nakheizadeh, G. (Hrsg.): Data Mining – Theoretische Aspekte und Anwendungen, Heidelberg 1998, S. 1-33.

*Stauss, B. (2000):* Perspektivenwechsel: Vom Produkt-Lebenszyklus zum Kundenbeziehungs-Lebenszyklus, in THEXIS – Fachzeitschrift für Marketing, 17. Jg., 2000, Nr. 2, S. 15-18.

*Töpfer, A. (1999):* Zehn Schritte zur Messung und Steigerung der Kundenzufriedenheit, in: Töpfer, A. (Hrsg.): Kundenzufriedenheit messen und steigern, 2. Aufl., Neuwied/ Kriftel 1999, S. 537–586.

*VerbraucherAnalyse (2002)* der Bauer Verlagsgruppe und des Axel Springer Verlages, Abfrage vom 25.07.2006 unter http://www.mediapilot.de.

*Wirth, S. (2002):* Datenschutzrechtliche Aspekte bei CRM-Systemen, in: Uebel, M.F./ Helmke, S./ Dangelmaier; W. (Hrsg.): Praxis des Customer Relationship Management – Branchenlösungen und Erfahrungsberichte, Wiesbaden 2002.

# Erfolgreiche Strategien zur Kundenbindung bei TESCO

– Wie lässt sich Kundenbindung zielgruppenspezifisch erhöhen? –

Neil Southworth

Inhalt

| | | |
|---|---|---|
| 1 | Das Unternehmen TESCO | 705 |
| 2 | Die Einführung des Loyalitätsprogramms | 707 |
| 2.1 | Das System der Clubcard | 708 |
| 2.2 | Loyalitätsprogramme und Marktinformationen | 710 |
| 2.3 | Ergebnisse seit der Einführung der Clubcard | 714 |
| 3 | TESCO.com | 715 |
| 4 | Literatur | 718 |

## 1 Das Unternehmen TESCO

In diesem Beitrag wird anhand des Programms zur Kundenbindung, das bei TESCO Stores Ltd. implementiert wurde, und des sehr erfolgreichen Online-Marktauftrittes, ein praktisches Beispiel zur Steigerung der Kundenbindung gegeben. Im Folgenden wird dargelegt, welche Mittel TESCO nutzt, um die **Kundenzufriedenheit und die Kundenbindung** nachhaltig zu steigern und dadurch langfristig einen **Wettbewerbsvorteil** sicherzustellen.

Mit einem Marktanteil von gut einem Viertel ist die Supermarktkette TESCO im Heimatmarkt Großbritannien schon seit Mitte der 1990er Jahre die Nummer eins. Der Nettogewinn erreichte im Geschäftsjahr 2006 ein Rekordniveau und stieg auf 2,8 Mrd. Euro. Der Umsatz betrug 68,82 Mrd. Euro.

Weltweit beschäftigt TESCO 273.000 Mitarbeiter. Filialen gibt es bisher in Irland, Frankreich, China, Japan, Thailand, Südkorea, Taiwan, Malaysia, Ungarn, Polen, in der Tschechischen Republik, in der Slowakei sowie in der Türkei. Weitere Filialen sind in Asien und Osteuropa geplant, wobei sich die Expansionsstrategie im Jahr 2007 insbesondere auf den US-amerikanischen und den chinesischen Markt konzentriert. So eröffnete im November 2007 in der Nähe von Los Angeles der 1. „Fresh & Easy"-Markt von Tesco in den USA. In den Markteintritt investierte Tesco ca. 172 Mio. Euro. Bis zum Jahresende 2007 sind weitere 50 Läden geplant. 200 weitere folgen im Jahr 2008 (vgl. o.V. 2007).

Im Februar 2007 besaß TESCO 1.988 Filialen in Großbritannien und weitere 1.275 im Ausland, womit sich nahezu 60% der Verkaufsfläche des britischen Konzerns im Ausland befinden.

Wachstumschancen im eigenen Land sieht TESCO besonders im so genannten Non-Food-Bereich (z.B. Bekleidung, Bücher, Haushaltswaren aber auch Versicherungen und Mobilfunkverträge) Um neue Kunden zu erreichen, dringt TESCO noch weiter vor. Mit der Royal Bank of Scotland hat die Supermarktkette im Juli 1997 ein Gemeinschaftsunternehmen gegründet, um sich einen Anteil am wachsenden Geschäft der Konsumentenfinanzierung zu sichern. Hinzu kommt die Beteiligung TESCO´s an der Handelskette Nutri Centre, die Produkte aus der Nahrungsergänzung und der so genannten Alternativmedizin vertreibt – ein Markt, der in Großbritannien zweistellig wächst.

Als Schlüssel zum Erfolg sieht TESCO Kundennähe und Kundenbindung. Das Unternehmen hat daher bereits 1995 ein ausgeklügeltes **Kundenkartensystem** eingeführt, um die Bedürfnisse der Verbraucher kennen zu lernen und neue Kunden zu gewinnen und bisherige Kunden zu binden.

Sowohl durch die **Markenstrategie** als auch durch die Gestaltung seiner **Handelsschienen** geht TESCO gezielt auf die **segmentspezifischen Anforderungen** der Kunden ein. TESCO hat sich dabei zum Ziel gesetzt, Produkte für Kunden aller Einkommensklassen gemeinsam in einem Store anzubieten. Realisiert wird dies über eine **Eigenmarken-Strategie**, die bewusst eine **Dachmarken-Strategie** unter Verwendung des Labels TESCO ist und die z.B. für Kunden mit gehobenerem Einkommen die Marke TESCO Finest, für gesundheitsbewusste Kunden mit mittlerer bis hoher Zahlungsbereitschaft die Marken TESCO Healthy Living und TESCO Organic sowie für sparsame und preisbewusste Käufergruppen das Sortiment von TESCO Value umfasst (vgl. Leendertse 2007). Gleichzeitig ermöglicht die konsequente Hausmarken-Strategie eine verbesserte Orientierungsfähigkeit der Kunden im Supermarkt und reduziert dadurch den mit der Produktsuche und -auswahl verbundenen Stress.

TESCO präsentiert sich in 5 verschiedenen Betriebstypen, die jeweils auf unterschiedliche Kundengruppen ausgerichtet sind. Vier der 5 Handelsschienen werden unter dem Markennamen TESCO geführt:

- TESCO Superstores,
- TESCO Extra,
- TESCO Metro (Geschäfte, die auf das obere Marktsegment abzielen),
- TESCO Express (günstig gelegene Convenience-Märkte in Kombination mit Tankstellen) und
- One Stop (Convenience-Stores in Wohngegenden mit langen Öffnungszeiten).

Die Mission von TESCO besteht darin, sich die Bindung und das Vertrauen seiner Kunden über deren gesamten Kunden-Lebenszyklus zu verdienen und weiter auszubauen, wobei die Zielsetzung darin besteht, den Kunden-Lebenszyklus so lang wie möglich zu gestalten.

## 2 Die Einführung des Loyalitätsprogramms

Vor ungefähr 14 Jahren hat sich TESCO erstmalig mit Loyalitätsprogrammen beschäftigt. Zu dieser Zeit gab es eine Anzahl bedeutender Veränderungen des Marktes. Zunächst ist die Entwicklung der Superstores zu nennen: Der Markt war gesättigt, es war schwierig, neue Standorte für Märkte zu finden. Das Unternehmen wurde mit zunehmender Konkurrenz konfrontiert, insbesondere von Discountern, die verstärkt zu dieser Zeit nach Großbritannien expandierten.

Weiterhin kamen Warenhaus-Clubs auf, so dass ein großer Teil der Konkurrenz über den Preis agierte. Zusätzlich war festzustellen, dass die Kunden in ihrem Lebensstil und in ihrem Einkaufsverhalten kultivierter und vor allem anspruchsvoller wurden. Dies führte zu einem intensiven Konkurrenzkampf zwischen den Markenartikel-Herstellern. Schließlich verloren die klassischen Medien, wie Fernseh- und Printwerbung, für die Ansprache verschiedener Kundentypen an Effektivität und wurden dadurch relativ teurer.

Als Reaktion auf die dargestellten Veränderungen entschied sich TESCO, Loyalitätsprogramme zu analysieren und versuchsweise das Loyalitätsprogramm **„Clubcard"** einzuführen. Drei Gründe waren ausschlaggebend für die Durchführung dieses Experiments:

Zunächst wurden die Bedürfnisse und Erwartungen der Kunden untersucht. Durch intensive Beobachtung wusste das Unternehmen, dass ein Teil seiner Kunden sehr regelmäßig bei TESCO einkaufte (so genannte A-Kunden). Diese Kunden wollten von TESCO hören: „Danke für den Einkauf bei TESCO". Sie wollten also Anerkennung dafür, dass sie treue Kunden des Unternehmens waren.

Der 2. Grund war, dass die Nähe zu den Kunden vergrößert wurde. Die Clubcard stellt ein Mittel zur Sammlung von Informationen über Kunden und ihr Einkaufsverhalten dar. Aufgrund der somit erreichbaren größeren Kundennähe ist es möglich, eine bessere und exaktere Auswahl von Produkten und Serviceleistungen zu treffen und Märkte zu entwickeln, welche die Bedürfnisse der Kunden besser befriedigen.

Der 3. Grund: Mit wachsender Konkurrenz stieg die Auswahl an Märkten für die Kunden, und es zeigte sich, dass diese die Einkaufsstätte zunehmend wechselten.

Daraus leiteten sich 2 **Schlüsselvorteile** eines Loyalitätsprogramms ab: Zum ersten würde es helfen, die vorhandene Kundenbasis zu erhalten, und zweitens würde es dazu beitragen, den eigenen Anteil an den Ausgaben der Kunden zu vergrößern. Es sollte nicht länger abstrakt in Marktanteilen, sondern vielmehr in „Kundenanteilen" gedacht werden. Der **Kundenanteil (Share of Wallet)** beschreibt den Anteil an den Gesamtausgaben für Lebensmittel des einzelnen Kunden, den er in den TESCO-Märkten ausgibt. Dies führt zu einer stärkeren Orientierung am Kunden, indem man nicht an Märkte, sondern an den Kunden denkt.

Das Experiment Clubcard wurde ein Jahr lang in 14 Märkten erprobt. Die Ergebnisse waren sehr Erfolg versprechend, die Reaktionen der Kunden äußerst positiv. Die Umsätze entwickelten sich besser als in den Zielvorstellungen vorgesehen, so dass in diesem Programm einen wirklicher Wettbewerbsvorteil zu sehen war. Zu Beginn und während der Durchführung des **Versuchsprogrammes** gab es große Unsicherheit darüber, ob eine überregionale Einführung des Loyalitätsprogramms jemals stattfinden würde. Aber die Durchführung eines kontrollierten Versuchs in einem kleinen Rahmen erwies sich als wertvoller Vorteil: Er versetzte TESCO in die Lage, unterschiedliche Mailing-Programme zu testen, und gab wertvolle Erkenntnisse darüber, was funktioniert und was nicht funktioniert. So konnten auf effiziente Art und Weise innerhalb eines Jahres sehr viele Erfahrungen über Loyalitätsprogramme und ihre Durchführung gesammelt werden.

Basierend auf den Versuchsergebnissen entschied sich der Vorstand von TESCO, die Clubcard überregional in allen Läden einzuführen. Diese Entscheidung wurde im Dezember 1994 getroffen, und in einer Zeitspanne von 2 Monaten war das Programm in allen damals 550 Märkten einzuführen. Dies war eine gewaltige Aufgabe und beinhaltete ein großes Arbeitsprogramm vor Ort. Die Unterstützung der Mitarbeiter in den Märkten ist für die Durchführung eines solchen Programms absolut notwendig, denn dies sind die Menschen, welche die Idee der Clubcard an die Kunden verkaufen. Daher war es eine wichtige Aufgabe, die Märkte für die Idee der Clubcard zu gewinnen. Aufgrund des engen Zeitrahmens ergab es sich, dass eine Instruktion erst 3 Tage vor der Einführung erfolgte. Die Mitarbeiter haben es tatsächlich geschafft, innerhalb eines Zeitraumes von 4 Wochen über 3 Mio. Kunden für die Clubcard zu werben.

Der Aufbau des Programms war mit einer ganzen Reihe von Entwicklungsarbeiten an den Systemen in der Zentrale verbunden. So wurde ein **Kunden-Service-Center** mit 40 Vermittlern etabliert, um alle Anfragen zur Clubcard, die früher primär über Telefon erfolgten, zügig und kompetent annehmen und bearbeiten zu können. Zu dieser Zeit erreichten uns ca. 1 Mio. Telefonanrufe im Jahr, die sehr wichtig sind, um von den Kunden **Feedback** über unser Programm zu bekommen. Wir reorganisierten auch die **Marketingmaßnahmen**. So ergab sich ein Wechsel weg von der Fernseh- und Printwerbung hin zum direkten Versand von standardisierten Kundenbriefen. Diese werden von der Zentrale aus versandt. Daneben wurden externe Agenturen zur Sammlung und Bearbeitung von Daten verpflichtet. Von Anfang an wurde das Beratungsunternehmen Dunnhumby mit der Auswertung der Informationen aus dem Kundenkartensystem beauftragt. Durch permanente Analysen erhielt TESCO eine detaillierte Sicht auf seine Kunden sowie deren Einkaufsgewohnheiten und Vorlieben. Diese Informationen wurden für gezielte Mailing-Aktionen an bestimmte Kundengruppen genutzt. Dies alles verursachte einen immensen Aufwand, der zu Beginn eines solchen Projektes nicht unterschätzt werden darf.

## 2.1 Das System der Clubcard

Wie funktioniert nun die Clubcard im Detail? In allen Märkten, d.h. in allen 5 Vertriebsschienen, liegen Antragsformulare aus. Diese enthalten eine begrenzte Anzahl von Fragen an den Kunden; die so gewonnenen Kundendaten werden zentral gesammelt. Den Antragsformularen liegt die Clubcard bei, so dass der Kunde sofort mit der Benutzung der Karte beginnen kann. Es handelt sich hierbei um eine Magnetstreifenkarte, die der Kunde der Kassiererin lediglich zum Einlesen überreichen muss. Das System ist so aufgebaut, dass man einen Punkt für jeweils ein ausgegebenes Pfund erhält; zu Beginn des Programms stand ein Punkt für 5 Pfund. Bei Erreichen von 150 Punkten erhält der Kunde einen Bonus von 1,5 Pfund. 150 Punkte entsprechen einem Wert von 150 Pfund. Der Kunde erhält also einen Rabatt von 1%. Dies ist üblich für die Loyalitätsprogramme in Großbritannien.

Alle 3 Monate erhalten die Kunden eine Benachrichtigung. Dies ist eine der größten Mailing-Aktionen in Europa. Die Benachrichtigung enthält eine Aufstellung, wie viele Punkte man „verdient" hat. Sind dies mehr als 150 Punkte (bei Studenten 100 Punkte), erhält man **Bonusgutscheine**. Zusätzlich werden noch 6 **Produktgutscheine** verschickt. Die Aussage des Begleitbriefes ist: „Danke für den Einkauf bei TESCO". Durch die Wertschätzung der Kunden wird versucht, eine emotionale Bindung zu ihnen aufzubauen. Während einige Konkurrenten von TESCO Gutscheine am Ausgang der Geschäfte ausgeben, will TESCO seinen Kunden mit den Mailing-Aktionen Dank und Wertschätzung deutlicher kommunizieren.

Um diese **emotionale Bindung** zu den Kunden aufzubauen, veranstaltet TESCO darüber hinaus für die besten Kunden spezielle Ereignisse in den Märkten. Top-Kunden werden eingeladen, sie treffen den Markt-Manager und seine Mitarbeiter. Zusätzlich erhalten sie beispielsweise Einladungen zu Käse- und Weinabenden, Koch-Demonstrationen und Modeschauen. Auch spezielle Einkaufsabende werden veranstaltet, an denen der Markt nur für Clubcard-Kunden geöffnet ist, um die Beziehung zu ihnen zu vertiefen.

Nach der Einführung des Programms gab es eine Vielzahl von Weiterentwicklungen. Eine der Schlüsselentwicklungen, die das Programm erfahren hat, war die Einführung von Extrapunkten für bestimmte Produkte zusätzlich zu dem normalen Bonus. Es handelt sich hierbei um mehr als eine Verkaufsförderung für bestimmte Produkte, da vor allem Top-Kunden dazu tendieren, diese Möglichkeit zu nutzen. Auch hiermit binden wir unsere besten Kunden an unser Loyalitätsprogramm und somit an unsere Märkte. Die andere bedeutende Entwicklung des Programms war die Durchführung von **Verkaufsförderungsmaßnahmen im Verbund** mit Dritten. Hier schließt sich TESCO mit anderen Unternehmen zusammen. Wenn Kunden deren Produkte kaufen, verdienen sie sich TESCO-Clubcard-Punkte. Beispielsweise ist TESCO deshalb eine Kooperation mit einem Ferienunternehmen und einem Baumarkt eingegangen. Hierdurch wird die **Attraktivität des Programms** gesteigert, da die Kunden mehr Möglichkeiten erhalten, Punkte zu verdienen. Dies veranlasst sie wieder in den Markt zu gehen, um bei TESCO einzukaufen. Damit wird ein Kreislauf geschaffen, der die Kunden immer zu TESCO zieht.

Die Versendung der Benachrichtigung ist ein wichtiger Teil dieser Bemühungen, denn so besteht regelmäßiger Kontakt zu den Kunden. Der Kunde kauft ein, erhält das Schreiben mit seinen Gutscheinen. Danach geht er in einen der TESCO-Märkte, um die Gutscheine einzulösen. Das heißt, er kauft weiterhin ein, und 3 Monate später erhält er erneut ein Schreiben.

Eine Weiterentwicklung des Programms stellt die **Clubcard-Plus** dar. Sie wurde im Juni 1997 eingeführt. Es handelt sich hierbei um eine Kombination von **Loyalitäts- und Zahlungskarte**. Der Kunde kann Geld auf einer regelmäßigen Zahlungsbasis mittels eines Dauerauftrages von seinem Bankkonto zu seinem Clubcard-Konto transferieren. Dies wird zur Bezahlung der Einkäufe bei TESCO benutzt. Auf diesem Konto werden sehr konkurrenzfähige Zinssätze geboten, die über denen der Geschäftsbanken liegen. Gleichzeitig können Kunden mit dieser Karte Bargeld-Automaten benutzen. Dies macht das Einkaufen für sie einfacher und bequemer. Außerdem hilft die Clubcard-Plus den Kunden hauszuhalten, denn sie können ihr Budget für Lebensmitteleinkäufe besser kontrollieren. Außerdem gibt es die Möglichkeit des Überziehens des Kundenkontos, aber auch der Zinssatz für einen Dispokredit ist günstiger als bei normalen Bankkonten.

In Zusammenarbeit mit der Royal Bank of Scotland konnte sich TESCO ein weiteres Standbein zur engeren Kundenbindung aufbauen. Hierbei wurde das Clubcard-Konto, das anfänglich als Ergänzung zum normalen Bankkonto bestand, zu einem vollwertigen Konto für den Kunden ausgebaut, über das beispielsweise auch seine Gehaltszahlungen fließen können. Daneben gibt es für TESCO noch weitere Vorteile in der Kooperation, so führte man 1997 die TESCO Visa Card ein. Zusätzlich hat der Kunde die Möglichkeit, sich ein Sparkonto einrichten zu lassen, Versicherungen abzuschließen oder Darlehen aufzunehmen. Durch dieses Joint Venture konnte TESCO auf über 1 Mio. Kreditkarten und mehr als 2,5 Mio. Kundenkonten blicken.

### 2.2 Loyalitätsprogramme und Marktinformationen

Der wirkliche Vorteil der Clubcard liegt für TESCO in den Informationen, die mit Hilfe des Programms über den Kunden und seine Einkaufsgewohnheiten gesammelt werden können. So wie die meisten Einzelhändler wusste TESCO vor Einführung der Clubcard,

- welche Produkte,
- wann und
- wo verkauft wurden.

Was hingegen verborgen blieb, war, *wer* sie gekauft hatte. Die Clubcard ermöglicht die Verbindung dieser wichtigen Daten, so dass ein sehr detailliertes Bild von den Kunden verfügbar wurde. Durch diese Informationen gelang es TESCO, seine Kunden besser zu verstehen und so Produkte und Serviceleistungen zu entwickeln, die die Kundenbedürfnisse exakt treffen (vgl. Schaudwet 2005). Eine schnellere Reaktion auf die Ansprüche der Kunden wurde möglich, so dass durch die Clubcard die Kunden besser bedient werden konnten. Darüber hinaus ist TESCO nunmehr sehr viel weniger von externen Informationen abhängig.

Die Informationen, die über die Kunden gesammelt werden, basieren zunächst auf den **Auskünften der Antragsformulare** (siehe Abb. 1). Dazu gehören Name, Anschrift, Haushaltstyp (wie viele Menschen im Haushalt leben) und Altersgruppe. Diese demographischen Informationen sind sehr begrenzt. Die wichtigsten Informationen können erst gewonnen werden, wenn der Kunde seine Karte benutzt. Denn dann übermittelt das System eine Vielzahl von Rückmeldungen. Zunächst das Datum und die Uhrzeit des Vorgangs, den Markt, in dem der Vorgang mit seinen Ausgaben stattfand, und auch welche Produkte gekauft wurden. Alle diese Informationen werden zusammengeführt und vermitteln ein besseres Verständnis für den Kunden.

---

**1. Informationsgewinnung durch das ausgefüllte Antragsformular**

- Name                            WER?
- Anschrift
- Haushaltstyp
- Altersgruppe

**2. Informationsgewinnung beim Bezahlen mit der Clubcard**

- Datum und Uhrzeit des Einkaufs     WANN?
- Einkaufsort                        WO?
- Gekaufte Produkte               WAS + WIE VIEL?

---

**Abb. 1:** Informationen über den Kunden durch die Clubcard

Ein wichtiger Einsatzbereich der Informationen ist die **Klassifizierung und Segmentierung der Kunden**. Mit Hilfe der Daten konnte ermittelt werden, dass der Lebensstil ein sehr wichtiger Einflussfaktor des Einkaufsverhaltens ist:

- wie oft die Menschen einkaufen,
- wo sie einkaufen,
- wie viel sie ausgeben und
- welches Produkt sie kaufen.

Auf der Basis der vorliegenden Informationen wurden 6 „key lifestage groups" entwickelt, nach denen die Kunden segmentiert werden:

- Studenten
- Junge Erwachsene
- Junge Familien
- Ältere Familien
- Ältere Erwachsene
- Über 60-jährige.

Für die Gruppe der Studenten wird eine spezielle Studenten-Clubcard angeboten. In das Segment der jungen Erwachsenen fallen beispielsweise Personen ohne Kinder zwischen 20 und 40 Jahren; junge Familien haben Kinder unter 10 Jahren.

An diesen 6 identifizierten Kundensegmenten werden die **Kommunikationsmaßnahmen individuell ausgerichtet**. Damit wird sichergestellt, dass das, was der Kunde von TESCO erhält, für ihn relevant und auf seinen Lebensstandard abgestimmt ist. Ein Beispiel: Im Mai 1997 wurden **Clubcard-Magazine** eingeführt, die zusammen mit dem vierteljährlichen Mailing an die besten Kunden verschickt werden. Hiervon gibt es verschiedene Ausgaben angepasst an jede der 6 „lifestage groups". Die Inhalte sind unterschiedlich und zielen darauf ab, den Kunden die für sie relevanten und interessanten Informationen zur Verfügung zu stellen. Die „lifestage groups" spielen zusätzlich eine Rolle bei der Entscheidung, welche Produkt-Gutscheine Kunden erhalten sollen. Dadurch wird vermieden, dass beispielsweise älteren Erwachsenen und über 60-jährigen Gutscheine für Babynahrung zugesandt werden.

Durch das Clubcard-System weiß TESCO nicht nur, wer seine besten Kunden sind, sondern auch, wie viel sie bei TESCO ausgeben. Somit kann ihre **Kaufkraft** eingeschätzt werden, was eine sehr wichtige Information darstellt (siehe Abb. 2).

*Die Verknüpfung der gewonnenen Kundeninformationen hilft bei der*
- **Ermittlung der Kaufkraft**
- **Identifikation von A-Kunden**
- **Bildung von und Zuordnung zu lifestage-Segmenten**
- **Analyse des Abwanderungsverhaltens**
- **Schaffung von individuellen Anreizen**
- **Verwendung segmentspezifischer Kommunikation**
- **Analyse der Attraktivität der einzelnen Abteilungen in den Läden**

**Abb. 2:** Einsatzfelder und Nutzen der Kundeninformationen

Bei TESCO wird mit rund 30% der Kunden 75% des Umsatzes erwirtschaftet. Die Clubcard versetzt TESCO in die Lage, diese 30% der Kunden in finanzieller und insbesondere in emotionaler Hinsicht zu belohnen. Echte Loyalität resultiert aus diesen beiden Komponenten, der rationalen und der emotionalen Dimension. Zu der emotionalen Dimension gehört, dass TESCO seinen Top-Kunden das Gefühl gibt, dass sie besondere Kunden sind und dass TESCO ihnen eine große Wertschätzung entgegenbringt. Hierzu dienen die Events in den Läden, die nur den A-Kunden offen stehen, sowie das oben angesprochene Magazin und spezielle Angebote, die den normalen Kunden ebenfalls nicht offeriert werden. Oberstes Ziel ist es, keinen dieser 30% Top-Kunden zu verlieren.

Die Clubcard erlaubt es TESCO weiterhin zu erkennen, wenn ein Kunde nicht mehr bei TESCO einkauft. Zu diesem Kunden kann nun ein persönlicher Kontakt aufgenommen werden. In einem Telefonat werden die Gründe für die Abkehr von TESCO in Erfahrung gebracht. Informationen, die darüber Auskunft geben, warum ein Kunde nicht mehr bei TESCO kauft und warum er mit dem Markt unzufrieden ist, sind von unschätzbarem Wert, denn davon ausgehend kann individuell versucht werden, den ehemaligen Kunden durch spezielle Anreize zu ermutigen, wieder bei TESCO einzukaufen.

Aus der Auswertung von Informationen über Kunden, die nicht mehr bei TESCO einkaufen, ist beobachtbar, welche Kunden dem Unternehmen den Rücken kehren und wie gezielte Gegenmaßnahmen durchzuführen sind. Die Abwanderung tritt verstärkt dann auf, wenn Wettbewerber ebenfalls Loyalitäts-Karten einführen. Aufgrund der Verfügbarkeit vieler Informationen ist es in diesem Zusammenhang ein sehr großer Wettbewerbsvorteil, in der Position des Pioniers zu sein.

Ein weiteres, wichtiges Einsatzfeld der Informationen ist die Vergrößerung des Anteils der bei TESCO getätigten Ausgaben der Kunden für Lebensmittel. Selbst bei den Top-Kunden lässt sich der Anteil der Ausgaben noch steigern, da sie nicht alle Abteilungen der TESCO-Märkte in gleichem Maße nutzen. Die Informationen aus der Clubcard ermöglichen es, genau solche Anreize einzusetzen, welche die Kunden dazu bewegen sollen, bislang nicht genutzte Abteilungen in Zukunft ebenfalls zu nutzen. TESCO versucht damit, seinen Anteil an den gesamten Ausgaben der Kunden für Lebensmittel und Nicht-Lebensmittel kontinuierlich zu vergrößern.

Die Informationen werden zusätzlich auf lokaler Ebene genutzt, um einzelne Märkte zu unterstützen. So kann den Kunden einzelner Märkte mitgeteilt werden, dass ein Markt neue Produkte in sein Sortiment aufgenommen hat. Die Kunden können im Voraus auf demnächst beginnende Umbaumaßnahmen in einzelnen Märkten aufmerksam gemacht und später zu einem Wiedereröffnungsabend in den Markt eingeladen werden. Diese Informationen des Loyalitätsprogramms werden somit auch taktisch in lokalen Situationen genutzt.

Fazit: Da es nicht den typischen „durchschnittlichen" Verbraucher gibt, hat TESCO ein **Raster** für die Analyse unterschiedlicher **Kundenprofile** erstellt, das sich aus den verschiedensten Attributen wie **Altersstufe, Profitabilität, primärer Einkaufskanal, Einkaufskorb, Ansprechbarkeit durch Werbung, Markentreue und Einkaufsgewohnheiten etc.** zusammensetzt. Die detaillierte Auswertung dieser Aspekte kann nun genutzt werden, um die Kunden besser zu verstehen, eine gemeinsame Sprache im Unternehmen zu sprechen und kundenspezifische Marketingaktivitäten zu planen und durchzuführen.

Die Analysen der Informationen aus den Kundenkarten, die jetzt mit dem Einsatz von EDV-Systemen zeitnah möglich sind, erlauben TESCO **fundierte strategische und taktische Entscheidungen**. So kann die **Preisgestaltung** am Kaufverhalten von preissensiblen Kunden ausgerichtet werden. **Produktmix** und **Aktivitäten zur Verkaufsförderung** können für einzelne Läden individuell auf deren jeweilige Kundenbasis und deren Kaufverhalten abgestimmt werden. Auch Sonderangebote und die Lagerhaltung können gezielt auf die Bedürfnisse von Stammkunden hin gestaltet werden. Weitere Einsatzgebiete sind die Untersuchung der **Effizienz bestimmter Werbemedien**, die gezielte Akquisition für neue Programme sowie eine fokussierte, qualitative Marktforschung auf Basis des tatsächlichen Kundenverhaltens.

Eine der größten Herausforderungen, der TESCO seit langem gegenübersteht, ist die Nutzung der Fülle an Kundeninformationen. Dies erfordert nicht nur umfangreiche Maßnahmen an den IT-Systemen in der gesamten Organisation, sondern vor allem **qualifizierte Mitarbeiter**, die effizient und nutzenstiftend Daten analysieren und hieraus geeignete Marketingmaßnahmen entwickeln können. Je mehr wir mit den uns zur Verfügung stehenden Daten arbeiten, desto mehr erkennen wir, wie wenig wir diese tatsächlich nutzen und wie viel ungenutztes Potenzial noch in diesen Daten steckt. Diese Problematik ähnelt einem Eisberg, weil man weiß, dass noch ein Großteil an Informationen bzw. deren Aussagekraft sich unter der Wasserlinie befindet. TESCO befindet sich – trotz der eben dargestellten vielfältigen Aktivitäten – eigentlich immer noch auf der Spitze des Eisbergs.

### 2.3 Ergebnisse seit der Einführung der Clubcard

Die Zahl der Karteninhaber ist seit der Einführung ständig gewachsen, so dass sich die Kundenkarte mit über 13 Mio. aktiven Clubcard-Kunden inzwischen zum wohl größten und komplexesten Kundenbindungsprogramm in Großbritannien entwickelt hat. Das Wort „aktiv" bedeutet, dass es sich dabei um Kunden handelt, die regelmäßig in TESCO-Läden einkaufen. Es gibt also mehr als 13 Mio. Personen, die ein Antragsformular ausgefüllt haben. Mit 13 Mio. aktiven Käufern verfügt TESCO über eine gewaltige Kundenbasis: Mehr als jeder 3. Haushalt in Großbritannien besitzt die Clubcard. Es wurden Gutscheine und Belohnungsgutscheine im Gegenwert von über 250 Mio. Pfund an die Clubcard-Kunden verteilt. Dies ist zweifellos eine immense Summe. Aber es zeigt sich, dass die Kunden die Gutscheine nicht nur als Rabatt, sondern – bei richtiger Kommunikation – auch als eine Belohnung für das Einkaufen bei TESCO sehen. Sie fühlen sich anerkannt und tendieren dazu, die Gutscheine zum Kauf zusätzlicher Artikel zu benutzen. In dieser Weise führt das Geld, das über die Clubcard an die Kunden gegeben wird, zu einer **Steigerung der Umsätze**.

Mit der Einführung der Kundenkarte konnte TESCO letztendlich seine Marktposition in Großbritannien sichern und seinen härtesten Konkurrenten Sainsbury (Marktanteil 17,7 %) weit hinter sich lassen. Mit dem zielgerichteteren Einsatz der Kundenkarte gelang es TESCO zudem, **Einsparungen beim Werbebudget** in Höhe von rund 300 Mio. Pfund zu verzeichnen (vgl. o.V. 2003). Durch die dank der EDV zeitnah zur Verfügung stehenden, detaillierten Informationen wurde das Kartensystem gleichzeitig zu einem der komplexesten Kundenkommunikationsprogramme in Europa ausgebaut.

Insgesamt ist die TESCO Clubcard ein großer Erfolg. Bei der Einführung eines derartigen Programms sollten jedoch folgende 3 Punkte beachtet werden:

- Ein Loyalitätsprogramm kann nur auf einer intakten Basis wirksam werden. Dies bedeutet, dass vor der Einführung eines solchen Programms keine Defizite bei den anderen Marketinginstrumenten existieren sollten. TESCO hat in den Jahren vor der Einführung der Clubcard intensiv daran gearbeitet, seinen Kunden das zu bieten, was sie erwarten, also eine sehr gute Basisleistung. Die

Clubcard ist das Sahnehäubchen, also der Katalysator, um den Marktanteil vergrößern zu können. Das Programm konnte jedoch nur auf der Basis der vorher erfolgten Verbesserungen im gesamten Marketing-Mix funktionieren. Man kann ein Loyalitätsprogramm nicht benutzen, um andere Probleme des Geschäfts zu überdecken.
- Es war von großem Vorteil, als 1. ein Loyalitätsprogramm einzuführen. Nur der Pionier kann mit Hilfe der bereits verfügbaren Kundeninformationen und auf der Basis der gesammelten Erfahrungen gezielt auf den Markteintritt der Nachfolger reagieren.
- Das Loyalitätsprogramm sollte die zentrale Marketingstrategie des Unternehmens darstellen. Nur die konsequente Ausrichtung des gesamten Unternehmens auf das Programm erlaubt die Realisierung seiner potenziellen Vorteile. Die halbherzige Einführung eines solchen Programms kann nicht erfolgreich sein. Das zentrale Ziel ist die emotionale Kundenbindung. Die kommunizierte Wertschätzung des Kunden muss glaubwürdig dargestellt werden. Ein Loyalitätsprogramm wie die TESCO-Clubcard erfordert eine optimale Organisation und hohe Investitionen, die sich nur auszahlen, wenn das Loyalitätsprogramm im Zentrum aller Marketingbemühungen steht.

## 3 TESCO.com

Seit 1994 treibt TESCO den Verkauf seiner Produkte auch im Internet voran. Doch erst im Jahr 2000 gelang durch TESCO.com der entscheidende Schritt für eine konsequente Realisierung des Online-Marktes.

Von Anfang an konnten – in Form einer **theoretischen Erreichbarkeit** nach definierten Standards – über TESCO.com 95% der britischen Bevölkerung beliefert werden. Im Geschäftsjahr 2005 konnte dieser Wert auf 98% gesteigert werden.

Mit mehr als 250.000 wöchentlichen Bestellungen und einem Jahresumsatz von 1,77 Mrd. Euro im Geschäftsjahr 2006 ist TESCO.com äußerst erfolgreich. Diese Zahlen spiegeln sich auch im Marktanteil wider, während TESCO im Offline-Segment über einen Anteil von ca. 31% am britischen Lebensmittelmarkt verfügt, sind es im Online-Segment ca. 66%. Somit ist TESCO.com nach Amazon der erfolgreichste Einzelhändler in Europa.

Die folgende Abbildung 3 soll verdeutlichen, welche Probleme entstehen können bei dem Ziel, Lebensmittel per Internet an den Konsumenten zu verkaufen, und wie Lösungen für solche Probleme aussehen. Der schwierige Verkauf von **Look-and-Feel-Produkten** über Online-Kanäle kann nur durch das Vertrauenspotenzial starker Marken kompensiert werden.

Durch den Einstieg von TESCO in den Online-Markt, ergaben sich auch neue Fragen für die interne Organisation bzw. den Ablauf des Vertriebs. Ist es möglich mehrere Verkaufskanäle nebeneinander existieren zu lassen, ohne dass sich **Kannibalisierungseffekte** einstellen? Wie sehen die Einkaufsgewohnheiten von Neukunden im Internet aus? Ist das Bestellvolumen, das TESCO.com generiert, mit den bisherigen Vertriebsstrukturen zu bewältigen? Wichtige Antworten auf diese Fragen liefert das Kundenkartenprogramm von TESCO, welches das individuelle Einkaufsverhalten sowie die Gewohnheiten der Offline-Kunden bereits seit Jahren charakterisiert.

**Hypothese: Transport von Look-and-Feel-Eigenschaften ist nur auf klassischem Distributionsweg möglich**

› Großes Angebot, aber schleppender Anstieg der Nachfrage
➔ „Ich koche gern und da möchte ich mir die Zutaten vorher genau anschauen"

**Hypothese: Unternehmensimage bzw. Marke beeinflusst die Akzeptanz des Angebots**

› Gute Erfahrungen schaffen Vertrauen, die Beziehungsaufbau ermöglichen
➔ „Wenn ich Markenartikel kaufe [...], brauche ich sie nicht anzufassen, da vertraue ich auf die Markenqualität"

▶ Mangelnde Vermittelbarkeit von Look-and-Feel-Eigenschaften ist im Online-Lebensmittelhandel kritisch, kann aber durch starke Marken bzw. gutes Unternehmensimage kompensiert werden

Quelle: Engelken 2002

**Abb. 3:** Hürde und Lösung im Online-Verkauf von Lebensmitteln

Abbildung 4 beschreibt die gewonnenen Erkenntnisse aus der **Multi-Channel-Strategie** von TESCO. Eine wichtige Erkenntnis, die TESCO aus dem Kundenkartenprogramm in Verbindung mit dem Internetauftritt gewinnen konnte, war die Tatsache, dass das Einkaufsverhalten der Offline-Kunden in bestimmten Grenzen (Umsatz, Preissensibilität usw.) auf Neukunden im Online-Segment übertragbar ist. Gleichzeitig war aber auch festzustellen, dass Neukunden, die über das Internet Lebensmittel bestellen, teilweise keine festen Präferenzen besitzen, sondern öfter neue Anbieter und Produkte ausprobieren.

TESCO's Erfolg im Internet lässt sich mit folgenden Faktoren am besten beschreiben:

- Der **First Mover-Advantage**, kombiniert mit der großen Durchschlagskraft, bewirkte, dass kleinere Mitkonkurrenten von TESCO sich aus diesen Märkten zurückzogen.
- Das große **Verkaufsstellennetz**, das bereits weite Teile Großbritanniens abdeckt, ermöglicht die Belieferung aus Filialen heraus. Der Transfer von Markenbekanntheit und dem jahrelangen Kundenvertrauen vom stationären zum Online-Geschäft konnte vollzogen werden.
- Die **Produktpreise im Internet** entsprechen denen in den Shops. Durch effiziente Einbindung der vorhandenen Verkaufsstellen kann der Transport zu ge-

ringen Kosten erfolgen. TESCO.com verlangt – je nach Dringlichkeit – umgerechnet zwischen 5,97 Euro und 8,69 Euro pro Lieferung (vgl. Naumann o.J.).
- Durch die **Kundenkarte**, die online und offline eingesetzt wird, bekommt TESCO viele Informationen, mit denen das Angebot verbessert werden kann.

*Hypothese: Durch die Multi-Channel-Strategie von TESCO besteht die Gefahr, dass sich die einzelnen Kanäle untereinander kannibalisieren*

➢ **Kundenkarten bereits 1993 erfolgreich in den TESCO-Shops eingeführt**
➜ Weitreichende Erkenntnisse über individuelles Kundenverhalten

*Multi-Channel-Ergebnisse*

➢ Rund die Hälfte der Internetkunden von TESCO sind Neukunden
➢ Online-Kunden kaufen mehr von ihren regulären Produkten
➢ Online-Kunden probieren eher etwas Neues aus
➢ Kunden die online und offline einkaufen, geben im Schnitt mehr aus, als solche die nur offline einkaufen

▶ Da durch den Einsatz mehrerer Verkaufskanäle der Unternehmenserfolg gesteigert wird, sind Kannibalisierungseffekte zwischen den Kanälen unproblematisch

Quelle: www.BCG.com 2002; www.nzz.ch 2002; www.competence-site.de 2002

**Abb. 4:** Erfolgreiche Multi-Channel-Strategie bei TESCO

Fasst man diese Erfolgsfaktoren zusammen, kann man sagen, dass besonders der bekannte Name und die weite Verbreitung TESCO die Möglichkeit geben, im Internet erfolgreich zu sein.

TESCO.com zählt inzwischen 1,25 Mio. registrierte Kunden und erzielte im 1. Halbjahr 2005/ 2006 einen Online-Umsatz von ca. 400 Mio. Pfund. Dies entspricht einer Steigerung um 31% im Vergleich zum Vorjahr (vgl. Naumann o.J.). 300 der über 730 TESCO-Geschäfte im ganzen Königreich organisieren die Auslieferung. Jede dieser Niederlassungen nimmt Fahrzeiten von bis zu 25 Minuten in Kauf, um ein Zeitfenster von 2 Stunden für die Belieferung sowie die Frische der Ware zu garantieren. 7.000 Fahrer und TESCO-Mitarbeiter, die wie gewöhnliche Kunden ihre Einkaufswagen durch die Gänge schieben und Waren für die Internetkunden zusammenstellen, hat TESCO in Großbritannien im Einsatz. Weitere 55 Mitarbeiter kümmern sich um die Webseite, die ähnlich einem Portal Nachrichten, Horoskope und Wetterinformationen bietet.

Die Bruttogewinnmarge kann dabei um bis zu 10% höher liegen als im herkömmlichen Geschäft, denn der Internet-Ertrag wird nicht durch den gewinnschwachen Benzinverkauf reduziert, wie bei vielen TESCO-Niederlassungen üblich, und die Waren enthalten einen höheren Anteil von Frischwaren. Für die Zukunft plant TESCO.com auch Non-Food-Artikel wie Wein, Blumen, Bücher und Haushaltszubehör in das Angebot aufzunehmen. Die typischen Internetkunden sind Personen mit überdurchschnittlichem Einkommen.

Eine Studie belegt, dass britische Käufer das Internet für den Lebensmittelkauf mehr nutzen als Konsumenten in jedem anderen Land, einschließlich der USA, wo das Konzept entwickelt wurde. In Großbritannien wurden im Jahr 2000 Lebensmittel im Wert von 570 Mio. Euro online verkauft (vgl. Rasch/ Lintner 2001). TESCO entwickelt sich in Richtung von ca. 70% Marktanteil und ist somit führender Online-Lebensmittelhändler.

Der wichtige Erfolgsfaktor von TESCO.com ist die **nahtlose Verknüpfung des virtuellen mit dem stationären Geschäft**. Die Online-Verkäufe sind Teil der Umsätze der einzelnen Stores. Die Internetbestellungen werden nämlich nicht – wie beim Konkurrenten Sainsbury – zentral in einem Lager kommissioniert, sondern in den stationären Filialen. Die 7 Grundpfeiler von TESCO.com sind auf der Basis dieser Ausführungen:

- Unterstützung durch die TESCO-Führungsriege
- Keine Angst vor Kannibalisierungseffekten
- Kommissionierung in den Filialen
- Minimierung der Fehllieferungen durch Kommissionierungs-Scanner
- Ausgefeiltes Warenwirtschaftssystem
- Schnell und konsequent verbreiteter Online-Auftritt
- Imagebonus bei den Briten

# 4 Literatur

*Engelken, E. (2002):* Maus klicken statt Schlange stehen, in: Handelsblatt, Nr. 13, vom 18.01.2002, S. k02.

*Leendertse, J. (2007):* Was der Kunde will, ist dem Handel egal, in: Handelsblatt vom 31.08./1./2.09.2007, Nr. 168, S. 3.

*Naumann, S. (o.J.):* Die Frischtheke im Netz – Ohne stationäre Ladengeschäfte geht im Online-Lebensmittelhandel gar nichts, Abfrage vom 16.11.2007 unter http://www.internetworld.de/Die-Frischtheke-im-Netz.120.0.html?viewfolder=060406&viewfile=07_25_01_trends.

*o.V. (2003):* Supermarktriese kennt seine Kunden persönlich, Abfrage vom 16.11.2007 unter http://www.crm-expo.com/www5/dokumente/userstories/Tesco.pdf.

*o.V. (2007):* Tesco startet in den USA, Abfrage vom 16.11.2007 unter http://www.lz-net.de/archiv/lznet/pages/find.prl?params=keyword%3D%26all%3D%26type%3D%26where%3D%26suchid%3D394219%26quelle%3D1%26laufzeit%3D&currPage=1.

*Rasch, S./ Lintner, A. (2001):* The multichannel consumer – The need to integrate online and offline channels in Europe, Abfrage vom 16.11.2007 unter http://www.bcg.com/publications/files/MultichannelConsumer_Summary.pdf.

*Schaudwet, C. (2005):* Wie frisches Obst, in: Wirtschaftswoche, Nr. 15, vom 07.04.2005, S. 66-69.

# Wirkung der Payback-Karte auf die Bindung und Loyalität der Kunden von Drogerieprodukten – Ergebnisse einer empirischen Analyse

– Lässt sich durch den Einsatz von Kundenkarten nachweislich die Bindung und Loyalität von Konsumenten erhöhen? –

Nadine-M. Kracht, Swen Günther, Armin Töpfer

Inhalt

| | | |
|---|---|---|
| 1 | Kundenkartenprogramme im deutschen Einzelhandel – Einsatzmöglichkeiten und Wirkungen | 719 |
| 1.1 | Der Wegfall des Rabattgesetzes und seine Folgen für den deutschen Einzelhandel | 720 |
| 1.2 | Einordnung der Payback-Karte und der dm drogerie märkte als Verbundpartner | 722 |
| 2 | Wirkung kundenbindender Aktivitäten auf die Kundenloyalität – Modellbildung und Hypothesenableitung | 724 |
| 2.1 | Bindungszustände als Basis der Konzeptualisierung von Kundenbindung und -loyalität | 724 |
| 2.2 | Wirkung der Kundenkarte auf die Loyalität unter Berücksichtigung der Bindungszustände | 726 |
| 3 | Empirische Studie zum Einsatz der Payback-Karte als Kundenbindungsinstrument in dm drogerie märkten | 727 |
| 3.1 | Untersuchungsgegenstand und -vorgehen | 728 |
| 3.2 | Wesentliche Untersuchungsergebnisse | 729 |
| 3.3 | Implikationen für den Kundenkarteneinsatz | 732 |
| 4 | Literatur | 735 |

## 1 Kundenkartenprogramme im deutschen Einzelhandel – Einsatzmöglichkeiten und Wirkungen

Im Einzelhandel kommt es seit längerer Zeit zum verstärkten Einsatz von Kundenbindungsinstrumenten, wie z.B. Kundenkarte, -klub oder -zeitschrift. Sie alle haben zum Ziel, die Wettbewerbssituation der Unternehmen zu verbessern, und zwar durch eine stärkere Kundenbindung aufgrund einer höheren Kundenloyalität. Ob jedoch der Einsatz solcher Maßnahmen immer zum gewünschten Ergebnis führt, ist im Einzelfall zu prüfen. Denn aus verschiedenen empirischen Studien geht hervor, dass annähernd die Hälfte der existierenden Kundenklubs die gesetzten Unternehmensziele hinsichtlich mehr Wachstum, Gewinn und Rentabilität teilweise bzw. überhaupt nicht erreicht hat (vgl. Holz/ Tomczak 1996, S. 30).

## 1.1 Der Wegfall des Rabattgesetzes und seine Folgen für den deutschen Einzelhandel

Mit dem **Wegfall des Rabattgesetzes** und der **Zugabenverordnung** als Bestandteile des deutschen Wettbewerbsrechts im Sommer 2001 veränderten sich auch die Rahmenbedingungen für die strategische Kundenbindung von Unternehmen. Bis zur Aufhebung galt z.B. eine Rabattbeschränkung bis 3% des Warenwertes. Ebenso durften Zugaben von weiteren Waren bzw. (Dienst-)Leistungen den Wert der gekauften Ware nicht übersteigen (vgl. ACNielsen 2001). Seit der Lockerung des Wettbewerbsrechts hat sich die Kundenkarte als eines der beliebtesten und am weitesten verbreiteten Instrumente zur Ansprache und Bindung der Konsumenten etabliert.

Inzwischen existieren mehr als 400 Kundenkartenprogramme im deutschen Handel, mit steigender Tendenz. Obgleich diese Zahl recht hoch erscheint, belegt Deutschland mit ca. 70 Mio. Karten im internationalen Vergleich jedoch nur einen der hinteren Plätze. Bereits für das Jahr 2007 prognostizierte die Unternehmensberatung Roland Berger, dass der Verbreitungsgrad von Kundenkarten in Deutschland auf über 100 Mio. steigt.

Für den Handel besitzen Kartenprogramme 2 **Schlüsselfunktionen** (vgl. o.V. 2003, S. 96 ff.):

- Einerseits sollte eine Kundenkarte in der Lage sein, die bisherigen Kunden zu halten bzw. zu binden und neue hinzuzugewinnen.
- Andererseits sollen Kundenkarten-Besitzer einen noch größeren Teil ihres Bedarfs beim betreffenden Unternehmen decken.

Vor diesem Hintergrund wurden im Jahr 2002 vom Euro Handelsinstitut (EHI) Köln insgesamt 37 europäische Handelsunternehmen, und zwar auch im Drogeriemarkt, hinsichtlich ihrer Ziele und ihres Erfolgs mit Kundenkarten befragt (vgl. hierzu und im Folgenden Schäfer 2002, S. 50). Die Ergebnisse der Studie zeigen, dass fast jedes der befragten deutschen Unternehmen mit dem Einsatz einer Kundenkarte eine Erhöhung der Kundentreue/ -loyalität erreichen möchte. Mehr als die Hälfte sehen das Kundenbindungsinstrument sogar als Mittel zum Aufbau eines Dialog-Marketings.

Daneben gibt es eine Reihe von untergeordneten Zielen, wie z.B. das Erreichen eines optimalen Kundenservice und die Gewinnung von neuen Kunden. Stellt man die tatsächlich erreichten Ergebnisse den ursprünglichen Zielen gegenüber, dann zeigt sich eine deutliche Diskrepanz zwischen Erwartungen und Wirklichkeit beim Einsatz von Bonusprogrammen. Abbildung 1 spiegelt die Situation des Einsatzes von Kundenkarten im deutschen Einzelhandel wider.

In der Realität bedeutet dies, dass sowohl aus Unternehmens- als auch aus Kundensicht der allgemeinen Begeisterung über Prämien und Prozente eine zunehmende Ernüchterung gewichen ist. So klagen die Handelskonzerne einerseits über weiter sinkende Gewinnspannen und unüberschaubare Zusatzkosten. (Allein die Verwaltungskosten werden jährlich auf bis zu 35 Euro pro Kunde geschätzt.) Andererseits verlieren immer mehr Verbraucher den Überblick im „Kartenwald" und sind enttäuscht von z.T. sehr geringen Preisnachlässen.

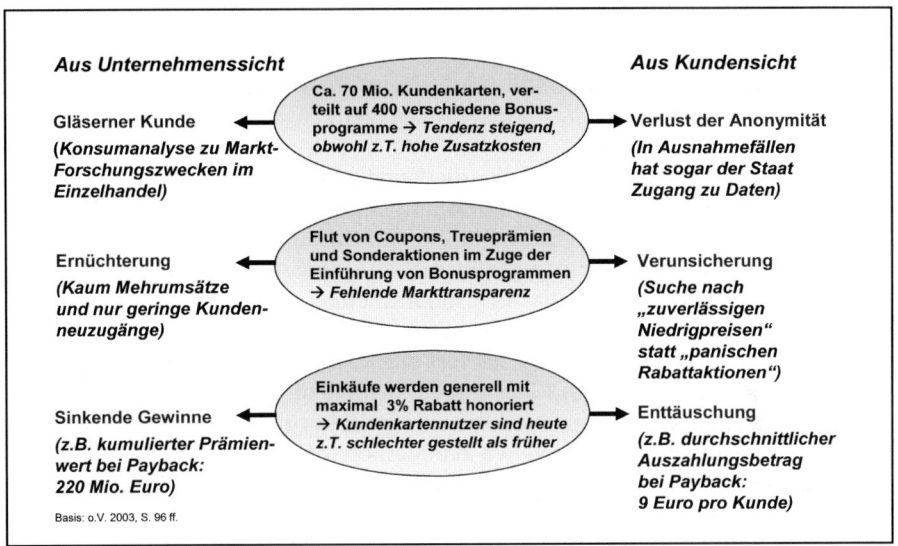

**Abb. 1:** Situation des Einsatzes von Kundenkarten im deutschen Einzelhandel

Bei der Kartenorganisation Loyalty Partner (Payback) hat sich beispielsweise bis Ende 2003 ein Prämienwert von 220 Mio. Euro angesammelt; bei 24,5 Mio. ausgegebenen Karten sind das im Durchschnitt aber nur 8,98 Euro pro Kartenbesitzer. Nach Expertenmeinung sind deshalb „eifrige Kartennutzer", so genannte Kundenkartenfans, heute schlechter gestellt als früher. Dies liegt auch darin begründet, dass vor dem Fall des Rabattgesetzes bei größeren Anschaffungen individuelle Preisnachlässe mit dem Einzelhändler ausgehandelt werden konnten. Im Hinblick auf den Datenschutz geben Verbraucherschützer zu bedenken, dass durch den Einsatz von Kundenkarten für Marktforschungszwecke immer mehr Verbraucher den Status eines „gläsernen Kunden" erreichen (vgl. o.V. 2003, S. 96 ff.).

Insgesamt lässt sich festhalten, dass der Erfolg einer Kundenkarte insbesondere von der Bereitschaft des Inhabers abhängt, diese auch tatsächlich einzusetzen. Vor diesem Hintergrund ist die „Flut" von kartenbezogenen Coupons, Treueprämien und Sonderaktionen von Unternehmen eher hinderlich als förderlich. Aus Sicht des Kölner Marktforschungsinstituts ifm gilt das Fehlen transparenter Marktverhältnisse mittlerweile als wichtigster „Störfaktor" bei der Nutzung von Kundenkarten. Nach Auffassung der an der EHI-Studie beteiligten Unternehmen kann die Nutzungshäufigkeit nur positiv beeinflusst werden, indem die Karte dem Inhaber einen spürbaren und emotionalen Zusatznutzen liefert. Diese **Unique Customer Value Proposition** (UCVP) als einzigartiger Wertvorteil für den Kunden (vgl.

Töpfer 2007, S. 563 ff.) lässt sich z.B. über personalisierte Kundenkarten realisieren. Damit lassen sich unter anderem spezielle Services und Leistungen direkt auf die Bedürfnisse des Kunden abstimmen. Außerdem besteht hierdurch die Möglichkeit, den Konsumenten – neben den zu erwartenden Kernleistungen – mit weiteren Angeboten zu „überraschen".

## 1.2 Einordnung der Payback-Karte beim Verbundpartner im Drogeriemarkt

Aus Sicht der Konsumenten erscheint die Kundenkarte besonders attraktiv, wenn sie einen wahrnehmbaren Zusatznutzen auf rationaler, d.h. ökonomischer, aber auch auf emotionaler Ebene bietet. Für ein einzelnes Unternehmen, dessen Kunden ein niedriges Involvement gegenüber den angebotenen Produkten aufweisen, ist es jedoch schwierig, ohne hohe Investitionen einen emotionalen Mehrwert, z.B. Freude über nicht erwartete Zusatzleistungen, zu schaffen.

Aus diesem Grund werden hier zumeist nur Rabatt- bzw. Bonussysteme eingesetzt, die einen ökonomischen Mehrwert für den Kunden darstellen und damit rationale Überlegungen in den Vordergrund stellen (vgl. Kaapke 2001, S. 180). Nachteile von **unternehmenseigenen Kundenkarten** ergeben sich vor allem aus Kostengesichtspunkten, da alle entstehenden Kosten, z.B. für die Bewerbung der Karte oder die Betreuung der Kundendaten, zu Lasten des Kartenherausgebers gehen. Hinzu kommt, dass reine Rabattsysteme durch die Konkurrenz leicht zu imitieren sind und sich ein Unternehmen darüber nicht mehr profilieren kann. Vor diesem Hintergrund verbinden sich mit Kundenkarten gleich mehrere Funktionen (siehe Abb. 2):

| Funktion<br>Kundenkarte | Zahlungs-funktion | Treue-funktion | Ausweis-funktion | Bonus-funktion | Rabatt-funktion |
|---|---|---|---|---|---|
| Adler Modemarkt | | | | ✓ | ✓ |
| AWG | | | | ✓ | ✓ |
| Bertelsmann | (✓) | ✓ | ✓ | | |
| Douglas | ✓ | | ✓ | | |
| Esprit | | | | ✓ | |
| HappyDigits | ✓ | | | ✓ | |
| Ikea Family | (✓) | | ✓ | | ✓ |
| Payback | (✓) | | | ✓ | |
| SinnLeffers | | | | ✓ | |

*Legende:* (✓) Zahlungsfunktion auf Wunsch  ✓ Funktion immer vorhanden

**Abb. 2:** Funktionen ausgewählter Kundenkarten im deutschen Einzelhandel

- Zahlungsfunktion ermöglicht dem Karteninhaber, seinen Einkauf mit der Kundenkarte via EC-Kartenprinzip und damit bargeldlos zu bezahlen
- Treuefunktion führt zur „Belohnung" des Karteninhabers in Abhängigkeit von der Dauer der Geschäftsbeziehung und der Höhe der realisierten Umsätze
- Ausweisfunktion berechtigt den Inhaber, bestimmte Leistungen bzw. Angebote des kartenherausgebenden Unternehmens in Anspruch zu nehmen
- Bonusfunktion weckt die „Sammelleidenschaft" der Kunden, vergütet den Wert eines jeden Einkaufs mit Punkten, nach Erreichen eines bestimmten Punktelimits erhält der Karteninhaber attraktive Prämien, Preise oder Bargeld
- Rabattfunktion bietet dem Karteninhaber die Möglichkeit, beim Erwerb von Produkten einen sofortigen Rabatt vom jeweiligen Unternehmen zu erhalten

Im Gegensatz zu unternehmenseigenen Bonussystemen kooperieren bei **unternehmensübergreifenden Karten** mehrere Unternehmen miteinander. Im deutschlandweiten Handel zählen derzeit nur 2 Programme, Payback und HappyDigits, zu dieser Kategorie. Der Vorteil eines solchen Verbundprogramms liegt einerseits darin, dass dem Kunden zusätzliche branchenübergreifende Serviceangebote unterbreitet werden können. Andererseits lässt sich die Attraktivität des Bonussystems durch die Teilnahme mehrerer Unternehmen dadurch steigern, dass der Karteninhaber schneller die geforderte Mindestpunktzahl (z.B. Payback: 1.500 Punkte) erreichen und einlösen kann. Die entstehenden Kosten für Prämien und Rabattaktionen teilen sich zudem zwischen den Unternehmen auf.

Die Markteinführung der Payback-Karte als unternehmensübergreifendes Bonussystem erfolgte im März 2000 durch die Betreiberunternehmen Metro und Miles & More. Heute gehört sie mit ca. 20 Mio. Inhabern zu einem der größten unternehmensübergreifenden Bonussysteme in Deutschland. Neben dem dm drogerie markt, der das Payback-System im Oktober 2000 eingeführt hat, schlossen sich in der Vergangenheit Unternehmen wie AOL, Apollo Optik, Obi, Palmers, Real und Sportarena dem Kartenprogramm an. Beim Vorlegen der Payback-Karte wird jeder Einkauf in Punkte umgerechnet und gespeichert. Dabei legt jedes Unternehmen selbst fest, wie viel Umsatz einem Payback-Punkt entspricht.[1] Seit kurzem wird die Payback-Kundenkarte auf Wunsch auch als Kreditkarte mit kostenpflichtiger Visa-Funktion angeboten. Das Bezahlen mit der Payback-Kreditkarte wird so weltweit mit Punkten (4 Euro = 1 Punkt) belohnt.

Die dm drogerie markt-Kette ist ein wichtiger Verbundpartner des Payback-Kartensystems in Europa. Die erste Filiale eröffnete 1973 in Karlsruhe. Mittlerweile ist sie mit 936 Filialen in Deutschland vertreten und gehört zu den führenden Unternehmen ihrer Branche in Mitteleuropa. In insgesamt 1.849 Filialen, verteilt auf 8 europäische Länder, sind mittlerweile 27.054 Mitarbeiter beschäftigt (Stand: 30.09.2007). Der Umsatz im Geschäftsjahr 2006/ 07 betrug 4.150 Mio. Euro. Ziel von dm drogerie markt ist es, ein attraktives Angebot an

---

[1] Der dm drogerie markt schreibt beispielsweise für jeden umgesetzten Euro einen Punkt gut. Ab mindestens 1.000 Punkten erhält der Karteninhaber eine Auszahlung in bar (1 Punkt = 1 Cent) oder eine Umwandlung in Sachprämien. Ab mindestens 200 Punkte erhalten Karteninhaber am dm-Service-Punkt Wertschecks in entsprechender Höhe.

Drogeriewaren anzubieten, das den Kunden rundum zufrieden stellt. Ein weiterer dm-Kundengrundsatz besagt: „Wir wollen uns beim Konsumenten – dem Wettbewerb gegenüber – mit allen geeigneten Marketinginstrumenten profilieren, um eine bewusst einkaufende Stammkundschaft zu gewinnen, deren Bedürfnisse wir mit unserem Waren-, Produkt- und Dienstleistungsangebot veredeln."

## 2  Wirkung kundenbindender Aktivitäten auf die Kundenloyalität – Modellbildung und Hypothesenableitung

Für den Anbieter von Produkten und/ oder Dienstleistungen sind die Erkenntnisse über den Bindungszustand des Kunden, also emotionale Verbundenheit oder eher rationale Gebundenheit, zur Entwicklung und Ausrichtung seiner Marketingstrategien von maßgeblicher Bedeutung. Für eine empirische Überprüfung spielt dabei die modellbasierte Analyse des Zusammenhanges zwischen der Einstellung, der Verhaltensabsicht und dem tatsächlichen Verhalten des Kunden.

### 2.1  Bindungszustände als Basis der Konzeptualisierung von Kundenbindung und -loyalität

Der Untersuchung der kundenbindenden Wirkung von Kundenbindungsinstrumenten, z.B. Kundenkarten, wird häufig das **bivariate Kundenbindungsmodell** von Eggert (1999) zu Grunde gelegt. Hierauf ist in dem Artikel über die Ursachen-Wirkungs-Konzepte der Kundenbindung im 1. Kapitel dieses Buches bereits eingegangen worden. Es basiert auf der verhaltenswissenschaftlichen Einstellungstheorie von Fishbein/ Ajzen (1975), insbesondere der Theorie des überlegten Handelns sowie der Theorie des geplanten Verhaltens. Nach diesen umfasst das Einstellungskonstrukt 3 Dimensionen (affektiv, kognitiv und normativ), welche in subsumierter Form die Grundlage für die Konzeptualisierung von Kundenbindung anhand von 2 generischen Bindungszuständen bildet:

- Der aus affektiven und normativen Motiven (z.B. Sympathie gegenüber dem Anbieter) gebildete Faktor Verbundenheit des Kunden zum Anbieter charakterisiert eine Bindung, die der Kunde freiwillig aufgrund von Vertrauen, Zufriedenheit und Commitment eingeht. Diese 3 Faktoren tragen zur Bildung der Einstellung bei und besitzen somit einen indirekten Einfluss auf loyales Verhalten.
- Der 2. extrahierte Faktor, der aus kognitiven Bindungsmotiven die Gebundenheit des Kunden beschreibt, führt zu einer Geschäftsbeziehung aus rationalen Gründen und folglich z.T. auf unfreiwilliger Basis. Das Gefühl von Gebundenheit tritt insbesondere dann auf, wenn der Kunde keinen weiteren Anbieter in seinem näheren Umfeld hat oder die Inanspruchnahme einer besseren Alternative durch mangelnde eigene Ressourcen, z.B. Zeit, behindert wird.

Für den Anbieter sind die Erkenntnisse über den Bindungszustand des Kunden zur Entwicklung und Ausrichtung von Marketingstrategien von maßgeblicher Bedeutung (vgl. z.B. Eggert 2000, S. 122). Voraussetzung hierfür ist, dass aus den generischen Bindungszuständen das konkrete Verhalten des Kunden in der Geschäftsbeziehung abgeleitet werden kann und beide Zustände in ihrer Wirkung auf das Verhalten unterscheidbar sind. Die Verbundenheit, welche konzeptionell zum größten Teil aus der affektiven Einstellung zur Geschäftsbeziehung resultiert, beschreibt demnach einen positiven Zustand des Kunden. In kausalanalytischen Studien konnte bestätigt werden, dass die Verbundenheit ebenfalls einen positiven Einfluss auf das Verhalten ausübt. Der Faktor Gebundenheit wird entsprechend dem affektiven Bindungsmotiv eher negativ empfunden. Seine Wirkung auf das Verhalten ist nach empirischer Überprüfung ebenfalls negativ (vgl. Wiemann/ Giles 1996, S. 346).

Abbildung 3 zeigt das Analysemodell zum Einfluss der Kundenkarte als Bindungsinstrument auf Kundenbindung/ -loyalität auf der Basis des Kundenbindungsmodells von Eggert. Wie leicht nachvollziehbar ist, werden die Konstrukte Kundenbindung und Kundenloyalität getrennt voneinander behandelt und operationalisiert. Die Kundenbindung aus nachfragerorientierter Sicht lässt sich als komplexer innerer Zustand des Kunden, also als psychisches Konstrukt, definieren. Die Kundenloyalität ist dagegen mehr verhaltensorientiert und wird über Variablen des tatsächlichen Verhaltens (Wiederkauf, Weiterempfehlung, Zusatzkauf) und der Verhaltensabsicht (Wiederkaufabsicht, Weiterempfehlungsabsicht, Zusatzkaufabsicht, Intensivierungsabsicht) definiert und operationalisiert.

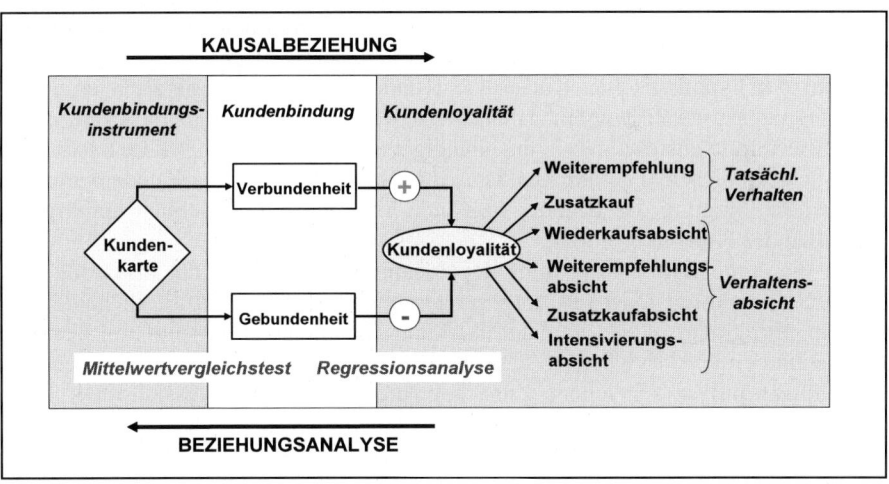

**Abb. 3:** Analysemodell zum Einfluss der Kundenkarte als Bindungsinstrument auf Kundenbindung/ -loyalität auf der Basis des Kundenbindungsmodells von Eggert

Für die Entwicklung und Auswertung eines Fragebogens auf der Basis des Kundenbindungsmodells von Eggert ist es wichtig, die Begriffe Kundenbindung und Kundenloyalität eindeutig abzugrenzen und separat zu messen. Während „wahres" loyales Verhalten aus einer positiven Einstellung des Kunden zum Anbieter (Payback, dm drogerie markt) resultiert, kann Kundenbindung sowohl auf positiver als auch auf negativer Einstellung beruhen. Objektiv wie subjektiv wahrgenommene Wechselbarrieren, z.B. Garantie- und Serviceleistungen, können dabei eine negative Haltung des Kunden hervorrufen.

Weiterhin ist im Hinblick auf die Messung der Einstellung zu beachten, dass – nach dem bisherigen Erkenntnisstand – Einstellungen zu den nicht direkt beobachtbaren Zuständen eines Menschen gehören.[2]

Es ist jedoch möglich, **Einstellungen indirekt über Haltungen**, welche z.B. aus verbalem Verhalten (Meinungsäußerungen) resultieren können, zu erschließen. Die Einstellung als hypothetisches Konstrukt fungiert häufig als Variable zur Bestimmung von Zielgruppen. Um z.B. das gemeinsame/ gleichartige Verhalten zu erklären, werden Personen mit gleicher/ ähnlicher Einstellung zu einer Gruppe zusammengefasst.

## 2.2 Wirkung der Kundenkarte auf die Loyalität unter Berücksichtigung der Bindungszustände

Nach dem Analysemodell in Abbildung 3 können sich – entsprechend einer **Kausalbeziehung** – Inhaber wie auch Nichtinhaber der Payback-Karte in einem Zustand von Verbundenheit und/ oder Gebundenheit gegenüber der Einkaufsstätte befinden. Deshalb ist zunächst zu untersuchen, ob sich beide Gruppen innerhalb dieser Bindungszustände unterscheiden, um so die Wirkung der Payback-Karte auf die Kundenloyalität abzuleiten. Mit Hilfe einer Faktorenanalyse wurde die Struktur der hypothetischen Konstrukte Kundenbindung und -loyalität ermittelt. Die Bindungszustände wurden dann anhand einer Regressionsanalyse und eines Mittelwertvergleichstests für 2 unabhängige Stichproben auf Differenzierungen untersucht. In diesem Teil der Analyse wird also der Einfluss der Kundenkarte unter Berücksichtigung der Bindungszustände Ver- und Gebundenheit auf loyales Verhalten des Kunden ermittelt.

Für die empirische Überprüfung der Zusammenhänge, also die Erklärung eingetretener Wirkungen, ist ein entgegengesetztes Vorgehen erforderlich, d.h. es wird in retrograder Weise von der Wirkung (Kundenloyalität) auf die Ursache (kundenbindende Aktivitäten) geschlossen. In Abbildung 3 ist dieses Vorgehen als **Beziehungsanalyse** bezeichnet. Zunächst wird mit einer Regression untersucht, ob die generischen Bindungszustände der Kundenbindung aus Kundensicht einen Einfluss auf das Treueverhalten haben. In diesem Zusammenhang wird die Wirkungsrichtung (positiv oder negativ) der Verbundenheit und Gebundenheit auf die Loyalität des Kunden bestimmt. Auf Basis eines Mittelwertvergleichstests für 2

---

[2] Der Begriff der Einstellung wurde erstmals im Jahr 1918 in der sozialpsychologischen Literatur erwähnt (vgl. Stahlberg/ Frey 1996, S. 220). Bis heute hat er sich zum am besten erforschten Konstrukt des Konsumentenverhaltens entwickelt und ist heute zusammen mit der Forschung über Werte von zentraler Bedeutung.

unabhängige Stichproben ist im Anschluss zu analysieren, ob sich Kunden, die eine Kundenkarte besitzen (Kundenkarten-Besitzer), im Vergleich zu solchen, die keine Kundenkarte besitzen (Kundenkarten-Nichtbesitzer), hinsichtlich dieser beiden Bindungszustände signifikant unterscheiden. Die zuvor ermittelte Richtung des Einflusses der generischen Bindungszustände ermöglicht dabei, die Wirkung der Kundenkarte auf loyales Verhalten abzuschätzen.

Nach dem Wissenschaftsverständnis des **Kritischen Rationalismus** ist für jeden vermuteten Zusammenhang mit signifikanten Ergebnissen eine Arbeitshypothese (H) zu formulieren, welche die Forschungsabsicht zum Ausdruck bringt. Für die statistische Überprüfung wird eine Nullhypothese ($H_0$) aufgestellt, welche keinen signifikanten Unterschied unterstellt und dadurch die „Komplementärmenge" zur Arbeitshypothese beinhaltet. Mit den folgenden 2 Hypothesen wird von der Kundenloyalität auf die Kundenbindung geschlossen. Im Vordergrund steht der empirische Nachweis für die positive (negative) Wirkung der Verbundenheit (Gebundenheit) auf die Kundenloyalität des Befragten zur Einkaufsstätte:

H1a: Eine stärkere Verbundenheit des Kunden zur Einkaufsstätte beeinflusst sein loyales Verhalten positiv.

H1b: Eine stärkere Gebundenheit des Kunden zur Einkaufsstätte beeinflusst sein loyales Verhalten negativ.

Besteht eine positive Wirkung der Verbundenheit und/ oder negative Wirkung der Gebundenheit auf die Kundenloyalität, dann ist im 2. Schritt zu klären, welchen Einfluss der Besitz einer Kundenkarte auf die Kundenbindung hat. Für die empirische Analyse werden die folgenden Hypothesen zu Grunde gelegt:

H2a: Kundenkarten-Besitzer und -Nichtbesitzer unterscheiden sich in ihrer Verbundenheit zur Einkaufsstätte.

H2b: Kundenkarten-Besitzer und -Nichtbesitzer unterscheiden sich in ihrer Gebundenheit zur Einkaufsstätte.

Bei der empirischen Überprüfung der oben genannten Hypothesen ist zu berücksichtigen, dass sowohl die Kundenbindung als auch die Kundenloyalität nicht über ein einziges Item messbar sind. Beide hypothetischen Konstrukte lassen sich aber indirekt über mehrere Indikatorvariablen empirisch „erfassen" (vgl. Homburg/ Giering 1996, S. 6). Entsprechend der Studie von Eggert (1999) lässt sich Verbundenheit des Konsumenten zum Anbieter über affektive/ normative Items messen, während Gebundenheit mittels kognitiver Variablen zu erfassen ist. Auch die Loyalität des Kunden wird über ein Set von Items ermittelt, um das theoretische Konstrukt in geeigneter Weise zu operationalisieren.

## 3 Empirische Studie zum Einsatz der Payback-Karte als Kundenbindungsinstrument in dm drogerie märkten

Das Scheitern von Kundenkarten-Programmen liegt vor allem daran, dass die Strategien zur Kundenbindung eher aus Unternehmenssicht betrachtet werden und sich dabei die Kundengebundenheit häufig auf faktische Ursachen, wie z.B. situative, vertragliche, ökonomisch und/ oder technisch-funktionale Gegebenheiten, reduziert, anstatt diese „unfreiwillige Bindung" durch eine emotionale Verbundenheit zu ergänzen oder noch besser zu ersetzen.

### 3.1 Untersuchungsgegenstand und -vorgehen

In verschiedenen dm drogerie markt-Filialen im Stadtgebiet Dresden wurde im Mai 2003 – im Rahmen einer Diplomarbeit am Lehrstuhl Marketing – eine **Kundenbefragung** (mündlich/ standardisiert) durchgeführt, um den Einfluss der Kundenkarte (Payback) auf die Kundenloyalität ihres Inhabers zur Einkaufsstätte zu messen. Das Alter der Befragten bewegte sich zwischen 16 und 80 Jahren, wobei die Gruppen der 21-30-Jährigen sowie der 61-80-Jährigen überrepräsentiert waren. Der Anteil der männlichen Befragten lag bei unter 15%. Die Zusammensetzung der Stichprobe ist aus Abbildung 4 ersichtlich. Als verhaltensorientierte Kennzahlen konnten unmittelbar ermittelt werden, dass

- mehr als 75% der befragten dm drogerie markt-Kunden im Besitz einer Payback-Karte sind,
- jeder dm drogerie markt-Kunde in mindestens einem anderen Drogeriemarkt regelmäßig einkauft,
- ein dm drogerie markt-Kunde neben Payback im Durchschnitt 1,5 weitere Kundenkarten besitzt.

Im Weiteren wurden die Payback-Kartenbesitzer und -Nichtkartenbesitzer hinsichtlich ihrer Besuchshäufigkeit sowie ihres Anteils an Drogeriemitteln, den sie bei dm drogerie märkten monatlich decken, differenziert. Dabei ergab sich bezogen auf die Stichprobe von n = 103 folgendes Bild:

- Payback-Kartenbesitzer/ -Nichtbesitzer unterscheiden sich nicht in der Besuchshäufigkeit des Drogeriemarktes
- Payback-Kartenbesitzer decken im Mittel 62,5% ihres Drogeriemittelbedarfs bei dm drogerie märkten
- Payback-Nichtkartenbesitzer kaufen „nur" ca. 48,5% ihrer monatlichen Drogeriemittel bei dm drogerie märkten.

Neben der Einteilung bezüglich des Besitzes der Payback-Karte ließen sich die dm drogerie markt-Kunden zusätzlich nach ihrer generellen **Einstellung zu Kundenkarten** klassifizieren: Die klassische Einteilung in „Kundenkarten-Fans" und „Kundenkarten-Muffel" konnte dabei auch für dm-Kunden bestätigt werden. Die Cluster-Analyse zeigt, dass der Anteil der Kunden ohne Payback-Karte in der Gruppe der „Kundenkarten-Fans" um fast 50% niedriger ist als in der Gruppe der „Kundenkarten-Muffel". Daraus ergibt sich, dass das verbleibende „Marktpotenzial" der Payback-Karte in dm drogerie märkten zum Erhebungszeitpunkt bei ca. 18% der nicht-erreichten „Kundenkarten-Fans" liegt.

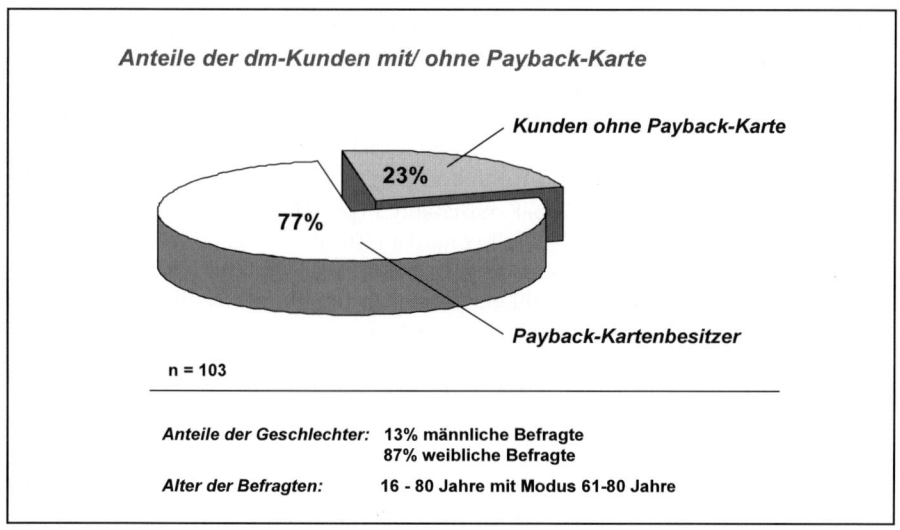

**Abb. 4:** Zusammensetzung der Stichprobe

## 3.2 Wesentliche Untersuchungsergebnisse

Entsprechend dem Analysemodell in Abbildung 3 wurde in 2 Schritten vorgegangen, wobei im 1. Schritt zunächst der Zusammenhang zwischen Kundenbindung und Kundenloyalität untersucht worden ist.

Das Ergebnis der Regressionsanalyse zwischen dem generischen Bindungszustand der **Verbundenheit** und der **Kundenloyalität** ist hochsignifikant (p = 0,000), weshalb die statistische Null-Hypothese abzulehnen ist und die formulierte Alternativhypothese H1a nicht falsifiziert und damit bestätigt bzw. vorläufig nicht abgelehnt wird. Dies bedeutet, dass die Verbundenheit des Kunden tatsächlich seine Loyalität zur Einkaufsstätte beeinflusst. In Abbildung 5 ist der positive Einfluss der Verbundenheit als emotionaler Bindungszustand auf die Kundenloyalität nachvollziehbar. Der angegebene Regressionskoeffizient ($\beta$ = 0,71) besagt, dass sich die Kundenloyalität um durchschnittlich 0,71 Einheiten erhöht, wenn die Verbundenheit um 1 Einheit gesteigert werden kann. Dieses statistische Ergebnis eignet sich jedoch nur bedingt für Prognosezwecke, da das Bestimmtheitsmaß $R^2$ im vorliegenden Fall nur 0,5 beträgt, d.h. bei den befragten Kunden erklärt die festgestellte Verbundenheit nur 50% der Gesamtvarianz der ermittelten Kundenloyalitätswerte.[3]

---

[3] Damit sich die erhaltenen Ergebnisse für Prognosezwecke eignen, sollte $R^2$ mindestens einen Wert von 0,8 annehmen (vgl. Eckstein 1999, S. 227). Möglicherweise könnte $R^2$ durch die Verwendung einer größeren Stichprobe verbessert werden.

Die regressionsanalytische Untersuchung des Einflusses der **Gebundenheit** auf die **Kundenloyalität** ergibt eine Nichtsignifikanz (p = 0,704). Dementsprechend ist die statistische Null-Hypothese anzunehmen und die formulierte Alternativ-Hypothese H1b abzulehnen: Zwischen der Kundenloyalität (abhängige Variable) und der Gebundenheit (unabhängige Variable) ist kein (statistischer) Zusammenhang nachweisbar, was auch die Höhe von $R^2 = 0$ belegt. Im Gegenteil: Aus der Höhe und der Richtung des Beta-Koeffizienten ($\beta = -0,038$) lässt sich vermuten, dass es keinen bzw. einen tendenziell negativen Zusammenhang zwischen der Gebundenheit des Kunden und seiner Loyalität zur Einkaufsstätte gibt. Das heißt, je stärker sich der Kunde an den Anbieter gebunden fühlt, desto weniger loyal würde er sich diesem gegenüber verhalten.[4]

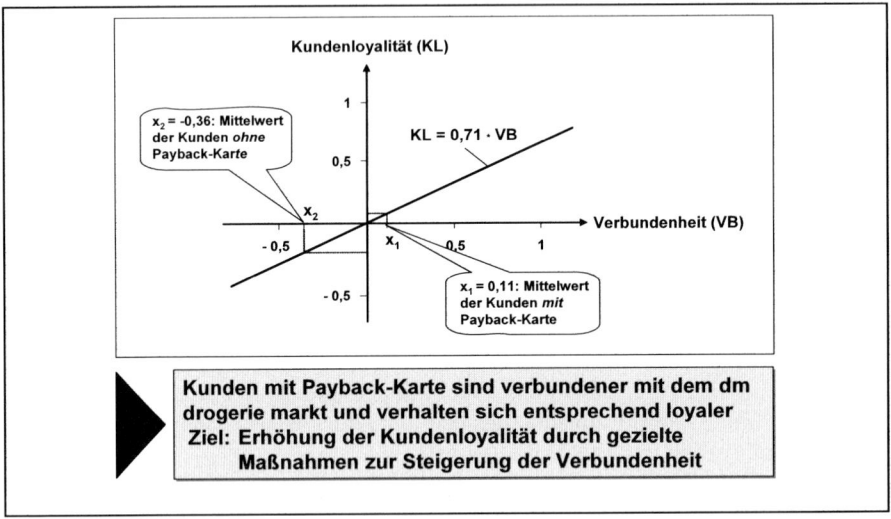

**Abb. 5:** Zusammenhang zwischen Verbundenheit und Kundenloyalität

Im 2. Schritt wurde der Einfluss der Kundenkarte auf loyales Verhalten der Kunden untersucht. Hierzu ist nach Abbildung 3 zunächst die Wirkung der Kundenkarte auf die Bindungszustände des Kunden zur Einkaufsstätte unter Einsatz von t-Tests (Mittelwertvergleichstests) für unabhängige Stichproben zu ermitteln. Dabei werden wiederum die 2 Gruppen, Payback-Kartenbesitzer und -Nichtbesitzer, auf signifikante Mittelwertunterschiede bezüglich der Variablen Verbundenheit und Gebundenheit verglichen. Die Testvariablen müssen dazu metrisch skaliert und normalverteilt sein; beide Bindungszustände erfüllen diese Voraussetzungen.

---

[4] Ähnliche Ergebnisse bezüglich der geringen Stärke des Zusammenhangs zwischen Gebundenheit und Kundenloyalität ergeben sich auch in Eggert's kausalanalytischer Studie (vgl. Eggert 1999, S. 154 f.). Diese sind auf einem Niveau von 1% signifikant.

Das Ergebnis zeigt, dass sich Payback-Kartenbesitzer von -Nichtbesitzern in ihrer **Verbundenheit** zur Einkaufsstätte signifikant (p = 0,041) unterscheiden. Demnach ist die Null-Hypothese wiederum abzulehnen und die Alternativ-Hypothese H2a ist vorläufig bestätigt. Der Gruppenmittelwert der Kundenkarten-Besitzer beträgt $\overline{x}_1 = 0,11$, während die Karten-Nichtbesitzer einen Mittelwert von $\overline{x}_2 = -0,36$ besitzen (siehe Abb. 5). Dies bedeutet, dass sich die Kunden ohne Payback-Karte deutlich weniger mit dem dm drogerie markt verbunden fühlen. Also führt der Besitz der Kundenkarte zu einer nachweislich stärkeren Verbundenheit zur Einkaufsstätte. In Bezug auf die **Gebundenheit** des Kunden ist kein signifikanter Mittelwertunterschied zwischen Payback-Kartenbesitzern und -Nichtbesitzern festzustellen (p = 0,995). Die Null-Hypothese ist deshalb anzunehmen und die Alternativ-Hypothese H2b, die den Zusammenhang unterstellt hat, abzulehnen. Beide Gruppen weisen einen Mittelwert von $\overline{x} = 0$ auf. Mit dem Bindungsinstrument Kundenkarte ist es demnach nicht möglich, das Gefühl der Gebundenheit gegenüber dem Drogeriemarkt abzubauen und damit die Loyalität zur Einkaufsstätte zu steigern.

In einer Zusatzanalyse wurde anschließend geprüft, ob die Einstellung zu Kundenkarten wesentlich die Höhe der Verbundenheit der Kunden mit der Payback-Karte bzw. der Kunden ohne Karte beeinflusst. Dazu ist der Mittelwert der Einstellung zur Kundenkarte (unabhängige Variable) für die beiden Konsumentengruppen getrennt nach „Kundenkarten-Fans" und „Kundenkarten-Muffel" zu ermitteln.

Die Stichprobe der Kunden mit Payback-Karte setzt sich aus n = 50 „Kundenkarten-Fans" und n = 27 „Kundenkarten-Muffel" zusammen (siehe Abb. 6). Der t-Test für 2 unabhängige Stichproben ergibt, dass sich Payback-Kartenbesitzer mit einer positiven Einstellung zu Kundenkarten im Vergleich zu denen mit negativer Einstellung signifikant (p ≤ 0,10) unterscheiden. Damit liegen die am Payback-System teilnehmenden „Kundenkarten-Fans" mit $\overline{x}_{1F} = 0,28$ deutlich über dem Gesamtdurchschnitt der Payback-Kartenbesitzer ($\overline{x}_1 = 0,11$). Dies legt den Schluss nahe, dass sich die Verbundenheit und damit die Loyalität zur Einkaufsstätte überdurchschnittlich erhöhen, wenn die Kundenkarte vor allem bei Kunden mit positiver Einstellung zu diesem Bindungsinstrument eingesetzt wird. Im Gegensatz dazu fühlen sich Payback-Kartenbesitzer mit negativer Einstellung zu Kundenkarten wesentlich geringer verbunden mit dem dm drogerie markt ($\overline{x}_{1M} = -0,20$). Die Verbundenheitswerte von „Kundenkarten-Muffeln" liegen damit deutlich unter dem Durchschnittswert aller Payback-Kartenbesitzer.

Die Einstellung zu Kundenkarten hat bei den Kunden ohne Payback-Karte keinen Einfluss auf die Verbundenheit zum Geschäft. Ein Mittelwertvergleich ergibt, dass sich „Kundenkarten-Fans" (n = 11) und „Kundenkarten-Muffel" (n = 13) nicht signifikant voneinander unterscheiden. Bei der Interpretation des Gruppenergebnisses ist jedoch zu berücksichtigen, dass es sich hierbei um eine sehr kleine Stichprobe (n = 24) handelt. Auf die weitere Überprüfung der Gebundenheitswerte von „Kundenkarten-Fans" und „-Muffel" wird an dieser Stelle verzichtet, da – wie oben ausgeführt – die Analyseergebnisse einen nicht-signifikanten Zusammenhang zwischen Gebundenheit und Kundenloyalität ergeben.

| Zustand der Verbundenheit | | Mittelwerte | t-Wert | t-Test |
|---|---|---|---|---|
| Payback-Kartenbesitzer | "Kundenkarten-Fans" (n = 50) | 0,28 | 1,82 | 0,077 |
| | "Kundenkarten-Muffel" (n = 27) | -0,20 | | |
| Payback-Nichtkartenbesitzer | "Kundenkarten-Fans" (n = 11) | -0,38 | -0,055 | 0,956 |
| | "Kundenkarten-Muffel" (n = 13) | -0,35 | | |

**Abb. 6:** Mittelwertvergleich der Kundengruppen bezüglich Verbundenheit

## 3.3 Implikationen für den Kundenkarteneinsatz

Die Vorhersagen (Hypothesen) des Untersuchungsmodells in Abbildung 3 konnten – bis auf die Wirkung des Gebundenheitszustandes der Kunden auf ihre Loyalität – empirisch bestätigt werden. Für den zukünftigen Einsatz der Payback-Karte als Kundenbindungsinstrument im dm drogerie markt ergeben sich vor diesem Hintergrund die folgenden 3 Implikationen:

1. Das Kundenbindungsinstrument „Kundenkarte" ist gezielt für eine Erhöhung der Verbundenheit des Kunden einzusetzen, denn je verbundener der Kunde zum Einzelhandelsgeschäft ist, desto loyaler verhält er sich.
2. Die Effizienz des Einsatzes einer Kundenkarte bemisst sich danach, wie stark die Kundenverbundenheit zum Drogeriemarkt anwächst. Voraussetzung ist hier ein signifikanter Unterschied zwischen der Verbundenheit und Loyalität von Kunden *mit* Kundenkarte und Kunden *ohne* Kundenkarte.
3. Die kundenorientierte Gestaltung von Kartenprogrammen verlangt eine eindeutige Identifizierung/ Klassifizierung von Zielgruppen: Für ein Direktmarketing sind insbesondere die Kunden interessant, die (noch) über keine Kundenkarte verfügen, jedoch eine positive Einstellung zu Kundenkarten sowie zur Einzelhandelskette besitzen.

Die Implikationen werden unter anderem durch die **Kundenbindungs-Loyalitäts-Matrix** gestützt. Danach können die dm drogerie markt-Kunden nach ihrem Ver- und Gebundenheitsgrad in 4 Gruppen eingeteilt werden. Eine wichtige verhaltensorientierte Kennzahl ist hierbei der im Drogeriemarkt gekaufte Anteil an Drogerieartikeln bezogen auf den Gesamtbedarf. In Abbildung 7 ist für die 4 gebildeten Gruppen der jeweils durchschnittliche Deckungsanteil angegeben. Die

Ergebnisse zeigen zum einen, dass beim Vergleich zwischen starker und schwacher Verbundenheit die (latent) loyalen Kunden einen durchschnittlich höheren Anteil ihres Drogeriemittelbedarfs bei dm decken als die (latent) illoyalen Kunden.

Zum anderen wird ersichtlich, dass bei einem Vergleich zwischen starker oder schwacher Gebundenheit bei gleichzeitig starker Verbundenheit (4. zu 1. Quadrant) loyale Kunden (69,3%) einen höheren Anteil ihres Drogeriemittelbedarfs bei dm drogerie markt decken als latent loyale Kunden (63,4%), wie dies Abbildung 7 zeigt. Kunden die jeden Tag wechseln können, aber dm drogerie markt gut finden, kaufen dort mehr ein. Wenn Kunden eine schwache Verbundenheit bei einer gleichzeitig starken oder schwachen Gebundenheit aufweisen (3. zu 2. Quadrant), dann bestimmt die hohe Gebundenheit, also fehlende Einkaufalternative, das Handeln. Illoyale Kunden (52,8%) kaufen relativ mehr als latent illoyale Kunden (45,2%) bei dm drogerie markt.

Folgendes Ergebnis ist zusätzlich erkennbar: Die Gebundenheit spielt in Bezug auf den Anteil der Bedarfsdeckung eine untergeordnete Rolle und wird vom Zustand der Verbundenheit dominiert. Gleichzeitig ist festzustellen, dass sich der positive Zusammenhang zwischen Verbundenheit und Kundenloyalität im tatsächlichen Kaufverhalten der Kunden widerspiegelt, was – aus Einzelhandelssicht – für die hohe Bedeutung der emotionalen Bindung von Kunden spricht.

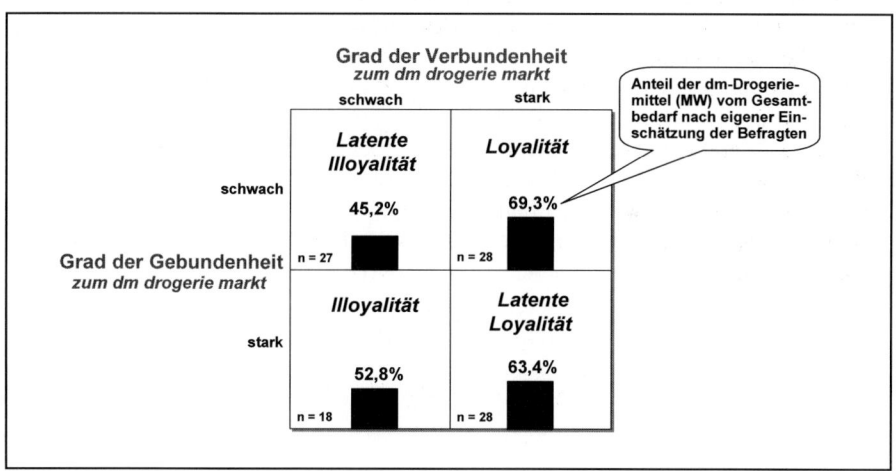

**Abb. 7:** Bedarfsdeckung an Drogeriemitteln nach Loyalitätsprofilen

Im Hinblick auf die Kundenloyalität zur Einkaufsstätte bedeutet dies, dass die Loyalität des Kunden nicht allein durch den Aufbau so genannter Wechselbarrieren zu erreichen ist. Vorteile hat vielmehr der Anbieter, dem es gelingt, seine Kunden durch seine Angebote zu begeistern, um so eine stärkere emotionale Bindung des Konsumenten zu bewirken. Dieses ist aber nicht „nur" durch erfüllte Basisleistungen, z.B. ein umfangreiches Sortiment, zu erreichen, sondern verlangt zusätzlich den Einsatz geeigneter kundenspezifischer Bindungsinstrumente.

Die „richtig" ausgestaltete Kundenkarte stellt in diesem Zusammenhang ein wirkungsvolles Instrument des Kundenbindungsmanagements dar, um insbesondere die Verbundenheit des Kunden zu erhöhen und gleichzeitig wirklich empfundene Loyalität auf Basis freiwilliger Bindung zu fördern. Letzteres tritt vor allem dann ein, wenn die Kundenkarte in der Lage ist, den Kunden zu begeistern, und aus seiner Sicht zu einem Mehrwert bzw. zu zusätzlichem Nutzen führt. Wird die Kundenkarte vom Kunden hingegen nicht in dieser Form wahrgenommen, spielt sie im Zusammenhang mit dem Aufbau und der Pflege einer erfolgreichen Geschäftsbeziehung eine untergeordnete Rolle. In diesem Fall sollte versucht werden, die emotionale Bindung des Kunden über andere Bindungsinstrumente bzw. eine modifizierte Kartengestaltung herbeizuführen. Wichtig ist dabei vor allem, dass die „Belohnungen" vom Kunden wahrgenommen werden und für ihn wichtig sind, so dass sie sowohl zu einer höheren Akzeptanz des Instrumentes als auch der Verbundenheit zur Einkaufsstätte führen.[5]

Für das gezielte Einbinden des Kunden in ein Kundenkartenprogramm ist unter ökonomischen Gesichtspunkten für ein Unternehmen allerdings wichtig zu wissen, welche Kunden sich grundsätzlich zur Bindung eignen und mit welchen konkreten Aktivitäten dies realisierbar ist (vgl. O'Brien/ Jones 1995, S. 76 ff.).

Auf der Basis der vorliegenden Analyse sollten insbesondere die Kriterien **„Einstellung zu Kundenkarten"** und **„Einstellung zur Einkaufsstätte"** mit den entsprechenden Operationalisierungen **„Akzeptanzgrad"** und **„Verbundenheitsgrad"** für eine Segmentierung herangezogen werden. Denn wie gezeigt werden konnte, hat der Grad der Verbundenheit einen positiven Einfluss auf die Kundenloyalität, während eine hohe Akzeptanz des Kundenbindungsinstruments Kundenkarte zu einer überdurchschnittlich hohen emotionalen Bindung des Kunden zum Geschäft führt. Nach den beiden Dimensionen sind in Abbildung 8 die 4 Kundengruppen „Loyale Fans", „Loyale Muffel", „Illoyale Fans" und „Illoyale Muffel" segmentiert und mit den entsprechenden **Normstrategien** versehen.[6]

---

[5] Grundsätzlich sollten deshalb Bonussysteme folgenden Anforderungen genügen: Transparenz, einfache Handhabung und schnelle Belohnung (vgl. Hoffmann-Linhard/ Olavarria 1997, S. 55).

[6] Um die Anbietersicht zu integrieren, sind in Anlehnung an die bekannte Strategiematrix der Boston Consulting Group die entsprechenden Klassifizierungsbegriffe in Klammern ergänzt. Als Zielkriterium zur Ableitung der Normstrategien ist die Maximierung der Loyalität zur Einkaufsstätte durch die Ausgabe einer Kundenkarte zu Grunde gelegt.

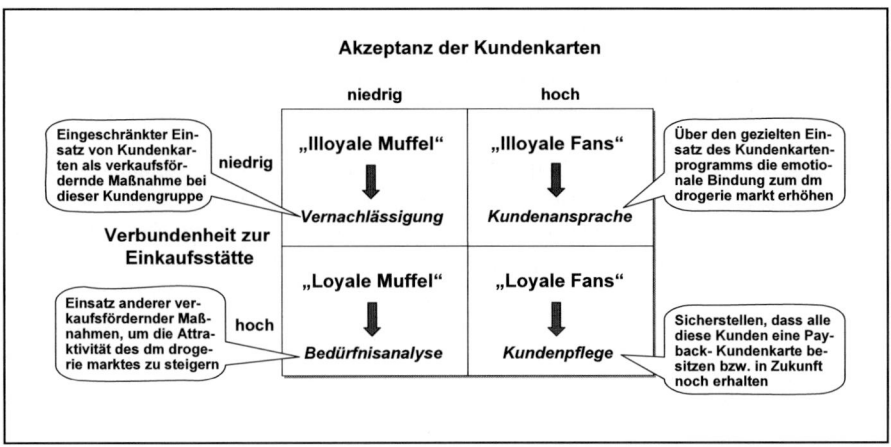

**Abb. 8:** Normstrategien für den Einsatz eines Kundenkartenprogramms

# 4 Literatur

*ACNielsen (Hrsg.) (2001):* Studie zur neuen Rabattregelung: September/ Oktober 2001, Abfrage vom 19.05.2003 unter http://www.acnielsen.de/downloadcenter.

*Eckstein, P.P. (1999):* Angewandte Statistik mit SPSS: Praktische Einführung für Wirtschaftswissenschaftler, 2. Aufl., Wiesbaden 1999.

*Eggert, A. (1999):* Kundenbindung aus Kundensicht: Konzeptualisierung – Operationalisierung – Verhaltenswirksamkeit, Diss., Wiesbaden 1999.

*Eggert, A. (2000):* Konzeptualisierung und Operationalisierung der Kundenbindung aus Kundensicht, in: Marketing-ZFP, 22. Jg., 2000, Nr. 2, S. 119-130.

*Fishbein, M./ Ajzen, I. (1975):* Belief, Attitude, Intention and Behavior: An Introduction to Theory and Research, Reading (Mass.) 1975.

*Hoffmann-Linhard, A./ Olavarria, M. (1997):* Kundenbindung im Lebensmitteleinzelhandel – Vor- und Nachteile von Ladentreue und Ladenwechsel aus Sicht der Konsumenten, in: Haedrich, G. (Hrsg.): Der loyale Kunde: Ist Kundenbindung bezahlbar?, Ergebnisse des 4. CPC Trend Forums, Mainz 1997, S. 42-57.

*Holz, S./ Tomczak, T. (1996):* Kundenclubs als Kundenbindungsinstrument: Hinweise zur Entwicklung erfolgreicher Clubkonzepte, St. Gallen 1996.

*Homburg, C./ Giering, A. (1996):* Konzeptualisierung und Operationalisierung komplexer Konstrukte: Ein Leitfaden für die Marketingforschung, in: Marketing-ZFP, 18. Jg., 1996, Nr. 1, S. 5-24.

*Kaapke, A. (2001):* Kundenkarten als Instrument der Kundenbindung, in: Müller-Hagedorn, L. (Hrsg.): Kundenbindung im Handel, 2. Aufl., Frankfurt am Main 2001, S. 177-191.

*O'Brien, L./ Jones, C. (1995):* Do Rewards Really Create Loyalty?, in: Harvard Business Review, 73. Jg., 1995, Nr. 3, S. 75-82.

*o.V. (2003):* Situation des Einsatzes von Kundenkarten im deutschen Einzelhandel, in: Der Spiegel, Nr. 49, 01.12.2003, S. 96-100.

*Schäfer, S. (2002):* Treue Kunden durch gute Karten?, in: Handelsjournal, o.Jg. (2002), Nr. 12, S. 50.

*Stahlberg, D./ Frey, D. (1996):* Einstellungen: Struktur, Messung und Funktion, in: Stroebe, W./ Hewstone, M./ Stephenson, G.M. (Hrsg.): Sozialpsychologie: Eine Einführung, 3. Aufl., Berlin 1996, S. 219-252.

*Töpfer, A. (2007):* Betriebswirtschaftslehre – Anwendungs- und prozessorientierte Grundlagen, 2. Aufl., Berlin/ Heidelberg 2007.

*Wiemann, J.M./ Giles, H. (1996):* Interpersonale Kommunikation, in: Stroebe, W./ Hewstone, M./ Stephenson, G.M. (Hrsg.): Sozialpsychologie: Eine Einführung, 3. Aufl., Berlin 1996, S. 331-361.

# Kundenbindungsmanagement im Bekleidungshandel – Das Breuninger-Konzept

– Wie ist das Kundenmanagement im gehobenen Bekleidungshandel zu gestalten, um eine freiwillige Kundenbindung zu erzielen? –

Daniel Ohr

Inhalt

| | | |
|---|---|---|
| 1 | Der deutsche Bekleidungshandel – Ausgangslage | 737 |
| 1.1 | Einschätzung der Gesamtmarktentwicklung | 738 |
| 1.2 | Zusammenfassende Betrachtung der aktuellen Situation | 739 |
| 2 | Kundenbindungsmanagement im Bekleidungshandel – Zielsetzungen, Erfolgsfaktoren, typische Anwendungen | 740 |
| 2.1 | Die wirtschaftliche Bedeutung von Kundenbindungsmanagement | 740 |
| 2.2 | Formen der Kundenbindung im Bekleidungshandel | 741 |
| 3 | Praktische Anwendung des Kundenbindungsmanagements im Bekleidungshandel | 743 |
| 3.1 | Genereller Stand der Kundenbindung im Bekleidungshandel | 743 |
| 3.2 | Kundenbindungsmanagement am Beispiel der E. Breuninger GmbH & Co. | 745 |
| 3.2.1 | Kundenwertsegmentierung | 745 |
| 3.2.2 | Kundenbindungsmanagement im Lebenszyklus | 746 |
| 3.2.3 | Maßnahmen zur Kundenbindung – Die Breuninger Card | 747 |
| 3.2.4 | Maßnahmen zur Kundenbindung – Kundenservice | 749 |
| 3.3 | Einordnung der Breuninger Card in die dargestellten Kundenbindungsstrategien | 750 |
| 4 | Fazit | 751 |
| 5 | Literatur | 752 |

## 1 Der deutsche Bekleidungshandel – Ausgangslage

Aktuell ist der deutsche Bekleidungshandel durch 3 zentrale Charakteristika bestimmt: Erstens ein wertmäßig schrumpfender Gesamtmarkt, zweitens eine Um- und Neuverteilung der Marktanteile zu Gunsten der discountorientierten Anbieter und zu Lasten traditioneller Fachgeschäfte sowie großformatiger Universalisten wie z.B. den Department Stores und drittens eine Erweiterung der Angebotsflächen durch Zunahme von Handelsflächen sowohl innerhalb als auch außerhalb der Städte und Gemeinden.

## 1.1 Einschätzung der Gesamtmarktentwicklung

Nach Angaben des Handelsverbandes BAG (vgl. BAG 2006) hat sich der Bereich „Nichtlebensmittel/ Bekleidung" im Zeitraum von 2000 bis 2006 konsequent negativ entwickelt (jährlich zwischen -0,5 und -6%). Bei einem Rückgang des Umsatzvolumens im deutschen Bekleidungshandel von 10 bis 15% innerhalb von nur 6 Jahren ist der Bekleidungsmarkt wohl eher als schrumpfender Markt zu bezeichnen und bildet damit jenen Hintergrund, vor dem die einzelnen Unternehmen versuchen, zu reüssieren.

Glaubt man der Fachzeitschrift „Textilwirtschaft" und ihrer Rangliste der Textil-Umsätze von Handelsunternehmen in Deutschland (vgl. o.V. 2003), so tauchen in den Top Ten mittlerweile Unternehmen wie Aldi, Tchibo oder die Schwarz-Gruppe (Lidl & Schwarz) auf, d.h. Lebensmitteldiscounter haben Textilien als interessante Produktgruppe entdeckt und vertreiben diese mit der entsprechend perfektionierten Discounter-Mechanik.

Weiterhin wirken die Spätfolgen der Abschaffung des Rabattgesetzes zum 01.08.2001 nach, was die Handelslandschaft im textilen Bereich verändert und zunächst die Wettbewerbssituation verschärft hat. Strategische Orientierungslosigkeit und undifferenzierte Rabattaktionen haben zu einer immer noch nahezu vollständigen Fokussierung auf den Preis als Absatzargument geführt. Dabei berücksichtigen viele Anbieter bei ihrer strategischen Ausrichtung nicht die eigene unternehmerische Situation, sondern übernehmen Konzepte der Konkurrenz, um zumindest deren Erfolg im Markt zu neutralisieren (vgl. Dittrich 2002). Der Einzelhandel konzentriert sich dabei vorwiegend auf das so genannte **Aktionspricing** (Rabatte in beliebigen Prozenthöhen, „Kaufe zwei, zahle einen Artikel" usw.) mit teilweise inflationärer Nutzung, was die Preiswürdigkeit der Unternehmen nachhaltig geschädigt hat (vgl. Bauer et al. 2004). In Anlehnung an spieltheoretische Ansätze (vgl. Dixit/ Nalebuff 1995) fühlt man sich im Rabattverhalten der Unternehmen, die gleichartige Ware verkaufen, an **„Prisoner's Dilemma"** erinnert – wer zuerst Rabatte gibt, hat zunächst die größte Chance zur Umsatzsteigerung, die sich aber nur realisieren lässt, wenn die anderen Teilnehmer nicht ebenfalls mit Rabatten reagieren. Ziehen dann aber alle anderen Teilnehmer nach, so verlieren letztlich alle Marktteilnehmer.

Der Kunde hat dabei auf die für ihn unverständlichen Rabatt-Aktionen und Preisgestaltungen mit Kaufverunsicherung reagiert, welche als **„Customer Confusion"** beschrieben werden kann (vgl. Rudolph/ Schweizer 2004). Die intransparente Preisgestaltung hat zudem zu einem **preisinduzierten Leapfrogging-Effekt** geführt, d.h. dass die Konsumenten im Bekleidungshandel auf Basis von erwarteten weiteren Preisreduzierungen ihre Kaufentscheidungen immer weiter in die Zukunft verschieben.

Von daher mag die These erlaubt sein, dass es der Bekleidungshandel versäumt hat, Alternativen in der Kundenpositionierung einzugehen, er zeichnet sich vielmehr durch austauschbare Sortimente und eine geringe Kundendifferenzierung aus. Die Konsumenten zeigen in diesem Umfeld ein **hybrides Kaufverhalten**, nachlassende Bindungsbereitschaft und geben ehemals fest verankerte Kaufmuster auf. Für serviceorientierte Bekleidungsunternehmen ist diese Situation noch verhängnisvoller, da viele Kunden die Zusatzleistungen opportunistisch ausnutzen. Studien gehen davon aus, dass „as many as half of all customers now shop for information in one channel, then defect from that channel when it comes time for money change hands" (vgl. Nunes/ Cespedes 2003).

Von daher lässt sich zusammenfassend feststellen, dass der deutsche Bekleidungshandel in einer insgesamt sehr dynamischen Situation ist, die für diesen Industriezweig erhebliche Veränderungen in den nächsten Jahren zur Folge haben wird, denen nach Überzeugung des Autors am besten mit deutlich **fokussierteren und kundenorientierten Strategien** zu begegnen ist.

Ausgehend von der vorgenommenen generellen Beschreibung der Marktlage, stellt sich unweigerlich die Frage, ob innerhalb des Bekleidungshandels alle Unternehmen in der gleichen misslichen Lage sind oder ob auf der Ebene der einzelnen Unternehmung mit unterschiedlichen Auswirkungen und Folgen jener Marktlage zu rechnen ist. Aus der Beobachtung des Autors ist dies durchaus der Fall, es gibt sowohl aktuell wie auch zu vermuten künftig „Gewinner" und „Verlierer" in dieser generellen Marktlage.

In Deutschland dominieren traditionell discountorientierte Geschäftsmodelle, die als wesentliches oder gar einziges Wertversprechen über den Preis argumentieren. Die Diskussion dieses Phänomens kann an dieser Stelle nicht geführt werden, es sei aber angemerkt, dass unter anderem auch die gering ausgeprägte Fähigkeit seitens der Anbieter, alternative Wertversprechen (Kundenservice, Produktqualität etc.) im Markt konsequent und glaubhaft zu positionieren, dafür eine Ursache sein dürfte. Solange dies so bleibt, ist weiterhin mit einem überdimensionalen Erfolg des Discount-Modells in Deutschland zu rechnen.

## 1.2 Zusammenfassende Betrachtung der aktuellen Situation

Fassen wir an dieser Stelle kurz die derzeitige Lage des deutschen Bekleidungshandels zusammen: Der Gesamtmarkt, er stagniert bestenfalls, wertmäßig schrumpft er. Die verschiedenen Betriebsformen innerhalb des Handels sind aufgrund dieser Herausforderung mit sehr spezifischen Problemstellungen konfrontiert, für alle Marktteilnehmer gilt, dass es in einer solchen Marktsituation einerseits schwierig ist, Neukunden zu gewinnen (vgl. Meffert 1989), andererseits ist **Neukundengewinnung** unabdingbar, wenn der sich aus einer proportional aus der Marktverkleinerung ableitbare Umsatzschwund, der gerade bei Geschäftsmodellen mit niedrigen Margen oft fatale Folgen hat, nicht einfach hingenommen werden kann und soll. Hieraus ergibt sich die fast schon zwingende Notwendigkeit, Strategien zu entwickeln und Kunden emotional wie wertmäßig stark an das Unternehmen zu binden. Dementsprechend genießen Methoden und Programme des **Kundenbindungsmanagements** im deutschen Bekleidungshandel große Beachtung und haben Hochkonjunktur. Nachfolgend werden auf der Basis der langjährigen Erfahrung der E. Breuninger GmbH & Co. die Grundelemente Erfolg versprechender Kundenbindungsstrategien systematisiert, illustriert und abschließend kritisch diskutiert.

## 2 Kundenbindungsmanagement im Bekleidungshandel – Zielsetzungen, Erfolgsfaktoren, typische Anwendungen

Die einführende Synopse verdeutlicht, dass es für das einzelne Unternehmen im deutschen Bekleidungshandel von essentieller, ja womöglich von vitaler Bedeutung ist, inwieweit bestehende und künftig zu gewinnende Kunden an das Unternehmen gebunden werden können. Damit verbunden sind Zielsetzungen wie erstens ein Netto-Zuwachs der Kundenzahl bei Saldierung von Neukunden mit abgewanderten Kunden, zweitens ein Zuwachs des Umsatzes des Kunden gegenüber den Ausgaben des individuellen Kunden in der Vorperiode und drittens eine Steigerung der Rentabilität auf der Ebene des Kundenportfolios, was nicht mit der Notwendigkeit der Steigerung der Rentabilität eines jeden einzelnen Kunden einhergeht. Dabei gebietet die kaufmännische Rationalität, alle Zielsetzungen unter Vermeidung der Ertragsminderung – relativ und/ oder absolut – zu verfolgen. Dementsprechend soll im Folgenden das Management von Kundenbindung als „die Planung, Durchführung und Kontrolle sowie Anpassung aller Unternehmensaktivitäten, die zu einer Erhöhung der Profitabilität der Kundenbeziehung und damit zu einer Optimierung des Kundenportfolios beitragen" (Homburg/ Sieben 2003) definiert werden. Die Definition fokussiert damit ausschließlich auf die direkte Kundenbeziehung und grenzt sich damit zu weitergehenden Definitionen wie der des **Relationship Marketings** ab (vgl. Bruhn 2001; Ahlert/ Hesse 2002). An dieser Stelle sei auch darauf verwiesen, dass neben **Management der Kundenbindung** auch die Begrifflichkeiten **Customer Relationship Management (CRM)** oder **Relationship Marketing** und viele andere Begriffe in inhaltsähnlicher Art verwendet werden und die definitorischen Unterschiede an dieser Stelle nicht vertieft werden. Vielmehr wird nachfolgend zunächst auf die wirtschaftliche Bedeutung von Kundenbindungsmanagement eingegangen, um hierauf aufbauend im Folgenden einige theoretische Grundlagen des Managements von Kundenbindungen und einige klassifikatorische Ansätze zur Kundenbindung aufzuzeigen.

### 2.1 Die wirtschaftliche Bedeutung von Kundenbindungsmanagement

Die Strategien des Kundenbindungsmanagements orientieren sich klassischerweise an den verschiedenen Phasen des **Kunden-Lebenszyklus**. Die 3 Teilgebiete des Kundenbindungsmanagements sind **Kundenakquisition, Kundenbindung im engeren Sinn und Kundenrückgewinnung**. Diesbezüglich sind die wichtigsten Ziele:

1. Gewinnung, Identifikation und Bindung profitabler Kunden
2. Erhöhung des Kundenwertes bzw. Migration von unprofitablen zu profitablen Kunden
3. Beendigung/ größtmögliche Kostenreduktion bei bereits in der Vergangenheit und künftig als dauerhaft unprofitablen zu erwartenden Kundenbeziehungen

4. Gewinnung von Kundenanteilen und nicht von Marktanteilen (vgl. Peppers/ Rogers 1993)
5. Im Falle einer erfolgten Abwanderung die Rückgewinnung von ertragreichen Kunden (vgl. Bruhn/ Michalski 2003).

Obgleich die ökonomische Bedeutung der **Stammkundenpflege** im Einzelhandel schon lange bekannt ist (vgl. Kenning 2002), fehlen bis jetzt explizite wissenschaftliche Untersuchungen zur durchschnittlichen Kundenbindung und zu korrespondierenden Customer Lifetime Values. Im Bekleidungshandel ist aus eigenen **Benchmark-Studien** bekannt, dass **Kundenabwanderungsquoten** von 7 bis 20% üblich sind. Diese Erkenntnisse korrespondieren dabei mit den Ergebnissen von Berry (1983) und Reichheld/ Sasser (1990, 1999), die ermittelten, dass amerikanische Unternehmen in 5 Jahren durchschnittlich die Hälfte ihrer Kunden verlieren. Vergleicht man diese Abwanderungsquoten mit den relativ hohen Akquisitionskosten für profitable Neukunden von geschätzt 70 bis 80 Euro im Bekleidungshandel, so wird die ökonomische Bedeutung der Grundthese des CRM, dass es billiger ist, Kunden zu halten, als neue zu gewinnen, schnell ersichtlich. Obgleich in Bezug auf ein fokussiertes Kundenbindungsmanagement auch vielfältige Gefahren wie opportunistische Ausnutzung der Bemühungen (vgl. Engelhardt/ Freiling 1996), empfundene Diskriminierung oder Widerstand gegen Abhängigkeiten (vgl. Dittrich 2002) in der Literatur beschrieben sind, scheinen die positiven Wirkungen doch deutlich zu überwiegen, oder noch vorsichtiger formuliert: Unter Berücksichtigung aller positiven wie negativen Auswirkungen eines Kundenbindungsmanagements entscheiden sich derzeit noch hinreichend viele Unternehmen, diese Methodik zur Verbesserung ihrer Wettbewerbssituation zu verfolgen. Somit scheint der Satz von Homburg, Faßnacht (2001), „ ..., dass hohe Kundenbindung als eine Voraussetzung für den langfristigen Unternehmenserfolg angesehen wird", auch heute noch von vielen geteilt zu werden.

## 2.2 Formen der Kundenbindung im Bekleidungshandel

Ausgangspunkt der Kundenbindung ist die postulierte Kausalkette zwischen den Elementen **Kundennähe** (Verhalten des Unternehmens), **Kundenzufriedenheit** (Einstellung des Kunden) und **Kundenbindung** (bisheriges Verhalten und Verhaltensabsichten des Kunden), wobei zwischen den Dimensionen der Kundennähe und der Kundenzufriedenheit sowie zwischen Kundenzufriedenheit und Kundenbindung ein positiver, aber nicht linearer funktionaler Zusammenhang vermutet wird (vgl. Homburg/ Faßnacht 2001).

Dabei kann Kundenbindung so operationalisiert werden, dass ein Anbieter dann Kundenbindung erreicht, wenn der Kunde wiederholtes Kaufen als sinnvoll und/ oder notwendig betrachtet. Dabei lassen sich grundsätzlich 2 **Treiber für die Kundenbindung** feststellen – Attraktivität der wahrgenommenen Leistung und/ oder Abhängigkeit von der Leistung des Anbieters. Daraus lässt sich eine Grundstruktur mit 3 relevanten Formen von Kundenbindung ableiten – freiwillige Bindung, unfreiwillige Bindung und eine Kombination beider Faktoren (siehe Abb. 1).

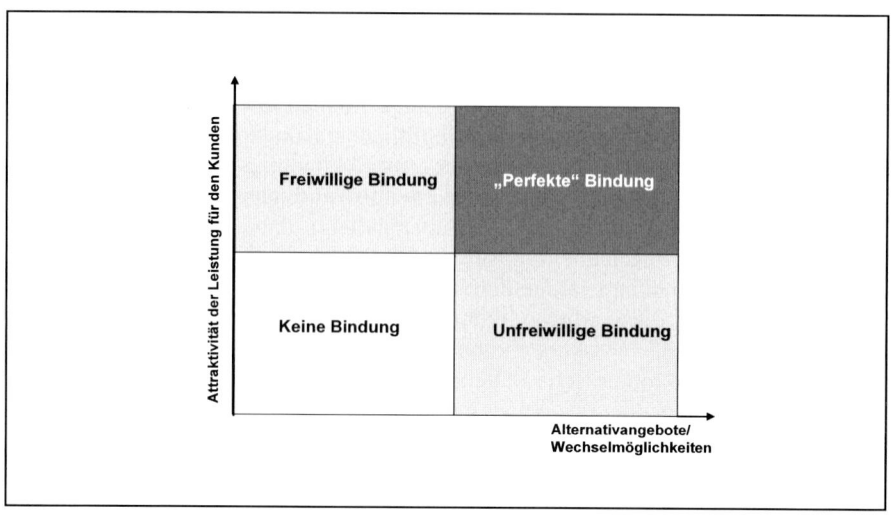

Abb. 1: Formen der Kundenbindung

Analog dieser Strukturierung sind Kundenbeziehungen, die von einem hohen Maß an Abhängigkeit geprägt sind und bei denen gleichzeitig die abzunehmende Leistung als nicht ausreichend attraktiv betrachtet wird, als **unfreiwillige Bindungen oder Muss-Bindungen** zu bezeichnen. Um diese Art der Kundenbindung aufzubauen, bieten sich für einen Anbieter vor allem die Instrumente des strategischen Aufbaus von **Wechselbarrieren** an.

Für den Bekleidungshandel ist diese Bindungsform letztlich irrelevant, da der jeweilige Wiederholungskauf bei einem Anbieter von entsprechendem Vor- bzw. Nachkaufverhalten entkoppelt ist und die Abhängigkeit vom Anbieter im Sinne des Fehlens von Alternativangeboten sehr gering ist. Von daher sind strategische Wechselbarrieren auf vertraglicher, organisatorischer und technischer Basis auszuschließen, genauso wie der Kunde im Bekleidungshandel keine spezifischen Investitionen tätigen muss.

Von daher ist das Kundenbindungsmanagement im Bekleidungshandel gemäß dem Schema aus Abbildung 2 auf den Typus „freiwillige Bindung" ausgerichtet. **Freiwillige Bindungen** entstehen auf Basis von **positiven Erfahrungen**, sprich **Zufriedenheit**, und der **Antizipation eines weiteren hohen Nettonutzens** bei den nächsten Kaufhandlungen, d.h. Vertrauen in die Leistungsfähigkeit und das Angebot des Anbieters. Dabei ist Kundenzufriedenheit im Bekleidungshandel abhängig von vielfältigen Faktoren wie Produktleistung, Service, Kulanz, Freundlichkeit der Mitarbeiter. Einen entscheidenden **Differenzierungsfaktor** stellt der **Kundenservice** dar. Viele Händler definieren in diesem Zusammenhang Serviceleistungen häufig in so genannten **Store-Services** (Geschenkverpackung, Kreditmöglichkeiten, Kinderbetreuung usw.) und vernachlässigen die eigentlich selbstverständlichen **„Sales Services"** (Beratung, Kompetenz, Aufmerksamkeit des Personals) (vgl. Gagliano/ Hathcote 1994). Zudem werden Serviceleistungen weniger nach den Erwartungen der Kunden (Paradigma der Erwartung und Konfirmation/ Diskonfirmation) definiert und praktisch spezifiziert, sondern es wird versucht, vielfältige oft „exotische" Zusatzservices anzubieten. Demgegenüber zeigen Studien, dass die Hauptgründe für Unzufriedenheit im Bekleidungshandel eher in der mangelhaften Durchführung der Basisserviceleistungen als in einem Mangel an Differenzierungsleistungen liegen (vgl. Gagliano/ Hathcote 1994).

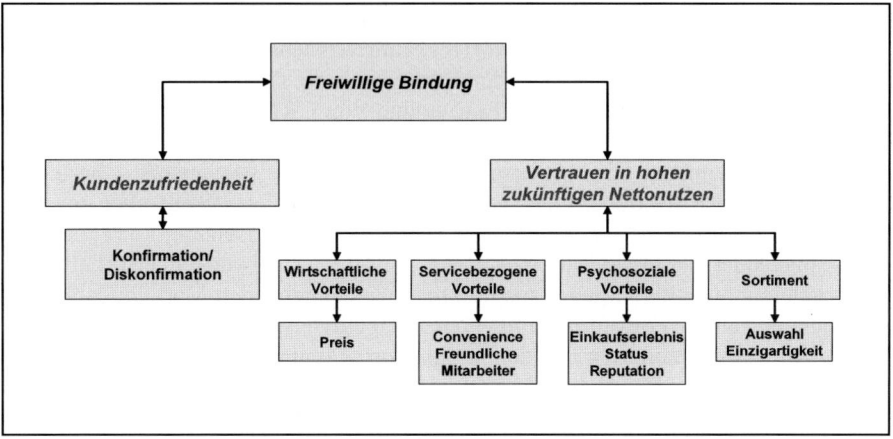

**Abb. 2:** Grobe Schematisierung freiwilliger Bindungen

Für den Bekleidungshandel gilt es, Strategien zu entwickeln, die die freiwillige Kundenbindung zum Ziel haben. Ansätze dazu werden im Folgenden skizziert.

## 3 Praktische Anwendung des Kundenbindungsmanagements im Bekleidungshandel

### 3.1 Genereller Stand der Kundenbindung im Bekleidungshandel

In den letzten Jahren hat das Thema Kundenbindung auch bedingt durch bereits skizzierte Marktentwicklungen einen enormen Bedeutungszuwachs erfahren. Es gibt nahezu kein Unternehmen mehr, das nicht Kundenbindung als erklärtes Ziel postuliert. Dementsprechend ist es nicht weiter verwunderlich, dass Kundenbindungsprogramme unterschiedlichster Couleur geradezu „aus dem Boden geschossen sind". Dabei bleiben viele Programme nach eigenen Beobachtungen, nach einer mehr oder weniger aggressiven Wachstumsphase, oft in der Umsetzungsphase „stecken", wenn es gilt aus gewonnenen Kundendaten und Kundenbeziehungen

**Wissen und Loyalität zu generieren**. Anders ist es weder zu erklären, dass auch große Unternehmen mit hohen sechs- bis siebenstelligen Kundenzahlen immer noch überwiegend Werbebudgets in **anonyme Massenmedien** allokieren, anstatt die Chancen und unvergleichlich höhere Effizienz und Rentabilität (durch geringere Streuverluste) von **Direktmarketing-Strategien** auf Basis des Kundenwissens zu nutzen; noch ist zu erklären, dass der Handel dem Glauben anhängt, dass Kunden langfristig mit einem rechenbaren Gegenwert von 0,5 bis 1% in Form von Bonuspunkten oder Rabatten zu binden seien, anstatt darauf hin zu arbeiten, die gewonnene Kundenbeziehung sukzessive mit Service-, Kommunikations- und Produktstrategien vollständig zu vernetzen.

Es mag dabei auf deskriptiver Basis Ansätze für Erklärungsmuster geben. Aber weder die ausgeprägte Massenmarktorientierung des Handels gepaart mit der Negierung der Notwendigkeit der Kundendifferenzierung, noch oft genannte Themen wie ungenügende organisatorische Einbindung von CRM/ Kundenbindung, Vermeidung der Kommunikation des Wissens über den „gläsernen Kunden" aus Datenschutzüberlegungen oder oft beschriebene mangelnde strategische Überlegungen können diese Irrationalitäten vollständig erklären. Es scheint eher so, dass entweder die großen Chancen aus einer konsequenten Umsetzung noch nicht erkannt sind, oder die Organisationen in der Umsetzung teilweise überfordert sind, was vielleicht auch daran liegen mag, dass die entsprechenden Marketingabteilungen nicht immer die notwendigen Kompetenzen aufweisen.

Die am Markt etablierten Kundenbindungsprogramme sind im Handel fast ausschließlich mit einer **Kundenkarte** verbunden. Reine Kundenklubs oder ähnliches sind kaum anzutreffen. Um Kundenloyalität zu generieren, setzen Anbieter im Wesentlichen auf **Bonus-, Rabatt- oder Mehrwertprogramme** respektive auf eine Kombination dieser Programme.

Bonussysteme sind sowohl als **Multipartnerprogramme** (Payback (Kaufhof), Happy Digits (Karstadt)) als auch als **Einzelprogramme** zu beobachten. Aufgrund der aufwändigen Logistik für ein prämienbasiertes Bonusprogramm bieten vor allem die Multipartnerprogramme die Konvertierung gesammelter Punkte in Prämien an. Einzelprogramme wie Peek & Cloppenburg oder Wöhrl bieten i.d.R. monetäre Vergütungen in Warengutscheinen oder Kontogutschriften. Payback ist dabei mit nach eigenen Angaben 30 Mio. emittierten Karten das bezüglich Kundenakzeptanz mit Abstand erfolgreichste Kundenbindungsprogramm. Darüber, wie hoch der Gegenwert des Programms für die beteiligten Händler ist, kann nur spekuliert werden.

Kleinere Händler, für die der Aufbau eines umfassenden Kundenbindungsprogramms zu teuer ist, verwenden häufig **rabattbasierte Kundenbindungsprogramme**, die von regelmäßigen Rabatten (Stammkundenrabatt) bis hin zum Rabattmarken Sammeln alle Ausprägungsformen erfahren. Beide Erscheinungsformen werden mehr oder weniger durch individuelle **Kundenmehrwerte** (Service-, Produkt- und Kommunikationsvorteile) ergänzt. So werden entsprechende Programmteilnehmer frühzeitig über Preisaktionen informiert und erhalten Vorkaufsrechte, exklusive Services (z.B. Änderungen umsonst) oder klubähnliche Leistungen (Einladung zu Events usw.). Übergreifend lässt sich sagen, dass individuelle, auf die jeweilige Zielgruppe abgestimmte Konzepte, momentan Mangelware sind und vielmehr überwiegend **„me-too"-Strategien** zu beobachten sind.

## 3.2 Kundenbindungsmanagement am Beispiel der E. Breuninger GmbH & Co.

Die E. Breuninger GmbH & Co. wurde 1881 von Eduard Breuninger in Stuttgart gegründet. Breuninger verkauft hochwertige Mode-, Lifestyle- und Luxusprodukte an 11 Standorten mit einer durchschnittlichen Verkaufsfläche von 10.000 bis 12.000 m² und ca. 4.500 Mitarbeitern. Dem Kunden ein gutes Angebot zu machen, war schon bei der Gründung erklärte **Firmenphilosophie**. Diese Philosophie wurde zu einem der treibenden Faktoren in der Unternehmensentwicklung, mit einem konstanten **Fokus auf Kundenorientierung und Innovation**. Breuninger war unter anderem das 1. Department Store, das Rolltreppen und eine Kundenkarte in Deutschland einführte. Die Breuninger Card ist dabei das dominierende Basismedium für die heutigen Kundenbindungsstrategien, die im Folgenden skizziert werden.

### 3.2.1 Kundenwertsegmentierung

Zur Kundenwertsegmentierung existiert eine Vielzahl von Ansätzen. Von einfachsten Methoden (Umsatz-/ Kundendeckungsbeitragsrechnung) über mehrdimensionale Konstrukte wie die **RFM-Methode** bis hin zu einem multivariaten **Customer Lifetime Value (CLV)-Ansatz**. Ein klassischer CLV-Ansatz lässt sich im Bekleidungshandel aufgrund methodischer Erhebungsprobleme (z.B. die mangelnde Zurechenbarkeit kundenindividueller Kosten) nur schwer aufbauen. Breuninger verfolgt deshalb einen **individuellen Kundenwertsegmentierungsansatz** ähnlich der klassischen RFM-Methodik (Recency, Frequency, Monetary Value). Mit dem eigenen Ansatz wird versucht, die berechtigten Nachteile, die dem RFM-Ansatz zugeschrieben werden (vgl. Reinartz/ Kumar 2002), zu umgehen.

Im gehobenen, für Breuninger relevanten Bekleidungshandel gibt es dabei enorme Unterschiede hinsichtlich des individuellen Werts eines Kunden. Eine Vielzahl von Kunden mit jährlichen Umsätzen unter 500 Euro können innerhalb eines Kundenstamms auf Kunden mit Umsätzen > 50 bis 200 Tsd. Euro treffen. Die daraus resultierende **hohe Diskrepanz in Anspruchsniveau und Erwartungshaltung** ist in der individuellen Orientierung auf den Kunden eine anspruchsvolle Managementaufgabe. Nachdem gerade im mittleren bis oberen Bekleidungssegment der hohe Wertbeitrag des oberen Kundenstamms entscheidend ist, kommt der **Pflege dieses hochprofitablen Kundenstamms** entscheidende Bedeutung zu.

Ziel der Kundenwerterhebungen von Breuninger ist es deshalb, **differenzierte Kundenbearbeitungsstrategien** abzuleiten und die Allokation der Ressourcen (vor allem Werbe-, Loyalitätsausgaben und Services) möglichst optimal vorzunehmen.

Dabei wird strategisch ein klarer Kundenwertdifferenzierungsansatz verwendet, d.h. die verschiedenen Elemente der Kundenbindungsstrategie werden nach Kundenwert (**Pareto-Prinzip**) angeordnet und konsequent verfolgt. Dies gilt sowohl für die **Ausgestaltung des Loyalitätsprogramms** als auch für **operative CRM-Elemente**, wie das **Beschwerde- und Kundenabwanderungsmanagement**, wo eine differenzierte Kundenbearbeitung nach individuellem Kundenwert erfolgt.

Die Kunden werden dabei, wie schematisch in Abbildung 3 skizziert, im Rahmen eines Portfolios hinsichtlich ihres jeweiligen Potenzials und Wertes bewertet und danach für die jeweiligen Maßnahmen in einem scoringähnlichen Verfahren segmentiert.

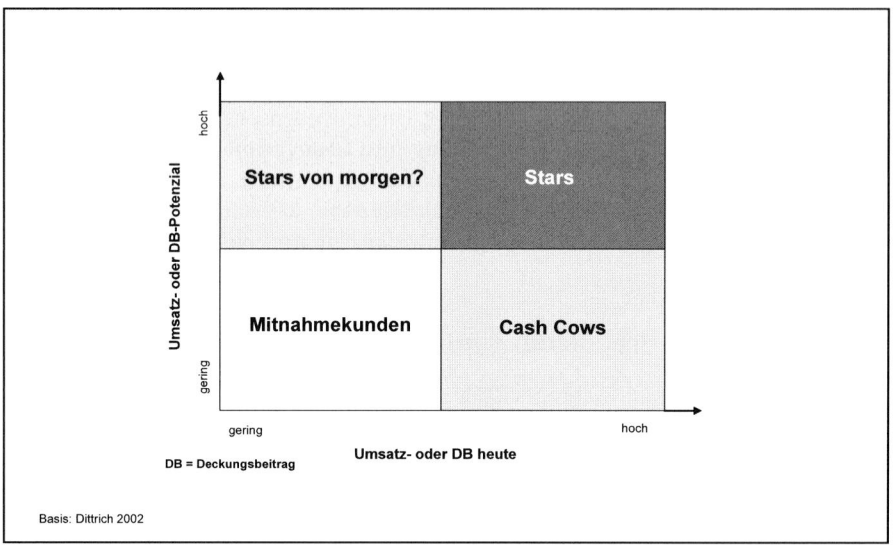

**Abb. 3:** Kunden-Portfoliomethode

### 3.2.2 Kundenbindungsmanagement im Lebenszyklus

Das Management der Kundenbeziehungen erfolgt dabei in Anlehnung an das **Kunden-Lebenszyklusmodell**. Es wird in die 3 strategischen Managementelemente Kundenakquise, Kundenpflege/ Kundenbindung und Kundenabwanderungsmanagement unterschieden.

In der **Akquisitionsphase** werden auf Basis frühzeitiger Segmentierungen die Kunden identifiziert, die für das Unternehmen entsprechende Potenziale aufweisen. Diese werden mit gezielten Mailings, Kaufanstößen und Loyalitätsmaßnahmen entwickelt, so erhalten z.B. potenzielle Platin-Kunden frühzeitig Informationen über Statusmaßnahmen.

Im Rahmen der Hauptphase des **Kundenbindungsmanagements** kommen viele Elemente zum Einsatz, die im Folgenden näher beschrieben werden. Die gesamten Maßnahmen sind dabei auf das Geschäftsmodell und die unterschiedlichen Kundentypologien angepasst.

In der potenziellen **Kundenabwanderungsphase** erfolgen eine systematische Analyse der abwandernden Kunden und ein am Kundenwert orientiertes Rückgewinnungsmanagement. D.h. je nach Kundenwert und Kundenpotenzial sind aufwändige, weniger aufwändige bzw. gar keine Rückgewinnungsmaßnahmen durchzuführen.

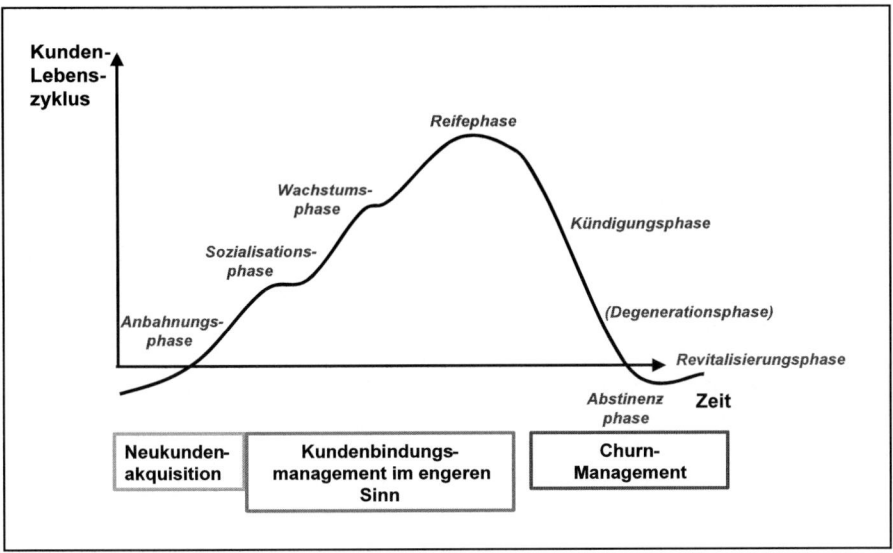

**Abb. 4:** Kundenbindungsmanagement im Lebenszyklus

### 3.2.3 Maßnahmen zur Kundenbindung – Die Breuninger Card

Das wesentliche Medium zur Kundenbindung ist die Breuninger Card. Die Breuninger Card wurde 1959 als 1. deutsche Kundenkarte eingeführt. Die Breuninger Card ist seitdem permanent weiterentwickelt worden und bietet heute ein mehrdimensionales Kundenbindungsmedium. Die Kernfunktionen der Breuninger Card sind (1.) die Zahlungsfunktion, (2.) die Status- und Affinitätselemente und (3.) die Loyalitätselemente bzw. Mehrwerte.

**(1.) Die Zahlungsfunktion**

Die Breuninger Card hat seit 1959 die Funktion einer Zahlkarte mit der Wahlmöglichkeit für den Kunden (seit 1991), ob er die Karte als **monatliche Vollzahlerkarte** oder **Revolving Credit Karte** nutzen möchte. Sie bietet dem Kunden dabei eine einfache und komfortable Bezahlfunktion mit ca. vierwöchigem Zahlungsziel. Dieser Servicevorteil alleine hat heute, durch die alternativen Zahlungssysteme sein Alleinstellungsmerkmal von 1959 zwar verloren, durch eine individuelle Kundenbehandlung und Zusatzservices bietet diese Funktion dennoch weiterhin

Bindungspotenziale. Da viele Kunden die Zahlfunktion gelernt haben bzw. die Karte für sie so attraktiv ist, dass sie teilweise keine alternativen Kreditkarten besitzen, bietet die Karte sogar eine Wechselbarriere, da erst ein alternatives Zahlungsmittel beantragt werden müsste (mit Ausnahme der Barzahlung natürlich). Die Besonderheit der Breuninger Card-Zahlungsfunktion liegt in dem individualisierten Kundenvorgehen, in welchem trotz aller Kredit- und Risikoaspekte individuelle Lösungen zur Kundenbindung beitragen.

**(2.) Die Status- und Affinitätselemente**

Breuninger Card-Kunden erhalten einen besonderen Service und eine besondere Behandlung. Alle Card-Kunden haben dabei gegenüber Nicht-Card-Kunden entsprechende Vorteile. So gibt es in den verschiedenen Abteilungen **Express-Kassen**, an denen direkt nur mit der Breuninger Card bezahlt werden kann. Zudem gibt es in jedem Store **separate Servicebereiche** und **regelmäßige Card-Events**, für welche die Breuninger Card Zugangsvoraussetzung ist. Analog des beschriebenen Kundenwertsegmentierungsansatzes sind unterschiedliche Kundenstati aufgebaut worden, mit der Platin Card als oberster Kategorie.

Die Platin Card ist die umsatzabhängige Statuskarte für die wertvollsten Kunden. Platin-Kunden erhalten bei Breuninger eine besondere Wertschätzung und zahlreiche Mehrwertleistungen. Für Platin Card-Kunden gibt es einen eigenen „**Concierge Service**" mit nahezu allen speziellen Services rund um Breuninger. An ausgewählten Standorten ist für Platin-Kunden ein Teil der **Parkplätze reserviert**, der exklusive Zugang ist nur mit der Platin Card über einen Kartenleser an der Parkplatzschranke möglich. Platin Card-Kunden erhalten zudem auf Wunsch für alle Produkte eine **Luxus-Geschenkverpackung**, eine besondere Behandlung beim Einkaufen und werden nach Bedarf persönlich von den jeweiligen Geschäftsführern eines Stores betreut. Als besonderen Mehrwert erhalten Platin-Kunden mehrmals jährlich ein spezielles **Platin-Mailing** mit besonderen Angeboten, bei denen Breuninger Events und Angebote inszeniert werden, die in dieser Form nur Platin Card-Kunden erhalten. Die Angebote sind dabei so selektiert, dass sie i.d.R. mit Geld nicht zu kaufen sind bzw. optimalerweise Breuninger den einzig möglichen Zugang zu diesem Angebot darstellt. Damit wird eine besondere **emotionale Aufladung der Card** und ein entsprechendes **Zugehörigkeits- und Exklusivitätsgefühl** gewährleistet. Angebote sind z.B. spezielle Einladungen zu Modeschauen mit hochrangigsten Designern, exklusive Weindegustationen mit dem jeweiligen Winzer oder Önologen, DTM Autos fahren auf dem Hockenheimring, Musicalpremieren mit anschließender Feier mit den Darstellern.

**(3.) Die Loyalitätselemente**

Die Loyalitätselemente sind in mehrere Kategorien aufgeteilt. Die finanziellen Kundenvorteile sind z.B. ein jährlicher **Geburtstagsbonus** (Card-Kunden erhalten einen umsatzabhängigen Gutschein im Wert von 5 bis 100 Euro innerhalb von 6 Wochen nach dem Geburtstag), ein **permanenter Preisvorteil** auf alle Düfte (10%) und **regelmäßige Preisvorteile** auf ausgewählte Produkte in nahezu allen Werbeauftritten. Dabei gibt es zahlreiche reine Card-Medien, in denen die betreffenden Produkte bzw. Produktvorteile nur Card-Kunden zugänglich gemacht werden, zudem gibt es spezielle Angebote/ Produkte, die nur für Card-Kunden zu kaufen sind. Card-Kunden erhalten darüber hinaus ein hochwertiges exklusives Magazin und zahlreiche Servicevorteile. Ein Beispiel für einen fokussierten kundenindividuellen Service ist die so genannte Auswahl. Kunden können alle Produkte für 10 Tage unverbindlich zur Auswahl mitnehmen. Als Medium zur Durchführung wird die Breuninger Card (und die Zahlfunktion) verwendet, d.h. die jeweiligen Produkte werden mittels einer Art „Zwischenbuchung" für 10 Tage gespeichert. Wenn der Kunde die Ware behalten möchte, muss er nichts Weiteres unternehmen, die Ware wird nach 10 Tagen auf sein Konto fakturiert. Wenn der Kunde die Ware bzw. einen Teil zurückgeben möchte, dauert der Vorgang nur Sekunden und alternative aufwändige Umtauschaktionen entfallen. Damit ist eine klassische „Win-win-Situation" erreicht. Der Kunde hat einen deutlichen **Zeit- und Convenience-Vorteil** und Breuninger spart sich aufwändige Umtauschprozesse. Zudem werden auf diese Weise im Endeffekt höhere Gesamtumsätze realisiert.

### 3.2.4 Maßnahmen zur Kundenbindung – Kundenservice

Die unter 3.1 beschriebenen Programme sind die heute im Fokus der Aufmerksamkeit stehenden Kundenbindungselemente. Im Bekleidungshandel ist dabei der **Kundenservice**, ein in der heutigen Diskussion oft vernachlässigter, aber sehr wesentlicher Kundenbindungsfaktor. Unabhängig davon, welche Marketingstrategien und Loyalitätsprogramme entwickelt werden, ist eine der massivsten Bindungen, die prinzipiell erzielt werden kann, die Bindung zwischen dem Verkaufs-/ Servicepersonal und dem Kunden. Nachdem aufgrund der gesamtwirtschaftlichen Situation gerade die **Servicebereitstellung** (vor allem Personal) im Bekleidungshandel zu einer **knappen Ressource** geworden ist, muss es mittels einer **Servicedifferenzierung** das Ziel sein, zu vermeiden, dass die besten Kunden eines Unternehmens nicht den gewünschten Service erhalten, weil das Unternehmen zu viel seiner Ressourcen für wenig/ nicht profitable Kunden aufwendet. Dabei gibt es im gehobenen Bekleidungshandel ein weiteres wichtiges Phänomen. Die „big spenders" erwarten eine differenzierte Behandlung zum Rest der Kunden. Zeithaml et al. (2001) schlagen diesbezüglich eine Servicedifferenzierung nach der **Kundenwert-Pyramide** vor, die dann erfolgreich ist, „whenever the company has customers that differ in profitability but is delivering the same levels of service to all customers".

Breuninger legt dabei sehr viel Wert auf die Gestaltung der Serviceerlebnisse. Das sehr hohe Grundniveau wird durch permanente Schulungen, ein hohes Maß an Aufmerksamkeit und die permanente Messung über einen so genannten **Happy-Customer-Index** gesichert. Dabei testen selbst eingestellte **Mystery-Shopper** aus dem Kundenkreis das empfundene Serviceniveau mit einer standardisierten Vorgehensweise. Durch den Bezug auf den eigenen Kundenstamm ist dabei eine realitätsgetreue Abbildung der Kundenerwartungen gewährleistet.

Für Kunden, die einen speziellen Anspruch an Service haben, gibt es den so genannten **Special Service**. Dieser Service bietet für anspruchsvollste Kunden Personal Shopping auf höchstem Niveau. In einem telefonischen Vorgespräch werden die entsprechenden Kaufwünsche, Maße des Kunden und der Zeitpunkt abgeklärt. Der Kunde kann dann an seinem ausgewählten Termin in einem separaten Bereich unter exklusiven Rahmenbedingungen die von ihm gewünschten Artikel anprobieren, die für ihn in entsprechender Auswahl vorab bereitgestellt werden. Der Service ist für die Kunden kostenlos und prinzipiell jedem Kunden zugänglich, wobei durch die Kunden eine Art **Selbstselektion** stattfindet, d.h. eine opportunistische Ausnutzung des Services ist nicht zu beobachten.

Die **Kulanz** in der Reklamationsbearbeitung ist in diesem Kontext als weiteres wichtiges Element der Kundenbindung anzusehen.

Breuninger legt dabei je nach Kundenwert sehr viel Wert auf die **zufrieden stellende bzw. begeisternde Lösung von Beschwerden**. Da gerade der Umgang mit Beschwerden die Bereitschaft zu positiver oder negativer Mund-zu-Mund-Kommunikation determiniert, wird auch in der Nachbehandlung der Beschwerden viel Wert auf die Messung der erfolgreichen Beschwerdebearbeitung gelegt. So werden z.B. Top-Kunden im Anschluss an die Beschwerdebearbeitung erneut kontaktiert, um die Zufriedenheit zu messen.

### 3.3 Einordnung der Breuninger Card in die dargestellten Kundenbindungsstrategien

Die Breuninger Card lässt sich in die in Kapitel 2 dargestellten strategischen Grundüberlegungen zum Kundenbindungsmanagement im Bekleidungshandel wie folgt einordnen. Entsprechend der vorab dargestellten Bedeutungszusammenhänge sind die Breuninger Card und das korrespondierende Kundenbindungssystem im Unternehmen als sehr wichtiges **Asset** explizit definiert. Dies gewährleistet die notwendige Aufmerksamkeit und Fokussierung des Top-Managements bei der Ausgestaltung des gesamten Systems. Auf Basis der dargestellten geringen Bindungspotenziale rationaler Vorteile (Rabatt usw.) im Bekleidungshandel sind in der strategischen Ausgestaltung vor allem „weiche" **Begeisterungsfaktoren** in Verbindung mit der Breuninger Card als Bindungselemente vorgesehen. Durch eine Vielzahl an **Zusatzservices** und an **emotionalen Elementen** wird versucht, den Kunden auf alternative Weise zu marktüblichen Programmen an das Unternehmen und das Medium Card zu binden. Die sehr hohe Durchdringung mit einem Umsatzanteil von deutlich über 55% des Gesamtumsatzes spricht im Kontext einer Kundenkarte mit Zahlfunktion für sich.

Dabei wird sowohl auf die Kundenzufriedenheit als notwendigen Faktor für eine freiwillige Bindung als auch auf die skizzierten Elemente zum **Vertrauensaufbau** in zukünftige Leistungen viel Wert gelegt. Abbildung 5 skizziert in diesem Zusammenhang die wesentlichen Bindungselemente der Breuninger Card.

Das Platinprogramm verdeutlicht dabei explizit die klare Implementierung einer auf Kundenwert ausgerichteten Kundenbindungsstrategie. Die nach dem „Pareto-Prinzip" für das Unternehmen wertvollsten Kunden werden in einem eigenen Programm mit für diese Kundengruppe fokussierten Mehrwerten und Begeisterungsfaktoren gebunden. Dabei erfolgt sowohl eine Differenzierung in den Serviceleistungen als auch ein spezielles abgestimmtes Loyalitätsprogramm.

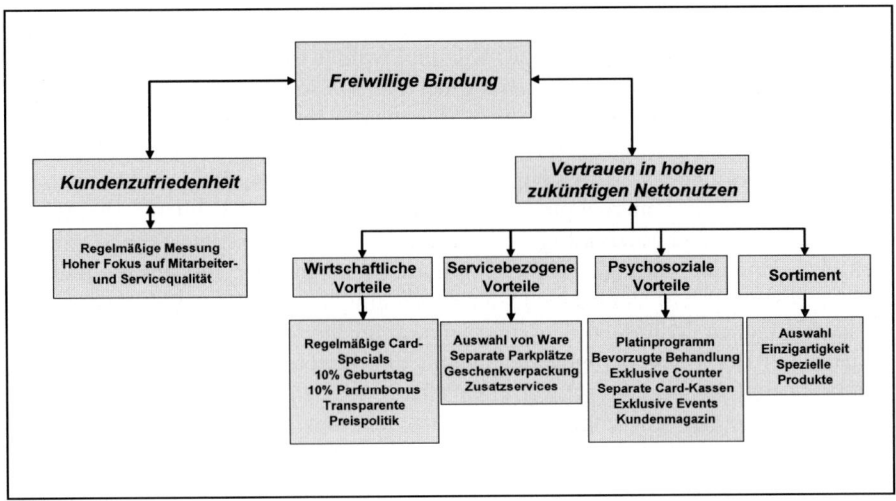

Abb. 5: Bindungselemente der Breuninger Card

## 4 Fazit

Die Marktsituation des deutschen Bekleidungseinzelhandels ist nach Auffassung des Autors nicht dazu geeignet, einen „business as usual"-Ansatz im Umgang mit Kunden zu verfolgen. Bei einem mindestens stagnierenden, wahrscheinlich sogar nachhaltig schrumpfenden Markt und einem darin impliziert veränderten Kundenverhalten bekommt die Strategie der Einzelhandelsunternehmen zur Kundenbindung eine zunehmend höhere Bedeutung. Dabei ist zu beachten, dass aus Sicht des Kunden der Markt geprägt ist durch eine Vielzahl von Alternativ-Anbietern, die mit geringem Aufwand im Sinne von Kosten und Zeit erreichbar sind. Demzufolge ist die Beziehung zwischen Kunde und Einzelhändler strukturell am besten als „freiwillige Bindung" anzusehen und dies ist dann auch der Ausgangspunkt zur praktischen Gestaltung von Maßnahmen der Kundenbindung.

Betont wurden die vielfältigen Facetten der praktischen Gestaltung der Kundenbindungsmaßnahmen. Mit großer Gewissheit kann man die These vertreten, dass ein **„one size fits all"-Ansatz** (gleichartige Maßnahmen führen bei allen Kunden immer zum Bindungserfolg), nicht Erfolg versprechend sein kann. Es gibt kein Basiskonzept, das von anderen Unternehmen eins zu eins zu übernehmen wäre. Vielmehr muss bei der Ausgestaltung die individuelle Unternehmens- und Kundensituation in hohem Maße berücksichtigt werden. Dabei besteht gerade in der Ausgestaltung der Bindungsprogramme ein reger Differenzierungswettbewerb zwischen den Einzelhändlern; dies vielleicht sogar so intensiv, dass „too many sizes confuse the customer" bald erreicht sein könnte.

Für die Effizienz und die Effektivität von Bindungsmaßnahmen ist zu beachten, dass zwischen Kundenzufriedenheit, Kundenloyalität sowie Kunden(wiederkauf-)verhalten wohl eine positive Beziehung besteht. Diese ist aber keineswegs linear und damit an bestimmten Stellen auch grenzwertig im Sinne des Ressourceneinsatzes für die Erhöhung einer der Zielgrößen. Hinzu kommt, dass Kundenbindung im Kontext des Lebenszyklus von Kunden zu verstehen ist, d.h. je nach Notwendigkeit kann für ein Unternehmen die **Kundenakquisition** erheblich bedeutsamer als die **Kundenrückgewinnung** sein und vice versa. Dementsprechend gibt es nicht das „Wundermittel" des Kundenbindungsmanagements, sondern die interunternehmensbezogenen Unterschiede der Kundenbindungsansätze spiegeln auch die unterschiedlichen Positionen der Unternehmen im Markt wider. Ob die gewählten Ansätze auf der Basis der gegebenen und angestrebten Position im Markt die Richtigen sind, kann heute schwer eingeschätzt werden. Gleichwohl sind wir der Meinung, dass nur ein angemessener Fit zwischen Unternehmensposition im Markt und Kundenbindungsmanagement auf Dauer das Investment in die Bemühungen um den Kunden rechtfertigen wird.

# 5 Literatur

*Ahlert, D./ Hesse, J. (2002):* Relationship Management im Beziehungsnetz zwischen Hersteller, Händler und Verbraucher, in: Ahlert, D./ Becker, J./ Knackstedt, R./ Wunderlich, M. (Hrsg.): Customer Relationship Management im Handel. Strategien – Konzepte – Erfahrungen, Berlin/ Heidelberg 2002, S. 3-29.

*Bauer, M./ Kliger, M./ Kopka, U. (2004):* Mehr als einfach nur Rabatte, in: DER HANDEL 05/2004.

*BAG (2006):* Vademecum 2006 des Handelsverbandes BAG, Berlin 2006.

*Berry, L.L. (1983):* Relationship Marketing, in: Berry, L.L./ Shostack, G.L./ Upah, G.D. (Hrsg.): Emerging Perspectives on Service Marketing, Chicago 1983, S. 25-28.

*Bruhn, M. (2001):* Relationship Marketing. Das Management von Kundenbeziehungen, München 2001.

*Bruhn, M./ Meffert, H. (1998):* Handbuch Dienstleistungsmanagement, Wiesbaden 1998.

*Bruhn, M./ Michalski, S. (2003):* Analyse von Kundenabwanderungen – Forschungsstand, Erklärungsansätze, Implikationen, in: Zeitschrift für betriebswirtschaftliche Forschung, 55. Jg., 2003, Nr. 3, S. 431-454.

*Dittrich, S. (2002):* Kundenbindung als Kernaufgabe im Marketing. Kundenpotentiale langfristig ausschöpfen, St. Gallen 2002.

*Dixit, A.K./ Nalebuff, B.J. (1995):* Spieltheorie für Einsteiger. Strategisches Know-how für Gewinner, Stuttgart 1995.

*Engelhardt, W.H./ Freiling, J. (1996):* Prekäre Partnerschaften, in: Absatzwirtschaft, 39 Jg., 1996, Sondernr. Oktober, S. 145-151.

*Gagliano, K.B./ Hathcote, J. (1994):* Customer Expectations and Perceptions of Service Quality in Retail Apparel Specialty Stores, in: Journal of Services Marketing, 8. Jg, 1994, Nr. 1, S. 60-69.

*Homburg, C./ Faßnacht, M. (2001):* Kundennähe, Kundenzufriedenheit und Kundenbindung bei Dienstleistungsunternehmen, in: Bruhn, M./ Meffert, H. (Hrsg.): Handbuch Dienstleistungsmanagement, 2. Aufl., Wiesbaden 2001, S. 441 -464.

*Homburg, C./ Sieben, F. (2003):* Customer Relationship Management (CRM) – Strategische Ausrichtung statt IT-getriebenem Aktivismus, in: Bruhn, M./ Homburg, C. (Hrsg.): Handbuch Kundenbindungsmanagement – Strategien und Instrumente für ein erfolgreiches CRM, 4. Aufl., Wiesbaden 2003, S. 423-450.

*Kenning, P. (2002):* CRM im Handel. Ein neues Thema?, in: Ahlert, D./ Becker, J./ Knackstedt, R./ Wunderlich, M. (Hrsg.): Customer Relationship Management im Handel. Strategien – Konzepte – Erfahrungen, Berlin/ Heidelberg 2002, S. 85-102.

*Meffert, H. (1989):* Marketingstrategien in unterschiedlichen Marktsituationen, in: Bruhn, M. (Hrsg.): Handbuch des Marketing, München 1989, S. 277-306.

*Nunes, P.F./ Cespedes, F.V. (2003):* The customer has escaped, in: Harvard Business Review, 81. Jg, 2003, Nov., S. 96-105.

*o.V. (2003):* Die größten im deutschen Textileinzelhandel 2003, in: Textilwirtschaft 2003, Ausgabe 04/34, S. 22-28.

*Peppers, D./ Rogers, M. (1993):* The One to One Future. Building business relationships one customer at a time, New York 1993.

*Reichheld, F.F./ Sasser, W.E. (1990):* Zero Defections. Quality Comes to Services, in: Harvard Business Review, 68. Jg., Nr. 5, S. 105-111.

*Reichheld, F. (1999):* The Loyalty Effect. The hidden force behind growth, profits and lasting value, Boston 1999.

*Reinartz, W./ Kumar, V. (2002):* The Mismanagement of Customer Loyalty, in: Harvard Business Review, 80. Jg., 2002, July, S. 5-13.

*Rudolph, T./ Schweizer, M. (2004):* Wenn Käufer streiken. Wiesbaden 2004.

*Zeithaml, V.A./ Rust, R.T./ Lemon, K.N. (2001):* The Customer Pyramid. Creating and Serving Profitable Customers, in: California Management Review, 43. Jg., 2001, Nr. 4, S. 118-142.

# Erfolgreiches Customer Relationship Management bei der BMW Group Deutschland

– Wie lässt sich CRM im Premium-Bereich konkret umsetzen? –

Michael Braekler, Ulrike Wortmann

Inhalt

| | | |
|---|---|---|
| 1 | Die Bedeutung von CRM für die Marke BMW | 755 |
| 2 | Die 4 Bedingungen für erfolgreiches CRM | 759 |
| 2.1 | 1. Bedingung: Den Markenkern festigen und ausbauen | 759 |
| 2.2 | 2. Bedingung: Die Marktposition festigen und ausbauen | 765 |
| 2.3 | 3. Bedingung: CRM heißt Integration und Unterstützung der Handelsorganisation | 767 |
| 2.4 | 4. Bedingung: CRM heißt Qualität und Effizienz | 770 |

## 1 Die Bedeutung von CRM für die Marke BMW

CRM, Customer Relationship Management, ist in den letzten Jahren für die meisten Branchen zu einem der wichtigsten Marketinginstrumente aufgestiegen. Es ist insbesondere für die Automobilindustrie im Premium-Segment von herausragender Bedeutung. Zweifellos zählt die **professionelle Pflege der Kundenbeziehungen** schon seit jeher zu den Hauptpflichten jedes umsatzverantwortlichen Managers. Doch stagnierende Märkte, die mediale Fragmentierung sowie die in ihren Basisbedürfnissen schon lange weitgehend befriedigten Kunden haben die Messlatte der Anforderungen erheblich höher gelegt.

Seit der digitalen Revolution bietet die Vielfalt und Dynamik im IT-Bereich (Informationsverarbeitung, -speicherung und -darstellung) zudem völlig neue Möglichkeiten. Denn im **Beziehungsmanagement** steht der einzelne Mensch im Mittelpunkt aller Maßnahmen, die Marken treten mit ihm als Einzelperson in eine zunehmend differenzierte Kommunikation. CRM bedeutet potenzierte Vielfalt der Dialoge. Statt einiger weniger „Botschaften" wie in der klassischen Kommunikation muss der CRM-Manager eine große Fülle von Informationen auf sehr unterschiedlichen Kanälen senden, empfangen und verarbeiten. Der Austausch wird sich in den kommenden Jahren weiter intensivieren, die Dialoge werden noch individueller gestaltet werden können.

## Die Marke im Dialog

Mit CRM erkennt die Marke den Kunden als König an, sie stellt sich ihm im Dialog vor und berücksichtigt hierbei seine Anforderungen und Möglichkeiten, geht auf den jeweiligen Lebenszyklus ein und richtet sich nach dem individuellen Geschmack. Letzteres kann soweit gestaltet werden, dass Kunden die Möglichkeit erhalten, Detailausprägungen des Produkts nach eigenen Wünschen festzulegen. Das Risiko, dass das Markenbild auf diesem Wege unscharf wird, sich ins Beliebige verflüchtigt, ist groß. Nicht jede Marke ist diesen Anforderungen gewachsen. **Grundvoraussetzung für erfolgreiches CRM ist ein robuster und unverwechselbarer Markenkern**. Er bietet die Grundlage, dass das Feuerwerk der CRM-Maßnahmen zündet und Dialoge tatsächlich stattfinden.

Eine weitere Voraussetzung für den Erfolg von CRM-Maßnahmen ist ihre **Steuerbarkeit und Messbarkeit**. Vielfältige, dynamische Dialoge zu etablieren heißt komplexe Prozesse einzurichten. Hier gilt es, die Übersicht zu behalten, weshalb neben den Maßnahmen selbst Methoden und Werkzeuge vorgesehen werden müssen, mit denen die Kern-Dimensionen jedes unternehmerischen Handelns beherrschbar bleiben: **Effizienz, Qualität und Nachhaltigkeit**. CRM ist deshalb auch die Fähigkeit des professionellen Dialog-Controllings, nicht nur die Kunst des individuellen Kunden-Dialogs.

## BMW setzt schon lange auf CRM

BMW hat schon frühzeitig die ganz besonderen Chancen erkannt, die CRM gerade einer Premium-Marke bietet, und frühzeitig in entsprechende Systeme, Methoden, Programme und ganz besonders in CRM-Know-how investiert.

Hierfür gibt es 2 Gründe:

- Schon immer standen für BMW der Mensch und seine individuelle Art, Freude zu erfahren, im Vordergrund. CRM ist eine ideale Form, dieses Marken-Credo von BMW für den Kunden erlebbar zu machen. Gerade der zweiseitige, wirkliche Dialog erlaubt den Aufbau einer sich schrittweise verbreiternden Beziehungsgrundlage, auf der dem Kunden persönliche und nahezu exklusive Angebote gemacht werden können.
- Die führende Position von BMW in Sachen Fahrfreude beruht zu einem Großteil auf der Innovationskraft der Marke. Für den „Erfinder der Fahrfreude", wie sich BMW selbst bezeichnet, ist es nur konsequent, auch in Sachen Kommunikationsfreude inhaltlich und eben auch technisch führend zu sein. Nicht nur die Modellstrategie, auch das „CRM by BMW" ist auf Innovation, Dynamik und Herausforderung ausgerichtet.

Die Erfolge von BMW in den letzten Jahren sind Erfolge der **innovativen Marken- und Modellpolitik**. An diesen Erfolgen der Marke hat CRM einen wichtigen Anteil.

## CRM bedeutet Dynamik und ständige Innovation

Gleichwohl steht CRM auch bei BMW für eine kontinuierliche Weiterentwicklung. Das ist fast naturgegeben, denn der Begriff „CRM" ist so dynamisch wie seine namensgebenden Bestandteile.

**Customer:** War damit zu Beginn des CRM-Aufschwungs noch in erster Linie der aktuelle Kunde gemeint, so versteht man unter „Customer" heute selbstverständlich auch alle Vor- und Nachstufen seiner „Metamorphose" während der Beziehung, während der „Relation".

Er wandelt sich nach gängiger Lesart vom (noch recht neutralen) **Interessenten** zum mäßig **interessierten Lead**, dann (bei guter Betreuung) weiter zum so genannten **Hot Lead** und schließlich zum **Käufer** – oder eben auch gelegentlich zum **Nichtkäufer**.

Nichtkäufer sind eine besonders wichtige Teilgruppe, denn sie helfen wie keine andere „Kundengruppe", die wichtigen Ansätze für Optimierungen zu erkennen: Was kann und muss beim nächsten Kaufanlass anders gemacht werden? Wird dem Kunden deutlich, dass „wir letztes Mal zugehört haben und es nun besser machen wollen", schafft dies eine besonders wirkungsvolle Voraussetzung für einen Verkaufserfolg „im zweiten Anlauf".

Vom Käufer geht es weiter zum **Nachbetreuungs- oder After-Sales-Kunden** (mit vielfältigen Untergruppen), der irgendwann wieder Ansatzpunkte für erneute Verkaufsbemühungen bietet.

**Relationship:** Die Beziehungsstufen, die Kunde und Marke miteinander durchleben, sind nicht immer gleich oder wiederkehrend. Was wie ein Kreislauf, ein Paternoster, eine Art „Lead-Wiedervorlagesystem" aussieht, ist de facto bestenfalls eine Spirale.

- Neue Produkte und Markenversprechen (auch der Wettbewerb ist aktiv) sowie persönliche Erfahrungen können die Präferenz-Hierarchien beim Kunden verschieben.
- Einen vom Produkt überzeugten Kunden wird man für einen Wiederkauf anders ansprechen müssen als einen enttäuschten.
- Veränderte Lebensumstände münden in neue Anforderungen. Einem jungen Ehepaar wird man unter Umständen zum Zeitpunkt des Familien-Zuwachses ein Touring-Modell anbieten, doch zu jeder späteren „Wiedermotorisierungs-Entscheidung" muss dieses Modell-Angebot auf Relevanz überprüft werden.

Die Fokussierung auf die **Erfahrungs- und Lebensphasen** rund um den einzelnen Kaufakt verengt zudem den Blick:

- Die weitere Markenloyalität eines Beschwerdeführers wird ganz wesentlich vom weiteren Umgang mit seiner Beschwerde beeinflusst. Jüngste Untersuchungen bestätigen, dass Beschwerdekunden, die eine Premium-Betreuung erfahren, zu den loyalsten Kunden gehören.
- Ein Mitglied einer Internet Community wird in Sachen Produktpräferenzen von den Einschätzungen und Ratschlägen anderer Community-Mitglieder geprägt – lange bevor eine konkrete Kaufabsicht und Markenwahl besteht.

- Ein Student, der sich bei einem Marken-Hersteller für ein Praktikum bewirbt und eine ignorante Behandlung erfährt, wird dies bei seiner weiteren Markenwahl nicht vergessen.

Diese Beispiele zeigen, dass sich CRM immer mehr in Richtung „**PRM: People Relationship Management**" entwickelt; hierfür ist ein umfassender Beziehungs-Ansatz die Grundlage: Jeder potenzielle Interessent ist als Kunde anzusehen. Wie anders kann eine nachhaltige Beziehungsqualität aufgebaut werden, eine, die auch kurzfristigen Belastungen gewachsen ist?

**Management**: Wer CRM betreibt, wer Beziehungen (Relations) managen will, darf nicht nur „senden", reden, informieren. Der CRM-Manager ist angewiesen auf Dialog, auf initiativen Input wie auf reagierenden Response.

Das 1. Jahrzehnt des 21. Jahrhunderts ist geprägt von einer Explosion der medialen Techniken. Menschen, Marken und Unternehmen kommunizieren miteinander auf Kanälen, die es noch vor wenigen Jahren nicht gab: Digitale Newsletter und Podcasts zur Vorstellung neuer Angebote, Blogs zur Darstellung eigener Lebensentwürfe und wahrgenommener Verantwortungen, Second-Life-Inseln als Plattform für virtuelle Events mit Real-World-Bezug, Communities zum Wissens- und Erlebnisaustausch, aber auch zur Standortbestimmung: das bin ich!

Eine Marke wie BMW, die sich Innovationskraft auf ihre Fahnen geschrieben hat, muss zwar nicht jedes aktuelle Medium bedienen, nicht jede Mode aufnehmen. Aber sie muss ihre Zielpersonen erreichen und dort, wo es um ihre Themen geht, auf kompetente und markenadäquate Art präsent sein. Das Management der Customer Relations ist in den letzten Jahren von technischer und insbesondere konzeptioneller Komplexität geprägt. Um es professionell betreiben zu können, ist ausgefeiltes Know-how erforderlich.

### Im Mittelpunkt des CRM bleibt der Mensch

Autos werden nicht von Kampagnen an Zielgruppen verkauft, nicht von E-Commerce-Modulen an Communities: **Händler verkaufen Autos an Menschen!** Die Aufgabe von BMW ist es, die besten Voraussetzungen für das Gelingen dieses persönlichen Austauschs zu schaffen.

Konkret bedeutet das für BMW zweierlei:

- **Im Mittelpunkt des CRM von BMW stehen Menschen mit individuellen Geschichten, Vorlieben und Wünschen**. Die Internet-Angebote, Events und Kampagnen müssen zu ihnen passen. Dazu muss BMW diese Menschen verstehen – wie dynamisch ihre Wünsche und Lebensumstände auch sein mögen. Systeme, Datenbanken, Web 2.0-Innovationen und die noch vor uns liegenden Technologien dürfen nicht am Zuhören hindern, dürfen den Blick nicht verstellen auf die Hauptaufgabe: **Jedem einzelnen Kunden automobile Erlebnisse der Freude mit der Marke BMW zu bereiten.**
- Auch wenn viele CRM-Maßnahmen zentral in München geplant und die entsprechenden Systeme hier gepflegt und entwickelt werden – erfolgreich können sie alle nur sein, wenn die Händler die zunehmend differenzierten Ansprachen

und Dialogwege am Ende des Tages auch verstehen, annehmen, fortführen und schlussendlich in Verkaufserfolge umsetzen können.

Auch in Bezug auf die Handelsorganisation bedeutet CRM deshalb eine ganz besondere Herausforderung. Es werden zunehmend innovative Integrations- und Unterstützungsleistungen zu erbringen sein. BMW hat hier große Integrationsschritte bereits frühzeitig eingeleitet. Mit Hochdruck wird daran gearbeitet, die aufgebaute Plattform weiter auszubauen. Nur im engen Zusammenspiel zwischen Zentrale und Handelsorganisation kann sich vertrieblicher Erfolg einstellen, das gilt ganz besonders für CRM.

## 2 Die 4 Bedingungen für erfolgreiches CRM

CRM muss für BMW insgesamt 4 Bedingungen erfüllen:

- Den Markenkern festigen und ausbauen, Markenerlebnis bieten
- Die Marktposition festigen und ausbauen, Marktanteile steigern
- Die konzeptionelle und systemische Integration der Handelsorganisation mit der Zentrale vorantreiben und intensivieren
- Qualität und Effizienz, die Grundlagen nachhaltigen Wirtschaftens, sicherstellen

### 2.1 1. Bedingung: Den Markenkern festigen und ausbauen

Gerade für Premium-Marken gilt: Bei aller Vielfalt und Individualität moderner Kundenbetreuung muss der Markenkern und sein Versprechen erhalten und ausgebaut werden. Das BMW Markenerlebnis muss deshalb unverwechselbar auf allen Ebenen präsent sein. Bereits die Antwort auf die erste Kontaktaufnahme mit dem Customer Service Center (Telefon, White Mail, E-Mail, Fax, SMS) muss „typisch BMW" sein.

Im 1st Level werden die Kundenanfragen von kompetenten Agenten bearbeitet, die regelmäßig in speziellen Produkttrainings geschult werden. Im 2nd Level sorgen Kfz-Meister und Kfz-Service-Berater für eine kompetente Beantwortung von Spezialfragen. BMW setzt hier nur eingeschränkt auf externen Support. Trainings, Qualitätssicherung und 2nd Level-Betreuung werden von eigenen Mitabeitern durchgeführt.

Das zu Grunde liegende, **integrierte CRM-System ("Top Drive")** (siehe Abb. 1) erlaubt dabei allen beteiligten Stellen Zugriff auf den gleichen Vorgang und Datensatz, so dass die individuelle Kontakthistorie, die bereits gekauften Fahrzeuge, die Abstimmungen mit dem Handel etc. bei allen Bearbeitungsschritten berücksichtigt werden können. So kann jede Anfrage besonders zügig und individuell bearbeitet werden. Und so erfährt jeder Kunde und Interessent bei einem Kontakt mit BMW, dass man ihn kennt und sich um ihn bemüht.

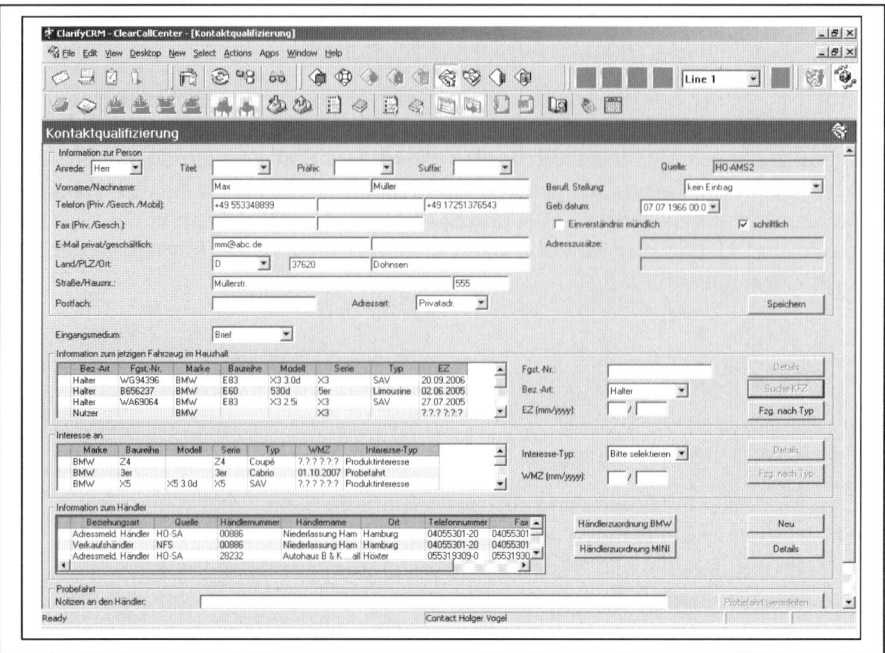

**Abb. 1:** Top Drive Kundenmaske

Im zentralen CRM-System „Top Drive" ist natürlich auch erkennbar, ob der Kunde Inhaber einer BMW Kundenkarte ist. Diese personenbezogene Karte bietet Offerten, die nur BMW Kunden genießen können und die dem persönlichen Lebensstil der Kunden entsprechen (Golf für Golfer, Motorsport für Motorsport-Fans usw.).

### Kundenkarte: Türöffner in Betreuungsprogramme

Die BMW Kundenkarte (siehe Abb. 2) offeriert Kundenvorteile und Privilegien, die ihrem Besitzer vorbehalten sind. Wer die Karte besitzt, hat Anspruch auf Angebote, die nur BMW bietet. Einladungen zu Veranstaltungen sind ein wichtiger Baustein. Denn mindestens ein- bis zweimal im Jahr soll jeder Kunde BMW Luft schnuppern können, sei es in einem Hospitality-Zelt am Rand einer Rennstrecke, sei es auf der Kieler Woche oder im Gästebereich des internationalen Golf-Turniers BMW Open. Die BMW Kundenkarte ist der Türöffner in dieses Betreuungsprogramm. Wer auch seine Kundenkarte als Kreditkarte nutzen will, kann das selbstverständlich jederzeit tun.

Ein angenehmer Zusatznutzen der Kundenkarte ist, dass mit ihr Dienstleistungen und Produkte zu Sonderkonditionen erworben werden können. So bieten ausgewählte gute Hotels zweistellige Rabatte selbst auf die günstigen Firmenraten oder kostenlose Zimmer-Upgrades. Karteninhabern werden preislich attraktive

Wochenendreisen angeboten und, z.B. in der Schweiz spezielle Wellness-Angebote sowie die für die Schweizer Autobahnen obligatorische Vignette als Extra. In Deutschland gibt es ermäßigte Karten für bestimmte Konzertprogramme, eine Ticket-Hotline, ermäßigte Parkhausgebühren, einen kostenlosen Lotsendienst und – was vielleicht eher zu den „Hygienefaktoren" gehört – dauerhaft freien Eintritt im BMW Museum in München, das derzeit gastweise in Münchens Olympiapark ausstellt und 2008 auf sechsfach vergrößerter Fläche an bekanntem Platz wiedereröffnet.

**Abb. 2:** BMW Kundenkarte (ohne Zahlungsfunktion)

Bei diesen Offerten spielt die **privilegierende Situation** die Hauptrolle, nicht der **geldwerte Vorteil**. Immer steht das **Markenerlebnis** im Zentrum. Ganz besondere Events, Services und Kooperationen zeigen so markenbindende Wirkung. In der ersten Ausbaustufe der BMW Card macht das Unternehmen allen Kartenbesitzern die gleichen Angebote. In der zweiten Stufe ändert sich das. Alle Angebote haben auch weiterhin BMW Premium-Niveau. Aber Motorsport-Fans interessieren sich nun einmal für andere Dinge als Liebhaber großer Festivals in Cannes oder Salzburg. Mit Hilfe der Kundenkarte lädt BMW zunehmend zu speziellen **Zielgruppenveranstaltungen** ein. Eine Community entsteht, in der man sich besonders gut aufgehoben fühlt und die hilft, den Markenbezug sicherzustellen: Man trifft Gleichgesinnte mit Sinn für das fachsimpelnde Pausengespräch. Ein bewusst eingeplanter Nebeneffekt. Es steht außer Frage, dass eine Premium-Marke wie BMW dies alles auf Premium-Niveau anbieten muss. Dass alles, was ein solches Betreuungsprogramm offeriert, den Markenwerten entspricht, versteht sich theoretisch von selbst. In der Praxis liegt die Kunst gerade hierin, Angebote so zu gestalten, dass sie den BMW Markenwerten entsprechen.

Das Netzwerk der Wirkungen wie der Pflege eines solchen Betreuungssystems ist komplexer, als es der Kunde erlebt. Zahlreiche Schnittstellen müssen „versorgt", Kriterien und Leistungen abgestimmt und technisch wie redaktionell synchronisiert werden. Karteninhaber können beispielsweise bei Vertragshotels günstiger wohnen. Sie sollen schon beim Einchecken als VIP-Gast erkannt und entsprechend „gehoben" behandelt werden (siehe Abb. 3). Dabei hat jede Hotelkette ihr eigenes Buchungssystem und Upgrade-Programm. Zudem sollen die Leistungen und Vergünstigungen sowohl bei Offline-Check-In als auch online via www.meinbmw.de präsent sein bzw. vorgestellt werden. Die Herausforderung liegt darin, dies alles für den Kunden transparent, aber unsichtbar zu synchronisieren.

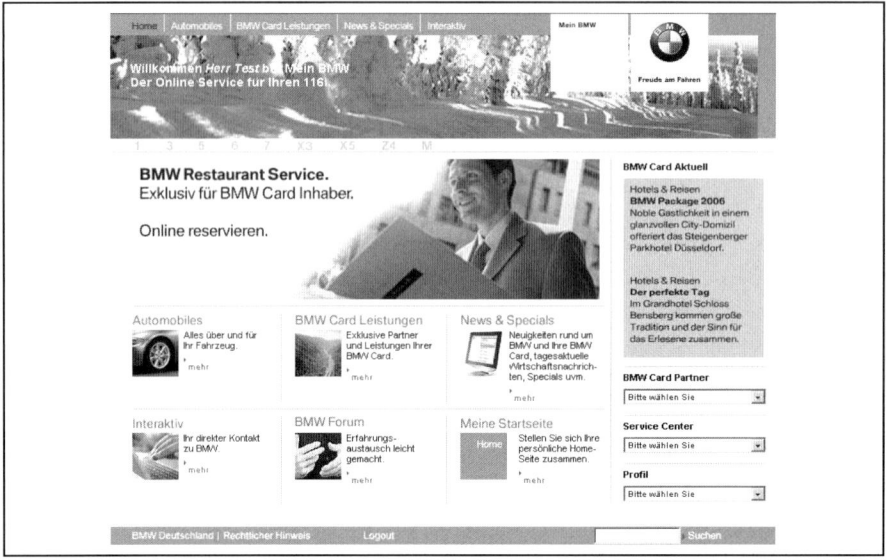

**Abb. 3:** www.meinBMW.de

Bei Einladungen zu Veranstaltungen erlebt der Karteninhaber die Marke intensiver und erfüllt seinen Wunsch, Neues kennen zu lernen, Aufregendes und Exklusives zu erleben. BMW leistet dies, ohne dass der Kunde sich beim Wettbewerb umsehen müsste, und sichert via Kundenkarte zugleich ab, dass geplante Events wirtschaftlich gestaltet werden können und stets ausgebucht sind – weil sie entsprechend nachgefragt werden.

### *Communities: Schon immer wichtig im CRM*

Über die Kundenkarte öffnet BMW bereits seit einigen Jahren den Zugang zu entsprechenden **Themen-„Communities"**, die seit **Web 2.0** zum Zauberwort für modernes Marketing geworden sind. So unterschiedlich die Communities, ihre

Mitglieder, ihre Themenausrichtungen sind, so unterschiedlich sind auch die Ansprachemöglichkeiten.

BMW ist hier nicht zuletzt auch deshalb aktiv, um die vielfältigen und dynamischen Interessen der Community-Mitglieder zu verstehen. Drei Punkte sind für BMW beim Community Engagement im Internet wichtig:

(1) **Authentisch und typisch BMW sein**. BMW kommuniziert offen, ist eindeutig Premium und stellt sich auch kritischen Themen, so lange das Umfeld sachlich ist.
(2) **Bezug zur Marke BMW herstellen**. BMW öffnet Wege zum Markenerlebnis, sei es durch eine Einladung zu einem Event, sei es durch die Verlinkung zu Special-Seiten in den Portalen bmw.de und meinBMW.de.
(3) **In direkte Kommunikation treten**. BMW will Anlässe für einen Dialog schaffen, denn in der Kommunikation kann BMW von seinen Stärken überzeugen und Kunden gewinnen. Im Austausch erhält BMW umgekehrt ein Bild von den Anforderungen und Möglichkeiten des Gegenübers und kann so seine Potenziale einschätzen.

Ein gutes Beispiel für eine Maßnahme, die alle 3 Anforderungen vereint, ist ein XING-Event mit XING-Mitgliedern auf der BMW Golf open. Hier trafen sich Mitglieder der XING-Community München in einer realen, exklusiven BMW Umgebung und konnten so direkt mit der Marke kommunizieren.

### *BMW Style Tour: das ganz besondere Markenerlebnis*

Ein besonderes Markenerlebnis mit vielfältigen Wirkungsebenen stellt die BMW Style Tour dar, die seit 2006 in Kooperation mit dem Burda-Verlag durchgeführt wird. Hier wird speziell die Zielgruppe der modebewussten BMW Kundinnen angesprochen. Bei den Frauen hat BMW noch Boden gut zu machen, die Marke sprach lange Zeit in 1. Linie Männer an. In Zeiten, in denen das Management zunehmend von Frauen erobert wird, gewinnt auch die Marke, die wie keine andere mit Dynamik und Herausforderung verbunden wird, für Frauen an Attraktivität.

Die BMW Style Tour ist eine 3-tägige Erlebnisreise (2006 in Norditalien, 2007 auf Mallorca), die automobile Faszination mit Events kombiniert, die gerade Frauenherzen höher schlagen lassen (Shopping, Beauty, Mode, Wellness). Nach einer Ankündigung in Frauen- und Lifestyle-Titeln des Burda Verlags werden aus den vielen tausend Bewerbungen ca. 20 Frauen zur Teilnahme an der BMW Style Tour ausgelost (siehe Abb. 4).

Die eingesetzten Fahrzeuge bilden das Spektrum der aktuellen BMW Modellpalette ab, die Strecken sind für besondere Erlebnisse der Fahrfreude ausgewählt und die Stationen selbst sind geprägt von exklusiver Betreuung und einem umfassenden Markenerlebnis auf Premium-Niveau – mit ganz besonderem Blick auf die Wünsche moderner Frauen.

Von den verschiedenen Events und Tourerlebnissen wird in den entsprechenden Magazinen anschließend ausführlich berichtet. Die BMW Style Tour ist ein gutes Beispiel für die besonderen Möglichkeiten von CRM, die Zielgruppenansprache auszuweiten, ohne am Markenkern zu rühren.

**Abb. 4:** Aufruf BMW Style Tour 2007

### *Dialog im Internet: Individualität jenseits von E-Mail-Newslettern*

Technische Dynamik und Innovationskraft ist eines der Markenmerkmale von BMW. Diese Kompetenz muss auch im Internet erlebbar werden, will man den Kontakt zu allen relevanten Zielgruppen behalten. Der BMW Car Configurator, der dem Anwender nach erfolgter Konfiguration pro-aktiv weitere persönliche Empfehlungen zu den Sonderausstattungen gibt, zeigt diesen Spielraum für gutes CRM beispielhaft. In der Fachsprache nennt man die hierfür eingesetzte Technik **„Collaborative Filtering"**. Der Begriff bezeichnet etwas vereinfacht das **Erkennen von Präferenzmustern** der Kunden.

Konkret erhalten Kunden, die ein Fahrzeug auf www.bmw.de konfiguriert und gespeichert haben, ausgehend von den bereits ausgewählten Ausstattungen weitere Vorschläge für eine sinnvolle Komplettierung ihres Wunsch-Fahrzeugs. Ausgangspunkt ist hierbei ein Musterabgleich mit allen anderen Nutzern des Car Configurators. Der Kunde erhält so eine ganz aktuelle Empfehlung à la „andere Kunden, die sich ein vergleichbares Fahrzeug konfiguriert haben, haben noch zusätzlich gewählt…".

Durch dieses **Eingehen auf individuelle Anforderungen des Kunden** können bisher **unbekannte Potenziale erschlossen** werden.

Eigentlich beschreibt dieser Satz das Basisversprechen, das Mantra jeder CRM-Aktivität. Mit Collaborative Filtering hat BMW dieses Versprechen überzeugend eingelöst: Der Response und die anschließenden Verkaufserfolge der Händler sind nach der Einführung deutlich gestiegen. Und neben dem wirtschaftlichen Nutzen trägt die Maßnahme außerdem zur Stärkung des Markenkerns bei. BMW war der 1. Automobilhersteller, der diese anspruchsvolle Technik einführte.

## 2.2   2. Bedingung: Die Marktposition festigen und ausbauen

„Marktanteile gewinnt man, in dem man neue Kunden gewinnt und bestehende zum erneuten Kauf motiviert." So trivial diese Erkenntnis ist, so unterschiedlich ist die Umsetzung in jeder Branche und für jede Marke.

Ein Automobilhersteller muss zunächst sicherstellen, dass der Kunde beim Kauf und direkt danach in seiner Entscheidung bestätigt wird – für den privaten Haushalt gibt es nur wenige andere Ausgabenpositionen in dieser Höhe.

Bei BMW ist hier in 1. Linie der Händler gefragt und gefordert, er muss die vorbereitenden Gespräche führen, Probefahrten vereinbaren, die Finanzierung planen, überzeugen und schließlich zum Vertragabschluss kommen. Er muss die Wartezeit bis zur Auslieferung überbrücken.

Mit einer zentralen Betreuung kommt der Kunde in dieser Zeit kaum in Berührung. Und doch ist er schon längst in der **zentralen Datenbank** angelegt und in **entsprechende Betreuungsprogramme** aufgenommen. Eine der ersten Maßnahmen des Programms ist das **„Welcome Package"**, welches den Kunden in der Welt von BMW begrüßt und seine Kaufentscheidung bestätigt und dem Kunden die Kundenkarte übergibt.

Ein weiteres wichtiges Element im Welcome Package ist der **„Dialogbogen"**, in dem sowohl die **persönlichen Stammdaten** zur Bestätigung bzw. Korrektur vorgestellt als auch **Einstellungs- und Lifestyle-Daten** abgefragt werden. Auf der letzten Seite kann der Kunde **Lob wie Kritik** frei formulieren (Verbatims).

Die Informationen des Dialogbogens sind von erheblichem Wert, denn sie ermöglichen einerseits, die weiteren Ansprachen stärker zu individualisieren. Sie erlauben es aber auch, generelle Muster im Kundenprofil zu erkennen und so die Kommunikation entsprechend zu kalibrieren.

Schließlich ermöglichen die Verbatims einen aktuellen Einblick in die Qualität der Betreuungsprozesse rund um den Fahrzeugkauf. Gerade dieser ungefilterte Originalton des Kunden ist für Manager, die das Kundenanliegen im Auge haben, unersetzbar. So können Optimierungen ganz gezielt und meist händlerspezifisch angestoßen werden.

Den Wert all dieser Informationen kann man erst dann voll würdigen, wenn man weiß, dass fast jeder vierte Fahrzeugkäufer diesen Dialogbogen ausgefüllt zurückschickt.

### Nach dem Kauf ist vor dem Kauf

Wenn bei der nächsten Kaufentscheidung in 3 bis 5 Jahren keine Abwanderung passieren soll, muss die Marke mit dem Kunden kontinuierlich Kontakt halten, darf sie die Bindung nicht lockern, muss sie die Loyalität festigen.

Noch vor wenigen Jahren erhielt hier das Autohaus über Erstinspektionen und Wechsel des Einfahröls ganz automatisch Gelegenheiten, das bereits im Verkauf gewonnene Vertrauen durch kompetente und unkomplizierte Leistungen weiter ausbauen. Doch die Inspektionsintervalle werden immer länger, mancher Kunde kommt erst nach über 2 Jahren erstmalig in die Werkstatt.

Also gilt es, den Kunden auf anderen Wegen kontinuierlich zu informieren und mit ihm den Dialog zu führen. Direkte Markenerlebnisse und die Erfahrung einer exklusiven Betreuung müssen ihm auf anderen Wegen ermöglicht werden. Mit Recht erwartet der Kunde eines Premium-Fahrzeugs auch Premium-CRM.

### *Fahrzeugwechsel ohne Markenwechsel*

Das Kundenbetreuungsprogramm von BMW mündet in den CRM-Baustein **„End of term"**. Hiermit bezeichnet BMW die Phase, in der der Kunde bereits nach dem Folgefahrzeug Ausschau hält. BMW will seinen Kunden hier die größtmögliche Sicherheit geben, erneut am besten mit BMW zu fahren. Denn die Kontinuität bei der Markenwahl garantiert gerade die Premium-Dynamik, die der BMW Kunde sucht.

Alle Kunden erhalten deshalb rund zweieinhalb Jahre nach ihrem Fahrzeugkauf einen so genannten **„Produktimpuls"**. BMW informiert den Kunden, was sich seit dem letzten Fahrzeugkauf in der Produktpalette getan hat und stellt die aktuellen Modelle und Innovationen sowie die Angebote von BMW Financial Services vor.

Die Kunden haben über diesen Produktimpuls die Möglichkeit, ihre aktuellen **Wiedermotorisierungs-Pläne** (Zeitpunkt, Modell, Ausstattungen) und ihren Informationsbedarf ihrem Händler oder BMW in München auf den entsprechenden Response-Elementen mitzuteilen.

Viele Kunden machen von dieser Möglichkeit Gebrauch, und so verfügt BMW schon recht früh vor den eigentlichen Wiedermotorisierungs-Aktivitäten des Kunden über ein relativ präzises Bild seiner nächsten Schritte und Anforderungen.

Mit diesem Wissen können zentrale Maßnahmen, insbesondere die konkrete Verkäuferarbeit ideal auf das Anforderungsprofil ausgerichtet werden. Die BMW Loyalitätsrate nimmt Spitzenwerte im Premium-Segment ein.

### *Wachstum generieren heißt neue Kunden gewinnen*

Mit der Loyalisierung von Kunden ist es in einem eher stagnierenden Markt natürlich nicht getan: Wenn Wachstum erzielt werden soll, müssen neue Kunden gewonnen werden.

BMW befindet sich seit Jahren auf Wachstumskurs und konnte in den letzten Jahren kontinuierlich den Absatz steigern. Hierfür wurden immer wieder neue Modelle eingeführt, die für BMW neue Zielgruppen erschließen sollen. Um dieses Wachstum beizubehalten, müssen diese neuen Zielgruppen aktiv angesprochen, als Interessenten gewonnen und entsprechende Adressdaten generiert werden. Mit den Adressdaten kann der Handel dann den Kontakt vor Ort aufnehmen und den Verkauf anbahnen.

Die **Adressgenerierung** ist eine wichtige Aufgabe des Handels. BMW unterstützt den Handel hierbei: Ein Großteil der für das Wachstum erforderlichen Interessenten werden zentral generiert und an den Handel weitergeleitet.

Je nach Zielgruppe werden unterschiedliche Medien und Kommunikationsansätze zur Ansprache eingesetzt. So werden z.B. die jüngeren Zielgruppen eher über **Online-Aktivitäten oder Face-to-Face-Maßnahmen** angesprochen, während die älteren Zielgruppen eher über **klassisches Direktmarketing** angesprochen werden.

Lag der Fokus der **Neukundengewinnung** in der Vergangenheit auf der Generierung neuer Interessenten, so verschiebt sich dieser heute hin zur Bearbeitung und Betreuung der schon gewonnenen Interessenten. Ähnlich wie die Kunden werden auch Interessenten nach ihren Anforderungen und Plänen mit unterschiedlichen Programmen zentral betreut. Da nicht jeder gewonnene Interessent gleich ein Fahrzeug kauft, werden die Interessenten, die sich noch in einem ggf. längeren Entscheidungsprozess befinden, in besonderer Weise auf den Kauf vorbereitet.

### BMW Impulse: das Betreuungsprogramm für Interessenten

BMW hat für diese Interessenten ein eigenes Betreuungsprogramm „BMW Impulse" aufgesetzt. Über dieses Programm erhalten die Interessenten gezielt und individuell Informationen zu einem von ihnen ausgewählten Modell und werden so perfekt auf den Kauf des nächsten Fahrzeugs vorbereitet. Die Ansprache der Interessenten erfolgt entweder online oder offline und bietet durch den **hohen Individualisierungsgrad** einen echten Mehrwert für den Interessenten. Neben den reinen produktspezifischen Informationen erhalten die Interessenten auch Einblicke in die Markenwelt von BMW.

Die Bearbeitung der Bestandsinteressenten wird immer wichtiger, die Herausforderung liegt darin, den richtigen Zeitpunkt für die konkrete Verkaufsansprache zu bestimmen. Das Programm „BMW Impulse" hilft dabei, diesen Zeitpunkt genauer zu definieren und verzeichnet damit heute bei den Interessenten deutlich höhere Verkäufe.

### 2.3  3. Bedingung: CRM heißt Integration und Unterstützung der Handelsorganisation

Wenn CRM individuelle Pflege und Betreuung von Kunden bedeutet, dann ist die Integration der Handelsorganisation in Programme, Prozesse und Systeme keine Option, sondern ein Muss. BMW ist auf diesem Integrationsweg weiter vorangeschritten als viele andere Automobilhersteller. Wenn heute um 12 Uhr ein Kunde einen BMW im Fahrzeugkonfigurator auf www.bmw.de auswählt, zusammenstellt und einer Datenweiterleitung an den Handel zustimmt (das ist natürlich die Voraussetzung), dann werden die Daten des Kunden zusammen mit dem gerade konfigurierten Modell um 12:05 Uhr beim Händler im so genannten „Händler-Portal" (eine Extranet-Integration) angezeigt. Der Händler quittiert den Empfang und markiert den weiteren Umgang mit den Daten (i.d.R. übernimmt er den Kunden dann in sein lokales Betreuungssystem).

Auf diese Weise erfährt der Kunde eine **schnelle und** für ihn **transparente Betreuung** aus einem Guss. Der Unterschied zwischen www.bmw.de (betrieben von einer Münchner Zentralstelle) und Händlerkontakt verschwindet: „BMW ist im Internet, im Fernsehen, in der Zeitung und in meiner unmittelbaren Nachbarschaft. Das ganze Unternehmen kümmert sich um mich!"

Für BMW ist die **Qualität des Lead-Managements** in der Handelsorganisation von enormer Bedeutung, viele zentrale Maßnahmen sind auf eine Optimierung dieser Prozesse ausgerichtet. Bei der Weiterleitung von Adressen achtet BMW deshalb darauf, dass die Adressdaten tatsächlich relevant für den Verkäufer sind. Dazu werden diverse Kriterien, wie das Modellinteresse und der geplante Kaufzeitpunkt, herangezogen. Auf diese Weise entsteht eine **„Win-win-win-Situation"** für alle Beteiligten: Der Verkäufer wird durch zusätzliche Verkaufschancen unterstützt, der Interessent erhält zügig und auf bequeme Weise alle relevanten Informationen, Probefahrtangebote und Beratungstermine und für BMW ergeben sich hieraus spätestens mittelfristig neue Chancen für Fahrzeugverkäufe.

Nicht selten wird über diesen Weg der Erstkontakt zwischen Interessent und Händler hergestellt. Bis zum tatsächlichen Kauf kann dann zwar noch etwas Zeit vergehen. Durch eine engagierte Betreuung der Interessenten durch die Handelsorganisation wird jedoch frühzeitig ein entscheidender Vorsprung gegenüber den Wettbewerbern ermöglicht.

### *Perfection Plus: Kundenzufriedenheit im Handel*

Das Thema Kundenzufriedenheit im Handel ist BMW sehr wichtig. Denn jeder Kontakt mit einem BMW Händler oder einer BMW Niederlassung ist auch ein Kontakt mit der Marke BMW. Höchste Zufriedenheit mit den Leistungen der BMW Handelsorganisation ist daher ein wesentliches Element in der positiven Wahrnehmung der Marke BMW durch die Kunden. Gleichzeitig ist das Verhalten des Händlers als direkter Ansprechpartner für den Kunden vor Ort ein wesentliches Kriterium bei der Kaufentscheidung. Aus diesem Grund kommt der Kundenzufriedenheit mit dem Handel strategische Bedeutung zu. Die Qualität der Handelsleistung in Sachen Kundenzufriedenheit, des Neuwagenverkaufs und des Services, misst BMW schon seit vielen Jahren mit einem Verfahren, das Perfection Plus heißt.

Über eine **telefonische Befragung** wird hierbei kontinuierlich die Zufriedenheit der Kunden mit der Handelsorganisation erhoben. Dabei werden nicht nur Personen befragt, die kurz zuvor ein Fahrzeug erworben haben, sondern auch solche Kunden, die kürzlich einen Service Aufenthalt bei einem BMW Händler hatten, denn auch die Service Qualität ist maßgeblich für die Kaufentscheidung der Kunden. **Jährlich werden über 300.000 BMW Fahrer auf diese Weise befragt**.

Bei der Befragung geht es einerseits um relevante Prozessschritte, wie z.B. die Beratung durch die Verkäufer und die Qualität der Werkstatt. Daneben spielen aber zunehmend auch die Soft Skills wie die Wertschätzung der Kunden oder das markenadäquate Verhalten der Mitarbeiter eine Rolle, da sie wesentliche Unterscheidungskriterien gegenüber dem Wettbewerb darstellen.

Die Ergebnisse der Befragung werden dem einzelnen Händler in einem ausführlichen Reporting zur Verfügung gestellt. So wird ihm seine Kundenbetreuungsqualität im Zeitverlauf sowie Vergleiche zu anderen, ähnlichen Händlern aufgezeigt. Ebenso wird individuell analysiert, welche seiner Betreuungs-Leistungen besonders guten, welche besonders negativen Einfluss auf Loyalität und Wiederkaufbereitschaft seiner Kunden haben. So können auf Ebene des einzelnen Autohauses ständig Prozessverbesserungen erzielt werden. Perfection Plus, das seit 2001 eingesetzt wird, hat maßgeblich dazu beigetragen, dass BMW heute im Premium-Segment eine Spitzenposition bei der Kundenzufriedenheit im Handel einnimmt. Neben der Optimierung von Prozessen und Kundenbetreuung erfüllt Perfection Plus 2 weitere wichtige Funktionen.

(1) Zum einen ist das proaktive Nachfragen nach der Zufriedenheit ein Beweis der Wertschätzung, die den Kunden entgegengebracht wird, und die von den Kunden positiv wahrgenommen wird.

(2) Darüber hinaus hat Perfection Plus als CRM-Instrument eine wichtige Dialogfunktion. Der Anruf durch das Call Center bietet dem Kunden eine Plattform, mit BMW zu kommunizieren. Die aus dieser Kommunikation gewonnenen Informationen sind wiederum wesentliche Basis für darauf folgende Kundenbetreuungsmaßnahmen des Händlers, erfährt er doch zeitnah und direkt, ob der Kunde zufrieden oder unzufrieden, loyal oder abwanderungsgefährdet ist und ob er ihn außerdem weiterempfiehlt. Neben einem kurzfristigen Beschwerdemanagement ist so auch eine mittel- und langfristige Optimierung der Kundenbetreuung des Händlers möglich.

## *SELL: Innovative CRM Unterstützung für den Handel*

Der integrative Ansatz von BMW in Richtung Handelsorganisation bleibt beim Messen des Erfolgs indessen nicht stehen. Um eine professionelle, markenadäquate Kunden- und Interessentenansprache innerhalb der Handelsorganisation umfassend sicherzustellen, hat BMW das Programm „**Steigerung der Eroberungs- und Loyalisierungsleistung im Autohaus**" („**SELL**") ins Leben gerufen. Kern des Programms ist eine Beratung vor Ort, bei der für jeden Handelsbetrieb individuell die Handlungsbedarfe ermittelt und dann über ein **Vor-Ort-Coaching** umgesetzt werden. Darüber hinaus werden konkrete Adressgenerierungs- bzw. Kundenbindungsmaßnahmen initiiert und unterstützt. So werden beispielsweise zentralseitig entwickelte und durch den Händler adaptierbare Eroberungs- und Loyalisierungsmaßnahmen in einer Marketing-Toolbox („SELL-Box") angeboten.

Über die „SELL-Hotline" können die Händler dabei auf individuelle Unterstützungsangebote wie z.B. Druck und Versand-Services oder Call Center-Leistungen zurückgreifen, um den Erfolg der Maßnahmen sicherzustellen und möglichst große Synergieeffekte zu nutzen. BMW hat hierzu Rahmenangebote mit Dienstleistern abgeschlossen, auf die jeder Händler ohne zeitaufwändige eigene Preisverhandlungen und Auswahlverfahren zurückgreifen kann. Dadurch werden nicht nur Skaleneffekte in Bezug auf die Preise realisiert, die Händler werden durch die Steuerung und das Qualitätsmanagement durch BMW entlastet und können sich so auf ihre Kernaufgaben konzentrieren.

Durch die Koppelung der Beratungskosten an klar vereinbarte Ziele wird ein Anreiz für die Händler geschaffen, das Programm mit dem notwendigen Engagement zu verfolgen. Erreicht ein Händler die definierten qualitativen und quantitativen Ziele, erhält er die Beratungskosten ganz oder teilweise zurückerstattet. Umsetzbarkeit, Machbarkeit, Verständnis für das im Handel Mögliche wie Notwendige war bei der Entwicklung von „SELL" eine Kernanforderung.

## 2.4 4. Bedingung: CRM heißt Qualität und Effizienz

CRM ist Vielfalt – und Vielfalt kostet Geld. Wie soll der CRM-Manager bei knappen Budgets zwischen den vielen Möglichkeiten auswählen? Natürlich ist Einschätzung und Erfahrung gefragt, aber CRM bietet wie kaum eine Marketingdisziplin noch eine ganz andere, sehr viel relevantere Evaluierungsmöglichkeit – vorausgesetzt, man hat die Systeme und Prozesse richtig gestaltet.

BMW hat bereits beim Aufbau des CRM-Systems Top Drive sichergestellt, dass jeder Neuwagenverkauf im System erfasst wird. So einfach dies klingt, ist es doch etwas, um das BMW von Vielen beneidet wird. Die Vorteile einer solchen flächendeckenden Verkaufserfassung sind offensichtlich. Denn jede CRM-Maßnahme hat „Namen", richtet sich an erfasste Personen. So kann für jede Maßnahme erkannt werden, ob und in welchem Umfang sie erfolgreich war, ob sie zum Kauf des Kunden geführt hat. Bei BMW spricht man hier von der **„Conversion Rate"**.

Die Conversion Rate wird in 6-Monatsabständen gemessen, es gibt also eine 6-, eine 12- und eine 18-Monats-Conversion. Beträgt die 12-Monats-Conversion einer Kampagne z.B. 5%, dann bedeutet das, dass von allen Angesprochenen dieser Kampagne 5% innerhalb von 12 Monaten auch ein Fahrzeug gekauft haben. Natürlich ist die Kampagne nicht alleinige Ursache für den Fahrzeugkauf, der Händler hat vermutlich sogar den wichtigsten Einfluss. Und alle anderen Marketing-Mix-Faktoren sowie Partner, Nachbarn, Kollegen etc. beeinflussen ebenfalls den Erfolg. Trotzdem wird sofort deutlich, was für ein mächtiges Instrument diese Conversion Rate ist. Ihr besonderer Nutzen liegt dabei in ihrer Unmittelbarkeit: Responseraten, Teilnahmequoten, Nettokontakte – das gibt es in vielen Unternehmen. Aber die Conversion misst den eigentlichen Unternehmenszweck, den Verkauf von Neufahrzeugen. Welcher Vertriebsmanager würde seine Maßnahmen nicht an diesem Maßstab ausrichten wollen? BMW misst die Conversion Rate jetzt seit einigen Jahren und blickt deshalb bereits auf einen beachtlichen Wissensberg zurück. Dieses Wissen hilft, neue CRM-Maßnahmen besser zu planen, einzuschätzen und zu vergleichen.

## Mehr als Autos verkaufen

So überzeugend bis verführerisch die Maßnahmenbewertung an Hand der Conversion Rate auch ist – alleiniger Maßstab darf sie nicht sein. Nachhaltige Qualität ist die andere notwendige Dimension für andauernden unternehmerischen Erfolg. Im CRM kann Qualität grundsätzlich auf 3 Arten gemessen werden:

(1) Man beobachtet den Moment der „Qualitätslieferung". Dieses Verfahren ist **Monitoring**. So kann man etwa die Gespräche eines Call Centers mithören oder die Korrespondenz mit Kunden nachlesen und bewerten. Vorteil: Die Situation ist 100% echt, authentisch und ohne Zeitverschiebung. Fehler können schnell erkannt und abgestellt werden. Nachteil: Die Situationen sind weitgehend der normale Standard, kritische oder besonders wichtige Spezialsituationen mit hohem Fehlerrisiko wird man bei einer Stichprobenprüfung nur selten „erwischen".

(2) Man simuliert mit fiktiven Anfragen oder Kampagnenteilnahmen eine typische oder bewusst kritische Situation. Dieses Verfahren kennzeichnet **Mystery Research**. Vorteil: Die Szenarien können auf Sonderthemen ausgerichtet werden (man kann so sogar neue Themen „trainieren"), und man kann zudem auch Leistungen prüfen, die ein Kunde nicht wahrnehmen würde. Nachteil: Die Simulation wird bei zunehmender systemischer Integration immer aufwändiger, und die Szenarien müssen laufend an die realen Kundenanfragen angepasst werden.

(3) Man fragt die Kunden direkt nach ihrer Zufriedenheit bzw. Unzufriedenheit. Werden solche Befragungen regelmäßig und nach einem einheitlichen Muster durchgeführt, dann lässt sich ein CSI, ein **Customer Satisfaction Index**, etablieren.

BMW beschreitet alle 3 Wege. Denn nur zusammen ergibt sich ein vollständiges Bild der Qualität, die der Kunde erlebt und die den Ansprüchen von BMW genügt. Pro Jahr werden über 20.000 Monitorings und Mystery-Untersuchungen durchgeführt, von den über 300.000 Interviews für Perfection Plus war schon die Rede. Nur wenige Unternehmen investieren so massiv in die Qualität ihrer Kundenbetreuung wie BMW.

BMW ist überzeugt, dass die Qualität des CRM ebenso wichtig ist wie die Qualität der Fahrzeuge. Premium ist nicht irgendein Attribut. Nur die Marke darf sich Premium nennen, bei der auch alle Bestandteile den Premium-Anspruch erfüllen. Alle Bestandteile sprechen den Kunden an. Und nur um ihn geht es, beim CRM und bei der Freude am Fahren.

# Vom Aschenputtel in die Unternehmensspitze – Der Aufstieg des professionellen Call Center-Managements

– Welche Entwicklungsstufen hat Telefonmarketing in Richtung umfassendes Kundenmanagement durchlaufen? –

Iris Gordelik

Inhalt

| | | |
|---|---|---|
| 1 | 1980: Das Pflänzchen „Telefonmarketing" erobert Deutschland | 773 |
| 1.1 | Outsourcing auf professionelle Telefonmarketing-Agenturen | 773 |
| 1.2 | Telefonmarketing in der Aufbauorganisation | 775 |
| 2 | 1990: Telemarketing-Dienstleister auf dem Vormarsch | 776 |
| 2.1 | Der PC als Wachstumsbeschleuniger | 776 |
| 2.2 | Telefonmarketing entwickelt sich als Vertriebskanal | 777 |
| 3 | 2000: Telefonmarketing bekommt eine Schwester: Call Center | 778 |
| 3.1 | Eine Kernkompetenz formiert sich zu einer neuen Branche | 778 |
| 3.2 | Call Center in der Aufbauorganisation | 779 |
| 3.3 | Neue Technologien | 780 |
| 4 | 2010: Wachstumsmotor Call Center | 782 |
| 4.1 | Auslagerung in Niedriglohnländer | 782 |
| 4.2 | Telefonmarketing und Call Center wächst wieder zusammen | 782 |
| 5 | 2020: Aufwertung des Kundenmanagements | 785 |
| 5.1 | Konzentration auf Schlüsselprozesse | 785 |
| 5.2 | Die Auftraggeber-Rolle im Customer Management | 786 |
| 5.3 | Wachstum durch neue Bereiche und BPO im Outsourcing | 787 |

## 1 1980: Das Pflänzchen „Telefonmarketing" erobert Deutschland

### 1.1 Outsourcing auf professionelle Telefonmarketing-Agenturen

Professionelles Kundenmanagement ist eines der Themen, das die Unternehmen und den Arbeitsmarkt in den letzten 25 Jahren bewegt und verändert haben. Nahezu alle Unternehmen organisieren heute, intern oder im Outsourcing sämtliche Kundenkontakte in Call Centern. Dabei gab es diesen Begriff 1980 noch gar nicht. Im Folgenden zeigen wir in 10-Jahresschritten die Entwicklung des Kundenmanagements in Deutschland auf; dabei betrachten wir verschiedene Organisationsformen, beleuchten technologische Entwicklungen, beschreiben Aufgabengebiete und Berufsbilder und geben einen Ausblick auf die Zukunft.

In den USA entdeckte in den 1970er Jahren die Tourismusbranche bereits das Telefon nach und nach für Reservierungszwecke, Verkauf und Buchung von Flügen und Hotels. In Deutschland wurde damals das Telefon im Sinne eines „Call Centers" eher für den Verkauf am Telefon eingesetzt, z.B. von Versicherungsvertretern, Vermögensberatern und Anzeigenverkäufern. Dies passierte jedoch wenig strukturiert und organisiert.

In den 1980er Jahren entstanden in Deutschland die ersten **Telefonmarketing-Agenturen** mit plan- und multiplizierbaren Kundenkontaktstrategien im Vertrieb. Telefonmarketing war der damalige Fachbegriff, lange bevor man von Call Centern sprach. Im Zentrum stand damals eine sinnvolle Adressselektion für Anrufe bei Kunden, die den höchsten Verkaufserfolg versprechen.

Die Basis war immer ein **strukturierter Telefonleitfaden**, mögliche Einwände und Vorwände wurden vorher beschrieben und die entsprechende Antwort darauf erarbeitet. Ein Team von Telefonagenten wurde rekrutiert und ausgebildet. Geschult wurden sie zum einen fachlich, in dem Produktbereich, den sie am Telefon verkaufen sollten, und zum anderen in Rhetorik und Gesprächsführung.

Für die Unternehmen war diese Art der Ansprache von Zielkunden neu, deshalb waren viele auch zurückhaltend. In den folgenden Jahren war für die Akquisition von Auftraggebern viel Aufklärungsarbeit notwendig. Die wenigsten Unternehmen betrieben systematische **Telefonakquise** zur Betreuung bestehender Kunden oder der Gewinnung von Neukunden.

Die **Festlegung von Projektprozessen** musste systematisch erfolgen: Beginnend mit der Projektbeschreibung, dem Telefonskript, der Einwandbehandlung, der Multiplikation auf eine Gruppe von Telefonagenten, die nur die Vorarbeit für einen Vertriebsmitarbeiter erledigen, bis zur regelmäßigen Auswertung nach den erreichten Gesprächsergebnissen und bis zur Berechnung der Wirtschaftlichkeit. Dies alles wurde als Dienstleistung angeboten – es war die Geburtsstunde des Call Center Outsourcing.

Immer mehr Unternehmen und hauptsächlich zunächst Vertriebsleiter öffneten sich dieser Dienstleistung und Vorgehensweise, im Unternehmen organisiert oder als Auftrag an eine Telefonmarketingagentur. Zwei wesentliche Gründe, die auch heute noch ihre Gültigkeit besitzen, waren für das **Outsourcing** ausschlaggebend, zum einen die Kosten sowie zum anderen die Transparenz und Kontrolle der Ergebnisse – bis auf den einzelnen Mitarbeiter herunter gebrochen.

Bezogen auf die **Kosten** wurde der Vertriebsprozess in einzelne Schritte aufgeteilt und neu zugeordnet. Die Bereiche der vertrieblichen Vorbereitung, also die Adressselektion, die Potenzialanalyse und der Erstkontakt zum Zweck der Terminvereinbarung wurden jetzt von weniger qualifizierten und somit preiswerteren Mitarbeitern, den Telefonagenten, erledigt. Der teurere Vertriebsmitarbeiter kam erst dann zum Einsatz, wenn der Erfolg wahrscheinlich war. Also zu einem Termin bei einem vorqualifizierten Unternehmen. Gleichzeitig wurde der Vertriebsmitarbeiter so von der Vorarbeit entlastet und konnte die gewonnene Zeit für noch mehr Termine verwenden. Seine Effizienz stieg sprunghaft, also eine Win-win-Situation für alle Beteiligten.

Die **Transparenz** als 2. bedeutender Faktor schaffte für die Vertriebsleitung die Basis, messbare und zentrale Daten zur Steuerung zu besitzen: Wie viele Termine hat jeder Außendienstmitarbeiter, welches Potenzial haben die Unternehmen und wie viel und wann investiert man zur weiteren Akquisition? Welche Gründe zur Ablehnung gab es, und wie kann man diesen gegensteuern? Welche Wettbewerbsprodukte sind im Einsatz, und wer sind die wesentlichen Entscheider im Unternehmen? Allesamt Daten, die in einem strukturierten Telefonat zentral erfasst werden können.

Allerdings wurden die ersten Gesprächsberichte noch auf Papier erfasst sowie per Hand ausgewertet und aggregiert. PC und Laptop beherrschten damals noch nicht das Arbeitsfeld wie heute. Software für Kundenkontaktmanagement war deshalb noch nicht vorhanden. Gesprächsreports wurden mit einem Textverarbeitungsprogramm kreiert und das Original hundertfach kopiert sowie mit einem Adressetikett der Zielfirma versehen.

## 1.2 Telefonmarketing in der Aufbauorganisation

In den letzten 25 Jahren hat sich die Aufbauorganisation in der Weise entwickelt, dass das **Kundenmanagement** ein wesentlicher Treiber für Veränderungen gewesen ist. In den 1980er Jahren waren die Unternehmen überwiegend funktional organisiert und das Telefonmarketing wurde in der Organisation der Unternehmen nachrangig, also auf einer niederen Hierarchieebene, im Vertrieb durchgeführt (siehe Abb. 1).

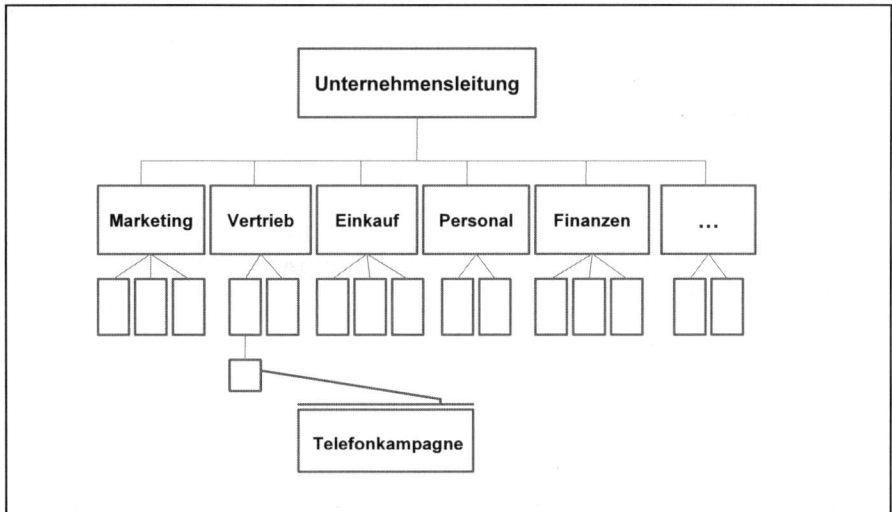

**Abb. 1:** Funktionale Aufbauorganisation

Die heutigen Funktionen in Call Centern oder Telemarketingabteilungen existierten damals noch nicht, weder als Funktionsbereich, noch in der Linie. Telefonmarketing wurde lediglich als Kampagne oder auf Projektbasis realisiert. Dazu steuerte ein Projektverantwortlicher, meist aus dem Vertrieb, entweder einen externen Telefonmarketing-Dienstleister, oder Mitarbeiter aus der Abteilung werden temporär für die Dauer der Aktion zusätzlich mit Telefonaufgaben betraut.

Dadurch hatte das Telefonmarketing bei Mitarbeitern von Beginn an keine hohe Attraktivität; ganz im Gegenteil, die Tätigkeit dort wurde negativ bewertet. Dies galt lange Zeit schon bei den Mitarbeitern der damaligen Telefonauskunft der Post: „Wenn du nichts kannst, kommst du eben in die Telefonauskunft!".

Daran hatte sich auch in den nächsten Jahren, bedingt durch niedrige Löhne und wenig attraktive Arbeitsplatzausstattung, wenig geändert. Zu einfach schien das Bild vom Telefonieren oder dem Verkaufen am Telefon. Denn „verkaufen" heißt sich anbiedern, und das „tut man nicht".

Ein Berufsbild des Telefonmarketing-Agenten oder des Telefonmarketing-Managers gibt es nicht. Agenturen bilden deshalb ihre eigenen Mitarbeiter aus, und in Unternehmen werden Mitarbeiter auf Telefonmarketing-Seminare geschickt.

## 2 1990: Telemarketing-Dienstleister auf dem Vormarsch

### 2.1 Der PC als Wachstumsbeschleuniger

Einige Telemarketing-Dienstleister sind inzwischen deutlich gewachsen, wie z.B. die 1982 gegründete TAS Telemarketing, die mittlerweile als Franchise-Verbund an 8 weiteren Standorten in Deutschland vertreten ist. Weitere Telemarketing Dienstleister kommen hinzu. Die D+S wird 1984 gegründet. Die Sellbytel wird 1988 von Michael Raum ins Leben gerufen, und 1989 wird der Grundstein der defacto in Erlangen gelegt.

Der DDV (Deutscher Direktmarketing Verband) gründet 1986 die damalige „Fachgruppe Telemarketing". Die DIMA (Direktmarketing Messe) entsteht in Wiesbaden und bleibt viele Jahre die führende Messe für diese Zielgruppe.

Der PC hält Einzug in deutsche Unternehmen. Telefonie über den PC ist jedoch eher eine Rarität. Zu hoch sind die Kosten. In der Hauptsache werden Textverarbeitung und Tabellenkalkulation für einige Managementbereiche eingesetzt, und es wird noch eine Weile dauern, bis der PC gängiges Arbeitsmittel im Call Center wird.

Weitere Technologien beeinflussen die Call Center – und somit auch die Entwicklung des Kundenmanagements. Bereits 1979 wurde der **Faxdienst** durch die Deutsche Bundespost offiziell eingeführt. Doch zum Durchbruch verhalf der Akzeptanz des Faxgerätes in Deutschland, als die Gerichte Mitte der 1990er Jahre den Zugang einer Willenserklärung gemäß § 130 BGB auch dann anerkannten, wenn die Willenserklärung durch Fax übermittelt worden war. Damit war das Fax im Bereich der Abschlüsse für Neuverträge oder Vertragsänderungen nicht mehr wegzudenken. Und wo zuvor ein Vertragsprozess mit dem Kunden nur mittels Postweg viele Tage bis Wochen dauerte, beschleunigte sich dieser Prozess auf wenige Tage oder Stunden.

## 2.2 Telefonmarketing entwickelt sich als Vertriebskanal

Im Bereich des Kundenmanagements befindet sich Deutschland in dieser Zeit allerdings immer noch auf dem Level Telefonmarketing, d.h. die Kunden werden mittels Telefon zwar aktiv angerufen zum Zwecke des Verkaufs oder für Befragungen. Aber der Gesamtprozess der Kundenbetreuung wird nach alter Manier organisiert.

Marketing- und Vertriebschefs entdecken jetzt aber mehr und mehr die Chancen und Möglichkeiten, mittels Telefon bessere und umfangreichere Informationen zu geringeren Kosten über ihren Absatzmarkt zu erhalten. Ende der 1980er Jahre vergleicht der damalige Marketingleiter für die ARAL Tankkarte den Erfolg von **klassischen Direktwerbemitteln** mit einer **Telefonmarketing-Kampagne**. An den Tankstellen werden Flyer und Broschüren ausgelegt, es werden Anzeigen mit Responseelementen in Fachpublikationen geschaltet und parallel startet ein Telefonagententeam mit aktiven Anrufen mit dem Ziel von Potenzialanalysen und Terminvereinbarungen.

Die Ergebnisse und Erkenntnisse waren verblüffend. Nicht nur, dass die **Responsequote** im Telemarketing höher war als bei Briefen, zusätzlich waren auch noch wichtige **Potenzialdaten** erhoben worden, mit denen eine zielgerichtete aktive Wiedervorlage möglich war. Der **Kosten-Nutzen-Vergleich** ließ ARAL zur bedeutenden Entscheidung kommen, den gesamten Vertrieb der ARAL Tankkarte über ein vorgeschaltetes Telefonmarketing durchzuführen. Später finden sich bundesweit über 40 Vertriebsrepräsentanten in der komfortablen Situation, nur noch vorbereitete Termine wahrzunehmen, was zu außergewöhnlich hohen Abschlussquoten führt. Die ARAL Tankkarte erobert in kurzer Zeit den Markt.

ARAL entscheidet sich zum Outsourcing und lässt systematisch alle Fuhrparkdaten in deutschen Unternehmen per Telefon erheben und Termine für den Vertrieb legen. Viele weitere Unternehmen erkennen diesen Trend und beauftragten einen Telemarketing-Dienstleister oder gründen Abteilungen im eigenen Unternehmen.

Telefonmarketing-Abteilungen erhalten jetzt überwiegend vertriebsunterstützende Aufgaben und werden entsprechend immer noch dem Vertrieb untergeordnet (siehe Abb. 2), allerdings mit deutlich umfangreicheren und höherwertigeren Aufgaben. Die Zusammenarbeit ist zunächst am engsten mit der Marketingabteilung. Von dort kommen z.B. geeignete Adressen, oder Marketingmanager entwickeln die Kampagne und schreiben Telefonskripte.

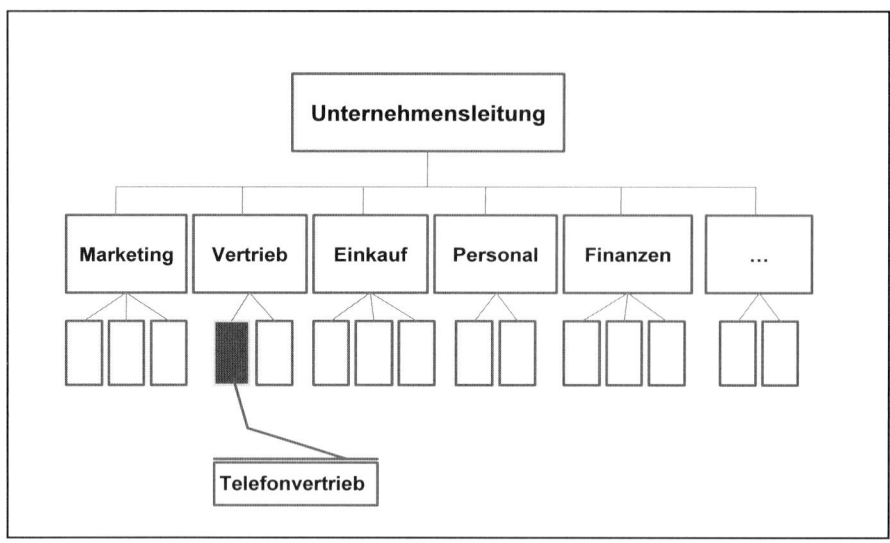

**Abb. 2:** Funktionale Aufbauorganisation mit Telefonvertrieb

Der Personalmarkt für Mitarbeiter im Telefonvertrieb ist in dieser Zeit weiterhin stark unterentwickelt. Telefonagenten werden immer noch selbst ausgebildet. Für die Auswahl gelten Mindestanforderungen wie akzentfreies Deutsch, gute Ausdrucksweise und Spaß am Telefonieren. Die Führungskräfte mit Titeln wie „Leiter Telefonmarketing" oder „Manager Telesales" sind durchweg Quereinsteiger aus verschiedenen Bereichen mit eher autodidaktischem Talent und viel Spaß an dieser neuen Entwicklung.

Erste neue Aufgaben in den Supportbereichen gründen sich, wie z.B. die **Telefonmarketing-Trainer**. Rekrutiert wird meist über lokale Stellenanzeigen, was aber aufgrund der Unbekanntheit dieses Berufsbildes immer erhöhten Erklärungsbedarf mit sich bringt.

## 3  2000: Telefonmarketing bekommt eine Schwester: Call Center

### 3.1  Eine Kernkompetenz formiert sich zu einer neuen Branche

Für die heutige Kundenmanagement- und Call Center-Branche war die Zeit bis 2000 der gewaltigste Um- und Aufbruch. Die neu geschaffenen Call Center dienen zu **Informationszwecken** (Hotline, Produktinformationen), **Kundendienst**, **Beschwerdemanagement**, **Marktforschung**, **Meinungsforschung**, **Auftrags- und Bestellannahme** (Versandhäuser, Ticket Services), **Rufnummernauskunft** oder auch als **Notfall-Dienst** (ADAC, AvD).

Der **Inbound Call**, also die Nutzung der Telefonkanäle durch Interessenten und Kunden, überholt bei weitem den **Outbound Call**, also die Unterstützung von Vertriebsaktivitäten. Waren bisher noch rund 90% aller Agenten mit Outbound im Telefonmarketing beschäftigt, schlägt diese Quote nun exorbitant um, in Richtung 90% Inbound. Eine neue Organisationsform und ein neuer Begriff wurde geboren: Call Center. Die Telefonmarketing-Branche reagierte teilweise irritiert.

Die PC-Revolution, die Telekom-Liberalisierung in Europa, niedrige Löhne und Subventionen lösen einen gewaltigen Schub in Richtung Call Center aus. Neben Deutschland beginnen sich Call Center zunächst in Großbritannien, Irland sowie in den Beneluxstaaten durchzusetzen. Grundlage für die Liberalisierung des Telekommunikationsmarktes in Deutschland war das Telekommunikationsgesetz (TKG) von 1996, das die Marktöffnung 1998 ermöglichte. Firmen wie Mannesmann Mobilfunk forcieren den Wettbewerb im Festnetz. Enorme neue Märkte tun sich europaweit auf für eine neue Art und ungewohnte Volumina in der Kundenbetreuung.

### 3.2 Call Center in der Aufbauorganisation

In Unternehmen werden nun tief greifende organisatorische Veränderungen vorgenommen (siehe Abb. 3). Die bisher funktionsorientierte Aufbauorganisation wird von einer **Prozessstruktur** abgelöst. Die über Jahrzehnte praktizierte Arbeitsteilung führte zwar im Detail zu großen Erfolgen, verhinderte aber im Ganzen das bereichsübergreifende Verständnis für Prozesse und somit eine nachhaltige Kundenorientierung.

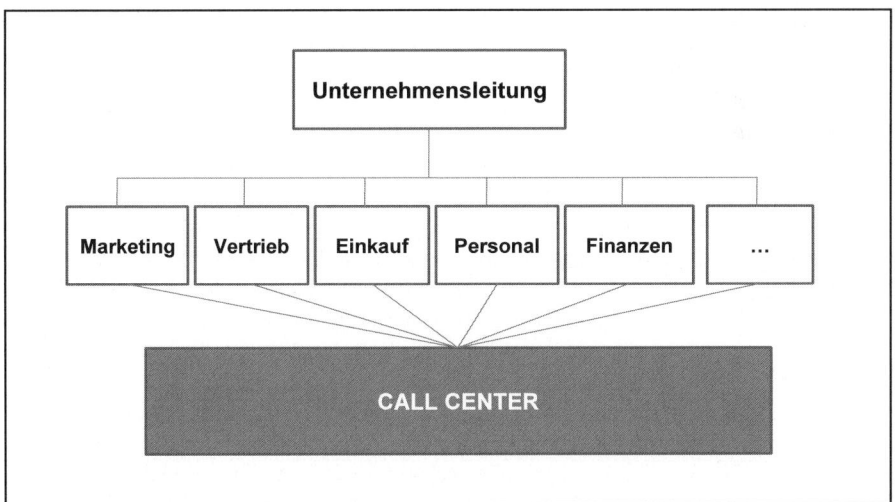

**Abb. 3:** Funktionale Aufbauorganisation mit ausgelagertem Kundenkontakt-Prozess ins zentrale Call Center

Aus nahezu jedem Funktionsbereich werden alle **abteilungsübergreifenden Kundenkontaktprozesse** im Call Center zusammengefasst. So werden etwa alle Anrufe von Kunden über eine zentrale Rufnummer im Call Center angenommen und intern im Call Center organisiert nach dem Pareto-Prinzip: 80% aller Anrufe sollen im Call Center fallabschließend im **Front-Office** bearbeitet werden. Lediglich die restlichen 20% gehen zur Bearbeitung durch teurere Spezialisten in den Funktionsbereich als **Back-Office** zurück.

In Unternehmen mit mehreren Produktlinien oder höherer Komplexität lässt sich jedoch nicht einfach nur ein Kundenkontakt-Prozess ins Call Center ausgliedern. In Abhängigkeit von der Anzahl der separaten Kundenkontakt-Prozesse für einzelne Produktlinien entsteht eine prozessorientierte Matrixorganisation im Call Center. Hierdurch wird die identische Kernkompetenz der Mitarbeiter durch jeweils produktspezifisches Know-how ergänzt.

### 3.3 Neue Technologien

Ohne Technik ist das alles nicht zu organisieren, und so schießen neue Technologien wie Pilze aus dem Boden. Nachfolgend die wichtigsten Entwicklungen der eingesetzten Telekommunikationstechnik, wie sie größtenteils auch heute noch ihre Gültigkeit besitzen:

- **PBX** (Private Branch Exchange) wird die Telefonanlage genannt, welche via Telefonleitungen das öffentliche Telefonnetz mit den Telefonen im Call Center verbindet.
- **ACD-Anlage** (Automatic Call Distribution) ist das Kernstück des Call Centers zwischen der PBX und den Agenten. Diese Anlage teilt alle eingehenden Anrufe in geeigneter Form auf die verfügbaren Agenten auf. Im Regelfall gilt für den Anrufer FIFO („first in first out") und für die Agentenseite das „longest idle"-Prinzip. Andere Verteilungsregeln lassen sich in der ACD ebenfalls einstellen: So können A-Kunden (Premium, GoldCard) an der Warteschlange vorbei vermittelt werden, oder Anrufer bestimmter Rufnummern werden nur an definierte Agentengruppen geleitet. Ist kein freier Agent verfügbar, leitet die ACD den Anrufer automatisch an eine Warteschlange (Queue) weiter. Die ACD-Anlage registriert auch Anzahl und Dauer von Calls, sortiert nach Projekten und nach Agenten. Die Skills als besondere Fähigkeiten der Agenten können beim ACD ebenfalls hinterlegt werden (z.B. Sprachen, TechSupport oder Beschwerdemanagement) und sorgen dafür, dass der Anrufer auch zum richtigen Agenten durchgestellt wird.
- **Ein IVR-System** (Interactive Voice Response) befreit Agenten von Routineauskünften oder kann – durch den Anrufer beeinflusst – bestimmte Anfragen an die qualifizierte Mitarbeitergruppe weiterleiten. Eine aufgezeichnete Begrüßung bietet Anrufern verschiedene Möglichkeiten an, die per Tastendruck oder sprachgesteuert ausgewählt werden können. Die IVR ersetzt bei häufigen gleichen Nachfragen zu einfachen Informationen eine Vermittlung zum Agenten; unternehmerisch werden also Personalkosten erspart.

- **CTI-System** (Computer Telephony Integration) ist eine Technik, welche die Call Center-PBX mit dem Computersystem des Call Centers verbindet. Der Anrufer wird durch die eingehende Nummer oder die Eingabe von Kontonummer oder einer PIN im IVR-System identifiziert. So kann die Kundenhistorie mit Beginn des Gesprächs am Bildschirm dem Agenten angezeigt werden. Der Agent kennt damit Vorgänge, die der Anrufer bereits mit anderen Mitarbeitern besprochen hat, und ist nicht genötigt, den Kunden erneut zu befragen oder intern Rücksprache zu nehmen. Der Bearbeitungsprozess wird erheblich beschleunigt. Die Zeitersparnis ist den Systemkosten gegenzurechnen.
- **Dialer** (Predictive Dialer) werden zunehmen im Outbound-Bereich eingesetzt. In Abhängigkeit von verschiedenen Faktoren des Projektes (Anzahl eingesetzter Agenten, durchschnittliche Gesprächsdauer, erwartete Dauer laufender Gespräche, erwartete Erreichbarkeit von Kunden) wählt das System permanent Rufnummern aus der Gesamtmenge der Kundenpools an. Der Dialer erkennt bestimmte Ereignisse (Anrufbeantworter, Faxgeräte und Besetztzeichen) und sortiert diese Calls aus. Ein erreichter Kunde wird unverzüglich an einen freien Agenten vermittelt. Bei passender Konfiguration wird eine enorme Produktivitätssteigerung in Calls/ Agent erreicht. Nach Gesprächsende wird dem Agenten sofort der nächste Kunde in der Leitung vermittelt.
- **Erlang-C**: Waren bisher notwendige Kapazitäten im Outbound pro-aktiv zu steuern, bedarf es im Inbound nun der re-aktiven Steuerung. Die wohl bedeutendste Grundlage zur Berechnung notwendiger Agenten im Call Center ist die Erlang-C-Formel. Diese wurde zu Beginn des 20. Jahrhunderts von dem dänischen Mathematiker und Ingenieur Agner Krarup Erlang entwickelt. Die Anzahl der benötigten Telefonleitungen kann mit der Erlang-B-Formel errechnet werden.

Diese Masse an neuer Technologie führte in einigen Unternehmen dazu, die Leitung des Call Centers unter die Verantwortung des IT-Leiters zu stellen. Dies hat aus Kundensicht aber nicht funktioniert und sich deshalb auch nicht durchgesetzt.

Mit der allgemeinen Verbreitung des Internets ab Mitte der 1990er Jahre wurde der Telefaxdienst zunehmend durch E-Mails verdrängt. Der Kundensupport wird durch das Internet unterstützt, Produkte und Dienstleistungen werden einer Vielzahl von potenziellen Kunden auf Websites präsentiert. Durch diesen neuen Kommunikationskanal für Kunden entwickeln sich Call Center zu Kundenkontakt-Centern.

Dadurch entwickeln sich neue Berufsbilder, schwerpunktmäßig in notwendigen Supportbereichen, wie der IT, der Kapazitätenplanung und im Qualitätsmanagement. Neben DIN ISO probieren sich Call Center am 1996 eingeführten globalen **Zertifizierungsstandard COPC (Customer Operations Performance Center)** für die Call Center-Branche oder an **Six Sigma**, um die Qualität ihrer Kundenkontakt-Prozesse in Richtung **Null-Fehler-Qualität** zu optimieren. Call Center werden organisiert wie Produktionsunternehmen mit industrieller Fertigung, und die Branche lernt, sich mit ihrer großen Zahl identischer Prozesse und Produkte an derartigen Produktionsunternehmen mit modernen Methoden zu benchmarken. Nicht selten kommen deshalb Call Center-Leiter aus der Produktionsindustrie.

Mittlerweile ist die Anzahl der in Call Centern Beschäftigten in Deutschland auf schätzungsweise 200.000 gewachsen. Mangel an geeigneten Mitarbeitern wird von der Branche als der „bottleneck" für das Wachstum beschrieben.

# 4 2010: Wachstumsmotor Call Center

## 4.1 Auslagerung in Niedriglohnländer

Die steigende Relevanz der Call Center lässt sich nun auch anhand der steigenden Anzahl wissenschaftlicher Publikationen zu diesem Thema nachvollziehen. So zeigt eine Recherche in Google Scholar, dass im Zeitraum von 1980 bis 1990 lediglich 30 Publikationen verzeichnet sind. In den Jahren 1991 bis 1995 sind es immerhin 101, von 1995 bis 2000 hingegen bereits über 2.000 Publikationen. In den letzten Jahren setzte sich bis 2006 der Anstieg mit über 4.000 Publikationen weiter fort.

In Deutschland arbeiteten im Jahr 2004 rund 250.000 Menschen in diesem Dienstleistungsbereich. 2006 sind es bereits über 400.000, 2007 kommen geschätzte 40.000 dazu. Die Anzahl aller Call Center in Deutschland wird auf 5.000 bis 6.000 geschätzt.

Physisch gestaltet sich dieses Wachstum in großen eigenen Call Centern. Customer Service-Einheiten bedienen alle Anfragen des Endkunden. Telekommunikationsanbieter, Energieversorger, Verlage und generell Unternehmen mit hohem Kundenservicebedarf beschäftigen mehrere Hundert Menschen für den Dienst am Kunden per Telefon, Fax oder E-Mail.

Immer die Kosten im Blick, schaute mancher bereits nach kostengünstigeren Alternativen im Ausland. Und bald machte ein neuer Begriff die Runde: **Offshore** und **Nearshore**, also die Verlagerung von Produktionskapazitäten im Kundenservice ins ferne oder nahe Ausland. Wie erfolgreich Offshore ist, hängt von vielen Faktoren ab. In Irland wurde die Nachfrage nach Call Center-Mitarbeitern z.B. so groß, dass die Löhne eklatant gestiegen sind und der Kostenvorteil sich selbst eliminierte. Für Ungarn und die Türkei gibt es bereits die gleiche Vorhersage. In den osteuropäischen Ländern wird Offshore sicher noch 10 Jahre attraktiv sein.

## 4.2 Telefonmarketing und Call Center wächst wieder zusammen

Obwohl Telefonmarketing als vertriebsunterstützendes Element bereits seit den 1980er Jahren bekannt ist, geht es im riesigen Markt der jetzigen Call Center mit den Hotlines, den User-Help-Desks, den Customer Service Centern nahezu unter. Zwar existieren nach wie vor Dienstleister, die sich auf Telefonmarketing spezialisiert haben, aber deren Anzahl und Auftragsvolumen ist im Vergleich eher gering. In den Unternehmen arbeiten Manager in ihren Service Centern an Kundenorientierung und an der Optimierung ihrer Prozessabläufe mit dem Ziel der höchstmöglichen Effizienz. Doch es wird kein aktives Telefonmarketing betrieben und eingehende Anrufe werden nicht genutzt, um Kunden neue Produkte vorzustellen oder Zusatzverkäufe z.B. durch Verbrauchsmaterialien zu erzielen. Diese Denkweise änderte sich, als etwa ab 2003 ein neuer Begriff die Runde macht: „**verkaufsaktives Inbound**". Und eine 2. wichtige Entwicklung ist die Verdrängungsmarkt-Situation in der Telekommunikationsbranche.

Call Center, die sich bisher als Service- und Anlaufstelle für den Kunden verstanden haben, entdecken ihr Vertriebspotenzial. Und so entwickelt sich eine vollkommen neue Betrachtung der Call Center. Prozesse werden neu definiert, Mitarbeiter auf **Vertriebs-Skills** trainiert und Absatzquoten budgetiert. Der Kundenservice der AOL Deutschland schafft es – in nur 2 Jahren – sich zum erfolgreichsten Vertriebskanal zu etablieren. Wurden bis dato Neukunden über Marketingmaßnahmen, wie z.B. bundesweite Streuung der Installations-CD gewonnen, so werden jetzt 70% aller Kunden über Telesales und verkaufsaktives Inbound in Call Centern gewonnen.

Um die Effizienz im Call Center zu steigern, ist die Implementierung von neuen Technologien wichtig. Synergien und Potenziale zwischen den komplementären Zielrichtungen können durch die **Automatisierung vorhandener Prozesse** im Call Center gehoben werden. Diese automatisierten Prozesse sind für den Kunden positiv spürbar und bringen ihm einen Zusatznutzen. Damit ist im Wesentlichen die zusätzliche Nutzung von **neuen Kontaktmedien** (Kontaktkanäle: Telefon, Fax, E-Mail, Web, SMS), von **intelligenten Sprachdialogsystemen** mit natürlicher Sprache und von einfach zu bedienenden **Self-Service-Systemen** gemeint. Von besonderer Bedeutung ist die umfassende Information des Mitarbeiters am Telefon über die Belange des Endkunden auf der Grundlage eines Customer Relationship Management-Systems (CRM).

Intelligente, medienübergreifende Routing-Systeme über alle Kundenkontaktkanäle sind daher die wichtigsten IT-Themen in den Unternehmen, genau wie CRM-Systeme zur umfassenden Kundenverwaltung und die Computer Telephony Integration (CTI) mit dem Ziel der Kopplung der sprachbasierten Welt mit DV-Systemen.

Dank dem Internet beschäftigt die Branche ein weiteres Thema: Die Umstellung von der klassischen Telefonleitung auf **Voice over Internet Protocol (VoIP)**, also die Telefonie über Datenleitungen. Internet-Telefonie ist wesentlich kostengünstiger. Außerdem können Unternehmen nun ihre Call Center-Standorte mit den Telekommunikations-Anlagen über das Internet vernetzen. Bisher mussten in Unternehmen 2 Netzwerke installiert und gepflegt werden. Eine Telefonanlage mit sternförmiger Verkabelung zu den Telefonen und ein separates Datennetzwerk. Für beide Welten gab es in den Unternehmen eigenes Fachpersonal mit spezifischem Know-how in 2 Abteilungen. Mit VoIP ist die Telefonie im Datennetz mit nur noch einem Netzwerk möglich, nämlich dem Datennetz.

Diese Komplexität sowohl auf Mitarbeiterseite als auch in der Technologie schlägt sich nun auch in der Aufbauorganisation nieder. Das gestiegene Volumen, die Komplexität der Anforderungen und nicht zuletzt das tiefe Grundverständnis von Kundenbetreuung und Kundenfokussierung lässt sich am besten in einem eigenständigen Funktionsbereich darstellen. Die Unternehmen ergänzen also das tradierte Modell der funktionalen Organisation durch den Funktionsbereich Customer Service auf gleicher Ebene wie Vertrieb, Marketing usw. (siehe Abb. 4), wohl wissend um die Vorteile des Effizienzgewinns und schnellerer Lernprozesse in dieser Organisationsform.

Das ist nur auf den 1. Blick ein Rückschritt, denn es ist ein notwendiger Zwischenschritt. Da sich alle Bereiche in den Unternehmen in eine prozessorientierte Aufbauorganisation eingliedern, sind die meisten Unternehmen mit stattlichen Ressourcen im Prozessmanagement ausgestattet, um die Schnittstellen zwischen den Fachbereichen zu regeln. Dabei ist auffallend, dass nahezu alle Fachbereiche Kundenmanagement-Prozesse vorweisen, und je mehr diese in Call Centern verantwortet bzw. dort abgebildet werden, desto größer werden die Macht und Einflussnahme der Call Center in den Unternehmen.

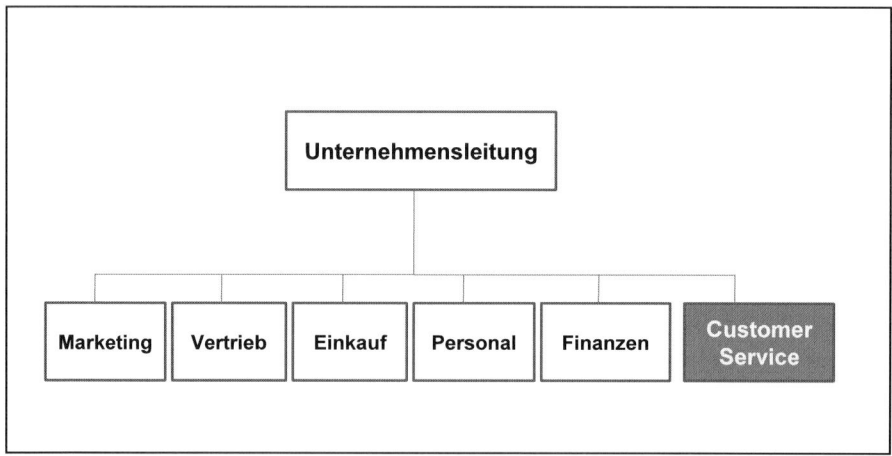

**Abb. 4:** Funktionale Aufbauorganisation mit der eigenständigen Funktion Customer Service

Dies zeigt sich auch an hierarchischen Verantwortungen und in der Außenwirkung. So hat SIEMENS einen Vice President Global Customer Interaction Center, Cisco einen Vice President und General Manager Customer Contact, Maxwell einen Vice President Customer Operations, 1+1 einen Vorstand Customer Care. Andere Unternehmen gründen eigenständige Töchter. Bei AOL übernimmt die AOL Service GmbH & Co. KG die gesamte Kundenbetreuung. Die SEB Bank betreut ihre Kunden in einer eigenen GmbH, Verlage gründen Dialogtöchter. Diese Beispiele ließen sich beliebig fortsetzen.

Um den wachsenden Bedarf an ausgebildetem Personal decken zu können, werden die beiden branchenspezifischen Ausbildungsberufe „Servicefachkraft für Dialogmarketing" und „Kaufmann-/ Kauffrau für Dialogmarketing" geschaffen, in denen seit 2006 ausgebildet werden kann. Aber auch vollkommen neue Berufsbilder tun sich auf in den Bereichen IT, Reporting, Workforce Management, Forecastplanung und analytisches CRM.

## 5 2020: Aufwertung des Kundenmanagements

### 5.1 Konzentration auf Schlüsselprozesse

Meine These lautet: Customer Management war bisher Auftragnehmer der verschiedenen Funktionsbereiche und wird in Zukunft immer häufiger Auftraggeber sein. Das ehemalige kleine Aschenputtel zieht in die Unternehmensspitze ein. Der Kern dieser Entwicklung liegt in der Konzentration auf Schlüsselprozesse mit dem Kunden als Dreh- und Angelpunkt. Aus der Ableitung der Unternehmensziele, die eindeutig Wachstum und/ oder Gewinnoptimierung lauten, folgt die Konzentration auf die Prozesse, die erfolgskritische Bedeutung besitzen.

In der gesamten **Leistungsprozesskette** – von der Neukundengewinnung bis zum After Sales Service – sind Schlüsselprozess-Kandidaten zu finden.

Es muss daher gelingen, die gesamte Unternehmensorganisation hinsichtlich ihres Selbstverständnisses, ihres Denkens, Handelns und ihrer Wahrnehmung zu einer **kundenfokussierten** Perspektive zu verändern. Dem wird Rechnung getragen, in dem genau diese Schlüsselprozesse von ganz oben verantwortet werden (siehe Abb. 5).

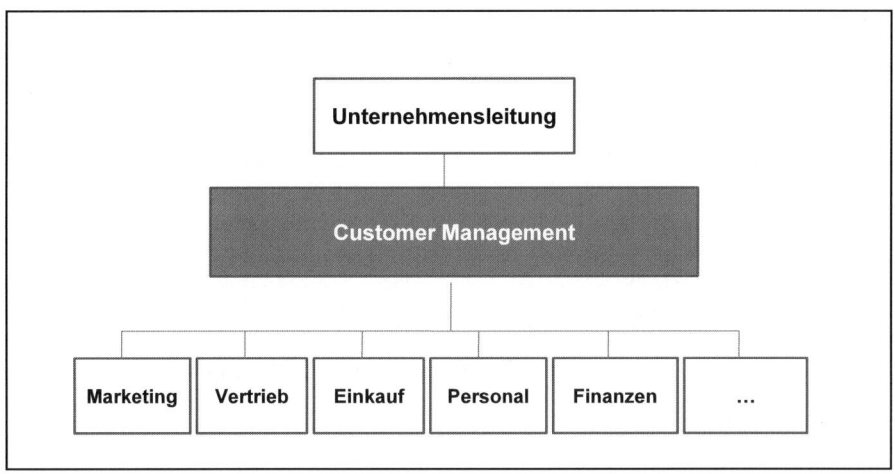

**Abb. 5:** Customer Management als Auftraggeber für Funktionen und „Anwalt des Kunden"

## 5.2 Die Auftraggeber-Rolle im Customer Management

Doch auch **Unterstützungsprozesse als „Enabler"** für Leistungsprozesse, wie z.B. systematische Personalentwicklung, Mitarbeiterbindung, Employer Branding oder auch Wissensmanagement, werden in Zukunft zu absoluten Schlüsselthemen werden.

Was nutzt es, wenn die Personalrekrutierungskonzepte in Personalabteilungen bisher auf Mechaniker, Produktexperten oder Bürokaufleute ausgerichtet sind, sich diese Konzepte aber nicht auf die zu rekrutierenden Mitarbeiter im Customer Service anwenden lassen? Welche Folgen hat es, wenn hochkarätige Universitätsabsolventen sich immer noch für Lieblingsarbeitgeber wie BMW oder SAP, nicht aber für Call Center-Agenturen wie D+S, Walter oder avarto entscheiden? Welche Kosten entstehen, wenn IT-Abteilungen zwar State-of-the-Art-Systeme integrieren, jedoch am **Kunden-Kommunikationsverhalten** völlig vorbei entscheiden?

Das gibt es nicht? Doch, denn genau darüber klagen derzeit die Führungskräfte in den Call Center-Etagen. Und dort, wo Aschenputtel bereits in der Unternehmensspitze sitzt, besetzen sie genau diese „Enabler" mit Schnittstellenmanagern. Diese Manager tragen dafür Sorge, dass in Sachen Personal, IT und Prozesse der Kundensicht Rechnung getragen wird. Der notwendige **360-Grad-Blick** kommt durch das Customer Management bzw. vom Customer Representative.

Parallel wird der **Kostendruck** bei der Leistungserbringung zunehmen. Einerseits müssen bestehende Ressourcen effizienter eingesetzt, andererseits sollen Kostentreiber konsequent abgebaut werden. Dieser Kostendruck wird auch an externe Dienstleister nach wie vor weitergegeben werden, die ihrerseits gezwungen sind, gleiche Qualität zu günstigeren Konditionen anzubieten.

Hier öffnet sich ein weites Feld. Zum Beispiel in der Reduktion der Hardware-Kosten über **ASP-Modelle (Application-Service-Providing)**, die technische Leistungsmerkmale in Netzen abbilden. Virtuelle Call Center-Strukturen über VoIP sind nicht nur schnell, sondern auch kostengünstig aufzubauen und werden zum notwendigen Standard. Spracherkennungssysteme werden in Zukunft beispielsweise bei der Telefon- oder auch der Bahnauskunft den Agenten ersetzen und Personalkosten reduzieren. Eine andere Möglichkeit ist, dass Standardanfragen durch **Freitexterkennungssysteme und Wissensdatenbanken** ebenfalls künstlich beantwortet werden können.

Auf der anderen Seite werden Call Center-Mitarbeiter in Zukunft auch besser bezahlt werden. Zum einen werden die Aufgaben komplexer, und Mitarbeiter müssen dafür qualifiziert werden. Hierzu werden Mitarbeiter mit einer besseren Basisqualifizierung benötigt. Diese Mitarbeiter sind nun einmal teurer als Bildungs-Fremde, wie sie die Politik nennt.

Bei den Führungskräften hat der „War of Talents" längst begonnen. Längst reicht es zur Realisierung der Ziele nicht mehr aus, als Call Center-Leiter/in der beste Motivator für gering bezahlte Agenten zu sein. Betriebswirtschaftliches Wissen, Prozesserfahrung und Direktmarketing-Know-how sind absolute Basics geworden.

## 5.3 Wachstum durch neue Bereiche und BPO im Outsourcing

Die Entwicklungen im E-Commerce sind geprägt von hohen Anforderungen im intelligenten Multi-Channel-Service. Die Call Center-Dienstleister können den Unternehmen dabei behilflich sein, diese gewaltigen Aufgaben zu bewältigen. Schon heute rüsten Unternehmen wie buw, D+S und Tectum durch Zukäufe und Übernahmen, durch den Aufbau von CRM-Beratungsabteilungen und Direktmarketingspezialisten auf, um ganzheitliche Lösungen entlang der gesamten **BPO-Wertschöpfungskette (Business Process Outsourcing)** darzustellen. Vorbei ist das so genannte „Projektgeschäft" welches in der Begrifflichkeit an sich einen Anfang und ein Ende impliziert.

Ganze Vertriebsprozesse werden ausgelagert: Vom Erstkontakt über die Terminvereinbarung bis hin zu Direktmarketing-Strategien und Retention-Maßnahmen. Wie gut die Dienstleister dann die Kunden ihrer Auftraggeber betreuen, wird sich auch in vollkommen neuen Abrechnungsmodellen zeigen, die weg vom **Cost-per-Call** hin zu **Cost-per-Customer** gehen werden. Der Dienstleister handelt einen festen Betrag pro Kunde aus und dem Auftraggeber ist vollkommen egal, ob der Dienstleister den Kunden dafür 2 oder 10 Mal jährlich anrufen muss, um die **Conversion Rate** zu erzielen.

Schätzungen zu Folge sind in den nächsten Jahren rund 1 Mio. Menschen im Customer Management beschäftigt. Gemessen an der Erwerbstätigenquote in Deutschland von knapp 39 Mio. entspricht dies dann über 2,5%.

Gefragt werden insbesondere Direktmarketing- und E-Commerce-Spezialisten mit Call Center-Know-how sein. Zusätzlich werden nahezu alle Supportbereiche ausgebaut werden. Das geht von Reporting über Controlling, Personalbereiche, Analysten und Planer sowie Quality- und Prozessmanager. Für die Übernahme von TOP-Funktionen als Customer Representative werden zwar genügend qualifizierte, aber eindeutig zu wenige Hochkaräter zur Verfügung stehen. Es sei denn, die Branche schafft es, auch bald zu den Lieblingsarbeitgebern zu gehören.

# Call Center-Strategien als interaktives Service Center-Management

– Wie werden Call Center als Customer Service und Interaction Center strategisch und operativ wirkungsvoll gesteuert? –

Armin Töpfer, Günter Greff

Inhalt

| | | |
|---|---|---|
| 1 | Die Rolle des Call Centers im Kundenmanagement | 789 |
| 2 | Der Weg zum Multi-Channel-Management im Call Center | 792 |
| 3 | Die Messung der Servicequalität von Call Centern | 795 |
| 4 | Der Planungsprozess in einem Call Center | 801 |
| 5 | Die Arbeitsweise der besten Call Center | 805 |
| 6 | Die Sicherung und Erhöhung der Qualität des Telefonservice | 808 |
| 7 | Steuerung von Call Centern mit der Balanced Score Card (BSC) | 809 |
| 8 | Beispiele für die globale Vernetzung von Call Centern | 817 |
| 9 | Literatur | 818 |

## 1 Die Rolle des Call Centers im Kundenmanagement

In den vergangenen Jahren hat **Telefonmarketing über Call Center-Architekturen** mehrere Entwicklungsstufen in Richtung eines umfassenden **Customer Service und Interaction Managements** durchlaufen. Formen der Kommunikation, ob geschäftlich oder privat, sowie Marketingaktivitäten, die zuvor auf das Medium Brief bzw. den direkten persönlichen Kontakt zwischen Kunde und Lieferant beschränkt waren, werden nicht nur über Telefon und Fax, sondern zunehmend auch über das Internet „abgewickelt". Das Telemarketing, also die systematische Marktbearbeitung mit Medien der Telekommunikation, entstand und wurde fester Bestandteil einer integrierten Absatzstrategie.

Mit der Zeit weitete sich der Einsatz aller Kommunikationskanäle, und zwar vor allem des Telefons und des Internets, von **Pre-Sales-Aktivitäten** der Information und (Ver)Kauf-Aktionen auf **After-Sales-Aktivitäten** des Kundenzufriedenheitsmanagements und der Kundenbetreuung aus.

Herrschten zunächst **Outbound-Aktivitäten** als aktives Anrufen der Mitarbeiter eines Unternehmens beim Kunden vor, so stieg mit der Zeit und einer zunehmenden Akzeptanz des Telefons und Internets als genereller Kommunikationskanal die Bedeutung von **Inbound-Aktivitäten**, also der Möglichkeit für Kunden, Produkt-, Bedienungs- bzw. Reparaturinformationen zu erfragen oder auch ihre Beschwerden mitzuteilen. Die neueste Entwicklung hebt auf eine stärkere und effektive Verbindung zwischen Inbound- und Outbound-Aktivitäten ab, um Informationsanfragen mit gezielten Produktangeboten zu kombinieren. Für beide Arten von Aktivitäten sind 4 Voraussetzungen wichtig:

- Eine klare strategische Ausgangsbasis mit Vision, Leitbild und konkreter Strategie
- Eine eindeutige Prozessstruktur für Inbound- und Outbound-Aktivitäten
- Die quantitativ ausreichende und qualitativ leistungsfähige Bereitstellung der Infrastruktur und Ressourcen
- Eine gezielte, d.h. qualifizierende und motivierende, Mitarbeiterorientierung im Call Center.

Alle 4 Einfluss- und Gestaltungsfelder zusammen bewirken erst eine hohe Zufriedenheit der Kunden mit den angebotenen Leistungen des Unternehmens (siehe Abb. 1).

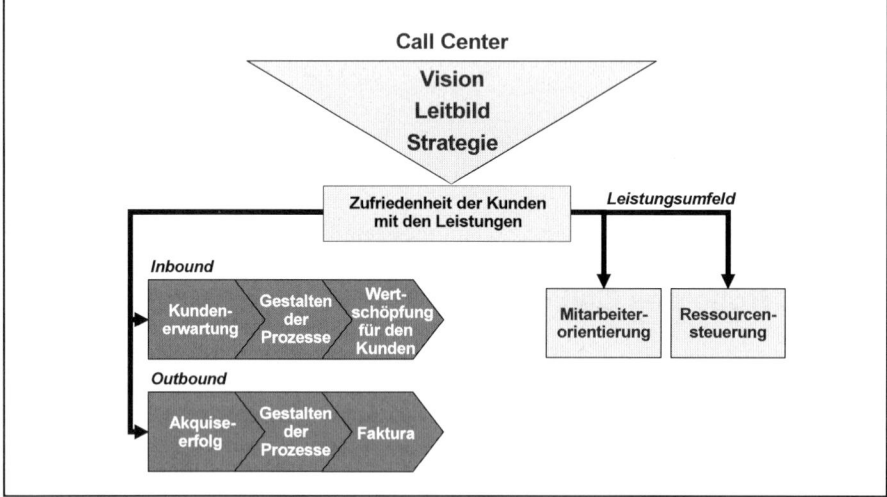

**Abb. 1:** Strategieumsetzung für interne und externe Dienstleistungsqualität im Call Center

Gefördert wurde dieser Trend der **Kombination von Inbound- und Outbound-Aktivitäten** im Call Center durch enger werdende Märkte, schnellere Innovationszyklen, vielfach nicht mehr ohne Weiteres wahrnehmbare Produktunterschiede und -vorteile, anspruchsvollere Kunden sowie häufig exponentiell steigende Vertriebskosten, insbesondere für die Mitarbeiter im Außendienst. Die Telekommunikation bietet eine zufrieden stellende Antwort auf diese Herausforderungen, da sie im Zuge einer integrierten Vertriebs- und Servicestrategie die notwendige Kommunikationsschnelligkeit und den einfachen Kontaktaufbau sowie die Erreichbarkeit von fast allen Orten der Welt ermöglicht. Für viele Teilaufgaben des Vertriebs war es nun nicht mehr notwendig, in der Nähe jedes Kunden einen Servicebereich einzurichten. Die sich hinsichtlich Qualität und Preis immer mehr angleichenden Basisprodukte konnten nur noch dann erfolgreich verkauft werden, wenn ein entsprechender Zusatznutzen als eigenständige Wertkategorie erstellt und dem Kunden überzeugend kommuniziert werden konnte. Einen solchen Zusatznutzen stellt z.B. das schnelle Zusenden von Informationsmaterial über ein Produkt, das telefonische oder elektronische Bestellen einer Ware, die Reparaturauskunft per Telefon oder E-Mail dar.

Im Folgenden konzentrieren sich die Ausführungen auf **Call Center-Strategien**. Der Einsatz des Internets im Kundenmanagement wird in 2 gesonderten Artikeln zum Thema Kundenbindung und Web 2.0 vertieft.

Wie komplex Telemarketing und Call Center Service heute in die Verkaufs- und Kundendienstprozesse integriert werden können, zeigt das Beispiel eines Automobilherstellers anhand der Abbildungen 2a und 2b.

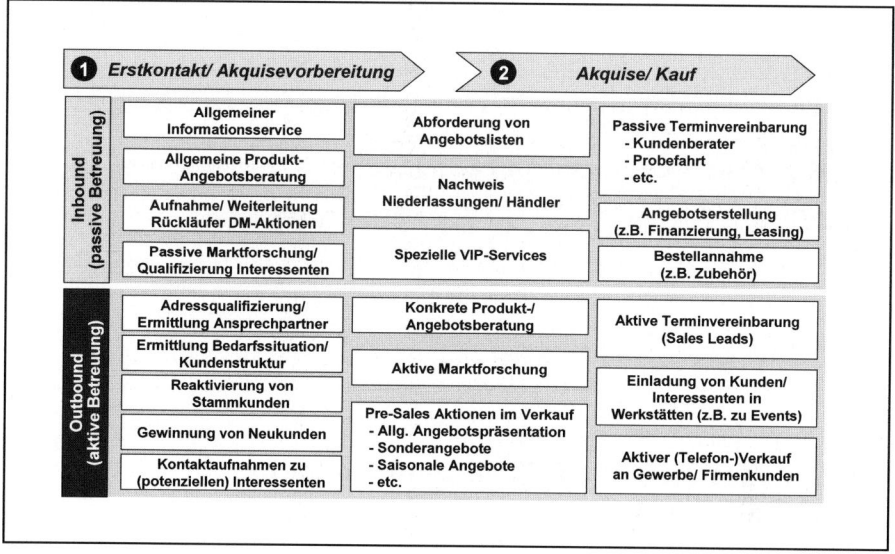

**Abb. 2a:** Die Rolle des Call Centers im Kundendienstprozess

In den letzten Jahren sind neben dem Entgegennehmen von Anrufen und der aktiven Kundenansprache per Telefon weitere Kommunikationsarten hinzugekommen, die in Call Centern bearbeitet werden. Dies trifft heute besonders für das Beantworten von E-Mails, in Ansätzen auch bereits für das Beantworten von SMS-Nachrichten zu. Diese Tätigkeiten haben dazu geführt, dass neben dem Begriff „Call Center" eine Vielzahl weiterer Begriffe, wie Customer Service Center, Customer Interaction Center und Customer Relationship Center verwendet werden.

Brad Cleveland, Präsident des führenden Call Center Beratungsunternehmens ICMI, Annapolis, Maryland, definiert alle Arten von Kontakten, seien es Telefonanrufe, E-Mails, SMS-Nachrichten, als „Call" – also als Ruf des Kunden, eine Anfrage, eine Reklamation usw. kundenorientiert zu behandeln (vgl. Cleveland et al. 2002, S. 8). In sofern gelten die Regeln, die für die Kundenzufriedenheit bei Telefonaten entscheidend sind, auch für die neuen Kontaktarten wie E-Mail.

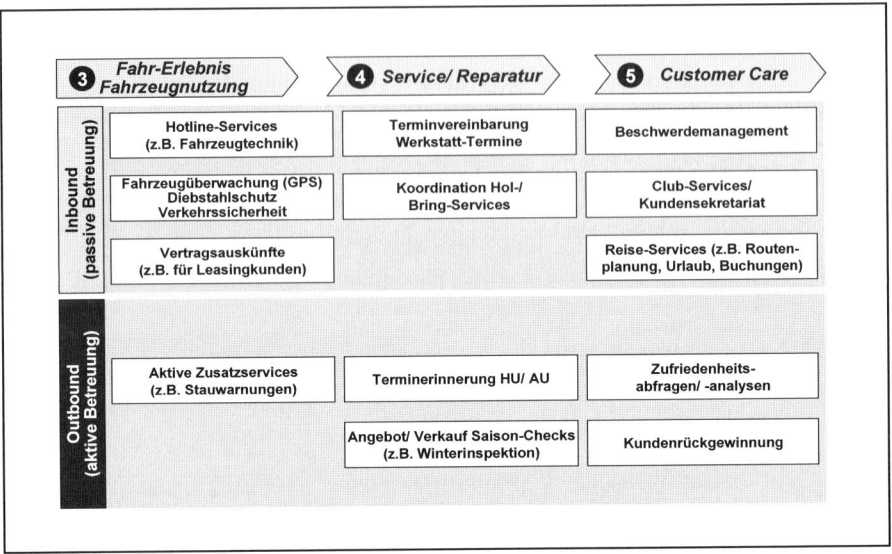

**Abb. 2b:** Rolle des Call Centers im Kundendienstprozess

## 2 Der Weg zum Multi-Channel-Management im Call Center

Zunächst wird kurz auf die historische Entwicklung von der Televerkaufsagentur zum Call Center eingegangen, bevor dann der Fokus auf den zusätzlichen Einsatz elektronischer Kanäle gelegt wird: Mitte der 1970er Jahre wurden in Deutschland die ersten Telemarketing- und Telefonverkaufsagenturen gegründet. Diese Unternehmen übernahmen, in erster Linie für Versandhäuser, den Verkauf von Katalogprodukten am Telefon oder nahmen Anrufe, z.B. Bestellungen, Anfragen oder auch Reklamationen, entgegen. Der Verbraucher erkannte sehr schnell die Vorteile der Telefonkommunikation mit seinen Lieferanten, das Anrufaufkommen wuchs enorm und die betroffenen Firmen begannen, eigene Telefonabteilungen einzurichten.

Mitte der 1980er Jahre waren bei den großen Versandhäusern, wie Quelle und Otto, jeweils etwa 2.000 Mitarbeiter in der telefonischen Bestellannahme beschäftigt. Anstatt schriftlich zu bestellen, griff der Kunde lieber zum Telefon, 80% der Bestellungen gingen über dieses Medium ein. Etwa zur gleichen Zeit startete die

Citibank mit Telefonbanking und der Computerhersteller Dell verkaufte PCs per Telefon am Handel vorbei, direkt an den Endverbraucher.

Anfang der 1990er Jahre tauchte in Deutschland ein neuer Begriff auf: Das Call Center. Als „Erfinder" dieses Begriffs gilt der Amerikaner G.M. Pherson, Gründer des ICMI (Incoming Calls Management Institute, Annapolis, Maryland).

Worin bestehen nun aber die Unterschiede zwischen einem Call Center und einer Telemarketingabteilung oder einer telefonischen Bestellannahme?

Bodin und Dawson, Herausgeber des „Call Center Magazine", definieren den Begriff Call Center in ihrem Buch „The Call Center Dictionary" folgendermaßen (Bodin/ Dawson 1999): „... eine Abteilung, in der Anrufe in hohem Volumen getätigt oder entgegengenommen werden. Die Ursache des hohen Anrufvolumens sind Verkaufs- oder Marketingaktivitäten, Kundendienstleistungen, technische Unterstützung oder andere Geschäftsaktivitäten, die per Telefon oder Internet abgewickelt werden können."

Das **Internet** mit all seinen Kommunikationsmöglichkeiten (E-Mail, SMS, Chat, Videomail usw.) hat die **Arbeitsweisen** und die **Anforderungen** in den Call Centern verändert. Doch derzeit ist kein Trend abzusehen, dass der Telefonservice völlig vom Computer und den neuen Kommunikationsarten abgelöst werden wird, auch wenn die Intelligenz der Sprachcomputer immer besser wird. Vielmehr ist ein Nebeneinander auszumachen, das auch aus den Unterschieden zwischen beiden Medienformen heraus folgerichtig erscheint. Dies macht für alle Unternehmen ein **Multi-Channel-Management im Call Center** erforderlich.

Neben dem Entgegennehmen von Anrufen besteht das Tagesgeschäft eines Call Center-Agenten heute deshalb auch in der Beantwortung von E-Mails. In manchen Call Centern werden bereits mehr E-Mails als Telefonanrufe beantwortet. Dadurch sind die Anforderungen an einen Call Center-Agenten z.T. anders geworden und generell erheblich gestiegen. Neben dem kundenorientierten Sprechen kommt jetzt auch das kundenorientierte und fehlerfreie Schreiben von E-Mails hinzu.

Dies bedeutet, dass die **Auswahl von Call Center-Mitarbeitern** wesentlich sorgfältiger und mit **zusätzlichen Anforderungen an die Fähigkeiten** betrieben werden muss. Auch in die Ausbildung der Mitarbeiter muss wesentlich mehr investiert werden.

Im Gegensatz zum Telefongespräch, wo bei Unklarheiten nachgefragt werden kann, ist die E-Mail, wie das Fax oder der Brief, zunächst eine „Einbahnstraße". In den USA werden deshalb bereits Seminare für Call Center-Agenten angeboten, die das Ziel haben, E-Mails nicht nur lesen, sondern auch interpretieren zu können. Welche Botschaft steckt hinter dem geschriebenen Text, was will der Kunde wirklich, das sind oft die Fragen nach dem Lesen einer E-Mail (vgl. Kruse/ Lux 2001).

Denn auch hier gilt: Am zufriedensten ist der Kunde, wenn sein Anliegen bereits beim ersten Kontakt erledigt wird, und nicht, wenn noch mehrmals E-Mails hin- und hergeschickt werden müssen.

Anbieter wie Xtramind bieten heute deshalb bereits Software an, die eingehende E-Mails „lesen", interpretieren und halb- oder vollautomatisch beantworten. Der Agent oder die Agentin schaut also höchstens noch einmal über den vom System vorgeschlagenen Antworttext.

Im Übrigen gelten die Regeln, die für Telefonkontakte gelten, auch für E-Mails. Der **Servicelevel** muss also mit maßgeblichen Wettbewerbern gebenchmarkt werden.

Nach Schätzungen von Datamonitor aus dem Jahr 2006 liegt die Anzahl der Call Center in Deutschland bei etwa 5.700. In diesen Call Centern arbeiteten im Jahr 2006 laut dem Branchenverband Call Center Forum e.V. etwa 450.000 Call Center Agents.

In den USA gibt es zurzeit etwa 50.600 Call Center. Die Zahl soll im Jahr 2008 auf etwa 47.500 sinken (Studie Datamonitor), da Arbeitsplätze nach Kanada abwandern. In diesen Zahlen nicht enthalten sind die so genannten Micro-Center mit 4-6 Arbeitsplätzen. Diesen Call Groups wird ein noch größeres Wachstum als den großen Call Centern vorausgesagt. Laut einer Marktstudie von Plantronics, dem führenden Hersteller von Headset-Sprechinstrumenten, werden in England demnächst mehr als 1 Mio. Menschen in Call Groups tätig sein.

Call Center sind zumeist Großraumbüros mit einer großen Anzahl an Arbeitsplätzen, die jeweils mit PC und Telefon inklusive Headset ausgestattet sind. Die eingehenden und ausgehenden Anrufe werden mit Hilfe einer speziellen Telefonanlage mit ACD-Funktionen (Automatic Call Distribution) organisiert und verteilt. Je nach Größe des Call Centers gibt es einen oder mehrere Supervisorarbeitsplätze. Das gesamte System kann Teil eines Call Center- oder Computer-Netzwerkes sein, indem Telefonanlage und EDV bzw. IT miteinander verbunden sind (CTI = Computer Telephony Integration) (vgl. Newton 2006).

Die ersten Call Center entstanden neben dem Versandhandel bei Fluggesellschaften und Autovermietungen. Diesen Branchen ist gemein, dass sie nicht mehr vor der Entscheidung für oder gegen den Aufbau und Einsatz eines Call Centers stehen, sondern vor der Herausforderung, durch eine entsprechende Qualität des Telefonservice den Kundenbedürfnissen Rechnung zu tragen und sich damit gegenüber der Konkurrenz zu behaupten bzw. positiv abzuheben. Dies impliziert, dass Telefonservice als solcher keinen **Wettbewerbsvorteil** darstellt, sondern dass die **Differenzierungsmöglichkeiten von der Ausgestaltung** abhängig sind. Als Ergebnis eines guten Telefonservice können neue Kunden gewonnen und Bestandskunden gehalten werden. Kundenservice bedeutet damit in der heutigen Zeit vor allem auch guten Telefonservice.

Generell gilt, dass jede Firma, die Produkte verkauft, ein Call Center respektive eine Call Group einrichtet oder einen Call Center-Dienstleister beauftragt. Denn abgesehen von der noch relativ kleinen Kundengruppe, welche die neuen Kommunikationsmöglichkeiten via Internet bereits aktiv nutzt, gibt es derzeit keinen schnelleren und effektiveren Weg, seine Kunden zu erreichen und von ihnen erreicht zu werden, als das Telefon via Festnetz und Mobiltelefon.

Heute bieten Call Center-Dienstleister in zunehmendem Maße **Business Process Outsourcing (BPO)** an. Dabei werden komplette Geschäftsprozesse für Kunden abgewickelt. Der Marktführer in Deutschland ist hier die Bertelsmanntochter arvato. Aber auch andere Dienstleister, wie Walter Telemedien, D+S Europe AG setzen auf dieses Geschäftsmodell.

## 3  Die Messung der Servicequalität von Call Centern

Der Schwerpunkt dieses Beitrages liegt auf den Kontakten, die von den Kunden initiiert werden, also Inbound-Aktivitäten, wie dies bei Bestellungen von Waren, dem Erbitten von Informationsmaterial, Nachfragen bezüglich der Funktionsweise eines neuen Produktes oder der Entgegennahme von Beschwerden der Fall ist (siehe ausführlich zum Telefonmarketing Greff 1997).

Die Call Center-Angebote der Unternehmen tragen zu einem größer werdenden Anteil zu dem **Globalurteil der Zufriedenheit eines Kunden mit dem Angebot und der Betreuung** eines Unternehmens bei. Um seine **Servicequalität** zu verbessern, muss sich ein Unternehmen zunächst darüber Klarheit verschaffen, anhand welcher Kriterien der Kunde den Service des Call Centers als zufrieden stellend bewertet. Im Anschluss daran sind operationalisierbare Messkriterien zu identifizieren, die Aufschluss über das eigene und das Niveau der Wettbewerber geben.

Dieser Gesamtzusammenhang ist in Abbildung 3 skizziert. Wenn das Unternehmen ein eigenes Call Center betreibt, dann ist neben der Messung und Steuerung der **externen Servicequalität** beim Kunden unmittelbar auch die **interne Servicequalität** für das Call Center zu gestalten. Für beide Bereiche sind objektivierte Messgrößen zur Steuerung zu definieren.

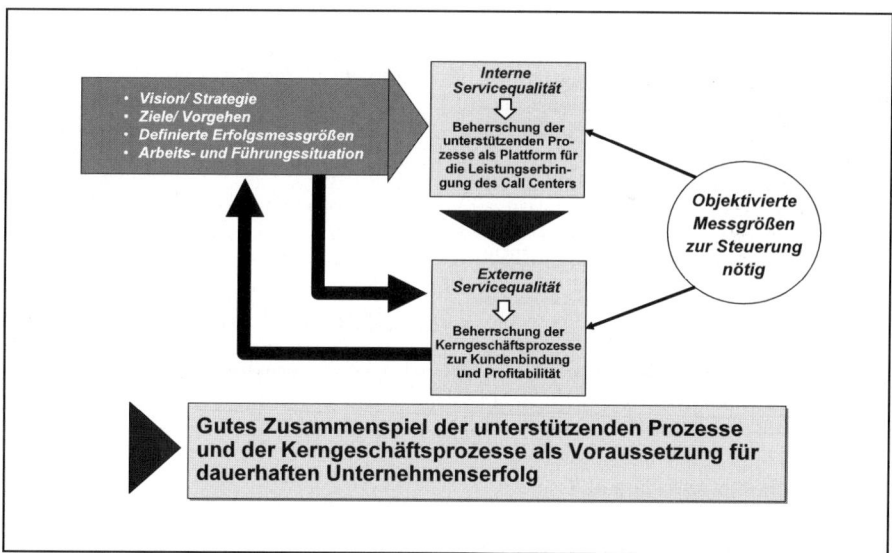

**Abb. 3:** Messung und Steuerung der internen und externen Servicequalität im Call Center

Beauftragt ein Unternehmen einen Call Center-Dienstleister, dann sind **Performance-Messungen** der externen Servicequalität die wichtigste Grundlage für die Leistungsbeurteilung des Dienstleisters. Kriterien bezüglich der internen Servicequalität sind im Vorfeld aber auch hier wichtig, denn – abgesehen von Benchmarking-Ergebnissen zur gelieferten externen Servicequalität für andere Unternehmen als Auftraggeber – kann nur anhand dieser Kriterien und Messgrößen zur Infrastruktur und den Ressourcen für die Sicherstellung einer ausreichenden internen Servicequalität eine qualifizierte Dienstleisterbewertung und -auswahl durchgeführt werden.

Die Kunden erwarten generell eine **hohe Erreichbarkeit** eines **kompetenten Servicemitarbeiters**, der zügig die benötigten Auskünfte erteilt bzw. notwendige Folgeschritte wie das Abschicken eines Briefes respektive einer E-Mail oder den Versand einer bestellten Ware einleitet.

Als entscheidend für die Qualität des Kundenservice gilt die **mittlere Belegungszeit der Telefonleitungen** in einem Call Center. Diese bezeichnet die Dauer, in der die Telefonleitungen im Durchschnitt belegt sind, und ist abhängig von dem Zusammenspiel von Technik und Mensch. Abbildung 4 verdeutlicht die Bausteine des Arbeitsprozesses in einem Call Center, welche die Belegungszeit mitbestimmen.

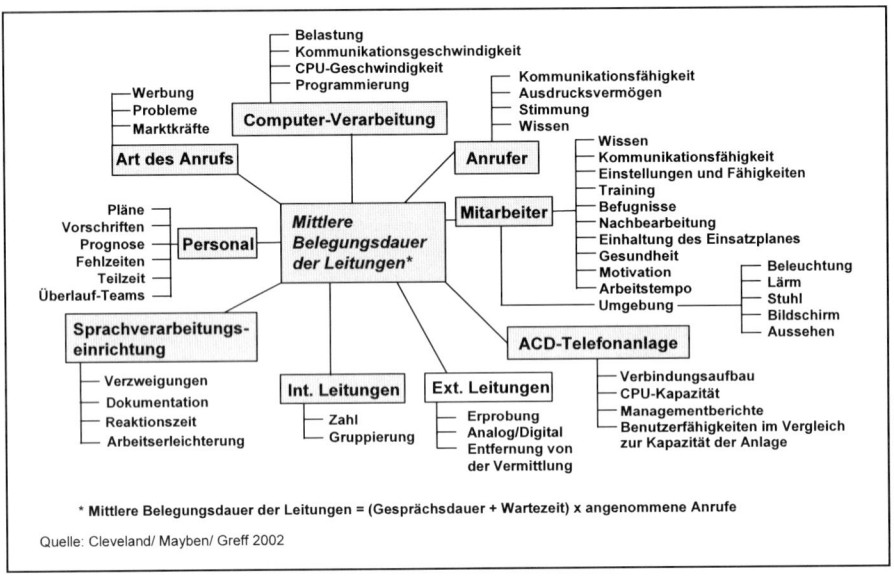

**Abb. 4:** Arbeitsprozess im Call Center

Die **Schnelligkeit des IT-Systems**, beispielsweise beim Darstellen der Adressmaske des Anrufers auf dem Bildschirm, hat direkte Auswirkungen auf die Dauer der Telefonverbindung und damit auf die mittlere Belegungsdauer. Auch das Fehlen von speziellen Eigenschaften, wie das **Skilled-Based-Routing**, erhöht die Belegungszeit. Skilled-Based-Routing ermöglicht das direkte Weiterleiten des eingehenden Anrufs, z.B. nach Schwierigkeitsgrad, an den dafür kompetenten Call Center-Mitarbeiter.

Das gleiche gilt für die **Fähigkeiten der Mitarbeiter**. Fachwissen, Kommunikationsfähigkeit sowie die Fähigkeit, mit Telefon und Computertastatur gleichzeitig zu arbeiten, sind entscheidende Merkmale. Deren Verbesserung ist eine ständig aktuelle Aufgabe für die Trainingsabteilung.

Folgende weitere Kriterien – vom Anrufer abhängig – haben Einfluss auf die Belegungsdauer:

- Wie gut kann er/ sie den Grund des Anrufes vermitteln?
- In welcher Stimmung befindet sich der Anrufer oder die Anruferin?
- Unter welchem Zeitdruck steht der Anrufer oder die Anruferin?

Cleveland et al. (2002) fassen die Charakteristika eines qualitativ hochwertig entgegengenommenen und bearbeiteten Anrufes wie folgt zusammen:

1. Das Unternehmen, insbesondere die Unternehmensleitung, hat die Bedeutung des Telefonservice, und damit des Call Centers, verinnerlicht.
2. Alle Mitarbeiter im Call Center sind stolz auf die Arbeit, die sie tun.
3. Alle Informationen, die vom Anrufer genannt oder gewünscht werden, werden zu 100% vollständig erfasst oder geliefert.
4. Die Datenerfassung ist korrekt.
5. Der Mitarbeiter hat alle nötigen oder für diesen Anruf wichtigen Informationen erhalten oder erfragt.
6. Der Anrufer ist nicht gestresst.
7. Der Anrufer fühlt sich sicher und hält es nicht für nötig, noch einmal nachzufragen oder seine Aussage zu wiederholen.
8. Der Mitarbeiter versteht es, eine emotionale Beziehung zu dem Anrufer aufzubauen.
9. Der Anruf löst keine Probleme für andere Abteilungen aus.
10. Es wird erkannt, welche Anrufe dringend sind und schnellstens eine Lösung verlangen.
11. Der Anrufer erhält kein Besetztzeichen.
12. Der Anrufer „hängt" nicht zu lange in der Warteschleife.

Wie misst man nun die Servicequalität am Telefon? Sicher gilt hier mehr als sonst: Die Servicequalität hängt entscheidend von dem Empfinden, der **subjektiven Wahrnehmung des Kunden** während und nach dem Telefonat ab. Bei Unzufriedenheit drohen der Kundenverlust und eine negative Mund-zu-Mund-Kommunikation. Ist der Kunde mehr oder weniger zufrieden, wird er weiter kaufen. Ist er aber begeistert von der Schnelligkeit und der Art und Weise, wie sein Anliegen behandelt wird, dann wird er mit ziemlicher Sicherheit nicht nur Kunde bleiben, sondern das Unternehmen weiterempfehlen.

Zum Feststellen der gegenwärtigen Servicequalität und zum Ermitteln des Verbesserungsbedarfs müssen demnach die Kunden befragt werden. Eine weitere Möglichkeit besteht in der Befragung der eigenen Mitarbeiter zu ihrem Empfinden, wenn sie in der eigenen Firma anrufen. Diese kann ergänzt werden durch Testanrufe von Experten (zum System der Qualitätsmessung siehe ausführlich Töpfer/ Greff 2000). Diese „**Mystery Calls**" werden heute – im Rahmen des rechtlich Zulässigen – von fast allen Unternehmen durchgeführt, um die Servicequalität am Telefon zu messen und dann gezielt zu verbessern (vgl. auch Beckmann 2003).

Unterscheiden lassen sich dabei 2 Kriteriengruppen zur Messung der internen und externen Servicequalität: Zum einen die **Enabler** als wesentliche personen- und organisationsbezogene Voraussetzungen für einen guten Telefonservice und zum anderen die **Performance als konkrete Leistungsfaktoren des Mitarbeiters** gegenüber dem anrufenden Interessenten oder Kunden. Beide zusammen bewirken die angestrebte hohe Kundenzufriedenheit. In Abbildung 5 ist die Grundstruktur eines **Service Qualitäts Index (SQI)** nachvollziehbar.

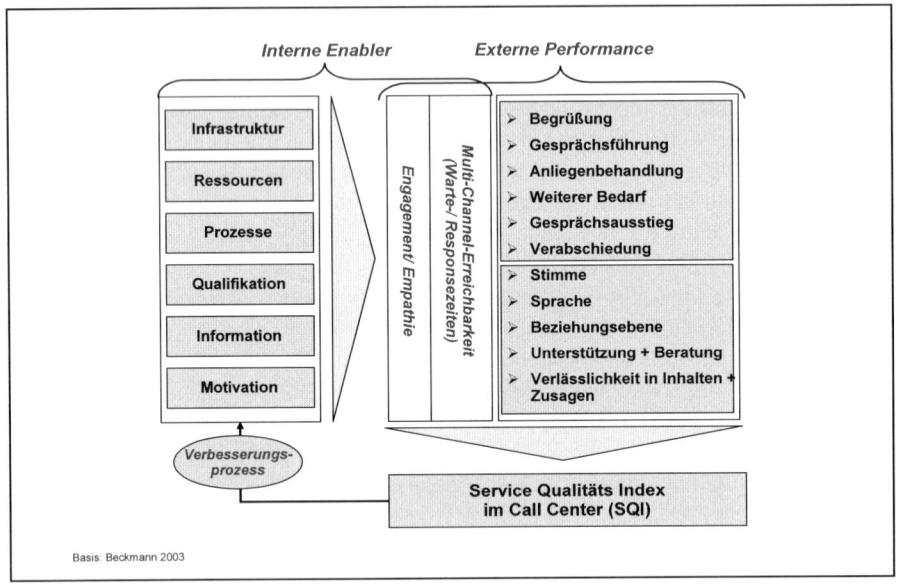

**Abb. 5:** Service Qualitäts Index (SQI) für Call Center

Wie nachvollziehbar ist, gibt es einen überschneidenden Bereich, der sowohl durch die internen Enabler bestimmt wird als auch eine wesentliche Grundlage und Voraussetzung für die externe Performance sowie die damit erreichte Servicequalität und Kundenzufriedenheit ist. Dies ist als „harter" Faktor zum einen die quantitativ messbare generelle **Multi-Channel-Erreichbarkeit**, die von den personellen und technischen Ressourcen sowie der Infrastruktur abhängt und sich auf Warte- sowie Responsezeiten bezieht. Beides sind kritische Voraussetzungen für die Zufriedenheit der Kunden. Zum anderen als „weicher" Faktor die über Indikatoren messbare Ausprägung des **Engagements und der Empathie der Call Center-Mitarbeiter** im Dialog mit dem Kunden, die ebenfalls einen entscheidenden Einfluss auf die Kundenzufriedenheit haben (vgl. Mann 2007, S. 8). Das Niveau und die inhaltlichen Details des SQI im Call Center bestimmen die konkreten Ansatzpunkte für Verbesserungen.

Die **Aussagefähigkeit dieses Index** wird dadurch erhöht, dass nicht nur die **wahrgenommenen Ausprägungen** und die daraus **resultierende Zufriedenheit** des Adressaten gemessen werden. Ergänzt werden sollten diese Zufriedenheitswerte zusätzlich durch die – im Vorfeld empirisch analysierte – **Bedeutung der intern gerichteten Enabler für eine gute Performance und die Wichtigkeit der einzelnen Performance-Indikatoren aus Kundensicht.** Auf dieser Basis lässt sich ein generell leistungsfähiges Messmodell entwickeln, das zugleich in jeder spezifischen Anwendung auf Kundengruppen und Agenten eine hohe vergleichende Aussagefähigkeit besitzt (siehe zu Details der Indexmessung den Artikel zu den Messkonzepten der Kundenzufriedenheit und -bindung in diesem Buch).

Hieraus resultiert als zusätzliche Möglichkeit, die Servicequalität im Rahmen eines **Benchmarking** zu messen. Dies macht nur Sinn, wenn man sich mit den jeweils besseren bzw. Besten vergleicht, um so den eigenen Abstand zu **Best Practice** zu ermitteln. Derartige Vergleiche sind innerhalb des Unternehmens zwischen einzelnen Agenten bzw. Teams möglich, um neben dem Trainingsbedarf in einer positiven Sicht den **Best in Company** zu ermitteln und zu honorieren, aber auch mit anderen Unternehmen. Das Ziel ist immer, durch eine relative Bewertung nicht nur im Vergleich zum geforderten Standard und Servicelevel, sondern auch im Vergleich zu anderen Akteuren die Aussagefähigkeit des eigenen erreichten Niveaus zu erhöhen.

Dabei sind sowohl Vergleiche innerhalb der gleichen Branche, beispielsweise mit anderen Direktbanken mit sehr gutem Kundenservice als **Best in Class**, zweckmäßig als auch mit Serviceführern aus anderen Branchen auf dem höchsten Niveau von Best Practice, nämlich **Business Excellence**, wie dies in Abbildung 6 aufgeführt ist.

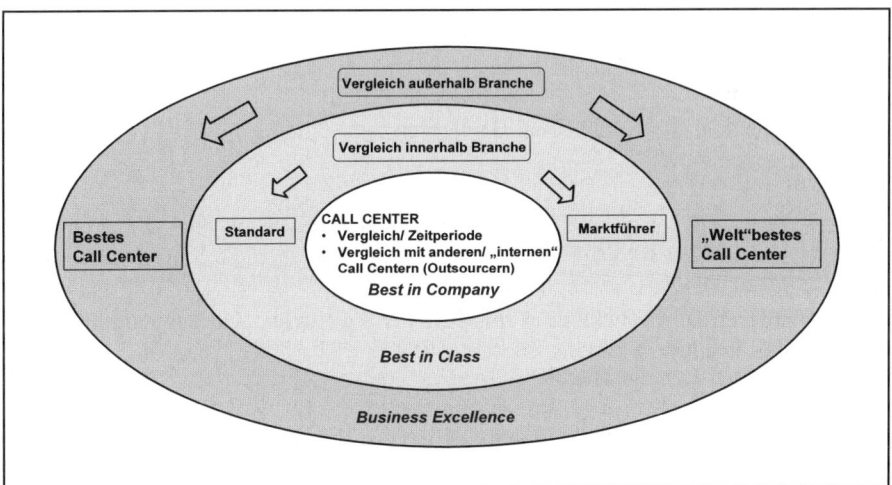

**Abb. 6:** Unterschiedliche Arten des Benchmarking

Gegenstand eines derartigen Benchmarking kann beispielsweise der Geschäftsprozess für eine Neukundengewinnung aus interner Sicht und aus externer Sicht des Kunden sein. Intern interessieren z.B. die Kostenstruktur, die Durchlaufzeiten pro Auftrag sowie der erreichte Servicelevel. Extern wichtig ist die Einhaltung der Kundenanforderungen im Hinblick auf Termine und die Qualität des Service sowie selbstverständlich auch des gelieferten Produktes bzw. der Dienstleistung. Im ersteren Fall ist eher eine „harte" quantitative Messung möglich, im 2. Fall eine eher „weiche" qualitative Messung der Zufriedenheit aus Kundensicht (siehe Abb. 7).

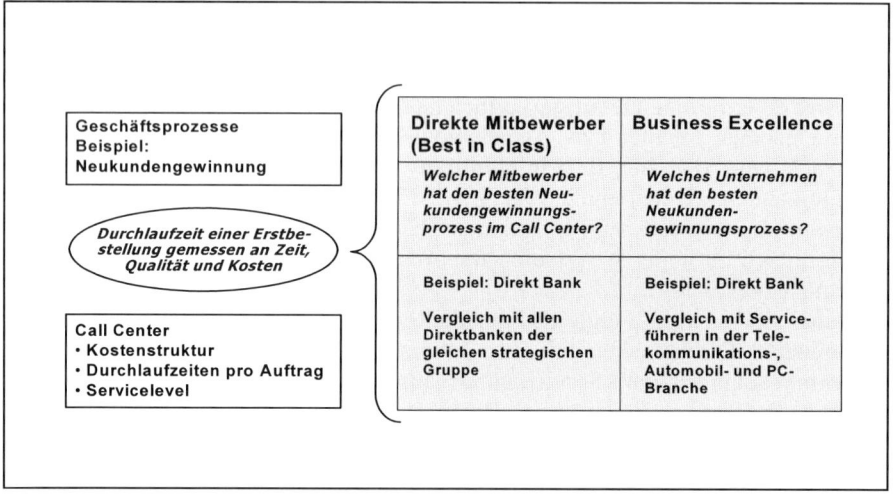

**Abb. 7:** Benchmarking anhand des Beispiels der Direktbanken

Zur Ermittlung der Servicequalität werden zum einen **quantitative Erfahrungen** herangezogen, z.B.:

- Wie lange dauert es, bis der Hörer abgenommen wird?
- Wie lange ist der Anrufer in der Warteschleife?
- Wie lange dauert es, bis der Anrufer die gewünschte Antwort erhält?

Zum anderen ist die Erfassung **qualitativer Faktoren**, wie das Kommunikationsverhalten, wichtig, z.B.

- Freundlichkeit
- ehrliches Interesse an meinem Anliegen
- Fachkenntnisse.

Erklärtes Ziel aller Call Center-Manager ist es, dass möglichst alle Anfragen des Kunden im ersten Kontakt (Telefon, E-Mail oder SMS) freundlich und kompetent beantwortet werden (**First-Call-Solution**). Je besser das gelingt, desto effizienter und kostengünstiger kann das Call Center arbeiten, da Wiederholungsanrufe oder Rückfragen per E-Mail weitgehend entfallen.

## 4 Der Planungsprozess in einem Call Center

Zur Unterstützung der 1. Phase der Ideensammlung kann das **Call Center-Strategie-Tableau** dienen, welches in Abbildung 8 beispielhaft dargestellt ist. Es bildet die Ausgangsbasis und Vorstufe einer **Call Center-Balanced Score Card**.

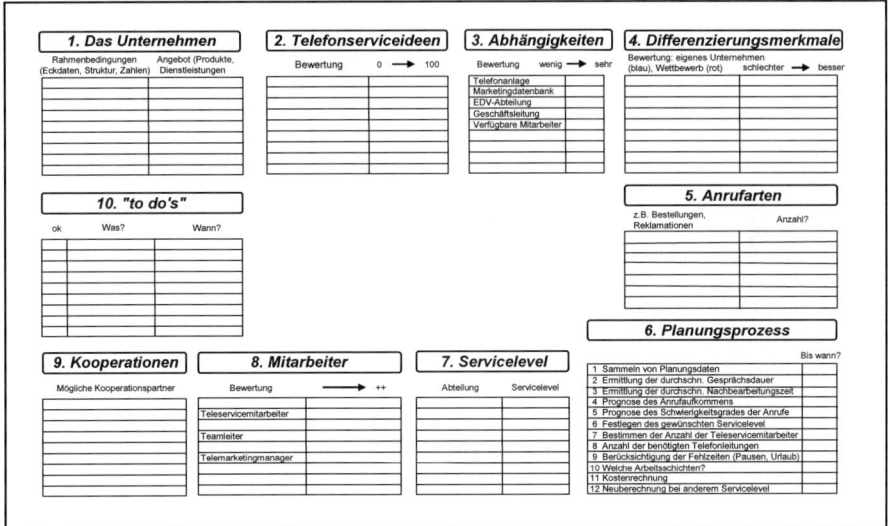

**Abb. 8:** Call Center-Strategie-Tableau

Folgende Inhalte sollten in den einzelnen Schritten analysiert und ausgearbeitet werden:

- **Schritt 1:** Wann wurde das Unternehmen gegründet? Wie war die bisherige Entwicklung? Wie ist die heutige Marktposition? Welche Produkte oder Dienstleistungen werden welchen Zielgruppen angeboten?
- **Schritt 2:** Welche Telefonserviceleistungen sollen angeboten werden? Auf diese Frage folgt eine Gewichtung der Ideen entsprechend ihrer Wertigkeiten. Ein 24-Stunden-Servicetelefon ist unter Umständen weniger wichtig als eine bessere Erreichbarkeit in der Kernarbeitszeit der Kunden.
- **Schritt 3:** Durch wen oder was könnte die Einführung des Service ver- bzw. behindert werden? Ein Problem kann beispielsweise die Abhängigkeit von der EDV-/ IT-Abteilung für die Umsetzung der Ideen sein, wenn diese auf Jahre hinaus mit „wichtigeren" Dingen ausgelastet ist. Eine andere Problematik liegt darin, die Geschäftsleitung von der Notwendigkeit einer Investition in eine

neue Telefonanlage zu überzeugen, da die 4 Jahre alte Telefonanlage nicht für das Vorhaben geeignet ist. Eine deutsche Direktbank hat diese Problematik dadurch „gelöst", dass sie die Arbeitsplätze mit sehr großen Bildschirmen ausgestattet hat. Die Mitarbeiter beobachten 2 Bildschirmmasken gleichzeitig: Die eine – mit komfortabler grafischer Oberfläche – gehört zur neuesten Teleservicesoftware, die andere zeigt – nicht grafisch – die Kundenmaske des Hostrechners in der Zentrale an.

- **Schritt 4:** Wie liegt mein Unternehmen im Vergleich zu den Wettbewerbern (Benchmarking)? Was muss mein Unternehmen machen, um in den relevanten Bereichen Marktführer zu werden?
- **Schritt 5:** Wie viele Anrufe erhält mein Unternehmen täglich? Wie verteilen sich diese Anrufe auf die unterschiedlichen Anrufarten, d.h. wie viele Anfragen, Aufträge, Reklamationen usw. gehen tagtäglich, aufgeschlüsselt pro halbe Stunde, telefonisch im Unternehmen ein? Das Anrufaufkommen kann zwischen den Tagen stark variieren. Wenn die Versandhäuser beispielsweise ihre Sommer- oder Winterkataloge verschicken, steigt das Anrufaufkommen, erheblich mehr Personal wird als Folge davon gebraucht. Der Haushaltgerätehersteller General Electric weiß, dass sich direkt nach Weihnachten das Anrufaufkommen fast verdoppelt, da viele Kunden nachfragen, wie das neue Elektrogerät zu bedienen ist. Um den Kunden auch in diesen Stoßzeiten einen guten Service am Telefon bieten zu können, werden dafür zusätzliche Mitarbeiter, meist ehemalige Kollegen, die jetzt im Ruhestand sind, kurzzeitig beschäftigt.
- **Schritt 6:**

  1. Sammeln von Plandaten
  Um einen guten Telefonservice anzubieten, müssen also vergangenheitsbezogene Daten gesammelt werden. Da sich das Anrufaufkommen monatlich, wöchentlich, täglich und halbstündlich ändert, müssen die Daten halbstundengenau für das gesamte vergangene Jahr ermittelt werden. Neben der Anzahl der entgegengenommenen Anrufe ist es jedoch auch unerlässlich zu wissen, wie viele Anrufer aufgelegt haben, weil sie nicht durchgekommen oder in der Warteschleife „verhungert" sind. Diese Informationen können durch moderne Telefonanlagen mit ACD-Technik automatisch ermittelt werden.

  2. Ermitteln der durchschnittlichen Gesprächsdauer
  Wie lange dauert im Durchschnitt ein Gespräch in Abhängigkeit von der Anrufart?

  3. Ermitteln der durchschnittlichen Nachbearbeitungszeit
  Ein Anruf besteht aus der tatsächlichen Telefonzeit (vom „Guten Tag....", bis zum „Auf Wiederhören...") und der sich daran anschließenden Nachbearbeitungszeit. Diese entsteht dadurch, dass bis zur endgültigen Erledigung des Anrufes meistens noch Folgearbeiten, beispielsweise Dateneingabe, Rückfragen bei Kollegen, Versand von Briefen oder Faxen, durchgeführt werden müssen. Diese Nachbearbeitungszeit muss zu der reinen Telefonzeit addiert werden. Auf dieser Basis lässt sich erst ermitteln, wie lange im Durchschnitt ein Anruf pro Anrufart dauert.

4. Prognose der Anrufaufkommen

Nach der Messung der Anzahl der einzelnen Anrufe nach Arten, inklusive derjenigen Anrufer, die wieder aufgelegt haben, kann auf Halbstundenbasis eine Hochrechnung für das kommende Jahr gemacht werden, welche die Prognose über das zu erwartende Anrufvolumen des bevorstehenden Jahres berücksichtigt. Mit dem Wissen um die durchschnittliche Dauer eines Anrufs (Telefonzeit + Nachbearbeitungszeit) ist es nun auch möglich, den Personaleinsatz auf eine halbe Stunde genau zu planen.

5. Prognose der Schwierigkeitsgrade

Je nach Anrufart, Branche und Aufgabenstellung ändern sich der Schwierigkeitsgrad der Anrufe und damit auch die Anforderungsprofile für die Teleservice-Mitarbeiter. Für eine einfache Bestellannahme im Versandhandel ist häufig eine niedrigere fachliche Qualifikation als für den Hotlineservice eines Softwareproduktes in mehreren Sprachen erforderlich. Diese Unterschiede stellen aber nur auf die Fachqualifikation ab; die Kommunikationsfähigkeiten bleiben davon weitgehend unberührt, sind also bei allen Anrufarten und Schwierigkeitstypen annähernd gleich hoch.

6. Festlegen des Servicelevels

Unter Servicelevel versteht man eine prozentuale Anzahl von Anrufen, die in einer bestimmten Zeit vom Call Center entgegengenommen werden. Ein Servicelevel von 80/ 20 drückt aus, dass 80% der eingehenden Anrufe in durchschnittlich 20 Sekunden vom Mitarbeiter angenommen werden. Man ist nun versucht, zu schlussfolgern, dass 100/ 0 der beste Servicelevel ist, den ein Unternehmen bieten kann. Aber hierbei ist Vorsicht geboten: Erstens ist dieser Servicelevel kaum zu bezahlen, und zweitens könnte ein solcher „Überservice" genau das Gegenteil bewirken. Der anrufende Kunde könnte denken: „Haben die nichts zu tun?", oder „Und das muss ich alles mitbezahlen ...?".

Die Servicelevels der jeweiligen Abteilungen sollten demnach an den Wünschen der Kunden (Kundenbefragungen), an den Leistungen der Wettbewerber (Benchmarking) oder an den Marktführern im Telefonservice (ebenfalls Benchmarking mit dem Business Excellence-Niveau der Besten) ausgerichtet werden. Wichtige Hinweise für den richtigen Servicelevel können durch Testanrufe der Hotlines der Wettbewerber oder der Best in Class ermittelt werden.

7. Personalplanung

Für diesen Schritt liegen nun alle erforderlichen Informationen vor. Mit Hilfe der Software Erlang C (entwickelt von dem dänischen Mathematiker A.K. Erlang 1917 für die Planung örtlicher Telefonnetze), kann schnell und einfach eine fundierte Personalplanung vorgenommen werden. Erlang C ermittelt den Personalbedarf pro angestrebtem Servicelevel auf Halbstundenbasis durch Eingabe folgender Daten:

- durchschnittliche Telefonzeit
- durchschnittliche Nachbearbeitungszeit
- Anzahl der eingehenden Anrufe pro halbe Stunde.

Bei der Personalplanung müssen auch Fehlzeiten (Urlaub, Krankheit, Ausbildung usw.) berücksichtigt werden. Mittlerweile gibt es eine Reihe von hocheffizienten Personaleinsatzplanungssystemen, die beispielsweise auch die neuen Kommunikationsarten wie E-Mail und SMS berücksichtigen.

8. Planung der benötigten Leitungskapazitäten

Um den gewünschten Servicelevel garantieren zu können, sind eine entsprechende Anzahl an Telefonleitungen für das Call Center notwendig. Als Grundregel kann dabei gelten, dass weniger Telefonleitungen als Mitarbeiter benötigt werden. Das konkrete Verhältnis von Mitarbeitern und Telefonleitungen ist abhängig von der Länge der Nachbearbeitungszeit. Während dieser Zeit ist die Leitung frei und kann von anderen Mitarbeitern genutzt werden. Die Software Erlang B dient der Planung dieser Leitungskapazitäten.

- **Schritt 7:** In diesem Schritt wird der Servicelevel pro Abteilung anhand der zuvor erläuterten Kriterien festgelegt.
- **Schritt 8:** Auch wenn die ACD-Technik einen wichtigen Baustein eines Call Centers darstellt, sind qualifizierte Mitarbeiter entscheidend für den Erfolg. Mit ihnen steigt und fällt die Qualität der Anrufe und die Zufriedenheit der Kunden. Je nach Größe eines Call Centers sind folgende Funktionen zu besetzen:

    1. Call Center-Manager
    2. Technischer Leiter
    3. Leiter Aus- und Weiterbildung
    4. Forecaster (= „Anrufplaner")
    5. Supervisor (Teamleiter)
    6. Telefonservicemitarbeiter.

- **Schritt 9:** Insbesondere dann, wenn Probleme (siehe zum Schritt 3: Abhängigkeiten) überhaupt nicht oder nur schwer lösbar sind, empfiehlt es sich, über die Inanspruchnahme externer Hilfe nachzudenken. Zumindest temporär bzw. bei fehlendem qualifizierten Personal oder Unsicherheit bezüglich der konkreten Ausgestaltung des Vorhabens kann die Telefonserviceleistung ganz oder teilweise einem qualifizierten Serviceunternehmen übergeben werden. Große Software- und Hardwarehersteller wie Microsoft, die Hewlett Packard GmbH, die SAP AG sowie auch Versandhäuser, wie Baur (Otto-Group), haben diesen Weg gewählt. Auf der anderen Seite treten viele firmeninterne Call Center auch als Dienstleister auf und versuchen freie Kapazitäten und Spezial-Know-how auf dem Markt zu verkaufen.
- **Schritt 10:** Die „to-do"-Liste enthält alle Aktivitäten sowie die Angabe, bis wann sie von wem auszuführen sind. Vorteilhaft ist dabei, bei jedem Schritt zu messen, wie Kunden und Mitarbeiter über die Veränderungen denken. Durch eine evolutionäre Vorgehensweise, die Stück für Stück die vorweg geplanten Änderungen durchführt und sogleich auf ihre positive Auswirkung untersucht, können Fehlentwicklungen frühzeitig erkannt und zügig durch Gegenmaßnahmen kompensiert werden; also Handeln nach dem Grundsatz: „Go slow to be fast".

## 5  Die Arbeitsweise der besten Call Center

Vergleicht man die besten Call Center bzw. Service Center, dann haben sie 4 Punkte gemeinsam:

- Eine klar und verständlich formulierte Vision
- Sehr gut qualifizierte und motivierte Mitarbeiter
- Eine technische Ausstattung auf hohem aktuellen Niveau
- Die bedingungslose Ausrichtung auf Qualität und Kundenorientierung.

Zur Illustrierung der Bedeutung dieser 4 Faktoren dient das folgende Beispiel des Telefonserviceunternehmens Telcare mit Sitz in Wilhelmshaven/ Nordsee. Die Firma wurde 1992 gegründet und startete mit 10 Mitarbeitern. Es handelte sich um Langzeitarbeitslose, die sorgfältig ausgewählt sowie ausgebildet wurden und hochmotiviert waren.

1993 wurde eine Vision entwickelt. Den Impuls dazu gab ein EKS Strategie Seminar. Das Hauptprinzip der EKS Methode, entwickelt von dem Systemforscher W. Mewes, lautet: Vernachlässige deine Schwächen und konzentriere dich auf deine Stärken. Suche dir ein Marktsegment aus, in dem du deine Stärken voll nutzen kannst und du Marktführer und Zielgruppenbesitzer wirst.

Das Marktsegment der Telcare bestand darin, Telefonservice für technische Produkte im Outsourcing anzubieten. Die Vision lautete: „Wir wollen in diesem Segment das Mekka des Telefonservice werden."

1996 wurde die Telcare als erstes deutsches Call Center nach DIN ISO 9000 ff. zertifiziert. Zu diesem Zeitpunkt arbeiteten 350 qualifizierte Mitarbeiter für Unternehmen wie SAP, E-Plus, Samsung Electronics, Rank Xerox. Die meisten der ehemals „Langzeitarbeitslosen" aus der Gründerzeit hatten, ständig weiterqualifiziert durch Aus- und Weiterbildungsmaßnahmen, zwischenzeitlich Karriere gemacht und arbeiteten als Telefontrainer oder Supervisor.

1997 übernahm das amerikanische Unternehmen Sykes Enterprises die Telcare. Sykes brachte als „Mitgift" den Kunden Hewlett Packard in die Ehe ein.

1998 arbeiten 600 Mitarbeiter bei Sykes. Das Unternehmen ist zu einem der größten und angesehensten Arbeitgeber in der Region geworden. Sykes hat seine Qualitätspolitik explizit definiert. Die wichtigsten Punkte sind in Abbildung 9 wiedergegeben.

Sykes, beschäftigt heute weltweit ca. 26.000 Mitarbeiter in Call Centern. In Deutschland arbeiten ca. 1.200 Menschen für das Unternehmen. Das Qualitätsprogramm wird mittels Auditoren permanent weiter entwickelt.

Das Problem ist generell, dass derartige **Richtlinien für die Kundenorientierung** nicht nur auf dem Papier stehen dürfen, sondern dass sie von der Spitze des Unternehmens ausgehend über die Call Center-Leitung und -Führungskräfte von jedem einzelnen Call Center-Mitarbeiter bzw. -Agent umgesetzt und damit gelebt werden müssen.

Überall dort, wo die Unternehmensleitung konsequent auf **Servicequalität am Telefon** setzt, z.B. bei Dell Computer, Citibank, SAP, Hewlett Packard, Federal Express, Comdirect, Otto-Gruppe, sind die Call Center erfolgreich. Zudem ist die

Tendenz auszumachen, dass es nur wenige Unternehmen gibt, die Freundlichkeit, Schnelligkeit und Fachkompetenz im Telefonservice bieten und in ihrer Branche nicht zu den Marktführern gehören.

---

*In Übereinstimmung mit den Richtlinien für Zusammenarbeit und Führung, den Geschäftsgrundsätzen, den Arbeitsrichtlinien und den Anforderungen der Normen DIN ISO 9000ff. formuliert die Geschäftsleitung von SYKES Enterprises Bochum GmbH & Co. KG folgende Qualitätspolitik:*

- Sykes zeichnet sich dadurch aus, dass Qualität in Produkten und Dienstleistungen höchste Priorität hat, und dass Innovationsfreudigkeit und Motivation als besondere Merkmale in Erscheinung treten.
- Unsere Vision ist es, Vordenker zum Thema der direkten Kommunikation zu sein. Diese Vision verpflichtet uns dazu, unsere Position ständig zu überdenken und an der Weiterentwicklung der Möglichkeiten und Qualität der direkten Kommunikation mitzuwirken.
- In der Forderung nach höchster Qualität der Dienstleistungen und Produkte, die wir unseren Kunden anbieten, sind wir kompromisslos. Wir sehen Kundenzufriedenheit als Maßstab für die Qualität unserer Leistung.
- Wir verpflichten uns zu absoluter Vertraulichkeit nach innen und nach außen in der Zusammenarbeit mit unseren Kunden.
- Um auch künftig am Markt eine führende Position einzunehmen, ist die ständige Erhöhung der Qualitätsfähigkeit eine immerwährende Verpflichtung für alle Bereiche und alle Mitarbeiter von Sykes.
- Die Umsetzung dieser Qualitätspolitik liegt in der Verantwortung jedes einzelnen Mitarbeiters.
- Es ist die Aufgabe der Geschäftsleitung, durch Information und Schulung das Verständnis dieser Qualitätspolitik zu entwickeln und mittels regelmäßiger Reviews sowie durch die Berichterstattung der Bereiche deren Umsetzung sicherzustellen.

---

**Abb. 9:** Richtlinien der Qualitätspolitik bei Sykes

Von den Mitarbeitern erfordert dies ein hohes Engagement bei der Arbeit und eine hohe Identifikation mit ihrer Firma und ihrer Tätigkeit. Die Personalauswahl und Ausbildung sind dabei wichtig, die Fähigkeiten und die Persönlichkeit des Call Center-Managers sind aber noch wichtiger.

Inwieweit die Ausbildung sich in einer umfassenden Qualifikation niedergeschlagen hat, dokumentiert die Qualität der Telefongespräche. Sie wird gemessen und gesteigert durch:

1. **Mithören:** Der Trainer hört bei der Telefonarbeit zu und korrigiert sofort. Diese Methode empfiehlt sich besonders bei neuen Kollegen, da unmittelbar nach dem Kundengespräch Verbesserungspotenziale mit dem Mitarbeiter besprochen werden können.
2. **Tonbandaufzeichnungen:** Der Mitarbeiter zeichnet Gespräche auf Tonband auf. In der 1. Phase hört er sich seine Gespräche selbst an, kennzeichnet die aus seiner Sicht kritischen Gespräche und bespricht diese in der 2. Phase mit dem Trainer. Die Bänder werden dann sofort gelöscht. Der Vorteil dieses Systems liegt darin, dass der Mitarbeiter sich selbst noch einmal mit seiner „Tagesarbeit" beschäftigt. Er beurteilt sich in der ersten Phase selbst, dadurch wird seine Eigenverantwortung gestärkt. Eine Weiterentwicklung der traditionellen Bandaufzeichnungen sind Coaching-Systeme. Diese Systeme, z.B. click2coach, speichern nicht nur das Gespräch, sondern parallel dazu die Bildschirmabläufe. Der Supervisor kann zudem Arbeitsbeispiele (Gespräch und Bildschirm) direkt

an den jeweiligen Agenten oder die Agentin zurückspielen, so dass direkt korrigiert und optimiert werden kann.
3. **Fachtraining:** Die fachliche Qualifikation muss permanent durch Tests überprüft werden, insbesondere wenn sich an den Produkten, z.B. durch ein neues Software Release, etwas ändert.
4. **Training von Arbeitsabläufen (Workflows):** Die Aufgaben heutiger Call Center gehen oft weit über die Telefonarbeit hinaus. So werden komplette Geschäftsprozesse von diesen Service Centern übernommen (Business Process Outsourcing). Die Mitarbeiter müssen diese Prozesse kennen und verstehen. Für Produkt-Training und Workflow-Training wird zunehmend E-Learning eingesetzt. Durch diese Maßnahme werden die Ausbildungszeiten um bis zu 60% verkürzt und der Lerntransfer kann zusätzlich gegenüber den üblichen Präsenzseminaren um 7% bis 10% gesteigert werden.
5. **Kommunikationstraining:** Das Gefährlichste in der Telefonkommunikation ist die Routine. Die Teamleiter und Trainer sind verpflichtet, sich immer wieder neue, motivierende Trainings auszudenken, um Monotonie in der Kommunikation zu vermeiden.

Die besten Call Center haben auch die entsprechende Technik, also Telefonanlage und EDV/ IT. Die Innovationszyklen werden auch hier immer kürzer. Experten sind der Meinung, dass man die Nutzung einer ACD-Telefonanlage zurzeit auf 3, maximal 4 Jahre kalkulieren sollte.

Die fortschrittliche ACD-Technik ist entscheidend, wenn die Qualität in einem Call Center gesteigert werden soll. Sie misst und zeigt beispielsweise an:

- Die Anzahl der Anrufe, die eingehen und ausgehen
- Die Anzahl der Anrufe, bei denen der Anrufer, z.B. wegen zu langer Wartezeit, wieder auflegt
- Woher der Anruf kommt
- Wie lange die Telefonzeit pro Anruf und Arbeitsplatz ist
- Wie lange die Nachbearbeitungszeit pro Anruf und Arbeitsplatz ist
- Welche Arbeitsplätze wie ausgelastet sind
- Wie viele Anrufer in der Warteschlange sind.

Ähnliche Messungen werden auch für E-Mails, SMS usw. durchgeführt. Alle diese Informationen, die eine ACD-Telefonanlage bereitstellt, helfen, die Servicequalität zu messen und zu steigern. Da die neueren ACD-Systeme die Zahlen auch am Bildschirm in Echtzeit liefern, können sofort Maßnahmen eingeleitet werden, beispielsweise wenn der Servicelevel nicht mehr gehalten werden kann.

## 6 Die Sicherung und Erhöhung der Qualität des Telefonservice

Qualitätsmessung und Qualitätssteigerung in einem Call Center sind ein permanenter Prozess. Neben der **Qualität** sollte aber auch die **Effizienz** gesteigert werden. Folgendes Beispiel zeigt eine Möglichkeit dafür auf:

Bereits 1981 hat die amerikanische Fachzeitschrift „the office" in einer Untersuchung festgestellt, dass die Arbeit mit Sprechgarnituren („headsets") nicht nur eine qualitativ bessere Telefonkommunikation garantiert, sondern dass man damit den Anrufer um 72% schneller begrüßen kann. Bei Tausenden von Anrufen pro Tag sind die Auswirkungen enorm.

Die amerikanische Telefongesellschaft Pacific Bell hat 1997 in der Telefonauskunft folgende Änderung vorgenommen: Anstatt „Good morning, my name is ...", begrüßen die Mitarbeiter die Anrufer mit „Hi, my name is ...". Die Einsparungen betragen jährlich einige hunderttausend US-Dollar. Heute werden, wie bereits erwähnt, die Begrüßungen oft von einem Sprachcomputer vorgenommen und erst danach wird der Anruf an eine Agentin oder einen Agenten weiter geleitet.

Es ist also sinnvoll und aus Kostengesichtspunkten mitunter sogar unerlässlich, darüber nachzudenken, wie man die Telefonzeiten – und natürlich auch die Nachbearbeitungszeiten – pro Anruf verkürzen kann, ohne dass die Kommunikationsqualität darunter leidet, sondern sie möglichst erhöht wird. Denn in der heutigen Zeit hat auch der Anrufer immer weniger Zeit.

Dies erklärt auch die rasant wachsende Anzahl von **Sprachcomputern**, die in den Call Center Einzug halten. Meist werden Sie für einfache Servicedienste wie Kontostandsabfragen, Fahrplanauskünfte usw. genutzt. Mit der Qualität der Spracherkennung steigt jedoch auch das Spektrum der Anwendungsmöglichkeiten. So kann der Kunde bei einem schweizer Anbieter von Filme on Demand heute dem Computer erzählen, was in einem Film passiert, den er anschauen möchte, wenn er den Titel nicht mehr weiß. Der Computer tritt in einen Dialog mit ihm und fragt so lange, bis sicher ist, welchen Film der Kunde anschauen möchte, und nennt dann den Titel. Die Vision, dass Computer in einem Call Center mehr leisten und einen besseren Service bieten als Menschen, könnte in nicht allzu langer Zeit wahr werden.

Darüber hinaus sind alle Möglichkeiten, der ACD-Technik optimal zu nutzen:

- **Screen Pop:** Dabei erscheint, gleichzeitig mit dem eingehenden Anruf, die entsprechende Bildschirmmaske mit der Kommunikationshistorie im Bildschirm des Call Center-Mitarbeiters. Das lästige Nachfragen nach Namen und Kundennummer entfällt.
- **Skilled-Based-Routing:** Dabei erkennt die Telefonanlage, woher der Anruf kommt, z.B. aus dem Ausland, und welchen Schwierigkeitsgrad dieser Anruf hat. Der Anruf wird direkt an den entsprechenden Agent weitergeleitet, der über die benötigten Fach- und Sprachkenntnisse verfügt.

Der Weg zum besten Kundenservice ist also dann nicht schwer, wenn das Unternehmen eine klare Strategie der Kundenorientierung und den Willen zu ihrer konsequenten Umsetzung hat.

## 7 Steuerung von Call Centern mit der Balanced Score Card (BSC)

Es liegt auf der Hand, dass eine derartige Business Excellence-Anforderung im Call Center eine **hohe Transparenz** in allen Aktivitäten und Prozessphasen sowie eine **konsistente und ganzheitliche Steuerung** erfordert. Ein geeignetes Instrument hierfür ist die **Balanced Score Card (BSC)**, auf deren Einsatz für das Kundenmanagement im 5. Kapitel dieses Buches noch einmal gezielt eingegangen wird. Im Folgenden werden einige grundsätzliche Ausführungen zum Einsatz der BSC für die Call Center-Steuerung gemacht.

Die Grundlage für Transparenz und Steuerung ist immer eine **Prozessanalyse**. In Abbildung 10 wird der Prozessablauf im Call Center in 4 größere Teilprozesse untergliedert. Im Interesse einer schnellen Überschaubarkeit und kurzfristigen Eingriffsmöglichkeit werden die einzelnen Steuerungskriterien mit **Ampelfunktionen** versehen.

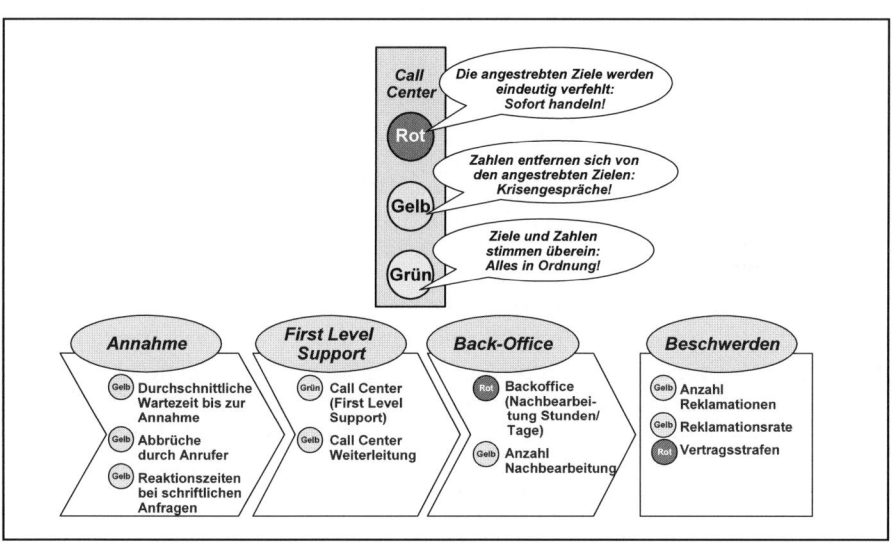

**Abb. 10:** Prozessanalyse im Call Center mit Ampelfunktion

Interessant ist die erkennbare Analyse der Zusammenhänge zwischen den Teilprozessen: Da sich bei der Annahme ein Warteschlangenproblem abzeichnet, ist zu vermuten, dass der First Level Support ebenfalls überlastet ist. Dies ist aufgrund der grünen Ampel in diesem Teilprozess allerdings nicht der Fall; Probleme gibt es nur bei der Weiterleitung von Kundenanrufen. Im Vergleich hierzu ist der Back-Office-Bereich stark überlastet, was zumindest die erforderliche Nachbearbeitung in Stunden/ Tagen erkennen lässt. Für dieses Prozessproblem gibt es 2 Erklärungen: Die 1. Erklärung liegt darin, dass, z.B. bei der Einführung eines neuen Produktes, in großer Zahl Probleme auftreten, die von den Agenten im First Level Support nicht gelöst werden können, z.B. weil die Information und Schulung im Vorfeld nicht ausreichend war. Deshalb werden diese Anrufe an die Experten im Back-Office weitergeleitet. Oder die 2. Erklärung trifft zu, dass die Agenten im Call Center auf die sich abzeichnende Warteschlange in der Annahme reagieren und deshalb eine größere Zahl von Anrufen an das Back-Office weitergeben. Dieser Fall wäre nur erlaubt, wenn kein eindeutiger Servicelevel über die fallabschließende Lösung des Problems auf der Ebene der Agenten in den Call Center-Standards festgelegt wurde.

Schaut man sich die Ampeln bei den Beschwerden an, dann spricht vieles für den 1. Fall, denn die Anzahl der Reklamationen und die Reklamationsrate bezogen auf die ausgelieferten Produkte ist gestiegen. Problematisch ist jedoch die rote Ampel bei den Vertragsstrafen. Sie kann daraus resultieren, dass im B-to-B-Bereich z.B. die vertraglich vereinbarte Verfügbarkeit bzw. Ausfallsicherheit einer Maschine nicht gegeben ist und deshalb in der 1. Runde der Call Center Support in Anspruch genommen wurde. Da die Agenten dieses schwerwiegendere technische Problem des Produktes nicht lösen konnten, wurde der jeweilige Anruf an die Experten im Back-Office weitergegeben. Sie müssen sowohl das Produktproblem analysieren als auch die Vertragsgrundlage abklären. Die hohe Anzahl von Vertragsstrafen legt den Schluss nahe, dass das Produkt nicht ausgereift war, was zu der hohen Inanspruchnahme und Überforderung des Call Centers führte.

Wenn eine derartige Prozessanalyse, basierend auf einer Datenbank, mit IT-Leistung unterlegt ist, dann lassen sich über **Drill-Down-Funktionen** detaillierte Steuerungsgrößen bei den einzelnen Kriterien der Teilprozesse gut nachvollziehen. Die Ursachenanalyse und die Reaktionsmöglichkeiten sind dadurch kurzfristig möglich.

Alle **Steuerungskriterien** im Call Center-Prozess sind in **Kennzahlen und Messgrößen** zu operationalisieren, für die dann jeweils Ziele mit Bezug auf die **definierten Servicestandards** formuliert werden können. Abbildung 11 zeigt diesen Zusammenhang beispielhaft. Messgrößen operationalisieren den qualitätsrelevanten Inhalt pro Kennzahl, in diesem Fall pro Arbeitsplatz/ Mitarbeiter. Bei den Messgrößen sind 2 ergänzende Analysen durchgeführt: Zum einen die Kennzeichnung von Werttreibern im internen Prozess und zum anderen die inhaltlich-zeitliche Vernetzung der einzelnen Messgrößen mit positiven oder negativen Auswirkungen. An einem Beispiel expliziert bedeutet dies: Wenn der Prozentsatz der vom Agenten zufrieden stellend beantworteten Anrufe als klar definierter Werttreiber nach oben geht, dann geht dies häufig zu Lasten einer kurzen durchschnittlichen Beantwortungszeit mit der Folge, dass die Anzahl der Lost Calls steigt, wenn keine zusätzliche Personalkapazität zur Verfügung steht. Die Pfeilrichtung ist bei diesen negativen Auswirkungen dann also umgekehrt wie in Abbildung 11 eingezeichnet.

| Steuerungskriterien | Kennzahlen | Messgrößen | Ziele/ Standards |
|---|---|---|---|
| Service- und Beratungsqualität am Telefon | Ø pro Arbeitsplatz/ Mitarbeiter | o Anzahl Klingeln bis Anrufentgegennahme | nach 3x |
| | Ø pro Arbeitsplatz/ Mitarbeiter | o Prozentsatz direkt* zufrieden stellend beantworteter Anrufe | von 40% auf 60% auf 80% |
| | Ø pro Arbeitsplatz/ Mitarbeiter | o Ø Beantwortungszeit | von 4 Minuten auf 2 Minuten |
| | Umsatz pro Mitarbeiter | o Verkauf von Produkten* | von 10.000 € auf 25.000 € pro Monat |
| | Ø pro Arbeitsplatz/ Mitarbeiter | o Prozentsatz an Fach-* abteilungen weitergeleiteter Anrufe | von 60% auf 40% auf 20% |
| | Anteil an Gesamtzahl der Anrufe | o Lost Calls | von 30% auf 20% auf 10% auf 5% |

* = Werttreiber

**Abb. 11:** Steuerungsinstrumentarium für Call Center

Die in Abbildung 11 eingezeichneten Pfeilrichtungen kennzeichnen die angestrebten Ziele bei den einzelnen Messgrößen und Kennzahlen. Wie nachvollziehbar ist, gibt es hierbei **unterschiedliche Servicelevels als Zielausprägungen** für einzelne Zeitperioden, bis der angestrebte Servicestandard erreicht ist. Es ist leicht erkennbar, dass diese Ziele zum großen Teil nicht komplementär sind, sondern eine Herausforderung darstellen. Dies ist z.B. der Fall bezogen auf die stufenweise fallabschließende Problemlösung bis zu 80% der Anrufe bei gleichzeitiger Reduzierung der Beantwortungszeit um 50% auf 2 Minuten und einer Absenkung der Lost Calls in mehreren Stufen, ohne dass die Fachabteilungen im Back-Office stärker, sondern sogar geringer in Anspruch genommen werden können.

Inwieweit derartige Ziele realistisch und damit erreichbar sind, lässt sich nur mit einer ganzheitlichen Analyse und Steuerung erkennen. Dies ist inhaltlich über die 4 Perspektiven der BSC realisierbar und organisatorisch im gesamten Unternehmen durch jeweils eine BSC für einzelne Steuerungsebenen umsetzbar. Wie in Abbildung 12 skizziert ist, erfolgt diese ganzheitliche und konsistente Umsetzung der Mess- und Steuerungsgrößen in der BSC **top-down** über eine **Ziel-Kaskade** und **bottom-up** über die **Ergebnis-Kaskade**.

Wie dieser inhaltliche Zusammenhang der einzelnen Steuerungsgrößen im Call Center in einer ganzheitlichen Sicht aussieht, kann nur durch die Analyse der wesentlichen **Ursachen-Wirkungs-Beziehungen** geklärt werden. Die Grundlage hierfür sind die einzelnen **Wertschöpfungsprozesse** im Call Center. In Abbildung 13 sind diese Zusammenhänge zwischen den 4 Perspektiven Mitarbeiter, Prozesse, Kunden und Finanzen für das Beispiel Outbound-Aktivitäten vereinfacht dargestellt. In Abhängigkeit von der jeweiligen Organisationsebene und dem dort für die zielgerichtete Steuerung erforderlichen Operationalisierungsgrad der Steuerungskriterien und Messgrößen unterscheiden sie sich in ihren eher aggregierten oder eher differenzierten Ausprägungen auf den einzelnen Ebenen von Führungskräften und Mitarbeitern im Call Center. Wichtig ist dabei der Grundsatz, dass ein Monitoring bestimmter aggregierter Steuerungskriterien, z.B. die Abschlussquote, Durchlaufzeit oder die Höhe des Deckungsbeitrags III, durch die Call Center-Leitung nur möglich ist, wenn die detaillierten Einzelgrößen dieser Kennzahlen auf allen nachgeordneten Ebenen aktiv gesteuert werden.

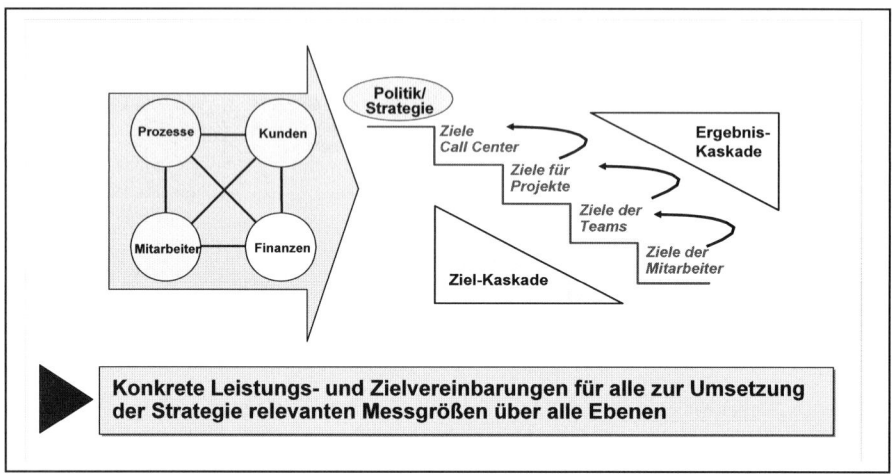

**Abb. 12:** Ganzheitliche und konsistente Umsetzung der Mess- und Steuerungsgrößen in der BSC

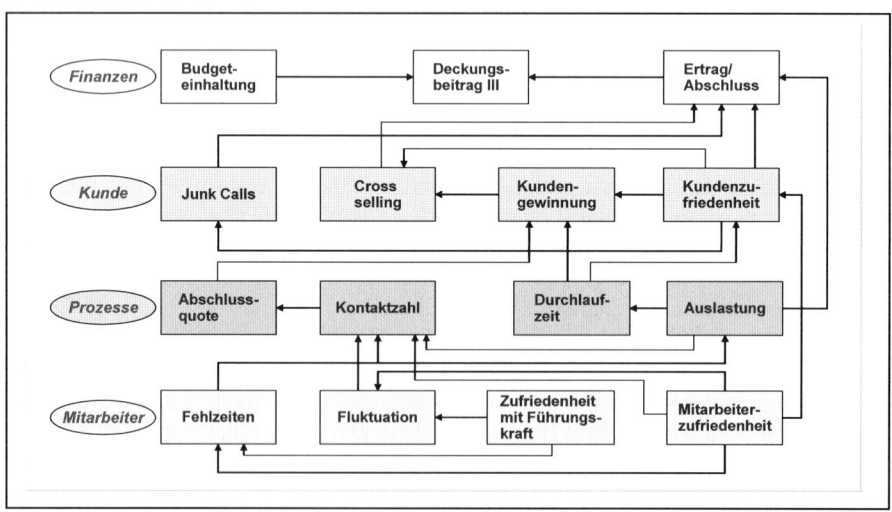

**Abb. 13:** Ursachen-Wirkungs-Zusammenhänge im Call Center

Die Gesamtschau maßgeblicher Steuerungskriterien für die BSC in einem Call Center auf der hohen Aggregationsebene der Call Center-Leitung ist in Abbildung 14 beispielhaft wiedergegeben. Generell gilt der Grundsatz, dass eine BSC in den 4 Perspektiven insgesamt maximal 20 aussagefähige Kennzahlen umfassen sollte. Sie sind die Grundlage für eine **prozessorientierte Cockpit-Steuerung mit Ampelfunktion**, wie dies in Abbildung 10 bereits angedeutet wurde.

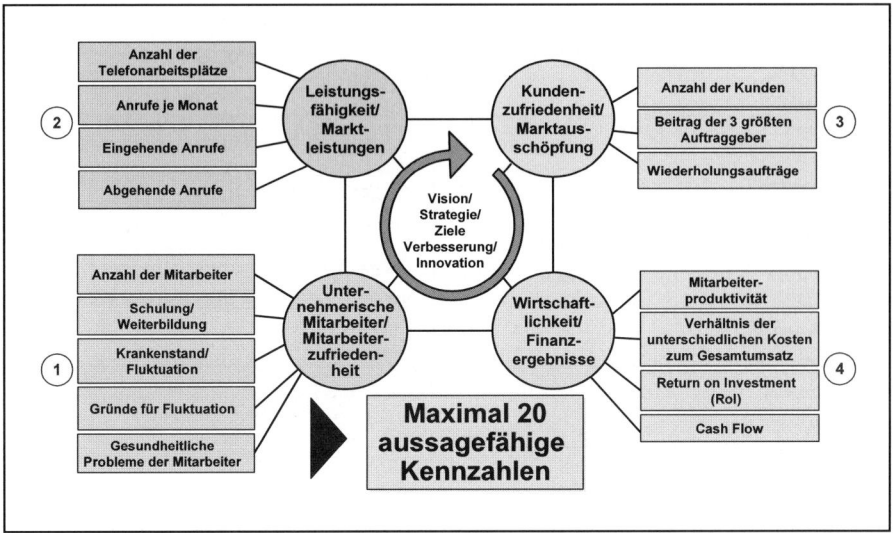

**Abb. 14:** Steuerungskriterien der Balanced Score Card im Call Center

Die bereits in Abbildung 12 angesprochene inhaltliche Vernetzung der Balanced Score Cards unterschiedlicher Organisationsebenen im Call Center auf der Basis jeweils analysierter Ursachen-Wirkungs-Beziehungen (Abb. 13) ist aus Abbildung 15 erkennbar. Neben der inhaltlichen Schlüssigkeit der Ursachen-Wirkungs-Zusammenhänge zwischen den 4 Perspektiven ist zusätzlich also auch die **organisatorische Stringenz** der Steuerungsgrößen auf den einzelnen Call Center-Ebenen wichtig. Wie nachvollziehbar ist, werden Fehlzeiten, Fluktuation, Führungszufriedenheitsindex und Mitarbeiterzufriedenheitsindex in allen 3 BSCs in der Perspektive „**Mitarbeiter**" gemonitort. Unterschiede in der Art und Detailliertheit der Steuerung bestehen in der Perspektive „**Prozesse**". Auf der Perspektive „**Kunden und Markterfolg**" bestehen ebenfalls Unterschiede in den Steuerungsgrößen für Outbound- und Inbound-Aktivitäten. Auf der Ebene der Call Center-Leitung werden diese Steuerungsgrößen, soweit es sinnvoll ist, zusammengefasst. CSI und KBI der Kontaktpersonen lassen sich bei Bedarf aber differenzieren in die Zufriedenheit der Adressaten im Geschäftsfeld Outbound und die Zufriedenheit der Anrufer im Geschäftsfeld Inbound. Auf der Perspektive „**Finanzielle Ergebnisse**" werden die differenzierten Steuerungskriterien der 2. Ebene in der Call Center-Leitung ebenfalls zusammengefasst.

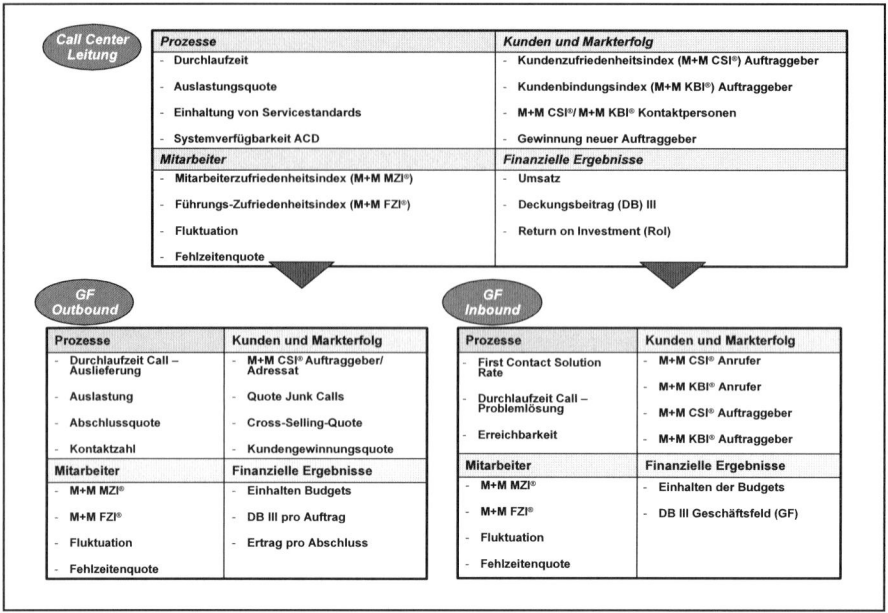

**Abb. 15:** Beispiel einer BSC-Kaskade im Call Center

Einsetzbar für die mehrstufige Steuerung wird die BSC aber erst, wie bereits angedeutet, wenn die Steuerungskriterien, Kennzahlen bzw. Messgrößen mit konkreten Zielen unterlegt werden. Dies ist bezogen auf die 4 Perspektiven der BSC in Abbildung 16 beispielhaft dargestellt. Wie in Abbildung 11 angesprochen sind dabei neben dem **Servicestandard als Perspektivziel** mehrere **periodische Einzelziele** festzulegen, um die Realisierbarkeit sowie die Motivation der betroffenen Mitarbeiter sicherzustellen.

Spätestens hier stellt sich die Frage, ob Mitarbeiter diese transparente Steuerung ihrer Leistung auf der Basis von konkreten Zielen und nachvollziehbaren Ergebnissen befürworten. Generell hängt dies von 4 Faktoren ab:

- Zum ersten von der **Kultur** und dem **Vertrauensverhältnis** zwischen Management und Mitarbeitern, das im Unternehmen herrscht. Ist Letzteres gestört, wird diese Messung und Steuerung – bei der Gefahr von Sanktionen bzw. Entlassung – zu einem harten Instrument und damit einer „scharfen Waffe".
- Zum zweiten von der **Stellung** und der **Interventionsmöglichkeit des Betriebsrats**. Ist er stark mit einer eigenständigen Meinung, aber dennoch mit dem Willen zu einem erfolgreichen Co-Management, dann funktioniert diese transparente ergebnisorientierte Führung besser als im umkehrten Fall. Die Anforderungen liegen bei einem starken Betriebsrat im Vorfeld, nämlich im Aushandeln und Abschließen von Betriebsvereinbarungen, die für beide Seiten akzeptabel sind.

### Beispiel: Outbound

| Prozesse | | Kunden und Markterfolg | |
|---|---|---|---|
| **Ziel** | **Messgröße** | **Ziel** | **Messgröße** |
| Kurze Durchlaufzeit Auftrag/ Auslieferung | < 2 Tage | Hohe Zufriedenheit | M+M CSI® > 80 |
| Hohe Auslastung | > 70% | Wenig Junk Calls | Quote < 1% |
| Abschlussquote | > 5% | Cross Selling Quote | > 5% |
| Kontaktzahl netto | = 7/ h | Kundengewinnung | Neukunden > 5/ Woche |

| Mitarbeiter | | Finanzielle Ergebnisse | |
|---|---|---|---|
| **Ziel** | **Messgröße** | **Ziel** | **Messgröße** |
| Zufriedene Mitarbeiter | M+M MZI® und M+M FZI® jew. > 80 | Budgeteinhaltung | 100% |
| | | DB III | > 20% |
| | Fluktuation < 5% | Ertrag/ Abschluss | > 500 €/ Agent/ Tag |
| | Fehlzeiten < 4% | | |

**Abb. 16:** Strategische Ziele für Call Center in der BSC-Logik

- Zum dritten von der **direkten Beeinflussbarkeit** der Messgrößen und damit Kennzahlen sowie Steuerungskriterien durch die einzelnen Mitarbeiter. Nur wenn sie gegeben ist, lassen sich formulierte Ziele durch erhöhte eigene Anstrengungen unmittelbar erreichen. Dies hat zur Folge, dass vor allem auf nachgeordneten Ebenen der Anteil von Zielen, die nur im Zusammenspiel mit anderen Abteilungen erreichbar sind, und von Team-Zielen, die sich nur in der Zusammenarbeit mit anderen Mitarbeitern realisieren lassen, begrenzt sein sollte. Um Missverständnissen vorzubeugen: Diese in Kooperation erreichbaren Ziele sind auch im Call Center wichtig, aber sie sollten im Vergleich zu individuellen Leistungszielen die Relation 30:70 nicht überschreiten. Eine gute Analyse und Strukturierung der Wertschöpfungsprozesse im Call Center und mit den Support-Bereichen muss dies sicherstellen.
- Zum vierten von den **Anreizen**, die den Mitarbeitern **für gute Leistungen** geboten werden, und der Unterstützung, die ihnen bei Leistungsschwächen zuteil wird. Beides ist im Call Center bei im Zeitablauf inhaltlich unterschiedlichen Anforderungen wichtig. Die Incentives sollten einerseits qualitativ bezogen auf Qualifikationsverbesserung, größeren Verantwortungsbereich und berufliches Fortkommen ausgerichtet sein, aber auch quantitativ mit der klaren Zielsetzung einer leistungsorientierten Bezahlung.

In dem Artikel zum Kundenzufriedenheitsmanagement bei der R+V Versicherung im 3. Kapitel dieses Buches werden unter anderem auch die Ergebnisse von Mitarbeiterbefragungen angesprochen. Der **Mitarbeiterzufriedenheitsindex (MZI)** der Mitarbeiter im Call Center lag dabei um fast 10 Indexpunkte höher als der durchschnittliche MZI aller anderen Mitarbeiter. In entsprechender Weise wies auch der **Mitarbeiterbindungsindex (MBI)** der Mitarbeiter im Call Center den höchsten Wert auf. Wie detaillierte Analysen belegten, liegen die Hauptgründe im Vergleich zu den anderen Mitarbeitern des Unternehmens darin, dass sie mit den Messgrößen für ihre Leistung zufriedener sind und die Messergebnisse ihrer Leistung deutlich besser kennen. Transparenz bei einem guten Führungsstil und einer hohen Motivation schafft also deutliche Zufriedenheit.

Auch eine noch so gute Steuerung schließt nicht aus, dass Probleme im Call Center auftreten, welche die Qualität, Motivation der Mitarbeiter, die Wirtschaftlichkeit der Projekte und die Kundenzufriedenheit beeinträchtigen. Die Steuerung über die 4 Ebenen der BSC mit klaren Kriterien, Messgrößen, Zielen und erreichten Ergebnissen liefert die direkte Basis für die Analyse der Probleme und spezifische Verbesserungen. Hierzu bietet sich als Analyseinstrument das **Ishikawa-Diagramm** an, das vor allem aus dem Qualitätsmanagement bekannt ist. In Abbildung 17 ist dieses Konzept vereinfacht schematisiert. Die Kundenzufriedenheit wird dabei in ihrer Abhängigkeit von den 3 Einflussbereichen Mitarbeiter, Call Center und Wirtschaftlichkeit untersucht.

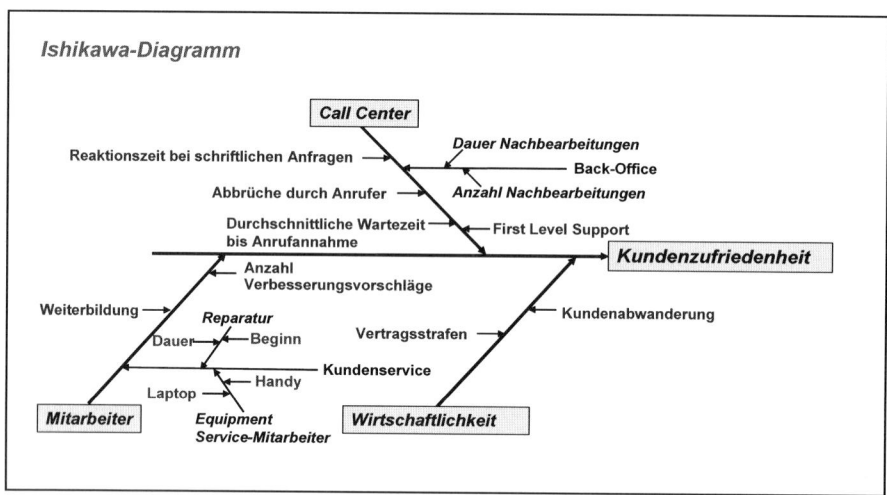

**Abb. 17:** Verbesserungsprozess im Call Center

In jeder Rubrik lassen sich in diesem Fischgrät-Muster die wesentlichen Einflussgrößen herausarbeiten, die einerseits **interne Werttreiber** und andererseits **externe Erfolgsfaktoren** darstellen. Die Kategorie Mitarbeiter bezieht sich dabei nicht nur auf das Call Center, sondern auch auf den technischen Service, da er einen wesentlichen Einfluss auf die Kundenzufriedenheit ausübt. Bezogen auf das gesamte Call Center werden zum einen **Zeitkriterien** analysiert und zum anderen die **involvierten Organisationseinheiten**. Alle Probleme in den beiden Bereichen wirken sich nachhaltig negativ in der Kategorie Wirtschaftlichkeit aus.

## 8 Beispiele für die globale Vernetzung von Call Centern

Was machen nun Unternehmen, die weltweit tätig sind und deshalb ihre Call Center miteinander vernetzen sowie kontinuierliche Qualitätsmessungen und Benchmarking im Call Center-Bereich mit anderen Unternehmen durchführen. Hier 2 Beispiele:

**Das Beispiel SAP:**

Das Walldorfer Softwarehaus SAP AG betreibt weltweit eine Reihe von Call Centern, die für das Unternehmen den First Level Support für die Produkte SAP R/3 ausführen. Dabei geht es zunächst um die Beantwortung relativ einfacher Fragen der Kunden. 80% der eingehenden Anrufe betreffen diese Art Fragen. Über 40 Länder werden durch diese Call Center betreut.

In Deutschland arbeitet das Unternehmen mit dem Outsourcing-Partner Sykes in Wilhelmshaven zusammen. In Tokio und Philadelphia sind eigene Call Center eingerichtet. Nach dem „follow the sun"-Prinzip werden die eingehenden Anrufe im 8-Stunden Rhythmus an das Call Center geroutet, das gerade Dienst hat. Das bedeutet, dass in allen Call Centern mehrsprachige Mitarbeiter zur Verfügung stehen. Diese sind so ausgebildet, dass sie erstklassig kommunizieren und alle Fragen beantworten können, die etwa 80% der eingehenden Anrufe ausmachen. Außerdem erfolgt eine Bewertung nach Dringlichkeit des Problems. Die schwierigeren Fachfragen werden erfasst und sofort über das weltweite E-Mail-Netz zu Spezialisten der SAP weitergeroutet.

Bernhard Fischer, der über längere Zeit für den Bereich Customer Service bei SAP zuständig war, nennt als **Gründe für das Outsourcing** in Deutschland die geringeren Kosten und die Tatsache, dass der Outsourcing-Partner auch schnell über die neueste Technik verfügt. Außerdem sieht das Unternehmen seine Kompetenz in der Entwicklung und im Vertrieb von Software. Call Center-Management erfordere eigene, spezielle Kompetenzen. Die Qualität des Service überprüft Bernhard Fischer durch **monatliche Reports**, insbesondere der ACD Reports. Außerdem sind Qualitätsteams eingesetzt, die durch **Testanrufe** stichprobenartig testen. Zusätzlich nimmt die SAP an internationalen Support-Benchmarktests teil. Hier wird ein anonymer Vergleich der ermittelten Qualitätszahlen durchgeführt.

Für die Zukunft will das Unternehmen den Servicelevel, heute werden 90% der Anrufe in 10 Sekunden entgegengenommen, weiter verbessern.

**Das Beispiel Hewlett Packard:**

Das Unternehmen bietet Call Center Services für die Personalcomputer und Peripheriegeräte, z.B. Drucker, an und ist globaler Marktführer in der PC- und Druckerbranche. Dabei wurde für die Kunden ein Full Service Paket geschnürt, das sowohl Hotline Service, 2nd und 3rd Level Support einschließt. Für Großkunden gibt es einen speziellen Service mit besonderer Priorität. Der Telefonservice wird in den USA, Europa, Asien und Afrika angeboten. Man arbeitet mit eigenen Centern und mit dem Dienstleister Sykes, Tampa, Florida zusammen, wobei Sykes sich auf High Tech-Produkte und Health Care-Produkte spezialisiert hat.

HP selbst betreibt ein so genanntes „**Center of Expertise**", das für die Ausbildung der Call Center-Mitarbeiter zuständig ist. Die Gründe, in jedem wichtigen Land ein Call Center gemeinsam mit Sykes zu eröffnen, sind:

1. Das eigene zentrale Call Center wurde in das „Center of Expertise" integriert, weil durch die rasche Marktentwicklung mit immer neuen Produkten die zentralen Aufgaben immer größer wurden.
2. Der Dienstleister Sykes führt die täglichen Call Center-Aufgaben mit hoher Qualität und zu günstigen Kosten weltweit durch.
3. Wegen der Sprachenvielfalt fiel die Entscheidung gegen ein paneuropäisches Call Center aus.

Zur Unterstützung der Servicemitarbeiter steht eine **weltweite Wissensdatenbank** zur Verfügung. Außerdem werden alle fortschrittlichen technischen Möglichkeiten genutzt, wie unter anderem CTI (Computer Telephony Integration), Internetunterstützung, Skilled-Based-Routing (z.B. Anrufweiterleitung nach Anrufherkunft oder installiertem Produkt).

Ein Spezialunternehmen führt ein Benchmarking der HP/ Sykes eigenen Call Center untereinander durch und auch den Vergleich mit dem Telefonservice der Wettbewerber. Außerdem werden Monitoring-Systeme eingesetzt, und es findet kontinuierlich eine TQC (Total Quality Control) statt.

Als wichtigstes Ziel für die Zukunft gilt, Mehrfachanrufe zu vermeiden. HP spricht hier von „first time fix percentage", d.h., der anrufende Kunde soll sofort beim ersten Anruf/ nach der ersten E-Mail die Lösung für sein Problem erhalten.

# 9 Literatur

*Beckmann, J. (2003):* Mystery Calls zur Überprüfung der Service-Qualität für Call Center, in: planung & analyse, Nr. 5, 2003, S. 39-44.
*Bodin, M./ Dawson, K. (1999):* The Call Center Dictionary, New York 1999.
*Cleveland, B./ Mayben, J., Greff, G. (2002):* Call Center Management – Leitfaden für Aufbau, Organisation und Führung von Teleservicecentern, Wiesbaden 2002.
*Greff, G. (1997):* Das 1x1 des Telefonmarketing, Wiesbaden 1997.
*Kruse, J.P./ Lux H. (2001):* E-Mail-Mangement – Professioneller Einsatz von E-Mail im Service Center, Wiesbaden 2001.
*Mann, A. (2007):* Dialogmarketing-Kompetenz von Unternehmen: konzeptionelle Überlegungen und empirische Befunden, in: ZfB, 77. Jg., 2007, Sonderausgabe Nr. 3, S. 1-28.
*Newton, H. (2006):* Newton's Telecom Dictionary, New York 2006
*Scheuing, E. (1995):* Creating Customers for Life, Portland 1995.
*Töpfer, A./ Greff, G. (2000):* Servicequalität am Telefon – Corporate Identity im Kundendialog, 2. Aufl., Neuwied/ Kriftel 2000.

# Konzepte und Instrumente für das Beschwerdemanagement

– Worauf kommt es bei einem konstruktiv gestalteten Beschwerdemanagement an? –

Armin Töpfer

Inhalt

| | | |
|---|---|---|
| 1 | Beschwerden aus Sicht des Kunden und des Unternehmens | 819 |
| 2 | Erkenntnisse aus Wissenschaft und Praxis zum Beschwerdemanagement | 823 |
| 2.1 | Beschwerdeaktivitäten | 823 |
| 2.2 | Anforderungen an das Reaktionsverhalten | 830 |
| 2.3 | Wirkungen aus der Behandlung von Beschwerden | 833 |
| 3 | Konzeption eines fortschrittlichen Beschwerdemanagements | 840 |
| 3.1 | Professionelle Beschwerdebehandlung | 842 |
| 3.2 | Prozessbezogene Ursachenbeseitigung | 852 |
| 4 | Literatur | 857 |

## 1 Beschwerden aus Sicht des Kunden und des Unternehmens

Die zentrale Frage ist nicht, wie eine Beschwerde definiert ist, sondern vielmehr, was sie in einer Kunden-Lieferanten-Beziehung bewirkt. Von der **Einstellung** gegenüber einer Beschwerde und den dadurch induzierten **Verhaltensweisen** hängen einerseits die **Qualität und das Niveau des Beschwerdemanagements** und andererseits die Möglichkeiten sowie die **Dauer und Intensität der Kundenbindung** ab. Sowohl die Beschwerden als auch die Art und Weise ihrer Behandlung und Lösung sind damit ein wesentlicher Bestandteil jedes qualifizierten Customer Relationship Managements.

Inhaltlich liegt einer Beschwerde der Sachverhalt zu Grunde, dass eine oder mehrere wesentliche Erwartungen des Kunden in erheblichem Maße nicht erfüllt werden. Die daraus resultierende Unzufriedenheit übersteigt beim Kunden einen individuell gesetzten Schwellenwert und damit das tolerierbare Niveau; dies führt dann zur Beschwerde, es kommt also über das bisherige Ertragen hinaus zu einer Aktion.

Beim Kunden bewirkt die Nichterfüllung seiner Erwartungen demzufolge einen **erheblichen Spannungszustand**: Zum einen ist er aus sachlichen Gründen rational nicht bereit, die unzureichende Qualität eines Produktes oder einer Dienstleistung des Unternehmens hinzunehmen. Hier spricht man von der **kognitiven Grundlage** für seine Beschwerde. Zum anderen fühlt er sich aber häufig vor allem auch aus emotionalen Gründen – also gefühlsmäßig – nicht gut behandelt, vielleicht sogar nicht ernst genommen. Dies ist die **affektive Grundlage** für seine Beschwerde. Entsprechend dem **4-Komponenten-Modell** (vgl. Trommsdorff 2004, S. 164 f; Kroeber-Riel/ Weinberg 2003, S. 182 ff.) führen die beiden Spannungszustände zur Verhaltensbereitschaft des Kunden in Richtung Beschwerde (**konative Komponente**) und dann – beim Überschreiten des oben angesprochenen Schwellenwertes – zur konkreten Beschwerde (**aktive Komponente**), wie in Abbildung 1 dargestellt ist.

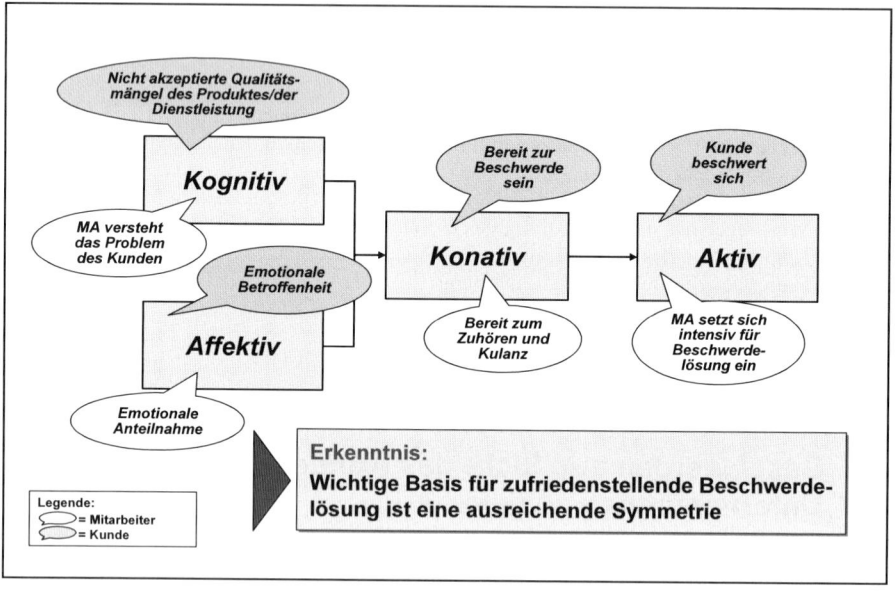

**Abb. 1:** 4-Komponenten-Modell bei einer Kundenbeschwerde

In der Praxis sind die Art und Stärke der einzelnen Komponenten in ihrer gesamten Wirkung nicht immer ohne weiteres zu trennen und damit nachzuvollziehen. Einerseits kann die rationale Überlegung einer angestrebten Schadensbeseitigung die Triebfeder zur Beschwerde sein. Andererseits ist es jedoch häufig das „verletzte Gefühl" des Kunden, das den entscheidenden Anstoß zur Beschwerde gibt. Zusätzlich hängt die Verhaltensbereitschaft – aus Sicht des Kunden – von der Wertigkeit des Gegenstandes/ Vorgangs für ihn und der Erfolgswahrscheinlichkeit der Aktivität Beschwerde ab. Hierauf wird an späterer Stelle noch eingegangen.

Die Frage ist, welche Art des Unternehmensverhaltens – aus umgekehrter Sicht – in dieser Situation dem Kunden entgegengebracht wird. Dabei ist zu unterscheiden zwischen dem **individuellen Verhalten** einzelner Unternehmensmitglieder und dem **kollektiven Verhalten** des Unternehmens als Organisation. Letzteres drückt sich in der Philosophie des Unternehmens bezogen auf Kundenbeschwerden aus und damit in den Grundlagen und organisatorischen Abläufen bzw. Spielregeln. Durch dieses organisationale Verhalten werden zugleich die Einstellung und die Handlungsweisen der Unternehmensmitglieder gegenüber sich beschwerenden Kunden geprägt und gefördert oder behindert.

Im Beschwerdemanagement kommt also dem individuellen Verhalten von Mitarbeitern des Unternehmens eine zentrale Bedeutung zu. Der sich beschwerende Kunde will den Eindruck haben, dass der Mitarbeiter – wie in Abbildung 1 skizziert – kognitiv das Problem versteht, affektiv auf dem zu erwartenden Niveau Anteil nimmt, bereit ist zum Zuhören und zu einem bestimmten Ausmaß von Kulanz (konativ), um sich dann aktiv und intensiv für eine Beschwerdelösung zum Vorteil des Kunden einzusetzen. Der Mitarbeiter wird damit – bildlich gesprochen – zum Anwalt des Kunden und seiner Beschwerde. Dieses erwartete Mitarbeiterverhalten mit einer hohen Empathie wird in dem Artikel zu den mitarbeiter- und organisationsbezogenen Fähigkeiten für ein erfolgreiches Kundenmanagement in diesem Buch vertieft.

Wenn jedoch ein Unternehmen Kundenbeschwerden, Kundenbindung und insgesamt einem Customer Relationship Management einen geringen Stellenwert beimisst, dann führt dies zu einer Asymmetrie der Spannungszustände. Der hohe rationale und emotionale Spannungszustand auf Seiten des Kunden findet keine Entsprechung im Stellenwert der beiden Komponenten auf Seiten des Unternehmens. Dies bedeutet mit anderen Worten, dass das Unternehmen **sachlich** oftmals **nur das Mindestniveau an Wiedergutmachung** – basierend z.B. auf den Grundlagen der Produkthaftung (vgl. Standop 1995, S. 2102 ff.) – dem Kunden zugesteht und vor allem **emotional** kein Einfühlungsvermögen (**Empathie**) für die Situation des Kunden zeigt. Beides zusammen verschärft das Problem des Beziehungskonfliktes. Eine Besonderheit kann hierbei in der Praxis auftreten: Auch in Unternehmen, die einen hohen Stellenwert von Kundenbeschwerden definiert haben, können häufige Qualitätsmängel der Unternehmensleistungen und dadurch bewirkte häufige Kundenbeschwerden dazu führen, dass das Unternehmen und seine Mitglieder individuell und organisational überlastet sind und/ oder in bestimmtem Maße gegenüber Kundenbeschwerden „abstumpfen" bzw. **Abwehrmechanismen** entwickeln. **Kundenerosion** wird dann als ein selbstverständlicher und natürlicher Vorgang angesehen und bewertet.

Zunächst kommt es also darauf an, welche **Philosophie** im Unternehmen gegenüber Kundenbeschwerden verfolgt wird. Bildhaft kann die Einstellung gegenüber einer Beschwerde mit dem chinesischen Bild des Yin und Yang umschrieben werden (siehe Abb. 2): Jede Beschwerde ist aufgrund ihrer negativen Auswirkungen eine Gefahr für das Unternehmen. Die entstandene Kundenunzufriedenheit kann zu Kundenabwanderung sowie damit zu Absatz- und Umsatzrückgängen führen. Durch mangelnde Kundenorientierung im Beschwerdefall wird demnach **Wertvernichtung** betrieben.

Entsprechend dem Begriff „**Value-at-Risk**" des wertorientierten Managements (vgl. Gleißner 2001) als möglichem Schadenspotenzial bei einer Wertvernichtung schließt fortschrittliches Beschwerdemanagement immer auch „**Customers-at-Risk**"-**Management** ein, das sich anhand eines Kundenverlustrisiko-Portfolios (vgl. Büttgen 2003, S. 66 f.) darstellen lässt. Hierbei wird zum einen also die Wahrscheinlichkeit als Gefahr der Kundenabwanderung analysiert und zum anderen die Höhe des dann möglichen Umsatz- und Ertragsverlustes aufgrund einer langjährigen Kundenbeziehung. In Abhängigkeit von beiden Dimensionen wird eine **Eskalation von Maßnahmen** im Rahmen des Beschwerdemanagements entwickelt, um den unzufriedenen Kunden entsprechend seiner Wertigkeit für das Unternehmen zu betreuen und zufrieden zu stellen. Maßnahmen, die keine hohen zusätzlichen Kosten verursachen, wie Freundlichkeit, Verständnis und Empathie, sind unabhängig vom Kundenwert zu realisieren, und zwar allein aufgrund der Gefahr und damit zur Vermeidung einer negativen **Mund-zu-Mund-Kommunikation** über das Unternehmen, seine Produkte und sein Verhalten. Denn dies kann sich kein Unternehmen auf Dauer leisten.

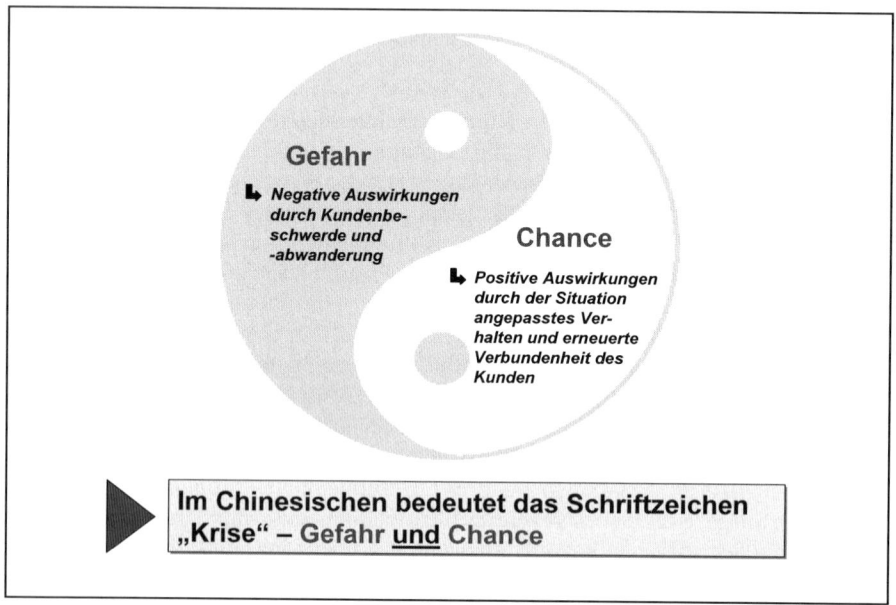

**Abb. 2:** Yin und Yang einer Kundenbeschwerde als potenzielle Krise für das Unternehmen

Zugleich ist eine Beschwerde im Hinblick auf mögliche positiv ausgerichtete Konsequenzen aber immer auch eine Chance für das Unternehmen, und zwar über die gebotene Wiedergutmachung und Kulanz hinaus. Die positive Sichtweise und Ausrichtung kommt dadurch zu Stande, dass der Kunde dem Unternehmen mit seiner Beschwerde Hinweise gibt, wo und wie Prozesse und Ergebnisse im Unternehmen Defizite aufweisen, deren Ursachen durch **Verbesserungsmaßnahmen** beseitigt werden können. Die Chance für das Unternehmen liegt also nicht nur in der verhinderten Kundenabwanderung und in der durch die Reaktion des Unternehmens bewirkten, erneuerten Verbundenheit des Kunden. Vielmehr äußert sich dann der Situation angepasstes Verhalten auch in konkreten Verbesserungsmaßnahmen, um ähnliche Probleme und Unzufriedenheiten von Kunden in der Zukunft zu vermeiden und damit Kundenverlustursachen auszuräumen. Dies entspricht im übertragenen Sinne einem **proaktiven Beschwerdemanagement**.

Der sich beschwerende Kunde wird auf diese Weise zum „kostenlosen Berater" für das Unternehmen. Mit anderen Worten wird die Beschwerde zur Hilfestellung durch den Kunden, um die **Unternehmensqualität** zu steigern. Zugleich kann diese Philosophie über Qualitätsverbesserungen hinaus auch **Anregungen zu Produktveränderungen oder sogar Innovationen** geben. Wichtig ist hierfür, dass aus Kundensicht die Zugangsschwelle zum Unternehmen relativ niedrig und damit die Beschwerdeartikulation und -annahme einfach gestaltet sind.

Als Fazit dieser Einführung bleibt festzuhalten: Im Beschwerdefall muss beim Kunden vermieden werden, dass er das Verhalten des Unternehmens subjektiv als schädigend empfindet. Der Kunde muss vielmehr das Ziel einer Wiedergutmachung der erlittenen Beeinträchtigungen durch das Unternehmen erkennen können und glaubhaft vermittelt bekommen. Eine Steigerung erfährt das vom Unternehmen dokumentierte Beschwerdeverhalten, wenn der Kunde nachvollziehen kann, dass das Unternehmen eine Änderung des kritisierten Verhaltens anstrebt bzw. durch Verbesserungsmaßnahmen die Beseitigung der Beschwerdeursachen bewirken will (vgl. Stauss/ Seidel 2007, S. 114). Die Hauptaktivität des Unternehmens liegt dann nicht auf der statistischen Ermittlung der Kundenabwanderung/ -erosion als Kundenbewegungsbilanz, sondern vielmehr darauf, durch professionelles Beschwerdemanagement **Kundenwachstum** in Form von Wiederkauf und Cross-Buying zu erreichen.

## 2 Erkenntnisse aus Wissenschaft und Praxis zum Beschwerdemanagement

In diesem Kapitel wird – auf der Basis wissenschaftlicher Erkenntnisse und praxisbezogener Erfahrungen – zunächst auf den bereits angesprochenen Sachverhalt eingegangen, welche Kriterien maßgeblich sind, dass und worüber Beschwerden artikuliert werden. Danach werden die Anforderungen an das Reaktionsverhalten der Unternehmen ausgeführt und anschließend die Wirkungen aus der Behandlung von Beschwerden aufgezeigt.

### 2.1 Beschwerdeaktivitäten

Um den Stellenwert und die Bedeutung von Beschwerden aus Kundensicht erkennen zu können, ist in einem 1. Schritt darzustellen, wie viel Prozent der nachweislich unzufriedenen Kunden sich beschweren. Hieraus kann ein Rückschluss auf das Überschreiten der oben angesprochenen kritischen Schwelle gezogen werden.

Die in der Literatur referierten Ergebnisse weisen unterschiedliche Werte aus. Dies hängt zum einen von den untersuchten Branchen und Unternehmen, aber ebenfalls von der spezifischen Situation der Kunden ab. Auch das **Servicebarome-**

**ter 2006** hat die starken Schwankungen der Beschwerdebereitschaft belegt: Der höchste Anteil der Nicht-Beschwerdeführer liegt mit 97% in der Wertstoffentsorgung; es beschweren sich also nur 3% der unzufriedenen Kunden. Hierauf folgen Tiefkühldienste (94,7%), Fondsgesellschaften (94,2%) und Flughäfen (91,6%). In einigen Branchen ist die Beschwerdebereitschaft unzufriedener Kunden allerdings ungleich höher: Der Anteil der Nicht-Beschwerdeführer bei Optikern liegt lediglich bei 37,1%, d.h. 62,9% der unzufriedenen Kunden sind beschwerdebereit. Bezogen auf Werkstätten von Autohäusern liegt der Anteil der beschwerdebereiten Kunden bei 52,6% (vgl. Servicebarometer 2006).

Untersuchungen im Bereich der Filialen der Deutschen Post AG brachten das Ergebnis, dass sich 27% der Kunden, welche in den letzten 12 Monaten verärgert waren, tatsächlich beschwert haben. Im Vergleich dazu haben sich aber 37% gegenüber Bekannten zu dem Vorfall geäußert (vgl. Trier 2002, S. 263). Nach einer anderen Studie (vgl. hierzu Stauss/ Seidel 2007, S. 65) beschweren sich branchenabhängig ca. 20 bis 50% der unzufriedenen Kunden.

Dies lässt folgende Schlussfolgerung zu: Die schlimmste Beschwerde ist die gegenüber dem Unternehmen nicht ausgesprochene Beschwerde, da sie dem Unternehmen keine Chance zur Reaktion ermöglicht, und zwar den Kunden doch noch zufrieden zu stellen und zugleich in den Prozessen besser zu werden.

Ob es zu einer Beschwerde gegenüber dem Unternehmen kommt oder nicht, lässt sich anhand des **Ursachen-Wirkungs-Modells des geplanten Verhaltens** von Ajzen (1985) – siehe Abbildung 3 – gut nachvollziehen. Es entspricht in der Grundstruktur weitgehend dem 4-Komponenten-Modell. Der 1. Einflussbereich auf die Beschwerdeabsicht ist die **Einstellung gegenüber dem Verhalten**. Eindrücke, beispielsweise aus früheren Kauferfahrungen sind die Grundlage für eine bestimmte Wahrnehmung der Realität, die sich z.B. auf die Qualität eines Produktes oder einer Dienstleistung beziehen kann. Bei wahrgenommenen Qualitätsmängeln hängt die Einstellung zu einer möglichen Beschwerde von der Bedeutung, also der Bewertung der Relevanz, ab, die dieser Mangel für den Kunden hat und welcher Nutzen ihm aus einer Beschwerde entstehen kann, sowie ferner von der Erfolgswahrscheinlichkeit. Zusätzlich wird die Beschwerdeabsicht von der **subjektiven Norm** beeinflusst, die sich aus der Wahrnehmung der sozialen Norm – also den externen Erwartungen wichtiger Bezugspersonen an das Verhalten des Kunden – und seiner Motivation, diesen Erwartungen zu entsprechen, zusammensetzt. Hierzu gehört beispielsweise auch, wie das Unternehmen auf eine mögliche Beschwerde reagiert und ob hieraus aus Sicht des Kunden einem Mitarbeiter des Unternehmens – als „Schuldigem" – ein Schaden entsteht. Hinzu kommt als weitere Einflussgröße die vom Kunden **wahrgenommene Verhaltenskontrolle** durch ihn und die Umwelt. Sie beschreibt die Erwartung des Kunden, inwieweit das Verhalten, also die Beschwerde, aufgrund seiner eigenen Fähigkeiten und aufgrund der Kontrolle durch andere umgesetzt werden kann.

Generell gilt folgender Zusammenhang: Je höher die **Beschwerdequote** unzufriedener Kunden ist, desto eher wird ein realistisches Abbild des gesamten Spektrums gravierender Defizite erreicht. Zugleich wird hierdurch die Chance vergrößert, durch erfolgreiches Beschwerdemanagement nicht nur die Symptome der

Unzufriedenheit zu behandeln, sondern auch tiefergehende Hinweise auf wesentliche Ursachen zu erhalten.

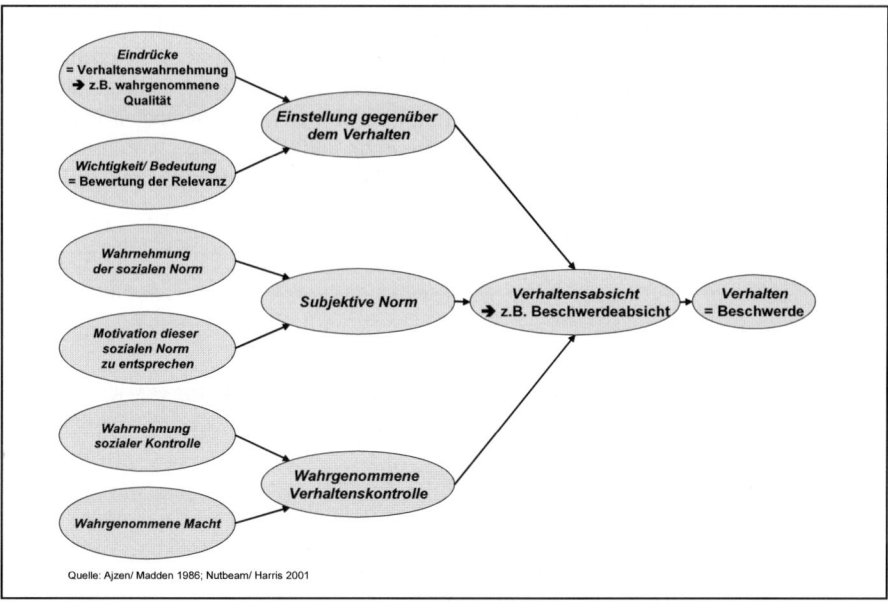

**Abb. 3:** Ursachen-Wirkungs-Modell des geplanten Verhaltens von Ajzen

Sieht man sich beispielhaft die wesentlichen Gründe für Beschwerden bei Versicherungsunternehmen in Abbildung 4 an, dann wird ersichtlich, dass sich die häufigsten Beschwerdefälle auf die Schadensabwicklung beziehen. In einem Versicherungsverhältnis kennzeichnet dies den sachlich und emotional kritischsten Bereich, bei dem aus Sicht des Kunden die gesamte Vertragsbeziehung und die Zusammenarbeit auf den Prüfstand kommen (vgl. o.V. 2001, S. 44). Eine Versicherung schließt man ab für ein negatives Ereignis, das möglichst nicht eintreten soll. Wenn es aber dennoch als Schadensfall eintritt, dann entsteht in dieser Situation das höchste Involvement. Mit deutlichem Abstand als Ursachen für Beschwerden bei Versicherungsunternehmen folgen die Bearbeitungsdauer und dann unzureichende Rechnungsstellung, Beratung und Information.

Wenn durch einen aus Sicht des Adressaten wesentlichen Qualitätsmangel persönliche Wertvorstellungen beeinträchtigt werden, dann führt das entstandene hohe Involvement als Ich-Bezogenheit zu einer starken Wahrnehmung und Wirkung. Das Verhalten und die Kommunikation des Unternehmens im Beschwerdefall haben dem Rechnung zu tragen.

Die **Wahrnehmung** und die **Kommunikation** beziehen sich sowohl auf die **Sachebene** als auch auf die **emotionale Ebene**, die der kognitiven und affektiven Komponente aus Abbildung 1 entsprechen. Im Zeitablauf der Entstehung der Beschwerdeursachen kommt es vor der Beschwerdebehandlung durch das Unternehmen bereits zwischen diesen beiden Ebenen zu deutlichen Verschiebungen, wie dies in Abbildung 5 skizziert ist. Vor der Beschwerdesituation und bei einem relativ geringen Involvement (vgl. Töpfer 2007c, S. 850 ff.; Kroeber-Riel/ Weinberg 2003, S. 371, 622 ff.) dominiert eindeutig die Sachebene. Mit dem Eintritt des Beschwerdegrundes gewinnt durch das gestiegene Involvement die emotionale Ebene erheblich an Bedeutung. In dem Maße, in dem es nicht gelingt, die Beschwerde für den Betroffenen zufrieden stellend zu bewältigen respektive zu lösen, werden die Emotionen weiter zunehmen. Im gleichen Maße werden Sachinformationen eher unwichtiger. Die gesamte Kommunikation wird dann sehr viel stärker emotional gesteuert.

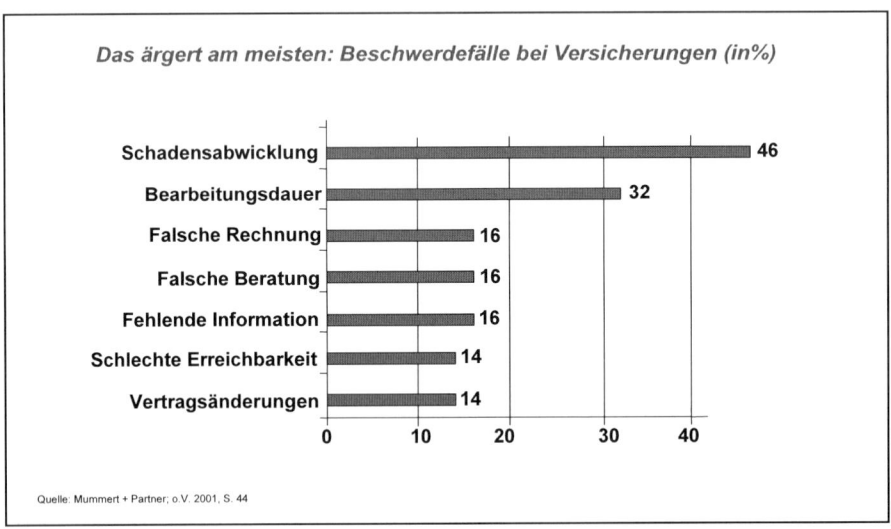

**Abb. 4:** Verbesserungsbedarf im Beschwerdemanagement

Ob es gelingt, die Relation zwischen der Sach- und der emotionalen Ebene nach dem Beschwerdefall wieder auf „Normalniveau" zurück zu bringen, hängt von der **Qualität des reaktiven Beschwerdemanagements** im Unternehmen ab. Führt die Beschwerdebehandlung zum gewünschten Erfolg, nämlich dass der Kunde sein Problem ausreichend gewürdigt und gelöst sieht, dann ist dies erreichbar. Andernfalls bleibt die hohe emotionale Betroffenheit des (Noch)Kunden bestehen, und er wird das „Ventil" hierfür anderweitig suchen, z.B. dadurch dass er an Dritte den Beschwerdesachverhalt kommuniziert und über das Unternehmen schlecht redet.

Zwei Erkenntnisse sind in diesem Zusammenhang also von Bedeutung: Zum einen ist die **Art und Weise der Behandlung einer Beschwerde** häufig viel wichtiger als die sofortige Behebung der Beschwerdeursache (vgl. Dietze 1997, S. 192). Dies entspricht der gängigen Problemsituation: Der Kunde will zunächst – insbesondere auch auf der kommunikativen Ebene – eine Lösung seines Problems, bevor die Probleme in der Organisation des Unternehmens angegangen werden, die zukünftige Beschwerden vermeiden sollen.

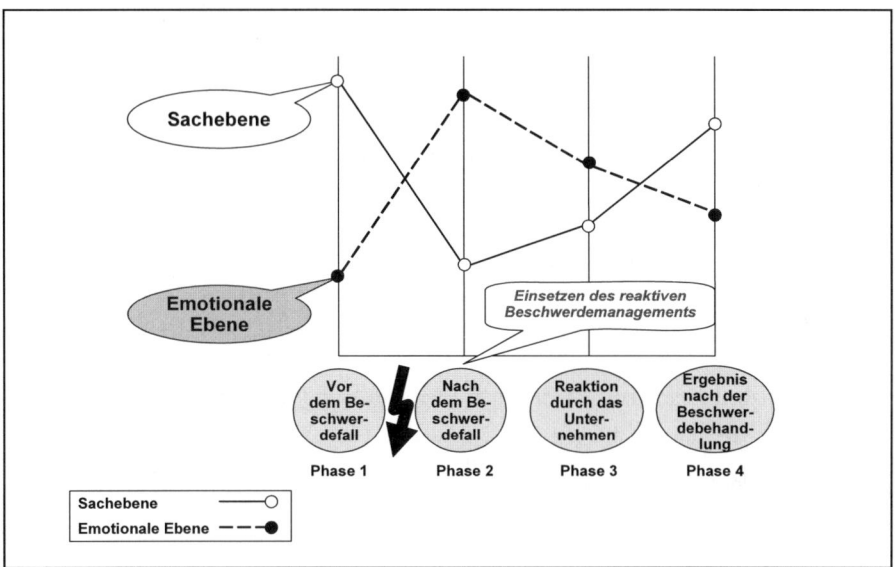

**Abb. 5:** Bedeutungswandel der beiden Informationsebenen im Beschwerdeverlauf

Zum anderen ist insbesondere bei Versicherungs- und Touristikunternehmen die **Zeitdauer bis zu einem Lösungsangebot** ein wesentlicher Indikator für eine kundenorientierte Behandlung und Akzeptanz. So wissen wir aus Praxisprojekten, dass bei Versicherungsunternehmen ein Kunde mit einer schnellen Schadensregulierung – ohne vorherige Beschwerde – eher zufrieden ist, auch wenn ein geringerer Betrag ausbezahlt wird. Entsprechend sind Kunden von Touristikunternehmen – nach einer Beschwerde – mit der finanziellen Entschädigung, die kurz nach dem Beschwerdefall vor Ort geleistet wird, eher zufrieden, auch wenn der Betrag geringer als erwartet ausfällt (vgl. Borth 2004).

Allein der Faktor Zeit übt also in der Stress-Situation einer Beschwerde beim Kunden einen wesentlichen Einfluss auf seine Zufriedenheit respektive Unzufriedenheit aus. Gekoppelt mit einer einfühlsamen persönlichen Behandlung gehen hiervon wesentliche Wirkungen auf eine akzeptable Wiedergutmachung aus. Hieraus lassen sich unmittelbar Anforderungen an die Art und Ausgestaltung des Beschwerdemanagements formulieren.

Als Grundvoraussetzung für alle Aktivitäten des Beschwerdemanagements ist die Bereitschaft des Kunden zu sehen, sich bei einem Problem mit einem Produkt oder einer Dienstleistung gegenüber dem Unternehmen zu artikulieren. Der Prozentsatz formulierter Beschwerden ist – wie bereits angesprochen – von der Art und Schwere des Problems abhängig und inwieweit der Kunde eine Erfolgsaussicht in dieser Handlung sieht.

Untersucht man, unter welchen Voraussetzungen sich unzufriedene Kunden beschweren, dann lässt sich grundsätzlich Folgendes feststellen: Die Bereitschaft des Kunden, eine Beschwerde vorzubringen, steigt mit

- der Eindeutigkeit, dass die Unzufriedenheit durch den Anbieter der Marktleistung verursacht wurde,
- der Nachweisbarkeit und Eindeutigkeit des Problems,
- zunehmender Höhe des Produktwertes und damit dem subjektiven Wert der Problemlösung für den Kunden,
- zunehmender Relevanz des Konsumerlebnisses,
- der Abnahme der materiellen und zeitlichen **Beschwerdekosten** (vgl. Goodman 1999; Owens/ Hausknecht 1999),
- der Zunahme der eingeschätzten **Erfolgswahrscheinlichkeit**,
- der Einwirkung Dritter, z.B. durch erhöhte Aufmerksamkeit oder Bemerkungen von Bekannten oder Freunden,
- den positiven **Erfahrungen** früherer Beschwerden (vgl. Voorhees/ Brady 2005) und nicht zuletzt
- dem positiven „**Beschwerde-Image**" des Unternehmens (vgl. Stauss/ Seidel 2007, S. 67 ff.).

In Abbildung 6 ist der Versuch unternommen worden, diese Einflussgrößen der **Beschwerdebereitschaft** in einem Modell so zu strukturieren, dass unterscheidbar ist, worauf sie mehr oder weniger stark wirken. Entsprechend der Leitidee des **Prozessmodells der Motivation von Porter & Lawler** (vgl. Töpfer 2007c, S. 935 f.; Scholz 2000) sind die Einflussgrößen danach geordnet, ob sie eine Aussage über Erwartungen machen und welche Wertigkeit sie besitzen bzw. bewirken. Die Hauptachse wird durch die **erwartete Beschwerdelösung**, die **Beschwerdeartikulation**, die **tatsächliche Beschwerdelösung** und die auf dieser Basis als mehr oder weniger gerecht empfundene **Problemlösung der Beschwerde**, welche dann entsprechend dem gesamten Wirkungskonzept zu einem bestimmten Ausmaß von Zufriedenheit oder Unzufriedenheit führt.

Die erwartete Beschwerdelösung wird hinsichtlich Zeit, Inhalt und Niveau vor allem durch das bisherige Beschwerde-Image des Unternehmens, die Höhe des Produktwertes in objektiver und subjektiver Sicht sowie durch die Relevanz des Konsumerlebnisses geprägt. Ob es zu einer Beschwerdeartikulation kommt, hängt zum einen davon ab, wie der subjektive Wert der Problemlösung vom Kunden, seine materiellen sowie zeitlichen Beschwerdekosten und seine Erfolgswahrscheinlichkeit eingeschätzt werden. Letztere hängt insbesondere auch vom Beschwerde-Image des Unternehmens ab. Hinzu kommt, dass die Artikulationsbereitschaft zu einer Beschwerde auch von möglichen Alternativen zum Unternehmens- bzw. Produktwechsel abhängt. Die Verfügbarkeit von Anbieteralternativen hat einen negativen Einfluss auf die Beschwerderate, also auf die Bereitschaft zur Beschwerdeartikulation (vgl. Didow/ Barksdale 1982; Fornell/ Didow 1980). In Entsprechung dieses empirischen Befundes gilt: Je größer die Attraktivität der Anbieteralternativen ist, desto höher ist die Abwanderungsrate (vgl. Maute/ Forrester 1993; Ping 1993). Dies bedeutet mit anderen Worten, dass unzufriedene

Kunden häufig nicht den Stress der Beschwerdeartikulation und des Durchfechtens einer Kulanzlösung auf sich nehmen, sondern lieber gleich – wortlos – zu einem anderen attraktiven Anbieter wechseln.

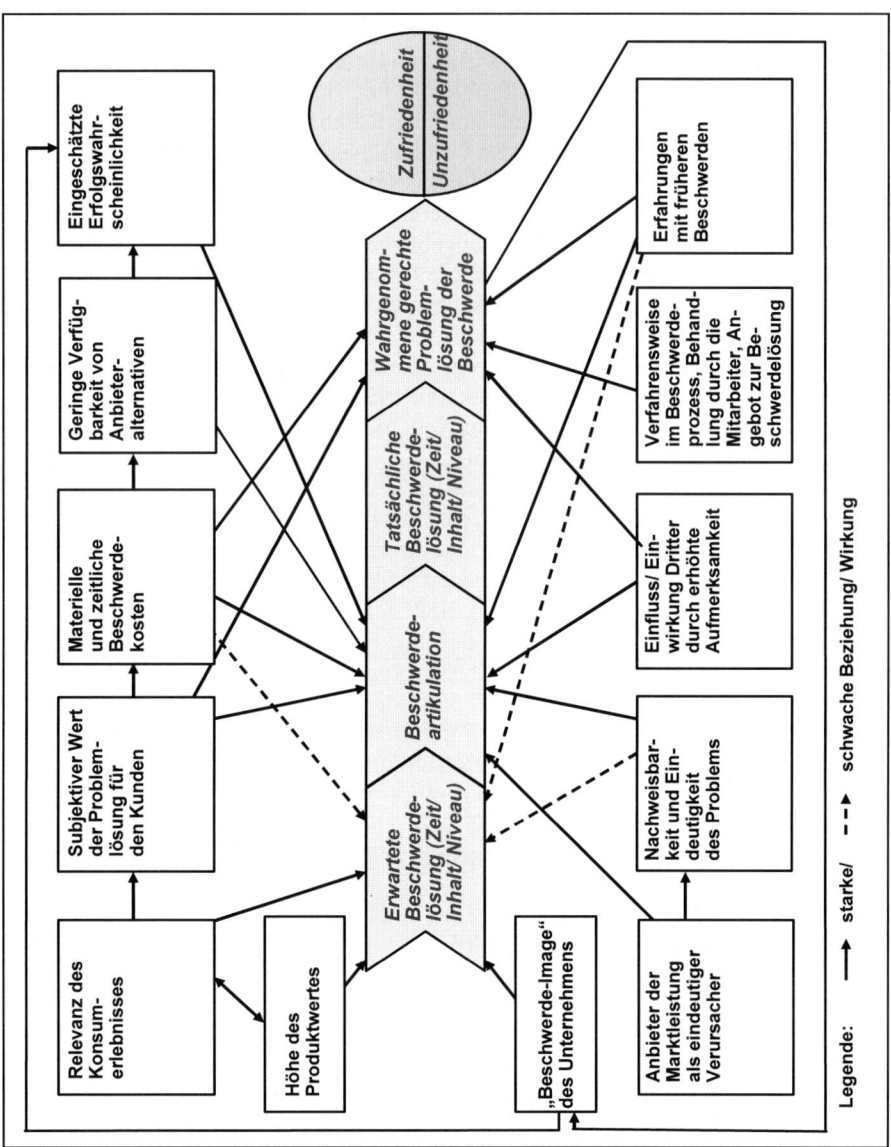

**Abb. 6:** Erwartungs-Valenz-Modell des Beschwerdeverhaltens von Kunden

Zum anderen wird die Bereitschaft der Beschwerdeartikulation dadurch beeinflusst, ob – in objektiver Sicht – eine eindeutige Zuordnung des Verursachers des Problems möglich ist und ob der Nachweis des Problems eindeutig geführt werden kann. In subjektiver Sicht kommt der Einfluss Dritter auf die Beschwerdesituation, also die Meinung des sozialen Umfelds zu dem Vorfall, der zu einer Beschwerde führen kann, sowie die Erfahrung mit früheren Beschwerden zum Tragen.

Die Bewertung der realisierten Problemlösung der Beschwerde und damit die wahrgenommene gerechte Problemlösung der Beschwerde wird vor allem in Abhängigkeit vom subjektiven Wert der Problemlösung, den materiellen und zeitlichen Beschwerdekosten sowie vom Einfluss Dritter auf die Bewertung der angebotenen Beschwerdelösung und die früheren Erfahrungen mit Beschwerden bei diesem Unternehmen bewirkt. Von maßgeblichem Einfluss, ob vom Beschwerdeführer die Problemlösung der Beschwerde als gerecht wahrgenommen und empfunden wird, sind die folgenden 3 Sachverhalte: Die Verfahrensweise im Beschwerdeprozess, die Behandlung durch die Mitarbeiter des Unternehmens und das Angebot zur Beschwerdelösung (vgl. Homburg/ Fürst 2005; Maxham/ Netemeyer 2003; Tax/ Brown/ Chandrashekaran 1998). Insgesamt entspricht dies den prozeduralen, interaktiven und distributiven Aspekten der empfundenen Gerechtigkeit (vgl. Homburg/ Fürst 2007, S. 50).

Als Ergebnis lässt sich also schlussfolgern, dass die **Beschwerdebereitschaft** immer von **spezifischen Kosten-Nutzen-Überlegungen** des unzufriedenen Kunden abhängt. Letztlich handelt es sich um die Überlegung, ob der Kunde sich gegenüber dem Unternehmen als unzufrieden artikuliert oder ob es für ihn einfacher und günstiger ist, beim nächsten Kauf einfach den Anbieter zu wechseln. Hinzu kommt, dass auch die **Persönlichkeit** des unzufriedenen Kunden, die insbesondere durch seine Wahrnehmung von Problemen und Problemlösungen (vgl. Hansen/ Jeschke/ Schöber 1995, S. 80) geprägt wird, die Beschwerdebereitschaft determiniert. Letztere wird zusätzlich generell durch seine Einstellung zum Beschweren an sich beeinflusst (vgl. Blodgett/ Anderson 2000). Wenn „sich beschweren" ein normales und in der Sozialisation eingeübtes Verhaltensmuster ist, dann ist die Beschwerdebereitschaft höher. Die Reizschwelle, sich zu beschweren, liegt dann also deutlich niedriger als beim Durchschnitt anderer Personen.

## 2.2 Anforderungen an das Reaktionsverhalten

Für ein Unternehmen eröffnet sich durch die artikulierte Beschwerde überhaupt erst die Möglichkeit, dem Kunden gegenüber zu zeigen, dass sein Problem ernst genommen wird, dass die angesprochenen und zuständigen Mitglieder des Unternehmens bestrebt sind, ihm schnell zu helfen und ihn auf diese Weise voll zufrieden zu stellen. Empirische Ergebnisse belegen, dass bei einer Reaktionsweise in ausreichendem Maße und einem vertretbaren Zeitraum – i.d.R. nicht länger als 5 Tage – aus einem Beschwerdeführer ein überzeugter Stammkunde des Unternehmens „gemacht" werden kann (vgl. Goodman/ Malech/ Marra 1987, S. 173).

Die **Philosophie der Beschwerdesensibilität** fortschrittlicher Unternehmen geht soweit, dass nicht in Frage gestellt wird, ob es die Schuld des Unternehmens ist oder ob ein Versäumnis bzw. ein Fehler beim Kunden vorliegt. Vielmehr besteht die Zielsetzung darin, den Kunden durch **Verständnis, Schnelligkeit und Entgegenkommen** in dieser für ihn schwierigen Situation zu überzeugen und zufrieden zu stellen. Dies entspricht der Philosophie, dass der Kunde immer Recht hat, zumindest immer ein Recht auf guten Service.

Nach den bisherigen Ausführungen wird deutlich, dass sich die Aktivitäten im Rahmen eines professionellen Beschwerdemanagements auf 2 Dimensionen einordnen lassen: Zum einen auf der Dimension der **akuten Beschwerdebehandlung und -lösung**, zum anderen auf der Dimension der **Beseitigung der aktuellen Beschwerdeursachen**. Das Zusammenwirken dieser beiden Dimensionen ist in Abbildung 7 wiedergegeben. Hierbei ist zugleich eine Zuordnung der Beschwerdemanagement-Aktivitäten zu den 3 Bausteinen des CRM möglich:

- Das **analytische CRM** (aCRM) erlaubt das Erkennen der Kundenanforderungen und des Kundenwertes für das Unternehmen i.d.R. auf der Basis einer softwaregestützten Kundendatenbank.
- Das **kommunikative/ kollaborative CRM** (kCRM) schafft die Basis für einen intensiven und individuellen Kundendialog auf den vom Kunden gewünschten Kommunikationskanälen.
- Das **operative CRM** (oCRM) realisiert als kundenorientierte Ausrichtung der Prozesse im Unternehmen das geforderte kundenorientierte Handeln.

Wie hieraus erkennbar wird, sind alle 3 Arten des CRM inhaltlich in die erfolgreiche Gestaltung eines Beschwerdemanagement-Systems eingebunden.

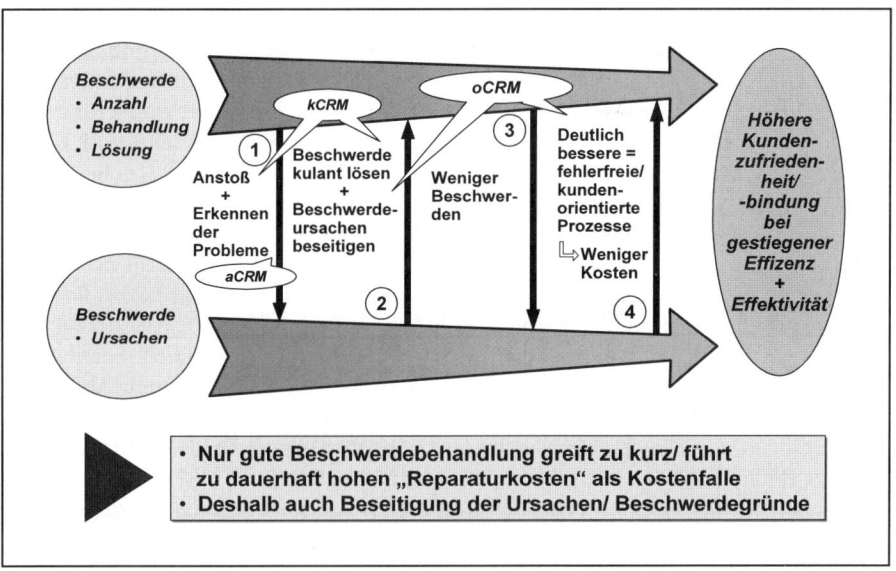

**Abb. 7:** Zwei Dimensionen des Beschwerdemanagement-Systems

Nachdem das Problem des Kunden aufgrund einer einfach möglichen Beschwerdeartikulation und -annahme erkannt wurde, ist der nächste Schritt, die Beschwerde kulant und zufrieden stellend zu lösen. Hiermit soll eine schnelle und umfassende Zufriedenheit aufgrund einer berechtigten Beschwerde erreicht werden. Die Basis hierfür bilden die **Informationen zur Kundenhistorie**, die bereits bei der Beschwerdeannahme den Call Center-Agent darin unterstützen, dem Kunden gezielte Fragen zu seinem Problem zu stellen. Informationen zu ähnlichen Beschwerden anderer Kunden und den Kundenanforderungen, die es zu erfüllen gilt, können mit Hilfe von Instrumenten des analytischen CRM herausgefiltert werden. Diese Informationen sind die Grundlage dafür, im sich unmittelbar anschließenden weiteren Schritt, die Beschwerdeursachen im Detail zu erkennen und gezielt zu beseitigen (vgl. Büttgen 2003, S. 64 ff.).

Mit diesen Prozessverbesserungen im Unternehmen sind mehrere Wirkungen verbunden: Zum einen treten hierdurch in Zukunft weniger Beschwerden auf. Es wird also verhindert, dass das Schwergewicht des Beschwerdemanagements nur auf die **Beschwerdebehandlung als „Reparaturbetrieb"** gelegt wird, was andernfalls zu einem nicht unerheblichen **Kostenblock** führt. Zum anderen werden dadurch **Abläufe und Leistungen** deutlich besser, d.h. **fehlerfreier und kundenorientierter in ihrer Qualität**, so dass bereits in der Leistungserstellung zusätzlich Kosten eingespart bzw. Erträge aus Kundenprozessen gesichert werden. In der Konsequenz werden sich weniger Kunden aufgrund weniger Qualitätsprobleme beschweren. Die Anzahl zu behandelnder und zu lösender Beschwerden nimmt also ab, was in Abbildung 7 durch die nach rechts abnehmende Pfeilstärke ausgedrückt ist. Die Größe der Infrastruktur, die vorgehalten werden muss, kann deutlich verkleinert werden, und das individuelle Eingehen auf sich beschwerende Kunden – als Aspekt des kommunikativen CRM – wird ohne Zeitdruck, Stress und routinemäßige Abwicklung eher besser werden. Eine für den Kunden zufrieden stellende Beschwerdelösung und damit vermiedene Kundenabwanderung wird hierdurch wahrscheinlicher. Insgesamt werden dadurch die **Effizienz und Effektivität** des Unternehmens in Richtung höhere Servicequalität und Kundenzufriedenheit gesteigert, also die im Rahmen des operativen CRM angestrebte kundenorientierte Ausrichtung der Prozesse im Unternehmen erhöht.

Im Rahmen der Beschwerdebehandlung kommt der **Servicequalität** neben dem materiellen Ergebnis der Beschwerdelösung eine entscheidende Rolle zu. Die Frage, von welchen Faktoren eine hohe Wirkung auf die Kundenzufriedenheit ausgeht, wird durch die Analyseergebnisse der SERVQUAL-Studien beantwortet (vgl. Zeithaml/ Parasuraman/ Berry 1992, S. 33 ff.). Sie sind allgemein auf Servicequalität in Dienstleistungsunternehmen bezogen und nicht nur direkt auf Kundenbeschwerden. Die Ergebnisse lassen sich aber weitgehend übertragen: Die höchste Bedeutung für eine hohe Servicequalität und dadurch bewirkte Kundenzufriedenheit hat der Faktor **Verlässlichkeit** (32%) vor den Faktoren **Entgegenkommen** (22%), **Souveränität** (19%) und **Einfühlungsvermögen** (16%). Der Einfluss des materiellen Umfeldes, also z.B. von Gebäuden und Infrastruktur, liegt mit 11% auf dem letzten Platz.

Wie unsere spezifischen Studien zur Zufriedenheit mit Beschwerdemanagement-Aktivitäten belegen, kommt es insbesondere auf Verlässlichkeit und Schnelligkeit an. Dies sind ebenfalls die beiden wichtigsten Faktoren für Servicequalität und Kundenzufriedenheit in den allgemeinen Analysen von Zeithaml et al. Sie tragen zu über 50% zum positiven Ergebnis bei. Fachkompetenz, Ehrlichkeit und Höflichkeit im Rahmen des Faktors Souveränität wirken an dritter Stelle. Sie sind in einem Beschwerdeprozess ebenfalls von Bedeutung. Dem Einfühlungsvermögen kommt im Beschwerdefall mit einem verärgerten Kunden eher ein höherer Stellenwert zu. Die technischen Hilfsmittel als materielles Umfeld haben lediglich eine unterstützende Funktion bei der Aufnahme, der Dokumentation und dem Reporting einer Beschwerde. Die Ergebnisse in Bezug auf die Schnelligkeit der Reaktion auf eine Beschwerde, nicht nur hinsichtlich der Beschwerdebehandlung, sondern vor allem auch bezogen auf die angebotene Beschwerdelösung werden durch die Forschungsergebnisse von Estelami bestätigt (vgl. Estelami 2000). Der Faktor Schnelligkeit wird damit zum Motivator im Sinne der 2-Faktoren-Theorie von Herzberg bzw. zum Begeisterungsfaktor entsprechend der Theorie von Kano. Von ihm gehen damit nicht unerhebliche Wirkungen auf die Zufriedenheit und die zukünftige Loyalität des Beschwerdeführers gegenüber dem Unternehmen aus.

## 2.3 Wirkungen aus der Behandlung von Beschwerden

Folgende Schlaglichter geben einen Eindruck über die Situation und die Ergebnisse verpasster Chancen durch eine unzureichende Reaktion von Unternehmen in der Vergangenheit auf Kundenbeschwerden:

- Aussage eines sich beschwerenden Kunden einer Krankenkasse: „Ich glaube, denen ist es egal, ob ich hier Kunde bin oder nicht!" (vgl. Dietze 1997, S. 185).
- Die Hälfte aller Mitarbeiter weigerte sich, ihren Namen zu nennen, wenn der Anruf eine Beschwerde zum Gegenstand hatte (vgl. Töpfer/ Greff 2000, S. 54).
- In Beschwerdemanagement-Systemen fehlen zentrale Auswertungen, strukturierte Prozesse, klare Verantwortlichkeiten sowie ein Überwachungssystem des inhaltlichen und zeitlichen Beschwerdemanagements, welches auf Unregelmäßigkeiten bei der Beschwerdebearbeitung reagiert (vgl. Wiegran/ Schneider 2002a, S. 1 f.). Es existiert kaum ein Controlling der Beschwerdebearbeitung mit einer Erhebung von Durchschnittskosten, Reaktionszeiten und der Zufriedenheit der Kunden mit dem Beschwerdehandling (vgl. Greene 2003, S. 69 f.).
- Nur 55% der Unternehmen kennen die häufigsten Beschwerdegründe. 23% können nur für bestimmte Kundensegmente eine Aussage darüber treffen, wie hoch der Anteil der zufriedenen oder unzufriedenen Kunden in ihrem Unternehmen ist. Hinzu kommt, dass auch nur 10% der Unternehmen den Anteil abwanderungsgefährdeter Kunden kennen (vgl. Bauer 2001).
- Maximal zwei Drittel der Unternehmen haben einen oder mehrere Beschwerdekanäle für die Kunden eingerichtet. Am häufigsten sind es persönliche Ansprechpartner am Verkaufsort, eine spezielle E-Mail-Adresse oder eine spezielle postalische Adresse (vgl. Greene 2003, S. 69).
- Bei Henkel sind die Call Center mit Fachkräften besetzt, so dass Problemlösungen in den meisten Fällen dem Kunden unmittelbar angeboten werden kön-

nen. Durch die dann fehlende Rückkopplung kommen allerdings die Führungskräfte kaum noch in Kontakt mit Beschwerden (vgl. Greene 2003, S. 69).
- Die Hälfte der befragten deutschen Unternehmen gibt an, keinen speziellen Etat für Beschwerdefälle zu besitzen. Nur ein Drittel der Topmanager spricht Beschwerde-Reports in Vorstandssitzungen an. Nur einer von zehn Topmanagern nimmt sich die Zeit, um Beschwerden zu lesen (vgl. Greene 2003, S. 69).
- Nur 7% der Unternehmen nutzen Beschwerden zum Verbessern von Produkten (vgl. Greene 2003, S. 70).
- 68% der Kunden wechseln heute, weil sie das Gefühl haben, dass man ihren Problemen und Wünschen gleichgültig gegenübersteht (vgl. Dietze 1997, S. 185).
- Zwei Drittel der Kunden brechen den Kontakt mit Unternehmen ab, wenn keine Beschwerdemöglichkeiten vorhanden sind und/ oder keine Beschwerdereaktion erfolgt (vgl. Greene 2003, S. 70).
- Amerikanische Unternehmen verlieren durchschnittlich alle 5 Jahre die Hälfte ihrer Kunden (vgl. Reichheld 1996).

Es ist davon auszugehen, dass aufgrund der Bedeutung des Themas und der gestiegenen **Sensibilität des Managements** inzwischen in zahlreichen Unternehmen deutliche Verbesserungen des Beschwerdemanagements umgesetzt und erreicht wurden. Positive Beispiele einer Reihe von professionell umgesetzten Konzepten des Beschwerdemanagements konzentrieren sich auf folgende Branchen und Inhalte:

- Gut funktionierende Beschwerdemanagement-Systeme gibt es insbesondere im Bereich der Tourismusindustrie. Hier setzen bereits 88% der Unternehmen das Beschwerdemanagement im Rahmen des Customer Relationship Managements ein. TUI hat beispielsweise ein internes Verrechnungssystem, mit dem die Bearbeitungskosten pro Vorgang und Kontaktkanal erfasst werden. Heute gibt es kostenlose Hotlines und vor allem nach Möglichkeit eine direkte Beschwerdelösung vor Ort (vgl. Borth 2004). Hierauf wird im nachstehenden Beitrag noch näher eingegangen. Als Ergebnis sind die Beschwerdekosten seit 1998 um ein Drittel gesunken. In der Konsequenz dieser Maßnahmen ist der Anteil – dann noch – unzufriedener Kunden auf 7% zurückgegangen (vgl. Greene 2003, S. 70).
- Bei Mannesmann-Mobilfunk, dem heutigen Vodafone D2, ist bereits vor Jahren mit einer systematischen Auswertung von Beschwerden und Reklamationen begonnen worden. Dies wurde so durchgeführt, dass alle wesentlichen Beschwerdefälle in der regelmäßigen Besprechungsrunde der 40 Hauptabteilungsleiter des Unternehmens erörtert wurden. Das maßgebliche Ziel dabei war, gravierende Defizite in den internen Prozessen und Abläufen zu erkennen und möglichst schnell abzustellen. Deshalb erhielt jedes intern georte Problem einen Prozesseigner unter den Hauptabteilungsleitern, der dann für die Beseitigung des Qualitäts- und Service-Defizites zuständig und verantwortlich war sowie darüber wiederum berichtete. Zusätzlich ging das Unternehmen bei Beschwerden mit Handys als bei Vodafone D2 gekaufte Produkte dazu über, dem

Kunden möglichst schnell ein kostenloses Leihgerät zur Verfügung zu stellen. Das hatte 2 positive Effekte: Zum einen war der Kunde nicht länger unzufrieden, weil er wieder telefonieren konnte. Zum anderen machte der Kunde auch in dieser Zeit Umsatz beim Unternehmen Vodafone D2 und kam ggf. bereits mit einem neueren Modell in Kontakt (vgl. Seigner 2002, S. 235 ff.).

- In ähnlicher Weise hat die Deutsche Post AG ein Beschwerdemanagement mit 2 Ansatzpunkten eingeführt. Kundenbezogen sollte möglichst schnell eine Lösung von artikulierten Kundenproblemen unter anderem dadurch erreicht werden, dass die Berechtigung zur Vergabe von Kulanzleistungen auf den Mitarbeiter delegiert wurde, der die Beschwerde annimmt. Maßnahmenbezogen wurden dann zusätzlich Prozessabläufe überprüft und erkannte Fehlerursachen beseitigt (Trier 2002, S. 263 ff.). Beispielsweise konnten die langen Wartezeiten in den Postfilialen dadurch verkürzt werden, dass der Personaleinsatz an den Kundenandrang in den Filialen angepasst wurde (Siedenbiedel 2004, S. 49).
- In gleicher Weise hat die Fünf-Sterne-Hotelkette Ritz-Carlton jeden Mitarbeiter, der eine Beschwerde eines Gastes entgegennimmt, zum „Eigentümer der Beschwerde" mit umfangreichen Kompetenzen zur Beschwerdelösung ernannt. Erwartet wird dabei eine sofortige Reaktion durch den Mitarbeiter auf eine Kundenbeschwerde. Im Einzelfall steht ihm ein Betrag von bis zu 2.000 Dollar zur Verfügung, um die Beschwerdeursache zu beseitigen und den Kunden zufrieden zu stellen. Bereits nach 20 Minuten wird vom Gast eine Antwort auf die Rückfrage erbeten, ob seine Beschwerde zufrieden stellend gelöst wurde. Im 5. Kapitel dieses Buches wird dieses Konzept von Ritz-Carlton separat ausgeführt.
- Bei T-Online hat das Qualitätsprogramm „Leadership in Quality" seit 2006 zum Ziel, Führungskräfte regelmäßig an den Kundenkontaktpunkten, z.B. T-Punkte oder Call Center, im direkten Dialog mit den Kunden einzusetzen. Zusätzlich werden die Vorstände aktiv in die Beschwerdebearbeitung einbezogen, um die Vorbildfunktion zu stärken. Vorstände bearbeiten regelmäßig Kundenbeschwerden und nehmen direkten Kontakt zum Kunden auf. Sie bringen alle 2 Wochen die von ihnen bearbeiteten Kundenbeschwerden sowie Informationen über den Verlauf des von ihnen geführten Kundengespräches in die Vorstandssitzung ein (vgl. Bordt 2006). Üblicherweise besteht auf dieser Ebene kein derartiger Kundenkontakt mehr oder reduziert sich nur auf wenige gravierende Ausnahmefälle. Das Verständnis für den Kunden und seine Probleme, aber auch für die eigenen Mitarbeiter in derartigen Situationen wächst hierdurch ungemein. Zusätzlich erleben Führungskräfte in eintägigen Seminaren den konkreten Einsatz von T-Online-Produkten. Sie arbeiten in kleinen Gruppen am PC mit diesen Produkten.
- Bereits Anfang 2005 stellte der damalige Vorstandsvorsitzende der Deutschen Telekom Kai-Uwe Ricke die Missstände bei der Servicequalität des Unternehmens in den Mittelpunkt einer Verbesserungsinitiative. Gerade in diesem Bereich wies und weist die Telekom noch deutliche Schwächen auf. Beispielsweise wurden nur 40% der per E-Mail eingesandten Beschwerdefälle gelöst und auf 30% der Kunden-E-Mails reagierte die Telekom erst nach 3 Tagen. Im

Rahmen der Verbesserungsinitiative wurden konkrete – kürzere – Fristen für die Wartezeiten in den T-Punkten (max. 5 Minuten) und die Beantwortung von Kundenanliegen (Briefe max. 2 Arbeitstage, E-Mails max. 24 Stunden) als Servicestandards vorgegeben. Ein weiteres Beispiel ist der kulantere Umgang mit Beschwerden von Besitzern defekter Mobiltelefone; diesen soll in Zukunft ein Ersatzgerät zur Verfügung gestellt werden (vgl. Spiller 2005, S. 3).

- Die Deutsche Bahn reagierte im Jahr 2003 auf die umfangreichen Probleme im Beschwerdemanagement. Vor der Neugestaltung der Beschwerdeprozesse und -standards mussten Kunden beispielsweise bis zu 10 Wochen auf eine schriftliche Antwort warten. Diese Zeit wollte die Bahn unter anderem durch das Zusammenführen regionaler Standorte auf etwa 10 Tage verkürzen. Weitere Verbesserungen betreffen das zügige Annehmen von Anrufen – binnen 20 Sekunden – und die Einführung einer zentralen 24h-Hotline (vgl. o.V. 2003b, S. 1). Bisher konnte die Bahn ihre Kunden aber trotz der Neuerungen noch nicht durch ein exzellentes Beschwerdemanagement begeistern (vgl. Spiller 2005, S. 3).

Dieser Auszug überzeugender Beispiele darf nicht darüber hinweg täuschen, dass viele Unternehmen diesen **Reifegrad im Umgang mit Kundenbeschwerden** bis heute noch nicht erreicht haben. Nicht selten führt die geringe Anzahl von Beschwerden, die das obere Management und speziell die Unternehmensleitung erreichen, zu gefährlichen Fehlschlüssen. Aus den wenigen Beschwerden, die trotz fehlender Anlaufstellen, Beschwerdekanäle und systematischer Beschwerdebearbeitung bis zum Top-Management „durchkommen", wird geschlussfolgert, dass es nur wenige unzufriedene Kunden des Unternehmens gibt. Neben dem **„Abpralleffekt"** sich beschwerender Kunden aufgrund hoher Barrieren wird also auch die **„natürliche Dunkelziffer"** unzufriedener Kunden, die sich nicht beschweren, nicht berücksichtigt. Die Welt ist demnach scheinbar für das Unternehmen in Ordnung.

Aufschluss über die wahre Situation gibt nur eine genaue Analyse der **Abwanderungsrate** von Kunden und die konkrete Messung von Kundenzufriedenheit. Allein die Tatsache, dass in der Situation mit einer größeren Anzahl von abgewanderten Kunden genau diese bei Kundenbefragungen nach ihren Abwanderungsgründen nicht mehr befragt werden können, färbt die Befragungsergebnisse wiederum deutlich positiv. Um ein realistisches Bild zu erhalten, ist demzufolge ergänzend auch eine **Analyse der Lost Customer** durchzuführen. Dabei sind insbesondere die Beweggründe, welche zum Verlassen des Unternehmens geführt haben, genauer zu untersuchen. Im Artikel zum 10-Punkte-Programm für Kunden-Feedback-Analysen wurden diese Anforderungen und Probleme angesprochen.

Speziell im B-to-B-Bereich kann sich durch eine andere Ausgangskonstellation ein **partieller Effekt der Kundenabwanderung** einstellen. Dies geschieht in der Weise, dass mit einem Unternehmen unzufriedene Kunden zwar weiterhin für die dort gekauften Produkte Dienstleistungen wie Reparaturen in Anspruch nehmen und speziell passendes Zubehör dort noch kaufen. Größere Neuinvestitionen tätigt der Kunde aber bereits bei einem anderen Unternehmen. Da das Ursprungsunternehmen gerade dadurch gekennzeichnet ist, dass es eine geringe Kundennähe praktiziert und keine Neukaufintervalle ermittelt, fallen derartige Effekte ausbleibender Folgeaufträge zunächst nicht auf. Bemerkt werden sie häufig erst, wenn der bisherige Kunde die alte Maschine bzw. Anlage ausmustert und damit „von einem Tag auf den anderen" verloren ist (vgl. Reichheld 1996).

Neben der bereits zu Anfang angesprochenen kundenorientierten Grundeinstellung und Philosophie des Unternehmens ist für eine ungeschönte, unverzerrte und aussagefähige Ermittlung und Analyse der Kundenbeschwerden auch eine nach innen gerichtete und damit insbesondere **mitarbeiterorientierte Kultur des Beschwerdemanagements** erforderlich. Dies bedeutet konkret, dass Beschwerden nicht als Symptom für Fehler, für die es einen „Schuldigen" im Unternehmen geben muss, gesehen werden dürfen. Beschwerden lösen dann nur negative Assoziationen und Unbehagen aus. In der Folge führt eine derartige Sichtweise dazu, dass Beschwerden nicht als Chance im Unternehmen begriffen werden, sondern lediglich eine Bedrohung der eigenen Arbeitssituation darstellen. In der Konsequenz bezieht sich dies weniger darauf, dass die Mitarbeiter Beschimpfungen durch aufgebrachte Kunden fürchten und diesen mit einer **Flucht- oder Abwehrhaltung** begegnen. Vielmehr liegt das Problem bei den Führungskräften. Beschwerden werden von ihnen „mit dem Blick nach hinten" bei ihren Mitarbeitern geahndet und nicht „mit dem Blick nach vorne" mit ihren Mitarbeitern gelöst. Die entsprechende Sichtweise wird dann noch verstärkt, wenn die Bearbeitung der Beschwerden Zeit und Ressourcen im Unternehmen bindet, die im Tagesgeschäft anschließend fehlen. Dies forciert die negative Grundeinstellung gegenüber Beschwerden, die eigentlich von der Einstellung her als wichtiger Bestandteil des Tagesgeschäfts eingeschätzt werden müssen.

Die oben angesprochenen, von den Mitarbeitern aufgebauten Barrieren beim Kunden sind andernfalls ein maßgeblicher Grund dafür, dass direkt an Vorstandsmitglieder gerichtete Beschwerden zunehmen (vgl. Stauss/ Seidel 2007, S. 21). Der Kunde verspricht sich hierdurch einen höheren Aufmerksamkeitsgrad im Unternehmen und somit eine schnellere und persönlichere Antwort. Bei einer weiteren Häufung dieser Tendenz kann aber genau der entgegengesetzte Effekt bewirkt werden. Da das Zeitbudget des Top-Managements mehr für die Entscheidung strategischer Fragen als für die Klärung von Kundenbeschwerden aufgewendet wird, werden auch die Beschwerden an das Top-Management nicht professionell bearbeitet und systematisch entschieden (vgl. Stauss/ Seidel 2007, S. 21).

Der „gordische Knoten" kann nur durchtrennt werden, wenn das Beschwerdemanagement im Unternehmen und damit insbesondere bei der Unternehmensleitung einen deutlich höheren Stellenwert erhält und mit einem Budget ausgestattet wird. Dann kann der vorstehend beschriebene Prozess einer guten Beschwerdebehandlung mit einer gleichzeitigen Beseitigung der Beschwerdegründe über alle Führungskräfte in den einzelnen Unternehmensbereichen in Gang gesetzt werden. Wichtig ist dabei als zentrale Botschaft, dass ein professionelles Beschwerdemanagement sich unter **Kosten-Nutzen-Aspekten** immer rechnet.

Alle diese Ausführungen machen eines deutlich: Der Schlüssel zu den Grundlagen, den Anforderungen und der Ausgestaltung eines **professionellen Beschwerdemanagements** liegt in einem umfassenden Verständnis aller wesentlichen Einflussfaktoren auf Kundenzufriedenheit, Loyalität und Kundenbindung. Im

Zustand einer relativ hohen Zufriedenheit eines Kunden kann andernfalls eine unprofessionell behandelte Beschwerde schnell zum **K.o.-Kriterium der Kundenloyalität** und damit der **gesamten Kundenbeziehung** werden.

Durch die unzureichende Beschwerdebehandlung nimmt sich das Unternehmen auch eine 2. Chance, die Kunden zufrieden zu stellen und zu binden. Die Möglichkeit, über eingehende Beschwerden Anregungen für Verbesserungen zu bekommen, ist damit ebenfalls nicht gegeben. Dies erschwert es dem Unternehmen, sich, seine Marktleistungen und seine internen Prozesse gleichzeitig als Zukunftsvorsorge so weiter zu entwickeln, dass zukünftige Anforderungen frühzeitig erkannt und erfüllt werden können. Erst hierdurch wird ein 2. K.o.-Kriterium überwunden.

Bei der Allianz wird ein professionelles Beschwerdemanagement unmittelbar vom Vorstand gefördert und gemonitort (vgl. Allianz Group 2006). Beschwerden werden als 2. Chance des Unternehmens angesehen, um Kundenzufriedenheit zu erreichen. Das Ziel ist dabei „**Service Recovery**" als Wiederherstellung eines überzeugenden Dienstleistungsstandards. Voraussetzung hierfür ist eine Unternehmenskultur, die Beschwerden und Kunden-Feedback besser aufnimmt und positiv umsetzt. Gerade bei Versicherungen als Dienstleistungsprodukten ist für die Allianz eine noch stärkere emotionale Bindung der Kunden wichtig. Zugleich liefern Kundenbeschwerden konkrete Ansatzpunkte, um bestehende Schwachstellen und Marktdefizite zu identifizieren.

Weitergehende Untersuchungen bestätigen die vorne bereits angesprochenen Ergebnisse: Eine zur Zufriedenheit des Kunden gut aufgearbeitete und gelöste Beschwerde eröffnet die Chance, aus unzufriedenen Kunden **Stammkunden** zu machen. Dies wird nicht nur durch Kulanz und eine Sachleistung bewirkt, sondern – wie aufgezeigt – vor allem auch durch Einfühlungsvermögen, Entgegenkommen sowie eine zügige und unkomplizierte Lösung des Problems. Hierdurch wird die **emotionale Bindung** an das Unternehmen deutlich verstärkt. 90% der Beschwerdeführer können zu Stammkunden werden, wenn in dieser Weise professionell und schnell gehandelt wird (vgl. Wäscher 2001, S. 506).

Das Zufriedenstellen, Rückgewinnen und stärkere Binden von bisher unzufriedenen Kunden ist das Hauptziel des **Recovery Managements** als Kundenrückgewinnungsmanagement (vgl. Büttgen 2003, S. 60 ff.). Das oben dargestellte Phänomen einer höheren Zufriedenheit, Bindung und Neigung zu einer positiven Mund-zu-Mund-Kommunikation bei zufrieden gestellten Beschwerdeführern im Vergleich zu anderen Kunden wird als **Recovery Paradox** bezeichnet (vgl. McCollough/ Berry/ Yadav 2000; Smith/ Bolton 1998). Hieraus lässt sich aber nicht schlussfolgern, dass es für ein Unternehmen vorteilhaft ist, Kunden in eine Beschwerdesituation zu bringen, um sie dann umso besser zu behandeln und damit ihre Verbundenheit zum Unternehmen überdurchschnittlich zu steigern (vgl. Homburg/ Fürst 2007, S. 51). Folgende Gründe sind hierfür maßgeblich: Erstens ist es keineswegs immer sicher, ob einem Unternehmen dieses Vorhaben so gelingt oder – aufgrund der Situation und Persönlichkeit des Beschwerdeführers – dieses positive Beschwerdeergebnis erreichbar ist. Hinzu kommen zweitens die durch das Unternehmen nicht kontrollierbaren Inhalte und Auswirkungen der negativen Mund-zu-Mund-Kommunikation des Beschwerdeführers in seinem sozialen Umfeld bis zur zufrieden stellenden Lösung der Beschwerde. Drittens ist ein Beschwerde-Lösungs-Prozess immer mit erhöhten Anstrengungen und damit erhöhten Kosten außerhalb der „normalen" Kundenbehandlung verbunden. Diese erhöhten Kosten, zusätzlich zu dem oben angesprochenen Risiko, rechtfertigen das Verhalten von Unternehmensmitgliedern in Richtung Recovery Paradox nicht. Das Kosten-Nutzen-Verhältnis ist also nachteilig für das Unternehmen.

**Recovery-Verhalten** ist damit immer nur die „**Notfall-Operation**" von aufgetretenen Defiziten und Problemen in der Kunden-Unternehmens-Beziehung. Konzepten wie **Null-Fehler-Qualität** durch Six Sigma und Lean Management, auf die wir im letzten Artikel dieses Buches eingehen, ist deshalb im Vergleich zum mutwillig herbeigeführten oder forcierten Recovery-Verhalten eindeutig der Vorzug zu geben. Zum einen sind die Kosten geringer und das Kosten-Nutzen-Verhältnis deutlich positiver. Zum anderen setzt Null-Fehler-Qualität nicht nur beim Vermeiden von technischen Defekten an, sondern strebt an, wesentliche Kundenanforderungen, also Critical to Quality Characteristics (CTQs), deutlich besser bzw. umfassender zu erfüllen als bisher. Dies schließt dann auch das Erkennen und Realisieren von **Begeisterungsfaktoren** entsprechend Kano bzw. **Motivatoren** entsprechend Herzberg ein, so dass über diese Strategie die Verbundenheit mit dem Unternehmen – bei deutlich günstigeren Kosten und weniger Risiko – mindestens genauso gesteigert werden kann (vgl. Liljander 1999; McCollough/ Berry/ Yadav 2000, Andreassen 2001).

Anhand eigener Forschungsergebnisse soll noch einmal kurz auf den Zusammenhang zwischen der Beschwerdebehandlung und -lösung sowie der Höhe des **Customer Satisfaction Index (CSI)** und des **Kundenbindungsindex (KBI)** eingegangen werden. Beide Indizes werden mit einem Set von Kriterien aus der Relation von Zufriedenheit und Wichtigkeit mit dem jeweiligen inhaltlichen Kriterium ermittelt. Hierdurch wird also der hohe Stellenwert einer professionellen Beschwerdebehandlung unmittelbar aus Kundensicht berücksichtigt.

Die Ergebnisse einer von uns durchgeführten Befragung von 1.699 Beschwerdeführern eines Dienstleistungskonzerns belegen folgenden Wirkungszusammenhang: Kunden, die mit der Beschwerdebehandlung unzufrieden oder sehr unzufrieden waren, weisen mit dem Indexwert 51 im Durchschnitt einen erheblich niedrigeren Kundenzufriedenheitsindex auf als Kunden, die mit der Beschwerdebehandlung zufrieden oder sogar sehr zufrieden waren. Ihr CSI beträgt 85 auf der möglichen Skala von 0 bis 100.

Nun ist – gerade nach einer Beschwerdesituation – die Kundenzufriedenheit ein mehr oder weniger flüchtiger Zustand ohne langen Bestand. Entscheidender für die Wirkungsbeurteilung eines guten Beschwerdemanagements ist deshalb die **Auswirkung auf die Kundenbindung** und damit auf den KBI. Er lässt sich anhand des üblichen Kriterien-Sets aus pauschaler Zufriedenheit, Weiterempfehlung des Unternehmens sowie der Bereitschaft zum Wiederkauf des gleichen Produktes und zum Kauf anderer Produkte des Unternehmens ermitteln. Bei den Kunden des oben angesprochenen Dienstleistungskonzerns differierte der Kundenbindungs-Index nach einer unzureichenden Beschwerdebehandlung mit einem Indexwert von 42 gegenüber dem Wert nach einer völlig zufrieden stellenden Beschwerdebehandlung mit 68 ebenfalls beträchtlich. Die Ergebnisse sind ein Beleg für den oben angesprochenen **Zusammenhang zwischen professionellem Beschwerdemanagement** und der Chance zu dadurch bewirkter **hoher Kundentreue**.

Abschließend sei noch auf einen Sachverhalt hingewiesen, der bei Investitionen in das Beschwerdemanagement und vor allem bei der Finanzierung von kulanten Beschwerdelösungen maßgeblich ist. Der Aufwand muss durch den möglichen Ertrag in dem jeweiligen Kundensegment gerechtfertigt sein. Mit anderen Worten ist vorab eine **ABC-Analyse der Kundensegmente** durchzuführen oder noch besser der durchschnittliche Kundenwert einzelner Segmente im Sinne des **Kapitalwertes von Kunden** zu berechnen, um auf der Basis der **Kundendeckungsbeiträge** (vgl. Plinke 1995, S. 1331 ff.) das vertretbare Investitionsvolumen ermitteln zu können. Genau unter diesem Blickwinkel ist die Abwanderung von A-Kunden als Kundengruppe mit hohem Ertragspotenzial zu Wettbewerbsunternehmen unbedingt zu vermeiden, da von ihnen und ihrer Bindung über den spezifischen Customer Lifetime Value – bei allen Ungenauigkeiten der Schätzung (vgl. Büttgen 2003, S. 66) – die Prosperität des Unternehmens in der Zukunft abhängt (vgl. Töpfer 2001, S. 185 f.).

Die Negativspirale unzureichender Qualität bei fehlendem Beschwerdemanagement wird aus Abbildung 8 ersichtlich. Neben dem eigenen Erleben und den daraus gezogenen Konsequenzen wirkt sich zusätzlich auch die **Kommunikation** über die eigene Unzufriedenheit **im sozialen Umfeld** negativ aus. Die bekannten empirischen Befunde, dass Erlebnisse insbesondere aus Beschwerdesituationen, die zu Unzufriedenheit des Kunden führen, deutlich häufiger weitererzählt werden als Erlebnisse, die zu einer höheren Zufriedenheit führen (vgl. Goodman/ Malech/ Marra 1987, S. 176), finden in folgenden empirischen Ergebnissen eine Entsprechung: 88% der unzufriedenen Beschwerdeführer praktizieren eine negative Mund-zu-Mund-Kommunikation, aber nur 38% der zufriedenen Beschwerdeführer eine positive Mund-zu-Mund-Kommunikation (vgl. Liljander 1999).

Die dadurch entstehende **Kundenerosion** kann nur mit deutlich höherem Aufwand bei der Neukundengewinnung zahlenmäßig ausgeglichen werden. So belegen empirische Ergebnisse den bekannten Wert, dass es mindestens fünfmal teurer ist, einen neuen Kunden zu gewinnen als einen vorhandenen Kunden zu halten (vgl. Müller/ Riesenbeck 1991, S. 69).

## 3 Konzeption eines fortschrittlichen Beschwerdemanagements

Ein fortschrittliches Beschwerdemanagement-System sollte – wie angesprochen – insbesondere eine **angemessene Zuteilung von Ressourcen** mit dem **Schwerpunkt auf der Beseitigung der Beschwerdegründe** ausweisen. Das eigentliche Ziel besteht in der Reduzierung der Anzahl von Beschwerden durch die Verbesserung der Qualität der Unternehmensleistungen und Prozesse, also durch den Wegfall wesentlicher Beschwerdegründe. Hierdurch können die vorgehaltenen Ressourcen für die Beschwerdestimulierung, -annahme, -behandlung und -auswertung reduziert werden. In der Konsequenz der sinkenden Beschwerdezahl verbessert sich gleichzeitig die Ergebnisqualität des Beschwerdemanagements, da den Mitarbeitern mehr Zeit pro Beschwerde zur Verfügung steht und die Überlastungs- und Abstumpfungseffekte abnehmen.

Die 1. Voraussetzung für die Einführung eines professionellen Beschwerdemanagements ist das **Investment in die Kommunikation mit Kunden**, verbunden mit einer **Beschwerdephilosophie**, welche das Verständnis für und die Kulanz gegenüber dem Kunden festschreibt.

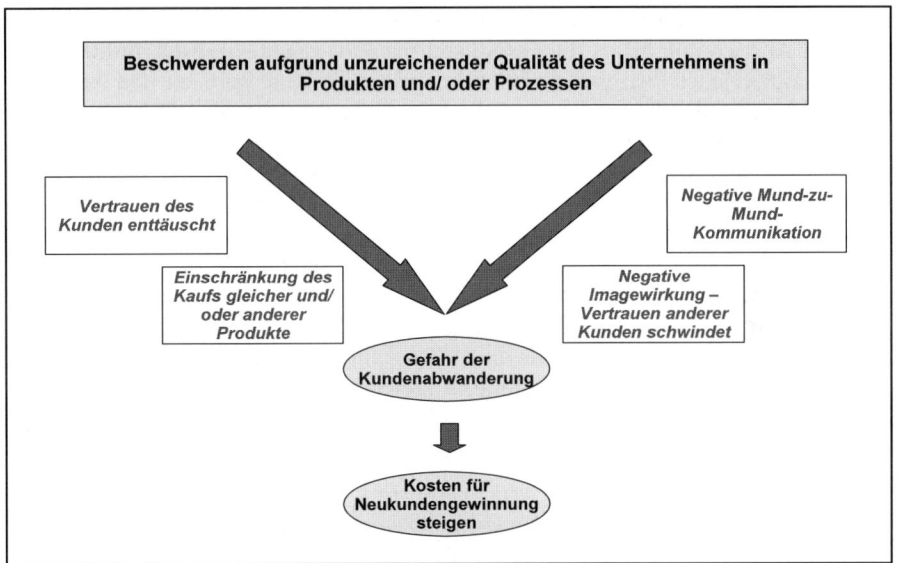

**Abb. 8:** Folgen von unzureichender Qualität bei fehlendem Beschwerdemanagement

Folgende oben bereits angedeutete Grundsätze zur Behandlung von Problemen/ Beschwerden sollten der Einführung des Beschwerdemanagements zu Grunde gelegt werden. Grundsätzlich ist davon auszugehen, dass Beschwerden überall auftreten können, es aber zunächst nicht auf das Entstehen, sondern auf die Art und Weise der Behandlung von Beschwerden ankommt. Durch den 2. Grundsatz der Zuständigkeit eines Mitarbeiters, sobald dieser die Beschwerde annimmt, wird sichergestellt, dass nicht nur eine Stelle im Unternehmen, sondern möglichst viele Mitarbeiter diese Kundenorientierung praktizieren und in der Beschwerdebehandlung und Lösung von Kundenreklamationen trainiert werden. Das Ziel ist, dass durch die erreichte Einstellung und Bereitschaft Schnittstellen als Bruchstellen überwunden und für den Kunden akzeptable Lösungen schneller gefunden und umgesetzt werden können (vgl. Töpfer/ Greff 2000, S. 111).

Die gesamte Beschwerdebehandlung ist demnach auf eine möglichst schnelle und nachhaltige Lösung auszurichten. Dies setzt voraus, dass Prozesse und Zuständigkeiten einfach und ohne viele Schnittstellen geregelt sind. Dabei ist abzuwägen zwischen wenigen Schnittstellen durch eine ganzheitliche Problembehandlung auf der einen Seite und einer möglichen hohen Belastung der Akteure durch vielfältige Abstimmungs- und Übergabeprobleme auf der anderen Seite.

## 3.1 Professionelle Beschwerdebehandlung

Zunächst ist auf der **Unternehmensebene** die angestrebte **Beschwerdekultur** in Form von Grundsätzen zu formulieren sowie in der Gestaltung und Philosophie der Beschwerdebehandlung zu verankern.

Diese Ausrichtung bildet die Grundlage für die **1. Steuerungsebene** in Abbildung 9, auf welcher Prozessaktivitäten festgelegt, Abläufe geregelt und **Messkriterien und Standards** definiert werden. Damit wird sichergestellt, dass die für den Kunden wesentlichen Messgrößen, also die Kriterien, nach denen er den Erfolg der Lösung beurteilt, frühzeitig und umfassend gestaltet werden. Die Messkriterien und Qualitätsstandards der 1. Steuerungsebene sind demnach frühzeitig festzulegen, um die **Service-Philosophie** des Unternehmens messbar machen zu können (vgl. Töpfer 1998, S. 432).

Auf der **Personenebene** ist der Einfluss der Mitarbeiter als „Empfänger" der Beschwerden und gleichzeitig als „Akteur" im Rahmen der Beschwerdelösung angesprochen. Denn die Messung und Steuerung kann nur über sensibilisierte, motivierte und engagierte Mitarbeiter erfolgreich ablaufen.

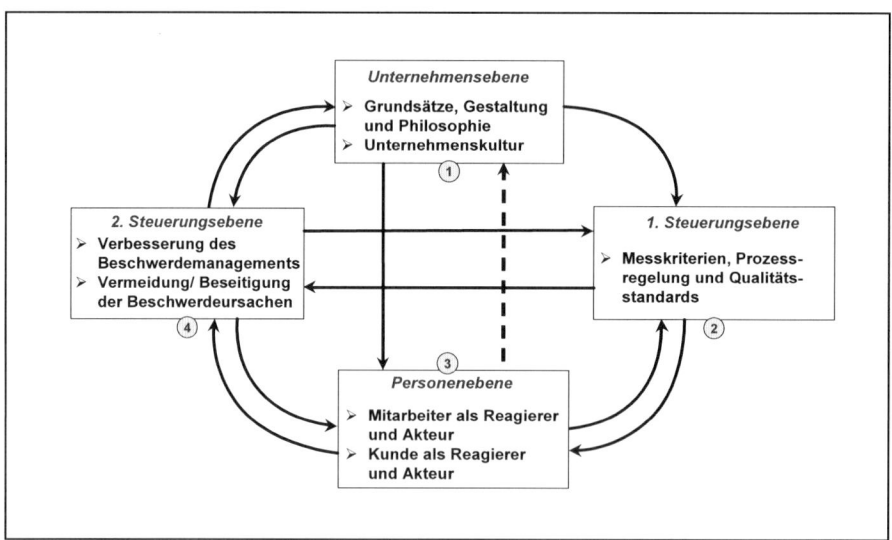

**Abb. 9:** Steuerungsebenen des Prozessmodells

Dies erfordert von den einbezogenen Personen – ebenfalls entsprechend der **4-Komponenten-Theorie** – sowohl kognitive Fähigkeiten, um das Problem inhaltlich nachzuvollziehen, als auch affektive Fähigkeiten im Sinne einer Anteilnahme und eines Eingehens auf die Kundensituation. Als drittes kommt die konative Kompetenz hinzu, deren Ansatz in einer hohen Veränderungsbereitschaft und damit Handlungsorientierung liegt (vgl. Trommsdorff 2004, S. 164 f.). Sie wird erst in der 4. Komponente, der konkreten Aktion, ihre volle Wirkung entfalten, und zwar sowohl in der Beschwerdebehandlung als auch in der Beseitigung der Beschwerdegründe.

Als Reaktion auf die Beschwerde sind demzufolge auf der **2. Steuerungsebene** – wie bereits zuvor dargestellt – das Beschwerdemanagement an sich kontinuierlich zu verbessern sowie die Unternehmensleistungen und Prozesse systematisch zu optimieren.

In dem im Folgenden vorgestellten **differenzierten Prozessmodell** (siehe Abb. 10) wird in Anlehnung an Stauss/ Seidel (vgl. Stauss/ Seidel 2007, S. 190 ff.) zwischen der Sicht und Aktivität des Kunden sowie der Sicht und Aktivität des Unternehmens in der Bearbeitung einer Beschwerde unterschieden.

Ausgangspunkt des Beschwerdemanagements ist die Bereitschaft des Kunden, sich gegenüber dem Unternehmen zu artikulieren. Aus der Sicht des Unternehmens sind daraufhin in der Analysephase einerseits die Möglichkeiten zur Kundenstimulierung und andererseits die Kundenartikulation im Beschwerdefall und deren Reaktion auf das Beschwerdeverhalten des Unternehmens näher zu beleuchten.

Das **Stimulieren von Kundenbeschwerden** ist ein „zweischneidiges Schwert" für ein Unternehmen: Einerseits soll der Kunde möglichst einfach Zugang zum Unternehmen erhalten und so Mängel an Produkten oder Dienstleistungen als Hilfestellung für das Unternehmen schnell artikulieren können. Andererseits sollen Kunden, die eigentlich gar nicht unzufrieden sind, nicht animiert werden, Beschwerden als Hebel für Preisverhandlungen einzusetzen.

Die Beschwerdeartikulation kann über die **Kommunikationswege** in schriftlicher, elektronischer, persönlicher oder telefonischer Form erfolgen (vgl. Hoffmann 1991, S. 18 ff.). Der gesamte Prozess der Kommunikation mit dem Kunden im Zuge der Beschwerdebearbeitung umfasst 3, ggf. auch 4 Stufen, die in Abbildung 11 wiedergegeben sind. Wie hieraus ersichtlich wird, sind nicht nur die Häufigkeit und damit die Kontinuität der Kommunikation wichtig. Gleichbedeutend ist die Art der inhaltlichen Botschaften (vgl. Dietze 1997, S. 17). Hilfreich kann dabei die Einrichtung eines Bereiches mit Antworten auf typische und häufig gestellte Fragen sein, also die **FAQs (Frequently Asked Questions)** (vgl. Wiegran/ Schneider 2002b, S. 4). Hierdurch ist es möglich, kundennah und einfach Informationsdefizite abzubauen sowie Verfahrens- und Handlungsanweisungen zu geben. Dies ist zum einen kostengünstig und entschärft zum anderen in einer frühen Phase die Beschwerdesituation.

Empfehlenswert ist heute ein **Multi-Kanal-Beschwerdemanagement** (vgl. o.V. 2003a), welches dem Kunden verschiedene Kommunikationskanäle zur Auswahl stellt, zwischen denen er entsprechend seinen Präferenzen wählen kann. Wichtig ist in diesem Zusammenhang insbesondere, dass spätestens, wenn Kommunikationsmöglichkeiten in der Werbung erwähnt werden, die entsprechende Infrastruktur ausreichende Kapazitäten aufweist.

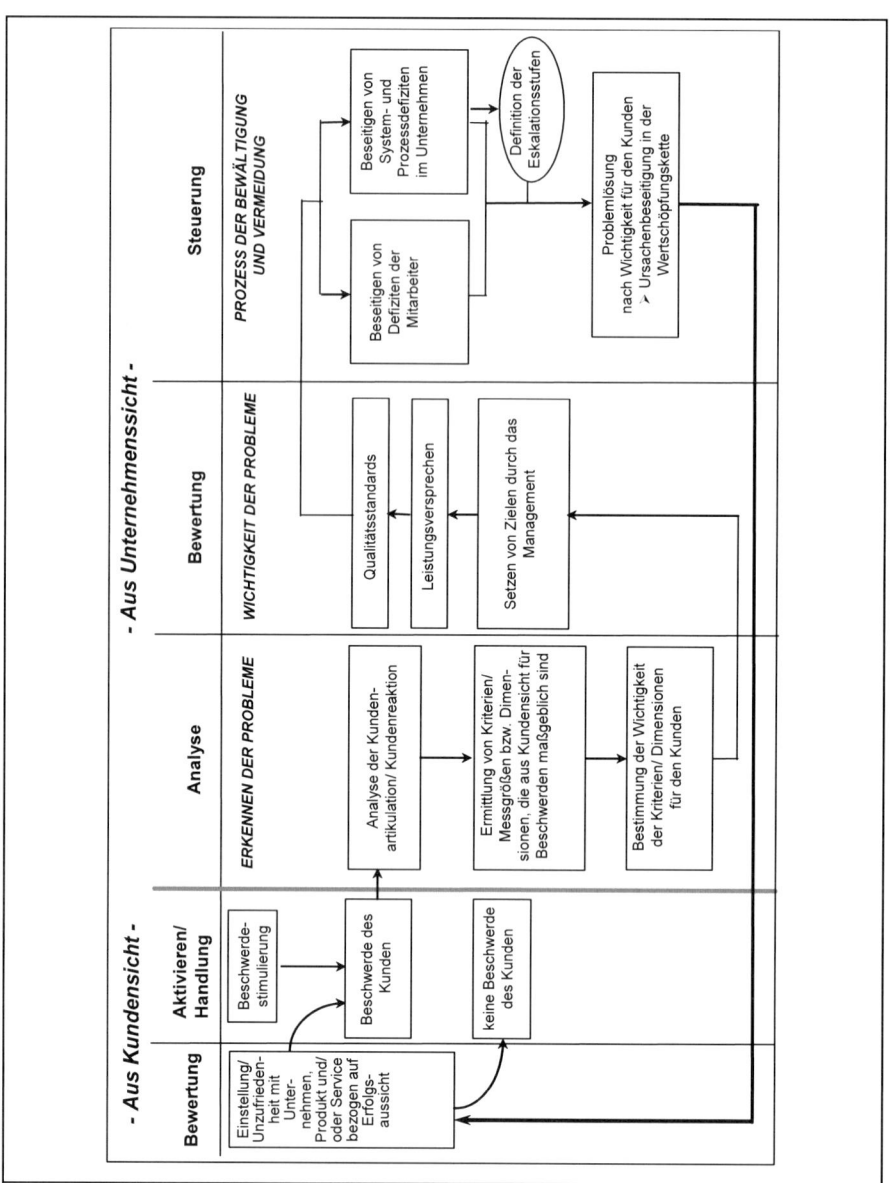

**Abb. 10:** Modell zur Analyse, Bewertung und Steuerung von Beschwerden

Zusätzlich ist es ratsam, neben der Freischaltung der üblichen Kommunikationskanäle auch eine **Beobachtung von Institutionen** vorzunehmen, die aus Kundensicht für das Artikulieren einer Beschwerde geeignet sind. Dies schafft die Voraussetzung, um Probleme beim Kunden mit Produkten und Dienstleistungen oder durch die Art und Weise der Beschwerdebehandlung frühzeitig zu erkennen. In Frage kommen hier die Auswertung von Beiträgen in Fernsehsendungen, wie beispielsweise Monitor, und von entsprechenden Internetseiten, wie Vocatus oder Ciao!, aber auch der Kontakt zu Verbraucherverbänden (vgl. Wiegran/ Schneider 2002c, S. 6). Bei diesen Fremdorganisationen sind nicht selten Beschwerden von Kunden zu finden, die vorher bereits beim Unternehmen artikuliert wurden, dort aber keine zufrieden stellende Lösung erfahren haben. Zumindest der Vorstand eines Unternehmens hat so die Möglichkeit, die Qualität des eigenen Beschwerdemanagements aus externer Sicht gespiegelt zu bekommen.

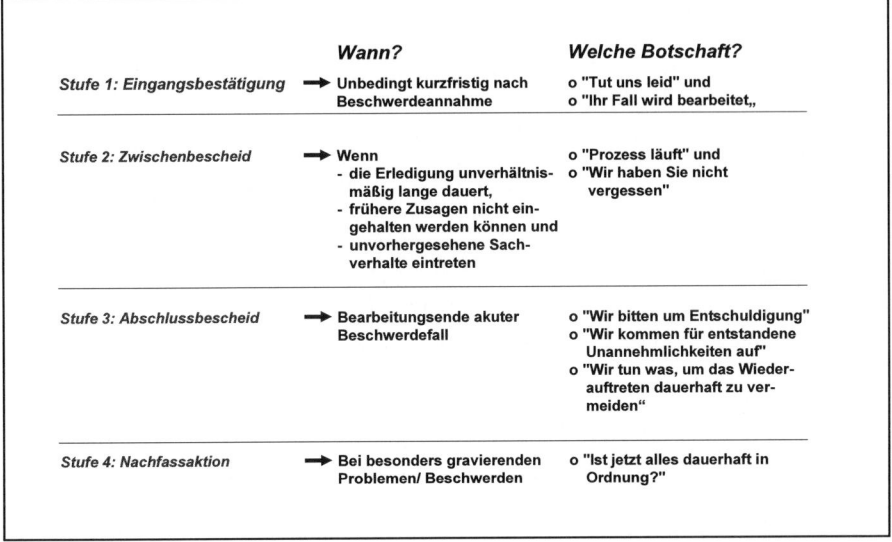

**Abb. 11:** Stufen der Kommunikation mit dem Kunden

Kommen wir zurück zur ursprünglichen Abbildung 10: Auf der Basis des Prozessmodells der Beschwerdeabwicklung ist aus Unternehmenssicht in einem 2. Schritt zu analysieren, ob die Art und Weise der **Beschwerdestimulation** wirksam war. Hieran schließt sich die **Analyse der Kundenreaktion** und damit die Art der Artikulation des Kunden an. Sie gibt nicht nur Aufschluss über die aufgetretenen Probleme, sondern zugleich auch über die emotionale Betroffenheit durch das aufgetretene Problem.

Der nächste Schritt liegt darin, **Kriterien und Messgrößen festzulegen**, welche die aus Kundensicht wesentlichen Dimensionen umfassen. Der folgende Analyseschritt hat die Ermittlung der **Wichtigkeit** dieser Kriterien und Dimensionen für den Kunden zum Gegenstand.

Auf der Basis der Analyseergebnisse kann das Management – unter zu Grundelegung der Unternehmensstrategie, wie in Abbildung 9 vorgestellt – die **Ziele für die Beschwerdebehandlung und -lösung** festlegen. Auf dieser Grundlage werden Leistungsversprechen an den Kunden formuliert, die wiederum den definierten **Qualitätsstandards bzw. Servicelevels** mit dem im Unternehmen angestrebten Niveau der Produkt- und Serviceleistungen entsprechen. Diese Qualitätsstandards sollten immer auch in Abhängigkeit von den Leistungsniveaus der Wettbewerber definiert werden, die dem Kunden geboten werden.

Die Grundsätze des Beschwerdemanagements und die damit einhergehenden Leistungsversprechen an die Kunden sind die Basis, um die Mitarbeiter und insbesondere die Führungskräfte für das Thema Beschwerden zu sensibilisieren. Für die konkrete Umsetzung sind **Kompetenz- und Verantwortungsbereiche** zu definieren, wie sie in Abbildung 12 aufgeführt sind.

Der **Complaint Owner** ist die Kontaktperson nach außen zum Kunden und nach innen in das Unternehmen, um als „Ombudsmann" eine eindeutige und einheitliche Anlaufstelle zu bieten und gleichzeitig sicherzustellen, dass der Lösungsprozess nach innen aus Kundensicht gut und schnell genug abläuft. Der Complaint Owner ist damit der „Herr der Kundenbeschwerde".

Der **Process Owner** ist – aus einer übergeordneten Warte – zuständig und verantwortlich für alle Lösungsschritte in einer zeit- und inhaltsgerechten Abfolge. Der Process Owner ist dadurch der „Herr aller Beschwerdemanagement- und -lösungsprozesse".

Der **Task Owner** bringt einen positiven Beitrag zur Problemlösung und -beseitigung in einem begrenzten Aufgabenfeld und ist damit Unterstützer beim Beschwerdemanagement sowie bei der Prozessverbesserung. Er ist damit der „Herr des Spezialwissens".

Der **Management/ System Owner** ist die Führungskraft auf einer hohen organisatorischen Ebene im Unternehmen, die – auch bereits bei der Einführung – die Führungs- und Gesamtergebnisverantwortung trägt für das gesamte Projektmanagement im Unternehmen und danach generell für das gesamte System, für alle Prozesse, für alle Teilaufgaben und zuständigen Akteure sowie für die zu erreichenden Ziele. Der Management/ System Owner ist also der „Herr des Gesamtkonzepts".

Allerdings gilt im Interesse der Kunden und der zu findenden Lösungen des Problems ein übergeordneter Grundsatz: Complaint Owner und Process Owner sind nicht schematisch zu regeln und zu trennen, sondern in Abhängigkeit von der **betrieblichen Situation**. Ansatzpunkt und Ziel ist, dass für den Kunden eine schnelle und nachhaltige Lösung gefunden wird, und nicht, dass einmal verabschiedete organisatorische Regelungen bedingungslos eingehalten werden. Dies würde anderenfalls die Komplexität erhöhen.

Ziel kann es deshalb nicht sein, dass eine geschaffene Anlaufstelle für Kundenbeschwerden immer die Funktion des Complaint Owner allein wahrnimmt und dies durch notwendige Rückkopplungen zu einer **Überbelastung** führt. In der Praxis macht es durchaus Sinn, die Funktion des Complaint Owner und des Process Owner nach Möglichkeit zu vereinen. Zur Entlastung einer Anlaufstelle für Kundenbeschwerden kann demzufolge eine **Delegation** der gesamten Prozess- und Ergebniskompetenz des Beschwerdemanagements auf einen Process Owner in einer zuständigen (Fach-)Abteilung im Unternehmen erfolgen.

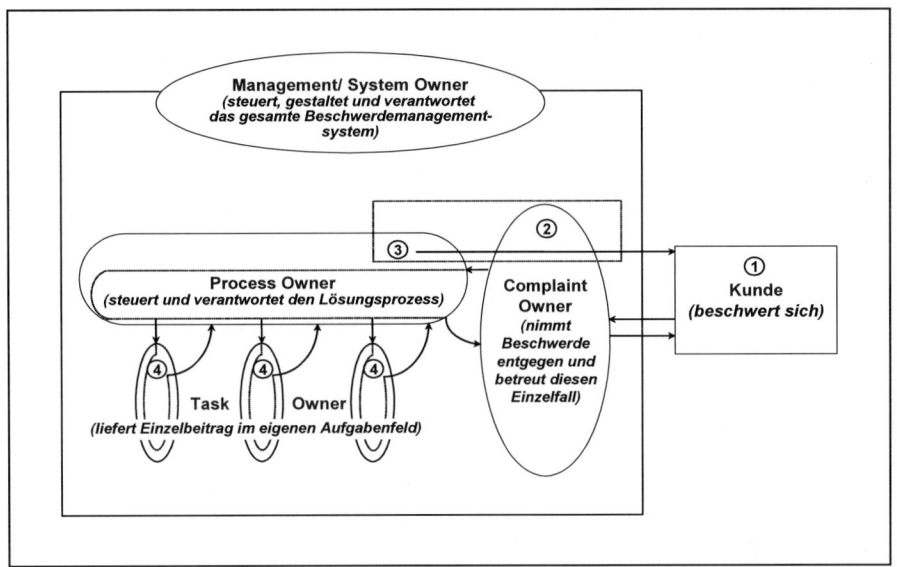

**Abb. 12:** Aufgabenverteilung und Akteure im Beschwerdemanagement

Zu berücksichtigen ist dabei, dass dann – aber nur einmal – im Prozess der Ansprechpartner für den Kunden wechselt. Wie Praxiserfahrungen zeigen, wird dies akzeptiert, wenn der Kunde erkennt, dass dadurch sein Anliegen schneller und besser behandelt und gelöst wird.

In der Folge wird der Process Owner auch zum neuen Complaint Owner. Wie sich von selbst versteht, darf diese Vorgehensweise nicht dazu führen, dass

- eingehende Beschwerden mehr oder weniger willkürlich auf andere „abgewälzt" werden können,
- einzelne Stellen dadurch unverhältnismäßig entlastet oder belastet werden,
- zu wenig Kundenbeschwerden- und Lösungssensibilität bei manchen Mitarbeitern entsteht,
- durch das „Abwälzen" keine notwendigen Veränderungen von Prozessen und Systemen durchgeführt werden und vor allem auch
- erforderliche Qualifikationsverbesserungen und Trainings von Mitarbeitern on-the-job, near-the-job und off-the-job unterlassen werden.

Die anschließende Steuerung, um die aufgetretenen Beschwerden zu bewältigen und in Zukunft möglichst zu vermeiden, setzt voraus, erkannte **Qualifikationsdefizite der Mitarbeiter** zu beseitigen und die **Prozess- und Systemdefizite im Unternehmen** zu eliminieren. Das Ziel hat dabei eine aus Kundensicht schnelle und vollständige Problembeseitigung zu sein. Wird sie nicht erreicht, dann sind **Eskalationsstufen** zu aktivieren (siehe Abb. 10). Spätestens in diesem Fall besteht die Aufgabenstellung darin, nicht nur das akute Problem zu lösen, sondern zugleich die **Ursachen** dafür in den Phasen der **Wertschöpfungskette** zu beseitigen.

Innerhalb der Phasen der Beschwerdebearbeitung sieht das **Eskalationsmodell** vor, dass zunächst das Problem auf der direkt vom Kunden angesprochenen Ebene gelöst werden soll. Die Eskalation tritt dann ein, wenn die formulierten Standards auf dieser Ebene in zeitlicher und inhaltlicher Hinsicht nicht erreicht werden können und deshalb die nächst höhere Ebene eine Entscheidung treffen muss, die i.d.R. mit einer Investition bzw. einer Veränderung zur Behebung von Prozess- und Systemdefiziten verbunden ist (vgl. Grunwald 1999, S. 152 ff.). Dabei gilt der Grundsatz, dass mit einer umso höheren Eskalationsstufe eine umso nachhaltigere Veränderung in Richtung auf eine Verbesserung des Beschwerdemanagement-Systems und/ oder eine Vermeidung der Beschwerdeursachen verbunden sein muss.

Die Zielsetzung dieses Eskalationsmodells, das einen gesteigerten Einsatz zum Gegenstand hat, geht dahin, einen unzufriedenen Kunden doch noch durch eine umfassende, angebotene Lösung zufrieden zu stellen. Zugleich ist damit auch verbunden, dass neben den Mitarbeitern, die im Kundenkontakt die Beschwerde entgegengenommen haben, jetzt die **Führungskräfte** der jeweils nächsthöheren Ebene in die Lösung des Kundenproblems einbezogen werden (vgl. Stauss/ Seidel 2007, S. 206 ff.). Dies beseitigt das in vielen Unternehmen bestehende Problem einer „**Pyramide der Ignoranz**": Sie besagt, dass mit zunehmender Führungsebene die Nähe zum Kunden und damit das Wissen um existierende Kundenprobleme überproportional abnimmt (vgl. Töpfer 1997, S. 20 ff.; Demmer/ Groothuis 1995, S. 118).

An einem zusammengefassten Beispiel wird die typische Struktur eines Beschwerdemanagement-Systems in der Unternehmenspraxis referiert. Der Darstellung in Abbildung 13 liegt eine detaillierte Analyse in 5 Unternehmen unterschiedlicher Branchen mit einem fortschrittlich ausgeprägten Beschwerdemanagement zu Grunde.

Wie aus der Abbildung ersichtlich ist, wird auf der Basis der bisherigen Ausführungen beim Complaint Owner unterschieden zwischen einem Mitarbeiter eines **Call Center** (CC) oder – fortschrittlicher – eines **Customer Service Center** (CSC).

Wenn eine Differenzierung zwischen einem zentralen und dezentralen Beschwerdemanagement vorgenommen wird, dann ist der Mitarbeiter des Call Center i.d.R. nur der Complaint Owner und nicht der Process Owner. Die Kundenanlaufstelle konzentriert sich dadurch ausschließlich auf ihre eigentliche Aufgabe. Beim Übergang auf ein Customer Service Center kann der Complaint Owner in stärkerem Maße auch zum Process Owner werden, und zwar dadurch, dass er über die Kompetenz verfügt, eine größere Zahl von Beschwerden gleich zutreffend und erschöpfend lösen zu können (**First Level Solution**). Für die restlichen, schwieriger zu lösenden Beschwerden kann er nur dann neben seiner Funktion als Complaint Owner zugleich auch Process Owner sein, wenn die Personalkapazität im Customer Service Center groß genug ist respektive die Anzahl eingegangener Beschwerden so klein ist, dass sie von diesem Team gelöst werden können.

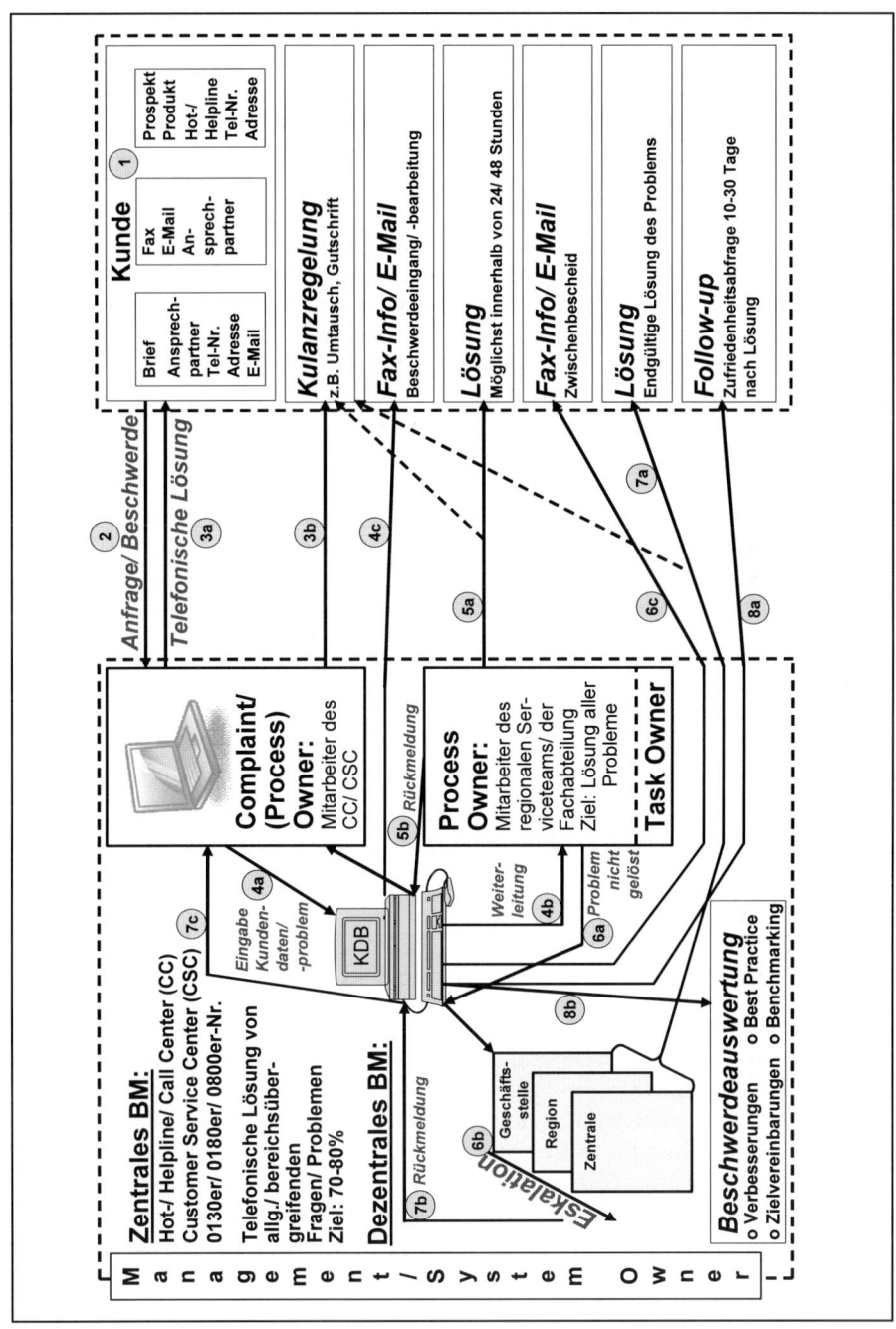

**Abb. 13:** Beispiel für ein Beschwerdemanagement-System in der Unternehmenspraxis

Anderenfalls gibt der Complaint Owner die zu lösende Beschwerde an den Process Owner weiter. Dies ist vor allem auch bei einem ergänzenden **dezentralen Beschwerdemanagement** der Fall. Der Process Owner ist dann ein Mitarbeiter des regionalen Service-Teams oder ein Mitarbeiter der zuständigen Fachabteilung. Das eindeutige Ziel ist die umfassende Lösung aller Probleme beim Kunden. Unterstützt wird er ggf. durch Task Owner als einen oder mehrere Mitarbeiter anderer Abteilungen.

Der Management Owner ist hierbei für einen reibungslosen Einsatz und hohen Zielerreichungsgrad des Gesamtsystems Beschwerdemanagement verantwortlich. Das Ziel des **zentralen Beschwerdemanagements** ist es, möglichst viele der eingehenden Beschwerden sofort zu lösen. Das dezentrale Beschwerdemanagement hat hingegen die Aufgabe, sich der nicht sofort lösbaren Beschwerden anzunehmen, um hierfür tragfähige Lösungen zu erarbeiten und zugleich auch Prozesse und Strukturen respektive Produkte und Dienstleistungen zu verbessern (vgl. Hoffmann 1991, S. 18 ff.). Die prozentuale Aufteilung ist dabei unternehmensindividuell festzulegen. Die Verteilung von 80% unmittelbar zentral und 20% dezentral gelösten Beschwerden ist dabei eine in der Praxis gängige Zielsetzung.

In Abbildung 13 gibt die Nummerierung die sequenziellen Phasen an. Sind die Ziffern mit mehreren Buchstaben gekennzeichnet, dann handelt es sich um simultane Aktivitäten. Im Einzelnen läuft der **Prozess** folgendermaßen ab:

- Ein Kunde bekommt entsprechend der Service-Philosophie des Unternehmens die direkte Kontaktmöglichkeit bei allen Kommunikationsmedien des Unternehmens angeboten (1).
- Im Falle einer Beschwerde kann er so direkt den Complaint Owner als Anlaufstelle erreichen (2).
- Eine sofortige Lösung per Telefon oder E-Mail kann dadurch möglich sein, dass der Kunde zusätzliche Informationen, z.B. zur Bedienung von Geräten erhält (3a), oder dass er eine für ihn akzeptable Kulanzregelung angeboten bekommt (3b).
- Greift diese Lösung nicht, dann wird vom Complaint Owner das Kundenproblem mit den Kundendaten eingegeben (4a) und an den Process Owner weitergeleitet (4b). Parallel dazu erhält der Kunde den Beschwerdeeingang und die Beschwerdebearbeitung bestätigt (4c).
- Danach beginnt – bei dieser Situation – der eigentliche Prozess der Beschwerdebearbeitung. Das Ziel ist – ggf. mit der Unterstützung von Task Ownern – eine möglichst kurzfristige Lösung innerhalb von 24 oder 48 Stunden entsprechend der Philosophie des Beschwerdemanagements und der inhaltlichen Problematik der Beschwerde (5a). Je nach den festgeschriebenen Verfahrensregeln übernimmt der Process Owner dabei abschließend die Funktion des Complaint Owner. Anderenfalls wird das gelöste Problem an den Complaint Owner zurückgemeldet (5b). Dies ist dann wichtig, wenn das Customer Service Center in fortschrittlichen Unternehmen nicht nur Durchlaufstation ist, sondern zugleich auch die Funktion eines „Watch dog" hat, um so sicherzustellen, dass eingegangene Beschwerden auch wirklich abgearbeitet und gelöst wurden.

- Konnte das Problem von dem Process Owner nicht gelöst werden, dann wird es in der Datenbank als schwierigeres Problem klassifiziert (6a), und es wird zur Lösung sowie möglichst auch zur Ableitung präventiver Maßnahmen für die Zukunft in den Eskalationsprozess gegeben (6b). Entsprechend der Lösungsmöglichkeit bzw. der zu entscheidenden Veränderungen von Abläufen und Strukturen kann die Problemlösung mehrere Ebenen der Eskalation durchlaufen. Der Kunde erhält in diesem Falle eine 2. Information als Zwischenbescheid (6c).
- Die gefundene endgültige Lösung wird dem Kunden angeboten (7a). Die Rückmeldung erfolgt an die zentrale Kundendatenbank für Beschwerdemanagement (7b) und dann – je nach Verfahrensablauf – auch gleichzeitig an den Complaint Owner (7c).
- Nach einem Zeitraum, i.d.R. von 10 bis 30 Tagen erfolgt ein **Follow-up** als Zufriedenheitsabfrage beim Beschwerdeführer (8a). Zugleich wird eine Beschwerdeauswertung in dreifacher Hinsicht vorgenommen (8b): Zum einen werden die bereits angesprochenen Verbesserungen von Prozessen und Strukturen realisiert. Zum anderen werden **Zielvereinbarungen** getroffen, um bezogen auf das Handeln von Personen in Zukunft die Beschwerdewahrscheinlichkeit deutlich zu reduzieren. Zum dritten werden über eine spezielle Datenbank **Best-Practice-Regeln** festgelegt und in einem Benchmarking über die Zeit auch im Hinblick auf ihre Wirkung abgeprüft, um so das Niveau des Unternehmens in Richtung höhere Kundenzufriedenheit und geringere Beschwerdeintensität zu steigern (vgl. Töpfer/ Mann 1996, S. 63).

Wie sich zeigt, lässt sich trotz aller Einfachheit und Klarheit eines derartigen Beschwerdemanagement-Systems ein bestimmtes Maß an Komplexität nicht unterschreiten. Dies unterstreicht noch einmal die Forderung, erkannte Probleme und Defizite möglichst schnell für konsequente Verbesserungen von Prozessen und Produkten zu nutzen, um so einen kostenintensiveren „Reparaturbetrieb Beschwerdebehandlung" zu vermeiden.

Der Beschwerdeabwicklungsprozess wird, wie bereits angesprochen, bei fortschrittlichen Unternehmen noch durch eine **Evaluation des erlebten Beschwerdeverhaltens bei den Kunden** ergänzt. Dabei ist zu berücksichtigen, dass die Erhebung der Zufriedenheit des Kunden mit dem erlebten Beschwerdeverhalten des Unternehmens möglichst durch ein **externes Marktforschungsinstitut** durchgeführt werden sollte, um auf diese Weise subjektive Verzerrungen zu vermeiden.

Diese Befragung ist deshalb von wesentlicher Bedeutung, da die Ergebnisse ebenfalls die Grundlage für eine Verbesserung des Beschwerdemanagements darstellen. Denn die Frage ist, wie häufig bestimmte Beschwerdeursachen auftreten (vgl. Dietze 1997, S. 165). Eine grundsätzliche Entscheidungsgrundlage für ein Investment bietet die **Frequenz-Relevanz-Analyse von Beschwerden respektive Problemen**. Dabei werden die in den Beschwerden artikulierten Probleme aus der Sicht der Kunden priorisiert und daraus die Handlungsmaximen für die durchzuführenden Verbesserungsmaßnahmen abgeleitet (vgl. Stauss/ Seidel 2007, S. 286 ff.). Die hierbei zu Grunde liegende Überlegung ist, dass die Ursachen für ein Kundenproblem um so dringlicher herauszufinden und zu beseitigen sind, je häufiger es auftritt und je stärker es den Kunden verstimmt. Dazu werden Kunden befragt, welche Probleme aufgetreten sind und – in einem 2. Schritt – wie stark der Kunde darüber verärgert ist. Somit sind die Ansatzpunkte für Investitionen in präventive Maßnahmen und damit in einen kontinuierlichen Verbesserungsprozess zum Erreichen hoher Kundenzufriedenheit erkennbar.

### 3.2 Prozessbezogene Ursachenbeseitigung

Die Notwendigkeit und der inhaltliche Ansatz von Verbesserungen sind vorstehend bereits an mehreren Stellen angesprochen worden. Wesentlich ist hierbei immer, dass die Bereitschaft zu einem Investment in die Analyse und Prozessverbesserung bestehen muss. Neben dem „Reparaturbetrieb Beschwerdebehandlung", der sich auf das Erkennen der Symptome und die Beseitigung negativer Auswirkungen konzentriert, ist die Beseitigung der Beschwerdeursachen für die Zukunft eines Unternehmens noch wichtiger, da hierdurch unmittelbare Kosteneinsparungen und Wertsteigerungen generiert werden können. Unter diesem Blickwinkel und auf dieser Basis ist die Balance zwischen Investition und Kosteneinsparung/ Wertsteigerung zu erreichen. Im Folgenden wird auf einige weiterführende Aspekte eingegangen.

Grundlage für das notwendige Ausmaß an Prozessverbesserungen bei der Beschwerdebehandlung sind die formulierten Standards, die sich an der Strategie und den Wettbewerbern des Unternehmens ausrichten. Sie haben sich auf alle Phasen des Beschwerdeprozesses zu beziehen. Zusätzlich müssen sie vor allem aber auch den Gegenstand der Beschwerde und die dabei zu Grunde liegenden Prozesse und Ergebnisse in Frage stellen und analysieren. Wie Abbildung 14 veranschaulicht, erstrecken sich die Standards auf **interne Werttreiber** und auf **externe Erfolgsfaktoren**. In Abhängigkeit vom jeweiligen Niveau, das im Unternehmen bisher erreicht wurde, können diese Werte erhebliche Herausforderungen an die gelebte Prozessqualität darstellen.

Der weitergehende anschließende Ansatz, der in Abbildung 14 durch die konsequente Verbesserung der Prozesse und Systeme bezeichnet ist, zielt darauf ab, die Gründe für die Defizite und die daraus erwachsende Beschwerde zu erkennen. Das Hauptproblem besteht also darin, **stringente Ursachen-Wirkungs-Beziehungen** bezogen auf Unzufriedenheit und Zufriedenheit von Kunden offen zu legen. Diese doppelte Ergebnisanalyse ist insofern wichtig, da hieran dann nachvollziehbar ist, ob eine Veränderung der Produkte und Prozesse auch tatsächlich zu einer höheren Kundenzufriedenheit führt. Im anderen Fall würden im übertragenen Sinne die Erkenntnisse von **Herzbergs 2-Faktoren-Theorie** (vgl. Herzberg 1968, S. 57 ff.) zutreffen, dass nämlich einerseits bestimmte Maßnahmen Unzufriedenheit abbauen, aber keine Zufriedenheit aufbauen, also nur **Hygienefaktoren** sind. Andererseits können Maßnahmen, wenn sie umgesetzt werden, die Zufriedenheit steigern; ihr Fehlen verursacht jedoch keine Unzufriedenheit. Dies sind dann typische **Motivatoren** für den sich beschwerenden Kunden. Auch bei Beschwerden und der Beseitigung von Beschwerdegründen können diese beiden Effekte auftreten. Wichtig ist nur, dass man ihre Existenz und Zielrichtung von vornherein erkennt, um planvoll handeln zu können.

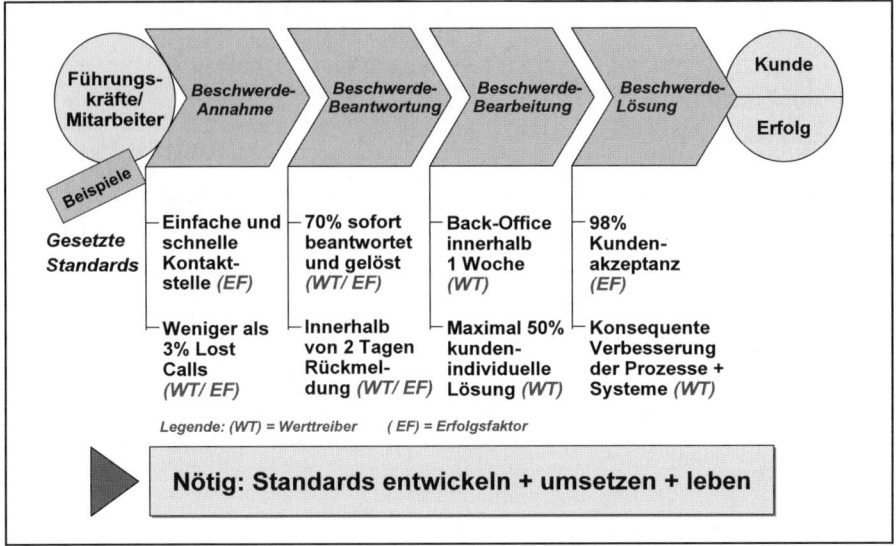

**Abb. 14:** Werttreiber und Erfolgsfaktoren im Beschwerdeprozess

Das Ziel ist also nicht nur, mit einem gewissen Maß an Plausibilität generell wichtige Zusammenhänge zu beschreiben, sondern darüber hinaus die konkreten Auswirkungen des Einsatzes von Werttreibern zu ermitteln und abzubilden. Gelingt dies, dann sind die Werttreiber eine direkte Grundlage für Managemententscheidungen und konkrete **Verbesserungsaktivitäten**.

An einem Beispiel soll dies näher verdeutlicht werden (vgl. Töpfer 2000, S. 31 ff.). Als Ausgangssituation wird angenommen, dass eine Kundenbeschwerde vorliegt und dieses Problem im Hinblick auf die zu Grunde liegende Ursachen-Wirkungs-Konstellation analysiert sowie durch geeignete Maßnahmen nicht nur kurzfristig behoben, sondern möglichst auf Dauer vermieden werden soll. Abbildung 15 zeigt die Ausgangssituation visualisiert anhand der 4 Ebenen der **Balanced Score Card (BSC)**. Der Auslöser, also die Kundenbeschwerde, ist der 3. Ebene „**Kundenzufriedenheit/ Marktausschöpfung**" zuzuordnen. Auf die Analyse von Ursachen-Wirkungs-Beziehungen im Rahmen der Balanced Score Card gehen wir im Artikel zu Qualitätsmanagement und BSC im 5. Kapitel noch einmal ausführlicher ein.

Die Analyse der Situation eines unzufriedenen Kunden bis zu einer offiziellen und für das Unternehmen kostenträchtigen Beschwerde lässt sich als Ablaufschema darstellen. Eine derartige Prozessanalyse bei gleichzeitiger Differenzierung nach den 4 BSC-Ebenen macht aufeinander folgende Ereignisse und Aktivitäten sowie Wirkungen und Ergebnisse transparent.

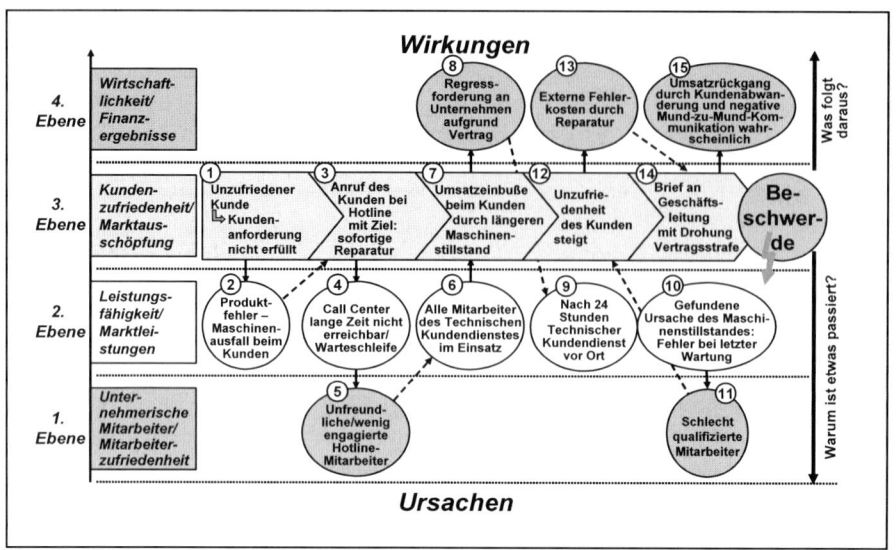

**Abb. 15:** Kundenbeschwerde als Problem

Mit der Frage „Warum ist etwas passiert?" werden zunächst die Ursachen auf der 2. Ebene ermittelt, also bei den **Marktleistungen, der Leistungsfähigkeit** und dabei insbesondere den Prozessen. Hieran schließt sich die Analyse der Ursachen auf der 1. Ebene der **Mitarbeiter** – insbesondere deren Qualifikation und Motivation – an. Mit der Frage „Was folgt daraus?" werden auf der 4. Ebene die Auswirkungen im Hinblick auf die **Wirtschaftlichkeit und die Finanzergebnisse** analysiert.

Als Beispiel sei ein Druckmaschinen-Hersteller betrachtet, der mit seinen Kunden langfristige Wartungsverträge hat und bei dem ein Problem im technischen Kundenservice aufgetreten ist. Wie die Inhalte und der Ablauf bis zur offiziellen Beschwerde des Kunden verdeutlichen, ist diese Situation einer Kundenreklamation zunächst nicht als Chance vom Unternehmen genutzt worden.

- Anhand der 15 Phasen und ihrer Vernetzungen ist leicht nachvollziehbar, dass die Druckmaschine beim Kunden ausgefallen ist.
- Der Anruf des Kunden bei der Hotline führte ihn zunächst nur in die Warteschleife, wo ihm wenig motivierte Hotline-Mitarbeiter nicht weiterhelfen konnten.
- Da alle Mitarbeiter des Technischen Kundendienstes im Einsatz waren, bewirkte der längere Maschinenstillstand beim Kunden eine Umsatzeinbuße, die er durch Regressforderungen aufgrund des Servicevertrages geltend machen will.
- Als nach 24 Stunden der Technische Kundendienst vor Ort war und sich als Ursache für den Maschinenstillstand ein Fehler bei der letzten Wartung herausstellte, war klar, dass die Wartungsarbeiten nicht qualifiziert genug durchgeführt wurden.

- Die Unzufriedenheit des Kunden stieg und für das Unternehmen kamen durch die Reparatur Fehlerbeseitigungskosten hinzu, welche die Gewinnmarge des Produktes sinken ließen.
- Mit einem Brief an die Geschäftsleitung drohte der Kunde nicht nur die Regressforderung an, zugleich war eine Kundenabwanderung und zusätzlich eine negative Mund-zu-Mund-Kommunikation durch ihn zu befürchten.

Diese Situation veranlasste das Unternehmen, intensiv nach Lösungen zu suchen. Die Probleme eines fehlenden Beschwerdemanagements sind erkannt worden, und deshalb sollte die mangelnde Kundenorientierung durch konkrete Verbesserungsmaßnahmen beseitigt werden. Sie sind vereinfacht in Abbildung 16 dargestellt.

Das Problem der Kundenunzufriedenheit war der 3. Ebene zuzuordnen. Das Beschwerdemanagement als Verbesserungsprozess setzt auf der 2. Ebene an, da es primär darum geht, die Prozesse im Unternehmen mit den Auswirkungen auf die Kunden zu verbessern. Anhand der 12 Phasen und ihrer Vernetzung ist erkennbar, in welcher Weise intern auf der 1. und 2. Ebene Maßnahmen als Ursachen eingeleitet und umgesetzt werden müssen, um auf der 3. Ebene die Kundenzufriedenheit und Kundenbindung als Wirkung zu steigern. Zusätzlich sind hiermit auf der 4. Ebene Kosten, aber auch Umsätze und Erträge verbunden.

- Als Verbesserungsmaßnahme war vorgesehen, die Erreichbarkeit des Call Centers durch eine verbesserte Ausstattung der Informations- und Kommunikationstechnik (IuK-Technik) und durch gezielte Mitarbeiterschulung zu erhöhen.
- Zugleich wurden Standards zu den einzelnen Messgrößen im Beschwerdemanagement definiert und wiederum durch Schulungen und eine verbesserte technische Ausstattung erreichbar gemacht.
- Gleiches wurde für den Technischen Service durchgeführt, um so insgesamt weniger Kundenbeschwerden, -unzufriedenheit und -abwanderung zu verzeichnen (vgl. Töpfer 2001, S. 189 ff.).

In einer **Vergleichsrechnung** können – in der vorstehend angesprochenen Weise – die erforderlichen Investitionen den finanziellen Wirkungen gegenüber gestellt werden, die durch vermiedene Umsatzeinbrüche und Kundenabwanderungen oder auch durch mögliche Umsatzsteigerungen erreichbar sind. Für derartige Analysen im Rahmen eines Customer Relationship Management ist es dann erforderlich, für einzelne Kundengruppen und Marktsegmente die Berechnung des **Kundenwertes** vornehmen zu können. Es versteht sich von selbst, dass diese Inhalte nicht erst auf der Basis von Beschwerden ermittelt werden können, sondern bereits längerfristige und tiefergehende Analysen voraussetzen.

In Abbildung 17 sind die 8 wesentlichen Bausteine für eine **hohe Kundenorientierung des Beschwerdemanagements** aufgeführt, die bereits im Artikel über die Analyse der Anforderungen und Prozesse wertvoller Kunden in diesem Buch allgemein angesprochen wurden. Sie haben das Ziel, durch wirkungsvolle und wirtschaftliche Prozesse über die Beschwerdelösung hinaus nachhaltige Verbesserungen im Unternehmen zu erreichen. Gedanklich basieren sie auf der Philosophie und der Strategie von **Six Sigma-Projekten** (vgl. Töpfer 2007a, S. 77 ff.). Im

Zentrum steht dabei der funktionale Zusammenhang zwischen einer Ergebnisgröße y und den maßgeblichen Ursachengrößen $x_i$. Die Funktion $y=f(x_i)$ ist dabei die formale Hilfskonstruktion, die es mit konkreten Inhalten und Aussagen zu füllen gilt. Bezogen auf das Beschwerdemanagement ist die Ergebnisgröße eine hohe Kundenqualität und -bindung, die durch eine hohe kundenorientierte Qualität der Prozesse und Marktleistungen zu erreichen ist.

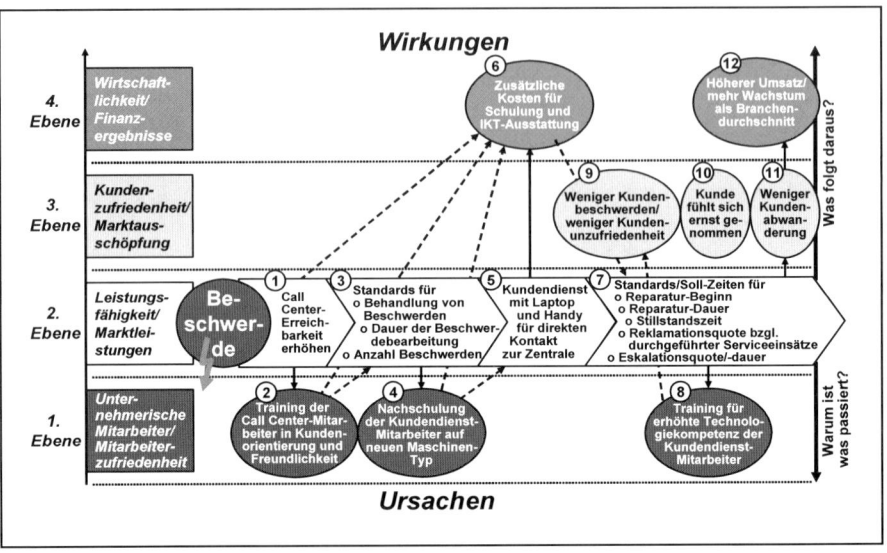

**Abb. 16:** Beschwerdemanagement als Verbesserungsprozess

Der Charme und Vorteil dieser Vorgehensweise liegt darin, dass das bereits mehrfach angesprochene Ziel besser erreicht werden kann, die Ergebnisse des Beschwerdemanagements als strategischen Hebel für eine konsequente operative Verbesserung der Kundenorientierung respektive kundenorientierter Prozesse und für einen höheren Erfüllungsgrad **kritischer Kundenanforderungen**, also der **CTQs (Critical to Quality Characteristics)** zu nutzen (vgl. Töpfer 2007a, S. 80 ff.; Töpfer 2007b, S. 176 ff.). Bei allem Aufwand und allen Kosten rechnet sich dies i.d.R., wenn dadurch Kundenzufriedenheit wiederhergestellt, Kunden zurück gewonnen und Kundenbindung verstärkt werden können.

| 1 | Welche Kunden beschweren sich wie oft und worüber? |
|---|---|
| 2 | Zu welchen Kundensegmenten mit welchem Kundenwert gehören sie? |
| 3 | Kennen wir die spezifischen Anforderungen dieser Kunden in Relation zu den Anforderungen aller Kunden dieses Segmentes? |
| 4 | Welche Defizite weisen die kundenorientierten Prozesse auf, die dann zu Kundenbeschwerden führen? |
| 5 | Wissen wir, welche Kundenanforderung(en) durch welchen Prozess (welche Prozesse) bisher erfüllt bzw. nicht erfüllt werden? |
| 6 | Erfüllen wir dabei vor allem die kritischen Anforderungen dieser Kunden als Werttreiber (CTQs)? |
| 7 | In welcher Beziehung stehen alle kritischen Kundenanforderungen (CTQs) zu allen anderen wesentlichen Anforderungen der Kunden? |
| 8 | Wie gestalten wir auf der Basis der Erkenntnisse des Beschwerdemanagements die CTQs gezielt, um alle kritischen Kundenanforderungen in Zukunft wirtschaftlich(er) zu erfüllen? |

**Abb. 17:** Acht Bausteine einer hohen Kundenorientierung im Beschwerdemanagement

# 4 Literatur

*Ajzen, I. (1985):* From intentions to actions: A theory of planned behaviour, in: Kuhl, J. & Beckmann, J. (Hrsg.): Action control: From cognition to behaviour, New York 1985, S. 11-39.

*Ajzen, I./ Madden, T.J. (1986):* Prediction of goal directed behaviour: attitudes, intentions, and perceived behavioural control, in: Journal of Experimental social psychology, 22. Jg., 1986, S. 453-474.

*Allianz Group (2006):* Kundenbeschwerden – die zweite Chance, Abfrage vom 21.02.2008 unter http://www.allianz.com/de/allianz_gruppe/presse/news/unternehmensnews/standpunkte/news12.html.

*Andreassen, T.W. (2001):* From Disgust to Delight: Do Customers Hold a Grudge?, in: Journal of Service Research, 4. Jg., 2001, Nr. 1, S. 39-49.

*Bauer, F. (2001):* Die Bedeutung des Kundendialogs für ihre Kundenbindungsstrategie, Abfrage vom 28.01.2008 unter http://www.competence-site.de/crm.nsf/ 416BCBE57CBFC4EEC1256B03004F84D6/$File/kundendialog_vocatus.pdf.

*Blodgett, J.G./ Anderson, R.D. (2000):* A Bayesian Network Model of the Consumer Complaint Process, in: Journal of Service Research, 2. Jg., 2000, Nr. 4, S. 321-338.

*Bordt, J. (2006):* Kann Beschwerdemanagement Wachstumsträger sein?, Abfrage vom 28.01.2008 unter
http://www.malekigroup.de/download/2006/v_05_2006/bordt-2006.pdf.

*Borth, B.-O. (2004):* Beschwerdezufriedenheit und Kundenloyalität im Dienstleistungsbereich – Kausalanalysen unter Berücksichtigung moderierender Effekte, Wiesbaden 2004.

*Büttgen, M. (2003):* Recovery Management – Systematische Kundenrückgewinnung und Abwanderungsprävention zur Sicherung des Unternehmenserfolges, in: Die Betriebswirtschaft, 63. Jg., 2003, Nr. 1, S. 60-76.

*Demmer, C./ Groothuis, U. (1995):* Eigener Saft, in: Wirtschaftswoche Nr. 47, 1995, S. 118-122.

*Didow, N.M./ Barksdale, H.C. (1982):* Conjoint Measurement Experiment of Consumer Complaining Behavior, in: Journal of Business Research, 10. Jg., 1982, Nr. 4, S. 419-429.

*Dietze, U. (1997):* Reklamationen als Chance nutzen, Landsberg/ Lech 1997.

*Estelami, H. (2000):* Competitive and Procedural Determinants of Delight and Disappointment in Consumer Complaint Outcomes, in: Journal of Service Research, 2. Jg., 2000, Nr. 3, S. 285-300.

*Fornell, C./ Didow, N.M. (1980):* Economic Constraints on Consumer Complaining Behavior, in: Olson, J. (Hrsg.): Advances in Consumer Research, 7. Jg., 1980, S. 318-323.

*Gleißner, W. (2001):* Identifikation, Messung und Aggregation von Risiken, in: Gleißner, W./ Meier, G. (Hrsg.): Wertorientiertes Risikomanagement für Industrie und Handel, Wiesbaden 2001, S. 111-138.

*Goodman, J.A. (1999):* Basic Facts on Customer Complaint Behavior and the Impact of Service on the Bottom Line, in: Competitive Advantage, 9. Jg., 1999, Nr. 1, S. 1-5.

*Goodman, J.A./ Malech, A.R./ Marra, T.R. (1987):* Beschwerdepolitik unter Kosten-Nutzen-Gesichtspunkten – Lernmöglichkeiten aus den USA, in: Hansen, U./ Schoenheit, I. (Hrsg.): Verbraucherzufriedenheit und Beschwerdeverhalten, Frankfurt/ New York 1987, S. 165-202.

*Greene, K. (2003):* Vogel Strauss, in: Wirtschaftswoche Nr. 7, 2003, S. 69-70.

*Grunwald, B. (1999):* Ziel: 100% Kundenzufriedenheit, in: Töpfer, A. (Hrsg.): Kundenzufriedenheit messen und steigern, 2. Aufl., Neuwied/ Kriftel 1999, S. 143-162.

*Hansen, U./ Jeschke, K./ Schöber, P. (1995):* Beschwerdemanagement – Die Karriere einer kundenorientierten Unternehmensstrategie im Konsumgütersektor, in: Marketing – Zeitschrift für Forschung und Praxis, 17. Jg., 1995, Nr. 2, S. 77-88.

*Herzberg, F. (1968):* One More Time – How Do You Motivate Employees?, in: Harvard Business Review, 46. Jg., 1968, January-February, S. 53-62.

*Hoffmann, A. (1991):* Die Erfolgskontrolle von Beschwerdemanagement-Systemen, Frankfurt/ Main et al. 1991.

*Homburg, C./ Fürst, A. (2005):* How Organizational Complaint Handling Drives Customer Loyalty: An Analysis of the Mechanistic and the Organic Approach, in: Journal of Marketing, 69. Jg., 2005, Nr. 3, S. 95-114.

*Homburg, C./ Fürst, A. (2007):* Beschwerdeverhalten und Beschwerdemanagement – Eine Bestandsaufnahme der Forschung und Agenda für die Zukunft, in: Die Betriebswirtschaft, 67. Jg., 2007, Nr. 1, S. 41-74.

*Kroeber-Riel, W./ Weinberg, P. (2003):* Konsumentenverhalten, 8. Aufl., München 2003.

*Liljander, V. (1999):* Consumer Satisfaction with Complaint Handling Following a Dissatisfactory Experience with Car Repair, in: Dubois, B. et al. (Hrsg.): European Advances in Consumer Research, 4. Jg., 1999, S. 270-275.

*Maute, M.F./ Forrester, W.R. (1993):* The Structure and Determinants of Consumer Complaint Intentions and Behavior, in: Journal of Economic Psychology, 14. Jg., 1993, Nr. 2, S. 219-247.

*Maxham III, J.G./ Netemeyer, R.G. (2003):* Firms Reap What They Sow: The Effects of Shared Values and Perceived Organizational Justice on Customer's Evaluations of Complaint Handling, in: Journal of Marketing, 67. Jg., 2003, Nr. 1, S. 46-62.
*McCollough, M.A./ Berry, L.L./ Yadav, M.S. (2000):* An Empirical Investigation of Customer Satisfaction After Service Failure and Recovery, in: Journal of Service Research, 3. Jg., 2000, Nr. 2, S. 121-137.
*Müller, W./ Riesenbeck, H.-J. (1991):* Wie aus zufriedenen auch anhängliche Kunden werden, in: Harvard Manager, 13. Jg., 1991, Nr. 3, S. 67-79.
*Nutbeam, D./ Harris, E. (2001):* Theorien und Modelle der Gesundheitsförderung, Gamburg 2001.
*o.V. (2001):* Beschwerden als Chance, in: Handelsblatt vom 19.01.2001, S. 44.
*o.V. (2003a):* Beschwerdemanagement, Abfrage vom 28.01.2008 unter www.imagin-bochmann.de/d/beschwerdemanagement/studie/studie.html.
*o.V. (2003b):* Bahn will Beschwerden schneller beantworten, in: HNA, Nr. 129 vom 05.06.2003, S. 1.
*Owen, D.L./ Hausknecht, D.R. (1999):* The Effect of Simplifying the Complaint Process: A Field Experiment With the Better Business Bureau, in: Journal of Consumer Satisfaction, Dissatisfaction and Complaining Behavior, 12. Jg., 1999, S. 35-43.
*Ping Jr., R.A. (1993):* The Effects of Satisfaction and Structural Constraints on Retailer Exiting, Voice, Loyalty, Opportunism, and Neglect, in: Journal of Retailing, 69. Jg., 1993, Nr. 3, S. 320-352.
*Plinke, W. (1995):* Kundenanalyse, in: Tietz, B./ Köhler, R./ Zentes, J. (Hrsg.): Handwörterbuch des Marketing, 2. Aufl., Stuttgart 1995, S. 1328-1340.
*Reichheld, F. (1996):* Learning from customer defections, in: Havard Business Review, 74. Jg., Nr. 2, S. 56-69.
*Scholz, C. (2000):* Personalmanagement – Informationsorientierte und verhaltenstheoretische Grundlagen, 5. Aufl., München 2000.
*Seigner, J. (2002):* Mannesmann Mobilfunk – The customer driven company, in: Töpfer, A. (Hrsg.): Business Excellence, Frankfurt am Main 2002, S. 233-245.
*Servicebarometer (2006):* Ergebnisse des Kundenmonitors 2005, München 2006.
*Siedenbiedel, C. (2004):* Die Wartezeiten in den Postfilialen sollen kürzer werden, in: FAZ, Nr. 105, vom 06.05.2004, S. 49.
*Smith, A.K./ Bolton, R.N. (1998):* An Experimental Investigation of Customer Reactions to Service Failure and Recovery Encounters – Paradox or Peril?, in: Journal of Service Research, 1. Jg., 1998, Nr. 1, S. 65-81.
*Spiller, K. (2005):* Telekom-Chef erhöht Druck auf Kundendienst, in: FTD vom 19.01.2005, S. 3.
*Standop, D. (1995):* Produkthaftung, in: Tietz, B./ Köhler, R./ Zentes, J. (Hrsg.): Handwörterbuch des Marketing, 2. Aufl., Stuttgart 1995, S. 2102-2109.
*Stauss, B./ Seidel, W. (2007):* Beschwerdemanagement – Unzufriedene Kunden als profitable Zielgruppe, 4. Aufl., München 2007.
*Tax, S.S./ Brown, S.W./ Chandrashekaran, M. (1998):* Customer Evaluations of Service Complaint Experiences: Implications for Relationship Marketing, in: Journal of Marketing, 62. Jg., 1998, Nr. 2, S. 60-76.
*Töpfer, A. (1997):* Zufriedene Mitarbeiter = Zufriedene Kunden, in: Zentes, J. (Hrsg.): Mitarbeiterzufriedenheit = Kundenzufriedenheit: Eine Wechselbeziehung, Mainz 1997, S. 20-46.

*Töpfer, A. (1998):* Qualitätscontrolling und -management von Dienstleistungsanbietern, in: Meyer, A. (Hrsg.): Dienstleistungsmarketing, Stuttgart 1998, S. 419-443.

*Töpfer, A. (2000):* Die Fokussierung auf Werttreiber, in: Töpfer, A. (Hrsg.): Das Management der Werttreiber, Frankfurt 2000, S. 31-49.

*Töpfer, A. (2001):* Gezieltes Customer Relationship Management, in: Controlling, 13. Jg., 2001, Nr. 4/5, S. 185-195.

*Töpfer, A. (2007a):* Six Sigma als Projektmanagement für höhere Kundenzufriedenheit und bessere Unternehmensergebnisse, in: Töpfer, A. (Hrsg.): Six Sigma – Konzeption und Erfolgsbeispiele für praktizierte Null-Fehler-Qualität, 4. Aufl., Berlin/ Heidelberg 2007, S. 45-99.

*Töpfer, A. (2007b):* Six Sigma in Service und Dienstleistung, in: Töpfer, A. (Hrsg.): Six Sigma – Konzeption und Erfolgsbeispiele für praktizierte Null-Fehler-Qualität, 4. Aufl., Berlin/ Heidelberg 2007, S. 172-195.

*Töpfer, A. (2007c):* Betriebswirtschaftslehre – Anwendungs- und prozessorientierte Grundlagen, 2. Aufl., Berlin/ Heidelberg 2007.

*Töpfer, A./ Mann, A. (1996):* Benchmarking – Lernen von Best-Practice, in: Poth, L.H. (Hrsg.): Marketing (Loseblattsammlung), 27. Ergänzungslieferung, Neuwied et al., S. 63.

*Töpfer, A./ Greff, G. (2000):* Servicequalität am Telefon, 2. Aufl., Neuwied/ Kriftel 2000.

*Trier, H. (2002):* Deutsche Post – Qualitätsmanagement für den Unternehmenserfolg, in: Töpfer, A. (Hrsg.): Business Excellence, Frankfurt am Main 2002, S. 246-287.

*Trommsdorff, V. (2004):* Konsumentenverhalten, in: Diller, H./ Köhler, R. (Hrsg.), Kohlhammer Edition Marketing, 6. Aufl., Stuttgart 2004.

*Voorhees, C.M./ Brady, M.K. (2005):* A Service Perspective on the Drivers of Complaint Intentions, in: Journal of Service Research, 8. Jg., 2005, Nr. 2, S. 192-204.

*Wäscher, D. (2001):* Neue Ansätze im Kundenmanagement, in: controller magazin, 26. Jg., 2001, Nr. 5, S. 503-508.

*Wiegran, G./ Schneider, P. (2002a):* Wenn Beschwerden nicht beantwortet werden, in: Feedback, 3. Jg., 2002, Nr. 1, S. 1-3.

*Wiegran, G./ Schneider, P. (2002b):* Outsourcing des Beschwerdemanagements, in: Feedback, 3. Jg., 2002, Nr. 1, S. 4.

*Wiegran, G./ Schneider, P. (2002c):* Once-and-Done: Controlling im Beschwerdemanagement, in: Feedback, 3. Jg., 2002, Nr. 1, S. 5-6.

*Zeithaml, V.A./ Parasuraman, A./ Berry, L.L. (1992):* Qualitätsservice, Frankfurt/ New York 1992.

# Kundenzufriedenheit durch exzellentes Beschwerdemanagement bei der TUI Deutschland

– Wie lässt sich Beschwerdemanagement in der Praxis effizient und kundenorientiert umsetzen? –

Björn-Olaf Borth, Jomique de Vries, Armin Töpfer

Inhalt

| | | |
|---|---|---|
| 1 | TUI Deutschland – ein Kurzportrait | 861 |
| 2 | Wesentliche Erfolgsfaktoren und Unternehmensleitbild der TUI | 862 |
| 3 | Die Wichtigkeit des Beschwerdemanagements | 864 |
| 3.1 | Die Wirkungskette im Beschwerdemanagement | 864 |
| 3.2 | Involvement und gebundenheitsbedingte Kontinuität des Geschäftsverhältnisses als entscheidende Faktoren für die Bedeutung einzelner Transaktionen | 866 |
| 3.3 | Die Auswirkungen des Beschwerdemanagements auf die Kundenloyalität | 868 |
| 4 | Ansatzpunkte für die nachträgliche Zufriedenstellung der Kunden durch exzellente Beschwerdebearbeitung | 871 |
| 5 | Weiterentwicklung des Beschwerdemanagements bei der TUI | 873 |
| 5.1 | Zentraler und lokaler Beschwerdebearbeitungs-Prozess im Überblick | 874 |
| 5.2 | Die Vorteile des lokalen Beschwerdebearbeitungs-Prozesses (ZAK) | 876 |
| 5.3 | Notwendige Voraussetzungen für die Implementierung von ZAK | 878 |
| 6 | Fazit | 879 |
| 7 | Literatur | 880 |

## 1 TUI Deutschland – ein Kurzportrait

Die TUI Deutschland GmbH ist der führende Reiseveranstalter in Europa. Sie ist eine indirekte Tochter der TUI Travel PLC, des neuen Touristikkonzerns mit Sitz in London. Die TUI Travel PLC ist aus der Fusion der britischen First Choice Holidays PLC mit der Tourismussparte der TUI AG entstanden. Die TUI AG selbst hält die Mehrheit an der TUI Travel PLC. Unter dem Dach der TUI Travel befinden sich so bekannte europäische Reiseveranstalter wie TUI (Deutschland, Österreich, Schweiz, Polen), TUI UK, Thomson und First Choice (Großbritannien), Nouvelles Frontières (Frankreich) oder Fritidsresor (Schweden) sowie die Fluggesellschaften TUIfly, Thomsonfly, Corsairfly oder First Choice Airways. Basierend auf dem Geschäftsjahr 2006 erwirtschafteten die mehr als 45.000 Mitarbeiter der TUI Travel einen pro forma Umsatz von rund 18 Mrd. Euro.

Die TUI Deutschland GmbH spielt in dem innovativen Touristikkonzern eine Schlüsselrolle. Das Unternehmen wurde 1968 von den Reiseveranstaltern Touropa, Scharnow-Reisen, Hummel-Reise und Dr. Tigges Fahrten in Hannover gegründet. Die Wurzeln der TUI reichen allerdings sogar bis ins Jahr 1928 zurück, denn zu dieser Zeit wurden die Dr. Tigges Fahrten ins Leben gerufen. Heute gehören neben dem Reiseveranstalter TUI 8 weitere deutsche Veranstaltermarken zur TUI Deutschland, darunter 1-2-FLY, airtours international und Wolters Reisen.

Darüber hinaus ist TUI Deutschland die touristische Führungsgesellschaft für den Quellmarkt Europa Mitte mit den Ländergesellschaften TUI Suisse Holding AG (Zürich), TUI Austria GmbH (Wien), Gulet Touropa Touristik (Wien), und TUI Poland (Warschau).

TUI hat im Quellmarkt Deutschland im Geschäftsjahr 2006 mit einem Umsatz von 5,1 Mrd. Euro ihre führende Stellung im europäischen Reisemarkt weiter untermauert. Dazu tragen derzeit allein in Deutschland über 7.000 Mitarbeiter bei, davon rund 1.800 in den konzerneigenen Reisebüros, 1.500 im TUI Haus in Hannover, 100 in den regionalen Verkaufsleitungen und 150 in den TUI Flughafenstationen.

## 2 Wesentliche Erfolgsfaktoren und Unternehmensleitbild der TUI

Die TUI hat früh erkannt, dass speziell in der Touristik **Kundenorientierung** den wesentlichen **Erfolgsfaktor** im Wettbewerb um den Kunden darstellt. Daher hat sich TUI von Beginn an als **Qualitätsveranstalter und Innovationsführer** im Markt positioniert und die Marktführerschaft mit Erfahrung, Kompetenz, Kreativität und Innovation erobert.

So wurde die Hauptveranstaltermarke TUI mit den im Jahre 1990 eingeführten Länder- und Spezialprogrammen konsequent auf die Bedürfnisse der Gäste zugeschnitten. Dabei zeigt sich die Produktkompetenz der TUI heute in der Breite des Angebots: In 49 Katalogen (Sommersaison) mit Hotels, Rundreisen, Feriendörfern, Ferienwohnungen und Clubs in allen bedeutenden Urlaubsländern der Welt präsentiert TUI mehr als 10.000 Urlaubsmöglichkeiten, die nahezu keinen Wunsch unerfüllt lassen.

Zu den Innovationen der TUI gehören z.B. die Einführung der „Geld-zurück-Garantie", des „Zug zum Flug"-Tickets bei Flugreisen und des „60-Tage-Frühbuchervorteils" sowie die Herausgabe des ersten deutschen „All Inclusive"-Kataloges und die Darstellung von **Qualitätskennzahlen** (Gästezufriedenheit) in den Katalogen ab Winter 2004/ 2005. Auch die **Beschwerdebearbeitung** vor Ort in den Zielgebieten („ZAK"), die in diesem Artikel ausführlich behandelt wird, stellt einen wichtigen Fortschritt in Richtung erhöhter Kundenorientierung dar.

Aber auch in der Touristik, die über Jahre mit überdurchschnittlichem Wachstum gesegnet war, wachsen die Bäume nicht in den Himmel. Auch hier sind Prozesse zu beobachten, die in anderen Branchen schon früher stattgefunden haben: eine zunehmende Globalisierung sowie Konzentrationsprozesse auf allen Ebenen der Wertschöpfungskette. Um im weiter zunehmenden internationalen Wettbewerb bestehen zu können, sind daher mehr denn je höchste Qualität und absolute Kundenzufriedenheit ein Muss.

Dazu erfordert es zum einen auf strategischer Ebene die **Vision** einer im gesamten Unternehmen gelebten **Dienstleistungsmentalität**. Zum anderen erfordert es auf operativer Ebene die konkrete Umsetzung immer neuer Maßnahmen, die dem Kunden einen echten **(Zusatz-)Nutzen** verschaffen.

Mit der Vision „World of TUI is the most beautiful time of the year" und der Mission „Putting a smile on people's faces" stellt TUI auf strategischer Ebene die Zufriedenheit des Kunden in den Mittelpunkt des Handelns (siehe Abb. 1) und verankert diese auch in den **Unternehmensgrundsätzen** sowie dem im August 2001 neu geschaffenen **Markenbild**: Das neue Design, in dem die 3 Buchstaben T, U und I miteinander verschmolzen sind, symbolisiert ein Lächeln – ein Lächeln auf dem Gesicht des zufriedenen Gastes.

**Abb. 1:** Kundenzufriedenheit als Unternehmensphilosophie der TUI

Jedoch lassen sich gerade in der Reisebranche, wie in vielen anderen Dienstleistungsbranchen auch, Beschwerdefälle nicht vollständig vermeiden, zumal fremd erbrachte Teilleistungen bei einer Pauschalreise einen großen Anteil an der Gesamtleistung ausmachen.

Beispiele: Es kann leider passieren, dass die TUI nicht rechtzeitig von einem Bauvorhaben im Urlaubsgebiet erfährt und damit die Gäste sehr kurzfristig vor dem Reiseantritt informieren muss. Oder es entstehen im internationalen Luftverkehr unvorhergesehene Flugverspätungen, auf die ein Reiseveranstalter kaum Einfluss hat. Auch ist es für einen Veranstalter unmöglich, rund um die Uhr das gesamte Servicepersonal oder die Verpflegungsleistungen in den zahlreichen Vertragshotels zu kontrollieren.

So kommt es fast zwangsläufig immer wieder zu unvorhersehbaren Ereignissen, die beim Kunden zunächst zu Unzufriedenheit führen. Gerade auch in solchen

Fällen konsequente Dienstleistungsqualität an den Tag zu legen und die anfänglich unzufriedenen Kunden durch exzellentes Beschwerdemanagement letztlich doch noch zufrieden zu stellen, sollte fester Bestandteil der Unternehmensstrategie sein.

Der Fokus dieses Beitrags liegt auf den Gründen, warum gutes Beschwerdemanagement gerade für ein Dienstleistungsunternehmen wie die TUI von zentraler Bedeutung ist, was die wesentlichen Hebel für die Zufriedenheit der Kunden mit der Beschwerdebearbeitung sind und welche Konsequenzen daraus für den Beschwerdeprozess abgeleitet werden können. Die Ergebnisse einer umfassenden Kundenbefragung aus dem Jahre 2002 veranschaulichen die Zusammenhänge zwischen Kundenzufriedenheit und Beschwerdemanagement. Es wird deutlich, dass die Loyalität der Kunden durch gutes Beschwerdemanagement entscheidend gesteigert werden kann. Dazu ist es zwingend erforderlich, den Beschwerdeprozess an den Bedürfnissen der Kunden auszurichten und dabei insbesondere für eine großzügige, unverzügliche und unkomplizierte Schadensbehebung bzw. -regulierung zu sorgen.

## 3 Die Wichtigkeit des Beschwerdemanagements

Ein gut funktionierendes Beschwerdemanagement sollte für jedes Unternehmen selbstverständlich sein, um seinen Kunden letztlich die Qualität zu liefern, die sie zu Recht erwarten. Im Folgenden wird dargelegt, wieso jedoch gerade in Branchen wie der Touristik ein exzellentes Beschwerdemanagement von essentieller Bedeutung für die Zufriedenheit der Kunden und damit letztlich auch für deren Loyalität ist. Dass die Zufriedenheit mit der Beschwerdebearbeitung insbesondere bei (noch) Nicht-Stammkunden einen wichtigen Hebel zur Erhöhung der Loyalität darstellt, wird anschließend anhand der Ergebnisse einer wissenschaftlichen Untersuchung verdeutlicht.

### 3.1 Die Wirkungskette im Beschwerdemanagement

In der Regel ist eine Beschwerde die Folge der Unzufriedenheit eines Kunden mit einer erworbenen Leistung. Die in Abbildung 2 dargestellte Wirkungskette im Beschwerdemanagement gilt für eine Pauschalreise ebenso wie für die meisten anderen Dienstleistungen und Produkte (vgl. Tax/ Brown/ Chandrashekaran 1998, S. 61).

Der Kunde vergleicht bei Inanspruchnahme einer Leistung seine Erwartungen an diese mit seiner Wahrnehmung der tatsächlich erbrachten Leistung. Unzufriedenheit entsteht, wenn die wahrgenommene Leistung hinter den Erwartungen des Kunden zurückbleibt (vgl. Töpfer 1999a, S. 310 f.; Töpfer/ Mann 1999, S. 70 f.). War dem Kunden beispielsweise ein ruhiger Erholungsurlaub versprochen worden, wird er aber Tag und Nacht von Bau- und Verkehrslärm belästigt, so wird er mit der gebuchten Reise unzufrieden sein.

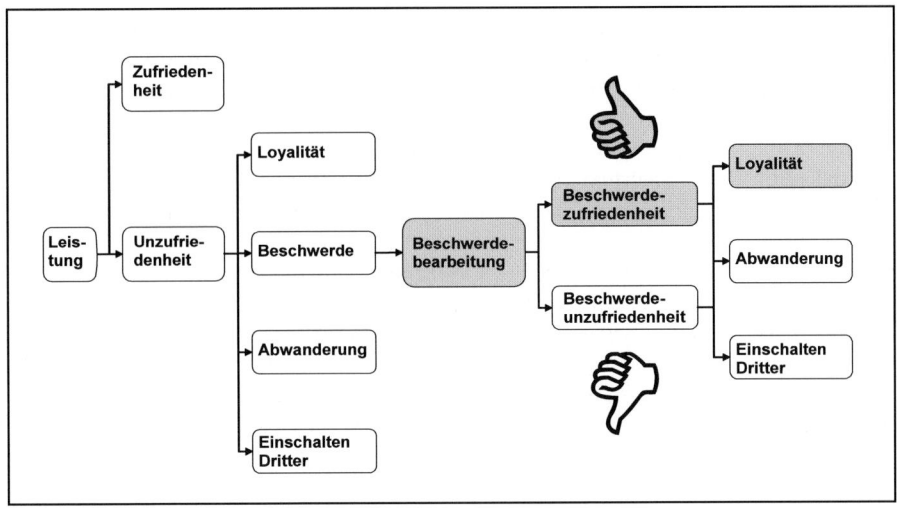

**Abb. 2:** Wirkungskette im Beschwerdemanagement

Aus der **Unzufriedenheit** des Kunden resultieren die folgenden **Verhaltensoptionen**:

- Der Kunde verzeiht dem Unternehmen den Fehler und verhält sich trotz der eingetretenen Unzufriedenheit weiterhin loyal, d.h. er äußert sich Dritten gegenüber positiv (oder wenigstens nicht negativ) über das Unternehmen und berücksichtigt es auch bei seiner nächsten Kaufentscheidung wieder.
- Der Kunde artikuliert dem Unternehmen gegenüber seine Unzufriedenheit in Form einer Beschwerde. Der Kunde hofft dabei üblicherweise auf Nachbesserung bzw. Wiedergutmachung der mangelhaften Leistung.
- Der Kunde wandert zum Wettbewerb ab. Häufig geht dem Unternehmen damit nicht nur ein Kunde, sondern auch ein Fürsprecher verloren, denn oft ist die Abwanderung auch mit negativer Mundpropaganda durch den enttäuschten Kunden verbunden.
- Der Kunde wendet sich nicht direkt an das Unternehmen, sondern schaltet Dritte ein, um sein Recht aus dem Leistungsverhältnis zu erhalten. Dies können Verbraucherverbände, Anwälte oder die Gerichtsbarkeit sein. Zumeist wird durch dieses Kundenverhalten das Vertrauensverhältnis zwischen beiden Seiten gestört und eine schnelle, unbürokratische Reaktion des Unternehmens unmöglich gemacht.

Mit einer Beschwerde sind für ein Unternehmen konkrete Vorteile verbunden. Es erhält mit dieser Beschwerde eine 2. Chance, seinen Kunden durch Mängelbeseitigung bzw. durch den Ausgleich des entstandenen Schadens, nachträglich doch noch zufrieden zu stellen. So kann der Kunde davon überzeugt werden, dem Unternehmen auch in Zukunft treu zu bleiben (vgl. Töpfer 1999a, S. 344 ff.).

Kunden unterscheiden häufig nicht zwischen der Kernleistung Reise und der Beschwerdebearbeitung, sondern sehen die **Bearbeitung der Beschwerde als integralen Bestandteil der Dienstleistung** an. Eine Beschwerde sollte folglich dazu genutzt werden, auch in diesem Bereich die Leistungsfähigkeit des Unternehmens unter Beweis zu stellen und mindestens das gleiche Qualitätsversprechen einzulösen, das auch für die Kernleistung gilt. Eine erfolgreiche Beschwerdebearbeitung trägt dann in der gleichen Weise wie die eigentliche Kernleistung dazu bei, das Unternehmensziel der Kundenzufriedenheit zu erreichen.

Sind die Voraussetzungen für ein hervorragend funktionierendes Beschwerdemanagement erfüllt, kann ein Unternehmen mit Qualitätsanspruch sogar mit seiner Leistungsfähigkeit in diesem Bereich werben und dadurch eine offensive Beschwerdephilosophie zum Ausdruck bringen. Erfolgreich praktiziert ist sie ein wichtiges Entscheidungskriterium der Kunden beim Wiederkauf. So kann das Beschwerdemanagement letztlich eine verstärkte Loyalität der Kunden bewirken.

Darüber hinaus profitiert das Unternehmen aber auch noch in anderer Weise von den Beschwerden der Kunden, denn Beschwerden liefern Hinweise aus 1. Hand, an welchen Stellen im Leistungsprozess durch die Kunden noch **Qualitätsdefizite** wahrgenommen werden (vgl. Harari 1999, S. 31; Töpfer 1999b, S. 461). Diese Informationen sollte es zur **kontinuierlichen Qualitätssicherung** und **-verbesserung** nutzen. Besonders wertvoll sind diese Hinweise vor allem deshalb, weil sie gerade nicht objektiv erhobene Qualitätskennzahlen sind, sondern die subjektive, von den Kunden empfundene Qualität widerspiegeln – die schließlich ausschlaggebend für deren Zufriedenheit mit der erworbenen Leistung ist.

## 3.2 Involvement und gebundenheitsbedingte Kontinuität des Geschäftsverhältnisses als entscheidende Faktoren für die Bedeutung einzelner Transaktionen

Gerade in der Reisebranche ist gutes Beschwerdemanagement von elementarer Bedeutung. Warum dies so ist, wird klar, wenn man 2 wichtige Faktoren im Zusammenhang mit der Inanspruchnahme von Dienstleistungen genauer betrachtet: das Involvement der Kunden bezüglich der Dienstleistung und die gebundenheitsbedingte Kontinuität des Geschäftsverhältnisses.

**Involvement**

Unter Involvement wird gemeinhin der **Grad des Interesses oder der Begeisterung bezüglich eines Objektes** verstanden. Zaichkowsky (1985) definiert Involvement als „a person's perceived relevance of the object based on inherent needs, values and interest" (Zaichkowsky 1985, S. 341 ff.). In der Marketingforschung wird häufig zwischen **situativem und überdauerndem Involvement** unterschieden. Während situatives Involvement nur in einer bestimmten Situation, wie z.B. bei einer konkreten Kaufentscheidung, besteht, schlägt sich das überdauernde Involvement in einem länger anhaltenden Interesse für ein Produkt oder eine Dienstleistung nieder. Voraussetzungen für überdauerndes Involvement sind eine hohe persönliche Wichtigkeit sowie eine hohe emotionale oder intellektuelle Attraktivität des Produktes oder der Dienstleistung für den Kunden. Situatives Involvement dagegen entsteht beispielsweise durch ein hohes wahrgenommenes Kaufrisiko. Überdauerndes und situatives Involvement zusammen ergeben das Gesamtinvolvement (vgl. Matzler 1997, S. 195).

Das Dienstleistungspaket Pauschalreise ist mit einem hohen Involvement seitens der Kunden verbunden, was in verschiedenen Facetten zum Ausdruck kommt (vgl. Laurent/ Kapferer 1985, S. 41 ff.). Zum einen beschäftigen sich Kunden stark mit dem Thema Urlaub, da sie generell einen hohen hedonistischen Nutzen aus der Leistung ziehen und ein allgemeines Interesse am Thema Reisen haben. Urlaub bereitet, verglichen mit dem Bezug von Erdgas für die heimische Energieversorgung, vergleichsweise viel Freude und ist spannend – und der Mensch neigt dazu, sich intensiv mit Dingen zu beschäftigen, die Freude bereiten und spannend sind. Zum anderen ist das **wahrgenommene Kaufrisiko** bei der Buchung einer Reise nicht nur, aber auch wegen des hohen Spaßfaktors für viele Menschen sehr hoch. Sie befürchten, dass ihnen bei einer mangelhaften Leistung ein großer Nutzen entgehen könnte. Gleichzeitig vermuten sie, dass diese Situation jederzeit eintreten könnte. So werden einerseits die Folgen der Buchung einer „schlechten" Reise als hoch eingestuft, andererseits wird zugleich aber auch eine hohe Wahrscheinlichkeit angenommen, einen nicht zufrieden stellenden Urlaub zu erleben – beides sind Gründe für eine nochmals verstärkte Beschäftigung mit der Dienstleistung Urlaub. Im Gegensatz dazu empfinden nur wenige Kunden ein erhöhtes Kaufrisiko bei der Wahl ihres Stromerzeugers, so dass sich die Mehrheit deshalb auch nicht intensiv mit dem Thema Stromerzeugung auseinandersetzt.

Hohes Involvement hat generell zur Folge, dass sich die **Toleranz** des Kunden bezüglich einer Leistung vermindert (vgl. Matzler 1997, S. 83 ff.; Sherif/ Sherif 1969, S. 388). Hohe Zufriedenheitszustände einerseits und hohe Unzufriedenheitszustände andererseits liegen dicht beieinander. Für einen Reiseveranstalter bedeutet dies, dass seine Kunden wegen des hohen Involvements einen äußerst engen Toleranzbereich hinsichtlich der Leistung aufweisen. Die Kunden beschäftigen sich schon vor Reiseantritt intensiv mit der gebuchten Leistung und entwickeln sehr genaue Vorstellungen und Erwartungen. Daraus kann einerseits relativ schnell große Begeisterung über einen Urlaub resultieren, aber andererseits auch genauso schnell sehr hohe Unzufriedenheit, was das vergleichsweise hohe Beschwerdeaufkommen in der Reisebranche mit begründet.

**Gebundenheitsbedingte Kontinuität des Dienstleistungsverhältnisses**

Der 2. wichtige Faktor im Zusammenhang mit der Inanspruchnahme von Dienstleistungen ist die gebundenheitsbedingte Kontinuität des Geschäftsverhältnisses. Darunter soll hier die üblicherweise aus **vertraglicher oder sonstiger Gebundenheit des Kunden resultierende Beständigkeit eines Geschäftsverhältnisses** mit einem Dienstleister verstanden werden, die häufig nicht zuletzt der Natur der Dienstleistung bzw. den herkömmlichen Inanspruchnahme-Gewohnheiten der Kunden Rechnung trägt. **Diskrete und kontinuierliche Dienstleistungsverhältnisse** lassen sich dabei voneinander abgrenzen (vgl. Strandvik/ Liljander 1995, S. 117).

Eine Urlaubsreise ist eine Geschäftsbeziehung zwischen Urlauber und Reiseveranstalter, die jeweils nur aus einer diskreten Transaktion, nämlich der Reise, besteht. Einen dauerhaften Vertrag mit seinem Kunden gibt es für einen Reiseveranstalter nicht; er ist vielmehr darauf angewiesen, dass der Kunde auch beim nächsten Mal wieder seinen Urlaub bei ihm bucht und nicht beim Wettbewerb. Beständigere Geschäftsbeziehungen werden beispielsweise mit Telekommunikations-Unternehmen oder Energieversorgern eingegangen. In diesen Branchen laufen die Verträge zumeist über mehrere Jahre oder haben gar keine zeitliche Begrenzung, wobei es täglich zu einzelnen Transaktionen kommt. Ohne dass eine vertragliche Gebundenheit existiert, bestehen üblicherweise auch zu Hausärzten oder Friseuren längere Geschäftsbeziehungen, was nicht zuletzt auch auf eine gewisse Gebundenheit durch den sukzessiven Aufbau von kundenspezifischem Wissen und Know-how seitens des Dienstleisters zurückzuführen ist. Im Gegensatz zu diesen eher kontinuierlichen Geschäftsverhältnissen ist eine Gebundenheit der Kunden in Dienstleistungsbranchen mit rein diskreten Geschäftsverhältnissen quasi per definitionem nicht gegeben. Pauschalreiseanbieter müssen so vor jeder Transaktion wieder um den Kunden kämpfen. Sie laufen mit jeder nicht zur vollen Zufriedenheit des Kunden verlaufenden Reise Gefahr, diesen zu verlieren – wenn sie es nicht durch gutes Beschwerdemanagement schaffen, ihn noch nachträglich zufrieden zu stellen.

Der Vergleich verschiedener Dienstleistungsbranchen hinsichtlich der 2 oben genannten Faktoren macht deutlich, dass einzelne Transaktionen in verschiedenen Branchen von unterschiedlicher Bedeutung sind. In der nachfolgenden Matrix (siehe Abb. 3) sind mehrere Branchen bezüglich der beiden Faktoren vergleichend dargestellt (vgl. Gabbott/ Hogg 1999; Strandvik/ Liljander 1995). Sie zeigt, dass für **Pauschalreisen** die **Bedeutung einzelner Transaktionen** am höchsten und für Energieversorger am geringsten ist. Für den Energieversorger heißt dies, dass sein Kunde i.d.R. weniger sensitiv hinsichtlich einzelner fehlerhafter Transaktionen ist. Der Kunde weist wegen des geringen Involvements einen großen Toleranzbereich hinsichtlich der Leistung auf und ist dadurch auch nur selten überhaupt unzufrieden. Zudem wechselt er selbst bei Unzufriedenheit üblicherweise nicht gleich wegen einer Servicepanne zum Wettbewerb, weil er durch einen Vertrag gebunden ist und eine Kündigung Aufwand verursacht. Ganz anders dagegen die Situation für einen Veranstalter von Pauschalreisen. Durch das hohe Involvement der Kunden besteht hier eine deutlich größere Gefahr, dass die Toleranzschwelle des Kunden überschritten wird und der Kunde bei Unzufriedenheit mit einer einzelnen Transaktion zum Wettbewerb abwandert, zumal er für die nächste Reise in keiner Form an den Veranstalter gebunden ist.

## 3.3 Die Auswirkungen des Beschwerdemanagements auf die Kundenloyalität

Eine Folge der hohen Bedeutung einer Transaktion bei Pauschalreisen ist, dass eine zufrieden stellend bearbeitete Beschwerde einen großen Unterschied hinsichtlich der Loyalität der Kunden bewirken kann. Die hohe Bedeutung, die einzelnen

Transaktionen und damit auch dem Beschwerdemanagement zukommt, manifestiert sich messbar in der Intention verschiedener Kundengruppen, die TUI Freunden und Bekannten weiterzuempfehlen und der TUI auch bei der nächsten Reise treu zu bleiben.

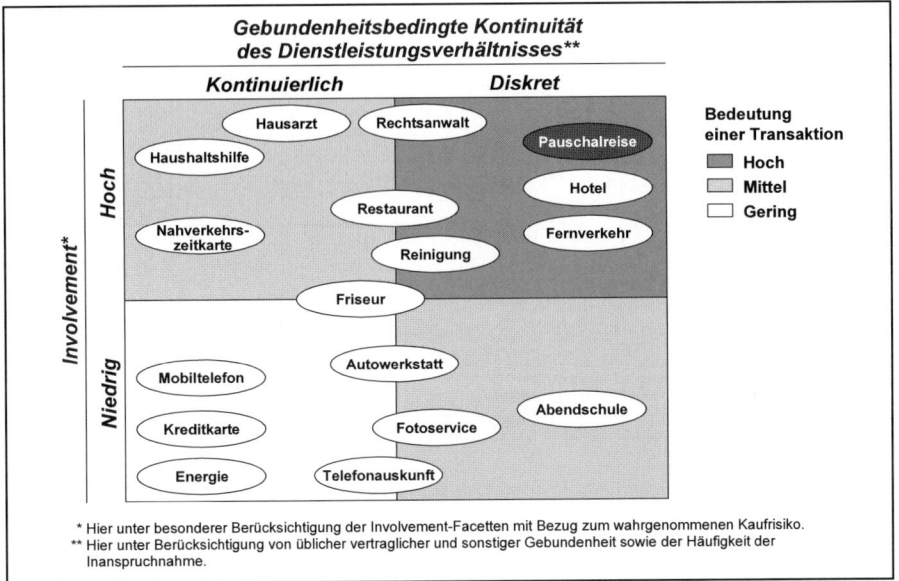

**Abb. 3:** Klassifizierung von Dienstleistungen nach Bedeutung einer einzelnen Transaktion

Eine Befragung, die von der Technischen Universität Dresden in Zusammenarbeit mit der TUI Deutschland im Januar 2002 durchgeführt wurde, hat dazu die in Abbildung 4 dargestellten Ergebnisse erbracht.

Befragt wurden mehr als 4.500 Gäste, die sich bei der TUI über ihre letzte Reise beschwert hatten. Der Rücklauf betrug 46% und war unter allen Gesichtspunkten repräsentativ. Die Gesamtmenge der antwortenden **Beschwerdeführer** wurden nach 2 Kriterien – dem Umfang ihrer Erfahrungen mit der TUI sowie dem dabei erlangten Zufriedenheitsgrad – unterteilt in Stammgäste (vor ihrer letzten Reise schon mehr als 6 Reisen mit der TUI), Gelegenheitsgäste (vorher 1 bis 2 Reisen) und neue Gäste (vorher keine Reise). Stamm- und Gelegenheitsgäste wurden dabei zusätzlich danach differenziert, ob sie mit ihren vorherigen Reisen insgesamt zufrieden oder unzufrieden waren. Innerhalb der so entstandenen 5 Gruppen wurde jeweils zwischen denjenigen, die mit der Bearbeitung ihrer Beschwerde im Anschluss an die letzte Reise zufrieden waren und denjenigen, die damit nicht zufrieden waren, unterschieden. Für jeden Gast wurden **Loyalitätswerte** gemessen, die **Wiederkaufintention** und **positive Mund-zu-Mund-Kommunikation** ausdrücken.

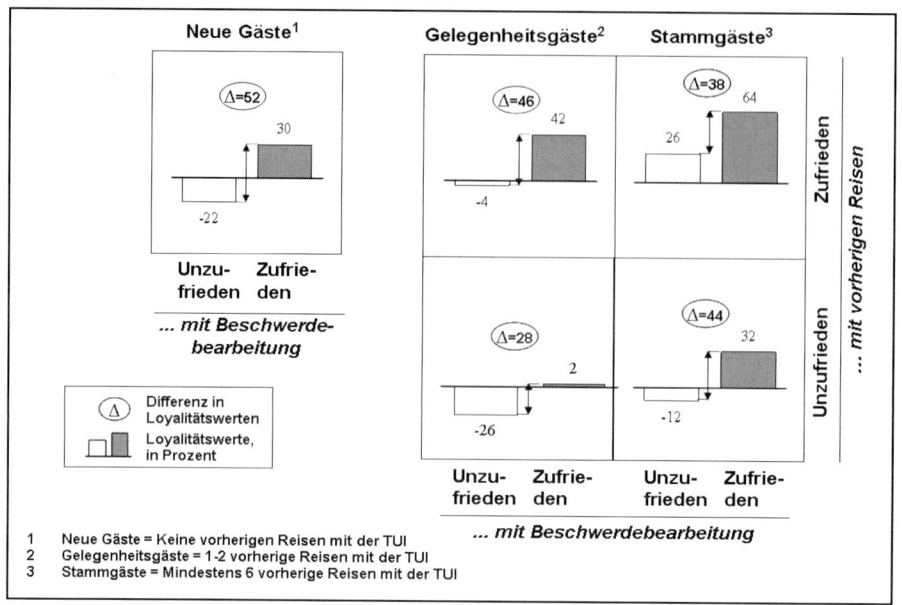

**Abb. 4:** Einfluss der Beschwerdebearbeitung auf die Kundenloyalität

Hinsichtlich der Loyalität besteht gerade bei neuen Gästen die größte Differenz zwischen zufriedenen und nicht zufriedenen Beschwerdeführern. Mangels Erfahrungen aus vorherigen Reisen stützen diese Gäste ihre Loyalität zu einem Großteil auf ihre Erfahrungen mit der Beschwerdebearbeitung, die so zu einem **„Moment der Wahrheit"** in der noch jungen Geschäftsbeziehung zwischen dem Gast und dem Unternehmen wird: Während zufriedene Beschwerdeführer anschließend tendenziell zum Wiederkauf neigen, tendieren unzufriedene zur Abwanderung.

Ähnliches gilt für die Gruppe der mit ihren vorherigen Reisen zufriedenen Gelegenheitsgäste. Es zeigt sich, dass zuvor zufriedene Gäste, die erst ein- oder zweimal mit der TUI verreist sind, im Anschluss an eine zufrieden stellende Beschwerdebearbeitung hohe Loyalitätswerte aufweisen, die nur von denen der zuvor zufriedenen Stammgäste übertroffen werden, die ebenfalls mit der Bearbeitung ihrer Beschwerde zufrieden waren. Die mit den vorherigen Reisen zufriedenen, mit der Beschwerdebearbeitung jedoch unzufriedenen gelegentlichen Gäste sind dagegen erheblich weniger loyal. Das Beschwerdemanagement hat demnach auch bei den vorher zufriedenen Gelegenheitsgästen einen gravierenden Einfluss auf die Loyalität.

Dieses Ergebnis lässt sich leicht erklären, denn diese Gäste hatten vorher gute Erfahrungen mit der TUI gemacht, so dass ihre Erwartungen auch bei der letzten Reise dementsprechend hoch waren. Allerdings hatten sie nur wenige Erfahrungswerte, so dass sich ihre Meinung über die TUI noch nicht so festigen konnte wie bei Stammgästen, die durch jahrelange Erfahrungen zu festen Einstellungen gelangt sind. Werden nun die hohen Erwartungen der ursprünglich zufriedenen

Gelegenheitsgäste an die Reise und die nachfolgende Beschwerdebearbeitung nicht erfüllt, so sind sie besonders unzufrieden. Das gerade aufgebaute Vertrauen zerbricht und die erst noch in der Entstehung befindliche Loyalität wendet sich ins Gegenteil.

Hier wird der Unterschied zu den mit ihren vorherigen Reisen zufriedenen Stammgästen besonders deutlich. Bei diesen spielt ein **negatives Beschwerdeerlebnis** keine so große Rolle in der Ausbildung ihrer Loyalität und sie weisen trotz ihrer Unzufriedenheit mit der Beschwerdebearbeitung aufgrund ihrer vorangegangenen guten Erfahrungen mit der TUI noch vergleichsweise hohe Loyalitätswerte auf. Ihre Erwartungen sind über einen langen Zeitraum entstanden und daher sehr stabil. Diese Gäste lassen sich durch ein negatives Erlebnis nicht so stark in ihrer langfristigen Einstellung zum Veranstalter beeinflussen wie die mit ihren vorherigen Reisen zufriedenen Gelegenheitsgäste.

Am stärksten von der Abwanderung bedroht, sind die mit ihren vorherigen Reisen unzufriedenen Gelegenheitsgäste, die auch mit der Beschwerdebearbeitung nicht zufrieden waren, also die Gruppe derer, die nur wenige und gleichzeitig nicht zufrieden stellende Erfahrungen gemacht haben. Bei ihnen ist es mehr als verständlich, dass sie sich nun vom Veranstalter abwenden. Das Ziel jedes Reiseveranstalters mit Qualitätsanspruch muss es sein, diese Gruppe so klein wie möglich zu halten – nicht zuletzt durch ein exzellent funktionierendes Beschwerdemanagement. Denn auch bei der Gruppe der zuvor unzufriedenen Gelegenheitsgäste kann gutes Beschwerdemanagement einen signifikanten Beitrag zur Erhöhung der Loyalität leisten und damit möglicherweise verhindern, dass dem Unternehmen ein potenzieller Stammkunde verloren geht. Und selbst wenn eine Gruppe mit dauerhaft unzufriedenen Stammgästen existiert, so bilden diese die klare Minderheit – und auch bei ihnen steigert zufrieden stellendes Beschwerdemanagement die Loyalität erheblich.

Insgesamt verdeutlichen die Ergebnisse aus allen Gruppenvergleichen, wie wichtig ein **exzellentes Beschwerdemanagement** für die Sicherung der Kundenloyalität ist. Insbesondere ist zu erkennen, dass nicht nur bei Stammgästen, sondern gerade auch bei neuen und Gelegenheitsgästen erfolgreiche Beschwerdebearbeitung eine deutliche Erhöhung der Loyalität bewirkt. Diese Erkenntnis ist umso bemerkenswerter, als sich in jüngster Zeit immer mehr Unternehmen verstärkt auf ihre Stammkundschaft fokussieren, die schon per se überdurchschnittlich loyal ist. Sie scheinen dabei zu vergessen, dass alle Stammkunden auch einmal Neukunden waren, bei denen man sich einen Kredit erst noch erarbeiten musste.

## 4 Ansatzpunkte für die nachträgliche Zufriedenstellung der Kunden durch exzellente Beschwerdebearbeitung

Um Zufriedenheit der Kunden mit der Beschwerdebearbeitung zu erreichen, muss ein Unternehmen sicherstellen, dass es in den aus Kundensicht relevanten Dimensionen für gute **Bearbeitungsqualität** gut abschneidet. Es reicht also nicht, als Unternehmen selbst mit dem **Beschwerdemanagement-Prozess** zufrieden zu sein, entscheidend ist ausschließlich die **Wahrnehmung der Beschwerdebearbeitung** durch die Kunden. Die von den Kunden dabei zu Grunde gelegten Kriterien sind in zahlreichen Studien untersucht worden (vgl. Borth 2004; Hart/ Heskett/ Sasser 1990; Stauss/ Seidel 2007, S. 71 ff.).

Weitgehend Einigkeit besteht darüber, dass der Wert und die Art der **Kompensation** wesentliche Kriterien der Kunden zur Beurteilung der Beschwerdebearbeitung sind (Borth 2004, S. 172 ff.; Gilly/ Gelb 1982, S. 325 f.; Hansen/ Jeschke 2000, S. 346; Hennig-Thurau 1999, S. 232 f.; Smith/ Bolton/ Wagner 1999, S. 358 f.). Der Kunde fragt sich, ob er das bekommen hat, was ihm aufgrund des erlittenen Schadens oder des entgangenen Nutzens aus seiner Sicht zu Recht zusteht. Gerade in der Reisebranche besteht eine hohe Transparenz bezüglich der üblicherweise vom Reiseveranstalter zu gewährenden Reisepreisminderungen. So erstellt beispielsweise die ausschließlich für Reisevertragssachen zuständige Berufungskammer des Landgerichts Frankfurt die so genannte Frankfurter Tabelle (NJW 1985 S. 113 ff.; ergänzt in NJW 1994 S. 1639 f.), in der übliche Minderungen nach Ursachen genannt werden. Solche Angaben dienen den Kunden als Basis bei der Bildung ihrer Erwartungen.

Neben der Kompensation spielt vor allem die von den Kunden **wahrgenommene Prozessqualität** eine wichtige Rolle für die Entstehung von Beschwerdezufriedenheit (vgl. Borth 2004, S. 172 ff.; Harari, 1999, S. 32; Hart/ Heskett/ Sasser 1990, S. 153 f.; Parasuraman/ Zeithaml/ Berry 1988, S. 34; Stauss/ Seidel 2007, S. 71 ff.; Tax/ Brown/ Chandrashekaran 1998, S. 68 f.). Dazu gehört in 1. Linie die vom Kunden empfundene **Schnelligkeit der Beschwerdebearbeitung**. Gerade die Bewertung der Bearbeitungsgeschwindigkeit kann zwischen Kunde und Bearbeiter im Unternehmen erheblich differieren. Schnell aus Sicht des bearbeiten Servicemitarbeiters heißt noch lange nicht schnell aus Kundensicht. Dem Kunden sind zudem eine **flexible, individuelle Behandlung** seines Anliegens und die **Zuverlässigkeit der Bearbeiter** wichtig.

Nicht zuletzt haben auch die **weichen Faktoren** entscheidenden Einfluss auf die Zufriedenheit des Kunden mit der Beschwerdebearbeitung (vgl. Borth 2004, S. 172 ff.; Hansen/ Jeschke 2000, S. 446 f.; Stauss/ Seidel 2007, S. 72 f.; Tax/ Brown/ Chandrashekaran 1998, S. 68 f.). Der Kunde möchte menschlich behandelt werden und auf keinen Fall den Eindruck vermittelt bekommen, dass er wegen seiner Beschwerde als Nörgler oder Querulant betrachtet wird. Die elementare Forderung des Kunden ist die nach einer Entschuldigung.

Der Kunde erwartet eine Entschuldigung des Unternehmens als Zeichen für die Anerkennung seiner Unzufriedenheit und als Zeichen für ein Mindestmaß an Mitgefühl. Eine Entschuldigung kostet ein Unternehmen kein Geld, ist in keiner Weise ein formal-juristisches Schuldeingeständnis und hilft häufig, das Eis zwischen Beschwerdeführer und -bearbeiter zu brechen. Eine Entschuldigung sollte daher immer erfolgen.

Weitere **Basisanforderungen** sind Höflichkeit und Freundlichkeit des Servicepersonals. Die Servicemitarbeiter des Unternehmens sollten auch bei kritischen und sehr verärgerten Kunden noch in der Lage sein, eine angenehme Gesprächsatmosphäre herzustellen und Einfühlungsvermögen zu demonstrieren. Zudem möchte der Kunde spüren, dass sich die Mitarbeiter für ihn einsetzen und Hilfsbereitschaft zeigen.

Abbildung 5 zeigt die genannten Beurteilungskriterien der Beschwerdebearbeitung im Überblick. Sind diese aus Sicht des Kunden zufrieden stellend erfüllt, so ist er mit der Beschwerdebearbeitung insgesamt zufrieden – und berücksichtigt diese positive Serviceerfahrung bei der Bildung seiner Loyalität zum Unternehmen.

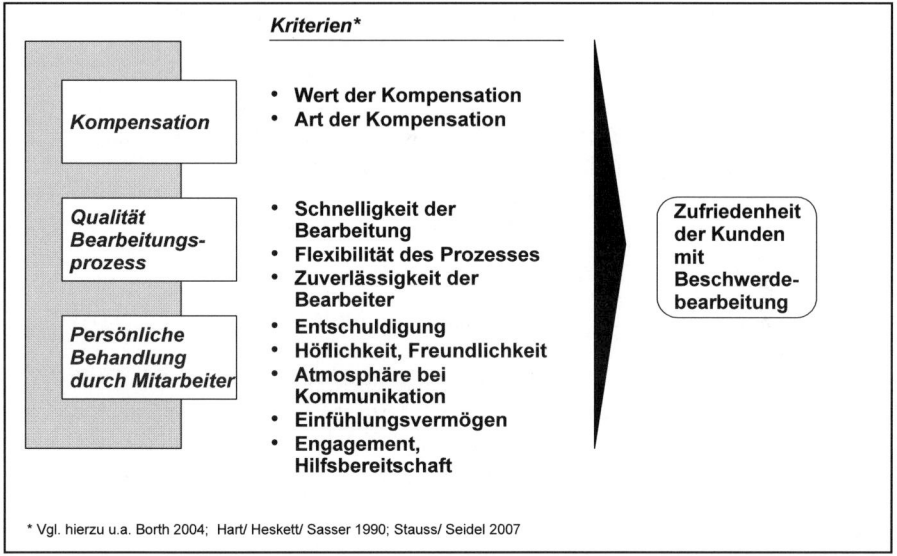

**Abb. 5:** Beurteilungskriterien der Beschwerdebearbeitung aus Kundensicht

## 5 Weiterentwicklung des Beschwerdemanagements bei der TUI

Im Zuge einer verstärkten Kundenorientierung hat die TUI neben dem herkömmlichen, zentralen Beschwerdebearbeitungs-Prozess schon vor einigen Jahren einen **lokalen Bearbeitungsprozess** etabliert, der noch während der Reise vor Ort in den Zielgebieten stattfindet. Durch diese Maßnahme wurde eine größere Zufriedenheit der Gäste mit der Beschwerdebearbeitung erreicht, was sich letztlich auch in einer messbar erhöhten Loyalität niederschlägt. Die wesentliche Voraussetzung für die Einführung war die verstärkte **Verantwortungsübertragung** an die Reiseleitung vor Ort.

## 5.1 Zentraler und lokaler Beschwerdebearbeitungs-Prozess im Überblick

Die Erkenntnis, dass ein gutes Beschwerdemanagement von zentraler Bedeutung für die Loyalität ihrer Gäste ist, führte zum ständigen Bestreben der TUI, ihren Beschwerdeprozess noch stärker am Gast zu orientieren. Hieraus resultierte die Einführung von ZAK, dem lokalen Beschwerdebearbeitungs-Prozess der TUI. Die Vorteile von ZAK werden besonders deutlich, wenn man ihn mit dem herkömmlichen, zentralen Beschwerdebearbeitungs-Prozess vergleicht (siehe Abb. 6).

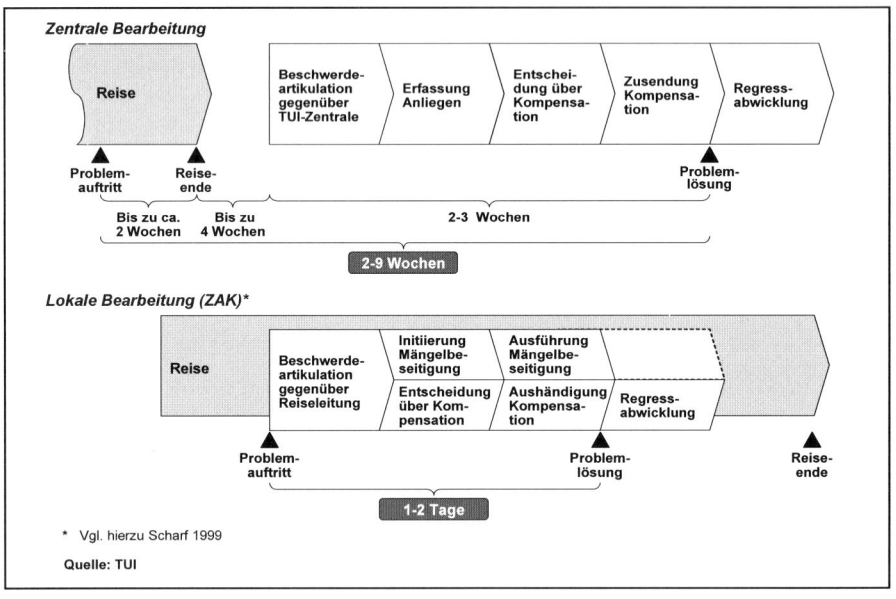

**Abb. 6:** Zentraler und lokaler Beschwerdeprozess bei der TUI

Die herkömmliche Beschwerdebearbeitung erfolgt zentral durch **Innendienstmitarbeiter** der TUI und findet im Anschluss an eine Reise statt. Diese Vorgehensweise hat klare Nachteile:

Die Bearbeitung nach Abschluss der Reise führt dazu, dass es nur noch um den Ausgleich eines schon entstandenen Schadens gehen kann, denn eine Mängelbeseitigung ist zu diesem Zeitpunkt nicht mehr möglich. Die Zufriedenheit des Gastes mit der eigentlichen Reiseleistung kann somit im Nachhinein nicht mehr verbessert werden. Zudem bewirkt die große Zeitspanne zwischen Auftreten des Problems und der Regulierung des Schadens eine dauerhafte Unsicherheit des Gastes bezüglich des endgültigen Ausgangs der Beschwerde. Dieser Zustand wird von ihm als unangenehm empfunden und beschäftigt ihn nicht nur während seines gesamten Resturlaubs, sondern auch noch in der ersten Zeit nach der Rückkehr – gerade in der Zeit also, in der er auch seinen Mitmenschen am meisten von seinen

Urlaubserlebnissen erzählt. So entsteht eine Phase, in der sein Vertrauen in den Reiseveranstalter gemindert ist und er dies auch seinem Umfeld mitteilt. Selbst wenn die reine Bearbeitungszeit durch die TUI nur 2 bis 3 Wochen beträgt, kann die Phase des getrübten Vertrauens je nach Situation bis zu 9 Wochen dauern – deutlich zu viel Zeit, in der eine negative Meinung gebildet und verbreitet werden kann.

Bei der herkömmlichen Bearbeitung der Beschwerde durch die Zentrale findet zumeist eine für beide Seiten aufwändige Korrespondenz zwischen dem Gast und dem Reiseveranstalter statt. Genaue, schriftliche Beschreibungen sind erforderlich, da der Sachverhalt nicht mehr in Augenschein genommen werden kann. Auch für den Reiseveranstalter wird es so schwieriger, den geschilderten Sachverhalt nachzuvollziehen und eine gerechte Höhe des Ausgleichs festzulegen, als es direkt vor Ort gewesen wäre. Zudem entfällt beim Schriftverkehr die Möglichkeit der direkten persönlichen Interaktion, bei der es einem Gast leichter fällt, Vertrauen in den Bearbeiter aufzubauen und dessen Kompetenz richtig einzuschätzen.

Wird dann eine Kompensation gewährt, kommen nur Formen in Betracht, die nicht mehr direkt mit der abgeschlossenen Reise in Verbindung stehen, so dass auch hierdurch die Zufriedenheit des Gastes mit der eigentlichen Reise nachträglich nicht mehr verbessert werden kann. Beispielsweise hat ein Gutschein für einen Ausflug zu einer Sehenswürdigkeit für einen Gast keinen Wert mehr, wenn er erst einmal aus dem Urlaub zurückgekehrt ist.

Es wird deutlich, dass diese Vorgehensweise für beide Parteien Nachteile mit sich bringt: Der Gast kann weder hinsichtlich der erhaltenen Leistung noch hinsichtlich der Beschwerdebearbeitung optimal zufrieden gestellt werden, was sich unmittelbar negativ auf dessen Loyalität auswirkt und somit letztlich auch dem Veranstalter schadet.

Um diese Nachteile abzubauen und eine bessere Kundenorientierung zu erreichen, hat die TUI schon 1996 damit begonnen, in zunehmendem Maße Beschwerden von Gästen durch den **Reiseleiter lokal vor Ort im Zielgebiet**, also noch während der Urlaubszeit der Gäste, schnell und unbürokratisch abzuwickeln. Die TUI nennt diesen Prozess ZAK, kurz für „Zügige Abhilfe und Kulanz". Nach kurzer Erprobung in 2 Zielgebieten wurde ZAK aufgrund seines großen Erfolges schon im Jahr darauf fest in das bestehende Beschwerdemanagement-System der TUI integriert und wird heute in über 70 Destinationen praktiziert.

Das wichtigste Ziel von ZAK ist die Zufriedenstellung des Gastes durch die **umgehende Problemlösung** vor Ort. Darüber hinaus soll ZAK der TUI zur zeitnahen Qualitätssicherung bzw. -verbesserung dienen. ZAK kann in allen Situationen Anwendung finden, die unmittelbar vor Ort durch den Reiseleiter in Augenschein genommen und von diesem ohne Informations- und Zeitverlust beurteilt werden können. Dies betrifft vor allem Reklamationen bezüglich Anreise, Transfer, Hotelaufenthalt und Zusatzleistungen im Zielgebiet (wie beispielsweise Ausflüge und Mietwagenvermittlung).

Im Gegensatz zum herkömmlichen Beschwerdeprozess, der überwiegend auf schriftlicher Korrespondenz basiert, besteht ZAK im wesentlichen aus **Einzelgesprächen** zwischen Gast, Reiseleiter und Vertragspartnern unterschiedlicher Leistungsebenen (beispielsweise Hotelier oder Mietwagen-Anbieter). Der Ablauf soll im Folgenden am Beispiel einer Hotelreklamation erläutert werden:

Zur Artikulation der Beschwerde trägt der Gast sein Anliegen dem Reiseleiter mündlich vor. Erscheint eine Mängelbeseitigung wenig aussichtsreich, kann der Reiseleiter schon bei dieser Gelegenheit versuchen, die Interessen des Gastes für einen sinnvollen Ausgleich herauszufinden und damit eine individuelle Schadensregulierung ermöglichen.

Der Reiseleiter nimmt anschließend eine erste Mängelanalyse vor und initiiert die Mängelbeseitigung. Ist eine Mängelbeseitigung nicht möglich, ermittelt der Reiseleiter den Wert eines möglichen Ausgleichs, bevor er mit dem Hotelier über die mögliche Form und Höhe einer Entschädigung verhandelt.

Daraufhin wird die Mängelbeseitigung ausgeführt bzw. dem Gast ein Vorschlag über Form und Höhe des Ausgleichs unterbreitet. Kommt es zur Einigung, händigt der Reiseleiter die Entschädigung direkt vor Ort aus. Für den Gast ist damit die Beschwerde nach nur durchschnittlich 1 bis 2 Tagen erledigt.

Der Reiseleiter informiert abschließend noch den Hotelier über das Ergebnis der Verhandlung mit dem Gast, leitet die Regressabwicklung zwischen der TUI und dem Hotelbetreiber ein und dokumentiert die wesentlichen Eckdaten der Beschwerde in einem standardisierten Kundendienstbericht, welcher sowohl an den Hotelier als auch an die betreffenden Stellen vor Ort sowie online an die Zentrale weitergeleitet wird.

## 5.2 Die Vorteile des lokalen Beschwerdebearbeitungs-Prozesses (ZAK)

Die Vorteile des lokalen ZAK-Prozesses spiegeln sich deutlich in den **Zufriedenheitsurteilen** und der **Loyalität** der Gäste wider (siehe die Ergebnisse der Gästebefragung in Abb. 7).

Bei ZAK wird ein Problem für den Gast spürbar schneller gelöst als im herkömmlichen Prozess. Wie die Befragungsergebnisse zeigen, hat dies unmittelbaren, positiven Einfluss auf die Zufriedenheit der Gäste mit der Beschwerdebearbeitung. Zusätzlich positiv wirkt sich aus, dass das Problem nicht nur schneller, sondern auch noch während der Reisezeit des Gastes gelöst wird, wodurch dem Gast für die verbleibende Reisezeit die Unsicherheit hinsichtlich des Erfolgs seiner Beschwerde genommen wird. Der Gast kann den Rest der Reise also viel unbeschwerter genießen. Zusammen mit der Möglichkeit, häufig zu diesem Zeitpunkt noch Abhilfe für das Problem schaffen und somit dem Gast die Reiseleistung in der von ihm erwarteten Form liefern zu können, schlägt sich dieser Zeitvorteil auch unmittelbar in der Zufriedenheit des Gastes mit der eigentlichen Reise nieder.

Sollte eine Behebung des Problems nicht mehr möglich sein, so bietet sich bei ZAK immerhin noch die Option, an Stelle von Geld eine **Kompensation in Form von Sachleistungen** anzubieten, die direkt mit der Reise in Verbindung stehen, wie beispielsweise Gutscheine für organisierte Ausflüge zu Sehenswürdigkeiten oder die kostenlose Bereitstellung eines Mietwagens. Der Gast sieht diese Art der

Entschädigung nach Art und Umfang als wertvoller an als eine rein monetäre Entschädigung lange nach Ende der Reise. Eine Sachleistung, wie beispielsweise ein Mietwagen, die in direktem Zusammenhang mit der Reise steht, trägt somit sowohl zur Erhöhung der Zufriedenheit des Gastes mit der Beschwerdebearbeitung als auch zur Steigerung seiner Zufriedenheit mit der Reise an sich bei. Die Ergebnisse der Gästebefragung belegen diesen Zusammenhang.

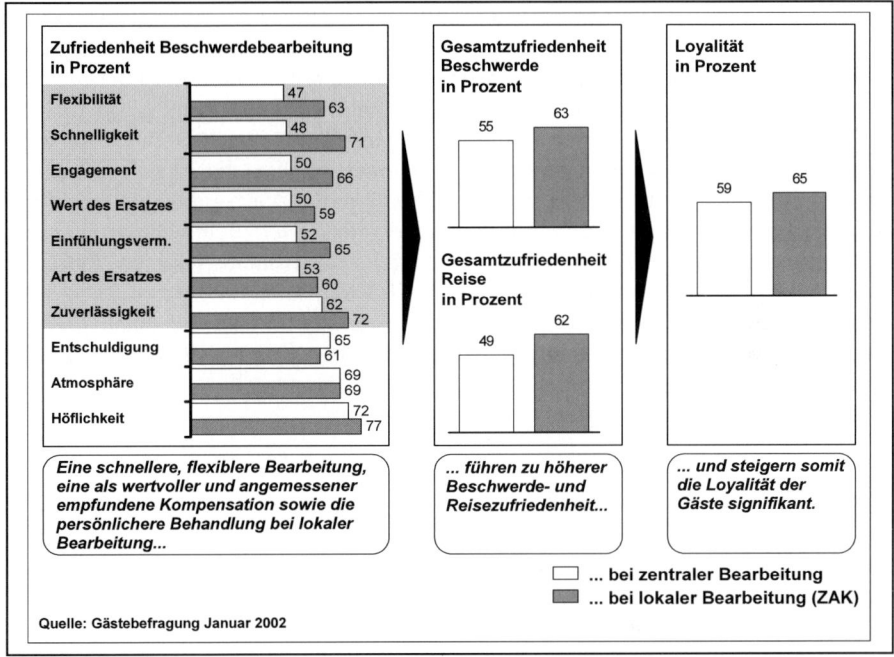

**Abb. 7:** Gästebewertung von lokalem und zentralem Beschwerdeprozess

Neben harten Faktoren wie der Bearbeitungsgeschwindigkeit zählen für einen Kunden bei der Behandlung seiner Beschwerde auch **weiche, emotionale Faktoren**. Einige von ihnen können bei ZAK ebenfalls besser berücksichtigt werden als im herkömmlichen, zentralen Beschwerdeprozess. So trägt häufig schon allein der persönliche Kontakt mit einem Servicemitarbeiter positiv zur Zufriedenheit des Gastes mit der Beschwerdebearbeitung bei. Der Gast bewertet bei ZAK beispielsweise das Engagement und die Zuverlässigkeit des Bearbeiters höher als im zentralen Prozess. ZAK ermöglicht eine individuellere, persönlichere Bearbeitung der Beschwerden. Flexible, situationsgerechte Reaktionen können viel einfacher erfolgen. Schon die Möglichkeit, dass der Reiseleiter sich auch nur 5 Minuten persönlich eines Problems annehmen kann, bewirkt über die emotionale Ebene eine deutliche Steigerung der Zufriedenheit eines Gastes mit der Beschwerdebearbeitung.

So konnte durch die Einführung des lokalen Prozesses insgesamt also nicht nur die Beschwerdezufriedenheit der Gäste signifikant gesteigert, sondern auch deren Zufriedenheit mit der eigentlichen Reise deutlich erhöht werden. Dadurch verstärkte sich auch ihre Loyalität messbar, was sich letztlich für die TUI direkt in einer höheren Umsatzerwartung niederschlägt.

Der lokale Prozess weist auch auf der Kostenseite Vorteile auf. Die **Prozesskosten** bei der Beschwerdebearbeitung konnten gesenkt werden. Auch bei der Regressabwicklung ist der lokale Prozess effizienter als der zentrale, denn ein vom Gast vorgetragener Sachverhalt kann sofort vor Ort um ein Vielfaches einfacher, besser und mit deutlich geringerem Arbeitsaufwand durch den Reiseleiter beurteilt werden als im Nachhinein aus der entfernten Zentrale durch einen Innendienstmitarbeiter, der die Situation nicht selbst in Augenschein nehmen konnte. Auch erleichtert der direkte Kontakt zwischen Reiseleiter und Hotelier mit der Möglichkeit zur gemeinsamen Feststellung der Situation die Verhandlungen über eine Kompensationsbeteiligung des Hotelbetreibers. Diese Beteiligungen der Hoteliers für von ihnen zu verantwortende Servicemängel stellen einen wichtigen Beitrag zu Reduzierung der Beschwerdekosten eines Reiseveranstalters dar.

Ein weiterer wichtiger Vorteil von ZAK besteht darin, dass die schnelle Erfassung der Mängel der zeitnahen **Qualitätssicherung und -verbesserung** zugute kommt. Der ZAK-Prozess dient der TUI dabei als schnelle Quelle kostenloser Qualitätsdaten aus den Zielgebieten.

### 5.3 Notwendige Voraussetzungen für die Implementierung von ZAK

Damit diese frühzeitig vorhandenen Daten für untersaisonale Korrekturen im Produktprogramm bzw. im Prospekt genutzt werden können, ist der in Abbildung 8 dargestellte regelmäßige **Informationsaustausch** zwischen der Zentrale und den lokalen Reiseleitern erforderlich. Wichtig ist dabei zum einen, dass Beschwerdeinformationen aus ZAK direkt an das Produktmanagement geliefert werden. Zum anderen hat das Produktmanagement dafür zu sorgen, dass der Reiseleiter durch klare generelle Vorgaben und globale Handlungsrichtlinien **Handlungssicherheit** erhält, aber auch in schwierigen Einzelfallentscheidungen kompetent durch die Zentrale unterstützt wird. Aktuelle Verkaufsunterlagen sowie **aufbereitete Statistiken** und **Gästezufriedenheitsprofile** helfen ihm in Regressverhandlungen mit den Hoteliers vor Ort.

Die Einführung von ZAK erforderte die Anpassung von zahlreichen internen Organisationsstrukturen, Arbeitsabläufen, Zuständigkeiten und Verantwortlichkeiten. Mit ZAK haben sich die Aufgaben vieler am Beschwerdemanagement beteiligter Mitarbeiter verändert. So gelang insbesondere die **Delegation von operativer Verantwortung in die Kundenkontaktebene**. Dies betrifft vor allem die Reiseleiter, deren Verantwortungsumfang erheblich erweitert wurde. Beschränkte sich ihre Rolle in der Beschwerdebearbeitung ursprünglich auf die Aufnahme der Beschwerde, so wurde sie mit ZAK um Mängelbeseitigung, Kompensation, Regressverhandlung mit dem Hotelier und Information an die Zentrale erweitert. Somit verfügen heute die Mitarbeiter in der Zentrale und im Zielgebiet über weitgehend gleiche Verfügungsrahmen. Die Erweiterung des Verantwortungsbereichs der Reiseleiter hat dazu geführt, dass deren Anerkennung bei den Gästen wie auch bei den Vertragspartnern vor Ort deutlich gestiegen ist. Die Reiseleiter als lebendige Verkörperung des Reiseveranstalters tragen dadurch zu einem kompetenteren, handlungsfähigeren Bild der TUI bei.

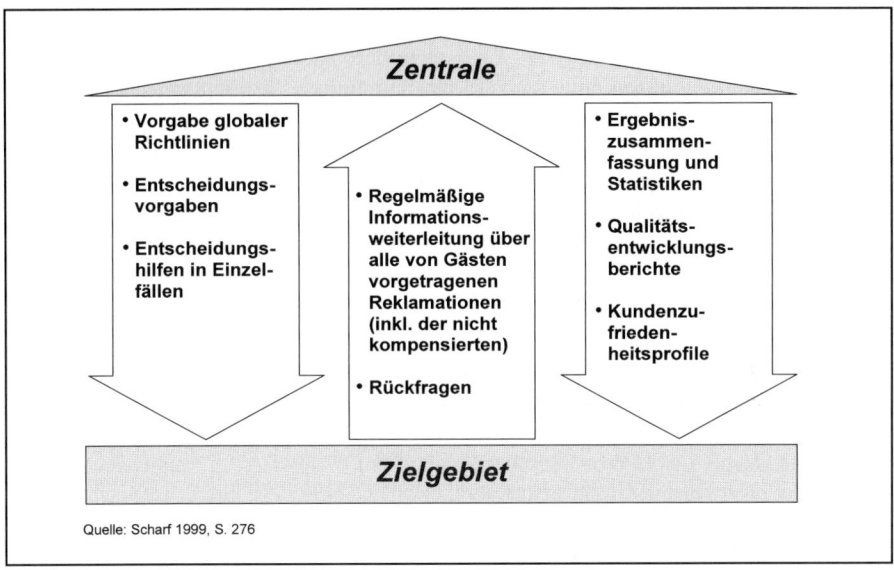

**Abb. 8:** Informationsfluss zwischen Zentrale und Zielgebiet bei ZAK

Die Bestrebungen, die verfügbaren, tagesaktuellen **Qualitätsdaten aus den Zielgebieten** möglichst konsequent weiterzuverwerten, sowie die mit der Einführung von ZAK erforderlichen **Anpassungen der internen Prozesse** bildeten auch die Basis der von der TUI als erstem Reiseveranstalter eingeführten Geld-zurück-Garantie. Mit ihr unterstreicht die TUI die Bedeutung der Beschwerdebearbeitung im Zielgebiet, indem die Gäste aufgefordert werden, sich bei wahrgenommenen Abweichungen der Gegebenheiten von den Katalogangaben innerhalb von 24 Stunden an die Reiseleitung zu wenden, die dann im Sinne von ZAK für Abhilfe sorgen kann. Sollte dies trotz aller Bemühungen nicht gelingen, organisiert die TUI den Rückflug und zahlt dem Gast den kompletten Reisepreis zurück. Mit der Einführung der Geld-zurück-Garantie setzte die TUI erneut Maßstäbe im Bezug auf Kundenorientierung.

## 6 Fazit

Die Ergebnisse der Untersuchung zeigen, dass die lokale Beschwerdebearbeitung der zentralen klar überlegen ist. Mit ZAK als wichtiger, zusätzlicher Prozessvariante ist es der TUI damit gelungen, das Beschwerdemanagement in Folge ständiger kritischer Analysen der herkömmlichen Abläufe stärker auf die Kundenbedürfnisse auszurichten und dabei zugleich auch für das Unternehmen vorteilhaft zu gestalten. Da sich nicht alle Beschwerden vor Ort bearbeiten lassen, wird ZAK den herkömmlichen, zentralen Prozess zwar auch in Zukunft nicht vollständig ersetzen, aber in weiter wachsendem Maße ergänzen.

Das mit ZAK eingeführte Prinzip der dezentralen, lokalen Beschwerdebearbeitung dürfte außer in der Touristik auch in anderen Dienstleistungsbranchen, die sich ebenfalls in Richtung einer verstärkten Kundenorientierung bei zugleich größerer persönlicher Nähe zum Kunden entwickeln, zunehmend an Bedeutung gewinnen, so dass positive Serviceerlebnisse der Kunden in Form von exzellent bearbeiteten Beschwerden ebenfalls von elementarem Stellenwert für dauerhafte, profitable Kundenbeziehungen sind.

# 7 Literatur

*Borth, B.-O. (2004):* Beschwerdezufriedenheit und Kundenloyalität im Dienstleistungsbereich – Kausalanalysen unter Berücksichtigung moderierender Effekte, Wiesbaden 2004.

*Gabbott, M./ Hogg, G. (1999):* Consumer Involvement in Services: A Replication and Extension, in: Journal of Business Research, New York 1999, 46. Jg., S. 159-166.

*Gilly, M.C./ Gelb, B.D. (1982):* Post-Purchase Consumer Processes and the Complaining Consumer, in: Journal of Consumer Research, 9. Jg., 1982, Nr. 3, S. 323-328.

*Hansen, U./ Jeschke, K. (2000):* Beschwerdemanagement für Dienstleistungsunternehmen – Beispiel des Kfz-Handels, in: Bruhn, M./ Stauss, B. (Hrsg.): Dienstleistungsqualität: Konzepte – Methoden – Erfahrungen, 3. Aufl., Wiesbaden 2000, S. 433-459.

*Harari, O. (1999):* The Power of Complaints, in: Management Review, 88. Jg., Juli-August 1999, S. 31-34.

*Hart, C.W.L./ Heskett, J.L./ Sasser, W.E. (1990):* The Profitable Art of Service Recovery, in: Harvard Business Review, 68. Jg., 1990, S. 148-156.

*Hennig-Thurau, T. (1999):* Beschwerdezufriedenheit: Empirische Analyse der Wirkungen und Determinanten einer Schlüsselgröße im Beziehungsmarketing, in: Jahrbuch der Absatz- und Verbrauchsforschung, 45. Jg., 1999, Nr. 2, S. 214-240.

*Laurent, G./ Kapferer, J. (1985):* Measuring Consumer Involvement Profiles, in: Journal of Marketing Research, 22. Jg., 1985, S. 41-53.

*Matzler, K. (1997):* Kundenzufriedenheit und Involvement, Wiesbaden 1997.

*Parasuraman, A./ Zeithaml, V.A./ Berry, L.L. (1988):* SERVQUAL: A Multiple-Item Scale for Measuring Consumer Perception of Service Quality, in: Journal of Retailing, 64. Jg., 1988, Nr. 1, S. 12-40.

*Scharf, R. (1999):* Reklamationsbearbeitung im Zielgebiet, in: Bastian, H./ Born, K./ Dreyer, A. (Hrsg.): Kundenorientierung im Touristikmanagement, München 1999, S. 263-277.

*Sherif, M./ Sherif, C. (1969):* Social Psychology, New York 1969.

*Smith, A.K./ Bolton, R.N./ Wagner, J. (1999):* A Model of Customer Satisfaction with Service Encounters Involving Failure and Recovery, in: Journal of Marketing Research, 36. Jg., 1999, Nr. 3, S. 356-372.

*Stauss, B./ Seidel, W. (2007):* Beschwerdemanagement: Unzufriedene Kunden als profitable Zielgruppe, 4. Aufl., München 2007.

*Strandvik, T./ Liljander, V. (1995):* A Comparison of Episode Performance and Relationship Performance for a Discrete Service, in: Kleinaltenkamp, M. (Hrsg.): Dienstleistungsmarketing, Wiesbaden 1995, S. 111-140.

*Tax, S./ Brown, S./ Chandrashekaran, M. (1998):* Customer Evaluations of Service Complaint Experiences: Implications for Relationship Marketing, in: Journal of Marketing, 62. Jg., 1998, Nr. 2, S. 60-76.

*Töpfer, A. (1999a):* Die Analyseverfahren zur Messung der Kundenzufriedenheit und Kundenbindung, in: Töpfer, A. (Hrsg.): Kundenzufriedenheit messen und steigern, 2. Aufl., Neuwied/ Kriftel 1999, S. 299-370.

*Töpfer, A. (1999b):* Konzepte und Instrumente des Beschwerdemanagement, in: Töpfer, A. (Hrsg.): Kundenzufriedenheit messen und steigern, 2. Aufl., Neuwied/ Kriftel 1999, S. 459-490.

*Töpfer, A./ Mann, A. (1999):* Kundenzufriedenheit als Meßlatte für den Erfolg, in: Töpfer, A. (Hrsg.): Kundenzufriedenheit messen und steigern, 2. Aufl., Neuwied/ Kriftel 1999, S. 59-110.

*Zaichkowsky, J. (1985):* Measuring the Involvement Construct, in: Journal of Consumer Research, 12. Jg., 1985, S. 341-352.

# Kapitel 5

# Kundenmanagement im Kontext anderer Managementkonzepte

– Wie wird Kundenmanagement mit anderen Managementkonzepten vernetzt und durch sie erfolgreich unterstützt? –

# Mitarbeiter- und organisationsbezogene Fähigkeiten für erfolgreiches Kundenmanagement

– Welche Anforderungen sind an die Mitarbeiter und an die Prozesse und Strukturen der Organisation zu stellen, damit sich Kundenmanagement erfolgreich realisieren lässt? –

Armin Töpfer

Inhalt

1 Flankierende Management-Konzepte zur Absicherung und Stabilisierung des Kundenmanagements.................................................................................885
2 Anforderungen an Mitarbeiter für ein hohes Niveau der Kundenorientierung......887
3 Konsequenzen für Führungskräfte und Mitarbeiterführung................................891
4 Messung von Mitarbeiterengagement und -zufriedenheit..................................897
5 Anforderungen an das Unternehmen zur Vermeidung von Leistungs-Gaps und Schnittstellenproblemen.......................................................902
6 Gestaltung von Veränderungsprozessen ............................................................906
7 Literatur............................................................................................................910

## 1 Flankierende Management-Konzepte zur Absicherung und Stabilisierung des Kundenmanagements

Kundenmanagement ist in Unternehmen nicht nur professionell durchzuführen, sondern vor allem auch mit anderen Management-Konzepten zu vernetzen. Kundenorientierung und Kundennähe sind deshalb in der Vision, Strategie und Kultur des Unternehmens zu verankern. Hiervon gehen unmittelbare Wirkungen auf die Anforderungen an Führungskräfte und Mitarbeiter sowie den Stil und das Niveau der Mitarbeiterführung aus. Zusätzlich werden dadurch Prozesse und Strukturen im Unternehmen in ihrer Gestaltung vorbestimmt und geprägt. Diese Basiszusammenhänge sind in Abbildung 1 dargestellt. Sie machen ersichtlich, dass die personen- und organisationsbezogenen Gestaltungsmöglichkeiten eine wesentliche Grundlage und Voraussetzung für eine hohe prozess- und ergebnisorientierte Qualität sind, die zufriedene Kunden bewirkt.

Um Kundenmanagement in der gewünschten Richtung in vollem Maße zum Einsatz zu bringen, sind gezielte Veränderungsprozesse durchzuführen. Dies wird im 1. Beitrag zu den mitarbeiter- und organisationsbezogenen Fähigkeiten des Unternehmens thematisiert. Im 2. Beitrag, dem Artikel von Globus, werden die Einflüsse und Wechselwirkungen zwischen Mitarbeiter- und Kundenzufriedenheit an konkreten Beispielen und Erfahrungswerten aufgezeigt.

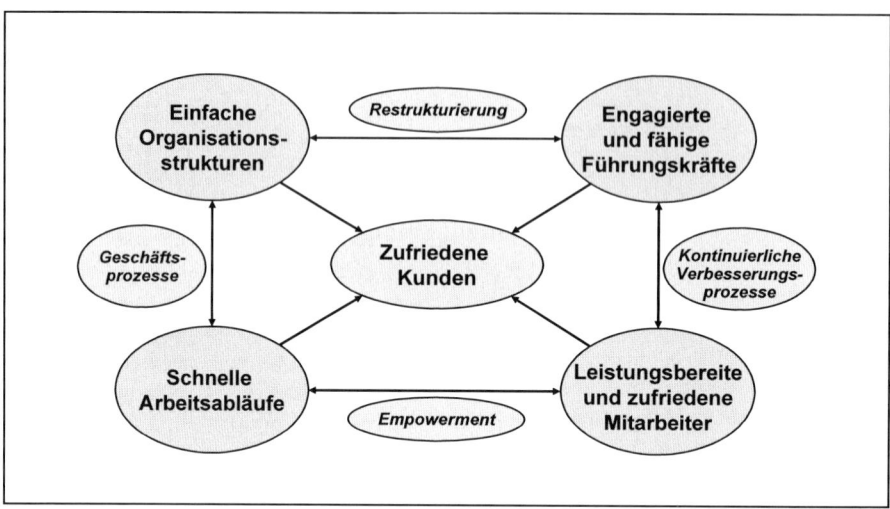

**Abb. 1:** Voraussetzungen für Kundenzufriedenheit

Eine unterstützende und prägende Wirkung geht ebenfalls von der Philosophie und konkreten Umsetzung des Qualitätsmanagements aus. Mit anderen Worten gilt: Qualitätsmanagement ist ein zentraler Bestandteil des Kundenmanagements, denn Kundenzufriedenheit und -begeisterung hängt vorwiegend von der fehlerfreien Erfüllung der zentralen Kundenanforderungen, also der CTQs, ab. Um die Steuerung in diese Richtung ganzheitlich, d.h. über die 4 Ebenen Mitarbeiter, Prozesse, Kunden/ Markt und Wirtschaftlichkeit/ finanzielle Ergebnisse, sicherzustellen, empfiehlt sich ergänzend der Einsatz der Balanced Score Card. Mit ihr können aus den internen Werttreibern abgeleitete Kennzahlen in ihrem ursächlichen Zusammenhang mit externen Erfolgsfaktoren als Kriterien für angestrebte Wirkungen gesteuert werden. Alle diese Zusammenhänge werden im 3. Beitrag zu diesen Inhalts- und Gestaltungsbereichen verdeutlicht.

Die Verbindung zwischen Qualitätsorientierung und Kundenorientierung der Mitarbeiter stellt der folgende Beitrag über Ritz-Carlton her. Die Anforderungen und Zusammenhänge zwischen einer kompromisslosen Kundenorientierung und dem daraus resultierenden, auf die Qualität fokussierten Kundenmanagement beschreibt anschließend die Excellence-Konzeption des Logistik-Unternehmens TNT. Im letzten Beitrag dieses Kapitels und auch des Buches wird weiterführend eine neuere Entwicklung aufgegriffen, nämlich die Kombination von Lean Management und Six Sigma zur Steigerung der Kundenzufriedenheit und -bindung. Hierbei werden unter Aufwands- und Ergebnisgesichtspunkten unterschiedliche Konzepte vorgestellt, um ein fehlerfreies, kundenorientiertes Qualitätsniveau zu erreichen.

## 2 Anforderungen an Mitarbeiter für ein hohes Niveau der Kundenorientierung

Ein hohes Niveau an Kundenorientierung im Unternehmen stellt nicht unerhebliche Anforderungen an die Mitarbeiter, und zwar bezogen auf ihr Tun und Handeln gegenüber Interessenten und Kunden. Stock-Homburg hat hierzu einen ausführlichen Katalog von Aktivitäten und Anforderungen an Mitarbeiter im Kundenkontakt für die einzelnen Phasen der Kundengeschäftsbeziehung zusammengestellt (vgl. Stock-Homburg, S. 680 ff.).

Die zentrale Frage ist generell, welche **Faktoren im Verhalten der Mitarbeiter** eine **hohe Wirkung auf die Qualität der Marktleistungen** sowie damit auch der **Serviceaktivitäten** besitzen und dadurch hohe Kundenzufriedenheit bewirken. Eine erfolgreiche Umsetzung der Service- und Kundenorientierung im Unternehmen macht es deshalb erforderlich, dass bestimmte Werthaltungen, Einstellungen, Verhaltensbereitschaften und dann vor allem auch konkretes Verhalten von Mitarbeitern in eine bestimmte Richtung geprägt werden. Diese Richtung als angestrebte Wirkungen und Ergebnisse wird durch mehrere Faktoren bestimmt. Die **5 wesentlichen Einflussgrößen**, die Servicequalität und Kundenzufriedenheit bewirken, sind in der „klassischen" Studie von Zeithaml/ Parasuraman/ Berry (vgl. Zeithaml/ Parasuraman/ Berry 1992) ermittelt worden. Abbildung 2 zeigt sie im Überblick. Den von ihnen ausgehenden Effekten auf die Adressaten liegen ursächlich vor allem Faktoren und darauf ladende Variablen zu Grunde, die unmittelbar vom Verhalten der Mitarbeiter abhängen.

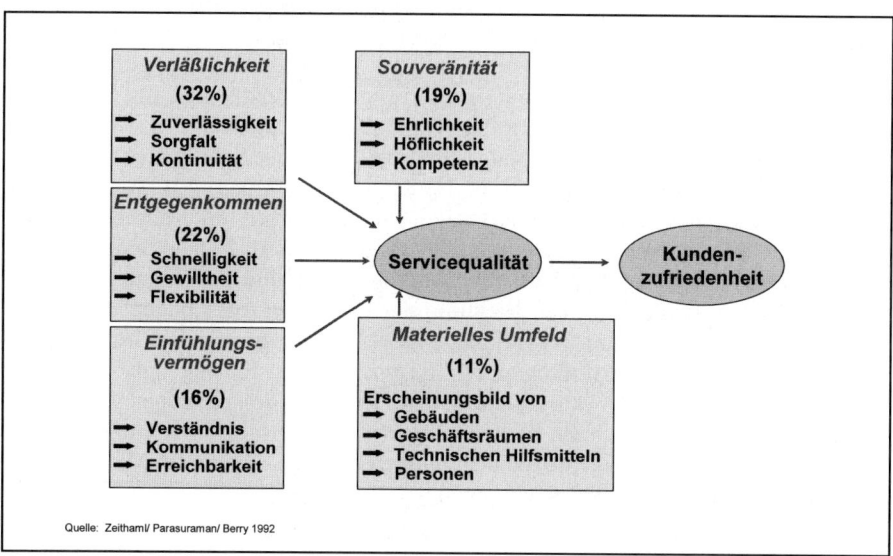

**Abb. 2:** 5 Einflussfaktoren auf Servicequalität und Kundenzufriedenheit

Lediglich der Faktor **materielles Umfeld**, mit einem Bedeutungsbeitrag von nur 11%, wird in seiner Wirkung überwiegend durch die technische Infrastruktur bestimmt. Die Variable „Erscheinungsbild von Personen" kennzeichnet dabei vorwiegend äußerlich wahrnehmbare Kriterien. Anders ist es bei den 4 übrigen Faktoren mit den jeweils dazugehörigen Variablen, die in ihrer Wirkung direkt von der Einstellung und vom Verhalten der Mitarbeiter beeinflusst und geprägt werden. Die stärkste Wirkung geht vom Faktor **Verlässlichkeit** (32%) aus. Die dazugehörigen Variablen Zuverlässigkeit, Sorgfalt und Kontinuität werden fast ausschließlich durch die Mitarbeiter bestimmt. Der Faktor **Entgegenkommen** (22%) hängt bezogen auf die Variablen Schnelligkeit und Flexibilität z.T. von technischen und inhaltlichen Gegebenheiten ab. Gewilltheit ist wiederum eine mitarbeiterspezifische Variable. Beim Faktor **Souveränität** (19%) sind alle 3 Variablen Ehrlichkeit, Höflichkeit und fachliche Kompetenz ausschließlich abhängig vom Mitarbeiter. Entsprechendes gilt für den Faktor **Einfühlungsvermögen als Empathie** (16%) mit den Variablen Verständnis, Kommunikation und Erreichbarkeit. Lediglich bei der letzten Variable Erreichbarkeit können technische Aspekte auch eine Rolle spielen.

Auch auf der Basis der Erkenntnisse grundlegender **Inhaltstheorien der Motivation** (vgl. Staehle 1999, S. 221 ff.) lässt sich der Zusammenhang zwischen einerseits den wichtigen **Einflussfaktoren auf das Mitarbeiterverhalten**, die ein hohes **Niveau an Motivation und Engagement** bei den Mitarbeitern bewirken, und andererseits der **Erfüllung wesentlicher Kundenanforderungen** nachvollziehen, durch welche die **geforderte Leistungs- und Servicequalität realisiert** und dadurch Kundenzufriedenheit erreicht wird. Ursächlich für die Motivation und das Engagement können – wie in Abbildung 3 grafisch verdeutlicht – die Erkenntnisse der Bedürfnishierarchie von Maslow, der ERG-Theorie von Alderfer, der 2-Faktoren-Theorie von Herzberg und der Leistungsmotivationstheorie von McClelland/ Atkinson herangezogen werden (vgl. Hellriegel/ Slocum/ Woodman 1986, S. 187; Staehle 1999, S. 230).

Die **Defizitmotive**, also die Motive, die nach der reinen Lehre von Maslow mit zunehmendem Erfüllungsgrad in ihrer Bedeutung abnehmen, z.B. insbesondere Gehalt, Arbeitsplatzsicherheit und Betriebsklima, besitzen im Rahmen der Arbeits- und Führungssituation eine grundlegende und flankierende Bedeutung. In viel stärkerem Maße bestimmend für die Motivation und das Engagement der Mitarbeiter insbesondere auch in Richtung der Erfüllung von Kundenanforderungen sind die **Wachstumsmotive**. Hierzu gehören Anerkennung, Beförderung und selbstständige Aufgabenerfüllung durch Empowerment. Es liegt auf der Hand, dass – unabhängig von der Aussagekraft bzw. Kritik an den einzelnen Theorien – unterschiedliche Ausprägungen bei einzelnen Mitarbeitern existieren und sich damit verschiedene Mitarbeiterprofile differenzieren lassen. Hierauf wird an späterer Stelle noch einmal ausführlicher eingegangen.

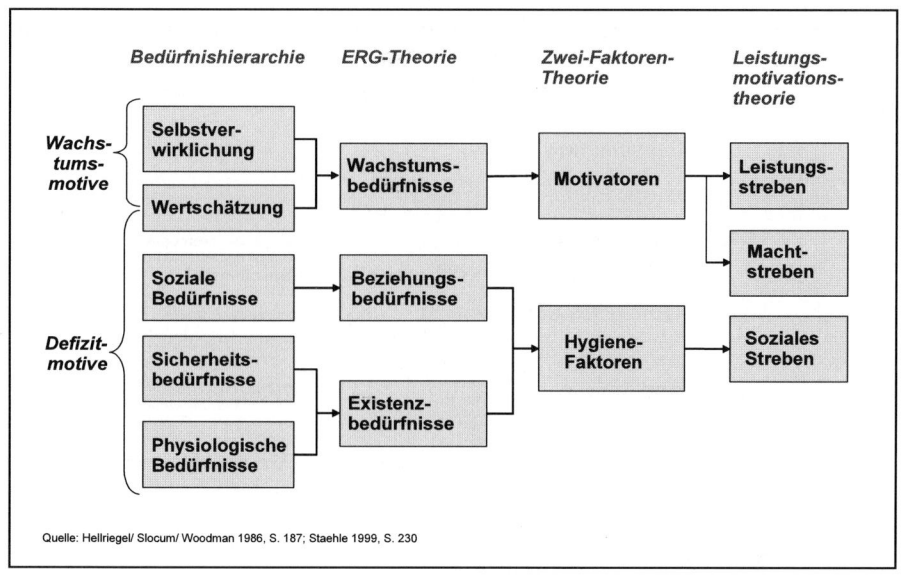

**Abb. 3:** Zusammenhang der Inhaltstheorien der Motivation

Überträgt man jetzt die Erkenntnisse der Inhaltstheorien der Motivation, und zwar speziell der Bedürfnishierarchie von Maslow, auf Kundenanforderungen, dann lässt sich analog eine **Differenzierung der Kundenbedürfnisse als Pyramide** unterscheiden. Sie ist in Abbildung 4 skizziert (vgl. hierzu Töpfer/ Günther 2007, S. 116). Zu den grundlegenden Defizitmotiven gehört die Erfüllung der Basisfunktionen der Marktleistung, die Erfüllung der Sicherheitsstandards und -funktionen sowie die Schnittstelle zum Produkt und die Kommunikation mit anderen Nutzern. Probleme in ihrer Ausprägung führen relativ schnell zu Reklamationen der Kunden.

Dies ist bei den Wachstumsmotiven deutlich seltener der Fall, denn hierbei handelt es sich in zunehmendem Maße um **Begeisterungsfaktoren** aus Sicht der Kunden. Sie umfassen das Markenprestige sowie das Image des Unternehmens und des Produktes. Zusätzlich lassen sich hier auch der vom Nutzer bestimmbare Einsatz und Ablauf der Produktnutzung sowie der durch Mitarbeiter des Unternehmens erhaltene Service einordnen. Wie in einem früheren Artikel bereits angesprochen, liegt in diesem Bereich also eine Entsprechung zu den Begeisterungsfaktoren des Kano-Modells vor.

Aufgabenstellung der Mitarbeiterführung und Unternehmenssteuerung ist es jetzt, die Mitarbeiter so einzusetzen (was), zu befähigen (wie gut) und zu motivieren (wie gern), dass sie in der Lage und bereit sind, alle für den Kunden sehr wichtigen Bedürfnisse und Anforderungen zu erfüllen. Dies gilt für physische Produkte und Dienstleistungen im Hinblick auf die Produktqualität und den -nutzen gleichermaßen. Bei Wachstumsmotiven und Begeisterungsfaktoren wirken sich allerdings herausragende Serviceaktivitäten stärker auf die Kundenzufriedenheit und -bindung aus.

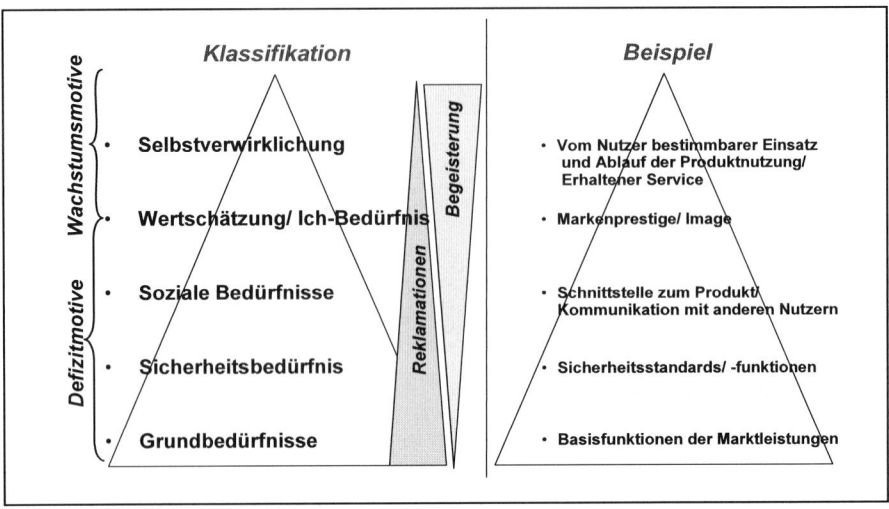

**Abb. 4:** Maslow-Pyramide übertragen auf die Kundenbedürfnis-Differenzierung

Neben einem fachlich und menschlich guten Umgang mit den Kunden sowie einem schnellen und starken Eingehen auf die Kundenanforderungen wird insbesondere eine **hohe Bereitschaft zu Entgegenkommen und zum Eingehen auf spezielle Kundenwünsche** vom einzelnen Mitarbeiter geprägt. In der Unternehmenspraxis ist davon auszugehen, dass – wie bereits angesprochen – nicht alle Mitarbeiter in gleicher Weise und vor allem auf dem gleichen Niveau Kundenorientierung und Kundennähe praktizieren können, manchmal vielleicht auch wollen.

Die unterschiedlichen **Profile und damit Leistungsniveaus der Mitarbeiter** hängen vor allem von den 4 folgenden Faktoren ab, die z.T. abhängig vom Individuum, z.T. aber auch von organisatorischen Rahmenbedingungen sind:

- **Kennen** (Ziele und Informationen)
- **Können** (Planungs- und Problemlösungspotenzial durch Qualifikation bzw. Personalentwicklung)
- **Wollen** (Verhaltensbereitschaft in Richtung der formulierten Ziele als Motivation und Engagement durch die Mitwirkungsmöglichkeit)
- **Dürfen** (Organisatorische Regelungen in Richtung Empowerment und Selbststeuerung)

Entsprechend den Unterschieden zwischen einzelnen Kundensegmenten gibt es dann auch verschiedene Profile der Mitarbeiter und damit unterscheidbare Mitarbeitersegmente. Ein hohes Niveau an Kundenorientierung ist in allen den Bereichen unerlässlich, die direkt an der **Schnittstelle zu den Interessenten und Kunden** sind. Hierzu gehören insbesondere Call Center bzw. Customer Service Center, Vertriebsabteilungen, Servicebereiche und Einheiten für das Beschwerdemanagement.

Wenn **Kundennähe** ein wichtiger Faktor für die **Positionierung des Unternehmens** ist und vielleicht sogar als Kernkompetenz zum Wettbewerbsvorteil ausgebaut werden soll, dann hat ein hohes Niveau an Kundenorientierung aber auch in allen anderen Bereichen des Unternehmens eine große Bedeutung. Nur so können kundenorientierte Prozesse und Verhaltensweisen im Unternehmen ohne Brüche in der Einstellung und der Umsetzung sichergestellt werden.

Um diese Philosophie des Unternehmens mit Leben zu füllen, ist das angestrebte Niveau an Kundenorientierung zunächst in der **Vision des Unternehmens** kurz und klar zu formulieren und dann in der Unternehmensstrategie inhaltlich auszudifferenzieren. Die Aussage „Wir streben eine Kundenorientierung im Unternehmen an" hat dabei, leicht nachvollziehbar, eine deutlich geringere Durchschlagskraft als die Formulierung in der Vision „Wir sind ein ausschließlich kundengetriebenes Unternehmen in allen unseren Prozessen und Strukturen". Die oben formulierte Absichtserklärung wird hier zu einem klaren Gestaltungsprinzip.

Eine wesentliche Konsequenz hieraus wird im Human-Ressourcen-Management liegen, und zwar bereits in der **Gewichtung der Kriterien** für die **Auswahl und Einstellung** von Führungskräften sowie Mitarbeitern. **Assessment Center** werden also entsprechend ausgestaltete Aufgaben und Fallstudien zum Gegenstand haben (vgl. Stock-Homburg 2008, S. 690 f.; Oechsler 2006). Wichtig ist dabei die Durchgängigkeit über alle Hierarchieebenen, zumal Führungskräfte als Beobachter und Bewerter immer auch Mitglieder von Assessment Centern sind. Es liegt auf der Hand, dass allein unter diesem Blickwinkel die Realisierung von Kundenorientierung und Kundennähe bei allen Beschäftigten eines Unternehmens nicht kurzfristig erreicht werden kann. Diese Vorgehensweise sichert allerdings, dass sie mit einer hohen Priorität und Durchgängigkeit umgesetzt wird.

## 3 Konsequenzen für Führungskräfte und Mitarbeiterführung

Nach den bisherigen Ausführungen versteht es sich fast von selbst, dass Kundenorientierung über alle Führungsebenen des Unternehmens, ausgehend **vom Vorstand bzw. der Geschäftsführung, vorgelebt** werden muss. Eine Konsequenz hieraus ist z.B., dass auf der Tagesordnung von Vorstandssitzungen der Punkt Kundenzufriedenheit in der Reihenfolge vor Inhalten zu neuen Produkten, Marktanteilszuwächsen und finanziellen Unternehmensergebnissen behandelt wird. Dies ist nicht nur darin begründet, dass Kundenzufriedenheit die Ursache für steigende Marktanteile und höhere Deckungsbeiträge respektive Gewinne ist. Vielmehr wird hierdurch zugleich allen nachgeordneten Ebenen, die in der Vision und Strategie formulierte Priorisierung zum Audruck gebracht. Als Konsequenz werden Führungskräfte der nachgeordneten Ebenen diesen Tagesordnungspunkt für unterschiedliche Märkte und Segmente mit Informationen für den Vorstand speisen und dadurch zugleich selbst ein stärkeres Augenmerk darauf richten.

Wenn der **Vorstand** dann auch noch Kundennähe dadurch praktiziert, dass er **persönlich Kundenbeschwerden betreut** und sich jeweils um einen unzufriedenen Kunden innerhalb von 2 oder 4 Wochen kümmert sowie darüber in der Vorstandssitzung berichtet, dann wird Kundenorientierung im Unternehmen nicht nur zu einem Lippenbekenntnis verkommen, sondern als Werthaltung und Einstellung aktiv gelebt. Die unvermeidbare Konsequenz hieraus ist, dass Führungskräfte über alle Ebenen sehr viel besser Zusammenhänge im Unternehmen verstehen, Ursachen im Hinblick auf positive Wirkungen nachvollziehen können, aber auch Defizite in ihren negativen Effekten genauer erkennen. Entscheidungen erhalten dadurch deutlich mehr „Bodenhaftung". Führung wird konkreter und umsetzungsnäher.

Ein gutes Beispiel für die konsequente Umsetzung dieser Philosophie und Strategie ist die Kundenfokussierung des Kopierspezialisten Xerox, mit der er nach 2001 erfolgreich den Weg aus der Krise fand. Die neue Xerox-Chefin Anne Mulcahy hat das Unternehmen nach 3 Erkenntnissen und Grundsätzen geführt sowie letztlich umgestaltet (vgl. Fröndhoff 2006, S. 22). Sie sind in Abbildung 5 aufgeführt.

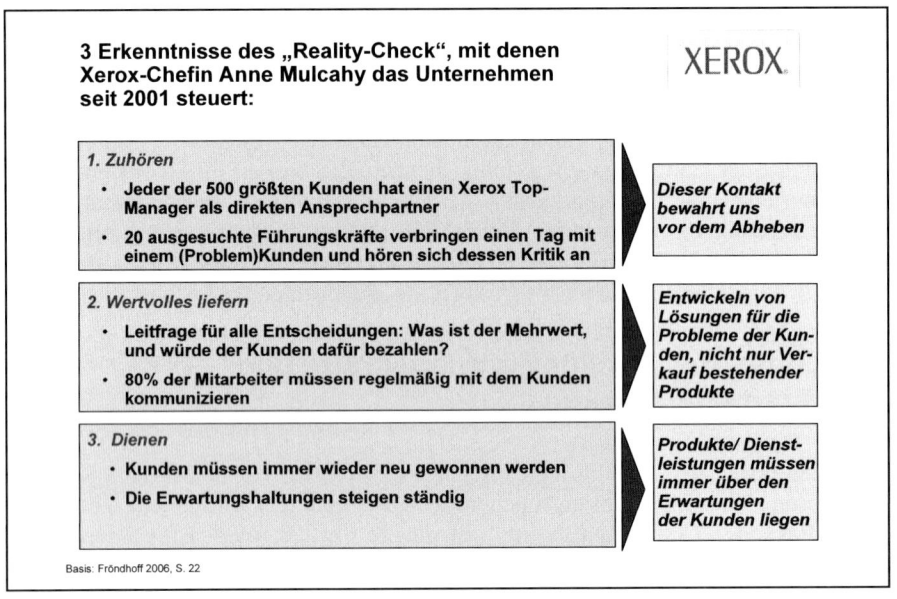

**Abb. 5:** Kundenfokussierung bei Xerox

Kundenbezogenes Zuhören wird danach auch vom Top-Management praktiziert, um die Nähe zum Kunden auch auf dieser Ebene zu realisieren. Jedes Produkt muss den Wert für den Kunden steigern im Sinne der bereits angesprochenen **Unique Customer Value Proposition (UCVP)**. Dies macht auch erforderlich, dass fast alle Mitarbeiter direkt und regelmäßig mit den Kunden kommunizieren.

Der letzte Punkt des „Dienens" zielt im positiven Sinne auf das Schaffen von Begeisterungsfaktoren ab.

Diese Vorgehensweise läuft in der Konsequenz darauf hinaus, dass die klassische Sichtweise des stärker nach innen orientierten Unternehmens, die nicht selten zu Unternehmenskrisen führt, überwunden wird. Stattdessen wird als fortschrittliche Philosophie eine **kompromisslose Kundenorientierung** mit **internen Kunden-Lieferanten-Beziehungen** und vor allem einer Vielzahl interaktiver Kontaktstellen zum Kunden realisiert, wie sie in Abbildung 6 versinnbildlicht ist. Dies ermöglicht durch die regelmäßige und häufige Kommunikation mit dem Kunden und das Erfüllen zentraler Kundenanforderungen (CTQs) ein **Total Customer Care**. Grundlegende Voraussetzung hierfür ist, dass Führungskräfte nicht hierarchisch denken, sondern Strategen sowie Unterstützer für empowerte Mitarbeiter sind, um den Kundennutzen zu mehren.

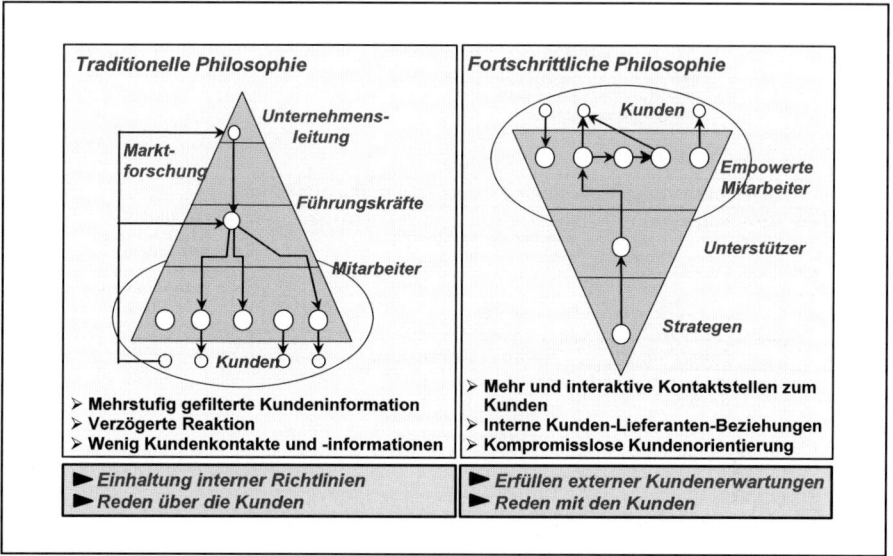

**Abb. 6:** Umkehrung und Uminterpretation des Unternehmens

In der Konsequenz werden Strukturen und Prozesse stärker mit dem Fokus einer hohen Kundennähe entschieden und gestaltet. Wie dargestellt, kann dies nur erreicht werden, wenn die Führung und Mitarbeiterorientierung so ausgerichtet ist, dass alle Mitarbeiter die umfassende Zufriedenheit des Kunden im Visier haben und in ihrem eigenen Arbeitsbereich genügend **Handlungsspielraum** hierfür besitzen. Dies schließt i.d.R. ein, dass Mitarbeiter – mit dem Ziel schneller und eigenverantwortlicher Reaktionen auf Kundenanforderungen – eher empowert und dadurch auch anders, nämlich kooperativer und partizipativer, geführt werden. Rückkopplungen werden dabei nicht nur in Form von Befragungen zu den Anforderungen und zur Zufriedenheit der Kunden durchgeführt. Als Voraussetzung für eine hohe Kundenorientierung im Unternehmen sind dann auch Mitarbeiterbefragungen ein regelmäßig eingesetztes Instrument.

Die wesentlichen inhaltlichen Ansatzpunkte einer **kundenorientierten Mitarbeiterführung** sind in Abbildung 7 aufgelistet (vgl. Töpfer 2006, S. 308 ff.). Grundsätzlich unterscheidet sie sich nicht von den Gestaltungsfeldern fortschrittlicher Führung. Aber durch die starke **ziel- und ergebnisorientierte Ausrichtung** auf eine hohe Kundenzufriedenheit bei gleichzeitig guter Wirtschaftlichkeit und Ertragssituation des Unternehmens verändert bzw. schärft sich der Fokus.

**Delegation** als stufenweise Dezentralisierung von Entscheidungs- und Handlungskompetenzen führt zu mehr Selbstständigkeit der Mitarbeiter in ihren Verantwortungsbereichen. Dies bedeutet und bezweckt mehr Unternehmertum im Unternehmen. Das Ziel besteht vor allem auch darin, dass kundenorientierte Abläufe, die oftmals intern ansetzen, deutlich schneller und auch flexibler werden.

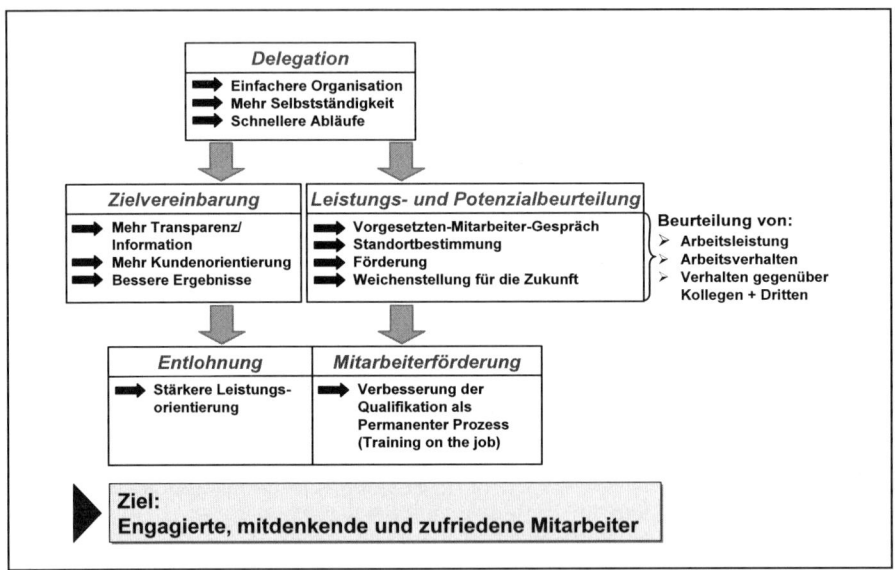

**Abb. 7:** Gestaltungsfelder kundenorientierter Mitarbeiterführung

Damit die Ergebnisse in die gewünschte Richtung gehen, ist eine klare und inhaltlich eindeutige Zielorientierung unerlässlich. Sie sichert mehr Transparenz, abgestimmtes Verhalten für Kundenbelange und dadurch bessere Ergebnisse. Die Führungsaufgabe von Vorgesetzten besteht dann darin, jedem Mitarbeiter im **Vorgesetzen-Mitarbeiter-Gespräch** eine Leistungs- und Potenzialbeurteilung zu geben. Zusammen mit der **Zielvereinbarung** bestimmt das realisierte Leistungsniveau die **Entlohnung in ihren leistungs- und ergebnisorientierten Teilen**. Die Potenzialbeurteilung ist ausschlaggebend für die Inhalte der **Mitarbeiterförderung** und damit für die Weichenstellung und das „Wachstum" der Mitarbeiter in der Zukunft. Gerade in diesem Bereich ist eine konstruktive Haltung und Mitwirkung des Betriebsrats unerlässlich, insbesondere wenn es um personenbezogene Leistungsbeurteilungen geht. Macht die Unternehmensleitung die Zielsetzungen transparent und führt das Transformationsprojekt kooperativ durch, dann ist heutzutage die Mitwirkungsbereitschaft des Betriebsrats generell gegeben, da er weiß, dass hierdurch die Wettbewerbsfähigkeit des Unternehmens und die Arbeitsplätze der Mitarbeiter erhalten bleiben.

Im Rahmen der Wertschöpfungsprozesse ist es wichtig, aus diesen Gestaltungsfeldern ein in sich **stimmiges Prozessmodell kundenorientierter Mitarbeiterführung** zu entwickeln. Es ist in Abbildung 8 wiedergegeben und vereint diese Gestaltungsfelder partizipativer Führung mit den Instrumenten eines derartigen fortschrittlichen Führungskonzeptes in ihrem Zusammenwirken auf die einzelnen Phasen des Führungsprozesses.

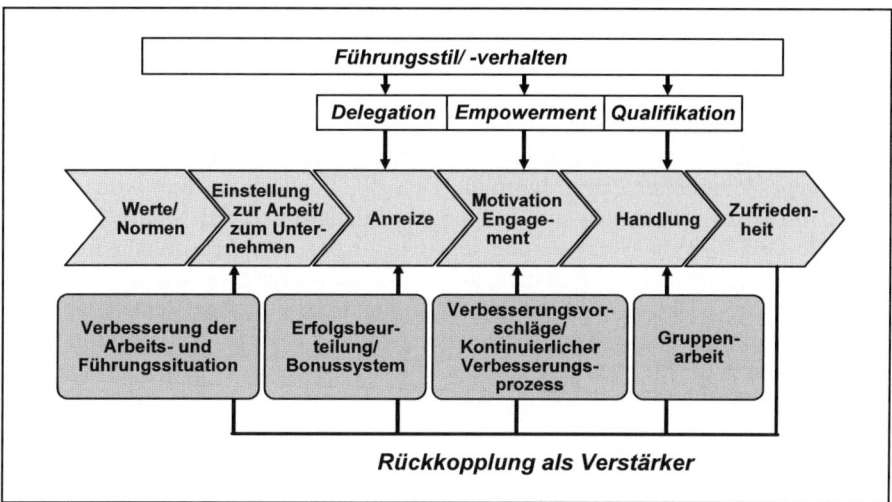

**Abb. 8:** Prozessmodell der kundenorientierten Mitarbeiterführung

Fortschrittliche Mitarbeiterführung mit einem hohen Maß an Dezentralisierung und Partizipation vereint dann Vertrauen und Kontrolle ohne Widerspruch, um die Wirtschaftlichkeit sowie die Wirksamkeit des Handelns zu steuern und zu überprüfen:

- **Vertrauen** wird durch Führung als personenbezogenes Leadership und sachbezogene Zielvereinbarungen erreicht.
- **Messen** des erreichten Niveaus erfolgt kontinuierlich durch den Mitarbeiter und periodisch durch den Vorgesetzen als Ergebnisbewertung sowie zusätzlich in größeren Abständen durch Mitarbeiterbefragungen.
- **Rückkoppeln** findet in den regelmäßigen, auch unterjährigen Mitarbeitergesprächen und im Rahmen des Controlling statt.

Für die Führung jedes einzelnen Mitarbeiters setzt dies die Kombination von 3 Hebelkräften voraus:

- **Orientierung** (Was soll ich erreichen?) wird durch klare Zielvereinbarungen der angestrebten Ergebnisse gegeben.
- **Sicherheit** (Wie gehe ich vor?) wird durch Informationen, einfache, schnelle und damit wirtschaftliche Abläufe sowie wesentliche Entwicklungsschritte geschaffen.
- **Beitrag** (Wofür stehe ich gerade?) im Sinne des erwarteten und zu verantwortenden Ergebnisses wird durch die Eigenverantwortlichkeit als Prozesseigner und die Endverantwortung für die Zielerreichung definiert.

Genau so wie im Kundenkontakt harte und weiche Faktoren für Kundenorientierung und -nähe umgesetzt werden müssen, sind demnach auch harte und weiche Faktoren der Mitarbeiterführung, also neben Leistungsorientierung auch Mitarbeiterorientierung insbesondere in den Bereichen Qualifizierung, Fürsorge und Vertrauen zu realisieren. Erfolgreiche Führung strebt weitgehend ein Gleichgewicht von Leistungs- und Mitarbeiterorientierung an (vgl. Blake/ Mouton 1968, S. 33).

**Anreize für kundenorientiertes Verhalten** erhalten leistungsbereite und leistungsfähige Mitarbeiter damit durch die Delegation selbstständiger Aufgabenbereiche, die Zielvereinbarung mit Leistungsentlohnung und die Mitarbeiterförderung für Qualifikationsverbesserung und beruflichen Aufstieg. Wenn in dieser Hinsicht die Inhalte klar ausgestaltet sind und kommuniziert werden, dann ist – als psychologische Wirkung – von einem stärker kundenorientierten Verhalten auszugehen. Neuere Erkenntnisse der Neurowissenschaften belegen diese Wirkungsmechanismen inzwischen auch physiologisch. In dem Beitrag zu Erkenntnissen der Gehirnforschung für die Gestaltung von Beziehungen zwischen Kunden und Unternehmen gehen wir hierauf kurz ein. Wichtig ist der unmittelbare Bezug zum kundenorientierten Verhalten und dass der Anreiz in Form einer Belohnung nach dem gezeigten Verhalten eingesetzt wird.

Intensivieren lassen sich diese Anstrengungen dadurch, dass interne Kunden-Lieferanten-Beziehungen definiert werden und alle Mitarbeiter in ein **Anreizsystem für interne Kundenorientierung** einbezogen und dadurch motiviert werden. Die Anreize beziehen sich auf die gelieferte Qualität als Gegenstand und Ergebnis dieses Verhaltens. So ist beispielsweise das Quality Incentive System (QuIS) bei Vodafone D2 angelegt (vgl. Seigner 2002, S. 241 f.). Gemessen wird die Durchlaufzeit bis das geforderte Ergebnis vom Lieferanten an den internen Kunden übergeben wird sowie das dabei realisierte Qualitätsniveau. Prämiert werden 4 unterschiedliche Arten des nachvollziehbaren kundenorientierten Verhaltens nach innen:

- **Incentives** als Prämierung von Abteilungen, die bei der internen Kundenbefragung im Rahmen einer 360-Grad-Analyse herausragende Bewertungen durch andere Abteilungen erhalten haben
- **D2-BestPractice** prämiert gute Beispiele kundenorientierten Verhaltens nach innen
- **Innovation** als Auszeichnung für gute Ideen

- **D2-Prompt-Reward** honoriert einen herausragenden Service im Sinne einer schnellen und guten Unterstützung im Arbeitsalltag der Zusammenarbeit, und zwar von Mitarbeiter zu Mitarbeiter.

Allerdings werden – wie bereits ausgeführt – nicht alle Mitarbeiter(gruppen) in gleichem Maße auf diese Anreize genereller Art durch eine partizipative Führung sowie spezieller Art durch eine qualitätsorientierte Prämierung in internen Kunden-Lieferanten-Beziehungen reagieren. Die Unterschiede sind typbedingt und hängen zusätzlich auch vom Menschenbild des Vorgesetzten und seinen daraus induzierten Verhaltensweisen ab (vgl. Staehle 1999, S. 191 ff.).

## 4 Messung von Mitarbeiterengagement und -zufriedenheit

Wenn ein Feedback sowohl von Kunden als auch von Mitarbeitern im regelmäßigen Turnus erfragt wird, wie dies in Abbildung 9 dargestellt ist, dann empfiehlt es sich, die Mitarbeiterbefragung immer einige Wochen vor der Kundenbefragung durchzuführen. Dies hat den Vorteil, dass die Mitarbeiter auch zu einer Einschätzung der Kundenzufriedenheit in den für sie überschaubaren Bereichen befragt werden können.

**Abb. 9:** Verzahnung von Mitarbeiter- und Kundenbefragung

Wenn danach mit einer zeitlichen Verzögerung die Ergebnisse der Kundenbefragung – differenziert nach einzelnen Unternehmensbereichen – vorliegen, dann geht es primär nicht darum, das Niveau der „Trefferquoten" festzustellen. Vielmehr ist das Ziel, die **gedankliche Beschäftigung** mit dem, was der Kunde haben will und vom Unternehmen bekommen hat, zu verstärken. Dieses Involvement ist eine wichtige Ausgangsbasis für kundenorientiertes Denken, Handeln und Verhalten aller Mitarbeiter und Führungskräfte im Unternehmen. Dies gilt auch für den Normalfall, dass Kundenbefragungen oftmals in kürzeren Zeitintervallen und damit häufiger durchgeführt werden als Mitarbeiterbefragungen. Allerdings sind Ergebnisse dieser Einschätzungen gleicher Kriterien bzw. Frageninhalte durch Kunden und Mitarbeiter dennoch aufschlussreich, wie dies Abbildung 10 verdeutlicht.

So ist aus dem **Vergleich zwischen Eigen- und Fremdbild** beispielsweise ersichtlich, dass die Kunden ein umfassendes Leistungsangebot als besser erfüllt und weniger wichtig ansehen als die Mitarbeiter des Unternehmens. Hingegen wird von den Kunden die Kundenorientierung der Geschäftsstelle deutlich wichtiger und weniger zufrieden stellend bewertet als von den Mitarbeitern. Beratung und Unterstützung werden nach beiden Kriterien, also Wichtigkeit und Zufriedenheit, identisch eingeschätzt. Das Preis-Leistungs-Verhältnis wird in der Bedeutung ebenfalls identisch bewertet, allerdings sind die Kunden deutlich weniger zufrieden, als die Mitarbeiter dies vermuten. Bei der Qualität der Dienstleistungen und den Informationen liegen die Einschätzungen der Wichtigkeit durch die Mitarbeiter jeweils höher als die Bewertungen durch die Kunden. Die Zufriedenheit der Kunden ist in beiden Fällen aber höher, als die Mitarbeiter dies erwarten.

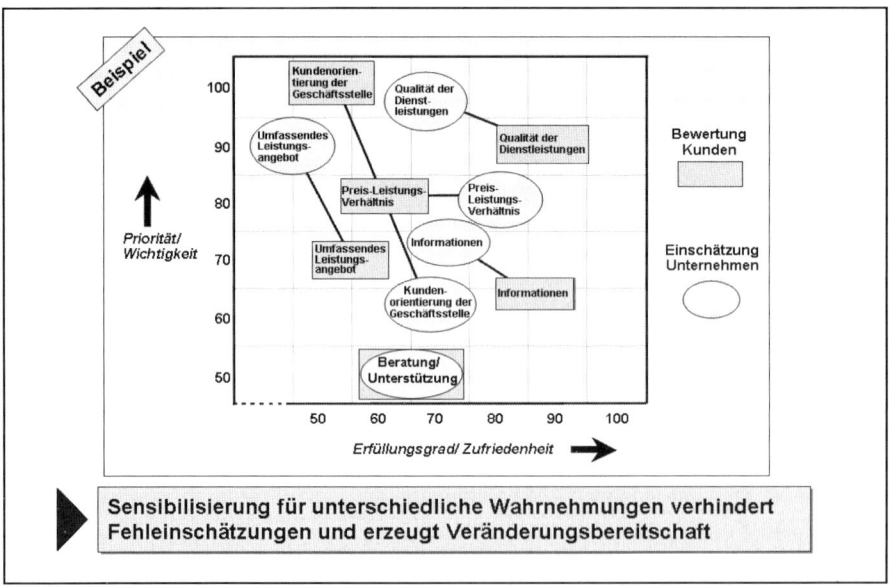

**Abb. 10:** Eigen- und Fremdbild-Analyse

Mitarbeiterbefragungen folgen in einer fortschrittlichen Konzeption der **360-Grad-Beurteilung**. Ergänzend zu der im regulären Führungsprozess verankerten

Bewertung von Mitarbeitern durch übergeordnete Vorgesetzte (siehe auch Abb. 7) wird in umgekehrter Richtung den Mitarbeitern die Möglichkeit gegeben, ihren Vorgesetzten sowie die gesamte Arbeits- und Führungssituation zu bewerten. Zusätzlich ist auf der horizontalen Ebene eine Bewertung wichtig, wie Kollegen des gleichen Unternehmensbereiches die Zusammenarbeit bewerten und wie Kollegen anderer Bereiche die Kooperation im Sinne interner Kunden-Lieferanten-Beziehungen beurteilen. Dieses 360-Grad-Bild schafft im Unternehmen eine volle Transparenz über die internen Kommunikations- und Kooperationsbeziehungen.

In Abbildung 11 ist das typische **Konzept einer Mitarbeiterbefragung** wiedergegeben. In Entsprechung zum Kundenzufriedenheitsindex kann durch die Abfrage der Wichtigkeit und Zufriedenheit bei jedem Kriterium für einzelne Fragen- bzw. Untersuchungsbereiche und insgesamt der jeweilige Mitarbeiterzufriedenheitsindex ermittelt werden. Verbesserungsmaßnahmen können auf dieser Basis gezielt ansetzen.

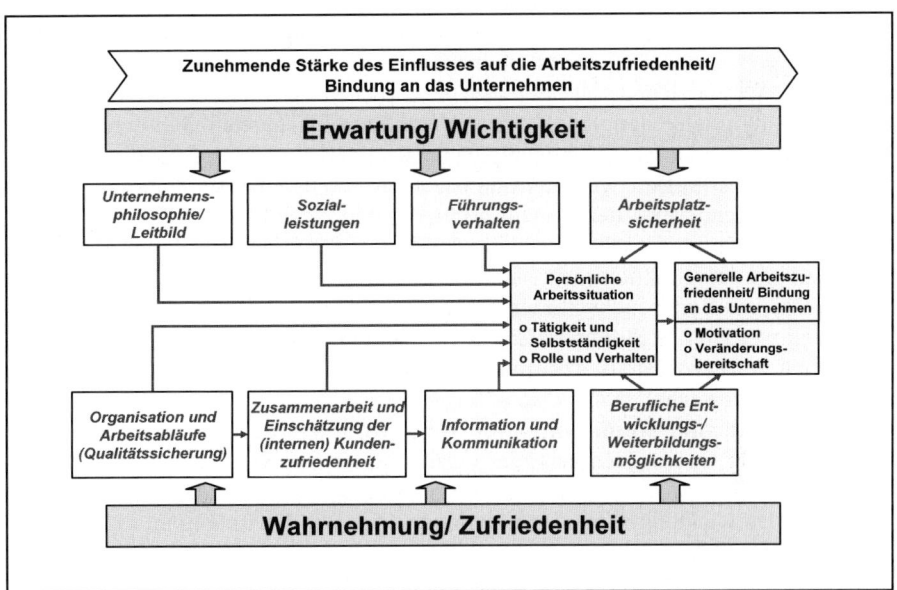

**Abb. 11:** Konzept von Mitarbeiterbefragungen

Wie nachvollziehbar ist, wird die Zufriedenheit der Mitarbeiter durch die Einflussfaktoren umso stärker geprägt, je weiter sie auf der rechten Seite der Abbildung stehen. Dies ist darin begründet, dass in dem Bild auf der linken Seite – zumindest im oberen Teil – allgemeine Leitlinien und Vorgaben stehen. Von der Organisation und den Arbeitsabläufen geht bereits eine deutlich stärkere Wirkung auf die Zufriedenheit der Mitarbeiter aus, insbesondere dann, wenn die interne Zusammenarbeit und kundenorientierte Prozesse Schwächen aufweisen. Mit der Abfrage zur Einschätzung der externen und internen (eigenen) Kundenzufriedenheit wird die Brücke zu Befragungen der externen Kunden geschlagen; zugleich wird aber auch die Qualität der internen Zusammenarbeit in Kunden-Lieferanten-Beziehungen bewertet.

Von der Mitte zur rechten Seite der Abbildung 11 sind die Bereiche aufgeführt, die aus Mitarbeitersicht seine Zufriedenheit wesentlich beeinflussen. Dies sind die persönliche Arbeitssituation, Information/ Kommunikation und Führungsverhalten sowie Arbeitsplatzsicherheit und berufliche Entwicklungsmöglichkeiten. Ergänzend hierzu ist eine Bewertung der generellen Arbeitszufriedenheit sowie der Motivation und Veränderungsbereitschaft ein aussagefähiges Ergebnis. Eine Studie von Homburg/ Stock belegt, dass mehr als 50% der kundenorientierten Einstellung der Mitarbeiter durch das Führungsverhalten ihrer Vorgesetzten bestimmt werden. Damit ist der große, wenn auch indirekte Einfluss der Vorgesetzten von Kunden-Kontakt-Mitarbeitern auf das Niveau und die Qualität der Kundenbindung empirisch belegt (vgl. Homburg/ Stock 2002).

Die Erfahrungswerte aus zahlreich durchgeführten Mitarbeiterbefragungen belegen, dass es über viele Unternehmen hinweg typische Konstellationen von Befragungsergebnissen gibt, so dass auch eine Reihe von häufig wiederzufindenden Defiziten nachvollziehbar ist. Bei der persönlichen Arbeitssituation werden die Gestaltungsmöglichkeiten im eigenen Verantwortungsbereich deutlich häufiger kritisiert als z.B. eine bedarfsgerechte technische Ausstattung des Arbeitsplatzes.

Die **Arbeitssituation** wird unmittelbar auch durch Arbeitsabläufe, also durch die Prozessorientierung der Organisation des Unternehmens, beeinflusst. Nicht unerhebliche Defizite treten hier insbesondere deshalb auf, weil Arbeitsabläufe nicht reibungslos funktionieren, da sie zu wenig an den Kundenanforderungen ausgerichtet sind oder nicht immer eingehalten werden. Bezogen auf die Zusammenarbeit werden üblicherweise Probleme in der Abstimmung mit anderen Bereichen negativer bewertet als Abstimmungsprobleme im eigenen Bereich. Dies liegt in der Natur der Sache.

**Information und Kommunikation** weist vor allem bezogen auf die tägliche Arbeit Defizite in der rechtzeitigen Verfügbarkeit auf. Gleichermaßen unzureichend sind nicht selten Hintergrundinformationen zum gesamten Unternehmen und seiner Entwicklung sowie Informationen über Veränderungen im eigenen Unternehmensbereich.

Bezogen auf das **Führungsverhalten** und die **beruflichen Entwicklungsmöglichkeiten** gibt es eine zweigeteilte Welt. In den vom Vorgesetzten abhängigen Fragenbereichen können die Werte von gut bis relativ schlecht schwanken. Dies schließt auch bei einer guten Bewertung des Vorgesetztenverhaltens nicht aus, dass die generellen unternehmensbezogenen Weiterbildungs- und Entwicklungsmöglichkeiten für Mitarbeiter nicht selten kritisch bewertet werden, da das Angebot nicht immer bedarfsgerecht ist. Hiermit geht einher, dass bei einer geforderten hohen Kundenorientierung die Weiterbildungsinhalte oft nicht in ausreichendem Maße auf den Kundennutzen ausgerichtet sind. Insgesamt sind die Weiterbildungs- und Entwicklungsmöglichkeiten oft ein neuralgischer Defizitbereich.

Die Bewertung der **Arbeitsplatzsicherheit** hängt stark von der nachvollziehbaren Unternehmenspolitik und der konjunkturellen Situation ab. Vorgesehene Restrukturierungsmaßnahmen wirken sich hier negativ aus.

Veränderungen und dabei auch Verbesserungen der Kundenorientierung und Kundennähe hängen in ihrer Bewertung und Umsetzung davon ab, inwieweit Mitarbeiter bereit sind, sich persönlich weiterzuentwickeln und an diese Anforderungen anzupassen. Hierzu gehört vor allem auch die **Bereitschaft zur Verbesserung der persönlichen Qualifikation**. Dynamisch auf diese Ziele ausgerichtete Mitarbeiterbefragungen messen diese Faktoren auf der Basis subjektiver Einschätzungen. Dies ist eine wichtige stärker einstellungsorientierte Datengrundlage neben den Informationen aus der Personalarbeit und Führungstätigkeit.

In der Unternehmenspraxis bietet dieser Bestandteil von Mitarbeiterbefragungen, der die Verhaltensbereitschaft zum Bindungsgrad der Mitarbeiter in Beziehung setzt, eine wichtige Informationsbasis für das Management. Das Konzept mit beispielhaften **Befragungsergebnissen** ist in Abbildung 12 wiedergegeben. Je nach dem wie stark die Ausprägungen in den 5 analysierten Fragenbereichen sind und wie die Prozentsätze aller Mitarbeiter über die 4 Quadranten verteilt sind, lassen sich wichtige Schlussfolgerungen über die **Verhaltensbereitschaft** der Mitarbeiter in Richtung persönliche Entwicklung und Veränderungsbereitschaft unter Berücksichtigung des **Bindungsgrades** an das Unternehmen ziehen.

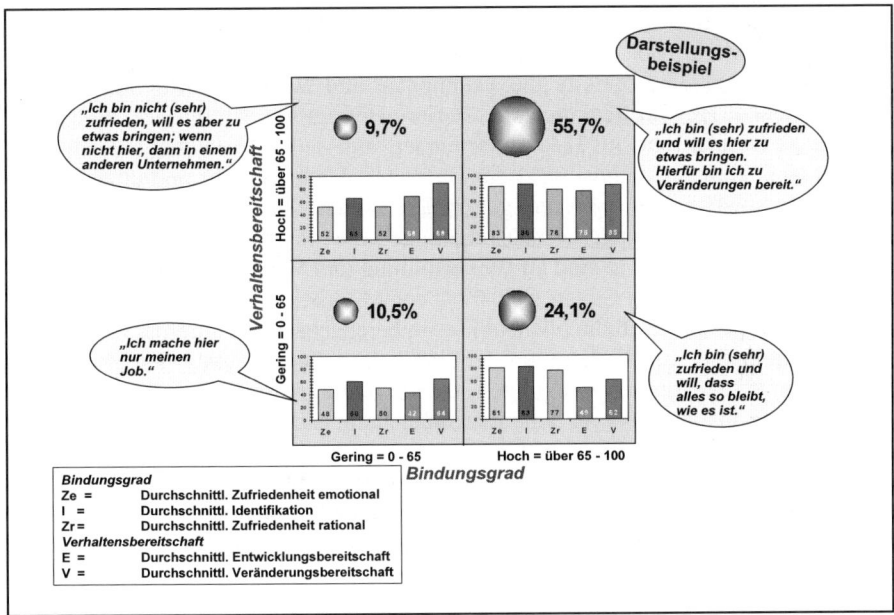

**Abb. 12:** Mitarbeitertypologie nach Bindungsgrad und Verhaltensbereitschaft

Verhaltensbereitschaft mit dem Ziel, sich selbst persönlich weiterzuentwickeln sowie angestrebte Veränderungen im Unternehmen aktiv mit zu tragen und zu gestalten, ist von jedem Mitarbeiter zu fordern. Wenn sie aber auf der Ebene der Führungskräfte nicht gegeben ist, dann hat dies i.d.R. erhebliche negative Auswirkungen auf die nachgeordneten Mitarbeiter. Führungskräften kommt in dieser Hinsicht deshalb eine Vorreiter-Funktion zu. Dies war der Grund, dass der ehemalige CEO von General Electric, Jack Welch, seine Führungskräfte immer nach 2 Dimensionen beurteilt hat: Zum einen nach ihrem Leistungsnivau und zum anderen nach ihrer **Veränderungsbereitschaft und -fähigkeit**. Hohes Leistungsniveau kann dabei den geforderten Beitrag zum Changemanagement nicht kompensieren. Exzellente Führungskräfte können beides auf hohem Niveau (vgl. Welch/ Welch 2005).

Auf dieser Basis lassen sich nicht nur wechselbereite Mitarbeiter erkennen, auch wenn sie ein gutes Leistungsniveau aufweisen. Viel wichtiger für Veränderungsprozesse in Richtung einer stärkeren Kundenorientierung ist die Analyse der Mitarbeiter auf der rechten Seite, also im 1. und 4. Quadranten. Mitarbeiter mit einem hohen Bindungsgrad und einer geringen Veränderungs- und Entwicklungsbereitschaft (4. Quadrant: im Beispiel 24,1%) sind für ein derartiges Vorhaben deutlich weniger geeignet als Mitarbeiter mit einer hohen Bindung und gleichzeitig auch hoher Veränderungs- und Entwicklungsbereitschaft (1. Quadrant: im Beispiel 55,7%).

Dass derartige Analysen in den meisten Unternehmen von Bedeutung sind, belegen 2 Studien zum Mitarbeiterengagement in Deutschland aus dem Jahre 2006 (vgl. Endres/ Werle 2007, S. 114; o.V. 2007, S. 9), die zu gleichen Trendaussagen kommen. Da bei einer Studie die Datenbasis und Wissenschaftlichkeit besser nachvollziehbar ist, wird lediglich sie referiert. Befragt wurden im Jahr 2006 mehr als 37.000 Beschäftigte in 314 Unternehmen aus den 12 größten Branchen in Deutschland. Danach sind ca. 32% der Befragten desinteressiert und unzufrieden. 18% haben sogar bereits innerlich gekündigt. Weitere 37% sind mit ihrer Arbeit insgesamt relativ zufrieden, weisen aber nur eine durchschnittlich ausgeprägte Einsatzbereitschaft auf und sind an Weiterbildung und Weiterentwicklung weniger interessiert. Im Ergebnis fühlen sich 69% der Mitarbeiter ihrer Arbeit nicht verpflichtet. Nur 31% weisen die höchste Einsatzbereitschaft und eine starke Bindung an den Arbeitgeber auf. Es liegt auf der Hand, dass diese Struktur der Mitarbeiter aussagefähige Mitarbeiterbefragungen umso wichtiger macht, wenn Veränderungsprojekte für ein besseres Kundenmanagement auf breiter Basis zum Erfolg führen sollen.

Wie bereits angesprochen, liegen die Ursachen für Orientierungs- und Leistungsdefizite von Mitarbeitern neben Führungsdefiziten nicht selten auch in Strategie-, Prozess- und Strukturdefiziten. Hierauf wird im folgenden Kapitel eingegangen.

## 5 Anforderungen an das Unternehmen zur Vermeidung von Leistungs-Gaps und Schnittstellenproblemen

Zur Analyse von Umsetzungsproblemen der Servicequalität kann ebenfalls auf eine Untersuchung von Zeithaml/ Parasuraman/ Berry zurückgegriffen werden (vgl. Zeithaml/ Parasuraman/ Berry 1992). Die Autoren haben dabei 5 wesentliche

Gaps, also Lücken, identifiziert, die in der Unternehmenspraxis auftreten können. Diese Lücken sind jedoch nicht nur auf den Service beschränkt, sondern sie lassen sich aufgrund von weiteren Defiziten bei Produkten und der Kommunikation auch als **5 generelle Leistungs-Gaps** des Unternehmens im Kontakt mit seinen Kunden interpretieren. In Abbildung 13 sind die Ergebnisse dieser Analyse von Umsetzungsproblemen verdeutlicht. Hieraus resultieren Anforderungen an und Konsequenzen für das Führungs-, Planungs- und Organisationssystem (vgl. Töpfer 2007, S. 865 ff.).

- **Lücke 1:** Zunächst ist die Frage, ob das Management des Unternehmens zutreffende Vorstellungen von den Kundenerwartungen und damit vom erwarteten Service im Hinblick auf seine Art und sein Niveau hat.
- **Lücke 2:** Danach stellt sich für das Management die Aufgabe, diese Anforderungen der Kunden auf der Basis der CTQs in Normen für Servicequalität aussagefähig zu formulieren.
- **Lücke 3:** Sie tritt auf, wenn diese Servicestandards in der Realität nicht in dem geleisteten Service umgesetzt wurden.

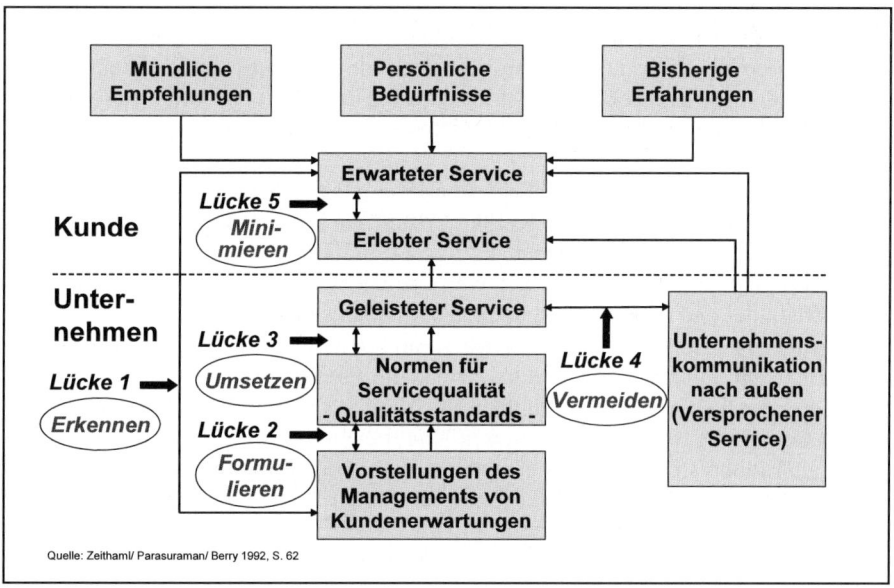

**Abb. 13:** Umsetzungsprobleme der Servicequalität

- **Lücke 4:** Wichtig ist zusätzlich, ob das nach außen kommunizierte Leistungsversprechen des Unternehmens auch dem tatsächlich geleisteten Service entspricht, also das vermittelt wird, was hinterher auch geleistet wird.
- **Lücke 5:** Der entscheidende Punkt ist jedoch, ob der erlebte Service dem erwarteten Service entspricht, der durch die Kommunikation des Unternehmens,

durch persönliche Bedürfnisse, bisherige Erfahrungen und mündliche Empfehlungen maßgeblich geprägt wird. Durch diese Übereinstimmung oder Abweichung werden die Wahrnehmung, Bewertung und Einstellung von Kunden nachhaltig beeinflusst.

Wie leicht nachvollziehbar ist, bezieht sich die 1. Lücke im Kontext aller Wertschöpfungsprozesse des Unternehmens primär auf den **Strategie- und Marketingprozess**. Die 2. Lücke resultiert insbesondere aus Defiziten des **Entwicklungs- und Qualitätsmanagementprozesses**. Die 3. Lücke entsteht, genauso wie die 5. Lücke, durch Probleme im **Produktions-, Vertriebs- und Serviceprozess**. Zusätzlich werden sie negativ beeinflusst durch die 4. Lücke, also Unschärfen und Defizite im **Kommunikationsprozess** nach innen und insbesondere nach außen.

Aus diesen Ergebnissen lassen sich folgende, z.T. weitergehende Konsequenzen für Vision, Strategie, Prozesse und Strukturen ableiten, um diese typischen Stolpersteine in der Leistung des Unternehmens insgesamt sowie damit auch im Service zu vermeiden. Einige Aussagen hierzu wurden bereits in anderen Artikeln dieses Buches gemacht, so z.B. im einführenden Beitrag sowie im Beitrag über die Analyse der Anforderungen und Prozesse wertvoller Kunden.

- Die **Vision** des Unternehmens, in der auch eine Aussage zur Kundenorientierung und -nähe gemacht wird, ist kurz, prägnant und verständlich für alle Mitarbeiter des Unternehmens zu formulieren sowie dann auch an alle zu kommunizieren.
- Die **Strategie**, die als Ziel-Maßnahmen-Pfad aus der Vision abgeleitet ist, wird auf Kerngeschäftsfelder und Kernkompetenzen konzentriert, um im Wettbewerb um ertragreiche Kunden Know-how- und Ergebnisvorteile zu erreichen. Ergänzend kann diese Vorgehensweise auch auf Innovationen für neue Geschäftsfelder und Kernkompetenzen ausgerichtet sein.
- **Kundenorientierte Prozesse** werden mit dem Ziel messbarer Null-Fehler-Qualität durchgeführt, um durch vermiedene Fehlerkosten und ein hohes kundenorientiertes Qualitätsniveau über Nachfrage-, Umsatz- und Ertragszuwächse den Cash Flow und den Gewinn des Unternehmens zu erhöhen. Jeder Prozess hat als Ergebnis ein „Produkt", das an den jeweiligen internen Kunden übergeben wird. Deshalb wird jeder Prozess und auch Prozessabschnitt durch einen ergebnisverantwortlichen Prozesseigner gesteuert.
- **Organisationsstrukturen**, also die Aufbauorganisation auf der Grundlage der Prozessorganisation, müssen mehrere Anforderungen erfüllen. Zum einen als Basis eine hohe Accountability, also die klare Verantwortlichkeit für und Zurechenbarkeit von Ergebnissen einer Unternehmenseinheit z.B. als Profit Center oder Business Unit. Dies vermeidet Quersubventionierungen von wenig kundenorientierten und wenig erfolgreichen Bereichen und fordert dadurch die ergebnisorientierte Restrukturierung und damit die Überlebensfähigkeit von jedem Teil des Unternehmens. Als Konsequenz dieser abgegrenzten Verantwortungsbereiche und abgegrenzten Abrechnungskreise lassen sich klare Zielvereinbarungen formulieren sowie durch das angesprochene Empowerment Unternehmertum im Unternehmen realisieren.

Kundenorientierte Unternehmen und erfolgreiches Kundenmanagement sind in der Steuerung des Unternehmens durch die aus diesen generellen Maßnahmen resultierenden 3 Grundprinzipien gekennzeichnet, die alle einen Beitrag zur Umsetzung einer schlankeren, schnelleren und besseren Steuerung leisten sollen:

- Erstens durch eine hohe **Dezentralisierung** mit der Konsequenz, dass in klar abgegrenzten Produkt-Markt-Kombinationen Macht auf nachgelagerte Ebenen verlagert wird, um die Kundennähe und Reaktionsgeschwindigkeit zu verbessern.
- Zweitens durch eine starke **Vernetzung** und damit kundenorientierte Koordination einzelner Verantwortungsbereiche, um in diesem Kontext die Selbststeuerungsfähigkeit ergebnisverantwortlicher Einheiten zu erhöhen, ohne dass ein ganzheitliches Produkt- und Serviceangebot für den Kunden verloren geht. Als Prinzip gilt: Komplexität wird nach innen im Unternehmen in Kauf genommen, um dem Kunden nach außen und damit am Markt Klarheit und Einfachheit der Ansprache und Betreuung nach dem Grundsatz „One face to the customer" bieten zu können.
- Drittens durch ein hohes Maß an **Transparenz des Handelns und der Ergebnisse** auf allen Ebenen der dezentralen Einheiten. Dies setzt ein verbessertes Steuerungsinstrumentarium mit einem klar strukturierten Berichtswesen voraus sowie IT-gestützte Rückkopplungen zur Unternehmensspitze und Drill-down-Möglichkeiten bis auf die nachgeordnete Ebene der Verursachung von Abweichungen und nicht zuletzt eine Cockpit-Steuerung i.d.R. auf der Basis der Balanced Score Card mit einer Ampelanalyse.

Ein hohes Maß an Kundenorientierung und -nähe bedeutet heute bei zunehmender Wettbewerbsintensität, dass die **Unternehmensorganisation** immer weniger in Reinform entweder nach Kunden, Produkten oder Vertriebswegen gegliedert ist. Vielmehr werden immer mehr **Mischformen** realisiert, um speziellen Zielgruppen Systemangebote machen zu können, bei denen die **Kunden** und **Produkte** sowie **Vertriebswege** kombiniert sind, so dass es notgedrungen zu Überschneidungen der 3 Gestaltungskriterien kommt. Dies zielt darauf ab, sich auf dominierende erfolgskritische Kriterien besser ausrichten zu können und sie dann auch erfolgsträchtig verknüpfen zu können. Der 2. oben angesprochene Punkt bezweckt, dass die Koordination bereits im Unternehmen stattfindet und nicht erst beim Kunden bzw. vom Kunden durchgeführt wird. Die gestiegene Komplexität nach innen bei gleichzeitig einfachen Schnittstellen zum Kunden hat dann zur Konsequenz, dass die Mitarbeiter an diesen Schnittstellen eine deutlich umfassendere Allround-Qualifizierung aufweisen müssen.

Diese Aussagen sollen an 2 primär auf Zielgruppen ausgerichteten Restrukturierungen belegt werden, die dann aber jeweils auch Produktkombinationen und Vertriebsorganisationen enthalten; und zwar sind dies die Reorganisationen von Hewlett-Packard im Jahr 2005 und von Microsoft ebenfalls im Jahr 2005, allerdings mit einigen Aussagen zu den vorherigen Reorganisationen in den Jahren 2002 und 1999.

- Mit der **Reorganisation von Hewlett-Packard** (2005) sind 3 selbstständige Business Groups geschaffen worden, und zwar die „Technology Solutions Group" mit den Produkten Enterprise Storage/ Server und Management Software, die sich mit IT-Komplettlösungen auf Großunternehmen und öffentliche Auftraggeber spezialisiert hat. Die 2. Business Group ist die „Imaging and Printing Group" mit den Produkten Drucker-Hardware/ All-in-One-Produkte/ Digitale Kameras/ Scanner und Digitaldruck, die sich auf kleine und mittelständische Unternehmen mit Problemlösungen für den Druck und die Bildbearbeitung konzentriert. Die 3. Business Group ist die „Personal Systems Group" mit den Leistungsangeboten Notebooks/ Desktops/ Workstations/ Handhelds und Internet Appliances, die mit diesen Personal Computing Lösungen auf Privatkunden ausgerichtet ist.

  Das Ziel dieser Reorganisation liegt darin, „einfacher, geschickter und schneller" zu werden, dadurch dass die Kostenstruktur verbessert wird, die Innovationsfähigkeit gesteigert und die Technologieführerschaft ausgebaut wird sowie insgesamt – auch durch den Ausbau der Zusammenarbeit mit Partnern – die führende Stellung in allen IT-Bereichen gefestigt wird. Hierzu sind Verantwortungsüberschneidungen abgebaut worden und die spartenübergreifende Customer Solutions Group aufgelöst worden. Dadurch dass die Business Groups eigene Vertriebsorganisationen haben, ist die Kundenorientierung deutlich gestärkt worden (vgl. Hewlett-Packard 2008; Clark 2006; Laube 2005).

- Auch die **Reorganisation von Microsoft** (2005) reduziert die Anzahl Divisions auf 3, mit denen der CEO Steve Ballmer die softwarebasierte Dienstleistungsstrategie des Unternehmens umsetzen will. Unterschieden werden jetzt die „Platform Products & Services Divison", welche die Betriebssysteme für alle Anwender umfasst. Sie ist damit produktbezogen und liefert die technische Basis für die beiden anderen Divisonen. Die „Business Divison" hat Unternehmen und professionelle Anwender als Zielgruppen. Die „Entertainment & Devices Division" zielt stärker auf private Anwender ab (vgl. Höfinghoff/ Ottomeier/ Lambrecht 2005, S. 4)

  Im Vergleich zur Organisationsform im Jahr 1999 mit 5 Divisions, die stärker zielgruppen- und produktorientiert differenziert waren und auch im Vergleich zur Reorganisation im Jahr 2002 mit 7 Business Units, die überwiegend produktorientiert und nur in 2 Divisons zielgruppenorientiert abgegrenzt waren, hat sich also mit 3 Divisons die Zahl der eigenständig am Markt tätigen Organisationseinheiten verringert. Dies lässt wieder den Schluss zu, dass die Einfachheit für den Adressaten im Unternehmen und damit auch in den Divisons durch eine deutlich höhere Komplexität und damit einhergehend einen höheren Koordinationsaufwand erkauft wurde.

# 6 Gestaltung von Veränderungsprozessen

Zur Verdeutlichung der Anforderungen an erfolgreiche Veränderungsprozesse in Richtung einer stärkeren und besseren Kundenorientierung und -nähe wird zunächst auf **typische Hemmnisse** und damit **Defizite in Reorganisationsprozessen** eingegangen. Kotter (vgl. Kotter 1996, S. 33 ff.; Kotter 2002) hat in seinen Studien hierzu wesentliche Grundlagen herausgearbeitet, die Inhaltsbereiche mit einem hohen Misserfolgspotenzial und damit der „Chance" zum Scheitern kennzeichnen (vgl. Töpfer/ Albrecht 2006, S. 599).

- **Keine klare Vision und Ziele:** Wenn die Akteure auf allen Ebenen des Unternehmens kein klares Bild über die Richtung und den angestrebten Endzustand im Kopf haben und wenn sie die jeweils spezifischen Detailziele zum Erreichen des Gesamtziels nicht kennen, dann fehlen Aussagen zur Marschrichtung und den Etappen des gesamten Vorhabens. Hieraus resultieren erhebliche Kommunikationsdefizite, die zusammen mit den im Folgenden erläuterten unzureichenden Anreizen zu Problemen in der Motivation und Veränderungsbereitschaft führen.
- **Fehlen von Empowerment, Belohnung und (Be)Förderung:** Wie vorstehend bereits angesprochen worden ist, besteht ein Hauptproblem darin, wenn die Mitarbeiter auf den einzelnen Ebenen des Unternehmens nicht aktiv in den Prozess eigenverantwortlich einbezogen, also empowert werden. Wenn Betroffene nicht zu Beteiligten gemacht werden, dann führt das hohe Maß an Zentralisierung des Veränderungsvorhabens dazu, dass die „Traktion" vor Ort fehlt. Im Unternehmen bewegt und verändert sich also kaum etwas. Kundenorientierung und -nähe bleibt dann eine Worthülse und Absichtserklärung. Damit die Akteure eigenverantwortlich und ergebnisorientiert handeln, sind Anreize wichtig, und zwar immaterieller Art, wie z.B. Qualifizierung und Förderung, im Einzelfall auch Beförderung, sowie materieller Art, also z.B. finanzielle Prämien.
- **Zu wenig Qualifikation, Ressourcen und Zeit:** Neben den beiden vorausgegangenen Hemmnissen und Ansatzpunkten, welche die Veränderungsbereitschaft beeinflussen, kennzeichnet der 3. Faktor die konkreten Voraussetzungen für die erfolgreiche Mitwirkung in einem Veränderungsprojekt: Qualifikation, Ressourcen und Zeit bestimmen also die Veränderungsfähigkeit. Insbesondere wenn zu wenig Zeit vorhanden ist, sich mit dieser neuen Philosophie und dem gesamten Veränderungsmanagement anzufreunden, wirkt sich dies aber auch negativ auf die Veränderungsbereitschaft aus.
- **Widerstand des mittleren Managements:** Neben einem ausreichenden Engagement der oberen Führungsebene sowie klaren Zielbildern und Visionen (vgl. Schmitt-Tegge 2007, S. 23) ist vor allem auch die aktive Einbeziehung und Einstimmung des mittleren Managements von ausschlaggebender Bedeutung (vgl. Deutsch 1995, S. 79). Bei einer in den USA selbst durchgeführten Studie in 12 Excellence-Unternehmen war die abschließende 17. Frage der eintägigen persönlichen Interviews: „Was würden Sie anders/ besser machen, wenn Sie noch einmal ein derartiges Projekt durchführen würden?" Die Gesprächspartner von allen 12 Unternehmen sagten übereinstimmend, dass sie auf jeden Fall in Zukunft das mittlere Management von Anfang an stärker einbeziehen, und d.h. besser informieren, auf den Veränderungsprozess vorbereiten und unterstützen, würden.

Diese Ebene bekommt in jedem Projekt zur Verbesserung des Kundenmanagements Vorgaben von der Unternehmensleitung, also „Druck von oben". Gleichzeitig soll sie erfolgreiche Veränderungen bei nicht immer einsichtigen und motivierten Mitarbeitern erreichen, verspürt also auch „Druck von unten". Dadurch ist diese Ebene in einer typischen „Sandwich-Position", die häufig zu Reaktanz, also zu komplexen Abwehrreaktionen als Widerstand gegen äußere und innere Einschränkungen, führt, wenn die Unterstützungs- und Betreuungsmaßnahmen der Unternehmensleitung nicht in ausreichendem Maße auch auf das mittlere Management ausgerichtet sind.

- **Keine „Quick Wins":** Im Veränderungsprozess selbst sind Meilensteine zu definieren. Dabei ist darauf zu achten, dass sie so gestaltet sind, dass bereits nach kurzer Zeit erste Erfolge einer besseren Kundenorientierung sichtbar und spürbar sind. Dieses Vorgehen folgt dem Motto: Nichts überzeugt mehr als Erfolg.
- **Keine nachhaltige Verankerung in der Unternehmenskultur:** Dieses Defizit ist eigentlich nie originär, sondern es resultiert aus vielen Versäumnissen in den oben genannten Bereichen. Denn die Unternehmenskultur wird nicht nur durch Artefakte also sichtbare Ausprägungen wie eine Hotline oder Beschwerdeanlaufstelle gebildet, sondern in viel stärkerem Maße durch Werthaltungen und Grundeinstellungen (vgl. Schein 2004/ 1995, Töpfer 2007, S. 677 ff.). Über die gesamte Hierarchie kommt hier zum Tragen: Was nicht vorgelebt wird, wird nicht „nachgelebt". Wenn das Ziel des Total Customer Care sich also nicht im konkreten Verhalten der Mitarbeiter niederschlägt, sondern geschaffene Kommunikationskanäle und eingesetzte Instrumente als Beleg für eine hohe Kundenorientierung angesehen werden, dann führt dieser „frühe Triumph" dazu, dass das gesamte Vorhaben und alle Veränderungsaktivitäten lediglich an der Oberfläche bleiben.

Als Antwort auf diese Anforderungen lässt sich der konzeptionelle Ansatz von Gouillart/ Kelly (vgl. Gouillart/ Kelly 2002) heranziehen, der **4 wichtige Bausteine für ein erfolgreiches Transformationsmanagement** umfasst. Er ist in Abbildung 14 skizziert. Auf der Basis der Vision und im Rahmen der Strategie sind die extern auf Märkte und Produkte ausgerichteten Erfolgsfaktoren herauszuarbeiten und in Key Performance Indicators (KPIs) zu formulieren, die eine erfolgreiche Positionierung des Unternehmens im Wettbewerb ermöglichen und ein wirtschaftliches Unternehmensergebnis mit ausreichenden Margen erlaubt.

Aus den Anforderungen der Märkte und Marktleistungen resultieren Konsequenzen für die Prozesse und die Infrastruktur, die einerseits marktorientiert und andererseits intern gerichtet sind. Hieraus werden dann intern fokussierte Werttreiber erarbeitet und ebenfalls in KPIs für die Steuerung umgesetzt. Um es an einem Beispiel zu verdeutlichen: Die Erfolgsfaktoren termingerechte Lieferung fehlerfreier Produkte für den Kunden werden intern über die Durchlaufzeiten und die Null-Fehler-Qualität in den Prozessen und Organisationseinheiten gesteuert. Dies erfordert die aktive Mitwirkung qualifizierter und engagierter Mitarbeiter. Deshalb ist der 4. Baustein dieser Konzeption des Transformationsmanagements auf Mitarbeiter und Lernen fokussiert. Durch diesen Ablauf der inhaltlichen Schwerpunkte sollen die Vision und Strategie realisiert werden. Die Nähe zur Grundidee der Balanced Score Card ist dabei offensichtlich.

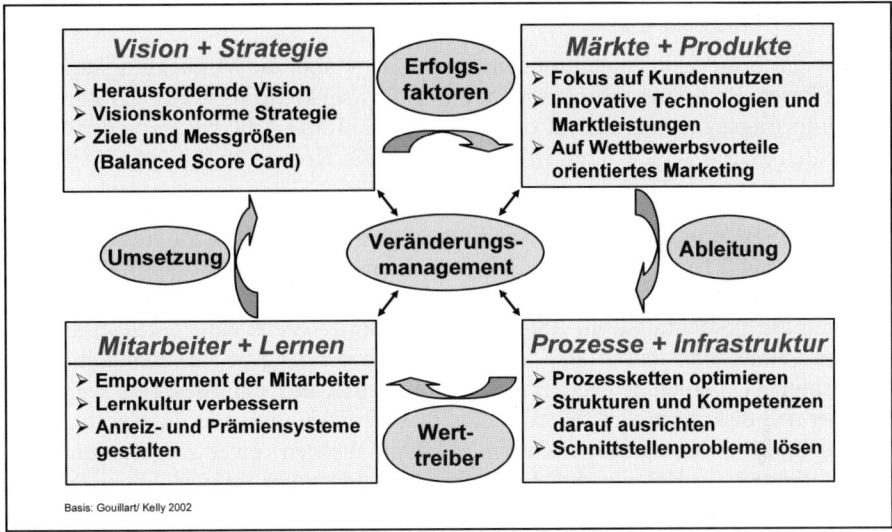

**Abb. 14:** Wesentliche Bausteine des Transformationsmanagements

Wenn dieser Prozess der Transformation mit dem Ziel einer hohen und möglichst kompromisslosen Kundenorientierung erfolgreich in Gang gesetzt und auch abgeschlossen werden soll, dann stellt sich die Frage, wie dieses Veränderungsmanagement abläuft. Die Erkenntnisse des **3-Phasen-Konzeptes von Lewin** (vgl. Lewin 1935; Töpfer/ Albrecht 2006, S. 584 ff.) sind hierfür heute noch eine aussagefähige Leitlinie.

- In der **Phase des Auftauens** (Unfreezing) ist genügend Zeit für die Information und Vorbereitung zu veranschlagen, um den Mitarbeitern die Angst vor Veränderungen zu nehmen und Vertrauen zu schaffen.
- Auf diese Strategie des vor allem nach innen gerichteten Marketings folgt die **Phase des Veränderns** (Moving). Sie ist möglichst schnell und gezielt durchzuführen, weil die eigentliche Veränderung durch einen Prozessmusterwechsel immer mit Instabilität verbunden ist. Die Mitarbeiter sind einzubeziehen und zu trainieren. Nur so kann einerseits die Bereitschaft zur Umsetzung des geforderten veränderten Verhaltens erreicht werden und andererseits können nur so die neuen respektive höheren Kompetenzen der Kundenorientierung durch Qualifizieren und Handeln geschaffen werden.
- In der 3. **Phase des Einfrierens** (Refreezing) ist dafür Sorge zu tragen, dass das neue Niveau stabilisiert wird und das Unternehmen respektive seine Akteure nach relativ kurzer Zeit wieder in das bisherige weniger kundenorientierte Verhaltensmuster zurückfällt. Hierzu ist das gewünschte Verhalten mit den angestrebten Ergebnissen abzusichern, und zwar durch die Formulierung eindeutiger

Leitbilder und Spielregeln sowie den Einsatz geeigneter Instrumente als „Korsettstangen". Diese Phase benötigt oft – wie die 1. Phase – relativ viel Zeit. Wichtig ist dabei, dass nach der Veränderung sofort und nachhaltig mit dieser Stabilisierung angefangen wird.

Aus den bisherigen Ausführungen lassen sich – über die Vermeidung der oben aufgeführten Hemmnisse hinausgehend – 2 **Basiserkenntnisse für erfolgreiche Veränderungsprozesse** ziehen, die sich zu Grundsätzen für die Vergehensweise verdichten lassen (vgl. Kotter 1996; Kotter 2002; Kruse 2002; Töpfer/ Albrecht 2006).

- Jede Veränderung hat den **notwendigen Zeitbedarf ohne zu hohen Handlungs- und Ergebnisdruck** am ehesten dann, wenn sie nicht durch sich deutlich verschlechternde Umfeldgegebenheiten erzwungen wird, sondern vielmehr durch die Erkenntnisse im Rahmen der Strategie bereits eingeleitet wird. Dies setzt voraus, dass durch eine intensive und durchgängige Kommunikation im gesamten Unternehmen dieser **Erkenntnisdruck aus der Strategie** weitergeleitet und diskutiert wird. Hierdurch wird vermieden, dass nur die Geschäftsleitung und die Strategieexperten die „dunklen Wolken" einer zu geringen Kundenorientierung des eigenen Unternehmens und einer übermächtigen Marktpositionierung der relevanten Wettbewerber erkennen. Alle anderen aber noch auf der „Insel der Glückseeligen" leben. Als Fazit bleibt also festzuhalten: Ohne ein Gefühl der Dringlichkeit, das im besten Fall noch nicht durch rote Zahlen in der Gewinn- und Verlustrechnung gegeben ist, wird kein Transformationsprozess zügig und mächtig gewinnen.
- Für den dann anstehenden Veränderungsprozess sind **schlagkräftige Führungskoalitionen** von maßgeblicher Bedeutung. Das Top-Management muss also in der Lage sein, Netzwerke zwischen unterschiedlichen Bereichen und über mehrere Führungsebenen des Unternehmens zu bilden, um in einem ganzheitlichen Ansatz ein nachhaltiges wirkungsvolles Transformationsmanagement in Gang zu setzen. In diese Führungskoalition ist auf der Basis transparenter und fairer Vereinbarungen ebenfalls das Co-Management des Betriebsrats einzubeziehen. Auch für jeden größeren Veränderungsprozess im Kundenmanagement gilt, dass hierbei „generalstabsmäßig" vorzugehen ist.

# 7 Literatur

*Blake, R.R./ Mouton, J.S. (1968):* The managerial grid, Houston 1964; deutsch: Verhaltenspsychologie im Betrieb, Düsseldorf/ Wien 1968.
*Clark, T. (2006):* HP bedrängt Dell im PC-Geschäft, in: Financial Times Deutschland vom 18.08.2006, S. 4.
*Deutsch, C. (1995):* Organisation: Weit mehr möglich, in: Wirtschaftswoche vom 25.05.1995, 49. Jg., 1995, Nr. 22, S. 79-81.
*Endres, H./ Werle, K. (2007):* Aufstand im Büro, in: manager magazin, 37. Jg., 2007, Nr. 7, S. 110-119.

*Fröndhoff, B. (2006):* Zuhören und dienen – Kundenfokussierung: Wie der Kopierspezialist Xerox aus der Krise fand, in: Handelsblatt vom 31.10.2006, Nr. 210, S. 22.
*Gouillart, F.J./ Kelly, J.N. (2002):* Business Transformation – Die besten Konzepte für Ihr Unternehmen, Wien 2002.
*Hellriegel, D./ Slocum, J.W./ Woodman, R.W. (1986):* Organizational behaviour, 4. Aufl., St. Paul et al. 1986.
*Hewlett-Packard (2008):* Abfrage vom 05.02.2008 unter http://www.hp.com/hpinfo/abouthp/
*Höfinghoff, T./ Ottomeier, M./ Lambrecht, M. (2005):* Microsoft drängt mit Umbau ins Onlinegeschäft, in: Financial Times Deutschland vom 22.09.2005, S. 4.
*Homburg, C./ Stock, R. (2002):* Führungsverhalten als Einflussgröße der Kundenorientierung von Mitarbeitern: Ein dreidimensionales Konzept, in: Marketing ZFP, 24. Jg., 2002, Nr. 2, S. 127-137.
*Kotter, J.P. (1996):* Leading Change, Boston 1996.
*Kotter, J.P. (2002):* Chaos, Wandel, Führung – Leading Change, Berlin 2002.
*Kruse, P. (2002):* Veränderung erfolgreich gestalten – Change Management: Was von den Führungskräften heute verlangt wird, in: ku-Sonderheft 07/2002, Karriere im Krankenhaus.
*Laube, H. (2005):* HPs Sanierungserfolge verblüffen Anleger, in: Financial Times Deutschland vom 18.08.2005, S. 4.
*Lewin, K. (1935):* A Dynamic Theory of Personality – Selected Papers, New York 1935.
*Oechsler, W.A. (2006):* Personal und Arbeit – Grundlagen des Human Resource Management und der Arbeitgeber-Arbeitnehmer-Beziehungen, 8. Aufl., München 2006.
*o.V. (2007):* Fast jeder Fünfte hat innerlich gekündigt, in: Die Welt vom 28.12.2007, S. 9.
*Schein, E.H. (2004/ 1995):* Organizational Culture and Leadership, 3. Aufl., San Francisco 2004, deutsch: Unternehmenskultur – Ein Handbuch für Führungskräfte, Frankfurt am Main/ New York 1995.
*Schmitt-Tegge, J. (2007):* Wenn der Wandel von oben verordnet wird, in: Financial Times Deutschland – Enable vom 10.07.2007, S. 23.
*Seigner, J. (2002):* Mannesmann Mobilfunk – The customer driven company, in: Töpfer, A. (Hrsg.): Business Excellence – Wie Sie Wettbewerbsvorteile und Wertsteigerung erzielen, Frankfurt am Main 2002, S. 233-245.
*Staehle, W.H. (1999):* Management – Eine verhaltenswissenschaftliche Perspektive, 8. Aufl., München 1999.
*Stock-Homburg, R. (2008):* Kundenorientiertes Personalmanagement als Schlüssel zur Kundenbindung, in: Bruhn, M./ Homburg, C. (Hrsg.): Handbuch Kundenbindungsmanagement – Strategien und Instrumente für ein erfolgreiches CRM, 6. Aufl., Wiesbaden 2008, S. 677-712.
*Töpfer, A. (2006):* Leitlinien und Konzepte zur Aktivierung der Mitarbeiter, in: Albrecht, D.M./ Töpfer, A. (Hrsg.): Erfolgreiches Changemanagement im Krankenhaus – 15-Punkte Sofortprogramm für Kliniken, Heidelberg 2006, S. 307-319.
*Töpfer, A./ Albrecht, D.M. (2006):* Anforderungen, Schlüsselbereiche und Mitwirkende des Veränderungsmanagements, in: Albrecht, D.M./ Töpfer, A. (Hrsg.): Erfolgreiches Changemanagement im Krankenhaus – 15-Punkte Sofortprogramm für Kliniken, Heidelberg 2006, S. 581-602.
*Töpfer, A. (2007):* Betriebswirtschaftslehre – Anwendungs- und prozessorientierte Grundlagen, 2. Aufl., Berlin/ Heidelberg 2007.

*Töpfer, A./ Günther, S. (2007):* Six Sigma im Entwicklungsprozess – Design for Six Sigma, in: Töpfer, A. (Hrsg.): Six Sigma – Konzeption und Erfolgsbeispiele für praktizierte Null-Fehler-Qualität, 4. Aufl., Berlin/ Heidelberg 2007, S. 100-171.
*Welch, J./ Welch, S. (2005):* Winning – Das ist Management, Frankfurt am Main 2005.
*Zeithaml, V.A./ Parasuraman, A./ Berry, L.L. (1992):* Qualitätsservice – Was Ihre Kunden erwarten, was Sie leisten müssen, Frankfurt am Main/ New York 1992.

# Mitarbeiterzufriedenheit = Kundenzufriedenheit: Eine Wechselwirkung?
# – Ein Erfahrungsbericht der Globus Holding –

– Wie wird in der Unternehmenspraxis die Wechselbeziehung zwischen Mitarbeiterzufriedenheit und Kundenzufriedenheit durch konkrete Maßnahmen gestaltet und gesteuert? –

Johannes Scupin

Inhalt

| | | |
|---|---|---|
| 1 | Darstellung der Globus-Gruppe | 913 |
| 2 | Marketing-Konzept | 914 |
| 2.1 | Sortimentskonzept | 914 |
| 2.2 | Preiskompetenz | 915 |
| 2.3 | Servicekompetenz | 916 |
| 2.4 | Kommunikation/ Werbung | 916 |
| 3 | Personalführung und -entwicklung | 917 |
| 3.1 | Leitbild und Werte | 917 |
| 3.2 | Entscheidungsprozesse | 918 |
| 3.3 | Projektverantwortung | 918 |
| 3.4 | Information und Kommunikation | 919 |
| 3.5 | Personalentwicklung | 920 |
| 3.6 | Aus- und Weiterbildung | 921 |
| 3.7 | Messbarkeit | 921 |
| 3.8 | Materielle Beteiligung | 922 |
| 4 | Mitarbeiterzufriedenheit = Kundenzufriedenheit | 922 |
| 5 | Fazit | 923 |

## 1 Darstellung der Globus-Gruppe

Globus ist derzeit in Deutschland mit 38 SB-Warenhäusern, 51 Baumärkten und 9 Elektrofachmärkten vertreten. Ausbreitungsgebiete sind hauptsächlich Südwest-Deutschland, Bayern und die neuen Bundesländer. Im Geschäftsjahr 2007/ 08 eröffnete Globus ein SB-Warenhaus in Leipzig und 2 Baumärkte in Wörth und Hofheim. In der Tschechischen Republik ist die Globus-Gruppe schon lange präsent: Ende vergangenen Jahres feierte man hier den 10. Jahrestag des Markteintrittes. Mittlerweile gibt es 11 Globus-Hypermärkte im Land, 3 allein in Prag, die Mehrheit davon mit integriertem Baumarkt. Im laufenden Jahr ist die Eröffnung des 12. Marktes im nordböhmischen Liberec erfolgt. Ende 2006 startete das Unternehmen in Russland und eröffnete das Hyper-Globus-SB-Warenhaus in Scholkovo bei Moskau. Der 2. Markt wurde in Klimovsk, nahe Moskau, im November 2007 eröffnet.

Komplettiert wird die Globus-Gruppe durch die Globus-Logistik in Bingen/ Rheinland-Pfalz und durch die Globus-Koordination in St.Wendel. Damit beschäftigt das Unternehmen insgesamt ca. 24.000 Menschen, davon rund 18.000 in Deutschland. Im abgelaufenen Geschäftsjahr 2005/ 06 wurde auf Gruppenebene ein Umsatz von rund 4,24 Mrd. Euro erzielt, was einer Umsatzsteigerung von 2,0% entspricht. Trotz schwieriger Marktbedingungen und einer miserablen Konsumkonjunktur konnten auch auf bestehenden Flächen noch Zuwächse erzielt werden. Wie anspruchsvoll das Geschäft ist, zeigt nicht zuletzt der Rückzug des weltgrößten Einzelhändlers Wal*Mart aus dem deutschen Markt.

Zu den Erfolgsfaktoren des saarländischen Familienunternehmens – Thomas Bruch, geschäftsführender Gesellschafter, führt mittlerweile in 5. Generation das 1828 von Franz Bruch gegründete Unternehmen – zählen die **langfristig und auf Nachhaltigkeit ausgelegte Unternehmensstrategie**, eine **hohe Sortimentbreite und -tiefe**, ein **exzellentes Preis-Leistungs-Verhältnis** und – vor allem – die vielen **qualifizierten Mitarbeiterinnen und Mitarbeiter**. Globus setzt auf Mitarbeiter, die als „Unternehmer vor Ort" in der Lage sind, die Bedürfnisse der Kunden zu erkennen und Verantwortung für ihre Zufriedenheit zu übernehmen. Dies ermöglicht es, die Kundenleistung punktgenau auf die Bedürfnisse vor Ort zuzuschneiden und damit pro Standort deutlich höhere Umsätze als andere Unternehmen zu erwirtschaften.

## 2 Marketing-Konzept

Die Globus-Gruppe betreibt ihr Geschäft in allen Vertriebstypen ausschließlich auf der Großfläche. Diese Ausrichtung steht zwar einem schnellen Wachstum manchmal entgegen, ermöglicht andererseits aber eine „sortenreine" Geschäftspolitik.

### 2.1 Sortimentskonzept

Globus strebt die **Sortimentsführerschaft** insbesondere im Lebensmittelbereich an. Hier ist man vom Preiseinstiegsartikel bis zum Premiumangebot vertreten. Als Beispiel hierfür kann der Weinbereich angeführt werden, wo Globus bis zu 2.000 verschiedene Weine führt – bis hin zu Spitzengewächsen aus Bordeaux.

Besondere Schwerpunkte im Frischebereich sind Eigenproduktionen vor Ort. Hier sind sowohl die Metzgereien zu nennen, in denen täglich neben der Zerlegung von Fleisch auch die Herstellung von ca. 40 Wurstsorten erfolgt, als auch die Bäckereien, die keine Aufbackstationen sind, sondern echte Handwerksbäckereien, in denen täglich bis zu 50 Sorten Brot und Brötchen frisch hergestellt werden. Somit erreicht Globus einen wesentlichen Frischevorsprung gegenüber seinen

Wettbewerbern. Im Gegensatz zu vielen Wettbewerbern wird auch nach wie vor Wert auf Bedienungstheken gelegt, die lediglich um SB-Bereiche erweitert werden. Abgerundet wird das Sortiment durch starke **Eigenmarkenprodukte**, die mit Spitzenqualitäten im mittleren Preissegment dem Anspruch von Globus nach bestem **Preis-Leistungs-Verhältnis** entsprechen. Im Jahr 2007 ist aktuell eine Überarbeitung des bisherigen Eigenmarkenauftrittes unter der **Dachmarke „Globus"** erfolgt.

Auch in der Trend-Warengruppe Convenience strebt Globus, durch die Einführung einer eigenen Linie, einen echten Wettbewerbsvorsprung durch Kompetenz, Frische, Qualität und Preis an. Nicht zuletzt spielt die Regionalität der einzelnen Standorte bei der Zusammenstellung der Sortimente eine entscheidende Rolle. So besteht das bis zu 100.000 Artikel umfassende Sortiment eines Globus SB-Warenhauses nur zu ca. 40 bis 50% aus national festgelegten (Muss-)Artikeln und wird ergänzt um regional wichtige (Empfehlungs- und Kann-) Artikel, die teilweise von Herstellern aus der unmittelbaren Nachbarschaft der Warenhäuser geliefert werden.

## 2.2 Preiskompetenz

Nach Ansicht von Globus ist der Preis Grundvoraussetzung, um mit dem Kunden ins Geschäft zu kommen. Die **Preissensibilität** wird auch in den nächsten Jahren weiterhin vorhanden sein bzw. sogar steigen, wofür auch die Entwicklung der Marktanteile der Discounter spricht. Ziel ist es hier, gegenüber den Wettbewerbern in der jeweiligen Vertriebsschiene die Preisführerschaft über den gesamten Warenkorb zu erreichen.

Sichergestellt wird dies durch die **Verlagerung der Preiskompetenz** vor Ort. Im Rahmen definierter Spielregeln kann jeder Betrieb flexibel auf sein Wettbewerbsumfeld eingehen. Eine Abstimmung mit Vorgesetzten oder der zentralen Koordination ist nicht notwendig. Hierfür wurden die entsprechenden Voraussetzungen geschaffen: Einerseits eine **Preisvergleichsabteilung** je Betrieb mit entsprechend qualifizierten Mitarbeitern, andererseits weitere **Preisbeobachtungsinstrumente** aus Sicht des Gesamtmarktes. Die Schulung der verantwortlichen Führungskräfte zu diesem Thema ist dabei besonders wichtig, um mit dem notwendigen Gespür dieses wichtige Instrument sinnvoll zu nutzen.

Nur das stringente Sicherstellen von marktgerechten Preisen schafft Vertrauen in den Preis. In jeder Preisklasse wird bestmögliche Warenqualität zu niedrigstmöglichen Preisen angeboten. Globus führt nach wie vor **Sonderangebots- und Preisaktionen** durch und verbindet damit dauerhaft günstige Regalpreise mit temporären Preisaktionen. Dies spiegelt die Einstellung wider, dass keine Stammkunden nur mit billigen Sonderangeboten gewonnen werden können. Vielmehr soll durch ein **bedarfsgerechtes Saison- und Aktionsgeschäft** mit kundenorientierten Themen immer wieder etwas Besonderes/ Überraschendes angeboten und dadurch Wegeanlässe für die Kunden geschaffen werden.

Zur Festigung des Preisimage und zur Abwehr von Discountern diente bisher das FAIR-Programm, das Globus seit mehr als 10 Jahren einsetzt. Dies sind ca.

1.500 Artikel über fast alle Warenbereiche, – die deutlich herausgestellt werden und die dem Kunden signalisieren, dass dieses Produkt dem Discount in Preis und Qualität gleich ist. Im Jahr 2007 wurde auch hier eine Modernisierung des Auftrittes angestrebt. Zum besseren Verständnis wird das bisherige Fair-Programm unter dem neuen Titel „Tiefster Preis" antreten.

Vertrauen spielt im Marketing-Konzept von Globus eine wichtige Rolle. Nicht zuletzt die Einführung der Angebotspreis-Garantie und der Fairpreis-Garantie haben Globus in diesem Punkt eine Sonderstellung beim Konsumenten gebracht.

## 2.3 Servicekompetenz

Da der Kunde heute gute Qualität, Auswahl und einen günstigen Preis voraussetzt, hat Globus früh damit begonnen, durch **Serviceleistungen und Serviceversprechen** den Kunden noch stärker an sich zu binden. Dies wird unter anderem sichergestellt durch über 40 verschiedene Serviceleistungen, die je nach Betrieb durchaus unterschiedlich sein können, und zwar je nachdem, welche Abteilungen und Bereiche dort geführt werden (z.B. Bücher-Bestellservice).

Auch die Serviceversprechen von Globus sind branchenweit bekannt: So sind z.B. die Garantien zu nennen, ein Instrument, das man in einem über zweijährigen Kampf vor Gericht bis hin zum Bundesgerichtshof erstreiten musste. So bekommt beispielsweise ein Kunde, der über 10 Minuten an der Kasse warten muss, 2,50 € zurückvergütet. Auch andere Leistungen werden dem Kunden nicht nur versprochen, sondern garantiert; er wird entschädigt, wenn sie nicht eingehalten werden.

## 2.4 Kommunikation/ Werbung

Wichtigstes Werbe-Medium ist das **Faltblatt**, das mittlerweile in einer Auflage von ca. 5 Mio. Stück wöchentlich erscheint und in dem nicht nur Produkte und Preise beworben werden, sondern mit dem man sehr ausführlich mit dem Kunden über Themen unterschiedlicher Art kommuniziert. Ähnlich dem Sortiment setzt sich auch das Faltblatt aus einem nationalen und einem regionalen Teil zusammen. Dies ermöglicht auch in der Werbung die Regionalisierung der Marke Globus.

Neben dem Faltblatt, der **regionalen Rundfunk- und Plakatwerbung** und der klassischen **Point-of-Sale-Werbung**, werden aktuell mehrere Tests im Bereich des **dialogorientierten Marketings** durchgeführt. Besonders zu nennen sind die erfolgreichen Globus-Internet-Seiten, der wöchentliche Newsletter-Versand, aber auch spezielle Aktionen zum Thema „Bewusst Leben", „Wein" oder „Baby". Alle eingesetzten Medien sollen dabei die zweifellos vorhandenen Mehrwerte für den Kunden kommunikativ erlebbar machen, d.h. Leistungskommunikation statt Werbung.

Bereits durch die Kommunikation soll eine **emotionale Verbindung** geschaffen werden, wobei der Globus Markt als das wichtigste und unverwechselbarste Kommunikationsmittel genutzt wird. Werden Menschen in die Kommunikation eingebaut, so sind dies nach Möglichkeit Mitarbeiter oder Kunden des Absenderstandortes, um Regionalität erlebbar zu machen. Über Allem steht der Grundsatz: Globus ist ein ehrlicher und verlässlicher Partner. Jeder Kunde bekommt, was versprochen wird.

## 3 Personalführung und -entwicklung

### 3.1 Leitbild und Werte

Die Arbeit (und Zusammenarbeit) bei Globus erfolgt in engem Sinnkontext zum Leitbild und zu den Werten, denen sich das Unternehmen und jeder Mitarbeiter verpflichtet fühlt.

Gemeinsam mit Führungskräften und Mitarbeitern aller Ebenen wurden im Jahr 2006 die bestehenden Unternehmens- und Führungsgrundsätze überarbeitet und modernisiert. Die Vision – durch Mitarbeiter, die eigenverantwortlich im Sinne des Kunden handeln und selbst erkennen, was zu tun ist – zum „unternehmerischsten Unternehmen" der Branche zu werden, wurde in diesen Handlungsgrundsätzen verarbeitet. Im Folgenden wird des öfteren Bezug auf dieses Leitbild und seine Werte genommen (siehe Abb. 1).

**Abb. 1:** Unternehmensleitbild der Globus Holding

## 3.2 Entscheidungsprozesse

Es ist wichtig, dass jeder Mitarbeiter **selbstständig und in eigener Verantwortung** innerhalb seines Aufgabengebietes entscheiden kann. Dazu ist es notwendig, dass ihm entsprechende Informationen und Kenntnisse vermittelt werden.

Führung bei Globus besteht daher vor allem aus:

- Fördern und Fordern
- Ermöglichen und Ermutigen
- Mut zur Entscheidung und Wille zum Erfolg
- Leistungsbewertung und Maßhaltigkeit im Anspruchsdenken
- Erfolg im Team.

So sollen möglichst viele Mitarbeiter durch **fachliche und persönliche Weiterqualifikation** in die Lage versetzt werden, eigene Entscheidungen treffen zu können, also zu wollen und zu dürfen. Als Beispiel kann eine Maßnahme aus dem Beschwerdemanagement genannt werden. Hier wurden die Mitarbeiter ermächtigt, bei Beschwerden in einem definierten Rahmen selbst Entscheidungen treffen zu können, ohne Rücksprache mit dem Vorgesetzten. Dies kann eine Tasse Kaffee oder eine Einladung zum Mittagessen, aber auch die problemlose Rücknahme bzw. Umtausch bis zu einem Betrag von 500 € sein.

Auch im „normalen" Arbeitsalltag legt Globus sehr viel Wert darauf, dass die Mitarbeiter selbst in ihrem Zuständigkeitsbereich entscheiden können. Dies kann z.B. im Rahmen des Kann-Sortimentes die Entscheidung über die Streichung oder Neuauflage eines Artikels sein, wobei selbstverständlich Absprachen des Einkaufs Berücksichtigung finden müssen. Die meisten Fälle betreffen jedoch die Zufriedenstellung der Kunden im direkten Kontakt.

Jede Vertriebsschiene und die gesamte Unternehmensgruppe sind in eine **Gremienstruktur** eingebunden. So ist es tägliche Übung, dass Mitarbeiter entweder in betrieblichen Arbeitskreisen (Werbung, Umwelt etc.) ständig mitarbeiten oder zu speziellen Projekten im Betrieb herangezogen werden. Dies setzt sich auf der Ebene der Unternehmensbereiche fort. Hier sind die Betriebe vor allem in Warenbereichen, aber auch in den Verwaltungs-, Organisations- und EDV-Bereichen in die entsprechenden Entscheidungskreise eingebunden. So ist sichergestellt, dass einerseits Entscheidungen praxisnah gefällt werden, andererseits durch die **Einbindung der Mitarbeiter** eine bessere Umsetzung erfolgt.

## 3.3 Projektverantwortung

Neben der Verantwortung für den eigenen Aufgabenbereich übernehmen Mitarbeiter aller Hierarchieebenen für eine bestimmte Zeit Verantwortung für zusätzliche Aufgaben bzw. Projekte. Dies können kleinere Aufgaben sein, z.B. die Patenschaft für einen neuen Kollegen und Auszubildende, die Projektverantwortung für ein einzelnes Umweltthema in einem bestimmten Betrieb oder auch die Projektverantwortung eines erfahrenen Geschäftsleiters für den Aufbau eines neuen Betriebs der Gruppe.

Die Verantwortung für solche Projekte fördert das **Selbstbewusstsein** und zwingt den Mitarbeiter, über das Tagesgeschäft hinauszublicken. Er wird sicherer und gewinnt neue Erfahrungen, die letztlich sowohl seiner Persönlichkeit als auch dem Unternehmen zugute kommen. Dass die **Mitarbeiterzufriedenheit** durch erfolgreiche Projekte steigt, versteht sich von selbst.

## 3.4 Information und Kommunikation

In einem Unternehmen, das seinen Mitarbeitern sehr viel Entscheidungsspielraum lässt, ist es notwendig zu informieren und zu kommunizieren. Ein wichtiger Baustein ist hier die **Globus Team-Info**. Diese erscheint in 2 Ausführungen – einmal gruppenumfassend und einmal je Betrieb. Die Gruppeninfo ist monatlich mit sehr aktuellen Themen am Markt. Im Lauf der letzten Jahre wurde sie im Layout und in der Aktualität mit entsprechenden Investitionen erheblich verbessert. In den betriebsspezifischen Informationen werden dann die Themen abgehandelt, die jeweils nur das eigene Haus betreffen. Die Globus Team-Info soll nicht nur Sprachrohr für die Geschäftsführung, sondern auch für die Mitarbeiter sein. Insofern sind auch im Redaktionsteam Mitarbeiter aus allen Bereichen vertreten.

Auf 2 besondere Beispiele zur Kommunikation wird im Folgenden eingegangen.

**1. Die im Jahr 2006 zum 3. Mal durchgeführte Aktion „Woche der Rose"**

Bei dieser Veranstaltung ging es um das zentrale Anliegen des Unternehmens: Die **Kundenzufriedenheit**. Globus wollte es wissen! Wie zufrieden sind die Kunden beim Einkauf im Globus. Was stimmt und was kann verbessert werden?

Zu diesem Zweck standen die Geschäftsleiter und führende Mitarbeiter aller Globus SB-Warenhäuser eine Woche lang persönlich Rede und Antwort. In einem eigens in allen Märkten aufgebauten Rosenstand konnten Kunden so den direkten Kontakt zu den Führungskräften suchen und gleichzeitig die wichtigsten Leistungsmerkmale aus ihrer Sicht bewerten. Ebenfalls konnte als kleiner **Dank an einen Mitarbeiter** eine zu diesem Zweck am Eingang überreichte Rose verschenkt werden.

So kam es über die gesamte Gruppe zu einer siebenstelligen Zahl von **direkten Kundenkontakten** mit unzähligen, wichtigen **Tipps und Anregungen**.

Neben den positiven Kundenkontakten hat man aber noch viel mehr erreicht, nämlich die eigenen **Mitarbeiter motiviert**. Denn anstatt teure Trainer zu engagieren, die den Mitarbeitern demonstrieren, was sie alles falsch machen, hat man den umgekehrten Weg gewählt und ihnen gezeigt, wie gut, wie beliebt und wie kompetent die meisten bereits sind: Der richtige Ansporn, noch besser zu werden.

Die Aktion „Woche der Rose" war sozusagen die Kick-Off-Veranstaltung für weitere Aktivitäten und Maßnahmen. Denn bei allen Bemühungen um mehr Kundenzufriedenheit wurde deutlich: Es ist die Zufriedenheit der eigenen Mitarbeiter, die positive Kundenbindung erst möglich macht.

**2. Die im Jahr 2007 zum 3. Mal durchgeführte Mitarbeiterbefragung** (erstmals durch Gallup)

Auf freiwilliger Basis und mit auf Teamebene verdichteten (anonymisierten) Ergebnissen, wurden alle Globus-Mitarbeiter befragt, um Erkenntnisse über die **Bindung zum Unternehmen** und damit die **Zufriedenheit der Mitarbeiter** zu erhalten sowie zu erfahren, ob die Unternehmenswerte in den einzelnen Teams gelebt werden.

Mit einer Beteiligungsquote von nahezu 90% konnten wichtige **Informationen und Verbesserungspotenziale** ermittelt werden, auf deren Basis nun in Team-Workshops Maßnahmenpläne erstellt und umgesetzt werden. Den Erfolg wird man in einer **Folgebefragung** messen, was die Ernsthaftigkeit des Interesses an nachhaltiger Verbesserung belegt.

Grundsätzlich wichtig ist, dass in der Kommunikation ehrlich verfahren wird. Die Mitarbeiter wie Kunden merken sehr schnell, wenn sie hinters Licht geführt werden bzw. Kommunikation nur eine Alibifunktion hat. Auch hier ein Zitat aus den Leitlinien: „Wir sind ehrlich; auf uns kann man sich verlassen. Unser Reden und unser Handeln stimmen überein."

## 3.5 Personalentwicklung

Auch zu diesem Punkt bezieht Globus im Leitbild konsequent Stellung: „Lernendes Unternehmen bedeutet, eigene Fähigkeiten permanent weiter zu entwickeln; immer auf der Suche nach neuen Ideen, dem besseren Weg zu sein. Das Unternehmen als Übungsfeld und Ideenschmiede zu sehen, Gutes zu entwickeln, aber auch von Anderen zu erlernen."

Grundsätzlich gibt es 2 typische **Karrierewege** bei Globus: Zum einen in der Zentrale (Koordination), die rund 700 Mitarbeiter zählt. Hier sind Entwicklungsmöglichkeiten in allen Fach- und Führungsfunktionen vorhanden.

Zum anderen auf den Großflächen: Hier verläuft der Aufstieg vom Teamleiter über den Bereichsleiter bis hin zum Geschäftsleiter, der schließlich das SB-Warenhaus inklusive Geschäftsergebnis verantwortet.

Um Karrierewillige zu unterstützen bietet Globus 3 **Förderprogramme** an, die den charmanten Namen „GLUP" tragen – Globus Unternehmer Programm. GLUP1 begleitet den Mitarbeiter auf seinem Weg zum Teamleiter, GLUP2 macht diesen wiederum zum Bereichsleiter und GLUP3 fördert Bereichs- zu Geschäftsleitern.

Schwerpunkt der Personalentwicklung liegt also definitiv auf der **Förderung aus den eigenen Reihen**. Dies hat einerseits dazu geführt, dass in den letzten Jahren viele Top-Führungspositionen aus eigener Kraft besetzt werden konnten, andererseits ist die **Fluktuationsrate** sehr niedrig und die **Betriebszugehörigkeit** beträgt im Schnitt mehr als 10 Jahre, in den Führungsebenen liegt die Verweildauer sogar noch deutlich höher.

Aber auch Neulinge und Quereinsteiger haben bei Globus gute Chancen. Weil die oft ungewohnt großen Gestaltungsspielräume eine Herausforderung darstellen, wird durch eine individuelle Einarbeitung neben den Fachkenntnissen auch Verständnis für die Globus-Kultur geschaffen.

Hochschulabsolventen wird dies in einem dreijährigen Traineeprogramm vermittelt, das die Vorbereitung auf die Besetzung einer Spitzenposition im Vertrieb oder in der Zentrale darstellt. Wer keinen Studienabschluss vorzuweisen hat, kann selbst das bei Globus nachholen. Das Handelsunternehmen bietet z.B. die Möglichkeit, über die Steinbeis Universität in Berlin berufsbegleitend in 3 Jahren den Bachelor zu erwerben.

## 3.6 Aus- und Weiterbildung

Neben der Personalentwicklung spielt die Aus- und Weiterbildung eine wichtige Rolle. Das **Seminarprogramm** umfasst ca. 120 verschiedene Themenangebote an Schulungen für Mitarbeiter aller Ebenen. Im letzten Jahr nahmen ca. 8.000 Teilnehmer an diesen Schulungen teil. Weitere Maßnahmen sind das Blitzteamtraining und die Schulung durch den Vorgesetzten.

- **Blitzteamtraining**
  Dies ist eine Schulung in kurzen Sequenzen (ca. 10 bis 15 Minuten) durch den Vorgesetzten am Regal, im Pausenraum etc. – Ziel ist es, neue, wichtige Sachverhalte zu vermitteln oder anlassbezogen nochmals zu rekapitulieren, z.B. Inventuranweisungen.
- **Schulung durch den Vorgesetzten**
  In den letzten Jahren wurde eine ganze Reihe erfahrener Globus-Mitarbeiter zu Trainern ausgebildet. Diese unterrichten ihre eigenen Mitarbeiter oder auch die anderer Betriebe in bestimmten Spezialgebieten. Die Geschäftsführung hat sich ebenfalls in dieses Konzept eingebunden und schult insbesondere die Nachwuchsführungskräfte. Das Ganze macht nicht nur Spaß, sondern bringt auch demjenigen, der die Schulung hält, viele Informationen und Kontakt zur Basis. In diesem Rahmen werden auch Themen angesprochen, die nicht im „normalen" Arbeitsalltag auftauchen.

## 3.7 Messbarkeit

Eine wichtige Frage ist, ob all diese Maßnahmen auch zu einer höheren Mitarbeiterzufriedenheit führen. Dies wird bei Globus unter anderem durch das **Jahresgespräch mit Zielvereinbarung** festgestellt, das als ein sehr wichtiges Instrument der Personalführung erachtet wird.

Jeder Mitarbeiter bei Globus hat Anspruch darauf, einmal im Jahr mit seinem direkten Vorgesetzten ein Jahresgespräch zu führen, in dem die Leistungen des abgelaufenen Jahres gemeinsam bewertet und die Ziele für das kommende Jahr festgelegt werden. Dieses Jahresgespräch ist fest in der **Unternehmenskultur** verankert.

Daneben gibt es weitere Instrumente wie das **Fördergespräch** mit den Mitgliedern in den Förderteams oder die **Einführungsgespräche** mit neuen Mitarbeitern, die so in regelmäßigen Abständen während ihrer Einarbeit begleitet werden.

Besonders stolz ist Globus auf das Ereignis, das die in 2007 über die Gallup Organisation durchgeführte Mitarbeiterbefragung geliefert hat. 82% der Globus-Mitarbeiter sind demnach mit ihrem Unternehmen „Sehr zufrieden" oder „Äußerst zufrieden". Mit diesem Wert belegt Globus in der weltweiten Gallup Datenbank – 4,86 Mio. Mitarbeiter in 467.000 Teams von 384 Organisationen – einen Spitzenplatz.

Nicht zuletzt halten wir auch eine gute Zusammenarbeit mit den Betriebsräten und die freiwillige Einbindung in verschiedene Projekte und Überlegungen für wichtiger als die Beschäftigung von Arbeitsrechtlern. Ein Kurs, der sich bisher bewährt hat.

### 3.8 Materielle Beteiligung

Auf dem Gebiet der materiellen Beteiligung bietet Globus schon seit über 17 Jahren verschiedene Modelle an. Plus 1000 richtet sich an alle Mitarbeiter und stellt eine **stille Beteiligung an der jeweiligen Betriebsgesellschaft** dar. An diesem Programm sind ca. 55% aller Mitarbeiter beteiligt, deren Einlagen sich derzeit auf über 29 Mio. Euro belaufen. Neben der Grundverzinsung gibt es dabei eine erfolgsabhängige Zahlung, die sich nach dem Erfolg der jeweiligen Gesellschaft richtet.

Das Programm Plus 2000 richtet sich primär an die Führungskräfte, ist allerdings für alle Mitarbeiter zugänglich, und beinhaltet eine **stille Beteiligung an der Holding**. Hieran sind derzeit 900 Mitarbeiter mit Einlagen von ca. 14 Mio. Euro beteiligt. Darüber hinaus bietet Globus für die Gruppe der Führungskräfte auch die **Beteiligung an Globus-Immobilienfonds** an.

### 4 Mitarbeiterzufriedenheit = Kundenzufriedenheit

Obwohl der Beweis einer solchen Aussage nicht einfach ist, denkt Globus, deutliche Hinweise dafür zu haben. Bereits zum 13. Mal in Folge hat Globus im **Deutschen Kundenmonitor** unter den SB-Warenhäusern Platz 1 erreicht. Viele Tausend Kunden haben Globus zum kundenfreundlichsten Großflächenunternehmen gewählt.

Auch bezogen auf den gesamten Lebensmittelhandel belegt Globus – noch vor Aldi – einen hervorragenden 3. Platz. Nur Tegut, als Spitzenreiter bei den Supermärkten und dm als Spitzenreiter bei den Drogeriemärkten lagen noch knapp davor.

Für ein Unternehmen dessen Kundenversprechen schon seit 1828 lautet: „Ich gebe die Versicherung billigster und reellster Bedienung", die denkbar beste Bestätigung der geleisteten Arbeit.

Zusätzlich sind **Messinstrumente** entwickelt und eingesetzt worden, mit denen man jährlich **standortspezifisch** die **Kundenzufriedenheit** untersucht. Diese Instrumente geben unmittelbar Hinweise darauf, wo der Kunde unzufrieden ist und wo diese Unzufriedenheit durch die Mitarbeiter ausgelöst wird. Auch hier sind die Benotungen durchweg positiv, man erkennt aber auch Verbesserungsbedarf.

Neben diesen statistischen Beweisen fühlt man sich bei Globus aber auch durch ein anderes Ergebnis bestätigt: Die Abstimmung mit dem Geldbeutel.

Globus konnte sich als eines der letzten familiengeführten Unternehmen im deutschen Handel und als eines der wenigen Unternehmen, das auf eine 179-jährige Tradition zurückblicken kann, in einem der weltweit am härtesten umkämpften Märkte nicht nur erneut behaupten, sondern weiter wachsen. Und dies bisher aus eigener Kraft, also ohne Übernahme fremder Wettbewerber.

## 5   Fazit

Globus geht heute davon aus, dass man mit dem Konzept auf dem richtigen Weg ist, andererseits jedoch auch noch viel Verbesserungspotenzial besteht. Neben allen genannten Fakten und Maßnahmen ist es äußerst wichtig, dass alle, vor allem die Führungskräfte, für ein gutes Klima sorgen, denn „Freundlichkeit ist unbezahlbar!" und im Alltag des Marktes ist das Herz oft entscheidender als der Verstand.

# Qualitätsmanagement-Konzepte und Balanced Score Card (BSC) zur Steuerung und Optimierung der Kundenorientierung

– Wie unterstützen Konzepte des Qualitätsmanagements die Ausrichtung des Unternehmens auf Kundenprozesse und wie fördert der Einsatz der BSC eine ganzheitliche Zielerreichung? –

Armin Töpfer

Inhalt

1 Dimensionen und Wirkungen kundenorientierter Qualität .................................................. 925
2 Qualitätsmanagement-Konzepte und Excellence-Modelle für interne und externe Kundenfokussierung .................................................. 932
3 Balanced Score Card zur kundenorientierten Steuerung von Erfolgsfaktoren und Werttreibern .................................................. 940
4 Literatur .................................................. 946

## 1 Dimensionen und Wirkungen kundenorientierter Qualität

Die einfachste, aber aussagefähige Qualitätsphilosophie lautet: „Qualität ist, wenn der Kunde zurückkommt und nicht das Produkt." In diesen einfachen Worten liegt ein tieferer Sinn, der auf die beiden Gegenpole Kundenbindung als Gegenteil von Kundenabwanderung auf der einen Seite und Null-Fehler-Qualität als Gegenteil von Reklamation des defekten Produktes auf der anderen Seite fokussiert ist.

Auf dieser Basis lassen sich die 6 Ebenen der Qualität unterscheiden, wie sie in Abbildung 1 aufgeführt sind und auf dem Gedankengut von Garvin basieren (vgl. Garvin 1987, S. 104 ff.):

- **Externer Impulsgeber** für die Qualität ist der Kunde als Ausgangsbasis und 1. Ebene. Wie in dem Artikel zur Analyse der Anforderungen und Prozesse wertvoller Kunden zu Beginn des 2. Kapitels dieses Buches ausführlich erläutert, kommt es darauf an, für jede wesentliche Zielgruppe bzw. Kundengruppe die jeweiligen Critical to Quality Characteristics (CTQs) herauszuarbeiten. Dies sind, wie dargestellt, die 3 bis 5 wesentlichen Kundenanforderungen, die kaufentscheidend sind und Kundenzufriedenheit sowie -bindung bewirken.
- Um den gesamten Prozess der kundenorientierten Leistungserstellung in Gang zu setzen, kommt es auf der 2. Ebene maßgeblich auf die **Qualität von Füh-**

**rungskräften und Mitarbeitern** an. Dies umfasst, wie die strategische Positionierung der angebotenen Marktleistung vorgenommen und wie die operative Gestaltung der Wertschöpfungsprozesse durchgeführt wird. In dem früheren Artikel zu den mitarbeiter- und organisationsbezogenen Fähigkeiten für erfolgreiches Kundenmanagement haben wir hierzu weiterführende Aussagen gemacht.
- Im linken Teil der Abbildung 1 sind als 3. und 4. Ebene die Qualitätsergebnisse aufgeführt, die der Kunde direkt wahrnimmt und die für das Unternehmen Erfolgsfaktoren am Markt darstellen. Ausschlaggebend für den Kunden ist zunächst die **Produkt- und Dienstleistungsqualität**, da er diese im Rahmen der Marktleistung kauft. Hierzu gehören die Funktionsfähigkeit, das Technologieniveau des Produktes und vor allem die fehlerfreie Nutzung. Ergänzt werden diese Anforderungen durch die Umweltqualität im Sinne eines umweltschonenden Einsatzes des Produktes. Von zusätzlicher Bedeutung ist ferner die Design- und Anmutungsqualität des Produktes, die in manchen Fällen auch einen hohen Stellenwert für den Produktkauf besitzt. Die Produkt- bzw. Dienstleistungsqualität stellt in diesem Sinne die extern gerichtete **Qualität 1. Grades** dar.
- Ergänzt wird sie durch die 4. Ebene, die **Kontakt- und Servicequalität**. Diese **Qualität 2. Grades** steht in engem Zusammenhang zur Produkt- bzw. Dienstleistungsqualität und ist ihr in Prozessen vor- und nachgelagert. Manchmal kommt der Kontakt- und insbesondere der Servicequalität eine kaufentscheidende Bedeutung zu; häufig ist sie jedoch ausschlaggebend für die Kundenabwanderung und den Wechsel des Anbieters. Inhaltlich umfasst sie die Qualität der Kommunikation und des Dialogs mit dem Kunden sowie die Liefertreue des Anbieters und Vollständigkeit der gekauften Marktleistung. Von zentraler Bedeutung sind zusätzlich der Kundendienst und die Kundenbetreuung.
- Die 5. und 6. Ebene der Qualität auf der rechten Seite der Abbildung 1 sind intern gerichtet und haben die Steuerung der Werttreiber zum Gegenstand. Sie umfassen Ergebnisse und Prozesse der Qualität, die der Kunde nicht direkt wahrnimmt, ihn aber indirekt immer tangieren, und zwar über die 3. und 4. Ebene der Qualität. Die **Fertigungsqualität** als 5. Ebene ist in diesem Sinne die intern gerichtete **Qualität 1. Grades**. Sie ist auf die Qualität der Materialien und Werkstoffe sowie die der Herstellungstechnologie und -verfahren ausgerichtet. Zu ihr gehört zusätzlich auch im Rahmen der Umweltqualität die umweltschonende Herstellung.
- Die ergänzende **Qualität 2. Grades** wird durch die **interne Prozessqualität** als 6. Ebene determiniert. Sie ist auf die Durchlaufzeiten sowie die Fehlerfreiheit fokussiert. Ferner bezieht sie sich auf die Kooperation und Koordination der Akteure sowie die gesamte Ablauf- und Aufbauorganisation.

Die **extern und intern gerichtete prozessorientierte Qualität** umfasst damit als Impuls die Analyse der Kundenanforderungen und des geforderten Kundennutzens, die durch die Umsetzung im Rahmen der Wertschöpfungsprozesse realisiert werden und als angestrebtes Ergebnis anschließend zu Kundenzufriedenheit führen. In allen 3 Abschnitten kommt es darauf an, die maßgeblichen Kriterien zu erfassen, in ihrer jeweiligen Ausprägung und damit im Niveau zu messen sowie bei den Kundenanforderungen die Prioritäten zu verstehen, sie bei der Umsetzung in Prozessen entsprechend zu erfüllen und bei der Ergebnismessung der Kundenzufriedenheit als Wirkung aus Kundensicht dann auch zu bewerten. Diese Philosophie und Vorgehensweise liegt allen Modellen und Konzepten des Qualitätsmanagements zu Grunde, auf die im Folgenden mit dem Fokus der Kundenorientierung eingegangen wird.

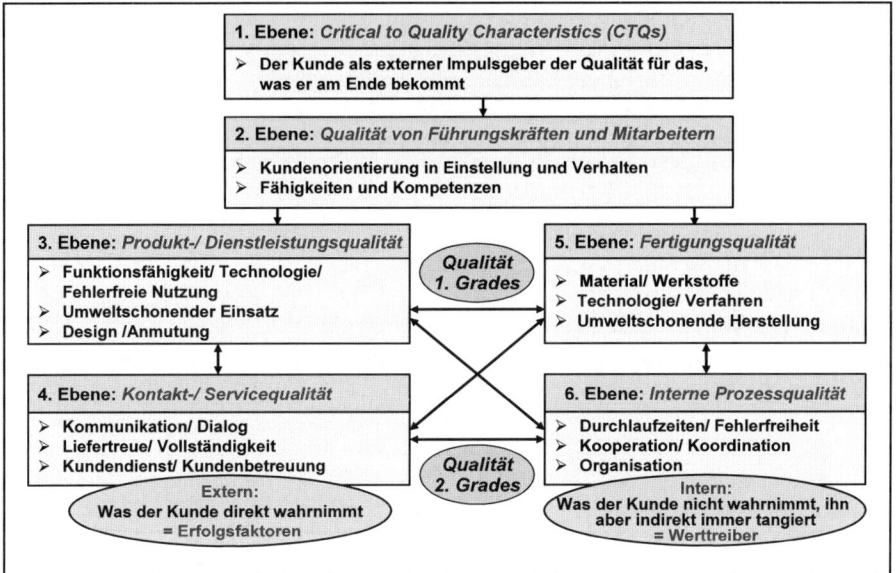

**Abb. 1:** 6 Ebenen der Qualität

Umgesetzt wird diese Philosophie und Vorgehensweise z.B. auch in dem Instrument des **Quality Function Deployment (QFD)** (vgl. Saatweber 2007; Akao/ Mazur 2003), das aussagefähig, aber relativ aufwändig ist. Es zielt darauf ab, die externe Sicht der Kunden mit der internen Umsetzung in Produktanforderungen und Produkte unter Berücksichtigung der Wettbewerber zu verbinden. In Abbildung 2 ist dieser 9-stufige Prozess grafisch dargestellt.

In dem erarbeiteten **House of Quality** werden die Kundenanforderungen erfasst (1) und gewichtet (2) sowie dann in der konkreten Umsetzung in den Produkten mit maßgeblichen Wettbewerbern verglichen (3). Zu Grunde liegt diesem Benchmarking die Wahrnehmung durch Kunden.

Auf der Basis dieser Informationen werden jetzt technische Anforderungen als Konstruktionsmerkmale abgeleitet (4), in ihren Ausprägungen und damit in ihrem Beitrag zur Erfüllung der Kundenanforderungen in einer Beziehungsmatrix bestimmt (5) sowie in ihren positiven oder negativen Abhängigkeiten präzisiert (6). Danach erfolgt der technische Vergleich mit den Ausprägungen in Wettbewerbsprodukten (7) sowie anschließend eine technische und wirtschaftliche Bewertung (8). Sie ist vor allem auf Verbesserungsmöglichkeiten ausgerichtet. Die Bewertungsergebnisse bezogen auf technische Schwierigkeiten, beigemessene Wichtigkeit und geschätzte Kosten führen dann zu konkreten Zielvorgaben (9), um die Kundenanforderungen möglichst besser und kostengünstiger als der Wettbewerb zu erfüllen.

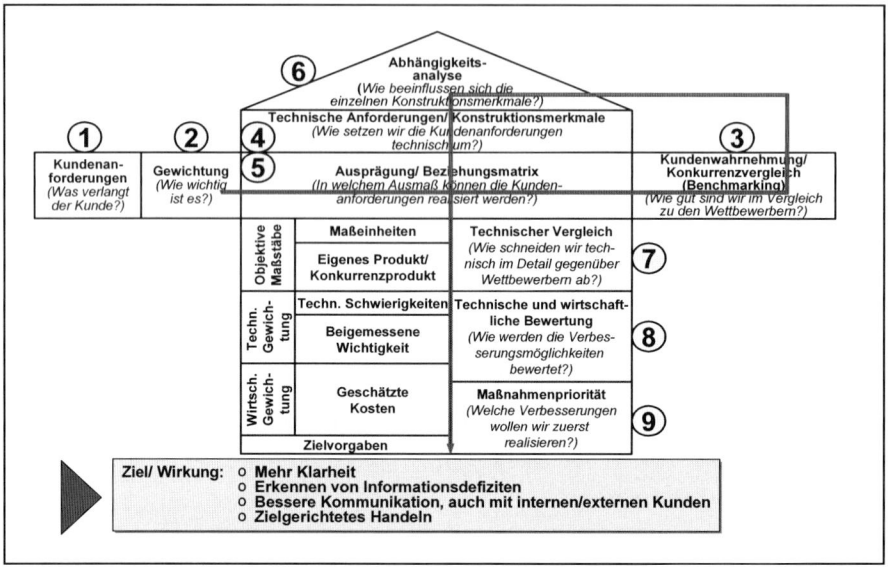

**Abb. 2:** Erfüllung von Kundenanforderungen durch Produkte im Wettbewerbsvergleich mit QFD

Angestrebt werden über die Wahrnehmung der angebotenen Marktleistung durch den Kunden eine möglichst **hohe Kundenzufriedenheit und -bindung**. Dies ist aber häufig nicht einfach und nicht direkt zu erreichen. In Anlehnung an die 2-Faktoren-Theorie von Herzberg, die sich auf inhaltliche Ansatzpunkte der Mitarbeitermotivation bezieht (vgl. Herzberg/ Mausner/ Snyderman 1959; Herzberg 1968, S. 53 ff.), lässt sich eine **2-Faktoren-Theorie der Qualität** mit inhaltlichen Ansatzpunkten der Kunden(un)zufriedenheit und Kundenbegeisterung aufstellen. Sie unterscheidet gleichermaßen Hygienefaktoren und Motivatoren (siehe Abb. 3).

**Hygienefaktoren** sind dadurch gekennzeichnet, dass sie bei Nichtvorhandensein zu hoher Unzufriedenheit und Frustration führen, bei Vorhandensein diese negativen Wirkungen vermeiden, aber keine weitergehenden positiven Ergebnisse bewirken. Diese Leistungen und Qualitätsniveaus erwartet der Kunde in Bezug auf das Produkt. Hierzu gehören insbesondere, wie in Abbildung 3 nachvollziehbar, Kriterien wie Liefertreue und Vollständigkeit der Marktleistung, die Funktionsfähigkeit und fehlerfreie Nutzung, ohne allerdings das Niveau von Null-Fehler-

Qualität zu erreichen, sowie vor allem auch das Preis-Leistungs-Verhältnis des Produktes bzw. der Dienstleistung, das häufig der entscheidende Kaufgrund ist. Ein Kunde ist nicht bereit, außerhalb der von ihm definierten Toleranz bei einem Produkt, das er gekauft und bezahlt hat, Qualitätsdefizite hinzunehmen. Dieses Anforderungsniveau gehört bereits zu den Hygienefaktoren der Qualität. Dies sind vorwiegend Inhaltsbereiche der extern gerichteten Qualität 1. Grades, wie sie in Abbildung 1 dargestellt wurden. Allerdings kann unter bestimmten Bedingungen von einem attraktiven Preis auch eine hedonistische Wirkung ausgehen, die Ansatzpunkte für Begeisterung enthält (vgl. Töpfer 2007a, S. 578 f.). Üblicherweise werden die Kriterien der 1. beiden Gruppen, also von der Liefertreue bis zur fehlerfreien Nutzung, als Bestandteil der Kernleistung angesehen und lösen damit keine außergewöhnliche Zufriedenheit oder sogar Begeisterung aus.

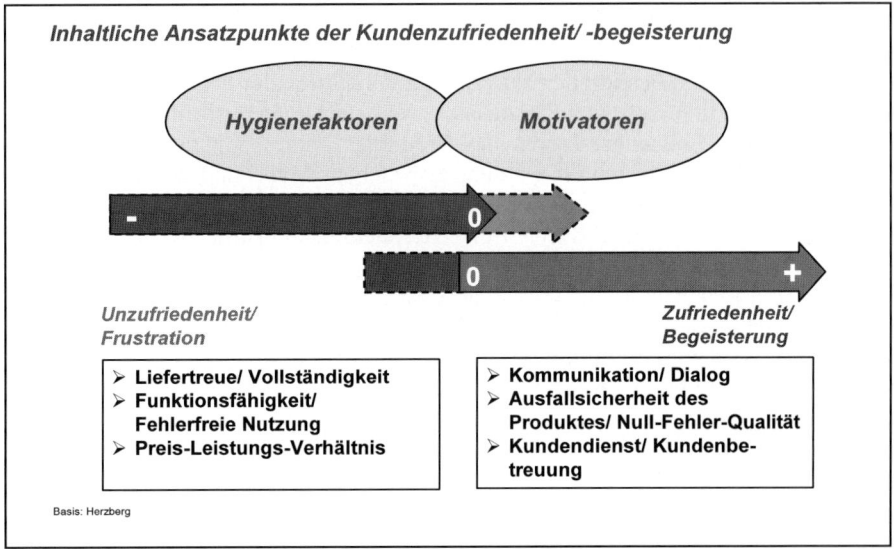

**Abb. 3:** 2-Faktoren-Theorie der Qualität

Entscheidend hierfür sind das realisierte Niveau und die erreichte Wirkung. Null-Fehler-Qualität mit vertretbaren Kosten bzw. sogar einem abnehmenden Aufwand aufgrund guter Prozesssteuerung ist die Grundvoraussetzung für hohe Kundenzufriedenheit in Richtung Kundenbegeisterung. **Motivatoren** entfalten unter diesem Blickwinkel – ausgehend von einem Null-Niveau auf dem Kontinuum der 2-Faktoren-Theorie – mit zunehmendem Einsatz eine steigende positive Wirkung. Zu ihnen gehören Kriterien wie Kommunikations- und Dialogqualität, die Ausfallsicherheit des Produktes als praktizierte Null-Fehler-Qualität sowie vor allem auch der Kundendienst und die Kundenbetreuung. Dies sind überwiegend Inhaltsbereiche der Qualität 2. Grades aus Kundensicht. Allerdings wird heute von nahezu allen Unternehmen ein bestimmtes Niveau dieser Motivatoren als Angebot an Service und Betreuung geliefert, so dass diese Gruppe nicht bei der Ausprägung Null anfängt. Mit anderen Worten setzen die Interessenten und Kunden heute bereits einen bestimmten Servicelevel voraus.

Das hohe Ausprägungsniveau, das über Zufriedenheit hinaus auch Begeisterung bewirkt, lässt sich in mehreren theoretischen Modellen und empirischen Analysen nachvollziehen. Im Artikel über mitarbeiter- und organisationsbezogene Fähigkeit ist die dynamische Bedürfnispyramide von Maslow auf Produkt- und Kundenanforderungen übertragen worden. Auf der Basis des empirisch bestätigten Modells von Zeithaml/ Parasuraman/ Berry (vgl. Zeithaml/ Parasuraman/ Berry 1992) können eine Reihe von Verhaltensvariablen in der Kommunikation und Kundenbetreuung in ihrer Wirkung auf **Servicequalität** und Kundenzufriedenheit hier eingeordnet werden. Das Kano-Modell, auf das wir im Artikel über Anforderungen und Prozesse wertvoller Kunden im 2. Kapitel dieses Buches eingegangen sind, wurde als Konzeption einer empirischen Studie von Bailom et al. (vgl. Bailom et al. 1996, S. 117 ff.) zu Grunde gelegt. Sie hatte Analysen zur Kundenzufriedenheit aufgrund bestimmter Ausprägungen funktionaler Produkteigenschaften zum Gegenstand. Für die aus Kundensicht sehr wichtigen Anforderungen bezüglich bestimmter Leistungsfaktoren des Produktes konnte mit dem entwickelten Messinstrumentarium ermittelt werden, in welchem Maße und auf welchem Niveau die faktischen Produktausprägungen eine hohe Zufriedenheit bewirkten, die dann auch Begeisterungsfaktoren freisetzte. Gemessen wurde bei unterschiedlichen Kundengruppen nicht nur die Bedeutung der Anforderungen, sondern vor allem auch die Bewertung von 2 Ausprägungen, nämlich dem funktionalen Nutzen und den dysfunktionalen Folgen der einzelnen Leistungsfaktoren des Produktes. Auf dieser Basis wurde ermittelt, ob es sich bei den Produktmerkmalen und ihren Ausprägungen um Basis-, Leistungs- oder Begeisterungsfaktoren handelte.

**Begeisterungsqualität** ist im Gegensatz zur quantitativ messbaren Null-Fehler-Qualität eine viel stärker subjektive Ergebnisgröße, die der individuellen Einstellung und Wahrnehmung unterliegt. Es handelt sich also um eine erlebte und gefühlte Ergebnisqualität. Entsprechend dem Kano-Modell stellen die Basisfaktoren die Grundanforderungen dar, dass eine Geschäftsbeziehung überhaupt entstehen kann. Die Leistungsfaktoren bewirken Kundenzufriedenheit, aber erst die Begeisterungsfaktoren ein hohes Involvement und eine Bindung der Kunden.

Allen diesen Konzepten liegen die Hypothese und die teilweise empirisch bestätigte Erkenntnis zu Grunde, dass eine Reihe von Kriterien Begeisterung bei Adressaten erzeugen kann und oftmals keine oder nur geringe zusätzliche Kosten im Unternehmen verursacht, sondern vielmehr Verhaltensänderungen der Unternehmensmitglieder, also Führungskräfte und Mitarbeiter, zum Gegenstand hat.

Im Zeitablauf haben sich der Blickwinkel und das Ausmaß des Qualitätsverständnisses verändert, so dass sich mehrere **Entwicklungsstufen der Qualitätssteuerung** unterscheiden lassen. Sie sind in Abbildung 4 aufgeführt. Mit dem Fokus der Kundenorientierung ist die 1. Stufe wichtig, welche das extern gerichtete Verständnis kennzeichnet sowie die **kundenorientierte Definition** der Marktleistung und Ausrichtung aller Prozesse im Unternehmen und zum Kunden zum Gegenstand hat. Dies war in der Vergangenheit nicht immer so gesehen worden, stellt aber inhaltlich das geringste Ausprägungsniveau an kundenorientierter Qualität dar. Die 2. Entwicklungsstufe, die **Qualitätssicherung**, ist primär intern, also auf Steuerungsaspekte und -prozesse im Unternehmen ausgerichtet. Ab der 3. Entwicklungsstufe wird die externe Zielrichtung auf Kunden stärker berücksichtigt oder dominiert sogar. Dies ist bereits in **ganzheitlichen Qualitätsmanagement-Konzepten** sowie verstärkt in **Excellence-Modellen** der Fall, aber in noch größerem Maße bei der **gemessenen Null-Fehler-Qualität** und der **wahrgenommenen**, also gefühlten und erlebten, **Begeisterungsqualität**.

| Wie haben sich der Blickwinkel und das Ausmaß des Qualitätsverständnisses im Zeitablauf verändert? | | | | | | |
|---|---|---|---|---|---|---|
| | ① | ② | ③ | ④ | ⑤ | ⑥ |
| Fokus | Verständnis | Ziel | Umfang | Niveau | Outcome | Begeisterung |
| | - Welchen Anspruch haben wir? - | - Was wollen wir erreichen? - | - Wer ist einbezogen? - | - Wie viel wollen wir insgesamt erreichen? - | - Was kommt konkret heraus? - | - Wie stark ist die emotionale Ansprache? - |
| Instrument/ Konzept | Definition | Qualitätssicherung | Total Quality Management/ Ganzheitliches Qualitätsmanagement | (Business) Excellence Modelle | Gemessene Null-Fehler-Qualität (Six Sigma) | Wahrgenommene Begeisterungs-Qualität (Kano-Modell) |
| Gegenstand | Kundenorientierte Ausrichtung aller Prozesse mit dem Ziel des Markterfolges | Erfüllen formulierter Anforderungen als Standards durch das Management der Qualität | Qualitätsorientierte Ausrichtung aller Aktivitäten und Bereiche im Unternehmen | Angestrebtes Qualitätsniveau durch ganzheitliche Konzeption und Steuerung | Auf Kunden und Finanzen ausgerichtetes Ergebnis von Null-Fehler-Qualität durch prozessorientierte Projekte | Aktivierung von Begeisterungsfaktoren für den Kunden |
| Zielrichtung | extern | intern | intern/ extern | intern/ extern | extern/ intern | extern |

**Abb. 4:** Entwicklungsstufen der Qualitätssteuerung

Auf ganzheitliches Qualitätsmanagement (GQM) und Excellence-Modelle wird im nächsten Kapitel dieses Artikels noch eingegangen (vgl. hierzu allgemein auch Bruhn 2000, S. 525 ff.). Six Sigma als praktikable Null-Fehler-Qualität wird im letzten Beitrag dieses Buches thematisiert. Null-Fehler-Qualität aus Kundensicht ist die notwendige längerfristige Voraussetzung für Kundenbegeisterung. Denn im Umkehrschluss ist leicht nachvollziehbar, dass Begeisterungsfaktoren nur begrenzt wirken, wenn ein Produkt Qualitätsdefekte aufweist und ausfällt. Diese Null-Fehler-Qualitätskriterien als Voraussetzung sind primär technischer Art und damit als harte Faktoren objektiv messbar. Die Begeisterungsfaktoren und ihre Aktivierung sind hingegen vorwiegend als verhaltensbedingte Ausprägungen bei den Mitarbeitern weiche Faktoren und damit subjektiv in ihrer Wahrnehmung bei den Kunden nur über Indikatoren messbar.

## 2 Qualitätsmanagement-Konzepte und Excellence-Modelle für interne und externe Kundenfokussierung

Die Basisstruktur aller ganzheitlichen Qualitätsmanagement-Konzepte und Excellence-Modelle ist aus Abbildung 5 nachvollziehbar. Der „Excellence-Tempel" hat als „Bodenplatte" die Prozessorientierung und als 3 „tragende Säulen" neben der Kundenorientierung die Unternehmens- und Mitarbeiterorientierung. Wirksam wird der konzeptionelle Ansatz nur, wenn das „Dach" der Ziel-, Innovations- und Ergebnisorientierung aktiviert wird.

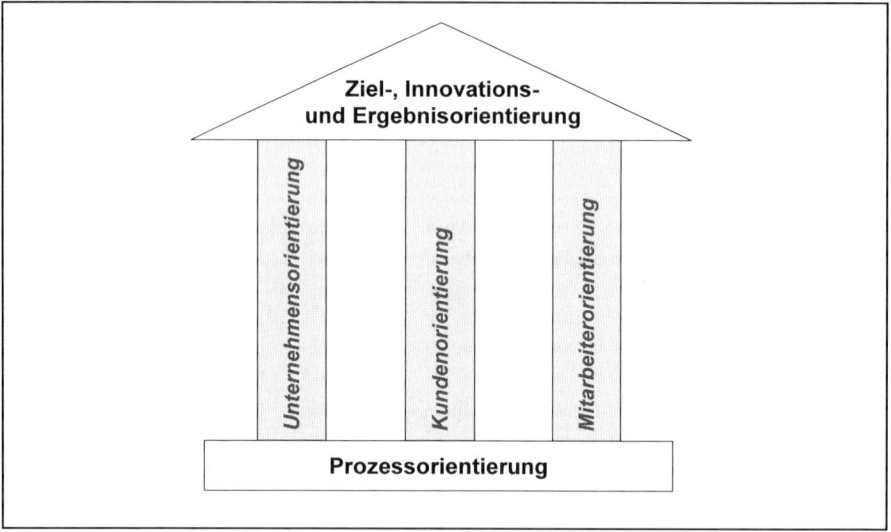

**Abb. 5:** Basisstruktur ganzheitlicher Qualitätsmanagement-Konzepte

Die inhaltlichen Bestandteile dieser Qualitätsmanagement-Konzepte und Excellence-Modelle entsprechen immer einem einheitlichen Muster, wie es in Abbildung 6 in seiner Vernetzung wiedergegeben ist (vgl. Töpfer 2002, S. 36 f.). Inhaltlich vorgelagerte Managementbereiche bzw. Gestaltungsfelder ermöglichen eine zeitlich frühere Steuerung in Richtung der geforderten Qualität. Dies bedeutet im Umkehrschluss, dass erkennbare Qualitätsprobleme in vorgelagerten Gestaltungsfeldern, also z.B. in der Führung durch die Unternehmensleitung oder im Prozessmanagement, mit einem zeitlichen Nachlauf zu negativen Auswirkungen bei der Kundenzufriedenheit und den Geschäftsergebnissen führen. Die 3 zentralen Gestaltungsfelder mit starken operativen Auswirkungen sind Prozessmanagement sowie Kunden- und Mitarbeiterorientierung. Auf der Basis der Kundenanforderungen werden Prozesse gestaltet und unter Mitwirkung der Mitarbeiter umgesetzt, so dass hieraus kundenorientierte Prozesse resultieren. Sie sind über die Führung durch die Unternehmensleitung strategisch klar ausgerichtet und berücksichtigen die soziale und ökologische Verantwortung des Unternehmens insbesondere auch beim Umgang mit den Ressourcen, was für die Kunden oftmals ein wesentlicher Kaufgrund ist. Im Ergebnis werden hierdurch dann die angestrebten positiven Geschäftsergebnisse bewirkt.

Dieses Grundmodell liegt allen im Folgenden betrachteten Konzepten sowie Modellen zu Grunde. Unterschiede bestehen vorwiegend in der inhaltlichen Präzisierung und Detaillierung der einzelnen Bereiche sowie in der Gewichtung und damit Priorisierung bestimmter Handlungs- und Gestaltungsfelder.

Die **DIN EN ISO 9001:2000** berücksichtigt in ihrer überarbeiteten Version im Vergleich zur früheren Fassung von 1994 in deutlich stärkerem Maße Kunden und Prozesse (vgl. Ebel 2002, S. 72). Betrachtet werden 4 Kernbereiche, nämlich Prozesse zur Produktrealisierung, Messung, Analyse und Verbesserung, die Verantwortung der Leitung und das Ressourcenmanagement. Neben diesem prozessbezogenen Steuerungs- und Verbesserungszyklus fordert die Normenreihe auch eine ständige Verbesserung des gesamten Qualitätsmanagement-Systems als übergeordneten kontinuierlichen Verbesserungsprozess (KVP). Qualität wird damit operativ und strategisch optimiert.

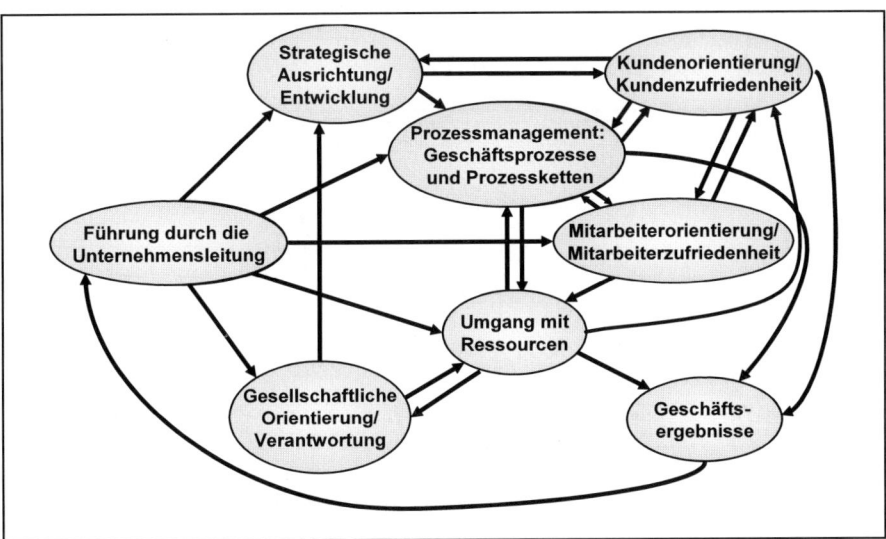

**Abb. 6:** Vernetzung der 8 Gestaltungsfelder für Kundenzufriedenheit und Unternehmenserfolg

Die Norm DIN EN ISO 9001:2000 entspricht damit den aktuellen Anforderungen an ein leistungsfähiges Qualitätsmanagement-System. Wie Abbildung 7 zeigt, werden eingangs die Kundenanforderungen zu Grunde gelegt, die z.B. als CTQs durch die Marktforschung des Unternehmens erarbeitet werden. Ihr Realisierungsgrad wird abschließend als Outcome bzw. Wirkung über die Kundenzufriedenheit gemessen.

Qualität wird damit durch das Erfüllen wesentlicher und dabei insbesondere kritischer Kundenanforderungen definiert. Dies ist bereits mehrfach in diesem Buch, insbesondere im Artikel zur Analyse der Anforderungen und Prozesse wertvoller Kunden, angesprochen bzw. ausgeführt worden. Critical to Quality Characteristics (CTQs) sind also der Dreh- und Angelpunkt für kundenorientiertes Verhalten, da ihre Erfüllung für eine hohe Kundenzufriedenheit, die Preisbereitschaft und die zukünftige Loyalität und Bindung des Kunden maßgeblich ist. Alle Qualitätskonzepte haben sich an dieser Messlatte auszurichten.

Im Unternehmen wird die gesamte Wertschöpfungskette unter Einbezug der Zulieferer über die Prozesse gesteuert (Phasen 1 bis 3). Die Verantwortung der Leitung erstreckt sich neben der Messung, Analyse und Verbesserung vor allem auf Entscheidungen im Rahmen des Ressourcenmanagements (Phasen 4 bis 6). Durch Anpassungsmaßnahmen innerhalb dieses Systems werden z.B. auf der Basis statistischer Prozesskontrollen (SPC) Wertschöpfungsergebnisse im Rahmen eines **Single Loop** gesteuert und verbessert. Zusätzlich sieht das Konzept eine dynamische Variante in der Weise vor, dass bei gravierenden Abweichungen bzw. Strukturdefiziten das gesamte Qualitätsmanagement-System und dabei dann auch das Wertschöpfungs-System des Unternehmens als **Double Loop** verbessert werden (Phase 7).

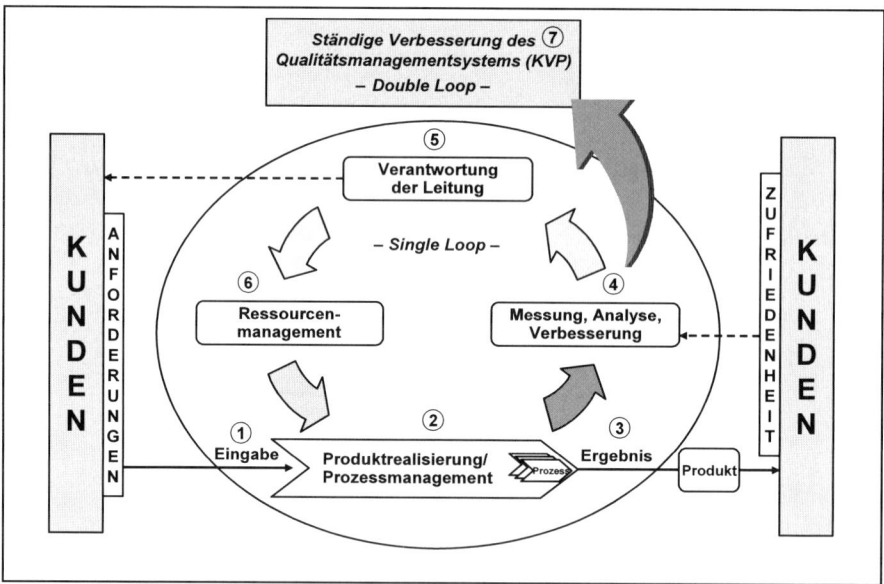

**Abb. 7:** Das Qualitätsmanagement-Konzept DIN EN ISO 9001:2000

Das Ziel der Anwendung dieses Qualitätsmanagement-Konzeptes durch Unternehmen besteht darin, dass sie zum einen ein ganzheitliches und vernetztes Qualitätsmanagement-System und Qualitätsniveau erreichen und dieses dann zum anderen gegenüber Marktpartnern und Kunden durch eine Zertifizierung dokumentiert wird. Unter diesem Blickwinkel handelt es sich bei den Qualitätsmanagement-Konzepten um **„So-gut-wie-nötig"-Konzepte**.

Im Gegensatz hierzu sind die Excellence-Modelle **„So-gut-wie-möglich"-Konzepte**. Sie messen das Unternehmen auf der Basis von 1.000 Punkten, die auf die einzelnen Handlungs- und Gestaltungsfelder aufgeteilt sind, in einem Benchmarking-Prozess anhand definierter Kriterien und Fragen mit einem hypothetischen Idealunternehmen, das so ausgestaltet ist, dass es den Maximalwert von 1.000 Punkten realisiert hat. Das Ziel eines Unternehmens, das sich an diesem Excellence-Modell misst, geht dahin, eine möglichst hohe Punktzahl aufgrund umgesetzter Excellence-Faktoren zu erreichen.

Betrachtet man die beiden wichtigsten Modelle dieser Art, nämlich das europäische und das amerikanische **Excellence-Modell** (siehe Abb. 8a und 8b), dann wird deutlich, dass sie einige Struktur- und Gewichtungsunterschiede aufweisen, im Gesamtkonzept und der Gesamtpunktzahl aber grundsätzlich vergleichbar oder sogar identisch sind. Für beide Modelle wird jährlich ein Award an exzellente Unternehmen unterschiedlicher Größe und Branche vergeben. Beim europäischen Excellence-Modell der EFQM (European Foundation of Quality Management) ist es der European Excellence Award (EEA), früher European Quality Award (EQA). Beim amerikanischen Excellence-Modell ist es der Malcolm Baldrige National Quality Award (MBNQA), der als Synonym für das gesamte Modell verwendet wird.

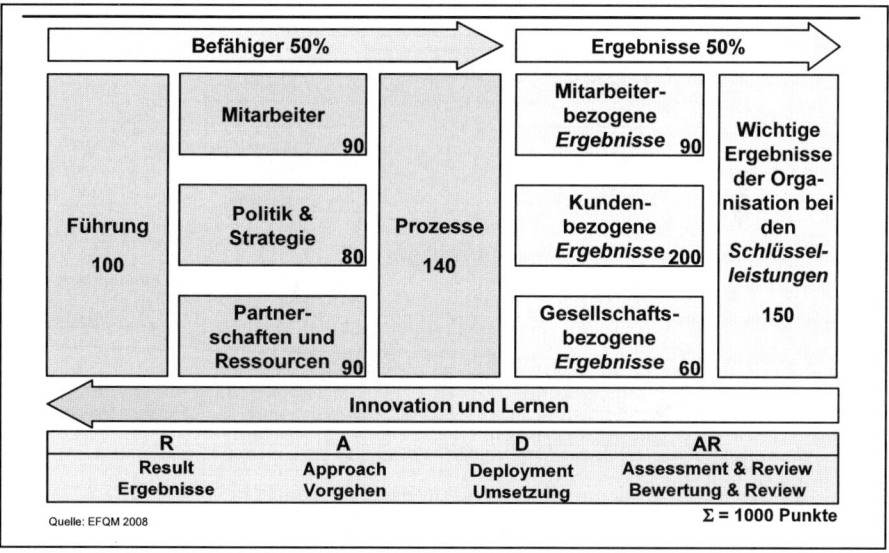

**Abb. 8a:** Kriterienraster des europäischen Excellence-Modells: EFQM 2008

Im **europäischen EFQM-Modell** mit seinen 9 Feldern haben kundenbezogene Ergebnisse mit 200 Punkten bei den Ergebnisfaktoren, die 50% der Gesamtpunktzahl ausmachen, die höchste Einzelpunktzahl (siehe Abb. 8a). Ihnen folgt die Gewichtung der Schlüsselleistungen mit 150 Punkten und der Prozesse mit 140 Punkten, wenn man die mitarbeiterbezogenen Befähiger und die mitarbeiterbezogenen Ergebnisse mit insgesamt 180 Punkten nicht zusammenaddiert. Erfasst und gemessen werden bei den kundenbezogenen Ergebnissen einerseits Leistungsindikatoren (50 Punkte) und andererseits Messergebnisse aus Sicht der Kunden (150 Punkte).

Zu jedem der 9 Felder sind einige Leitfragen formuliert, die bei den Befähiger-Kriterien den inhaltlichen Anspruch und die Ausrichtung präzisieren sowie bei den kunden-, mitarbeiter- und gesellschaftsbezogenen Ergebnis-Kriterien jeweils Messergebnisse über die Wahrnehmung und Leistungsindikatoren feststellen sowie bei den „Wichtigen Ergebnissen der Organisation bei den Schlüsselleistungen" Folgeergebnisse der Schlüsselleistungen und Schlüsselleistungsindikatoren einfordern. Wie aus diesen Originalbegriffen nachvollziehbar ist, weist das Excellence-Modell durch diese stereotype Nomenklatur einen nicht übersehbaren Formalismus auf. Allerdings ist genau in dieser Gleichförmigkeit und Einheitlichkeit zugleich auch ein Vorteil zu sehen. Zum einen da völlig unterschiedliche Unternehmen anhand des EFQM-Modells gebenchmarkt werden können; und zum anderen da z.B. auch Tochterunternehmen eines Konzerns auf der Basis dieses Konzeptes unmittelbar in ihrer ganzheitlichen Leistungsfähigkeit verglichen werden können.

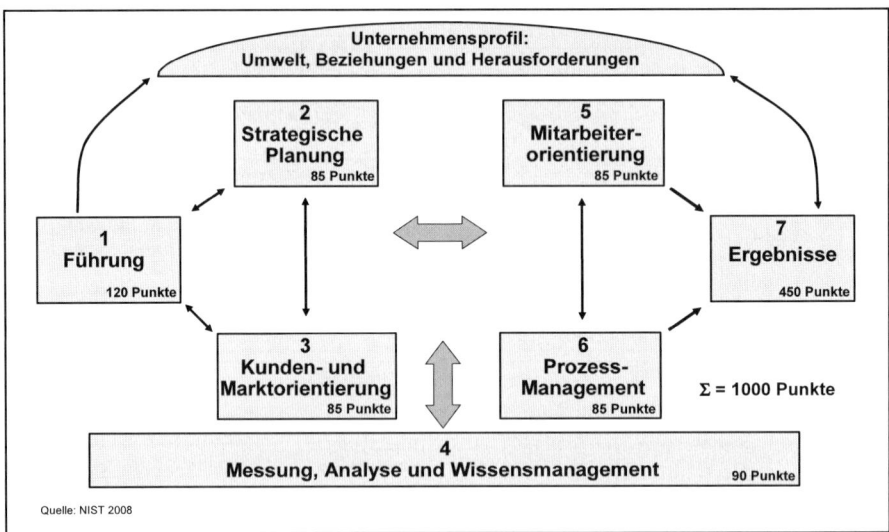

**Abb. 8b:** Kriterienraster des amerikanischen Excellence-Modells: MBNQA 2008

Beim **amerikanischen MBNQA-Modell** mit seinen 7 Feldern (siehe Abb. 8b) bekommen die Felder Kunden- und Marktorientierung sowie Prozess-Management jeweils 85 Punkte und damit relativ wenig im Vergleich zu den Feldern Führung (120 Punkte) und Ergebnisse (450 Punkte). Für den Teilbereich kunden- und marktorientiertes Wissen werden maximal 40 Punke vergeben. Gefordert werden dabei z.B. eine aussagefähige Kunden- bzw. Marktsegmentierung, die Analyse der Voice of the Customer sowie Daten zur Kundenloyalität und -bindung. Für den Teilbereich Kundenbeziehungen und Kundenzufriedenheit werden maximal 45 Punkte vergeben. Hier geht es unter anderem um die Qualität bei der Behandlung von Kundenbeschwerden, Kundenbegeisterungsfaktoren sowie Kunden-Feedback-Messungen.

Die unterschiedliche Gewichtung zum europäischen Excellence-Modell entsteht vor allem dadurch, dass beim amerikanischen Qualitätsmodell in den 450 Punkten für die Ergebnisqualität z.B. die Produkt- und Servicewirkungen mit 100 Punkten sowie die kundenfokussierten Wirkungen mit 70 Punkten zur Messung der Performance Excellence enthalten sind.

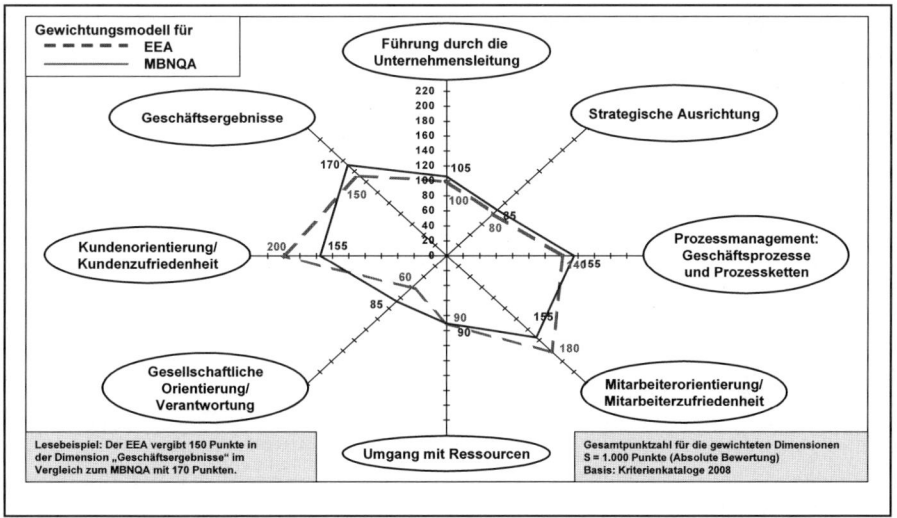

**Abb. 9:** Vergleichsradar zwischen dem EFQM-Excellence-Modell und dem MBNQA

Aussagefähiger wird der Vergleich der beiden Modelle deshalb erst, wenn auf der Basis des 8-Felder-Basismodells die gleichen inhaltlichen Details mit ihren jeweiligen Punktzahlen in den beiden Excellence-Modellen zugeordnet werden, unabhängig davon, wo sie im Detail jeweils aufgeführt sind. Dieses Ergebnis liefert Abbildung 9 mit dem **Vergleichsradar zwischen beiden Modellen**. Wie ersichtlich ist, sind die Abweichungen zwischen beiden Modellen nicht allzu groß. Die größten Abweichungen liegen in folgenden Bereichen: Bei der Kundenorientierung/ Kundenzufriedenheit vergibt das amerikanische Modell 155 Punkte und das europäische Modell 200 Punkte. Bei der Mitarbeiterorientierung/ Mitarbeiterzufriedenheit ist die Punktzahl beim europäischen Modell mit 180 Punkten wiederum höher als beim amerikanischen (155 Punkte). Bei der gesellschaftlichen Orientierung und Verantwortung ist das Ergebnis umgekehrt: Europäisches Modell 60 Punkte und amerikanisches Modell 85 Punkte.

Entscheidend für die Anwendung des Modells ist der Nutzen, der durch derartige Analysen und gezielte Verbesserungsmaßnahmen in Richtung Excellence-Niveau erreicht wird. Hierzu sind aussagefähige Messgrößen und Indikatoren für die unterschiedlichen Bereiche erforderlich, die dann über **Ursachen-Wirkungs-Beziehungen** nachvollzogen und gestaltet werden können. Die Excellence-Modelle selbst liefern einen derartigen mit Instrumenten untersetzten Verbesserungszyklus aber nicht, sie regen ihn jedoch an.

Abbildung 10 verdeutlicht beispielhaft eine derartige Analyse anhand des europäischen Excellence-Modells: Auf der Basis der Performance-Werte bei den Schlüsselleistungen zu Qualität, Kunden und Finanzen liefern die Kunden- und Mitarbeiterbefragungen Ergebnisse, die unmittelbar in das Gestaltungsfeld Prozesse rückgekoppelt werden können und dort mit den originären Messwerten zu Prozessen Ansatzpunkte für Verbesserungen zeigen. Sie lassen sich wiederum in Beziehung setzen zu den Analyseergebnissen in den Feldern Politik und Strategie sowie Mitarbeiter und zum Feld Führung. Der Bezug zur Balanced Score Card, auf die im folgenden Kapitel eingegangen wird, lässt sich hieraus bereits erkennen.

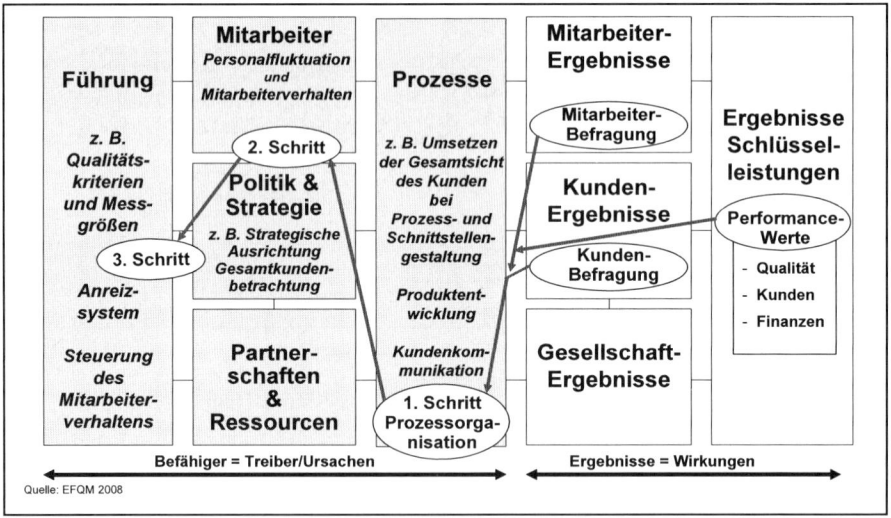

**Abb. 10:** Nutzen des EFQM-Excellence-Modells zum systematischen Ableiten von Verbesserungsmaßnahmen

In der Unternehmenspraxis sind die **3 Management-Konzepte** Excellence-Modelle, Balanced Score Card und Six Sigma fast zeitgleich entstanden, nämlich zum Ende der 1980er und zum Beginn der 1990er Jahre, da sie aus 3 unterschiedlichen Blickwinkeln und Richtungen die gleichen erkannten Steuerungs- und Umsetzungsprobleme im Unternehmen beseitigen wollten. Ihr Ansatzpunkt und ihre Leistungsfähigkeit sind aber unterschiedlich. Deshalb kommt es auf eine abgestufte zeitliche Einführung sowie vor allem einen vernetzten Einsatz in der Unternehmenspraxis an. Die 3 Konzepte sind weder identisch, noch lassen sie sich in ihrer Steuerungs- und Gestaltungswirkung gegenseitig austauschen. In Abbildung 11 sind **ihr Zusammenhang und ihre Abfolge** dargestellt.

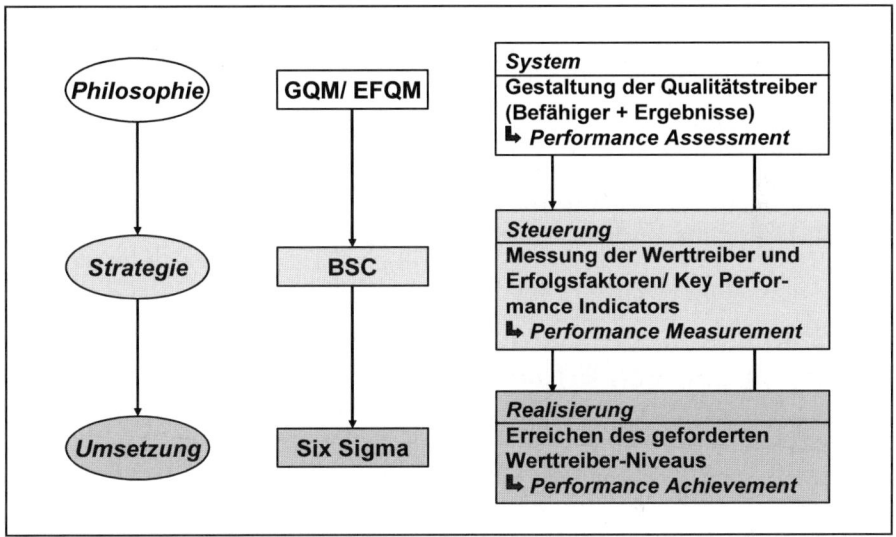

**Abb. 11:** Der strategische Wirkungsverbund der 3 Management-Konzepte

Die Reihenfolge der Einführung und des Einsatzes ist maßgeblich für den Erfolg der Steuerung und die erreichten Ergebnisse. Eine erfolgreiche Einführungsstrategie startet üblicherweise mit einer Verbesserung des Steuerungsinstrumentariums durch die BSC, realisiert dann maßgebliche Verbesserungen und beseitigt kundenorientierte Qualitätsdefizite durch das Six Sigma-Konzept und bewertet danach das jeweils erreichte Performance-Niveau auf der Basis eines Excellence-Modells.

Die BSC, unmittelbar abgeleitet aus der Strategie, ermöglicht über die **Leistungsmessung (Performance Measurement)** die Steuerung der Werttreiber und Erfolgsfaktoren als Key Performance Indicators mit aussagefähigen Kennzahlen. Erkannte Prozessdefizite lassen sich in wichtigen Teilprozessen mit Six Sigma beseitigen. Diese Umsetzung sichert das **Erreichen des geforderten Werttreiberniveaus (Performance Achievement)**. Erst auf dieser Basis ist die Philosophie des ganzheitlichen Qualitätsmanagements (GQM) und des EFQM-Excellence-

Modells mit der Gestaltung der Qualitätstreiber aussage- und leistungsfähig. Denn sie fokussieren auf eine **Leistungsbewertung (Performance Assessment)**, die beim EFQM-Modell mit der Unterscheidung in Befähiger und Ergebnisse an der Ausprägung eines Idealunternehmens gebenchmarkt wird. „Normale" Qualitätsmanagement-Konzepte wie DIN EN ISO 9001:2000 werden üblicherweise – aufgrund von Branchenanforderungen oder Marktzwängen – bereits vor der Einführung der BSC praktiziert.

Qualitätsmanagement-Konzepte, wie die DIN EN ISO 9001:2000, und Excellence-Konzepte, wie das EFQM-Modell, fordern einen dynamischen Verbesserungsprozess, enthalten hierzu aber keine unmittelbar anwendbaren Instrumente. Diese liefert z.B. Six Sigma in seinem konkreten Verbesserungszyklus für Null-Fehler-Qualität. Die Steuerung des Verbesserungsprozesses erfolgt dann zielgerichtet durch die BSC. Als Fazit bleibt festzuhalten: Unternehmen, die mit der Einführung des EFQM-Modells beginnen, werden scheitern, wenn sie den Verbesserungsprozess nicht durch das Steuerungsinstrumentarium der BSC und das Umsetzungsinstrumentarium für Null-Fehler-Qualität beispielsweise von Six Sigma unterfüttern (vgl. Töpfer 2007b, S. 374 ff.). In allen 3 Konzepten kommt den Kundenbelangen und damit den Kundenanforderungen sowie der Kundenzufriedenheit eine herausragende Bedeutung zu.

## 3 Balanced Score Card zur kundenorientierten Steuerung von Erfolgsfaktoren und Werttreibern

Die Balanced Score Card ist aus einer Kooperation der Harvard Business School mit der amerikanischen Unternehmenspraxis entstanden und hatte die Zielsetzung, erkannte Defizite der Unternehmenssteuerung zu beheben (vgl. Kaplan/ Norton 1992, S. 71 ff.). Folgende **Probleme** waren **in der Unternehmenspraxis** nicht zu übersehen, die als gravierende Defizite durch 2 Untersuchungen belegt wurden:

- In ca. 70% der Unternehmen werden Strategien und daraus abgeleitete Ziele nicht umfassend in das Tagesgeschäft umgesetzt, die angestrebten Ergebnisse werden deshalb nicht erreicht (vgl. Gertz/ Baptista 1998, S. 26; Kaplan/ Norton 1997, S. 186). Die formulierten Unternehmensstrategien bestimmen also kaum das zielorientierte Handeln nachgeordneter Ebenen.
- Bei 90% der Unternehmen hat die Strategie keine nachhaltige Wirkung auf die operative Steuerung der Wertschöpfungsprozesse und -ergebnisse, die Umsetzung der Strategie versagt also ebenfalls (vgl. Wigand/ Schnopp 2000, S. 266 f.). Maßgeblich ist hierfür, dass die Vision und Strategie im Unternehmen auf nachgeordneten Ebenen nicht verständlich kommuniziert werden. Leitungsteams beschäftigen sich deshalb zu wenig mit der adäquaten Umsetzung der Strategie in ihrem eigenen Bereich. Die meisten Organisationseinheiten verknüpfen ihre Budgets nicht unmittelbar mit der für ihren Bereich maßgeblichen Umsetzung der Unternehmensstrategie. Nur ein kleinerer Teil der Führungskräfte hat Anreize bekommen, die unmittelbar an die Strategie gekoppelt sind.

- Eine wesentliche Ursache hierfür ist, dass kein einheitliches Steuerungsinstrumentarium für strategische und operative Ziele existiert. Dadurch sind strategische Zielsetzungen der Unternehmensleitung nicht direkt operativ umsetzbar. In der Konsequenz hat die Unternehmensleitung aufgrund der schlechten Informationsbasis zu geringe Einwirkungsmöglichkeiten vor Ort. Außerdem gibt es aufgrund der unzureichenden Steuerungsmöglichkeiten zu wenig Unternehmertum im Unternehmen, auch in den ergebnisverantwortlichen Einheiten. Dies führt zu verspäteten und/ oder zu schwachen Reaktionen auf Wettbewerberaktivitäten.
- Hierdurch werden nicht nur die erwirtschafteten finanziellen Ergebnisse des Unternehmens beeinträchtigt, sondern darunter leidet vor allem auch die Ausrichtung auf die zentralen Kundenbedürfnisse und deren umfassende Erfüllung. Voraussetzung hierfür ist im Vorfeld die aussagefähige Analyse wesentlicher Wertschöpfungsprozesse mit ihren Werttreibern und kritischen Erfolgsfaktoren, die beide wiederum aus der Vision, Strategie und den formulierten Unternehmenszielen abgeleitet sind.

Abbildung 12 zeigt diese **Vorgehensweise beim Erarbeiten einer BSC** vereinfacht. Die strategie- und zielbasierten kritischen Erfolgsfaktoren und Werttreiber werden jetzt in einer mehrstufigen Analyse den 4 Perspektiven/ Feldern der BSC zugeordnet, in inhaltliche Ursachen-Wirkungs-Beziehungen gebracht und nach Sachzusammenhängen miteinander vernetzt (vgl. Töpfer 2003, S. 66). Wenn diese Ursachen-Wirkungs-Beziehungen auf Plausibilität und Belastbarkeit geprüft sind, dann lassen sich, auf wichtige Inhaltsbereiche bezogen, Kennzahlen zur Messung der Umsetzung von Werttreibern und Erfolgsfaktoren erarbeiten. Sie werden den 4 Perspektiven der BSC, nämlich „Mitarbeiter, Lernen und Entwickeln", „Leistungsfähigkeit und Prozesse", „Kunden und Marktausschöpfung" sowie „Wirtschaftlichkeit und finanzielle Ergebnisse", zugeordnet (vgl. Kaplan/ Norton 1997, S. 76; Kaplan/ Norton 2001, S. 70 ff; Töpfer 2000a, S. 132 ff.).

Diese Vorgehensweise ist die wichtigste Grundlagenarbeit für die Entwicklung einer Balanced Score Card und für den Einsatz dieses ganzheitlichen Steuerungsinstrumentes erfolgsentscheidend. Denn – wörtlich übersetzt – heißt die Balanced Score Card „ausgewogener Berichtsbogen", mit dem eine ganzheitliche Steuerung des Unternehmens möglich ist, also nicht nur bezogen auf die Finanzgrößen. Dies setzt die Einflussnahme auf Vorsteuerungsgrößen wie Mitarbeiterqualifikation, Prozessdurchlaufzeiten und -qualität sowie Kundenzufriedenheit voraus.

Der Vorteil dieser Vorgehensweise und damit dieses Instrumentes liegt darin, dass Zusammenhänge sichtbar gemacht, besser strukturiert und verstanden werden können. In der Folge lässt sich der notwendige Handlungsbedarf unmittelbar erkennen, in Ziele umformulieren und direkt steuern (siehe Abb. 13).

Die zentrale Frage ist, mit welcher Perspektive diese mehrstufige Ursachen-Wirkungs-Analyse begonnen wird. Hierzu gibt es eine einfache und eindeutige Antwort: Der Analyseprozess beginnt immer auf der Ebene der **externen Erfolgsfaktoren**, also bei den Kriterien für die Kunden – dies schließt die CTQs unmittelbar ein – und für den Markt, da hierdurch der Markterfolg und das zukünftige Wachstum des Unternehmens bestimmt werden.

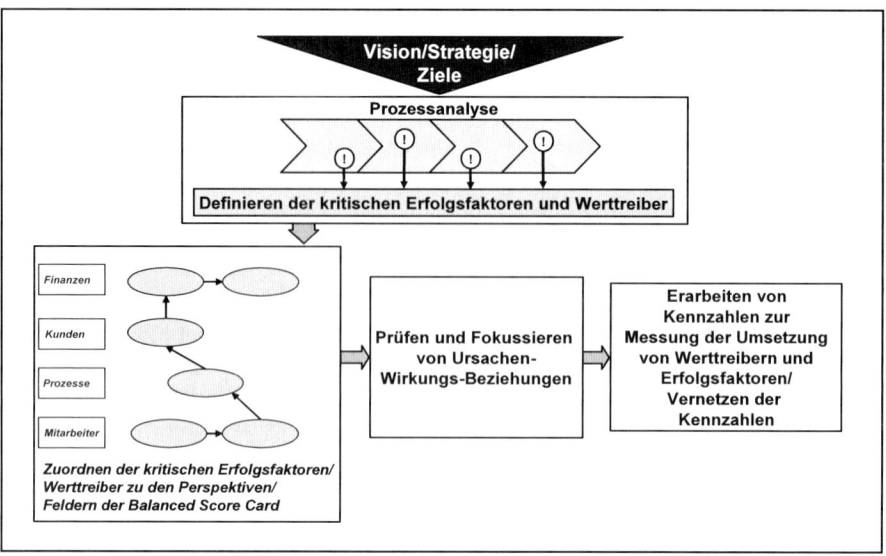

**Abb. 12:** Vorgehen beim Erarbeiten einer BSC

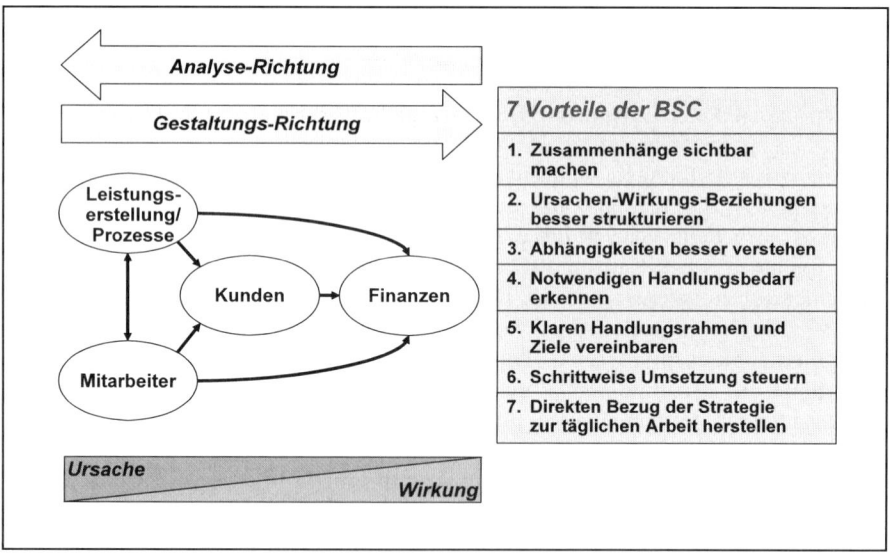

**Abb. 13:** Konzeption und Vorteile der BSC

Danach ist die Analyse zunächst nach unten, in das Unternehmen hinein durchzuführen, und zwar bezogen auf die **internen Werttreiber** (vgl. Töpfer 2000b, S. 39 ff.), also die Prozesse sowie die Leistungsfähigkeit und Qualität des Unternehmens respektive seiner Marktleistungen, auf der 2. Ebene bzw. Perspektive der BSC. Danach wird sie auf der Ebene bzw. Perspektive der Mitarbeiter sowie des Lernens und Entwickelns auf der 1. Ebene fortgesetzt.

Die Ausgestaltung der Werttreiber auf den beiden unteren Ebenen, also beispielsweise Mitarbeiterschulungen und Qualitätsverbesserungen, hat direkte Auswirkungen auf die finanzwirtschaftlichen Ergebnisgrößen der 4. Ebene, zumindest im Bereich der Kosten. Die angestrebten positiven Auswirkungen bei den Erfolgsfaktoren des Marktes und der Kunden auf der 3. Ebene durch die konsequente Gestaltung der Werttreiber auf den beiden unteren Ebenen schlagen sich in den finanziellen Ergebnisgrößen der 4. Ebene wie Umsatz, Deckungsbeitrag und Gewinn nieder. Der Kundenperspektive kommt damit eine „Scharnierfunktion" in der BSC zu.

Als **Zwischenfazit** lässt sich also festhalten: Die Kunden haben als 3. Perspektive eine zentrale Funktion: Den Kundenbelangen kommt – bei der Analyse – zum Erkennen der Erfolgsursachen als Bedürfnisse und CTQs eine herausragende Bedeutung zu. Die 1. Konsequenz ist dann die Ableitung und Gestaltung kundenorientierter Prozesse. Die Mitarbeiter und die Leistungserstellungsprozesse sind – im Rahmen der Gestaltung – hierauf auszurichten, um als Wirkung eine hohe Kundenzufriedenheit zu erreichen sowie daraus resultierend, bei wirkungsvoll eingesetzten Mitarbeitern und bei wirtschaftlichen Prozessen, auf der Finanzperspektive eine hohe Wirtschaftlichkeit und gute Erträge bzw. Überschüsse zu erwirtschaften.

In der Unternehmenspraxis sind diese Beziehungen deutlich komplexer als hier skizziert. Dies liegt daran, dass eine leistungsfähige Steuerungsmöglichkeit über intern gerichtete Werttreiber auf den Perspektiven „Mitarbeiter" und „Prozesse" sowie extern und intern gerichtete Erfolgsfaktoren auf der Ebene „Kunden" und „Finanzen" nur bei einer höheren Komplexität gegeben ist. Auf die Beziehung und Entsprechung von Werttreibern und Erfolgsfaktoren ist im Artikel zur Analyse der Anforderungen und Prozesse wertvoller Kunden im 2. Kapitel dieses Buches bereits ausführlich eingegangen worden.

Abbildung 14 zeigt ein Beispiel mit zahlreichen plausiblen Vernetzungen nicht nur innerhalb einer Perspektive, sondern vor allem auch zwischen den Perspektiven. Aus Vereinfachungsgründen wird dabei auf direkte Beziehungen z.B. vom Gehalts- und Anreizsystem oder der Schulung/ Personalentwicklung auf die Finanzperspektive, nämlich die Kosten, verzichtet. Sie werden aber durch die stufenweisen Beziehungen über die Prozesseffizienz und die Produktqualität in ihrer indirekten Wirkung auf die Produktivität und die Prozesskosten erfasst. Auf weitere Details wird hier nicht näher eingegangen.

Für die hier interessierende Perspektive „Kundenzufriedenheit und Marktausschöpfung" lassen sich die wesentlichen Erfolgsfaktoren auf dieser Ebene nur unternehmensspezifisch in ein Ursachen-Wirkungs-Schema bringen, auch wenn eine generelle Basisstruktur der Zusammenhänge existiert. Letztere ist in Abbildung 15 wiedergegeben und zeigt die Gesamtzahl relevanter Steuerungsgrößen auf dieser Perspektive, die dann – wie Abbildung 14 erkennen ließ – mit wichtigen Werttreibern bzw. Erfolgsfaktoren der anderen Perspektiven zu vernetzen sind.

Nach dieser wichtigen Vorarbeit zur Analyse der wesentlichen Ursachen-Wirkungs-Beziehungen geht es jetzt um die Darstellung der Steuerungskriterien und -instrumente. Hierzu werden aus dem **Wirkungsgefüge der BSC über die 4 Perspektiven** jeweils die zentralen Steuerungskriterien als Werttreiber und Erfolgsfaktoren ausgewählt. Pro Perspektive, also pro Steuerungsebene, sind im Interesse der Überschaubarkeit und damit einer unter Zeit-, Kosten- und Ressourcengesichtspunkten beherrschbaren Komplexität maximal 5 Steuerungskriterien festzulegen. Durch die Übersicht der Ursachen-Wirkungs-Beziehungen ist es leichter, die zentralen Steuerungskriterien zu bestimmen, deren Ursachen- oder Vernetzungsbedeutung sehr groß ist. In Abbildung 15 sind dies beispielsweise das flexible Eingehen auf Kundenwünsche sowie die Kundenloyalität/ -bindung und der Kundenwert. In der Praxis fällt dieser Auswahlprozess aber immer schwer, da eine Vielzahl nicht unwichtiger Steuerungskriterien, also Werttreiber und Erfolgsfaktoren, existiert. In Abbildung 16 ist als Beispiel eine Übersicht von 20 Steuerungskriterien einer BSC abgedruckt (vgl. dazu auch Töpfer 2001, S. 20 ff.).

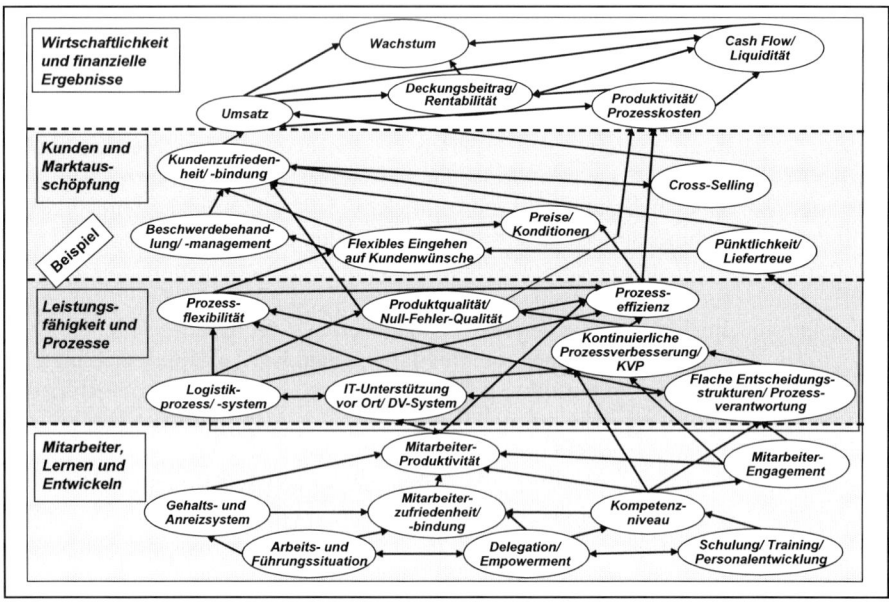

**Abb. 14:** Ursachen-Wirkungs-Kette auf Basis der BSC

Es versteht sich von allein, dass eine Balanced Score Card immer ebenen- und bereichsspezifisch entwickelt werden muss (vgl. Töpfer 2003, S. 68). Ein konkretes Beispiel hierzu liefert der Artikel zu Call Center-Strategien und Service Center-Management. Wichtig ist dabei vor allem die Vernetzung zwischen einzelnen BSCs. Dies ist zwischen den Bereichen einer Hierarchieebene wichtig, vor allem wenn sie intensiv in gleichen oder sich ergänzenden Kundenprozessen zusammenarbeiten. Zwischen Organisationseinheiten verschiedener Hierarchie- und Steuerungsebenen ist es aber noch wichtiger, damit die Durchgängigkeit der Steuerungskriterien und Kennzahlen in der Aggregation oder auch in der identischen

Ausgestaltung für unterschiedlich komplexe Prozess- und Marktteile gesichert ist. So ist z.B. die Durchgängigkeit von **kundenbezogenen Erfolgsfaktoren**, wie der Kundenzufriedenheit und der Erfüllung der Kunden-Qualitätsanforderungen sowie Termineinhaltung, auf allen Organisationsebenen in Steuerungskriterien sicherzustellen.

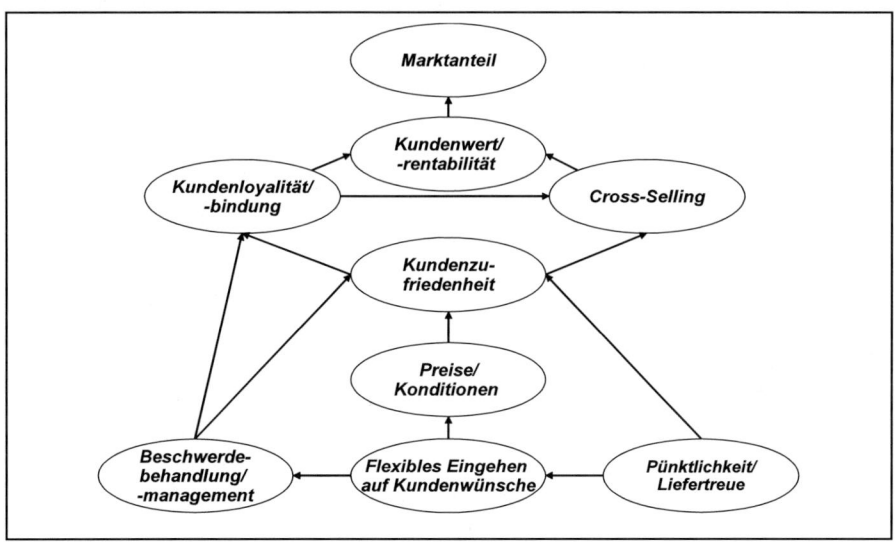

**Abb. 15:** Perspektive „Kundenzufriedenheit/ Marktausschöpfung"

Für die konkrete Steuerung der **Key Performance Indicators (KPIs)** sind 4 Inhaltsbereiche detailliert festzulegen (vgl. Kaplan/ Norton 1996, S. 76):

- Die **Ziele**, die hier als Perspektivziele den angestrebten zukünftigen Zustand, z.B. als höchsten Servicelevel, definieren und präzisieren.
- Die **Kennzahlen**, die, basierend auf Messgrößen (Was?) und Messorten (Wo?), bestimmen, wie die Leistungsmessung und Ergebnissteuerung erfolgt.
- Die **Vorgaben**, die das konkrete Periodenziel, i.d.R. für das nächste Geschäftsjahr aufgeteilt in Quartals- oder Monatsziele, festlegen und damit Gegenstand von jährlichen Zielvereinbarungen sind.
- Die **Maßnahmen**, welche die inhaltlichen Ansatzpunkte und Handlungsfelder beschreiben, mit denen die Vorgaben sowie mittelfristig die Ziele erreicht werden sollen.

In fortschrittlichen Unternehmen wird die BSC nicht nur mit diesen 4 Inhaltsbereichen zur Steuerung eingesetzt, sondern zusätzlich wird die Cockpit-Steuerung, wie sie in Abbildung 16 dargestellt ist, durch eine **Ampelanalyse und -steuerung** ergänzt (vgl. Töpfer 2001, S. 37 ff.), die inzwischen häufig IT-gestützt durchgeführt wird. Mit anderen Worten wird anhand des Cockpits auf einen Blick ersichtlich, welche Steuerungsgrößen bzw. KPIs im grünen Bereich sind, in Ansatzpunkten bzw. Trends Probleme aufweisen (gelb) oder bereits erhebliche Ergebnisabweichungen dokumentieren (rot). Dieser Steuerungsansatz ist dem Artikel zu Call Center-Strategien und Service Center-Management angesprochen worden. Die Übersichtlichkeit und Eingriffsgeschwindigkeit wird so gesteigert. Wenn das IT-gestützte Tool eine Drill-Down-Funktion enthält, dann ist die detaillierte Ursachenanalyse auf nachgeordneten Ebenen respektive Prozessen relativ einfach.

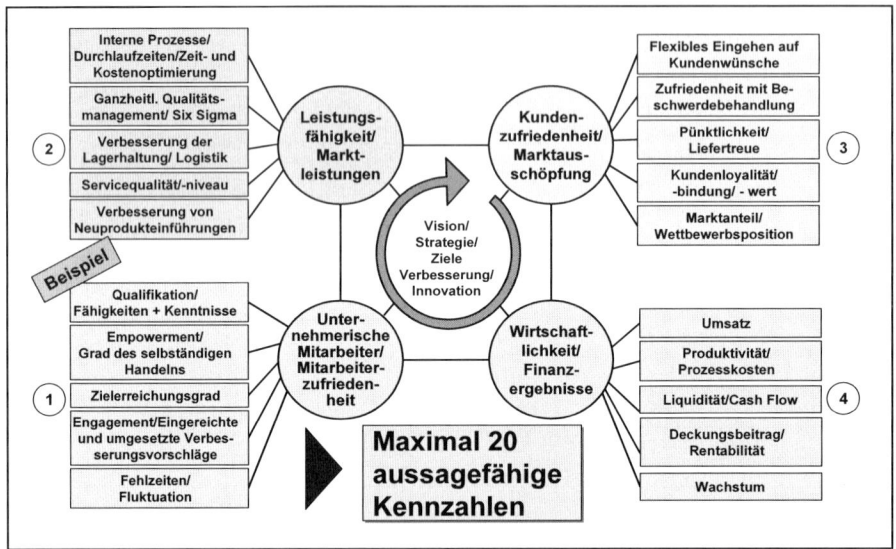

**Abb. 16:** Steuerungskriterien der BSC

# 4 Literatur

*Akao, Y./ Mazur, G.H. (2003):* The leading edge in QFD: past, present and future, in: International Journal of Quality & Reliability Management, 20. Jg., 2003, Nr. 1, S. 20-35.

*Bailom, F. et al. (1996):* Das Kano-Modell der Kundenzufriedenheit, in: Marketing ZFP, 18. Jg., 1996, Nr. 2, S. 117-126.

*Bruhn, M. (2000):* Wirtschaftlichkeit des Qualitätsmanagements für Dienstleistungen, in: Bruhn, M./ Stauss, B. (Hrsg.): Dienstleistungsqualität – Konzepte – Methoden – Erfahrungen, 3. Aufl., Wiesbaden 2000, S. 525-546.

*Ebel, B. (2002):* Die Umsetzung der Normenreihe ISO 9000:2000, in: Töpfer, A. (Hrsg.): Business Excellence, Frankfurt am Main 2002, S. 69-82.

*Garvin, D.A. (1987):* Competing on the eight dimensions of quality, in: Harvard Business Review, 65. Jg., 1987, S. 101-109.

*Gertz, D.L./ Baptista, J.P.A. (1998):* Grow to be great: wider die Magersucht im Unternehmen, 2. Aufl., Landsberg 1998.

*Herzberg, F. (1968):* One more time: How do you motivate employees?, in: Harvard Business Review, 46. Jg., 1968, Nr. 1, S. 53-62; wieder abgedruckt in 81. Jg., 2003, Nr. 1, S. 87-96.
*Herzberg, F./ Mausner, B./ Snyderman, B.B. (1959):* The motivation to work, New York et al. 1959.
*Kaplan, R.S./ Norton, D.P. (1992):* The balanced scorecard – Measures that drive performance, in: Harvard Business Review, 70. Jg., 1992, Nr. 1, S. 71-79.
*Kaplan, R.S./ Norton, D.P. (1996):* Using the Balanced Scorecard as a Strategic Management System, in: Harvard Business Review, 74. Jg., 1996, Januar/ Februar, S. 75-85.
*Kaplan, R.S./ Norton, D.P. (1997):* Balanced Scorecard – Strategien erfolgreich umsetzen, Stuttgart 1997.
*Kaplan, R.S./ Norton, D.P. (2001):* The Strategy-Focused Organization – How Balanced Scorecard Companies thrive in the new Business Environment, Harvard 2001.
*Saatweber, J. (2007):* Kundenorientierung durch Quality Function Deployment – Systematisches Entwickeln von Produkten und Dienstleistungen, 2. Aufl., Düsseldorf 2007.
*Töpfer, A. (2000a):* Messung und Messgrößen für die Gestaltungsfelder der Balanced Score Card, in: Töpfer, A. (Hrsg.): Das Management der Werttreiber – Die Balanced Score Card für die Wertorientierte Unternehmensführung, Frankfurt am Main 2000, S. 124-144.
*Töpfer, A. (2000b):* Die Fokussierung auf Werttreiber, in: Töpfer, A. (Hrsg.): Das Management der Werttreiber – Die Balanced Score Card für die Wertorientierte Unternehmensführung, Frankfurt am Main 2000, S. 31-49.
*Töpfer, A. (2001):* Balanced Scorecard, in: Achteitner, A.K./ Thoma, G.F. (Hrsg.): Handbuch Corporate Finance, Ergänzungslieferung 1, Köln 2001, Kap. 4.3.1, 2. Aufl.
*Töpfer, A. (2002):* Entwicklungsstufen, Ergebnisse und Erfolge umgesetzter Business Excellence, in: Töpfer, A. (Hrsg.): Business Excellence, Frankfurt am Main 2002, S. 27-65.
*Töpfer, A. (2003):* 15 Phasen zur Entwicklung einer BSC in der Unternehmenspraxis, in: Controller News, 2003, Nr. 2, S. 65-69.
*Töpfer, A. (2007a):* Betriebswirtschaftslehre – Anwendungs- und prozessorientierte Grundlagen, 2. Aufl., Berlin/ Heidelberg 2007.
*Töpfer, A. (2007b):* Six Sigma, Balanced Score Card und EFQM-Modell im Wirkungsverbund, in: Six Sigma – Konzeption und Erfolgsbeispiele für praktizierte Null-Fehler-Qualität, 4. Aufl., Berlin/ Heidelberg 2007, S. 371-383.
*Wigand, K./ Schnopp, R. (2000):* Schritte auf dem Weg zur Einführung der BSC bei Siemens, in: Töpfer, A. (Hrsg.): Das Management der Werttreiber – Die Balanced Score Card für die Wertorientierte Unternehmensführung, Frankfurt am Main 2000, S. 266-278.
*Zeithaml, V.A./ Parasuraman, A./ Berry, L.L. (1992):* Qualitätsservice – Was Ihre Kunden erwarten, was Sie leisten müssen, Frankfurt am Main/ New York 1992.

# Qualitätsbewusstsein und Kundenorientierung der Mitarbeiter als Schlüssel zum Erfolg: Qualitätsmanagement bei der Ritz-Carlton Hotel Company

*– Wie wird bei den Mitarbeitern die Ausrichtung auf Null-Fehler Qualität und gleichzeitig hohe Kundenzufriedenheit als Veränderungsstrategie in einem Dienstleistungsunternehmen erfolgreich umgesetzt? –*

Nigel P. Beckett

Inhalt

| | | |
|---|---|---|
| 1 | Qualitätschronologie bei Ritz-Carlton | 949 |
| 2 | „Quality-Steps" bei Ritz-Carlton | 950 |
| 3 | Qualitätsmanagement bei Ritz-Carlton | 952 |
| 3.1 | Die Ritz-Carlton-Unternehmenskultur als Schlüssel zum Erfolg | 952 |
| 3.2 | Mitarbeiter-Empowerment als Basis für Kundenzufriedenheit | 954 |
| 3.3 | Reduzierung der Durchlaufzeiten durch Prozessmanagement | 957 |
| 4 | Instrumente und „Management-Tools" | 958 |
| 4.1 | Auswahl der Mitarbeiter | 958 |
| 4.2 | Fehlerkostenanalyse | 959 |
| 5 | Effiziente Systeme zur Messung und Steigerung der Kundenzufriedenheit | 960 |
| 5.1 | Befragung der Einzelgäste | 961 |
| 5.2 | Befragung von Tagungsveranstaltern und Zimmervermittlern | 962 |
| 5.3 | Befragung von Mitarbeitern | 962 |
| 5.4 | Mitarbeitermotivation durch Vorschlagswesen | 963 |
| 6 | Literatur | 964 |

## 1 Qualitätschronologie bei Ritz-Carlton

Obwohl Ritz-Carlton als erstes und einziges Serviceunternehmen den höchsten Qualitätspreis der USA, den Malcolm Baldrige National Quality Award, bereits zweimal, sowohl 1992 als auch 1999, gewinnen konnte, sind wir auf alle Auszeichnungen stolz, die unser Bestreben nach Spitzenleistungen in der Hotellerie honorieren. Im Folgenden sind einige weitere Auszeichnungen, die wir in den letzten Jahren erhielten, aufgeführt:

- Worth Magazine (2000): „Best Luxury Hotel Chain" im Readers' Choice Award

- Travel + Leisure (2001): 13 Ritz-Carlton Hotels unter den Top 100 im World's Best Awards
- Singapur (2001): Quality Award für das Ritz-Carlton Hotel in Millenia Singapur
- Business Travel News (2002): „The Ritz-Carlton Hotel Company, L.L.C" laut Umfrage an erster Stelle unter den US-Hotelketten
- Vereinigte Arabische Emirate (2002): National Quality Award für das Ritz-Carlton Hotel in Dubai

Diese Auszeichnungen sind eine hervorragende Bestätigung für unser Bemühen, jeweils **höchste Standards bezogen auf Kundenorientierung und Kundenzufriedenheit** zu erreichen, und wirken sehr motivierend auf alle Mitarbeiter. Allerdings bieten sie keine Gelegenheit zum Ausruhen, denn sämtliche Erfolge sind nur Etappensiege auf diesem „Rennen ohne Zieleinlauf".

Gerade im Dienstleistungsbereich zählt nicht der einmalige Erfolg, sondern nur das dauerhafte Bemühen um Spitzenleistung und ständige Verbesserungen. Die Leistungen, die ein Gast während seines Aufenthaltes in einem Hotel erhält, werden von ihm als Momentaufnahmen registriert. Eine Leistung muss daher sofort zur Zufriedenheit des Gastes erbracht werden, ein Lagern oder Konservieren von Qualität ist im Dienstleistungsbereich nicht möglich.

Im Unterschied zum Bereich der „materiellen Güter" wird das Zufriedenheitsurteil sehr stark vom Verhalten der interagierenden Menschen beeinflusst. Während ein gut funktionierendes Produkt schon einmal über eine unfreundliche Bedienung hinweghelfen kann, sind es bei einer Dienstleistung zum überwiegenden Teil die Erfahrungen und Erlebnisse im Umgang mit Personen, die zu Zufriedenheit oder zu Unzufriedenheit beim Kunden führen. So erhalten beispielsweise unsere Hotelgäste in verschiedenen Situationen während ihres Aufenthaltes mehrere Erfahrungswerte beim Kontakt mit unseren Mitarbeitern und bei der Wahrnehmung des gesamten Ambientes.

Es bestehen kaum Möglichkeiten, schlechten Service und Fehlleistungen wieder gut zu machen. Die Art und Weise, wie unsere **Mitarbeiter** zu ihrer Arbeit eingestellt sind und mit welchem **Engagement** sie ihrer Sache nachgehen, wird daher zu einem überaus wichtigen Erfolgsfaktor, wenn wir die Zufriedenheit unserer Gäste erhalten und steigern möchten. Dieser Erfolgsfaktor gewinnt besonders zurzeit an Bedeutung, da in einigen Dienstleistungsbereichen die Leistungsbereitschaft der Mitarbeiter zurückgeht.

## 2 „Quality-Steps" bei Ritz-Carlton

Ritz-Carlton ist ein 1983 gegründetes amerikanisches Hotelunternehmen bzw. eine Hotelbetriebsgesellschaft mit Firmensitz in Atlanta. Obwohl historische Verbindungen zu den traditionsreichen Ritz Hotels beispielsweise in London oder Paris bestehen, ist Ritz-Carlton ein eigenständiges Unternehmen mit 58 Hotels weltweit (35 City Hotels und 23 Resorts), davon 35 Luxushotels allein in den USA.

Die anderen Ritz-Carlton Hotels sind weltweit verteilt; unter anderem auch in Dubai (Vereinigte Arabische Emirate), in Osaka und Tokyo (Japan), in Hong Kong (China), in Cancun (Mexiko), in Bali (Indonesien) sowie in Berlin und Wolfsburg. Neueröffnungen stehen unter anderem in Beiying (China), Dubai (Vereinigte Arabische Emirate), Toronto (Kanada) sowie in Los Angeles und Denver an.

Insgesamt kümmern sich weltweit 28.000 Mitarbeiter um die Zufriedenheit von jährlich über 800.000 Gästen nach dem Prinzip „We are Ladies and Gentlemen serving Ladies and Gentlemen".

Langfristig orientiert sich Ritz-Carlton an folgenden 3 wesentlichen Qualitätszielen (siehe dazu auch Abb. 1):

- **Ziel 1: 100% Kundenbindung**
  Jeder, der einmal unser Gast war, soll so zufrieden gestellt werden, dass er immer gern wiederkommt. Darüber hinaus möchten wir erreichen, dass unsere Gäste unser Unternehmen uneingeschränkt weiterempfehlen können und so unser Kundenstamm stetig wächst.
- **Ziel 2: 50% Senkung der Durchlaufzeiten**
  Das heißt, alle Prozesse sind mit Blick auf Kundenorientierung sowie Zeit- und Kostenersparnis zu optimieren.
- **Ziel 3: Fehlerfreiheit**
  Hier orientieren wir uns am Six Sigma-Konzept: Auf 1 Mio. Transaktionen wollen wir maximal 3,4 Fehler tolerieren.

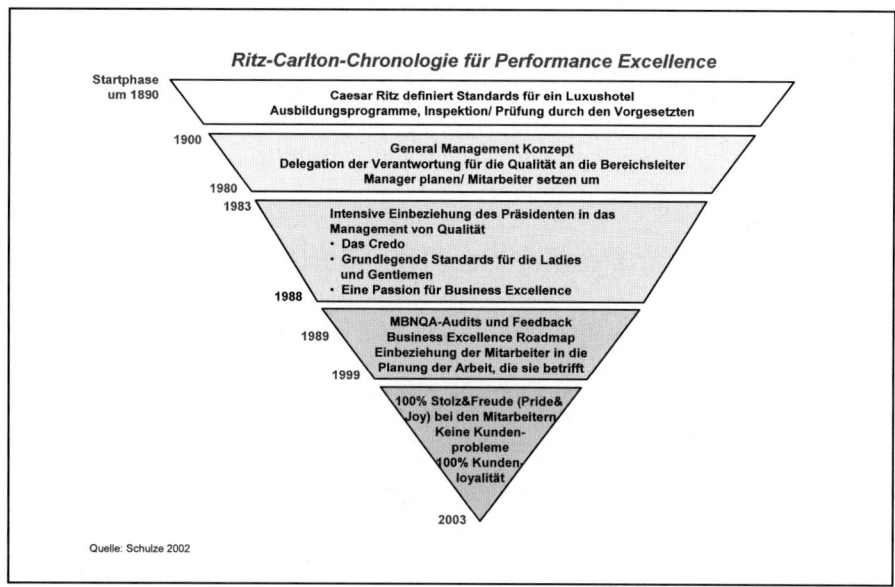

**Abb. 1:** Die Qualitätschronologie von Ritz-Carlton

Diese großen Herausforderungen wollen wir mit den folgenden Initiativen meistern, die wir zu einem Kundenzufriedenheitssystem zusammengefasst haben.

1. **Ermitteln der Kundenbedürfnisse:** Durch Befragungen und Analysen registrieren wir Wünsche und Erwartungen, die unsere Hotelgäste bezogen auf ihren Hotelbesuch artikulieren.
2. **Vermeiden von Fehlern:** Grundsätzlich ist es das Ziel jedes Mitarbeiters, alle Tätigkeiten gleich beim ersten Mal korrekt auszuführen, damit Korrekturen vermieden werden.
3. **Senken der Durchlaufzeiten:** Alle wertschöpfenden Prozesse wollen wir dahingehend optimieren, dass wir unseren Gästen eine qualitativ mindestens gleichwertige Leistung in einer kürzeren Zeit anbieten können.
4. **Empowern der Mitarbeiter:** Eigenverantwortlich handelnde und mit weit reichenden Kompetenzen ausgestattete Mitarbeiter sind in unserem Geschäft eine wichtige Grundlage, um unsere Kunden mit qualitativ hochwertigen Leistungen zufrieden zu stellen, zu verblüffen und begeistern.
5. **Einbinden der Mitarbeiter:** Nur wenn sämtliche Mitarbeiter über alle wesentlichen Entscheidungen gut informiert sind und ihr Wissen und ihre Erfahrungen bei vielen Gelegenheiten einbringen können, wird der Grundstein für eine ständige Leistungsverbesserung gelegt.
6. **Messinstrumente und Messverfahren:** Praktikable Instrumente und gut strukturierte Verfahren liefern uns wichtige Informationen über den derzeitigen Leistungsstand in vielen Bereichen und geben darüber hinaus Anhaltspunkte für Verbesserungsmöglichkeiten.

Mit diesen Initiativen, die im Folgenden detaillierter dargestellt werden, wollen wir weiterhin erfolgreich sein. Erfolgreich heißt, kostengünstiger, besser und schneller sein als der Wettbewerb, damit die Dienstleistungen, die wir anbieten, unsere Kunden immer voll zufrieden stellen und an das Unternehmen binden.

## 3 Qualitätsmanagement bei Ritz-Carlton

### 3.1 Die Ritz-Carlton-Unternehmenskultur als Schlüssel zum Erfolg

Das „Credo", Leitbild des Unternehmens Ritz-Carlton, stellt die Grundlage für die Tätigkeit sämtlicher Ritz-Carlton-Mitarbeiter dar. Darüber hinaus bilden die so genannten 3 Stufen der Dienstleistung, das Unternehmensmotto und die 20 Grundregeln, Basics genannt, die *Gold-Standards* von Ritz-Carlton (siehe Abb. 2a und b).

Diese **Ritz-Carlton-Standards** umfassen 20 Grundsätze, die **konkrete Handlungsmaxime** für jeden Mitarbeiter beschreiben. Dadurch werden der erweiterte Entscheidungsspielraum und die erweiterte Verantwortung der Mitarbeiter an jederzeit umsetzbare Leitlinien gekoppelt. Die Grundsätze sind somit ein fester Bestandteil des Beschäftigungsverhältnisses zwischen Hotel und Mitarbeiter. Da durch **tägliche Qualitätsbesprechungen** die Basics kontinuierlich bei jedem Mitarbeiter aktiviert werden, wird im gesamten Unternehmen weltweit ein höchstes Qualitätsverständnis und -niveau realisiert, auch wenn die Unterschiede bezogen auf Servicestandards und auf kulturelle Faktoren z.B. in den USA, in Korea oder in Spanien recht hoch sind.

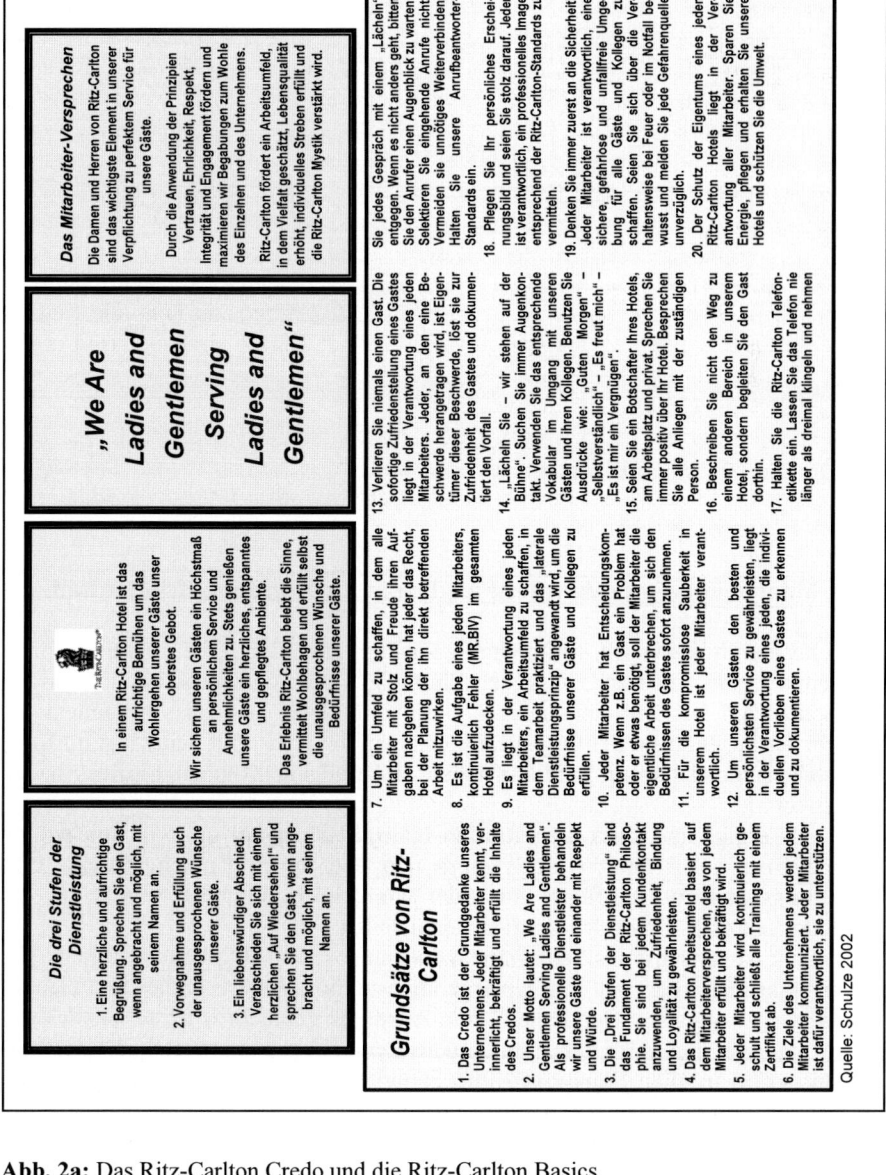

**Abb. 2a:** Das Ritz-Carlton Credo und die Ritz-Carlton Basics

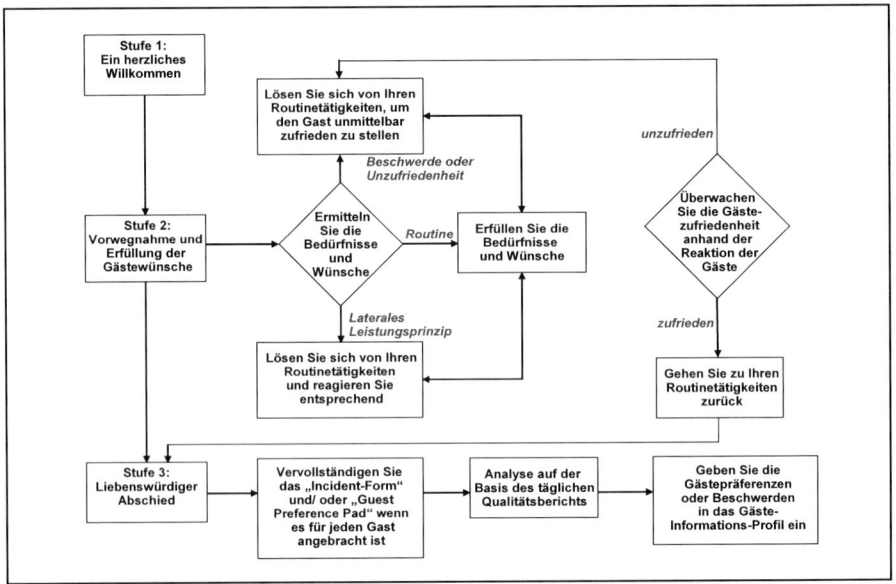

**Abb. 2b:** Die 3 Stufen der Dienstleistung

### 3.2 Mitarbeiter-Empowerment als Basis für Kundenzufriedenheit

Nicht nur durch das Ritz-Carlton Credo, sondern auch durch die Team-Pyramide bringen wir zum Ausdruck, dass sich sämtliche Unternehmensaktivitäten an den Wünschen und Bedürfnissen unserer Gäste orientieren und dass besonders die Mitarbeiter im Zentrum der Organisation stehen, die direkt mit dem Gast im Kontakt stehen und daher auf sein Zufriedenheitsurteil einen hohen Einfluss haben (siehe Abb. 3).

Daraus ergibt sich, dass das **Kunden-Kontakt-Personal** mit weit reichenden Kompetenzen ausgestattet werden muss und über einen **Entscheidungs- und Handlungsspielraum** verfügen muss, der sämtliche Handlungen zulässt, um die Zufriedenheit eines Gastes wirklich sicherzustellen.

Wichtig ist zunächst das Selbstverständnis eines jeden Mitarbeiters. Wie bereits im Ritz-Carlton Credo mit dem Unternehmensmotto „We are Ladies and Gentlemen serving Ladies and Gentlemen" zum Ausdruck gebracht wird, sollen sich unsere Mitarbeiter nicht als Diener sondern als Persönlichkeiten verstehen. Alle Mitarbeiter sollen in allen Situationen ihre Fähigkeiten und ihre Freundlichkeit einbringen, um „ihren" Gast zufrieden zu stellen. Hierfür bestehen sehr viele Möglichkeiten, wie aus einer aktuellen Untersuchung in unserem Hause hervorgeht. Man hat errechnet, dass während eines Aufenthaltes zwischen Gast und dem Hotelpersonal bis zu einhundert Interaktionen stattfinden können. Das bedeutet, in einhundert Situationen kann es zu „Augenblicken der Wahrheit" kommen, in denen das Zufriedenheitsempfinden des Gastes ganz maßgeblich beeinflusst wird.

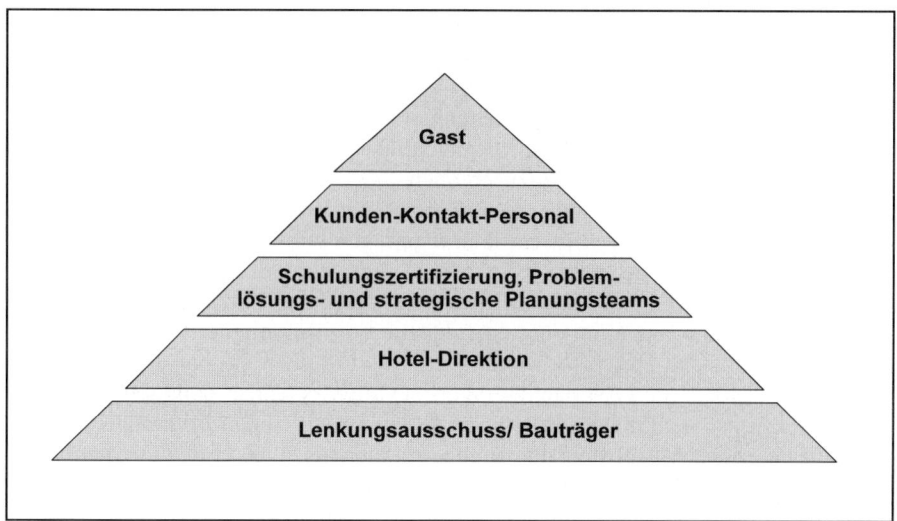

**Abb. 3:** Die interaktive Team-Pyramide von Ritz-Carlton

Daher ist es ganz entscheidend, dass Servicestandards und Richtlinien konkretisiert werden, damit jeder Mitarbeiter gut nachvollziehen kann, was das „Erlebnis Ritz-Carlton" ausmacht und warum sein eigener Beitrag so wichtig ist, um Kundenzufriedenheit zu erzeugen.

Grundsätzlich ist Kundenzufriedenheit zu erzielen, indem mögliche Gründe für Unzufriedenheit besser gleich im Vorfeld eliminiert werden. Das **Prinzip der Fehlervermeidung** orientiert sich bei Ritz-Carlton an der „Burnt Toast-Theorie", d.h. es ist unser Ziel, einen Toast besser gleich beim ersten Mal richtig zu rösten, als später die verbrannte Kruste zu entfernen.

Damit der Qualitätsgedanke für alle Mitarbeiter nachvollziehbar in den Mittelpunkt gerückt wird, haben wir die **Fehlerkosten** für verschiedenste Vorfälle centgenau ermittelt (vgl. Punkt 4.2).

Die Philosophie der Fehlervermeidung findet sich in den „Ritz-Carlton Basics" im Grundsatz Nr. 8: *Es ist die Aufgabe eines jeden Mitarbeiters, kontinuierlich Fehler (Mr. BIV) im gesamten Hotel aufzudecken.* Hinter dem durch Mr. BIV personifizierten Fehlerbegriff verbergen sich die 5 wesentlichen Gründe für Qualitätsmängel:

1. **M**istakes (Fehler)
2. **R**ework (Nacharbeit)
3. **B**reakdowns (Pannen, Betriebsstörungen)
4. **I**nefficiencies (mangelnde Effizienz)
5. **V**ariation (Abweichungen, Leistungsschwankungen)

Trifft ein Mitarbeiter bei seiner Tätigkeit auf Mr. BIV, ist genau geregelt, wie der Fehler beseitigt wird. Als Erfolgsmaßstab für alle Aktivitäten in diesem Zusammenhang steht allein das Urteil des Kunden. Erst wenn dieser mit dem Ergebnis völlig zufrieden ist, haben wir unser Ziel erreicht (siehe Abb. 4).

Trotzdem kann es immer einmal passieren, dass etwas nicht zur vollen Zufriedenheit eines Gastes ausfällt. Deshalb ist es wichtig, auch das **Beschwerdemanagement** konsequent auf Kundenzufriedenheit auszurichten. Am Beispiel eines Beschwerdeprozesses wird deutlich, wie wichtig es ist, den Mitarbeitern dabei die **erforderlichen Kompetenzen** zuzusprechen.

Im Grundsatz 13 der Ritz-Carlton „Basics" wird deutlich gemacht, dass jeder Mitarbeiter, an den eine Beschwerde herangetragen wird, der „Eigentümer" dieser Beschwerde ist. Das bedeutet, jeder Mitarbeiter, der mit einem Problem eines Kunden konfrontiert wird, hat die Pflicht, erforderliche Maßnahmen zur Beseitigung des Problems zu treffen oder einzuleiten. Vom Mitarbeiter wird eine sofortige Reaktion auf den Beschwerdeanlass gefordert. Außerdem hat der Mitarbeiter nach 20 Minuten beim Gast nachzufragen, ob alles zu seiner Zufriedenheit gelöst wurde. Damit ist auch die ausdrückliche Aufforderung an den Mitarbeiter verbunden, alles in seiner Macht stehende zu tun, um niemals einen Gast zu verlieren.

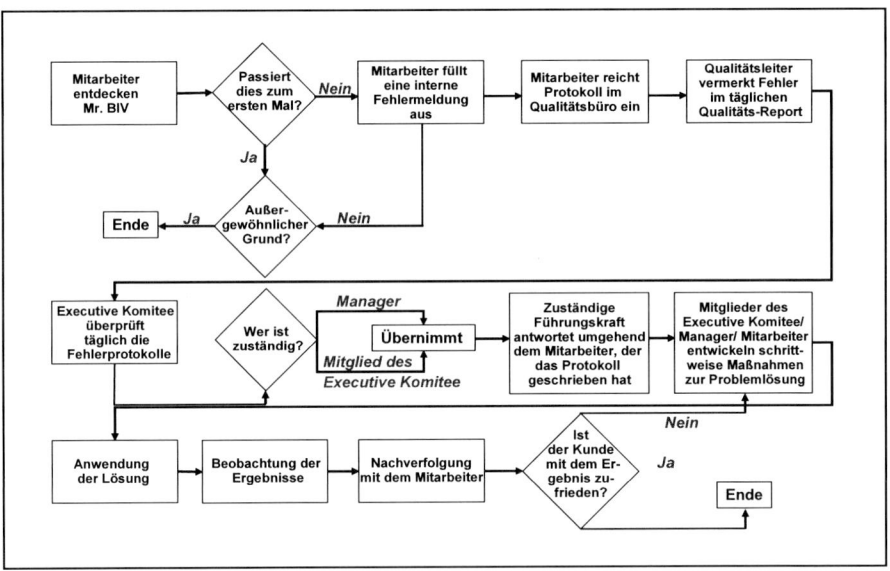

**Abb. 4:** Der interne Problemlösungsprozess

Diese Anforderungen lassen sich nur realisieren, wenn die Mitarbeiter sämtliche Kompetenzen übertragen bekommen, die zur Erledigung des größten Teils der Beschwerden erforderlich sind. So ist bei Ritz-Carlton jeder Mitarbeiter berechtigt, Anweisungen an Kollegen anderer Abteilungen zu geben, wenn deren Einsatz für das Zufriedenstellen des Gastes nötig ist. Ebenfalls kann ein Mitarbeiter über einen Betrag von bis zu 2.000 US-Dollar verfügen, um einen Beschwerdegrund sofort aus der Welt zu räumen. Das bedeutet konkret, dass z.B. ein Zimmermädchen berechtigt ist, einem Gast eine Gratisübernachtung oder ein Gratisessen zuzusagen. Es steht außer Frage, dass von dieser Kompetenz nur dosiert und nach vorheriger Einweisung und Schulung Gebrauch gemacht werden kann, da sie direkt die Erträge eines Hotels tangiert. Einfacher und häufiger anzuwenden ist der folgende Ansatz: Das Ernstnehmen des Gastes, das um ihn Kümmern und die Reaktionsschnelligkeit sind wichtiger und besser als die in der Hotellerie typische „Obstkorbmentalität", auch wenn wir selbstverständlich Aufmerksamkeiten gemäß den Vorlieben unserer Gäste (falls bekannt) bringen.

Viel wichtiger als die Möglichkeit, über Geldbeträge zu verfügen und „Geschenke zu verteilen" ist allerdings das Verständnis jedes Mitarbeiters bezogen auf seine **Entscheidungsvollmacht**. Mitarbeiter sollen selbstständig und vor allem **unternehmerisch handeln**, um das Ziel der vollständigen Kundenzufriedenheit jederzeit erfüllen zu können. Dieses **Empowerment** führt dazu, dass Mitarbeiter durch ihr eigenverantwortliches Handeln das „besser werden" lernen und sich ihr Selbstwertgefühl erhöht.

Grundsätzlich ist jedoch das Prinzip der Fehlervermeidung von Anfang an die oberste Maxime für das tägliche Handeln, d.h. es ist das Ziel, die Ursachen für Probleme nachhaltig zu beseitigen, damit sie in Zukunft nicht wieder auftreten.

Um dies zu gewährleisten, ist es notwendig, dass bei allen aufgetretenen Problemen der Mitarbeiter zum Abschluss den Lösungsprozess dokumentiert. Dabei werden Beschwerdeursache, erforderliche Lösungsmaßnahmen und alle involvierten Abteilungen sowie **Verbesserungsvorschläge in einem Formblatt** festgehalten. Dieses „Guest Incident Action Form" ist somit die Grundlage für einen kontinuierlichen Prozess der Leistungsverbesserung und stellt dadurch sicher, dass ein erneutes Auftreten des Fehlers zukünftig vermieden werden kann.

### 3.3 Reduzierung der Durchlaufzeiten durch Prozessmanagement

Jede Dienstleistung (Prozess) in unseren Hotels nimmt in der Vorbereitung und in der Ausführung eine gewisse Zeit in Anspruch (Durchlaufzeit). Um dem Gast eine exzellente Leistung bieten zu können, muss sichergestellt werden, dass die Gestaltung sämtlicher Prozesse auf die Zufriedenheit unserer Gäste ausgerichtet ist. Ein **Prozessmanagement**, bei dem die gesamte Prozesskette in Teilschritte zerlegt und analysiert wird, ermöglicht es, gezielt Verbesserungsmöglichkeiten aufzudecken. Am Beispiel des Prozesses „Zimmer vorbereiten" kann dies verdeutlicht werden.

Üblicherweise wird ein Hotelzimmer nach Abreise des Gastes von einem Zimmermädchen gereinigt und für die nächste Übernachtung vorbereitet. Dieser Prozess dauerte etwa 30 Minuten. Da es immer wieder vorkommt, dass sich die Abreise eines Gastes verzögert, kann es dadurch zu Unannehmlichkeiten für den ankommenden Gast kommen, weil sein Zimmer noch nicht bezugsfertig ist. Eine Wartezeit von 30 Minuten ist dem Gast dabei nicht zuzumuten.

Nach einer Überprüfung durch „Cycle-Time Advisors", die insgesamt 19 kritische Geschäftsprozesse analysiert haben, wurde der Prozess „Zimmerreinigung" stark verkürzt. Heute werden alle Zimmer statt von einer Person durch ein Team von 3 Mitarbeitern gereinigt. Dabei ist in Ablaufplänen genau festgelegt, wie welche Handgriffe und Tätigkeiten ablaufen müssen, damit das Zimmer in möglichst kurzer Zeit für den neuen Gast vorbereitet werden kann. Dazu gehört auch das Auffüllen der Minibar, welches früher von einer zusätzlichen Person übernommen wurde.

Durch diese Prozessverbesserung kann ein Zimmer heute in nur 8 Minuten für den nächsten Hotelgast vorbereitet werden. Sollte es also einmal zu Verzögerungen kommen, können wir diese kurze Zeit überbrücken, indem wir den Gast beispielsweise mit einer Erfrischung an der Hotelbar empfangen und seine Koffer in dieser Zeit bereits auf das Zimmer bringen lassen.

Die Vorteile dieses sowohl zeitlich optimierten als auch im Ergebnis verbesserten Prozesses kommen somit direkt unseren Gästen zugute. Darüber hinaus konnte auch die Mitarbeiterzufriedenheit erheblich gesteigert werden.

## 4 Instrumente und „Management-Tools"

### 4.1 Auswahl der Mitarbeiter

Entsprechend unseres Unternehmensmotto „We are Ladies and Gentlemen serving Ladies and Gentlemen", fällt der Auswahl der Mitarbeiter für alle Servicebereiche eine besondere Bedeutung zu. Neben den **fachlichen Qualifikationen** für die unterschiedlichsten Einsatzbereiche kommt es besonders auf die **soziale Kompetenz** sowie auf **Flexibilität** unserer Mitarbeiter an. Unter sozialer Kompetenz verstehen wir neben der Fähigkeit zur Arbeit in einem Team auch den positiven Umgang mit Mitmenschen, also sowohl Kunden als auch zu Mitarbeitern.

Für das „Leben" unserer Qualitätsphilosophie ist es wichtig, dass bei allen Mitarbeitern die Bereitschaft, alles für die Zufriedenheit des Kunden zu tun, besonders ausgeprägt ist; d.h. es werden Personen mit echtem „Unternehmergeist" gesucht, die gern ein hohes Maß an Verantwortung übernehmen.

Warum wir bei der Personalauswahl auf die Hilfe von kompetenten, professionellen Partnern angewiesen sind, zeigt folgendes Beispiel: Vor der Eröffnung des „Hotel Arts Barcelona" in Spanien haben wir 325 Mitarbeiterinnen und Mitarbeiter für verschiedene Tätigkeitsbereiche gesucht. Auf eine geschaltete Anzeige haben sich etwa 10.000 Interessenten gemeldet.

In einem 4 Tage dauernden Auswahlverfahren wurden insgesamt etwa 6.000 Bewerber interviewt, wobei wir besonderen Wert auf Flexibilität, Belastbarkeit und eine hohe Kundenorientierung legten.

Nach dem Auswahlprozess bieten wir unseren neuen Mitarbeitern ein zweitägiges **Orientierungsprogramm**, in dem wir unseren neuen Teammitgliedern die Qualitätsziele und unsere Unternehmensleitsätze (Credo) näher bringen wollen, damit sie für den ersten Kontakt mit dem Hotelgast optimal vorbereitet sind. Der

Erfolg dieser Orientierungsphase wurde uns auch von den Auditoren der Malcolm-Baldrige-Jury attestiert.

Den Juroren fiel bei ihren Audits besonders auf, dass alle Mitarbeiter aus verschiedenen Bereichen (z.B. Gärtner, Küchenpersonal, Wagenmeister) begeistert und überzeugt über das Thema „Qualität bei Ritz-Carlton" erzählen konnten.

Es wird hierbei deutlich, dass wir das Ziel „Zufriedene Kunden" auch auf unsere internen Kunden, d.h. unsere Mitarbeiter, beziehen. Neben der Erkenntnis, dass nur zufriedene Mitarbeiter in der Lage sind, durch ihre Arbeit auch den Kunden zufrieden zu stellen, ist uns bewusst, welche Probleme in Bezug auf Kosten und Zeit eine hohe Personalfluktuation im Servicebereich noch verursachen kann. Ein Vergleich zum Branchendurchschnitt zeigt jedoch, dass Ritz-Carlton auch hier eine führende Position hat: Während in der gehobenen Hotellerie der USA innerhalb eines Jahres oft eine Fluktuationsrate von weit über 100% festgestellt wird, so dass also manche Funktion in einem Jahr von mehr als einer Person wahrgenommen wird, beträgt die Fluktuation bei Ritz-Carlton nur ca. 30%. Hiermit wird dokumentiert, dass das Ziel der Kundenbindung sich auch auf den internen Kunden, also den Mitarbeiter, erstreckt und auch hier eine hohe Bindung erreicht wird.

### 4.2 Fehlerkostenanalyse

Bei vielen Initiativen zur Sicherstellung einer umfassenden Kundenzufriedenheit wird oft eine **Gegenüberstellung von Kosten und Nutzen** verlangt. Gelingt eine derartige Analyse nicht einwandfrei, besteht häufig das Problem, dass die geplanten Maßnahmen schnell an Glaubwürdigkeit verlieren und nicht mit dem nötigen Engagement durchgeführt werden. Um dieser Gefahr zu begegnen, führt Ritz-Carlton konsequent Fehlerkostenanalysen durch, damit jeder Mitarbeiter leicht nachvollziehen kann, welche Kosten entstehen, wenn ein Prozess nicht fehlerfrei abläuft.

Wenn somit jedem Mitarbeiter verdeutlicht werden kann, was ein unzufriedener Kunde tatsächlich kostet, wird die **Motivation der Mitarbeiter**, sich dafür einzusetzen, dass Probleme gar nicht erst entstehen, deutlich erhöht. Abbildung 5 zeigt als Beispiel eine Fehlerkostenberechnung für den Fall, dass ein Zimmer nicht bezugsfertig ist, wenn der Gast im Hotel eincheckt.

Den aus dem Fehler resultierenden Konsequenzen werden genaue **Fehlbeträge** zugewiesen, die entsprechend ihrer Eintrittswahrscheinlichkeit erfasst werden. Für den Fall, dass ein Gast beispielsweise aus Unzufriedenheit nicht wiederkommt, schlägt diese ausbleibende Übernachtung mit 337,50 US-Dollar zu Buche. Bei einer **kalkulierten Eintrittswahrscheinlichkeit** von 10% verbleiben 33,75 US-Dollar an **Opportunitätskosten**.

„**Weiche Kosten**" fallen häufig durch nicht effiziente Arbeitsabläufe und durch Mehrarbeit oder Nachbesserungen an. Beispielsweise kann man die Zeit verrechnen, die das Personal und Management durch das Wiedergutmachen des Fehlers aufwenden muss. „**Harte Kosten**" sind direkt zuzuordnen, indem z.B. ein Gast einen Gratiscocktail erhält. Zur Quantifizierung der Fehlerkosten aufgrund von

Nachbesserungen werden interne Verrechnungssätze verwendet, ein entgangener Erlös wird durch den Preis einer Übernachtung repräsentiert.

Auf Grundlage sämtlicher relevanter Transaktionen (z.B. Zahl der Übernachtungen pro Jahr) und einer realistischen Fehlerwahrscheinlichkeit kann nun berechnet werden, was es kostet, wenn ein Kunde nicht die Leistung geboten bekommt, die er erwarten darf.

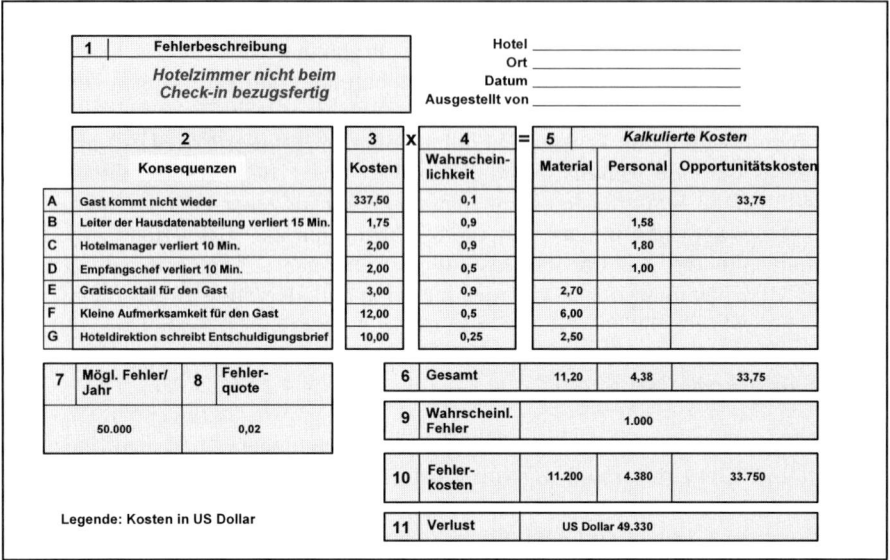

**Abb. 5:** Fehlerkostenanalyse

Da wir uns unzufriedene Kunden ebenso wenig leisten können wie eine **negative Mund-zu-Mund-Werbung**, ist es wichtig, derartige Berechnungen durchzuführen, um unseren Mitarbeitern die Bedeutung ihrer Arbeit für die Zufriedenheit unserer Kunden besonders deutlich zu machen.

# 5 Effiziente Systeme zur Messung und Steigerung der Kundenzufriedenheit

Unser Ziel, jeden unserer Gäste vollständig zufrieden zu stellen, können wir nur erreichen, wenn wir laufend die tatsächliche Zufriedenheit mit unseren Leistungen messen und versuchen, die Gründe für eventuelle Unzufriedenheit zu erfahren. Zum Thema Zufriedenheit mit Ritz-Carlton befragen wir daher 3 Zielgruppen: Einzelgäste, Veranstalter und Vermittler von Tagungen und Kongressen sowie unsere Mitarbeiter. Diese Befragungen sind die Voraussetzung dafür, dass wir gezielte Verbesserungsmaßnahmen entwickeln und umsetzen können, um dadurch die Zufriedenheit unserer Kunden zu steigern.

## 5.1 Befragung der Einzelgäste

Der einfachste Weg, um die Meinung der Gäste und deren Einschätzung der Leistungen, die sie während ihres Hotelaufenthaltes geboten bekommen haben, zu erfahren, ist die gezielte Nachfrage.

Bei der **Zufriedenheitsanalyse** der Einzelgäste unterstützt uns das Marktforschungsinstitut J.D. Power. Befragt werden etwa 1.000 Gäste pro Monat. Etwa 30 Tage nach Abreise werden unsere Gäste in einem **telefonischen Interview**, welches etwa 5 Minuten dauert, gezielt nach ihren Erfahrungen während des Hotelaufenthaltes befragt.

Um **Ansatzpunkte zur Verbesserung unserer Leistungsfähigkeit** zu erhalten, werden die Gäste konkret zu bestimmten Bereichen befragt. Wichtig ist die Einschätzung der Gäste bezogen auf die Lösung von eventuellen Problemen.

Wir wollen erfahren, an wen sich der Gast gewendet hat, wie man sich um sein Problem gekümmert hat und wie er die Lösung insgesamt auf einer Skala von 1 bis 5 beurteilt. Der Kunde soll auch mitteilen, was aus seiner Sicht hätte besser gemacht werden können. Durch dieses **aktive Beschwerdemanagement** werden auch Details bekannt, die ein Gast während seines Besuches unter Umständen nicht geäußert hat. Hierdurch wird die Abwanderungsgefahr in ganz entscheidendem Maße herabgesetzt.

In den „3 Stufen der Dienstleistung" (siehe Abb. 2b) wurde der persönliche und herzliche Abschied von jedem Gast als besonders wichtiges Kriterium herausgestellt. Aus diesem Grund lassen wir hier konkret nachfragen, wie der Gast die Verabschiedung empfunden hat, ob sich der Mitarbeiter dabei nach der Zufriedenheit erkundigt und zum Ausdruck gebracht hat, dass Ritz-Carlton ihn gern in Zukunft wieder als Gast begrüßen möchte. Damit wollen wir zum einen die **Wiederkehrabsicht** und zum anderen die **Weiterempfehlungsbereitschaft** des Kunden ermitteln. Neben diesen Kriterien erfragen wir im Telefoninterview, welche Hotels der Kunde in der letzen Zeit besucht hat und wie er die Leistung von Ritz-Carlton im Vergleich zum Wettbewerb beurteilt.

Zu den weiteren Aktivitäten zur Ermittlung der Zufriedenheit unserer Gäste gehört das Auswerten von so genannten **„Guest Comment Cards"**. Das sind Formulare, auf denen unsere Gäste notieren können, was ihnen während ihres Hotelaufenthaltes nicht gefallen hat oder ob sie z.B. ein Problem mit dem Service hatten. Aus diesen Befragungen kommen auch immer wieder wichtige Impulse für Produktverbesserungen und neue Leistungen. Beispielsweise haben wir durch Kundenbefragungen einige interessante Anregungen zur Gestaltung unseres Gourmet-Restaurants in Los Angeles erhalten, da hier auch die Besucherstruktur ganz anders ist, als vergleichsweise im Finanzviertel von Hong Kong.

## 5.2 Befragung von Tagungsveranstaltern und Zimmervermittlern

Neben den Einzelgästen interessiert uns die Zufriedenheit von Veranstaltern und Organisatoren von Kongressen, also **Key Accounts** und damit Kunden, die ein hohes Umsatzpotential aufweisen bzw. das Geschäft wesentlich beeinflussen. Hier wird ein etwa 15 Minuten dauerndes **Telefoninterview** durchgeführt, welches 40 Fragen umfasst. Ziel ist es, etwa 80% aller Veranstalter und Tagungsplaner zu befragen. Die Abfrage der Zufriedenheit mit den durchgeführten Events orientiert sich dabei an den unterschiedlichen Phasen. In der „**Pre-Event-Phase**" werden dabei Fragen zur Organisation und Planung gestellt, bezogen auf die „**Post-Event-Phase**" interessiert uns, wie der Kunde die Nachbereitung bis zur Abrechnung empfunden hat. Daneben beurteilt der Kunde auch die Leistungen von Ritz-Carlton beim Verlauf einer Tagung und was wir in Zukunft noch besser machen können.

Neben der uneingeschränkten Zufriedenheit unserer Gäste liegt uns selbstverständlich auch sehr viel daran, dass die Personen, die in Unternehmen, Fluggesellschaften oder Reisebüros mit den Buchungen und Reservierungen zu tun haben, mit unseren Leistungen zufrieden sind und uns gern weiterempfehlen. Hier kommt es besonders auf eine gute, **reibungslose Kommunikation in sämtlichen Buchungs- und Abwicklungsfragen** an, damit eine Zimmerreservierung immer schnell und problemlos erfolgt. Die **Kontaktqualität** zwischen den jeweiligen Zimmervermittlern und unseren Hotels ist daher von großer Bedeutung. Um auch hier eventuelle Schwachstellen aufzudecken und für die Zukunft abzustellen, lassen wir vierteljährlich Befragungen durchführen, die unseren diesbezüglichen Leistungsstand widerspiegeln.

Sollten Qualitätsmängel aufgetreten sein, ist es besonders wichtig, nicht nur im Unternehmen einen Lösungsprozess in Gang zu bringen, sondern auch den externen Kunden (z.B. den Reiseveranstalter) umfassend mit einzubeziehen. Nur durch einen **ständigen Meinungsaustausch**, der durch Befragungen, Fokusgruppen, Fachbeiräte (Advisory Boards) und ein aktives Beschwerdemanagement initiiert wird, sind wir in der Lage, unsere Leistungen ständig zu verbessern und weiterzuentwickeln. Abbildung 6 verdeutlicht das Zufriedenheitsmesssystem von Ritz-Carlton.

## 5.3 Befragung von Mitarbeitern

Zweimal jährlich werden alle unsere Mitarbeiter schriftlich und anonym befragt, wie zufrieden sie mit Ritz-Carlton als Arbeitgeber sind. Der **Fragebogen** ist mit 150 Fragen sehr umfangreich und enthält auch einige offene Fragen. So erhält das Management wichtige Hinweise darüber, wie die Arbeitssituation in verschiedenen Bereichen weiter verbessert und die Mitarbeiterzufriedenheit gesteigert werden kann. Die Untersuchung wird vom Marktforschungsinstitut J.D. Power durchgeführt.

## 5.4 Mitarbeitermotivation durch Vorschlagswesen

Da der überwiegende Teil der Problemfälle von unseren Servicemitarbeitern im direkten Kundenkontakt festgestellt wird, ist es besonders wichtig, Verbesserungsprozesse genau hier zu fördern. Durch „Good Idea Boards" haben wir ein besonderes **Forum für Verbesserungsvorschläge** jeder Art geschaffen. Auf speziellen Tafeln in den Arbeitsräumen können Informationen und Tipps schnell bekannt gegeben werden, und die Mitarbeiter haben so eine gute Gelegenheit, ihre Erfahrungen und Vorschläge anderen mitzuteilen, damit das gesamte Team von Verbesserungstipps profitiert.

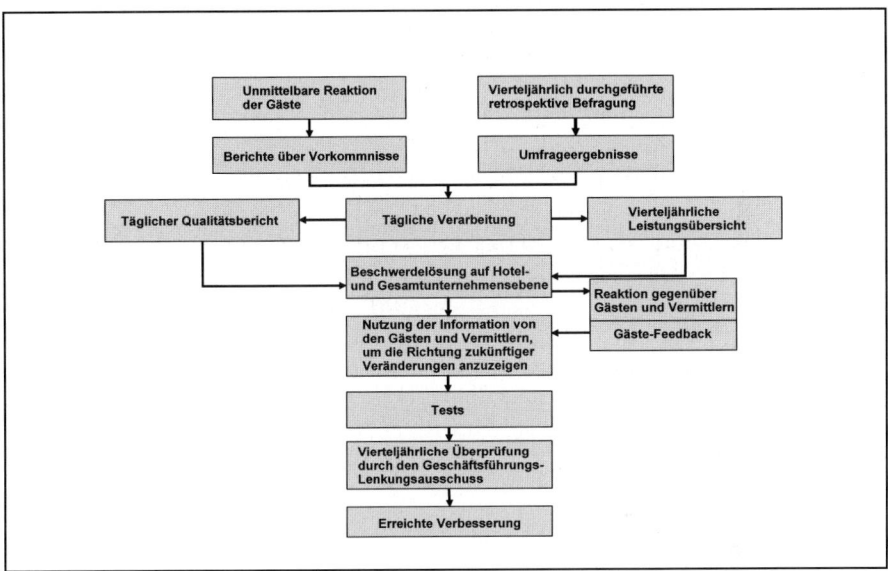

**Abb. 6:** Das Gast- und Zimmervermittlerzufriedenheit-Messsystem

Somit kann jeder einzelne durch seine aktive Mitarbeit und sein Mitdenken einen wesentlichen Beitrag zur Erreichung des Zieles einer umfassenden Kundenzufriedenheit leisten. Darüber hinaus erfahren alle Mitarbeiter täglich durch den **tagesaktuellen Fehler- und Reklamationsbericht** den jeweiligen „Leistungsstand" bezogen auf Fehlererkennung und -vermeidung. Eine Leistungsverbesserung wird auch gefördert, indem wir alle Mitarbeiter über komplexe Abläufe und Prozesse informieren. So weiß jeder über das Zusammenwirken von verschiedenen Abteilungen Bescheid und kann so besser nachvollziehen, wie wichtig seine persönliche Leistung im gesamten Netzwerk ist.

Die positiven Wertungen unter anderem der „Business Travel News" motivieren uns, das **Qualitätssystem** von Ritz-Carlton **kontinuierlich weiterzuentwickeln**. Das Empowerment der Mitarbeiter muss konsequent weitergeführt werden, wie z.B. durch sich selbst steuernde Arbeitsgruppen, damit alle Mitarbeiter erfahren, dass es sich lohnt, Verantwortung zu übernehmen und unternehmerisch zu handeln. Die Motivation und Leistungsbereitschaft der Mitarbeiter führt dann auch dazu, dass wir eine höhere Qualität unserer Leistungen erreichen, gleichzeitig aber Kosten sparen, weil Probleme und Ursachen für Mehraufwendungen mehr und mehr vermieden werden. In Zukunft werden wir daher verstärkt auf den **Einsatz von selbststeuernden Teams und Arbeitsgruppen** setzen, um so Aufwendungen für umfangreiche Kontrollen einzusparen und mehr Verantwortung den Arbeitsgruppen zu geben.

Insgesamt haben wir bereits eine entscheidende Wegstrecke auf dem Weg zur Erreichung unserer Qualitätsziele zurücklegen können. Aber der Wettkampf im Rennen ohne Zieleinlauf geht weiter.

## 6 Literatur

*Schulze, H. (2002):* Die Ritz-Carlton-Erfolgsstory um den Malcolm Baldrige National Quality Award – Mit hoher Servicequalität zweimaliger MBNQA-Gewinner, in: Töpfer, A. (Hrsg.): Business Excellence – Wie Sie Wettbewerbsvorteile und Wertsteigerung erzielen, Frankfurt a.M. 2002.

# Kompromisslose Kundenorientierung als Wettbewerbsfaktor: Das Kundenmanagement der TNT Express

– Wie ist im Transport- und Logistiksektor durch Kundenorientierung ein Excellence-Niveau erreichbar? –

Jutta Roller

Inhalt

| | | |
|---|---|---|
| 1 | Business Excellence als Erfolgsstrategie | 965 |
| 1.1 | Qualitätsmanagement und gesellschaftliche Verantwortung | 965 |
| 1.2 | Der persönliche Draht zum Kunden: Customer Service | 967 |
| 2 | Kundenorientierung: Ein lebendiger Prozess | 967 |
| 2.1 | Das CLM-Programm | 969 |
| 2.2 | Das Mystery Shopper Programm | 970 |
| 2.3 | Externe, unabhängige Marktuntersuchungen | 971 |
| 3 | Prozessmanagement der Kundenorientierung | 971 |
| 4 | Fazit: Kundenorientierung zahlt sich aus | 973 |

## 1 Business Excellence als Erfolgsstrategie

„It's our business to deliver yours" – dies ist die Strategie der TNT Express auf dem Weg, das erfolgreichste globale Unternehmen im Bereich der Business-to-Business-Zustellung von Expressdienstleistungen zu werden. Für dieses Ziel engagieren sich 54.000 Mitarbeiter in rund 60 Ländern, mehr als 4.400 von ihnen allein in Deutschland.

### 1.1 Qualitätsmanagement und gesellschaftliche Verantwortung

Dazu setzt TNT im Rahmen der Unternehmensstrategie auf ein genau definiertes, integriertes Qualitätsmanagement-System mit den Schwerpunkten Wirtschaftlichkeit sowie Mitarbeiter- und Kundenorientierung. Ein weiterer wesentlicher Aspekt ist die Wahrnehmung umweltpolitischer und gesellschaftlicher Verantwortung, die sich auf vielfältige Weise zeigt. So unterstützt der Expressdienstleister seit 2003 das World Food Programme (WFP) der Vereinten Nationen und bündelt seine weltweiten ökologischen Aktivitäten zur Reduzierung des $CO_2$-Ausstoßes in der Initiative „Planet me".

Bereits 1999 führte TNT nach eingehender Analyse konzernweit das **EFQM-Modell für Excellence** ein. Dieses wurde 1988 von der European Foundation for Quality Management – einem Zusammenschluss von mittlerweile mehr als 800 europäischen Unternehmen – entwickelt und bezieht alle Faktoren des Qualitätsmanagement-Systems der TNT Express mit ein. Darüber hinaus entspricht es den hohen Anforderungen des Unternehmens als **qualitätsorientierter Expressdienstleister**.

Das Streben nach **Business Excellence** zieht sich durch sämtliche Unternehmensbereiche und ist mit definierten Kernzielen verbunden. Dazu gehören die permanente und konsequente Verbesserung der Prozesse und Vorgehensweisen zum Wohle der Kunden, Mitarbeiter und aller anderen Stakeholder sowie die regelmäßige und detaillierte Überprüfung der Umsetzung der Qualitätskriterien. Als wirtschaftlich agierendes Unternehmen verfolgt TNT aber auch das Ziel, alle Ergebnisse kontinuierlich zu steigern. Darüber hinaus zählt die bereits erwähnte Übernahme umweltpolitischer und gesellschaftlicher Verantwortung zu den Kernzielen.

Auch der **Customer Service**, der täglich in direktem Kontakt mit den Kunden steht, hat sich dem Streben nach Business Excellence verpflichtet. Seine **Vision**: TNT Express bietet den ausgezeichnetsten Customer Service der Kurier-, Express- und Paket (KEP)-Branche. Die **Mission**: Jeder einzelne Mitarbeiter ist bestrebt, durch kompromisslose Kundenorientierung die Erwartungen der Kunden zu übertreffen.

Der Erfolg dieses Strebens lässt sich anhand zahlreicher Kriterien messen. Dazu zählen auch die Auszeichnungen, die TNT für seine Kundenorientierung erhalten hat. So wurde das Unternehmen im Jahr 2006 von der Wirtschafts- und Finanzzeitung Handelsblatt, der Universität St. Gallen und der Unternehmensberatung Steria Mummert Consulting als „kundenorientiertester Dienstleister Deutschlands" ausgezeichnet. In dem erstmals aufgestellten Ranking belegt TNT Platz 1 von 180 untersuchten Unternehmen. Dabei ist der Expressdienstleister als einziges Unternehmen aus der Transport- und Logistikbranche unter den Top 10 vertreten.

Ebenfalls 2006 gewann TNT den **EFQM Excellence Award**, den bedeutendsten Wirtschaftspreis Europas, in der Kategorie „Große Unternehmen". Die Assessoren der European Foundation for Quality Management (EFQM) – allesamt erfahrene Qualitätsmanager aus Spitzenunternehmen in Europa – begründeten die Entscheidung wie folgt: „Die Kombination aus unglaublich starker Mitarbeiterorientierung und kundenfreundlicher Einstellung der gesamten Belegschaft sowie die gleichzeitig sehr anspruchsvolle Ergebnisorientierung kreiert ein ganz besonderes Unternehmen, für das die Mitarbeiter sehr gerne arbeiten."

Im Februar 2007 überzeugte TNT Express zudem die Jury des European Business Award und gewann den renommierten Preis in der Kategorie „Kundenorientierung". Unterstützt wird der Award von namhaften europäischen Organisationen wie beispielsweise dem Wall Street Journal Europe, Siemens, Grey EMEA, Société Générale, AXA und dem Anwaltskanzleien-Verbund CMS.

## 1.2 Der persönliche Draht zum Kunden: Customer Service

Der zuverlässige und sichere Transport von Gütern und Waren ist in den letzten Jahren verstärkt zum **Wettbewerbsfaktor** für Unternehmen geworden. Denn was hilft beispielsweise die pünktliche Produktion von wichtigen Ersatzteilen, wenn die Waren zu spät oder gar beschädigt ankommen? Für welchen Expressdienstleister sich ein Kunde entscheidet, hängt deshalb nicht allein vom Preis ab. Vielmehr spielen Aspekte wie **Qualität und Zuverlässigkeit**, aber auch **Vertrauen** eine große Rolle.

Hier hat TNT Express einen guten Weg gefunden, wie die optimale Versorgung aller Kundengruppen gewährleistet werden kann. Zum einen durch den **dezentralen Customer Service**: Insgesamt arbeiten in den bundesweit 31 Niederlassungen rund 350 Mitarbeiter. Im dezentralen Kundendienst stehen diese dem Kunden für die Auftragsannahme, Fragen zu Preisen, Reklamationen sowie für Beratungsgespräche im Zusammenhang mit Transportlösungen zur Verfügung. Aufgrund der persönlichen Betreuung und der oft langjährigen Kundenbeziehung sind die Anforderungen der Kunden in den Niederlassungen bzw. den Mitarbeitern des Customer Service bekannt. Dies ist für alle Beteiligten positiv: 100% aller Kundenanfragen werden beim ersten Anruf kompetent beantwortet bzw. gelöst.

Darüber hinaus hat TNT Express das **Customer Contact Center** (CCC) aufgebaut. Erreichbar 365 Tage rund um die Uhr über die Hotline 01805 900 900. Die Aufgaben des CCC gleichen denen des Customer Services: Das Team nimmt Aufträge entgegen, berät hinsichtlich der zur Verfügung stehenden Transportlösungen und nennt den Kunden Preise für angefragte Produkte und Services. Ergänzend zu diesen Aufgaben liegt die Reklamationsbearbeitung, die Betreuung der Ad-Hoc-Kunden, die über die Service-Hotline anrufen, sowie die Bearbeitung von individuellen zentralen Kundenprojekten ebenfalls in der Hand des Customer Contact Centers. Nehmen die Mitarbeiter des Customer Service Telefongespräche in einem definierten Zeitraum nicht an, werden diese automatisch nach Bonn an das CCC weitergeleitet. So gewährleistet TNT, dass die Wartezeiten für die Kunden möglichst kurz sind und die Express-Sendungen schnellstmöglich auf den Weg gebracht werden können.

Das **Feedback** der Kunden zeigt immer wieder, dass die Nähe zum Kunden und die Bearbeitung der Fragen im Express-Tempo erheblich zur hohen Kundenloyalität beitragen. Dies geschieht vor allem vor dem Hintergrund, dass Transporte für die meisten Menschen **Vertrauenssache** sind. Gerade im Express-Segment spielt der **persönliche Dialog** deshalb eine große Rolle.

## 2 Kundenorientierung: Ein lebendiger Prozess

Kundenorientierung ist ein stetiger, lebendiger Prozess, der aktiv begleitet werden muss. Das Festschreiben von Regeln oder Benchmarks reicht hier nicht aus. Dies gilt vor allem für ein Unternehmen, das sich als Premium-Dienstleister auf dem Markt positioniert hat. Als solcher möchte TNT Express den Kunden nicht nur zufrieden stellen, sondern ihn begeistern. Selbstverständlich wird dies nicht immer gelingen. Trotzdem ist dieser hohe Anspruch, der von allen Mitarbeitern gelebt wird, wesentlicher Bestandteil der außergewöhnlichen Kundenorientierung des Expressdienstleisters. Er gewährleistet, dass die Mitarbeiter lösungsorientiert denken und handeln und sich so für den Erfolg des Kunden einsetzen.

Möglich wird dies durch eine hohe **Mitarbeiterorientierung** bei TNT Express, welche die Mitarbeiter als **interne Kunden** betrachtet. Konsequente Weiterbildungsmaßnahmen, ein positives Betriebsklima und eine Unternehmenskultur, in der der Einzelne gefördert wird, erhöhen die Motivation der Mitarbeiter zu Bestleistungen. Die damit einhergehende Identifikation mit dem Unternehmen wirkt sich positiv auf die Kundenorientierung aus.

Eines haben Mitarbeiter- und Kundenorientierung bei TNT gemeinsam: Bei beiden Gruppen ist der Aufbau einer langfristigen, für beide Seiten wertschöpfenden Beziehung das Ziel (siehe Abb. 1).

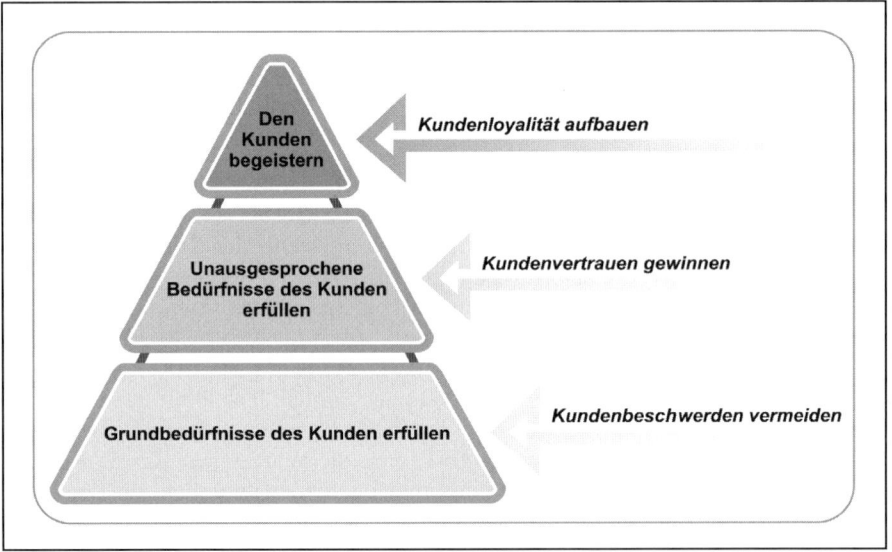

**Abb. 1:** Kundenzufriedenheitsmodell der TNT Express

Gerade im Hinblick auf die Kundenorientierung kann dieses Ziel jedoch nur erreicht werden, wenn alle Mitarbeiter den Gedanken an Business Excellence mittragen und ihn in ihrem Bereich umsetzen. Damit dies geschieht, werden die Mitarbeiter auf unterschiedliche Weise angesprochen und über das EFQM-Modell sowie seine hohe Bedeutung für TNT informiert. Es bleibt jedoch nicht nur bei der Theorie: Mit **Trainings** und weiteren Entwicklungsmaßnahmen werden die Mitarbeiter in wesentlichen Bereichen der Kundenorientierung geschult. Darüber hinaus erhalten sie umfassende Informationen über das Produkt- und Leistungsportfolio sowie getätigte und geplante Investitionen. Dieses Wissen legt die Basis einer umfassenden und fundierten Kundenberatung. Denn nur, wenn die Mitarbeiter bestehende Möglichkeiten kennen, sind sie in der Lage, diese den Kunden anzubieten bzw. sie zu individuellen Transportlösungen zu verknüpfen.

**Maßgeschneiderte**, auf die Kundenanforderungen zugeschnittene **Produkte und Services** sowie eine **hohe Beratungskompetenz** sind wichtige Bestandteile der Kundenorientierung. TNT geht jedoch noch einen Schritt weiter und stellt die eigenen **Prozesse** regelmäßig auf den Prüfstand. Analysiert wird dabei unter anderem, ob sie den Anforderungen der Kunden sowie den eigenen Qualitätsansprüchen weiterhin entsprechen. Dieser Vorgang schließt auch die grundsätzliche Suche nach Optimierungspotenzialen in allen Bereichen des Unternehmens mit ein. Für diese Analyse nutzt TNT unterschiedliche Programme und Quellen, um so repräsentative Daten für die Verbesserung der Kundenbetreuung sowie der Produkte und Dienstleistungen zu erhalten.

Wesentlicher Bestandteil dieses Prozesses ist das eigens für TNT entwickelte CLM-Programm (Customer Loyality Measurement), das unter anderem die Kundenloyalität misst. Darüber hinaus werden externe, unabhängige Marktuntersuchungen und die Ergebnisse aus dem Mystery Shopper Programm zur Bewertung der Kundenorientierung herangezogen.

## 2.1 Das CLM-Programm

Seit 1994 führt TNT zweimal jährlich umfangreiche **Kundenbefragungen** durch, um mehr über die Zufriedenheit der Kunden, aber auch über bestehendes Optimierungspotenzial zu erfahren. Um repräsentative Ergebnisse zu erhalten, werden jeweils 16.000 Kunden unterschiedlicher Größe und aus verschiedenen Branchen interviewt. Die Adressermittlung erfolgt durch Zufallsprinzip. Dabei wird sichergestellt, dass jeder aktive Kunde einmal jährlich befragt wird. So wurden beispielsweise im Jahr 2003 Kunden befragt, deren Anteil am Umsatz bei insgesamt 62,5% lag. Im Jahr 2004 lag der Umsatzanteil der befragten Kunden bei insgesamt 64,1%. Die Befragungen werden unternehmensweit durchgeführt. Dies führt zu Transparenz und Vergleichbarkeit auch im internationalen Wettbewerb.

Grundsätzlich berücksichtigen die Fragen alle Fachbereiche. So werden die Kunden beispielsweise zu der **Loyalität** gegenüber TNT Express, der **Zufriedenheit** mit den **Produkten und Services** sowie der Zufriedenheit in der Zusammenarbeit mit den **Mitarbeitern und Fahrern** befragt und dazu aufgefordert, 40 Service-Merkmale hinsichtlich ihrer Wichtigkeit einzustufen.

Zu den wichtigsten Fragen in Bezug auf den Customer Service zählen die telefonische Erreichbarkeit, die rechtzeitige Information bei Abhol- und Zustellhindernissen sowie die rechtzeitige Lösung von Problemen. Die Interviews dienen auch dem **Benchmark** mit den Hauptmitbewerbern der TNT Express. Da die meisten Kunden mit mehreren Dienstleistern zusammenarbeiten, nutzt TNT ihre Erfahrungen mit dem Mitbewerb, um die eigenen Leistungen einzuschätzen. Im Rahmen dieses Benchmarks stehen beispielsweise die Professionalität der Mitarbeiter im Customer Service sowie die Verfügbarkeit von IT-Lösungen zur Erleichterung der Geschäftsbeziehungen im Blickfeld.

Im Verlauf dieser Interviews werden sehr bewusst auch kritische Fragen gestellt, deren Antworten nicht immer so positiv ausfallen wie gewünscht. Diese Fragen sind jedoch notwendig, um Optimierungspotenziale zu erkennen.

Zudem sind die Kundenbefragungen kein Selbstzweck. Um das Ziel der **Prozessoptimierung** und der damit verbundenen **optimierten Kundenorientierung** zu erreichen, muss sich der Expressdienstleister vielmehr mit Kritikpunkten beschäftigen. Außerdem ist jede Reklamation ein Aufruf zum Dialog durch den Kunden, den TNT sehr ernst nimmt.

Die ausgefüllten Fragebögen wertet ein externer Dienstleister aus. Er fasst die Ergebnisse zusammen und importiert sie in das Analyseprogramm. Dieses erlaubt die Auswertung nach unterschiedlichen Kriterien, wie beispielsweise Kundensegment, Regionen und Niederlassungen. So kann TNT über die einzelnen Geschäftsfelder und Niederlassungen die **Loyalitätsquote und Zufriedenheitsrate** nachvollziehen und die Verbesserungsmaßnahmen gezielt an den Ergebnissen ausrichten.

Wie wichtig die einzelnen Kunden und ihre Anforderungen für TNT sind, spiegelt sich auch im Umgang mit negativem Feedback wider. Kunden, die sich im Rahmen der Befragungen unzufrieden geäußert haben, werden – sofern sie nicht anonym bleiben wollen – innerhalb von 48 Stunden von dem zuständigen Niederlassungsleiter kontaktiert. Ziel dieser Gespräche ist es, genauere Informationen über die Gründe der Unzufriedenheit zu erfahren.

Die Ergebnisse der Interviews fließen in die Verbesserung der Kundenbindung und des Prozessmanagements ein. Dabei werden auch **Anregungen für neue Produkte und Services** berücksichtigt. Wird ein Wunsch häufig vorgetragen, diskutieren Verantwortliche des Unternehmens in Workshops mit den Kunden über deren konkrete Vorstellungen und prüfen, inwieweit diese realisierbar sind. Dies gewährleistet, dass Produktneuentwicklungen oder -optimierungen den Kunden- und Marktanforderungen entsprechen.

Auch die anderen Anregungen und Kritikpunkte finden innerhalb des Unternehmens Gehör. Die Ergebnisse der Befragungen münden – sofern es sich anbietet bzw. aufgrund des Kundenfeedbacks nötig ist – in konkrete Maßnahmenpläne.

### 2.2 Das Mystery Shopper Programm

Ergänzend zu den Kundeninterviews wird die Qualität des Customer Service durch das Mystery Shopper Programm bewertet. Durch diese „fingierten Kunden" erfolgen in allen Niederlassungen, im Customer Contact Center und beim Mitbewerb **Testanrufe**, mit denen die Professionalität der Kundendienstmitarbeiter bei der Auftragsannahme und der Kundenberatung überprüft wird. Zielsetzung des Programms ist dabei neben der kontinuierlichen Verbesserung der Kundendienstleistung die **Sicherstellung eines einheitlich hohen Niveaus des Kundendienstes** in allen Ländern und Niederlassungen sowie der **Benchmark** zu den Mitbewerbern.

Die Mystery Shopper-Anrufe werden vierteljährlich mit mindestens 10 Anrufen pro Niederlassung durchgeführt. Getestet werden unter anderem die Freundlichkeit des Mitarbeiters, die Zeit bis zur Annahme des Telefonats sowie der proaktive Verkauf. Hierzu zählen beispielsweise das Anbieten von Zusatzleistungen und der Hinweis auf die Internetservices.

Entspricht das Ergebnis nach erfolgter Auswertung der Gesamtergebnisse nicht den Erwartungen, werden die Abweichungen innerhalb von 14 Tagen mit dem Niederlassungsleiter konstruktiv besprochen und gemeinsam werden gezielte Maßnahmen zur Optimierung der Kundenbetreuung erarbeitet. Der darauf folgende Prozess findet ebenfalls zeitnah statt, um möglichst schnell Verbesserungen zu erzielen. Dabei werden beispielsweise in Workshops **Best Practice-Beispiele** transferiert, Mitarbeiter gezielt weitergebildet und durch den persönlichen Austausch weitere Optimierungspotenziale definiert.

Ob die eingeführten Maßnahmen den gewünschten Erfolg bringen, wird regelmäßig überprüft. Dies geschieht auch, um den **Aktionsplan** bei Bedarf anzupassen. Darüber hinaus werden die Fragen, die im Rahmen des Mystery Shopper-Programms gestellt werden, den vorherigen Ergebnissen angepasst. Durch gezielte Fragen in den kritischen Bereichen wird so auch von außen überprüft, ob eine Verbesserung des Kundenmanagements stattgefunden hat und wo weiterer Handlungsbedarf besteht.

### 2.3 Externe, unabhängige Marktuntersuchungen

Das Thema Kundenorientierung beschäftigt nicht nur TNT. Um ein umfassendes Bild über die eigenen Leistungen zu erhalten, berücksichtigt das Unternehmen deshalb auch die Ergebnisse unabhängiger Studien, die die Kundenorientierung verschiedener Anbieter im KEP- und Transportmarkt untersuchen.

Ein Beispiel dafür ist die 2005 durchgeführte „Triangle Benchmark Studie". Demnach wird TNT von den Befragten zwar als „relativ teuer" eingestuft, belegt aber bei den Faktoren „Bandbreite", „Qualität", „Kundendienst" und „Kundendienstmitarbeiter" jeweils Spitzenpositionen. Diese Ergebnisse bestätigen die hohen Werte, die das Unternehmen im Rahmen der Kundeninterviews bei den Attributen „Löst meine Probleme", „Kümmert sich um mich", „informiert mich bei Verspätungen" und „einfache Zusammenarbeit" erhielt.

Ebenfalls positiv abgeschnitten hat TNT beim Image-Ranking des Fachmagazins „Logistik inside" im Jahr 2007. Hier belegte der Expressdienstleister in der Kategorie „KEP-Dienstleister" den 1. Platz. Ein Teilergebnis: 99% der 300 befragten Logistik-Entscheider kennen die Marke TNT. Und 74 % würden TNT ohne Zögern weiterempfehlen.

## 3 Prozessmanagement der Kundenorientierung

Kundenbefragungen, Mystery Shopper und unabhängige Marktstudien – für die Optimierung des Beziehungs- und Prozessmanagements stehen TNT umfangreiche Daten zur Verfügung, welche die Anforderungen der Kunden aus unterschiedlichen Blickwinkeln wiedergeben.

Dem CLM Steering Committee obliegt die Aufgabe, diese zusammengetragenen Daten zu analysieren und **Maßnahmenpläne zur Optimierung der Kundenorientierung** zu erarbeiten. Da die Befragungen alle Bereiche des Unternehmens berücksichtigen, setzt sich auch das Committee aus Teilnehmern der unterschiedlichen Bereiche zusammen. Konkret handelt es sich dabei um Mitarbeiter der Abteilungen Customer Service, Produktmanagement, Quality Management, Sales und Marketing, Operations und Administration sowie um Vertreter der einzelnen Niederlassungen.

Im Rahmen spezieller Workshops ermittelt das Committee Verbesserungspotenziale. In Zusammenarbeit mit den verschiedenen Unternehmensbereichen und Niederlassungen erstellt es konkrete Maßnahmenpläne, die es aufeinander abstimmt und deren Umsetzungen es überwacht. Zu den weiteren Aufgaben des CLM Steering Committees zählt die Festlegung der Targets für die einzelnen Fragen und die jeweilige Niederlassung.

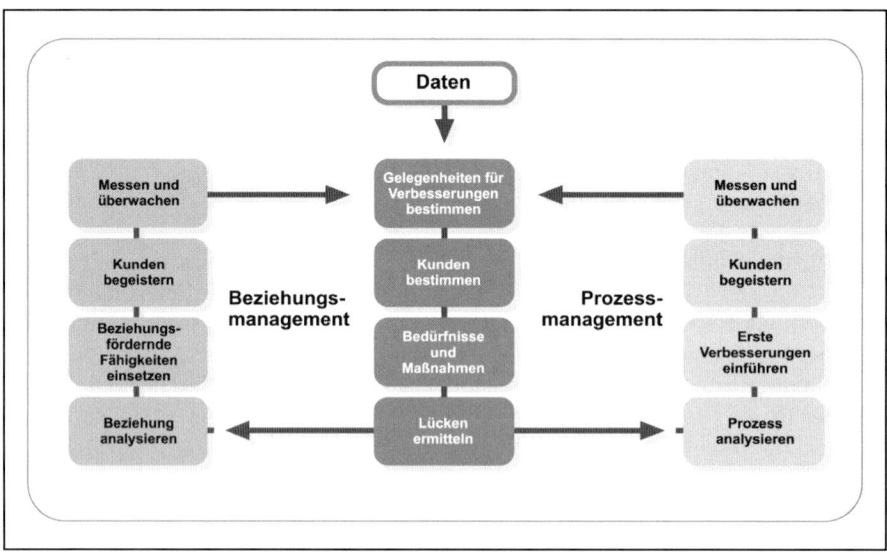

**Abb. 2:** Prozessmanagement der Kundenorientierung

Die festgelegten Maßnahmen sind vielfältig und orientieren sich an den vorliegenden Ergebnissen. Aber auch die Durchführung der Kundenbefragungen und des Mystery Shopper Programms als solche führen nachweislich zu Verbesserungen. So wurde beispielsweise durch das Mystery Shopper Programm eine kontinuierliche **Verbesserung des Telefonverhaltens** erreicht.

Ein weiteres Beispiel für den Erfolg der Maßnahmen ist die Einführung des speziell auf die Anforderungen des Customer Service abgestimmten **Trainings-**

programms „CS Max". Im Bereich Produkte wurde beispielsweise aufgrund von Kundenanregungen das Serviceangebot für Spätabholungen erweitert.

Dies sind nur einige von vielen Maßnahmen, die im Laufe der letzten Jahre durchgeführt und mit denen die kontinuierliche Verbesserung der Kundenzufriedenheit und -loyalität erreicht wurde. Um die Ergebnisse der Kundenbefragung und die Targets realistisch einschätzen zu können, werden sie mit denen der anderen Business Units innerhalb der TNT Express verglichen. Besonders erfreulich: TNT Express hat die definierten Targets nicht nur erreicht, sondern regelmäßig übertroffen.

Erreicht wurde dies unter anderem dadurch, dass TNT im Bereich der Kundenorientierung – wie in allen Unternehmensbereichen – großen Wert auf Nachhaltigkeit legt. Die Maßnahmen zur Verbesserung der Kundenorientierung zielen deshalb nicht auf die kurzfristige Verbesserung der Umfrageergebnisse, sondern auf die kontinuierliche Steigerung der Kundenorientierung und damit der Kundenloyalität.

## 4 Fazit: Kundenorientierung zahlt sich aus

1946 von Ken Thomas als kleines Transportunternehmen in Australien gegründet, zählt TNT heute zu den **Qualitätsmarktführern** für weltweite zeitsensible Express- und Transportlösungen im B2B-Segment. Diese Marktstellung kommt nicht von ungefähr, sondern ist das Ergebnis kompromissloser Kundenorientierung im gesamten Unternehmen.

Dazu zählt auch, dass Anregungen und Kritik seitens der Kunden ernst genommen werden. Jede Reklamation – sei sie aus Sicht des Unternehmens berechtigt oder unberechtigt – ist nicht nur die Aufforderung zum Dialog, sondern auch die Chance, die eigenen Produkte und Services zu verbessern.

Mit den umfassenden Kundenbefragungen, dem Mystery Shopper-Programm und der Analyse externer Studien bewertet TNT die eigene Kundenorientierung und das Kundenmanagement auf Basis neutraler Daten. Dies ist Voraussetzung für eine kontinuierliche Verbesserung, aber auch für langfristigen wirtschaftlichen Erfolg. Denn nur, wer die Anforderungen und Wünsche seiner Kunden kennt und sich der kritischen Betrachtung stellt, wird sich am Markt behaupten können.

Auszeichnungen wie der European Business Award in der Kategorie Kundenorientierung (2007), der EFQM Excellence Award (2006) sowie die Auszeichnung als Deutschlands kundenorientiertester Dienstleister (2006) sind für TNT deshalb Ansporn, das Ziel des Business Excellence weiter zu verfolgen.

# Steigerung der Kundenzufriedenheit und Kundenbindung durch Lean Six Sigma-Projekte

– Wie lassen sich durch schlanke Prozesse und Null-Fehler-Qualität im Unternehmen Kundenzufriedenheit und -bindung erhöhen? –

Armin Töpfer, Swen Günther

Inhalt

| | | |
|---|---|---|
| 1 | Managementkonzept für verschwendungsfreie und variationsarme Prozesse | 975 |
| 2 | Ansatzpunkte für höhere Kundenzufriedenheit/ -bindung und mehr Wirtschaftlichkeit | 978 |
| 3 | Wertstromanalyse als Basiskonzept des Lean Management | 983 |
| 4 | Kunde, Prozess und Qualität als wichtige Umsetzungstreiber von Lean Six Sigma | 985 |
| 5 | Durchführung von Six Sigma Projekten auf der Basis des DMAIC-Zyklus | 989 |
| 6 | Beitrag zur wirkungsvollen Umsetzung von CRM im Unternehmen | 992 |
| 7 | Literatur | 993 |

## 1 Managementkonzept für verschwendungsfreie und variationsarme Prozesse

Die 1. Frage, die sich in Zusammenhang mit einem Buch über Kundenmanagement stellt, ist die, was Lean Six Sigma ist, was dieses Konzept beinhaltet und vor allem was es zur Verbesserung des Kundenmanagements leisten kann.

Ein Teil der Antwort auf diese Frage wird bereits in diesem Kapitel gegeben: Lean Six Sigma umfasst die beiden Management-Verbesserungskonzepte Lean Management und Six Sigma. **Lean Management** hat schlanke Prozesse zum Ziel und Gegenstand. **Six Sigma** strebt fehlerfreie Prozesse und Produkte als Prozessergebnisse an (vgl. Töpfer 2007a, S. 45 ff.).

Im Rahmen einer Verbesserung des Kundenmanagements liegt der Beitrag des Konzeptes dann darin, eine kundenorientierte Prozessgestaltung mit möglichst geringer Verschwendung und kurzer Durchlaufzeit (also Lean) sowie möglichst geringer Variation, und damit Streuung, und geringer Abweichung vom Mittelwert des Toleranzintervalls (also Null-Fehler-Qualität) zu erreichen. Unmittelbar beeinflusst werden hierdurch die Kostenstruktur und Qualität der Produkte sowie die Liefer-/ Termintreue gegenüber dem Kunden.

Der Vorteil für den Kunden ist demnach dadurch gegeben, dass er kundenspezifische und qualitativ hochwertige, da fehlerfreie Produkte zu einem attraktiven Preis und mit einer schnellen, termintreuen Lieferung erhält. Wie leicht nachvollziehbar ist, stellt dieser Artikel mit dem Lean Six Sigma-Konzept die „logische" Ergänzung zu dem Artikel zur Analyse der Anforderungen und Prozesse wertvoller Kunden am Beginn des 2. Kapitels dieses Buches dar.

Das Ziel geht entsprechend dahin, Defizite in der **Prozessgestaltung aus Sicht der Kunden** möglichst frühzeitig und ganzheitlich zu erkennen, um durch nachhaltige Verbesserungsmaßnahmen zum einen die Zufriedenheit des Kunden zu steigern und zum anderen aus Sicht des Unternehmens die Wirtschaftlichkeit zu verbessern, dadurch dass Fehlerkosten ausgemerzt werden und die Umsätze mit fehlerfreien und kundenorientierten Produkten erhöht werden können. Hierdurch lassen sich die Erträge steigern und höhere Überschüsse erzielen. Lean Six Sigma ist also ein Konzept, das wie die meisten Managementkonzepte die Kundensicht und die Unternehmenssicht verbindet. Der markt- und ressourcenorientierte Ansatz der Unternehmensführung werden dadurch kombiniert und integriert.

Folgende Erkenntnisse lassen sich nach diesen einführenden Aussagen zusammenfassen:

- Lean Six Sigma ist auf alle Prozesse anwendbar.
- Six Sigma macht die Wertschöpfung besser – Lean Management macht sie schneller.
- Six Sigma verbessert die Prozessfähigkeit und reduziert die Variation/ Abweichung, dadurch dass Fehlerquellen und Fehlerkosten eliminiert wurden.
- Lean Management merzt Verschwendung aus und schafft einen „Flow", also einen ausschließlich auf Wertschöpfung ausgerichteten Prozessablauf, der nur verschwendungsarme und schnelle Aktivitäten enthält, da er von allen unnötigen Phasen und Abläufen befreit ist, und hierdurch insgesamt besser und störungsfrei wird.
- Mit Lean Management lässt sich – mit einem Terminus aus der Elektrotechnik argumentiert – das „Rauschen" als beeinträchtigendes Hintergrundgeräusch, das die Qualität beeinträchtigt, aus dem Prozess entfernen und Six Sigma ausschließlich in den Prozessabschnitten, die noch hartnäckige Fehlerquellen und damit Variationen/ Abweichungen aufweisen, besser anwenden.

Abbildung 1 fasst diese beiden sich ergänzenden und teilweise überlagernden Konzepte noch einmal grafisch zusammen. Lean Management ist primär intern ausgerichtet und wirkt durch die Beseitigung von Verschwendung positiv auf den internen Werttreiber „Durchlaufzeit im Unternehmen", der sich dann auch positiv auf den externen Erfolgsfaktor „Lieferzeit für den Kunden" auswirkt. Six Sigma ist vom Ansatz her zunächst extern ausgerichtet, weil die kundenorientierte Qualität über die Erfüllung der Critical to Quality Characteristics (CTQs) als externer Erfolgsfaktor definiert wird. Im Unternehmen übersetzt wird dieser Erfolgsfaktor durch die internen Werttreiber „Standardisierte Prozesse" mit möglichst geringer Variation und dadurch bewirkter „Null-Fehler-Qualität".

Aus dem bisher Gesagten zu den beiden Konzepten sind nicht nur die unterschiedlichen Ansatzpunkte und Zielrichtungen erkennbar, sondern zugleich lässt sich auf dieser Basis auch die gemeinsame Zielsetzung herausarbeiten. Sie besteht darin, unter dem jeweils fokussierten Blickwinkel Prozesse nachhaltig zu verbessern. Beide Konzepte schlagen dabei unterschiedliche Wege und Stoßrichtungen ein. Abbildung 2 verdeutlicht die Unterschiede und Gemeinsamkeiten:

- Bei **Lean Management** werden Wertschöpfungsprozesse in ihrer Gesamtheit einbezogen; häufig wird sogar das gesamte Unternehmen dieser Philosophie „unterworfen". Das Ziel besteht dann darin, in allen einzelnen Phasen von Wertschöpfungsprozessen die Verschwendung von Material respektive Vorprodukten und damit Kosten und Zeit zu erkennen und zu vermeiden. Der instrumentelle Ansatz basiert auf der Wertschöpfungsanalyse und dem Wertschöpfungsdesign.

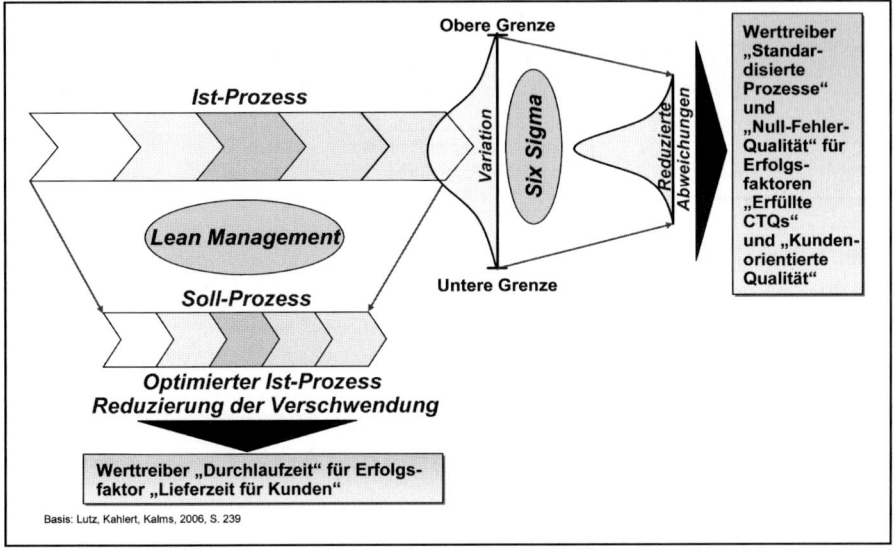

**Abb. 1:** Kombination der Wirkungen des integrierten Einsatzes von Lean Management und Six Sigma

- Der **Six Sigma**-Ansatz konzentriert sich von vornherein nur auf Wertschöpfungsprozesse, bei denen nachweislich Abweichungen von wesentlichen Kundenanforderungen (CTQs) und damit hohe Fehlerkosten aufgrund unzureichender Qualität auftreten. Der Ansatz ist grundsätzlich selektiv. Es werden schwierig zu lösende Probleme in der Wertschöpfungskette ausgewählt und mithilfe des DMAIC-Zyklus nachhaltig gelöst.

Auf die inhaltlichen Ansatzpunkte wird in den folgenden Kapiteln detaillierter eingegangen.

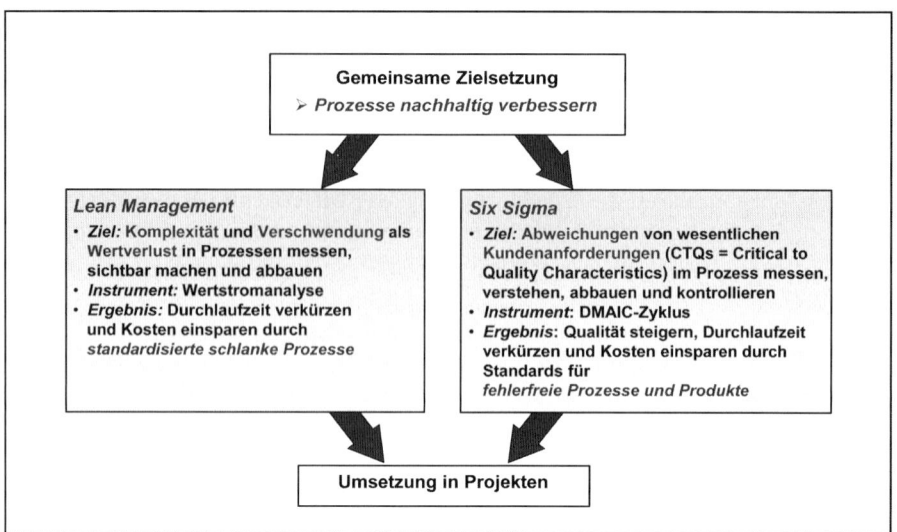

**Abb. 2:** Gemeinsames Ziel, aber unterschiedlicher Weg von Lean Management und Six Sigma

## 2 Ansatzpunkte für höhere Kundenzufriedenheit/ -bindung und mehr Wirtschaftlichkeit

Die Zielrichtung einer höheren Kundenzufriedenheit und -bindung bei gleichzeitig höherer Wirtschaftlichkeit verspricht den Königsweg in Veränderungsprozessen, wenn sie durch Lean Six Sigma realisiert werden kann. Diese Vorgehensweise kennzeichnet zugleich den dualen Ansatz von erfolgreichem Kundenmanagement: Hoch zufriedene, vielleicht sogar begeisterte Kunden bei steigenden Umsätzen und vor allem auch wachsenden Erträgen und Überschüssen. Dass dies erreichbar ist, soll in den nachfolgenden Ausführungen dargelegt werden.

Die (statistische) **Forderung des Six Sigma-Konzeptes** besteht darin, dass bezogen auf ein – hochgerechnetes und damit angenommenes – Produktionsvolumen von 1 Mio. Einheiten – in Absolutzahlen – nur 3,4 fehlerhafte Prozessoutputs auftreten dürfen. Dies entspricht einem Qualitätsniveau von 99,99966% und kennzeichnet damit eine praktikable Null-Fehler-Qualität, da kein Prozess auf Dauer absolut fehlerfrei ablaufen kann (vgl. Töpfer 2007a, S. 53 ff.; Harry/ Schroeder 2005).

Viele Anwender begegnen dieser Qualitätsanforderung zunächst mit Skepsis und z.T. Ablehnung. Sie argumentieren, dass das geforderte Niveau praktizierter Null-Fehler-Qualität im Vergleich zu beispielsweise 99% Qualität – dem Qualitätsdurchschnitt der deutschen Wirtschaft – viel zu aufwändig und deshalb praxisfern ist.

Die Ergebnisse erfolgreicher Six Sigma-Unternehmen insbesondere in den USA zeigen aber genau das Gegenteil: Denn diese restlichen 1% Fehler bei 99% Qualität sind erfahrungsgemäß sehr hartnäckige und kostenträchtige Fehler, die immer nur schwer und mit erheblichem Aufwand zu beseitigen sind. Die Vermeidung dieser **Fehlerkosten** durch eine klar fokussierte Six Sigma- respektive Lean Six Sigma-Initiative im Unternehmen spart Kosten der Nachbesserung/ Wiedergutmachung von Fehlern bis zu 30% der Gesamtkosten bei Dienstleistungsunternehmen und bis zu 30% des Jahresumsatzes bei Industrieunternehmen. Von daher verwundert es nicht, dass sowohl Industrieunternehmen als auch Dienstleistungsunternehmen das Six Sigma-Konzept für Null-Fehler-Qualität anwenden.

Gerade bei Dienstleistungsunternehmen ist die Prozessstandardisierung schwieriger, und die Einhaltung von Qualitätsstandards bzw. Servicelevels ist weniger von der Maschinensteuerung als vielmehr vom Engagement und Einsatz der Mitarbeiter abhängig. Der Beitrag von Ritz-Carlton in diesem Buch über die Excellence-Strategie sowie den zweimaligen Gewinn des höchsten amerikanischen Qualitätspreises (MBNQA) belegt die Anforderungen an die Konzeptumsetzung, zeigt aber zugleich auch den erreichbaren Erfolg.

Wenn man sich die **7 Formen der Verschwendung** vor Augen hält (siehe Abb. 3), die auf die Anwendung des Lean Management Konzeptes bei Toyota zurückgehen, dann sind die Größenordnungen und Zahlen von möglichen Fehlerkosten bis zu 30% der Gesamtkosten leicht nachvollziehbar. Toyota hat seit vielen Jahren das Lean Management Konzept perfektioniert. Es ist heute als Toyota Produktionssystem nicht nur Benchmark in der Automobilindustrie, sondern besitzt inzwischen Gültigkeit und Verbreitung in allen Industrien und auch Dienstleistungsbranchen mit einer hohen Anzahl von Transaktionen.

Das Problem in der Unternehmenspraxis ist nicht nur, dass diese Kosten der Verschwendung entstehen. Vielmehr besteht ein weiteres Problem darin, dass diese Verschwendungskosten, also **Blindleistungen**, da den Kosten keine Wertschöpfung als Leistung gegenüber steht, in den wenigsten Unternehmen überhaupt aussagefähig und ganzheitlich erfasst werden. In den meisten Fällen werden sie als „notwendiger" oder „unvermeidlicher" Teil von Prozessen eingeordnet. Wenn man die Kosten aber nicht transparent macht, können sie auch nicht beeinflusst und beseitigt werden. Hinzu kommt, dass sie in ihrer Entstehung nicht nur in keinem direkten Verhältnis zu kundenbezogenen Aktivitäten und damit zum Kundennutzen und seiner Steigerung stehen. Im Gegenteil: Manchmal werden durch diese Kosten Barrieren im Kundenmanagement bzw. Kunden-Beziehungslebenszyklus aufgebaut, die dann kontraproduktiv wirken.

Die **Qualitätskosten** belaufen sich bei einem Unternehmen mit einem 3σ-Niveau sogar auf bis zu 40% des Jahresumsatzes. Bei einem Weltklasse-Unternehmen auf Business Excellence-/ 6σ-Niveau betragen die qualitätsbezogenen Kosten hingegen im Durchschnitt weniger als 1% des Gesamtumsatzes p.a. Hieraus lässt sich die Erkenntnis ziehen, dass jede Verbesserung des Sigma-Niveaus um 1, also z.B. von 4σ auf 5σ, den jährlichen Netto-Ertrag um über 10% steigert.

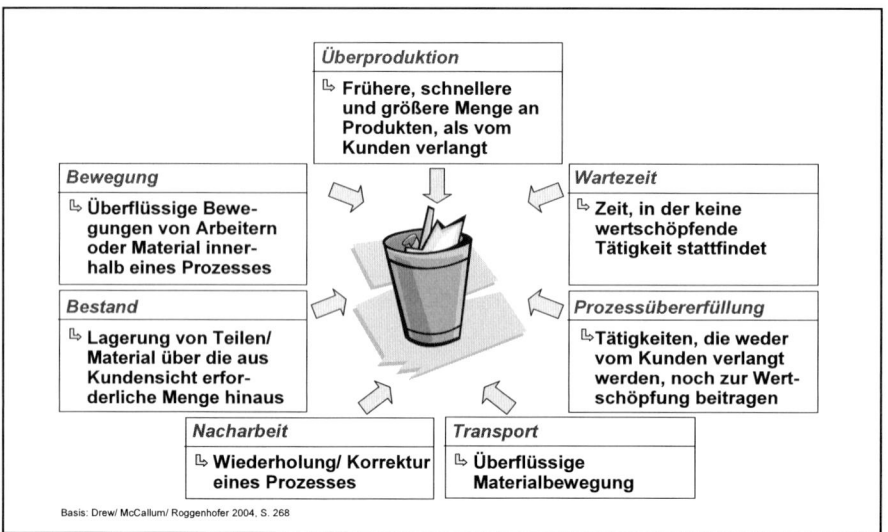

**Abb. 3:** 7 Formen der Verschwendung nach der Toyota-Klassifikation

Damit wird zugleich deutlich, dass der Qualitätsanspruch von Six Sigma in jeder Branche und in jedem Unternehmen eine aus betriebswirtschaftlicher Sicht sinnvolle und leicht nachvollziehbare Zielsetzung und Strategie ist. Dies trifft uneingeschränkt für Service- und Dienstleistungsunternehmen zu, wie z.B. Logistik-Unternehmen, Versicherungen und Banken, sowie auch für Pharma-, Elektronik-, Automobil- und Maschinenbauunternehmen der produzierenden Industrie.

Das durchschnittliche Qualitätsniveau in der deutschen Industrie liegt, wie bereits angesprochen, bei einem Sigma-Wert von 3,8, was einer Ausbeute von ca. 99% bzw. einer Fehlerrate von ca. 10.000 PPM (Parts Per Million) entspricht. Die Frage, ob 99% Qualität genug sind, ist heutzutage also rein rhetorisch. Immer mehr Unternehmen haben erkannt, dass sie ohne eine professionell eingeführte **Null-Fehler-Qualität** erhebliche Chancen zur Steigerung des Jahresüberschusses bei einem konstanten Preisniveau verschenken. Heute ist die Situation aber oftmals deutlich schwieriger und damit verschärft: Geforderte Preissenkungen können nur über die Aktivierung von Kosteneinsparungspotenzialen realisiert werden, und zwar vorwiegend durch die Vermeidung von Fehlern und damit Fehlerkosten, wenn gravierende Einschnitte in die Unternehmensgewinne oder die Hinnahme von Verlusten vermieden werden sollen. Dieser sinkende Preis kommt bei gleich bleibend hoher oder sogar steigender Qualität gerade auch den Kunden zugute.

Abbildung 4 zeigt diesen gerade in den letzten Jahren immer wichtiger werdenden Zusammenhang beispielhaft. Er gilt für die Anwendung von Lean Management, Six Sigma und/ oder Lean Six Sigma gleichermaßen.

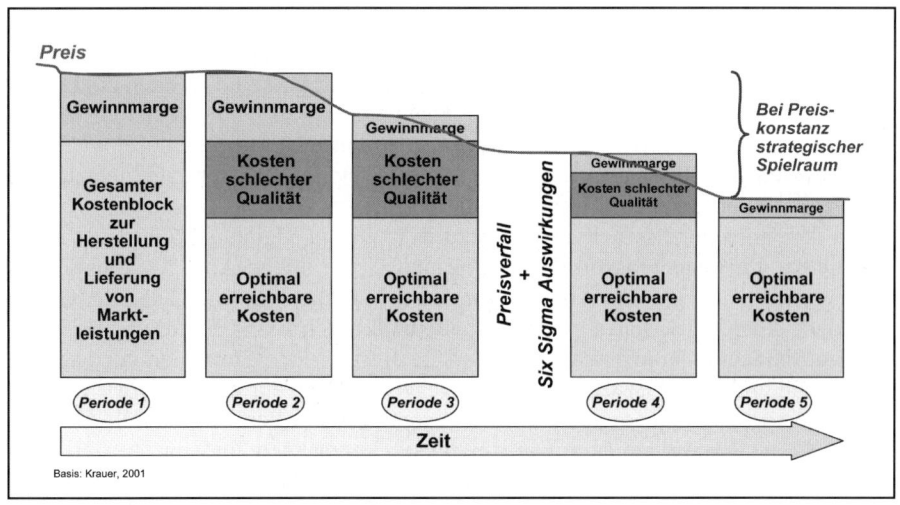

**Abb. 4:** Gründe für Lean Six Sigma

Um sich zu verdeutlichen, was 99% Qualität und 1% in Kauf genommenes Fehlerniveau, also 3,8σ, bedeuten im Vergleich zu 6σ, also 99,99966% Qualität, lässt sich eine Reihe von plastischen Beispielen aus dem täglichen Leben anführen (vgl. Töpfer 2007b, S. 177):

- Statt 20.000 verlorene Postsendungen stündlich sind es nur 163,2 pro Tag
- Statt 15 Minuten unsauberes Trinkwasser täglich sind es nur 1,8 Minuten im Jahr
- Statt 5.000 falschen chirurgischen Eingriffen in der Woche sind es nur 7,2 im Monat
- Statt 2 zu kurzen oder zu langen Landungen auf den größten Flughäfen täglich sind es nur 1,241 in 5 Jahren.

Der unmittelbare Bezug zu Kunden und zum Kunden-Beziehungslebenszyklus liegt auf der Hand. Zusätzlich wird praktizierte Null-Fehler-Qualität nicht nur ein Hebel zur Kostensenkung, sondern vermeidet zugleich die Gefährdung von Gesundheit und Menschenleben. Ein Niveau von 6σ und mehr ist für das Erreichen von Business Excellence in vielen Wirtschaftsbereichen deshalb zum selbstgewählten Standard geworden, in Branchen wie z.B. der Flugzeugindustrie, dem Kraftwerksbau und der Medizintechnik bei lebenserhaltenden Geräten ist dieses aus den oben genannten Gründen bereits seit langem zwingend notwendig.

Diese Erkenntnis hat dazu geführt, dass immer mehr Unternehmen Six Sigma-Konzepte umsetzen. Dieser Einführungsprozess vollzieht sich in zwei Richtungen: Zum einen horizontal mit Auswirkung auf die Wettbewerber und zum anderen vertikal mit Auswirkung auf die Lieferanten. Unter dem ersten Aspekt gilt: Wenn ein größeres Unternehmen einer Branche Six Sigma einführt, dann sind es oftmals – im Sinne eines **positiven Domino-Effektes** – die unmittelbaren Wettbewerber, die relativ schnell nachfolgen, um Wettbewerbsnachteile auszugleichen. Der zweite Aspekt besagt: Wenn seit einiger Zeit Hersteller wie Ford oder auch Daimler und BMW Six Sigma-Projekte realisieren, dann fordern sie i.d.R. auch zügig, oftmals sogar im Vorfeld vor der eigenen Anwendung, Null-Fehler-Qualität von ihren Lieferanten, wie z.B. Siemens, Honeywell, Johnson Control, Honsel, PVT und Bosch. In diesem Fall sichert es zugleich die Hersteller-Zulieferer-Beziehung und nicht nur ein verbessertes Ertragsniveau.

Zu den Vorreiterunternehmen im Bereich Lean Six Sigma gehören unter anderen Xerox, Lockheed Martin, Bank One und Grace (siehe Abb. 5), alles Unternehmen, die vorab bereits Ansätze von Lean Management und/ oder Six Sigma realisiert haben. Inzwischen gehen auch General Electric und Motorola, der Urheber des Six Sigma-Konzeptes, dazu über, Lean Six Sigma-Strategien umzusetzen. Der Grund und Hebel ist vor allem dann gegeben, wenn ein Unternehmen wie General Electric nicht nur organisch wächst, sondern vor allem auch durch Akquisitionen. Dann kommt es darauf an, in relativ kurzer Zeit und mit vertretbarem Aufwand ein positives Integrationsergebnis in der Prozessoptimierung zu erreichen. Die Mutterunternehmen wollen bei ihren „neuen Töchtern" ein hohes Qualitätsniveau über schlanke Prozesse ohne Verschwendung in schnell realisierten und vom Aufwand überschaubaren Projekten umsetzen. Aus diesem Grunde beginnen die Unternehmen heute üblicherweise den Verbesserungsprozess mit Lean Management Aktivitäten und führen dann nur sehr selektiv – bei den angesprochenen hartnäckigen Qualitätsproblemen – Six Sigma-Projekte durch.

> Xerox
  > Launch von 250 Projekten für sich und Kunden in 2002
  > Investitionen von 14 Mio. US-Dollar in Lean Six Sigma
  > Ersparnis im ersten Jahr: 6 Mio. US-Dollar
    ↳ In den nächsten Jahren steigende Tendenz
> Lockheed Martin
  > 1998 Operational Excellence Program „LM21" gestartet
  > Umfasst mehr als 5.000 Projekte
  > Dokumentierte Einsparungen: ca. 4 Mrd. US-Dollar
> Bank One → JP Morgan Chase
  > Initiierte in 2002 Verbesserungsprogramm „Focus 2.0"
  > Erhöhte Konzentration auf Lean-Ziele
  > Reduzierung der Durchlaufzeiten zwischen 30 und 75 %
> Grace / Fresenius Medical Care
  > Einführung von Lean Six Sigma 2005 in den nordamerikanischen Werken
  > Ziel: Bessere Resultate bei kürzeren Fertigungszeiten

*Beispiele*

Basis: George 2003

**Abb. 5:** Unternehmen mit Lean Six Sigma

## 3 Wertstromanalyse als Basiskonzept des Lean Managements

Ein **Wertstrom** beschreibt den Durchlauf eines Produkts durch seine Hauptflüsse. Das sind zum einen der Fertigungsstrom, bildlich geschrieben vom Rohmaterial des Lieferanten bis zum fertigen Produkt in den Händen der Kunden, und zum anderen der Entwicklungsstrom, vom Produktkonzept bis zum Produktionsstart. Heruntergebrochen auf die Projektebene von Six Sigma entspricht dieses Vorgehen der **SIPOC-Analyse**, die den Ablauf einer Wertschöpfungsentstehung über die 5 Aggregate Supplier – Input – Process – Output – Customer verfolgt und optimiert (vgl. Töpfer 2007a, S. 81).

Wertströme vollziehen sich nicht nur im produzierenden Bereich, sondern auch in administrativen Prozessen/ Bereichen, z.B. Auftragsabwicklung und Rechnungswesen. Ein Wertstrom ist im Allgemeinen sehr umfangreich; er erstreckt sich vom Zulieferer des Zulieferers bis zum Kunden des Kunden und bildet die komplette Produktentstehung ab. Dieser Gesamtprozess entspricht dem **Supply-Chain-Management**, bei dem ausgehend von mehreren Lieferantenebenen die Wertschöpfungsprozesse über den Hersteller zu seinem Vertriebspartner bis zum Endkunden analysiert, mit Informationen versehen, gesteuert und gestaltet werden (vgl. Töpfer 2007c, S. 877 ff.; Werner 2002).

Bezogen auf einen Pkw umfasst dieser Wertstrom folgende Teile: Die Prozesskette beginnt mit dem Fördern von Eisenerz in Südafrika und endet mit dem fertigen Fahrzeug zur Auslieferung an den Kunden. Hieran wird deutlich, dass viele Fabriken, Unternehmen oder Organisationen an einem einzelnen Wertstrom beteiligt sind.

Es gilt jedoch immer, zunächst das eigene Unternehmen zu fokussieren und in diesem den Entwicklungs- und/ oder Produktionsfluss zu gestalten (vgl. Halmosi/ Löffler/ Vollmer 2005). Darüber hinaus wird das Wertstromdesign auch für die Gestaltung unternehmensübergreifender Prozessketten verwendet (vgl. Womack/ Jones 2003); die Funktionsweise der Methode ist dabei nahezu identisch, wie im Folgenden am Beispiel „Produktionsfluss" kurz beschrieben wird.

In Abbildung 6 ist ein **Auszug einer Wertstromanalyse**, und zwar die Aufnahme des Ist-Prozesses, vereinfacht wiedergegeben. Der Wertstrom kennzeichnet dabei den verschwendungsfreien Durchlauf eines Produktes in seinem Entstehungsprozess. Hieraus wird nachvollziehbar, dass der Hauptprozess 9 Teilschritte umfasst, die durch einen angedeuteten parallelen Prozess mit 3 Teilschritten ergänzt werden. In der Realität war der Gesamtprozess dreimal so lang, so dass in Abbildung 6 nur ein Drittel des gesamten Wertstroms abgebildet ist. Im Folgenden geht es nur um die Verdeutlichung der Prinzipien einer derartigen Wertschöpfungsanalyse und nicht um die Details dieser Herstellung eines Backofens. Die Wertschöpfung ist dann das möglichst verschwendungsfreie Ergebnis eines derartigen Wertstroms.

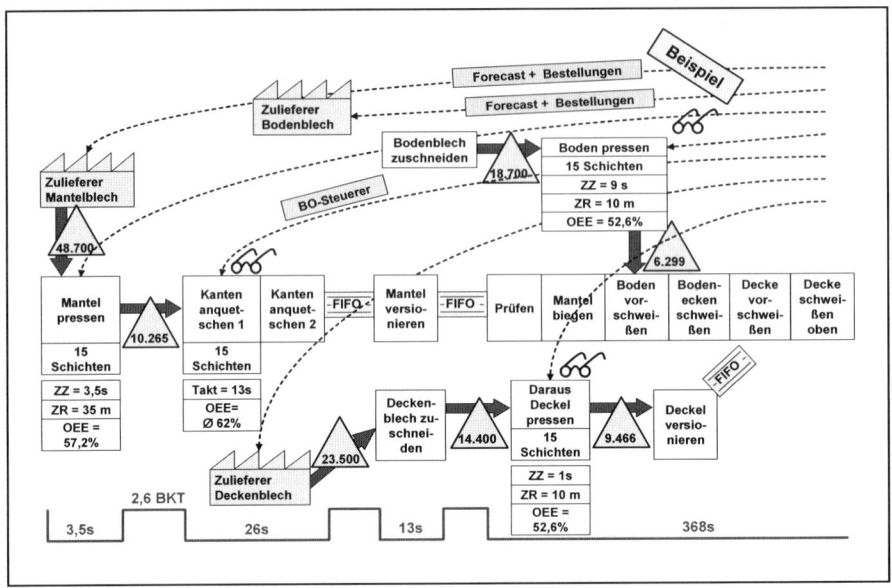

**Abb. 6:** Wertstromanalyse und -design (Auszug)

Für jede Teilzeit werden Kennzahlen angegeben, die Inputgrößen, Bearbeitungszeiten und Outputgrößen umfassen. Es geht also immer um die **Erfassung von Qualitäts- und Zeitgrößen**. Sie können zusätzlich auch, was in dieser Darstellung nicht wiedergegeben ist, durch **Kosten- und Leistungsgrößen** ergänzt werden. Hieraus ist dann direkt der Wertzuwachs – oder ggf. auch eine Wertvernichtung – erkennbar. Im Beispiel gibt es, angedeutet durch die Dreiecke, mehrere Zwischenlager. Sie sind immer ein Kennzeichen dafür, dass ein Prozess bzw. Wertstrom aus technischen, zeitlichen oder ökonomischen Gründen nicht optimal verläuft respektive verlaufen kann. Zusätzlich sind beim dritten Teilschritt die Weitergabestandards im Prozess festgeschrieben. Die zuerst ankommenden Teile werden nach dem **FIFO-Prinzip** (First In First Out) also zuerst weitergeleitet. Dies entspricht einer normalen Prozess-Abarbeitung.

Auf der Grundlage des analysierten Ist-Wertstroms setzt dann mit dem Wertstromdesign die Gestaltung und Verbesserung der Wertströme in allen ihren Teilen an mit dem Ziel optimierter Prozesse. Der **Soll-Wertstrom** strebt dabei möglichst wenig Verschwendung sowie eine hohe Zeit- und Kosteneffizienz an (vgl. Rother/ Shook 2004; Erlach 2007).

Die **Vorteile des Wertstromdesigns** sind auf der einen Seite im Perspektivenwechsel zu finden, denn das Wertstromdesign öffnet den Blick für den im Wertschöpfungsverlauf wesentlichen Fluss. Dazu werden sämtliche Material- und Informationsflüsse aufgenommen. Technische sowie hierarchische Details blendet das Wertstromdesign nahezu vollständig aus. Insofern ist das Wertstromdesign eine integrative, aber auf der anderen Seite auch systembeschreibende Methode. Die

Handhabung gestaltet sich letztlich sehr simpel, auch wenn zu Beginn die Symbolik recht ungewohnt erscheint (hierzu sei an dieser Stelle auf die einschlägige Literatur verweisen, z.B. Halmosi/ Löffler/ Vollmer 2005). Die praktische Erfahrung zeigt, dass diese Darstellungsmethode und -symbole schon nach kurzer Anwendung ein funktionell praktikables Arbeiten ermöglichen und gleichzeitig ein gemeinsames Verständnis für den Ist- und den Soll-Zustand vermitteln.

Das Hauptziel des Wertstromdesigns besteht darin, die **Ursachen von Verschwendungen zu erkennen**. Dabei können vor allem die gravierendsten Arten der Verschwendungen, verursacht durch Überproduktion und hohe Bestände, mithilfe dieser Methode aufgedeckt werden. Hinzu kommt, dass das Wertstromdesign vor allem „große Hebel" für die Prozessoptimierung aufzeigt und Handlungsprioritäten bestimmt. Das Wertstromdesign beantwortet also die entscheidende Fragen: (1.) Welche Maßnahmen sind zuerst durchzuführen, und (2.) welche haben den größten Nutzen für das Gesamtsystem sowie den Kunden?

In der Unternehmenspraxis gibt es zwar häufig genügend Ideen, einen ausgewählten Prozess in bestimmter Weise zu verbessern. Die Prozessverbesserungen schaffen jedoch selten ausreichend positive Effekte aus der Sicht des Kunden, weil er in die Systembetrachtung und damit in die ganzheitlichen Auswirkungen auf den Wertschöpfungsprozess respektive Wertstrom nicht aktiv einbezogen bzw. berücksichtigt wird. Gerade hier liefert die systematische Methode des Wertstromdesigns Ansatzpunkte für Handlungsprioritäten und kann dadurch wie ein „Navigator" durch einen Lean Management Veränderungsprozess leiten.

## 4 Kunde, Prozess und Qualität als wichtige Umsetzungstreiber von Lean Six Sigma

Die Frage, die sich jetzt anschließt, nachdem die Philosophie, Notwendigkeit und Verbreitung des Lean Six Sigma-Konzeptes dargelegt und der Beitrag des Wertstromdesigns erläutert wurde, geht dahin, welches die zentralen Umsetzungstreiber von Lean Six Sigma sind.

Auch wenn Six Sigma in vielen Unternehmen als „Breakthrough-Strategie" betrachtet wird, stellt der überwiegende Teil des Konzeptes kein völlig neues Instrumentarium dar. Bekannte und bewährte Qualitätsmanagement-Tools, wie z.B. Fehler-Möglichkeits- und -Einfluss-Analyse (FMEA), Ishikawa-Diagramm, Statistische Versuchsplanung (DOE), Quality Function Deployment (QFD) und Statistische Prozesskontrolle (SPC), werden systematisch eingesetzt. Das Besondere ist die stringente Projektmanagement-Methode, die Daten und statistische Analysen konsequent nutzt, um die operative Performance des Unternehmens zu messen und zu verbessern, und so praktizierte Null-Fehler-Qualität zu erreichen. Der Vorstand eines Unternehmens hat es treffend formuliert: Six Sigma ist pfiffiges und professionelles Projektmanagement zur Prozessoptimierung auf fundierter statistischer Basis und hat unsere Wettbewerbsfähigkeit deutlich erhöht.

Für Six Sigma-Projekte sind vor allem die drei Umsetzungstreiber „Kunde – Prozess – Qualität" maßgeblich. Six Sigma ist deshalb ein projektorientiertes Managementkonzept, mit dem die wesentlichen Kundenanforderungen (CTQs) über schlanke und effiziente Prozesse für das Unternehmen wirtschaftlich erfüllt werden. Die erreichbare Null-Fehler-Qualität führt nicht nur zu Kostensenkungen, sondern über gestiegene Kundenzufriedenheit auch zu Umsatzsteigerungen.

Dieser Dreiklang zwischen Kunde, Prozess und Qualität lässt sich in einem weiteren Schritt nachvollziehen. Die Anwendung von Lean Six Sigma im Forschungs- und Entwicklungsbereich erfolgt mit dem Ziel, ein „robustes Design" des Produktes zu erreichen, das **Komplexität** vermeidet, dadurch Fehler reduziert, Prozesse beschleunigt und Kunden nicht zuletzt auch über günstige Preise höher zufrieden stellt. Für Qualitätsmanager ist der Zusammenhang eindeutig: „Komplexität ist der Tod jeder Qualität." Je komplexer ein Wertschöpfungsprozess also ist, d.h. je weniger lean er ist, und je komplexer ein Produkt als Wertschöpfungsergebnis ist, d.h. je mehr Abweichungen von der geforderten Qualität bei ihm auftreten können, desto wichtiger ist es, ein hohes Qualitätsniveau durch Lean Six Sigma-Konzepte und -Projekte in jedem einzelnen Prozess abzusichern. In der Konsequenz bedeutet dies zugleich aber auch, dass nicht nur Qualität besser gemonitort wir, sondern dass im Rahmen des CRM zugleich eine möglichst enge Segmentierung relevanter Zielgruppen und genaue Bestimmung ihrer CTQs durchgeführt wird, um relativ einfache und robuste Marktleistungen generieren zu können.

Abbildung 7 verdeutlicht dieses prozessorientierte Zusammenwirken von Six Sigma sowie CRM mit den Hauptzielen Kundenzufriedenheit und Kundenbindung. Hieran wird erneut die Integration des extern gerichteten marktorientierten sowie des intern gerichteten ressourcenorientierten Ansatzes der Unternehmensführung deutlich.

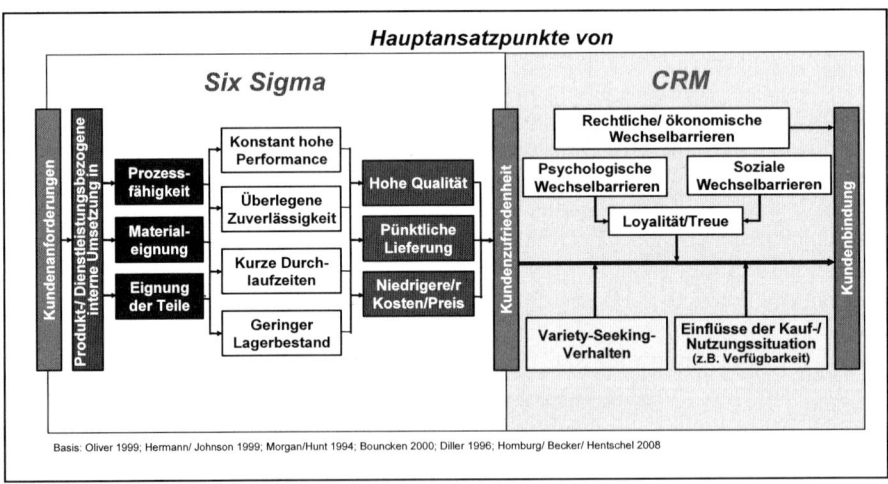

**Abb. 7:** Zusammenwirken von Six Sigma und Kundenzufriedenheit

Die **Philosophie** besteht darin, durch eine zielgerichtete Übersetzung der „Stimme des Kunden" in die „Sprache des Prozesses" Produkte und Dienstleistungen mit hoher Qualität zu erzeugen und so Wirtschaftlichkeit, also Effizienz, mit Kundenzufriedenheit, also Effektivität, zu verbinden (siehe Abb. 8).

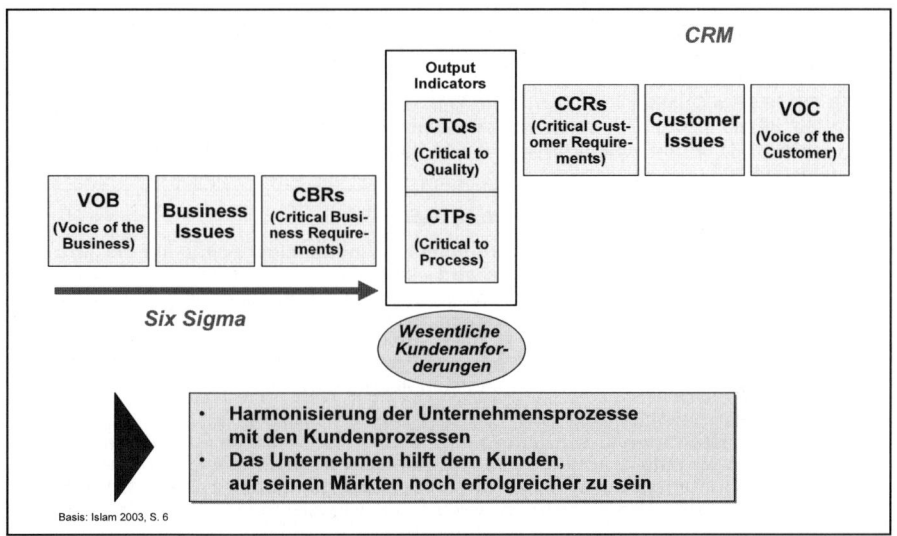

**Abb. 8:** Die Stimme des Customer und die Stimme des Business

Bezogen auf die **3 Umsetzungstreiber – Kunde, Prozess und Qualität** – ist jetzt die Frage zu beantworten, wo ihre jeweiligen Schwerpunkte liegen und wie sie miteinander verzahnt sind. Im Detail geht es darum, über eine enge Beziehung zum Kunden – unterstützt durch CRM – die CTQs zu erkennen und eine operative Excellence durch optimierte Prozesse mit praktizierter Null-Fehler-Qualität zu realisieren, um über eine herausragende Produktqualität – auch durch Innovation – die Produktführerschaft zu erreichen (vgl. Töpfer 2004, S. 17). Die folgende Abbildung 9 kennzeichnet auf der Basis der Abbildung 8 die inhaltlichen Schwerpunkte.

Als Zwischenfazit lässt sich folgendes festhalten: Entsprechend der Philosophie „Qualität = Wert für den Kunden" gewinnt der Kunde durch die Umsetzung eines Lean Six Sigma-Projektmanagements, da seine wesentlichen Anforderungen weitgehend oder vollständig in Produkten und Dienstleistungen erfüllt werden. Gleichzeitig gewinnt das Unternehmen, da es im Zuge von Lean Six Sigma-Projekten zu einer effizienteren, also wirtschaftlicheren, Gestaltung der Wertschöpfungsprozesse gelangt. Dabei steht jeweils die Harmonisierung von Unternehmens- und Kundenprozessen/ -anforderungen im Vordergrund.

*Der Kunde im (Lean) Six Sigma-Konzept:*

**①** Die „Stimme des Kunden" (VOC – Voice of the Customer) bildet die Grundlage für jede Six Sigma-Prozessanalyse und Verbesserungsmaßnahme. Sie wird in einer zweiseitigen Analyse an der „Stimme des Unternehmens" (VOB – Voice of the Business) gespiegelt

**②** Die „kritischen Qualitätsmerkmale" (CTQ – Critical to Quality Characteristics) definieren die geforderten Prozessergebnisse aus Kundensicht und stellen damit die Erfolgsfaktoren des Unternehmens dar

**③** Die höhere Qualität von (Vor-)Produkten und Dienstleistungen durch (Lean) Six Sigma macht die industriellen Verwender als Kunden auf ihren Märkten erfolgreicher und schafft die Grundlage für ein mehrstufiges „Value Marketing"

*Der Prozess im (Lean) Six Sigma-Konzept:*

**①** In (Lean) Six Sigma-Projekten wird immer ein zweiseitiger Fokus auf die „Prozesslandkarte" gelegt: Zum einen wird – in einer extern gerichteten Analyse – untersucht, wie zentrale Kundenanforderungen als kritische Erfolgsfaktoren (CTQs) im Ist-Prozess erfüllt werden bzw. zukünftig besser erfüllt werden müssen (Outside-in-Analyse). In einer intern gerichteten Analyse stellt sich zum anderen die Frage, wie die entscheidenden Werttreiber aussehen und die hierfür erforderlichen Kernkompetenzen ausgeprägt sein müssen (Inside-out-Analyse)

**②** Die Qualitäts-Vision (aus Kundensicht) ist dann nicht nur im Geschäftsmodell allgemein formuliert, sondern in allen wichtigen Wertschöpfungsprozessen in Form von internen Kunden-Lieferanten-Beziehungen konkret umgesetzt. Dies erfolgt in der Weise, dass in jedem Six Sigma-Projekt SIPOC-Analysen durchgeführt werden, also wesentliche Prozessschritte bezogen auf die Abfolge Lieferant (Supplier), Input, Prozess, Output und Kunde (Customer) durchleuchtet werden. Hierbei werden Output-, Prozess- und Inputmessgrößen festgelegt, die den geforderten Outcome erreichen

**③** Was ein Fehler ist, wird in Abhängigkeit von den zentralen Kundenanforderungen (CTQs) und dann auch auf der Basis der Unternehmensstrategie definiert. Beide werden in interne Prozess- und Leistungsstandards umgesetzt, um sich von den maßgeblichen Wettbewerbern zu differenzieren

*Die Qualität im (Lean) Six Sigma-Konzept:*

**①** Das erklärte Ziel von Six Sigma ist – wie ausgeführt – praktizierte Null-Fehler-Qualität. Aus statistischer Sicht entspricht dies einer Fehlerquote von 3,4 Fehler pro 1 Mio. Fehlermöglichkeiten. Die Grundlage für die Berechnung bildet die Standardnormalverteilung. Dabei liegen 99,99966% der Gut-Teile (= Ausbeute) in einem (Toleranz-)Bereich von ± 6σ bei einer Mittelwert-Verschiebung von ± 1,5σ

**②** Der Toleranzbereich für Qualität wird durch die – entsprechend den Kundenanforderungen (CTQs) – vom Kunden akzeptierten Abweichungen definiert. Verkleinert wird der Toleranzbereich nur dann, wenn die internen Prozess-/Leistungsstandards – entsprechend der Unternehmensstrategie – „härter" formuliert werden

**③** Die Minimierung der Prozessstreuung innerhalb des definierten Toleranzbereichs und die Zentrierung der Prozesslage, also das Sicherstellen der Prozessfähigkeit zur abweichungsfreien Einhaltung der CTQs, stehen im Zentrum aller Six Sigma-Verbesserungsaktivitäten

**Abb. 9:** Umsetzungstreiber von Lean Six Sigma

## 5 Durchführung von Six Sigma-Projekten auf der Basis des DMAIC-Zyklus

Auf die bei Six Sigma-Projekten zentrale Frage, wie ein derartiges Vorhaben in einem standardisierten Verbesserungsprozess durchgeführt wird, gehen wir anschließend nur kursorisch ein, um das Verständnis für den inhaltlichen Ablauf und die damit verbundenen Anforderungen sicherzustellen.

Alle Six Sigma-Projekte folgen einem standardisierten Ablauf, der auf dem klassischen Deming-Zyklus PDCA (Plan, Do, Check, Act) basiert. Der hieraus abgeleitete DMAIC-Zyklus für die Durchführung von Six Sigma-Projekten hat die in Abbildung 10 aufgeführten Phasen und Inhalte (vgl. Töpfer 2006, S. 238 ff.).

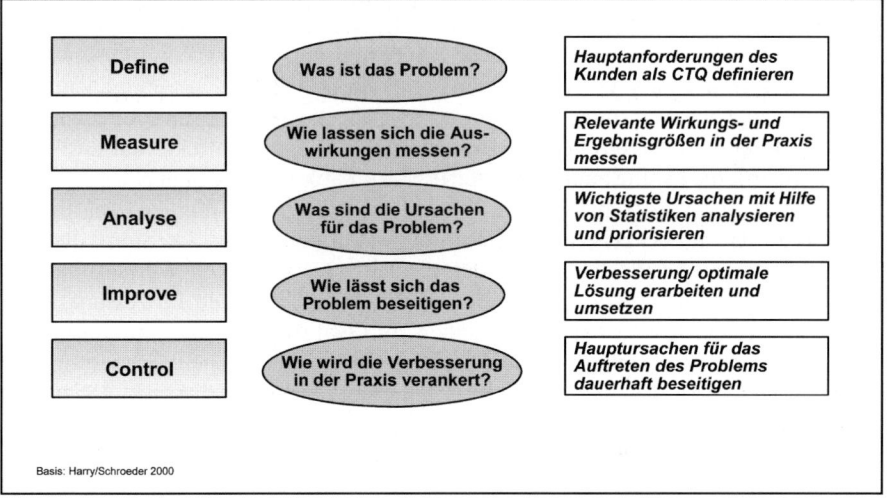

**Abb. 10:** DMAIC als Six Sigma-Prozess im Projekt

Die **Denkweise in Six Sigma-Projekten** korrespondiert mit den 5 Fragestellungen in Abbildung 10 und zielt darauf ab, ein gravierendes Problem zu einem Projekt zu machen und in der Projekt Charter möglichst exakt auszuformulieren. Auf der Basis von Outputmessgrößen, die in ihrer Ausprägung sehr nah an den geforderten CTQs sein sollen, wird in der Measure-Phase aus dem realen Problem ein statistisches Problem. Auf der Grundlage ermittelter Daten für die Output-, Prozess- und Inputmessgrößen werden im Rahmen der Analysephase die Hauptursachen des Problems statistisch herausgefiltert und empirisch überprüft und möglichst eindeutig herausgearbeitet.

Jedes Six Sigma-Projekt folgt damit der Philosophie und Formel: $y = f(x)$. Sie besagt, dass zum einen ein Problem y die Folge aus mehreren negativen Ursachen (x) ist. Genauso lässt sich zum anderen die anschließend erarbeitete Problemlösung als positive Wirkung auf die Realisierung eines Sets von Verbesserungsmaßnahmen zurückführen. Diese Beziehungen gilt es in Six Sigma-Projekten möglichst aussagefähig zu erkennen und zu gestalten.

In diesem Zusammenhang sind also die Abhängigkeiten in Form von Ursachen-Wirkungsbeziehungen aufzudecken. Die Überprüfung gültiger Zusammenhänge zwischen dem Output und dem Input erfolgt durch statistische Tests. Eine statistische Lösung wird in der Improve-/ Design-Phase erarbeitet und getestet, z.B. durch prozessorientierte Output-Simulationen. Die gefundene Lösung wird in der Control-/ Verify-Phase in die reale Anwendung überführt sowie im Anschluss qualitätsgesichert, kontinuierlich überwacht und verbessert.

Zu Beginn der **Measure-Phase** werden auf der Grundlage der ermittelten CTQs die elementaren Output-, Prozess- und Inputmessgrößen abgeleitet, um die Referenzleistung des aktuellen Prozesses, also die Werte der Ausgangssituation (Null-Messung), so genau wie möglich zu quantifizieren und „zu verstehen". Dies erfolgt unter der Voraussetzung, dass ein CTQ zwar i.d.R. direkt über die Outputmessgrößen messbar ist, aber seinerseits wiederum von Prozess- und Inputvariablen abhängt. Im Rahmen von Six Sigma-Projekten besteht das vorrangige Ziel darin, diese Ursachen-Wirkungsbeziehungen aufzudecken und optimal einzustellen. Die Ableitung von Messgrößen zur Bestimmung der Prozesseffektivität und -effizienz ist damit die zweite zahlenorientierte Systematik von Six Sigma.

Abbildung 11 veranschaulicht zum besseren Verständnis der Prozessstruktur das grundsätzliche Vorgehen zur Messgrößen-Bestimmung in Six Sigma-Projekten. Die Nähe zur Grundstruktur bei der vorstehend behandelten Wertstromanalyse wird hieraus nachvollziehbar. Dabei wird deutlich, dass die Prozessanalyse – zum Herausfinden von wichtigen Ursachen für Qualitätsprobleme und Fehlerkosten – und der Prozessablauf – mit dem Ziel zur systematischen Gestaltung und Verbesserung zu Null-Fehler-Qualität – immer entgegengesetzt gerichtet sind und damit auch so ablaufen. Im übertragenen Sinne „messen wir also in den Prozess hinein", um, vom Output kommend, über geeignete Messgrößen und aussagefähige Daten ein Verständnis über das Ausmaß der Wirkungen (Probleme und Fehler) sowie die Intensität der möglichen Ursachen (systematische und zufällige) zu bekommen.

Auf der Basis der gemessenen Ist-Daten und des ermittelten Sigma-Niveaus erfolgt in der **Analyse-Phase** eine detaillierte Auswertung der aktuellen Performance. In diesem Zusammenhang gilt es insbesondere, die Hauptursachen von Fehlern zu bestimmen und darauf basierende Verbesserungsmöglichkeiten abzuleiten. Konkret werden folgende drei Schritte durchlaufen:

1. Entwickeln einer detaillierten Prozessdarstellung und Analyse des Ist-Prozesses unter Verwendung von Zeit-, Wertschöpfungs- und Flussanalysen
2. Durchführen einer Ursachen-Wirkungsanalyse, um potenzielle Ursachen für Fehler aufzudecken und ggf. weitere Messpunkte zu definieren
3. Aufdecken von Zusammenhängen zwischen den abhängigen Variablen und den unabhängigen Einfluss- und Ursachenfaktoren durch eine Datenanalyse.

Im Detail geht es jetzt also darum, den Prozess aufzuschlüsseln. Dies geschieht in der Weise, dass der Ablauf analysiert wird, wie die Outputmessgrößen durch die Gestaltung und Steuerung der Prozess- und Inputmessgrößen zustande kommen. Die möglichen Fehler bei den Ergebnissen werden dadurch auf die beiden Ursachenebenen Prozess und Input zurückverfolgt.

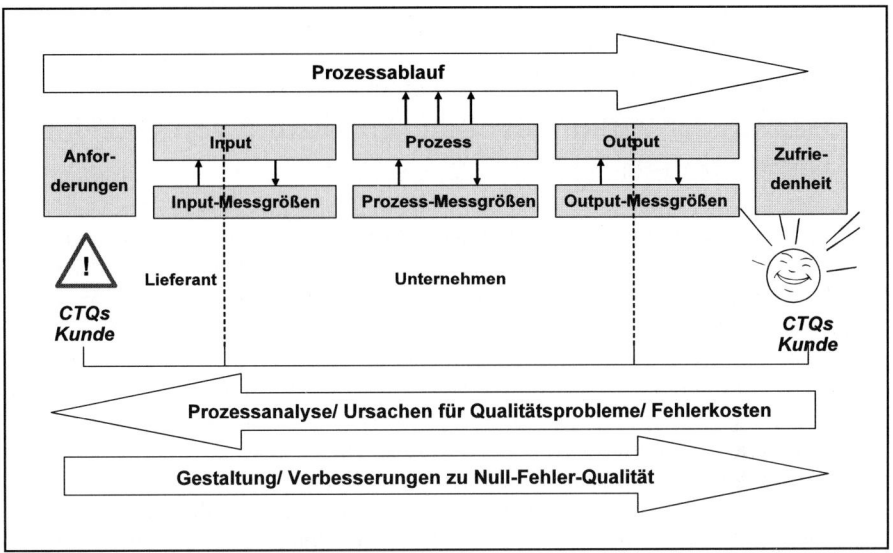

**Abb. 11:** Messgrößen-Bestimmung bei Six Sigma-Projekten

Die Analyse-Phase ist damit die „Kernphase" des DMAIC-Zyklus, denn ohne tiefgehende und aussagefähige Ursachenanalyse für Fehler sind im Allgemeinen keine Verbesserungsmaßnahmen mit großer Hebelwirkung möglich. Als Fehler wird, wie bereits angesprochen, definiert, wenn die erwarteten Ergebnisse eines Prozesses nicht erreicht werden, und zwar in Bezug auf die zuvor festgelegten Definitionen und Standards im Rahmen der Unternehmensstrategie und/ oder die ermittelten wesentlichen Kundenanforderungen, also die CTQs.

Mit der Quantifizierung von Verbesserungsmöglichkeiten folgen direkt – wie oben beschrieben – die beiden Phasen **Improve** und **Control**. Durch die gezielte Behebung von Fehlerursachen und die Einleitung von prozessbezogenen Verbesserungsmaßnahmen soll in der Unternehmenspraxis das Sigma-Niveau durch das Six Sigma-Projekt beträchtlich gesteigert und durch die Vermeidung von Fehlerkosten die Ertragssituation nachhaltig verbessert werden.

Typischerweise liegen die erwirtschafteten Netto-Einsparungen durch ein derartiges Projekt in der Praxis bei ca. 125.000 Euro. Gemessen wird dieser **Net Benefit** nur auf der Basis liquiditätswirksamer Kosteneinsparungen und/ oder Umsatzsteigerungen unter Abzug der durch das Projekt und seine Akteure verursachten Kosten. Eine Steigerung der Kundenzufriedenheit ist eine wünschenswerte qualitative Wirkung eines Six Sigma-Projektes. Sie wird aber im Net Benefit nur erfasst, wenn der zufriedene Kunde dann wieder kauft oder auch andere Produkte des Unternehmens kauft (Cross-Buying). Der Messzeitraum erstreckt sich dabei lediglich auf die ersten 12 Monate nach Projektabschluss. In dieser Periode muss ein Projekt ein entsprechend hohes Netto-Ergebnis einbringen, unabhängig davon, dass normalerweise Einsparungen auch nach dem 1. Jahr weiterhin eintreten (vgl. Töpfer 2007a, S. 89 ff.).

## 6 Beitrag zur wirkungsvollen Umsetzung von CRM im Unternehmen

Die entscheidende Frage im Rahmen des Kundenmanagements ist die, welchen Beitrag Lean Management und Six Sigma-Projekte für ein besseres CRM leisten. Hierauf wird abschließend und zusammenfassend noch einmal kurz eingegangen (siehe Abb. 12).

Die beiden Verbesserungskonzepte Lean Management und Six Sigma in isolierter und kombinierter Form führen zu Prozessverbesserungen. Sie steigern die Qualität der Prozessergebnisse, also die Produkte in internen und externen Kunden-Lieferantenbeziehungen. Hierdurch werden Verschwendung und Fehlerkosten reduziert. Da die wesentlichen Kundenanforderungen (CTQs) besser erfüllt werden, lassen sich Kundenzufriedenheit und -bindung steigern. Hieraus ergeben sich positive Wirkungen auf den Umsatz und die erwirtschafteten Überschüsse des Unternehmens. Die erfüllten qualitativen Erwartungen des Kunden steigern also im Endeffekt die quantitativen Ergebnisse des Unternehmens.

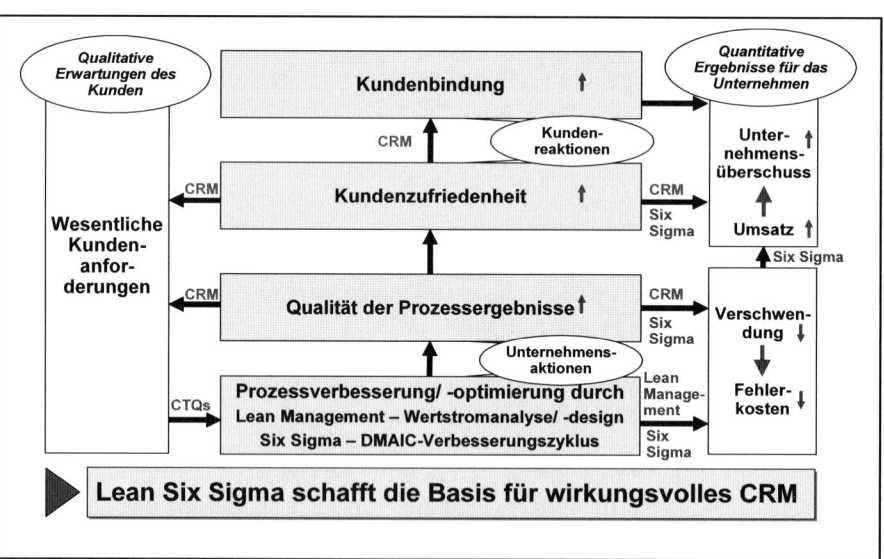

**Abb. 12:** Vereinfachte Wirkungskette von (Lean) Six Sigma

# 7 Literatur

*Bouncken, R. (2000):* Vertrauen – Kundenbindung – Erfolg?, in: Bruhn, M./ Stauss, B. (Hrsg.): Dienstleistungsmanagement Jahrbuch 2000 – Kundenbeziehungen im Dienstleistungsbereich, Wiesbaden 2000, S. 3-22.

*Diller, H. (1996):* Kundenbindung als Marketingziel, in: Marketing ZFP, 18. Jg., 1996, Nr. 2, S. 81-94.

*Drew, J./ McCallum, B./ Roggenhofer, S. (2004):* Journey to Lean: Making Operational Change Stick, Palgrave Macmillan 2004.

*Erlach, K. (2007):* Wertstromdesign – der Weg zur schlanken Fabrik, Berlin/ Heidelberg 2007.

*George, M.L. (2003):* Lean Six Sigma for Service: How to Use Lean Speed and Six Sigma Quality to Improve Services, McGraw-Hill: New York et al. 2003.

*Halmosi, H./ Löffler, B./ Vollmer, L. (2005):* Wertstromdesign in der variantenreichen Produktion, in: Zeitschrift für wirtschaftlichen Fabrikbetrieb, 100. Jg., 2005, S. 47-52.

*Harry, M./ Schroeder, R. (2005):* Six Sigma – Prozesse optimieren, Null-Fehler-Qualität schaffen, Rendite radikal steigern, 3. Aufl., Frankfurt am Main 2005.

*Herrmann, A./ Johnson, M.D. (1999):* Die Kundenzufriedenheit als Bestimmungsfaktor der Kundenbindung, in: Zeitschrift für betriebswirtschaftliche Forschung, 51. Jg., 1999, Nr. 6, S. 579-598.

*Homburg, C./ Becker, A./ Hentschel, F. (2008):* Der Zusammenhang zwischen Kundenzufriedenheit und Kundenbindung, in: Bruhn, M./ Homburg, C. (Hrsg.): Handbuch Kundenbindungsmanagement – Strategien und Instrumente für ein erfolgreiches CRM, 6. Aufl., Wiesbaden 2008, S. 103-134.

*Islam, K. A. (2003):* Developing E-Learning The Six Sigma Way, Abfrage vom 14.05.2003 unter http://healthcare.isixsigma.com/library/content/c030407a.asp.

*Lutz, F./ Kahlert, C./ Kalms, D. (2006):* Speed matters – Lean Six Sigma for Direct Sales at GE Money Bank, in: Achenbach, W./ Lieber, K./ Moormann, J. (Hrsg.): Six Sigma in der Finanzbranche, 2. Aufl., Frankfurt am Main 2006.

*Morgan, R.M./ Hunt, S.D. (1994):* The Commitment-Trust-Theory of Relationship Marketing, in: Journal of Marketing, 58. Jg., 1994, S. 20-38.

*Oliver, R.L. (1999):* Whence Consumer Loyalty?, in: Journal of Marketing, 63. Jg., 1999, Nr. 4, Special Issue, S. 33-44.

*Rother, M./ Shook, J. (2004):* Sehen Lernen: Mit Wertstromdesign die Wertschöpfung erhöhen und Verschwendung beseitigen, Aachen 2004.

*Töpfer, A. (2004):* Six Sigma: Projektmanagement für Null-Fehler-Qualität in der Automobilindustrie, in: ZfAW, 2004, Nr. 2, S. 13-24.

*Töpfer, A. (2006):* Anforderungen an und Umsetzung von Six-Sigma-Initiativen bei Finanzdienstleistern, in: Achenbach, W./ Lieber, K./ Moormann, J. (Hrsg.): Six Sigma in der Finanzbranche, 2. Aufl., Frankfurt am Main 2006, S. 303-334.

*Töpfer, A. (2007a):* Six Sigma als Projektmanagement für höhere Kundenzufriedenheit und bessere Unternehmensergebnisse, in: Töpfer, A. (Hrsg.): Six Sigma – Konzeption und Erfolgsbeispiele für praktizierte Null-Fehler-Qualität, 4. Aufl., Berlin/ Heidelberg 2007, S. 45-99.

*Töpfer, A. (2007b):* Six Sigma in Service und Dienstleistung, in: Töpfer, A. (Hrsg.): Six Sigma – Konzeption und Erfolgsbeispiele für praktizierte Null-Fehler-Qualität, 4. Aufl., Berlin/ Heidelberg 2007, S. 172-195.

*Töpfer, A. (2007c):* Betriebswirtschaftslehre – Anwendungs- und prozessorientierte Grundlagen, 2. Aufl., Berlin/ Heidelberg 2007.

*Werner, H. (2002)*: Supply Chain Management: Grundlagen, Strategien, Instrumente und Controlling, 2. Aufl., Wiesbaden 2002.

*Womack, J.P./ Jones, D.T. (2003)*: Lean Thinking: Banish Waste and Create Wealth in Your Corporation, 2. Aufl., New York 2003.

# Abkürzungsverzeichnis

| | |
|---|---|
| Abb. | Abbildung |
| ACD | Automatic Call Distribution |
| ACSI | American Customer Satisfaction Index |
| AG | Aktiengesellschaft |
| ASP | Application-Service-Providing |
| BFA | Begeisterungsfaktoren-Analyse |
| BGB | Bürgerliches Gesetzbuch |
| BKK | Betriebskrankenkassen |
| BPO | Business Process Outsourcing |
| BSC | Balanced Score Card |
| B-to-B | Business-to-Business |
| B-to-C | Business-to-Customer |
| bzw. | beziehungsweise |
| ca. | circa |
| CATI | Computer Assisted Telephone Interview |
| CC | Call Center |
| CCC | Customer Contact Center |
| CE | Customer Equity |
| CIT | Critical Incident Technique |
| CLE | Customer Lifetime Equity |
| CLV | Customer Lifetime Value |
| COPC | Customer Operations Performance Center |
| CRI | Customer Retention Index |
| CRM | Customer Relationship Management |
| CSC | Customer Service Center |
| CSI | Customer Satisfaction Index |
| CSId | Customer Satisfaction Indicators |
| CSM | Customer Satisfaction Measurement |
| CSR | Customer Satisfaction Ratings |
| CTI | Computer Telephony Integration |
| CTQ | Critical to Quality Characteristics |
| d.h. | das heißt |
| DIN | Deutsche Industrie Norm |
| DMAIC | Define, Measure, Analyse, Improve, Control |
| ECSI | European Customer Satisfaction Index |
| EDV | Elektronische Datenverarbeitung |
| EEA | European Excellence Award |
| EFQM | European Foundation for Quality Management |

| | |
|---|---|
| EN | Europäische Norm |
| EOQ | European Organization for Quality |
| EQA | European Quality Award |
| et al. | et alii (und andere) |
| etc. | et cetera |
| f. | folgende |
| FAQs | Frequently Asked Questions |
| ff. | die folgenden |
| FMEA | Fehler-Möglichkeits- und -Einfluss-Analyse |
| fMRT | funktionellen Magnetresonanztomografie |
| FRAB | Frequenz-Relevanz-Analyse von Beschwerden |
| FRAP | Frequenz-Relevanz-Analyse von Problemen |
| GDP | Gross Domestic Product |
| ggf. | Gegebenenfalls |
| GmbH | Gesellschaft mit beschränkter Haftung |
| GPSG | Geräte- und Produktsicherheitsgesetz |
| GQM | Ganzheitliches Qualitätsmanagement |
| HCI | Happy Customer Index |
| Hrsg. | Herausgeber |
| i.d.R. | in der Regel |
| IKT | Informations- und Kommunikationstechnologie |
| ISO | International Organization for Standardization |
| IVR | Interactive Voice Response |
| Jg. | Jahrgang |
| KBI | Kundenbindungsindex |
| KBM | Kundenbindungsmanagement |
| KDB | Kundendatenbank |
| KG | Kommanditgesellschaft |
| KonTraG | Gesetz zur Kontrolle und Transparenz im Unternehmensbereich |
| KPI | Key Performance Indicator |
| KVP | Kontinuierlicher Verbesserungsprozess |
| KZI | Kundenzufriedenheitsindex |
| LOHAS | Lifestyle of Health and Sustainability |
| MBI | Mitarbeiterbindungsindex |
| MBNQA | Malcolm Baldrige National Quality Award |
| Mio. | Million |
| M+M | M+M Management + Marketing Consulting GmbH Kassel |
| Mrd. | Milliarde |
| MZI | Mitarbeiterzufriedenheitsindex |
| MOT | Moment of Truths |
| Nr. | Nummer |
| p.a. | per annum |
| PBX | Private Branch Exchange |
| PCV | Periodic Customer Value |
| PDCA | Plan-Do-Check-Act (Deming-Cycle) |
| PLS | Partial-Least-Squares-Ansatz |

| | |
|---|---|
| QFD | Quality Function Deployment |
| RFM | Recency Frequency Monetary Value |
| ROI | Return on Investment |
| RSA | Risikostrukturausgleich |
| S. | Seite |
| SCSB | Swedish Customer Satisfaction Barometer |
| SGF | Strategisches Geschäftsfeld |
| SIPOC | Supplier, Input, Process, Output, Customer |
| SM | Sanierungsmanagement |
| SPC | Statistical Process Control |
| SPSS | Superior Performing Software System |
| SQI | Service Qualitäts Index |
| SWICS | Swiss Index of Customer Satisfaction |
| SWOT | Strengths, Weaknesses, Opportunities, Threats |
| TQC | Total Quality Control |
| TQM | Total Quality Management |
| Tsd. | Tausend |
| u.a. | unter anderem |
| UCVP | Unique Customer Value Proposition |
| UGC | User Generated Content |
| UPT | Urgent Project Team |
| USP | Unique Selling Proposition |
| UWG | Gesetz gegen unlauteren Wettbewerb |
| VAS | Value Added Services |
| VC | Value for the Customer |
| VdAK | Verband der Angestellten-Krankenkassen e.V. |
| vgl. | vergleiche |
| VOC | Voice of the Customer |
| VoIP | Voice over Internet Protocol |
| ZAK | Zügige Abhilfe und Kulanz (lokaler Beschwerdebearbeitungs-Prozess) |
| z.B. | zum Beispiel |
| z.T. | zum Teil |

# Autoren-Kurzbiographien

*Dirk Arndt* arbeitete nach dem Studium der Betriebswirtschaftslehre im International Marketing and Sales Department von Amtrak in den USA und als Business Consultant bei debis Systemhaus in Düsseldorf. Seit 2003 ist er Teamleiter in der Abteilung Information Mining im Daimler Forschungszentrum Ulm und arbeitet in internationalen Projekten auf dem Gebiet der kundenbezogenen Datenanalyse für Smart, Mercedes-Benz und die Daimler Financial Services.

*Nigel P. Beckett* war seit 1989 Büroleiter und Regional Director of Sales der Ritz-Carlton Hotel Company in Frankfurt mit Verantwortung für Verkauf und Marketing in Deutschland, Österreich und der Schweiz. Seit 2007 ist er in vergleichbarer Funktion für die Hotelkette Capella Hotels und Resorts tätig, die von Horst Schulze, dem ehemaligen CEO von Ritz-Carlton, geleitet wird. Davor war er in verschiedenen Positionen im Verkauf und Marketing in der Reisebranche tätig.

*Björn-Olaf Borth*, Dr., studierte Wirtschaftsingenieurwesen an der TU Hamburg-Harburg und erwarb den Master of Arts (M.A.) in Economics an der University of California, Santa Barbara. Von 1998 bis 2005 arbeitet er als Berater bei der Unternehmensberatung McKinsey & Company, Hamburg. Parallel promovierte er 2004 als externer Doktorand von Prof. A. Töpfer am Lehrstuhl für Marktorientierte Unternehmensführung der TU Dresden zum Thema Beschwerdezufriedenheit und Kundenloyalität im Dienstleistungsbereich. Seit 2006 leitet Herr Borth die Stabsabteilung Unternehmensentwicklung der Hamburger Hafen und Logistik Aktiengesellschaft (HHLA).

*Michael Braekler*, MBA, leitet das Customer Relationship Management der BMW Group Deutschland für die Marken BMW und MINI. Zu seinen Verantwortungsbereichen gehören Customer Service Center, Kundenbetreuungsprogramme, Eroberungsprogramme, CRM After Sales und Händlerprogramme sowie CRM Systeme und eBusiness. Vor seiner Tätigkeit bei BMW arbeitete er für internationale Unternehmensberatungen in zahlreichen Marketing- und Vertriebsprojekten.

*Manfred Bruhn*, Prof. Dr., war von 1983 bis 1995 Inhaber des Lehrstuhls für Betriebswirtschaftslehre, insbesondere Marketing und Handel an der European Business School (ebs) in Oestrich-Winkel. Seit 1995 ist er Ordinarius für Betriebswirtschaftslehre, insbesondere Marketing und Unternehmensführung am Wirtschaftswissenschaftlichen Zentrum (WWZ) der Universität Basel. Seine Forschungsschwerpunkte liegen hauptsächlich in folgenden Gebieten: Strategische Unternehmensführung, Dienstleistungsmanagement, Kommunikationspolitik, Internes

Marketing und Qualitätsmanagement. Seit 2005 ist er zudem Honorarprofessor an der Technischen Universität München.

*Reinhart Buchner*, Dipl. Designer, studierte an der Hochschule für bildende Künste in Hamburg Industriedesign. Seit 1988 ist er Design Director/ Europe bei Sharp Electronics.

*Christian Duchmann*, Dipl.-Kaufmann, ist Projektmitarbeiter am Lehrstuhl für Marktorientierte Unternehmensführung an der TU Dresden. Seine Forschungsschwerpunkte sind Kundenorientierung, Neuromarketing, Strategisches Marketing, Internationale Unternehmensführung, Dienstleistungsmarketing, wertorientiertes Management und Wissenschaftstheorie.

*Hans Eckert*, Dr., studierte an der Universität Bonn Mathematik und Informatik und war von 1999 bis 2006 Leiter der Konzernentwicklung der R+V Versicherung.

*Britta Gabel*, Dipl.-Oec., ist Seniorberaterin und seit 2000 Leiterin der Marktforschungs-Unit der M+M Management + Marketing Consulting GmbH in Kassel. Sie ist verantwortlich für die Konzeptionierung, Durchführung und Analyse von Mitarbeiter- und Kundenbefragungen. Entsprechend dem ganzheitlichen Beratungsansatz von M+M ist sie ebenfalls in die Optimierung von Prozessen und Serviceleistungen sowie exzellente Unternehmensführung eingebunden. Sie ist Lehrbeauftragte der Universität Kaiserslautern, EFQM-Assessorin und als Six Sigma Green Belt geschult. Zu Ihren Kunden zählen namhafte Industrie- und Dienstleistungsunternehmen sowie Krankenhäuser wie z.B. NEOMAN, Schenker Deutschland AG, Melitta, Triumph, R+V Versicherung, BKK FAHR, Uniklinikum Dresden.

*Iris Gordelik* ist Inhaberin der auf Customer Management spezialisierten Personalberatung GORDELIK und schwerpunktmäßig auf die Besetzung von Führungspositionen für die Branche Call Center bzw. Customer Services ausgerichtet. In den letzten 25 Jahren hat sie in verschiedenen Leitungspositionen bei Dienstleistern (TAS, SYKES) und Inhouse (Geschäftsleitung der Telekom) die Call Center und deren Entwicklung mitgestaltet.

*Günter Greff* arbeitete nach einer Lehre als Groß- und Außenhandelskaufmann 8 Jahren im Außendienst beim italienischen Büromaschinenkonzern Olivetti. Danach war er Marketingchef des kanadischen Textcomputerherstellers AES. In seiner anschließenden Tätigkeit als Unternehmer gründete er 7 Firmen in den Bereichen Unternehmensberatung, Call Center und Multimedia; 4 davon gehören heute zu den Marktführern in der Branche. Er hat seit Jahren einen Lehrauftrag an der Technischen Universität Dresden und hält Vorträge an mehreren Hochschulen und auf Symposien in der ganzen Welt.

*Swen Günther*, Dipl.-Wirtschaftsingenieur, ist Berater und Six Sigma Black Belt bei der M+M Six Sigma Group und der M+M Management + Marketing Consulting GmbH in Kassel. Zu seinen Beratungsschwerpunkten gehören Industrieunternehmen, insbesondere im Automobilbereich, und Dienstleistungsunternehmen, z.B. Banken und Krankenhäuser. Six Sigma-Projekte/ -Aktivitäten begleitete er unter anderen bei Hilti, Knorr-Bremse und im Universitätsklinikum Dresden. Vor dieser Tätigkeit war er ab 2002 als wissenschaftlicher Mitarbeiter und Projektleiter am Lehrstuhl für Marktorientierte Unternehmensführung der TU Dresden mit den Forschungsschwerpunkten Six Sigma, Qualitätsmanagement sowie Prozessanalyse. Er ist Dozent an der Dresden International University (DIU) im Bereich Logistikmanagement.

*Christiane Heidig*, Dipl.-Kauffrau, studierte Betriebswirtschaftslehre an der Technischen Universität Dresden sowie an der Audencia Nantes – Ecole de Management. Seit 2007 ist sie Projektleiterin an der Forschungsgruppe des Lehrstuhls für Marktorientierte Unternehmensführung der TU Dresden. Der Schwerpunkt ihrer wissenschaftlichen Arbeit liegt im Bereich Kundenmanagement und CRM, dabei speziell auch für mittelständische Unternehmen.

*Nadine-Madeleine Kracht*, Dipl.-Kauffrau, war, bis zu ihrer Elternzeit, Junior-Beraterin bei der M+M Management + Marketing Consulting GmbH in Kassel mit dem Schwerpunkt Marktforschung. Zuvor war sie ab 2004 als wissenschaftliche Mitarbeiterin am Lehrstuhl für Marktorientierte Unternehmensführung der TU Dresden tätig. Zu ihren Forschungsschwerpunkten gehörten die Erfolgsmessung von Kundenbindungsinstrumenten sowie die Konzeption und Durchführung von Mitarbeiterbefragungen.

*Alexander Lang*, Diplom-Chemiker, ist Leiter Strategisches Marketing bei der Webasto AG in Stockdorf. Er ist für strategische Projekte verantwortlich, unter anderem für die Erarbeitung einer Akquisitionsstrategie, die Integration von Endkunden in den Innovationsprozess, die Entwicklung von Vermarktungsstrategien für einzelne Produktlinien sowie Marktforschungsprojekte. Davor arbeitete er als Berater bei Ernst & Young sowie bei Droege & Comp AG im Bereich Restrukturierung, Sales und Marketing in den Branchen Automobilindustrie, Chemische Industrie, Utilities, Telekommunikation und IT. Alexander Lang studierte an der TU München Physik und Chemie.

*Daniela Lehr*, Dr., ist Projektleiterin bei Roland Berger Strategy Consultants in Berlin. Ihr Kerngebiet sind Restrukturierungen und Sanierungen von Unternehmen. Daniela Lehr studierte BWL an den Universitäten Bayreuth und Mannheim. Im Rahmen ihrer Tätigkeit für Roland Berger promovierte sie 2006 an der TU Dresden zum Thema „Der Beitrag des Kundenbindungsmanagements zum Sanierungserfolg von Unternehmen".

*Andreas Mann*, Prof. Dr., war wissenschaftlicher Mitarbeiter am Fachgebiet Marketing und Projektleiter der Forschungsgruppe Management + Marketing (M+M) bei Prof. Dr. Armin Töpfer an der Universität/ GHS Kassel. Er promovierte 1998 über Service als Erfolgsfaktor. Seit 2004 war er Inhaber des Lehrstuhls für BWL und Marketing an der Technischen Universität Clausthal. Seine Forschungsschwerpunkte sind Dialog-/ Direktmarketing, Industrielles Servicemanagement, Market Intelligence Management und Verkaufs-/ Vertriebsmanagement. Im Jahr

2005 übernahm er den Stiftungslehrstuhl für Dialogmarketing am Dialog Marketing Competence Center (DMCC) der Universität Kassel.

*Hans-Christian Marschler* ist Mitglied des Holding-Vorstands der R+V Versicherung AG in Wiesbaden. Nach dem Studium der Volkswirtschaftslehre an der Universität Mainz und einer Assistenzzeit am Lehrstuhl für Finanz- und Wirtschaftspolitik begann er 1980 seine berufliche Laufbahn bei R+V. Er durchlief verschiedene verantwortliche Positionen innerhalb des Vertriebs bevor er 1999 in den Holding-Vorstand der R+V Versicherung AG berufen und dort mit der Leitung des Vertriebsressorts betraut wurde. Seit 2007 zeichnet er verantwortlich für das Ressort Personal, Verwaltung, Ausland.

*Stefan Müller*, Prof. Dr., ist Inhaber des Lehrstuhls für Betriebswirtschaftslehre, insbesondere Marketing an der Technischen Universität Dresden. Er ist Diplom-Psychologe. Seit 1978 war er als wissenschaftlicher Mitarbeiter am Sonderforschungsbereich 24 der Universität Mannheim tätig. Nach der Promotion (1990) folgten Forschungsaufenthalte in Japan, Südafrika und den USA. Seine Forschungs- und Beratungsschwerpunkte sind Kundenzufriedenheit, Internationales und Interkulturelles Marketing, Dienstleistungsmarketing sowie Verbraucherverhalten.

*Alexander Niemeyer* trat 1997 in das Vertriebsressort der R+V Allgemeinen Versicherung AG in Wiesbaden ein. 2001 wechselte er in die Konzernentwicklung der R+V Versicherung AG. Dort initiierte und leitete er das Programm externe und interne Kundenorientierung und gestaltete das Zufriedenheits-Management der R+V Versicherung mit. Verantwortlich für das Kreditversicherungsgeschäft der R+V Versicherung leitet er seit 2004 die Abteilung Delkredere und ist Geschäftsführer der Unternehmens-Managementberatungs GmbH (UMB).

*Daniel Ohr* begann nach seinem Studium der Betriebswirtschaftslehre und der Sportwissenschaft seine berufliche Laufbahn im Jahr 2000 bei Breuninger als Assistent des CFO mit den Schwerpunkten Unternehmensstrategie-/ entwicklung, Finanzen und Controlling. Seit 2003 verantwortet er den Bereich Breuninger Card. Hierzu gehören die strategische Entwicklung der Breuninger Card, alle Elemente des strategischen und operativen Kundenbeziehungs- und -bindungsmanagements, wie z.B. die Betreuung aller Loyalitätsprogramme und operativer CRM-Programme, und die Ergebnisverantwortung für den Geschäftsbereich Breuninger Card mit der operativen Steuerung aller Card-Prozesse (Kredit-, Risk-, Debitoren- und Kreditorenmanagement, CallCenter).

*Frank Opitz*, Dipl.-Oec., ist Berater in der Marktforschungs-Unit der M+M Management + Marketing Consulting GmbH in Kassel mit den Kernkompetenzen im Bereich Konzeptionierung, Durchführung und Analyse von Mitarbeiter- und Kundenbefragungen. Er ist EFQM-Assessor und seit 2002 Datenschutzbeauftragter der M+M Management + Marketing Consulting GmbH. Zu seinen Kunden zählen Unternehmen aus den Branchen Versicherungen, Telekommunikation, Banken und Dienstleistungen. 2004 entwickelte er im Rahmen eines Kooperationsprojektes das M+M Versichertenbarometer.

*Petra Rittersberger*, Dipl.-Kauffrau, ist seit 2007 Managing Director Commercial Strategic Integration FedEx Express Europa, Naher Osten, Indischer Subkontinent und Afrika (EMEA) und damit für die Koordination und Projekt-Steuerung der Post Merger Integration mehrerer Unternehmenszukäufe verantwortlich. Hierzu gehört auch die Planung von Integrationsstrategien, das Ausschöpfen von Synergiepotenzialen und die Verbesserung der Kundenerfahrung. Sie kam 1992 als Senior Quality Specialist zu FedEx, ab 1994 war sie als Marketing Manager für FedEx Express in Deutschland und der Schweiz tätig, ab 1997 als Senior Manager Marketing für Zentraleuropa. Drei Jahre später wurde sie zum Managing Director Marketing für Zentral- und Osteuropa ernannt und übernahm 2005 zusätzlich die Verantwortung für den Verkauf. Sie hat bereits zweimal den FedEx „5 Star" gewonnen, die höchste Auszeichnung des Unternehmens. Zuvor war sie in der Unternehmensberatung tätig und hat an der Universität Mannheim studiert.

*Andreas Roggon*, Dr., ist Leiter CRM bei Mercedes-Benz Pkw. Seine aktuellen Aufgaben reichen von Marketing bis IT. Mit dem Fokus auf Europa liegen die Schwerpunkte seiner Tätigkeit auf den Bereichen Retail Integration, Kundenkommunikation als Relationship Marketing, CRM-Strategie und Prozessmanagement mit IT-Implementierung. Zudem ist sein Bereich für die weltweiten Maybach CRM-Aktivitäten zuständig. Nach seiner Promotion trat er in die Daimler-Benz AG ein und wurde Assistent des Controllingvorstandes Nutzfahrzeuge der Mercedes-Benz AG. Bei der MB España war er für Finanzen und Buchhaltung verantwortlich, bevor er zur Strategie MB Lkw wechselte. Seit Oktober 2000 verantwortet er im Vertrieb Mercedes-Benz Pkw die CRM-Aktivitäten.

*Jutta Roller* ist Director Customer Service der TNT Express Deutschland. Zuvor hatte sie verschiedene Management-Funktionen im Kundendienst des Unternehmens inne. Gemeinsam mit ihren Mitarbeitern trug sie wesentlich zu der Auszeichnung als „Kundenorientiertester Dienstleister Deutschlands" bei. Diese Anerkennung wurde TNT Express 2006 vom Handelsblatt, der Universität St. Gallen und der Unternehmensberatung Steria Mummert Consulting zuerkannt.

*Björn Schäfers*, Dr., ist Geschäftsführer von smatch.com, einem Web 2.0-Start up aus der Otto Group für die Bereiche Mode, Wohnen und Lifestyle. Er hat an den Universitäten Kiel und K.U. Leuven (Belgien) Betriebswirtschaftslehre studiert und war im Anschluss von 1998 bis Ende 2000 als Vorstandsassistent beim börsennotierten Internet-Auktionshaus ricardo.de AG in Hamburg tätig. Von 2001 bis 2003 arbeitete er als wissenschaftlicher Mitarbeiter am Lehrstuhl für Innovation, Neue Medien und Marketing an der Universität Kiel und promovierte über Internet-Auktionen. Seit 2004 ist er in verschiedenen Positionen für die Otto Group in Hamburg tätig.

*Johannes Scupin* studierte Volkswirtschaftslehre an den Universitäten Braunschweig und Freiburg i. Br. Von 1984 bis 1997 hat er verschiedene Positionen in den Standorten der Globus SB-Warenhaus Holding durchlaufen. Ab 1997 war er in der Dohle Handelsgruppe Geschäftsführer der HIT Polen, Ressortverantwortung Vertrieb und Sprecher der Geschäftsführung. Seit 2002 ist er Geschäftsführer Vertrieb und Marketing bei der Globus SB-Warenhaus Holding.

*Christian Seeringer* studierte Wirtschaftsingenieurwesen und Psychologie an der TU Dresden und ist externer Doktorand am dortigen Lehrstuhl für Marktorientierte Unternehmensführung. Seit 2003 arbeitet er hauptberuflich als Senior-Strategieberater bei der Strategieagentur diffferent GmbH, deren Standort in Hannover er seit 2005 leitet. Die Schwerpunkte seiner Beratungstätigkeit liegen in den Bereichen Marken- und Kundenmanagement. Herr Seeringer ist derzeit zudem Lehrbeauftragter an der Hochschule Offenburg.

*Steffen Silbermann* studierte an der Technischen Universität Dresden Betriebswirtschaftslehre und arbeitet seit April 2004 als Projektleiter und wissenschaftlicher Mitarbeiter am Lehrstuhl für Marktorientierte Unternehmensführung an der TU Dresden sowie als Berater bei der M+M Consulting GmbH in Kassel. Seine Forschungs- und Projektschwerpunkte liegen in den Bereichen Strategisches Marketing, Kundenbindung, Customer Relationship Management und E-Commerce. Zusätzlich war er mehrere Jahre Seminarleiter des Management Circle Intensiv-Seminars „Strategische Marketingplanung".

*Neil Southworth* ist Corporate Marketing Manager der TESCO Stores Ltd. in Großbritannien.

*Armin Töpfer*, Prof. Dr., leitet den Lehrstuhl für Marktorientierte Unternehmensführung an der Technischen Universität Dresden sowie die Forschungsgruppe Management + Marketing in Kassel. Vorherige Stationen waren an der Universität Freiburg, an der EAP Europäische Wirtschaftshochschule in Düsseldorf, mit weiteren Standorten in Paris, Oxford, Madrid und jetzt Berlin, sowie der Schwerpunkt Management an der Universität Kassel. Die Schwerpunkte seiner Lehre und Forschung sind Strategisches Marketing, Internationales Management, Dienstleistungsmarketing, Krankenhaus-Management, Business Excellence, Geschäftsprozess-Optimierung/ Six Sigma, Benchmarking und Wertorientierte Unternehmensführung/ BSC. Auf diesen Gebieten arbeitet er mit großen und mittelständischen Unternehmen zusammen. Er ist Mitglied in nationalen und internationalen Vereinigungen/ Jury zu Business Excellence und außerdem Vorsitzender und Mitglied in Beiräten von Industrie- und Dienstleistungsunternehmen. Zusätzlich ist er in der wissenschaftlichen Leitung des MBA Studienganges HCM an der Dresden International University (DIU).

*Jomique de Vries* studierte Betriebswirtschaftslehre an der Universität zu Köln und erwarb den C.E.M.S-Master (Community of European Management Schools) an der Rotterdam School of Management. Seinen beruflichen Werdegang begann er 1994 bei Air France in New York; 1995 wechselte er zum Reiseveranstalter Jet Tours S.A. nach Paris. 1996 begann er als Trainee bei der TUI Deutschland GmbH, wo er zuletzt das Qualitäts- und Umweltmanagement und die Quellmarktstrategie verantwortete. 2007 wechselte er als Partner im Bereich Transportation & Travel Services zur Unternehmensberatung Accenture.

*Nadine Wachter* ist seit dem Abschluss ihres Studiums der Betriebswirtschaftslehre an der Universität Augsburg Doktorandin am Wirtschaftswissenschaftlichen Zentrum (WWZ) der Universität Basel. Sie arbeitet an verschiedenen internationalen Projekten der Abteilung Information Mining des Daimler Forschungszentrums Ulm mit. Ihre Forschungsschwerpunkte liegen vor allem in den Bereichen Customer Relationship Management, Database Marketing und Data Mining.

*Erik Waidner* studierte Betriebswirtschaftslehre an der Universität Trier und ist leitender Angestellter der R+V Lebensversicherung AG. Seit 1988 hat er mehrere Positionen in den Unternehmen des R+V Konzerns durchlaufen, unter anderem in dem Bereich Konzernentwicklung. Dort ist er in der Verantwortung für das Programm Kundenorientierung.

*René William* studierte an der Technischen Universität Dresden Betriebswirtschaftslehre und arbeitet seit Dezember 2005 als wissenschaftlicher Mitarbeiter am Lehrstuhl für Marktorientierte Unternehmensführung an der TU Dresden. Seine Forschungs- und Projektschwerpunkte liegen in den Bereichen Interkulturelles Qualitätsmanagement, Six Sigma, Marktforschung und Dienstleistungen im Internet.

*Ulrike Wortmann*, Dipl.-Kauffrau, ist nach anderen Tätigkeiten bei BMW seit 2002 im Customer Relationship Management der BMW Group in Deutschland verantwortlich für BMW und MINI Kundenbetreuungsprogramme. Zu ihren Aufgabenbereichen gehören unter anderem Loyalisierungskampagnen, Kundenmagazine, Kundenkarten und CRM Qualitätsmanagement. Vor ihrer Tätigkeit bei BMW arbeitete sie für eine Unternehmensberatung.

*Stefan Wünschmann*, Dr., ist wissenschaftlicher Mitarbeiter am Lehrstuhl für Marketing an der Technischen Universität Dresden. Er ist Diplom-Kaufmann sowie Träger des Otto-Beisheim-Förderpreises für seine Diplomarbeit „Der kommunikative Wert eines Kunden". Im Jahr 2006 promovierte er zum Thema „Beschwerdeverhalten und Kundenwert". Seine Forschungs- und Beratungsschwerpunkte sind Kunden- und Markenvertrauen, Beschwerdemanagement, Kundenwert, Online-Marketing und Käuferverhalten.

*Jochen Zondler* ist seit 1996 Leiter der Stabsstelle Qualitätsmanagement bei der Gmünder ErsatzKasse GEK und dort verantwortlich für den Aufbau und die Durchführung des Qualitätsmanagements.

# Stichwortverzeichnis

**ABC-Analyse** 59, 221, 391, 840
Abwanderungsrate 836
After-Sales-Marketing 13
Agent 134
AIDA-Konzept 175
AIOV-Ansatz 199
Aktionsplan 374, 428, 971
Assessment Center 891
Assimilationstheorie 43
Aufmerksamkeit 175
Auswahlverfahren 401
Automatic Call Distribution 780, 794

**Balanced Score Card** 224, 431, 809, 853, 940
  - Erarbeitung 941
  - Wirkungsgefüge 944
Basisanforderungen 197, 872
Befragungsmethode 399
Begeisterungsfaktoren 198, 548, 750, 839, 889
Benchmarking 367, 441, 490, 550, 800, 970
Berichtswesen 496
Beschwerdeaufkommen 530
Beschwerdebereitschaft 823, 827
  - Erwartungs-Valenz-Modell 829
Beschwerdelösung 828
Beschwerdemanagement 495, 525, 819, 956
  - Auswirkung auf Kundenloyalität 868
  - Dezentrales 850
  - Konzeption 840
  - Philosophie 821
  - Wirkungskette 864
  - Zentrales 850
Beschwerdeprozess 527
  - Complaint Owner 846
  - Dezentraler 874
  - Management/ System Owner 846
  - Process Owner 846
  - Task Owner 846
Beschwerdeursachen 528
  - Beseitigung 852
Best in Class 421, 543, 799
Best in Company 421, 799

Best Practice 421, 441
Big Five 214
Blueprint 69, 313
Brainstorming 288, 301
Brainwriting 288
Business Excellence 421, 799
Business Process Outsourcing 787, 794
Business-Klub-Ansatz 591
Buying-Center 392, 416

**Call Center** 778, 848
  - Back-Office 780
  - Belegungszeit der Telefonleitungen 796
  - Front-Office 780
  - Inbound 779, 789
  - Outbound 779, 789
  - Planungsprozess 801
  - Prozessanalyse 809
  - Steuerungskriterien 810
  - Verkaufsaktives Inbound 783
Call Center-Strategien 789
Carry-over-Effekt 376
Clusteranalyse 218
Cockpit-Steuerung 813, 945
Collaborative Filtering 764
Commitment-Trust-Theorie 120
Community 763
  - Entwickler-Community 290
  - Virtuelle 108
Computer Assisted Telephone Interview 544
Computer Telephony Integration 781, 794
Confirmation/ Disconfirmation Paradigma 43, 50, 326
Conjoint Measurement 218
Content Sharing 653
Convenience 596
Conversion Rate 96, 770, 787
Corporate Governance 143, 151
Critical Incident Technique 67, 316
Critical to Quality Characteristics 14, 192, 594, 856
CRM-Pricing 582
Cross-Buying 7, 18, 139, 991
Cross-Buying-Potenzial 90, 249, 376

Cross-Value 18
Customer Benefit 206, 231, 640
Customer Confusion 738
Customer Contact Center 967
Customer Driven Company 17
Customer Equity 41, 250
Customer Insights 268
Customer Interaction Center 665
Customer Lifetime Equity 250
Customer Lifetime Value 244, 557
 - Always-a-Share-Modell 247
 - Lost-for-Good-Modell 245
Customer Operations Performance Center 781
Customer Relationship Management 9, 629, 686, 755
 - Analytisches 633, 659, 685, 831
 - Entwicklungsstufen 637
 - Kommunikatives 635, 665, 831
 - Operatives 634, 663, 831
 - Personalmanagement 646
 - Strategieverbund 639
Customer Sacrifice 232
Customer Satisfaction Index 70, 338, 771, 839
 - American Customer Satisfaction Index 448
 - Anwendung 350
 - Berechnung 342
 - Differenzen-Verfahren 338
 - ECSI-Modell 97, 459
 - Erweitertes ECSI-Modell 99
 - Kundenmonitor Deutschland 454
 - Längsschnittanalyse 71, 340
 - M+M Versichertenbarometer 543
 - Querschnittsanalyse 71, 340
 - Quotienten-Verfahren 339
 - Swedish Customer Satisfaction Barometer 448
Customer Satisfaction Indicator 70
Customer Service Center 848
Customer Value 41, 229
Customers-at-Risk-Management 821

**Dachmarkenstrategie** 706, 915
Data Mining 9, 633, 687
 - Problemtypen 688
Data Warehouse 511, 696
Datenerhebung 694
Defizitmotive 888
Dialogkommunikation 40

Dialogmarketing 586
Dienstleistungsqualität 467
DIN EN ISO 9001:2000 933
 - Double Loop 934
 - Single Loop 934
Direct Costing 237
Diskriminanzanalyse 218
Distributions-Mix 591
DMAIC-Zyklus 989

**E-Commerce** 105, 677
Empathie 168, 821
Empfehlungspotenzial 89
Empowerment 561, 888, 954
Endkundeninput 283
Endkundenintegration 285
Endkundeninteraktion 289
End-of-the-Pipe 15
Entwicklungsnetze 290
Erfolgsfaktor 23, 195, 209, 503, 816, 852, 941
Erfolgspartnerschaft 481
Erwartungsmanagement 59
Eskalationsmodell 848
Excellence-Modelle 932
 - EFQM-Modell 935, 966
 - MBNQA-Modell 937, 949
Existenzbedrohung 556
Exit, Voice and Loyalty-Theorie 110, 147
Express Service Quality Indicator 476

**Faktorenanalyse** 217
Fehlerkosten 979
Fehlerkostenanalyse 959
Fehlervermeidung 955
First Level Solution 848
First-Call-Solution 800
Frequenz-Relevanz-Analyse von Beschwerden 317, 530, 851
Frequenz-Relevanz-Analyse von Problemen 317
Führungszyklus 497
Funktionelle Magnetresonanztomografie 167

**Händlerunterstützung** 769
Händlerzufriedenheit 303
Happy Customer Index 363, 749
Hidden Champions 573
Hold-up 140

House of Quality 927
Hygienefaktoren 421, 852, 928

**Ideenmanagementsystem** 292
Ideenworkshop 286
Impression-Management 157
Individualisierung des Angebots 108
Inflation der Kundenansprüche 14
Information-Overload 586
Informationsasymmetrie 140
Informationsaustausch 878
Informationssystem 512
Inhaltstheorien der Motivation 888
Innovationsprozess 292
Interactive Voice Response 780
Involvement 866
  - Ad-hoc-Involvement 175, 610
  - Basis-Involvement 175
Ishikawa-Diagramm 816, 985

**Kampagnenmanagement** 9, 663
Kannibalisierungseffekt 715
Kano-Modell 59, 196
Kaufentscheidung 180
Käuferverhalten
  - interpersonale Bestimmungsgründe 213
  - intrapersonale Bestimmungsgründe 213
Kernkompetenz 23, 223, 573
Key Performance Indicator 945
Kontinuierlicher Verbesserungsprozess 497
Kognitive Dissonanz 44, 587
  - Theorie der kognitiven Dissonanz 114
Kommunikations-Mix 584
Kommunikationsqualität 44
Kommunikationsziele 587
Kommunikationszufriedenheit 49
Kontaktqualität 44, 926, 962
Kontinuierlicher Verbesserungsprozess 534
Kontrahierungs-Mix 582
Kontrasttheorie 43
Kortikale Entlastung 183
Kosten- und Preisführerschaft 25
Kostenfalle 14, 219, 595, 601
Kostentreiber 199, 375, 481
Krise
  - Ertragskrise 556

  - Insolvenz 556
  - Liquiditätskrise 556
Kundenanforderungen 41
  - an ein Internetportal 124
  - Analyse 41
  - Marktorientierte Sicht 196
  - Ressourcenorientierte Sicht 196
Kundenbefragung 95, 395, 517, 728, 969
Kundenbewertung
  - dynamische Ansätze 242
  - eindimensionale Ansätze 235
  - Kundenwertmatrix 255
  - mehrdimensionale Ansätze 239
  - monetäre 236
  - nicht-monetäre 235
Kunden-Beziehungslebenszyklus 13, 41
Kundenbindung 82, 577, 705
  - Bindungsursachen 92
  - Erfolgsfaktoren im Internet 122
  - Gebundenheit 91, 109, 516, 724
  - Instrumente 578, 618
  - Messgrößen 358
  - Messung 356
  - Rahmenbedingungen im Internet 107
  - Umsetzungsfallen 598
  - Verbundenheit 91, 109, 516, 725
  - Vernetzte Wirkungsmuster 94
  - Wirkungskette 440
  - Wirkungsmechanismus 82
Kundenbindungsindex 360, 419, 460, 482, 839
  - Anforderungsorientierung 369
  - Arten und Dimensionen 367
  - Berechnung 363
  - Gap-Analyse 371
  - Potenzialorientierung 369
  - Wettbewerbsorientierung 369
  - Zufriedenheitsorientierung 369
Kundenbindungsinstrumente 578
Kundenbindungsmanagement 561, 740
Kundenbindungsprogramme 573, 598, 744
Kundendeckungsbeitrag 6, 237
Kundendialog 636
Kundendienst 597
Kundenerosion 821, 840
Kunden-Feedback-Analyse 386
  - Auswertungsmethoden 414

- M+M FourByOne®-
  Analyseverfahren 417
Kunden-Feedback-Prozess 388
- Akteure 389
- Controlling 430, 432
Kunden-Fokusgruppen 193, 267, 283, 368, 471, 579
- Anwendungssituationen 271
- Aufgabenfelder 267
- Phasenverlauf 276
- Vorbereitung und Durchführung 272
Kundenhistorie 606, 832
Kundenkarte 719, 744
- Funktionen 722
- Unternehmenseigene 722
- Unternehmensübergreifende 723
- Wirkung auf Loyalität 726
Kundenklub 586, 590, 601, 612, 744
Kunden-Kontakt-Personal 954
Kunden-Lebenszyklusmodell 746
Kundenmanagement 3, 13, 18, 83, 214, 221, 578, 663, 737, 778, 885, 905, 965, 992
Kundennutzen 610
Kundenorientierung 481, 604, 862, 887, 949, 965
Kundenprofil 713
Kundenprozesse 204
Kunden-Rückgewinnung 16
Kundensegmentierung 578, 595, 711
  - Kriterien 212
  - Techniken 211, 390
Kundenstammergebnis 252
Kundentypologie 612
Kundenverbundenheit 44
Kundenwert 19, 219, 255
Kundenwertpotenzial 19
Kundenzeitschrift 586
Kundenzufriedenheit 37, 147, 440, 468, 577, 919
- Effektivitätswirkung 37
- Effizienzwirkung 37
- Messung 65, 311, 471, 515, 960
- Überstrahlungseffekt 51
- Zufriedenheitsstadien 52
Kundenzufriedenheitsindex 339, 417, 482

**Laggrößen** 311
Lead Customer 18, 285, 757

Leadgrößen 311
Lean Management 977
Lean Management-Projekt 504
Lean Six Sigma 975
Leapfrogging-Effekt 738
Leistungsfaktoren 59, 197
Leistungs-Gaps 903
Leistungsorientierte Vergütung 508
Leitbild 23, 506, 917
Lerntheorien 118, 153
LOHAS 203
Long Tail 109, 679
Look-and-Feel-Produkte 715
Lost Customer 375
Lost Customer-Analyse 425

**Markenmüdigkeit** 571
Marketing
- Entwicklungsstufen 15
- Management 257
- Pentagon 575
- Ressourcen 608
- Transaktionsmarketing 39
- wertorientiertes 41, 255
Marktforschung 386
Marktsegmentierung 469
Markttransparenz 105, 107, 516
Maslow-Pyramide 890
Mass Customization 580
Means-End-Kette 199
Means-End-Theorie 231
Meinungsführerschaft 89, 662
Migrationsrate 38
Mindmap 288
Mission 23
Mitarbeiterbefragung 482, 899, 920
Mitarbeiterbindungsindex 484, 816
Mitarbeiterförderung 894
Mitarbeiterführung 891
- 360-Grad-Beurteilung 898
- Anreize 896
- Delegation 894
- Prozessmodell 895
- Vorgesetzen-Mitarbeiter-Gespräch 894
Mitarbeitermotivation 888, 963
Mitarbeiterorientierung 968
Mitarbeitertypologie 901
Mitarbeiterzufriedenheit 922
Mitarbeiterzufriedenheitsindex 484, 815
Mittelständische Unternehmen 573, 603

Moderator-Leitfaden 274
Modularisierung 580
Moment of Truth 48, 397, 870
Motivatoren 363, 839, 852, 889, 929
Multi-Channel-Erreichbarkeit 798
Multi-Channel-Management 792
Multi-Channel-System 591
Mund-zu-Mund-Werbung 7, 587, 822, 840, 960
- im Internet 107
Mystery Customer-Verfahren 392, 423, 749, 771, 970
- Erkenntnisse 424

**Nationale Kundenbarometer** 442
Netzwerkeffekt 108
Neue Institutionen-Ökonomik 133, 149
Neukundenakquisition 16
- im Internet 106
Neuromarketing 164
Neuroökonomie 163
Niedrigpreisstrategie 582
Nischenführerschaft 25
No-Frills-Konzept 595
Null-Fehler-Qualität 781, 980
Nutzendimensionen 231
Nutzungsintensität 595

**One-to-One-Marketing** 225, 580, 665
Online-Befragung 523
Online-Direktmarketing 586
Opportunismusgefahr 135
Opportunitätskosten-Rechnung 74, 959
Organisationsstrukturen 904
Outpacing 25, 582
Outsourcing 774
- Nearshore 782
- Offshore 782

**Pareto-Prinzip** 746, 780
Partial Least Squares-Ansatz 62, 97
Penalty-Faktoren 58
Performance Achievement 939
Performance Assessment 940
Performance Measurement 939
Permission Marketing 49
Personalentwicklung 920
Plus-Services 593
Portfolio-Modell 241
Präferenz- oder Premiumpreisstrategie 582

Preisbaukasten 582
Preissensibilität 7, 915
Pre-Sales-Marketing 13
Prestige 612
Pre-Test 70, 401
Principal 134
Principal-Agent-Theorie 140
- Hidden Action 141
- Hidden Characteristics 141
- Hidden Information 141
- Hidden Intention 142
Produktinnovation 281
Produkt-Mix 579
Produktqualität 45
Produktvariantenstrategie 25, 225, 581
Profitabilitätsniveau 616
Profitabilitätspotenzial 619
Prozessanalyse der Geschäftsbeziehung 9, 395
Prozessmanagement 957
Prozessmodell 895
Prozessnutzen 206
Prozessoptimierung 208, 498, 970
Prozessqualität 475
Prozesssteuerung 223
Pull-Prinzip 586
Pyramiding-Methode 285

**Qualität**
- 1. Grades 45, 926
- 2. Grades 45, 926
Qualitäts- und Technologieführerschaft 24
Qualitätskennzahl 862
Qualitätskosten 979
Qualitätsmanagement 495
- Ganzheitliches 931
Qualitätsmanagement-Konzepte 925
Qualitätsstandard 496, 560, 846
Qualitätsziele 951
Quality Action Teams 474
Quality Function Deployment 579, 927, 985

**Reaktanz** 50, 92, 116, 139, 908
Recovery Paradox 838
Referenzpotenzial 89, 248, 614
Regressionsanalyse 61
Reiz-Reaktions-Theorien 118
Relationship Marketing 39, 686
Relationship Value 641

1012 Stichwortverzeichnis

Relationspotenzial 614
Rentabilität 90
Reorganisation 905
Ressourcenknappheit 608
Ressourcenverschwendung 224
Restrukturierung 504
Retrodistribution 593
Reward-Faktoren 59
RFM-Modell 239, 745

**Sanierungsmanagement** 561
Schlüsselkunden 574
Schlüsselprozesse 785
Schwache Signale 301
Scoring-Modell 239, 614
Sequenzielle Ereignismethode 67, 316
Service Qualitäts Index 798
Servicekultur 514
Service-Mix 593
Servicequalität 44, 832, 887, 926
 - externe 795
 - interne 795
SERVIMPERF-Ansatz 66, 333
SERVPERF-Ansatz 66, 333
SERVQUAL-Ansatz 66, 331, 832
Share of Mind 268, 636
Share of Voice 268, 636
Share of Wallet 9, 93, 268, 376, 636, 697, 707
Shareholder-Value-Konzept 429
Simultaneous Engineering 205, 579
SIPOC-Analyse 195, 983
Six Sigma 977
Size of Wallet 95
Skalierung 321
 - Rating-Skalen 346
Skilled-Based-Routing 796
Social Commerce 653, 667
Social Network 682
Social Shopping 679
Social Tagging 654, 668
Soziale Verantwortung 214
Sozialpsychologische Interaktionstheorie 119
Spezifität 113, 136
Spill-over-Effekt 376
Stammkunden-Rabatt 8
Stichprobe
 - Repräsentativität 402, 404
 - Schichtung 404
 - statistische Schätzverfahren 402

Strategie 24, 904
Strategisches Geschäftsfeld 216
Stress 174
Sunk Costs 87, 136
SWOT-Analyse 23, 471

**Tantiemen** 494
Teamarbeit 506
Technologieführerschaft 25
Technology Driven Company 17
Telefonmarketing 773
Testanruf 520
Testkäufer 392
Text Mining 495
Theorie der Verfügungsrechte 135
Theorie des sozialen Tauschs 154
Theorie des wahrgenommenen Risikos 116, 153
Theorie des zielorientierten Verhaltens 156
Theory of Mind 168
Toleranzschwelle 93
Total Benefit of Ownership 641
Total Cost of Ownership 593, 641
Total Customer Care 4, 432, 893
Trading-down 581
Trading-up 580
Transaktionskostentheorie 112, 136
 - Screening 137
 - Signalling 137
Transaktionspotenzial 615
Transformationsmanagement 908
Trendforschung 300

**Umsetzungsgeschwindigkeit** 556
Unique Customer Value Proposition 18, 311, 721, 892
Unique Selling Proposition 17, 37, 311
Unternehmensorganisation 905
Unternehmensressourcen 608
Unvoiced Complaints 75
Ursachen-Wirkungs-Modell des geplanten Verhaltens 824
User Generated Content 652

**Value Added Services** 597
Value for the Customer 230, 640
Value Marketing 17, 375
Value of the Customer 229, 640
Variety Seeking 57, 82, 358, 572
Veränderungsprozesse 906

Verhaltenssteuerung 167
Verschwendung 979
Versichertenbarometer 541
Verstärker-Effekt 376
Vertrauen 19, 40, 125, 148, 480, 967
 - instrumentelle Wirkung 156
 - intrinsische Wirkung 156
Vier-Komponenten-Modell 82, 820
Vision 23, 790, 891, 904
Voice of the Customer-Analyse 194
Voice over Internet Protocol 783
Vorsteuerungsgröße 19, 642

**Wachstumsmotive** 888
Web 2.0 651, 677
 - Funktionen 654
 - Kernnutzergruppen 657
Weblog 652, 668
Wechselbarriere 87, 126
Wechselbereitschaft 551
Weiterempfehlung
 - Bereitschaft 52, 519, 961
Werbung
 - subliminale 177

Wertearten nach Rokeach 203
Wertesystem 23, 200
Wertschöpfungsprozess 195
Wertstromanalyse 983
Wertstromdesign 207, 984
Werttreiber 23, 195, 209, 816, 852, 942
Wichtigkeit
 - Bewertung 63
 - Ermittlung 61
Wiedergutmachung 821
Wiederkauf 7, 357
Wirtschaftlichkeit 562
Workshop 397

**Zertifizierung** 143
Zielgruppenansprache 26
Zielgruppenmarketing 470
Zielgruppenprofile 214
Zielgruppensegmentierung 211
Zielsystem 507
Zielvereinbarungen 494, 851, 921
Zufriedenheitstreiber 375, 420
Zwei-Faktoren-Theorie 58, 852, 928